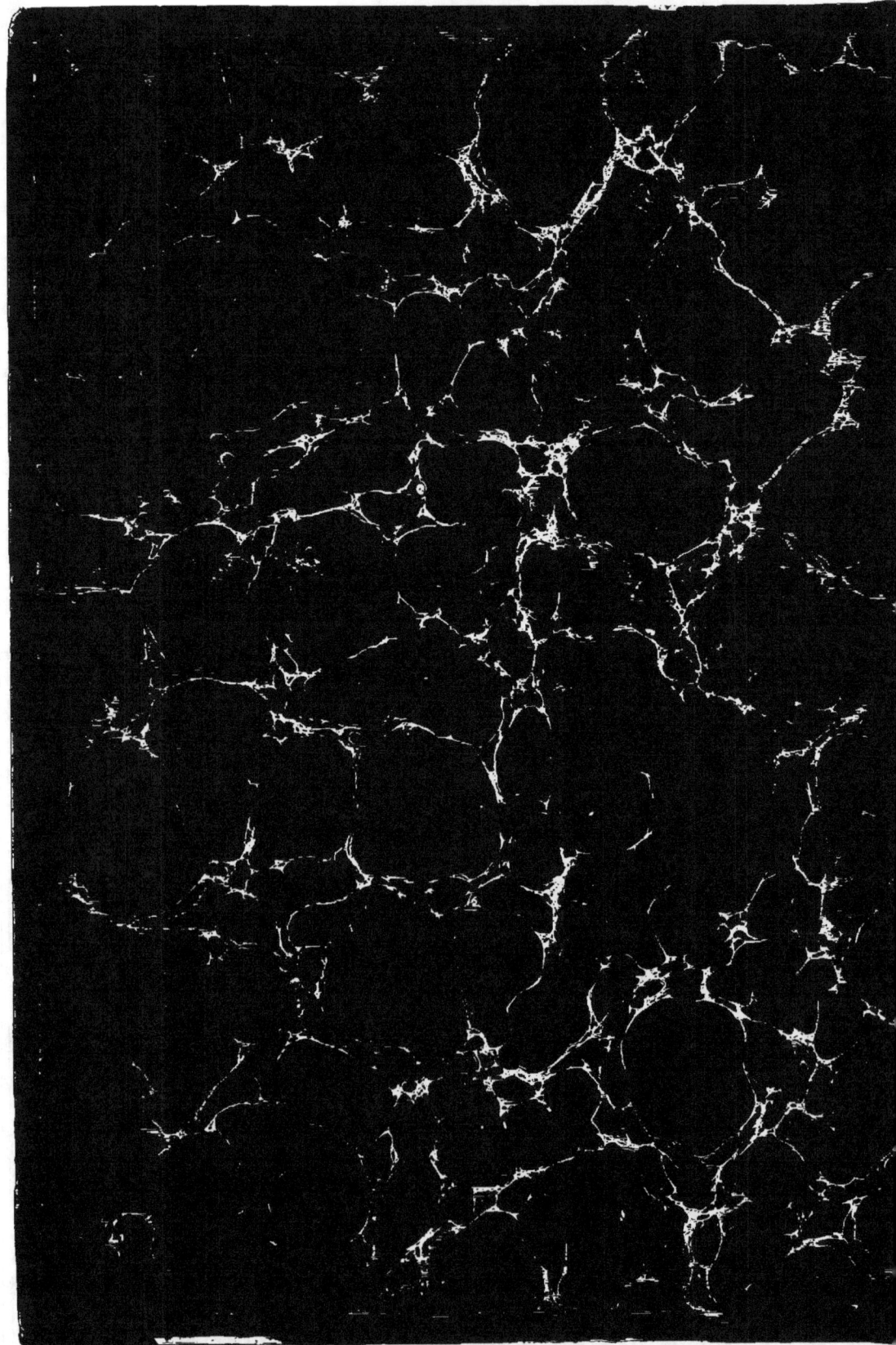

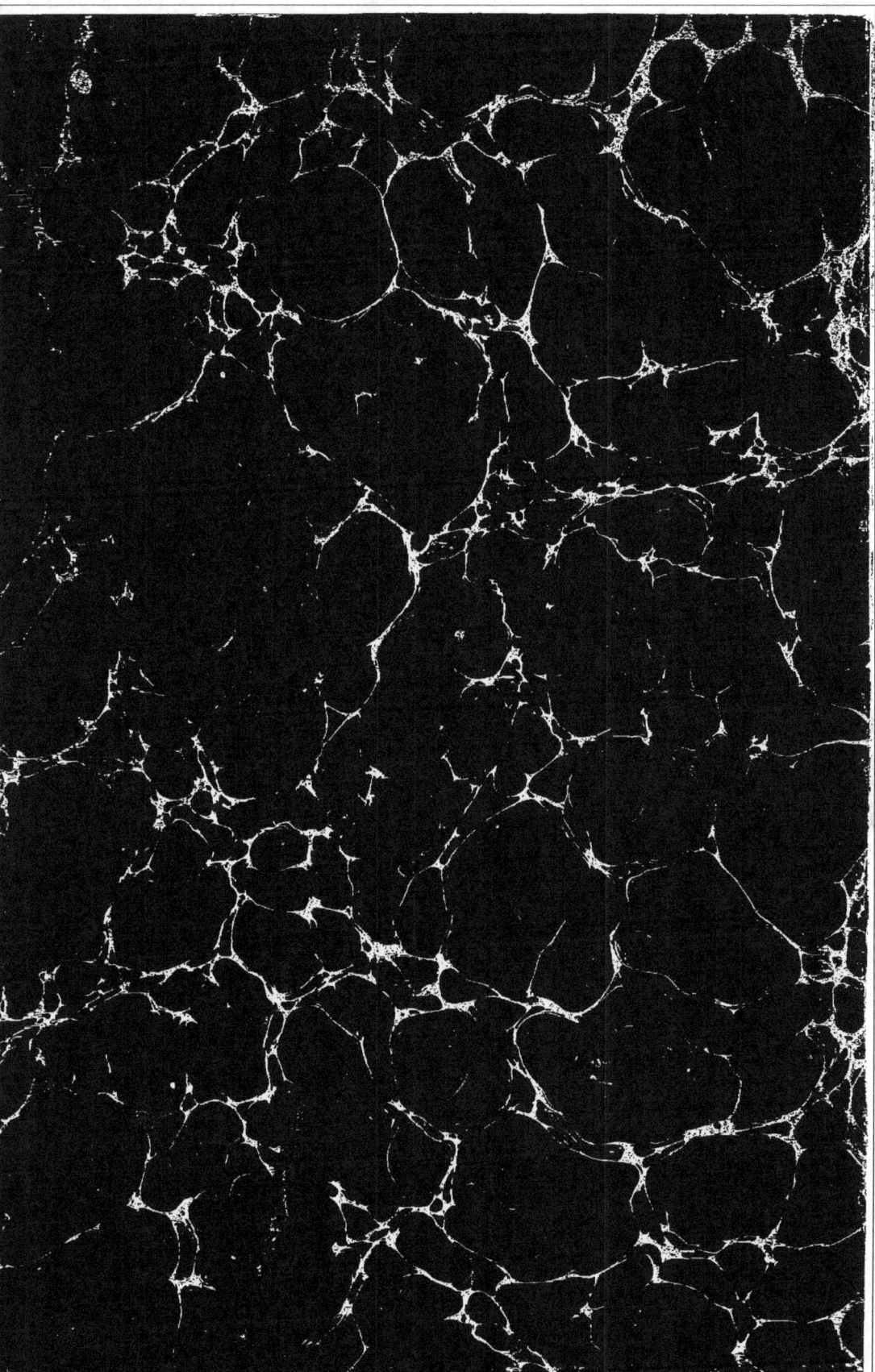

ŒUVRES COMPLÈTES

DE SAINT AUGUSTIN

ÉVÊQUE D'HIPPONE

TABLE DES OUVRAGES COMPRIS DANS LE TOME XII

Suite des Psaumes (Depuis le XXXI° jusqu'au LIX°). 1

    Traduits par M. VINCENT, curé archiprêtre de Vervins.

ŒUVRES COMPLÈTES
DE
SAINT AUGUSTIN
ÉVÊQUE D'HIPPONE

TRADUITES EN FRANÇAIS ET ANNOTÉES

PAR MM.

PÉRONNE
Chanoine titulaire de Soissons, ancien professeur d'Écriture sainte et d'éloquence sacrée.

ÉCALLE
Professeur au grand séminaire de Troyes, traducteur de la *Somme contre les Gentils*.

VINCENT
Archiprêtre de Vervins.

CHARPENTIER
Doct. en théol., trad. des *Œuvres de S. Bernard*.

H. BARREAU
Docteur ès-lettres et en philosophie, chevalier de plusieurs ordres.

renfermant

LE TEXTE LATIN ET LES NOTES DE L'ÉDITION DES BÉNÉDICTINS

TOME DOUZIÈME
CONTENANT LA SUITE DES PSAUMES

PARIS
LIBRAIRIE DE LOUIS VIVÈS, ÉDITEUR
RUE DELAMBRE, 13

1870

©

DISCOURS
SUR
LES PSAUMES.

PREMIER DISCOURS SUR LE PSAUME XXXI.

« *Psaume de David pour lui-même, psaume d'intelligence* (Ps. XXXI, 1). »

1. Psaume de David pour lui-même, psaume d'intelligence, de cette intelligence par laquelle on comprend que l'homme n'est point délivré des péchés qu'il confesse par le mérite de ses œuvres, mais par la grâce de Dieu.

2. « Bienheureux ceux à qui les iniquités ont été remises, et dont les péchés sont couverts : » dont les péchés sont oubliés (Ibid.).
« Bienheureux l'homme à qui le Seigneur n'a point imputé de péché, et dont la bouche n'est pas trompeuse (Ibid. 2) : » qui n'a point dans la bouche une vaine ostentation de justice, tandis que sa conscience est pleine de péchés.

3. « Parce que je me suis tu, mes os ont vieilli (Ibid. 3). » Parce que je n'ai pas produit de bouche une confession qui fût mon salut

ENARRATIONES
IN PSALMOS.

IN PSALMUM XXXI.

ENARRATIO I.

« *Ipsi David intelligentiæ* (Ps. XXXI, 1). »

1. Ipsi David intelligentiæ, qua intelligitur non meritis operum, sed gratia Dei hominum liberari, confitentem peccata sua.

2. « Beati quorum remissæ sunt iniquitates, et quorum tecta sunt peccata (Ibid.) : » et quorum peccata in oblivionem ducta sunt. « Beatus vir cui non imputavit Dominus peccatum, nec est in ore ejus dolus (Ibid. 2) : » nec in ore suo habet ostentationem justitiæ, cum conscientia ejus peccatis plena est.

3. « Quoniam tacui, inveteraverunt ossa mea (Ibid. 3). » Quoniam non protuli ore confessionem ad salutem (Rom. x, 10), omnis firmitas mea in infirmitate consenuit. « A clamando me tota die (Ps. XXXI, 3). » Cum essem impius atque blasphemus, clamando

(*Rom.* x, 10), le temps a changé toute ma force en faiblesse. « Tandis que je criais tout le jour (Ibid.); » tandis qu'impie et blasphémateur, je criais contre Dieu, comme pour défendre et excuser mes péchés.

4. « Parce que votre main s'est appesantie sur moi nuit et jour (Ibid. 4); » parce que vos châtiments m'ont frappé sans relâche. « Mes souffrances m'ont changé, à mesure que l'épine s'enfonçait en moi. » Percé par l'aiguillon d'une conscience mauvaise, j'ai reconnu ma misère, et senti tout mon malheur.

5. « Signe de pause. J'ai connu mon péché, et je n'ai point couvert mon injustice (Ibid.5); » c'est-à-dire, je n'ai point caché mon iniquité. « J'ai dit : Je déclarerai au Seigneur contre moi-même mon injustice (Ibid.). » J'ai dit : Je déclarerai mon injustice au Seigneur, non point en l'accusant, comme quand je taisais la vérité et poussais des clameurs impies, mais en m'accusant moi-même. « Et vous m'avez remis l'impiété de mon cœur (Ibid.), » dès que vous avez entendu ma confession faite dans mon cœur, avant même que ma voix ne la prononçât.

6. « Pour cette impiété tout homme saint vous priera au temps opportun (Ibid. 6). » Tout homme saint vous priera pour cette impiété du cœur. En effet, nul homme ne sera saint par son propre mérite, mais bien à cause du temps opportun, c'est-à-dire à cause de l'avénement de celui qui nous a rachetés de nos péchés. « Cependant, dans le déluge des grandes eaux, les hommes n'approcheront point de Dieu (Ibid.). » Cependant, que personne ne pense qu'au moment où la dernière heure arrivera tout à coup, comme au temps de Noé, il restera toujours aux hommes le temps de confesser leurs péchés, et de se rapprocher de Dieu.

7. « Vous êtes mon refuge contre l'oppression dont je suis environné (Ibid.). » Vous êtes mon refuge contre l'oppression de mes péchés, dont mon cœur est environné de toutes parts. « Vous êtes ma joie et mon triomphe ; délivrez-moi de ceux qui m'assiégent (Ibid.). » En vous est ma joie; délivrez-moi de la tristesse que me causent mes péchés.

8. « Signe de pause (Ibid. 8). » Réponse de Dieu : « Je vous donnerai l'intelligence, et vous mettrai dans la voie où vous marcherez (Ibid.). » Je vous donnerai l'intelligence après la confession de vos péchés, afin que vous ne vous écartiez point de la voie dans laquelle vous serez entré, et que vous ne vouliez pas être votre propre maître. J'arrêterai constamment les yeux sur vous (Ibid.). » Ainsi je rendrai durable l'amour que je vous porte.

9. « Ne soyez pas comme le cheval et le mulet qui n'ont point d'intelligence (Ibid. 9). » C'est

---

contra Deum, quasi defendens et excusans peccata mea.

4. « Quoniam die ac nocte gravata est super me manus tua (Ibid. 4). » Quoniam continua afflictione flagellorum tuorum, « Conversus sum in ærumna (*a*) mea, dum configeretur spina (Ibid.). » Miser factus sum cognoscendo miseriam meam, compunctus mala conscientia.

5. « Diapsalma. Peccatum meum cognovi, et injustitiam meam non operui (Ibid.5) : » id est, injustitiam meam non occultavi. « Dixi, Pronunciabo adversum me injustitiam meam Domino (Ibid.). » Dixi, Pronunciabo, non adversum Deum, sicut in clamore impietatis quando tacui, sed adversum me injustiam meam Domino. « Et tu remisisti impietatem cordis mei (Ibid.) : » audiens vocem confessionis in corde, antequam voce proferretur.

6. « Pro hac orabit ad te omnis sanctus in tempore opportuno (Ibid. 6). » Pro hac impietate cordis ad te orabit omnis sanctus. Non enim meritis suis sancti erunt, sed opportunitate temporis, hoc est, in adventu ejus, qui nos a peccatis redemit. « Verumtamen in diluvio aquarum multarum, ad eum non appropinquabunt (Ibid.). » Verumtamen nemo arbitretur, cum repente finis venerit, sicut in diebus Noe, remanere confessionis locum, per quam propinquetur ad Deum.

7. « Tu mihi es refugium a pressura, quae circumdedit me (Ibid. 7). » Tu mihi es refugium a pressura peccatorum, quae circumdedit cor meum. « Exsultatio mea, redime me a circumdantibus me (Ibid.). » In te mihi est gaudium, redime me ab ea tristitia, quam mihi peccata mea faciunt.

8. « Diapsalma (Ibid.8). » Responsio Dei : « Intellectum dabo tibi, et (*b*) statuam te in via hac qua (*c*) gradieris (Ibid.). » Intellectum dabo tibi post confessionem, ut non recedas a via qua ingredieris, ne tuæ potestatis esse velis. « Obfirmabo super te oculos meos (Ibid.). » Ita super te faciam firmam dilectionem meam.

(*a*) Plerique MSS. omisso *mea*, constanter habent *in ærumnam* : sec. LXX. (*b*) Vulgata, *instruam*. (*c*) MSS. in hac et in sequenti Enarratione, *ingredieris*.

pourquoi ils veulent se diriger eux-mêmes. Ici le prophète reprend la parole: « Serrez-leur la bouche avec le mors et le frein (Ibid.). » Traitez-les donc, ô mon Dieu, comme on traite le cheval et le mulet, afin que les châtiments contraignent à porter votre joug ces hommes qui ne s'approchent pas de vous.

10. « Les coups de fouet qui frappent le pécheur sont multipliés (Ibid. 10). » Celui-là est souvent flagellé qui, refusant de confesser ses péchés à Dieu, veut se diriger lui-même. » Au contraire, celui qui espère dans le Seigneur sera entouré de la miséricorde divine (Ibid.). » Si quelqu'un espère en Dieu et se soumet à sa conduite, il sera entouré de sa miséricorde.

11. « Justes, réjouissez-vous dans le Seigneur, et soyez transportés d'allégresse (Ibid. 11). » Justes, réjouissez-vous et soyez transportés d'allégresse, non point en vous, mais dans le Seigneur. « Glorifiez-vous en lui, vous qui avez le cœur droit (Ibid.). » Glorifiez-vous en lui, vous tous qui avez compris qu'il est juste de lui être soumis, afin d'être élevés au-dessus des autres.

DEUXIÈME DISCOURS (1) SUR LE PSAUME XXXI.

1. Malgré ma faiblesse (2), j'entreprends d'expliquer à votre charité un psaume dans lequel l'Apôtre saint Paul — ainsi que vous l'avez vu par la lecture qui a précédé la récitation de ce psaume, — nous a surtout fait remarquer une preuve que la grâce de Dieu et notre justification ne sont point dues à des mérites antérieurs de notre part, mais à la miséricorde du Seigneur, notre Dieu, qui nous prévient. Je recommande donc tout d'abord ma faiblesse à vos prières; afin, comme parle l'Apôtre (*Ephes.* III, 19), qu'au moment où j'ouvre la bouche, des paroles me soient données, que je puisse prononcer devant vous sans danger pour moi et

---

9. « Nolite esse sicut equus et mulus, quibus non est intellectus (*Ibid.* 9). » Ideo se ipsi regere volunt. Et vox Prophetæ: « In freno et camo maxillas eorum constringe (*Ibid.*). » Ergo fac illis Deus, quod fit equo et mulo, ut pœnis eos cogas ferre regimen tuum, « Qui non propinquant ad te (*Ibid.* 9). »

10. « Multa flagella peccatoris (*Ibid.* 10). » Multum flagellatur, qui non confitens Deo peccata sua, seipsum sibi rectorem esse vult. « Sperantem autem in Domino misericordia circumdabit (*Ibid.*). » Qui autem sperat in Domino, et ei se subdit regendum, misericordia circumdabit eum.

11. « Lætamini in Domino, et exsultate justi. (*Ibid.* 11). » Lætamini, et exsultate justi, non in vobis, sed in Domino. « Et gloriamini omnes recti corde. (*Ibid.*). » Et in eo gloriamini omnes, qui intellexistis rectum esse illi subdi, ut ceteris præferamini.

IN EUMDEM PSALMUM XXXI.
EXARRATIO II (*a*).

1. Psalmus (*b*) gratiæ Dei et justificationis nostræ nullis præcedentibus meritis nostris, sed præveniente nos misericordia Domini Dei nostri, commendatus maxime ore Apostolico, sicut præcedens hunc Psalmum lectio omnibus intimavit, a nostra tenuitate susceptus est cum Vestra Caritate tractandus. Unde primum infirmitatem meam orationibus vestris com-

---

(1) Discours au peuple, touchant la foi et les œuvres. (2) Dans le manuscrit du Roi, en tête de ce discours, on lit le titre suivant : *Ici commence un discours sur le Ps. XXXI, prononcé un jeudi, dans la Basilique Restitute.*

(*a*) Sermo ad plebem, in quo de fide et operibus disputatur. (*b*) Huic sermoni titulus in regio MS. præfixus iste est : *Incipit de Psalmo tricesimo primo habitus sermo in quinta feria, in Basilica Restituta.*

avec profit pour vous. En effet, l'esprit humain, irrésolu et flottant entre l'aveu de sa misère et l'audace de sa présomption, vient heurter la plupart du temps, à droite et à gauche; et il est entraîné de telle sorte que, pour lui, tomber d'un côté ou d'un autre serait se précipiter dans un abîme. Si, en effet, il prend uniquement le parti de la misère humaine, et penche tellement de ce côté qu'il vienne dire : que la miséricorde de Dieu finit toujours par se répandre sur tous les pécheurs, dans quelques péchés qu'ils persévèrent, pourvu qu'ils croient au pardon de Dieu et à leur délivrance par Dieu, de telle sorte que nul pécheur parmi les fidèles ne périsse ; que, par conséquent, nul ne périt de ceux qui se disent : quoi que je fasse, de quelques désordres et de quelques forfaits que je me souille, quelque nombreuses que soient mes fautes, Dieu me délivrera par sa miséricorde, parce que je crois en lui; celui-là, qui prétend donc que nul de ces pécheurs ne périt, incline vers la pensée coupable de l'impunité des péchés, et le Dieu juste dont le psaume célèbre la justice et la miséricorde (*Ps.* c, 1), non la seule miséricorde, mais aussi la justice, trouve un homme rempli d'une criminelle présomption, et abusant pour sa perte de la divine miséricorde, et il le frappe nécessairement de condamnation. Une telle pensée précipite donc l'homme dans l'abîme. Et s'il arrive, d'autre part, qu'effrayé de ce malheur, quelqu'autre s'élève à cette audacieuse présomption de compter sur ses forces et sur sa justice; de vouloir accomplir tout bien par lui-même, et exécuter si parfaitement tous les préceptes de la loi qu'il ne manque en aucun point ; de prétendre avoir en sa puissance sa propre vie, de manière à ne jamais tomber, à ne jamais défaillir, à ne jamais chanceler, à ne jamais connaître d'obscurité; et de s'attribuer ce bien à lui-même, ainsi qu'à la puissance de sa volonté : quand même cet homme accomplirait aux yeux des autres toute justice apparente, de manière à ce qu'on ne trouvât rien à blâmer dans sa vie; sa présomption même et son orgueilleuse jactance seraient condamnées par Dieu. Qu'arrive-t-il donc, si l'homme se croit juste et présume de sa justice ? Il tombe. Et si, par la vue et la considération de sa misère, et par présomption à l'égard de la miséricorde divine, il néglige de purifier sa vie de ses péchés et se précipite dans le gouffre de tous les désordres, il tombe encore. La présomption de sa propre justice, c'est comme le côté droit; la pensée de l'impunité du péché, c'est comme le côté gauche. Or, écoutons la voix de Dieu qui nous dit : « Ne vous détournez ni à droite ni à gauche (*Prov.* IV, 27). » Ne présumez pas de votre justice pour arriver au

---

mendo, sicut dicit Apostolus (*Ephes.* III, 19), ut detur mihi sermo in apertione oris mei, sic loqui vobis, quemadmodum et mihi dicere periculosum non sit, et vobis audire salutare sit. Anceps enim animus humanus, et fluctuans inter confessionem infirmitatis et audaciam præsumptionis, plerumque hinc atque inde contunditur, et ita impellitur ut ei in quamlibet partem cadere præcipitium sit. Si enim se infirmitati propriæ omni ex parte donaverit, et in hanc cogitationem se inclinaverit, ut dicat, quia misericordia Dei omnibus peccatoribus, in quibuslibet peccatis perseverantibus, tantum credentibus quia Deus liberat, Deus ignoscit, ita in fine parata est, ut nemo pereat fidelium iniquorum : id est, nemo pereat eorum qui sibi dicunt, Quidvis faciam, quibuslibet facinoribus et flagitiis inquiner, quantumlibet peccem, liberat me Deus misericordia sua, quia credidi in eum : Qui ergo dicit neminem perire talium, cogitatione mala inclinatur in impunitatem peccatorum; et Deus ille justus, cui cantatur misericordia et judicium (*Psal.* c, 1), non sola misericordia, sed et judicium, invenit hominem male de se præsumentem, et ad interitum suum misericordia Dei abutentem, et necesse est ut damnet. Talis itaque cogitatio præcipitat hominem : qua quisque territus, si se in audaciam quamdam præsumptionis erexerit, et de suis viribus justitiaque præsumpserit, et proposuerit animo implere justitiam, et omnia quæ præcipiuntur in lege ita facere ut in nullo offendat, atque in potestate sua se habere vitam suam, ut omnino nusquam labatur, nusquam deficiat, nusquam titubet, nusquam caliget, sibique hoc tribuat, et potentatui voluntatis suæ : etiam si forte impleverit omnia quæ justa videntur coram oculis hominum, ita ut nihil inveniatur in vita ejus, quod possit reprehendi ab hominibus, ipsam præsumtionem jactationemque superbiæ damnat Deus. Quid igitur fit ; si se homo justificaverit, et de justitia sua præsumpserit? Cadit. Si considerans et cogitans infirmitatem suam et præsumens de misericordia Dei, neglexerit vitam suam mundare a peccatis suis, et se omni gurgite flagitiorum demerserit ; et ipse cadit. Præsumptio de justitia, quasi dextera est : cogitatio impunitatis peccatorum quasi sinistra est. Audiamus vocem Dei dicentem no-

royaume du ciel, ne présumez pas de la miséricorde de Dieu pour commettre le péché. Le précepte divin doit vous éloigner de ces deux extrémités, et de cette élévation et de cet abîme. Si vous montez d'un côté, vous serez précipité de cette hauteur; si vous tombez de l'autre, vous vous enfoncerez dans la profondeur. Ne vous détournez donc, dit l'Ecriture, ni à droite ni à gauche. Je vous le répète d'une manière concise, afin que vous le fixiez dans votre esprit : Ne présumez pas de votre justice pour arriver au royaume du ciel ; ne présumez pas de la miséricorde de Dieu pour commettre le péché. Vous me répondrez : Mais, que ferai-je donc ? Notre psaume nous l'enseigne ; quand nous l'aurons lu et traité jusqu'au bout, je pense qu'avec l'aide de la miséricorde du Seigneur, nous connaîtrons notre route, soit que déjà nous la suivions, soit que nous ayons encore à la prendre. Que chacun de vous entende nos paroles, autant qu'il est en lui ; et que d'après le témoignage de sa conscience, il se repente s'il a besoin d'amendement, ou se réjouisse s'il reçoit une approbation. S'il reconnaît avoir dévié du bon chemin, qu'il y revienne, pour y marcher désormais : s'il reconnaît y être resté, qu'il marche, afin d'arriver au terme. Point d'orgueil pour qui est en dehors de la voie, point de paresse pour qui est dans la voie.

2. Les paroles de l'apôtre saint Paul, que nous avons pris soin de vous faire lire pour leçon, attestent que le psaume a rapport à cette grâce par laquelle nous sommes chrétiens. Voici ce qu'a dit l'Apôtre, en soutenant la justice qui vient de la foi, contre ceux qui se glorifient de la justice qui vient des œuvres : « Quel avantage dirons-nous donc qu'Abraham, notre père, a eu selon la chair ? Car si Abraham a été justifié par les œuvres, il a de quoi se glorifier, mais non devant Dieu (*Rom.* IV, 1, etc.). » Que Dieu lui-même éloigne de nous une telle gloire, et de préférence acceptons cette parole : « Que celui qui se glorifie, se glorifie dans le Seigneur (I *Cor.* I, 31). » Beaucoup d'hommes, en effet, se glorifient de leurs œuvres, et vous voyez un bon nombre de païens qui refusent de se faire chrétiens, parce qu'ils croient se suffire à eux-mêmes pour bien vivre. Il s'agit, dira l'un d'eux, de vivre bien, que pourra m'ordonner le Christ? De vivre bien? Déjà ma vie est bonne, en quoi le Christ m'est-il nécessaire? Je ne commets aucun homicide, aucun larcin, aucune rapine ; je ne désire pas le bien d'autrui ; je ne suis souillé d'aucun adultère. Que l'on trouve en ma vie quelque chose de répréhensible, celui qui aura droit de me blâmer, pourra m'imposer d'être chrétien. Cet homme a de quoi se glori-

---

bis (a), « Ne declines in dexteram aut sinistram (*Prov.* IV, 27). » Ne præsumas ad regnum de justitia tua, ne præsumas ad peccandum de misericordia Dei. Ab utroque te revocat præceptum divinum ; et ab illa altitudine, et ab ista profunditate. Illuc si adscenderis, præcipitaberis; hac si lapsus fueris, demergeris. Ne, inquit, declines in dexteram aut sinistram. Iterum dico quod breviter fixum omnes animo teneatis: Ne, præsumas ad regnum de justitia tua, ne præsumas ad peccandum de misericordia Dei. Respondebis, Quid ergo faciam? Psalmus iste docet nos : quo perlecto atque tractato, arbitror adjuvante misericordia Domini, visuros nos viam vel ubi jam ambulemus, vel quam tenere debeamus. Unusquisque pro modulo suo audiat, et sicut sibi conscius fuerit, ita vel doleat corrigendus, vel gaudeat approbandus. Si se deviasse invenerit, redeat ut in via ambulet : si se in via invenerit, ambulet ut perveniat. Nemo sit superbus extra viam, nemo piger in via.

2. Hunc autem Psalmum ad eam gratiam pertinere, qua Christiani sumus, testatus est Apostolus Paulus : unde ipsam lectionem vobis legi voluimus. Hoc dixit Apostolus, cum commendaret justitiam quæ ex fide est, adversus eos qui gloriantur de justitia quæ est ex operibus, hoc ait : « Quid ergo dicemus invenisse Abraham patrem nostrum secundum carnem? Si enim Abraham ex operibus justificatus est, habet gloriam, sed non ad Deum (*Rom.* IV, 1, etc.). » Avertat ipse Deus a nobis talem gloriam, et illud potius audiamus, « Qui gloriatur, in Domino glorietur (I *Cor.* I, 31). » Multi enim gloriantur de operibus, et invenis multos paganos propterea nolle fieri Christianos, quia quasi sufficiunt sibi de bona vita sua. Bene vivere opus est, ait : quid mihi præcepturus est Christus? Ut bene vivam? Jam bene vivo : quid mihi necessarius est Christus? Nullum homicidium, nullum furtum, nullam rapinam facio, res alienas non concupisco, nullo adulterio contaminor. Nam inveniatur aliquid in vita mea quod reprehendatur, et qui reprehenderit faciat Christianum. Habet glo-

---

(a) Aliquot MSS. *audivimus.*

fié, mais non devant Dieu. Il n'en a point été de même de notre père Abraham. C'est, en effet, là le point que tend à nous démontrer le texte de la Sainte Écriture que j'ai cité. Car nous déclarons, et telle est notre foi touchant ce saint Patriarche qui a su plaire à Dieu, que nous tenons pour certain qu'il est glorifié devant Dieu. C'est pourquoi, voici le raisonnement de l'Apôtre : Il nous est manifestement connu qu'Abraham est glorifié devant Dieu ; mais si Abraham est justifié par les œuvres, il a de quoi se glorifier, mais non devant Dieu. Or, il est glorifié devant Dieu, donc il n'a pas été justifié par les œuvres. Et s'il n'a point été justifié par les œuvres (*Rom.* IV, 3), d'où vient sa justification ? L'Apôtre continue et nous donne la réponse. Car, que dit l'Écriture ? C'est-à-dire : d'où l'Écriture dit-elle que vient la justification d'Abraham ? « Abraham crut à Dieu et ce lui fut imputé à justice (*Gen.* XV, 6). » C'est donc par la foi qu'Abraham a été justifié.

3. Que celui donc qui entend ces mots : justifié non par les œuvres mais par la foi, prenne garde au gouffre dont j'ai parlé. Vous voyez, dira-t-il, qu'Abraham a été justifié par la foi et non par les œuvres ; que je fasse donc tout ce que je voudrai ; car, n'eussé-je accompli aucune bonne œuvre, dès lors que j'ai foi en Dieu, ce m'est imputé à justice. S'il le dit et le veut faire, il est tombé, il est enfoncé dans l'abîme ; s'il est encore indécis et flottant, il est en danger d'y tomber. Mais les divines Écritures et l'intelligence de la vérité non-seulement délivrent celui qui est en péril, mais elles retirent même du gouffre celui qui y est submergé. Je réponds donc en quelque sorte contre l'Apôtre, et je dis d'Abraham lui-même ce que nous trouvons dans l'épitre d'un autre Apôtre qui voulait corriger ceux qui avaient mal compris saint Paul. En effet, saint Jacques, parlant dans son épître contre ceux qui rejetaient les bonnes œuvres pour s'appuyer sur la foi seule, a loué et recommandé les œuvres d'Abraham dont saint Paul a loué et recommandé la foi ; et il n'y a point de contradiction entre les deux Apôtres. Saint Jacques rapporte cette œuvre si connue de tous, qu'Abraham offrit à Dieu son fils en sacrifice. L'œuvre est excellente, mais elle a eu la foi pour principe. Je loue l'édifice extérieur de l'œuvre, mais j'y reconnais le fondement de la foi ; je loue le fruit de la bonne œuvre, mais j'y reconnais la racine de la foi. Si Abraham eût agi en dehors de la vraie foi, cette œuvre, quelle qu'elle fût, ne lui eût servi de rien. D'autre part, si Abraham avait eu seulement ce genre de foi, qui lui eût fait dire en lui-même, alors que Dieu lui prescrivait l'immolation de son fils en holocauste : Je n'en ferai rien, et pour-

---

riam, sed non ad Deum. Non autem sic pater noster Abraham. Haec enim sententia Scripturae ad hoc vult intentionem nostram dirigere. Quia enim fatemur, et ipsa est fides nostra de sancto Patriarcha, qui placuit Deo, ut dicamus eum et noverimus ad Deum habere gloriam, ait Apostolus : Certe notum est nobis et manifestum, quia Abraham ad Deum habet gloriam : at si ex operibus justificatus est Abraham, habet gloriam, sed non ad Deum : ad Deum autem habet gloriam ; non ergo ex operibus justificatus est. Si ergo non ex operibus justificatus est Abraham (*Rom.* IV, 3), unde justificatus est? Sequitur, et dicit unde : Quid enim Scriptura dicit? id est, Unde dicit Scriptura justificatum Abraham? « Credidit autem Abraham Deo, et reputatum est illi ad justitiam (*Gen.* XV,6). » Ergo ex fide justificatus est Abraham.

3. Jam qui audit, Non ex operibus, sed ex fide : observet illum voraginem, de qua locutus sum : Vides ergo, quia ex fide, non ex operibus justificatus est Abraham ; faciam ergo quidquid volo, quia et si bona opera non habuero, et tantum crediderо in Deum, deputatur mihi ad justitiam. Si dixit et decrevit, lapsus demersus est : si adhuc cogitat et fluctuat, periclitatur. Scriptura autem Dei verusque intellectus, non solum periclitantem a periculo liberat sed et demersum a profundo elevat. Respondeo ergo tamquam contra Apostolum, et dico de ipso Abraham quod invenimus etiam in Epistola alterius Apostoli, qui volebat corrigere homines, qui male intellexerant istum Apostolum. Jacobus enim in Epistola sua, contra eos qui nolebant bene operari de sola fide praesumentes, ipsius Abrahae opera commendavit (*Jac.* II, 21), cujus Paulus fidem : et non sunt sibi adversi Apostoli. Dicit autem opus omnibus notum, Abraham filium suum immolandum Deo obtulit. Magnum opus, sed ex fide. Laudo superaedificationem operis, sed video fidei fundamentum : laudo fructum boni operis, sed in fide agnosco radicem. Si autem hoc praeter fidem rectam faceret Abraham, nihil illi prodesset, qualecumque illud opus esset. Rursum si sic teneret fidem Abraham, ut cum ei Deus imperaret offerre sibi immolandum filium suum, diceret apud semetipsum, Non facio, et tamen credo quia me etiam contemnentem jussa sua

tant je crois que Dieu me tient pour juste, quoique je méprise ses ordres; sa foi, qui n'eût point été suivie de l'œuvre, eût été une foi morte, et, semblable à une racine sans fruit, elle fût restée stérile et desséchée.

4. Qu'est-ce donc? N'y a-t-il aucune œuvre que nous ne devions placer avant la foi, c'est-à-dire : personne ne peut-il accomplir de bonnes œuvres avant d'avoir la foi? Non; les œuvres que l'on dit précéder la foi, si louables qu'elles paraissent aux yeux des hommes, sont des œuvres vaines. A mon sens, elles ne sont qu'une grande dépense de forces et une course très-rapide en dehors du vrai chemin. Que personne donc ne s'attribue de bonnes œuvres avant la foi ; là où la foi n'était pas, il n'y avait pas de bonnes œuvres. Car c'est l'intention qui rend l'œuvre bonne, et c'est la foi qui rend droite l'intention. Ne recherchez pas tant ce que fait un homme, que ce qu'il a en vue dans ce qu'il fait, c'est-à-dire le but vers lequel il dirige habilement tous ses efforts. Qu'un homme, en effet, gouverne admirablement son navire et ne sache plus où il doit aller ; de quoi lui sert de tenir parfaitement le gouvernail, de le mouvoir parfaitement, de présenter la proue aux flots, de prendre garde que les vagues ne battent les flancs du vaisseau, et d'avoir assez d'habileté pour porter son navire où il le veut, et le détourner d'où il veut ; si, à cette question : où allez-vous? il répond : je ne sais pas ; ou si, ne disant pas : je ne sais, il répond : je vais vers tel port, tandis qu'il court, non vers ce port, mais vers des rochers? Cet homme ne gouverne-t-il pas son navire avec d'autant plus de danger qu'il se croit plus capable et plus habile à le diriger, et ne le conduit-il pas rapidement au naufrage? Tel est celui qui court avec rapidité hors du vrai chemin. Ne vaudrait-il pas mieux, ne serait-il pas plus avantageux que le pilote fût moins habile, qu'il ne tînt le gouvernail qu'avec quelque peine et quelque difficulté, mais qu'il suivît une ligne sûre et déterminée? Ne vaudrait-il pas mieux de même, que l'autre marchât avec plus de lenteur et moins de force, mais, du moins, qu'il marchât dans la bonne route, plutôt que de courir avec vigueur hors de la voie? L'homme parfait est donc celui qui tient la bonne route et qui y marche courageusement. Au second rang, mais avec bon espoir encore, vient celui qui boite un peu, mais qui ne se fourvoie pas entièrement ; qui ne reste pas en chemin, et qui ne laisse pas d'avancer, quoique pas à pas. On peut espérer, en effet, qu'il arrivera, quoique tardivement sans doute, au terme de son voyage.

5. Mes frères, c'est donc par la foi qu'Abraham a été justifié ; mais en lui, si les œuvres

liberat Deus : fides sine operibus mortua esset, et tamquam radix sine fructu sterilis atque arida remaneret.

4. Quid ergo? Debemus nulla opera præponere fidei, id est ut ante fidem quisquam dicatur bene operatus? Ea enim ipsa opera quæ dicuntur ante fidem, quamvis videantur hominibus laudabilia, inania sunt. Ita mihi videntur esse, ut magnæ vires et cursus celerrimus præter viam (II Sent. dist. XL, c. 1, et XLI, c. Alii vero qui). Nemo ergo computet bona opera sua ante fidem : ubi fides non erat, bonum opus non erat. Bonum enim opus intentio facit, intentionem fides dirigit. Non valde adtendas quid homo faciat, sed quid cum facit adspiciat, quo lacertos optime dirigat. Fac enim hominem optime gubernare navim, et perdidisse quo tendit, quid valet quia artemonem optime tenet, optime movet, dat proram fluctibus, cavet ne (a) latera infligantur; tantis est viribus, ut detorqueat navim quo velit, atque unde velit : et dicatur ei, usque quo is ; et dicat, Nescio : aut non dicat, Nescio; sed dicat, Ad illum portum eo, nec in portum, sed in saxa festinet? Nonne iste quanto sibi videtur in navi gubernanda agilior et efficacior, tanto periculosius eam sic gubernat, ut ad naufragium properando perducat? Talis est et qui optime currit præter viam. Nonne ergo erat melius et tolerabilius, ut esset gubernator ille aliquanto invalidior, ut cum labore et aliqua difficultate gubernacula regeret, et tamen rectum debitumque cursum teneret; rursumque ille pigrius etiam et imbecillius, tamen in via ambularet quam præter viam fortiter curreret? Optimus ergo ille qui et viam tenet, et bene ibi ambulat : sequentis autem spei, qui et si aliquantum claudicat, non omnino (b) ut erret, aut remaneat, sed progreditur etsi paulatim. Fortasse enim sperandum est, eum quo tendit etiam tardius perventurum.

5. Ergo, Fratres, ex fide justificatus est Abraham: sed si fidem opera non præcesserunt, tamen secuta sunt. Numquid enim fides tua sterilis erit? Si sterilis

(a) Plerique MSS. *ne lateri infligantur*. (b) Sic aliquot MSS. Alii vero, *omnino ut hæreat*. Editi, *omnino errat, aut remanet*.

n'ont point précédé la foi, du moins elles l'ont suivie. Est-ce qu'en effet, votre foi doit rester stérile? Si vous n'êtes point stérile, votre foi ne l'est pas non plus. Vous avez donné créance à quelque chose de mauvais, et vous avez brûlé au feu de votre malice la racine de votre foi. Ayez donc la foi, afin d'agir. Mais, dites-vous, ce n'est pas là ce qu'enseigne l'Apôtre saint Paul. Vous vous trompez, saint Paul vous dit : « La foi opère pas la charité (*Gal.* v, 6); » et ailleurs : « La plénitude de la loi est la charité (*Rom.* xiii, 10); » ailleurs encore : « Toute la loi est renfermée dans un seul commandement écrit en ces termes : « Vous aimerez votre prochain comme vous-même (*Gal.* v, 14). » Voyez si l'Apôtre ne veut pas que vous vous livriez aux bonnes œuvres, lui qui vous dit: « Vous ne serez point adultère, vous ne commettrez point d'homicide, vous ne convoiterez pas ; et s'il est quelque autre commandement, tout se résume dans ces paroles de l'Ecriture : Vous aimerez votre prochain comme vous-même. L'amour du prochain n'opère pas le mal, et la plénitude de la loi est la charité (*Rom.* xiii, 6). » La charité vous permet-elle de faire du mal à celui que vous aimez ? Mais peut-être vous bornez-vous à ne pas lui faire de mal, sans lui faire de bien. Est-ce donc que la charité vous permet de ne point faire ce que vous pouvez, pour celui que vous aimez? Cette charité n'est-elle point celle qui prie pour les ennemis ? Or, celui qui prie pour un ennemi, abandonne-t-il jamais un ami? C'est pourquoi, si la foi n'est point accompagnée de la charité, elle ne produira point d'œuvres. Mais pour ne pas vous préoccuper davantage de ce que produit la foi, ajoutez à la foi l'espérance et la charité, et ne vous inquiétez pas de ce que seront vos œuvres. La charité ne peut être oisive. Or, quelle est la cause de tout acte humain, même mauvais, si ce n'est l'amour? Montrez-moi quelque part un amour oisif, un amour inactif. Les crimes, les adultères, les forfaits, les homicides, tous les genres de débauche, n'est-ce point l'amour qui les produit? Purifiez donc votre amour ; dirigez vers votre jardin une eau qui coule vers un égout; ces élans impétueux de votre amour vers le monde, portez-les vers le Créateur du monde. Vous dit-on : N'aimez quoi que ce soit? Non, assurément. Si vous n'aimiez rien, vous seriez des hommes inertes et morts, détestables et misérables. Aimez, mais faites attention à ce que vous aimez. L'amour de Dieu, l'amour du prochain s'appelle charité; l'amour du monde, l'amour de ce siècle s'appelle cupidité. Refrénez la cupidité, excitez la charité. La charité donne à celui qui fait le bien l'espérance d'une bonne conscience. En effet, la bonne conscience

---

non es, sterilis non est ipsa. Aliquid mali credidisti, et igne malitiæ tuæ radicem tuæ fidei concremasti. Tene ergo fidem operaturus. Sed dicis, Non hoc ait apostolus Paulus. Immo hoc ait Paulus apostolus : « Fides, inquit, quæ per dilectionem operatur (*Gal.* v, 6). » Et alio loco, « Plenitudo ergo legis caritas (*Rom.* xiii, 10). » Et alio loco, « Omnis enim lex in uno sermone impletur (*Gal.* v, 14), » in eo quod scriptum est, Diliges proximum tuum tamquam te ipsum. Vide si non vult te operari qui dicit, « Non adulterabis, Non homicidium facies, Non concupisces, et si quod est aliud mandatum, in hoc sermone recapitulatur, Diliges proximum tuum tamquam te ipsum : dilectio proximi malum non operatur : Plenitudo autem legis, caritas (*Rom.* xiii, 9, etc.). » Nunquid caritas permittit aliquid mali te facere ei quem diligis? Sed forte tantummodo mali nihil facis, non etiam aliquid boni (*a*). Ergone caritas permittit te non præstare quidquid potes ei quem diligis? Nonne illa est caritas quæ orat etiam pro inimicis? Ergo de-serit amicum, qui bene optat inimico? Itaque si fides sine dilectione sit, sine opere erit. Ne autem multa cogites de opere fidei, adde illi spem et dilectionem, et noli cogitare quid operis. Ipsa dilectio vacare non potest. Quid enim de quoquam homine etiam male operatur, nisi amor? Da mihi vacantem amorem et nihil operantem. Flagitia, adulteria, facinora, homicidia luxurias omnes, nonne amor operatur? Purga ergo amorem tuum : aquam fluentem in cloacam, converte ad hortum : quales impetus habebat ad mundum, tales habeat ad artificem mundi. Num vobis dicitur, Nihil ametis? absit. Pigri, mortui, detestandi, miseri eritis, si nihil ametis. Amate, sed quid ametis videte. Amor Dei, amor proximi, caritas dicitur : amor mundi, amor hujus sæculi, cupiditas dicitur. Cupiditas refrenetur, caritas excitetur. Ipsa enim caritas bene operantis, dat ei spem bonæ conscientiæ. Spem enim gerit bona conscientia ; quomodo mala conscientia tota in desperatione est, sic bona conscientia tota in spe. Et erunt tria hæc, de

---

(*a*) Ita MSS. At editi, *Ergo nec caritas.*

DEUXIÈME DISCOURS SUR LE PSAUME XXXI.

porte avec elle l'espérance : de même que la mauvaise conscience est tout entière livrée au désespoir, ainsi la bonne conscience est tout entière dans l'espérance. C'est ainsi que seront les trois choses, dont parle l'Apôtre : « La foi, l'espérance, la charité (I *Cor.* XIII, 13). » En un autre endroit, il parle encore de toutes les trois ; mais au lieu de l'espérance, il nomme la bonne conscience. « Car, dit-il, la fin des commandements (I *Tim.* I, 5)..... » Qu'est-ce que la fin des commandements ? Ce n'est point ce qui détruit les choses commandées ; mais ce qui en rend l'accomplissement parfait. Car nous disons en deux sens différents la fin d'un aliment et la fin d'un vêtement qui était sur le métier. La fin d'un aliment est qu'il n'existe plus ; la fin d'un vêtement est qu'il soit achevé : de part et d'autre cependant, il y a fin. L'Apôtre, en parlant ici de la fin des commandements, a en vue non leur ruine, mais leur entier accomplissement, non la destruction qui consume, mais la perfection qui rend consommé. Or, la fin qu'il indique est le résultat de trois choses : « La fin des commandements, dit-il, est la charité qui vient d'un cœur pur, d'une bonne conscience, et d'une foi sincère (Ibid.). » Au lieu de l'espérance, il a mis la bonne conscience, car celui-là espère qui porte une bonne conscience. Au contraire, celui que torture une conscience mauvaise, perd l'espérance, et n'attend que sa condamnation. Que l'homme, pour espérer le royaume des cieux, ait donc une bonne conscience ; et, pour avoir une bonne conscience, qu'il croie et fasse de bonnes œuvres. Sa croyance appartient à la foi, et ses œuvres à la charité. C'est pourquoi l'Apôtre a commencé en un endroit par la foi : « La foi, l'espérance, la charité (I *Cor.* XIII, 13) ; » et en un autre par la charité : « La charité qui vient d'un cœur pur, d'une bonne conscience, et d'une foi sincère (I *Tim.* I, 57). » Et nous, nous avons commencé par le milieu, par la bonne conscience et par l'espérance. Qui veut, avons-nous dit, avoir bonne espérance, doit avoir bonne conscience ; et pour avoir bonne conscience qu'il ait la foi et les œuvres. Du milieu, nous allons au commencement et à la fin : qu'il croie, qu'il ait les œuvres. La croyance appartient à la foi, les œuvres à la charité.

6. En quel sens donc l'Apôtre dit-il qu'un homme est justifié sans les œuvres qui procèdent de la foi (*Rom.* III, 28), puisqu'il dit ailleurs : « La foi qui opère par la charité (*Gal.* V, 6) ? » N'opposons point l'apôtre saint Jacques à saint Paul. Mais saint Paul lui-même à saint Paul, et disons-lui : D'une part, vous nous permettez en quelque sorte de pécher impunément lorsque vous dites : « Nous reconnaissons que l'homme est justifié par la foi, sans les œuvres... ; » et d'autre part vous dites : « La foi qui opère

---

quibus dicit Apostolus, « Fides, spes, caritas (I *Cor.* XIII, 13). » Et alio loco ipsa tria, sed pro spe bonam conscientiam posuit : « Finis enim præcepti est (I *Tim.* I, 5), » dixit. Quid est finis præcepti ? Quo perficiuntur præcepta, non quo consumuntur. Aliter enim dicimus, Finitus est cibus ; aliter dicimus, Finita est tunica quæ texebatur : finitur cibus ut non sit ; finitur tunica ut perfecta sit : et hic finis dicitur et ibi. Non ergo hic finem præcepti dixit, quo quasi pereant præcepta, sed quo perficiantur ; et consummentur, non consumantur. Finis ergo (a) propter tria illa : « Finis, inquit, præcepti est caritas de corde puro, et conscientia bona, et fide non ficta (*Ibid.*). » Pro spe bonam conscientiam posuit. Ille enim sperat qui bonam conscientiam gerit. Quem vero pungit mala conscientia, retrahit se a spe, et non sibi sperat nisi damnationem. Ut ergo speret regnum, habeat bonam conscientiam, credat, et operetur. Quod credit fidei est, quod operatur caritatis est. Illo ergo loco a fide cœpit Apostolus, « Fides, spes, caritas (I *Cor.* XIII, 13) ; » alio loco ab ipsa caritate cœpit, « Caritas de corde puro, et conscientia bona, et fide non ficta (I *Tim.* I, 5). » Modo nos a medio cœpimus, ab ipsa conscientia et spe. Qui vult, inquam, habere bonam spem, habeat bonam conscientiam ; ut autem habeat bonam conscientiam, credat, et operetur. A medio imus ad initium et finem : credat, et operetur. Quod credit, fidei est : quod operatur, caritatis est.

6. Quomodo ergo dicit Apostolus justificari hominem, sine operibus ex fide (*Rom.* III, 28), cum alio loco dicat, « Fides quæ per dilectionem operatur (*Gal.* V, 6) ? » Non ergo Jacobum apostolum Paulo, sed ipsum Paulum ipsi Paulo opponamus, et dicamus ei. Hac nos quodammodo permittis impune peccare, cum dicis, « Arbitramur justificari hominem per fidem sine operibus : » et hac dicis, « Fides quæ per

---

(a) F. Præcepti.

par la charité. » Comment d'abord puis-je être comme en sécurité, quand même je n'aurais fait aucune bonne œuvre ; et comment ensuite semble-t-il que je ne puisse avoir ni une espérance ni même une foi suffisante, si je n'opère le bien par la charité ? Ce sont vos propres paroles, ô grand apôtre. Assurément ici vous voulez me recommander la foi sans les œuvres. Or, la foi produit la charité, et la charité ne peut prendre de repos qu'autant qu'elle a fui tout mal et pratiqué tout bien possible. Car, que fait la charité ? « Éloignez-vous du mal et faites le bien (*Ps.* XXXVI, 47). » Vous recommandez donc la foi sans les œuvres, et vous dites ailleurs : « Quand j'aurais la foi au point de transporter les montagnes ; si je n'ai point la charité, cela ne me sert de rien (1 *Cor.* XIII, 2). » Si donc la foi ne sert de rien sans la charité, et si partout où est la charité, elle opère nécessairement, évidemment la foi opère par la charité. En ce cas, comment l'homme sera-t-il justifié par la foi sans les œuvres ? L'Apôtre vous répond lui-même : O homme, je vous ai parlé de la sorte, de peur que vous ne parussiez présumer de vos œuvres, et croire que vous aviez reçu la grâce de la foi en raison du mérite de vos œuvres. Ne présumez donc pas de vos œuvres qui ont précédé la foi. Sachez que la foi vous a trouvé pécheur, et que, si elle vous a rendu juste après vous avoir été donnée, elle a d'abord trouvé en vous un impie qu'il fallait rendre juste. « Car à l'homme qui croit en Celui qui justifie l'impie, dit l'Apôtre, sa foi est imputée à justice (*Rom.* IV, 5). » Si l'impie est justifié, il était impie avant de devenir juste ; s'il était impie avant de devenir juste, que sont les œuvres des impies ? Que l'impie se vante, s'il le veut, de ses actions, et qu'il dise : Je donne aux pauvres, je ne dérobe rien à personne, je ne convoite pas la femme d'autrui, je ne tue personne, je ne trompe personne, je rends le dépôt qui m'a été confié en l'absence de tout témoin ; qu'il dise tout cela : pour moi, je demande seulement s'il est impie ou s'il ne l'est pas. Et comment serais-je impie, répond-il, en agissant de la sorte ? Vous êtes impie, comme ceux dont il est dit : « Ils ont servi la créature plutôt que le Créateur, lequel est éternellement béni (*Rom.* I, 25). » Comment vous seriez impie ? Mais qu'êtes-vous donc, si de toutes ces bonnes œuvres vous espérez, ou ce qu'il faut en effet espérer, mais non de Celui en qui il faut espérer ; ou bien ce qu'il ne faut pas espérer, même de celui de qui on doit espérer la vie éternelle ? En récompense de vos bonnes œuvres, vous avez espéré quelque félicité terrestre : vous êtes un impie. Ce n'est point là la récompense de la foi.

---

dilectionem operatur. » Quomodo hæc quasi securus fio, si operatus non fuero : hac autem nec spem, nec ipsam fidem videor habere bonam, nisi operatus fuero per dilectionem ? Teipsum audio Apostole. Certe fidem mihi hic sine operibus vis commendare : opus autem fidei dilectio est : quæ dilectio vacare non potest, nisi et mali nihil operetur, et quidquid potest boni operetur. Quid enim facit dilectio ? « Declina a malo, et fac bonum (*Psal.* XXXVI, 47). » Hanc ergo fidem sine operibus commendas : et alio loco dicis, « Et si fidem habeam, ita ut montes transferam, caritatem autem non habeam, nihil mihi prodest (1 *Cor.* XIII, 2). » Ergo si nihil prodest fides sine caritate, caritas autem ubi fuerit necesse est ut operetur, fides ipsa per dilectionem operatur. Quomodo ergo justificabitur homo per fidem sine operibus ? Respondet ipse Apostolus : Propterea hoc tibi dixi, o homo, ne quasi de operibus tuis præsumere videreris, et merito operum tuorum te accepisse fidei gratiam. Noli ergo præsumere de operibus ante fidem. Noveris quia peccatorem te fides invenit, et si te fides data fecit justum, impium invenit quem faceret justum. « Credenti, inquit, in eum qui justificat impium, deputatur fides ejus ad justitiam (*Rom.* IV, 5). » Si justificatur impius, ex impio fit justus : si ex impio justus fit, quæ sunt opera impiorum ? Jactet etiam impius opera sua, et dicat, Do pauperibus, nihil alicui aufero, non uxorem alienam concupisco, non quemquam occido, nulli fraudem facio, depositum apud me nullo teste repræsento : hæc omnia dicat : quæro utrum pius sit, an impius. Et quomodo sum impius, inquit, ista faciens ? Quomodo illi, de quibus dictum est, « Et servierunt creaturæ potius quam Creatori, qui est benedictus in sæcula (*Rom.* I, 25). » (a) Quomodo es impius ? Quid si de his omnibus bonis operibus, aut illud speras quod sperandum est, sed non ab illo a quo sperandum est : aut hoc speras, quod sperandum non est, etiam ab illo a quo æterna vita speranda est ? Pro bonis operibus sperasti terrenam quamdam felicitatem, impius es. Non est ista merces fidei. Cara res est fides, vili illam (b) addixisti. Impius ergo es, et nulla sunt ista

---

(a) Editi. *Ecce quomodo es impius.* Abest, *ecce*, a MSS. sed ex iis duo habent sic, *Quomodo es pius, qui de his omnibus*, etc.
(b) Plerique MSS. *adduxisti.*

DEUXIÈME DISCOURS SUR LE PSAUME XXXI.

La foi est une chose d'un grand prix, et vous l'avez mise à vil prix. Vous êtes donc impie, et toutes vos œuvres ne sont rien. Vous agitez les bras comme pour accomplir de bonnes œuvres, vous paraissez gouverner parfaitement votre navire, et pourtant vous courez sur des rochers. Qu'en est-il si vous espérez ce qu'il faut espérer, c'est-à-dire la vie éternelle, et que vous ne l'espériez point du Seigneur Dieu par Jésus-Christ, par qui seul la vie éternelle est donnée, mais que vous pensiez y arriver par la milice du ciel, par le soleil et la lune, par les puissances de l'air, et de la mer, et de la terre et des astres ? Vous êtes impie. Croyez donc en Celui qui justifie l'impie, afin que vos bonnes œuvres puissent être réellement de bonnes œuvres. Car je ne les appellerai pas de bonnes œuvres, tant qu'elles ne sortiront pas de la seule racine qui soit bonne. Qu'en est-il donc ? Ou bien vous espérez du Dieu éternel une vie temporelle, ou bien vous espérez des démons la vie éternelle ; de toute manière, vous êtes impie. Corrigez votre foi, dirigez votre foi, dirigez votre route, et si vous avez bon pied, marchez désormais en assurance, courez, vous êtes dans le chemin ; mieux vous courrez, plus facilement vous arriverez. Mais peut-être boitez-vous un peu. Du moins gardez-vous de quitter le bon chemin. Vous arriverez tardivement, mais enfin vous arriverez. Ne restez point en route, ne retournez pas en arrière, ne déviez pas du chemin.

7. Quoi donc ! Quels sont les heureux ? Ce ne sont pas ceux en qui Dieu n'a pas trouvé de péché ; il en a trouvé dans tous : car tous ont péché, et tous ont besoin de la gloire de Dieu (*Rom.* III, 23). Si donc, il se trouve des péchés dans tous les hommes, ceux-là sont les heureux à qui les péchés ont été remis. L'Apôtre a confirmé cette pensée en ces termes : « Abraham crut à la parole de Dieu et sa foi lui fut imputée à justice (*Rom.* IV, 3). » Quant à celui qui travaille, (c'est-à-dire qui présume de ses œuvres, et qui prétend que la grâce lui est donnée en raison de leur mérite), sa récompense ne lui est point imputée comme une grâce, mais comme une dette (Ibid.). Que veut dire cela, sinon que notre récompense est appelée une grâce ? Si elle est une grâce, elle est donnée gratuitement. Que veut dire qu'elle est donnée gratuitement ? Cela signifie que nous ne donnons rien en retour. Vous n'avez rien fait de bon, et la rémission des péchés vous est donnée. Vos œuvres sont examinées, et elles sont toutes trouvées mauvaises. Si Dieu vous rendait ce qui vous est dû pour ces œuvres, il vous condamnerait assurément. « Car le salaire du péché, c'est la mort (*Rom.* VI, 23). » Qu'est-il dû aux œuvres mauvaises, sinon la damnation ? Qu'est-il dû aux œuvres bonnes ? le royaume des cieux. Pour vous, vous avez été trouvé coupable

---

opera tua. Moveas licet in bonis operibus lacertos, et videaris navim optime gubernare, in saxa festinas. Quid si quod sperandum est speras, id est vitam æternam, sed non à Domino Deo per Jesum Christum, per quem solum datur vita æterna ; sed putas te ad vitam æternam posse pervenire per militiam cœli, per solem et lunam, per potestates aeris, et maris, et terræ, et siderum ? Impius es. Crede in eum qui justificat impium, ut possint et bona opera tua esse opera bona. Nam nec bona illa appellaverim, quamdiu non de radice bona procedunt. Quid est hoc ? Aut vitam temporalem ab æterno Deo speras, aut vitam æternam a dæmonibus speras : in qualibet parte impius es. Corrige fidem (*a*), dirige fidem, dirige viam : et si habes bonos pedes, ambula jam securus, curre, viam tenes : quanto melius cucurreris, tanto facilius pervenies. Sed forte claudicas aliquantum. Saltem a via noli recedere ; etsi tardius, perventurus es : noli remanere, noli retro converti, noli deviare.

7. Quid ergo ? Qui sunt beati ? Non in quibus non invenerit Deus peccatum : nam in omnibus invenit, « Omnes enim peccaverunt, et egent gloria Dei (*Rom.* III, 23). » Si ergo in omnibus peccata inveniuntur, remanet ut non sint beati, nisi quorum remissa sunt peccata. Hoc ergo Apostolus sic commendavit : « Credidit Abraham Deo, et reputatum est ei ad justitiam (*Rom.* IV, 3, etc). » Et ei qui operatur, (id est, de operibus præsumit, et eorum merito sibi dicit datam esse gratiam fidei), merces non imputatur secundum gratiam, sed secundum debitum (Ibid). Quid est hoc, nisi quod merces nostra gratia vocatur ? Si gratia est, gratis datur. Quid est gratis datur ? Gratis constat. Nihil boni fecisti, et datur tibi remissio peccatorum. Attenduntur opera tua, et inveniuntur omnia mala. Si quod debetur illis operibus Deus redderet, utique damnaret : « Stipendium enim peccati mors (*Rom.* VI, 23). » Malis operibus quid debetur, nisi damnatio ? Bonis quid debetur ?

(a) In MSS. deest, *dirige fidem*.

d'œuvres mauvaises; si l'on vous rend ce que vous avez mérité, vous serez puni. Qu'arrive-t-il donc? Dieu ne vous inflige pas le châtiment qui vous est dû, mais il vous donne une grâce qui ne vous est point due. Il vous devait la vengeance, il vous accorde l'indulgence. C'est donc par indulgence que vous commencez à entrer dans la foi, et dès lors cette foi, unissant à elle l'espérance et la charité, commence à accomplir de bonnes œuvres. Mais alors même, ne vous enorgueillissez pas et ne vous élevez pas. Souvenez-vous par qui vous avez été mis dans le bon chemin ; souvenez-vous que, quand vos pieds étaient sains et vigoureux, vous erriez au hasard; souvenez-vous que quand vous avez été blessé et laissé pour mort, étendu au milieu de la route, vous avez été relevé, placé sur un cheval et conduit à l'hôtellerie (*Luc*, x, 202). « Quant à celui qui travaille, dit l'Apôtre, sa récompense ne lui est point imputée comme une grâce, mais comme une dette (*Rom.* IV, 4). » Si vous voulez rester étranger à la grâce, vantez vos mérites. Mais Dieu voit ce qui est en vous, et il sait ce qu'il doit à chacun. Mais « Pour celui qui ne travaille pas,... » qu'arrive-t-il? Prenez quelque pécheur impie, il ne travaille point. Mais que peut-il faire? « Et qui croit en celui qui justifie l'impie,... » De ce qu'il ne produit pas de bonnes œuvres, il est impie ; et, s'il paraît faire quelques bonnes œuvres, comme elles ne viennent pas de la foi, on ne peut les appeler bonnes. « Et qui croit en celui qui justifie l'impie, sa foi lui est imputée à justice (*Ibid.*). » C'est ainsi que David appelle heureux l'homme à qui Dieu impute la justice sans les œuvres. Mais quelle justice? Celle de la foi, que les bonnes œuvres n'ont point précédée, mais qui est suivie des bonnes œuvres.

8. Écoutez donc attentivement : autrement en comprenant mal ce que j'explique, vous vous jetez dans le gouffre de l'impunité prétendue du péché. Et je n'en serais pas responsable, pas plus que l'Apôtre n'en a été responsable à l'égard de ceux qui ont mal compris ses paroles. Car c'est de leur plein gré, qu'ils les ont mal comprises, afin de n'avoir point à pratiquer les bonnes œuvres. Mes frères, ne soyez pas du nombre de ces hommes. Il est dit dans un psaume, d'un tel homme, c'est-à-dire d'une telle sorte d'hommes, bien que le prophète n'ait parlé que d'un seul : « Il n'a pas voulu comprendre, afin de bien agir ensuite (*Ps.* XXXV, 4). » Le psaume ne dit pas, remarquez-le, « Il n'a pas pu comprendre. » Il faut donc que vous vouliez d'abord bien comprendre, afin de bien agir ensuite. Le sens évident de toute cette doctrine ne vous échappera point. Quel est ce sens évident? Que nul ne vante ses bonnes œuvres antérieures à la foi : que nul, ayant reçu la foi, ne néglige les bonnes œuvres. Dieu donc accorde indul-

---

Regnum cœlorum. Tu autem in malis operibus inventus es : si reddatur tibi quod debetur, puniendus es. Quid ergo fit? Non tibi Deus reddit debitam pœnam, sed donat indebitam gratiam. Debebat vindictam, dat indulgentiam. Incipis ergo esse in fide per indulgentiam; jam fides illa assumta spe et dilectione incipit bene operari : sed nec tunc glorieris, et extollas te : memento a quo in via positus sis: memento quia et sanis pedibus et velocibus erraras ; memento quia et si languebas, et in via semivivus jacebas, levatus es in jumentum, et perductus in stabulum (*Luc.* x, 30). « Ei vero, inquit, qui operatur, merces non imputatur secundum gratiam, sed secundum debitum (*Rom.* IV, 4). » Si vis esse alienus a gratia, jacta merita tua. Ille autem videt quid sit in te, et novit quid debeat. « Ei vero qui non operatur (*Ibid.* v), » inquit. Ecce pone aliquem impium peccatorem, non operatur. Quid autem? « Credit autem in eum qui justificat impium (*Ibid.*).» Ex eo enim quia non operatur bene, impius est : et si bona videatur facere, tamen quia sine fide, nec bona vocanda sunt « Credenti autem in eum qui justificat impium, deputatur fides ejus ad justitiam (*Ibid.*); » sicut et David dicit beatitudinem hominis, cui Deus accepto fert justitiam sine operibus. Justitiam autem quam ? Fidei, quam bona opera non præcesserunt, sed quam bona opera consequuntur.

8. Intendite ergo vos: alioquin male intelligendo projicitis vos in illam voraginem impune peccandi : et ego liber sum, sicut ipse Apostolus ab omnibus male intelligentibus liber fuit. Libenter enim male intellexerunt, ne bona opera sequerentur. Nolite esse de numero talium, Fratres. Dicitur in quadam Psalmo, de quodam homine tali, id est de tali genere, quasi de uno : « Noluit, inquit, intelligere, ut bene ageret (*Psal.* XXXV, 4). » Non dictum est, Non potuit intelligere. Vos ergo oportet ut velitis intelligere, et bene agatis. Intellectus enim vobis non deerit manifestus. Quis est manifestus intellectus? Nemo jactet bona opera sua ante fidem, nemo sit piger in bonis

gence à tous ceux qui sont impies, et il les justifie par la foi.

9. « Bienheureux ceux à qui les iniquités ont été remises, et dont les péchés ont été couverts. Bienheureux l'homme à qui le Seigneur n'a point imputé de péché, et dont la bouche n'est pas trompeuse (*Ps.* XXXVI, 1, 2). » Le psaume commence avec ces paroles, et déjà commence ce dont il vous faut avoir l'intelligence. Ce dont il vous faut avoir l'intelligence, ou l'intelligence même qu'il vous faut avoir, est que vous sachiez que vous ne devez ni vous vanter de vos mérites, ni présumer de l'impunité des péchés. Voici, en effet, le titre du psaume : « Pour l'intelligence de David (*Ibid.*). » Ce psaume est appelé un psaume d'intelligence. Or, la première chose dont il vous faut avoir l'intelligence, est de vous reconnaître pécheur. La seconde chose à comprendre est que, quand vous aurez commencé à faire le bien par la foi à l'aide de la charité, vous ne devrez pas l'imputer à vos propres forces, mais à la grâce de Dieu (*Galat.* v, 6). De cette manière, votre bouche, c'est-à-dire la bouche de votre cœur, ne sera point trompeuse ; vous n'aurez point autre chose sur les lèvres, autre chose dans l'esprit. Vous ne serez pas de ces Pharisiens, dont il a été dit : « Vous êtes semblables à des sépulcres blanchis ; par les dehors vous paraissez justes aux yeux des hommes, mais au-dedans vous êtes pleins de fraude et d'iniquité (*Matth.* XXIII, 17). » En effet, celui qui étant injuste se prétend juste, n'est-il point un trompeur ? Il n'est pas le Nathanaël, dont le Seigneur a dit : « Voici un véritable Israélite, en qui il n'y a point d'artifice (*Jean.* I, 47). » Et pourquoi n'y avait-il point d'artifice en Nathanaël ? Le Seigneur l'indique : « Je vous ai vu, lui dit-il, tandis que vous étiez sous le figuier (*Ibid.* 48). » Il était sous le figuier, il était sous la condition de la nature charnelle. S'il était sous la condition de la nature charnelle, comme il se trouvait sous la domination du péché que nous devons à notre origine, il était sous ce figuier, dont la pensée arrache des gémissements au Prophète dans un autre psaume : « Car, voici, dit-il, que j'ai été conçu dans l'iniquité (*Ps.* L, 2). » Mais, celui qui est venu sur terre avec la grâce l'a vu. Que signifie : l'a vu ? C'est-à-dire : a eu pitié de lui. Le Seigneur glorifie donc l'homme exempt d'artifice, afin de glorifier sa grâce en lui. « Je vous ai vu, tandis que vous étiez sous le figuier. » Je vous ai vu : qu'y a-t-il là d'important, si vous n'y attachez un sens tout particulier ? Qu'y a-t-il d'important à voir un homme sous un figuier ? Si le Christ n'avait vu le genre humain sous ce figuier, ou bien nous eussions été tout à fait desséchés, ou

---

operibus accepta fide. Dat Deus ergo indulgentiam omnibus impiis, et eos justificat ex fide.

9. « Beati (*a*) quorum remissæ sunt iniquitates, et quorum tecta sunt peccata, Beatus vir cui non imputavit Dominus peccatum, nec est in ore ejus dolus (*Ps.* XXXI, 1, 2). » Jam Psalmus incipit, et incipit intellectus. Intellectus ergo vel intelligentia ipsa est, ut noveris nec jactare te debere de meritis tuis, nec præsumere de impunitate peccati. Psalmi enim titulus ita est, « Huic David intellectus (*Ibid.*) » Intelligentiæ vocatur Psalmus iste (*b*). Prima ergo intelligentia, ut te noveris peccatorem. Consequens intelligentia est, ut cum ex fide per dilectionem bene cœperis operari, ne hoc viribus tuis, sed gratiæ Dei deputaveris (*Galat.* v, 6). Ita non erit dolus in corde tuo, hoc est in ore interiore tuo ; nec aliud in labiis habebis, aliud in cogitatione. Non eris de illis Pharisæis, de quibus dictum est, Similes estis monumentis dealbatis, a foris quidem apparetis hominibus justi, intus autem pleni estis dolo et iniquitate. (*Matth.* XXIII, 27). Qui ergo cum sit iniquus justum se prætendit, nonne dolosus est ? Non ille Nathanael est, de quo Dominus dicit, « Ecce vere Israelita in quo dolus non est (*Johan.* I, 47). » Unde autem in illo Nathanaele dolus non erat ? « Cum esses, inquit, sub arbore fici, vidi te (*Ibid.* 48). » Sub arbore fici erat, sub conditione carnis erat. Si sub conditione carnis erat, quia impietate propaginis tenebatur, sub illa arbore fici erat, in qua gemitur in alio Psalmo, « Ecce enim in iniquitate conceptus sum (*Psal.* L, 2), » Sed vidit eum ille qui venit cum gratia. Quid est, Vidit eum ? Misertus est ejus. Ergo hominem sine dolo sic commendat, ut gratiam suam in illo commendet. Cum esses sub arbore fici, vidi te. Vidi te, quid magnum est, nisi intelligas aliquo modo dictum ? Quid magnum est videre hominem sub arbore fici ? Si non vidisset sub ista ficu genus humanum Christus, aut aresceremus omnino, aut quomodo Pharisæi, in quibus dolus erat, id est, justificabant se verbis, factis autem mali erant, folia sola invenirentur in nobis,

---

(*a*) Sic in MSS superiori præfationi proxime conjungitur altera isthæc Psalmi XXXI, expositio. At in prius editis ab Er. et Lov. fuerat hoc loco interposita Enarratio prima, quam habes supra, pag. 1. (*b*) Hæc verba, *Huic David intellectus*, editi omnes habent ; et prosequuntur, *Intelligentia vocatur* etc. At MSS. verbis illis omissis, ferunt, *Intelligentia vocatur* etc.

semblables aux Pharisiens qui étaient remplis d'artifice, c'est-à-dire qui se déclaraient justes dans leurs paroles et qui étaient criminels dans leurs actions, nous n'eussions présenté que des feuilles, et l'on n'eût point trouvé de fruit en nous. En effet, le Christ, ayant aperçu un figuier de ce genre, le maudit et l'arbre se dessécha. Je ne vois que des feuilles, dit-il, c'est-à-dire : je ne vois que des paroles sans aucun fruit; qu'il se dessèche donc, et ne porte même plus de feuilles (*Matth.* XXII, 19). Pourquoi ôter même jusqu'aux paroles? C'est qu'un arbre desséché ne peut même porter de feuilles. Tels étaient donc les Juifs, et les Pharisiens ressemblaient à ce figuier. Ils avaient des paroles et n'avaient point d'œuvres : d'après l'arrêt du Seigneur ils méritaient d'être desséchés. Que le Christ nous voie donc sous le figuier ; qu'il voie dans notre condition charnelle elle-même le fruit des bonnes œuvres, de peur que sa malédiction ne nous rende semblables à l'arbre desséché. Et parce que tout doit être imputé à sa grâce et non à nos mérites, « bienheureux ceux à qui les iniquités ont été remises, et dont les péchés ont été couverts (*Ps.* XXXI, 1);» bienheureux, non pas ceux en qui il n'a point été trouvé de péchés, mais ceux dont les péchés sont couverts; dont les péchés sont entièrement recouverts, sont pleinement cachés, n'existent plus par conséquent. Si Dieu a couvert des péchés, il n'a pas voulu les remarquer ; s'il n'a pas voulu les remarquer, il n'a pas voulu exercer sa justice contre eux ; s'il n'a pas voulu exercer sa justice contre eux, il n'a pas voulu les punir; s'il n'a pas voulu les punir, il n'a pas voulu les connaître, il a mieux aimé les remettre. « Bienheureux ceux à qui les iniquités ont été remises, et dont les péchés ont été couverts (Ibid.).» Mais, quand le Prophète parle de péchés ainsi couverts, gardez-vous de comprendre que ces péchés subsistent encore et vivent dans les pécheurs. Pourquoi dit-il donc que les péchés sont couverts ? C'est afin qu'ils ne soient plus retrouvés. Car, pour Dieu, qu'est-ce que voir les péchés, si ce n'est les punir? Et afin que vous sachiez que, pour Dieu, voir les péchés, c'est punir les péchés, quelle prière lui adresse le Prophète ? « Détournez vos yeux de mes péchés (*Ps.* L, 11).» Que le Seigneur ne voie donc plus vos péchés, mais qu'il vous voie. Comment vous verra-t-il? Comme il a vu Nathanaël : « Je vous ai vu, tandis que vous étiez sous le figuier (*Jean*, I, 48). » L'ombre du figuier ne fut point un obstacle pour les yeux de la divine miséricorde.

10. « Et dont la bouche n'est pas trompeuse (*Ps.* XXXI, 2).» Pour ceux qui ne veulent point confesser leurs péchés, ils travaillent inutilement à s'en défendre. Et plus ils travaillent à se défendre de leurs péchés, en vantant leurs mérites et en se refusant à voir leurs iniquités, plus la force et le courage leur manquent. Car celui-là seul est fort, qui ne prend point sa force en

---

non fructus. Nam talem arborem fici quando vidit Christus, maledixit, et aruit. Video, inquit, sola folia, id est sola verba, absque fructu : Arescat, inquit, ut nec folia habeat (*Matth.* XXII, 19).Ut quid et verba tollit ? Arbor arida enim nec folia potest habere. Sic erant Judaei, Pharisœi arbor illa erant : verba habebant, facta non habebant : ex sententia Domini ariditatem meruerunt. Videat ergo nos Christus sub arbore fici : videat in carne nostra etiam fructum boni operis, ne ejus maledictione arescamus. Et quia totum gratiae ejus imputatur, non meritis nostris, « Beati quorum remissae sunt iniquitates, et quorum tecta sunt peccata(*Ps.*XXXI,1).»Non in quibus non sunt inventa peccata, sed quorum tecta sunt peccata. Cooperta sunt peccata, tecta sunt , abolita sunt (IV *Sent. dis.* XVII , Sed quaeritur). Si texit peccata Deus, noluit advertere ; si noluit advertere, noluit animadvertere; si noluit animadvertere, noluit punire; si noluit punire, noluit agnoscere, maluit ignoscere.

« Beati quorum remissae sunt iniquitates, et quorum tecta sunt peccata.»Nec sic intelligatis quod dixit,peccata cooperta sunt, quasi ibi sint et vivant. Tecta ergo peccata quare dixit ? Ut non invenirentur.Quid enim erat Dei videre peccata, nisi punire peccata? Ut noveris quia hoc est Dei videre peccata, quod punire peccata, quid ei dicitur ? « Averte faciem tuam a peccatis meis (*Psal.* L, 11). » Peccata ergo tua non videat, ut te videat,. Quomodo te videat ? Quomodo Nathanaelem , « Cum esses sub arbore fici vidi te (*Johan.* I, 48). » Umbra fici non impedivit oculos misericordiae Dei.

10.«Nec est in ore ejusdolus(*Ps.*XXXI,2).»At vero qui nolunt confiteri peccata, laborant sine caussa in defensione peccatorum suorum. Et quanto laborant in defensione peccatorum suorum jactantes merita sua, non videntes iniquitates suas, tanto plus robur eorum et fortitudo deficit. Ille enim fortis est, qui non in se, sed in Deo fortis est. Propter illud, « Ter Do-

lui-même, mais en Dieu. C'est pourquoi, « j'ai demandé trois fois au Seigneur, dit saint Paul, qu'il éloignât le démon de moi ; et le Seigneur m'a répondu : Ma grâce te suffit. » — Ma grâce, a dit le Seigneur, et non ta force. — Ma grâce te suffit, car ma force apparait dans son éclat au milieu de la faiblesse. » L'Apôtre a dit encore dans le même sens : « Quand je suis faible, c'est alors que je suis fort (II *Cor.* XII, 8). » Celui donc qui veut être fort en présumant de lui-même et en vantant ses mérites, quels qu'ils soient, sera semblable à ce Pharisien qui se vantait orgueilleusement des bienfaits qu'il reconnaissait cependant avoir reçus de Dieu.« Je vous rends grâce,disait-il(*Luc*,XVIII,12).»Remarquez, mes frères, quel est le genre d'orgueil que Dieu vous signale ici; orgueil qui peut véritablement entrer dans l'âme du juste,et se glisser dans le cœur d'un homme dont l'espérance est droite. Je vous rends grâce, disait-il. Par ce mot : je vous rends grâce, il reconnaissait donc que ce qu'il possédait lui venait de Dieu. « Qu'avez-vous,en effet,que vous n'ayez reçu (I *Cor.*IV,7)? » Il disait : « Je vous rends grâce, de n'être pas comme les autres hommes, qui sont voleurs, injustes, adultères, ni comme ce publicain (*Luc*, XVIII, 12). » En quoi donc était-il orgueilleux ? Ce n'est point parce qu'il rendait grâce à Dieu pour les biens qu'il avait reçus de lui; mais, parce qu'il s'élevait au dessus d'un autre, en raison de ces mêmes biens.

11. Prêtez attention, mes frères, car l'Evangéliste nous a dit d'abord à quelle occasion le Seigneur avait rapporté cette parabole. Le Seigneur avait fait cette question : « Quand le Fils de l'homme viendra, pensez-vous qu'il trouve de la foi sur la terre (*Luc*,XVIII,8)? » De crainte donc qu'il ne se rencontrât des hérétiques pour s'emparer de ces paroles, croire à la chute du monde entier, (car les hérétiques ne sont jamais qu'en petit nombre et à part), et prétendre qu'eux seuls auraient gardé la vérité que le monde entier aurait perdue; après avoir rapporté cette question du Sauveur : « Quand le Fils de l'homme viendra, pensez-vous qu'il trouve de la foi sur la terre? » l'Évangéliste ajoute immédiatement : « Et Jésus dit la parabole suivante pour quelques-uns qui se croyaient justes et qui méprisaient les autres : Un Pharisien et un Publicain vinrent au temple pour prier (Ibid.); » et le reste que vous connaissez. Le Pharisien disait donc : « Seigneur, je vous rends grâce. » Mais en quoi était-il orgueilleux? En ce qu'il méprisait les autres. Où en trouvez-vous la preuve ? dans ses propres paroles. Comment cela? Le Pharisien, dit Jésus, méprisa le Publicain qui se tenait au loin, et dont le Seigneur s'approchait tandis qu'il confessait ses fautes. « Le Publicain, dit l'Évangile,se tenait au loin (Ibid.13).»Mais Dieu ne se tenait pas loin de lui. Et pourquoi Dieu ne se tenait-il pas loin de lui ? « Parce que le Seigneur, est-il dit dans un autre psaume, est

---

minum rogavi ut auferret eum a me ; et dixit mihi, Sufficit tibi gratia mea (II *Cor.* XII, 8). » Gratia mea, dixit ; non, Virtus tua. « Sufficit, inquit, tibi gratia mea : nam virtus in infirmitate perficitur (*Ibid*). » Unde alio loco ipse ait, « Quando infirmor, tunc fortis sum (*Ibid.* 10). » Ergo qui vult fortis esse, velut præsumens de se, et jactans merita sua, qualiacumque illa sint, erit similis Pharisæo illi, qui quod a Deo se dicebat accepisse, superbe tamen jactabat. « Gratias, inquit, tibi (*Luc*, XVIII, 12). » Attendite Fratres mei,quale genus superbiæ commendet Deus: vere quale potest subintrare justo homini, quale potest subrepere etiam bonæ spei viro. Gratias tibi, dicebat. Ergo cum dicebat, Gratias tibi, fatebatur ab illo se accepisse quod habebat. « Quid enim habes quod non accepisti (I *Cor.* IV, 7)? » Ergo, Gratias tibi ago, dixit ; Gratias tibi ago, quia non sum sicut ceteri homines, raptores, injusti, adulteri, sicut et Publicanus iste. Unde ergo superbus ? Non quia de bonis suis Deo gratias agebat, sed quia super alterum se de ipsis bonis extollebat.

11. Attendite Fratres : nam unde cœperit dicere similitudinem ipsam Dominus,Evangelista præmisit. Cum enim Christus dixisset, « Putas veniens filius hominis inveniet fidem in terra (*Luc.* XVIII, 8) ? » et ne existerent quidam hæretici, qui attenderent et putantes quasi lapsum totum mundum, (omnes enim hæretici in paucis et in parte sunt),jactarent se, quod in ipsis remansit quod de toto mundo perierit; ibi statim ubi ait Dominus, Putas veniens filius hominis inveniet fidem in terra ? subjecit Evangelista et ait, « Dixit autem et ad quosdam, qui sibi justi videbantur, et spernebant ceteros, similitudinem hanc: « Quidam Pharisæus et Publicanus venerunt in templum orare (*Ibid.* 19, etc) : » et cetera quæ nostis. Pharisæus ergo ille dicebat, Gratias tibi ago. Sed unde superbus ? Quia spernebat ceteros. Unde probas? In ipsis verbis. Quomodo ? Pharisæus, inquit,

proche de ceux qui ont brisé leur cœur par le repentir (*Ps.* xxxiii, 19). » Voyez si le publicain avait le cœur contrit, et vous verrez au même endroit que Dieu est proche de ceux qui se repentent ainsi. « Mais le Publicain se tenait au loin, et il n'osait lever les yeux vers le ciel, mais il se frappait la poitrine (Ibid. 13).»Se frapper la poitrine est un signe de la contrition du cœur. Que disait-il en se frappant ainsi la poitrine?«O Dieu, ayez pitié de moi qui suis un pécheur ! » Et quel fut l'arrêt du Seigneur? « En vérité, je vous le dis, ce Publicain descendit du temple, plus juste que le Pharisien. » Pourquoi ? Tel le jugement de Dieu. « Je ne suis pas comme ce Publicain, je ne suis point comme les autres hommes, injustes, voleurs, adultères. Je jeûne deux fois la semaine ; je donne la dîme de tout ce que je possède. » Et d'autre part, le Publicain n'ose lever les yeux vers le ciel, il considère sa conscience, il se tient au loin, et bientôt il est plus juste que le Pharisien. Pourquoi donc ? Je vous en prie, Seigneur, expliquez-nous votre sentence; expliquez-nous l'équité de votre arrêt. Dieu nous expose lui-même le principe de son arrêt. Vous demandez pourquoi Dieu a jugé ainsi?«Parce que quiconque s'élève sera humilié, et que quiconque s'humilie sera élevé (Ibid.).»

12. Que votre charité nous prête donc attention.Nous avons dit que le Publicain n'osait lever les yeux vers le ciel.Pourquoi ne regardait-il pas le ciel ? Parce qu'il se regardait lui-même. Il se regardait, afin de se déplaire d'abord et ainsi de plaire à Dieu. Vous, au contraire, vous vous vantez, vous portez haut la tête. Le Seigneur dit à l'orgueilleux : Vous ne voulez pas vous examiner ? je vous examinerai. Voulez-vous n'être pas examiné par moi? examinez-vous vous-même. C'est pourquoi, le Publicain n'osait lever les yeux vers le ciel, parce qu'il se considérait lui-même, et qu'il punissait sa propre conscience. Il était son propre juge, afin que le Juge suprême intercédât pour lui ; il se punissait, afin que celui-ci le délivrât ; il s'accusait, afin qu'il le défendît. Et le Seigneur le défendit aussi bien,parce que le coupable avait lui-même prononcé son jugement au lieu du juge : « Le Publicain descendit du temple, plus juste que le Pharisien, parce que quiconque s'élève sera humilié, et que quiconque s'humilie, sera élevé. » (Ibid. xiv). Il s'est examiné, dit le Seigneur, et je n'ai pas voulu l'examiner ; je l'ai entendu qui me disait : « Détournez vos yeux de mes péchés (*Ps.* L, 11). » Mais qui pouvait prononcer ces paroles, sinon celui qui disait également : « Parce

---

ille contemsit (a) de longe stantem, cui Deus confitenti propinquabat. « Publicanus, inquit, de longinquo stabat (Ibid. 13). » Sed Deus ad illum de longinquo non stabat. Quare Deus ab illo de longinquo non stabat ? Quia alio loco dicitur, « Prope est Dominus his qui obtriverunt cor (*Psal.* xxxiii, 19). » Videte si Publicanus iste obtriverat cor, et ibi videbitis quia prope est Dominus his qui obtriverunt cor. « Publicanus autem de longinquo stabat, et neque volebat ad cœlum oculos suos levare, sed percutiebat pectus suum (*Luc.* xviii, 13). » Tunsio pectoris obtritio cordis. Quid dicebat tundens pectus ? « Deus, propitius esto mihi peccatori (Ibid. 13). » Et quid sententia Dominus ? « Amen dico vobis, descendit justificatus de templo Publicanus ille, magis quam ille Pharisæus (Ibid. 14). » Quare ? Hoc est judicium Dei. « Non sum sicut Publicanus iste, non sum sicut ceteri homines, injusti, raptores, adulteri : jejuno bis in sabbato, decimas do omnium quæcumque possideo (Ibid. 12). » Ille non audet ad cœlum levare oculos suos, attendit conscientiam suam, longe stat, et justificatus est magis quam ille Pharisæus. Quare ? Rogo te, Domine, ex-

pone nobis hanc justitiam tuam, expone nobis æquitatem juris tui. Exponit Deus regulam legis suæ. Vultis audire quare ? « Quia omnis qui se exaltat, humiliabitur ; et qui se humiliat, exaltabitur (Ibid. 14). »

12. Intendat ergo Caritas Vestra. Diximus non ausum fuisse oculos ad cælum levare Publicanum. Quare cælum non adtendebat? Quia se adtendebat. Se adtendebat, ut primo sibi displiceret, et sic Deo placeret. Tu autem jactas te, erecta cervice es. Ait Dominus superbo : Non vis ad te adtendere? ego adtendo. Vis autem ut non adtendam? tu adtende. Ideo Publicanus non audebat oculos ad cœlum levare ; quia seipsum intuebatur, conscientiam suam puniebat : ipse sibi judex erat, ut ille intercederet; ipse puniebat, ut ille liberaret; ipse accusabat, ut ille defenderet. Adeo defendit eum, quia ipse dixit pro ipso sententiam : « Descendit justificatus Publicanus ille magis quam ille Pharisæus : quia omnis quia se exaltat, humiliabitur ; et qui se humiliat, exaltabitur (Ibid. xiv). » Adtendit se, inquit, et nolui ego adtendere : audivi dicentem, «Averte oculos tuos a peccatis meis (*Psal.* L, 11).» Quis est enim qui illud dixit, nisi

---

(a) Aliquot MSS. *Quomodo et Publicanum iste contemsit,* etc.

que je connais mon iniquité (Ibid. 5) ? » Mais, mes frères, le Pharisien aussi était un pécheur. Il avait beau dire : Je ne suis pas comme les autres hommes, injustes, voleurs, adultères ; il avait beau jeûner deux fois par semaine, et donner la dîme de ses biens ; il n'en était pas moins un pécheur. Eût-il été exempt d'autres péchés, son orgueil était contre lui un grand sujet d'accusation ; et pourtant il ne craignait pas de tenir ce langage superbe. Mais qui donc est sans péché ? Qui peut se glorifier d'avoir un cœur chaste, ou se glorifier d'être pur de tout péché (*Prov.* xx, 9) ? Le Pharisien n'était donc pas exempt de péché ; mais il était égaré et ne savait où il était venu. Il était dans la maison du médecin, comme pour être guéri, et il montrait ceux de ses membres qui étaient sains, et couvrait ses plaies. C'est à Dieu de couvrir vos plaies, et non à vous ; car si vous les couvrez, parce que vous en rougissez, le médecin ne les guérira pas. Que le médecin les couvre et les guérisse ; car il les couvre d'un emplâtre salutaire. Quand le médecin a lui-même couvert une plaie, elle se guérit ; quand le malade seul la couvre, la plaie n'est que cachée. Et à qui la cachez-vous ? A celui qui connaît tout.

13. C'est pourquoi, mes frères, voyez ce qu'a dit le Prophète : « Parce que je me suis tu, mes os ont vieilli, tandis que je criais tout le jour (*Ps.* xxxi, 3). » Que signifient ces paroles ? Il semble qu'il y ait contradiction entre ces mots : « Parce que je me suis tu, mes os ont vieilli, tandis que je criais (Ibid.). » S'il criait, comment se taisait-il ? Il a tu certaines choses, il en est d'autres qu'il n'a point tues. Il a tu ce qu'il aurait dit à son avantage ; il n'a point tu ce qu'il a dit à son désavantage. Il a tu l'aveu de ses fautes ; il a poussé des cris de présomption. Il dit en effet : Je me suis tu ; c'est-à-dire : je n'ai pas confessé mes péchés. Il fallait ici qu'il parlât, qu'il tût ses mérites et dit à grands cris ses péchés ; mais au contraire, il a commis la faute de taire ses péchés et de proclamer ses mérites. Que lui est-il donc arrivé ? Ses os ont vieilli. Remarquez que, s'il eût proclamé ses péchés et caché ses mérites, ses os, c'est-à-dire sa force, se seraient renouvelés : il eût été fort dans le Seigneur, parce qu'il se fût trouvé faible en lui-même. Mais maintenant, parce qu'il a voulu être fort en lui-même, il est devenu faible et ses os ont vieilli. Il est resté dans la vieillesse, parce qu'il n'a point voulu acquérir une nouvelle jeunesse par la confession de ses péchés. Car vous savez, mes frères, quels sont ceux qui deviennent des hommes nouveaux : « Bienheureux ceux à qui les iniquités ont été remises, et dont les péchés ont été couverts (*Ps.* xxxi, 1). » Il n'a donc point voulu que ses iniquités lui fussent

---

qui etiam dixit, « Quoniam iniquitatem meam ego agnosco (*Ibid.* 5). » Itaque, Fratres mei, erat et Pharisæus ille peccator. Non enim quia dicebat, Non sum sicut ceteri homines, injusti, raptores, adulteri ; neque quia jejunabat bis in sabbato ; neque quia decimas dabat, non erat peccator. Quod si sine ullis peccatis esset, ipsa superbia grande crimen erat : et tamen ecce illa omnia dicebat. Quis tandem sine peccato ? Quis gloriabitur castum se habere cor, aut quis gloriabitur mundum se esse a peccatis (*Prov.* xx, 9) ? Habebat ergo ille peccata ; sed perversus, et nesciens quo venisset, erat tamquam in statione medici curandus, et sana membra ostendebat, vulnera tegebat. Deus tegat vulnera ; noli tu. Nam si tu tegere volueris erubescens, medicus non curabit. Medicus tegat, et curet ; emplastro enim tegit. Sub tegmine medici sanatur vulnus, sub tegmine vulnerati celatur vulnus. Cui celas ? Qui novit omnia.

13. Itaque hic Fratres videte quid dixit : « Quoniam tacui, inveteraverunt ossa mea, a clamando me tota die (*Ps.* xxxi, 3). » Quid est hoc ? Quasi contrarium videtur, « Quoniam tacui, inveteraverunt ossa mea a clamando (*Ibid*). » Si a clamando, quomodo tacuit ? Tacuit quiddam, non tacuit quiddam : tacuit unde proficeret, non tacuit unde deficeret ; tacuit confessionem, clamavit præsumtionem. « Tacui » enim dixit, non sum confessus. Ibi oportebat ut loqueretur : taceret merita sua, clamaret peccata sua : nunc autem perverse tacuit peccata sua, clamavit merita sua. Et quid illi contigit ? Inveteraverunt ossa ejus. Intendite quia si clamaret peccata sua, et taceret merita sua, innovarentur ossa ejus, id est (*a*), virtutes ejus : esset robustus in Domino, quia inveniretur in se infirmus. Modo autem quia in se voluit esse firmus, factus est infirmus, et inveteraverunt ossa ejus. Remansit in vetustate, qui noluit confitendo amare novitatem. Qui enim fiunt novi, nostis Fratres : quia, « Beati quorum remissæ sunt iniquitates, et quorum tecta sunt peccata (*Psal.* xxxi, 1). » Noluit iste sibi dimitti iniquitates, exaggeravit, de-

---

(*a*) Omnes prope MSS. *id est virtus ejus robusta esset in Domino.*

remises, il en a augmenté le nombre, il les a défendues, il a exalté ses mérites. C'est donc parce qu'il a tu la confession de ses péchés, que ses os ont vieilli. « Tandis que je criais tout le jour (Ibid. III). » Que veut dire : Tandis que je criais tout le jour? tandis qu'il persévérait à défendre ses péchés. Et cependant voyez-le tel qu'il est, parce qu'il se reconnaît. Car bientôt l'intelligence lui viendra : il ne considérera plus que lui, et il se déplaira à lui-même, parce qu'il se connaîtra. Vous allez l'entendre, afin de guérir vous-mêmes.

14. « Bienheureux l'homme à qui le Seigneur n'a point imputé de péché et dont la bouche n'est pas trompeuse. Parce que je me suis tu, mes os ont vieilli, tandis que je criais tout le jour. Parce que votre main s'est appesantie sur moi nuit et jour (Ibid. 2-4). » Que veut dire : « Votre main s'est appesantie sur moi » ? C'est, mes frères, un point important à comprendre. Réfléchissez à cette juste sentence prononcée entre deux hommes : le Pharisien et le Publicain (Luc. XVIII, 14). Qu'est-il dit à l'égard du Pharisien? Qu'il est abaissé. Qu'est-il dit à l'égard du Publicain ? Qu'il est élevé. Pourquoi le premier est-il abaissé ? Parce qu'il s'est élevé. Pourquoi le second est-il élevé? Parce qu'il s'est abaissé. Par conséquent, Dieu, afin d'abaisser celui qui s'élève, appesantit sa main sur lui. Il a refusé de s'abaisser en confessant son iniquité ; il est abaissé sous le poids de la main divine. Comment supportera-t-il ce poids de la main qui l'abaisse? Au contraire, combien légère a été la main qui élevait le Publicain ? Cette main est également forte envers l'un et forte envers l'autre : forte pour peser sur l'un, forte pour soulever l'autre.

15. Donc, « parce que votre main s'est appesantie sur moi nuit et jour, mes souffrances m'ont changé, à mesure que l'épine s'enfonçait en moi (Ps. XXXI, 4). » Par suite de la pesanteur de votre main, et de l'humiliation que j'ai ressentie, la souffrance m'a changé ; je suis devenu malheureux, l'épine s'est enfoncée en moi, et ma conscience en a été transpercée. Qu'est-il arrivé à mesure que l'épine s'enfonçait en lui? Il a éprouvé le sentiment de la douleur, et il a reconnu sa faiblesse. Et lui, qui s'était tu, en ne confessant point son péché, et qui avait crié tout le jour, en défendant ce péché, au point de voir vieillir ses forces, c'est-à-dire de sentir ses os atteints de vieillesse, qu'a-t-il fait alors que l'épine s'enfonçait en lui ? « J'ai reconnu mon péché (Ibid. 5). » Il le reconnaît donc maintenant. Mais s'il le reconnaît, Dieu le remet. Écoutez la suite, et voyez s'il ne le dit pas lui-même. « J'ai reconnu mon péché, et je n'ai point couvert mon injustice (Ibid.). » Je vous le disais tout à l'heure : Ne couvrez pas vos péchés, et Dieu les couvrira.

---

fendit illas, jactavit merita sua. Ergo quoniam tacuit a confessione, inveteraverunt ossa ejus. « A clamando me tota die (Ibid. 3). Quid est, « A clamando me tota die ? Perseverando in defensione peccatorum suorum, Et tamen videte qualis sit, quia agnoscit se, Erit enim modo intelligentia : nihil præter se respiciet, et displicebit sibi, quia agnoscit se. Modo audietis, ut sanemini.

14. « Beatus vir cui non imputavit Dominus peccatum, nec est in ore ejus dolus. Quoniam tacui, inveteraverunt ossa mea, a clamando me tota die. Quoniam die ac nocte gravata est super me manus tua (Ibid. 2, 4). » Quid est, « gravata est super me manus tua?» Magna res, Fratres. Respicite illam sententiam rectam inter duos, Pharisæum et Publicanum (Luc. XVIII, 14). Quid dictum est de Pharisæo? Quoniam humiliatur. Quid dictum est de Publicano ? Quoniam exaltatur. Quare ille humiliatur ? Quia exaltavit se. Quare iste exaltatur ? Quia humiliavit se. Ergo ut exaltantem se humiliet Deus, gravat super illum manum. Noluit humiliari confessione iniquitatis suæ, humiliatus est pondere manus Dei. Quando ille perferret manum gravem humiliantis (a) ? Quam levis fuit manus sublevantis? Et in illo fortis, et in illo fortis, fortis ad illum premendum, fortis ad illum sublevandum.

15. Ergo: « Quoniam die ac nocte gravata est super me manus tua : conversus sum in ærumna mea, dum configeretur spina (Ps. XXXI, 4). » Ex ipsa aggravatione manus tuæ, ex ipsa humiliatione conversus sum in ærumna mea, factus sum miser, confixa est mihi spina, compuncta est conscientia mea. Quid factum est cum configeretur spina ? Datus est ei sensus doloris, invenit infirmitatem suam. Et ille qui tacuerat confessionem peccati sui, ut clamando in defensione peccati sui inveteraceret virtus ejus, id est, ossa ejus converterentur in vetustatem, modo quid fecit confixa spina ? « Peccatum meum cognovi (Ibid. 5). » Ergo jam cognoscit. Si ille cognoscit, ille ignoscit. Audite quid sequitur : videte si non

---

(a) Forte, *Quam gravis fuit manus humiliantis, tam levis fuit*, etc.

DEUXIÈME DISCOURS SUR LE PSAUME XXXI.

« Bienheureux ceux à qui les iniquités ont été remises, et dont les péchés ont été couverts (Ibid. 1). » Les péchés que l'on cache sont mis à nu : pour lui il a mis à nu ses péchés, afin que Dieu les couvrit. « Et je n'ai point couvert mon iniquité (Ibid. 5). » Que veut dire : je n'ai point couvert? Pendant longtemps je m'étais tu ; et maintenant que fait-il? «J'ai dit.» Voilà qui est contraire au silence qu'il avait gardé. « J'ai dit.» Qu'avez-vous dit ? « Je déclarerai au Seigneur, contre moi-même, mon injustice; et vous m'avez remis l'impiété de mon cœur (Ibid.). » J'ai dit : Mais qu'avez-vous dit. Il ne déclare point encore son injustice, mais il promet qu'il la déclarera, et déjà Dieu la remet. Faites attention, mes frères, ce point est d'une haute importance. Il a dit : « je déclarerai »; il n'a pas dit: j'ai déclaré et vous m'avez remis, mais bien : « je déclarerai et vous m'avez remis.» Par ce mot : je déclarerai, il prouve qu'il n'a point encore fait de bouche cette déclaration, mais que déjà elle est faite dans son cœur. En effet, dire : « je déclarerai, » est déjà une déclaration ; voilà pourquoi « vous m'avez remis l'impiété de mon cœur. » Ma confession n'était donc point encore venue jusqu'à mes lèvres, car je n'avais encore dit que ces mots : je déclarerai contre moi ; mais Dieu avait entendu la voix de mon cœur. Ma voix n'était point encore sur mes lèvres ; mais l'oreille de Dieu était déjà dans mon cœur. «Vous m'avez remis l'impiété de mon cœur,» parce que j'ai dit : « je déclarerai (Ibid.). »

16. Mais ce mot n'était pas suffisant. Le prophète n'a pas dit: Je déclarerai mon injustice au Seigneur ; il a ajouté avec raison : Je déclarerai contre moi-même ; et ce point est important. En effet, il y en a beaucoup qui déclarent leur iniquité, mais contre le Seigneur Dieu lui-même. Lorsqu'on les trouve dans le péché, ils disent : Dieu l'a voulu. Si, en effet, quelqu'un dit : je n'ai point commis cette action, ou, cette action que vous me reprochez n'est point un péché ; il ne fait de déclaration ni contre lui-même, ni contre Dieu. Mais s'il dit : Oui, je l'ai fait, et c'est un péché; mais Dieu l'a voulu, et moi qu'ai-je fait? c'est là une déclaration contre Dieu. Peut-être me direz-vous: Personne ne parle ainsi. A qui entendez-vous dire : Dieu l'a voulu ? Je répète que beaucoup tiennent ce langage ; mais, pour ceux qui n'emploient pas précisément ces termes, que disent-ils autre chose dans ces sortes de phrases: C'était mon destin ; ainsi l'a voulu mon étoile? Ils prennent un détour pour arriver jusqu'à Dieu. Ils prennent un détour pour venir accuser Dieu, eux qui ne veulent pas prendre le droit chemin pour venir l'apaiser. Ils disent : c'était mon destin ; mais qu'est-ce que le destin? Ainsi l'a voulu mon

---

ipse dicit. « Peccatum meum cognovi, et injustitiam meam non operui (Ibid). » Hoc jam dudum dicebam : Noli operire tu, et operit Deus. « Beati quorum remissæ sunt iniquitates, et quorum tecta sunt peccata (Ibid. 1).» Qui tegunt peccata, nudantur: iste autem nudavit, ut cooperiretur. «Iniquitatem meam non operui (Ibid. 5).» Quid est, «non operui»? Jam dudum tacueram : modo quid ? « Dixi : » Quiddam contrarium illi taciturnitati. « Dixi » Quid dixisti ? « Pronuntiabo adversum me injustitiam meam Domino ; et tu dimisisti impietatem cordis mei (Ibid). » « Dixi : » Quid dixisti? Non jam pronuntiat, promittit se pronuntiaturum ; et ille jam dimittit (IV Sent. dist. xvii, Hic oritur). Adtendite Fratres, magna res : dixit, « Pronuntiabo: » non dixit, Pronuntiavi, et tu dimisisti : dixit, « Pronuntiabo, et tu dimisisti : » quia eo ipso quod dixit, « Pronuntiabo, » ostendit quia nondum ore pronuntiaverat, sed corde pronuntiaverat. Hoc ipsum dicere « Pronuntiabo, » pronuntiare est : ideo « et tu dimisisti impietatem cordis mei. » Confessio ergo mea ad os nondum venerat; dixeram enim, « Pronuntiabo adversum me : » verumtamen Deus audivit vocem cordis mei. Vox mea in ore nondum erat, sed auris Dei jam in corde erat. «Tu dimisisti impietatem cordis mei : » quia dixi. « Pronuntiabo (Ibid). »

16. Sed non suffecerat: non dixit, « Pronuntiabo injustitiam meam Domino : » non sine caussa dixit, « Pronuntiabo adversum me : » et hoc interest. Multi enim pronuntiant iniquitatem suam, sed adversus ipsum Dominum Deum: quando inveniuntur in peccatis dicunt, Deus hoc voluit. Si enim homo dicat, Non feci ; aut, Hoc factum quod arguis non est peccatum : non pronuntiat nec adversum se, nec adversus Deum. Si dicat, Prorsus feci, et peccatum est, sed Deus hoc voluit, quid ego feci? Hoc est pronuntiare adversus Deum. Forte dicatis, Nemo hoc dicit : quis est qui dicat, Deus hoc voluit? Multi et hoc dicunt : sed et qui hoc non dicunt, quid aliud dicunt, qui dicunt, Fatum mihi fecit, stellæ meæ fecerunt ? Ita jam per circuitum ad Deum volunt pervenire. Per circuitum volunt pervenire ad Deum accusandum, qui nolunt de compendio venire ad Deum placandum : et dicunt, Fatum mihi fecit. Quid

étoile; mais quelles sont ces étoiles? Apparemment, celles que nous voyons dans le ciel. Et qui donc les a créées? C'est Dieu. Et qui en a réglé le cours? C'est Dieu. Vous voyez donc bien que vous avez voulu dire : Dieu a fait que j'ai péché. De la sorte, il est injuste et vous êtes juste; car, s'il ne vous avait fait pécher, vous n'auriez pas péché. Otez donc ces vaines excuses du péché, et rappelez-vous ces paroles du psaume : « Ne permettez pas que mon cœur s'égare en des paroles malignes, pour chercher des excuses à mes péchés, ainsi que le font les hommes d'iniquité (*Ps.* CXL, 3). » Mais on voit des hommes considérables défendre ainsi leurs péchés; ce sont des hommes considérables qui observent les étoiles, calculent la marche des astres, computent les temps, et disent à quel moment telle personne doit vivre bien ou vivre mal; à quel moment Mars fait de cet homme un homicide, et Vénus fait de cette femme une adultère; ce sont des hommes considérables, des hommes savants, et le monde les regarde comme des personnages d'élite. Mais que dit le psaume? « Ne permettez pas que mon cœur s'égare en des paroles malignes, ainsi que le font les hommes d'iniquité; car je ne veux point avoir de communication même avec les premiers d'entre eux (*Ibid.*). » Qu'on donne donc le nom d'hommes d'élite, de savants calculateurs des astres, et de sages, à ceux qui, pour ainsi dire, répartissent sur leurs doigts les destinées humaines, et décrivent d'après les astres les mœurs des hommes : pour moi, je sais que Dieu m'a créé avec mon libre arbitre; si j'ai péché, c'est moi qui ai péché; et non-seulement je dois déclarer mon iniquité au Seigneur, mais je dois la déclarer contre moi-même, et non contre lui. « Pour moi, j'ai dit : « Seigneur, ayez pitié de moi (*Ps.* XL, 5). » C'est le malade qui crie vers le médecin : « Pour moi, j'ai dit. » Pourquoi ces mots : pour moi j'ai dit? J'ai dit, suffisait. Pour moi, est une expression emphatique; c'est moi, c'est moi qui suis le coupable; ce n'est point le destin, ce n'est point la fortune, ce n'est point le démon; car le démon même ne m'a pas contraint d'agir, c'est moi qui ai consenti à ses suggestions. « Pour moi, j'ai dit : Seigneur, ayez pitié de moi; guérissez mon âme, parce que j'ai péché contre vous (*Ibid.*). » C'est la résolution de cet aveu que prend le prophète dans notre psaume : « J'ai dit : je déclarerai au Seigneur contre moi-même mon injustice; et vous m'avez remis l'impiété de mon cœur (*Ps.* XXXI, 5). »

17. « Pour cela tout homme saint vous priera au temps opportun (*Ibid.* 6). » Quel est ce moment? « Pour cela. » Pour quelle cause? Pour l'impiété. Quelle impiété? Pour l'impiété qui a obtenu son pardon. « En raison de cette impiété, tout homme saint vous priera au temps opportun. Tout homme saint vous

---

est fatum ? Stellæ meæ fecerunt. Quid sunt stellæ ? Certe istæ quas in cielo conspicimus. Et quis eas fecit? Deus. Quis eas ordinavit ? Deus. Ergo vides quod voluisti dicere, Deus fecit ut peccarem. Ita ille injustus, tu justus : quia nisi ille fecisset, tu non peccasses. Tolle istas excusationes in peccatis : memento illius Psalmi, « Ne declines cor meum in verba maligna ad excusandas excusationes in peccatis, cum hominibus operantibus iniquitatem (*Ps.* CXL, 4). » At enim magni viri sunt, qui defendunt peccata sua; magni sunt, et qui numerant sidera, et qui computant stellas et tempora, et dicunt quis quando vel peccet vel bene vivat, et quando Mars faciat homicidam, et Venus adulteram : magni, docti viri, et electi videntur in hoc sæculo. Sed quid ait in Psalmo: « Ne declines cor meum in verba mala, cum hominibus operantibus iniquitatem, et non communicabo cum electis eorum (*Ibid.*). » Dicant illi electos et doctos numeratores siderum, dicant illi sapientes eos qui quasi digerunt in digitis (*a*) fata humana, et describunt de stellis mores humanos. Cum libero arbitrio me creavit Deus : si peccavi, ego peccavi : ut non solum pronuntiem iniquitatem meam Domino, sed adversum me, non adversus eum. « Ego dixi. Domine miserere mei (*Psal.*XL, 5) : » clamat æger ad medicum, « Ego dixi. » Quare, « Ego dixi ? » Sufficeret, dixi : Ego cum emphasi dictum est ; Ego, ego, non fatum, non fortuna, non diabolus; quia nec ipse coegit, sed ego persuadenti consensi : « Ego dixi, Domine miserere mei, sana animam meam, quoniam peccavi tibi (*Ibid.*). » Sic et hic statuit, et proposuit, « Dixi, Pronuntiabo adversum me iniquitatem meam Domino, et tu remisisti impietatem cordis mei (*Ps.* XXXI, 5.). »

17. « Pro hac orabit ad te omnis sanctus, in tempore opportuno (*Ps.*XXXI,6). » Quo tempore? « Pro hac. » Pro qua hac? Pro impietate. Pro qua ? Pro ipsa venia peccatorum. « Pro hac orabit ad te omnis sanctus,

---

(*a*) Aliquot MSS. *facta humana*.

priera, parce que vous lui avez remis ses péchés. Car si vous ne remettiez d'abord les péchés, il n'y aurait point de saint pour vous adresser des prières. « Pour cela tout homme saint vous priera au temps opportun ;» c'est-à-dire quand la nouvelle alliance sera manifestée, quand la grâce du Christ sera manifestée ; car tel est le temps opportun. « Quand la plénitude du temps fut arrivée, Dieu envoya son Fils, formé d'une femme, (et ce terme ne désigne ici que le sexe féminin, d'après la manière de parler des anciens,) soumis à la Loi, pour racheter ceux qui étaient sous la Loi (*Gal*. IV, 4). » Pour les racheter de quoi ? Du démon, de la perdition, de leurs péchés, de celui à qui ils s'étaient vendus. « Pour racheter ceux qui étaient sous la Loi (*Ibid*.). » Ils étaient sous la Loi, parce qu'ils étaient sous l'étreinte de la Loi. La Loi était pour eux une étreinte, parce qu'elle servait à les convaincre de péché et non à les sauver. Elle défendait ce qui était mauvais ; mais, comme ils n'avaient point le pouvoir d'arriver par eux-mêmes à la justification, ils étaient obligés de crier vers le Sauveur, ainsi que l'a fait celui qui se sentait captif sous la loi du péché : « Malheureux homme que je suis, qui me délivrera du corps de cette mort (*Rom*. VII, 23) ? » Tous les hommes étaient sous la Loi, mais non dans la Loi ; parce qu'elle

les étreignait seulement et les convainquait de péché. En effet, la Loi a mis à nu le péché ; elle a enfoncé l'épine, elle a fait entrer la componction dans le cœur ; elle a averti le pécheur de se connaître lui-même, et de crier vers Dieu pour obtenir son pardon. En raison de cette impiété, tout homme saint vous priera au temps opportun. Je disais donc de ce temps opportun : « Quand la plénitude des temps fut arrivée, Dieu envoya son Fils (*Gal*. IV, 41). » L'Apôtre a dit aussi : « Je vous ai exaucé au temps favorable et au moment qui me convenait ; je vous ai secouru au jour du salut (II *Cor*. VI, 2). » Et comme cette parole, empruntée au Prophète par saint Paul, s'appliquait selon le Prophète à tous les chrétiens, l'Apôtre ajoute aussitôt : « Voici maintenant le temps favorable, voici les jours de salut (*Ibid*.). » « Pour cela, tout homme saint vous priera au temps opportun (Ps. XXXI, 6). »

18. « Cependant, dans le déluge des grandes eaux, ils n'approcheront pas de lui (*Ibid*.). » De lui. De qui ? De Dieu. Car le psalmiste emploie fréquemment ces changements de personnes, comme dans ce passage : « Le salut vient du Seigneur, que votre bénédiction descende sur votre peuple (Ps. III, 9). » Il n'a pas dit : Le salut vient du Seigneur, que sa bénédiction descende sur son peuple ; ni : Seigneur, le salut vient de

in tempore opportuno. » Inde orabit ad te omnis sanctus, quia dimisisti peccata. Nam si non dimitteres peccata, non esset sanctus qui ad te oraret, « Pro hac orabit ad te omnis sanctus, in tempore opportuno : » quando manifestabitur novum Testamentum, quando manifestabitur gratia Christi, quod est tempus opportunum. « Cum autem venit plenitudo temporis, misit Deus Filium suum, factum ex muliere, » (id est, ex femina, indiscrete enim vocabant hoc antiqui,) « factum sub Lege, ut eos qui sub Lege erant redimeret (*Gal*. IV, 4). » Unde redimeret? A diabolo, a perditione, a peccatis suis, ab eo cui se vendiderant. « Ut eos qui sub Lege erant, redimeret. » Sub Lege enim erant, quia premebat eos Lex. Conditio eos premebat, convincendo de reatu, non salvando. Et quidem mala prohibebat : sed quia illi vires non habebant per seipsos justificandi se, clamandum erat ad illum, quomodo clamabat, qui captivus ducebatur sub lege peccati, « Miser ego homo, quis me liberabit de corpore mortis hujus (*Rom*. VII, 23)? » Erant omnes homines sub Lege, non

in Lege : jam illa deprimente, illa de reatu convincente. Demonstravit enim peccatum Lex : illa fixit spinam, illa fecit cor compungi : ipsa admonuit ut reum se quisque cognosceret, et pro venia clamaret ad Deum. « Pro hac orabit ad te omnis sanctus in tempore opportuno (Ps. XXXI, 6). » Ergo dicebam de tempore opportuno. « Cum venit plenitudo temporis, misit Deus Filium suum (*Galat*. IV, 4). » Item dicit Apostolus, « Tempore acceptabili et placito exaudivi te et in die salutis adjuvi te (II *Cor*. VI, 2). » Et quia hoc de omnibus (a) Christianis prædictum erat a Propheta, subjecit Apostolus, « Ecce nunc tempus acceptabile, ecce nunc dies salutis (*Ibid*). « Pro hac orabit ad te omnis sanctus, in tempore opportuno (Ps. XXXI, 6). »

18. « Verumtamen in diluvio aquarum multarum, ad eum non appropinquabunt (*Ibid*.). » « Ad eum : » ad quem? Ad Deum. Solet enim personam mutare : quomodo est, « Domini est salus, et super populum tuum benedictio tua (*Psal*. III, 9). » Non dixit, Domini est salus, et super populum ejus benedictio ejus : aut, Domine, tua est salus, et super

(a) f. temporibus.

vous, que votre bénédiction descende sur votre peuple; mais après avoir commencé ainsi : Le salut vient du Seigneur, en parlant non point à Dieu, mais de Dieu, il se tourne vers le Seigneur et poursuit : Que votre bénédiction descende sur votre peuple. De même dans le passage qui nous occupe, après avoir entendu d'abord le mot vous, et en entendant ensuite le mot lui, ne croyez pas qu'il s'agisse d'un autre que de Dieu. « Pour cela, tout homme saint vous priera au temps opportun; cependant, dans le déluge des grandes eaux, ils n'approcheront pas de lui (*Ps.* XXXI, 6). » Que signifie : dans le déluge des grandes eaux? Ceux qui flottent dans le déluge des grandes eaux ne s'approchent pas de Dieu. Qu'est-ce que le déluge des grandes eaux? C'est la multiplicité des doctrines différentes. Appliquez-vous, mes frères. Les grandes eaux sont les doctrines différentes. La doctrine de Dieu est une; elle n'a pas plusieurs eaux, mais une seule, qui est celle du sacrement de baptême ou de la doctrine du salut. De cette doctrine par laquelle l'Esprit-Saint arrose nos âmes, il est dit : « Buvez l'eau de vos citernes, et celle des sources de vos puits (*Prov.* v, 15). » Les impies n'ont point accès à ces sources ; mais ceux qui croient en celui qui justifie l'impie (*Rom.* IV, 5) y arrivent déjà justifiés. Les autres eaux, c'est-à-dire, les doctrines différentes, qui sont en grand nombre, souillent les âmes des hommes, ainsi que je vous le disais tout à l'heure. L'une de ces doctrines est celle-ci : c'était mon destin. En voici une autre : c'est le hasard, c'est la fortune qui en est cause. Si le hasard conduit les hommes, rien n'est l'œuvre d'une providence ; et telle est, en effet, cette doctrine. Un autre dit(1) : Il y a une race révoltée contre Dieu, la race des ténèbres, c'est elle qui fait que les hommes pèchent. Dans ce déluge des grandes eaux, ils n'approcheront pas de Dieu. Mais quelle est cette eau, cette eau véritable qui coule de la source intérieure de la pure veine de la vérité? Quelle est cette eau, si ce n'est la doctrine qui nous donne cet enseignement: « Il est bon de confesser ses péchés au Seigneur (*Ps.* XCI, 2)? » Quelle est cette eau, si ce n'est la doctrine qui nous enseigne ces paroles: « J'ai dit : je déclarerai au Seigneur contre moi-même mon injustice (*Ps.* XXXI, 5), » et encore : « Pour moi, j'ai dit : Seigneur, ayez pitié de moi, guérissez mon âme, parce que j'ai péché contre vous (*Ps.* XL, 5). » Cette eau est celle de la confession des péchés, celle de l'humiliation du cœur, celle du salut et de la vie que trouve l'homme qui s'humilie, qui ne présume en rien de lui-même et qui n'attribue rien orgueilleusement à sa puissance. Vous ne la trouverez, cette eau, dans les écrits d'aucun homme étranger à la foi, ni dans ceux

---

populum tuum benedictio tua : sed cum inciperet, « Domini est salus, » non ad illum, sed de illo dicens : ibi conversus est ad illum, et ait, « Et super populum tuum benedictio tua. » Sic et hic cum audis primo « ad te, » deinde « ad eum » ne putes alium esse ; « Pro hac orabit ad te omnis sanctus, in tempore opportuno : verumtamen in diluvio aquarum multarum, ad eum non appropinquabunt (*Ps.* XXXI, 6). » Quid est, « in diluvio aquarum multarum ? » Qui natant in diluvio aquarum multarum, non appropinquant ad Deum. Quid est diluvium aquarum multarum ? Multiplicitas variarum doctrinarum. Intendite, Fratres. Multæ aquæ sunt variæ doctrinæ. Doctrina Dei una est, non sunt multæ aquæ, sed una aqua, sive sacramenti baptismi, sive doctrinæ salutaris. De ipsa doctrina qua irrigamur per Spiritum-Sanctum dicitur, « Bibe aquam de tuis vasis et de puteorum tuorum fontibus (*Prov.* v, 15). » Ad istos fontes non accedunt impii, sed credentes in eum qui justificat impium (*Rom.* IV, 5), » jam justificati accedunt. Aliæ aquæ multæ, multæ doctrinæ inquinant animas hominum, quod paulo ante dicebam. Alia doctrina est, Fatum mihi fecit. Alia doctrina, Casus mihi fecit, fortuna fecit, casibus reguntur homines, nulla providentia aliquid geritur : et ipsa doctrina est. Alius dixit, Est gens contraria tenebrarum, quæ rebellavit adversus Deum, ipsa facit peccare homines. In hoc diluvio aquarum multarum ad Deum non appropinquabunt. Quæ est illa aqua, illa vera quæ manat de intimo fonte puræ venæ veritatis ? Quæ illa aqua est, Fratres, nisi quæ docet confiteri Domino? Quæ est illa aqua, nisi quæ docet, « Bonum est confiteri Domino (*Psal.* XCI, 2) ? » Quæ est illa aqua, nisi qua docet hanc vocem, « Dixi, pronuntiabo adversum me injustitiam meam Domino (*Ps.* XXXI, 5) : » et, « Ego dixi, Domine miserere mei, sana animam meam, quoniam peccavi tibi (*Psal.* XL, 5) ? » Hæc aqua confessionis peccatorum, hæc aqua humiliationis cordis, hæc aqua vitæ (a) sa-

(1) Le Manichéen.

(a) In omnibus prope MSS. *viæ*.

des Épicuriens, ni dans ceux des Stoïciens, ni dans ceux des Manichéens, ni dans ceux des Platoniciens. Même dans ceux de ces écrits où se trouvent d'ailleurs d'excellents préceptes de mœurs et de vie régulière, on ne trouve pas cet enseignement d'humilité. La voie de l'humilité part d'un autre point ; elle vient du Christ. Elle vient de celui qui étant le Très-Haut, a voulu se faire humble. Car que nous a-t-il enseigné d'autre, en s'humiliant, et en se faisant obéissant jusqu'à la mort et à la mort de la croix (*Philip.* II, 8)? Que nous a-t-il enseigné d'autre, en payant ce qu'il ne devait pas, afin d'acquitter ce que nous devions? Que nous a-t-il enseigné d'autre, en recevant le baptême, lui qui était sans péché ; en mourant sur la croix, lui qui n'était coupable de rien ? Que nous a-t-il enseigné d'autre que l'humilité ? Or, il a dit à bon droit : « Je suis la voie, et la vérité, et la vie (*Jean.* XIV, 69). » C'est donc par l'humilité qu'on s'approche de Dieu, parce que Dieu est proche de ceux qui ont le cœur contrit (*Ps.* XXXI, 19). » Mais dans le déluge des grandes eaux qui se soulèvent contre Dieu, et qui ne renferment que des enseignements d'orgueil et d'impiété, les hommes n'approcheront pas de Dieu.

19. Mais vous-même qui êtes justifié, que devenez-vous au milieu de ces eaux ? De tous côtés, mes frères, même quand nous confessons nos péchés, les eaux de ce déluge mugissent autour de nous. Nous ne sommes pas dans le déluge même, mais le déluge nous entoure. Ces eaux nous pressent, mais elles ne nous oppressent pas ; elles nous assaillent, mais sans nous submerger. Que ferez-vous donc, vous qui êtes au milieu de ce déluge, tant que vous marchez en ce monde ? Chacun de vous, en effet, n'entend-il pas de tels docteurs, n'entend-il pas de tels orgueilleux, et par leurs paroles ne subit-il point en son cœur une persécution de chaque jour ? Que dira donc celui qui est déjà justifié et qui ne compte que sur Dieu, au milieu du déluge qui l'entoure ? « Vous êtes mon refuge contre l'oppression dont je suis environné (Ibid.). » Que d'autres cherchent un refuge près de leurs dieux ou près de leurs démons, dans leurs forces ou dans les excuses par lesquelles ils défendent leurs péchés ; pour moi je n'ai de refuge qu'en vous, au milieu de ce déluge, contre l'oppression dont je suis environné.

20. « Vous êtes mon triomphe, rachetez-moi (Ibid.). » Si déjà vous triomphez, pourquoi demandez-vous à être racheté ? « Vous êtes mon triomphe, rachetez-moi. » J'entends un cri de joie : « vous êtes mon triomphe ; » j'entends un gémissement : « rachetez-moi. » Vous vous réjouissez et vous gémissez. Oui, répond-il, je me ré-

lutaris, abjicientis se, nihil de se præsumentis, nihil suæ potentiæ superbe tribuentis. Hæc aqua in nullis alienigenarum libris est, non in Epicureis, non in Stoicis, non in Manichæis, non in Platonicis. Ubicumque etiam inveniuntur optima præcepta morum et disciplinæ, humilitas tamen ista non invenitur. Via humilitatis hujus aliunde (*a*) manat : a Christo venit. Hæc via ab illo est, qui cum esset altus, humilis venit. Quid enim aliud docuit humiliando se, « factus obediens usque ad mortem, mortem autem crucis (*Philip.* II, 8)? » Quid aliud docuit solvendo quod non debebat, ut nos a debito liberaret? Quid aliud docuit baptizatus (*Matth.* III, 13), qui peccatum non fecit, crucifixus qui reatum non habebat? Quid aliud docuit, nisi hanc humilitatem? Non immerito ait, « Ego sum via et veritas et vita (*Johan* XIV, 6). » In hac ergo humilitate propinquatur ad Deum, quia prope est Dominus his qui obtriverunt cor (*Psal.* XXXIII, 19). In diluvio autem aquarum multarum extollentium se adversus Deum, et docentium superbas impietates, ad Deum non appropinquabunt.

19. Tu autem quid, qui etiam justificatus es, inter medias illas aquas es? Undique, Fratres mei, etiam cum confitemur peccata, perstrepunt circa nos aquæ illæ diluvii. Non sumus in ipso diluvio, sed circumdamur ab ipso diluvio. Premunt nos, sed non opprimunt : urgent nos, sed non demergunt. Quid ergo tu facies, quia in medio diluvio es, ambulans in hoc sæculo? Num enim non audit tales doctores, non audit tales superbos, aut non ex verbis eorum quotidianas patitur in corde suo persecutiones? Quid ergo dicat iste jam justificatus et præsumens de Deo, qui circumdatur diluvio isto? « Tu mihi es refugium a pressura, quæ circumdedit me (*Ps.* XXXI, 7). » Refugiant illi, vel ad deos suos, vel ad dæmones suos, vel ad vires suas, vel ad defensionem peccatorum suorum : mihi in isto diluvio non est refugium nisi tu, a pressura quæ circumdedit me.

20. « Exsultatio mea redime me (*Ibid.* v, 7). » Si jam exsultas, quid vis redimi? « Exsultatio mea redime me. » Audio vocem gaudii, « Exsultatio mea : » audio gemitum, « Redime me. »

(*a*) Sic MSS. At editi, cum negante particula, *aliunde non manat.*

jouis et je gémis ; je me réjouis dans mon espérance, je gémis dans l'état où je suis encore. « Vous êtes mon triomphe, rachetez-moi. (Ibid.). » « Nous nous réjouissons par l'espérance, » dit l'Apôtre (*Rom.* xii, 11). « Cette parole est donc juste : « Vous êtes mon triomphe, rachetez-moi. » Rachetez-moi, mais pourquoi ? L'Apôtre poursuit : « Et nous souffrons dans les tribulations (Ibid.). » « Vous êtes mon triomphe, rachetez-moi. » L'Apôtre était déjà justifié, et que dit-il cependant ? « Non-seulement les créatures, mais aussi nous-mêmes qui avons les prémices de l'Esprit, nous-mêmes nous gémissons au-dedans de nous (*Rom.* viii, 23). » Rachetez-moi, mais pourquoi ? « Parce que nous-mêmes gémissons au-dedans de nous, attendant l'adoption des enfants de Dieu, la rédemption de notre corps (Ibid). » Voilà donc pourquoi cette prière : « rachetez-moi » ; c'est parce que nous attendons encore, en gémissant au-dedans de nous, la rédemption de notre corps. Mais alors pourquoi ce cri de joie : « vous êtes mon triomphe ? » Le même Apôtre continue, et dit : « Car c'est en espérance que nous avons été sauvés. Or, l'espérance qui se voit n'est pas de l'espérance. Car, ce que quelqu'un voit, comment l'espérerait-il ? Mais si nous espérons ce que nous ne voyons pas encore, nous l'attendons par la patience (Ibid. 24). » Si vous espérez, vous vous réjouissez ; si vous attendez par la patience, vous gémissez encore ; car la patience n'est pas nécessaire à qui ne souffre aucun mal. Ce qu'on appelle tolérance, ce qu'on appelle patience, ce qu'on appelle support, ce qu'on appelle longanimité, n'existe qu'au milieu des peines. Où il y a oppression, il y a angoisse. Si donc nous attendons par la patience, nous disons encore : délivrez-moi de l'oppression qui m'environne ; mais comme déjà nous sommes sauvés en espérance, nous exprimons en même temps ces deux choses : « Vous êtes mon triomphe, rachetez-moi (*Ps.* xxxi, 7). »

21. Dieu répond : « Je vous donnerai l'intelligence (Ibid. 8). » L'intelligence est le fruit de ce psaume. « Je vous donnerai l'intelligence, et vous mettrai dans la voie où vous marcherez. » Que veut dire : je vous mettrai dans la voie où vous marcherez ? Dans une voie, à laquelle vous ne vous attacherez pas comme à votre demeure, mais de laquelle vous ne devrez pas sortir. Je vous donnerai l'intelligence, afin que vous vous connaissiez toujours, et que vous vous réjouissiez toujours en mettant votre espérance en Dieu ; jusqu'à ce que vous arriviez à cette patrie, où ce ne sera plus l'espérance, mais la possession du bonheur. « J'arrêterai constamment les yeux sur vous (Ibid.). » Je ne détournerai pas les yeux de vous, parce que vous ne détournerez

---

Gaudes, et gemis. Ita, inquit, et gaudeo, et gemo : gaudeo in spe, gemo adhuc in re. « Exsultatio mea redime me. » « Spe gaudentes, (*Rom.* xii, 12), » ait Apostolus. Ergo recte, « Exsultatio mea redime me. » Unde « redime me ? » Sequitur, in « tribulatione patientes (*Ibid.*). » « Exsultatio mea redime me. » Jam justificatus erat et Apostolus : et quid ait ? « Non solum, inquit, sed etiam nos ipsi primitias habentes Spiritus, et ipsi in nobismetipsis ingemiscimus (*Rom.* viii, 29). » Unde « redime me ? » « Quia ipsi in nobismetipsis ingemiscimus, adoptionem exspectantes, redemtionem corporis nostri (*Ibid.*). » Ecce ergo unde « redime me ; » quia adhuc exspectamus in nobis ingemiscentes redemtionem corporis nostri. Unde ergo « exsultatio mea ? » Ibi sequitur idem Apostolus, et dicit, « Spe enim salvi facti sumus : spes autem quæ videtur non est spes. Quod enim videt quis, quid sperat ? Si autem quod non videmus speramus, per patientiam exspectamus (*Ibid.* 24, etc.) » Si speras, gaudes ; si per patientiam exspectas, adhuc gemis : non enim opus est patientia, ubi nihil mali perpeteris. Tolerantia quæ dicitur, patientia quæ dicitur, sustinentia quæ dicitur, longanimitas quæ dicitur, non est nisi in malis. Ubi premeris, ibi angustia est. Ergo si per patientiam exspectamus, adhuc dicimus, « Redime me a pressura quæ circumdedit me : » quia vero spe salvi facti sumus, simul utrumque dicimus, « Exsultatio mea redime me. (*Ps.* xxxi, 7). »

21. Respondetur, « Intellectum dabo tibi (*Ibid.* 8). » Ipse est Psalmus intelligentiæ. « Intellectum dabo tibi : et statuam te in via hac, qua gradieris (*Ibid.*). » Quid est. « Statuam te in via hac, qua gradieris ? » Non ut hæreas ibi, sed ut ab ea non aberres. Dabo intellectum, ut cognoscas te semper, et semper gaudeas in spe ad Deum ; donec ad illam patriam pervenias, ubi jam non spes, sed res erit. « Obfirmabo super te oculos meos (*Ibid.*). » Non a te auferam oculos meos, quia et tu non auferes a me oculos tuos. Jam justificatus, jam post remissionem peccatorum leva oculos tuos ad Deum. Putruerat enim cor tuum cum esset in terra. Non gratis audis, Sursum cor, ne putreat. Ergo et tu leva jam oculos tuos semper in Deum, ut firmet super te oculos suos.

pas non plus les yeux de moi. Etant justifié, ayant obtenu la rémission de vos péchés, levez désormais les yeux vers le Seigneur. Car votre cœur était en pourriture, tandis qu'il était attaché à la terre. Ce n'est point inutilement que l'on vous dit : élevez votre cœur; c'est de crainte qu'il ne pourrisse au contact de la terre. Désormais donc, ayez constamment les yeux levés vers Dieu, afin qu'il arrête constamment les yeux sur vous. Mais craignez-vous qu'ayant ainsi les yeux élevés vers Dieu, vous ne heurtiez contre quelque chose, et que, ne regardant point à vos pieds, vous ne tombiez dans quelque piége? Non, gardez-vous de le craindre. Ses yeux, qu'il tient fixés sur vous, veillent à votre sûreté. « Soyez exempts de sollicitude (*Matth*. VI, 21), » vous dit-il. Et l'Apôtre saint Pierre dit aussi : « Jetez sur lui toute votre sollicitude, parce qu'il a lui-même soin de vous (1 *Pier*. v, 7). » « J'arrêterai donc constamment les yeux sur vous (*Ps*. XXXI, 8). » Et vous, tenez donc les yeux levés vers lui, et vous n'aurez point à craindre, comme je l'ai dit, de tomber dans quelque piége. Ecoutez une parole d'un autre psaume : « Mes yeux sont toujours dirigés vers le Seigneur (*Ps*. XXIV, 16). » Et comme si on demandait au psalmiste : Où mettez-vous le pied, vous qui ne regardez pas devant vous? il ajoute : « Parce que lui-même écartera mes pieds de tout piége (Ibid.). » « J'arrêterai constamment les yeux sur vous (*Ps*. XXXI, 8). »

22. Après avoir promis au Prophète et l'intelligence et sa protection, Dieu se tourne du côté des superbes qui défendent leurs péchés, et il nous montre ce que c'est que l'intelligence, en leur disant : « Ne soyez pas comme le cheval et le mulet, qui n'ont pas d'intelligence (Ibid. 9). » Le cheval et le mulet marchent en levant la tête. Le cheval et le mulet ne sont pas comme ce bœuf qui a connu son possesseur, ni comme cet âne qui a connu la crèche de son maître (*Is*. I, 9). « Ne soyez pas comme le cheval et le mulet qui n'ont pas d'intelligence. » Quelle peine sera infligée à ceux qui leur ressemblent? « Serrez avec le mors et le frein la bouche de ceux qui ne s'approchent pas de vous (*Ps*. XXXI, 9). » Vous voulez n'être qu'un cheval et un mulet, et vous voulez n'avoir personne qui vous monte? Votre bouche et vos mâchoires seront serrées avec le mors et le frein. Dieu serrera cette bouche avec laquelle vous exaltez vos mérites, tandis que vous taisez vos péchés. « Serrez la bouche de ceux qui ne s'approchent pas de vous (Ibid.), » en s'humiliant.

23. « Les coups de fouet qui frappent le pécheur sont multipliés (Ibid. 10). » Il n'est pas étonnant qu'après avoir employé le frein, Dieu se serve aussi du fouet. L'animal voulait rester indompté; on le dompte avec le frein et le fouet : et plaise à Dieu qu'il soit dompté! Car il est à craindre que, s'il résiste trop, il ne mérite d'être abandonné comme indomptable, et livré à la fougue qui l'entraîne au hasard; si bien qu'on lui

Sed quid times ne cum habes oculos ad Deum, offendas, ne non respicias ante te, et forte incurras in laqueum? Noli timere. Ibi enim sunt oculi ipsius, quos obfirmat super te. « Nolite, inquit, solliciti esse (*Matth*. VI, 31). » Et apostolus Petrus, « Omnem sollicitudinem vestram super illum mittite, quia illi cura est de vobis (1 *Pet*. v, 7). » Ergo « obfirmabo super te oculos meos. » Tu ergo oculos tuos in illum erige, et non timebis, ut dixi, ne in laqueum incurras. Audi alium Psalmum, « Oculi mei semper ad Dominum (*Psal*. XXIV, 15). » Et quasi diceretur illi, Quid agis de pedibus tuis, cum non ante te attendis? «Quoniam ipse, inquit, evellet de laqueo pedes meos (Ibid.). » « Obfirmabo super te oculos meos (*Ps*. XXXI, 8). »

22. Promisit huic et intellectum et protectionem suam : convertit se ad superbos defendentes peccata sua, et ostendit nobis quid sit intellectus. « Nolite esse sicut equus et mulus, quibus non est intellectus (Ibid. 9). » Equus et mulus erecta cervice sunt. Non sunt equus et mulus, sicut ille bos qui agnovit possessorem suum, et asinus præsepe domini sui (*Isai*. I, 3). » Nolite esse sicut equus et mulus, quibus non est intellectus. (*Ps*. XXXI, 9). » Quid enim patiuntur tales? « In freno et camo maxillas eorum constringe, qui non appropinquant ad te (Ibid.). » Equus et mulus vis esse, vis non habere sessorem? Constringetur os tuum et maxillæ tuæ in freno et camo : ipsum os tuum constringetur, quo jactas merita tua, et taces peccata tua. « Maxillas eorum constringe, qui non appropinquant ad te (Ibid.) : » humiliando se.

23. « Multa flagella peccatoris (Ibid. 10). » Non est mirum si adhibito freno sequuntur flagella. Indomitum enim animal esse cupiebat, domatur freno et flagello : atque utinam perdometur. Verendum est enim ne nimium resistendo, indomitum reliqui mereatur (a), et ire in suam vagam licentiam, ut dicatur de illo, « Prodiet tamquam ex adipe iniquitas eorum

(a) In multis MSS. *resistendo domitori relinqui mereatur*.

appliquerait alors cette parole : « Leur iniquité est comme sortie de leur graisse (*Ps.*LXXII,7.), » ainsi qu'il arrive à ceux dont les péchés sont encore impunis aujourd'hui. Par conséquent, tandis que le fouet le frappe, que le pécheur se corrige et se laisse dompter, parce que le Prophète déclare avoir été dompté de la sorte. Le Prophète avoue qu'il était d'abord comme le cheval et le mulet, parce qu'il se taisait ; comment donc a-t-il été dompté? par le fouet. « Mes souffrances m'ont changé, dit-il, à mesure que l'épine s'enfonçait en moi (*Ps.*XXXI, 4). » Que ce soit par le fouet ou par l'aiguillon, de quelque nom que vous l'appeliez, Dieu dompte le cheval qu'il monte, parce qu'il est utile au cheval d'être monté. Ce n'est pas, en effet, que Dieu monte à cheval parce qu'il est fatigué de marcher à pied ; autrement il n'y aurait point de mystère caché dans ce fait, qu'un âne a été amené au Seigneur pour lui servir de monture (*Matth.* XXI, 7). Un peuple doux et traitable est symbolisé dans cet âne, qui porte tranquillement le Seigneur et marche vers Jérusalem. En effet, comme dit le Prophète dans un autre psaume : « Il conduira dans la justice ceux qui sont dociles ; il enseignera ses voies à ceux qui sont doux (*P.* XXIV, 9). » Quels sont ceux qui sont doux? Ceux qui ne lèvent pas la tête avec orgueil contre celui qui les dompte, mais qui supportent patiemment le fouet et le frein ; et qui ensuite sont si bien domptés qu'ils marchent sans être excités par le fouet, et qu'ils gardent la bonne voie, sans qu'il soit besoin d'employer

ni le frein, ni le mors. Si vous n'avez pas Dieu pour cavalier, vous tomberez ; ce n'est pas lui qui tombera. « Les coups de fouet qui frappent les pécheurs sont multipliés ; au contraire, le Seigneur entoure de sa miséricorde celui qui met en lui son espérance (*Ps.* XXXI, 10). » A quel point donc, Dieu est-il notre refuge contre l'oppression? Celui que l'oppression a d'abord entouré est ensuite entouré par la miséricorde ; parce que celui qui a donné la loi donnera aussi la miséricorde (*Ps.* XXXIII, 8) : avec la loi il a donné les coups de fouet, avec la miséricorde il donne la consolation. » Le Seigneur entourera de sa miséricorde celui qui met en lui son espérance (*Ps.* XXXI, 10). »

24. Et comment le Prophète conclut-il ? « Justes, réjouissez-vous dans le Seigneur et soyez transportés d'allégresse (Ibid.). » O vous qui vous réjouissez en vous-mêmes, ô impies, ô orgueilleux, qui cherchez en vous votre joie, croyez en celui qui justifie l'impie, et votre foi vous sera imputée à justice (*Rom.* IV, 5). « Justes, réjouissez-vous dans le Seigneur et soyez transportés d'allégresse (*Ps.*XXXI, 10). » Et soyez transportés d'allégresse ; sous-entendez : dans le Seigneur. Pourquoi? parce que déjà vous êtes justes. Comment êtes-vous justes? ce n'est point par vos mérites, mais par la grâce de Dieu. Mais d'où vient que vous êtes justes ? parce que vous avez été justifiés.

25. 11. « Glorifiez-vous en lui, vous qui avez le cœur droit (*Ps.*XXXI,11). » Que veut dire : vous

---

(*Psal.* LXXII, 7) : » sicut de illis, quibus modo sunt impunita peccata. Ergo cum flagellatur, corrigatur, dometur ; quia et iste sic se dixit domitum. Equum et mulum se dixerat, quoniam tacuit : sed unde domitus est? Flagellis. « Conversus sum, inquit, in ærumna mea, dum configeretur spina (*Ps.* XXXI, 4). » Sive flagella dicas, sive stimulos dicas, domat Deus jumentum cui insidet : quia jumento expedit ut insideatur. Non enim defatigatus Deus ambulando pedibus, insidet jumento. Aut vero non plenum mysterii est, quod asellus adductus est Domino (*Matth.* XXI, 7). Populus mitis et mansuetus portans bene Dominum, asellus est, et tendit in Jerusalem. Diriget enim mites in judicio (*Psal.* XXIV, 9), sicut dicit alius Psalmus, docebit mansuetos vias suas. Quos mansuetos ? Non erigentes cervicem adversus domitorem suum, patientes flagella et frenum : postea sic domiti, ut sine flagello ambulent, et sine freno et camo viam

teneant. Si carueris isto sessore, tu cades, non ille. « Multa flagella peccatoris : sperantem autem in Domino misericordia circumdabit. (*Ps.*XXXI, 10). » Quomodo est refugium a pressura? Quem primo circumdat pressura, postea circumdat misericordia : quoniam misericordiam dabit, qui legem dedit (*Psal.* LXXIII, 8); legem in flagellis, misericordiam in consolationibus. « Sperantem autem in Domino misericordia circumdabit. (*Ps.* XXXI, 10). »

24. Ergo quid concluditur? « Lætamini in Domino, et exsultate justi (*Ibid.* 11). » O qui lætamini in vobis ! o impii, o superbi, qui lætamini in vobis : jam credentes in eum, qui justificat impium, deputetur fides vestra ad justitiam (*Rom.* IV, 5). « Lætamini in Domino, et exsultate justi. » « Et exsultate, » subaudi, in Domino. Quare? Quia jam justi. Unde justi? Non meritis vestris, sed gratia illius. Unde justi? Quia justificati,

qui avez le cœur droit ? vous qui ne résistez pas à Dieu. Que votre charité veuille bien faire attention, et elle comprendra ce que c'est qu'un cœur droit. Je vous le dis en peu de mots, et cependant la chose est très-importante. Je rendrai grâces à Dieu, si cette explication de la fin du psaume entre profondément dans vos esprits. Voici quelle est la différence qui existe entre un cœur droit et un cœur dépravé. Tout homme qui n'attribue qu'à la juste volonté de Dieu ce qu'il souffre contre sa propre volonté, afflictions, chagrins, peines, humiliations, et qui n'accuse pas Dieu d'agir en insensé, ne sachant ce qu'il fait en flagellant un homme, et en épargnant ceux qui lui sont pareils ; celui-là a le cœur droit. Mais ceux-là, au contraire, ont le cœur perverti, dépravé et déformé, qui prétendent souffrir injustement tous les maux qu'ils endurent, et qui accusent d'iniquité celui dont la volonté leur inflige ces peines ; ou qui, s'ils n'osent l'accuser d'iniquité, refusent de croire qu'il gouverne le monde. Comme Dieu, dira l'un, ne peut commettre d'injustice, et comme il est injuste que je souffre, et que tel homme ne souffre pas ; — car je veux bien reconnaître que je suis un pécheur, mais il en est certes de pires que moi qui sont dans la joie, tandis que je suis dans l'affliction ; — donc, comme il est injuste que des pécheurs pires que moi soient dans la joie et que je sois dans l'affliction, moi qui suis juste, ou qui suis moins coupable qu'eux ; comme je tiens pour certain qu'il y a ici une injustice, et que je tiens également pour certain que Dieu n'en commet pas, il suit de là que Dieu ne gouverne pas les choses humaines, et qu'il n'a point souci de nous. Donc les hommes dont le cœur est dépravé, c'est-à-dire déformé, soutiennent trois propositions différentes. La première, il n'y a pas de Dieu ; « car l'insensé a dit en son cœur, il n'y a pas de Dieu (*Ps.* XIII, 1). » Et, nous l'avons dit, en parlant du déluge des grandes eaux, il ne manque pas de philosophes qui aient émis cette doctrine ; il ne manque pas de philosophes qui aient dit qu'il n'y a pas de Dieu qui ait tout créé et qui gouverne tout, mais qu'il y a beaucoup de dieux qui s'occupent d'eux-mêmes, en dehors de ce monde dont ils ne prennent aucun soin. Ainsi donc, il n'y a pas de Dieu : c'est ce que dit l'impie, qui s'irrite de tout ce qui lui arrive de fâcheux contre sa propre volonté, sans que cela arrive également à celui auquel il se préfère. Ou bien, seconde proposition : Dieu est injuste, puisque de telles choses lui plaisent et qu'il les fait. Ou bien, en troisième lieu : Dieu ne gouverne pas les choses humaines, et ne prend pas soin de toutes choses. Dans ces trois propositions se trouve une horrible impiété, soit de

---

25. « Et gloriamini omnes recti corde (*Ibid.* 11). » Quid est, « recti corde? » Non resistentes Deo. Intendat Caritas Vestra, et intelligite rectum cor. Breviter dico, sed tamen maxime commendandum : Deo autem gratias, quod in fine est, inhæreat sensibus vestris. Inter rectum cor et pravum cor hoc interest : Quisquis homo quidquid patitur præter voluntatem, afflictiones, mærores, labores, humiliationes, non tribuit nisi voluntati Dei justæ, non illi dans insipientiam, quod quasi nesciat quid agat, quia talem flagellat, et talibus parcit ; ipse est rectus corde : perversi autem corde sunt, et pravi et distorti, qui omnia quæ patiuntur mala, inique se pati dicunt, dantes illi iniquitatem, per cujus voluntatem patiuntur ; aut quia non ei audent dare iniquitatem, auferunt ei gubernationem. Quia ipse, inquit, non potest facere iniquum, iniquum autem est ut ego patiar, et ille non patiatur, concedo enim ut sim peccator, certe sunt pejores qui lætantur, et ego tribulor : quia ergo hoc iniquum est, ut etiam pejores me lætentur, et ego tribuler, qui aut justus, aut minus peccator quam illi sum, et certum est apud me hoc esse injustum, et certum est apud me quia Deus non facit injustum ; Deus non gubernat res humanas, nec cura est illi de nobis. Ergo pravi corde, id est distorti corde, tres habent sententias. Aut, non est Deus : dixit enim stultus in corde suo : Non est Deus (*Psal.* XIII, 1). Et fuit dictum (*a*) de diluvio illo : non defuit talis doctrina philosophorum, non defuerunt qui dicerent non esse Deum, qui gubernat omnia et condidit omnia ; sed esse multos deos vacantes sibi præter mundum, non curantes ista. Ergo aut, Non est Deus : hoc dicit impius, cui displicet quidquid illi accidit præter voluntatem, et alteri non accidit cui se præponit : aut, Injustus Deus est, cui ista placent, et qui hæc facit : aut, Non gubernat Deus res humanas, nec cura est illi de omnibus (*b*). In istis tribus sententiis magna impietas, aut negare Deum, aut dicere injustum, aut auferre illi gubernationem rerum. Quare hoc ? Quia

(*a*) Supra n. 18 (*b*) Vaticanus MS. *de hominibus*.

nier Dieu, soit de dire qu'il est injuste, soit de lui dénier le gouvernement de toutes choses. Et pourquoi cette impiété? Parce que celui qui parle ainsi a le cœur déformé. Dieu est droit, et c'est pourquoi tout cœur déformé n'est point en harmonie avec lui. C'est ce qui est exprimé dans un autre psaume : « Que le Dieu d'Israël est bon pour ceux dont le cœur est droit (*Ps.* LXXII, 1)! » Et parce qu'il avait été frappé lui-même de cette pensée : Comment Dieu peut-il savoir toutes choses, et le Très-Haut a-t-il toute science? il ajoute en cet endroit : « Mes pieds ont été presque ébranlés (Ibid. 2). » De même qu'un morceau de bois tortu, lorsque vous le placez sur un plancher uni, ne s'y adapte pas, n'y adhère pas, ne s'y applique pas, mais remue toujours et manque d'aplomb, non que le plancher où vous l'avez posé ne soit pas bien uni, mais parce que ce bois est lui-même tortu; ainsi votre cœur, tant qu'il est dépravé et déformé, ne peut s'aligner avec la rectitude de Dieu, ni trouver place en lui, au point de s'unir à lui, et de voir l'accomplissement de cette parole, que « celui qui est attaché à Dieu, est un seul esprit avec lui (1 *Cor.* VI, 17). » C'est pourquoi le Prophète s'est écrié: « Glorifiez-vous en Dieu, vous qui avez le cœur droit (*Ps.* XXXI, 11). » Et comment les hommes au cœur droit peuvent-ils se glorifier? Ecoutez comment ils se glorifient : « Mais en outre, dit l'Apôtre, nous nous glorifions encore dans les tribulations (*Rom.* v, 3). » Il n'est pas extraordinaire de se glorifier dans la joie, ni de se glorifier dans l'allégresse; mais l'homme au cœur droit se glorifie jusque dans la tribulation. Ecoutez maintenant comment il se glorifie dans la tribulation ; comme personne ne se glorifie de la sorte inutilement et sans fruit, écoutez le langage d'un cœur droit : « Nous savons que la tribulation produit la patience, la patience l'épreuve, et l'épreuve l'espérance. Or, l'espérance ne confond pas ; parce que la charité de Dieu est répandue dans nos cœurs par l'Esprit-Saint qui nous a été donné (Ibid. etc.). »

26. Voilà donc, mes frères, ce que c'est qu'un cœur droit. Que celui qui est frappé de quelque perte, dise : « Le Seigneur me l'a donné, le Seigneur me l'a ôté. » Voici ce que dit un cœur droit : « Il a été fait comme il a plu au Seigneur; que le nom du Seigneur soit béni (*Job.* I, 21)! » Qui a ôté? Qu'a-t-il ôté? A qui a-t-il ôté? Quand a-t-il ôté? Que le nom du Seigneur soit béni! Et Job n'a pas dit : Dieu me l'a donné, le démon me l'a ôté. Que votre charité remarque ceci, de crainte que vous ne disiez : C'est le démon qui m'a causé ce malheur. Attribuez entièrement à Dieu le coup de fouet qui vous a frappé, parce que le démon ne peut vous faire aucun mal, si celui qui du haut du ciel a toute puissance, ne le lui permet, ou comme punition, ou

---

distortus est corde. Rectus est Deus, et ideo distortum cor (*a*) illi non adquiescit. Quod in alio Psalmo est, « Quam bonus Deus Israel, rectis corde (*Psal.*LXXII,1).» Et quia talem habebat ipse aliquando (*b*) sententiam, Quomodo scivit Deus, aut si est scientia Altissimo? ideo ibi subjecit, « Mei autem pene moti sunt pedes (Ibid.).» Quomodo distortum lignum, etsi ponas in pavimento æquali, non collocatur, non compaginatur, nec adjungitur, semper agitatur et mutat; non quia inæquale est ubi posuisti, sed quia distortum est quod posuisti : ita et cor tuum quamdiu pravum est et distortum, non potest colliniari rectitudini Dei, et non potest in illo collocari ut hæreat illi, et fiat (*c*) « Qui adhæret Domino, unus spiritus est (1 *Cor.* VI,17).» Ideo « recti corde gloriamini » dixit. Quomodo recti corde gloriantur? Audite gloriationem ipsorum : Non solum autem, dicit Apostolus, sed et gloriamur in tribulationibus. (*Rom.* v, 3). Nam non est magnum gloriari in gaudiis, gloriari in lætitiis : rectus corde etiam in tribulatione gloriatur. Et audi quomodo gloriatur in tribulatione; quia non frustra quisquam, non supervacue : vide rectum cor, « Scientes, inquit, quia tribulatio patientiam operatur, patientia autem probationem, probatio vero spem, spes autem non confundit, quia caritas Dei diffusa est in cordibus nostris per Spiritum-sanctum qui datus est nobis (Ibid. 3, etc.). »

26. Sic est ergo rectum cor, Fratres. Cuicumque aliquid accidit, dicat, Dominus dedit, Dominus abstulit (*Job.* I, 21). Ecce rectum cor : Sicut Domino placuit, ita factum est : sit nomen Domini benedictum (Ibid.). Quis abstulit? quid abstulit? cui abstulit? quando abstulit? Sit nomen Domini benedictum. Et non dixit, Dominus dedit, diabolus abstulit. Intendat ergo Caritas Vestra, ne forte dicatis, Hæc mihi diabolus fecit. Prorsus ad Deum tuum refer flagel-

---

(*a*) MSS. omittunt, *cor* : et plerique habent, *distorto illi*. (*b*) Sic MSS. At editi, *aliquando de se sententiam inquiens*. (*c*) Editi, *et fiat rectum*. Abest, *rectum*, a MSS.

comme correction : comme punition pour les impies, comme correction pour les enfants. « Car Dieu frappe de verges tout fils qu'il reçoit (*Hébr.* XXII, 6). » N'espérez jamais être sans châtiment, à moins que vous ne vouliez être déshérité. « Dieu frappe de verges tout fils qu'il reçoit. » Quoi ! tout fils ? Où voulez-vous vous cacher ? Oui, tous ; et nul ne sera excepté, nul ne sera sans châtiment. Quoi ! jusqu'au dernier ? Voulez-vous savoir à quel point ce sera jusqu'au dernier ? Son Fils unique était sans péché, et lui-même cependant n'a point été sans châtiment. C'est pourquoi son Fils unique lui-même, portant votre infirmité, figurant d'avance votre personne en lui, et représentant en lui, comme étant la tête, son corps tout entier, au moment où il était proche de sa passion, a ressenti une tristesse pofonde dans la nature humaine qu'il avait prise (*Matth.* XXVI, 28) ; et cela afin d'assurer votre joie : il a été contristé, afin de vous consoler. En effet, le Seigneur pouvait être exempt de toute tristesse, aux approches de sa passion. Si le soldat le pouvait, est-ce que le général ne le pouvait pas ? Comment le soldat l'a-t-il pu ? Remarquez l'allégresse de saint Paul, sentant l'approche de sa passion : « Pour ce qui me regarde, dit-il, déjà je suis près d'être sacrifié, et le temps de ma dissolution approche. J'ai combattu le bon combat, j'ai gardé ma foi ; reste la couronne de justice qui m'est réservée, et que le Seigneur, juste Juge, me rendra en ce jour. Et, non-seulement à moi, mais à tous ceux qui aiment son avénement (II *Tim.* IV, 6). » Voyez combien est grande sa joie, au moment de marcher au supplice. Celui-ci donc se réjouit, qui doit être couronné ; et celui-là s'afflige, qui doit donner les couronnes. Qu'est-ce donc que le Christ avait à porter ? La faiblesse de quelques-uns qui, à l'approche de l'affliction ou de la mort, sont remplis de tristesse. Mais voyez comme il les conduit à la rectitude du cœur. Vous vouliez vivre, et vous ne vouliez pas qu'il vous arrivât rien de fâcheux ; mais Dieu en a disposé autrement. Voilà donc deux volontés contraires : il faut que votre volonté se corrige conformément à celle de Dieu, et non que la volonté de Dieu se détourne pour se plier à la vôtre. Votre volonté est mauvaise ; celle de Dieu est la règle. Il faut que la règle soit maintenue, afin que tout ce qui est déformé soit réformé selon la règle. Voyez maintenant comment Notre-Seigneur Jésus-Christ nous donne cet enseignement : « Mon âme, dit-il, est triste jusqu'à la mort, » et encore : « Mon Père, s'il est possible, que ce calice passe loin de moi (*Matth.* XXVI, 38). » Dans ces sentiments il nous laisse apercevoir sa volonté humaine. Mais voyez maintenant en lui la rectitude du cœur : « Cependant, qu'il en soit, ô mon Père, non comme je veux, mais comme vous voulez (*Ibid.*). » Suivez donc cet

lum tuum, quia nec diabolus tibi aliquid facit, nisi ille permittat qui de super habet potestatem, aut ad pœnam, aut ad disciplinam : ad pœnam impii, ad disciplinam filii. Flagellat autem omnem filium quem recipit (*Hebr.* XII, 6). Ne te sine flagello speres futurum, nisi forte cogitas exheredari. Flagellat omnem filium quem recipit. Itane omnem ? Ubi te volebas abscondere ? Omnem : et nullus exceptus, nullus sine flagello erit. Quid ? ad omnem ? Vis audire quam omnem ? Etiam Unicus sine peccato, non tamen sine flagello. Unde ipse Unicus portans infirmitatem tuam, et præfigurans in se personam tuam, tamquam caput gestans personam etiam corporis sui, cum appropinquaret passioni, ex homine quem gerebat contristatus est (*Matth.* XXVI, 38), ut te lætificaret ; contristatus est, ut te consolaretur. Potuit enim utique sine tristitia esse Dominus, iturus ad passionem. Si potuit miles, non potuit imperator ? Quomodo potuit miles ? Adtende Paulum exsultantem propinquantem passioni : « Ego autem jam, inquit, immolor, et tempus resolutionis meæ instat. Bonum certamen certavi, cursum consummavi, fidem servavi : de cetero superest mihi corona justitiæ, quam mihi Dominus reddet in illa die justus judex. Non solum autem mihi, sed et omnibus qui diligunt adventum ejus (II *Tim.* IV, 6, etc.). » Videte quemadmodum exsultat venturus ad passionem. Ergo gaudet coronandus, contristatur coronaturus. Quid igitur portabat ? Infirmitatem quorumdam, qui veniente tribulatione vel morte contristantur. Sed vide quomodo eos ducit in directionem (*a*) cordis. Ecce tu volebas vivere, non volebas tibi aliquid accidere ; sed Deus aliud voluit : duæ voluntates sunt ; sed voluntas tua corrigatur ad voluntatem Dei, non voluntas Dei detorqueatur ad tuam. Prava est enim tua, regula est illa : stet regula ut quod pravum est ad regulam corrigatur. Videte quomodo hoc docet Dominus Jesus Christus. « Tristis est anima mea usque ad mortem (*Matth.* XXVI, 38) : »

(*a*) Plures MSS. *in directione.*

exemple : réjouissez-vous dans les peines qui vous arrivent ; et quand viendra le dernier jour, réjouissez-vous encore. Ou si la faiblesse de la volonté humaine se fait sentir à quelqu'un d'entre vous, qu'il se porte immédiatement vers Dieu, afin que vous soyez tous du nombre de ceux dont le Prophète a dit : « Glorifiez-vous en Dieu, vous tous qui avez le cœur droit (*Ps.* XXXI, 11). »

PREMIER DISCOURS SUR LE PSAUME XXXII.

1. « Justes, réjouissez-vous dans le Seigneur (*Ps.* XXXII, 1). » Justes, réjouissez-vous, non en vous, car cela n'est pas sûr, mais dans le Seigneur. » Il appartient à ceux qui ont le cœur droit de louer le Seigneur (Ibid.). » Ceux-là louent le Seigneur, qui se soumettent à lui ; autrement ils sont déformés et dépravés.

2. « Glorifiez le Seigneur en chantant sur la cithare (Ibid. 2). » Glorifiez le Seigneur, en lui offrant vos corps comme une hostie vivante (*Rom.* XII, 1). « Adressez-lui des cantiques en vous accompagnant sur le psaltérion à dix cordes (*Ps.* XXXII, 2) ; » que vos membres soient au service de l'amour de Dieu et du prochain, ce qui renferme les trois et les sept commandements.

3. « Chantez à sa gloire un cantique nouveau (Ibid. 3). » Chantez-lui un cantique pour la grâce de la foi. « Chantez de tout cœur à sa gloire des cantiques de jubilation (Ibid.). » Chantez de tout cœur à sa gloire, dans la joie de votre âme.

4. « Parce que la parole du Seigneur est droite (Ibid. 4). » Parce que la parole du Seigneur peut par sa rectitude, vous rendre tels que vous ne pouvez le devenir par vous-mêmes. « Et parce que toutes les œuvres du Seigneur appartiennent à la foi (Ibid.). » Que nul ne croie donc pouvoir arriver à la foi par le mérite de ses œuvres, puisque toutes les œuvres aimées de Dieu appartiennent déjà à la foi.

5. « Il aime la miséricorde et le jugement

et, « Pater, si fieri potest, transeat a me calix iste (Ibid.). » Ecce ostendit humanam voluntatem. Sed vide rectum cor : « Verum non quod ego volo, sed quod tu vis Pater (Ibid.). » Hoc ergo fac, gaudens in his quæ tibi accidunt : et si venerit dies ille ultimus, gaude. Aut si subrepit humanæ cujusdam voluntatis fragilitas, cito dirigatur in Deum : ut sis in eis quibus dicitur, « Gloriamini omnes recti corde. (*Ps.* XXXI, 11). »

IN PSALMUM XXXII.

Enarratio I.

1. « Exsultate justi in Domino (*Ps.* XXXII, 1). » Exsultate justi, non in vobis, non enim hoc (*a*) tutum est ;

(*a*) In aliquot MSS. *justum est.*

sed in Domino. « Rectos decet laudatio (Ibid.). » Ipsi laudant Dominum, qui se subdunt Domino : aliter enim distorti et pravi sunt.

2. « Confitemini Domino in cithara (Ibid. 2). » Confitemini Domino exhibentes ei corpora vestra hostiam vivam (*Rom.* XII, 1). « In psalterio decachordo psallite ei (*Ps.* XXXII, 2). » Serviant membra vestra dilectioni Dei et proximi, in quibus tria et septem præcepta servantur.

3. « Cantate ei canticum novum (Ibid. 3). » Cantate ei canticum gratiæ fidei. « Bene cantate ei in jubilatione (Ibid.). » Bene cantate ei in lætitia.

4. « Quoniam rectus est sermo Domini (Ibid. 4). » Quoniam rectus est sermo Domini, ad faciendos vos quod per vos fieri non potestis. « Et omnia opera ejus in fide (Ibid.). » Ne quisquam se meritis operum pervenisse ad fidem putet, cum in ipsa fide sint omnia opera quæ diligit Deus.

(Ibid.). » Il aime en effet la miséricorde qu'il répand maintenant avec tant d'abondance, et le jugement dans lequel il exige des hommes ce qu'il leur a d'abord accordé dans sa miséricorde. « La terre est remplie de la miséricorde du Seigneur (Ibid.). » Dans tout l'univers les péchés sont remis aux hommes par la miséricorde du Seigneur.

6. « Les cieux ont été affermis par la parole du Seigneur (Ibid. 6). » Ce n'est point par eux-mêmes mais par le Verbe du Seigneur que les justes ont été affermis. « Et le souffle de sa bouche fait toute leur force (Ibid.). » Et toute leur foi vient de son Esprit-Saint.

7. « Il rassemble, comme dans une outre, les eaux de la mer (Ibid. 7). » Il rassemble tous les peuples de ce monde, afin qu'ils confessent que le péché a été détruit par le Sauveur; de peur que, par orgueil, ils ne s'éloignent de lui au gré de leurs pensées. « Il tient les abîmes renfermés dans ses trésors (Ibid.); » et il conserve en eux, pour les enrichir, le trésor de ses mystères.

8. « Que toute la terre craigne le Seigneur (Ibid. 8). » Que tout pécheur le craigne, pour cesser de pécher. « Et que tous ceux qui habitent l'univers ne redoutent que lui (Ibid.). » Et que ce ne soient pas les menaces des hommes ou de quelque créature, mais Dieu lui-même,

que redoutent tous ceux qui habitent l'univers.

9. « Car il a parlé, et toutes choses ont été faites (Ibid. 9). » Car nul autre que lui n'a fait ces créatures que les hommes pourraient redouter; Dieu seul a parlé et elles ont été faites. « Il a commandé et elles ont été créées (Ibid.). » Il a commandé par son Verbe, et elles ont été créées.

10. « Le Seigneur dissipe les desseins des nations (Ibid. 10) : » les desseins de ceux qui cherchent non son royaume, mais leur propre royauté. « Il rend vaines les pensées des peuples (Ibid.) : » les pensées de ceux qui convoitent les félicités terrestres; « et il renverse les desseins des princes (Ibid.) : » les desseins de ceux qui cherchent à dominer sur de tels peuples.

11. « Mais la résolution du Seigneur demeure éternellement (Ibid. 11). » Mais la résolution du Seigneur de ne donner la béatitude qu'à ceux qui lui sont soumis, durera éternellement. « Les pensées de son cœur dureront dans les siècles des siècles (Ibid.). » Les pensées de sa sagesse sont immuables, et dureront dans les siècles des siècles.

12. « Heureux le peuple qui a le Seigneur pour Dieu (Ibid. 17). » Un seul peuple est heureux, un seul peuple est dans le chemin de la cité céleste, c'est celui qui a choisi le Seigneur pour son Dieu. « Heureux le peuple que le Sei-

---

5. « Diligit misericordiam et judicium (*Ibid.* 5). » Diligit enim misericordiam, quam nunc prærogat, et judicium quo id quod prærogaverit exigit. « Misericordia Domini plena est terra (*Ibid.*). » Per orbem peccata dimittuntur hominibus in misericordia Domini.

6. « Verbo Domini cœli firmati sunt (*Ibid.* 6).» Non enim a seipsis, sed Verbo Domini justi firmati sunt. « Et Spiritu oris ejus omnis virtus eorum (*Ibid.*). » Et sancto ejus Spiritu omnis fides eorum.

7. « Congregans sicut in utrem aquas maris (*Ibid.* 7). » Congregat populos sæculi in confessionem mortificati peccati, ne per superbiam libere defluant. « Ponens in thesauris abyssos (*Ibid.*). » Et (a) in eis occulta sua servat ad divitias.

8. « Timeat Dominum omnis terra (*Ibid.* 8). » Timeat omnis peccator, ut peccare desinat. « Ab ipso autem commoveantur : » nec terroribus hominum vel cujusquam creaturæ, sed ab ipso commoveantur, « omnes qui inhabitant orbem (*Ibid.*). »

9. « Quoniam ipse dixit, et facta sunt (*Ibid.* 9). » Non enim ea quæ timeant alius aliquis fecit, sed ipse dixit, et facta sunt. « Ipse mandavit et creata sunt (*Ibid.*).» Ipse mandavit Verbo suo, et creata sunt.

10. « Dominus dissipat consilia gentium (*Ibid.* 10) : » non ejus regnum sed sua quærentium regna. « Reprobat autem cogitationes populorum : » beatitudinem terrenam concupiscentium. « Et reprobat consilia principum (*Ibid.*) : » talibus populis dominari quærentium.

11. « Consilium vero Domini manet in æternum. (*Ibid.* 11). » Consilium vero Domini, quo beatum non facit nisi subditum sibi, manet in æternum. « Cogitationes cordis ejus in sæcula sæculorum (*Ibid.*). » Cogitationes sapientiæ ejus non sunt mutabiles, sed manentes in sæculum sæculi.

12. « Beata gens cujus est Dominus Deus eorum (*Ibid.* 12).» Una gens beata est, pertinens ad cœlestem civitatem, quæ sibi Dominum nonnisi Deum suum elegit. « Populus quem elegit Dominus in heredita-

(a) MSS. *Et eis*, absque præpositione, *in*.

gueur a choisi pour son héritage (Ibid.). » Ce peuple ne s'est pas choisi lui-même, mais Dieu l'a choisi dans sa bonté ; afin que le possédant et prenant soin de lui, il le mit à l'abri de toute misère.

13. « Le Seigneur a regardé du haut du ciel et il a vu tous les fils des hommes (Ibid. 13). » De l'âme juste où il habite, le Seigneur a jeté un regard de miséricorde, sur tous ceux qui veulent renaître à une vie nouvelle.

14. « De son habitation antérieurement préparée (Ibid.14).» De l'habitation qu'il s'est préparée dans la nature humaine qu'il a prise, « il a jeté les yeux sur tous ceux qui habitent la terre (Ibid.).» Il a jeté un regard de miséricorde sur tous ceux qui habitent la chair, pour être leur chef et les diriger.

15. « C'est lui qui a formé leurs cœurs, d'une manière spéciale pour chacun (Ibid. 15); » qui a fait à leurs cœurs des dons spirituels, particuliers à chacun, afin que le corps ne fût pas tout œil ni tout oreille, mais qu'ils fussent incorporés au Christ l'un d'une manière, et l'autre d'une autre. « Il comprend toutes leurs œuvres (Ibid.) : » son intelligence voit clairement toutes leurs œuvres.

16. « Un roi ne trouvera point son salut dans la grandeur de son courage (Ibid.16) : » Celui qui dirige lui-même sa chair ne sera pas sauvé, s'il a trop présumé de sa force. « Un géant ne sera pas sauvé par la grandeur de sa force (Ibid.) : » Nul en combattant contre ses habitudes de concupiscence, ou contre le démon et ses anges, ne sera non plus sauvé, s'il s'est trop confié en sa force.

17. « Le cheval trompe celui qui en attend son salut (Ibid.17) : » Tout homme se trompe s'il croit pouvoir acquérir par le moyen des hommes le salut déposé au milieu d'eux, ou s'il croit que les élans de son courage suffiront pour le préserver de sa perte. « Il ne sera pas sauvé par la grandeur de sa force (Ibid.). »

18. « Voilà que les yeux du Seigneur sont arrêtés sur ceux qui le craignent (Ibid.18) : » Parce que si vous cherchez le salut, l'amour de Dieu s'incline vers ceux qui le craignent. « Sur ceux qui mettent leur espérance dans sa miséricorde (Ibid.) : » et qui mettent leur espérance non dans leur propre force, mais dans la miséricorde de Dieu.

19. « Pour qu'il délivre leur âme de la mort, et qu'il les nourrisse dans leur faim (Ibid. 19) : » Pour qu'il leur donne, comme aliment, sa parole et l'éternelle vérité, qu'ils avaient perdues en présumant de leurs forces, de sorte que privés de justice, ils avaient même perdu ces forces.

20. « Notre âme attendra patiemment le Sei-

---

tem sibi (*Ibid.*). » Neque hæc a seipsa, sed Dei munere electa est, ut possidendo eam incultam et miseram esse non sinat.

13. « De cœlo respexit Dominus, vidit omnes filios hominum (*Ibid.* 13). » De anima justa misericorditer vidit Dominus omnes, qui in novam vitam renasci volunt.

14. « De præparato habitaculo suo (*Ibid.* 14). » De habitaculo susceptionis humanæ quod præparavit sibi. « Respexit super omnes qui inhabitant (*a*) terram. (*Ibid.*). » Misericorditer vidit omnes qui inhabitant carnem, ut præsit illis in regendo eos.

15. « Qui finxit singillatim corda eorum (*Ibid.*15). » Qui cordibus eorum dona propria spiritaliter tribuit, ut nec totum corpus oculus, nec totum auditus (I *Cor.* XII, 17), sed alius sic, alius autem sic incorporentur Christo. « Qui intelligit omnia opera eorum (*Ps.* XXXII, 15). » Apud illum intellecta sunt omnia opera eorum.

16. « Non salvus fiet rex in multitudine virtutis. (*Ibid.*16). » Non salvus fiet qui carnem suam regit, si in sua virtute multum præsumpserit. « Nec (*b*) gigas salvus erit in multitudine virtutis suæ (*Ibid.*). » Nec quisquis militat contra consuetudinem concupiscentiæ suæ, vel contra diabolum et angelos ejus, salvus erit, si se suæ fortitudini multum commiserit.

17. « Mendax equus ad salutem (*Ibid.*17). » Fallitur, quisquis putat vel per homines inter homines acceptam se salutem adipisci, vel impetu animositatis suæ defendi a pernicie. « In abundantia autem virtutis suæ non erit (*c*) salvus (*Ibid.*). »

18. « Ecce oculi Domini super metuentes eum (*Ibid.*18). » Quia si salutem quæris, ecce dilectio Domini super timentes eum. « Sperantes super misericordiam ejus (*Ibid.*). » Et sperantes non in virtute sua, sed in misericordia ejus.

19. « Ut eruat a morte animas eorum, et alat eos in fame (*Ibid.*19). » Ut det eis alimentum verbi et sempiternæ veritatis, quod amiserant dum præsumunt in viribus suis, et ideo nec ipsas vires habent fame justitiæ.

20. « Anima nostra patiens erit Domino (*Ibid.*20). »

(a) Lov. *carnem*, pro voce *terram*, dissentientibus MSS. et Er. (b) In MSS. constanter scribitur, *gigans*. (c) Sic Er. et MSS. At Lov. *non erit salus*.

gneur (Ibid. 20). » Notre âme, pour être ensuite rassasiée par une nourriture incorruptible, attendra patiemment le Seigneur, pendant son séjour sur cette terre. «Parce qu'il est notre aide et notre protecteur (Ibid.). » Il est notre aide dans nos efforts pour aller à lui, et notre protecteur dans notre résistance contre l'ennemi.

21. « Parce que notre cœur se réjouira en lui (Ibid. 21). » Ce n'est point en nous-mêmes, qui sommes dans une indigence profonde, lorsque Dieu n'est pas avec nous, mais c'est en lui que notre cœur se réjouira. «Et nous avons mis notre espérance dans son saint nom (Ibid.). » Et nous avons espérance d'arriver jusqu'à Dieu, parce que, tandis que nous sommes loin de lui, il nous a envoyé son nom, que la foi nous apprend à connaître.

22. « Seigneur, que votre miséricorde descende sur nous, selon que nous avons espéré en vous (Ibid. 22). » Que votre miséricorde, Seigneur, descende sur nous ; car notre espérance ne peut être déçue, parce que c'est en vous que nous avons mis cette espérance.

DEUXIÈME DISCOURS[1] SUR LE PSAUME XXXII.

1. « Ce psaume nous apprend que nous devons mettre notre joie dans le Seigneur. Il est intitulé «Psaume de David pour lui-même.(*Ps.* XXXII, 1).» Que ceux donc qui appartiennent à la très-sainte race de David, écoutent sa voix, répètent ses paroles, et se réjouissent dans le Seigneur. Il commence ainsi : «Justes, réjouissez-vous dans le Seigneur(Ibid.).»Que les méchants se réjouissent dans les délices du monde ; avec le monde finira l'allégresse des injustes. Que les justes, au contraire, se réjouissent dans le Seigneur ; parce que, le Seigneur étant éternel, la joie des justes durera éternellement. Mais notre joie dans le Seigneur doit se manifester en glorifiant, par nos louanges, celui qui seul n'a rien qui puisse nous déplaire, et qui plus que personne a de quoi

Ut autem postea saginetur escis incorruptibilibus, interim dum hic est, anima nostra patiens erit Domino. « Quoniam adjutor et protector noster est (*Ibid*). » Adjutor noster est, dum conamur ad eum ; et protector, dum resistimus adversario.

21. « Quia in ipso lætabitur cor nostrum(*Ibid.*21).» Non enim in nobis, ubi magna sine illo inopia est ; sed in ipso lætabitur cor nostrum. « Et in nomine sancto ejus (*a*) speravimus (*Ibid*). » Et ideo speravimus venturos nos ad Deum, quia nobis absentibus per fidem misit nomen suum.

22. « Fiat misericordia tua Domine super nos, sicut speravimus in te (*Ibid.*22).» Fiat misericordia tua Domine super nos : spes enim non confundit, quia speravimus in te.

IN EUMDEM PSALMUM XXXII.

ENARRATIO (*b*) II.

1. Psalmus iste admonet nos exsultare in Domino. Inscribitur autem,« Ipsi David (*Ps.*XXXII,1).» Qui ergo pertinent ad sacratissimum semen David,audiant vocem suam et dicant vocem suam, et exsultent in Domino Sic autem incipit : « Exsultate justi in Domino (*Ibid*). » Injusti exsultent in sæculo : finito sæculo, finitur exsultatio injustorum. Exsultent autem justi in Domino : quia permanente Domino, permanebit justorum exsultatio. Exsultare autem in Domino ita convenit,ut laudemus illum,qui solus non habet quod

---

(1) Discours sur la première partie du Ps. XXXII. S. Augustin y enseigne qu'il faut louer Dieu dans les adversités et dans la prospérité ; que la loi s'accomplit par l'amour de la justice ; que la miséricorde ne s'exerce bien qu'avec la justice.

(*a*) Sic MSS.Editi autem hoc et proximo loco,*sperabimus*. (*b*) Sermo I, de prima parte Psalmi XXXII. Docet Deum laudandum esse in adversis et in prosperis : Legem amore justitiæ impleri : misericordiam recte non adhiberi nisi cum justitia.

déplaire aux infidèles. Et tout se résume en cette courte sentence : Celui-là plaît à Dieu à qui Dieu plaît. Ne pensez pas, mes très-chers frères, que ceci soit de peu d'importance. Vous voyez combien il y a de gens qui disputent contre Dieu, combien il y en a à qui ses œuvres déplaisent. En effet, lorsqu'il veut agir contrairement à la volonté des hommes, parce qu'il est le Seigneur et qu'il sait ce qu'il fait, il ne se préoccupe pas tant de notre volonté que de notre utilité ; et ceux qui préfèrent accomplir leur volonté, plutôt que celle de Dieu, voudraient amener Dieu à faire leur volonté, et ne pas amender leur volonté au gré de Dieu. A ces infidèles, à ces impies, à ces hommes d'iniquité, (je regrette de le dire, et je le dirai cependant, car vous savez que je dirai vrai), un pantomime (1) plaît avec plus de facilité que Dieu même.

2. C'est pourquoi, après avoir dit : « Justes, réjouissez-vous dans le Seigneur, » comme nous ne pouvons nous réjouir en lui qu'en le glorifiant par nos louanges, et que nous le louons à mesure que nous lui plaisons d'autant plus qu'il nous plaît lui-même davantage, le Prophète s'écrie : « Il appartient à ceux qui ont le cœur droit de louer le Seigneur (Ibid). » Quels sont les hommes au cœur droit ? Ceux qui dirigent leur cœur selon la volonté de Dieu, et que console l'équité divine, si la fragilité humaine les trouble. Car bien qu'en leur particulier il leur arrive de désirer, dans leur cœur mortel, quelque chose qu'ils croient convenir à leurs intérêts, à leurs affaires, à leurs nécessités présentes ; dès qu'ils ont compris et connu que Dieu veut autre chose, ils préfèrent la volonté de celui qui est meilleur qu'eux à leur propre volonté, la volonté du Tout-Puissant à leur volonté impuissante, et la volonté de Dieu à la volonté de l'homme. Car autant est grande la distance qui sépare Dieu de l'homme, autant est grande la distance qui sépare la volonté de Dieu de la volonté de l'homme. C'est pourquoi le Christ, revêtu de la nature humaine, voulant nous proposer une règle, nous apprendre à vivre, et nous donner la véritable vie, nous a montré une volonté particulière, qu'il avait en sa qualité d'homme, dont il a fait en même temps l'expression de sa volonté et la figure de la nôtre, parce qu'il est notre tête et que, comme vous le savez, nous lui appartenons toujours comme ses membres. « Mon Père, a-t-il dit, si cela peut se faire, que ce calice passe loin de moi (*Matth.* xxviii, 39). » C'était là sa volonté humaine, exprimant un désir qui lui était propre, et qui n'était en quelque sorte qu'un désir privé. Mais comme il voulait que l'homme eût le cœur droit, afin que, s'il y avait quelque chose en lui d'un peu détourné, il le redressât sur celui qui est toujours droit : « Mais, ajouta-

---

nobis displiceat, et nemo tam multa habet quae infidelibus displicent. Et breve praeceptum est : Ille placet Deo, cui placet Deus. Nec leve putetis hoc Carissimi. Videtis enim quam multi disputent contra Deum, quam multis displiceant opera ejus. Cum enim facere voluerit contra voluntatem hominum, quia Dominus est, et novit quid faciat, non tam attendit nostram voluntatem quam utilitatem : illi qui malunt suam voluntatem impleri quam Dei, volunt ad suam voluntatem flectere Deum, non suam corrigere ad Deum. Talibus hominibus infidelibus, impiis, iniquis, (quod piget dicere, sed tamen dicam, nostis enim quam verum dicam), facilius placet pantomimus (1) quam Deus.

2. Propterea cum dixisset, « Exsultate justi in Domino, » quia exsultare in illo nisi laudando non possumus, cum autem laudamus, cui tanto magis placemus quanto magis ipse nobis placuerit ; « Rectos, inquit, decet laudatio (*Ibid.*). » Qui sunt recti ? Qui dirigunt cor secundum voluntatem Dei ; et si eos perturbat humana fragilitas, divina consolatur aequitas : quamvis enim corde mortali privatim aliquid velint, quod suae interim caussae vel negotio, vel praesenti necessitati conveniat ; ubi intellexerint et cognoverint aliud Deum velle, praeponunt voluntatem melioris voluntati suae, et voluntatem omnipotentis voluntati infirmi, et voluntatem Dei voluntati hominis. Quantum enim Deus distat ab homine, tantum voluntas Dei a voluntate hominis. Unde gerens hominem Christus, et regulam nobis proponens, docens nos vivere, et praestans nobis vivere, ostendit hominis quamdam privatam voluntatem, in qua suam figuravit et nostram, quia caput nostrum est, et ad eum, sicut nostis, tamquam membra utique pertinemus : « Pater, inquit, si fieri potest, transeat a me calix iste (*Matth.* xxviii, 39). » Haec humana voluntas erat, proprium aliquid et tamquam privatum volens. Sed quia rectum corde voluit esse hominem, ut quidquid in illo aliquantum curvum esset, ad illum dirigeret qui semper est rectus ; « Verum non quod ego volo, ait, sed quod tu Pater (*Ibid*). » Sed quid posset mali velle Christus ? Quid pos-

---

(1) Voir le discours sur le Ps. xxx, n. 11.

t-il, qu'il en soit, non ce que je veux, mais ce que vous voulez, ô mon Père (Ibid.). » Cependant, que pouvait vouloir le Christ, qui fût mal ? En un mot, que pouvait-il vouloir d'autre que ce que voulait son Père ? Puisque leur Divinité est une, ils ne peuvent avoir une volonté différente. Mais, dans sa nature humaine, Jésus représentait alors les siens, comme il les représentait lorsqu'il disait : « J'ai eu faim et vous m'avez donné à à manger (S. Matth. xxv, 35); » comme il les représentait encore, lorsque du haut du ciel, alors que personne ne le touchait, il cria à Saul enflammé de fureur, et persécuteur des saints : « Saul, Saul, pourquoi me persécutes-tu (Act. ix, 4)? » Par là il fit voir une volonté propre à l'homme ; par là il vous montra vous-même, et vous corrigea. Considérez-vous en moi-même, dit-il. Il vous est possible d'avoir une volonté propre, contraire à celle de Dieu ; c'est une concession à faire à la fragilité humaine, à la faiblesse humaine : il est difficile qu'il ne vous arrive pas d'avoir une volonté propre, mais pensez aussitôt à Celui qui est au-dessus de vous. Pensez qu'il est au-dessus de vous, et vous au-dessous de lui ; qu'il est le Créateur, et vous la créature ; qu'il est le Maître, et vous le serviteur ; qu'il est Tout-Puissant, tandis que vous êtes faible : et alors corrigez-vous, soumettez-vous à sa volonté, et dites : « Qu'il en soit, non ce que je veux, mon Père, mais ce que vous voulez. »

Comment seriez-vous séparé de Dieu, si vous voulez maintenant ce que Dieu veut? Vous serez donc un homme au cœur droit, et il vous appartiendra de louer Dieu; la louange de Dieu vous conviendra, car « il appartient à ceux qui ont le cœur droit de louer Dieu (Ps. xxxii, 1). »

3. Mais si votre cœur n'est point droit, vous louez Dieu dans la bonne fortune, et vous le blasphémez dans l'adversité. (Cependant si ce que vous souffrez est juste, il n'est pas mauvais que vous le souffriez ; et cela est juste, parce que cela vient de la volonté de celui qui ne peut rien faire injustement). Vous serez alors dans la maison de votre père, comme un enfant insensé, aimant votre père quand il vous caresse, et le haïssant quand il vous châtie : comme si, soit qu'il vous caresse, soit qu'il vous châtie, il ne vous conserve pas son héritage. Mais voyez comment il convient aux hommes qui ont le cœur droit de louer Dieu, écoutez la voix du juste louant Dieu, dans un autre psaume : « Je bénirai le Seigneur en tout temps; sa louange sera toujours dans ma bouche (Ps. xxxiii, 2). » En tout temps a le même sens que toujours ; et, je bénirai a le même sens que sa louange sera dans ma bouche. En tout temps et toujours, soit dans la prospérité, soit dans l'adversité. Car si ce n'est que dans la prospérité, et non dans l'adversité, comment sera-ce en tout temps, comment sera-ce toujours? Nous avons entendu nombre de gens parler ainsi nombre de fois, quand il leur ar-

---

tremo aliud posset velle, quam Pater? Quorum una est divinitas, non potest esse dispar voluntas. Sed ex persona hominis transfigurans in se suos, quos in se transfiguravit, cum ait, « Esurivi, et dedistis mihi manducare (Matth. xxv. 35) : » quos in se transfigura-vit, cum furenti et sanctos persequenti Saulo clama-vit de super, quem nemo tangebat, « Saule, Saule, quid me persequeris (Act. ix, 4)? » ostendit quamdam hominis propriam voluntatem, ostendit te, et correxit te. Ecce vide, inquit, te in me ; quia potes aliquid proprium velle, quod aliud Deus velit, conceditur hoc humanæ fragilitati, conceditur humanæ infirmitati ; aliquid proprium velle, difficile est ut non tibi contingat : sed statim cogita qui sit supra te ; illum supra te, te infra illum ; illum creatorem, te creaturam ; illum dominum, te servum ; illum omnipotentem, te infirmum ; et corrigens te, subjungensque voluntati ejus, ac dicens, « Verum non quod ego volo, sed quod tu vis Pater. » Quomodo disjunctus es a Deo, qui jam hoc vis quod Deus? Eris ergo rectus ; et te decebit laudatio, quoniam « rectos decet laudatio (Ps. xxxii, 1). »

3. Si autem curvus fueris, laudas Deum quando tibi bene est, blasphemas quando tibi male est: (quod quidem male, si justum est, non est male; justum est autem, quoniam ab illo fit qui injuste facere nihil potest,) et eris insulsus puer in domo patris, amans patrem si tibi blandiatur, et odio ha-bens quando te flagellat : quasi non et blandiens et flagellans hereditatem paret. Vide autem quemad-modum deceat rectos laudatio, audi vocem recti lau-dantis ex alio Psalmo : « Benedicam Dominum in omni tempore, semper laus ejus in ore meo (Psal. xxxii, 2). » Quod est, in omni tempore ; hoc est, semper : et quod est, benedicam ; hoc est, laus ejus in ore meo. Omni tempore et semper, sive in prosperis sive in adversis. Nam si in prosperis et non in adversis, quomodo omni tempore, quomodo semper ? Et audivi-mus multas multorum tales voces, quando illis pro-venit aliqua felicitas, exsultant, gaudent, cantant Deo, laudant Deum ; non sunt improbandi, immo

rive quelque chose d'heureux; ils se réjouissent ils sont ravis, ils chantent des cantiques à Dieu, ils louent et glorifient Dieu. Ils ne sont certes pas blâmables, bien plus il faut se réjouir de ce qu'ils agissent ainsi, lorsqu'il y en a tant qui n'agissent pas de même dans leur bonheur. Mais ceux qui ont commencé à louer Dieu au temps de leur prospérité, doivent apprendre aussi à reconnaître leur père, même lorsqu'il les châtie, et à ne pas murmurer contre la main de celui qui les corrige; de peur qu'en persistant dans leur méchanceté, ils ne méritent d'être déshérités ; et afin que, devenus droits (qu'est-ce que d'être devenu droit? c'est que rien de ce que Dieu fait ne déplaise;) ils aient la force de louer Dieu, même dans l'adversité, et de dire : « Le Seigneur me l'a donné, le Seigneur me l'a ôté; il a été fait comme il plaisait au Seigneur; que e nom du Seigneur soit béni (*Job*, 1, 21) ! » Voilà les hommes droits auxquels il appartient de louer Dieu, qui ne le louent pas d'abord pour l'accuser ensuite.

4. Donc, vous qui êtes justes et droits, louez Dieu avec allégresse, parce qu'il vous appartient de le louer. Que nul ne dise: Mais quel juste suis-je donc, ou quand serai-je juste ? Gardez-vous de vous laisser abattre et de désespérer de vous-même. Vous êtes hommes, vous avez été faits à l'image de Dieu (*Gen*. 1, 27). Celui qui vous a faits hommes, s'est fait homme aussi pour votre salut; et, afin que vous fussiez adoptés en grand nombre par Dieu comme ses enfants, et appelés à l'héritage éternel, le sang du Fils unique de Dieu a été répandu pour vous. Si, par l'effet de la fragilité humaine, vous êtes avilis à vos yeux, apprenez à vous apprécier par le prix dont vous avez été payés; réfléchissez comme il convient, à ce que vous mangez, à ce que vous buvez, à ce que vous professez en disant : Amen. Cet avis a-t-il pour but de vous porter à l'orgueil ; et oseriez-vous, d'après nos paroles, vous arroger quelque perfection? non; mais vous ne devez pas non plus vous croire privés une seconde fois de toute justice. Je ne veux pas vous demander si vous êtes justes; pas un de vous peut-être n'oserait me répondre: Je suis juste ; mais je vous demande quelle est votre foi. De même qu'aucun de vous n'oserait dire : je suis juste, de même aussi aucun n'oserait dire : Je ne suis pas du nombre des fidèles. Je ne vous demande point encore comment vous vivez; mais je vous demande ce que vous croyez. Vous me répondez que vous croyez en Jésus-Christ. N'avez-vous pas entendu ce que dit l'Apôtre : « Le juste vit de la foi (*Rom*. 1, 17)? » Votre foi, c'est votre justice. En effet, si vous croyez, vous veillez sur vous, si vous veillez sur vous, vous faites des efforts ; ces efforts, Dieu les connaît, il voit votre volonté, il examine la lutte que vous soutenez contre la chair, il vous exhorte à combattre, il vous aide pour que vous soyez vainqueur; il vous observe dans vos combats, il vous soutient dans

---

gaudendum est illis, quia multi nec tunc : sed isti qui jam Deum laudare ex prosperitatis parte cœperunt, docendi sunt patrem agnoscere et flagellantem, nec murmurare adversus corrigentis manum, ne semper pravi remanentes exheredari mereantur, ut facti jam recti, (Quid est recti ? Ut nihil illis displiceat quod fecerit Deus); possint et in adversis Deum laudare, et dicere, « Dominus dedit, Dominus abstulit, sicut Domino placuit, ita factum est: sit nomen Domini benedictum (*Job*. 1, 21). » Tales rectos decet laudatio, non primo laudaturos, et postea vituperaturos.

4. Ergo justi recti, exsultate in Domino , quia vos decet laudatio. Nemo dicat, Quis (*a*) ego justus, aut quando ego justus ? Nolite vos abjicere et desperare de vobis. Homines estis, ad imaginem Dei facti estis (*Gen*. 1, 27): qui vos homines fecit, pro vobis et homo factus est : ut multi filii ad hereditatem sempiternam adoptaremini, sanguis Unici pro vobis effusus est. Si vos vobis terrena fragilitate viluistis, ex pretio vestro vos appendite : quid manducetis, quid bibatis, quo (*b*) subscribatis Amen, digne cogitate. Numquid hoc vos monemus, ut superbi sitis, et vobis aliquam perfectionem audeatis arrogare ? Sed non iterum ab omni justitia vos putare debetis exsules fieri. Nolo enim vos interrogare de justitia vestra ; fortassis enim nemo vestrum mihi audeat responderé, Justus sum : sed interrogo vos de fide vestra. Sicut nemo vestrum audet dicere, Justus sum: sic nemo audet dicere, Fidelis non sum. Nondum quæro quid vivas, sed quæro quid credas. Responsurus es credere te in Christum. Non audisti Apostolum, « Justus ex fide vivit (*Rom*. 1, 17)?» Fides tua, justitia tua: quia utique si credis, caves ; si autem caves, cona-

---

(*a*) Ita MSS. At editi, *Quis ergo justus, aut quando ero justus*. (*b*) Editi, *subscribamini tamen*, nonnulli ex MSS. *subscribatis tantum*: sed ex iis magna pars, *subscribatis Amen*.

DEUXIÈME DISCOURS SUR LE PSAUME XXXII.

vos défaillances, il vous couronne dans vos triomphes. « Justes, réjouissez-vous donc dans le Seigneur(*Ps* XXXII,1); » ce qui revient à dire : Fidèles, réjouissez-vous dans le Seigneur, parce que le juste vit de la foi. « Il appartient à ceux dont le cœur est droit de louer Dieu(Ibid.). » Apprenez à rendre des actions de grâces à Dieu, et dans la prospérité et dans l'affliction. Apprenez à avoir dans le cœur ce que tout homme de bien a sur les lèvres : Tout ce que Dieu veut! La voix du peuple est la plupart du temps un salutaire enseignement. Qui ne dit chaque jour : Que la volonté de Dieu soit faite? S'il le dit de cœur, il sera du nombre des hommes droits qui se réjouissent dans le Seigneur et auxquels il appartient de le louer. C'est à eux que s'adresse le psalmiste dans le verset suivant : « Glorifiez le Seigneur en chantant sur la cithare, adressez-lui des cantiques en vous accompagnant sur le psaltérion à dix cordes(Ibid.2). » Tout à l'heure encore nous chantions ces paroles, et en les répétant d'une voix unanime, nous instruisions vos cœurs.

5. Est-ce que l'institution des Vigiles célébrées au nom du Christ (1), n'a pas eu pour but d'éloigner de l'Église les instruments de musique? Et voilà que le psalmiste leur ordonne de résonner. « Glorifiez le Seigneur, dit-il, en chantant sur la cithare ; adressez-lui des cantiques en vous accompagnant sur le psaltérion à dix cordes (Ibid.). » Que personne cependant ne tourne sa pensée vers des instruments de théâtre. Chacun a au-dedans de soi, ces chants qu'on lui demande ; comme il est dit dans un autre psaume : « Mon Dieu, les vœux et les louanges que je dois vous adresser sont en moi(*Ps*. LV, 12). » Ceux qui ont assisté à un de nos entretiens, il y a quelque temps, savent quelle différence il y a entre le psaltérion et la cithare : nous les avons décrits, autant que nous pouvions le faire par nos paroles, et nous avons fait tous nos efforts pour mettre notre description à la portée de tous. Ceux qui nous ont entendu pourraient dire si nous avons réussi. Nous croyons cependant qu'il n'est pas hors de propos de nous répéter, parce que la différence qui existe entre ces deux instruments de musique nous sera utile pour établir la différence des actions humaines qui s'y trouve figurée, et que notre vie doit accomplir. La cithare est un instrument auquel est suspendu une sorte de tambour de bois creux, en forme d'écaille de tortue. Sur le bois sont attachées

---

ris; et conatum tuum novit Deus, et voluntatem tuam inspicit, et luctam cum carne considerat, et hortatur ut pugnes, et adjuvat ut vincas, et certantem (*a*) exspectat, et deficientem sublevat, et vincentem coronat. Ergo, « Exsultate justi in Domino(*Ps*.XXXII,1): » hoc dixerim, Exsultate fideles in Domino, quia justus ex fide vivit. « Rectos decet laudatio (*Ibid.*). » Discite gratias agere Deo et in prosperitatibus et in tribulationibus. Discite habere in corde quod habet omnis homo in lingua, Quod vult Deus. Ipsa lingua popularis, plerumque est doctrina salutaris. Quis non quotidie dicit, Quod vult Deus hoc agat? Et rectus (*b*) erit inter eos qui exsultant in Domino, et quos decet laudatio : quales alloquitur consequenter Psalmus, et dicit, « Confitemini Domino in cithara, in psalterio decem chordarum psallite ei (*Ibid.*2). » Hoc enim etiam modo cantabamus, hoc ore consono exprimentes, corda vestra (*c*) docebamus.

5. Nonne id egit (*d*) institutio in nomine Christi Vigiliarum istarum, ut ex isto loco citharae pellerentur? Et ecce ipsae jubentur sonare : « Confitemini, inquit, Domino in cithara, in psalterio decem chordarum psallite ei. » Nemo convertat cor ad organa theatrica. Quod ei jubetur, in se habet, sicut alibi dicitur, « In me sunt Deus vota, quae reddam laudis tibi (*Psal*. LV, 12). » Meminerunt qui pridem adfuerunt, quando quid intersit (*e*) inter psalterium et citharam, sicut potuimus sermone discrevimus, et ad intellectum omnium perducere interim conati sumus : quantum autem effecerimus, viderint qui audierunt. Et nunc non importune repetimus, ut in ista diversitate duorum instrumentorum musicorum, diversitatem factorum humanorum inveniamus, significatam per haec, implendam autem per vitam nostram. Cithara (*f*) lignum illud concavum tamquam tympanum pendente testitudine, cui ligno chordae inni-

---

(1) Consultez le 115e sermons *de diversis*, n. 15; où cette question est traitée d'une manière plus développée. Il vous sera facile de voir d'après ce passage, et d'après le n. 9 du discours suivant, que ces discours sur le Psaume XXXII, ont été prononcés dans l'église où était déposé le corps du martyr S. Cyprien.

(*a*) Editi, *inspectat*. MSS. vero, *exspectat*: quod eodem sensu passim ab Augustino usurpatur, pro *observat*. (*b*) Aliquot MSS. *Hoc agat, et rectus est: et erit inter eos, etc*. (*c*) Plerique MSS. *nostra*: forte non minus bene cum hacce verborum interpunctione, *hoc, ore consono exprimentes corda nostra, docebamus*. (*d*) Consule sermonem de diversis CXV, cap. I, ubi haec ipsa res luculentius refertur; eoque ex loco, uti et ex proximo subsequenti Enarratione 9, intelliges hos de XXXII Psalmo tractatus habitos fuisse in Ecclesia ubi Cypriani martyris corpus jacebat. (*e*) Psalterii et citharae discrimen. V. *Enar. in Psal*. XLII et *Enar.* II *in Psal*. LXX. (*f*) Editi, *Cithara est lignum*. Expunge, *est* : quia sensum tollit, nec habetur in MSS.

des cordes qui résonnent quand on les touche. Je ne parle pas du plectrum avec lequel on les touche, mais j'ai dit que le bois sur lequel elles reposent est creux; de sorte que tremblant sur elles-mêmes, quand on les touche, et tirant leur son de cette cavité, elles deviennent plus sonores. Dans la cithare cette cavité est placée en bas, dans le psaltérion elle est en haut. Voilà quelle est la différence entre ces deux instruments. Or le prophète nous ordonne tantôt de glorifier Dieu sur la cithare, tantôt de lui chanter des cantiques sur le psaltérion à dix cordes. Il n'a point dit sur la cithare à dix cordes, ni dans ce psaume, ni, si je ne me trompe, nulle part ailleurs. Nos chers fils les Lecteurs pourront le rechercher en temps opportun et à loisir : cependant, autant qu'il peut m'en souvenir, nous trouvons en beaucoup d'endroits le psaltérion à dix cordes, et nulle part en lisant je n'ai trouvé la cithare à dix cordes. Rappelez-vous que la cithare a en bas la cavité qui donne le son, tandis que dans le psaltérion elle est en haut. Dans cette vie inférieure, c'est-à-dire terrestre, nous sommes dans la prospérité, dans l'adversité, et dans ces deux situations, il nous faut louer Dieu, de manière que ses louanges soient sans cesse dans notre bouche, et que nous bénissions le Seigneur en tout temps (*Ps.* XXXIII, 2). Car il y a une certaine prospérité terrestre, et il y a également une certaine adversité terrestre : or, dans l'une et dans l'autre, il faut louer Dieu, si nous voulons le glorifier sur la cithare. Quelle est cette prospérité terrestre? Elle existe lorsque nous sommes en bonne santé selon la chair, lorsque nous avons en abondance tout ce qui est nécessaire à notre vie, lorsque notre sécurité n'est pas menacée, lorsque nos possessions nous donnent d'amples revenus, lorsque « Dieu fait lever son soleil sur les bons et sur les méchants et tomber sa pluie sur les justes et sur les injustes (*Matth.* v, 45). » Toutes ces choses sont importantes pour la vie terrestre. Quiconque ne loue point Dieu qui les lui accorde, est un ingrat. Parce qu'elles sont terrestres, ne viennent-elles donc pas de Dieu? Ou bien doit-on s'imaginer qu'un autre que lui les donne, parce qu'elles sont données aussi aux méchants? Car la miséricorde de Dieu se manifeste de bien des manières, elle est patiente et pleine de longanimité. Il nous indique d'autant mieux la félicité qu'il réserve aux bons, quand il nous montre quels biens il donne même aux méchants. Mais les adversités nous viennent de la partie inférieure de notre condition, de la fragilité du genre humain qui engendre les douleurs, les langueurs, les oppressions, les afflictions et les tentations. Que celui qui veut louer Dieu sur la

---

tuntur, ut tactæ resonent : non plectrum dico quo tanguntur, sed lignum illud dixi concavum cui superjaceant, cui quodammodo incumbunt, ut ex illo cum tanguntur tremefactæ, ex illa concavitate sonum concipientes, magis canoræ reddantur : hoc ergo lignum cithara in inferiore parte habet, psalterium in superiore. Hæc est distinctio. Jubemur autem modo confiteri in cithara, et psallere in psalterio decem chordarum. Non dixit in cithara decem chordarum, neque in hoc Psalmo, neque, si non fallor, alicubi. Legant, et considerent melius et otiosius filii nostri Lectores : tamen quantum mihi videor meminisse, multis locis invenimus psalterium decem chordarum, citharam decem chordarum nusquam mihi lectum occurrit. Mementote citharam ex inferiore parte habere quo sonat, psalterium ex superiore. Ex inferiore vita, (*a*) id est terrena, habemus prosperitatem et adversitatem, unde Deum laudemus in utroque, ut semper sit laus ejus in ore nostro, et benedicamus Dominum in omni tempore. (*Psal.* XXXII. 2). Est enim quædam terrena prosperitas, est quædam terrena adversitas : ex utroque laudandus est Deus, ut citharizemus. Quæ est terrena prosperitas? Cum sani sumus secundum carnem, cum abundant omnia quibus vivimus, cum incolumitas nostra servatur, cum fructus large proveniunt, cum solem suum oriri facit super bonos et malos, et pluit super justos et injustos (*Matth.* v, 45). Hæc omnia ad vitam terrenam valent. Quisquis inde non laudat Deum, ingratus est. Numquid quia terrena, ideo non Dei sunt? Aut ideo alter ea dare cogitandus est, quia dantur et malis? Multiplex est enim misericordia Dei, patiens est, longanimis. Inde magis significat quid servet bonis, cum ostendit quanta donet et malis. Adversitates autem, ex inferiore utique parte, ex fragilitate generis humani, in doloribus, in languoribus in pressuris, in tribulationibus, in tentationibus. Ubique laudet Deum qui citharizat. Non attendat quia inferiora sunt; sed quia et regi et gubernari non possunt, nisi ab illa Sapientia, quæ attingit a fine usque ad finem fortiter, et disponit omnia suaviter (*Sap.* VIII, 1). Non enim cælestia regit et terrena de-

---

(*a*) Plerique MSS. *Ex inferiore vita, ex ista terra habemus unde Deum laudemus, et in utroque, ut semper,* etc.

cithare, le loue partout et en tout temps. Qu'il ne considère pas que ces biens et ces maux sont d'un degré inférieur, mais bien que la Sagesse qui « atteint avec force d'une extrémité à l'autre, et qui dispose tout avec douceur (*Sag.* VIII, 1), » peut seule les diriger et les gouverner. En effet, Elle ne se borne pas à diriger les choses célestes, en négligeant celles de la terre; autrement le prophète ne lui aurait pas dit : « Où irai-je pour me dérober à votre esprit? et où m'enfuirai-je de devant votre face? Si je monte au ciel, vous y êtes; si je descends dans l'enfer vous y êtes encore (*Ps.* CXXXVIII, 7). » Où donc ne trouve-t-on pas celui qui n'est nulle part absent? Glorifiez donc le Seigneur sur la cithare. Si vous avez abondance de quelque bien terrestre, rendez-en grâce à celui qui vous a donné ce bien; si quelque chose vous manque, ou vous est ravi à votre détriment, glorifiez-le en toute sécurité sur la cithare. Car celui qui vous a donné ces biens ne vous est pas enlevé, quoique les biens qu'il vous avait donnés vous aient été ravis. Ainsi donc, dans cette situation, je le répète, glorifiez-le, en toute sécurité, sur la cithare; sûr de votre Dieu, touchez les cordes de votre cœur et dites, comme si vous tiriez des sons de la partie harmonieuse de la cithare, c'est-à-dire du bas de l'instrument : « le Seigneur me l'avait donné, le Seigneur me l'a ôté; il a été fait comme il a plu au Seigneur; que le nom du Seigneur soit béni (*Job*, I, 21). »

6. Mais maintenant, lorsque vous considérez les dons de l'ordre supérieur que Dieu vous a faits, les commandements qu'il vous a donnés, les doctrines célestes dont il vous a imbu, les préceptes divins qu'il a fait jaillir pour vous des sources de sa vérité, quittez la cithare et prenez le psaltérion; chantez au Seigneur des cantiques, sur le psaltérion à dix cordes. En effet, les commandements de la loi sont au nombre de dix (*Deut.* V, 6) : les dix commandements de la loi vous représentent le psaltérion. C'est un instrument parfait. L'amour de Dieu y est prescrit dans trois commandements; l'amour du prochain dans les sept autres. Et vous le savez, ainsi que le Seigneur nous l'enseigne, « dans ces deux préceptes, sont contenus toute la loi et les prophètes (*S. Matth.* XXII, 40). » Dieu vous a dit, du haut des cieux, que « le Seigneur votre Dieu est le seul Dieu (*Exod.* XX, 39 et suiv.); » voilà la première corde. « Vous ne prendrez pas en vain le nom du Seigneur votre Dieu; » c'est la deuxième corde. « Observez le jour du sabbat; » non pas charnellement, non pas dans des voluptés judaïques, comme le font ceux qui abusent du repos pour commettre l'iniquité. Mieux vaudrait en effet, qu'ils labourasent la terre tout le jour que de danser tout le jour. Mais, en souvenir du repos que votre Dieu a pris, et en vue du repos éternel pour lequel vous devez toujours agir, abstenez-vous de toute

---

serit, aut non illi dicitur, « Quo abibo a spiritu tuo, et a facie tua quo fugiam? Si adscendero in cœlum, tu ibi es; si descendero in infernum, ades (*Psal.* CLVIII, 7). » Ubi ergo deest qui nusquam non est? Ergo confitere Domino in cithara. Sive tibi abundet terrenum aliquid, gratias age illi qui dedit; sive tibi desit, vel forte damno tibi auferatur, cithariza securus. Non est enim ille tibi ablatus qui dedit, quamvis tibi ablatum fuerit quod dedit. Etiam sic, inquam, cithariza securus; certus in Deo tuo, tange chordas in corde, et dic tamquam in cithara in inferiore parte bene sonante, «Dominus dedit, Dominus abstulit; sicut Domino placuit, ita factum est, sit nomen Domini benedictum (*Job.* I, 21). »

6. Jam vero cum adtendis superiora dona Dei, quid tibi contulerit præceptorum, qua doctrina cœlesti te imbuerit, quid tibi de super ex illius veritatis fonte (*a*) præceperit, convertere et ad psalterium, psalle Domino in psalterio decem chordarum. Præcepta enim Legis decem sunt (*Deut.* V, 6) : in decem præceptis Legis habes psalterium. Perfecta res est. Habes ibi dilectionem Dei in tribus, et dilectionem proximi in septem. Et utique nosti, Domino dicente, quia in his duobus præceptis tota Lex pendet et Prophetæ (*Matth.* XXII, 40). Dicit tibi Deus de super, quia Dominus Deus tuus, Deus unus est (*Exod.* XX, 3, etc.) : habes unam chordam. Non accipias nomen Domini Dei tui : habes alteram chordam. Observa diem sabbati, non carnaliter, non Judaicis deliciis, qui otio abutuntur ad nequitiam. Melius enim utique tota die foderent, quam tota die saltarent. Sed tu cogitans requiem in Deo tuo et propter ipsam requiem omnia faciens, abstine ab opere servili. « Omnis enim qui facit peccatum, servus est peccati (*Johan.* VIII, 34) ; » et utinam hominis, et non peccati. Hæc tria pertinent ad dilectionem Dei, cujus cogita unitatem, veritatem, et (*b*) voluptatem. Est enim quædam voluptas in Domino, ubi verum

---

(*a*) MSS. Regius et Vaticanus, *præ cæteris dederit*. (*b*) Sic melioris notæ MSS. At editi, et *voluntatem*. Moxque, *Est enim quædam voluntas in Domino*.

œuvre servile. « Car quiconque commet le péché est l'esclave du péché. (*Jean*, VIII, 34). » Et plût à Dieu qu'il fût l'esclave d'un homme, plutôt que du péché ! Ces trois commandements se rapportent à l'amour de Dieu, dont il vous faut considérer l'unité, la vérité et la volupté sainte. Car il y a dans le Seigneur une certaine volupté, et c'est en elle qu'est le vrai sabbat, le vrai repos. C'est pourquoi le prophète a dit : « Délectez-vous dans le Seigneur et il vous donnera ce que lui demandera votre cœur (*Ps*. XXXVI, 4).» Qui peut en effet donner des délices pareilles à celles que donne celui qui a fait tout ce qu'il y a de délicieux ? Donc ces trois commandements, se rapportent à l'amour de Dieu, et les sept autres à l'amour du prochain, qui vous défend de faire à autrui ce que vous ne voudriez pas qui vous fût fait. « Honorez votre père et votre mère, parce que vous voulez que vos enfants vous honorent. « Ne commettez pas l'adultère ; » parce que, quand vous l'aurez commis, vous ne voudrez pas que votre femme le commette. « Ne tuez pas ; » parce que vous ne voulez pas être tué. « Ne volez pas ; » parce que vous ne vous ne voulez pas être volé. « Ne rendez pas de faux témoignage ; » parce que vous haïssez celui qui rend contre vous un faux témoignage. « Ne convoitez pas la femme de votre prochain ; » parce que vous ne voulez point qu'un autre convoite la vôtre. « Ne convoitez quoi que ce soit qui appartienne à votre prochain ; » parce que celui qui convoite ce qui vous appartient vous est à charge. Retenez votre langue, parce que celui qui vous nuit vous déplaît. Tous ces préceptes viennent de Dieu ; sa sagesse nous les a donnés ; ils viennent d'en haut. Touchez donc le psaltérion, accomplissez la loi, que le Seigneur votre Dieu est venu non abolir, mais accomplir (*Matth*. V, 17). Par l'amour, vous accomplirez ce que vous ne pouviez accomplir par la crainte. Car celui que la crainte seule empêche de faire le mal, aimerait mieux le faire, s'il le pouvait. C'est pourquoi, tout en n'ayant pas la possibilité de mal faire, il en conserve la volonté. Je ne fais pas de mal, dit-il. Pourquoi ? parce que j'ai peur. Vous n'aimez pas encore la justice, vous n'êtes encore qu'un serviteur, devenez un fils. Mais c'est le bon serviteur qui fait le bon fils. Abstenez-vous d'abord du mal par crainte ; vous apprendrez ensuite à vous en abstenir par amour. En effet la justice a sa beauté. Que le châtiment vous détourne du mal ; mais la justice a sa beauté, elle captive les yeux, elle enflamme ceux qui l'aiment. C'est pour elle que les martyrs, foulant aux pieds le monde, ont répandu leur sang. Qu'aimaient-ils, alors qu'ils renonçaient à tous les biens de ce monde ? Est-ce qu'ils n'ai-

sabbatum, vera requies. Unde dicitur, « Delectare in Domino, et dabit tibi petitiones cordis tui (*Psal* XXXVI, 4).» Quis enim sic delectat, quam ille qui fecit omnia quæ delectant ? In his tribus caritas Dei, in septem aliis caritas proximi, ne facias alii quod pati non vis. Honores patrem et matrem : quia vis te honorari a filiis tuis. Non mœcheris : quia nec mœchari uxorem tuam post te vis. Non occidas : quia et occidi non vis. Non fureris : quia furtum pati non vis. Non falsum testimonium dicas : quia odisti adversum te falsum testimonium dicentem. Non concupiscas uxorem proximi tui : quia et tuam non vis ab alio concupisci. Non concupiscas rem aliquam proximi tui;quia si quis tuam concupiscit, displicet tibi. Converte et in te linguam, quando tibi displicet qui tibi nocet. Hæc omnia præcepta Dei sunt, sapientia donante data sunt, de super sonant. Tange psalterium, imple Legem, quam Dominus Deus tuus non venit solvere, sed adimplere (*Matth*. V, 17). Implebis enim amore quod timore non poteras. Qui enim timendo non facit male, mallet facere, si liceret. Itaque et si facultas non datur, voluntas (*a*) tenetur. Non facio inquit. Quare ? Quia timeo. Nondum amas justitiam, adhuc servus es : esto filius. Sed ex bono servo fit bonus filius. Interim timendo noli facere, disces et amando non facere. Est enim quædam pulcritudo justitiæ. Pœna te deterreat. Habet justitia formam suam, oculos quærit, accendit amatores suos. Pro hac Martyres sæculum calcantes, sanguinem fuderunt. Quid amabant, quando istis omnibus renuntiabant ? Num enim illi non erant amatores ? aut hoc vobis dicimus, ut non ametis ? Qui non amat friguit, obriguit. Ametur, sed illa pulcritudo quæ cordis oculos quærit. Ametur, sed illa pulcritudo quæ (*b*) laudata justitia incendit animos. Promunt verba, edunt voces, undique dicunt, Bene, Optime. Quid viderunt ? Justitiam viderunt, in qua pulcher est curvus senex. Non enim si procedat senex justus, est aliquid

---

(*a*) Vaticanus et Regius MSS. *voluntas rea tenetur*. (*b*) Sic plerique ac melioris notæ MSS. Editi vero, *sed illa pulcritudo quæ laudatur. Justitia incendit animos: justitia accensi promunt verba, edunt voces, undique dicunt. Bene, optime. Quid viderunt ? In quo pulcher est curvus senex ?*

maient rien? Est-ce que je vous parle ainsi pour vous détourner d'aimer? Non, celui qui n'aime pas se refroidit et s'engourdit. Aimez donc; mais aimez la beauté qui captive les yeux du cœur. Aimez donc; mais aimez la beauté qui se présente à l'esprit et l'échauffe, lorsqu'on entend louer ce qui est juste. Ainsi enflammés, les hommes se répandent en paroles, ils poussent des cris, ils disent de toutes parts : Bien, très-bien ! Qu'ont-ils donc vu? ils ont vu la justice, qui répand sa beauté jusque sur le vieillard courbé par les années. En effet, si un vieillard dont la justice est connue vient à paraître, il n'y a rien dans son corps qui le fasse aimer, et cependant tout le monde l'aime. On l'aime là où il n'est point vu : bien plus on l'aime où il n'est vu que par le cœur. Que la justice vous charme donc, et demandez au Seigneur qu'elle vous charme toujours. « En effet, Dieu répandra sa suavité, et notre terre portera ses fruits (*Ps.* LXXXIV, 13); » afin que vous accomplissiez par l'amour ce qu'il est difficile d'accomplir par la crainte. Que dis-je, difficile? L'esprit n'est pas encore capable de l'accomplir ; il aimerait mieux n'avoir aucun commandement à suivre, s'il n'est pas conduit par l'amour, mais seulement forcé à l'obéissance par la crainte. Ne volez pas ou craignez l'enfer : il aimerait mieux qu'il n'y eût pas d'enfer où il pût être jeté. Quand commencera-t-il à aimer la justice, si ce n'est lorsqu'il aimera mieux ne pas commettre de vol, quand même il n'y aurait pas d'enfer où les voleurs dussent être jetés? C'est là aimer la justice.

7. Et la justice elle-même, qu'est-elle ? Qui la dépeindra? Quelle est la beauté de la Sagesse divine ? Tout ce qui plaît aux yeux lui doit sa beauté. Pour la voir, pour l'embrasser, il faut que les cœurs soient purifiés. Nous déclarons l'amour que nous avons pour elle, et c'est elle alors qui nous met en état de ne pas lui déplaire. Et lorsque les hommes nous reprochent quelque chose qui nous rend agréables à la Sagesse que nous aimons, que nous faisons peu de cas de nos censeurs, que de dédain nous avons pour eux ! A quel point ne les regardons-nous pas comme rien ? Ceux qui se laissent aller à l'amour impur et coupable des femmes, quand celles qu'ils aiment les ont attifés à leur goût, ne s'inquiètent pas de déplaire aux autres, dès lors qu'ils plaisent à celles qu'ils aiment. Ils pensent qu'il leur suffit d'être agréable aux yeux de celles qu'ils recherchent ; et pourtant ils déplaisent le plus souvent aux hommes sérieux ; ou plutôt, ils leur déplaisent toujours, et tous les hommes de bon goût les blâment. Votre chevelure n'est pas bien coupée, dit un homme grave à un jeune débauché, et il est indécent de vous montrer avec des boucles de cheveux ainsi arrangées. Mais ce jeune homme sait que sa coiffure plaît à je ne sais qui : il vous hait à cause de vos justes reproches, et ne laisse pas de con-

---

in ejus corpore quod ametur, et tamen amatur ab omnibus. Ibi amatur, ubi non videtur ; immo ibi amatur, ubi corde videtur. Delectet vos ergo, et rogate Dominum ut delectet. « Dominus enim dabit suavitatem, et terra nostra dabit fructum suum (*Psal.* LXXXIV, 13) : » ut per caritatem impleatis, quod per timorem implere difficile est. (*a*) Quid dico difficile ? Non potest adhuc animus : mallet non esse quod præcipitur, si ad faciendum amore non ducitur, sed timore coartatur. Noli furtum facere (*Deut.* v, 19), time gehennas : mallet non esse gehennas, in quas mitteretur. Quando incipit amare justitiam, nisi quando mallet furta non esse, et si gehennæ non essent, in quas fures mitterentur ? Hoc est amare justitiam.

7. Et ipsa justitia qualis est ? quis illam pingit ? Sapientia Dei quam pulcritudinem habet ? Per illam pulcra sunt omnia, quæ oculis placent : ei videndæ, complectendæ, corda mundanda sunt. Hujus nos amatores profitemur: ipsa nos componit, ut ei non displiceamus. Et quando nos reprehendunt homines in his rebus, in quibus ei quam diligimus placemus, quomodo (*b*) parvi habemus reprehensores nostros, quomodo illos contemnimus et omnino nihili pendimus? Amatores lubrici et damnabiles feminarum, quando amatæ ipsorum component illos secundum oculos suos, si ipsis placeant, non curant eos quibus displicent, putantes sibi sufficere quod earum oculis, placent, ad quas affectant : et plerumque gravibus displicent, immo semper gravibus displicent, et meliore judicio reprehenduntur. Non bene tonsus es, dicit vir gravis lascivo adolescenti, non te decet cum talibus cincinnis incedere. Novit autem ille capillos illos placere nescio cui : odit te reprehendentem vero judicio, et servat in se quod placet perverso consilio. Inimicum te putat, quia turpitudinem

---

(*a*) Editi, *Quod dico.* MSS. vero *Quid dico.* (*b*) Ita in MSS. At in editis, *quomodo pravi habemur apud reprehensores nostros, quomodo ab illis contemnimur, et omnino nihili pendimur.*

server ce qu'une autre aime en lui par une pensée coupable. Il vous regarde comme son ennemi, parce que vous voulez lui enlever un honteux ornement. Il se dérobe à vos yeux, et ne tient aucun compte de la justice de vos observations. Si donc ces jeunes gens dédaignent des censures véridiques, afin d'être eux-mêmes d'agréables trompeurs, devons-nous nous inquiéter dans les choses qui nous rendent agréables à la sagesse de Dieu, de certains railleurs injustes qui n'ont pas d'yeux pour voir ce que nous aimons? Hommes au cœur droit, rappelez-vous ces pensées, et « glorifiez le Seigneur sur la cithare; chantez lui des cantiques, en vous accompagnant sur le psaltérion à dix cordes (*Ps.* xxxii, 2). »

8. « Chantez à sa gloire un cantique nouveau (*Ibid.* 3) : » Dépouillez-vous du vieil homme, et vous connaîtrez le cantique nouveau. Homme nouveau, Testament nouveau, cantique nouveau. Le cantique nouveau n'appartient pas au vieil homme; il n'y a pour l'apprendre que les hommes nouveaux, que la grâce a renouvelés en les tirant de leur ancienne condition, et qui appartiennent au Testament nouveau, lequel est le royaume des cieux. C'est à Dieu qu'aspire tout notre amour, et que notre amour chante le cantique nouveau. Que notre vie, et non notre langue, chante ce cantique nouveau. « Chantez à sa gloire un cantique nouveau; chantez à sa gloire comme il convient (Ibid.). » Chacun se demande comment il faut chanter à Dieu ce cantique. Chantez, mais gardez-vous de mal chanter. Dieu ne veut pas avoir les oreilles blessées. O mon frère, chantez comme il convient. Quand on vous dit : Chantez de manière à faire plaisir à tel bon musicien qui va vous écouter, vous tremblez de chanter, si vous n'avez quelque connaissance de l'art musical, de peur de choquer un artiste, parce que cet artiste saura bien reprendre dans votre chant les défauts qu'un ignorant n'y reconnaîtrait pas. Qui donc osera s'offrir à chanter comme il faut, devant Dieu, devant un tel Juge, devant un tel appréciateur de toutes choses, devant un tel auditeur? Quand pourrez-vous apporter à votre chant assez d'art et d'élégance pour ne blesser en rien des oreilles si parfaites? Mais voici qu'il vous dit, en quelque sorte, comment vous devez chanter. Ne cherchez plus de paroles, comme si vous étiez capables d'exprimer ce qui peut charmer Dieu : « chantez dans la jubilation (Ibid.). » En effet, c'est chanter comme il convient à Dieu, que de chanter dans la jubilation. Qu'est-ce donc que chanter dans la jubilation? C'est comprendre que les paroles ne sauraient exprimer ce que chante le cœur. En effet, ceux qui chantent, soit pendant la moisson, soit pendant la vendange, soit pendant un autre travail qui les anime, après

---

(a) demis. Fugit oculos tuos, et omnino non curat qua regula justitiæ reprehendatur. Si ergo illi non curant reprehensores veraces, ut sint formosi fallaces, nos in his rebus in quibus placemus sapientiæ Dei, debemus curare irrisores injustos, non habentes oculos unde videant quod amamus? Hæc cogitantes recti corde, « confitemini Domino in cithara, in psalterio decem chordarum psallite ei (Ps. xxxii, 2). »

8. « Cantate ei canticum novum (*Ibid.* 3). » Exuite vetustatem : nostis canticum novum. Novus homo, novum Testamentum, novum canticum. Non pertinet novum canticum ad homines veteres : non illud discunt nisi homines novi, renovati per gratiam ex vetustate, et pertinentes jam ad Testamentum novum, quod est regnum cœlorum. Ei suspirat omnis amor noster, et cantat canticum novum. Cantet canticum novum, non lingua, sed vita. « Cantate ei canticum novum, Bene cantate ei (*Ibid.*) « Quærit unusquisque quomodo cantet Deo. Canta illi, sed noli male. Non vult offendi aures suas. Bene canta, Frater. Si alicui bono auditori musico, quando tibi dicitur, Canta ut placeas ei, sine (b) aliqua instructione musicæ artis cantare trepidas, ne displiceas artifici; quia quod in te imperitus non agnoscit, artifex reprehendit : quis (c) offerat Deo bene cantare, sic judicanti de cantore, sic examinanti omnia, sic audienti? Quando potes afferre tam elegans artificium cantandi, ut tam perfectis auribus in nullo displiceas? Ecce veluti modum cantandi dat tibi: noli quærere verba, quasi explicare possis unde Deus delectatur. « In jubilatione (*Ibid.*). » cane, Hoc est enim bene canere Deo, in jubilatione cantare. Quid est in jubilatione canere ? Intelligere, verbis explicare non posse quod canitur (d) corde. Etenim illi qui cantant, sive in messe, sive in vinea,

---

(a) Duo MSS. *diligit*. Benignianus codex, *damnas*. (b) Sic aliquot MSS. Alii, *si vis aliquam instructionem musicæ, etc.* Editi vero, *si vis aliqua instructione musicæ artis cantare, trepidas ne, etc.* (c) In plerisque MSS. *offerat Deo.* (d) Editi, *quod canitur Deo*, At MSS. aliqui, *quod canitur Deo*, prætermissa voce, *ore* : Alii autem, *qu d canitur ore, vel, quod canitur corde*, non addito, *Deo*. Nonnulli etiam loco verbi *explicare*, habent *explicari*.

avoir commencé par faire éclater leur joie dans les paroles de leurs chansons, tout à coup se trouvent comme tellement remplis par l'excès de cette joie, qu'ils ne peuvent plus l'exprimer par des paroles; ils ne prononcent plus ni mots ni syllabes, et ils s'épanchent en cris inarticulés de jubilation. Ces sons de jubilation signifient que le cœur produit des sentiments que la parole ne peut exprimer. Et envers qui, mieux qu'envers le Dieu ineffable, convient la jubilation? Dieu est ineffable, en effet, puisque les paroles ne peuvent exprimer ce qu'il est. Mais, si vous ne pouvez parler, et que cependant vous ne deviez point vous taire, que vous reste-t-il, sinon les transports de la jubilation? Que vous reste-t-il, sinon que votre cœur soit muet dans sa joie, et que l'immense étendue de votre allégresse ne se renferme point dans les bornes de quelques syllabes. « Chantez à sa gloire comme il convient, dans la jubilation (Ibid.). »

9. « Parce que la parole du Seigneur est droite, et que toutes ses œuvres appartiennent à la foi (Ibid. 4). » Même dans ce qui déplaît aux hommes qui n'ont pas le cœur droit, le Seigneur est droit. « Et ses œuvres appartiennent à la foi (Ibid.). » Que vos œuvres appartiennent à la foi, parce que le juste vit de la foi (Rom. I, 27), et que la foi opère par la charité (Gal. V, 6). Que vos œuvres appartiennent à la foi, parce que vous devenez fidèle en croyant en Dieu. Est-ce que les œuvres de Dieu peuvent appartenir à la foi, comme si Dieu vivait aussi de la foi? Nous trouvons, en effet, que Dieu est fidèle, et ce n'est pas nous qui le disons; écoutez l'Apôtre saint Paul : « Dieu est fidèle : il ne permettra pas que vous soyez tentés au-dessus de ce que vous pouvez porter ; mais il mettra même des limites à la tentation, afin que vous puissiez la supporter (1 Cor. X, 13). » Vous venez d'entendre que Dieu est fidèle ; écoutez encore la même chose dans un autre passage : « Si nous savons souffrir, nous régnerons avec lui ; si nous le renions, il nous reniera aussi ; si nous ne croyons pas, il restera fidèle, car il ne peut se renier lui-même (II Tim. XII, 13). » Nous avons donc un Dieu fidèle; mais distinguons mieux entre Dieu fidèle et l'homme fidèle. L'homme est fidèle en croyant aux promesses de Dieu ; Dieu est fidèle en donnant à l'homme ce qu'il lui a promis. Soyons certains qu'il est très-fidèle dans ses paiements, parce que nous sommes certains qu'il est très-miséricordieux dans ses promesses. Et, en effet, nous ne lui avons rien prêté, pour qu'il soit notre débiteur; puisque nous tenons de lui ce que nous lui offrons, et que tout ce qu'il y a de bon en nous vient de lui. Tous les biens qui sont notre joie, viennent de lui. « Qui, en effet, a jamais connu la pensée de Dieu, ou qui l'a jamais conseillé ou qui lui a donné quelque chose le premier et sera rétribué?

---

sive in aliquo opere ferventi, cum cœperint in verbis canticorum exsultare lætitia, veluti impleti tanta lætitia, ut eam verbis explicare non possint, avertunt se a syllabis verborum, et eunt in sonum jubilationis (a). Jubilum sonus quidam est significans cor parturire quod dicere non potest. Et quem decet ista jubilatio nisi ineffabilem Deum? Ineffabilis enim est quem fari non potes : etsi eum fari non potes ; et tacere non debes, quid restat nisi ut jubiles; ut gaudeat cor sine verbis, et immensa latitudo gaudiorum metas non habeat syllabarum? « Bene cantate ei in jubilatione (Ibid.). »

9. « Quoniam rectus est sermo Domini, et omnia opera ejus in fide (Ibid. 4). » In quo etiam displicet non rectis, rectus est ille. « Et omnia opera ejus in fide (Ibid.). » Tua sint opera in fide; quia justus ex fide vivit (Rom. I, 17), et fides per dilectionem operatur (Gal. V, 6) : tua sint opera in fide, quia in Deum credendo fidelis efficeris : opera Dei quomodo possunt esse in fide, quasi et Deus ex fide vivat? Invenimus et Deum fidelem, et hoc non verbis nostris dicitur, Apostolum audi : « Fidelis, inquit, Deus qui vos non permittat tentari supra quam potestis ferre, sed faciat cum tentatione etiam exitum, ut possitis sustinere (1 Cor. X, 13). » Audistis fidelem Deum, audite et alibi : « Si tolerabimus, et conregnabimus ; si negaverimus, et ipse nos negabit; si non credimus, ille fidelis permanet, negare semetipsum non potest (II Tim. II, 12, et 13). » Habemus ergo et fidelem Deum : distinguamus potius fidelem Deum a fideli homine. Fidelis homo est credens promittenti Deo, fidelis Deus est exhibens quod promisit homini. Teneamus fidelissimum debitorem, quia tenemus misericordissimum promissorem. Neque enim aliquid ei mutuum commodavimus, ut debitorem teneamus : cum ab illo habeamus quidquid illi offerimus, et ex illo sit quidquid boni sumus. Omnia (b) bona quibus gaudemus, ab illo sunt. « Quis enim co-

---

(a) Vox, *Jubilum*, abest ab omnibus MSS. (b) Omnes prope MSS. *dona*.

Car c'est de lui, et par lui, et en lui que sont toutes choses (*Rom.* XI, 34). » Nous ne lui avons donc rien donné; et cependant il est notre débiteur. Pourquoi notre débiteur? Parce qu'il nous a fait des promesses. Nous ne disons pas à Dieu : Seigneur, rendez-nous ce que vous avez reçu de nous ; mais : rendez-nous ce que vous nous avez promis. « Parce que la parole du Seigneur est droite (*Ps.* XXXII, 4) ». Que veut dire : la parole du Seigneur est droite? Il ne vous trompe pas ; gardez-vous de le tromper; ou plutôt, gardez-vous de vous tromper vous-même. Qui peut, en effet, tromper celui qui sait tout? Mais « l'iniquité s'est menti à elle-même (*Ps.* XXVI, 12). » « Parce que la parole du Seigneur est droite, et que toutes ses œuvres appartiennent à la foi (*Ps.* XXXII, 4). »

10. « Le Seigneur aime la miséricorde et le jugement (Ibid. 5).» Faites de même, parce qu'il le fait. Appliquez-vous à connaître cette miséricorde et ce jugement. Le temps actuel est celui de la miséricorde; le temps du jugement viendra plus tard. Pourquoi le temps présent est-il celui de la miséricorde? C'est que Dieu appelle maintenant à lui ceux qui se sont détournés de lui, et qu'il remet les péchés à ceux qui reviennent à lui. Il est patient avec les pécheurs, attendant qu'ils se convertissent : à quelque moment qu'ils se convertissent, il oublie les fautes passées, il promet les biens à venir. Il exhorte les indolents, console les affligés, instruit les zélés, aide les combattants ; il n'abandonne dans la peine aucun de ceux qui crient vers lui; il donne ce qui peut lui être sacrifié, il accorde ce qui peut l'apaiser. Ne laissons point échapper, mes frères, non, ne laissons point échapper ce temps incomparable de la miséricorde. Le jour du jugement viendra; alors il y aura aussi du repentir, mais ce repentir sera infructueux. « Ils diront dans leur cœur, en regrettant leurs fautes, et en gémissant au milieu des angoisses de leur âme;» (ces paroles sont tirées du Livre de la Sagesse); « de quoi nous a servi notre orgueil? Que nous ont rapporté les richesses dont nous nous vantions? Toutes ces choses ont passé comme une ombre (*Sag.* V, 31).» Disons dès à présent : Toutes choses passent comme une ombre. Disons, maintenant que nous pouvons le faire utilement , elles passent, de peur qu'au jour du jugement nous ne disions inutilement : Elles ont passé. Le temps actuel est donc celui de la miséricorde, mais le temps du jugement viendra à son tour.

11. Toutefois ne pensez pas, mes frères, que la miséricorde et le jugement puissent, en aucune façon, être séparés en Dieu. Ces deux choses semblent, en effet, quelquefois contraires l'une à l'autre, de telle sorte qu'à nos yeux le miséricordieux renoncerait au jugement, et que celui qui s'opiniâtrerait à juger, oublierait la miséricorde. Dieu est

---

gnovit sensum Domini, aut quis consiliarius ejus fuit; aut quis prior dedit ei, et retribuetur illi ? Quoniam ex ipso, et per ipsum, et in ipso sunt omnia (*Rom.* XI, 34. etc).» Ergo non ei aliquid dedimus ; et tenemus debitorem. Unde debitorem ? Quia promissor est. Non dicimus Deo, Domine redde quod accepisti, sed, redde quod promisisti. « Quoniam rectus est sermo Domini (*Ps.* XXXII, 4). » Quid est, « rectus est sermo Domini? Non te fallit, tu eum noli fallere : immo tu te noli fallere. Quis enim fallit omnia scientem? Sed mentita est iniquitas sibi (*Psal.* XXVI, 12). « Quoniam rectus est sermo Domini, et omnia opera ejus in fide (*Ps.* XXXII, 4). »

10. «Diligit misericordiam et judicium (Ibid. 5).» Fac ista , quia facit. Intendite ipsam misericordiam et judicium. Misericordiæ tempus modo est, judicii tempus post erit. Unde est misericordiæ tempus ? Vocat modo adversos, donat peccata conversis: patiens est super peccatores, donec convertantur : quandocumque conversi fuerint, præterita obliviscitur, futura promittit: hortatur pigros, consolatur afflictos, docet studiosos, adjuvat dimicantes : neminem deserit laborantem et (*a*) exclamantem ad se : donat unde sibi sacrificetur, ipse tribuit unde placetur. Magnum misericordiæ tempus non transeat, Fratres, non nos transeat. Venturum est judicium ; erit et tunc pœnitentia, sed jam infructuosa. «Dicent intra se pœnitentiam agentes, et præ angustia spiritus gementes (*Sap.* V, 3):» (Certe ista scripta sunt in libro Sapientiæ :)« Quid nobis profuit superbia, et divitiarum jactantia quid contulit nobis? Transierunt omnia tamquam umbra (Ibid. v, 9).» Modo dicamus, Transeunt omnia tamquam umbra. Modo fructuose dicamus, Transeunt : ne tunc dicamus infructuose, Transierunt. Hoc est ergo tempus misericordiæ, erit et judicii.

11. Ne putetis autem Fratres, quia ista a se possunt in Deo aliquo modo separari. Videntur enim sibi aliquando contraria, ut qui misericors est, non servet judicium ; et qui judicii tenax est, obliviscatur mi-

---

(*a*) Vaticanus MS. *et inhiantem ad se.*

tout-puissant, et il ne laisse de côté ni le jugement quand il fait miséricorde, ni la miséricorde quand il exerce le jugement. Il nous témoigne, en effet, sa miséricorde, en considérant en nous son image, notre fragilité, nos erreurs, notre aveuglement, et en nous appelant à lui; il remet alors les péchés à ceux qui se convertissent, et il ne les remet pas à ceux qui ne se convertissent pas. Est-il miséricordieux pour les injustes? A-t-il perdu le droit de juger, ou ne doit-il pas juger différemment les convertis et les non-convertis? Vous paraît-il juste que le converti et le non-converti soient traités également; que celui qui confesse ses péchés et celui qui ment, que celui qui s'humilie et celui qui s'enorgueillit, soient également sauvés? Dieu exerce donc le jugement, même lorsqu'il fait miséricorde. Et réciproquement, quand il exerce le jugement, il fait aussi miséricorde, mais à qui? A ceux qui entendront de lui cette parole : « J'ai eu faim, et vous m'avez donné à manger (*Matth*. XXV, 35). » Car il est dit dans une épître d'Apôtre : « Le jugement sera sans miséricorde pour celui qui n'aura point fait miséricorde (*Jacq*. II, 13). » « Heureux les miséricordieux, a dit le Seigneur, parce qu'eux-mêmes trouveront miséricorde (*Matth*. V, 7). » Ainsi donc, dans ce jugement, Dieu fera miséricorde, mais non sans exercer de jugement. Car, s'il ne fait pas miséricorde à tous indifféremment, mais seulement à celui qui d'abord aura été miséricordieux, cette miséricorde sera un jugement, parce qu'elle ne sera point accordée indistinctement. C'est faire certainement miséricorde que de remettre les péchés, c'est encore faire miséricorde que de donner la vie éternelle; mais, dans ces actes, voyez quelle est aussi la part du jugement : « Remettez et on vous remettra; donnez et on vous donnera (*Matth*. VI, 14). » Certes, on vous donnera, on vous remettra, sont des termes de miséricorde; mais, s'il n'y avait en même temps un jugement, le Seigneur n'aurait pas dit: « On se servira envers vous de la mesure dont vous vous serez servi (*Matth*. V, 2). »

12. Vous venez d'entendre comment Dieu fait miséricorde et exerce le jugement tout à la fois, vous aussi, faites miséricorde et exercez le jugement. Car si la miséricorde et le jugement appartiennent à Dieu, est-ce qu'ils n'appartiennent pas aussi à l'homme? S'ils n'appartenaient pas à l'homme le Seigneur n'aurait pas dit aux Pharisiens : « Vous avez laissé les choses les plus importantes de la loi, la miséricorde et le jugement (*Matth*. XXIII, 23); » donc la miséricorde et le jugement vous appartiennent. Ne croyez point, que la miséricorde vous appartienne, et que le jugement au contraire ne vous appartienne pas. Par exemple, vous avez à prononcer entre deux hommes, dont l'un est riche et l'autre

---

sericordiam. Omnipotens est Deus, nec in misericordia amittit judicium, nec in judicio misericordiam. Miseretur enim, considerat imaginem suam, fragilitatem nostram, errorem nostrum, cæcitatem nostram et vocat : et conversis ad se donat peccata, non conversis non donat. Misericors est (*a*) injustis ? Numquid et judicium amisit, aut non debuit judicare inter conversos et non conversos? An vobis justum videtur, et conversus et non conversus æqualiter habeantur; ut eo modo suscipiatur confitens et mentiens, humilis et superbus? Ergo habet et judicium in ipsa misericordia. Rursus in illo judicio habebit et misericordiam, in eos utique quibus dicturus est, Esurivi, et dedistis mihi manducare (*Matth*. XXV, 35). Etenim dicitur in quadam Epistola apostolica, « Judicium enim sine misericordia illi qui non fecit misericordiam. (*Jac*. II, 13), » « Beati, inquit, misericordes, quoniam ipsorum miserebitur (*Matth*. V, 7). » Ergo in illo judicio erit et misericordia, sed non sine judicio. Si enim non in quemlibet, sed in eum erit misericordia, qui prærogavit misericordiam: et ipsa misericordia justa erit, quia confusa non erit. Misericordia est certe ut dimittantur peccata, misericordia est ut tribuatur vita æterna : vide ibi judicium, « Dimittite, et dimittetur vobis: date et dabitur vobis (*Matth*. VI, 14).» Certe, Dabitur vobis et dimittetur vobis, misericordia est. Si inde recessisset (*b*) judicium, non diceret, « In qua mensura mensi fueritis, in ea remetietur vobis (*Matth*. VII, 2). »

12. Audisti quemadmodum exhibeat Deus misericordiam et judicium : exhibe et tu misericordiam et judicium. An forte ad Deum pertinent ista, ad hominem non pertinent ? Si ad hominem non pertinerent, non diceret Dominus Pharisæis, « Reliquistis graviora Legis, misericordiam et judicium (*Matth*. XXIII, 23).» Ergo pertinent ad te misericordia et judicium. Ne putes quod ad te misericordia pertineat, judicium autem non ad te pertineat. Aliquando audis caus-

---

(*a*) Ita plerique MSS. Alii vero pauciores, *Misericors est in istos? Numquid aut judicium*. At editi, *Misericors est et justus. Numquid autem judicium*. (*b*) Editi *Si inde recessisset a judicio*. MSS. *recessisset judicium*.

pauvre; et il arrive que la cause du pauvre est mauvaise, et que celle du riche est bonne. Alors, si vous n'êtes pas instruit des règles du royaume de Dieu, vous croirez bien faire si, par pitié pour le pauvre, vous cachez et palliez son injustice, et cherchez à le justifier, de manière à ce que sa cause paraisse bonne. Et si l'on vous reproche d'avoir mal jugé, vous répondrez en vous appuyant, pour ainsi dire, sur les droits de la miséricorde : Je l'ai vu et je le sais, mais il était pauvre, cette miséricorde lui était bien due. Comment avez-vous conservé le sentiment de la miséricorde et perdu celui de la justice? Et comment, dites-vous, n'aurais-je point perdu la miséricorde, si j'avais gardé la justice? J'aurais prononcé contre le pauvre, qui n'avait pas de quoi restituer, ou qui, s'il avait de quoi restituer et qu'il l'eut fait, serait ensuite resté sans avoir de quoi vivre? Mais Dieu vous dit : « Lorsque vous jugez, ne faites pas acception de la personne du pauvre (*Exod*. XXIII, 3). » D'ailleurs, il nous est facile de reconnaître qu'on ne doit pas faire acception de la personne du riche. Tout homme le sent, et plût à Dieu que tout homme le fît! Si on se trompe, c'est en croyant plaire à Dieu, par l'acception que l'on fait, dans un jugement, de la personne du pauvre, lorsqu'on dit à Dieu : j'ai favorisé le pauvre. Vous deviez, au contraire, observer à la fois la miséri-

corde et la justice. D'abord, quelle miséricorde avez-vous faite à celui dont vous avez favorisé l'injustice? Vous avez épargné sa bourse, mais vous avez frappé son cœur. Ce pauvre est resté injuste, et d'autant plus injuste qu'il vous a vu, sous des apparences de justice, favoriser son iniquité. Il s'est retiré de devant vous injustement secouru; il est resté devant Dieu pour être justement condamné. Ne lui avez-vous pas fait une belle miséricorde, en le rendant injuste? Voilà que l'on trouve en vous plus de cruauté que de miséricorde. Que devais-je donc faire, dites-vous? Vous deviez d'abord juger selon la justice, reprendre le pauvre, et ensuite fléchir le riche. Autre chose est quand il y a lieu de juger, autre chose quand il y a lieu d'intercéder. Lorsque le riche aurait vu que vous gardiez la justice, et que vous ne donniez pas occasion au pauvre de lever la tête, mais que vous lui reprochiez justement sa faute, comme il le méritait, satisfait de votre jugement, aurait-il refusé, sur votre intercession, de se laisser amener à la pitié? Mes frères, bien qu'il me reste à expliquer la plus grande partie de ce psaume, je dois consulter avant tout les forces d'âme et de corps de l'auditoire si varié qui m'entoure. Car, tandis que nous participons au même pain, nous y trouvons, pour ainsi dire des goûts bien différents, et cela afin de prévenir tout dégoût. Que ce que nous avons dit vous suffise.

sam inter duos, quorum duorum unus est dives, et alius pauper; et contingit ut pauper habeat caussam malam, dives autem bonam : jam si tu non es eruditus in regno Dei, videris tibi bene facere, si quasi pauperem miseratus, abscondas, et contegas iniquitatem illius, et velis eum justificare, ut quasi caussam bonam habere videatur : et si reprehensus fueris quod male judicasti, quasi de misericordia respondes, Novi, et ego scio; sed pauper erat, misericordia ei debebatur. Quomodo tenuisti misericordiam, et perdidisti judicium? Et quomodo, inquis, si tenerem judicium, non amitterem misericordiam? Pronuntiarem adversus pauperem, qui unde redderet non haberet, aut si haberet, cum reddidisset unde postea viveret non inveniret? Ait tibi Deus tuus, « Ne accipias personam pauperis in judicio (*Exod*. XXIII,3). » Ceterum facile est ut admoneamur personam divitis non accipere; hoc omnis homo videt, atque utinam sic omnis homo faceret : illud est ubi fallitur, veluti qui vult placere Deo, si personam pauperis in judicio accipiat, et dicat Deo, Favi pauperi. Immo teneres

utrumque, et misericordiam et judicium. Primo, qualem misericordiam fecisti in eum, cujus iniquitati favisti? Ecce sacculo pepercisti, cor percussisti: pauper iste iniquus remansit; et tanto inquior, quanto te quasi hominem justum favere vidit iniquitati suæ. A te (*a*) recessit injuste adjutus, Deo remansit juste damnandus. Qualem misericordiam præbuisti ei, quem injustum fecisti? Ecce crudelior inveniris quam misericordior. Quid ergo, inquis, facerem? Judicares primo secundum caussam, argueres pauperem, flecteres divitem. Alius est judicandi, alius petendi locus. Quando te ille dives videret tenuisse justitiam, non erexisse iniqui pauperis cervicem, sed pro merito peccati sui objurgasse te juste, nonne flecteretur ille ad misericordiam petente te, qui latus redditus erat judicante te? Quamvis ergo, Fratres, Psalmi plura restent, consulendum est tamen viribus et animæ et corporis propter varietatem (*b*) audientium : quia et cum reficimur ex eodem tritico velut multi sapores nobis fiunt, ad detergenda fastidia : hæc vobis sufficiant.

(*a*) Sic MSS. Editi vero, *A te remansit injuste adjutus, a Deo recessit juste damnandus.* (*b*) Plures MSS. *propter varietatem audiendi, qua reficimur, cum ex eodem tritico, etc.* Præterea Sermonem finiunt addita clausula, *Conversi ad Dominum*.

TROISIÈME DISCOURS [1] SUR LE PSAUME XXXII.

1. Pour moi qui vous annonce la parole du Seigneur, et pour vous qui l'écoutez, il y a également un travail. Ce travail, mes frères, nous l'accomplirons volontiers, si nous nous souvenons et de l'arrêt porté par le Seigneur et de notre condition. Cet arrêt, dès le commencement du genre humain, l'homme l'a entendu prononcer, non de la bouche trompeuse d'un autre homme, non de la bouche du démon qui l'avait séduit, mais par la vérité même et de la bouche de Dieu. « Vous mangerez votre pain à la sueur de votre front (Gen. III, 19). » D'où il suit que si notre pain est la parole de notre Dieu, nous devons verser notre sueur en l'écoutant, pour ne point mourir en jeûnant. Quelques versets de la première partie du psaume ont été récemment expliqués devant vous, dans la Vigile que nous célébrions (1), écoutons ce qui en reste.

2. Voici comme débute la partie du psaume qu'il nous reste à examiner, et que nous venons de chanter. « La terre est remplie de la miséricorde du Seigneur. Les cieux ont été affermis par la parole du Seigneur (Ps. XXXII, 5 et 6); » ou, en d'autres termes, les cieux ont été rendus solides par la parole du Seigneur. Le prophète avait dit plus haut : « Chantez à sa gloire, comme il convient, dans la jubilation (Ibid. 3); » c'est-à-dire, chantez sans parole; « parce que la parole du Seigneur est droite, et que toutes ses œuvres appartiennent à la foi (Ibid 4). » Dieu ne promet rien qu'il ne donne; il est devenu un débiteur fidèle; soyez un avare créancier. Après avoir dit ensuite : « Toutes les œuvres du Seigneur appartiennent à la foi, » il en a donné le motif : « c'est qu'il aime la miséricorde et le jugement (Ibid. 5). » Or, celui qui aime la miséricorde se prend aisément

IN EUMDEM PSALMUM XXXII.

ENARRATIO III (a)

1. Et in annuntiando et in audiendo verbo veritatis, labor est. Quem laborem, Fratres, æquo animo toleramus, si sententiæ Dominicæ et conditionis nostræ meminerimus. Ab ipso enim nostri generis exordio audivit homo non ab homine fallace, nec a diabolo seductore, sed ab ipsa veritate ex ore Dei, « In sudore vultus tui edes panem tuum (Gen. III, 19). » Proinde si panis noster est verbum Dei, sudemus in audiendo, ne moriamur in jejunando. Psalmi hujus primarum partium pauci versus Vigiliarum (b) nuper actarum sollemnitate tractati sunt : quod restat audiamus.

2. Hinc autem incipit pars quæ restat, quod modo cantavimus. « Misericordia Domini plena est terra (Ps. XXXII, 5). » « Verbo Domini cœli firmati sunt (Ibid. 6). » Idipsum est enim, Sermone Domini cœli solidati sunt. Dixerat superius, « Bene canite ei in jubilatione (Ibid. 3), » id est, ineffabiliter canite: « Quoniam rectus est sermo Domini, et omnia opera ejus in fide (Ibid. 4). » Nihil promittit et non reddit ; fidelis ille factus est debitor, esto tu avarus exactor. Deinde cum dixisset, « Omnia opera ejus in fide : » adjunxit quare, « Diligit misericordiam et judicium (Ibid. 4). » Qui ergo misericordiam diligit, miseretur. Qui autem miseretur (c), potest promittere et non dare, qui posset dare etiam si non promitteret? Ergo quia diligit misericordiam, oportet ut exhibeat quod promittit : et quia diligit judicium, oportet ut exigat quod dedit. Unde ipse

---

(1) 2e Discours sur la seconde partie du Psaume. Saint Augustin parle un peu contre les Ariens et les Donatistes; il exhorte les fidèles à ne craindre à n'aimer que Dieu. — (2) Dans l'église de Saint Cyprien.

(a) Sermo II. de altera parte Psalmi XXXII. Nonnihil in Arianos et Donatistas dicit, agitque ut Deus solus timeatur et ametur. (b) In Ecclesia S. Cypriani. (c) Editi Er. et Lov. *Qui autem miseretur, non potest promittere et non dare; quia posset dare etiamsi non promitteret*. Nos hic sequimur MSS.

de compassion. Mais celui qui a compassion, peut-il promettre sans donner, lui qui donnerait même sans avoir promis? Par cela donc qu'il aime la miséricorde, il est obligé de donner ce qu'il promet : et parce qu'il aime le jugement, il faut qu'il exige ce qu'il a donné. C'est pourquoi le Seigneur lui-même dit à un certain serviteur : « Que ne donniez-vous mon argent à la banque, pour qu'à mon retour je l'en retirasse avec les intérêts (*Luc*, XVII, 23) »? Nous vous rappelons ces paroles, pour vous bien faire comprendre celles que nous venons d'entendre. Le Seigneur dit encore dans un autre passage de l'Évangile : « Moi je ne juge personne, mais ce que je leur ai dit les jugera au dernier jour (*Jean*. VIII, 16, et XII, 48). » Et que celui qui ne veut pas entendre ne s'excuse pas sur la crainte qu'il ressent qu'il n'y ait quelque chose à lui redemander. On lui redemandera en effet ce qu'il n'aura pas voulu recevoir, quand on le lui donnait. Car autre chose est de ne pouvoir recevoir, autre chose de ne pas le vouloir ; là il y a l'excuse de la nécessité, ici la faute de la volonté. Donc, toutes les œuvres de Dieu appartiennent à la foi ; il aime la miséricorde et le jugement (Ps. XXXII, 5). » Recevez la miséricorde et craignez le jugement ; de peur que le Seigneur, lorsqu'il viendra, n'exige notre dette, et n'exige tant de nous qu'il ne nous renvoie dénués de tout. En effet il demande compte ; et, ce compte rendu, il donne l'éternité. Recevez donc la miséricorde mes frères, recevons-la tous. Que nul de nous ne dorme en la recevant, de peur d'avoir, au moment de rendre compte, un terrible réveil. Recevez la miséricorde ; c'est ce que ne cesse de nous crier le Seigneur, comme si en un temps de famine, on disait : recevez du blé. Que si on vous disait cela en un temps de famine, assurément l'aiguillon de la nécessité vous ferait bien vite courir ; vous vous précipiteriez de çà de là, cherchant où recevoir ce qu'on vous aurait promis. Et après l'avoir trouvé, combien de temps hésiteriez-vous ? Quel délai mettriez-vous avant de participer à cette distribution ? De même, je vous dis maintenant : Recevez la miséricorde. En effet, « Dieu aime la miséricorde et le jugement (Ibid.). » Après l'avoir reçue, usez-en bien, afin d'en rendre bon compte, lorsque viendra le jugement de celui qui maintenant, dans cette famine, vous prie de recevoir d'abord sa miséricorde.

3. Je ne veux donc pas que vous me disiez : De qui la recevrai-je ? Où irai-je la chercher ? Souvenez-vous de ce que vous avez chanté. « La terre est remplie de la miséricorde de Dieu (Ibid.) : » Où l'Évangile n'est-il pas prêché maintenant ? Où la parole de Dieu est-elle tenue dans le silence ? Où le salut n'est-il pas accordé ? Vous n'avez besoin que de vouloir bien recevoir ; les greniers sont pleins. Mais cette plénitude, cette abondance n'ont même pas attendu que

---

Dominus dicit cuidam servo, Dares tu pecuniam meam, et ego veniens cum usuris exigerem (*Luc*. XIX. 23). Quod ideo monemus, ut sciamus quod modo audivimus. Ipse enim dicit alio loco in Evangelio, « Ego non judico quemquam : sermo quem locutus sum eis, ipse judicabit eos in novissimo die (*Johan*. VIII, 16 et XII, 48). » Nec se excuset, qui audire non vult ne quasi (*a*) sit quod ab illo exigatur. Idipsum enim exigitur, quia noluit accipere cum daretur. Aliud est enim non posse accipere, aliud nolle : illic excusatio necessitatis est, hic reatus voluntatis. Ergo « omnia opera ejus in fide : diligit misericordiam et judicium (Ps. XXXII, 5). » Accipite misericordiam, et timete judicium ; ne ille cum venerit ut exigat nos, sic nos exigat ut inanes dimittat. Exigit enim rationem ; reddita ratione, donat æternitatem. Accipite ergo misericordiam Fratres, accipiamus omnes. Nemo nostrum in accipiendo dormiat, ne ad reddendum male excitetur. Accipite misericordiam : sic ad nos clamat Deus, tamquam si tempore famis diceretur, Accipite frumentum. Quod cum audires tempore famis, profecto ipso stimulo necessitatis concitus curreres, versans te hac atque illac, quæreres unde acciperes quod dictum est, Accipite. Et cum invenires, quando te teneres ? quam moram interponeres ? Sic et nunc dictum est, Accipite misericordiam. « Diligit enim « misericordiam et judicium (Ibid.). » Cum acceperis, bene utere ; ut bonam rationem reddas, cum judicium venerit ejus, qui tibi modo prærogat in ista fame misericordiam.

3. Nolo ergo mihi dicas, Unde accipio ? Quo eo ? Recordare quod cantasti, « Misericordia Domini plena est terra (*Ibid*. 5). » Ubi jam non Evangelium prædicatur ? ubi sermo Domini tacet ? ubi salus cessat ? Opus est ut velis accipere : plena sunt horrea. Hæc ipsa plenitudo et abundantia non te venientem exspectaverunt, sed ad dormientem ipsa venerunt. Non dictum est, Surgant gentes, et eant ad unum

---

(*a*) In editis, *ne quasi non sit*. Abest particula, *non*, à MSS.

vous vinssiez à elles ; elles sont venues à vous pendant votre sommeil. Il n'a pas été dit : Que les nations se lèvent et se rassemblent en un seul lieu ; mais l'Évangile a été annoncé aux nations sur leur propre territoire, afin que s'accomplît cette prophétie : « Tout homme l'adorera du lieu même où il habite (*Soph.* II, 11). »

4. « La terre est remplie de la miséricorde du Seigneur (*Ps.* XXXII, 5). » Et les cieux qu'en est-il ? Écoutez ce qui regarde les cieux. Ils n'ont pas besoin de la miséricorde, parce que la misère n'y existe pas. Sur la terre, où abonde la misère humaine, la miséricorde de Dieu est surabondante : la terre est pleine des misères humaines, la terre est pleine des miséricordes de Dieu. Est-ce à dire que les cieux où il n'y a aucune misère, s'ils n'ont pas besoin de la miséricorde de Dieu, n'ont pas besoin du Seigneur ? Toutes choses, misérables ou heureuses, ont besoin du Seigneur. Sans lui, le misérable n'est pas soulagé ; sans lui, l'heureux n'est pas dirigé. Donc, pour n'avoir point à vous demander ce qu'il en est des cieux, en entendant ces mots : la terre est remplie de la miséricorde du Seigneur, sachez que les cieux ont aussi besoin du Seigneur : « Les cieux ont été rendus solides par la parole du Seigneur (Ibid. 6). » Car ils n'ont pas trouvé en eux-mêmes leur solidité, et les cieux eux-mêmes ne se sont pas donné une force qui leur fût propre. « Les cieux ont été affermis par la parole du Seigneur, et le souffle de sa bouche fait toute leur force (Ibid.). » Ils n'ont rien tiré d'eux-mêmes, et ils ont tout reçu de Dieu, comme une sorte de complément. Car le souffle de sa bouche fait, non point une partie de leur force, mais toute leur force.

5. Mes frères, n'en doutez pas, ces œuvres sont également celles du Fils et de l'Esprit-Saint. En effet je ne dois point omettre négligemment de vous faire ici cette remarque, en raison de ceux qui ont (1) distingué injustement, et confondu en ne gardant aucun ordre. Des deux côtés, c'est une faute : ils confondent, par leurs distinctions coupables, le Créateur avec la créature ; et, tandis que l'esprit de Dieu est créateur, ils le comptent parmi les créatures. Ils distinguent, et finissent par confondre. Qu'ils soient eux-mêmes confondus, afin de se convertir. Entendez au contraire en cet instant que l'opération du Fils et de l'Esprit-Saint est une. Le Verbe est certainement Fils de Dieu et le souffle de la bouche de Dieu est l'Esprit-Saint. Or les cieux ont été rendus solides par la parole ou le Verbe du Seigneur : qu'est-ce donc que d'être rendus solides, si ce n'est d'avoir une force durable et ferme ? Et le souffle de sa bouche ou son Esprit fait toute leur force. On pourrait dire aussi : Les cieux ont été rendus solides par l'Esprit du Seigneur et dans le Verbe du Seigneur réside toute leur force. En effet « toute leur force » est la même chose que : « ils ont été rendus soli-

---

(1) Les Ariens.

des. » Cette action est donc celle du Fils et de l'Esprit-Saint. Mais est-elle faite sans le Père? Qui donc agit par son Verbe et par son Esprit, si ce n'est celui de qui le Verbe est le verbe, et de qui l'Esprit est l'esprit? Voilà la trinité qui n'est qu'un seul Dieu. C'est là le Dieu qu'adore celui qui sait adorer; c'est là le Dieu que trouve partout celui qui retourne à lui. Car il n'est pas cherché par ceux qui se détournent de lui; mais il appelle ceux qui se détournent de lui, pour les remplir de sa miséricorde quand ils retournent à lui.

6. Assurément, mes frères, nous laisserons ici de côté les cieux placés au-dessus de nous, et ignorés de nous, qui vivons péniblement sur cette terre, et qui cherchons à en avoir quelque connaissance par nos conjectures humaines; nous les laisserons de côté, sans rechercher ce qu'ils sont à l'égard les uns des autres, ou quel en est le nombre, ou de quelles différentes manières ils se distinguent entre eux, de quels habitants ils sont remplis, par quelles dispositions ils sont régis, comment s'est formé en eux cet hymne, ce concert sans fin par lequel tous publient les merveilles de Dieu. C'est beaucoup pour nous de les trouver un jour, et pourtant nous nous efforçons d'y parvenir. Là, en effet, est notre patrie, que peut-être nous oublions dans notre long voyage sur la terre étrangère. Cette parole d'un autre psaume est le cri de notre âme: « Malheur à moi! à cause de la durée de mon voyage sur la terre étrangère (Ps. CXIX, 5). » Il est donc difficile, sinon impossible, pour moi de parler de ces cieux, et pour vous de comprendre ce que j'en dirais. Si quelqu'un donc me devance ici par l'intelligence de ces choses, qu'il jouisse de ces espaces où il me précède, et qu'il prie pour moi afin que je le suive. En attendant, sans parler de ces cieux inconnus, il me reste une matière assez ample de dissertation dans ceux qui sont plus proches de nous, c'est-à-dire dans les saints apôtres de Dieu, prédicateurs de la parole de vérité; ce sont là les cieux qui ont laissé tomber sur nous leur pluie, afin que dans le monde entier la moisson de l'Église se multipliât; et bien qu'aujourd'hui le froment boive avec l'ivraie la même pluie (Matth. XIII, 30), cependant un jour elle ne sera pas déposée dans le même grenier.

7. Il semble donc, qu'après avoir entendu ces paroles : « La terre est remplie de la miséricorde du Seigneur, » vous demandiez : Mais comment la terre a-t-elle été remplie de la miséricorde de Dieu? D'abord les cieux ont reçu mission de répandre la miséricorde du Seigneur sur la terre et sur la terre entière. Car c'est de ces mêmes cieux, remarquez-le, qu'il a été dit : « Les cieux racontent la gloire de Dieu, et le firmament annonce les œuvres de ses mains (Ps. XVIII, 2). » Les cieux ou le firmament sont la même chose. « Le jour annonce la parole au jour, et la nuit annonce la science à la nuit (Ibid. 4). » Il n'y a donc point d'interruption, il n'y a donc point

facit Filius et Spiritus-sanctus. Numquid sine Patre? Quis ergo facit per Verbum suum et Spiritum suum, nisi cujus Verbum est, et cujus Spiritus? Trinitas ergo hæc unus Deus. Hunc adorat qui novit adorare, hunc ubique habet (a) qui se converterit. Non enim quæritur ab aversis ; sed ipse vocat aversos, ut impleat conversos.

6. Sane, Fratres, exceptis illis cœlis superioribus, ignotis nobis in terra laborantibus, et per humanas conjecturas utcumque ista quærentibus: exceptis ergo illis cœlis, qui quomodo sint super invicem vel quot sint, vel quibus modis distincti sint, quibus incolis impleti sint, qua dispositione regantur, quomodo ibi unus quidam hymnus indeficiens concinens ab omnibus (b) prædicet Deum, multum est ad nos invenire, satagimus tamen pervenire. Ibi est enim patria nostra, quam longa fortasse peregrinatione obliti sumus. Vox enim nostra est in illo Psalmo, « Heu me, quoniam peregrinatio mea longinqua facta est (Psal. CXIX, 5). » Ergo de illis cœlis et mihi difficile est disputare, (si tamen non impossibile,) et vobis intelligere. Certe qui me in his rebus intellectu prævenit, fruatur quo præcessit, et oret pro me ut sequar ego. Interim exceptis illis cœlis, habeo de quibus hic utcumque disseram, nobis proximos cœlos sanctos Dei Apostolos, prædicatores verbi veritatis, per quos cœlos compluti sumus, ut per totum mundum seges Ecclesiæ pullularet ; etsi cum zizaniis interim communem bibens pluviam, sed tamen horreum non habitura commune (Matt. XIII, 30).

7. Ergo cum dictum esset, « Misericordia Domini plena est terra » quasi quæreres, Unde impleta est terra misericordia Domini? Prius missi sunt cœli, qui misericordiam Domini spargerent super terram, et hoc super totam terram. Nam vide quid de ipsis cœlis alibi dicitur : « Cœli enarrant gloriam Dei, et

---

(a) Sic MSS. At editi, quo se converterit (b) MSS. Regius et Vaticanus, præcinetur Deo.

de silence. Mais où ont-ils publié ces merveilles et jusqu'où les ont-ils portées? « Quelque langage, quelque idiome que parlent les nations, il n'y en a pas une seule où leur voix ne soit entendue (*Act.* II, 4). » Ce passage se rapporte à la prédication faite par les apôtres, en un même endroit, dans toutes les langues. En parlant les langues de tous les peuples, ils ont accompli cette prédiction : « Quelque langage, quelque idiome que parlent les nations, il n'y en a pas une seule où leur voix ne soit entendue (*Ps.* XVIII, 4). » Mais, je demande jusqu'où est parvenue cette voix qui parle toutes les langues, et quelles contrées elle a remplies. Ecoutez donc ce qui suit : « Le son de leur voix s'est répandu dans toute la terre, et leurs paroles ont pénétré jusqu'aux dernières limites de l'univers (*Ps.* XVIII, 5). » La voix de qui, si ce n'est celle des cieux qui racontent la gloire de Dieu? Si donc le son de leur voix a pénétré dans toute la terre, et si leurs paroles se sont répandues jusqu'aux dernières limites de l'univers, que celui qui les a envoyés nous indique lui-même ce qu'ils ont prêché. Il l'indique sans détours, il l'indique fidèlement, parce que, avant que ces choses ne fussent accomplies, celui dont toutes les œuvres appartiennent à la foi, les a prédites. En effet après sa résurrection d'entre les morts, au moment où il se faisait reconnaître de ses disciples, en leur présentant ses membres à toucher, il disait : « Il fallait que le Christ souffrît, que le troisième jour il ressuscitât d'entre les morts, et que la pénitence et la rémission des péchés fussent prêchées en son nom. » Mais à partir de quel endroit et jusqu'où? « Dans toutes les nations, à commencer par Jérusalem (*Luc.* XXIV, 46). » Quelle plus abondante miséricorde, mes frères, pouvons-nous attendre du Seigneur, que la rémission de nos péchés? Donc, puisque la rémission des péchés est par excellence la miséricorde du Seigneur, et que le Seigneur a prédit que la rémission des péchés serait prêchée parmi toutes les nations, la terre est remplie de la miséricorde du Seigneur. De quoi la terre est-elle remplie? de la miséricorde du Seigneur. Pourquoi? Parce que Dieu remet partout les péchés et qu'il a envoyé les cieux pour arroser la terre de leur pluie.

8. Et comment ces cieux ont-ils osé marcher avec confiance, et, d'hommes faibles qu'ils étaient, devenir des cieux; si ce n'est parce que les cieux ont été rendus solides par le Verbe de Dieu? Comment ces brebis lancées au milieu des loups auraient-elles trouvé assez de force, si toute leur force n'était venue du souffle de sa bouche. « Voici, dit le Seigneur, que je vous envoie comme des brebis au milieu des loups (*Matth.* X, 16). » O Seigneur très-miséricordieux! Assurément vous faites ces choses pour que la terre soit remplie de votre miséricorde! Si donc vous êtes à ce point miséricordieux, que vous remplissiez la terre de votre miséricorde, considérez ceux que

vous envoyez, considérez où vous les envoyez. Où les envoyez-vous, demandé-je de nouveau, et qui envoyez-vous? Ce sont des brebis que vous envoyez au milieu des loups. Si un seul loup était lancé au milieu d'un innombrable troupeau de brebis, qui lui résisterait? Quel désordre n'y causerait-il pas, à moins qu'il ne fut promptement rassasié? Il dévorerait tout. Envoyez-vous donc de faibles brebis au milieu de loups cruels? Oui, je les envoie, dit-il, parce que ce sont des cieux, afin qu'ils arrosent la terre de leur pluie. Et d'où vient que de faibles hommes sont devenus des cieux? Parce que « du souffle de sa bouche vient toute leur force. » Voilà que les loups vous saisiront, qu'ils vous livreront et vous offriront en victimes aux puissances à cause de mon nom. Armez-vous donc dès maintenant. De votre force? non. « Ne cherchez pas ce que vous direz. Car ce n'est pas vous qui parlez, c'est l'esprit de votre Père qui parle en vous (Ibid. 19, etc.). » Pourquoi? parce que « du souffle de sa bouche vient toute leur force. »

9. Toutes ces choses se sont accomplies. Les Apôtres ont été envoyés et ils ont souffert l'oppression. Et maintenant, pour entendre ces paroles, avons-nous à supporter autant de mal qu'ils en ont eu pour semer la doctrine du Christ? Non. Est-ce donc à dire, mes frères, que notre peine soit sans fruit? Non. Je vois combien vous êtes serrés autour de moi pour m'entendre ; mais vous aussi, vous voyez ma sueur. Si nous souffrons avec le Seigneur, nous règnerons avec lui (II *Tim.* II, 12). Voilà que toutes ces choses se sont accomplies. De ces brebis, envoyées au milieu des loups, il nous reste à célébrer les mémoires des martyrs. Ce lieu même, lorsque le corps de notre bienheureux martyr (1) y a été frappé de la hache, était rempli de loups : une seule brebis captive a vaincu tant de loups, et cette brebis mise à mort a rempli ce lieu de brebis. Alors sévissaient, comme une mer en furie, les flots innombrables des persécuteurs, qui venaient battre une terre altérée de la pluie qui tombe du ciel de Dieu. Maintenant, au contraire, le nom du Christ est glorifié par les supplices de ceux qui ont souffert les persécutions, et sur lesquels s'est émoussé le glaive des bourreaux. Le Christ, foulant aux pieds les crêtes écumeuses de ces gouffres bouillonnants, s'est emparé des puissances elles-mêmes. Or, à la vue de l'accomplissement des merveilles de Dieu, croyez-vous que ceux qui en sont maintenant les témoins, et qui cependant n'ont pas encore la foi, ne soient pas affligés de nos assemblées, de la célébration de nos mystères, de nos solennités, des louanges par lesquelles nous glorifions au grand jour et en public notre Dieu? Croyez-vous qu'ils n'en frémissent pas? Voici que maintenant se vérifie cette prédiction portée contre eux : « Le pécheur verra et sera furieux (*Ps.* CXI, 10). » Qu'arrivera-t-il

---

mitto vos sicut oves in medio luporum (*Matth* x, 16). » O domine misericordissime ! Certe hoc facis, ut misericordia tua plena sit terra. Si ergo ita es misericors, ut impleas terram misericordia, vide quos mittis, vide quo mittis. Quo, inquam, mittis, et quos mittis ? Oves in medium luporum. Unus lupus si mittatur in medium innumerabilium ovium, quis eis resistit ? Quid non conturbat, nisi forte quia cito satiatur ? Nam omnia devoraret. Mittis infirmos inter sævos ? Mitto, inquit, quia cœli fiunt, ut terram compluant. Unde cœli homines infirmi ? Sed « Spiritu oris ejus omnis virtus eorum, » Ecce lupi tenebunt vos, et tradent vos, et offerent potestatibus propter nomen meum. Jam vos armate vos. Virtute vestra ? absit. « Nolite cogitare quid loquamini : non enim vos estis qui loquimini, sed Spiritus Patris vestri qui loquitur in vobis (*Ibid.* 19, etc.) : » quia « Spiritu oris ejus omnis virtus eorum (*Ps.* XXXII, 5). »

9. Facta sunt hæc, missi sunt Apostoli, pertulerunt pressuras. Numquid modo tantas ferimus ut audiamus hæc, quantas illi ut seminarent hæc ? Non erit ergo, Fratres, infructuosus labor noster. Video constipationem vestram, sed et vos videtis sudorem nostrum. « Si toleramus, et conregnabimus (II *Tim.* II, 12). » Ecce facta sunt illa. Ex illis ovibus missis in medium luporum et memoria Martyrum celebramus (*Matth.* x, 15). Locus iste, quando Martyris beati (1) corpus percussum est, lupis plenus erat ; vicit tot lupos una ovis capta, et implevit locum ovibus ovis occisa. Sæviebat tunc mare ingentibus persecutionum fluctibus, ibat in aridam sitientem cœlum Dei. Modo autem per illa quæ illi passi sunt, qui aciem ruperunt, glorificatum est nomen Christi : occupavit etiam ipsas potestates ambulans super capita tumentium gurgitum. Et quia ista facta sunt, modo etiam qui vident, nondum credentes, conventicula nostra, celebrationes, sollemnitates, laudes jam manifestas et publicas Dei nostri, putatis eos non dolere, putatis non fremere ? Sed nunc impletur quod de illis dictum est, « Peccator videbit, et irascetur (*Psal.* CXI.

(1) S. Cyprien.

donc, s'il est furieux? Brebis, ne craignez pas le loup. Ne craignez plus aujourd'hui ces menaces et ces frémissements. Le pécheur est furieux! Mais, que dit ensuite le Prophète : « Il grincera des dents, et séchera de rage (Ibid.). »

10. Maintenant donc que ce qui reste de l'eau salée de cette mer n'ose plus sévir contre les chrétiens, mais qu'elle dévore en elle-même ses murmures secrets; maintenant que cette saumure frémit, renfermée qu'elle est, contre une peau mortelle, voyez ce qui suit : « Il rassemble, comme dans un outre, les eaux de la mer (*Ps.*XXXII,7). » Donc, puisque auparavant la mer sévissait librement de toute la violence de ses flots, et que maintenant, au contraire, son amertume est renfermée dans des poitrines mortelles, n'est-ce point là évidemment l'œuvre de celui qui a vaincu par les Apôtres, et qui a posé des limites à la mer, pour que ses flots, rentrant dans leur lit, perdissent leur puissance (*Prov.* VIII, 29). « Il a rassemblé, comme dans une outre, les eaux de la mer; » une peau mortelle a recouvert d'amères pensées. Car, craignant pour leur peau, ils gardent au dedans ce qu'ils n'osent émettre au dehors. Au dedans, leur amertume est restée la même ; ils haïssent comme ils haïssaient ; ils détestent comme ils détestaient. Mais cette haine qui sévissait ouvertement, se cache maintenant pour agir. Que

dirai-je de plus que ce qu'a dit le Prophète : « Il grincera des dents et séchera de rage? » Que l'Eglise marche donc, qu'elle s'élance en avant ! La voie est tracée, notre chef nous a frayé une chaussée solide. Marchons avec ferveur dans la voie des bonnes œuvres; car c'est là notre manière de marcher en avant. Et si, contre notre attente, puisque déjà les eaux de la mer sont rassemblées comme dans une outre, nous sommes encore affligés par quelque tentation, sachons comprendre que Dieu le fait pour nous instruire, pour éloigner de nous une sécurité dangereuse, fondée sur les choses temporelles, et pour nous diriger vers son royaume, en réglant nos désirs. Ces désirs sont produits par les afflictions qui nous frappent d'un côté et d'un autre, afin que nous retentissions mélodieusement aux oreilles du Seigneur, comme des trompettes d'un métal ductile. Car il nous est dit au Livre des Psaumes de louer Dieu au son de trompettes d'un métal ductile(*Ps.*XCVII, 6). C'est le marteau qui rend ductile le métal de la trompette; de même le cœur chrétien est dilaté en Dieu par les coups des afflictions.

11. Souvenons-nous donc, mes frères, qu'en ce temps, où déjà les eaux de la mer sont rassemblées comme dans une outre, les moyens de nous corriger ne manquent pas à Dieu, lorsque nous

---

10). » Quid ergo, quia irascetur? Ne timeas ovis lupum. Modo minas eorum et fremitus non timeatis. Irascitur : sed quid sequitur? «Dentibus suis frendet et tabescet (*Ibid.*). »

10. Quia ergo modo salsa maris aqua, quæ remansit, in Christianos sævire non audet, occultum autem murmur (*a*) rodit in se, et mortalem pellem fremit conclusa salsugo ; videte quid sequitur : « Congregans sicut in utrem aquas maris (*Ibid.*7) » Cum ergo antea mare liberis fluctibus sæviebat, modo autem intra mortalia pectora inclusum amarum est, ille fecit qui in illis vicit, qui posuit tunc mari terminos, ut in se remeantes comminuerentur fluctus ejus (*Prov.* VIII,29). Ipse congregavit velut in utrem aquam maris : mortalis pellis contegit amaram cogitationem. Timentes enim pelli suæ, intus tenent quod non audent emittere. Nam eadem est amaritudo : sic oderunt, sic detestantur. Sed quod tunc aperte sæviebat; nunc occulte: quid aliud dicam quam quod dictum est, Frendet, et tabescet? Eat ergo Ecclesia,

ambulet : facta est via, strata (*b*) nostra ab imperatore munita est. Ferveamus in itineribus bonorum operum, hoc est enim ambulare nostrum. Et si quando existunt tentationum pressuræ unde non sperabatur, jam congregatis velut in utrem aquis maris, intelligamus Dominum facere hoc ad disciplinam, ut excutiat a nobis male (*c*) præfidentem de temporalibus securitatem, et dirigat nos in regnum suum composito desiderio. Quod desiderium tribulationibus hinc atque hinc contundentibus producitur, ut simus canori auribus Domini tamquam tubæ ductiles. Dictum est enim et hoc in Psalmis. « ut in tubis ductilibus laudemus Deum (*Psal.* XCVII, 6). » Tuba ductilis malleo producitur, ita Christianum cor in Deum pressurarum plagis extenditur.

11. Meminerimus ergo, Fratres, jam his temporibus, quibus congregata est velut in utrem aqua maris, non deesse Deo unde proferat quo nos emendet, cum emendatione nobis opus est. Ideo enim sequitur. « Ponens in thesauris abyssos (*Ps.* XXXII,7). »

(*a*) Editi, *rugit*. At MSS. *rodit*. (*b*) Strata dicta est via publica *lapidibus*, seu *silice munita*. (*c*) Sic aliquot MSS. Editi vero, *providentem*.

avons besoin d'être corrigés. C'est pourquoi le Prophète dit ensuite : « Il tient les abimes renfermés dans ses trésors (*Ps.* XXXII, 7). » Il donne le nom de trésors de Dieu aux secrets de Dieu. Car Dieu connait les cœurs de tous les hommes; il sait ce qu'il doit tirer de ses trésors selon les temps, et de quels trésors il doit le tirer ; il sait quelle puissance il convient de donner aux méchants sur les bons, puissance dont le résultat est la condamnation des méchants et le perfectionnement des bons. Celui qui a renfermé les abimes dans ses trésors, sait comment accomplir ses desseins. Qu'il en soit donc selon la parole qui suit : « Que toute la terre craigne le Seigneur (Ibid. 8). » Gardons-nous de nous glorifier avec une joie superbe, et de dire dans notre téméraire allégresse : Désormais, les eaux de la mer sont rassemblées comme dans une outre, qui pourra me faire du mal ? Qui osera me nuire ? Ne savez-vous pas que votre Père a renfermé les abimes dans ses trésors ? Ne savez-vous pas qu'il en fera sortir les afflictions qui doivent vous châtier ? Il a pour vous maintenir dans sa discipline les trésors de l'abime, avec lesquels il vous enseignera à gagner les trésors des cieux. Revenez donc à une crainte prudente, vous qui déjà marchiez dans votre sécurité. Que la terre soit dans l'allégresse, mais qu'elle soit en même temps dans la crainte. Pourquoi cette allégresse ? Parce que la terre est remplie de la miséricorde de Dieu. Pourquoi cette crainte ? Parce que, s'il a rassemblé comme dans une outre les eaux de la mer, il a aussi renfermé les abimes dans ses trésors. Le Prophète exprime ailleurs, d'une manière concise cette double loi donnée à la terre, quand il dit : « Servez le Seigneur dans la crainte, et réjouissez-vous en lui avec tremblement (*Ps.* II, 11). »

12. « Que toute la terre craigne le Seigneur : et que tous ceux qui habitent l'univers ne redoutent que lui (*Ps.* XXXII, 8). » Qu'ils ne craignent pas un autre, au lieu de lui. « Et que ceux qui habitent l'univers ne redoutent que lui. » Une bête furieuse vous attaque-t-elle ? Craignez Dieu. Un serpent veut-il s'élancer sur vous ? Craignez Dieu. Un homme vous hait-il ? Craignez Dieu. Le démon vous livre-t-il un assaut ? Craignez Dieu. Car toutes les créatures sont soumises à celui qu'il vous est ordonné de craindre. « Car il a parlé et toutes choses ont été faites ; il a commandé et elles ont été créées (Ibid. 9). » Ces paroles sont les suivantes de notre psaume. En effet, après avoir dit : « que tous ceux qui habitent l'univers ne redoutent que lui ; » pour éviter que l'homme ne fût porté à craindre quelque autre puissance, et détourné de la crainte de Dieu, il ne craignit au lieu de lui, quelque créature, et n'adorât une chose créée en abandonnant le Créateur, le Prophète a voulu nous affermir dans la crainte de Dieu, et nous demandant directement en quelque sorte : Pourquoi redouter quelque chose du Ciel, quelque chose de la terre, quelque chose de la mer ? il a ajouté : « Car Dieu a parlé, et toutes choses ont été faites ; il a commandé et elles ont

---

Thesauros Dei, dicit secretum Dei. Novit ille omnium corda : quid ad tempus proferat, unde proferat, quantam potestatem tribuat malis in bonos, ad judicandos quidem malos, erudiendos autem bonos. Novit quomodo hæc agat, qui ponit in thesauris abyssos. Fiat ergo quod sequitur : « Timeat Dominum omnis terra (*Ibid.* 8). » Non glorietur superba lætitia temeraria exsultatione, dicens, jam congregata est velut in utrem aqua maris, quis mihi aliquid faciet, quis nocere audebit ? Nescis quia posuit ille in thesauris abyssos, nescis unde proferat quod opus est ad flagellandum te pater tuus ? Qui quidem in disciplinam tuam habet abyssi thesauros, quibus te erudiat ad thesauros cœlorum. Ergo redi ad timorem, qui jam ibas in securitatem. Exsultet terra, sed et timeat. Exsultet : quare ? quia misericordia Domini plena est terra. Timeat : quare ? Quia sic congregavit in utrem aquas maris, ut poneret in thesauris abyssos. Fit ergo in illa quod alibi breviter utrumque dicitur, « Servite Domino in timore, et exultate ei cum tremore (*Psal.* II, 11). »

12. « Timeat Dominum omnis terra : ab ipso autem commoveantur omnes qui inhabitant orbem terræ (*Ps.* XXXII, 8). » Non timeant alterum pro illo : « ab ipso commoveantur omnes qui inhabitant orbem terræ. » Fera sævit ? Deum time. Serpens insidiatur ? Deum time. Homo te odit ? Deum time. Diabolus te impugnat ? Deum time. Tota enim creatura sub illo est, quem juberis timere, « Quoniam ipse dixit, et facta sunt : ipse mandavit, et creata sunt (*Ibid.* 9). » Hoc in Psalmo sequitur. Cum enim dixisset. « Ab ipso commoveantur omnes qui inhabitant orbem terræ : » ne converteret se homo ad timendum aliquid aliud, et aversus a timore Dei, timeret pro illo aliquam creaturam, et adoraret quod factum est, dimisso qui fecit, confirmavit nos in timore Dei tamquam dicens

DEUXIÈME DISCOURS SUR LE PSAUME XXXI.

été créées. » Lorsque celui qui d'un mot a fait toutes choses et qui d'un commandement a créé toutes choses, leur en donne l'ordre, elles se meuvent ; lorsqu'il leur en donne l'ordre, elles s'arrêtent. La méchanceté des hommes peut bien avoir par elle-même le désir de faire du mal ; mais elle n'en a pas le pouvoir, si Dieu ne le lui donne. « Car il n'y a de pouvoir que venant de Dieu (*Rom.* XIII, 1). » Cette maxime décisive est de l'Apôtre saint Paul. Il n'a pas dit : il n'y a de désir que venant de Dieu. Il y a, en effet, de mauvais désirs qui ne viennent pas de Dieu : mais comme les mauvais désirs ne peuvent nuire à personne sans la permission de Dieu, « Il n'y a, dit-il, de pouvoir que venant de Dieu (*Ibid.*). » C'est pourquoi l'Homme-Dieu, se tenant au tribunal d'un homme, lui disait : « Vous n'auriez aucun pouvoir sur moi, si ce pouvoir ne vous avait été donné d'en haut (*Jean.* XIX, 11). » L'un jugeait, l'autre enseignait ; et il enseignait pendant qu'on le jugeait, afin de juger un jour ceux qu'il aurait enseignés. « Vous n'auriez aucun pouvoir sur moi, disait-il, si ce pouvoir ne vous avait été donné d'en haut. » Que veut dire ceci ? Un homme n'a-t-il donc de pouvoir qu'autant qu'il l'a reçu d'en haut ? Mais le démon lui-même a-t-il osé enlever une seule petite brebis au saint homme Job, avant d'avoir dit à Dieu : « Etendez votre main, » c'est-à-dire: donnez m'en le pouvoir? Il voulait, mais Dieu ne permettait pas : quand Dieu eut permis, il eut le pouvoir. Ce n'est donc point lui qui avait le pouvoir, mais celui qui a donné la permission. C'est pourquoi Job, qui était bien instruit des choses de Dieu, ne dit pas, comme nous vous l'avons déjà rappelé : le Seigneur me l'a donné, le démon me l'a ôté, mais : « Le Seigneur me l'a donné, le Seigneur me l'a ôté ; il a été fait comme il a plu au Seigneur (*Job,* I, 20), » et non pas comme il a plu au démon. Veillez donc, mes frères, vous qui mangez, en l'acquérant au prix de tant d'efforts, un pain si salubre et si utile, veillez à ne craindre que le Seigneur. L'Ecriture vous le dit : Ne craignez nul autre que lui. D'où il suit que toute la terre doit craindre le Seigneur, qui a renfermé les abîmes dans ses trésors. « Que tous ceux donc qui habitent la terre ne redoutent que lui, car il a parlé, et toutes choses ont été faites, il a commandé, et elles ont été créées (*Ps.* XXXII, 9). »

13. Mais voilà que les rois ont cessé d'être méchants ; ils sont devenus bons. Eux-mêmes ont cru, et sur leur front ils portent le signe de la croix, signe plus précieux que toute pierre de leur diadème : ceux qui persécutaient les Saints, ont été détruits. Mais qui a fait cela?

---

nobis, et alloquens nos, Quid formidaturus es aliquid de cœlo, aliquid de terra, aliquid de mari? « Ipse dixit, et facta sunt ; mandavit, et creata sunt (*Ibid.*). Qui dixit et facta sunt, mandavit et creata sunt, cum jubet moventur, cum jubet quiescunt (*a*). Et malitia hominum cupiditatem nocendi potest habere propriam; potestatem autem si ille non dat, non habet. « Non est enim potestas nisi a Deo (*Rom.* XIII, 1) : » definitiva sententia Apostoli est. Non dixit, non est cupiditas, nisi a Deo, est enim mala cupiditas quæ non est a Deo, sed quia ipsa mala cupiditas nulli nocet, si ille non permittat. Non est, inquit, potestas nisi a Deo. Unde Deus homo stans ante hominem, « Non haberes, inquit, in me potestatem, nisi data fuisset tibi de super (*Johan.* XIX, 11). » Ille judicabat, ille docebat : cum judicabatur, docebat, ut judicaret quos docuerat : Non haberes, inquit, in me potestatem, nisi esset data tibi de super. Quid hoc ? Homo tantum non habet potestatem, nisi cum acceperit de super ? Quid ipse diabolus, ausus est vel unam oviculam tollere viro sancto Job, nisi prius diceret, Mitte manum tuam, hoc est, da potestatem ? Ille volebat, sed ille non sinebat: quando ille permisit, ille potuit: non ergo ille potuit, sed qui permisit. Ideo bene eruditus ipse Job, non ait, sicut jam commemorare vobis solemus, Dominus dedit, et diabolus abstulit (*Job,* I, 21); sed « Dominus dedit, et Dominus abstulit: sicut Domino placuit, ita factum est ; » non sicut diabolo placuit. Videte ergo Fratres mei, cum tanto labore manducantes salubrem et utilem panem, videte ne quemquam timeatis nisi Dominum. Præter cum ne timeas alium, Scriptura tibi dicit. Proinde «timeat Dominum omnis terra, qui posuit in thesauris suis abyssos. « Ab ipso autem commoveantur omnes qui habitant orbem terræ : Quoniam ipse dixit, et facta sunt ; ipse mandavit, et creata sunt (*Ps.* XXXII, 9). »

13. Sed jam (*b*) cessaverunt reges mali, facti sunt boni : crediderunt et ipsi, signum crucis Christi in fronte jam portant, pretiosius signum qualibet gemma diadematis : illi qui sævierunt destructi sunt

---

(a) Editi Er. et Lov. *Conquiescit et malitia hominum, cupiditas hominum. Cupiditatem nocendi potest homo habere proprium.* Nos hic MSS. lectionem substituimus. (b) In MSS. *cessaverunt.*

Vous peut-être, afin d'en prendre occasion de vous élever? « Le Seigneur dissipe les desseins des nations, il rend vaines les pensées des peuples, et il renverse les desseins des princes (Ibid. 10). » Ils ont dit : Otons-leur la vie ; si nous y parvenons, le nom chrétien ne s'établira pas ; qu'ils subissent tel genre de mort, qu'ils souffrent telles tortures, qu'on leur inflige tel et tel supplice. Voilà ce qui a été dit ; et au milieu de tous ces supplices, l'Eglise s'est accrue. « Il rend vaines les pensées des peuples et il renverse les desseins des princes. »

14. « Mais la résolution du Seigneur demeure éternellement, les pensées de son cœur dureront dans les siècles des siècles (Ibid. 11). » C'est la même sentence deux fois répétée. En disant : la résolution, le Prophète exprime la même chose qu'en disant : les pensées de son cœur ; et les premiers mots : demeure éternellement, ont la même signification que les suivants : dureront dans les siècles des siècles. En répétant sa pensée, le Prophète la confirme. Ne croyez pas, mes frères, qu'en parlant « des pensées de son cœur, » il ait voulu dire, en quelque sorte, que Dieu juge en un conseil, qu'il réfléchisse à ce qu'il doit faire, et qu'il demande avis pour agir ou ne point agir. O hommes, de telles lenteurs n'appartiennent qu'à vous : la parole de Dieu court avec une rapidité sans égale (Ps. CXLVII, 15). Comment pourrait-il y avoir quelque hésitation dans ce Verbe qui est un et qui embrasse toutes choses? Mais si l'on dit : les pensées de Dieu, c'est pour se mettre au niveau de votre intelligence ; c'est pour que vous osiez élever votre cœur jusqu'à certaines paroles appropriées à votre faiblesse, parce que la réalité est infiniment au-dessus de vous. « Les pensées de son cœur dureront dans les siècles des siècles. » Quelles sont donc les pensées de son cœur, et quelle est la résolution du Seigneur, dont la durée est éternelle ? « Pourquoi les nations se sont-elles insurgées en frémissant, et pourquoi les peuples ont-ils médité de vains complots contre cette résolution (Ps. II, 1)? » Le Seigneur ne rend-il point vaines les pensées des peuples, et ne renverse-t-il pas les desseins des princes? Quel est donc l'objet de cette résolution de Dieu, qui demeure éternellement, si ce n'est la prévision qu'il a eu de nous et notre prédestination (Ephes. I, 4)? Qui oserait ôter à Dieu la prédestination? Dès avant la création du monde, il nous a vus, il nous a faits, il nous a corrigés, il nous a envoyé son Fils, il nous a rachetés ; cette résolution de Dieu demeure éternellement, cette pensée de Dieu demeure dans les siècles des siècles. Il a été un moment où les nations ont ouvertement déchaîné leurs flots en fureur ; maintenant, au contraire, qu'elles se dessèchent, rassemblées et renfermées qu'elles sont comme dans une outre! Elles ont eu la liberté de leur audace ; qu'elles gardent maintenant leur fa-

---

Sed quis fecit hoc? Forte tu, ut extollas te? « Dominus dissipat consilia gentium, reprobat autem cogitationes populorum, et reprobat consilia principum (Ibid. 10). » Quando dixerunt, Tollamus eos de terra, non erit nomen Christianum si hoc fecerimus ; sic occidantur, sic torqueantur, talia et talia illis infligantur. Dicta sunt hæc, et inter hæc crevit Ecclesia. « Reprobat cogitationes populorum, et reprobat consilia principium (Ibid.). »

14. « Consilium vero Domini manet in æternum, cogitationes cordis ejus in sæcula sæculorum (Ibid. 11). » Repetitio sententiæ est. Quod ante ait « consilium » hoc ait postea « cogitationes cordis : » et quod supra ait « manet in æternum, » hoc ait postea « in sæcula sæculorum. » Repetitio, confirmatio est. Ne autem putetis Fratres, quia dixit « cogitationes cordis, » quasi sedere Deum, et cogitare quid agat, et exquirere consilium faciendi aliquid vel non faciendi. Tuæ sunt istæ, o homo, tarditates, usque in velocitatem currit verbum ejus (Psal. CXLVII, 15). Quando potest mora esse cogitationis in illo Verbo, quod unum est, et omnia complectitur? Sed dicuntur cogitationes Dei, ut tu intelligas, ut secundum te audeas erigere cor vel ad verba tuæ infirmitati similia : quia res ipsa multum est ad te. « Cogitationes cordis ejus in sæcula sæculorum (Ibid.). » Quæ sunt cogitationes cordis ejus, et quod est consilium Domini quod manet in æternum? Contra quod consilium « ut quid fremuerunt gentes, et populi meditati sunt inania (Psal. II, 1)? » Quando quidem Dominus reprobat cogitationes populorum, et reprobat consilia principum. Unde igitur consilium Domini manet in æternum, nisi de nobis « quos ante præscivit et prædestinavit (Ephes. I, 4)? » Quis tollit prædestinationem Dei? Ante mundi constitutionem vidit nos, fecit nos, emendavit nos, misit ad nos, redemit nos : hoc ejus consilium manet in æternum, hæc ejus cogitatio manet in sæcula sæculorum. Fremuerunt gentes tunc aperte fluctuantes et sævientes, contabescunt nunc tamquam inclusæ et congregatæ in utrem : habuerunt liberas

rouches et amères pensées. Quand pourront-elles, en effet, détruire ce que Dieu a résolu et qui demeure éternellement?

15. Mais que veut dire : « Heureux le peuple? » Qui ne dresse l'oreille en entendant ces paroles ? En effet, tous aiment le bonheur; et c'est là le motif de la perversité des hommes, qu'ils veulent être méchants, mais non point malheureux. Et comme le malheur est le compagnon inséparable de la méchanceté, ces pervers, qui veulent être méchants, sans pourtant être malheureux, (chose impossible), ne sont méchants que pour n'être point malheureux. Que signifient donc mes paroles : ils ne sont méchants que pour n'être point malheureux? Considérez un peu ceci dans les hommes qui font le mal, vous verrez qu'ils veulent toujours être heureux. Un homme commet un vol ; demandez-lui pourquoi ? Il avait faim ; il était nécessiteux. C'est donc pour n'être pas malheureux qu'il est méchant ; et cependant il est d'autant plus malheureux qu'il est méchant. C'est donc pour chasser le malheur et pour acquérir le bonheur, que tous les hommes font ce qu'ils font de bien ou de mal : donc ils aspirent toujours au bonheur. Soit qu'ils vivent mal, soit qu'ils vivent bien, ils veulent être heureux. Mais il ne leur arrive pas à tous d'être ce qu'ils veulent être tous; car ceux-là seuls obtiendront le bonheur qui auront voulu être justes. Et voilà que je ne sais quel homme veut être heureux par le mal qu'il fait. D'où lui viendra ce bonheur? Des richesses, de l'or et de l'argent, des propriétés, des fonds de terre, des maisons, des contrats, des pompes du monde, d'un honneur passager et périssable. Ils veulent être heureux en possédant : examinez donc ce que vous posséderez pour être heureux. En effet, si vous êtes heureux, vous serez de meilleure condition que si vous êtes malheureux : or, il est impossible qu'une chose moins bonne que vous, vous rende meilleur. Vous êtes homme, toutes les choses que vous désirez pour être heureux, valent moins que vous ne valez. L'or, l'argent, les objets corporels quelconques dont vous désirez avidement l'acquisition, la possession, la jouissance, sont au-dessus de vous. Vous êtes de meilleure condition que ces objets, vous leur êtes préférable ; et certainement, vous voulez devenir meilleur quand vous aspirez au bonheur, parce que vous vous trouvez malheureux. Il est mieux, en effet, d'être heureux que d'être malheureux. Vous voulez être meilleur que vous n'êtes, et vous cherchez, vous poursuivez avec acharnement, pour arriver à ce résultat, des choses qui valent moins que vous. Tout ce que vous chercherez sur la terre, vaut moins que vous ne valez. Tout homme exprime à son ami, et souvent avec chaleur, les souhaits qu'il forme pour lui : soyez mieux ; que nous vous trouvions

---

audacias, habeant truces et amaras cogitationes. Quando possunt destruere quod ille cogitavit, et manet in æternum ?

15. Quid est autem hoc ? « Beata gens (*Ibid.* 12). » Quis est qui non hoc audito erigat se? Amant enim omnes beatitudinem : et ideo perversi sunt homines quia mali volunt esse, miseri nolunt : et cum sit malitiæ individua comes miseria, isti perversi non solum mali esse volunt, et miseri nolunt, quod fieri non potest ; sed ideo volunt mali esse, ne miseri sint. Quid est hoc quod dixi, Ideo volunt mali esse, ne miseri sint ? Considerate hoc paululum in omnibus hominibus qui mala faciunt, beati semper esse volunt. Furtum facit : quæris, quare ? Propter famem, propter necessitatem. Ergo ne miser sit, malus est; et ideo miserior est, quia malus est. Depellendæ ergo miseriæ causa, et adquirendæ beatitudinis causa, faciunt omnes homines quidquid vel boni faciunt vel mali : semper ergo beati esse volunt. Sive male viventes, sive bene viventes, beati esse volunt: et non contingit omnibus quod omnes esse volunt. Omnes enim beati esse volunt, non autem erunt nisi illi qui justi esse voluerint. Et ecce nescio quis ut male faciat beatus vult esse. Unde? Ex pecunia, ex argento et auro, ex prædiis, fundis, domibus, mancipiis, pompa sæculi, honore volatico et perituro. Habendo aliquid volunt beati esse: quære ergo quid habeas, ut beatus sis. Cum enim beatus fueris, melior utique eris, quam cum miser es. Fieri autem non potest, ut res deterior te faciat meliorem. Homo es, deterius te est quidquid cupis, quo beatus esse desideras. Aurum, argentum, quælibet corpora, quibus inhias adquirendis, possidendis, fruendis, inferiora sunt te. Tu melior es, tu (*a*) potior es : et utique vis melior esse quam es, cum beatus esse vis, quia miser es. Melius est enim utique beatum esse, quam miserum. Vis esse melior te: et quæ-

(*a*) Sic novem MSS. Alii *octo potentior*. At editi, *fortior.*

mieux ; que nous nous réjouissions de vous voir mieux. Ce qu'on souhaite à son ami, on le désire pour soi-même. Recevez donc un conseil certain. Vous voulez devenir meilleur que vous n'êtes, je le sais, nous le savons tous, nous le voulons tous; cherchez donc ce qui est meilleur que vous, afin de devenir par là meilleur que vous n'êtes.

16. Regardez maintenant le ciel et la terre : Que les corps doués de beauté ne vous charment pas au point que vous placiez en eux votre félicité. Ce que vous cherchez est dans votre âme. Vous voulez être heureux, cherchez ce qui est meilleur que votre âme. En effet, de ces deux parties de nous-même, de l'âme et du corps, comme, sans aucun doute, celle qui a le plus de prix c'est l'âme, votre corps peut-être amélioré par l'âme qui est meilleure, parce que le corps est subordonné à l'âme. Votre corps peut donc être amélioré par votre âme; de sorte que votre âme étant devenue sainte, votre corps lui-même deviendra également immortel. En effet, par la lumière céleste que reçoit l'âme, le corps mérite l'incorruptibilité; afin que la moindre de ces deux natures soit relevée par celle qui lui est supérieure. Si donc votre âme est le bien de votre corps, parce qu'elle est meilleure que votre corps, lorsque vous cherchez ce qui vous est bon, cherchez ce qui est meilleur que votre âme. Mais qu'est-ce que votre âme? Réfléchissez, de peur qu'en méprisant votre âme et en croyant qu'elle est je ne sais quoi de vil et d'abject, vous ne cherchiez des choses viles pour la rendre heureuse. Dans votre âme est l'image de Dieu (*Gen.*1,27), l'esprit de l'homme est capable de posséder cette ressemblance. Il l'a reçue, et c'est en s'abaissant jusqu'au péché qu'il en a détruit la beauté. Celui qui l'avait faite d'abord, est venu à elle pour la refaire ; car toutes choses ont été faites par le Verbe et c'est par le Verbe que cette image a été imprimée en nous. Le Verbe lui-même est venu sur la terre, de sorte que l'apôtre est en droit de nous dire : « Réformez-vous par le renouvellement de votre esprit (*Rom.* XII, 2). » Il vous reste donc à chercher ce qui est meilleur que votre âme. Que sera-ce, je vous prie, si ce n'est votre Dieu? Vous ne trouverez rien d'autre qui soit meilleur que votre âme, parce que, quand votre nature sera parfaite, elle sera égale à celle des anges. Et au-dessus d'eux, il n'y a que le Créateur. Elevez-vous donc vers lui, gardez-vous de désespérer et de dire : C'est trop difficile pour moi. Peut-être vous serait-il plus difficile encore d'acquérir l'or que vous cherchez. Cet or que vous convoitez, peut-être ne l'obtiendrez-vous pas. Vous posséderez Dieu, dès que vous le voudrez, par ce qu'il est venu à vous avant que vous ne le désiriez; et lorsque votre volonté se détournait de lui, il vous a appelé; et lorsque vous vous êtes retourné vers lui, il a imprimé en vous sa terreur, et lorsque par suite de cette terreur vous avez confessé vos péchés, il vous a consolé. Dieu, qui vous a tout donné, qui vous a donné l'être, et qui donne aux méchants qui vivent avec vous, aussi bien qu'à vous, le soleil,

---

ris, perquiris per quæ id fiat, deteriora te. Quidquid quæsieris in terra, deterius est quam tu. Hoc omnis homo optat amico suo, sic eum adjurat : Sic melior sis, sic meliorem te videamus, sic de te meliore gaudeamus. Quod amico optat, hoc et ipse vult. Accipe ergo fidele consilium. Melior te vis esse, novi, novimus, omnes volumus : quære quod est melius te, ut inde efficiaris melior te.

16. Intuere nunc cœlum et terram : non tibi sic pulcra corpora placeant, ut eis fieri beatus velis. In animo est quod quæris. Beatus enim esse vis ; ipso animo tuo quære quid sit melius. Cum enim duo sint quædam, hoc est, animus, et corpus, eo quod istis duobus illud melius sit quod animus dicitur, potest corpus tuum melius fieri per meliorem, quia subjectum est corpus animo. Potest ergo melius fieri corpus tuum per animum tuum : ut cum fuerit justus animus tuus, sit postea immortale etiam corpus tuum. Per animi enim illuminationem meretur corpus incorruptionem, ut fiat inferioris reparatio per meliorem. Si ergo corporis tui bonum animus tuus est, quia corpore tuo melior est; cum quæris bonum tuum, illud quære quod melius est animo tuo. Quid est autem animus tuus? Attende, ne forte contemnens animum tuum, et putans nescio quid esse vile et abjectum, viliora quæras quibus beatificetur animus tuus. In animo tuo est imago Dei, mens hominis capit eam (*Gen.* 1, 27). Accepit eam, et inclinando se ad peccatum decoloravit eam. Ipse ad eam venit reformator, qui erat ejus ante formator : quia per verbum facta sunt omnia, et per Verbum impressa est hæc imago. Venit ipsum Verbum, ut audiremus ab Apostolo, « Reformamini in novitate mentis vestræ (*Rom.* XII, 2). » Jam ergo superest, ut quæras quid sit melius quam animus tuus. Quid erit obsecro, nisi Deus tuus? Non invenis aliud melius

TROISIÈME DISCOURS SUR LE PSAUME XXXII.

la pluie (*Matth.* v, 45), les fruits, les sources, la vie, la santé et d'immenses consolations, vous réserve quelque chose qu'il ne donnera qu'à vous. Qu'est-ce donc qu'il vous réserve, si ce n'est lui-même? Demandez autre chose, si vous trouvez quelque chose de mieux : Dieu se réserve lui-même pour vous. Avare, pourquoi cette bouche ouverte vers le ciel, vers la terre? Celui qui a fait le ciel et la terre vaut mieux que ces objets créés. Eh bien ! vous êtes appelé à jouir de sa vue, vous êtes appelé à le posséder. Pourquoi désirez-vous que cette campagne soit à vous, pourquoi, en la traversant dites-vous : Heureux celui qui la possède? C'est ce que disent beaucoup de ceux qui la traversent et cependant après avoir dit cela et après l'avoir traversée, ils peuvent secouer la tête et soupirer; mais peuvent-ils pour cela la posséder? La cupidité parle haut, l'iniquité parle haut, mais Dieu a dit : Vous ne convoiterez pas ce qui appartient à votre prochain (*Deut.* v, 21). Heureux, dites-vous, celui qui possède cette campagne, qui possède cette maison, qui possède ce champ ! Réprimez votre iniquité, écoutez la voix de la vérité : « Heureux le peuple qui a ...» quoi ? vous savez déjà ce que je vais dire. Désirez donc de posséder ce bien et vous serez enfin heureux. Vous ne serez heureux qu'en le possédant ; en possédant une chose qui vaut mieux que vous, vous serez meilleur vous-même. Dieu, dis-je, qui vous a fait, est meilleur que vous. « Heureux le peuple qui a le Seigneur pour Dieu (*Ps.* XXXII, 12). » Voilà ce qu'il faut que vous aimiez, voilà ce qu'il faut que vous possédiez. Vous l'aurez quand vous le voudrez, et vous l'aurez gratuitement.

17. « Heureux le peuple qui a le Seigneur pour Dieu ! » Est-il question de notre Dieu? De qui en effet n'est-il pas le Dieu? Mais évidemment il n'est pas le Dieu de tous les hommes, de la même manière. Il est surtout le nôtre, le nôtre à nous qui vivons de lui comme de notre pain. Il est notre héritage, il est notre possession. Peut-être parlons-nous témérairement en faisant de Dieu notre possession, tandis qu'il est le Seigneur, tandis qu'il est le Créateur? Non : ce n'est pas de la témérité, c'est l'aspiration du désir, c'est la douceur de l'espérance. Que notre âme dise, et qu'elle dise en toute sécurité : « Vous êtes mon Dieu ; » vous êtes le Dieu qui dit à notre âme : « Je suis votre salut (*Psal.* XXXIV, 4). » Qu'elle le dise et qu'elle le dise en toute sécurité : elle ne lui fera pas injure en le disant; bien plus, elle lui ferait injure en ne le disant pas. Vous vouliez posséder des arbres, pour jouir de leur possession? Ecoutez ce que l'Écriture dit sur la sagesse : « Elle est un arbre de vie pour

---

animo tuo; quia cum fuerit perfecta natura tua, Angelis æquabitur. Jam supra non est nisi Creator. Erige te ad illum, noli desperare, noli dicere, Multum est ad me. Magis multum est ad te habere forte aurum quod quæris. Aurum etsi volueris, forte non habebis : Deum cum volueris, habebis : quia et antequam velles venit ad te, et cum aversa voluntate esses vocavit te, et cum conversus esses terruit te, et cum territus (*a*) confitereris, consolatus est te. Iste qui tibi præstitit omnia, iste qui fecit ut esses, qui cum his qui tecum sunt etiam malis præstat solem, præstat pluviam, præstat fructus, fontes vitam, salutem, tantas consolationes, servat tibi aliquid quod non det nisi tibi (*Matth.* v, 45). Quid est autem quod tibi servat, nisi se ? Pete aliud, si melius inveneris : se tibi servat Deus. Avare quid inhias cœlo et terræ ? Melior est qui fecit cœlum et terram : ipsum visurus, ipsum habiturus es. Quid quæris ut tua sit illa villa, et transiens per illam dicis, Beatus cujus est possessio ista ? Hoc dicunt quam multi qui transeunt per illam : et tamen cum dixerint, et transeunt per illam, possunt caput agitare et suspirare, numquid et possidere ? Sonat cupiditas, sonat iniquitas : sed non concupisces rem proximi tui (*Deut.* v, 21). » Beatus cujus est illa villa, cujus est domus ista, cujus est ager iste. Compesce iniquitatem, audi veritatem : « Beata gens cujus est. » Quid ? Jam nostis quid dicturus sum. Ergo desiderate ut habeatis, tunc demum beati eritis. Hoc solo beati eritis : re meliore quam vos estis meliores eritis. Deus est, inquam, melior te, qui fecit te. « Beata gens cujus est Dominus Deus eorum (*Ps.* XXXII, 12). » Hoc ama, hoc posside, hoc cum vis habebis, hoc gratis habebis.

17. « Beata gens cujus est Dominus Deus eorum (*Ibid*). » Noster Deus? Cujus enim non est Deus ? Non plane omnium eodem modo. Noster magis, noster qui vivimus de illo tamquam de pane nostro. Ipse sit hereditas nostra, possessio nostra. An forte temere dicimus faciendo nobis Deum possessionem, cum sit Dominus, cum sit Creator ? Non est ista temeritas : affectus est desiderii et dulcedo spei. Dicat anima, omnino secura dicat, Deus meus es tu ; qui dicit

---

(*a*) Quinque MSS. *contereris*.

tous ceux qui la possèdent (*Prov.* III, 18). » L'Écriture affirme donc que la sagesse est en notre possession; mais de peur que vous ne pensiez que la sagesse, parce qu'elle est en votre possession, soit quelque chose d'inférieur à vous, elle continue et ajoute : « La sagesse fait la sécurité de ceux qui s'appuient sur elle comme sur Dieu. Voilà donc votre Dieu qui est devenu pour vous comme un bâton sur lequel l'homme s'appuie avec sécurité, parce que ce bâton ne fléchit pas. Dites-le donc avec sécurité; il est en votre possession, parce que l'Écriture, en vous enseignant que la sagesse peut être votre possession, a rempli de confiance votre esprit qui doutait. Parlez avec sécurité, aimez avec sécurité, espérez avec sécurité. Que vos paroles soient encore celles du psaume : « Le Seigneur est la part de mon héritage (*Ps.* XV, 5). »

18. Ainsi donc notre bonheur viendra de la possession de Dieu. Mais quoi! nous le possèderions et il ne nous posséderait pas? D'où viendrait donc cette parole d'Isaïe : « Seigneur possédez-nous (*Is.* XXVI, 13 selon les septante)? » Il nous possède donc et nous le possédons; et tout cela est à cause de nous. En effet, il ne nous possède pas pour être heureux par nous, comme nous le possédons pour être heureux par lui. Il nous possède, et nous le possédons, mais seulement afin que nous soyons heureux. Nous le possédons et il nous possède, parce que nous lui rendons un culte et qu'il nous cultive. Nous lui rendons un culte comme à notre Seigneur et à notre Dieu; il nous cultive comme sa terre. Que nous lui rendions un culte, c'est ce dont personne ne doute; mais qu'il nous cultive, qui nous le révèle? Celui qui a dit : « Je suis la vigne, vous êtes les sarments, et mon Père est le cultivateur (*Jean.* XV, 5). » Mais, en outre, cette double vérité nous est dite et nous est révélée dans notre psaume. Déjà le prophète a dit que nous possédions le Seigneur : « Heureux le peuple qui a le Seigneur pour Dieu! » A qui est ce fond? A tel homme. A qui celui-ci? à tel autre. A qui ce Dieu? Oui : parlons ainsi de Dieu, demandons de Dieu même à qui il appartient. Lorsque nous nous enquérons de quelque fond et de quelque propriété vaste et agréable, on nous répond ordinairement : c'est à un sénateur, à tel ou à tel, qu'il appartient, nous ajoutons tel en est le propriétaire; et nous disons : cet homme est bien heureux. De même si nous demandons : à qui est ce Dieu? le prophète répond : Il y a un certain peuple bienheureux à qui il appartient; car le Seigneur est leur Dieu. Car il n'en est pas de ce sénateur qui possède son fond, mais que son fond ne possède

---

animæ nostræ, « Salus tua ego sum (*Psal.* XXXIV, 4). » Dicat, secura dicat: non faciet injuriam cum hoc dixerit; immo faciet si non dixerit. Arbores volebas habere quibus beatus esses? Audi Scripturam dicentem de sapientia : « Lignum vitæ est omnibus possidentibus eam (*Prov.* III, 18). » Ecce possessionem nostram dixit esse sapientiam. Sed ne putes ipsam sapientiam, quia possessionem tuam dixit Scriptura, aliquid esse quod sit te inferius, sequitur et adjungit, Et incumbentibus in eam velut in (*a*) Dominum, tuta. (Ibid.) Ecce Dominus tuus factus est tibi quasi baculus: securus homo incumbit, quia ille non succumbit. Dic ergo securus, possessio tua est, possidentibus eam Scriptura dixit, implevit (*b*) fiducia dubitationem tuam : dic securus, ama securus, spera securus. Tua etiam illa verba sint in Psalmo, « Dominus pars hereditatis meæ (*Psal.* XV, 5). »

18. Ergo inde beati erimus, Deum possidendo. Quid ergo? Nos possidebimus eum, et ille non nos possidebit? Unde ergo Isaias, « Domine posside nos (*Isai.* XXVI, 13, sec. LXX)? » Possidet ergo, et possidetur, et totum propter nos. Non enim quomodo ut nos ex illo beati simus, possidetur a nobis, ita et ille ut beatus sit, possidet nos. Et possidet, et possidetur, non ob aliud nisi ut nos beati simus. Possidemus eum, et possidet nos; quia colimus eum, et colit nos. Colimus eum tamquam Dominum Deum, colit nos tamquam terram suam. Quia colimus eum, nemo dubitat; quia colit nos, quis nobis indicat? Ille qui ait, « Ego sum vitis, vos estis sarmenta, Pater meus agricola est (*Johan.* XV, 5). » Ecce et in isto Psalmo utrumque nobis dicitur, utrumque nobis indicatur. Jam dixit quia possidemus eum : « Beata gens cujus est Dominus Deus eorum. » Cujus est fundus iste? (*Ps.* XXXII, 12.) Illius. Cujus ille (*d*)? Illius. Cujus est iste? dicamus de Deo, dicamus cujus est. Et quomodo nobis solet responderi, quando de fundis et de prædiis aliquibus amplis atque amœnissimis quærimus : Est quidam senator, et illud aut illud vocatur, cujus est ista possessio : et dicimus, Beatus ille homo. Sic si

---

(*a*) Editi, *in domo tuta*. Sed verius aliquot MSS. *in Domino tuta*, vel ut alii, *in Dominum tuta*, juxta Græc. LXX. ἐπὶ κύριον ἀσφαλής (*b*) Sic omnes MSS. Editi vero, *implevit fiduciam, removit dubitationem* (*c*) MSS. *Cujus ille? Illius cujus est iste.*

pas, comme il en est de Dieu et de ce peuple. Il doit nous en coûter des efforts pour appartenir à Dieu ; mais Dieu et ce peuple se possèdent l'un l'autre. Vous avez vu que ce peuple possède le Seigneur : « Heureux le peuple qui a le Seigneur pour Dieu ! » Ecoutez maintenant, et vous saurez que Dieu le possède aussi : « Heureux le peuple que le Seigneur a choisi pour son héritage (Ibid. 12). » Heureux ce peuple en raison de ce qu'il possède, heureux cet héritage en raison du maître qui le possède. Heureux le peuple que le Seigneur a choisi pour son héritage ! (Ibid.) »

« 19. Le Seigneur a regardé du haut des cieux et a vu tous les fils des hommes. (Ibid.) » Prenez ici le mot tous, dans le sens de tous ceux qui ont reçu le même héritage que ce peuple, ou qui sont eux-mêmes cet héritage. En effet, tous ceux dont je parle sont l'héritage de Dieu. Le Seigneur les a tous regardés du haut du ciel, et ils ont été vus de celui qui a dit : « Je vous ai vu lorsque vous étiez sous le figuier (Jean. 1, 48). » Il a vu en effet Nathanaël, parce qu'il a eu pitié de lui. Voilà pourquoi, le plus souvent lorsque nous prions un homme de nous faire miséricorde, nous lui disons : Regardez-moi. Et que dites-vous de celui qui vous méprise ? il ne me regarde pas. Il y a donc un regard de miséricorde, différent d'un regard de vengeance. Regarder le péché c'est le punir. Le prophète ne voulant pas que Dieu vit ses péchés de cette manière s'est écrié : « Détournez votre face de mes péchés. » Il veut voir ignoré ce qu'il veut voir pardonné : « Détournez, dit-il, votre face de mes péchés (Ps. L., 11). » Est-ce donc que Dieu, quand il aura détourné sa face de vos péchés, ne vous verra plus ? Pourquoi donc le prophète dit-il dans un autre endroit : « Ne détournez pas votre face de moi (Ps. XXVI, 9). » Que Dieu détourne donc sa face de vos péchés, mais qu'il ne la détourne pas de vous. Qu'il vous voie, qu'il ait pitié de vous, et qu'il vienne à votre secours. «Le Seigneur a regardé du haut du ciel et il a vu tous les fils des hommes », ceux qui appartiennent au Fils de l'homme.

20. « De son habitation antérieurement préparée (Ibid. 14)…, » de l'habitation qu'il s'est préparée. Il nous a vus de ses apôtres ; il nous a vus des prédicateurs de la vérité ; il nous a vus des anges, qu'il a envoyés vers nous. Tous sont en effet sa maison, tous sont son habitation ; parce que tous sont les cieux qui racontent la gloire de Dieu ! Il a vu tous les fils des hommes ; de son habitation antérieurement préparée il a jeté les yeux sur tous ceux qui habitent la terre (Ibid.). Ce sont eux qui ce sont les siens ; ils sont

---

quæramus, Cujus est Deus iste ? Est quædam beata gens cujus est, nam Dominus Deus eorum est. Et non sicut senator ille possidet fundum suum, non autem possidetur a fundo suo, sic et Deus gentis hujus. Unde ut ejus simus, laborare debemus ; sed alterutrum se possident. Audistis quia gens possidet eum : «Beata gens, cujus est Dominus Deus eorum : (Ibid.) » Audite quia et ille possidet illam : « Populus quem elegit Dominus in hereditatem sibi (Ibid. 12). » Beata gens possessione sua, beata hereditas possessore suo, « populus quem elegit Dominus in hereditatem sibi. »

19. « De cœlo respexit Dominus, vidit omnes filios hominum (Ibid. 13).»Omnes hic ita accipe, ut (a) gentis illius omnes intelligas illam hereditatem tenentes vel illam hereditatem existentes. Hereditas est enim Dei ipsi omnes (b). Et ipsos omnes de cœlo respexit Dominus, et vidit eos ille qui ait, « Cum esses sub arbore fici vidi te (Johan. 1, 48).» Vidit enim eum quia miseratus est eum. Unde plerumque (c) rogantes misericordiam, dicimus homini, Vide me. Et de illo qui te contemnit quid dicis ? Non me videt. Est ergo quædam visio miserantis (d), non visio punientis. Illa visio ad peccata animadversio est : quæ ille peccata non vult videri, qui dicit, Averte faciem tuam a peccatis meis. Quod vult ignosci, non vult agnosci : « Averte, » inquit, « faciem tuam a peccatis meis (Psal. L,11).» Cum ergo averterit faciem suam a peccatis tuis, non videbit te ? Et unde alibi dicit,« Ne avertas faciem tuam a me (Psal. xxvi, 9)? » Ergo avertat a peccatis tuis, non avertat a te : videat te, misereatur tui, subveniat tibi. « De cœlo respexit Dominus, vidit omnes filios hominum : » pertinentes ad filium hominis.

20.« De præparato habitaculo suo (Ps. xxxii, 14.) :» quod sibi præparavit. Vidit nos de Apostolis, vidit nos de prædicatoribus veritatis, vidit nos de Angelis, quos ad nos misit. Hæc omnia domus ejus, hæc omnia habitaculum ejus : quia hæc omnia cœli qui enarrant gloriam Dei (Psal. xviii, 2). « Vidit omnes filios

---

(a) Editi gentes. Melius MSS. gentis. (b) Plures MSS ipsi omnes, et ipsius omnes. (c) Ita in MSS. At in editis, egentes misericordia. (d) Editi, miserantis cordis. Vox cordis abest a MSS.

cet heureux peuple, dont le Seigneur est le Dieu : ils sont le peuple que le Seigneur a choisi pour héritage. Et parce qu'il est répandu sur toute la terre et non isolé sur une partie de la terre, « il a jeté les yeux sur tous ceux qui habitent la terre. »

21. « Il a formé leur cœur d'une manière spéciale pour chacun (Ibid. 15). » De la main de sa grâce, de la main de sa miséricorde, il a formé les cœurs ; il a façonné nos cœurs, il les a formés chacun d'une manière spéciale, donnant à chacun particulièrement un cœur, sans que cependant l'unité fût détruite. Ainsi, bien que nos membres soient formés chacun en particulier, et qu'ils aient chacun leur office spécial, ils vivent tous cependant dans l'unité d'un même corps. Car la main fait ce que l'œil ne fait pas, l'oreille peut faire ce que ne peut ni l'œil, ni la main ; tout ce qu'ils font cependant, ils le font dans l'unité du corps : et la main et l'œil et l'oreille, tout en faisant des choses différentes, ne sont point en opposition l'un contre l'autre. De même, dans le corps du Christ, tous les hommes en particulier, aussi bien que chaque membre du corps, ont reçu des dons spéciaux, parce que celui qui a choisi son peuple pour son héritage, a formé les cœurs d'une manière spéciale pour chacun. Est-ce que tous sont des Apôtres ? est-ce que tous sont des prophètes ? est-ce que tous sont des docteurs ? est-ce que tous ont le don de guérir ? est-ce que tous ont le don des langues ? est-ce que tous interprètent la parole divine (I Cor. XII, 29) ? A l'un l'Esprit-Saint a donné le langage de la sagesse, à un autre le langage de la science, à un autre la foi selon le même Esprit, à un autre le don de guérir (Ibid. 8). » Pourquoi ? parce qu'il a formé les cœurs d'une manière spéciale pour chacun. Or, de même que dans nos membres il y a des fonctions différentes, mais une même santé ; ainsi, dans tous les membres du Christ, il y a des dons différents, mais une même charité. « Il a formé leur cœur d'une manière spéciale pour chacun. (Ps. XXVII, 15). »

22. « Il comprend toutes leurs œuvres (Ibid.). » Que veut dire : il comprend ? Il voit ce qu'il y a de plus secret et de plus intérieur. Vous avez lu dans un autre psaume : « Comprenez mes cris (Ps. V, 2). » En effet, les paroles ne sont pas nécessaires pour que la pensée parvienne jusqu'aux oreilles de Dieu. Voir ce qui est caché s'appelle comprendre. Le prophète a donc parlé d'une façon plus expresse que s'il avait dit : Dieu a vu leurs œuvres ; et cela afin que vous ne pussiez penser que Dieu ne voit ces œuvres que dans les conditions où vous verriez vous-mêmes l'œuvre d'un homme. L'homme voit ce que l'homme fait, aux mouvements de son corps. Dieu, au contraire, voit dans le cœur. C'est donc parce qu'il voit dans l'intérieur, que le prophète a dit :

---

hominum, de præparato habitaculo suo, respexit super omnes qui habitant terram (Ps. XXXII, 14). » Ipsi sunt, (a) sui sunt, gens illa est beata, cujus est Dominus Deus eorum; populus ille est, quem elegit Dominus in hereditatem sibi : quia per omnes terras est, et non est in parte. « Respexit super omnes qui habitant terram (Ibid.). »

21. « Qui finxit singillatim corda eorum. (Ibid. 15). » Manu gratiæ suæ, manu misericordiæ suæ finxit corda, plasmavit corda nostra, finxit singillatim, singula quædam corda dans nobis, quæ tamen non dirimant unitatem. Quo modo singillatim membra formata sunt omnia, singillatim habent opera sua, et tamen in unitate corporis vivunt; manus facit quod oculus non facit, auris id valet quod nec oculus nec manus valet; omnia tamen in unitate operantur, et manus et oculus et auris diversa faciunt, nec sibi adversantur : sic et in Christi corpore singuli homines, tamquam membra singula donis suis gaudent, quia ille qui elegit populum in hereditatem sibi, finxit singillatim corda eorum. « Numquid enim omnes Apostoli? numquid omnes Prophetæ? numquid omnes Doctores (I Cor. XII, 29)? » numquid omnes dona habent sanitatum? numquid omnes linguis loquuntur? numquid omnes interpretantur (Ibid. 30)? « Alii quidem per Spiritum datur sermo sapientiæ, alii sermo scientiæ, alii fides secundum eumdem Spiritum, alteri dona curationum (Ibid. 8). » Quare ? Quia finxit singillatim corda eorum. Quomodo autem in membris nostris diversa sunt opera, sed sanitas una : sic in omnibus membris Christi diversa munera, sed caritas una. « Qui finxit singillatim corda eorum (Ps. XXXII, 15). »

22. « Qui intelligit omnia opera eorum (Ibid. V, 15). « Intelligit » quid est ? Secretius et interius videt. Habes in Psalmo, « Intellige clamorem meum (Psal. V,

---

(a) Sic MSS. At editi, Ipsi sunt sui, sunt gens illa beata.

« Il comprend toutes leurs œuvres. » Deux hommes donnent aux pauvres : l'un d'eux cherche sa récompense dans le ciel, l'autre cherche une louange humaine. Dans ces deux aumônes, vous voyez une seule chose, et Dieu en comprend deux ; car il comprend l'intérieur, il connaît l'intérieur, il voit leurs fins, il voit leurs intentions elles-mêmes, il comprend toutes leurs œuvres. »

23. « Un roi ne trouvera pas son salut dans la grandeur de son courage. (Ibid. 16). » Elevons-nous tous vers Dieu, soyons tous en Dieu. Que Dieu soit votre espérance, que Dieu soit votre force, qu'il soit votre fermeté, qu'il soit l'objet de vos supplications, qu'il soit l'objet de vos louanges, qu'il soit la fin dans laquelle vous cherchez le repos, qu'il soit votre aide lorsque vous travaillez péniblement. Ecoutez la parole de vérité : « Un roi ne trouvera pas son salut dans la grandeur de son courage ; un géant ne sera pas sauvé par la grandeur de sa force. (Ibid).» Ce géant est quelque homme orgueilleux, qui s'élève contre Dieu, prétendant être quelque chose en lui-même et par lui-même. « Il n'est pas sauvé par la grandeur de sa force. »

24. Mais il a un cheval, de haute taille, fort, solide et rapide ; ce cheval ne peut-il pas, si quelque ennemi fond sur son maître, le tirer promptement du péril ? Qu'il ne se laisse point abuser, et qu'il écoute ce qui suit : Le cheval trompe celui qui en attend son salut (Ibid. 17). » Avez-vous compris ce qui vient d'être dit : Le cheval trompe celui qui en attend son salut ? Que le cheval ne promette pas de vous sauver ; s'il vous l'a promis, il vous trompera. Si Dieu le veut, vous serez sauvé ; si Dieu ne le veut pas, votre cheval tombera et vous n'en tomberez que de plus haut. Ne croyez donc pas que les mots : le cheval trompe celui qui en attend son salut, veuillent dire que le juste est trompeur et ne peut donner le salut, comme si le langage des justes était trompeur en ce qui concerne le salut. En effet, le mot latin n'est point « œquus » qui aurait le sens d'équité, mais « equus » qui n'exprime que le nom d'un quadrupède. C'est d'ailleurs ce que le mot grec (ἵππος) établit clairement. Sous la figure des mauvais chevaux, le Prophète accuse ici les hommes qui cherchent l'occasion de mentir, malgré ces menaces de l'Ecriture : « La bouche qui ment tue l'âme (Sag. I, 2). » « Vous perdrez tous ceux qui parlent un langage menteur (Ps. v, 7). » Que veut donc dire : Le cheval trompe celui qui en attend son salut ? Le cheval vous trompe lorsqu'il vous promet de vous sauver. Est-ce donc : que le cheval peut parler et promettre à quelqu'un de le sauver ? Non, mais lorsque vous voyez un cheval bien fait, vigoureux, doué d'une course rapide, toutes ses qualités vous promettent en quelque

---

2). » Non enim quasi vocibus opus est, ut perveniat aliquid ad aures Dei. Occultus visus intellectus vocatur. Expressius dixit, quam si diceret, Videt omnia opera eorum : ne tunc putares videri opera ista, quando et tu vides opus hominis. Homo factum hominis moto ejus corpore videt, Deus autem in corde videt. Quia ergo intus videt, dictum est, » intelligit omnia opera eorum. » Dant duo pauperibus, unus sibi mercedem quærit cœlestem, alius humanam laudem : in duobus unam rem vides, Deus duas intelligit, intus enim intelligit et intus agnoscit, fines ipsorum videt, intentiones ipsas videt. « Qui intelligit omnia opera eorum. »

23. «Non salvus fiet rex per multitudinem virtutis suæ Ps. xxxii, 16). » Ad Dominum (a) omnes, in Deo omnes. Spes tua Deus sit, fortitudo tua Deus sit, firmitas tua Deus sit, exoratio (d) tua ipse sit, laus tua ipse sit, finis in quo resquiescas ipse sit, adjutorium cum laboras ipse sit. Audi veritatem : « Non salvus fiet rex per multitudinem virtutis suæ: nec gigas salvus erit in multitudine fortitudinis suæ (Ibid). » Gigas superbus aliquis est, extollens se adversus Deum, velut quia est ipse aliquid in se et per se. Non fit iste salvus in multitudine virtutis suæ.

24. Sed equum habet magnum, fortem, validum, velocem, potest si aliquid ingruerit, cito illum de periculo liberare ? Non fallatur, audiat quod sequitur. « Mendax equus ad salutem (Ibid. 17). » Intellexistis quid dictum sit, « Mendax equus ad salutem ? » Non tibi promittat equus tuus salutem : si tibi promiserit, mentietur. Si enim Deus voluerit, liberaberis ; si Deus noluerit, cadente equo altius cades. Non ergo putetis dictum, « Mendax equus ad salutem : » quasi mendax justus ad salutem, quod velut justi ad salutem mentiantur. Non est enim scriptum « æquus, » quod ab æquitate dicitur ; sed « equus » animal quadrupes. Hoc Græcus (c) codex indicat. Et redarguuntur mala jumenta, homines, qui sibi quærunt

---

(a) Vetus codex Colbertinus. Ad Dominum omnis, in Deo omnis spes tua, Deus sit fortitudo tua, etc. (b) In pluribus MSS. exhortatio. (c) ἵππος.

sorte qu'il vous sauvera ; cependant elles vous trompent, si Dieu ne vous protége, parce que « le cheval trompe celui qui en attend son salut. » Voyez également dans le cheval une figure de toutes les grandeurs de ce siècle, et des honneurs, quels qu'ils soient, vers lesquels vous montez avec orgueil. C'est à tort que vous croyez que vous serez non-seulement d'autant plus élevé, mais encore d'autant plus en sûreté, que vous serez monté plus haut. Car, quand vous serez jeté à terre, sans avoir su comment, votre blessure sera d'autant plus grave que vous étiez porté à une hauteur plus considérable. « Le cheval trompe celui qui en attend son salut ; et celui qui le monte ne sera pas sauvé par la grande vigueur de cet animal (Ibid.). » Et d'où lui viendra son salut ? Il ne lui viendra pas de son courage, de ses forces, de ses honneurs, de sa gloire, ni de son cheval. Et d'où lui viendra t-il ? Où irai-je ? Où trouverai-je ce qui peut me sauver ? Ne cherchez ni bien longtemps, ni bien loin. « Voilà que les yeux du Seigneur sont arrêtés sur ceux qui le craignent. (Ibid. 18). » Il s'agit ici, vous le voyez, de ceux sur qui il a jeté les yeux du haut de son habitation. Voilà donc les yeux du Seigneur arrêtés « sur ceux qui le craignent, sur ceux qui mettent leur espérance dans sa miséricorde; » non pas dans leurs mérites, non pas dans leur force, non pas dans leur courage, non pas dans leur cheval, mais dans sa miséricorde.

25. « Pour qu'il délivre leur âme de la mort. (Ibid. 19). » Il leur promet la vie éternelle. Et que fait-il pendant leur exil sur la terre ? Est-ce qu'il les abandonne ? Écoutez ce qui suit : « Et qu'il les nourrisse dans leur faim (Ibid.). » Le temps de la faim est le temps actuel, le temps du rassasiement viendra plus tard. Celui qui ne nous abandonne pas lorsque nous avons faim, dans notre nature corruptible, comment nous rassasiera-t-il, lorsque nous serons devenus immortels ? Tant que durera le temps de la faim, il faut la supporter, il faut la souffrir avec énergie, il faut persévérer jusqu'au bout. Il nous faut franchir tout à la course, parce que la voie est aplanie, et considérer ce que nous avons à porter. Autour de nous, il reste encore des spectateurs qui se livrent à leurs folies dans l'amphithéâtre, où ils sont assis en plein soleil. Pour nous, si nous sommes debout, du moins nous sommes à l'ombre, et les choses que nous considérons sont plus utiles et plus belles.

Regardons ce qui est beau, et soyons regardés par celui qui est la beauté même. Pour nous, regardons avec les yeux de l'esprit, ce qui nous est révélé par les différents sens des divines Écritures, et réjouissons-nous de ce spectacle magnifique. Et, d'autre part, quel est celui qui nous regarde ? Voilà que les yeux du Seigneur sont arrêtés sur ceux qui le craignent et sur ceux qui ont mis leur espérance dans sa miséricorde, pour qu'il

---

occasiones mendaciorum : cum Scriptura dicat, Os quod mentitur, occidit animam (Sap. 1, 11) : et, « Perdes omnes qui loquuntur mendacium (Psal. v, 7). » Quid est ergo « Mendax equus ad salutem ? » Mentitur tibi equus quando promittit salutem. Numquid equus alicui loquitur, et promittit salutem ? Sed cum tu vides equum bene formatum, bonis viribus, magno cursu præditum, ista omnia velut promittunt tibi de illo salutem : sed fallunt, si Deus non tuetur, quia « Mendax equus ad salutem, » Equum accipe etiam figurate quamlibet amplitudinem sæculi hujus, quemlibet honorem in quem superbus adscendis : quo altius ingrederis, eo te, non tantum celsiorem, sed etiam tutiorem falso putas. Quomodo enim te dejiciat nescis, tanto elisum gravius, quanto sublimius ferebaris. « Mendax equus ad salutem : in abundantia autem virtutis suæ non erit salvus (Ps. xxxii, 17). » Et unde erit salvus ? non de virtute, non de viribus, non de honore, non de gloria,

non de equo. Et unde ? Quo ibo ? Ubi inveniam unde salvus sim ? Noli diu quærere, noli longe. « Ecce oculi Domini super timentes eum (Ibid). » Videtis quia ipsi sunt quos prospexit de habitaculo suo. « Ecce oculi Domini super timentes eum sperantes super misericordiam ejus (Ibid.) ; » non de meritis suis, non de virtute, non de fortitudine, non de equo, sed de misericordia ejus.

25. « Ut eruat a morte animas eorum (Ibid.). » Vitam æternam promittit. Quid in ista peregrinatione ? nunquid deserit ? Vide quid sequitur : « Et alat eos in fame (Ibid.). » Tempus famis est modo, tempus saturitatis post erit. Qui nos in fame hujus corruptionis non deserit, immortales factos quomodo satiabit ? Sed quandiu tempus est famis, tolerandum est, durandum est, perseverandum est usque in finem. Jam currenda sunt omnia, quia et via est plana, et cogitandum est quid portemus. Adhuc quidem spectatores in amphitheatro forte insaniunt, et in sole se-

TROISIÈME DISCOURS SUR LE PSAUME XXXII.

délivre leur âme de la mort et les nourrisse dans leur faim (Ibid.).»

26. Mais, parce que nous avons à souffrir du voyage, tant que dure le temps de la faim ; et, parce que nous attendons le secours de quelque aliment, dans le chemin, de peur que les forces ne nous manquent ; quelles conditions nous impose-t-on, et que devons-nous faire de notre côté ? « Notre âme attendra patiemment le Seigneur (Ibid. 20). » Elle attendra avec sécurité celui qui promet avec miséricorde, et qui remplit ses promesses avec miséricorde et vérité ; mais, jusqu'à ce que ces promesses s'accomplissent, que ferons-nous ? «Notre âme attendra patiemment le Seigneur.» Et, qu'en sera-t-il, si nous ne persévérons pas dans notre patience ? Ne craignez rien ; nous y persévèrerons, « parce qu'il est notre aide et notre protecteur (Ibid.). » Il vous aide dans le combat, il vous protège contre la chaleur, il ne vous abandonne pas ; supportez donc et persévérez. « Celui qui aura persévéré jusqu'à la fin sera sauvé (Matt. XXIV, 13). »

27. Et, lorsque vous aurez tout supporté, lorsque vous aurez été patient, lorsque vous aurez persévéré jusqu'à la fin, que vous arrivera-t-il ? Pour quelle récompense travaillez-vous ? Dans quelle espérance supportez-vous si longtemps des choses si dures ? « Parce que notre cœur se réjouira en lui et que nous avons espéré en son saint nom (Ps. XXXIII, 21).» Espérez ici-bas, afin de vous réjouir dans le ciel ; ayez faim et soif ici-bas, afin de vous rassasier dans le ciel.

28. Le Prophète nous a exhortés à tout souffrir, il nous a remplis des joies de l'espérance, il nous a montré ce que nous devions aimer, il nous a dit en qui seul et sur qui seul nous pouvions placer notre confiance ; il fait ensuite cette courte et salutaire prière : « Que votre miséricorde Seigneur, descende sur nous (Ibid. 22). » A quel titre l'avons-nous méritée? « Selon que nous avons espéré en vous (Ibid.). » J'ai fatigué quelques-uns d'entre vous, je le sens bien; pour quelques autres, au contraire, j'ai trop vite terminé mon discours, je le sens aussi. Que les faibles pardonnent aux forts, et que les forts prient pour les faibles. Soyons tous ensemble les membres d'un seul corps, et recevons la vie de notre chef ; c'est en lui que réside notre espérance, c'est en lui que réside notre force. N'hésitons pas à réclamer du Seigneur Dieu la dette de sa miséricorde, il veut absolument qu'on la réclame de lui. Vous ne le tourmenterez pas, vous ne le mettrez pas à la gène en la réclamant, comme quelqu'un à qui vous demandez ce qu'il n'a pas, ou ce qu'il n'a qu'en petite quantité, et qui craint en donnant de voir

---

dent : et nos si stamus, tamen in umbraculo sumus et utiliora et pulcriora sunt quæ (a) spectamus. Spectemus pulcra, et a pulcro spectemur. Spectemus nos mente ea quæ dicuntur in sensibus divinarum Scripturarum, et gaudeamus tali spectaculo. Spectator autem noster quis est ? « Ecce oculi Domini super timentes eum, sperantes in misericordia ejus : ut eruat a morte animas eorum, et alat eos in fame (Ibid.). »

26. Sed propter peregrinationis tolerantiam quamdiu fames est, et exspectamus in via (b) refici ne deficiamus ; quid nobis (c) imponitur, vel quid profiteri debemus ? « Anima nostra patiens erit Domino (Ibid 20). » Secura exspectabit misericorditer promittentem, (d) misericorditer et veraciter exhibentem : et donec exhibeat, quid agamus? «Anima nostra patiens erit Domino.» Sed quid si in ipsa patientia non durabimus? Immo plane durabimus : « Quoniam adjutor et protector noster est(Ibid.).»Adjuvat in pugna, protegit ab æstu, non te deserit, tolera, dura.

« Qui perseveraverit usque in finem, hic salvus erit (Matth. XXIV, 13). »

27. Et quid cum perduraveris, cum patiens fueris, cum usque ad finem perveneris, quid tibi erit ? Qua mercede toleras? ut quid tanta dura tam diu pateris? « Quoniam in ipso lætabitur cor nostrum, et in nomine sancto ejus speravimus Ps. XXXII, 21).» Spera hic, ut lateris ibi : esuri et siti hic ut epuleris ibi.

28. Hortatus est ad omnia, implevit nos gaudio spei, proposuit nobis quid amemus, in quo solo et de quo solo præsumamus : post hæc fit oratio brevis et salubris, « Fiat misericordia tua domine super nos (Ibid. 22). » Et quo merito ? « Sicut speravimus in te (Ibid.). » Fui quibusdam onerosus, sentio : quibusdam autem etiam cito terminavi sermonem, et hoc sentio : ignoscant infirmi fortioribus, et pro infirmis deprecentur fortiores. In uno corpore omnia membra simus, a capite nostro vegetemur : et in illo spes nostra est, et in illo fortitudo nostra est. Non dubi-

---

(a) Omnes prope MSS. constanter habent, *exspectemus* : necnon postea *exspectemur, exspectaculo, exspectator*, loco *spectemur, spectaculo, spectator*. (b) Aliquot MSS. *reficientes*. (c) Sic in MSS. At in editis, *quamdiu fames est, exspectemus in via refici, ne deficiamus. Quid nobis imponit, vel quid*, etc. (d) In pluribus MSS. deest hic, *misericorditer*.

diminuer ce qu'il a. Voulez-vous savoir comment Dieu fait largesse de sa miséricorde? Faites largesse de votre charité, et voyez si vous en trouverez la fin, en la dépensant. Combien donc doit être inépuisable la richesse de ce Dieu suprême, si déjà elle est si grande en vous qui n'êtes que son image?

29. Mes frères, c'est donc surtout à la pratique de la charité que nous vous exhortons, non-seulement envers vous-mêmes, mais aussi envers ceux qui sont hors de l'Eglise, qu'ils soient encore païens, qu'ils ne croient pas encore au Christ, ou qu'ils se soient retirés d'avec nous, reconnaissant avec nous celui qui est notre tête, mais séparés de son corps (1). Regrettons-les, mes frères, comme des frères. Qu'ils le veuillent ou non, ils sont nos frères. Ils cesseraient d'être nos frères, s'ils cessaient de dire « Notre Père (Matth. VI, 9). » Le Prophète Isaïe a dit de ceux qui leur ressemblent : « à ceux qui vous disent: vous n'êtes pas nos frères, répondez : vous êtes nos frères (Is. LXVI, 5, selon les septante). » Regardez autour de vous, quels sont ceux de qui le Prophète a pu parler ainsi. Est-ce des Païens? Non, nous ne pouvons les appeler nos frères, d'après les Ecritures et d'après le langage habituel de l'Eglise. Est-ce des Juifs qui n'ont pas cru au Christ? Lisez les épitres de l'Apôtre saint Paul, et vous verrez que lorsqu'il dit: mes frères, sans rien ajouter à ces mots, il n'y veut comprendre que les chrétiens : « Un frère et une sœur, dit-il, ne peuvent être assujettis dans cette circonstance (I Cor. VII, 15). » Il parle alors du mariage, et par un frère et une sœur, il entend un chrétien et une chrétienne. Il dit encore : « Mais vous, pourquoi jugez-vous votre frère? ou pourquoi méprisez-vous votre frère (Rom. XIV, 10)? » Et dans un autre endroit : « Vous commettez aussi l'iniquité et la fraude, et cela envers vos frères (I Cor. VI, 8). » Ceux donc qui disent: vous n'êtes pas nos frères, disent que nous sommes des païens. En effet, ils veulent nous rebaptiser, en disant que nous n'avons pas le baptême qu'ils donnent. D'où vient leur seconde erreur, de nier que nous soyons leurs frères. Mais pourquoi le Prophète Isaïe a-t-il dit : « Répondez-leur: vous êtes nos frères ; si ce n'est parce que nous reconnaissons en eux ce que nous ne demandons pas une seconde fois? Ils nient donc que nous soyons leurs frères, lorsqu'ils ne reconnaissent pas notre baptême; mais nous qui dans leur baptême reconnaissons le nôtre, et qui ne demandons pas de le recevoir une seconde fois, nous leur disons : Vous êtes nos frères. Qu'ils disent: Pourquoi nous cherchez-vous? Que nous voulez-vous? Répondons-leur: Vous êtes nos frères. Qu'ils disent : Eloignez-vous de

temus exigere de Domino Deo nostro misericordiam, vult omnino exigi se. Non enim turbabitur dum exigitur, aut omnino angustabitur, quomodo ille a quo petis quod non habet, aut quod parum habet, et timet dare ne minus habeat. Vis nosse quomodo tibi eroget Deus misericordiam? Tu eroga caritatem : videamus si finis, dum erogas. Quanta est ergo opulentia in ipsa summitate, si potest tanta esse in imagine?

29. Ergo Fratres, ad hanc maxime exhortamur vos caritatem, non solum in vos ipsos, sed in eos etiam qui foris sunt, sive adhuc pagani, nondum credentes in Christum, sive divisi (1) a nobis, nobiscum caput confitentes et a corpore separati. Doleamus illos, Fratres, tamquam fratres nostros. Velint nolint fratres nostri sunt. Tunc esse desinent fratres nostri, si desierint dicere « Pater noster (Matth. VI, 9). » Dixit de quibusdam Propheta, « His qui dicunt vobis, Non estis fratres nostri, dicite, Fratres nostri estis (Isai. LXVI, 5, sec. LXX). » Circumspicite de quibus hoc dicere potuerit: numquid de paganis? Non, neque enim dicimus eos fratres nostros secundum Scripturas et ecclesiasticum loquendi morem. Numquid de Judaeis qui in Christum non crediderunt ? Legite Apostolum, et videte quia fratres quando dicit Apostolus sine aliquo additamento, non vult intelligi nisi Christianos : « Non est tamen subjectus, inquit, frater aut soror in hujusmodi (I Cor. VII, 15) : » cum diceret de conjugio, fratrem et sororem dixit Christianum vel Christianam. Item dicit, « Tu autem quid judicas fratrem tuum, aut tu quid spernis fratrem tuum (Rom. XIV, 10)? » Et alio loco, « Vos » inquit, « iniquitatem facitis et fraudatis; et hoc fratribus (I Cor. VI, 8). » Isti ergo qui dicunt, Non estis fratres nostri, paganos nos fatentur. Ideo enim et rebaptizare nos volunt, dicentes nos non habere quod dant. Unde consequens est error ipsorum, ut negent nos fratres suos esse. Sed quare nobis dixit Propheta, Vos dicite illis, Fratres nostri estis : nisi quia nos in eis agnoscimus quod non repetimus? Illi ergo non agnoscendo

(1) Les Donatistes.

nous, nous n'avons point à faire à vous. Mais nous, nous avons à faire à vous ; car nous confessons un seul et même Christ ; et nous devons être dans un seul corps, sous une seule tête. Pourquoi me cherchez-vous, dit encore l'un d'eux, si je suis perdu ? Immense absurdité ! immense folie ! Pourquoi me cherchez-vous si je suis perdu ? Pourquoi vous chercherais-je, si vous n'étiez pas perdu ? Si je suis perdu, dit-il, comment suis-je votre frère ? Je vous cherchea, fin qu'on me dise de vous : « Votre frère était mort et il est ressuscité ; il était perdu et il est retrouvé (*Luc.* XV, 32). » Nous vous conjurons donc, mes frères, par les entrailles de la charité, dont le lait nous nourrit et dont le pain nous donne des forces, par Jésus-Christ Notre-Seigneur, et par sa mansuétude, nous vous conjurons, (car le temps est venu de montrer à ces hommes une grande charité, une immense miséricorde, en priant Dieu de leur donner enfin un sens droit (II *Tim.* II, 26), afin qu'ils viennent à résipiscence, qu'ils se connaissent, et qu'ils voient qu'ils n'ont rien à dire de solide contre la vérité, et qu'il ne leur reste rien que la seule faiblesse d'un esprit, qui est d'autant plus languissant qu'il croit ses forces plus grandes), nous vous conjurons, dis-je, de répandre devant Dieu la moëlle de votre charité pour ces hommes qui sont faibles, qui n'ont qu'une sagesse charnelle, qui sont adonnés aux choses de la vie animale et de la chair, mais qui cependant sont nos frères, puisqu'ils célèbrent les mêmes sacrements que nous, bien qu'ils ne les célèbrent pas avec nous ; puisque, comme nous, ils répondent un même Amen, bien qu'ils ne le fassent pas avec nous, mais cet Amen est le même. Nous avons fait, dans un concile(1), ce que nous avons pu pour leur salut, je n'ai pas le temps de vous en donner aujourd'hui l'explication. Pour l'entendre, nous vous exhortons à vous trouver demain avec plus de zèle encore et en plus grand nombre, dans la Basilique des Pavillons. Ceux de nos frères qui ne sont pas ici aujourd'hui en seront informés par vous.

---

baptismum nostrum, negant nos esse fratres : nos autem non repetendo ipsorum, sed agnoscendo nostrum, dicimus eis, Fratres nostri estis. Dicant illi, Quid nos quæritis, quid nos vultis ? Respondeamus, Fratres nostri estis. Dicant, Ite a nobis, non vobiscum habemus rationem. Nos prorsus vobiscum rationem habemus : unum Christum confitemur, in uno corpore, sub uno capite esse debemus. Quid ergo me quæris, ait, si perii ? Magna absurditas, magna vesania. Quid me quæris, si perii ? Quare quærerem, nisi quia periisti ? Si ergo perii, inquit, quomodo sum frater tuus ? Et dicatur mihi de te, « Frater tuus mortuus erat, et revixit ; perierat, et inventus est (*Luc.* XV, 32). » Adjuramus ergo vos, Fratres, per ipsa viscera caritatis, cujus lacte nutrimur, cujus pane solidamur, per Christum Dominum nostrum, per mansuetudinem ejus, adjuramus vos, (Tempus est enim ut impendamus in eos magnam caritatem, abundantem misericordiam) in deprecando Deum pro illis, ut aliquando det illis sensum sobrium, ut (*a*) resipiscant (II *Tim.* II, 26), et videant se, quia non habent omnino quod dicant contra veritatem : non eis remansit nisi sola infirmitas animositatis, quæ tanto est languidior, quanto se majores vires habere existimat), pro infirmis, pro carnaliter sapientibus, pro animalibus et carnalibus, tamen pro fratribus nostris, eadem sacramenta celebrantibus, etsi non nobiscum, eadem (*b*) tamen ; unum Amen respondentibus, etsi non nobiscum, unum tamen ; medulas caritatis vestræ fundatis Deo pro eis. Aliquid enim pro salute ipsorum (*c*) egimus in concilio, quod explicari vobis hodie jam tempus non sufficit. Unde exhortamur vos ut alacriores et numerosiores, (audient enim a vobis fratres nostri qui nunc non adsunt,) conveniatis crastino die ad basilicam (*d*) Tricilarum.

---

(1) Peut-être S. Augustin parle-t-il de la conférence avec les Donatistes tenue à Carthage, l'an 411.

(*a*) Plerique MSS *respicient*. (*b*) Hæc lectio aut nihilo fere diversa exhibetur in plerisque MSS. At in editis legitur sic, *et si non nobiscum eadem, tamen unum Amen respondentibus, et si non nobiscum unum Amen, hortamur medullas caritatis vestræ fundatis ad Deum preces pro eis*. (*c*) Quindecim MSS. *agimus in concilio*. Alii numero pauciores cum editis habent, *egimus*. Loquitur fortasse de collatione cum Donatistis habita Carthagine an. 411. (*d*) Aliquot MSS. *Tricilarum*. Alii, *Tricillarum*.

PREMIER DISCOURS SUR LE PSAUME XXXIII.

1. Ce psaume ne paraît offrir, dans son texte, rien qui soit obscur, ni qui ait besoin d'explication : mais le titre, au contraire, réclame toute notre attention, et exige que nous frappions à une porte qui semble fermée. Mais de même qu'il est dit dans ce psaume : « heureux l'homme qui espère en Dieu (*Ps.* XXXIII, 9), » de même espérons que Dieu nous ouvrira, si nous frappons. En effet, il ne nous exhorterait pas à frapper, s'il ne voulait nous ouvrir après que nous aurons frappé (*Matth.* VII, 7). Car il arrive quelquefois que celui qui était disposé à tenir toujours sa porte fermée, ennuyé par la main qui persiste à frapper, se lève et ouvre contre son gré, pour ne plus avoir à supporter celui qui frappe (*Luc.* XI, 8). Ne devons-nous pas espérer encore davantage que celui qui a dit : « Frappez, et il vous sera ouvert, » ne tardera pas à nous ouvrir ? Je frappe donc maintenant, par l'application de mon cœur à demander au Seigneur qu'il daigne nous révéler ce mystère. Que votre charité frappe également avec moi, par son application à m'écouter et par l'humilité de la prière qu'elle fera pour moi. Il y a, en effet, dans ce titre, il faut l'avouer, un profond secret et un grand mystère.

2. Ce titre, le voici : « Psaume de David, lorsqu'il changea son visage devant Abimélech, le renvoya et s'en alla (*Ps.* XXXIII, 1). » Nous cherchons, dans les Ecritures, à connaître par l'histoire des actions de David, à quelle époque s'est passé ce fait. C'est ainsi que déjà nous avons trouvé ce titre d'un autre psaume : « Dans le temps que David fuyait devant son fils Absalon (*Ps.* III, 1). » En effet, nous lisons au Livre des Rois et nous y trouvons à quelle époque David fuyait devant son fils Absalon (II *Rois*,

IN PSALMUM XXXIII.

ENARRATIO 1 (1).

1. Psalmus iste nihil quidem obscurum, et quod expositore indigeat, videtur habere in textu suo : titulus autem ejus intentos facit, et pulsantes desiderat. Sed quemadmodum hic scriptum est, quia beatus vir qui sperat in eum (*Ps.*XXXIII, 9) : speremus omnes quod pulsantibus aperturus est (*Matth.* VII, 7). Non enim hortaretur nos ut pulsaremus, si nollet aperire pulsantibus. Si enim aliquando contingit, ut qui disponebat semper claudere, taedio compulsus ad manum pulsantis contra dispositionem suam surgat et aperiat ne diu pulsantem patiatur (*Luc.* XI, 8) : quanto magis sperare debemus citius aperturum illum, qui ait, « Pulsate, et aperietur vobis ? » Pulso ego nunc intentione cordis ad Dominum Deum, ut dignetur nobis hoc mysterium revelare : pulset mecum et Caritas Vestra intentione audiendi, et humilitate orandi pro nobis. Est enim, quod fatendum est, arcanum et grande mysterium.

2. Sic enim se habet titulus Psalmi : « Psalmus David, cum mutavit vultum suum coram Abimelech, et dimisit eum, et abiit (*Ps.*XXXIII, 1). » Quaerimus in Scripturis secundum res gestas, quae nobis de David conscriptae sunt, quando sit factum : quemadmodum invenimus titulum Psalmi, « cum fugeret David a facie Abessalon filii sui (*Psal.*III, 1.) » Legimus enim in Regnorum libris et invenimus, quando David fugeret a facie filii sui Abessalon (II *Reg.* XV, 14) : et verissimum est, quia contigit, et quod contigit scriptum est : et quamvis titulus Psalmi in mysterio sic

---

(1) Premier discours, sur le titre du Psaume XXXIII, prononcé un samedi.

XV, 14), et il est très-vrai que le fait est arrivé, et que les livres saints le rapportent. Quoique le titre du psaume ait été écrit dans un sens mystique, il découle cependant d'un fait historique. Il me paraît donc naturel de croire que ces paroles : « lorsqu'il changea son visage devant Abimelech, le renvoya et s'en alla, » sont écrites aussi dans le Livre des Rois (I *Rois*, XXI, 13), où est écrit tout ce qui se rapporte à la vie de David. Mais nous n'y trouvons pas ce fait, et cependant nous en trouvons un autre d'où évidemment il a été tiré. En effet, il est écrit (*Ibid.* 10) que David, lorsqu'il fuyait Saül qui le poursuivait, s'est réfugié auprès d'Achis, roi de Geth, c'est-à-dire, auprès du roi d'un peuple voisin du royaume juif. Il s'y cachait pour éviter les poursuites de Saül. Il y avait peu de temps qu'il s'était couvert de gloire, en tuant Goliath (I *Rois*, XVII, 50), et en assurant, par un seul combat, au roi et au peuple, la gloire et la sécurité du Royaume : bienfait éclatant qui ne lui attira que l'envie de Saül. Saül, bien qu'il eût supporté avec une violente douleur les provocations de Goliath, commença, lorsque Goliath fut immolé, à devenir l'ennemi de celui par la main duquel il avait tué son ennemi, et il porta envie à la gloire de David. Ce qui redoubla cette envie, fut que le peuple se livra à des transports de joie et que les femmes chantèrent en chœur la gloire de David, en disant : Saül a frappé sur mille ennemis et David sur dix mille (I *Rois*, XVIII, 7). Irrité de ce qu'un enfant avait acquis en un seul combat une gloire plus grande que la sienne, et que déjà il était mis par ces louanges au dessus du roi, Saül (et c'est toujours ainsi que procèdent la peste de l'envie et l'orgueil du siècle), commença à montrer de la jalousie envers David et à le persécuter. Alors David se refugia, comme je l'ai dit, auprès du roi de Geth (I *Rois*, 21, 20), qui s'appelait Achis. Or, on rapporta à ce roi qu'il avait auprès de lui le héros qui déjà avait conquis une gloire éclatante parmi le peuple juif, et on lui dit : « N'est-ce point là ce David, que les femmes d'Israël célébraient en chœur, en disant : Saül a frappé sur mille ennemis, et David sur dix mille (*Ibid.* XI)? » Si donc Saül portait envie à David en raison de la gloire qu'il s'était acquise, David n'avait-il pas à craindre que le roi auprès duquel il s'était réfugié, ne voulût l'opprimer, de peur de l'avoir bientôt pour ennemi, s'il lui laissait la vie sauve. C'est pourquoi David, par crainte d'Achis, ainsi qu'il est écrit, contrefit publiquement son visage, il avait des transports, jouait du tambour aux portes de la ville, se portait de ses propres mains, se laissait tomber à l'entrée de la porte, et laissait couler sa salive sur sa barbe (*Ibid.* 14 et 15). Le roi près duquel il se ca-

---

scriptus sit, tamen ductus est de re quæ gesta est. Sic credo et quod hic scriptum est, « Cum mutavit vultum suum coram Abimelech, et dimisit eum, et abiit; » scriptum esse in Regnorum libris, ubi omnia nobis scripta sunt, quæ pertinent ad res gestas David (I *Reg.* XXI, 13): sed non invenimus hoc, et tamen aliquid invenimus unde appareat hoc esse tractum. Nam scriptum est, quia cum fugeret David persecutorem Saul, contulit se ad Achis regem Geth, id est, ad regem cujusdam gentis vicinæ regno Judæorum : ibi latitabat, ut persecutionem Saulis evitaret (*Ibid.* 10). Recens autem erat gloria ejus, unde pro benefacto meruit invidiam, quando Goliam interfecit, et in una pugna gloriam securitatemque regni et regi et populo comparavit (I *Reg.* XVII, 50). Saul autem cum provocante Golia æstuaret, prostrato Golia hostis esse cœpit ei, per cujus manum hostem necaverat, et invidit gloriæ David : maxime quia populus in exsultatione constitutus, et choro jam facto mulieres cantaverunt gloriam David, quod Saul percussisset in millibus, et David in denis millibus (I *Reg.* XVII, 7). Hinc ille commotus, quod cœperat habere majorem gloriam per unam pugnam puer, et jam in laudibus omnium regi præponebatur, ut se habet pestilentia livoris et superbia sæculi, invidere cœperat, et persequi. Tunc ille se, ut dixi, contulerat ad regem Geth, qui vocabatur Achis (I *Reg.* XXI, 10). Suggestum est autem regi ipsi, quod illum apud se haberet, qui magnam gloriam habere cœperat in populo Judæorum, et dictum est illi, Nonne iste est David, cui chorum fecerunt mulieres Israelitæ, dicentes, Saul percussit in millibus et David in denis millibus (*Ibid.* XI) ? Si autem propter hanc gloriam invidere illi cœperat Saul ; nonne metuendum erat David, ne ille rex ad quem confugerat vellet opprimere eum, quem posset de vicino hostem habere, si salvum servaret ? Timuit et illum, et sicut scriptum est, « Mutavit vultum suum coram ipsis, et affectabat, et tympanizabat ad ostia civitatis, et ferebatur in manibus suis, et procidebat ad ostia portæ, et salivæ decurrebant super barbam ejus (*Ibid.* XIII). » Vidit eum rex ille apud quem latebat, et ait suis;

chait le vit et dit aux siens : «Pourquoi m'avez-vous amené ce démoniaque? Va-t-il par hasard entrer dans ma maison? » Et il le renvoya, en le chassant. Et David s'en alla sain et sauf, pour avoir feint ainsi la folie. Il nous semble que le titre du psaume a trait à cette histoire d'une folie simulée : « Psaume de David lorsqu'il changea son visage devant Abimélech, le renvoya et s'en alla (*Ps.* xxxiii, 1). » Mais ce roi se nommait Achis et non Abimélech. Le nom seul paraît ne pas concorder; car le fait est indiqué au Livre des Psaumes, presque dans les termes où il est écrit au Livre des Rois. Ce changement de nom doit nous exciter encore davantage à chercher le mystère qui est ici caché. En effet, ce n'est pas sans cause que ce fait a eu lieu, bien qu'il soit un fait, mais c'est qu'il est aussi un symbole; et ce n'est pas sans cause non plus que ce titre a été écrit avec un changement de nom.

3. Vous voyez certainement, mes frères, quelle est la profondeur de tous ces mystères. Si ce n'est pas en vue d'un mystère que Goliath a été tué par un enfant (I *Rois*, xvii, 50), ce n'est pas non plus en vue d'un mystère que David a changé son visage, qu'il a eu des transports, qu'il jouait du tambour, qu'il se laissait tomber devant les portes de la ville et à l'entrée de la porte, et qu'il laissait couler sa salive sur sa barbe (I *Rois*, xxi, 13). Comment tout cela n'aurait-il point quelque signification, puisque l'Apôtre dit ouvertement : « Or, toutes les choses qui leur arrivaient étaient des figures; et elles ont été écrites à cause de nous, qui nous trouvons à la fin des temps (I *Cor.* x, 11). » S'il n'y a aucune signification dans la manne, à propos de laquelle l'Apôtre a dit : « Ils ont mangé une nourriture spirituelle (*Ibid.* 3); » s'il n'y a aucune signification dans la mer Rouge divisée en deux, pour que le peuple d'Israël la traversât et échappât à la poursuite de Pharaon, événements à propos desquels l'Apôtre a dit : « Je ne veux pas que vous ignoriez, mes frères, que nos pères ont tous été sous la nuée, et que tous ont été baptisés sous Moïse dans la nuée et dans la mer (*Ibid.* 1, etc.); » s'il n'y a aucune signification dans la pierre d'où l'eau jaillit sous la verge de Moïse (*Nomb.* xxvi, 63), à propos de laquelle l'Apôtre dit encore : « Or, cette pierre était le Christ (I *Cor.* x, 4); » si toutes ces choses ne signifient rien spirituellement, bien qu'elles soient des faits réels; si, enfin, il n'y a aucune signification dans les deux fils nés d'Abraham selon l'ordre naturel de la naissance des hommes, bien que l'Apôtre nomme ces deux fils les deux Testaments, l'ancien et le nouveau, et dise d'eux : « Ce sont les deux Testaments, figurés allégoriquement (*Gal.* iv, 24); » si donc il n'y a aucune signification dans toutes ces choses, que l'autorité de l'Apô-

---

Ut quid mihi arreptitium istum adduxistis? numquidnam intraturus est in domum meam (*Ibid.* 14 et 15)? Et sic illum dimisit projiciens illum : et recessit inde David incolumis ab istam figurationem furoris (*a*). Pro ista ergo figuratione furoris videtur ad ipsam historiam pertinere quod hic scriptum est, « Psalmus David, cum mutavit vultum suum coram Abimelech, et dimisit eum, et abiit (*Ps.* xxxiii, 1). » Sed ille Achis erat, non Abimelech. Nomen enim solum non videtur convenire : nam res gesta prope ipsis verbis pariter designata est in Psalmis, quibus scripta est in Regnorum libro. Ideo magis movere nos debet ad quærendum sacramentum, quia nomen mutatum est. Nam neque illud sine caussa factum est, quamvis sit factum; sed quia aliquid figurabat : neque hoc sine caussa scriptum est, et nomine commutato.

3. Videtis certe Fratres profunditatem sacramentorum. Si non est in mysterio, quod a puero Golias occisus est (I *Reg.* xvii, 50); non est in mysterio, quia immutavit vultum suum, et affectabat, et tympanizabat, et cadebat ad ostia civitatis et ad ostia portæ, et salivæ decurrebant super barbam ejus (I *Reg.* xxi, 13). Unde fieri potest, ut non hoc aliquid significaret? quando quidem aperte dicit Apostolus, Hæc autem in figura contingebant illis, scripta sunt autem propter nos, in quos finis sæculorum obvenit (I *Cor.* x, 11). Si nihil significat manna, de quo dicit Apostolus, « Et cibum spiritalem manducaverunt (*Ibid.* 3); » si nihil significat quod divisum est mare, et per medium ductus est populus, ut evaderent persecutionem Pharaonis, cum dicat Apostolus, « Nolo enim vos ignorare, fratres, quia patres nostri omnes sub nube fuerunt, et omnes in Moysen baptizati sunt in nube et in mari (*Ibid.* 1, etc.) : » si nihil significat quod percussa petra aqua profluxit (*Num.* xxvi, 63), cum dicat Apostolus, « Petra autem erat Christus (I *Cor.* x, 4) : » si ergo illa nihil significant, quamvis sint gesta : si nihil denique significant duo filii Abrahæ nati secundum ordinem nascendi hominum,

(*a*) Hæc verba, *Pro ista ergo figuratione*, omittunt plerique MSS. et habent, *Videtur ergo ad ipsum*, etc.

PREMIER DISCOURS SUR LE PSAUME XXXIII.

tre vous démontre avoir été mystérieusement accomplies comme des figures de l'avenir, nous devons penser aussi que tout ce que je viens de vous raconter de David, d'après le Livre des Rois, ne signifie rien non plus. Ou plutôt il faut reconnaître un sens mystérieux dans ce changement de nom et dans cette parole : « devant Abimélech. »

4. Appliquez-vous avec moi. En effet, tout ce que je vous ai dit jusqu'à présent, ne représente que les efforts de celui qui frappe à la porte et à qui l'on n'a pas encore ouvert. Nous y avons frappé en parlant, vous y avez aussi frappé en nous entendant : frappons encore, afin que le Seigneur nous ouvre. Nous connaissons le sens des noms Hébreux. Il n'a pas manqué d'hommes savants, qui ont traduit les noms de la langue hébraïque dans la langue grecque, et de la langue grecque dans la langue latine. Si donc nous examinons le sens des noms qui nous occupent, nous trouvons que celui d'Abimélech veut dire : le royaume de mon Père, et celui d'Achis : comment cela? Retenons bien ces noms, car c'est au moyen de cette explication que la porte où nous frappons commence à s'ouvrir. Si vous demandez que signifie : Achis? on vous répond : comment cela? Comment cela, ce mot est celui d'un homme qui s'étonne et qui ne comprend pas. Abimélech signifie : le royaume de mon Père. David : celui qui a la main forte. David en figure signifie le Christ, comme Goliath figure le démon ; et David renversant Goliath, c'est le Christ tuant le démon. Mais qu'est-ce que le Christ tuant le démon? C'est l'humilité qui tue l'orgueil. Le seul nom du Christ, mes frères, est pour nous une recommandation particulière d'humilité. En effet, c'est par son humilité qu'il nous a tracé le chemin, parce que l'orgueil nous ayant fait quitter Dieu, nous ne pouvions revenir à lui que par l'humilité, et que nous n'avions personne que nous pussions nous proposer d'imiter. Car toute la race des mortels était gonflée d'orgueil. Et s'il y avait quelques hommes humbles d'esprit, comme étaient les Prophètes et les Patriarches, le genre humain dédaignait d'imiter ces hommes dans leur humilité. De peur donc que l'homme ne dédaignât encore d'imiter l'humilité d'un homme, Dieu s'est fait humble, afin que l'orgueil du genre humain ne dédaignât pas de suivre les traces de Dieu.

5. Mais, il y avait autrefois chez les Juifs, vous le savez, un sacrifice selon l'ordre d'Aaron, dans lequel des animaux étaient immolés ; et ce sacrifice était une figure. Le sacrifice du corps et du sang de Notre-Seigneur, que connaissent les fidèles et ceux qui ont lu l'Evangile, n'existait pas encore ; tandis que maintenant ce

---

et tamen ipsos duos filios duo Testamenta appellat Apostolus, vetus et novum, et dicit, « Hæc sunt duo Testamenta, quæ sunt in allegoria (*Gal.* IV, 24) : si ergo illa nihil significant, quæ videtis auctoritate apostolica in mysterio futurarum rerum gesta esse ; debemus arbitrari nihil significare etiam hoc quod vobis ex libro Regnorum de David paulo ante narravi. Non ergo nihil significat, et quod nomen mutatum est, et dictum est « coram Abimelech. »

4. Intendite mecum. Omnia enim quæ dixi modo, quasi ad manum pertinent pulsantis, nondum apertum est. Pulsavimus, cum ista diceremus ; pulsastis et vos, cum ista audiretis : adhuc pulsemus orando, ut Dominus aperiat nobis. Nominum Hebræorum habemus interpretationem : non defuerunt docti viri, qui nobis nomina ex Hebræo in Græcam linguam, et inde in Latinam transferrent. Consulentes ergo nomina, invenimus interpretari Abimelech, Patris mei regnum : et interpretari Achis, Quomodo est. Hæc nomina adtendamus, inde incipit nobis aperiri pulsantibus. Si quæris, Quid est Achis? Respondetur, Quomodo est. Quomodo est, verbum est admirantis, et non intelligentis. Abimelech, Patris mei regnum : David, manu fortis. In figura Christi David, sicut Golias in figura diaboli : et quod David prostravit Goliam, Christus est qui occidit diabolum. Quid est autem Christus qui diabolum occidit? Humilitas occidit superbiam. Cum ergo Christum nomino, Fratres mei, maxime nobis humilitas commendatur. Viam enim nobis fecit per humilitatem : quia per superbiam recesseramus a Deo, redire ad eum nisi per humilitatem non poteramus, et quem nobis præponeremus, ad imitandum, non habebamus. Omnis enim mortalitas hominum superbia tumuerat. Et si existeret aliquis humilis vir in spiritu, sicut erant Prophetæ, Patriarchæ, dedignabatur genus humanum imitari humiles homines. Ne ergo dedignaretur homo imitari hominem humilem, Deus factus est humilis, ut vel sic superbia generis humani non dedignaretur sequi vestigia Dei.

5. Erat autem, ut nostis, sacrificium Judæorum antea secundum ordinem Aaron in victimis pecorum, et hoc in mysterio : nondum erat sacrificium corporis et sanguinis Domini, quod fideles norunt, et qui

sacrifice est offert par tout l'univers. Remettez-vous donc devant les yeux ces deux sacrifices, l'un selon l'ordre d'Aaron et l'autre selon l'ordre de Melchisedech. En effet, il est écrit : « Le Seigneur a juré et il ne s'est point repenti. Vous êtes prêtre pour l'éternité, selon l'ordre de Melchisedech (*Ps.* CIX, 4). » De qui est-il dit : vous êtes prêtre pour l'éternité, selon l'ordre de Melchisedech ? De Notre-Seigneur Jésus-Christ. Qu'était Melchisedech ? Le roi de Salem. Salem était autrefois la ville qui fut appelée ensuite, comme l'ont prouvé les savants, Jérusalem. Donc, avant que les Juifs fussent les maîtres de ce pays, Melchisedech y était prêtre, et il est appelé, dans la Genèse (*Gen.* XIV, 18), le prêtre du Dieu Très-Haut. Melchisedech vint au devant d'Abraham, lorsque celui-ci délivra Lot des mains de ses ennemis, il défit ceux qui le retenaient prisonnier et mit son frère en liberté; ce fut après la délivrance de son frère que Melchisedech vint au devant de lui. Et telle était la dignité de Melchisedech qu'il bénit Abraham. Il offrit du pain et du vin et bénit Abraham, lequel de son côté lui donna la dîme du butin qu'il avait fait. Voyez donc ce que Melchisedech offrit, et qui il bénit. Et plus tard il fut dit : « Vous êtes prêtre pour l'éternité, selon l'ordre de Melchisedech (*Ps.* CIX, 4). » David, inspiré par l'Esprit-Saint, dit ces paroles longtemps après Abraham ; mais Melchisedech vivait à la même époque qu'Abraham. De quel autre, David a-t-il donc prononcé ces paroles : « Vous êtes prêtre pour l'éternité, selon l'ordre de Melchisedech, » sinon de celui dont vous connaissez le sacrifice ?

6. Le sacrifice d'Aaron a donc été abrogé et le sacrifice selon l'ordre de Melchisedech a été institué. Quelqu'un, je ne sais qui, a donc changé son visage. Quel est ce je ne sais qui ? Que ce ne soit plus je ne sais qui ; en effet, Notre-Seigneur Jésus-Christ nous est connu. Il a voulu que notre salut fût dans le sacrifice de son corps et de son sang (*Matth.* XXVI, 26). Mais comment a-t-il pu nous prescrire de manger son corps et de boire son sang ? Au moyen de son abaissement. Si, en effet, il ne s'était humilié, nous ne pourrions ni le manger, ni le boire. Considérez quelle est sa grandeur : « Au commencement était le Verbe, et le Verbe était en Dieu, et le Verbe était Dieu (*Jean.* 1, 1). » Voilà donc la nourriture éternelle : mais les Anges la mangent, les Vertus Célestes la mangent, les Esprits Célestes la mangent, ils la mangent et en sont rassasiés, et cette nourriture qui les rassasie et les comble de joie reste toujours entière. Quel homme pourrait donc prétendre à une telle nourriture ? Quel cœur

---

Evangelium legerunt, quod sacrificium nunc diffusum est toto orbe terrarum. Proponite ergo vobis ante oculos duo sacrificia, et illud secundum ordinem Aaron, et hoc secundum ordinem Melchisedec. Scriptum est enim, « Juravit Dominus et non pœnitebit eum, tu es sacerdos in æternum secundum ordinem Melchisedec (*Psal.* CIX, 4). » De quo dicitur, Tu es sacerdos in æternum secundum ordinem Melchisedec ? De Domino nostro Jesu Christo. Quis erat Melchisedec ? Rex Salem. Salem civitas fuit antea, illa quæ postea, sicut docti prodiderunt, Jerusalem dicta est. Ergo antequam ibi regnarent Judæi, ibi erat ille sacerdos Melchisedec, qui scribitur in Genesi Sacerdos Dei excelsi (*Gen.* XIV, 18). Ipse occurrit Abrahæ, quando liberavit Lot de manu persequentium, et prostravit eos a quibus ille tenebatur, et liberavit fratrem : post liberationem fratris occurrit ei Melchisedec. Et tantus erat Melchisedec, a quo benediceretur Abraham. Protulit panem et vinum, et benedixit Abraham, et dedit ei decimas Abraham. Videte quid protulit (*a*), et quem benedixit. Et dictum est postea, « Tu es sacerdos in æternum secundum ordinem Melchisedec (*Psal.* CIX. 4). » David hoc in Spiritu dixit longe post Abraham : temporibus autem Abrahæ fuit Melchisedec. De quo alio dicit, Tu es sacerdos in æternum secundum ordinem Melchisedec, nisi de illo cujus nostis sacrificium ?

6 Sublatum est ergo sacrificium Aaron, et cœpit esse sacrificium secundum ordinem Melchisedec. Ergo mutavit nescio quis vultum suum. Quis est iste nescio quis (*b.* ? Non sit nescio quis : notus est enim Dominus noster Jesus Christus. In corpore et sanguine suo voluit esse salutem nostram. Unde autem commendavit corpus et sanguinem suum (*Matth.* XXVI, 26) ? De humilitate sua. Nisi enim esset humilis, nec manducaretur, nec biberetur. Respice altitudinem ipsius, « In principio erat Verbum et Verbum erat apud Deum, et Deus erat Verbum (*Johan.* 1, 1). » Ecce cibus sempiternus : sed manducant Angeli, manducant supernæ Virtutes, mandu-

---

(*a*) Sic plures MSS. At editi, *Videte quid protulit ei quem benedixit. Et dictum est ei postea.* (*b*) Nonnulli probæ notæ MSS. *Quis est iste nescio quis? Nescio quis notus. Est enim. etc.*

PREMIER DISCOURS SUR LE PSAUME XXXIII.

serait capable de s'en nourrir? Il fallait donc que l'aliment de ce festin se convertit en lait pour convenir à de petits enfants. Mais comment la nourriture devient-elle du lait? Comment la nourriture se change-t-elle en lait, sinon en passant par la chair? C'est ce que fait une mère. Ce que mange la mère, l'enfant aussi le mange; mais comme cet enfant n'est pas capable de manger du pain, la mère transforme ce pain en sa chair et, par l'humble voie de sa mamelle et le suc de son lait, elle nourrit l'enfant de ce même pain. Mais comment la sagesse de Dieu nous a-t-elle nourris de son propre pain? Parce que « le Verbe s'est fait chair et qu'il a habité parmi nous (*Jean*. I, 14). » Voyez donc ce prodige d'humilité: L'homme a mangé le pain des anges, ainsi qu'il est écrit: « Il leur a donné le pain du ciel; l'homme a mangé le pain des Anges (*Ps.* LXXVII, 24). » C'est-à-dire, l'homme a mangé ce Verbe, dont les anges se nourrissent éternellement et qui est égal au Père, puisque, « étant dans la forme de Dieu, il n'a pas cru que ce fût une usurpation de se faire égal à Dieu. » Les anges se rassasient de lui, « mais il s'est anéanti lui-même, » afin que l'homme pût manger le pain des anges; « il a pris la forme d'un esclave, il s'est fait semblable aux hommes, et dans tout ce qui paraissait de lui au dehors, on a trouvé qu'il était comme un homme : il s'est humilié et s'est fait obéissant jusqu'à la mort, même jusqu'à la mort de la croix (*Philipp.* II, 6 et suiv.) » Il a voulu que de sa croix même sortit pour nous le nouveau sacrifice de la chair et du sang du Seigneur. « Parce qu'il a changé son visage en présence d'Abimélech,... » c'est-à-dire : en face du royaume de son père. Car le royaume de Judée était le royaume de son père. Comment était-il le royaume de son père? Le royaume de David était le royaume d'Abraham. Quant au royaume de Dieu son Père, c'est l'Eglise, bien plutôt que le peuple juif; au contraire, le peuple juif était le royaume de son père selon la chair. Car il est dit : « Et Dieu lui donnera le trône de David, son père (*Luc*. I, 32). » Il est donc clair que, selon la chair, David est le père du Seigneur; mais, selon sa nature divine, le Christ n'est pas le fils, il est le Seigneur de David. Or les Juifs ont connu le Christ selon sa chair et ne l'ont pas connu selon sa nature divine. C'est pourquoi il leur a fait cette question : « De qui dites-vous que le Christ soit fils? Ils lui répondirent : Il est le fils de David. Et Jésus leur dit : Comment donc David l'appelle-t-il en esprit son Seigneur, lorsqu'il dit : Le Seigneur a dit à mon Seigneur : Asseyez-vous à ma droite, jusqu'à ce que je place tous vos ennemis sous vos pieds? Si donc David l'appelle en esprit son Seigneur, comment est-il

---

cant cœlestes Spiritus, et manducantes saginantur, et integrum manet quod eos satiat et lætificat. Quis autem homo posset ad illum cibum ? Unde cor tam idoneum illi cibo ? Oportebat ergo ut mensa illa lactesceret, et ad parvulos perveniret. Unde autem fit cibus lac ? unde cibus in lac convertitur, nisi per carnem trajiciatur ? Nam mater hoc facit. Quod manducat mater, hoc manducat infans : sed quia minus idoneus est infans, qui pane vescatur, ipsum panem mater incarnat, et per humilitatem mammillæ et lactis succum, de ipso pane pascit infantem. Quomodo ergo de ipso pane pavit nos Sapientia Dei ? Quia « Verbum caro factum est, et habitavit in nobis (*Johan*. I, 14). » Videte ergo humilitatem : quia panem Angelorum manducavit homo, ut scriptum est, « Panem cœli dedit eis, panem Angelorum manducavit homo (*Psal*. LXXVII, 24). » Id est, Verbum illud quo pascuntur Angeli sempiternum, quod est æquale Patri, manducavit homo : « quia cum in forma Dei esset, non rapinam arbitratus est esse æqualis Deo (*Philip*. II, 6, etc,). » Saginantur illo Angeli : sed semetipsum exinanivit, ut manducaret panem Angelorum homo, « formam servi accipiens, in similitudinem hominum factus, et habitu inventus ut homo, humiliavit se factus obediens usque ad mortem, mortem autem crucis (*Ibid*) : » ut jam de cruce commendaretur nobis caro et sanguis Domini novum sacrificium. Quia mutavit vultum suum coram Abimelech, id est, coram regno patris. Regnum enim patris, regnum erat Judæorum. Quomodo regnum patris ? Regnum David, regnum Abrahæ. Nam regnum Dei Patris, magis Ecclesia quam populus Judæorum : sed secundum carnem regnum patris populus Israel. Dictum est enim, « Et dabit ei Deus sedem David patris ejus (*Luc*. I, 32). » Demonstratur ergo secundum carnem pater Domini esse David : secundum divinitatem autem Christus, non filius, sed Dominus David. Judæi vero Christum secundum carnem norunt, secundum divinitatem non norunt. Ideo fecit illis quæstionem, et dixit, « Cujus filium esse dicitis Christum ? Et responderunt, Filium David. Et ille, Quomodo ergo David in Spiritu vocat eum Dominum, ubi ait, Dixit Dominus Domino meo, sede ad dexteram meam, donec ponam omnes

son fils? Et ils ne purent rien lui répondre (*Matt.* XXII, 42 et suiv.). » C'est que les Juifs n'avaient vu, dans Notre-Seigneur Jésus-Christ, que ce qui se voyait par les yeux et non ce qui se comprenait par le cœur. Si, au contraire, ils avaient eu des yeux intérieurs, comme ils avaient des yeux extérieurs, ce qu'ils voyaient au dehors leur aurait fait comprendre que Jésus était le fils de David ; mais, en même temps, ce qu'ils auraient vu au dedans leur aurait fait comprendre qu'il était le Seigneur de David.

7. il a donc changé son visage devant Abimélech (1 *Rois*, XXI, 13). Que veut dire : devant Abimélech? Devant le royaume de son père. Que veut dire : devant le royaume de son père? Devant les Juifs. « Il le renvoya et s'en alla. » Qui a-t-il renvoyé ? Le peuple juif lui-même, et il s'en est allé. Vous cherchez maintenant le Christ auprès des Juifs, et vous ne le trouvez pas. Comment les a-t-il renvoyés et s'en est-il allé ? En changeant son visage. En effet, les Juifs se sont attachés au sacrifice selon l'ordre d'Aaron et ils ont refusé de recevoir le sacrifice selon l'ordre de Melchisédech(*Hebr.* VII,11);ils ont perdu le Christ; et les Gentils, auxquels le Christ n'avait pas auparavant envoyé de hérauts, ont commencé à le posséder. Car il avait envoyé aux Juifs des hérauts ; il avait envoyé David lui-même, Abraham, Isaac et Jacob, Isaïe, Jérémie et les autres Prophètes ; mais il y en eut peu qui le connurent par les prophéties, bien peu en comparaison de ceux qui se sont perdus en grand nombre. En effet, nous lisons qu'il s'en perdit par milliers. Car il est écrit : « Il n'y a qu'un reste de sauvé (*Rom.* IX, 27). » Vous cherchez maintenant des chrétiens circoncis et vous n'en trouvez pas. Il y avait, au contraire, dans les premiers temps de la foi, plusieurs milliers de chrétiens circoncis. Vous en cherchez maintenant et n'en trouvez pas. Il n'est pas étonnant que vous n'en trouviez pas. Car « il a changé son visage devant Abimélech, il l'a renvoyé et s'en est allé (*Ps.* XXXIII). » Et il a changé son visage devant Achis, l'a renvoyé et s'en est allé(*I Rois*, XXI, 12). » Les noms ont été changés, afin que ce changement nous excitât à rechercher la signification du mystère; de peur que nous ne crussions que le Livre des Psaumes ne rapporte ou ne rappelle que ce qu'on lit au Livre des Rois, et qu'alors nous ne vinssions à accepter simplement le récit du fait, sans y chercher une figure prophétique. En effet, lorsqu'il y a quelque part un changement de noms, que vous dit-on? Il y a là quelque chose de caché ; frappez à la porte, ne vous attachez pas à la lettre, parce que la lettre tue, mais désirez connaître l'esprit, parce que l'esprit

---

inimicos tuos sub pedibus tuis. Si ergo David in Spiritu vocat eum Dominum, quomodo filius ejus est ? Et non potuerunt illi respondere (*Matth.* XXII, 42, etc) : quia non noverant in Domino Christo, nisi quod videbatur oculis, non quod corde intelligebatur. Si autem intus haberent oculos sicut habebant foris, ex eo quod foris videbant, intelligerent filium David ; ex eo quod intus intelligebant, intelligerent Dominum David.

7. « Mutavit » ergo « vultum suum coram Abimelech (I *Reg.* XXI, 13). » Quid est, « coram Abimelech ? » Coram regno patris. Quid est, Coram regno patris ? Coram Judæis. « Et dimisit eum, et abiit. » Quem dimisit ? Ipsum populum Judæorum dimisit, et abiit. Quæris modo Christum apud Judæos, et non invenis. Unde dimisit et abiit ? quia mutavit vultum suum. (a) Hærentes enim illi sacrificio secundum ordinem Aaron, non tenuerunt sacrificium secundum ordinem Melchisedec (*Hebr.* VII, 11), et amiserunt Christum, et cœperunt eum habere Gentes, quo non miserat ante præcones. Nam ad illos præcones miserat, ipsum David, Abraham, Isaac et Jacob, Isaiam et Jeremiam, et ceteros Prophetas miserat, et pauci inde cognoverunt, et ipsi pauci in comparatione pereuntium : nam multi erant. Millia enim legimus fuisse. Scriptum enim est, « Reliquiæ salvæ fient (*Rom.* IX, 27). » Sed quæris modo circumcisos Christianos, et non invenis. Erant autem de circumcisione recentibus temporibus fidei multa millia Christianorum. Quæris modo, et non invenis. Merito non invenis. « Mutavit » enim « vultum suum coram Abimelech, et dimisit eum, et abiit(*Ps.*XXXIII, 1).»Et coram Achis mutavit vultum suum, et dimisit eum, et abiit (I *Reg.* XXI, 12). Ideo enim mutata sunt nomina, ut ad mysterii significationem nos excitaret mutatio nominum : ne putaremus non narrari aut commemorari in Scripturis Psalmorum, nisi quod in libris Regnorum gestum invenitur et non illi quæreremus figuras futurorum, sed tanquam res gestas acciperemus. Cum ergo nomina mutantur, quid tibi dicitur ? Clausum est hic aliquid, pulsa, noli hærere in littera, « quia littera occidit (II *Cor.* III, 6). » sed

(a) MSS. *Habentes enim illi sacrificium.*

vivifie (II *Cor.* III, 6); c'est l'intelligence spirituelle qui sauve celui qui croit.

8. Examinez donc attentivement, mes frères, comment fut renvoyé le roi Achis. J'ai dit qu'Achis signifie : comment cela? Souvenez-vous de l'Evangile. En parlant de son corps, Notre-Seigneur Jésus-Christ a dit : « Celui qui ne mangera pas ma chair et qui ne boira pas mon sang n'aura pas la vie en lui : car ma chair est vraiment une nourriture et mon sang est vraiment un breuvage (*Jean*. VI, 53 et suiv.) » Or, les disciples qui le suivaient furent effrayés, et eurent horreur de ce langage. Comme ils ne le comprenaient pas, ils s'imaginèrent que Notre-Seigneur Jésus-Christ leur annonçait je ne sais quoi de dur, qu'ils devaient manger sa chair, telle qu'ils la voyaient devant leurs yeux, et qu'ils devaient boire son sang. Ils ne purent supporter ces paroles et ils se dirent : Comment cela ? Car le roi Achis représente l'erreur, l'ignorance et la sottise. En effet, lorsque l'on dit : comment cela? c'est que l'on ne comprend pas ; et là où manque l'intelligence, se trouvent les ténèbres de l'ignorance. L'ignorance, ou le roi Achis, régnait donc sur eux, c'est-à-dire, que le règne de l'erreur les dominait. Or, Jésus disait : « Celui qui ne mangera pas ma chair et qui ne boira pas mon sang (*Jean*. VI, 53).... » Il avait donc changé son visage, et il semblait que ce fût un délire et une folie de donner aux hommes sa chair à manger et son sang à boire. C'est aussi parce qu'il s'était contrefait le visage, que David parut comme fou, et qu'Achis s'écria : Vous m'avez amené un démoniaque (I *Rois* XXI, 14). Est-ce qu'il ne semble pas qu'il y ait folie à dire : mangez ma chair et buvez mon sang ? Et en disant : « Quiconque ne mangera pas ma chair et ne boira pas mon sang, n'aura pas la vie en lui (*Jean*. VI, 54), » Jésus ne paraît-il point délirer? Mais il paraît délirer aux yeux d'Achis, c'est-à-dire aux yeux des sots et des ignorants. C'est pourquoi il les renvoya et s'en alla : l'intelligence se retira de leur cœur, pour qu'ils ne pussent le comprendre. Et que dirent-ils ? A peu près : comment cela? ce qui est la signification du nom d'Achis. En effet, ils dirent : « Comment cet homme peut-il nous donner sa chair à manger (*Ibid*. 52)? » Ils prenaient le Seigneur pour un démoniaque, qui ne savait ce qu'il disait et qui délirait. Mais lui, qui savait ce qu'il disait, en changeant ainsi son visage sous cette apparence de démence et de folie, il annonçait ses sacrements, il avait des transports, et il jouait du tambour aux portes de la ville.

---

desidera spiritum, « spiritus enim vivificat (*Ibid.*): » intellectus spiritalis credentem salvum facit.

8. (a) Quomodo ergo dimisit Achis regem, attendite Fratres. Achis dixi intrepretari, Quomodo est. Recordamini Evangelium : Quando loquebatur Dominus noster Jesus Christus de corpore suo, ait, « Nisi quis manducaverit carnem meam, et biberit sanguinem meum, non habebit in se vitam : caro enim mea vere esca est, et sanguis meus vere potus est (*Johan*. VI, 53, etc). » Et discipuli ejus qui cum sequebantur, expaverunt, et exhorruerunt sermonem, et non intelligentes putaverunt nescio quid durum dicere Dominum nostrum Jesum Christum, quod carnem ejus quam videbant, manducaturi erant, et sanguinem bibituri : et non potuerunt tolerare, quasi dicentes, Quomodo est ? Error enim et ignorantia et stultitia in persona regis Achis. Ubi enim dicitur, Quomodo est, non intelligitur : ubi non intelligitur, tenebræ ignorantiæ sunt. Erat ergo in illis regnum ignorantiæ, quasi rex Achis ; id est, regnum erroris eis dominabatur. Ille autem dicebat, « Nisi quis manducaverit carnem meam, et biberit sanguinem meum (*Johan*. VI, 53). » Quia mutaverat vultum suum, quasi furor iste et insania videbatur, dare carnem suam manducandam hominibus, et bibendum sanguinem. Ideo quasi insanus putatus est David, quando dixit ipse Achis, Arreptitium hunc mihi adduxistis (I *Reg*. XXI, 14). Nonne videtur insania, Manducate carnem meam, et bibite sanguinem meum? Et dicens, « Quicumque non manducaverit carnem meam, et biberit sanguinem meum, non habebit in se vitam, » quasi insanire videtur (*Johan*. VI, 54). Sed regi Achis insanire videtur, id est, stultis et ignorantibus. Ideo dimisit eos et abiit : fugit de corde eorum intellectus, ne cum possint comprehendere. Et quid dixerunt illi? Quasi, Quomodo est, quod interpretatur Achis. Dixerunt enim, Quomodo potest hic nobis dare manducare carnem suam (*Ibid*. 52) ? Arreptitium putabant Dominum, et nescire quid loqueretur, et insanire. Ille autem qui noverat quod dicebat in illa mutatione vultus sui, et quasi furore et insania, sacramenta prædicabat, et affectabat, et tympanizabat ad ostia civitatis.

(a) Editi. *Quo.* At MSS. *Quomodo.*

9. Il faut rechercher ce que veut dire : il affectait la folie, et il jouait du tambour devant les portes. Ce n'est pas sans raison qu'il est dit : « Qu'il se heurtait aux montants de la porte (1 Rois XXI, 13); » ce n'est pas sans raison qu'il est dit : « Que sa salive coulait sur sa barbe ; » ce ne sont point des paroles inutiles. Nous serons assez récompensés par l'intelligence que nous en aurons, pour qu'un long discours ne nous soit pas à charge. Vous savez, mes frères, que les Juifs, devant lesquels il a changé son visage, qu'il a renvoyés et qu'il a quittés, passent sans rien faire le jour du sabbat, où nous sommes aujourd'hui. Si les Juifs, qui ont perdu le Christ, que le Christ a renvoyés et quittés, gardent un repos inutile ; nous, nous occuperons utilement notre loisir, si nous parvenons à comprendre le Christ, qui les a laissés là et qui est venu à nous. Ce n'est pas inutilement que David, dans sa feinte fureur, a fait tout ce qui est rapporté de lui. « Il avait des transports et jouait du tambour aux portes de la ville, et se portait de ses propres mains ; il se laissait tomber à l'entrée de la porte, et sa salive coulait sur sa barbe. » Il avait des transports ; que veut dire : il avait des transports ? Il avait des sentiments qui le transportaient. Quels sentiments le transportaient ? Il a eu pitié de nos infirmités ; et c'est pour cela qu'il a voulu revêtir notre chair, dans laquelle il devait tuer la mort. Ayant eu compassion de nous, il est dit qu'il a été transporté de compassion. C'est pourquoi l'Apôtre saint Paul reprend ceux qui sont durs et dépourvus de compassion. En réprimandant, en effet, quelques hommes, il dit qu'ils sont « dépourvus de compassion et de miséricorde (Rom. I, 31). » Où est la compassion, là est aussi la miséricorde. Où est la miséricorde du Seigneur ? Il a eu compassion de nous du haut du ciel. Car s'il n'avait consenti à s'anéantir, s'il était resté dans cette forme par laquelle il est éternellement égal au Père, nous serions toujours restés dans la mort. Mais, pour nous délivrer de la mort éternelle, dans laquelle nous avait précipités le péché d'orgueil, il s'est humilié, il s'est fait obéissant jusqu'à la mort, et jusqu'à la mort de la croix. Or, comme celui que l'on crucifie est étendu sur la croix, et que d'autre part, pour faire un tambour on étend de la chair, c'est-à-dire une peau, sur du bois, il a été dit « qu'il jouait du tambour, » c'est-à-dire qu'il était crucifié, étendu sur le bois de la croix. « Il avait des transports, » c'est-à-dire que sa charité pour nous le poussait à donner sa vie pour ses brebis (Jean. x, 15). « Il jouait du tambour ; » de quelle manière ? « Aux portes de la ville. » La porte est ce qui nous est ouvert, pour que nous croyions en Dieu. Nous avions fermé la porte à

---

9. Quærendum est quid sit, et ipsum affectabat, et ad ostia tympanizabat. Non sine caussa dictum est, Procidebat ad ostia portæ: non sine caussa dictum est, Et salivæ decurrebant super barbam ejus : non frustra dicta sunt (1 Reg. xxi, 13) (a). Mercede intelligentiæ diuturnus sermo onerosus esse non debet. Nostis, Fratres, Judæos ipsos, coram quibus ille mutavit vultum suum, et dimisit eos, et abiit, hodie vacare. Si illi qui Christum amiserunt, quos dimisit et abiit, habent inanem vacationem : nos habemus fructuosam vacationem, ut intelligamus Christum qui illos dimisit, et venit ad nos. Omnia non frustra facta sunt : et in illo furore David, quod dicitur affectabat, et tympanizabat ad ostia civitatis, et ferebatur in manibus suis, et procidebat ad ostia portæ, et salivæ decurrebant super barbam ejus. Affectabat ille : quid est affectabat ? Affectum habebat. Quid est affectum habere ? Quia compassus est infirmitatibus nostris : et ideo voluit ipsam carnem suscipere, in qua mortem occideret. Compassus ergo nobis, affectasse dictus est. Ideo reprehendit Apostolus eos qui duri sunt et sine affectu. Reprehendens enim quosdam, ait « Sine affectu, sine misericordia (Rom. 1, 31). » Ubi est affectus, ibi misericordia. Ubi misericordia ? Miseratus est nos de super. Nam si exinanire se nollet, manens in ea forma in qua æqualis erat Patri sempiternus, semper nos in morte remansissemus : sed ut nos de morte sempiterna liberaret, quo nos peccatum superbiæ perduxerat, humiliavit se, factus subditus usque ad mortem, mortem autem crucis. Ergo affectavit, quia pervenit usque ad mortem crucis. Et quoniam qui crucifigitur, in ligno extenditur ; et autem tympanum fiat, caro, id est corium, in ligno extenditur : dictum est, et tympanizabat, id est crucifigebatur, in ligno extendebatur. Affectabat, id est, affectum in nos habebat, ut « animam suam poneret pro ovibus suis (Johan. x, 15). » Tympanizabat. Quomodo ? Ad ostia civitatis. Ostium nobis est quod aperitur, ut credamus in Deum. Clauseramus ostia contra Christum, et aperueramus diabolo ; contra

(a) Sic MSS. Editi vero, non frustra dicta sunt, sed indigent intelligentia. Diuturnus sermo, etc.

l'encontre du Christ, et nous l'avions ouverte au démon ; notre cœur était fermé à la vie éternelle. Mais, affligé de ce que nous, malheureux hommes, nous avions le cœur fermé à la vie éternelle, et que nous ne pouvions voir le Verbe, que voient les anges, le Seigneur notre Dieu ouvrit avec sa croix les cœurs des mortels, ce que veut dire, il joua du tambour aux portes de la ville.

10. « Et il se portait de ses propres mains (I *Rois*. XXI, 13). » Mais, qui comprendra, mes frères, comment cela peut se faire pour un homme ? Quel homme peut, en effet, se porter de ses propres mains ? Un homme peut être porté par les mains d'un autre ; mais personne n'est porté par ses propres mains. Nous ne trouvons aucun moyen de comprendre ces paroles à la lettre, en les appliquant à David ; mais, en les appliquant au Christ, nous en trouvons un. En effet, le Christ était porté par ses propres mains, lorsqu'il donnait son corps à manger à ses disciples, et leur disait : « Ceci est mon corps (*Matt*. XXVI, 26). » Car il portait ce corps dans ses propres mains. C'est là que nous voyons l'humilité de Notre-Seigneur Jésus-Christ, dont l'imitation est si instamment recommandée aux hommes. Il nous y exhorte, mes frères, pour que nous ayons la vie, c'est-à-dire, pour que nous imitions son humilité ; pour que nous

frappions Goliath (I *Rois* XVII, 49), et qu'ayant en nous le Christ, nous vainquions l'orgueil. « Il se laissait tomber à l'entrer de la porte (I *Rois* XXI, 13). » Que veut dire : il se laissait tomber ? Il s'abaissait lui-même jusqu'à la dernière humilité. Que veut dire : « A l'entrée de la porte ? » Au commencement de la foi, qui nous sauve. Nul, en effet, ne débute que par le commencement de la foi, comme il est dit dans le Cantique des cantiques : « Vous viendrez et vous passerez outre à partir du commencement de la foi (*Cant*. IV, 8, selon les Septante). » Nous devons parvenir à la vision de Dieu face à face, comme il est écrit : « Mes bien aimés, nous sommes les enfants de Dieu, et ce que nous serons un jour, ne paraît pas encore. Nous savons que, lorsque Dieu nous apparaîtra, nous serons semblables à lui, parce que nous le verrons tel qu'il est (I *Jean*. III, 2). » Nous le verrons : à quel moment ? Quand ce monde aura passé. Ecoutez ce que dit l'Apôtre saint Paul : « Nous ne le voyons maintenant que comme dans un miroir et en énigme, mais alors nous le verrons face à face (I *Cor*. XIII, 12). » Avant donc que nous ne voyions le Verbe face à face, comme le voient les anges, nous avons encore besoin de l'entrée de la porte, où le Seigneur est tombé en s'humiliant jusqu'à la mort (*Philip*. II, 8).

11. Que veut dire que « sa salive coulait sur

---

vitam æternam clausum cor habebamus : ille autem Dominus Deus noster, quia clausum cor habebamus homines adversus vitam æternam, nec poteramus videre Verbum quod vident Angeli, cruce aperiebat corda mortalium, hoc est, tympanizabat ad ostia civitatis.
10. Et ferebatur in manibus suis (I *Reg*. XXI, 13). Hoc vero, Fratres, quomodo posset fieri in homine, quis intelligat ? Quis enim portatur in manibus suis ? Manibus aliorum potest portari homo, manibus suis nemo portatur. Quomodo intelligatur in ipso David secundum litteram non invenimus, in Christo autem invenimus. Ferebatur enim Christus in manibus suis, quando commendans ipsum corpus suum, ait, « Hoc est corpus meum (*Matth*. XXVI, 26). » Ferebat enim (a) illud corpus in manibus suis. Ipsa est humilitas Domini nostri Jesu Christi, ipsa multum commendatur hominibus. Ad ipsam nos hortatur, Fratres, ut vivamus, id est humilitatem ejus imitemur : ut per-

cutiamus Goliam (I *Reg*. XVII. 49), et tenentes Christum vincamus superbiam. Procidebat enim ad ostia portæ (I *Reg*. XXI, 13). Quid est, Procidebat ? Ad humilitatem se ipse dejiciebat. Quid est, ad ostia portæ ? Ad initium fidei, quo salvi efficimur. Nemo enim incipit nisi ab initio fidei, sicut dicitur in Canticis canticorum : « Venies et pertransies ab initio fidei (*Cant*. IV, 8 ; sec. LXX). » Venturi sumus facie ad faciem : sicut scriptum est, « Dilectissimi, filii Dei sumus, et nondum apparuit quid erimus, quoniam videbimus eum sicuti est (I *Johan*. III, 2). » Videbimus : quando ? Cum ista transierint. Audi etiam Paulum Apostolum : « Videmus nunc per speculum in ænigmate, tunc autem facie ad faciem (I *Cor*. XIII, 12). » Antequam ergo videamus facie ad faciem Verbum, quod vident Angeli, opus nobis est adhuc ostiis portæ, ad quæ procidit Dominus, « humilians se usque ad mortem (*Philip*. II, 3).

(a) Nostri omnes MSS. *Ferebas illud in manibus suis, ipsa est humilitas*, etc.

sa barbe (I *Rois* XXI, 13)? » Ce fut encore un des moyens que David employa pour changer son visage devant Abimélech ou Achis, pour le renvoyer et s'en aller. Il renvoya ceux qui ne comprirent pas. Vers qui s'en alla-t-il? vers les Gentils. Comprenons donc ce que les Juifs n'ont pu comprendre. David laissait couler sa salive sur sa barbe; que veut dire : sa salive? C'est-à-dire en quelque sorte des paroles d'enfant, puisque les enfants laissent couler leur salive. Est-ce que ces paroles : mangez ma chair et buvez mon sang (*Matth.* XXVII, 26, et *Jean.* VI, 52) n'étaient pas comme des paroles d'enfant? Mais ces paroles d'enfant cachaient la force du Seigneur, car la barbe signifie la force. Que signifie donc sa salive coulant sur sa barbe, sinon les paroles faibles qui cachaient sa force ? Votre sainteté a compris, je le pense, le titre de ce psaume. Mais si nous voulions vous expliquer de suite le psaume lui-même, il serait à craindre que les choses que vous avez entendues, ne sortissent de votre cœur. Qu'il nous suffise d'avoir expliqué le titre de ce psaume, au nom de Notre-Seigneur Jésus-Christ, et puisque demain est le jour du Seigneur et que nous devons en ce jour vous adresser la parole, attendons à demain, afin que vous entendiez également avec plaisir l'explication du texte du psaume.

DEUXIÈME DISCOURS[1] SUR LE PSAUME XXXIII.

1. Ceux d'entre vous qui ont assisté hier à la prédication se souviennent sans doute de notre promesse. Voici le moment de payer notre dette au nom du Seigneur. C'est lui qui nous a inspiré notre promesse, il nous donnera la force de l'acquitter, bien que la charité nous rende à jamais vos débiteurs. En effet, la charité est une dette qui toujours acquittée, toujours se re-

11. Quid est quod salivæ decurrebant super barbam ejus (I *Reg.* XXI,13)? In hoc enim « immutavit vultum suum coram Abimelech, » vel Achis, « et dimisit eum et abiit. » Non intelligentes dimisit. Ad quos abiit? Ad Gentes. Ergo nos intelligamus quod ipsi non potuerunt. Decurrebant super barbam David salivæ : quid sunt salivæ? Quasi verba infantilia : salivæ enim currunt infantibus. Nonne erant tamquam infantilia verba, Manducate carnem meam, et bibite sanguinem meum (*Matth.* XXVI, 26)? Sed ista infantilia verba tegebant virtutem ipsius. Virtus enim in barba intelligitur (*Johan.* VI, 52). Salivæ igitur decurrentes super barbam ejus, quid sunt, nisi verba infirma virtutem ejus tegentia? Intellexit, ut arbitror, Sanctitas Vestra titulum Psalmi hujus. Si velimus jam Psalmum exponere, timendum est ne illa quæ audistis, labantur de cordibus vestris. Titulum Psalmi hujus exposuerimus in nomine Domini nostri Jesu Christi : quoniam crastinus dies Dominicus est, et debemus vobis sermonem, differamus in crastinum, ut etiam Psalmi textum libenter audiatis.

IN EUMDEM PSALMUM XXXIII.

ENARRATIO II (I).

1. Qui hesterno die adfuistis, non dubito quod memineritis pollicitationis nostræ. Tempus enim jam

(1) 2ᵉ discours sur le Psaume XXXIII, prononcé un dimanche.

nouvelle, comme le dit l'Apôtre : « Ne gardez aucune dette envers personne, si ce n'est celle de la charité que vous vous devez tous les uns aux autres (*Rom.* XIII, 8). » Hier, nous avons expliqué le titre de ce psaume, et dans la crainte que l'explication du psaume entier ne nous retînt trop longtemps, nous avons remis à aujourd'hui celle du texte. Ecoutons donc ce que l'Esprit-Saint dit par la bouche du Prophète dans ce psaume, selon le sens du titre que nous avons commenté hier. Ceux qui n'étaient pas ici nous demandent même l'explication du titre comme une chose qui leur est due ; mais pour ne pas tromper par de trop longs délais l'attente de ceux à qui nous devons payer ce que nous leur avons promis, rappelons brièvement ce que nous avons dit ; afin que ceux qui sont ici aujourd'hui et qui n'y étaient pas hier, en aient connaissance autant que possible. Si nos paroles les poussent à nous demander une exposition plus complète, ils nous trouveront disposé à leur prêter, au nom du Christ, dans un autre moment, une oreille favorable, pour ne point laisser prendre un temps déjà réservé.

2. Nous avons dit qu'il était écrit au Livre des Rois, que David, fuyant Saül, voulut se cacher auprès d'un roi de Geth, nommé Achis (I *Rois* XXI, 10). Mais comme la gloire qu'il s'était acquise avait déjà transpiré dans ce pays, il craignit que le roi, auprès duquel il s'était enfui, ne fît contre lui quelque machination par jalousie. Il feignit donc d'être fou, et comme saisi de délire, « il changea son visage, » puis, ainsi que nous le lisons, « il avait des transports, il jouait du tambour devant les portes de la ville, se portait de ses propres mains, et se laissait tomber à l'entrée de la porte. Et le roi Achis dit : Qu'ai-je besoin de ce démoniaque ? » Et c'est ainsi que David le renvoya, et que fut accompli ce qui est écrit au Livre des Psaumes : « Il changea son visage, le renvoya et s'en alla (*Ps.* XXXIII, 1). » Mais ce fut le roi Achis qu'il renvoya, tandis que le psaume indique qu'il changea son visage devant Abimélech, le renvoya et s'en alla. Or, nous avons dit que les noms avaient été changés pour nous montrer qu'un mystère était caché sous ce titre ; de peur que, si le même nom était répété dans le titre du psaume, il nous parût, non pas que le Psalmiste eût prophétisé quelque mystère, mais qu'il eût seulement raconté une histoire. Ce double nom contient donc un grand mystère. Car le nom d'Achis signifie : comment cela ? et le nom d'Abimélech signifie : le royaume de mon père. Par ce mot : comment cela ? est figurée l'ignorance : c'est la parole d'un homme étonné, qui ne comprend pas. Au contraire, par le nom d'Abimélech, est figuré le royaume des Juifs. S'il s'agit, en effet, du Christ, ce nom

---

est in nomine Domini debitum solvere. Ipse inspiravit ut promitteremus, ipse dabit ut solvamus, semper exsistentes debitores caritatis. Ipsa est enim quæ semper redditur, et semper debetur, sicut dicit Apostolus : « Nemini quidquam debeatis, nisi ut invicem vos diligatis (*Rom.* XIII, 8). » Psalmi hujus titulum heri exposuimus, cujus expositio cum nos diutius retineret, ejusdem Psalmi textum exponendum distulimus. Audiamus ergo quid Spiritus-sanctus per os Prophetæ sancti sui dicat in isto sermone Psalmi, quod congruat titulo, quem hesterno die tractavimus. Qui non adfuerunt, tamquam et hoc debitum petunt : sed ne forte per alias tantas moras, fraudemus eos quibus jam reddendum est quod debemus, breviter commemoratum agnoscant, quantum possunt, qui hodie adsunt et heri non adfuerunt. Si quid autem eos movet quod diligentius interrogare debeant, patentes aures nostras invenient in nomine Christi aliis temporibus, ne ista occupentur.

2. Diximus scriptum esse in libro Regnorum, quod David cum fugeret Saül, latere voluit apud regem quemdam Geth, nomine Achis (I *Reg.* XXI, 10 etc.). Sed cum gloria ejus ibi fuisset commemorata, ne per livorem ideo rex ad quem confugerat, aliquid in eum machinaretur, finxit insaniam, et quasi furore correptus, mutavit vultum suum ; et sicut legimus, Affectabat, et tympanizabat ad ostia civitatis, et ferebatur in manibus suis, et procidebat ad ostia portæ. Et dixit rex Achis, Quid huc mihi adduxistis istum ? Numquid arreptitium ego opus habeo ? Et sic eum dimisit, ut impleatur quod hic scriptum est, « Mutavit vultum suum, et dimisit eum, et abiit (*Psal.* XXXIII, 1). » Dimisit autem regem Achis : hic vero dictum est quod « mutavit vultum suum » coram Abimelech, et dimisit eum, et abiit (*Ibid.*). » Diximus autem nomina mutata esse, ut sacramentum ostenderetur : ne si idem nomen repetitum esset in titulo Psalmi, non nobis prophetasse aliquid in sacramento, sed quasi gesta narrasse videretur. Utrumque ergo nomen, magnum continet sacramentum. Nam Achis inter-

peut signifier le royaume de mon père, parce que David était son père suivant la chair et que les Juifs formaient le royaume de David. Donc, en face du royaume de son père, il changea son visage, renvoya ce royaume et s'en alla; parce que là était le sacrifice selon l'ordre d'Aaron, et que Jésus institua, selon l'ordre de Melchisedech, le sacrifice de son corps et de son sang. Il changea donc son visage dans le sacerdoce, renvoya la nation juive et vint chez les Gentils. Que veut encore dire:«Il avait des transports (I *Rois* XXI,13 et suiv.)?» Ses sentiments le transportaient. Car où trouver un sentiment plus profond que dans la miséricorde de Notre-Seigneur Jésus-Christ, qui, voyant notre misère, a subi, pour nous délivrer de la mort éternelle, une mort temporelle, accompagnée de tous les outrages et de toutes les ignominies.«Et il jouait du tambour;» parce que le tambour n'est fait que d'une peau tendue sur du bois; et David jouant du tambour indiquait par là que le Christ devait être crucifié. Or, c'est aux portes de la ville qu'il jouait du tambour. Que sont les portes de la ville, sinon nos cœurs que nous avions fermés à l'encontre du Christ, qui, de dessus le tambour de la croix, a ouvert les cœurs des mortels? «Et il se portait de ses propres mains.» Comment se portait-il de ses propres mains? Parce que, quand il nous commanda de manger son corps et de boire son sang, il prit dans ses mains ce que connaissent les fidèles, et il se portait lui-même en quelque façon, quand il disait: «Ceci est mon corps (*Matth.* XXVI,26).»« Et il se laissait tomber à l'entrée de la porte (I *Rois*,XXI,13);» c'est-à-dire, il s'est humilié. En effet, c'est là se laisser tomber jusqu'au commencement de notre foi. Car l'entrée de la porte est le commencement de la foi, où commence l'Eglise, pour parvenir ensuite à contempler la beauté divine; afin que, croyant d'abord sans voir, elle mérite de jouir ensuite de Dieu, lorsqu'elle aura commencé à le voir face à face. Tel est le titre du psaume; je vous l'ai expliqué en peu de mots; écoutons maintenant les paroles mêmes de celui qui éprouvait de si vifs transports, et qui jouait du tambour à la porte de la ville.

3. « Je bénirai le Seigneur en tout temps: sa louange sera toujours dans ma bouche(*Ps.*XXXIII, 2).»C'est le Christ qui le dit et c'est ce que doit dire aussi le chrétien, parce que le chrétien fait partie du corps du Christ, et que le Christ s'est fait homme, afin que le chrétien qui dit: Je bénirai le Seigneur, pût devenir un ange. Quand bénirai-je le Seigneur? Est-ce quand il vous fait du bien? Est-ce quand les biens du siècle abondent chez vous?Est-ce quand vous avez une grande quantité de blé, d'huile, de vin, d'or, d'argent, d'esclaves,

---

pretatur, quomodo est : Abimelech interpretatur, Patris mei regnum. In illo verbo quod dicitur, Quomodo est, ignorantia significatur, ut verbum mirantis et non agnoscentis intelligas : in isto autem quod dicitur Abimelech, regnum Judæorum significatur. Ex Christi enim persona potest dici, Patris mei regnum; quia pater ipsius secundum carnem, David; et regnum David erat in gente Judæorum. Coram regno ergo patris sui mutavit vultum suum, et dimisit eum, et abiit; quia erat ibi sacrificium secundum ordinem Aaron, et postea ipse de corpore et sanguine suo instituit sacrificium secundum ordinem Melchisedec. Mutavit ergo vultum suum in sacerdotio, et dimisit gentem Judæorum, et venit ad Gentes. Quid est ergo,«Affectabat (I *Reg.*XXI,13 etc.)?»Affectu plenus erat. Quid enim tam plenum affectu, quam misericordia Domini nostri Jesu Christi, qui videns infirmitatem nostram, ut nos a sempiterna morte liberaret, temporalem mortem cum tanta injuria contumeliaque suscepit?Et tympanizabat: »quia tympanum non fit nisi cum corium in ligno extenditur; et tympanizabat David significans quod crucifigendus esset Christus. « Tympanizabat autem ad ostia civitatis:» quæ sunt ostia civitatis, nisi corda nostra quæ clauseramus contra Christum, qui de tympano crucis aperuit corda mortalium?« Et ferebatur in manibus suis: »Quomodo ferebatur in manibus suis? Quia cum commendaret ipsum corpus suum et sanguinem suum, accepit in manus suas quod norunt fideles; et ipse se portabat quodam modo, cum diceret, « Hoc est corpus meum (*Matth.* XXVI, 26). »« Et procidebat ad ostia portæ: » id est, humiliavit se (I *Reg.* XXI, 13). Hoc est enim procidere usque ad initium fidei nostræ. Ostium enim portæ initium fidei, unde incipit Ecclesia, et pervenit usque ad speciem: ut cum credit ea quæ non videt, mereatur perfrui cum facie ad faciem videre cœperit. Sic se habet titulus Psalmi; breviter audivimus : audiamus jam ipsa verba affectantis et tympanizantis ad portam civitatis.

3. « Benedicam Dominum in omni tempore, semper laus ejus in ore meo(*Ps.*XXXIII,2).»Dicit Christus, dicat et Christianus; quia et Christianus in corpore Christi est: et propterea Christus homo, ut posset esse

DEUXIÈME DISCOURS SUR LE PSAUME XXXIII.

de troupeaux ; quand cette prospérité périssable se maintient sans altération et sans corruption ; quand tout ce qui naît croit selon l'ordre naturel ; quand la mort ne vous enlève rien prématurément ; quand enfin votre maison regorge de bonheur et que tous les biens affluent autour de vous ; est-ce alors seulement que vous bénirez le Seigneur ? Non ; mais en tout temps. C'est donc dans cet état prospère qu'il faut le bénir, et aussi quand ces éléments de félicité sont troublés par les circonstances et par le châtiment de Dieu ; quand ces biens nous sont ravis ; lorsqu'ils ne naissent plus pour nous, ou qu'à peine nés ils disparaissent. C'est, en effet, ce qui arrive ; et de là viennent la pauvreté, l'indigence, le travail, la douleur et l'épreuve. Mais vous qui avez chanté : « Je bénirai le Seigneur en tout temps, et sa louange sera toujours dans ma bouche ; » bénissez-le quand il vous donne ces biens, et quand il vous les ôte bénissez-le encore. Il retire ces biens, parce qu'ils viennent de lui ; mais il ne se retire jamais lui-même de celui qui le bénit.

4. Mais quel est celui qui bénit le Seigneur en tout temps, sinon celui qui est humble de cœur ? En effet, Notre-Seigneur nous a enseigné l'humilité par le sacrement de son corps et de son sang, parce qu'en nous prescrivant de manger son corps et de boire son sang, il nous a recommandé sa propre humilité dans un trait de la folie simulée de David, trait que rapporte le Livre des Rois et que nous n'avons qu'indiqué aujourd'hui : « Et sa salive coulait sur sa barbe (1 *Rois* XXI, 13). » Dans la lecture qui vous a été faite de l'Apôtre saint Paul, vous avez ouï parler de cette salive, alors qu'elle coulait sur la barbe. Quelqu'un dira peut-être : mais de quelle salive avons-nous ouï parler ? Est-ce que vous ne venez point d'entendre ce passage de l'Apôtre : « Les Juifs demandent des miracles et les Grecs cherchent la sagesse ? » Or on a lu ensuite ces paroles : « Pour nous, nous prêchons le Christ crucifié, (alors il jouait du tambour,) qui est un scandale pour les Juifs et une folie pour les gentils, mais qui est le Christ, force de Dieu et sagesse de Dieu, pour ceux même d'entre les Juifs et les Grecs qui sont appelés ; car ce qui est folie en Dieu est au-dessus de la sagesse des hommes, et ce qui est faiblesse en Dieu est au-dessus de la force des hommes (I *Cor.* 1, 22 et suiv.). » En effet, la salive signifie la folie, elle signifie la faiblesse. Mais si ce qui est folie en Dieu est au-dessus de la sagesse des hommes, et si ce qui est faiblesse en Dieu est au-dessus de la force des hommes, que cette salive ne vous choque point en elle-même comme salive, mais plutôt remarquez qu'elle coule sur la barbe. En effet, de

---

Christianus Angelus (a), qui ait, « Benedicam Dominum.. » Quando « benedicam Dominum ? » Quando tibi benefacit ? quando abundant sæcularia ? quando multum abundat frumenti, olei, vini, auri, argenti, mancipiorum, pecorum, salusque ista mortalis invulnerata et incorrupta persistit, ea quæ nascuntur crescunt omnia, nihil immatura morte subtrahitur, felicitas tota abundat in domo, circumfluunt omnia, tunc benedices Dominum ? Non : sed in omni tempore. Ergo et tunc, et quando ista secundum tempus et secundum flagella Domini Dei nostri turbantur, auferuntur, minus nascuntur, jam nata dilabuntur. Fiunt enim hæc, et inde sequitur penuria, egestas, labor, dolor et tentatio. Sed tu qui cantasti, « Benedicam Dominum in omni tempore, semper laus ejus in ore meo, » et quando ista dat, benedic ; et quando ista tollit, benedic. Quia ille dat, ille tollit : sed seipsum a benedicente se non tollit.

4. Quis est autem qui benedicit Dominum in omni tempore, nisi humilis corde ? Ipsam enim humilitatem docuit Dominus noster in corpore et sanguine suo : quia cum commendat corpus et sanguinem suum, humilitatem suam commendat, in eo quod in ipsa historia scriptum est, in illo quasi furore David, quod prætermisimus, « Et salivæ decurrebant super barbam ejus (1 *Reg.* XXI. 13). » Cum legeretur Apostolus, audistis ipsas salivas, sed decurrentes super barbam. Dicit aliquis, Quas salivas audivimus ? Nonne modo lectus est Apostolus, cum diceret, « Judæi signa petunt, et Græci sapientiam quærunt ? » Modo lectum est : « Nos autem prædicamus, inquit, Christum crucifixum, »(tunc enim tympanizabat)« Judæis quidem scandalum, Gentibus autem stultitiam ; ipsis vero vocatis Judæis et Græcis, Christum Dei Virtutem et Dei Sapientiam : quia quod stultum est Dei, sapientius est hominibus ; et quod infirmum est Dei, fortius est quam homines (I *Cor.* 1, 22). » Salivæ enim significant stultitiam, salivæ significant infirmitatem.

(a) Aliquot MSS. *angelus, qui jam dicat*. Alii nonnulli, *angelus. Et quid ait*.

même que la salive indique la faiblesse, la barbe indique la force. Le Christ a donc couvert sa force d'un corps de faiblesse : et tandis que cette faiblesse extérieure apparaissait comme la salive, au dedans était cachée la force divine, comme la barbe que couvre la salive. C'est ainsi que l'humilité nous est recommandée. Soyez humble, si vous voulez bénir Dieu en tout temps, et avoir toujours sa louange dans la bouche. Car Job n'a pas seulement béni le Seigneur dans le temps où il possédait en abondance tous les biens qui, selon l'Ecriture, le rendaient riche et heureux : troupeaux, serviteurs, maisons, enfants et biens de toute nature. Tout lui fut ravi en même temps et il accomplit ce qui est écrit dans le psaume, en disant : « Le Seigneur me l'a donné, le Seigneur me l'a ôté, il a été fait comme il a plu au Seigneur ; que le nom du Seigneur soit béni (*Job.* 1, 21). » Voilà un exemple de l'homme qui bénit Dieu en tout temps.

5. Pourquoi donc l'homme bénit-il le Seigneur en tout temps ? Parce qu'il est humble. Qu'est-ce que d'être humble ? C'est de ne pas vouloir être loué en soi-même. Celui qui veut être loué en lui-même est un orgueilleux. Voulez-vous n'être point un orgueilleux ? Afin de pouvoir être humble, dites avec le Prophète : « Mon âme mettra sa gloire dans le Seigneur ; que

ceux qui sont dociles et doux m'écoutent et se réjonissent (*Ps.* XXXIII, 3). » Ceux donc qui ne veulent pas mettre leur gloire dans le Seigneur ne sont pas dociles et doux ; mais ils sont farouches, âpres, altiers, orgueilleux. Le Seigneur veut que sa monture soit docile ; soyez la monture du Seigneur, c'est-à-dire soyez docile, et doux. Il est assis sur vous et vous conduit ; ne craignez pas de vous heurter, ni de marcher au précipice. Vous êtes faible, mais rappelez-vous qui vous dirige. Vous êtes un ânon, mais vous portez le Christ. En effet, il vint à la ville, monté sur un ânon, et cet animal était doux et docile. Est-ce que c'est à l'animal que s'adressaient les louanges des Juifs ? Est-ce que c'est à l'animal que la foule disait : « Hosanna ! fils de David ! béni soit celui qui vient au nom du Seigneur (*Matth.* XXI, 2) ! » L'ânon portait Notre-Seigneur ; et celui que portait l'ânon était glorifié par la foule qui le précédait et par la foule qui le suivait. Et peut-être l'ânon disait-il : « Mon âme mettra sa gloire dans le Seigneur ; que ceux qui sont dociles et doux m'écoutent et se réjouissent. » Jamais, mes frères, l'ânon n'a dit cela ; mais que le peuple imitateur de la docilité de l'ânon le dise, s'il veut porter son Seigneur. Peut-être le peuple sera-t-il irrité de ce que je le compare à l'ânon sur lequel était assis le Seigneur ; et

Sed si quod stultum est Dei, sapientius est hominibus, et quod infirmum est Dei, fortius est quam homines : non tamquam salivæ offendant, sed adtende, quia super barbam decurrunt. Quomodo enim salivis infirmitas, sic barba virtus ostenditur. Texit ergo virtutem suam corpore infirmitatis suæ : et quod forinsecus infirmabatur, tamquam in saliva apparebat ; intus autem divina virtus tamquam barba tegebatur. Ergo humilitas nobis commendatur. Esto humilis, si vis benedicere Dominum in omni tempore : et semper laus ejus sit in ore tuo. Quia Job non tantum benedixit Dominum, quando abundabant illi omnia, quibus cum legimus divitem fuisse et felicem, et pecore, et servis, et domo, felicem filiis, et omnibus rebus. Ablata sunt omnia uno tempore, et implevit quod in hoc Psalmo scriptum est, dicens, « Dominus dedit, Dominus abstulit ; sicut Domino placuit, ita factum est : sit nomen Domini benedictum (*Job* 1, 21). » Ecce habes exemplum benedicentis Dominum in omni tempore.

5. Quare autem benedicit Dominum homo in omni tempore ? Quia humilis est. Quid est esse humilem ? Nolle in se laudari. Qui in se vult laudari,

superbus est. Qui superbus non est, humilis est. Non vis ergo esse superbus ? Ut possis esse humilis, dic quod dictum est, « In Domino laudabitur anima mea ; audiant mansueti, et lætentur (*Ps.* XXXII, 3). » Ergo qui non in Domino volunt laudari, non sunt mansueti ; sed truces, asperi, elati, superbi. Jumenta mansueta vult habere Dominus : esto jumentum Domini, id est, esto mansuetus. Sedet ille super te, ipse regit te : noli timere ne offendas, et eas in præceps. Infirmitas quidem tua est, sed adtende qui tibi præsideat. Pullus asini es, sed Christum portas. Nam et ipse in pullo asini venit ad civitatem, et fuit illud jumentum mansuetum (*Matth.* XXI, 2). Numquid laudabatur jumentum illud ? Numquid jumento dicebatur, « Hosanna, fili David, benedictus qui venit in nomine Domini (*Ibid.*)? » Asellus portabat : sed ille qui portabatur, a præcedentibus et consequentibus laudabatur. Et dicebat forte jumentum, « In Domino laudabitur anima mea : audiant mansueti, et lætentur. » Numquam illud dixit ille asinus, Fratres : sed dicat illud populus qui imitatur jumentum illud, si vult portare Dominum suum. Irascitur forte populus, quia comparatur asello in

des hommes altiers et orgueilleux me diront : Voilà qu'il fait de nous des ânes. Eh bien ! que ceux qui parlent ainsi deviennent les ânes du Seigneur, pour n'être pas le cheval et le mulet, qui n'ont pas d'intelligence. Vous connaissez, en effet, le psaume où il est dit : « Gardez-vous d'être comme le cheval et le mulet qui n'ont pas d'intelligence (*Ps.* XXXI, 9). » Car le cheval et le mulet relèvent quelquefois la tête et, dans leur fierté, ils secouent leur cavalier à bas de leurs épaules. On les dompte par le frein, par le mors, par les coups, jusqu'à ce qu'ils aient appris à se soumettre et à porter leur maître. Quant à vous, au contraire, n'attendez pas, pour être docile et doux, que votre bouche soit meurtrie par le mors, et portez votre Seigneur; gardez-vous de vouloir être glorifié en vous-même, mais demandez que celui qui est assis sur vous soit glorifié, et dites : « Mon âme mettra sa gloire dans le Seigneur : que ceux qui sont dociles et doux m'entendent et se réjouissent (*Ps.* XXXIII, 3). » Car lorsque ceux qui entendent ces paroles ne sont point dociles et doux, loin de s'en réjouir, ils s'en irritent, et ils disent que nous faisons d'eux des ânes. Que ceux, au contraire, qui sont dociles et doux ne dédaignent pas de les entendre et d'être ce qu'ils entendent.

6. Le Prophète continue ainsi : « Publiez avec moi les grandeurs du Seigneur (*Ibid.* 4). » Quel est celui qui nous exhorte à publier avec lui les grandeurs du Seigneur ? Mes frères, quiconque fait partie du corps du Christ doit apporter ses soins à ce que tous publient avec lui les grandeurs du Seigneur. En effet, quiconque agit ainsi aime le Seigneur. Et comment l'aime-t-il ? Il l'aime, en ne portant pas envie à ceux qui l'aiment en même temps que lui. Celui qui aime selon la chair aime nécessairement avec une jalousie mortelle : si, par exemple, il estime à haut prix le plaisir d'avoir vu sans aucun voile celle qu'il aime d'un amour empoisonné, est-ce qu'il veut qu'un autre aussi la voie dans cet état ? Loin de là : il ne peut manquer d'être blessé d'une jalousie furieuse, si un autre la voit également. C'est ainsi d'ailleurs, que la chasteté se conserve, si celui à qui il est permis de voir une femme la voit seul, à l'exclusion de tout autre homme, ou même s'abstient de la voir. Il n'en est pas ainsi de la sagesse de Dieu. Nous la verrons face à face ; nous la verrons tous, et nul n'en concevra de jalousie contre les autres. Elle se montre à tous, entière pour tous, et chaste pour tous. Tous se transforment en elle, et elle ne se transforme pas en eux. Elle est la vérité, elle est Dieu. Avez-vous jamais entendu dire, mes frères, que Dieu pût changer ? Elle est pour tous la vérité par excellence, elle est le Verbe de Dieu, elle est la Sagesse de Dieu qui a fait toutes choses ; et elle possède ceux qui l'aiment. Mais que dit celui qui l'aime ? « Publiez

---

quæ sedit Dominus : et dicent mihi aliqui superbi et elati, Ecce asinos nos fecit. Sit asinus Domini quisquis hoc dicit : ne sit equus et mulus, quibus non est intellectus. Nostis enim Psalmum ubi dicitur, « Nolite esse sicut equus et mulus, quibus non est intellectus (*Ps.* XXXI, 9). » Equus enim et mulus erigunt cervicem aliquando, et sua ferocitate excutiunt a se sessorem. Domantur frenis, camo, verberibus, donec discant subesse, et portare dominum suum. Tu autem antequam freno tundantur ora tua, esto mansuetus, et porta Dominum tuum : noli in te velle laudari, sed laudetur ille qui super te sedet, et dices, « In Domino laudabitur anima mea, audiant mansueti, et lætentur (*Ps.* XXXIII, 3). » Nam quando audiunt non mansueti, non lætantur, sed irascuntur : et ipsi sunt qui dicunt quod asinos eos fecerimus. Qui autem mansueti sunt, dignentur audire et esse quod audiunt.

6. Sequitur, « Magnificate Dominum mecum (*Ibid.* 4). Quis est iste, qui exhortatur, ut magnificemus cum illo Dominum ? Quisquis est, Fratres, in corpore Christi, ad hoc debet dare operam, ut magnificetur cum illo Dominus. Amat enim Dominum quisquis est iste. Et quomodo illum amat ? Ut non invideat coamatori suo. Quisquis enim amat carnaliter, necesse est ut cum zelo pestifero amet : si forte pro magno nudam videre potuerit, quam pestifero amore desideravit, numquid vult ut videat illam et alius ? Necesse est ut zelo et livore saucietur, si et alius eam viderit. Et sic servatur castitas, si aut ille videat cui licet, et alius non videat, aut nec ipse. Non sic est Sapientia Dei : videbimus illam facie ad faciem, et omnes videbimus, et nemo ibi zelabit. Omnibus se exhibet, et integra est et casta est omnibus. Illi mutantur in eam, et ipsa in eos non mutatur. Ipsa est veritas, ipsa est Deus. Numquid aliquando audistis Fratres, quod potuerit commutari Deus noster ? Supereminens omnibus veritas est, Verbum Dei est, Sapientia Dei est, per quem facta sunt omnia : habet amatores suos. Sed quid dicit

avec moi les grandeurs du Seigneur.» Je ne veux pas être seul à les publier; je ne veux pas être seul à l'aimer; je ne veux pas être seul à l'embrasser. Non, car au moment où je l'embrasse, il ne faut pas croire qu'un autre ne trouve plus de place pour l'embrasser aussi. La sagesse de Dieu est tellement étendue, que toutes les âmes à la fois l'embrassent et en jouissent. Et que dirai-je, mes frères? Que ceux-là rougissent qui aiment Dieu de telle manière qu'ils soient jaloux des autres. Des hommes perdus de mœurs aiment un cocher de cirque, et quiconque aime tel cocher ou tel chasseur de cirque veut que tout le peuple l'aime avec lui; il exhorte chacun et il dit: Aimez avec moi tel pantomime, aimez avec moi telle ou telle turpitude. Il crie au milieu du peuple pour l'amener à partager son amour pour des choses honteuses; et le chrétien ne crierait pas dans l'Eglise pour attirer les autres à aimer avec lui la vérité de Dieu? Mes frères, échauffez donc en vous cet amour, et criez tous à chacun d'entre vous: « Publiez avec moi les grandeurs du Seigneur.» Voilà l'amour qui doit vous embraser. Dans quel but vous ai-je énoncé et expliqué ces vérités? Le voici: si vous aimez Dieu, entraînez à l'aimer ceux qui vous sont attachés par quelque lien, et tous ceux qui habitent dans votre maison; si vous aimez le corps du Christ, c'est-à-dire l'unité de l'Eglise, entraînez-les à jouir du Seigneur et dites: « Publiez avec moi les grandeurs du Seigneur. »

7. Célébrons tous ensemble la gloire de son nom (Ibid.). » Que veut dire: célébrons tous ensemble la gloire de son nom? Cela veut dire: d'un commun accord. Il y a, en effet, beaucoup de manuscrits qui portent: Publiez avec moi les grandeurs du Seigneur, célébrons unanimement la gloire de son nom. Mais que l'on dise: tous ensemble, ou d'un commun accord, on dit une seule et même chose. Entraînez donc ceux que vous pourrez par vos exhortations, par votre support, par vos prières, par la discussion de la vérité, par vos explications, et toujours avec mansuétude et avec douceur; entraînez-les à la charité de Dieu, afin que, s'ils glorifient le Seigneur, ils le glorifient d'un commun accord. Le parti de Donatus lui-même croit publier les grandeurs du Seigneur. En quoi donc le gêne le reste de la terre? Disons-leur aussi, mes frères: « Publiez avec moi les grandeurs du Seigneur, et célébrons tous ensemble la gloire de son nom.» Pourquoi voulez-vous ne publier qu'à part vous les grandeurs du Seigneur? Dieu est un, pourquoi voulez-vous qu'il y ait deux peuples de Dieu? Pourquoi voulez-vous diviser et disperser le corps du Christ? Vous le savez, au moment où il jouait du tambour, il était suspendu sur la croix, et ainsi

---

amator ipsius? « Magnificate Dominum mecum. » Nolo solus magnificare Dominum, nolo solus amare, nolo solus amplecti. Non enim si ego amplexus fuero, non habet alius ubi manus ponat. Latitudo tanta est in ipsa Sapientia, ut omnes animæ amplectantur et perfruantur. Et quid dicam, Fratres? Erubescant qui sic amant Deum, ut invideant aliis? Aurigam perditi homines amant, et quisquis amaverit aurigam aut venatorem, vult ut totus populus cum illo amet; et hortatur, et dicit, Amate mecum illum pantomimum, amate illam mecum et illam turpitudinem. Clamat ille in populo, ut ametur cum illo turpitudo: et Christianus non clamat in Ecclesia, ut ametur cum illo veritas Dei? Excitate ergo in vobis amorem Fratres, et clamate unicuique vestrorum, et dicite, « Magnificate Dominum mecum (Ibid.). » Sit in vobis iste fervor. Quare vobis recitantur ista, et exponuntur? Si amatis Deum, rapite omnes ad amorem Dei qui vobis junguntur, et omnes qui sunt in domo vestra: si amatur a vobis corpus Christi, id est, unitas Ecclesiæ, rapite eos ad fruendum, et dicite, « Magnificate Dominum mecum. »

7. « Et exaltemus nomen ejus in idipsum (Ibid. 4). » Quid est exaltemus nomen ejus in idipsum? Hoc est, in unum. Nam multi codices sic habent, « Magnificate Dominum mecum, et exaltemus nomen ejus in unum. » Sive « in idipsum » dicatur, sive « in unum: » hoc idem dicitur. Ergo rapite quos potestis, hortando, (a) portando, rogando, disputando, rationem reddendo, cum mansuetudine, cum lenitate: rapite ad amorem; ut si magnificant Dominum, in unum magnificent. Et pars Donati videtur sibi magnificare Dominum: quid eos offendit orbis terrarum? Dicamus illis, Fratres, « Magnificate Dominum mecum, et exaltemus nomen ejus in unum (Ibid.). » Quare in præcisione vultis magnificare Dominum? Ille unus est, quare duos populos vultis facere Deo?

(a) MSS. quidam omittunt, portando. Nonnulli ejus loco habent, operando.

suspendu sur la croix, il rendit l'esprit : et ceux qui l'avaient suspendu sur la croix, étant venus, virent qu'il avait rendu l'âme (*Jean*, XIX, 30), et ils ne lui rompirent pas les jambes ; tandis qu'ils les rompirent aux larrons crucifiés avec lui qui étaient encore vivants, afin d'accélérer leur mort par cette douleur nouvelle, et de les affranchir des tortures du supplice, comme c'était la coutume de le faire à l'égard des crucifiés. Les persécuteurs du Christ vinrent donc, et trouvèrent que le Seigneur avait paisiblement rendu l'esprit, conformément à ce qu'il avait dit : « J'ai le pouvoir de quitter la vie (*Jean*, X, 18).» Or, pour qui a-t-il quitté la vie ? Pour tout son peuple, pour son corps tout entier. Les bourreaux vinrent donc et ils ne rompirent pas les jambes du Christ ; voici venir Donatus et il a rompu en deux l'Eglise du Christ. Le corps du Christ est resté entier sur la croix entre les mains des bourreaux, et le corps de l'Eglise ne reste pas entier entre les mains des chrétiens. Crions donc, mes frères, en gémissant de toutes nos forces et disons : « Publiez avec moi les grandeurs du Seigneur, et célébrons tous ensemble la gloire de son nom. » C'est, en effet, ce que leur crie l'Eglise ; c'est la prière qu'elle fait avec des cris à ceux qui se sont retranchés d'elle. Et pourquoi se sont-ils ainsi retranchés d'elle ? Par orgueil. Or, le Christ nous enseigne l'humilité, lorsqu'il nous ordonne de manger son corps et de boire son sang ; et nous avons dit à Votre Sainteté que c'est là ce qui est exprimé et enseigné par le texte de ce psaume, qui, en même temps qu'il recommande le corps et le sang du Christ, nous recommande l'humilité à laquelle le Christ a daigné se réduire pour notre salut.

8. « J'ai cherché ardemment le Seigneur et il m'a exaucé(*Ps*.XXXIII,5).»Où le Seigneur exauce-t-il ? Intérieurement. Où fait-il ses dons ? Intérieurement. C'est là que vous priez ; c'est là que vous êtes exaucé ; c'est là que le bonheur vous est accordé. Vous avez prié, vous êtes exaucé, le bonheur vous est accordé, et celui qui est auprès de vous l'ignore ; tout a été fait en secret, comme le dit Notre-Seigneur dans l'Evangile : « Entrez dans votre chambre, fermez votre porte, et priez en secret, et votre Père qui voit dans le secret, vous récompensera (*Matth*. VI, 6). » Entrer dans votre chambre, c'est entrer dans votre cœur. Heureux ceux qui se réjouissent, lorsqu'ils entrent dans leur cœur, et n'y trouvent rien de mauvais.Que Votre Sainteté soit attentive à ce que je vais dire : Ceux qui ont une méchante femme n'aiment pas à rentrer chez eux, tandis que c'est pour eux une joie de sortir pour leurs affaires: l'heure arrive-t-elle de rentrer au logis, ils sont tout tristes.

Quare vultis dissipare corpus Christi? Certe enim ipse pendebat in cruce, quando tympanizabat: et cum penderet in cruce, emisit spiritum ; et venerunt illi qui eum suspenderant, et invenerunt eum emisisse spiritum, et non illi fregerunt crura : latronibus autem adhuc in cruce viventibus fregerunt (*Johan*. XIX, 30), ut per ipsum dolorem compendio mortis ab illo cruciatu liberarentur, quomodo solebat crucifixis fieri. Ergo venit persecutor, invenit Dominum quiete deposuisse spiritum : quia ipse dixit, « Potestatem habeo ponendi animam meam (*Johan*. X. 18). » Pro quibus posuit animam suam ? Pro universa plebe sua, pro toto corpore suo. Venit ergo persecutor, et non fregit crura Christi : venit Donatus et disrupit Ecclesiam Christi. Integrum corpus Christi in cruce inter manus persecutorum est, et inter manus Christianorum non est integrum corpus Ecclesiæ. Clamemus ergo, Fratres, cum gemitu quantum possumus,dicentes, « Magnificate Dominum mecum, et exaltemus nomen ejus in unum (*Ibid*.). » Ecclesia enim illis clamat: vox est Ecclesiæ clamans illis qui se (*a*) præciderunt. Unde enim disrupti sunt? Per superbiam.Docet autem Christus humilitatem,cum commendat corpus et sanguinem suum quod diximus Sanctitati Vestræ in hoc Psalmi textu agi et celebrari, ubi commendatur corpus et sanguis Christi, ubi commendatur humilitas Christi, quam pro nobis suscipere dignatus est.

8. « Inquisivi Dominum, et exaudivit me (*Ibid*.5).» Ubi exaudivit Dominus ? Intus. Ubi dat ? Intus. Ibi oras, ibi exaudiris, ibi beatificaris. Orasti, exauditus es, beatificatus es ; et non scit qui juxta te stat : gestum est totum in occulto, sicut Dominus in Evangelio dicit, « Intra in cubiculum tuum, claude ostium tuum, et ora in occulto, et Pater tuus qui videt in occulto, reddet tibi (*Matth*. VI,6).» Cum ergo intras cubiculum tuum, intras cor tuum. Beati qui gaudent quando intrant ad cor suum, et nihil mali ibi invenient. Adtendat Sanctitas Vestra : Quomodo nolunt intrare domos suas, qui habent malas uxores

---

(*a*) Sic in MSS. At in editis, *præcipitaverunt*.

En effet, ils n'y rentrent que pour y trouver des ennuis, des murmures, des amertumes, des bouleversements; parce qu'une maison où la paix ne règne pas entre mari et femme ne saurait être bien ordonnée, et mieux vaut pour l'homme de s'aller promener au dehors. Si donc ceux-là sont malheureux qui craignent, en rentrant chez eux, d'en être chassés par les mauvais traitements des leurs, combien plus malheureux encore ceux qui n'osent rentrer dans leur conscience, de peur d'en être chassés par les remords de leurs péchés ! Purifiez donc votre cœur, afin d'y pouvoir rentrer avec plaisir; car « heureux ceux dont le cœur est pur, parce qu'ils verront Dieu (*Matth.* v, 8). » Otez donc de votre cœur les immondices de la convoitise, ôtez-en les souillures de l'avarice, ôtez-en l'ignominie des superstitions, ôtez-en les sacrilèges et les mauvaises pensées, ôtez-en les haines, je ne dis pas seulement contre vos amis, mais encore contre vos ennemis; ôtez-en toutes ces ordures: puis entrez dans votre cœur et vous vous y plairez. Lorsque vous aurez commencé à vous y plaire, la pureté même de votre cœur vous sera délicieuse et vous engagera à prier. C'est ainsi que si vous venez en quelque endroit où vous trouviez le silence, où vous trouviez le calme, où tout vous semble propre: Prions ici, dites-vous ; parce que vous êtes charmé de l'ordre qui règne en ce lieu, et parce vous croyez que Dieu vous y exaucera. Si donc la pureté visible d'un endroit vous charme, pourquoi l'impureté de votre cœur ne vous choque-t-elle pas? Entrez, purifiez tout, levez les yeux vers Dieu, et aussitôt il vous exaucera. Criez vers lui et dites : « J'ai cherché ardemment le Seigneur et il m'a exaucé : et il m'a délivré de toutes mes afflictions (*Ps.* xxxiii, 5). » Pourquoi? parce que, même après que Dieu vous a éclairé, après que vous avez commencé à avoir une bonne conscience, il vous reste encore certains troubles à subir;parce qu'il vous reste toujours quelques faiblesses; jusqu'à ce que la mort soit absorbée par la victoire et que votre cœur mortel revête l'immortalité (I *Cor.* xv, 54). Il est nécessaire que vous soyez châtié en ce monde; il est nécessaire que vous ayez à souffrir des tentations et des suggestions mauvaises : mais Dieu purifiera tout en vous, et il vous délivrera de toute affliction ; sachez le chercher.

9. « J'ai cherché ardemment le Seigneur et il m'a exaucé (*Ps.*xxxiii,5). » Ceux donc qui ne sont pas exaucés ne cherchent pas le Seigneur. Que Votre Sainteté m'écoute avec recueillement. Le Prophète n'a pas dit : J'ai demandé de l'or au Seigneur et il m'a exaucé; j'ai demandé au Seigneur d'arriver à la vieillesse et il m'a exaucé ; j'ai demandé au Seigneur telle ou telle chose et il m'a exaucé. Demander quelque chose au Seigneur, ce n'est point chercher le Seigneur. Il dit : J'ai

---

quomodo exeunt ad forum, et gaudent ; cœpit hora esse, qua intrent in domum suam, contristantur : intraturi sunt enim ad tædia, ad murmura, ad amaritudines, ad eversiones, quia non est domus composita, ubi inter virum et uxorem pax nulla est, et melius illi est foris circumire. Si ergo miseri sunt, qui cum redeunt ad parietes suos, timent ne aliquibus suorum perturbationibus evertantur, quanto sunt miseriores, qui ad conscientiam suam redire nolunt, ne ibi litibus peccatorum evertantur? Ergo ut possis libens redire ad cor tuum, munda illud. « Beati enim mundi corde, quoniam ipsi Deum videbunt (*Matth.* v, 8). » Aufer inde cupiditatum sordes , aufer labem avaritiæ , aufer tabem superstitionum, aufer sacrilegia et malas cogitationes, odia, non dico adversus amicum, sed etiam adversus inimicum : aufer ista omnia : intra in cor tuum, et gaudebis ibi. Cum ibi cœperis gaudere, ipsa munditia cordis tui delectabit te, et faciet orare: quomodo si venias ad aliquem locum, silentium est ibi, forte quies est ibi, mundus est locus ; Oremus hic, dicis: et delectat te compositio loci, et credis quod ibi te exaudiat Deus. Si ergo loci visibilis te delectat munditia, quare te non offendit immunditia cordis tui ? Intra, munda omnia, leva oculos tuos ad Deum, et statim te exaudiet. Clama, et dic, « Inquisivi Dominum, et exaudivit me : et ex omnibus tribulationibus meis eruit me(*Ps.*xxxiii,5). » Quare? Quia cum fueris illuminatus,cum cœperis hic habere bonam conscientiam, restant tribulationes, quia restat aliquid infirmum,donec mors absorbeatur in victoriam, et mortale hoc induat immortalitatem (I *Cor.*xv,54) : necesse est ut in hoc sæculo flagelleris, necesse est ut aliquas tentationes suggestionesque patiaris.Mundabit Deus omnia, eruet te ab omni tribulatione, ipsum quære.

9. « Inquisivi Dominum,et exaudivit me (*Ps.*xxxiii, 5). » Qui ergo non exaudiuntur, non Dominum quærunt. Intendat Sanctitas Vestra : Non dixit, Inquisivi aurum a Domino,et exaudivit me;inquisivi a Domino

cherché ardemment le Seigneur et il m'a exaucé. Mais si, en priant, vous dites à Dieu: faites périr un tel qui est mon ennemi, vous ne cherchez pas le Seigneur, mais vous vous faites juge de votre ennemi, et vous faites de Dieu l'exécuteur de votre arrêt contre cet homme. Et que savez-vous si celui dont vous demandez la mort n'est pas meilleur que vous? Il l'est peut-être, par cela seul qu'il ne demande pas la vôtre. Gardez-vous donc de chercher quelque chose en dehors de Dieu, mais cherchez Dieu lui-même et il vous exaucera et, pendant que vous parlerez encore, il dira : « Me voici (*Is.* LXV, 24). » Que veut dire : « Me voici ? » Je suis là présent, que voulez-vous de moi ? Que me demandez-vous ? Tout ce que je vous donnerai vaut moins que moi ; possédez-moi donc moi-même, jouissez de moi, embrassez-moi, vous ne le pouvez pas encore entièrement, mais touchez-moi par la foi et vous serez uni à moi (voilà ce que Dieu vous dit); et je retirerai de vous tous vos fardeaux, pour que vous me soyez uni tout entier lorsque je ferai passer votre corps mortel à l'immortalité (*I Cor.* XV, 54); pour que vous soyez l'égal de mes anges (*Matth.* XXII, 30) ; pour que vous me voyiez éternellement face à face, que vous soyez comblé de joie, et que nul ne puisse vous ravir votre joie (*Jean,* XVI, 22) : car vous avez cherché le Seigneur, il vous a exaucé et il vous a délivré de toutes vos afflictions.

10. Nous avons dit quel est celui qui vous exhorte ; c'est cet ami de Dieu, qui ne veut pas être seul à embrasser ce qu'il aime et qui dit : « Approchez-vous de lui, afin qu'il vous éclaire (*Ps.*XXXIII,6).» Car il dit ce qu'il a éprouvé. Que dit, en effet, ou quelque homme spirituel faisant partie du corps du Christ, ou Notre-Seigneur Jésus-Christ lui-même dans sa condition humaine, tête du corps dont il exhorte les membres ? « Approchez-vous de lui , afin qu'il vous éclaire(Ibid.). » C'est plutôt un chrétien spirituel qui nous invite à nous approcher de Notre-Seigneur Jésus-Christ. Mais allons à lui, afin qu'il nous éclaire, et non comme l'ont fait les Juifs, pour être plongés dans les ténèbres. Car ils sont allés à lui pour le crucifier ; quant à nous, allons à lui pour recevoir son corps et son sang. Le Christ crucifié les a plongés dans les ténèbres ; et nous, en mangeant et en buvant le Christ crucifié, nous sommes éclairés. « Approchez-vous de lui, afin qu'il vous éclaire ; » voilà ce qui est dit aux Gentils. En effet, le Christ a été crucifié par les Juifs qui exerçaient sur lui leur rage et qui le voyaient ; mais les Gentils étaient absents. Et voilà que les Gentils qui étaient d'abord dans les ténèbres se sont approchés de

---

senectutem, et exaudivit me; inquisivi a Domino hoc aut illud, et exaudivit me. Aliud est aliquid inquirere a Domino, aliud ipsum Dominum inquirere. « Inquisivi, » inquit, « Dominum, et exaudivit me. » Tu autem quando oras, et dicis, Occide illum inimicum meum, non Dominum inquiris, sed quasi facis te judicem super inimicum tuum, et facis (*a*) quæstionarium Deum tuum. Unde scis ne melior te sit cujus mortem quæris ? eo ipso forte, quia ille non quærit tuam. Ergo noli aliquid a Domino extra quærere, sed ipsum Dominum quære, et exaudiet te, et adhuc te loquente dicet, Ecce adsum (*Isai.*LXV, 24). Quid est, Ecce adsum ? Ecce præsens sum, quid vis ? quid a me quæris ? Quidquid tibi dedero, vilius est quam ego : meipsum (*b*) habe, me fruere, me amplectere : nondum potes (*c*) totus, ex fide continge me, et inhærebis mihi, (hoc tibi Deus dicit,) et cetera onera tua ego a te deponam, ut totus mihi inhæreas, cum hoc mortale tuum ad immortalitatem convertero (1 *Cor.* xv, 54); ut sis æqualis Angelis meis, et semper videas faciem meam (*Matth,* XXII, 30), et gaudeas, et gaudium tuum nemo auferet a te (*Johan.* XVI, 22), quia inquisisti Dominum, et exaudivit te, et ex omnibus tribulationibus tuis eruit te.

10. Diximus quis esset exhortator, amator ille qui non solus vult amplecti quod amat, et dicit, « Accedite ad eum, et illuminamini (*Ps.* XXXIII, 6). » Dicit enim quod ipse probavit. Spiritalis enim quidam in corpore Christi, vel etiam ipse Dominus noster Jesus Christus secundum carnem, caput exhortans membra cetera, quid dicit ? « Accedite ad eum, et illuminamini (*Ibid.*). » An potius Christianus aliquis spiritalis ad ipsum Dominum nostrum Jesum Christum invitat ut accedamus. Sed accedamus ad eum, et illuminemur, non quomodo ad eum accesserunt Judæi, ut tenebrarentur. Accesserunt enim ad illum, ut crucifigerent : nos ad eum accedamus, ut corpus

---

(a) Quæstionarius idem est atque carnifex. Unde vetus Scholiastes Juvenal. Sat. 6, ad illud, *Sunt quæ tortoribus annua præstent,* adnotat, *salaria quæstionariis sive carnificibus.* Et in martyris Marcianæ Actis n. 3. legitur *Iraius judex talibus dictis virginem Deo dicatam, quæstionariorum manibus alapis cæsam, in ludo gladiatorio jussit includi.* (b) In omnibus prope MSS. *meipsum habes.* (c) Editi, *totum.* MSS. plerique, *totus.*

lui, et que ceux qui ne voyaient pas ont été éclairés. Comment donc les Gentils vont-ils à lui? En le cherchant par la foi, en aspirant à lui par le cœur, en courant à lui par la charité. La charité, voilà les pieds qui vous servent à le chercher. Ayez donc vos deux pieds et gardez-vous de boiter. Quels sont ces deux pieds ? Les deux commandements de l'amour de Dieu et de l'amour du prochain. Avec ces deux pieds, courez vers Dieu, approchez-vous de lui. Lui-même, en effet, vous a exhorté à courir et lui-même a répandu sa lumière à profusion, de manière à ce que vous pussiez le suivre à cette divine et splendide clarté. « Et vos visages ne rougiront pas(Ibid.)» «Approchez-vous de lui, dit-il, afin qu'il vous éclaire, et vos visages ne rougiront pas (Ibid.). » Le visage seul de l'orgueilleux rougira. Pourquoi? parce qu'il veut s'élever, et qu'il rougit lorsqu'il souffre quelque affront, ou quelque outrage, ou ce que le monde appelle une chûte, ou quelque affliction. Mais n'ayez aucune crainte; allez à Dieu et vous ne rougirez pas. Quelque mal que vous ait causé l'ennemi, il peut bien paraître vous être supérieur devant les hommes, mais, devant Dieu vous lui êtes supérieur. Je l'ai pris, je l'ai enchaîné, je l'ai tué ; voilà ce que disent les hommes, et de combien ne croient-ils pas être supérieurs à leur victime ! De combien les Juifs se croyaient supérieurs au Christ quand ils le soufflétaient, quand ils lui crachaient à la face, quand ils lui frappaient la tête avec un roseau, quand ils le couronnaient d'épines, quand ils le revêtaient d'une robe d'ignominie ! De combien ils lui étaient supérieurs ! Il paraissait, en effet, leur être inférieur, parce qu'alors il se laissait tomber à l'entrée de la porte (1 *Rois*, xxi, 13), mais il ne rougissait pas ; car il était la vraie lumière, qui éclaire tout homme venant dans ce monde (*Jean*, i, 7). Or, de même que la lumière ne saurait recevoir de confusion, de même elle ne permet pas que ce qu'elle éclaire reçoive de confusion. « Approchez-vous donc de lui, afin qu'il vous éclaire, et vos visages ne rougiront pas (*Ps.* xxxiii, 6). »

11. Mais dira quelqu'un, comment m'approcherai-je de lui? Je suis surchargé de si grands maux, de si grands péchés, de crimes si odieux, qui élèvent la voix du fond de ma conscience; comment oserai-je aller à Dieu ? Comment? En vous humiliant par la pénitence. Mais je rougis, dites-vous, de faire pénitence. Allez donc à lui et vous serez éclairé et votre visage ne rougira pas. En effet, si la crainte de rougir vous éloigne de la pénitence, au contraire, la pénitence vous fait aller à Dieu. Ne voyez-vous

---

et sanguinem ejus accipiamus. Illi de crucifixo tenebrati sunt : nos manducando crucifixum et bibendo illuminamur. « Accedite ad eum, et illuminamini, » ecce Gentibus dicitur. Crucifixus Christus inter Judæos erat sævientes et videntes, Gentes absentes erant : ecce illi accesserunt qui in tenebris erant, et qui non viderunt illuminati sunt. Unde accedunt Gentes ? Fide sectando, corde inhiando, caritate currendo. Pedes tui, caritas tua est. Duos pedes habeto, noli esse claudus. Qui sunt duo pedes ? Duo præcepta dilectionis, Dei et proximi. Istis pedibus curre ad Deum, accede ad illum : quia et ut currerres 'ipse hortatus est, et ipse suum lumen adspersit (*a*) sic, ut magnifice et divine se sequi possitis. « Et vultus vestri non erubescent. « Accedite, inquit, ad eum, et illuminamini : et vultus vestri non erubescent (*Ibid*). » Non erubescet vultus nisi superbi. Quare? Quia elatus vult esse, et quando fuerit passus contumeliam , aut ignominiam, aut casum secundum sæculum, aut aliquam afflictionem, erubescit. Sed noli timere, accede ad eum, et non erubesces. Quidquid fecerit tibi inimicus , videtur te superior esse apud homines : sed tu apud Deum superior illo es. Ego cepi, ego ligavi, ego interfeci. Quam superiores sibi videntur qui ista dicunt ? Quam superiores videbantur sibi Judæi quando Dominum colaphizabant, quando spuebant in faciem ejus, et de canna percutiebant caput, quando spinis coronabant, quando tunica ignominiosa circumdabant ? Quam superiores erant ? Et ille videbatur inferior, quia procidebat ad ostia portæ (1 *Reg.* xxi, 13): sed ille non erubescebat. « Lumen enim erat verum, quod illuminat omnem hominem venientem in hunc mundum (*Johan.* 1, 9). » Sicut ergo lumen non potest confundi , sic et illuminatum confundi non sinit. « Accedite ergo ad eum, et illuminamini ; et vultus vestri non erubescent (*Ps.* xxxiii, 6). »

11. Sed dicit aliquis, Quomodo ad eum accedo ? Tantis malis, tantis peccatis oneratus sum, tanta scelera clamant de conscientia mea, quomodo audeo accedere ad Deum? Quomodo? Si humiliaveris te per pænitentiam. Sed erubesco, ais, pænitentiam

---

(*a*) MSS. magno consensu ferunt, *sicut magnifice et divine secutus est. Et vultus vestri, etc.*

pas que vous portez votre châtiment sur votre visage, et que votre visage rougit, justement parce que vous n'allez pas à Dieu ; et que vous n'y allez pas, parce que vous ne voulez pas faire pénitence? C'est ce qu'atteste le Prophète en disant : « L'indigent a crié et Dieu l'a exaucé (Ibid. 7).» Il vous enseigne comment vous serez exaucé. Si vous n'êtes pas exaucé, c'est que vous êtes riche. Si, par hasard, vous avez crié vers Dieu et n'avez pas été exaucé, sachez pourquoi : « L'indigent a crié et le Seigneur l'a exaucé. » Soyez indigent et criez, et Dieu vous exaucera. Et comment pourrai-je devenir indigent, afin de crier vers Dieu ? En ne présumant pas de vos forces, quand même vous posséderiez quelque richesse : en comprenant que vous êtes indigent et véritablement pauvre, tant que vous ne possédez pas celui qui seul peut vous rendre riche. Mais comment le Seigneur a-t-il exaucé l'indigent? « Et, dit le Prophète, il l'a délivré de toutes ses afflictions (Ibid.).» Et comment Dieu délivre-t-il l'indigent de toutes ses afflictions?« L'ange du Seigneur environnera ceux qui le craignent et les délivrera (Ibid.8).» Tel est le texte véritable, mes frères, et il ne faut pas admettre cette fausse leçon de certains livres : Le Seigneur enverra son ange autour de ceux qui le craignent et il les délivrera, mais bien : L'ange du Seigneur environnera ceux qui le craignent et les délivrera. Et quel est cet ange du Seigneur, duquel le Prophète dit qu'il environnera ceux qui craignent Dieu et qu'il les délivrera? C'est Notre-Seigneur Jésus-Christ lui-même qui, dans les prophéties, est nommé l'Ange du grand conseil, l'envoyé du grand conseil; ainsi l'ont appelé les Prophètes (Is.ix, 6, selon les Septante). C'est donc l'Ange, c'est-à-dire l'envoyé du grand conseil qui environnera lui-même ceux qui craignent le Seigneur, et qui les délivrera. Ne craignez donc pas de rester inconnu à Dieu ; quelque part que vous soyez, si vous craignez le Seigneur, cet ange vous connait, il vous environnera et vous délivrera.

12. Maintenant le Prophète veut nous parler ouvertement du grand mystère, dans lequel le Seigneur était porté de ses propres mains. « Goûtez, dit-il, et voyez combien le Seigneur est doux (Ps.xxxiii,9).»Est-ce que le psaume ne s'ouvre pas de lui-même, et ne vous dévoile pas clairement le sens du prétendu délire, de la folie raisonnable, de la sage démence, de la sobre ivresse de David, qui enseignait en figure je ne sais quoi, quand les hommes, représentés autrefois par le roi Achis, répondaient par ces mots : comment

agere. Accede ergo ad eum, et illuminaberis, et vultus tuus non erubescet. Si enim timor erubescendi revocat te a pænitentia, pænitentia autem facit te accedere ad Deum : non vides quia pœnam gestas in vultu, quia ideo erubuit vultus tuus, quoniam non accessit ad Deum ; ideo non accessit, quia non vult agere pænitentiam ? Sicut adtestatur Propheta : « Iste inops clamavit, et Dominus exaudivit eum (Ibid.7).» Docet te quomodo exaudiaris. Ideo non exaudiris, quia dives es. Ne forte clamabas, et non exaudiebaris, audi quare : « Iste inops clamavit, et Dominus exaudivit eum. » Inops clama, et exaudit Dominus. Et quomodo clamabo inops ? Ut et si habes aliquid, non inde præsumas de viribus tuis: ut intelligas te indigentem, ut intelligas te tamdiu esse pauperem, quamdiu non habes illum qui facit te divitem. Quomodo autem Dominus exaudivit eum? « Et ex omnibus, »inquit, « tribulationibus ejus salvum fecit eum (Ibid.).»Et quomodo salvos facit ab omnibus tribulationibus ?« Immittet Angelus Domini in circuitu timentium eum, et eruet eos (Ibid. 8). » Sic scriptum est, Fratres ; non quomodo habent aliqui mendosi codices, « Immittet Angelum Dominus in circuitu timentium eum, et eruet eos : » sed sic, « Immittet Angelus Domini in circuitu timentium eum, et eruet eos. » Quem hic dixit Angelum Domini, qui immittit in circuitu timentium eum, et eruet eos? Ipse Dominus noster Jesus Christus in prophetia dictus est magni consilii Angelus, magni consilii nuntius: sic illum dixerunt Prophetæ (Isai. ix, 6 ; sec. lxx). Ipse ergo magni consilii Angelus, id est nuntius, immittet in eos qui timent Dominum, et eruet eos. Noli ergo timere ne lateas : ubicumque Dominum timueris, novit te ille Angelus, qui immittet in circuitu, et eruet te.

12. Aperte modo de ipso sacramento vult dicere (a), quo ferebatur in manibus suis.« Gustate, et videte quoniam suavis est Dominus(Ps xxxiii,9).»Nonne (b) aperit se Psalmus, et ostendit tibi illam quasi insaniam et furorem constantem, sanam insaniam et sobriam ebrietatem illius David (c), qui in figura nescio quid ostendebat, quando illi ex persona regis Achis dixerunt, Quomodo est (I Reg. xxi, 11)? Quando dicebat

(a) Sic MSS. Editi autem, quod ferebatur. (b) Aliquot MSS. Nonne aperit ipse Psalmus. Quidam. Nonne aperte Psalmus ostendit. (c) Ita MSS. At editi, qui figurate Sacramentum Dominicum ostendebat. Paulo post editi et MSS. ferebant, quando illi miseri coram rege : sed in duobus libris merito reposita erat lectio quam sequimur.

cela (I *Rois*, xxi, 11)? A ces paroles du Seigneur: « Celui qui ne mange pas ma chair et qui ne boit pas mon sang, n'aura pas la vie en lui (*Jean*, vi, 53), » que répondirent ceux en qui régnait Achis, c'est-à-dire, l'erreur et l'ignorance? « Comment cet homme pourra-t-il nous donner sa chair à manger ? » Si vous l'ignorez, « goûtez et voyez combien le Seigneur est doux ; » mais si vous ne comprenez pas, vous êtes un autre Achis. David changera son visage, et se retirera de vous ; il vous laissera et s'en ira.

13. « Heureux l'homme qui met en Dieu son espérance (Ps. xxxiii, 9)! » Quel besoin y a-t-il de vous expliquer cela longuement? Quiconque ne met pas son espérance en Dieu est misérable. Quel est celui qui ne met pas son espérance en Dieu? Celui qui la met en lui-même. Et quelque fois, mes frères, ce qui est pis encore, remarquez-le, les hommes ne mettent pas leur espérance en eux-mêmes, mais en d'autres hommes. Tant que Garséus sera de ce monde, dit quelqu'un, vous ne pourrez rien contre moi. Et peut-être celui dont il parle est-il déjà mort. Dans cette ville on dit : tant que vivra cet homme ; et dans les autres villes on sait qu'il est déjà mort. Que les hommes parlent ainsi facilement ! Et ils ne disent pas : je me confie en Dieu, parce qu'il ne vous permet pas de me nuire. Ils ne disent pas : je me confie en Dieu parce que, s'il vous permettait de nuire à mon corps, il ne vous permettrait pas, du moins, de nuire à mon âme. Mais lorsqu'ils disent : tant qu'un tel sera de ce monde, ils rejettent leur propre salut, et ils chargent d'un lourd fardeau ceux par qui ils croient pouvoir être sauvés.

14. « Saints du Seigneur, craignez-le tous, parce que rien ne manque à ceux qui le craignent (Ibid. 10). » Il y en a beaucoup, en effet, qui ne veulent pas craindre le Seigneur, de peur de souffrir de la faim. On leur dit : gardez-vous d'user de fraude. De quoi me nourrirai-je ? répondent-ils. Ma profession ne peut s'exercer sans imposture, je ne puis faire mes affaires sans tromper. Mais Dieu punit la fraude, craignez Dieu. Si je crains Dieu, je n'aurai pas de quoi vivre. « Saints du Seigneur, craignez-le tous, parce que rien ne manque à ceux qui le craignent (Ibid.). » Dieu promet l'abondance à celui qui tremble ainsi et qui appréhende, s'il vient à craindre le Seigneur, que le superflu ne lui manque. Dieu vous nourrissait, alors même que vous le méprisiez, et il vous abandonnerait lorsque vous le craindrez! Réfléchissez et gardez-vous de dire : un tel est riche et moi je suis pauvre : je crains Dieu, et lui qui ne le craint pas combien n'a-t-il pas gagné? et moi qui le crains, je suis nu! Voyez ce qu'ajoute le Prophète : « Les riches ont été dans le besoin et ils ont eu faim ; mais ceux

---

Dominus, Nisi quis manducaverit carnem meam, et biberit sanguinem meum, non habebit in se vitam (*Johan*. vi, 53). Et illi in quibus regnabat Achis, id est, error et ignorantia, quid dixerunt? Quomodo iste poterit nobis dare carnem suam manducare (*Ibid*)? Si ignoras, gusta, et vide quoniam suavis est Dominus ; si autem non intelligis, rex es Achis. Immutabit faciem suam David, et recedet a te, et dimittet te, et abibit.

13. « Beatus vir qui sperat in eum (*Ibid*. 9). » Hoc quid opus est diu exponi? Quisquis non sperat in Domino, miser est. Quis est qui non sperat in Domino? Qui in se sperat. Aliquando quod pejus est, Fratres mei adtendite, aliquando homines nolunt sperare in se, sed in aliis hominibus. Salva salute Garsei, nihil mihi potes facere. Et forte loquitur de homine jam mortuo. In ista civitate dicit, Salva salute illius, et ille in aliis locis forte mortuus est. Et quam cito dicunt homines hoc : et non dicunt, Credo Deo, quia non te permittit nocere mihi. Non dicunt, Credo Deo meo, quia et si te permiserit ad aliquid meum, ad animam meam non te permittet. Sed cum dicunt, Salva salute illius ; nec ipsi volunt habere salutem, et illos gravant per quos putant habere salutem.

14. « Timete Dominum omnes sancti ejus, quia nihil deest timentibus eum (*Ibid*. 10). » Multi enim propterea (*a*) nolunt timere Dominum, ne famem patiantur. Dicitur illis, Nolite fraudem facere. Et dicunt, Unde me pasco ? Non potest ars sine impostura esse, non potest negotium esse sine fraude. Sed fraudem punit Deus. Time Deum. Sed si timuero Deum, non habebo unde vivam. « Timete Dominum omnes sancti ejus, quoniam nihil deest timentibus eum (*Ibid*.). » Copiam promittit trepido, et dubitanti ne si forte timuerit Dominum deserat illum superflua. Pascebat te Dominus contemnentem se, et deseret te timentem se? Adtende, et noli dicere, Ille dives est, et ego pauper sum : ego timeo Dominum, ille non timendo quantum adquisivit, et ego timendo nudus sum. Videte

---

(*a*) Editi *volunt*. Melius MSS. *nolunt*.

DEUXIÈME DISCOURS SUR LE PSAUME XXXIII.

qui cherchent le Seigneur ne manqueront jamais d'aucun bien(Ibid.11). » Si vous prenez ces paroles à la lettre, il semble qu'elles vous trompent. Vous voyez, en effet, beaucoup de riches pervers, qui meurent au milieu de leurs richesses, et qui ne sont pas devenus pauvres de toute leur vie; vous les voyez vieillir et arriver au terme d'une longue vie au milieu d'une grande abondance de biens; vous voyez que l'on célèbre leurs funérailles avec beaucoup de pompe et de dépenses; vous voyez qu'une foule nombreuse conduit jusqu'au tombeau ce riche, qui vient d'expirer sur un lit d'ivoire, et que toute sa famille l'entoure et le pleure; et vous dites en vous-mêmes, si vous connaissez quelques péchés ou quelques crimes qu'il ait commis : Je sais tout le mal que cet homme a fait; et voilà qu'il a vieilli, qu'il est mort dans son lit, que les siens l'accompagnent en lui faisant de magnifiques funérailles; je connais ses actions, l'Ecriture m'a déçu, elle m'a trompé, car j'y ai lu et j'y ai chanté ces paroles : « Les riches ont été dans le besoin et ils ont eu faim (*Ps.*XXXIII,10). » Quand donc cet homme a-t-il été dans le besoin? Quand donc a-t-il eu faim?« Ceux qui cherchent le Seigneur ne manqueront jamais d'aucun bien (Ibid.); » mais tous les jours je vais à l'église, tous les jours je m'y agenouille, tous les jours je cherche le Seigneur, et je ne possède aucun bien; et cet homme qui n'a pas cherché le Seigneur est mort au milieu d'une telle opulence ! Et les lacs du scandale serrent à la gorge celui qui parle ainsi. C'est qu'en effet, il ne cherche sur terre qu'une nourriture périssable, et qu'il ne cherche pas, dans le ciel, la véritable récompense; il passe lui-même la tête dans les lacs du démon, le démon le serre à la gorge, le tient captif et l'excite à mal faire, à l'imitation du riche qu'il voit mourir dans une si grande abondance.

15. Gardez-vous donc de comprendre les choses comme lui. Et comment les comprendrai-je? En recherchant les biens spirituels. Mais où sont-ils ces biens? Ce n'est pas avec les yeux, mais avec le cœur qu'on les voit. Ces biens, je ne les vois pas. Celui qui les aime les voit. Je ne vois pas la justice. En effet, la justice n'est ni or ni argent. Si elle était de l'or, vous la verriez ; mais elle n'est que de la fidélité et vous ne la voyez pas. Pourtant si vous ne voyez pas la fidélité, comment se fait-il que vous aimiez un serviteur fidèle? Interrogez-vous vous-même, et demandez-vous quel est le serviteur que vous aimez? Peut-être avez-vous un serviteur qui est beau, qui est d'une haute taille, qui est bien fait, mais c'est un voleur, c'est un vaurien, c'est un menteur; et peut-être aussi en avez-vous un autre de petite taille, de laide figure, de teint noirâtre, mais il est fidèle, économe, sobre ; réfléchissez, je vous prie : lequel des deux pré-

---

quid sequitur : « Divites eguerunt et esurierunt, inquirentes autem Dominum non minuentur omni bono (Ibid.11). Si ad litteram accipias, videtur te fallere. Respicis enim multos divites iniquos mori in divitiis suis, non factos fuisse pauperes, cum vivunt ; vides illos senescere, perduci ad ultimum vitæ inter magnas copias divitiarum, celebrari eis pompam funeris in magnis effusionibus, perduci usque ad sepulcrum divitem, qui et exspiravit in lectis eburneis, (*a*) circumflente familia suorum ; et dicis in animo tuo, si forte nosti aliqua et peccata et scelera ipsius, Ego novi quanta fecerit iste homo ; ecce senuit, mortuus est in lecto suo, deducunt illum sui, pompa tanta funeris celebratur : ego novi quæ fecerit ; decepit me Scriptura, et fefellit, ubi audio et canto, « Divites eguerunt et esurierunt (*Psal.* XXXIII, 10). » Quando iste inops fuit? quando esurivit? « Inquirentes autem Dominum non minuentur omni bono (*Ibid.* 11). » Quotidie ad basilicam surgo, quotidie genu flecto, quotidie inquiro Dominum, et nihil boni habeo : iste non inquisivit Dominum, et inter tanta bona defunctus est. Sic cogitantem suffocat laqueus scandali. Escam enim mortalem quærit in terra, et veram mercedem non quærit in cœlo, et mittit caput in laqueum diaboli, constringuntur ei fauces, et tenet diabolus ad malefaciendum, ut sic imitetur illum divitem, quem videt in tanta copia defunctum.

15. Noli ergo sic intelligere. Et quomodo intelligam? In bonis spiritualibus. Sed ubi sunt? Non videntur oculis, sed corde. Non video ipsa bona. Videt (*b*) illa qui amat. Justitiam non video. Non enim aurum est, non enim argentum est. Si aurum esset, videres : quia fides est, non vides. Et si non vides fidem, quare amas servum fidelem? Interroga teipsum, qualem servum diligis. Forte habes servum

---

(a) Sic aliquot MSS. At editi, *circumfluente.* (b) In MSS. nonnullis, *Videt ille qui amat justitiam. Non video ego. Non enim aurum est,* etc.

férez-vous? Si vous jugez avec les yeux de la chair, c'est le serviteur beau, mais injuste, qui l'emporte dans votre esprit; si, au contraire, vous jugez avec les yeux du cœur, c'est le serviteur laid, mais fidèle, qui l'emporte. Vous avez donc la vue de ce que vous demandez à autrui de vous donner, je veux dire de la fidélité. Eh bien! montrez aussi à Dieu de la fidélité. Pourquoi trouvez-vous votre joie en celui qui vous témoigne de la fidélité, et le louez-vous d'un bien que les yeux du cœur peuvent seuls apercevoir? Est-ce donc que quand vous serez rempli de richesses spirituelles, vous serez pauvre? Quoi! cet homme était riche parce qu'il couchait sur un lit d'ivoire; et vous êtes pauvre, vous dont le cœur est une chambre toute resplendissante des pierres précieuses des vertus, de la justice, de la vérité, de la charité, de la foi, de la patience et du support! Étalez-nous ces richesses, si vous les possédez, et comparez-les aux richesses des riches. Mais il a trouvé dans le commerce une foule de choses précieuses, et il les a achetées. Si vous trouviez la foi à acheter, quel prix n'en donneriez-vous pas? Eh bien! cette foi, Dieu a voulu vous la donner gratuitement, et vous êtes sans reconnaissance? Ces riches sont donc dans l'indigence; oui, ils sont dans l'indigence et, ce qui est plus grave, ils manquent de pain. Vous ne croyez pas, sans doute, qu'ils manquent d'or et d'argent, et pourtant ils en manquent. Tel homme possédait telle somme d'or, en était-il rassasié? Il est donc mort dans l'indigence, parce qu'il voulait acquérir plus qu'il ne possédait. Mais je dis qu'ils manquent de pain. Pourquoi manquent-ils de pain? Si vous ne comprenez de quel pain je parle, le Seigneur vous l'apprend : « Je suis le pain vivant, descendu du ciel (*Jean*, VI, 41). » Et encore : « Heureux ceux qui ont faim et soif de la justice, parce qu'ils seront rassasiés (*Matth.* v, 6). » « Pour ceux qui cherchent le Seigneur, ils ne manqueront d'aucun bien (*Ps.* XXXIII, 11). » Nous avons déjà dit de quel bien il s'agit.

16. « Venez, mes enfants, écoutez-moi et je vous enseignerai la crainte du Seigneur (*Ibid.* 12). » Vous croyez, mes frères, que je vous parle ainsi de moi-même; non, c'est David, c'est l'Apôtre, ou plutôt c'est Notre-Seigneur Jésus-Christ qui vous dit : « Venez, mes enfants, écoutez-moi. » Ecoutons ensemble le Seigneur, écoutez-le par ma bouche, car il veut nous instruire, lui qui est humble, lui qui joue du tambour, lui qui a des transports, il veut nous instruire. Et que dit-il : « Venez, mes enfants, écoutez-moi, je vous enseignerai la crainte du Seigneur (*Ibid.*). » Qu'il nous l'enseigne donc, prêtons l'oreille, prêtons notre cœur à ses en-

---

formosum, staturosum, bene compositum; sed furem, nequam, fraudulentum : habes autem alium forte parvum statura, deformem facie, colore tetro; sed fidelem, parcum, sobrium : adtende rogo te, quem istorum duorum diligis? Si oculos carnis interrogas, vincit apud te pulcher injustus; si oculos cordis, vincit deformis fidelis. Vides ergo, quod vis ut exhibeat tibi alter, id est fidem : exhibe illi et tu. Quare gaudes ad eum qui fidem tibi exhibet, et laudas eum (*a*) de his bonis quæ non videntur nisi oculo cordis? Cum repletus fueris spiritalibus divitiis, pauper eris? Et ille dives ideo fuit, quia habebat lectum eburneum; et tu pauper es, cujus cubiculum cordis plenum est tantis gemmis virtutum, justitiæ, veritatis, caritatis, fidei, patientiæ et tolerantiæ? Explica divitias tuas, si habes illas, et compara divitiis divitum. At ille in mercatu invenit mulas pretiosas, et emit eas? Si fidem invenires venalem, quantum pro illa dares, quam te voluit Deus gratis habere, et ingratus es? Egent ergo illi divites, egent : et quod est gravius, pane egent. Ne forte putetis, quia auro egent et argento, quamquam et hoc egent. Quantum habuit quidam, et quid eum satiavit? Sic mortuus est egens, quia plura volebat adquirere quam tenebat. Egent et pane. Quare egent et pane? Si (*b*) non intelligis panem, ille dixit, « Ego sum panis vivus qui de cœlo descendi (*Johan.* VI, 41) : » et, « Beati qui esuriunt, et sitiunt justitiam, quoniam ipsi saturabuntur (*Matth.* v, 6). » « Inquirentes autem Dominum non minuentur omni bono (*Ps.* XXXIII, 11). » Sed quo bono jam diximus.

16. « Venite filii, audite me, timorem Domini docebo vos (*Ibid.* 12). » (*c*) Putatis Fratres, quia ego dico : putate quia David dicit, putate quia Apostolus dicit : immo putate quia ipse Dominus noster Jesus Christus dicit, « Venite filii, audite me. » Audiamus illum simul, audite illum per nos : docere enim vult ille humilis, ille tympanizans, ille affectans, docere nos vult. Et quid dicit? « Venite filii, audite me, timorem Domini docebo vos (*Ibid.*). » Doceat ergo, præbeamus au-

---

(*a*) In plerisque MSS. *et lauda eum? His bonis ergo, quæ non videntur nisi oculo cordis, cum repletus fueris, pauper eris?*
(*b*) MSS. *Si intelligas panem. Ille enim dixit*, etc. (*c*) Omnes prope MSS. *Putate fratres.*

seignements. N'ouvrons pas les oreilles de la chair en fermant celles du cœur ; mais selon sa propre parole dans l'Evangile, « Que celui qui a des oreilles pour entendre, entende (*Matth.* XI, 15). » Qui de nous refuserait d'entendre le Christ, parlant par la voix du Prophète ?

17 « Quel est l'homme qui veuille vivre et qui désire des jours comblés de biens (*Ps.* XXXIII, 13) ? » Le Prophète vous adresse cette question. Ne lui répondez-vous pas tous intérieurement : Moi ? Y en a-t-il un seul parmi vous qui n'aime pas la vie, c'est-à-dire, qui ne désire pas de vivre, et qui ne désire pas des jours comblés de biens ? Est-ce que chaque jour vous ne murmurez pas et ne dites pas : Combien de temps souffrirons-nous tant de maux ? Chaque jour, tout va de mal en pis ; nos pères ont eu des jours plus heureux, des jours biens meilleurs. Oh ! si vous interrogiez vos pères, eux aussi se plaindraient des temps qu'ils ont traversés. Nos pères étaient heureux, diraient-ils, et nous misérables ; nous avons vécu dans un temps désastreux. Tel prince régnait alors et nous pensions que sa mort nous apporterait quelque soulagement, mais les choses ont empiré. O mon Dieu ! montrez-nous des jours heureux ! « Quel est l'homme qui veuille vivre et qui désire des jours comblés de biens ? » Que celui-là ne cherche point ici-bas ces jours heureux. Il cherche une chose excellente, mais il ne la cherche pas dans une contrée où elle se trouve. C'est ainsi que, si vous cherchiez un juste dans un pays qu'il n'habiterait pas, on vous dirait : Vous cherchez un homme excellent, un grand homme, cherchez-le, mais non pas ici ; en vain vous l'y chercheriez, vous ne l'y trouveriez jamais. Vous cherchez des jours heureux, cherchons-les ensemble, mais non point ici-bas. Mais nos pères ont eu ces jours heureux. Vous vous trompez, tous ont souffert sur cette terre. Lisez les Ecritures : Dieu a voulu qu'elles fussent écrites pour notre consolation. Au temps d'Élie (III. *Rois,* XVII, 1), il y avait une famine que nos pères ont soufferte. On vendait (IV, *Rois,* VI, 25) au poids de l'or les têtes des animaux morts ; ils ont tué leurs enfants et les ont mangés ; deux femmes résolurent de tuer leurs fils et de les manger ; une d'elles tua son fils et toutes deux le mangèrent ; l'autre refusait de faire mourir le sien, et celle qui s'était exécutée la première exigeait que l'autre mère accomplît sa promesse ; et la querelle de ces deux femmes, qui disputaient sur la mort de leurs fils, fut portée devant le roi. Dieu veuille détourner de nous ces horribles festins que racontent nos annales ! Toujours les jours sont mauvais en ce monde, mais toujours les jours sont bons en Dieu. Abraham eut des jours heureux, mais au-dedans de lui-même, et dans son cœur ; il eut des jours mauvais, quand, pour fuir la famine, il changea de pays, cherchant sa nourriture (*Gen.* XXII, 10

rem, præbeamus cor. Non aperiamus aures carnis, et cordis claudamus ; sed sicut ipse dixit in Evangelio, « Qui habet aures audiendi, audiat (*Matth.* XI, 13). » Quis nolit audire docentem Christum per Prophetam ?

17. « Quis est homo qui vult vitam, et diligit dies videre bonos (Ibid. 13). » Interrogat. Nonne omnis in vobis respondet, Ego ? An quisquam est in vobis qui non diligit vitam, id est, qui non vult vitam, et non diligit dies videre bonos ? Nonne quotidie hoc murmuratis, et hoc dicitis, Quamdiu ista patimur ? Quotidie pejora et pejora : apud parentes nostros fuerunt dies lætiores, fuerunt dies meliores. O si interrogares ipsos parentes tuos, similiter tibi de diebus suis murmurarent. Fuerunt beati patres nostri, nos miseri sumus, malos dies habemus : dominatus est ille, putabamus quia illo mortuo posset aliquod refrigerium dari ; deteriora venerunt. O Deus ostende nobis dies bonos. « Quis est homo qui vult vitam, et diligit videre dies bonos (Ibid.) ? » Non hic quærat dies bonos. Bonam rem quærit, sed non in regione ejus illam quærit. Quomodo si aliquem justum quæreres in ea patria, ubi non habitaret, diceretur tibi, Bonum virum quæris, magnum virum quæris, quære illum, sed noli hic, superfluo hic eum quæris, numquam eum inventurus es. Dies bonos quæris, simul eos quæramus, nolite hic. Sed habuerunt illos patres nostri. Fallimini : omnes hic laboraverunt. Legite Scripturas : ideo voluit Deus ut scriberentur, ut nos consolaremur. Temporibus Eliæ fuit fames, passi sunt eam patres nostri (III *Reg.* XVII, 1). Capita jumentorum mortuorum auro vendebantur. occiderunt suos, et comederunt eos (IV *Reg.* VI, 25) : et duæ mulieres statuerunt inter se ut occiderent filios suos, et manducarent ; occidit una filium suum, et manducaverunt cum ambæ ; alia nolebat occidere filium suum ; et exigebat illa quæ prior occiderat filium suum ; et talis rixa venit ante regem, adduxerunt se ante regem, contendentes de interfectione filiorum. De talibus cibis avertat Deus ea quæ legimus. Semper

et XXVI, 1). Comme lui, tous les hommes ont dû la chercher. Saint Paul, a-t-il eu des jours heureux, lui, qui nous dit : « J'ai souffert la faim et la soif, le froid et la nudité (II. Cor. XI, 27)? » Mais que les serviteurs de Dieu ne s'irritent pas : le Seigneur lui-même n'a pas eu en ce monde des jours heureux : il y a souffert des affronts, des injustices, le supplice de la croix, et mille autres maux.

18. Que le chrétien ne murmure donc pas ; qu'il voie quel est celui dont il suit les traces. Mais s'il aime des jours vraiment heureux, qu'il écoute celui qui nous instruit et qui nous dit : « Venez, mes enfants, écoutez-moi et je vous enseignerai la crainte du Seigneur. » Que voulez-vous ? Vivre et couler des jours heureux ? Écoutez et pratiquez. « Gardez votre langue de tout mal (Ibid. 14). » Faites cela. Je ne veux pas, dit l'homme malheureux, je ne veux pas veiller sur ma langue et la garder de tout mal ; je veux vivre et couler d'heureux jours. Si un ouvrier vous disait : Je veux ravager cette vigne et recevoir de vous mon salaire ; vous m'avez amené dans votre vigne pour l'émonder et la tailler, je couperai tous les sarments qui doivent donner du fruit ; je couperai les ceps eux-mêmes, afin de vous enlever toute espérance de récolte, et, après que je l'aurai fait, vous me paierez mon travail. Ne diriez-vous pas à cet homme qu'il est fou ? Ne le chasseriez-vous pas de chez vous avant qu'il n'ait mis la main à la serpe ? Tels sont les hommes qui veulent faire le mal, prêter de faux serments, blasphémer contre Dieu, murmurer, commettre des fraudes, s'enivrer, faire procès sur procès, se livrer à l'adultère, se couvrir d'amulettes, recourir aux sortilèges, et voir des jours heureux. On leur dit : Vous ne pouvez, en faisant le mal, réclamer la récompense due au bien. Si vous êtes injuste, faut-il que Dieu soit injuste aussi ? Que ferai-je donc ? Que voulez-vous ? Je veux vivre et couler d'heureux jours. « Gardez votre langue de tout mal, et que vos lèvres ne profèrent pas de paroles de tromperie (Ibid. 14), » c'est-à-dire : ne commettez de fraude contre personne, ne mentez au détriment de personne.

19. « Mais que veut dire : Détournez-vous du mal (Ibid. 15)? » C'est peu de chose que de ne nuire à personne, de ne tuer personne, de ne pas voler, de ne pas commettre l'adultère, de ne pas rendre de faux témoignage ; « détournez-vous du mal. » Lorsque vous vous en serez détourné, vous dites peut-être : Je suis en sûreté, j'ai accompli toute prescription, j'aurai la vie et je verrai des jours heureux. Non-seulement « détournez-vous du mal, mais faites aussi le bien (Ibid.). » C'est peu de chose de ne pas dépouiller autrui, donnez des vêtements à celui qui est nu. Si vous ne dépouillez personne, vous vous détournez du mal, mais vous ne ferez le bien que du moment où vous donnerez l'hospitalité à l'étranger dans votre

maison. Détournez-vous donc du mal, mais de manière à faire aussi le bien. Cherchez la paix et poursuivez-la avec persévérance. Le prophète ne vous a pas dit : Vous aurez la paix ici-bas, mais cherchez la paix et poursuivez-la avec persévérance. Mais où la poursuivrai-je ? où elle vous a précédé. En effet, le Seigneur est notre paix; il est ressuscité et il est monté au ciel. Cherchez la paix et poursuivez-la avec persévérance, parce que, quand vous ressusciterez à votre tour, ce qu'il y a de mortel en vous sera transformé, et vous embrasserez la paix dans le ciel, où nul ne vous nuira. Là, en effet, réside la paix parfaite, où vous n'aurez plus faim. Car ici-bas c'est le pain qui vous donne la paix; retranchez le pain et vous verrez quelle guerre s'élèvera dans vos entrailles. Aussi, mes frères, quels ne sont pas les gémissements des justes sur terre ? C'est pour que vous sachiez, que nous cherchons ici-bas le pain, et qu'il nous sera donné à la fin. Mais du moins, ayons en partie la paix ici-bas, pour mériter de la posséder en entier dans le ciel. Que veut dire : en partie ? Soyons d'accord entre nous, aimons le prochain comme nous-mêmes. Aimez votre frère comme vous-même, et ayez la paix avec lui. Il est impossible qu'il n'y ait parfois certaines querelles, comme il en a existé entre deux frères et deux saints, entre Paul et Barnabé (*Act.* xv, 39); mais ce ne sont point des querelles à détruire la concorde et à tuer la charité. Car il vous arrive quelquefois d'être en lutte avec vous-même, et cependant vous ne vous haïssez pas pour cela. En effet, quiconque se repent de quelque chose est en querelle avec lui-même. Il a péché, il revient à résipiscence, il s'irrite contre lui-même, à cause de ce qu'il a fait, à cause du péché qu'il a commis : il se querelle donc lui-même, mais cette querelle tend à le raccommoder avec lui. Voyez comment on peut se quereller avec soi-même ; écoutez ce que dit le saint Prophète : « Pourquoi êtes-vous triste, ô mon âme, et pourquoi me troublez vous? Mettez votre espérance dans le Seigneur, parce que je confesserai encore son nom (*Ps.* xlii, 5). » Lorsqu'il dit à son âme : Pourquoi me troublez-vous ? c'est qu'en effet, elle le troublait. Peut être voulait-il souffrir pour le Christ, et son âme s'en attristait. Mais bien qu'il sût ce qu'il voulait, il disait : Pourquoi êtes-vous triste, ô mon âme et pourquoi me troublez vous? Il n'était pas encore en paix avec lui-même, mais en esprit il s'attachait au Christ, afin que son âme suivît le Christ et qu'elle cessât de le troubler. Cherchez donc la paix, mes frères. Le Seigneur a dit : « Je vous parle ainsi, afin que vous ayez la paix en moi (*Jean*, xvi, 33). » Je ne vous promets pas la paix sur la terre ; il n'y a pas de véritable paix en cette vie, ni de véritable tranquillité, mais la joie de l'immortalité et la société des anges nous sont promises. Mais qui-

---

sed, « et fac bonum (*Ibid.*). » Parum est ut non exspolies : vesti nudum. Si non exspoliaveris, declinasti a malo: sed non facies bonum, nisi cum peregrinum susceperis in domum tuam. Ergo sic declina a malo, ut facias bonum. « Quære pacem, et sequere eam (*Ibid.*). » Non tibi dixit, habebis hic pacem : quære illam, et sequere eam. Quo illam sequor ? Quo præcessit. Dominus enim est pax nostra, resurrexit et adscendit in cœlum. « Quære pacem, et sequere illam (*Ibid.*): » quia et tu cum surrexeris, hoc mortale mutabitur, et amplecteris pacem, ubi tibi nemo molestus erit. Ibi enim est perfecta pax, ubi non esuries. Nam hic tibi pacem facit panis : subduc panem, et vide quale bellum erit intra viscera tua. Ipsi justi quomodo gemunt hic Fratres ? ut sciatis quia quærimus hic pacem, consequemur autem in fine. Sed ex parte hic habeamus, ut ex toto illic habere mereamur. Quid est, ex parte ? Concordes simus hic, diligamus proximum quomodo nos. Sic dilige fratrem quomodo teipsum, habe cum illo pacem. Sed non possunt nisi existere rixæ aliquæ, quomodo inter fratres et inter sanctos exstiterunt, inter Barnabam et Paulum (*Act.* xv, 39) : sed non quæ occiderent concordiam, non quæ interimerent caritatem. Nam et tibi ipsi resistis aliquando, et tamen non te odisti. Omnis enim quem pœnitet aliquid, rixatur secum. Peccavit, redit, irascitur sibimetipsi (*a*) hoc fecisse, illud commisisse. Rixam ergo secum habet, sed ista rixa ad concordiam tendit. Vide quomodo secum rixetur, et dicat quidam justus, « Quare tristis es anima mea, et quare conturbas me? Spera in Dominum, quoniam adhuc confitebor illi (*Psal.* xlii, 5). » Cum dicit animæ suæ, Quare conturbas me, utique turbabat illum. Volebat forte ipse pati pro Christo, et anima ipsius contristabatur. Et ille qui sciebat et dicebat, « Quare tristis es anima mea, et quare conturbas me? » pacem adhuc secum non habebat: sed ex mente hærebat Christo, ut sequeretur illum anima ejus, et non illum conturbaret.

(*a*) Omnes fere MSS. *me hoc fecisse, me illud commisisse, si non dicitur. Rixam ergo*, etc.

conque n'aura pas cherché la paix, tandis qu'il vit ici-bas, ne l'aura pas, lorsque le jour de la paix sera venu.

20. « Les yeux du Seigneur sont attachés sur les justes (*Ps.* XXXIII, 16). » Ne craignez donc pas; travaillez, les yeux du Seigneur sont attachés sur vous. « Et ses oreilles sont ouvertes à leurs prières (Ibid.). » Que voulez-vous de plus ? Si le père de famille, dans une nombreuse maison, n'écoutait pas les plaintes de son serviteur, celui-ci dirait : Quels maux nous souffrons ici, et nul ne nous écoute ! Est-ce que vous avez le droit de dire de Dieu : Quels maux je souffre, et nul ne m'écoute? Peut-être direz-vous : mais s'il m'écoutait, il éloignerait de moi cette affliction ; je crie vers lui et je reste affligé. Tant que vous vous tenez dans sa voie, il vous écoute dans vos afflictions. Mais il est votre médecin, et il y a encore en vous je ne sais quoi de gangrené. Vous criez, mais il coupe encore, et il ne cessera que quand il aura coupé autant que cela lui paraît nécessaire. En effet c'est un médecin cruel que celui qui écoute les cris du malade, et qui laisse subsister sa plaie et sa gangrène. Les mères ne frottent-elles pas leurs enfants dans les bains, pour leur santé? Est-ce que les enfants ne crient pas entre leurs mains ? sont-elles donc cruelles, parce qu'elles ne cessent pas, parce qu'elles ne cèdent pas aux larmes des enfants? Ne sont-elles pas, au contraire, pleines d'amour pour eux ? Et cependant les enfants crient, et les mères ne les épargnent pas : c'est ainsi que notre Dieu est plein d'amour pour nous, mais il paraît ne pas nous exaucer, afin de nous guérir et de nous épargner dans l'éternité.

21. « Les yeux du Seigneur sont attachés sur les justes et ses oreilles sont ouvertes à leurs prières (Ibid.). » Peut-être les méchants diront-ils : je fais le mal en sécurité, puisque les yeux du Seigneur ne sont pas fixés sur moi : en ce moment il s'occupe des justes, il ne me voit pas, et quelque chose que je fasse, j'agis en sécurité. Mais aussitôt l'Esprit-Saint, qui lit dans les pensées des hommes, ajoute : « Les yeux du Seigneur sont attachés sur les justes et ses oreilles sont ouvertes à leurs prières ; mais les yeux du Seigneur sont aussi fixés sur les méchants, pour détruire leur mémoire sur la terre (Ibid. 17). »

22. « Les justes ont crié vers le Seigneur, et il les a exaucés, et il les a délivrés de toutes leurs tribulations (Ibid. 18). » Les trois jeunes hommes de Babylone étaient justes ; du milieu de la fournaise (*Dan.* V, 49) ils ont crié vers le Seigneur, et leurs cantiques de louanges ont retiré aux flammes leur chaleur. Les flammes ne purent atteindre et blesser ces jeunes hommes, innocents et justes, qui louaient Dieu ; et Dieu les délivra de ces flammes. Quelqu'un

---

Ergo quærite pacem, Fratres. Dominus dixit, Hæc loquor vobis, ut in me habeatis pacem (*Johan.* XVI. 33). Pacem in terra vobis non promitto. In ista vita pax vera non est, nec tranquillitas. Gaudium immortalitatis, societas Angelorum promittitur. Sed quisquis non illam cum hic est quæsierit, non illam habebit cum venerit.

20. « Oculi Domini super justos (*Ps.* XXXIII, 16). » Noli ergo timere, (a) labora : oculi Domini super te sunt. « Et aures ejus ad preces eorum (*Ibid.*). » Quid vis amplius. Si murmurantem servum in domo magna non audiret pater-familias, quereretur, et diceret, Quanta hic patimur, et nemo nos audit. Numquid dicis illud de Deo, Quanta patior, et nemo me audit? Si audiret me, forte dicis, tolleret mihi tribulationem : clamo, et tribulor. Tantum tu tene vias ejus, et quando tribularis audit te. Sed medicus est, adhuc putre habes nescio quid. Clamas : sed adhuc secat ; et non tollit manum, nisi secuerit quantum videtur. Etenim medicus crudelis est qui exaudit hominem, et parcit vulneri et putredini. Matres quomodo fricant in balneis ad salutem filios ? Nonne parvuli clamant inter manus earum ? Illæ ergo crudeles sunt, ut non parcant, non exaudiant lacrymas ? Nonne plenæ sunt pietate ? Et tamen clamant pueri, et non eis parcitur. Sic et Deus noster plenus est caritate : sed ideo videtur non exaudire, ut sanet et parcat in sempiternum.

21. « Oculi Domini super justos, et aures ejus ad preces eorum (*Ibid.*). » Forte dicunt mali, Ergo securus facio mala, quia non super me sunt oculi Domini : jam Deus ad justos adtendit, me non videt, et quidquid fecero, securus facio. Statim subjecit videns cogitationes hominum Spiritus-sanctus, et ait, « Oculi Domini super justos, et aures ejus ad preces eorum : vultus autem Domini super facientes mala, ut perdat de terra memoriam eorum (*Ibid.* 17). »

22. « Clamaverunt justi, et Dominus exaudivit eos, et ex omnibus tribulationibus eorum eruit eos (*Ibid.* 18). » Justi erant tres pueri : de camino clamaverunt

---

(a) Aliquot MSS. *laboras*, Alii, *laborans*. Quidam, *laborem*.

dira : voilà véritablement des justes qui ont été exaucés, conformément à ce qui est écrit : « les justes ont crié vers le Seigneur et il les a exaucés, et il les a délivrés de toutes leurs tribulations (*Ps.* XXXIII, 18); » mais moi aussi, j'ai crié vers lui et il ne m'a pas exaucé; ou je ne suis pas juste, ou je ne fais pas sa volonté, ou peut-être ne me voit-il pas. Ne craignez pas, faites seulement ce qu'il vous ordonne et, s'il ne vous délivre pas quant au corps, il vous délivrera quant à l'esprit. En effet, celui qui a tiré des flammes ces trois jeunes hommes en a-t-il tiré les Machabées ? Les uns ne chantaient-ils pas des hymnes au milieu des flammes, et les autres n'expiraient-ils pas dans les flammes (II *Mach.* VI, 3) ? Est-ce que le Dieu des trois jeunes hommes n'était pas le Dieu des Machabées ? Il a délivré ceux-là et n'a pas délivré ceux-ci, ou plutôt il a délivré les uns et les autres : mais il a délivré les trois jeunes hommes de manière à confondre les hommes charnels, et il n'a pas délivré les Machabées de la même manière, afin que ceux qui les persécutaient fussent soumis à de plus terribles châtiments, tandis qu'ils croyaient avoir opprimé les martyrs de Dieu. Il a délivré Pierre, qui était dans les fers, lorsqu'un Ange vint à lui, et lui dit : « Levez-vous et sortez (*Act.* XII, 7). » Et à l'instant ses fers furent brisés ; et il suivit l'ange, et il fut délivré. Est-ce que saint Pierre n'était plus juste, lorsque Dieu ne le délivra pas de la croix ? Ou plutôt, est-ce qu'il ne le délivra pas alors? Oui il le délivra alors : car Pierre n'aurait-il vécu aussi longtemps que pour devenir injuste? Peut-être Dieu l'a-t-il plus exaucé la seconde fois que la première, en le délivrant réellement de toutes sortes d'afflictions. En effet, après avoir été délivré une première fois, quels maux n'a-t-il pas ensuite souffert? Mais, la seconde fois, Dieu le mit en un lieu où il ne put désormais souffrir aucun mal.

23. « Le Seigneur est proche de ceux qui ont le cœur brisé, et il sauvera les humbles d'esprit (*Ps.* XXXIII, 19). » Dieu est élevé, que le chrétien soit humble. S'il veut que ce Dieu si élevé s'approche de lui, qu'il soit humble. Voilà, mes frères, un mystère profond. Dieu est au-dessus de toutes choses : élevez-vous, vous ne le touchez pas ; abaissez-vous, il descend lui-même jusqu'à vous. « Les tribulations du juste sont nombreuses (Ibid. 20). » Le prophète dit-il : Que les chrétiens soient justes et qu'ils écoutent mes paroles, pour ne souffrir aucune tribulation ? Il ne vous promet pas cela, mais il vous dit : « les tribulations des justes sont nombreuses. » Il y a plus : si les hommes sont injustes, ils ont moins de tribulations à supporter; s'ils sont justes, ces tribulations sont plus nombreuses. Mais les impies, après peu de tribulations, ou même sans en avoir subi, tomberont dans une tribulation sans fin, dont ils ne seront jamais déli-

vrés; les justes, au contraire, après de nombreuses tribulations, parviendront à la paix éternelle, où jamais ils ne souffriront aucun mal. « Les tribulations des justes sont nombreuses ; et le Seigneur les délivrera de toutes leurs peines (Ibid.) »

24. « Le Seigneur garde tous leurs os; pas un ne sera brisé (Ibid. 21). » Mes frères, il ne faut pas prendre ces paroles dans un sens charnel. Les os représentent la force des fidèles. En effet, de même que les os donnent à notre corps sa solidité, de même la foi rend inébranlable un cœur chrétien. Donc, ces os spirituels sont la patience que donne la foi. Ce sont eux que rien ne peut briser. « Le Seigneur garde tous leurs os ; pas un ne sera brisé (Ibid.). » Si le prophète avait dit de Notre-Seigneur Jésus-Christ: Le Seigneur a gardé tous les os de son Fils, pas un ne sera brisé ; ainsi que dans un autre endroit l'Écriture l'a prédit, en représentant le Christ comme l'agneau destiné à la mort, dont il est dit : « Vous ne briserez aucun de ses os (*Ex.* XII, 46) ; » tout cela s'est accompli en Notre-Seigneur : car sur la croix il expira avant que les Juifs ne vinssent à lui, et ceux-ci, le trouvant déjà sans vie, ne lui brisèrent pas les jambes, afin que les prophéties fussent accomplies (*Jean* XIX, 33). Mais le prophète l'a promis également aux autres chrétiens: « Le Seigneur garde tous leurs os, et pas un ne sera brisé. » Donc, mes frères, si nous voyons quelque saint souffrir des tribulations, soit qu'un médecin lui coupe un membre, ou qu'un persécuteur le frappe, de telle sorte que ses os soient brisés, ne disons pas : celui-là n'était pas juste, car le Seigneur a promis à ses justes que leurs os ne seraient pas brisés, d'après ces paroles: « Le Seigneur garde tous leurs os, pas ne un sera brisé. » Voulez-vous être en effet convaincu que le prophète a parlé des os de l'âme, que nous avons dit être la force que donne la foi, c'est-à-dire la patience et le courage dans toutes les tribulations? car, ce sont là les os qui ne sont pas brisés : écoutez et vous trouverez, dans la passion du Seigneur, la preuve de ce que je dis. Le Seigneur était crucifié entre deux larrons, qui étaient à ses côtés. L'un d'eux l'insulta, l'autre crut en lui. L'un fut condamné, l'autre fut justifié. L'un reçut son châtiment et dans ce monde et dans le monde à venir, mais le Seigneur dit à l'autre : « En vérité, je vous le dis, vous serez aujourd'hui avec moi dans le paradis (*Luc.* XXIII, 43). » Et cependant, les Juifs, venus pour briser les jambes des suppliciés, ne brisèrent pas celles du Seigneur et brisèrent, au contraire, celles des deux larrons (*Jean* XIX, 32). Ainsi les os du larron qui avait blasphémé et ceux

---

aut nullas, illi venient ad tribulationem sempiternam, unde numquam eruantur: justi autem post multas tribulationes, venient ad pacem sempiternam, ubi numquam aliquid mali patientur. « Multæ tribulationes justorum : et de omnibus his eruet eos Dominus (*Ibid.*). »

24. « Custodit Dominus omnia (*a*) ossa eorum, unum ex his non conteretur (Ibid. 21). » Et hoc, Fratres, non accipiamus carnaliter. Ossa sunt firmamenta fidelium. Quomodo enim in carne nostra ossa faciunt firmamentum, sic in corde Christiano fides facit firmamentum. Patientia ergo quæ est in fide, ossa sunt interius. Ipsa sunt quæ frangi non possunt. « Custodit Dominus omnia ossa eorum, unum ex his non conteretur(Ibid.). » Si de Domino Deo nostro Jesu Christo dixisset hoc, Custodit Dominus omnia ossa Filii sui, unum ex his non conteretur : sicut etiam alio loco præfiguratur de illo, (*b*) quando agnus dictus est mactandus, et dictum est de illo, Os ejus noli frangere(*Exod.* XII, 46) : impletum est in Domino ; quia enim penderet in cruce, exspiravit antequam venirent illi ad crucem, et invenerunt jam corpus exanime, et noluerunt crura ejus frangere, ut impleretur quod scriptum est(*Johan.*XIX,33). Sed promisit illud et ceteris Christianis : « Dominus custodit omnia ossa eorum, unum ex his non conteretur(*Ps.*XXXIII,21). » Ergo Fratres, si viderimus aliquem sanctum tribulationes pati, et forte vel a medico sic secari, vel ab aliquo persecutore sic cædi, ut ejus ossa frangantur; non dicamus, Non erat justus iste, nam Dominus hoc promisit justis suis, de quibus ait, « Custodit Dominus omnia ossa eorum, unum ex his non conteretur(Ibid.). » Vis videre quia alia ossa dixit, quæ diximus firmamenta fidei, id est, patientiam et tolerantiam in omnibus tribulationibus ? Ipsa enim sunt ossa quæ non franguntur. Audite, et in ipsa passione Domini inspicite quod dico. Dominus erat in medio crucifixus, juxta illum duo latrones erant: unus insultavit, alter credidit ; unus damnatus est, alter justificatus est ; unus habuit pœnam suam et hic et in futurum, alteri

---

(*a*) Idem vers. 21, tractatur in I. Serm. super Psal. XXXIV, n. 14. (*b*) Sic plures MSS. At editi, *quoniam agnus ductus est mactandus*.

du larron qui avait cru au Seigneur, furent également brisés. Que deviennent donc ces paroles : le Seigneur garde tous leurs os, et pas un ne sera brisé? Jésus n'a-t-il donc pas gardé les os du larron auquel il avait dit : « Vous serez aujourd'hui avec moi dans le paradis ? » Le Seigneur vous répond : je les ai parfaitement gardés : Car les coups qui ont brisé ses jambes n'ont pu briser ce qui faisait le soutien de sa foi.

25. « La mort des méchants est très-mauvaise (*Ps.*xxxiii,22).»Réfléchissez,mes frères,à ces paroles,en vous souvenant de ce que nous avons dit. Le Seigneur est vraiment grand et grande est sa miséricorde, car il nous a réellement donné à manger son corps, dans lequel il a tant souffert pour nous,et il nous a donné son sang à boire.De quel œil voit-il donc ces hommes dont les pensées sont mauvaises, et qui disent : un tel est mort violemment, dévoré par des bêtes sauvages ; il n'était donc pas juste,puisqu'il a péri de mort violente,sans quoi serait-il mort ainsi?Tel autre est-il donc juste,par cela seul qu'il est mort dans sa maison et dans son lit?Mais dites-vous, ce qui m'étonne, c'est que je connais les péchés et les crimes de cet homme, et qu'il est mort tranquillement, dans sa maison, dans son domaine, sans avoir eu à souffrir de toute sa vie, jusqu'à l'heure de la mort, les peines d'une terre étrangère. Ecoutez bien la réponse : « la mort du méchant est très mauvaise (Ibid.). » Cette mort qui vous paraît douce est très-mauvaise , si vous regardez ce qui se passe intérieurement. Au dehors vous voyez cet homme couché dans son lit ; mais le voyez-vous intérieurement entraîné dans l'enfer ? Ecoutez, mes frères,et voyez dans l'Evangile combien est mauvaise la mort des méchants. N'y lisez-vous pas (*Luc.* xvi, 19), qu'il y avait deux hommes en ce monde : l'un riche, couvert de pourpre et de fin lin, et tous les jours assis à une table splendide;l'autre pauvre, couvert d'ulcères, et gisant devant la porte du riche? Les chiens venaient lécher les ulcères du pauvre, et il aurait voulu se rassasier des miettes qui tombaient de la table du riche. Or il advint que l'indigent mourut,(cet indigent était juste,) et qu'il fut emporté par les Anges dans le sein d'Abraham. Quelqu'un qui aurait vu le corps de ce pauvre, gisant devant la porte du riche, sans que personne ne se mît en devoir de l'ensevelir, n'eut-il point dit par hasard: Puisse mourir ainsi mon ennemi , et puissé-je voir en cet état mon persécuteur? On crache sur ce corps, objet d'exécration, une affreuse odeur s'exhale de ses plaies,et Lazare repose dans le sein d'Abraham. Si nous sommes chrétiens, croyons-le : si nous le croyons pas, mes frères, que nul de nous ne se dise chrétien.La foi nous l'enseigne. Les choses

---

autem dixit Dominus, « Amen dico tibi, hodie mecum eris in paradiso (*Lucæ* xxiii, 43) : et tamen illi qui venerant, Domini ossa non fregerunt, latronum autem fregerunt : sic fracta sunt latronis ossa qui blasphemavit, quomodo latronis qui credidit (*Johan.* xix, 32). Ubi est ergo quod dictum est, « Dominus custodit omnia ossa eorum, unum ex his non conteretur? » Ecce cui dixit, « Hodie mecum eris in paradiso, » non potuit omnia ossa ejus custodire ? Respondet tibi Dominus, Immo custodivi, nam firmamentum fidei ipsius frangi non potuit illis ictibus, quibus crura sunt fracta.

25. « Mors peccatorum pessima (*Ps.*xxxiii,. 22). » Adtendite Fratres,(*a*)propter illa quæ dicebamus.Vere magnus Dominus, et misericordia ejus, vere qui nobis dedit manducare corpus suum in quo tanta perpessus est, et sanguinem bibere. Quomodo respicit mala cogitantes, et dicentes, Ille male mortuus est, a bestiis consumtus est : non erat ille justus, ideo male periit ; nam non periret (*b*)? Ergo ille justus est, qui in domo sua et in lecto suo moritur ? Hoc est ergo, inquis, quod miror, quia novi peccata et scelera ipsius, et bene mortuus est, in domo sua, intra limina sua, nulla peregrinationis injuria, nulla vel in matura ætate. Audi : « Mors peccatorum pessima(Ibid.).»Quæ tibi videtur bona mors,pessima est, si intus videas. Vides foris jacentem in lecto, numquid vides intus raptum ad gehennam ? Audite Fratres, et ex Evangelio inspicite, quid sit mors peccatorum pessima. Numquid non duo erant in isto sæculo, dives qui induebatur purpura et bysso, et epulabatur quotidie splendide , alter pauper qui jacebat ad januam ejus ulcerosus, et canes veniebant et lingebant ulcera ejus, et desiderabat saturari de micis quæ cadebant de mensa divitis ? Contigit autem mori inopem illum, (justus erat ille inops), et auferri ab Augelis in sinum Abrahæ (*Lucæ*, xvi, 19). Qui viderat corpus illius jacere ad limen divitis, et non esse qui sepeliret, quanta forte diceret? Sic moriatur ille inimicus meus, et ille qui me persequitur, sic illum

---

(*a*) In plurimis MSS. *non propter.* (*b*) *Subaudi* : si justus esset.

sont comme le Seigneur les a dites. Ce que vous dit un mathématicien serait-il vrai, et ce que dit le Christ serait-il faux ? Quelle a été au contraire la mort du riche ? Quelle pouvait être cette mort, au milieu de la pourpre et du lin, sinon pleine de somptuosité et de pompe ? Quelle magnificence dans les cérémonies des funérailles ! De combien d'aromates a été embaumé son cadavre, lorsqu'on l'a enseveli ! Et cependant, il était dans les enfers, au milieu des tortures, et il désirait ardemment que ce pauvre tant méprisé lui laissât tomber, du bout du doigt, une goutte d'eau sur sa langue brûlante ; et il n'a pu l'obtenir. Apprenez donc par là ce que c'est que la très-mauvaise mort des pécheurs, et gardez-vous d'interroger ces lits surchargés d'étoffes précieuses, cette chair enveloppée dans de riches suaires, ces héritiers qui étalent la pompe de leurs lamentations, cette famille qui pleure, cette foule de courtisans qui précède ou suit le corps qu'on enlève de la maison mortuaire, et ces monuments d'or et de marbre. Car, si vous les interrogez, leur réponse sera menteuse. Ils vous diront que non-seulement la mort d'hommes qui ont légèrement péché, mais encore la mort d'indignes scélérats est parfaite, lorsqu'ils obtiennent d'être ainsi pleurés, ainsi embaumés, ainsi placés dans de riches tombeaux, ainsi portés avec pompe, ainsi ensevelis avec honneur. Interrogez l'Evangile, et il fera voir à votre foi l'âme du riche brûlant dans le feu vengeur ; sans que tous les honneurs qu'on lui a rendus et les splendides obsèques que la vanité a prodiguées à son corps aient pu lui servir de rien.

26. Mais comme il y a beaucoup de sortes de péchés, et qu'il est difficile à l'homme, si ce n'est même impossible en cette vie, de n'être pas pécheur, le Prophète ajoute aussitôt de quel genre de pécheurs la mort est très-mauvaise. « Et ceux, dit-il, qui haïssent le juste périront. (Ibid.) » Quel juste veut-il dire, si ce n'est celui qui justifie l'impie (Rom. IV, 5) ? Quel est ce juste, sinon Notre-Seigneur Jésus-Christ, qui est aussi la victime de propitiation pour nos péchés (I Jean, II, 2) ? Ceux donc qui le haïssent meurent de la plus mauvaise des morts, parce qu'ils meurent dans leurs péchés, n'étant pas réconciliés avec Dieu par son entremise. « Car le Seigneur rachètera les âmes de ses serviteurs (Ps. XXXIII, 23). » C'est, en effet, par rapport à l'âme que doit être comprise la bonne ou la mauvaise mort ; et non par rapport au corps, et aux affronts ou aux honneurs qu'il reçoit aux yeux des hommes. « Et tous ceux qui mettent en lui leur espérance ne périront pas (Ibid.). » Telle est donc la mesure dans laquelle l'homme peut être juste que, quelque progrès

---

(a) videam. Exsecratur corpus sputo, putent vulnera ; et ille in sinu Abrahæ requiescit. Si Christiani sumus, credamus : si non credimus, Fratres, nemo se lingat Christianum. Fides nos perducit. Quomodo illa dixit Dominus, sic sunt. An vero dicit tibi mathematicus, et verum est ; dicit Christus, et falsum est ? Quali autem morte mortuus est ille dives ? Qualis mors esse potuit in purpura et bysso, quam sumtuosa, quam pomposa ? quæ exsequiæ funeris ibi erant ? quantis aromatibus sepultum est illud cadaver ? Et tamen cum apud inferos in tormentis esset, desideravit ex illius contemti pauperis digito instillari aquæ guttam ardenti linguæ suæ, neque impetravit. Discite ergo quid sit, « Mors peccatorum pessima : » et nolite interrogare stratos pretiosis vestibus lectos, et carnem multis divitiis obvolutam, lamentationis pompam exhibentes, plangentem familiam, turbam obsequentium præcedentem ac sequentem, cum corpus effertur, marmoratasque auratasque memorias. Nam si hæc interrogatis, respondent vobis falsum, quod multorum non leviter peccatorum, sed omnino sceleratorum mors optima est, qui sic plangi, sic condiri, sic contegi, sic efferri, sic sepeliri meruerunt. Sed interrogate Evangelium, et ostendet fidei vestræ in pœnis ardentem animam divitis, quam nihil adjuverunt omnes honores et obsequia, quæ mortuo corpori ejus viventium vanitas præbuit.

26. Sed quia multa sunt genera peccatorum, et non esse peccatorem difficile est, aut fortasse in hac vita non possibile, subjecit statim cujus generis peccatorum esset mors pessima. « Et qui oderunt justum, inquit, delinquent (Ibid. v. 22). » Quem justum, nisi « qui justificat impium (Rom. IV, 5) ? » Quem justum, nisi Dominum Jesum Christum, qui est etiam propitiatio peccatorum nostrorum (I Johan, I, 2) ? Qui ergo hunc oderunt, mortem pessimam habent : quia in peccatis suis moriuntur, qui per eum Deo nostro non reconciliuntur, « Redimet » enim « Dominus animas servorum suorum (Ps. XXXIII, 23). » Secundum animam enim intelligenda est mors aut pessima, aut optima ; non secundum corporum aut contumelias, aut honores quos homines vident. « Et non

(a) Editi, execratur. Melius MSS. exsecratur.

qu'il fasse en cette vie dans la piété, comme il ne peut être sans péché, du moins il ne périsse pas, parce qu'il espère en celui qui remet les péchés. Ainsi soit-il.

DISCOURS SUR LE PSAUME XXXIV.

PREMIER DISCOURS[1] SUR LA PREMIÈRE PARTIE DE CE PSAUME.

1. PRÉFACE. — Que Votre Charité sache que la volonté de mes frères dans l'épiscopat m'impose l'explication de ce psaume. Ils ont voulu que tous nous en pussions tirer quelque enseignement. Mais l'enseignement nous vient pour tous de celui qui seul est notre maître, et devant qui nous sommes les condisciples d'une même école. Le titre ne doit pas nous arrêter; en effet, il est court et il n'est pas difficile de le comprendre, surtout pour ceux qui ont été nourris dans l'Église du Seigneur. Le voici : « De David pour lui-même (*Ps*. XXXIV, 1). » Ce psaume est donc pour David. David signifie : celui dont la main est forte, ou encore : celui qui est désirable. Ce psaume est donc chanté à celui dont la main est forte, et qui est l'objet de nos désirs ; lequel a vaincu la mort qui pesait sur nous et nous a promis la vie. Il a la main forte, en ce qu'il a vaincu la mort qui nous dominait ; il est l'objet de nos désirs, en ce qu'il nous a promis la vie éternelle. Qu'y a-t-il, en effet, de plus fort que cette main qui, en touchant un cercueil, a rendu la vie à celui qui était mort. (*Luc*. VII, 14) ? Qu'y a-t-il de plus fort que cette main qui a vaincu le monde, non point armée de l'épée, mais percée et attachée à la croix ? Qu'y a-t-il de plus digne de nos désirs, que celui pour qui les martyrs, bien qu'ils ne le vissent pas, ont voulu mourir, afin de mériter de parvenir jusqu'à lui ? Ce psaume lui est donc adressé ; que notre cœur, que notre langue lui disent des chants dignes de lui, si toutefois il daigne nous inspirer ces chants. Car nul ne lui adresse des chants dignes de lui, qu'autant qu'il a reçu de lui les chants

---

delinquent omnes qui sperant in eum (Ibid.). Iste est modus humanæ justitiæ, ut vita mortalis quantumlibet proficiens, quia sine delicto esse non potest, in hoc non delinquat, dum sperat in eum, in quo est remissio delictorum, Amen.

IN PSALMUM XXXIV.

ENARRATIO.

Sermo I, de prima parte ejusdem Psalmi(a).

1. Psalmum istum nobis a jubentibus fratribus et coëpiscopis meis impositum esse ad tractandum, noverit Caritas Vestra (b). Voluerunt ut hinc omnes aliquid audiamus. Ab illo enim omnes audimus, a quo pariter discimus, et in cujus schola condiscipuli sumus. Titulus ipsius moram nobis non facit ; brevis est enim, et ad intelligendum, maxime nutritis in Ecclesia Dei, non difficilis. Habet enim, « Ipsi David (*Ps*. XXXIV, 1). » Psalmus ergo ipsi David: David interpretatur fortis manu, vel desiderabilis. Psalmus ergo manu forti et desiderabili, qui nostram mortem vicit, qui nobis vitam promisit : in hoc enim manu fortis, quia mortem nostram vicit ; in hoc desiderabilis, quia vitam æternam promisit. Quid enim fortius manu hac, quæ tetigit loculum, et mortuus resurrexit (*Lucæ* VII, 14) ? Quid fortius manu hac, quæ mundum vicit ? non ferro armata, sed ligno transfixa ? Quid autem desiderabilius eo, quem non

---

(1) Prononcé au moment d'un Concile.

(a) Habitus tempore alicujus concilii. (b) Omnes fere MSS. *noverit etiam Caritas Vestra*.

qu'il lui adresse. Ce psaume que nous lui chantons vient de son Esprit, qui l'a dicté à son Prophète, dans des termes où nous reconnaissons tout à la fois et lui et nous. Et nous ne lui faisons point injure en disant ainsi, et lui et nous, puisque, du haut du ciel où il est, il s'est écrié : « Pourquoi me persécutez-vous ? » alors que personne ne le touchait et que nous souffrions sur la terre. Par conséquent, écoutons sa voix, tantôt celle du corps, tantôt celle de la tête. En effet, ce psaume est une invocation à Dieu contre des ennemis, au milieu des tribulations de ce monde ; et toujours c'est le Christ qui parle, soit que la tribulation frappe la tête, soit qu'elle frappe le corps. Cependant, par ces tribulations il donne à tous ses membres la vie éternelle, et par la promesse qu'il nous en fait, il est devenu l'objet de nos désirs.

2. « Seigneur, dit-il, jugez ceux qui me nuisent ; mettez hors de combat ceux qui combattent contre moi (*Ps.* xxxiv, 1). » « Si Dieu est pour nous, qui sera contre nous (*Rom.* viii, 31) ? » Et comment Dieu nous prête-t-il secours ? « Prenez vos armes et votre bouclier, dit le Prophète, et levez-vous pour venir à mon aide (*Ps.* xxxiv, 2). » C'est un grand spectacle que de voir Dieu armé pour vous. Et qu'est-ce que son bouclier ? Quelles sont ses armes ? « Seigneur, dit en un autre psaume le Prophète qui parle ici : vous nous avez couverts de votre amour, comme d'un bouclier (*Ps.* v, 13). » Quant à nous, si nous avançons dans la piété, nous serons nous-mêmes les armes, avec lesquelles non-seulement il nous fortifiera, mais encore il frappera nos ennemis. Car de même qu'il est notre armure, de même aussi nous sommes son armure. Mais il prend pour armes ceux qu'il a faits, tandis que nous prenons pour armes les dons de celui qui nous a faits. L'Apôtre saint Paul dit quelque part que nos armes sont : « Le bouclier de la foi, le casque du salut, et le glaive de l'Esprit, qui est la parole de Dieu (*Éphés.* vi, 16). » Il nous a donc armés de ces armes que je viens de nommer, armes glorieuses et invincibles, indomptables et brillantes, spirituelles assurément et invisibles, puisque nous avons à combattre des ennemis invisibles. Si vous voyez votre ennemi, vous verrez aussi vos armes. Nous sommes armés par notre foi en des choses que nous ne voyons pas, et nous renversons des ennemis que nous ne voyons pas non plus. Cependant, mes très-chers frères, ne croyez pas que, parmi ces armes, celle qui est comme un bouclier, soit toujours un bouclier ; que celle qui est comme un casque, soit toujours un casque ; ou que celle qui est comme une cuirasse, soit toujours une cuirasse. En effet, dans les armes corporelles il en est ainsi, quoique, étant de fer, elles puissent être changées, et que,

---

videntes Martyres, mori voluerunt, ut ad illum pervenire mererentur ? Ergo Psalmus illi : illi cor nostrum, illi lingua nostra digna cantet : si tamen ipse dignabitur donare quod cantet. Nemo illi cantat digna, nisi qui ab illo acceperit quod cantare possit. Denique hoc quod modo cantamus, Spiritu ejus dictum est per Prophetam ejus, et in eis verbis ubi nos agnoscimus et ipsum. Nec injuriam facimus, quia dicimus nos et ipsum : quoniam cum esset in cœlo, sic clamavit, « Quid me persequeris (*Act.* ix, 4) ? » cum eum nemo tangeret, et nos in terra laboraremus. Ergo vocem ejus audiamus, nunc corporis, nunc capitis. Est enim Psalmus iste invocans Deum contra inimicos in tribulationibus hujus sæculi : et utique ipse est Christus, tribulato nunc corpore : tamen per tribulationes omnibus membris suis dans vitam æternam, quam promittendo desiderabilis factus est.

2. « Judica, » inquit, « Domine nocentes me, expugna impugnantes me (*Ps.* xxxiv, 1). » « Si Deus pro nobis, quis contra nos (*Rom.* viii, 1) ? » Et unde hoc nobis præstat Deus ? « Apprehende, inquit, arma et scutum, et exsurge in adjutorium mihi (*Ps.* xxxiv, 2). » Magnum spectaculum est, videre Deum armatum pro te. Et quod ejus scutum ? quæ arma ? « Domine, » inquit alio loco homo iste qui et hic loquitur, « ut scuto bonæ voluntatis tuæ coronasti nos (*Psal.* v, 13). » Arma autem ejus, quibus non solum nos muniat, sed etiam percutiat inimicos, si bene profecerimus, et nos erimus. Sicut enim nos ut armemur ab illo habemus, sic ipse armatur de nobis. Sed ipse de his armatur quos fecit, nos de his armamur quæ ab ipso accepimus qui nos fecit. Dicit hæc quodam loco arma nostra Apostolus, « scutum fidei, et galeam salutis, et gladium spiritus, quod est verbum Dei (*Ephes.* vi, 26). » Armavit nos talibus armis, qualibus audistis, laudabilibus et invictis, insuperabilibus et splendidis ; spiritalibus sane atque invisibilibus, quia et hostes invisibiles expugnamus. Si vides hostem tuum, videantur arma tua. Armamur earum rerum fide quas non videmus, et sternimus hostes quos non videmus. Veruntamen, Carissimi, arma ista ne putetis sic esse, ut quasi quod scutum est, semper scutum sit : aut quod galea est, semper galea sit ; aut

d'une épée, par exemple, on puisse faire une hache ; mais ici nous voyons que le même Apôtre a dit en un certain endroit : la cuirasse de la foi (I *Thess*. v, 8), et dans un autre, le bouclier de la foi (*Ephés*. VI, 16). Donc, la foi peut être une cuirasse et un bouclier : elle est un bouclier, parce qu'elle reçoit et repousse les traits des ennemis ; elle est une cuirasse, parce qu'elle ne permet pas que vos entrailles soient transpercées. Telles sont nos armes ; mais quelles sont celles de Dieu ? Nous avons lu dans un autre psaume ces paroles du Prophète : « Arrachez mon âme aux impies, enlevez votre glaive aux ennemis de votre main (*Ps*.XXI, 21). » Après avoir dit d'abord : « aux impies, » dans le verset suivant il dit : « aux ennemis de votre main ; » de même après avoir dit : « mon âme, » il dit dans le verset suivant : « votre glaive ; » car tel est le sens de l'expression latine. Il dit donc que son âme est le glaive de Dieu. « Arrachez mon âme aux impies : c'est-à-dire, arrachez votre glaive aux ennemis de votre main. » Car vous saisissez mon âme comme une arme, et vous renversez mes ennemis. Et qu'est-ce que notre âme, si brillante, si grande, si aiguisée, si assouplie, si étincelante des feux et des éclairs de la sagesse qu'elle soit? Qu'est-ce que notre âme, ou que peut-elle, si Dieu ne la tient et ne s'en sert pour combattre? Car toute

épée, si bien faite qu'elle soit, reste inutilement à terre, si elle n'est aux mains d'un guerrier. Nous avons dit, en parlant de nos armes, qu'on ne devait pas les regarder comme quelque chose de tellement fixe que chacune d'elles ne pût être autre chose que ce qu'elle était : il en est de même des armes de Dieu. Ainsi, par exemple, les Ecritures ont dit que l'âme du juste était le glaive de Dieu, elles disent également que l'âme du juste est le siège de Dieu : L'âme du juste est le siège de la sagesse (*Sag*. 7). Dieu fait donc de notre âme ce qu'il lui plait, lorsqu'elle est dans ses mains, et qu'il en use selon son bon plaisir.

3. Qu'il se lève donc, (c'est dans ces termes, en effet, qu'il a été invoqué,) qu'il prenne ses armes, et qu'il vienne à notre aide. D'où se lèvera-t-il ? Le Prophète le dit dans un autre endroit, en lui faisant cette prière : « Levez-vous, Seigneur, pourquoi dormez-vous (*Ps*.XLIII, 23) ? » Mais quand on dit que Dieu est endormi, c'est nous qui dormons, et quand on dit qu'il se lève, c'est nous qui sortons de notre sommeil. En effet, le Seigneur dormait dans la barque (*Matth*. VIII, 24), et la barque était ballotée sur les flots, parce que Jésus dormait. Car, si Jésus y avait été éveillé, la barque n'eût pas été ballotée. Votre barque, c'est votre cœur ; Jésus dans la barque, c'est la foi dans votre cœur. Si vous

---

quod lorica est, semper lorica sit. In istis enim armis corporalibus ita est, quamquam et de ferro quæ fiunt mutari possint, ut ex gladio fiat securis : tamen ipsum Apostolum videmus dixisse quodam loco, « loricam fidei (I *Thess*. v, 8), » et alio loco dixisse « scutum fidei (*Ephes*. VI, 16). » Ergo ipsa fides, et lorica potest esse et scutum : scutum est, quia tela inimicorum excipit et repellit : lorica est, quia interiora tua transfigi non sinit. (*a*). Hæc arma nostra : Dei autem quæ? Legimus quodam in loco, « Erue ab impiis animam meam, frameam tuam ab inimicis manus tuæ (*Psal*. XXI, 21). » Quod superius dixit, ab impiis, hoc sequenti versu, ab inimicis manus tuæ : et quod superius dixit, animam meam, hoc sequenti versu, frameam tuam, id est gladium tuum. Ergo frameam Dei, dixit animam suam : Erue, inquit, ab impiis animam meam, id est, ab inimicis manus tuæ erue frameam tuam. Apprehendis enim animam meam, et debellas inimicos meos. Et quid est anima nostra, quamvis splendida, quamvis producta,

quamvis acuta, quamvis uncta, quamvis luce sapientiæ et coruscatione vibrata ? Quid est ipsa anima nostra, aut quid potest, nisi Deus illam teneat et pugnet de illa? Nam quælibet optime facta framea, si non habeat bellatorem, jacet. Dixeramus autem in armis nostris, non quasi aliquid fixum accipi debere, ut quod est res una, ipsa aliud esse non possit : sic et in armis Dei invenimus. Ecce animam justi dixit frameam Dei : iterum dicit animam justi esse sedem Dei ; Anima justi sedes sapientiæ (*Sap*.7). Ergo quidquid vult, facit de anima nostra. Cum in manu ejus est, utatur ea quemadmodum vult.

3. Exsurgat ergo, (sic enim invocatus est,) apprehendat arma, exsurgat in adjutorium nobis. Unde exsurgat, alio loco etiam dicitur illi ipsa voce, « Exsurge, quare obdormis Domine (*Psal*. XLIII, 23) ? » Et quando ille dicitur dormire, nos dormimus : et quando ille dicitur exsurgere, nos excitamur. Nam et Dominus dormiebat in navi, et ideo fluctuabat navis, quia dormiebat Jesus (*Matth*. VIII, 24). Nam

---

(*a*) Sic MSS. At editi, *Hæc arma nostra sunt Dei, quod legimus*, etc.

vous souvenez de votre foi, votre cœur n'est point ballotté ; si vous oubliez votre foi, le Christ dort : prenez garde au naufrage. Cependant, faites ce qu'il vous reste à faire pour qu'il soit réveillé, s'il dort. Dites-lui : Levez-vous, Seigneur, nous périssons ; afin qu'il gourmande les vents et que le calme revienne dans votre cœur. Car toutes les tentations seront forcées de se retirer, ou du moins, elles ne pourront certainement rien contre vous, lorsque le Christ, c'est-à-dire votre foi, veillera dans votre cœur. Que veut donc dire : levez-vous? Cette parole veut dire : montrez-vous, apparaissez, faites-vous sentir. «Levez-vous donc pour venir à mon aide.»

4. «Tirez votre épée du fourreau et fermez le passage à ceux qui me poursuivent (*Ps.* XXXIV, 3). » Quels sont ceux qui vous poursuivent? Peut-être est-ce votre voisin, ou celui que vous avez lésé ou à qui vous avez fait injure, ou celui qui veut vous ravir ce que vous possédez, ou celui contre lequel vous prêchez la vérité, ou celui à qui vous reprochez ses fautes, ou celui qui, vivant mal, est blessé de vous voir vivre bien. Ceux-là, en effet, sont nos ennemis et ils nous poursuivent ; mais nous sommes formés à connaître encore d'autres ennemis, contre lesquels nous combattons d'une manière invisible, et l'Apôtre saint Paul nous met en garde contre eux par ces paroles : « Nous n'avons pas à lutter contre la chair et le sang (*Ephés.* VI, 12) ; » c'est-à-dire contre des hommes; nous n'avons pas à lutter contre des ennemis visibles, mais contre des ennemis invisibles : « contre les principautés et les puissances, et contre les dominateurs de ce monde de ténèbres.» Quand l'Apôtre parlait des dominateurs de ce monde, (et c'était le diable et ses anges qu'il désignait,) il avait à prendre garde que les hommes ne comprissent mal sa pensée, et n'en inférassent que le monde est sous la direction du diable et de ses anges. Mais, comme on appelle également du nom de monde, et ce grand ouvrage de Dieu que nous voyons, et les pécheurs, ainsi que ceux qui aiment le monde, dont il est dit : « Et le monde ne l'a pas connu (*Jean,* I, 10) ; » et encore : « Le monde entier est sous l'empire du malin (I *Jean,* V, 19) ; » l'Apôtre a expliqué de quel monde ils étaient les dominateurs. « De ce monde de ténèbres (*Ephés.* VI, 12), » a-t-il dit. Quand je parle des dominateurs de ce monde, je parle des dominateurs de ces ténèbres. Il nous fait comprendre ensuite ce qu'il entend par ces ténèbres. De quelles ténèbres le diable et ses anges sont-ils les dominateurs? De tous les infidèles, de tous les pécheurs dont il a été dit : « La lumière brille dans les ténèbres, et les ténèbres ne l'ont pas comprise (*Jean* I, 5). » Autre preuve : Que dit le même Apôtre aux nombreux croyants qui,

---

si illic vigilaret Jesus, non fluctuaret navis. Navis tua, cor tuum : Jesus in navi, fides in corde. Si meministi fidei tuæ, non fluctuat cor tuum : si oblitus es fidem tuam, dormit Christus : observa naufragium. Verumtamen quod restat fac, ut si dormierit, excitetur ; dicas illi, Domine exsurge, perimus : ut increpet ventos, et fiat tranquillitas in corde tuo. Recedent enim omnes tentationes, aut certe nihil valebunt, quando Christus, hoc est fides tua, vigilaverit in corde tuo. « Exsurge » ergo quid est ? Innotesce, appare, sentire. « Exsurge ergo in adjutorium mihi. »

4. « Effunde frameam, et conclude adversus eos qui me persequuntur (*Ps.*XXXIV 3).»Qui sunt qui te persequuntur? Forte vicinus tuus, aut ille quem læsisti, aut cui fecisti injuriam, aut qui vult auferre res tuas, aut contra quem prædicas veritatem, aut cujus peccatum objurgas, aut quem male viventem bene vivendo lædis. Sunt quidem et isti inimici nostri, et persequuntur nos : sed alios docemur inimicos nosse, contra quos invisibiliter dimicamus, de quibus nos admonet Apostolus dicens, Non est nobis colluctatio adversus carnem et sanguinem, id est adversus homines, non adversus eos quos videtis, sed adversus eos quos non videtis : adversus principes et potestates et rectores mundi, tenebrarum harum (*Ephes.* VI, 12). Cum diceret enim rectores mundi, (dicebat quippe de diabolo et angelis ejus,) cavendum erat ne male intelligerent homines, et putarent a diabolo et dæmonibus ejus mundum regi. Sed quia mundus dicitur (*a*) hæc fabrica quam videmus, et in peccatoribus dicitur mundus, et in eis qui diligunt mundum, de quibus dictum est, « Et mundus eum non cognovit (*Johan.* I, 10), » et de quibus dictum est, « Totus mundus in maligno positus est (I *Johan.* V, 19) : » exposuit Apostolus cujus mundi essent rectores, Tenebrarum, inquit, harum (*Ephes.* VI, 12). Rectores mundi dico, rectores tenebrarum harum. Rursus cogit nos intelligere quid dixerit, Tenebrarum harum. Quarum tenebrarum rectores

---

(*a*) MSS. nostri omnes omittunt, *hæc fabrica quam videmus.*

en se convertissant, se sont séparés de ces impies? « Autrefois, vous avez été ténèbres, maintenant, au contraire, vous êtes lumière dans le Seigneur (*Éphés.* v, 8). » Voulez-vous n'être pas conduit par le diable? Allez vers la lumière. Et comment irez-vous vers la lumière, si le Seigneur ne tire son épée du fourreau et ne vous délivre de vos ennemis et de ceux qui vous persécutent? Comment tire-t-il son épée du fourreau? Comme nous l'avons déjà vu, l'épée de Dieu, c'est l'âme du juste. Que les justes soient donc nombreux, et l'épée est tirée du fourreau et le passage est fermé aux ennemis. Car l'Apôtre voulant nous exhorter à vivre dans la justice, en raison de cette épée que Dieu tire du fourreau, nous dit: « Que vos adversaires soient dans la confusion, n'ayant aucun mal à dire de nous (*Tit.* II, 8). » Le passage est fermé à qui ne trouve rien à dire contre les saints.

5. Et d'où viendra aux Justes leur justice? Ou bien, que disent les ennemis qui nous persécutent? Que disent nos ennemis invisibles? Ne disent-ils rien? Les mauvaises suggestions sont surtout soufflées au cœur humain par ces ennemis qui nous attaquent invisiblement, quand nous n'appelons point Dieu à notre aide; car alors, cherchant des secours en d'autres qu'en lui, nous sommes sans force en face de nos ennemis, et ils nous prennent facilement. Nous devons surtout veiller contre ces insidieuses suggestions que le Prophète, dans un autre psaume, nous a fait connaître en ces termes : « Beaucoup s'élèvent contre moi; beaucoup disent à mon âme : Il n'y a pas pour elle de salut dans son Dieu (*Ps.* III, 2). » Et que répond le prophète, pour résister à ces suggestions? « Dites à mon âme, je suis votre salut (*Ibid.*). » Lorsque vous aurez dit à mon âme : je suis votre salut, elle vivra selon la justice, et je ne chercherai l'aide de personne en dehors de vous.

6. Et que dit-il ensuite ? « Que ceux qui cherchent mon âme soient confondus et rougissent (*Ps.* XXXIV, 4); » car ils la cherchent pour la perdre. Et plût à Dieu qu'ils la cherchassent dans de bonnes intentions! En effet, dans un autre psaume, le Prophète reproche aux hommes que nul ne cherche son âme : « Il ne me reste aucun moyen de fuir, et nul ne cherche à sauver mon âme (*Ps.* CXLI, 5). » Quel est celui qui dit : Et nul ne cherche à sauver mon âme? Est-ce par hasard le même dont il a été dit tant de temps avant l'événement : « Ils ont percé mes mains et mes pieds, ils ont compté tous mes os, ils m'ont considéré et examiné, ils se sont partagé mes vêtements et ils ont tiré ma robe au sort (*Ps.* XXI, 17)? » Toutes ces prédic-

---

sunt diabolus et angeli ejus ? Omnium infidelium, omnium iniquorum, de quibus dictum est : « Lux lucet in tenebris, et tenebræ eam non comprehenderunt (*Johan.* I, 5). » Denique ex ipsorum numero credentibus multis, quid dicit idem Apostolus ? « Fuistis enim aliquando tenebræ, nunc autem lux in Domino (*Ephes.* v, 8). » Non vis regi a diabolo ? migra ad lucem. Et unde migrabis ad lucem, nisi effundat ille frameam, et eruat te ab inimicis tuis, et a persequentibus te ? Quomodo effundit frameam ? (Quoniam jam audivimus quid sit framea ipsius : anima enim justi est.) Abundent justi, et effunditur framea, et concluditur adversus inimicos. Nam de ipsa effusione frameæ monens Apostolus ut juste vivamus, in consequenti ait, « Ut adversarius revereatur, nihil habens de nobis dicere pravum (*Tit.* II, 8). » Conclusum est adversus eum, quia quod loquatur adversus sanctos, non potest invenire.

5. Et unde erunt justi ? Aut quid dicunt inimici qui nos persequuntur (*a*)? Invisibiles illi quid dicunt inimici? Isti nihil ? Maxime suggeritur humano cordi ab invisibiliter expugnantibus inimicis, quia Deus nobis non est adjutor : ut requirentes alia adjutoria, inveniamur invalidi, et ab inimicis ipsis capiamur. Hoc ergo suggeritur. Contra istas voces maxime vigilare debemus, quæ in alio Psalmo ostenduntur : « Multi insurgunt adversum me, multi dicunt animæ meæ, Non est salus illi in Deo ejus(*Ps.* III, 2). » Contra istas voces quid hic dicitur? « Dic animæ meæ, Salus tua ego sum (*Ps.* XXXIV, 3). » Cum dixeris animæ meæ, « Salus tua ego sum, » juste vivet, ut neminem in adjutorium præter te quæram.

6. Et quid sequitur ? « Confundantur et revereantur requirentes animam meam(Ibid.4). » Ad hoc enim illam requirunt, ut perdant. Nam utinam bene quærant. In alio quippe Psalmo hoc reprehendit in hominibus, quia non erat qui requireret animam ipsius : « Periit fuga a me, et non est qui requirat animam meam (*Psal.* CXLI, 5). » (*b*) Quis est ille qui dicit, « Non est qui requirat animam meam ? » Num-

---

(*a*) Plerique MSS. *qui nos persequuntur invisibiles illi? quid dicunt inimici isti? Nihil maxime suggeritur humano cordi ab invisibiliter expugnantibus inimicis, nisi quia Deus,* etc. (*b*) Omnes Prope MSS. carent his verbis, *Quis est ille qui dicit, Non est qui requirat animam meam? et eorum loco habent, id est qui quærat, Quis est ille qui crucifigitur? Non est qui dicat, Numquid forte ille est,* etc.

tions s'accomplissaient alors sous les yeux des Juifs, et, parmi eux, il n'y en avait pas un seul qui cherchât l'âme du Sauveur. Invoquons-le donc, mes frères, pour qu'il dise à notre âme : « Je suis votre salut. » Il le dit, en effet, mais plusieurs sont très-sourds ; c'est pourquoi, beaucoup de ceux qui sont dans la tribulation écoutent plus volontiers les ennemis qui les poursuivent. Celui qui est privé de ce qu'il désire, dont l'âme est dans l'angoisse et qui est dans l'indigence des biens temporels, demande le plus souvent conseil aux démons, veut consulter les hommes possédés du démon, recherche les magiciens ; les persécuteurs invisibles sont venus vers cette âme, ils y sont entrés, ils l'ont prise d'assaut, réduite en captivité et vaincue, en disant : « Il n'y a pas pour elle de salut dans son Dieu. » Elle a fermé l'oreille à la voix qui lui disait: «je suis votre salut. Dites à mon âme : « je suis votre salut. » Que ceux qui cherchent mon âme soient confondus et rougissent ; mon âme, à qui vous avez dit : Je suis votre salut. Que je vous entende me dire : je suis votre salut. Je ne demanderai d'autre salut que celui qui me vient du Seigneur mon Dieu. C'est en vain que la créature m'offre de me sauver, le salut est en Dieu, et si je lève les yeux vers les montagnes d'où le secours me sera envoyé, ce n'est pas que le secours me vienne de ces montages, « il me vient du Seigneur, qui a fait le ciel et la terre (*Ps.* cxx, 1). » Dieu est venu à votre secours, dans vos angoisses temporelles, par le moyen d'un homme ; c'est lui qui est votre salut. Dieu vous a secouru par le moyen d'un ange ; c'est lui qui est votre salut. Toutes choses lui sont soumises et il pourvoit aux besoins de cette vie temporelle, pour celui-ci de telle façon, pour celui-là de telle autre manière ; mais, quant à la vie éternelle, il ne la donne que par lui-même. Si vous êtes dans les angoisses de la douleur, vous n'avez pas toujours sous la main ce que vous cherchez ; mais celui que vous cherchez est toujours là. Cherchez donc celui qui ne peut jamais vous manquer. On peut vous enlever ce qu'il vous a donné ; mais lui qui vous l'a donné, qui vous l'enlèvera ? Si ces biens qu'il vous avait donnés, vous sont rendus, regarderez-vous comme votre trésor ces biens que l'on vous rend, ou celui qui vous les a retirés pour vous éprouver et qui vous les a rendus pour vous consoler ? En effet, il nous console, en ne nous privant pas plus longtemps de ces biens. Mais il nous console comme des voyageurs, pourvu que nous comprenions que nous sommes des voyageurs. Car toute cette vie et toutes les choses dont vous usez dans cette vie ne doivent être à vos yeux que comme une hôtellerie pour des voyageurs, et non comme une demeure pour un propriétaire. Souvenez-vous, quel-

quid forte ille est, de quo tanto ante prædictum est, « Foderunt manus meas et pedes meos, dinumeraverunt omnia ossa mea ; ipsi vero consideraverunt et conspexerunt me ; diviserunt sibi vestimenta mea, et super vestem meam miserunt sortem (*Psal.*xxi,17 ?)» Jam omnia ista ante oculos eorum fiebant, et nemo erat qui requireret animam ejus. Invocemus ergo, Fratres, ut dicat animæ nostræ, « Salus tua ego sum : » et aperiat aures ejus, ut audiat dicentem, « Salus tua ego sum. » Dicit enim, sed quidam obsurdescunt : unde audiunt potius persequentes inimicos in tribulatione constituti. Si aliquid deest, si in angusto est anima, in inopia temporalium, quærit auxilium plerumque a dæmonibus, arreptitios dæmonum vult consulere, (*a*) sortilegos quærit : persecutores illam hostes invisibiles adierunt, intraverunt, expugnaverunt, captivaverunt, vicerunt, dicendo, Non est salus illi in Deo ejus. Obsurduit contra vocem dicentem, « Salus tua ego sum. Dic animæ meæ, Salus tua ego sum, » ut « confundantur et revereantur requirentes animam meam, » cui dicis tu, « Salus tua ego sum. » Audiam dicentem mihi, « Salus tua ego sum. » Aliam salutem non requiram, præter Dominum Deum meum. De creatura mihi salus suggeritur ; ab ipso est : et si levo oculos meos in montes, unde veniat auxilium mihi (*Psal.* cxx, 1) ; non tamen a montibus, sed auxilium meum a Domino qui fecit cœlum et terram (Ibid. 2). In ipsis temporalibus angustiis per hominem subvenit Deus ; salus tua ipse est. Per Angelum subvenit Deus ; salus tua ipse est. Omnia illi subjecta sunt, et ad istam quidem vitam temporalem subvenit, alii inde, alii inde : æternam vitam non dat nisi de se. Ecce in angustiis constituto non subest quod quæris, sed adest quem quæris. Et illum quære qui deesse numquam potest. Subtrahantur quæ dedit, numquid subtrahitur qui dedit ? Reddantur quæ dederat : numquid ipsæ sunt divitiæ cum reddita fuerint illa, et non ille qui subtraxerat probando, et reddidit consolando ? Consolatur enim quando nobis ista non desunt. Consolatur tamquam in

---

(*a*) In antiquis codicibus hic et alibi constanter scriptum est, *sortilogos* · mutata vocali e. in o.

que chemin que vous ayez fait, qu'il vous reste toujours du chemin à faire, et que si vous pouvez vous détourner de la route pour reprendre des forces, vous ne le pouvez faire pour cesser votre marche.

7. Il y en a qui disent : Dieu à qui appartiennent la bonté, la grandeur, l'élévation, l'éternité, l'incorruptibilité, nous donnera la vie éternelle et cette incorruptibilité qu'il nous a promise pour le moment de notre résurrection ; mais les biens de ce siècle et de cette vie temporelle appartiennent aux démons et aux puissances des ténèbres. D'après ce principe, quand ils se laissent gagner par l'amour de ces biens, ils abandonnent Dieu, comme si ces biens ne lui appartenaient pas ; on les voit, par des sacrifices exécrables, par je ne sais quels sortilèges, ou sous l'influence de je ne sais quels conseils criminels d'autres hommes, chercher à se pourvoir des biens temporels, d'argent, de femme, d'enfants, enfin de tout ce qui peut consoler le voyageur qui passe, ou mettre obstacle à sa marche. Mais la divine Providence est attentive à détruire cette fausse opinion ; et Dieu, pour montrer que tous ces biens lui appartiennent, et qu'il est le maître, non-seulement des choses éternelles qu'il a promises dans la vie future, mais encore des choses temporelles, qu'il donne sur terre à qui il lui plaît et quand il lui plaît, au temps qu'il juge convenable, sachant bien à qui il les donne et à qui il

les refuse, semblable au médecin qui distribue les remèdes selon sa volonté, parce qu'il connaît mieux l'état du malade que le malade lui-même ; Dieu, dis-je, pour prouver cette vérité, a distingué les temps de l'Ancien Testament et du Nouveau. Dans l'ancien Testament se trouvent les promesses des biens terrestres, et dans le nouveau la promesse du Royaume des cieux. La plupart des commandements qui règlent les devoirs envers Dieu et les conditions d'une vie juste, sont les mêmes dans l'un et dans l'autre Testament, mais les promesses y sont différentes ; l'ordre du maître est le même, l'obéissance demandée au serviteur est la même, mais en quelque sorte la récompense n'est pas la même. En effet, aux uns il est dit : afin que vous entriez dans la terre promise (*Exod.* XXIII, 25 et suiv.), afin que vous y régniez, afin que vous triomphiez de vos ennemis, afin que vous ayez tous les biens en abondance, afin que Dieu multiplie le nombre de vos enfants. Ces biens terrestres furent promis aux Juifs, et cependant ces biens étaient des figures. Admettez pourtant que ces promesses furent prises à la lettre, et en effet, beaucoup les ont prises ainsi, car Dieu a donné la terre promise aux enfants d'Israël, il a donné des richesses, il a donné des enfants à des femmes âgées et stériles qui les lui ont demandés et qui ne les ont attendus que de sa bonté, sans chercher aucun autre secours que le sien pour voir leurs

---

via, sed si nos intelligamus viam : quia tota ista vita, et omnia quibus uteris in hac vita, sic tibi debent esse tamquam stabulum viatori, non tamquam domus habitatori. Memento peregisse te aliquid, restare aliquid : divertisse te ad refectionem, non ad defectionem.

7. Sunt qui dicunt, Deus bonus, magnus, summus, invisibilis, æternus, incorruptibilis, vitam æternam nobis daturus est, et illam incorruptionem quam in resurrectione promisit : ista vero sæcularia et temporalia ad dæmones pertinent, et ad potestates illas harum tenebrarum. Dicendo hæc, quando amore implicantur harum rerum, dimittunt Deum, quasi ad quem ista non pertineant ; et quærunt nefandis sacrificiis, ac nescio quibus remediis, aut nescio qua hominum illicita persuasione, providere sibi quod temporale est, veluti pecuniam, uxorem, filios, et si qua sunt quæ humanam vitam aut consolantur transeuntem, aut impediunt ambulantem. Contra istam opinionem divina providentia vigilante, ut ostenderet Deus ad se pertinere ista omnia, et in sua

esse potestate, non solum æterna quæ in futurum promisit, verum etiam temporalia quæ in terra dat quibus voluerit, et quando voluerit opportune, sciens cui det, cui non det, tamquam medicus medicamenta, sciens melius morbum ægroti quam ipse ægrotus : ut ergo Deus hoc ostenderet, distribuit tempora veteris et novi Testamenti. In veteri Testamento promissiones sunt rerum terrenarum, in Novo autem regni cœlorum. Pleraque præcepta Deum colendi et recte vivendi, ipsa sunt et ibi et hic : sed quia promissio ibi alia videtur, alia hic ; jubentis imperium et obedientia servientis eadem est, sed merces quasi non est eadem. Etenim illis dictum est, ut accipiatis terram promissionis, ut in illa regnetis, ut inimicos vestros superetis, ut ab eis non subjugemini, ut omnia vobis abundent in hac terra, ut filios procreetis (*Exodi* XXIII, 25 etc.). Hæc terrena promissa sunt, sed tamen figurata. Fac aliquos sic illa accipere, quomodo promissa sunt : et vere multi sic acceperunt. Nam data est terra filiis Israël, datæ sunt divi-

désirs exaucés. Les Juifs ont donc entendu dans leur cœur la voix du Seigneur qui disait : Je suis votre salut. Mais si Dieu est notre salut pour les choses éternelles, pourquoi ne le serait-il pas aussi pour les choses temporelles? C'est ce que Dieu a montré dans l'histoire du saint homme Job ; puisque le démon lui-même n'a eu le pouvoir de lui ôter ces biens, qu'après en avoir reçu la permission du Tout-Puissant. Il a pu porter envie à ce saint homme, a-t-il pu lui nuire? Il a pu l'accuser, a-t-il pu le condamner? A-t-il pu lui ôter quoi que ce fût, blesser en lui un ongle ou un cheveu, jusqu'à ce qu'il eût dit à Dieu : « Mettez votre main sur lui (*Job*. I, 2)?» Que veut dire : Mettez votre main sur lui? donnez-moi le pouvoir de lui nuire. Ce pouvoir lui fut donné. Le démon le tenta ; Job fut tenté. Cependant le tenté fut vainqueur et le tentateur fut vaincu. En effet, Dieu qui avait permis au démon de ravir à Job ses biens temporels, n'avait pas abandonné intérieurement son serviteur, et pour vaincre le démon, il s'était fait une épée de son âme. Mais quelle est la valeur de cette épée? C'est de l'homme que je parle. Vaincu dans le paradis, il est vainqueur sur du fumier. Dans le paradis, il est vaincu par le démon au moyen de la femme (*Gen*. III, 6); sur le fumier, il est vainqueur du démon et de la femme. « Vous avez parlé, dit-il, comme une femme insensée. Si nous avons reçu des biens de la main de Dieu, pourquoi ne supporterions-nous pas les maux qu'il nous envoie (*Job*. II, 10)? » Combien donc il avait profité de ces paroles : « Je suis votre salut ! »

8. « Que ceux qui cherchent mon âme soient confondus et rougissent (*Ps*. XXXIV, 4). » Voyez le précepte donné aux hommes : « Priez pour vos ennemis (*Matth*. V, 44), » dit le Seigneur. Mais ici, c'est une prophétie. Et ces paroles, dites sous la figure oratoire d'un souhait, s'expliquent par l'esprit de prophétie de celui qui les prononce. Que telle ou telle chose se fasse, signifie seulement : telle ou telle chose aura lieu. Comprenez donc en ce sens ces paroles prophétiques : « Que ceux qui recherchent mon âme soient confondus et rougissent. » Que veut dire : soient confondus et rougissent? Ils seront confondus et rougiront. C'est en effet, ce qui est arrivé. Beaucoup de gens ont été confondus pour leur salut ; beaucoup de gens, qui persécutaient le Christ, sont entrés, avec une piété toute dévouée, dans la société de ses membres ; ce qui n'aurait pu se faire s'ils n'avaient pas été confondus et s'ils n'avaient pas rougi. Les paroles du prophète étaient donc pour eux un souhait de bonheur. Mais, comme il y a ici deux sortes de vaincus, c'est-à-dire que les hommes sont vaincus de deux manières : ou vaincus pour se convertir au Christ, ou vaincus pour être condamnés par le Christ, ces deux

---

tiæ, dati sunt filii et sterilibus et aniculis rogantibus Deum, et de ipso solo præsumentibus, et alium sibi adjutorem nec ad ista quærentibus. Vocem Domini in corde audierunt, «Salus tua ego sum.» Si ad æterna, quare non ad temporalia? Ostendit hoc Deus in caussa viri illius sancti Job : quia et ipse diabolus auferendi hæc non habet potestatem, nisi cum acceperit a summa illa potestate. Invidere potuit sancto, nocere numquid potuit? Accusare potuit, damnare numquid potuit? numquid valuit aliquid tollere, numquid vel unguem, numquid vel capillum lædere, nisi Deo diceret, Mitte manum tuam (*Job* I, 11)? Quid est, Mitte manum tuam? Da potestatem. Accepit. Ille tentavit, ille tentatus est. Tentatus tamen vicit, tentator victus est. Deus enim qui diabolo permiserat ut illa tolleret, illum servum suum interius non deseruerat, et ad ipsum diabolum superandum animam servi sui frameam sibi fecerat. Quantum valet hoc? (a) De homine dico. Victus in paradiso, victor in stercore. Ibi victus est a diabolo per mulierem (*Gen*. III, 6), hic vicit diabolum et mulierem. « Locuta es, inquit, tamquam una ex insipientibus mulieribus. Si bona percepimus de manu Domini, mala quare non sustineamus (*Job*. II, 10)? » Quam bene audierat, « Salus tua ego sum. »

8. «Confundantur et revereantur requirentes animam meam (*Ps*, XXXIV, 4). » Respice ad homines. « Orate, inquit, pro inimicis vestris (*Matth*. V, 44). » Sed hic prophetia est. Et quæ figura optandi dicuntur, animo prophetandi explicantur. Illud fiat et illud fiat, nihil est aliud quam, hoc et hoc futurum est. Sic ergo audite prophetiam : « Confundantur et revereantur requirentes animam meam. » Quid est, « confundantur et revereantur? » Confundentur et reverebuntur. Factum est enim : multi salubriter confusi sunt, multi reveriti a persecutione Christi ad societatem membrorum ejus devota pietate transierunt : et non fieret hoc, nisi confunderentur et revererentur. Ergo bene illis optavit. Sed quia duo sunt genera eorum qui vincuntur : duobus enim modis

---

(a) Hæc verba, *De homine dico*, absunt a MSS. plerisque.

sortes de défaites sont ici prédites, obscurément toutefois et de manière à nécessiter une explication. Appliquez donc à ceux qui se convertissent ces paroles : « Que ceux qui cherchent mon âme soient confondus et rougissent. Qu'ils retournent en arrière (*Ps.*XXXIV,4). » Qu'ils ne prennent pas les devants, mais qu'ils suivent ; qu'ils ne donnent pas de conseils, mais qu'ils en reçoivent. Car Pierre a voulu marcher devant le Seigneur, quand le Seigneur parlait de sa future passion ; il a voulu lui donner un conseil, comme pour le sauver, conseil de salut d'un malade à son sauveur. Et que dit-il au Seigneur, qui lui affirmait la prochaine passion ? « Loin de vous toutes ces choses, Seigneur, ayez pitié de vous-même ; cela ne sera pas. » Il voulait marcher le premier, il voulait que le Seigneur le suivît. Et que répondit Jésus ? « Arrière, Satan (*Matth.*XVI, 22) ! » En précédant le Seigneur, vous êtes Satan ; en le suivant, vous serez son disciple. Appliquons donc à ceux qui se convertissent au Christ ces paroles du psaume : « Que ceux-là retournent en arrière et soient confondus, qui ont contre moi de mauvais desseins. « En effet, lorsqu'ils auront commencé à suivre, ils n'auront plus de mauvais desseins, ils ne désireront plus que le bien.

9. Mais que dire des autres ? Car tous ne sont pas vaincus de telle sorte qu'ils se convertissent et qu'ils croient : beaucoup restent dans leur opiniâtreté ; beaucoup conservent dans leur cœur l'orgueilleuse volonté de prendre les devants. Ils ne mettent point au jour leurs mauvais desseins ; ils les portent cependant en eux, et ils les produisent, dès qu'ils en trouvent l'occasion. Que dit d'eux le prophète, à la suite des passages déjà cités ? « Qu'ils deviennent comme la poussière devant la face du vent (*Ps.*XXXIV,5). » Il avait dit ailleurs dans le même sens : « Il n'en est pas ainsi des impies, il n'en est pas ainsi ; mais ils sont comme la poussière que le vent balaie de dessus la face de la terre (*Ps.*I,4). » Le vent, c'est la tentation ; la poussière, c'est l'impie. Quand vient la tentation, la poussière est soulevée, elle ne peut ni rester en place ni résister. « Qu'ils deviennent comme la poussière devant la face du vent et que l'ange du Seigneur les remplisse de trouble. Que leur voie devienne ténébreuse et glissante (*Ps.*XXXIV,6). » C'est une voie affreuse. Qui n'aurait horreur des seules ténèbres ? Qui n'éviterait un sol glissant ? Où aller au milieu des ténèbres et sur un terrain glissant ? où fixer le pied ? Ces deux maux sont les grands châtiments des hommes ; les ténèbres ou l'ignorance, le terrain glissant ou la luxure. « Que leur voie devienne ténébreuse et glissante, et que l'ange du Seigneur les poursuive, afin qu'ils ne puissent s'arrêter (*Ibid.*). » En effet, quiconque est dans les ténèbres et sur un sol glissant tombe dès que, sans avoir de

---

vincuntur, aut ad hoc vincuntur ut convertantur ad Christum, aut ad hoc vincuntur ut damnentur a Christo : explicata sunt et hic duo ipsa genera, obscure quidem, sed intellectorem desiderant. De his qui convertantur, accipe quod dictum est, « Confundantur et revereantur requirentes animam meam. Avertantur retrorsum. » Non præcedant, sed sequantur ; non dent consilium, sed accipiant. Nam Petrus præcedere voluit Dominum, quando Dominus de passione sua futura diceret : consilium illi quasi salutis voluit dare, consilium salutis æger salvatori. Et quid ait Domino de illa futura sua passione confirmanti ? Absit a te Domine, propitius tibi esto, non fiet istud. Præcedere volebat, ut Dominus sequeretur. Et ille quid ? Redi retro satanas (*Matth* XVI,22). Præcedendo satanas es, sequendo discipulus eris. Hoc ergo et istis, « Avertantur retrorsum, et confundantur, qui cogitant mihi mala (*Ps.* XXXIV, 4). » Cum enim cœperint retrorsum sequi, jam non cogitabunt mala, sed desiderabunt bona.

9. Quid alii ? Non enim omnes sic vincuntur, ut convertantur et credant : multi in pertinacia remanent, multi spiritus (*a*) præcedendi servant in corde ; et si non exserunt, tamen parturiunt, et ubi locum invenerint pariunt. De talibus quid sequitur ? « Fiant tamquam pulvis ante faciem venti (*Ps.* XXXIX, 5). » « Non sic impii non sic, sed tamquam pulvis quem projicit ventus a facie terræ (*Psal.* I, 4). » Ventus tentatio est, pulvis iniquus. Quando venerit tentatio, tollitur pulvis ; nec stat, nec resistit. « Fiant tamquam pulvis ante faciem venti : et angelus Domini tribulans eos. Fiat via eorum tenebræ et lubricum (*Ps.*XXXIV,6). » Horrenda via. Tenebras solas quis non horreat ? Lubricum solum quis non caveat ? In tenebris et lubrico qua is ? ubi pedem figis ? Sunt ista duo mala magnæ pœnæ hominum : tenebræ ignorantia, lubricum luxuria. « Fiat via eorum tenebræ et lubricum : et angelus Domini persequens eos (Ibid.) : » ut non possint stare. Nam unusquisque in tenebris et lubrico cum viderit quia si pedem moverit, labitur, et lux illi an-

(*a*) In MSS. pluribus, *renitendi*. In aliis, *retinendi*.

lumière devant lui, il veut remuer le pied ; à moins qu'il n'attende que la lumière ne vienne ; mais l'ange du Seigneur est là, qui le poursuit. Le prophète leur a prédit ces choses mais il n'a pas souhaité qu'elles arrivassent. En outre le prophète, sous l'inspiration de l'esprit de Dieu, parle de ces choses comme Dieu les fait, à la suite d'un jugement certain, juste, équitable, saint, paisible ; sans être troublé ni par la colère, ni par un zèle amer, ni par le désir de quelque vengeance ; sous la seule impulsion de la justice qui exige la punition des vices : cependant c'est une prophétie.

10. Mais pourquoi de si grands châtiments ? Comment sont-ils mérités ? Ecoutez comment ils sont mérités : « parce qu'ils ont gratuitement dressé en secret contre moi un piège d'iniquité (Ibid. 7). » Remarquez que les Juifs ont ainsi traité notre tête, et dressé en secret contre elle un piège d'iniquité. Contre qui ont-ils dressé en secret leur piège ? Contre celui qui voyait dans le cœur de ceux qui dressaient ce piège. Mais il était au milieu d'eux, semblable à un ignorant, et trompé par eux en apparence ; tandis qu'ils étaient déçus dans les choses mêmes par lesquelles ils croyaient le tromper. En effet il vivait au milieu d'eux, comme s'il était trompé par eux ; parce que nous devions avoir à vivre parmi des hommes qui, sans aucun doute, nous tromperaient. Il voyait bien celui qui devait le trahir, et ce fut un motif pour lui de le choisir pour une œuvre nécessaire. Par le mal que fit Judas, le Seigneur opéra un grand bien ; et même il le mit au nombre des douze apôtres (*Jean*, XIII, 11), afin que ce petit nombre de douze ne fût pas sans renfermer un méchant. C'était pour nous un exemple de patience, parce que nous devions inévitablement vivre au milieu des méchants ; parce que nous devions avoir nécessairement des méchants à supporter, à notre connaissance ou à notre insu. Il vous a donné l'exemple de la patience, pour qu'elle ne vint pas à vous manquer dans le cours de votre vie au milieu des méchants. Et si cette école du Christ, formée de douze hommes seulement, n'a pas manqué de force, combien ne devons-nous pas être plus fermes, quand nous voyons accomplies, dans toute l'étendue de l'Eglise, les choses qui ont été prédites sur le mélange des bons et des méchants ? En effet, cette école du Christ ne voyait pas accomplie la promesse faite à la race d'Abraham (*Gen.* XVII, 2) ; elle ne voyait pas l'aire d'où doit sortir la masse de blé destinée à remplir les greniers de Dieu (*Matth.* III, 12). Pourquoi donc, lorsqu'on bat le blé, ne pas souffrir paisiblement la paille qui reste dans l'aire, jusqu'à ce qu'elle en soit rejetée par une séparation définitive ? En effet, les menaces que vous venez d'entendre, vous prédisent le sort réservé aux méchants.

11. Mais enfin qu'avons-nous à faire ? « Ils ont

---

te pedes non est ; vel hoc forte facit, ut exspectet donec luceat : sed ibi est angelus Domini persequens eos. Hæc eis futura prædixit, non quasi ut evenirent optavit. Quamquam et Propheta in Spiritu Dei sic ea dicat, quomodo illa Deus facit, certo judicio, bono, justo, sancto, tranquillo, non perturbatus ira, non amaro zelo, non animo inimicitiarum exercendarum, sed justitia vitiorum puniendorum : verumtamen prophetia est.

10. Unde autem tanta mala ista ? Quo merito ? Audi quo merito : « Quoniam gratis absconderunt mihi muscipulæ suæ corruptionem (Ibid. 7). » In ipso capite nostro adtendite, hoc fecerunt Judæi, absconderunt muscipulæ suæ corruptionem. Cui absconderunt muscipulam ? Qui videbat corda abscondentium. Sed tamen erat inter illos ignoranti similis quasi falleretur, cum illi in eo deciperentur, in quo eum falli arbitrabantur. Ideo enim ille tamquam fallebatur inter illos vivens, quia nos inter tales sic victuri eramus, ut sine dubio falleremur. Ille videbat traditorem suum, et elegit illum magis ad opus necessarium (*Johan* XIII, 11). Illius malo magnum bonum operatus est : et tamen inter duodecim electus est, ne ipse duodenarius tam exiguus numerus esset sine malo. Hoc ad exemplum nostræ patientiæ, quoniam necesse erat ut inter malos viveremus ; necesse erat ut malos, sive scientes, sive nescientes, toleraremus : exemplum patientiæ præbuit ne deficias, cum cœperis inter malos vivere. Et quia illa schola Christi in duodecim non deficit, quanto magis nos firmi esse debemus, cum implentur in Ecclesia magna, quæ de malorum permixtione prædicta sunt ? Neque enim videbat ipsa schola redditum semini Abrahæ quod erat promissum (*Gen.* XVII, 2), et ipsam aream unde massa quæ implebit horreum, processura est (*Matth.* III, 12). Quare igitur non, cum trituratur, in ea digne palea toleratur, donec ultima ventilatione purgetur ? Hoc enim futurum est malis quod audistis.

gratuitement dressé en secret contre moi un piège d'iniquité(*Ps.*xxxiv,7).» Que veut dire : gratuitement? que ce piège vient de méchants auxquels je n'ai fait aucun mal, auxquels je n'ai pas nui. «Ils ont vainement couvert mon âme d'opprobres. » Que veut dire vainement? En alléguant de fausses accusations, sans rien prouver. « Qu'un piège qu'ils ne connaissent pas, vienne à les surprendre (Ibid.8) ;» Digne récompense ; rien de plus juste. Ils ont tendu en secret leur piège, pour que je ne le connusse pas : qu'un piège leur soit tendu qu'ils ne connaîtront pas. Pour moi, je connais leur piège, mais quel est ce piège qui leur sera tendu? un piège qu'ils ne connaissent pas. Ecoutons ; peut-être le prophète nous le dira. « Qu'un piège, qu'ils ne connaissent pas, vienne à les surprendre:» peut-être ont-ils tendu secrètement un piège, et seront-ils pris dans un autre? Non. Qu'en est-il donc ? Chacun d'eux est lié par les chaînes de ses péchés(*Prov.*vi,22). Ils sont trompés par où ils ont voulu tromper. On leur nuira par où ils se sont efforcés de nuire. En effet, le prophète dit aussitôt après: «qu'ils soient pris dans les embûches qu'ils ont eux-mêmes tendues secrètement(*Ps.*xxxiv,8).» Comme si un homme préparait pour un autre une coupe de poison, et ensuite la buvait lui-même par oubli ; ou encore, comme si un homme creusait une fosse, pour que son ennemi y tombât dans les ténè-

bres , et ensuite , oubliant qu'il l'a creusée, y tombait le premier , en passant par cet endroit. Il en est absolument ainsi, mes frères, croyez-le, soyez-en bien certains. Et si vous avez en vous la prudence d'une raison éminente, jugez et voyez que tout méchant se nuit d'abord à lui-même. En effet, mes frères, vous pouvez comparer la méchanceté au feu. Vous voulez incendier quelque chose, l'objet que vous en approchez brûle d'abord ; car s'il ne brûle pas, il n'incendie pas. Vous avez une torche ; vous approchez cette torche pour mettre le feu à quelque chose ; n'est-il pas vrai que cette torche brûle la première, pour pouvoir communiquer le feu à un objet quelconque ? La méchanceté sort donc de vous, et qui dévore-t-elle d'abord si ce n'est vous ? Si elle blesse la branche dans laquelle on l'enfonce, comment ne blesserait-elle pas la racine de laquelle elle sort ? Et je vous le dis en vérité, il se peut que votre méchanceté ne nuise pas à autrui ; mais, qu'elle ne vous nuise pas, cela est impossible. En effet quel mal a-t-elle fait au saint homme Job, dont nous avons parlé plus haut (*Job.* I, 22) ? Il est dit encore dans un autre psaume : « Semblable à un rasoir affilé, vous avez commis la fraude (*Ps.* LI, 4). Que fait-on avec un rasoir affilé? On rase les cheveux, qui sont des choses inutiles. Que faites-vous donc à celui à qui vous

---

11. Sed tamen quid faciendum est?«Gratis absconderunt mihi corruptionem muscipulæ suæ (*Ps.*xxxiv.7).» Quid est, «gratis? »Quibus nihil mali feci, quibus nihil nocui. « Vane exprobraverunt animam meam(Ibid.).» Quid est, « vane? » Falsa dicentes, nihil probantes, « Veniat illis muscipula, quam ignorant (Ibid. 8). » Magnifica retributio, nihil justius. Illi absconderunt muscipulam, ut ego ignorarem : illis veniat muscipula, quam ignorant. Nam ego scio muscipulam ipsorum. Quæ autem muscipula illis ventura est? Illa quam ignorant. Audiamus ne forte dicat illam : « Veniat illis muscipula, quam ignorant (Ibid).» Forte aliam illi absconderunt, alia illis ventura est ? Non : sed quid? Criniculis peccatorum suorum unusquisque constringitur(*Prov.*v,22). Inde decipiuntur, unde decipere voluerunt. Inde illis nocebitur, unde nocere conati sunt. Sequitur enim, «Et captio quam occultaverunt, comprehendat illos (*Ps.*xxxiv,8). » Tamquam si quisquam veneni calicem præparet alicui, et oblitus ebibat : et tamquam si foveam fodiat quisquam, in

quam quisque inimicus ejus in tenebris incidat ; et ille oblitus quod foderat, ambulans ea via prior illuc cadat. Prorsus Fratres mei ita credite, ita certi estote: ita si est in vobis (*a*) excellentior prudentiæ ratio, videte atque perspicite: Nemo malus non sibi prius nocet. Sic enim esse putate malitiam, quomodo ignem. Incendere vis aliquid : illud quod admoves, prius ardet, nisi ardeat, non incendit. Facula est, hanc faculam apponis ut aliquid incendat : numquid non ipsa facula quam apponis, prior ardet, ut aliquid possit incendere ? Malitia ergo procedit ex te, et quem prius vastat nisi te ? Quo profunditur ramum lædit, ubi radicem habet non lædit ? Et quidem dico, quod malitia tua ut alteri non noceat fieri potest: ut autem tibi non noceat, fieri non potest. Nam quid nocitum est sancto viro Job, de quo prælocuti sumus (*Job* I, 22) ? Quomodo in alio Psalmo dicitur, « Sicut novacula acuta fecisti dolum (*Psal* LI, 4). Quid fit de acuta novacula ? Capilli, res superfluæ decidentur. Quid ergo facis ei quem vis nocere? Si (*b*) nequam

---

(*a*) Vaticanus MS. *excellentioris.* (*b*) Editi, *Si nequaquam.* Rectius Colbertinus codex, *Si nequam.*

voulez nuire? Si celui à qui vous voulez nuire est un méchant qui consente au mal vers lequel vous le poussez, ce n'est pas votre méchanceté qui lui nuira, mais la sienne propre. Au contraire s'il ne partage point intérieurement votre méchanceté et si son cœur, pur de tout mal, se soumet à la voix qui lui dit: Je suis votre salut; vous l'attaquez au-dehors, mais vous n'atteindrez pas l'homme intérieur; et comme votre méchanceté provient de l'intérieur de votre âme, elle détruit d'abord en vous tout bien. Au-dedans vous êtes grangrené et le ver qui est sorti de cette pourriture n'a d'abord laissé en vous rien d'entier. « Et qu'ils soient pris dans les embûches qu'ils ont eux-mêmes tendues secrètement, et qu'ils tombent dans leurs propres piéges (Ibid.). » Ce n'est pas là peut-être ce que vous compreniez, lorsque, un peu plus haut, le prophète disait, « qu'un piége qu'ils ne connaissent pas leur soit tendu, » comme si quelque autre mal inévitable eût dû sortir contre eux de ce piége caché. Dans quel piége tomberont-ils donc? Dans le piége d'iniquité qu'ils avaient en secret dressé contre moi. Et-ce que cela n'est pas arrivé aux Juifs? Le Seigneur a vaincu leur iniquité, ils ont été vaincus par leur propre iniquité. Il est ressuscité pour notre salut, et ils se sont eux-mêmes donné la mort.

12. Voilà donc le sort réservé aux méchants qui veulent me nuire; mais que m'arrivera-t-il à moi? « Mon âme au contraire, sera transportée d'allégresse dans le Seigneur, » parce qu'elle a entendu de lui ces paroles: Je suis votre salut; parce qu'elle ne cherche pas au dehors d'autres richesses; parce qu'elle ne désire pas de voir autour d'elle en abondance les voluptés et les biens terrestres, parce qu'elle aime son véritable époux d'un amour désintéressé qui ne demande pas à recevoir de lui des délices étrangères à lui, mais qui ne demande qu'à le posséder pour trouver en lui toutes ses délices. Car que pourrait-on me donner qui valût mieux que Dieu? Dieu m'aime, Dieu vous aime. Voilà qu'il vous en fait la proposition: demandez ce que vous désirez (*Matt.* VII, 7). Si l'Empereur vous disait: demandez moi ce que vous désirez; comme vous lui demanderiez avec empressement le rang de tribun ou de comte! Que de grandes choses vous vous proposeriez de recevoir pour vous-même et d'obtenir pour d'autres! Mais Dieu vous disant: Demandez ce que vous désirez, qu'allez-vous lui demander? Faites effort de tout votre esprit, lâchez la bride à votre avarice, étendez, élargissez votre convoitise autant que vous le pourrez; car ce n'est pas le premier venu, c'est le Dieu Tout-Puissant qui vous dit: demandez ce que vous désirez. Si vous aimez des propriétés, vous désirerez toute la terre, de sorte que tous ceux qui naîtront soient

tibi ad malum consentiat cui vis nocere, non malitia tua ei nocitura est, sed sua: si autem intus ipse malitia careat, et cor mundum subdat illi voci dicenti, « Salus tua ego sum, » forinsecus oppugnas, interiorem hominem non expugnas: malitia tamen tua ab interiore tuo procedit, te prius inanem reddit. Tu putris es intus, unde iste vermis processit, intus nihil integrum dereliquit. « Et captio quam occultaverunt, comprehendat eos: et in muscipula incidant in ipsa (*Ps.* XXXIV, 8). »Non quod putabas forte paulo ante cum audires, « Veniat illis muscipula, quam ignorant (Ibid.): »id est, quasi aliquid aliud ex occulto inevitabile. In qua ergo? In ipsa (*a*) iniquitate, quam mihi absconderunt. Nonne hoc factum est Judæis? Dominus eorum iniquitatem vicit, illi iniquitate sua victi sunt. Ille surrexit pro nobis, illi mortui sunt in se.

12. Hæc ergo malis nocere mihi volentibus: mihi quid? « Anima autem mea exsultabit in Domino (Ibid. 9): »tamquam in eo a quo audierit, « Salus tua ego sum: » tamquam non quærens alias extrinsecus divitias, tamquam non quærens circumfluere voluptatibus bonisque terrenis; sed conjugem verum gratis amans, non ab illo volens accipere quod delectet, sed ipsum solum sibi proponens a quo delectetur. Quid enim melius Deo (*b*) dabitur mihi? Amat me Deus: amat te Deus. Ecce proposuit, pete quod vis (*Matth.* VII, 7). Si tibi Imperator diceret, Pete quod vis, quos tribunatus (*c*) comitivasque ructuares? Quanta tibi proponeres et accipienda et aliis largienda? Deo tibi dicente, Pete quod vis, quid petiturus es? Excute mentem tuam, exsere avaritiam tuam, protende quantum potes, et dilata cupiditatem tuam: non quicumque sed omnipotens Deus dixit, Pete quod vis. Si possessionum es amator, desideraturus es totam terram, ut omnes qui nascuntur, coloni tui aut servi tui sint. Et quid cum totam terram possederis? Mare petiturus es, in quo vivere tamen non

(*a*) MSS. *In ipsa, inquam, quam*, etc. (*b*) Plures MSS. *Quid enim melius Deo? Dicit mihi aliquis, Amat me,* etc. (*c*) Editi, *comitatusve.* MSS. vero plerique, *comitivasque*: quod vocabulum Comitis dignitatem et gradum sonat, reperiturque non raro in Cod. Theod. et Justin. et apud Cassiodorum in lib. variat.

vos fermiers ou vos serviteurs. Et que ferez-vous, lorsque vous posséderez toute la terre ? Vous demanderez la mer, bien que vous ne puissiez y vivre. Dans ce genre d'avarice, les poissons seront mieux partagés que vous ; à moins que vous ne possédiez aussi les îles de la mer. Mais passez outre, demandez encore le domaine des airs, quoique vous ne puissiez pas voler. Etendez vos désirs jusqu'au ciel ; dites que le soleil, la lune et les étoiles vous appartiennent, parce que celui qui a fait toutes ces choses vous a dit : demandez ce que vous désirez. Cependant, vous ne trouverez rien qui ait plus de prix, vous ne trouverez rien qui soit meilleur que celui qui a fait toutes ces choses. Demandez donc celui qui les a faites, et en lui et par lui vous posséderez tout ce qu'il a fait. Toutes ces choses sont d'un haut prix, parce que toutes sont belles, mais qu'y a-t-il de plus beau que lui ? Elles sont fortes, mais qu'y a-t-il de plus fort que lui ? Et il n'est rien qu'il donne plus volontiers que lui-même. Si vous trouvez quelque chose de meilleur, demandez-le. Si vous demandez autre chose, vous lui ferez injure, et vous vous ferez tort à vous même, en lui préférant sa créature, alors que le créateur aspire à se donner lui-même à vous. Elle était enflammée de cet amour, l'âme qui disait au Seigneur : « Et maintenant tel est mon partage, Seigneur (*Ps.* CVIII, 57) : » c'est-à-dire : vous êtes mon partage. Choisisse ailleurs qui le veut, ce qu'il désire posséder, qu'il se fasse son lot dans les choses créées : « vous êtes mon partage et c'est vous que j'ai choisi pour moi. » Et ailleurs encore, « Le Seigneur est la part de mon héritage (*Ps.* XV, 5). » Que le Seigneur vous possède, pour que vous le possédiez : vous serez son champ, vous serez sa maison. Il possède pour être utile ; il est possédé pour être utile. Car serait-ce pour que vous lui fussiez utile en quelque chose ? En effet, « j'ai dit au Seigneur : vous êtes mon Dieu, parce que vous n'avez nul besoin de mes biens (Ibid. 2). » « Mon âme, au contraire, sera comblée de joie dans le Seigneur. Elle trouvera ses délices dans son Sauveur (*Ps.* XXXIV, 9). » Le Sauveur donné par Dieu, c'est le Christ. « Car mes yeux ont vu le Sauveur que vous avez envoyé (*Luc.* II, 30). »

13. « Tous mes os diront : Seigneur qui est semblable à vous (*Ps.* XXXIV, 10) ? » Qui peut dire quelque chose de digne sur ces paroles ? Quant à moi, j'estime qu'il faut seulement les rapporter et non les expliquer. Pourquoi donc recherchez-vous la possession de telle ou telle chose ? Qu'y a-t-il de semblable à votre Seigneur ? Il est lui-même devant vos yeux. « Tous mes os diront : Seigneur qui est semblable à vous ? » « Les impies m'ont raconté les délices qui les charment, mais elles ne sont pas, Seigneur, comparables à votre loi (*Ps.* CXVIII, 85). » Des persécuteurs ont dit au

---

poteris. In hac avaritia te pisces superabunt. Sed forte insulas possidebis. Transcende et hæc, pete et aërem, quamvis volare non possis : porrige cupiditatem tuam usque ad cœlum, dic tuum esse solem, lunam, stellas, quia ille qui fecit omnia dixit, Pete quod vis : tamen nihil invenies carius, nihil invenies melius, quam ipsum qui fecit omnia. Ipsum pete qui fecit, et in illo et ab illo habebis omnia quæ fecit. Omnia cara sunt, quia omnia pulcra sunt : sed quid illo pulcrius ? Fortia sunt : sed quid illo fortius ? Et nihil magis vult dare quam se. Si aliquid inveneris melius, pete. Si aliud petieris, injuriam facies illi, et damnum tibi, præponendo illi quod fecit, cum velit seipsum tibi dare qui fecit. In hoc amore dixit illi anima quædam, Et nunc ipsa est pars mea Domine, id est, tu es pars mea (*Psal.* CXVIII, 57). Eligant sibi qui volunt quid possideant, faciant sibi partes de rebus : « Pars mea tu es, te mihi elegi. » Et iterum, « Dominus pars hereditatis meæ (*Psal.* XV, 5). » Possideat te, ut possideas illum : eris prædium ipsius, eris domus ipsius. Possidet ut prosit, possi- detur ut prosit. Numquid ut aliquid ei tu prosis ? « Nam dixi Domino, Deus meus es tu, quoniam bonorum meorum non eges (*Ibid.* 2). » « Anima autem mea exsultabit in Domino. Delectabitur super salutare ejus (*Ps.* XXXIV, 9). » Salutare Dei Christus est. « Quoniam viderunt oculi mei salutare tuum (*Lucæ* II, 30). »

13. « Omnia ossa mea dicent, Domine quis similis tibi (*Ps.* XXXIV, 10) ? » Quis digne de his verbis aliquid dicat ? Ego puto tantum pronuntianda esse, non exponenda. Quid quæris illud aut illud ? Quid simile Domino tuo ? Ipsum habes ante te. « Omnia ossa mea dicent, Domine quis similis tibi (Ibid.) ? » « Narraverunt mihi injusti delectationes, sed non sicut lex tua Domine (*Psal.* CXVIII, 85). » Fuerunt persecutores qui dicerent, Adora Saturnum, adora Mercurium. Non colo, inquit, idola. « Domine quis similis tibi ? » « Illi oculos habent, et non vident, aures habent, et non audiunt (*Psal.* CXIII, 5). » « Domine quis similis tibi, » qui fecisti oculum ad videndum, aurem ad audiendum ? Sed non colo, inquit, idola, quia faber fecit. Cole arborem et montem : et hoc numquid faber fecit ? Et

juste : Adorez Saturne, adorez Mercure. Je n'adore pas d'idoles, a-t-il répondu; Seigneur, qui est semblable à vous? « Ces idoles ont des yeux, et elles ne voient pas; elles ont des oreilles, et elles n'entendent pas (*Ps.* CXIII, 5)? » Seigneur qui est semblable à vous, qui avez fait l'œil pour voir et l'oreille pour entendre ? Je n'adore pas d'idoles, parce qu'elles sont l'ouvrage d'un artisan. Adorez cet arbre et cette montagne, est-ce un artisan qui les a faits ? Et le juste redit toujours : Seigneur qui est semblable à vous ? On me montre des choses terrestres, et vous êtes le créateur de la terre ? Et peut-être se tourneront-ils vers des créatures d'un ordre plus élevé et me diront-ils ; Adorez la lune, adorez le soleil qui par sa propre lumière, semblable à une lampe immense, répand le jour du haut du ciel. Et ici encore je réponds ouvertement: Seigneur qui est semblable à vous? C'est vous qui avez fait la lune et les étoiles; c'est vous qui avez allumé le soleil pour produire le jour ; c'est vous qui avez formé le ciel. Il est encore d'autres êtres invisibles bien supérieurs à ces merveilles. Mais peut-être alors va-t-on me dire : Ayez un culte pour les Anges, adorez les Anges. Et je répondrai de nouveau: Seigneur, qui est semblable à vous ? C'est encore vous qui avez créé les Anges. Les Anges ne sont quelque chose que parce qu'ils jouissent de votre vue. Il vaut mieux vous posséder avec eux, que de déchoir de votre possession pour les avoir adorés.

14. « Tous mes os diront : Seigneur qui est semblable à vous ? » O sainte Eglise, corps du Christ, que tous vos os disent : Seigneur qui est semblable à vous ? Et lors même que les chairs auraient cédé à la persécution, que les os disent : Seigneur, qui est semblable à vous? En effet, il a été dit des justes : « Le Seigneur aime tous leurs os, pas un seul ne sera brisé (*Ps.*XXIII, 21). » Combien de justes ont en les os brisés par la persécution ! En voici une preuve sans réplique : « Le juste vit de la foi (*Rom.* I, 17), » et le Christ justifie l'impie (*Rom.* IV, 7). Quand le justifie-t-il, sinon quand celui-ci croit et confesse sa foi ? En effet, on croit de cœur pour être justifié, et on confesse de bouche pour être sauvé (*Rom.* X, 10). C'est donc ainsi que le larron de l'Evangile, bien que conduit au juge à cause de ses vols, et envoyé par le juge sur la croix, a cependant été justifié ; il a cru de cœur et il a confessé de bouche. Car le Seigneur n'aurait pu dire à un coupable, à un homme non justifié : « Aujourd'hui, vous serez avec moi dans le paradis (*Luc*, XXIII, 43). » Et cependant ses os ont été brisés, car, lorsque les Juifs vinrent pour enlever les corps de dessus les croix, parce que le jour du sabbat allait commencer, le Seigneur fut trouvé déjà mort et ses os ne furent pas brisés (*Jean*, XIX, 33). Les larrons, au contraire, étaient encore vivants ; et afin de les descendre de leurs croix et de les ensevelir, on leur brisa les jambes, hâtant ainsi leur mort par cette souffrance. Est-ce qu'on ne

---

hic, « Domine quis similis tibi? » Terrena mihi ostenduntur, tu terrae creator es. Et hinc forte (*a*) advertunt a superiorem creaturam, et dicunt mihi, Cole lunam, cole istum solem, qui luce sua, tamquam magna lucerna, de cœlo efficit diem. Et hic plane dico, « Domine quis similis tibi? » Lunam et stellas tu fecisti, solem diei tu accendisti, cœlum tu composuisti. Sunt multa invisibilia meliora. Sed forte et hic dicitur mihi, Angelos cole, Angelos adora. Et hic dicam, « Domine quis similis tibi ? » Et ipsos Angelos tu creasti. Nihil sunt Angeli, nisi videndo te. Melius est cum ipsis possidere te, quam ipsos adorando cadere a te.

14. «Omnia ossa mea dicent, Domine quis similis tibi (Ps.XXXIV,10)?» O corpus Christi sancta Ecclesia, omnia ossa tua dicant, « Domine quis similis tibi?» Et si carnes persecutioni cesserunt, ossa dicant, « Domine quis similis tibi ? » De justis enim dictum est, (*b*) « Diligit Dominus omnia ossa eorum, unum ex illis non confringetur (*Psal.*XXXIII,21). » Quam multis justis in persecutione ossa confracta sunt ? Postremo, « justus ex fide vivit (Rom. I, 17), » et « Christus justificat impium (Rom. IV, 5). » Quomodo autem justificat, nisi credentem et confitentem ? « Quia corde creditur ad justitiam, ore autem confessio fit ad salutem (Rom. X, 10). » Ergo et ille latro, quamvis ex latrocinio ductus ad judicem, et a judice in crucem, tamen in ipsa cruce justificatus est : corde credidit, ore confessus est. Neque enim injusto et non jam justificato diceret Dominus, « Hodie mecum eris in paradiso (Lucæ XXIII, 43) : » et tamen ossa ejus confracta sunt. Nam quando ventum est, ut corpora deponerentur caussa imminentis sabbati, inventus est Dominus jam exanimis, et non sunt ossa ejus comminuta. Illi

---

(*a*) Aliquot MSS. *avertunt*. (*b*) Pauciores MSS. *Custodit*.

brisa les os que d'un seul larron, de celui qui avait persévéré, sur la croix, dans son impiété; en épargnant les os de l'autre larron, dont le cœur avait cru en Jésus pour être justifié, et dont la bouche l'avait confessé pour être sauvé ? Que deviendrait donc cette parole: « Le Seigneur garde leurs os, pas un seul ne sera brisé (*Ps.*xxxiii, 21), » s'il n'était évident que, par les os, on entend, dans le corps du Christ, les justes dont le cœur est ferme, qui sont forts, qui ne cèdent à aucune persécution, à aucune tentation et qui ne consentent pas à faire le mal ? Et quand ont-ils la force de ne céder à aucune tentation ? C'est lorsque les persécuteurs leur disent : voilà un Dieu, le voilà, et quel Dieu ! qu'il vienne, qu'il s'unisse à vous. Voilà, sur la montagne, je ne sais quel prêtre célèbre, peut-être êtes-vous pauvre, parceque ce Dieu ne vient pas à votre aide ; peut-être êtes-vous malade, parceque vous ne le priez point, priez-le et vous serez guéri; peut-être n'avez-vous pas de fils, faute de vous adresser à lui, priez-le et vous en aurez. Alors ce juste, s'il est un des os du corps du Seigneur, repousse toutes ces paroles par ce mot : Seigneur qui est semblable à vous ? Donnez-moi, si vous voulez me le donner, même en cette vie, ce que je demande; mais si vous ne le voulez pas, soyez ma vie, vous que je cherche sans cesse. Pourrai-je sortir de cette vie le front libre et levé, si j'ai adoré un autre que vous et si je vous ai offensé ? Peut-être mourrai-je demain, de quel front oserais-je vous regarder ? Dans sa grande miséricorde, Dieu nous a enseigné comment nous pouvons bien vivre, et il nous cache notre dernier jour, le jour de notre mort, de peur que nous ne nous promettions quelque chose de l'avenir. Je fais mal aujourd'hui, et je vis cependant ; demain je ne le ferai plus : mais quoi ! si demain ne vous trouve plus vivant ? Rangez-vous donc parmi les os du Christ, et dites : Seigneur, qui est semblable à vous ? « Tous mes os diront : Seigneur, qui est semblable à vous (*Ps.*xxxiv,10)?»

15. « A vous qui délivrez l'indigent des mains de ceux qui sont plus forts que lui, le misérable et le pauvre des mains de ceux qui les pillent (Ibid.)? » C'est jusqu'à ce verset que le psaume vous a été lu, c'est jusqu'à ce verset seulement que nous devons l'expliquer; de peur qu'en allant au-delà nous ne rendions fastidieux ce que nous avons déjà dit. Arrêtons-nous donc à ces mots : « A vous, qui délivrez l'indigent des mains de ceux qui sont plus forts que lui. « Quel est ce libérateur, sinon celui qui a la main forte ? C'est donc notre David qui délivrera l'indigent des mains de ceux qui sont plus forts que lui. En effet, le démon était plus fort que vous et il vous tenait esclave, parce qu'en consentant à ses suggestions, vous vous étiez laissé vaincre. Mais qu'a fait celui qui a la main forte ? Nul n'entre dans la maison du fort pour ravir ce qu'il

---

autem qui vivebant, ut depouerentur, confracta eis sunt crura, ut hoc dolore mortui possent sepeliri. Numquid unius latronis qui perseveravit impius in cruce, confracta sunt ossa, et non etiam illius qui corde credidit ad justitiam, ore confessus est ad salutem ? Ubi est ergo hoc quod dictum est, « Custodit Dominus omnia ossa eorum, unum ex his non conteretur (*Psal.* xxxiii, 21) : » nisi quia ossa dicuntur in corpore Domini omnes justi, firmi corde, fortes, nullis persecutionibus et tentationibus cedentes ad consentiendum malo ? Et unde possent nullis tentationibus cedere, nisi cum persecutores dixerint, Ecce ille Deus, ecce qualis ille Deus : veniat ille, (a) liget tibi : ecce est hic nescio quis in monte magnus sacerdos : forte ideo pauper es, quia non te adjuvat ille Deus, supplica illi, et adjuvat: forte ideo aegrotas, quia illi non supplicas; supplica illi, et convalesces : forte ideo filios non habes; supplica illi, et habebis. Hic vero si in corpore Domini de ossibus est, repellit omnes istas voces, et dicit, « Domine quis similis tibi ? » Da, si vis dare, et in hac vita, quod quaero : si autem non vis, tu esto vita mea, quem semper quaero. Hinc ad te libera fronte exeam, si alium adoravero, et te offendero ? Cras forte moriturus sum, qua fronte te videbo ? Magna misericordia ipsius, et monuit ut bene vivamus, et diem nobis novissimum mortis nostrae abscondit, ne nobis de futuro aliquid promittamus. Facio hodie, et vivo: cras non facio. Quid si te non invenit cras ? Dic ergo inter ossa Christi, « Domine quis similis tibi ? Omnia ossa mea dicent, Domine quis similis tibi (*Ps.*xxxiv,10)?»

15. « Eruens inopem de manu fortiorum ejus, egenum et pauperem a diripientibus eum (Ibid. 10) » Huc usque Psalmus lectus est hodie, huc usque tractandus est : ne in fastidium veniant quae dicta sunt, dum volumus et alia dicere. Sufficiant ergo hodie haec. « Eruens inopem de manu fortiorum ejus. » Quis eruens, nisi qui manu fortis est ? Ille David eruet

(a) Sic nonnulli MSS. Alii autem, *liget te.* Quidam, *nocet tibi.* Ceteri cum editis, *negat tibi.*

possède, s'il ne l'a d'abord enchaîné (*Matth.* XII, 29). Par sa très-sainte et très-magnifique puissance, le Seigneur a enchaîné le démon; il a tiré son épée pour le faire prisonnier, afin de délivrer l'indigent et l'homme misérable, qui n'avait personne pour l'aider (*Ps.* LXXI, 12). Car, qui vous porte secours, si ce n'est le Seigneur, à qui vous dites : « Seigneur, vous êtes mon aide et mon rédempteur (*Ps.* XVIII, 15)? »

Si vous présumez de vos forces, vous tomberez par cette même présomption; si vous présumez du secours d'un autre homme, il voudra vous dominer et non vous secourir. Il ne faut donc chercher que celui qui nous a rachetés et nous a rendus libres, qui a donné son sang pour nous acheter et qui de nous ses serviteurs a fait ses frères.

DEUXIÈME DISCOURS [1]

SUR LA FIN DU PSAUME XXXIV.

1. Portons toute notre attention sur le reste du psaume et prions notre Seigneur et notre Dieu de nous donner de le bien comprendre, et d'en tirer le fruit d'une bonne vie. Je pense que Votre Charité se rappelle à quel point nous avons hier terminé notre discussion, et c'est de ce même point que nous partirons aujourd'hui. Nous reconnaissons que c'est ici le Christ qui parle, c'est-à-dire sa tête et son corps. Lorsque vous entendez la voix du Christ, gardez-vous de séparer l'époux de l'épouse et comprenez le sens de ce grand mystère : « Ils seront deux dans une seule chair (*Gen.* II, 24 et *Ephes.* V, 31). » S'ils sont deux dans une seule chair, pourquoi ne seraient-ils point deux dans une seule voix ? En effet, la tête n'a point été éprouvée ici-bas par la souffrance, sans que le corps y fût également en butte; autrement il faudrait que la tête n'eût point eu, pour souffrir, le motif de donner l'exemple au corps. En effet, le Sei-

---

inopem de manu fortiorum ejus. Fortior enim fuerat diabolus ad tenendum te, quia ipse vicit cui consensisti. Sed quid fecit manu fortis? Nemo intrat in domum fortis ut vasa ejus diripiat, nisi prius alligaverit fortem (*Matth.* XII, 29). » Potestate sua sacratissima, magnificentissima, alligavit diabolum, effundendo frameam ad concludendum eum, « ut eruat inopem et egenum, cui non erat adjutor (*Psal.* LXXI, 12).» Quis enim adjutor tibi, nisi Dominus cui dicis, « Domine adjutor meus et redemtor meus (*Psal.* XXVIII, 15)? » Si de tuis viribus præsumere volueris, inde cades unde præsumseris: si de alterius, dominari vult, non subvenire. Ille ergo unus quærendus est, qui et redemit, et liberos fecit, et sanguinem suum ut eos emeret dedit, et servos suos fratres fecit.

(1) Prononcé le lendemain du discours précédent.
(a) Habitus die proximo post superiorem sermonem.

SERMO SECUNDUS (a)

DE RELIQUA PARTE PSALMI XXXIV.

1. Ad reliqua Psalmi intendamus animum, Dominumque et Deum nostrum, et de sanitate intelligendi, et de fructu bene agendi deprecemur. Quo usque hesterno die disputatum sit, credo meminisse Caritatem Vestram : ex ipso loco hodie sumamus exordium. Intelligimus enim hic vocem Christi; vocem scilicet capitis et corporis Christi. Christum cum audis, noli sponsum a sponsa separare (*Gen.* II, 24), et intellige magnum illud sacramentum, Erunt duo in carne una (*Ephes.* V, 31). Si duo in carne una, quare non et in voce una? Non

DEUXIÈME DISCOURS SUR LA FIN DU PSAUME XXXIV.

gneur a souffert par sa volonté et nous souffrons par nécessité ; il a souffert par compassion, et nous souffrons par notre condition. Par conséquent, sa passion volontaire est pour nous une consolation nécessaire, afin que, quand nous souffrons à notre tour, nous regardions notre tête et que, fortifiés par son exemple, nous disions : S'il a tant souffert, et nous ? Comme il a souffert, et nous aussi nous devons souffrir. En effet, quelles qu'aient été les cruautés exercées contre lui, l'ennemi a bien pu réussir à tuer son corps, mais il n'a pu détruire le corps même du Seigneur, puisqu'il est ressuscité le troisième jour. Or, ce qui est arrivé au corps du Christ le troisième jour, est réservé au nôtre à la fin du monde. L'espérance de notre résurrection est différée, mais nous est-elle ôtée ? Reconnaissons donc ici, mes très-chers frères, les paroles du Christ, et séparons-les des paroles des impies. En effet, il parle au nom de son corps qui souffre la persécution, les angoisses et les tentations en ce monde. Mais, parce qu'il y a ici-bas beaucoup d'hommes qui souffrent à cause de leurs péchés et de leurs crimes, il faut discerner avec beaucoup de soin, non point les tourments de chacun, mais la cause de ces tourments. En effet, un criminel peut être condamné au même supplice qu'un martyr, mais la cause de son supplice n'est pas la même. Trois suppliciés étaient attachés en même temps sur la croix (*Luc.* XXIII, 33) ; le premier était le Sauveur, le second devait être sauvé, et le troisième devait être damné ; pour tous égalité de supplice, mais inégalité dans la cause.

2. Que notre tête dise donc : « Des témoins injustes se sont levés contre moi, et m'ont interrogé sur des choses que j'ignorais (*Ps.* XXXIV, 11). » Nous, au contraire, disons à notre tête : Seigneur qu'est-ce donc ce que vous ignorez ? Est-ce que vous pouvez ignorer quelque chose ? Est-ce que vous ne connaissiez pas le cœur de ceux qui vous interrogeaient ? Est-ce que vous ne connaissiez pas d'avance toutes leurs fraudes ? Est-ce que vous ne vous étiez pas livré entre leurs mains en connaissance de cause ? Est-ce que vous n'étiez pas venu afin de souffrir par eux ? Qu'est-ce donc que vous ignoriez ? Il ignorait le péché : il l'ignorait, non en ne le jugeant pas, mais en ne le commettant pas. Nous employons tous les jours de semblables manières de parler, comme quand vous dites de quelqu'un : il ne sait se tenir, parce qu'il ne se tient pas ; il ne sait pas faire le bien, parce qu'il ne fait pas le bien ; il ne sait pas faire le mal, parce qu'il ne fait pas le mal. Ce qui n'est pas dans nos actes n'est pas dans notre conscience ; et ce qui n'est pas dans notre conscience paraît n'être pas dans notre science. Ainsi l'on dit que Dieu ne connaît pas une chose, comme on dit qu'un art ne connaît pas de défauts ; et

---

enim tentationes caput hic pertulit, et corpus non perfert : aut vero fuit caussa patiendi capiti, nisi ut corpori præberet exemplum. Dominus enim voluntate passus est, nos necessitate : ille miseratione, nos conditione. Proinde illius voluntaria passio, nostra est necessaria consolatio ; ut quando talia forte perpetimur, intueamur caput nostrum, ut ejus exemplo commoniti dicamus nobis, Si ille, quid nos ? Et quemadmodum ille, ita et nos. Quantumlibet enim sævierit inimicus, usque ad mortem corporis accedere potuit : quod corpus nec ipsum extinguere potuit in Domino, quia tertio die resurrexit. Quod in illo factum est die tertio, hoc in nostro in fine sæculi. Spes resurrectionis nostræ differtur, numquid aufertur ? Cognoscamus hic ergo voces Christi, Carissimi, et separemus eas a vocibus impiorum. Voces sunt enim corporis persecutionem augustiasque et tentationes in hoc sæculo patientis. Sed quoniam multi hic patiuntur, et pro peccatis et pro sceleribus suis ; magna vigilantia discernenda est caussa, non pœna. Sceleratus enim potest habere Martyris similem pœnam, sed tamen dissimilem caussam. Tres erant in cruce, unus Salvator, alius salvandus, alius damnandus : omnium par pœna, sed impar caussa (*Luc.* XXIII, 33).

2. Dicat ergo caput nostrum, « Insurgentes testes iniqui, quæ ignorabam interrogabant me (*Ps.* XXXIV, 11). » Nos autem dicamus capiti nostro, Domine quid ignorabas ? Itane tu aliquid ignorabas ? Nonne et interrogantium corda noveras ? nonne eorum dolos ante prospexeras ? nonne in eorum manus te sciens dederas ? nonne ut ab eis patereris veneras ? Quid ergo ignorabas ? Ignorabat peccatum : et hoc peccatum ignorabat, non quasi non judicando, sed non committendo. Sunt hujusmodi locutiones etiam quotidianæ, cum dicis de aliquo, Non novit stare, hoc est, quia non stat : et, Non novit benefacere, quia non benefacit. Non novit malefacere, quia non malefacit. Quod alienum est ab opere, alienum est a conscientia : quod alienum est a conscientia, alienum vide-

cependant c'est l'art qui fait connaitre et juger les défauts. Voici donc ce que notre tête nous répond, en vertu même de la vérité de son évangile, lorsque nous l'interrogeons et que nous lui disons : Seigneur qu'est-ce que vous ignoriez ? Que pouvait-on vous demander que vous eussiez ignoré ? Il répond : Je ne connaissais pas l'iniquité, et j'étais interrogé sur l'iniquité. Si vous ne croyez pas que l'iniquité me fût inconnue, vous pouvez voir, par l'évangile, que je ne connais même pas les méchants, à qui je dirai, lors de la fin du monde : « Je ne vous connais pas, retirez-vous de moi, vous qui commettez l'iniquité (*Math.* VII, 23). » Est-ce donc qu'il ne connaissait pas ceux qu'il condamnait ? Ou qui peut prononcer une juste condamnation, si ce n'est celui qui connaît parfaitement les coupables ? Et cependant, tout en les connaissant parfaitement, il ne ment pas en disant : « Je ne vous connais pas; » c'est-à-dire, vous n'êtes pas adaptés à mon corps; vous n'êtes pas attachés à mes commandements; vous êtes les défauts, mais moi, je suis l'art qui n'a pas de défauts et par lequel on n'apprend qu'à ne pas avoir de défauts. « Des témoins injustes se sont levés contre moi, et m'ont interrogé sur des choses que j'ignorais. » Qu'est-ce, par exemple, que le Christ ignorait plus que le blasphème ? Pourtant, interrogé par ses persécuteurs, il répondit la vérité et l'on jugea qu'il avait blasphémé (*Matth.* XVI, 65). Mais qui jugea de la sorte ? Ceux dont le prophète dit ensuite : « Ils me rendaient le mal pour le bien, ils rendaient à mon âme la stérilité (*Ps.* XXXIV, 12). » Je leur ai donné la fécondité, ils m'ont donné en retour la stérilité; je leur ai donné la vie, et eux la mort; je leur ai donné l'honneur, et eux l'ignominie; je leur ai donné le remède à leurs maux, et eux de cruelles blessures; et dans tout ce qu'ils m'ont rendu, était toujours la stérilité. Cette stérilité, le Seigneur l'a maudite dans le figuier sur lequel il ne trouva point les fruits qu'il cherchait (*Matt.* XXI, 19). Sur cet arbre, il y avait des feuilles, il n'y avait pas de fruits; il y avait des paroles, il n'y avait pas d'actions. Voyez un exemple de l'abondance dans les paroles et de la stérilité dans les actions : « Vous prêchez qu'il ne faut pas voler, dit l'Apôtre, et vous volez. Vous dites qu'il ne faut pas commettre l'adultère, et vous commettez l'adultère (*Rom.* II, 21). » Tels étaient ceux qui interrogeaient le Christ sur des choses qu'il ignorait.

3. « Mais lorsqu'ils me tourmentaient, j'étais revêtu d'un cilice, et j'humiliais mon âme par le jeûne; et ma prière rentrait dans mon sein (*Ps.* XXXIV, 13). » Mes frères, il y a là pour nous un enseignement, parce que nous appartenons au corps du Christ, parce que nous sommes les

---

tur et a scientia. Ita dicitur (a)Deus nescire, quomodo ars non novit vitia, et tamen per artem cognita dijudicantur. Hoc ergo nobis caput nostrum interrogantibus ex ipsius Evangelii sui veritate respondet, cum dixerimus, Domine quid ignorabas? quid tu potuisti interrogari quod nesciebas? Respondet, Iniquitates ignorabam, de iniquitatibus interrogabar. Habes in Evangelio,(si non me credis ignorare iniquitates), quia et ipsos iniquos ignoro, quibus in fine dicturus sum, « Non novi vos, recedite à me qui operamini iniquitatem (*Matt.*VII,23).»Numquid non noverat quos damnabat; aut potest juste (b) damnare, nisi bonus cognitor? Et tamen bonus cognitor non est mentitus, dicendo, Non novi vos : id est, non coaptamini corpori meo, non hæretis regulis meis(c): vitia estis; ego autem ars ipsa sum quæ non habet vitium; et in qua quisque non discit nisi non facere vitium. « Insurgentes testes iniqui, quæ ignorabam interrogabant me (*Ps.*XXXIV,11).»Quid sic ignorabat Christus,quam blasphemare? Hinc interrogabatur a persecutoribus, et quia verum dixit, blasphemasse judicatus est (*Matth.* XXVI, 65). Sed a quibus? De quibus sequitur, « Retribuebant mihi mala pro bonis, et sterilitatem animæ meæ(*Ps.*XXXIV,12).»Ego adtuli fecunditatem, ipsi retribuebant sterilitatem : ego vitam, ipsi mortem : ego honorem, ipsi contumelias : ego medicinam, ipsi vulnera; et in his omnibus quæ retribuebant, utique sterilitas erat. Hanc sterilitatem in arbore maledixit, ubi fructum cum quæreret non invenit (*Matth.* XXI, 19). Folia erant, et fructus non erant : verba erant, et facta non erant. Vide in verbis numerositatem, et in factis sterilitatem : Qui prædicas non furandum, furaris; qui dicis non adulterandum, adulteras (*Rom.* II, 21). Tales erant, qui Christum quæ ignorabat interrogabant.

3. « (d) Ego autem cum mihi molesti essent, induebam me cilicio : et humiliabam in jejunio animam meam: et oratio mea in sinum meum convertetur.

(a)Plerique MSS.*Et dicitur, Nescivit, quo modo ars non novit vitia,et tamen per artem cognita devitantur.*(b)Sic MSS.At editi, *damnari,nisi qui malus cognoscitur.*(c)Sic MSS.At editi.*vitiis hæsistis.*(d)De eodem versu 13 tractatur supra *Ps.*XXIX,En.II,n°21.

membres du Christ (I *Cor.* XII, 27). Cet enseignement est que, dans toutes nos tribulations, nous ne devons pas chercher comment nous répondrons à nos ennemis, mais comment nous nous rendrons Dieu propice par la prière; afin surtout de ne pas être vaincus par la tentation, et ensuite, afin que ceux mêmes qui nous persécutent reviennent à la saine justice. Rien de plus important, rien de meilleur dans la tribulation que de s'éloigner des bruits du dehors et de se retirer dans le secret le plus profond de son âme (*Matth.* VI, 6); d'invoquer Dieu dans cet endroit caché où nul ne voit les gémissements de l'homme, ni le secours de Dieu ; de fermer la porte de cette chambre à toute attaque qui vient du dehors; de s'humilier en confessant ses péchés ; enfin de glorifier et de louer Dieu, aussi bien dans les châtiments que dans les consolations : telle est la conduite qu'il nous faut tenir absolument en tout point. Voilà pour le corps de Jésus-Christ, c'est-à-dire pour nous-mêmes; mais que trouvons-nous de pareil dans Notre Seigneur Jésus-Christ? Avec quelque soin que nous lisions et que nous étudiions l'Évangile entier, nous ne verrons pas que le Seigneur, dans aucune de ses souffrances et de ses tribulations, se soit revêtu d'un cilice. Nous voyons bien qu'il a jeûné après son baptême; mais nous n'avons jamais ni lu ni entendu dire qu'il ait pris un cilice ; et même, pendant son jeûne, il n'a point été persécuté par les Juifs, mais tenté par le démon (*Matth.* IV, 1). Je ne dis pas que le Seigneur ait jeûné dans le temps que les Juifs l'interrogeaient sur des choses qu'il ignorait; ni dans le temps qu'ils lui rendaient le mal pour le bien, qu'ils le persécutaient, qu'ils se mettaient à sa poursuite, se saisissaient de lui, le flagellaient, le couvraient de blessures et le mettaient à mort; mais cependant, mes frères, si, mus par une pieuse curiosité, nous soulevons un peu le voile, et si, avec l'œil du cœur, nous faisons pénétrer notre regard dans le secret des Ecritures, nous trouvons, qu'en réalité c'est là ce qu'a fait Notre-Seigneur. Peut-être appelle-t-il du nom de cilice sa chair mortelle. Pourquoi l'appelle-t-il un cilice? A cause de sa ressemblance avec la chair du péché. En effet, « Dieu, dit l'Apôtre saint Paul, a envoyé son fils unique dans une chair semblable à celle du péché, afin qu'à cause du péché, il condamnât le péché dans la chair (*Rom.* VIII, 3). » C'est-à-dire qu'il a revêtu son fils du cilice, afin qu'à cause du cilice, il condamnât les boucs. Non que le péché existât, je ne dis point dans le Verbe de Dieu, mais non plus dans la sainte âme et intelligence de l'homme que le Verbe et la Sagesse de Dieu a uni à sa personne, ni en aucune sorte dans son corps; mais la chair du Seigneur était semblable à celle du pé-

---

(*Ps.* XXXIV, 13). » Docemur quidem, Fratres, quia pertinemus ad corpus Christi, quia sumus membra Christi (*l Cor.* XII, 27) : et admonemur in omni tribulatione nostra, non cogitare quemadmodum respondeamus inimicis, sed quemadmodum orando Deum propitiemus, et maxime ne tentatione vincamur; deinde, ut etiam illi qui nos persequuntur, ad sanitatem justitiæ convertantur. Nullum majus, nullum melius negotium est in tribulatione, quam recedere ab eo strepitu qui foris est, et ire in interiora mentis secretaria; ibi Deum invocare, ubi nemo videt gementem et subvenientem (*Matth.* VI, 6); illius cubiculi adversus omnem extrinsecus illatam molestiam ostium claudere, humiliare seipsum in confessione peccati, magnificare et laudare Deum, et corripientem et (*a*) consolantem : prorsus hoc omni modo tenendum est. Verumtamen in corpore hoc dixerimus, id est in nobis: in Domino autem nostro Jesu Christo quid tale agnoscimus? Evangelio perspecto et diligentissime perscrutato non invenimus Dominum in aliqua passione et tribulatione sua induisse se cilicio. Jejunasse quidem eum legimus postea quam baptizatus est : cilicium ibi nullum audivimus, nullum legimus : jejunasse autem nondum Judæis persequentibus, sed diabolo tentante (*Matth.* IV, 1). Non eo tempore dico jejunasse Dominum, quando eum interrogabant quæ ignorabat, et quando retribuebant mala pro bonis, insectando, persequendo, tenendo, flagellando, vulnerando, occidendo : sed tamen in his omnibus, Fratres, si aliquantulum pia curiositate levemus velum, et interiora hujus Scripturæ oculo cordis intento rimemur, inveniimus et hoc fecisse Dominum. Cilicium fortasse appellat carnis suæ mortalitatem. Quare cilicium ? Propter similitudinem carnis peccati. Apostolus enim dicit, « Misit Deus Filium suum in similitudinem carnis peccati, ut de peccato damnaret peccatum in carne (*Rom.* VIII, 3): » hoc est, Filium suum induit cilicio ut de cilicio damnaret hœdos. Non quia peccatum erat, non dico in Verbo Dei, sed nec in ipsa quidem dico anima sancta et

---

(*a*) Editi, *consulentem.* Nonnulli vero MSS. *consolantem.*

ché (*Rom.* v, 12), parce que la mort vient uniquement du péché, et que le corps du Christ était mortel. En effet, s'il n'eût été mortel, il ne fût pas mort ; s'il ne fût pas mort, il ne fût pas ressuscité, et s'il ne fût pas ressuscité, il ne serait pas pour nous l'exemple de la vie éternelle. Ainsi la mort est appelée péché, parce que la mort est née du péché ; comme on dit la langue grecque, la langue latine, non pas pour désigner le membre du corps qu'on appelle la langue, mais pour désigner le résultat de l'action de ce membre. Car la langue est du nombre de nos membres, comme les yeux, le nez, les oreilles et les autres organes ; mais la langue grecque, c'est l'ensemble des mots grecs, non pas que les mots soient la langue, mais parce que les mots sont prononcés par la langue. Vous dites de quelqu'un : j'ai reconnu sa figure, en parlant de quelque membre de son corps ; et vous dites aussi : j'ai reconnu la main d'une personne absente, non pas la main qui fait partie de son corps, mais l'écriture tracée par la main qui fait partie de son corps. C'est donc ainsi qu'on appelle péché, dans le Seigneur, ce qui est né du péché, parce qu'il a pris sa chair dans cette masse qui a mérité la mort par le péché. Ainsi, pour m'exprimer d'une manière plus concise, Marie, sortie d'Adam, est morte à cause du péché ; Adam est mort à cause du péché ; et la chair du Seigneur, sortie de Marie, est morte pour effacer le péché. C'est de ce cilice que le Seigneur s'est revêtu ; et c'est pourquoi il ne fut pas reconnu, parce qu'il se tenait caché sous ce cilice. « Lorsqu'ils me tourmentaient, dit-il, j'étais revêtu d'un cilice ; » c'est-à-dire, ils exerçaient leur fureur, et moi j'étais caché. En effet, s'il ne s'était caché, il n'aurait pu mourir ; car lorsqu'il laissa voir, pendant une seule minute, une goutte de son pouvoir, si même on peut l'appeler une goutte, au moment où ses ennemis voulaient le saisir, à sa seule demande : Qui cherchez-vous ? ils reculèrent tous et tombèrent à la renverse (*Jean.* xviii, 4). Il n'aurait pas réduit à rien, dans sa passion, une semblable puissance, s'il n'eût été caché sous un cilice.

4. « J'étais donc revêtu d'un cilice et j'humiliais mon âme par le jeûne (*Ps.* xxxiv, 13). » Maintenant, si nous avons interprété le cilice, comment interpréterons-nous le jeûne ? Le Christ voulait-il manger, lorsqu'il cherchait des fruits sur le figuier, et s'il en eût trouvé, en eût-il mangé (*Matt.* xxi, 19) ? Le Christ voulait-il boire, lorsqu'il dit à la Samaritaine : « Donnez-moi à boire (*Jean.* iv, 7) ; » et lorsque, étant sur la croix, il dit : « J'ai soif (*Jean.* xix, 28) ? » De quoi le Christ avait-il faim, de quoi avait-il soif, si ce n'est de nos

mente hominis, quem sibi ad unitatem personæ Verbum Dei et Sapientia coaptaverat ; sed nec in ipso corpore peccatum ullum erat, sed similitudo carnis peccati erat in Domino (*Rom.* v, 22), quia mors non est nisi de peccato, et utique corpus illud mortale erat. Nam nisi mortale esset, non moreretur, si non moreretur, non resurgeret ; si non resurgeret, exemplum vitæ æternæ nobis non demonstraret. Ergo sic dicitur mors peccatum, quæ facta est peccato, quomodo dicitur lingua Græca, lingua Latina, non ipsum membrum carnis, sed quod fit per membrum carnis. Nam linguam in membris nostris, unum est de ceteris, sicut oculi, nasus, aures, et cetera : lingua autem Græca, verba Græca sunt : non quia verba lingua, sed quia verba per linguam. Dicis de aliquo, Agnovi faciem ipsius, de membro corporis loquens et dicis etiam Agnovi manum ipsius absentis, non manum in corpore, sed scripturam quæ facta est per manum quæ erat in corpore. Sic ergo peccatum Domini, quod factum est de peccato ; quia inde carnem assumsit, de massa ipsa quæ mortem meruerat ex peccato. Etenim ut celerius dicam, Maria (*a*) ex Adam mortua propter peccatum, Adam mortuus propter peccatum, et caro Domini ex Maria mortua est propter delenda peccata. Hoc cilicio se induit Dominus : et ideo non est agnitus, quia sub cilicio latitabat. « Cum mihi, » inquit, « molesti essent, induebam me cilicio : » id est, illi sæviebant, ego latebam. Si enim latere nollet, nec mori posset, quando quidem uno temporis puncto stillam quamdam potestatis suæ, si (*b*) vel stilla dicenda est, exseruit, quando eum tenere voluerunt, et ad unam ejus interrogationem, « Quem quæritis, » redierunt omnes retro et ceciderunt (*Johan.* xviii, 4). Tantam potestatem in passione non humiliaret, nisi sub cilicio lateret.

4. « Ergo induebam me cilicio : et humiliabam in jejunio meam animam (*Ps.* xxxiv, 13). » Iterum si intelleximus cilicium, quomomodo intelligimus jejunium ? Mandu-

---

(*a*) Ita Lov. et maxima pars MSS. At Er. *Maria ex Adam mortua propter peccatum Adæ, Adam mortuus est propter peccatum* etc. Duo MSS. Vaticanus et Colbertinus, *Maria ex Adam, Adam mortuus propter peccatum* etc, Floriacensis denique, *Maria ex Adam primo, Adam secundus ortus ex Maria propter delenda peccata.* (*b*) Sic MSS. At editi, *si vera stilla.*

bonnes œuvres? Il jeûnait donc, au milieu de ceux qui le crucifiaient et le persécutaient, ne trouvant aucune bonne œuvre en eux; car, en retour de ses bienfaits, ils rendaient à son âme la stérilité. Quel jeûne, en effet, n'eut-il point à souffrir, puisqu'à peine trouva-t-il sur la croix un seul larron, qui fut comme un fruit offert à sa faim (*Luc.* XXIII, 40)? Car les Apôtres s'étaient enfuis et cachés dans la foule (*Matth.* XXVI, 69). Et Pierre, qui avait promis de tenir bon jusqu'à mourir avec le Seigneur, l'avait déjà renié trois fois (*Jean.* XIII, 37); il avait déjà pleuré sa faiblesse et il se cachait encore dans la foule, où il craignait d'être reconnu. Puis le voyant mort, les Apôtres désespérèrent tous de leur salut, et le Seigneur, après sa résurrection, les trouva dans ce même désespoir, quand il vint leur parler; il les trouva dans l'abattement, dans les larmes, et sans nulle espérance. Tel était l'état de ceux d'entre eux auxquels il s'adressa, en leur disant : « De quoi parlez-vous entre vous? » car ils parlaient de lui. « Etes-vous donc seul si étranger dans Jérusalem, lui répondirent-ils, que vous ne sachiez pas ce qu'ont fait nos prêtres et nos princes de Jésus de Nazareth, qui était puissant en faits et en paroles? Ignorez-vous comment ils l'ont crucifié et mis à mort? Nous espérions au contraire qu'il serait le rédempteur d'Israël (*Luc.* XXIV, 18). » Le Seigneur serait resté en proie à un jeûne complet, s'il n'eût fortifié ceux dont il voulait faire sa nourriture. Car il les a fortifiés, il les a consolés, il les a affermis et les a convertis en son propre corps. Tel est donc le jeûne auquel le Seigneur fut soumis.

5. « Et ma prière, dit le prophète, rentrera dans mon sein (*Ps.* XXXIV, 13). » Ce verset nous offre un mystère profond, et Dieu veuille nous donner l'intelligence nécessaire pour le pénétrer. En effet, par le sein, il faut reconnaitre un lieu secret. Et certainement, mes frères, ces paroles nous avertissent à bon droit de prier dans notre sein, où Dieu voit (*Matt.* VI, 6), où Dieu entend, où ne pénètre aucun œil humain, où nul ne voit si ce n'est celui qui vient à notre secours; où Suzanne a prié (*Dan.* XIII, 35 et 42), où sa voix qui n'était pas entendue des hommes, a été cependant entendue de Dieu. Il y a donc là pour nous un enseignement utile; mais en ce qui concerne notre Seigneur, nous devons chercher ici quelque chose de plus, parce que lui-même a prié. Nous ne trouvons pas dans l'Évangile qu'il ait revêtu le cilice dans le sens littéral du mot; nous n'y trouvons pas non plus littéralement exprimé qu'il ait jeûné au temps de sa passion : aussi avons-nous expliqué

care volebat Christus, quando poma quærebat in arbore, et si inveniret manducaret (*Matth.* XXI, 29)? Bibere volebat Christus, quando dixit mulieri Samaritanæ, « Da mihi bibere (*Johan.* IV, 7), » dixit in cruce, Sitio (*Johan.* XIX, 28)? Quid esurivit, quid sitivit Christus nisi bona opera nostra? In illis enim crucifigentibus et persequentibus, quia nulla bona opera invenerat, jejunabat : retribuebant enim sterilitatem animæ ipsius. Nam quale jejunium ipsius fuit, qui vix invenit unum latronem, quem in cruce gustaret (*Luc.* XXIII, 40)? Apostoli enim fugerant, et se in turba absconderant (*Matth.* XXVI, 69). Et ille Petrus qui se usque ad mortem Domini perseveraturum esse promiserat, jam ter negaverat, jam fleverat, et adhuc in turba latebat, adhuc timebat ne agnosceretur (*Johan.* XIII, 37). Postremo illo viso mortuo, omnes de salute ipsa desperaverunt : quos desperantes invenit post resurrectionem, et locutus cum eis invenit eos dolentes et lugentes, nihil jam sperantes. Nam et ita sunt quidam eorum cum eo locuti, cum diceret, Quid loquimini inter vos? Illi enim de illo loquebantur, « Tu solus, » inquiunt, « peregrinus es in Jerusalem, et non cognovisti quæ fecerunt sacerdotes et principes nostri de Jesu Nazareno, qui erat potens in factis et dictis, quomodo eum crucifixerunt et occiderunt? Nos autem sperabamus, quia ipse erat redemturus Israel (*Luc.* XXIV, 28). » In magno jejunio Dominus remanserat, nisi reficeret quos voraret. Nam reficit eos, consolatus est eos, confirmavit eos, et in corpus suum convertit eos. Fuit ergo et hoc modo in jejunio Dominus noster.

5. « Et oratio mea, » inquit, « in sinum meum convertetur (*Ps.* XXXIV, 23). » In hoc plane versu magnus sinus est, et præstet Dominus ut penetrabilis nobis fiat. In sinu enim secretum agnoscitur. Et quidem Fratres, et nos orare sic bene admonemur in sinu nostro (*Matth.* VI, 6), ubi Deus videt, ubi Deus audit, quo nullus oculus humanus penetrat, quo non videt nisi qui subvenit; ubi oravit Susanna, et cum ejus vox ab hominibus non audiretur, a Deo tamen audita est (*Dan.* XIII, 35; et 42). Et hoc bene admonemur : sed in Domino nostro aliquid plus debemus intelligere, quia et ipse oravit. Et quidem cilicium ejus non agnoscimus in Evangelio secundum litteram. Nec jejunium ejus tempore passionis secundum litteram : adeoque ea exposuimus in allegoria et si-

ces paroles, autant que nous l'avons pu, d'une manière allégorique et figurée. Mais au contraire nous avons entendu sa prière descendue du haut de la croix : « Mon Dieu ! mon Dieu ! pourquoi m'avez-vous abandonné (*Ps.* xxi, 2, et *Matth.* xxvii, 46)? » Et nous aussi, nous étions compris dans cette prière. Car, quand a-t-il été abandonné par son Père, duquel il ne s'est jamais éloigné? Et, quant au secret de la prière, nous avons lu que Jésus avait prié seul et à l'écart sur une montagne (*Matth.* xiv, 23); nous avons lu qu'il avait passé des nuits en prière, et cela vers le temps même de sa passion (*Luc.* vi, 12). Voilà donc l'accomplissement de ces paroles : « Et ma prière rentrera dans mon sein. » Et pourtant je voudrais trouver je ne sais quelle meilleure interprétation en ce qui concerne le Seigneur, et voici toujours ce qui se présente à moi; peut-être quelque chose de mieux se présentera-t-il plus tard, soit à moi, soit à quelqu'autre plus habile. Je comprends que le Seigneur a dit : « Et ma prière rentrera dans mon sein, » parce qu'il avait son Père dans son sein. En effet, Dieu était en Jésus-Christ, se réconciliant le monde (II *Cor.* v, 19). Le Christ avait en lui celui qu'il devait prier; il n'en était pas loin, car lui-même avait dit : « Je suis dans mon Père et mon Père est en moi (*Jean.* xiv, 10). » Mais comme la prière appartient plutôt à l'homme, et que le Christ, en tant que Verbe, ne prie pas mais exauce, ne demande pas de secours mais en donne avec son Père, que veut donc dire : « Ma prière rentrera dans mon sein, » si ce n'est, l'humanité qui est en moi prie en moi-même la divinité qui est en moi ?

6. « Je me complaisais en lui comme dans un proche et comme dans un frère : je m'humiliais comme un homme qui pleure et qui est dans la désolation (*Ps.* xxxiv, 14). » Ici, il jette les yeux sur son corps, c'est nous qu'il faut voir. Lorsque nous nous réjouissons dans la prière, lorsque notre âme est dans la sérénité, non par le bonheur que donne le monde, mais par la lumière de la vérité, celui qui ressent l'effet de cette lumière, connait le sentiment que j'exprime, il y voit, il y reconnaît ces paroles : « Je me complaisais en lui comme dans un proche et comme dans un frère. » C'est ainsi, en effet, que l'âme se complait en Dieu, dont elle est proche, « car en lui, dit saint Paul, nous avons le mouvement et l'être (*Act.* xvii, 28) : » en Dieu, comme dans un frère, comme dans un proche, comme dans un ami. Celui au contraire qui n'est point assez parfait pour pouvoir se réjouir ainsi, briller ainsi, être ainsi près de Dieu, être ainsi attaché à Dieu, ou plutôt qui se voit éloigné de Dieu, celui-là doit faire ce que le prophète dit en second lieu : « Je m'humiliais, comme un homme qui pleure et qui est dans la désolation. » Étant près de Dieu, il a dit : « Je me complaisais en lui comme dans un frère ; » repoussé et éloigné de

---

militudine dicta, ut potuimus. Orationem vero ejus et de cruce audivimus, « Deus meus, Deus meus, ut quid me dereliquisti (*Psal.* xxi, 2; *Matth.* xxvii, 46)? » Sed et ibi nos (*a*) eramus. Quando enim cum dereliquit Pater, a quo nunquam discessit ? Legimus etiam in monte orasse solum Jesum, legimus pernoctasse in oratione (*Matth.* xiv, 23); etiam sub tempus ipsius passionis (*Lucæ* vi, 12). « In sinum ergo meum convertetur oratio mea. » Nescio quid melius intelligam de Domino : interim nunc quod occurrit (forte melius postea occurret, vel mihi, vel cuiquam meliori) « in sinum meum convertetur oratio mea (*Ps.* xxxiv, 13), » hoc intelligo dictum, quia in sinu suo habebat Patrem. « Deus enim erat in Christo mundum reconcilians sibi (II *Cor.* x, 19). » In se habebat quem deprecaretur : non erat ab illo longe, quia ipse dixerat. « Ego in Pater, et Pater in me est (*Johan.* xiv, 10). » Sed quia oratio ad ipsum magis hominem pertinet : secundum enim quod Verbum est Christus, non orat, sed exaudit; et non sibi subvenire quærit, sed cum Patre omnibus subvenit : quid est, « Oratio mea in sinum convertetur, » nisi, in meipso humanitas in meipso interpellat divinitatem?

6. « Sicut proximum, sicut fratrem nostrum, ita complacebam : tanquam lugens et contristatus, ita humiliabar (*Ps.* xxxiv, 14). » Ad corpus suum respicit : jam nos hic videamus. Quando gaudemus in oratione, quando mens nostra serenatur, non prosperitate sæculi, sed luce veritatis : qui sentit hanc lucem, novit quod dico, et videt hic, agnoscitque quod dictum est, « Sicut proximum, sicut fratrem nostrum, ita complacebam (Ibid.). » Sic enim tunc anima placet Deo, non longe posita, « In illo, » inquit, « movemur et sumus (*Act.* xvii, 28) : » quasi fratri, quasi propinquo, quasi amico. Si autem non est talis, ut possit sic gaudere, sic (*b*) fulgere, sic propinquare, sic adhærere, et vi-

---

(*a*) Sic MSS. At editi, *oramus*. (*b*) Editi, *fugere*. Melius MSS. *fulgere*.

Dieu, il a dit : « Je m'humiliais comme un homme qui pleure et qui est dans la désolation. » Que pleure-t-il en effet, sinon ce qu'il désire et ne possède pas? Et quelque fois le même homme se trouve successivement dans ces deux situations : tantôt, il est proche de Dieu et tantôt il en est éloigné; il en est rapproché par la lumière de la vérité, il en est éloigné par le nuage de la chair. En effet, mes frères, Dieu étant partout et n'étant contenu en aucun lieu, nous ne pouvons être ni rapprochés ni éloignés de lui par les lieux. Nous approcher de lui, c'est devenir semblable à lui; nous éloigner de lui, c'est perdre la ressemblance avec lui. Lorsque vous voyez deux choses presque semblables, ne dites-vous pas que l'une se rapproche de l'autre? Et lorsque vous voyez qu'elles sont dissemblables, lors même qu'elles seraient dans le même lieu et comme dans la même main, ne dites-vous pas : Cet objet est bien loin de celui-là? Vous tenez deux choses, vous les réunissez, et vous dites : telle chose est bien loin de telle autre, non pas assurément par le lieu mais par la dissemblance. Si donc vous voulez êtes proche de Dieu, soyez semblable à lui; si vous ne voulez pas être semblable à lui, vous vous éloignerez de lui. Mais, si vous êtes semblable à lui, réjouissez-vous; si vous ne lui êtes pas semblable, gémissez, afin que vos gémissements excitent vos désirs ; ou plutôt que vos désirs excitent vos gémissements, et que vos gémissements vous rapprochent de Dieu, dont vous commenciez à vous éloigner. Est-ce que Pierre ne s'approchait pas de lui lorsqu'il disait : « Vous êtes le Christ, Fils du Dieu vivant (*Matth.* XVI, 16)? » Et, d'un autre côté, il s'en est éloigné, lorsqu'il a dit : « Seigneur, loin de vous une telle chose! Il n'en sera point ainsi (Ibid. 22). » D'autre part, que dit le Christ, devenu proche de saint Pierre, à cet apôtre qui s'approchait de lui? « Vous êtes heureux, Simon, fils de Jean. » Et que lui dit-il, quand Pierre s'est éloigné, et n'est plus semblable au Sauveur ? « Arrière, Satan. » A Pierre s'approchant de lui, Jésus dit : « Ce n'est ni la chair ni le sang qui vous ont révélé ces choses ; mais mon Père qui est dans les cieux ; » sa lumière s'est répandue sur vous, et vous brillez de sa lumière. Mais, au contraire, quand Pierre s'éloigne, en contredisant la passion que le Seigeur devait endurer pour notre salut, Jésus lui dit : « Vous ne goûtez pas ce qui est de Dieu, mais ce qui est des hommes. » C'est avec raison que le prophète allie ces deux choses, lorsqu'il dit dans un autre psaume : « J'ai dit dans mon extase : j'ai été rejeté de devant vos yeux (*Ps.* XXX, 23). » Il ne dirait pas : dans mon extase, s'il n'était proche de Dieu, car l'extase est le ravissement d'un esprit hors de lui. Il a répandu son âme au-dessus de lui-même, il s'est approché de Dieu ; puis, comme séparé de lui par un nuage, et comme précipité de nouveau vers la terre par le poids de la chair, se rappelant où il était et voyant où il est, il s'est écrié : « J'ai été rejeté de devant vos yeux (Ibid.). » Que Dieu nous accorde donc l'accomplissement de ces paroles: «Je me complaisais en lui comme dans un proche et comme dans un frère. » Mais quand cela n'est pas, du moins que l'autre chose se fasse:«Je m'humiliais comme un homme qui pleure et qui est dans la désolation. »

7. «Ils se sont réjouis et se sont rassemblés contre moi (*Ps.*XXXIV,15),»d'une manière unanime. Ils sont joyeux et je suis triste. Mais nous avons entendu ces paroles de l'Évangile : « Heureux ceux qui pleurent (*Matth.* V, 5). » Si ceux qui pleurent sont heureux, malheureux sont ceux qui rient.« Ils se sont réjouis et se sont rassemblés contre moi ; tous les mauvais traitements ont été rassemblés sur moi, et ils ne m'ont pas connu. » De même qu'ils m'interrogeaient sur des choses que j'ignorais, ainsi ils ont ignoré quel était celui qu'ils interrogeaient.

8. « Ils m'ont tenté, ils m'ont raillé et accablé de moqueries (*Ps* XXXIV, 14). » C'est-à-dire : ils se sont moqués de moi, ils m'ont insulté. Or, ce qui s'est fait contre la tête s'est fait aussi contre le corps. Considérez, mes frères, la gloire dont jouit actuellement l'Église, et jetez les yeux sur ses opprobres passés ; jetez les yeux sur les chrétiens mis en fuite et, partout où on les trouvait autrefois,raillés,frappés,tués,exposés aux bêtes, et livrés aux flammes, à la grande joie de leurs nombreux ennemis. Ce qui s'est fait contre la tête s'est fait aussi contre le corps.Les souffrances que le Seigneur a endurées sur la croix, son corps les a endurées dans les persécutions qui ont eu lieu: et maintenant même encore les persécutions des méchants ne lui manquent pas. Partout où ils trouvent un chrétien,ils ont coutume de l'insulter,de le poursuivre de leurs railleries, de le tourner en dérision, de lui donner le nom de niais, d'insensé, de lâche, de stupide. Qu'ils fassent ce qu'ils veulent, le Christ est au ciel ; qu'ils fassent ce qu'ils veulent, il a honoré la peine qu'il a subie, et il a imprimé sa croix sur tous les fronts. Il est encore permis à l'impie de nous insulter, mais il ne lui est plus permis de nous torturer. Cependant les paroles que sa bouche prononce font assez voir ce qu'il porte en son cœur. « Ils ont grincé des dents contre moi (Ibid.). »

9. « Seigneur, quand ouvrirez-vous les yeux ? Délivrez mon âme de leurs ruses et mon unique de la fureur de ces lions (Ibid. 17). » En effet, il nous tarde d'être secourus, et c'est en notre nom qu'il est dit : Quand ouvrirez-vous les yeux ? C'est-à-dire : quand verrons-nous la punition de

---

a facie oculorum tuorum (*Psal.* XXX, 23). » In ecstasi non diceret, nisi propinquaret. Ecstasis enim mentis excessus est. Effudit super se animam suam, et propinquavit Deo: et per quamdam nubem pondusque carnis rursus in terram projectus, recolens ubi fuisset, et videns ubi esset, dixit, Projectus sum a facie oculorum tuorum. Ergo « Sicut proximum, sicut fratrem nostrum,ita complacebam,»præstet ut fiat in nobis.Quando autem non fit, vel hoc fiat,«Tamquam lugens et contristatus, ita humiliabar (*Ps.*XXXIV,14). »

7. « Et adversus me lætati sunt et convenerunt (Ibid.15), » in unum. Illi læti, ego tristis. Sed modo audivimus in Evangelio, « Beati qui lugent (*Matth.* V, 5). » Si beati qui lugent, miseri qui rident. « Adversus me lætati sunt et convenerunt: congregata sunt in me flagella, et ignoraverunt (*Ps.*XXXIV,15).» Quoniam quæ ignorabam interrogabant me, et ipsi ignoraverunt quem interrogarent.

8. « (a) Tentaverunt me, et subsannaverunt me subsannatione(Ibid.16).» Id est, irriserunt me, insultaverunt mihi : hoc capiti, hoc corpori. Attendite Fratres ad gloriam Ecclesiæ, quæ nunc est ; respicite opprobria ejus præterita, respicite aliquando undique fugatos esse Christianos,et ubicumque inventos, illusos, cæsos, occisos, bestiis objectos, incensos, lætatos homines adversus illos. Quod capiti, hoc et corpori. Sicut enim Domino in cruce, sic corpori ipsius in omni illa quæ jam facta est persecutione : nec desinunt etiam nunc persecutiones ipsorum. Ubicumque invenerint Christianum, solent insultare, exagitare, irridere, vocare hebetem, insulsum, nullius cordis, nullius peritiæ. Quidquid volunt faciant, Christus in cœlo est : quidquid volunt faciant, honoravit ille pœnam suam,jam crucem suam in omnium frontibus fixit: impius insultare permittitur, sævire non permittitur ; sed tamen ex eo quod lingua promit, intelligitur quid gestet in corde. « Striderunt in me dentibus suis(Ibid.).»

9. « Domine quando respicies ? Restitue animam meam ab astutiis eorum, a leonibus unicam meam (Ibid.17).»Nobis enim tardum est, et ex persona nostra hoc dictum est, « Quando respicies ? » id est,

---

(a) Hic omittit priorem partem versiculi 16, quam post adtingit in Enarratione *Psal.* LVII.

ceux qui nous insultent? Quand le juge ennuyé des importunités de la veuve consentira-t-il à l'écouter (*Luc.* XVIII, 3)? Cependant, si notre juge diffère notre salut, ce n'est point par ennui mais par amour; c'est par raison et non par impuissance; ce n'est pas faute de pouvoir nous secourir dès maintenant, mais c'est afin que le nombre des nôtres puisse se compléter jusqu'à la fin. Et cependant, que lui demandons-nous, dans la violence de nos désirs? « Seigneur quand ouvrirez-vous les yeux? Délivrez mon âme de leurs ruses, et mon unique de la fureur de ces lions; » c'est-à-dire: délivrez mon Église de ceux qui la persécutent.

10. Voulez-vous en effet connaître cette unique? Lisez ce qui suit : « Je vous confesserai, Seigneur, dans une assemblée nombreuse, au milieu d'un peuple qui n'est point léger, je vous louerai (Ibid. 18). » Évidemment il faut lire : Je vous confesserai dans une assemblée nombreuse, je vous louerai au milieu d'un peuple qui n'est pas léger. En effet, le nom de Dieu est confessé dans la multitude entière, mais Dieu n'est point loué par tous : la foule entière entend que nous confessons le nom de Dieu, mais Dieu ne trouve pas sa louange dans la foule entière. Car dans toute cette foule, c'est-à-dire dans l'Église qui est répandue sur toute la terre, il y a de la paille et du froment : la paille s'envole, le froment reste. C'est pourquoi le Prophète dit : « Je vous louerai au milieu d'un peuple qui n'est point léger. » Dieu est loué par un peuple qui n'est point léger, et que n'enlève pas le vent de la tentation. Car la paille est toujours une cause de blasphèmes envers Dieu. Lorsqu'on examine notre paille, que dit-on? Voilà donc comme vivent les chrétiens; voilà ce que font les chrétiens, et alors s'accomplit ce qui est écrit: « A cause de vous mon nom est blasphémé au milieu des gentils (*Is.* LII, 5 et *Rom.* II, 24). » Si vous examinez l'aire de la grange, avec un esprit d'injustice et d'envie, vous qui êtes tout entier au milieu de la paille, il vous sera difficile de rencontrer les grains; mais cherchez et vous trouverez ce peuple qui n'est pas léger, et vous louerez en lui le Seigneur. Voulez-vous le trouver ? Ressemblez-lui. Car si vous ne lui ressemblez pas, il est difficile que tous ne vous paraissent point être ce que vous êtes vous-même. « Ils se comparent eux-mêmes avec eux-mêmes (II. *Cor.* x, 12), » dit l'Apôtre, et alors ils ne comprennent pas ces paroles : « Je vous louerai au milieu d'un peuple qui n'est pas léger. »

11. « Que je ne sois point insulté par ceux qui m'attaquent injustement (*Ps.* XXXIV, 19): » car ils m'insultent à cause de la paille que je renferme. « Par ceux qui me haïssent sans cause; » c'est-à-dire, sans que je leur aie fait aucun mal, « et qui semblent m'approuver des yeux, » c'est-à-dire qui sont hypocrites et menteurs. » Parce qu'ils me parlaient

---

quando videbimus vindictam de his qui nobis insultant, quando illam viduam judex tædio victus exauditurus est (*Luc.* XVIII, 2)? Verumtamen judex noster non tædio sed amore differt salutem nostram; ratione, non inopia; non quia non potest et modo subvenire, sed ut numerus omnium nostrum usque in finem possit impleri. Et tamen nos ex desiderio quid dicimus ? « Domine quando respicies? Restitue animam meam ab astutiis eorum, a leonibus unicam meam (*Ps.* XXXV, 17) : » id est, Ecclesiam meam a sævientibus potestatibus.

10. Denique vis nosse quid sit illa unica? Lege sequentia : « Confitebor tibi, Domine, in Ecclesia multa, in populo gravi laudabo te. (Ibid. 18). » Plane « in Ecclesia multa confitebor tibi, in populo gravi laudabo te (Ibid.). » Fit enim confessio in omni multitudine, sed non in omnibus Deus laudatur : tota multitudo audit confessionem nostram, sed non in omni multitudine laus Dei est. In ista enim omni multitudine, id est, in Ecclesia, quæ toto orbe terrarum diffusa est, palea est et frumentum : palea volat, frumentum manet; ideo « in populo gravi laudabo te. » In gravi populo, quem ventus tentationis non aufert, in his Deus laudatur. Nam in palea blasphematur semper. Quando palea nostra attenditur, quid dicitur ? Ecce quomodo vivunt Christiani, ecce quid faciunt Christiani : et fit quod scriptum est « Quoniam nomen meum per vos blasphematur in Gentibus (*Isai.* LII, 5, et *Rom.* II, 24). » Inique, invide, aream inspicis, qui totus in palea es, non tibi facile grana occurrunt; quære et invenies populum gravem, in quo Dominum laudes. Vis invenire ? Esto talis. Nam si non fueris talis, difficile est ut non omnes tales tibi videantur qualis es. Et comparantes, ait Apostolus, semet ipsos sibimetipsis (II *Cor.* X, 12), non intelligunt. « In populo gravi laudabo te. »

11. « Non insultent mihi qui adversantur mihi inique, (*Ps.* XXXIV, 19). » Insultant enim mihi de palea mea. « Qui oderunt me gratis : » hoc est, quibus nihil nocui. « Et annuentes oculis (Ibid. 20) : » hoc est, hypocritæ simulati. « Quoniam mihi quidem pacifice lo-

pacifiquement (Ibid. 28). » Que veut dire : Ceux qui semblent m'approuver des yeux? Ceux dont le visage exprime des pensées qu'ils n'ont pas au fond du cœur. Et quels sont ceux qui semblent approuver des yeux?«Ceux qui me parlaient pacifiquement, mais qui, dans leur colère cachée, méditaient des fraudes contre moi. Et ils ont ouvert la bouche contre moi(Ibid. 21).»Commençant par m'approuver des yeux, ces lions, qui cherchaient à me saisir et à me dévorer, me flattaient par des discours pacifiques, tandis que dans leur colère ils méditaient des fraudes contre moi. Quelles étaient ces paroles pacifiques? « Maître, nous savons que vous ne faites acception de personne, et que vous enseignez dans la vérité la voie de Dieu ; est-il permis, ou non, de payer le tribut à César (*Matth.* XXII, 16)? » Ils me tenaient des discours pacifiques. Quoi donc? Ne les reconnaissiez-vous pas? Et leurs yeux, qui vous approuvaient, vous trompaient-ils donc? Loin de là, Jésus les reconnaissait; c'est pourquoi il leur répondit : « Hypocrites, pourquoi me tentez-vous? » Mais ensuite, ils ont ouvert la bouche contre moi, en criant :«Crucifiez-le, crucifiez-le.» Ils ont dit:«Eh bien ! Eh bien ! nous avons vu de nos yeux. » Voilà maintenant les paroles d'insulte:«Eh bien! Eh bien! Christ, prophétise-nous (*Matth.* XXVI, 68).» De même que leurs apparences pacifiques étaient trompeuses, lorsqu'ils tentaient le Seigneur à propos du denier de César, de même leurs louanges étaient devenues des insultes. Ils ont dit: « Eh bien! Eh bien! nous avons vu de nos yeux; » c'est-à-dire, nous avons vu vos actions, vos merveilles. Il est le Christ : « Eh bien! s'il est le Christ, qu'il descende de la croix et nous croirons en lui. Il a sauvé les autres et il ne peut se sauver lui-même (*Matth.* XXVII, 42). » « Nous avons vu de nos yeux, » c'est-à-dire : ce n'était de sa part qu'une vaine forfanterie de se dire le Fils de Dieu (*Jean.* XIX, 7). Mais le Seigneur restait patiemment attaché sur la croix; il n'avait pas perdu sa puissance, mais il prouvait sa patience. Lui était-il donc difficile de descendre de la croix, à lui qui a pu sortir ensuite ressuscité de son tombeau? Mais il eût paru céder à ceux qui l'insultaient, et il fallait qu'en ressuscitant, il se montrât, non pas à eux, mais aux siens, et cela secrètement; car sa résurrection signifiait la nouvelle vie, et cette nouvelle vie, ses amis seuls la connaissent, ses ennemis ne la connaissent pas.

12. « Vous l'avez vu, Seigneur, rompez le silence(*Ps.*XXXIV,22).»Que veut dire : rompez le silence? Jugez-les. C'est en effet, à propos du jugement qu'il est dit en quelque endroit:«Je me suis tu, est-ce que je me tairai toujours (*Is.*XLII,14)? » Et sur les délais apportés au jugement, Dieu dit au pécheur : « Tu as fait une chose et je me suis

---

quebantur. » Quid est, « annuentes oculis ? » Pronuntiantes vultu quod in corde non gestant. « Et annuentes oculis » qui sunt ? «Quoniam mihi quidem (*a*) pacifice loquebantur : et super iram dolose cogitabant. Et dilataverunt in me os suum (Ibid.,21).» Primo annuentes oculis, leones illi quaerentes rapere et devorare, primo blandientes pacifica loquebantur et super iram dolose cogitabant. Quae pacifica loquebantur ? « Magister, scimus quia nullius personam accipis, et in veritate viam Dei doces, Licet dare tributum Caesari, an non licet (*Matth.* XXII, 16,? » Mihi quidem pacifica loquebantur. Quid ergo ? Eos tu non agnoscebas, et fallebant te oculi annuentes ? Imo agnoscebat : ideo ait. Quid me tentatis hypocritae? Postea dilataverunt in me os suum, clamantes. «Crucifige, crucifige (*Luc* XXIII, 21).» « Dixerunt Euge, euge, viderunt oculi nostri(*Ps.*XXXIV, 21)» Hoc jam insultando, « Euge, euge, » « Prophetiza nobis Christe (*Matt.*XXVI, 68). » Quomodo simulata erat pax ipsorum, quando tentabant de nummo, sic jam insultatoria laus eorum,

« Dixerunt, Euge, euge, viderunt oculi nostri : » id est, facta tua, mirabilia tua. (*b*) Hic est Christus. « Si ipse est Christus, descendat de cruce, et credimus ei. Alios salvos fecit, scipsum salvum facere non potest (*Mat.*XXVII, 42).«Viderunt oculi nostri.»Hoc est totum quod se jactabat, quod se Filium Dei dicebat(*Johan.*XIX, 7). Dominus autem patiens haerebat in cruce: non potentiam perdiderat, sed patientiam demonstrabat. Quid erat magnum de cruce descendere, qui potuit postea de sepulcro resurgere ? Sed cessisse videretur insultantibus : et hoc oportebat, ut resurgens suis se ostenderet, et non illis, in magno sacramento : quia resurrectio ipsius vitam novam significabat, vita autem nova amicis nota est, non inimicis.

12. «Vidisti Domine,ne sileas(*Ps.*XXXIV,22).»Quid est, «ne sileas?» Judica. De judicio etenim dicitur quodam loco, « Tacui numquid semper tacebo? (*Isai.* XLII, 14). » Et de dilatione judicii dicitur peccatori, « Haec fecisti, et tacui ; suspicatus es iniquitatem, quod ero tibi similis (*Psal.*XLIX, 21).» Quomodo tacet

---

(*a*) Aliquot MSS. *pacifica.* (*b*) Quatuor MSS. *hoc est Christi.*

tû, tu as eu en pensée cette impiété, que je serais semblable à toi (*Ps.* XLIX, 21). » Comment pourrait-il garder le silence,celui qui parle par les Prophètes, qui parle de sa propre bouche, dans l'Evangile, qui parle par les Evangélistes, qui parle par nous toutes les fois que nous disons la vérité? Qu'en est-il donc ? Il se tait en ce qui touche le jugement, mais non en ce qui touche ses commandements et sa doctrine. Or, c'est le jugement que le Prophète invoque en quelque sorte et qu'il prédit : « Vous l'avez vu, Seigneur, rompez le silence; » c'est-à-dire, vous romprez le silence, parce qu'il est nécessaire que vous jugiez. « Seigneur, ne vous éloignez pas de moi. » Jusqu'au jour du jugement, ne vous éloignez pas de moi, ainsi que vous l'avez promis : « Voici que je suis avec vous jusqu'à la consommation des siècles (*Matth.* XXVIII, 20). »

13. « Levez-vous, Seigneur, et appliquez-vous à mon jugement (*Ps.* XXXIV, 23). » A quel jugement? Est-ce parce que vous êtes dans la tribulation, parce que vous êtes accablé de travaux et de douleurs ? Mais beaucoup de méchants n'ont-ils point eux-mêmes à souffrir les mêmes maux ? A quel jugement donc? Êtes-vous juste, par cela seul que vous souffrez ainsi ? Non. De quoi s'agit-il enfin? De mon jugement. Voyons la suite. » Appliquez-vous à mon jugement, ô mon Seigneur et mon Dieu, pour apprécier ma cause (Ibid.). » Jugez-moi, non sur ce que j'endure, mais sur la valeur de ma cause; non sur ce qu'un voleur peut avoir de commun avec moi, mais sur ce qui fait qu'heureux sont ceux qui souffrent la persécution pour la justice (*Matth.* V, 10). C'est dans la cause qu'est la différence ; car la peine peut être la même pour les bons et pour les méchants. Ce n'est pas la peine qui fait les martyrs, mais la cause de leur peine. Si c'était, en effet, la peine qui fit les martyrs, toutes les mines seraient pleines de martyrs, toutes les chaînes garotteraient des martyrs, et tous ceux qui sont frappés par le glaive recevraient la couronne. Discernons donc la cause du supplice. Que nul ne dise : parce que je souffre, je suis juste; car le Christ qui a souffert le premier a souffert pour la justice, c'est pourquoi il a ajouté à sa parole cette importante restriction : « Heureux ceux qui souffrent persécution pour la justice (*Matth.* V, 10). » Car beaucoup de ceux dont la cause est bonne exercent la persécution, et beaucoup de ceux dont la cause est mauvaise souffrent la persécution. Si, en effet, la persécution ne pouvait s'exercer justement, on ne lirait pas dans un psaume : « J'exercerai ma persécution contre celui qui calomnie en secret le prochain (*Ps.* C, 5.). » N'est-ce pas ainsi qu'un père, bon et juste, persécute un fils livré à la débauche ? Il persécute, non son fils, mais les vices de son fils;

qui loquitur per Prophetas, qui loquitur ore suo in Evangelio, qui loquitur per Evangelistas, qui loquitur per nos quando verum dicimus ? Quid ergo ? Si et a judicio, non a præcepto, non a doctrina. Hoc autem judicium ipsius (*a*) invocat quodam modo Propheta, et prædicit, « Vidisti Domine, ne tacueris : » id est, quia non silebis, quia necesse est ut judices. « Domine ne discedas a me. » Donec veniat judicium ne discedas a me, sicut promisisti, « Ecce ego vobiscum sum usque in consummationem sæculi (*Mat.* XVIII, 20). »

13. « Exsurge Domine, et intende judicio meo (*Ps.* XXXIV, 23). » Cui judicio? Quia tribulatus es, quia laboribus et doloribus cruciatus es ? Nonne ista etiam multi mali patiuntur ? Cui judicio ? Ideo justus, quia ista pateris ? Non. Sed quid ? « Judicio meo. » Quomodo sequitur ? « Intende judicio meo, Deus meus et Dominus meus in caussam meam (Ibid.). » Non in pœnam meam, sed in caussam meam : non in id quod mecum habet latro commune, sed in illud quod « beati qui persecutionem patiuntur propter justitiam (*Matth.* V, 10). » Hæc enim caussa discreta est. Nam pœna similis est bonis et malis. Itaque Martyres non facit pœna, sed caussa. Nam si pœna Martyres faceret, omnia metalla Martyribus plena essent, omnes catenæ Martyres traherent, omnes qui gladio feriuntur, coronarentur caussa. Ergo discernatur caussa. Nemo dicat, Quia patior sum. Quia ipse qui primo passus est, pro justitia passus est : ideo magnam exceptionem addidit, « Beati qui persecutionem patiuntur propter justitiam (*Matth.* V, 10). » Nam multi habentes bonam caussam faciunt persecutionem, et habentes malam caussam patiuntur persecutionem. Si enim persecutio non posset fieri bene, non diceretur in Psalmo, « Detrahentem proximo suo occulte, hunc persequebar (*Psal.* C, 5). » Deinde Fratres, pater bonus et justus nonne persequitur filium luxuriosum? Persequitur vitia ejus, non ipsum, non quod genuit, sed quod ille addidit. Medicus nempe qui ad salutem adhibetur, nonne ferro plerumque armatur?

(*a*) Sic nonnulli MSS. At editi, *vocat*.

non celui qu'il a engendré, mais le mal qui est l'œuvre de son fils. Le médecin, qu'on appelle pour obtenir guérison, n'est-il pas souvent armé du fer? Mais il est armé contre la plaie et non contre le malade. Il coupe pour guérir; et cependant, le malade qui souffre l'incision se plaint, crie, résiste, et si la fièvre l'a mis hors de lui, il va jusqu'à frapper le médecin. Mais celui-ci n'abandonne pas pour cela le traitement du malade; il sait ce qu'il fait et il ne se préoccupe ni des malédictions ni des outrages qu'il reçoit. Est-ce qu'on ne réveille point, par des moyens violents, tous ceux qui sont en léthargie, de peur qu'un sommeil malfaisant ne les tue? Et l'on peut avoir à souffrir ces violences de la part de fils tendrement aimés; et le fils ne serait point cher à son père, s'il ne le faisait souffrir pour le tirer de son funeste sommeil. On éveille violemment ceux qui sont en léthargie, on enchaîne les frénétiques, et cependant on aime les uns et les autres. Que nul ne dise donc: je souffre la persécution, que nul ne mette en avant ses souffrances, mais qu'il prouve que sa cause est bonne; de peur que s'il ne peut le prouver, il ne soit compté parmi les impies. C'est pourquoi le Prophète recommande ici sa cause à Dieu avec autant de sagesse que de sollicitude, en disant: « Seigneur, appliquez-vous à mon jugement, » mais non d'après ce que je souffre; « ô mon Seigneur et mon Dieu, appliquez-vous à apprécier ma cause.»

14. « Jugez-moi, Seigneur, selon ma justice, (Ibid.),»c'est-à-dire en appréciant ma cause. Seigneur mon Dieu, ne faites point attention aux peines que j'endure, mais à ma justice; c'est-à-dire, jugez-moi sur ma cause.

15. «Qu'ils ne marchent point sur moi (Ibid.):» il parle de ses ennemis. Qu'ils ne disent pas dans leur cœur: « bien, bien, pour nous, » c'est-à-dire: nous avons fait ce que nous avons pu, nous l'avons tué, nous l'avons fait disparaître. « Qu'ils ne disent pas…..» Montrez qu'ils n'en ont rien fait. Qu'ils ne disent pas: Nous l'avons absorbé.»De là vient que les martyrs ont dit:«Si le Seigneur n'avait été avec nous, peut-être nous auraient-ils absorbés tout vivants (*Ps.* CXXIII, 1).» Que veut dire: ils nous auraient absorbés? Ils nous auraient fait passer dans leur corps. En effet, vous absorbez ce que vous faites passer dans votre corps. Le monde veut vous absorber; vous, absorbez le monde, faites-le passer dans votre corps, tuez-le et mangez-le. C'est ce qui a été dit à saint Pierre: « Tuez et mangez (*Act.* X, 13); » tuez en eux ce qu'ils sont, pour les faire ce que vous êtes. Au contraire, s'ils vous gagnent à l'impiété, vous serez absorbé par eux. Ce n'est pas quand ils vous persécutent qu'ils vous absorbent, mais quand ils obtiennent que vous soyez semblables à eux. « Qu'ils ne disent pas: Nous l'avons absorbé. » Mais vous, absorbez le corps des païens. Pourquoi absorber le corps des païens? Il veut vous absorber, faites-lui ce

---

sed contra vulnus, non contra hominem. Secat, ut sanet: et tamen cum secat ægrotum, dolet ille, clamat, resistit, et si forte febre mentem perdiderit, etiam medicum cædit; nec tamen ille desistit a (*a*) salute ægrotantis, quod novit facit, illum maledicentem, conviciantem non curat. Nonne excitantur cuncti lethargici, ne somno gravi prematur in mortem? Et hoc patiuntur a filiis suis, quos carissimos genuerunt; et non est carus filius, nisi fuerit dormienti patri molestus. Lethargici excitantur, phrenetici ligantur: sed tamen utrique amantur. Nemo ergo dicat, Persecutionem patior: non ventilet pœnam, sed probet caussam: ne si caussam non probaverit, numeretur cum iniquis. Ideo quam vigilanter, quam optime hic commendavit. « Domine intende judicio meo, » non pœnis meis: « Deus meus et Dominus meus in caussam meam (*Ps.* XXXIV, 23). »

(*a*) Plures MSS. *a salute eroganda.*

14. « Judica me Domine secundum justitiam meam (Ibid. 24).»Hoc est, in caussam meam. Non secundum pœnam meam, sed « secundum justitiam meam Domine Deus meus, » id est, secundum hoc me judica.

15. « Et non insultent in me: » inimici mei. « Non dicant in corde suo, Euge, euge, animæ nostræ: » id est, Fecimus quod potuimus, occidimus, abstulimus. « Non dicant: » ostende quia nihil fecerunt. « Non dicant, absorbuimus eum (Ibid. 25).» Unde illi Martyres dicunt, « Nisi quia Dominus erat in nobis, fortasse vivos absorbuissent nos (*Psal.* CXXIII, 1). » Quid est, absorbuissent nos? In corpus suum trajecissent nos. Hoc enim absorbes, quod in corpus tuum trajicis. Vult te mundus absorbere: tu absorbe mundum, trajice illum in corpus tuum, macta et manduca (*Act.* X, 13): occide in eis quod sunt, fac

DEUXIÈME DISCOURS SUR LA FIN DU PSAUME XXXIV.

qu'il veut vous faire. C'est peut-être pour cela que le Veau d'or, réduit en poudre et jeté dans l'eau, fut donné à boire au peuple, afin que le corps des impies fût absorbé par Israël (*Exod.* XXXII, 20). « Que ceux-là rougissent et soient confondus tous ensemble, qui se félicitent de mes maux; qu'ils soient couverts de confusion et de honte (*Ps.* XXXIV, 26); » pour être absorbés par nous au milieu de leur honte et de leur confusion. « Que ceux qui parlent méchamment contre moi, rougissent et soient confondus.

16. O tête, que direz-vous maintenant qui vous soit commun avec vos membres? « Que ceux qui aiment ma justice se réjouissent et soient transportés d'allégresse (*Ibid.* 27) : » c'est-à-dire ceux qui se seront attachés à mon corps. « Et que ceux qui désirent la paix du serviteur de Dieu, disent sans cesse : Que le Seigneur soit glorifié! Et ma langue publiera votre justice; tout le jour elle chantera votre gloire (*Ibid.* 28). » Et quelle langue pourrait chanter tout le jour les louanges du Seigneur? Voilà que je vous ai parlé un peu longuement; vous êtes fatigués. Qui pourrait donc suffire à louer Dieu tout le jour? Je vais vous donner un moyen de louer Dieu tout le jour, si vous le voulez. Quoi que vous fassiez, ne faites que le bien, et vous aurez loué Dieu. Lorsque vous chantez un hymne, vous louez Dieu; mais que fait votre langue, si votre cœur ne le loue également? Avez-vous fini de chanter cet hymne, et vous retirez-vous pour le repos? Gardez-vous de tout excès, et vous aurez loué Dieu. Vous retirez-vous pour dormir? Ne vous relevez pas pour faire mal, et vous aurez loué Dieu. Faites-vous une affaire? Gardez-vous de commettre aucune fraude, et vous aurez loué Dieu. Cultivez-vous votre champ? Gardez-vous de susciter aucune querelle, et vous aurez loué Dieu. Que l'innocence de vos actions soit donc pour vous une manière de louer Dieu tout le jour.

---

cos quod tu es. Illi autem contra si tibi persuaserint impietatem, absorberis ab eis. Non quando persequuntur te ab his absorberis, sed quando tibi persuadent quod sunt. « Nec dicant, Absorbuimus eum. » Tu absorbe corpus Paganorum. Quare corpus Paganorum? Vult te absorbere, fac illi quod vult tibi facere. Ideo fortasse vitulus ille comminutus in aquam missus, et potum datus est, ut absorberetur ab Israel corpus impiorum (*Exod.* XXXII, 20) « Erubescant et revereantur simul, qui gratulantur malis meis: induantur confusione et verecundia (*Ps.* XXXIV, 26) : » ut nos illos absorbeamus erubescentes et confusos. « Qui maligna loquuntur adversum me (*Ibid.*). » Illi erubescant, illi confundantur.

16. Quid tu jam caput cum membris? « Exsultent et lætentur qui volunt justitiam meam (*Ibid.* 27) : » qui hæserint corpori meo. « Et dicant semper, Magnificetur Dominus, qui volunt pacem servi ejus (*Ibid.*). » « Et lingua mea meditabitur justitiam tuam, tota die laudem tuam (*Ibid.* 28). » Et cujus lingua durat meditari tota die laudem Dei? Ecce modo paulo longior sermo factus est, fatigamini. Tota die Deum laudare quis durat? Suggero remedium, unde tota die laudes Deum, si vis. Quidquid egeris bene age, et laudasti Deum. Quando cantas hymnum, laudas Deum : lingua tua quid agit, nisi laudet et conscientia tua? Cessasti ab hymno cantando, discedis ut reficiaris? noli inebriari, et laudasti Deum. Discedis ut dormias? noli surgere ad malefaciendum, et laudasti Deum. Negotium agis? noli fraudem facere, et laudasti Deum. Agrum colis? noli litem movere, et laudasti Deum. (*a*) In innocentia operum tuorum præpara te ad laudandum Deum tota die.

(*a*) Aliquot MSS. *Innocentia operum tuorum præparat te.* etc.

DISCOURS [1] SUR LE PSAUME XXXV.

1. Que Votre Charité s'applique un peu à saisir le sens de ce psaume et les mystères qu'il renferme ; nous le parcourrons rapidement, parce qu'en beaucoup d'endroits il est très-clair, mais là où l'obscurité du texte nous forcera d'arrêter plus longtemps, veuillez l'accepter avec patience en vue du fruit que vous en tirerez pour votre instruction. « L'injuste a dit en lui-même qu'il pécherait ; la crainte de Dieu n'est pas devant ses yeux (*Ps.* xxxv, 2). » Le prophète ne parle pas ici d'un seul homme, mais de toute la race des hommes d'iniquité, qui sont leurs propres ennemis en ne comprenant pas qu'ils doivent bien vivre, non point parce qu'ils ne peuvent le comprendre, mais parce qu'ils ne le veulent pas. Autre chose, en effet, est de faire effort pour comprendre une question difficile, et de ne pouvoir y parvenir en raison de la faiblesse de la chair, comme le dit l'Écriture en quelque endroit : «Parce que le corps qui est corrompu appesantit l'âme, et que cette demeure terrestre abat l'esprit par la multiplicité des soins qui l'agitent (*Sag.* ix, 15), » autre chose est de voir le cœur de l'homme agir contre lui-même pour sa perte et ne point comprendre, non parce que cela est difficile, mais parce que sa volonté est contraire, ce qu'il pourrait comprendre, s'il y apportait de la bonne volonté. C'est ce qui arrive à ceux qui aiment leurs péchés, et qui haïssent les commandements de Dieu. En effet, la parole de Dieu est votre ennemie, si vous aimez votre iniquité. Si, au contraire, vous êtes l'ennemi de votre iniquité, la parole de Dieu est pour vous une amie et elle est l'ennemie de votre iniquité. Si donc vous haïssez votre iniquité, vous vous unissez à la parole de Dieu, et vous serez deux pour la détruire, vous et la parole de Dieu. Car vous ne pouvez rien par vos propres forces : mais celui qui vous a envoyé sa parole vous aide, et l'iniquité est vaincue. Si vous la haïssez, Dieu vous la pardonne et vous êtes libre : au contraire, si vous l'aimez, vous vous refusez à comprendre

IN PSALMUM XXXV.

Enarratio.

1. Intendat Caritas Vestra paululum textum et mysteria Psalmi hujus ; et curramus cum, quia in multis locis apertus est : ubi autem obscuritatis necessitas nos immorari coëgerit, tolerabitis fructu discendi. « Dixit injustus ut delinquat in semetipso, non est timor Dei ante oculos ejus (*Ps.* xxxv, 2). » Non unum hominem, sed genus hominum iniquorum dicit, qui sibi adversantur, non intelligendo ut bene vivant ; non quia non possunt, sed quia nolunt. Aliud est enim quando quisque conatur aliquid intelligere, et per infirmitatem carnis non potest, sicut dicit quodam loco Scriptura, « Quia corpus quod corrumpitur, aggravat animam, et deprimit terrena inhabitatio sensum multa cogitantem (*Sap.* ix, 15) : » aliud autem quando perniciosius agit adversum seipsum cor humanum, ut quod possit intelligere, si bona voluntas accederet, non intelligat, non quia difficile est, sed quia voluntas (*a*) adversa est. Hoc autem fit dum amant peccata sua, et oderunt præcepta Dei. Sermo enim Dei adversarius tuus est, si tu amicus sis iniquitatis tuæ, si autem tu adversarius sis iniquitatis tuæ, sermo Dei amicus tuus est, et adversarius iniquitatis tuæ. Si ergo odisti iniquitatem tuam, jungis te sermoni Dei ; et eritis duo adversus illam perimendam, tu et sermo Dei. Tu enim per te ex viribus tuis nihil potes : adjuvat te ille qui

---

(1) Discours prononcé peut-être un samedi, d'après le n° 19.

(*a*) Octo MSS. *aversa est.*

ce qui est dit contre elle. Supposez qu'un homme cherche comment le Fils est l'égal du Père, il le croit, il cherche à le comprendre, il ne le peut encore. C'est en effet une vérité mystérieuse qui, pour être entendue, exige de plus grandes forces que les siennes ; mais, d'autre part, il y a un commencement de foi qui garde l'âme jusqu'à ce qu'elle ait acquis des forces. Elle est nourrie de lait, jusqu'à ce qu'elle en arrive à l'habitude et à la force d'une nourriture plus solide, et qu'elle puisse entendre ces paroles : « Au commencement était le Verbe, et le Verbe était en Dieu, et le Verbe était Dieu (*Jean.* I, 1). » Avant de le pouvoir, elle se nourrit par la foi, et elle fait ses efforts pour saisir la vérité, autant que Dieu le lui donnera. Mais a-t-elle besoin d'efforts pour comprendre ceci : « Ne faites pas à autrui ce que vous ne voulez pas qu'on vous fasse (*Tob.* IV, 10) ? » Comme vous ne voulez pas souffrir l'iniquité, ne commettez pas l'iniquité ; comme vous ne voulez pas souffrir la fraude et les embûches, ne dressez d'embûches à personne ? Si donc vous vous refusez à comprendre ces paroles, on l'attribuera à votre mauvaise volonté. De là ces paroles du psaume : « L'injuste a dit en lui-même qu'il pécherait ; » il s'est proposé de pécher.

2. Mais celui qui s'est proposé de pécher, le dit-il publiquement, ou plutôt ne le dit-il pas en lui-même ? Pourquoi le dit-il seulement en lui-même ? parce que les hommes ne peuvent le voir. Quoi donc ? parce que les hommes ne voient pas au fond de son cœur, où il dit qu'il péchera, est-ce que Dieu n'y voit pas ? Dieu y voit certainement. Mais écoutez ce qui suit : « La crainte de Dieu n'est pas devant ses yeux (*Ps.* XXXV, 2). » La crainte des hommes est devant ses yeux. Il n'ose en effet professer publiquement son iniquité, de peur que les hommes ne le reprennent ou ne le condamnent. Il se cache donc pour échapper aux yeux des hommes. Où se cache-t-il ? en lui-même ; il se retire au-dedans de lui, où nul ne le voit. Où il médite des fraudes, des embûches, des crimes, nul ne le voit. Il ne pourrait même les méditer en cet endroit, dans le secret de son cœur, s'il pensait que Dieu le voit ; mais, comme la crainte de Dieu n'est pas devant ses yeux, lorsqu'il s'est soustrait dans son cœur au regard des hommes, qui y craindrait-il ? Mais est-ce que Dieu n'y est pas présent ? Dieu y est présent, mais la crainte de Dieu n'est pas devant ses yeux.

3. Il médite donc des fraudes dans son cœur. (Mais ignore-t-il que Dieu voit dans son cœur ? Cela prouve ce que j'ai dit en commençant : il l'ignore, mais volontairement, parce qu'il a été son propre ennemi en refusant de le comprendre.) Or le prophète continue ainsi : « Car il a agi frauduleusement en sa présence (*Ibid.* 3).... » En la présence de qui ? En la présence de celui dont la crainte n'est pas devant les yeux de quicon-

---

tibi sermonem misit, et vincitur iniquitas. Si tu illam odisti ; et Deus dimisit, et eris liber : si autem ipsam diligas ; contrarium est tibi intelligere quidquid contra illam dicitur. Fac hominem quærere quomodo sit æqualis Filius Patri, credidit, quærit intelligere, nondum potest. Magna enim res est, et vires majores desiderat ut possit capi ; et est initium fidei quod custodit animam donec roboretur. Lacte nutritur ut perveniat ad habitudinem et firmitatem cibi solidioris ; ut possit intelligere, « In principio erat Verbum, et Verbum erat apud Deum, et Deus erat Verbum (*Johan.* 1, 1). » Antequam hoc possit, nutritur in fide : et conatur intelligere, ut intelligat quantum Deus dederit. Numquid et hoc cum conatu intelligit, « Quod tibi fieri non vis, alii ne feceris (*Tob.* IV, 16) : » ut quia non vis pati iniquitatem, non facias iniquitatem, quia non vis pati dolum et insidias, non insidieris alteri ? Hoc autem cum non vis intelligere, voluntati tuæ tribuitur. Ideo « dixit injustus, ut delinquat in semetipso : » proposuit delinquere.

2. Sed num quid qui proponit delinquere ; publice hoc dicit, et non in semetipso ? Quare, in semetipso ? Quia homo illum non videt. Quid ergo, quia homo non videt, in ipso corde, ubi sibi dicit ut delinquat, Deus ibi non videt ? Videt ibi Deus. Sed quid sequitur ? « Non est timor Dei ante oculos ejus(*Ps.*XXXV,2). » Ante oculos timor hominum est. Non audet enim publice profiteri iniquitatem, ne vel reprehendatur, vel damnetur ab hominibus. Discedit autem a conspectu hominum : quo ? Ad semetipsum : ducit se intro, et nemo illum videt : ubi meditatur dolos et insidias et delicta, nemo videt. Posset nec ibi apud se meditari, si cogitaret quia Deus illum videt : sed quia non est timor Dei ante oculos ejus, cum discesserit a conspectu hominum ad cor suum, ibi quem timeat ? Numquid ibi non est præsens Deus ? Sed non est timor Dei in conspectu ejus.

3. Meditatur ergo dolos : et sequitur, (Forte latet illum, quia Deus ibi videt ? Etiam ostenditur quod dicere cœperam : latet illum, sed volentem ; quia contra se fecit nolens intelligere.) « Quoniam dolose

que agit frauduleusement. « Pour trouver son iniquité et la détester (*Ibid.* 3) ; » car il a agi de manière à ne pas la trouver. Il y a en effet des hommes qui paraissent s'efforcer de trouver leur iniquité, et qui craignent de la trouver, parce que s'ils la trouvaient, on leur dirait : Sortez de votre iniquité, vous avez fait cette mauvaise action avant de savoir qu'elle fût mauvaise, vous avez commis l'iniquité par ignorance, Dieu vous la pardonne ; mais maintenant que vous la connaissez, chassez-la de votre cœur, pour que votre ignorance obtienne aisément son pardon, et que vous puissiez dire à Dieu, le regard libre : « Seigneur, oubliez les fautes de ma jeunesse et de mon ignorance (*Ps.* XXIV, 7). » Le pécheur cherche son iniquité et il craint de la trouver, car il la cherche de mauvaise foi. Quand un homme peut-il dire véritablement : j'ignorais que ce fut un péché ? Lorsque voyant qu'il y a péché dans son action il cesse de commettre ce péché qu'il ne commettait que par ignorance. Voilà l'homme qui a véritablement voulu connaître son iniquité, de manière à la trouver et à la détester. Mais il y en a beaucoup qui agissent de mauvaise foi dans cette recherche de leur iniquité, c'est-à-dire, qu'ils n'ont pas l'intention de la trouver et de la détester. Mais comme ils emploient la ruse dans cette recherche, de même, après avoir trouvé leur iniquité, ils chercheront à l'excuser. En effet, lorsqu'un homme reconnaît son iniquité, il est déjà clair pour lui que c'est une iniquité. Ne la commettez plus, lui dites-vous. Mais lui qui a mis de la mauvaise foi à la chercher, ne la hait pas, lorsqu'il l'a trouvée. Que dit-il en effet ? Combien n'y en a-t-il pas qui font cela ? et qui donc ne le fait pas ? Est-ce que Dieu les perdra tous ? Ou même encore il dit : Si Dieu ne voulait pas qu'on le fît, est-ce que les hommes qui le font resteraient en vie ? Voyez-vous que vous étiez de mauvaise foi dans la recherche de votre iniquité ? Car si vous aviez agi sincèrement et sans fraude, vous l'auriez trouvée et détestée depuis longtemps déjà ; et maintenant même que vous l'avez trouvée, vous l'excusez : vous étiez donc de mauvaise foi en la cherchant.

4. « Les paroles de sa bouche ne sont qu'iniquité et tromperie ; il n'a pas voulu comprendre pour faire le bien (*Ps.* XXXV, 4). » Vous voyez que le prophète attribue ce manque d'intelligence à la volonté du pécheur : car, s'il y a des hommes qui veulent comprendre et qui ne le peuvent pas, il y en a aussi qui ne comprennent pas parce qu'ils ne veulent pas comprendre. « Il n'a pas voulu comprendre pour faire le bien. »

5. « Il a médité l'iniquité dans son lit (*Ibid.* 5). » Que veut dire : dans son lit ? « L'injuste a dit en lui-même qu'il pécherait ; » ce qu'il a dit plus haut « en lui-même, » il le dit ici de nouveau « dans son lit. » Notre lit, c'est notre cœur : c'est là que nous sommes en butte aux troubles de la mauvaise conscience, et là aussi que nous nous

---

egit in conspectu ejus *Ibid.* 3 . » In cujus conspectu ? Cujus timor non est ante oculos ejus qui dolose egit. « Ut inveniret iniquitatem suam, et odisset *Ibid.*). » Iste sic egit ut non inveniret. Sunt enim homines qui quasi conantur quærere iniquitatem suam, et timent illam invenire ; quia si illam invenerint, dicitur illis, Recedite ab illa : hæc fecisti antequam scires, iniquitatem fecisti cum esses in ignorantia, dat Deus veniam ; modo cognovisti eam, dimitte illam ut possit facile ignorantiæ tuæ venia dari, et libera fronte dicas Deo, « Delicta juventutis meæ et ignorantiæ meæ ne memineris (*Psal.* XXIV, 7). » Hac illam quærit, hac timet ne inveniat illam : dolose enim quærit. Non sciebam quia peccatum est, quando dicit homo ? Cum viderit quia peccatum est, et destiterit facere ipsum peccatum, quod ideo faciebat, quia ignorabat ; vere sic voluit nosse iniquitatem, ut inveniret, et odisset. Nunc autem multi dolose agunt, ut inveniant iniquitatem suam, id est, non ex animo agunt invenire et odisse. Sed quia in ipsa inquisitione dolus est, in inventione defensio iniquitatis erit. Cum enim invenerit iniquitatem, ecce jam manifestum est illi, quia iniquitas est : noli illam facere, inquis. Et ille qui dolose agebat ut inveniret, jam invenit, et non odit, Quid enim dicit ? Quam multi hoc faciunt, et quis hoc non facit ? Et numquid omnes perditurus est Deus ? Aut certe hoc dicit, Si nollet Deus illa fieri, viverent homines qui ista committunt ? Vides quia dolose agebas ad inveniendam iniquitatem tuam ? Nam si non dolose, sed sinceriter ageres, jam invenisses et odisses : modo invenisti et defendis : dolose ergo agebas, cum quæreres.

4. « Verba oris ejus iniquitas et dolus, noluit intelligere, ut bene ageret (*Ps.* XXXV, 4). » Videtis quia voluntati illud tribuit : quia sunt homines qui volunt intelligere, et non possunt ; sunt autem homines qui nolunt intelligere, ideo non intelligunt. « Noluit intelligere ut bene ageret. »

reposons, lorsque notre conscience est bonne. Que celui qui aime le lit de son cœur y accomplisse le bien. Notre lit est l'endroit où Notre Seigneur Jésus-Christ nous ordonne de prier. « Entrez dans la chambre où est votre lit et fermez votre porte. » Que veut dire : fermez votre porte? N'attendez pas de Dieu les choses du dehors, n'attendez de lui que les choses intérieures, « et votre Père qui voit dans le secret vous récompensera (*Matth.* VI, 6). » Qui donc ne ferme pas sa porte? Celui qui demande à Dieu, comme choses de grand prix sur lesquelles il concentre toutes ses prières, les différents biens de ce monde. Votre porte est ouverte, la foule voit que vous priez. Qu'est-ce encore que vous fermiez votre porte ? C'est que vous demandiez à Dieu, ce que seul il sait comment vous donner. Et quelle est cette chose que vous demandez à porte fermée ? « Ce que l'œil de l'homme n'a jamais vu ; ce que l'oreille de l'homme n'a jamais entendu; ce qui n'est jamais entré dans le cœur de l'homme (*Is.* LXIV, 4, et I *Cor.* II, 9). » Et peut-être en effet ce bien sans égal n'est-il jamais entré dans votre lit, c'est-à-dire dans votre cœur, mais Dieu sait ce qu'il doit vous donner. Quand vous le donnera-t-il ? Quand le Seigneur se manifestera, quand le juge suprême viendra. Qu'y a-t-il en effet de plus clair que ce qu'il dira à ceux qu'il aura placés à sa droite ? « Venez les bénis de mon Père, prenez possession du royaume qui vous a été préparé dès l'origine du monde (*Matth.* XXV, 34). » Ceux qui seront à sa gauche entendront ces paroles et gémiront avec d'inutiles regrets (*Sag.* V, 3) , parce que, durant leur vie, ils n'auront pas voulu faire une pénitence fructueuse. Pourquoi gémiront-ils ? Parce qu'ils ne pourront plus s'amender. Ils entendront aussi cette condamnation : « Allez dans le feu éternel qui a été préparé pour le démon et pour ses Anges (*Matth.* XXV, 41). Voilà la parole terrible à entendre. Pour les justes, ils se réjouiront de la bonne parole qu'ils entendront, selon ce qui est écrit : « La mémoire du juste sera éternelle, il ne craindra pas la parole terrible à entendre (*Ps.* CXI, 7). » Quelle est cette terrible parole? Celle qu'entendront les méchants : « Allez dans le feu éternel. » Donc, Dieu qui peut faire plus que nous ne lui demandons et que nous ne pouvons comprendre (*Ephés.* III, 20), cherche nos gémissements secrets, pour que nous soyons agréables à ses yeux, et que nous n'ayons pas à nous vanter devant les hommes de notre justice. Car celui qui veut plaire aux hommes par sa propre justice, non pas dans le but que les hommes qui le voient glorifient Dieu, mais dans l'intention d'être glorifié lui-même, celui-là ne ferme par sa porte contre les bruits du dehors : sa porte reste ouverte à ces bruits, et Dieu ne l'entend pas comme il veut l'entendre (*Matth.* VI, 6). Travaillons donc à purifier notre lit, ou

---

5. « Iniquitatem meditatus est in cubili suo (*Ibid.* 5). » Quid dixit, « in cubili suo ? » Dixit injustus, ut delinquat in semetipso : quod dixit superius, in semetipso ; hoc hic dixit, « in cubili suo. » Cubile nostrum est cor nostrum : ibi tumultum patimur malæ conscientiæ, et ibi requiescimus, quando bona conscientia est. Qui amat cubile cordis sui, aliquid boni ibi agat. Ibi est cubile, ubi nos Dominus Jesus Christus jubet orare : « Intra in cubiculum tuum, et claude ostium tuum (*Matth.* VI, 6). » Quid est, claude ostium tuum ? Noli talia exspectare de Deo, quæ forinsecus sunt ; sed ea quæ intrinsecus sunt. Et Pater tuus, qui videt in abscondito, reddet tibi. Quis est qui non claudit ostium ? Qui talia petit a Deo pro magno, et ibi constituit omnes preces suas, ut accipiat ea, quæ sunt hujus sæculi bona. Patet ostium tuum, turba videt cum oras. Quid est claudere ostium tuum ? Ut hoc petas a Deo, quod solus Deus novit quomodo tibi det. Quid est hoc propter quod claudis ostium, et petis ? « Quod oculus non vidit (*Isai.* LXIV, 4), » nec auris audivit, nec in cor hominis adscendit (I *Cor.* II, 9). » Et forte non adscendit in ipsum cubile tuum, id est, in cor tuum. Sed Deus novit quid tibi daturus est. Quando autem erit ? Quando revelabitur Dominus, quando apparebit judex. Quid enim manifestius quam quod dicturus est ad dexteram positis ? « Venite benedicti Patris mei, percipite regnum quod vobis paratum est ab origine mundi (*Matth.* XXV, 34). » Audient hæc illi qui ad sinistram erunt, et gement infructuosa pœnitentia (*Sap.* V, 3), quia quum ita vixerunt, eam fructuose noluerunt agere. Quomodo gement ? Quia non est illis locus correctionis. Audient autem et ipsi, « Ite in ignem æternum, qui paratus est diabolo et angelis ejus (*Matth.* XXV, 41). » Iste est auditus malus. Nam justi ad auditum bonum gaudebunt sic enim scriptum est, « In memoria æterna erit justus, ab auditu malo non timebit (*Psal.* CXI, 7). » A quo auditu malo ? Quem audituri sunt illi, Ite in ignem æternum. Deus ergo qui potest supra quam

notre cœur, afin que Dieu puisse s'y plaire avec nous. Votre Charité sait combien il y a de peines pour beaucoup d'hommes dans les choses publiques, dans les procès, dans les contestations, dans les difficultés des affaires. Aussi, comme chacun, lorsqu'il est fatigué des affaires du dehors, court à son logis pour s'y reposer ; comme on se dépêche de terminer ses affaires extérieures et de se retirer dans sa maison pour y trouver la tranquillité. En effet, chacun a sa maison, afin de s'y reposer ; mais si même dans sa maison, on éprouve des contrariétés, où peut-on se reposer ? Que dire donc ? C'est qu'il faut au moins trouver du calme chez soi. Mais supposez un homme qui au dehors souffre de la part de ses ennemis, et au-dedans peut-être de la part d'une femme méchante, le voici en public ; puis, quand il veut se reposer de ses ennuis extérieurs, il rentre chez lui, mais il ne peut y trouver le repos non plus qu'au dehors, où se reposera-t-il ? Vous vous reposerez du moins dans le lit de votre cœur, en rentrant dans l'intérieur de votre conscience. Si toutefois vous trouvez là une épouse qui ne vous rendra pas la vie amère, la sagesse de Dieu : unissez-vous à elle, reposez-vous dans l'intérieur de votre lit, et que la fumée d'une mauvaise conscience ne vous en chasse pas. Mais le méchant, pour méditer ses fourberies, se retirait dans ce lieu dont parle l'Ecriture, où les hommes ne voient pas ; et telles étaient les choses qu'il y méditait, qu'il n'avait même pas de repos dans son cœur. « Il a médité l'iniquité dans son lit. »

6. « Il s'est arrêté dans toutes les voies qui n'étaient pas bonnes (*Ps.* xxxv, 5). » Que veut dire : il s'est arrêté ? Il a persévéré dans le péché. C'est pourquoi le psalmiste a dit d'un homme pieux et bon : « Il ne s'est pas arrêté dans la voie des pécheurs (*Ps.* 1, 1). » De même que l'un ne s'y est pas arrêté, l'autre y a séjourné. « Il n'a point eu la malice en haine. » Là est le but, là est le fruit de la vertu : Si l'homme ne peut être exempt de toute malice, il peut du moins la haïr. Car si vous l'avez en haine, elle aura peine à vous insinuer la pensée de quelque mal. En effet, le péché réside dans notre corps mortel ; mais que dit l'Apôtre ? « Que le péché ne règne pas dans votre corps mortel, pour que vous obéissiez à ses désirs déréglés (*Rom.* vi, 12). » Quand le péché cessera-t-il d'y résider ? Lorsque s'accomplira en nous ce que l'Apôtre dit encore : « Quand ce corps corruptible aura revêtu l'incorruptibilité, et que ce corps mortel aura revêtu l'immortalité (I *Cor.* xv, 54). » Tant qu'il n'en est pas ainsi, le corps trouve une jouissance dans l'iniquité ; mais plus grande est la jouissance qui vient des délices que donnent la parole de la Sagesse et les préceptes de Dieu.

---

petimus aut intelligimus facere (*Ephes.* iii, 20), occultum gemitum nostrum quærit, ut in conspectu ejus placeamus, et non nos quasi de justitia nostra ante homines jactemus. Qui enim de justitia sua placere vult hominibus, non eo fine ut homines qui eum vident Deum laudent, sed ea intentione ut ipse laudetur, non claudit ostium contra strepitum : quia patet ostium in illo strepitu, et non audit Deus quomodo audire vult (*Matth.* vi, 5). Cubile ergo cor nostrum laboremus mundare, ubi possit nobis bene esse. Novit Caritas Vestra quam multa multi patiuntur in publico, in foro, in jurgiis, in contentionibus, in molestiis negotiorum : quomodo quisque fatigatus negotiis foris, currit ad domum suam ut ibi requiescat, et dat operam cito finire negotia quæ foris sunt et tollere se ad requiem in domum suam. Ideo enim unusquisque domum suam habet, quia ibi requiescit. Si vero et ibi molestias patiatur, ubi potest requiescere ? Quid ergo ? Bonum est ut vel in domo sua requiem habeat. Si autem patitur foris inimicos, intus forte malam uxorem, procedit in publicum : cum vult requiescere ab his quæ foris sunt, intrat in domum : quando vero nec ibi requiescit, nec foris requiescit, ubi erit requies ? Saltem in cubiculo cordis, ut tollas te ad interiora conscientiæ tuæ. Si ibi inveneris forte conjugem, quæ tibi non faciat amaritudinem, sapientiam Dei, cum ipsa conjungere, quiesce intus in cubiculo tuo, non inde te ejiciat fumus malæ conscientiæ. At ille ut meditaretur dolos, illuc se tollebat, de quo loquitur ista Scriptura, ubi homines non vident ; et talia ibi meditabatur, ut nec in ipso corde requiesceret. « Iniquitatem meditatus est in cubili suo. »

6. « Adstitit omni viæ non bonæ (*Ps.* xxxv, 5) » Quid est, « adstitit ? » Perseveranter peccavit. Unde et de quodam pio et bono dicitur, « Et in via peccatorum non stetit (*Psal.* 1, 1). » Quomodo ille non stetit, sic iste adstitit. « Malitiam autem non odio habuit. » Ibi est finis, ibi fructus ; si non potest non habere malitiam, vel oderit illam. Cum enim odisti illam, vix tibi subrepit ut aliquid mali facias. Est enim peccatum in mortali corpore : sed quid dicit Apostolus ? « Non regnet peccatum in vestro mortali corpore, ad obediendum desideriis ejus (*Rom.* vi, 12). »

Triomphez du péché et de la volonté de le commettre. Haïssez le péché et l'iniquité, afin de vous unir à Dieu, et de partager la haine qu'il en a. Dès que vous êtes uni par l'esprit à la loi de Dieu, vous êtes soumis à cette loi par l'esprit (*Rom.* VII, 25). Et si, dans votre chair, vous êtes soumis à la loi du péché, en ce sens que vous ressentiez encore des jouissances charnelles, elles s'anéantiront en vous quand vous n'aurez plus à combattre. Autre chose est de n'avoir pas à combattre et d'être dans une paix véritable et perpétuelle; autre chose de combattre et de vaincre; autre chose de combattre et d'être vaincu; autre chose enfin d'être entraîné sans même combattre. Il y a en effet des hommes qui ne combattent pas du tout : tel est celui dont le prophète dit qu'il n'a point eu la malice en haine. Comment la combattrait-il, s'il ne la hait pas? Cet homme est entraîné sans résistance par la malice. Il y en a d'autres qui commencent à combattre; mais, parce qu'ils présument de leurs propres forces, et que Dieu veut leur montrer que c'est lui qui remporte la victoire, lorsque l'homme se joint à Dieu avec soumission, ils sont vaincus dans le combat et, après avoir commencé pour ainsi dire à posséder la justice, ils s'enorgueillissent et ils sont brisés. Ceux-là combattent, mais ils sont vaincus. Quel est donc celui qui combat et n'est pas vaincu? Celui qui dit : « Je vois dans les membres de mon corps une autre loi qui combat la loi de mon esprit (*Rom.* VII, 23). » Vous voyez qu'il combat, mais il ne présume pas de ses forces, aussi sera-t-il vainqueur : car qu'ajoute-t-il encore? « Malheureux homme que je suis, qui me délivrera du corps de cette mort? La grâce de Dieu par Notre-Seigneur Jésus-Christ. » Il tire sa force de celui qui lui a ordonné de combattre, et il triomphe de l'ennemi avec l'aide de celui qui lui a donné cet ordre. Mais pour celui dont parle le psaume, il n'a point eu la malice en haine.

7. « Seigneur votre miséricorde est dans le ciel, et votre vérité arrive jusqu'aux nuées (*Ps.* XXXV, 6). » Je ne sais quelle est cette miséricorde de Dieu, que le prophète dit être dans le ciel. En effet, la miséricorde du Seigneur est aussi sur la terre. Le prophète vous l'a dit : « La terre est remplie de la miséricorde de Dieu (*Ps.* XXXII, 5). » De quelle miséricorde parle-t-il donc, en disant : « Seigneur votre miséricorde est dans le ciel? » Les dons de Dieu sont en partie temporels et terrestres, en partie éternels et célestes; celui qui sert Dieu pour recevoir les biens terrestres et temporels, qui sont accordés à tous, est encore, en quelque sorte, au rang des bêtes; il use, à la vérité, de la miséricorde de Dieu, mais non de celle qui a été mise à part et qui ne sera donnée qu'aux justes, aux saints, aux bons.

Quando incipit non esse? Quando complebitur in nobis quod ait, « Cum corruptibile hoc induerit incorruptionem, et mortale hoc induerit immortalitatem (I *Cor.* XV, 54). » Antequam hoc fiat est delectatio iniquitatis in corpore, sed major est delectatio voluptatis verbi sapientiæ, præcepti Dei. Vince peccatum et voluptatem ejus. Peccatum et iniquitatem oderis, ut jungas te Deo qui tecum illud oderit. Jam conjunctus mente legi Dei, mente servis legi Dei (*Rom.* VII, 25). Et si carne propterea servis legi peccati, quia sunt in te delectationes quædam carnales: tunc nullæ erunt quando jam non pugnabis. Aliud est non pugnare, et esse in pace vera atque perpetua; aliud pugnare et vincere; aliud pugnare et vinci; aliud nec pugnare sed trahi. Sunt enim homines prorsus qui non pugnant, qualis est iste de quo loquitur. Cum enim dicit, « Malitiam non odio habuit : » quomodo pugnat contra eam quam non odit? Iste a malitia trahitur, non pugnat. Sunt autem qui pugnare incipiunt; sed quia de viribus suis præsumunt, ut ostendat illis Deus quia ipse vincit, si se homo subjungit Deo, et pugnantes vincuntur, et cum quasi cœperint tenere justitiam, fiunt superbi, et eliduntur. Isti pugnant, sed vincuntur. Quis est autem qui pugnat, et non vincitur? Qui dicit. « Video aliam legem in membris meis repugnantem legi mentis meæ (*Rom.* VII, 23). Vide pugnantem : sed non de viribus suis præsumit iste, ideo victor erit. Quid enim sequitur? « Infelix ego homo, quis me liberabit de corpore mortis hujus? Gratia Dei per Jesum-Christum Dominum nostrum (*Ibid.*). » Præsumit de eo qui jussit ut pugnet, (a) et vincit hostem adjutus a jubente. Iste autem « malitiam non odio habuit. »

7. « Domine, in cœlo misericordia tua, et veritas tua usque ad nubes (*Ps.* XXXV, 6). » Nescio quam misericordiam ipsius dicit, quæ in cœlo est. Est enim misericordia Domini et in terra. Habes scriptum, « Misericordia Domini plena est terra (*Psal.* XXXII, 5). » De qua ergo misericordia loquitur, cum dicit, « Domine in cœlo misericordia tua? Munera Dei partim tem-

---

(a) Sic aliquod MSS. At editi, *et vincat hostem adjutus ab adjuvante.*

Quels sont les dons abondamment répandus sur tous? « Dieu fait lever son soleil sur les bons et sur les méchants, et il fait tomber sa pluie sur les justes et sur les injustes (*Matth.* v, 45). » Qui n'a reçu ces bienfaits de la miséricorde divine, d'abord d'exister, d'être distinct des bêtes, d'être un animal raisonnable, capable de connaître Dieu; ensuite de jouir de la lumière, de l'air, de la pluie, des fruits, de la variété des saisons, des agréments de la terre, de la santé du corps, de l'affection de ses amis, et de la conservation de sa famille? Toutes ces choses sont des biens, et elles sont des présents de Dieu. Ne croyez pas, mes frères, qu'un autre que Dieu puisse les donner. Il y a donc une grande différence entre ceux qui ne les attendent que de Dieu et ceux qui les demandent aux démons, ou aux sorciers, ou aux astrologues. Ceux-ci, en effet, sont doublement misérables, et parce qu'ils ne désirent que les biens terrestres, et parce qu'ils ne les demandent pas à celui qui donne tous les biens. Ceux qui désirent ces biens, qui veulent y trouver leur bonheur, et qui ne les demandent qu'à Dieu, sont meilleurs que les autres, en ce qu'ils s'adressent à Dieu, mais ils sont encore en danger. Quelqu'un dira : Pourquoi sont-ils en danger? C'est que parfois en considérant les choses humaines, ils voient tous ces biens terrestres qu'ils désirent, tomber abondamment dans les mains des impies et des injustes; ils peuvent croire alors qu'ils ont perdu la récompense du culte qu'ils rendent à Dieu, soit parce qu'ils n'ont eux-mêmes que ce que les méchants ont également, bien qu'ils honorent Dieu et que les méchants ne l'honorent pas, soit parce qu'ils n'ont même pas ces biens, quoiqu'ils adorent Dieu, tandis que des hommes qui le blasphèment les possèdent. Ils sont donc encore en danger.

8. Mais le prophète a bien compris quelle miséricorde il voulait demander à Dieu.« Seigneur, votre miséricorde est dans le ciel et votre vérité arrive jusqu'aux nuées: » c'est-à-dire : La miséricorde particulière que vous donnez à vos saints est céleste, et non point terrestre ; elle est éternelle, et non point temporelle. Et comment avez-vous pu l'annoncer aux hommes? Parce que « votre vérité arrive jusqu'aux nuées. » Qui pourrait, en effet, connaître la miséricorde céleste de Dieu, si Dieu ne l'annonçait aux hommes? Comment l'a-t-il annoncée? En faisant arriver sa vérité jusqu'aux nuées. Qu'est-ce que les nuées? Ceux qui prêchent la parole de Dieu. En effet, dans l'Écriture, nous voyons Dieu irrité contre une certaine vigne. Je pense que Votre Charité me comprend et qu'elle se souvient

---

poralia sunt atque terrena, partim æterna et cœlestia : qui propter hoc colit Deum, ut terrena ista atque temporalia accipiat, quæ omnibus præsto sunt, quasi adhuc ut pecus est, utitur quidem misericordia Dei sed non illa (*a*) quæ excepta est, quæ non dabitur nisi solis justis, sanctis, bonis. Quæ sunt munera quæ omnibus abundant ? « Qui solem suum oriri facit super bonos et malos, et pluit super justos et injustos (*Matth.* x, 45). » Quis non habet istam misericordiam Dei, primo ut (*b*) sit, ut discernatur a pecoribus, ut rationale sit animal, qui possit Deum intelligere, deinde frui ista luce, isto aere, pluvia, fructibus, diversitate temporum, solatiis terrenis, salute corporis, affectu amicorum, salute domus suæ? Omnia ista bona sunt, et Dei munera sunt. Ne putetis Fratres, quod aliquis illa poterit dare, nisi unus Deus, Quicumque ergo non exspectant ista, nisi a Domino, multum interest inter hos et eos qui illa quærunt aut a dæmonibus, aut a sortilegis, aut a mathematicis. Isti enim duobus modis miseri sunt, quia et terrena sola bona desiderant, et non ab eo petunt qui dat omnia bona. Qui vero ista bona desiderant, et in his bonis felices esse volunt, et ista sola petunt a Deo, hoc quidem meliores sunt, quia a Deo petunt ; sed adhuc periclitantur. Dicit aliquis, Quare periclitantur ? Aliquando enim considerant res humanas, et vident ista omnia bona terrena, quæ desiderant, habere atque abundare impios et iniquos, et putant quia perdiderunt mercedem colendi Deum quia id quod mali habent (*c*), et ipsi habent, cum ipsi colunt Deum, quem non colunt illi ; aut aliquando illi qui colunt non habent, et illi habent qui blasphemant : ergo in periculo sunt adhuc.

8. Hic autem vere intellexit quam misericordiam deprecetur a Deo, « Domine, in cœlo misericordia tua, et veritas tua usque ad nubes : » id est, misericordia quædam quam donas sanctis tuis, cœlestis est, non terrena ; æterna est, temporalis non est. Et quomodo illam potuisti annuntiare hominibus ? Quia « veritas tua usque ab nubes. » Nam quis

---

(*a*) Editi, *quam expectaturus est.* MSS. autem magno consensu, *excepta est.* (*b*) Ita in MSS. At in editis, *primo ut sic discernatur.* (*c*) Editi, *aut ipsi non habent.* At vero MSS. absque negatione, *et ipsi habent.*

de ces paroles du prophète Isaïe sur une certaine vigne : « J'espérais qu'elle donnerait des raisins, mais elle n'a produit que des épines (*Is.* v, 4). » Et de peur qu'on ne pensât qu'il parlait d'une vigne ordinaire, il a terminé ainsi : « Or, la maison d'Israël est la vigne du Seigneur des armées; et les hommes de Juda sont le plant qu'il chérit. » Il gourmande donc sa vigne, dont il attendait des raisins, et qui n'a produit que des épines. Et que dit-il? « J'ordonnerai à mes nuées de ne pas pleuvoir sur elle. » C'est Dieu qui, dans sa colère, prononce ces paroles : « J'ordonnerai à mes nuées de ne pas pleuvoir sur elle. » Et véritablement cela s'est accompli. En effet, les apôtres ont été envoyés pour prêcher la parole de Dieu. Or, nous voyons dans les Actes des Apôtres, que l'Apôtre saint Paul voulut prêcher l'Évangile aux Juifs, et qu'il trouva en eux, non des raisins, mais des épines ; car ils commencèrent à lui rendre le mal pour le bien et à le persécuter. Alors, comme pour accomplir cette prédiction : « J'ordonnerai à mes nuées de ne pas pleuvoir sur elle, » il dit aux Juifs : « Nous étions envoyés vers vous ; mais, parce que vous repoussez avec mépris la parole de Dieu, voici que nous nous tournons vers les Gentils (*Act.* xiii, 46). » Cette prédiction s'est donc accomplie : « J'ordonnerai à mes nuées de ne pas pleuvoir sur elle. » La vérité est arrivée jusqu'aux nuées : c'est pourquoi nous avons pu recevoir l'annonce de la miséricorde divine qui est dans le ciel et non sur la terre. Et, mes frères, les prédicateurs de la parole de vérité sont véritablement des nuées. Lorsque Dieu menace par la voix des prédicateurs, il tonne par ses nuées; lorsque Dieu fait des miracles par ses prédicateurs, il lance des éclairs par ses nuées, il effraie les hommes par ses nuées et les arrose de sa pluie. Les prédicateurs qui annoncent l'Évangile de Dieu sont donc les nuées de Dieu. Espérons donc sa miséricorde, mais celle qui est dans le ciel.

9. « *Votre justice est comme les montagnes de Dieu ; vos jugements sont comme un abîme profond*(*Ps.*xxxv,7).»Quelles sont les montagnes de Dieu? Ceux que nous avons nommés les nuées de Dieu sont aussi les montagnes de Dieu; les grands prédicateurs sont les montagnes de Dieu. Et comme le soleil, lorsqu'il se lève, revêt d'abord les montagnes de sa lumière, laquelle descend de là jusqu'aux plus basses parties de la terre; ainsi lorsque Notre-Seigneur Jésus-Christ est venu, il a d'abord jeté ses rayons sur les cimes élevées des Apôtres, il a d'abord éclairé les montagnes, et sa lumière est ainsi descendue jusque dans les derniers replis des vallons de la terre. C'est pourquoi le prophète a dit dans un autre psaume : « J'ai levé les yeux sur les mon-

---

posset nosse cœlestem misericordiam Dei, nisi annuntiaret Deus hominibus? Quomodo illam annuntiavit? Mittendo veritatem suam usque ad nubes. Quæ sunt nubes? Prædicatores verbi Dei. Unde quodam loco Deus iratus est cuidam vineæ. Intelligit enim, quantum puto, Caritas Vestra, audivit Isaiam prophetam, ubi dicit de quadam vinea, « Exspectavi ut faceret uvam, fecit autem spinas (*Is.*v,4).» Et ne quis putaret de vinea ista visibili dicere, sic conclusit, « Vinea autem Domini Sabaoth, domus Israel est ; et homo Juda, novellum dilectum (*Ibid*). Ergo ipsam vineam increpabat, quam expectavit ut faceret uvam, fecit autem spinas. Et quid ait? « Mandabo nubibus meis ne pluant super eam.» Iratus Deus hoc dixit, « Mandabo nubibus meis ne pluant super eam : et vere factum est(*Ibid.*) » Missi sunt enim prædicatores Apostoli. Sic habemus in Actibus Apostolorum, quia apostolus Paulus volebat prædicare Judæis, et invenit ibi non uvam, sed spinas. Cœperunt enim pro bonis mala reddere, et persequi. Et ait, tamquam implens quod dictum est,« Mandabo nubibus meis ne pluant super eam, » « Ad vos missi eramus, sed quia respuistis verbum Dei, ecce convertimur ad Gentes (*Act.* xiii, 46). » Ergo impletum est, Mandabo nubibus meis ne pluant super eam. Usque ad nubes veritas venit : ideo nobis potuit nuntiari misericordia Dei quæ in cœlo est, et non in terra. Et re vera Fratres, nubes sunt prædicatores verbi veritatis. Quando minatur per prædicatores Deus, tonat per nubes. Quando miracula facit per prædicatores Deus, coruscat per nubes, terret per nubes, et irrigat per pluviam. Prædicatores (*a*) ergo isti, per quos prædicatur Evangelium Dei, nubes Dei sunt. Speremus ergo misericordiam, sed illam quæ in cœlo est.

9. « Justitia tua sicut montes Dei ; judicia tua sicut abyssus multa(*Ps.*xxxv,7).» Qui sunt montes Dei? Qui dicti sunt nubes, ipsi sunt et montes Dei : magni prædicatores, montes Dei. Et quomodo quando oritur sol, prius luce montes vestit, et inde lux ad humillima terrarum descendit : sic quando venit Dominus

---

(*a*) MSS. nullo fere excepto, *Carnes ergo isti per quos,* etc.

tagnes d'où me viendra le secours (*Ps.* cxx, 1). » Mais gardez-vous de croire que les montagnes elles-mêmes doivent vous porter secours. Elles ont reçu pour donner, elles ne donnent rien d'elles-mêmes. Si vous vous en tenez aux montagnes, votre espérance ne sera pas solide ; votre espérance et votre appui doivent être en celui qui éclaire les montagnes. Toutefois, le secours que vous recevrez vous viendra des montagnes, parce que les Écritures vous sont communiquées par les montagnes, ou par les grands prédicateurs de la vérité : cependant, je le dis de nouveau, ne mettez point en eux votre espérance. Écoutez, en effet, ce que dit ensuite le prophète: « J'ai levé les yeux vers les montagnes, d'où me vient le secours. » Quoi donc ? les montagnes vous donnent-elles elles-mêmes ce secours? Non, écoutez la suite : « Le secours me vient du Seigneur qui a fait le ciel et la terre. » Le secours vient par l'intermédiaire des montagnes, mais non des montagnes mêmes. Et de qui vient-il ? « Du Seigneur qui a fait le ciel et la terre (*Ibid.*2). » Il s'est trouvé d'autres montagnes qui ont causé le naufrage de tous ceux qui ont voulu conduire dans leurs parages le navire qu'ils montaient. En effet, les hérésiarques ont émergé tout à coup au-dessus des eaux, et sont devenus des montagnes. Arius était une montagne, Donatus était une montagne ; récemment encore Maximianus (1) est devenu comme une montagne. Un grand nombre d'homme fixant leurs regards sur ces montagnes, et désirant prendre terre, ont été précipités sur des rochers au moment où ils voulaient échapper aux flots, et ils ont fait naufrage contre terre. Il ne se laissait pas séduire par l'aspect de ces montagnes, celui qui disait : « Je mets ma confiance dans le Seigneur ; comment dites-vous à mon âme : Passez sur les montagnes comme un passereau (*Ps.* x, 30) ? » Je ne veux pas mettre mon espérance dans Arius ; je ne veux pas la mettre dans Donatus : « Le secours me vient de Dieu qui a fait le ciel et la terre. » Apprenez ce que vous devez attendre de Dieu et ce que vous devez accorder aux hommes, d'après ces paroles : « Maudit est celui qui met son espérance dans un homme (*Jérém.* xvii, 5). » L'apôtre saint Paul, rempli d'un zèle sincère, mais du zèle le plus modeste et le plus humble envers l'Église, pour l'intérêt de l'Époux et non pour son intérêt propre, et ayant horreur de ceux qui voulaient dire : « Je suis à Paul, je suis à Apollon (I *Cor.* iii, 4), » mit en avant de préférence sa propre personne, pour la fouler aux pieds et la mépriser, afin que le Christ fût glorifié. « Est-ce que Paul, demandait-il, a été

noster Jesus-Christus, prius radiavit in altitudinem Apostolorum, prius illustravit montes, et sic descendit lux ejus ad convallem terrarum. Et ideo quodam loco dicit in Psalmo, « Levavi oculos meos in montes unde veniet auxilium mihi (*Psal.* cxx, 1). » Sed noli putare, quia ipsi montes tibi dabunt auxilium. Accipiunt enim quod dent, non de suo dant. Et si remanseris in montibus non erit firma spes tua : sed in illo qui illuminat montes spes tua et præsumtio tua debet esse. Auxilium autem veniet tibi de montibus, quia Scripturæ per montes tibi ministratæ sunt, per magnos prædicatores veritatis : sed noli in illis figere spem tuam. Audi quid dicat consequenter : « Levavi oculos meos in montes, unde veniet auxilium mihi. » Quid ergo ? Montes tibi dant auxilium ? Non : audi sequentia : « Auxilium meum a Domino, qui fecit cœlum et terram (*Ibid.*). » De montibus venit auxilium, sed non a montibus. Et a quo ? A Domino qui fecit cœlum et terram. Erant montes alii, per quos unusquisque cum duceret navim, naufragium faceret. Emerserunt enim principes hæresum, et montes erant. Arius mons erat, Donatus mons erat (*a*) Maximianus modo quasi mons factus est. Multi in istos montes adtendentes, et terram desiderantes, cum fluctibus voluut liberari, ad saxa compulsi sunt, et naufragium in terra fecerunt. A talibus montibus non seducebatur ille qui ait, « In Domino confido, quomodo dicitis animæ meæ, transmigra in montes sicut passer (*Psal.* x,2) ? » Nolo sit spes mea in Ario, nolo in Donato : « Auxilium meum a Domino, qui fecit cælum et terram. » Discite quantum præsumatis de Deo, et quantum tribuatis hominibus : quia, « Maledictus omnis qui spem suam ponit in homine (*Jerem* xvii, 5). » Modestissime et humiliter sanctus apostolus Paulus zelans vere Ecclesiam, sed sponso, non sibi ; et horrens illos quando voluerunt dicere,

---

(1) Diacre schismatique du parti de Donatus, qui par opposition à Priminianus fut fait évêque de Carthage, et devint le chef des Maximianistes. Voy. Disc. 2e sur le Ps. xxxvi.

(*a*) Editi, *Maximinianus*. MSS. Regius et Vaticanus, *Maximus*. Sed melius alii quindecim MSS. *Maximianus*.

crucifié pour vous? Ou bien, est-ce que vous avez été baptisés au nom de Paul (*Ibid.*)? » Il repousse les chrétiens de sa personne, mais pour les envoyer au Christ. Il ne veut pas que l'ami de l'époux soit aimé de l'épouse, au lieu de l'époux; car les Apôtres étaient les amis de l'époux. Et l'humble Jean-Baptiste, que l'on croyait être le Christ, était plein de zèle aussi pour cet époux. C'est pourquoi il disait : « Je ne suis pas le Christ, mais celui qui vient après moi est plus grand que moi, et je ne suis pas digne de dénouer les cordons de sa chaussure (*Jean* III, 28). » Par cette admirable humilité, il montra bien qu'il n'était pas l'époux, mais qu'il était véritablement l'ami de l'époux; et c'est pourquoi il dit : « Celui qui possède l'épouse est vraiment l'époux; mais l'ami de l'époux, qui se tient devant lui et l'écoute, est comblé de joie lorsqu'il entend la voix de l'époux (*Jean* III, 29). » Et si celui qui porte le nom de montagne est l'ami de l'époux, la montagne n'a cependant pas de lumière qui lui soit propre; mais il écoute, et la voix de l'époux le comble de joie. « Pour nous, dit le même Jean-Baptiste, nous avons reçu de sa plénitude. » De la plénitude de qui ? De la plénitude de celui qui est « la vraie lumière qui éclaire tout homme venant en ce monde (*Jean* I, 16). » C'était donc pour l'intérêt de l'époux que Paul, plein de zèle envers l'É-glise, disait : « Que tout homme reconnaisse en nous les ministres du Christ et les dispensateurs des mystères de Dieu (I *Cor.* IV, 1); » ce qui revient à dire : « J'ai levé les yeux vers les montagnes d'où me viendra le secours. » « Que tout homme reconnaisse en nous les ministres du Christ et les dispensateurs des mystères de Dieu. » Mais, de peur que votre espérance ne se porte de nouveau sur les montagnes et non en Dieu seul, écoutez ce que dit encore l'Apôtre : « J'ai planté, Apollon a arrosé, mais c'est Dieu qui a donné la croissance (I *Cor.* III, 7). » Et encore : « Ni celui qui plante, ni celui qui arrose n'est quelque chose; mais celui qui donne la croissance, Dieu (*Ibid.* 6). » Si donc vous avez déjà dit : « J'ai levé les yeux sur les montagnes d'où me viendra le secours, » comme « ni celui qui plante, ni celui qui arrose n'est quelque chose; » dites maintenant : « Mon secours me vient du Seigneur qui a fait le ciel et la terre, » et encore : « Votre justice est comme les montagnes de Dieu, » c'est-à-dire, les montagnes sont remplies de votre justice.

10. « Vos jugements sont comme un abîme profond (*Ps.* XXXV, 7). » Le prophète donne le nom d'abîme à la profondeur du péché, où l'on arrive en méprisant Dieu, comme l'a dit l'Apôtre : « Dieu les a livrés aux convoitises de leurs cœurs, de sorte qu'ils ont fait des actions désordonnées (*Rom.* I,

24). » Que Votre Charité me prête attention. La chose est importante, il s'agit d'une chose importante. Que veut dire : « Dieu les a livrés aux convoitises de leurs cœurs, de sorte qu'ils ont fait des actions désordonnées ? » Si Dieu les a livrés aux convoitises de leurs cœurs et à leurs actions désordonnées, n'est-ce point là la cause de tout le mal qu'ils font ? Cette question est la même que celle-ci : Si c'est Dieu qui fait qu'ils commettent des actions désordonnées, pour eux, que font-ils donc ? Il y a un sens caché dans ces paroles : « Dieu les a livrés aux convoitises de leurs cœurs; » c'est à leurs convoitises, qu'ils n'ont pas voulu vaincre, qu'ils ont été livrés par le jugement de Dieu. Mais pour comprendre qu'ils méritaient d'y être livrés, voyez ce que l'Apôtre avait dit d'eux précédemment : « Ayant connu Dieu, ils ne l'ont pas glorifié comme Dieu, ou ne lui ont pas rendu d'actions de grâces; mais ils se sont égarés dans leurs vaines pensées, et leur cœur insensé a été couvert de ténèbres. » D'où cela est-il venu ? De leur orgueil. « Car, en disant qu'ils étaient sages, ils sont devenus insensés. » C'est alors qu'il est dit : « Dieu les a livrés aux convoitises de leurs cœurs. » Donc, parce qu'ils étaient devenus orgueilleux et ingrats, ils ont été jugés dignes d'être livrés aux convoitises de leurs cœurs, et ils sont devenus comme un abîme profond, non-seulement en commettant le péché, mais en agissant de mauvaise foi, afin de ne pas connaître leur iniquité et de ne point la haïr. La profondeur de la malice est de ne vouloir ni connaître son iniquité, ni la prendre en haine. Mais voyez comment chacun d'eux en est arrivé à cette profondeur d'iniquité : « Les jugements de Dieu sont comme un abîme profond. » De même que les montagnes de Dieu s'élèvent par sa grâce, et deviennent comme sa justice; ainsi ceux qui se plongent dans les derniers excès du mal, deviennent, par ses jugements, comme un abîme sans fond. Que la justice de Dieu rende les montagnes belles à vos yeux, qu'elle vous détourne de l'abîme, et vous amène à dire avec le prophète : « Mon secours vient du Seigneur. » Mais pourquoi ? « Parce que j'ai levé les yeux vers les montagnes. » Qu'est-ce que cela signifie ? Je vous le dirai à bouche ouverte. Dans l'église du Christ vous trouvez l'abîme; vous y trouvez aussi les montagnes; vous y trouvez peu de bons, parce que les montagnes sont en petit nombre, tandis que l'abîme est large, c'est-à-dire qu'il y a un grand nombre de chrétiens qui vivent mal, frappés qu'ils sont par la colère de Dieu, parce qu'ils ont agi de telle sorte qu'ils ont été livrés aux convoitises de leurs cœurs; aussi maintenant cherchent-ils à défendre leurs

Abyssum dicit profunditatem peccatorum, quo quisque pervenit contemnendo Deum : sicut quodam loco dicit, «Dedit illos Deus in concupiscentias cordis eorum, facere quæ non conveniunt (*Rom.* I, 24). » Intendat Caritas Vestra. Magna res est, magna res agitur. Quid est hoc? « Dedit illos Deus in concupiscentias cordis eorum, facere quæ non conveniunt. » Ergo si Deus illos dedit in concupiscentias cordis eorum, facere quæ non conveniunt, ideo faciunt tanta illa mala? Quasi aliquis proponat quæstionem : Si Deus hoc facit, ut faciant quæ non conveniunt, quid ipsi fecerunt ? Occultum est quod audisti : « Dedit illos Deus in concupiscentias cordis eorum. » Ergo fuit concupiscentia, quam vincere noluerunt (*a*), cui traderentur judicio Dei. Sed ut digni haberentur qui traderentur, vide quid de illis superius dixit : « Qui cum cognovissent Deum, non ut Deum glorificaverunt, aut gratias egerunt : sed evanuerunt in cogitationibus suis, et obscuratum est insipiens cor eorum. » Unde ? De superbia. « Dicentes enim se esse sapientes, stulti facti sunt (*Ibid.*). » Inde jam sequitur, « Tradidit illos Deus in concupiscentias cordis eorum. » Quia ergo fuerunt superbi et ingrati, digni habiti sunt qui traderentur in concupiscentias cordis sui, et facti sunt abyssus multa, ut non solum peccarent, sed etiam dolose agerent, ne intelligerent iniquitatem suam, et odissent. Ista profunditas est malitiæ, ut nollent invenire et odisse. Sed ad istam profunditatem quomodo quisque pervenit (*b*), vide : « Judicia Dei abyssus multa. » Sicut montes Dei justitia ejus, qui per gratiam ipsius fiunt magni : sic et per judicia ipsius fiunt in profundo, qui merguntur in ultima. Hac ergo delectent te montes, hac avertere ab abysso, et convertere ad id quod dicitur « Auxilium meum à Domino. » Sed unde ? Quia « levavi oculos meos in montes. » Quid est hoc? Latine dicam: In ecclesia Christi invenis abyssum, invenis et montes; invenis ibi pauciores bonos, quia montes pauci sunt, abyssus lata est, (*c*) id est, multos male viventes ab ira Dei, quia sic egerunt ut traderentur in concupiscentias cordis sui, ut jam defen-

---

(*a*) Editio Er, *quam vincere noluerunt, non cui traderentur judicio Dei; sed qua digni haberentur, qui traderentur in concupiscentias reliquas. Vide quid,* etc. Refragantur Lov. et nostri MSS. (*b*) Plerique MSS. *quomodo quisque pervenit? Unde? Judicia Dei,* etc. Et postea nonnulli prosequuntur, *Sicut montes Dei; qui per gratiam ipsius fiunt magni, per judicia ipsius fiunt in profundo, quia merguntur in ultima.* (*c*) Forte, *ibi*.

péchés au lieu de les confesser. Ils disent : Pourquoi me condamnez-vous ? Qu'ai-je fait ? Et celui-ci fait bien telle chose, et celui-là fait bien telle autre chose. Et même, ils veulent excuser ce que blâme la parole de Dieu : voilà l'abîme. Écoutez encore une parole de l'Écriture, c'est de l'abîme qu'elle parle : « Le pécheur, lorsqu'il est tombé dans toute la profondeur du mal, méprise (*Prov.* XVIII, 3).» Voilà le sens de ces mots : « Votre justice est comme un abîme profond. » Mais vous n'êtes pas encore une montagne, vous n'êtes pas encore l'abîme : fuyez l'abîme, fixez les montagnes du regard, mais ne vous en tenez pas aux montagnes. En effet, votre secours vient du Seigneur qui a fait le ciel et la terre.

11. « Seigneur, vous sauvez les hommes et les bêtes, selon la multipicité de votre infinie miséricorde, ô mon Dieu (*Ps.* XXXV, 8). » Après avoir dit : « Votre miséricorde est dans le ciel, » le prophète veut vous apprendre qu'elle est aussi sur la terre, et il dit : « Seigneur, vous sauverez les hommes et les bêtes, selon la multiplicité de votre infinie miséricorde, ô mon Dieu.»Votre miséricorde est grande,ô mon Dieu! votre miséricorde est multiple et vous la donnez aux hommes et aux bêtes. D'où vient, en effet, le salut des hommes ? De Dieu. Est-ce que le salut des bêtes ne vient pas aussi de Dieu? Celui qui a fait les hommes a également fait les bêtes; celui qui a fait les uns et les autres, sauve les uns et les autres ; mais le salut des bêtes est temporel. Et cependant, il y en a qui demandent à Dieu, comme une chose d'un grand prix, ce qu'il a donné aux bêtes. «Votre infinie miséricorde est multiple, ô mon Dieu!» De sorte que vous ne donnez pas seulement aux hommes, mais aux bêtes, le salut temporel et charnel que vous donnez aux hommes.

12. Mais quoi ? Les hommes n'ont-ils donc reçu de Dieu aucun don particulier que les bêtes ne puissent mériter, et auquel elles ne puissent atteindre ? Il en est un assurément. Et où est-il ce don? « Mais les fils des hommes espéreront sous l'abri de vos ailes. Que Votre Charité veuille bien remarquer cette parole si pleine de douceur : « vous sauverez les hommes et les bêtes. » Le prophète a déjà dit : les hommes et les bêtes, mais il dit ensuite : « les fils des hommes,» comme si les hommes étaient différents des fils des hommes. Tantôt dans les Écritures les fils des hommes signifient en général les hommes; tantôt ces mots sont employés au propre, en quelque sorte, et dans un sens particulier, pour faire comprendre qu'ils ne désignent point alors tous les hommes. Ceci a lieu surtout quand les deux expressions sont mises en face l'une de l'autre. Or ici ce n'est pas sans raison que le prophète dit d'abord que Dieu sauve les hommes et les bêtes, et ensuite, mettant à part les fils des hommes, que Dieu les garde ainsi séparés. Mais séparés de qui ? Non-seulement des bêtes

---

dant peccata sua, et non confiteantur, sed dicant, Quare ? Quid feci ? Et ille illud fecit ; et ille hoc fecit. Jam etiam defendere volunt quod arguit sermo divinus : abyssus est. Ideo quodam loco ait Scriptura, (audi abyssum,) « Peccator, inquit, cum venerit in profundum malorum, contemnit (*Prov.* XVIII, 3). » Ecce « judicia tua sicut abyssus multa. » Sed nondum es mons, nondum es abyssus : fuge abyssum, adtende in montes, sed nec remaneas in montibus. Auxilium enim tuum a Domino, qui fecit cœlum et terram.

11. « Homines et jumenta salvos facies Domine, sicut multiplicata est misericordia tua Deus (*Ps.* XXXV, 8). » Quia dixit, Misericordia tua in cœlo ; ut et in terra esse sciatur, ait, «Homines et jumenta salvos facies Domine, sicut multiplicata est misericordia tua Deus. » Magna est misericordia tua, et multiplex misericordia tua Deus : et hanc das et hominibus et jumentis. Salus enim hominum a quo ? A Deo. Numquid salus jumentorum a Deo non est ? Qui enim fecit hominem, ipse fecit et jumenta ; qui utrumque fecit, utrumque salvat : sed salus jumentorum temporalis est. Sunt autem qui pro magno hoc petunt a Deo quod dedit jumentis. « Multiplicata est misericordia tua Deus, » ut non solum hominibus sed et jumentis detur, quæ datur hominibus, ista carnalis et temporalis salus.

12. Ergo homines non habent aliquid apud Deum exceptum, quod jumenta non mereantur, et quo jumenta non perveniant ? Habent plane. Et ubi est quod habent? «Filii autem hominum sub tegmine alarum tuarum sperabunt. » Adtendat Caritas Vestra dulcissimam sententiam, « Homines et jumenta salvos facies. » Jam dixit« homines et jumenta,» deinde autem « filii hominum ; » quasi alii sint homines, alii autem filii hominum. Aliquando in Scripturis filii hominum dicuntur generaliter homines, aliquando proprie quodam modo dicuntur filii homi-

mais encore des hommes, qui ne demandent à Dieu que le salut qu'il donne aux bêtes, et qui le désirent comme une chose d'un grand prix. Quels sont donc les fils des hommes ? Ceux qui espèrent sous l'abri des ailes du Seigneur. En effet les hommes se réjouissent avec les bêtes de ce qu'ils possèdent; mais les enfants des hommes se réjouissent de ce qu'ils espèrent ; les hommes veulent partager avec les bêtes les biens présents, et les fils des hommes espèrent partager avec les anges les biens futurs. Pourquoi donc cette différence de noms, et pourquoi les uns sont-ils appelés les hommes, et les autres les fils des hommes? C'est que l'Écriture a dit dans un psaume : « Qu'est-ce que l'homme, pour que vous vous souveniez de lui, ou le fils de l'homme, pour que vous le visitiez (*Ps.* VIII, 5) ? » Qu'est-ce que l'homme, pour que vous vous souveniez de lui ? Vous vous souvenez de lui, comme d'un absent ; mais vous visitez le fils de l'homme parce qu'il est présent. Que veut dire : vous vous souvenez de l'homme? Cela veut dire : Vous sauverez, Seigneur, les hommes et les bêtes, parce que vous donnez le salut temporel, même aux méchants, et à ceux qui ne désirent pas le royaume des cieux. En effet, Dieu ne les abandonne pas et il les protège, dans la proportion de leurs désirs, comme des troupeaux qui lui appartiennent : il ne les abandonne pas, cependant il ne se souvient d'eux que comme on se souvient de personnes absentes. Mais celui qu'il visite est le fils de l'homme, et le prophète dit ici : les fils des hommes espèreront sous l'abri de vos ailes. Et si vous voulez distinguer entre ces deux sortes d'hommes, commencez par examiner deux hommes : Adam et le Christ. Écoutez ce que dit l'Apôtre : « De même que tous meurent en Adam, de même aussi tous seront vivifiés dans le Christ (1 *Cor.* xv, 22). » Nous naissons d'Adam, pour mourir, nous ressuscitons par le Christ, pour vivre éternellement. Tant que nous portons en nous l'image de l'homme terrestre, nous sommes des hommes ; mais lorsque nous portons en nous l'image de l'homme céleste, nous sommes des fils des hommes, parce que le Christ est appelé le Fils de l'homme. En effet, Adam était un homme, mais il n'était pas le fils d'un homme. Ceux-là donc appartiennent à Adam, qui désirent les biens charnels et le salut temporel. Nous les exhortons à devenir des fils des hommes, afin qu'ils espèrent sous l'abri des ailes de Dieu, et qu'ils désirent la miséricorde qui est dans le ciel et qui a été annoncée par les nuées. Mais s'ils ne le peuvent encore, que du moins, en attendant, ils ne désirent recevoir les biens temporels que

num, propria quadam significatione, ut non omnes homines intelligantur : maxime quando habet distinctionem. Non enim sine caussa ibi positum est, « Homines et jumenta salvos facies Domine: filii autem hominum : » quasi his sequestratis, custodit sejunctos filios hominum. Sejunctos a quibus ? Non solum a jumentis, sed ab hominibus, qui salutem jumentorum quærunt a Deo, et pro magno hoc desiderant. Qui sunt ergo filii hominum? Qui sub tegmine alarum ejus sperant. Illi enim homines cum jumentis gaudent in re, filii autem hominum gaudent in spe : illi præsentia bona sectantur cum jumentis, isti futura bona sperant cum Angelis. Quare ergo cum distinctione illi vocantur homines, et isti vocantur filii hominum ? Nam et quodam loco sic ait Scriptura, « Quid est homo quod memor es ejus, aut filius hominis quoniam visitas eum (*Psal.* VIII, 5) ? Quid est homo quod memor es ejus? Memor ejus es, quasi absentis ; filium autem hominis visitas præsentem. Quid est, memor es hominis ? « Homines et jumenta salvos facies Domine : » quia et ipsis malis das salutem, et ipsis qui non desiderant regnum cœlorum. Tuetur enim illos, et non illos deserit secundum modum suum, tamquam pecora sua : et non illos deserit ; tamen tamquam absentium memor est. At vero quem visitat, filius hominis est ; et dicitur ei, « Filii autem hominum sub tegmine alarum tuarum sperabunt. » Et si vultis discernere ista duo genera hominum, duos homines primo attendite, Adam et Christum. Audi Apostolum : « Sicut enim in Adam omnes moriuntur, sic et in Christo omnes vivificabuntur (1 *Cor.* xv, 22). » Nascimur de Adam, ut moriamur (*a*) : resurgimus per Christum, ut semper vivamus. Quando portamus imaginem terreni hominis, homines sumus : quando portamus imaginem cœlestis hominis, filii hominum sumus ; quia « Christus filius hominis dictus est (*Matth.* VIII, 20 etc.) » Etenim Adam homo erat, sed filius hominis non erat: ideo illi pertinent ad Adam qui desiderant carnalia bona, et salutem istam temporalem. Hortamur illos ut filii sint hominum, qui sub tegmine alarum ejus sperant, et misericor-

(*a*) Sic MSS. At editi, *resurgemus.*

de Dieu seul, et qu'ainsi, ils servent sous l'ancien Testament, pour arriver ensuite au Nouveau.

13. En effet, le peuple Juif désirait ces biens terrestres, et la royauté de Jérusalem, et la soumission de ses ennemis, l'abondance des fruits de la terre, son propre salut et le salut de ses enfants. C'était-là ce qu'ils désiraient et ce qu'ils recevaient. Dieu les gardait à l'abri de la loi. Ils désiraient obtenir de Dieu les biens qu'il donne même aux bêtes, parce que le Fils de l'homme n'était pas encore venu à eux, pour en faire des fils des hommes. Cependant, il y avait déjà parmi eux des nuées qui annonçaient le Fils de l'homme. Des prophètes venaient à eux et leur annonçaient le Christ. Il y en avait quelques-uns qui comprenaient, et qui espéraient les biens éternels, de sorte qu'ils obtenaient la miséricorde qui est dans le ciel; et il y en avait qui bornaient leurs désirs aux choses de la chair et à la félicité terrestre et temporelle. Leurs genoux fléchissaient et, dans leur faiblesse, ils faisaient des idoles ou en adoraient. Quand Dieu les avertissait et les châtiait dans ces mêmes choses qui faisaient leurs délices, il les leur enlevait et ils souffraient la famine, les guerres, les pestes et les maladies : nouveaux motifs pour eux de recourir à leurs idoles. Ils demandaient aux idoles ces biens qu'ils devaient du moins demander à Dieu, puisqu'ils y attachaient tant de prix, et ils abandonnaient Dieu. Ils remarquaient, en effet, que ces biens qu'ils cherchaient, les méchants et les scélérats les avaient en abondance, et ils croyaient adorer inutilement le Dieu qui ne leur donnait pas cette récompense terrestre. O homme! tu es l'ouvrier de Dieu, plus tard viendra le temps de recevoir ton salaire; pourquoi le réclames-tu avant d'avoir travaillé? Quand tu prends chez toi un ouvrier, lui donnes-tu son salaire avant qu'il n'ait terminé sa besogne? Tu regarderais comme un pervers celui qui te dirait : Je veux recevoir d'avance mon salaire et je travaillerai ensuite. Tu te fâches de cette parole. Pourquoi te fâcher? Parce que l'ouvrier n'a point eu confiance dans un homme menteur? Mais alors, comment Dieu ne s'irriterait-il pas, lorsque tu n'as pas confiance en la vérité même? Ce qu'il t'a promis, il te le donnera; il ne trompe pas, parce qu'il est lui-même la vérité qui a promis. Craindrais-tu, par hasard, qu'il n'eût pas ce qu'il doit te donner? Il est tout-puissant. Ne crains pas non plus qu'il vienne à manquer, lorsqu'il devra donner : il est immortel. Ne crains pas qu'un autre lui succède : il est éternel; sois donc en sécurité. Si tu veux que ton ouvrier ait confiance en toi tout un jour, aie confiance en

---

diam illam desiderent, quæ in cœlo est, et quæ annuntiata est per nubes. Sed si non possunt adhuc, interim vel temporalia bona non desiderent, nisi ab uno Deo : sic (a) et in veteri Testamento serviant, ut ad novum perveniant.

13. Nam et populus ille terrena bona desideravit, et regnum Jerusalem, subjectionem inimicorum suorum, abundantiam fructuum, salutem propriam, salutem filiorum suorum. Talia desiderabant, et talia accipiebant (b), sub Lege custodiebantur. Desiderabant a Deo bona, quæ dat et jumentis, quia nondum illos venerat filius hominis, ut essent filii hominum : tamen jam habebant nubes annuntiantes filium hominis. Venerunt ad illos Prophetæ, annuntiaverunt Christum : et erant ibi quidam qui intelligebant, et spem futuram habebant, ut acciperent misericordiam quæ in cœlo est. Erant ibi qui nonnisi carnalia desiderarent et terrenam ac temporalem felicitatem. Ipsi labebantur pedes ad facienda vel adoranda idola. Quando enim illos admonebat, et flagellabat in his omnibus, quibus delectabantur, et auferebat ea, patiebantur famem, bella, pestilentias, morbos, et convertebantur ad idola. Talia bona quæ pro magno a Deo desiderare debebant, ab idolis desiderabant, et dimittebant Deum. Attendebant enim ipsa bona, quæ quærebant, abundare impiis et sceleratis, et putabant se frustra Deum colere, quia non dabat mercedem terrenam. O homo operarius es Dei, postea est tempus mercedem accipiendi : quid jam flagitas mercedem antequam operaris? Si venerit operarius ad domum tuam, numquid dabis mercedem ante, nisi perfecerit opera sua? Nam perversum eum existimabis, si dixerit, Prius accipiam mercedem, et tunc operabor. Irasceris. Quare autem irasceris? Quia non habuit fidem homini mendaci. Quomodo Deus irascitur, cum tu fidem non habeas ipsi veritati? Quod tibi promisit, daturus est : non fallit, quia veritas est qui promisit. Sed times ne forte non habeat quod det? Omnipotens est. Noli timere, ne non sit qui det, immortalis est. Non timeas, ne succedatur ei; perpetuus

---

(a) Aliquot MSS. *sic et veteri Testamento serviant*. Alii, *sic et in veteri Testamento serviantur*. (b) Nostri omnes MSS. omittunt, *sub lege*.

Dieu toute ta vie, parce que toute ta vie n'est qu'un moment aux yeux de Dieu. Et s'il en est ainsi : que deviendras-tu. « Les fils des hommes espèreront sous l'abri de ses ailes. »

14. « Ils seront enivrés de l'abondance qui est dans votre maison (*Ps.* xxxv, 9). » Il nous promet je ne sais quoi de grand. Il veut nous dire ce que c'est et ne le dit pas. Ne le peut-il pas, ou bien ne le comprenons-nous pas ? J'ose le dire, mes frères, les langues et les cœurs des saints eux-mêmes, qui nous ont annoncé la vérité, ne pouvaient ni exprimer ni concevoir ce qu'ils annonçaient. C'est en effet une chose infinie et au-dessus de toute parole ; eux-mêmes n'en ont vu qu'une partie et comme en énigme, selon ce que dit l'Apôtre : « Nous voyons maintenant d'une manière partielle et en énigme; alors nous verrons face à face (1 *Cor.* xiii, 12).» Voilà ce qui jaillissait de la bouche de ceux qui voyaient en énigme. Que serons-nous donc, lorsque nous verrons face à face ce qu'ils concevaient dans leur cœur, et ce que leur langue ne pouvait produire de manière à se faire comprendre des hommes ? Quelle nécessité y avait-il, en effet, à ce que le prophète dit : « Ils seront enivrés de l'abondance qui est dans votre maison?» Il a cherché un mot pour exprimer, au moyen de quelque comparaison avec les choses humaines, ce qu'il voulait dire; et comme il voyait les hommes qui se plongent dans l'ivresse boire du vin sans modération et perdre la raison, il a cru pouvoir exprimer sa pensée par cette image ; parce que, sous l'impression de cette joie ineffable, la raison humaine se perdra en quelque sorte, deviendra divine et sera enivrée de l'abondance qui est dans la maison de Dieu. C'est pourquoi il dit aussi dans un autre psaume : « Combien est admirable votre calice enivrant (*Ps.* xxii, 5) ! » Et les martyrs étaient déjà enivrés de ce calice, lorsqu'allant au supplice ils ne reconnaissaient pas leurs proches. Y a-t-il une plus grande preuve d'ivresse que de ne pas reconnaître une épouse en pleurs, des enfants, des parents ? Ils ne les reconnaissaient pas, et ne croyaient pas les avoir devant les yeux. Ne vous en étonnez pas, ils étaient enivrés. D'où venait cette ivresse? Voyez : ils avaient reçu le calice qui les avait enivrés. C'est en vue de ce calice que le prophète, rendant grâces à Dieu, s'écrie « Que rendrai-je au Seigneur pour tout ce qu'Il m'a donné ? Je recevrai le calice du salut et j'invoquerai le nom du Seigneur (*Ps.* cxv, 12). » Mes frères, soyons donc des fils des hommes, espérons sous l'abri des ailes de Dieu, et soyons enivrés de l'abondance qui est dans sa maison. Je vous ai parlé comme je l'ai pu ; je vois comme je peux et je ne puis dire que comme je vois. Ils seront enivrés de l'abondance qui est dans votre maison et vous les ferez boire

---

est : securus esto. Si vis in te præsumere tota die operarium tuum, crede et tu Deo tota vita tua, quia vita tua momentum temporis est ad Deum (*a*). Et eris, quid ? « Filii autem hominum sub tegmine alarum tuarum sperabunt. »

14. «Inebriabuntur ab ubertate domus tuæ(*Ps.* xxxv, 9).»Nescio quid nobis magnum promittit. Vult illud dicere, et non dicit, non potest (*b*), an nos non capimus? Audeo dicere, Fratres mei, etiam de sanctis linguis et cordibus, per quas nobis veritas nuntiata est, nec dici potest quod annuntiabant nec cogitari. Res enim magna est et ineffabilis : et ipsi ex parte in ænigmate viderunt, sicut dicit Apostolus, « Videmus nunc ex parte in ænigmate, tunc autem facie ad faciem (1 *Cor.* xiii, 12).» Ecce in ænigmate videntes sic eructuabant. Quales erimus cum viderimus facie ad faciem, quod ipsi parturiebant corde, et lingua parere non poterant quod caperent homines? Quæ enim necessitas fuerat ut diceret, « Inebriabuntur, ab ubertate domus tuæ?» Quæsivit verbum unde loqueretur de rebus humanis, quod diceret : et quia vidit homines ingurgitantes se in ebrietate, accipere autem vinum immoderate, et mentem perdere ; vidit quid diceret, quia cum accepta fuerit illa ineffabilis lætitia, perit quodammodo humana mens, et fit divina, et inebriatur ab ubertate domus Dei. Unde et in alio Psalmo dicitur, « Calix tuus inebrians quam præclarus est (*Psal.* xxii, 5) ! » Hoc jam calice inebriati erant Martyres, quando ad passionem euntes, suos non agnoscebant. Quid tam ebrium, quam non agnoscere uxorem flentem, non filios, non parentes ? Non agnoscebant, non eos ante oculos esse arbitrabantur, Nolite mirari, ebrii erant. Unde ebrii erant ? Videte : acceperunt calicem unde inebriarentur. Unde et ille gratias Deo agit, dicens, « Quid retribuam Domino pro omnibus quæ retribuit mihi ? Calicem salutaris accipiam, et nomen Domini invocabo (*Psal.* cxv 12).» Ergo Fratres, simus

---

(*a*) Duo MSS. *Ad deum sit spes tua. Et eris filius hominis. Filii autem hominum etc.* (*b*) Editi, *Non potest ad id animus, non capimus.* Concinnior est MSS. lectio, quam hic restituimus.

au torrent de votre volupté. On appelle torrent une eau qui court impétueusement. La miséricorde de Dieu coulera impétueusement pour arroser et enivrer ceux qui abritent leur espérance sous l'ombre de ses ailes. Quelle est cette volupté? Elle est comme un torrent qui enivre ceux qui ont soif. Que celui qui a soif place en Dieu son espérance, que celui qui a soif espère, la réalité l'enivrera ; avant de posséder cette réalité, qu'il supporte la soif en espérant. «Heureux ceux qui ont faim et soif de la justice, parce qu'il seront rassasiés (*Matth.* v, 6). »

15. Par quelle source serez-vous donc arrosé ? Et d'où descend ce torrent impétueux de la volupté divine? « Car, dit le Prophète, en vous est la source de vie (*Ps.* xxxv, 10).» Quelle est cette source de vie, sinon le Christ. Il est venu à vous dans votre chair, pour rafraîchir votre bouche altérée. Il rassasiera votre espérance, comme il a rafraîchi votre soif. « Car en vous est la source de vie, et nous verrons la lumière dans votre lumière. » Ici-bas, autre chose est une source, autre chose est une lumière ; en Dieu, il n'en est pas ainsi. Ce qui est source est également lumière ; et vous pouvez lui donner tel nom que vous voudrez, car il n'est pas ce que vous le nommerez ; et, parce que vous ne pouvez trouver un nom qui lui convienne, un seul nom ne lui suffit pas. Si vous disiez que Dieu n'est que lumière, on vous répondrait : C'est donc sans raison que le Seigneur m'a souhaité d'avoir faim et soif (*Matth.* v, 6); en effet, qui peut manger la lumière? Il m'a été dit clairement : « Heureux les hommes dont le cœur est pur, parce qu'ils verront Dieu (*Ibid.*8).» Si Dieu est lumière, je dois donc préparer mes yeux. Préparez aussi votre bouche, parce que celui qui est lumière est aussi une source : une source, parce qu'il rassasie ceux qui ont soif; une lumière, parce qu'il éclaire les aveugles. Ici-bas, quelquefois, la lumière est dans un endroit et la source dans un autre. Tantôt, en effet, les sources coulent dans les ténèbres, et tantôt vous souffrez du soleil dans le désert, sans y trouver de source. Ces deux choses peuvent donc être séparées ici-bas : dans le ciel, vous n'éprouverez aucune fatigue, parce que Dieu est une source ; vous ne serez jamais dans les ténèbres, parce qu'il est lumière.

15. « Étendez votre miséricorde sur ceux qui vous connaissent et votre justice sur ceux dont le cœur est droit (*Ps.*xxxv, 11).» Nous avons dit souvent que ceux dont le cœur est droit sont les hommes qui, dans cette vie, se conforment à la volonté de Dieu. La volonté de Dieu est que, tantôt vous soyez en santé, tantôt vous soyez ma-

---

filii hominum, et speremus sub tegmine alarum ejus, et inebriemur ab ubertate domus ejus. Quomodo potui dixi, et quomodo possum video, et quomodo video dicere non possum. « Inebriabuntur ab ubertate domus tuæ : et torrente voluptatis tuæ potabis eos (*Ps.* xxxv, 9).» Torrens dicitur aqua veniens cum impetu. Impetus erit misericordiæ Dei, ad irrigandos et inebriandos, qui modo ponunt spem sub umbraculo alarum ejus. Voluptas illa quæ est? Quasi torrens inebrians sitientes. Modo ergo qui sitit, spem ponat : qui sitit, habeat spem, inebriatus habebit rem, antequam habeat rem, sitiat in spe. « Beati qui esuriunt et sitiunt justitiam, quoniam ipsi saturabuntur (*Matth.* v, 6). »

15. Quo ergo fonte irrigaberis, et unde currit (*a*) tantus torrens voluptatis ejus ? « Quoniam apud te », inquit, fons vitæ (*Ps.*xxx,10).» Quis est fons vitæ, nisi Christus ? Venit ad te in carne, ut irroraret fauces tuas sitientes : satiabit sperantem, qui irroravit sitientem. « Quoniam apud te (*b*) fons vitæ, in lumine tuo videbimus lumen (*Ibid.*). » Hic aliud est fons, aliud lumen : ibi non ita. Quod enim est fons, hoc est et lumen : et quidquid vis, illud vocas, quia non est quod vocas; quia non potes congruum nomen invenire, non remanet in uno nomine. Si diceres, quia lumen est solum, diceretur tibi, Sine caussa ergo mihi dictum est ut esuriam et sitiam (*Matth.* v, 6) : quis enim est, qui manducet lumen ? Illud plane recte mihi dictum est,«Beati mundi corde, quoniam ipsi Deum videbunt (*Ibid.* 8) : » si lumen est, oculos meos parem. Para et fauces : quia illud quod lumen est, et fons est : fons, quia satiat sitientes ; lumen, quia illuminat cæcos. Hic aliquando alibi lumen, alibi fons. Aliquando enim currunt fontes et in tenebris : et aliquando in eremo pateris solem, non invenis fontem : hic ergo possunt ista duo esse separata : ibi non fatigaberis, quia fons est ; non tenebraberis, quia lumen est.

16. « Prætende misericordiam tuam scientibus te, et justitiam tuam his qui recto sunt corde (*Ps.* xxxv, 11).»Quod sæpe diximus,quia illi sunt recti corde,qui sequuntur in hac vita voluntatem Dei. Voluntas Dei

---

(*a*) Plures MSS. *tanquam torrens voluptas ejus.* (*b*) Editi, *Quoniam apud te est fons vitæ, et in lumine* etc. *particulæ, est et,* absunt à MSS. et a Græco LXX.

lade : si, lorsque vous êtes en santé, la volonté de Dieu vous est douce, tandis qu'elle vous est amère lorsque vous êtes malade, vous n'avez pas le cœur droit. Pourquoi? Parce que vous refusez de régler votre volonté sur la volonté de Dieu, et que vous voulez plier la volonté de Dieu à la vôtre. Sa volonté est droite, mais vous ne l'êtes pas ; il faut donc amender votre volonté sur la sienne, et non plier la sienne conformément à la vôtre, alors vous aurez le cœur droit. Êtes-vous heureux en ce monde? Béni soit Dieu qui vous console! Avez-vous à souffrir en ce monde? Béni soit Dieu, parce qu'il vous corrige et vous éprouve. Et votre cœur sera droit, parce que vous direz : « Je bénirai le Seigneur en tout temps, et sa louange sera toujours dans ma bouche (*Ps* XXXIII, 2). »

17. « Que l'orgueil ne prenne pas pied en moi (*Ps.* XXXV, 12). » Le Prophète a déjà dit : Les fils des hommes espèreront sous l'ombre de vos ailes, et ils seront enivrés de l'abondance qui est dans votre maison. Mais quand un homme aura commencé à recevoir abondamment les eaux de cette source, qu'il prenne garde de ne pas s'énorgueillir. Cette source ne manquait pas à Adam, le premier homme; mais l'orgueil a pris pied en lui et la main de celui qui est pécheur, c'est-à-dire : la main orgueilleuse du démon l'a ébranlé. Son séducteur avait dit : « Je placerai mon trône près de l'Aquilon (*Is.* XIV, 13) ; » et de même il lui donna cette fatale persuasion :

Mangez de ce fruit et vous serez comme des dieux (*Gen.* III, 5). C'est donc l'orgueil qui a causé notre chute, et qui nous a soumis à la mort. Et parce que l'orgueil nous a blessés, c'est l'humilité qui nous guérit. Dieu est venu sur terre et il y a été humble, pour guérir l'homme de cette terrible blessure de l'orgueil. Il est venu parce que « le Verbe a été fait chair et a habité parmi nous (*Jean.* I, 14). » Il a été saisi par les Juifs et insulté. Vous avez entendu, dans l'Évangile qui vous a été lu, ce qu'ils disaient et à qui ils le disaient : « Vous êtes possédé du démon (*Jean.* VIII, 48) ; » et il ne leur a pas répondu : C'est vous qui êtes possédés du démon, parce que vous êtes au pouvoir de vos péchés, et que le démon domine vos cœurs. Il ne l'a pas dit et pourtant, en le disant, il n'aurait dit que la vérité; mais ce n'était pas le moment de le dire, non pas dans la crainte de paraître ne point dire vrai, mais dans la crainte de paraître leur retourner leur malédiction. Il laissa passer ce qu'il entendait, comme s'il ne l'eût pas entendu. Il était le médecin, et il était venu pour guérir un frénétique. De même que le médecin ne s'inquiète pas de ce que lui dit le frénétique, mais de la manière dont celui-ci guérira et reviendra à la santé ; de même qu'il ne s'inquiète pas s'il reçoit de lui quelque coup et que, tandis que son malade lui fait des blessures toutes fraîches, il le guérit de sa fièvre invétérée ; ainsi le Seigneur est venu vers un malade, vers un fréné-

---

est aliquando ut sanus sis, aliquando ut ægrotes : si quando sanus es, dulcis est voluntas Dei, et quando ægrotas, amara est voluntas Dei ; non recto corde es. Quare? Quia non vis voluntatem tuam dirigere ad voluntatem Dei, sed Dei vis curvare ad tuam. Illa recta est, sed tu curvus : voluntas tua corrigenda est ad illam, non illa curvanda est ad te ; et rectum habebis cor. Bene est in hoc sæculo, benedicatur Deus qui consolatur : laboras in sæculo, benedicatur Deus quia emendat et probat ; et eris recto corde dicens, « Benedicam Dominum in omni tempore, semper laus ejus in ore meo (*Psal.* XXXIII, 2). »

17. « Non veniat mihi pes superbiæ (*Ps.* XXXV, 12). » Certe jam dixit, Sub umbraculo alarum tuarum sperabunt filii hominum, et inebriabuntur ab ubertate domus tuæ. Cum cæperit quisque isto fonte uberius irrigari, caveat ne superbiat. Non enim (*a*) deerat

Adæ primo homini : sed venit illi pes superbiæ, et movit illum manus peccatoris, id est, manus diaboli (*b*) superba. Quomodo ille qui eum seduxit, dixit, «Ponam sedem meam ad Aquilonem (*Isai.* XIV, 13) ; » sic illi persuasit, Gustate, et eritis sicut dii (*Gen.* III, 5). Superbia ergo lapsi sumus, ut ad istam mortalitatem perveniremus. Et quia nos superbia vulneraverat, humilitas facit sanos. Venit humilis Deus, ut a tanto superbiæ vulnere curaret hominem. Venit, « quia Verbum caro factum est et habitavit in nobis (*Johan.* I. 14). » Comprehensus est a Judæis, insultatum est ei. Audistis cum Evangelium legeretur, quid dixerunt, et cui dixerunt «Dæmonium habes : » et ille non dixit, Dæmonium habetis vos, quia vos in peccatis vestris estis, et diabolus possidet corda vestra (*Johan.* VIII, 48). Non hoc dixit, quod si diceret, verum diceret : sed non erat tempus ut hoc diceret, ne non

---

(*a*) Sic tredecim MSS. At editi, *inerat*. (*b*) Aliquot MSS. *superbi*. Quidam, *superbum*. Nonnulli demum, *per superbiam*.

tique, bien décidé à mépriser tout ce qu'il entendrait et tout ce qu'il souffrirait de sa part, pour lui enseigner par cela même l'humilité, afin que, instruit par cette humilité, le malade guérît de son orgueil. Et c'est de cet orgueil que le Prophète demande à être délivré, lorsqu'il fait cette prière : « que l'orgueil ne prenne pas pied en moi, et que la main du pécheur ne m'ébranle pas. » Si, en effet, l'orgueil prend pied en lui, la main du pécheur l'ébranlera. Qu'est-ce que la main du pécheur ? C'est l'action de celui qui nous persuade de faire le mal. Êtes-vous devenu orgueilleux ? Celui qui conseille le mal vous aura bien vite corrompu. Attachez-vous à Dieu par l'humilité, et peu vous importera ce qu'on pourra vous dire. C'est à cette pensée que reviennent ces autres paroles : « Purifiez-moi, Seigneur, de mes péchés secrets, et préservez votre serviteur des péchés d'autrui. » Que veut dire : de mes péchés secrets ? que l'orgueil ne prenne pas pied en moi. Que veut dire : et préservez votre serviteur des péchés d'autrui ? et que la main du pécheur ne m'ébranle pas. Veillez sur ce qui est en vous et vous ne craindrez pas ce qui est hors de vous.

18. Mais pourquoi craignez-vous tant ces attaques de l'orgueil ? C'est comme si l'on disait : « C'est là que sont tombés tous ceux qui commettent l'iniquité, » pour être précipités dans cet abîme, dont il a été dit : « Vos jugements sont comme un abîme profond ; » pour être lancés dans cette profondeur où sont tombés les pécheurs qui méprisent tout (*Prov.* xviii, 3). « C'est là que sont tombés : où sont-ils tombés d'abord ? Sous le pied de l'orgueil. Écoutez ce que c'est que le pied de l'orgueil : « Ayant connu Dieu, ils ne l'ont pas glorifié comme Dieu. » L'orgueil a donc pris pied en eux, et ils ont été précipités dans les profondeurs de l'abîme. « Dieu les a livrés aux convoitises de leurs cœurs, de sorte qu'ils ont fait des actions désordonnées (*Rom.* I, 21). » Le Prophète craignait la racine du péché et la tête du péché, c'est pourquoi il a dit : « Que l'orgueil ne prenne pas pied en moi. » Pourquoi a-t-il parlé du pied de l'orgueil ? Parce que l'orgueil s'éloigne de Dieu et le quitte ; en disant le pied, il veut dire l'affection. « Que l'orgueil ne prenne pas pied en moi et que la main du pécheur ne m'ébranle pas ; » c'est-à-dire, que les actions du pécheur ne m'éloignent pas de vous, en m'attirant à les imiter. Mais pourquoi a-t-il dit contre l'orgueil : « C'est là que sont tombés tous ceux qui commettent l'iniquité ? » Parceque tous ceux qui sont maintenant dans l'iniquité, sont tombés d'abord dans l'orgueil. C'est pourquoi Dieu, voulant exciter l'Église à se tenir sur ses gardes,

---

veritatem prædicare, sed maledictum reddere videretur. Dimisit quod audivit, quasi non audisset. Medicus enim erat, et phreneticum curare venerat. Quomodo medicus non curat quidquid audiat a phrenetico, sed quomodo convalescat et fiat sanus phreneticus ; nec si et pugnum ab illo accipiat curat ; ille illi facit nova vulnera, ille veterem febrem sanat : sic et Dominus ad ægrotum venit, ad phreneticum venit, ut quidquid audiret, quidquid passus esset contemneret, hoc ipso eos docens humilitatem, ut humilitate docti, sanarentur a superbia, de qua iste liberari deprecatur dicens, « Non veniat mihi pes superbiæ ; et manus peccatoris non moveat me. » Si enim venerit pes superbiæ, movet manus peccatoris. Quæ est manus peccatoris ? Male suadentis operatio. Factus es superbus ? cito te corrumpit, qui male suadet (*a*) Humilis figere in Deo, et non valde cures quid tibi dicatur. Hinc est quod alibi dicitur, Ab occultis meis munda me, ab alienis parce servo tuo. Quid est, Ab occultis meis ? « Non veniat mihi pes superbiæ. » Quid est, Et ab alienis parce servo tuo ? « Neque manus peccatoris moveat me. » Serva quod intus est, et non timebis foris.

18. Quare autem valde hoc times, quasi diceretur, « Ibi, inquit, ceciderunt omnes qui operantur iniquitatem (*Ps.* xxxv, 13), » ut venirent ab illam abyssum de qua dictum est, « Judicia tua sicut abyssus multa (*Ibid.* 7) : » ut ad illud profundum pervenirent. ubi (*b*) peccatores qui contemnunt, ceciderunt (*Prov.* xviii, 3). « Ceciderunt : » ubi primo ceciderunt ? In pede superbiæ. Audite pedem superbiæ : « Qui cum cognovissent Deum, non sicut Deum glorificaverunt (*Rom.* I, 21). » Venit ergo illis pes superbiæ, unde venerunt in profundum. « Tradidit illos Deus in concupiscentias cordis eorum, facere quæ non conveniunt. » Radicem peccati, et caput peccati timuit qui dixit, « Non veniat mihi pes superbiæ. » Quare illum pedem dixit ? Quia superbiendo Deum deseruit, et discessit : pedem ipsius, affectum ipsius dixit. « Non veniat mihi pes superbiæ ; et manus peccatoris non moveat me ; » id est, opera peccatoris non me dimoveant a te, ut imitari illa velim. Quare autem contra superbiam

---

(*a*) Sic potiores MSS. Alii vero, *Humilis fiere.* Editi, *Satage humilis fieri.* (*b*) Plures MSS. *ubi peccator qui contemnit, cecidit.*

a dit : « Elle aura l'œil sur ta tête, et toi sur son talon (*Gen.* III, 15). » Le serpent guette le moment où le pied de l'orgueil arrive jusqu'à vous et où vous glissez, afin de vous renverser ; mais vous, de votre côté, ayez l'œil sur sa tête ; car « l'orgueil est le commencement de tout péché (*Eccli.* x, 15). « C'est là que sont tombés tous ceux qui commettent l'iniquité ; ils ont été chassés et n'ont pu se tenir. » Le premier est le démon qui ne s'est pas tenu dans la vérité, et ensuite ceux que Dieu, à cause de lui, a chassés du Paradis (*Gen.* III, 23). Mais celui-là n'a point été chassé, qui a dit n'être pas digne de dénouer les cordons de la chaussure du Seigneur ; au contraire, il se tient, il entend, et il est comblé de joie à la voix de l'Époux (*Jean.* I, 27, et III, 29). Mais ce n'est pas sa propre voix qu'il écoute, de peur que l'orgueil ne prenne pied en lui, et qu'il soit chassé sans pouvoir se tenir.

19. Si la peine que nous avons prise en vous expliquant ce psaume, a causé quelque ennui à plusieurs d'entre vous, la fin du psaume amène la fin de ces ennuis, et il ne nous reste qu'à nous féliciter de ce qu'il est entièrement expliqué. Au milieu de ce discours, dans la crainte de vous fatiguer, j'étais sur le point de m'interrompre ; mais j'ai pensé que votre attention serait comme coupée en deux et qu'elle ne reviendrait pas à la moitié du psaume aussi complète qu'au psaume entier ; et j'ai préféré vous lasser un peu, plutôt que de laisser des restes, en n'achevant pas l'explication. En effet, je vous dois demain un discours. Priez pour nous, afin que nous puissions vous le donner ; et vous, venez l'entendre avec une bouche altérée et un cœur pieux.

---

hoc dicit, « Ibi ceciderunt qui operantur iniquitatem ? » (*a*) Quia qui modo iniqui sunt, in superbia ceciderunt. Ideo cum cautam faceret Dominus Ecclesiam, ait, « Illa tuum, » inquit, « observabit caput, et tu ejus calcaneum (*Gen.* III, 15). » Serpens observat quando tibi veniat pes superbiæ, quando labaris, ut dejiciat : tu autem caput ejus observa. Initium omnis peccati superbia (*Eccli.* x, 15). « Ibi ceciderunt qui operantur iniquitatem : expulsi sunt, nec potuerunt stare. » Prior ille qui in veritate non stetit, deinde per eum illi quos dimisit Deus de paradiso (*Gen.* III, 23). Unde ille humilis qui non se dicit dignum solvere corrigiam calceamenti, non est expulsus, sed stat et audit eum, et gaudio gaudet propter vocem sponsi, et non propter suam, ne veniat ei pes superbiæ, et expellatur, nec possit stare (*Johan.* I, 27 et III, 29).

19. Et si cum labore aliquibus vestrum tædio fuerimus, finivimus Psalmum, transivit tædium, et gratulabimur, quia Psalmus totus expositus est. In medio jam timens ne onerarem vos, dimissurus eram : sed cogitavi quia intentio nostra præcideretur, et non sic rediretur ad dimidium, quomodo si excurreremus totum, et malui vobis gravis esse, quam imperfecta reliquias servare. Debetur enim vobis etiam crastinus sermo : orate pro nobis ut valeamus exhibere, et afferte fauces esurientes et corda devota.

(*a*) Abest, *Quia*, a MSS.

DISCOURS [1] SUR LE PSAUME XXXVI.

PREMIER DISCOURS SUR LA PREMIÈRE PARTIE DU PSAUME [2].

1. Ceux qui ne veulent pas chercher leur sécurité dans une vie vertueuse et qui veulent au contraire vivre longtemps dans le mal, ne peuvent entendre parler sans un terrible effroi de l'avènement du dernier jour. Il est utile que Dieu nous en ait caché l'époque, afin que notre cœur soit toujours préparé à l'attente de ce jour que nous savons devoir venir, bien que nous ignorions quand il viendra. Mais, si Notre-Seigneur Jésus-Christ, envoyé sur terre pour nous instruire, a dit que le Fils de l'Homme lui-même ne savait pas quand ce jour arriverait (*Marc.* XIII, 32); c'est qu'il n'était pas dans sa mission de docteur et de maître, de nous le faire connaître. En effet, le Père ne sait rien que le Fils ne sache, puisque la science du Père n'est autre que sa sagesse, et que sa sagesse est son Fils ou son Verbe. Mais, comme il ne nous était pas utile de savoir ce que savait cependant celui qui était venu nous instruire, mais non nous instruire de ce qu'il était inutile que nous connussions, il n'a pas été notre maître seulement en nous enseignant certaines choses, mais encore en ne nous enseignant pas certaines autres choses. En effet, il savait, comme maître, et nous enseigner ce qui nous était utile et ne pas nous enseigner ce qui nous était nuisible. C'est dans ce sens, et par manière de parler, qu'il est dit du Fils, qu'il ignore ce qu'il n'enseigne pas ; en d'autres termes, il est dit ne pas savoir ce qu'il

IN PSALMUM XXXVI.

ENARRATIO.

Sermo I. De prima parte ejusdem Psalmi.

1. Novissimus dies terribiliter venturus auditur eis, qui securi esse bene vivendo nolunt, et male vivere diu volunt. Utiliter autem Deus latere voluit illum diem, ut semper sit paratum cor ad exspectandum quod esse venturum scit, et quando venturum sit nescit : Quia vero Dominus noster Jesus-Christus, magister nobis missus est, etiam filium hominis dixit nescire illum diem (*Marci* XIII, 32), quia in magisterio ejus non erat ut per eum sciretur a nobis. Neque enim aliquid scit Pater quod Filius nescit : cum ipsa scientia Patris illa sit, quæ sapientia ejus est : est autem sapientia ejus Filius, Verbum ejus. Sed quia nobis scire non proderat, quod quidem ille noverat, qui nos docere venerat, non tamen hoc quod nobis nosse non proderat : non solum sicut magister aliquid docuit, sed sicut magister aliquid non (*a*) docuit. Tamquam enim magister sciebat et docere quod proderat, et non docere quod oberat. Sic autem quodam genere locutionis nescire Filius dicitur quod non docet : id est, nescire dicitur quod nescire nos facit, quomodo quotidie loquimur, modo quodam locutionis, ut dixi. Lætum enim diem dicimus, quia lætos nos facit ; et tristem diem, quia tristes nos facit ; et frigus pi-

---

(1) Nous ne pouvons ici passer sous silence le fait rapporté dans la vie de S. Fulgence, ch. 3. Depuis longtemps, il nourrissait en lui-même la résolution de renoncer au monde, et un jour enfin, averti et touché par l'explication de S. Augustin sur le Ps. XXXVI, il se décida à publier son dessein et s'empressa de quitter l'habit séculier.
(2) Prononcé à Carthage, ainsi que les deux discours suivants.

(*a*) Sic Er. et multi MSS. At Lov. *aliquid non totum. Tamquam.* etc.

ne nous fait pas savoir ; mais ce n'est là, je le répète, qu'une de ces manières de parler que nous employons tous les jours. En effet, nous appelons joyeux, un jour qui nous rend joyeux; et triste, un jour qui nous rend tristes: nous appelons paresseux, le froid qui nous rend paresseux. Dans un sens opposé, il est dit de même par le Seigneur: « Maintenant, je sais. » Il a dit à Abraham : « Maintenant, je sais que vous craignez Dieu (*Gen.* XXII, 12). » Dieu le savait bien, avant qu'il en eût cette preuve. Car cette preuve a été donnée pour nous faire savoir ce que Dieu savait déjà ; et elle a été écrite pour nous instruire de ce que Dieu connaissait, avant que ce fait n'eût été accompli. Et peut-être Abraham ignorait-il lui-même jusqu'où allaient les forces de sa foi, car nul ne se connaît avant d'avoir été comme interrogé par la tentation. Ainsi, saint Pierre ignorait certainement ce que pouvait sa foi, lorsqu'il disait au Seigneur: « Je suis avec vous jusqu'à la mort (*Luc.* XXII, 33). » Mais le Seigneur, qui le connaissait, lui prédit comment il viendrait à défaillir, en lui annonçant d'avance sa faiblesse, comme s'il avait touché du doigt la veine de son cœur. C'est pourquoi Pierre qui, avant la tentation, avait trop présumé de lui, apprit à se connaître dans la tentation. Par la même raison, nous pouvons dire légitimement que notre père Abraham a connu les forces de sa foi, lorsqu'ayant reçu l'ordre de sacrifier son fils unique, il n'hésita point et n'eût point peur de l'offrir à celui qui le lui avait donné ; car de même qu'il avait d'abord ignoré comment Dieu lui donnerait ce fils qui n'était point encore né, de même il crut que Dieu pouvait réparer la perte qu'il allait en faire en l'immolant. Dieu dit donc alors: « Maintenant je sais ; » et nous comprenons que cela signifie : maintenant je vous ai fait savoir, conformément aux manières de parler que nous avons remarquées : un froid paresseux, pour un froid qui rend paresseux ; un jour joyeux, pour un jour qui rend joyeux ; de même, sachant, pour faisant savoir. Il en est ainsi de cette parole : « Le Seigneur votre Dieu vous tente pour savoir si vous l'aimez (*Deut.* XIII, 3). » En effet, vous supposeriez au Seigneur notre Dieu, au Dieu très-grand, au Dieu qui est la vérité même, une grande ignorance, et vous comprenez que ce serait un sacrilége, si vous preniez ces paroles : « Le Seigneur vous tente pour savoir, » dans ce sens qu'il tire sa science de notre tentation, tandis qu'auparavant il était dans l'ignorance. Que signifie donc : « Il vous tente pour savoir ? Il vous tente afin de vous faire savoir. Prenez donc pour règle d'interprétation le contre-pied de l'expression, et en entendant Dieu dire: Je sais, comprenez : je vous fais savoir. De même, lorsque l'Évangile rapporte du Fils de l'Homme, c'est-à-dire du Christ, qu'il ignore le jour du jugement, comprenez qu'il y est dit que le Christ veut le faire ignorer. Mais que veut dire : Nous le faire ignorer ? Nous le cacher, afin que nous ignorions ce qui ne peut nous être révélé utile-

---

grum, quia pigros nos facit. Quomodo contra dicitur a Domino : Nunc cognovi. Dictum est Abrahae, « Nunc cognovi quod timeas tu Deum (Gen. XXII, 12). » Hoc Deus noverat et ante illam probationem. Nam illa probatio ideo facta est, ut nos nossemus quod Deus jam noverat, et propter nos docendos conscriberetur, quod ante documentum ille noverat : et fortasse et ipse Abraham nondum noverat quas vires haberet fides ejus : (unusquisque enim se tentatione tamquam interrogatus agnoscit :) sicut Petrus quas vires haberet fides ejus utique nesciebat, quando dixit Domino : « Tecum sum usque ad mortem (Lucæ. XXII, 33). » Dominus autem qui noverat eum, praedixit ubi deficeret, praenuntians illi infirmitatem ejus, tamquam tacta vena cordis ejus. Proinde Petrus qui ante tentationem praesumsit de se, in tentatione didicit se. Sic ergo non absurde sentimus et patrem nostrum Abraham cognovisse vires fidei suae, ubi jussus immolare unicum filium suum, non dubitavit nec trepidavit ei offerre qui dederat ; quia quemadmodum daturus erat nondum natum, sic credidit posse reparare immolatum. Dixit ergo Deus, Nunc cognovi : quod intelligimus, nunc cognoscere te feci : secundum locutiones quas commendavimus, Pigrum frigus, quod pigros facit ; et laetum diem, quod laetos faciat : sic cognoscens, quod cognoscentes faciat. Inde est illud, «Tentat vos Dominus Deus vester, ut sciat si diligitis eum (Deut. XIII, 3). » Dabis enim profecto Domino Deo nostro, Deo summo, Deo vero magnam ignorantiam, (quod utique sacrilegum esse intelliges,) si sic acceperis, Tentat vos Dominus ut sciat, tamquam ipse de nostra tentatione concipiat scientiam, in quo erat ante ignorantia. Sed quid est, Tentat vos, ut sciat ? Tentat vos, ut scire vos faciat. Accipite ergo a contrario regulam intelligentiae ; et quemadmodum cum Deum

ment. C'est là ce que je vous ai dit, qu'un bon maître sait ce qu'il doit découvrir et ce qu'il doit cacher. Nous avons vu aussi dans l'Évangile, qu'il a différé de donner certains enseignements. Cela nous apprend qu'il ne faut pas tout dire à ceux qui ne peuvent comprendre ce qu'on leur dirait. En effet, en un autre endroit, il dit aux Apôtres : « J'ai beaucoup de choses à vous dire, mais vous ne pourriez les porter en ce moment (*Jean*. XVI, 12). » Et l'Apôtre dit de même: « Je n'ai pu vous parler comme à des hommes spirituels, mais je vous ai parlé comme à des hommes charnels. Je vous ai donné, comme à de petits enfants, du lait à boire, et non de la nourriture ; vous ne pouviez, en effet, la supporter, et vous ne le pouvez même encore maintenant (I. *Cor*. III. 1). » Mais à quoi tend tout ce discours ? A vous faire comprendre que si nous savons que le dernier jour doit venir, et que s'il nous est utile de le savoir et utile aussi d'en ignorer l'époque, c'est à nous de tenir notre cœur toujours préparé en vivant bien, de sorte que, non-seulement nous ne craignions pas ce jour, mais même que nous l'aimions. Car ce dernier jour, s'il augmente les douleurs des infidèles, met au contraire un terme aux douleurs des fidèles. Or, avant que ce jour ne vienne, il est en votre pouvoir d'être à votre choix fidèle ou infidèle ; lorsqu'il sera venu, cela ne sera plus en votre pouvoir. Choisissez donc pendant qu'il en est temps encore, et que Dieu diffère par miséricorde ce qu'il vous cache par miséricorde.

2. Mais maintenant, comme dans quelque genre de vie que l'on puisse suivre, on ne trouve ni que tous soient bons, ni que tous soient mauvais, on peut aisément se rendre compte que pour les différentes sortes d'hommes que nous venons d'entendre mentionner dans l'Évangile, sous forme de paraboles, Notre-Seigneur ait conclu par ces paroles : « L'un sera pris et l'autre sera laissé (*Matth*, XXIV, 40). » Le bon sera pris et le méchant sera laissé. On aperçoit deux hommes dans un champ ; leur profession est la même, mais leur cœur n'est pas le même. Les hommes voient les professions ; mais Dieu connait le cœur. Ce champ signifie en cet endroit tout ce que vous voudrez : « L'un sera pris et l'autre sera laissé. » Cela ne veut pas dire qu'une moitié sera prise et que l'autre moitié sera laissée, mais qu'il y a deux espèces d'hommes différentes. Que l'une soit nombreuse, que l'autre ne le soit pas, « l'un sera pris et l'autre sera laissé, » c'est-à-dire : une espèce d'hommes sera prise et l'autre sera laissée. Il en est de même des autres paraboles de l'Evangile, du lit et du moulin. Peut-être attendez-vous que je vous explique ce que ces paroles signifient ; vous voyez qu'elles sont comme cachées et envelop-

---

auditis dicere, Cognovi, intelligitis Cognoscere vos feci: sic et cum auditis de filio hominis, id est, de Christo dici quod illum diem nesciat, intelligite dici quod nescire faciat. Quid est autem, nescire faciat ? Occultet, ut nesciatur quod nobis prodi non prodest. Hoc est quod dixi, magistrum bonum nosse quid prodat, nosse quid tegat : sicut quædam cum legimus distulisse. Unde intelligimus non omnia promenda esse, quæ capere non possunt hi quibus promuntur. Dicit enim alibi, « Multa habeo vobis dicere, sed non potestis illa portare modo (*Johan*. XVI, 12). » Dicit et Apostolus, « Non potui loqui vobis quasi spiritalibus, sed quasi carnalibus, quasi parvulis in Christo lac vobis potum dedi, non escam : neque enim poteratis, sed nec adhuc quidem potestis (I *Cor*. III, 2, etc.). » Quo proficit iste sermo ? Ut quoniam diem novissimum scimus venturum, utiliter autem scimus venturum et utiliter ignoramus quando venturus sit, paratum cor habeamus bene vivendo, et non solum non timeamus venturum illum diem, sed et amemus. Dies quippe ille sicut infidelibus laborem auget, sic fidelibus finit. Quid autem horum duorum esse velis, antequam veniat, nunc est in potestate ; cum venerit, non erit. Elige ergo cum tempus est : quia Deus quod misericorditer occultat, misericorditer differt.

2. Jam vero quia in quocumque genere vitæ, quod habet aliquam professionem, non omnes inveniuntur probi, non omnes reprobi, ex hoc apparet, quia de quibusdam hominum generibus, quæ per similitudines in Evangelio modo proposita audivimus, sic concluditur : « Unus assumetur, et unus relinquetur (*Matth*. XXIV, 40). » Assumetur bonus, relinquetur malus. Videntur duo in agro, eadem professio est, sed non idem cor. Professionem vident homines, cor novit Deus. Quodlibet ergo ager significet, Unus assumetur, et unus relinquetur. Non quasi dimidia pars assumetur, et dimidia relinquetur : sed genera hominum duo dicit. Et si aliud eorum sit in paucis, aliud in multis, Unus assumetur, et unus relinquetur ; hoc est, unum genus assumetur, et alterum relinquetur. Sic in lecto, sic in molendino. Exspectatis fortasse quid ista sint : videtis tecta esse, et similitudinibus quibusdam involuta. Potest mihi aliud

pées sous des comparaisons. J'y puis voir une chose et un autre peut y voir une autre chose ; mais, si ce que je dirai ne peut prescrire contre une interprétation meilleure qu'un autre donnerait, de même l'interprétation d'un autre ne pourrait m'interdire d'accepter les deux explications, si toutes deux sont selon la foi. Ceux donc qui travaillent dans le champ me paraissent représenter ceux qui sont à la tête des Églises, selon ces paroles de l'Apôtre : « Vous êtes le champ que Dieu cultive, l'édifice que Dieu bâtit (I. *Cor.* III, 9 et 10). » Car l'Apôtre se dit architecte lorsqu'il dit : « J'ai posé les fondements comme un sage architecte, » il se dit agriculteur quand il dit : « J'ai planté, Apollon a arrosé ; mais Dieu a donné l'accroissement (*Ibid.* 6). » Le Seigneur a parlé d'autre part de deux femmes dans un moulin (*Matth.* XXIV, 41), et non de deux hommes ; je crois que cette figure se rapporte aux nations, parce que les chefs gouvernent, et que les nations sont gouvernées. Le moulin est, je pense, la figure de ce monde, parce que le monde est comme entraîné par la roue du temps qui broie ceux qui s'attachent à lui. Il y en a donc qui vivent au milieu des affaires de ce monde ; mais les uns y accomplissent de bonnes œuvres, les autres, de mauvaises. Les uns emploient les richesses d'iniquité à se faire des amis qui les reçoivent dans les tabernacles éternels (*Luc.* XVI, 9), et c'est à eux qu'il est dit : « J'ai eu faim et vous m'avez donné à manger (*Matth.* XXV, 35). » Les autres négligent de le faire et c'est à eux qu'il est dit dans l'Évangile : « J'ai eu faim et vous ne m'avez pas donné à manger (*Matth.* XXXV, 62). » C'est pourquoi, comme parmi ceux qui vivent dans les affaires et les emplois humains, les uns aiment à faire du bien aux indigents, tandis que d'autres négligent ce devoir, il en sera d'eux comme des deux femmes du moulin, dont l'une sera prise, et dont l'autre sera laissée. Quant au lit, je crois qu'il figure le repos ; parce qu'il y a des hommes qui ne veulent, ni s'assujettir aux affaires du monde, comme le font les hommes mariés qui ont des maisons, des familles, des enfants ; ni remplir quelque emploi dans l'Église, comme le font les chefs, qui travaillent en quelque sorte à la culture des champs : ces hommes, comme s'ils étaient trop faibles pour ces travaux, restent inactifs et cherchent le repos, ne pensant qu'à leur faiblesse, ne se mêlant point d'œuvres importantes, et se bornant à prier Dieu, couchés en quelque sorte dans le lit de leur infirmité. Or, dans cette profession aussi, il y a des hommes vertueux et des hypocrites. De ceux-là aussi, par conséquent, l'un sera pris et l'autre sera laissé. Vers quelque profession que vous vous tourniez, préparez-vous à y trouver des hypocrites ; autrement, si vous ne vous y êtes préparé, vous trouverez

---

videri, alteri aliud : sed neque ego eo quod dixero præscribo alteri ad meliorem intellectum, nec ille mihi ad utrumque accipiendum, si utrumque cum fide concordat. Videntur enim mihi in agro laborare qui præsunt Ecclesiis : sicut Apostolus dicit, « Dei agricultura, Dei ædificatio estis (I *Cor.* III, 9 et 20). » Nam et architectum se dicit, cum dicit, « Ut sapiens architectus fundamentum posui : » et agricolam, cum dicit, « Ego plantavi, Apollo rigavit, sed Deus incrementum dedit (*Ibid.* 5). » In molendino ergo duas dixit, non duos (*Matth.* XXIV, 42) ; credo, quod hæc figura ad plebes pertineat : quia præpositi regunt, plebes reguntur. Et molendinum puto dictum mundum istum, quia rota quadam temporum volvitur, et amatores suos conterit. Sunt ergo qui de actionibus mundi non recedunt ; sed tamen et ibi alii bene operantur, alii male : alii sibi amicos faciunt de mammona iniquitatis, a quibus recipiantur in tabernacula æterna (*Lucæ* XVI, 9), quibus dicitur, « Esurivi, et dedistis mihi manducare (*Matth.* XXV, 35) : » alii ista negligunt, quibus (a) dicitur ibi, « Esurivi, et non dedistis mihi manducare (*Ibid.* 42). » Proinde, quia de his qui versantur in negotiis et operibus hujus mundi, alii diligunt benefacere indigentibus, alii negligunt : tamquam de duabus in molendino una assumetur, et una relinquetur. Lectum autem positum arbitror pro quiete : quia sunt qui neque actiones mundi pati volunt, sicut sunt conjugati homines habentes domos, familias, filios ; neque aliquid in Ecclesia agunt, sicut præpositi velut in agricultura laborantes ; sed velut ad hæc infirmi, secedunt ad otium, et quieti esse diligunt ; veluti memores infirmitatis suæ, non se committentes magnis actionibus et quodammodo in strato infirmitatis rogantes Deum. Et ipsa professio habet bonos, habet fictos : proinde etiam ex his unus assumetur, et unus relin-

(a) In editis, *dicetur ibi.* Sed verius MSS. *dicitur ibi* : id est, in Evangelio quod Concioni prælectum fuisse commemoravit superius.

PREMIER DISCOURS SUR LE PSAUME XXXVI.

ce que vous n'attendiez pas, et vous tomberez, ou vous serez troublé. Vous êtes donc préparé à tout par celui qui vous parle, tandis que c'est encore pour lui le temps de parler et non de juger, et que c'est encore pour vous le temps de l'écouter et non d'être livré à de vains regrets. Maintenant, en effet, votre repentir ne sera pas inutile; mais il le serait alors. Car alors les pécheurs sentiront en eux le regret d'avoir mal vécu; mais la justice de Dieu ne leur rendra en aucune sorte ce qu'ils auront perdu par leur injustice. En effet, il convient à la justice de Dieu de nous faire aujourd'hui miséricorde, et d'exercer alors ses jugements. C'est pourquoi le Seigneur ne se tait pas maintenant. Direz-vous qu'il se tait? Que chacun l'accuse hautement, ou murmure sa plainte en secret, si la sainte Écriture n'est prêchée et chantée dans le monde entier; si même elle n'est constamment offerte en public aux acheteurs.

3. Mais, sans doute, vous êtes troublé, vous chrétien, de voir heureux ceux qui vivent mal ; de voir affluer autour d'eux, en abondance, les biens de ce monde; de les voir jouir de la santé, de l'éclat des plus hautes dignités, de la prospérité de leur maison, des joies de leur famille, du respect de leurs clients, de la puissance la plus élevée, et d'une vie dont rien de triste ne vient interrompre le bonheur. Vous voyez leurs mœurs détestables, vous apercevez leurs richesses immenses et dans votre cœur, vous dites qu'il n'y a pas de justice divine, que tout marche au gré des événements et flotte au vent du hasard. En effet, dites-vous, si Dieu jetait les yeux sur les choses humaines, est-ce que l'iniquité de tel homme serait florissante et mon innocence accablée de peines ? Toutes les maladies de l'esprit ont leur remède dans les Écritures; que celui donc qui est malade, de manière à tenir de pareils discours, boive la salutaire potion que ce psaume contient. Quelle est-elle ? Faut-il que nous examinions de nouveau les plaintes que vous faites ? Mais que disais-je, me répondrez-vous, que vous ne voyiez vous-même? Les méchants sont florissants et les bons souffrent. De quel œil Dieu voit-il ces choses ? Prenez la potion, buvez ; le prophète a préparé ce breuvage au sujet même de vos murmures. Seulement, ne repoussez pas cette coupe qui contient la santé. Ouvrez par votre oreille la bouche de votre cœur, et buvez ce que vous entendez. « Gardez-vous de porter envie aux méchants et d'être jaloux de ceux qui commettent l'iniquité, parce qu'ils sècheront promptement comme le foin, et tomberont bientôt comme les herbes des champs (*Ps.* XXXVI, 1 et 2). » Ce qui vous paraît long est court aux yeux de Dieu : soumettez-vous à Dieu et le même temps sera court pour vous. Le foin a le même sens que les herbes des champs. Ces herbes n'ont pas de prix, elles ne tiennent

quetur. Ad quamcumque professionem te converteris, para te pati fictos : alioquin si te non paraveris, invenies quod non sperabas, et deficies aut perturbaberis. Ad omnia ergo te paratum facit qui tibi loquitur, cum tempus est et illi loquendi, nondum judicandi, et tibi audiendi, nondum frustra pœnitendi. Est enim modo pœnitentia non frustra : erit tunc frustra. Non enim tunc non pœnitebit homines male vixisse : sed nullo modo illis justitia Dei revocat quod sua injustitia perdiderunt. Justum enim est apud Deum, ut modo impertiat misericordiam, tunc exerceat judicium. Ideo nunc non tacetur: An tacetur ? Arguat quisque, murmuret, si non per totum orbem hæc Scriptura recitatur atque cantatur, si cessat etiam venalis ferri per publicum.

3. Sed re vera hoc te perturbat hominem Christianum, quia vides male viventes felices, rerum istarum copia circumfluere, sanos esse, superbis dignitatibus eminere, incolumem habere domum, gaudia suorum, obsequia clientium, excellentissimas potentias, nihil triste interpellare vitam ipsorum : mores nequissimos vides, facultates copiosissimas perspicis, et dicit cor tuum nullum esse divinum judicium, omnia casibus ferri et fortuitis motibus ventilari. Nam si Deus, inquis, res humanas respiceret, floreret illius iniquitas, et mea innocentia laboraret ? Omnibus morbus animi habet in Scripturis medicamentum suum : qui ergo sic ægrotat, ut ista dicat in corde suo, bibat potionem Psalmi hujus. Quid est ? Iterum inspiciamus quid dicebas ? Quid dicebam, inquis, nisi quod vides ? Mali florent, boni laborant : quomodo ista videt Deus ? Accipe, bibe : ipse tibi hanc, de quo ista murmuras, temperavit potionem : tantum ne recuses saluberrimum poculum, accommoda per aurem os cordis, et bibe quod audis : « Noli æmulari in malignantibus, neque æmuleris facientes iniquitatem. Quoniam tamquam fœnum cito arescent, et sicut olera prati cito cadent (*Ps.* XXXV, 1 et 2). » Quod tibi longum videtur, cito est Deo : subjunge te Deo, et tibi cito erit. Quod ait

qu'à la superficie de la terre, la racine n'en est point profonde. Elles verdissent tant qu'il ne fait point encore chaud ; mais dès que le soleil de l'été commence à répandre ses ardeurs, elles se dessèchent. Nous sommes maintenant dans la saison de l'hiver ; votre gloire n'apparaît point encore. Mais si la charité a poussé en vous de profondes racines pendant l'hiver, comme font un grand nombre d'arbres, quand le froid aura cessé, quand l'été sera venu, c'est-à-dire le jour du jugement, alors se dessèchera la verdure du foin, et la gloire des arbres paraîtra dans son éclat. Car, « vous êtes morts (*Coloss.* III, 3), » dit l'Apôtre, de la même manière que dans l'hiver les arbres paraissent desséchés et comme morts. Quelle est donc notre espérance, si nous sommes morts ? Nous avons une racine intérieure ; où est notre racine, là est notre vie, car là est notre charité. « Et votre vie, dit l'Apôtre, est cachée avec le Christ en Dieu (*Ibid.*). » Qui donc peut se dessécher, ayant une telle racine ? Mais quand viendra notre printemps ? Quand viendra notre été ? Quand serons-nous revêtus de la beauté de notre feuillage et enrichis de l'abondance de nos fruits ? Quand cela viendra-t-il ? Écoutez la suite : « Lorsque le Christ qui est votre vie apparaîtra, alors vous aussi vous apparaîtrez avec lui dans la gloire. » Et maintenant que ferons-nous ? « Gardez-vous de porter envie aux méchants et d'être jaloux de ceux qui commettent l'iniquité ; parcequ'ils sécheront promptement comme le foin et tomberont bientôt comme les herbes des champs. »

4. Quel est donc votre devoir ? « Mettez votre espérance dans le Seigneur (*Ps.* XXXVI, 3). » Car ils espèrent, mais ce n'est pas dans le Seigneur : leur espérance est mortelle, leur espérance est caduque, fragile, fugitive, passagère : elle sera réduite au néant. « Mettez votre espérance dans le Seigneur. » Eh bien, j'espère en lui ; maintenant que ferai-je ? « Et faites le bien. » Fuyez la méchanceté que vous apercevez en ces hommes qui sont florissants dans le mal. « Faites le bien et habitez la terre ; » ne faites point le bien hors de la terre que vous devez habiter. Car la terre du Seigneur, c'est son Église ; elle est arrosée, elle est cultivée par le Père qui en est l'agriculteur (*Jean* XV, 1). Il y en a beaucoup qui en apparence font de bonnes œuvres, mais, parcequ'ils n'habitent pas la vraie terre, ils n'appartiennent pas au céleste agriculteur ; faites donc le bien, mais non en dehors de la terre, et habitez la terre. Et que m'en reviendra-t-il ? « Et vous serez nourri de ses richesses. » Quelles sont les richesses de cette terre ? Cette terre a pour richesses son Seigneur ; elle a pour richesses son Dieu. C'est le même à qui le prophète dit : « Seigneur, vous êtes mon partage (*Ps.* LI, 26). » C'est de lui qu'il est dit : « Le Seigneur est la part de mon héritage et de ma coupe (*Ps.* XV, 5). » Dans un récent discours nous avons ap-

---

« fœnum, » hoc intelligimus « olera prati. » Vilia quædam sunt, et superficiem terræ (*a*) tenentia, altam radicem non habent. Proinde per hyemem virent : at ubi sol æstatis fervescere cœperit, arescent. Modo ergo tempus est hyemis, gloria tua nondum apparet : sed si alta radix est caritatis tuæ, sicut multarum arborum per hyemem, transit frigus, veniet æstas, id est, judicii dies : tunc arescet viror fœni, tunc apparebit arborum gloria. « Mortui enim estis (*Coloss.* III, 3), » ait Apostolus : quomodo videntur arbores per hyemem, quasi aridæ, quasi mortuæ. Ergo quæ spes, si mortui sumus ? Intus est radix : ubi radix nostra, ibi et vita nostra, ibi enim caritas nostra. « Et vita vestra, inquit, abscondita est cum Christo in Deo (*Ibid.*). » Quando arescit qui sic habet radicem ? Quando autem erit ver nostrum ? quando æstas nostra ? quando uos circumvestit dignitas foliorum, et ubertas fructuum locupletat ? quando hoc erit ? Audi quod sequitur : « Cum Christus apparuerit vita vestra, tunc et vos cum ipso apparebitis in gloria. » Quid ergo modo ? « Noli æmulari in malignantibus, neque æmuleris facientes iniquitatem. Quoniam tamquam fœnum cito arescent, et sicut olera prati cito cadent. »

4. Quid ergo tu ? « Spera in Dominum (*Ps.* XXXVI, 3). » Illi enim sperant non in Dominum : spes illorum mortalis, spes illorum caduca, fragilis, volatica, transitoria, inanis erit. « Spera in Dominum. » Ecce spero, quid ago ? « Et fac bonitatem. » Noli malitiam, quam respicis in illis male florentibus : « fac bonitatem, et inhabita terram *Ibid.*). » Ne forte bonitatem extra inhabitationem terræ facias. Terra enim Domini, Ecclesia ejus est : ipsam rigat, ipsam colit ille agricola Pater (*Johan.* XV, 1). Multi enim quasi exercent bona opera, sed quia non inhabitant terram, non pertinent ad agricolam. Ergo fac bonitatem, non extra terram, sed inhabita terram. Et quid habebo ? « Et pasceris in divitiis ejus. » Quæ sunt divitiæ ejus terræ ?

(*a*) Aliquot MSS. *tegentia*. Alii quidam. *tenent : nam aliam*, etc.

pelé l'attention de Votre Charité sur ce que Dieu est notre possession et que nous sommes la possession de Dieu (1). Le prophète va vous dire que les richesses de la terre sont Dieu lui-même; voyez en effet ce qui suit: « Mettez vos délices dans le Seigneur (*Ibid*. 4).» Comme si vous l'interrogiez et lui disiez: montrez-moi les richesses de cette terre, où vous m'ordonnez d'habiter. « Mettez vos délices dans le Seigneur, répond-il, et il vous donnera ce que votre cœur lui demande. »

5. Comprenez bien clairement le sens de ces mots: « ce que votre cœur demande. » Discernez avec soin les demandes de votre cœur d'avec les demandes de la chair, discernez-les de votre mieux, car ce n'est pas inutilement que le prophète dit dans autre psaume: « Le Dieu de mon cœur. » Car il ajoute dans le même psaume « Et Dieu est ma part d'héritage dans l'éternité (*Ps*. LXXII, 26). » Prenons un exemple: un homme est aveugle, il demande à recouvrer la vue. Qu'il le demande, puisque c'est Dieu qui fait la vue et qui la donne; mais les méchants aussi la demandent: c'est donc là une demande de la chair. Un homme est malade, il demande sa guérison, et en effet, déjà sur le point de mourir, il obtient de guérir. C'est encore là une demande de la chair, ainsi que tant d'autres demandes de même genre. Mais qu'est-ce qu'une demande du cœur? De même que c'est une demande de la chair que celle de recouvrer la vue, pour jouir de cette lumière que nos yeux de chair peuvent apercevoir, ainsi est-ce une demande du cœur que celle qui se rapporte à une autre lumière. « Heureux ceux qui ont le cœur pur, parce qu'ils verront Dieu (*Matth*. v, 8). » « Mettez vos délices dans le Seigneur, et il vous donnera ce que votre cœur lui demande. »

6. Eh bien, voici que je désire, que je demande, que je veux: remplirai-je moi-même mes désirs? Non: qui donc le fera? « Découvrez au Seigneur la voie où vous marchez, et mettez en lui votre espérance et lui-même le fera (*Ps*. XXXVI, 5). » Montrez-lui ce que vous souffrez; montrez-lui ce que vous désirez. Que souffrez-vous, en effet? « La chair a des désirs contraires à ceux de l'esprit, et l'esprit a des désirs contraires à ceux de la chair (*Gal*. v, 17). » Que désirez-vous donc? « Malheureux que je suis! qui me délivrera du corps de cette mort? » Et pour savoir que Dieu même le fera lorsque vous lui aurez découvert votre voie, écoutez ce qui suit: « Ce sera la grâce de Dieu par Jésus-Christ Notre-Seigneur (*Ibid*.). » Que fera-t-il donc, selon cette parole du Prophète: « Découvrez au Seigneur la voie où vous marchez, et

---

Divitiæ ejus Dominus ejus, divitiæ ejus Deus ejus. Ipse est ille cui dicitur, « Pars mea Domine (*Psal*. LXXII, 26). » Ipse est ille de quo dicitur: « Dominus pars hereditatis meæ et calicis mei (*Psal*. XV, 5). » Recenti sermone commendavimus Caritati Vestræ et Deum esse possessionem nostram, et nos esse possessionem Dei. Audi quia divitiæ terræ hujus ipse est: vide quid sequitur: « Delectare in Domino. » Tamquam quæsieris, et dixeris, Ostende mihi divitias terræ illius, in qua me jubes habitare. « Delectare, inquit, in Domino, et dabit tibi petitiones cordis tui (*Ps*. XXXVI, 4). »

5. Signanter accipe « petitiones cordis tui. » Discerne petitiones cordis tui a petitionibus carnis, discerne quantum potes. Nec frustra dictum est in quodam Psalmo, « Deus cordis mei (*Psal*. LXXII, 26). » Ibi enim sequitur et dicit, « Et pars mea Deus meus in sæcula. » Verbi gratia, Cæcus est corpore, rogat ut illuminetur. Ista roget, quia et ista Deus facit, et ista Deus præstat; sed rogant hæc etiam mali. Petitio hæc carnis. Infirmatur, rogat se salvum fieri: salvus fit moriturus. Et ista petitio carnis est: et si qua sunt talia. Petitio cordis quæ est? Sicut petitio carnis est, velle sibi (a) reparari oculos, utique ad videndam istam lucem, quæ talibus oculis videri potest: ita petitio cordis ad aliam lucem pertinet. « Beati enim mundi corde, quoniam ipsi Deum videbunt (*Matth*. v, 7). » « Delectare in Domino, et dabit tibi petitiones cordis tui. »

6. Ecce, desidero, rogo, volo: egone impleho? Non. Quis ergo? « Revela ad Dominum viam tuam, et spera in eum, et ipse faciet (*Ps*. XXXVI 5). » Indica illi quid patiaris, indica illi quid velis. Quid enim pateris. « Caro concupiscit adversus spiritum, et spiritus adversus carnem (*Gal*. v, 17). » Quid ergo vis? « Infelix ego homo, quis me liberabit de corpore mortis hujus (*Rom*. VII, 24)? » Et quia ipse faciet, cum revelaveris ad eum viam tuam, vide quid sequitur: « Gra-

---

(1) S. Augustin a parlé sur ce sujet dans le deuxième discours sur le Ps. XXXII, prononcé à Carthage, dans la basilique de Saint Cyprien. Plusieurs passages des trois discours sur le Ps. XXXVI, donnent à comprendre qu'ils furent également prononcés dans cette ville.

(a) Editi, *præparari*. MSS. *reparari*.

mettez en lui votre espérance, et il le fera? » Que fera-t-il? « Et il fera briller votre justice comme la lumière. » Votre justice, en effet, est encore à présent cachée; elle existe par ce que vous croyez, et non par ce que vous voyez. Vous croyez, et votre foi vous fait agir; mais ce que vous croyez, vous ne le voyez pas encore. Mais lorsque vous commencerez à voir ce que vous aurez cru, votre justice apparaîtra en pleine lumière (*Rom.* VII, 24), parce que votre justice était votre foi; car le juste vit de la foi (*Habac.* II, 4, et *Rom.* I, 17).

7. « Et il fera briller votre justice comme la lumière, et votre jugement comme le soleil à son midi (*Ps.* XXXVI, 6). » Voilà la lumière dans tout son éclat. C'était peu de dire : comme la lumière. En effet, nous disons déjà la lumière, lorsque l'aube blanchit; nous disons également la lumière, lorsque le soleil se lève; mais jamais la lumière n'est aussi éclatante qu'au milieu du jour. Donc, non-seulement votre justice brillera comme la lumière, mais encore votre jugement éclatera comme le soleil à son midi. Car maintenant, vous jugez que vous devez suivre le Christ, vous en avez fait le propos, vous l'avez choisi, voilà votre jugement; mais personne ne vous a montré ce qu'il a promis. Présentement vous avez bien une promesse, mais vous en attendez la réalisation; vous avez donc choisi, dans le jugement de votre foi, de suivre ce que vous ne voyez pas. Votre jugement n'a point encore de sanction manifeste; les infidèles vous le reprochent encore et en font l'objet de leurs railleries. Qu'avez-vous cru, vous diront-ils? Que vous a promis le Christ? Que vous serez immortel et qu'il vous donnera la vie éternelle? Où cela se trouve-t-il? Quand vous fera-t-il ce don? Et quand cela pourra-t-il se faire? Mais vous, vous jugez qu'il vaut mieux suivre le Christ qui vous promet ce que vous ne voyez pas, plutôt que l'impie qui vous reproche de croire à ce que vous ne voyez pas encore. C'est là votre jugement; mais quelle est la haute valeur de votre jugement, voilà ce qui ne paraît pas encore. Ce siècle est comme le temps de la nuit. Quand donc le Seigneur fera-t-il briller votre jugement comme le soleil à son midi? « Lorsque le Christ, qui est votre vie, apparaîtra et que vous apparaîtrez avec lui dans la gloire (*Coloss.* III, 4). » Lorsque le jour du jugement sera venu, lorsque le Christ sera venu, et que toutes les nations seront rassemblées par lui pour être jugées, qu'arrivera-t-il donc? Où l'impie cachera-t-il sa perfidie, quand je verrai l'objet de ma foi? Mais maintenant quel est mon partage? Les angoisses, les afflictions et les tentations. Et heureux qui persévère; car, « celui qui aura persévéré jusqu'à la fin, sera sauvé

---

tia Dei per Jesum-Christum Dominum nostrum (*Ibid.*). » Quid ergo facturus est, quia dictum est, « Revela ad Dominum viam tuam, et spera in eum, et ipse faciet : » quid faciet? « Et educet sicut lumen justitiam tuam (*Ps.* XXXVI, 6). » Modo enim abscondita est justitia tua : in fide res est, nondum in specie. Aliquid credis ut facias, nondum vides quod credis. Cum autem cœperis videre quod credidisti, educetur in (a) lumine justitia tua : quia justitia tua erat fides tua. Justus enim ex fide vivit (*Habac.* II, 4 ; *Rom.* I, 27).

7. « Et educet velut lumen justitiam tuam, et judicium tuum sicut meridiem (*Ps.* XXXVI, 6). » Hoc est clarum lumen. Parum erat dicere, « ut lumen. » Lumen enim jam dicimus, et cum albescit; lumen dicimus et cum sol oritur : sed numquam est clarior lux quam medio die. Non solum ergo educet sicut lumen justitiam tuam, sed erit judicium tuum tamquam meridies. Modo enim judicas sequi Christum, hoc proposuisti, hoc elegisti, hoc est judicium tuum : nemo tibi ostendit quod promisit : promissorem adhuc tenes, exhibitorem autem exspectas : in judicio ergo fidei tuæ elegisti sequi quod non vides. In abscondito est judicium tuum, adhuc reprehenditur et irridetur ab infidelibus : Quid credidisti? Quid tibi Christus promisit? Quia immortalis eris, et dabit tibi vitam æternam? Ubi est hoc? quando dabit? quando fieri potest? Judicas tamen tu magis sequi Christum promittentem quod non vides, quam impium reprehendentem credidisse te quod nondum vides. Et hoc est judicium tuum : et quale sit judicium tuum, adhuc non apparet, in isto sæculo quasi nox est. Quando ergo educet judicium tuum velut meridiem? « Cum Christus apparuerit vita vestra, tunc et vos cum ipso apparebitis in gloria (*Coloss.* III, 4) : Cum venerit judicii dies, et venerit Christus, et congregaverit omnes gentes judicandas, quid erit tunc? Impius ubi abscondet perfidiam suam, cum videro fidem meam? Ergo modo quid? Angustiæ, tribulationes et tentationes. Et beatus qui perdurat :

(a) Quinque MSS. *in lumen.*

(*Matth.* XXIV, 13). » Que le juste ne cède pas à ceux qui l'insulte, et qu'il n'en vienne point à choisir de fleurir ici-bas, pour n'être plus que du foin, d'arbre qu'il était.

8. Que dois-je donc faire ? Écoutez ce que vous devez faire : « Soyez soumis au Seigneur et priez-le instamment (*Ps.* XXXI, 7). » Que votre vie soit d'obéir à ses commandements. C'est là, en effet, lui être soumis et le prier avec instance ; jusqu'à ce qu'il donne ce qu'il a promis. Persévérez dans les bonnes œuvres, persévérez dans la prière. « Il faut, en effet, toujours prier et ne jamais cesser (*Luc*, XVIII, 1). » En quoi paraîtrez-vous soumis à Dieu ? En faisant ce qu'il a commandé. Mais vous ne recevez pas encore votre récompense, parce que peut-être vous n'en êtes point encore capable. Il peut, en effet, déjà vous la donner, mais vous ne pouvez encore la recevoir. Exercez-vous aux bonnes œuvres ; travaillez à sa vigne, et votre journée finie, réclamez votre salaire. Celui qui vous a conduit à sa vigne est fidèle dans ses promesses (*Matth.* XX, 8). « Soyez soumis au Seigneur et priez-le instamment. »

9. Voici que je le fais : Je suis soumis au Seigneur et je le prie instamment. Mais que vous en semble ? Tel de mes voisins est un méchant, il fait le mal, et il est en pleine prospérité : je connais ses vols, ses adultères, ses rapines ; en toutes choses il est orgueilleux et superbe ; son iniquité l'enfle tellement qu'il ne daigne pas me reconnaître ; comment résister en voyant de telles choses ? Vous êtes malade, si vous pensez ainsi ; buvez la potion qui vous guérira : « Ne portez point secrètement envie à celui qui prospère dans sa voie (*Ps.* XXXVI, 7). » Il prospère, mais dans sa voie ; vous avez de la peine, mais dans la voie de Dieu. Il trouve des prospérités dans sa voie : pour lui, prospérité dans la route, et malheur à l'arrivée ; pour vous, peine dans la route, et bonheur à l'arrivée ; car le chemin des impies sera détruit. « Le Seigneur connaît les voies des justes, et le chemin des impies sera détruit (*Ps.* I, 6). » Vous marchez dans ces voies que connaît le Seigneur, et si vous souffrez en y marchant, du moins elles ne vous trompent pas. Mais la voie des impies n'offre qu'une félicité passagère ; avec leur vie finit leur félicité. Pourquoi ? Parce que cette voie est la voie large, dont la fin aboutit aux abîmes de l'enfer (*Matth.* VII, 13). Au contraire, votre voie est la voie étroite, par laquelle il n'y a que peu d'hommes pour entrer. En examinant la voie des pécheurs, considérez donc la profondeur de l'abîme où elle les conduit. « Ne portez point une secrète envie à celui qui prospère dans sa voie. Cessez de vous irriter au sujet de l'homme qui commet l'iniquité, et quittez votre indignation (*Ps.* XXXVI, 8). » Pourquoi vous indigner ? Pourquoi, en raison de cette colère et de cette indi-

---

quia qui perseveraverit usque in finem, hic salvus erit (*Matth.* XXIV 13). Nec cedat insultatoribus, ne eligat hic florere, ut ex arbore fœnum fiat.

8. Quid igitur debeo ? Quid debeas audi : « Subditus esto Domino, et obsecra eum (*Ps.* XXXVI, 7). » Hoc sit vita tua, obedire præceptis ejus. Hoc est enim subditum illi esse, et obsecrare, donec det quod promisit. Perseveret bonum opus, perseveret et oratio. « Oportet enim semper orare, et non deficere (*Lucæ* XVIII. 1). » In quo appares subditus ? Faciendo quod præcepit. Sed mercedem nondum accipis, forte quia capere nondum potes. Jam enim ille potest dare, sed tu non potes accipere. Exercere operibus, labora in vinea : finito die pete mercedem (*Matth.* XX. 8) : fidelis est qui te adduxit ad vineam. « Subditus esto Domino, et obsecra eum. »

9. Ecce facio, subditus sum Domino, et obsecro eum. Sed quid tibi videtur ? Vicinus ille nequam, male agens et florens est ; furta ejus, adulteria ejus, rapinas ejus ego novi ; in omnibus elatus, superbus, per iniquitatem exaltatus non me dignatur agnoscere : in his quomodo durabo ? Morbus ille est, bibe contra : « Ne subœmuleris eum qui prosperatur in via (*Ps.* XXXVI, 7). » Prosperatur, sed in via sua : laboras, sed in via Dei. Illi prosperitas in via est, in perventione infelicitas : tibi labor in via, in perventione felicitas ; quoniam iter impiorum peribit. « Novit Dominus vias justorum, et iter impiorum peribit (*Psal.* I. 6). » Has vias (*a*) ambulas quas novit Dominus ; et si laboras in eis, non te fallunt. Via vero impiorum felicitas transitoria : finita via, peracta est felicitas. Quare ? Quia via illa lata est, (*Matth.* VII, 15), finis ejus in profundum inferni perducit. Via vero tua angusta est, et pauci ingrediuntur per eam : sed ad quam latitudinem (*b*) perveniant debes cogitare. « Ne subœmuleris eum qui prosperatur in via

---

(*a*) Sic omnes prope MSS. At editi, *Has vias ambula, quas novit Dominus; et si ambulas in eis.* (*b*) MSS. *perveniat.*

gnation, pourquoi blasphémer ou presque blasphémer ? « Cessez de vous irriter au sujet de l'homme qui commet l'iniquité, et quittez votre indignation. » Ignorez-vous où vous conduit cette fureur ? Vous iriez jusqu'à dire à Dieu qu'il est injuste; cette fureur ne tend à rien moins. Voyez ce que produit cette question : Pourquoi celui-ci est-il heureux ? pourquoi celui-là est-il malheureux ? Étouffez cette mauvaise pensée. « Cessez de vous irriter, et quittez votre indignation, » afin que touché de repentir, vous fassiez cet aveu : « Mon œil a été troublé par la colère (*Ps.* VI. 2). » Quel œil, si ce n'est celui de la foi ? J'interroge l'œil de votre foi : Vous avez cru au Christ ; pourquoi avez-vous cru ? Que vous a-t-il promis ? Si le Christ vous a promis les félicités de ce siècle, murmurez contre le Christ, murmurez contre lui lorsque vous voyez l'infidèle heureux. Quelle félicité vous a-t-il promise ? Quand vous l'a-t-il promise, si ce n'est à l'époque de la résurrection des morts ? Mais, en cette vie, que vous a-t-il promis ? Ce qu'il y a trouvé lui-même ; ce qu'il y a trouvé lui-même, vous dis-je. Est-ce que vous dédaignez, vous son serviteur, vous son disciple, ce que votre Seigneur, ce que votre maître a eu pour partage ? Ne l'entendez-vous pas vous dire : « Le serviteur n'est pas plus grand que son seigneur, et le disciple n'est pas au-dessus de son maître. (*Jean,* XIII, 16). » Il a souffert pour vous les douleurs, les fouets, les opprobres, la croix et la mort. Et de ces tourments, lequel avait-il mérité, lui, le juste ? et lequel n'avez-vous pas mérité, vous, pécheur ? Tenez donc votre œil dans la droite ligne, de peur qu'il ne soit troublé par la colère : « Cessez de vous irriter, et quittez votre indignation. Ne portez secrètement envie à personne, de peur que vous ne fassiez le mal ; » à l'imitation, pour ainsi dire, de celui qui, tout en faisant le mal, se trouve dans la prospérité. « Ne portez secrètement envie à personne, de peur que vous ne fassiez le mal; parce que ceux qui font le mal seront exterminés(*Ps.* XXXVI, 9).» Mais je suis témoin de leur bonheur. Croyez-en celui qui vous dit : « Ils seront exterminés ; » car il voit mieux que vous, lui dont l'œil ne peut être troublé par la colère : « parce que ceux qui font le mal seront exterminés. Ceux, au contraire, qui attendent le Seigneur..., » non point quelqu'un de trompeur, mais la Vérité même, non point quelqu'un d'une puissance incertaine, mais la Toute-Puissance même ; « Ceux, au contraire, qui attendent le Seigneur posséderont la terre en héritage(*Ibid.*9).» Quelle terre, si ce n'est cette Jérusalem où parviendra, pour jouir de la paix, celui qui aime ardemment cette cité éternelle ?

10. Mais combien de temps le pécheur sera-t-il florissant ? Combien de temps attendrai-je ? Vous courez vers ce moment : il est court

---

sua. In homine facient e iniquitatem, desine ab ira et derelinque (*a*) furorem (*Ps.* XXXVI, 8). » Quid stomacharis ? Quid per iracundiam et indignationem istam aut blasphemas, aut prope blasphemas ? « In homine faciente iniquitatem, desine ab ira, et derelinque furorem. » Nescis quo te provocet ira ista ? Dicturus es Deo quia iniquus est, illuc pergit. Ecce ille quare felix est, et ille infelix est ? Vide quid pariat : offoca malam conceptionem, « Desine ab ira, et derelinque indignationem, » ut jam resipiscens dicas, « Turbatus est præ ira oculus meus (*Psal.* v,18).» Quis oculus, nisi fidei ? Interrogo oculum fidei tuæ : Credidisti in Christum, quare credidisti ? Quid tibi promisit ? Si felicitatem sæculi hujus tibi promisit Christus, murmura adversus Christum, murmura adversus illum, quando vides infidelem felicem. Quid tibi promisit felicitatis ? quid nisi in resurectione mortuorum ? Quid autem in hac vita (*b*) ? Quod ipse : quod ipse, inquam. An dedignaris serve, discipule, quod Dominus, quod magister? Nonne ab ipso audis, « Non est servus major domino suo, et non est discipulus super magistrum (*Johan,* XIII,16)?» Ille pro te dolores, flagella, opprobria, crucem, mortem passus est. Et quid horum justo debebatur? Quid non tibi peccatori debebatur? Ergo tene directum oculum tuum, ne turbetur præ ira : « Desine ab ira, et derelinque indignationem. Ne subæmuleris ut maligne facias : » quasi imitando eum qui maligne faciendo floret ad tempus. « Ne subæmuleris, ut maligne facias. Quoniam qui maligne agunt, exterminabuntur. » Sed felicitatem eorum video. Crede illi qui dicit, exterminabuntur : quia melius ille videt quam tu, cujus oculum turbare ira non potest. « Quoniam qui ma-

---

(*a*) Nonnulli MSS. constanter, *derelinque indignationem.* (*b*) Sic aliquot MSS. Editi vero, *Quid autem in hac vita pateris, quod non ipse, in qua magis dedignaris serve, discipule, quam Dominus, quam magister?*

ce temps qui vous paraît long. C'est votre faiblesse qui vous fait trouver long ce qui passe si vite. Que sont à nos yeux les désirs d'un malade ? Rien de si long pour lui, dans sa soif, que le temps de lui préparer son breuvage. Les siens s'empressent, de peur que le malade ne s'impatiente. Quand cela sera-t-il fait ? Quand cela sera-t-il cuit ? Quand me le donnera-t-on ? Il n'y a que célérité de la part de ceux qui vous servent ; mais votre maladie vous fait trouver long ce qui se fait cependant très-vite. Aussi, voyez notre médecin ; comme il flatte l'impatience du malade qui s'écrie : combien de temps le supporterai-je ? Combien de temps cela durera-t-il ? « Encore un peu de temps et le pécheur ne sera plus (*Ibid.* 10). » Certes, vous gémissez au milieu des pécheurs ; vous gémissez à cause des pécheurs : «Encore un peu de temps et le pécheur ne sera plus.» Si donc le Prophète vous a dit : « Ceux qui attendent le Seigneur, posséderont la terre en héritage ; » gardez-vous de croire que cette attente sera trop longue ; attendez un peu, et vous recevrez pour toujours ce que vous attendez. Encore quelque temps, mais peu de temps. Rappelez-vous les années écoulées depuis Adam jusqu'au jour présent ; suivez le cours des Écritures ; c'est hier à peine qu'Adam est tombé du paradis (*Gen.* III, 6). Et cependant que de siècles écoulés et révolus ! Où sont les temps passés ? C'est ainsi que passera le peu qui en reste. Et si vous aviez vécu tout ce temps, depuis qu'Adam a été chassé du paradis, jusqu'au jour présent, vous verriez assurément que votre vie, si rapidement envolée, n'aurait pas été longue. Mais quelle est la durée d'une vie d'homme ? Ajoutez-y autant d'années que vous le voudrez, prolongez encore et encore sa vieillesse, qu'est-ce que tout cela ? N'est-ce pas comme la brise du matin ? Si donc nous regardons encore comme éloigné peut-être le jour du jugement, ce jour où il sera rendu selon leurs œuvres aux méchants et aux justes, très-certainement du moins votre dernier jour ne l'est pas. Préparez-vous à ce jour. Tel, en effet, vous sortirez de cette vie, tel vous serez livré à l'autre vie. Au sortir de cette courte vie, vous ne serez pas encore dans l'état des Saints, lorsque le Seigneur leur dira : « Venez, les bénis de mon Père, entrez en possession du royaume qui vous a été préparé depuis le commencement du monde (*Matth.* XXV, 34). » Vous n'y serez pas encore ; qui ne le sait ? Mais déjà vous pourrez être dans ce lieu où le riche, orgueilleux et stérile, aperçut de loin, du milieu de ses tortures, le pauvre autrefois couvert d'ulcères, et maintenant jouissant du repos (*Luc*, XVI, 23). Une fois entré dans ce repos, vous attendrez avec sécurité le jour du jugement, ce jour où vous recouvrerez votre corps, où vous serez changé et

---

ligne agunt, exterminabuntur. Sustinentes autem Dominum. » Non enim aliquem fallacem, sed utique ipsam veritatem : non enim aliquem minus valentem, sed utique omnipotentem. « Sustinentes autem Dominum, ipsi hereditate possidebunt terram (*Ps.* XXXVI, 9). » Quam terram, nisi illam Jerusalem, cujus amore qui exardescit, perveniet ad pacem ?

10. Sed quamdiu peccator floret ? quamdiu sustinebo ? Festinas : cito erit quod tibi diu est. Infirmitas facit diu videri quod cito est Quomodo inveniuntur desideria ægrotorum ? Nihil tamdiu, quam ut calix sitienti temperetur. Utique festinatur a suis, ne forte offendatur infirmus. Quando fiet ? quando, coquetur ? quando dabitur ? Celeritas est in illis qui tibi serviunt , sed infirmitas tua diuturnum putat quod cito agitur. Ergo videte medicum nostrum blandientem infirmo dicenti, Quandiu durabo ? quamdiu erit ? « Et adhuc pusillum, et non erit peccator (*Ibid.* 10). » Inter peccatores certe gemis, de peccatore gemis : pusillum, et non erit. Ne forte quia tibi dixi : « Sustinentes autem Dominum ipsi hereditate possidebunt terram (*Ibid.* 9) : » ne sustinentiam istam longissimam putes; modicum sustine, sine fine accipies quod sustines. Adhuc pusillum : modicum. Recole annos ab Adam usque in hodiernum diem, percurre Scripturas (*Gen.* III, 6): heri pene ille de paradiso lapsus est. Tot sæcula emensa et evoluta sunt. Ubi sunt præterita tempora ? Sic pauca quæ restant, utique transibunt. Si toto illo tempore viveres, ex quo Adam de paradiso dimissus est usque in hodiernum diem ; certe videres vitam tuam non fuisse diuturnam, quæ sic avolasset. Unius autem cujusque hominis vita quanta est ? Adde quantoslibet annos, duc longissimam senectutem, quid est ? Nonne aura est matutina ? Ergo longe sit dies judicii, quando erit retributio injustorum et justorum : tuus certe dies ultimus longe abesse non potest. Ad hunc te præpara. Qualis enim exieris de hac vita, talis redderis illi vitæ. Post vitam istam parvam nondum eris ubi erunt sancti, quibus dicetur, « Venite benedicti Patris mei, percipite regnum quod vobis paratum est ab initio mundi (*Matth.* XXV, 34). Nondum ibi eris, quis nescit ? Sed jam poteris ibi esse, ubi illum quondam ulcerosum paupe-

rendu l'égal des anges. Quelle est donc la durée du temps présent, pour que nous ayons tant de hâte et que nous disions : Quand cela sera-t-il? Combien cela tardera-t-il encore? Nos fils diront la même chose, tiendront le même langage, comme aussi nos arrière-neveux : et comme tous, en se succédant les uns aux autres, doivent le dire, ainsi passera ce court espace de temps à venir, comme a passé tout le temps qui déjà s'est écoulé! O faiblesse humaine! « Encore un peu de temps et le pécheur ne sera plus. »

11. « Et vous chercherez sa place, et vous ne la trouverez pas (*Ibid*). » Le Prophète fait voir ce qu'il a annoncé : « Le pécheur ne sera plus, » non pas qu'il n'existera plus dans le sens absolu du mot, mais il ne pourra plus servir à quoi que ce soit. En effet, s'il cessait absolument d'exister, il cesserait de souffrir. Ce serait donc, dès à présent, une pleine sécurité donnée au pécheur, s'il pouvait se dire : Je ferai tout ce que je voudrai pendant ma vie, et ensuite, je ne serai plus. N'existera-t-il pas pour souffrir? N'existera-t-il pas pour être tourmenté? Que deviendraient ces paroles : « Allez dans le feu éternel, qui a été préparé pour le démon et pour ses anges (*Matth.* XXV, 41)? » Mais peut-être, une fois précipités dans ce feu, cesseront-ils d'exister, et y seront-ils consumés? Alors le Seigneur ne leur dirait pas : « Allez dans le feu éternel; » car il ne serait pas éternel, si ses victimes devaient cesser d'exister. Mais d'ailleurs, le Seigneur n'a pas manqué de faire connaître ce qui les attend ou de l'anéantissement ou de la souffrance et des supplices; car il dit : « Il y aura là des pleurs et des grincements de dents (*Matth.* VIII, 12). » Comment pleureraient-ils et grinceraient-ils des dents, s'ils n'existaient plus? Comment donc faut-il entendre ces mots : « Encore un peu de temps et le pécheur ne sera plus, » si ce n'est dans le sens que le Prophète donne lui-même par le verset suivant : « Et vous chercherez sa place et vous ne la trouverez pas? » Que veut dire « sa place? » Cela veut dire : « son usage. » Est-ce qu'en effet le pécheur sert à quelque chose? Oui, Dieu se sert de lui pour éprouver le juste, de même qu'il s'est servi du démon pour éprouver Job (*Job.* I, 12), de même qu'il s'est servi de Juda pour trahir le Christ (*Matth.* XXVI, 14). Il y a donc en cette vie un usage auquel est employé le pécheur. C'est la place qu'il occupe, de même que dans la fournaise de l'orfèvre, il est une place occupée par la paille. La paille est brûlée afin que l'or soit purifié : de même l'impie exerce sa fureur, afin que le juste soit éprouvé. Mais lorsque le temps de notre épreuve sera passé, lorsqu'il n'y aura plus de justes à éprouver, il n'y aura non plus d'impies pour les éprouver. Est-ce qu'il s'ensuit, parce que nous avons dit qu'il n'y aura plus d'impies pour éprouver les justes, que les impies n'existeront plus? Non; mais parce qu'il n'y aura plus besoin de pécheurs pour éprouver les

---

rem, dives ille superbus et sterilis in mediis suis tormentis vidit a longe requiescentem (*Lucæ* XVI, 23). In illa requie positus, certe securus exspectas judicii diem, quando recipias et corpus, quando immuteris ut Angelo æqueris. Ergo quantum est quod festinamus, et dicimus. Quando erit? Tardum erit? Hoc dicturi filii nostri, et hoc dicturi nepotes nostri : et cum singuli quique sibi succederent, hæc dicturi sunt, sic transit quod adhuc pusillum futurum est, quemadmodum transit totum quod jam præteritum est. O infirme, « Adhuc pusillum, et non erit peccator (*Ps.* XXXVI, 10). »

11. « Et quæres locum ejus, et non invenies (*Ibid.*). » Ostendit, quid dixit, « non erit : » non quia omnino non erit, sed quia ad nullos usus esse poterit. Si enim omnino non erit, nec torquebitur : jam ergo securitas data est peccatori, ut dicat : Faciam quidquid volo quamdiu vivo, postea non ero. Non erit qui doleat, non erit qui torqueatur? Et ubi est : « Ite in ignem æternum, qui paratus est diabolo et angelis ejus (*Matth.* XXV, 41)? » Sed forte missi in ignem illum non erunt, et consumentur. Non illis diceretur, Ite in ignem æternum; quia non futuris non esset æternus. Et tamen quid illic futurum sit eis, utrum omnino consumtio, an dolor et cruciatus, non tacuit Dominus dicens, « Ibi erit ploratus et stridor dentium. (*Matth.* VIII, 12). » Quomodo ergo plorabunt et stridebunt dentibus, si non erunt? Quomodo ergo hic « Adhuc pusillum, et non erit peccator, » nisi quomodo in sequenti versu exposuit, « Et quæres locum ejus, et non invenies? » Quid est, « locum ejus? » Usum ejus. Habet enim aliquem usum peccator? Habet. Hic utitur illo Deus ad probandum justum, quomodo usus est diabolo ad probandum Job (*Job*, I, 12), quomodo usus est Juda a tradendum Christum. (*Matth.* XXVI, 14). Est ergo in hac vita quod agatur de peccatore. Hic est ergo locus ejus, quomodo est in fornace aurificis locus paleæ. Ardet palea, ut aurum

justes, « Vous chercherez leur place et vous ne la trouverez pas. » Dans le temps présent, cherchez la place du pécheur et vous la trouverez. Dieu a pris le pécheur pour en faire son fouet : il lui a donné les honneurs, il lui a donné la puissance. C'est en effet là ce que Dieu fait quelquefois ; il donne la puissance au pécheur, et par cette puissance les choses humaines sont comme frappées du fouet, et les justes sont corrigés. Le pécheur recevra ce qu'il aura mérité ; et cependant il aura servi au progrès du juste et à la perte de l'impie. « Vous chercherez sa place et ne la trouverez pas. »

12. « Mais ceux qui sont doux posséderont la terre en héritage (*Ps.*XXXVI,11). » Cette terre est celle dont nous avons souvent parlé, la Jérusalem sainte, qui sera délivrée de son exil ici-bas, et qui vivra éternellement en Dieu et de Dieu. Donc « ils posséderont la terre en héritage. » Quelles seront leurs délices ? « Et ils trouveront leurs délices dans l'abondance de la paix. » Que l'impie trouve donc ici-bas, ses délices dans l'abondance de l'or, dans l'abondance de l'argent, dans l'abondance de ses possessions, dans la richesse de ses maisons de plaisance (1), dans l'abondance de ses roses, dans l'ivresse et dans les splendeurs de ses festins de débauche! Voilà donc la puissance qui vous fait envie? voilà donc la fleur qui vous délecte? Est-ce que, même si ces félicités étaient durables, l'impie ne serait pas encore à plaindre? Mais vous, de quelles délices jouirez-vous ? « Ils trouveront leurs délices dans l'abondance de la paix. » La paix sera votre or, la paix sera votre argent, la paix sera vos domaines, la paix sera votre vie, et votre Dieu sera votre paix. Tout ce que vous désirez deviendra votre paix. Ce qui est de l'or ici-bas ne peut être pour vous de l'argent ; ce qui est du vin ne peut être pour vous du pain ; ce qui est lumière pour vous, ne peut être un breuvage : votre Dieu sera toutes choses pour vous. Vous le mangerez pour n'avoir pas faim ; vous le boirez pour n'avoir pas soif ; vous recevrez sa lumière pour n'être pas aveugle ; vous vous appuyerez sur lui pour ne pas défaillir ; il vous possédera tout entier, étant lui-même tout entier. Là vous ne serez pas à l'étroit avec celui qui, comme vous, le possèdera tout entier. Vous le possèderez en entier et un autre le possèdera de même, parce que, vous et tout autre, vous ne ferez qu'une seule et même chose que votre possesseur possédera tout entière. «Voilà les biens qui resteront à

---

purgetur : sic sævit impius, ut justus probetur. Sed cum transierit tempus probationis nostræ, quando non erunt qui probentur, non erunt per quos probentur. Numquid quia diximus, Non erunt qui probentur, non erunt ipsi ? Sed quia jam non opus erit peccatoribus per quos justi probentur : « Et quæres locum ejus, et non invenies. » Modo quære locum peccatoris, invenies. De peccatore fecit Deus flagellum, dedit ei honorem, dedit ei et potestatem. Aliquando enim facit hoc, dat peccarori potestatem, flagellantur inde res humanæ, emendatur inde (*a*) pii. Peccatori illi hoc reddetur quod debetur : et tamen factum est de illo unde proficiat pius, unde deficiat impius. «Quæres locum ejus, et non invenies.»

12.«Mansueti autem hereditate possidebunt terram (Ps. XXXVI,11).Terra est illa de qua sæpe locuti sumus, Jerusalem sancta, quæ liberabitur de peregrinatione ista, et in æternum vivet cum Deo et de Deo. Ergo « hereditate possidebunt terram.»Quæ erunt deliciæ ipsorum ? « Et delectabuntur in multitudine pacis (*Ibid.*).»Delectetur hic impius ille in multitudine auri, in multitudine argenti, in multitudine mancipiorum, in multitudine postremo (*b*) baiarum, rosarum, vinolentiæ, lautissimorum et luxuriosorum conviviorum. Hæc est potentia cui invides, iste flos est qui te delectat ? Nonne etsi semper sic esset, plangendus esset ? Quæ erunt autem deliciæ tuæ ? « Et delectabuntur in multitudine pacis.» Aurum tuum pax, argentum tuum pax, prædia tua pax, vita tua pax, Deus tuus pax. Quicquid desideras, pax tibi erit. Quia hic aurum quod est, non potest tibi esse argentum ; quod vinum est, non potest tibi esse panis ; quod tibi lux est, non potest esse potus : Deus totum tibi erit. Manducabis eum, ne esurias ; bibes eum, ne sitias ; illuminaberis ab eo, ne sis cæcus ; fulcieris ab eo, ne deficias ; possidebit te totum integrum, totus integer. Angustias non ibi patieris cum eo cum quo totum possides : totum habebis, totum et ille habebit ; quia

---

(1) On donnait peut-être le nom de Baies, de celui d'une très-belle et très-célèbre ville de Campanie, à des sites agréables et à des terres fertiles. Cicéron paraît l'avoir fait dans son discours pour Cœlius, *dans le jardin, la maison et les baies (baias) de qui*, dit-il, *les passions de tous se déployoient librement*. S. Jérôme (contre Jovinien, liv. II, ch. 9), dit qu'on appelle *baies* les palmes ou les feuilles du palmier. Le mot latin *rosarum*, placé à la suite, s'est peut-être glissé là au lieu d'un autre mot de forme analogue, comme *mensarum*, de ses tables.

(*a*) Vox, *pii*, abest a MSS. Paulo post in editis erat, *redditur* : cujus loco ex MSS. reponimus, *reddetur*. (*b*) Editi, *postremo opum diversarum*. Ex MSS. autem quidam, *odorum, rosarum* : nonnulli, *olivarum, rosarum* : alii, *odoriferarum rosarum* : plures denique, *baiarum, rosarum*.

l'homme pacifique(*Ibid.* 37).»Nous avons chanté ces paroles : sans doute ce verset est encore éloigné, dans le psaume, de ceux que nous venons d'expliquer; mais,parce que nous l'avons chanté, nous pouvons en faire la conclusion de ce discours. Soyez donc en toute sécurité : « gardez l'innocence ; » c'est une chose du plus grand prix. Vous voulez, je crois, dérober quelque chose, afin d'accroître votre richesse : voyez bien où vous mettez la main et où vous prenez. Si vous acquérez de tel côté, vous y perdez : vous acquérez de l'argent, vous perdez l'innocence. Que plutôt votre cœur sorte de son erreur : vous acquériez de l'argent et perdiez votre innocence ; perdez plutôt votre argent. « Gardez l'innocence et ne voyez que la droite ligne (*Ibid.*), » car Dieu même vous dirigera, afin que tout ce qu'il veut, vous le vouliez, et telle est la droite ligne. Si vous ne voulez pas ce que Dieu veut, vous cessez d'être droit, et cette coupable flexion de votre cœur vous empêchera d'être aplani par celui qui est la droiture même. « Gardez l'innocence et ne voyez que la ligne droite, » et ne croyez pas que la fin de cette vie soit aussi la fin de l'homme qui meurt ; car « voilà les biens qui resteront à l'homme pacifique. »

DEUXIÈME DISCOURS

SUR LA SECONDE PARTIE DU PSAUME XXXVI [1].

1. Nous avons reçu l'ordre de parler à Votre Charité sur ce psaume, et nous avons dû obéir. Dieu a voulu, en effet, retarder notre départ par l'abondance de la pluie, et nous avons reçu l'ordre de vous adresser la parole, afin que notre langue ne vous fît point défaut, tandis que notre cœur a constamment souci de vous, comme le vôtre de nous. Déjà nous vous avons

tu et ille unum eritis, quod unum totum et ille habebit qui vos possidet. « Hæ sunt reliquiæ homini pacifico (*Ibid.* 37). » Hoc cantavimus : qui versus longe quidem est in isto Psalmo ab his tractatis versibus. Sed quia ipsum cantavimus, ad ipsum claudere debemus. Tu tantum securus esto, custodi innocentiam, pretiosa res est. Furari vis aliquid, credo, ut adquiras : vide quo manum mittis, et unde tollis. Hac vis adquirere, hac perdis : adquiris pecuniam, perdis innocentiam. Evigilet potius cor tuum : qui volebas pecuniam adquirere innocentiam, perde potius pecuniam : « Custodi innocentiam, et vide directionem (*Ibid.*), » quia diriget te Deus, ut omnia quæcumque vult, velis et tu : ipsa enim est directio. Nam si tu nolis quod Deus vult,curvus eris, et pravitas tua non te permittet (*a*) planari recto. « Custodi ergo innocentiam, vide directionem : » et noli putare quia finita ista vita, finitus est homo ; « quia sunt reliquiæ homini pacifico. »

SERMO SECUNDUS

De secunda parte Psalmi XXXVI.

De Psalmo isto loqui Caritati Vestræ, et jussi sumus, et obtemperare debuimus. Voluit enim Dominus propter imbrium nimietatem retardare profectionem nostram ; et imperatum est nobis, ne vacaret hic

---

(1) Il exhorte les fidèles au support des méchants, et il argumente contre les Donatistes, et nommément contre Primianus.

(*a*) Plerique MSS. *pacari.*

engagé à étudier, dans ce psaume, la volonté de Dieu : que nous enseigne-t-il, quels avis nous donne-t-il, contre quoi nous met-il en garde, que veut-il que nous supportions et que vous espériez ? Car deux espèces d'hommes, les justes et les impies, sont mêlés sur cette terre et dans cette vie. Chacune d'elles a dans le cœur des tendances particulières. L'espèce des justes tend à s'élever par l'humilité à ce qu'il y a de plus sublime ; l'espèce des impies est entraînée, par le poids de l'orgueil, vers les choses infimes. L'une s'abaisse pour s'élever, l'autre monte pour tomber. Il en résulte que l'une supporte, et que l'autre est supportée. Les justes se proposent de gagner les impies eux-mêmes à la vie éternelle ; les impies se proposent de rendre le mal pour le bien, et de priver, s'ils le peuvent, même de la vie temporelle, ceux qui veulent leur procurer la vie éternelle. L'impie a peine à supporter le juste, et le juste a peine à supporter l'impie : ils se sont réciproquement à charge. Nul ne doute qu'ils ne soient une charge l'un pour l'autre, mais avec des intentions différentes. En effet, le juste est à charge à l'impie, parce que le juste désire que l'impie cesse d'être impie et devienne juste ; et non-seulement le juste souhaite par ses vœux, mais il s'efforce encore, par ses actions, de conquérir l'impie à la justice. L'injuste, au contraire, hait tellement le juste, qu'il voudrait qu'il ne fût pas, ou du moins qu'il ne fût pas juste. Car plus il est juste, et plus il est à charge à l'impie. Celui-ci travaille donc à le rendre impie, s'il le peut, et, s'il ne le peut, à le faire disparaître et à se débarrasser ainsi de l'ennui et de la gêne qu'il lui cause. Mais s'il vient à bout de le rendre impie, il ne l'en aura que plus encore à charge. Car il n'y a pas que le juste qui soit à charge à l'impie, c'est à peine si deux impies peuvent se supporter mutuellement ; et même, lorsqu'ils semblent s'aimer, il n'y a entre eux que des droits de complicité et non d'amitié. Ils s'accordent, en effet, lorsqu'ils conspirent la perte du juste, non parce qu'ils s'aiment, mais parce qu'ils haïssent ensemble celui qu'ils devraient aimer. A l'égard de cette espèce d'hommes, le Seigneur notre Dieu nous enseigne le support et le sentiment de charité que nous trouvons dans l'Évangile, où le Seigneur nous en fait un commandement : « Aimez vos ennemis, nous dit-il, et faites du bien à ceux qui vous haïssent (*Matth.* v, 44). » C'est ce que dit aussi l'Apôtre : « Ne vous laissez pas vaincre par le méchant, mais triomphez du méchant par le bien (*Rom.* XII, 21). » Soyez en lutte avec le méchant, mais luttez par la bonté. Car la véritable lutte, ou plutôt le salutaire combat, c'est la lutte du bon contre le méchant, et non celle de deux méchants entre eux.

---

erga vos lingua nostra, cum cordis nostri negotium semper *(a)* sitis, sicut et nos vestri. Commendaveramus autem jam voluntatem Dei in isto Psalmo, quid nos velit docere, quid admonere, contra quid cautos esse, et quid tolerare, et quid sperare. Duo enim genera hominum, justorum et iniquorum, in hac terra et in hac vita commixta sunt. Habent singula ista genera proprias intentiones cordis sui. Genus justorum conatur in sublimia per humilitatem : genus iniquorum præponderat ad inferiora per elationem. Hoc enim se deprimit ut surgat, illud se extollit ut cadat. Ex eo fit ut unum genus toleret, alterum toleretur ; propositumque sit justis ipsos etiam iniquos in vitam æternam lucrari, propositum autem iniquis reddere mala pro bonis, et eos qui sibi vitam æternam volunt, si fieri potest, etiam vita temporali privare. Ægre enim fert, et injustus justum, et justus injustum : oneri sibi sunt. Nemo dubitat quod isti duo alterutrum sibi oneri sunt, sed diversis intentionibus. Ad hoc enim justus injusto oneri est, quia injustum eum esse non vult, sed eum justum fieri, et optat votis, et conatur factis : injustus autem sic odit justum ut nolit eum esse, non ut bonum velit esse. Quanto enim bonus est, tanto magis oneri est iniquitati illius. Et laborat quidem, si fieri potest, ut eum injustum faciat ; si autem non potest de medio tollat, et a suo tædio molestiaque removeat. Sed et si eum fecerit injustum, nihilo minus oneri illi erit. Non enim justus tantum injusto oneri est, sed et duo injusti vix sepatiuntur : et quando se videntur diligere, conscientiam sibi debent, non amicitiam. Tunc autem secum concordant, quando in perniciem justi conspirant, non quia se amant, sed quia eum qui amandus erat simul oderunt. Contra hoc genus hominum indicit nobis Dominus Deus noster tolerantiam et affectum illum caritatis, quem novimus in Evangelio, præcipiente nobis Domino et dicente : « Diligite inimicos vestros, et benefacite his qui oderunt vos (*Matth.* v, 44).» Sicut et Apostolus : « Noli vinci a malo, sed vince in bono malum (*Rom.* XII, 21). » Con-

---

(a) Editi, *scitis*. Melius aliquot MSS. *sitis*.

2. Portez donc votre attention sur le psaume. Nous en avons déjà expliqué la première partie, voici ce qui suit : « Le pécheur observera le juste, et grincera des dents contre lui. Mais le Seigneur se rira de lui (*Ps.* XXXVI, 13). » De qui ? Assurément du pécheur grinçant des dents contre le juste. Mais pourquoi le Seigneur se rira-t-il de lui ? « Parce qu'il voit d'avance que son jour viendra. » Le pécheur est plein d'arrogance, lorsqu'il menace le juste, ne sachant pas ce que sera son lendemain. Mais le Seigneur le voit, et il voit d'avance le jour du pécheur. Quel jour ? Le jour où il traitera chacun selon ses œuvres (*Matth.* XVI, 27). Car l'impie amasse contre lui-même un trésor de colère, pour le jour de la colère et de la manifestation du juste jugement de Dieu (*Rom.* II, 5). Le Seigneur le voit d'avance et vous ne le voyez pas. Or, celui qui le voit vous l'a montré. Vous ignoriez le jour où l'impie serait puni ; mais celui qui le connaît ne vous l'a point caché. C'est avoir une grande part de science, que d'être uni à celui qui sait. Dieu a les yeux de la science ; ayez ceux de la croyance. Ce que Dieu voit, croyez-le. Car le jour de l'impie viendra, et Dieu le voit par avance. Quel jour ? Celui de la vengeance à l'égard de chacun. Il faut, en effet, que Dieu soit vengé de l'impie, qu'il soit vengé de l'injuste ; que celui-ci se convertisse, ou qu'il ne se convertisse pas. Car, s'il se convertit, Dieu est vengé de lui par cela seul que son iniquité a péri. Est-ce que Dieu ne s'est point ri de deux impies, dont il prévoyait le jour, du traître Judas (*Act.* I) et de Saul le persécuteur (*Act.* IX) ? Il voyait par avance le jour du châtiment de l'un, et le jour de la justification de l'autre. Dieu a été vengé de tous les deux ; l'un a été précipité dans les feux de l'enfer ; l'autre a été abattu par une voix descendue du ciel. Et vous aussi, voyez par avance avec Dieu, par les yeux de la foi, le jour de celui dont l'iniquité vous opprime ; et quand vous sentirez qu'il exerce sa haine contre vous, dites-vous : Cet homme, ou se corrigera et sera avec moi, ou persévérera dans le mal et sera séparé de moi.

3. Car quoi ? Est-ce que l'injustice de l'impie vous nuirait et ne lui nuirait pas ? Comment se pourrait-il faire que son iniquité, lancée contre vous en quelque sorte par sa colère et sa haine, parviendrait à vous blesser, sans l'avoir d'abord ravagé au dedans de lui-même, avant de vous frapper au dehors ? Son inimitié opprime votre corps ; mais son iniquité gangrène son âme. Le mal qu'il vous fait retourne tout entier contre lui. Car la persécution qu'il vous inflige vous rend pur et le rend criminel. A qui

tende cum malo, sed de bonitate. Ipsa est enim vera contentio, vel potius certamen salubre, ut sit bonus contra malum, non ut sint duo mali.

2. Ergo ad Psalmum respicite. Primæ partes jam tractatæ sunt, sequuntur hæc : « Observabit peccator justum, et stridet super eum dentibus suis : « Dominus autem irridebit eum (*Ps.* XXXVI, 13). » Quem ? Hique peccatorem stridentem super justum dentibus suis. Unde autem Dominus irridebit eum ? « Quoniam prospicit quod veniet dies ejus (*Ibid.*). » Acerbus videtur, cum minatur justo nesciens horam sui crastinam : Dominus autem videt, et prospicit diem ejus. Quem diem ? Quo reddet unicuique secundum opera sua (*Matth.* XVI, 27). « Thesaurizat enim sibi iram in die iræ et revelationis justi judicii Dei (*Rom.* II, 5). » Sed Dominus prospicit, tu autem non prospicis : (*a*) indicavit tibi qui prospicit. Tu diem injusti quo pœnas pensurus est ignorabas : sed qui scit, non te celavit. Non parva pars scientiæ est, scienti conjungi. Ille habet oculos cognitionis, tu habeto credulitatis. Quod videt Deus, crede tu. Veniet enim dies injusti, quem prospicit Deus. Qui dies ? Cujusque vindictæ. Necesse est enim ut vindicetur in impium, vindicetur in injustum, sive convertat se, sive non se convertat. Si enim se converterit, hoc ipsum in illo vindicatur, quod periit iniquitas. Nonne irrisit Dominus prospiciens dies iniquorum duorum, et Judæ traditoris (*Act.* 1) et Sauli persecutoris (*Act.* 9) ? Unius diem prospexit ad pœnam, alterius ad justitiam. In utrumque vindicatum est : ille est gehennæ ignibus deputatus, iste cœlesti voce prostratus. Ergo et tu quem pateris iniquum, per oculos fidei prospice cum Deo dies ejus ; et cum videris in te sævientem, dic tibi. Iste aut correctus (*b*), mecum erit ; aut perseverans, mecum non erit.

3. Quid enim ? Injustitia injusti tibi nocet, et illi non nocet ? Unde fieri potest, ut iniquitas ejus, quæ per ejus indignationem et odium procedit ad lædendum te, non prius ipsum vastet intus, quam te tentet foris ? Tuum corpus premit adversitas, illius animum putrefacit iniquitas. Nam et quidquid in te profert, in illum redit. Ejus enim persecutio te facit

---

(*a*) Sic MSS. At editi, *indicavit tibi quæ prospicit* : et paulo post, *quo pœnas passurus est ignorabas, sed qui scit, non te celavit*. (*b*) Sic MSS. At editi, *meus erit*.

des deux nuit-elle donc le plus? Sa haine vous a dépouillé : lequel des deux est frappé d'un plus cruel dommage, de celui qui perd son argent, ou de celui qui perd son âme? Ceux-là seuls savent pleurer cette dernière perte, qui ont l'œil intérieur. Pour beaucoup, en effet, l'or a de l'éclat, et la foi n'en a pas. C'est qu'ils ont des yeux pour voir l'or; mais des yeux pour voir la foi, ils n'en ont pas. Car s'ils en avaient, et s'ils la voyaient, ils l'aimeraient tout autrement; et cependant, quand on leur manque de foi, ils jettent les hauts cris, ils cherchent à rendre odieux celui qui les a trompés, et ils disent : O foi ! où y a-t-il encore de la foi ? Vous l'aimez pour recevoir ce qui vous est dû, aimez-la pour rendre ce que vous devez. Donc, tous ceux qui persécutent les justes, éprouvent un plus grand dommage qu'eux, et font une perte plus grande que ceux qu'ils dépouillent, parce que leur âme elle-même est ravagée ; c'est là ce qu'indiquent les paroles du psaume, qui viennent à la suite : « Les pécheurs ont tiré leur glaive du fourreau et ils ont tendu leur arc, pour renverser l'indigent et le pauvre, pour égorger ceux dont le cœur est droit. Que leur arme entre dans leur propre cœur » (*Ps.* XXXVI, 14 et 15). » Il est facile au méchant d'atteindre de son arme ou de son glaive votre corps, comme le glaive du persécuteur a atteint le corps des martyrs; mais, si le corps a été frappé, le cœur est resté intact; au contraire, le cœur de celui qui a tiré le glaive contre le corps du juste n'est évidemment pas resté intact. C'est ce que prouve le psaume, il ne dit pas : Que leur arme entre dans leur propre corps ; mais que leur arme entre dans leur propre cœur. Ils ont voulu porter la mort dans le corps du juste, qu'ils portent la mort dans leur âme. En effet, le Seigneur a mis en sécurité ceux dont ils voulaient tuer le corps, en disant : « Ne craignez pas ceux qui tuent le corps, mais qui ne peuvent tuer l'âme (*Matth.* X, 28). » Mais qu'est-ce que de frapper avec le glaive, et de ne pouvoir tuer que le corps de son ennemi, tandis qu'on tue son âme à soi ? Ces hommes sont en délire, ils sévissent contre eux-mêmes ; ils sont fous, ils ne se voient pas eux-mêmes. Ils ressemblent à celui qui, pour déchirer la tunique d'un autre, se passerait lui-même le fer au travers du corps. Vous regardez où vous avez frappé, et vous ne regardez pas par où vous avez passé; vous avez déchiré le vêtement d'autrui, et vous avez traversé votre propre chair. Il est donc évident que les impies se blessent bien plus eux-mêmes, et qu'ils se font bien plus de mal qu'ils ne pensent en faire à ceux qu'ils haïssent. « Que leur arme entre donc dans leur propre cœur. » C'est le jugement du Seigneur, et il ne peut en être autrement. «Et que leur arc soit brisé.» Que veut dire : et que leur arc soit brisé ? Qu'ils dressent en vain leurs embûches. En effet, le Prophète

---

purgatum, illum reum. Cui ergo plus nocet ? Ecce sæviendo exspoliavit te : quis damno graviore percutitur, qui amittit pecuniam, an qui amittit fidem ? Norunt dolere damna ista, qui habent oculum interiorem. Multis enim fulget aurum, fides non fulget. Habent quippe oculos unde aurum videant : unde fidem videant, non habent. Nam si haberent et viderent, utique plus amarent : et tamen quando eis frangitur fides, clamant, invidiam faciunt et dicunt. O fides, ubi est fides ? Amas eam ut exigas, ama ut exhibeas. Ergo quia omnes qui persequuntur justos, graviore damno feriuntur, et graviore pernicie afflictantur, cum in eis vastatur ipse animus ; sequitur, et ostendit hoc Psalmus:«Gladium eduxerunt peccatores, intenderunt arcum suum : ut dejiciant inopem et pauperem, ut trucident rectos corde. Framea eorum intret in cor ipsorum(*Ps.*XXXVI, 14 et 15). » Facile est ut framea ejus, id est, gladius ejus perveniat ad corpus tuum, sicut pervenit gladius persecutorum ad corpora Martyrum ; sed percusso corpore, cor mansit illæsum : illius autem cor qui gladium eduxit in corpus justi, non plane mansit illæsum. Hoc Psalmus iste testatur. Framea eorum non dixit, in corpus eorum ; sed, « Framea eorum intret in cor ipsorum. » In corpore occidere voluerunt, in anima moriantur. Illos enim quorum corpora interficere voluerunt, securos Dominus fecit, dicens eis, « Nolite timere eos qui corpus occidunt, animam autem non possunt occidere (*Matth.*X,28).»Quale est autem sævire gladio, nec posse occidere nisi corpus inimici, et posse occidere animam suam?Desipiunt,contra se sæviunt,insaniunt,non se vident: tamquam si vellet aliquis per corpus suum ferrum trajicere, ut consideret tunicam alterius. Adtendis quo pervenisti, et non adtendis qua trajecisti : illius concidisti vestem, tuam carnem. Constat ergo plus esse quod se lædunt iniqui, et quod sibi nocent, quam quod sibi videntur nocere illis quos oderunt. « Framea ergo eorum intret in cor ipsorum, » Sententia Domini est, aliter fieri non potest. « Et arcus

avait dit plus haut : « Ils ont tiré leur glaive du fourreau, et ils ont tendu leur arc. » Par le glaive tiré du fourreau, il a voulu figurer l'attaque ouverte ; par l'arc tendu, il a voulu indiquer des embûches cachées. Or, voici que le méchant périt par son propre glaive et que sa peine à dresser des embûches est inutile. Que veut dire est inutile ? Qu'il n'a fait aucun mal au juste. Comment donc n'a-t-il fait aucun mal au juste, si, par exemple, il l'a dépouillé ; si, en lui ravissant ses biens, il l'a réduit à la misère ? C'est que le juste peut se consoler en chantant ces paroles du psaume : « Un bien médiocre vaut mieux pour le juste que les nombreuses richesses des pécheurs (*Ps.* XXXVI, 16). »

4. Mais les injustes sont puissants, ils font de nombreuses entreprises et le succès les favorise ; ils agissent promptement et leurs ordres sont suivis d'une rapide obéissance. En sera-t-il toujours ainsi ? Non. « Parce que les bras des pécheurs seront brisés (*Ibid.* 17). » Leur bras signifie leur puissance. Que fera l'impie dans l'enfer ? Ne fera-t-il point comme ce riche qui, sur terre, célébrait des festins magnifiques et qui est torturé dans les enfers (*Luc.* XVI, 19) ? Leurs bras seront donc brisés ; « mais le Seigneur affermit les justes. » Comment les affermit-il ? Que leur dit-il ? Ce qui est dit dans un autre psaume : « Attendez le Seigneur ; agissez avec courage, et que votre cœur se fortifie et attendez le Sei-

gneur (*Ps.* XXVI, 14). » Que veut dire : Attendez le Seigneur ? souffrez pour un temps et vous ne souffrirez pas dans l'éternité ; vos peines durent peu, votre bonheur sera éternel ; vous pleurez pour un jour, vous vous réjouirez sans fin. Mais, au milieu de vos souffrances, commencez-vous à faiblir ? On vous met devant les yeux l'exemple des souffrances du Christ. Voyez ce qu'il a souffert pour vous, lui qui n'avait en lui-même aucune cause de souffrance (*Matth.* XXVI, 61 et suiv. et XXVII, 26 et suiv.) Quelques maux que vous ayez à endurer, vous n'en arriverez jamais à ces outrages, à cette flagellation, à cette robe d'ignominie, à cette couronne d'épines, enfin à cette mort sur la croix, puisque ce genre de supplice a été aboli parmi les hommes. Car, tandis qu'autrefois les criminels étaient crucifiés, nul ne l'est plus maintenant. La croix est honorée et elle est supprimée. Elle est supprimée comme supplice, elle demeure comme une gloire. Des lieux de supplice elle a passé sur le front des empereurs. Que réserve donc à ses serviteurs celui qui a rendu ses peines si glorieuses ? C'est par ces choses, par ces paroles, par ces exhortations, et par un tel exemple que le Seigneur affermit les justes. Que les pécheurs déchaînent leur rage autant qu'il le voudront, et autant qu'il leur sera permis de le faire, le Seigneur affermit les justes. Quoiqu'il arrive au juste, il doit l'attribuer à la volonté de

---

corum conteratur. » Quid est, « arcus eorum conteratur ? » Insidiæ ipsorum frustrentur. Superius enim dixerat : « Gladium eduxerunt peccatores, intenderunt arcum suum. » Gladii eductionem, intelligi voluit apertam oppugnationem. Arcus autem intentionem, occultas insidias intelligi voluit. Ecce gladius ejus perimit cum, et dispositio insidiarum ejus frustratur. Quid est, frustratur ? Nihil nocet justo. Quomodo ergo nihil ei nocuit, verbi gratia, quem sic exspoliavit, cui tollendo res suas ad angustias perduxit ? Habet quod cantet : « Melius est modicum justo super divitias peccatorum multas (*Ibid.* 16). »

4. Sed potentes sunt iniqui, et multa faciunt, et suppetit eis rerum effectus, agendi celeritas, jussionem obedientia sequitur ? Numquid semper sic ? « Quoniam brachia peccatorum conterentur (*Ibid.* 17). » Brachia ergo eorum, potentia eorum. Quid facturus est in gehenna ? An quod fecit ille dives, qui apud superos epulabatur, apud inferos torquebatur (*Luc.* XVI, 19 ? « Brachia ergo eorum conterentur. Confirmat autem justos Dominus. » Quomodo eos confirmat ? Quid eis dicit ? Quod dicitur in alio Psalmo, « Sustine Dominum, viriliter age, et confortetur cor tuum, et sustine Dominum (*Psal.* XXVI, 14). » Quid est hoc, Sustine Dominum ? Ad tempus laboras, in æternum non laborabis : brevis est molestia tua, æterna erit beatitudo tua : ad modicum doles sine fine gaudebis. Sed inter molestias incipis labi ? Proponitur exemplum et passionum Christi (*Matth.* XXVI, 62 et XXVII, 25 etc.). Vide quid pro te pertulit, qui quare perferret non habebat. Quantacumque patiaris, non pervenies ad illas insultationes, ad illa flagella, ad illam ignominiosam vestem, ad illam spineam coronam, ad illam postremo crucem non pervenies, quia jam et de pœna generis humani sublata est. Cum enim sub antiquis scelerati crucifigerentur, modo nullus crucifigitur. Honorata est et finita. Finita est in pœna, manet in (*a*) gloria. A locis

(*a*) Quindecim MSS. *manet in gratia.*

DEUXIÈME DISCOURS SUR LE PSAUME XXXVI.

Dieu, et non au pouvoir de l'ennemi. Celui-ci peut se mettre en fureur, mais il ne peut frapper, si Dieu ne le veut pas. Et si Dieu permet que l'ennemi frappe, il sait bien comment recevoir celui qui lui appartient. « Car le Seigneur châtie celui qu'il aime; il frappe de verges tout fils qu'il reçoit (*Hébr.* XII, 6). » Pourquoi donc l'impie s'applaudit-il de servir de verge à mon Père ? Mon Père le prend comme un instrument ; il m'instruit en vue de mon patrimoine. Nous ne devons donc pas nous préoccuper de ce qu'il permet aux injustes, mais de ce qu'il réserve aux justes.

5. Mais nous devons souhaiter aussi que ceux qui servent de verges pour nous frapper, se convertissent et soient frappés de verges à leur tour. C'est ainsi que Dieu instruisait ses fidèles en se servant de Saul pour verge ; mais ensuite il convertit Saul. Et lorsque le Seigneur disait au saint homme Ananias, par qui Saul fut baptisé, de recevoir Saul parce qu'il était un vase d'élection, Ananias, effrayé, rempli d'horreur au récit des persécutions de Saul, lui répondit : « Seigneur, j'ai appris quelles terribles persécutions cet homme a fait souffrir à vos saints dans Jérusalem, et maintenant, muni de lettres de pouvoir, il va pour enchaîner et traîner devant le Grand-Prêtre, tous ceux qu'il trouvera invoquant votre nom. » Et le Seigneur lui répondit : « Ne craignez rien ; je lui montrerai ce qu'il faudra qu'il souffre pour la gloire de mon nom (*Act.* IX, 13 et suiv.). » Je lui rendrai ce qu'il a fait, dit-il, je me vengerai de lui, et il souffrira pour mon nom, lui qui a persécuté mon nom. J'instruis ou j'ai instruit les autres par lui ; je l'instruirai également par les autres. Cela s'est accompli, et nous savons quels tourments a supportés Saul, en bien plus grand nombre que ceux qu'il avait fait souffrir : comme un créancier avare, il a reçu avec usure ce qu'il avait donné.

6. Mais voyez si cette parole du psaume s'est accomplie en lui : « le Seigneur affermit les justes. » Le même Paul vous dit au milieu de ses nombreuses souffrances : « Outre cela, nous nous glorifions encore dans les tribulations, sachant que la tribulation produit la patience, que la patience produit l'épreuve, que l'épreuve produit l'espérance et que l'espérance ne confond point ; parce que l'amour de Dieu est répandu en nos cœurs par l'Esprit-Saint, qui nous a été donné (*Rom.* V, 3 et suiv.). » Bien, le voilà évidemment déjà juste, déjà affermi. De même donc que ceux qui le persécutaient, quand déjà il était affermi, ne lui nuisaient pas, de même il n'avait pas nui

---

suppliciorum fecit transitum ad frontes Imperatorum. Qui tantum honorem dedit pœnis suis, quid servat fidelibus suis? His ergo rebus, his verbis, his allocutionibus, hoc tali exemplo confirmat justos Dominus. Sæviant quantum voluerint, et quantum permissi fuerint peccatores : confirmat justos Dominus. Quidquid acciderit justo, voluntati divinæ deputet, non potestati inimici. Sævire ille potest : ferire, si ille noluerit, non potest. Et si ille voluerit ut feriat, novit suum quemadmodum excipiat. « Quem enim diligit Dominus, corripit : flagellat autem omnem filium quem recipit (*Hebr.* XII, 7). » Quid sibi ergo plaudit iniquus, quia flagellum sibi de illo fecit Pater meus? Illum assumit ad ministerium, me erudit ad patrimonium. Nec attendere debemus quantum permittat injustis, sed quantum servet justis.

5. Sed debemus optare etiam illis per quos flagellamur, ut convertantur, et flagellentur. Sic enim suos fideles erudiebat, qui de Saulo flagellum sibi fecerat, postea convertit et Saulum. Et cum Ananiæ sancto, a quo baptizatus est Saulus, diceret Dominus, illum suscipiendum esse Saulum, quia vas esset electionis, respondit Ananias, timens et exhorrescens audita fama Sauli persecutoris, « Domine, audivi, inquit, ego de viro isto quantas persecutiones sanctis tuis fecerit in Jerosolyma, et nunc acceptis litteris vadit, ut ubicumque invenerit invocantes nomen tuum, trahat et liget, et ad pontifices adducat. » Et contra Dominus, « Sine, inquit, ego illi ostendam quæ illum oporteat pati pro nomine meo (*Act.* IX, 13, etc.). » Reddam illi, inquit, vindicabo me de illo, et patietur pro nomine meo, qui sævit in nomen meum. Erudio vel erudivi per eum alios, erudiam et ipsum per alios. Factum est hoc, et novimus quanta sustinuerit Saulus, multo plura quam fecerat, quasi avarus exactor cum usuris recepit quod dederat.

6. Sed vide utrum in illo impletum sit quod modo Psalmus dicit : « Confirmat autem justos Dominus (*Rom.* V. 3).» « Non solum, (inquit idem Paulus, cum multa mala pateretur,) sed et gloriamur in tribulationibus, scientes quia tribulatio patientiam operatur, patientia probationem, probatio spem, spes autem non confundit, quia caritas Dei diffusa est in cordibus nostris per Spiritum-sanctum, qui datus est nobis. »

à ceux qu'il persécutait. Or, dit le prophète, le Seigneur affermit les justes. Écoutez d'autres paroles du juste affermi : « Qui nous séparera de l'amour du Christ? la tribulation, ou l'angoisse, ou la faim, ou la nudité, ou la persécution (*Rom.* VIII, 35)? » Avec quelle force était-il attaché à l'amour de Dieu, celui que de pareilles épreuves n'en séparaient pas? Mais le Seigneur affermit les justes. Certains prophètes étaient descendus de Jérusalem et, remplis du Saint-Esprit, ils prophétisèrent à Paul toutes les souffrances qu'il endurerait à Jérusalem ; à ce point que l'un d'eux, nommé Agabus, délia la ceinture de Paul, et s'en lia les mains, selon la coutume, pour montrer par ce signe les événements qu'il annonçait prophétiquement, et il dit : « Comme vous voyez que je suis lié, de même il faut que cet homme soit lié dans Jérusalem (*Act.* XXI, 11 et suiv.). » Or les frères, à cet avertissement donné à Saul, qui désormais portait le nom de Paul, commencèrent à le détourner de s'exposer à de si grands périls ; ils voulurent l'empêcher, par leurs conseils et par leurs prières, d'aller à Jérusalem. Mais lui, qui déjà était du nombre de ceux dont il est dit : le Seigneur affermit les justes, leur répondit? Pourquoi voulez-vous abattre mon courage? Je ne regarde pas ma vie comme précieuse pour moi (*Act.* XX, 24). Et comme il avait déjà dit à ceux qu'il enfantait à l'Évangile : « Je me donnerai moi-même pour vos âmes (II *Cor.* XII, 15), » il ajouta : « Je suis prêt non-seulement à être enchaîné, mais encore à mourir pour le nom de Notre-Seigneur Jésus-Christ (*Act.* XXI, 13). »

7. « Le Seigneur affermit donc les justes. » Comment les affermit-il? « Le Seigneur connaît les voies de ceux qui sont sans tache (*Ps.* XXXVI, 18). »Les ignorants, qui ne savent pas reconnaître les voies des hommes sans tache, s'imaginent, lorsqu'ils les voient dans la souffrance qu'ils marchent dans de mauvaises voies ; mais Dieu qui les connaît, sait par quelle voie droite il conduit ceux qui lui sont dociles. C'est pourquoi le Prophète a dit dans un autre psaume : « Il dirigera dans la justice ceux qui sont doux, il enseignera ses voies à ceux qui lui seront dociles (*Ps.* XXIV, 9). » Quel sentiment de répulsion ne croyez-vous pas qu'éprouvaient ceux qui passaient devant le pauvre rongé d'ulcères, étendu à la porte du riche(*Luc.*XVI,20).Avec quel mépris peut-être ne crachaient-ils pas sur lui, en se bouchant le nez? Mais le Seigneur savait, au contraire, tenir en réserve pour lui le paradis. Et ces passants ne désiraient-ils pas pour eux-mêmes la vie de ce riche,revêtu de pourpre et de fin lin, qui tous les jours faisait des festins splendides? Mais le Sei-

Bene plane jam justus, jam confirmatus.Quomodo ergo isti jam confirmato nihil nocebant qui illum insectabantur,sic nec ipse illis quos persequebatur. « Confirmat autem, inquit, justos Dominus. » Audi alias voces confirmati justi. Quis nos separabit a caritate Christi (*Rom.* VIII, 35) ? Tribulatio, an angustia, an fames, an nuditas, an persecutio ? Quomodo hærebat, qui rebus talibus non separabatur ? « Confirmat autem justos Dominus » Descenderant quidam prophetæ de Jerosolyma, et impleti Spiritu-sancto prophetaverunt eidem Paulo quod multa passurus esset in Jerusalem : ita ut quidam eorum, Agabus nomine, soluta zona alligaret se, quemadmodum solet fieri, ut his indiciis rerum futura demonstraret Propheta, dicens : Sicut alligatum me videtis, sic oportet alligari hominem hunc in Jerosolymis (*Act.* XXI, 11). Fratres autem reposito admonitum Saulum, jam Paulum,ne se tantis periculis committeret,cœperunt deterrere, et monendo et rogando revocare ne iret in Jerosolymam. Ille autem qui jam in eorum numero erat,de quibus dictum est : « Confirmat autem justos Dominus, » Quid, inquit, confringitis cor meum? « Non facio animam meam pretiosam mihi (*Act.*XX, 24).»Quia jam dixerat eis quos parturierat in Evangelio. Et ipse « impendar pro animabus vestris (II *Cor.* XII, 15) « Ego enim, inquit, non solum alligari, sed etiam mori paratus sum pro nomine Domini Jesu Christi (*Act.* XXI, 13). »

7. « Confirmat ergo justos Dominus. » Quo modo eos confirmat? « Novit Dominus vias immaculatorum (*Ps.* XXXVI, 18). » Quando patiuntur mala, vias malas ambulare creduntur ab ignorantibus, ab his qui non noverunt videre vias immaculatorum. Ille qui eas novit, scit per quam rectum ducat mansuetos suos. Unde dixit in alio Psalmo, « Diriget mites in judicio, docebit mansuetos vias suas (*Psal.* XXIV, 9). » Quomodo putatis detestatos homines transeuntes ulcerosum pauperem jacentem ante divitis januam (*Lucæ* XVI,20) ? Quomodo forte hunc occlusis naribus conspuebant ? Noverat autem Dominus illi (*a*) servare paradisum. Quomodo autem sibi optabant vitam illius,qui induebatur purpura et bysso, et epula-

(*a*) la plerisque MSS. *servari.*

gneur, qui voyait par avance les jours de ce riche, connaissait les tourments qui l'attendaient, tourments qui seront éternels. « Le Seigneur connaît donc les voies de ceux qui sont sans tache. »

8. « Et l'héritage qu'ils possèderont sera éternel (Ps. XXXVI, 18). » Nous le connaissons déjà par la foi; mais est-ce par la foi que le Seigneur le connaît? Le Seigneur le connaît avec tant de clarté, que jamais nous ne pourrons l'exprimer, même quand nous serons semblables aux anges. En effet, les choses que nous verrons avec le plus de clarté ne seront pas aussi manifestes pour nous qu'elles le sont pour celui qui ne peut changer. Et pourtant, qu'a-t-il été dit de nous? « Mes bien-aimés, nous sommes maintenant les fils de Dieu, mais on ne voit point encore ce que nous serons. Nous savons que, quand le Seigneur apparaîtra, nous serons semblables à lui, parce que nous le verrons tel qu'il est (I Jean. III, 2). » Un spectacle, que nous ne pouvons dépeindre, mais infiniment doux, nous est donc réservé : et si on peut se le figurer en partie, en énigme, et comme dans un miroir, on ne peut exprimer en aucune manière les charmes ravissants de cette douceur que Dieu réserve à ceux qui le craignent, et qu'il rendra parfaite pour ceux qui mettent en lui leur espérance (Ps. XXX, 30). Nos cœurs y sont préparés par toutes les afflictions et toutes les tentations de cette vie. Ne vous étonnez pas d'y être préparés par les souffrances; vous êtes préparés pour quelque chose de grand et d'incomparable. De là viennent ces paroles d'un juste affermi : « Les souffrances de ce temps ne sont pas dignes de la gloire future qui sera révélée en nous (Rom. VIII, 18). » Quelle sera notre gloire future, si ce n'est d'être les égaux des anges, et de voir Dieu? Quel immense bienfait accorde à un aveugle celui qui guérit ses yeux, pour qu'il voie la lumière du jour? Quand il est guéri, cet homme ne trouve rien qui soit un prix digne de son médecin. Quelque chose que vous supposiez qu'il lui donne, que lui donnera-t-il qui soit égal à ce qu'il a reçu? Pour lui donner le plus possible, il lui donnera de l'or et beaucoup d'or; mais le médecin lui a donné la lumière. Pour bien se rendre compte qu'il ne donne vraiment rien à son médecin, qu'il regarde, lorsqu'il est dans les ténèbres, la valeur de ce qu'il lui donne. Que donnerons-nous à ce médecin divin, qui guérit nos yeux intérieurs pour les rendre capables de contempler la lumière éternelle, qui n'est autre que lui-même? Que lui donnerons-nous? Cherchons, trouvons, si cela nous est possible; et dans les angoisses de notre recherche, écrions-nous : « Que rendrai-je au Seigneur pour tous les biens que j'ai reçus de lui (Ps. CXV, 12)? » Et qu'a trouvé le Prophète : « Je prendrai le calice du salut, et j'invoquerai le nom du Seigneur. » « Pouvez-vous, dit Jésus,

---

batur quotidie splendide? Dominus autem qui prospiciebat dies illius, noverat ejus futura tormenta, et sine fine tormenta. Ergo « novit Dominus vias immaculatorum. »

8. « Et hereditas eorum in æternum erit (Ps. XXXVI, 18). » Hoc in fide habemus : Dominus numquid in fide? Dominus novit illa in tanta manifestatione, in quanta non possumus dicere, cum vel æquati Angelis erimus. Non enim nobis tam manifesta erunt, quæ erunt manifesta, quam sunt manifesta illi qui nec commutari potest. Tamen et de nobis quid dictum est? « Dilectissimi, nunc filii Dei sumus, et nondum apparuit quod erimus : scimus quia cum apparuerit, similes ei erimus, quoniam videbimus eum sicuti est (I Johan. III, 3). » Servatur ergo nobis nescio quod dulce spectaculum omnino : et si cogitari ex aliqua parte in ænigmate et per speculum potest, dici tamen nullo modo potest pulcritudo illius dulcedinis, quam servat Deus timentibus se, perficit autem sperantibus in se (Psal. XXX, 20). Illuc paratur corda nostra in omnibus vitæ hujus tribulationibus et tentationibus. Noli mirari, quia in laboribus pararis : ad magnum aliquid pararis. Unde vox illa justi confirmati, « Non sunt condignæ passiones hujus temporis ad futuram gloriam, quæ revelabitur in nobis (Rom. VIII, 18). » Quæ erit futura gloria nostra, nisi æquari Angelis, et videre Deum? Quantum præstat cæco, qui illi oculos sanaverit, ut videat hanc lucem? Cum sanus factus fuerit ille, nec invenit quid dignum rependat sanatori suo. Quantumlibet enim illi det, quid dabit tale quale illi præstitit? Ut plurimum det, aurum dabit, et multum aurum dabit : ille lucem præstitit. Ut noverit ille quia nihil dat; videat in tenebris quod dat. Quid ergo dabimus nos medico illi, oculos interiores nostros sanantis, ad videndam quamdam lucem æternam, quod est ipse? Quid illi dabimus? Quæramus, inveniamus, si possumus; et in angustiis inquisitionis nostræ exclamemus, « Quid retribuam Domino pro omnibus quæ retribuit mihi (Psal. CXV, 12)? Et quid invenit?

boire le calice que je dois boire (*Matth.* xx, 22)? » C'est pourquoi aussi, il dit à Pierre : « M'aimez-vous? paissez mes brebis (*Jean.* xxi, 17) : » ces brebis pour lesquelles Pierre devait boire le calice du Seigneur. « Mais le Seigneur affermit les justes. Le Seigneur connait les voies de ceux qui sont sans tache et l'héritage qu'ils posséderont sera éternel. »

9. « Ils ne seront pas confondus dans les temps mauvais (*Ps.* xxxvi, 19). » Que veut dire : Ils ne seront pas confondus dans les temps mauvais? Ils ne seront pas confondus dans les jours d'affliction, dans les jours d'angoisse, comme est confondu celui dont l'espérance est trompée. Quel est celui qui est confondu ? celui qui dit : Je n'ai pas trouvé ce que j'espérais. Et ce n'est pas sans raison ; car vous mettiez votre espérance en vous-même, ou vous espériez en un homme, votre ami : or « Maudit est celui qui met son espérance dans un homme (*Jérém.* xvii, 5). » Vous êtes confondu, parce que votre espérance vous a trompé ; votre espérance vous a trompé, parce qu'elle reposait sur le mensonge, car tout homme est menteur (*Ps.* cxv, 11). Si, au contraire, vous mettez votre espérance dans votre Dieu, vous ne serez pas confondu ; parce que celui en qui vous aurez mis votre espérance ne peut être trompé. C'est pourquoi ce juste affermi que je viens de vous rappeler, qu'a-t-il dit, après avoir traversé, sans être confondu, des temps mauvais et des jours de tribulation? « Nous nous glorifions dans les tribulations, sachant bien que la tribulation produit la patience, que la patience produit l'épreuve, que l'épreuve produit l'espérance et que l'espérance n'est point confondue (*Rom.* v, 3). » Pourquoi l'espérance n'est-elle point confondue ? parce qu'elle repose sur Dieu. Aussi dit-il en continuant : « Parce que l'amour de Dieu a été répandu dans nos cœurs par l'Esprit-Saint, qui nous a été donné (*Ibid.*). » Quand déjà l'Esprit-Saint nous a été donné, comment celui dont nous avons reçu un tel gage pourrait-il nous tromper? « Ils ne seront pas confondus dans les temps mauvais ; et dans les jours de famine, ils seront rassasiés. » Dès ici-bas, en effet, il y a pour eux un véritable rassasiement. Car les jours de la vie présente sont des jours de famine ; et tandis que les autres ont faim, les justes sont rassasiés. Autrement, de quoi se glorifierait celui qui disait : « Nous nous glorifions dans les tribulations, » s'il souffrait intérieurement la faim? Au dehors il paraissait à l'étroit, au dedans ils étaient au large.

10. Que fait, au contraire, le méchant lorsqu'il commence à sentir la tribulation? Au dehors il n'a plus rien, tout lui est enlevé; dans sa conscience il ne trouve aucune consolation. Il n'a point où sortir de lui-même, au dehors tout est

---

« Calicem salutaris accipiam, et nomen Domini invocabo (*Ibid.*). » « Potestis, inquit, bibere calicem quem ego bibiturus sum (*Matth.* xx, 22)? » Inde Petro, « Amas me? Pasce oves meas (*Johan.* xxi, 17) : » pro quibus biberet calicem Domini. « Confirmat autem justos Dominus. Novit Dominus vias immaculatorum, et hereditas eorum in æternum erit (*Ps.* xxxvi, 18). »

9. « Non confundentur in tempore malo (*Ibid.* 19). » Quid est, « Non confundentur in tempore malo ? » In die tribulationis, in die angustiarum non confundentur: sicut confunditur quem fallit spes. Quis est qui confunditur? Qui dicit, Ego quod sperabam non inveni. Nec immerito : sperabas enim de te, aut sperabas de homine amico. » Maledictus autem qui spem suam ponit in homine (*Jerem.* xvii, 5). » Confunderis, quia fefellit te spes, fefellit spes posita in mendacio. « Omnis enim homo mendax (*Psal.* cxv, 11). » Si autem ponas spem tuam in Deo tuo, non confunderis ; quia ille in quo spem posuisti, (a) falli non potest. Unde et ille quem paulo ante commemoravi, justus confirmatus, positus in tempore malo, in die tribulationis, quia non confundebatur, quid ait ? « Gloriamur in tribulationibus, scientes quoniam tribulatio patientiam operatur, patientia probationem, probatio spem, spes autem non confundit (*Rom.* v, 3, etc.). » Unde spes non confundit? Quia in Deo posita est. Ideo sequitur, « Quia caritas Dei diffusa est in cordibus nostris per Spiritum-sanctum qui datus est nobis (*Ibid.*). » Jam datus est nobis Spiritus-sanctus, quomodo nos fallit cujus tale pignus tenemus ? « Non confundentur in tempore malo : et in diebus famis saturabuntur (*Ps.* xxxvi, 19). » Est enim quædam hic saturitas eorum. Nam dies famis, vitæ hujus sunt : aliis esurientibus, illi saturantur. Nam ille unde gloriaretur dicens, Gloriamur in tribulationibus, si egestatem intus pateretur? Videbantur foris angustia, sed intus latitudo erat.

10. Quid autem facit malus homo cum cœperit tribulari? Foris nihil habet, ablata sunt omnia, in conscientia nullum solatium est; non est quo exeat

(a) Aliquot MSS. *fallere non potest.*

affligeant ; et il n'a point où rentrer en lui-même, au dedans tout est mauvais. Il lui arrive justement ce que le Prophète ajoute : « Car les pécheurs périront (*Ibid.* 20). » Comment en effet ne périraient pas ceux qui n'ont d'asile d'aucun côté ? Il n'y a pour eux de consolation, ni au dehors, ni au dedans. En effet, la consolation nous manque d'abord entièrement dans toutes les choses du dehors. Et, d'autre part, tous ceux qui ne possèdent pas Dieu, sont les esclaves de l'argent, de l'amitié, de la gloire, des richesses du monde ; et tous ces biens temporels, quels qu'ils soient, ne peuvent consoler intérieurement, comme était consolé celui qui intérieurement rempli de graisse révélait cette plénitude par ces paroles : « Le Seigneur me l'avait donné ; le Seigneur me l'a ôté ; il a été fait comme il a plu au Seigneur, que le nom du Seigneur soit béni (*Job.* I, 21). » Les pécheurs n'ont donc point d'asile dans les choses du dehors, parce qu'ils y trouvent la cause de leurs tribulations : leur conscience ne les console pas, ils ne sont pas bien avec eux-mêmes, parce qu'il est impossible d'être bien avec un méchant. Or, quiconque est méchant, est mal avec soi-même ; il est inévitablement l'instrument de son propre supplice. Celui que torture sa conscience, est à lui-même son châtiment. Il fuit un ennemi partout où il le peut ; mais lui-même où se fuira-t-il ?

11. Ainsi était venu vers nous un partisan de Donatus, qui se trouvait dans cette position : accusé, excommunié par les siens, il cherchait ici ce qu'il avait perdu là. Mais, comme on ne pouvait le recevoir parmi nous qu'à la place qui lui convenait (car il n'avait pas quitté son parti en homme irréprochable vis-à-vis des siens, de manière à paraître conduit par son libre choix et non par la nécessité) ; comme il n'avait pu obtenir dans le parti de Donatus ce qu'il désirait, c'est-à-dire une vaine élévation et de faux honneurs ; et comme il ne put trouver ici ce qu'il n'avait pu trouver ailleurs, il se sentit périr. Blessé qu'il était, il gémissait sans être consolé. Il trouvait, en effet, dans le secret de sa conscience d'horribles aiguillons. Nous avons essayé de le consoler par la parole de Dieu ; mais il n'était pas du nombre des sages fourmis, qui rassemblent en été de quoi vivre en hiver. Car, lorsque tout est calme, l'homme doit recueillir en lui-même la parole de Dieu, et la renfermer dans le plus intime de son cœur, comme la fourmi cache dans des cavernes secrètes les provisions qu'elle amasse pendant l'été (*Prov.* VI, 6 et XXX, 25). L'été est en effet le temps favorable pour en agir ainsi ; mais l'hiver arrive,

---

quia dura sunt ; non est quo intret, quia mala sunt. Merito ei fit quod sequitur, « Quoniam peccatores peribunt (*Ibid.* 20). » Quibus ergo locus nusquam est, quomodo non peribunt ? Consolatio non est in externis, non est in internis. Extra sunt enim a nobis, de quibus consolatio nulla est. Et universi qui Deum non habent, (*a*) pecuniæ, amicitiæ, gloriæ, facultatibus mundi serviunt, et quæcumque bona sunt corporalia, non possunt consolari intrinsecus, quomodo consolabatur ille plenus sagina interiore, et de ipsa sagina ructuans, « Dominus dedit, Dominus abstulit, sicut Domino placuit, ita factum est, sit nomen Domini benedictum (*Job.* I, 21). » Ergo illis peccatoribus non est locus in his quæ foris sunt, quia ibi patiuntur tribulationes : (*b*) conscientia illos non consolatur ; non est bene illis secum : quia bene esse cum malo non potest. Quisquis autem malus est male secum est : torqueatur necesse est sibi ipso tormento. Ipse est enim pœna sua, quem torquet conscientia sua. Fugit ab inimico quo potuerit, a se quo fugiet ?

11. Ita quidam ex parte Donati venerat ad nos, accusatus et excommunicatus a suis, hic quærens quod ibi perdiderat. Sed quia suscipi non potuit, nisi eo loco quo debuit : non enim deseruit illam partem quasi integer apud ipsos, ut appareret cum non (*c*) necessitate, sed electione fecisse : quia ibi ergo habere non potuit quod quærebat, quærebat autem vanam elationem et falsum honorem, et quia hic non invenit quod ibi perdidit, et ipse periit. Gemebat saucius, et non consolabatur. Erant enim in conscientia ejus aculei horribiles taciti. Tentavimus consolari eum de verbo Dei ; sed ille non erat de sapientibus formicis, quæ sibi æstate collegerunt unde hyeme vivant. Cum enim res sunt tranquillæ, tunc homo sibi colligere debet verbum Dei, et recondere in intimis cordis sui, quemadmodum formica abscondit in cavernosis penetralibus labores æstatis

---

(*a*) Tres MSS. *Pecunia, amicitiæ, gloria, facultates mundi, servi et quæcumque bona*, etc (*b*) Apud Lov. *ubi conscientia*. Abest vox, *ubi*, a MSS. et ab Er. (*c*) Sic melioris notæ MSS. At Er. *eum non delectatione, sed necessitate fecisse*. Lov. *eum non dilectione, sed necessitate fecisse*.

c'est-à-dire l'affliction survient, et si on ne trouve dans son cœur aucune nourriture, il faut périr d'inanition. Cet homme n'avait donc pas recueilli en lui la parole de Dieu; l'hiver est survenu, il n'a pas trouvé parmi nous ce qu'il cherchait et qui eût été son unique consolation, puisqu'il ne pouvait se consoler par la parole de Dieu. Il n'avait aucun secours en lui-même et il ne trouvait pas au dehors ce qu'il cherchait. Il était brûlé par les feux de son indignation et de ses douleurs, son âme était en proie à de violentes agitations. Longtemps il les avait tenues cachées; mais enfin elles s'échappèrent en gémissements, si bien qu'elles frappèrent les oreilles de nos frères, sans que le malheureux crût être entendu. Nous étions les témoins, (et c'était avec une vive douleur, Dieu le sait,) des peines si cruelles, des tortures si terribles, des angoisses si affreuses, des tourments si horribles qu'endurait cette âme infortunée. Que dirai-je de plus? Impatient d'une humble position qui aurait pu lui être salutaire, s'il eût écouté la sagesse, il se montra tel qu'on dût le mettre dehors. Cet exemple, mes frères, ne doit pas nous faire désespérer d'autres Donatistes, s'ils venaient à se rattacher à la vérité par leur propre choix, et non par suite de la nécessité. On doit si peu désespérer des autres, que je ne désespère même pas de ce malheureux, tant qu'il vit. En effet, il ne faut jamais désespérer d'un homme encore vivant. J'ai dû, mes frères, profiter de cette occasion pour faire connaître ces faits à Votre Charité, de peur que d'autres ne vous en fissent quelque récit contraire. Car leur sous-diacre, qui, sans avoir eu aucun différent avec eux, s'est rapproché de la paix et de l'unité catholique et les a quittés pour venir à nous, est en effet venu par un libre choix de ce qui est bon, et non comme un homme repoussé par des méchants; et nous l'avons reçu dans de telles conditions que nous n'avons qu'à nous réjouir de sa conversion et à le recommander à vos prières. Dieu peut, en effet, le rendre toujours de meilleur en meilleur. Du reste, il ne faut rien affirmer de personne, soit en bien, soit en mal. En effet, tant que l'on vit ici-bas, le lendemain est toujours inconnu. « Ils ne seront pas confondus dans les temps mauvais et dans les jours de famine, ils seront rassasiés; car les pécheurs périront. »

12. « Et les ennemis du Seigneur n'auront pas été plus tôt glorifiés et exaltés qu'ils tomberont et s'évanouiront comme de la fumée (*Ps.* XXXVI, 20). » La comparaison même, employée par le prophète, vous rend clairement sa pensée. La fumée, en s'échappant de l'endroit où est le feu, s'élève en l'air, et en montant elle se gonfle comme un globe immense, mais plus vaste est ce globe, plus il est vide. En effet, à raison de cette étendue sans fondement et sans consis-

---

(*Prov.* VI, 6 ; et XXX, 25). Per æstatem enim vacat hoc agere : venit autem hyems, id est, supervenit tribulatio, et nisi intus invenerit quod edat, necesse est ut fame dispereat. Iste ergo sibi non collegerat verbum Dei, supervenit hyems, non hic invenit quod quærebat, consolari nisi inde non poterat, de verbo autem Dei nullo modo. Intus apud se nihil habebat, foris quod quærebat non inveniebat: ardebat indignationum et dolorum facibus, agitabatur mens ejus violenter, et tam diu occulte, donec etiam erumperet in quosdam gemitus, ita ut inter fratres sonaret, et se audiri nesciret. Videbamus, et dolebamus vehementer (Deus scit) tantam pœnam animæ, tantas cruces, tantas gehennas, tanta tormenta. Quid pluribus? Impatiens loci humilis, cui si saperet, posset esse locus salubris, talis apparuit, ut etiam projiceretur. Neque hinc desperare debemus, Fratres, de aliis, qui forte elegerint veritatem, non secuti fuerint necessitatem. Usque adeo enim de ceteris desperandum non est, ut nec de isto desperem, quamdiu vivit. De nullo enim vivente desperandum est. Hoc ergo, Fratres, ex occasione hac scire debuit Caritas Vestra, ne quis forte aliud vobis dicat. Nam subdiaconus eorum, qui, cum ei nulla quæstio ibi commoveretur elegit catholicam pacem et unitatem, et illis dimissis venit, venit re vera sicut eligens quod bonum est, non sicut repudiatus a malis : sic acceptus est ut de ejus conversione gaudeamus, et cum vestris orationibus commendemus. Potens est enim Deus, qui cum faciat etiam atque etiam meliorem. Ceterum de nullo pronuntiandum est in aliquam partem, sive in bonam, sive in malam. Quamdiu enim hic vivitur, crastinus dies semper ignoratur. « Non confundentur in tempore malo, et in diebus famis saturabuntur : quoniam peccatores peribunt. »

12. « Inimici autem Domini statim ut gloriabuntur et exaltabuntur, deficientes sicut fumus deficient (*Ps.* XXXVI, 20). » Ex ipsa similitudine rem quam insinuavit, agnoscite. Fumus a loco ignis erumpens in altum extollitur, et ipsa elatione in globum magnum intumescit : sed quanto fuerit globus ille grandior, tanto fit vanior : ab illa enim magnitudine non fun-

tance, qui n'est qu'une vaine enflure suspendue en l'air, la fumée roule au gré du vent et se dissipe, de sorte que l'on s'aperçoit bientôt que son élévation même lui a été nuisible. Car, plus elle s'élève, plus elle s'étend, plus elle se répand de toutes parts dans un large contour; plus aussi elle s'amincit, s'évanouit peu à peu, et disparaît. « Et les ennemis du Seigneur n'auront pas été plus tôt glorifiés et exaltés, qu'ils tomberont et s'évanouiront comme de la fumée. » C'est de tels hommes qu'il est dit : « De même que Jannès et Mambrès ont résisté à Moïse, de même ceux-ci résistent à la vérité : hommes corrompus d'esprit et pervertis quant à la foi (II *Tim.* III, 8). » Or, pourquoi résistent-ils à la vérité, si ce n'est parce que, tout gonflés d'orgueil, ils se livrent à tout vent et s'élèvent comme s'ils étaient justes et grands? Qu'est-il dit encore sur eux par l'Apôtre? Il parle d'eux comme de la fumée : « Mais ils n'iront pas au-delà, car leur folie sera connue de tout le monde, comme le fut celle de Jannès et de Mambrès (*Ibid.* 9). » « Et les ennemis du Seigneur n'auront pas été plus tôt glorifiés et exaltés, qu'ils tomberont et s'évanouiront comme de la fumée. »

13. « Le pécheur reçoit un prêt à intérêt et il ne paiera pas sa dette (*Ps.* XXXVI, 21). » Il reçoit et il ne rendra pas. Qu'est-ce qu'il ne rendra pas? Des actions de grâces. Qu'est-ce en effet que Dieu veut de vous, ou que vous redemande-t-il, sinon des choses qui vous sont utiles ? Et que de bienfaits le pécheur n'a-t-il point reçus, pour lesquels il ne paiera point la dette qu'il a contractée ? Il a reçu d'exister; il a reçu d'être homme et d'être à une immense distance des animaux; il a reçu la beauté du corps; il a reçu dans ce corps des sens différents : les yeux pour voir, les oreilles pour entendre, les narines pour flairer, le palais pour goûter, les mains pour toucher, les pieds pour marcher, et enfin la santé de ce même corps. Mais tous ces dons nous sont encore communs avec les animaux, il en a reçu d'autres plus excellents, c'est-à-dire un esprit qui peut comprendre, qui peut saisir la vérité, qui peut distinguer le juste d'avec l'injuste, qui peut chercher, désirer, glorifier le Créateur, et s'attacher à lui. Le pécheur a reçu tous ces dons; mais en vivant mal, il ne paie pas sa dette. « Le pécheur reçoit donc un prêt à intérêt, et il ne paiera pas sa dette : » il ne rendra pas ce qu'il doit à celui dont il a tant reçu, il ne lui rendra pas d'actions de grâces; bien plus, il rendra le mal pour le bien, c'est-à-dire : les blasphèmes, les murmures et l'indignation contre Dieu. « Il reçoit donc un prêt à intérêt, et il ne paiera pas sa dette; le juste, au contraire, est touché de compassion et prête du sien. » L'un ne possède donc rien; l'autre possède. Voyez où est l'indigence, voyez où sont les richesses. Celui-ci reçoit et ne paiera pas; celui-là prête au mal-

---

data et solidata, sed pendente et inflata, it in auras atque dilabitur, ut videas ipsam ei obfuisse magnitudinem. Quanto enim plus erectus est, quanto extentus, quanto diffusus undique in majorem ambitum, tanto fit exilior, et deficiens, et non apparens. « Inimici autem Domini statim ut gloriabuntur et exaltabuntur, deficientes sicut fumus deficient. » De talibus dictum est, « Sicut Jannes et Mambres restiterunt Moysi, sic et isti resistunt veritati : homines mente corrupti, reprobi circa fidem (II *Tim.* III, 8). » Unde autem resistunt veritati, nisi inflatione tumoris sui, euntes in ventos, extollentes se quasi justos et magnos? Quid autem de illis ait? Tamquam de fumo, « Sed ultra non proficient, dementia enim eorum manifesta erit omnibus, sicut et illorum fuit (*Ibid.* 9). » « Inimici autem Domini statim ut gloriabuntur et exaltabuntur, deficientes sicut fumus deficient. »

13. « Fœneratur peccator, et non solvet (*Ps.* XXXVI, 21). » Accipit, et non reddet. Quid non reddet? Gratiarum actionem. Quid enim a te vult Deus, aut quid exigit Deus, nisi quod tibi (*a*) prosit ? Et quanta accepit peccator, pro quibus non solvet ? Accepit ut sit, accepit ut homo sit, multumque intersit inter ipsum et pecus; accepit corporis formam, accepit in corpore distinctionem sensuum, ad videndum oculos, ad audiendum aures, ad odorandum nares, ad gustandum palatum, ad contrectandum manus, ad ambulandum pedes, salutemque ipsam corporis. Sed adhuc ista et cum pecore habemus communia : accepit etiam amplius, id est, mentem quæ possit intelligere, quæ possit capere veritatem, quæ possit justum ab injusto discernere, quæ possit indagare, desiderare Creatorem, laudare et inhærere illi. Hæc omnia accepit et peccator, sed non bene vivendo non reddit quod debet. Ergo « fœneratur peccator, et non solvet, » non reddet ei a quo accepit, non aget gratias : immo vero rependet mala pro nobis, blas-

---

(*a*) Editi, *promisit.* Verius aliquot MSS. *prosit.*

heureux dont il a compassion ; il a tous les biens en abondance. Mais, s'il est pauvre ? Même alors il est riche. Jetez seulement un pieux regard sur ses richesses. Vous voyez en effet sa bourse vide, mais vous ne faites point attention à sa conscience que Dieu remplit. Au dehors, il n'a pas de ressources, mais au dedans il a la charité. Et combien, par cette charité, ne donne-t-il pas sans jamais s'épuiser? Si, en effet, il a au dehors quelque ressource, sa charité en disposera, et ces dons extérieurs seront véritablement ceux de sa charité. Si, au contraire, il ne trouve au dehors rien à donner, il donne sa bienveillance, il donne des conseils, s'il le peut; il porte secours, s'il le peut ; si enfin il ne peut aider ni de ses conseils, ni de ses secours, il aide du moins par ses vœux, ou il prie pour l'affligé et peut-être, par la manière dont sa prière est exaucée, est-il plus utile que celui qui donne du pain. Celui-là a toujours quelque chose à donner, dont le cœur est plein de charité. Cette charité s'appelle encore bonne volonté. Dieu ne vous demande pas autre chose que ce qu'il vous a donné intérieurement. Car la bonne volonté n'est jamais dans l'impossibilité d'agir. Si, en effet, la bonne volonté vous manque, lors même que vous avez plus d'argent qu'il ne vous en faut, vous ne le donnez pas au pauvre ; tandis que des pauvres eux-mêmes viennent à bout de s'aider par leur bonne volonté, qui ne reste pas stérile dans leurs rapports mutuels. Vous voyez celui qui a ses deux yeux conduire un aveugle ; indigent lui-même il n'avait pas d'argent à donner, il a prêté ses yeux à celui qui n'en a pas. D'où vient donc qu'il prête le secours de ses membres à celui qui n'a pas les siens, sinon parce qu'il a en lui la bonne volonté, le trésor des pauvres? C'est donc ce trésor qui est son plus doux repos et sa vraie sécurité. Il n'a point à craindre de le perdre ni par l'arrivée des voleurs ni par un naufrage. Il garde avec lui ce qu'il possède intérieurement ; il s'échappe entièrement nu, et il est rempli de biens. « Le juste est donc touché de compassion et prête du sien. »

14. « Et ceux qui le béniront posséderont la terre en héritage (*Ibid.* 22).» Il s'agit de ce juste, qui seul est véritablement juste et auteur de notre justification, qui a été pauvre ici-bas et qui a apporté sur terre d'immenses richesses, afin de rendre riche ceux qu'il a trouvés pauvres. C'est lui, en effet, qui a enrichi le cœur des pauvres, en leur donnant l'Esprit-Saint; qui a comblé de l'opulence de la justice les âmes humiliées jusqu'au néant par la confession de leurs péchés; qui a pu rendre riche l'humble pêcheur qui méprisa ce qu'il possédait en abandonnant ses filets, et qui obtint ainsi ce qu'il ne possédait pas (*Matth.* IV, 19). Car le Christ a choisi ce qui

---

phemias, murmur adversus Deum, indignationem. Ergo ille «fœneratur, et non solvet : justus autem misereratur, et commodat.»Ille ergo nihil habet, iste habet. Videte egestatem, videte divitias. Ille accipit, et non solvet : iste miseretur, et commodat : abundat illi. Quid si pauper est ? Etiam sic dives est. Tu tantum ad divitias ejus pios oculos intende. Respicis enim arcam inanem, conscientiam Deo plenam non respicis. Non habet extrinsecus facultatem, sed habet intrinsecus caritatem. De caritate quanta erogat, et non finitur ? Etenim si habet foris facultatem, dat ipsa caritas, sed ex eo quod habet : si autem non invenit foris quod det, dat benevolentiam, præstat consilium, si potest ; præstat auxilium, si potest : ad extremum si nec consilio, nec auxilio adjuvare potest, vel voto adjuvat, vel orat pro contribulato , et forte magis ipse exauditur, quam qui porrigit panem. Habet semper unde det, cui plenum pectus est caritatis. Ipsa est caritas, quæ dicitur et voluntas bona. Plus a te Deus non exigit, quam quod tibi intus dedit. Vacare enim non potest voluntas bona. Non habens voluntatem bonam, etsi nummus tibi supersit, non porrigis pauperi : ipsi inter se pauperes præstant sibi de voluntate bona, non sunt inter se infructuosi. Vides cæcum duci a vidente : quia nummus non habuit quos daret (*a*) egens, commodavit oculos non habenti. Unde hoc factum est, ut membra sua commodaret ei qui non habet, nisi quia intus inerat voluntas bona, thesaurus pauperum? In quo thesauro dulcissima requies, et vera securitas. Ad ipsum amittendum nec latro admittitur, nec naufragium metuitur. Servat secum quod intus habet, nudus evadit, et plenus est. « Justus ergo miseretur, et commodat. »

14. « Quoniam benedicentes eum, hereditate possidebunt terram(*Ibid.*22): » sicut (*b*) illum justum, et solum justum, et justificantem, qui et pauper hic fuit, et divitias magnas adtulit, quibus faceret divites eos, quos invenit pauperes. Ipse est enim qui Spiritu-sancto ditavit corda pauperum, et exinani-

---

(*a*) MSS. *daret egenti*. (*b*) Forte, *Scilicet*.

était faible selon le monde pour confondre ce qui est fort (1 *Cor.* I, 27). Et ce n'est point par l'orateur qu'il a gagné le pêcheur, mais par le pêcheur qu'il a gagné l'orateur, par le pêcheur qu'il a gagné le sénateur, par le pêcheur qu'il a gagné l'empereur. « Et ceux qui le béniront possèderont la terre en héritage : » ils seront ses cohéritiers dans cette terre des vivants, dont le Prophète a dit dans un autre psaume : « Vous êtes mon espérance, vous êtes mon partage dans la terre des vivants (*Ps.* CXLI, 6). » Vous même êtes mon partage a-t-il dit à Dieu; et il n'a pas douté que Dieu ne se fit en effet son partage. « Ils possèderont la terre en héritage; mais ceux qui le maudissent périront. » Il a accordé à ceux qui le bénissent le don de le bénir. Car il est venu à ceux qui le maudissaient et ils l'ont béni; et ainsi ont péri ceux qui le maudissaient, alors que ses dons les ont amenés à le bénir : ils le maudissaient par leur propre méchanceté, ils le béniront par le bien qui est à lui et qu'il a mis en eux.

15. Voyez la suite : « Les pas de l'homme seront dirigés par le Seigneur, et l'homme voudra suivre la voie du Seigneur (*Ps.* XXXVI, 23). » Afin que l'homme veuille suivre la voie du Seigneur, ses pas sont dirigés par le Seigneur lui-même. Car si le Seigneur n'eût dirigé les pas de l'homme, ses pas étaient si engagés dans le mal qu'il s'y serait toujours avancé de plus en plus, et qu'en s'égarant dans ces sentiers tortueux, jamais ils ne serait revenu au droit chemin. Mais le Christ est venu, il a appelé les hommes, il les a rachetés, et il a répandu son sang : voilà le prix qu'il a donné, voilà le bien qu'il a fait, et en retour duquel il a souffert tant de maux. Si vous regardez ce qu'il a fait, il est Dieu; si vous regardez ce qu'il a souffert, il est homme. Quel est cet Homme-Dieu ? O homme ! si vous n'aviez pas abandonné Dieu, Dieu ne se serait pas fait homme pour vous sauver. C'était donc peu de chose pour vous que son premier bienfait et son premier don, si après vous avoir fait homme, il ne se faisait homme lui-même ? Car c'est lui qui a dirigé nos pas, afin que nous voulussions suivre sa voie. « Les pas de l'homme seront dirigés par le Seigneur, et l'homme voudra suivre la voie du Seigneur. »

16. Mais en suivant la voie du Christ, ne vous promettez pas les prospérités du siècle. Il a marché au milieu des souffrances, mais il vous a fait de magnifiques promesses. Suivez-le. Seulement, ne faites point attention par où vous passez, mais où vous arriverez. Vous aurez à supporter des choses dures qui passeront, mais vous

---

tas animas confitendo peccata, implevit opulentia justitiæ ; qui potuit divitem facere piscatorem, dimittendo retia sua quod habebat contemnentem, quod non habebat haurientem. « Infirma enim mundi elegit Deus, ut confunderet fortia (*Matth.* IV, 19). » Et non de oratore piscatorem, sed de piscatore lucratus est oratorem, de piscatore lucratus est senatorem, de piscatore lucratus est imperatorem. « Quoniam benedicentes eum, possidebunt terram hereditate : » erunt ejus coheredes, in terra illa viventium, de qua dicitur in alio Psalmo, « Spes mea es tu, portio mea in terra viventium (*Psal.* CXLI. 6). » Tu es ipsa portio mea, inquit Deo, et non dubitavit Deum sibi facere portionem. « Hereditate possidebunt terram. Maledicentes autem eum, disperient. » Ut autem (a) benedicant qui benedicunt, præstitum est eis. Nam ventum est ad maledicentes, et facti sunt benedicentes : et jam sic disperierunt maledicentes eum, cum ejus munere facti sunt benedicentes, quem malo suo maledicebant, bono autem ipsius benedicunt.

15. Videte quid sequitur : « A Domino gressus hominis dirigentur, et viam ejus volet (*Ps.* XXXVI, 23). » Ipse homo ut velit viam Domini, ab ipso Domino diriguntur gressus ejus. Nam si Dominus non dirigeret gressus hominis, tam pravi erant, ut semper per prava irent, et semitas curvas sequendo redire non possent. Venit autem ille, et vocavit, et redemit, et sanguinem fudit : hoc pretium dedit, hæc bona fecit, et mala passus est. Attende quæ fecerit, Deus est : attende quæ passus sit, homo est. Quis iste Deus homo ? Si tu o homo, non dimitteres Deum, non fieret pro te Deus homo. Parum tibi erat ad remunerationem vel ad donum ejus, quia et hominem te fecit, nisi et homo pro te fieret ? Ipse est enim qui direxit gressus nostros, ut viam ejus vellemus. « A Domino gressus hominis dirigentur et viam ejus volet. »

16. Jam cum sequeris viam Christi, non tibi sæculi prosperitates promittas. Per dura ambulavit, sed magna promisit. Sequere. Noli tantum attendere qua iturus, sed et quo venturus sis. Tolerabis dura

---

(a) Sic Er. et MSS. At Lov. *benedicantur* : minus bene.

arriverez à des joies qui seront éternelles. Si vous voulez supporter le travail, regardez la récompense. En effet, l'ouvrier laisserait là le travail de la vigne, s'il n'avait en vue le salaire qu'il doit recevoir. Mais quand vous aurez considéré ce que vous recevrez, toutes vos souffrances vous paraîtront de peu de valeur ; vous ne les regarderez pas comme dignes du prix dont elles seront payées. Vous vous étonnerez qu'une récompense aussi grande vous soit donnée pour un travail aussi petit. En effet, mes frères, en bonne justice, il faudrait subir un travail éternel pour mériter un éternel repos ; et pour jouir d'une éternelle félicité, il faudrait d'abord supporter d'éternelles souffrances ; mais si vous aviez à supporter d'éternelles souffrances, quand arriveriez-vous à une éternelle félicité ? C'est pourquoi votre tribulation a dû n'être que temporaire, afin qu'à son terme vous arrivassiez à la félicité qui ne finit pas. Mais cependant, mes frères, cette tribulation qui devait mériter une éternelle félicité pouvait être de longue durée. Par exemple, notre misère, notre travail et nos tribulations auraient pu durer longtemps, puisque notre félicité ne doit pas avoir de fin. Si elles eussent duré mille ans, pesez mille années en regard de l'éternité : ou plutôt pourquoi peser en regard de l'infini une quantité finie, quelle qu'elle soit ? Dix mille ans, dix fois cent mille ans, s'il faut examiner un nombre, et mille millions d'années, qui ont une fin, ne peuvent se comparer à l'éternité. Mais, ajoutons que Dieu a voulu, non-seulement que notre travail fût temporaire, mais encore qu'il fût court. Quand nos peines ne seraient pas mêlées de joies, et ces joies sont assurément plus nombreuses et de plus longue durée que nos peines, tout au moins la vie entière de l'homme est-elle de peu de jours. Nos peines sont de moindre nombre et de moindre durée, pour que nous le puissions supporter : mais, quand, toute sa vie, l'homme serait dans les travaux et dans les tribulations ; quand tous les jours, à toutes les heures, pendant toute sa vie jusqu'à l'âge de la vieillesse, il serait affligé par les douleurs, les tourments, la captivité, les blessures, la faim et la soif, toute sa vie n'en serait pas moins de peu de jours. Lorsque le temps de la souffrance sera passé, viendra le royaume éternel, viendra une félicité sans fin, viendra l'égalité avec les anges, viendra l'héritage du Christ ; viendra le Christ notre cohéritier. Pour si peu de peine, quelle ample récompense nous recevrons ! Les vétérans qui éprouvent à la guerre de si rudes fatigues, et qui, pendant tant d'années, ne vivent qu'exposés aux blessures, entrent, dès leur jeunesse, dans la carrière des armes, et n'en sortent qu'arrivés à la vieillesse. Pour avoir quelques jours de repos, lorsqu'ils sont vieux, lorsque l'âge pèse à lui seul sur ceux-mêmes sur qui ne pèsent pas les fatigues de la guerre, combien de rudes travaux n'endurent-ils pas ? Que de

---

temporalia, sed ad læta pervenies sempiterna. Si vis sustinere laborem, adtende mercedem. Nam et operarius in vinea deficeret, nisi adtenderet quid accepturus esset. Cum autem adtenderis quid sis accepturus, omnia tibi erunt vilia quæ pateris, nec digna æstimabis pro quibus illud accipias. Miraberis tantum dari pro tantillo labore. Nam utique, Fratres, pro æterna requie labor æternus subeundus erat ; et æternam felicitatem accepturus, æternas passiones sustinere deberes : sed si æternum sustineres laborem, quando venires ad æternam felicitatem ? Ita fit, ut necessario temporalis sit tribulatio tua, qua finita venias ad felicitatem infinitam. Sed tamen, Fratres, posset esse longa tribulatio pro æterna felicitate. Verbi gratia, ut quoniam felicitas nostra finem non habebit, miseria nostra et labor noster et tribulationes nostræ diuturnæ essent. Nam et si mille annorum essent, appende mille annos contra æternitatem : quid appendis cum infinito quantumcumque finitum ? Decem millia annorum, decies centena millia, si dicendum est, et millia milium, quæ finem habent, cum æternitate comparari non possunt. Huc accedit, quia non solum temporalem voluit laborem tuum Deus, sed etiam brevem. Paucorum dierum est tota vita hominis, etiamsi læta duris non miscerentur, quæ plura et longiora sunt certe, quam dura ; et ideo breviora et pauciora sunt dura, ut durare possimus ; si ergo per totam vitam suam homo in laboribus et in ærumnis esset, in doloribus, in tormentis, in carcere, in plagis, in fame et siti omnibus diebus, horis omnibus per totam vitam suam usque ad ætatem senecturis, pauci dies sunt tota vita hominis : quo labore transacto, veniet regnum æternum, veniet sine fine felicitas, veniet æqualitas Angelorum, veniet hereditas Christi, veniet cohæres Christus. Pro quanto labore quantam mercedem accipimus ? Veterani homines qui laborant in militia, et versantur inter vulnera tot annos

marches ! que de souffrances par le froid et par le chaud ! que de privations, que de blessures, que de périls ! Et ceux qui supportent toutes ces choses, n'ont d'autre perspective que ces quelques jours de repos dans leur vieillesse, et encore ils ne savent pas s'ils y arriveront : « Les pas de l'homme seront donc dirigés par le Seigneur, et l'homme voudra suivre la voie du Seigneur. » C'est pourquoi j'avais déjà commencé à vous le dire : si vous voulez suivre la voie du Christ, si vous êtes vraiment chrétien (et celui-là est chrétien qui, loin de mépriser la voie du Christ, veut la suivre en endurant toutes les souffrances qu'il a endurées), gardez-vous de prendre une autre voie que celle par laquelle il a lui-même passé. Cette voie paraît dure, mais elle est la voie sûre : l'autre a peut-être quelques charmes, mais elle est infestée par les voleurs. « Et l'homme voudra suivre la voie du Seigneur. »

17. « Même quand il tombera, il ne sera pas troublé, parce que le Seigneur affermit sa main (*Ibid.* 24). » Voilà ce que c'est que vouloir suivre la voie du Christ. S'il arrive à l'homme de souffrir quelque affliction, quelque indignité, quelque affront, quelque douleur, quelque dommage ou quelque autre de ces maux qui frappent fréquemment le genre humain dans cette vie, il se reporte à l'exemple de son maître et aux violentes épreuves qu'il a souffertes : Alors, « même quand il tombera, il ne sera pas troublé, parce que le Seigneur affermit sa main, » parce qu'a-vant lui le Seigneur a souffert. Que craindrez-vous donc, ô homme, dont les pas sont dirigés de telle sorte que vous vouliez suivre la voie du Seigneur ? Que craindrez-vous ? Les douleurs ? Le Christ a été flagellé (*Matth.* XXVII, 26). Les affronts ? Lui qui chassait les démons, s'est entendu dire : Vous êtes possédé du démon (*Jean*, VIII, 48). Les complots, peut-être, et les conspirations des méchants ? Mais on a conspiré contre lui (*Jean*, IX, 22). Peut-être êtes-vous accusé et ne pouvez-vous prouver l'intégrité de votre conscience : vous souffrez la violence, parce que de faux témoins sont entendus contre vous ? Eh bien, de faux témoins ont aussi élevé la voix contre lui, non-seulement avant sa mort, mais encore après sa résurrection. De faux témoins ont été produits pour le faire condamner par les juges (*Matth.* XXVI, 60). Les soldats préposés à la garde de son sépulcre ont également rendu un faux témoignage contre lui. Il est ressuscité par un miracle éclatant ; un tremblement de terre a attesté sa résurrection. Mais il y avait là aussi une terre qui gardait la terre, et qui, plus dure que la terre, ne fut point ébranlée. Elle proclama la vérité, mais elle fut séduite par une terre menteuse. En effet, les gardes du sépulcre dirent aux Juifs ce qu'ils avaient vu et ce qui était arrivé ; ils reçurent de l'argent et on leur dit : « Déclarez que pendant votre sommeil, ses disciples sont venus et l'ont enlevé (*Matth.* XXVIII, 12). » Voilà un faux témoignage contre sa ré-

surrection. Mais quel aveuglement dans ces faux témoins, quel aveuglement, mes frères! C'est là ce qui arrive d'ordinaire aux faux témoins : ils sont frappés d'aveuglement, et ils disent contre eux-mêmes des choses qui prouvent évidemment qu'ils ne sont que de faux témoins. Qu'ont-ils donc dit contre eux-mêmes? Tandis que nous dormions, ses disciples sont venus et l'ont enlevé. Qu'est-ce que cela? Quel est celui qui porte ce témoignage? Un homme qui dormait. Comment croire des hommes qui parlent ainsi, même quand ils ne voudraient nous raconter que leurs rêves? O folie! ô stupidité! Si vous étiez éveillé, pourquoi l'avez-vous permis? Si vous dormiez, comment l'avez-vous vu?

18. C'est ce que font aussi leurs fils, comme vous vous en souvenez, et puisque l'occasion se présente de le dire, je ne veux pas la laisser passer. Nous devons, en effet, d'autant plus faire remarquer leur orgueil que nous recherchons plus ardemment leur salut. Voici que le corps du Christ est aussi attaqué par de faux témoins; le corps supporte ce que la tête a supporté avant lui. Cela n'est pas étonnant, et, de notre temps, il ne manque pas de gens qui disent au corps du Christ, répandu par toute la terre : Vous êtes une race de traîtres. Vous portez un faux témoignage. Je vais, en suivant quelques-unes de vos paroles, vous convaincre d'être un faux témoin. Vous me dites: vous êtes un traître. Et moi je vous dis : vous êtes un menteur. Mais nulle part ni jamais vous ne prouverez notre trahison ; et moi, je vous prouve ici votre mensonge par vos propres paroles. Il est certain que vous avez dit alors que nous avions aiguisé nos épées; je rapporte les actions de vos Circoncellions. Il est certain que vous avez dit alors que vous abandonniez les biens qu'on vous a enlevés; moi, je lis les actes du procès, où vous avez donné commission de les exiger (1). Il est certain que vous avez dit alors: nous n'avons d'autres armes que les Évangiles ; moi je vous oppose les arrêts des juges, par lesquels vous avez persécuté ceux qui étaient séparés de vous : je lis le texte de vos supplications à l'empereur apostat, auquel vous avez dit que la justice seule trouvait crédit auprès de lui (2). Est-ce que, par hasard, l'apostasie de Julien vous semble faire partie de l'Évangile? Je vous prends donc en flagrant délit de mensonge. Qu'avez-

falsi testes custodes ad sepulcrum (*Matth.* XXVI, 60). Resurrexit ille cum tanto miraculo, commota terra prodidit Dominum resurgentem. Erat illic et terra custodiens terram, sed terra durior mutari non potuit. Nuntiavit vera, sed seducta est a falsa. Dixerunt enim illi custodes Judæis quæ viderint, et quid factum sit: acceperunt pecuniam, et dictum est eis, « Dicite quod vobis dormientibus venerunt discipuli ejus, et abstulerunt eum (*Matth.* XXVIII, 12). » Ecce falsi testes et contra resurgentem. Quanta autem cæcitas in falsis testibus, quanta cæcitas, Fratres? Solent hoc enim pati falsi testes, ut exerceantur, et contra se dicant nescientes, unde appareat quia falsi sunt testes. Quid enim illi contra se dixerunt? « Cum dormiremus, venerunt discipuli ejus, et abstulerunt eum (*Ibid.*). » Quid est hoc? Quis est qui dicit testimonium? Qui dormiebat. Talibus ergo narrantibus non crederem, nec si somnia sua mihi indicarent. Stulta insania; si vigilabas quare permisisti? si dormiebas, unde scisti?

18. Sic et isti filii eorum (*a*), sicut meministis, prætermittendum ex occasione non est. Tanto magis enim debemus commemorare vanitatem eorum, quanto magis quærimus salutem eorum. Ecce corpus Christi patitur falsos testes, sustinet corpus quod præcessit in capite. Non mirum est, et modo non desunt corpori Christi diffuso per totum orbem terrarum qui dicant, Progenies traditorum. Falsum testimonium dicis. Ibi te convinco falsum testem, secutus pauca verba. Tu mihi dicis, Traditor es. Ego tibi dico, Mendax es. Sed tu traditionem meam nusquam et numquam probas: ego mendacium tuum hic in istis ipsis verbis tuis modo probo. Certe ibi dixisti, quia nos acuimus gladios nostros : recito gesta tuorum Circumcellionum. Certe ibi dixisti quia prætermittis ablata : recito Gesta, ubi procura-

---

(1) Il est évident, d'après ces paroles, que S. Augustin a en vue, dans ce discours, de combattre le mémoire d'accusation de Primianus, dont il a fait mention dans le bref exposé de la conférence avec les Donatistes, 3ᵉ jour, c. VIII, et dont il parle plus expressément encore dans le liv. IV, contre Cresconius, ch. XLVII. *Pourquoi donc Primianus, dans les actes du procès de Carthage, entre autres choses pour lesquelles il a donné commission de nous poursuivre, et cela en nous outrageant injustement, a-t-il dit : Ces hommes enlevaient le bien d'autrui; pour nous, nous abandonnons le bien qui nous est enlevé?*

(2) C'est ce qui a été dit par Rogatianus et Pontius, dans les supplications présentées à Julien l'Apostat, au nom des Donatistes. Lett. 105 aux Donatistes, nº 9, et liv. II, contre Petilianus, c. XCII et XCVII.

(*a*) Hic in editis additur, *usque huc* : quod a MSS. abest.

vous dit sur moi qui mérite créance? Lors même que je ne trouverais pas les preuves que votre accusation est fausse, il suffit que je montre que vous êtes un menteur. Que répondez-vous ? Or, tel vous êtes, tels sont aussi les autres. Vous avez eu vraiment raison d'envoyer de telles paroles à tous vos partisans. Vous avez voulu que votre parti abondât en menteurs, pour n'être pas seul à rougir de votre mensonge.

19. Mais, dit-il, le jugement de nos Pères contre Cœcilianus doit avoir force de loi. Pourquoi force de loi ? Parce que c'est un jugement d'évêques. Mais alors le jugement des Maximianistes, rendu contre vous, doit avoir également force de loi. En effet, comme vous ne l'ignorez pas, je pense, les évêques du parti de Maximianus, encore diacre de Donatus, vinrent d'abord à Carthage, comme le porte une requête qu'ils ont jointe aux actes de leur procès, lorsqu'ils étaient en dispute, au sujet d'une maison, avec le mandataire de celui (1) qui prétend avoir abandonné les biens qu'on lui a ravis. Ils commencèrent donc par lancer une requête contre lui, se plaignant qu'il avait refusé de venir les trouver; car ce fut leur plainte principale. Voyez comme Dieu fit retomber sur eux ce qu'ils avaient dit contre Cœcilianus. Merveilleuse ressemblance : Dieu voulut, après tant d'années, leur rejeter à la face ce qu'eux-mêmes avaient fait, afin de ne leur laisser aucun moyen de dissimuler ni aucun lieu de refuge. Voudraient-ils dire qu'ils ont oublié ce qui avait eu lieu précédemment ? Dieu ne leur permet pas de l'oublier ; et plaise au ciel que cela puisse servir à leur salut ! Car c'est la miséricorde de Dieu qui l'a permis, s'ils veulent bien considérer ce qui est arrivé. Représentez-vous donc, mes frères, dans le passé, l'unité de l'Église universelle, de laquelle ils se sont séparés contre Cœcilianus ; et représentez-vous aussi, dans le présent, le parti de Donatus, duquel les Maximianistes se sont séparés contre Primianus. Ce que les Donatistes ont fait contre Cœcilianus, les Maximianistes l'ont fait contre Primianus. Les Maximianistes se prétendent plus en possession de la vérité que les Donatistes : ils ont raison à ce point de vue ; car ils sont véritablement les imitateurs de leurs ancêtres. En effet, ils ont élevé Maximianus contre Primianus, de même que leurs ancêtres ont élevé Majorinus contre Cœcilianus, et ils se sont plaints de

tionem ad exigenda fecisti. Certe ibi dixisti, Nos sola offerimus Evangelia : recito tot jussiones judicum, quibus a te divisos persecutus es : recito Preces ad Apostatam imperatorem, cui dixisti, quia sola justitia apud eum habet locum : an forte apostasia Juliani, pars Evangelii tibi videtur ? Ecce mendacem te teneo. Quid de me dixisti quod credi debeat ? Etiamsi non invenirem unde ostenderem falsum te dicere, sufficit ut ostendam te mendacem esse (a). Quid dicis? Qualis tu, tales et ceteri. Nam merito talia verba omnibus misisti : abundare voluisti societate mendacium, ne tu solus erubesceres de mendacio.

19. Sed valeat, inquit, in Cæcilianum judicium patrum nostrorum. Quare valebit ? quia episcopi judicaverunt. Valeat et in te, quod (b) Maximianistæ judicaverunt, Prius enim, quod credo vos nosse, episcopi consentientes cum Maximiano adhuc diacono ipsius, venerunt ad Carthaginem, sicut se habet (c) Tractatoria, quam etiam Gestis alligaverunt, cum litigarent de domo cum procuratore illius qui prætermittit ablata. Ergo primo Tractatoriam de illo miserunt, conquerentes quia noluit ad illos exire : hoc enim maxime conquesti sunt. Vide quomodo illis Deus reddidit quod de Cæciliano dixerunt. Mira similitudo: voluit Deus post tot annos revolvere illis in faciem quod gestum est, ut omnino unde dissimulent et qua effugiant non inveniant. Oblitos se dicerent quæ gesta sunt ante ; non eos Deus sinit oblivisci : atque utinam valeat eis ad salutem. Nam misericordia sua fecit hoc Deus, si considerent quid sit factum. Ponite ergo vobis ante oculos, Fratres, unitatem tunc orbis terrarum, unde se isti diviserunt adversus Cæcilianum : ponite modo et partem Donati, unde se Maximianistæ diviserunt adversus Primianum. Quod tunc illi Cæciliano, hoc nunc isti fecerunt Primiano. Propterea se et veriores Donatistis dicunt Maximianistæ, quia re vera facta majorum suorum ipsi imitati sunt. Sic enim erexerunt Maximianum adversus Primianum, quomodo illi erexerunt Majorinum adversus Cæcilianum ; et sic questi sunt isti de Primiano, quomodo illi de Cæci-

(1) Primianus.

(a) Octo MSS. Qui dicis, Qualis tu, tales et ceteri : Forte verius juxta illud quod hic aliquanto post legitur, n. 20. Hoc erat in regula, Quales fuerint cum quibus fuerit communicatum, tales fieri omnes et universam massam. (b) Editi, Maximianistæ : sicque in aliis postea locis eosdem se..tarios isthic nominant, et horum principem Maximianum, superaddita nomini syllaba. At omnes propre MSS. constanter appellant Maximianum et Maximianistas : nec solent editi dissentire in ceteris, ubi iidem nominantur, opusculis. (c) Colbertinus MS. Tractoria : dissentientibus ceteris libris, editis et MSS

Primianus, comme les premiers se sont plaints de Cœcilianus. Car, s'il vous en souvient, ceux-ci alléguaient que Cœcilianus ne voulait pas se joindre à eux, parce que sa conscience le lui défendait ; et en effet, il connaissait leur cabale : de même, les Maximianistes se plaignent de ce que Primianus n'a pas voulu se joindre à eux. Pourquoi accorde-t-on à Primianus d'avoir reconnu la cabale des Maximianistes, et refuse-t-on à Cœcilianus d'avoir reconnu celle des Donatistes ? Maximianus n'était pas encore ordonné ; des accusations étaient portées contre Primianus : des évêques de leur parti s'assemblèrent et voulurent l'obliger à comparaître devant eux ; il s'y refusa, comme l'indique leur requête, annexée aux actes du procès. Il n'a pas comparu : je ne le désapprouve pas ; bien plus, je l'en félicite. Si vous apercevez quelque part une cabale, vous ne devez pas avoir de rapports avec les factieux, mais réserver votre cause au jugement de la plus saine portion de votre parti. Car il restait encore d'autres Donatistes en grand nombre, devant lesquels Primianus pouvait se justifier ; c'est pourquoi il refusa de comparaître devant ceux qui formaient déjà une cabale. Vous voyez comment nous approuvons le parti que vous avez pris contre les Maximianistes ; réfléchissez donc aussi à la cause de Cœcilianus ; vous ne voulez pas le juger comme frère, jugez-le du moins comme étranger. Vous n'avez pas voulu comparaître ; que vous disiez-vous donc ? Ces gens-là se sont réunis en faction contre moi, et ils conspirent ma perte ; ce sont des juges corrompus, et passionnés contre moi ; si je me confie à eux, je porte préjudice à ma cause : je n'irai pas les trouver, afin de réserver ma cause à des juges plus intègres, dont l'autorité ait plus de poids. C'était prendre un sage parti. Mais que répondrez-vous, si Cœcilianus s'est dit autrefois la même chose ? Vous ferez peut-être bien des efforts pour prouver qu'une autre Lucille a aussi corrompu vos juges(1), et peut-être n'y arriverez-vous pas ; tandis que c'est une chose que Cœcilianus savait dès-lors à n'en pas douter, et que, depuis, les actes du procès ont clairement manifestée. Pour vous, vous n'avez pu que soupçonner quelque intrigue cachée ; ou l'on vous a dit que vous aviez quelque chose à craindre. Soit : je ne blâme pas cette précaution que la crainte vous a fait prendre ; vous avez bien fait de ne pas comparaître devant de tels hommes, il y en avait d'autres qui pouvaient juger votre cause. Mais, comparez maintenant votre situation à celle de Cœcilianus : vous en appelez à la Numidie, et Cœcilianus à l'univers entier. D'autre part, si vous voulez que les sen-

liano. Nam si meministis, hoc dixerunt illi, quod ad eos exire noluerit Cæcilianus, memor conscientiæ suæ ; ille autem noverat factionem eorum : sic et isti conqueruntur, quia noluit ad illos exire Primianus. Quare Primiano conceditur, nosse factionem Maximianistarum , et Cæciliano non conceditur nosse factionem Donatistarum ? Nondum erat ordinatus Maximianus, crimina dicebantur de Primiano : venerunt episcopi, voluerunt ut ad eos exiret : non est egressus, sicut eorum indicat Tractatoria Actis inserta. Non est egressus, non improbo, immo et laudo. Si aliquam factionem vidisti , non debuisti ad factiosos procedere , sed servare causam tuam meliori judicio partis tuæ. Restabat enim magna pars Donati, ubi se posset purgare Primianus : propterea ad illos qui jam factione conspiraverant, exire noluit Vides quomodo laudamus consilium tuum adversus Maximianistas, bene adtende et causam Cæciliani : non vis ut frater ; quomodo extraneus, sic judica. Noluisti exire, quid tibi (a) dicens ? Isti factione conspiraverunt contra salutem meam, corrupti sunt adversum me : si me illis commisero, facio præjudicium causæ meæ : non ad eos exibo, servetur causa mea melioribus et auctoritate gravioribus. Bonum consilium. Quid si hoc dixit Cæcilianus ? Quamquam laborabis tu, ut ostendas quæ adversus te istos alia Lucilla corruperit, et forte non inventurus, quod ille tunc usque adeo noverat, ut postea (b) Gestis aperiretur. Sed vidisti nescio quid occultum, renuntiatum est tibi aliquid metuendum. Concedo timori tuo cautelam istam : recte fecisti, ad tales non procedere ; erant enim alii qui de te poterant judicare. Adtende nunc Cæcilianum : tu tibi servasti Numidiam, ille orbem terrarum. Sed si valere vis adversus illum

---

(1) S. Augustin indique ici les actes d'un débat porté devant le consulaire Zénophyle, en l'an 320, dont il a d'ailleurs cité quelques fragments dans le 3e liv. contre Cresconius, ch. XXIX. On y voit que Menodinarius, diacre de Silvanus, évêque de Cirta, fit connaître que des évêques et d'autres personnages furent corrompus par l'argent de Lucille, femme très-puissante, pour que Majorinus devînt évêque de Carthage à la place de Cœcilianus. Voir la lettre 43, de S. Augustin à Glorius, Cleutius, etc., n° 17.

(a) Sic MSS. At editi, *quid tibi dicent ?*

DEUXIÈME DISCOURS SUR LE PSAUME XXXVI.

tences rendues alors contre lui par les Donatistes soient valables, il faut donc admettre également que celles des Maximianistes contre vous sont valables aussi. Des évêques l'avaient condamné ; des évêques aussi vous ont condamné. Puis, où vous avez plaidé votre cause, vous l'avez gagnée contre les Maximianistes : de même, où Cœcilianus a plaidé sa cause, ne l'a-t-il pas gagnée contre les Donatistes ? Ainsi donc, tout ce qui a été fait alors a été reproduit devant vos yeux d'une manière étonnante et incontestable, et les plaintes que les Maximianistes ont faites contre Primianus, sont celles que les Donatistes ont faites contre Cœcilianus. C'est chose merveilleuse, mes frères, que l'émotion que je ressens, et que les actions de grâces que je rends à Dieu : c'est vraiment la miséricorde de Dieu qui a fait cet exemple pour les éclairer, s'ils savent le comprendre. Permettez-moi, mes frères, puisque Dieu a fait tomber entre nos mains les lettres du concile des Maximianistes, de vous en vous en donner lecture. (Interruption du discours et lecture de lettres.)

20. « A nos très-saints frères et collègues de toute l'Afrique. » (Interruption de la lecture et explication). Toute leur unité est réduite à l'Afrique. Mais l'Église catholique existe avec eux dans l'Afrique, et dans toutes les autres parties du monde, ils n'existent pas avec l'Église catholique. (Examen de ce qui suit et continuation de la lecture). « A nos très-saints frères et collègues de toute l'Afrique, c'est-à-dire à ceux de la province proconsulaire, de la Numidie, de la Mauritanie, de la province Byzacène et de celle de Tripoli ; aux prêtres et aux diacres, à tous les peuples combattant avec nous dans la vérité de l'Évangile ; Victorinus, Fortunatus, Victorianus, Migginus, Saturninus, Constantius, Candorius, Innocentius, Cresconius, Florentius, Salvius, un autre Salvius, Donatus, Geminius, Prætextatus, » (interruption de la lecture et explication). C'est ce même évêque d'Assuras qu'ils ont ensuite reçu, et qui plus tard a reçu celui qui avait prononcé sa condamnation. (Examen de ce qui suit et continuation de la lecture). « Maximianus, Theodorus, Anastasius, Donatianus, Donatus, un autre Donatus, Pomponius, Pancratius, Januarius, Secundinus, Pascasius, Cresconius, Rogatianus, un autre Maximianus, Benenatus, Gaianus, Victorinus, Guntasius, Quintasius, Felicianus. » (Interruption de la lecture et explication). Est-ce l'évêque encore vivant de Mustita ? Mais peut-être est-ce quelque autre personnage d'un autre endroit. Les signataires de la lettre indiquent plus bas de quel endroit est chacun d'eux. (Continuation de

---

sententias tunc Donatistarum, valeant nunc adversus te sententiæ Maximianistarum : episcopi illum damnaverunt, episcopi et te. Quare postea egisti caussam tuam, et obtinuisti ibi Maximianistas ; sicut ille postea egit causam suam, et obtinuit ibi Donatistas ? Quod ergo tunc factum est, videtur ante oculos miro et manifesto exemplo revolutum, talia Maximianistas conqueri de Primiano, qualia omnes isti conquesti sunt de Cæciliano. Mirum est, Fratres, quomodo moveor, quomodo Deo gratias ago : quia vere misericordia Dei ad istos, si sapiant, illuminandos formavit exemplum. Proinde si placet paululum, Fratres, quia et hoc nobis Deus in manus dedit, audite concilium Maximianistarum. (Et cum tractaret, idem recitavit concilium Maximianistarum.)

20. « Sanctissimis fratribus atque collegis per universam Africam. » (Et cum recitaret idem dixit,) Tota unitas ipsorum per Africam. Sed hic cum illis est Catholica : in aliis autem orbis partibus ipsi non sunt cum Catholica. (Et cum tractaret idem sequentia, iterum recitavit,) « Sanctissimis fratribus atque collegis per universam Africam, hoc est, per provinciam Proconsularem, Numidiam, Mauritaniam, Byzacenam, et Tripolim constitutis, sed et presbyteris et diaconis, universis plebibus, in veritate Evangelii nobiscum militantibus, Victorinus, Fortunatus, Victorianus (*a*), Migginus, Saturninus, Constantius, Candorius, Innocentius, Cresconius (*b*), Florentius, Salvius, alius Salvius, Donatus, Geminius, Prætextatus. » (Et cum recitaret, idem dixit,) Ipse est Assuritanus, quem postea receperunt : eum qui in se dixit sententiam, recepit postea. (Et cum tractaret idem sequentia recitavit,) « Maximianus, Theodorus, Anastasius, Donatianus, Donatus, alius Donatus, Pomponius (*c*), Pancratius, Januarius, Secundinus, Pascasius, Cresconius, Rogatianus, alius Maximianus, Benenatus, Gaianus, Victorinus, Guntasius, Quintasius, Felicianus. » (Et cum recitaret, idem dixit,) Iste est (*d*) Mustitanus qui adhuc vivit ? Sed forte alius est aliunde. Postea subscribentes dicunt et loca unde quisque erat. (Et cum tractaret, idem

---

(*a*) Aliquot MSS. constanter hic et postea, *Miggin*. (*b*) Editi, *Florentinus* : At omnes prope MSS. *Florentius*. (*c*) Quinque MSS. *Prancatius* : nec aliter habent in fine Synodicæ. (*d*) Sic MSS. At editi, *Musticanus*.

la lecture). « Salvius, Migginus, Proculus, Latinus et autres, qui avons assisté au concile de Cabarsussi (1), salut éternel dans le Seigneur. Il n'est personne qui ne sache, nos très chers frères, que les prêtres de Dieu sont appelés par l'impulsion, non de leur propre volonté, mais de la loi de Dieu, tant à prononcer la condamnation des coupables qu'à écarter des innocents, comme il convient en raison et en droit, toutes peines portées contre eux. Tout juge, en effet, court un grave péril, soit qu'il épargne un coupable, soit qu'il essaie de frapper un innocent; surtout parce qu'il est écrit : « Vous ne tuerez pas l'innocent et le juste, et vous ne justifierez pas le coupable par votre sentence (*Ex.* XXIII, 7). » Étant donc instruits de notre devoir par ce commandement de la loi, nous avons dû, d'après la demande que nous en ont fait par lettres les anciens de l'Église de Carthage, appeler devant nous et discuter la cause de Primianus, que ce saint peuple avait eu pour évêque, chargé du soin du troupeau de Dieu dans cette ville; et cela, afin qu'après avoir éclairci toutes choses, nous eussions à le déclarer innocent, s'il l'était en effet, ce que nous devions surtout souhaiter, ou à déclarer, s'il était coupable, qu'il avait mérité sa condamnation. En effet, il nous eût été très-agréable que le saint peuple de l'Église de Carthage eût eu à se réjouir d'être illustré par un évêque qui fut réputé saint et irréprochable en toutes choses. Car il faut que tout prêtre du Seigneur soit tel que, ce que le peuple ne peut pas lui-même obtenir du Seigneur, le prêtre soit digne de l'obtenir pour le peuple par ses prières; parce qu'il est écrit : Si le peuple a péché, le prêtre priera pour lui; si au contraire le prêtre a péché qui priera pour lui (1 *Rois*, II, 25)? » (Interruption de la lecture et explication). Les Apôtres ont aussi écrit aux peuples de prier Dieu pour eux; et les Apôtres disaient, en priant : Remettez-nous nos péchés (*Matth.* VI, 12); et l'Apôtre saint Jean a dit : Nous avons pour avocat auprès de son Père, Jésus-Christ, le juste, et il est lui-même supplication pour nos péchés (I *Jean.* II,

sequentia recitavit, « Salvius, Migginus, Proculus, Latinus, et ceteri qui in concilio apud (*a*) Cabarsussi fuimus, in Domino æternam salutem. Nemo qui nesciat, Fratres dilectissimi, de sacerdotibus Dei, non propriæ voluntatis, sed divinæ legis impulsu, tam in reos sententiam dicere, quam innocentibus inflictam jure ab eis ac merito submovere. Non levi enim periculo subjacebit, quisquis aut reo pepercerit, aut innocentem (*b*) conficere pertentarit : maxime cum scriptum sit, Innocentem et justum non occides, et purgatione non purgabis reum (*Exodi* XXIII, 7). Hoc igitur Edicto Legis admoniti, necesse nos fuerat Primiani caussam, quem plebs sancta Carthaginensis Ecclesiæ episcopum fuerat in ovile Dei sortita, seniorum litteris ejusdem Ecclesiæ postulantibus audire atque discutere sub eo, ut explanatis omnibus aut innocentem, quod optabile fuerat, purgaremus; aut nocentem certe ostenderemus suis meritis esse damnatum. Optatissimum enim nobis fuit, ut plebs sancta Carthaginensis Ecclesiæ eo se lætatur episcopo sublimatum, qui in omnia sanctus et in nullo reprehensibilis haberetur. Propterea utique talem esse oportet Domini sacerdotem, ut quod populus pro se apud Deum non valuerit, ipse pro populo mereatur quod poposcerit impetrare : quia scriptum est, Si peccaverit populus, orabit pro eo sacerdos; si autem sacerdos peccaverit, quis orabit pro eo (1 *Reg.* II, 25)? » (Et cum legeret, idem tractans dixit,) Etiam Apostoli scripserunt plebibus ut orarent pro se, et Apostoli orantes dicebant, Di-

---

(1) Comme S. Augustin fait mention de deux conciles tenus par les Maximianistes contre Primianus, le premier à Carthage, et le second à Cabarsussi, quelques auteurs, après Baronius, attribuent cette lettre synodale au premier de ces conciles, et alors ils veulent qu'on lise en cet endroit, non point à Cabarsussi, ville de la province Byzacène; mais aux grottes de Susis, endroit que, pour la défense de leur opinion, ils ont imaginé, voisin de Carthage. Mais il est constant, par le témoignage de S. Augustin, dans le 4ᵉ liv. contre Cresconius, ch. VI et VII, que ce premier concile tenu à Carthage ne fut composé que de quarante-trois évêques, qui n'osèrent rendre prématurément un jugement définitif, mais qui, par une sorte de jugement préventif, statuèrent que Primianus, s'il avait confiance en sa cause, aurait lieu de se rendre et de se justifier dans un concile prochain qui serait plus nombreux; que Primianus ayant refusé de se rendre à ce concile, on crut nécessaire de le condamner dès lors sans plus prononcer de sentence provisoire; ce qui se passa au concile de Cabarsussi, où Primianus fut condamné pleinement et définitivement par cent évêques, si ce n'est plus. Or cette lettre synodale contient évidemment une condamnation complète et définitive de Primianus : c'est pourquoi, après l'avoir lue, S. Augustin s'écria : voilà votre condamnation. Cette lettre n'est pas l'œuvre seulement de quarante-trois évêques, ni même des cinquante-trois dont le nom est rapporté à la fin; car c'est à elle que s'appliquent les paroles que nous lisons plus bas, nᵒ 23 : « Les cent évêques, on quelque soit leur nombre, du parti de Maximianus qui ont condamné Primianus. En outre, il est évident que les signatures rapportées à la fin de la lettre ne font pas connaître tous les évêques qui ont pris part à sa rédaction; car Anastasius, Constantius, Candorius, et plusieurs autres sont nommés au commencement et ne le sont point à la fin.

(*a*) Editio Er. *Cavernam Susis*. Lov. *Cavernas Susis*. Quatuor MSS. *Cavarnasusis*. Tres. *Cabarsus*. Duo. *Cabarsusi*. Regius codex, *Cabarsussi*. Octo alii in quibus est Vaticanus, *Cabarsussi* : forte pro *Cabarsussim*. (*b*) Er. confi ci. Lov. conjuture sed melius MSS. *conficere*.

1). Mais cette parole de l'Écriture sur le prêtre, parole que ces hommes ne comprennent pas, avait pour but d'avertir le peuple, qu'il devait reconnaître en esprit prophétique un prêtre pour lequel nul ne pût prier. Mais quel est celui pour lequel nul ne peut prier, si ce n'est celui qui intercède pour tous (*Rom.* VIII, 34)? Donc, comme le sacerdoce de cette époque était le sacerdoce lévitique, qui entrait dans le temple et offrait des victimes pour le peuple, celui-ci n'avait devant les yeux que l'image et non la réalité du prêtre dont l'avènement n'avait point encore eu lieu; car alors, les prêtres eux-mêmes étaient des pécheurs comme tous les autres hommes. C'est pourquoi, Dieu voulant instruire prophétiquement son peuple qu'il devait déjà désirer ce prêtre, digne d'intercéder pour tous, et pour qui personne n'eût à prier, l'a désigné tel qu'il devait être au jour, et a dit : Si le peuple pèche, le prêtre priera pour lui ; mais si le prêtre pèche qui priera pour lui (I *Rois*, II, 25)? C'est pourquoi, ô peuple, choisissez un prêtre pour qui vous ne soyez point obligé de prier, et dont la prière vous donne, pour vous-même, toute sécurité. Ce prêtre, c'est Notre-Seigneur Jésus-Christ, le seul prêtre, le seul médiateur entre Dieu et les hommes, Jésus-Christ l'homme-Dieu (I *Tim.* II, 5). (Interruption des explications et continuation de la lecture). « Donc les scandales donnés par Primianus, et son extrême méchanceté, ont provoqué à tel point contre lui le jugement céleste, qu'il est nécessaire que l'auteur de ces crimes, soit tout à fait retranché du corps des fidèles. Récemment ordonné en... » (Interrompant sa lecture, il donne cette indication) : Ici se trouve le récit des crimes de Primianus. (Continuation de la lecture), « ..... et sollicitant les prêtres du peuple susdit à se joindre à lui dans une conspiration impie, il leur demanda comme une faveur, de pouvoir condamner quatre diacres, hommes excellents, estimés de tous pour leurs mérites singuliers, savoir : Maximinianus, Rogatianus, Donatus et Salgamius. » (Interruption de la lecture et réflexion). Parmi ces quatre, était l'auteur de ce nouveau schisme qui, non content d'être retranché de l'unité de l'Église entière, a encore voulu n'être qu'un lambeau détaché du premier lambeau. (Fin de la réflexion et reprise de la lecture). « Ils lui promirent sur le champ leur contentement et leur concours. » (Interruption de la lecture et réflexion). Voilà ce dont il traita avec eux : mais ils refusèrent de lui rien promettre, et gardèrent le silence ; alors il n'hésita point à accomplir par lui-même le crime qu'il avait médité. (Fin de la réflexion, reprise de la lecture). « Effrayés d'un projet aussi coupable, ils repoussèrent sa demande par le silence. Mais lui n'hésita point à accomplir par lui-

---

mitte nobis debita nostra (*Matth.* VI, 42) : et apostolus Johannes dixit, Advocatum habemus apud Patrem Jesum-Christum justum, et ipse est exoratio pro peccatis nostris (I *Johan.* II, 1). Sed illud de illo sacerdote scriptum est, quem isti non intelligunt, ut admoneretur populus in prophetiis talem se debere agnoscere sacerdotem, pro quo nullus posset orare. Quis est autem pro quo nullus orat, nisi ille qui pro omnibus interpellat (*Rom.* VIII, 34)? Quia ergo tunc sacerdotium erat Leviticum, ubi sacerdos intrabat (*a*) in sancta, et offerebat hostias pro populo; habebat autem imaginem, non veritatem futuri cujusdam sacerdotis : tunc enim et ipsi sacerdotes peccatores erant, sicut ceteri homines : volens Deus per (*b*) prophetiam admonere populum jam talem desiderandum esse sacerdotem, qui interpellaret pro omnibus, et pro eo nullus oraret, designans talem, admonuit et dixit, Si peccaverit populus, orabit pro eo sacerdos ; si autem sacerdos peccaverit, quis orabit pro eo (I *Reg.* II, 25)? Itaque o popule, talem elige sacerdotem, pro quo non cogaris orare, sed de cujus oratione pro te securus esse possis. Ipse est Dominus noster Jesus-Christus, unus sacerdos, unus mediator, Dei et hominum, homo Christus Jesus (I *Tim.* II, 5). (Et cum tractaret, idem sequentia recitavit,) « Scandala igitur Primiani et ipsius nequitia singularis, in se cœleste judicium provocavit, ut horum criminum auctorem necesse esset penitus amputare : qui recens ordinatus, » (Et cum recitaret, idem tractans dixit,) Jam jam crimina ipsius dicuntur. (Et cum tractaret, idem sequentia recitavit,) « presbyteros supradictæ plebis ad (*c*) conjurationem impiæ conspirationis impellens, hoc ab eis velut præcario jure postulavit, ut ad damnandos quatuor diaconos, viros egregios, ac singularibus meritis approbatos, Maximianum scilicet, Rogatianum, Donatum, itemque (*d*) Salgamium, » (Et cum recitaret, idem tractans dixit,) In his qua-

---

(*a*) MSS. *intrabat et offerebat*: nec habent, *in sancta*. (*b*) Editi, *per prophetam.* Verius MSS. *per prophetiam.* (*c*) Aliquot MSS. *ad communicationem impiæ conjurationis.* (*d*) In editis, *itemque Salgamum consentirent.* At in MSS. *itemque Salgamium* : et a plerisque abest, *consentirent*, quod superfluo additum fuit.

même le crime qu'il avait médité, jusque là qu'il osa rendre un jugement contre le diacre Maximianus, homme dont l'innocence est notoirement connue, et cela sans procès, sans accusateur, sans témoin, alors qu'il était absent et retenu au lit,... » (Explication). Voyez quelle est l'accusation! (Continuation de la lecture). «....lui qui antérieurement déjà avait condamné des clercs avec la même fureur. Puis, ayant admis à la sainte communion des hommes impurs au mépris de la loi et de tous les décrets sacerdotaux, et pressé par les instances de la plus grande partie du peuple et par les lettres des anciens les plus considérables de la ville de corriger lui-même ses propres fautes, il a dédaigné dans sa téméraire audace, de réparer le mal qu'il avait commis. C'est pourquoi les anciens de la susdite Eglise, émus de tous ces faits, ont envoyé à tout le chœur des évêques des lettres et des députés, pour nous prier avec larmes de venir vers eux animés d'un saint zèle, afin d'examiner et de peser avec une juste balance tous les faits allégués, et de rendre à l'Église tout l'éclat de son honneur. Obéissant donc au désir exprimé par les lettres que nous venons de rappeler, nous nous sommes rendus ici; mais pour lui, furieux de voir que ses actions étaient connues, il s'est obstinément soustrait à notre présence. » (Interruption de la lecture et réflexion). Vous savez ce qui est reproché à Primianus, et vous savez par là même que déjà une portion du parti de Donatus était impure. Car leur règle est que la masse entière et chacun de ceux qui la compose deviennent semblables à ceux avec lesquels ils ont communiqué. Donc, si leur principe est vrai, tout le parti de Donatus est désormais impur. Que les Numides viennent dire : Cela ne nous regarde pas, si vous avez admis à votre communion ces je ne sais quels hommes impurs. Ne sommes-nous pas trop loin pour que cela ait pu nous nuire? Mais si vous n'admettez pas que ce qui se fait à Carthage puisse vous nuire, à vous qui demeurez dans la Numidie, ce qui se fait en Afrique peut-il nuire au monde entier? Ce qu'ils invoquent pour se défendre, ne fait que les accuser et nous excuser. (Fin de l'explication, reprise de la lecture). « Il s'est obstinément soustrait à notre présence. » (Nouvelle explication.) C'est là précisément la plainte qu'ils ont portée contre Cœcilianus. (Reprise de la lecture). « S'obstinant jusqu'à la fin dans son esprit de révolte, il est resté dans le mal au point de soudoyer une multitude d'hommes perdus......»(Interruption de la lecture et explication). Voilà quelque chose de plus grave. Les Donatistes n'en ont pas dit autant de Cœcilianus; voyez donc ce qui suit. (Reprise de la lecture) «...et à l'aide d'appariteurs obtenus

tuor erat ille auctor schismatis, præcidens de frusto frustum, et non se dolens ab integritate præcisum. (Et cum tractaret, idem sequentia recitavit,) « incunctanter ei promitterent accommodare consensum. » (Et cum recitaret, idem tractans dixit,) Hoc cum illis egit : illi noluerunt ei promittere, sed tacuerunt : ille per seipsum cogitatum scelus non dubitavit implere. (Et cum tractaret, idem recitavit), « Cujus illi mala præsumtione stupefacti, cum rem silentio refellissent, per se cogitatum scelus non dubitavit implere, usque adeo ut in Maximianum diaconum, virum, sicut omnibus notum est, innocentem, sine caussa, sine accusatore, sine teste, absentem ac lecto cubantem, sententiam putaret esse promendam. » (Et cum recitaret, idem tractans dixit,) Videte crimen. (Et cum tractaret, idem sequentia recitavit,) « Qui jam pridem clericos non dissimili furore damnaret. Nam cum incestos contra legem decretaque omnium sacerdotum communioni sanctæ adjungeret, cumque obsistente maxima parte plebis, etiam seniorum nobilissimorum litteris conveniretur, ut per se corrigeret quod admiserat, sua temeritate possessus emendare contemsit. His itaque permoti seniores Ecclesiæ supradictæ (a), ad universum chorum litteras legatosque miserunt, quibus non sine lacrymis deprecati sunt ut ad se ferventius veniremus, quo perpenso libramine, (b) intentationibus exploratis, existimatio Ecclesiæ purgaretur. Ad hanc proinde cum secundum memoratorum litteras veniremus, nota sua ille ratione fervescens, adventum nostrum penitus declinavit. » (Et cum recitaret idem tractans dixit,) Quid illi objiciatur scitis, quia pars jam Donati incesta facta est. Hoc erat in regula Quales fuerint cum quibus fuerit communicatum, tales fieri omnes et universam massam. Itaque si verum isti dicunt, incesta est jam 'pars tota Donati. Exeant plane Numidæ, et dicant, Ad nos non pertinet (c) si illos incestos, nescio quos, ad communionem tuam admisisti, obesse potuit tam longe positis? Si ergo vobis obesse non vultis qui in Numidia estis,

---

(a) Tres MSS. *ad universum clerum*. Duo alii, *universorum chororum*; prætermisso, *ad*. (b) Sic aliquot MSS. Editi vero habent, *intentionibus*. (c) Editi, *Stilus incestus est, nescio quos*, etc. Melius aliquot MSS. *si illos incestos*, scilicet de quibus ante in hac Synodica dictum est.

de l'autorité, de s'emparer des portes des basiliques....» (Interruption de la lecture et explication). Pour empêcher les évêques d'y entrer. Continuation de la lecture). «....Pour nous empêcher d'y entrer et d'y célébrer les offices divins. Convient-il à un évêque d'agir de la sorte, est-il permis à des chrétiens d'approuver cette conduite, ou les Évangiles protestent-ils contre elle? C'est ce que nous laissons à l'appréciation et au jugement de quiconque aime ou défend la vérité. Car ce traitement que nous a infligé celui qui autrefois était notre propre frère, un étranger ne nous l'infligerait jamais.» (Interruption de la lecture et explication). Que dire de plus? Ils accablent cet homme d'accusations et le condamnent; mais maintenant lisons la condamnation elle-même. (Fin de l'explication, reprise de la lecture). «Nous, prêtres de Dieu, assistés du Saint-Esprit; considérant que Primianus a d'abord remplacé par d'autres des évêques encore vivants; qu'il a reçu des hommes impurs à la communion des saints; qu'il a tenté d'entraîner de force des prêtres dans une conspiration; qu'il a fait jeter le prêtre Fortunatus dans un lieu infect pour avoir donné à des malades le secours du baptême; qu'il a refusé la communion au prêtre Démétrius pour forcer son fils à donner sa démission; qu'il a réprimandé ce même prêtre pour avoir donné l'hospitalité à des évêques; que ledit Primianus a provoqué la multitude à renverser des maisons appartenant à des chrétiens; que des évêques et des clercs ont été assiégés et ensuite lapidés par ses satellites; que des anciens, qui s'indignaient qu'on reçût à la communion des Claudianistes, ont été massacrés dans la basilique; qu'il a osé condamner des clercs innocents; qu'il n'a pas voulu se présenter devant nous pour être jugé; qu'il s'est au contraire servi de la police et d'une foule tumultueuse pour nous interdire l'entrée des basiliques; qu'il a injurieusement repoussé les députés que nous lui avons envoyés; qu'il s'est emparé d'un grand nombre de lieux, d'abord d'abord par la violence, ensuite à l'aide de l'autorité judiciaire;...» (Interruption de la lecture et réflexion). Voilà celui qui prétend ne pas réclamer les biens qui lui ont été enlevés! Et cependant saint Paul a dit : Comment se trouve-t-il parmi vous quelqu'un qui ayant un différent avec son frère, ose l'appeler en jugement devant les impies et non devant les saints (I *Cor.* VI, 1)? Voyez quelle accusation ils portent contre lui de n'avoir pas voulu, au sujet de ces biens, porter le débat devant des évêques, mais d'en avoir déféré aux juges ordinaires. (Fin des réflexions, reprise de la lecture) «....Passant en outre sous silence d'autres actes illicites de sa part, que nous omettons pour ne pas souiller

---

quod Carthagini fit; quod in Africa fit potuit obesse universo orbi terrarum? (*a*) Semper unde se defendunt, inde se accusant, et nos excusant. (Et cum tractaret, idem sequentia recitavit,) « Adventum nostrum penitus declinavit. » (Et cum legeret, idem dixit,) Quod illi questi sunt de Cæciliano. (Et cum tractaret, sequentia recitavit,) « Qui usquequaque rebelli animo calcitrans, in malo permansit, ut conducta multitudine perditorum, » (Et cum recitaret, idem dixit,) Jam hoc plus est. Hæc de Cæciliano non dixerunt illi : videte quæ. (Et cum tractaret, idem sequentia recitavit,) « atque impetratis officialibus basilicarum januas obsedissent. » (Et cum recitaret, idem dixit,) Ne intrarent episcopi. (Et cum tractaret idem sequentia recitavit,) « qui ingrediendi nobis atque agendi solemnia interdicerent facultatem. Hæc si episcopum convenit facere, si Christianis licet admittere, si hoc Evangelia protestantur, probet aut judicet quisquis amator aut assertor est veritatis. Hoc enim nobis inflixit frater aliquando proprius quod numquam faceret alienus. » (Et cum legeret, idem dixit,) Quid (*b*) pluribus? Dicunt multa et damnant hominem : sed damnationem jam ipsam legamus. (Et cum tractaret, idem recitavit,) « Decrevimus omnes sacerdotes Dei, præsente Spiritu sancto, hunc eumdem Primianum, primo quod super vivos episcopos alios subrogarit; quod incestos cum sanctorum communione miscuerit; quod presbyteros ad conjurationem ineundam constringere pertentarit; quod Fortunatum presbyterum in cloacam fecerit mitti, cum ægrotantibus baptismo succurrisset, quod communionem Demetrio presbytero pernegarit, ut cogeret filium abdicare; quod idem presbyter objurgatus sit, quod episcopos hospitio suscepisset; quod supradictus Primianus multitudinem miserit, quæ Christianorum domos everteret; quod obsessi sint episcopi simul et clerici, et postea ab ejus satellitibus lapidati; quod in basilica cæsi sint seniores, quod indigne ferrent ad communionem Claudianistas admitti; quod innocentes clericos putaverit esse

---

(*a*) In editis, *Semper inde se defendunt, inde se excusant, et nos accusant.* Hunc et alios locos ad MSS. emendamus.
(*b*) Subaudi, *opus est.*

notre sentence, nous avons décrété que Primianus est à jamais rejeté de l'assemblée des prêtres, de peur que son contact ne souille l'Église de Dieu de quelque contagion ou de quelque motif d'accusation. C'est à quoi l'Apôtre saint Paul nous exhorte par cet avertissement : Or, mes frères, nous vous ordonnons, au nom de Notre-Seigneur Jésus-Christ, de vous éloigner de tout frère qui marche dans le désordre (II *Thess*. III, 6). C'est pourquoi, afin de veiller à la pureté de l'Église, nous croyons utile d'avertir, par cette présente lettre, tous nos saints frères dans le sacerdoce, tous les clercs, et tous les peuples qui s'honorent d'être chrétiens, qu'ils aient le plus grand soin de rejeter avec horreur toute communion avec Primianus, en raison de la condamnation dont nous le frappons. C'est pourquoi, celui-là sera seul responsable devant Dieu de sa propre mort qui, au lieu de se soumettre à notre décret, aura osé l'enfreindre. Il a également paru bon à nous et à l'Esprit Saint d'accorder quelque délai à ceux de son parti pour leur conversion, mais seulement dans ces termes: Que tous ceux de ses prêtres ou de ses clercs, qui, peu soucieux de leur salut, ne se seront pas retirés de la communion de Primianus, du jour de sa condamnation, c'est-à-dire du huitième jour avant les calendes de juillet jusqu'au huitième jour avant les calendes de janvier, soient frappés de la même condamnation que lui. Quant aux laïques, s'ils ne se sont retirés de la communion de Primianus d'ici à la prochaine fête de Pâques, ils ne pourront être rétablis dans l'Église qu'après avoir fait pénitence, si jamais ils viennent à résipiscence. Moi, Victorinus évêque de Munatium, j'ai signé. Moi, Fortunatus évêque de Dionysiana, j'ai signé. Moi, Victorianus évêque de Carcabia, j'ai signé. Moi, Florentius évêque d'Adrumetum, j'ai signé. Moi, Migginus évêque d'Éléphantaria, j'ai signé. Moi Innocentius, évêque de Tasbalte, j'ai signé. Moi, Miggin, j'ai signé au nom de mon collègue Salvius, évêque de Membrosa. Moi, Salvius évêque d'Ausapha, j'ai signé. Moi, Donatus évêque de Sabratum, j'ai signé. Moi, Gemelius évêque de Tanaboea, j'ai signé. » (Interrompant sa lecture, il dit) : Remarquez qu'au nombre de ceux qui ont prononcé la condamnation se trouvent Prætextatus évêque d'Assurus et Felicianus évêque de Musti. (Puis reprenant sa lecture, il pour-

---

condemnandos, quod se nobis audiendum noluerit exhibere, cum basilicarum fores ne ingrederemur multitudine et (*a*) Officio intercluserit ; quod legatos a nobis ad se missos injuriose rejecerit, quod loca multa, vi primo, dehinc auctoritate judiciaria usurpaverit. » (Et cum legeret, idem dixit,) Prætermissor ablatorum : cum Paulus apostolus dicat, Audet quis vestrum adversus alium negotium habens judicari apud injustos, et non apud sanctos (I *Cor.* VI, 1). Videte quale illi crimen objecerint, quia non apud episcopos agere voluit de locis, apud judicem. (Et cum tractaret, idem sequentia recitavit,) « præter alia (*b*) illicita ejus, admissa, quæ præ honestate stili nostri siluimus, a sacerdotali choro perpetuo esse damnatum : ne eo palpato, Dei Ecclesia aut contagione, aut aliquo crimine maculetur. Quod idipsum Paulus apostolus exhortatur, et admonet, « Præcipimus autem vobis, Fratres, in nomine Domini nostri Jesu-Christi, ut discedatis ab omni (*c*) fratre inordinate ambulante (II *Thess*. III, 6). Atque adeo non immemores puritatis Ecclesiæ, conducibile existimavimus, omnes sanctos consacerdotes, et omnes clericos, et omnes populos qui se Christianos meminerunt, hac nostra Tractatoria commonere, ut omnes ejus communionem, utpote damnati, diligenti cura horreant. Ipse enim de suo interitu rationem reddet, qui hoc nostrum decretum non audiendo tentaverit violare. Placuit sane nobis et Spiritui-sancto, quod tempus tardis ad convertendum reservetur sub eo, quicumque consacerdotum vel clericorum suæ salutis immemores, a die damnationis supradicti Primiani, id est, a die (*d*) octavo Kalendarum Juliarum usque ad diem octavum Kalendarum Januariarum, minus a Primiani damnati communione recesserint, tali sententia constringantur. Laici quoque nisi se a supradicto die damnationis illius, intra diem Paschæ futuræ ab ejus consortio separaverint, non posse quemquam nisi per pœnitentiam, siquidem meminerint, Ecclesiæ reformari. Victorinus Munatianensis episcopus subscripsi. Fortunatus Dionysianensis episcopus subscripsi. Victorianus (*e*) Carcabianensis episcopus subscripsi.

(*a*) Editi, *et Officialibus*. At MSS. *et Officio*. (*b*) Plerique MSS. *illecebra ejus*. Nonnulli vero, *illecebrosa ejus*. (*c*) In MSS. deest, *fratre*; quam vocem non illibenter omiscuit Donatistæ. (*d*) Editio Lov. hoc loco præterit, *octavo*. Er. vero id totum omittit, *Kalendarum Juliarum usque ad diem octavum* : quæ omnia verba in plerisque MSS. reperiuntur ; sed ex iis nonnulli post *Kalendarum Juliarum*, sic habent, *si vel mora, ad diem octavum Kalendarum Januariarum*. Non adsignatur annus; qui forte erat Christi 393. Quippe Bagaitani postea concilii sententia pro Primiano in Maximianistam et in Cabarsussitanam synodum dicta fuit die 24. Aprilis an 394, ex lib. III. cont. Crescon. c. LVI. (*e*) Lov. *Carbaniensis*. Er. et novem. MSS. *Carcabinensis*. Duo MSS. *Carcabensis*. Alii, *Carcabianensis*. Sic etiam in lib. III. cont. Crescon.. c. XIX.

DEUXIÈME DISCOURS SUR LE PSAUME XXXVI.

suivit) : » Moi, Prœtextatus évêque d'Assurus, j'ai signé. Moi, Maximianus évêque de Stabatum, j'ai signé. Moi, Datianus évêque de Camicetum, j'ai signé. Moi, Donatus évêque de Ficus, j'ai signé. Moi, Théodore évêque d'Usala, j'ai signé. Moi, Victorianus au nom de mon collègue l'évêque d'Agna, j'ai signé. Moi, Donatus évêque de Cebresus, j'ai signé. Moi, Natalicus évêque de Telæ, j'ai signé. Moi, Pomponius évêque de Macri, j'ai signé. Moi, Pancratius évêque de Balia, j'ai signé. Moi, Januarius évêque d'Aquæ, j'ai signé. Moi, Secundus évêque de Jacondia, j'ai signé. Moi, Pascasius évêque du Bourg d'Auguste, j'ai signé. Moi, Creso évêque de Conjustia, j'ai signé. Moi, Rogatianus évêque, j'ai signé. Moi, Maximianus évêque d'Erommina, j'ai signé. Moi, Penenatus évêque de Tugutianum, j'ai signé. Moi, Ritanus évêque, j'ai signé. Moi, Gaïanus évêque de Tigis, j'ai signé. Moi, Victorinus évêque de Leptis Magna, j'ai signé. Moi, Guntasius, évêque de Benefa, j'ai signé. Moi, Quintasius évêque de Capsa, j'ai signé. Moi, Felicianus évêque de Musti, j'ai signé. Moi, Victorien, par délégation de l'évêque Migginus, j'ai signé. Moi, Miggius évêque, j'ai signé. Moi, Latinus évêque de Mugia, j'ai signé. Moi, Proculus évêque de Girba, j'ai signé. Moi, Donatus évêque de Subrata, pour mon frère et collègue Marratus, j'ai signé. Moi, Proculus évêque de Girba, pour mon collègue Gallionus, j'ai signé. Moi, Secundianus évêque de Prisca, j'ai signé. Moi, Helpidius évêque de Tusdri, j'ai signé. Moi, Donatus évêque de Samur, j'ai signé. Moi, Getulicus évêque de Victoriana, j'ai signé. Moi, Aunibonius évêque de Robaute, j'ai signé. Et de nouveau, moi, Annibonius, à la prière de mon collègue l'évêque d'Aræ, j'ai signé. Moi, Tertullus évêque d'Abiddus,

---

Florentius ab Adrumeto episcopus subscripsi. Migginus (a) ab Elephantaria episcopus subscripsi. Innocentius (b) Thebaltensis episcopus subscripsi. Miggin pro collega meo (c) Salvio Membressitano episcopo subscripsi. Salvius (d) Ansafensis episcopus subscripsi. Donatus Sabratensis episcopus subscripsi. Gemelius a (e) Tanabæis episcopus subscripsi. » (Et cum legeret, idem dixit,) Ex ipsis condemnatoribus subscripsit et Prætextatus Assuritanus, et Felicianus Mustitanus. (Et cum tractaret, sequentia recitavit,) « Prætextatus Assuritanus episcopus subscripsi. Maximianus (f) Stabatensis episcopus subscripsi. Datianus (g) Camicetensis episcopus subscripsi. Donatus Fiscianensis episcopus subscripsi. Theodorus Usulensis episcopus subscripsi. Victorianus jubente collega (h) Agnosio episcopo subscripsi. Donatus (i) Cebresutanus episcopus subscripsi. Natalicus Thelensis episcopus subscripsi. Pomponius Macrianensis episcopus subscripsi. Pancratius (j) Balianensis episcopus subscripsi. Januarius (k) Aquenensis episcopus subscripsi. Secundus (l) Jacondianensis episcopus subscripsi. Pascasius a Vico Augusti episcopus subscripsi. (m) Creso Conjustiacensis episcopus subscripsi. Rogatianus episcopus subscripsi. Maximianus (n) Erumminensis episcopus subscripsi. Benenatus (o) Tugutianensis episcopus subscripsi. Ritanus episcopus subscripsi. Gaianus Tigualensis episcopus subcripsi (p). Victorinus Leptimagnensis episcopus subscripsi. Guntasius (q) Benefensis episcopus subscripsi. Quintasius (r) Capsensis episcopus subscripsi. Felicianus Mustitanus episcopus subscripsi Victorianus ex delegatione (s) Miggini episcopi subscripsi. Miggius episcopus subscripsi. Latinus Mugiensis episcopus subscripsi. Proculus (t) Girbitanus episcopus subscripsi. Donatus Sabratensis episcopus pro fratre et collega meo Morrato subscripsi. Proculus Girbitanus pro collega meo (u) Galliono subscripsi. Secundianus (v) Prisianensis episcopus subscripsi, Helpidius Tusdritanus episcopus subscripsi. Donatus Samurdatensis episcopus subscripsi. Getulicus Victorianensis episcopus subscripsi. Annibonius (x) Robautensis episcopus subscripsi. Item Annibonius petitus a collega meo Augendiarensi episcopo subscripsi. Tertullus Abitensis episcopus subscripsi. (y) Primulianus episcopus subscripsi. Secundinus (z) Arusianensis episcopus subscripsi. Maximus Pitta-

---

(a) Sic in MSS. At in editis, *Belephantariæ*. (b) Quinque MSS. *Thesbalitensis*. (c) Ita in aliquot MSS. et in lib. III, cont. Crescon. c. XIX. At in editis legebatur his. *Salciano Pressitano*. (d) Er. *Ausarensis*. Lov. *Ausucensis*. Aliquot MSS. ut in lib. I, cont. Cresc. c. XIX. *Ausafensis*. (e) Er. *Anathabeis*. Nonnulli MSS. a *Tambeis*. (f) MSS. aliquot, *Sabbatensis*. Quidam, *Sabatensis* (g) Quatuor MSS. *Camocetensis*. (h) Tres MSS. *Agnasio*. (i) Quinque MSS. *Cebresutianus*. Nonnulli, *Cebèresitanus*. (j) Aliquot MSS. *Basilianensis*. (k) Plures MSS. *Aquensis*. (l) MSS. aliquot, *Secundius* : nonnulli, *Secundanus*. Deinde in quibusdam est, *Jecondianensis*, et, *Jaconniacensis*. (m) Quatuor MSS. *Cresoconius Titianensis*. Nonnulli, *Cresoconius Justicianensis*. Alii duo, *Cresconius Tacianensis*. Regius codex, *Crescentius Tittionus*. (n) Aliquot MSS. *Erumminensis*. Quidam, *Eruminensis*. Item, *Erumniatensis*. (o) Vatianus et Regius MSS. *Benenatus Tigurianus* : qui codices omittunt postea, *Ritanus episcopus subscripsi*. (p) Nonnulli codices, *Victorianus*. Undecim MSS. *Leptimagnensis*. (q) Aliquot MSS. *Benesensis*. Item, *Bennefensis*. (r) Ita omnes prope MSS. At editi *Capiensis*. (s) Editi omittunt, *Miggini*. Id vero habent plerique MSS. e quibus nonnulli post loco *Miggius*, ferunt *Migginus*. Editio Er. *Magginus*. Quidam autem MSS. istud, *Miggius episcopus subscripsi*, prorsus omittunt. (t) MSS. nonnulli, *Gurbitanus*. Item, *Curbitanus*. (u) Er. *Gallono* Octo MSS. *Gallonio*. (v) Plerique MSS. *Bissianensis*, aut *Bisianensis*. (x) MSS. plures, *Rabautensis*. Item, *Sabautensis*. (y) Sic MSS. At editi, *Primilianus*. (z) Nonnulli MSS. *Secundianus*. Item aliqui, *Arusilianensis*, et, *Aurisilianensis*.

188   DISCOURS SUR LES PSAUMES.

j'ai signé. Moi Primulianus évêque, j'ai signé. Moi, Secundinus évêque d'Arusium, j'ai signé. Moi, Maximus évêque de Bita, j'ai signé. Moi, Crescentianus évêque de Murra, j'ai signé. Moi, Donatus évêque de Belma, j'ai signé. Moi, Perseverantius évêque de Thebeste, j'ai signé. Moi, Faustinus évêque de Binum, j'ai signé. Moi, Victor évêque d'Altibura, j'ai signé. En tout, cinquante-trois signatures. »

21. (Et, cette lecture terminée, l'orateur poursuivit). Veuillez me prêter attention. Voilà votre condamnation, disons-nous à Primianus. Eh bien! choisissez. Voulez-vous qu'elle ait une valeur ou qu'elle n'en ait pas? Je suis pour vous : je dis nettement qu'ils vous ont accusé par des mensonges, et sachez ce qui me le fait croire; c'est que vous avez obtenu gain de cause devant d'autres juges et que vos accusateurs ont été condamnés. Si donc je vous crois innocent, parce que, sans vous soumettre à des factieux, vous avez prouvé ailleurs votre innocence, de telle sorte que ceux qui vous avaient condamné ont eux-mêmes été condamnés à bon droit, daignez admettre aussi que Cæcilianus était innocent, lui qui n'a pas voulu comparaître devant vos devanciers, et qui a réservé le jugement de sa cause à l'univers entier, comme vous l'avez réservé aux seuls Numides. Si le siège épiscopal de Bagaia a établi votre innocence, la sienne n'est-elle pas plutôt encore établie par le siège apostolique de Rome? Préférez-vous, au contraire, reconnaître l'autorité de ceux qui vous avaient condamné d'abord? S'ils ont quelque autorité, ils n'en ont que contre vous. Pour les Donatistes ils n'en ont jamais eu et n'en auront jamais contre Cæcilianus. Mais, remarquez-le, si vous parlez ainsi, vous jugez contre vous.

22. Cependant ils s'enhardissent ici, et ils disent : Mais nous, qui avons ensuite condamné les Maximianistes, nous étions plus nombreux qu'eux. Que votre jugement ait donc de la force contre Felicianus et le jugement des premiers Donatistes en aura contre Cæcilianus. Au concile de Bagaia, ces hommes ont aussi condamné Felicianus; maintenant, Felicianus est dans leur église : ou bien ils l'ont reçu quoique coupable, ou bien ils l'avaient condamné quoique innocent. Si donc vous recevez parmi vous un coupable, pour rester en paix avec Donatus, cédez à la totalité des nations, pour rester en paix avec le Christ. Si, au contraire, Felicianus a été condamné bien qu'innocent, par une erreur des vôtres, direz-vous que trois cent dix évêques auront pu se tromper en condamnant Felicianus, et que soixante-dix évêques n'auront pu se tromper en condamnant Cæcilianus? Que dites-vous donc? Lorsque l'on vous objecte que les Maximianistes ont commencé par vous concondamner, vous vous récriez et vous dites : mais nous étions en bien plus grand nombre,

nensis episcopus subscripsi. Crescentianus Murrensis episcopus subscripsi. Donatus (*a*) Belmensis episcopus subscripsi. Perseverantius Tebertinus episcopus subscripsi. Faustinus Binensis episcopus subscripsi. Victor (*b*) Altiburitanus episcopus subscripsi. Omnes numero quinquaginta tres. »

21. (Et cum recitaret, idem tractans dixit,) Paululum dignamini advertere. Hæc est damnatio tua. Dicimus illli : Quid vis? habeat pondus an non habeat? Ego faveo : prorsus dico, quia isti omnes falsa in te dixerunt; et audi unde credam : Quia apud alios judices obtinuisti causam tuam, et isti damnati sunt. Si ergo te propterea credo innocentem, quia non exiens ad factiosos, alibi ostendisti innocentiam tuam, ut illi qui te damnaverunt, damnationem mererentur ; dignare acceptare Cæcilianum innocentem, qui noluit exire ad majores tuos, et sic servavit caussam suam orbi terrarum, quomodo tu servasti concilio Numidarum. Si innocentem te reddidit sedes (*c*) Bagatiana, quanto potius illum sedes Apostolica ? Aut vis ut valeant qui primo damnaverunt ? Si valent, contra te valent. Nam illi contra Cæcilianum nec valuerunt, nec valebunt : tamen quid contra te judices, adtende.

22. Jam hic audent dicere, Sed nos qui postea damnavimus Maximianistas, plures eramus. Valeat ergo sententia vestra in Felicianum, et valebit illorum in Cæcilianum. Ubi Bagai concilium fecerunt, etiam Felicianum damnaverunt : modo intus est Felicianus : aut nocens receptus est, aut innocens damnatus est. Si ergo nocentem recipis pro pace Donati ; cede omnibus gentibus pro pace Christi : si autem per errorem vestrum innocens damnatus est ; errare potuerunt trecenti decem damnantes Felicianum, et non potuerunt errare septuaginta damnantes Cæcilianum ? Quid ergo dicitis, Cum audieritis vobis dici , Priores vos damnaverunt Maximianistæ , recurritis, et dicitis. Sed nos plures

(*a*) Quidam MSS. *Belinensis.* Item sex, *Velimensis.* Nonnulli, *Belinensis,* et, *Balmensis.* (*b*) Editi *Altiburinanus :* At MSS. *Altiburitanus.* (*c*) Plures MSS. *Vaguitana :* ac paulo post *Vagai,* loco *Bagai :* et sic constanter mutato B in V.

DEUXIÈME DISCOURS SUR LE PSAUME XXXVI.

lorsque nous avons condamné les Maximianistes. On vous répond bien vite sur les deux points ; car ce sont vos partisans qui les premiers ont condamné Cœcilianus. Si les premiers doivent l'emporter, les Primianistes doivent céder au concile des Maximianistes. Si les plus nombreux doivent l'emporter, que les Donatistes cèdent au monde entier. Il me semble qu'il n'y a rien de plus juste. Les Maximianistes sont peu nombreux, mais ils ont la priorité. Un accusé ne peut accuser. Si votre pensée est conforme à ce principe, comment, étant condamné, avez-vous pu condamner ? Car le nom de celui qu'ils avaient condamné est écrit parmi ceux des juges qui l'avaient condamné, et ils ne l'ont pas laissé au rang d'accusé. Il en est autrement de Cæcilianus ; on l'a laissé au rang d'accusé, comme son jugement en fait foi ; et même il n'a été maintenu dans la communion de l'Église qu'après sa justification. Mais celui dont je vous parle, ici se trouve condamné par des juges, et là assis au nombre des juges il prononce lui-même une condamnation. Mais que ce soit là de la justice au goût du concile de Bagaia ; nous vous la laissons tout entière. Les Maximianistes ont eu tort de vous condamner ; mais les vôtres aussi ont eu tort les premiers de condamner Cœcilianus. Vous vous êtes justifié à Bagaia ; il s'est justifié dans le jugement rendu au-delà des mers. Tout l'univers a accepté ce jugement. Que direz-vous? Nous sommes plus nombreux que ne l'étaient les Maximianistes. Eh bien ! Soyez plus nombreux, et prenons la question au point de vue du nombre. Voyez quelle est la différence. Les Maximianistes vous ont condamné en votre absence, parce que vous aviez refusé de comparaître devant eux. C'est absolument la même chose ; et les Donatistes avaient condamné Cœcilianus en son absence, parce qu'il avait évité leur cabale. Mais, à votre tour, vous les avez fait condamner au concile de Bagaia en leur absence ; mais Cœcilianus était présent et ses adversaires l'étaient aussi, lorsqu'il a été justifié. Il y a encore une autre différence importante : ces juges de Numidie auprès desquels vous vouliez plaider votre cause, c'est vous qui êtes allé les trouver, qui les avez constitués vos juges ; les Maximianistes ne les ont pas demandés. Au contraire, c'était le parti de Donatus qui avait demandé pour juges ceux devant lesquels Donatus a été vaincu par Cœcilianus ; c'était le parti de Donatus qui les avait demandés. Les Maximianistes vous répondent maintenant et disent avec raison : nous sommes venus à vous d'abord comme étant évêques de votre province, évêques d'un pays qui est le vôtre. Nous voulions juger votre cause, mais vous nous avez méprisés, et vous n'êtes pas

eramus qui damnavimus Maximianistas. Ad utrumque vobis cito respondetur, quia et illi vestri priores damnaverunt Cæcilianum. Si priores valent, cedant Primianistæ concilio Maximianistarum : si plures valent, cedant Donatistæ orbi terrarum : nihil esse arbitror justius. Pauci sunt Maximianistæ : sed priores sunt. Reus reum non facit. Si hoc putas, quomodo damnatus damnare potuisti ? quia inter damnatores et ipse scriptus est, nec servaverunt illi locum caussam (a) dicentis. Aliter autem Cæcilianus : servatus est illi locus hominis caussam dicentis, sicut habet ipsa sententia ; quia nec in communionem receptus est nisi purgatus. Iste autem invenitur hic a judicibus damnatus, illic inter judices damnans. Sed fuerit ista æquitas Bagaitani concilii : prorsus totum concedimus. Male te damnaverunt Maximianistæ : male damnaverunt et illi priores vestri Cæcilianum. Tu purgasti te apud Bagai : purgavit se ille in transmarino judicio. Consensit huic judicio universus orbis terrarum, Quid dicturus es ? Plures nos sumus quam Maximianistæ. Estote plures : de numero ergo agamus : vide quantum intersit. Absentem te damnaverunt Maximianistæ, cum ad eos exire noluisses. Hoc quidem simile, sic et illi damnaverunt absentem Cæcilianum, cum factionem eorum devitasset : sed tu rursus in absentes illos fecisti dici sententias in concilio Bagaitano : at vero Cæcilianus præsens adversario præsente purgatus est. Deinde alia magna differentia : Judices Numidas apud quos te purgares, tu ipse adisti, tu constituisti, Maximianistæ illos non petierunt : apud eos autem a Cæciliano Donatus victus est, quos pars Donati judices postulaverat. Respondent tibi modo Maximianistæ, et jure dicunt, Nos primo venimus ad te de provincia tua, de diœcesi ad te (b) pertinente episcopi ; et voluimus audire caussam tuam : contemsisti nos, non ad nos existi. Si timuisti nostrum judicium, vel simul judices eligeremus, non ires ad

---

(a) Editi, *caussam dicendi*. Melius MSS. *dicentis*. (b) Sic Er. et aliquot MSS. At Lov. *pertinentis*. Nonnulli MSS. *pertinentes*.

venu à nous. Si vous craigniez notre jugement, nous pouvions choisir ensemble des juges, sans que vous alliez de vous-même vous soumettre à ceux qui vous convenaient. Voyez combien la différence est grande. Mais alors les Donatistes, dans leurs lettres à l'empereur, demandèrent qu'il nommât des juges. Ils se plaignirent de ceux devant lesquels ils avaient été vaincus, bien qu'ils les eussent demandés avant leur défaite. Sur leur réclamation, d'autres juges leur furent donnés, et devant eux encore ils furent vaincus. Ils en appelèrent à l'Empereur, et devant l'Empereur encore ils furent vaincus. Les Maximianistes, une seule fois vaincus, et cela en leur absence, se taisent; et les Donatistes, trois fois vaincus, et cela bien que présents, ne se taisent point encore?

23. Mais vous disputez avec les Maximianistes sur le nombre des juges. Je l'ai déjà dit, je vous suis favorable. Trois cent dix sont plus que cent ou que le nombre des Maximianistes, par lesquels fut condamné Primianus; regardez-vous donc les milliers d'évêques de toutes les parties du monde, qui ont donné raison à Cæcilianus et qui ont condamné Donatus, comme n'étant d'aucun poids auprès de vous? Mais vous me direz : Est-ce qu'il y eut mille évêques de toutes les parties du monde pour condamner les Donatistes? Très-bien ; ils ne les ont pas condamnés. Pourquoi ne les ont-ils pas condamnés ? Parce qu'ils n'étaient pas au jugement. Si ces évêques n'étaient pas au jugement, ils ne les ont pas condamnés, mais uniquement parce qu'ils ne connaissaient pas leur cause. Pourquoi vous êtes-vous séparés d'hommes qui n'ont rien à se reprocher ? Un homme vient ici vers vous, de quelque point de l'univers ; il est baptisé, et vous voulez le rebaptiser. Or, voici qu'au moment où vous allez exercer votre œuvre de mort, au moment où vous prétendez renouveler ce sacrement qui ne se donne qu'une fois, qu'on ne perd jamais, il vient à vous avec des gémissements et des cris et vous dit : Que voulez-vous faire ? Me rebaptiser ? Ainsi vous parle je ne sais quel homme originaire ou de la Mésopotamie ou de la Syrie, ou du Pont, ou de quelque pays plus lointain encore. Vous lui répondez : Je veux vous rebaptiser, parce que vous n'avez pas le baptême. Et pourquoi ? réplique-t-il. Lisez les lettres de l'Apôtre, qui m'ont été données à moi-même. En effet, cet homme est peut-être, je ne sais, habitant de la Galatie, du Pont, de Philadelphie, églises auxquelles saint Jean a écrit (*Apoc.* I, 4); peut-être vient-il de Colosse, de Philippes, de Thessalonique. Quoi ! dit-il, je n'ai pas le baptême, moi à qui a écrit l'Apôtre de qui vous tenez votre baptême ? Osez-vous bien lire la lettre qui m'appartient, vous qui refusez m'on baiser de paix ?

quos tu velles. Quantum intersit, videte. Tunc autem ipsi Donatistæ litteris suis Imperatorem petierunt, ut decerneret judices : improbaverunt eos apud quos victi sunt, quos antequam vincerentur postulaverunt : dati sunt alii ad eorum petitum, et ibi victi sunt : appellaverunt ad Imperatorem et ibi victi sunt. Semel victus est absens Maximianista, et tacet : et ter victus præsens Donatista non tacet ?

23. Sed de numero contendis cum Maximianistis. Ut dixi, faveo tibi. Trecenti decem plures sunt quam centum, vel quot fuerunt qui damnaverunt a parte Maximiani Primianum : millia episcoporum per orbem terrarum qui damnaverunt a parte Cæciliani Donatum nihil ponderis apud te habere putas ? Sed dicturus es mihi, Numquid Donatistas millia episcoporum damnaverunt de toto orbe terrarum ? Optime non damnarunt. Quare non damnarunt ? Quia judicio non interfuerunt. Si judicio non interfuerunt, propterea non damnaverunt, quia caussam illam penitus nescierunt. Ab innocentibus quare te separasti ? Venit huc ad te de orbe terrarum baptizatus, quem vis rebaptizare : et te jam lethale (*a*) ministerium exercentem, et volentem iterare quod semel datur et non amittitur, adit cum magna voce et gemitu, et dicit tibi, Quid est quod vis facere ? rebaptizare me ? ait nescio quis Mesopotamenus, nescio quis Syrus, nescio quis Ponticus, vel longius constitutus. Respondes, Quia non habes baptismum. Quare ? Lege Epistolas Apostoli ad me datas. Venit nescio quis de Galatia, de Ponto, venit nescio quis de Philadelphia, ad quas Ecclesias Johannes scripsit (*Apoc* I, 4); venit a Colossis, venit a Philippis, a Thessalonica : Ego non habeo baptismum ad quem scripsit Apostolus, per quem tu habes ? Audes legere epistolam meam, qui detestaris pacem meam ?

(*a*) Sic MSS. At editi, *mysterium*.

TROISIÈME DISCOURS

SUR LA TROISIÈME PARTIE DU PSAUME XXXVI.

1. La dernière partie du psaume n'avait point été discutée ni traitée devant vous. C'est pourquoi, comme je le vois, le Seigneur nous a rappelé, non sans doute, selon que nous en avions disposé, mais comme il en avait disposé lui-même, pour vous payer notre dette. Soyez donc attentifs, mes frères, afin que, si nous le pouvons, avec l'aide de Dieu, nous vous payions maintenant ce que nous savons vous devoir. Quel est celui qui dit ce que nous avons chanté tout à l'heure ? « J'ai été jeune, et voici que j'ai vieilli, et je n'ai pas vu le juste délaissé ni sa famille réduite à chercher son pain (*Ps.*XXXVI,25). » Si le Prophète parle comme parlerait un seul homme, quelle est la durée de la vie d'un seul homme ? Et qu'y a-t-il d'extraordinaire qu'un homme, placé dans une partie quelconque de l'univers, n'ait pas vu, de toute sa vie, aussi courte que la vie ordinaire de l'homme est courte, lors même qu'il serait parvenu de la jeunesse à la vieillesse, n'ait pas vu, dis-je, le juste délaissé, ni sa famille réduite à chercher son pain ? Il n'y a là rien de merveilleux. Il se peut, en effet, qu'avant qu'il vécût, il y ait eu quelque juste cherchant son pain ; il se peut que cela soit arrivé dans une partie du monde autre que celle où il était. Écoutez d'ailleurs une réflexion qui me frappe. Supposons que, parmi vous, tout homme qui a vieilli, s'il repasse dans sa mémoire les années de sa vie déjà écoulées, et s'il récapitule par le souvenir tous ceux qu'il a connus, n'ait présent à la pensée aucun juste ni aucun fils de juste cherchant son pain : toutefois qu'il ouvre les saintes Écritures, et il y verra le juste Abraham livré à mille angoisses, souffrant de la famine qui régnait dans son pays, et obligé de changer de contrée (*Gen.* XII, 10) ; il y verra Isaac son fils, poursuivi également par la famine, et cherchant son pain dans des pays étrangers (*Gen.* XXVI, 1). Et comment donc sera-

SERMO TERTIUS

De Tertia parte Psalmi XXXVI.

1. Pars novissima Psalmi hujus indiscussa vobiscum et intractata remanserat. Proinde sicut video, non quidem secundum dispositionem nostram, sed tamen non præter dispositionem suam, ad reddendum debitum nos Dominus revocavit. Intenti ergo estote, Fratres, ut si possumus Deo adjuvante, vel modo solvamus quod nos debere cognoscimus. Quis est qui dicit, quod modo cantavimus ? « Juvenis fui, et ecce senui, et non vidi justum derelictum, nec semen ejus quærens panem (*Ps.* XXXVI, 25). » Si quasi unus homo loquitur, quam multum tempus est ætas unius hominis; et quid magnum est, ut homo positus in una aliqua parte terrarum per totam vitam suam tam brevem, quam humana vita brevis est, quamvis ad senectutem a juventute pervenerit, non viderit justum derelictum, nec semen ejus quærens panem? Non est mirandum. Potuit enim fieri, ut ante vitam ipsius fuisset aliquis justus quærens panem, potuit fieri ut in alia parte terrarum non ubi ipse esset. Deinde aliud quod movet, audite : Ecce unusquisque in vobis, qui forte jam senuit, respiciens cursus ætatis suæ jam peractos sibi, ubi cogitatione versatus fuerit in his quos novit, forte non ei occurrit justus quærens panem, aut filius justi quærens panem : sed tamen respicit ad Scripturas divinas, et invenit angustatum Abraham justum, et famem passum in regione sua, mutasse aliam regionem (*Gen.* XII, 10); invenit et filium ipsius Isaac ejusdem

t-il vrai de dire : « Je n'ai jamais vu le juste délaissé, ni sa famille réduite à chercher son pain ? » Si cette parole est vraie pour quelque homme dans l'espace de sa vie, cet homme trouve cependant le contraire dans le livre divin, qui est plus digne de foi que la vie des hommes.

2. Que faire donc ? Que vos pieux efforts nous secondent, afin que nous puissions voir dans ces versets du psaume la volonté de Dieu et ce qu'il veut nous faire entendre. Car il est à craindre que tout homme faible, incapable de comprendre spirituellement les Écritures, n'aille chercher des exemples humains ; qu'il ne voie quelquefois les bons serviteurs de Dieu dans l'indigence et dans la nécessité de chercher leur pain, comme particulièrement l'apôtre saint Paul qui nous dit : « J'ai supporté la faim, la soif, le froid et la nudité (Cor. XI, 27), » et qu'alors il ne se scandalise en lui-même et ne dise : Est-il certain que ce que j'ai chanté soit vrai : Est-il certain que ce que j'ai psalmodié, debout dans l'église, d'une voix si pieuse, soit vrai : « Je n'ai jamais vu le juste délaissé, ni sa famille réduite à chercher son pain ; » tandis qu'au contraire je vois de mes yeux tant d'hommes qui vivent dans le bien, souffrir le plus souvent de la faim ? Mais si, par hasard, je me trompe, en croyant également gens de bien un homme qui vit réellement dans le bien et un homme qui vit dans le mal, tandis que Dieu en juge autrement que moi et que celui que je crois juste est injuste à ses yeux, que ferai-je de l'exemple d'Abraham, dont l'Écriture elle-même exalte la justice ? Que ferai-je de l'exemple de l'Apôtre saint Paul, qui dit : « Soyez mes imitateurs, comme je suis l'imitateur du Christ (I Cor. IV, 16) ? » Est-ce pour que j'aie moi-même à supporter les maux qu'il a soufferts : la faim et la soif, le froid et la nudité (II Cor. XI, 27) ?

3. Cet homme, qui pense ainsi, et dont tous les membres intérieurs, comme je l'ai dit, sont relâchés et devenus incapables des bonnes œuvres, pouvons-nous, mes frères, le soulever comme le paralytique, lui ouvrir le toit de ce passage des Écritures et le descendre sous les yeux du Seigneur (Luc. V, 19) ? Vous voyez, en effet, qu'il y a là quelque obscurité. Or, s'il y a de l'obscurité, il y a là comme un toit, et je vois dans mon esprit le paralytique de l'Évangile. Je vois donc le toit, et sous ce toit, je reconnais que le Christ est caché. Je ferai, autant que je le pourrai, ce qui a été loué dans ceux qui ouvrirent le toit de la maison où se trouvait le Christ, et qui descendirent le paralytique devant lui, pour qu'il lui dît : « Mon fils, ayez confiance, vos péchés vous sont remis (Ibid. 20). » En effet, Jésus guérit ainsi l'homme intérieur de sa paralysie, en lui

famis causa in alias isse regiones quærentem panem (Gen. XXVI, 1). Et quomodo erit verum, « Numquam vidi justum derelictum, nec semen ejus quærens panem? » Et si verum hoc invenit in spatio vitæ suæ; aliter tamen invenit in lectione divina, quæ fidelior est quam vita hominum.

2. Quid ergo facimus ? Adjuvent nos pia studia vestra, ut inspiciamus in his versibus Psalmi voluntatem Dei, quid nos intelligere velit. Metus est enim, ne unusquisque infirmus, non capiens spiritaliter intelligere Scripturas, eat in exempla humana, videatque aliquando bonos servos Dei esse in necessitate aliqua et inopia quærendi panis; maxime et Paulum apostolum cogitet, qui dicit, « In fame et siti, in frigore et nuditate (II Cor., II, 27) : et scandalizetur apud seipsum dicens. Certene verum est quod cantavi ? certe verum est quod in ecclesia stans tam devota voce personui, « Numquam vidi justum derelictum, nec semen ejus quærens panem? » Fallunt nos Scripturæ, dicat apud se : et dissolvantur omnia ejus membra ab opere bono; quibus membris intrinsecus, quod est gravius, et in interiore homine resolutis, jam desistat ab opere bono, et dicat sibi, Ut quid bene operor ? Ut quid panem meum frango esurienti, et nudum vestio, et sine tecto induco in domum meam, adtendens ad id quod scriptum est, « Numquam vidi justum derelictum, nec semen ejus quærens panem : » cum videam tot homines bene viventes, plerumque fame laborantes ? Sed si forte erro ego, ut tam illum qui bene vivit, quam illum qui male vivit, putem bene vivere, et aliter illum novit Deus, id est, iniquum esse, quem ego justum puto ; quid facio de Abraham, quem justum ipsa Scriptura commendat ? Quid facio de ipso apostolo Paulo, qui dicit, « Imitatores mei estote, sicut et ego Christi (II Cor., IV, 16)? » An ut etiam ego sim in malis qualia ille pertulit, « in fame et siti, in frigore et nuditate (II Cor., XI, 27)? »

3. Ita cogitantem, et ut dixi dissolutis membris omnibus interioribus a facultate operis boni, possumus ne, Fratres, tanquam paralyticum tollere, et aperire tectum Scripturæ hujus, et eum submittere ad Dominum (Lucæ, V, 19)? Videtis enim quia obscurum est. Porro si obscurum est, tectum est : et pa-

remettant ses péchés et en resserrant sa foi. Mais il y avait là des hommes qui n'avaient pas d'yeux pour voir que la paralysie intérieure de ce malade était déjà guérie, et qui prirent pour un blasphème ces paroles salutaires. « Quel est cet homme, dirent-ils, qui remet les péchés? Il blasphème. Qui peut remettre les péchés si ce n'est Dieu (*Matth.* IX, 3)? » Et parce qu'il était Dieu, il entendait ceux qui pensaient de la sorte. Ils pensaient qu'il était vrai que Dieu avait ce pouvoir, mais ils ne voyaient pas Dieu présent devant eux. Ce médecin fit donc aussi un miracle sur le corps du paralytique, pour guérir la paralysie intérieure de ceux qui avaient tenu ce langage. Il accomplit quelque chose qu'ils pussent voir, et leur enseigna quelque chose qu'ils pussent croire. Courage donc! vous qui êtes assez faible, et qui avez le cœur assez languissant pour vous laisser aller, en cherchant des exemples dans les choses humaines, à abandonner les bonnes œuvres; vous qu'une sorte de paralysie intérieure a relâché, efforçons-nous de concert, si nous le pouvons, d'ouvrir ce toit et d'arriver jusqu'au Seigneur.

4. Le Seigneur, dans son corps qui est l'Église, a été jeune pendant les premiers temps, et voici qu'il a déjà vieilli. Vous savez, vous reconnaissez et vous comprenez que vous êtes ainsi constitués et que telle a toujours été votre foi, que le Christ est notre tête et que nous sommes le corps de cette tête (I *Cor.* XII, 27, et *Ephés.* XIV, 15). Sommes-nous seuls le corps du Christ et ceux qui nous ont précédés ne l'étaient-ils pas? Le Christ est la tête de tous ceux qui ont été justes depuis le commencement du monde. Car ils ont cru à la venue future de celui que nous croyons être déjà venu; et ils ont été guéris par leur foi en celui en qui nous croyons pour notre guérison; afin qu'il fût la tête de toute la cité de Jérusalem, qui comprend non-seulement tous les fidèles depuis le commencement du monde jusqu'à la fin, mais encore les légions et les armées des anges; et que Jérusalem fût une seule cité sous un seul roi, et comme une seule province sous un seul chef, heureuse dans une éternelle paix et dans un salut éternel, glorifiant Dieu sans fin et jouissant d'une béatitude sans fin. Or le corps du Christ, qui est l'Église (*Coloss.* I, 18 et 24), comparable au corps d'un homme ordinaire, fut d'abord jeune, et voici déjà qu'en ce dernier siècle il est dans une vieillesse comblée de biens, parce qu'il a été dit de l'Église : « Elle se multipliera encore dans une vieillesse comblée de biens (*Ps.* XCI, 15). » Elle

---

ralyticum animo quemdam intueor. Et hoc tectum video, et sub hoc tecto Christum latere agnosco. Faciam, quantum possum, quod laudatum est in illis, qui aperto tecto ad Christum paralyticum submiserunt, ut diceret illi, Constans esto fili, remissa sunt enim tibi peccata tua (*Ibid.* 20). Sic enim fecit interiorem hominem salvum a paralysi, remittendo peccata, et constringendo fidem. Sed erant ibi homines, qui non habebant oculos ad videndum interiorem paralyticum jam esse sanatum, et medicum curantem putaverunt blasphemantem. « Quis est hic, » inquiunt, « qui peccata dimittit? Blasphemat iste. Quis potest dimittere peccata, nisi solus Deus (*Matth.* IX, 3)? » Et quia ille erat Deus, talia cogitantes audiebat. Hoc (*a*) verum de Deo cogitabant, sed Deum præsentem non videbant. Fecit ergo ille medicus aliquid et in corpore paralytici, ut et illorum qui talia dixerunt, interiorem paralysim sanaret. Fecit enim quod viderent, et dedit quod crederent. Eia ergo quisquis es tam infirmus et languens corde, ut adtendens humana exempla, velis a bonis operibus desistere, et paralysi quadam interiore dissolutus es, age si possumus, aperto isto tecto submittere ad Dominum.

4. Dominus enim ipse in corpore suo, quod est Ecclesia, junior fuit primis temporibus, et ecce jam senuit. Nostis, et agnoscitis, et intelligitis, quia in hoc positi estis, et ita credidistis, quia caput nostrum Christus est (I *Cor.* XII, 27); corpus capitis illius nos sumus. Numquid soli nos, et non etiam illi qui fuerunt ante nos? Omnes qui ab initio sæculi fuerunt justi, caput Christum habent (*Ephes.* IV, 15). Illum enim venturum esse crediderunt, quem nos venisse jam credimus; et in ejus fide et ipsi sanati sunt, in cujus et nos : ut esset et ipse totius caput civitatis Jerusalem, omnibus connumeratis fidelibus ab initio usque in finem, adjunctis etiam legionibus et exercitibus Angelorum, ut fiat illa una civitas sub uno rege, et una quædam provincia sub uno imperatore, felix in perpetua pace et salute, laudans Deum sine fine, beata sine fine. Corpus autem Christi, quod est Ecclesia (*Coloss.* I, 18, et 24), tamquam unus quidam homo, primo junior fuit, et ecce jam in fine sæculi est in senecta pingui ; quoniam de illa dictum

---

(*a*) Sic plerique MSS. At editi, *verbum.*

s'est multipliée parmi toutes les nations, et sa parole est comme celle d'un homme qui examine son premier âge et son dernier âge. Son regard se reporte en arrière sur toutes choses, parce que l'Écriture lui donne la connaissance de tous les âges qu'elle a traversés; alors, dans un transport de joie, elle s'écrie pour nous instruire: J'ai été jeune, aux premiers temps du monde; et voici que j'ai vieilli, car je suis arrivée aux dernières périodes de ce siècle; et jamais je n'ai vu le juste délaissé, ni sa famille réduite à chercher son pain.

5. Nous connaissons maintenant cet homme qui a été jeune et qui a vieilli, le toit est découvert (*Luc.* v, 19), pour ainsi dire, et nous sommes arrivés jusqu'au Christ. Mais quel est ce juste, qui n'a jamais été vu dans le délaissement, et dont la famille n'a jamais été réduite à chercher son pain? Si vous comprenez quel est ce pain, vous comprenez quel est ce juste. En effet, le pain est la parole de Dieu, qui jamais ne s'éloigne de la bouche du juste. Voyez, en effet, la réponse de ce juste tenté dans sa tête, c'est-à-dire en la personne du Seigneur, lorsqu'il eut faim, qu'il souffrit du besoin de manger, et que le démon lui dit : « Dites à ces pierres qu'elles se changent en pain; » le Seigneur lui répondit : L'homme ne vit pas seulement de pain, mais il vit de toute parole de Dieu (*Matth.* IV, 4). » En outre, mes frères, examinez s'il est un moment où le juste ne fasse pas la volonté de Dieu. En effet, il la fait toujours et il vit selon sa volonté. La volonté de Dieu ne sort pas de son cœur ; parce que la volonté de Dieu, c'est la loi même de Dieu. Et qu'a-t-il été dit de ce juste? « Et il méditera la loi du Seigneur, le jour et la nuit (*Ps.* I, 2). » Vous mangez le pain matériel pendant une heure et vous le quittez; mais, ce pain de la parole, vous le mangez nuit et jour. Lorsque vous entendez cette parole ou que vous la lisez, vous la mangez; quand vous la méditez vous la ruminez, pour être un animal pur et non un animal impur (*Levit.* 1). C'est aussi ce qu'exprime la sagesse, disant par la bouche de Salomon : « Un trésor désirable repose dans la bouche du sage; mais l'insensé l'avale (*Prov.* XXI, 20). » En effet, celui qui avale, afin qu'on ne voie plus ce qu'il a dévoré, est l'homme qui oublie ce qu'il a entendu. Au contraire, celui qui ne l'oublie pas le médite, en le méditant il rumine, et en le ruminant il est rempli de délices. C'est pourquoi il est dit : « Une sainte méditation vous gardera (*Prov.* II, 11). » Or, si une sainte méditation vous garde, tandis que vous ruminez ce pain divin, voici que vous n'avez jamais vu le juste délaissé, ni sa famille réduite à chercher son pain.

6. « Il passe tout le jour à faire la charité et à prêter (*Ps.* XXXVI, 26). » Le mot *fœneratur* se dit sans doute en latin et de celui qui prête

---

est, « Adhuc multiplicabitur in senecta pingui (*Psal.* XCI, 15) : » multiplicata est per omnes gentes, et ipsius vox est adtendentis quasi unius hominis primam ætatem suam, et istam novissimam: respexit per omnia, quia omnes ætates notas habet per Scripturas, et ait exsultans et monens, « Junior fui , » primis temporibus sæculi : « et ecce senui, » sum etiam novissimis temporibus sæculi : « et numquam vidi justum derelictum, nec semen ejus quærens panem. »

5. Agnovimus hominem juniorem et senem, et tamquam aperto tecto pervenimus ad Christum (*Lucæ* v, 19). Sed quis est justus, qui non est visus derelictus, nec semen ejus quærens panem ? Si intelligis panem, intelligis illum. Panis est enim verbum Dei, quod numquam ab ore justi discedit. Nam et in capite suo justus iste tentatus, hoc respondit. Quando enim ipsi Domino esurienti et famem patienti diabolus ait, Dic lapidibus istis ut panes fiant: respondit, « Non in solo pane vivit homo, sed in omni verbo Dei (*Matth.* IV, 4). » Deinde Fratres me adtendite, quando non faciat justus voluntatem Dei. Semper enim facit, et secundum voluntatem ejus vivit. Voluntas Dei de corde ejus non recedit : quia voluntas Dei, ipsa est lex Dei. Et quid dictum est de tali ? « Et in lege ejus meditabitur die ac nocte (*Psal.* 1, 2). » Panem istum manducas una hora, et dimittis, panem illum verbi die ac nocte. Quando enim audis, aut quando legis, manducas; quando inde cogitas, ruminas, ut sis animal mundum, non immundum (*Levit.* 1). Quod significat etiam sapientia per Salomonem dicens, « Thesaurus desiderabilis requiescit in ore sapientis, vir autem stultus glutit illum (*Prov.* XXI, 20). » Qui enim glutit, ut non in illo appareat quod voravit, oblitus est quod audivit. Qui autem non est oblitus, cogitat, et cogitando ruminat, ruminando delectatur. Unde dicitur, « Cogitatio sancta servabit te (*Prov.* II, 11). » Et ecce si servat te in ruminatione panis hujus sancta cogitatio, « numquam vidisti justum derelictum, nec semen ejus quærens panem. »

6. « Tota die miseretur, et fœneratur (*Ps.* XXXVI, 26).

et de celui qui emprunte : cependant notre langage serait plus correct, si nous disions *fœnerat*. Mais que nous importe ce que les grammairiens diraient ici? Il vaut mieux que vous nous compreniez, même avec une expression inexacte, plutôt que d'entendre le langage d'un homme disert qui vous laisserait comme dans un désert. Notre juste passe donc tout le jour à faire la charité et à prêter. Mais que les usuriers ne se réjouissent pas. Nous trouvons, en effet, un prêteur, comme nous avons trouvé un pain, d'une sorte particulière; de manière que découvrant le toit de tous côtés nous parvenions jusqu'au Christ. Je ne veux pas que vous soyez des usuriers, et je ne le veux pas, parce que Dieu ne le veut pas. Car si je ne le veux pas et que Dieu le veuille, faites-le : mais si Dieu ne le veut pas, lors même que je le voudrais, celui qui le ferait, le ferait à son dam. Qu'est-ce qui montre que Dieu ne le veut pas? Ces paroles, tirées d'un autre psaume : « Il n'a pas prêté son argent à usure (*Ps.* XIV, 5). » Et combien l'usure est chose détestable, combien elle est odieuse, combien elle est exécrable, je pense que les usuriers eux-mêmes le reconnaissent. Mais, tandis que je vous défends l'usure, ou plutôt tandis que notre Dieu vous la défend, voici que lui-même vous ordonne de prêter à usure et qu'il vous dit : prêtez à usure à Dieu. En prêtant à un homme, vous avez l'espérance d'un intérêt; et, en prêtant à Dieu, vous n'auriez aucune espérance de profit? Si vous prêtez à usure à un homme, c'est-à-dire si vous lui donnez votre argent à titre de prêt, avec la volonté qu'il vous rende plus que vous ne lui aurez donné; si vous exigez de lui non pas seulement votre argent, mais quelque chose de plus que ce que vous lui avez donné, soit du blé, soit du vin, soit de l'huile, soit n'importe quel autre objet; en un mot si vous comptez recevoir plus que vous n'avez donné, vous êtes un usurier, et loin de mériter d'être loué de votre prêt, vous méritez d'en être blâmé. Que ferai-je donc, dites-vous, pour être un sage usurier? Examinez ce que fait l'usurier. Il veut certainement donner moins et recevoir plus, faites vous-même ainsi; donnez des choses de peu de valeur, et recevez-en de magnifiques. Voyez dans quelle large proportion va croître votre intérêt. Donnez des choses temporelles et recevez en retour des choses éternelles; donnez la terre et recevez le ciel. Mais, me direz-vous peut-être, à qui donnerai-je? Dieu lui-même se présente pour que vous lui prêtiez, lui qui vous a défendu de prêter à usure. L'Écriture va nous apprendre comment vous prêterez à Dieu : « Celui-là prête à Dieu qui a pitié du pauvre (*Prov.* XIX, 17). » En effet, le Seigneur n'a pas besoin de vous; mais à côté de vous, il en est un autre qui a besoin de vous : ce que vous donnez à celui-ci, l'autre le reçoit. Le pauvre n'a rien à vous rendre, et cependant il voudrait vous rendre

---

Fœneratur quidem Latine dicitur, et qui dat mutuum, et quid accipit : planius hoc autem dicitur, si dicamus fœnerat. Quid ad nos quid grammatici velint? Melius in barbarismo nostro vos intelligitis, quam in nostra disertitudine vos deserti eritis. Ergo justus iste « tota die miseretur, et fœnerat. » Sed non gaudeant fœneratores. Invenimus enim quemdam fœneratorem, sicut invenimus quemdam panem : ut ubique aperto tecto perveniamus ad Christum. Non sitis fœneratores, et ideo nolo, quia Deus non vult. Nam si ego nolo, et Deus vult, agito : si autem Deus non vult, etiamsi ego vellem, malo suo ageret qui ageret. Unde apparet Deum hoc nolle ? Dictum est alio loco, « Qui pecuniam suam non dedit ad usuram (*Psal.* XIV, 5). » Et quam detestabile sit, quam odiosum, quam exsecrandum, puto quia et ipsi fœneratores noverunt. Rursus autem ego ipse, immo Deus noster, qui te prohibet esse fœneratorem, jubet te esse fœneratorem; et dicitur tibi, Fœnera Deo. Si fœneras homini, habes spem, et si fœneras Deo, spem non habebis? Si fœneraveris homini, id est, mutuam pecuniam dederis, a quo aliquid plus quam dedisti exspectes accipere ; non pecuniam solam, sed aliquid plus quam dedisti, sive illud triticum sit, sive vinum, sive oleum, sive quodlibet aliud; si plus quam dedisti exspectas accipere, fœnerator es, et in hoc improbandus, non laudandus. Quid ergo, inquis facio, ut sim utiliter fœnerator? Adtende quid facit fœnerator. Minus vult dare certe, et plus accipere : hoc fac et tu ; da modica, accipe magna. Vide quam late crescat fœnus tuum. Da temporalia, accipe æterna : da terram, accipe cœlum. Et cui dabo, forte dicis? Ipse Dominus procedit quem fœneres, qui tibi jubebat ne fœnerares. Audi Scripturam, quomodo fœneres Dominum : « Fœnerat, » inquit, « Dominum, qui miseretur pauperis (*Prov.* XIX, 17). » Non enim eget a te Dominus, sed habes alium qui a te egeat : illi porrigis, ille accipit. Non enim habet pau-

quelque chose et il ne trouve rien ; il ne lui reste que la bonne volonté de prier pour vous. Mais, quand le pauvre prie pour vous, c'est comme s'il disait : Seigneur, j'ai reçu un prêt, répondez pour moi. D'où il suit que si vous n'avez pas un débiteur solvable dans le pauvre, vous avez du moins un sûr garant. Voici qu'en effet Dieu vous dit, dans ses Écritures : Donnez en sécurité, c'est moi qui vous rendrai. Que disent habituellement les garants? Que disent-ils? Je vous le rendrai, c'est moi qui reçois, c'est à moi que vous donnez. Croyons-nous donc que Dieu dise aussi : c'est moi qui reçois, c'est à moi que vous donnez? Assurément, si le Christ qui est Dieu, ce dont personne ne doute, a dit lui-même : « J'ai eu faim et vous m'avez donné à manger (*Matth.* xxv, 35). » Et lorsqu'on lui a demandé : « Quand avons-nous vu que vous ayez faim? » pour montrer qu'il est le garant des pauvres, qu'il répond pour tous ses membres, parce qu'il est la tête et qu'ils sont ses membres, et que quand les membres reçoivent, c'est la tête qui reçoit, il a dit : « Lorsque vous l'avez fait à l'un des plus petits d'entre les miens, c'est à moi que vous l'avez fait. » Courage donc! avare usurier; voyez ce que vous avez donné, voyez ce que vous recevrez en retour! Si vous aviez donné une petite somme d'argent, et que celui à qui vous l'auriez donnée vous rendît en échange de cette petite somme une campagne de vaste étendue, d'une valeur incomparablement plus considérable que l'argent que vous lui auriez prêté quelles actions de grâces ne lui rendriez-vous pas? Quels ne seraient pas vos transports de joie? Apprenez quelle est la propriété que vous donne celui auquel vous avez prêté : « Venez, les bénis de mon Père, et recevez (*Ibid.* xxxiv).... » Quoi? Ce que vous avez donné? non certes. Vous avez donné des choses terrestres, qui, si vous ne les aviez données, pourriraient dans la terre. En effet, qu'en auriez-vous fait, si vous ne les aviez données? Ce qui devait périr dans la terre est conservé dans le ciel. C'est donc ce qui a été conservé, que nous devons recevoir. Ce qui a été conservé, ce sont vos mérites; vos mérites sont devenus votre trésor. Et voyez maintenant ce que vous devez recevoir : « Recevez le royaume qui vous a été préparé dès le commencement du monde. » Mais ceux, au contraire, qui auront refusé de prêter à Dieu, quelle parole entendront-ils? « Allez dans le feu éternel, qui a été préparé pour le démon et pour ses anges. » Et comment s'appelle ce royaume que nous recevrons? Écoutez la suite : « Les pécheurs entreront dans les flammes éternelles et les justes, au contraire, dans la vie éternelle. » Marchez donc vers ce royaume, achetez ce royaume, prêtez pour acquérir ce royaume. Dans le ciel le Christ est assis sur son trône, sur terre il est votre solliciteur. Nous avons donc trouvé com-

---

per quod tibi retribuat: et tamen ipse vult retribuere et non invenit quid, sola in illo remanet benevolentia orandi pro te. Cum autem pauper orat pro te, tamquam Deo dicit, Domine, mutuum accepi (*a*), fidedic me. Proinde etsi non tenes pauperem redditorem, sed idoneum tenes fidejussorem. Ecce Deus tibi de Scriptura sua dicit, Da securus, ego reddo. Quomodo solent dicere fidejussores? quid dicunt ? Ego reddo, ego accipio, mihi das. Putamusne et hoc dicit Deus, Ego accipio, mihi das ? Plane si Deus Christus, quod non dubitatur, ipse dixit, « Esurivi, et dedistis mihi manducare (*Matth.* xxv, 35). » Et cum illi dicerent, Quando te vidimus esurientem? ut ostenderet se pauperum fidejussorem, omnium membrorum suorum sponsorem ; quia ille caput, illi membra, et cum accipiunt membra, caput accipit : « Cum uni, » inquit, « ex his minimis meis fecistis, mihi fecistis (*Ibid.* 40). » Eia avare fœnerator, vide quid dedisti, vide quid accepturus es. Si dedisses paucam pecuniam, et ille cui dederas, pro parva pecunia tua daret tibi magnam villam, incomparabiliter amplius valentem quam dederas tu pecuniam ; quantas gratias ageres, quanta lætitia tollereris ? Audi quam possessionem det quem fœnerasti : « Venite benedicti Patris mei, percipite (*Ibid.* 34). » Quid ? quod dedistis ? absit. Terrena dedistis, quæ si non dedissetis, in terra putrescerent. Quid enim inde facturus esses, si non dedisses ? Quod periturum erat in terra, servatum est in cœlo. Ergo quod servatum est, hoc accepturi sumus. Servatum est meritum : factus est thesaurus tuus meritum tuum. Nam vide quid sis accepturus : « Percipite regnum, quod vobis paratum est ab initio mundi (*Ibid.* 34). » Contra, illi qui fœnerare noluerunt, quid audient ? « Ite in ignem æternum, qui paratus est diabolo et angelis ejus (*Ibid.* 41). » Et quid vocatur regnum

---

(*a*) Duo MSS. *fidejussorem do te.* Tres, *fide mea*, omisso *Vic.* Corbeiensis MS. *fide duc me.* Melius, *fidedic: ut infra,* Enar. in ps. L, n° 24.

ment prête le juste. «Il passe tout le jour à faire la charité et à prêter. »

7. « Et sa descendance sera bénie (*Ps.*xxxvi, 26).» Ne nous laissons point aller ici à une pensée charnelle. Nous voyons souvent les enfants du juste mourir de faim; comment donc sa descendance sera-t-elle bénie? Sa descendance, c'est ce qui reste de lui; ce qu'il sème et moissonnera ensuite. En effet, l'Apôtre dit : « Or faisant le bien, ne nous lassons point; car, en ne nous lassant pas, nous recueillerons la moisson en son temps. C'est pourquoi, tandis que nous en avons le temps, faisons du bien à tous (*Gal.* vi, 9). » C'est là votre descendance, qui sera bénie. Ce que vous confiez à la terre, vous le recueillez multiplié au centuple; ce que vous confiez au Christ, pourriez-vous le perdre? Nous allons voir la même pensée rendue expressément sous ce terme de semence par l'Apôtre saint Paul. Voici en effet ce qu'il dit : « Qui sème peu, moissonnera peu ; et qui sème dans les bénédictions, moissonnera aussi dans les bénédictions (II *Cor.* ix. 6). » Mais peut-être sentez-vous la fatigue lorsque vous semez, et êtes-vous triste en aidant les malheureux, parce que vous les voyez malheureux. Un jour meilleur viendra où nous n'aurons plus occasion de donner ainsi. Car lorsque tous les hommes revêtiront un corps incorruptible, il n'y aura plus d'affamé à qui vous donniez du pain, plus de pauvre ayant soif à qui vous donniez à boire, plus d'indigent dans la nudité à qui vous donniez des vêtements, plus d'étranger à qui vous donniez l'hospitalité; ici-bas, au contraire, nous semons au milieu des afflictions, des épreuves, des douleurs et des gémissements. Mais reportez-vous à un autre psaume : « En s'en allant, ils marchaient dans les larmes, et jetaient leur semence (*Ps.* cxxv, 6). » Remarquez que cette semence sera bénie. « Mais lorsqu'ils reviendront, ils marcheront avec des transports de joie, portant les gerbes qu'ils auront moissonnées. »

8. Voyez donc ce qui suit et gardez-vous de toute paresse. « Éloignez-vous du mal et faites le bien (*Ps.* xxxvi, 27). » Ne croyez pas qu'il vous suffise de ne pas dépouiller celui qui est vêtu. En ne dépouillant pas celui qui est vêtu, vous vous éloignez du mal; mais craignez d'être desséché et stérile. Que, pour vous, ne point dépouiller celui qui est vêtu signifie encore vêtir celui qui est nu; car c'est là vous éloigner du mal et faire le bien. Et, direz-vous, que m'en reviendra-t-il? Celui à qui vous prêtez vous a déjà fait connaître ce qu'il vous donnera; il vous donnera la vie éternelle; donnez-lui donc en toute sécurité. Écoutez aussi ce qui suit : « Éloignez-vous du mal et faites le bien et vous jouirez de vos possessions dans les siècles des siècles (*Ibid.*). » Ne croyez pas, quand vous donnez, que personne ne vous voie, ou que Dieu vous abandonne, si, après que

---

quod accipimus? Adtendite sequentia : « Isti ibunt in combustionem æternam, justi autem in vitam æternam (*Ibid.* 46). » Ad hoc ambite, hoc emite, ad hoc fœnerate. Habetis Christum in cœlo sedentem, in terra petentem. Invenimus quomodo fœneret justus. « Tota die miseretur, et fœnerat. »

7. «Et semen ejus in benedictione erit (*Ps.* xxxvi. 26).» Et hic non occurrat carnalis cogitatio. Videmus multos filios justorum fame morientes : quomodo ergo « semen ejus in benedictione erit ? » Semen ejus reliquiæ ejus, unde hic seminat, et postea metet. Namque Apostolus dicit, « Bonum autem facientes non deficiamus : tempore enim suo metemus infatigabiles (*Gal.* vi, 9), » Itaque dum tempus habemus, » ait, « operemur bonum ad omnes. » Hoc est semen tuum, quod erit in benedictione. Terræ committis, et tanto amplius colligis : Christo committis, et perdis ? Vide ipsum semen expressius nominatum ab Apostolo, cum de eleemosynis diceret. Hoc enim ait, « Qui parce seminat, parce et metet; et qui seminat in benedictionibus, de benedictionibus et metet (II *Cor.* ix, 6). » Sed laboras forte cum seminas, et doles cum misereris, quia miseros vides. Melius enim aliquando non habebimus quibus ista demus. Cum omnes in incorruptionem commutabuntur, nullus esuriet cui porrigas panem, nullus sitiet cui des potum, nullus nudus erit quem vestias, nullus peregrinus quem suscipias : hic autem inter ærumnas, tentationes, dolores, gemitus, mittimus semen. Sed respice ad Psalmum alium : « Euntes ibant, et flebant, mittentes semina sua (*Psal.* cxxv, 6). » Adtende, quia semen ejus in benedictione erit : » Venientes autem venient cum exsultatione, portantes manipulos suos (*Ibid.*). »

8. Vide ergo quod sequitur, et noli esse piger : « Declina a malo, et fac bonum (*Ps.* xxxvi, 27). » Noli tibi putare sufficere, si non exspolias vestitum. Non exspoliando enim vestitum, declinasti a malo : sed noli arescere, et sterilis esse. Sic noli exspoliare vestitum, ut vestias nudum. Hoc est enim declinare a malo, et facere bonum. Et quid inde habebo, dicturus es ? Jam tibi commendavit ille quem fœneras, quid tibi

vous avez donné au pauvre, il vous arrive quelque chose de fâcheux, ou si vous avez le regret d'éprouver quelque perte; et ne dites pas en vous-même : de quoi me sert-il d'avoir fait de bonnes œuvres? Apparemment Dieu n'aime pas ceux qui font du bien. D'où vient le sourd murmure que vous faites entendre? D'où vient cette agitation parmi vous, si ce n'est de ce que les paroles que je viens de rappeler vous sont familières? Chacun de vous les reconnaît aussitôt, ces paroles, soit pour les avoir dites, soit pour les avoir entendues d'un voisin ou d'un ami. Que Dieu les fasse disparaître et qu'il extirpe les épines de son champ; qu'il y fasse croître d'heureuses moissons et des arbres riches en fruits. Pourquoi vous attrister, ô homme, d'avoir donné aux pauvres, et d'avoir perdu quelque autre bien? Ne voyez-vous pas que vous avez perdu ce que vous n'avez pas donné? Pourquoi ne pas retourner votre regard vers votre Dieu? Où est votre foi? Pourquoi dort-elle ainsi? Éveillez-la dans votre cœur. Rappelez-vous ce que vous a dit le Seigneur, quand il vous exhortait à ces sortes de bonnes œuvres : « Faites-vous des bourses que le temps n'use pas, un trésor qui ne vous fasse pas défaut dans les cieux, où le voleur n'a point accès (*Luc.* XII, 33). » Entendez donc, quand vous pleurez quelque perte, entendez ces paroles : Pourquoi pleurez-vous, insensé au cœur étroit, ou au cœur malade? Pourquoi avez-vous perdu, si ce n'est parce que vous ne m'avez pas prêté? Qui vous a enlevé ce que vous pleurez? Vous répondrez : c'est un voleur. Est-ce donc que je ne vous avais point averti par avance, de ne pas mettre votre trésor en un lieu accessible au voleur? Si donc celui qui a perdu pleure, qu'il pleure de n'avoir pas mis ce qu'il a perdu en un lieu où il ne pouvait le perdre.

9. « Parce que le Seigneur aime le jugement et qu'il n'abandonnera pas ses saints (*Ps.* XXXVI, 28). » Lorsque les saints supportent des souffrances, ne croyez pas que Dieu s'abstienne de juger ou qu'il juge injustement. Celui qui vous avertit de juger selon la justice pourrait-il lui-même juger injustement? Il aime le jugement et il n'abandonnera pas ses saints : mais de telle sorte que la vie des saints soit cachée en lui; si bien que ceux qui souffrent actuellement sur terre sont semblables à des arbres qui n'ont, en hiver, ni feuilles ni fruits; mais quand il apparaîtra comme le soleil à son lever, la vie qui était cachée dans la racine se révélera par les fruits de l'arbre. « Il aime donc le jugement et il n'abandonnera pas ses saints. » Mais le saint souffre de la faim? Dieu ne l'abandonnera pas;

---

dabit : vitam æternam dabit tibi, da illi securus. Audi et id quod sequitur : « Declina a malo, et fac bonum, et inhabita in sæcula sæculorum. » Et noli putare cum das, quod nemo te videat, aut quia deserit te Deus, quando forte dederis pauperi, et consecutum fuerit aliquod damnum, aut aliqua tristitia rei amissæ, et dicas tibi, Quid profuit bona me fecisse opera? Puto non amat Deus homines qui benefaciunt. Unde ista vestra submurmuratio, unde iste strepitus, nisi quia abundant istæ voces? Unusquisque modo cognoscit has voces, aut in ore suo, aut in ore vicini sui, aut in ore amici sui. Deleat illas Deus, et exstirpet spinas de agro suo : plantet frugem bonam, et arborem fructiferam. Quid enim contristatus es, o homo, quia dedisti pauperi, et alia perdidisti? Nonne vides quia perdidisti quod non dedisti? Quare non respicis ad Deum tuum? Ubi est fides? quare sic dormit? Excita illam in corde tuo. Attende quid tibi dixerit ipse Dominus, quando te ad hujusmodi opera bona exhortabatur : « Facite vobis sacculos non veterascentes, thesaurum non deficientem in cœlis, quo fur non accedit (*Lucæ* XII, 33). » Hoc ergo commemora, quando plangis in damno. Quid ploras stulte (*a*) parvi cordis, aut non sani cordis? Quare perdidisti, nisi quia mihi non (*b*) commodasti? Quare perdidisti? Quis tibi abstulit? Respondebis, Fur. Nonne hoc te præmonueram, ne ibi poneres quo fur posset accedere? Si ergo dolet qui perdidit, hoc doleat, quia non ibi posuit unde perire non potuit.

9. « Quoniam Dominus amat judicium, et non derelinquet sanctos suos (*Ps.* XXXVI, 28). » Quando patiuntur labores sancti, nolite putare quia non judicat Deus, aut perverse judicat. Qui te monet ut juste judices, ipse perverse judicaturus est? « Amat ille judicium, et non derelinquet sanctos suos. » Sed (*c*) quo modo sit abscondita apud illum vita sanctorum, ut qui modo laborant in terra, quasi tempore hyemis arbores non habentes fructum et folia, illo apparente tamquam novo sole exorto, illud quod in ra-

---

(*a*) Sic MSS. Editi vero, *pravi cordis*. (*b*) Septem MSS. *commendasti*. (*c*) Sic MSS. At editi. *Sed quomodo? Sic abscondita est apud,* etc.

« car il frappe de verge tout fils qu'il reçoit (*Hebr*. XII, 6).» Vous méprisez ce fils tandis qu'il est frappé de verges, vous serez dans l'effroi quand vous le verrez entrer en possession de ses richesses. En effet, comment est-il châtié ? Par des afflictions temporelles. Quand entrera-t-il en possession de ses richesses ? Quand il entendra ces paroles : « Venez, les bénis de mon Père, recevez le royaume qui vous a été préparé dès le commencement du monde (*Matth*. XXV, 34). » Soyez donc ardents à recevoir ces coups, afin d'être du nombre de ceux qui méritent d'être reçus. Dieu aime le jugement, de telle sorte qu'il n'abandonne pas les saints qu'il châtie pour un temps. Et parce qu'il châtie tout fils qu'il reçoit, il n'a pas même épargné son Fils unique, dans lequel il ne trouvait pas de péché : « Parce que le Seigneur aime le jugement et qu'il n'abandonnera pas ses saints. » Leur donnera-t-il donc, parce qu'il ne doit pas les abandonner, ce que vous aimez ici-bas, une longue vie, la vieillesse ? Vous ne réfléchissez pas que si vous souhaitez la vieillesse, vous souhaitez une chose dont vous vous plaindrez, lorsqu'elle sera venue. Que votre âme ne vous dise donc pas par méchanceté, par faiblesse, ou par manque de raison : Comment est-il vrai que le Seigneur aime le jugement et qu'il n'abandonnera pas ses saints? A la vérité, il n'a pas abandonné les trois jeunes hommes qui chantaient ses louanges dans la fournaise, car le feu ne les a pas atteints (*Dan*. III, 50); mais est-ce donc que les Machabées n'étaient pas des saints, eux dont la chair a péri dans les flammes, mais non point la foi (II *Mach*. VII, 7) ? Il y a là, dites-vous, une question plus grave encore, car leur foi n'a pas défailli et le Seigneur les a abandonnés. Écoutez ce qui suit : « Ils seront éternellement conservés. » Vous leur souhaitiez quelques années, dont la conservation eût été à vos yeux la preuve que Dieu n'abandonnait point ses saints : c'est d'une manière visible qu'il n'a point abandonné les trois jeunes hommes de Babylone; c'est d'une manière cachée qu'il n'a point abandonné les Machabées. Aux trois jeunes hommes, il a donné la vie temporelle, pour confondre les infidèles ; et il a couronné en secret les Machabées, pour juger l'impiété de leur persécuteur : mais celui qui n'abandonnera pas ses saints, n'a abandonné ni les uns ni les autres. Et les trois jeunes hommes n'auraient reçu rien de bien précieux, s'ils n'avaient été conservés pour l'éternité. « Ils seront éternellement conservés. »

10. « Au contraire, les injustes seront punis et la descendance des impies périra (*Ps*. XXXVI, 28). » De même que la descendance du juste sera bénie, ainsi la descendance des impies périra. En effet, la descendance des impies, ce sont les œuvres

---

dice vivebat, in fructibus appareat. « Amat ergo ille judicium, et non derelinquet sanctos suos. » Sed laborat sanctus in fame ? Non illum derelinquet Deus : flagellat omnem filium, quem recipit (*Hebr*. XII, 9). Contemnis illum quando flagellatur, expavescis quando ditatur. Unde enim flagellatur ? Pressuris temporalibus. Quando ditabitur ? Quando audiet, « Venite benedicti Patris mei, percipite regnum, quod vobis paratum est ab initio mundi (*Matth*. XXV, 34). » Noli ergo piger esse flagellari, ut sis inter eos qui merentur recipi. Usque adeo ille amat judicium (*a*), ut non derelinquat sanctos, quos flagellat ad tempus. Et quoniam flagellat omnem filium, quem recipit, nec Unico pepercit, in quo delictum non invenit. « Quoniam Dominus amat judicium, et non derelinquet sanctos suos. » Quia ergo non eos derelinquet, forte hoc eis dabit quod hic amas, multos annos vivere, senescere ? Non attendis quia si senectutem optas venire, hanc optas de qua cum venerit conqueraris. Non tibi ergo dicat anima, vel mala, vel infirma, vel parvula, Quomodo verum est, « Dominus amat judicium, et non derelinquet sanctos suos ? » Re vera non dereliquit tres pueros in camino laudantes, non eos tetigit ignis (*Dan*. III, 50): numquid sancti ejus Machabæi non erant, qui in ignibus defecerunt carne, non fide (II *Mach*. VII, 7) ? Sed hoc, inquis, majorem quæstionem habet, quia cum fide illi non defecerint, ille illos dereliquerit. Audi quod sequitur : « In æternum conservabuntur. » Tu paucos annos eis optabas, quos eis si daret Dominus, non derelinqueret sanctos suos. Visibiliter non dereliquit tres pueros, occulte non dereliquit Machabæos : illis etiam dedit vitam temporalem ad confundendos infideles ; illos autem occulte coronavit ad judicandum impietatem persecutoris : nec illos tamen, nec illos dereliquit, qui non derelinquet sanctos suos. » Et nihil magnum acceperunt tres pueri, si non in æternum conservarentur. « In æternum conservabuntur. »

10. « Injusti autem punientur, et semen impio-

(*a*) MSS. *et non derelinquit*.

des impies. Car, pour le fils de l'impie, nous le voyons quelquefois florissant dans le monde, et quelquefois aussi nous le voyons devenu juste et florissant dans le Christ. Voyez donc comment vous devez comprendre ces paroles, afin d'ouvrir le toit et de parvenir jusques au Christ (*Luc*, v, 19). Gardez-vous de les comprendre dans un sens charnel, vous seriez trompé. Mais toutes les œuvres des impies, qui sont leur descendance, périront et ne porteront aucun fruit. Pour un temps, en effet, ils peuvent quelque chose, et ensuite ils chercheront et ne trouveront plus trace de leurs œuvres. Car tel sera le langage de ceux qui auront perdu le fruit de leurs œuvres : « De quoi nous a servi notre orgueil, ou que nous ont rapporté les richesses dont nous nous vantions? Toutes ces choses ont passé comme une ombre (*Sag.* v, 8). » La race des impies périra donc.

11. « Les justes possèderont la terre comme héritage (*Ps.*xxxvi,29).»Que l'avarice ne se glisse pas en vous de nouveau ; qu'elle n'aille pas vous promettre quelque vaste campagne, et vous faire espérer dans un autre monde ce que Dieu vous ordonne de mépriser dans celui-ci. Cette terre est la terre des vivants, le royaume des saints. C'est ce qui fait dire au prophète : « Vous êtes mon espérance et ma portion dans la terre des vivants (*Ps.* CXLI, 6) : » Si telle doit être votre vie, comprenez quelle est la terre que vous aurez en héritage. C'est la terre des vivants. Au contraire, la terre où nous sommes est la terre de ceux qui meurent, et elle doit recevoir dans son sein, après leur mort, ceux qu'elle a nourris durant leur vie. La terre est donc ce qu'est la vie : si la vie est éternelle, c'est une terre éternelle. Et comment la terre présente serait-elle éternelle? « Et ils l'habiteront dans les siècles des siècles. » Donc cette autre terre, sera celle où nous habiterons dans les siècles des siècles. Car de celle-ci il a été dit : « Le ciel et la terre passeront (*Matth.* XXIV, 35). »

12. « La bouche du juste méditera la sagesse (*Ps.*xxxvi,30).»Voilà le pain ; voyez avec quelles délices notre juste le mange, comment sa bouche savoure la sagesse. « Et sa langue parlera selon la justice. La loi de Dieu est dans son cœur (*Ibid.* 31). » De peur que vous ne pensiez qu'il a sur les lèvres des paroles différentes des sentiments qu'il a dans le cœur ; de peur que vous ne le mettiez au nombre de ceux dont il est dit : « Ce peuple m'honore des lèvres ; mais son cœur est loin de moi (*Isa.*XXIX,13) ; » le prophète dit de lui : « Et sa langue parlera selon la justice. La loi de Dieu est dans son cœur. » Et de quoi cela lui sert-il? « Et il ne sera pas renversé dans sa marche. » La parole de Dieu dans un cœur le préserve de tout piège ; la parole de Dieu dans un cœur le préserve de toute voie mauvaise ; la parole de Dieu dans un cœur le préserve de tout en-

---

rum peribit (*Ps.* XXXVI, 28). » Quomodo semen illius in benedictione erit, sic « semen illius impiorum peribit. » Semen enim impiorum, opera impiorum. Nam invenimus rursum filium impii florere in sæculo, et aliquando fieri justum, et florere in Christo. Vide ergo quomodo accipias, ut tectum aperias, et ad Christum pervenias. Noli carnaliter, nam decipieris (*Lucæ* v, 19). Sed semen impiorum, omnia opera impiorum peribunt, fructum non habebunt. Ad tempus enim aliquid valent ; postea quærent, et non invenient quod operati sunt. Nam perdentium quod operati sunt, vox erit illa, « Quid nobis profuit superbia, aut quid divitiarum jactatio contulit nobis? Transierunt omnia illa tamquam umbra (*Sap.* v, 8).» Ergo « semen impiorum peribit. »

11. « Justi hereditate possidebunt terram (*Ps.*xxxvi, 29).» Rursus avaritia non subrepat, nec tibi aliquam villam magnam promittat, ne quod hic juberis contemnere, ibi speres. Terra est quædam illa vivorum, regnum sanctorum. Unde dicitur, « Spes mea es tu, portio mea in terra vivorum (*Ps.* CXLI, 5). » Nam et si vita tua illa est, intellige qualem terram accepturus sis. Illa est terra viventium : hæc est autem terra morientium, receptura mortuos quos nutrivit vivos. Qualis ergo illa terra, talia et ipsa vita : si æterna vita, æterna terra. Et quomodo æterna terra ? « Et inhabitabunt in sæculum sæculi super eam. » Alia ergo terra erit ubi inhabitabimus in sæculum sæculi. Nam de ista dictum est, « Cœlum et terra transibunt (*Matth.* XXIV, 35). »

12. « Os justi meditabitur sapientiam (*Ps.*xxxvi,30). » Ecce ille est panis : videte quam libenter manducet justus iste, quomodo verset in ore suo sapientiam. « Et lingua ejus loquetur judicium. Lex Dei ejus in corde ipsius (*Ibid.* 31). » Ne forte putares eum in ore habere quod in corde non habet ; ne forte computares cum cum illis, de quibus dictum est, « Populus hic labiis me honorat, cor autem eorum longe est a me (*Isai.* XXIX, 13) : » « Et lingua ejus loquetur judicium. Lex Dei ejus in corde ipsius. »

droit glissant. Si sa parole ne sort pas de votre cœur, il est évidemment avec vous. Mais quel mal peut souffrir celui que Dieu garde ? Vous placez un gardien dans votre vigne, et vous êtes en sécurité contre les voleurs; cependant le gardien peut dormir, tomber sous les coups des voleurs, ou leur livrer un libre accès : mais celui qui garde Israël ne dort pas et ne dormira pas (*Ps.* cxx, 4). « La loi de Dieu est dans son cœur et il ne sera pas renversé dans sa marche. » Qu'il vive donc en sécurité; qu'il vive en sécurité, même au milieu des méchants; qu'il vive en sécurité même au milieu des impies. Quel mal, en effet, l'impie ou l'injuste peut-il faire au juste? Voyez donc ce qui suit : « Le pécheur guette le juste et cherche à le tuer (*Ps.* xxxvi, 32). » Il dit en effet, ainsi que l'a prophétisé le livre de la sagesse : « Sa vue nous est insupportable, parce que sa vie est différente de celle des autres (*Sag.* ii, 15). » Il cherche donc à le tuer. Quoi? est-ce que le Seigneur qui le garde, qui habite en lui, qui ne sort ni de sa bouche ni de son cœur, va l'abandonner? Que deviendrait donc cette parole que nous avons lue plus haut : « Il n'abandonnera pas ses saints ? »

13. Donc « le pécheur guette le juste et cherche à le tuer. Mais le Seigneur ne le laissera pas entre ses mains (*Ps.* xxxvi, 33). » Pourquoi donc a-t-il laissé les martyrs entre les mains des impies? Pourquoi leur ont-ils fait souffrir tout ce qu'ils ont voulu? Ils ont frappé les uns avec le glaive, ils ont crucifié les autres, ils ont livré les autres aux bêtes, ils en ont brûlé d'autres dans les flammes, ils en ont fait mourir d'autres dans les fers par une lente consomption. Est-ce ainsi que le Seigneur n'abandonnera pas ses saints, et qu'il ne les laissera pas entre les mains des pécheurs? Et surtout, pourquoi a-t-il laissé tomber son Fils aux mains des Juifs? Ouvrez encore ici le toit (*Luc.* v, 19), si vous voulez être raffermi dans tous vos membres intérieurs, et parvenez jusqu'au Seigneur. Écoutez ce que dit un autre livre des Écritures, en prévision des souffrances du Seigneur de la part des impies. Que dit ce livre? « La terre a été livrée aux mains des impies (*Job.* ix, 24). » Que veut dire cela : La terre a été livrée aux mains des impies? La chair a été livrée aux mains des persécuteurs. Mais là, Dieu n'a pas abandonné son juste; il a tiré de la chair captive son âme triomphante. Dieu laisserait son juste tomber aux mains de l'impie, s'il permettait que le juste consentît aux volontés de l'impie; et c'est pour conjurer ce malheur que, dans un autre psaume, le prophète

---

Et quid illi prodest ? « Et non supplantabuntur gressus ejus (*Ibid.*). » Liberat a laqueo verbum Dei in corde, liberat a via prava verbum Dei in corde, liberat a (*a*) labina verbum Dei in corde. Tecum est, cujus verbum a te non recedit. Quid autem mali patitur quem custodit Deus ? Custodem ponis in vinea, et contra fures securus es : et potest dormire custos ille, et ipse cadere, et furem admittere : non autem dormit, neque dormitabit, qui custodit Israël (*Psal.* cxx, 4). « Lex Dei ejus in corde ipsius : et non supplantabuntur gressus ejus. » Vivat ergo securus, et inter malos vivat securus, et inter impios vivat securus. Quid enim mali justo potest impius aut injustus facere? Ecce vide quid sequitur : « Considerat peccator justum, et quærit mortificare eum (*Ps.* xxxvi, 32). » Dicit enim quod in libro Sapientiæ dicere prædictum est, « Gravis est nobis etiam ad videndum, quoniam dissimilis est aliis vita ipsius (*Sap.* ii, 15). » Quærit ergo mortificare. Quid ? Dominus qui custodit, qui cum illo habitat, qui de ore ipsius, qui de corde non recedit, dimittit eum ? Ubi est quod superius dictum est, « Et non derelinquet sanctos suos (*Ibid.* 28) ? »

13. Ergo « Considerat peccator justum , et quærit mortificare eum : Dominus autem non derelinquet eum in manibus ejus (*Ibid.* 33). » Quare ergo dereliquit Martyres in manibus impiorum ? Quare fecerunt illis quæcumque voluerunt ? Alios gladio percusserunt, alios crucifixerunt, alios bestiis (*b*) tradiderunt, alios ignibus cremaverunt, alios in catena ducentes tabe diuturna confecerunt. Certe non derelinquet Dominus sanctos suos : « Dominus autem non derelinquet eum in manibus ejus. » Postremo ipsum Filium suum quare dimisit in manibus Judæorum ? Et hic tectum aperi, si vis omni interiori membro constringi, perveni ad Dominum (*Luc.* v, 19): audi quid dicat alia Scriptura, Dominum prævidens passurum ab impiis, quid ait? Terra tradita est in manus impii (*Job.* ix, 24). » Quid est, terra tradita est in manus impii? Caro tradita est in ma-

---

(*a*) Editi, *a lapsu*. At melioris notæ MSS. *a labina* : et quidam, *a lavina*. Hæc vox ab Isidoro illustratur, et significat lubricum locum. (*b*) Vaticanus codex, *subrexerunt* : sic etiam Gallicani MSS. uno excepto qui habet *subjecerunt*.

prie en disant : « Seigneur, ne me livrez pas au pécheur par mon propre désir (*Ps.* CXXXIX, 9). » Il est nécessaire que votre désir ne vous livre pas au pécheur ; car vous avez à craindre que, désirant la vie présente, vous ne vous jettiez dans ses mains, et ne perdiez la vie éternelle. Et quel est ce désir par lequel il est nécessaire que vous ne soyez pas livré au pécheur? Celui dont l'Écriture a parlé aussi en ces termes : « Je n'ai pas désiré ardemment le jour de l'homme, vous le savez (*Jérém.* XVII, 16). » En effet, celui qui aime et désire ardemment le jour de l'homme, quand il est menacé par son adversaire, qui veut le tuer et lui ravir cette vie, de la perte de ce jour humain, succombe bientôt, parce qu'il n'espère point une autre vie, et il consent à la volonté de son ennemi. Quand un homme, au contraire, écoute la voix du Seigneur, qui lui dit : « Ne craignez pas ceux qui tuent le corps, mais qui ne peuvent tuer l'âme (*Matth.* x, 28); » lors même que ce qui est terre en lui est livré aux mains des impies, son esprit s'échappe de cette terre captive : et tandis que l'esprit s'échappe ainsi, la terre elle-même ressuscitera. L'esprit part pour habiter en Dieu, et la terre sera changée pour habiter dans le ciel. Car rien ne périt de cette terre, toute livrée qu'elle soit pour un temps entre les mains de l'impie : « Les cheveux de votre tête sont comptés (*Matth.* x, 30). » Il y a donc pleine sécurité, pourvu que l'on possède Dieu en soi. Or, si le démon est chassé, Dieu entre aussitôt. « Mais le Seigneur ne le laissera pas entre les mains du pécheur. Et il ne le condamnera pas lorsqu'il jugera de lui. » Quelques exemplaires portent : Et lorsqu'il le jugera, il jugera de lui. Or, de lui veut dire ici, lorsqu'il le jugera. Nous pouvons, en effet, dire à quelqu'un : jugez de moi, c'est-à-dire : prenez connaissance de ce que vaut ma cause. Donc, lorsque Dieu prendra connaissance de ce que vaut la cause du juste, parce qu'il faut que tous les hommes se présentent au tribunal du Christ et se tiennent devant lui, pour que chacun reçoive selon ce qu'il a fait de bien ou de mal quand il vivait dans son corps (II *Cor.* v, 10) ; lorque Dieu en arrivera au jugement du juste, il ne le condamnera pas, quoique, pour un temps, le juste ait paru condamné par les hommes. C'est en vain que le proconsul a condamné Cyprien ; autre est le tribunal des hommes, autre est le tribunal des cieux ; du juge d'ici-bas il a reçu une sentence de condamnation, du juge d'en haut il a reçu une couronne. « Et il ne le condamnera pas, lorsqu'il jugera de lui. »

14. Mais quand cela viendra-t-il? Gardez-vous d'y penser. C'est le temps du travail ; c'est le

---

nus persequentium. Non ibi autem dimisit justum suum Deus : de carne capta educit animam invictam. Dimitteret Deus justum suum in manibus impii, si illum fecisset consentire impio: contra quod malum orat in alio Psalmo, et dicit, « Ne tradas me Domine, a desiderio meo peccatori (*Psal.* CXXXIX, 9). » Opus est ut a desiderio tuo non tradaris peccatori, ne cum desideras vitam præsentem, irruas in illum, et perdas æternam. A quo desiderio non debet tradi peccatori ? Ab illo de quo item dicitur, « Et diem hominis non concupivi, tu scis (*Jerem.* XVII, 16). » Qui enim desiderat et concupiscit diem hominis, quando illi minatus fuerit adversarius, quod tollat illi diem humanum, quia occidet eum, et perdet hanc vitam ; qui non sperat aliam vitam, deficit, et consentit inimico. Qui autem audit Dominum dicentem, « Nolite timere eos qui corpus occidunt, animam autem non possunt occidere (*Matth.* x, 28) : » etsi tradatur terra in manus impii, capta terra spiritus evadit, spiritu evadente, et terra resurget. Spiritus (a) mutatur ad Dominum, terra mutabitur in cœlum. Non enim aliquid de ipsa terra perit, quæ ad tempus traditur in manus impii : « Capilli capitis vestri numerati sunt (*Matth.* x, 30). » Ergo est securitas, sed si intus sit Deus. Si autem expellatur diabolus, admittitur Deus. « Dominus autem non derelinquet eum, cum judicabitur illi. » Nec damnabit eum, cum judicabitur illi. » Habent aliqua exemplaria, « Et cum judicabit eum, judicabitur illi. » « Illi » autem dictum est, cum judicium fit de illo. Possumus enim sic loqui ut dicamus homini, Judica mihi, id est, audi caussam meam. Cum ergo cœperit audire caussam justi sui Deus ; quoniam oportet omnes exhiberi ante tribunal Christi, et stare, ut illic recipiat unusquisque quæ per corpus gessit, sive bonum sive malum (II *Cor.* v, 10) : quando ergo ventum fuerit ad illud judicium, non eum damnabit; etsi ad tempus videatur damnari ab homine. Etsi dixit sententiam proconsul in Cyprianum: aliud est tribunal terrena, aliud tribunal cœlorum : ab inferiore accepit sententiam, a superiore coronam. « Nec damnabit eum, cum judicabitur illi. »

(a) Sic plerique MSS. At editi, *mutabitur*.

temps des semailles; c'est le temps des frimas. Quoique vous travailliez au milieu des vents, quoique vous travailliez au milieu des pluies, semez toujours, ne soyez point paresseux : l'été viendra vous réjouir, et alors vous serez heureux d'avoir semé. Que ferai-je donc maintenant? « Attendez le Seigneur (*Ps.*XXXVI,34).» Et en l'attendant que ferai-je?«Et gardez ses voies.» Et si je les garde, quelle sera ma récompense? «Il vous élèvera afin que vous possédiez la terre en héritage.» Quelle terre? Je vous le répète, que nulle possession terrestre ne vous vienne à la pensée; il s'agit de celle dont il a été dit: « Venez, les bénis de mon Père, recevez ce royaume qui vous a été préparé dès le commencement du monde (*Matth.* xxv, 34). » Et que deviendront ceux qui nous ont tourmentés, au milieu desquels nous avons gémi, dont nous avons supporté les scandales, pour lesquels, pendant qu'ils sévissaient contre nous, nous avons prié en vain? Que deviendront-ils? Écoutez la suite: «Au moment de la mort du pécheur, vous verrez.» Et de combien près verrez-vous! vous serez à la droite du Christ, ils seront à sa gauche. Mais ce qui suit a rapport aux yeux de la foi. Ceux qui n'ont pas les yeux de la foi s'attristent de la sécurité des impies et pensent qu'ils n'ont point raison d'être justes, parce qu'ils voient les impies prospérer ici-bas. Que dit, au contraire, celui qui a les yeux de la foi? « J'ai vu l'impie parvenir au plus haut point de grandeur, et s'élever au-dessus des cèdres du Liban (*Ps.* XXXVI, 35). » Admettez donc qu'il est parvenu au plus haut point de grandeur; admettez qu'il est parvenu au plus haut degré; qu'est-il dit ensuite? «J'ai passé et voilà qu'il n'était plus; je l'ai cherché et je n'ai pas trouvé sa place (*Ibid.*36). » Pourquoi n'était-il plus? pourquoi sa place ne se trouvait-elle plus? Parce que vous aviez passé. Mais si vous avez encore des pensées charnelles, si cette félicité terrestre vous paraît être une félicité véritable, vous n'avez point encore passé. Ou vous êtes au même point que lui, ou vous êtes au-dessous de lui, avancez et passez; et, lorsqu'en avançant vous aurez passé, si vous regardez avec les yeux de la foi, vous verrez la fin de l'impie et vous direz en vous-même : Voilà que n'est plus celui qui était si enflé d'orgueil; comme si vous étiez passé auprès d'un peu de fumée. C'est là, d'ailleurs, ce qui a été dit plus haut dans ce psaume : « Ils tomberont et s'évanouiront comme de la fumée (*Ibid.*20).» La fumée s'élève dans l'air et s'avance comme un globe tout gonflé; plus haut elle monte, plus elle se gonfle. Mais lorsque vous avez passé, regardez derrière vous; en effet, la fumée est derrière vous, si Dieu est devant vous. Mais ne regardez point derrière vous par vos désirs, comme fit la femme de Lot qui regarda et

---

14. Sed quando erit ? Noli modo putare : tempus laboris est, tempus seminis est, tempus frigoris est : etsi inter ventos, etsi inter pluvias, semina; noli esse piger : æstas veniet quæ te lætificet, in qua te gaudeas seminasse. Quid ergo facio modo ? » Exspecta Dominum. » Et cum expecto, quid ago?« Et custodi vias ejus.» Et si custodiero, quid accipio?«Et exaltabit te, ut hereditate possideas terram(*Ps.*XXXVI,34).»Quam terram? Iterum ne aliqua villa occurrat animo : illam de qua dicitur, « Venite benedicti Patri mei, percipite regnum quod vobis paratum est ab initio mundi (*Matth.* xxv, 24). » Quid de illis qui nos angustaverunt, inter quos gemuimus, quorum scandala toleravimus, pro quibus sævientibus frustra oravimus ; quid de illis erit ? Sequitur, « Cum (*a*) pereunt peccatores, videbis. » Et quam de proximo videbis : tu eris ad dexteram, illi ad sinistram. Hoc autem ad fidei oculos pertinet. Quos fidei oculos qui non habent (*b*), dolent felicitatem impiorum et putant se sine caussa esse justos, quia vident hic florere impios. Qui autem habet oculum illum fidei, quid dicit? « Vidi impium superexaltari et elevari super cedros Libani (*Ps.* XXXVI, 35). » Et puta quia superexaltatus est, puta quia elevatus est : quid sequitur? « Et transivi, et ecce non erat ; et quæsivi eum, et non est inventus locus ejus(*Ibid.*36).»Quare non erat, et non est inventus locus ejus ? Quia transisti. Si autem adhuc carnaliter cogitas, et ista terrena felicita vera felicitas tibi videtur, nondum transisti : aut æqualis illi es, aut infra es: profice, et transi ; et cum proficiendo transieris, adtendis cum fide, vides novissima ipsius, et dicis tibi, Ecce non est iste qui sic tumuerat : quomodo si transires juxta fumum. Nam et hoc dictum est in isto Psalmo superius, « Deficientes velut fumus deficient(*Ibid.*20).»Erigitur in altum fumus,et in globum tumidum pergit : quanto magis adtollitur,

---

(*a*) Unus aut alter MS. *Cum perient*. Porro in Græco LXX. est, ἐν τῷ ἐξολοθρεύεσθαι. (*b*) Er. et plures MSS. *delectantur felicitate impiorum.*

resta dans le chemin (*Gen.* XIX, 26); regardez d'en haut, et vous verrez que l'impie n'est nulle part et vous chercherez en vain sa place. Quelle est sa place? De même qu'il a de la puissance et qu'il a des richesses, il a aussi un certain rang dans les choses humaines, qui lui assure le respect d'un grand nombre et l'obéissance aux ordres qu'il donne. Cette place ne sera plus, elle passera, et vous pourrez dire : J'ai passé, et voilà qu'il n'était plus. Que veut dire : J'ai passé? Je me suis avancé, je suis arrivé aux choses spirituelles, je suis entré dans le sanctuaire de Dieu pour connaître la fin de toutes choses (*Ps.* LXXII, 17). Et voilà qu'il n'était plus, je l'ai cherché et je n'ai pas trouvé sa place.

15. «Gardez l'innocence(*Ps.*XXXVI,37).» Gardez-la, comme du temps que vous étiez avare vous gardiez votre bourse; comme vous la teniez de peur qu'un voleur ne vous l'arrachât. Gardez ainsi votre innocence, de peur que le démon ne vous l'arrache. Qu'elle vous soit un patrimoine certain; car elle fait riches les pauvres eux-mêmes. « Gardez l'innocence. » Que vous sert de gagner de l'or, si vous perdez l'innocence?» Gardez l'innocence et ne voyez que ce qui est droit.» Que vos yeux soient droits, pour ne voir que ce qui est droit; qu'ils ne soient pas mauvais, de manière à ce que vous ne voyiez que les méchants; qu'ils ne soient point louches, de telle sorte que Dieu même vous apparaisse égaré et injuste, parce qu'il favorise les impies et persécute les justes. Ne voyez-vous pas combien vous voyez de travers? Corrigez vos yeux, et ne voyez que ce qui est droit. Mais que voir de droit? Gardez-vous de faire attention aux choses présentes. Que verrez-vous alors? « Qu'il reste des biens à l'homme pacifique(*Ibid.*).» Que signifie, il reste des biens? Lorsque vous serez mort, vous ne serez pas mort; voilà le sens de ces mots : Il reste des biens. Il y aura pour lui quelque chose même après cette vie: et ce quelque chose est sa descendance qui sera en bénédiction. Voilà pourquoi le Seigneur a dit : Celui qui croit en moi, bien qu'il meure, vivra (*Jean.* XI, 25). « Parce qu'il reste des biens à l'homme pacifique.»

16. « Mais les injustes périront en cela même (*Ibid.* 38). » Que veut dire : en cela même? pour l'éternité, ou tous en même temps, de la même manière. « Les restes des impies périront. » Or, il reste quelque chose à l'homme pacifique, donc ceux qui ne sont point pacifiques sont impies. « Heureux les pacifiques, parce qu'ils seront appelés les enfants de Dieu (*Matth.* V, 9). »

17. « Au contraire, le salut est donné aux justes par le Seigneur, et il est leur protecteur

---

tanto amplius intumescit. Sed cum transieris, adtende post te : post te enim fumus, si est ante te Deus. Noli posteriora ex desiderio adtendere, sicut adtendit uxor Lot, et remansit in via (*Gen.* XIX, 26) : sed respice ex despectu, et videbis impium nusquam esse, et quæres locum ejus. Quis est locus ejus ? Quo modo habet potestatem, habet divitias, habet quemdam ordinem suum in rebus humanis, ut multi ei obsequantur, ut jubeat et audiatur. Iste locus non erit, sed (*a*) transiet, ut tu possis dicere, « Transivi, et ecce non erat. » Quid est, « transivi ? » Profeci, perveni ad spiritalia, intravi in sanctuarium Dei ut intenderem in novissima (*Psal.* LXXII, 17) : « et ecce non erat, et quæsivi eum, et non est inventus locus ejus. »

15. «Custodi innocentiam (*Ps.*XXXVI, 37).» Tene, quomodo cum avarus esses, saccellum tenebas : quomodo tenebas saccellum, ne tibi extorqueretur a fure; sic custodi innocentiam, ne tibi extorqueatur a diabolo. Sit illa certum patrimonium tuum, de qua sunt divites et pauperes. « Custodi innocentiam. » Quid tibi prodest lucrum auri, et damnum innocentiæ ? « Custodi innocentiam: et vide directionem.» Habeto oculos directos, ut videas directionem : non pravos, quibus malos vides; et distortos, ut distortus tibi et pravus videatur Deus, quia favet impiis, et persequitur fideles. Non vides quam distortum videas ? Corrige oculos tuos, « et vide directionem. » Quam directionem ? Noli ad præsentia adtendere. Et quid videbis ? « Quoniam sunt reliquiæ homini pacifico. » Quid est, « sunt reliquiæ ? » Cum mortuus fueris, non eris mortuus : hoc est, « sunt reliquiæ. » Erit illi aliquid et post hanc vitam, hoc est, illud semen quod in benedictione erit. Unde Dominus, Qui credit in me, inquit, licet moriatur, vivet (*Johan.* XI, 25) : « Quoniam sunt reliquiæ homini pacifico. »

16. «Injusti autem disperient in idipsum (*Ps.*XXXVI, 38).» Quid est, « in idipsum ? » In sempiternum; vel, omnes simul in unum. « Reliquiæ impiorum interibunt. » Sunt autem reliquiæ homini pacifico : ergo qui non sunt pacifici, impii sunt. « Beati enim pacifici, quia ipsi filii Dei vocabuntur (*Matth.* V, 9).»

(*a*) Aliquot MSS. *sed transi et tu, ut possis*, etc.

TROISIÈME DISCOURS SUR LE PSAUME XXXVI.

au temps de l'affliction. Le Seigneur les aidera et les délivrera, et les retirera du milieu des pécheurs (*Ps*.xxxvi, 40).» Que les justes supportent donc maintenant les pécheurs, que le froment supporte l'ivraie, que le blé supporte la paille ; parce que viendra le temps de la séparation, où la bonne semence sera retirée d'avec la paille que le feu consumera. La première sera recueillie dans le grenier, et l'autre jetée dans les flammes éternelles. C'est ainsi que le juste et l'injuste ont d'abord été mêlés ensemble, de manière que l'injuste supplantât le juste et que celui-ci fût éprouvé ; mais qu'ensuite l'injuste fût condamné et que le juste fut couronné.

18. Grâce à Dieu, mes frères, nous vous avons payé notre dette, au nom du Christ ; mais la charité nous tient toujours comme débiteurs envers vous. En effet, elle est toujours la même, et la dette qu'elle impose, fût-elle payée chaque jour, n'en est pas moins toujours due. Nous avons beaucoup parlé contre les Donatistes, nous vous avons lu beaucoup de pièces, beaucoup de documents, beaucoup de choses opposées aux saintes Écritures : ils nous y ont forcés. Car, s'ils nous reprochent de vous avoir lu de tels écrits, nous acceptons ce reproche, pourvu que vous soyez instruits de ce qui les concerne. Nous pouvons leur répondre à ce sujet : « J'ai été peu sage, c'est vous qui m'y avez obligé (II *Cor.* xii, 11). Cependant, mes frères, sur toutes choses, conservez notre héritage, où nous sommes assurés d'être appelés par le testament de notre Père, non point par quelque frivole écrit de quelque homme, mais par le testament de notre Père. Nous en sommes assurés, parce que celui qui a fait ce testament est vivant. Celui qui a fait ce testament en faveur de son héritier, jugera lui-même de son testament. Dans les affaires humaines, autre est le testateur, autre est le juge ; et cependant, celui qui possède le testament gagne sa cause, non point au tribunal du testateur qui est mort, mais au tribunal de tout autre juge. Combien notre victoire est-elle donc assurée, puisque nous aurons pour juge celui qui a fait le testament ! Si en effet, le Christ est mort dans le temps, maintenant il vit pour toujours (*Rom.* v, 9).

19. Qu'ils disent donc tout ce qu'ils voudront contre nous ; pour nous, aimons-les, même malgré eux. Car nous connaissons, mes frères, nous connaissons leurs paroles ; mais que ces paroles ne nous inspirent point de colère, supportez-les patiemment avec nous. Ils voient en effet qu'ils n'ont rien à dire pour leur cause, et ils tournent leurs langues contre nous, se mettant à nous reprocher mille choses, les unes

---

17. « Salus autem justorum a Domino, et protector eorum est in tempore tribulationis et adjuvabit eos Dominus, et eruet eos, et eximet eos a peccatoribus (*Ps.* xxxvi, 39 et 40). » Tolerent ergo modo peccatores justi, tolerent frumenta zizania, toleret triticum paleam : quia veniet tempus separationis, et eximetur semen bonum ab eo quod igni consumetur : illud in horreum mittetur, illud autem in æternam conflagrationem : quia ideo simul fuerunt primo justus et injustus, ut ille (*a*) supplantaret, ille probaretur ; postea autem ille damnaretur, ille coronaretur.

18. Deo gratias, Fratres, reddidimus debitum in nomine Christi : sed nos (*b*) caritas debitores semper tenet. Illa enim una est, quæ et si quotidie redditur semper debetur. Multa diximus adversus Donatistas, multa vobis recitavimus, multas chartas, multa præter canonem Scripturarum, illis cogentibus. Nam et si reprehendent hæc, quia vobis talia legimus ; nos reprehendamur, dum vos instruamini. Possumus enim eis et in hac parte sic respondere, « Factus sum insipiens, vos me coegistis (II *Cor.* xii, 11). » Tamen Fratres, ante omnia (*c*) custodite hereditatem nostram, de qua securi sumus nos in testamento Patris nostri esse : non in aliqua charta frivola alicujus hominis, sed in testamento Patris nostri. Inde securi sumus : quia qui fecit testamentum, vivit. Qui fecit testamentum heredi suo, ipse judicabit de testamento suo. In rebus humanis alius est testator, alius judex : et tamen qui tenet testamentum, vincit apud judicem alterum, non apud alterum judicem mortuum. Quam ergo secura est nostra victoria, cum ille judicabit qui testatus est ? « Etsi enim mortuus est Christus ad tempus, sed jam vivit in æternum (*Rom.* v, 9). »

19. Loquantur ergo adversus nos quidquid volunt : nos diligamus illos et nolentes. Novimus enim, Fratres, novimus linguas eorum : propter quas eis non irascamur, patienter ferte nobiscum. Vident enim in caussa se nihil habere, et linguas convertunt in nos, et incipiunt de nobis dicere mala multa quæ sciunt, multa quæ nesciunt. Quæ sciunt, præterita nostra

---

(*a*) In omnibus prope MSS. *supplantaretur*. (*b*) Septem MSS. *nos caritatis debitores semper tenete*. (*c*) Aliquot MSS. *scitote hereditatem*, etc., pauloque post plerique omisso *nos*, habent sic, *securi sumus in testamento*, etc.

qu'ils savent, les autres qu'ils ne savent pas. Ce qu'ils savent, c'est notre passé. « Car, nous avons été autrefois, comme dit l'Apôtre, insensé et incrédule, éloigné de toute bonne œuvre (*Tit.* III, 3). » Nous avons été plongé dans une erreur déplorable, insensé et atteint de folie que nous étions, nous ne le nions pas; et plus nous avouons notre passé, plus nous glorifions Dieu qui nous a pardonné. Pourquoi donc, hérétique, abandonnez-vous votre cause et marchez-vous contre un homme? Car que suis-je? que suis-je? suis-je l'Église catholique? suis-je l'héritage du Christ, répandu sur toute la terre? Il me suffit d'en faire partie. Vous blâmez mes fautes passées; que faites-vous là d'extraordinaire? J'ai plus de sévérité pour mes péchés que vous n'en avez vous-même. Ce que vous blâmez je l'ai condamné. Plût au ciel que vous voulussiez m'imiter et que votre erreur devint aussi votre passé! Ce sont là mes fautes passées, et elles sont connues surtout en cette ville. C'est ici en effet que j'ai mal vécu; je le confesse, et autant j'éprouve de joie de la grâce de Dieu, autant mon passé me cause.... que vais-je dire? de douleur? je m'abandonnerais à la douleur si j'étais encore dans le même état. Que dirai-je donc? de joie? Mais je ne puis le dire non plus; car plût au ciel que je n'y eusse jamais été! Quoi que j'aie été cependant, tout cela est passé au nom du Christ. Quant à ce qu'ils me reprochent sur le temps actuel, ils n'en savent rien. Il est encore des fautes présentes qu'ils me reprochent, mais il est difficile pour eux d'en savoir quelque chose. Car bien des choses se passent dans ma pensée; je combats contre des suggestions mauvaises qui m'assiègent; j'ai à supporter une lutte prolongée et presque continuelle contre les tentations de l'ennemi, qui veut me renverser. Je gémis devant Dieu dans le sentiment de ma misère; il sait ce que je porte en moi, lui qui connaît les fruits que je produis. « Mais je me mets fort peu en peine d'être jugé par vous, ou par un tribunal humain, a dit l'Apôtre; bien plus, je ne me juge pas moi-même (I *Cor.* IV, 3). » Car je me connais mieux qu'ils ne me connaissent : mais Dieu me connaît mieux que je ne me connais. Qu'ils ne vous insultent donc pas à mon sujet; que le Christ ne le permette pas! Car ils disent : Et qui est-il? D'où vient-il? Nous l'avons connu mauvais en ce lieu même, où a-t-il été baptisé? s'ils nous connaissent, ils savent que nous avons autrefois navigué outre-mer; ils savent que nous avons voyagé en pays étranger; ils savent que nous sommes revenu autre que nous n'étions parti. Nous n'avons pas été baptisé ici; mais l'Église où nous avons été baptisé est connue de tout l'univers. Parmi nos frères il en est beaucoup, et qui savent que nous avons été baptisé, et qui ont été baptisés avec nous. Il est donc facile à celui de nos frères qui en serait

sunt. « Fuimus enim aliquando, » sicut dicit Apostolus, « stulti et increduli, et ad omne opus bonum reprobi (*Tit.* III, 3). » In errore perverso desipientes et insanientes fuimus, non negamus; et quantum præteritum nostrum non negamus; tanto magis Deum qui nobis ignovit, laudamus. Quid ergo hæretice dimittis caussam, et is ad hominem? Quid enim ego sum? Quid sum ? Numquid Catholica ego sum ? Numquid hæreditas Christi diffusa per gentes ego sum ? Sufficit mihi ut in ea sim. Vituperas mala mea præterita, quid magnum facis ? Severior sum ego in mala mea quam tu : quod tu vituperasti, ego damnavi. Utinam velles imitari, ut et error tuus fieret aliquando præteritus. Ista sunt mala præterita, quæ noverunt, maxime in ista civitate. Hic enim male viximus, quod ego confiteor ; et quantum gaudeo de gratia Dei, tantum de meis præteritis (*a*), quid dicam ? Doleo ? Dolerem, si adhuc essem. Sed quid dicam ? Gaudeo ? Nec hoc possum dicere : utinam enim numquam fuissem. Quidquid tamen fui, in nomine Christi præteritum est. Quod autem modo reprehendunt, non norunt. Sunt quæ adhuc in me (*b*) reprehendant : sed tamen multum est ad illos ut hæc noverint (*c*). Multa enim ago in cogitationibus meis, pugnans adversus malas suggestiones meas, et habens conflictationem diuturnam, prope continuam (*d*) cum tentationibus inimici subvertere me volentis. Gemo ad Deum in infirmitate mea ; et novit quid parturit cor meum, ille (*e*) qui novit partum meum. « Mihi autem minimum est, ut a vobis dijudicer, aut ab humano die, » ait Apostolus ; « sed neque ego meipsum judico (I *Cor.* IV, 3). » Melius enim me ego novi quam illi, sed melius Deus quam ego. Non ergo vobis insultent de nobis, non faciat Christus. Dicunt enim, Et qui sunt? et unde sunt ? malos hic illos novimus, ubi baptizati sunt ? Si nos bene noverunt,

---

(*a*) Editi, *tantum de meis præteritis timeo.* Abest, *timeo,* a MSS. (*b*) Plerique MSS. *reprehendam.* (*c*) Duo MSS. *Multum enim angor.* (*d*) Editi, *continuam rim.* Vox, *rim,* abest a multis MSS. (*e*) In pluribus MSS. *illi.*

inquiet de s'en enquérir. Mais, pour nos adversaires, est-ce que rien nous oblige à leur donner satisfaction, et à leur présenter le témoignage d'une Église avec laquelle ils ne sont point en communion? Il est tout simple qu'ils ne sachent pas que nous avons été baptisé dans le Christ au-delà de la mer, puisque pour eux le Christ n'est pas au-delà de la mer. En effet, celui-là seul possède le Christ au-delà de la mer, qui est en communion avec l'Église universelle au-delà de la mer. Comment pourrait-il savoir où j'ai été baptisé, lorsque la communion de son Église franchit à peine la mer? Cependant, mes frères, que leur dirai-je? Ayez sur nous tels soupçons qu'il vous plaira. Si nous sommes bon, nous sommes dans l'Église du Christ le froment de Dieu; si nous sommes mauvais, nous ne sommes dans l'Église du Christ que de la paille, mais nous ne sommes pas sorti de l'aire. Vous qui peut-être avez volé au dehors, entraîné par le vent de la tentation, qu'êtes-vous? Le vent n'enlève pas le grain de l'aire. Par le lieu ou vous êtes, reconnaissez ce que vous êtes.

20. Mais, me répond-on, qui êtes-vous, vous qui dites tant de choses contre nous? Quelque je sois, faites attention à ce qui vous est dit, et non à celui qui vous le dit. On insiste, on ajoute : le Seigneur a dit au pécheur : « Pourquoi avez-vous à la bouche les paroles de mon alliance (*Ps.* XLIX 16)?» Le Seigneur peut parler ainsi au pécheur, et peut-être y a-t-il un genre de pécheurs à qui ce reproche s'applique particulièrement; mais, à qui que ce soit que le Seigneur adresse ce reproche, il le fait pour montrer qu'il ne sert de rien au pécheur d'annoncer la loi de Dieu. Mais est-ce que cette prédication ne sert de rien à ceux qui l'entendent? Nous avons, dans l'Église, au rapport du Seigneur même, l'une et l'autre sorte de prédicateurs : il y en a de bons et il y en a de mauvais. Quand ce sont des hommes de bien qui prêchent, que disent-ils ? « Soyez mes imitateurs comme je suis l'imitateur du Christ (I *Cor.* IV, 16). Et qu'est-il dit de ces prédicateurs vertueux? « Soyez l'exemple des fidèles (I *Tim.* IV, 12). » C'est là ce que nous nous efforçons d'être ; mais ce que nous sommes, celui-là le sait, à qui nous adressons nos gémissements. A l'égard de ceux qui sont mauvais, une autre parole a été dite :« Les Scribes et les Pharisiens sont assis sur la chaire de Moïse ; faites ce qu'ils vous disent, mais ne faites pas ce qu'ils font (*Matth.* XXIII, 2). » Vous voyez qu'il y a aussi des méchants assis dans la chaire de Moïse, à laquelle a succédé la chaire du Christ ; et ce-

---

sciunt quia et navigavimus aliquando ; sciunt quia et peregrinati sumus ; sciunt quia alii ivimus, et alii redivimus. Non hic baptizati sumus : sed ubi baptizati sumus, Ecclesia est nota universo orbi terrarum. Et multi fratres nostri sunt qui et norunt quia baptizati sumus et nobiscum baptizati sunt. Facile est ergo hoc nosse, si quis fratrum est inde sollicitus. Istis autem satisfacturi sumus, demonstraturi aliquid de testimonio Ecclesiæ, cui non communicant? Merito non nos norunt trans mare baptizatos in Christo, quia et trans mare non habent Christum. Ille enim Christum et trans mare habet, qui et trans mare communionem universæ Ecclesiæ tenet. Quomodo potest cognoscere ubi sim ego baptizatus, cum communio ipsius vix transit mare ? Verumtamen, Fratres mei, quid eis dicam ? Suspicamini quod vultis de nobis. Si boni sumus, in Ecclesia Christi frumenta sumus : si mali sumus, in Ecclesia Christi palea sumus, tamen ab area non recedimus. Tu qui vento tentationis foras volasti, quid es? Triticum non tollit ventus ex area. Ex eo ergo ubi es, agnosce quid es.

20. Sed tu, inquit, quis es qui contra nos dicis tanta? Quicumque sim, quod dicitur attende, non a quo dicitur. « Sed peccatori, inquit, dicit Dominus, Ut quid tu assumis testamentum meum per os tuum (*Psal.* IL, 16)? » Dicat Dominus hoc peccatori : forte est genus peccatorum cui hoc recte dicat Dominus : sed in quemlibet dicat hoc Dominus, ideo dicit, quia peccatori non prodest quando legem Dei loquitur. Numquid et auditoribus non prodest ? Utrumque genus nos habemus in Ecclesia, Domino dicente, et bonorum et malorum. Boni enim cum prædicant, quid dicunt? « Imitatores mei estote, sicut et ego Christi (I. *Cor.* IV, 16). » De (*a*) bonis quid dicitur?« Sed forma esto fidelium (I, *Tim.* IV,12).» Hoc nos esse elaboramus : quid autem simus, ille novit ad quem gemimus. De malis tamen dictum est aliud : « Super cathedram Moysi sederunt Scribæ et Pharisæi ; quæ dicunt facite, quæ autem faciunt, facere nolite (*Matth.* XXIII, 2).» Vides quia in cathedra Moysi, cui successit cathedra Christi, sedent et mali : et tamen dicendo bona non obsunt auditoribus. Quare tu propter malos ipsam cathedram

---

(*a*) Sic melioris notæ MSS. At editi, *De nobis quid dicitur? Sed forma estote fidelium.*

pendant, en disant de bonnes choses, ils ne nuisent pas à leurs auditeurs. Pourquoi donc avez-vous déserté la chaire elle-même à cause des méchants ? Revenez à la paix, revenez à une concorde qui ne vous fait aucun mal. Si je parle bien et si je fais bien, imitez-moi ; si, au contraire, je ne fais pas ce que je dis, suivez le conseil que vous donne le Seigneur : faites ce que je dis, mais ce que je fais, gardez-vous de le faire, et toutefois ne vous séparez pas de la chaire catholique. Quant à nous, nous marcherons au nom du Christ, et laisserons les Donatistes parler tant qu'ils voudront. Comment mettre fin à ces débats ? Ne vous occupez pas de notre cause. Ne leur dites qu'une chose : Frères, répondez à ceci : Augustin est évêque de l'Église catholique et porte son fardeau, il en rendra compte à Dieu. Je le vois au nombre des bons : s'il est mauvais, Dieu le sait ; s'il est bon, ce n'est point encore en lui que j'espère. Avant tout j'ai appris, dans l'Église catholique, à ne pas mettre mon espérance dans un homme. Pour vous qui mettez votre espérance dans un homme, c'est votre affaire de discuter la valeur des hommes. Ainsi donc quand vous entendrez les Donatistes nous blâmer, n'en tenez point compte. Nous savons quel rang nous tenons dans vos cœurs, parce que nous savons quelle place vous occupez dans le nôtre. Mais gardez-vous de combattre contre eux en notre faveur. Quelque chose qu'ils disent de nous, passez vite de crainte qu'en travaillant à nous défendre vous n'abandonniez votre cause. C'est à cela qu'ils tendent avec ruse : ils craignent que nous ne parlions du fond même de la cause, ils ne le veulent pas, et ils nous tendent des pièges où ils s'efforcent de nous pousser ; afin qu'occupés à nous justifier, nous gardions le silence sur les erreurs dont nous avons à les convaincre. Mais si vous dites que je suis un méchant, je sais, moi, bien d'autres choses encore que je me reproche. Retirez-moi vite de toute question ; mettez-moi hors de cause, occupez-vous du fond des choses, ne faites attention qu'à la cause de l'Église, voyez où vous êtes. Par quelque bouche que la vérité vous parle, recevez avec avidité l'aliment qui vous est donné, de peur que le pain sacré ne vienne jamais jusqu'à vous, si vous n'êtes sans cesse occupé qu'à recueillir des calomnies et à manifester du dédain contre le vase qui le contient.

---

dimisisti? Redi ad pacem, redi ad concordiam quæ te non offendit. Si bona loquor, et bona facio, imitare me : si autem non facio quod dico, habes consilium Domini, quæ dico fac, quæ autem facio, noli facere ; tamen a cathedra catholica noli discedere. Ecce in nomine Christi ituri sumus, et multa dicturi sunt. Quis finis? Cito contemnite caussam nostram. Non illis dicatis nisi, Fratres, ad rem respondete : Augustinus episcopus est in Ecclesia catholica, sarcinam suam portat, rationem redditurus est Deo : in bonis eum novi, si malus est, ipse novit; si bonus est, nec sic spes mea est. Hoc ante omnia didici in Catholica, ut spes mea non sit in homine. Merito ergo vos homines reprehenditis, quia spem vestram in homine posuistis. Certe cum reprehenderint nos, contemnite et vos. Novimus enim qualem habeamus locum in corde vestro, quia scimus qualem locum habeatis in corde nostro. Nolite pro nobis certare adversus illos. Quidquid de nobis dixerint, cito transite : ne laborantes (a) caussa defensionis nostræ dimittatis caussam vestram. Hoc enim agunt astute nolentes et timentes ut de ipsa caussa dicamus, ingerunt nobis, quo nos avocent; ut cum intendimus purgare nos, sileamus ab ipsis convincendis. Nam prorsus qui me dicis malum, dico et ego alia innumerabilia : cito aufer de medio, fini caussam meam de re age, Ecclesiæ caussam adtende, ubi sis vide. Veritas tibi undelibet loquatur, esuriens accipe ; ne numquam ad te perveniat panis, dum semper quid reprehendas in vasculo fastidiosus et calumniosus inquiris.

(a) MSS. cura.

DISCOURS [1] SUR LE PSAUME XXXVII.

1. A certaines paroles que nous venons de chanter, « je déclare moi-même mon iniquité, et je porte en moi le souci de mon péché, » cette femme dont il a été parlé dans notre lecture de l'Évangile a donné une admirable réponse. En effet, le Seigneur considérant son iniquité l'a traitée de chienne en disant : « Il n'est pas juste de jeter aux chiens le pain des enfants (*Matth.* xv, 26). » Or, cette femme qui savait déclarer elle-même son iniquité et qui portait en elle le souci de son péché, n'a point nié ce que disait la Vérité ; mais, avouant sa misère, elle chercha de préférence à obtenir miséricorde pour le péché dont elle portait en elle le souci. Car elle avait demandé la guérison de sa fille, et peut-être, par sa fille, entendait-elle sa propre vie. Portez donc la plus vive attention sur tout ce psaume, pendant que nous l'examinerons et l'expliquerons du mieux qu'il nous sera possible. Que le Seigneur soit dans notre cœur, pour que nous trouvions ici des paroles utiles à votre salut, et que nous les proférions comme nous les aurons trouvées, les trouvant sans peine et les proférant sans inconvenance.

2. Voici le titre du psaume : « Psaume de David, pour lui-même, en souvenir du sabbat (*Ps.* XXXVII, 1). » En recherchant ce que les Écritures nous ont appris du saint prophète David, de la race duquel Notre-Seigneur Jésus-Christ est descendu selon la chair (*Rom.* I, 3), nous ne trouvons pas, parmi les bonnes œuvres que les Écritures nous apprennent de lui, qu'il se soit jamais souvenu du sabbat. En effet, quelle raison pour lui d'un semblable souvenir, alors que les Juifs observaient le sabbat avec une si scrupuleuse ponctualité ? Quelle raison pour lui d'un semblable souvenir, puisque le sabbat revenait nécessairement tous les sept jours ? Il n'avait donc qu'à l'obser-

IN PSALMUM XXXVII.

ENARRATIO.

1. Opportune ad id quod cantavimus, « Iniquitatem meam ego pronuntio, et curam geram pro peccato meo (*Ps.* XXXVII, 19), » respondit hæc mulier de lectione Evangelii. Iniquitates enim ejus intuens Dominus, canem appellavit dicens, « Non est bonum, panem filiorum mittere canibus (*Matth.* xv, 26). » At illa quæ noverat iniquitatem suam pronuntiare, et curam gerere pro peccato suo, non negavit quod veritas dixit ; sed (*a*) miseriam confessa, misericordiam potius impetravit, curam gerens pro peccato suo. Nam et curari petiverat filiam suam, fortassis in filia significans vitam suam. Psalmum ergo totum, quantum possumus, dum consideramus et pertractamus, advertite. Adsit Dominus cordibus nostris, ut salubriter hic inveniamus voces nostras, et quomodo invenerimus proferamus, nec difficulter inveniendo, nec imperite proferendo.

2. Titulus ejus est, « Psalmus ipsi David in recordationem sabbati (*Ps.* XXXVII, 1). » Quærimus quæ nobis scripta sunt de sancto David Propheta, « ex cujus semine Dominus noster Jesus Christus secundum carnem (*Rom.* I, 3) : » et inter bona quæ de illo nobis nota sunt per Scripturas, non invenimus cum aliquando recordatum sabbatum. Quid enim ita recordaretur, secundum illam observationem Judæorum qua observabant sabbatum ; quid ita recordaretur, quod inter septem dies necessario veniebat ? Observandum ergo erat, non sic recordandum. Nemo autem recordatur, nisi quod in præsentia non

---

(1) Discours au peuple.
(*a*) Omnes prope MSS. *sed misericordiam confessa potius impetravit.*

ver, et non point à s'en souvenir de la sorte. Car nul ne se souvient d'une chose que lorsqu'elle n'est point placée sous ses yeux. Par exemple, dans cette ville-ci, vous vous souvenez de Carthage où vous êtes allés quelquefois ; aujourd'hui, vous vous souvenez d'hier ou d'un jour de l'année dernière, ou de tel autre jour antérieur, ou d'une chose que vous avez déjà faite, ou d'un lieu où vous avez été, ou d'une chose à laquelle vous avez pris part. Que veut donc dire, mes frères, ce souvenir du sabbat ? Quelle âme se souvient ainsi du sabbat? De quel sabbat s'agit-il? En effet, il s'en souvient en gémissant. Lorsque le psaume a été lu, vous avez entendu, et tout à l'heure, lorsque nous vous l'expliquerons, vous entendrez encore quel est son chagrin, quels sont ses gémissements, quelles sont ses larmes, quel est son malheur. Mais heureux qui est ainsi affligé ! C'est ainsi que dans l'Évangile, le Seigneur déclare bienheureux ceux qui pleurent (*Matth.* v, 5). Comment est-il bienheureux, s'il pleure ? Comment est-il bienheureux, s'il est dans le malheur? Disons plutôt qu'il serait malheureux, s'il ne pleurait pas. Voyons donc, dans celui qui se souvient ainsi du sabbat, je ne sais quel homme qui pleure. Et plût à Dieu que nous fussions ce je ne sais quel homme ! Il s'agit donc de quelqu'un qui se désole, qui gémit, qui pleure, en se souvenant du sabbat. Le sabbat c'est le repos. Sans doute celui qui se souvenait du repos en gémissant, était en proie à je ne sais quelle inquiétude.

3. C'est pourquoi il expose et confie à Dieu l'inquiétude qu'il éprouve, craignant de tomber dans un état plus grave encore. Car, qu'il soit dans l'affliction, il le dit ouvertement, et il n'est ici besoin ni d'interprétation, ni de soupçons, ni de conjectures : et quelle est cette affliction, ses paroles ne laissent non plus aucun doute à ce sujet, nous n'avons rien à rechercher, nous n'avons qu'à comprendre ce qu'il dit. Or, s'il ne craignait pas quelque chose de pire que la peine à laquelle il est en proie, il ne commencerait pas ainsi : « Seigneur, ne me reprenez pas dans votre indignation, et ne me corrigez pas dans votre colère (*Ps.*xxxvii, 2).» En effet, il arrivera que quelques-uns seront corrigés par Dieu dans sa colère et repris dans son indignation. Peut-être tous ceux qui sont repris ne seront-ils pas corrigés ; mais aussi quelques-uns seront repris, qui seront sauvés par ce moyen. Il en sera ainsi, parce que cette correction nous est désignée nommément : « Il sera sauvé mais comme par le feu (1 *Cor.* III, 15). » D'autre part, il y en a aussi qui seront repris et qui ne seront pas corrigés. Car assurément le Christ accusera ceux auxquels il dira : « J'ai eu faim et vous ne m'avez pas donné à manger; j'ai eu soif et vous ne m'avez pas donné à boire (*Matth.* xxv, 42), » et le reste des paroles que rapporte l'Évangile. Ces paroles sont un reproche d'inhumanité et de vie stérile fait aux méchants placés à la gauche du juge, qui doit leur dire : « Allez dans le feu éternel qui a été préparé pour le démon et pour

---

est positum. Verbi gratia, In hac civitate recordaris Carthaginem, ubi fuisti aliquando; et hodierno die recordaris hesternum diem, vel prioris anni, vel quemlibet anteriorem, et aliquod factum tuum quod jam fecisti, aut aliquid ubi fuisti, vel cui rei interfuisti. Quid sibi vult ista recordatio sabbati, Fratres mei ? Quæ anima sic recordatur sabbatum ? Quod est hoc sabbatum? Cum gemitu enim recordatur. Et cum Psalmus legeretur audistis, et modo cum retexerimus audietis, quantus sit mæror, quantus gemitus, quantus fletus, quæ miseria. Sed felix est, qui sic miser est. Unde et Dominus in Evangelio beatos appellavit quosdam lugentes (*Matth.* v, 3). Unde beatus, si lugens? Unde beatus, si miser ? Immo miser esset, si lugens non esset. Talem ergo et hic accipiamus sabbatum recordantem, nescio quem lugentem : et utinam nos simus ipse nesc o quis. Est enim quidam dolens, gemens, lugens, recordans sabbatum. Sabbatum, requies est. Sine dubio iste in nescio qua inquietudine erat, qui cum gemitu requiem recordabatur.

3. Ipse itaque inquietudinem quam patiebatur, narrat et commendat Deo, nescio quid gravius timens quam erat ubi erat. Nam quia in malo est, aperte dicit, nec interprete opus est, nec suspicione, nec conjectura : in quo malo sit, non dubitatur ex ejus verbis, nec opus est ut quæramus, sed ut quod dicit intelligamus. Et nisi pejus aliquid timeret, quam erat illud quo tenebatur, non sic inciperet : « Domine ne in indignatione tua arguas me, neque in ira tua emendes me(*Ps.*xxxvii,2).» Futurum est enim ut quidam in ira Dei emendentur, et in indignatione arguantur. Et forte non omnes qui arguuntur emendabuntur : sed tamen futuri sunt in emendatione quidam salvi. Futurum est quidem, quia emendatio nominata est : « sic tamen quasi

ses anges. » Le Prophète, craignant ces maux plus redoutables, au sortir de cette vie dont les peines le font déjà pleurer et gémir, s'écrie en suppliant : « Seigneur, ne me reprenez pas dans votre indignation. » Que je ne sois pas du nombre de ceux auxquels vous direz : « Allez dans le feu éternel qui a été préparé pour le démon et pour ses anges. » « Et ne me corrigez pas dans votre colère, » c'est-à-dire purifiez-moi dès cette vie, et faites que je n'aie pas besoin de passer dans le feu purifiant, créé pour ceux qui seront sauvés, mais qui ne le seront cependant que comme par le feu. Pourquoi seront-ils ainsi corrigés, sinon parce qu'au-dessus des fondements de l'édifice, ils bâtissent avec du bois, du foin et de la paille? Si, au contraire, ils bâtissaient avec de l'or, de l'argent ou des pierres précieuses, ils seraient exempts de l'un et de l'autre feu ; non-seulement du feu éternel qui doit éternellement tourmenter les impies, mais encore de celui qui corrigera ceux qui doivent être sauvés comme par le feu, selon la parole de l'Apôtre: « Cependant il sera sauvé, mais comme par le feu (I Cor. III, 15). » Et parce que l'Apôtre dit : « Il sera sauvé, » trop souvent on méprise ce feu du purgatoire. Il est cependant certain que ce feu, bien qu'il doive sauver ceux qui le subiront, sera plus terrible pour eux que toutes les souffrances qu'un homme puisse endurer sur la terre. Et vous savez quels maux cruels ont soufferts et peuvent souffrir les méchants ici-bas : cependant ils n'ont jamais eu à souffrir que des maux qu'ont pu endurer aussi les bons. En effet, quels supplices les malfaiteurs, les voleurs, les adultères, les scélérats, les sacriléges ont-ils supportés, pour satisfaire à la vindicte des lois, que n'aient supportés les martyrs en confessant le Christ ? Les maux d'ici-bas sont beaucoup plus faciles à supporter ; et cependant voyez comme, pour y échapper, les hommes font tout ce que vous leur ordonnez. Combien donc font-ils mieux encore en accomplissant ce que Dieu leur ordonne, pour éviter des maux plus terribles encore ?

4. Mais pourquoi le Prophète prie-t-il le Seigneur de ne pas le reprendre dans son indignation et de ne pas le corriger dans sa colère? C'est comme s'il disait à Dieu : Parce que les maux qui m'accablent sont déjà grands et nombreux, je vous supplie de ne pas les augmenter. Il commence alors à les énumérer, comme pour satisfaire à Dieu, et il lui offre ses douleurs pour n'avoir pas à en supporter de plus considérables. « Parce que j'ai été percé de vos flèches, et que vous avez appesanti votre main sur moi (*Ps.* XXXVII, 4). »

5. « Il n'y a plus rien de sain dans ma

---

per ignem (I *Cor.* III, 15). » Futuri autem quidam qui arguentur, et non emendabuntur. Nam utique arguet eos quibus dicet, « Esurivi, et non dedistis mihi manducare ; sitivi, et non potastis me (*Matth.* xxv, 42) : » et cetera quæ ibi prosequens, quamdam inhumanitatem et sterilitatem increpitat, malis ad sinistram constitutis, quibus dicitur, « Ite in ignem æternum, qui paratus est diabolo et angelis ejus (*Ibid.* 41). » Hæc iste graviora formidans, excepta vita ista, in cujus malis plangit et gemit, rogat et dicit, « Domine, ne in indignatione tua arguas me. » Non sim inter illos quibus dicturus es, Ite in ignem æternum, qui paratus est diabolo et angelis ejus. « Neque in ira tua emendes me : » ut in hac vita purges me, et talem me reddas, cui jam emendatorio igne non opus sit propter illos qui salvi erunt, sic tamen quasi per ignem. Quare, nisi quia hic ædificant supra fundamentum ligna, fœnum, stipulam ? Ædificarent autem aurum, argentum, lapides pretiosos, et de utroque igne securi essent ; non solum de illo æterno qui in æternum cruciaturus est impios, sed etiam de illo qui emendabit eos qui per ignem salvi erunt. Dicitur enim, « Ipse autem salvus erit, sic tamen quasi per ignem (I *Cor.* III, 15). » Et quia dicitur, salvus erit, contemnitur ille ignis. Ita plane quamvis salvi per ignem, gravior tamen erit ille ignis, quam quidquid potest homo pati in hac vita. Et nostis quanta hic passi sunt, et possunt pati : tamen tanta passi sunt quanta potuerunt pati et boni. Quid enim quisque maleficus, latro, adulter, sceleratus, sacrilegus pertulit legibus, quod non pertulit Martyr in confessione Christi ? Ista ergo quæ hic sunt (a) mala, multo faciliora sunt : et tamen videte quemadmodum ea homines ne patiantur, quidquid jusseris faciunt. Quanto melius faciunt quod jubet Deus, ne illa graviora patiantur ?

4. Quare autem petit iste ne in indignatione arguatur, neque in ira emendetur ? Tamquam dicens Deo, Quoniam jam ista quæ patior multa sunt, magna sunt, quæso ut sufficiant. Et incipit illa enumerare satisfaciens Deo, offerens illa quæ patitur, ne pejora patiatur. « Quoniam sagittæ tuæ infixæ sunt mihi, et confirmasti super me manum tuam (*Ps.* XXXVII, 3). »

(a) Vox, *mala*, abest a MSS.

chair, parce que vous m'avez regardé avec colère (*Ibid.* 4). » Il avait commencé à dire ce qu'il souffrait ici-bas, et déjà ces douleurs qu'il dépeignait provenaient de la colère du Seigneur, parce qu'elles étaient les effets de la punition infligée par le Seigneur. De quelle punition ? De celle qu'Adam lui avait transmise. En effet, si nous n'étions point punis en Adam, ou Dieu aurait dit en vain : « Vous mourrez de mort (*Gen.* II, 17), » ou nos souffrances en cette vie auraient une autre cause que cette mort que nous avons méritée par le premier péché. En effet, nous portons un corps mortel (qui sans le péché n'eût pas été mortel), assujetti à toutes les épreuves, objet de mille inquiétudes, sujet aux douleurs corporelles, exposé à l'indigence, changeant, languissant même lorsqu'il est sain, parce qu'il n'est jamais complètement sain. Car pourquoi le Prophète dirait-il : « Il n'y a plus rien de sain dans ma chair, » sinon parce que ce qui est appelé sain, selon le langage de cette vie, ne l'est pas aux yeux de ceux qui ont l'intelligence du vrai, et qui se souviennent du sabbat ? En effet, si vous n'avez pas mangé, la faim vous tourmente. C'est une maladie naturelle, parce que le châtiment infligé par la vengeance divine est devenu notre nature. Ce qui n'était qu'un châtiment pour le premier homme est notre nature même. C'est pourquoi l'Apôtre dit : « Nous avons été par nature enfants de colère, comme tous les autres (*Éphés.* II, 3). » « Enfants de colère par nature » signifie : portant le poids de la punition. Mais pourquoi dit-il : « Nous avons été ? » Parce que nous ne le sommes déjà plus en espérance, quoique, dans le fait, nous le soyons encore. Mais il vaut mieux pour nous dire ce que déjà nous sommes en espérance, parce que notre espérance est une certitude. En effet, notre espérance n'est point incertaine, elle ne laisse place à aucun doute. La gloire même est à nous en espérance ; écoutez l'Apôtre : « Nous gémissons en nous-mêmes, dit-il, attendant l'adoption, la rédemption de notre corps (*Rom.* VIII, 23). » Qu'est-donc ? N'êtes-vous pas encore racheté, ô Paul ? Est-ce que votre rançon n'est pas encore payée ? Est-ce que le sang du Christ n'a pas encore été répandu ? Est-ce qu'il n'est pas notre rançon à tous ? Il l'est assurément. Mais voyez ce que dit l'Apôtre : « Nous sommes sauvés en espérance, mais l'espérance qui se voit n'est pas de l'espérance. En effet, celui qui voit ce qu'il espère, qu'espère-t-il ? Si, au contraire, nous espérons ce que nous ne voyons pas, nous l'attendons par la patience (*Ibid.* 24, etc.). » Qu'attend-il donc par la patience ? Le salut. Le salut de quoi ? De son corps, puisqu'il a dit : « La rédemption de notre corps. » Mais, s'il attendait

---

5. « Non est sanitas in carne mea a vultu iræ tuæ (*Ibid.* 4). » Jam hæc dicebat quæ hic patiebatur : et tamen hoc jam de ira Domini, quia et de vindicta Domini. De qua vindicta ? Quam excepit de Adam. Non enim in illum non est vindicatum, aut frustra dixerat Deus, « Morte morieris (*Gen.* II, 17) : » aut aliquid patimur in ista vita, nisi ex illa morte quam meruimus primo peccato. Etenim portamus corpus mortale, (*a*) quod utique non esset mortale,) plenum tentationibus, plenum sollicitudinibus, obnoxium doloribus corporalibus, obnoxium indigentiis, mutabile, languidum et cum sanum est, quia utique nondum plene sanum. Nam unde dicebat, « Non est sanitas in carne mea, » nisi quia ista quæ hujus vitæ dicitur sanitas, bene intelligentibus et sabbatum recordantibus non est utique sanitas ? Si enim non manducaveritis, inquietat fames. Iste naturalis quidam morbus est : quia natura nobis facta est pœna (*b*) ex vindicta. Primo homini quod erat pœna, natura nobis est. Unde dicit Apostolus, « Fuimus et nos natura filii iræ, sicut et ceteri (*Ephes.* II, 3). » Natura filii iræ, id est, portantes vindictam. Sed quare dicit, Fuimus ? Quia spe jam non sumus : nam re adhuc sumus. Sed illud melius dicimus quod spe sumus, quia certi sumus de spe. Non enim incerta est spes nostra, ut de illa dubitemus. Audi ipsam gloriam in spe. « In nobismetipsis, inquit, ingemiscimus, adoptionem exspectantes, redemptionem corporis nostri (*Rom.* VIII, 23). » Quid enim ? Nondum redemtus es, o Paule ? nondum pro te pretium persolutum est ? Nonne sanguis ille jam fusus est ? nonne ipsum est pretium omnium nostrum ? Plane ipsum. Sed vide quid ait, « Spe enim salvi facti sumus : spes autem quæ videtur, non est spes. Quod enim videt quis, quid sperat ? Si autem quod non videmus speramus, per patientiam exspectamus (*Ibid.* 24, etc.) » Quid autem exspectat per patientiam ? Salutem. Cujus rei salutem ? Ipsius corporis :

(*a*) In editis deerant isthæc verba, *quod utique non esset mortale* : quæ in omnibus nostris MSS. leguntur. (*b*) Plerique MSS. *et vindicta.*

le salut de son corps, c'est que ce qu'il possédait déjà n'était pas le salut. La faim, la soif tuent le corps, si on n'y porte remède. Or, la nourriture est le remède contre la faim ; la boisson est le remède contre la soif ; le sommeil est le remède contre la fatigue. Otez ces divers remèdes et voyez si ces besoins ne tuent pas le corps ; et pourtant quand, à part ces besoins, il n'y a point en nous de maladie, nous nous déclarons en bonne santé. Mais s'il y a en vous quelque chose qui puisse vous faire mourir, à moins que vous ne mangiez, gardez-vous de vous glorifier de votre santé, et attendez, en gémissant, la rédemption de votre corps. Réjouissez-vous d'avoir été racheté, et toutefois que ce ne soit pas encore la réalité, mais l'espérance, qui vous inspire de la sécurité. En effet, si votre espérance n'est point accompagnée de gémissements, vous ne parviendrez pas à la réalité. L'état présent n'est donc pas encore la santé. « Il n'y a plus rien de sain dans ma chair, dit le Prophète, parce que vous m'avez regardé avec colère. » Quelles sont donc les flèches enfoncées dans sa chair ? Par ces flèches, il entend ce châtiment, cette vengeance, et peut-être les peines de corps et d'âme que nous avons inévitablement à souffrir ici-bas. En effet, le saint homme Job a aussi rappelé ces flèches et, lorsqu'il était dans ces douleurs, il disait que les flèches du Seigneur l'avaient transpercé (*Job.* VI, 4). Cependant, par le mot de flèches, nous entendons aussi d'ordinaire les paroles de Dieu ; mais, est-ce que le Prophète pourrait ainsi gémir d'en avoir été frappé ? Les paroles de Dieu, comme des flèches, font sentir l'amour et non la douleur. Ou bien, serait-ce que l'amour même ne peut être sans douleur ? En effet, tant que nous ne possédons pas ce que nous aimons, nous sommes nécessairement dans la douleur. Car, si quelqu'un aime et ne souffre pas, c'est qu'il possède ce qu'il aime ; mais, comme je l'ai dit, celui qui aime et qui ne possède pas encore ce qu'il aime, gémit nécessairement dans la douleur. C'est ce qu'exprime, dans la personne de l'Église, l'épouse du Christ au Cantique des cantiques : « Parce que je suis blessée par l'amour (*Cant.* II, 5, et V, 8). » Elle se dit blessée par l'amour ; elle aimait donc un objet qu'elle ne possédait pas encore ; elle se plaignait, parce qu'elle ne le possédait pas encore. Si donc elle se plaignait, elle était blessée ; mais cette blessure la conduisait vers la véritable santé. Celui qui n'est pas blessé de cette blessure, ne peut parvenir à la santé véritable. Mais le blessé restera-t-il donc toujours dans la douleur de sa blessure ? C'est pourquoi, nous pouvons comprendre de la sorte les flèches et les blessures qu'elles font : Seigneur, vos paroles ont pénétré mon cœur, et ces paroles me font souvenir du sabbat, et me souvenir du sabbat, sans le posséder encore, fait que je ne puis

quia hoc dixit, redemtionem corporis nostri. Si salutem corporis exspectabat, non erat salus illa quam habebat. Esuries, sitis interficit, si subventum non fuerit. Medicamentum enim famis est cibus, et medicamentum sitis est potus, et medicamentum fatigationis est somnus. Detrahe ista medicamenta, vide si non interficiunt illa quæ exsistunt. Si sepositis istis non sunt morbi, est sanitas. Si autem habes aliquid quod te possit interficere, nisi manducaveris; noli gloriari de sanitate, sed gemens exspecta redemtionem corporis tui. Gaude te redemtum ; sed nondum re, spe securus (*a*) esto. Etenim si non gemueris in spe, non pervenies ad rem. Hoc ergo non est sanitas, ait : « Non est sanitas in carne mea a vultu iræ tuæ. » Unde ergo sagittæ infixæ ? Ipsam pœnam, ipsam vindictam, et forte dolores quos hic necesse est pati, et animi et corporis, ipsas dicit sagittas. De his enim sagittis et sanctus Job fecit commemorationem, et cum esset in illis doloribus, dixit sagittas Domini infixas sibi (*Job*, VI, 4). Solemus tamen et verba Dei sagittas accipere : sed numquid ab his posset iste sic dolore se percuti ? Verba Dei tamquam sagittæ excitant amorem, non dolorem. An quia et ipse amor non potest esse sine dolore ? Quidquid enim amamus et non habemus, necesse est ut doleamus. Nam ille et amat et non dolet, qui habet quod amat : qui autem amat, ut dixi, et nondum habet quod amat, necesse est ut in dolore gemat. Inde illud in persona Ecclesiæ sponsa Christi in Cantico canticorum, « Quoniam vulnerata caritate ego sum (*Cant.* II, 5 et V, 8). » Vulneratam se dixit caritate : amabat enim quiddam. et nondum tenebat ; dolebat, quia nondum habebat. Ergo si dolebat, vulnerata erat : sed hoc vulnus ad veram sanitatem (*b*) rapiebat. Qui hoc vulnere non fuerit vulneratus, ad veram sanitatem non potest pervenire. Numquid ergo vulneratus semper erit in vulnere ? Possumus itaque etiam sic infixas sagittas

(*a*) MSS. *spe securus es*. (*b*) Omnes fere MSS. *ad veram sanitatem ambiebat*.

encore me réjouir, et que je reconnais qu'il n'y a rien de sain dans ma chair, et que je ne dois pas le dire, lorsque je compare cette santé avec la santé dont je jouirai dans le repos éternel, où ce corps corruptible et mortel revêtira l'incorruptibilité et l'immortalité (I *Cor.* xv, 53) : car je vois que, par comparaison avec la santé du repos éternel, ma santé sur terre n'est que maladie.

6. « Il n'y a plus de paix dans mes os, lorsque j'envisage mes péchés (*Ps.* xxxvii, 4). » On cherche souvent quel est celui qui parle ainsi. Quelques-uns admettent que c'est le Christ, à cause de certains versets relatifs à sa passion, que nous trouverons bientôt, et que nous reconnaîtrons comme s'appliquant en effet à la passion du Christ. Mais comment celui dans lequel il n'y avait aucun péché, (I *Pierre*, ii, 22), pourrait-il dire : « Il n'y a plus de paix dans mes os, lorsque j'envisage mes péchés ? » Pour comprendre le sens de ce verset, nous sommes donc forcés de reconnaître qu'il s'agit ici du Christ plein et entier, c'est-à-dire de sa tête et de son corps. En effet, lorsque le Christ parle, il parle quelquefois au nom de sa tête seule, qui est le Sauveur né de la Vierge Marie (*Luc.* ii, 7), et quelquefois, il parle au nom de son corps, qui est l'Église, répandue dans l'univers entier. Et nous faisons partie de son corps, si toutefois notre foi en lui est sincère, si notre espérance est ferme, et si notre charité est ardente. Nous sommes de son corps, nous sommes ses membres, et nous reconnaissons notre propre parole dans cette parole de l'Apôtre : « Nous sommes les membres de son corps (*Éphés.* v, 3) ; » et cela, l'Apôtre le dit en beaucoup d'endroits. Pour affirmer que les paroles du psaume sont celles du Christ, est-ce que nous n'avons pas comme exemple ces autres paroles, qui sont de lui : « Mon Dieu, mon Dieu, pourquoi m'avez-vous abandonné ? » Vous trouvez là : « Mon Dieu, pourquoi m'avez-vous abandonné ? La voix de mes péchés éloigne mon salut (*Ps.* xxi, 2). » Ces mots : « La voix de mes péchés » sont les mêmes que ceux-ci : « Lorsque j'envisage mes péchés. » Et si le Christ est sans contredit exempt de tout péché et de toute faute, nous commencerons à croire que les paroles du psaume xxie ne sont pas de lui. Et pourtant n'est-ce point une contradiction impossible, que ce psaume ne s'applique pas au Christ et que nous y trouvions une si claire image de sa passion qu'on croirait en lire le récit dans l'Évangile. Là, en effet, nous trouvons : « Ils se sont partagé mes vêtements et ils ont tiré ma robe au sort (*Ps.* xxi, 19). » Que penser, lorsque nous voyons que notre Seigneur, sur la croix, a prononcé le premier verset du psaume : « Mon Dieu, mon Dieu, pourquoi m'avez-vous abandonné (*Matth.* xxvii, 46) ? » Qu'a-t-il voulu faire comprendre, sinon que tout le psaume se

---

accipere, id est, verba tua infixa sunt cordi meo, et ex ipsis verbis tuis factum est ut recordarer sabbatum ; et ipsa recordatio sabbati, et nondum retentio, facit me nondum gaudere, et agnoscere nec sanitatem esse in ipsa carne, neque dici debere, cum comparo istam sanitatem illi sanitati quam habebo in requie sempiterna, « ubi corruptibile hoc induet incorruptionem, et mortale hoc induet immortalitatem (I *Cor.* xv, 53) ; » et video quia in illius sanitatis comparatione, ista sanitas morbus est.

6. « Non est pax ossibus meis a facie peccatorum meorum (*Ps.* xxxvii, 4). » Quæri solet cujus sit vox ; et aliqui accipiunt Christi, propter quædam quæ hic dicuntur de passione Christi, ad quæ paulo post veniemus, et nos agnoscemus quia de passione Christi dicuntur. Sed, « Non est pax ossibus meis a facie peccatorum meorum, » quomodo diceret qui nullum peccatum habebat (I *Pet.* ii, 22) ? Coartat nos ergo intelligendi necessitas ad cognoscendum tamquam plenum et totum Christum, id est, caput et corpus. Cum enim Christus loquitur, aliquando ex persona solius capitis loquitur, quod est ipse Salvator, natus ex Maria virgine (*Luc.* ii, 7) ; aliquando ex persona corporis sui, quod est sancta Ecclesia, diffusa toto orbe terrarum. Et nos in corpore ipsius sumus, si tamen fides nostra sincera sit in illo, et spes certa, et caritas accensa : sumus in corpore ipsius, et membra ipsius, et invenimus nos ibi loqui, Apostolo dicente, « Quoniam membra sumus corporis ejus (*Ephes.* v, 30) ; » et multis locis dicit hoc Apostolus. Nam si dixerimus verba non esse Christi, non erunt et illa verba Christi, « Deus meus, Deus meus, ut quid me dereliquisti ? » Et ibi enim habes, « Deus meus, Deus meus, ut quid me dereliquisti, longe a salute mea verba delictorum meorum (*Psal.* xxi, 2) : » quomodo hic habes, « a facie peccatorum meorum; » sic et ibi habes, « verba delictorum meorum. » Et si Christus utique sine peccato et sine delicto, incipimus non putare verba illa Psalmi illius esse. Et valde durum et contrarium est, ut ille Psalmus non per-

rapportait à lui, puisqu'il en a prononcé le premier verset? Mais quand il dit ensuite : « La voix de mes péchés, » il n'est pas douteux que ce soit toujours lui qui parle. D'où viennent donc ces péchés, sinon de son corps, qui est l'Église? C'est que le corps et la tête du Christ parlent en effet. Et pourquoi parle-t-il comme une seule personne? Parce que, dit l'Écriture, « ils seront deux dans une seule chair (Gen. II, 24). » Et l'Apôtre ajoute : « Ce sacrement est grand, je dis dans le Christ et dans l'Église (Ephés. V, 31). » C'est aussi pour cela que lui-même, dans l'Évangile, répondant à ceux qui lui demandaient s'il était permis à un homme de répudier sa femme, leur dit : « N'avez-vous pas lu ce qui est écrit : Que Dieu, dès le commencement, les fit mâle et femelle; que l'homme quittera son père et sa mère et s'attachera à son épouse et qu'ils seront deux dans une seule chair? Ils ne sont donc plus deux, mais ils ne sont qu'une seule chair (Matth. XIX. 4 et suiv.). » Si donc il a dit lui-même : Ils ne sont plus deux, ils ne sont qu'une seule chair, qu'y a-t-il d'étonnant, s'il n'y a qu'une seule chair, qu'il n'y ait aussi qu'une seule langue, parlant également pour la tête et pour le corps, lesquels ne forment qu'une seule chair? Écoutons donc le Christ comme n'étant qu'un, et cependant écoutons la tête en tant que tête, et le corps en tant que corps. N'établissons point de distinction personnelle, distinguons seulement la dignité de chaque partie; parce que c'est la tête qui sauve et le corps qui est sauvé. Que la tête fasse miséricorde, et que le corps pleure sa misère. La tête doit effacer les péchés, le corps doit les confesser; cependant leur parole est une, lorsqu'il n'est pas dit que c'est la tête ou le corps qui parle séparément; mais nous les distinguons bien en les entendant parler, quoique le Christ parle comme une seule personne. Pourquoi donc le Christ ne dirait-il pas mes péchés, lui qui a dit : « J'ai eu faim, et vous ne m'avez pas donné à manger; j'ai eu soif, et vous ne m'avez pas doné à boire; j'ai été étranger et vous ne m'avez pas reçu; j'ai été malade, j'ai été en prison, et vous ne m'avez pas visité (Matth. XXV, 42)? » Assurément le Seigneur n'a pas été en prison. Cependant, pourquoi ne le dirait-il pas? Car à celui qui lui a demandé : « Quand vous avons-nous vu ayant faim et soif, ou mis en prison, sans que nous vous ayons servi (Ibid. 44)? » il a répondu comme parlant au nom de son corps : « Lorsque vous ne l'avez pas fait à l'un des plus petits d'entre les miens, c'est à moi que vous ne l'avez pas fait. » Et pourquoi maintenant ne dirait-il pas : lorsque j'envisage mes péchés, lui qui a dit à Saul : « Saul! Saul! pourquoi me persécutez-vous (Act. IX, 4)? » Il était alors au ciel, et il n'y souffrait aucune persécution de qui que ce fût: mais, de même qu'en cette circonstance la tête

---

tineat ad Christum, ubi habemus tam apertam passionem ejus, tamquam ex Evangelio recitetur. Ibi enim habemus, « Diviserunt sibi vestimenta mea, et super vestimentum meum miserunt sortem (Ibid. 19). » Quid quod ipse Dominus in cruce pendens, primum versum Psalmi ipsius ore suo protulit, et dixit, « Deus meus, Deus meus, ut quid me dereliquisti (Matth. XXVII, 46)? » Quid voluit intelligi, nisi illum Psalmum totum ad se pertinere, quia caput ipsius ipse pronuntiavit? Ubi autem sequitur et dicit, « Verba delictorum meorum, » non est dubium quia vox Christi est. Unde ergo peccata, nisi de corpore quod est Ecclesia? Quia loquitur corpus Christi et caput. Quare tamquam unus loquitur? « Quia erunt, inquit, duo in carne una (Gen. II, 24). » « Sacramentum hoc magnum est, » ait Apostolus, « ego autem dico in Christo et in Ecclesia (Ephes. V, 31). » Unde etiam cum ipse loqueretur in Evangelio respondens eis qui quæstionem intulerant de uxore dimittenda, ait, « Non legistis quod scriptum est, quod Deus ab initio masculum et feminam fecit eos, et reliquet homo patrem et matrem, et adhærebit uxori suæ, et erunt duo in carne una? Igitur jam non duo, sed una est caro (Matth. XIX, 4, etc.) » Si ergo ipse dixit, Jam non duo, sed una est caro : quid mirum si una caro, una lingua, eadem verba, tamquam unius carnis, capitis et corporis? Sic audiamus tamquam unum : sed tamen caput tamquam caput, et corpus tamquam corpus. Non dividuntur personæ, sed distinguitur dignitas : quia caput salvat, salvatur corpus. Caput exhibeat misericordiam, corpus defleat miseriam. Caput est ad purganda, corpus ad confitenda peccata : una tamen vox, ubi non scriptum est quando dicat corpus, quando caput; sed nos in audiendo distinguimus; ille autem tamquam unus loquitur. Quare enim non dicat, « peccatorum meorum, » qui dixit, « Esurivi, et non dedistis mihi manducare; sitivi, et non dedistis mihi potum; hospes fui, et non recepistis me; infirmus fui, et in carcere, et non visitastis me (Matth. XXV, 42)? » Certe Dominus non fuit in carcere. Quare non hoc diceret, cui cum dictum esset, « Quando te

parlait pour le corps, de même ici, tandis que vous entendez les paroles de la tête, la tête ne dit que les paroles du corps. Mais en entendant les paroles du corps, n'en séparez pas la tête ; et en entendant les paroles de la tête, n'en séparez pas le corps, parce qu'ils ne sont plus deux, mais qu'ils sont une seule chair.

7. « Il n'y a plus rien de sain dans ma chair parce que vous m'avez regardé avec colère. » Mais peut-être Dieu s'est-il injustement irrité contre vous, ô Adam! ô genre humain, peut-être Dieu s'est-il injustement irrité? Après avoir dit, à la vue de votre châtiment, ô homme déjà entré dans le corps du Christ : « Il n'y a plus rien de sain dans ma chair, parce que vous m'avez regardé avec colère, » exposez vous-même la justice et la colère de Dieu, de peur de paraître vous excuser et l'accuser. Poursuivez, et dites la cause de la colère de Dieu. « Il n'y a plus rien de sain dans ma chair, parce que vous m'avez regardé avec colère; il n'y a plus de paix dans mes os. » Le prophète a répété ce qu'il avait déjà exprimé, en disant : « Il n'y a plus rien de sain dans ma chair, » car ces paroles : « il n'y a plus de paix dans mes os, » signifient la même chose. Mais il n'a pas répété cette pensée : « parce que vous m'avez regardé avec colère; » il a dit la cause de la colère de Dieu : « Il n'y a plus de paix dans mes os, lorsque j'envisage mes péchés. »

8. « Parce que mes iniquités m'ont fait orgueilleusement lever la tête, elles se sont appesanties sur moi comme un lourd fardeau (*Ps.*XXXVII,5).» Ici, le prophète a d'abord exprimé la cause et ensuite il a indiqué l'effet. Il a montré le châtiment et la cause du châtiment, en disant : « mes iniquités m'ont fait orgueilleusement lever la tête.» Il n'y a en effet que le méchant pour s'enorgueillir et lever la tête. Celui qui lève la tête contre Dieu, s'efforce de monter le plus haut qu'il peut. Lorsqu'on vous a lu l'Ecclésiastique, vous avez entendu cette parole : « Le commencement de l'orgueil de l'homme est une apostasie envers Dieu (*Eccli.* x, 14).» Celui qui le premier a refusé d'obéir aux préceptes de Dieu a levé, dans son iniquité, la tête contre Dieu. Et parce que ses iniquités lui ont fait lever la tête, qu'est-ce que Dieu lui a fait? « Ses iniquités se sont appesanties sur lui comme un lourd fardeau. » Lever haut la tête est signe qu'on n'est point chargé; celui qui lève la tête ne porte rien, pour ainsi dire. Comme il n'y a donc pour s'élever que ce qui n'est point chargé, un poids survient qui courbe à terre le pécheur. Car le mal qu'il a voulu faire revient sur lui, et son

---

vidimus esurientem et sitientem, aut in carcere, et non ministravimus tibi (*Ibid.* 44) ? » respondit, sic ex persona corporis sui se dixisse, « Cum uni ex minimis meis non fecistis, nec mihi fecistis (*Ibid.*) ? » Quare non dicat, « a facie peccatorum meorum, » qui dixit Saulo, « Saule, Saule, quid me persequeris (*Act.* IX, 4) ? » Qui utique in cœlo jam neminem persecutorem patiebatur. Sed quomodo ibi caput loquebatur pro corpore, sic et hic caput dicit corporis voces, cum et capitis voces auditis. Sed neque cum corporis voces audieritis, separetis caput ; neque cum capitis voces audieritis, separetis corpus : quia jam non duo, sed una caro.

7. « Non est sanitas in carne mea a vultu iræ tuæ (*Ps.*XXXVII,4).» Sed fortasse injuste tibi Deus iratus est, ô Adam, ô genus humanum, injuste iratus est Deus : quia dixisti jam agnoscens ipsam pœnam tuam, jam in corpore Christi constitutus homo, « Non est sanitas in carne mea a vultu iræ tuæ. » Expone justitiam iræ Dei : ne te (*a*) excusare videaris, illum accusare. Sequere, et dic unde ira Domini. « Non est sanitas in carne mea a vultu iræ tuæ : non est pax ossibus meis. » Repetivit id quod dixit, « Non est sanitas in carne mea : » Hoc est enim, « non est pax ossibus meis. » Non autem repetivit, « a vultu iræ tuæ : » sed caussam dixit iræ Dei, « Non est pax, » inquit, « ossibus meis a facie peccatorum meorum. »

8. « Quoniam iniquitates meæ sustulerunt caput meum, sicut fascis gravis gravatæ sunt super me (*Ibid.*5). » Et hic caussam præmisit, et effectum subjecit; quid unde contigerit dixit : « Iniquitates meæ sustulerunt caput meum. » Nemo enim superbus, nisi iniquus, cui sustollitur caput. Sursum tollitur, qui erigit caput adversus Deum. Audistis cum lectio legeretur libri Ecclesiastici, « Initium superbiæ hominis, apostatare a Deo (*Eccli.* x, 14). » Ille qui prior noluit audire præceptum, sustulit iniquitas ipsius caput adversus Deum. Et quia iniquitates sustulerunt caput ejus, quid illi fecit Deus ? « Sicut fascis gravis gravatæ sunt super me. » Levitatis est erigere caput, quasi nihil portat qui erigit caput. Quia ergo leve est quod potest erigi, accipit pondus unde possit comprimi. « Convertitur enim labor ejus

---

(*a*) Plerique MSS. *ne tu deberis videaris illum accusare.*

iniquité retombe sur sa tête (*Ps.* VII, 17). « Mes iniquités se sont appesanties sur moi comme un lourd fardeau. »

9. « Mes plaies se sont remplies de pourriture et ont exhalé une odeur fétide (*Ps.* XXXVII, 6). » D'abord, celui qui a des plaies n'est pas sain. Ajoutez que ses plaies se sont remplies de pourriture et ont exhalé une odeur fétide. Pourquoi ont-elles exhalé une odeur fétide? A cause de leur pourriture. Qui ne sait comment appliquer ces paroles à la vie de l'homme? Si quelqu'un a conservé intact l'odorat de l'âme, il sent quelle est la puanteur des péchés. A cette puanteur du péché est opposée l'odeur dont l'Apôtre a dit : « Nous sommes pour Dieu, en tout endroit, la bonne odeur du Christ à l'égard de ceux qui se sauvent (II *Cor.* II, 15). » Mais d'où vient cette bonne odeur, sinon de l'espérance? D'où vient-elle, sinon du souvenir du sabbat? En effet, il est des choses que nous pleurons en cette vie; il en est que nous espérons fermement pour l'autre vie. Ce qui fait l'objet de nos gémissements porte une mauvaise odeur; ce qui fait l'objet de notre espérance exhale une odeur suave. Donc, si nous n'étions attirés par la suavité de cette odeur, nous ne nous souviendrions jamais du sabbat. Mais parce que l'Esprit-Saint lui-même nous envoie cette suave odeur, afin que nous disions à notre époux : « Nous courrons à l'odeur de vos parfums (*Cant.* I, 3); nous détournons notre odorat de nos puanteurs, et nous nous tournons vers ce parfum pour le respirer un peu. Mais, si nos péchés ne nous apportaient leur mauvaise odeur, nous ne les confesserions point par nos gémissements. « Mes plaies se sont remplies de pourriture et ont exhalé une odeur fétide. » Pourquoi? « lorsque j'envisage ma folie. » La même raison qui lui a fait dire plus haut : Lorsque j'envisage mes péchés, lui faire dire maintenant, lorsque j'envisage ma folie.

10. « J'ai été accablé de misères et courbé jusqu'à la fin (*Ps.* XXXVII, 7). » Pourquoi courbé? parce qu'il s'était élevé. Si vous êtes humble, vous serez élevé; si vous vous élevez, vous serez courbé; car Dieu ne manquera pas de poids pour vous courber. Ce poids, ce sera le fardeau de vos péchés; il se repliera sur votre tête, et vous serez courbé. Qu'est-ce donc que d'être courbé? C'est de ne pouvoir se relever. Telle était cette femme rencontrée par le Seigneur, qui était courbée depuis dix-huit ans, et qui ne pouvait se relever (*Luc.* XIII, 11). Tels sont ceux dont le cœur est attaché à la terre. Mais que cette femme ait trouvé le Seigneur et qu'elle ait été guérie par lui, cela signifie que son cœur a été relevé vers le ciel. Le Prophète gémit donc, parce qu'il est encore courbé : « Car le corps, qui se corrompt, appesantit l'âme, et cette demeure terrestre abat l'esprit agité par la multitude de ses pensées (*Sag.* IX, 15). » Qu'il gémisse de son abattement,

---

in caput ejus, et iniquitas ejus in verticem ejus descendit (*Psal.* VII, 17). » « Sicut fascis gravis gravatæ sunt super me. »

9. « Computruerunt et putuerunt livores mei (*Ps.* XXXVII, 6). » Jam qui livores habet, non est sanus. Adde quia ipsi livores computruerunt et putuerunt. Unde putuerunt? Quia computruerunt. Jam quomodo hoc explicetur in vita humana, quis hoc non novit? Habeat aliquis sanum olfactum animæ, sentit quomodo puteant peccata. Cui putori peccatorum contrarius est odor ille, de quo dicit Apostolus, « Christi bonus odor sumus Deo (II *Cor.* II, 15), » in omni loco, iis qui salvi fiunt. Sed unde, nisi de spe? Unde, nisi de recordatione sabbati? Aliud enim plangimus in hac vita, aliud præsumimus in illa vita. Quod plangitur, putet : quod præsumitur, fragret. Ergo nisi esset ille talis odor qui nos invitaret, nunquam sabbatum recordaremur. Sed quia habemus (a) per Spiritum ipsum odorem, ut dicamus sponso nostro, « Post odorem unguentorum tuorum curremus (*Cant.* I, 3) : » avertimus a putoribus nostris olfactum, et convertentes nos ad ipsum aliquantum respiramus. Sed nisi ad nos oleant et mala nostra, numquam istis gemitibus confitemur, « Computruerunt et putuerunt livores mei. » Unde? « A facie insipientiæ meæ. » Unde dixit superius, A facie peccatorum meorum : inde nunc, « A facie insipientiæ meæ. »

10. « Miseriis afflictus sum, et curvatus sum usque in finem (*Ps.* XXXVII, 7). » Unde curvatus est? Quia elatus erat. Si fueris humilis, erigeris ; si fueris elatus, curvaberis : non enim deerit Deo pondus unde te curvet. Illud erit pondus, fascis peccatorum tuorum : hoc replicabitur in caput tuum, et curvaberis. Quid est autem curvari? Non se posse erigere. Talem invenit Dominus mulierem per decem et octo annos curvam : non se poterat erigere (*Lucæ* XIII. 11). Tales sunt qui in terra cor habent. At vero quia invenit mulier illa Dominum, et sanavit eam : audiat,

---

(a) Aliquot MSS. omittunt, *per Spiritum*.

pour obtenir sa guérison ; qu'il se souvienne du sabbat, pour mériter d'arriver au sabbat. En effet, ce sabbat que les Juifs célébraient était une figure. Figure de quoi ? du repos dont se souvenait celui qui a dit : « J'ai été accablé de misères et courbé jusqu'à la fin.» Que veut dire : jusqu'à la fin ? Jusqu'à la mort. «Tout le jour je marchais dans ma tristesse. » Tout le jour, sans relâche. En disant, tout le jour, il veut dire : toute la vie. Mais depuis quand a-t-il connu la tristesse ? depuis qu'il a commencé à se souvenir du sabbat. En effet, tant qu'il se souvient dans son cœur de ce qu'il ne possède pas, comment voulez-vous qu'il ne soit pas dans la peine ? « Tout le jour, je marchais dans ma tristesse. »

11. « Parce que mon âme est remplie d'illusions, et qu'il n'y a rien de sain dans ma chair (*Ibid*.8).» Où est l'homme tout entier, se trouvent donc et son âme et sa chair. Son âme est remplie d'illusions, et il n'y a rien de sain dans sa chair ; que lui reste-t-il dont il puisse se réjouir ? Ne faut-il pas qu'il soit contristé ? « Tout le jour, je marchais dans ma tristesse. » Soyons donc dans la tristesse, jusqu'à ce que notre âme soit dépouillée de ses illusions, et que notre corps soit revêtu de santé. En effet, la vraie santé, c'est l'immortalité. Mais si je voulais énumérer les illusions de l'âme, quel temps pourrait y suffire ? Quel est celui, dont l'âme ne souffre pas ces misères ? Je ne vous dirai qu'en peu de mot comment notre âme est remplie d'illusions. En raison de ces illusions, à peine quelquefois pouvons-nous prier. Nous ne pouvons penser aux objets corporels qu'à l'aide d'images ; et souvent celles que nous ne cherchons pas font irruption en nous, tandis que nous voulons sortir de l'une pour entrer dans l'autre, ou passer de l'une à l'autre. Quelquefois vous voulez revenir à ce que vous pensiez et chasser votre pensée actuelle, et une autre idée se présente à vous. Vous cherchez à vous rappeler ce que vous avez oublié, et cela ne vous vient pas à l'esprit ; c'est plutôt ce que ne vous voulez pas qui s'y présente. Où était ce que vous aviez oublié ? Et pourquoi ce souvenir vous est-il revenu à l'esprit, lorsque déjà vous ne le cherchiez plus. Au contraire, lorsque vous le cherchiez, il se présentait à la place une foule innombrable d'autres choses que vous ne cherchiez pas. Je ne vous ai dit que quelques mots, mes frères, j'ai versé en vous je ne sais quelle rosée féconde qui fera naître d'autres pensées, de sorte que vous trouverez ce que c'est que de pleurer les illusions de notre âme. Elle est donc livrée à l'illusion, pour son châtiment, et elle a perdu la vérité. Car, de même que l'illusion est le châtiment de l'âme,

---

Sursum cor. In quantum tamen curvatur, adhuc gemit. Curvatur enim ille qui dicit, « Corpus enim quod corrumpitur, aggravat animam, et deprimit terrena inhabitatio sensum multa cogitantem (*Sap.* IX, 15). » In his gemat, ut illud accipiat : recordetur sabbatum, ut ad sabbatum pervenire mereatur. Quod enim celebrabant Judæi, signum erat. Cujus rei signum ? Quam iste recordatur, qui dicit, « Miseriis afflictus sum, et curvatus sum usque in finem.» Quid est, « usque in finem ? » Usque in mortem. « Tota die contristatus ambulabam. » « Tota die, » sine intermissione. Hoc dicit « tota die, » tota vita. Sed ex quo cognovit ? Ex quo sabbatum recordari cœpit. Quamdiu enim recordatur quod nondum habet, non vis ut contristatus incedat ? « Tota die contristatus ambulabam. »

11. « Quoniam anima mea completa est illusionibus, et non est sanitas in carne mea (*Ps.* XXXVII, 8).» Ubi ergo est totus homo, anima et caro est. Anima completa est illusionibus, caro sanitatem non habet : quid remanet unde sit lætitia ? Nonne oportet ut contristetur ? « Tota die contristatus ambulabam. » Tristitia nobis sit, donec et anima nostra exuatur illusionibus et corpus nostrum induatur sanitate. Illa est enim vera sanitas, quæ est immortalitas. Quantæ sint autem illusiones animæ, si voluero dicere, tempus quando sufficit ? Cujus enim anima ista non patitur ? Breve est quod admoneo, quomodo anima nostra completa est illusionibus. A facie ipsarum illusionum, aliquando vix orare permittimur. De corporibus cogitare non novimus nisi imagines ; et sæpe irruunt quas non quærimus, et volumus ex hac in hanc ire, et ab illa in illam transire ; et aliquando vis redire ad id quod cogitabas, et dimittere unde cogitas, et aliud tibi occurrit : vis recordari quod oblitus eras ; et non illud venit in mentem, et venit potius aliud quod nolebas. (*a*) Ubi erat quod oblitus eras ? Nam quare postea venit in mentem, cum jam non quæreretur ? Cum autem quæreretur, occurrerunt pro illo innumerabilia quæ non quærebantur. Item dixi brevem, Fratres : adspersi nescio quid vobis, quo accepto cetera vos ipsi cogitantes.

(*a*) Aliquot MSS. *Ibi erat.*

de même la vérité est sa récompense. Mais lorsque nous étions plongés dans ces illusions, la Vérité est venue à nous : elle nous a trouvés enfoncés dans cet abime, et elle a pris notre chair, ou plutôt elle l'a prise de nous, c'est-à-dire du genre humain. Jésus-Christ s'est montré aux yeux de la chair, pour guérir par la foi ceux auxquels il devait faire voir la vérité ; afin que leur œil, une fois guéri, découvrît la vérité dans tout son jour. Car il est lui-même la vérité, qu'il nous a promise lorsque sa chair était visible en ce monde, afin d'inaugurer la foi dont la vérité doit être la récompense. Car le Christ ne s'est pas montré lui-même sur la terre, mais il nous a montré sa chair. Car, s'il s'était montré lui-même, les Juifs l'auraient vu et connu ; mais, s'ils l'avaient connu, jamais ils n'auraient crucifié le roi de gloire (I *Cor.* II, 8). Mais peut-être ses disciples le voyaient-ils, quand ils lui disaient : « Montrez-nous votre Père et cela nous suffit (*Jean.* XIV, 8). » Mais lui, pour leur montrer qu'ils ne l'avaient pas vu, leur répondit : « Il y a si longtemps que je suis avec vous, et vous ne me connaissez pas? Philippe, celui qui me voit, voit aussi mon Père. » Si donc ils voyaient le Christ, comment cherchaient-ils encore son Père? Car s'ils avaient vu le Christ, ils auraient aussi vu son Père. Ce qui prouve qu'ils ne voyaient point encore le Christ, puisqu'ils désiraient qu'il leur fît voir son Père. Écoutez d'ailleurs la preuve qu'ils ne le voyaient pas encore. En un autre endroit, il le leur promit pour récompense et il leur dit : « Celui qui m'aime garde mes commandements ; celui qui m'aime sera aimé par mon Père et je l'aimerai. Et comme si on lui avait demandé : Que lui donnerez-vous comme témoignage d'amour? « et, continue-t-il, je me ferai voir à lui (*Jean.* XIV, 21). » Si donc il a promis à ceux qui l'aiment, de les récompenser en se faisant voir à eux, il est manifeste qu'il nous a promis de voir la vérité, de telle sorte qu'après l'avoir vue, nous ne dirons plus : « mon âme est remplie d'illusions. »

12. « J'ai été affaibli et abaissé jusqu'à l'excès (*Ps.* XXXVII, 9). » Celui qui se souvient de la grandeur du sabbat, voit combien il est abaissé. Car celui qui n'a pas idée de la grandeur de ce repos ne voit pas à quel point il en est maintenant. C'est pourquoi le Prophète a dit, dans un autre psaume : « J'ai dit dans mon extase : je suis rejeté loin de votre visage et de vos yeux (*Ps.* XXX, 23). » En effet, son esprit étant ravi en haut, il vit je ne sais quoi de sublime qu'il n'a jamais vu là où il était tout entier ; c'était, si l'on peut parler ainsi, comme un éclair qui jaillissait de la lumière éternelle : dès qu'il sentit qu'il n'é-

---

inveniatis quid sit plangere illusiones animae nostrae. Accepit ergo pœnam illusionis, amisit veritatem. Sicut enim pœna est animae illusio, sic præmium animae veritas. Sed in his illusionibus constituti cum essemus, venit ad nos veritas, et invenit nos coopertos illusionibus, suscepit carnem nostram, vel potius a nobis, id est, a genere humano. Apparuit (*a*) oculis carnis, ut per fidem sanaret eos quibus veritatem fuerat monstraturus : ut sanato oculo veritas patesceret. Ipse enim est veritas, quam nobis promisit, cum caro ejus videretur, ut fides inchoaretur, cujus præmium veritas esset. Non enim se ipse Christus demonstravit in terra, sed demonstravit carnem suam. Nam se ipsum demonstraret, viderent illum Judæi et cognoscerent : « sed si cognovissent, numquam Dominum gloriae crucifixissent (I *Cor.* II, 8). » Sed forte discipuli viderunt, quando illi dicebant, « Ostende nobis Patrem, et sufficit nobis (*Johan.* XIV, 8). » Et ille ut ab eis se non visum esse monstraret, subjecit. « Tanto tempore vobiscum sum, et non cognovistis me? Philippe qui me videt, videt et Patrem (*Ibid.*). » Si ergo Christum videbant, quomodo adhuc Patrem quærebant? Si enim viderent Christum, viderent et Patrem. Nondum itaque Christum videbant, qui Patrem sibi ostendi cupiebant. Audi quia nondum videbant : In præmio illud promisit alio loco, dicens, « Qui diligit me, mandata mea custodit : et qui diligit me, diligetur a Patre meo, et ego diligam eum (*Ibid.* 21). » Et tamquam diceretur ei, quid illi dabis, diligens eum ? « Et ostendam, inquit, meipsum illi (*Ibid.*). » Si ergo diligentibus cum hoc in præmio promisit, quia ostendet seipsum illis ; manifestum est, quia illa visio veritatis talis nobis promittitur, qua visa jam non dicamus, « Impleta est anima mea illusionibus. »

12. « Infirmatus sum et humiliatus sum usque nimis (*Ps.* XXXVII, 9). » Qui recordatur altitudinem sabbati, ipse videt quantum sit humiliatus. Nam qui non potest cogitare quæ sit illa quietis altitudo, non videt ubi (*b*) nunc sit. Propterea alius Psalmus dixit, Ego dixi in ecstasi mea, « Projectus sum a facie oculorum tuorum (*Psal.* XXX, 23). » Assumta enim mente

---

(*a*) Ita in MS. At in editis. *Aperuit oculos.* (*b*) Sic Er. et MSS. At L. v. *non videt ubi non sit.*

tait pas au lieu qu'habitait cette lumière, ce qu'il lui fut possible de comprendre, il vit où il était, il vit comment il était affaibli et écrasé par les maux de la vie humaine et il s'écria : « J'ai dit dans mon extase : je suis rejeté loin de votre visage et de vos yeux. » Tel est ce je ne sais quoi que j'ai vu dans mon extase, qu'il me fait sentir combien, n'étant pas encore dans ce lieu de repos, je m'en trouve éloigné. Celui-là y était déjà (II *Cor.* XII, 2), qui a dit avoir été ravi au troisième ciel, et qui a entendu là des paroles mystérieuses qu'il n'est pas permis à un homme de dire. Mais il a été rappelé parmi nous, afin de gémir d'abord pour être perfectionné dans sa faiblesse, et afin d'être ensuite revêtu de force. Cependant, dans un moment d'animation, où il rapporte, pour le bien de son ministère, qu'il a vu quelque chose de ces merveilles, il ajoute : « J'ai entendu des paroles mystérieuses qu'il n'est pas permis à un homme de dire. » Dès lors, qu'avez-vous besoin de demander à moi ou à tout autre des paroles qu'il n'est pas permis à un homme de dire ? S'il n'a pas été permis à Paul de les dire, à qui est-il permis de les entendre ? Pleurons donc et gémissons dans la confession de nos péchés, reconnaissons où nous sommes, souvenons-nous du sabbat, et attendons patiemment ce que nous a promis Celui qui nous a donné en lui-même l'exemple de la patience : « J'ai été affaibli et abaissé jusqu'à l'excès. »

13. « Je rugissais par les gémissements de mon cœur (*Ps.* XXXVII, 9). » Vous remarquez sans doute que les serviteurs de Dieu le prient le plus souvent avec des gémissements, et vous en cherchez la cause. Cependant les gémissements d'un serviteur de Dieu ne viennent encore à paraître au dehors que s'ils frappent l'oreille d'un homme placé près de lui ; mais il y a aussi un gémissement caché que l'homme n'entend pas. Si donc le cœur est envahi par l'impression si vive de quelque désir, que la blessure de l'homme intérieur soit si dévoilée par des signes évidents, on en cherche la cause et l'on se dit en soi-même peut-être est-ce telle chose qui le fait gémir peut-être lui a-t-on fait telle chose. Qui peut comprendre ces gémissements si ce n'est celui aux yeux et aux oreilles de qui ils sont adressés C'est pourquoi le Prophète dit : « Je rugissais par les gémissements de mon cœur, » parce que si les hommes entendent quelquefois les gémissements d'un homme, le plus souvent ils entendent les gémissements de la chair ; ils n'entendent pas les gémissements de celui qui gémit dans son cœur. Quelqu'un, je ne sais qui, a ravi ce que cet homme possédait ; il poussait des rugissements, mais ce n'était pas son cœur qui gémissait : ainsi de tel autre qui a conduit son fils au tombeau ; de tel autre, en raison de la

---

vidit nescio quid sublime, et quod vidit nondum ibi totus erat : et quadam, si dici potest, quasi coruscatione facta luminis æterni, ubi sensit non se ibi esse, quod potuit utcumque intelligere, vidit ubi esset, et quemadmodum malis humanis infirmatus et coartatus esset : et ait, Ego dixi in ecstasi mea, Projectus sum a facie oculorum tuorum. Tale est nescio quid quod vidi in ecstasi, ut inde sentiam quam longe sum, qui nondum ibi sum. Jam ibi erat qui dixit assumtum se in tertium cœlum, et ibi audiebat ineffabilia verba, quæ non licet homini loqui (II *Cor.* XII, 2). Sed revocatus est ad nos, ut gemeret prius perficiendus in infirmitate, et sic postea induceretur virtute : animatus tamen, quia vidit aliquid rerum illarum pro dispensatione officii sui, adjecit dicens, « Audivi ineffabilia verba, quæ non licet homini loqui (*Ibid.*). » Jam ergo quid opus est, ut a me aut a quoquam quæratis quæ non licet homini loqui : si illi non licuit loqui, cui licuit audire ? Plangamus tamen et gemamus in confessione, agnoscamus ubi simus, recordemur sabbatum, et patienter exspectemus quod ille promisit, qui nobis et in se ipso exemplum patientiæ demonstravit. « Infirmatus sum et humiliatus sum usque nimis. »

13. « Rugiebam a gemitu cordis mei (*Ps.* XXXVII, 9). Attenditis plerumque interpellare gemitibus servos Dei, et quæritur caussa : et non apparet nisi gemitus alicujus servi Dei, si tamen ad aures hominis positi pervenerit. Est enim gemitus occultus qui ab homine non auditur : tamen si tanta occupaverit cor cogitatio desiderii cujusdam, ut voce clariore exprimatur vulnus interioris hominis, quæritur caussa : et dicit homo apud semetipsum, Forte illud est unde gemit, et forte illud illi factum est. Quis potest intelligere, nisi ille in cujus oculis et auribus gemit ? Propterea rugiebam, inquit, a gemitu cordis mei : quia homines si quando audiunt gemitum hominis, plerumque gemitum carnis audiunt ; gementem a gemitu cordis non audiunt Abstulit nescio quis res hujus, rugiebat, sed non

mort de sa femme; de celui-ci, parce que sa vigne a été gâtée, parce que son vin s'est aigri, parce que je ne sais qui lui a volé quelque bête de somme ; de celui-là, parce qu'il a souffert quelque dommage ; d'un autre encore, parce qu'il redoute un homme son ennemi. Tous ces hommes rugissent par les gémissements de la chair. Mais le serviteur de Dieu rugit, parce qu'il se souvient du sabbat, où se trouve le royaume de Dieu que la chair et le sang ne possèderont point (I *Cor.* xv, 50). « Je rugissais, dit-il, par les gémissements de mon cœur. »

14. Il nous dit ensuite qui savait d'où provenaient ces rugissements : « Et tout mon désir est exposé devant vous(*Ps.*xxxvii, 10).» Ce n'est pas devant les hommes qui ne peuvent voir le cœur, c'est « devant vous que tout mon désir est exposé. » Que votre désir soit exposé devant lui, et « le Père qui voit dans le secret, vous le rendra (*Matth.* vi, 6). » Votre désir, c'est votre prière ; et si votre désir est continuel, votre prière est continuelle aussi. Ce n'est donc pas inutilement que l'Apôtre a dit : « Priez sans relâche (*Thess.* v, 17). » Est-ce parce que nous pouvons sans relâche fléchir le genou, nous tenir prosternés, ou lever les mains vers Dieu, qu'il a dit : « Priez sans relâche ? » Si nous disons que nous ne prions qu'à ces conditions, je crois qu'il nous est impossible de le faire sans interruption. Mais il y a une autre prière intérieure que nous pouvons ne point interrompre, c'est le désir. Quelque autre chose que vous fassiez, si vous désirez le sabbat dont nous parlons, vous priez sans interruption. Si vous voulez ne jamais cesser de prier, ne cessez jamais de désirer. Un désir continuel de votre part est aussi pour vous une parole continuelle. Vous vous tairez, si vous cessez d'aimer. Quels sont ceux qui se taisent ? Ceux dont il a été dit : « Parce que l'iniquité s'est multipliée, la charité de beaucoup se refroidira (*Matth.* xxiv, 12). » Le refroidissement de la charité est le silence du cœur ; la ferveur de la charité est le cri du cœur. Si votre amour subsiste constamment, vous criez sans cesse ; si vous criez sans cesse, c'est que vous désirez sans cesse ; et si vous désirez, c'est que vous vous souvenez du repos éternel. Mais il faut vous expliquer devant qui doit se faire entendre le rugissement de votre cœur. Considérez d'abord quel doit être votre désir devant Dieu. Serait-ce la mort d'un ennemi ? ce que les hommes croient presque juste de souhaiter. Car nous demandons quelquefois ce que nous ne devons pas demander. Examinons ces prières que les hommes croient presque justes. Ils prient, par exemple, pour obtenir la mort de celui dont ils sont appelés à recueillir l'héritage. Que ceux qui demandent la mort de leurs ennemis écoutent ces paroles du Seigneur : « Priez pour vos ennemis (*Matth.* v, 44, et *Luc*,

---

gemitu cordis : alius, quia (*a*) extulit filium ; alius, quia uxorem ; alius, quia grandinata est vinea, quia cuppa acuit, quia diripuit jumentum ipsius nescio quis ; alius, quia damnum aliquod passus est ; alius quia timet hominem inimicum ; omnes isti a gemitu carnis rugiunt. At vero servus Dei, quia ex recordatione sabbati rugit, ubi est regnum Dei, quod caro et sanguis non possidebunt (I *Cor.* xv, 50) : « Rugiebam, » inquit, « a gemitu cordis mei. »

14. Et quis agnoscebat unde rugiebat, subjecit, « Et ante te est omne desiderium meum (*Ps.* xxxvii, 10). » Non enim ante homines, qui cor videre non possunt : sed « ante te est omne desiderium meum.» Sit desiderium tuum ante illum ; « et Pater qui videt in occulto, reddet tibi (*Matth.* vi, 6). » Ipsum enim desiderium tuum, oratio tua est : et si continuum desiderium, continua oratio. Non enim frustra dixit Apostolus, « Sine intermissione orantes (I *Thess.* v, 17). » Numquid sine intermissione genu flectimus, corpus prosternimus, aut manus levamus, ut dicat, Sine intermissione orate ? Aut si (*b*) sic dicimus nos orare, hoc puto sine intermissione non possumus facere. Est alia interior sine intermissione oratio, quæ est desiderium. Quidquid aliud agas, si desideras illud sabbatum, non intermittis orare. Si non vis intermittere orare, noli intermittere desiderare. Continuum desiderium tuum, continua vox tua est. Tacebis, si amare destiteris. Qui tacuerunt ? De quibus dictum est, « Quoniam abundavit iniquitas, refrigescet caritas multorum (*Matth.* xxiv, 12). » Frigus caritatis, silentium cordis est : flagrantia caritatis, clamor cordis est. Si semper manet caritas, semper clamas ; si semper clamas, semper desideras ; si desideras, requiem recordaris. Et rugitus cordis tui ante quem sit, oportet ut intelligas. Jam quale desiderium debeat esse ante oculos Dei, considera.

(*a*) Editi, *abstulit filium* Verius MSS. *extulit* : id est, ad sepulturam. (*b*) Lov. *Aut si dicimus.* Er. et plures MSS. *Aut sicut dicimus.* Alii, *Aut si sic.*

vi, 27). » Qu'ils se gardent donc de demander la mort de leurs ennemis, mais qu'ils prient pour leur amendement, et ce sera la mort de leurs ennemis; car, du moment qu'ils seront corrigés, ils ne seront plus ses ennemis. « Et tout mon désir est exposé devant vous. » Que si votre désir est exposé devant Dieu, est-ce que vos gémissements ne sont point aussi devant lui? Comment en serait-il autrement, puisque le gémissement est la voix du désir? C'est pourquoi le Prophète ajoute : « Et mon gémissement ne vous est point caché. » Il ne vous est pas caché, mais il est caché au grand nombre des hommes. Quelquefois un humble serviteur de Dieu paraît dire : « Et mon gémissement ne vous est pas caché; » quelquefois aussi il paraît riant, est-ce que pour cela le désir est mort dans son cœur? Mais si le désir est dans son cœur, le gémissement y est aussi. Il n'arrive pas toujours aux oreilles des hommes, mais jamais il ne s'éloigne des oreilles de Dieu.

15. « Mon cœur est troublé (*Ps.* XXXVII, 11). » Pourquoi est-il troublé? « Et ma force m'a abandonné (*Ibid.*). » Le plus souvent, nous sommes envahis par je ne sais quoi de soudain, le trouble s'empare de notre cœur; la terre tremble, le tonnerre éclate dans le ciel, une tempête violente ou un grand bruit s'élève, un lion paraît sur notre chemin, le trouble s'empare de notre cœur ; des voleurs nous dressent des embûches, le trouble s'empare de notre cœur ; on est dans l'effroi, de toutes parts on est frappé d'inquiétude. Pourquoi ces terreurs? « parce que ma force m'a abandonné. » Si, en effet, cette force lui restait, que craindrait-il? Quelque danger qui lui fût annoncé, quelque ennemi qui grinçât des dents, quelque bruit qui s'élevât, quelque chose qui tombât, quelque horreur qui s'offrît à ses yeux, rien ne l'effraierait. Mais d'où vient ce trouble? « Ma force m'a abandonné. » Et pourquoi sa force l'a-t-elle abandonné? « Et la lumière de mes yeux n'est plus avec moi. » Donc Adam avait perdu la lumière de ses yeux. Car la lumière de ses yeux, c'était Dieu lui-même; après qu'il l'eut offensé, il s'enfuit dans l'ombre, et se cacha au milieu des arbres du Paradis (*Gen.* III, 8). Il redoutait le regard de Dieu, il chercha l'ombre des arbres. Mais au milieu des arbres, il n'avait plus la lumière de ses yeux, qui, jusqu'alors avait fait toute sa joie. Si Adam a été pour lui-même la cause de cet aveuglement, nous l'avons reçu de lui par notre naissance ; et les membres, descendus du premier Adam, retournent au second ou au nouvel Adam, parce que le nouvel Adam a été fait esprit vivifiant (I *Cor.* XV, 45), et les membres de son corps crient vers

---

Numquid ut moriatur inimicus noster, quod quasi juste (*a*) optant homines? Nam aliquando oramus quod non debemus. Illud quod quasi juste orant homines, videamus. Nam orat ut moriatur aliquis, et ad illos hereditas veniat. Sed et illi qui orant ut moriantur inimici, audiant Dominum dicentem, « Orate pro inimicis vestris (*Matth.* v, 44. *Lucæ*, vi, 27). » Non ergo hoc orent, ut moriantur inimici : sed hoc orent, ut corrigantur, et mortui erunt inimici : jam enim correcti, non erunt inimici. « Et ante te omne desiderium meum. » Quid si desiderium ante illum est, et ipse gemitus non est ante illum? Unde fieri potest, quando ipsum desiderium vocem suam habet gemitum? Ideo sequitur, « Et gemitus meus non est absconditus a te. » A te non est absconditus, a multis autem hominibus absconditus est. Videtur aliquando humilis servus Dei dicere, » Et gemitus meus non est absconditus a te. » Videtur aliquando et ridere servus Dei : numquid desiderium illud mortuum est in corde? Si autem inest desiderium, inest et gemitus. Non semper pervenit ad aures hominum, sed numquam recedit ab auribus Dei.

15. « Cor meum conturbatum est (*Ps.* XXXVII, 11). » Unde conturbatum est? « Et deseruit me fortitudo mea. » Plerumque irruit nescio quid repentinum, fit conturbatio cordis: contremiscit terra, tonitruus datur de cœlo, horribilis fit impetus vel strepitus, leo forte videtur in via, fit conturbatio : latrones insidiantur, fit conturbatio cordis, pavetur, undique sollicitudo incutitur. Unde hoc? Quia « deseruit me fortitudo mea. » Si enim maneret illa fortitudo, quid timeretur? Quidquid nuntiaretur, quidquid frenderet, quidquid sonaret, quidquid caderet, quidquid horreret, non terreret. Sed unde illa perturbatio? « Deseruit me fortitudo mea. » Unde deseruit fortitudo? « Et lumen oculorum meorum non est mecum. » (*b*) Latuerat ergo Adam lumen oculorum ipsius. Nam lumen oculorum ipsius ipse Deus erat : quem cum offendisset, fugit ad umbram, et abscondit se inter ligna paradisi (*Gen.* III, 8). Pavebat a facie Dei, et quæsivit umbram arborum. Jam inter

---

(*a*) Plures MSS. *orant*. (*b*) Duo MSS. *Habuerat*.

lui en avouant ainsi leur misère : « Et la lumière de mes yeux n'est plus avec moi. » Mais quoi ! déjà il a confessé ses fautes, déjà il est racheté, déjà il est dans le corps du Christ, et la lumière de ses yeux n'est pas avec lui ? Non, elle n'est pas avec lui ; il lui reste quelque chose que possèdent ceux qui se souviennent du sabbat et qui voient en espérance ; mais ce n'est pas cette lumière dont il est dit : « Je me découvrirai moi-même à lui (Jean. XIV, 21). » Il nous reste une certaine lumière, parce que nous sommes les fils de Dieu, et cette lumière nous la conservons par la foi ; mais ce n'est point encore celle que nous verrons. « Car on ne voit pas encore ce que nous serons ; nous savons que lorsque Dieu apparaitra, nous serons semblables à lui, parce que nous le verrons tel qu'il est (Jean, III, 2). » Mais maintenant nous n'avons que la lumière de la foi et la lumière de l'espérance. « En effet, tant que nous sommes dans notre corps, nous voyageons loin du Seigneur ; nous marchons par la foi et non par une claire vue (II Cor. V, 7). » « Et tant que nous espérons ce que nous ne voyons pas, nous l'attendons par la patience (Rom. VIII. 25). » Nos voix sont donc celles de voyageurs qui ne sont pas encore établis dans leur patrie. Et le Prophète a raison de le dire, il dit la vérité, et, comme il n'est pas trompeur, son aveu est sincère : « La lumière de mes yeux n'est pas avec moi. » C'est là ce que souffre l'homme dans son intérieur, seul avec lui-même, en lui-même et en face de lui-même, sans que personne intervienne que lui-même : et il a lui-même mérité pour lui ce châtiment et toutes les souffrances qu'il a énumérées plus haut.

16. Mais est-ce là tout ce que l'homme souffre ? Il souffre au dedans de lui par son propre fait, et il souffre également au dehors de lui par le fait de ceux au milieu desquels il vit ; il souffre les maux qu'il se cause, et il est forcé de souffrir aussi les maux que d'autres lui causent. C'est à cela que se rapportent les deux paroles du Prophète : « Purifiez-moi, Seigneur, de mes fautes cachées, et préservez votre serviteur des fautes d'autrui (Ps. XVIII, 13). » Déjà il a confessé ses fautes cachées, dont il désire être purifié ; qu'il dise maintenant quelles sont les fautes étrangères dont il veut être préservé. « Mes amis,.... » que dirai-je donc de mes ennemis ? « Mes amis et mes proches se sont avancés contre moi, et sont restés debout (Ps. XXVII, 12). » Comprenez ces paroles : ils sont restés debout contre moi. Si, en effet, ils sont restés debout contre moi, ils sont tombés sur eux-mêmes. « Mes amis et mes proches se sont avancés contre moi, et sont restés debout. » Comprenons que

---

arbores lumen oculorum non habebat, ad quod gaudere consueverat. Si ergo ille de origine, et nos de propagine ; et redeunt ad illum secundum vel novissimum Adam membra ista, quia « novissimus Adam in spiritum vivificantem (I Cor. XV, 45) ; » et clamant de corpore ejus in ista confessione, « Et lumen oculorum meorum non est mecum : » jam confitens, jam redemtus, jam in corpore Christi est, et lumen oculorum ipsius non est cum ipso ? Plane non est cum ipso : sed est quidem tamquam adhuc recordantium sabbatum, tamquam cernentium in spe ; sed nondum est illud lumen de quo dicitur, « Ostendam meipsum illi (Johan. XIV, 21). » Est quiddam luminis, quia filii Dei sumus, et utique hoc in fide retinemus : sed nondum est illud lumen quod videbimus. Nondum enim apparuit quod erimus : « scimus quia cum apparuerit, similes ei erimus, quoniam videbimus eum sicuti est (I Johan. III, 2). » Nam modo lumen fidei et lumen spei est. « Quamdiu enim sumus in corpore, peregrinamur a Domino : per fidem enim ambulamus, non per speciem (II Cor. V, 7). » Et quamdiu « quod non videmus speramus, per patientiam exspectamus (Rom. VIII, 25). » Voces sunt ergo istæ peregrinantium, nondum in patria constitutorum. Et recte dicit, et vere dicit, et si non sit dolosus, veraciter confitetur : « Et lumen oculorum meorum non est mecum. » Hæc patitur homo intus, (a) ibi secum, in seipso, et seipsum, de nemine ad neminem præter se : hæc sibi ipse pœna sua esse meruit, quidquid superius enumeravit.

16. Sed numquid hoc solum est quod patitur homo ? Patitur enim ex se intrinsecus, forinsecus autem ex eis inter quos vivit : patitur mala sua, cogitur pati et aliena. Inde sunt illæ duæ voces : « Ab occultis meis munda me Domine, et ab alienis parce servo tuo (Psal. XVIII, 13). » Jam de occultis suis confessus est, a quibus se cupit mundari : dicat et de alienis a quibus sibi vult parci. « Amici mei. » Quid dicam jam de inimicis ? « Amici mei et proximi mei adversum me appropinquaverunt, et steterunt (Ps. XXXVII, 12). » Hoc quod ait, « adversum me steterunt, »

(a) Er. et plerique MSS. *sibi, secum, in seipso et ad seipsum.*

maintenant ces paroles sont prononcées par notre tête, et voyons notre tête mise ici en lumière au moment de sa passion. Mais, je le répète, bien que ce soit la tête qui commence à parler, gardez-vous d'en séparer le corps. Si la tête n'a pas voulu se séparer des gémissements du corps, le corps osera-t-il se séparer des souffrances de la tête? Souffrez dans le Christ, parce que le Christ a, en quelque façon, péché dans votre faiblesse. Tout à l'heure, en effet, il parlait de ses péchés, de sa bouche divine, et il en parlait comme s'ils étaient les siens. Il disait : « Lorsque j'envisage mes péchés, » et ces péchés n'étaient pas à lui. Donc, de même qu'il a voulu, par amour pour son corps, s'approprier nos péchés, de même nous devons, par amour pour notre tête, vouloir nous approprier ses souffrances. Il n'a pas souffert de la part de ses amis devenus ses ennemis, pour qu'il n'en fût pas ainsi de nous. Préparons-nous donc à nous asseoir au même festin ; ne repoussons pas un calice semblable au sien, afin qu'en imitant ses abaissements, nous sentions en nous-mêmes le désir de partager son élévation. Car il a répondu à ceux qui voulaient s'attacher à son élévation sans imiter ses abaissements : « Pouvez-vous boire le calice que je boirai (*Matth.* xx, 22)? » Ces souffrances du Seigneur sont donc nos souffrances; et s'il est, en effet, quelqu'un qui serve bien Dieu, qui lui conserve fidèlement sa foi, qui lui

rende ce qu'il lui doit, et qui vive d'une manière juste au milieu des hommes, je veux voir s'il n'a point à souffrir aussi les douleurs que le Christ énumère ici dans sa passion.

17. « Mes amis et mes proches se sont avancés contre moi, et sont restés debout ; et mes proches sont restés debout loin de moi (*Ps.* xxxvii, 13) » Quels sont ceux de ses proches qui se sont avancés contre lui, et quels sont ceux qui sont restés debout loin de lui? Ces proches furent d'abord les Juifs : ils étaient ses parents, et ils s'avancèrent contre lui quand ils le mirent en croix. Ces proches furent, en second lieu, les Apôtres, qui restèrent debout loin de lui, de peur de souffrir avec lui. On peut encore comprendre ainsi ces paroles : Mes amis, c'est-à-dire ceux qui ont feint d'être mes amis. En effet, ils ont feint d'être ses amis, quand ils lui ont dit : « Nous savons que vous enseignez dans la vérité la voie de Dieu (*Matth.* xxii, 16). » Ils ont voulu paraître ses amis, quand ils le tentèrent par cette question, s'il fallait payer le tribut à César, et quand il les convainquit par leurs propres paroles ; parce qu'il n'avait pas besoin qu'on lui rendît témoignage de l'homme, car il savait par lui-même ce qui était en l'homme (*Jean.* II, 25). Aussi, aux paroles amies qu'ils lui adressèrent, il répondit : « Hypocrites, pourquoi me tentez-vous (*Matth.* xxii, 18)? » Donc, « mes amis et mes proches se sont avancés contre moi, et sont

---

intellige. Si enim adversum me steterunt, adversus se ceciderunt. « Amici mei et proximi mei adversum me appropinquaverunt, et steterunt. » Jam intelligamus capitis voces, jam incipiat illucescere caput nostrum in passione. Sed rursum cum cœperit caput dicere, noli inde separare corpus. Si caput noluit se separare a vocibus corporis, corpus se audeat separare a passionibus capitis? Patere in Christo ; quia tamquam peccavit in infirmitate tua Christus. Modo enim peccata tua tamquam ex ore suo dicebat, et ea dicebat sua. Dicebat enim, « A facie peccatorum meorum, » quæ non erant ipsius. Quomodo ergo peccata nostra sua esse voluit propter corpus suum, sic et nos passiones ejus nostras esse velimus propter caput nostrum. Non enim ille ex amicis passus est inimicos, et nos non. Immo et nos ad hoc paremus in eodem convivari : talem calicem non respuamus, ut celsitudinis ejus desiderium per humilitatem ejus inveniamus. Respondit enim celsitudini ejus hærere volentibus, qui ejus adhuc humilitatem non cogitabant, et ait illis, « Potestis bibere

calicem quem ego bibiturus sum (*Matth.* xx, 22) ? » Ergo et illæ passiones Domini, passiones nostræ sunt : et unusquisque si bene serviat Deo, bene servet fidem, exhibeat quod debet, et versetur inter homines juste, volo videre si non patitur, etiam quod hic enumerat in passione sua Christus.

17. « Amici mei et proximi mei adversum me appropinquaverunt, et steterunt : et proximi a longe steterunt (*Ps.*xxxvii,13). » Qui proximi appropinquaverunt, et qui proximi a longe steterunt ? Proximi erant Judæi, quia cognati erant : appropinquaverunt, et quando crucifixerunt. Proximi et Apostoli : et tamen ipsi a longe steterunt, ne cum illo paterentur. Potest etiam hoc sic intelligi : Amici mei, id est, qui se finxerunt amicos meos. Amicos enim se finxerunt, quando dixerunt, « Scimus quia in veritate viam Dei doces (*Matth.* xxii, 16) : » quando illum tentare voluerunt, utrum solvendum esset tributum Cæsari, quando illos convicit ore ipsorum, amici videri volebant : sed non illi erat opus ut quisquam e testimonium perhiberet de homine (*Johan.* II, 25)

restés debout ; et mes proches sont restés debout loin de moi. » Vous savez ce que j'ai dit. J'ai dit quels étaient ceux qui s'étaient avancés contre lui et qui cependant étaient restés debout loin de lui. En effet, ils s'étaient avancés de corps, mais de cœur ils s'étaient tenus éloignés. Qui fut plus proche de lui, de corps, que ceux qui l'ont élevé sur la croix? Qui fut plus loin, de cœur, que ceux qui l'ont blasphémé? Écoutez comment le prophète Isaïe prédit cet éloignement; voyez comment il caractérise et cette proximité et cet éloignement. « Ce peuple m'honore des lèvres ; » le voilà qui s'approche de corps : « mais leur cœur est loin de moi (*Is.* XXIX, 13); » ces mêmes hommes sont près et sont loin, près par les lèvres, loin par le cœur. Mais, comme les Apôtres se sont tenus loin du Christ, par crainte, nous leur appliquons les paroles du psaume d'une manière plus absolue et plus manifeste, afin de comprendre, par eux, que les uns se sont approchés et que les autres se sont tenus éloignés. En effet, Pierre, qui avait hardiment suivi Jésus, était cependant encore si loin de lui, que lorsqu'on l'interrogea, il se troubla, et renia trois fois le Seigneur, avec lequel il avait promis de mourir (*Matth.* XXVI, 70). Mais ensuite, pour se rapprocher du Christ, d'éloigné de lui qu'il était, à cette demande du Christ ressuscité : « M'aimez-vous ? » il répondit : « Je vous aime (*Jean.* XXI, 17). » Et en le disant, il s'approchait, lui qui, en reniant son maître, s'en était éloigné; jusqu'à ce que, par ses trois protestations d'amour, il eût payé ses trois paroles de reniement. « Et mes proches sont restés debout loin de moi. »

18. « Et ceux qui cherchaient mon âme m'accablaient de leurs violences(*Ps.*XXXVII,13). » Nous connaissons clairement, dès à présent, quels étaient ceux qui cherchaient son âme : c'étaient ceux qui n'avaient pas son âme, parce qu'ils n'étaient pas dans son corps. Ceux qui cherchaient son âme étaient loin de son âme; car ils cherchaient à la tuer. On peut chercher l'âme du Seigneur dans une bonne intention. Le prophète, dans un autre psaume, accuse ceux qui ne la cherchent pas, en disant : « Et il n'y a personne qui cherche mon âme (*Ps.* CXLI, 5). » Il accuse donc les uns de ne point chercher son âme, et d'un autre côté il accuse les autres de chercher son âme. Quels sont donc ceux qui cherchent son âme comme il convient ? ceux qui imitent ses souffrances. Quels sont ceux qui la cherchaient mal? ceux qui l'accablaient de leurs violences et qui l'ont mis en croix.

19. Il continue : «Ceux qui cherchaient le mal en moi, ont dit des choses vaines (*Ps.*XXXVII,13).» Que veut dire : « Ceux qui cherchaient le mal en

---

ipse enim sciebat quid esset in homine : adeo ut cum amica verba dixissent, responderet eis, « Quid me, inquit, tentatis, hypocritæ (*Matth.* XXII, 18) ? » Ergo « Amici mei et proximi mei adversum me appropinquaverunt, et steterunt : et proximi a longe steterunt. » Nostis quid dixi. Proximos dixi qui appropinquaverunt, et tamen a longe steterunt. Appropinquaverunt enim corpore, sed longe steterunt corde. Qui tam propinqui corpore, quam qui in crucem levaverunt ? Qui tam longe corde, quam qui blasphemaverunt? Audite istam longinquitatem ab Isaia propheta, videte istam propinquitatem et longinquitatem : « Populus hic labiis me honorat : ecce propinquat corpore : « Cor autem eorum longe est a me (*Isai.* XXIX, 13). » Iidem propinqui, iidem longinqui : propinqui labiis, longinqui corde. Verumtamen quia longe steterunt timentes Apostoli, absolutius et planius de illis accipimus, ut alios propinquasse, alios longe stetisse intelligamus : quando quidem et Petrus qui audacius secutus fuerat, ita adhuc longe erat, ut interrogatus et perturbatus, ter negaret Dominum, cum quo se moriturum esse promiserat (*Matth.* XXVI, 70). Qui postea ex longinquo ut propinquus fieret, audivit post resurrectionem, « Amas me ? » et dicebat, «Amo (*Johan.* XXI, 17). » Et dicendo propinquabat, qui negando longe factus erat, solveret trina voce amoris, trinam vocem negationis (*a*). « Et proximi mei a longe steterunt. »

18. « Et vim faciebant qui quærebant animam meam (*Ps.*XXXVII,13).» Jam manifestum est qui quærebant animam ipsius : qui non habebant animam ejus, quia non erant in corpore ejus. Qui quærebant animam ejus, longe erant ab anima ejus : sed quærebant ut occiderent eam. Quæritur enim anima ejus et bene. Nam alio loco arguit quosdam dicens, « Et non est qui requirat animam meam (*Psal.* CXLI, 5). » Arguit quosdam non quærentes animam ejus, et rursus arguit alios quærentes animam ejus. Quis est qui quærit bene animam ipsius ? Qui ejus passiones imitatur. Qui sunt qui quærebant male animam ejus ? Qui ei vim faciebant, et crucifigebant eum.

19. Sequitur, « Qui quærebant mala mea, locuti

(*a*) Octo MSS. *vocem timoris*.

TOM. XII.

moi? » Ils cherchaient mille choses et ne trouvaient rien. Peut-être veut-il dire : Ils cherchaient des actes qui pussent m'accuser. En effet, ils ont cherché ce qu'ils pourraient dire contre lui, et ils n'ont rien trouvé (*Matth.* XXVI, 59). Car ils cherchaient le mal dans celui qui est le bien même ; ils cherchaient des crimes dans un innocent : comment en eussent-ils trouvé dans celui qui était exempt de tout péché? Mais parce qu'ils ont cherché des péchés en celui qui était exempt de péché, ils ne leur restait qu'à inventer ce qu'ils ne trouvaient pas. C'est pourquoi, « ceux qui cherchaient le mal en moi ont dit des choses vaines, » et non des choses vraies. « Et tout le jour ils méditaient la ruse, » c'est-à-dire, ils méditaient sans relâche des moyens de tromper. Vous savez combien de faux témoignages ont été portés contre le Seigneur avant sa passion. Vous savez combien de faux témoignages ont été portés contre lui après sa résurrection. Voyez, par exemple, quelle vaine parole ont dite ces soldats gardiens de son sépulcre : c'est d'eux qu'Isaïe avait dit : « Je placerai des méchants auprès de son tombeau (*Is.* LIII, 9), » et certes, ces soldats étaient des méchants, car ils ont refusé de dire la vérité, et, s'étant laissé corrompre, ils ont répandu le mensonge. Ils ont donc été interrogés et ils ont dit : « Pendant notre sommeil, ses disciples sont venus et l'ont enlevé (*Matth.* XXVIII, 13). » C'est-là proférer de vaines paroles. Car, s'ils dormaient, comment ont-ils vu ce qui s'est fait?

20. Le prophète dit donc : « Mais moi, comme si j'eusse été sourd, je ne les entendais pas (*Ps.* XXXVII, 14). » Ne répondant rien à ce qu'il entendait, il était comme s'il n'entendait pas. « Mais moi, comme si j'eusse été sourd, je ne les entendais pas, et j'étais comme un muet qui n'ouvre pas la bouche. » Il exprime une seconde fois la même chose. « Je suis devenu comme un homme qui n'entend pas et qui n'a dans la bouche aucune accusation à rendre (*Ibid.* 15). » Comme s'il n'avait rien à leur dire, comme s'il n'avait aucune accusation à diriger contre eux. Ne leur avait-il pas fait antérieurement de nombreux reproches? N'avait-il pas beaucoup parlé contre eux? N'avait-il pas dit : « Malheur à vous, Scribes et Pharisiens, hypocrites (*Matth.* XXIII, 13), » et beaucoup d'autres choses? Cependant, lors de sa passion, il ne leur dit rien de pareil ; non point faute d'avoir à dire, mais il attendait qu'ils exécutassent toutes choses à son égard, et qu'ainsi fussent accomplies toutes les prophéties faites sur lui, et entre autres celle d'Isaïe : « comme une brebis est sans voix devant celui qui la tond, ainsi n'a-t-il point ouvert la bouche (*Is.* LIII, 7). » Il fallait donc qu'il gardât le silence dans sa passion, pour ne point le garder dans le jugement qu'il exercera. Car il était venu pour être jugé, afin de venir ensuite pour juger, et il jugera

---

sunt vanitatem. » Quid est, « Qui quærebant mala mea (*Ibid.* 13) ? » Multa quærebant, et non inveniebant. Forte hoc dixerit, Quærebant crimina mea. « Quæsierunt enim quæ in illum dicerent, et non inveniebant (*Matth.* XXVI, 59). » Quærebant enim mala de bono, quærebant scelera de innocente : quando invenirent in eo qui nullum peccatum habebat? Sed quia peccata quærebant in eo qui nullum peccatum habebat, restabat ut fingerent quod non inveniebant. Ideo, « Qui quærebant mala mea, locuti sunt vanitatem, » non veritatem. « Et dolum tota die meditabantur : » hoc est, fallaciam sine cessatione meditabantur. Nostis quanta falsa testimonia dicta sunt in Dominum, antequam pateretur. Nostis quanta falsa testimonia dicta sunt, etiam cum resurrexisset. Nam illi milites custodes sepulcri, de quibus Isaias dixit, « Ponam malos pro sepultura ejus (*Isai.* LIII, 9). » (Mali enim erant, et veritatem dicere noluerunt, et corrupti mendacium seminaverunt :) adtendite qualem vanitatem locuti sunt. Interrogati sunt etiam ipsi, et dixerunt, « Cum dormiremus, venerunt discipuli ejus, et abstulerunt eum (*Matth.* XXVIII, 13). » Hoc est loqui vanitatem. Si enim dormiebant, unde sciebant quod gestum erat?

20. Ergo ait, « Ego autem velut surdus non audiebam (*Ps.* XXXVII, 14). » Qui ad ea quæ audiebat non respondebat, tamquam non audiebat. « Ego autem velut surdus non audiebam : et sicut mutus non aperiens os suum. » Et repetit eadem : « Et factus sum sicut homo non audiens, et non habens in ore suo redargutiones (*Ibid.* 15). » Quasi non esset quod illis diceret, quasi non esset unde illos argueret, Nonne jam antea multa increpaverat, multa dixerat, et dixerat, « Væ vobis Scribæ et Pharisæi, hypocritæ (*Matth.* XXIII, 13), » et multa talia? Tamen quando passus est, nihil horum dixit : non quia non habebat quod diceret, sed exspectabat ut complerent illi omnia, et implerentur omnes prophetiæ de illo, quo dictum erat, « Et sicut ovis coram tondente se

avec une autorité d'autant plus grande, qu'il s'est laissé juger avec une plus grande humilité.

21. « Parce que j'ai espéré en vous, Seigneur, vous m'exaucerez, Seigneur, mon Dieu (*Ps.* XXXVII,16). » Comme si on disait : pourquoi n'avez-vous pas ouvert la bouche ? pourquoi n'avez-vous pas dit : épargnez-moi ? pourquoi, étant sur la croix, n'avez-vous pas accusé ces hommes pervers ? il continue et dit : « Parce que j'ai espéré en vous Seigneur, vous m'exaucerez, Seigneur mon Dieu. » Il vous enseigne ce que vous devez faire, si quelque tribulation vous survient. En effet, vous cherchez à vous défendre, et peut-être nul n'accepte-t-il votre défense. Vous êtes déjà troublé, comme si vous aviez perdu votre cause, parce qu'il n'y a personne pour vous défendre ou pour rendre témoignage en votre faveur. Gardez votre innocence en vous-même, là où nul ne peut opprimer votre bon droit. Le faux témoignage a prévalu contre vous, mais auprès des hommes; est-ce qu'il prévaudra au tribunal de Dieu, où votre cause sera portée ? Quand Dieu sera votre juge, il n'y aura pas d'autre témoin que votre conscience. Entre ce juste juge et votre conscience, ne craignez que votre cause elle-même ; si votre cause n'est pas mauvaise, vous n'aurez aucun accusateur à craindre, aucun faux témoin à repousser, aucun témoin véridique à appeler. Apportez seulement une bonne conscience, afin de pouvoir dire : « Parce que j'ai espéré en vous, Seigneur, vous m'exaucerez, Seigneur, mon Dieu. »

22. « Car j'ai dit : que mes ennemis ne se raillent jamais de moi, eux qui ont prononcé contre moi des paroles arrogantes, tandis que mes pieds étaient ébranlés (*Ibid.* 17).» Il revient de nouveau à son corps infirme, et de nouveau la tête s'occupe des pieds. Elle n'est pas de telle sorte dans les cieux, qu'elle abandonne ce qui lui appartient sur la terre : elle s'en occupe évidemment et nous voit. Car, quelquefois (et notre vie est ainsi faite), nos pieds sont ébranlés et glissent dans quelque péché ; et alors nos ennemis déchaînent contre nous leurs langues pleines de la plus noire méchanceté. Par là nous reconnaissons ce qu'ils cherchaient à faire contre nous, lors même qu'ils gardaient le silence. Ils parlent contre nous durement et sans pitié, se réjouissant de ce qu'ils ne devraient voir qu'avec des larmes. « Et j'ai dit : que mes ennemis ne se raillent jamais de moi. » Je l'ai dit, et cependant vous les avez laissés, peut-être pour me corriger, prononcer contre moi des paroles arrogantes, tandis que mes pieds étaient ébranlés. C'est-à-dire que mes ennemis se sont énorgueillis et m'ont accablé d'outrages,

sine voce, non aperuit os suum (*Isai.* LIII, 7). » Oportebat ergo ut taceret in passione, non taciturus in judicio. Judicandus enim venerat, qui postea judicaturus veniret : et ideo cum magna potestate judicaturus, quia cum magna humilitate judicatus.

21. « Quoniam in te, Domine, speravi, tu exaudies Domine Deus meus (*Ps.*XXXVII, 16). » Tamquam si ei diceretur, Quare non aperuisti os tuum, quare non dixisti, Parcite : quare non in cruce pendens iniquos arguisti ? Sequitur, et dicit, « Quoniam in te, Domine, speravi, tu exaudies, Domine Deus meus. » Monuit te quid facias, si forte occurrerit tribulatio. Quæris enim te defendere, et forte nemo accipit defensionem tuam. Jam tu perturbaris, quasi perdideris causam tuam, quia nullius habes defensionem aut testimonium. Custodi intus innocentiam tuam, ubi nemo opprimit caussam tuam. Prævaluit in te falsum testimonium, sed apud homines : numquid apud Deum valebit, ubi caussa tua dicenda est ? Quando Deus judex erit, alius testis quam conscientia tua non erit. Inter judicem justum et conscientiam tuam noli timere nisi caussam tuam : si caussam malam non habueris, nullum accusatorem pertimescas, nullum falsum testem refelles, nullum verum requires. Tu tantum bonam conscientiam affer, ut possis dicere, « Quoniam in te Domine speravi, tu exaudies, Domine Deus meus. »

22. « Quia dixi, nequando insultent in me inimici mei, et dum commoventur pedes mei, in me magna locuti sunt (*Ibid.* 17). » Iterum redit ad infirmitatem corporis sui, et rursus caput illud adtendit pedes suos : non sic est in cœlo, ut deserat quod habet in terra : adtendit plane, et videt nos. Aliquando enim, ut est ista vita, commoventur pedes nostri, et labuntur in aliquo peccato : ibi exsurgunt linguæ nequissimæ inimicorum. Hinc ergo intelligimus, etiam cum tacebant quid quærebant. (*a*) Loquuntur tunc aspere immites, gaudentes se invenisse quod dolere debuerunt. Et « dixi, ne aliquando insultent in me inimici mei. » Dixi hoc, et tamen forte ad emenda-

---

(*a*) Sic aliquot MSS. Editi vero. *Qui erant tunc asperi, immites, gaudent se*, etc. Nonnulli MSS. *aspere in mites*.

lorsqu'ils m'ont vu ébranlé. Ils auraient dû avoir compassion des faibles, et non les insulter, selon cette parole de l'Apôtre : « Mes frères, si quelqu'un est tombé par surprise dans quelque péché, vous qui êtes spirituels, instruisez-le en esprit de mansuétude. » Et il explique pourquoi : « En faisant réflexion chacun sur vous-même, de peur que vous ne soyez aussi tenté (*Gal.* vi, 1).» Ils ne ressemblaient guère à ce portrait, ceux dont le prophète disait : « Et tandis que mes pieds étaient ébranlés, ils ont prononcé contre moi des paroles arrogantes ; » mais ils ressemblaient aux hommes dont il a dit, dans un autre psaume : «Ceux qui m'attaquent seront comblés de joie, si je suis ébranlé. »

23. « Parce que je suis prêt à tous les coups (*Ps.* xxxvii, 18).» Magnifique parole ! C'est comme s'il disait : Je suis né pour supporter les coups. Il ne pouvait naître, en effet, que d'Adam, à qui tous les châtiments sont dus. Quelquefois les pécheurs ne sont pas ou ne sont que peu châtiés en cette vie, parce que leur malice est déjà désespérée. Mais, quant à ceux pour qui la vie éternelle est préparée, il faut nécessairement qu'ils soient châtiés en cette vie, tant est vraie cette parole de l'Écriture : « Mon fils, gardez-vous de défaillir dans l'observation de la loi du Seigneur, et ne vous fatiguez pas de ses réprimandes, parce que le Seigneur châtie celui qu'il aime, et qu'il frappe tout fils qu'il reçoit (*Prov.* iii, 11). » Que mes ennemis ne se raillent donc pas de moi, et qu'ils ne prononcent pas contre moi des paroles arrogantes ; car, quand mon Père viendrait à me châtier, « Je suis prêt à tous les coups, » parce qu'il me prépare mon héritage. Vous refusez les coups, vous n'aurez pas l'héritage, car il est nécessaire que tout fils soit frappé. Cette nécessité est si absolue, que Dieu n'a même pas épargné (*Rom.* viii, 32) celui qui n'avait aucun péché (I *Pierre*, ii, 21). « Parce que je suis prêt à tous les coups. »

24. « Ma douleur est toujours devant moi (*Ps.* xxxvii, 18).» Quelle douleur ? Peut-être celle du châtiment. Et vraiment, mes frères, vraiment, je vous le dis, les hommes gémissent d'être châtiés, et ils ne gémissent pas des fautes pour lesquelles ils sont châtiés. Tel n'était pas celui qui parle ici. Écoutez, mes frères : le premier venu qui éprouve un dommage est plus porté à dire: j'ai souffert injustement, qu'à considérer pourquoi il a souffert ; il gémit d'avoir perdu son argent, il ne gémit pas d'avoir perdu sa vertu. Si vous avez péché, regrettez le trésor intérieur que vous avez perdu : vous n'avez plus rien dans votre maison, mais votre cœur est peut-être plus vide encore. Si, au contraire, votre cœur est plein de votre Dieu, son souverain bien, pourquoi ne dites-vous pas : « Le Seigneur me

---

tionem fecisti eos magna loqui de me, « dum moverentur pedes mei, » id est, elati sunt, multa mala dixerunt, cum commoverer. Misereri enim debuerunt infirmis, non insultare : quomodo Apostolus dicit, « Fratres, si præoccupatus fuerit homo in aliquo delicto, vos qui spiritales estis, instruite hujusmodi in spiritu mansuetudinis (*Gal.* vi, 1). » Et complectitur quare : intendens, inquit, teipsum, ne et tu tenteris. Non erant isti tales, de quibus dicit, « Et dum commoverentur pedes mei, in me magna locuti sunt : » sed erant tales de quibus alibi dicit, Qui me premunt, exsultabunt si motus fuero.

23. «Quoniam ego in flagella paratus sum (*Ps.* xxxvii, 18).» Omnino magnifice, tamquam diceret, Ad hoc natus sum, ut flagella sufferam. Non enim (*a*) nasceretur nisi de Adam, cui flagella debentur. Sed aliquando peccatores in hac vita aut non, aut minus flagellantur; quia jam desperata est intentio eorum. At vero illi quibus paratur vita sempiterna, necesse est ut hic flagellentur : quia vera est illa sententia, « Fili ne deficias in disciplina Domini, neque fatigeris cum ab illo increparis : quem enim diligit Dominus, corripit ; flagellat autem omnem filium quem recipit (*Prov.* iii, 11). » Ideo ergo non insultent inimici mei, non magna loquantur : et si flagellat me Pater meus, « in flagella paratus sum ; » quia mihi hereditas præparatur. Non vis flagellum, non tibi datur hereditas. Omnis enim filius necesse est ut flagelletur. Usque adeo omnis flagellatur, ut nec illi pepercerit (*Rom.* viii, 32) qui peccatum non habuit (I *Pet.* ii, 21). « Quoniam ego in flagella paratus sum. »

24. « Et dolor meus ante me est semper (*Ps.* xxxvii, 18). » Quis dolor ? Forte de flagello. Et vere Fratres mei, vere dicam vobis, flagella sua dolent homines, quare flagellantur non dolent. Non erat iste sic. Audite Fratres mei : Nescio quis si damnum patitur, proclivior est ut dicat, Indigne passus sum, quam ut consideret quare passus sit, dolens damnum pecuniæ, non dolens justitiæ. Si peccasti, the-

(*a*) Duodecim MSS. *Non enim pateretur.*

l'avait donné, le Seigneur me l'a ôté ; il a été fait comme il a plu au Seigneur ; que le nom du Seigneur soit béni (*Job*. I, 21) ? » De quoi donc celui qui parle gémissait-il ? Des coups qu'il recevait ? Non. « Et ma douleur, dit-il, est toujours devant moi. » Et comme si nous lui disions : Quelle est cette douleur ? D'où vient cette douleur ? Il répond : « Parce que je déclare mon iniquité, et que je prendrai soin de mon péché (*Ps*. XXXVII, 19). » Voilà d'où vient cette douleur. Elle ne vient pas des châtiments qu'il subit : elle vient de sa blessure et non du traitement de sa blessure. Car les coups sont le remède du péché. Écoutez, mes frères : nous sommes chrétiens ; eh bien ! si l'un de nous vient à perdre son fils, il pleure ; si ce fils vient à commettre le péché, le père ne pleure pas. C'est alors qu'il devrait gémir, c'est alors qu'il devrait pleurer, lorsqu'il voit son fils commettre le péché. C'est alors qu'il devrait mettre un frein aux passions de son fils, lui enseigner le moyen de vivre bien, lui imposer une règle inflexible : ou, s'il l'a fait, et que son fils ne l'ait point écouté, c'est alors qu'il faut le pleurer ; car il est mort d'une manière plus misérable en vivant dans le désordre, que si une mort corporelle venait mettre fin à ses désordres. Quand il se livrait à ces excès dans votre propre maison, non-seulement il était mort, mais il exhalait la puanteur du tombeau. Voilà les maux qu'il faut déplorer ; mais les autres, il faut les supporter : acceptons les uns et pleurons les autres. Mais pleurons-les, comme le fait le prophète : « Parce que je déclare mon iniquité, et que je prendrai soin de mon péché. » Quand vous avez confessé votre péché, n'ayez point cette fausse sécurité, qui ferait que vous seriez, pour ainsi dire, toujours prêt à le confesser et à le commettre de nouveau. Déclarez votre iniquité, mais en prenant soin de votre péché. Que veut dire : En prenant soin de votre péché ? C'est prendre soin de votre blessure. Si vous disiez : Je prendrai soin de ma blessure, que comprendrait-on, sinon : Je prendrai soin de la guérir. Prendre soin de son péché, c'est donc toujours faire effort, toujours être attentif, toujours agir avec zèle et avec soin pour guérir son péché. Voici que jour après jour vous pleurez votre péché ; mais peut-être vos larmes coulent-elles, sans que vos mains agissent. Faites des aumônes, rachetez vos péchés ; que le pauvre se réjouisse de vos dons, afin qu'à votre tour vous ayez à vous réjouir des dons de Dieu. Le pauvre est indigent, et vous êtes indigent ; il est indigent devant vous, et vous êtes indigent devant Dieu. Vous méprisez celui qui a besoin de vous, Dieu, dont vous avez besoin, ne vous méprisera-t-il pas ?

saurum tuum interiorem dole : nihil habes in domo, sed forte inanior es corde : si autem plenum est cor bono suo, Deo tuo ; quare non dicis, « Dominus dedit, Dominus abstulit, sicut Domino placuit, ita factum est, sit nomen Domini benedictum (*Job*. I, 21) ? » Unde ergo iste dolebat ? de flagello quo flagellabatur ? absit. « Et dolor meus, » inquit, « ante me est semper. » Et quasi diceremus, quis dolor ? unde dolor ? « Quoniam iniquitatem meam ego pronuntio, et curam geram pro peccato meo (*Ps*. XXXVII, 19). » Ecce unde dolor. Non de flagello dolor : de vulnere, non de medicina. Nam flagellum medicamentum est contra peccata. Audite Fratres : Christiani sumus ; et tamen plerumque si filius cujusquam moriatur, plangit illum ; si peccet, non illum plangit. Tunc plangeret, tunc doleret, cum peccantem videret ; tunc modum imponeret, tunc normam vivendi doceret, disciplinam daret : aut si facit, et ille non audivit, tunc erat plangendus ; tunc pejus mortuus luxuriose vivens, quam moriendo luxuriam finiens : tunc ergo quando ista faciebat in domo tua, non solum mortuus erat, sed et putebat. Hæc dolenda sunt, illa sustinenda : illa ferenda, ista plangenda. Plangenda autem, quomodo audistis plangere istum : « Quoniam iniquitatem meam ego pronuntio, et curam geram pro peccato meo. » Ne securus sis, cum confessus fueris peccatum tuum, tamquam semper præparatus ad confitendum et committendum peccatum. Sic pronuntia iniquitatem tuam, ut curam geras pro peccato tuo. Quid est, curam gerere pro peccato tuo ? Curam gerere pro vulnere tuo. Si diceres, Curam geram pro vulnere meo, quid intelligeretur, nisi, dabo operam ut sanetur ? Hoc est enim curam gerere pro delicto, semper niti, semper intendere, semper studiose et sedulo agere ut sanes peccatum. Ecce de die in diem plangis peccatum tuum, sed forte lacrymæ currunt, et manus cessant. Fiant eleemosynæ, redimantur peccata, gaudeat indigens de dato tuo, ut et tu gaudeas de dato Dei. Eget ille, eges et tu : eget ille (*a*) ad te, eges et tu ad Deum. Tu contemnis egentem tui, Deus non te contemnet egentem sui ? Ergo impleto tu egentis

---

(*a*) Duo MSS. *eget ille a te, eges tu a Deo*.

Remplissez donc la main vide de l'indigent, afin que Dieu remplisse votre cœur. Voilà ce que signifie : « Je prendrai soin de mon péché, » ou je ferai tout ce qu'il faudra pour détruire et guérir mon péché. « Et je prendrai soin de mon péché. »

25. Cependant mes ennemis vivent(*Ibid.* 20).» Ils vivent dans l'abondance, ils se réjouissent dans la félicité de ce monde, où je souffre, où je rugis par le gémissement de mon cœur. Mais comment vivent ses ennemis, dont il a déjà dit que le langage était vain? Écoutez un passage d'un autre psaume : « Leurs fils sont comme de jeunes plantes bien enracinées. » Remarquez qu'il a dit d'abord dans ce même psaume que la bouche de ces hommes ne proférait que de vaines paroles. « Leurs filles sont parées comme des temples; leurs celliers sont remplis et regorgent les uns dans les autres; leurs bœufs sont gras; leurs brebis sont fécondes, on ne peut les compter quand elles sortent; il n'y a point de brèches à leurs murailles et l'on n'entend point de cris d'alarmes dans leurs places publiques (*Ps.* CXLIII 12 et suiv.). » Mes ennemis vivent donc; telle est leur vie, ils l'exaltent, ils l'aiment et ils la possèdent pour leur malheur. Quelle est en effet la suite du psaume? « On proclame heureux le peuple à qui tous ces biens appartiennent (*Ps.* CXLIII, 15).»

Et vous, au contraire, qui prenez soin de votre péché, que dites-vous? Vous qui confessez votre iniquité, que dites-vous? « Heureux, répond-il, heureux le peuple dont le Seigneur est le Dieu (*Ibid.*)!» « Cependant mes ennemis vivent; ils se sont fortifiés contre moi et ceux qui me haïssent injustement se sont multipliés. » Que veut dire : Qui me haïssent injustement? Ils haïssent qui leur veut du bien. Ceux qui rendent le mal pour le mal ne sont pas bons; ceux qui ne rendent pas le bien pour le bien sont ingrats; mais ceux qui rendent le mal pour le bien haïssent injustement. Tels furent les Juifs : le Christ vint à eux, les comblant de biens, ils lui ont rendu le mal pour le bien. Gardez-vous de ce vice, mes frères; il se glisse vite en nous par des voies souterraines. Parce que nous avons dit : tels furent les Juifs, que chacun de vous ne se croie pas excepté et bien éloigné de ce péché. Si un de vos frères vous reprend par bienveillance pour vous, et que vous le haïssiez, vous ressemblez aux Juifs. Voyez combien vite, combien facilement, on tombe dans cette faute, et évitez avec soin un mal si grand, un péché si prompt à vous envahir.

26. « Ceux qui rendent le mal pour le bien me déchiraient par leurs paroles parce que je poursuivais la justice (*Ps.* XXXVII, 21). » C'est en cela qu'ils rendaient le mal pour le bien. Que veut

---

inopiam, ut impleat Deus interiora tua. Hoc est, « Curam geram pro peccato meo, » faciam omnia quæcumque facienda sunt, ad abolendum et sanandum peccatum meum. « Et curam geram pro peccato meo. »

25. « Inimici autem mei vivunt (*Ibid.* 20).» Bene est eis, gaudent in sæculi felicitate, ubi ego laboro, et rugio a gemitu cordis mei. Quomodo vivunt inimici illius, quia jam dixit de illis, quoniam locuti sunt vanitatem? Audi et in alio Psalmo, « Quorum filii sicut novellæ constabilitæ (*Psal.* CXLIII, 12, etc.)» Sed superius dixerat, « Quorum os locutum est vanitatem, filiæ eorum compositæ sicut similitudo templi; cellaria eorum plena, eructantia ex hoc in hoc; boves eorum crassi, oves eorum fecundæ multiplicantes in exitibus suis : non est ruina sepis, neque clamor in plateis eorum (*Ibid.* 15).» Vivunt ergo inimici mei : hæc vita est, hanc laudant, hanc amant, hanc malo suo habent. Quid enim sequitur?«Beatum dixerunt populum, cui hæc sunt. » Quid autem tu,

qui curam geris pro peccato tuo? Quid tu, qui pronuntias iniquitatem tuam? « Beatus, » inquit, « populus cujus est Dominus Deus ipsius.(*Ibid.*).» Inimici autem mei vivunt : et confirmati sunt super me, et multiplicati sunt qui me oderunt inique. » Quid est, « qui oderunt inique? » Bona sibi volentem oderunt. Qui si reddèrent mala pro malis, boni non essent : qui si non redderent bona pro bonis, ingrati essent : reddunt autem mala pro bonis qui oderunt inique. Tales fuerunt Judæi : venit ad illos Christus cum bonis, reddiderunt illi mala pro bonis. Cavete hoc malum, Fratres : cito subintrat. Quia diximus, Tales erant Judei : ne putet unusquisque vestrum longe se exceptum. Corripiat te aliquis frater tuus, bonum tibi volens; oderis illum, et talis es. Et videte quam cito fiat, quam facile : (a) et vitatote tam magnum malum, tam agile peccatum.

26. « Detrahebant mihi qui retribuunt mala pro bonis, quoniam persecutus sum justitiam (*Ibid.* 21). Ideo mala pro bonis. Quid est, « persecutus sum

---

(a) Sic plures MSS. At Lov. *quam facile curral tam magnum* etc.

dire : Je poursuivais la justice? Je n'ai pas abandonné la justice. Pour que nous ne prenions pas toujours en mauvaise part le mot poursuivre, le Prophète l'emploie ici dans le sens de suivre parfaitement : Parce que je poursuivais, ou suivais parfaitement la justice. Écoutez donc les lamentations de notre tête dans sa passion : Ils m'ont rejeté, moi le bien-aimé, comme un mort objet d'abomination. C'était peu de dire : Comme un mort, pourquoi ajouter : objet d'abomination? Parce qu'il a été crucifié. En effet, la mort sur la croix était en grande abomination chez les Juifs, qui ne comprenaient pas la prophétie renfermée dans ces paroles : « Maudit soit quiconque est suspendu au bois (*Deut.* XXI, 23). » En effet, le Christ n'a pas apporté la mort ici-bas, mais il l'a trouvée propagée par la malédiction qui a frappé le premier homme (*Gal.* III, 10), et cette mort, fruit du péché, cette mort qui est la nôtre, le Christ l'a prise et l'a suspendue au bois. C'est donc pour éviter qu'on pût croire, comme certains hérétiques, que Notre-Seigneur Jésus-Christ n'a pas revêtu une chair véritable, et n'a pas subi sur la croix une mort véritable, que le Prophète s'est écrié : « Maudit soit quiconque est suspendu au bois. » Il a montré que le Fils de Dieu est mort d'une mort véritable, due à sa chair mortelle; de peur qu'on ne crût, s'il n'était pas maudit, qu'il n'était pas véritablement mort. Mais, parce que cette mort n'était point feinte, et qu'elle venait de cette descendance que Dieu avait frappée de malédiction lorsqu'il avait dit : « Vous mourrez de mort (*Gen.* II, 17); » et parce que cette vraie mort arriva réellement jusqu'au Christ, afin que la vraie vie arrivât jusqu'à nous; de même la malédiction de la mort arriva jusqu'au Christ, afin que la bénédiction de la vie arrivât jusqu'à nous. Et ils m'ont rejeté, moi le bien-aimé, comme un mort objet d'abomination.

27. « Ne m'abandonnez pas, Seigneur mon Dieu, ne vous retirez pas de moi (*Ps.* XXXVII, 22). » Disons-le en Jésus, disons-le par Lui, car il intercède pour nous (*Rom.* VIII, 34). Disons : « Ne m'abandonnez pas, Seigneur mon Dieu. » Et cependant lui-même avait dit : « Mon Dieu, mon Dieu, pourquoi m'avez-vous abandonné (*Matt.* XXVII, 46, et *Ps.* XXI, 2)? » Et il dit encore : « Ne vous retirez pas de moi. » S'il ne se retire pas du corps, s'est-il donc retiré de la tête? Quelle est donc cette voix, sinon celle du premier homme? Pour montrer qu'il tirait de lui une véritable chair, le Christ dit : « Mon Dieu, mon Dieu ! pourquoi m'avez-vous abandonné? » Mais Dieu ne l'a pas abandonné. Si Dieu ne vous abandonne point, parce que vous croyez en Lui, est-ce que le Père, le Fils et le Saint-Esprit, Dieu unique, eût abandonné le Christ? Mais il avait comme transporté en lui-même la personne du premier homme. L'Apôtre nous apprend en effet que le vieil

---

justitiam? » Non dimisi : ne forte persecutionem semper in malo intelligas, « persecutus, » dixit perfecte secutus : « Quoniam persecutus sum justitiam. » Et audi caput nostrum (*a*) ejulans passione : Et projecerunt me dilectum, tamquam mortuum abominatum. Parum erat mortuum, quare abominatum? Quia crucifixum. Etenim hæc mors crucis magna apud eos abominatio erat, non intelligentes in prophetia dictum esse, « Maledictus omnis qui pendet in ligno (*Deut.* XXI, 23). » Non enim ipse adtulit mortem, sed hic invenit de maledicto primi hominis propagatam : et eamdem mortem nostram suscipiens in ligno suspendit, quæ venerat de peccato (*Gal.* III, 10). Ergo ne putarent aliqui, sicut putant quidam hæretici, Dominum nostrum Jesum Christum falsam carnem habuisse, et non veram mortem in cruce solvisse : intendit hoc Propheta, et ait, Maledictus omnis qui pendet in ligno. Ostendit ergo quia et Filius Dei vera morte mortuus est, quæ mortali carni debebatur : ne non maledictum, putares non vera mortuum. Quia vero illa mors non erat falsa, sed ex illa propagine descenderat, quæ venerat de maledicto, cum diceret Deus, « Morte moriemini (*Gen.* II, 17) : omnino et ad ipsum quia pervenit vera mors, ut ad nos perveniret vera vita; etiam ad ipsum pervenit mortis maledictio, ut ad nos perveniret vitæ benedictio. Et projecerunt me dilectum, tamquam mortuum abominatum.

27. « Ne derelinquas me Domine Deus meus, ne discesseris a me (*Ps.* XXXVII, 22). » Dicamus in illo, dicamus per illum; « ipse enim interpellat pro nobis (*Rom.* VIII, 34) : » et dicamus, « Ne derelinquas me Domine Deus meus. » Et tamen dixerat, « Deus meus, Deus meus, ut quid me dereliquisti (*Matth.* XXVII, 46)? » et dicit, « Deus meus ne discesseris a me ((*Psal.* XXI, 2). » Si a corpore non recedit, recessit a capite? Cujus ergo vox erat, nisi primi hominis. Ex illo ergo se ostendens veram carnem portare, dicit, Deus

---

(*a*) Editi et MSS. *evidens* : excepto Fuliensium veteri codice, cujus ope restituimus, *ejulans*.

homme qui est en nous, a été attaché à la croix avec lui (*Rom.* VI, 6). » Or, nous ne serions pas délivrés du vieil homme, s'il n'avait pas été crucifié dans le corps infirme du Christ. C'est pour que nous fussions renouvelés en lui, qu'il est venu ; et en effet nous sommes renouvelés par le désir de le posséder et par l'imitation de sa passion. C'était donc la voix de notre misère, c'était notre voix qui disait : « Pourquoi m'avez-vous abandonné (*Ps.* XXI 2)? » C'est de la même manière qu'il dit dans le même psaume : « La voix de mes péchés : » Comme si le Christ disait : ces paroles ont été comme transportées en moi, de la personne du pécheur. « Ne vous retirez pas de moi. »

28. « Soyez attentif à me secourir, ô Dieu de mon salut (*Ps.* XXXVII, 23). » C'est le même salut, mes frères, que les prophètes ont tant recherché, comme le dit l'apôtre saint Pierre (I *Pierre* 1, 10); et ceux qui l'ont recherché ne l'ont pas reçu, mais ils l'ont cherché et ils l'ont prédit, et nous sommes venus et nous trouvons ce qu'ils ont recherché. Et pourtant voilà que nous ne l'avons pas encore reçu ; et d'autres naîtront après nous qui le trouveront, qui ne le recevront pas et qui passeront aussi, afin que, tous ensemble, à la fin du jour, avec les patriarches, les Prophètes et les Apôtres, nous recevions le denier du salut. Vous savez en effet que les mercenaires et les ouvriers, bien que conduits à la vigne en des temps différents, ont cependant reçu leur récompense au même moment (*Matth.* XX, 9). Et les Prophètes donc, et les Apôtres, et les martyrs, et nous-mêmes, et ceux qui seront après nous jusqu'à la fin du siècle, tous nous recevrons, lors de cette même fin, le salut éternel ; afin que contemplant la gloire de Dieu et voyant son visage, nous le glorifiions éternellement, sans la moindre infirmité, sans le moindre châtiment de péché, sans la moindre difformité de quelque faute que ce soit. Alors nous louerons Dieu, ayant cessé de soupirer après lui, parce que nous lui serons attachés pour toujours, après avoir soupiré vers lui jusqu'à la fin et n'avoir eu d'autre joie que l'espérance de le posséder. Nous serons alors dans cette cité, où Dieu est notre souverain bien, où Dieu est notre lumière, où Dieu est notre pain, où Dieu est notre vie ; et tout ce qui est notre bien, ce bien dont la privation nous a fait souffrir pendant notre voyage ici-bas, nous le trouverons en lui. En lui sera le repos, dont le souvenir aujourd'hui excite nécessairement notre douleur. Car nous nous souvenons de ce sabbat, sur le souvenir duquel tant de choses ont été dites, et dont nous devrions dire

---

meus, Deus meus, ut quid me dereliquisti? Non illum dimisit Deus. Si te non dimittit credentem in se, Christum dimitteret Pater et Filius et Spiritus-sanctus unus Deus ? Sed personam in se transfiguraverat primi hominis. Scimus dicente Apostolo, « quia vetus homo noster confixus est cruci cum illo (*Rom.* VI, 6). » Non autem careremus vetustate, nisi (*a*) crucifigeretur in infirmitate. Ad hoc enim venit, ut renovemur in illo : quia desiderando eum et passionem ejus imitando renovamur. Ergo vox erat infirmitatis, vox erat nostra, qua dictum est, « Quare me dereliquisti (*Psal.* XXI, 2)? » Inde ibi dictum est, « Verba delictorum meorum : » tamquam diceret, Hæc verba ex persona peccatoris in me transfigurata sunt. « Ne discesseris a me. »

28. « Intende in adjutorium meum, Domine salutis meæ (*Ps.* XXXVII, 23). » Ipsa est salus, Fratres, de qua salute exquisierunt Prophetæ, sicut dicit apostolus Petrus : « et non acceperunt qui exquisierunt (I *Pet.* I, 10); sed inquisierunt et prænuntiaverunt, et venimus nos et invenimus quod illi exquisierunt. Et ecce nos nondum accepimus ; et nascentur post nos, et invenient quod nec ipsi accipient, et transient : ut omnes simul in fine diei cum Patriarchis, et Prophetis, et Apostolis denarium salutis accipiamus. Etenim nostis mercenarios vel operarios diversis temporibus ductos ad vineam, mercedem tamen pariter acceperunt (*Matth.* XX, 9). Et Prophetæ ergo, et Apostoli, et Martyres, et nos, et qui post nos erunt usque in finem sæculi, in ipso fine accepturi sumus salutem sempiternam, ut contemplantes gloriam Dei, et ejus faciem intuentes, eum laudemus in æternum, sine defectu, sine aliqua pœna iniquitatis, sine aliqua perversitate peccati, laudantes Deum, et non jam suspirantes, sed inhærentes illi, cui usque in finem suspiravimus, et in spe lætati sumus. In illa enim civitate erimus, ubi bonum nostrum Deus est, lumen Deus est, panis Deus est, vita Deus est : quidquid est bonum nostrum, a quo peregrinantes laboramus, in illo inveniemus. In illo erit quies, quam modo recordantes necesse est ut doleamus. Illud enim sabbatum recordamur, in cujus recordatione

---

(*a*) Tredecim MSS. *nisi nos crucifigeret in infirmitate*. Alii quinque, *nisi vetus crucifigeretur*, etc.

tant de choses, sans jamais cesser d'en parler, non de la bouche mais du cœur, parce que notre bouche ne doit se taire que pour laisser à notre cœur la liberté de pousser des cris.

DISCOURS [1] SUR LE PSAUME XXXVIII.

1. Le titre du psaume (2) que nous venons de chanter, et que nous entreprenons de vous expliquer, est celui-ci : « Pour la fin, pour Idithun, cantique de David pour lui-même (*Ps.* xxxviii, 1). » Nous devons donc attendre et écouter les paroles d'un certain Idithun et si chacun de nous peut devenir un Idithun, il se trouve et s'écoute lui-même dans ce qu'il chante. Recherchez, si vous le voulez, qui fut appelé Idithun, selon la naissance temporelle des hommes; pour nous, écoutons quelle est l'interprétation de ce nom, et cherchons dans cette interprétation même la connaissance de la vérité. Ainsi que nous avons pu le savoir, en consultant le répertoire des noms traduits de l'hébreu dans la langue latine par des hommes versés dans les Écritures divines, Idithun signifie : Celui qui les franchit. Quel est donc celui qui franchit ainsi? Ou quels sont ceux qu'il a franchis? Car les mots qui franchit ne sont pas employés seuls; mais il est dit : celui qui les franchit. Chante-t-il en les franchissant, ou les franchit-il en chantant? Soit qu'il chante en les franchissant, soit qu'il les franchisse en chantant, en tout cas nous venons de chanter le cantique de celui qui franchit. Sommes-nous aussi du nombre de ceux qui franchissent? Dieu pour qui nous avons chanté le sait. Mais si quelqu'un a chanté en franchissant, qu'il se réjouisse

tanta dicta sunt, et nos tanta dicere debemus, et dicentes numquam tacere, non ore, sed corde : quia sic ore tacemus, ut corde clamare possimus.

IN PSALMUM XXXVIII.

ENARRATIO.

Psalmi hujus, quem modo cantavimus, et tractandum suscepimus, titulus est, « In finem pro Idithun, Canticum ipsi David (*Ps.* xxxviii, 1). » Cujusdam ergo, qui vocatur Idithun, voces exspectandæ et audiendæ sunt : et si esse unusquisque nostrum potuerit Idithun, in eo quod cantat invenit se, et audit se. (*a*)

Videris enim quis vocatus fuerit Idithun secundum hominum priscam nativitatem : nos autem audiamus quid interpretetur hoc nomen, et in ipsa interpretatione nominis quæramus intelligentiam veritatis. Sicut ergo inquirentes reperire potuimus in eis nominibus, quæ nobis a studiosis litterarum divinarum ex Hebræo eloquio in Latinum interpretata sunt, Idithun interpretatur, Transiliens eos. Quis est ergo iste transiliens? vel quos transilivit? quia, Transiliens, non nude positum est; sed, Transiliens eos. Transiliendo enim cantat, an cantando transilit? Sive transiliendo cantet, sive cantando transiliat, transilientis tamen Canticum paulo ante cantavimus : utrum et nos simus transilientes, viderit Deus cui cantavimus. Sed si quis transiliens cantavit, gaudeat se esse quod cantavit : si quis autem terræ adhuc inhærens cantavit, optet esse quod cantavit.

---

(1) Discours prononcé à Carthage, à l'autel de saint Cyprien.
(2) Trois manuscrits portent l'observation préliminaire que ce discours a été prononcé à Carthage à la messe de saint Cyprien. Mais les autres disent, avec plus de raison, à l'autel de saint Cyprien. Cet autel avait été élevé à l'endroit où le saint avait souffert le martyre. Voir une note du Disc. sur le Ps. LXXX, n. 3.

(*a*) Sic nostri omnes MSS. At editi, *Viderint enim qui tunc fuerunt, quis vocatus.* etc.

d'être ce qu'il a chanté : au contraire, si quelqu'un a chanté, étant encore attaché à la terre, qu'il aspire à être ce qu'il a chanté. Car, celui qui est nommé Idithun, ou celui qui les franchit, a franchi certains hommes qui sont encore attachés à la terre et courbés vers la terre, qui ne pensent qu'à des choses basses et qui mettent leur espérance dans des objets passagers. Car quels sont ceux qu'il a franchis, sinon ceux qui restent en place?

2. Vous savez qu'il y a certains psaumes qu'on appelle cantiques des degrés; il est facile de comprendre le sens de cette dénomination d'après l'expression grecque ἀναβαθμῶν. Ce mot désigne des degrés par lesquels on monte, mais non des degrés par lesquels on descend. La langue latine n'ayant pas de mot qui puisse rendre cette idée particulière, nous employons le mot général de *gradus*, degrés, qui n'indique pas par lui-même si ces degrés servent à des gens qui montent ou à des gens qui descendent. Mais, comme « il n'est point de langue ni d'idiome où la voix des cieux ne soit entendue (*Ps.* XVIII, 4), » une langue plus ancienne sert à expliquer celle qui l'a suivie, et ce qui était incertain dans la seconde devient manifeste par la première. Donc, de la même manière que chante celui qui monte ces degrés, ainsi chante également celui qui franchit les choses d'ici-bas. Monter et franchir de la sorte ne se fait, ni avec les pieds, ni au moyen d'échelons, ni avec des ailes; et cependant si vous l'entendez de l'homme intérieur, il le fait avec les pieds, au moyen d'échelons, et avec des ailes. En effet, si ce n'était avec les pieds, comment l'homme intérieur dirait-il : « Que le pied de l'orgueil ne vienne pas jusqu'à moi (*Ps.* XXXV, 12)? » Si ce n'était avec des échelons, que seraient ceux qu'à vus Jacob, par lesquels des anges montaient et descendaient (*Gen.* XXVIII, 12)? Enfin, si ce n'était avec des ailes, que penser du Prophète qui dit : « Qui me donnera des ailes, comme celles de la colombe? je m'envolerai et me reposerai (*Ps.* LIV, 7)? » Mais dans l'ordre corporel, les pieds, les échelles, les ailes sont des choses différentes : au contraire, intérieurement les pieds, les échelles et les ailes sont également les mouvements de la bonne volonté. Puissions-nous ainsi marcher, monter et voler! Si donc vous entendez parler de celui qui franchit et si vous voulez l'imiter, ne cherchez pas à franchir des fossés par l'agilité du corps, ou à sauter, par une sorte de vol, au-dessus de quelques petites élévations : cependant tout ce que je veux dire s'exprime par des images corporelles, car il franchit aussi des fossés : « Car il est des lieux brûlés par le feu et creusés, qui périront par le courroux de votre visage (*Ps.* LXXIX, 17). » Quels sont ces lieux brûlés par le feu et creusés, qui périront par le courroux du visage de Dieu, sinon les péchés? Les lieux brûlés par le feu signifient le mal que produit l'ardeur criminelle des passions, et les lieux creusés signifient le mal que produit une lâche timidité. Car tous les péchés proviennent

---

Quosdam enim inhærentes humo curvatos in terram, ea quæ ima sunt cogitantes, in rebus transeuntibus spem ponentes, transilivit iste qui vocatur Transiliens eos. Quos enim transilivit, nisi remanentes?

2. Nostis quosdam Psalmos inscribi Canticum graduum : et ibi quidem in Græca lingua satis evidens est, quid dicat « ἀναβαθμῶν. » Anabathmi enim gradus sunt, sed adscendentium, non descendentium. Latinus quia non potuit proprie dicere, generaliter dixit : et quoniam gradus appellavit, ambiguum reliquit utrum adscendentium essent, an descendentium. Sed quia « non sunt loquelæ neque sermones, quorum non audiantur voces eorum (*Psal.* XVIII, 4), » exponit sequentem lingua præcedens; et fit certum in alia, quod ambiguum erat in alia. Quomodo ergo ibi adscendens quidam cantat, sic et hic transiliens. Est autem hæc adscensio et ista transilitio, non pedibus, non scalis, non pennis; et tamen si interiorem hominem adtendas, et pedibus, et scalis, et pennis. Nam si non pedibus, quomodo dicit homo interior, « Non veniat mihi pes superbiæ (*Psal.* XXXV, 12)? » Si non scalis, quid sunt quas vidit Jacob, ubi erant adcendentes Angeli et descendentes (*Gen.* XXVIII, 12)? Si non pennis, quis est qui dicit, « Quis dabit mihi pennas sicut columbæ, et volabo, et requiescam (*Psal.* LIV, 7)? » Sed in rebus corporalibus aliud sunt pedes, aliud scalæ, aliud pennæ. Intus autem et pedes, et scalæ, et pennæ affectus sunt (a) bonæ voluntatis. His ambulemus, his adscendamus, his volemus. Cum ergo audit quisque transilientem hunc, et imitari eligit, non quærat levitate corporis transilire fossas, aut aliqua altiuscula

---

(a) Ita in undecim MSS. In editis autem, *affectus sunt et bonæ voluntates.*

DISCOURS SUR LE PSAUME XXXVIII.

ou d'un mauvais désir ou d'une mauvaise crainte. Qu'Idithun franchisse donc tous les obstacles qui pourraient l'arrêter sur cette terre, qu'il dresse ses échelles, qu'il déploie ses ailes; que chacun voie s'il se reconnaît ici. Nous ne le nions pas, il y en a beaucoup dans la grâce de Dieu, auxquels peut-être déjà le monde parait vil, ainsi que toutes les délices du monde, et qui préfèrent une vie vertueuse, tant qu'ils vivent ici-bas au milieu des joies spirituelles. Et d'où pourront venir, aux hommes qui sont encore sur terre, ces joies spirituelles, si ce n'est des divines Écritures, de la parole de Dieu, de quelque parabole des Écritures qu'ils auront étudiée et sondée, de la douceur d'en avoir découvert le sens après s'être livré au travail d'une longue recherche? Il y a dans les livres sacrés de bonnes et saintes délices. On ne les trouve, ni dans l'or et dans l'argent, ni dans les festins et dans la luxure, ni dans la chasse et dans la pêche, ni dans le jeu et dans les vains badinages, ni dans les frivolités du théâtre, ni dans la poursuite et dans l'obtention de ruineux honneurs ; les vraies joies ne se trouvent point dans toutes ces vanités, tandis qu'elle ne se trouveraient pas dans les livres saints. Que l'âme donc qui franchit ces vils objets et qui cherche ses délices dans les livres saints dise, parce qu'elle peut le faire avec vérité et en toute sécurité : « Les impies m'ont raconté leurs plaisirs, mais ils ne sont pas comparables à ceux que donne votre loi, ô mon Dieu (*Ps.* CXVIII, 86). » Qu'Idithun vienne donc encore, qu'il franchisse ceux qui se plaisent dans ces choses infimes, qu'il trouve ses délices dans les vraies joies, et qu'il se réjouisse dans la parole du Seigneur, dans les charmes de la loi du Très-Haut. Mais que disons-nous? Est-ce qu'il n'y a point encore à franchir ce degré pour monter plus haut? Est-ce que celui qui veut s'élever ne peut le faire que jusqu'à ce point seulement? Écoutons plutôt les paroles d'Idithun. Car il me semble dès à présent, qu'il vivait au milieu des entretiens de Dieu, et que là il a appris des choses que nous allons entendre.

3. « J'ai dit : je garderai mes voies, afin que je ne pèche point par ma langue (*Ps.* XXXVIII, 2). » Vous devez bien penser, mes frères, que dans des lectures, des dissertations, des prédications, des avertissements, des reproches, des exhortations, tandis qu'il était au milieu de l'activité et des difficultés des choses humaines, dans sa vie d'homme parmi les autres hommes, quoiqu'il eût franchi ceux que ne charment pas les délices du Seigneur; comme il est difficile que chacun ne tombe et ne pèche point par la langue, selon cette parole : « Celui qui n'a point péché par la langue est un homme parfait (*Jacq.* III, 2); » vous devez bien penser, dis-je, que le prophète avait

---

prævolare saliendo : sed quod ad corpora adtinet dico : nam fossas etiam transilit. « Succensa igni et effossa, quæ ab increpatione vultus tui peribunt (*Psal.* LXXIX, 17). » Quæ sunt enim succensa igni et effossa, quæ ab increpatione Domini peribunt, nisi peccata? Succensa igni sunt, quæ facit male ardens cupiditas ; et effossa sunt, quæ facit male jacens timiditas. Hinc enim peccata omnia, aut cupiendo, aut timendo. Transiliat ergo iste omnia quibus teneri posset in terra : erigat scalas suas, exserat pennas suas, videat utrum quisquam agnoscat hic se : immo vero in Domini gratia multi se agnoscunt, qui forte jam vilem habentes mundum, et omnia quæ delectant in mundo, eligunt recte vivere, dum hic vivunt in gaudiis quibusdam spiritalibus. Et hæc unde erunt adhuc ambulantibus super terram, nisi ex divinis eloquiis, ex verbo Dei, ex parabola aliqua Scripturarum scrutata et investigata, ex dulcedine inventionis, quam præcessit labor inquisitionis ? Sunt quædam deliciæ sanctæ et bonæ in libris. Neque enim sunt in auro et argento, in epulis atque luxuria, in venatibus et piscatibus, in ludo et joco, in theatricis nugis, in affectandis et apprehendendis ruinosis honoribus ; neque enim vera sunt gaudia in his omnibus et in his libris nulla sunt : immo vero anima illa ima transiliens, et in his delectata dicat, quia verum dicit et secura dicit, « Narraverunt mihi injusti delectationes, sed non sicut lex tua, Domine (*Psal.* CXVIII, 86). » Veniat adhuc iste Idithun, transiliat eos qui delectentur imis ; et delectetur in his, et gaudeat in verbo Domini, in delectatione legis Altissimi. Sed quid dicimus ? Et hinc transiliendum est in aliud ? An huc usque habet quo transiliat qui transilire desiderat ? Voces potius ejus audiamus. Jam enim iste transiliens videtur mihi quod habitabat in eloquiis Dei, et ibi didicit hæc, quæ audituri sumus.

3. « Dixi, Custodiam vias meas, ut non delinquam in lingua mea (*Ps.* XXXVIII. 2)? » Credas quod legendo, disserendo, prædicando, monendo, objurgando, hortando, cum versaretur in opere, cum exerceretur in difficultatibus quibusdam humanis, homo agens inter homines, quamvis jam transiliens eos, qui non delectantur his, (quia difficile est, ut quisque lingua

dit des choses dont il se repentait, et qu'il avait laissé échapper de sa bouche des paroles qu'il eût voulu mais qu'il ne pouvait rappeler. Ce n'est pas en vain que la langue est dans un milieu humide; c'est pour cela qu'elle glisse aisément. Voyant donc combien il était difficile, dans la nécessité où est l'homme de parler, qu'il ne dît rien en parlant, qu'il voulût ensuite ne pas avoir dit, et ressentant un ennui profond de ce genre de péchés, il a cherché à les éviter. Idithun est donc en proie à cette difficulté. Que celui qui n'a encore rien franchi, ne me juge pas; qu'il commence et qu'il fasse l'expérience de ce que je dis, alors il sera le témoin et le fils de la vérité. Instruit par ce qui lui était arrivé, il avait résolu de ne point parler, pour ne rien dire dont il eût à se repentir. C'est ce qu'indiquent ses premières paroles : « J'ai dit : je garderai mes voies afin que je ne pèche point par ma langue. » Gardez donc vos voies, ô Idithun, et gardez-vous de pécher par votre langue. Pesez avec soin ce que vous voulez dire, examinez, consultez la vérité intérieure, et alors manifestez-la à celui qui vous écoute extérieurement. Mais, le plus souvent, vous cherchez ce que vous avez à dire au milieu de choses qui vous agitent, au milieu des préoccupations de votre esprit, et dans le trouble de votre âme qui, faible et appesantie par un corps voué à la corruption (*Sag.* IX, 15), cherche à entendre et à parler, à entendre intérieurement, à parler extérieurement : et quelquefois, dans le désir violent de parler, elle ne prend plus soin de connaître la vérité, et elle dit ce que peut-être elle ne devrait pas dire. Contre ces fautes, le silence est le meilleur remède. En effet, quelque pécheur se trouve là : ce pécheur est un homme de distinction, orgueilleux et envieux ; il écoute l'homme de bien, se saisit des paroles qui lui échappent, et lui tend des piéges. Il est difficile qu'il ne trouve pas, dans ses discours, quelque mot qui n'ait pas été dit convenablement ; il ne l'excuse pas en l'entendant, mais par envie, il le calomnie. Idithun avait résolu d'opposer le silence à ces ennemis qu'il franchissait. Aussi, a-t-il chanté dans le psaume : « J'ai dit : Je garderai mes voies, afin que je ne pèche point par ma langue. » Parce que je suis poursuivi ou pris par les calomniateurs, et même quand ils ne me poursuivraient pas, « Je garderai mes voies, afin que je ne pèche point par ma langue. » Quand même j'aurais franchi les délices terrestres ; quand même je ne serais pas captivé par les affections fugitives des choses temporelles ; quand même je mépriserais déjà les biens infimes et m'élèverais à des richesses préférables ; il faudrait encore que dans la jouissance de ces biens excellents, il me suffit de les connaître et de les goûter

non labatur et peccet, « et qui lingua non peccavit, ut scriptum est, hic perfectus est vir (*Jacob.* III, 2) : » aliqua forte pœnitenda dixerat, et lapsa erant ab ore quæ vellet revocare, nec posset. Non enim lingua frustra in udo est, nisi quia facile labitur. Videns ergo quam esset difficile, ut necessitatem loquendi haberet homo, et in loquendo non aliquid diceret, quod se dixisse nollet ; et tædio affectus ex his peccatis, quæsivit evitare talia. Patitur hanc difficultatem transiliens. Non me judicet, qui nondum est transiliens : transiliat, et experiatur quod loquor : tunc enim erit et testis et filius veritatis. Cum ergo hæc ei contigissent, statuerat non loqui, ne aliquid diceret quod locutum se esse pœniteret. Hoc indicant prima verba ejus, « Dixi, Custodiam vias meas, ut non delinquam in lingua mea. » Custodi ergo vias tuas, o Idithun, et noli delinquere in lingua tua : perpende quod dicturus es, examina, consule interiorem veritatem, et sic profer ad exteriorem auditorem (*a*). Quæris ista plerumque in perturbatione rerum, in occupatione animorum, dum ipsa infirmitas animæ, quam « aggravat corpus quod corrumpitur (*Sap.* IX, 15), » et audire vult et dicere, audire intus, dicere foris, aliquando perturbata studio dicendi, deficit (*b*) indiligentia agnoscendi ; et in his dicit aliquid quod forte non esset dicendum. Contra hæc remedium melius est silentium. Stat enim peccator, propria quadam nota peccator, superbus quisquam et invidus ; audit loquentem transilientem, captat verba, proponit laqueos ; difficile est ut non inveniat aliquid non ita dictum, ut dici debuisset : nec audiendo ignoscit, sed calumniatur invidendo. Contra hos iste Idithun transiliens eos silere delegerat, unde ita cantavit : « Dixi, Custodiam vias meas, ut non delinquam in lingua mea. » Quamdiu capior a calumniosis, aut captor, etsi non capior ? « Custodiam vias meas, ut non delinquam in lingua mea. » Quamvis transilierim delectationes

---

(*a*) Sic editi. At omnes MSS. *Quis ista* : forte pro *Quamvis ista* etc. ut referatur ad illud, *contra hæc remedium melius* etc. In MSS. autem perpaucis, *Quis ista conservat plerumque* etc. (*b*) Septemdecim MSS. *indigentiâ*.

devant Dieu. Qu'ai-je besoin de proférer des paroles que l'on puisse surprendre, et de donner accès aux calomniateurs? « J'ai donc dit : Je garderai mes voies, afin que je ne pèche point par ma langue. J'ai mis une garde à mes lèvres. » Pourquoi? Est-ce à cause des justes, à cause des zélés, à cause des fidèles et des saints? Non. Ceux-là écoutent de telle sorte, qu'ils louent ce qu'ils approuvent, et que, parmi le grand nombre de choses qu'ils louent, s'il y a par hasard quelque chose qu'ils désapprouvent, ils l'excusent plutôt que d'en faire l'objet d'une calomnie. Quels sont donc ceux à cause desquels vous voulez garder vos voies, afin que votre langue ne pèche pas, et mettre une garde sur vos lèvres? Le Prophète va vous le dire : « Tandis que le pécheur se tient levé contre moi. » Il ne dit pas: se tient levé devant moi, mais « se tient levé contre moi. » Car, que puis-je lui dire qui le satisfasse? Je parle de choses spirituelles à un homme charnel, qui voit et entend au dehors, et qui, au dedans, est sourd et aveugle. En effet, l'homme animal n'est pas capable de comprendre les choses qui sont de l'esprit de Dieu (I *Cor.* II, 14). Et s'il n'était point un homme animal, serait-il jamais un calomniateur? Heureux qui parle à une oreille qui l'écoute (*Eccli.* XXV, 12), et non à l'oreille du pécheur qui se tient levé contre lui! Tels étaient en grand nombre ceux qui entouraient le Christ avec des frémissements de haine, lorsqu'il fut conduit comme une brebis au sacrifice, et que, comme un agneau sans voix en présence de celui qui le tond, il n'ouvrit pas la bouche (*Is.* LIII, 7). Que direz-vous, en effet, à des hommes gonflés d'orgueil, remplis d'agitation, calomniateurs, querelleurs, avides de parler? Que direz-vous de saint, de pieux, de religieux, de supérieur à leurs pensées, lorsque le Seigneur même a dit à ceux qui l'écoutaient avec bonheur, qui désiraient s'instruire, qui ouvraient leur âme affamée à la nourriture de la vérité et qui la recevaient avidement : « J'ai encore beaucoup de choses à vous dire, mais vous ne pouvez les porter maintenant (*Jean.* XVI, 12)? L'Apôtre disait aussi : « Je n'ai pu vous parler comme à des hommes spirituels, mais comme à des hommes charnels, » dont il ne fallait pas désespérer, mais qu'il fallait nourrir. En effet, il continue : « Je vous ai donné du lait à boire, comme à de petits enfants en Jésus-Christ; mais je ne vous ai point donné une nourriture solide; vous ne pouviez encore la supporter (I *Cor.* III, 1). » Vous aussi, dites donc maintenant à vos calomniateurs : « Vous ne pouvez supporter ce que j'aurais à vous dire, ne vous pressez donc pas d'entendre ce que vous ne comprenez pas, mais croissez pour être en état de me comprendre. C'est ainsi que nous par-

---

terrenas, quamvis non me capiant temporalium rerum volatici affectus, quamvis jam hæc ima despiciam, et ad meliora consurgam ; in ipsis tamen melioribus sufficit mihi delectatio intelligentiæ coram Deo : quid mihi opus est captanda loqui, et dare aditum calumniantibus? « Dixi ergo, Custodiam vias meas, ut non delinquam in lingua mea. Posui ori meo custodiam. » Hoc quare? Propter pios, propter studiosos, propter fideles et sanctos? absit. Illi sic audiunt, ut quod probant laudent : quod autem improbant inter multa forte quæ laudant, veniam dent potius quam calumniam parent. Propter quos ergo vis custodire vias tuas, ut non delinquas in lingua tua, et ponis ori tuo custodiam? Audi, « Dum consistit adversum me peccator. » Non consistit ad me, sed « consistit adversum me. » Quid dicturus postremo, unde satisfaciam? Carnali de spiritalibus loquor, foris videnti et audienti, intus surdo et cæco. « Animalis enim homo non percipit quæ sunt Spiritus Dei (I *Cor.* II, 14). » Nisi autem animalis inveniretur, quando calumniaretur? « Beatus qui narrat verbum auri audienti (*Eccli.* XXV, 12), » non auri peccatoris adstantis adversum se. Tales enim multi circumstabant et circumfremebant, quando ille velut ovis ad immolandum ductus est, « et sicut agnus coram tondente sine voce, sic non aperuit os suum (*Isai.* LIII, 7). » Quid enim dicas turgidis, turbidis, calumniosis, litigiosis, verbosis ? Quid (*a*) dicas sanctum et pium, et de religione transiliens eos : quando ipsis libenter audientibus, discere cupientibus, veritatis cibo inhiantibus, avide accipientibus, et Dominus ait, « Adhuc multa habeo vobis dicere, sed non potestis illa portare modo (*Johan.* XVI, 12) ? » Et Apostolus, « Non potui vobis loqui quasi spiritalibus, sed quasi carnalibus (I *Cor.* VIII, 1) : » non tamen desperandis, sed nutriendis. Sequitur enim, « Tamquam parvulis in Christo lac vobis potum dedi, non escam, nondum enim poteratis (*Ibid.*). » Ergo vel nunc dic. Sed neque adhuc quidem potestis. Noli ergo festinare audire quod

---

(*a*) Er. *Quid dicas sancto et pio et de religione transilienti eos.* Tres MSS. *Quid dicat sanctus et pius et de religionis transiliens eos.*

lons au petit enfant, qu'il faut nourrir du lait de la piété au sein de l'Église sa mère, et rendre capable de prendre sa nourriture à la table du Seigneur. Mais que dire de semblable au pécheur qui se tient levé contre moi, et qui se croit capable ou feint d'être capable de comprendre ce qu'il ne comprend pas? Après que je lui aurai parlé sans être compris de lui, il s'imaginera non qu'il n'a pas compris, mais que je suis en défaut. C'est donc à cause de ce pécheur qui se tient levé contre moi, que « j'ai mis une garde à mes lèvres. »

4. Et quelle en a été la conséquence ? « Je suis devenu sourd, j'ai été humilié, et j'ai tu le bien que j'avais à dire (*Ps.*xxxviii, 3). » Telle est, en effet, la difficulté que trouve Idithun dans le degré où déjà il est parvenu, et qu'il cherche encore à franchir, afin d'échapper à cette difficulté. Par crainte de pécher, je ne parlais pas et je m'imposais le silence, car j'avais dit : « Je garderai mes voies, afin que je ne pèche pas par la langue ; » et par crainte de pécher en parlant, voici que « je suis devenu sourd, que j'ai été humilié, et que j'ai tu le bien que j'avais à dire. » Tandis que j'ai craint d'une manière excessive, de dire quelque parole blâmable, je n'ai dit aucune bonne parole: « Je suis devenu sourd, j'ai été humilié, et j'ai tu le bien que j'avais à dire. » Et pourquoi disais-je d'abord de bonnes paroles, si ce n'est parce que mon oreille entendait ? Car « vous me ferez entendre des paroles de joie et d'allégresse (*Ps.* L, 10). »

Et l'ami de l'Époux se tient près de lui, il l'écoute et il est transporté de joie, parce qu'il entend, non sa propre voix, mais celle de l'Époux (*Jean.* III, 29). Afin de dire toujours la vérité, il écoute d'abord ce qu'il doit dire. Car celui qui profère le mensonge, parle de son propre fonds (*Jean.* VIII, 44). Idithun a donc souffert quelque chose de triste et de fâcheux, et son aveu nous avertit qu'il faut éviter ce qu'il a souffert, et non l'imiter. Dans sa crainte excessive de laisser échapper quelque parole blâmable, ainsi que je l'ai dit, il a résolu en lui-même de ne rien dire, même de bon ; et parce qu'il a résolu de se taire, il a cessé d'écouter. Si, en effet, vous êtes du nombre de ceux qui vont de degré en degré, vous vous arrêtez parfois, et vous attendez que Dieu vous apprenne ce que vous devez dire aux hommes. Entre Dieu qui est riche, et l'indigent qui demande à entendre, vous intervenez dans votre marche progressive, afin d'entendre d'un côté et de parler de l'autre. Si d'une part vous vous décidez à ne point parler, de l'autre vous ne méritez pas d'entendre. Vous méprisez le pauvre, le riche vous méprisera. Oubliez-vous que vous êtes le serviteur que le maître a établi sur sa famille pour distribuer les vivres à ceux qui servent avec vous (*Matth.* XXIV, 45)? Pourquoi donc demandez-vous à recevoir ce que vous êtes paresseux à rendre? C'est donc avec justice, puisque vous avez refusé de dire ce que vous aviez reçu, que vous êtes privé de recevoir ce que

---

non capis, sed cresce ut capias. Sic parvulum alloquimur, in sinu matris Ecclesiæ pio lacte nutriendum, et ad escam mensæ Dominicæ idoneum faciendum. Quid autem vel tale dicam peccatori adstanti adversus me, idoneum se putanti aut fingenti, ad ea quæ non capit : ut cum ei dixero, et ille non ceperit, non se putet non cepisse, sed me defecisse? Ergo propter hunc peccatorem adstantem adversus me, « posui ori meo custodiam. »

4. Et quid secutum est? « Obsurdui, et humiliatus sum, et silui a bonis (*Ps.* xxxviii, 3). » Patitur enim difficultatem iste transiliens in quodam gradu, quo jam transilivit; et quærit et inde transilire, ad vitandam hanc difficultatem. Peccare metuebam, ut non loquerer, ut silentium mihi imponerem ; hoc enim dixeram, « Custodiam vias meas, ut non delinquam in lingua mea : » et dum timeo loqui ne peccem, « Obsurdui et humiliatus sum, et silui a bonis. » Dum nimis timeo ne loquar aliqua mala, tacui omnia bona : « Obsurdui, et humiliatus sum, et silui a bonis. » Unde enim dicebam bona, nisi quia audiebam ? « Auditui enim meo dabis exsultationem et lætitiam (*Psal.* L, 10). » « Et amicus sponsi stat, et audit eum, et gaudio gaudet propter vocem, non suam, sed sponsi (*Johan.* III, 29). » Et vera dicat, audit quæ dicat. « Nam qui loquitur mendacium, de suo loquitur (*Johan.* VIII, 44). » Quiddam ergo triste et molestum passus est iste ; et hac sua confessione id quod passus est, cavendum admonet, non imitandum. Timendo enim nimis, ut dixi, ne diceret aliqua non bona, statuit sibi nulla dicere vel bona : et quoniam statuit tacere, cœpit non audire. Stas enim si transilieus es, exspectas a Deo audire quid dicas hominibus : inter divitem Deum, et inopem quærentem quid audiat, intercurris transiliens, qui possis et hinc audire, et hac dicere : si eligis hac non di-

vous désiriez. Car vous désiriez obtenir quelque chose, et déjà vous possédiez quelque chose ; donnez ce que vous avez, pour mériter de recevoir ce que vous n'avez pas encore. Donc après avoir mis une garde à mes lèvres et m'être imposé le silence, parce que je voyais partout du péril à parler, il m'est arrivé, dit-il, ce que je ne voulais pas : « Je suis devenu sourd, et j'ai été humilié, » non pas : Je me suis humilié, mais, « j'ai été humilié. Je suis devenu sourd, j'ai été humilié, et j'ai tu le bien que j'avais à dire. » J'ai commencé à taire le bien, par crainte de dire quelque chose de mal ; et j'ai ensuite blâmé cette résolution, parce qu'elle a été cause que « j'ai tu le bien. Et ma douleur a recommencé. » J'avais trouvé, il est vrai, dans mon silence, une trêve à la douleur que m'avaient infligée ceux qui me reprenaient et me calomniaient, et la douleur que m'avaient causée leurs calomnies avait cessé ; mais à la pensée que j'avais tu le bien que je devais dire, ma douleur a recommencé. J'ai commencé à souffrir plus d'avoir tu ce que je devais dire, que je n'avais souffert d'avoir dit ce que je ne devais pas. « Et ma douleur a recommencé. »

5. « Et tandis que je réfléchissais, j'ai été envahi par un feu ardent (*Ps.* XXXVIII, 5).» Mon cœur a commencé à perdre son repos. Je voyais des insensés et je me desséchais (*Ps.*CXVIII,158), sans les reprendre ; et dans le silence que je gardais, le zèle de votre maison me dévorait (*Ps.* LXVIII, 10). J'ai considéré le Seigneur, qui me disait : « Serviteur paresseux et mauvais, vous devriez remettre mon argent aux banquiers ; et, à mon retour, je le retirerais avec les intérêts (*Matth.* XXV, 27). » Et que Dieu veuille détourner de ses ministres le châtiment prononcé ensuite : Qu'il soit jeté dans les ténèbres extérieures, les mains et les pieds liés, ce serviteur qui n'est pas dissipateur pour perdre les biens de son maître, mais paresseux pour lui en gagner de nouveaux. Que doivent donc attendre ceux qui ont dissipé dans la débauche le bien du maître, si ceux qui l'ont conservé avec paresse sont ainsi condamnés ? « Et tandis que je réfléchissais, j'ai été envahi par un feu ardent. » Il flottait donc dans l'alternative de se taire ou de parler, placé entre ceux qui étaient prêts à le calomnier et ceux qui aspiraient à être instruits, entre les riches et les indigents ; il était devenu l'objet du dédain des riches et du mépris des orgueilleux (*Ps.* CXXII, 4), parce qu'il regardait comme heureux ceux qui ont faim et soif de la justice (*Matth.* V, 6); il souffrait des deux parts, il était affligé des

---

cere, non mereberis hinc audire : contemnis pauperem, contemneris a divite. Oblitus es servum te esse, quem constituit Dominus super familiam suam dare conservis cibaria (*Matth.* XXIV, 45)? Quid ergo quæris accipere, quod piger es erogare ? Merito ergo quoniam quod acceperas dicere noluisti, impediris ne accipias quod accipere cupiebas. Aliquid enim volebas, aliquid habebas : da quod habes, ut merearis accipere quod non habes. Ergo cum quasi posuissem ori meo custodiam, mihique indixissem silentium, quia videbam ubique periculosum eloquium ; factum est, inquit, in me quod nolebam ; « Obsurdui, et humiliatus sum : » non me humiliavi ; sed, « humiliatus sum. Obsurdui, et humiliatus sum, et silui a bonis. » Cœpi non dicere bona, cum timeo ne dicam aliqua mala : et reprehendi consilium meum. « Silui » enim « a bonis. Et dolor meus renovatus est. » A dolore quippe quodam, quem mihi inflixerant calumniatores et reprehensores, tamquam requieveram in silentio, et cessaverat dolor ille qui factus erat a calumniantibus : sed ubi silui a bonis, renovatus est dolor meus. Cœpi plus dolere tacuisse me quæ dicere deberem, quam dolueram dixisse quæ dicere non deberem. « Renovatus est dolor meus. (*a*) »

5. « Et in meditatione mea exardescet ignis (*Ps.* XXXVII,4).» Cœpit esse inquietum cor meum. « Videbam insensatos, et tabescebam (*Psal.* CXVIII, 158,) : » non arguebam, et me sic tacentem « zelus domus tuæ comedebat (*Psal.* LXVIII, 10). » Respexi enim ad Dominum meum dicentem, « Serve nequam et piger, dares pecuniam meam nummulariis, et ego veniens cum usuris exigerem (*Matth.* XXV, 27). » Et quod sequitur, avertat Deus a dispensatoribus suis, Projiciatur in tenebras exteriores ligatis manibus et pedibus (*Ibid.*) servus, non eversor ad perdendum, sed piger ad erogandum. Quid exspectare debent, qui cum luxuria consumserunt, si damnantur qui cum pigritia servaverunt ? « In meditatione mea exardescet ignis. » Et positus in hac fluctuatione dicendi et tacendi, inter eos qui calumniari parati sunt, et eos qui affectant instrui, inter abundantes et inopes ; « factus opprobrium his qui abundabant, et despectio superbis (*Psal.* CXXII, 4), » respiciens eos beatos qui esuriunt et sitiunt justitiam

---

(*a*) Silentio præterit verba illa vers. 4. *Concaluit cor meum intra me.*

deux parts, exposé à jeter des perles devant les pourceaux, exposé à ne pas distribuer aux autres serviteurs les vivres dont ils avaient besoin : du milieu de ce feu, il a cherché un lieu plus favorable, où il pût échapper à cette disposition d'esprit dans laquelle l'homme souffre et est en péril ; il a soupiré après une fin connue de lui, dans laquelle il n'aura plus de maux semblables à endurer, après cette fin, dis-je, lors de laquelle le Seigneur dira au fidèle dispensateur de ses biens : « Entrez dans la joie de votre Seigneur (*Ibid.* 21); » et sous cette impression, il s'est écrié : « J'ai délié ma langue, et j'ai parlé (*Ps.* XXXVIII, 5).» Du milieu de ce feu, de ces périls, de ces souffrances, où les délices que donne la loi du Seigneur n'empêchent pas qu'en raison de la multitude des scandales, la charité d'un grand ne se refroidisse (*Matth.* XXIV, 12); du milieu donc de ce feu, il dit : « J'ai délié ma langue et j'ai parlé. » A qui ? non à celui qui m'écoute et que je veux instruire, mais à celui qui peut m'exaucer et par qui je veux être instruit. «J'ai délié ma langue, et j'ai parlé » à celui que j'entends intérieurement, quand je viens à entendre quelque chose de bon et de vrai. Mais qu'avez-vous dit ? Il a dit : « Seigneur, faites-moi connaître ma fin. » Car j'ai franchi certains degrés, et je suis parvenu à un degré plus élevé, et celui auquel je suis parvenu vaut mieux que ceux que j'ai franchis ; mais il m'en reste encore à franchir. Nous ne resterons pas, en effet, dans une situation où nous souffrons les tentations, les scandales, et où nous avons à supporter les calomnies de ceux qui nous écoutent. «Faites-moi connaître ma fin, » la fin qu'il me faut encore poursuivre, et non la course que je fournis maintenant.

6. Le prophète parle de cette fin que l'Apôtre envisageait dans sa course, et qui lui donnait lieu de confesser son imperfection, parce qu'il voyait en lui-même autre chose que ce qu'il cherchait à atteindre. Car il disait : « Ce n'est pas que j'aie déjà atteint jusque-là, ou que déjà je sois parfait ; non, mes frères, je ne pense pas avoir encore atteint ce but (*Philip.* III, 12 et 13).» Et de peur que vous ne disiez : si l'Apôtre ne l'a pas atteint, l'ai-je atteint ? Si l'Apôtre n'est point parfait, suis-je parfait ? Voyez ce qu'il va faire, écoutez ce qu'il va dire. Que faites-vous donc, ô Apôtre ? N'avez-vous pas encore atteint votre fin ? N'êtes-vous pas encore parfait ? Que faites-vous ? A quoi m'exhortez-vous ? Que me proposez-vous d'imiter et de faire à votre exemple ? Il nous répond : « Mais seulement, oubliant ce qui est derrière moi, et m'avançant vers ce qui est devant moi, je tends de toute ma force vers le prix de la céleste vocation que Dieu m'a donnée en Jésus-Christ (*Philp.* III, 14). » Il tend, il n'est point encore arrivé, il ne possède pas encore.

(*Matth.* v, 6); laborans in utroque, afflictus in utroque; periclitans ne projiciat margaritas ante porcos, periclitans ne non eroget cibaria conservis : in hoc æstu quæsivit aliam meliorem locum ab hac dispensatione, in qua sic laborat homo et periclitatur ; et suspirans in finem quemdam, ubi ista non erat passurus, in illum, inquam, finem quo dicturus est bono erogatori Dominus, « Intra in gaudium Domini tui (*Ibid.* 24) : « Locutus sum, inquit, in lingua mea (*Ps.* XXXVIII, 5). » Inter æstus, inter pericula hæc, inter difficultates, quia ita delectat lex Domini, « ut tamen propter abundantiam scandalorum refrigescat caritas multorum (*Matth.* XXIV, 12) : » inter hos ergo æstus, « Locutus sum, inquit, in lingua mea. » Cui ? Non auditori quem volo erudire, sed exauditori a quo volo erudiri. « Locutus sum in lingua mea; » illi a quo intus audio, si quod bonum, si quod verum audio. Quid locutus est? « Notum, inquit, mihi fac Domine finem meum. » Transilivi enim quædam, et veni ad quædam, et ea in quæ veni, meliora sunt eis a quibus transilivi : sed restat adhuc quod transiliendum sit. Non enim hic remanebimus, ubi tentationes, ubi scandala, ubi auditores et calumniatores patimur. « Finem meum notum mihi fac : « finem qui mihi deest, non cursum qui mihi adest.

6. Finem illum dicit, quem currens intuebatur Apostolus, et de sua imperfectione confitebatur, aliud in se intuens, aliud alibi quærens. Ait enim, « Non quia jam acceperim, aut jam perfectus sim, Fratres, ego meipsum non arbitror apprehendisse (*Philip.* III, 12, et 13). » Et ne diceres, Si non apprehendit Apostolus, ego apprehendi ? si perfectus non est Apostolus, ego perfectus sum ? vide quid agat, attende quid dicat. Quid ergo (*a*) agis Apostole ? Nondum apprehendisti, nondum perfectus es ? Quid agis ? ad quam actionem me hortaris ? quid mihi imitandum sequendumque proponis ? « Unum au-

---

(*a*) Sic MSS. At editi hic et proximo loco, pro *agis*, habent *ais*.

Ne retombons pas dans les choses que nous avons déjà franchies ; ne restons pas au point où déjà nous sommes parvenus. Courons, faisons effort, nous sommes dans le chemin : ne cherchez pas si vous êtes en sûreté pour les degrés que vous avez franchis, préoccupez-vous surtout des degrés qu'il vous reste à franchir. « Oubliant, dit l'Apôtre, ce qui est derrière moi, et m'élançant vers ce qui est devant moi, je tends de toute ma force vers le prix de la céleste vocation que Dieu m'a donnée en Jésus-Christ. » En effet, Jésus-Christ est la fin. Or, la seule chose dont parle l'Apôtre est aussi la seule chose qu'exprime cette parole : « Seigneur, montrez-nous votre Père, et cela nous suffit (*Jean*, XIV, 9). » Cette seule chose, c'est aussi cette grâce unique dont parle le Prophète dans un autre psaume : « J'ai demandé une chose unique au Seigneur, et je la lui redemanderai (*Ps.* XXVI, 4). » « Oubliant ce qui est derrière moi, et m'élançant vers ce qui est devant moi, j'ai demandé une chose unique au Seigneur, et je la lui redemanderai, c'est d'habiter dans la maison du Seigneur tous les jours de ma vie. » Pourquoi ? « Pour contempler la joie du Seigneur. » Là, en effet, je me réjouirai des compagnons de mon bonheur et ne craindrai plus d'adversaires ; là, celui qui partagera ma contemplation sera pour moi un ami et non un ennemi calomniateur. Idithun a donc désiré connaître ce qui lui arriverait, quand il serait au ciel, afin de savoir ce qui lui manquait, et d'avoir moins de joie de ce qu'il possédait déjà que de désir pour les choses auxquelles il n'était pas encore parvenu. Que voulait-il encore, sinon ne point rester en route, après avoir franchi déjà bien des obstacles, mais se livrer à son désir de monter plus haut, jusqu'au moment où, après avoir franchi de nombreux degrés, il franchirait enfin le dernier ? Alors, au lieu d'être arrosé seulement par quelques gouttes divines tombant de la nue des Écritures, il arriverait, comme le cerf, à la source de la vie (*Ps.* XLI, 10), où il verrait la lumière au sein de la lumière même (*Ps.* XXXV, 10), et il serait caché dans le visage de Dieu, loin des troubles humains, où il dirait : Je suis au comble du bonheur ; je ne désire plus rien ; ici j'aime tous mes compagnons, ici je ne crains plus personne. Oh ! le bon, oh ! le saint désir ! Vous qui le ressentez déjà, réjouissez-vous avec nous, et priez pour que nous le ressentions avec persévérance, sans fléchir au milieu des scandales. Car, de notre côté, nous faisons pour vous la même prière. Et ne dites pas que nous sommes dignes de prier pour vous, mais que vous n'êtes point dignes de prier pour nous : l'Apôtre se recommandait aux fidèles auxquels il prêchait la parole de Dieu (*Coloss.* IV, 3). Priez donc pour nous, mes frères, afin que nous voyions bien ce que nous devons voir, et que nous disions bien ce que nous devons dire. Du

tem, » inquit, « quæ retro sunt oblitus, in ea quæ ante sunt extentus, secundum intentionem sequor ad palmam supernæ vocationis Dei in Christo Jesu (*Ibid.* 14) : » secundum intentionem, nondum secundum perventionem, nondum secundum apprehensionem. Non relabamur unde jam transilivimus, nec remancamus in illis in quæ jam venimus. Curramus, intendamus, in via sumus : nec tam sis securus ex eis quæ transisti, quam sollicitus pro eis ad quæ nondum pervenisti. « Quæ retro, » inquit, « oblitus, in ea quæ ante sunt extentus, secundum intentionem sequor ad palmam supernæ vocationis Dei in Christo Jesu (*Ibid.*). » Ipse est enim finis. Unum autem, hoc est illud unum, « Domine ostende nobis Patrem, et sufficit nobis (*Johan.* XIV, 9). » Unum autem, quæ et una dicitur in alio Psalmo, « Unam petii a Domino, hanc requiram. » Quæ retro oblitus, in ea quæ ante sunt extentus, « Unam petii a Domino, hanc requiram, ut inhabitem in domo Domini per omnes dies vitæ meæ (*Psal.* XXVI, 4). » Propter quid ? Ut contempler delectationem Domini. Ibi enim gaudebo de socio, non timebo de adversario : ibi enim contemplator mecum erit amicus, non calumniator inimicus. Hoc desideravit iste Idithun, notum fieri sibi cum hic esset, ut sciret quid sibi deesset ; et non tam gauderet de his ad quæ pervenerat, quam desideraret ea ad quæ nondum pervenerat ; et quibusdam jam transilitis, non remaneret in via, sed desiderio raperetur in superna ; usque quo ille qui quædam transilierat, omnia transiliret, et ab irroratione quadam guttarum Dominicarum de Scripturarum nube venientium, veniret sicut cervus ad fontem vitæ (*Psal.* XLI, 2), et in illo lumine videret lumen (*Psal.* XXXV, 10), et absconderetur in vultu Dei a conturbatione hominum (*Psal.* XXX, 21) : ubi diceret, Bene est, ultra nihil volo, omnes hic amo, neminem hic timeo. Bonum desiderium, sanctum desiderium. Qui jam hoc habetis, congaudete nobis ; et orate ut perseveranter habeamus, ne inter scandala deficiamus. Nam et

reste, ce désir, je le sais, n'existe que chez un petit nombre d'entre vous ; et je ne suis pleinement compris que de ceux qui ont goûté les choses dont je parle. Cependant nous parlons à tous également, et à ceux qui ont ce désir et à ceux qui ne l'ont pas encore : à ceux qui l'ont, afin qu'ils soupirent avec nous après ces biens ; à ceux qui ne l'ont pas, afin qu'ils secouent leur paresse, qu'ils franchissent les choses basses, qu'ils viennent à goûter les douceurs de la loi de Dieu, et qu'ils ne restent pas attachés aux délices des impies. En effet, beaucoup vantent beaucoup de choses, beaucoup louent beaucoup de choses ; hommes d'iniquité, ils vantent et louent des iniquités. Et de fait, ces iniquités ne manquent point de charmes, mais de charmes qui ne ressemblent pas, ô mon Dieu, aux délices de votre loi (*Ps.* CXVIII, 85). Que ceux-là donc le disent avec nous, qui croient que nous le disons avec pleine conviction. Car, ces délices spirituelles sont tout intérieures, et nulle parole ne saurait les démontrer. Mais que celui qui les ressent croie qu'il en est de même pour un autre, et qu'il ne pense pas être seul à recevoir les dons de Dieu. Qu'Idithun dise donc en eux : « Seigneur, faites-moi connaître ma fin. »

7. « Et le nombre de mes jours qui est (*Ps.* XXXVIII, 5). » Je cherche le nombre de mes jours qui est. Je puis dire, je puis comprendre un nombre sans nombre, comme on peut dire des années sans années. En effet, là où il y a des années, il y a toujours comme un nombre ; et cependant, dit le Prophète au Seigneur, vous êtes toujours le même, et vos années ne finiront pas (*Ps.* CI, 28). » Faites-moi connaître le nombre de mes jours, mais le nombre qui est. Quoi donc ? Est-ce que le nombre d'années dans lequel vous êtes, n'est pas ? Assurément, si j'y fais bien attention, il n'est pas ; si j'y reste, il est en quelque sorte ; si je le dépasse, il n'est pas. Si, me débarrassant des choses temporelles, je contemple les choses du ciel ; si je compare ce qui passe à ce qui demeure, je vois quelle est la vérité ; mais alors où est plutôt l'apparence de la réalité que la réalité même ? Vais-je dire que ces jours présents sont réellement ? Puis-je, je le répète, dire qu'ils sont réellement, et donnerai-je témérairement un si grand nom à ce cours précipité d'années fugitives ? Je ne suis pas tellement faible que je ne me rende compte de la parole de celui qui a dit : « Je suis celui qui suis (*Ex.* III, 14). » Existe-t-il donc un nombre quelconque de jours ? Il en existe un, c'est celui du jour qui n'a pas de fin. Cependant, je vous accorderai qu'il y a quelque chose de réel dans nos jours actuels, si je puis m'assurer que le jour sur le-

---

nos pro vobis hoc idem rogamus. Non enim nos digni qui pro vobis oremus, et vos indigni qui pro nobis oretis. Auditoribus suis quibus prædicabat verbum Dei, se commendabat Apostolus. Orate ergo pro nobis, Fratres, ut et quod videndum est bene videamus, et quod dicendum est bene dicamus (*Coloss.* IV, 3). Ceterum hoc desiderium, novi, in paucis est : nec me optime intelligunt, nisi qui gustaverint unde loquor. Loquimur tamen omnibus, et habentibus tale desiderium et nondum habentibus : habentibus, ut nobiscum in illa suspirent ; non habentibus, ut pigritiam excutiant, ima transiliant, ad dulcedinem legis Dominicæ veniant, non in delectationibus iniquorum remaneant. Narrant enim multa multi, et laudant multa multi, iniqua iniqui. Et re vera et illa iniqua habent delectationem, sed non sicut lex tua Domine (*Psal.* CXVIII, 93). Dicant ergo nobiscum qui credunt hæc dicere et nos. Negotium enim hoc intus est, nullis verbis ostendi potest. Sed qui hoc agit, credat esse et in alio : non solum se putet accepisse quod Dei est. Dicat ergo in his Idithun, « Notum fac mihi Domine finem meum. »

7. « Et numerum dierum meorum qui est (*Ibid.* 5). » Numerum dierum quæro qui est. Sic possum dicere, sic possum intelligere numerum sine numero, quomodo possunt dici anni sine annis. Ubi enim anni utique quasi numerus ; sed tamen, « Tu idem ipse es, et anni tui non deficient (*Psal.* CI, 28). » Numerum dierum meorum mihi notum fac, sed qui est. Quid ergo ? Iste numerus in quo tu es, non est ? Plane, si adtendam bene, non est : si hæream, quasi est ; si transiliam, non est : si ab istis me excutiens superna contempler, video quid verum sit : quid autem magis videatur esse, quam (*a*) sit ? Dicturus ne sum esse istos dies meos ? Hos, inquam, dies esse dicturus sum ; et tam magnum hoc verbum, huic cursui rerum labentium temere dabo ? Ita ergo deficiens pene non sum, ut exciderit mihi qui dixit, « Ego sum qui sum (*Exod.* III, 14). » Est ergo aliquis numerus dierum ? Vere est, et sine fine est. In his autem diebus

---

(*a*) Sic plerique MSS. At Lov. *quam si dicturus sit te mensum esse istos dies meos ?* Er. *videatur non esse, quam si dicturus sim esse istos dies meos ?*

quel vous m'interrogez existe; car, si vous voulez m'interroger, saisissez du moins ce jour sur lequel vous m'interrogez. Le tenez-vous ce jour en question? Si vous tenez le jour d'hier, vous tenez aussi celui d'aujourd'hui. Mais, dites-vous, je ne tiens pas le jour d'hier, puisqu'il n'est plus, mais je tiens celui dans lequel je suis et qui subsiste avec moi. Mais n'avez-vous point déjà laissé aller, sur ce jour, tout le temps passé depuis son commencement? Ce jour n'a-t-il pas commencé à sa première heure? Donnez-moi cette première heure? Donnez-la moi, la seconde aussi, puisque peut-être elle est également écoulée. Je vous donnerai, dites-vous, la troisième : peut-être, en effet, y sommes-nous. Remarquez, nous parlons de jours, et voici le troisième que nous examinons; mais ce troisième, si vous me le donnez, ce ne sera pas un troisième jour, mais une troisième heure. Et encore, je ne vous fais pas même cette concession, si vous m'avez suivi jusqu'ici. Donnez-moi donc cette troisième heure, qui est celle dans laquelle vous êtes, donnez-la moi. Mais, si une partie de cette heure est déjà écoulée, s'il en reste encore une partie à venir, vous ne pouvez me donner ni la partie écoulée, puisqu'elle n'est déjà plus, ni celle qui est à venir, puisqu'elle n'est pas encore. Qu'allez-vous donc me donner de l'heure qui s'écoule maintenant? Quelle partie m'en donnerez-vous, de laquelle je puisse m'emparer pour lui appliquer ce mot : elle est? Mais quand vous prononcez le mot est, il ne renferme qu'une syllabe prononcée en un seul moment, et cette syllabe contient trois lettres : cependant, dans cette unique émission de voix, vous n'arriverez pas à la seconde lettre, que la première ne soit finie, et la troisième n'arrivera pas que la deuxième ne soit passée. Quelle partie de cette syllabe unique me donnez-vous? Et vous croyez saisir un jour, vous qui ne saisissez pas même une syllabe? Tout est enlevé par le vol de chaque moment, le torrent des choses coule incessamment; c'est dans ce torrent qu'a bu pour nous, dans sa route, celui qui a déjà levé la tête (*Ps.* CIX, 7). Tous ces jours n'existent donc pas : ils passent, pour ainsi dire, avant que de venir, et lorsqu'ils sont venus, ils ne peuvent s'arrêter : ils se joignent, se suivent, et ne se tiennent pas. Nulle parcelle du passé ne peut être rappelée en arrière; ce qui doit arriver n'est attendu que pour passer, on ne le possède pas encore, quand il n'est pas encore arrivé; on ne le tient pas, lorsqu'il est arrivé. Faites-moi donc connaître « le nombre de mes jours qui est : » non pas le nombre qui n'est pas, ou plutôt, ce qui me cause plus de trouble et me paraît plus difficile et plus dangereux pour moi, le nombre qui est et qui n'est pas, puisque nous ne pouvons dire qu'il est, parce qu'il ne s'arrête jamais; et que nous ne pouvons dire qu'il n'est pas, parce qu'il vient et passe. Je

---

dicam aliquid esse, si teneo de quo die me interrogas utrum sit : ut vel interroges me, tene unde me interrogas. Tenes diem istum? Si tenuisti hesternum, tenes et hodiernum. Sed hesternum, inquis, non teneo quia jam non est, istum autem teneo in quo sum, et qui mecum est. Ita-ne de isto excidit tibi jam quantum a prima luce transierit? Nonne iste dies a prima hora cœpit? Da mihi primam horam ejus : da mihi et secundam ejus; quia forte et ipsa transvolavit. Tertiam, inquis, dabo tibi : forte enim in ipsa nunc sumus. Certe ergo sunt isti dies. et est tertia dies : et si tertiam dabis, non diem, sed horam dabis. Verumtamen ne hoc quidem tibi concedo, si mecum ista ulcumque transilisti. Da mihi vel horam tertiam, ipsam mihi da in qua es. Si enim aliquid ejus jam præteriit, et aliquid ejus adhuc restat; nec quod præteriit mihi potes dare, quia jam non est; nec quod restat, quia nondum est. Quid mihi de hora ista, quæ nunc peragitur, dabis?

Quid de illa mihi dabis, cui committam hoc verbum ut dicam, Est? Cum dicis ipsum Est, certe una syllaba est, et momentum unum est, et tres litteras hujus habet : in ipso ictu ad secundam hujus verbi litteram non parvenis, nisi prima finita fuerit, tertia non sonabit, nisi cum et secunda transierit. Quid mihi de hac una syllaba dabis? Et tenes dies, qui unam syllabam non tenes? Momentis transvolantibus cuncta rapiuntur, torrens rerum fluit; de quo torrente ille in via bibit pro nobis qui jam exaltavit caput (*Psal.* CIX, 7). Isti ergo dies non sunt : ante abeunt pene, quam veniant, et cum venerint, stare non possunt (*a*) : junguntur se, sequuntur se, et non se tenent. Nihil de præterito revocatur : quod futurum est transiturum exspectatur, nondum habetur, dum venit, non tenetur, dum venerit. « Numerum » ergo « dierum meorum qui est : » non istum qui non est, et quod me difficilius et periculosius perturbat, et est et non est; nec esse possumus di-

(*a*) Septem MSS. *urgent se.*

cherche ce mot est dans sa simplicité, je cherche ce mot est dans sa vérité, je cherche ce mot est dans sa pureté, je cherche ce mot est comme il est dans cette Jérusalem, épouse de mon Seigneur, où il n'y aura ni mort, ni changement, ni jour passager, mais où est un jour éternel, sans veille qui le précède, sans lendemain qui le chasse. « Faites-moi donc connaître le nombre de mes jours qui est. »

8. « Pour que je sache ce qui me manque (*Ps.* XXXVIII, 5). » Car ce jour me manque tant que je suis dans les souffrances de cette vie, et, tant qu'il me manque, je ne puis me dire parfait ; tant que je ne le possède pas, je dis : « Ce n'est pas que j'aie reçu ce que j'espère, ni que je sois déjà parfait, mais je cours de toute ma force vers le prix de la céleste vocation que Dieu m'a donnée. » Ce sera là le prix de ma course. Une demeure fixe sera le terme de cette course ; et dans cette demeure, je trouverai une patrie, où il n'y aura ni voyage, ni sédition, ni tentation. Faites-moi donc connaître le nombre de mes jours qui est, afin que je sache ce qui me manque ; car je ne suis pas encore arrivé, et si je m'énorgueillissais du point où je suis déjà, j'aurais à craindre, en arrivant au but, de me trouver dépourvu de justice. En comparant ainsi ce qui est avec les choses qui véritablement ne sont pas, et en voyant qu'il me manque plus que je ne possède, je serai plus humble à cause de ce qui me manque (*Philip.* III, 12), qu'orgueilleux à cause de ce que je possède. Car ceux qui pensent posséder quelque chose en cette vie ne reçoivent pas ce qui leur manque, en punition de leur orgueil ; parce qu'ils regardent ce qu'ils ont comme quelque chose de grand. « Or, celui qui croit être quelque chose, tandis qu'il n'est rien, se trompe lui-même (*Gal.* VI, 3). » Ils ne sont donc pas grands pour cela ; car ce qui est enflé et gonflé imite la grandeur, mais n'est qu'une chose malsaine.

9. Voilà donc Idithun faisant en son cœur quelque chose de secret, que connaît celui-là seul qui agit de même. Il a obtenu ce qu'il a demandé ; il sait quelle sera sa fin, il sait quel est le nombre de ses jours, non celui qui passe, mais celui qui est. Il examine donc ce qu'il a déjà franchi, et le compare à ce qu'il connaît des régions supérieures ; et, comme si vous lui disiez : Pourquoi avez-vous désiré connaître le nombre de vos jours qui est ? Et que dites-vous des jours présents ? il répond, en considérant les choses passagères des hauteurs de cet autre jour : « Voilà que vous avez fait vieillir tous mes jours (*Ps.* XXXVIII, 6). » En effet ils ont vieilli, je veux des jours nouveaux, des jours nouveaux qui ne vieillissent jamais ; afin de pouvoir dire : « Ce qui était vieux a passé, et tout s'est renouvelé

---

cere quod non stat, nec non esse quod venit et transit. Est illud simplex quæro, Est verum quæro, Est germanum quæro, Est quod est in illa Jerusalem sponsa Domini mei, ubi non erit mors, non erit defectus, non erit dies transiens, sed manens, qui nec hesterno præceditur, nec crastino impellitur. Hunc, inquam, « numerum dierum meorum qui est, notum mihi fac. »

8. « Ut sciam quid desit mihi (*Ibid.* 5). » Hoc enim mihi deest hic laboranti : et quamdiu mihi deest, non me dico perfectum : quamdiu hoc non accipio, dico, « Non quia jam acceperim, aut jam perfectus sim ; sequor autem ad palmam supernæ vocationis Dei (*Philip.* III, 12) : » hanc accipiam pro mercede cursus mei. Mansio quædam erit finis currendi ; et in ipsa mansione patria sine peregrinatione, sine seditione, sine tentatione. Ergo, « Notum fac mihi hunc numerum dierum meorum qui est, ut sciam quid desit mihi ; » quia nondum ibi sum : ne superbiam ex eo in quo jam sum, ut inveniar in illo non habens meam justitiam. In comparatione enim illius quod est, adtendens ista quæ non ita sunt, et plus mihi videns deesse quam adesse, ero humilior ex eo quod deest, quam elatior ex eo quod adest. Nam qui putant se aliquid habere cum hic vivunt, superbiendo non accipiunt quod deest : quia magnum putant esse quod adest. « Qui enim putat se esse aliquid, cum nihil sit, semetipsum seducit (*Gal.* VI, 3). » Nec isti ex hoc magni sunt. Nam et inflatio et tumor imitatur magnitudinem, sed non habet sanitatem.

9. Jam ergo iste transiliens agens quiddam in corde occultum, quod non novit nisi qui pariter agit ; tamquam noto sibi facto fine suo impetrans quod rogavit, noto sibi facto numero dierum suorum, non qui transit, sed qui est, adtendit ad hæc quæ transilivit, et comparavit notitiæ superiori : et tamquam diceres ei, Quare desiderasti numerum dierum tuorum qui est ? quid enim de diebus istis dicis ? De illo (*a*) alio adtendens hæc ait, « Ecce veteres

---

(*a*) Undecim MSS. *De illo alto adtendens.* Alii septem. *ille de alto adtendens.*

(II *Cor.* v, 17), » en espérance pour le présent, mais en réalité dans l'avenir. Car bien que renouvelés par la foi et par l'espérance, que de choses nous faisons encore, qui tiennent du vieil homme? Car nous ne sommes pas encore tellement revêtus du Christ que nous ne portions plus rien de ce qui vient d'Adam. Voyez de quelle manière Adam vieillit en nous, et de quelle manière le Christ prend en nous une vie nouvelle : « Bien que l'homme extérieur qui est en nous se détruise, dit l'Apôtre, cependant l'homme intérieur se renouvelle de jour en jour (II *Cor.* iv, 16). » Quand donc nous portons notre attention sur le péché, sur notre mortalité, sur la course rapide des temps, sur nos gémissements, nos travaux et nos sueurs, sur nos âges successifs, toujours changeants, qui passent insensiblement de l'enfance à la vieillesse; en toutes ces choses, voyons le vieil homme, le vieux jour, le vieux cantique, le vieux Testament. Si, au contraire, nous nous tournons vers l'homme intérieur, vers ce qui doit être mis en nous à la place des choses qui sont livrées au changement, nous y trouverons l'homme nouveau, le jour nouveau, le cantique nouveau, le Testament nouveau; et puissions-nous nous attacher de telle sorte à ce renouvellement que nous n'ayons plus à craindre que rien ne vieillisse en nous. Maintenant donc, dans le cours de notre vie, nous passons des choses anciennes aux nouvelles; ce passage se fait par la destruction des choses extérieures et par le renouvellement des choses intérieures, jusqu'à ce que ce corps extérieur soit lui-même détruit, qu'il rende à la nature ce qu'il lui doit, qu'il subisse la mort, et qu'il soit renouvelé au jour de la résurrection. C'est alors que toutes choses seront véritablement nouvelles, tandis que beaucoup ne le sont encore qu'en espérance. Vous faites donc quelque chose de salutaire, lorsque vous vous dépouillez des choses anciennes et que vous courez vers les choses nouvelles. Courant donc vers les choses nouvelles, et s'élançant vers ce qui est devant lui, Idithun dit à Dieu : « Seigneur, faites-moi connaître ma fin, et le nombre de mes jours qui est, afin que je sache ce qui me manque. » Mais il traîne encore Adam en lui, tandis qu'il se hâte de courir vers le Christ. « Voilà, dit-il, que vous avez fait vieillir tous mes jours. » Ces vieux jours sont ceux que je tenais d'Adam, vous les avez fait vieillir encore. Ils vieillissent chaque jour, et ils vieillissent de telle sorte qu'enfin ils seront entièrement détruits. « Et ma substance est comme rien devant vous. » Ma substance est comme rien devant vous, Seigneur, devant vous qui voyez toutes ces choses; et moi, quand je les vois, je les vois devant vous, je ne les vois pas devant les hommes. Que dirai-je en effet? Par quelles paroles pourrai-je démontrer

---

posuisti dies meos (*Ps.* xxviii, 6). » Veterascunt enim hi, ego novos volo, novos numquam veterascentes : ut dicam, « Vetera transierunt, ecce facta sunt nova (II *Cor.* v, 17) : » nunc in spe, tunc in re. Innovati enim fide et spe, quanta adhuc vetera agimus ? Non enim sic Christo induti simus, ut ex Adam jam nihil portemus. Videte veterascentem Adam, et innovari Christum in nobis : « Et si exterior, inquit, homo noster corrumpitur, sed interior renovatur de die in diem (II *Cor.* iv, 16). » Ergo ad peccatum, ad mortalitatem, ad prætervolantia tempora, ad gemitum et laborem et sudorem, (*a*) ad ætates succedentes, non manentes, ab infantia usque ad senectutem sine sensu transeuntes, ad hæc adtendentes, videamus hic veterem hominem, veterem diem, vetus Canticum, vetus Testamentum : conversi autem ad (*b*) interiorem, et ea quæ innovanda sunt, pro his quæ immutabuntur, inveniamus hominem novum, diem novum, Canticum novum, Testamentum novum; et sic amemus istam novitatem, ut non ibi timeamus vetustatem. Nunc ergo in hoc cursu transimus a veteribus ad nova : ipse transitus agitur cum corrumpuntur exteriora, et innovantur interiora, donec etiam hoc ipsum quod exterius corrumpitur, reddat debitum naturæ, veniat in mortem, renovetur et hoc in resurrectione. Tunc fient re vera omnia nova, reliqua quæ nunc sunt in spe (*c*). Agis ergo aliquid nunc a veteribus te exuendo, et in nova currendo. In nova ergo currens iste, et in ea quæ ante sunt extentus, « Notum, » inquit, « Domine fac mihi finem meum, et numerum dierum meorum qui est, ut sciam quid desit mihi. » Ecce trahit adhuc Adam, et sic festinat ad Christum. « Ecce, » inquit, « veteres posuisti dies meos. » Veteres dies ex Adam, veteres illos posuisti : veterascunt quotidie, et sic veterascunt, ut aliquando etiam consumantur. « Et substantia mea tamquam nihil ante te. » Ante te, Domine, tamquam nihil substantia mea, ante te qui

---

(*a*) Editi, *et sudorem Adæ.* Abest, *Adæ,* a MSS. (*b*) Sic MSS. Editi vero, *ad interiora.* (*c*) Hic in editis additur *sunt* : quod a MSS. abest.

que je ne suis rien en comparaison de ce que Dieu est? Mais je puis le dire intérieurement, parce que je le sens intérieurement. Devant vous Seigneur, où sont vos yeux et où ne sont pas les yeux des hommes, que suis-je là où sont vos yeux? « Ma substance est comme rien. »

10. « Cependant tout est vanité, et tout homme vivant n'est que vanité (*Ps.* XXXVIII, 6). » « Cependant.... » Car que disait le Prophète? Voilà que j'ai franchi toutes les choses mortelles, et que j'en ai méprisé la bassesse; j'ai foulé aux pieds les choses de la terre, et me suis élevé vers les délices de la loi du Seigneur; j'ai hésité sur l'appréciation des jours que me donne le Seigneur; j'ai désiré pour moi cette fin qui n'a pas de fin; j'ai demandé à connaître le nombre de mes jours qui est véritablement, parce que le nombre des jours d'ici-bas n'existe point : voilà où j'en suis, voilà ce que j'ai franchi, et je n'ai d'aspirations que pour ce qui est impérissable. Cependant, tel que je suis ici-bas, tant que je suis ici-bas, tant que je suis dans le monde, tant que je porte une chair mortelle, tant que la vie de l'homme sur terre n'est que tentation (*Job.* VII, 1), tant que je gémis au milieu des scandales, tant que je crains de tomber quoique je sois debout, tant que tout est encore incertain pour moi et le mal et le bien; « tout est vanité et tout homme vivant n'est que vanité. » Tout homme, dis-je, et celui qui est attaché à la terre et celui qui franchit, et Idithun lui-même est encore dans les liens de la vanité, parce que « tout est vanité, et vanité d'hommes vains. Quelle richesse l'homme acquiert-il avec tant de travail, et avec tout le travail auquel il se livre sous le soleil (*Eccle.* I, 2 et 3)? » Est-ce que Idithun est encore sous le soleil? Il est encore sous le soleil, et il est aussi au-dessus du soleil. Il est encore sous le soleil par la nécessité de veiller et de dormir, de manger et de boire, d'avoir faim et soif, d'être vigoureux ou d'être fatigué, de passer par l'enfance et par la jeunesse, de vieillir, de ne pas connaître d'avance les évènements qu'il désire ou qu'il craint. Idithun lui-même est sous le soleil par tous ces assujettissements, bien qu'il franchisse ce monde. Comment donc le franchit-il ? Par ce désir qu'il a formé : « Seigneur, faites-moi connaître ma fin (*Ps.* XXXVIII, 5). » En effet, ce désir s'adresse à ce qui est au-dessus du soleil et ne s'applique pas à ce qui est sous le soleil. La foi n'est pas visible, l'espérance n'est pas visible, la charité n'est pas visible, la bonté n'est pas visible, enfin cette chaste crainte qui subsiste dans les siècles des siècles (*Ps.* XVIII, 10) n'est pas visible non plus. Idithun jouit de la douceur et de la consolation de tous ces biens; il converse au-delà

vides hoc : et ego cum hoc video, ante te video, ante homines non video. Quid enim dicam? Quibus verbis ostendam, nihil esse quod sum in comparatione ejus quod est ? Sed intus (*a*) dicitur, intus utcumque sentitur. « Ante te, » Domine, ubi oculi tui sunt, non ubi oculi humani sunt : quid ubi oculi tui sunt? « Substantia mea tamquam nihil. »

10. « Verumtamen universa vanitas, omnis homo vivens (*Ibid.* 6). » « Verumtamen : » quid enim dicebat? Jam ecce transilivi mortalia omnia, et ima contemsi, calcavi terrena, adscendi ad delectationem legis Domini, fluctuavi in dispensatione (*b*) numerorum dierum Dominicorum, desideravi etiam finem illum, cujus non est finis; desideravi numerum dierum meorum qui est, quia numerus dierum istorum non est ; ecce jam talis sum, tanta transilivi, in ea quæ stant sic inhio : « Verumtamen, » sic quomodo hic sum, quamdiu hic sum, quamdiu in hoc sæculo sum, quamdiu carnem mortalem porto, quamdiu « tentatio vita humana est super terram (*Job.* VII, 1), » quamdiu inter scandala suspiro, quamdiu timeo ne cadam qui sto, quamdiu mihi incerta sunt et mala mea et bona mea, « universa vanitas omnis homo vivens. » Omnis, inquam, et hærens et transiliens, et ipse Idithun ad universam vanitatem adhuc pertinet : quia « omnia vanitas, et vanitas (*c*) vanitantium (*Eccle.* I, 2, et 3) : » quæ abundantia homini in omni labore suo, quo ipse laborat sub sole ? Numquid et Idithun sub sole adhuc est? Habet aliquid sub sole, habet aliquid ultra solem. Sub sole habet evigilare, dormire, manducare, bibere, esurire, sitire, vigere, fatigari, puerascere, senescere, incerta habere quæ optat et timet : hæc omnia sub sole habet et ipse Idithun, etiam ipse transiliens eos. Unde ergo transiliens? Ex illo desiderio, « Notum fac mihi Domine finem meum. » Hoc enim desiderium ultra solem est, non est sub sole. Sub sole omnia visibilia : quidquid visibile non est, sub sole non est. Non est visibilis fides, non est visibilis spes, non est visibilis caritas, non

---

(*a*) Aliquot MSS. *discitur*. Et mox editi ferebant, *intus utrumque*; ubi nonnulli MSS. *intus utcumque*. (*b*) Er. et decem MSS. *numerorum Dominicorum* : omissa voce, *dierum*. Item duo MSS. *nummorum Dominicorum*. Quatuor, *munerum Dominicorum*. (*c*) *Lege* vanitatum, ex I. Retract. VI.

du soleil parce que sa conversation est au ciel ; mais il gémit des choses qui sont encore à lui sous le soleil ; il les méprise et en souffre, tandis qu'il brûle pour les choses qu'il souhaite. Il a parlé des premières, il va parler des autres. Vous avez entendu ce qu'il a dit des choses désirables ; écoutez ce qu'il va dire des choses méprisables. « Cependant tout est vanité et tout homme vivant n'est que vanité. »

11. « Quoique l'homme marche en portant l'image (*Ps*.XXXVIII, 7).» Quelle image si ce n'est l'image de celui qui a dit : « Faisons l'homme à notre image et à notre ressemblance(*Gen*.I,26)?» « Quoique l'homme marche en portant l'image (de Dieu). » Le Prophète emploie l'expression, «quoique,» parce que cette image est quelque chose de grand. Et ce mot « quoique » est suivi du mot « cependant.»Et ce qui accompagne le mot«quoique» appartient aux choses qui sont au-dessus du soleil ; au contraire,ce qui suit le mot«cependant» se rapporte à ce qui est sous le soleil ; l'un appartient à la vérité et l'autre à la vanité. Donc, « quoique l'homme marche en portant l'image (de Dieu),cependant il est troublé par des choses vaines.»Écoutez ce qui le trouble, et voyez si ce n'est pas une chose vaine, afin de la fouler aux pieds, de la franchir et d'habiter au haut des cieux, où il n'y a pas de vanité. Quelle est donc cette vanité ?« Il thésaurise, et ne sait pour qui il amassera. »O vanité insensée!« Heureux celui qui met son espérance dans le Seigneur et qui n'a pas jeté les yeux sur des vanités et sur de trompeuses folies(*Ps*.XXXIX,3)!» Avare, il vous semble que je délire en parlant ainsi ; il vous semble que je vous débite des paroles de vieilles femmes. En effet, vous, par exemple, qui êtes un homme de grand conseil et de grande prudence, vous méditez tous les jours les diverses manières d'acquérir de l'argent ; vous pensez aux affaires, à l'agriculture, peut-être à l'éloquence, au droit, à la milice, ajoutez et à l'usure. En homme habile, vous n'oubliez absolument rien pour amasser or sur or et pour le serrer en secret et avec soin dans un lieu sûr. Vous dépouillez autrui, et vous prenez des précautions contre tout déprédateur : vous craignez d'éprouver le mal que vous faites, et le mal que vous éprouvez ne vous corrige pas. Mais plutôt vous n'en éprouvez aucun, car vous êtes un homme avisé ; vous ne savez pas seulement bien amasser, vous savez aussi bien conserver. Vous savez où mettre votre bien en sûreté et à qui le confier,de manière à ne rien perdre de ce que vous avez amassé. J'interroge votre cœur, j'examine votre prudence :

est visibilis benignitas, non est visibilis postremo« timor ille castus permanens in sæculum sæculi(*Ps*.XVIII,10).» In his omnibus dulcedinem habens consolationemque Idithun, et ultra solem conversans, quia conversatio ejus in cœlis est, ex his quæ adhuc habet sub sole, gemit ; et ista contemnit et dolet, in illa inardescit, quæ desiderat. Locutus est de illis, loquatur et de istis. Audistis concupiscenda, audite contemnenda. «Verumtamen universa vanitas omnis homo vivens.»

11. « Quamquam in imagine ambulat homo (*Ps*. XXXVIII,7).» In qua imagine, nisi illius qui dixit,« Faciamus hominem ad imaginem et similitudinem nostram (*Gen*.I, 26) ? » « Quamquam in imagine ambulat homo.» Ideo enim « Quamquam, » quia magnum aliquid imago hæc. Et hoc « Quamquam, » secutum est « Tamen : » ut illud quod audistis.«Quamquam,» ultra solem sit ; hoc autem quod sequitur « Tamen,» sub sole sit ; et illud pertineat ad veritatem, hoc ad vanitatem. « Quamquam » ergo « in imagine ambulat homo : Tamen vane conturbatur, » Audi conturbationem ejus, et vide si non est vana : ut calces eam, transilias eam, et habites in excelsis, ubi non est ista vanitas. Quæ vanitas ? « Thesaurizat, et non cognoscit cui congregabit ea.» O insana vanitas! « Beatus cujus est Dominus spes ejus, et non respexit in vanitates et insanias mendaces (*Ps*. XXXIX, 3). » Delirare tibi videor, avare, cum hæc loquor : anicularia tibi videntur hæc verba. Tu enim videlicet homo magni consilii magnæque prudentiæ, excogitas quotidie genera adquirendæ pecuniæ, de negotio, de agricultura, fortassis et de eloquio,de juris-consultatione, de militia, addis et de fœnore. Homo cordatus nihil prætermittis omnino, unde nummus super nummum (a), et in occulto diligentius castigetur. Deprædaris hominem, caves deprædatorem : quod facis times ne patiaris, et in eo quod pateris non te corri-

---

(a) Quatuor vel quinque MSS. ad illud, *super nummum*, addunt *ponatur*. Quo omisso editi ferebant, *et in occulto diligentius adquiratur*. At loco *adquiratur*, quatuor MSS. habent, *congregetur*. Unus, *collocetur*. Tres, *castigetur*. In istud verbum adnotatiuncula est ad marginem in MSS. Lyrensi et Audoënensi ante annos 600 ipsoque, uti videtur, quo descripti sunt codices, calamo apposita, hunc in modum : *Castigare est in carta, hoc est in membrana, propter memoriam aliquid scribere*, usitatius de usurariis dicitur. Alii demum novem MSS. *castigetur*. Id forte vulgi ferente usu adhibitum hoc loco est pro, *recludatur*; quo sensu per metaphoram a Martiali dicitur l. I, Epigr. 30.
Et cujus laxas arca flagellat opes.
Et a Jurisconsultis, *flagellare annonam* : ut in l. VI, ff. de extr. crim.

voilà que vous avez amassé, voilà que vous avez conservé, de manière à ne rien perdre de tout ce que vous conservez : mais, dites-moi, pour qui conservez-vous ces biens? Je ne vous fais pas votre procès; je ne rappelle ici ni ne présente, comme en un monceau, tout ce que renferme de mal votre vaine avarice; je ne veux qu'une chose, examiner ce que la lecture du psaume me fournit l'occasion d'examiner. Vous amassez et vous thésaurisez. Je ne vous dis pas : pendant que vous amassez, prenez garde d'être ramassé; je ne vous dis pas, pendant que vous vous faites oiseau de proie, prenez garde d'être vous-même une proie. Parlons plus ouvertement encore; peut-être en effet, aveuglé par l'avarice ne m'avez-vous pas écouté ou ne m'avez-vous pas compris. Je ne vous dis donc pas, je le répète, craignez, tandis que vous êtes l'oiseau de proie d'un plus faible que vous, d'être la proie d'un plus fort que vous. Vous ne sentez pas que vous êtes dans la mer, et vous ne voyez pas que les petits poissons y sont dévorés par les gros? Je ne dis pas tout cela : je ne vous énumère pas les difficultés et les périls qui accompagnent le gain de l'argent; je ne vous montre pas ce que souffrent ceux qui l'amassent, et les dangers de toutes sortes qui les environnent et la mort qui les menace presque à toute rencontre : je passe par-dessus tout cela. J'accorde donc que vous amassez votre fortune sans que personne s'y oppose, et que vous la conservez sans que nul ne vous la ravisse; secouez votre cœur, interrogez cette rare prudence au nom de laquelle vous me raillez, et qui fait que vous me jugez insensé parce que je vous parle ainsi, et dites-moi : vous thésaurisez, pour qui amassez-vous ces trésors? Je vois bien ce que vous voulez me dire, comme si votre réponse ne s'était pas présentée à l'esprit du prophète; vous répondrez : je conserve ce bien pour mes enfants. Cette parole d'amour pour vos enfants est à vos yeux l'excuse de votre iniquité. Je les conserve, dites-vous, pour mes enfants. Je le veux, c'est pour vos enfants que vous les conservez : Idithun ne connaissait-il donc pas ce motif? Il le connaissait parfaitement; mais il le regardait comme appartenant aux jours anciens, et il le méprisait, parce qu'il se hâtait d'arriver aux jours nouveaux.

12. Mais je veux discuter cette réponse relative à vos enfants. Vous devez passer et vous conservez vos trésors pour des enfants qui doivent passer; ou plutôt vous passez et les conservez pour eux qui passent aussi; car j'avais dit d'abord : vous devez passer, comme si vous ne passiez pas présentement. Vous passez aujourd'hui même : car depuis le moment où j'ai commencé ce discours jusqu'au moment actuel, nous avons vieilli, bien que peut-être ce soit à notre insu. En effet, vous ne voyez même pas croître vos cheveux, et maintenant, pendant que vous êtes là, que vous vous tenez devant moi, que vous

---

gis. Sed non pateris : prudens enim homo es; bene servas, non solum bene colligis : habes ubi ponas, cui committas, quomodo nihil pereat ex eo quod congregasti. Interrogo cor tuum, discutio prudentiam tuam : Ecce collegisti, ecce ita servasti, ut nihil possis amittere eorum quæ servasti, dic mihi, cui servas? Non tecum ago, commemoro, non exaggero quidquid aliud mali habet avaritia vanitatis tuæ : hoc unum propono, hoc discutio, quod mihi dat occasio lectionis hujus Psalmi. Prorsus colligis, thesaurizas : non dico, Ne forte dum colligis colligaris : non dico, Ne forte cum vis esse prædo, sis præda : hoc apertius eloquar; fortassis enim cœcus avaritia non audisti aut intellexisti : non dico, inquam, Ne forte cum vis esse prædo minoris, sis præda majoris. Non enim sentis esse te in mari, nec cernis minores pisces a majoribus devorari. Non dico ista, non dico difficultates et pericula in ipsa conquisitione pecuniæ, quanta patiantur qui eam colligunt, quam in omnibus periclitentur, in omnibus pene mortem videant : transeo hæc omnia. Prorsus colligis nullo contradicente, servas nullo auferente : excute cor tuum, ac prudentiam tantam qua me derides, qua me insipientem putas hæc loquentem, et dic mihi, Thesaurizas, cui congregabis ea? Video quid velis dicere, quasi quod vis dicere, huic non occurrerit : dicturus es, Filiis mei servo. Hæc est vox pietatis, excusatio iniquitatis : Filiis meis, inquis, servo. Etiam servas filiis tuis. Ita-ne hoc non noverat Idithun? Noverat ea plane, sed in diebus veteribus computabat, et ideo contemnebat, quia ad novos dies festinabat.

12. Nam ecce discutio te cum filiis tuis : servas transiturus transituris, immo vero transiens transeuntibus. Nam transiturum te sic dixi, quasi nunc maneas. Ipsum hodie : ex quo loqui cœpimus usque ad hoc momentum, sentis quia senuimus. Neque enim cernis et incrementa capillorum tuorum; et

faites une chose ou une autre, ou que vous parlez, vos cheveux croissent sur votre tête; car ce n'est pas en un instant qu'ils auront poussé, quand vous chercherez quelqu'un pour vous les couper. C'est ainsi que le temps s'envole incessamment, et pour ceux qui le remarquent et pour ceux qui ne s'en aperçoivent pas, et pour ceux qui l'emploient de quelque mauvaise manière. Vous passez et vous conservez vos biens pour votre fils qui passe. Je vous fais d'abord cette question : Savez-vous si celui pour qui vous conservez ces biens les possédera? Et s'il n'est pas encore né, savez-vous s'il viendra au monde? Vous conservez des biens pour vos enfants et vous ne savez pas si vous en aurez, ou s'ils posséderont ce que vous leur conservez : vous ne placez donc pas votre trésor où vous devriez le placer. Car celui qui est votre Seigneur ne donnerait pas à son serviteur un conseil qui dût lui faire perdre son trésor. Vous êtes le riche serviteur d'un riche père de famille. Ce que vous aimez et ce que vous possédez, c'est lui qui vous l'a donné; et il ne veut pas que vous perdiez ce qu'il vous a donné, lui qui se donnera lui-même à vous. Il ne veut pas, dis-je, que vous perdiez même ce qu'il vous a donné pour un temps. Ce que vous avez est abondant, surabondant, supérieur à tous vos besoins, et véritablement superflu ; et pourtant je ne veux pas que vous le perdiez, dit votre Seigneur. Et que ferai-je donc? Changez-le de place; le lieu où vous avez mis votre trésor n'est pas sûr. Assurément, vous voulez servir votre avarice, voyez donc si mon conseil ne conviendrait point, par hasard, à votre avarice même. Vous voulez, en effet, posséder ce que vous avez, sans le perdre; je vous montre le lieu où vous devez le déposer. Ne thésaurisez pas sur la terre, où vous ne savez pas pour qui vous amassez, ni comment celui qui possédera et qui détiendra votre trésor le consommera plus tard. Peut-être en effet, celui qui le possédera sera-t-il lui-même dans la dépendance, et ne possédera-t-il pas ce que vous lui aurez transmis. Peut-être, perdrez-vous ce que vous conservez pour lui, avant même qu'il ne vienne. Je donne ce conseil à votre esprit inquiet : « Faites-vous un trésor dans le ciel (*Matth.* VI, 20). » Ici-bas, sur terre, si vous vouliez conserver des richesses, vous chercheriez un grenier; peut-être n'auriez-vous pas confiance en votre propre maison, à cause de vos domestiques, vous mettriez votre argent dans le quartier des banquiers, parce que là les accidents sont plus difficiles; les voleurs ont peine à y pénétrer, tout y est gardé sûrement. Pourquoi ce projet, sinon parce que vous n'avez pas d'endroit plus sûr pour garder votre argent? Que diriez-vous si je vous en donnais un meilleur? Je vous dirai : Ne le confiez pas à cet homme

---

nunc cum stas, cum hic es, cum agis aliquid, cum loqueris, in te crescunt capilli tui : neque enim repente creverunt, ut tonsorem quæreres. Agitur ergo ætas transvolans et in intelligentibus et non sentientibus et in aliud male occupatis. Transis tu, et servas transeunti filio tuo. Primo hoc a te quæro, Scis cum possessurum cui servas ? aut si nondum natus est, scis nasciturum ? Servas filiis, incertum est an futuris, an possessuris : nec reponis thesaurum ubi reponendus est. Non enim Dominus tuus servo suo tale consilium daret, ut peculium suum perderet. Peculiosus servus es cujusdam magni patris-familias. Quod amas et quod habes ipse tibi dedit, et non vult ut perdas quod tibi dedit, qui et seipsum tibi dabit. Sed nec hoc, inquam, quod tibi ad tempus dedit, vult ut perdas. Multum est, exuberat, supergreditur vires necessitatis tuæ, jam certe superfluum deputatur : nec hoc volo ut perdas, ait Dominus tuus. Et quid facio ? Migra, ubi posuisti non est (*a*) tutus locus. Certe (*b*) servire vis avaritiæ : vide ne forte et ipsi avaritiæ congruat consilium meum. Habere enim vis quod habes, et non perdere : ostendo tibi locum ubi ponas. Ne thesaurizes in terra, nesciens cui congreges ea, et postea quemadmodum consumturus sit qui tenebit. Forte enim possessus possidebit, (*c*) et quod a te habebit non tenebit. Forte cum ei servas, antequam ille veniat tu perdes. Sollicitudini tuæ consilium do : « Thesaurizate vobis thesaurum in cœlo (*Matth.* VI, 20). » Hic in terra si velles servare divitias, quæreres horreum : forte non crederes domui tuæ propter domesticos tuos : commendares ad (*d*) vicum argentarium : difficilis est enim ibi casus, fur non facile accedit, bene omnia servantur. Quare ista cogitas, nisi quia non habes melius ubi serves ? Quid si dabo melius ? Dicam tibi, Noli commendare huic minus idoneo, sed est quidam idoneus, illi commenda : habet magna horrea, ubi perire non possint divitiæ; magnus super omnes

---

(*a*) Editi, *tuus*. Melius MSS. *tutus*. (*b*) Er. et plerique MSS. *servare*. (*c*) In Editis, *possidebit te.* Abest, *te* a MSS. (*d*) Quator MSS. *Ad vicinum Argentarium.*

qui est moins sûr, mais il y a quelqu'un qui est tout à fait sûr, confiez-le lui. Il a d'immenses greniers où les richesses ne peuvent être détruites. Il est riche par excellence, au-dessus de tous les riches. Peut-être allez-vous me dire : mais comment oser confier mes biens à un tel dépositaire? Pourquoi hésiter, s'il vous y exhorte lui-même? Reconnaissez-le ; ce n'est pas seulement un père de famille, mais c'est votre Seigneur lui-même. Je ne veux pas, dit-il, ô mon serviteur, que vous perdiez votre pécule ; reconnaissez en quel lieu vous le placez. Pourquoi le placez-vous en un lieu où vous pouvez le perdre, et où du moins, si vous n'y perdez pas votre argent, vous ne pouvez rester toujours? Il est un autre lieu où je vous transporterai : que ce que vous possédez vous y précède ; c'est moi qui vous l'ai donné, c'est moi qui vous le garderai. Voilà ce que vous dit votre Seigneur ; interrogez votre foi, et voyez si vous voulez croire à sa parole. Vous direz : Je regarde comme perdu ce que je ne vois pas ; je veux voir ici-bas ce que je possède. Vous voulez le voir ici-bas ; eh bien ! d'abord vous ne le verrez pas ici-bas, et vous ne posséderez rien dans l'autre vie. Vous avez je ne sais quels trésors enfouis sous terre, lorsque vous marchez vous ne les portez pas avec vous. Vous êtes venu pour entendre un sermon, pour recueillir des richesses intérieures, et vos pensées s'égarent sur vos richesses extérieures ; est-ce que vous les avez apportées avec vous ici? Voilà donc que vous ne les voyez pas maintenant. Vous pensez avoir dans votre maison ce que vous y avez déposé ; savez-vous si vous ne l'avez pas perdu? Combien y en a-t-il qui, de retour au logis, n'y ont pas trouvé ce qu'ils y avaient laissé. Peut-être mes paroles effraient-elles le cœur des avares, et parce que j'ai dit que souvent un grand nombre de personnes n'ont plus trouvé, en rentrant chez elles, ce qu'elles y avaient déposé, peut-être quelqu'un d'entre vous me dit-il dans son cœur: Évêque, plaise à Dieu que cela ne soit pas! Souhaitez notre bien, priez pour nous; qu'un tel malheur ne nous arrive pas! Qu'un tel malheur ne nous frappe pas! Je crois en Dieu, et j'espère bien retrouver chez moi sans dommage ce que j'y ai mis. Vous croyez en Dieu, et vous ne croyez pas à Dieu de manière à vous confier à lui. Je crois en Jésus-Christ et j'espère bien que ce que j'ai laissé dans ma maison, je l'y retrouverai intact, que personne n'entrera chez moi, et que personne ne me volera. Vous voulez, parce que vous croyez en Jésus-Christ, être sûr de ne rien perdre de ce qui est chez vous ; vous seriez bien plus sûr encore de ne rien perdre, si, croyant à la parole de Jésus-Christ, vous placiez votre trésor où il vous a conseillé de le placer. Êtes-vous sûr de votre

---

divites dives est. Jam forte dicturus es, Et quando audeo tali commendare? Quid si ipse te hortatur? Agnosce illum, non solum pater-familias est, sed et dominus tuus est. Nolo, inquit, serve meus perdas peculium tuum, agnosce ubi ponas : quare ibi ponis ubi possis amittere, ubi et si non amittas, ibi permanere perpetuo tu non potes? Est alius locus, quo te transferam, Præcedat te quod habes; noli timere ne perdas ; dator ego eram, custos ego ero. Dicit tibi hoc Dominus tuus : fidem tuam interroga, vide si velis illi credere. Dicturus es, Perditum habeo quod non video, hic illud volo videre. Dum vis hic videre, nec hic videbis, et ibi nihil habebis. Nescio quos thesauros habes absconditos in terra, cum procedis, non eos tecum portas. Venisti ad audiendum sermonem, ad colligendas interiores divitias, cogitas de exterioribus : numquid eas huc tecum adduxisti? Ecce nec nunc eas vides. Credis te habere in domo, quod scis te posuisse : numquid scis te non perdidisse? Quam multi redierunt ad domos suas, et quod posuerant non invenerunt. Hinc fortasse expaverunt corda cupidorum ; et quoniam dixi multos sæpe ad domum suam redisse, et quod posuerant non invenisse, dixit quisque in corde suo, Absit Episcope, bonum opta, ora pro nobis, absit ut contingat, absit ut fiat, credo in Deum, quoniam quod posui salvum invenio. Credis in Deum, et non credis ipsi Deo? Credo in Christum, quia salvum erit quod posui, nemo accedet, nemo auferet. Securus vis esse credendo in Christum, ut nihil perdas de domo tua ; securus eris potius credendo Christo, ut ibi ponas, ubi consilium dedit. An securus es de servo tuo, et sollicitus de Domino tuo? securus es de domo tua, et sollicitus de cœlo? Sed ego, inquis, quomodo pono in cœlo? Dedi tibi consilium : ubi dico, pone : quomodo perveniat ad cœlum, nolo scias. Pone in manibus pauperum, da egentibus : quid ad te quomodo perveniat? Non (a) perducam quod ego accipio? An oblitus es, « Cum uni ex minimis meis fecistis, mihi fecistis (Matth. xxv, 40)? » Si haberet quispiam ami-

(a) Sic MSS. At editi, *Non perdes quod ego accipio.*

serviteur et défiant à l'égard de votre Seigneur? Êtes-vous sûr de votre maison, et défiant à l'égard du ciel? Mais, dites-vous, comment puis-je mettre mon trésor dans le ciel? Je vous ai donné un conseil, placez votre trésor où je vous le dis et ne vous inquiétez pas pour savoir comment il parviendra au ciel. Placez-le entre les mains des pauvres; faites l'aumône aux indigents, que vous importe comment il parviendra au ciel? Est-ce que moi qui le reçois, dit le Seigneur, je serais embarrassé de l'y porter? avez-vous oublié mes paroles: « Ce que vous avez fait à l'un des plus petits d'entre les miens, c'est à moi que vous l'avez fait (*Matth.* XXV, 40)? » Si quelqu'un de vos amis avait des réservoirs ou des citernes, et que vous cherchassiez quelque endroit propre à recevoir le vin ou l'huile de votre fabrication, afin d'y cacher et d'y conservotre récolte, et s'il vous disait : Je vous la garderai; si d'ailleurs il avait, pour parvenir à ces réservoirs, des conduits et des canaux secrets, au moyen desquels ce qu'on aurait versé en quelque lieu apparent, se rendrait d'une manière cachée dans ces réservoirs, et s'il vous disait : Versez ici ce que vous possédez; tandis que de votre côté, voyant que ce lieu n'est pas celui où vous pensiez déposer votre bien, vous craindriez de l'y mettre; n'est-il pas vrai que cet ami, connaissant les secrets agencements de ses magasins, vous dirait : versez ici en toute sécurité, ce que vous versez ici arrivera dans ma citerne, vous ne savez point par où, mais confiez-vous à moi qui ai construit le tout ? Or, celui qui a tout créé nous a préparé des demeures à tous; il veut que ce que nous possédons nous y précède, et que nous ne le perdions pas sur cette terre. Si, au contraire, vous le gardez sur terre, dites moi, pour qui le conservez-vous? Vous avez des enfants; comptez-en un de plus et donnez quelque chose au Christ. « Il thésaurise et ne sait pour qui il amassera; il est troublé par des choses vaines. »

13. « Et maintenant, » dit cet Idithun, qui voit derrière lui la vanité, et au-dessus de lui la vérité, et qui se trouve placé comme au milieu, ayant quelque chose au-dessous de lui, c'est-à-dire ce qu'il a franchi, et quelque chose au-dessus de lui, c'est-à-dire les choses auxquelles il tend; « et maintenant, » dit-il, que j'ai franchi mille choses, que j'ai foulé aux pieds mille choses, bien que je ne sois plus l'esclave des biens temporels, je ne suis pas encore parfait cependant, et je n'ai point reçu ce à quoi j'aspire. « En effet, nous avons été sauvés en espérance; mais l'espérance que l'on voit n'est pas l'espérance. Qui est-ce, en effet, qui espère ce qu'il voit? Mais si nous espérons ce que nous ne voyons pas, nous l'attendons par la patience (*Rom.* VIII, 24). » « Et maintenant, donc quelle est mon attente? n'est-ce pas le Seigneur (*Ps.* XXXVIII, 8) ? »

cus tuus quosdam lacus vel cisternas, et quæque receptacula fabricarum ad servandum aliquem liquorem vel vini vel olei quæreres, ubi absconderes vel servares fructus tuos, et diceret tibi, Ego tibi servo : haberetque ad illa receptacula occultos canales quosdam transitusque, ut per hos clanculo iret quod palam funderetur ; et diceret tibi, Quod habes, hic funde : videres autem tu non esse illum locum ubi ponere cogitabas, et timeres fundere : ille qui sciret machinamenta quædam occulta locorum suorum, non tibi diceret, Funde securus, hinc illuc pervenit ; non vides qua, sed crede mihi, qui fabricavi ? Fabricavit enim per quem facta sunt omnia, mansiones omnibus nobis : illuc vult præcedere quod habemus, ne hoc in terra perdamus. Cum autem servaveris in terra, dic mihi cui congregabis ea ? Filios habes : unum plus numera, et da aliquid et Christo. « Thesaurizat, et non cognoscit cui congregabit ea : vane conturbatur. »

13. « Et nunc (a) (*Ps.* XXXVIII, 8) : »Quando, inquit iste Idithun respiciens vanitatem quamdam, suspiciens veritatem quamdam, in medio positus quiddam sub se habens, quiddam supra se : (sub se habet unde transilivit, supra se habet quo se extendit:)« Et nunc,» ait, quando quiddam transilivi, quando multa calcavi, quando temporalibus jam non teneor ; nondum sum perfectus, nondum accepi. « Spe enim salvi facti sumus : spes autem quæ videtur, quid sperat ? Si autem quod non videmus speramus, per patientiam exspectamus (*Rom.* VIII, 24). » Ergo, « Et nunc quæ est exspectatio mea? nonne Dominus (*Ps.* XXXVIII, 8) ? » Ipse est exspectatio mea, qui dedit omnia ista quæ contemnam : ipse mihi dabit et se, qui est super omnia, et per

---

(a) In prius editis legebatur sic : *Et nunc quoniam inquit iste* etc. Pauloque post, *supra se habet quo se extendit. Qualis est iste? quam magnus? Et nunc ait, quomodo quiddam transilivi, quomodo multa calcavi, quomodo temporalibus* etc. Locum ad aliquot probæ notæ MSS. emendavimus.

Celui-là est mon attente de qui viennent toutes les choses que je méprise : il se donnera lui-même à moi, lui qui est au-dessus de tout, par qui toutes choses ont été faites, et qui m'a fait entre toutes choses ; c'est lui-même, le Seigneur, qui est mon attente. Vous voyez Idithun, mes frères, vous voyez comment il attend. Que nul ne se dise donc parfait ici-bas, autrement il se trompe, il s'abuse, il se séduit : nul ne peut ici-bas posséder la perfection. Et à quoi lui sert son erreur, si ce n'est à perdre l'humilité ? « Et maintenant, quelle est mon attente ? n'est-ce pas le Seigneur ? » Lorsqu'il sera venu, on ne l'attendra plus, alors la perfection existera ; mais maintenant quoique ce soit que franchisse Idithun, il attend encore. « Et ce que je possède est toujours devant vous. » J'avance déjà, déjà je tends vers vous, déjà je commence à être : et ce que je possède est toujours devant vous. Mais ces possessions sont aussi devant les hommes. Vous possédez de l'or, vous possédez de l'argent, des biens, des prés, des arbres, des troupeaux, des serviteurs ; toutes ces choses, les hommes peuvent aussi les voir ; vous avez toujours quelque possession devant vous. « Et ce que je possède est toujours devant vous. »

14. « Délivrez-moi de toutes mes iniquités (*Ps.* XXXVIII, 9). » J'ai franchi beaucoup de choses : j'ai réellement franchi beaucoup de choses ; mais « si nous disons que nous n'avons pas de péché, nous nous trompons nous-mêmes et la vérité n'est pas en nous (I *Jean*. I, 8). » J'ai franchi beaucoup de choses, mais je me frappe encore la poitrine et je dis : « Remettez-nous nos dettes, comme nous remettons ce qui nous est dû à nos débiteurs (*Matth.* VI, 12). » Vous êtes donc mon attente, vous êtes ma fin : « Car le Christ est la fin de la loi, pour la justification de quiconque croit en lui (*Rom.* X, 4). » « Délivrez-moi de toutes mes iniquités, » non pas seulement de celles qui pourraient me faire retourner en arrière et perdre le terrain que j'ai franchi, mais de toutes absolument ; car je me frappe maintenant la poitrine, en disant : « Remettez-nous toutes nos dettes. » Délivrez-moi de toutes mes iniquités : car je n'ai et ne possède d'autre goût intérieur que celui qu'indique l'Apôtre ; « Qui que nous soyons ici de parfaits, goûtons ce sentiment (*Phil.* III, 15). » Que veut dire : « Qui que nous soyons ici de parfaits ? » tout à l'heure vous nous disiez : « Non que j'aie déjà reçu ce que j'espère, non que je sois parfait (*Philipp.* III, 12, etc.). » Suivez l'ordre des paroles de l'Apôtre. « Mais seulement, oubliant ce qui est derrière moi, et m'avançant vers ce qui est devant, je tends de toute ma force vers le prix de la vocation céleste de Dieu en Jésus-Christ. » S'il n'est pas encore parfait, c'est qu'il poursuit encore le prix de la vocation céleste de Dieu, qu'il n'a point encore trouvé, auquel il n'est point encore

---

quem facta sunt omnia, et a quo factus sum inter omnia, ipse est exspectatio mea Dominus. Videtis Idithun, Fratres, videtis quomodo exspectet. Nemo ergo se dicat perfectum hic : decipit se, fallit se, seducit se, non potest hic habere perfectionem. Et quid prodest, quia perdit humilitatem ? « Et nunc quæ est exspectatio mea ? nonne Dominus ? » Cum venerit, jam non exspectatur ; tunc erit illa perfectio : nunc autem quantumcunque transilierit Idithun, adhuc exspectat. « Et substantia mea ante te est semper (*Ibid.*). » Jam proficiens, jam ad ipsum tendens, et esse aliquantum incipiens : « ante te est semper substantia mea. » Substantia autem ista et ante homines est. Aurum habes, argentum habes, mancipia, prædia, arbores, pecora, servos ; hæc videri et ab hominibus possunt : est quædam substantia ante te semper. « Et substantia mea ante te est semper. »

14. « Ab omnibus iniquitatibus meis erue me (*Ibid.* 9). » Multa transilivi, multa quidem transilivi : sed si dixerimus, quia peccatum non habemus, nos ipsos decipimus, et veritas in nobis non est (I *Johan.* I, 8). » Multa transilivi : sed adhuc tundo pectus, et dico, « Dimitte nobis debita nostra, sicut et nos dimittimus debitoribus nostris (*Matth.* VI, 12). » Tu ergo exspectatio mea, finis meus. « Finis enim Legis Christus ad justitiam omni credenti (*Rom.* X, 4). » « Ab omnibus, » non solum ab eis, ne revolvar in ea quæ transilivi : sed ab omnibus omnino, propter quæ mihi modo pectus tundens dico, Dimitte nobis debita nostra, « Ab omnibus iniquitatibus meis erue me, » ita sapientem, et tenentem quod ait Apostolus, « Quotquot ergo perfecti sumus, hoc sapiamus (*Philip.* III, 15). » Cum enim se diceret nondum esse perfectum, ibi continuo secutus ait, « Quotquot ergo perfecti sumus, hoc sapiamus (*Ibid.*). » Quid est, Quotquot perfecti sumus ? Jam dudum tu dixeras, « Non quia jam acceperim, aut jam perfectus sim. » Sequere (*a*) ordinem dictorum. « Unum autem, quæ

(*a*) Plerique MSS. *Sequere, dic totum.*

parvenu. Mais s'il n'est point parfait, parce qu'il n'est pas encore arrivé là, qui de nous est parfait? Toutefois il continue et dit: « Qui que nous soyons ici de parfaits, goûtons ce sentiment. » Vous n'êtes point parfait, ô Apôtre, et nous serions parfaits? Mais vous a-t-il échappé, mes frères, qu'il vient de se dire parfait? En effet, il ne dit pas, qui que vous soyez ici de parfaits, goûtez ce sentiment, mais qui que nous soyons ici de parfaits, goûtons ce sentiment; et cela après avoir dit peu auparavant : non que j'aie reçu ce que j'espère où que je sois parfait. Vous ne pouvez donc être parfait ici-bas autrement qu'en sachant que vous ne sauriez être parfait ici-bas. Votre perfection consiste donc à avoir franchi certaines choses de manière à vous élancer vers d'autres, bien que quelques choses que vous ayez franchies, il vous reste un dernier pas à faire, au moment où toutes les choses de la vie seront passées. C'est là une croyance sûre. Car quiconque se croit, au contraire, déjà parvenu à la perfection, s'élève afin de tomber.

15. Le prophète continue : Parce que j'ai ce sentiment; parce que je me dis en même temps imparfait et parfait; imparfait d'une part, n'ayant pas reçu encore ce que je désire, parfait d'autre part, sachant ce qui me manque ; parce que j'ai donc ce sentiment ; parce que je méprise les choses humaines ; parce que je me garde bien de mettre ma joie dans des choses périssables ; parce que je suis en butte aux railleries de l'avare qui se vante de sa prudence et se moque de ma folie ; parce que j'agis ainsi et que je prends cette voie, « vous m'avez, dit-il, livré en opprobre à l'insensé (*Ps.*XXXVIIII, 9).» Vous avez voulu que je vécusse, que je prêchasse la vérité au milieu de ceux qui aiment la vanité ; je ne puis donc éviter leurs railleries. En effet, nous sommes livrés en spectacle au monde, aux anges et aux hommes (I *Cor.* IV, 9). Aux anges, qui nous glorifient, aux hommes qui nous couvrent d'opprobres; bien plus, aux anges qui nous louent ou nous blâment, et aux hommes qui nous louent ou nous blâment. A droite et à gauche, nous avons des armes avec lesquelles nous combattons par la gloire et par l'ignominie, par l'infamie et par la bonne renommée, comme des hommes de vérité et comme des séducteurs (II *Cor.* VI, 7 et suiv.). Nous sommes tels ou tels selon le jugement des anges et des hommes ; parce que parmi les anges, il y a de saints anges, auxquels nous plaisons en vivant bien, et des anges prévaricateurs auxquels nous déplaisons en vivant bien ; et que parmi les hommes il y en a de saints auxquels plaît notre vie, et il y en a de très-méchants qui raillent notre vie ver-

---

retro oblitus, in ea quæ ante sunt extentus, secundum intentionem sequor, ad palmam supernæ vocationis Dei in Christo Jesu (*Ibid.* 12, etc.). » Ideo nondum perfectus, quia sequitur ad palmam supernæ vocationis Dei, quam nondum invenit, ad quam nondum pervenit. Si autem non est perfectus, quia non illuc pervenit, quis nostrum perfectus est? Tamen sequitur et ait, « Quotquot enim perfecti, hoc sapiamus (*Ibid.*) » Tu non es perfectus, o Apostole, et nos perfecti? Sed excidit vobis, quia se modo perfectum dixit? Non enim ait, Quotquot perfecti hoc sapiatis; sed, Quotquot, inquit, perfecti, hoc sapiamus : cum paulo ante dixisset, « Non quia jam acceperim, aut jam perfectus sim (*Ibid.*). » Aliter ergo hic non potes esse perfectus, nisi scias hic te non esse posse perfectum. Hæc ergo erit perfectio tua, sic te quædam transilisse, ut ad quædam properes ; sic quædam te transilisse, ut restet aliud ad quod omnibus transactis transiliendum est. Hæc (*a*) tuta fides est. Nam quisquis se jam pervenisse putat, in alto se ponit, ut cadat.

15. Quia ergo ita sapio, quia me et imperfectum dico et perfectum : imperfectum quidem, quia nondum aliquid accepi quod volo ; perfectum autem, quia scio hoc ipsum quod mihi desit : quia ergo sic sapio, quia humana contemno, quia lætari in rebus pereuntibus nolo, quia irrideor ab avaro jactante se quod sit prudens, et me irridente quod desipiam, quia sic ago, quia hanc viam carpo : « Opprobrium.» inquit, « insipienti dedisti me (*Ps.*xxxvIII, 9). » Inter eos me vivere voluisti, inter eos prædicare veritatem, qui amant vanitatem; et non possum nisi irrideri ab eis: « quia spectaculum facti sumus huic mundo, et Angelis, et hominibus (I *Cor.* IV, 9) » ; Angelis laudantibus, hominibus opprobrantibus : immo et Angelis laudantibus et vituperantibus, et hominibus laudantibus et vituperantibus. « A dextris et a sinistris habemus arma, in quibus militamus, per gloriam et ignobilitatem, per infamiam et bonam famam, ut seductores et veraces (II *Cor.* VI, 7, etc.).» Hæc apud Angelos, hæc apud homines : quia et apud Angelos sunt sancti Angeli, quibus bene vivendo

---

(*a*) Editi, *tota*. Melius aliquot MSS. *tuta.*

tueuse. Telles sont les armes que nous avons les unes à droite, les autres à gauche; et cependant les unes et les autres sont des armes. Je me sers de ces deux sortes d'armes, tant de celles de droite que de celles de gauche, de ceux qui me louent et de ceux qui me blâment, de ceux qui me rendent honneur et de ceux qui m'accablent d'ignominie. Au moyen de ces deux sortes d'armes, je combats contre le démon, je le frappe des unes et des autres : de la prospérité si je ne me laisse pas corrompre; de l'adversité si je ne me laisse pas abattre.

16. « Vous m'avez donc livré en opprobre à l'insensé. Je suis devenu sourd, et n'ai pas ouvert la bouche (*Ps.* xxxviii, 10). » Mais c'est vis-à-vis de l'insensé que je suis devenu sourd et que je n'ai pas ouvert la bouche. Car à qui dirais-je ce qui se passe en moi? « En effet, j'entendrai ce que dit en moi le Seigneur mon Dieu, parce qu'il parlera à son peuple un langage de paix (*Ps.* lxxxiv, 9); » mais « il n'y a point de paix pour les impies (*Is.* xlviii, 22), » dit le Seigneur. « Je suis donc devenu sourd, et n'ai pas ouvert la bouche. Parce que vous m'avez fait. » Comment, vous n'avez pas ouvert la bouche, parce que c'est Dieu qui vous a fait? Mais, c'est chose étonnante! Est-ce que Dieu ne vous a point donné une bouche pour parler? Est-ce que celui qui a placé vos oreilles, n'entend pas? Celui qui a formé les yeux, ne voit-il pas (*Ps.* xciii, 9)? » Dieu vous a donné une bouche pour parler, et vous dites : « Je suis devenu sourd et n'ai pas ouvert la bouche, parce que c'est vous qui m'avez fait! » Est-ce que ces mots : « Parce que c'est vous qui m'avez fait, » n'appartiennent pas au verset suivant? « Parce que c'est vous qui m'avez fait. Éloignez de moi vos coups (*Ps.* xxxviii, 11). » Parce que c'est vous qui m'avez fait, ne m'exterminez pas; frappez-moi seulement assez pour que j'avance, et non pas pour que je tombe; frappez seulement assez pour me donner de l'extension et non pour me réduire à rien. « Parce que c'est vous qui m'avez fait, éloignez de moi vos coups. »

17. « Sous la force de votre main je suis tombé en défaillance devant vos accusations, « c'est-à-dire; lorsque vous m'avez accusé, j'ai succombé. Et quelle est votre manière d'accuser, sinon ce qui suit : « Vous avez instruit l'homme à cause de son iniquité, et vous avez fait sécher mon âme comme une araignée (*Ibid.* 12). » Cet Idithun comprend de grandes choses : pourvu que nous comprenions comme lui, pourvu que nous avancions comme lui ! En effet, il dit avoir succombé sous les accusations de Dieu, et il désire que Dieu éloigne de lui ses coups, parce que c'est Dieu qui l'a fait. Que celui qui l'a fait le rétablisse, et que celui qui l'a créé le crée de nouveau. Cependant, mes frères, penserons-nous que ce soit sans cause qu'il ait succombé et qu'il

---

placeamus; et sunt prævaricatores angeli, quibus bene vivendo displiceamus : et inter homines sunt sancti viri, quibus placeat vita nostra ; sunt nequissimi homines, qui irrideant bonam vitam nostram. Et hæc, (*a*) et hæc arma sunt, illa dextra, illa sinistra ; utraque tamen arma sunt : utrisque armis, et dextris et sinistris utor, et laudantibus et vituperantibus, et honorem deferentibus et ignominiam irrogantibus : in his utrisque armis confligo cum diabolo, utrisque eum ferio; prosperis, si non corrumpor; adversis, si non frangor.

16. « Dedisti » ergo « me opprobrium insipienti, Obsurdui, et non aperui os meum (*Ps.* xxxviii, 10). » Sed contra insipientem « obsurdui, et non aperui os meum. Cui enim dicerem quod agitur in me? « Audiam enim quid loquatur in me Dominus Deus, quoniam loquetur pacem populo suo (*Psal.* lxxxiv, 9) : » sed « non est pax impiis (*Isai.* xlviii, 22), » dicit Dominus.

(*a*) Sic in MSS. At in editis, *et hæc*, non repetitur.

« Obsurdui, et non aperui os meum. Quoniam tu es qui fecisti me. » Ideo non aperuisti os tuum, quia Deus est qui fecit te? Mirum est. Os enim tibi Deus non fecit ad loquendum ? « Qui plantavit aurem, non audit? qui finxit oculum, non videt (*Ps.* xciii, 9) ? Os tibi Deus ad loquendum dedit : et dicis, « Obsurdui, et non aperui os meum : quoniam tu es qui fecisti me ? » An, « Quoniam tu es qui fecisti me. » ad posteriorem versum pertinet? « Quoniam tu es qui fecisti me, amove a me flagella tua (*Ps.* xxxviii, 11). » Quoniam tu es qui fecisti me, noli exterminare me : tantum fecit cæde ut proficiam, non ut deficiam : tantum tunde ut producar, non ut comminuar. « Quoniam tu es qui fecisti me, amove a me flagella tua. »

17. « A fortitudine manus tuæ ego defeci in argutionibus (*Ibid.* 12). Hoc est, cum argueres me defeci. Et arguere tuum quid est, nisi quod sequitur ?

désire d'être créé et formé de nouveau? « Vous avez instruit l'homme, dit-il, à cause de son iniquité. » Ma défaillance, ma faiblesse, les cris que je pousse du fond de ma misère, tout cela vient de mon iniquité; et en tout cela, vous m'avez instruit et ne m'avez pas condamné. « Vous avez instruit l'homme à cause de son iniquité. » Un autre psaume vous fera comprendre plus clairement cette pensée : « Il est bon pour moi que vous m'ayez humilié, afin d'apprendre vos commandements (*Ps.* CXVIII, 71). » J'ai été humilié, et cette humiliation m'a été salutaire; elle est à la fois un châtiment et une grâce. Que nous réserve, après le châtiment, celui qui nous envoie le châtiment comme une grâce? C'est du même Prophète qu'il est dit : « J'ai été humilié et il m'a sauvé (*Ps.* CXIV, 6); » et ailleurs : « Il est bon pour moi que vous m'ayez humilié afin d'apprendre vos commandements; » et ici : « Vous avez instruit l'homme à cause de son iniquité. » Et cette parole de l'Écriture : « Vous façonnez la douleur en précepte (*Ps.* XCIII, 20) » n'a pu être dite à Dieu que par celui qui franchit et s'avance, parce que celui-là seul a pu en avoir l'intelligence. Vous façonnez la douleur, dit-il, en précepte, c'est-à-dire : Vous me faites un précepte avec la douleur. Vous formez vous-même ma douleur; vous ne la laissez pas indéterminée, mais vous la formez; et cette douleur que vous avez formée me sera infligée au moyen de vos commandements, afin que je sois délivré par vous. Vous faites, en effet, la douleur, comme il vient d'être dit, vous formez la douleur, vous façonnez la douleur, vous ne dissimulez pas la douleur; vous agissez comme l'artisan lorsqu'il façonne la terre, recevant son nom de potier des objets mêmes qu'il façonne. « Vous avez donc instruit l'homme à cause de son iniquité. » Je me vois dans les maux, je me vois dans le châtiment et je ne vois pas en vous d'injustice. Si donc je suis châtié et qu'il n'y ait pas en vous d'injustice, ne reste-t-il pas évident que vous avez instruit l'homme à cause de son iniquité?

18. Et comment l'avez-vous instruit? Dites-nous quelle a été votre instruction, ô Idithun, comment avez-vous été instruit? « Et vous avez fait sécher mon âme comme l'araignée. » Telle est l'instruction qu'a reçue Idithun. Qu'y a-t-il de plus fragile que l'araignée? Je parle de l'animal lui-même, mais je pourrais dire surtout : quoi de plus fragile que la toile d'une araignée? Remarquez combien l'animal même est peu de chose, mettez légèrement le doigt dessus et il n'est plus qu'un débris, rien donc absolument de plus fragile. C'est ainsi que mon âme est devenue, dit le prophète, lorsque vous

---

« Pro iniquitate erudisti hominem, et contabescere fecisti sicut araneam animam meam. » Multum est quod intelligit iste Idithun : si quis cum illo intelligat, si quis cum illo transiliat. Dicit enim in argutionibus Dei se defecisse, et vult a se amoveri flagella, quoniam ipse est qui fecit illum. Qui fecit , ipse reficiat, et qui creavit, ipse recreet. Sed tamen (*a*) quod ita defecit, ut velit se et recreari et reformari, sine caussa putamus, Fratres, factum fuisse ? « Pro iniquitate, » inquit, « erudisti hominem. » Totum quod defeci, quod infirmus sum, quod de imo clamo, hoc totum pro iniquitate : et in hoc erudisti, non damnasti : « Pro iniquitate erudisti hominem. » Audi hoc planius ex alio Psalmo, « Bonum est mihi, quod humiliasti me, ut discam justificationes tuas (*Psal.* CXVIII, 71). » Et humiliatus sum, et bonum est mihi : et pœna est, et gratia est. Quid servat post pœnam, qui per gratiam exhibet pœnam ? Ipse enim est de quo dictum est, « Humiliatus sum, et salvum me fecit (*Ps.* CXIV, 6) : » et, « Bonum est mihi quod humiliasti me, ut discam justificationes tuas. »

« Pro iniquitate erudisti hominem. » Et quod scriptum est, « Qui fingis dolorem in præcepto (*Psal.* XCIII, 20), » Deo dici nonnisi a transiliente potuit ; quia nonnisi a transiliente videri potuit. Fingis, inquit, dolorem in præcepto, de dolore præceptum mihi facis. Formas ipsum dolorem meum : non cum relinquis informem , sed formas illum : et formatus dolor meus inflictus a te præceptum mihi erit, ut liberer a te. Fingis enim , dictum est, dolorem, formas dolorem , plasmas dolorem , non simulas dolorem , quomodo fingit artifex, unde et figulus dicitur a fingendo. Ergo, « Pro iniquitate erudisti hominem. » Video me in malis, video me in pœna, et apud te non video iniquitatem. Si ergo ego in pœna sum, et apud te iniquitas non est, nonne restat ut pro iniquitate erudieris hominem.

18. Et quomodo, « erudisti? » Dic ipsam eruditionem, ô Idithun, quomodo eruditus es? « Et tabescere fecisti sicut araneam animam meam (*Ps.* XXXVIII, 12). » Hæc est eruditio. Quid tabidius aranea? Animal ipsum dico. Quamquam et ipsis telis aranearum

---

(*a*) Ita septem MSS. Alii plures, *quia ita defecit ut velit*. Quatuor vero, *quis ita deficit, ut velit se et recreari et reformari?* Editi autem ferebant, *qui ita defecit, ut non velit* etc.

m'avez instruit à cause de mon iniquité. Si l'instruction donnée par Dieu rend si faible, il y avait donc quelque vice dans la force que l'on avait auparavant. Je vois quelques hommes qui ont pris leur vol, et qui se sont élevés jusqu'à l'intelligence de ce mystère ; mais il ne faut pas que les plus rapides abandonnent ceux dont le pas est plus lent, afin que ceux-ci puissent également tirer du fruit des paroles divines. Je vous l'ai dit, comprenez-le bien, si l'instruction donnée par Dieu rend faible, il y avait donc quelque vice dans la force que l'on avait auparavant. Il faut que l'homme ait déplu à Dieu par une certaine force, pour être ainsi instruit par la faiblesse ; c'est qu'il a déplu par son orgueil, et qu'il a dû être instruit par l'humilité. Tous les orgueilleux se disent forts. C'est pourquoi, de l'Orient et de l'Occident sont venus beaucoup d'hommes qui ont vaincu l'orgueil, pour prendre place au festin avec Abraham, Isaac et Jacob, dans le royaume des cieux (*Matth.* VIII, 11) ; pourquoi l'ont-ils vaincu ? parce qu'ils n'ont pas voulu être forts. Que veut dire : Ils n'ont pas voulu être forts? Ils ont craint de présumer d'eux-mêmes ; ils n'ont pas établi leur propre justice, afin d'être soumis à la justice de Dieu (*Rom.* x, 3). Enfin, le Seigneur ayant dit : Beaucoup viendront de l'Orient et de l'Occident et auront place au festin dans le royaume des cieux avec Abraham, Isaac et Jacob ; mais au contraire, les enfants du royaume, c'est-à-dire les Juifs qui ignorent la justice de Dieu et qui veulent établir leur propre justice, iront dans les ténèbres extérieures souvenez-vous de la foi du Centurion, qui était de la race des Gentils, et qui sentait si bien intérieurement sa faiblesse, qu'il reconnaissait n'être pas fort et qu'il disait : « Je ne suis pas digne que vous entriez sous mon toit (*Matth.* VIII, 8). » Il n'était pas digne de recevoir le Christ dans sa maison, et déjà il l'avait reçu dans dans son cœur. En effet, le maître de l'humilité le Fils de l'homme, avait déjà trouvé dans le cœur du Centurion une pierre pour reposer la tête (*Luc.* IX, 58). Le Seigneur, relevant cette parole du Centurion, dit à ceux qui le suivaient : « Je vous le dis en vérité, je n'ai trouvé une telle foi en personne dans Israël (*Matth.* VIII, 10). » Il trouva celui-ci faible : il trouva les Israélites forts. Si bien qu'il disait, en faisant allusion aux uns et aux autres : « Il n'est pas besoin de médecins pour ceux qui se portent bien, mais pour les malades (*Matth.* IX, 12). » A cause de cela donc, c'est-à-dire à cause de cette humilité « beaucoup viendront de l'Orient et de l'Occident et auront place au festin dans le royaume des cieux avec Abraham, Isaac et Jacob, mais les enfants du royaume iront dans les ténèbres extérieures. » Vous êtes mortels, vous portez une chair vouée à la pourriture, et vous tomberez

---

quid tabidius ? Adtende et ipsum animal quam tabidum est. Pone supra leviter digitum, ruina est : nihil omnino tabidius. Talem fecisti animam meam, inquit, erudiendo me pro iniquitate. Quando eruditio infirmum fecit, quædam fortitudo erat vitium. Video quosdam prævolasse, et intellexisse : sed a celerioribus non sunt deserendi tardiores, ut pariter viam sermonis carpant. Hoc dixi, hoc intelligite : Si eruditio justi Dei hanc infirmitatem fecit, fortitudo quædam erat vitium. Fortitudine quadam displicuit homo, ut erudiretur infirmitate : quia superbia quadam displicuit, ut erudiretur humilitate. Fortes (*a*) se esse dicunt omnes superbi. « Ideo vicerunt multi ab Oriente et Occidente venientes, ut recumbant cum Abraham et Isaac et Jacob in regno cœlorum (*Matth.* VIII, 11) : » quare vicerunt ? Quia fortes esse noluerunt. Quid est, fortes esse noluerunt ? De se præsumere timuerunt : justitiam suam non constituerunt, ut justitiæ Dei subjicerentur (*Rom.* x, 3). Denique quando dixit Dominus hoc, « Multi ab Oriente et Occidente venient, et recumbent cum Abraham et Isaac et Jacob in regno cœlorum (*b*), filii autem regni, » (id est Judæi, ignorantes justitiam Dei, et suam volentes statuere,) « ibunt in tenebras exteriores (*Matth.* VIII, 8) : » recordamini fidem illam Centurionis unius ex populo gentium, ita in se infirmi, ita non fortis, ut diceret, Non sum dignus ut sub tectum meum intres. Non erat dignus, qui Christum domo reciperet, et jam corde receperat. Etenim magister ille humilitatis, filius hominis jam invenerat in ejus pectore ubi caput reclinaret (*Lucæ* IX, 58). Ad hoc verbum Centurionis Dominus respiciens, a sequentes se dixit, « Amen dico vobis, in nullo inveni tantam fidem in Israel (*Matth.* VIII, 10). » Hunc infirmum (*c*) invenit, Israëlitas fortes invenit, ut inter utrosque diceret, « Non est opus medicus sanis

---

(*a*) Ita MSS. At editi, *Fortes esse dicuntur omnes superbi, infirmi humiles. Ideo vicerunt*, etc. (*b*) Hic in editis additum fuerat, *Dixit etiam* : quod a MSS. abest (*c*) MSS. *Hunc infirmum inveni, Israëlitas fortes inveni.*

comme l'un des princes (de l'enfer); vous mourrez comme des hommes, et vous tomberez comme le démon. De quoi vous sert-il d'avoir reçu le remède de votre mortalité? Le démon orgueilleux n'a pas, en sa qualité d'ange, une chair mortelle; et vous, qui avez reçu une chair mortelle, sans qu'il vous serve de rien d'être humiliés par une si grande infirmité, vous tomberez comme l'un de ces princes (de l'enfer). Donc la première grâce qui nous vient de la bonté de Dieu est d'être réduits à la confession de notre faiblesse, de telle sorte que tout ce que nous pouvons faire de bien, et tout ce que nous avons de puissance, nous le puissions et nous l'ayons en Dieu; « afin que celui qui se glorifie, se glorifie dans le Seigneur (I. *Cor.* I, 31). » « Je sais, dit l'Apôtre, que je suis fort, lorsque je suis faible (II *Cor.* XII, 10). » « Vous avez instruit l'homme à cause de son iniquité, et vous avez fait sécher mon âme comme l'araignée. »

19. « En vérité, c'est pour des vanités que tout homme se trouble, pendant qu'il vit (*Ps.* XXXVIII, 12). » Le Prophète revient à ce qu'il a déjà dit peu auparavant; quelque progrès que l'homme fasse ici-bas, c'est pour des vanités qu'il se trouble pendant qu'il vit, parce qu'il vit toujours dans l'incertitude. Car qui peut être sûr même du bien qu'il a fait? « Il se trouble pour des vanités. » Qu'il jette tout souci dans le sein de Dieu (*Ps.* LIV, 23), qu'il jette dans le sein de Dieu toute sa sollicitude; qu'il laisse Dieu le nourrir et le garder. Car qu'y a-t-il de certain sur la terre, si ce n'est la mort? Considérez les biens et les maux de cette vie, sans exception, soit que vous viviez dans la justice, soit que vous viviez dans l'injustice, qu'y a-t-il ici-bas de certain, si ce n'est la mort? Vous avez fait des progrès dans le bien : vous savez ce que vous êtes aujourd'hui, vous ne savez pas ce que vous serez demain. Vous êtes pécheur : vous savez ce que vous êtes aujourd'hui, vous ne savez pas ce que vous serez demain. Vous espérez recevoir de l'argent : il est incertain si vous le recevrez. Vous espérez prendre une épouse : il est incertain si vous en aurez une, ou quelle sera celle que vous aurez. Vous espérez des enfants : il est incertain s'il naîtront; sont-ils nés, il est incertain s'ils vivront; vivent-ils, il est incertain s'ils avanceront dans la vertu ou s'ils tomberont dans le mal. De quelque côté que vous vous tourniez, tout est incertain; la mort seule est certaine. Vous êtes pauvre, il est incertain si vous deviendrez riche; vous êtes illettré, il est incertain si vous vous instruirez; vous êtes affaibli par la maladie, il est incertain si vous retrouverez vos forces. Vous êtes né, il est certain que vous mourrez; et même, dans cette certitude de

---

sed male habentibus (*Matth.* IX, 12). » Propter hoc ergo, id est propter hanc humilitatem, multi ab Oriente et Occidente venient, et recumbent cum Abraham et Isaac et Jacob in regno cœlorum, filii autem regni ibunt in tenebras exteriores. Ecce mortales estis, ecce carnem putrescentem portatis, « et sicut unus ex principibus cadetis (*Psal.* CXXXI, 7) : » sicut homines moriemini, et cadetis sicut diabolus. Quid vobis prodest medicina mortalitatis? Superbus diabolus, tamquam angelus non (*a*) habens carnem mortalem : tu autem qui accepisti mortalem carnem, et nec hoc tibi prodest, ut tanta infirmitate humilieris, sicut unus ex principibus cades. Ipsa est ergo gratia beneficii Dei prima, redigere nos ad confessionem infirmitatis, ut quidquid boni possumus, quidquid potentes sumus, in illo simus : « ut qui gloriatur, in Domino glorietur (I *Cor.* I, 31). « Quando infirmor, inquit, tunc potens sum (II *Cor.* XII, 10). » « Pro iniquitate erudisti hominem : et tabescere fecisti sicut araneam animam meam. »

19. « Verumtamen vane conturbatur omnis homo vivens(*Ps.*XXXVIII,12).»Redit ad illud quod paulo ante commemoravit : quamvis hic proficiat, « vane conturbatur omnis homo vivens : » vivens utique in incerto. Quis enim vel de ipso bono suo securus est? « Vane conturbatur. » Jactet in Dominum curam suam, in illum jactet quidquid sollicitus est, ipse nutriat, ipse custodiat (*Psal.* LIV, 23). Quid enim in hac terra certum est, nisi mors? Considerate omnia omnino vel bona vel mala vitæ hujus, vel in ipsa justitia, vel in ipsa iniquitate : quid hic certum est, nisi mors? Profecisti : quid sis hodie scis, quid futurus sis crastino nescis. Peccator es : quid sis hodie scis, quid crastino nescis. Speras pecuniam, incertum est an proveniat. Speras uxorem, incertum est an accipias, vel qualem accipias. Speras filios, incertum est an nascantur: nati sunt, incertum est an vivant : vivunt, incertum est an proficiant, an deficiant. Quocumque te verteris, incerta omnia : sola mors certa. Pauper es, incertum est an ditescas; indoctus, in-

(*a*) Sic Er. et MSS. At Lov. *non habet.*

la mort, le jour de la mort reste encore incertain. Au milieu de tant d'incertitudes, la mort étant la seule chose certaine, bien qu'incertaine dans son heure, et la seule chose dont on cherche absolument à se garer, bien qu'on ne puisse l'éviter par aucun moyen, c'est pour des vanités que se trouble tout homme qui vit.

20. Au milieu donc de ces choses incertaines, Idithun, qui déjà s'est avancé, qui déjà s'est élevé aux régions supérieures et méprise les basses régions, Idithun, encore placé au milieu de ces choses incertaines, s'écrie : « Écoutez ma prière (*Ibid.* 13). » De quoi dois-je me réjouir, de quoi dois-je gémir? Je me réjouis de ce que j'ai franchi, je gémis de ce qu'il me reste à franchir. « Écoutez ma prière et mes supplications ; que vos oreilles entendent mes pleurs. » En effet, parce que j'ai déjà franchi tant de difficultés, parce que je me suis élevé au-dessus de tant d'obstacles, n'ai-je donc plus lieu de pleurer? Ne dois-je pas, au contraire, pleurer d'autant plus? Car acquérir la science, c'est acquérir la douleur (*Eccle.* I, 18). N'est-il pas juste que plus je désire ce qui est absent, et plus je gémisse, jusqu'à ce qu'il vienne; et plus je pleure, jusqu'à ce qu'il vienne? N'est-il pas juste que je pleure d'autant plus, que les scandales deviennent plus fréquents, que l'iniquité se multiplie, que la charité d'un grand nombre se refroidit davantage? Je dis : « Qui donnera de l'eau à ma tête et à mes yeux des sources de larmes (*Jérém.* IX, 1). » « Écoutez ma prière et mes supplications; que vos oreilles entendent mes pleurs. Ne gardez pas le silence envers moi. » Que je ne sois point sourd à jamais. Ne gardez pas le silence envers moi; je vous écouterai. Car Dieu parle en secret; il parle à beaucoup d'hommes dans leur cœur et sa parole retentit fortement au milieu du profond silence de ce cœur, lorsqu'il dit d'une voix puissante : « Je suis votre salut. » « Dites à mon âme s'écrie le Prophète, je suis votre salut. » Il désire ardemment que cette voix de Dieu qui dit : Je suis votre salut, ne cesse pas de se faire entendre en lui. « Ne gardez pas le silence envers moi. »

21. « Parce que je suis chez vous comme un locataire (*Ps.* XXXVIII, 13). » Mais chez qui est-il comme un locataire? Lorsque j'étais avec le démon, j'étais son locataire, mais j'avais un mauvais maître de maison : maintenant au contraire, je suis avec vous, quoique je ne sois encore que votre locataire. Que signifie ce mot de locataire? Il désigne une habitation que je dois quitter, où je ne resterai pas perpétuellement. Le lieu où je dois demeurer perpétuellement peut être appelé ma maison; mais je ne suis qu'un locataire dans une habitation que je dois quitter. Toutefois, si je ne suis qu'un locataire, je

---

certum est an crudiaris; imbecillus, incertum est an convalescas. Natus es, certum est quia morieris : et in hoc ipso quia mors ipsa certa est, dies mortis incertus est. Inter hæc incerta, ubi sola mors certa, cujus etiam hora incerta, et sola multum cavetur, quæ nullo modo devitatur, « omnis homo vivens vane conturbatur. »

20. « Ergo inter hæc jam transiliens, jam in quibusdam superioribus agens, hæc ima contemnens, inter hæc positus, « Exaudi, » inquit, « orationem meam *Ps.* XXXVIII, 13). » De quibus gaudeam, de quibus gemam? De transactis gaudeo, pro his quæ restant gemo. « Exaudi orationem meam et deprecationem meam : auribus percipe lacrymas meas (*Ibid.*). » Numquid enim quia tanta transilivi, quia tanta transcendi, jam non fleo? Nonne multo magis fleo? « Quia qui apponit scientiam, apponit dolorem (*Eccle.* XI, 18). » Nonne (*a*) quanto magis quod abest desidero, tanto magis donec veniat gemo, tanto magis donec veniat fleo? Nonne (*b*) tanto magis, quanto magis crebrescunt scandala, quanto magis abundat iniquitas, quanto magis refrigescit caritas multorum (*Matth.* XXIV, 12) ? » Dico, « Quis dabit capiti meo aquam et oculis meis fontem lacrymarum (*Jerem.* IX, 1)?» « Exaudi orationem meam et deprecationem meam : auribus percipe lacrymas meas. Ne sileas a me. » Ne obsurdescam in æternum. Ne sileas a me : audiam te. Occulte enim dicit Deus, multis in corde loquitur : et magnus ibi sonus in magno silentio (*c*) cordis, quando magna voce dicit, « Salus tua ego sum (*Psal.* XXXIV. 3). » Dic, inquit, animæ meæ, Salus tua ego sum. Ab hac voce, qua dicit Deus animæ, « Salus tua ego sum, » optat ne sileatur ab illa. « Ne sileas a me. »

21. « Quoniam inquilinus ego sum apud te (*Ps.* XXXVIII, 13). » Sed apud quem (*d*) inquilinus? Apud dia-

---

(*a*) Aliquot MSS. *Nonne tanto magis quod abest.* (*b*) Sic melioris notæ MSS. Editi vero, *Nonne quanto magis crescunt candala, quanto magis abundat iniquitas, tanto magis refrigescit.* etc. (*c*) Octo MSS. *silentio corporis.* (*d*) Sic MSS. At editi, *Sed apud te inquilinus.*

je suis du moins chez mon Dieu, de qui je recevrai un jour une maison que j'habiterai à jamais. Mais quelle est cette maison, où je dois me rendre, en quittant le lieu où je suis locataire? Reconnaissez cette maison, de laquelle l'Apôtre saint Paul a dit : « Nous avons une maison construite par Dieu, non par la main des hommes, et éternelle dans les cieux (II *Cor.* v, 1). » Si cette maison des cieux est éternelle, lorsque nous y serons arrivés, nous n'y serons pas comme des locataires. Comment en effet pourriez-vous être locataire dans une maison éternelle? Ici-bas, au contraire, dès que le maître de la maison vous dira : Partez (et vous ne savez pas quand il vous le dira), soyez prêt à partir. Or, vous serez prêt, si vous avez un ardent désir de la demeure éternelle. Ne trouvez pas mauvais que le maître vous dise quand il lui plaira : Partez. En effet, il n'a pas pris d'engagement avec vous, il ne s'est lié par aucun contrat, et vous n'avez pas loué votre habitation pour un prix convenu et pour un temps fixé; lorsque le maître le voudra, il faudra la quitter. C'est en effet pour cela que vous y restez gratuitement. « Parce que je suis chez vous comme un locataire et un voyageur. » Votre patrie est donc au ciel; c'est au ciel qu'est votre maison : « Je suis chez vous comme un locataire et un voyageur. » Il faut comprendre de même « voyageur chez vous. » En effet, beaucoup sont voyageurs chez le démon; au contraire, ceux qui déjà ont cru et sont restés fidèles, sont sans doute encore voyageurs parce qu'ils ne sont point parvenus à la patrie et à la maison éternelle, mais pourtant ils sont chez Dieu. En effet, tant que nous sommes dans notre corps, nous voyageons loin de Dieu; et soit que nous nous arrêtions, soit que nous marchions, nous faisons tous nos efforts pour lui plaire (*Ibid.* vi, 9). » « Je suis chez vous comme un locataire et un voyageur, ainsi que l'ont été tous mes pères. « Si donc je suis comme tous mes pères, dirai-je que je ne quitterai pas ce monde, puisqu'ils l'ont tous quitté? Dois-je demeurer ici dans d'autres conditions qu'ils n'y ont demeuré?

22. Que me reste-t-il donc à demander puisque sans aucun doute, je dois quitter la terre? « Accordez-moi quelque relâche, afin que je sois rafraîchi avant de partir (*Ps.* xxxviii, 14). » Voyez, Idithun, quels sont les liens dont vous demandez à

---

bolum cum essem, inquilinus eram, sed malum (*a*) domnædium habebam : nunc autem jam quidem apud te, sed adhuc inquilinus. Quid est, « inquilinus?» Unde migraturus sum, non ubi perpetuo mansurus. Ubi perpetuo sum mansurus, dicatur domus mea : unde migraturus sum (*b*), inquilinus sum : sed tamen apud Deum meum sum inquilinus, apud quem domo accepta mansurus sum. Sed quæ domus est, quo migrandum est ex hoc inquilinatu ? Recognoscite illam domum, de qua dicit Apostolus, « Habitationem habemus ex Deo, domum non manu factam, æternam in cœlis (II *Cor*, v, 1).» Si domus hæc æterna est in cœlis ; cum ad eam venerimus, inquilini non erimus. Quomodo enim eris inquilinus in æterna domo ? Hic autem ubi dicturus est Dominus domus, Migra, et quando dicturus est nescis, paratus esto. Desiderando autem domum æternam paratus eris. Nec succenseas ei, quia cum vult dicit, Migra. Non enim cautionem (*c*) tecum fecit, et placito quodam se obstrinxit, et conductor domus accessisti certa pensione ad certum tempus: quando vult Dominus ejus, migraturus es. Ideo enim gratis manes. « Quia inquilinus ego sum apud te, et peregrinus. » Ergo ibi patria, ibi domus : « Inquilinus apud te, et peregrinus. » Et hic subauditur « apud te. » Multi enim peregrini sunt cum diabolo : qui autem jam crediderunt et fideles sunt, peregrini quidem sunt, quia nondum ad illam patriam domumque venerunt, sed tamen apud Deum sunt. « Quamdiu enim sumus in corpore, peregrinamur a Domino (*Ibid.* 6) : » et ambimus, sive hic manentes, sive peregrinantes, placentes illi esse. « Et peregrinus et inquilinus: sicut omnes patres mei. » Si ergo sicut omnes patres mei, dicturus sum me non migraturum, cum illi migraverint ? Alia conditione mansurus sum, quam illi manserunt ?

(*a*) Editi, *dominum*. MSS. aliquot, *dominium*. Sed verius Vaticanus et Regius *domnædium* Nam domnædius sive dominædius dicitur ædium dominus, opponunturque invicem domnædius et inquilinus. Hinc Paulinus Nolanus Felicem martyrem domnædium suum vocitat, et in eumdem Natali 7 canit :

Nam quid potiusve priusve canendum
Suscipiam Felicis opus, quam quod mihi tactis
Ipse meis, quibus est idem domnædius, egit.

(*b*) Editi, *Unde migraturus sum, qualis iste, jam magnus inquilinus sum.* At MSS. carent verbis istis, *qualis iste jam magnus.*
c) Sic MSS. At editi, *tibi fecit.*

être délivrés, afin que, ces liens étant tombés, vous puissiez obtenir quelque rafraîchissement avant de partir. Vous souffrez donc de certaines ardeurs qui vous font désirer d'être rafraîchi, et vous dites : que je sois rafraîchi ; et encore : accordez-moi quelque relâche. Quelle relâche vous accordera-t-il, si ce n'est peut-être qu'il diminuera cette crainte sous l'impression et en raison de laquelle vous dites : « Remettez-nous nos dettes (*Matth.* VI, 12). » «Accordez-moi quelque relâche avant que je ne parte, sinon je ne serai plus.» Rendez-moi libre de mes péchés avant que je ne parte, de peur que je ne parte chargé de ces péchés. Accordez-moi quelque relâche, afin que je me repose dans ma conscience, et qu'elle soit délivrée des ardeurs de son anxiété, anxiété qui fait que je porte le soin de mes péchés. Accordez-moi quelque relâche afin que je sois rafraîchi, tout d'abord, avant de partir, sinon je ne serai plus. Car si vous ne me donnez quelque relâche et quelque rafraîchissement, je m'en irai et je ne serai plus. Avant de partir pour un lieu, où je ne serai plus, si j'y vais. « Donnez-moi quelque relâche, afin que je sois rafraîchi.» Ici s'élève la question de savoir comment il ne sera plus. Voici, en effet, que, d'après ces paroles, il ne va plus vers le repos éternel. Que Dieu détourne ce malheur d'Idithun ! Mais Idithun ira certainement, Idithun ira jouir du repos. Mais supposez quelque autre qu'Idithun, un impie, un homme qui ne franchisse aucun obstacle, un homme qui thésaurise ici-bas, un usurpateur, un injuste, un orgueilleux, un vantard, un superbe, un contempteur du pauvre étendu devant sa porte, est-ce que celui-là sera ? Que veut donc dire : Je ne serai plus ? Si en effet, le mauvais riche n'est plus, qui donc brûlait dans l'enfer ? qui donc désirait que Lazare laissât tomber du doigt une goutte d'eau sur sa langue ? qui donc disait : « Abraham, mon père, envoyez-moi Lazare (*Luc.* XVI, 24) ? » Évidemment celui qui parlait ainsi était, celui qui brûlait était, et il doit ressusciter à la fin des siècles, pour être condamné au feu éternel avec le démon. Que veut donc dire : Je ne serai plus, si notre Idithun n'a point en vue un sens caché dans ces mots être et ne pas être ? En effet, il voyait de toute la puissance de son cœur, et de toute la force de son esprit, cette fin qu'il avait si ardemment désiré que Dieu lui montrât, lorsqu'il disait : « Seigneur, faites-moi connaître ma fin. » Il voyait le nombre de ses jours, qui est véritablement ; il considérait tout ce qui est au-dessous, et, par comparaison avec ce qui est véritablement, il disait que ces choses ne sont pas, et que lui-même n'était pas. Ce qui est véritablement demeure toujours, les

---

22. Quid ergo restat ut petam, quia hinc sine dubio migraturus sum (*a*) ? « Remitte mihi ut refrigerer prius quam eam (*Ps.* XXXVIII, 14).» Vide, vide Idithun, quos nodos habeas remittendos tibi, quibus remissis refrigerari vis prius quam eas. Habes enim aliquos æstus, a quibus vis refrigerari, et dicis, « Refrigerer ; » et dicis, « Remitte mihi ? » Quid remittet tibi, nisi forte illum scrupulum ubi dicis, et unde dicis, « Dimitte nobis debita nostra (*Matth.* VI, 12) ? » « Remitte mihi prius quam eam, et amplius jam non ero. » Immunem me fac a peccatis prius quam eam, ne cum peccatis eam. Remitte mihi, ut requiescam in conscientia mea, ut exonerata sit æstu sollicitudinis: qua sollicitudine curam gero pro peccato meo, « Remitte mihi ut refrigerer, » ante omnia, « prius quam eam, et amplius jam non ero. » Si enim mihi non remiseris ut refrigerer, ibo et non ero. « Prius quam eam : » (*b*) quo si iero, jam non ero. « Remitte mihi ut refrigerer. » Est quæstio oborta, quomodo jam non erit. Ecce jam non iit ad requiem : quod avertat Deus ab Idithun. Ibit enim plane Idithun, ad requiem ibit. Sed fac aliquem iniquum, non Idithun, non transilientem ; hic thesaurizantem, incubatorem, iniquum, superbum, jactantem, elatum pauperis ante januam jacentis contemptorem: nonne et ipse erit ? Quid est ergo, « non ero ? » Si enim dives ille non erat, quis est qui ardebat ? quis est qui guttam aquæ de digito Lazari stillari in linguam suam desiderabat ? quis est qui dicebat, Pater Abraham mitte Lazarum (*Lucæ* XVI, 24) ? Utique qui loquebatur erat, et qui arderet erat : et qui resurgat in finem, et qui cum diabolo æterno igne damnetur. Quid est ergo, non ero, nisi respiciat iste Idithun, quid est esse, et non esse ? Videbat enim illum finem quo corde poterat, qua mentis acie valebat, quem sibi ostendi desideraverat dicens, «Notum fac mihi Domine finem meum (*Ps.* XXXVIII, 5). » Videbat numerum dierum suorum qui est : attendebat infra omnia quæ sunt, in comparatione illius esse, non esse, et se non esse dicebat. Illa enim permanent : ista mutabilia sunt, mortalia, fragilia : et dolor ipse æternus, plenus corruptionis, ad hoc non finitur, ut sine fine

---

(*a*) Er. *Dimitte me.* Lov. *Remitte me.* At MSS. *Dimitte mihi*, aut, *Remitte mihi.* (*b*) Er. et unus MS. *quia.* Paulo post horum verborum loco, *Est quæstio oborta*, nonnulli codices non habent nisi, *lit.*

autres choses sont changeantes, mortelles, et fragiles; le châtiment éternel lui-même n'est qu'un composé de choses sujettes à la destruction, et s'il ne finit pas, c'est parce qu'il finit sans fin. Il a donc regardé cette région bienheureuse, cette bienheureuse patrie, cette bienheureuse maison, où les saints participent à la vie éternelle et à l'immuable vérité; et il a craint d'être rejeté au dehors là où l'on n'est pas, n'aspirant qu'à parvenir où l'on est pleinement. Placé entre ces deux points extrêmes qu'il compare, il craint encore et il dit : « Accordez-moi quelque relâche, afin que je sois rafraîchi avant de partir, sinon je ne serai plus. » Si, en effet, vous ne me remettez mes péchés, je serai séparé de vous pour l'éternité. Et de qui serai-je séparé pour l'éternité? De celui qui a dit : « Je suis celui qui suis, » et encore : « Dites aux enfants d'Israël : Celui qui est m'a envoyé vers vous (*Exod.* III, 14). » L'homme donc, qui marche à l'opposé de celui qui est véritablement, marche nécessairement vers ce qui n'est pas.

23. Mes frères, si je vous ai pesé, si j'ai fatigué votre corps, pardonnez-le moi, car, moi aussi j'ai pris quelque fatigue. J'ai d'ailleurs le droit de vous dire que c'est vous-mêmes qui vous causez cette fatigue. Car, si je m'apercevais que vous vous ennuyez des choses que je dis, je me tairais bien vite.

DISCOURS [1] SUR LE PSAUME XXXIX.

I. Parmi les prédictions de Notre-Seigneur Jésus-Christ, nous savons que les unes ont reçu leur accomplissement, et nous espérons l'accomplissement futur des autres : mais nous savons aussi qu'elles s'accompliront toutes, parce que c'est la vérité qui les a annoncées, et qu'elle demande de nous autant de foi à sa parole qu'elle-même est fidèle en parlant. Lorsque les choses annoncées arriveront, celui qui croit s'en réjouira ; celui qui ne croit pas sera confondu.

finiatur. Respexit ergo beatam illam regionem, beatam patriam, beatam domum, ubi participes sunt sancti vitæ sempiternæ atque incommutabilis veritatis : et timuit extra ire, ubi non est esse ; ibi desiderans esse, ubi est summum esse. Propter hanc ergo comparationem inter utrumque constitutus, adhuc timens dicit, « Remitte mihi, ut refrigerer prius quam eam, et amplius jam non ero. » Si enim mihi non remiseris peccata, ibo in æternum abs te. Et a quo ibo in æternum ? Ab illo qui dixit, « Ego sum qui sum (*Exod.* III, 14) : » ab illo qui dixit, « Dic filiis Israel, Qui est misit me ad vos (*Ibid.*). » Ab eo ergo qui vere est qui in contrarium pergit, ad non esse pergit.

23. Itaque Fratres mei, et si onerosus fui labori corporis vestri, (*a*) ferte, quia et ego laboravi : et vere dico, quia istum laborem vos vobis facitis. Si enim sentirem vos fastidire quod dicitur, cito tacerem.

IN PSALMUM XXXIX.
ENARRATIO.

Omnia quæ prædixit Dominus noster Jesus Christus, partim facta cognoscimus, partim futura speramus : cuncta tamen complebuntur, quia veritas hæc dicit, et quam fideliter dicit, tam fideles requirit. Qui credit, venientibus lætabitur : qui non credit, venientibus confundetur. Veniet tamen illa sive

---

(1) Discours au peuple, dans lequel saint Augustin s'élève contre les Donatistes, et aussi contre les jeux et les spectacles.

(*a*) Sic aliquot MSS. At Lov. *certi sitis quia* : et paulo infra, *laborem vos nobis facitis*.

Toutefois, elles arriveront, que les hommes le veuillent ou ne le veuillent pas, qu'ils y croient ou qu'ils refusent d'y croire, comme l'a dit l'Apôtre saint Paul : « Si nous le renions, il nous reniera aussi ; si nous ne croyons pas, il n'en reste pas moins fidèle à sa parole, car il ne peut se renier lui-même (II *Tim.* II, 12). » Mais surtout, mes frères, souvenez-vous de ce peu de mots que nous venons d'entendre tous dans la lecture de l'Évangile, et retenez-le bien : « Celui qui aura persévéré jusqu'à la fin, sera sauvé (*Matth.* x, 22, et XXIV, 13). » Autrefois nos pères ont été traduits devant les assemblées et ont soutenu leur cause devant des ennemis qu'ils aimaient, et auxquels ils ont témoigné autant de zèle, en les reprenant, et autant d'affection qu'ils l'ont pu. Le sang des justes a coulé, et de ce sang, comme d'une semence répandue dans l'univers entier, est sortie la moisson de l'Église. Le temps qui a suivi est celui des scandales, des artifices hypocrites et des tentations, œuvres de ceux qui disent : Le Christ est ici ; le Christ est là (*Matth.* XXIV, 23). Notre ennemi était alors un lion, quand il exerçait ouvertement sa fureur ; il est maintenant un dragon, tandis qu'il tend secrètement ses embûches. Mais, que celui auquel il a été dit : « Vous foulerez aux pieds le lion et le dragon (*Ps.* XC, 13), » que celui dont nous sommes le corps et les membres, foule maintenant aux pieds le dragon, afin qu'il ne nous dresse plus d'embûches, comme il a foulé aux pieds le lion qui exerçait ouvertement sa fureur contre nos pères et traînait les martyrs aux supplices. Pour nous mettre en garde contre le dragon, l'Apôtre saint Paul dit : « Je vous ai unis à un époux unique, au Christ, pour vous présenter à lui comme une vierge pure ; mais je crains que, comme le serpent a séduit Ève par son astuce, ainsi vos esprits ne se corrompent et ne dégénèrent de la pureté qui est en Jésus-Christ (II *Cor.* II, 2.)» Le serpent, cet antique adultère, cherche donc à corrompre la virginité, non du corps, mais du cœur : et, de même que l'homme qui commet l'adultère se réjouit dans son iniquité, lorsqu'il corrompt la chair, de même le démon se réjouit, lorsqu'il corrompt l'esprit. Or, la patience était l'arme nécessaire à nos pères contre le lion, de même avons-nous besoin de vigilance contre le dragon. Jamais la persécution ne se lasse contre l'Église, qu'elle vienne du lion ou du dragon, et l'ennemi est plus à craindre lorsqu'il trompe que lorsqu'il sévit. Au temps de la persécution, il voulait forcer les chrétiens à renier le Christ ; de notre temps, au contraire, il vient apprendre aux chrétiens à renier le Christ : il les y forçait alors, il le leur apprend maintenant. Alors il agissait de violence, maintenant il agit de ruse. On le voyait alors tout frémissant de rage ; maintenant, il glisse, il erre dans l'ombre, il est difficile de le voir. Mais la manière dont il forçait les chrétiens à renier le Christ est connue. Ils étaient

---

volentibus hominibus, sive nolentibus, sive credentibus, sive non credentibus, sicut ait Apostolus : « Si negaverimus, et ipse nos negabit : si non credimus, ille fidelis permanet, negare seipsum non potest (II *Tim.* II, 12). » Præ ceteris tamen, Fratres, hoc mementote breve, et hoc tenete quod modo ex Evangelio omnes audivimus. « Qui perseveraverit usque in finem, hic salvus erit (*Matth.* x, XXII et XXIV, 13). » Jam patres nostri traditi sunt in concilia, dixerunt caussas apud inimicos quos diligebant ; præstiterunt eis et quantam potuerunt correptionem, et quantam valuerunt dilectionem : et sparsus est sanguis justus, et illo sanguine, tamquam seminatione per totum mundum facta, seges surrexit Ecclesiæ. Consequens autem tempus est scandalorum et simulationis et tentationum, per eos qui dicunt, « Ecce hic est Christus, ecce illic (*Matth.* XXIV, 23). » Hostis ille noster, tunc leo fuit, cum aperte sæviebat: modo draco est, cum occulte insidiatur. Ille autem cui dictum est, « Conculcabis leonem et draconem (*Psal.* XC, 13), » quoniam corpus ejus et membra ejus sumus, sicut conculcavit leonem pedibus patrum nostrorum aperte sævientem, et ad passiones Martyres adtrahentem, ita modo draconem conculcet, ne nobis insidietur. De quo dracone nos cautos faciens Apostolus ait, « Aptavi vos uni viro virginem castam exhibere Christo : timeo autem ne sicut serpens Evam seduxit astutia sua, sic et vestræ mentes corrumpantur a castitate quæ est in Christo Jesu (II *Cor.* XI, 2). » Serpens ergo iste adulter antiquus, viginitatem corrumpendam, non carnis, sed cordis inquirit. Sicut autem adulter homo lætatur in nequitia sua, cum carnem corrumpit : sic et diabolus lætatur, quando mentem corrumpit. Sicut autem patribus nostris adversus leonem opus erat patientia, sic nobis adversus draconem vigilantia. Persecutio tamen sive a leone, sive a dracone, nunquam cessat Ecclesiæ : et magis metuendus est cum fallit,

traînés au supplice pour renier le Christ, et ceux qui confessaient le Christ recevaient la couronne céleste. Maintenant, au contraire, il leur apprend à renier le Christ, et il les trompe en ce que celui qu'on apprend à renier le Christ necroit pas, quant à lui, se séparer du Christ. Que disent, en effet, les hérétiques au chrétien catholique? Venez, et soyez chrétien. On lui dit, soyez chrétien, pour qu'il réponde : Ne le suis-je pas? C'est tout autre chose de dire : Venez, soyez chrétien, ou de dire : Venez, reniez le Christ. Le mal qui se présente ouvertement est le rugissement du lion qui s'entend au loin, et dont on se garde de loin. Mais le dragon glisse sur lui-même, il rampe à la dérobée, il arrive en se traînant doucement, et fait entendre à peine un sifflement astucieux. Il ne dit pas : Reniez le Christ. Qui l'écouterait, en effet, de ceux qui savent quelle couronne ont reçue les martyrs? Mais il dit : Soyez chrétien. Et celui qu'il tente, frappé de ce langage étonnant, s'il n'est point encore pénétré par le poison, répond; Mais je suis chrétien. Si, au contraire, il est ébranlé, s'il est déjà tenu par la dent du dragon, il répond : Pourquoi me dites-vous : soyez chrétien? Car quoi? Ne suis-je pas chrétien? Et le tentateur : Non.— Je ne suis pas chrétien? — Non. — Eh bien donc! faites-moi chrétien, si je ne le suis pas. — Venez. Mais quand l'évêque commencera à vous demander ce que vous êtes, gardez-vous de dire: Je suis un chrétien, je suis un fidèle; mais dites que vous ne l'êtes pas, afin de pouvoir le devenir. Car s'il entend quelqu'un confesser qu'il est chrétien fidèle, l'évêque n'ose pas le rebaptiser (1); qu'il entende, au contraire, un homme déclarer qu'il n'est pas chrétien, il lui donne ce caractère, comme s'il ne l'avait pas reçu, afin d'être lui-même hors de faute, en agissant d'après cette réponse. Je vous demande ici, hérétique, pourquoi vous croyez n'être pas en faute ? Que voulez-vous dire par cette parole ? que ce n'est pas vous qui reniez Jésus-Christ, mais que c'est cet homme qui le renie? Mais si celui qui le renie est en faute, est-ce que celui qui lui apprend à le renier est innocent? Prétendez-vous ne pas commettre de crime, parce que vous faites, vous chrétien, par vos enseignements, ce que faisait le païen par ses menaces? Et que faites-vous? Lui ôtez-vous ce qu'il a, parce qu'il a nié l'avoir? Vous ne pouvez faire qu'il ne l'ait pas, mais vous faites qu'il l'ait pour son châtiment. Car ce qu'il a, il l'a. Le baptême est imprimé en lui comme un caractère indélébile : il était l'ornement du soldat, il fait preuve contre le déserteur. Que faites-vous donc? Vous mettez le Christ sur le Christ. Si vous aviez la simpli-

quam cum sævit. Illo tempore cogebat Christianos negare Christum : isto autem tempore docet Christianos negare Christum : tunc cogebat, nunc docet. Tunc ergo ingerebat violentias, nunc insidias : videbatur tunc fremens, lubricus nunc et oberrans difficile videtur. Quomodo autem tunc cogebat Christianos negare Christum, apertum est. Adtrahebantur enim ut negarent Christum, et confitentes Christum coronabantur. Nunc autem docet negare Christum, et ideo fallit, quia qui docetur negare Christum, quasi non sibi videtur recedere a Christo. Modo enim quid dicitur ab hæreticis hominibus Christiano catholico? Veni, esto Christianus. Ad hoc dicitur, Esto; ut dicat, Non sum ? Aliud longe est, Veni, esto Christianus, aliud, Veni, nega Christum. Apertum malum, fremitus leonis a longe auditur, a longe cavetur. Applicat se lubricus draco, occultis lapsibus serpens, leni (a) tractu subrepens, astuto sibilo immurmurans, et non dicit, Nega Christum. Nam cum coronatis Martyribus quis audiret? Sed dicit, Esto Christianus. Et ille (b) mirabili voce percussus, si nondum veneno penetratus est, respondet, Plane Christianus sum. Si autem movetur, et dente draconis (c) captus est, respondet, Quare mihi dicis, Esto Christianus? quid enim, non sum Christianus ? Et ille, Non. Ergo non sum ? Non. Ergo nunc fac me Christianum, si non sum. Veni. Sed cum interrogari cœperis ab Episcopo quis sis, noli dicere, Christianus sum, aut fidelis sum : sed dic non te esse, ut possis esse. Cum enim audierit confessionem Christiani fidelis, rebaptizare non audet : cum autem audierit quod non sit, dat illi tamquam quod non habebat ; ut quasi ipse sit extra culpam, quia secundum vocem ejus facit. Ubi quæro abs te, hæretice, cur te extra culpam putas ? Quid (d) hac voce audio ? quia non tu negas, sed ille negat? Si habet

---

(1) Parce que des lois impériales portaient des peines contre ceux qui réitéraient le baptême. V. Cod. Th. liv. XVI. tit. Ne sanctum baptisma iteretur.

(a) Er. et fere omnes MSS. leni tactu. (b) Septem MSS. miserabili. (c) In MSS. aliquot, aditus est. In quibusdam, adustus est. In aliis, adtritus est. (d) Sic aliquot probæ notæ MSS. At editi, Quid has voces audio, etc. quis est qui docet negare, etc. qui facis docendo, etc.

cité du cœur, vous ne feriez pas le Christ double. Enfin, je vous le demande, avez-vous oublié que le Christ est la pierre, et que « la pierre rejetée par ceux qui bâtissaient est devenue le sommet de l'angle (*Ps.* cxvii, 22, *Matth.* xxi, 42, et I *Pierre* ii, 4)? » Si donc le Christ est la pierre, et que vous vouliez mettre le Christ sur le Christ, que devient ce que l'Évangile vous apprend, que la pierre mise sur la pierre ne tiendra pas (*Matth.* xxiv, 2)? Au contraire, l'union qui vient de la charité est si puissante que quoiqu'il faille assembler, pour la construction du temple de Dieu, un grand nombre de pierres vivantes, cependant elles ne font toutes ensemble qu'une seule pierre. Vous, au contraire, vous vous êtes séparé; vous retirez de la construction et vous appelez à la ruine. Ces embûches, ils les multiplient, ils ne s'arrêtent pas : nous les voyons, nous les supportons, et nous nous efforçons, autant que nous le pouvons, de les réprimer, en discutant avec eux, en les convainquant, en les appelant à des assemblées, en voulant les effrayer, et cependant, dans toutes choses, en les aimant. Et quand, malgré tout ce que nous faisons, ils persévèrent dans le mal et que notre cœur se consume de tristesse à la vue de nos frères qui périssent ; quand il pleure sur ceux qui sont hors de l'Église, et craint pour ceux qui sont dans l'Église ; au milieu de tant d'angoisses de toutes formes, et d'incessantes tentations, si multipliées en cette vie, que ferons-nous? Car, l'iniquité augmentant, la charité s'engourdit : « Parce que l'iniquité s'est multipliée, la charité de plusieurs se refroidit (*Matth.* xxiv, 12). » Que ferons-nous, si ce n'est de persévérer, si nous le pouvons, avec l'aide du Seigneur, suivant cette parole : « Celui qui aura persévéré jusqu'à la fin, sera sauvé (*Ibid.* 13). »

2. Répétons donc ce que le Prophète dit dans ce psaume : « J'ai attendu sans me lasser, j'ai attendu le Seigneur (*Ps.* xxxix, 2). » J'ai attendu sans me lasser, non pas quelque homme qui m'aurait fait une promesse, qui peut tromper et être trompé; non pas quelque homme consolateur, qui peut se consumer tout le premier dans sa propre tristesse, plutôt que me soulager. Que tout homme, qui est mon frère, me console en s'attristant avec moi ; que nous gémissions ensemble, que nous pleurions ensemble, que nous priions ensemble, que nous attendions ensemble. Mais qui attendrons-nous, si ce n'est le Seigneur, qui ne retire pas ses promesses, mais qui diffère de les remplir? Il les accomplira certainement, il les accomplira, parce qu'il en a déjà accompli beaucoup : et nous ne devrions rien craindre de la vérité de Dieu, lors même qu'il ne nous donnerait rien encore. Supposons un moment qu'il en soit ainsi, qu'il ait tout promis, et qu'il n'ait rien donné : assurément il est assez puissant pour promettre, et il est fidèle à tenir ce qu'il a promis ; mais

---

culpam qui negat, quid qui docet negare eum qui negat? Ita ne vero tu extra culpam es, quia facis docendo Christianus, quod faciebat minando paganus ? Et quid agis ? Numquid tollis quod habet, quia negavit, quod habet ? Non facis ut non habeat, sed ut ad pœnam habeat. Quod enim habet, habet. Baptismus ille tamquam character infixus est : ornabat militem, convincit desertorem. Quid enim facis ? Christum imponis super Christum. Si simplex esses, Christum non duplicares. Deinde quæso te, oblitus es quod lapis est Christus, et « lapidem quem reprobaverunt ædificantes, hic factus est in caput anguli (*Psal.* cxvii, 22, *Matth.* xxi, 42, I *Pet.* ii, 4)? » Si ergo lapis est Christus, et Christum vis imponere super Christum, excidit tibi quod audivisti in Evangelio, quia lapis super lapidem non stabit (*Matth.* xxiv, 2)? Tantum autem valet junctura caritatis, ut quamvis multi lapides vivi in structura templi Dei conveniant, unus lapis ex omnibus fiat. Tu autem disscidisti te ; ab ædificatione revocas, ad ruinam vocas ; et abundant hæ insidiæ, et non quiescunt : et videmus, et toleramus, et quantum possumus reprimere conamur, disputando, convincendo, conveniendo, terrendo, tamen in omnibus diligendo. Et cum hæc nobis agentibus perseverant in malo, et cor nostrum de fraternis mortibus contabescit, cum eos qui foris sunt dolet, his qui intus sunt timet, per angustias multiformes et incessabiles tentationes, quibus abundat hæc vita, quid facturi sumus ? Ex abundantia enim iniquitatis fit quidam torpor caritatis, « quoniam abundavit iniquitas, refrigescit caritas multorum (*Matth.* xxiv, 12). » Et quid sumus facturi, nisi quod sequitur, si tamen ipso adjuvante possimus : « Qui perseveraverit usque in finem, hic salvus erit (*Ibid.* 13) ? »

2. Ergo dicamus quod iste Psalmus, « Sustinens sustinui Dominum (*Ps.* xxxix, 2). » Sustinens sustinui, non quemlibet hominem promissorem, qui possit fallere et falli ; non quemlibet hominem consolatorem, qui potest tristitia sua ante tabescere, quam me reticere. Consoletur me frater homo cum tristis est mecum, simul gemamus, simul fleamus, simul

vous, soyez seulement un pieux créancier, et, si petit, si faible que vous soyez, exigez qu'il vous fasse miséricorde. Ne voyez-vous pas les jeunes agneaux pousser avec leur tête les mamelles de leur mère, pour se rassasier de lait? « J'ai attendu sans me lasser, dit le Prophète, j'ai attendu le Seigneur. » Et qu'a fait le Seigneur ? s'est-il détourné de vous? Vous a-t-il méprisé, alors que vous l'attendiez, ou par hasard ne vous a-t-il pas vu? Il n'en est rien assurément. Qu'a-t-il donc fait? « Et il a fait attention à moi, et il a exaucé ma prière (*Ibid.*3). » Dieu a fait attention à lui et l'a exaucé. Ce n'est donc pas en vain que vous avez attendu; ses yeux se sont fixés sur vous, et ses oreilles se sont tournées vers vous. En effet, « les yeux du Seigneur sont fixés sur les justes, et ses oreilles sont attentives à leurs prières (*Ps.* XXXIII, 16). » Mais quoi! quand vous faisiez mal, quand vous le blasphémiez, est-ce donc qu'il ne vous voyait pas? est-ce qu'il ne vous entendait pas? Et que deviendraient ces paroles du même psaume : « Mais le visage du Seigneur est dirigé sur ceux qui font le mal? » Et pourquoi? « Pour effacer leur mémoire de dessus la terre (*Ibid.*, 17). » Donc, lorsque vous étiez méchant, vous n'échappiez point à son attention, mais il ne faisait pas attention à vous. C'est pourquoi le Prophète qui a attendu le Seigneur, sans se lasser de l'attendre, a trouvé qu'il était peu de dire : il me voyait, mais il a dit : Il a fait attention à moi, c'est-à-dire, il a été attentif à me consoler, afin de m'être utile. Et comment a-t-il fait attention? « Et il a exaucé ma prière. »

3. Et que vous a-t-il donné? qu'a-t-il fait pour vous? « Et il m'a tiré de l'abîme de misère et du bourbier de la fange, et il a posé mes pieds sur la pierre et il a dirigé mes pas. Et il a mis dans ma bouche un cantique nouveau, hymne à notre Dieu (*Ps.*XXXIX,3). » Il a donné de grands biens et il est resté débiteur; que celui donc qui tient déjà ce qu'on lui a payé de sa créance ait confiance pour le reste, lui qui devait avoir confiance avant même d'avoir rien reçu. Car Notre-Seigneur nous a prouvé par les faits, qu'il était fidèle dans ses promesses et large dans ses dons. Qu'a-t-il donc fait? « Il m'a tiré de l'abîme de misère. » Qu'est-ce que l'abîme de misère? Ce sont les profondeurs de l'iniquité, creusées par les convoitises charnelles. C'est ce que veut dire aussi « et du bourbier de la fange. » D'où vous a-t-il tiré? D'un certain abîme, duquel vous criiez vers lui dans un autre psaume : « Du profond abîme j'ai crié vers vous, Seigneur (*Ps.* CXXIX, 1). » Mais ceux qui crient des profondeurs d'un abîme, n'y sont point encore tout à fait enfoncés : ils ne crient même qu'en

---

oremus, simul sustineamus. Quem, nisi Dominum qui promissa non aufert, sed differt? Exhibebit profecto, exhibebit; quia multa jam exhibuit : et nihil de Dei (*a*) veritate formidare deberemus, etiam si nihil adhuc exhiberet. Ecce jam putemus ita, omnia promisit, nondum aliquid dedit : idoneus promissor est, fidelis redditor; tu tantum esto pius exactor, et si parvulus, et si infirmus, exige misericordiam. Non vides (*b*) teneros agnos capitibus pulsare ubera matrum, ut lacte satientur? « Sustinens, » inquit, « sustinui Dominum. » Et quid ille? An avertit se a te, an sustinentem contempsit, an forte non vidit? Non plane ita. Sed quid? « Et adtendit mihi : et exaudivit deprecationem meam (*Ibid.* 3). » Adtendit, et exaudivit. Ecce non frustra sustinuisti : super te oculi ejus, ad te aures ejus. « Oculi enim Domini super justos, et aures ejus in preces eorum (*Psal.* XXXIII, 16. » Quid ergo, cum male faceres, cum eum blasphemares, non videbat? non audiebat? Et ubi est quod in ipso Psalmo dictum est, « Vultus autem Domini super facientes mala (*Ibid.*)?» Sed ut quid? Ut perdat de terra memoriam eorum. Ergo et cum malus esses, adtendebat te, sed non adtendebat tibi. Proinde tibi qui sustinens sustinuit Dominum, parum ei fuit dicere, Adtendit me : « Adtendit mihi. » inquit, id est, (*c*) consolando adtendit, ut mihi prodesset. Quid adtendit? « Et exaudivit deprecationem meam. »

3. Et quid tibi præstitit? quid tibi fecit? « Et eduxit me de lacu miseriæ, et de luto limi : et statuit supra petram pedes meos, et direxit gressus meos. Et immisit in os meum canticum novum, hymnum Deo nostro (*Ps.* XXXIX, 3 et 4). » Magna bona præstitit, et adhuc debitor est : sed qui hæc reddita jam tenet, de ceteris credat, qui credere debuit et antequam aliquid sumeret. Rebus etiam ipsis persuasit nobis Dominus noster fidelem se esse promissorem, largum datorem. Quid ergo nunc fecit?

(*a*) Vaticanus MS. et nonnulli e Gallic. *de Dei firmitate*. (*b*) Er. et plerique MSS. *perbreves agnos*. Colbertinus codex, *per greyes agnos*. (*c*) Aliquot MSS. *consolando* : ac paulo post plerique ferunt, *ut mihi prodesset quod adtendit* : *Et exaudivit*, etc.

se soulevant déjà. Il y en a d'autres, qui sont plus profondément plongés d'ans l'abîme, au point même de ne pas sentir qu'ils y sont. Tels sont les orgueilleux pleins d'un dédain superbe; non pas ceux qui prient avec piété, non pas ceux qui crient avec larmes, mais ceux qui ressemblent aux pécheurs que l'Écriture désigne dans un autre endroit : « Lorsque le pécheur est plongé au plus profond du mal, il méprise tout (*Prov.* XVIII, 3). » Celui pour qui c'est peu que d'être un pécheur, si, non content de ne pas confesser ses péchés, il ne les défend encore, celui-là est au plus profond de l'abîme. Mais celui qui a crié du fond de l'abîme a déjà, pour crier, levé la tête des profondeurs de l'abîme : il a été entendu, il a été tiré de l'abîme de misère et de la fange du bourbier. Il a déjà la foi, qu'il n'avait pas; il a l'espérance, qui lui manquait; il marche dans la voie du Christ, lui qui errait dans celle du démon. C'est pour cela, en effet, que le Prophète a dit : « Il a posé mes pieds sur la pierre, et il a dirigé mes pas. » « Or la pierre était le Christ(1*Cor.*X,4).»Soyons donc sur la pierre, et que nos pas reçoivent leur direction. Cependant nous avons encore besoin de marcher pour parvenir à quelque chose. Car que disait l'Apôtre saint Paul, alors qu'il était déjà sur la pierre, alors que ses pieds avaient déjà reçu leur direction? « Ce n'est pas que j'aie encore reçu ce que j'espère, ou que je sois parfait : mes frères, je ne crois pas avoir atteint le but que je poursuis (*Philipp.* III, 12 et 13). » Que vous a-t-il donc été donné, si vous n'avez pas encore atteint ce que vous espérez ? Pour quel objet rendez-vous des actions de grâces, en disant : « Mais, j'ai obtenu miséricorde (1 *Tim.* I, 13)? » Ce qui lui a été donné c'est que ses pas ont reçu leur direction, c'est que déjà il marche sur la pierre. Que dit-il en effet? « Mais seulement oubliant ce qui était derrière moi (*Philip.*III,13)...,» qu'est-ce qui est derrière lui? l'abîme de misère. Qu'y a-t-il derrière lui? le bourbier fangeux, les convoitises charnelles, les ténèbres des iniquités. « Oubliant ce qui était derrière moi, et m'étendant vers ce qui est devant moi...,»il ne dirait pas qu'il s'étend,si déjà il était arrivé ; car le cœur s'étend par le désir de la chose poursuivie et non par la joie de la possession ; « m'étendant vers ce qui est devant moi, je poursuis la palme de la vocation céleste de Dieu dans le Christ Jésus. » Il courait, il poursuivait cette palme. Et ailleurs,étant sur le point d'atteindre cette palme, il dit : « J'ai consommé ma course (II *Tim.*IV,7).» Quand donc il disait : « Je cours vers la palme de la vocation céleste, » comme déjà ses pas avaient reçu leur direction sur la pierre, comme déjà il marchait dans la bonne voie, il avait de quoi rendre grâces,et il avait aussi de quoi demander encore: il rendait grâces des biens qu'il avait reçus, il demandait les biens qui lui étaient dus. De quels bienfaits rendait-il grâces? du pardon des péchés

---

« Eduxit me de lacu miseriæ. » Quis est lacus miseriæ? Profunditas iniquitatis, ex carnalibus concupiscentiis. Hoc est enim, « et de luto limi. » Unde te eduxit? De profundo quodam. Unde in alio Psalmo clamabas, « De profundis clamavi ad te Domine (*Psal.* CXXIX, 1). » Et qui jam de profundo clamant, non penitus in profundo sunt : clamor ipse jam levat. Sunt alii profundius in profundo, qui nec sentiunt se esse in profundo. Tales sunt superbi contemtores, non pii deprecatores, non lacrymosi clamatores : sed tales, quales alio loco Scriptura designat:«Peccator cum venerit in profundum malorum, contemnit (*Prov.* XVIII, 3). » Cui enim parum est esse peccatorem, nisi etiam non sit peccatorum suorum confessor, sed defensor, altius in profundo est. Ille autem qui de profundo exclamavit, jam ab imo profundi caput ut clamaret levavit : auditus est, eductus est de lacu miseriæ, et de luto limi. Jam habet fidem, quam non habebat ; habet spem, sine qua erat; in Christo ambulat, qui in diabolo errabat. Ideo enim, « Posuit, » inquit, « supra petram pedes meos, et direxit gressus meos. » « Petra autem erat Christus (1 *Cor.* X, 4). » Simus super petram, dirigantur gressus nostri : opus est tamen adhuc ut ambulemus, ut ad aliquid perveniamus. Nam Paulus Apostolus, jam super petram, jam directis pedibus suis, quid dicebat ? « Non quia jam acceperim, aut jam perfectus sim? Fratres, ego non arbitror me apprehendisse (*Philip.* III, 12, etc.). » Quid ergo tibi præstitum est, si non apprehendisti ? Unde gratias agis, cum dicis, « Sed misericordiam consecutus sum (I *Tim.* I, 13)? » Quia directi sunt pedes, quia jam supra petram ambulat. Quid enim ait ? « Unum autem quæ retro oblitus (*Philip.* III, 13). » Quæ retro? Lacus miseriæ. Quid est, retro ? Limus luti, concupiscentiæ carnales, tenebræ iniquitatum. «Quæ retro oblitus, in ea quæ ante sunt extentus (*Ibid.*). » Non se diceret extentum, si jam pervenisset. Exten-

de la lumière de la foi, de la force de l'espérance, de la flamme de la charité. Mais comment Dieu était-il son débiteur? « Il me reste à recevoir, ajoutait-il, la couronne de justice (II *Tim* IV, 8). » Il m'est donc encore dû quelque chose. Que lui est-il dû? « La couronne de justice que le Seigneur, juste juge, me rendra en ce jour. » D'abord Dieu est un père plein de bonté qui le retire de l'abîme de misère, lui pardonne ses péchés, et le délivre du bourbier fangeux; puis il est un juste juge, qui rend à celui qui marche dans la bonne voie ce qu'il lui a promis, après lui avoir donné la force d'y bien marcher. Le juste juge rendra donc ce qu'il a promis; mais à qui? « Celui qui aura persévéré jusqu'à la fin sera sauvé (*Matth.* X, 22 et XXIV, 13). »

4. « Et il a mis dans ma bouche un cantique nouveau (*Ps.* XXXIX, 4) ». Quel cantique nouveau? « Un hymne à notre Dieu. » Peut-être disiez-vous des hymnes aux dieux étrangers, des hymnes anciens, parce que c'était l'homme ancien qui les disait et non l'homme nouveau. Que l'homme devienne nouveau et qu'il dise un cantique nouveau; qu'étant renouvelé il aime les choses nouvelles qui l'ont renouvelé. Mais qu'y a-t-il de plus ancien que Dieu, qui est avant toutes choses, qui est sans fin et sans commencement? Il devient nouveau pour vous qui revenez à lui, parce qu'en vous retirant de lui vous étiez devenu vieux et disiez : « J'ai vieilli au milieu de tous mes ennemis (*Ps.* VI, 8). » Nous disons donc un hymne à notre Dieu et cet hymne nous délivre. Car, est-il dit : « J'invoquerai le Seigneur en le louant et je serai délivré de mes ennemis (*Ps.* XVII, 4). » En effet, un hymne est un cantique de louange. J'invoquerai Dieu en le louant et non en l'outrageant. Car lorsque vous invoquez Dieu, pour qu'il accable votre ennemi; lorsque vous cherchez votre joie dans le mal d'autrui, et que vous invoquez Dieu en vue de ce mal, vous le faites complice de votre méchanceté. Si vous le faites complice de votre méchanceté, vous ne l'invoquez pas en le louant, mais en l'outrageant. Car vous croyez alors que Dieu vous ressemble. C'est ainsi que, dans un autre endroit, le Prophète dit (*Ps.* XVII, 4) : « Vous avez fait toutes ces choses et j'ai gardé le silence; vous avez soupçonné que je serais injuste et semblable à vous. » Invoquez donc le Sei-

---

ditur enim animus desiderio rei concupitæ, non lætitia consecutæ. « In ea quæ ante sunt, » inquit, « extentus, sequor ad palmam supernæ vocationis Dei in Christo Jesu (*Ibid.* 14). » Currebat, sequebatur ad palmam. Et alio loco jam proximus palmæ, « Cursum, » inquit, « consummavi (II *Tim.* IV, 7). » Quando ergo dicebat, Sequor ad palmam supernæ vocationis, quia jam pedes ejus in petra directi erant, jam viam bonam ambulabat : habebat unde gratias ageret, habebat quod peteret, gratias agens de acceptis, petens *(a)* debita. De quibus acceptis? De indulgentia peccatorum, de illuminatione fidei, de robore spei, de flamma caritatis. Unde autem adhuc Dominum debitorem tenebat? « De cetero, » inquit, « superest mihi corona justitiæ (*Ibid.* 8). » Adhuc ergo mihi aliquid debetur. Quid debetur? Corona justitiæ, quam reddet mihi Dominus in illa die justus judex. Primo benignus pater, ut erueret de lacu miseriæ, ut donaret peccata, ut liberaret de luto limi : postea justus judex, reddens bene ambulanti quod promisit, cui primo ut bene ambularet donavit. Reddet ergo justus judex : sed quibus? « Qui perseveraverit usque in finem, hic salvus erit (*Matth.* X, XXII et XXIV, 13). »

4. « Immisit in os meum canticum novum (*Ps.* XXXIX, 4). » Quod canticum novum ? « Hymnum Deo nostro. » Dicebas forte hymnos diis alienis, veteres hymnos; quia vetus homo dicebat, non novus homo : fiat novus homo, dicat canticum novum : innovatus amet nova quibus renovatur. Nam quid antiquius Deo, qui est ante omnia, et sine fine, et sine initio ? Tibi fit novus redeunti; quia discedendo factus eras vetus, et dixeras, « Inveteravi in omnibus inimicis meis (*Psal.* VI, 8). » *(b)* Dicimus ergo hymnum Deo nostro, et ipse hymnus liberat nos. « Laudans enim invocabo Dominum, et ab inimicis meis salvus ero (*Psal.* XVII, 4). » Hymnus est enim canticum laudis. Laudans invoca, non reprehendens. Quando enim invocas Deum, ut premat inimicum tuum, quando de malo alieno gaudere vis, et ad hoc malum invocas Deum, participem eum facis malitiæ tuæ. Si participem eum facis malitiæ, non ergo laudans invocas, sed reprehendens. Talem enim putas Deum, qualis tu es. Unde tibi alio loco dicitur, « Hæc fecisti, et tacui (*Psal.* XLIX, 21), suspicatus es *(c)* iniquitatem, quod ero tibi similis. Laudans ergo invoca Dominum : noli eum putare similem tibi, ut similis fias illi. « Estote enim sicut Pater vester perfecti, qui

---

(a) Lov. *petens dimitti debita.* Verbum, *dimitti,* abest ab Er. et MSS. *(b)* Sic MSS. At Lov. *Dicamus:* et infra, *liberet nos* *(c)* Editi, *inique.* At MSS. *iniquitatem* : sic ipsimet editi in Psal. 49.

gneur en le louant; ne le croyez pas semblable à vous, afin de devenir semblable à lui. Car il est dit : « Soyez parfait comme votre Père est parfait; il fait luire son soleil sur les bons et sur les méchants et tomber la pluie sur les justes et sur les injustes (*Matth.* v, 45). » Louez donc le Seigneur de telle sorte que vous ne vouliez pas de mal à vos ennemis. Et dans quelle mesure, dites-vous, leur voudrai-je du bien? Autant qu'à vous-même. Car ce n'est pas de votre bien qu'ils recevront pour devenir bons, et ce qui leur sera donné ne diminuera point votre part. Votre ennemi est votre ennemi parce qu'il est méchant; s'il devient bon, il sera votre ami et votre compagnon; et dans le désir que vous aurez de posséder avec lui ce que vous aimiez, il sera votre frère. Invoquez donc votre Dieu en le louant, et chantez-lui un hymne. « Le sacrifice de louange, dit-il, me glorifie (*Ps.* XLIX, 23). » Eh quoi? La gloire de Dieu sera-t-elle plus grande parce que vous l'aurez glorifié? Ou bien, donnons-nous de la gloire à Dieu quand nous lui disons : mon Dieu je vous glorifie? ou le rendons-nous plus saint, lorsque nous lui disons : mon Dieu, je vous bénis? Quand il nous bénit, il nous rend plus saints et plus heureux, quand il nous glorifie, il nous rend plus glorieux, plus honorés; mais quand nous le glorifions, c'est à nous que cela est utile, et non à lui. Comment, en effet, le glorifions-nous? En disant que la gloire lui appartient, et non en lui donnant de la gloire. Aussi qu'a dit le Seigneur après ces paroles « Le sacrifice de louange me glorifie? » Pour que vous ne croyiez pas donner à Dieu quelque chose, en lui offrant un sacrifice de louange, a ajouté : « Et c'est là la voie par laquelle je lu montrerai mon salut. » Vous voyez que les louanges données à Dieu seront utiles pour vous e non pour Dieu. Louez-vous Dieu? vous marche dans la bonne voie. L'outragez-vous? vous ave perdu la bonne voie.

5. « Et il a mis dans ma bouche un cantiqu nouveau, un hymne à notre Dieu (*Ps.* XXXIX, 4). Quelqu'un demandera peut-être quel est celui qu parle dans ce psaume. Je le dirai en peu de mots c'est le Christ. Mais, comme vous le savez, me frères, et comme il faut souvent le dire, le Chris parle quelquefois en son nom, c'est-à-dire comm étant notre tête, il est en effet le sauveur de so corps (*Éphes.* v, 23), notre tête, le Fils de Dieu né d'une vierge, qui a souffert pour nous, qu est ressuscité pour notre justification, qui es assis à la droite de Dieu, afin d'intercéder pou nous (*Rom.* VIII, 34), et qui, au jour du juge ment, rendra à chacun selon ses mérites, au bons le bien, aux méchants le mal. Il est notr tête, il a daigné se faire la tête de ce corps, e prenant de nous une chair dans laquelle il pû mourir pour nous. Cette chair il l'a ressuscité à cause de nous, pour nous donner en elle u

---

solem suum oriri facit super bonos et malos, et pluit super justos et injustos (*Matth.* v, 45). » Sic ergo lauda Dominum, ut nolis male inimicus tuis. Et quantum eis, inquis, velim bonum? quantum tibi. Non enim de tuo accepturi sunt ut boni sint, aut quod illis dabitur, tibi minuetur. Inimicus tuus, quia malus est, inimicus est : fit bonus, et amicus erit, et socius erit; ut simul velis possidere quod amabas, jam frater erit. Laudans ergo invoca, hymnum dic Deo tuo. « Sacrificium laudis, » ait, « glorificabit me (*Psal.* XLIX, 23). » Et quid? Major gloria erit Deo, quia glorificas eum? aut addimus gloriam Deo, quando ei dicimus, Glorifico te, Deus meus? aut sanctiorem eum facimus, quando dicimus, Benedico te, Deus meus? Ipse quando nos benedicit, facit nos sanctiores, facit nos feliciores; quando nos glorificat, facit nos gloriosiores, facit nos honoratiores : quando cum glorificamus, nobis prodest, non illi. Quomodo enim eum glorificamus? Gloriosum dicendo, non faciendo. Proinde quid secutus ait, cum diceret, « Sacrificium laudis glorificabit me? » Ne putares te aliquid præstare Deo offerend illi sacrificium laudis, « Et ibi est via, inquit, u ostendam illi salutare meum. » Vides quia tibi prode rit laudare Deum, non Deo. Laudas Deum ? ambula viam. Reprehendis Deum? perdidisti viam.

5. « Et immisit in os meum canticum novum, hym num Deo nostro (*Ps.* XXXIX, 4). » Forte quærit aliquis quæ persona loquatur in hoc Psalmo. Breviter dixeri Christus est. Sed sicut nostis Fratres, et sæpe di cendum est, Christus aliquando loquitur ex se, i est, ex capite nostro. Est enim « ipse Salvator cor poris (*Ephes.* v, 23), » caput nostrum, Filius Dei n tus ex virgine, passus pro nobis, resurgens ad no justificandos, « sedens ad dexteram Dei ad interpel landum pro nobis (*Rom.* VIII, 34), » retributurus om via in judicio bona bonis, mala malis. Caput nostrum ille, caput dignatus est corporis fieri, carnem assu mendo a nobis, in qua moreretur pro nobis : quar etiam resuscitavit propter nos, ut in illa carne re surrectionis nobis præberet exemplum, ut sperar discerneremus quod desperabamus, et haberemus jan

exemple de notre propre résurrection ; afin qu'ainsi nous apprissions à espérer ce que nous désespérions d'obtenir, et, qu'ayant déjà les pieds posés sur la pierre, nous pussions marcher dans le Christ. Quelquefois donc il parle comme notre tête, et quelquefois il parle en notre nom, c'est-à-dire au nom de ses membres. Par exemple, lorsqu'il a dit : « J'ai eu faim et vous m'avez donné à manger (*Matth.* xxv, 35), » il parlait au nom de ses membres, et non en son propre nom. Et quand il a dit : « Saul, Saul, pourquoi me persécutez-vous (*Act.* ix, 4) ? » c'était la tête qui criait pour ses membres, et cependant il ne disait pas : pourquoi persécutez-vous mes membres ? mais, pourquoi me persécutez-vous ? Si lui-même souffre ainsi en nous, nous serons couronnés en lui. Telle est la charité du Christ. Que peut-on lui comparer ? C'est l'hymne de cet amour qu'il a mis dans notre bouche, et il le dit au nom de ses membres.

6. « Les justes verront, et ils craindront, et ils mettront leur espérance dans le Seigneur (*Ps.* xxxix, 4). » Les justes verront. Quels justes ? les fidèles, parceque le juste vit de la foi (*Habac.* ii, 4, et *Rom.* i, 17). En effet tel est l'ordre établi dans l'Église : les uns précèdent et les autres suivent, et ceux qui précèdent donnent l'exemple à ceux qui suivent, et ceux-ci imitent les premiers. Mais ceux qui se donnent comme exemple à ceux qui viennent après eux ne suivent-ils personne ? S'ils ne suivent personne, ils s'égareront. Ils ont donc aussi un guide, et c'est le Christ lui-même. Ceux qui sont les plus saints dans l'Église, ceux auxquels il ne reste aucun homme à imiter, parce qu'ils ont dépassé tous les hommes en perfection, ont devant eux le Christ qu'ils doivent suivre jusqu'à la fin. Vous pouvez voir que ces degrés ont été indiqués par l'Apôtre saint Paul, lorsqu'il a dit : « Soyez mes imitateurs, comme je suis moi-même l'imitateur du Christ (I *Cor.* iv, 16). » Donc, que ceux qui ont déjà leurs pas dirigés sur la pierre soient les modèles des fidèles, « soyez le modèle des fidèles, » dit-il encore (I *Tim.* iv, 12). Les fidèles sont des justes qui, les yeux fixés sur ceux qui les précèdent dans le bien, les suivent en les imitant. Comment les suivent-ils ? « Les justes verront et ils craindront. » Ils verront, et ils craindront de suivre les mauvaises voies, en reconnaissant que les hommes les plus saints ont tous choisi les bonnes voies. Ils se disent, comme les voyageurs ont coutume de le faire, lorsqu'ils voient les autres suivre leur route sans hésitation, tandis qu'eux-mêmes sont encore incertains sur le chemin à prendre, et qu'ils flottent pour ainsi dire, ne sachant de quel côté aller, ils se disent : ce n'est

---

pedes in petra, ambularemus in Christo. Loquitur ergo aliquando ex capite nostro, loquitur aliquando et ex nobis, id est ex membris suis : quia etiam quando dixit, « Esurivi, et dedistis mihi manducare (*Matth.* xxv, 35), ex membris suis loquebatur, non ex se. Et quando dixit, « Saule, Saule, quid me persequeris (*Act.* ix, 4) ? » caput pro membris clamabat : et tamen non dixit, Quid persequeris membra mea ? sed, Quid me persequeris ? Si in nobis ipse patitur, et nos in illo coronabimur. Hæc est caritas Christi. Quid huic comparari potest ? Hujus rei hymnum immisit in os nostrum, et dicit hoc ex membris suis.

6. « Videbunt justi, et timebunt, et sperabunt in Dominum. Videbunt justi (*Ps.* xxxix, 4) ? » Qui justi ? Fideles : « quia justus ex fide vivit (*Habac.* ii, 4, *Rom.* i, 17). » Etenim in Ecclesia iste ordo est, alii præcedunt, alii sequuntur : et qui præcedunt, exemplo se præbent sequentibus ; et qui sequuntur, imitantur præcedentes. Sed et illi qui se exemplo præbent sequentibus, numquid neminem sequuntur ? Si neminem sequuntur, errabunt. Sequuntur ergo et illi aliquem, ipsum Christum. Meliores quique in Ecclesia, quibus non remansit jam homo quem imitentur, quia omnes proficiendo superaverunt, ipse Christus eis remanet, quem usque in finem sequantur. (*a*) Et cernitis ordinatos gradus per Paulum apostolum dicentem, « Imitatores mei estote, sicut et ego Christi (I *Cor.* iv, 16). » Ergo qui jam directos gressus habent in petra, forma sint fidelibus. « Sed forma, » inquit, « esto fidelibus (I *Tim.* iv, 12). » Ipse fideles sunt justi, qui adtendentes eos, qui se in bono præcedunt, imitando sequuntur. Quomodo sequuntur ? « Videbunt justi, et timebunt. » Videbunt, et timebunt sequi vias malas, cum vident quosque meliores jam elegisse vias bonas ; et dicunt in animo suo, quemadmodum solent dicere viatores, adtendentes alios cum præsumtione ambulantes in via, ipsi adhuc incerti viæ, et quasi fluctuantes qua eant, dicunt sibi, Non frustra illi

---

(*a*) Maxima pars MSS. *Et caritas ordinat hos gradus.*

pas sans raison que ces hommes suivent cette route pour aller où nous voulons aller nous-mêmes, et s'ils marchent de ce côté avec tant de confiance, n'est-ce point parce qu'il serait funeste de marcher de l'autre? « Les justes verront donc et ils craindront. » Ils voient d'un côté la voie étroite et de l'autre côté la voie large (*Matth.* vii, 13). Dans la première ils voient peu d'hommes, et dans la seconde ils en voient un grand nombre. Mais, si vous êtes juste, ne comptez pas les témoignages, pesez-les. Apportez une balance exacte qui ne puisse tromper, puisque vous êtes appelé juste; car ces paroles: « Les justes verront et ils craindront » ont été dites de vous. Gardez-vous donc de compter les foules d'hommes qui marchent dans les voies larges, qui demain rempliront le cirque, célébrant à grands cris le jour de la fondation de la ville et souillant la ville elle-même par leurs mauvaises mœurs. Ne faites point attention à eux; ils sont nombreux, mais qui les compte? Au contraire, il n'y a que peu d'hommes dans la voie étroite. Apportez, vous dis-je, la balance et pesez; voyez, pour quelques grains, combien vous soulevez de paille. Que telle soit la conduite des justes fidèles qui suivent ceux qui leur servent d'exemple. Mais que feront ceux qui marchent en avant? Qu'ils ne s'enorgueillissent pas, qu'ils ne s'élèvent pas, qu'ils ne trompent pas ceux qui les suivent. Comment pourraient-ils tromper ceux qui les suivent? En leur promettant le salut en eux-mêmes. Que doivent donc faire ceux qui suivent? « Les justes verront et ils craindront, et ils mettront leur espérance dans le Seigneur, » et non dans ceux qui les précèdent; mais, les yeux fixés sur ceux-ci, ils les suivent cependant et les imitent, parce qu'ils pensent à celui qui leur a donné de marcher en avant, et qu'ils mettent leur espérance en lui. Bien qu'ils les imitent, ils mettent toutefois leur espérance en celui de qui ces hommes plus parfaits ont reçu ce qui les a rendus parfaits. « Les justes verront et ils craindront, et ils mettront leur espérance dans le Seigneur. » C'est ainsi que dans ces paroles d'un autre psaume: « J'ai levé les yeux vers les montagnes (*Ps.* cxx, 1), » nous comprenons que les montagnes sont les grands et illustres hommes spirituels de l'Église, hommes dont la grandeur est solide et n'est point une vaine enflure. C'est par eux que les Écritures nous ont été données; ce sont les prophètes, les évangélistes et les bons docteurs. C'est là, que « j'ai levé les yeux, vers les montagnes, d'où me viendra le secours. » Et de peur que vous ne pensiez qu'il s'agit d'un secours humain, le prophète continue et dit: « Mon secours vient du Seigneur qui a fait le ciel et la terre (*Ibid.* 2). » « Les justes verront,

---

hac eunt, quando illo eunt quo nos ire volumus: et quare cum magna fiducia hac eunt, nisi quia illac ire perniciosum est? « Videbunt ergo justi, et timebunt. » Angustam viam vident hac, latam viam vident illac: hac vident paucos, illac multos (*Matth.* vii, 13). Sed si justus es, noli numerare, sed appende; stateram affer æquam, non dolosam, quia justus appellatus es: « Videbunt justi, et timebunt, » dictum est de te. Noli ergo numerare turbas hominum incedentes latas vias, implentes crastinum circum, civitatis Natalem clamando celebrantes, civitatem ipsam male vivendo turpantes. Noli ergo illos adtendere; multi sunt, et quis numerat? Pauci autem per viam angustam. Profer, inquam, stateram, appende: vide contra pauca grana quantam paleam leves. Hoc agant fideles justi qui sequuntur (*a*). Quid illi qui præcedunt? Non superbiant, non se exaltent, non decipiant sequentes. Quomodo possunt decipere sequentes? Promittendo illis in se salutem. Quid ergo debent illi qui sequuntur? « Videbunt justi, et timebunt, et sperabunt in Dominum; » non in eos a quibus præcedentur: sed adtendendo præcedentes se, sequuntur quidem et imitantur, sed quia cogitant a quo acceperint illi ut præcedant, et in eum sperant. Quamvis ergo istos imitentur, spem suam tamen in illo ponunt, a quo et isti acceperunt unde tales sunt. « Videbunt justi, et timebunt, et sperabunt in Dominum: » quemadmodum in alio Psalmo, « Levavi oculos meos in montes (*Psal.* cxx, 1), » intelligimus montes, claros quosque et magnos Ecclesiæ spiritales viros, magnos soliditate, non tumore. Per ipsos nobis Scriptura omnis dispensata : Prophetæ sunt, Evangelistæ sunt, doctores boni sunt: illuc levavi oculos meos in montes, unde veniet auxilium mihi. Et ne humanum putares auxilium, sequitur, et dicit, « Auxilium meum a Domino, qui fecit cœlum et terram (*Ibid.* 2). » Videbunt justi, et timebunt, et sperabunt in Dominum. »

(*a*) Sic plerique MSS. At editi, *Hoc agant fideles justi qui sequuntur, quod illi* etc.

ils craindront et mettront leur espérance dans le Seigneur. »

7. Ainsi donc que ceux qui veulent mettre leur espérance dans le Seigneur, que ceux qui voient et qui craignent, redoutent de marcher dans les mauvaises voies, dans les voies larges; qu'ils préfèrent la voie étroite, où les pas de plusieurs ont déjà été dirigés sur la pierre; et maintenant qu'ils apprennent ce qu'ils doivent faire.« Heureux l'homme qui met son espérance dans le nom du Seigneur, et qui n'a pas jeté les yeux sur des vanités et sur des folies mensongères (*Ps*. XXXIX, 5). » Voilà la route par laquelle vous vouliez aller; voilà la voie large qu'encombre la foule. Ce n'est pas en vain qu'elle conduit à l'amphithéâtre; ce n'est pas en vain qu'elle conduit à la mort. La voie large est mortelle; sa largeur plaît pour un temps, mais son issue est étroite pour l'éternité. Mais la foule fait grand bruit, la foule chante, la foule se livre publiquement à la joie, la foule court et s'empresse : n'imitez pas la foule, ne vous détournez pas ; ce sont des vanités et des folies mensongères. Que le Seigneur votre Dieu soit votre unique espérance; n'espérez autre chose du Seigneur votre Dieu, sinon que le Seigneur lui-même soit votre espérance. En effet, il y en a beaucoup qui espèrent de Dieu de l'argent; il y en a beaucoup qui espèrent de Dieu des honneurs fragiles et périssables ; ils espèrent de Dieu toute autre chose que Dieu lui-même. Mais vous, demandez votre Dieu lui-même; bien plus, méprisez tout ce qui n'est pas lui et avancez-vous vers lui; oubliez toute autre chose et souvenez-vous de lui; laissez en arrière tout le reste et étendez-vous vers lui. C'est assurément lui qui a remis dans le chemin l'homme qui se détournait de lui; lui qui le dirige quand il marche droit; lui qui le conduit jusqu'au terme. Que celui-là donc soit votre espérance, qui dirige et conduit jusqu'au terme. Par où conduit et à quel terme conduit l'avarice terrestre? Vous cherchiez des domaines, vous vouliez posséder une terre, vous dépossédiez vos voisins; ceux-ci éliminés, vous vouliez engloutir votre nouveau voisinage; vous étendiez votre avarice jusqu'à n'avoir de limites que le rivage; vous voici au rivage, vous convoitez les îles de la mer ; si vous possédiez toute la terre, peut-être voudriez-vous vous emparer du ciel. Laissez là tous ces vains attachements; celui qui a fait le ciel et la terre est plus beau que tout cela.

8. « Heureux l'homme qui met son espérance dans le nom du Seigneur et qui n'a pas jeté les yeux sur des vanités et sur des folies mensongères.» Pourquoi, en effet, le Prophète dit-il : des folies mensongères? La folie est menteuse et la santé véridique. Vous croyez bonnes les choses que vous voyez et vous êtes trompé; vous n'êtes pas en bonne santé; une fièvre violente vous a

---

7. Eia qui volunt sperare in Dominum, qui vident et timent, timeant ambulare vias malas, vias latas ; eligant viam angustam, ubi jam supra petram quorumdam directi sunt gressus : quid facere debeant, audiant modo. « Beatus vir cujus est nomen Domini spes ejus, et non respexit in vanitates et insanias mendaces (*Ps*. XXXIX, 5). » Ecce qua volebas ire, ecce turba viæ latæ: non frustra ipsa ducit ad amphitheatrum, non frustra ipsa ducit ad mortem. Via lata mortifera est : latitudo ejus delectat ad tempus, finis ejus angustus in æternum. Sed turbæ strepunt, turbæ festinant, turbæ (*a*) collætantur, turbæ concurrunt. Noli imitari, noli averti, vanitates sunt, et insaniæ mendaces. Sit Dominus Deus tuus spes tua : non aliud aliquid a Domino Deo tuo speres, sed ipse Dominus tuus sit spes tua. Namque multi de Deo sperant pecuniam, multi de Deo sperant honores caducos et perituros, aliud quodlibet a Deo præter ipsum Deum : sed tu ipsum Deum tuum pete : immo vero contemtis aliis, perge ad illum ; obliviscens alia, memento illius ; relinquens retro alia, extendere in illum. Ipse certe aversum (*b*) correxit, ipse ducit rectum, ipse perducit : ergo sit ipse spes tua, qui ducit et perducit. Quo ducit et quo perducit terrena avaritia ? Fundos quærebas, terram possidere cupiebas, vicinos excludebas ; illis exclusis, aliis vicinis inhiabas, et tamdiu tendebas avaritiam, donec ad littora pervenires : pervenisti ad littora, insulas concupiscis ; possessa terra, cœlum forte vis prendere. Relinque omnes amores : pulcrior est ille qui fecit cœlum et terram.

8. « Beatus vir, cujus est nomen Domini spes ejus, et non respexit in vanitates et insanias mendaces. » Unde enim insaniæ mendaces? Insania mendax, sa-

---

(*a*) Sic plures MSS. At editi *collætantur*. (*b*) Nonnulli MSS. *aversum corrigit, ipse ducit correctum*.

troublé l'esprit; ce que vous aimez n'est pas un bien véritable. Vous louez un cocher (1), vous acclamez un cocher, vous devenez fou d'un cocher. Vanité! Folie mensongère! Du tout, dit quelqu'un, rien de meilleur, rien de plus agréable. Que ferai-je à un homme qui a la fièvre? S'il y a en vous quelque compassion, priez pour ces malheureux. Le plus souvent, le médecin, lorsqu'il désespère d'une guérison, se tourne vers ceux qui pleurent autour de lui dans la maison, et qui sont suspendus à ses lèvres pour écouter son arrêt sur le malade en danger; il s'arrête, il hésite sur ce qu'il doit dire, il ne voit aucun bien qu'il puisse promettre, et il craint d'effrayer en disant toute la gravité du mal; alors il prononce ces paroles pleines de modération : Le bon Dieu peut tout, priez pour le malade. Lequel de ces insensés entreprendrai-je de guérir? Quel est celui qui m'écoutera? Lequel d'entr'eux ne dira que nous sommes malheureux? Parce que nous ne partageons pas leurs folies, ils pensent que nous avons perdu de grandes et de nombreuses voluptés, dans lesquelles ils se plongent follement, sans voir qu'elles sont mensongères. Puis-je faire prendre au malade un œuf, s'il le refuse? Puis-je faire prendre malgré lui au blessé un breuvage salutaire? Et quel moyen trouverai-je pour le soulager? De peur qu'il ne meure d'inanition et qu'il ne revienne pas à la santé, je l'exhorte à prendre quelque nourriture; le voilà qui prépare ses poings pour me frapper, il veut sévir contre son médecin. Et s'il frappe, il faut encore l'aimer; s'il injurie, il ne faut pas l'abandonner: il reviendra dans son bon sens, et il vous rendra des actions de grâces. Combien n'y en a-t-il pas ici qui se connaissent, qui se voient les uns les autres et qui parlent les uns des autres dans l'Église de Dieu? Dans le giron de la sainte Église, ils apportent un pieux zèle à recueillir la parole de Dieu, à remplir les devoirs et les bons soins de la charité, à rassembler le troupeau du Christ de telle sorte qu'il ne s'éloigne pas de l'Église; ils se voient et s'entretiennent les uns des autres. N'est-ce point là, disent-ils, cet amateur passionné du cirque? N'est-ce point là cet homme qui n'aimait et ne louait que tel bestiaire ou tel histrion? Chacun parle de son voisin, qui parle aussi de lui. Ce que je dis est certain, et ces hommes font aujourd'hui notre joie. S'ils font aujourd'hui notre joie, ne désespérons pas de ceux qui sont aujourd'hui ce que ceux-ci étaient autrefois. Prions pour eux, très-chers frères, c'est ainsi que le nombre des saints s'augmente sur le nombre de ceux qui étaient des

nitas verax. Quæ vides bona (a) putas, falleris : sanus non es, nimia febre phreneticus factus es, verum non est quod amas. Laudas aurigam, clamas aurigæ, insanis in aurigam. Vanitas est, insania mendax est. Non est, ait : nihil melius, nihil delectabilius. Quid facio febrienti? Si est in vobis misericordia, orate pro talibus. Quia et ipse medicus plerumque in desperatione convertitur ad eos qui circumstant lacrymantes in domo, qui pendent ex ore ejus audire sententiam de ægroto et periclitante : stat anceps medicus, non videt bonum quod promittat, timet malum pronuntiare, ne terreat; modestam plane iste concipit sententiam, Bonus Deus omnia potest, orate pro illo. Quem itaque comprehendam istorum insanorum? Quis me audiat? quis eorum nos non miseros dicat? Quia cum eis non insanimus, amisisse nos putant magnas et varias voluptates, in quibus ipsi insaniunt : nec vident quia mendaces sunt. Quando illi (b) ovum do vel invito, vel calicem salutarem porrigo saucio; et quomodo reficiam, quando invenio? Ne inedia deficiat, et ad sanitatem non perveniat, hortor ut reficiat : pugnos parat, sævire vult in medicum. Et si percusserit, diligatur; et si injuriam fecerit, non relinquatur : rediturus est ad mentem, gratias acturus. Quam multi hic cognoscunt se, vident se invicem, et loquuntur hic in Ecclesia Dei; in Ecclesiæ sanctæ gremio attendunt studia sua jam bona circa verbum Dei, circa officia et obsequia caritatis, ad frequentandum gregem Christi non recedere de Ecclesia, vident et loquuntur ad invicem de invicem. Quis est iste circisarius? Quis est iste amator et laudator illius (c) venatoris, illius histrionis? De alio loquitur, et ille de ipso. Certe ista sunt, certe gaudemus de talibus. Si gaudemus de talibus, non desperemus de talibus. Oremus pro ipsis, Fratres Carissimi : inde

---

(1) On appelait cocher (*auriga*) celui qui conduisait et faisait courir dans le cirque les chevaux attelés au char. Le 4ᵉ canon du 1ᵉʳ concile d'Arles, et le 20ᵉ canon du 11ᵉ concile d'Arles sont rendus contre les cochers ou conducteurs de chars (*agitatores*), ces deux expressions ayant ici le même sens.

(a) Omnes MSS. carent verbo, *putas* (b) *Quando illi ovum invito, vel calicem salutarem porrigo saucio : et quomodo reficiam? Quid invenio, ne inedia deficiat et ad sanitatem perveniat? Hortor* etc. Tres MSS. *Quando illi ovum do vel invito, calice salutare se sauciat, quomodo reficiam? Quando invenio* etc. Vaticanus et Colbertinus, *Quando illi do vel invito calicem salutaris succi, et quomodo reficiam* etc. Alii nonnulli, *Quando illi opto vel invito ut calicem salutaris accipiat. Quidam Quomodo illi rinum do* etc. (c) *Venator hic loci est, qui cum bestiis in arena congrediebatur.*

impies. « Et il n'a pas jeté les yeux sur des vanités et sur des folies mensongères. » Regardez d'avance ce cocher comme vainqueur, il conduit tel cheval ; ainsi prononce l'habitué du cirque, et notre homme veut presque passer pour un devin. Il affecte de posséder l'art de la divination, au moment où il perd ce qu'il y a en lui de divin. Souvent il prédit, et souvent il se trompe. Pourquoi ? parce que toutes ces choses ne sont que des folies mensongères. Pourquoi cependant, ce qu'annoncent les devins arrive-t-il quelquefois ? Pour qu'ils séduisent les insensés, afin que ceux-ci qui aiment l'apparence de la vérité se jettent dans les pièges du mensonge. Qu'ils se retirent, qu'ils soient abandonnés, retranchés d'avec nous. S'ils étaient nos membres, on devrait leur donner cette mort dont parle l'Apôtre : « Faites mourir vos membres qui sont sur la terre (*Colos*. III, 5). » Que notre Dieu soit notre espérance. Celui qui a fait toutes choses est meilleur que toutes choses ; celui qui a fait ce qui est beau est plus beau lui-même ; celui qui a fait ce qui est fort est plus fort lui-même ; celui qui a fait ce qui est grand est plus grand lui-même. Quelque chose que vous aimiez, Dieu sera pour vous cette chose. Apprenez à aimer le créateur dans la créature, et celui qui a fait dans ce qu'il a fait. Ne vous laissez pas captiver par ce qu'il a fait, au risque de perdre celui par lequel vous avez été fait vous-même. « Heureux donc l'homme qui met son espérance dans le nom du Seigneur, et qui n'a pas jeté les yeux sur des vanités et sur des folies mensongères. »

9. Peut-être que, frappé par la force de ce verset, et désirant se corriger, touché par la crainte de la justice de la foi et volontairement entré dans la voie étroite, quelqu'un nous dira : Je ne saurais persévérer dans cette voie, si je dois renoncer aux spectacles. Que ferons-nous donc, mes frères ? Le laisserons-nous aller sans spectacles ? Il mourra, il ne persévérera pas, il ne sera plus des nôtres. Que ferons-nous donc ? Donnons-lui des spectacles en échange de ceux que nous lui enlevons. Et quels spectacles donnerons-nous à ce chrétien, que nous voulons arracher aux spectacles du cirque ? Je rends grâces au Seigneur notre Dieu ; il nous enseigne par le verset suivant du psaume, quels spectacles nous devons offrir et montrer à ces amateurs de spectacles qui en veulent voir à toute force. Voilà ce chrétien détourné du cirque, du théâtre, de l'amphithéâtre ; qu'il cherche un spectacle, qu'il cherche sans crainte, nous ne le laisserons pas sans spectacle. Que lui donnerons-nous en échange ? Écoutez ce qui suit : « Seigneur mon Dieu, vous avez fait un grand nombre d'œuvres admirables (*Ps*. XXXIX, 6). » Il regardait les mer-

---

crescit numerus sanctorum, de numero qui erat impiorum. « Et non respexit in vanitates et insanias mendaces. » Ille (*a*) vicit, talem equum junxit, pronuntiat, quasi divinus vult esse : affectat divinitatem amittendo fontem divinitatis : et sæpe pronuntiat, et sæpe fallitur. Quare hoc ? Quia insaniæ mendaces sunt. Quare autem aliquando proveniunt quæ dicunt ? Ut abducant insanos, ut amando ibi speciem veritatis, incurrant laqueum falsitatis : retro sint, relinquantur, amputentur. Si membra nostra erant, mortificentur : « Mortificate, » inquit, « membra vestra quæ sunt super terram (*Coloss*. III, 5). » Sit spes nostra Deus noster. Qui fecit omnia, melior est omnibus ; qui pulchra fecit, pulchrior est omnibus ; qui fortia fecit, fortior est ; qui magna, major est : quidquid amaveris, ille tibi erit. Disce amare in creatura creatorem, et in factura factorem : ne teneat te quod ab illo factum est : et amittas eum a quo et ipse factus es. Ergo, « Beatus vir cujus est nomen Domini spes ejus, et non respexit in vanitates et insanias mendaces. »

9. Forte nobis dicturus est, qui versu isto percussus corrigi voluerit, et quem occupaverit timor ille justitiæ fidei, et volens cœperit ambulare angustam viam ; dicturus est nobis, Ambulare non durabo, si nihil spectabo. Quid ergo facimus, Fratres ? Dimissuri eum sumus sine spectaculo ? Morietur, non subsistet, non nos sequetur. Quid ergo facimus ? Demus pro spectaculis spectacula. Et quæ spectacula daturi sumus Christiano homini, quem volumus ab illis spectaculis revocare ? Gratias ago Domino Deo nostro : sequenti versu Psalmi ostendit nobis, quæ spectatoribus spectare volentibus spectacula præbere et ostendere debeamus. Ecce aversus fuerit a circo, a theatro, ab amphitheatro, quærat quod spectet, prorsus quærat ; non eum relinquimus sine specta-

---

(*a*) Ita Colbertinus codex, et ad eam lectionem prope accedunt aliquot MSS. At editi, *Ille vincit talem, et cum vincit, pronuntiat*.

veilles des hommes, qu'il examine les merveilles de Dieu. Le Seigneur a multiplié ses œuvres admirables, qu'il les examine. Pourquoi, jusqu'alors, lui ont-elles paru sans valeur? Il loue un cocher, parce qu'il mène quatre chevaux qui courent sans tomber et sans rien heurter; est-ce que par hasard le Seigneur n'a pas fait des merveilles spirituelles qui vaillent celle-là? Que cet homme maîtrise sa luxure, qu'il maîtrise sa lâcheté, qu'il maîtrise son injustice, qu'il maîtrise son imprudence; qu'il maîtrise et soumette tous les mouvements qui, lorsqu'on s'y laisse emporter, produisent ces vices ; qu'il les tienne en bride, sans se laisser entraîner ; qu'il les conduise où il veut, loin de se laisser emporter où il ne veut pas. Il louait tel cocher ; devenu cocher lui-même, il sera loué. Il criait pour qu'un cocher reçût un vêtement d'honneur ; il sera revêtu d'immortalité. Voilà les récompenses, voilà les spectacles que Dieu nous offre. Il crie du haut des cieux : Je vous regarde ; luttez, je vous aiderai ; soyez vainqueurs, je vous couronnerai. « Seigneur mon Dieu, vous avez fait un grand nombre d'œuvres admirables, et il n'y a personne qui soit semblable à vous dans vos pensées. » Maintenant considérez un histrion. Cet homme, à force de travail, a appris à marcher sur une corde, et, suspendu au-dessus de vous, il vous tient en suspens. Regardez d'autre part celui qui vous donne de tout autres spectacles.

Votre histrion a appris à marcher sur la corde est-ce qu'il a aussi appris à marcher sur la mer Oubliez votre théâtre, et voyez Pierre, notr apôtre (*Matth.* XIV, 29) ; ce n'est pas un funambule, c'est, si je puis créer ce mot, un mariambule Marchez donc aussi, non pas sur ces eaux o Pierre, en marchant, figurait autre chose, ma sur d'autres eaux ; car ce monde est une mer. en a la funeste amertume, il a des flots de tr bulations, il a les tempêtes des tentations ; il pour poissons des hommes qui se réjouissent d mal qu'ils se font et qui se dévorent, en que que sorte, les uns les autres ; voilà où il fau marcher, voilà les eaux qu'il faut fouler au pieds. Vous vouliez regarder un spectacle, soye vous-même en spectacle. Pas de défaillance ; voye celui qui vous a précédé, voyez quelqu'un q vous précède et qui vous dit : « Nous somme devenus un spectacle pour ce monde, pour le anges et pour les hommes (I *Cor.* IV, 9). » Fou lez aux pieds la mer, de peur d'être englouti pa la mer. Vous n'y marcherez, vous ne la foulere aux pieds que par l'ordre de celui qui, le pre mier, a marché sur la mer. Car, c'est ainsi qu Pierre a dit : « Si c'est vous, ordonnez-moi d'a ler à vous sur les eaux (*Matth.* XIV, 28). » E comme c'était bien Jésus lui-même, Jésus en tendit la demande de Pierre, exauça son désir l'appela pour qu'il vînt à lui, et le souleva lor qu'il s'enfonçait dans l'eau. Voilà les merveille

culo. Quid pro illis dabimus ? Audi quid sequitur : « Multa fecisti tu Domine Deus meus mirabilia tua (*Ps.* XXXIX, 6). » Miracula hominum intuebatur, intendat mirabilia Dei. Multa fecit Dominus mirabilia sua, hæc respiciat. Quare illi viluerunt ? Aurigam laudat regentem quatuor equos, et sine labe atque offensione currentes : forte talia miracula spiritalia non fecit Dominus? Regat luxuriam, regat ignaviam, regat injustitiam, regat imprudentiam, motus istos qui nimium lapsi hæc vitia faciunt, regat et subdat sibi, et teneat habenas, et non rapiatur; ducat quo vult, non trahatur quo non vult. Aurigam laudabat, auriga laudabitur : clamabat ut auriga veste cooperiretur, immortalitate vestietur. Hæc munera, hæc spectacula (*a*) edit Deus. Clamat de cœlo, Specto vos; luctamini, adjuvabo ; vincite, coronabo. « Multa fecisti tu Domine Deus meus mirabilia tua ; et cogitationibus tuis non est qui similis sit tibi. » Nunc specta histrionem. Didicit enim homo magno studi in fune ambulare, et pendens te suspendit. Illu adtende Editorem majorum spectaculorum. Didic iste in fune ambulare, numquid fecit in mari ambu lare ? Obliviscere theatrum tuum, adtende Petru nostrum, uon funiambulum, sed, ut ita dicam, ma riambulum. Ambula et tu non in illis aquis, ubi Pe trus aliquid significans, ambulavit, sed in aliis ; hoc sæculum mare est (*Matth.* XIV, 29). Habet amar tudinem noxiam, habet fluctus tribulationum, tem pestates tentationum : habet homines velut pisces d suo malo gaudentes, et tamquam se invicem devo rantes : hic ambula, hoc calca. Spectare vis, est spectaculum. Ne deficias, vide præcedentem et di centem, « Spectaculum facti sumus huic mundo, e Angelis, et hominibus (I *Cor.* IV, 9). » Calca mare ne mergaris in mari. Non ibis, non calcabis, nisi ill jusserit qui prior in mari ambulavit. Sic enim a

(*a*) Editi, *dedit.* At plerique MSS. *edit*, vel *edidit.*

qu'a faites le Seigneur; regardez-les, et que votre foi soit ici l'œil du spectateur. Et vous aussi, faites de semblables merveilles; car, quand même les vents vous troubleraient, quand même les flots rugiraient autour de vous, quand même la fragilité humaine vous ferait douter de votre salut, vous avez vers qui crier; vous pouvez dire : Seigneur, je péris. Celui qui vous a ordonné de marcher ne vous laissera point périr. En effet, parce que vous marchez déjà sur la pierre, vous n'avez rien à craindre de la mer. Si vous n'étiez sur la pierre, vous seriez submergé dans la mer; car il n'y a que cette pierre que la mer ne puisse engloutir, et c'est sur elle qu'il faut marcher.

10. Voyez les merveilles de Dieu. « J'ai annoncé et j'ai parlé, ils se sont multipliés au-dessus du nombre (*Ps.* XXXIX, 6). » Il y a un nombre, et ils sont au-dessus du nombre. Le nombre est certain, il a rapport à la Jérusalem céleste; car le Seigneur connaît ceux qui lui appartiennent (II *Tim.* II, 19). Ce sont les chrétiens qui craignent Dieu, les chrétiens fidèles, les chrétiens qui gardent ses commandements, qui marchent dans les voies de Dieu, qui s'abstiennent des péchés, qui les confessent s'ils sont tombés ; ils appartiennent au nombre. Mais sont-ils seuls ? Il en est d'autres aussi qui sont au-dessus du nombre. Car, quoique les premiers soient peu nombreux maintenant, peu nombreux en comparaison de la multitude qui forme les grandes assemblées, de quelle foule cependant les églises ne sont-elles point remplies ? Leurs murs regorgent de masses compactes qui se pressent et s'étouffent, pour ainsi dire, en raison de leur affluence. D'un autre côté, les mêmes foules, si l'on donne des jeux, courent à l'amphithéâtre. Voilà ceux qui sont au-dessus du nombre. Nous vous disons ces choses, pour qu'ils en viennent à faire partie du nombre : comme ils ne sont pas présents ici, ils ne les entendent pas ; mais, lorsque vous serez sortis, faites qu'ils les entendent de votre bouche. « J'ai annoncé, dit-il, et j'ai parlé. » C'est le Christ qui parle. Il a annoncé par lui-même, lui notre tête, il a annoncé par ses membres ; il a envoyé ses hérauts, il a envoyé ses Apôtres ; « leur voix s'est répandue dans le monde entier, et leurs paroles ont pénétré jusqu'aux dernières limites de la terre (*Ps.* XVIII, 5). Quel grand nombre de fidèles ainsi rassemblés ! Quel concours de multitudes réunies ! Il y en a là beaucoup dont la conversion est véritable, et beaucoup dont la conversion est feinte ; mais les vrais convertis sont moins nombreux que les faux convertis, parce que ces derniers « se sont multipliés au-dessus du nombre. »

Petrus, « Si tu es, jube me venire ad te super aquas (*Matth.* XIV, 28). » Et quia ipse erat, audivit petentem, tribuit desideranti, vocavit ambulantem, erexit mergentem. Hæc mirabilia fecit Dominus, ipsa intuere ; oculus spectantis fides sit. Et fac tu talia ; quia etsi venti turbaverint, etsi fluctus infremuerint, et te humana fragilitas ad aliquam dubitationem tuæ salutis adduxerit, habes clamare, dicis, Domine pereo. Non sinit ille perire, qui jussit te ambulare. Quia enim jam in petra ambulas, nec in mari times : si sine petra fueris, in mare mergeris ; quia in tali petra ambulandum est, quæ in mari non mersa est.

10. Vide mirabilia Dei. « Annuntiavi, et locutus sum, multiplicati sunt super numerum (*Ps.* XXXIX, 6). » Est numerus, sunt super numerum. Numerus certus est, pertinens ad illam cœlestem Jerusalem, « Novit enim Dominus, qui sunt ejus (II *Tim.* II 29), » Christianos timentes, Christianos fideles, Christianos præcepta servantes, Dei vias ambulantes, a peccatis abstinentes, si ceciderint confitentes : ipsi ad numerum pertinent. Sed numquid soli sunt ? Sunt et super numerum. Nam et si modo pauci sunt, pauci in comparatione multitudinis (*a*) majorum frequentiarum : quantis turbis implentur Ecclesiæ, stipantur parietes, pressuris se urgent, prope se suffocant multitudine. Rursus ab eis ipsis (*b*), si munus est, curritur ad amphitheatrum : isti super numerum sunt. Sed ideo ista dicimus, ut in numero sint : quia non adsunt, non audiunt a nobis ; sed cum exieritis, audiant a vobis. « Annuntiavi, » inquit, « et locutus sum. » Christus dicit : annuntiavit ipse ex capite nostro, ipse annuntiavit ex membris suis, ipse misit annuntiatores, ipse misit Apostolos : « In omnem terram exivit sonus eorum, et in fines orbis terræ verba eorum (*Psal.* XVIII, 5). » Quanti fideles agglomerantur, quantæ turbæ concurrunt, multi vere conversi, multi falso conversi ; et pauciores sunt vere conversi, plures falso conversi ; quia « multiplicati sunt super numerum. »

11. « Annuntiavi et locutus sum, multiplicati sunt

(*a*) Sic MSS. At editi, *malarum frequentiarum*. (*b*) Editi *si mimus est*. At MSS. *si munus est* : hoc est, si ludi edantur.

11. « J'ai annoncé et j'ai parlé, ils se sont multipliés au-dessus du nombre. Vous n'avez voulu ni sacrifice ni oblation (*Ps.* XXXIX, 7). » Telles sont les merveilles de Dieu, telles sont les pensées de Dieu, auxquelles nulle merveille, nulle pensée n'est semblable. Qu'ainsi cet ami des spectacles renonce à sa curiosité, et qu'il cherche avec nous des spectacles meilleurs, plus utiles, qu'il se réjouira d'avoir trouvés ; et il s'en réjouira de telle sorte, qu'il ne craindra pas que celui qu'il aime puisse être vaincu, tandis que maintenant il aime un cocher dont la défaite peut lui attirer des insultes. Lorsqu'un cocher remporte la victoire, il est couvert d'un vêtement d'honneur. Est-ce que le pauvre qui l'acclame reçoit cet insigne ? Non : c'est le vainqueur lui-même qui le reçoit ; mais s'il était vaincu, son partisan serait insulté au lieu de lui. Pourquoi acceptez-vous d'être raillé pour lui, lorsque vous ne partagez pas le vêtement d'honneur qu'on lui donne ? Il n'en est pas de même dans nos spectacles. Tous courent, dit l'apôtre saint Paul, dans ce stade, dans ce spectacle, et un seul gagne le prix (I *Cor.* IX, 24) ; les autres, les vaincus se retirent. Ils ont pourtant couru jusqu'au bout. Mais, comme un seul reçoit la récompense, les autres qui ont travaillé pareillement en sont pour leur peine. Il n'en est pas de même parmi nous. Tous ceux qui courent et qui courent jusqu'au bout reçoivent le même prix ; et celui qui est arrivé le premier attend pour être couronné en même temps que le dernier. C'est que la charité, et non la cupidité, engage cette lutte. Tous ceux qui courent s'aiment mutuellement, et ne courent que par l'amour.

12. « Vous n'avez voulu ni sacrifice ni oblation, » dit à Dieu le Psalmiste. En effet, les anciens, lorsqu'ils annonçaient d'avance, en figures, le vrai sacrifice que les fidèles connaissent, ne faisaient que célébrer le symbole de la réalité ; beaucoup d'entre eux le savaient, mais le plus grand nombre l'ignorait. Car les prophètes et les saints patriarches savaient ce qu'ils célébraient ; mais la multitude était si grossière, si charnelle, qu'elle fut traitée seulement de manière à servir de signe aux événements à venir. Et le vrai sacrifice vint succéder à l'ancien sacrifice abrogé, aux holocaustes également abrogés des boucs, des béliers, des veaux et des autres victimes : Dieu n'en voulait plus. Pourquoi Dieu n'en voulait-il plus ? Pourquoi en avait-il voulu d'abord ? Parce que tous ces sacrifices étaient comme l'énoncé de ses promesses, et que quand les promesses sont réalisées, il n'y a plus lieu de les énoncer. Celui qui a promis continue de promettre, tant qu'il n'a pas donné ; mais, dès qu'il a donné, il change de manière de parler. Il ne dit plus : Je donnerai, comme quand il promettait, mais il dit : j'ai donné ; il a changé de manière de parler. Pourquoi ces mots : je donnerai, lui ont-ils plu d'abord ? et pourquoi

---

super numerum. Sacrificium et oblationem noluisti (*Ps.* XXXIX, 7). » Hæc miracula Dei sunt, hæ cogitationes Dei sunt, quibus nemo est similis : ut spectator ille (*a*) abducatur a curiositate, et quærat ista nobiscum meliora, fructuosiora, de quibus inventis gaudebit ; et sic gaudebit, ut non timeat ne vincatur quem amat : amat enim aurigam, quo victo insultationes ferat. Quando vincit auriga, ipse vestitur. Numquid pauper qui illi clamat ? Victor ipse vestitur, pro victo illi insultatur. Quare pro illo percipis reprehensionem, cum quo non dividis vestem ? Hac aliud in spectaculis nostris. « Omnes quidem currunt, » Paulus apostolus dixit, in illo stadio, in illo spectaculo ; « unus tamen accipit bravium (I *Cor.* IX, 24) : » ceteri victi discedunt. Et perseveraverunt in currendo : sed cum acceperit unus, remanent ceteri qui similiter laboraverunt. Hac non est sic. Quotquot currunt, perseveranter currant, omnes accipiunt : et qui prior venerit, exspectat ut cum posteriore coronetur. Agonem quippe istum non cupiditas, sed caritas facit : omnes currentes amant se, et ipse amor cursus est.

12. « Sacrificium et oblationem noluisti, » ait Psalmus Deo. Antiqui enim, quando adhuc sacrificium verum quod fideles norunt, in figuris prænuntiabatur, celebrabant figuras futuræ rei : multi scientes, sed plures ignorantes. Nam Prophetæ et sancti Patriarchæ noverant quod celebrabant : cetera autem multitudo iniqua, carnalis sic erat, ut fieret de illa quod significaret posteriora ventura (*b*) : et venit sublato illo sacrificio primo, sublatis holocaustis arietum, hircorum, vitulorum, ceterarumque victimarum ; noluit illa Deus. Quare illa noluit ? quare primo voluit ? Quia illa omnia quasi verba erant pro-

---

(*a*) Omnes fere MSS. *adducatur ad curiositatem.* (*b*) Tres MSS. *En venit veritas, sublato* etc.

les a-t-il changés? Parce que ces mots indiquaient le temps de la promesse, et ils lui plaisaient pour ce temps-là. Tant que la promesse subsistait, des paroles de promesse étaient en usage ; mais l'objet promis ayant été donné, les mots de promesse ont disparu et ont été remplacés par des mots d'accomplissement. Ces sacrifices ont donc été abrogés comme n'étant que des paroles de promesse. Qu'est-ce donc qui a été donné pour l'accomplissement de la promesse ? Le corps que vous connaissez, mais que vous ne connaissez pas tous (1) : et plaise à Dieu que de vous qui le connaissez, nul ne le connaisse pour sa condamnation. Considérez de quel temps (car le Christ Notre-Seigneur parle tantôt par ses membres, tantôt par lui-même), de quel temps le Prophète a dit : « Vous n'avez voulu ni sacrifice ni oblation. » Car, quoi ? Sommes-nous, en ce temps-ci, privés de sacrifice ? Non. « Mais vous m'avez donné un corps parfait. » C'est pour y substituer ce corps parfait, que vous n'avez plus voulu des anciens sacrifices ; mais vous les avez voulus jusqu'au moment où vous avez produit ce corps parfait. Le parfait accomplissement des promesses a supppprimé les paroles de la promesse. Car s'il y avait encore des promesses, c'est que les promesses ne seraient pas encore remplies. Or ces promesses étaient exprimées par des figures : ces figures de promesse ont été abolies, parce que la réalité promise a été donnée. Nous sommes dans ce corps, nous faisons partie de ce corps, nous connaissons ce que nous avons reçu ; et vous qui ne le connaissez pas, vous le connaîtrez ; et quand vous aurez appris à le connaître, puissiez-vous ne jamais le recevoir pour votre condamnation. Car « celui qui mange et boit indignement, mange et boit sa condamnation (I *Cor.* XI, 29). » Un corps parfait nous a été donné, devenons parfaits dans ce corps.

13. « Vous n'avez voulu ni sacrifice ni oblation, mais vous m'avez donné un corps parfait. Vous n'avez plus demandé d'holocaustes en expiation du péché ; alors j'ai dit : me voici, je viens (*Ps.* XXXIX, 7 et 8). » Est-il besoin d'expliquer ces paroles : « Vous n'avez voulu ni sacrifice ni oblation, mais vous m'avez donné un corps parfait ? Vous n'avez plus demandé d'holocaustes en expiation du péché ; » ce que Dieu demandait auparavant ? « Alors j'ai dit : me voici, je viens. » Le temps de l'accomplissement des promesses est arrivé, parce que les signes de ces promesses ont été abrogés. Et en effet, mes frères, remarquez comment les signes sont abolis et les promesses accomplies. Que la nation juive nous montre maintenant un seul

mittentis ; et verba promissiva, cum venerit quod promittunt, non jam enuntiantur. Tam diu quisque promissor est, donec det : cum dederit, mutat verba. Non dicit adhuc, Dabo, quod se daturum dicebat ; sed dicit, Dedi : mutavit verbum. Quare illi primo placuit hoc verbum, et quare illud mutavit ? Quia temporis sui verbum fuit, et pro tempore suo placuit. Quando promittebatur, tunc dicebatur : cum autem datum est quod promissum est, ablata sunt verba promissiva, data sunt completiva. Sacrificia ergo illa, tamquam verba promissiva, ablata sunt. Quid verba, quod datum est completivum ? Corpus quod nostis, quod non omnes nostis ; quod utinam qui nostis, omnes non ad judicium noveritis. Videte quando dictum est, Christus enim ille est Dominus noster, modo loquens ex membris suis, modo loquens ex persona sua. « Sacrificium, » inquit, « et oblationem noluisti. » Quid ergo ? Nos jam hoc tempore sine sacrificio dimissi sumus ? absit. « Corpus autem perfecisti mihi » Ideo illa noluisti ut hoc perficeres : illa voluisti antequam hoc perficeres. Perfectio promissorum abstulit verba promittentia. Nam si adhuc sunt promissiones, nondum impletum est quod promissum est. Hoc promittebatur quibusdam signis : ablata sunt signa promittentia, quia exhibita est veritas promissa. In hoc corpore sumus, hujus corporis participes sumus, quod accipimus novimus ; et qui non nostis noveritis, et cum didiceritis, utinam non ad judicium accipiatis. « Qui enim manducat et bibit indigne, judicium sibi manducat et bibit (I *Cor.* II, 29). » Perfectum est nobis corpus, perficiamur in corpore.

13. « Sacrificium et oblationem noluisti, corpus autem perfecisti mihi. Holocausta etiam pro delicto non petisti : tunc dixi, Ecce venio (*Ps.* XXXIX, 7 et 8). » Numquid exponendum est, « Sacrificium et oblationem noluisti, corpus autem perfecisti mihi ? Holocausta etiam pro delicto non petisti (*a*) : » quæ petebat antea. « Tunc dixi, Ecce venio. » Tempus est ut veniant quæ promittebantur, quia auferuntur ea

(1) S. Augustin désigne ainsi les Catéchumènes qui assistaient à sa prédication.

(*a*) Sic nonnulli MSS. Alii, *et quæ petebantur.* Editi, *et quæ petebant.*

prêtre. Où sont les sacrifices juifs ? Assurément ils n'existent plus, assurément ils sont abolis maintenant. Est-ce que nous devons les rejeter pour le temps où ils existaient? Nous les rejetons pour le présent ; parce que, si vous vouliez les accomplir aujourd'hui, ils seraient intempestifs, inopportuns, inconvenants. Vous promettez encore, mais j'ai déjà reçu. Cependant les juifs ne sont pas privés de tout signe, et il leur est resté quelque chose dont ils peuvent s'énorgueillir. Caïn, en effet, le frère aîné, qui tua son jeune frère, fut marqué d'un signe, de peur que quelqu'un ne le tuât, comme il est écrit dans la Genèse. « Dieu mit un signe sur Caïn, de peur que quelqu'un ne le tuât (Gen. IV, 15). » De même, pour cette cause, le peuple juif demeure debout. Toutes les nations soumises à la puissance Romaine ont été absorbées dans l'empire Romain, et ont participé à ses superstitions; puis, par la grâce de Notre-Seigneur Jésus-Christ, elles ont commencé peu à peu à s'en séparer. Mais pour le peuple juif, il est resté le même avec son signe, avec le signe de la circoncision, avec le signe des azymes ; il est debout: Caïn n'a pas été tué; il n'a pas été tué, il porte au front son signe. Il a été rejeté avec malédiction de la terre qui s'est ouverte pour boire le sang de son frère tué de sa main. Car ce sang, il l'a versé, mais il ne l'a pas recueilli ; il l'a versé, mais une autre terre l'a recueilli, et il a été rejeté avec malédiction de cette terre qui s'est ouverte pour le boire. Or la terre, dont les lèvres ont bu ce sang, c'est l'Église. Il a donc été rejeté avec malédiction de cette terre. Et ce sang crie vers Dieu du sein de cette terre. Car c'est d'elle que le Seigneur a dit : « Le sang de ton frère crie vers moi du sein de la terre (Gen. IV, 10). » Il crie, dit-il, vers moi, du sein de la terre. Il crie vers le Seigneur ; mais celui qui a versé ce sang n'en entend pas les cris, parce qu'il ne l'a point bu. Les juifs sont donc, comme Caïn, marqués d'un signe. Mais les sacrifices qui avaient lieu chez eux ont été abolis, tandis que le signe qu'ils portent comme Caïn est déjà pleinement réalisé en eux, bien qu'ils ne le comprennent pas. Ils immolent un agneau, ils mangent du pain sans levain. Or « le Christ notre Pâque a été immolé (I Cor. V, 7). » Voilà que je reconnais ce que signifiait l'agneau immolé, parce que le Christ a été immolé. Qu'en est-il du pain azyme ? L'Apôtre dit à ce sujet : « C'est pourquoi, célébrons cette fête, non avec le vieux levain, ni avec le levain de la malice et de la méchanceté (il indique par là ce que c'est que le vieux levain, une vieille farine qui s'est aigrie), mais avec les pains sans levain de la sincérité et de la vérité. » Ils sont restés dans l'ombre, ils ne peuvent supporter le soleil de la gloire :

per quæ promittebantur. Et Vere Fratres mei adtendite illa ablata, hæc impleta. Det mihi modo gens Judaica sacerdotem. Ubi sunt sacrificia illorum ? Certe perierunt, certe ablata sunt nunc. Numquid tunc reprobaremus ea ? Reprobamus modo : quia si modo velis facere, intemporale est, non est opportunum, non congruit. Adhuc promittis, jam accepi. Remansit illis quiddam quod celebrent, ne omnino sine signo remanerent. Cain enim major frater, qui occidit minorem fratrem, accepit signum, ne quis eum occideret, sicut scriptum est in Genesi. « Posuit Deus Cain signum, ut nemo eum occideret. (Gen. IV, 15). » Proinde et ipsa gens Judæa manet (a). Omnes gentes subditæ juri Romano, in jus Romanum confluxerunt, superstitiones communicaverunt ; postea inde cœperunt per gratiam Domini nostri Jesu Christi separari: illa vero sic mansit cum signo suo, cum signo circumcisionis, cum signo azymorum sic mansit: non est occisus Cain, non est occisus, habet signum suum. Maledictus est a terra, quæ aperuit os suum excipere sanguinem fratris ejus de manu ejus. Ille enim fudit sanguinem, non excepit : ille fudit, alia terra excepit ; et ab ea terra quæ os aperuit et excepit, ille maledictus est : et ipsa terra quæ ore excepit sanguinem, Ecclesia est. Ab hac ergo ille maledictus est. Et ille sanguis clamat de terra ad me. De hac enim terra dixit Dominus, « Vox sanguinis fratris tui clamat ad me de terra (Ibid. 10). » Clamat, inquit, ad me de terra. Clamat ad Dominum : sed surdus est qui sanguinem fudit (b) quia non bibit. Illi ergo ita sunt, tamquam Cain cum signo. Sacrificia vero quæ ibi fiebant, ablata sunt ; et quod eis remansit ad signum Cain, jam perfectum est, et nesciunt. Agnum occidunt, azyma comedunt : « Pascha nostrum immolatus est Christus (I Cor. V, 7). » Ecce agnosco agnum occissum, quia immolatus est Christus. Quid de azymis ? Itaque, inquit, diem festum celebremus, « non in fermento veteri, neque

(a) Editi, *manet per omnes gentes subdita juri Romano. In jus Romanum*, etc. Locum ad MSS. castigamus. (b) Apud Lov. *quia non vivit.* At apud Er. et MSS. aliquot, *quia non bibit*: in aliis MSS. *quem non bibit.*

quant à nous, déjà nous sommes dans la lumière, nous possédons le sang du Christ. Si nous possédons la nouvelle vie, chantons un cantique nouveau, un hymne à notre Dieu. « Vous n'avez pas demandé d'holocaustes en expiation du péché, alors j'ai dit : me voici, je viens. »

14. « Au commencement du livre, il a été écrit de moi, que je dois faire votre volonté, mon Dieu, c'est ce que j'ai voulu ; j'ai voulu que votre loi fût au milieu de mon cœur (*Ps.*XXXIX,9). » Voilà qu'il a jeté les yeux sur ses membres ; voilà qu'il a fait lui-même la volonté de son Père. Mais au commencement de quel livre est-il écrit ainsi à son sujet ? Peut-être au commencement de ce livre des Psaumes. Car, pourquoi chercher plus loin ? Pourquoi chercher d'autres livres ? Voici qu'au commencement de ce livre des Psaumes, il est écrit : « Heureux l'homme qui ne s'est point détourné dans l'assemblée des impies, et qui ne s'est pas arrêté dans la voie des pécheurs, et qui ne s'est pas assis dans la chaire de pestilence, mais dont la volonté s'est attachée à la loi du Seigneur ? » C'est bien là ce qui est dit ici : « Mon Dieu, c'est ce que j'ai voulu ; j'ai voulu que votre loi fût au milieu de mon cœur. » C'est dire encore : « Et qui, jour et nuit, médite cette loi (*Ps.* I, 1 et 2). »

15. « J'ai dignement publié votre loi dans une grande assemblée (*Ps.* XXXIX, 10). » Il parle à ses membres et les exhorte à faire ce qu'il a fait. Il a publié la loi de Dieu, publions-la ; il a souffert, souffrons avec lui ; il a été glorifié, nous serons glorifiés avec lui. « J'ai publié votre loi dans une grande assemblée. » Quelle grande assemblée ? Tout l'univers. Quelle grande assemblée ? Celle de toutes les nations. Pourquoi l'assemblée de toutes les nations ? Parce qu'il est le rejeton d'Abraham, dans lequel seront bénies toutes les nations (*Gen.* XII, 3, et XXII, 18). Pourquoi dans toutes les nations ? Parce que la voix des cieux a retenti dans toute la terre (*Ps.*XVIII,5). « Dans une grande assemblée, je ne fermerai pas mes lèvres, Seigneur, vous connaissez mes lèvres qui parlent, je ne les empêcherai pas de parler (*Ps.* XXXIX, 10). » Le son de mes lèvres va jusqu'aux oreilles des hommes, mais vous connaissez mon cœur. « Je ne fermerai pas mes lèvres, Seigneur, vous le connaissez. » Autre chose est ce que l'homme entend, autre chose ce que Dieu connaît. De peur donc que la prédication ne soit seulement sur nos lèvres, et qu'on ne dise de nous : « Ce qu'ils vous enseignent, faites-le, mais ce qu'il font, gardez-vous de le faire (*Matth.* XXIII, 3) ; ou de peur qu'on ne dise au peuple qui louerait Dieu des lèvres et non du cœur : « Ce peuple m'honore des lèvres, mais le cœur est loin de moi (*Is.* XXIX, 13) ; » que vos lèvres fassent retentir le nom de Dieu, et que votre cœur soit proche de lui. Car « on croit de cœur pour être justifié, et on confesse de bouche pour être sauvé (*Rom.* X, 10). »

---

in fermento malitiæ et malignitatis (*Ibid.* 8) : » (ostendit quid sit vetus (*a*), vetus farina est, acuit :) « sed in azymis sinceritatis et veritatis. » In umbra remanserunt, solem gloriæ ferre non possunt : jam nos in luce sumus, tenemus corpus Christi, tenemus sanguinem Christi. Si habemus novam vitam, cantemus canticum novum, hymnum Deo nostro. « Holocausta pro delicto non petisti : tunc dixi, Ecce venio. »

14. « In capite libri scriptum est de me, ut faciam voluntatem tuam : Deus meus volui, et legem tuam in medio cordis mei (*Ps.* XXXIX, 9). » Ecce ad membra respexit, ecce et ipse fecit voluntatem Patris. Sed in quo capite libri scriptum est de illo ? Fortasse in capite libri hujus Psalmorum. Quid enim longe petamus, aut alios libros inquiramus ? Ecce in capite libri hujus Psalmorum scriptum est. « Beatus vir qui non abiit in consilio impiorum, et in via peccatorum non stetit, et in cathedra pestilentiarum non sedit, sed in lege Domini voluntas ejus fuit (*Psal.* I, 1 et 2) : » hoc est, « Deus meus volui, et legem tuam in medio cordis mei : » hoc est, « et in lege meditabitur die ac nocte. »

15. « Bene nuntiavi justitiam tuam in Ecclesia magna (*Ps.*XXXIX, 10). » Alloquitur membra sua, hortatur quod fecit ut faciant. Annuntiavit, annuntiemus ; passus est, compatiamur ; glorificatus est, conglorificabimur. « Annuntiavi justitiam tuam in Ecclesia magna. » Quam ? Toto orbe terrarum. Quam magna ? In omnibus gentibus. Quare in omnibus gentibus ? Quia semen est Abrahæ, « in quo benedicentur omnes gentes (*Gen.* XII, 3 ; et XXII, 18). » Quare in omnibus gentibus ? « Quia in omnem terram exivit sonus eorum (*Psal.* XVIII,5). » « In Ecclesia magna. Ecce labia mea non prohibebo, Domine tu cognovisti (*Ps.*XXXIX, 10). » Labia mea loquuntur, non ea prohibebo loqui. Sonant quidem labia mea ad aures hominum, sed tu cognovisti cor meum. « Labia mea non prohibebo, Domine tu cognovisti. » Aliud audit homo, aliud agnoscit Deus. Ne in labiis solis esset annuntiatio, et dicere-

---

(*a*) Editi, *quid sit vetus fermentum*. Abest, *fermentum*, a MSS.

Telle fut la conduite de ce larron, qui fut crucifié en même temps que le Seigneur, et qui, dans son compagnon de supplice, reconnut le Seigneur. D'autres ne l'avaient point reconnu alors qu'il accomplissait des miracles; il le reconnut alors qu'il était attaché à la croix. Tous les membres de ce malfaiteur étaient cloués sur la croix, ses mains y étaient fixées par des clous, ses pieds étaient transpercés, tout son corps était attaché au bois ; les autres membres de son corps n'avaient aucune liberté; seuls, sa langue et son cœur étaient libres ; il crut de cœur et confessa de bouche. « Souvenez-vous de moi, Seigneur, dit-il à Jésus, lorsque vous serez arrivé dans votre royaume (*Luc.* XXIII, 42).» Il n'espérait son salut que dans le lointain, il se contentait de le recevoir après un long espace de temps; il espérait dans un long avenir, et ce jour ne fut pas différé. « Souvenez-vous de moi, Seigneur, dit-il, lorsque vous serez arrivé dans votre royaume.» Et Jésus lui répondit : « En vérité, je vous le dis, vous serez aujourd'hui avec moi dans le Paradis. Aujourd'hui, dit-il, vous serez avec moi dans le Paradis (*Ibid.* 43). » Il y a d'heureux arbres dans le Paradis. Aujourd'hui, avec moi, sur l'arbre de la croix ; aujourd'hui, avec moi, sur l'arbre du salut.

16. « Je ne fermerai pas mes lèvres, Seigneur, vous le connaissez ; » de peur que, croyant de cœur, il n'empêche ses lèvres, sous l'impression de la crainte, de publier ce qu'il croit. Il y a, en effet, des chrétiens qui ont la foi au fond du cœur; mais, au milieu des railleries amères des païens ou de leurs misérables politesses, au milieu des païens grossiers, infidèles, ineptes, prodigues d'injures, ils craignent, si ceux-ci viennent à les molester de ce qu'ils sont chrétiens, de confesser des lèvres la foi qu'ils ont dans le cœur, et ils empêchent leurs lèvres de proclamer les vérités qu'ils connaissent, et les sentiments qu'ils portent en eux-mêmes. Mais le Seigneur les reprend : « Si quelqu'un, dit-il, rougit de moi devant les hommes, je rougirai de lui devant mon Père (*Marc.* VIII). » C'est à dire : je ne le connaîtrai pas, et parce qu'il aura rougi de me confesser devant les hommes, je ne le confesserai pas devant mon Père. Que les lèvres disent donc ce que le cœur renferme, et cela contre toute crainte. Que le cœur renferme ce que disent les lèvres, et cela contre toute dissimulation. Car quelquefois, par crainte, vous n'osez dire ce que vous savez fort bien que vous croyez ; quelquefois, par dissimulation, vous parlez et vous n'avez pas dans le cœur ce que vous dites. Que

tur de nobis, « Quæ dicunt vobis, facite, quæ autem faciunt, facere nolite (*Matth.* XXIII, 3) : » aut ipsi populo, laudanti Deum ore, non corde, diceretur, « Populus hic labiis me honorat, cor autem eorum longe est a me (*Isai.* XXIX, 13) : » sona labiis, propinqua corde. « Corde enim creditur ad justitiam, ore autem confessio fit ad salutem (*Rom.* X, 10). » Qualis ille latro inventus est, pendens in cruce cum Domino, agnoscens in cruce Dominum. Alii non cognoverunt miracula facientem, agnovit ille in ligno pendentem. Erat ille confixus omnibus membris, manus clavis inhærebant, pedes transfixi erant, totum corpus adjungebatur ligno ; corpus illud non vacabat ceteris membris, lingua vacabat et cor : corde credidit, ore confessus est. « Memento mei, inquit, Domine, cum veneris in regnum tuum (*Lucæ* XXIII, 42). » Salutem suam longe futuram sperabat, et post longum tempus accipere contentus erat : in longum sperabat, dies non est dilatus. Ille dixit, « Memento mei, cum veneris in regnum tuum : » ille respondit, « Amen dico tibi, hodie mecum eris in paradiso (*Ibid.* 43). » Hodie, inquit, mecum eris in paradiso. Paradisus habet ligna felicia : hodie mecum in ligno crucis, hodie mecum in ligno salutis.

16. « Ecce labia mea non prohibebo, Domine tu cognovisti : » ne credat corde, et præ timore labia prohibeat annuntiare quod credidit. Sunt enim Christiani, habent fidem in corde, (*a*) et inter paganos, amaris misere urbanos, sordidos, infideles, ineptos, insultatores, si exagitari cœperint, quia Christiani sunt; habent in corde fidem, et timent confiteri per labia, prohibent labia sua sonare quod norunt, sonare quod intus habent. Sed reprehendit hos Dominus : « Qui me confusus fuerit coram hominibus, confundar de illo coram Patre meo (*Marci* VIII, 36), » id est, non eum cognoscam : quia erubuit me confiteri coram hominibus, non eum confitebor coram Patre meo. Dicant ergo labia quod habet cor (*b*) : hoc contra timorem. Habeat cor quod dicunt labia : hoc contra simulationem. Aliquando enim timor est, et non audes dicere quod nosti, quod credis : aliquando simulatio est, dicis, et non habes in corde. Consen-

---

(*a*) MSS. *et si :* pauloque post loco *amaros misere*, nonnulli ferunt *amor est miserere :* et quidam, *amor est se miscere.*
(*b*) Editi, *hoc* **contra timorem** *habeat cor, quod dicunt labia : hoc contra* **simulationem** *habeant labia, quod credit cor.* Sententiam labefactabat verborum prava interpunctio, necnon ineptum in fine glossema, quod meliorum MSS. auctoritate removimus.

vos lèvres s'accordent donc avec votre cœur. En cherchant la paix qui vient de Dieu, soyez d'abord en paix avec vous-même, qu'il n'y ait pas entre votre bouche et votre cœur une lutte indigne. « Je ne fermerai pas mes lèvres, Seigneur, vous le connaissez. » Comment Dieu le connaît-il? Qu'est-ce que Dieu connaît? Il voit le dedans du cœur, où l'homme ne voit pas. C'est pourquoi le prophète dit : « J'ai cru (*Ps.* cxv, 10). » Voilà ce que renferme son cœur; il a déjà ce que Dieu peut voir, maintenant qu'il ne ferme pas ses lèvres. Il ne les ferme point en effet, et que dit-il? « A cause de cela j'ai parlé(*Ibid.*).» Et parce qu'il a parlé selon sa croyance, il cherche ce qu'il rendra au Seigneur, en échange de tout ce que le Seigneur lui a donné, et il ajoute : « Je prendrai le calice du salut et j'invoquerai le nom du Seigneur(*Ibid.*13).» Il n'a pas frémi, lorsque le Seigneur a dit : « Pouvez-vous boire le calice que je boirai (*Matth.* xx, 22)? » Il a confessé, en effet, des lèvres ce qu'il avait dans le cœur et il en est venu à la souffrance. Et quand il en est venu à la souffrance, en quoi l'ennemi a-t-il pu lui nuire? Car « la mort des justes est précieuse aux yeux du Seigneur (*Ps.* cxv, 5). » Les morts, dans lesquelles les païens ont autrefois déployé toute leur cruauté, sont aujourd'hui pour nous un élément de vie. Nous célébrons le jour de naissance des martyrs, nous nous proposons les exemples des martyrs, nous considérons leur foi, nous recherchons comment on les a trouvés, comment on les a traînés devant les juges, et comment ils se sont tenus en leur présence. Appartenant à l'Église catholique, sans la moindre dissimulation, et fortement attachés aux liens de l'unité, ils ont confessé le Christ; membres du Christ, ils ont ardemment désiré de suivre leur tête où elle les avait précédés. Mais quels hommes étaient-ils avec de tels désirs? Patients dans les tortures, fidèles dans leur confession, véridiques dans leurs paroles. En effet, ils lançaient les flèches de Dieu sur la bouche de ceux qui les interrogeaient et les blessaient de manière à les irriter; il en est aussi beaucoup qu'ils ont blessés de manière à les sauver. Nous nous proposons tous ces exemples, nous les considérons et nous souhaitons de les imiter. Voilà les spectacles des chrétiens, voilà ce que Dieu voit d'en haut. Voilà les vertus auxquelles il nous exhorte, et qu'il nous aide à pratiquer. Voilà les combats pour lesquels il propose et donne des récompenses. « Je ne fermerai pas mes lèvres. » Veillez donc, afin de ne pas avoir peur et de ne pas empêcher vos lèvres de parler. « Seigneur, vous le connaissez ; » vous savez que ce que prononcent les lèvres se trouve dans le cœur.

17. « Je n'ai pas caché ma justice dans mon cœur (*Ps.*xxxix, 11).» Qu'est-ce que ma justice ?

---

tiant labia tua cordi tuo. Quærens pacem a Deo, tibi ipse esto pacatus : non sit (*a*) inter os tuum et cor tuum mala rixa. « Ecce labia mea non prohibebo, Domine tu cognovisti. » Quomodo ille ? Quid cognovit Dominus ? Intus in corde, ubi non videt homo. Ideo et ille, « Credidi, » inquit. Ecce cor habet, jam habet quod videat Deus : non prohibeat labia sua. Non prohibet. Quid enim dicit ? « Propter quod locutus sum.» Et quia locutus est quod credidit, quærens quid retribuat Domino pro omnibus quæ retribuit ci : adjungit, « Calicem salutaris accipiam, et nomen Domini invocabo (*Ps.* cxv, 13). » Non exhorruit Dominum dicentem, « Potestis bibere calicem quem ego bibiturus sum (*Matth.* xx, 22) ? » Confitetur enim per labia quod habebat in corde, pervenit ad passionem. Et quia pervenit ad passionem, hostis quid nocuit? Nempe « pretiosa in conspectu Domini mors justorum ejus (*Psal.* cxv, 15). » Mortes in quas Pagani sævierunt, in illis hodie (*b*) reficimur. Natalem Martyrum celebramus, exempla Martyrum nobis proponimus, adtendimus fidem, quomodo inventi, quomodo adtracti, quomodo steterunt ante judices. In Ecclesia catholica nihil habentes simulationis, compaginati junctura unitatis, confessi sunt Christum : caput quod præcesserat, sicut membra, sequi concupierunt (*c*). Sed qui concupierunt ? In tormentis patientes, in confessione fideles, in sermone veraces. Jaculabantur enim in ora interrogantium se sagittas Dei, et vulnerabant ad iram ; multos vulneraverunt et ad salutem. Hæc omnia proponimus nobis, et intuemur illa, et optamus imitari. Hæc sunt spectacula Christiana, hæc videt de super Deus, ad hæc hortatur, ad hæc adjuvat; his certaminibus præmia proponit et donat. « Ecce labia mea non prohibebo. » Vide ne timeas, et prohibeas labia tua. « Domine tu cognovisti, » quia est et in corde quod sonat et in labiis.

17. « Justitiam meam non abscondi in corde meo (*Ps.*xxxix,11).»Quid est, « justitiam meam ?» Fidem

---

(*a*) Particula *inter* abest ab omnibus MSS. (*b*) Colbertinus MS. *hodie perficimur. Natalem Martyris celebramus, exempla Martyrum* etc. (*c*) In nonnullis MSS. deest, *Sed qui concupierunt ?*

Ma foi, parce que le juste vit de la foi (*Habac.* II, 4, et *Rom.* I, 17). Par exemple, le persécuteur demande au juste, avec menace d'un châtiment, comme il lui était autrefois possible de le faire : Qu'êtes-vous ? païen ou chrétien ? Chrétien. Voilà quelle est sa justice, il a cru, il vit de la foi. Il n'a pas caché sa justice dans son cœur. Il n'a pas dit en lui-même : je crois assurément au Christ, mais je ne dirai pas à ce persécuteur irrité et menaçant quelle est ma croyance. Dieu voit au fond de mon cœur que je crois, il sait que je ne renonce pas à lui. Voilà donc ce que vous dites avoir dans le cœur ; mais qu'y a-t-il sur vos lèvres ? Est-ce : Je ne suis pas chrétien ? Vos lèvres portent témoignage contre votre cœur. « Je n'ai pas caché ma justice dans mon cœur. »

18. « J'ai proclamé votre vérité et le salut que vous donnez (*Ps.* XXXIX, 11). » J'ai proclamé votre Christ, c'est-à-dire : j'ai proclamé votre vérité et le salut que vous donnez. Comment le Christ est-il la vérité ? Il a dit : « Je suis la vérité (*Jean.* XIV, 6). » Comment le Christ est-il le salut ? Siméon l'a reconnu tout enfant aux mains de sa mère, dans le temple, et il a dit : « Mes yeux ont vu le salut que vous donnez (*Luc.* II, 30). » L'enfant a été reconnu par le vieillard, devenu lui-même enfant dans cet enfant et renouvelé par la foi. En effet, il avait reçu de Dieu une promesse qu'il a fait connaître. Le Seigneur lui avait dit qu'il ne sortirait pas de cette vie avant qu'il n'eût vu le salut envoyé par Dieu. Ce salut de Dieu, il est bon qu'il soit montré à tous les hommes, mais il faut qu'ils crient : « Seigneur, montrez-nous votre miséricorde et donnez-nous votre salut (*Ps.* LXXXIV, 8). » Or, le salut de Dieu est pour toutes les nations ; car, après avoir dit dans un psaume : « Que Dieu ait pitié de nous et nous bénisse ; qu'il répande sur nous la lumière de son visage, afin que nous connaissions, ô mon Dieu, votre voie sur la terre, » le Prophète ajoute : « Et que votre salut soit pour toutes les nations (*Ps.* LXVI, 2). » C'est comme si on lui disait : Quelle est cette voie que vous désirez connaître ? Les hommes vont chercher la voie, est-ce que la voie vient chercher les hommes ? Notre voie est venue vers les hommes ; elle les a trouvés errants ; elle les a appelés, tandis qu'ils marchaient loin d'elle. Marchez par moi, leur a-t-elle dit, et vous ne vous égarerez plus : « Je suis la voie, et la vérité, et la vie (*Jean.* XIV, 6). » Il n'a pas voulu que vous pussiez dire : où est la voie de Dieu ? Dans quelle contrée aller ? Quelle montagne gravir ? Quelles plaines parcourir ? Cherchez-vous la voie de Dieu ? Le salut que Dieu donne est la voie de Dieu, et la voie de Dieu est partout, parce que le salut de Dieu est pour toutes les

---

meam : quia « justus ex fide vivit (*Habac.* II, IV, *Rom.* I, 17). » Ut puta, interrogat sub pœna persecutor, (quod eis licuit aliquando), Quid es ? paganus, an Christianus ? Christianus. Ipsa est justitia ejus : credidit, ex fide vivit. Non abscondit in corde suo justitiam suam. Non dixit apud se, Credo quidem in Christum, sed huic persecutori meo sævienti et minanti non dicam quod credidi : novit Deus meus intus in corde meo quia credo, ipse scit quia illi non renuntio. Ecce hoc dicis te intus habere in corde : in labiis quid ? Non sum Christianus ? Contra cor tuum testimonium dicunt labia tua. « Justitiam meam non abscondi in corde meo. »

18. « Veritatem tuam et salutare tuum dixi (*Ps.* XXXIX, 11). » Christum tuum dixi, hoc est, « Veritatem tuam et salutare tuum dixi. » Unde veritas Christus ? « Ego sum veritas (*Johan.* XIV, 6). » Unde salutare ipsius Christus ? Simeon agnovit infantem in manibus matris in templo, et dixit, « Quoniam viderunt oculi mei salutare tuum (*Lucæ* II, 30). » Agnovit infantem senex, factus in puero puer, innovatus fide. Acceperat enim responsum, et hoc dixit : dixerat ei Dominus, quia non exiturus erat de hac vita, prius quam videret salutare Dei. Hoc salutare Dei bonum est ut ostendatur hominibus : sed clament, « Ostende nobis Domine misericordiam tuam, et salutare tuum da nobis (*Psal.* LXXXIV, 8). » Salutare autem Dei in omnibus gentibus : quia cum dixisset quodam loco, « Deus misereatur nobis, et benedicat nos, illuminet vultum suum super nos, ut cognoscamus in terra viam tuam : » adjecit, « In omnibus gentibus salutare tuum. » Primo dixit, « Ut cognoscamus in terra viam tuam : » et secutus est, « In omnibus gentibus salutare tuum (*Psal.* LXVI, 2). » Quasi diceretur ei, Quæ est via quam cupis agnoscere ? Homines ad viam veniunt, numquid via venit ad homines ? Via nostra venit ad homines, invenit errantes, vocavit ad se (*a*) extra ambulantes. In me, inquit, ambulate, et non errabitis : « Ego sum via et veritas et vita (*Johan.* XIV, 6). » Ne diceres, Ubi est via Dei ? ad quam regionem ibo ? quem montem ascendam ? quos campos inquiram ? Viam Dei in-

(*a*) Aliquot MSS. *vocavit ad se. Extra ambulatis, in me ambulate.*

nations. « J'ai proclamé votre vérité et le salut que vous donnez. »

19. «Je n'ai point caché votre miséricorde et votre vérité à une grande assemblée (*Ps.*XXXIX, 11).» Soyons de cette assemblée, soyons comptés dans ce corps, et ne cachons pas la miséricorde et la vérité de Dieu. Voulez-vous connaître la miséricorde de Dieu? Éloignez-vous du péché, Dieu vous remettra vos péchés. Voulez-vous connaître la vérité de Dieu? Gardez fermement la justice, la justice sera couronnée. Maintenant, la miséricorde vous est prêchée, plus tard la vérité apparaîtra. Car Dieu n'est pas miséricordieux pour être injuste, ni juste pour ne pas être miséricordieux. Est-ce que sa miséricorde envers vous est petite? Il ne vous imputera pas tout votre passé; vous avez mal vécu jusqu'à ce jour, mais vous vivez encore, vivez bien à partir d'aujourd'hui, la miséricorde de Dieu ne vous sera point cachée. Si c'est là la miséricorde, où est la vérité? «Toutes les nations seront rassemblées devant lui et il les divisera, comme le pasteur divise les brebis d'avec les boucs; il mettra les brebis à sa droite et les boucs à sa gauche (*Matth.* XXV, 32). » Que dira-t-il aux brebis? « Venez les bénis de mon Père, recevez le royaume qui vous a été préparé. » Aux boucs, que dira-t-il : « Allez dans le feu éternel (*Ibid.* 34). » Là, il n'y a plus lieu de faire pénitence. Parce que vous aurez méprisé la miséricorde de Dieu, vous sentirez sa vérité ; si au contraire, vous ne méprisez pas sa miséricorde, vous vous réjouirez de sa vérité.

20. « Mais vous, Seigneur, n'éloignez pas de moi vos miséricordes. (*Ps.*XXXIX, 12). » Il a regardé ses membres blessés. Parce que je n'ai pas caché votre miséricorde et votre vérité à une grande assemblée, à l'Église qui est une dans le monde entier, regardez avec pitié vos membres blessés, regardez les coupables et les pécheurs, et daignez ne pas éloigner d'eux vos miséricordes. «Votre miséricorde et votre vérité m'ont sans cesse soutenu (*Ibid.*).» Je n'aurais pas la force de me convertir, si je n'étais sûr de la rémission de mes péchés ; je n'aurais pas la force de persévérer, si je n'étais sûr de l'accomplissement de vos promesses. Votre miséricorde et votre vérité m'ont sans cesse soutenu.» Je considère que vous êtes bon, je considère que vous êtes juste : bon, je vous aime ; juste, je vous crains. L'amour et la crainte me conduisent jusqu'au bout, parce que votre miséricorde et votre vérité m'ont sans cesse soutenu. Pourquoi me soutiennent-elles, et pourquoi ne dois-je point détourner d'elles mon regard? « Parce que des maux innombrables m'ont assiégé (*Ibid.* 13).» Qui peut compter ses péchés ? Qui

---

quiris? salutare Dei est via Dei, et ubique hæc est : quia in omnibus gentibus salutare tuum. « Veritatem tuam et salutare tuum dixi. »

19. « Non celavi misericordiam tuam et veritatem tuam a congregatione multa (Ps. XXXIX, 11). » Ibi simus, in hoc corpore numeremur et nos, non celemus misericordiam Domini et veritatem Domini. Vis audire misericordiam Domini ? Recede a peccatis, donabit peccata. Vis audire veritatem Domini ? Tene justitiam, coronabitur justitia. Modo enim misericordia tibi prædicatur, postea veritas exhibebitur. Non enim sic est Deus misericors, ut injustus ; nec sic justus, ut misericors non sit. Parva ne misericordia tibi est? (a) Non imputabit priora omnia, male vixisti usque in hodiernum diem, adhuc vivis, bene vive hodie, hanc misericordiam non celabis. Si hæc est misericordia : quæ veritas? « Congregabuntur ante eum omnes gentes, et dividet eas sicut pastor dividit oves ab hœdis, oves ponet ad dexteram, hœdos ad sinistram (*Matth.* XXV, 32). » Ovibus quid ? « Venite benedicti Patris mei, percipite regnum quod vobis paratum est (*Ibid.* 34). » Hœdis quid ? « Ite in ignem æternum (*Ibid.*). » Ibi pœnitentiæ locus non est. Quia misericordiam Dei contemsisti, veritatem senties : si autem non contemsisti misericordiam, veritate gaudebis.

20. « Tu autem Domine ne elongaveris misericordias tuas a me (*Ps.*XXXIX, 12). » Respexit ad membra saucia. Quia misericordiam tuam et veritatem tuam non celavi a congregatione multa, ab Ecclesia unitatis orbis terrarum : attende membra saucia, attende delictores et peccatores, et noli removere misericordias tuas. « Misericordia tua et veritas tua semper susceperunt me (*Ibid.*).» Non auderem converti, nisi securus de remissione : non durarem perseverare, nisi securus de promissione. « Misericordia et veritas tua semper susceperunt me. » Attendo quia bonus es, attendo quia justus es : amo bonum, timeo justum. Amor et timor perducunt me : quia, « misericordia et veritas tua semper susceperunt me. » Quare ipsa suscipiunt, et ab eis oculus avertendus non est ? « Quoniam circumdederunt me

---

(a) Plures MSS. *Non imputavit :* et infra *non celavi,* loco *non celabis.*

peut compter ses propres iniquités et celle des autres? Il gémissait sous ce poids des péchés d'autrui et de ses péchés, celui qui disait : « Purifiez-moi, Seigneur, de mes péchés cachés et préservez votre serviteur de ceux d'autrui (*Ps.* XVIII, 13). » Les nôtres étaient en petit nombre, ceux d'autrui y sont ajoutés; je crains pour moi, je crains pour un frère qui est bon, je supporte un frère qui est mauvais; et sous un tel monceau de misères, que deviendrons-nous, si la miséricorde de Dieu se retire de nous? « Mais vous, Seigneur, ne vous éloignez pas; » soyez proche. De qui le Seigneur est-il proche? De ceux qui ont brisé leur cœur (*Ps.* XXXIII, 19). Il est loin des orgueilleux, près des humbles. En effet le Seigneur est élevé, et il a les yeux sur tout ce qui est humble (*Ps.* CXXXVII, 6). Mais que les orgueilleux ne pensent pas se cacher de lui; car il connaît de loin tout ce qui s'élève. Il connaissait de loin le Pharisien qui se vantait, et il secourait de près le publicain qui confessait ses fautes (*Luc.* XVIII, 11). L'un vantait ses mérites et cherchait à cacher ses plaies; l'autre ne vantait pas ses mérites, mais il montrait ses plaies. Il était venu trouver le médecin, il se savait malade, il savait qu'il avait besoin d'être guéri; il n'osait lever les yeux au ciel, et se frappait la poitrine; il ne s'épargnait pas, pour que Dieu l'épargnât; il ne se pardonnait rien, pour que Dieu lui pardonnât tout; il se punissait, pour que Dieu le délivrât. C'est en ce sens que parle le psaume; écoutons pieusement ces paroles, aimons-les pieusement; répétons-les du cœur, de la langue, de toutes nos puissances intérieures. Que nul ne se croie juste : celui qui parle ainsi vit, il vit et plaise au ciel qu'il vive! Il vit encore ici-bas, il vit encore dans la mort, car si l'esprit a la vie à cause de la justice, cependant le corps est mort à cause du péché (*Rom.* VIII, 10). « Et le corps qui se corrompt appesantit l'âme et cette habitation terrestre abat l'esprit par une multitude de soins (*Sag.* IX, 15). » Il vous appartient donc de crier, il vous appartient de gémir, il vous appartient de confesser vos péchés, et non de vous énorgueillir, et non de vous vanter, et non de vous glorifier de vos mérites; car, eussiez-vous quelque chose dont vous pussiez vous réjouir, qu'avez-vous que vous n'ayez reçu (I *Cor.* IV, 7)? « Parce que des maux innombrables m'ont assiégé. »

21. « Mes iniquités m'ont entouré, et je n'ai pu voir (*Ps.* XXXIX, 13). » Il y a quelque chose que nous devons voir; qu'est-ce qui nous entoure et nous empêche de voir? Ne sont-ce pas nos iniquités? Peut-être une humeur maligne avait-elle envahi vos yeux et vous empêchait-elle de voir cette lumière; peut-être étiez-vous entouré de fumée ou de poussière; peut-être quelque objet avait-il été jeté dans votre œil, et

---

mala, quorum non est numerus (*Ibid.* 13). » Quis numerat peccata? quis numerat iniquitates alienas et proprias? Sub quo cumulo gemebat qui dicebat, « Ab occultis meis munda me Domine, et ab alienis parce servo tuo (*Psal.* XVIII, 13). » Parva erant nostra, imponuntur aliena : timeo mihi, timeo bono fratri, tolero malum fratrem : et sub isto cumulo quid erimus, si cesset misericordia Dei? « Tu autem Domine ne elonginquaveris : » prope esto. Cui prope est Dominus? His qui obtriverunt cor (*Psal.* XXXIII, 19). Longe a superbis, prope ad humiles. « Excelsus est enim Dominus, et humilia respicit (*Psal.* CXXXVII, 6). » Sed non se putent latere qui superbi sunt : excelsa enim a longe cognoscit. Cognoscebat a longe jactantem se Pharisæum, subveniebat de proximo confitenti Publicano (*Lucæ*, XVIII, 11). Jactabat ille merita sua, et tegebat vulnera sua : non jactabat ille merita, sed offerebat vulnera. Ad medicum venerat, sciebat se languidum, sciebat se sanandum : oculos ad cœlum levare non audebat, pectus percutiebat : sibi non parcebat, ut ille parceret; se agnoscebat, ut ille ignosceret; se puniebat, ut ille liberaret. Tales hic voces sunt, audiamus eas pie, et amemus pie : corde, lingua, omnibus medullis nostris hæc dicamus. Nemo se justum putet, vivit qui loquitur, vivit, et utinam vivat. Adhuc hic vivit, adhuc cum morte vivit : « et si spiritus vita est propter justitiam, corpus tamen mortuum est propter peccatum (*Rom.* VIII, 10). » « Et corpus quod corrumpitur aggravat animam, et deprimit terrena inhabitatio sensum multa cogitantem (*Sap.* IX, 15). » Pertinet ergo ad te clamare, pertinet gemere, pertinet confiteri, non exaltare, non te jactare, non te tuis meritis gloriari : quia et si habes aliquid gaudendum, quid est quod non accepisti (I *Cor.* IV, 7)? « Quoniam circumdederunt me mala, quorum non est numerus. »

21. « Comprehenderunt me iniquitates meæ, et non potui ut viderem (*Ps.* XXXIX, 13). » Est aliquid quod videamus : quid premit ut non videamus? Nonne iniquitas? Oculum tuum, ne istam lucem videre posses, præmebat fortassis humor irruens, præmebat fortasse fumus, pulvis, aliquid injectum; et levare oculum saucium non poteras ad istam lucem : quid

vous ne pouviez lever vers la lumière cet œil blessé. Mais quoi ? Lèverez-vous alors vers Dieu votre cœur blessé ? Ne faut-il pas que vous soyez guéri de manière à voir clair ? Mais ne serait-ce pas un coupable orgueil que de dire : Que je commence par voir, et puis je croirai ? Qui est-ce qui dit cela ? Quel est celui, en effet, qui devant recouvrer la vue, dit : Que je voie d'abord, et puis je croirai. Je veux vous montrer la lumière, ou plutôt la lumière elle-même veut se montrer à vous. Mais à qui ? Elle ne peut se montrer à un aveugle, il n'y voit pas. Pourquoi n'y voit-il pas ? Parce que son œil est appesanti par de nombreux péchés. Que dit-il, en effet ? « Mes iniquités m'ont entouré, et je n'ai pu voir. » Écartez donc ces iniquités, que les péchés lui soient remis, que le poids qui charge ses yeux lui soit ôté, guérissez sa blessure, et employez, en guise de collyre, un commandement pénétrant et corrosif. Commencez par faire ce qui vous est commandé ; guérissez votre cœur, purifiez votre cœur, aimez votre ennemi (*Matth.* v, 44, et *Luc.* vi, 27 et 35). Mais qui donc aime son ennemi ? Voilà ce que vous ordonne le médecin ; le remède est amer, mais il est salutaire. Que vous ferai-je, dit-il ? Cette nécessité qui vous cause de la peine vous est imposée pour vous guérir. Et il dit plus : Ce remède ne vous sera plus à charge après votre guérison. Vous éprouverez du plaisir à aimer votre ennemi, lorsque vous serez guéri ; efforcez-vous donc de guérir.

Soyez fort dans ces tribulations, dans ces angoisses, dans ces épreuves ; supportez-les avec courage : vous êtes dans la main du médecin et non du malfaiteur. Eh bien, dit le malade, j'accepte ces commandements, je garde ma foi, et, selon votre parole, je commence, comme vous le voulez, par guérir mon cœur ; mais quand mon cœur sera guéri, quand mon cœur sera purifié, que verrai-je ? « Heureux ceux dont le cœur est pur, parce qu'ils verront Dieu (*Matth.* v, 8). » Je ne le puis maintenant, dit-il, « Mes iniquités m'ont entouré, et je n'ai pu voir. »

22. « Elles se sont multipliées au-dessus du nombre des cheveux de ma tête (*Ps.* xxxix, 13). » Le Prophète cite les cheveux de la tête pour donner l'idée d'un nombre considérable. Qui compte les cheveux de sa tête ? On compte encore moins ses péchés qui surpassent en nombre les cheveux. Ils paraissent sans gravité, mais ils sont nombreux. Vous avez évité les grandes fautes : vous ne commettez plus l'adultère, vous ne commettez plus l'homicide, vous ne dérobez pas le bien d'autrui, vous ne blasphémez pas, vous ne portez pas de faux témoignage ; parmi les péchés, ceux-là sont comme des masses écrasantes. Vous avez évité les grandes fautes, mais, à l'égard des petites, que faites-vous ? Vous avez rejeté une masse énorme, prenez garde d'être étouffé sous des grains de sable. « Mes iniquités se sont multipliées au-dessus du nombre des cheveux de ma tête. »

---

ergo, cor saucium levabis ad Deum ? Nonne prius sanandum est ut videas ? Nonne superbus inveniris, cum dicis, Primo videam, et sic credam ? Quis dicit ? Quis enim visurus dicit, Videam, et sic credam ? Lucem ostensurus sum, immo vero ipsa se lux ostendere vult. Cui ? Cæco non potest, non videt. Unde non videt ? Gravato oculo multis peccatis. Quid enim ait ? « Comprehenderunt me iniquitates meæ, et non potui ut viderem. » Removeantur ergo iniquitates, dimittantur peccata, levetur pondus ab oculo, sanetur quod saucium est, adhibeatur mordax præceptum quasi collyrium. Prius effice quod tibi præcipitur : sana cor, munda cor, dilige inimicum tuum (*Matth.* v, 44). Et quis diligit inimicum suum (*Lucæ* vi, 27 et 35) ? Hoc jubet medicus, amarum est, sed salubre. Quid tibi faciam, inquit ? Ita vexatus es, ut inde saneris. Et plus dicit : Sanato non erit onerosum, voluptuose diliges inimicum sanatus ; conare tu ut saneris. In tribulationibus, in angustiis, in tentationibus fortis esto, perdura : medici manus est, non latronis. Ecce, inquit, præceptis acceptis, et fide retenta, prius sicut jubes sanabo cor, ut dicis : sanato corde et mundato corde quid videbo ? « Beati mundo corde, quoniam ipsi Deum videbunt (*Matth.* v, 8). » Hoc modo, inquit, non possum. « Comprehenderunt me iniquitates meæ, et non potui ut viderem. »

22. « Multiplicatæ sunt super capillos capitis mei (*Ps.* xxxix, 13). » Capillos capitis ad numeri multitudinem revocat. Quis numerat capillos capitis sui ? Multo minus peccata, quæ excedunt numerum capillorum. Minuta videntur, sed multa sunt. Præcavisti magna, jam non facis adulterium, jam non facis homicidium, non rapis res alienas, non blasphemas, non dicis falsum testimonium : moles istæ sunt peccatorum. Magna præcavisti, de minutis quid agis ? An non times minuta ? Projecisti molem, vide ne arena obruaris. « Multiplicatæ sunt super capillos capitis mei. »

23. « Et mon cœur m'a fait défaut (*Ibid.* 13). » Qu'y a-t-il d'étonnant si Dieu a abandonné votre cœur, lorsque votre cœur s'est abandonné lui-même ? Que veut dire : « Mon cœur m'a fait défaut ? » Mon cœur n'est pas capable de se connaître lui-même. C'est en ce sens que le Psalmiste dit : « Mon cœur m'a fait défaut. » Je veux voir le Seigneur avec mon cœur, et je ne le puis à cause de la multitude de mes péchés : c'est peu ; mon cœur ne se comprend même pas lui-même. En effet, nul ne se comprend, et nul, par conséquent, ne doit présumer de lui-même. Est-ce que Pierre comprenait dans son cœur son propre cœur, lorsqu'il disait : « Je serai avec vous jusqu'à la mort (*Matth.* XXVI, 35) ? » Dans son cœur était une présomption mal fondée ; dans son cœur se cachait une peur véritable ; et son cœur n'était pas capable de comprendre son cœur. Le malade ignorait son cœur, mais le médecin le voyait à découvert. Ce que Jésus lui prédit alors s'est accompli. Dieu connaissait en lui ce que lui-même n'y connaissait pas, parce que son cœur lui faisait défaut, parce que son cœur était caché à son propre cœur. « Et mon cœur m'a fait défaut. » Mais quoi ? Que dirons-nous ? Que demanderons-nous à grands cris ? « Qu'il vous plaise, Seigneur, de me délivrer (*Ps.* XXXIX, 14) ; » c'est comme s'il disait : « Si vous le voulez, vous pouvez me purifier (*Matth.* VIII, 2). »

« Qu'il vous plaise, Seigneur, de me délivrer jetez les yeux sur moi pour m'aider. » Ainsi prient des membres pénitents, des membres qu se trouvent au milieu des douleurs, des membre qui crient sous le fer du médecin, mais que l'espérance anime. « Seigneur, jetez les yeux su moi pour m'aider. »

24. « Qu'ils soient tous confondus et couvert de honte, ceux qui cherchent mon âme pour l'enlever (*Ps.* XXXIX, 15). » Dans un autre psaume, le Prophète accuse les méchants et dit : « Je regardais à droite et à gauche, et il n'y avait personne qui cherchât mon âme (*Ps.* CXLI, 5) ; » c'est-à-dire il n'y avait personne qui m'imitât. Le Christ parl ainsi dans sa passion : Et je regardais à droite c'est-à-dire, non vers les juifs impies, mais vers m droite même, vers les Apôtres, « et il n'y en avai pas un qui cherchât mon âme. » Et même, loi qu'il y en eût un seul qui cherchât mon âme celui qui avait présumé de lui reniait mon âm (*Matth.* XXVI, 70). Mais, parce qu'il y a deu manières de chercher un homme, ou pour joui de sa présence ou pour le persécuter, il parle ic d'autres hommes qui cherchent son âme et qu'i veut voir confondus et couverts de honte. Mai de peur que vous ne compreniez ces parole dans le sens de ses plaintes contre ceux qui n cherchent pas son âme, il ajoute : « Pour l'enlever, » c'est-à-dire, qui ne la cherchent que pou

---

23. « Et cor meum dereliquit me (*Ibid.* 13). » Quid mirum est, si cor tuum desertum est a Deo tuo, quando se ipsum deseruit ? Quid est, « Cor meum dereliquit me ? » Non est idoneum cor meum ad cognoscendum se. Hoc dixit, « Cor meum dereliquit me : » « Corde meo Dominum volo videre, et non possum, præ multitudine peccatorum meorum : (a) parum est, nec cor meum se comprehendit. Nemo enim se comprehendit, nemo de se præsumat. Numquid comprehendit corde suo cor suum Petrus, qui dixit, Tecum usque ad mortem ero ? In corde erat præsumptio falsa, in corde latebat timor verus (*Matth.* XXVI, 33) : et non erat idoneum cor ad comprehendendum cor. Cor ægrotum latebat, sed medico patebat. Quod de illo pronuntiatum est, hoc impletum est. Noverat in illo Deus quod in se ipse non noverat ; quia cor ejus dereliquerat eum, cor ejus latebat cor ejus. « Et cor meum dereliquit me. » Quid ergo ? quid clamamus ? quid dicimus ? « Placeat tibi, Domine, eruere me (*Ps.* XXXIX, 14). » Tamquam diceret « Si vis, potes me mundare (*Matth.* VIII, 2). » « Placea tibi eruere me, Domine, in adjuvandum mihi respice. » Membra (b) pœnitentia, membra in doloribus posita, membra sub ferramentis medici clamantia, sed sperantia. « Domine, in adjuvandum mih respice. »

24. « Confundantur, et revereantur simul, qui quærunt animam meam ut auferant eam (*Ps.* XXXIX, 15). » Quodam enim loco accusat, et dicit, « Adspiciebam in dexteram, et videbam, et non erat qui requireret animam meam (*Psal.* CXLI, 5) ; id est, non erat qui me imitaretur. Christus in passione loquitur : Et adtendebam in dexteram, id est, non ad impios Judæos ; sed ad ipsam dexteram, ad ipsos Apostolos. Et non erat qui requireret animam meam. Usque adeo non erat qui requireret animam meam, ut præsumserat, negaret animam meam (*Matth.* XXVI, 70). » Sed quia duobus modis quæritur homo, aut quo

---

(a) Sic aliquot MSS. At editi. *Parum est ne cor meum se comprehendat. Nemo enim se comprehendit, nemo de se præsumit.*
(b) Editi, *Membra pœnitentiæ.* MSS. aliquot, *pœnitentia* : et alii quidam, *in pœnitentia.*

la faire périr, et il dit : « Qu'ils sont confondus et couverts de honte. » Et véritablement, il y en a beaucoup qui ont cherché son âme, et ils ont été confondus et couverts de honte. Ils ont cherché son âme, et ils se sont imaginé l'avoir enlevée ; mais il avait le pouvoir de déposer son âme et le pouvoir de la reprendre (*Jean*. x, 18). Ils se sont donc réjouis lorsqu'il l'a déposée, et ils ont été confondus lorsqu'il l'a reprise. « Qu'ils soient tous confondus et couverts de honte, ceux qui cherchent mon âme pour l'enlever. »

25. « Qu'ils retournent en arrière et qu'ils rougissent, ceux qui me veulent du mal (*Ps*. xxxix, 15).» « Qu'ils retournent en arrière : » ne prenons pas ces paroles en mauvaise part. Il leur souhaite du bien, et c'est en ce sens qu'il disait du haut de la croix : « Mon Père, pardonnez-leur, ils ne savent ce qu'ils font (*Luc*. xxiii, 34).» Pourquoi demande-t-il donc qu'ils retournent en arrière ? Parce que ceux que leur orgueil avait fait tomber et rester en arrière, sont devenus humbles et se sont relevés. En effet, tant qu'ils marchent en avant, ils veulent précéder le Seigneur, ils veulent être supérieurs au Seigneur. Si, au contraire, ils sont derrière lui, ils reconnaissent sa supériorité, son droit à les précéder, et leur devoir de le suivre. C'est pourquoi il a repris Pierre, qui lui donnait un conseil mauvais. En effet, le Seigneur, près de souffrir pour notre salut, prédisait ce qui devait lui arriver dans sa passion ; et Pierre lui dit : « A Dieu ne plaise, Seigneur ! Épargnez-vous vous-même, qu'il n'en soit point ainsi.» Il voulait précéder le Seigneur et donner un conseil à son maître. Mais le Seigneur, ne voulant pas que Pierre marchât devant lui, mais, au contraire, qu'il le suivît, lui dit : « Retournez en arrière, Satan (*Matth*. xvi, 22, et *Marc* viii, 32).» Vous êtes Satan, lui dit-il, parce que vous voulez précéder celui que vous devez suivre ; si, au contraire, vous restez en arrière et me suivez, vous ne serez plus Satan. Que sera-t-il donc ? « Et sur cette pierre je bâtirai mon Église (*Matth*. xvi, 18). »

26. « Qu'ils retournent en arrière et qu'ils rougissent, ceux qui me veulent du mal. » Ceux-là n'ont que de la malveillance, qui, lors même qu'ils vous souhaitent quelque bien du bout des lèvres, vous maudissent du fond de leur cœur. Vous dites à quelqu'un : soyez chrétien ; soyez chrétien vous-même, vous répond-il. Ce qu'il vient de dire est bon, mais il faut moins lui imputer ce qu'il a dit, que l'intention avec laquelle il l'a dit. C'est ainsi qu'on a reproché aux juifs leur conduite, au moment de la guérison de l'aveugle-né ; tandis qu'ils pressaient celui-ci de questions et l'accablaient d'insultes, il leur dit : «Est-

---

fruaris, aut quem persequaris : ideo hic alios dicit, quos vult confundi et revereri, qui quærunt animam suam. Sed ne sic intelligeres, quomodo (*a*) cum queritur de nonnullis non quærentibus animam suam ; « ut auferant eam, » inquit, id est, ad mortem quærunt animam meam : adjecit, « Confundantur, et revereantur. » Et vere multi quæsierunt animam ipsius, et confusi et reveriti sunt ; quæsierunt animam ipsius, et sicut illis visum est, abstulerunt animam ipsius : sed ille potestatem habuit ponendi animam suam, et potestatem habuit recipiendi animam suam (*Johan*. x, 18). Ergo illi gavisi sunt cum posuit, confusi sunt cum recepit. « Confundantur, et revereantur simul, qui quærunt animam meam ut auferant eam. »

25. « Convertantur retrorsum, et revereantur, qui volunt mihi mala (*Ps*.xxxix, 15). » « Convertantur retrorsum : » nec hoc in malum accipiamus. Bene illis optat ; et vox illius est qui dixit de cruce, « Pater ignosce illis, quia nesciunt quid faciunt (*Lucæ* xxiii, 34). » Quare illis ergo dicit, ut retrorsum redeant ? Quia qui ante superbi erant ut caderent retro, humiles facti sunt ut resurgant. Quando enim ante sunt, præcedere volunt Dominum, meliores volunt esse quam Dominus : si autem retro sunt, ipsum agnoscunt meliorem, ipsum priorem, se posteriores, ut ille præcedat, illi sequantur. Proinde Petrum male sibi dantem consilium sic redarguit. Passurus enim Dominus erat pro salute nostra, et de ipsa passione quæ futura (*b*) erant prædicabat : et ait Petrus, « Absit Domine, propitius tibi esto, non fiet hoc (*Matth*. xvi. 22). » Præcedere volebat Dominum, et consilium dare magistro. Dominus autem ut non cum faceret præcedentem, sed sequentem, « Redi, » inquit, « retro satanas (*Marci* viii, 32). » Ideo, inquit, satanas, quia vis antecedere cum quem debes sequi : si autem retro fueris, et secutus fueris, jam non satanas. Quid ergo ? « Super hanc petram ædificabo Ecclesiam meam (*Matth*. xvi, 18). »

26. « Convertantur retrorsum, et revereantur, qui volunt mihi mala. » Malevoli sunt, qui etiam cum benedicunt, quantum in corde eorum est maledi-

---

(*a*) Editi, *quomodo conqueritur de nonnullis quærentibus animam suam, ut auferant : id est* etc. ubi nos particulam *non*, et verbum *inquit*, aliquot MSS. ope reponimus. (*b*) Sic nonnulli MSS. At editi, *erat prædicabat*.

ce que vous aussi, vous voulez être ses disciples?» Et ils le maudirent. Or, voici les paroles de l'Évangéliste : « Ils le maudirent, en lui disant : Soyez son disciple (*Jean*. IX, 28). » Ils le maudirent, et Dieu le bénit ; il le traita selon ce qu'ils avaient dit, et il retourna contre eux leur malédiction. « Qu'ils retournent tous en arrière et qu'ils rougissent, ceux qui me veulent du mal. » Mais il y en a d'autres qui, tout en étant méchants, paraissent souhaiter le bien, et dont il faut se garder. S'il en est, en effet, qui parlent mal, quoiqu'ils disent de nous de bonnes choses, mais avec une intention mauvaise ; il y en a beaucoup aussi qui disent contre nous des choses mauvaises, avec une bonne intention. Mais voici ma pensée : Si quelqu'un vous répond : Soyez chrétien vous-même, il vous dit une bonne chose avec une intention mauvaise ; mais vienne qui vous dise : Il n'y a personne de meilleur que vous, s'il vous le dit lorsque vous faites le mal, (car le pécheur est loué dans les désirs désordonnés de son âme, et celui qui fait le mal est applaudi) (*Ps*. IX, 3), il parle pour votre mal tout en vous donnant des louanges. Le premier vous maudissait et ne vous disait que de bonnes choses ; le second vous loue et ne vous dit que de mauvaises choses : fuyez ces deux genres d'ennemis, gardez-vous de tous deux. L'un vous moleste, l'autre vous flattte, tous deux sont dangereux. L'un est furieux, l'autre glisse la tromperie sous ses louanges ; l'un vous reprend, l'autre vous loue ; mais l'un en vous reprenant est votre ennemi, et l'autre est insidieux dans ses louanges. Gardez-vous de tous deux, et priez contre tous deux. En effet, le Prophète qui a prié ainsi : « Qu'ils retournent tous en arrière et qu'ils rougissent, ceux qui me veulent du mal, » a eu en vue ce second genre d'hommes qui exercent leur malveillance à l'aide de la perfidie et d'une fausse bienveillance, « Que ceux, dit-il, qui me disent : Courage ! courage ! soient immédiatement couverts de confusion (*Ps*. XXXIX, 16). » Ils vous donnent de fausses louanges. Vous êtes un grand homme, un homme de bien, un lettré, un savant, mais pourquoi êtes-vous chrétien ? Ils louent en vous ce que vous ne voudriez pas entendre louer ; ils blâment ce dont vous vous réjouissez. Et si, par hasard, vous dites : Que louez-vous en moi, ô homme ? Vous me louez d'être un homme vertueux, un homme juste ? Si vous le croyez, sachez que c'est le Christ qui m'a rendu tel, louez-le donc ; il vous répondra : Non ; ne vous faites pas injure, c'est vous-même qui vous êtes donné ces vertus. « Que ceux qui me disent : Courage ! courage ! soient couverts de confusion. » Et que dit ensuite le Psalmiste ? « Que tous ceux qui vous cherchent, Seigneur, soient comblés de

---

cunt. Dicis alicui, Esto Christianus (*a*) : Sis Christianus, sed tu. Bonam rem dixit, sed non illi imputatur quod dixit, sed quo animo dixit : quomodo imputatum est et Judæis, quando ille ex cæco nato factus est videns : cum eum premerent insultationibus et urgerent, ait illis, Numquid et vos discipuli ejus vultis esse ? Et illi maledixerunt ei. Hoc ait Evangelista Maledixerunt ei dicentes, « Tu sis discipulus ejus (*Johan*. IX, 28). » Illis maledicentibus, Dominus benedixit : fecit quod illi dixerunt, retribuit autem illis quod maledixerunt. « Convertantur retrorsum, et revereantur, qui volunt mihi mala. » Sunt autem alii non boni qui bona volunt, et ipsi cavendi. Quomodo enim illi maledicunt, et dicunt bona nostra, sed malo animo : sic multi mala nostra bono animo. Hoc dico, Qui dixerit tibi, Tu sis Christianus, bonum tuum dicit malo animo : qui autem dixerit tibi (*b*) ita, Te melior nemo ; si in factis malis, quoniam laudatur peccator in desideriis animæ suæ, et qui iniqua gerit benedicitur ; mala tua dicit laudans. Quomodo ille bona tua dicebat maledicens, sic iste mala tua benedicens : sed utrumque genus hostis fuge, utrumque cave. Ille sævit, iste blanditur ; uterque malus : ille iracundus est, et iste laude subdolus ; ille reprehensor est, iste laudator : sed et ille in reprehensione inimicus est, et ille in laude subdolus. Cave utrumque, contra utrumque ora. Qui enim oravit, « Convertantur retrorsum, et confundantur qui volunt mihi mala : » respexit ad aliud genus dolose malevolum, et falso benedicum, « Ferant confestim confusionem suam : qui dicunt mihi, Euge, euge (*Ps*. XXXIX, 16). » Laudant falso, Magnus vir, bonus vir, litteratus, doctus, sed quare Christianus ? Ea tua laudant, quæ nolles laudari : illud reprehendunt unde gaudes. Sed si forte dicis, Quid in me laudas, ô homo, quia vir bonus, quia vir justus sum ? Si hoc

---

(*a*) Ita MSS. nec male si hic subauditur, *et ille dicit*. Porro editio Lov. habet sic : *Dicit aliquis alicui, Esto Christianus, sed sis et tu Christianus. Bonam* etc. (*b*) Sic aliquot MSS. Alii vero, *dixerit tibi, Tanto melior nomine sis in factis* etc. Quidam, *Tanto melior nemo sic in factis* etc. Editi, *Tanto melior nemo sit in factis* etc.

joie et transportés d'allégresse(*Ibid.*17).»Ceux-là ne me cherchent pas, mais ils vous cherchent. Ils ne me disent pas : Courage, courage ; mais ils voient que je me glorifie en vous, si j'ai quelque gloire. Car celui qui se glorifie, doit se glorifier dans le Seigneur (*I Cor.*1,31). « Que tous ceux qui vous cherchent, Seigneur, soient comblés de joie et transportés d'allégresse ; qu'ils disent sans cesse : Que le Seigneur soit glorifié ! » Si donc un homme devient juste, de pécheur qu'il était, rendez-en gloire à celui qui justifie l'impie(*Rom.* IV, 5). Par conséquent, est-il question d'un pécheur, loué soit celui qui l'appelle au pardon : est-il question d'un homme qui marche déjà dans la voie de la justice ; loué soit celui qui l'appelle à la couronne ! « Que le Seigneur soit glorifié sans cesse par ceux qui aiment le salut que vous donnez, ô mon Dieu. »

27. « Quant à moi », à qui ils ne voulaient que du mal ; « quant à moi, » dont ils cherchaient l'âme pour la faire périr ; (mais pensez aussi à la seconde espèce d'ennemis dont nous avons parlé), « quant à moi, » à qui l'on disait : courage, courage ! « je suis pauvre et indigent.» Il n'y a rien en moi qui mérite d'être loué comme étant à moi. Que le Seigneur déchire mon sac et me revête de sa robe. « Car ce n'est déjà plus moi qui vis, mais c'est le Christ qui vit en moi (*Gal.* II, 20). » Si le Christ vit en vous et si tout ce qu'il y a de bon en vous vient du Christ, tout ce que vous posséderez est au Christ ; et par vous-même, qu'êtes-vous? « Je suis pauvre et indigent. » Pour moi, je ne suis pas riche, parce que je ne suis pas orgueilleux. Celui-là était riche qui disait : « Je vous rends grâces,Seigneur, de ce que je ne suis pas comme les autres hommes (*Luc.* XVIII, 11) ; » au contraire, le publicain était pauvre, lui qui disait : « Seigneur, ayez pitié de moi, qui suis un pécheur. » Les paroles du premier sortaient d'une bouche qui regorgeait ; le second pleurait de la faim qu'il ressentait. « Je suis pauvre et indigent. » Et que ferez-vous, ô vous qui êtes pauvre et qui manquez de tout? Mendiez à la porte de Dieu, frappez, et elle vous sera ouverte. « Quant à moi, je suis pauvre et indigent : le Seigneur prendra soin de moi. » Abandonnez au Seigneur le soin de tout ce qui vous regarde, mettez en lui votre espérance et lui-même fera ce qui vous est nécessaire (*Ps.* LIV, 23). Qu'avez-vous à vous inquiéter de vous ? De quoi avez-vous à vous pourvoir ? Que celui qui vous a fait ait soin de vous. Comment celui qui a eu soin de vous avant que vous ne fussiez, n'aurait-il pas soin de vous, lorsque vous êtes devenu ce qu'il voulait que vous fussiez ? Déjà

---

putas, Christus me hoc fecit, ipsum lauda. At ille, Absit, noli tibi injuriam facere, tu te ipse talem fecisti. « Confundantur, qui dicunt mihi, Euge, euge. » Et quid sequitur ? « Exsultent et jocundentur omnes, qui te quærunt, Domine (*Ibid.* 17). » Non quærunt me, sed quærunt te : non mihi, Euge, euge dicunt, sed (*a*) in te me gloriari vident, si quid habeo gloriæ. « Qui enim gloriatur, in Domino glorietur (I *Cor.* I, 31). » Exsultent et jocundentur omnes, qui te quærunt, Domine, et dicant semper, Magnificetur Dominus. » Quia et si ex peccatore fit justus, da gloriam illi « qui justificat impium (*Rom.* IV, 5). » Sive ergo peccator sit, laudetur qui ad indulgentiam vocat : sive quis jam ambulet in via justitiæ, laudetur qui ad coronam vocat. « Semper magnificetur Dominus, ab his qui diligunt salutare tuum. »

27. « Ego autem (*Ps.* XXXI, 17) : » cui quærebant mala. « Ego autem : » cujus animam quærebant, ut auferrent eam. Sed converte te ad aliud genus hominum. « Ego autem : » cui dicebant, Euge, euge : « egenus et pauper sum. » Non est quod in me (*b*) meum laudetur. Disscindat ille saccum meum, cooperiat me stola sua. « Vivo enim jam non ego,vivit autem in me Christus (*Gal.* II, 20).» Si vivit in te Christus, et totum quod boni habes Christi est,totum quod habebis Christi est : tu per teipsum quid es ? « Ego egenus et pauper. » Ego autem non dives, quia non sum superbus. Dives erat ille qui dicebat, « Gratias tibi ago Domine, quia non sum sicut ceteri homines (*Lucæ* XVIII, 11) : » publicanus autem erat pauper, qui dicebat, « Domine, propitius esto mihi peccatori (*Ibid.*). » Ille de saturitate ructabat, ille de fame plorabat. « Egenus et pauper sum. « Et quid facturus es ô egene et pauper (*c*) ? Mendica ante januam Dei ; pulsa, et aperietur tibi. » Ego autem egenus et pauper sum : Dominus curam habebit mei. » «Jacta in Dominum curam tuam, et spera in eum,et ipse faciet (*Psal.* LIV, 23). » Quid tibi curaturus es ? quid tibi provisurus ? Habeat tui curam qui fecit te. Qui habuit tui curam antequam esses, quomodo non

---

(*a*) Plerique MSS. *sed in illo, et in te me glorificare vident.* Nonnulli, *sed illi in te me glorificare videntur.* Item quidam, *sed in illo, quia in te me gloriari vident.* (*b*) Vox, *meum,* aberat ab editis : sed in melioribus MSS. exstat. (*c*) Omnes fere MSS. *pauper, mendice ? Ante januam* etc.

TOM. XII.

vous êtes fidèle, déjà vous marchez dans la voie de la justice. Celui-là pourra-t-il n'avoir pas soin de vous, qui fait lever son soleil sur les bons et sur les méchants, et tomber sa pluie sur les justes et sur les injustes (*Matth.* v, 43)? » Alors que déjà vous êtes juste et vivez de la foi (*Rom.* I, 17), vous négligera-t-il, vous abandonnera-t-il, vous laissera-t-il à vous-même? Mais non, il vous entoure de soins, il vous aide, il vous donne tout ce qui vous est nécessaire et il éloigne ce qui vous serait nuisible. Par ce qu'il vous donne, il vous console, pour que vous viviez : par ce qu'il vous ôte, il vous reprend, de peur que vous ne périssiez. Le Seigneur prend soin de vous, soyez en toute sécurité. Celui qui vous a fait vous porte lui-même. Ne vous laissez pas tomber des mains de votre Créateur; si vous tombiez des mains de votre Créateur, vous seriez brisé. Or, c'est la bonne volonté qui vous maintient dans les mains de votre Créateur. Dites : Dieu l'a voulu, il me portera, il me soutiendra. Jetez-vous dans son sein. Gardez-vous de croire que ce soit le vide, et, qu'en vous y jetant, vous serez précipité; que cela ne vous paraisse pas ainsi. Il a dit : Je remplis le ciel et la terre (*Jérém.* XXIII, 24). Nulle part il ne peut vous manquer : faites en sorte de ne pas lui manquer, et ne vous manquez pas à vous-même. « Le Seigneur prend soin de moi. »

28. « Vous êtes mon aide et mon protecteur; mon Dieu, ne tardez pas (*Ps.* XXXIX, 18). » Il invoque Dieu, il l'implore, il craint de succomber. « Ne tardez pas. » Que veut dire : Ne tardez pas? « Si ces jours n'avaient été abrégés, nul homme n'aurait été sauvé (*Matth.* XXIV, 22); » c'est ce que nous venons de lire dans l'Évangile, touchant les jours de tribulation. En effet, cette prière à Dieu, qui semble être celle d'un seul homme, est celle des membres du Christ, celle du corps du Christ, répandu par toute la terre, d'un seul mendiant, d'un seul pauvre; parce que ce pauvre (II *Cor.* VIII, 9), qui de riche est devenu pauvre, selon la parole de l'Apôtre : « Il était riche et il s'est fait pauvre pour que sa pauvreté vous enrichît; » parce que ce pauvre enrichit les vrais pauvres, et appauvrit les faux riches. Le Prophète crie vers lui : « Des extrémités de la terre j'ai crié vers vous, lorsque mon âme était en proie au dégoût (*Ps.* LX, 3). » Il viendra des jours de tribulation, et d'extrême tribulation; ces jours viendront, comme le disent les Écritures; et plus ces jours approchent, plus les tribulations augmentent. Que nul ne se promette ce que l'Évangile n'a pas promis. Mes frères, je vous en supplie, examinez bien les Écritures; voyez si elles nous ont trompés en quelque chose, si elles ont dit une seule chose que l'événement ait démentie : or il est nécessaire que toutes choses arrivent jusqu'à la fin, comme elles les ont annoncées. Nos saintes Écri-

habebit curam cum jam hoc es, quod voluit ut esses? Jam enim fidelis es, jam ambulas in via justitiæ. Curam tui non habebit, « qui facit solem suum oriri super bonos et malos, et pluit super justos et injustos (*Matth.* v, 43); te jam justum ex fide viventem negliget (*Rom.* I, 17), deseret, dimittet? Immo vero et hic fovet, et hic adjuvat, et hic necessaria subministrat, et noxia resecat. Dando consolatur ut permaneas, auferendo corripit ne pereas. Dominus curam habet tui, securus esto. Ille (*a*) portat qui te fecit : ab artificis tui manu noli cadere : si cecideris a manu artificis, frangeris. Ut autem permaneas in manu artificis, bona voluntas facit. Dic, Deus meus voluit, et portabit ipse, et tenebit ipse. Jacta te in illum, noli putare inane esse, ut quasi præcipiteris : non ita tibi videatur. Ille dixit, « Cœlum et terram ego impleo (*Jerem.* XXIII, 24). » Nusquam tibi deest : tu illi noli deesse, tu tibi noli deesse, « Dominus curam habet mei. »

28. « Adjutor meus et protector meus tu es, Deus meus, ne tardaveris (*Ps.* XXXIX, 16). » Invocat, implorat, timet ne deficiat : « Ne tardaveris. » Quid est, « Ne tardaveris ? » « Nisi breviati essent dies illi, non fieret salva omnis caro : (*Matth.* XXIV, 22) : » modo lectum est, de diebus tribulationum. Quasi enim unus homo rogat Deum, membra Christi, corpus Christi, ubique diffusum, unus mendicus, unus pauper; quia et ille pauper, qui dives pauper factus est, de quo ait Apostolus, « Cum dives esset, pauper factus est, ut ipsius paupertate vos ditaremini (II *Cor.* VIII, 9) : » veros pauperes ditat, falsos divites pauperat. Clamat ad eum, « A finibus terræ ad te clamavi, cum tæderet animam meam (*Psal.* LX, 3). Venient dies tribulationum et (*b*) majorum tribulationum :

(*a*) Editi, *protegit.* Plures MSS. *proteget.* Quatuor, *portet.* Alii tres, *portat.* (*b*) Sic MSS. At editi, *et malorum, tribulationes venient,* etc.

tures ne nous promettent, en ce monde, qu'afflictions, tourments, angoisses, maux toujours croissants, épreuves sans nombre. Préparons-nous donc à les supporter, de peur que, faute d'être préparés, nous ne succombions. « Malheur aux femmes enceintes et à celles dont le sein est rempli de lait (*Matth.* XXIV, 19), » venez-vous d'entendre lire. Les femmes enceintes signifient ceux que l'espérance a gonflés; et les femmes dont le sein est rempli de lait, c'est-à-dire qui allaitent, signifient ceux qui ont déjà obtenu les objets de leurs convoitises. En effet, la femme enceinte est toute enflée de l'attente d'un fils, mais ce fils, elle ne le voit pas encore. Au contraire, celle qui allaite déjà embrasse l'objet de son espérance. Pour mieux nous expliquer, établissons une comparaison. La maison de campagne de mon voisin est bien belle, oh! si elle était à moi! j'y joindrais la mienne et je ne ferais qu'une propriété de ces deux biens réunis. Car l'avarice aime l'unité : elle aime une bonne chose, mais elle ne sait pas où il faut la chercher et l'aimer. Voilà donc que cet homme a désiré la maison de campagne de son voisin ; mais ce voisin n'est point pauvre, il est riche, il est dans les honneurs, il est même puissant, peut-être même sa puissance est-elle redoutable; il n'y a rien à espérer sur sa propriété : n'espérant rien, l'âme ne conçoit pas, et ne devient point enceinte. Mais si ce voisin est pauvre, s'il est tellement poussé par la nécessité, qu'il consente à vendre sa terre, ou si par quelque pression on peut le contraindre à la vendre, alors on jette les yeux sur cette maison de campagne, on espère la posséder et l'âme s'imprègne de l'espoir qu'elle conçoit d'acquérir ce champ et cette propriété du voisin pauvre. Et le pauvre, que cette nécessité opprime, vient trouver son riche voisin, qu'il a coutume peut-être de traiter obséquieusement, d'écouter avec déférence, de recevoir en se levant quand il survient, et de saluer d'une profonde inclination de tête : Prêtez-moi, je vous prie, lui dit-il, quelque argent, j'en ai grand besoin, j'ai un créancier qui me presse. Et le riche répond : Je n'ai pas d'argent disponible. Si le pauvre voulait vendre son bien, le riche trouverait de suite de l'argent. Nous connaissons cela. Il y a eu parmi nous de tels hommes ; qu'il n'y en ait plus désormais. Nous n'avons pas vécu hier pour ne plus vivre aujourd'hui : il est encore temps de nous corriger. La fatale séparation des uns placés à droite et des autres mis à gauche n'est pas encore opérée (*Matth.* XXV, 33). Nous ne sommes pas encore dans les enfers où était ce mauvais riche qui, dévoré par la soif, désirait si

---

venient, sicut dicit Scriptura ; et quantum accedunt dies, augentur tribulationes. Nemo sibi promittat quod Evangelium non promittit. Fratres mei, obsecro vos, adtendite Scripturas nostras, si aliquid fefellerunt, et aliter accidit quam dixerunt : necesse est, ut usque in finem sic fiant omnia, quemadmodum dixerunt. Non nobis promittunt Scripturæ nostræ in hoc sæculo, nisi tribulationes, pressuras, angustias, augmenta dolorum, abundantiam tentationum. Ad ista nos præcipue paremus, ne imparati deficiamus, « Væ prægnantibus et mammantibus (*Matth.* XXIV, 19) : » modo audistis. Prægnantes sunt, qui spe intumescunt : mammantes autem, id est, lactantes, qui jam adepti sunt quod concupierant. Etenim mulier prægnans in spe tumet filii, nondum videt filium : quæ autem jam lactat, amplectitur quod sperabat. Ergo similitudinem, verbi gratia, ponamus : Bona est ista villa vicini : ô si mea esset ; adjungerem illam, et facerem de isto fundo et de illo unitatem. Amat et avaritia unitatem, quod amat bonum est ; sed ubi amandum sit, nescit. Ecce concupivit villam proximi ; sed iste proximus dives est, non indigens, habens honorem, habens etiam potentiam, a cujus forte etiam potentia tibi metuendum sit, non de illius fundo aliquid sperandum : nihil sperans non concipit, non est prægnans anima. Si vero juxta vicinus sit pauper, qui vel in necessitate positus est, ut possit vendere, vel premi potest, ut cogatur vendere, injicitur oculus, speratur villa : imprægnata est anima, sperat se posse adipisci villulam et possessionem vicini pauperis. Et cum patitur iste pauper necessitatem, venit ad ditiorem vicinum suum, cui forte obsequi solet, cui deferre, cui venienti assurgere, quem inclinato capite salutare : Da mihi, rogo te, patior necessitatem, urgeor a creditore. Et ille, Non habeo modo in manibus (a). Si vellet vendere, haberet. Agnoscimus hoc : fuerunt in nobis, jam non sint in nobis. Non hesterno viximus, et hodie non vivimus : est corrigendi locus ; nondum facta est illa disjunctio, aliorum ad dexteram, aliorum ad sinistram (*Matth.* XXV 33) ; nondum apud inferos sumus, ubi dives ille fuit

---

(a) Sex MSS. *in manibus. Velit nolit, vendere habet. Agnoscimus* etc.

ardemment une goutte d'eau (*Luc.* XVI, 22). Écoutons, tandis que nous vivons encore, et corrigeons-nous. N'espérons pas ce qui est à autrui, ne soyons pas enflés de ces espérances comme des femmes enceintes, et ne les caressons pas, en les acquérant, comme on embrasse un enfant. « Car, en ce temps-là, malheur aux femmes enceintes et à celles dont le sein sera rempli de lait. » Changeons notre cœur, allégeons notre cœur, n'habitons pas de cœur dans les biens terrestres ; c'est une région malsaine. C'est bien assez qu'il nous soit nécessaire d'y habiter de corps ; ce qui n'est pas nécessaire, ne le faisons pas ; à chaque jour suffit son mal (*Matth.* VI, 34). Habitons par le cœur les régions célestes. Écoutez ce que l'Apôtre saint Paul dit aux fidèles qui reçoivent le corps et le sang du Seigneur : « Si vous êtes ressuscités avec le Christ, goûtez les choses du ciel, où le Christ est assis à la droite de Dieu ; cherchez ce qui est dans le ciel et non ce qui est sur la terre. Car vous êtes morts, et votre vie est cachée en Dieu avec le Christ (*Coloss.* III, 1). » En effet, ce qui vous a été promis n'apparaît pas encore ; ces biens sont déjà préparés, mais vous ne les voyez pas. Si vous recherchez une grossesse, voilà les espérances dont il faut remplir votre cœur ; que vos espérances soient toutes célestes. Le fruit que vous produirez sera certain, il ne sera ni prématuré, ni temporaire ; vous embrasserez pendant l'éternité ce que vous aurez enfanté. C'est ainsi qu'Isaïe a dit : « Nous avons conçu e enfanté l'esprit de salut (*Is.* XXVI, 18). » C fruit est donc préparé en arrière de nous ; il n nous est pas donné actuellement, mais il nou sera donné. Qui pourrait, mes frères, énumérer d'après les Écritures, les dons immenses qu nous avons déjà reçus ? Les Écritures ont an noncé l'Église, et vous voyez qu'elle existe. Elle ont annoncé que les idoles disparaîtraient, e vous voyez qu'elles ont disparu. Elles ont an noncé que les Juifs perdraient leur royaume, e vous voyez qu'ils l'ont perdu. Elles ont annonc qu'il y aurait des hérétiques et vous voyez qu'i y en a. Elles ont annoncé aussi le jour du jugement ; elles ont annoncé la récompense des bon et la punition des mauvais : en toutes choses nous trouvons Dieu fidèle, est-ce qu'il viendrait à nous manquer et à nous tromper dans cette der nière prédiction ? « Le Seigneur aura soin de moi Vous êtes mon aide et mon protecteur ; mor Dieu ne tardez pas. » « Si ces jours n'avaient pas été abrégés, nul homme n'aurait été sauvé. Mais ils seront abrégés à cause des élus (*Matth.* XXIV, 22). » Ces jours seront des jours de tribulation, mais ils ne dureront pas autant qu'on le croit.

sitiens et stillam desiderans (*Lucæ* XVI, 22) : audiamus cum vivimus, corrigamur. Non speremus res alienas, et imprægnati tumeamus ; nec perveniendo ad illas et eas adipiscendo tamquam filios osculemur. Væ enim prægnantibus et mammantibus illis diebus. Mutandum est cor, levandum est cor, non hic habitandum corde : mala regio est : sufficiat quod adhuc carne hic esse necesse est : quod non est necesse non fiat : « sufficiat diei malitia sua (*Matth.* VI, 34) : » sursum corde habitemus. « Si resurrexistis cum Christo, (dicit fidelibus, corpus et sanguinem Domini accipientibus dicit) : Si resurrexistis cum Christo, quæ sursum sunt capite, ubi Christus est in dextera Dei sedens ; quæ sursum sunt quærite, non quæ super terram. Mortui enim estis, et vita vestra abscondita est cum Christo in Deo (*Coloss.* III, 1 etc.). Non enim apparet quod vobis promissum est, et jam paratum est, sed non videtis. Imprægnari vis, hinc imprægnare : ipsa sit spes tua : certus erit partus tuus, non erit abortivus, non temporalis : amplecteris quod pepereris in æternum. Sic enim per Isaiam dicitur, « Concepimus et parturivimus spiritum salutis (*Isai.* XXVI,18). » Ergo (*a*) retro est, e non datur modo, sed dabitur. Quanta data sunt Fratres mei, quis illa numerat secundum Scripturas? Ibi scriptum est de Ecclesia, et videtur quia est : ib scriptum est de idolis quia non erunt, et videtur quia non sunt ; ibi scriptum est quia perdituri erant Judæi regnum, et videtur ; ibi scriptum est de hæreticis quia futuri erant, et videtur : ibi scriptum est et de die judicii, ibi scriptum est et de præmio bonorum, et de pœna malorum : in omnibus Deum fidelem invenimus, in ultimo deficiet et fallet ? « Dominus curam habebit mei. Adjutor meus et protector meus tu es, Deus meus, ne tardaveris. » Nisi minoiarentur dies illi, nulla caro perduraret : sed propter electos breviabuntur (*Matth.* XXIV, 22). (*b*) Dies illi erunt tribulationis, sed non tam longi quam sperantur. Cito illi transibunt, requies veniens non transibit. Quamquam longum ferri debuit malum pro infinito bono.

(*a*) Fortè, paratum. (*b*) Aliquot, MSS. *breviabuntur dies illi. Erunt tribulationes, sed non tam longæ. Et nonnulli, sed non tam longè.*

Ils passeront rapidement, et le repos à venir ne passera pas. Et d'ailleurs il nous faudrait supporter patiemment un mal si long qu'il fût, lorsqu'il doit être payé par un bien infini.

DISCOURS [1] SUR LE PSAUME XL.

1. PRÉFACE. Voici venu le jour de la fête solennelle des martyrs, que nous célébrons à la gloire de la passion du Christ, prince des martyrs, lequel, ayant ordonné à ses soldats de combattre, ne s'est point épargné, mais a combattu le premier et a vaincu le premier, afin d'exhorter les combattants par son exemple, de les aider par sa puissance, et de les couronner selon sa promesse. En ce jour donc, cherchons dans le psaume qui vient d'être lu, des enseignements qui se rapportent à la passion du Seigneur. Plusieurs fois déjà nous vous avons fait observer, et nous ne nous lassons pas de vous le répéter, parce qu'il vous est utile de le retenir, que souvent Notre-Seigneur Jésus-Christ, dans les psaumes, parle en son propre nom, en sa propre personne, qui est notre tête; et que souvent aussi il parle en la personne de son corps, et ce corps, c'est nous-mêmes, c'est l'Église. Mais ces différentes paroles semblent ne jamais sortir que de la bouche d'un seul homme; afin que nous comprenions bien que la tête et le corps ne sont qu'un même tout, et ne sont pas séparés l'un de l'autre; d'où résulte cette union dont il est dit : « Ils seront deux dans une seule chair (*Gen.* II, 24, et *Éphés.* V, 31). » Si donc nous reconnaissons qu'ils sont deux dans une seule chair, reconnaissons aussi qu'ils sont deux dans une seule voix. Et d'abord, tirons le commencement de notre discours des paroles que nous avons chantées en répondant au Lecteur, bien que ces paroles appartiennent au milieu du psaume. « Mes ennemis ont tenu contre moi beaucoup de discours méchants, ils ont dit: Quand il mourra,

IN PSALMUM XL.

ENARRATIO.

1. Quoniam sollemnis dies Martyrum illuxit, propter gloriam passionis Christi Imperatoris Martyrum, qui sibi non pepercit militibus imperans pugnam, sed prior pugnavit, prior vicit, ut pugnantes exemplo suo hortaretur, et majestate sua adjuvaret, et promissione coronaret : audiamus aliquid in isto Psalmo, quod pertineat ad ejus passionem. Commendamus autem sæpius, nec nos piget iterare quod vobis utile est retinere, Dominum Nostrum Jesum Christum plerumque loqui ex se, id est, ex persona sua, quod est caput nostrum ; plerumque ex persona corporis sui, quod sumus nos et Ecclesia ejus; sed ita quasi ex unius hominis (*a*) ore sonare verba, ut intelligamus caput et corpus in unitate integritatis consistere, nec separari ab invicem : tamquam conjugium illud, de quo dictum est, « Erunt duo in carne una (*Gen.* II, 24 ; *Ephes.* V, 31). » Si ergo agnoscimus duos in carne una, agnoscamus duos in voce una. Primo quod legenti respondentes cantavimus, quamquam de medio Psalmo sit, hinc tamen sermonis ducamus exordium. « Inimici mei dixerunt mala mihi, Quando morietur, et peribit nomen ejus (*Ps.*XL.6). » Persona est hæc Domini nostri Jesu Christi sed videte, si non ibi intelliguntur et membra. Dictum est et hoc cum ipse Dominus noster hic in terra in carne ambularet. Cum enim viderent multitudinem sequi auctoritatem ejus et divinitatem et majestatem miraculis (*b*) præsentatam ; cum hoc viderent Judæi, de quibus ipse Dominus similitudinem

---

(1) Discours au peuple, prononcé dans une fête de martyrs.

(*a*) In MSS. deest vox, *ore* : ut ejus loco subaudiatur, *persona*. (*b*) Sex MSS. *præfulgentem*.

son nom périra aussi (*Ps.* XL, 6). » Il s'agit ici de la personne de Notre-Seigneur Jésus-Christ : voyez cependant si l'on peut appliquer ce verset à ses membres. En effet ces paroles se rapportent au temps où Notre-Seigneur vivait sur terre dans la chair qu'il avait prise. Les Juifs, voyant que la foule reconnaissait son autorité et trouvait dans ses miracles la preuve de sa majesté et de sa divinité, voyant, dis-je, cela, les Juifs auxquels il avait appliqué cette comparaison : « Voici l'héritier, venez, tuons-le, et l'héritage nous appartiendra (*Matth.* XXI, 38), » se dirent en eux-mêmes, c'est-à-dire entre eux, ce que le grand prêtre Caïphe exprima pour eux : « Vous voyez qu'une grande multitude le suit et que le monde court après lui; si nous le laissons vivre, les Romains viendront et ruineront notre pays et notre nation. Il vaut mieux qu'un seul homme meure que de voir périr tout le peuple (*Jean.* XI, 47, 48 et suiv.). » Mais l'évangéliste nous expose que Caïphe ne connaissait pas la portée de ses paroles : « Or, il ne dit pas ces paroles de lui-même; mais, étant grand prêtre, il prophétisa qu'il fallait que Jésus fût mis à mort pour le peuple et pour la nation (*Ibid.* 51). » Les Juifs voyant donc que le peuple courait après Jésus, se dirent : « Quand il mourra, son nom périra aussi; » c'est-à-dire : Quand nous l'aurons tué, son nom n'existera plus sur la terre; étant mort il ne séduira plus personne; la mort que nous lui donnerons fera comprendre aux hommes qu'ils ne suivaient qu'un homme, et qu'il n'y avait en lui aucune espérance de salut; alors ils abandonneront son nom et il ne sera plus. Il est mort, et son nom n'a point péri, il a été comme semé en terre : il est mort, mais il a été comme le grain de blé qui ne meurt que pour produire de suite une moisson nouvelle (*Jean.* XII, 25). Notre-Seigneur Jésus-Christ étant donc entré dans sa gloire, sa foi commença à s'étendre de plus en plus, et à compter des fidèles de plus en plus nombreux; et les membres eurent à entendre ce que la tête avait d'abord entendu. Notre-Seigneur Jésus-Christ étant déjà assis dans le ciel et travaillant en nous sur la terre, ses ennemis dirent encore : « Quand il mourra, son nom périra aussi. » De là les persécutions que le démon a suscitées dans l'Église, pour détruire le nom du Christ ; à moins, mes frères, que vous ne pensiez par hasard, que les païens, lorsqu'ils sévissaient contre les chrétiens, ne songeaient pas à effacer le nom du Christ de dessus la terre. Pour que le Christ mourût une seconde fois, non dans sa tête, mais dans son corps, les martyrs ont été tués aussi. Et le sang répandu par les saints n'a servi qu'à multiplier l'Église, et la mort des martyrs n'a fait qu'augmenter la semence du salut. Car la mort du juste est précieuse devant

---

posuit, quia dixerunt, « Hic est heres, venite occidamus eum, et nostra erit hereditas (*Matth.* XXI, 38) : » dixerunt apud semetipsos, id est inter se, unde pontificis illius Caiphæ vox est, « Videtis quod turba multa cum sequitur, et sæculum post illum abiit : si dimiserimus eum vivere, venient Romani, et tollent nobis et locum et gentem. Expedit ut unus moriatur homo, quam tota gens pereat (*Johan.* XI, 46, 49 etc.). » Evangelista autem verba nescientis quid diceret, exposuit nobis, et ait, « Hoc autem non a se dixit, sed cum esset pontifex prophetavit, quia oportebat Jesum mori pro populo et gente (*Ibid.* 51). Tamen illi cum viderent populum post illum ire, dixerunt, « Quando morietur, et peribit nomen ejus (*Ps.* XL, 6) : » id est, cum occiderimus eum, jam nomen ejus non erit in terra, nec seducet aliquos mortuus ; sed ipsa ejus interfectione intelligent homines, quia hominem sequebantur, quia non erat in eo spes salutis ; et desererent nomen ejus, et non erit. Mortuus est, et non periit nomen ejus, sed seminatum est nomen ejus : mortuus est, sed granum fuit, quo mortificato seges continuo exsurgeret (*Johan.* XII, 25). Glorificato ergo Domino nostro Jesu Christo, cœperunt multo magis multoque numerosius credere in illum ; et cœperunt membra ejus audire quod caput audiebat. Jam ergo Domino nostro Jesu Christo in cœlo constituto, et ipso in nobis in terra laborante, dixerunt adhuc inimici ejus, « Quando morietur, et peribit nomen ejus. » Hinc enim persecutiones diabolus in Ecclesia concitavit ad perdendum nomen Christi. Nisi forte putatis Fratres, quia illi Pagani quando sæviebant in Christianos, non hoc sibi dicebant, delere nomen Christi de terra. Ut moreretur iterum Christus non in capite, sed in corpore suo, occisi sunt et Martyres. Ad multiplicandam Ecclesiam valuit sanctus sanguis effusus (*a*), seminationi accessit et mors Martyrum. « Pretiosa in conspectu Domini mors justorum ejus (*Psal.* CXV, 15). » Multiplicati sunt magis magisque Christiani, et non est impletum quod dixerunt inimici, « Quando

---

(*a*) Sic MSS. At editi, *effusus seminatione : accessit et mors* etc.

le Seigneur (*Ps.* cxv, 15). Les chrétiens se sont multipliés de plus en plus et ce qu'avaient dit leurs ennemis : «Quand il mourra, son nom périra aussi,» ne s'est pas accompli. Et maintenant encore on répète cette parole. Les païens se reposent et comptent les années (1), et ils écoutent leurs devins qui disent : Bientôt les chrétiens ne seront plus, et les idoles seront adorées, comme on les adorait jadis, et ils disent encore : « Quand il mourra, son nom périra aussi. » Deux fois vaincus, à la troisième fois du moins, sachez être intelligents. Le Christ est mort, son nom n'a point péri; les martyrs sont morts, l'Église n'a fait que se multiplier, et le nom du Christ s'est accru dans toutes les nations. Le Christ avait prédit sa mort et sa résurrection; il avait prédit la mort et la couronne qui attendaient ses martyrs; il a également prédit l'avenir de son Église; s'il a dit vrai deux fois, a-t-il menti la troisième fois ? Tout ce que vous croyez contre lui est donc vain, il vaut mieux croire en lui et avoir l'intelligence de cet indigent et de ce pauvre (*Ps.*xl, 2), « qui s'est fait pauvre de riche qu'il était, a dit l'Apôtre saint Paul, pour que vous devinssiez riches par sa pauvreté (II *Cor.* viii, 9). » Maintenant, parce qu'il s'est fait pauvre, on le méprise et on dit : C'était un homme.

Qu'était-il? Il est mort, il a été crucifié; vous adorez un homme, vous mettez votre espérance dans un homme, vous adorez un mort. On vous trompe. Comprenez cet indigent et ce pauvre, afin d'être enrichis par sa pauvreté. Que veut dire : Comprenez cet indigent et ce pauvre? C'est comprendre que le Christ lui-même est ce pauvre et cet indigent, qui dit, dans un autre psaume : « Pour moi, je suis pauvre et indigent, mais le Seigneur prend soin de moi (*Ps.* xxxix, 18). » Qu'est-ce donc que de comprendre le pauvre et l'indigent ? C'est comprendre « qu'il s'est anéanti lui-même, prenant la forme d'un esclave, ayant été fait semblable aux hommes, et reconnu pour homme par les dehors (*Philip.* ii, 7); » riche auprès de son Père, pauvre auprès de nous; riche au ciel, pauvre sur la terre; riche comme Dieu, pauvre comme homme. Êtes-vous donc troublé de voir l'homme, de regarder la chair, de considérer la mort, d'avoir en dédain la croix? En êtes-vous troublé? Comprenez ce pauvre et cet indigent. Qu'est-ce que tout cela ? Comprenez que, sous cette faiblesse exposée à vos yeux, se cache la divinité. Il est riche, parce que sa nature est d'être riche; il est pauvre, parce que vous l'êtes vous-même. Cependant, sa pauvreté fait notre richesse, de

---

morietur, et peribit nomen ejus. » Adhuc et modo dicitur. Sedent Pagani, et computant sibi annos (*b*), audiunt fanaticos suos dicentes, Aliquando Christiani non erunt, et idola illa coli habent, quemadmodum antea colebantur. Adhuc dicunt, « Quando morietur, et peribit nomen ejus. » Bis victi, vel tertio sapite : mortuus est Christus, non periit nomen ejus ; mortui sunt Martyres, multiplicata est magis Ecclesia, crescit per omnes gentes nomen Christi : qui de morte sua et de resurrectione sua prædixit, qui de mortibus Martyrum suorum et de corona prædixit, ipse et de Ecclesia sua futura prædixit : si verum dixit bis, tertio mentitus est ? Vanum est ergo quod creditis contra illum : melius est ut credatis in illum, ut « intelligatis super egenum et pauperem (*Ps.*xl,2) : » quoniam pauper factus est, cum dives esset, « ut ipsius, inquit, paupertate vos ditaremini (II *Cor.* viii, 9). »

Nunc autem quia pauper factus est, contemnitur, et dicitur, Homo erat. Quid erat? Mortuus est, crucifixus est : hominem colitis, in hominem spem habetis, mortuum adoratis. Falleris. Intellige super egenum et pauperem, ut illius paupertate dives efficiaris. Quid est, Intellige super egenum et pauperem ? Ut ipsum Christum egenum et pauperem accipias, dicentem in alio Psalmo, « Ego autem egenus et pauper sum, Dominus curam habet mei (*Psal.* xxxix, 10). » Quid est intelligere super egenum et pauperem ? « Quia semetipsum exinanivit, formam servi accipiens, in similitudine hominum factus, et habitu inventus ut homo (*Philip.* ii,7) : dives apud Patrem, et pauper apud nos ; dives in cœlo, pauper in terra ; dives Deus, pauper homo. Hoc te ergo turbat, quod hominem vides, quod carnem intueris, quod mortem respicis, quod crucem irrides ? hoc te turbat ?

---

(1) S. Augustin nous dit au livre XVIII de la cité de Dieu, ch. liii : « Les Païens, voyant qu'ils n'avaient pu, malgré des persécutions si nombreuses et si violentes, détruire la religion chrétienne, et qu'au contraire elle en avait tiré de merveilleux accroissements, imaginèrent je ne sais quels vers grecs, donnés soi-disant en réponse à une consultation, par un oracle des dieux.... Il y était dit que Pierre, à l'aide de maléfices, avait fait que le nom du Christ serait adoré pendant 365 ans, après lequel temps écoulé, il tomberait immédiatement dans l'oubli. » Mais dans l'année 399,... finissaient les années prédites, en les comptant de la prédication de saint Pierre, le jour de la Pentecôte : le culte du nom du Christ a si peu cessé, qu'à partir de ce moment il s'est encore accru de jour en jour, achevant de renverser les temples et les statues des dieux : comme le prouve le même livre de la cité de Dieu, ch. liv.

même que sa faiblesse fait notre force, de même que sa folie fait notre sagesse, de même que sa mortalité fait notre immortalité (I *Cor.* I, 30). Réfléchissez à ce qu'est ce pauvre, ne jugez pas de lui d'après la pauvreté des autres indigents. Il est venu pour enrichir les pauvres, lui qui s'est fait pauvre. Ouvrez donc votre cœur à la foi ; recevez ce pauvre, de peur de rester pauvre vous-même.

2. «Heureux qui comprend le pauvre et l'indigent! Dans les jours mauvais, le Seigneur le délivrera (*Ps.*XL,2).» En effet, les jours mauvais viendront; que vous le vouliez ou non, ils viendront : le jour du jugement viendra, mauvais jour, si vous n'avez pas compris le pauvre et l'indigent. En effet, ce que vous refusez de croire maintenant sera manifesté à la fin. Mais vous n'échapperez pas, quand elle sera manifestée, à la vérité que vous ne croyez pas tandis qu'elle est encore cachée. On vous invite à croire ce que vous ne voyez pas, de peur que vous n'ayez à rougir quand vous le verrez. Comprenez donc le pauvre et l'indigent, c'est-à-dire, le Christ. Comprenez qu'il y a, en celui que vous voyez pauvre, des richesses cachées. Car en lui sont cachés tous les trésors de la sagesse et de la science (*Coloss.* II, 3). » Par cela qu'il est Dieu, il vous délivrera au jour mauvais : et par cela qu'il est homme, il a rappelé à la vie ce qu'il y avait en lui d'humain, il l'a rendu plus excellent, il l'a élevé au ciel. Mais, comme Dieu, lui qui a voulu n'avoir qu'une même personne en l'homme et avec l'homme, il n'a pu ni décroître, ni croître, ni mourir, ni ressusciter. Il est mort par le fait de la faiblesse humaine ; mais, comme Dieu, il ne meurt pas. En effet, que le Verbe de Dieu ne meure pas, n'en soyez point étonnés, puisque l'âme ne meurt pas dans le martyr. N'entendions-nous pas tout à l'heure le Seigneur nous dire : « Ne craignez pas ceux qui tuent le corps, mais qui ne peuvent tuer l'âme (*Matth.* X, 28). » Par conséquent, au moment où les martyrs sont morts, les âmes des martyrs ne sont pas mortes ; et au moment de la mort du Christ, le Verbe serait mort ? Certes, le Verbe de Dieu est beaucoup plus que l'âme d'un homme ; puisque l'âme a été faite par Dieu, et que, si elle a été faite par Dieu, elle a été faite par le Verbe, toutes choses ayant été faites par lui (*Jean.* I, 3). Donc le Verbe ne meurt pas, puisque l'âme faite par le Verbe ne meurt pas. Mais de même que nous disons avec raison : un homme est mort, bien que son âme ne soit pas morte, de même nous avons raison de dire que le Christ est mort, bien que sa divinité ne meure pas. Pourquoi est-il mort ? Parce qu'il était pauvre et indigent.

Intellige super egenum et pauperem. Quid est hoc? Intellige, quia ubi tibi exposita est infirmitas, ibi latet divinitas. Dives, quia sic est : pauper, quia jam tu sic eras. Sed tamen paupertas ipsius, divitiæ nostræ sunt : quomodo infirmitas ipsius, fortitudo nostra est ; quomodo stultum ipsius, sapientia nostra est ; quomodo mortalitas ipsius, immortalitas nostra est. Qui sit pauper, attende : non cum ex aliorum paupertate metiaris. Implere venit pauperes, qui pauper effectus est. Propterea aperi sinum fidei : suscipe (I *Cor.*I, 30) pauperem (*a*), ne pauper remaneas.

2. « Beatus qui intelligit super egenum et pauperem, in die mala liberabit eum Dominus (*Ps.*XL,2).» Veniet enim dies mala · velis nolis, veniet ; dies judicii aderit, mala dies, si non intellexeris super egenum et pauperem. Quod enim modo non vis credere, manifestum erit in fine. Sed non fugies, cum fuerit manifestum, quia non credis cum est occultum. Invitaris ut quod non vides credas, ne cum videris erubescas. Intellige ergo super egenum et pauperem : id est, super Christum : intellige in eo occultas divitias, quem pauperem vides. « In eo sunt enim omnes thesauri sapientiæ et scientiæ absconditi (*Coloss.* II, 3). » Hinc enim te in die mala liberabit, ex eo quod Deus est : ex eo autem quod homo est, et illud quod in illo humanum erat resuscitavit, et in melius convertit, in cœlum levavit. Ille autem qui Deus est, qui unam personam habere in homine et cum homine voluit, nec decrescere nec crescere potuit, nec mori nec resurgere. Mortuus est ex infirmitate hominis, ceterum Deus non moritur. Nam quod Verbum Dei non moritur, ne mireris, quando non moritur anima in Martyre. Modo non audiebamus ipsum Dominum dicentem, « Nolite timere eos qui corpus occidunt, animam autem non possunt occidere (*Matth.* X, 28) ? » Ergo morientibus Martyribus animæ Martyrum mortuæ non sunt, et moriente Christo moriturum erat Verbum ? Utique Verbum Dei multo amplius est quam anima hominis : quia anima hominis facta est a Deo ; et si facta est a Deo, per Verbum facta est : « quia omnia per ipsum facta sunt (*Johan.* I, 3). » Ergo nec moritur Verbum, cum non moriatur anima facta per Ver-

---

(*a*) Quinque MSS. *a paupere.*

Que sa mort ne vous ébranle pas et ne vous détourne pas de reconnaître sa divinité. « Heureux qui comprend le pauvre et l'indigent ! » Regardez aussi les pauvres, voyez-les manquant de tout, ayant faim, ayant soif, errants, nus, malades, jetés en prison ; comprenez aussi de tels pauvres, parce que, si vous les comprenez, vous comprenez celui qui a dit : « J'ai eu faim, j'ai eu soif, j'ai été nu, errant, malade, chargé de fers (*Matth.* xxv, 35). » A ces conditions, le Seigneur vous délivrera au jour mauvais.

3. Et voyez votre bonheur. « Que le Seigneur le conserve (*Ps.* xl, 3) ! » Le Prophète souhaite du bien à l'homme qui comprend le pauvre et l'indigent. Ce souhait est une promesse ; que ceux qui en sont l'objet l'attendent en toute sûreté. « Que le Seigneur le conserve et le vivifie. » Que veut dire : « Qu'il le conserve et le vivifie ? » A quoi s'appliquent ces mots : « Qu'il le vivifie ? » A la vie future. Car on ne vivifie, ou on ne rappelle à la vie, que celui qui est mort. Mais, est-ce qu'un mort peut comprendre le pauvre et l'indigent ? La vie nouvelle que promet le Prophète est donc celle dont l'Apôtre a dit : « Le corps, à la vérité, est mort à cause du péché, mais l'esprit vit par l'effet de la justification. Mais si celui qui a ressuscité le Christ d'entre les morts habite en vous, celui qui a ressuscité le Christ d'entre les morts vivifiera aussi vos corps mortels à cause de son esprit qui habite en vous (*Rom.* viii, 10 et suiv.). » Voilà donc la vie nouvelle qui est promise à celui qui comprend le pauvre et l'indigent. Mais l'Apôtre ayant dit à Timothée : la piété a les promesses de la vie présente et celle de la vie future (*Tim.* iv, 8); de peur que ceux qui comprennent le pauvre et l'indigent ne crussent qu'ils seraient sans doute reçus dans le ciel, mais qu'ils seraient négligés sur la terre ; et que, bornés à l'espérance des biens à venir dans l'éternité, ils ne pensassent que, dans la vie présente, Dieu ne s'occupe pas de ses saints et de ses fidèles ; le Prophète a d'abord parlé de ce que nous devons espérer par dessus tout : « Que le Seigneur le conserve et le vivifie ; » puis il a considéré cette vie et ajouté : « Qu'il le rende heureux sur la terre. » Levez donc les yeux vers ces promesses de la foi chrétienne : Dieu ne vous abandonne pas sur la terre, et il vous promet quelque chose dans le ciel. Beaucoup de mauvais chrétiens consultent les éphémérides ; ils interrogent et observent les temps et les jours ; et quand ils sont repris ou par nous ou par de meilleurs chrétiens, ils répondent : Ces choses sont nécessaires pour le temps présent ; ce n'est qu'en vue de la vie éternelle que nous sommes chrétiens. Nous avons cru au Christ, afin qu'il nous donnât la vie éternelle ; car, quant à la vie tem-

---

bum. Sed quomodo recte dicimus, Mortuus est homo, etsi (*a*) anima ipsius non moriatur : sic recte dicimus, Mortuus est Christus, etsi divinitas ejus non moriatur. Mortuus unde ? Quia egenus et pauper. Non te perstringat mors ipsius, et avertat te a contuenda divinitate. Beatus qui intelligit super egenum et pauperem. Respice et pauperes, egentes, esurientes et sitientes, peregrinantes, nudos, ægrotos, in carcere constitutos : intellige et super talem pauperem, quia et si super talem intelligis, super illum intelligis qui dixit, « Esurivi, sitivi, nudus, peregrinus, æger, in carcere fui (*Matth.* xxv, 35). » Ita in die maligna eruet te Dominus.

3. Et vide beatitudinem tuam. « Dominus conservet eum (*Ps.* xl, 3). » Propheta bene optat homini intelligenti super egenum et pauperem. Ista optatio promissio est ; securi exspectent qui hoc agunt. « Dominus conservet eum, et vivificet eum ? » Quid est, « conservet eum et vivificet eum ? » Quo pertinet, « vivificet eum ? » Ad futuram vitam. Vivificatur enim qui mortuus erat. Numquid autem potest mortuus intelligere super egenum et pauperem ? Sed vivificationem nobis illam promittit, de qua dicit Apostolus, « Corpus quidem mortuum est propter peccatum, spiritus autem vita est propter justitiam : si autem qui suscitavit Christum a mortuis, habitat in vobis, qui suscitavit Christum a mortuis, vivificabit et mortalia corpora vestra propter inhabitantem Spiritum ejus in vobis (*Rom.* viii, 10, etc.). » Hæc est ergo vivificatio quæ promittitur intelligenti super egenum et pauperem. Sed quia dicit Apostolus ad Timotheum, « Promissionem habens vitæ præsentis et futuræ (1 *Tim.* iv, 8), » ne putarent illi qui intelligunt super egenum et pauperem, recipiendos quidem se esse in cœlum, sed negligi in terra ; et non sperarent nisi quod futurum est in æternum, quod autem ad præsens est putarent Deum non curare in sanctis et fidelibus suis : ubi dixit quod maxime exspectare debemus, « Dominus conservet eum, et vivificet eum : » respexit ad istam vitam, « Et bea-

---

(*a*) Omnes MSS. *etsi caro ipsius moriatur :* ubi quidam addunt, *sola*.

porelle que nous menons ici-bas, il n'en a point souci. Il leur reste à dire, en un seul mot, que Dieu doit être honoré en raison de la vie éternelle, et le démon en raison de la vie présente. Le Christ lui-même leur répond : « Vous ne pouvez servir deux maîtres à la fois (*Matth.* VI, 24).» Vous servez un maître pour ce que vous attendez dans le ciel, et vous en servez un autre pour ce que vous attendez sur la terre : combien n'est-il pas mieux de servir uniquement celui qui a fait le ciel et la terre ? Celui qui a pris soin de créer la terre, néglige-t-il son image sur la terre ? « Que Dieu donc conserve et vivifie celui comprend le pauvre et l'indigent. » De plus, et bien qu'il doive le vivifier éternellement, il le rendra heureux sur la terre.

4. « Et qu'il ne le livre pas aux mains de son ennemi (*Ps.* XL, 3).» Cet ennemi, c'est le démon. Que nul, en entendant ces paroles, ne les applique à l'homme qui serait son ennemi. Déjà peut-être quelqu'un pensait à son voisin, à celui avec lequel il a eu un procès au forum, à celui qui veut lui ôter sa terre, qui veut le forcer de lui vendre sa maison. Ne pensez point à toutes ces choses, mais pensez à cet ennemi de qui le Seigneur a dit : « C'est l'homme ennemi qui a fait cela (*Matth.* XIII, 28).» C'est le démon, en effet, qui vous suggère de lui rendre hommage en vue des choses de la terre, parce qu'il voit qu'il ne peut renverser le nom chrétien dont il est l'ennemi. Il s'est vu vaincu par la renommée et par la gloire du Christ; il a vu, quand il a donné la mort aux martyrs du Christ, qu'ils étaient couronnés, et que lui-même subissait une défaite ; il a commencé à comprendre qu'il ne pouvait persuader aux hommes que le Christ n'est rien ; et, comme en injuriant le Christ, il ne trompe les hommes que difficilement, il s'efforce de les tromper en glorifiant le Christ. Que disait-il autrefois? Quel est celui que vous adorez ? un juif mort, un crucifié, un homme sans valeur, qui n'a su détourner la mort de lui. Mais le démon a-t-il vu le genre humain s'élancer au nom du Christ; a-t-il vu, au nom du crucifié, les temples renversés, les idoles brisées, les sacrifices abolis ; a-t-il vu que les hommes remarquent que toutes ces choses ont été prédites par les prophètes, qu'ils en admirent avec stupeur l'accomplissement, et qu'ils ferment dès à présent leur cœur à tout blasphème contre le Christ ; alors il se déguise sous les louanges qu'il donne au Christ, et il s'efforce de détourner les chrétiens de la foi par une autre

---

tum, » inquit, « faciat eum in terra. » Erige ergo oculos in hac promissa Christiana fide : non te deseret Deus in terra, et aliquid promittit in cœlo. Multi enim mali Christiani inspectores (*a*) ephemeridarum, et inquisitores atque observatores temporum et dierum, cum cœperint ibi objurgari a nobis, vel a quibusdam bonis melioribusque Christianis, quare ista faciant, respondent, Hæc propter tempus hoc necessaria sunt. Christiani autem sumus propter vitam æternam : propterea in Christum credidimus, ut det nobis vitam æternam ; nam vita ista temporalis in qua versamur, ad curam ipsius non pertinet. Relinquitur, ut hoc breviter dicant, ut propter vitam æternam Deus, et propter vitam præsentem diabolus colatur. Respondet illis ipse Christus, « Non potestis duobus dominis servire (*Matth.* VI, 24). » Et alium colis propter id quod exspectas in cœlo, et alium colis propter id quod exspectas in terra : quanto melius unum colis, qui fecit cœlum et terram ? Qui curavit ut esset terra, imaginem suam negligit in terra? Ergo, « Conservet eum Dominus et vivificet eum, » intelligentem super egenum et pauperem. Insuper quamvis in æternum vivificet, « beatum faciat eum in terra. »

4. « Et non tradat eum in manus inimici ejus (*Ps.* XL, 3).» Inimicus ille diabolus est. Nemo adtendat inimicum suum hominem, quando audit verba ista. Jam forte de vicino suo cogitabat, de illo qui cum illo litem in foro habebat, de illo qui illi vult auferre possessionem, qui illum vult premere ut vendat illi domum suam. Nolite ista cogitare : sed illum inimicum cogitate de quo dicit Dominus, « Inimicus homo hoc fecit (*Matth.* XIII, 28).» Ipse est enim qui suggerit ut propter res terrenas colatur ; quia non potest evertere nomen Christianum inimicus iste : vidit enim se victum fama et laudibus Christi, vidit in eo quod occidit Martyres Christi, illos coronatos, et se triumphatum ; et cœpit non posse hoc persuadere hominibus, quod nihil sit Christus : et quia vituperando Christum, jam difficile decipit; laudando Christum, conatur decipere. Antea quid dicebat? Quem colitis? Judæum mortuum, crucifixum, nullius momenti hominem, qui non potuit a se mortem depellere. Ubi in nomine ejus vidit currere genus humanum, vidit quia in nomine crucifixi templa subvertuntur, idola franguntur, sacrificia exstinguuntur : et hæc omnia prædicta in Prophetis adtenduntur ab hominibus, admiratione stupenti-

(*a*) Colbertinus MS. *rationum ephemeriarum.*

voie. La loi chrétienne est grande ; elle est puissante, cette loi ; elle est divine, ineffable ; mais qui peut l'accomplir ? Foulez aux pieds, au nom de notre Sauveur, le lion et le dragon (*Ps.*xc,13). Le lion rugissait ouvertement, en accusant le Christ ; le dragon, par ses louanges, se glisse avec astuce et dresse des embûches. Que ceux qui doutaient embrassent la foi et qu'ils ne disent pas : qui peut l'accomplir ? S'ils présument trop de leurs propres forces, ils ne l'accompliront pas. Mais qu'ils croient, en s'appuyant avec confiance sur la grâce de Dieu ; qu'ils viennent à la foi avec cette confiance, pour en recevoir de l'aide et non pour la juger. Tous les fidèles vivent au nom du Christ, accomplissant, chacun selon sa position, les commandements du Christ : mariés, célibataires ou vierges, ils vivent selon que Dieu leur donne de vivre ; ils ne présument pas de leurs propres forces, mais ils savent qu'ils ne doivent se glorifier qu'en lui. « Qu'avez-vous, en effet, que vous n'ayez reçu ? Et si vous l'avez reçu, pourquoi vous en glorifiez-vous comme si vous ne l'aviez pas reçu (I *Cor.* IV,7) ? » Ne me dites pas : Qui peut accomplir cette loi ? Le chrétien l'accomplit en celui qui, étant riche, est venu vers le pauvre. Sans doute, en venant vers le pauvre, il a paru pauvre lui-même, mais il est venu avec la plénitude de ses biens vers celui qui était vide de tout bien. Celui qui réfléchit à tout ceci, comprend le pauvre et l'indigent, il ne méprise pas la pauvreté du Christ, parce qu'il comprend les richesses du Christ ; celui-là devient heureux sur terre, et n'est pas livré aux mains de son ennemi, qui voudrait lui persuader d'honorer Dieu en vue des choses célestes et le démon en vue des choses terrestres. « Qu'il ne le livre pas aux mains de son ennemi. »

5. « Que le Seigneur lui porte secours (*Ps.*XL,4). » Mais où ? Peut-être dans le ciel, peut-être dans la vie éternelle, pour qu'il lui reste à honorer le démon à cause de sa pauvreté sur terre et des nécessités de cette vie ? Non certes. Vous avez les promesses de la vie présente et celles de la vie future (*Tim.* IV, 8). Celui qui a fait le ciel et la terre est venu à vous sur la terre. Remarquez ce que dit ensuite le prophète : « Que le Seigneur lui porte secours sur son lit de douleur. » Ce lit de douleur, c'est notre chair infirme. Ne dites pas : Je ne puis contenir, supporter, réfréner ma chair ; Dieu vous aide pour que vous le puissiez. Le Seigneur vous porte secours sur votre lit de douleur. Votre lit vous portait et vous ne portiez pas votre lit, vous étiez étendu, intérieurement paralysé, dans ce lit ; voici auprès de vous celui qui vous dit : « Emportez votre lit et allez dans votre maison (*Marc.*II,11). » « Que le Seigneur

---

bus, et (*a*) claudentibus jam cor adversus vituperationem Christi, induit se laudibus Christi, et cœpit a fide alio modo deterrere. Magna lex est Christiana, potens illa lex, divina, ineffabilis : sed quis illam implet ? In nomine Salvatoris nostri conculcate leonem et draconem (*Psal.* xc, 13). Aperte reprehendendo fremebat leo, astute laudando insidiatur draco. Veniant ad fidem qui dubitabant : non dicant, Quis hoc implet ? Si de viribus suis præsumunt, non implebunt. Præsumendo (*b*) de gratia Dei credant, præsumendo veniant, adjuvandi veniant, non judicandi. Vivunt omnes fideles in nomine Christi, quisque pro gradu suo implens præcepta Christi, sive conjuges, sive cælibes et virgines, vivunt quantum donat Dominus eis vivere ; neque de suis viribus præsumunt, sed noverunt se in illo debere gloriari, « Quid enim habes, quod non accepisti ? Si autem accepisti, quid gloriaris quasi non acceperis (I *Cor.* IX, 7) ? » Noli dicere mihi, Quis illud implet ? Ille in me implet, qui venit dives ad pauperem : pauper quidem ad pauperem, sed plenus ad inanem. Hæc cogitans, quia intelligit super egenum et pauperem, et non aspernatur paupertatem Christi, intelligit divitias Christi, fit beatus in terra ; et non traditur in manus inimici sui, volentis ei persuadere, ut Deus colatur propter cœlestia, diabolus colatur propter terrena. « Non tradat eum in manus inimici ejus. »

5. « Dominus opem ferat illi (Ps. XL, 4). » Sed ubi ? Forte in cœlo, forte in vita æterna, ut restet colendum diabolum propter inopiam terrenam, propter necessitates hujus vitæ ? absit. Promissionem habes vitæ præsentis et futuræ (I *Tim.* IV, 8). Ille ad te venit in terram, per quem factum est cœlum et terra. Denique adtende quid dicat : « Dominus opem ferat illi super lectum doloris ejus. » Lectus doloris, infirmitas est carnis. Ne dicas, Non possum tenere et portare et frenare carnem meam : adjuvaris ut possis. Dominus opem ferat tibi super lectum doloris tui. Portabat te lectus, non tu portabas lectum ;

(*a*) Sic habent plerique MSS. At editi, *et laudantibus, jam adversus vituperationem Christi cessavit, et induit se* etc. Pauloque post habebant, *sed quis illam implet ? Impletur in nomine Salvatoris nostri calcantis leonem* etc. (*b*) Omnes fere MSS. omittunt, *de gratia Dei* : et paulo post habeat, *adjuvandi veniunt* ; editi vero, *adjuvandi veniant*.

lui porte secours sur son lit de douleur. » Et le prophète se tourne alors vers Dieu, comme si on lui demandait : Pourquoi donc, si le Seigneur nous porte secours, souffrons-nous de si grands maux en cette vie, tant de scandales, tant de travaux, tant de soucis que nous donnent le monde et la chair? Il se tourne vers Dieu, et comme pour nous faire connaître le conseil salutaire que Dieu nous donnera, il lui dit : « Vous avez remué toute sa couche dans sa maladie. » Que veut dire : « Vous avez remué toute sa couche dans sa maladie? » Par couche, il faut comprendre tout objet terrestre. Toute âme faible, en cette vie, cherche quelque objet terrestre pour s'y reposer, parce qu'il lui est difficile de supporter sans relâche l'effort et le travail de l'esprit qui s'élève vers Dieu. Elle se cherche sur terre un lieu de repos, pour s'y coucher et y faire halte en quelque sorte, comme sont toutes ces choses qu'aiment les âmes pures elles-mêmes. Car nous ne voulons point parler ici des choses que convoitent les méchants : parmi eux beaucoup cherchent le repos dans les théâtres, beaucoup dans les cirques, dans les amphithéâtres ; beaucoup dans le jeu, beaucoup dans la débauche des tavernes, beaucoup dans des passions adultères, beaucoup dans les vols à main armée, beaucoup dans les tromperies et dans les ruses du mensonge ; c'est le repos que les hommes cherchent dans tous ces vices. Que veut dire qu'ils y cherchent le repos ? qu'ils s'y délectent? Mais écartons tous ces désordres, et venons à ce que recherche l'homme pur. Il cherche le repos dans sa maison, dans sa famille, dans sa femme, dans ses enfants, dans sa pauvreté, dans son petit héritage, dans la jeune vigne qu'il a plantée de ses mains, dans quelque bâtiment qu'il a construit par son travail ; voilà où les hommes purs cherchent leur repos. Mais cependant Dieu, voulant que nous n'ayons d'amour que pour la vie éternelle, mêle quelque amertume, même à ces plaisirs innocents, de sorte que nous ayons à y souffrir quelque affliction, et il retourne notre couche toute entière dans notre maladie. « Vous avez remué toute sa couche dans sa maladie. » Que l'homme ne se plaigne donc pas si, dans les choses qu'il possède innocemment, il souffre quelque tribulation. L'amertume de ces biens inférieurs lui apprend à aimer les biens plus élevés, de peur que, voyageur marchant vers sa patrie, il n'aime l'hôtellerie, au lieu d'aimer sa maison. « Vous avez remué toute sa couche dans sa maladie. »

6. Mais pourquoi cela? Parce que Dieu châtie tout fils qu'il reçoit (*Hebr.* XII, 6). Pourquoi cela? Parce que Dieu a dit à l'homme, après le péché : « Vous mangerez votre pain à la sueur de votre visage (*Gen.* III, 19). » Puisque l'homme est forcé de reconnaître qu'il souffre, à cause de ses pé-

---

sed paralyticus intus eras : adest qui dicat tibi, « Tolle grabatum tuum, et vade in domum tuam (*Marci* II, 11). » « Dominus opem ferat illi super lectum doloris ejus. » Et ad ipsum Dominum convertit se, tamquam quaereretur, Quare ergo cum opem ferat nobis Deus, tanta mala patimur in ista vita, tanta scandala, tantos labores, tantam inquietudinem carnis et saeculi? convertit se ad Deum, et tamquam consilium medicinae ejus nobis exponens, « Totum stratum ejus, » inquit, « vertisti in infirmitate ejus. » Quid est, « Totum stratum ejus vertisti in infirmitate ejus ? » Per stratum intelligitur aliquid terrenum. Omnis anima infirma in hac vita quaerit sibi aliquid terrenum ubi requiescat ; quoniam intentionem laboris et mentis extentae in Deum difficile potest perpetuo tolerare : aliquid sibi in terra conquirit ubi requiescat, et quodammodo pausatione quadam recumbat, veluti sunt ista quae diligunt et innocentes. Neque enim de cupiditatibus malorum nunc loquendum est, quia multi acquiescunt in theatris, multi adquiescunt in circo, in amphitheatro, multi adquiescunt in alea, multi in lo- xuria popinarum, multi in libidine adulteriorum, multi in violentiis rapinarum, multi in dolo et insidiis fraudium : adquiescunt in his omnibus homines. Quid est, adquiescunt? Delectantur illic. Sed removeamus haec omnia, ad innocentem hominem veniamus : adquiescit in domo sua, in familia sua, in conjuge, in filiis, in paupertate, in praediolo suo, in novella manibus suis consita, in aedificio aliquo suo studio fabricato : adquiescunt innocentes in his. Sed tamen Deus volens nos amorem non habere nisi vitae aeternae, et istis velut innocentibus delectationibus miscet amaritudines ; ut et in his patiamur tribulationes, et universum stratum nostrum vertit in infirmitate nostra. « Universum stratum ejus vertisti in infirmitate ejus. » Non ergo conqueratur, quando in his quae innocenter habet, patitur aliquas tribulationes. Docetur amare meliora per amaritudinem inferiorum : ne viator tendens ad patriam, stabulum amet pro domo sua. « Universum stratum ejus vertisti in infirmitate ejus. »

6. Sed quare ista? « Quia flagellat omnem filium quem recipit. (*Hebr.* XII, 6.) » Quare ista? Quia pec-

chés, ces châtiments par lesquels notre couche toute entière est remuée pendant notre maladie, qu'il se convertisse donc et qu'il dise avec le Psalmiste : « J'ai dit, Seigneur, ayez pitié de moi ; guérissez mon âme, parce que j'ai péché contre vous (*Ps.* XL, 5). » O Seigneur, éprouvez-moi par des afflictions ; puisque vous jugez devoir châtier tout fils que vous recevez, vous qui n'avez même pas épargné votre Fils unique. Il était sans péché et il été châtié ; je dis donc : « Ayez pitié de moi, guérissez mon âme, parce que j'ai péché contre vous. » Si le fer a été porté sur celui qui n'avait pas de gangrène, si celui qui était notre remède n'a pas repoussé le feu médicinal, devons-nous supporter impatiemment le médecin qui nous traite par le fer et le feu, c'est-à-dire, qui nous éprouve par toute espèce de tribulations, et qui nous guérit du péché ? Confions-nous absolument à la main du médecin, car il ne se trompe point de manière à couper de la chair saine au lieu de la chair gangrénée. Il connaît ce qu'il examine ; il connaît nos défauts, parce qu'il a fait notre nature ; il discerne ce qu'il a créé en nous, de ce que nos désirs déréglés y ont ajouté. Il sait avoir donné à l'homme en bonne santé un commandement qui devait le préserver de la maladie ; il sait lui avoir dit, dans le paradis : Mangez ceci, gardez-vous de manger cela (*Gen.* II, 16 et 17). L'homme en santé n'a pas écouté les prescriptions que le médecin lui faisait pour qu'il ne tombât point ; qu'il les écoute, du moins, maintenant qu'il est malade, pour se guérir. « J'ai dit : Seigneur, ayez pitié de moi ; guérissez mon âme, parce j'ai péché contre vous. » Dans mes actions, dans mes péchés, je n'accuse pas la fortune, je ne dis pas : c'est Vénus qui m'a rendu adultère, et Mars qui m'a rendu voleur, et Saturne qui m'a rendu avare. « J'ai dit : Seigneur, ayez pitié de moi ; guérissez mon âme, parce que j'ai péché contre vous. » Est-ce le Christ qui dit ces paroles ? Est-ce notre tête qui est sans péché ? Est-ce celui qui a payé ce qu'il n'avait pas dérobé (*Ps.* LXVIII, 5) ? Est-ce celui qui seul a été libre parmi les morts (*Ps.* LXXXVII, 6) ? Il a été libre parmi les morts, parce qu'il était sans péché ; car, quiconque pèche, est l'esclave du péché (*Jean.* VIII, 34). Est-ce donc lui qui a dit ces paroles ? Oui, c'est lui qui les a dites au nom de ses membres, parce que la voix de ses membres est sa propre voix, et que la voix de notre tête est notre propre voix. Nous étions en lui lorsqu'il disait : « Mon âme est triste jusqu'à la mort (*Matth.* XXVI, 38). » Car, pour lui, il ne craignait pas la mort, lui qui était venu pour mourir ; il ne refusait pas la mort, lui qui avait le pouvoir de déposer son âme et le pouvoir de la reprendre de nouveau (*Jean.* X, 18). Mais les

---

canti homini dictum est, « In labore vultus tui edes panem tuum (*Gen.* III, 19.) » Ergo quia correptiones istas, in quibus universum stratum nostrum vertitur in infirmitate nostra, agnoscere debet homo propter peccata se pati : convertat se, et dicat quod sequitur « Ego dixi, Domine miserere mei, sana animam meam, quoniam peccavi tibi. (*Ps.* XL, v). » O Domine, in tribulationibus (a) me exerce : flagellandum judicas omnem filium quem recepturus es, qui nec Unico pepercisti. Ille quidem sine peccato flagellatus est : ego autem dico, « Miserere mei, sana animam meam, quoniam peccavi tibi. » Si (b) secatus est qui putredinem non habebat, si medicina ipsa nostra ignem medicinalem non respuit; impatienter ferre debemus urentem medicum et secantem, id est, omnibus tribulationibus nos exercentem, et a peccato sanantem ? Plane committamus nos medici manui: non enim errat, ut sanum pro putri secet : novit quod inspicit, novit vitium, quia ipse fecit naturam; quid ipse condidit, quid de nostra cupiditate accessit, discernit. Scit se sano homini præceptum dedisse, ne languorem incurreret ; dixisse in paradiso, Hoc manduca, et hoc noli. (*Gen.* II, 16). Non audivit sanus medici præceptum, ut non caderet ; audiat vel ægrotus, ut surgat. (*Gen.* III, 6). « Ego dixi, Domine miserere mei, sana animam meam, quoniam peccavi tibi. » In factis meis, in peccatis meis non accuso fortunam, non dico, Hoc mihi fecit fatum ; non dico, Adulterum me fecit Venus, et latronem me fecit Mars, et avarum me fecit Saturnus. « Ego dixi, Domine miserere mei, sana animam meam, quoniam peccavi tibi. » Numquid hoc Christus ? numquid hoc caput illud nostrum sine peccato ? numquid ille qui ea quæ non rapuit exsolvebat (*Psal.* LXVIII, 5) ? numquid ille solus in mortuis liber (*Psal.* LXXXVII, 6) ? Liber enim in mortuis, quia sine peccato : « quia omnis qui facit peccatum, servus est peccati (*Johan.* VIII, 34). » Numquid ergo ipse ? Immo ipse ex membris suis, quia vox membrorum ipsius vox ipsius ; quia et vox capitis nostri vox nostra. In illo enim eramus,

---

(a) Sic MSS. Editi vero, *in tribulationibus meis me exerces* (b) Lov. *Si ustus est.* At MSS. *Si secatus est* : aut, *sectus,* et sic Er.

membres parlaient en leur tête, et la tête parlait pour les membres. Nous trouvons donc en lui ce cri qui est le nôtre : « Guérissez mon âme, parce que j'ai péché contre vous. » Car nous étions en lui, lorsqu'il a dit : « Mon Dieu ! mon Dieu ! pourquoi m'avez-vous abandonné (*Matth.* XXVII, 46)? » C'est pourquoi, dans le psaume qui commence par les paroles que je viens de citer, il dit aussitôt après : « La voix de mes péchés (*Ps.* XXI, 2). » De quels péchés veut-il parler comme étant en lui, sinon que notre vieil homme a été crucifié avec lui, afin que le corps du péché fût détruit, et que, désormais, nous ne fussions plus esclaves du péché (*Rom.* VI, 6). Disons-lui donc et disons en lui : « J'ai dit : Seigneur, ayez pitié de moi ; guérissez mon âme, parce que j'ai péché contre vous. »

7. « Mes ennemis m'ont souhaité des maux. Quand il mourra, ont-ils dit : son nom périra aussi (*Ps.* XL, 6). » Nous avons déjà expliqué ce passage, dès le commencement de ce discours. Occupons-nous de ce qui suit, sans redire des choses dont vos oreilles et vos cœurs ont sans doute gardé l'impression si récente.

8. « Et ils entraient pour voir (*Ibid.* 7). » Ce que le Christ a souffert, l'Église le souffre aussi ; ce que la tête a souffert, les membres le souffrent également. Car le serviteur est-il plus grand que son seigneur, ou le disciple plus grand que son maître? « S'ils m'ont persécuté, dit-il, ils vous persécuteront aussi. S'ils ont appelé le père de famille Béelsébuth, que ne diront-ils pas de ceux de sa maison (*Matth.* X, 24, et *Jean.* XV, 20)? » « Ils entraient pour voir. » Judas était près de Jésus, notre tête, il entrait près de notre tête pour voir, c'est-à-dire pour explorer, non pour chercher ce qu'il devait croire, mais pour trouver comment le trahir (*Jean.* VI, 71). Il entrait donc pour voir, et cet exemple nous est présenté à l'égard de celui qui est notre tête. Et que sont devenus les membres après l'ascension de notre chef? L'apôtre saint Paul ne dit-il pas: « A cause des faux frères qui s'étaient furtivement introduits parmi nous pour espionner notre liberté (*Gal.* II, 4)? » Ceux-là donc entraient pour voir. Il y en a en effet des hypocrites, des méchants dissimulés qui s'unissent avec les saints par les liens d'une feinte charité, qui guettent tous leurs mouvements, observent toutes leurs paroles et cherchent en toutes choses à leur tendre des pièges. Et qu'arrive-t-il à ces hypocrites? Voyez ce qui suit : « Leur cœur a tenu un langage plein de vanité, » c'est-à-dire : ils parlent avec une feinte charité ; ce qu'ils disent n'est que vanité, leur langage n'est ni vrai, ni solide. Et parce qu'ils cherchent à recueillir des moyens

---

quando dixit, « Tristis est anima mea usque ad mortem (*Matth.* XXVI, 38). » Non enim timebat mori, qui venerat mori; nec recusabat mori, qui potestatem habebat animam suam ponendi, et potestatem habebat iterum sumendi eam (*Johan.* X, 18) : sed loquebantur membra in capite, et loquebatur caput pro membris. In illo ergo vocem nostram invenimus : « Sana animam meam, quoniam peccavi tibi. » In illo enim eramus cum dixit, « Deus meus, Deus meus, ut quid me dereliquisti (*Matth.* XXVII, 46)? » In ipso enim Psalmo ubi in capite hic versus est, consequenter dicitur, « Verba delictorum meorum (*Psal.* XXI, 2). » Quorum delictorum in illo, nisi « quia vetus homo noster simul crucifixus est cum illo, ut evacuaretur corpus peccati, et ultra non serviamus peccato (*Rom.* VI, 6)? » Ad illum et in illo dicamus, « Ego dixi, Domine miserere mei, sana animam meam, quoniam peccavi tibi. »

7. « Inimici mei dixerunt mala mihi, Quando morietur et peribit nomen ejus (*Ps.* XL, 6). » Jam ista diximus, et hinc cœpimus ; et ut alia dicamus, non opus est iterare, quod tam recenti sermone impressum est auribus et cordibus vestris.

8. « Et ingrediebantur ut viderent (*Ibid.* 7). » Quod passus est Christus, patitur et Ecclesia ; quod passum est caput, patiuntur et membra. « Nunquid enim servus est major Domino suo, aut discipulus super magistrum (*Matth.* X, 24)? » « Si me, inquit, persecuti sunt, et vos persequentur. Si patrem familias Beelzebub vocaverunt, quanto magis domesticos ejus (*Johan.* XV, 20)? » « Ingrediebantur ut viderent. » Judas ille ad caput nostrum (*a*) erat, caput nostrum ingrediebatur ut videret, id est ut exploraret (*Johan.* VI, 71): non ut haberet quod crederet, sed ut inveniret quod proderet. Ecce ingrediebatur ille ut videret, et hoc exemplum in capite nostro propositum est. Quid illa membra post assumptionem capitis nostri? Nonne dicit apostolus Paulus, Propter subintroductos falsos fratres qui subintroierunt proscultare libertatem nostram (*Gal.* II, 4)? Ergo et isti ingrediebantur ut viderent. Sunt enim hypocritæ, simulatores mali adjungentes se ficta caritate,

---

(*a*) MSS. hoc loco omittunt, *ad caput nostrum.*

d'accusation, que dit le Prophète? « Ils ont amassé contre eux-mêmes un trésor d'iniquité. » Ces ennemis, qui préparent leurs calomnies, se croient bien puissants, parce qu'ils ont quelque accusation à porter; mais ils ont amassé contre eux-mêmes un trésor d'iniquité. Contre eux, dit-il, et non contre moi. De même que Judas avait amassé ce trésor contre lui et non contre le Christ, de même aussi les ennemis hypocrites de l'Église l'amassent contre eux-mêmes et non contre nous; et c'est d'eux qu'il est dit dans un autre psaume : « Et l'iniquité s'est menti à elle-même (*Ps.* XXVI, 12). » Ils ont amassé contre eux-mêmes un trésor d'iniquité. Et parce qu'ils étaient entrés pour voir, ils sortaient ensuite et parlaient entre eux. Celui qui était entré pour espionner, sortait ensuite et parlait. Plût à Dieu qu'il fût resté à l'intérieur et qu'il eût dit la vérité! Il ne serait point allé au dehors, où il a dit des mensonges. C'est un traître et un persécuteur; une fois sorti, le voilà qui parle. Si vous appartenez aux membres du Christ, entrez et attachez-vous à notre tête. Si vous êtes le blé qui pousse, supportez l'ivraie; si vous êtes le grain de blé, supportez la paille; si vous êtes un bon poisson, supportez les mauvais poissons dans le filet (*Matth.* XIII, 30). Pourquoi vous êtes-vous envolé de l'aire avant le temps de la séparation? Pourquoi, avant le temps de la moisson, avez-vous déraciné du blé en voulant quitter le champ? Pourquoi, avant d'être arrivé au rivage, avez-vous brisé les filets? « Ils sortaient ensuite et parlaient entre eux. »

9. « D'un commun accord, tous mes ennemis murmuraient contre moi (*Ps.* XL, 8). » Ils étaient tous d'accord contre moi. Combien n'eût-il pas mieux valu qu'ils s'accordassent tous ensemble avec moi? Que veut dire : Contre moi, d'un commun accord? Par une même pensée, par une conspiration commune. Le Christ leur dit donc : Vous vous accordez contre moi; accordez-vous avec moi. Pourquoi êtes-vous contre moi? Pourquoi n'êtes-vous pas avec moi? Si vous étiez toujours d'accord ensemble, vous ne vous diviseriez pas en différents schismes. L'Apôtre nous dit en effet : « Je vous adjure, mes frères, de tenir tous le même langage, et de n'avoir pas de schisme entre vous (I *Cor.* I, 10). » D'un commun accord, tous mes ennemis murmuraient contre moi; ils méditaient contre moi de méchants complots, contre eux plutôt, car ils amassaient contre eux l'iniquité; mais contre moi aussi, parce qu'ils doivent être jugés d'après leurs intentions. En effet, de ce qu'ils n'ont pu faire aucun mal, il ne s'ensuit pas qu'ils ne l'aient pas voulu. Car le démon a cherché à détruire entièrement le Christ, et Judas a voulu le tuer; mais par la mort et par la résurrection du Christ, nous

---

captantes omnes motus, omnia verba sanctorum, in omnibus laqueos inquirentes. Et quid illis fit? Videte quid sequitur : « Vana locuturn est cor eorum : » id est, loquuntur quasi ficta dilectione; vanum est quod loquuntur, verum non est, solidum non est. Et quia captant unde inveniant accusationem, quid ait? « Congregaverunt iniquitatem sibi. » Parantes enim calumnias inimici, quasi magni sibi videntur, quia habent quod accusent. « Sibi congregaverunt iniquitatem. » « Sibi, » inquit, non mihi. Quomodo Judas sibi, non Christo, sic et simulatores Ecclesiæ sibi, non nobis : quia de illis et alibi dicitur, Et mentita est iniquitas sibi (*Psal.* XXVI, 12). « Congregaverunt iniquitatem sibi. » Et quia intraverunt ut viderent, « Egrediebantur foras, et loquebantur. » Ille qui intravit ut videret, egrediebatur foras et loquebatur. Utinam intus esset et vera loqueretur, non exiret foras ubi falsa loquitur. Traditor est et persecutor est, egressus foras loquitur. Si ad membra Christi pertines, veni (*a*) intro, hære capiti. Tolera zizania, si triticum es; tolera paleam, si frumentum es; tolera pisces malos intra retia, si piscis bonus es (*Matth.* XIII, 30). Quare ante tempus ventilationis avolasti? Quare ante tempus messis etiam frumenta eradicasti tecum? Quare antequam ad littus venires, retia disrupisti? « Egrediebantur foras, et loquebantur. »

9. « In idipsum adversum me susurrabant omnes inimici (*Ps.* XL, 8). » Adversum me omnes in idipsum : quanto melius mecum in idipsum? Quid est, « adversum me in idipsum? » Uno consilio, una conspiratione. Christus ergo loquitur eis : Consentitis adversum me, consentite mihi : quid adversum me? quare non mecum? Idipsum si semper haberetis, non vos in schismata divideretis. Apostolus enim dicit, « Obsecro vos, Fratres, ut idipsum dicatis omnes, et non sint in vobis schismata (I *Cor.* I, 10). » « In idipsum adversum me susurrabant omnes inimici mei : adversum me cogitabant mala mihi (*Ps.* XL, 8). » Sibi potius, quia congregaverunt iniqui-

---

(*a*) Sic plerique MSS. At editi, *veni, introeas ad caput.*

avons été vivifiés : Cependant le démon et Judas sont payés en raison de leur mauvaise intention et non en raison de notre salut. Afin que vous sachiez, en effet, que c'est d'après l'intention qu'il faut juger chacun pour lui donner une récompense ou lui infliger une peine, souvenez-vous que nous avons vu des hommes dire à quelqu'un de bonnes choses, et lui souhaiter des biens que nous souhaitons pour nous-mêmes, et que cependant ces hommes étaient justement accusés de prononcer des malédictions. C'est ainsi que les Juifs, dont l'œil voyait, mais dont le cœur était aveugle, furent un jour convaincus de cette faute, par un aveugle qui désormais était éclairé dans ses sens et dans son cœur. Car il leur dit, lorsque déjà il voyait : Est-ce que vous voulez être de ses disciples? Et les Juifs, dit l'Évangile, le maudirent, en disant : Soyez son disciple (*Jean.* IX, 7 et 28). Puisse nous arriver à tous, ce qu'ils disaient à cet homme, avec intention de le maudire! Leur parole a été appelée une malédiction, à cause de l'erreur malveillante de ceux qui l'ont prononcée, et non point à cause du mal que les mots auraient exprimé. L'évangéliste, en déclarant que les Juifs ont maudit cet aveugle, a fait attention à l'esprit dans lequel ils ont parlé, et non à ce qu'ils ont dit. « Ils méditaient contre moi de mauvais complots. » Car, quel mal ont ils fait au Christ? Quel mal ont-ils fait aux martyrs? Dieu a fait tourner à bonne fin tout le mal qu'il voulaient faire.

10. « Ils ont formé contre moi une résolution inique(*Ps.*XL,9).»Quelle résolution inique? Considérez notre tête elle-même. « Tuons-le et l'héritage nous appartiendra (*Matth.* XXI, 38). » Insensés! comment l'héritage vous appartiendra-t-il? Parce que vous l'aurez tué? Voilà que vous l'avez tué et son héritage ne vous appartiendra pas. Est-ce que celui qui dort n'aura pas le pouvoir de se relever? Tandis que vous triomphiez de l'avoir tué, il s'est endormi; il dit, en effet lui-même dans un autre psaume : « Je me suis endormi (*Ps.* III, 6). » Ils m'ont torturé, ils ont voulu me tuer, « je me suis endormi; » si je l'avais voulu, je ne me serais pas endormi. Je me suis endormi, parce que « j'ai le pouvoir de déposer mon âme et le pouvoir de la reprendre (*Jean*, X, 18). » « Je me suis endormi, et j'ai cherché le sommeil, et je me suis réveillé. » Que les Juifs se livrent donc à leur fureur, que la terre soit livrée aux mains de l'impie (*Job.* IX 24), que ma chair soit abandonnée aux mains de mes persécuteurs, qu'ils me suspendent au bois de la croix, qu'ils m'y attachent avec des clous, qu'ils me percent d'une lance : est-ce

---

tatem sibi : sed ideo mihi, quia ex animo suo pendendi sunt. Non enim quia nihil facere potuerunt, nihil facere voluerunt. Nam et diabolus Christum exstinguere concupivit, et Judas Christum occidere voluit : occiso autem Christo et resurgente, nos vivificati sumus: diabolo tamen et Judæ merces malæ voluntatis redditur, non nostræ salutis. Nam ut noveritis ex animo quemque pendendum ad retributionem vel præmii vel pœnæ, invenimus homines (*a*) bonum dixisse cuidam, et tale bonum quale nos optamus, et tamen maledicos appellatos. Quando a cæco illo quondam, jam illuminato et corpore et corde, convincebantur Judæi, videntes corpore, cæci corde ; ait illis idem jam videns, « Numquid et vos discipuli ejus vultis esse ? » « Et illi, » inquit Evangelium, « maledixerunt ei dicentes, Tu sis discipulus ejus (*Johan.* IX, 27 et 28). » Hoc nobis omnibus eveniat, quod illi maledicendo dixerunt. Maledictio ista appellata est ex malevolo errore dicentium, non ex aliquo malo verborum : quo animo dixerint, non quid dixerint adtendit, qui eos maledixisse narravit « Adversum me cogitabant mala mihi. » Et quæ mala Christo, quæ mala Martyribus? Omnia in bonum vertit Deus.

10. « Verbum iniquum disposuerunt adversus me (*Ps.*XL,9).» Quale verbum iniquum? Ipsum caput adtende : « Occidamus eum, et nostra erit hereditas (*Matth.* XXI, 38). » Stulti, quomodo vestra erit hereditas? quia occidistis eum? Ecce et occidistis eum, et vestra non erit hereditas. « Numquid qui dormit non adjiciet ut resurgat? » Quando vos exsultastis occidisse eum, ille dormivit : dicit enim et in alio Psalmo, « Ego dormivi (*Psal.* III, 6). » Illi sævierunt, et occidere voluerunt. Nam si noluissem, nec dormissem. « Ego dormivi : » « quia potestatem habeo ponendi animam meam, et potestatem habeo iterum sumendi eam (*Johan.* X, 18). » « Ego dormivi, et somnum cepi, et exsurrexi. » Sæviant, ergo Judæi, « terra tradatur in manus impii (*Job* IX, 24), » caro permittatur manibus persequen-

---

(*a*) Sic MSS. At editi, *invenimus hominem bonum dixisse cuidam, et cæco illi quondam, illuminato et corpore et corde conviciabantur Judæi, et tale bonum quale nos optamus, et tamen maledictum appellatum, quando*, etc.

que celui qui dort, n'aura pas le pouvoir de se relever? Pourquoi s'est-il endormi? Parce qu'Adam était la figure du second Adam (*Rom.* v, 14), et qu'Adam dormait, lorsque Ève fut faite d'une de ses côtes (*Gen.* II, 21). Adam figurait le Christ; Ève figurait l'Église; c'est pourquoi elle a été nommée la mère des vivants. A quel moment Ève a-t-elle été faite? Pendant le sommeil d'Adam. A quel moment les sacrements de l'Église ont-ils coulé du côté du Christ? Pendant qu'il dormait sur la croix. « Est-ce que celui qui dort n'aura pas le pouvoir de se relever? »

11. Et comment s'est-il endormi? Par l'œuvre de celui qui entra pour voir, et qui amassa l'iniquité contre lui-même. « Car l'homme avec qui j'étais en paix, dans lequel j'ai espéré, qui mangeait mon pain, m'a frappé de son talon (*Ps.* XL, 10). » Il a levé le pied sur moi; il a voulu me fouler aux pieds. Quel est cet homme qui vivait en paix avec lui? Judas. Et le Christ a-t-il donc espéré en lui pour avoir dit : Dans lequel j'ai espéré? Ne le connaissait-il pas dès le commencement? Ne savait-il pas, avant que Judas fût né, ce qu'il serait un jour? N'avait-il pas dit à tous ses disciples : « Je vous ai choisi tous les douze, mais l'un de vous est un démon (*Jean.* VI, 71). » Comment donc a-t-il espéré en lui, si ce n'est qu'en parlant ainsi, comme il est lui-même dans ses membres, et que beaucoup de fidèles avaient bien espéré de Judas, le Seigneur s'est appliqué leur propre pensée? En effet, un grand nombre de ceux qui croyaient au Christ voyaient Judas marcher au nombre des douze disciples; et quelques-uns espéraient bien de lui, parce qu'ils le voyaient tel que les autres. Or le Christ était en ceux de ses membres qui espéraient en Judas, comme il était en ceux qui ont eu faim et soif; et de même qu'il a dit : « J'ai eu faim, » de même il a dit : « J'ai espéré. » Si donc nous lui disions : Seigneur, quand avez-vous espéré en Judas? de même qu'on lui a dit : Seigneur, quand avez-vous eu faim? de la même manière qu'il nous a dit : « Lorsque vous avez fait quelque chose à l'un des plus petits d'entre les miens, vous l'avez fait à moi-même (*Matth.* XXV, 37, etc.), » ainsi pourrait-il dire : Lorsque l'un des plus petits d'entre les miens a espéré, j'ai moi-même espéré. En qui ai-je espéré? « L'homme avec qui j'étais en paix, dans lequel j'ai espéré, mangeait mon pain. » Comment, dans sa passion, l'a-t-il désigné, d'après les termes de cette prophétie? Il l'a désigné par la bouchée de pain qu'il lui présenta (*Jean.* XIII, 26), pour qu'on reconnût qu'il avait été dit de lui : « Celui qui mangeait mon pain. » De même encore, Judas, lorsqu'il vint pour le livrer, lui donna un baiser (*Matth.* XXVI, 49, et *Marc.* XIV, 45), pour qu'on reconnût qu'il avait été dit de lui : « L'homme avec qui je vivais en paix. »

tium, suspendant in ligno, clavis transfigant, lancea perfodiant (*Rom.* v, 14)? « Ut quid dormivit? « Quia Adam forma erat futuri » : et Adam dormivit, quando de latere ejus Eva facta est (*Gen.* II, 21). Adam in figura Christi, Eva in figura Ecclesiæ : unde et appellata mater vivorum. Quando fabricata est Eva? Dum dormiret Adam. Quando de latere Christi sacramenta Ecclesiæ profluxerunt? Cum dormiret in cruce. « Numquid qui dormit non adjiciet ut resurgat ? »

11. Et unde dormivit? Ex illo qui ingressus est ut videret, et congregavit iniquitatem sibi. « Etenim homo pacis meæ, in quem speravi, qui edebat panes meos, ampliavit super me calcaneum (*Ps.* XL, 10). » Erexit super me pedem : conculcare me voluit. Quis est iste homo pacis ipsius? Judas. Et in illum Christus speravit, quia dixit « In quem speravi ? » Nonne illum ab initio noverat ? nonne antequam nasceretur futurum sciebat? nonne omnibus discipulis suis dixerat, « Ego vos duodecim elegi, et unus ex vobis diabolus est (*Johan.* VI, 71)? » Quomodo ergo in illum speravit, nisi quia in membris suis ipse est, et quod multi fideles de Juda speraverunt, hoc in se transfiguravit Dominus? Quando enim videbant Judam multi qui crediderant in Christum, ambulare inter duodecim discipulos, sperabant in illum aliqui; quia talis erat, quales et ceteri : Christus autem quia in membris suis erat hoc sperantibus, quomodo in illis est esurientibus et sitientibus; quomodo dixit Esurivi, sic dixit « Speravi. » Proinde si sic illi dicamus, Domine, quando sperasti ? quomodo illi dictum est, Domine, quando esuristi ? quomodo nobis ibi dixit, « Cum uni ex minimis meis fecistis, mihi fecistis (*Matth.* XXV, 37, etc.); » sic potest dicere, Cum unus ex minimis meis speravit, ego speravi. In quem speravi? « Homo pacis meæ, in quem speravi, qui edebat panes meos. » Quomodo ipsum ostendit in passione, de istis verbis prophetiæ? Per buccellam illum designavit, ut appareret de illo dictum (*Johan.* XIII, 26), « Qui edebat panes meos. » Rursus quando venit ut traderet eum, osculum illi dedit (*Matth.* XXVI, 49), ut appareret de illo dictum, « Homo pacis meæ. »

12. « Mais vous, Seigneur, ayez pitié de moi (*Ps.* XL, 11). » Le Christ dit ces paroles, en raison de la forme d'esclave qu'il a prise, de la forme d'indigent et de pauvre. « Heureux, en effet, celui qui comprend le pauvre et l'indigent. » «Ayez pitié de moi, et ressuscitez-moi et je leur rendrai ce qu'ils méritent(*Ibid.*).» Voyez, le fait a suivi de près la parole. Les Juifs ont tué le Christ, afin de ne pas perdre leur pays (*Jean.* XI, 48); après sa mort, ils ont perdu leur pays, ils ont été arrachés de leur royaume, ils ont été dispersés. Le Christ ressuscité leur a rendu ses tribulations. Il les leur a rendues pour les avertir, et non encore pour les condamner. Car cette ville, dans laquelle le peuple, comme un lion ravissant et rugissant, s'agitait et criait : Crucifiez-le, crucifiez-le (*Luc.* XXIII, 21, et *Jean*, XIX, 6), cette ville a vu les Juifs arrachés de son sein, et aujourd'hui elle ne renferme que des chrétiens, le Juif n'y habite plus. L'Église du Christ a été plantée au lieu d'où ont été arrachées les épines de la synagogue. Aussi la fureur dont ils brûlaient était-elle comme un feu qui dévore des épines (*Ps.* CXVII, 12); le Seigneur, au contraire, était semblable au bois vert. C'est ce qu'il a dit lui-même aux femmes qui le pleuraient comme si le Christ eût pu mourir : « Ne pleurez pas sur moi, mais pleurez sur vous et sur vos enfants (*Luc.* XXIII, 28). » Il rappelait ainsi cette prophétie : Ressuscitez-moi et je leur rendrai ce qu'ils méritent. « Car si le bois vert est ainsi traité, que fera-t-on du bois sec (*Luc.* XIII, 31)? » Comment le bois vert serait-il consumé par un feu d'épines? Car la fureur dont ils brûlaient, était comme un feu qui dévore des épines (*Ps.* CXVII, 12). Le feu consume aisément des épines, mais si on l'approche du bois vert, il a peine à l'enflammer, car l'humidité qui est dans le bois, résiste à une flamme lente et peu nourrie, qui suffit cependant pour consumer des épines. «Ressuscitez-moi et je leur rendrai ce qu'ils méritent.» N'allez pas croire par hasard, mes frères, que le Fils soit moins puissant que le Père, parce qu'il a dit : Ressuscitez-moi, comme s'il ne pouvait se ressusciter lui-même. Car il a ressuscité ce qui pouvait mourir, c'est-à-dire que sa chair est morte, et que sa chair a été ressuscitée. Ne croyez donc pas que Dieu, le père du Christ, ait pu ressusciter le Christ, c'est-à-dire la chair de son fils, et que le Christ lui-même, qui est le Verbe, égal à Dieu le Père, n'aurait pu ressusciter sa propre chair. Écoutez, en effet, ce que dit l'Évangile : « Détruisez ce temple, et en trois jours je le relèverai (*Jean.* II, 19). » Et de peur que nous eussions quelque doute sur le sens de ces paroles, l'Évangéliste a ajouté : « Il disait cela du temple de son corps. » «Ressuscitez-moi, et je leur rendrai ce qu'ils méritent. »

---

12. « Tu autem Domine miserere mei (*Ibid.* 11). » Hoc ex forma servi, hoc ex forma inopis et pauperis. « Beatus enim qui intelligit super egenum et pauperem (*Ibid.* 2). » « Miserere mei, et resuscita me, et reddam illis. » Videte quando dictum est, jam factum est. Occiderunt enim Christum Judæi, ne perderent locum : illo occiso perdiderunt locum (*Johan.* XI, 48); eradicati a regno, dispersi sunt. Suscitatus reddidit illis tribulationem : reddidit ad admonitionem, nondum ad damnationem. Civitas enim illa in qua fremuit populus, tamquam leo rapiens et rugiens, exclamans, « Crucifige, crucifige (*Lucæ* XXII, 21, *Johan.* XIX, 6), » eradicatis inde Judæis, Christianos habet, a Judæo nullo inhabitatur. Plantata est ibi Ecclesia Christi, unde eradicatæ sunt spinæ synagogæ. Proinde vere « ignis eorum exarsit, sicut in spinis (*Psal.* CXVII, 12) : » Dominus autem tamquam lignum viride erat. Hoc ipse ait, quando plangebant quædam mulieres veluti moriturum Christum, « Nolite flere super me, sed super vos ipsas flete, et super filios vestros (*Lucæ* XXIII, 28) : » ex hoc prædicens, « Suscita me, et reddam illis. » « Si enim in viridi ligno hæc faciunt, in arido quid fiet (*Ibid.* 31)?» Quando possit viride lignum consumi ab igne spinarum ? « Exarserunt enim velut ignis in spinis (*Psal.* CXVII, 12). » Ignis spinas consumit, et cuicumque viridi ligno adhibetur, difficile accenditur ; humor enim ligni resistit flammæ lentæ et marcidæ, tamen idoneæ ad consumendas spinas. « Et suscita me, et reddam illis. » Ne forte sane, Fratres, minus potentem Filium, quam Patrem putetis, ex eo quia dixit, « Suscita me, » quod ipse se suscitare non possit. Hoc enim suscitavit quod mori poterat : id est, caro mortua est, caro suscitata est. Ne tamen putetis, quia Deus Pater Christi potuit suscitare Christum, id est, carnem Filii sui ; et ipse Christus, cum Verbum sit Dei æquale Patri, non poterat carnem suam suscitare : audite ex Evangelio, « Solvite templum hoc, et in triduo suscitabo illud (*Johan.* II, 19). » Hoc autem Evangelista, ne etiam dubitaremus, dicebat, inquit, de templo corporis sui. « Et resuscita me, et reddam illis. »

13. « In hoc cognovi quoniam voluisti me, quoniam non gaudebit inimicus meus super (*Ps.* XL, 12).»

13. « J'ai connu que vous m'aimiez, en voyant que mon ennemi n'aura pas lieu de se réjouir sur moi (*Ps.* XL, 12). » Les Juifs se sont réjouis quand ils ont vu le Christ crucifié ; ils ont cru avoir réussi dans leur dessein de lui nuire ; ils ont vu le Christ suspendu à la croix, et devenu comme le fruit de leur fureur ; ils ont branlé la tête et ils ont dit : « S'il est le Fils de Dieu, qu'il descende de la croix (*Matth.* XXVII, 26). » Il pouvait descendre et il ne descendait pas ; il ne montrait pas sa puissance, mais il nous enseignait la patience. Si, en effet, il était descendu de la croix lorsqu'ils parlaient ainsi, il eût semblé qu'il cédait à leurs insultes ; on eût pensé que, vaincu par les opprobres, il n'avait pu les supporter ; il n'en resta donc que plus fermement sur la croix au milieu de leurs insultes, immobile au milieu de leurs branlements de tête. Pour eux, ils branlaient la tête, parce qu'ils n'étaient point attachés à la véritable tête. De sa part, c'était évidemment une leçon de patience qu'il nous donnait. Car, après avoir refusé de céder aux provocations des Juifs, il a accompli quelque chose de plus considérable que ce qu'ils demandaient. Il faut, en effet, plus de puissance pour sortir du tombeau que pour descendre de la croix. « Parce que mon ennemi n'aura pas lieu de se réjouir sur moi. » Ils se sont donc alors réjouis ; mais le Christ est ressuscité, le Christ est entré dans sa gloire. Ils voient maintenant le genre humain tout entier converti en son nom ; qu'ils l'insultent maintenant, qu'ils branlent la tête maintenant, ou plutôt qu'ils la fixent désormais, ou, s'ils la remuent, que ce ne soit que par stupeur et par étonnement. Car ils disent maintenant : est-ce que par hasard, il serait celui qu'ont annoncé Moïse et les prophètes ? Car les prophètes ont dit de lui : « Il a été conduit à la mort comme une brebis, et comme un agneau sans voix devant celui qui le tond, ainsi il n'a pas ouvert la bouche ; nous avons été guéris par ses blessures (*Is.* LIII, 7). » Nous voyons, en effet, que ce crucifié entraîne après lui tout le genre humain, et c'est inutilement que nos pères ont dit : « Faisons-le mourir, de peur que le monde entier ne le suive (*Jean.* XII, 19). » Peut-être le monde ne le suivrait-il pas ainsi, s'il n'avait été mis à mort. « J'ai reconnu que vous m'aimiez en voyant que mon ennemi n'aura pas lieu de se réjouir sur moi. »

14. « Vous m'avez pris sous votre protection à cause de mon innocence (*Ps.* XL, 13). » Innocence véritable, intégrité exempte de tout péché, paiement sans aucune dette, châtiment sans rien qui l'ait mérité. « Vous m'avez pris sous votre protection à cause de mon innocence, et vous m'avez affermi en votre présence pour l'éternité. » Vous m'avez affermi éternellement, après m'avoir affaibli temporairement ; vous m'avez affermi en

---

Quia gavisi sunt Judæi, quando viderunt Christum crucifixum ; implesse se arbitrati sunt voluntatem nocendi : effectum fructum sævitiæ suæ viderunt Christum in cruce pendentem ; agitaverunt caput, « Si Filius Dei est, descendat de cruce (*Matth.* XXVII, 26). » Non descendebat, qui poterat : non (a) potentiam demonstrabat, sed patientiam docebat. Si enim hæc illis dicentibus de cruce descenderet, quasi insultantibus cessisse videretur, et victus opprobria tolerare non potuisse crederetur : magis mansit in cruce insultantibus, fixus illis nutantibus. Ideo enim et caput agitabant, quia vero capiti non inhærebant. Docuit nos plane ille patientiam. Nam quod est fortius fecit, qui noluit facere quod Judæi provocabant. Multo est enim potentius de sepulcro surgere, quam de cruce descendere. « Quoniam non gaudebit inimicus meus super me. » Gavisi sunt ergo tunc : resurrexit Christus, glorificatus est Christus. Vident modo in nomine ipsius converti genus humanum, modo insultent, modo caput agitent : immo jam caput figant, aut si agitant caput, stupendo et mirando agitent. Modo enim dicunt. Numquid forte ille est quem dixerunt Moyses et Prophetæ ? De illo enim dixerunt, « Sicut ovis ad immolandum ductus est, et sicut agnus coram tondente se sine voce, sic non aperuit os suum : vulneribus ejus sanati sumus (*Isai.* LIII, 7). » Videmus enim, quia crucifixus iste ducit post se genus humanum ; et sine caussa dixerunt patres nostri, « Occidamus eum, ne sæculum post illum pergat (*Johan.* XII, 19). » Forte non post eum pergeret, si non esset occisus. « In hoc cognovi quoniam voluisti me quoniam non gaudebit inimicus meus super me. »

14. « Me autem propter innocentiam meam suscepisti (*Ps.* XL, 13). » Vere innocentiam : integritatem sine peccato, redditionem sine debito, flagellum sine merito. « Propter innocentiam meam suscepisti me, et confirmasti me in conspectu tuo in æternum (*Ibid.*). »

(a) MSS. magno consensu, *non impotentiam demonstrabat.*

votre présence, après m'avoir affaibli en présence des hommes. Que dirons-nous donc? Louange à lui! Gloire à lui! « Béni soit le Seigneur Dieu d'Israël (*Ibid.* 14). » Il est en effet le Dieu d'Israël, notre Dieu, le Dieu de Jacob, le Dieu du plus jeune fils, le Dieu du plus jeune peuple. Que nul ne dise : Il a dit cela des Juifs, je ne suis pas Israël. Ce sont bien plutôt les Juifs qui ne sont pas Israël. Car le fils aîné, le peuple aîné a été réprouvé ; le plus jeune est le peuple chéri. Cette prophétie « l'aîné servira le plus jeune, » est maintenant accomplie ; maintenant, mes frères, les Juifs nous servent, ils sont comme nos capsaires, et ils portent les livres sacrés que nous étudions. Écoutez en quoi les Juifs nous servent, et cela pour juste cause. Caïn, ce frère aîné, qui tua son plus jeune frère, fut marqué d'un signe, de peur qu'on ne le tuât (*Gen.* IV, 15); il signifie ce peuple qui doit rester vivant. Ce peuple a les prophètes et la loi ; dans cette loi et dans ces prophètes, le Christ a été prédit. Lorsque nous discutons avec les païens et que nous leur montrons que les choses se passent maintenant dans l'Église du Christ selon les prophéties faites sur le nom du Christ, sur la tête et sur le corps du Christ ; de peur qu'ils ne croient que nous avons imaginé ces prophéties, et que, pour prédire l'avenir, nous n'avons écrit ces choses que d'après l'événement, nous leur montrons les livres des Juifs. Car les Juifs sont nos ennemis ; et ce sont les livres de nos ennemis qui assurent la conviction de ceux que nous voulons persuader. Le Seigneur a donc tout arrangé ; il a tout préparé pour notre salut. Il a prédit les événements avant nous, il a accompli certaines prédictions de notre temps et, ce qu'il n'a pas encore accompli, il l'accomplira. Car nous tenons déjà de lui une partie de sa dette, afin de croire au reste de ses engagements ; parce qu'il donnera ce qu'il n'a pas encore donné, comme il a donné ce qu'il n'avait pas encore donné précédemment, Si quelqu'un veut vérifier l'endroit où ces prédictions sont écrites, qu'il lise Moïse et les Prophètes. Si quelque ennemi revient à la charge, et nous dit : vous avez forgé les prophéties à votre usage, que les livres des Juifs soient mis devant ses yeux, parce que l'aîné doit servir le plus jeune. (*Gen.* XXV, 23). Qu'ils y lisent les prédictions, dont nous voyons de nos jours l'accomplissement, et que tous nous disions : « Béni soit le Seigneur, le Dieu d'Israël, dans les siècles des siècles, et le peuple répétera : Ainsi soit-il! Ainsi soit-il! »

Confirmasti me in æternum, infirmasti ad tempus : confirmasti in conspectu tuo, infirmasti in conspectu hominum. Quid ergo ? Laudes illi, gloria illi. « Benedictus Dominus Deus Israel (*Ibid.* 14). » Ille est enim Deus Israel, Deus noster, Deus Jacob, Deus minoris filii, Deus minoris populi. Nemo dicat, De Judæis hoc dixit, non sum ego Israel. Magis Judæi non sunt Israel. Major enim filius, ipse est major populus reprobatus : minor, populus dilectus. « Major serviet minori (*Gen.* XXV, 23), » modo impletum est : modo, Fratres, nobis serviunt Judæi, tamquam capsarii nostri sunt, studentibus nobis codices portant. Audite in quo nobis Judæi serviunt, et non sine caussa. Cain ille frater major, qui occidit minorem fratrem, accepit signum ne occideretur, id est, ut maneat ipse populus (*Gen.* IV, 25). Apud illos sunt Prophetæ, et Lex, in qua Lege et in quibus Prophetis Christus prædicatus est. Quando agimus cum paganis, et ostendimus hoc evenire modo in Ecclesia Christi, quod ante prædictum est de nomine Christi, de capite et corpore Christi, ne putent nos finxisse illas prædictiones, et ex his rebus quæ acciderunt, quasi futuræ essent, nos conscripsisse, proferimus codices Judæorum. Nempe Judæi inimici nostri sunt, de chartis inimici convincitur adversarius. Omnia ergo Dominus distribuit, omnia pro salute nostra ordinavit. Prædixit ante (a) nos, implevit hoc tempore nostro, et quæ nondum implevit, impleturus est. Itaque tenemus redditorem, ut credamus debitorem : quia et illa quæ nondum dedit ; sicut ea quæ nondum dederat, dedit. Si quis probare vult ubi sint scripta, legat Moysen et Prophetas Si aliquis perstrepit inimicus, et dicit, Vos vobis prophetias finxistis : proferantur codices Judæorum, « quia major serviet minori (*Gen.* XXV, 23). » Ibi legant ista prædicta, quæ modo videmus impleta : et dicamus omnes, « Benedictus Dominus Deus Israel a sæculo et in sæculum : et dicet omnis populus, fiat, fiat. »

(a) Plerique MSS. *Prædixit ante annos, implevit hoc tempore, et quæ*, etc. Unus, *ante multos annos.*

DISCOURS[1] SUR LE PSAUME XLI.

1. Depuis longtemps, notre âme aspire à se réjouir avec vous dans la parole de Dieu, et à vous saluer en celui qui est notre aide et notre salut. Recevez donc de notre bouche ce que le Seigneur nous donne et, de concert avec nous, livrez-vous à l'allégresse dans sa parole, dans sa vérité et dans son amour. Nous avons, en effet, entrepris d'expliquer devant vous un psaume qui s'accorde avec votre désir. Ce psaume commence, en effet, par l'expression d'un saint désir, et voici ce que, dans son chant, dit le Prophète : « Comme le cerf soupire après les sources des eaux, de même, ô mon Dieu, mon âme soupire après vous (*Ps.* XL, 2). » Quel est donc celui qui parle ainsi? Si nous le voulons, c'est nous qui tenons ce langage. Et qu'avez-vous besoin de chercher quel est celui qui parle, lorsqu'il est en votre pouvoir d'être celui que vous cherchez? Cependant ce n'est pas un seul homme ; c'est un seul corps, le corps du Christ, l'Église (*Coloss.* I, 24). Or, ce saint désir, on ne le trouve pas en tous ceux qui entrent dans l'Église ; mais cependant, que ceux qui ont goûté la suavité de Dieu et qui, dans ce cantique, reconnaissent cette saveur qu'ils aiment, que ceux-là ne se croient pas seuls à la goûter, et qu'ils soient persuadés qu'une pareille semence est répandue dans le champ du Seigneur, par le monde entier; et que cette parole : « Comme le cerf soupire après les sources des eaux, de même ô mon Dieu, mon âme soupire après vous, » est celle d'une certaine unité chrétienne. Et l'on ne se trompe pas en croyant qu'elle est l'expression du désir des catéchumènes, qui ont hâte d'arriver à la grâce du saint baptême. C'est pourquoi ce psaume est chanté solennellement, afin qu'ils soupirent après la source de la rémission des péchés, comme le cerf soupire après les sources des eaux. Qu'il en soit donc ainsi, et que cette interprétation ait dans l'Église une solennelle consécration de sa vérité. Cependant, mes

IN PSALMUM XLI.

ENARRATIO.

1. Olim est ut desiderat anima nostra in verbo Dei gaudere vobiscum, et in illo vos salutare, qui est nostrum adjutorium et salutare. Quod ergo Dominus dat, audite per nos, et in illo exsultate nobiscum in sermone ejus, et in veritate et in caritate ejus. Psalmum enim suscepimus, de quo loquendum est vobis, congruum desiderio (*a*) vestro. Cœpit enim ipse Psalmus a sancto quodam desiderio, et ait qui sic cantat, « Quemadmodum desiderat cervus ad fontes aquarum, ita desiderat anima mea ad te Deus (*Ps.* XLI, 2). » Quis ergo est qui hoc dicit ? Si volumus, nos sumus. Et quid quæras extra quisnam sit, cum in tua potestate sit esse quod quæris? Tamen non unus homo est, sed unum corpus est: corpus autem Christi Ecclesia est (*Coloss.* I, 24). Nec in omnibus qui intrant Ecclesiam, invenitur tale desiderium : sed tamen quicumque suavitatem Domini gustaverunt, et quod eis sapit agnoscunt in Cantico, non putent se solos esse, sed talia semina sparsa credant in agro Dominico, toto orbe terrarum, et cujusdam unitatis Christianæ esse vocem hanc, « Quemadmodum desiderat cervus ad fontes aquarum, sic desiderat anima mea ad te Deus. » Et quidem non male intelligitur vox esse eorum, qui cum sint catechumini, ad gratiam sancti lavacri festinant. Unde et solemniter cantatur hic Psalmus, ut ita desiderent fontem remissionis peccatorum, quemadmodum desiderat cervus ad fontes aquarum. Sit hoc, habeatque locum intellectus iste in Ecclesia et veracem et sollemnem. Verumtamen,

---
(1) Discours au peuple.
(*a*) MSS. aliquot, *desiderio nostro* : multo plures, *desiderium nostrum*.

frères, il me semble que le baptême lui-même ne suffit pas encore à rassasier dans les fidèles un si ardent désir; mais s'ils savent dans quel exil se passe leur vie et en quel lieu ils doivent parvenir, peut-être seront-ils embrasés d'une ferveur encore plus grande.

2. « Le titre de ce psaume est : « Pour la fin, pour l'intelligence, psaume aux enfants de Coré (*Ps.* XLI, 1). » Nous trouvons les enfants de Coré nommés dans les titres de plusieurs autres psaumes (*Ps.* XLIII, XLIV, XLV, etc.), et nous nous souvenons d'avoir déjà parlé d'eux, et d'avoir dit quel est le sens de ce nom : cependant nous devons expliquer maintenant le titre de ce psaume, de telle sorte que ce que nous avons déjà dit ne porte pas pas préjudice à ce que nous avons à dire ; car tous ceux qui nous écoutent n'étaient pas présents dans les différents lieux où nous en avons parlé. Admettons, ce qui est vrai, que Coré ait été un homme, et qu'il ait eu des enfants nommés les enfants de Coré (*Nomb.* XXVI, 11), et puis sondons le secret du mystère, afin que ce nom nous dévoile le mystère qu'il renferme. Car c'est chose grandement mystérieuse, que les chrétiens soient appelés enfants de Coré. Pourquoi enfants de Coré ? Ils sont enfants de l'Époux, enfants du Christ. En effet, les chrétiens sont appelés les enfants de l'Époux (*Matth.* IX, 15). Alors, pourquoi le Christ est-il appelé Coré ? Parce que Coré signifie Calvaire.

Il faut remonter encore plus haut. Je cherchais pourquoi le Christ est appelé Coré. Je cherche avec une nouvelle attention, pourquoi le Christ paraît se rapporter au Calvaire. Ne vient-il pas aussitôt à la pensée qu'il a été crucifié sur le lieu du Calvaire (*Matth.* XXVII, 33) ? Oui, évidemment. Donc les enfants de l'Époux, les enfants de sa passion, les enfants rachetés par son sang, les enfants de sa croix, qui portent sur le front ce que les ennemis du Christ ont planté sur le lieu du Calvaire, s'appellent les enfants de Coré ; ce psaume leur est chanté pour l'intelligence. Soyons donc excités par le désir de l'intelligence ; et si le psaume nous est chanté, ayons-en l'intelligence. Quelle intelligence en aurons-nous ? Qu'avons-nous à comprendre en chantant ce psaume ? J'ose répondre : « Les perfections invisibles de Dieu sont devenues visibles depuis la création du monde, par l'intelligence que nous en donnent les choses qu'il a faites (*Rom.* I, 20). » Oh ! mes frères, soyez avides avec moi, partagez avec moi ce désir ; aimons ensemble que la même soif nous dévore, courons ensemble à la source de l'intelligence. Sans parler donc de cette source à laquelle aspirent, pour la rémission de leurs péchés, ceux qui doivent être baptisés, nous, qui sommes déjà baptisés, désirons comme des cerfs, désirons la source dont est dit dans un autre passage de l'Écriture « Parce que la source de la vie est en vous.

Fratres, videtur mihi etiam in baptismate fidelibus nondum esse satiatum tale desiderium : sed fortassis si norunt ubi peregrinentur, et quo eis transeundum sit, etiam ardentius inflammantur.

2. Denique titulus ejus est, « In finem (*a*), in intellectum, filiis Core, Psalmus (*Ps.* XLI, 1). » Filios Core invenimus et in aliis Psalmorum titulis (*Psal.* XLIII, XLIV et XLV, etc.), et jam tractasse nos meminimus, et locutos esse quid sibi hoc nomen velit : ita tamen nunc commemorandus est iste titulus, ut non nobis quasi præjudicet quod jam diximus, ut deinceps non dicamus : non enim ubicumque diximus, omnes adfuerunt. Core aliquis homo fuerit, sicut fuit, habueritque filios qui appellarentur filii Core (*Num.* XXVI, 11) : nos tamen arcam sacramenti scrutemur, ut nomen hoc mysterium, quo gravidum est, pariat. Magni enim sacramenti res est, ut Christiani appellentur filii Core. Unde filii Core ? filii sponsi, filii Christi. Dicti sunt enim Christiani, filii sponsi (*Matth.*

IX, 15). Quare ergo Core Christus ? Quia Core interpretatur Calvaria. Multo remotius est hoc. Quærebam quare Core Christus : intentius quæro, quare Christus ad Calvariam pertinere videatur. Nonne jam occurrit in loco Calvariæ crucifixus (*Matth.* XXVII, 33) ? Occurrit omnino. Ergo filii sponsi, filii passionis illius, filii redempti sanguine illius, filii crucis illius, portantes in fronte quod inimici in Calvariæ loco fixerunt, appellantur filii Core : illis cantatur iste Psalmus in intellectum (*a*) Intellectu itaque excitemur ; et si nobis cantatur intelligamus. Quid intellecturi sumus ? In quem intellectum Psalmus iste cantatur ? Audeo dicere « Invisibilia enim ejus a creatura mundi per ea quæ facta sunt intellecta conspiciuntur (*Rom.* I, 20). » Et Fratres, aviditatem meam capite, desiderium hoc mecum communicate : simul amemus, simul in hac siti exardescamus, simul ad fontem intelligendi currammus. Desideremus ergo velut cervus fontem, excepto illo fonte quem propter remissionem peccat-

---

(*a*) Sic MSS. juxta Græc. LXX. At editi, *In finem intellectus.* — (*b*) Aliquot MSS. *Intellectum itaque scrutemur.*

Car Dieu même est la source et la lumière : « parce que nous verrons la lumière dans votre lumière (*Ps.* xxxv, 10). » S'il est la source, s'il est la lumière, il est aussi sans contredit l'intelligence, parce qu'il rassasie l'âme avide de savoir, et que tout homme qui comprend est éclairé par une lumière non corporelle, non charnelle, non extérieure, mais tout intérieure. Il y a donc, mes frères, une certaine lumière intérieure que n'ont pas ceux qui n'ont pas l'intelligence. C'est pourquoi l'apôtre saint Paul, parlant à ceux qui désirent cette source de vie, et qui déjà commencent à y puiser, les adjure et leur dit : « Ne marchez plus comme marchent les Gentils, dans la vanité de leur esprit, avec une intelligence obscurcie, dans l'éloignement de la vie de Dieu, par l'ignorance qui est en eux à cause de l'aveuglement de leur cœur (*Ephés.* iv, 17). » Si donc ils n'ont qu'une intelligence obscurcie, c'est-à-dire, s'ils sont dans les ténèbres parce qu'ils ne comprennent pas, ceux qui comprennent sont donc dans la lumière. Courez aux sources, désirez les sources des eaux. En Dieu est la source de vie, une source que rien ne saurait dessécher ; dans sa lumière est une lumière que rien ne saurait obscurcir. Aspirez à cette clarté, à cette source, à cette lumière que vos yeux ne connaissent pas : lumière pour la vue de laquelle un œil intérieur est préparé ; source à laquelle une soif intérieure vous inspire le désir de puiser. Courez à la source, aspirez à la source ; mais n'y courez pas d'une manière telle quelle, n'y courez pas comme un animal quelconque, courez-y comme le cerf. Que veut dire : comme le cerf ? Qu'il n'y ait aucune lenteur dans votre course ; courez sans relâche, désirez cette source sans relâche. Car nous trouvons dans le cerf l'emblème de la rapidité.

3. Peut-être l'Écriture n'a-t-elle pas voulu nous faire considérer seulement la rapidité du cerf, mais encore une autre de ses propriétés. Écoutez quelle est cette propriété du cerf. Il tue les serpents, et, après avoir tué les serpents, il brûle d'une plus grande soif ; après avoir tué les serpents, il court plus rapidement encore vers les sources. Les serpents sont vos vices. Détruisez les serpents de l'iniquité, vous désirerez avec plus d'ardeur la source de la vérité. Peut-être l'avarice fait-elle entendre en vous un sifflement ténébreux ; elle siffle contre la parole de Dieu, elle siffle contre les commandements de Dieu, et contre ces avis que vous recevez : méprisez telle chose, ne commettez pas l'iniquité ; si vous préférez commettre l'iniquité plutôt que de mépriser quelque avantage temporel, c'est comme si vous préfériez être mordu par le serpent, plutôt que de tuer le serpent. Mais, si vous favorisez encore votre vice, votre cupidité, votre avarice, le serpent qui vous ronge ; quand trouverai-je en vous le désir de courir à la source des

---

rum desiderant baptizandi, et jam baptizati desideremus illum fontem, de quo Scriptura alia dicit, « Quoniam apud te est fons vitæ (*Psal.* xxxv, 10). » Ipse enim fons et lumen est : quoniam in lumine tuo videbimus lumen. Si et fons est, et lumen est ; merito et intellectus est, quia et satiat animam avidam sciendi ; et omnis qui intelligit, luce quadam non corporali, non carnali, non exteriore, sed interiore illustratur. Est ergo, Fratres, quædam lux intus, quam non habent qui non intelligunt. Unde jam eos qui desiderant hunc fontem vitæ, et inde aliquid carpunt, alloquitur Apostolus obscurans, et dicit, « Ut jam non ambuletis sicut et gentes ambulant in vanitate mentis suæ, obscurati intelligentia, alienati a vita Dei per ignorantiam quæ est in illis propter cæcitatem cordis ipsorum (*Ephes.* iv, 17). » Si ergo illi obscurati sunt intelligentia, id est, quia non intelligunt, obscurantur : ergo qui intelligunt illuminantur. Curre ad fontes, desidera aquarum fontes. Apud Deum est fons vitæ et insiccabilis fons : in illius luce lumen inobscurabile. Lumen hoc desidera, quemdam fontem, quoddam lumen quale non norunt oculi tui ; cui lumini videndo oculus interior præparatur, cui fonti hauriendo sitis interior inardescit. Curre ad fontem, desidera fontem : sed noli utcumque, noli ut qualecumque animal currere, ut cervus curre. Quid est, ut cervus ? Non sit tarditas in currendo, impigre curre, impigre desidera fontem. Invenimus enim insigne velocitatis in cervo.

3. Sed forte non hoc Scriptura solum nos in cervo considerare voluit, sed et aliud. Audi quid aliud est in cervo. Serpentes necat, et post serpentium interemtionem majori siti inardescit, peremtis serpentibus ad fontes acrius currit. Serpentes vitia tua sunt: consume serpentes iniquitatis, tunc amplius desiderabis fontem veritatis. Avaritia forte in te tenebrosum aliquid sibilat, et sibilat adversus verbum Dei, sibilat adversus præceptum Dei : et quia tibi dicitur, Contemne aliquid, ne facias iniquitatem : si mavis facere iniquitatem, quam aliquod commodum tem-

eaux? Quand aspirerez-vous à la source de la sagesse, si vous êtes encore imprégné du poison de la malice? Tuez en vous tout ce qui est contraire à la vérité; et quand vous vous verrez vide, en quelque sorte, des convoitises déréglées, gardez vous d'en demeurer là, comme s'il ne vous restait rien à désirer. Car il y a encore pour vous où aller, si déjà vous avez fait en vous ce qu'il faut pour que rien ne vous captive. Peut-être, en effet, me direz-vous, si vous êtes semblable au cerf : Dieu sait que je ne suis plus avare, que je ne désire plus le bien de qui que ce soit, que je ne sens plus le feu des convoitises adultères, que je ne suis plus consumé par la haine ni par l'envie contre personne, ni par quelque autre passion ; vous me direz : je n'ai aucun de ce vices, et peut-être cherchez-vous où vous trouverez vos délices. Désirez les sources des eaux : Dieu a de quoi vous rassasier et de quoi combler vos désirs, si vous allez à lui, altéré comme le cerf rapide, après avoir tué les serpents de votre cœur.

4. Il est encore une autre chose à remarquer dans le cerf. On dit, et même quelques-uns l'ont vu (car on ne saurait écrire rien de pareil, si on ne l'avait vu), on dit que les cerfs, soit lorsqu'ils marchent en troupe, soit lorsqu'ils se mettent à la nage pour gagner quelque endroit, s'entr'aident pour porter les bois qui chargent leurs têtes. L'un d'eux marche en avant, et celui qui le suit pose la tête sur lui, et soutient à son tour la tête de celui qui vient après lui, et ainsi de suite jusqu'à la fin de la troupe. Mais, lorsque celui qui portait seul en avant le fardeau de son bois se trouve fatigué, il se retire en queue de la troupe, pour qu'un autre lui succède et reprenne sa charge, tandis que pour lui, posant à son tour la tête sur un autre, comme les autres le faisaient, il se repose de sa fatigue. C'est ainsi que, portant tour à tour ce qui pèse pour chacun d'eux, ils accomplissent leur voyage sans jamais s'abandonner dans leurs besoins. N'est-ce pas à de certains cerfs que s'adresse l'Apôtre, lorsqu'il dit: « Portez mutuellement vos fardeaux, et vous accomplirez ainsi la loi du Christ (*Gal.* VI, 2)? »

5. Supposons donc un tel cerf, fermement établi dans la foi, ne voyant pas encore ce qu'il croit, désirant comprendre ce qu'il aime : il souffre les contradictions de ceux qui ne sont pas des cerfs comme lui, dont l'intelligence est plongée dans l'obscurité, qui sont placés dans les ténèbres intérieures et aveuglés par les convoitises de leurs vices ; qui, de plus, insultent celui qui croit et qui ne peut encore montrer ce qu'il croit, et lui disent : « Où est votre Dieu (*Ps.* XLI, 4)?»

---

porale comtemnere, morderi eligis a serpente, quam perimere serpentem. Cum ergo adhuc faveas vitio tuo, cupiditati tuæ, avaritiæ tuæ, serpenti tuo, quando in te invenio tale desiderium, quo curras ad fontem aquarum ? quando concupiscis fontem sapientiæ, cum adhuc labores in veneno malitiæ ? Interfice in te quidquid contrarium est veritati : et cum te videris tamquam vacare a cupiditatibus perversis, noli remanere quasi non sit quod desideres. Est enim aliquid, quo te tollas, si jam egisti in te, ut non sit impeditor contra te. Dicturus enim es forte jam mihi, si cervus es, Deus novit, non me jam avarum, non me jam cujusquam rem concupiscere, non adulterii cupiditate flagrare, non cujusquam odio invidiaque tabescere, et cetera hujusmodi ; dicturus es, non habeo hæc : et quæris forte unde delecteris. Desidera ad fontes aquarum : habet Deus unde te reficiat, et impleat venientem ad se, sitientem post interemtionem serpentium, tamquam velocem cervum.

4. Est aliud quod animadvertas in cervo. Tradun- tur cervi, et a quibusdam etiam visi sunt; non enim de illis tale aliquid scriberetur, nisi antea videretur: dicuntur ergo cervi vel quando in agmine suo ambulant, vel quando natando alias terrarum partes petunt, onera capitum suorum super se invicem ponere, ita ut unus præcedat, et sequantur qui cum capita ponant, et supra illos alii consequentes, et deinde alii, donec agmen finiatur: ille autem unus qui pondus capitis in primatu portabat, fatigatus redit ad posteriora, ut alius ei succedat, qui portet quod ille portabat, atque ille fatigationem suam recreet posito capite, sicut et ceteri ponebant : ita vicissim portando quod grave est, et viam peragunt, et invicem se non deserunt. Nonne quosdam cervos alloquitur Apostolus, dicens, « Invicem onera vestra portate, et sic adimplebitis legem Christi (*Gal.* VI, 2) ? »

5. Talis ergo cervus in fide constitutus, nondum videns quod credit, cupiens intelligere quod diligit, patitur et contrarios (a) non cervos, obscuratos intelligentia, in tenebris interioribus constitutos, vi-

(a) Sic MSS. At editi, *contrarios cervos, non solum obscuratos* etc.

Que va faire ce cerf, en entendant ces paroles? Écoutons-le, afin de faire de même si nous le pouvons. Il a commencé par exprimer l'ardeur de sa soif. « Comme le cerf, dit-il, soupire après les sources des eaux, de même, ô mon Dieu, mon âme soupire après vous. » Mais que dire, si le cerf ne désire les sources des eaux que pour s'y baigner? Les désire-t-il pour y boire ou pour s'y baigner, nous l'ignorons. Écoutez donc ce qui suit, et votre doute cessera. « Mon âme a soif du Dieu vivant (*Ibid.* 3). » Dire : « Comme le cerf soupire après les sources des eaux, de même, ô mon Dieu, mon âme soupire après vous, » c'est la même chose que de dire : « Mon âme a soif du Dieu vivant. » Mais quelle est cette soif? « Quand viendrai-je et quand paraîtrai-je devant la face de Dieu(*Ibid.*)?» Voilà quelle est ma soif, de venir et de paraître devant Dieu. J'ai soif dans mon voyage, j'ai soif dans ma course : je serai rassasié en arrivant. Mais « quand viendrai-je? » Ce qui est prompt pour Dieu est lent à venir pour celui qui désire. « Quand viendrai-je et quand paraîtrai-je devant la face de Dieu ? » Ce même désir faisait que, dans un autre psaume, il s'écriait : « J'ai demandé une seule (chose) au Seigneur, je la lui redemanderai ; c'est d'habiter dans la maison du Seigneur, tous les jours de ma vie (*Ps.* XXVI, 4). » Et pourquoi ? « Pour contempler, dit-il, la joie du Seigneur. » « Quand viendrai-je et quand paraîtrai-je devant la face du Seigneur ? »

6. Jusque-là, tandis que je médite, tandis que je cours, tandis que je suis dans le chemin, avant que je ne vienne, avant que je n'apparaisse devant Dieu, « mes larmes ont été pour moi un pain le jour et la nuit, lorsqu'on me dit chaque jour : où est votre Dieu (*Ps.* XLI, 4). » Mes larmes, dit-il, ont été pour moi, non pas une amertume, mais un pain. Ces larmes m'étaient douces : dans la soif où j'étais de cette source, où je ne pouvais boire encore, je mangeais mes larmes avec avidité. Car il n'a pas dit : mes larmes sont devenues ma boisson, de peur de paraître les avoir désirées comme les sources des eaux ; mais, tout en conservant cette soif qui m'embrâse et qui me précipite vers les sources des eaux, mes larmes sont devenues mon pain, tout le temps que je suis éloigné du but. Et en mangeant ses larmes, sans aucun doute, il a de plus en plus soif des sources. En effet, le jour et la nuit, mes larmes sont devenues mon pain. Les hommes mangent pendant le jour cette nourriture que l'on nomme du pain, et la nuit ils dorment ; mais le pain des larmes est mangé nuit et jour, soit que vous preniez le jour et la nuit pour le temps tout entier ; soit que, par le jour, vous vouliez comprendre les prospérités,

---

tiorum cupiditate cæcatos ; insuper insultantes et dicentes homini credenti, et quod credit non ostendenti, « Ubi est Deus tuus (*Ps.* XLI, 4) ? » Quid ergo iste cervus fecerit contra hæc verba, audiamus, ut et ipsi, si possumus, faciamus. Primo expressit sitim suam : « Quemadmodum, inquit, cervus desiderat ad fontes aquarum, ita desiderat anima mea ad te, Deus (*Ibid.* 2). » Quid si cervus ad fontes aquarum lavandi causa desiderat? Utrum ergo bibendi an lavandi causa, nescimus. Audi quid sequitur, et noli quærere: « Sitivit anima mea ad Deum vivum (*Ibid.* 3). » Quod dico, « Quemadmodum cervus desiderat ad fontes aquarum, ita desiderat anima mea ad te, Deus, » hoc dico, « Sitivit anima mea ad Deum vivum. » Quid sitivit ? « Quando veniam et apparebo ante faciem Dei (*Ibid.*). » Hoc est quod sitio, venire et apparere. Sitio in peregrinatione, sitio in cursu: satiabor in adventu. Sed « quando veniam ? » Et quod citius est Deo, tardum est desiderio. « Quando veniam et apparebo ante faciem Dei ?» Ex illo desiderio est et hoc, ex quo clamatur alibi, « Unam petii a Domino, hanc requiram, ut inhabitem in domo Domini per omnes dies vitæ meæ (*Psal.* XXVI, 4). Quare hoc? Ut contemplor, inquit, delectationem Domini. « Quando veniam et apparebo ante faciem Domini ? »

6. Interim dum meditor, dum curro, dum in via sum, antequam veniam, antequam appaream : « Fuerunt mihi lacrymæ meæ panis die ac nocte, cum dicitur mihi per singulos dies, Ubi est Deus tuus(*Ps.*XLI,4)?» « Fuerunt mihi, » inquit, « lacrymæ meæ, » non amaritudo, sed « panis. » Suaves erant mihi ipsæ lacrymæ : sitiens illum fontem, quia bibere nondum poteram, avidius meas lacrymas manducabam. Non enim dixit, Factæ sunt mihi lacrymæ meæ potus, ne ipsas desiderasse videretur sicut fontes aquarum, panis mihi factæ sunt lacrymæ meæ, dum differor. Et utique manducando lacrymas suas, sine dubio plus sitit ad fontes. Die quippe ac nocte factæ sunt mihi lacrymæ meæ panis. Cibum istum qui panis dicitur, die comedunt homines, nocte dormiunt : panis autem lacrymarum et die et nocte comeditur ; sive totum tempus accipias diem et noctem ; sive diem intelligas pro hujus sæculi prosperitate, noctem vero pro hujus sæculi adversitate.

et par la nuit, les adversités de ce siècle. Au milieu des prospérités du siècle, nous dit-il donc, ou dans les adversités, je verse les larmes de mon désir, je ne perds rien de l'avidité de mon désir; et même, quand tout est bien pour moi dans le monde, tout y est mal, jusqu'à ce que je paraisse devant la face de Dieu. Pourquoi me forcer de me féliciter en quelque sorte du jour, si quelque prospérité de ce monde vient à me sourire? Est-ce qu'elle n'est pas décevante? est-ce qu'elle n'est pas transitoire, périssable, mortelle? Est-ce qu'elle n'est pas temporaire, changeante, passagère? Est-ce qu'elle n'apporte pas plus de déception que de délectation? Pourquoi donc, même au sein de cette prospérité, mes larmes ne seraient-elles pas mon pain? Car, même lorsque le bonheur de ce monde brille autour de nous dans tout son éclat, tant que nous sommes dans ce corps, nous sommes voyageurs, loin de Dieu (II *Cor.* v, 6). « Et chaque jour on me dit : « Où est votre Dieu ? » Que si cette question m'est faite par un païen, je ne puis lui dire à mon tour : Où est votre Dieu? Car il me montre son Dieu du doigt. Il étend son doigt vers quelque pierre et il dit : Voilà, mon Dieu, « où est votre Dieu? » Si je me ris de cette pierre, et si celui qui me l'a montrée se met à rougir, il détourne les yeux de cette pierre, regarde le ciel, et, montrant du doigt peut-être le soleil, il dit de nouveau : Voilà mon Dieu, « où est votre Dieu? » Il trouve ce qu'il peut montrer à des yeux de chair; pour moi, ce n'est pas que je n'aie point qui lui montrer, mais il n'a pas les yeux par lesquels il pourrait voir ce que je lui montrerais. Il a bien pu montrer le soleil, qui est son Dieu, aux yeux de mon corps; mais de quels yeux lui faire apercevoir celui qui a fait le soleil?

7. Cependant, à force de m'entendre dire chaque jour : « Où est votre Dieu ? » à force de me nourrir tous les jours de mes larmes, j'ai médité jour et nuit sur ce que j'entendais : « Où est votre Dieu ? » J'ai même cherché mon Dieu, pour n'être pas réduit à croire seulement en lui, mais pour le voir en quelque façon si je le pouvais. Je vois, en effet, ce qu'a fait mon Dieu, mais lui qui a fait toutes ces choses, je ne le vois pas lui-même. Mais puisque je soupire, comme le cerf, après les sources des eaux (*Ps.* XLI, 2); puisqu'en mon Dieu est la source de vie ($Ps.$ XXXV, 10); puisque le psaume est adressé aux fils de Coré pour l'intelligence (*Ps.* XLI, 1); enfin, puisque les merveilles invisibles de Dieu sont comprises et aperçues à l'aide des merveilles visibles qu'il a créées (*Rom.* I, 30); que ferai-je pour trouver mon Dieu? Je considèrerai la terre : la terre a été créée. Grande est la beauté de la terre; mais la terre a quelqu'un qui l'a faite. Grandes sont les merveilles des semences et des générations; mais toutes ces choses

---

Sive, inquit, in prosperis rebus sæculi, sive in adversis rebus sæculi, ego desiderii mei lacrymas fundo, ego desiderii mei aviditatem non desero : et cum in mundo bene est, mihi male est, antequam appareho ante faciem Dei. Quid ergo (*a*) dici quasi gratulari me cogis, si aliqua hujus sæculi prosperitas arriserit? nonne deceptoria est? nonne fluxa, caduca, mortalis? nonne temporalis, volatica, transitoria? nonne plus habet deceptionis quam delectationis? Cur ergo non et in ipsa fiant mihi lacrymæ meæ panis? Si quidem et cum felicitas sæculi circumfulget, « quamdiu sumus in corpore, peregrinamur a Domino (II *Cor.* v, 6); » et « dicitur mihi quotidie, Ubi est Deus tuus? » Quia paganus si hoc mihi dixerit, non illi et ego possum dicere, « Ubi est Deus tuus? » Deum quippe suum digito ostendit. Intendit enim digitum ad aliquem lapidem, et dicit, Ecce est Deus meus, « Ubi est Deus tuus ? » Cum lapidem irrisero, et erubuerit qui demonstravit, tollit oculum a lapide, suspicit cœlum, et forte in solem digitum intendens, iterum dicit, Ecce Deus meus, « Ubi est Deus tuus? » Invenit ille quod ostenderet oculis carnis : ego autem non quasi non habeam quem ostendam, sed non habet ille oculos quibus ostendam. Potuit enim ille oculis corporis mei ostendere Deum suum solem, quibus ego ostenderem solis creatorem?

7. Verumtamen audiendo quotidie, « Ubi est Deus tuus? » et in lacrymis meis quotidianis pastus, die ac nocte meditatus sum quod audivi, « Ubi est Deus tuus? » quæsivi etiam ego ipse Deum meum, ut possem, non tantum crederem, sed aliquid et viderem. Video enim quæ fecerit Deus meus, non autem video ipsum Deum meum qui fecit hæc. Sed quoniam « sicut cervus desidero ad fontes aquarum (*Psal.* XLI, 2), » et « est apud eum fons vitæ (*Psal.* XXXV, 10), » et « in intellectum » scriptus est « Psalmus filiis Core (*Psal.* XLI, 1), » et « invisibilia Dei per ea quæ facta sunt intellecta conspiciuntur (*Rom.*

(*a*) Sic MSS. At editi, *Quid ergo dicis? quasi gratulari*, etc.

ont un créateur. Je contemple l'immensité des mers qui environnent les terres ; je suis stupéfait, j'admire et je cherche qui les a faites. Je lève les yeux vers le ciel, vers la magnificence des astres ; j'admire la splendeur du soleil, qui suffit à produire le jour, et la lune, qui console les ténèbres de la nuit : toutes ces choses sont merveilleuses ; elles sont dignes de toutes louanges, ou plutôt elles confondent notre esprit ; elles n'appartiennent plus à la terre, déjà ce sont des choses toutes célestes ; et pourtant ma soif ne s'arrête point encore là : j'admire ces beautés, je les loue, mais j'ai soif de celui qui les a faites. Je reviens vers moi, et je cherche qui je suis, moi qui examine toutes ces merveilles ; je trouve que je possède un corps et une âme : un corps que je dois conduire, une âme qui doit me conduire ; un corps pour servir, une âme pour commander. Je discerne que mon âme est quelque chose de supérieur au corps et, dans la faculté qui accomplit en moi ces diverses recherches, je reconnais mon âme et non mon corps ; et cependant, c'est à l'aide des sens de mon corps que je reconnais avoir examiné toutes les choses que j'ai parcourues. Je louais la terre, je la connaissais par mes yeux ; je louais la mer, je la connaissais par mes yeux ; je louais le ciel, les astres, le soleil et la lune ; je les connaissais par mes yeux. Les yeux sont des membres de chair ; ils sont les fenêtres de l'esprit : l'esprit, qui voit par ces fenêtres, est intérieur ; et, quand il est absent, absorbé par quelque pensée, c'est inutilement qu'elles sont ouvertes. Mon Dieu, qui a fait toutes ces choses que mes yeux voient, ne doit pas être cherché de ces mêmes yeux. Il faut d'ailleurs, que l'esprit voie quelque chose par lui-même : — ou quelque chose que je ne puisse sentir ni par les yeux, comme je sens la couleur et la lumière ; ni par les oreilles, comme je sens le chant et les sons ; ni par les narines, comme je sens la suavité des odeurs ; ni par le palais et la langue, comme je sens la saveur des aliments ; ni par tous les points de mon corps, comme je sens ce qui est dur ou mou, froid ou chaud, lisse ou hérissé ; — ou quelque chose que je voie intérieurement. Que veulent dire ces mots : que je voie intérieurement ? Quelque chose qui n'ait ni couleur, ni son, ni odeur, ni saveur ; qui ne soit ni chaud ni froid, ni dur ni mou. Que l'on me dise, par exemple, de quelle couleur est la sagesse. Lorsque nous pensons à la justice, et qu'au dedans de nous, nous jouissons, dans notre pensée même, de toute sa beauté, quel son frappe nos oreilles ? Quelle sorte de vapeur monte jusqu'à nos narines ? Que nous vient-il à la bouche ? Que touche notre main, de manière à y trouver un plaisir ? Et pourtant, elle est en nous, et elle est

---

I, 20) : » quid agam, ut inveniam Deum meum ? Considerabo terram : facta est terra. Est magna pulcritudo terrarum ; sed habet artificem. Magna miracula sunt seminum atque gignentium ; sed habent ista omnia creatorem. Ostendo magnitudinem circumfusi maris, stupeo, miror, artificem quaero, cœlum suspicio et pulcritudinem siderum, admiror splendorem solis (a) exserendo diei sufficientem, lunam nocturnas tenebras consolantem : mira sunt hæc, laudanda sunt hæc, vel etiam stupenda sunt hæc ; neque enim terrena, sed jam cœlestia sunt hæc : nondum ibi stat sitis mea : hæc miror, hæc laudo : sed eum qui fecit hæc, sitio. Redeo ad meipsum, et quis sim etiam ipse qui talia quaero, perscrutor : invenio me habere corpus et animam ; unum quod regam, aliud quo regar ; corpus servire, animam imperare. Discerno animam melius esse aliquid quam corpus, ipsumque inquisitorem talium rerum non corpus, sed animam video : et tamen hæc omnia quæ collustravi, per corpus ea me collustrasse cognosco. Terram laudabam, oculis cognoveram ; mare laudabam, oculis cognoveram ; cœlum, sidera, solem lunamque laudabam, oculis cognoveram. Oculi membra sunt carnis, fenestræ sunt mentis : interior est qui per has videt ; quando cogitatione aliqua absens est, frustra patent. Deus meus qui fecit hæc, quæ oculis video, non istis oculis est inquirendus. Aliquid etiam per seipsum animus ipse (b) conspiciat, utrum sit aliquid quod non per oculos sentiam, quasi colores et lucem ; non per aures, quasi cantum et sonum ; non per nares, quasi odorum suavitatem ; non per palatum et linguam, quasi saporem ; non per totum corpus, quasi duritiem et mollitiem, rigorem atque fervorem, asperitatem lenitatemque pertractem ; sed utrum sit aliquid intus quod videam. Quid est intus videam ? quod neque color sit, neque sonus, neque odor, neque sapor, neque calor, aut frigus, aut duritia, aut mollitudo. Dicatur ergo mihi, quem colorem habeat sapientia. Cum cogitamus justitiam, ejusque intus in ipsa co-

---

(a) Editi, *exercitio diei*. Aliquot MSS. *exercendo* Alii, *exserendo*. (b) Ita in MSS. At in editis, *conspicit*.

belle, et on lui donne des louanges, et on la voit ; et si les yeux du corps sont dans les ténèbres, l'esprit jouit d'elle par sa propre lumière. Qu'est-ce, en effet, que voyait Tobie, quand il donnait, bien qu'aveugle, à son fils qui voyait clair, des conseils pour diriger sa vie (*Tob.* IV, 2)? Il y a donc quelque chose que voit l'esprit, dominateur et directeur du corps qu'il habite ; quelque chose qu'il sent, non par les yeux du corps, non par les oreilles, non par les narines, non par le palais, non par la bouche, mais par lui-même, et toujours mieux par lui-même qu'au moyen de son serviteur. Il en est certainement ainsi, car l'esprit se voit lui-même par lui-même, et il se voit dès qu'il se connaît. Et jamais, pour se voir lui-même, il ne requiert le secours des yeux du corps : bien plus, il se soustrait à tous les sens du corps, comme formant autant d'empêchements dont le bruit le trouble ; et il se retire en lui-même, pour se voir en lui-même, et pour se connaître en lui-même. Mais, est-ce que le Dieu qu'il cherche est quelque chose de semblable à son esprit. Assurément, on ne peut voir Dieu qu'au moyen de l'esprit ; et cependant, Dieu n'est pas ce qu'est notre esprit. Car l'esprit du Prophète cherche ce quelque chose qui est Dieu, afin que l'ayant trouvé, il ne soit plus exposé aux outrages de ceux qui lui disent : « Où est votre Dieu ? » Il cherche une vérité immuable, une substance que rien n'altère. Tel n'est pas notre esprit : il subit l'altération, et il progresse ; il sait, et il ignore ; il se souvient, et il oublie ; tantôt il veut une chose, et tantôt il ne la veut plus. Cette instabilité n'existe pas en Dieu. Si je parlais d'un Dieu qui peut changer, ceux qui me disent : « Où est votre Dieu ? » m'insulteraient à l'instant.

8. Cherchant donc mon Dieu dans les choses visibles et corporelles, et ne l'y trouvant pas ; cherchant sa substance en moi, comme s'il était quelque chose de semblable à ce que je suis, et ne l'y trouvant pas non plus ; je sens que mon Dieu est quelque chose de supérieur à mon âme. Donc, pour arriver à le saisir, « J'ai médité ces choses, et j'ai répandu mon âme au-dessus de moi-même (*Ps.* XLI, 5). » Comment, en effet, mon âme atteindrait-elle ce qu'il faut chercher au-dessus d'elle, si mon âme ne se répandait au-dessus d'elle-même ? Si elle restait en elle-même, elle ne verrait rien qu'elle, et en se voyant, elle ne verrait pas son Dieu. Que ceux qui m'insultent disent donc à présent : « Où est votre Dieu ? » qu'ils le disent ; pour moi, tant que je ne le vois pas, tant que ce bonheur est différé, je mange mes larmes nuit et jour. Qu'ils disent encore : « Où est votre Dieu ? » Je cherche mon Dieu dans tout corps, ou terrestre, ou céleste, et je ne le trouve pas ; je cherche sa substance dans mon âme, et je ne l'y trouve pas ; j'ai médité, cepen-

---

gitatione pulchritudine fruimur, quid sonat ad aures? quid tamquam vaporeum surgit ad nares? quid ori infertur? quid manu tractatur et delectat? Et intus est, et pulchra est, et laudatur, et videtur : et si in tenebris sunt oculi isti, animus illius luce perfruitur. Quid est illud quod Tobias videbat, quando videnti filio caecus consilium vitae dabat (*Tob.* IV, 2) ? Est ergo aliquid quod animus ipse corporis dominator, rector, habitator videt ; quod non per oculos corporis sentit, non per aures, non per nares, non per palatum, non per corporis tactum, sed per seipsum : et utique melius quod per seipsum, quam quod per servum suum. Est prorsus, seipsum enim per seipsum videt, et animus ipse ut norit se, videt se. Nec utique ut videat se, corporalium oculorum quaerit auxilium : imo vero ab omnibus corporis sensibus, tamquam impedientibus et perstrepentibus abstrahit se (*a*) ad se, ut videat se in se, ut noverit se apud se. Sed numquid aliquid tale Deus ipsius est, qualis est animus? Non quidem videri Deus nisi animo potest, nec tamen ita ut animus videri potest. Aliquid enim quaerit animus iste quod Deus est, de quo illo non insultent qui dicunt, « Ubi est Deus tuus ? » Aliquam quaerit incommutabilem veritatem, sine defectu substantiam. Non est talis ipse animus, deficit, proficit; novit, ignorat ; meminit, obliviscitur ; modo illud vult, modo non vult. Ista mutabilitas non cadit in Deum. Si dixero mutabilis est Deus, insultabunt mihi qui dicunt, « Ubi est Deus tuus ? »

8. Quaerens ergo Deum meum in rebus visibilibus et corporalibus, et non inveniens ; quaerens ejus substantiam in meipso, quasi aliquid sit qualis ego sum, neque hoc inveniens ; aliquid super animam esse sentio Deum meum. Ergo, ut eum (*b*) tangerem, « Haec meditatus sum, et effudi super me animam meam (*Ps.* XLI, 5). » Quando anima mea contingeret quod super animam meam quaeritur, nisi anima mea super seipsam effunderetur ? Si enim in seipsa remaneret, nihil aliud quam se videret : et cum se videret, non utique Deum suum videret. Di-

---

(*a*) Sic MSS. At editi, *a se.* (*b*) Apud Lov. interponitur hic. *animi intellectu* : hoc ab Er. et MSS. abest.

dant, sur le moyen de trouver mon Dieu, et j'ai désiré voir ses invisibles perfections, en les comprenant pas les merveilles qu'il a créées (*Rom.* I, 20); « j'ai répandu mon âme au-dessus de moi-même, » et il ne me reste plus rien à saisir que mon Dieu. En effet, c'est là, c'est au-dessus de mon âme qu'est la maison de mon Dieu. Là il habite, de là il me voit, de là il m'a créé, de là il me gouverne, de là il pourvoit à mes besoins, de là il m'excite, de là il m'appelle, de là il me dirige, de là il me conduit, de là il me mène au port.

9. Or, celui qui possède, au plus haut des cieux, une maison invisible, a aussi une tente sur la terre. Sa tente sur terre est son Église encore voyageuse. C'est là qu'il faut le chercher, parce que dans la tente on trouve la voie qui mène à la maison. En effet, quand j'ai répandu mon âme au-dessus de moi, afin d'atteindre mon Dieu, pourquoi l'ai-je fait? « Parce que j'entrerai dans le lieu du tabernacle. » En effet, hors du lieu du tabernacle, je ne pourrais que m'égarer en cherchant mon Dieu. « Parce que j'entrerai dans le lieu du tabernacle merveilleux, jusques à la maison de Dieu (*Ps.* XLI, 5). » J'entrerai dans le lieu du tabernacle, du tabernacle merveilleux, jusqu'à la maison de Dieu. Dès à présent, en effet, j'admire beaucoup de choses dans le tabernacle. Que de merveilles incomparables j'admire dans ce tabernacle! Car le tabernacle de Dieu sur la terre est formé par les hommes fidèles. J'admire en eux la manière dont leurs membres leur sont soumis, parce que le péché ne règne point en eux pour les asservir au désir du mal, et parce qu'ils n'abandonnent pas leurs membres au péché comme des instruments d'iniquité, mais qu'ils les offrent au Dieu vivant par leurs bonnes œuvres (*Rom.* VI, 12). J'admire, quand l'âme sert Dieu, comment les membres du corps combattent pour Dieu. Je vois l'âme elle-même, obéissant à Dieu, réglant les œuvres qu'elle doit accomplir, refrénant les convoitises, repoussant l'ignorance, allant au devant des souffrances les plus dures et les plus pénibles, et ne traitant les autres qu'avec justice et charité. J'admire ainsi ces vertus dans l'âme, mais je ne suis encore que dans le lieu du tabernacle. Je passe outre, et, si admirable que soit ce tabernacle, je suis stupéfait lorsque j'arrive jusqu'à la maison de Dieu. Dans un autre psaume, où le Prophète s'était proposé à lui-même cette difficile et embarrassante question : pourquoi sur la terre, le bonheur est-il le plus souvent pour les méchants et l'affliction pour les bons; il a parlé de cette maison de Dieu, et il a dit : « J'ai entrepris de savoir, et ce travail est resté au-dessus de mes forces, jusqu'au moment où je suis entré dans le sanctuaire de Dieu, et où j'ai compris la fin des choses (*Ps.* LXXII, 16). » Là, en effet, est la source de

---

cant jam insultatores mei, « Ubi est Deus tuus? » dicant : ego quamdiu non video, quamdiu differor, manduco die ac nocte lacrymas meas. Dicant illi adhuc, « Ubi est Deus tuus? » quæro ego Deum meum in omni corpore, sive terrestri, sive cœlesti, et non invenio : quæro substantiam ejus in anima mea, et non invenio : meditatus sum tamen inquisitionem Dei mei, et « per ea quæ facta sunt, invisibilia Dei mei cupiens intellecta conspicere (*Rom.* I, 20), » effudi super me animam meam ; et non jam restat quem tangam, nisi Deum meum. Ibi enim domus Dei mei, super animam meam : ibi habitat, inde me prospicit, inde me creavit, inde me gubernat, inde mihi consulit, inde me excitat, inde me vocat, inde me dirigit, inde me ducit, inde me perducit.

9. Ille enim qui habet altissimam in secreto domum, habet etiam in terra tabernaculum. Tabernaculum ejus in terra, Ecclesia ejus est adhuc peregrina. Sed hic quærendus est, quia in tabernaculo invenitur via, per quam venitur ad domum. Etenim cum effunderem super me animam meam, ad attingendum Deum meum, quare hoc feci? « Quoniam ingrediar in locum tabernaculi. » Nam extra locum tabernaculi errabo quærens Deum meum. « Quoniam ingrediar in locum tabernaculi admirabilis usque ad domum Dei (*Ps.* XLI, 5). » In locum tabernaculi ingrediar, admirabilis tabernaculi usque ad domum Dei. Jam enim multa admiror in tabernaculo. Ecce quanta admiror in tabernaculo : Tabernaculum enim Dei in terra, homines sunt fideles : admiror in eis ipsorum membrorum obsequium ; quia « non in eis regnat peccatum ad obediendum desideriis ejus (*Rom.* VI, 12), » nec exhibent membra sua arma iniquitatis peccato, sed exhibent Deo vivo in bonis operibus : animæ servienti Deo membra corporalia militare admiror. Respicio et ipsam animam obedientem Deo, distribuentem opera actus sui, frenantem cupiditates, pellentem ignorantiam, extendentem se ad omnia aspera et dura toleranda, justitiam et (*a*) caritatem impendentem ceteris. Miror et istas

---

(*a*) Duo MSS. *justitiam et veritatem impendentem.*

l'intelligence, dans le sanctuaire de Dieu, dans la maison de Dieu. Là, le Prophète a compris ce qui se passera dans les derniers jours, et il a résolu la question des joies de l'impie et des afflictions du juste. Comment l'a-t-il résolue ? En ce sens que les méchants, si leur châtiment est différé ici-bas, sont réservés pour des peines éternelles; tandis que les bons, s'ils souffrent ici-bas, ne sont qu'éprouvés, afin de posséder un jour l'héritage céleste. C'est là ce que le Prophète a connu dans le sanctuaire de Dieu, il y a reçu l'intelligence des derniers jours. Il est monté dans la tente, et de là il est parvenu à la maison de Dieu. Tandis qu'il admirait les saints, qui sont comme les différentes parties de cette tente, il a été conduit à la maison de Dieu, en suivant l'attrait d'une certaine douceur, de je ne sais quelle volupté secrète ; comme si, de la maison de Dieu, s'échappaient les sons délicieux d'un instrument ravissant : il marchait dans la tente, lorsque, entendant cette mélodie intérieure, dont la douceur l'attirait, il s'est mis à suivre ce qu'il entendait, en se retirant de tous les bruits du sang et de la chair, et il est arrivé jusqu'à la maison de Dieu. Car il raconte lui-même et son voyage et cette conduite mystérieuse ; comme si nous lui avions dit : Vous admirez la tente qui est sur cette terre, comment êtes-vous parvenu jusqu'au secret de la maison de Dieu ? « Au milieu, dit-il, des chants de l'allégresse et de la louange, au milieu des concerts qui célèbrent la joie des fêtes. » Quand, au milieu de nous, on célèbre quelque fête splendide, c'est la coutume de placer, devant la maison, des joueurs d'instruments, des chanteurs, ou des musiciens, employés dans les fêtes pour exciter au plaisir. Et lorsque nous les entendons, que disons-nous en passant ? Que fait-on là ? Et l'on nous répond qu'il y a là quelque fête. On y célèbre, nous dit-on, une naissance ou des noces : de la sorte, ces chants ne paraissent pas déplacés, et le plaisir trouve son excuse dans la fête que l'on célèbre. Dans la maison de Dieu, c'est une fête continuelle. En effet, on n'y célèbre rien qui soit passager. La fête éternelle est célébrée par le chœur des anges ; et le visage de Dieu, vu à découvert, cause une joie que rien ne peut altérer. Nul commencement à ce jour de fête ; nulle fin qui puisse le terminer. De cette fête éternelle et perpétuelle s'échappe je ne sais quel son, qui retentit doucement aux oreilles du cœur, pourvu qu'il ne s'y mêle aucun bruit humain. L'harmonie de cette fête enchante l'oreille de celui qui marche dans cette tente, et qui contemple les merveilles que

---

virtutes in anima: sed adhuc in loco tabernaculi ambulo. Transeo et hæc : et quamvis admirabile sit tabernaculum, stupeo cum pervenio usque ad domum Dei. De qua domo dicit in alio Psalmo, cum proposuisset sibi quamdam duram et difficilem quæstionem, quare in hac terra plerumque bene est malis, et male est bonis, et ait, « Suscepi cognoscere, hoc labor est ante me, donec introeam in sanctuarium Dei, et intelligam in novissima (*Psal.* LXXII, 16-17).» Ibi est enim fons intellectus, in sanctuario Dei, in domo Dei. Ibi intellexit iste in novissima, et solvit quæstionem de felicitate iniquorum, et labore justorum. Quomodo solvit? Quia mali cum hic differuntur, ad pœnas sine fine servantur; et boni cum hic laborant, exercentur, ut in fine hereditatem consequantur. Et hoc ille in sanctuario Dei cognovit, intellexit in novissima. Adscendens tabernaculum, pervenit ad domum Dei. Tamen dum miratur membra tabernaculi, ita perductus est ad domum Dei, (*a*) quamdam dulcedinem sequendo, interiorem nescio quam et occultam voluptatem, tamquam de domo Dei sonaret suaviter aliquod organum : et cum ille ambularet in tabernaculo, audito quodam interiore sono, ductus dulcedine, sequens quod sonabat, abstrahens se ab omni strepitu carnis et sanguinis, pervenit usque ad domum Dei. Nam viam suam et ductum suum sic ipse commemorat, quasi diceremus ei, Miraris tabernaculum in hac terra : quomodo pervenisti ad secretum domus Dei? « In voce, » inquit, « exsultationis et confessionis, soni festivitatem celebrantis (*Ps.*XLI,5).» Festa cum hic homines celebrant sæque luxuriæ, consuetudinem habent constituere organa ante domos suas, aut ponere symphoniacos, vel quæque musica ad luxuriam servientia et illicientia. Et ubi audita fuerint hæc, quid dicimus qui transimus? Quid hic agitur? Et respondetur nobis, aliqua esse festa. Natalitia, inquit, celebrant, nuptiæ hic sunt : ut non videantur inepta illa cantica, sed excusetur festivitate (*b*) luxuria. In domo Dei festivitas sempiterna est. Non enim aliquid ibi celebratur et transit. Festum sempiternum, chorus Angelorum : vultus præsens Dei, lætitia sine defectu. Dies hic festus ita est, ut nec aperiatur initio, nec fine claudatur. De illa æterna et perpetua festivitate sonat nescio quid canorum et dulce auribus cordis: sed si non perstrepat mundus. Ambulanti in hoc tabernaculo

---

(*a*) Editi, *percepit quamdam.* Redundat *percepit*, nec est in MSS. (*b*) MSS nullo fere excepto, *lætitia.*

Dieu a opérées pour la rédemption des fidèles; et elle entraîne le cerf vers les sources des eaux.

10. Mais, mes frères, parce que nous voyageons loin de Dieu, tant que nous sommes dans ce corps mortel (II *Cor.* v, 6); parce que ce corps, voué à la corruption, appesantit l'âme, et que cette demeure terrestre abaisse l'esprit agité par ses nombreuses pensées (*Sag.* ix, 15); bien que nous parvenions quelquefois, en marchant sous l'impulsion du désir, qui dissipe les nuages autour de nous, à entendre ces sons divins, de manière à saisir, par nos efforts, quelque chose de la maison de Dieu; cependant, accablés par le poids de notre faiblesse, nous retombons bientôt dans nos habitudes, et nous nous laissons entraîner à notre vie accoutumée. Et de même qu'en nous approchant de Dieu nous avions trouvé la joie, de même, en retombant sur terre, nous trouverons de quoi gémir. En effet, ce cerf, ce juste qui mange ses larmes nuit et jour, qui est emporté par son désir vers les sources des eaux, c'est-à-dire, vers la douceur intérieure de Dieu; qui répand son âme au-dessus de lui, et marche dans le lieu de cette admirable tente, jusqu'à la maison de Dieu; qui est conduit, par les délices du chant intérieur qu'il a compris, à mépriser toutes les choses extérieures, et à ne désirer que les choses intérieures; ce juste n'est encore pourtant qu'un homme, il gémit encore ici-bas, il porte encore une chair fragile, il est encore en péril au milieu des scandales de ce monde. Il a donc jeté un regard sur lui-même, en revenant, pour ainsi dire, de ces hauteurs; il a comparé les tristesses au milieu desquelles il se trouve, avec les merveilles qu'il a aperçues en entrant dans la maison de Dieu, et qu'il a quittées en sortant; et il se dit à lui-même : « Mon âme, pourquoi êtes-vous triste, et pourquoi me troublez-vous (*Ps.* xli, 6)? » Voilà que déjà nous avons joui d'une certaine douceur intérieure; voilà que, dans la partie la plus élevée de notre esprit, nous avons pu entrevoir, bien que succinctement et à la dérobée, quelque chose d'immuable; pourquoi donc me troublez-vous encore? Pourquoi êtes-vous encore triste? En effet, vous ne doutez pas de votre Dieu. Vous ne manquez pas de réponse à faire contre ceux qui vous disent : « Où est votre Dieu ? » Déjà j'ai senti comme un avant-goût de ce qui est immuable; pourquoi me troublez-vous encore? « Espérez en Dieu. » Et son âme lui répond en secret : Pourquoi vous troublé-je, sinon parce que je ne suis pas encore dans cette demeure où l'on goûte cette douceur, au sein de laquelle j'ai déjà été transportée comme en passant? Est-ce que, dès à présent, je bois à cette source, sans rien craindre? Est-ce que, dès à présent, je ne redoute aucun scandale? Suis-je, dès à présent, en sûreté contre toutes mes convoitises, comme si elles étaient domptées et vaincues? Le démon,

---

(a) et miracula Dei in redemtionem fidelium consideranti, mulcet aurem sonus festivitatis illius, et rapit cervum ad fontes aquarum.

10. Sed quia, Fratres, « quamdiu sumus in corpore hoc, peregrinamur a Domino (II *Cor.* v, 6), » et « corpus quod corrumpitur aggravat animam, et deprimit terrena inhabitatio sensum multa cogitantem (*Sap.* ix, 15) : » et si utcumque nebulis diffugatis ambulando per desiderium, ad hunc sonum pervenerimus interdum, et aliquid de illa domo Dei nitendo capiamus : onere tamen quodam infirmitatis nostræ ad consueta recidimus, et ad solita ista dilabimur. Et quomodo ibi inveneramus unde gauderemus, sic hic non deerit quod gemamus. Etenim cervus iste manducans die ac nocte lacrymas suas, raptus desiderio ad fontes aquarum, interiorem scilicet dulcedinem Dei effundens super se animam suam, ut tangeret quod est super animam suam, ambulans in locum tabernaculi admirabilis usque ad domum Dei, et ductus interioris et intelligibilis soni jocunditate, ut omnia exteriora contemneret, et in interiora raperetur : adhuc tamen homo est, adhuc hic gemit, adhuc carnem fragilem portat, adhuc inter scandala hujus mundi periclitatur. Respexit ergo ad se, tamquam inde veniens, et ait sibi constituto inter has tristitias, et comparans hæc illis ad quæ videnda ingressus est, et post quæ visu egressus est: « Quare, inquit, tristis es anima mea, et quare conturbas me (*Ps.* xli, 6)? » Ecce jam quadam interiore dulcedine lætati sumus, ecce acie mentis aliquid incommutabile, etsi perstrictim et raptim, perspicere potuimus : quare adhuc conturbas me, quare adhuc tristis es? Non enim dubitas de Deo tuo. Non enim non est quod tibi dicas, contra illos qui dicunt, Ubi est Deus tuus? Jam aliquid incommutabile persensi, quare adhuc conturbas me? « Spera in Deum. » Et quasi responderet illi anima ejus in silentio, Quare conturbo te, nisi quia nondum sum ibi, ubi est dulce illud, quo sic

---

(a) Hic in editis additur *admirabili Dei* : quod a MSS. abest.

mon ennemi, ne veille-t-il pas contre moi? Ne tend-il pas tous les jours contre moi des piéges perfides? Et vous ne voulez pas que je vous trouble, quand je suis au milieu du monde, encore exilée de la maison de Dieu! Alors, à son âme qui le trouble et qui lui rend compte, pour ainsi dire, de ce trouble, en lui exposant les maux dont le monde est rempli, il répond : « Espérez en Dieu. » En attendant, habitez ici-bas dans votre espérance. « Car, l'espérance des choses que l'on voit, n'est plus l'espérance ; mais si nous espérons ce que nous ne voyons pas, nous l'attendons par la patience (*Rom.* VIII, 24). »

11. « Espérez en Dieu. » Pourquoi : Espérez ? «Parce que je lui confesserai.» Que lui confesserez-vous ? « Qu'il est mon Dieu, le salut de mon visage (*Ps.* XLI, 7). » Mon salut ne peut me venir de moi : je le dirai, je le confesserai : « Mon Dieu est le salut de mon visage. » En effet, s'il conçoit encore de la crainte, au milieu de ces biens qu'il connaît et qu'il commence à comprendre, c'est qu'il a regardé derrière lui avec inquiétude, afin de voir si l'ennemi ne se glisse pas pour l'attaquer ; il ne dit donc pas encore : je suis sauvé de toutes parts. En effet, possédant les prémices de l'esprit, nous gémissons en nous-mêmes, dans l'attente de notre adoption et de la rédemption de notre corps (*Rom.* VIII, 23). Lorsque notre salut sera complet, nous serons pour toujours dans la maison de Dieu, et toujours nous glorifierons celui auquel le Prophète dit : « Heureux ceux qui habitent dans votre maison ; ils vous glorifieront dans les siècles des siècles (*Ps.* LXXXIII, 5). » Il n'en est point encore ainsi, parce que le salut promis n'est pas encore donné ; mais je loue Dieu dans mon espérance et je lui dis : « Mon Dieu ! vous êtes le salut de mon visage.» Car nous sommes sauvés en espérance ; mais l'espérance des choses que l'on voit n'est plus l'espérance (*Rom.* VIII, 24). Persévérez donc pour arriver ; persévérez jusqu'à ce que le salut arrive. Écoutez ce que le Seigneur lui-même vous dit dans votre cœur : « Attendez le Seigneur, agissez avec courage ; que votre cœur s'affermisse et attende le Seigneur (*Ps.* XXVI, 14), » parce que celui qui aura persévéré jusqu'à la fin sera sauvé (*Matth.* X, 22, et XXIV, 13). «Mon âme, pourquoi donc êtes-vous triste? et pourquoi me troublez-vous? Espérez dans le Seigneur, parce que je lui confesserai,» et voici ma confession : « qu'il est, mon Dieu, le salut de mon visage. »

XII. « Mon âme est troublée sur moi (*Ps.* XLI, 7). » Est-ce qu'elle est troublée sur Dieu ? Elle est troublée sur moi-même. Elle était soulagée dans celui qui est immuable, elle est troublée sur moi qui suis sujet au changement. Je sais que la justice de Dieu est stable ; je ne sais si la mienne est durable. Car l'Apôtre saint Paul m'effraie lorsqu'il dit : « Que celui qui croit être debout, prenne garde de tomber (I. *Cor.* x, 12). » Donc, comme je ne tiens pas ma force de moi-même, je ne place pas en moi mon espérance, et mon âme est troublée sur moi. Voulez-vous qu'elle ne soit pas troublée ? qu'elle ne reste pas en vous, et dites au contraire : « Seigneur, j'ai levé mon âme vers vous (*Ps.* XXIV, 1). » Écoutez cette pensée d'une manière plus claire encore. Ne mettez pas votre espérance en vous, mais en votre Dieu. Car si vous la mettez en vous, votre âme est troublée sur vous, parce qu'elle ne trouve pas encore en vous de motifs de sécurité. Donc, puisque mon âme est troublée sur moi, que me reste-t-il si ce n'est d'être humble, afin que mon âme ne présume pas d'elle-même ? Que me reste-t-il, sinon qu'elle se place tout à fait au dernier rang; sinon qu'elle s'humilie, pour mériter d'être élevée ? Qu'elle ne s'attribue rien, afin que Dieu lui donne ce qui lui est utile. Donc, parce que mon âme est troublée sur moi, et que c'est l'orgueil qui produit ce trouble, « à cause de cela, je me suis souvenu de vous, Seigneur, des pays voisins du Jourdain, et de la petite montagne d'Hermoniim. » D'où me suis-je souvenu de vous ? D'une petite montagne, et de la terre voisine du Jourdain. Peut-être est-ce du baptême, où se trouve la rémission des péchés. Personne, en effet, ne court à la rémission des péchés, si ce n'est celui qui se déplaît à lui-même; nul ne court à la rémission des péchés, si ce n'est celui qui se confesse pécheur, et nul ne se confesse pécheur qu'en s'humiliant devant Dieu. Je me suis donc souvenu de vous, des pays proches du Jourdain et d'une petite montagne : non d'une grande montagne, afin que vous fassiez une grande montagne de celle qui est petite; parce que celui qui s'abaisse sera élevé, et que celui qui s'élève sera abaissé (*Luc.* XIV, 11, et XVIII, 14). Mais de plus, si vous me demandez quel sens ont les noms employés ici, le Jourdain signifie, leur descente. Descendez donc, pour être élevé : gardez-vous de vous élever, de peur d'être brisé. Et de la petite montagne d'Hermoniim. Hermoniim veut dire : anathème. Frappez-vous d'anathème, en vous déplaisant à vous-même; car vous déplairez à Dieu, si vous vous plaisez à vous-même. Donc, parce que Dieu nous donne tous les biens en raison de sa bonté et non de notre valeur, en raison de sa miséricorde et non de quelque mérite de notre part, je me suis souvenu de Dieu, de la terre du Jourdain et d'Hermoniim. Et parce qu'il s'en souvient humblement, il méritera d'être élevé pour jouir parfaitement de Dieu; car celui qui se glorifie dans le Seigneur ne s'élève pas en lui-même (I. *Cor.* I, 31).

13. « L'abîme appelle l'abîme par la voix de vos

---

incommutabile reficiebatur, ad mutabile perturbabatur. Novi quia justitia Dei mei manet : utrum mea maneat, nescio. Terret enim me Apostolus, dicens, « Qui se putat stare, videat ne cadat (I *Cor.* x, 12). » Ergo quia non est in me firmitas mihi, nec est mihi spes de me, « Ad meipsum turbata est anima mea. » Vis non conturbetur? Non (*a*) remaneat in teipso, et dic, «Ad te Domine levavi animam meam (*Psal.*XXIV, 1).» Hoc planius audi. Noli sperare de te, sed de Deo tuo. Nam si speras de te, anima tua conturbatur ad te; quia nondum invenit unde sit secura de te. Ergo quoniam ad me conturbata est anima mea, quid restat nisi humilitas, ut de ipsa anima non præsumat? Quid restat nisi ut omnino minimam se faciat, nisi ut se humiliet, ut exaltari mereatur? nihil sibi tribuat, ut ei ab illo quod utile est tribuatur. Ergo quia ad me turbata est anima mea, et hanc perturbationem facit superbia : « Propterea memoratus sum tui, Domine, de terra Jordanis et Hermoniim a monte parvo. » Unde memoratus sum tui? A monte parvo, et de terra Jordanis. Forte de baptismo, ubi est remissio peccatorum. Etenim nemo currit ad remissionem peccatorum, nisi qui displicet sibi ; nemo currit ad remissionem peccatorum, nisi qui se confitetur peccatorem, nisi humiliando seipsum Deo. Ergo « de terra Jordanis memoratus sum tui, et de monte parvo : » non de monte magno; ut de monte parvo tu facias magnum : quoniam « qui se exaltat, humiliabitur; et qui se humiliat, exaltabitur (*Lucæ,* XIV, XI, et XVIII, 14). » Si autem et interpretationes quæras, Jordanis est descensio eorum. Descende ergo, ut leveris; noli extolli, ne elidaris. « Et de Hermoniim monte parvo. » Hermoniim (*b*) anathematio interpretatur. Anathema teipsum, displicendo tibi : displicebis enim Deo, si placueris tibi. Ergo quia nobis Deus omnia bona præstat, quia ipse bonus est, non quia nos digni sumus; quia ille misericors est, non quia in aliquo promeruimus? « de terra Jordanis et

---

(*a*) Sic MSS. At editi, *Non remaneas.* (*b*) Sic MSS. Editi vero, *anathematizatio*; et infra, *anathematiza.*

cataractes (*Ps.*XLI, 8). » Peut-être puis-je achever l'explication du psaume, aidé que je suis par votre zèle dont je vois la ferveur. Je ne m'inquiète pas assez peut-être de votre fatigue à m'écouter, tandis que vous me voyez, moi qui vous parle, ne poursuivre mon travail qu'à la sueur de mon front. Mais je ne doute pas que vous ne partagiez ma fatigue dont vous êtes témoins : car ce n'est pas pour moi, c'est pour vous que je travaille. Écoutez donc, puisque je vois que tel est votre désir. « L'abîme appelle l'abîme par la voix de vos cataractes, » dit à Dieu celui qui s'est souvenu de lui des pays du Jourdain et de la montagne d'Hermoniim. C'est dans un transport d'étonnement qu'il s'écrie : « L'abîme invoque l'abîme par la voix de vos cataractes. » Quel est cet abîme, et quel abîme invoque-t-il ? L'intelligence de cette parole est vraiment un abîme. Or un abîme est une certaine profondeur qu'on ne peut sonder et dont on peut saisir les limites, et c'est surtout des grandes quantités d'eaux que l'abîme s'entend. Car, il y a là une hauteur, une profondeur telle, qu'on ne peut pénétrer jusqu'au fond. Enfin, dans un autre psaume, le prophète a dit : « Vos jugements sont comme de profonds abîmes (*Ps.* XXXV, 7) ; » et par là l'Écriture a voulu nous faire savoir que les jugements de Dieu sont incompréhensibles. Quel est donc cet abîme, et quel abîme invoque-t-il ? Si l'abîme est une profondeur, penserons-nous que le cœur de l'homme ne soit pas un abîme ? Qu'y a-t-il, en effet, de plus profond que cet abîme ? Les hommes peuvent parler ; on peut voir ce qu'ils font à l'aide de leurs membres, on peut les entendre par leurs discours ; mais quel est celui dans la pensée duquel on peut pénétrer, dans le cœur duquel on peut voir. Qui saisira ce qu'il fait intérieurement, ce qu'il peut intérieurement, ce qu'il accomplit intérieurement, ce qu'il dispose intérieurement, ce qu'il veut intérieurement, ce qu'il ne veut pas intérieurement ? Je pense donc que l'on peut raisonnablement, par l'abîme, comprendre l'homme dont il a été dit ailleurs : L'homme pénétrera dans les profondeurs de son cœur et Dieu sera glorifié (*Ps.* LXIII, 7). » Si donc l'homme est un abîme, comment l'abîme invoque-t-il l'abîme ? Est-ce que l'homme invoque l'homme ? L'invoque-t-il de la même manière qu'il invoque Dieu ? Non. Mais il l'invoque, c'est-à-dire qu'il l'appelle à lui. C'est ainsi qu'il a été dit d'un homme : il invoque la mort (*Ésope,* fabl. VI), c'est-à-dire : il vit de telle manière qu'il appelle à lui la mort. Car il n'y a pas un homme qui invoque la mort en lui adressant une prière, mais, par leur mauvaise vie, les hommes invoquent la mort. L'abîme invoque l'abîme, l'homme appelle l'homme. C'est ainsi qu'on apprend la sagesse, c'est ainsi qu'on apprend la foi, lorsque

---

Hermoniim commemoratus sum Dei. » Et quia humiliter commemoratur, exaltatus perfrui merebitur : quia non in se exaltatur qui in Domino gloriatur (1 *Cor.* I, 31).
13. « Abyssus abyssum invocat in voce cataractarum tuarum (*Ps.*XLI, 8). » Peragere Psalmum possum fortasse, adjutus studio vestro, cujus fervorem video. De labore autem vestro non satis curo, ut audiatis ; quando et me qui loquor, ita in his laboribus sudare cernatis. Adspicientes me laborantem, profecto collaboratis : non enim mihi laboro, sed vobis. Ergo audite, quia velle vos video. « Abyssus abyssum invocat in voce cataractarum tuarum : » Deo dixit ille qui ejus commemoratus est de terra Jordanis et Hermoniim : hoc admirando dixit, « Abyssus abyssum invocat in voce cataractarum tuarum. » Quæ abyssus, quam abyssum invocat ? Vere quia iste intellectus abyssus est. Abyssus enim est profunditas quædam impenetrabilis, incomprehensibilis : et maxime solet dici in aquarum multitudine. Ibi enim altitudo, ibi profunditas, quæ penetrari usque ad fundum non potest. Denique quodam loco dictum est, « Judicia tua abyssus multa (*Psal.*XXXV, 7) : » hoc volente Scriptura commendare, quia judicia Dei non comprehenduntur. Quæ ergo abyssus, quam invocat abyssum ? Si profunditas est abyssus, putamus non cor hominis abyssus est ? Quid enim est profundius hac abysso ? Loqui homines possunt, videri possunt per operationem membrorum, audiri in sermone : sed cujus cogitatio penetratur, cujus cor inscipitur ? Quid intus gerat, quid intus possit, quid intus agat, quid intus disponat, quid intus velit, quid intus nolit, quis comprehendet ? Puto non absurde intelligi abyssum hominem, de quo alibi dictum est, « Accedet homo ad cor altum, et exaltabitur Deus. (*Psal.* LXIII, 7). » Si ergo homo abyssus est, quomodo abyssus invocat abyssum ? Homo invocat hominem ? invocat quasi quomodo Deus invocatur ? Non. Sed invocat, dicitur ad se vocat. Nam dictum est de quodam, Mortem invocat (*Apud Æsop., fab.* VI) : id est, sic vivit, ut mortem ad se vocet. Nam nemo hominum est qui orationem faciat, et invocet mortem : sed male vivendo homines mortem invocant. « Abyssus abyssum invocat, » homo hominem. Sic discitur sapientia, sic

l'abîme appelle l'abîme. Les saints prédicateurs de la parole de Dieu appellent l'abîme. Et eux-mêmes ne sont-ils pas des abîmes? Afin que vous sachiez qu'ils sont des abîmes, écoutez l'apôtre saint Paul : « Je me mets peu en peine d'être jugé par vous ou par quelque puissance humaine que ce soit (I *Cor.* iv, 3). » Mais, pour savoir quel abîme il est, écoutez encore : « Et en outre, je ne me juge pas moi-même. » Pensez-vous qu'il puisse y avoir dans un homme une si grande profondeur, que l'homme même en qui elle est ne la connaisse pas? Quelle profondeur de faiblesse n'y avait-il pas dans saint Pierre, lorsqu'il ignorait ce qui se passait en lui, et qu'il promettait témérairement de mourir avec le Seigneur ou pour le Seigneur (*Jean.* xiii. 37). Quel abîme était en lui! Et cependant cet abîme était à découvert aux yeux de Dieu. Car le Christ lui prédisait ce qu'il ignorait en lui-même. Tout homme donc, fut-il saint, fut-il juste, fut-il avancé en beaucoup de choses, est un abîme ; et il invoque l'abîme, quand il prêche à un autre homme quelque point de foi et quelque vérité, en vue de la vie éternelle. Mais alors, il est un abîme utile à l'abîme qu'il appelle, lorsqu'il le fait par la voix de vos cataractes. L'abîme invoque l'abîme, l'homme gagne un homme, non point par sa propre voix, mais par la voix de vos cataractes.

14. Il y a encore une autre manière de comprendre ces paroles : « l'abîme invoque l'abîme, par la voix de vos cataractes. » Moi qui tremble lorsque mon âme est violemment troublée en moi, j'ai été pris d'une violente terreur de vos jugements; car vos jugements sont des abîmes profonds(*Ps.*xxxv,7), et l'abîme appelle l'abîme. Car cette chair mortelle, condamnée au travail, coupable de péchés, pleine de douleurs et de scandales, exposée aux convoitises, est soumise à une condamnation portée par votre jugement; car vous avez dit au pécheur : « Vous mourrez de mort et vous mangerez votre pain à la sueur de votre visage (*Gen.* ii, 17). » Tel est le premier abîme ouvert par votre jugement. Mais si les hommes ont mal vécu ici-bas, l'abîme appelle l'abîme, parce qu'ils passent de peine en peine, de ténèbres en ténèbres, de profondeur en profondeur, de supplice en supplice, et des ardeurs de la convoitise, dans les flammes de l'enfer. C'est peut-être là ce que craignait le Prophète lorsqu'il disait : « Mon âme est troublée sur moi ; c'est pourquoi je me suis souvenu de vous, Seigneur, de la terre voisine du Jourdain et d'Hermoniim. » Je dois être humble : Car, vos jugements m'ont glacé d'effroi. Vos jugements m'ont jeté dans l'épouvante; c'est pourquoi mon âme a été troublée sur moi. Et quels sont ces jugements que j'ai redoutés? Ceux que nous su-

---

discitur fides, cum abyssus abyssum invocat. Abyssum invocant sancti prædicatores verbi Dei. Numquid et ipsi non abyssus? Ut noveris, quia abyssus et ipsi, Apostolus ait, « Minimum est ut à vobis dijudicer, aut ab humano die (I *Cor.* iv, 3). » Quanta autem abyssus sit, audite amplius : « Neque enim ego meipsum dijudico. » Tantum ne profunditatem creditis esse in homine, quæ lateat ipsum hominem in quo est? Quanta profunditas infirmitatis latebat in Petro, quando quid in se ageretur intus nesciebat, et se moriturum cum Domino vel pro Domino temere promittebat (*Johan.* xiii, 37)? quanta abyssus erat? Quæ tamen abyssus nuda erat oculis Dei. Nam hoc illi Christus prænuntiabat, quod in se ipse ignorabat. Ergo omnis homo licet sanctus, licet justus, licet in multis proficiens, abyssus est, et abyssum invocat, quando homini aliquid fidei, aliquid veritatis propter vitam æternam prædicat. Sed tunc est utilis abyssus abysso invocatæ, quando fit in voce cataractarum tuarum? « Abyssus abyssum invocat, » homo hominem lucratur : non tamen in voce sua, sed « in voce cataractarum tuarum. »

14. Alium accipite intellectum : « Abyssus abyssum invocat, in voce cataractarum tuarum. » Ego qui contremisco, cum ad me perturbata est anima mea, a judiciis tuis timui vehementer : « judicia enim tua abyssus multa (*Psal.* xxxv, 7), et « abyssus abyssum invocat. » Nam sub hac carne mortali, laboriosa, peccatrice, molestiis et scandalis plena, concupiscentiis obnoxia, damnatio quædam est de judicio tuo : quia tu dixisti peccatori, « Morte morieris (*Gen.* ii, 17) : » et, « In sudore vultus tui edes panem tuum (*Ibid.*) » Hæc abyssus prima judicii tui. Sed si male hic vixerint homines, « Abyssus abyssum invocat : » quia de pœna in pœnam transeunt, et de tenebris ad tenebras, et de profunditate ad profunditatem, et de supplicio ad supplicium, et de ardore cupiditatis in flammas gehennarum. Ergo hoc timuit fortassis homo iste, cum ait, « Ad meipsum anima mea turbata est : propterea memoratus sum tui, Domine, de terra Jordanis et Hermoniim. » Humilis esse debeo. Exhorrui enim judicia tua, vehementer timui judicia tua : ideo ad me anima mea turbata est. Et quæ judicia tua timui? Parva ne judicia sunt tua ista?

bissons maintenant sont-ils peu de chose? Ils sont grands, ils sont rudes, ils sont terribles; mais puissent-ils être les seuls!« L'abîme appelle l'abîme par la voix de vos cataractes. » Vous nous menacez, et vous nous dites qu'après ces douleurs présentes, il nous reste à craindre une autre condamnation. « Par la voix de vos cataractes, l'abîme appelle l'abîme. » Où donc fuirai-je pour éviter votre face, où fuirai-je pour éviter votre esprit (*Ps.* CXXXVIII, 7), si l'abîme appelle l'abîme et si après les douleurs présentes nous en devons redouter de plus pesantes?

15. « Toutes vos eaux suspendues sur ma tête et tous vos flots sont venus fondre sur moi (*Ps.* XLI, 8) ». Vos flots sont les douleurs que je ressens déjà, vos eaux suspendues sur ma tête sont les douleurs dont vous me menacez. Toutes mes souffrances sont vos flots déchaînés; toutes vos menaces sont vos eaux suspendues sur moi. Par ces flots, l'abîme appelle les eaux suspendues sur ma tête; par ces eaux suspendues, l'abîme appelle l'abîme. Par mes douleurs et par les maux plus terribles dont votre colère me menace, tous vos flots et toutes vos eaux suspendues sur ma tête sont venus fondre sur moi. Celui, en effet, qui menace, ne frappe pas, il suspend les coups sur celui qu'il menace. Mais, comme vous délivrez aussi, j'ai dit à mon âme : « Espère en Dieu, parce que je lui confesserai qu'il est mon Dieu, le salut de mon visage. » Plus nombreux sont mes maux, plus douce sera votre miséricorde.

16. C'est pourquoi le Prophète ajoute : « Pendant le jour le Seigneur a annoncé sa miséricorde, et pendant la nuit il la montrera (*Ibid.* 9) ». Dans l'affliction, personne n'a le loisir d'entendre. Prêtez attention, quand tout est bien pour vous; écoutez, quand tout est bien pour vous. Instruisez-vous, lorsque vous êtes tranquille, des règles de la sagesse, et recueillez la parole de Dieu, comme une nourriture. Car, tout homme qui est dans l'affliction, doit tirer profit de la parole qu'il a entendue, lorsqu'il était en sécurité. Lorsque vous jouissez de la prospérité, Dieu vous annonce sa miséricorde, à condition que vous le serviez fidèlement, et alors il vous délivre de l'affliction; mais cette miséricorde, qu'il vous a annoncée pendant le jour, il ne vous la montre que pendant la nuit. Lorsque la tribulation vous assaille, Dieu ne vous abandonne pas sans secours; il vous montre que ce qu'il vous a annoncé pendant le jour est véritable. En effet, il est écrit dans les livres saints : « La miséricorde du Seigneur est précieuse au temps de l'affliction, comme les nuages qui recèlent la pluie au temps de la sécheresse (*Eccli.* XXXV, 26). » « Le Seigneur a annoncé sa miséricorde pendant le jour, et il la montrera pendant la nuit. » Il ne vous montre qu'il vient à notre secours, que quand l'affliction est arrivée, et que

---

Magna sunt, dura sunt, modesta sunt : sed utinam sola essent. « Abyssus abyssum invocat in voce cataractarum tuarum : » quia tu minaris, tu dicis et post illos labores restare alteram damnationem : In voce cataractarum tuarum, abyssus abyssum invocat. » « Quo ergo abibo a facie tua, et a spiritu tuo quo fugiam (*Psal.* CXXXVIII, 7) : » si abyssus abyssum invocat, si post istos labores timentur graviores ?

15. Omnes suspensiones tuæ et fluctus tui super me ingressi sunt (*Ps.* XLI,8). » Fluctus in his quæ sentio, suspensuræ in his quæ minaris. Omnis perpessio mea, fluctus est tuus : omnis comminatio tua, suspensura tua est. In fluctibus invocat abyssus ista, in suspensuris invocat alteram abyssum. In eo quod laboro, omnes fluctus tui : in eo quod minaris gravius omnes suspensiones tuæ super me ingressæ sunt. Qui enim minatur, non premit, sed suspendit. Sed quia liberas, hoc dixi animæ meæ : « Spera in Deum, quoniam confitebor illi, salutare vultus mei Deus meus(*Ibid.* 6).»Quia magis crebra sunt mala, dulcior erit misericordia tua.

16. Ideo sequitur : « In die mandavit Dominus misericordiam suam, et nocte declarabit (*Ibid.* 9). » Nulli vacat audire in tribulatione. Adtendite cum vobis bene est : audite cum vobis bene est : discite cum tranquilli estis, sapientiæ disciplinam, et verbum Dei ut cibum colligite. Quando enim quisque in tribulatione est, prodesse illi debet quod securus audivit. Etenim in rebus prosperis mandat tibi Deus misericordiam suam, si ei fideliter servieris ; quia liberat te de tribulatione : sed non tibi declarat ipsam misericordiam, quam tibi per diem mandavit, nisi per noctem. Cum venerit ipsa tribulatio, tunc adjutorio te non deserit : ostendit tibi verum fuisse quod tibi per diem mandavit. Etenim scriptum est quodam loco, « Speciosa misericordia Domini in tempore tribulationis, sicut nubes pluviæ in tempore siccitatis (*Eccli.* XXXV, 26). » « In die mandavit Dominus misericordiam suam, et nocte declarabit. » Non tibi ostendit quia subvenit tibi, nisi venerit tibi tribulatio, unde eruaris ab illo qui tibi per diem promisit. Ideo admonemur imitari formicam (*Prov.* VI,

vous en êtes délivré par celui qui vous a promis sa miséricorde pendant le jour. C'est pourquoi nous sommes invités à imiter la fourmi (*Prov.* VI, 6). En effet, de même que le jour signifie la prospérité, et la nuit l'adversité de ce monde, ainsi la prospérité de ce monde est encore figurée d'une autre manière par l'été, et l'adversité par l'hiver. Or, que fait la fourmi? Elle rassemble, en été, les provisions qui doivent lui servir en hiver. Par conséquent, pendant l'été, lorsque vous êtes heureux, lorsque vous êtes tranquille, écoutez la parole du Seigneur. Car, peut-il arriver qu'au milieu de la tempête de ce monde, vous traversiez sans affliction cet Océan tout entier? Comment cela pourrait-il être? Quel est l'homme à qui cela est arrivé? S'il en est à qui cela soit arrivé, cette tranquillité même doit être plus redoutable encore pour lui. « Le Seigneur a annoncé sa miséricorde pendant le jour, et il la montrera pendant la nuit. »

17. Que ferez-vous donc dans ce voyage? Que ferez-vous? « En moi est ma prière au Dieu de ma vie (*Ps.* XLI, 10). » Ici-bas, tant que le corps voué à la corruption appesantit mon âme (*Sag.* IX, 15), je fais comme le cerf altéré qui soupire après la source des eaux, et je me rappelle la douceur de cette voix qui m'a conduit, en passant par le tabernacle, jusqu'à la maison de Dieu. « En moi est ma prière au Dieu de ma vie. » Je n'irai pas, en effet, acheter au delà des mers les supplications que j'ai à faire à Dieu ; ou, pour que Dieu m'exauce, je ne naviguerai pas dans les pays lointains, afin d'en apporter de l'encens et des parfums ; ou bien, je ne tirerai pas de mon troupeau un veau ou un bélier, pour le lui offrir en sacrifice : « en moi est ma prière au Dieu de ma vie. » J'ai au dedans de moi la victime à immoler ; j'ai au dedans de moi l'encens à offrir ; j'ai au dedans de moi le sacrifice propre à fléchir mon Dieu : car « un esprit qui souffre la tribulation est un sacrifice devant Dieu (*Ps.* L, 19). » Et que j'aie en moi ce sacrifice à offrir, d'un esprit qui souffre la tribulation, sachez-le par ces paroles : « Je dirai à mon Dieu : vous êtes mon protecteur, pourquoi m'avez-vous oublié ? » Je souffre, en effet, comme si vous m'aviez oublié. Mais vous m'éprouvez ; et je sais que, si vous différez de me donner ce que vous m'avez promis, vous ne me l'ôtez pas : Cependant, pourquoi m'avez-vous oublié? C'est ainsi que notre tête a crié, comme par notre voix : « Mon Dieu ! mon Dieu ! pourquoi m'avez-vous abandonné (*Ps.* XXI, 2, et *Matth.* XXVII, 46) ? » « Je dirai à Dieu : Vous êtes mon protecteur, pourquoi m'avez-vous oublié ? »

18. « Pourquoi m'avez-vous repoussé, » de cette hauteur où l'on comprend à sa source l'immuable vérité ? Pourquoi m'avez-vous repoussé ? Pourquoi, lorsque déjà j'ouvrais la bouche pour

---

6). Sicut enim prosperitas sæculi significatur die, adversitas sæculi significatur nocte : ita alio modo prosperitas sæculi significatur æstate, adversitas sæculi significatur hyeme. Et quid facit formica ? Per æstatem colligit, quod ei per hyemem prosit. Ergo cum est æstas, cum bene est vobis, cum tranquilli estis, audite verbum Domini. Unde enim fieri potest ut in hac tempestate sæculi hujus sine tribulatione totum hoc mare transeatis ? unde fieri potest ? cui hoc hominum contingit ? Si contigit alicui, plus metuenda est ipsa tranquillitas. « In die mandavit Dominus misericordiam suam, et nocte declarabit. »

17. Quid ergo agas in hac peregrinatione ? quid agas ? « Apud me oratio Deo vitæ meæ (*Ps.* XLI, 10). » Hoc hic ago cervus sitiens et desiderans ad fontes aquarum recordans dulcedinem (*a*) vocis illius qua ductus sum per tabernaculum usque ad domum Dei : quamdiu hoc « corpus quod corrumpitur aggravat animam (*Sap.* IX, 15), » « Apud me oratio Deo vitæ meæ. » Non enim ut supplicem Deo, emturus sum de transmarinis locis ; aut ut exaudiat me Deus meus, navigabo, ut de longinquo afferam thura et aromata, aut de grege adducam vitulum vel arietem. « Apud me oratio Deo vitæ meæ. » Intus habeo victimam quam immolem, intus habeo thus quod imponam, intus habeo sacrificium quo flectam Deum meum : « Sacrificium Deo spiritus contribulatus (*Psal.* L, 19). » Quod sacrificium contribulati spiritus intus habeam, audi : « Dicam Deo, Susceptor meus es, quare mei oblitus es ? » Sic enim hic laboro, quasi tu oblitus sis mei. Tu autem exerces me : et novi quia differs mihi, non mihi aufers, quod promisisti : sed tamen « quare mei oblitus es ? » Tamquam de voce nostra clamavit et caput nostrum, « Deus, Deus meus, quare me dereliquisti (*Ps.* XXI, 2. *Matth.* XXVII, 46) ? » « Dicam Deo, Susceptor meus es, quare mei oblitus es ? »

18. (*b*) « Ut quid me repulisti (*Ps.* XLI, 10) ? » ex illa altitudine fontis intelligentiæ incommutabilis veritatis. « Ut quid me repulisti ? » Quare gravedine et pon-

---

(*a*) Sic MSS. At editi, *fontis illius*. (*b*) Sacra biblia verbis istis carent, *Ut quid me repulisti*.

puiser à cette source, ai-je été rejeté vers les misères de ce monde par la griéveté, par le poids de mon iniquité? Dans un autre psaume, la même voix dit encore : « J'ai dit dans mon extase(*Ps.*XXX, 28), » où il voyait je ne sais quoi de grand, ravi qu'il était en esprit. « J'ai dit dans mon extase: J'ai été rejeté loin de votre face et de vos yeux. » Il a comparé, en effet, les régions où il était, avec celles où il avait été élevé, et il s'est vu rejeté loin des yeux et de la face de Dieu, comme en cette circonstance où il dit : Pourquoi m'avez-vous repoussé? et pourquoi suis-je réduit à marcher dans ma tristesse, tandis que l'ennemi m'accable, et me brise les os (*Ps.*XLI, 11)? » Pourquoi le démon tentateur m'afflige-t-il, tandis qu'on voit devenir plus fréquents les scandales, dont le grand nombre refroidit la charité de bien des hommes (*Matth.* XXIV, 12)? Lorsque nous voyons les membres les plus forts de l'Église céder quelquefois aux scandales, le corps du Christ ne dit-il pas : L'ennemi me brise les os? En effet, les os sont les forts, et quelquefois les forts eux-mêmes cèdent aux tentations. Et quiconque examine ce qui se passe dans le corps du Christ, ne s'écrie-t-il point par la voix du corps du Christ : « Pourquoi m'avez-vous repoussé ? Pourquoi suis-je réduit à marcher dans ma tristesse, tandis que l'ennemi m'accable, tandis qu'il me brise les os? »

Il ne brise pas seulement les chairs, mais encore les os; au point que nous voyons ceux que l'on regardait comme forts céder aux tentations, de sorte que les autres, qui sont faibles, désespèrent de résister, en voyant succomber les forts. Que ces périls sont grands, mes frères!

19. « Ceux qui m'affligent m'ont couvert d'opprobres (*Ps.*XLI, 11). » Et le Prophète répète ce qu'il a déjà dit : « En me disant tous les jours : où est votre Dieu.» C'est là ce que disent nos ennemis, surtout dans les épreuves de l'Église : Où est votre Dieu. Combien de fois les martyrs ont-ils entendu cette parole? Combien de fois, alors qu'ils souffraient avec tant de courage pour le nom du Christ, leur a-t-on dit : Où est votre Dieu? Qu'il vous délivre, s'il le peut. En effet, les hommes voyaient leurs tortures extérieures, ils ne voyaient pas leur triomphe intérieur et leur couronne. « Ceux qui m'affligent m'ont couvert d'opprobre, en me disant tous les jours : où est votre Dieu? » Et moi, à cause de ces injures, et parce que mon âme est troublée sur moi, que dirai-je, sinon : « Pourquoi êtes-vous triste, ô mon âme, et pourquoi me troublez-vous(*Ibid.*12)? » Et comme si elle répondait : Ne voulez-vous pas que je me trouble au milieu de si grandes douleurs? Comment voulez-vous que, soupirant après les vrais biens, livrée à la soif et à la douleur, je ne

---

dere iniquitatis meæ, jam illuc inhians, ad ista dejectus sum? Dicit alio loco ista vox, « Ego dixi in ecstasi mea : (*Psal.* XXX, 23) : » ubi vidit nescio quid magnum, (*a*) excessu mentis : « Ego dixi in ecstasi mea, projectus sum a facie oculorum tuorum. » Comparavit enim hæc in quibus esset, illis in quæ (*b*) erectus erat, et vidit se longe projectum a facie oculorum Dei, sicut et hic : « Ut quid me repulisti, et ut quid contristatus incedo, dum affligit me inimicus, dum confringit ossa mea (*Ps.* XLI, 11), » tentator ille diabolus, scandalis ubique crebrescentibus, quorum abundantia « refrigescit caritas multorum (*Matth.* XXIV, 12) ? » Cum videamus fortes Ecclesiæ plerumque scandalis cedere, nonne dicit corpus Christi, Confringit inimicus ossa mea ? Ossa enim fortes sunt, et aliquando ipsi fortes tentationibus cedunt. Hæc cum quisque considerat ex corpore Christi, ex voce corporis Christi, nonne clamat, « Ut quid me repulisti, et ut quid tristis incedo, dum affligit me inimicus, dum confringit ossa mea ? »

Non carnes meas tantum, sed etiam ossa mea : ut in quibus putabatur esse aliqua fortitudo, videas cedere in tentationibus, ut ceteri infirmi desperent, quando fortes vident succumbere. Quanta ista pericula, Fratres mei?

19. « Exprobraverunt mihi qui tribulant me(*Ps.*XLI, 11).» Iterum illa vox : « Dum dicunt mihi per singulos dies, Ubi est Deus tuus? » Et maxime ista dicunt in tentationibus Ecclesiæ, « Ubi est Deus tuus ? » Quantum hæc Martyres audierunt, pro nomine Christi fortes et patientes, quantum illis dictum est, Ubi est Deus vester ? Liberet vos, si potest. Tormenta enim ipsorum extrinsecus homines videbant. « Exprobraverunt mihi qui tribulant me, dum dicunt mihi per singulos dies, Ubi est Deus tuus ? » Et ego propter hæc, quoniam ad me turbata est anima mea, quid et aliud quam illud dicam, « Quare tristis es anima mea, et quare conturbas me ? (*Ibid.* 12). » Et quasi respondenti, Non vis ut conturbem te, hic posita in tantis malis? suspirans ad bona, sitiens et laborans,

---

(*a*) Ita in MSS. At in editis, *excessum mentis.* (*b*) Sic Er. et MSS. At Lov. *rectus.*

me trouble pas? le Prophète lui dit : « Espérez en Dieu, parce que je lui confesserai, » il réitère sa confession et proclame de nouveau le motif sur lequel s'appuie son espérance : « Qu'il est le salut de mon visage et mon Dieu. »

DISCOURS [1] SUR LE PSAUME XLII.

1. Ce psaume est court, et ainsi il pourra satisfaire les esprits de ceux qui m'écoutent sans fatiguer leur estomac à jeun. Que ce psaume soit la nourriture de notre âme que le chantre du psaume déclare être en proie à la tristesse : elle vient sans doute, cette tristesse, de quelque jeûne de l'âme ou plutôt de la faim qu'elle ressent. Car le jeûne est un acte de la volonté, la faim est le résultat de la nécessité. L'Église a faim, le corps du Christ a faim, et cet homme a faim aussi, lequel est répandu partout, et dont la tête est au ciel, tandis que ses membres sont sur la terre. Dans tous les psaumes, soit qu'il chante ou qu'il gémisse, soit que l'espérance le réjouisse ou que le présent le fasse soupirer, sa voix doit nous être très-connue et très-familière, comme étant notre propre voix. Nous n'avons donc pas besoin de nous arrêter longtemps, pour vous faire connaître quel est celui qui parle : que chacun de nous soit dans le corps du Christ, et chacun de nous parlera ici.

2. Vous n'ignorez pas que tous ceux qui progressent en vertu, et qui gémissent dans leur désir de la cité céleste, qui se savent voyageurs sur terre, qui marchent dans la bonne voie, qui ont fixé leur espérance, comme une ancre, dans le désir de cette terre qui est à jamais stable ; vous n'ignorez pas, dis-je, que cette sorte d'hommes, cette bonne semence, ce froment du Christ, gémit au milieu de l'ivraie, et y gémira

non vis ut conturbem te ? « Spera in Deum, quoniam adhuc confitebor illi. » Dicit ipsam confessionem, repetit spei confirmationem : (a) « Salus vultus mei et Deus meus. »

IN PSALMUM XLII.

ENARRATIO.

1. Psalmus iste brevis est : sic satisfacit mentibus auditorum, ut molestus non sit ventribus jejunorum. Pascatur ex hoc anima nostra, quam tristem esse dicit, qui cantat in hoc Psalmo : tristem, credo, ex aliquo jejunio suo, vel potius ex aliqua fame sua. Nam jejunium voluntatis est, fames necessitatis. Esurit Ecclesia, esurit corpus Christi, et homo ille ubique diffusus (b), cujus caput sursum est, membra deorsum : ejus vocem in omnibus Psalmis vel psallentem vel gementem, vel lætantem in spe, vel suspirantem in re, notissimam jam et familiarissimam habere debemus, tamquam nostram. Non ergo diu est immorandum, ut insinuemus vobis quis loquatur : sit unusquisque in Christi corpore, et loquetur hic.

2. Nostis autem omnes qui proficiunt, et qui cœlesti illi civitati ingemiscunt, qui peregrinationem suam norunt, qui viam tenent, qui in desiderio terræ illius stabilissimæ spem tamquam ancoram præfixerunt : nostis ergo quia hoc genus hominum, hoc semen bonum, hoc frumentum Christi inter zizania gemit ; et hoc donec veniat tempus messis, id est usque in finem sæculi, sicut exponit quæ non fallitur veritas. Gemens ergo inter zizania, id est,

---

(1) Discours au peuple, prononcé un jour de jeûne, après-midi.

(a) Plerique MSS. *Salutare* : et quidam in eodem versiculo particulam, *et* prætermittunt. (b) Editi, *diffusus est*. Expungitur, *est*, auctoritate MSS.

jusqu'à ce que vienne le temps de la moisson, c'est-à-dire jusqu'à la fin du monde, comme l'a déclaré l'infaillible vérité (*Matth.* XIII, 18). Elle gémit donc au milieu de l'ivraie, c'est-à-dire au milieu des méchants, des hommes de fraude et de séduction, des hommes que trouble la colère ou qu'empoisonne l'esprit de ruse ; elle regarde tout autour d'elle et voit qu'elle est avec eux comme en un même champ dans le monde entier, que tous reçoivent la même pluie, que tous sont exposés au même souffle des vents, que tous sont nourris parmi les mêmes douleurs, et qu'ils jouissent tous ensemble de ces dons communs de Dieu, accordés sans distinction aux bons et aux méchants, par celui qui fait lever son soleil sur les bons et sur les méchants, et tomber sa pluie sur les justes et sur les injustes (*Matth.* V, 45). Elle voit donc, cette race d'Abraham, cette sainte semence, elle voit combien de choses elle partage en commun avec les méchants, dont elle sera un jour séparée : égalité de naissance, condition semblable de nature humaine, poids égal d'un corps mortel, même usage de la lumière, de l'eau, des fruits de la terre, sort commun à l'égard des prospérités et des adversités du monde, soit de la famine, soit de l'abondance, soit de la paix, soit de le guerre, soit de la santé, soit de la peste ; elle voit donc combien il y a pour elle de choses communes avec les méchants, avec lesquels cependant elle ne fait point cause commune, et alors elle s'écrie de la sorte : « Jugez-moi, mon Dieu, et distinguez ma cause d'avec celle de la race qui n'est pas sainte (*Ps.* XLI, 1). » Jugez-moi, mon Dieu, dit-elle, je ne crains pas votre jugement, parce que je connais votre miséricorde. « Jugez-moi, mon Dieu, et distinguez ma cause d'avec celle de la race qui n'est pas sainte. » Maintenant, dans le voyage de cette vie, vous ne me donnez point encore une place distincte, parce que je vis avec l'ivraie jusqu'au temps de la moisson (*Matth.* XIII, 30) ; vous ne me donnez encore ni une place distincte, ni une lumière distincte, distinguez du moins ma cause. Qu'il y ait une distinction entre celui qui croit et celui qui ne croit pas en vous. Leur infirmité est la même, mais leur conscience n'est pas la même ; leur fatigue est la même, mais leur désir n'est pas le même. Le désir des impies périra : quant au désir des justes, si celui qui a promis de le réaliser n'était infaillible en ses promesses, nous aurions lieu de douter qu'il fût jamais accompli. La fin de notre désir est celui même dont nous avons la promesse. Il se donnera lui-même, parce qu'il s'est donné lui-même ; il se donnera comme immortel à nous devenus immortels, parce qu'il s'est déjà donné comme mortel à nous encore mortels. « Jugez-moi, mon Dieu, et distinguez ma cause d'avec celle de la race qui n'est pas sainte. Délivrez-moi de l'homme injuste et trompeur, » c'est-à-dire de la race qui n'est pas

---

inter malos homines, inter dolosos et seductores, aut ira turbulentos, aut insidiis venenatos, circumspiciens simul cum illis esse se tamquam in uno agro per totum mundum, unam pluviam excipere, pariter perflari, pariterque secum inter adversa nutriri, habere simul ista communia dona Dei, malis bonisque concessa communiter ab illo « qui facit solem suum oriri super bonos et malos, et pluit super justos et injustos (*Matth.* V, 45). » Videns ergo semen Abrahæ, semen sanctum, quanta cum malis a quibus quandoque separandus est nunc habeat communia, æqualiter nasci, eamdem conditionem generis humani sortiri, pariter mortalia ferre corpora, simul uti luce, fontibus, fructibus, prosperitatibus atque adversitatibus sæculi, sive fame, sive abundantia, sive pace, sive bello, sive salute, sive peste ; videns quanta habeat communia cum malis, cum quibus tamen non habet caussam communem, erumpit in hanc vocem, « Judica me Deus, et discerne caussam meam de gente non sancta (*Psal.* XLII, 1). » « Judica, inquit, me Deus : » non timeo judicium tuum, quia novi misericordiam tuam. « Judica me Deus, et discerne caussam meam de gente non sancta. » Nunc interim in hac peregrinatione nondum discernis locum meum, quia simul cum zizaniis vivo usque ad tempus messis (*Matth.* XIII, 30) : nondum discernis pluviam meam, nondum discernis lucem meam : discerne caussam meam. Distet inter eum qui in te credit, et eum qui in te non credit. Par infirmitas est, sed dispar conscientia : par labor, sed dispar desiderium. Desiderium impiorum peribit : de desiderio autem justorum, nisi certus esset pollicitator, dubitare deberemus. Finis desiderii nostri, ipse promissor. Seipsum dabit, quia seipsum dedit : seipsum dabit immortalibus immortalem, quia seipsum dedit mortalibus mortalem. « Judica me Deus, et discerne caussam meam de gente non sancta. Ab homine iniquo et doloso

sainte. « De l'homme, » c'est-à-dire d'une race d'hommes, parce qu'il y a homme et homme, et que, de deux, l'un sera pris et l'autre sera laissé (*Matth.* XXIV, 40).

3. Et comme il est besoin de patience pour supporter jusqu'à la moisson cette séparation qui n'est pas une séparation, (car les deux sortes de plantes se trouvent sur le même sol, et en ce sens elles ne sont pas séparées, mais les ivraies sont les ivraies et les blés sont les blés, et en ce sens ces plantes sont séparées) ; comme il est donc besoin de force et qu'il faut, pour obtenir cette force, la demander à celui qui nous a ordonné d'être forts, à celui qui doit nous rendre forts, sans quoi nous ne pourrons être ce qu'il nous a ordonné de devenir, à celui qui a dit : Tout homme qui aura persévéré jusqu'à la fin, sera sauvé (*Matth.* X, 22 et XXIV, 13); de peur que son âme, en s'arrogeant à elle-même cette force, ne s'affaiblisse, il ajoute immédiatement : « Parce que vous êtes ma force, ô mon Dieu, pourquoi m'avez-vous repoussé, pourquoi en suis-je réduit à marcher dans la tristesse, tandis que l'ennemi m'accable ? » Il cherche la cause de sa tristesse. « Pourquoi, dit-il, en suis-je réduit à marcher dans la tristesse, tandis que l'ennemi m'accable ? » Je marche dans la tristesse, l'ennemi m'accable de tentations quotidiennes, me faisant un piège des choses que nous sommes exposés à aimer mal ou à craindre mal ; et mon âme combattant contre ces deux dangers, bien qu'elle n'en soit pas la victime, est cependant en péril : la tristesse s'empare d'elle, et elle dit à Dieu : « Pourquoi ? » que le Prophète s'interroge lui-même, et il saura pourquoi. Il cherche, en effet, dans ce psaume, la cause de sa tristesse et il dit : « Pourquoi m'avez-vous repoussé ? pourquoi en suis-je réduit à marcher dans la tristesse, tandis que l'ennemi m'accable ? » Isaïe le lui dira, il n'a qu'à se reporter aux paroles qui ont été lues tout à l'heure : « L'esprit, dit-il, sortira de moi et c'est moi qui ai créé tout esprit ; je l'ai attristé un peu à cause du péché, et j'ai détourné ma face de lui, et il a été attristé et il s'en est allé tout triste dans ses voies (*Is.* LVII, 16). » Que demandez-vous donc : « Pourquoi m'avez-vous repoussé, et pourquoi, en suis-je réduit à marcher dans la tristesse ? » Vous l'avez entendu : à cause de votre péché. La cause de votre tristesse est votre péché ; que votre justice devienne la cause de votre joie. Vous vouliez pécher et vous ne vouliez pas souffrir ; comme si ce n'était pas assez pour vous d'être injuste, sans vouloir encore que Dieu fût injuste, en prétendant échapper à sa vengeance malgré vos péchés. Écoutez ces paroles plus équitables d'un autre psaume. « Il est bon

---

erue me. » Hoc est, de gente non sancta. « Ab homine, » a quodam genere hominum : quia quidam homo et quidam homo, « et in his duobus unus assumetur, et unus relinquetur (*Matth.* XXIV, 40). »

3. Et quoniam patientia opus est ferendi usque ad messem, quamdam, si dici potest, indiscretam discretionem : simul enim sunt, et ideo discreta nondum sunt : zizania autem zizania sunt, et frumenta frumenta sunt ; et ideo discreta jam sunt : quia ergo fortitudine opus est, imploranda ab illo qui jussit ut fortes simus, et nisi fortes ipse fecerit, non erimus (*a*) quod jussit; ab illo qui dixit, « Qui perseveraverit usque in finem, hic salvus erit (*Matth.* X, XXII et XXIV, 13) : » ne sibi ipsa anima arrogando fortitudinem debilitetur, continuo adjungit, « Quia tu es Deus meus fortitudo mea, ut quid me repulisti, et ut quid tristis incedo, dum affligit me inimicus (*Ps.* XLII, 2) ? » Caussam quærit tristitiæ suæ. « Quare, inquit, tristis incedo dum affligit me inimicus ? » Tristis ambulo, inimicus affligit me quotidianis tentationibus, immittens vel quod male amemus, vel quod male timeamus : et contra utrumque pugnans anima, etsi non capta, tamen periclitans, contrahitur tristitia, et dicit Deo, « Ut quid ? » Quærat ergo ab ipso, et audiat ut quid. Quærit enim in Psalmo caussam tristitiæ suæ, dicens, « Ut quid me repulisti, et ut quid tristis incedo ? » Audiat ex Isaia, succurrat illi lectio, quæ modo recitata est : « Spiritus, inquit, a me prodiet, et omnem flatum ego feci : propter peccatum modicum quid contristavi illum, et averti faciem meam ab illo ; et contristatus est, et abiit (*b*) tristis in viis suis (*Isa.* LVII, 16, etc.). » Quid ergo quærebas, « Ut quid me repulisti, et ut quid tristis incedo ? » Audisti, propter peccatum. Caussa tristitiæ tuæ peccatum est, caussa lætitiæ tuæ justitia sit. Peccare volebas, et laborare nolebas ; ut parum tibi esset quod esses injustus, nisi et eum injustum voluisses, a quo in te vindicari noluisses.

(*a*) Sic MSS Editi vero, *non erimus : quod ut simus ab illo erimus qui dixit.* (*b*) Apud Lov. MSS. deerat, *tristis : quæ vox ex* Er. et MSS. restituitur.

pour moi que vous m'ayez humilié, afin que j'apprenne à connaître votre justice (*Ps.* cxviii, 71).» Dans mon orgueil, j'avais appris à être injuste; que par mon humiliation j'apprenne à connaître votre justice. « Pourquoi en suis-je réduit à marcher dans la tristesse, tandis que l'ennemi m'accable? » Vous vous plaignez de l'ennemi, il est vrai qu'il vous accable, mais vous lui avez donné lieu de le faire. Et maintenant, vous savez ce que vous avez à faire, prenez votre résolution, recevez votre roi et chassez votre tyran.

4. Mais pour y parvenir, remarquez ce qu'il va faire, ce qu'il va dire, ce qu'il va demander à Dieu. Répétez la prière que vous entendez, priez en l'entendant ; que ces paroles soient les nôtres à tous : « Envoyez votre lumière et votre vérité ; elles m'ont dirigé et conduit sur votre sainte montagne et dans votre tente (*Ps.*xlii, 3).» Parce que votre lumière est votre vérité même, sous deux noms différents, il n'y a qu'une seule chose. Qu'est-ce en effet que la lumière de Dieu, si ce n'est la vérité de Dieu? Et le même Christ est à la fois cette lumière et cette vérité. « Je suis la lumière du monde ; celui qui croit en moi ne marchera pas dans les ténèbres (*Jean.* viii, 12). » « Je suis la voie, la vérité et la vie (*Jean.* xiv, 6). » Il est lui-même la lumière, il est lui-même la vérité. Qu'il vienne donc et qu'il nous délivre, distinguant, dès à présent, notre cause d'avec celle de la race qui n'est pas sainte ; qu'il nous délivre de l'homme méchant et trompeur ; qu'il sépare le froment de l'ivraie, comme il enverra lui-même ses Anges au temps de la moisson, pour qu'ils rassemblent hors de son royaume tous les scandales et les livrent aux ardeurs du feu (*Matth.* xiii, 41), mais qu'ils recueillent, au contraire, ses blés dans le grenier. « Il enverra sa lumière et sa vérité ; car déjà elles nous ont dirigés et conduits sur sa montagne sainte et dans sa tente. » Nous avons un gage, nous espérons la récompense. Sa montagne sainte est sa sainte Église : cette montagne, qui, selon la vision de Daniel, s'est accrue, après n'avoir été qu'une toute petite pierre, en brisant les royaumes de la terre, et qui a grandi au point de couvrir toute la face de la terre (*Dan.* ii, 35). C'est du haut de cette montagne, qu'a été exaucé le Prophète, lorsqu'il a dit : « J'ai crié vers le Seigneur ; et il m'a exaucé du haut de sa montagne sainte (*Ps.* iii, 5). » Quiconque prie, hors de cette montagne, ne doit pas espérer d'être exaucé pour la vie éternelle. En effet, beaucoup sont exaucés, pour bien des choses différentes. Et qu'ils ne s'applaudissent pas d'être exaucés ; les démons qui demandaient à entrer dans le corps des pourceaux ont été exaucés (*Matth.* viii, 32). Ayons le désir d'être exaucés pour la vie éternelle, désir qui fait que nous nous écrions : « Envoyez votre lumière et

---

Respice vocem meliorem in alio Psalmo : « Bonum est mihi quod humiliasti me, ut discam justificationes tuas (*Psal.* cxviii, 71). » Didiceram elatus iniquitates meas, discam humiliatus justificationes tuas. « Ut quid tristis incedo, dum affligit me inimicus ? » De inimico quereris ; re vera affligit, sed tu ei locum dedisti. Et nunc habes quod agas : elige consilium, regem admitte, tyrannum exclude.

4. Sed ut hoc faciat, quid dicit, quid supplicat, quid orat adtende. Ora quod audis, ora cum audis ; omnium nostrum sit ista vox : « Emitte lucem tuam et veritatem tuam, ipsa me deduxerunt et perduxerunt in montem sanctum tuum, et in tabernacula tua (Ps.xlii, 3).» Quia (*a*) ipsa lux tua et veritas tua : hæc nomina duo, res una. Quid enim aliud lux Dei, nisi veritas Dei ? aut quid veritas Dei, nisi lux Dei? Et hoc utrumque unus Christus. « Ego sum lux mundi : qui credit in me, non ambulabit in tenebris (*Johan.* viii, 12). » « Ego sum via, veritas et et vita (*Johan.* xiv, 6). » Ipse lux, ipse veritas. Veniat ergo, et eruat nos, discernens modo caussam nostram a gente non sancta ; eruat ab homine iniquo et doloso : separet frumentum a zizaniis : « quia ipse mittet Angelos suos messis tempore, ut colligant de regno ejus omnia scandala, et mittant in ignem ardentem, frumentum autem ejus congreget in horreum (*Matth.* xiii, 41). » Emittet lucem suam et veritatem suam ; quia ipsa jam nos deduxerunt et perduxerunt in montem sanctum ejus et in tabernacula ejus. Pignus habemus, præmium speramus. Sanctus mons ejus, sancta Ecclesia ejus. Mons ille est, qui crevit ex minimo lapide, secundum visionem Danielis, confringens regna terrarum ; et in tantum excrescens, ut impleret universam faciem terræ (*Dan.* ii, 35). In hoc monte se exauditum dicit, qui dicit « Voce mea ad Dominum clamavi, et exau-

---

(*a*) Sic MSS. At editi, *Quia ipse est lux tua.*

votre vérité. » Cette lumière cherche l'œil de notre cœur. Car « bienheureux, dit le Seigneur, ceux qui ont le cœur pur, parce qu'ils verront Dieu (*Matth.* v, 8). » Maintenant, nous sommes sur sa montagne, c'est-à-dire dans son Église, et dans sa tente. La tente est pour les voyageurs, la maison pour ceux qui ont une demeure fixe : la tente sert aussi tout à la fois aux voyageurs et aux soldats. Lorsqu'on vous parle de la tente, comprenez qu'il est question de guerre, et prenez garde à l'ennemi. Mais quelle sera la maison ? « Heureux ceux qui habitent dans votre maison ; ils vous glorifient dans les siècles des siècles (*Ps.* LXXXIII, 5). »

5. Étant donc déjà conduits dans la tente et établis sur la sainte montagne de Dieu, quelle espérance portons-nous en nous-mêmes. « Et j'entrerai à l'autel de Dieu (*Ps.* XLII, 4) ? » Il y a, en effet, un autel sublime et invisible, près duquel l'homme injuste n'a point accès. Celui-là seul pénètre jusqu'à cet autel, qui s'est approché en sécurité de l'autel qui est sous vos yeux : là, celui-là trouvera la vie, dont la cause aura été discernée à l'autel d'ici-bas. « Et j'entrerai à l'autel de Dieu : » de sa montagne sainte et de sa tente, c'est-à-dire de sa sainte Église ; j'entrerai à l'autel sublime de Dieu. Quel sacrifice y est offert ? Celui même qui y entre est pris pour l'holocauste. « J'entrerai à l'autel de Dieu. » Que veut dire : « à l'autel de Dieu, du Dieu qui réjouit ma jeunesse ? » La jeunesse signifie ce qui est nouveau; c'est comme s'il disait : vers le Dieu qui rend joyeuse ma nature renouvelée. Après avoir attristé ma vétusté, il réjouit ma nouveauté. Maintenant, en effet, tant que je suis dans ma vétusté, je marche accablé de la tristesse, mais alors renouvelé, rajeuni, je me tiendrai ferme et joyeux. « Je vous glorifierai sur la cithare, ô Dieu, ô mon Dieu ! » Qu'est-ce que glorifier Dieu sur la cithare et qu'est-ce que le glorifier sur le psaltérion ? Car on ne peut le faire toujours sur la cithare, ni toujours sur le psaltérion. Ces deux instruments de musique ont l'un par rapport à l'autre une forme distincte et différente, qui mérite d'être examinée et recommandée à votre mémoire. Chacun d'eux est porté à la main, et touché avec la main, et il figure certaines actions de notre corps. Tous deux sont bons, dans les mains de qui sait jouer du psaltérion, et de qui sait jouer de la cithare. Mais, comme l'instrument appelé psaltérion porte dans sa partie supérieure le tambour en forme d'écaille de tortue, ou bois concave, sur lequel sont attachées et résonnent les cordes, tandis que dans la cithare, ce bois concave et sonore occupe la partie inférieure de l'instrument, il y a lieu de distinguer si nos œuvres résonnent sur le psaltérion ou sur la cithare ;

---

divit me de monte sancto suo (*Psal.* III, 5). » Quisquis præter istum montem orat, non sese speret exaudiri ad vitam æternam. Exaudiuntur enim multi ad multa. Nec sibi plaudant quod exaudiuntur : exauditi sunt dæmones, ut in porcos mitterentur (*Matth.* VIII, 32). Exaudiri ad vitam æternam concupiscamus, propter (*a*) desiderium quo dicimus, « Emitte lucem tuam et veritatem tuam. » Illa lux oculum cordis inquirit. « Beati enim, inquit, mundi corde, quoniam ipsi Deum videbunt (*Matth.* V, 8). » Modo in monte ejus sumus, id est, in Ecclesia ejus, et in tabernaculo ejus. Tabernaculum peregrinantium est, domus cohabitantium : est et tabernaculum peregrinantium et militantium. Cum audis tabernaculum, bellum intellige, hostem cave. Domus autem quæ erit ? « Beati qui habitant in domo tua, in sæcula sæculorum laudabunt te (*Psal.* LXXXIII, 5). »

5. Jam ergo perducti ad tabernaculum, et positi in monte sancto ejus, quam spem gerimus ? « Et introibo ad altare Dei (*Ps.* XLII, 4). » Est enim quoddam sublime altare invisibile, quo non accedit injustus. Ad illud altare ille solus accedit, qui ad istud securus accedit : illic inveniet vitam suam, qui in isto discernit caussam suam. « Et introibo ad altare Dei : » De monte sancto ejus, et de tabernaculo ejus, de sancta Ecclesia ejus, introibo ad altare Dei sublime. Quale ibi sacrificium est ? Ipse qui intrat, assumitur in holocaustum. « Introibo ad altare Dei. » Quid est quod dicit, « ad altare Dei ? Ad Deum qui lætificat juventutem meam. » Juventus novitatem significat : tamquam diceret, Ad Deum qui lætificat novitatem meam. Lætificat novitatem meam, qui contristavit vetustatem meam. Incedo enim modo tristis in vetustate, tunc autem stabo gaudens in novitate. « Confitebor tibi in cithara, Deus, Deus meus. » Quid est in cithara confiteri, et in psalterio confiteri ? Non enim semper in cithara, nec semper in psalterio. Duo hæc organa musicorum habent inter se distinctam discretamque rationem, dignam consideratione et commendatione memoriæ. Utrumque hoc manibus portatur et tangitur, et significat opera quædam nostra corporalia. Utrum-

(*a*) Tres MSS. *propter quod desiderium dicimus.*

bien que, dans les deux cas, elles soient agréables à Dieu et douces à son oreille. Quand donc nous faisons quelque chose d'après les commandements de Dieu, en obtempérant et en obéissant à ses ordres, pour accomplir sa loi, si nous le faisons sans souffrir, nous chantons sur le psaltérion. Ainsi font, en effet, les anges ; car ils n'ont aucune souffrance. Si, au contraire, nous souffrons, sur la terre, de quelque tribulation, de quelque tentation ou de quelque scandale, comme les souffrances ne nous viennent que par la partie inférieure de nous-mêmes, c'est-à-dire : parce que nous sommes mortels, parce que nous devons quelque chose de nos afflictions à notre origine première, et parce que nous avons beaucoup à souffrir d'hommes en qui tout est bas ; alors nous chantons sur la cithare. En effet, dans cet instrument, l'harmonie du son vient de la partie inférieure ; ainsi nous souffrons et nous psalmodions, ou plutôt nous chantons et nous jouons de la cithare. Lorsque l'Apôtre disait qu'il évangélisait et prêchait l'Évangile par l'ordre de Dieu, dans toute la terre, comme il déclarait avoir reçu l'Évangile, non des hommes ni par l'intermédiaire d'un homme, mais de Jésus-Christ lui-même (*Gal.* I, 12), les cordes résonnaient sur la partie supérieure ; mais quand il disait : « Nous nous glorifions au milieu des afflictions, sachant que l'affliction produit la patience, que la patience produit l'épreuve et que l'épreuve produit l'espérance (*Rom.* v, 3 et 4), » la cithare résonnait par en bas mais cependant avec harmonie. En effet, toute patience est douce pour Dieu. Mais si, dans vos afflictions, vous venez à défaillir, vous brisez votre cithare. Pourquoi donc le Prophète dit-il maintenant : « Je vous glorifierai sur la cithare ? » Parce qu'il avait dit : « Pourquoi en suis-je réduit à marcher dans la tristesse, tandis que l'ennemi m'accable ? » En effet, il souffrait de quelque affliction d'un ordre inférieur, et en cela même il voulait plaire à Dieu, rester courageux dans les tribulations et s'empresser de rendre à Dieu des actions de grâces : il ne pouvait être sans afflictions, et il devait à Dieu de les supporter patiemment. « Je vous glorifierai sur la cithare, ô Dieu, ô mon Dieu. »

6. Et de nouveau il dit à son âme, afin qu'elle tire des sons de cet instrument dont la partie sonore est en bas : « Pourquoi, mon âme, êtes-vous triste, et pourquoi me troublez-vous (*Ps.* XLII, 5) ? » Je suis dans les tribulations, dans les langueurs, dans une amère tristesse, pourquoi, ô mon âme, pourquoi me troublez vous ? Quel est celui qui parle ? A qui parle-t-il ? Il parle à

---

que bonum, si quis norit psallere, si quis norit citharizare. Sed quia psalterium istud organum dicitur, quod de superiore parte habet testudinem ; illud scilicet tympanum et concavum lignum cui chordæ innitentes resonant : cithara vero idipsum lignum cavum et sonorum ex inferiore parte habet : discernenda sunt opera nostra, quando in psalterio sint, quando in cithara, utraque tamen placita Deo et suavia ejus auditui. Quando ergo ex præceptis Dei aliquid agimus, jussis ejus obtemperantes et obaudientes ad implenda præcepta ejus, ubi facimus, et non patimur, psalterium est. Faciunt enim ita et Angeli ; non enim aliquid patiuntur. Cum autem aliquid patimur tribulationum, tentationum, scandalorum in hac terra, quia non patimur nisi ex inferiore parte, id est ex eo quod mortales sumus, ex eo quod primæ nostræ caussæ quiddam tribulationum (a) debemus, et quia patimur multa ab eis qui non sunt de super, cithara est. Venit enim sonus suavis ex inferiore parte : patimur et psallimus, vel potius cantamus et citharizamus. Quando dicebat Apostolus evangelizare se, et prædicare Evangelium toto orbe terrarum ex præcepto Dei, quia illud Evangelium se non ab hominibus neque per hominem, sed per Jesum Christum accepisse dicebat (*Gal.* I, 12), de super sonabant chordæ : cum vero dicebat, « Gloriamur in tribulationibus, scientes quia tribulatio patientiam operatur, patientia probationem, probatio spem (*Rom.* v, 3 et 4) ; » cithara sonabat ex inferiore quidem, sed tamen dulciter. Omnis enim patientia dulcis est Deo. Si autem in ipsis tribulationibus defeceris, citharam fregisti. Quare ergo modo dixit, « Confitebor tibi in cithara (*Ps.* XLII, 2) ? » Propter illud quod dixerat, « Ut quid tristis incedo dum affligit me inimicus ? » Patiebatur enim quiddam ex inferiore afflictione, in eo ipso tamen volebat placere Deo, et gratias gestiebat agere Deo, fortis in tribulationibus : et quia sine tribulatione esse non poterat, patientiam Deo debebat. « Confitebor tibi in cithara, Deus, Deus meus. »

6. Et rursus ad animam suam, ut ex inferiore illo

(a) Quinque MSS. *debetur*.

son âme, nous le savons tous ; il est évident, en effet, que le discours lui est directement adressé. « Pourquoi, mon âme, êtes-vous triste ? et pourquoi me troublez-vous ? » Mais on se demande quelle est la personne qui parle. Est-ce la chair qui parle à l'âme, la chair qui ne peut parler sans âme ? C'est plutôt, en effet, le propre de l'âme de parler à la chair, que ce n'est le propre de la chair de parler à l'âme. Or, il n'a pas dit : Pourquoi, ma chair, êtes-vous triste ? mais bien : Pourquoi, mon âme, êtes-vous triste ? (Si, en effet, il eût parlé à sa chair, il n'eût point dit sans doute : Pourquoi êtes-vous triste, mais : pourquoi ressentez-vous une douleur ? Car la douleur de l'âme s'appelle tristesse, tandis que la souffrance qui frappe le corps peut être nommée douleur et ne peut être nommée tristesse. Le plus souvent, sans doute, la douleur que le corps ressent attriste l'âme : cependant il y a de la différence entre ce qui cause de la douleur et ce qui cause de la tristesse. La chair ressent la douleur et l'âme la tristesse, et cette parole est bien claire : Pourquoi, mon âme, êtes-vous triste ?) Ce n'est donc pas l'âme qui parle à la chair, puisqu'il n'a pas dit : Pourquoi, ma chair, êtes-vous triste ? ni la chair qui parle à l'âme, parce qu'il est absurde que cette partie inférieure adresse la parole à celle qui lui est supérieure. Nous comprenons donc qu'il y a en nous quelque chose en quoi réside l'image de Dieu, c'est-à-dire : l'esprit et la raison. C'était l'esprit qui invoquait la lumière de Dieu et la vérité de Dieu. C'est par lui que nous discernons le juste et l'injuste ; c'est par lui que nous distinguons le vrai du faux ; c'est lui qui est appelé l'intelligence, intelligence dont manquent les animaux ; et quiconque néglige cette intelligence, la subordonne aux sens, et l'abaisse comme s'il ne la possédait pas, reçoit du Psalmiste cet avertissement : « Gardez-vous d'être comme le cheval et le mulet, qui n'ont pas d'intelligence (*Ps.* XXXI, 9). » C'est donc notre intelligence qui parle à notre âme. Elle est languissante dans les afflictions, fatiguée dans les angoisses, pressurée dans les tentations, malade dans les souffrances. Mais l'esprit, qui, d'en haut, reçoit l'intelligence de la vérité, la relève et lui dit : « Pourquoi êtes-vous triste, ô mon âme, et pourquoi me troublez-vous ? »

7. Voyez si ce n'est pas là ce que dit l'Apôtre, en parlant du conflit de la chair avec l'esprit, lorsqu'il nous donne en lui-même une figure de certains hommes, et peut-être de nous, et qu'il s'écrie : « Je me réjouis dans la loi de Dieu, selon l'homme intérieur ; mais je vois une autre loi dans les membres de mon corps, » c'est-à-dire je vois en moi certains mouvements charnels. Dans la lutte presque désespérée qu'il soutient,

---

sonoro ligno capiat sonum, « Ut quid tristis es, inquit, anima mea, et ut quid conturbas me (*Ibid.* 5)? » In tribulationibus sum, in (*a*) languoribus, in mæroribus, ut quid me conturbas, o anima ? Quis dicit ? cui dicit ? Animæ dicit, omnes novimus : planum est enim, ad illam directus est sermo. « Ut quid tristis es anima mea, et ut quid conturbas me ? » Quæritur persona loquens. Numquid caro animæ loquitur, cum caro sine anima non loquatur ? Proprium enim magis est, ut anima carnem alloquatur, quam ut caro alloquatur animam. Sed quia non dixit, Quare tristis es caro mea, sed ait, « Quare tristis es anima mea ? » (Si enim carnem alloqueretur, fortasse non diceret, « Quare tristis es : » sed, Quare doles ? Dolor enim animæ tristitia dicitur : molestia vero quæ sit in corpore, dolor dici potest, tristitia non potest. Sed ex dolore corporis plerumque anima contristatur. Interest tamen quid doleat, et quid contristetur. Dolet enim caro, tristis est anima : et aperta ista vox est, « Ut quid tristis es anima mea ?) » non ergo anima alloquitur carnem ; quia non dixit, Ut quid tristis es caro mea ? nec caro animam ; quia absurdum est ut inferior alloquatur superiorem. Ergo intelligimus habere nos aliquid ubi imago Dei est, mentem scilicet atque rationem. Ipsa mens invocabat lucem Dei et veritatem Dei. Ipsa est qua capimus justum et injustum ; ipsa est qua discernimus verum a falso : ipsa est quæ vocatur intellectus, quo intellectu carent bestiæ; quem intellectum quisquis in se negligit, et postponit ceteris, et ita abjicit quasi non habeat, audit ex Psalmo, « Nolite esse sicut equus et mulus, quibus non est intellectus (*Psal.* XXXI, 9). » Intellectus ergo noster alloquitur animam nostram. Ista in tribulationibus marcida est, fessa (*b*) in angoribus, contracta in tentationibus, ægra in laboribus. Erigit eam mens de super capiens veritatem ; et dicit, « Ut quid tristis es anima mea, et ut quid conturbas me ? »

7. Videte si non est ista allocutio in illo conflictu Apostoli, in se præfigurantis quosdam, et forte nos,

---

(*a*) Aliquot MSS. *in angoribus*. (*b*) MSS. nonnulli, *in languoribus*.

il invoque la grâce de Dieu : « Misérable que je suis! qui me délivrera de ce corps de mort? La grâce de Dieu par Notre-Seigneur Jésus-Christ (*Rom.* VII, 22).» Le Seigneur a daigné lui-même être la figure de ceux qui soutiennent une lutte pareille, lorsqu'il a dit : « Mon âme est triste jusqu'à la mort (*Matth.* XXVI, 38). » Car il savait pourquoi il était venu sur terre. Et craignait-il sa passion, lui qui avait dit : « J'ai le pouvoir de déposer ma vie et de la reprendre de nouveau? Personne ne me l'enlève; mais je la dépose et je la reprends de nouveau (*Jean.* X, 18). » Mais en disant : Mon âme est triste jusqu'à la mort, il s'est fait la figure de plusieurs de ses membres. En effet, le plus souvent, l'esprit croit déjà fortement, et il sait, à n'en point douter, que, selon la foi, l'homme doit entrer dans le sein d'Abraham. Il le croit, et cependant, lorsque vient quelque danger de mort, il est troublé en raison d'une certaine familiarité qu'il a contractée avec ce monde. Alors il dresse l'oreille pour entendre la voix de Dieu qui lui parle intérieurement ; il écoute en lui-même le chant qui se fait entendre à sa raison. En effet, c'est ainsi que, dans le silence, quelque chose résonne non point à nos oreilles, mais à notre esprit : quiconque entend cette mélodie, est pris de dégoût pour tout bruit corporel, et toute cette vie humaine devient pour lui comme une rumeur tumultueuse, qui l'empêche d'entendre ce chant d'en haut, d'un charme infini, incomparable, ineffable. Et quand il arrive à l'homme d'être détourné de son recueillement par quelque trouble, il souffre violence et dit à son âme : « O mon âme, pourquoi êtes-vous triste? et pourquoi me troublez-vous ?» Mais cette appréhension ne vient-elle pas de ce que celui qui sait juger de toutes choses, jusqu'aux derniers degrés de la netteté et de l'évidence, trouve difficilement une âme parfaitement purifiée? Car, si digne d'approbation qu'elle soit ici-bas, aux yeux des hommes, c'est-à-dire si exempte qu'elle soit de tout reproche que les hommes puissent justement lui adresser, Dieu qui examine cette âme de ses propres yeux, suivant une règle qui mesure infailliblement toutes choses, Dieu trouve quelque chose à reprendre en elle, là où les hommes ne voyaient rien de répréhensible, pas même celui qui se présente à son jugement. Peut-être l'âme, qui craint cette justice, en est-elle troublée, et l'esprit lui parle, comme pour lui dire : Pourquoi craignez-vous à cause de vos péchés, puisqu'il vous est impossible de les éviter tous ? « Espérez en Dieu, puisque je lui confesserai mes péchés. » La prière adressée à Dieu guérit immédiatement certaines fautes, et ce qui reste est purifié par une confession sincère. Vous avez grand sujet de craindre, si vous pré-

---

et dicentis, « Condelector legi Dei secundum interiorem hominem, video autem aliam legem in membris meis (*Rom.* VII, 22), » id est, motus quosdam carnales : et in quadam lucta, et quasi desperatione, invocat gratiam Dei, « Miser ego homo, quis me liberabit de corpore mortis hujus? Gratia Dei per Jesum Christum Dominum nostrum (*Ibid.*). » Tales ita pugnantes etiam ipse Dominus in se præfigurare dignatus est, cum ait, « Tristis est anima mea usque ad mortem (*Matth.* XXVI, 38). » Ille enim noverat ad quod venerat. Ille passionem pavebat qui dixerat, « Potestatem habeo ponendi animam meam, et potestatem habeo iterum sumendi eam (*Johan.* X, 18, » nemo tollit illam a me, sed ego ipse pono eam a me, et iterum sumo eam? Sed, « Tristis est anima mea usque ad mortem, » qui dixit, quædam membra sua in se figuravit. Plerumque enim jam mens bene credit et bene novit futurum hominem secundum fidem suam in gremio Abrahæ: credit hoc, et tamen cum venerit aliquis articulus mortis, turbatur ex familiaritate quadam sæculi hujus; erigit auditum in illam vocem Dei internam, audit rationabile carmen intrinsecus. Ita enim de super in silentio sonat quiddam, non auribus, sed mentibus, ut quicumque audit illud melos, tædio afficiatur ad strepitum corporalem, et tota ista vita humana tumultus ei quidam sit, impediens auditum superni cujusdam soni nimium delectabilis, et incomparabilis, et ineffabilis. Et re vera cum ita contingit ex aliqua perturbatione vim patitur homo, alloquens animam suam, « Ut quid tristis es anima mea, et ut quid conturbas me ? » An forte ideo quia difficile purgata vita invenitur, cum ille judicat qui novit ad purum et liquidum judicare? Quia etsi probabilis jam vita est inter homines, ita ut homines quid jam reprehendant juste non habeant : procedit examen ab illius oculis, procedit regula exæquans non fallaciter, et invenit in homine quædam quæ reprehendat Deus, quæ homines reprehendenda non videbant, nec ille ipse in tus qui judicandus est. Hæc timens anima forte conturbatur : alloquitur eam mens, quasi dicens, Quid times de peccatis, quia non potes omnia devitare ? « Spera in Dominum, quoniam confitebor illi. » Quædam sanat præsens allocutio, reliqua purgat fi-

tendez être juste, si vous ne dites pas cette parole tirée d'un autre psaume : « N'entrez pas en jugement avec votre serviteur (*Ps.* CXLII, 2). » Pourquoi ces paroles : N'entrez pas en jugement avec votre serviteur ? J'ai besoin de votre miséricorde. Car, si vous exercez contre moi un jugement sans miséricorde, où irai-je ? « Si vous observez exactement nos iniquités, Seigneur, Seigneur, qui pourra le supporter (*Ps.* CXXIX, 3). » « N'entrez pas en jugement avec votre serviteur, parce que nul homme vivant ne sera justifié devant vos yeux (*Ps.* CXLII, 2). » Si donc aucun homme vivant n'est justifié devant Dieu, malheur à tout homme vivant ici-bas, avec quelque justice qu'il vive, si le Seigneur entre en jugement contre lui ! Car, par la voix d'un autre Prophète, Dieu reprend ainsi les arrogants et les orgueilleux : « Est-ce que vous voulez disputer contre moi sur votre jugement ? Vous m'avez tous abandonné, dit le Seigneur (*Jérém.* XI, 29). » Gardez-vous donc de disputer avec Dieu sur votre jugement ; faites en sorte d'être juste et, quelque juste que vous soyez, avouez que vous êtes pécheur, et espérez qu'il vous sera fait miséricorde ; et en faisant cette humble confession, parlez avec assurance à votre âme qui vous trouble et qui s'agite contre vous. « Pourquoi êtes-vous triste, ô mon âme ? et pourquoi me troublez-vous ? » Peut-être vouliez-vous mettre votre espérance en vous-même. Espérez en Dieu, gardez-vous d'espérer en vous. Qu'êtes-vous, en effet, en vous-même ? Qu'êtes-vous par vous-même ? Que celui-là soit en vous votre santé, qui a été blessé à cause de vous. « Espérez en Dieu, dit le Prophète, parce que je lui confesserai.... » Et que lui confesserez-vous ainsi ? « Qu'il est le Sauveur vers lequel je tourne les yeux, et qu'il est mon Dieu. » Oui, vous êtes le Sauveur vers lequel je tourne les yeux : vous me guérirez. Je vous parle en malade : je reconnais le médecin, je ne me pique pas d'être en santé. Que veut dire : je reconnais le médecin, je ne me pique pas d'être en santé ? C'est le sens de ces paroles d'un autre psaume : « J'ai dit : Seigneur, ayez pitié de moi, guérissez mon âme, parce que j'ai péché contre vous (*Ps.* XL, 6). »

1. Mes frères, cette parole vous met en sûreté, mais ne laissez pas de veiller pour faire de bonnes œuvres. Touchez le psaltérion, en obéissant aux commandements ; touchez la cithare, en supportant les peines de la vie. Vous avez entendu cette parole d'Isaïe : « Partagez votre pain avec celui qui a faim (*Is.* LVIII, 7), » gardez-vous de croire qu'il vous suffise de jeûner. Le jeûne vous châtie, il ne soulage pas les autres. Vos privations vous seront profitables, si elles vous servent à mettre les autres dans l'abondance. Vous vous êtes refusé quelque chose, à

---

delis confessio. Plane time, si justum te dicis ; si non habes illam vocem ex Psalmo, « Ne intres in judicium cum servo tuo (*Psal.* CXLII, 2). » Quare, « Ne intres in judicium cum servo tuo ? » Misericordia tua mihi opus est. Nam si judicium exhibueris sine misericordia, quo ibo ? « Si iniquitates observaveris Domine, Domine quis sustinebit (*Psal.* CXXIX, 3) ? » « Ne intres in judicium cum servo tuo, quia non justificabitur in conspectu tuo omnis vivens (*Psal.* CXLII, 2). » Ergo si non justificabitur in conspectu tuo omnis vivens, quia quicumque hic vivit, quantumlibet justa vivat, væ illi si cum illo in judicium intraverit Deus. Nam ex alio Propheta arrogantes et superbos idemtidem sic objurgat : Ut quid vultis mecum judicio contendere ? « Omnes dereliquistis me, dicit Dominus (*Jerem.* II, 29). » Noli ergo judicio contendere : da operam esse justus ; et quantumcumque fueris, confitere te peccatorem ; semper spera misericordiam : et (*a*) in ista humili confessione securus alloquere turbantem te, et tumultuantem adversus te animam tuam. « Ut quid tristis es, anima mea, et ut quid conturbas me ? » Forte in te volebas sperare : « Spera in Dominum, » noli in te. Quid enim es in te ? quid es de te ? Ille sit sanitas in te, qui suscepit vulnera propter te. « Spera, inquit, in Dominum, quoniam confitebor illi. » Quid illi confiteberis ? « Salutare vultus mei Deus meus. » Tu es salutare vultus mei, tu sanabis me. Æger ad te loquor : agnosco medicum, non me jacto sanum. Quid est, agnosco medicum, non me jacto sanum ? Quod in alio Psalmo dicitur, « Ego dixi, Domine miserere mei, sana animam meam, quoniam peccavi tibi (*Psal.* XL, 5). »

8. Hæc vox, Fratres (*b*), tuta est : sed vigilate in operibus bonis. Tangite psalterium, obediendo præceptis : tangite citharam, tolerando passiones. « Frange esurienti panem tuum (*Isai.* LVIII, 7), » audisti ab Isaia : noli jejunium putare sufficere. Jejunium te

---

(*a*) Aliquot MSS. *insta*. (*b*) Vaticanus et Regius. MSS. *vestra est*.

qui donnerez-vous ce que vous vous êtes ôté? Où placerez-vous ce que vous vous êtes refusé? Que de pauvres pourrait satisfaire le repas que nous ne faisons point aujourd'hui! Jeûnez de telle sorte que vous vous réjouissiez d'avoir dîné en donnant à manger à un autre, afin que vos prières en soient d'autant mieux exaucées. En effet, dit le prophète Isaïe : « Vous parlerez encore, que je vous dirai : Me voici, si vous avez partagé de bon cœur votre pain avec celui qui a faim (*Ibid.* 9 et 10). » Car il arrive le plus souvent que l'on donne tristement et avec des murmures, pour échapper à l'ennui des importunités et non pour réconforter les entrailles de celui qui a faim; mais Dieu aime celui qui donne gaiement (II *Cor.* IX, 7). Si vous donnez du pain avec tristesse, vous perdez et votre pain et le mérite de votre action. Faites-le donc de bon cœur, afin que celui qui voit votre cœur vous dise : « Me voici, » alors que vous lui parlerez encore. Combien Dieu s'empresse-t-il de recevoir les prières de ceux qui font le bien ! Et c'est là la justice de l'homme, en cette vie, le jeûne, l'aumône, la prière. Voulez-vous que votre prière vole vers Dieu? Faites-lui deux ailes : le jeûne et l'aumône. Que la lumière de Dieu et la vérité de Dieu nous trouvent dans cet état, afin qu'elles nous trouvent pleins de sécurité, lorsque viendra nous délivrer de la mort celui qui déjà est venu subir la mort pour nous. Ainsi soit-il!

DISCOURS [1] SUR LE PSAUME XLIII.

1. Ce psaume, comme son titre l'indique, est adressé aux enfants de Coré. Or Coré veut dire: Tête chauve ou calvaire, et nous trouvons, dans l'Évangile, que Notre-Seigneur a été crucifié sur le calvaire (*Matth.* XXVII, 33). Il est donc clair que ce psaume est chanté pour les enfants de la passion. Nous avons, à ce sujet, le témoignage très-clair et très positif de l'apôtre saint Paul (*Rom.* VIII, 36), puisque, dans le temps que l'Église était en proie aux persécutions des Gen-

castigat, non alterum reficit. Fructuosæ erant angustiæ tuæ, si alteri præstiteris latitudinem. Ecce fraudasti animam tuam : cui dabis quod tibi abstulisti ? ubi pones quod tibi denegasti ? Quam multos pauperes saginare potest intermissum hodie prandium nostrum. Ita jejuna, ut alio manducante prandisse te gaudeas, propter orationes, ut exaudiaris. Ibi enim ait, Adhuc loquente te dicam, Ecce adsum : si fregeris ex animo esurienti panem. Quia plerumque fit a tristibus et a murmurantibus, ut careant tædio interpellantis, non ut reficiant viscera indigentis (*Ibid.* 9 et 10). « Hilarem autem datorem diligit Deus (II *Cor.* IX, 7). » Si panem dederis tristis, et panem et meritum perdidisti. Ergo ex animo fac : ut ille qui intus videt adhuc loquente te, dicat, Ecce adsum. Quam celeriter accipiuntur orationes bene operantium : et hæc justitia hominis in hac vita, jejunium, eleemosyna, oratio. Vis orationem tuam volare ad Deum? Fac illi duas alas, jejunium et eleemosynam. Tales nos inveniat, ut securos inveniat lux Dei, et veritas Dei, cum venerit liberare nos a morte, qui jam venit subire pro nobis mortem. Amen.

IN PSALMUM XLIII.

Enarratio.

1. Psalmus iste filiis Core dicitur, sicut ejus titulus præfert. Interpretatur autem Core calvitium vel calvaria, et invenimus in Evangelio Dominum Jesum

---

(1) Discours au peuple, dans lequel l'orateur fait ressortir l'excellence de la grâce divine.

DISCOURS SUR LE PSAUME XLIII.

tils, il en a tiré un verset, dans le but d'encourager les fidèles, et de leur offrir les consolations de la patience. On lit en effet, dans le psaume, cette parole qu'il a rapportée dans son épître : « Nous sommes tous les jours livrés à la mort pour vous, et l'on nous regarde comme des brebis destinées à la boucherie (*Ps.* XLIII, 22). » Écoutons donc dans ce psaume la voix des martyrs, et voyez combien leur cause est bonne, puisque leur voix nous dit : « Pour vous. » Car le Seigneur lui-même, en disant : « Heureux ceux qui souffrent la persécution pour la justice (*Matth.* V, 10), » a pris soin d'ajouter : pour la justice, de peur que quiconque souffrirait persécution, ne voulût tirer quelque gloire de sa souffrance, tout en n'étant point le défenseur d'une bonne cause. C'est pourquoi il exhorte les siens en disant : Vous serez heureux, lorsque les hommes vous feront ou vous diront telle ou telle chose à cause de moi. C'est de là que vient donc cette parole : « Nous sommes tous les jours livrés à la mort à cause de vous. »

2. C'est par suite d'un dessein digne de la plus grande attention, d'un dessein d'une impénétrable profondeur, que Dieu, après avoir, d'une main toute puissante, tiré d'Égypte nos Pères les patriarches et tout le peuple d'Israël, après avoir submergé dans la mer les ennemis qui les poursuivaient, après les avoir conduits à travers des nations qui leur refusaient le passage, et les avoir établis dans la terre promise sur les ruines de leurs ennemis vaincus, enfin après avoir donné de grandes victoires à leur petit nombre contre la multitude immense de leurs adversaires, s'est ensuite comme retiré de son peuple ; de sorte que ses saints ont été abandonnés au carnage, à la mort, aux massacres, sans que personne résistât, sans que personne les défendît, sans que personne s'y opposât ; comme s'il eût détourné sa face de leurs gémissements, comme s'il les eût oubliés, comme s'il n'eût pas été le Dieu dont la main vigoureuse, dont le bras puissant avait, comme je l'ai dit, par la plus évidente protection, délivré d'Égypte nos pères et tout le peuple d'Israël, et les avait rendus maîtres d'un pays d'où avaient été chassées des nations vaincues, tandis qu'on s'étonnait de toutes parts, que de fréquentes victoires fussent remportées par un petit nombre sur de grandes multitudes. C'est là ce que chante d'abord le psaume, avec les gémissements d'un douloureux aveu. Car ce n'est pas sans raison que toutes ces choses ont été faites, et elles n'ont été faites que pour que nous eussions à en comprendre la cause. Que les évènements aient eu lieu, c'est ce qui est manifeste ; quant à leur cause, il faut la

---

Christum in loco Calvariæ crucifixum (*Matth.* XXVII, 33). Ergo clarum est, quod filiis passionis ejus cantetur hic Psalmus. Habemus autem hinc evidentissimum et firmissimum testimonium apostoli Pauli : quia tum cum in persecutionibus gentilium laboraret Ecclesia, hinc sumsit versum, quem interponeret ad exhortationem et consolationem patientiæ. Hic enim dictum est, quod ille in Epistola sua posuit : « Propter te mortificamur tota die, deputati sumus velut oves occisionis (*Rom.* VIII, 36 ; *Ps.* XLIII, 22). » Vocem ergo Martyrum audiamus in Psalmo : et vox Martyrum videte quam bonam caussam habeat, cum dicit, « Propter te. » Nam et Dominus ideo addidit, propter justitiam, cum diceret, « Beati qui persecutionem patiuntur propter justitiam (*Matth.* V, 10) : » ne quisquam persecutionem patiens, ex ipsa pœna quæreret gloriam, non bonam habens caussam. Et hinc exhortatus suos ait, Beati eritis, cum vobis illi et illa fecerint, vel dixerint homines, propter me. Hinc ergo vox (*a*), « Propter te mortificamur tota die. »

2. Est autem magnæ considerationis et magnæ profunditatis consilium Dei, quid caussæ fuerit, ut cum patres nostros Patriarchas, et totum illum populum Israel eduxerit in manu fortissima de Ægypto, et persequentes inimicos eorum in mari demerserit, duxeritque per contradicentes gentes, debellatisque hostibus in terram promissionis posuerit, victoriasque magnas ex paucitate suorum in magna inimicorum multitudine fecerit : postea placuerit ei quasi avertere se a populo suo, ut stragem occisionis et mortis paterentur sancti ejus, et nemo resisteret, nemo defenderet, nemo prohiberet ; quasi averteret faciem suam a gemitibus eorum, quasi oblitus sit eos, quasi ipse non sit Deus, qui in manu valida et brachio excelso evidentissima potentia patres nostros, id est illum populum, sicut dixi, ab Ægypto liberatum, victi pulsisque de terra sua gentibus constituerit in regno, mirantibus omnibus quod sæpe a paucis multi victi essent. Hoc ergo in gemitu confessionis incipit cantari in Psalmo isto. Non frustra enim ista facta sunt, nisi ut intelligatur quare

---

(*a*) Editi, *Hinc ergo vox Martyrum.* Abest, *Martyrum.* a MSS.
TOM. XII.

chercher plus haut. C'est pourquoi ce psaume n'est pas seulement intitulé : aux enfants de Coré, « mais aux enfants de Coré, pour l'intelligence (*Ps.*XLIII,1).» La même pensée se trouve dans un psaume, dont le premier verset a été prononcé par Notre-Seigneur sur la croix : « Mon Dieu! mon Dieu! jetez les yeux sur moi; pourquoi m'avez-vous abandonné (*Ps.* XXI, 2)? » Nous transfigurant dans ce qu'il disait, et en son propre corps, (car nous sommes son corps et il est notre tête), il a fait entendre, sur la croix, non point sa voix mais la nôtre. Car Dieu ne l'a jamais abandonné, et jamais il n'a quitté son Père; mais c'est en notre nom qu'il a dit : « Mon Dieu! mon Dieu! pourquoi m'avez-vous abandonné? » Car, dans le même psaume, on lit ensuite : « La voix de mes péchés m'éloigne du salut (*Ibid.*).» Cette parole montre au nom de qui il parlait, car on ne pouvait trouver en lui de péché. « Je crierai vers vous, dit-il encore dans le même psaume, pendant le jour, et vous ne m'exaucerez pas, et pendant la nuit, » sous entendu : et vous ne m'exaucerez pas; mais il ajoute : « et ce ne sera pour que j'ignore; » c'est-à-dire si vous ne m'exaucez pas, ce ne sera pour me tenir dans l'ignorance, mais bien pour que je comprenne. Que veut dire : vous ne m'exaucerez pas, afin que je comprenne? C'est-à-dire : vous ne m'exaucez pas en ce qui concerne les biens temporels,

afin que je comprenne que je dois vous demander les biens éternels. Dieu ne vous abandonne donc pas, et lorsqu'il paraît vous abandonner, il vous ôte ce que vous avez eu tort de désirer, et vous apprend quel doit être l'objet de vos justes désirs. Si, en effet, Dieu nous était toujours favorable au sujet des prospérités d'ici-bas, de sorte que tout nous fût accordé en abondance, et que nous n'eussions à souffrir, en ce temps, aucune des afflictions de notre condition mortelle, aucun tourment, aucune angoisse; nous ne manquerions pas de dire que ces biens sont les plus grands que Dieu donne à ses serviteurs, et nous ne lui en demanderions pas de plus excellents. Dieu mêle donc à la dangereuse douceur de cette vie, l'amertume des afflictions, afin qu'une autre vie, dont la douceur est salutaire, soit l'objet de nos désirs; c'est là ce que signifient ces paroles : « Aux fils de Coré, pour l'intelligence.» Mais écoutons l'explication du psaume, et voyons-y surtout la confirmation de ce que je viens de dire.

3. «Mon Dieu, nous avons entendu de nos oreilles le récit que nos pères nous ont fait des œuvres que vous avez accomplies de leur temps et dans les temps anciens (*Ps.*XLIII,2).» Se demandant avec étonnement pourquoi Dieu a comme abandonné en cette vie ceux qu'il veut éprouver par les souffrances, les Juifs récapitulent les choses pas-

---

facta sint. Proinde quia facta sunt, manifestum est : quare sint facta, altius quærendum est. Ideo titulus non habet tantum, « filiis Core ; » sed (*a*) « In intellectum filiis Core (*Ps.*XLIII,1).» Hoc et in illo Psalmo est, « Et cujus primum versum ipse Dominus de cruce dixit, «Deus meus, Deus meus, respice in me, quare me dereliquisti (*Psal.* XXI, 2)? » Transfigurans enim nos in id quod dicebat, et in corpus suum, (quia et nos sumus corpus ejus, ille caput nostrum,) vocem de cruce non dixit suam, sed nostram. Non enim umquam eum dereliquit Deus, nec ipse a Patre umquam recessit : sed propter nos dixit hoc, Deus meus, Deus meus, ut quid me dereliquisti ? Nam sequitur ibi, « Longe a salute mea verba delictorum meorum (*Ibid.*).»
Et ostendit ex quorum persona hoc dixerit : non enim in ipso delictorum potuit inveniri. Clamabo ad te, inquit in ipso Psalmo, per diem, et non exaudies ; et nocte, subauditur utique, et non exaudies : sed addidit, et non ad insipientiam mihi, id est, hoc ipsum quod non exaudies, non ad insipientiam mihi, sed

ad intellectum. Quid est, ad intellectum non exaudies ? Id est, me non exaudies ad temporalia, ut intelligam a te desideranda sempiterna. Non ergo relinquit Deus, et cum videtur relinquere, tollit quod male desiderasti, et docet quid debeas bene desiderare. Si enim semper Deus in istis prosperitatibus faveret nobis, ut omnia nobis abundarent, nullamque in tempore isto mortalitatis nostræ tribulationem, nullas pressuras angustiasque pateremur; non diceremus nisi ista esse summa bona quæ præstat Deus servis suis, et majora ab illo non desideraremus. Ideo autem huic vitæ male dulci miscet amaritudines tribulationum, ut alia quæ salubriter dulcis est, requiratur : hoc est, « In intellectum filiis Core. » Denique audiamus Psalmum, et ibi potius hoc videamus.

3. « Deus auribus nostris audivimus, patres nostri annuntiaverunt nobis, opus quod operatus es in diebus eorum, et in diebus antiquis (*Ps.*XLIII,2).» Admirantes (*b*) quare in istis diebus tamquam deserue-

---

(*a*) Sic MSS. juxta LXX. At editi, *sed Intellectus filius Core*. (*b*) Omnes MSS. *admirans* : et infra, *recolit*.

sées qu'ils ont entendu raconter par leurs pères, et il semble qu'ils disent : Nos pères ne nous ont point rapporté qu'ils aient eu à souffrir ce que nous souffrons. Et en effet dans un autre psaume, le Prophète dit : « Nos pères ont espéré en vous; ils ont espéré et vous les avez délivrés; mais moi je ne suis qu'un ver de terre et non un homme, je suis l'opprobre des hommes et le rebut de la populace. (*Ps.* XXI, 7). » Ils ont espéré et vous les avez délivrés : n'ai-je pas espéré, et ne m'avez-vous point abandonné ? Est-ce donc inutilement que j'ai cru en vous, inutilement que mon nom est écrit près de vous et que votre nom est écrit en moi ? Voici donc ce que nos pères nous ont appris : « Votre main a dispersé les nations, et vous avez établi nos pères à leur place; vous avez affaibli les peuples et vous les avez chassés (*Ps.* XLIII, 3); » c'est-à-dire : Vous avez chassé les peuples de leur propre territoire pour y introduire et y implanter nos pères, dont vous avez affermi le royaume dans votre miséricorde. Voilà ce que nos pères nous ont appris.

4. Mais peut-être nos pères ont-ils pu accomplir ces choses, parce qu'ils étaient forts, parce qu'ils étaient guerriers, parce qu'ils étaient invincibles, parce qu'ils étaient exercés et belliqueux? Non. Ce n'est pas là ce que nos pères nous ont rapporté; ce n'est pas là ce que dit l'Écriture. Mais que dit-elle ? ce qui suit : « Car ils n'ont point possédé cette terre pour l'avoir conquise par leur épée, et ce n'est pas leur bras qui les a sauvés, mais votre droite et votre bras et le reflet de votre visage (*Ibid.* 4). » Votre droite, c'est-à-dire votre puissance ; votre bras, c'est-à-dire votre Fils lui-même. Et que veut dire le reflet de votre visage? Que vous les avez sauvés, secourus par de tels prodiges qu'ils ont compris votre présence. En effet, lorsque Dieu nous assiste par quelque miracle, est-ce que nous voyons sa face de nos propres yeux ? Non, sans doute ; mais par l'accomplissement du miracle, Dieu révèle sa présence aux hommes. Car que disent tous ceux qui admirent avec étonnement ces sortes de faits? J'ai vu Dieu présent. « Mais c'est votre droite et votre bras et le reflet de votre visage qui les ont sauvés, parce que vous avez mis en eux vos complaisances. » C'est-à-dire que vous avez agi avec eux de telle sorte que la complaisance que vous preniez en eux fût marquée, et que quiconque examinait ce que vous faisiez pour eux, fût contraint de dire : Dieu est vraiment avec eux et c'est Dieu qui les dirige.

5. Mais quoi? Dieu était-il autre alors, et est-il autre maintenant? Non. En effet, qu'ajoute le Prophète? « Vous êtes vous-même, mon roi et mon Dieu (*Ibid.* 5). » Vous êtes vous-même, car vous n'êtes pas changé. Je vois que les temps sont changés; mais le créateur des temps ne change

---

rit eos quos in passionibus exercere voluerit, recolunt præterita quæ audierunt a patribus, tamquam dicentes, Non ea quæ patimur nobis retulerunt patres nostri. Nam et in illo Psalmo hoc dixit, « In te speraverunt patres nostri, speraverunt et eruisti eos : ego autem sum vermis, et non homo, opprobrium hominum, et abjectio plebis. Illi speraverunt, et liberasti eos (*Psal.* XXI, 7) : » ego-ne speravi, et dereliquisti me ; et sine caussa credidi in te, et sine caussa nomen meum scriptum est apud te, et nomen tuum scriptum est in me? Hæc ergo nobis indicaverunt patres nostri. « Manus tua gentes disperdidit, et plantasti eos ; infirmasti populos, et expulisti eos (*Ps.* XLIII, 3). » Id est, populos expulisti de terra sua, ut istos introduceres atque plantares, eorumque regnum tua misericordia confirmares. Hæc audivimus a patribus nostris.

4. Sed forte ideo illi ista potuerunt, quia fortes erant, quia prœliatores, quia invincti, quia exercitati, quia bellicosi ? absit. Non hoc indicaverunt nobis patres nostri, non hoc habet Scriptura : sed quid habet, nisi quod sequitur ? « Non enim in gladio suo hereditate possederunt terram, et brachium ipsorum non salvos fecit eos : sed dextera tua, et brachium tuum, et illuminatio vultus tui (*Ibid.* 4). » « Dextera tua, » potentia tua : « brachium tuum, » ipse Filius tuus. « Et illuminatio vultus tui : » Quid est hoc? Quia talibus signis eis adfuisti, ut præsens intelligereris. Numquid enim quando nobis Deus aliquo miraculo adest, faciem ipsius oculis nostris videmus ? Sed effectu miraculi suam præsentiam insinuat hominibus. Denique omnes qui mirantur ad hujuscemodi facta, quid dicunt ? Vidi Deum præsentem. « Sed dextera tua, et brachium tuum, et illuminatio vultus tui : quoniam complacuisti in eis. » Hoc est, sic cum eis egisti, ut bene placeres in eis : ut quisquis eos adtenderet quomodo cum eis ageretur, diceret quia vere Deus est cum illis, et Deus illos agit.

5. Quid ergo? Alter erat tunc, et alter est nunc? absit. Quid enim sequitur? « Tu es ipse rex meus et Deus meus (*Ibid.* 5). » Tu es ipse, non enim mutatus es. Tempora mutata video, creator temporum non mutatur. « Tu es ipse rex meus et Deus meus. » Tu me soles ducere, tu me soles regere, tu mihi soles sub-

pas. « Vous êtes vous-même, mon roi et mon Dieu. » Vous avez coutume de me conduire ; vous avez coutume de me diriger ; vous avez coutume de venir à mon aide. « C'est vous qui pourvoyez au salut de Jacob. » Que veut dire : qui pourvoyez ? Bien que, par votre substance et par la nature qui fait de vous ce que vous êtes, vous soyez entièrement caché, et que vous ne vous soyez pas manifesté à nos pères par votre substance, de manière à ce qu'ils vous vissent face à face ; cependant vous avez pourvu au salut de Jacob par telle créature qu'il vous a plu. Car, quant à vous voir face à face, c'est le bonheur que vous réservez à ceux que la résurrection aura délivrés. Et nos pères du Nouveau Testament, bien qu'ils vissent les mystères que vous leur révéliez, bien qu'ils publiassent ces secrets dont ils avaient reçu la révélation, ont déclaré cependant qu'ils ne les voyaient que comme dans un miroir et en énigme (I *Cor.* XIII,12), et que votre vue face à face était réservée au temps où s'accomplira ce qu'a dit l'Apôtre : « Vous êtes morts, et votre vie est cachée en Dieu avec le Christ; mais lorsque le Christ, qui est votre vie, apparaîtra, vous apparaîtrez avec lui dans la gloire (*Coloss.* III, 3 et 4). » C'est donc pour ce moment là que nous est réservée cette vision face à face, dont l'apôtre saint Jean a dit : « Mes bien-aimés, nous sommes les enfants de Dieu, et l'on ne voit point encore ce que nous serons ; mais nous savons que, quand Dieu apparaîtra, nous serons semblables à lui, parce que nous le verrons tel qu'il est (I *Jean.* III, 2). » Donc, bien que nos pères ne vous aient point vu face à face tel que vous êtes, bien que cette vision soit réservée au temps de la résurrection ; cependant, lors même que vos anges les secouraient, c'est vous qui pourvoyiez au salut de Jacob. Non-seulement vous êtes présent par vous-même, mais, par quelque créature que vous fassiez sentir votre présence, vous pourvoyez par vos ordres au salut de vos serviteurs, salut dont vous seul êtes l'auteur ; et tout ce que font ceux à qui vous avez donné vos ordres se fait pour le salut de vos serviteurs. Comment souffrons-nous donc maintenant tant de maux, puisque vous êtes vous-même mon roi et mon Dieu, et que vous pourvoyez au salut de Jacob ?

6. Mais peut-être le passé nous est-il seulement raconté, sans que nous ayons rien de pareil à espérer dans l'avenir. Au contraire, nous devons espérer. « Avec votre secours, nous disperserons nos ennemis à tous les vents (*Ps.*XLIII, 6). » Nos pères nous ont donc fait connaître ce que vous avez fait de leur temps, et dans les temps anciens : « que votre main a dispersé les nations et que vous avez chassé les peuples ennemis pour les implanter dans la terre de promission. » Voilà pour le passé ;

---

venire. « Qui mandas salutem Jacob. » Quid est, « Qui mandas ? » Etiam si tu per tuam prorsus substantiam atque naturam qua es quidquid es, occultus es, nec per hoc quod es interfuisti patribus, ut facie ad faciem te viderent : tamen per quamlibet creaturam tu mandas salutem Jacob. Etenim illa visio facie ad faciem, liberatis in resurrectione servatur. Et illi patres etiam novi Testamenti quamvis (*a*) revelata mysteria tua viderint, quamvis revelata secreta annuntiaverint ; tamen in speculo se videre dixerunt et in ænigmate (I *Cor.* XIII, 12) : servari autem visionem in futurum facie ad faciem, quando venerit quod ipse Apostolus ait : « Mortui enim estis, et vita vestra abscondita est cum Christo in Deo : cum autem Christus apparuerit vita vestra, tunc et vos apparebitis cum ipso in gloria (*Coloss.* III, 3 et 4). » Tunc ergo nobis servatur visio illa facie ad faciem. De qua et Johannes dicit, « Dilectissimi, filii Dei sumus, et nondum apparuit quid erimus : scimus quia cum apparuerit, similes ei erimus, quoniam videbimus cum, sicuti est (I *Johan.* III, 2). » Etsi ergo tunc patres nostri non te viderunt facie ad faciem secundum quod tu es, etiamsi ista visio servatur in resurrectione: tamen et si Angeli adfuerint, tu mandas salutem Jacob. Non solum per te ades, sed per quamcumque creaturam tuam adfueris, tu mandas (*b*) hoc propter salutem servorum tuorum quod tu ipse per te facis : hoc autem fit pro salute servorum tuorum quod faciunt quibus mandas. Cum ergo tu ipse sis rex meus et Deus meus, et tu mandes salutem Jacob, quare ista nunc patimur ?

6. Sed forte præterita tantum narrata sunt nobis, de futuro autem non est aliquid tale sperandum. Immo vero sperandum. « In te inimicos nostros ventilabimus (*Ps.*XLIII,6). » Ergo patres nostri indicaverunt nobis opus, quod operatus es in diebus eorum, et in diebus antiquis : quia manus tua gentes disperdidit, ejecisti populos, et plantasti eos. Ista præterita sunt :

(*a*) Plerique MSS. *quamvis revelato mysterio tuo fuerint*. Unus Fuliensium codex, *quamvis relatores mysterii tui fuerint*. (*b*) Aliquot MSS. *tu mandas ut hoc fiat pro salute servorum tuorum, quod faciunt quibus mandas*.

mais qu'en sera-t-il de l'avenir? « Avec votre secours, nous disperserons nos ennemis à tous les vents. » Le temps viendra où tous les ennemis des chrétiens seront jetés au vent comme la paille ; ils seront jetés au vent comme la poussière et ils disparaîtront de dessus la terre. Si donc le passé nous est ainsi raconté et si l'avenir nous est ainsi prédit, pourquoi souffrons-nous dans le présent, si ce n'est, comme fils de Coré, pour acquérir l'intelligence ? « Par votre secours nous disperserons nos ennemis à tous les vents ; et en votre nom nous mépriserons ceux qui s'élèvent contre nous. » Voilà ce qui regarde l'avenir.

7. « Car je ne mettrai pas mon espérance dans mon arc (*Ibid.* 7) : » de même que nos pères ne l'ont pas mise dans leur épée. « Et mon épée ne me sauvera pas. »

8. « Car vous nous avez sauvés de ceux qui nous affligeaient (*Ibid.* 8). » Sous la forme du passé, c'est de l'avenir qu'il est ici question : mais le Prophète parle au passé, parce qu'il est aussi certain que cela se fera, que si cela était déjà fait. Réfléchissez au motif qu'ont les Prophètes de parler au passé, non point en traitant de faits accomplis, mais en prédisant les choses à venir. Ainsi, David annonçait la passion future du Seigneur, et cependant il disait : « Ils ont percé mes mains et mes pieds ; ils ont compté tous mes os, » et non pas : ils perceront et compteront. « Ils m'ont considéré et examiné ; » et non pas : ils me considéreront et m'examineront. « Ils ont partagé entre eux mes vêtements (*Ps.* xxi, 17, et suiv.), » et non pas : ils partageront. Toutes ces choses sont énumérées comme étant passées, bien qu'elles soient à venir ; parce que, pour Dieu, les choses futures ne sont pas moins certaines que si déjà elles étaient accomplies. Nous, au contraire, nous tenons pour certaines les choses passées, et pour incertaines les choses à venir. Nous savons, en effet, que telle chose est arrivée et il ne peut se faire que ce qui est arrivé ne soit pas. Mais supposez un Prophète pour qui l'avenir soit aussi certain que le passé l'est pour vous : de même que pour vous, il est impossible que ce que vous vous rappelez avoir été fait n'ait pas été fait, de même pour lui il est impossible que ce qu'il voit comme devant se faire ne se fasse pas. C'est pourquoi, le psalmiste parle en toute assurance de ce qui doit arriver, comme d'une chose déjà passée. Et telle est notre espérance. Car nous disons : « Vous nous avez sauvés de ceux qui nous affligeaient, et vous avez confondu ceux qui nous haïssent. »

9. « Nous trouverons toujours en Dieu notre louange (*Ps.* xliii, 9). » Voyez comme le Prophète mêle dans ses paroles le passé et le futur, et vous comprendrez qu'il prédit véritablement

---

de futuro vero quid erit ? « In te inimicos nostros ventilabimus : » veniet tempus quando omnes inimici Christianorum, sicut palea ventilentur, sicut pulvis ventilentur, et de terra projiciantur. Ergo si et præterita sic sunt nobis narrata, et futura talia prænuntiata ; in medio præsentium quare laboramus, nisi in intellectum filiis Core? « In te inimicos nostros ventilabimus : et in nomine tuo spernemus insurgentes in nos. » Hoc de futuro.

7. « Non enim in arcu meo sperabo (*Ibid.* 7) : » quomodo nec patres in gladio suo. « Et gladius meus non salvum faciet me. »

8. « Salvos enim fecisti nos ex affligentibus nos (*Ibid.* 8). » Et hoc figura præteriti de futuro dicitur : sed ideo tamquam præteritum dicitur, quia tam certum est quasi factum sit. Intendite quare pleraque Prophetæ ita dicunt, tamquam præterita sint, cum prænuntientur futura, non facta. Nam et de ipso Domino futura passio prænuntiabatur, et tamen, « Foderunt, inquit, manus meas, et pedes meos, dinumeraverunt omnia ossa mea (*Psal.* xxi,17,etc.) : » non dixit, Fodient, et dinumerabunt. « Ipsi vero consideraverunt et conspexerunt me (*Ibid.*) : » non dixit, considerabunt et conspicient. « Diviserunt sibi vestimenta mea (*Ibid.*) : » non dixit, dividerunt. Omnia ista tamquam præterita dicuntur, cum futura sint : quia Deo et futura tam certa sunt, tamquam præterita sint. Nobis enim ea quæ præterierunt, certa sunt ; quæ futura, incerta sunt. Novimus enim aliquid accidisse, et non potest fieri ut non acciderit quod accidit. Da Prophetam cui (*a*) tam certum sit futurum, quam tibi præteritum : et quam tibi quod meministi factum, non potest fieri ut non sit factum, tam illi quod novit futurum non potest fieri ut non fiat. Ideo de securitate dicuntur tamquam præterita, quæ adhuc futura sunt. Hoc ergo speramus. « Salvos enim fecisti nos ex affligentibus nos, et eos qui oderunt nos, confudisti. »

9. « In Deo laudabimur tota die (*Ps.* xliii,9). » Videte quemadmodum miscet etiam verba futuri temporis,

---

(*a*) Unus MS. *cui non tam certum sit.*

comme futures des choses qu'il rapporte au passé. «Nous chercherons toujours en Dieu notre louange, et nous serons glorifiés en votre nom dans les siècles des siècles. » Pourquoi trouverons-nous une louange? Pourquoi serons-nous glorifiés ? Parce que vous nous avez délivrés de tous ceux qui nous affligeaient, parce que vous nous donnez un royaume éternel, parce que s'accomplira en nous cette parole : « Heureux ceux qui habitent dans votre maison, Seigneur, ils vous glorifieront dans les siècles des siècles (*Ps* LXXXIII, 5). »

10. Si donc ces choses de l'avenir sont certaines pour nous, aussi bien que les événements passés que nous ont racontés nos pères, qu'arrive-t-il actuellement ? «Mais, maintenant, vous nous avez repoussés et confondus (*Ps*. XLIII, 10). » Vous nous avez confondus, non pas dans notre conscience, mais à la face des hommes. Il y avait, en effet, un temps où les chrétiens étaient accablés, où ils fuyaient de tous côtés, où de tous côtés, on disait : c'est un chrétien ; et ce mot était une insulte et un opprobre. Où est donc notre Dieu, notre Roi, qui pourvoit au salut de Jacob ? Où est celui qui a fait tout ce que nos pères nous ont raconté? Où est celui qui doit faire tout ce qu'il nous a révélé par la voix de son Esprit ? Est-ce donc qu'il est changé ? Mais tout cela se fait pour l'intelligence des enfants de Coré. Nous devons, en effet, comprendre quelque chose des raisons qui lui ont fait vouloir que, nous souffrissions tous ces maux dans ce temps qui sépare deux triomphes. Quels sont ces maux ? « Mais, maintenant, vous nous avez repoussés et confondus et vous ne marchez plus, Seigneur, à la tête de nos armées (*Ibid.*). » Nous marchons contre nos ennemis et vous ne marchez pas avec nous; nous les voyons, ils l'emportent sur nous et nous sommes sans force. Où est votre antique puissance? Où est la force divine de votre bras ? Où est la mer mise à sec ? Où sont les persécuteurs Égyptiens engloutis dans les flots ? Où est la victoire remportée, par des bras étendus en croix, sur la résistance d'Amalech (*Exod.* XIV, 21 et XVII, 11)? « Et vous ne marchez plus, Seigneur, à la tête de nos armées. »

11. « Vous nous avez fait retourner en arrière de nos ennemis (*Ps*. XLIII, 11) : » de sorte qu'ils sont pour ainsi dire devant nous et que nous sommes derrière eux; qu'ils sont regardés comme vainqueurs, et que nous sommes réputés vaincus. « Et ceux qui nous haïssent ont enlevé leur proie : » quelle proie, si ce n'est nous-mêmes ?

12. « Vous nous avez livrés comme des brebis destinées à servir de nourriture , et vous nous avez dispersés parmi les nations (*Ibid.* 12) : » nous avons été dévorés par les nations. Ces paroles représentent ceux qui,

---

ut intelligas et præterita quæ dicta sunt de futuro esse prædicta. « In Deo laudabimur tota die : et in nomine tuo confitebimur in sæcula.»Quid, laudabimur? quid confitebimur? Quia ex omnibus affligentibus nos eruisti nos, quia regnum perpetuum dabis nobis, quia complebitur in nobis, « Beati qui habitant in domo tua Domine, in sæcula sæculorum laudabunt te (*Psal.* LXXXIII, 5). »

10. Hæc ergo futura cum certa sint nobis, et illa præterita cum a patribus nostris audierimus, quid modo ? « Nunc autem repulisti et confudisti nos (*Ps*. XLIII, 10). » Confudisti, non in conscientia nostra, sed in facie hominum. Erat enim tempus quo affligerentur Christiani, cum ubique fugerent, cum ubique diceretur , Christianus est, tamquam ad insultationem et ad opprobrium pertineret. Ubi est ergo ille Deus noster, rex noster, qui mandat salutem Jacob? Ubi est ille qui fecit omnia, quæ nobis narraverunt patres nostri ? Ubi est qui facturus est omnia, quæ nobis revelavit per Spiritum suum ? Numquid mutatus est? Sed in intellectum filiis Core fiunt hæc. Aliquid enim intelligere debemus, quare nos ista omnia medio tempore pati voluit. Quæ omnia ? « Nunc autem repulisti et confudisti nos : et non egredieris Deus in virtutibus nostris. » Procedimus ad inimicos nostros, et tu nobiscum non procedis : videmus eos, prævalent illi, et nos invalidi sumus. Ubi est illa virtus tua ? ubi est dextera et potentia tua? ubi mare siccatum? ubi Ægyptii persequentes fluctibus obruti ? ubi Amalech resistens, in crucis signo superatus (*Exod.* XIV, 21 et XVII, 11)? « Et non egredieris Deus in virtutibus nostris. »

11. « Avertisti autem nos retrorsum præ inimicis nostris (*Ps*. XLIII, 11) : » ut quasi illi ante sint, nos retro ; illi victores, nos victi deputemur. « Et qui nos oderunt, diripiebant sibi ; » quid, nisi nos ?

12. « Dedisti nos tamquam oves escarum, et in nationibus dispersisti nos (*Ibid.* 12). » A nationibus manducati sumus. Hi significantur qui sic passi sunt, ut in corpus gentium verterentur. Plangit enim eos Ecclesia, tamquam membra sua devorata.

par faiblesse, se sont comme laissé engloutir dans le corps des nations. L'Église les pleure, comme ses membres qui ont été dévorés.

13. « Et vous avez vendu votre peuple sans en recevoir le prix (*Ibid.* 13). » Nous voyons bien, en effet, ceux que vous avez livrés, mais nous ne voyons pas quel prix vous en avez tiré. « Et il n'y a pas eu de foule dans leurs réjouissances. » En effet, lorsque les chrétiens fuyaient la persécution de leurs ennemis idolâtres, se rassemblaient-ils pour célébrer dans la jubilation les fêtes du Seigneur? Est-ce que l'on chantait, dans les églises de Dieu, ces hymnes qui veulent être chantés dans la paix, et qui montent aux oreilles du Seigneur, comme la douce harmonie d'un chœur de frères? « Et il n'y a pas eu de foule dans leurs réjouissances. »

14. « Vous nous avez rendus l'opprobre de nos voisins, et l'objet des railleries et des risées de ceux qui nous entourent. Vous nous avez réduits à servir de comparaison au milieu des nations (*Ibid.* 14 et 15). » Que veut dire : servir de comparaison? Dans leurs imprécations, les hommes comparent ceux qu'ils maudissent à ce qu'ils détestent. Puissiez-vous mourir de telle sorte, puissiez-vous être puni de telle sorte. Combien de pareilles injures n'a-t-on pas lancées contre les chrétiens? Soyez crucifié comme votre maître. Et maintenant encore, les ennemis du Christ ne manquent pas parmi nous ; ces mêmes juifs contre lesquels nous défendons le Christ nous disent : puissiez-vous mourir comme lui. Ils n'auraient pas, en effet, choisi contre lui ce genre de mort, s'ils ne l'avaient eu pour eux-mêmes en souveraine horreur, ou s'ils avaient pu comprendre le mystère qu'il renfermait. L'aveugle, lorsqu'on lui pose un collyre sur les yeux, ne le voit pas dans la main du médecin. Or la croix a été faite pour les persécuteurs eux-mêmes. Elle est le remède qui les a guéris, et ceux mêmes qui avaient tué le Christ ont cru en lui. «Vous nous avez réduits à servir de comparaison parmi les nations, et les peuples secouent la tête en nous regardant : » ils secouent la tête pour nous insulter. « Ils ont parlé des lèvres et ils ont secoué la tête (*Ps.* XXI, 8, et *Matth.* XXVII, 39). » C'est ce qu'ils ont fait à l'égard du Seigneur, et ce qu'ils ont fait aussi à l'égard des saints, qu'ils ont pu persécuter, qu'ils ont pu saisir, qu'ils ont pu railler, qu'ils ont pu traîner en jugement, qu'ils ont pu torturer, qu'ils ont pu mettre à mort.

15. « Tout le jour j'ai ma honte devant les yeux et la confusion couvre mon visage (*Ps.* XLIII, 16 et 17) ; » lorsque j'entends les paroles d'opprobre de ceux qui m'injurient, c'est-à-dire : lorsque j'entends les insultes et les accusations lancées contre moi, parce que j'observe votre culte, parce que je confesse votre nom ; on

---

13. « Vendidisti populum tuum sine pretio (*Ibid.* 13).» Vidimus enim (*a*) quos dedisti, non vidimus quid accepisti (*Ibid.*). « Et non fuit multitudo in jubilationibus eorum. » Numquid enim quando fugiebant Christiani persequentibus inimicis idolatris, fiebant congregationes et jubilationes Deo? Numquid concinebantur hymni de ecclesiis Dei, qui solent in pace concini, dulcique concentu fraternitatis Dei auribus personari ? « Et non fuit multitudo in jubilationibus eorum. »

14. « Posuisti nos in opprobrium vicinis nostris, subsanationem et derisum his qui in circuitu nostro sunt (*Ibid.* 14). » « Posuisti nos in similitudinem in nationibus (*Ibid.* 15).» Quid est, «in similitudinem ? » Quando maledicentes homines similitudinem dant de eo quem detestantur, Sic moriaris, sic puniaris. Quanta tunc dicta sunt talia? Sic crucifigaris. Hodieque non desunt hostes Christi, illi ipsi Judæi, contra quos quando defendimus Christum, dicunt nobis, Sic moriaris quomodo ille. Non enim illam mortem intulissent, nisi eo modo mori vehementer exhorruissent; aut quid mysterii haberet, si intelligere potuissent. Cæcus quando inungitur, collyrium in manu medici non videt. Nam crux ipsa et pro ipsis persequentibus facta est. Inde sunt postea sanati, et in eum crediderunt quem ipsi occiderunt. « Posuisti nos in similitudinem in nationibus, commotionem capitis in populis ; » commotionem capitis ad insultandum. « Et locuti sunt labiis, et moverunt caput (*Matth.* XXVII, 39). » Hoc Domino, hoc etiam omnibus sanctis ejus, quos persequi, quos tenere, quos illudere, quos tradere, quos affligere, quos occidere potuerunt.

15. « Tota die verecundia mea contra me est, et confusio vultus mei operuit me : a voce exprobrantis et obloquentis (*Ps.* XLIII, 16 et 17) : » hoc est, a voce insultantium et crimen mihi objicientium, quia colote, quia confiteor te : et crimen mihi objicien-

---

(*a*) Plures MSS. *quod dedisti.*

me fait un crime de ce nom, qui doit effacer tous mes crimes : « lorsque j'entends les paroles d'opprobre de ceux qui m'injurient,» c'est-à-dire qui parlent contre moi ; et « lorsque je suis en présence de mes ennemis et de mes persécuteurs. » Et de quoi devons-nous avoir ici l'intelligence? Tout ce qui est dit et passé ne s'accomplira pas en nous, et quant aux choses à venir que nous espérons, elles ne se produisent pas encore. Pour le passé, c'est le peuple d'Israël tiré d'Égypte par vous, de la façon la plus éclatante pour votre gloire, conduit à travers les peuples, et mis en possession de son royaume par l'expulsion des nations qui l'habitaient (*Exod.* xiv, 21 et suiv.). Quelles sont les choses futures? C'est votre peuple qui doit être tiré de l'Égypte du siècle, sous la conduite du Christ apparaissant dans sa gloire ; ce sont les saints qui doivent être placés à la droite, tandis que les impies seront rejetés à la gauche (*Matth.* xxv, 33) ; ce sont les impies qui doivent être condamnés avec le démon à un éternel châtiment : c'est le royaume des cieux que le Christ donnera aux saints pour l'éternité. Ces choses sont à venir, et les autres sont passées. Dans l'intervalle, qu'y a-t-il? Des afflictions. Pourquoi? Pour faire connaître quels sont ceux qui adorent Dieu et avec quel zèle ils l'adorent ; pour que l'on sache s'ils l'adorent avec désintéressement, après avoir reçu de lui le don gratuit de leur salut. Il est gratuit en effet ce don, car Dieu pourrait vous dire : que m'avez-vous donné pour être créé? Assurément, si, après que je vous ai eu créé, vous avez bien mérité de moi, vous n'aviez pas bien mérité de moi avant votre création. Que lui répondrons-nous sur la gratuité de notre création, que nous devons à sa bonté et non à aucun mérite de notre part? Et ensuite que lui dirons-nous sur notre réparation, sur notre seconde naissance après le péché? Attribuerons-nous à nos mérites la grâce que Dieu nous a faite de nous envoyer le salut éternel? Non certes : car si nos mérites avaient influé sur notre sort, Dieu ne serait descendu que pour notre condamnation. Le Sauveur n'est pas venu pour examiner nos mérites, mais pour nous remettre nos péchés. Vous n'étiez pas et vous avez été créé ; pour cela, qu'avez-vous donné à Dieu? Vous étiez coupable et vous avez été délivré ; pour cela qu'avez-vous donné à Dieu? Que n'avez-vous donc pas reçu de lui gratuitement? C'est avec raison que nous appelons grâces de tels bienfaits, parce qu'ils nous sont donnés gratuitement. Dieu exige donc que vous le serviez gratuitement, non pas en vue des biens temporels, mais en vue des biens éternels.

16. Mais prenez garde de vous tromper sur les biens éternels eux-mêmes; prenez garde qu'en les considérant d'une manière charnelle, vous ne serviez pas Dieu d'une manière désintéressée. Car quoi? si vous servez Dieu, parce qu'il vous donne

---

tium de illo nomine, unde mea omnia crimina delebuntur. « A voce exprobrantis et obloquentis, » id est, contra me loquentis. « A facie inimici et persequentis. » Et quis hic intellectus? Quæ prætérita dicta sunt, non in nobis fient : quæ futura sperantur, non apparent. Præterita : in magna gloria tua eductus est populus de Ægypto, liberatus a persequentibus, ductus per gentes, expulsis gentibus collocatus in regno (*Exod.* xiv, 21, etc.). Quæ futura ? Educendus populus de ista Ægypto sæculi, duce Christo apparente in gloria sua ; ponendi sancti ad dexteram, iniqui ad sinistram, damnandi iniqui cum diabolo in æterna pœna (*Matth.* xxv, 33); accipiendum regnum a Christo cum sanctis in sempiternum. Hæc sunt futura, illa præterita. In medio quid ? Tribulationes. Quare? Ut appareat animus colens Deum, quantum colat Deum ; ut videatur utrum gratis colat eum, a quo salutem gratis accipit. Si enim tibi dicat Deus, Quid dedisti mihi ut facerem te ? Certe si factus promeruisti me, non me promerueras antequam facerem te. Quid dicturi sumus ei, qui primo gratis nos fecit, quia bonus est, non quia aliquid meruimus ? Deinde de ipsa reparatione, de secunda nativitate quid dicturi sumus? Merita nostra fecisse ut nobis illa salus perpetua mitteretur a Domino ? absit. Si merita nostra aliquid facerent, ad damnationem nostram veniret. Non venit ille ad inspectionem meritorum, sed ad remissionem peccatorum. Non fuisti, et factus es : quid Deo dedisti? Malus fuisti, et liberatus es : quid Deo dedisti? Quid non ab eo gratis accepisti ? Merito et gratia nominatur, quia gratis datur. Exigitur ergo a te, ut et tu gratis eum colas : non quia dat temporalia, sed quia præstat æterna.

16. Sed ipsa æterna vide ne aliter cogites, et cogitando æterna carnaliter, nihilo minus Deum gratis non colas. Quid enim ? Si ideo colis Deum, quia dat tibi fundum, non eum culturus es, quia tollit tibi

une terre, ne le servirez-vous plus parce qu'il vous l'aura retirée? Mais peut-être direz-vous: je le servirai parce qu'il me donnera une terre, mais non cependant une terre temporelle. Néanmoins, ici encore vous portez un esprit corrompu; car vous ne servez pas Dieu avec un amour pur, et vous demandez encore un salaire. Vous voulez, en effet, posséder dans la vie future ce que vous êtes forcé de laisser ici-bas en mourant; vous voulez changer l'objet de votre volupté charnelle, vous refusez de la retrancher. Il n'y a pas lieu de louer le jeûne, dans celui qui réserve son appétit pour un dîner fastueux. Quelquefois, en effet, des hommes invités à un grand dîner, lorsqu'ils veulent y porter une faim avide, commencent par jeûner. Ce jeûne, ne doit-il pas être regardé comme l'effet de la gourmandise plutôt que de l'abstinence? Gardez-vous donc d'espérer que Dieu vous donnera dans l'éternité ces sortes de biens qu'il vous ordonne de mépriser dans le temps présent. Telles étaient les espérances des juifs, et c'est ce qui troublait leur jugement sur cette question. Car, eux aussi, ils espéraient ressusciter; mais ressusciter pour jouir de voluptés corporelles, semblables à celles qu'ils aimaient. C'est pourquoi, lorsque les Saducéens, qui ne croyaient pas à la résurrection, leur posaient cette question, de qui devait être l'épouse, lors de la résurrection, la femme qui avait successivement épousé sept frères, ils étaient à bout, et ne savaient que répondre. Mais lorsque cette difficulté fut soumise au Seigneur, comme la résurrection nous est promise, non pour y retrouver ces sortes de plaisirs, mais pour y puiser en Dieu même des joies éternelles, le Seigneur répondit: « Vous êtes dans l'erreur, et vous ne connaissez ni les Écritures, ni la puissance de Dieu: après la résurrection, les hommes ne prendront pas de femmes, ni les femmes de maris, car ils ne seront plus sujets à la mort (*Matth.* XII, 29 et suiv.);» c'est-à-dire qu'il n'y a pas lieu de chercher un successeur, où il n'y a pas de prédécesseur. Et qu'y aura-t-il donc? « Mais, dit Jésus, les hommes seront comme les anges de Dieu.» Et n'allez pas croire que les anges se réjouissent de vos festins quotidiens, ou de ce vin dont vous vous enivrez; n'allez pas vous imaginer non plus qu'ils prennent des épouses. Il n'y a rien de tel chez les anges. Quelle est la source de la joie des anges sinon celle dont le Seigneur a dit: « Ne savez-vous pas que les anges contemplent sans cesse la face du Père?» Si donc les anges se réjouissent en contemplant la face du Père, préparez-vous à jouir du même bonheur; ou voyez s'il en est un qui soit préférable à la vue de la face de Dieu. Malheur à un tel amour, si vous êtes capable de supposer

---

fundum? Sed forte tu dicis. Ideo eum colam, quia dabit mihi villam, non tamen temporalem. Nihilo minus adhuc corruptam mentem geris: amore enim casto non colis, adhuc mercedem expetis. Ea enim vis habere in futuro sæculo, quæ hic necesse est relinquas: mutare vis voluptatem carnalem, non amputare. Non laudatur in illo jejunium, qui ad luxuriosam cœnam servat ventrem suum. Invitantur enim aliquando homines ad cœnam magnam, et cum ad eam volunt avidi venire, jejunant: numquid hoc jejunium continentiæ, et non potius luxuriæ deputandum est? Noli ergo talia sperare tibi danda a Deo, qualia hic jubet contemnere. Hæc enim sperabant Judæi, ideo turbabantur in illa quæstione. Nam et ipsi resurrectionem sperant, sed ad tales voluptates corporis se sperant resurrecturos, quales hic amant. Ideo cum eis proponeretur quæstio illa a Saducæis, qui non credunt resurrectionem, de illa muliere quæ nupsit septem fratribus sibimet succedentibus, cujus eorum (*a*) in resurrectione erit uxor, deficiebant, et respondere non poterant. At vero Domino quando est proposita, quia nobis resurectio talis promittitur, non qua repetantur (*b*) hujusmodi voluptates, sed qua æterna de ipso Deo gaudia comparentur, respondit Dominus, et ait, « Erratis nescientes Scripturas, neque virtutem Dei: in resurrectione enim neque nubent, neque uxores ducent, non enim incipient mori(*Matth.*XXII, 29, etc.).» Id est, non ibi quæritur successor, ubi non erit decessor. Et quid erit? « Sed erunt, inquit, æquales Angelis Dei (*Ibid.*).» Nisi forte putas, quod Angeli epulis quotidianis, et vino quo te inebrias, gaudeant, aut hoc forte arbitraris, quod Angeli uxores habeant. Nihil eorum est apud Angelos. Unde gaudent Angeli, nisi unde Dominus ait, « Nescitis quia Angeli eorum semper vident faciem Patris (*Matth.* XVIII, 10)?» Si ergo ad faciem Patris gaudent Angeli, ad tale gaudium te præpara: aut si invenis melius quam videre faciem Dei. (*c*) Væ tali

---

(*a*) Sic MSS. At editi, *in resurrectione futura erat, vox deficiebat.* (*b*) Octo MSS. *hujus mundi voluptates.* (*c*) Hic in editis additur, *illuc te præpara*: quod a MSS. abest.

qu'une chose, plus belle que le créateur de tout ce qui est beau, puisse vous captiver au point que vous n'ayez plus lieu de penser à lui. Le Seigneur était revêtu de la chair, et il apparaissait comme homme aux yeux des hommes. Que voyait-on en lui? Je l'ai dit: sa qualité d'homme au milieu des autres hommes. Que voyait-on de grand en lui? La chair apercevait la chair. Que voyait-on de grand en celui dont il a été dit: « Nous l'avons vu et il n'avait ni éclat ni beauté (*Isa.* LIII, 2)? » Quel est celui qui n'avait ni éclat, ni beauté? Le même dont-il a été dit: « Il est d'une incomparable beauté, au-dessus des enfants des hommes (*Ps.* XLIV, 3). » Comme homme, il n'avait ni éclat ni beauté; mais il était d'une incomparable beauté, parce qu'il était au-dessus des enfants des hommes. Aussi, tandis qu'il ne laissait voir à ceux qui le regardaient que la forme dépourvue de beauté de sa chair, que disait-il? « Celui qui m'aime garde mes commandements, et celui qui m'aime sera aimé de mon Père et je l'aimerai, et je me montrerai à lui (I *Jean.* XIV, 21). » Ils le voyaient et il leur promettaient de se montrer à eux. Qu'est-ce donc que cela? C'est comme s'il leur eût dit: vous voyez la forme de l'esclave, celle de Dieu est cachée; par la première je vous caresse comme des enfants, je vous réserve la vue de la seconde; avec l'une je vous allaite dans votre enfance, avec l'autre je vous nourrirai quand vous aurez grandi. Tout ce qui s'est accompli a donc eu lieu afin que notre foi, par laquelle nous sommes purifiés, fût préparée aux choses invisibles; toutes ces choses sont donc arrivées pour donner l'intelligence aux enfants de Coré : c'est pourquoi les saints ont été dépouillés de tout ce qu'ils avaient, ils ont même perdu jusqu'à leur vie temporelle, pour qu'ils adorassent l'Éternel, sans avoir en vue des biens temporels, et qu'au contraire, par l'effet d'un chaste amour, ils pussent supporter tous les maux qui leur sont infligés dans le temps.

17. Or, comme les enfants de Coré ont compris toutes les choses, que disent-ils? « Tous ces maux sont venus sur nous et nous ne vous avons pas oublié (*Ps.* XLIII, 19). » Que veut dire : Et nous ne vous avons pas oublié? « Et nous n'avons pas violé votre alliance : Et notre cœur ne s'est pas retiré en arrière, bien que vous ayez détourné nos sentiers de votre voie (*Ibid.*). » Et telle est la preuve de l'intelligence que nous avons acquise, que notre cœur ne s'est pas retiré en arrière, que nous ne vous avons pas oublié, et que nous n'avons pas violé votre alliance, bien que nous fussions en proie à de grandes afflictions et aux persécutions des nations. « Vous avez détourné nos sentiers de votre voie. » En effet, nos sentiers étaient encore ceux des voluptés du monde, nos sentiers aboutissaient encore aux prospérités temporelles;

---

amori tuo, si vel suspicaris aliquid pulcrius, quam est ille a quo est omne pulcrum, quod te teneat, ne illum cogitare merearis. Dominus in carne erat, et apparebat homo hominibus. Qualis apparebat? Jam dixi, homo hominibus. Quid magnum apparebat? Caro carni. Quid magnum apparebat, de quo dictum est, « Vidimus eum, et non habebat speciem neque decorem (*Isai.* LIII, 2)? » Quis non habebat speciem neque decorem? De quo item dicitur, « Speciosus forma præ filiis hominum (*Psal.* XLIV, 3). » Ut homo, non habebat speciem neque decorem; sed speciosus forma ex eo quod est præ filiis hominum. Ideo formam illam (*a*) deformem carnis ostendens oculis intuentium, quid ait? « Qui diligit me, mandata mea custodit; et qui diligit me, diligetur a Patre meo, et ego diligam eum, et ostendam illi meipsum (*Johan.* XIV, 21). » Quem videbant, ostensurum se illis promittebat. Sed quid est hoc? Quasi diceret, Videtis formam servi, occulta est forma Dei: per hanc vobis blandior, illam vobis servo : hac vos parvulos nutrio, illa grandes pasco. Ergo ut hæc fides nostra qua purgamur, ad invisibilia præparetur, hoc est, quod in intellectum filiis Core facta sunt ista omnia, ut detraherentur sanctis ea quæ habebant, detraheretur et ipsa vita temporalis : ut non propter hæc ipsa temporalia colerent ipsum æternum, sed amore illius casto tolerarent hæc omnia, quæ pro tempore paterentur.

17. Denique quia intellexerunt hoc filii Core, quid dicunt? « Hæc omnia venerunt super nos, et obliti non sumus te. » Quid est, et obliti non sumus te? « Et inique non egimus in testamento tuo : et non recessit retro cor nostrum : et declinasti semitas nostras de via tua (*Ps.* XLIII, 18 et 19). » Ecce est intellectus, quia non recessit retro cor nostrum, quia obliti non sumus te, quia inique non egimus in tes-

---

(*a*) Sic MSS. nullo fere excepto. At editi loco *deformem*, habent *de forma*.

vous les avez détournés de votre voie, et vous nous avez montré combien rude et étroite est la voie qui conduit à la vie. « Et vous avez détourné nos sentiers de votre voie. » Que veut dire : Vous avez détourné nos sentiers de votre voie ? C'est comme si le Seigneur nous disait : Vous êtes placés au milieu des tribulations, vous souffrez des maux nombreux, vous avez perdu beaucoup de choses que vous aimiez dans ce monde ; mais je ne vous ai pas abandonnés, dans cette voie dont je vous enseigne les limites étroites. Vous cherchiez les larges routes, que vous ai-je dit ? Ce sentier conduit à la vie éternelle ; par la route où vous voulez marcher, vous allez à la mort. « Combien est large et spacieuse la voie qui conduit à la mort, et combien il y en a qui y marchent ! Combien est étroite et resserrée la voie qui conduit à la vie, et combien il y en a peu qui y marchent (*Matth.* VII, 13) ! » Quel est ce petit nombre ? Celui des hommes qui supportent les afflictions, qui supportent les tentations, qui au milieu de toutes les douleurs n'ont pas de défaillance ; qui ne reçoivent pas avec joie pour une heure seulement la parole du salut, se desséchant ensuite au temps de l'affliction, comme au lever du soleil, mais qui sont implantés sur les racines de la charité, comme il est dit dans l'Évangile qui nous a été lu tout à l'heure (*Matth.* XIII ; *Marc.*

IX, 16 ; *Luc*, VIII, 13). Soyez donc portés, vous ai-je dit, sur les racines de la charité, afin que le soleil, en se levant, ne vous brûle pas, mais qu'il vous nourrisse. « Tous ces maux ont fondu sur nous et nous ne vous avons pas oublié ; et nous n'avons pas violé votre alliance et notre cœur ne s'est pas retiré en arrière. » Mais comme nous n'avons fait toutes ces choses qu'au milieu des tribulations, en marchant déjà dans la voie étroite, il est certain que « vous avez détourné nos sentiers de votre voie. »

18. « Parce que vous nous avez abaissés dans le lieu de notre faiblesse (*Ps.* XLIII, 20). » Vous nous éléverez donc dans le lieu de notre force. « Et l'ombre de la mort nous a couverts. » En effet, notre mortalité n'est que l'ombre de la mort. La mort véritable est la damnation avec le démon.

19. « Si nous avons oublié le nom de notre Dieu (*Ibid.* 21) ; » Voilà l'intelligence des enfants de Coré. « Et si nous avons tendu les mains vers un Dieu étranger ; »

20. « Est-ce que Dieu ne recherchera pas ces choses ? Car il connaît les secrets des cœurs (*Ibid.* 22). » Il les connaît et il les recherche. S'il connaît les secrets des cœurs, que veut dire : « Est-ce que Dieu ne recherchera pas ces choses ? » Il les connaît par lui-même et il les recherche à cause de nous. En effet, quelquefois Dieu recher-

---

tamento tuo, positi in magnis tribulationibus et persecutionibus gentium. « Declinasti semitas nostras de via tua. » Semitæ enim nostræ erant in voluptatibus sæculi ; semitæ nostræ erant in prosperitatibus temporalium rerum : tulisti semitas nostras de via tua, et ostendisti nobis « quam arta et angusta via est, quæ ducit ad vitam (*Matth.* VII, 14). » « Et declinasti semitas nostras de via tua. » Quid est, declinasti semitas nostras de via tua ? Tamquam diceret nobis, In tribulationibus positi estis, multa patimini, multa quæ amabatis in hoc sæculo, amisistis : sed non vos dimisi in via, quam angustam vos doceo. Latas semitas quærebatis : quid vobis dico : Hac itur ad vitam sempiternam ; qua vultis ambulare, ad mortem pergitis. « Quam lata et spatiosa via est quæ ducit ad interitum, et multi sunt qui ambulant per eam ! Quam arta et angusta via est quæ ducit ad vitam, et pauci sunt qui ambulant per illam (*Matth.* VII, 13) ! » Qui sunt pauci ? Qui tolerant tribulationes, qui tolerant tentationes, qui in istis omnibus molestiis non deficiunt ; qui non ad horam gaudent ad verbum, et in tempore tribulationis tamquam orto sole arescunt (*Matth.* XIII, 20, *Marci* IV, 16, *Lucæ* VIII, 13), sed habent radicem caritatis, sicut audivimus quod modo lectum est in Evangelio. Radicem, inquam, caritatis habe, ut cum sol exortus fuerit, non te urat, sed nutriat. « Hæc omnia venerunt super nos, et obliti non sumus te ; et inique non egimus in testamento tuo : et non recessit retro cor nostrum. » Sed quia hæc omnia inter tribulationes facimus, jam in angusta via ambulantes, « declinasti semitas nostras de via tua. »

18. « Quoniam humiliasti nos in loco infirmitatis (*Ps.* XLIII, 20). » Ergo exaltabis nos in loco fortitudinis « Et operuit nos umbra mortis (*Ibid.*). » Hæc enim mortalitas umbra mortis est. Vera mors est damnatio cum diabolo.

19. « Si obliti sumus nomen Dei nostri (*Ibid.* 21). » Iste est intellectus filiorum Core. « Et si expandimus manus nostras ad Deum alienum (*Ibid.*). »

20. « Nonne Deus requiret ista ? Ipse enim novit occulta cordis (*Ibid.* 22). » Novit, et requirit : si novit occulta cordis, quid ibi facit ? « Nonne Deus requiret ista ? » Novit in se, requirit propter nos. Ete-

che une chose, et dit reconnaître ce qu'il nous fait connaître. Il vous dit ce qu'il opère en vous, et non ce qu'il fait en lui-même. Souvent nous disons que le jour est gai, lorsqu'il est serein, est-ce que le jour ressent de la gaieté? Mais nous disons qu'il est gai, parce qu'il nous rend gais. Nous disons aussi : un ciel triste. Et pourtant les nuées n'ont aucun sentiment de ce genre; mais comme les hommes sont attristés par l'aspect d'un ciel couvert de nuages, ils disent que le ciel est triste, parce qu'il les rend tristes. De même on dit : Dieu connaît, pour dire : Dieu fait connaître. Dieu dit à Abraham : « Je sais maintenant que vous craignez Dieu (*Gen.* XXII, 12); » Dieu ne le savait-il pas auparavant? Mais Abraham ne se connaissait pas encore, et il ne se connut lui-même que par la tentation qu'il soutint. Le plus souvent, l'homme croit pouvoir ce qu'il ne peut pas. Des événements que Dieu permet viennent en quelque sorte l'interroger; par cette interrogation, il acquiert la connaissance de lui-même, et Dieu dit alors qu'il le connaît, pour dire qu'il l'a fait se connaître. Est-ce que Pierre se connaissait lorsqu'il disait au médecin : « Je serai avec vous jusqu'à la mort (*Matth* XXVI, 35)? » Le médecin qui avait exploré son pouls, savait ce qui se passait au dedans de lui, et le malade n'en savait rien. Survint la tentation, et il fut prouvé que le médecin avait vu juste, et le malade perdit sa présomption. C'est ainsi que Dieu sait et recherche. Il sait. Pourquoi recherche-t-il ? A cause de vous, pour que vous vous trouviez, et que vous rendiez des actions de grâces à celui qui vous a fait. « Est-ce que Dieu ne recherchera pas ces choses? »

21. « Car il connaît les secrets des cœurs. » Que veut dire : Il connaît les secrets? Quels sont ces secrets? « A cause de vous, en effet, nous sommes égorgés tous les jours; on nous regarde comme des brebis destinées à la boucherie (*Ps.* XLIII, 22). » Vous pouvez voir mettre un homme à mort, mais pourquoi est-il mis à mort, vous l'ignorez. Dieu le sait, la chose est cachée. Mais me dira quelqu'un, cet homme est en prison pour le nom du Christ, il confesse le nom du Christ. Mais les hérétiques ne confessent-ils pas le nom du Christ? et cependant ils ne meurent pas pour lui. Et même, dirai-je, au sein de l'Église Catholique, croyez-vous qu'il n'y ait jamais eu ou qu'il ne puisse y avoir personne pour souffrir dans des vues de gloire humaine? Si ces hommes là manquaient, l'Apôtre ne dirait pas : « Lors même que j'aurais livré mon corps au bûcher, si je n'ai pas la charité, cela ne me sert de rien (*I Cor.* XIII, 3). » Il savait donc bien qu'il y avait des hommes capables de le faire par orgueil et non par amour. Il y a donc là quelque chose de ca-

---

nim ideo requirit Deus aliquando, et dicit sibi innotescere, quod facit tibi innotescere. Opus suum tibi dicit, non (*a*) cognitionem suam. Dicimus plerumque, Lætus dies, quando serenus est : numquid ipse dies gaudet ? Sed gaudentes dicimus, quia gaudentes nos facit. Et dicimus, Triste cœlum. Non enim est ullus talis sensus in nubibus : sed quia homines hujusmodi videntes cœli faciem contristantur, triste dicitur, eo quod tristes facit. Sic et Deus cognoscere dicitur, quando cognoscentes facit. Deus dicit ad Abraham, « Nunc cognovi quia tu times Deum (*Gen.* XXII, 12). » Ante non cognoverat. Sed ipse Abraham se (*b*) non cognovit : quia in ipsa tentatione ipse sibi innotuit. Plerumque enim homo putat se posse quod non potest, aut putat se non posse quod potest : accedit ad illum interrogatio ex divina dispensatione, et per interrogationes notus fit sibi : et dicitur Deus cognovisse, quod illum fecit nosse. Numquid Petrus noverat se, quando dixit medico, « Tecum sum usque ad mortem (*Matth.* XXVI, 35)? » Medicus noverat vena inspecta quid intus ageretur in ægroto, ægrotus non noverat. Venit accessio tentationis ; et probavit medicus sententiam suam, perdidit æger præsumptionem suam. Sic ergo et novit Deus, et requirit. Novit. Quomodo ipse requirit ? Propter te, ut tu invenias te, et gratias agas ei qui fecit te. « Nonne Deus requiret ista ? »

21. « Ipse enim novit occulta cordis. » Quid est, novit occulta ? quæ occulta ? « Quoniam propter te mortificamur tota die, deputati sumus velut oves occisionis (*Ps.* XLIII, 22). » Potes enim videre mortificari hominem ; quare mortificetur, nescis ; Deus hoc novit ; res in occulto est. Sed dicit mihi aliquis, Ecce pro nomine Christi detinetur, nomen Christi confitetur. Quare non et hæretici nomen Christi confitentur, et non tamen jam propter ipsum moriuntur ? Prorsus in ipsa Ecclesia, dicam, catholica, putatis defuisse aut deesse posse, qui caussa humanæ gloriæ paterentur ? Si deessent hujusmodi homines, non diceret Apostolus, « Si tradidero corpus meum ut ardeam, caritatem autem non habeam, nihil mihi prodest (*I Cor.* XIII, 3). » Sciebat ergo esse

---

(*a*) Duo MSS. *non cognitioni suæ*. (*b*) In plerique MSS. *se cognovit*, omissa negatione.

ché : Dieu seul le voit, nous ne pouvons le voir. A celui-là seul d'en juger, qui connaît les secrets du cœur. « A cause de vous, en effet, nous sommes égorgés tous les jours ; on nous regarde comme des brebis destinées à la boucherie. » Je l'ai dit déjà : l'Apôtre a invoqué aussi l'autorité de ce verset, pour exhorter ceux qui souffraient pour le nom du Christ, à ne point défaillir dans le cours de leurs tribulations.

22. « Levez-vous, Seigneur, pourquoi dormez-vous (*Ibid.* 23) ? » A qui s'adresse-t-on, et qui parle ainsi ? Ne croirait-on pas plutôt que celui qui dit : Levez-vous, pourquoi dormez-vous, Seigneur ? est lui-même endormi et qu'il ronfle ? Le prophète vous répond : Je sais ce que je dis : je sais que celui qui garde Israël ne dort pas (*Ps.* CXX, 4) ; mais cependant les martyrs crient : « Levez-vous, Seigneur, pourquoi dormez-vous ? » O Seigneur Jésus ! vous avez été mis à mort, vous avez dormi pendant votre passion, mais déjà vous êtes ressuscité pour nous. Nous savons que vous êtes ressuscité pour nous. A quoi sert votre résurrection ? Les gentils qui nous persécutent, croient que vous êtes mort, et ne croient pas que vous soyez ressuscité. Levez-vous donc aussi pour eux. Pourquoi dormez-vous, non pour nous, mais pour eux ? Si en effet ils croyaient que vous êtes ressuscité, pourraient-ils persécuter ceux qui croient en vous ? Mais pourquoi nous persécutent-ils ? Ne disent-ils pas : Détruisons, faisons périr ces je ne sais quels hommes qui ont cru en vous, qui êtes ce je ne sais qui dont la mort est incertaine. Vous dormez encore pour eux : levez-vous, afin qu'ils comprennent que vous êtes ressuscité, et qu'ils cessent leurs persécutions. Quoi qu'il en soit, tandis que les martyrs parlent ainsi et subissent la mort, ils s'endorment, et ils éveillent le Christ qui est réellement mort par leur sommeil même. Ainsi le Christ est ressuscité en quelque sorte pour les gentils, c'est-à-dire qu'ils ont cru à sa résurrection ; et, peu à peu, ces hommes convertis par leur foi en Jésus-Christ sont devenus si nombreux, qu'ils ont inspiré de la crainte à leurs persécuteurs et que les persécutions ont cessé. Pourquoi ? Parce que le Christ est ressuscité pour les gentils, lui qui auparavant dormait pour eux, parce qu'ils ne croyaient point en lui. « Levez-vous et ne nous rejetez pas pour toujours. »

23. « Pourquoi détournez-vous votre face (*Ps.* XLIII, 24) ? » comme si vous n'étiez pas là, comme si vous nous aviez oublié ? « Pourquoi oubliez-vous notre misère et notre affliction ? »

24. « Car notre âme est humiliée dans la poussière (*Ibid.* 25). » Où est-elle humiliée ? Dans la poussière. C'est-à-dire : la poussière nous persécute

---

posse quosdam, qui hoc jactatione facerent, non dilectione. Ideo obscurum est, Deus hoc solus videt, nos non possumus. Ipse solus potest judicare, qui novit occulta cordis. « Quoniam propter te mortificamur tota die, deputati sumus velut oves occisionis. » Jam dixi, hinc etiam apostolum Paulum testimonium posuisse ad exhortandos Martyres, ne deficerent in tribulationibus pro nomine Christi susceptis.

22. « Exsurge, quare obdormis Domine (*Ps.* XLIII, 23) ? » Cui dicit ? et quis dicit ? Nonne magis dicetur ille dormire (*a*), et halare, qui talia loquitur, « Exsurge, quare dormis Domine ? » Respondet tibi. Novi quid dicam : scio quia non dormit qui custodit Israël (*Psal.* CXX, 4) : sed tamen Martyres clamant, « Exsurge, quare obdormis Domine ? » O Domine Jesu occisus es, dormisti in passione, jam nobis resurrexisti. Novimus enim quia nobis resurrexisti. Quare resurrexisti ? Gentes quæ nos persequuntur, mortuum te putant, resurrexisse non credunt. Exsurge ergo et illis. Quare dormis, non nobis, sed illis ? Si enim jam te illi crederent resurrexisse, numquid eos qui in te crederent persequi poterant ? Sed quare persequuntur (*b*) ? Dele, occide nescio quos, qui crediderunt in te nescio quem male mortuum ? Adhuc eis dormis : exsurge ut intelligant quia resurrexisti, et quiescant. Denique factum est dum moriuntur Martyres, et ista dicunt, dormiunt, et excitant Christum vere mortuum dormientibus eorum ; surrexit Christus quodammodo in gentibus, id est, creditus est resurrexisse : ita paulatim et ipsi credendo conversi ad Christum, fecerunt numerum magnum, quem timerent persecutores, et cessaverunt persecutiones. Unde ? Quia resurrexit Christus in gentibus, qui illis ante non credentibus dormiebat. « Exsurge, et ne repellas usque in finem. »

23. « Quare faciem tuam avertis ? » quasi non adsis, quasi oblitus sis nostri. « Oblivisceris inopiam nostram, et tribulationem nostram (*Ps.* XLIII, 24). »

24. « Quoniam humiliata est in pulvere anima nostra (*Ibid.* 25). » Ubi humiliata est ? In pulvere, id

---

(*a*) Editi, *dormire, balare et ululare.* At MSS. omittunt *ululare* : et ex iis nonnulli loco *balare,* habent *halare* : quidam, *ralare.* (*b*) Sic omnes fere MSS. Editi autem ferebant, *Deleverunt, occiderunt eos qui crediderunt in te, nescio quem,* etc.

Ceux-là nous poursuivent, de qui vous avez dit : « Il n'est pas ainsi des impies, il n'en est pas ainsi. Mais ils sont comme la poussière que le vent balaie de dessus la face de la terre (*Ps.* I, 4).» «Notre âme est humiliée dans la poussière, et notre ventre traîne sur la terre. » Le Prophète me paraît avoir exprimé le dernier degré de l'humiliation, qui est qu'un homme se prosterne contre terre, au point que son ventre traîne sur le sol. Car celui qui s'humilie en fléchissant les genoux peut encore s'humilier davantage ; mais celui qui s'humilie au point que son ventre touche la terre ne peut pousser plus loin l'abaissement. En effet, aller au-delà, ce ne serait plus s'abaisser, mais s'écraser soi-même. Peut-être donc le Prophète a-t-il voulu dire : Nous avons été humiliés dans la poussière, jusqu'à ce point extrême au-delà duquel il n'est plus possible de l'être : notre humiliation est déjà parvenue au comble : vienne donc maintenant la miséricorde.

25. Ou bien, mes frères, ne serait-ce pas que l'Église gémirait en ces termes sur ceux que les persécuteurs ont séduits et entraînés dans l'impiété, de sorte que ceux qui ont persévéré diraient eux-mêmes : « Notre âme est humiliée dans la poussière, » livrée qu'elle est aux mains de cette poussière, aux mains des impies et des persécuteurs. « Notre âme est humiliée dans la poussière,» et cela afin que nous vous invoquions, et que nous obtenions votre aide dans nos afflictions. « Et notre ventre s'est attaché à la terre, » c'est-à-dire qu'il s'est uni par une même volonté à l'impiété de cette poussière. Tel est en effet le sens du mot, s'est attaché. Si, en effet, quand vous aimez Dieu d'un ardent amour, vous lui dites avec vérité : « Mon âme s'est attachée à vous (*Ps.* LXII, 9), » et encore : « Il m'est bon de m'attacher à Dieu (*Ps.* LII, 28) ; » et si, d'autre part, vous n'êtes attaché à Dieu que quand vous vous unissez à lui par une même volonté ; ce n'est pas sans raison que le Prophète a dit de ce ventre qu'il s'est attaché à la terre, indiquant par ces paroles ceux qui n'ayant point résisté à la persécution ont cédé à la volonté des impies et se sont ainsi attachés à la terre. Mais pourquoi le nom de ventre leur est-il appliqué, sinon parce qu'ils sont charnels ; de sorte que la tête de l'Église est formée des saints et des hommes spirituels, et son ventre des hommes charnels ? C'est pourquoi la tête de l'Église est en évidence, tandis que le ventre, plus faible, plus mou, reste caché. C'est ce qui est figuré dans un passage de l'Écriture, où celui qui parle dit avoir reçu un livre, « et ce livre, dit-il, fut doux à ma bouche et amer à mon ventre (*Apoc.* X, 10). » Qu'est-ce que cela, sinon que les hommes spirituels saisissent les préceptes de la plus haute perfection, que ne saisissent pas les

est, pulvis nos persequitur. Illi nos persequuntur, de quibus dixisti, « Non sic impii, non sic, sed tamquam pulvis quem projicit ventus a facie terræ (*Psal.* I, 4). » « Humiliata est in pulvere anima nostra ; hæsit in terra venter noster. » Pœnam nimiæ humiliationis mihi videtur expressisse, qua quisque quando se prosternit, hæret in terra venter ejus. Quisquis enim ita humiliatur ut genua figat, adhuc habet quo humilietur : quisquis autem sic humiliatur ut hæreat in terra venter ejus, ultra quo humilietur non habet. Si enim ultra voluerit, jam non erit humiliare, sed obruere. Hoc ergo forsitan dixerit, Nimium humiliati sumus in hoc pulvere, ultra quo humiliemur non habemus : jam pervenit usque ad summum humiliatio, veniat et miseratio.

25. An forte, Fratres, eos plangit Ecclesia voce ista, quibus illi qui persequebantur persuaserunt impietatem : ut illi qui perduraverunt hoc dicant, « Humiliata est in pulvere anima nostra ? » Id est, inter manus pulveris hujus, inter manus impiorum et persequentium, « Humiliata est in pulvere anima nostra, » ad hoc ut te invocaremus, ut dares auxilium de tribulatione : « venter autem noster hæsit in terra, » id est, consensit impietati pulveris hujus venter noster ; hoc est enim dictum, « Hæsit. » Si enim cum diligis et ardes caritate, recte dicis Deo, « Adhæsit anima mea post te (*Psal.* LXII, 9) ; » et, « Mihi adhærere Deo bonum est (*Psal.* LXXII, 28) : » tunc autem adhæres Deo, quando consentis Deo : non sine caussa dictum est, de ventre isto quod hæsit in terra, nisi quia illi significantur, qui persecutionem non tolerantes, consenserunt iniquis : sic enim hæserunt in terra. Sed quare dicti sunt venter, nisi quia carnales sunt : ut os Ecclesiæ in sanctis sit, in spiritalibus sit ; venter Ecclesiæ in carnalibus sit ? Itaque os Ecclesiæ eminet ; venter absconditus est, tamquam mollior et infirmior. Hoc significat quodam loco Scriptura, « ubi quidam dicit se accepisse librum ; et liber ipse dulcis erat, inquit, in ore meo, et amarus in ventre meo (*Apoc.* X, 10). » Quid est hoc, nisi quia præcepta summa quæ (*a*) capiunt spiritales, non capiunt carnales ; et de quibus gaudent

---

(*a*) Sic MSS. At Ed. hic et proximo loco, pro *capiunt*, habent *accipiunt*.

DISCOURS SUR LE PSAUME XLIII.

hommes charnels ; et que ces préceptes réjouissent les hommes spirituels et attristent les charnels? Que renferme par exemple ce livre, ô mes frères? Vendez tout ce que vous avez, et donnez-le aux pauvres. Que ce commandement est doux à la bouche de l'Église ! Il a été exécuté par tous les hommes spirituels. Mais tout homme charnel à qui vous direz : Faites cela, sera plus prompt à se retirer de vous, comme le riche s'est retiré du Seigneur, qu'à exécuter ce que vous lui dites. Mais pourquoi se retirera-t-il avec tristesse, si ce n'est parce que ce livre est doux à la bouche et amer au ventre? Vous avez prêté je ne sais quelle somme d'or et d'argent, vous en êtes venu à ce point que, pour ne pas la perdre, il faut commettre quelque péché peut-être, ou peut-être faire quelque injure à l'Église, ou encore être forcé de blasphémer. Dans cette alternative où vous êtes placé, de perdre votre argent ou de perdre la justice, on vous dit : Perdez votre argent plutôt que de perdre la justice ; vous au contraire, qui n'appartenez pas à la bouche de l'Église, pour qui seule la justice est douce, mais qui, faible encore, n'êtes qu'au nombre de ces membres qui composent le ventre de l'Église, vous préférez, bien qu'avec tristesse, perdre quelque chose de votre justice, plutôt qu'une seule pièce de votre argent ; et vous vous faites un tort bien plus grave, remplissant votre bourse, mais vidant votre cœur. C'est peut-être de tels hommes que le Prophète a dit : « Notre ventre s'est attaché à la terre. »

26. « Levez-vous, Seigneur, aidez-nous (*Ps.* XLIII, 26). » Et véritablement, mes frères, il s'est levé et il a aidé son peuple. En effet, lorsqu'il s'est levé, c'est-à-dire, lorsqu'il s'est ressuscité, qu'il s'est fait connaître aux gentils, et que les persécutions ont cessé, ceux mêmes qui étaient attachés à la terre ont été arrachés de cette terre, et, ayant fait pénitence, ils ont été rendus au corps du Christ, bien que faibles et imparfaits, de sorte que cette prédiction s'est accomplie en eux : « Vos yeux ont vu les imperfections de mon corps, et tous mes membres sont écrits dans votre livre (*Ps.* CXXXVIII, 16). » « Levez-vous, Seigneur, et aidez-nous ; et rachetez-nous à cause de votre nom, » c'est-à-dire : gratuitement, à cause de votre nom et non point à cause de mes mérites ; parce que vous daignez le faire, et non parce que je suis digne que vous le fassiez pour moi. Car même ne pas vous avoir oublié, n'avoir pas retiré de vous notre cœur, et n'avoir pas tendu la main vers une divinité étrangère, sans votre aide, comment aurions-nous pu le faire? Où en prendrions-nous la force, si vous ne nous parliez intérieurement, si vous ne nous exhortiez, si enfin vous n'aviez soin de ne pas nous abandonner? Soit donc que nous souffrions

spiritales, contristantur carnales ? Liber iste, Fratres, quid habet? Vende omnia quæ habes, et da pauperibus. Quam dulcis in ore Ecclesiæ ? Ab omnibus spiritalibus factum est. At vero carnali cuicumque dixeris, Fac hoc : facilius a te tristis recedit, sicut ille dives a Domino, (*a*) quam facit quod dictum est. Quare autem tristis recessit, nisi quia liber ille dulcis est in ore, et in ventre amarus ? Dedisti nescio quid auri et argenti ; ventum est ad hunc articulum, ut nisi perdas, forte aliquod peccatum committas, injuriam forte ingeras Ecclesiæ, blasphemare cogaris : posito itaque in angustiis, aut damno pecuniæ, aut damno justitiæ, dicitur tibi, Perde potius pecuniam, ne perdas justitiam : tu autem cui non dulcis est in ore justitia, sed adhuc in illis membris infirmus es, quales in ventre deputat Ecclesia ; contristatus eligis aliquando amittere aliquid de justitia, quam vel nummum de pecunia, et percutis te damno graviore, implens saccellum tuum, et exinaniens cor tuum. Fortassis ergo de illis dixerit, « Hæsit in terra venter noster. »

26. « Exsurge, Domine, adjuva nos (*Ps.* XLIII, 26). » Et vere, Carissimi, exsurrexit et adjuvit. Namque cum exsurgeret, id est, cum resurgeret, et gentibus innotesceret, cessantibus persecutionibus, etiam illi qui hæserant in terra, eruti sunt de terra, et agentes pœnitentiam, redditi sunt corpori Christi, quamvis infirmi, quamvis imperfecti, ut compleretur in eis, « Imperfectum meum viderunt oculi tui, et in libro tuo omnes scribentur (*Psal.* CXXXVIII, 16). » « Exsurge Domine, adjuva nos : et redime nos propter nomen tuum : » hoc est, gratis ; propter nomen tuum, non propter meritum meum ; quia tu dignatus es facere, non quia ego dignus sum cui facias. Nam et hoc ipsum quod non sumus obliti te, et non recessit retro cor nostrum, quod non expandimus manus nostras ad Deum alienum, nisi te adjuvante unde possemus? nisi te intus alloquente et exhortante, (*b*) non dese-

---

(*a*) *Subaudi* : Cui dictum est, vende omnia, etc. (*b*) Sic MSS. At editi, *Nam deserente, unde valeremus* ?

DISCOURS SUR LE PSAUME XLIV.

1. Comme nous avons chanté avec vous ce psaume dans des sentiments d'allégresse, ainsi je vous demande de le considérer attentivement avec nous. En effet, c'est le chant des noces saintes, de l'époux et de l'épouse, du roi et du peuple, du Sauveur et de ceux qui seront sauvés. Celui qui, revêtu de la robe nuptiale, vient aux noces, en cherchant la gloire de l'époux et non la sienne (*Matth.* XXII, 11), non-seulement écoute volontiers, comme ont coutume de le faire ceux qui cherchent à voir et non à produire quelque œuvre au dehors, mais encore il fait que son cœur ne reste pas inactif, que le bon grain y germe, qu'il sorte du germe, qu'il croisse, qu'il arrive à sa perfection, et mérite d'être recueilli. Il faut, en effet, que nous soyons des enfants de Coré, pour qui ce psaume soit chanté, selon le titre du psaume. Les enfants de Coré ont été des hommes; mais toute parole écrite dans les livres divins présente une signication à ceux qui savent la comprendre, et elle réclame non-seulement d'être entendue, mais encore d'être comprise. Recherchons donc quelle est la force du mot hébreu, et demandons ce que veut dire : Coré. D'après l'interprétation qui nous est donnée de tous les mots employés par les Écritures, nous apprenons que les enfants de Coré signifient : les enfants du Chauve. Ne prenez pas ce terme dans un sens dérisoire, de peur de tomber dans quelque puérilité, comme nous voyons, au livre des Rois, que des enfants ont insulté le Prophète Élisée, en criant après

---

IN PSALMUM XLIV.

ENARRATIO.

1. Hunc Psalmum sicut vobiscum cum exsultatione cantavimus, ita nobiscum cum adtentione consideretis peto. Cantatur enim de sanctis nuptiis, de sponso et sponsa, de rege et plebe, de Salvatore et de his qui salvandi sunt. Qui cum veste nuptiali venit ad nuptias (*Matth.* XXII, 11), gloriam quærens sponsi, non suam, non solum libenter audit, quod solet esse etiam hominum spectacula quærentium, non facta exhibentium : sed etiam mandat cordi, quod non ibi vacet, sed germinet, erumpat, crescat, perficiatur, assumatur. Oportet enim (*a*) nos esse, quibus hoc cantetur, filios Core, quod habet titulus Psalmi. Erant enim isti quidam homines : verumtamen omnis inscriptio litterarum divinarum aliquid innuit intelligentibus, et non tantum auditorem, verum etiam cognitorem desiderat. Interrogamus enim vim Hebraici verbi, quid sit Core : et sicut se interpretationes habent omnium verborum in Scriptura positorum, renuntiatur nobis, filios Core interpretari filios calvi. Quod nomen non ad irrisionem accipiatis, ne inveniamur in sensu puerili, quales pueros legimus in libro Regnorum, insultantes Eliseo sancto prophetæ, et clamantes post ipsum, « Adscende calve, adscende calve (IV *Reg.* II, 23). »

---

(1) Discours au peuple de Carthage.
(2) Le manuscrit de Corbie porte ce titre. *Discours sur le Psaume XLIV, prononcé dans la Basilique Restitue, le mercredi, quatrième jour avant les nones de septembre.* Nous avons dit déjà que plusieurs conciles de Carthage se sont tenus dans la sacristie de cette Basilique, entre autres le concile général de Carthage, tenu le 13 septembre de l'an 401.

(*a*) MSS. Vat. et Reg. *Oportet enim nosse a quibus hoc cantetur filiis Core.*

lui : « Montez, chauve ; montez, chauve (IV *Rois*, II, 23). » Car des bêtes sauvages, sortant de la forêt, dévorèrent ces enfants que leur sot bavardage et leurs outrages impies conduisirent à leur perte. Cette histoire est écrite et nous avons rappelé devant vous le livre où elle est écrite : que ceux qui s'en souviennent, la reconnaissent ; que ceux qui ne s'en souviennent pas, la lisent ; que ceux qui ne l'ont pas lue, y croient. Mais surtout que le malheur à venir, figuré par ce fait, ne vienne point à nous saisir. Ces enfants signifient, en effet, ces hommes insensés, qui n'ont que l'instinct de l'ignorance, tels que l'Apôtre ne veut pas que nous soyons, quand il dit : « Gardez-vous d'être des enfants quant à l'esprit (I *Cor.* XIV, 20). » Et, parce que le Seigneur nous avait engagés à ressembler aux enfants, lorsqu'il plaça devant lui un petit enfant et dit : « Nul, s'il n'est comme ce petit enfant, n'entrera dans le royaume des cieux (*Matth.* XVIII, 2) ; » l'Apôtre faisant preuve aussi de circonspection, tout en nous détournant d'être des enfants quant à l'esprit, nous rappelle cependant que nous devons imiter les enfants : « Gardez-vous, dit-il, d'être des enfants quant à l'esprit, mais soyez de petits enfants quant à la malice, afin d'être des hommes faits par l'esprit. » Celui qui se plaît à imiter les enfants, ne doit pas aimer leur ignorance, mais leur innocence. Or c'était par ignorance que ces enfants insultaient le saint de Dieu, parce qu'il était chauve ; et criaient après lui : Chauve ! chauve ! Ils furent dévorés par les bêtes sauvages et ils devinrent la figure des hommes qui, dans le même esprit d'enfant, raillèrent sottement certain crucifié qu'il faut appeler chauve, de sa mort sur le mont chauve ou calvaire, (*Matth.* XXVII, 33). Ces hommes furent donc possédés, comme par les bêtes sauvages, c'est-à-dire par les démons, par le diable et par ses anges, qui agit sur les fils de la défiance. C'est ainsi qu'étaient enfants ceux qui, debout en face du gibet sacré, secouaient la tête et disaient : « S'il est le Fils de Dieu, qu'il descende de la croix (*Ibid.* 39). » Nous sommes ses fils, parce que nous sommes les fils de l'époux ; et c'est pour nous qu'est faite l'inscription mise en tête de ce psaume dont voici le titre : « Aux enfants de Coré pour les choses qui seront changées. »

2. Comment vous expliquerai-je ce que veut dire : « pour les choses qui seront changées ? » Que vous dirai-je ? Tout homme qui a éprouvé ce changement sait en quoi il consiste. Que celui qui entend ces paroles : « pour les choses qui seront changées, voie ce qu'il était et ce qu'il est maintenant. Et d'abord qu'il voie que le monde lui-même est changé : naguères, il adorait les idoles, maintenant, il adore Dieu ; naguères,

---

Tales enim pueros stulte garrulos, et in suam perniciem maledicentes, exeuntes de silva bestiæ comederunt. Hoc scriptum est, et ubi sit scriptum, commemoravimus : qui meminerunt, recognoscant ; qui non meminerunt, legant ; qui non legerunt, credant. Quod ergo illud factum figuravit in futurum, non nos debet apprehendere. Significati sunt enim in illis pueris stulti homines, habentes ignorantiæ sensum : quales nos non vult esse Apostolus, ubi dicit, « Nolite pueri esse mentibus (I *Cor.* XIV, 20). » Et quia Dominus invitaverat nos ad imitationem puerorum, quando ante se parvulum posuit, et ait, « Nisi quis fuerit ut puer iste, non intrabit in regnum cœlorum (*Matth.* XVIII, 2) : » ibi quoque Apostolus cautus, ubi revocat a mente puerili, vocat rursus ad imitationem puerilem : Nolite, inquit, pueri effici mentibus, sed malitia parvuli estote, ut mentibus perfecti sitis. Quem delectat imitari puerum, non delectet imperitia, sed innocentia. Illi vero ex imperitia insultabant sancto Dei calvo, et clamabant post eum, Calve, calve. Factum est ut a bestiis consumerentur : et figuraverunt homines in eadem mente puerili stulte irridentes quemdam calvum ; « quia in Calvariæ loco crucifixus est (*Matth.* XXVII, 33). » Possessi sunt ergo tales velut a bestiis, hoc est, a dæmonibus, a diabolo, et angelis ejus, qui operatur in filiis diffidentiæ. Tales pueri erant, qui ante sacratum lignum stantes caput agitabant, et dicebant, « Si filius Dei est, descendat de cruce (*Ibid.* 39). » Hujus nos filii sumus, quia filii sponsi sumus : et nobis inscriptus est Psalmus iste, cujus titulus dicitur, « Filiis Core, pro his (*a*) quæ commutabuntur (*Ps.* XLI, 1). »

2. Quid ego exponam quid sit, « pro his quæ commutabuntur ? » Quid ego dicam ? Hoc omnis mutatus agnoscit. Qui audit hæc, « Pro his quæ commutabuntur, » videat quid erat, et quid nunc sit. Et primo ipsum mundum videat commutatum, nuper

---

(*a*) Editi, *pro iis qui commutabuntur* : et aliquanto infra, *per quem commutati sunt* At potiores MSS. habent, *commutata sunt* : et, *pro his quæ commutabuntur*. Apud LXX, Græce ambiguo genere est, ὑπὲρ τῶν ἀλλοιωθησομένων.

il servait des dieux faits de ses mains, maintenant, il adore le Dieu qui l'a fait. Comparez notre époque avec celle où ont été écrits ces mots : « pour les choses qui seront changées. » Maintenant, ce qui reste de païens est effrayé de ces changements déjà accomplis ; ceux qui ne veulent pas changer voient les églises remplies et les temples déserts ; ici la foule, là la solitude. Ils s'étonnent de ces changements, qu'ils lisent les prédictions; qu'ils prêtent l'oreille à celui qui les a promis; qu'ils croient en celui qui les a effectués selon ses promesses. Mais chacun de nous, mes frères, doit aussi dépouiller le vieil homme et se changer en l'homme nouveau ; qu'il devienne donc d'infidèle, fidèle ; de spoliateur du bien d'autrui, libéral en aumônes ; d'adultère, chaste ; de malfaisant, bienfaisant. Que ce soit donc à notre égard que l'on chante ces paroles : « pour les choses qui seront changées, » et que ces paroles nous fassent d'abord reconnaître celui par qui les choses ont été changées.

3. En effet, voici la suite du texte : « pour les choses qui seront changées aux enfants de Coré, pour l'intelligence, Cantique sur le bien-aimé (*Ps.* XLIV, 1). » Or, le bien-aimé a été vu par ceux qui l'ont persécuté, mais ils n'en ont pas eu l'intelligence. Si, en effet, ils l'avaient connu, jamais ils n'auraient crucifié le Roi de gloire (I *Cor.* II, 8). Pour cette intelligence, il cherchait lui-même d'autres yeux que les leurs, lorsqu'il disait : « Celui qui me voit, voit aussi mon père (*Jean* XIV, 9). » Que le psaume chante donc le bien-aimé ; réjouissons-nous de ses noces, afin d'être de ceux qui deviennent eux-mêmes les noces, qui sont invités aux noces, et qui, en qualité d'invités, sont eux-mêmes l'épouse. Car, l'Église est l'épouse, et le Christ l'époux. Les rhéteurs ont coutume de chanter aux époux et aux épouses des poésies que l'on appelle épithalames, ou poésies du lit nuptial. Tous les vers qu'on y chante sont à la louange de l'époux et de l'épouse. Mais serait-ce qu'aux noces où nous sommes invités, il n'y aurait pas de lit nuptial? Alors, pourquoi, dans un autre psaume, le Prophète a-t-il dit : « Il a placé sa tente dans le soleil, et lui-même est semblable à l'époux qui sort du lit nuptial (*Ps.* XVIII, 6) ? » Dans ces noces sont unis le Verbe et la chair, et le lit de cette union est le sein de Vierge. En effet, la chair même a été unie au Verbe, d'où vient qu'il est dit : « Ils ne sont pas deux, mais ils sont une même chair (*Matth.* XIX, 6. et *Éphés.* V, 32). » L'Église a été prise dans le genre humain, afin que la chair unie au Verbe fût la tête de l'Église, et que tous les croyants fussent les membres de cette tête. Voulez-vous voir, en effet, qui est venu à ces noces? « Au commencement était le Verbe, et le Verbe était

---

adorantem idola, modo adorantem Deum; nuper servientem iis quæ fecit, modo ei a quo factus est. « Pro his quæ commutabuntur, » videte quando dictum sit. Modo jam residui Pagani mutata expavescunt : et qui nolunt mutari, vident refertas ecclesias, templa deserta ; hac celebritatem, ibi solitudinem. Mirantur mutata, legant prædicta : aurem accommodent promissori, credant exhibitori. Sed et unusquisque nostrum, Fratres, ex vetere homine in novum mutatur ; ex infideli fidelis fit, ex raptore largitor, castus ex adultero, beneficus ex malefico. Ergo cantetur nobis, « Pro his quæ commutabuntur : » et sic incipiat describi, per quem commutata sunt.

3. Sequitur enim, « Pro his quæ commutabuntur, filiis Core, in intellectum, Canticum pro dilecto (*Ibid.*). » Nam dilectus ille visus est a persecutoribus suis, sed non in intellectum. « Si enim cognovissent, numquam Dominum gloriæ crucifixissent (I *Cor.* II, 8). » Ad hunc intellectum oculos alios quærebat ipse, cum diceret, « Qui me videt, videt et Patrem (*Johan.* XIV, 9). » Sonet eum jam Psalmus : gaudeamus in nuptiis, et nos erimus cum iis (*a*) qui fiunt nuptiæ, qui invitantur ad nuptias ; et ipsi invitati sponsa est. Etenim sponsa Ecclesia est, sponsus Christus. Solent dici ab (*b*) scolasticis carmina quædam uxores ducentibus et nubentibus, quæ vocantur epithalamia, quidquid ibi cantatur, ad honorem cantatur sponsi et sponsæ : an forte et in nuptiis istis, quo invitati sumus, thalamus non est? Et unde dicit alius Psalmus, « In sole posuit tabernaculum suum, et ipse tamquam sponsus procedens de thalamo suo (*Psal.* XVIII, 6) ? » Conjunctio nuptialis, Verbum et caro (*Matth.* XIX, 6) : hujus conjunctionis thalamus, virginis uterus. Etenim caro ipsa Verbo est conjuncta : unde etiam dicitur, « Jam non duo, sed una caro (*Ephes.* V, 32). » Assumta est Ecclesia ex genere humano, ut caput esset Ecclesiæ ipsa caro Verbo conjuncta, et ceteri credentes membra essent illius

---

(*a*) Plures MSS. omittunt, *qui fiunt nuptiæ*. (*b*) Editi *scholasticis*. At MSS. *scolasticis* : pro quo forte reponendum, *scoliasticis*, ducto nomine a *scolio*, quod Græcis est convivale carmen, inter pocula concini solitum.

en Dieu, et le Verbe était Dieu (*Jean* i, 1). » Que l'Épouse aimée de Dieu se réjouisse. Quand l'Époux l'a-t-il aimée? Lorsqu'elle était encore souillée. « Car, dit l'apôtre saint Paul, tous ont péché et ont besoin de la gloire de Dieu (*Rom.* III, 23); » et il a dit aussi : « Le Christ est mort pour des hommes impies (*Rom.* v, 6). » Il l'a aimée toute souillée, pour qu'elle ne demeurât pas souillée. Et il ne l'a véritablement pas aimée dans sa souillure, car il n'a point aimé cette souillure. S'il l'eût aimée, il l'eût conservée. Il a, au contraire, détruit sa souillure et formé en elle la beauté. Qu'était-elle, quand il est venu vers elle? et qu'est-elle devenue par ses soins? Qu'il vienne donc lui-même vers nous à l'aide des paroles du Prophète. Que l'Époux vienne lui-même vers nous : et nous, aimons-le ; ou, si nous trouvons en lui quelque chose de souillé, ne l'aimons pas. Il a trouvé en nous de nombreuses souillures, et pourtant il nous a aimés; mais si nous trouvons aussi en lui quelque chose de souillé, ne l'aimons pas. Mais l'état même auquel il s'est réduit en revêtant notre chair, et qui a fait dire de lui : « Nous l'avons vu et il n'avait ni beauté, ni éclat (*Is.* LIII, 2), » si vous considérez par quel prodige de miséricorde il a été fait chair, est pour lui une beauté. Mais le Prophète représentait les Juifs, lorsqu'il disait : Nous l'avons vu et il n'avait ni beauté ni éclat. Pourquoi? Parce que ces paroles ne sont pas des paroles d'intelligence. Au contraire, pour ceux qui ont l'intelligence, ces paroles « et le Verbe s'est fait chair (*Jean* 1, 14), » expriment une beauté parfaite. « Quant à moi, a dit un des amis de l'Époux, à Dieu ne plaise que je me glorifie en autre chose qu'en la croix de Notre-Seigneur Jésus-Christ (*Gal.* VI, 14). » C'est peu que de n'en pas rougir, si vous ne vous en glorifiez aussi. Pourquoi donc n'avait-il ni beauté ni éclat? Parce que le Christ crucifié a été à la fois un scandale pour les Juifs et une folie pour les Gentils. Et pourquoi, tout au contraire, a-t-il eu de la beauté jusque sur la croix? Parce que ce qui est folie en Dieu est plus sage que ce qui est sagesse dans les hommes, et que ce qui est faiblesse en Dieu est plus fort que ce qui est fort dans les hommes (I *Cor.* I, 23). Vienne donc à nous qui croyons, cet Époux toujours beau. Il est beau comme Dieu, comme Verbe avec Dieu ; il est beau dans le sein de la Vierge, où il n'a pas perdu sa divinité et où il a pris l'humanité. Le Verbe, enfant nouvellement né, est beau ; parce que tandis qu'il était enfant, tandis qu'il était à la mamelle, tandis qu'on le portait dans les bras, les cieux ont parlé, les anges ont chanté ses louanges, une étoile a guidé les Mages, il a été adoré dans une crèche, lui la nourriture de ceux qui sont doux (*Luc.* II, 8. *Matth.* II, 1). Il est donc beau dans le ciel et beau sur la terre ; beau dans le sein de sa mère, beau dans les mains de ses

---

capitis. Nam vis videre quis venerit ad nuptias ? « In principio erat Verbum, et Verbum erat apud Deum, et Deus erat Verbum (*Johan.* I, 1) » Gaudeat sponsa amata a Deo. Quando amata ? Dum adhuc fœda. « Omnes enim peccaverunt, ait Apostolus, et egent gloria Dei (*Rom.* III, 23). » Et iterum, Etenim « Christus pro impiis mortuus est (*Rom.* v, 6). » Amata est fœda, ne remaneret fœda. Non enim vero fœda amata est, quia non fœditas amata est. Nam si hoc amaret, hoc servaret. Evertit fœditatem, formavit pulcritudinem. Ad qualem venit, et qualem fecit? Veniat jam ipse in verbis propheticis ; ecce ipse sponsus procedat nobis : amemus illum ; aut si invenerimus in eo aliquid fœdi, non amemus. Ecce ipse invenit multa fœda, et amavit nos : si aliquid fœdi invenerimus in eo, non amemus. Quia et hoc ipsum quod carnem indutus est, ut de illo etiam diceretur « Vidimus eum, et non habebat speciem neque decorem (*Isai.* LIII, 2) : » si consideres misericordiam qua factus est, et ibi pulcher est. Sed Judæorum personam gerebat Propheta, cum diceret, Vidimus eum, et non habebat speciem neque decorem. Quare ? Quia non in intellectum. Intelligentibus autem, « et Verbum caro factum est (*Johan.* 1, 14), » magna pulcritudo est. « Mihi autem absit gloriari, » dixit unus amicorum sponsi, « nisi in cruce Domini nostri Jesu Christi (*Gal.* VI, 14). » Parum est ut non inde erubescas, nisi etiam et glorieris. Quare ergo non habuit speciem neque decorem ? « Quia Christus crucifixus, Judæis quidem scandalum, Gentibus stultitia (I *Cor.* I, 23). » Quare autem et in cruce habuit decorem ? « Quia quod stultum est Dei, sapientius est quam homines ; et quod infirmum est Dei, fortius est quam homines (*Ibid.* 25). » Nobis ergo jam credentibus, ubique sponsus pulcher occurrat. Pulcher Deus, Verbum apud Deum : pulcher in utero virginis, ubi non amisit divinitatem, et sumsit humanitatem : pulcher natus infans Verbum ; quia et cum esset infans, cum sugeret, cum manibus portaretur, cæli locuti sunt, Angeli laudes dixerunt,

parents; beau dans ses miracles, beau sous les coups de fouet; beau quand il nous appelle à la vie; beau lorsqu'il n'a point souci de la mort; beau lorsqu'il dépose son âme, beau lorsqu'il la reprend; beau sur la croix, beau dans le sépulcre, beau dans le ciel. Écoutez ce cantique avec intelligence, et que la faiblesse de la chair ne détourne pas vos yeux de la splendeur de sa beauté. La vraie et souveraine beauté, c'est la justice; vous ne le trouveriez point beau, là où vous le trouveriez injuste; mais si partout il est juste, partout il est beau. Qu'il vienne donc à nous pour être regardé avec les yeux de l'esprit, tel qu'il a été décrit par le Prophète qui l'a glorifié. Le voici qui commence.

4. « Mon cœur a fait jaillir la bonne parole (*Ps.* XLIV, 2). » Qui parle ici, le Père ou le Prophète ? Quelques-uns, en effet, ont compris que c'était la personne du Père qui disait : «Mon cœur a fait jaillir la bonne parole, » et qui nous annonçait une ineffable nativité. Et de peur que vous ne croyiez que Dieu a pris quelque chose pour engendrer ce fils, comme fait l'homme qui, pour engendrer ses enfants, prend une épouse, sans laquelle il ne peut procréer sa descendance ; de peur donc que vous ne croyiez que Dieu a eu besoin de quelque mariage pour engendrer son Fils, mon cœur, dit-il, a fait jaillir la bonne parole. O homme! aujourd'hui votre cœur pour engendrer un dessein, ne cherche pas d'épouse ; par ce dessein né de votre cœur, vous accomplissez quelque chose; et cette chose que vous accomplissez existe toute formée dans votre dessein, avant d'exister dans votre œuvre extérieure ; et ce que vous devez faire, se trouve déjà dans le moyen par lequel vous devez le faire; vous louez cet objet qui n'existe pas encore, c'est-à-dire qui n'a pas encore la forme de l'édifice achevé, mais qui existe dans l'enfantement intérieur de votre dessein, et nul autre que vous ne peut louer ce dessein, si vous ne le lui faites connaître, ou s'il ne le voit après que vous l'avez achevé. Si donc tout a été fait par le Verbe, et si le Verbe est de Dieu, examinez l'œuvre du Verbe, et d'après la beauté de l'édifice qu'il a élevé, admirez son dessein. Quel est ce Verbe par lequel ont été faits le ciel et la terre, et toute l'ornementation du ciel, toute la fécondité de la terre, la diffusion de la mer autour des terres, l'élasticité de l'air, la splendeur des astres, l'éclat du soleil et de la lune ? Ce ne sont encore là que des choses visibles ; allez au-delà, que votre imagination se porte sur les anges, sur les principautés, sur les trônes, sur les dominations, sur les puissances : « toutes choses ont été faites par lui. » Comment donc toutes ces bonnes choses ont-elles été faites ? C'est que

---

Magos stella diverit, adoratus est in præsepi, cibaria mansuetorum (*Lucæ* II, S. *Matth.* II, 1). » Pulcher ergo in cœlo, pulcher in terra ; pulcher in utero, pulcher in manibus parentum ; pulcher in miraculis, pulcher in flagellis ; pulcher invitans ad vitam, pulcher non curans mortem ; pulcher deponens animam, pulcher recipiens; pulcher in ligno, pulcher in sepulcro, pulcher in cœlo. (*a*) In intellectum audite Canticum, neque oculos vestros a splendore pulcritudinis illius avertat carnis infirmitas. Summa et vera pulcritudo justitia est : ibi illum non videbis pulcrum, ubi deprehendis injustum : si ubique justus, ubique decorus. Veniat ergo nobis inspiciendus oculis mentis, descriptus a quodam laudatore suo Propheta : ecce incipit.

4. « Eructavit cor meum verbum bonum (*Ps.* XLIV, 2). » Quis dicit, Pater, an Propheta ? Intellexerunt enim quidam patris personam dicentis, « Eructavit cor meum verbum bonum, » commendantis nobis nativitatem quamdam ineffabilem. Ne forte putares aliquid assumptum, unde Filium generaret Deus; quemadmodum homo sibi assumit aliquid unde generet filios, conjugium scilicet, sine quo prolem procreare homo non potest : ne igitur putares aliquo conjugio indiguisse Deum, unde Filium generaret, « Eructavit, inquit, cor meum verbum bonum. » Hodie cor tuum, o homo, generat consilium, nec quærit uxorem : per consilium natum ex corde tuo ædificas aliquid ; et illa fabrica, antequam stet (*b*) in opere, stat in consilio ; et inest jam quod facturus es, in eo per quod facturus es : et laudas fabricam nondum existentem, nondum in specie ædificii, sed in prolatione consilii; nec laudat alius consilium tuum, nisi aut indicaveris, aut videris quod fecisti. Ergo si per Verbum omnia, et Verbum de Deo; inspice fabricam factam per Verbum, et ex isto ædificio mirare consilium. Quale Verbum est per quod factum est cœlum et terra, et omnis ornatus cœli,

---

(*a*) Sic MSS. At editi, *pulchrer in intellectu. Audite Canticum*, etc. (*b*) Omnes MSS. *et illa fabrica antequam stet, stat consilium*.

du cœur de Dieu a jailli la bonne parole qui devait les créer. Le Verbe est donc bon. Or, à ce Verbe il a été dit : « Bon maître; » et le Verbe lui-même a répondu : « Pourquoi m'interrogez-vous sur ce qui est bon? Nul n'est bon que Dieu seul (*Matth.* XIX, 17. *Marc.* X. 12). » On lui dit : Bon maître, et il répond : pourquoi m'interrogez-vous sur ce qui est bon? Il ajoute même : Nul n'est bon que Dieu seul. Comment donc est-il bon, s'il n'est Dieu? Or, il n'est pas seulement Dieu, mais il est avec son Père un seul et même Dieu. Par conséquent, en disant : Nul n'est bon que Dieu seul, il ne s'est pas séparé de Dieu, mais il a déclaré n'être qu'un avec lui. « Mon cœur a fait jaillir la bonne parole. » Admettons donc que Dieu ait dit cela du Verbe qui est la bonté même, et qui est aussi notre bonté, source du bien qui est en nous, lui seul étant l'unique bonté, par laquelle il y a en nous quelque bien,

5. Viennent ensuite ces paroles : « Je dis mes œuvres au Roi (*Ps.* XLIV, 2). » Est-ce encore le Père qui parle ici? Si le Père parle encore, cherchons quel sens donner, selon la foi véritable et catholique, à ces paroles: « Je dis mes œuvres au Roi. » Si, en effet, elles expriment que le Père dit ses œuvres à son Fils notre Roi, quelles œuvres le Père dira-t-il à son Fils, puisque toutes les œuvres du Père ont été faites par le Fils? Est-ce donc que ces paroles « je dis mes œuvres au Roi, » et particulièrement ce mot « je dis, » expriment la génération du Fils. Je crains que ces idées élevées ne viennent à dépasser certaines intelligences moins subtiles, cependant je les exposerai, les suive qui pourra ; car, je ne voudrais pas, en les taisant, en priver ceux qui pourront les suivre. Dans un autre Psaume, nous lisons : « Dieu a parlé une fois (*Ps.* LXI, 12). » Dieu a parlé tant de fois par les Prophètes, tant de fois par les Apôtres, il parle aujourd'hui encore par les Saints, comment le Prophète dit-il : Dieu a parlé une fois? Pour quelle cause a-t-il parlé une seule fois, si ce n'est pour produire son Verbe unique? Or, de même que dans ces mots : « Mon cœur a fait jaillir la bonne parole, » nous comprenons qu'il s'agit de la génération du Fils, de même, il me semble qu'il répète dans le membre de phrase suivant, ce qu'il a déjà dit, et qu'il a voulu, par ce mot « je dis, » faire entendre de nouveau cette pensée déjà exprimée : « Mon cœur a fait jaillir la bonne parole. » Que signifie, en effet, je dis? Je profère une parole. Et d'où vient la parole que Dieu profère, si ce n'est de son cœur, de la partie la plus intime de lui-même? Vous-même, vous ne dites rien qui ne sorte de votre cœur ; votre parole qui résonne et

---

omnis fecunditas terræ, diffusio maris, distensio aeris, fulgor siderum, claritas solis et lunæ? Videntur hæc : transcende et hæc, cogita Angelos, Principatus, Sedes, Dominationes, Potestates : omnia per ipsum facta sunt. Unde ergo ista bona facta sunt? Quia eructatum est per quod fierent, Verbum bonum. Ergo Verbum bonum : et ipsi Verbo dictum est, Magister bone. Et ipsum Verbum respondit, « Quid me interrogas de bono? Nemo bonus, nisi unus Deus (*Matth.* XIX, 17; *Marc.* X, 18). » Dictum est, Magister bone ; et dicit, Quid me interrogas de bono? Addidit etiam, Nemo bonus, nisi unus Deus. Quomodo ergo et ipse bonus, nisi quia Deus? Non solum autem Deus, sed cum Patre unus Deus. Non enim dicendo, Nemo bonus, nisi unus Deus, discrevit se, sed univit. « Eructavit cor meum verbum bonum. » Dixerit hoc Deus Pater de Verbo suo bono atque benefico bono nostro, per quod solum bonum utcumque boni esse possumus.

5. Sequitur, « Dico ego opera mea regi (*Ps.* XLIV, 2). » Adhuc Pater loquitur? Si adhuc Pater loquitur, quæramus et hoc quomodo secundum fidem veram et catholicam intelligamus, « Dico ego opera mea regi. » Si enim Pater dicit opera sua Filio suo regi nostro; quæ opera Pater dicturus est Filio, cum omnia opera Patris per Filium facta sint? An forte, « Dico ego opera mea regi, ipsum Dico, » generationem Filii significat? Vereor ne hoc aliquando a tardioribus non possit intelligi : veruntamen dicam; sequatur qui potest, ne non dicto non sequatur et qui potest. Legimus in alio Psalmo dictum, « Semel locutus est Deus (*Psal.* LXI, 12). » Totiens locutus est per Prophetas, totiens per Apostolos, hodieque loquitur per Sanctos suos, et ait, Semel locutus est Deus. Unde semel locutus est, nisi (*a*) propter Verbum unum ? Sicut autem « Eructavit cor meum Verbum bonum, » intelleximus ibi generationem Filii: veluti repetitio mihi videtur facta in consequenti sententia, ut illud quod dictum erat, « Eructavit cor meum verbum bonum, » repeteretur in eo quod ait, « Dico. » Quid est enim, « Dico ? » Verbum profero. Et unde profert Deus verbum, nisi ex corde suo, ex intimo

(*a*) Sic MSS. At editi, *nisi per verbum suum.*

passe ne sort pas d'ailleurs, et vous vous étonneriez que Dieu parlât de même? Mais le dire de Dieu est éternel. Pour vous, vous dites présentement quelque chose, parce que vous vous taisiez un peu auparavant; ou bien, voilà que vous ne proférez encore aucune parole, mais commencez-vous à en proférer quelqu'une, vous rompez le silence d'une certaine manière, et vous engendrez une parole qui n'existait pas auparavant. Ce n'est pas ainsi que Dieu a engendré le Verbe. Le dire de Dieu est sans commencement et il est sans fin, et cependant il ne profère qu'une seule parole. Il n'en dirait une autre qu'autant que la première serait passée. Mais comme celui qui parle demeure éternellement, sa parole aussi demeure éternellement; elle n'est dite qu'une fois et n'est jamais finie; et encore, elle n'est dite qu'une fois sans avoir jamais commencé à l'être, et elle ne peut être dite deux fois, parce que ce qui est toujours dit une seule fois ne passe point. Ces mots, « mon cœur a fait jaillir la bonne parole, » ont donc le même sens que ceux-ci, « je dis mes œuvres au Roi. » Pourquoi donc, je dis mes œuvres? Parce que dans le Verbe sont contenues toutes les œuvres de Dieu. Car tout ce que Dieu devait faire dans la création, existait déjà dans le Verbe; et rien ne pourrait être dans les choses qui ne serait pas dans le Verbe; de même qu'en vous un objet ne serait pas réalisé par votre travail, s'il n'existait dans votre dessein. C'est ainsi qu'il est dit dans l'Evangile : « Ce qui a été fait était vie en lui (*Jean*. I, 3). » Tout ce qui a été fait existait donc, mais existait dans le Verbe, et toutes les œuvres de Dieu étaient en lui, mais comme œuvres, elles n'existaient pas encore. Mais le Verbe existait et le Verbe était Dieu et il était en Dieu, et il était le Fils de Dieu, et avec son Père il était un Dieu unique. « Je dis mes œuvres au Roi. » Que celui qui connaît le Verbe entende celui qui parle, et voie avec le Père le Verbe éternel, dans lequel sont déjà toutes les choses à venir, et dans lequel les choses passées n'ont pas cessé d'être. Ces œuvres de Dieu sont dans le Verbe, en tant que Verbe, en tant que Fils unique, en tant que Verbe de Dieu.

6. 2. Quelle parole vient ensuite? « Ma langue est comme la plume d'un écrivain qui écrit rapidement (*Ps*. XLIV, 2). » Quelle ressemblance, mes frères, quelle ressemblance y a-t-il entre la langue de Dieu et la plume d'un écrivain? Mais quelle ressemblance y a-t-il entre une pierre et le Christ (I. *Cor*. X, 4)? Quelle ressemblance entre un agneau et le Sauveur (*Jean*. I, 29)? Quelle ressemblance entre un lion et la force du Fils unique (*Apoc*. V, 6)? Et cependant ces comparaisons ont été faites et, si on ne parlait ainsi, nous ne pourrions nous faire quelque idée des choses invisibles par les choses visibles. N'assi-

suo? Tu non dicis nisi quod ex corde tuo profers, verbum tuum quod sonat et transit, aliunde non profertur; et miraris, quia ita dicit Deus? Sed dicere Dei æternum est. Tu dicis aliquid modo, quia tacebas paulo ante : vel ecce nunc nondum verbum profers, cum autem proferre cœperis, rumpis silentium quodammodo, et generas verbum quod antea non erat. Non sic Deus genuit Verbum : dicere Dei sine initio est, et sine fine ; et tamen unum Verbum dicit. Dicat alterum, si quod dixit transierit. Cum vero et a quo dicitur manet, et quod dicitur manet, et semel dicitur et non finitur ; et ipsum semel sine initio dicitur, nec bis dicitur, quia non transit quod semel dicitur. Hoc est ergo, « Eructavit cor meum verbum bonum : » quod est, « Dico ego opera mea regi. » Quare ergo, Opera mea dico? Quia in ipso Verbo omnia opera Dei. Quidquid enim facturus erat Deus in creatura, jam in Verbo erat ; nec esset in rebus, nisi esset in Verbo : quomodo et in te non esset in fabrica, nisi esset in consilio. Sicut in Evangelio dicitur, « Quod factum est in ipso vita erat (*Johan*. I, 3). » Erat ergo quod factum est, sed in Verbo erat : et omnia opera Dei ibi erant, et opera nondum erant : sed Verbum erat, et Verbum hoc Deus erat, et apud Deum erat, et Filius Dei erat, et cum Patre unus Deus erat. « Dico ego opera mea regi. » Audiat dicentem, qui Verbum intelligit ; et videat cum Patre sempiternum Verbum, in quo sunt etiam quæ futura sunt, in quo non abierunt et quæ transierunt. Hæc opera Dei in Verbo, tamquam in Verbo, tamquam in Unigenito, tamquam in Dei Verbo.

6. Quid ergo sequitur ? « Lingua mea calamus scribæ, velociter scribentis (*Ps*. XLIV, 2). » Quid simile, Fratres mei, quid habet simile lingua Dei cum calamo scribæ? Quid habet simile petra cum Christo (I *Cor*. X, 4)? quid habet simile agnus cum Salvatore (*Johan*. I, 29)? quid habet leo cum Unigeniti fortitudine (*Apoc*. V, 6)? Dicta sunt hæc tamen : et nisi dicerentur, non aliquo modo per hæc visibilia ad invisibilem informaremur. Sic ergo humilem similitudinem calami hujus, nec comparemus illi excellentiæ, nec tamen respuamus. Quæro enim, Quare

milons donc pas la plume d'un écrivain à l'excellence de Dieu, et cependant ne repoussons pas cette humble comparaison. Je me demande en effet, pourquoi il a dit que sa langue était comme la plume d'un écrivain qui écrit rapidement. Mais, si vite qu'écrive un écrivain, sa rapidité n'est pas comparable à la vitesse dont il est dit dans un autre psaume : « Sa parole court avec une extrême rapidité (*Ps.* CXLVII, 15). » Cependant, il me semble, autant que l'esprit humain ose s'aventurer, qu'on peut admettre que ces mots : ma langue est comme la plume d'un écrivain, ont été dits comme par le Père. Car, ce que la langue profère résonne et passe, ce qui est écrit demeure ; or, Dieu dit son Verbe, et le Verbe qu'il dit ne résonne pas et ne passe pas : il est dit et il demeure. Voilà pourquoi Dieu l'a comparé de préférence à un écrit plutôt qu'à un son. Mais ces mots : qui écrit rapidement, ajoutés aux premiers, mettent en éveil l'esprit qui veut les comprendre. Toutefois qu'il ne s'en tienne pas, sans plus d'efforts, à penser à des copistes de livres anciens, ou à se figurer des greffiers d'audience, si rapidement qu'ils puissent écrire : s'il s'amuse à chercher là des comparaisons, il restera en chemin. Ce mot : rapidement, qu'il le saisisse rapidement, et qu'il voie pourquoi cette expression : rapidement. La rapidité de Dieu est telle que rien n'est plus rapide. En effet, dans les écritures, on forme lettre après lettre, syllabe après syllabe, mot après mot ; et l'on ne passe au second mot qu'après l'achèvement du premier. Au contraire, rien de plus rapide que la parole de Dieu, qui ne s'exprime pas en plusieurs mots, sans pourtant que rien soit oublié, parce que tous les mots se trouvent en un seul.

7. Or, voici que ce Verbe, ainsi engendré, éternel, coéternel au Père dont il procède éternellement, va venir comme époux. «Vous êtes beau en comparaison des enfants des hommes (*Ps.* XLIV, 3). » En comparaison des enfants des hommes : pourquoi non en comparaison des anges ? Pourquoi avoir dit : en comparaison des enfants des hommes, si ce n'est parce qu'il est homme ? De peur que vous ne pensiez que le Christ soit le premier homme venu, il est dit : vous êtes beau en comparaison des enfants des hommes. Même considéré comme homme, il est supérieur aux enfants des hommes ; même placé au milieu des enfants des hommes, il est supérieur aux enfants des hommes ; même provenu des enfants des hommes, il est supérieur aux enfants des hommes « La grâce est répandue sur vos lèvres (*Ibid.*).» La loi a été donnée par Moïse ; la grâce et la vérité sont venues par Jésus-Christ (*Jean*. I, 17). La grâce est répandue sur vos lèvres. Avais-je droit au secours que j'ai reçu, parce que « je me complais dans la loi de Dieu selon l'homme intérieur ? » Mais il y a dans mes membres une autre loi, qui combat la loi de mon esprit et me tient esclave sous la loi du péché, laquelle est

linguam suam calamum dixit esse scribæ velociter scribentis ? At vero quantumvis velociter scribat scriba, non comparatur illi velocitati, de qua dicit alius Psalmus,« Usque in velocitatem currit verbum ejus (*Psal.* CXLVII, 15). Sed mihi videtur, quantum audet humana intelligentia, et hoc posse accipi ex persona Patris dictum, « Lingua mea calamus scribæ. » Quia quod lingua dicitur, sonat et transit ; quod scribitur, manet : cum ergo dicat Deus Verbum, et Verbum quod dicitur non sonet et transeat, sed et dicatur et maneat ; scriptis hoc maluit Deus comparare, quam sonis. Quod autem addidit, « velociter scribentis, » impulit mentem ad intelligentiam : sed non pigra remaneat, respiciendo antiquarios, aut respiciendo qualeslibet veloces notarios : si autem hoc adtenderit, remanebit ibi. Ipsum « velociter, » cogitet velociter ; et videat quare dictum sit, « velociter. » Velociter Dei tale est, ut velocius nihil sit. In Scripturis enim scribitur littera post litteram, syllaba post syllabam, verbum post verbum ; nec ad secundum transitur, nisi primo præscripto. Ibi autem nihil velocius, ubi non multa sunt verba, nec tamen aliquid prætermissum est, cum in uno sint omnia.

7. Ecce jam verbum illud sic prolatum, æternum, ab æterno coæternum, veniet sponsus. « Speciosus forma præ filiis hominum (*Ps.* XLIV, 3). » Præ filiis hominum : quare non et præ Angelis ? quid voluit dicere, « Præ filiis hominum, » nisi quia homo ? Ne hominem Christum quemlibet hominem putares, ait « Præ filiis hominum speciosus forma. » Etiam homo præ filiis hominum ; etiam inter filios hominum, præ filiis hominum ; etiam ex filiis hominum, præ filiis hominum. « Diffusa est gratia in labiis tuis (*Ibid.*). » « Lex per Moysen data est, gratia et veritas per Jesum Christum facta est (*Johan.* I, 17). » « Diffusa est gratia in labiis tuis. » Merito mihi subventum est, « quia condelector legi Dei secundum interiorem

dans mes membres. Misérable que je suis! qui me délivrera du corps de cette mort? La grâce de Dieu par Notre-Seigneur Jésus-Christ (*Rom.* VII, 22 et suiv.). » « La grâce est répandue sur vos lèvres. » Il est venu à nous avec une parole de grâce, avec un baiser de grâce. Quoi de plus doux que cette grâce? Mais quel est l'objet de cette grâce ? « Heureux ceux à qui les iniquités sont remises et dont les péchés sont couverts (*Ps.* XXXI, 1). » S'il venait en qualité de juge sévère, sans apporter cette grâce répandue sur ses lèvres, qui pourrait concevoir quelque espérance de salut? Qui ne craindrait pour soi tout le châtiment dû à un pécheur? Mais le Christ est venu avec la grâce, et non-seulement il n'a pas exigé ce qui lui était dû, mais il a payé ce qu'il ne devait pas. Est-ce que le pécheur n'était pas débiteur de la mort qu'il méritait de subir? Ou bien, à vous, pécheur, était-il dû véritablement autre chose que le supplice? Il vous a remis vos dettes, et il a payé des dettes qu'il n'avait pas contractées. Grâce immense ! Pourquoi une grâce? parce qu'une telle faveur est gratuite. Aussi, pouvez-vous lui rendre des actions de grâces, mais non lui rendre grâce pour grâce; cela ne vous est pas possible. Le Prophète cherchait ce qu'il pourrait rendre à Dieu et il a dit : « Que rendrai-je au Seigneur pour tous les bienfaits dont il m'a comblé? » et il a comme trouvé quelque chose : « Je recevrai le calice de salut, a-t-il ajouté, et j'invoquerai le nom du Seigneur (*Ps.* CXV, 12). » Est-ce donc là ce que vous rendez à Dieu? Vous recevez le calice de salut, et vous invoquez le nom du Seigneur? Mais ce calice de salut, qui vous l'a donné? Il en est resté à l'action de grâces, et s'est trouvé impuissant à payer aucun retour. Trouvez quelque chose à donner à Dieu que vous n'ayez pas reçu de lui, et vous paierez sa grâce. Mais prenez garde, pendant que vous chercherez de quoi pouvoir lui rendre, de trouver une chose que vous n'ayez pas reçue de lui, c'est-à-dire : vos péchés. Assurément ils ne viennent pas de lui, mais vous ne devez pas les lui donner. C'est ce que firent les Juifs : ils lui rendirent le mal pour le bien : ils reçurent de lui la pluie, et, loin de lui rendre du fruit, ils lui ont donné de douloureuses épines (*Matth.* XXVII, 29). Si donc il y a en vous quelque chose de bon que vous vouliez donner à Dieu, vous ne trouverez rien que vous n'ayez reçu de Dieu. C'est là la grâce divine répandue sur les lèvres de l'époux. Il vous a fait, et il vous a fait gratuitement. Car il n'avait rien à donner à un être, avant de l'avoir fait. Vous aviez péri, il vous a cherché ; et, après vous avoir trouvé, il vous a rappelé à la vie. Il ne vous a pas imputé le passé et vous a promis les biens futurs. « La grâce est vraiment répandue sur vos lèvres. »

8. « C'est pourquoi, dit le Prophète, Dieu

vous a béni pour l'éternité (*Ps.* xliv, 3). ». Il est difficile de trouver comment on peut attribuer à Dieu le Père ces paroles : « C'est pourquoi Dieu vous a béni pour l'éternité. » Il semble plus convenable de les accepter comme prononcées par le Prophète en son propre nom. Ces changements subits de personnes, tout à fait à l'improviste, se rencontrent dans les Saintes Écritures ; et, si l'on veut y faire attention, les pages des livres sacrés en sont pleines. « Seigneur, délivrez mon âme des lèvres iniques et de la langue trompeuse. » Et immédiatement : « Que vous donner ? quel secours vous accorder contre la langue trompeuse ? » Dans le premier verset, c'était une personne; dans le second, c'en est une autre. Ici, celui qui accorde le secours; là, celui qui le demande. « Les flèches de celui qui est puissant sont acérées et armées de charbons dévorants. » Il y a changement de personne à cette parole : « Que vous donner? Quel secours vous accorder ? » et encore changement nouveau pour ce qui suit : « Malheureux que je suis! mon exil se prolonge (*Ps.* cxix, 2) ! » Un si fréquent changement de personnes en si peu de paroles, tient en éveil l'esprit du lecteur. Le Prophète n'indique pas le lieu où il change brusquement; il ne dit pas : Et l'homme dit, et Dieu dit ; c'est par les paroles même qu'il emploie qu'il nous faut comprendre ce qui appartient à l'homme et ce qui appartient à Dieu. Or, c'était un homme qui disait: « Mon cœur a fait jaillir la bonne parole : je dis mes œuvres au Roi, » c'était un homme qui le disait, c'était celui qui a écrit le psaume : mais il le disait au nom de Dieu. Ici, il commence à parler pour son propre compte, en disant : « C'est pourquoi Dieu vous a béni pour l'éternité. » En effet, Dieu avait dit : La grâce est répandue sur vos lèvres, à celui qu'il avait fait beau en comparaison des enfants des hommes, et qu'il avait, bien qu'il fût homme, produit comme Dieu avant toutes choses, vraiment éternel comme lui-même est éternel. Le Prophète est donc rempli d'une joie ineffable, et considérant ce que Dieu le Père a révélé à l'homme sur son Fils, il s'écrie, lui qui a pu mettre dans la bouche de Dieu les paroles précédentes : « C'est pourquoi Dieu vous a béni pour l'éternité. » Pourquoi ? A cause de la grâce. Car, à quoi se rapporte cette grâce ? Au royaume des cieux. En effet, le Premier Testament avait promis la terre aux Juifs. Autre est la récompense proposée ou promise à ceux qui étaient soumis à la loi; autre est la récompense de ceux qui vivent sous la grâce, à savoir : la terre de Chanaan pour les Juifs soumis à la loi ; le royaume des cieux pour les chrétiens soumis à la grâce. C'est pourquoi le royaume donné au peuple soumis à la loi, c'est-à-dire cette terre, a passé; mais le royaume

---

8. « Propterea, inquit, benedixit te Deus in æternum (*Ps.* xliv, 3).» Laboratur, ut hoc possit intelligi adhuc a Deo Patre dici, « Propterea benedixit te Deus in æternum. » Accommodatius videtur hoc accipi ex persona Prophetæ. Et mutationes personarum repentinæ, et omnino ex improviso, inveniuntur in sanctis Scripturarum libris ; et si quis advertat, plenæ sunt paginæ divinæ : « Domine libera animam meam a labiis iniquis et a lingua dolosa. » Et statim, « Quid detur tibi, aut quid adjiciatur tibi adversus linguam subdolam? (*Psal.* cxix, 2). » Alia illic persona erat, alia hic : ibi petentis, hic subvenientis. « Sagittæ potentis acutæ cum carbonibus vastatoriis. » Alia persona est, « Quid detur tibi, aut quid adjiciatur tibi (*Ibid*) : » et in consequentibus fit alia, « Heu me, quia incolatus meus longinquus factus est (*Ibid*). » In paucis versibus tam crebra mutatio personarum intellectum admonet: non exprimit locum ubi mutatur, non dicitur, Hoc dixit homo, hoc dixit Deus : sed ex ipsis verbis fit nobis intelligere quid ad hominem pertineat, quid ad Deum. Homo autem dicebat, « Eructavit cor meum verbum bonum, dico ego opera mea regi.» Homo dicebat, ille dicebat qui scripsit Psalmum ; sed ex persona Dei dicebat: incipit dicere et ex sua, « Propterea benedixit te Deus in æternum. » Dixerat enim Deus, « Diffusa est gratia in labiis tuis, » ei quem fecerat speciosum præ filiis hominum, etiam hominem quem (*a*) Deum ante omnia protulerat, æternus cœternus. Impletus ergo Propheta gaudio quodam ineffabili, et attendens quid Deus Pater (*b*) de Filio suo homini revelaverit, qui potuit dicere ista et ex persona Dei, « Propterea, inquit, benedixit te Deus in æternum. » Quare ? Propter gratiam. Illa enim gratia quo pertinet ? Ad regnum cœlorum. Primum enim Testamentum terram promiserat : et aliud præmium fuit vel promissio sub lege positorum, aliud sub gratia : terra Chananæorum Judæis sub lege positis, regnum cœ-

---

(*a*) Sic MSS. At editio Lov. *quem Deus ante omnia protulerat* (*b*) Sic MSS. At apud Lov. hic deest, *de :* et paulo post, *qui*, omittitur.

des cieux, qui est l'apanage des chrétiens soumis à la grâce, ne passera pas. C'est pourquoi, dit le Prophète, Dieu vous a béni, non pour un temps, mais pour l'éternité.

9. Des interprètes n'ont pas manqué, qui ont préféré rapporter également à la personne du Prophète toutes les paroles qui précèdent, et qui ont pensé que ces mots : Mon cœur a fait jaillir la bonne parole, devaient être pris pour un hymne que chante le Prophète : (car dès qu'un homme chante un hymne à Dieu, son cœur fait jaillir une bonne parole ; de même, si quelqu'un blasphème contre Dieu, son cœur fait jaillir une parole mauvaise). Et quant à ce qui suit : Je dis mes œuvres au Roi, le Prophète aurait voulu signifier par là que l'œuvre principale de l'homme est de glorifier Dieu. A Dieu de vous plaire par sa beauté ; à vous de le louer avec des actions de grâces. Si toutes vos œuvres ne sont point une louange pour Dieu, vous commencez à vous aimer vous-même, et vous êtes du nombre de ceux dont l'Apôtre a dit : « Il y aura des hommes s'aimant eux-mêmes (II. *Tim.* III, 2). » Sachez vous déplaire à vous-même, afin que celui qui vous a fait vous plaise, par là même que vous vous déplaisez dans ce que vous avez fait en vous. Que votre occupation soit donc de louer Dieu, et que votre cœur fasse jaillir la bonne parole. Dites vos œuvres au Roi ; parce que le Roi vous a fait capable de les dire, et

qu'il vous a donné ce que vous pourriez lui offrir. Rendez-lui ce qui vient de lui, de peur qu'après avoir reçu votre part de patrimoine, vous ne vouliez vous en aller au loin, la dissiper follement avec des courtisanes, et vous voir réduit à garder les pourceaux. Rappelez-vous ces détails tirés de l'Évangile. Mais en outre, c'est aussi de nous qu'il a été dit : « Il était mort et il est revenu à la vie ; il était perdu et il a été retrouvé (*Luc*, II, 32). »

10. « Ma langue est comme la plume d'un écrivain qui écrit rapidement. » Il n'a pas manqué non plus d'interprètes pour admettre que le Prophète avait dit les choses qu'il écrivait, et qu'à cause de cela, il comparait sa langue à la plume d'un écrivain ; et que s'il avait ajouté : « qui écrit rapidement, » c'était pour faire comprendre qu'il écrivait des événements qui s'accompliraient rapidement. En ce sens, écrire rapidement signifierait écrire des choses d'un rapide accomplissement, c'est-à-dire des prédictions qui ne tarderaient pas à se réaliser. En effet, Dieu n'a pas tardé à envoyer le Christ qu'il avait promis. Combien vite paraît s'être accompli un événement, quand on le considère après qu'il est fini. Repassez dans votre mémoire les générations qui vous ont précédées, il vous semblera qu'Adam a été fait hier. Ainsi en est-il de tout ce qui a été fait dès le commencement, disent les livres saints : elles se sont accomplies

---

lorum Christianis sub gratia positis. Itaque quod pertinebat ad eos qui sub lege positi erant, regnum, terra illa transiit : regnum cœlorum quod pertinet sub gratia positis, non transit. Propterea hic « benedixit te Deus, » non ad tempus, sed « in æternum. »

9. Non defuerunt qui omnia etiam superiora verba ex Prophetæ persona accipi mallent : et hoc quod dictum est, « Eructavit cor meum verbum bonum, » ex Propheta voluerint intelligi, veluti dicente hymnum. (Quisquis enim dicit hymnum Deo, eructat cor ejus verbum bonum : quomodo qui blasphemat in Deum, eructat cor ejus verbum malum.) Et et illud quod adjunctum est, « Dico ego opera mea regi, » significare voluerit summum hominis opus non esse, nisi Deum laudare. Illius est specie sua placere tibi, ad te pertinet eum in gratiarum actione laudare. Opera tua si non fuerint laus Dei, incipis teipsum amare ; et pertinebis ad illos, de quibus dicit Apostolus, « Erunt enim homines seipsos

amantes (II *Tim.* III, 2). » Displice tibi, placeat tibi qui te fecit ; quia in eo tibi displices quod in te ipse fecisti. Opus ergo tuum sit laus Dei, eructet cor tuum verbum bonum. « Dic ergo opera tua regi : » quia ut diceres, rex fecit, et ipse donavit quod offerres. Redde illi de suo, ne velis accepta parte patrimonii lui ire longius et prodige perdere in meretrices, et porcos pascere. Hoc recordamini ex Evangelio. Sed etiam de nobis dictum est, « Mortuus erat, et revixit ; perierat, et inventus est (*Lucæ* XV, 32). »

10. « Lingua mea calamus scribæ, velociter scribentis. » Non defuerunt qui sic intelligerent Prophetam ea dixisse quæ scriberet, et ideo linguam suam calamo scribæ comparasse. « Velociter » autem « scribentis » voluisse dicere, ut significaret ea scribere, quæ velociter ventura erant, ut velociter scribere, velocia scribere intelligatur, id est, scribentis non tardatura. Non enim tardavit Deus exhibere Christum. Quam cito evolutum sentitur, quod

rapidement. Le jour du jugement viendra aussi rapidement; prévenez sa rapidité; il viendra rapidement, changez plus rapidement encore. Le juge aura un visage sévère; mais écoutez ce que dit le Prophète : « Prévenons par la confession de nos fautes la sévérité de son visage (*Ps.* xciv, 2). » « La grâce est répandue sur vos lèvres, c'est pourquoi Dieu vous a béni pour l'éternité. »

11. « O Très-Puissant, ceignez-vous de votre glaive et placez-le sur votre cuisse (*Ps.* xliv, 4). » Qu'est-ce que votre glaive, sinon votre parole? Par ce glaive, il a renversé ses ennemis; par ce glaive, il a divisé le fils d'avec le père, la fille d'avec la mère, la bru d'avec la belle-mère. C'est ce que nous lisons dans l'Évangile : « Je ne suis pas venu apporter la paix, mais le glaive (*Matth.* x, 34, etc.). » S'il se trouve cinq personnes dans une maison, elles seront divisées les unes contre les autres, deux contre trois, et trois contre deux, c'est-à-dire : le fils contre le père, la fille contre la mère, la belle-fille contre la belle-mère. Quel glaive a produit cette division, si ce n'est le glaive que le Christ a apporté? Et véritablement, mes frères, nous en voyons tous les jours des exemples. Il plaît à un jeune homme de s'engager au service de Dieu, ce parti déplaît à son père; ils sont divisés l'un contre l'autre : l'un promet son héritage terrestre, l'autre aime l'héritage céleste; celui-ci promet une chose, l'autre en choisit une autre. Que le père ne croie pas que le fils lui fasse injure, Dieu seul lui est préféré; et cependant il est en dissentiment avec ce fils qui ne veut servir que Dieu. Mais le glaive spirituel est plus fort pour séparer que la nature charnelle n'est forte pour réunir. Il en est de même de la fille contre la mère, et plus encore de la bru contre la belle-mère. Car il se trouve quelquefois que, dans la même maison, la bru et la belle-mère sont, l'une catholique, l'autre hérétique. Et partout où ce glaive a pénétré profondément, nous ne craignons pas le second baptême. La fille peut être divisée d'avec sa mère, et la bru ne pourrait pas l'être d'avec sa belle-mère!

12. Il est même arrivé d'une manière générale, dans le genre humain, que le fils est divisé contre le père. Car nous avons été autrefois les fils du démon. Il est dit encore à ceux qui sont infidèles : « Vous avez le diable pour père (*Jean.* viii, 44). » Et d'où est venue toute notre infidélité, si ce n'est du démon notre père? Il n'est pas notre père pour nous avoir créés; mais nous sommes ses enfants, pour l'avoir imité. Or, maintenant vous voyez le fils divisé contre le père. Ce glaive est venu; l'homme renonce au dé-

---

peractum agnoscitur? Recordare generationes ante te, invenies Adam tamquam hesterno die factum. Ita gesta legimus omnia ab ipso principio : ergo velociter facta sunt. Velociter erit et dies judicii : præveni velocitatem ipsius : velociter veniet, velocius tu mutare; aderit facies judicis, aude quid dicit Propheta : « Præveniamus faciem ejus in confessione (*Psal.* xciv, 2). » « Diffusa est gratia in labiis tuis, propterea benedixit te Deus in æternum. »

11. « Accingere gladium tuum circa femur potentissime (*Ps.* xliv, 4). » Gladium tuum quid, nisi verbum tuum? Illo gladio stravit inimicos, illo gladio, divisit filium a patre, filiam a matre, nurum a socru. Legimus hæc in Evangelio : Non veni pacem mittere, sed gladium. Et erunt in una domo quinque divisi adversum se, duo adversus tres, et tres adversus duos erunt divisi : id est, filius adversus patrem, filia adversus matrem, nurus adversus socrum suam (*Matth.* x, 34). Divisio hæc quo gladio facta est (*a*), nisi quem Christus adtulit? Et revera, Fratres, etiam quotidianis exemplis videmus hæc. Placet juveni alicui Deo servire, displicet patri : divisi sunt adversus se : ille promittit terrenam hereditatem, ille amat cœlestem : aliud iste pollicetur, aliud ille eligit. Non sibi putet pater factam injuriam, Deus solus illi præfertur : et tamen litigat cum filio volente servire Deo. Sed fortior est ille gladius spiritalis separans, quam copulans natura carnalis. Fit hoc et de filia adversus matrem, multo magis et de nuru adversus socrum. Nam aliquando in una domo nurus et socrus inveniuntur hæretica et catholica. Et ubi fortiter recipitur iste gladius, rebaptizationem non timemus. Potuit dividi filia adversus matrem suam, et non potest nurus adversus socrum suam?

12. Factum est hoc generaliter etiam in genere humano, divisus est filius adversus patrem. Fuimus enim aliquando filii diaboli. Adhuc infidelibus dictum est, « Vos a patre diabolo estis (*Johan.* viii, 44). » Et omnis infidelitas nostra, unde, nisi a patre diabolo? Non ille creando (*b*) pater, sed nos illum imitando filii. Jam modo videtis filium adversus patrem

---

(*a*) Omnes MSS. *quo gladio facta est, Christus adtulit* : nec habent, *nisi quem*. (*b*) In hac sententia MSS. omittunt voces, *pater et filii*.

mon; il trouve un autre père, il trouve une autre mère. Le premier, en se présentant à lui comme un exemple à imiter, l'engendrait pour sa perte; le père et la mère que nous avons trouvés nous engendrent pour la vie éternelle. Le fils est donc divisé contre le père. La fille est aussi divisée contre sa mère; cette multitude d'entre les Juifs qui a cru au Christ est divisée contre la synagogue. La bru est également divisée contre la belle-mère; la multitude venue d'entre les Gentils est nommée la bru, parce que l'époux, c'est-à-dire le Christ, est le fils de la synagogue. D'où, en effet, le Fils de Dieu est-il né selon la chair? De la synagogue. Il a laissé son père et sa mère et s'est attaché à son épouse, afin qu'ils fussent deux en une seule chair (*Gen.* II, 24) : et ce n'est pas là une conjecture de notre part, mais une attestation de l'Apôtre saint Paul qui nous dit : « Ce sacrement est grand, je dis dans le Christ et dans l'Église (*Éph.* V, 32). » En effet, le Christ a en quelque sorte laissé son père : il ne l'a pas laissé tout à fait dans le but de se séparer de lui, mais pour revêtir la chair humaine. Comment l'a-t-il donc laissé? « Parce que lui, qui étant dans la forme de Dieu ne croyait pas que ce fût une usurpation de se faire égal à Dieu, s'est anéanti lui-même, en prenant la forme d'un esclave (*Philip.* II, 6). » Comment a-t-il laissé aussi sa mère? Il a laissé cette nation juive, cette synagogue, attachée aux anciens rites. A cette figure se rapportent les paroles du Christ : « Qui est ma mère, ou qui sont mes frères (*Matth.* XII, 48)? » En effet, il enseignait dans l'intérieur de la maison, et ceux dont on lui parlait se tenaient dehors. Voyez si maintenant encore les Juifs ne sont pas de même. Le Christ enseigne dans l'Église, ils restent dehors. Qu'est-ce alors que la belle-mère? C'est la mère de l'époux, la mère de Notre-Seigneur Jésus-Christ, la synagogue. Par conséquent, l'Église est sa bru, l'Église qui, venant d'entre les Gentils, et ayant refusé la circoncision charnelle, est divisée contre sa belle-mère. « Ceignez votre glaive : » C'est en parlant de la puissance de ce glaive, que nous avons dit toutes ces choses.

13. « Ceignez votre glaive : » votre parole; «sur votre cuisse, vous qui êtes le Très-Puissant; » placez votre glaive sur votre cuisse. Que veut dire : Sur votre cuisse? Qu'indique-t-il par ce mot de cuisse? la chair. C'est en ce sens qu'il est dit : « Un prince sorti de Juda, un chef sorti de ses cuisses ne manquera pas (*Gen.* XLIX, 10). » Abraham lui-même, à qui Dieu avait promis un descendant dans lequel seraient bénies toutes les nations, lorsqu'il envoya son serviteur chercher une épouse pour son fils, avec ordre de la lui amener, afin que d'elle sortît ce saint rejeton, dans lequel toutes les nations devaient être bénies, sachant par la foi que dans la bassesse même de ce rejeton éclaterait en quelque

sorte la grandeur de son nom, c'est-à-dire que le Fils de Dieu descendrait des enfants des hommes par sa propre race, Abraham, dis-je, n'a-t-il pas obligé le serviteur qu'il envoyait à lui faire ce serment : « Placez, lui dit-il, votre main sous ma cuisse, et jurez ainsi (*Gen.* XXIV, 2). » C'était comme s'il eût dit : Placez votre main sur l'autel, ou sur l'Évangile, ou sur le livre d'un Prophète, ou sur quelque chose de saint. Placez, lui dit-il, votre main sous ma cuisse; avec foi dans ce mystère, sans craindre une chose honteuse, mais avec intelligence de la vérité. « C'est pourquoi, ceignez votre glaive sur votre cuisse, vous qui êtes très-puissant, » très-puissant même quant à votre cuisse, car ce qui paraît faiblesse en Dieu est plus fort que la force des hommes. « Vous qui êtes très-puissant. »

14. « Paré de votre éclat et de votre beauté. » Revêtez-vous de votre justice par laquelle vous êtes toujours plein d'éclat et de beauté. « Commencez votre route, avancez heureusement, et régnez (*Ps.* XLIV, 5). » Ne le voyons-nous pas? Le fait est accompli déjà. Regardez le monde entier : Le Christ a commencé sa route, il s'est avancé heureusement et il règne, toutes les nations lui sont soumises. Qu'était-ce autrefois de voir ces choses en esprit? ce que c'est maintenant que d'en constater la réalité. Lorsque ces paroles furent dites, le Christ ne régnait pas encore, il n'avait pas encore commencé sa route, il ne s'était pas encore avancé; ces événements étaient alors des prophéties, aujourd'hui ils sont réalisés sous nos yeux, déjà ils sont en notre possession : Dieu est pour nous un débiteur qui a payé un grand nombre de ses créances, et qui n'en doit plus que bien peu. « Commencez votre route, avancez heureusement et régnez. »

15. « A cause de votre vérité, de votre douceur et de votre justice (*Ibid.* 5). » Nous avons reçu la vérité qui nous était promise, lorsque la vérité est sortie de la terre et que la justice a jeté sur nous ses regards du haut du ciel (*Ps* LXXXIV, 12). Le Christ s'est présenté à l'attente du genre humain, pour que toutes les nations fussent bénies dans le rejeton d'Abraham. L'Évangile a été prêché : Voilà la vérité. Où est la douceur? Les martyrs ont souffert, et par leurs souffrances le Christ a fait un immense pas en avant; il a étendu le royaume de Dieu parmi toutes les nations, parce que les martyrs souffraient sans défaillir, ni résister, disant tout et ne cachant rien, prêts à tout et ne reculant devant rien. Quelle merveilleuse douceur! Voilà ce qu'a fait le corps du Christ; après l'avoir appris du Christ sa tête. Car le Christ a été traîné le premier à la mort comme une brebis, et comme

---

sum erat semen (*Gen.* XII, 3 et XXV, 4), in quo benedicerentur omnes gentes, quando misit servum suum ad quærendam et ducendam uxorem filio suo, unde veniret illud semen sanctum, in quo benedicerentur omnes gentes ; fide tenens, in illa veluti humilitate seminis esse magnitudinem (*a*) nominis, id est, Filium Dei venturum ex filiis hominum per semen Abrahæ ; fecit ipsum servum suum, quem mittebat, ita sibi jurare : « Pone, inquit, manum tuam sub femore meo, et sic jura (*Gen.* XXIV, 2). » Quasi diceret, Pone manum tuam ad altare, aut ad Evangelium, aut ad Prophetam, aut ad aliquid sanctum. Sub femore meo, inquit, pone manum : habens fiduciam, nec reverens turpitudinem, sed intelligens veritatem. Propterea, « Accingere gladium tuum circa femur potentissime. » Potentissime etiam circa femur : « quia quod infirmum est Dei, fortius est hominibus (1 *Cor.* I, 25). » « Potentissime. »

14. « Specie tua et pulcritudine tua (*Ps.* XLIV, 5). » Justitiam accipe, qua semper es speciosus et pulcher. « Et intende, et prospere procede, et regna. » Nonne videmus? Certe jam factum est. Adtendite orbem terrarum : intendit, prospere processit, et regnat, subditæ sunt omnes gentes. Quid erat illud videre in Spiritu ? Quod nunc est experiri in veritate. Quando dicebantur hæc, nondum ita regnabat Christus, nondum intenderat, nondum processerat : prædicabantur, exhibita sunt, jam ea tenemus : in multis redditorem habemus Deum, in paucis debitorem. « Intende, et prospere procede, et regna. »

15. « Propter veritatem, et mansuetudinem, et justitiam (*Ibid.* 5). » Reddita est veritas, quando « veritas de terra orta est, et justitia de cœlo prospexit (*Psal.* LXXXIV, 12). » Præsentatus est Christus (*b*) exspectationi generis humani, ut in semine Abrahæ benedicerentur omnes gentes. Prædicatum est Evangelium ; veritas est. Quid mansuetudo? Passi sunt Martyres, et inde multum processit, et promovit per omnes gentes regnum Dei : quia patiebantur Martyres, nec deficiebant, nec resistebant ; dicentes omnia, nihil occultantes ; parati ad omnia, nihil recusantes. Magna mansuetudo. Corpus Christi hoc

---

(*a*) Sic MSS. At editi, *numinis*. (*b*) Sic MSS. At editi, *expectatio*.

l'agneau se tait en face de celui qui le tond il n'a pas ouvert la bouche (*Is.* LIII, 7); il a poussé la douceur jusqu'à ce point qu'étant attaché à la croix, il dit : « O mon Père, pardonnez-leur, ils ne savent ce qu'ils font (*Luc.* XXIII, 34). » Et quelle est la part de la justice? Il viendra de nouveau comme juge, pour rendre à chacun selon ses œuvres (*Rom.* II, 6). Il a dit la vérité, il a été victime de l'iniquité, il apportera la justice. « Et votre droite vous conduira d'une manière admirable. » Nous sommes conduits par sa droite, il est conduit par sa propre droite. En effet, il est Dieu et nous sommes des hommes. Il est conduit par sa droite, c'est-à-dire par sa puissance. Il a lui-même la puissance qu'a le Père, et il possède lui-même l'immortalité du Père; il a la divinité du Père, il a l'éternité du Père, il a la force du Père. Sa droite le conduira d'une manière admirable; il agira en Dieu, souffrira en homme, et par sa bonté il abattra la méchanceté des hommes. Il n'a pas cessé d'être conduit où il n'est point encore arrivé, et sa droite le conduit. Et ce qui le conduit, il l'a donné à ses saints. « Votre droite vous conduira d'une manière admirable. »

16. « Vos flèches acérées sont très-puissantes (*Ps.* XLIV, 6). » Ces flèches sont les paroles qui percent les cœurs et excitent l'amour. C'est pourquoi il est dit, dans le Cantique des cantiques : « Parce que j'ai été blessée par l'amour (*Cant.* II, 5, et v, 8). » L'épouse se dit blessée par l'amour, c'est-à-dire qu'elle déclare aimer, brûler d'amour, soupirer après son époux dont la parole l'a frappée comme une flèche. Vos flèches acérées sont très-puissantes; elles pénètrent et elles agissent. Elles sont acérées et très puissantes. « Les peuples tomberont sous vous. » Quels sont ceux qui sont tombés? Ceux qui ont été frappés et qui sont tombés. Nous voyons des peuples soumis au Christ, mais nous n'en voyons pas de tombés. Le Prophète montre où ils tombent : « Dans le cœur. » C'était là qu'ils s'élevaient orgueilleusement contre le Christ, c'est là qu'ils tombent devant le Christ. Saul blasphémait contre le Christ, il se dressait avec orgueil, il supplie le Christ; il est tombé, il a été abattu : l'ennemi du Christ a été tué, afin que le disciple du Christ vécût. Une flèche a été lancée du ciel, Saul a été frappé au cœur. A ce moment il est encore Saul, il n'est pas encore Paul; il se dresse encore dans son orgueil, il n'est pas encore abattu; mais a-t-il reçu la flèche, il est tombé dans son cœur. Ce n'est pas en effet lorsqu'il a été jeté la face contre terre, qu'il est tombé dans son cœur, mais lorsqu'il a dit : « Seigneur, que m'ordonnez-vous de faire (*Act.* IX, 6)? » Oh!

---

fecit, in capite suo didicit. Ille prior « sicut ovis ad occisionem ductus est, et sicut agnus coram tondente se non aperuit os suum (*Isai.* LIII, 7) : » usque adeo mansuetus, ut pendens in cruce diceret, « Pater ignosce illis, quia nesciunt quid faciunt (*Lucæ* XXIII, 34). » Quid propter justitiam? Veniet etiam, ut judicet, et retribuat unicuique secundum opera sua. Dixit veritatem, (*a*) pertulit iniquitatem, allaturus est æquitatem (*Rom.* II, 6). « Et deducet te mirabiliter dextera tua. » Nos dextera ipsius, ipse dextera sua. Ille enim Deus, nos homines. Dextera sua deductus est, id est, potentia sua. Etenim potentiam quam Pater habet, habet et ipse, et immortalitatem Patris habet et ipse; divinitatem Patris habet, æternitatem Patris habet, virtutem Patris habet. Deducet eum mirabiliter dextera ejus, faciens divina, patiens humana, malitias hominum sternens bonitate sua. Adhuc deducitur et ubi nondum est, et dextera ejus deducit eum. Hoc enim eum ducit, quod ipse donavit sanctis suis. « Deducet te mirabiliter dextera tua. »

16. « Sagittæ tuæ acutæ (*b*) potentissimæ (*Ps.* XLIV, 6) : » verba cor transfigentia, amorem excitantia. Unde dicitur in Canticis canticorum, « Quia vulnerata caritate ego sum (*Cant.* II, 5, *et* V, 8). » Dicit enim vulneratam se esse caritate, id est, amare se dicit, æstuare se dicit, suspirare sponso, unde accepit sagittam verbi. « Sagittæ tuæ acutæ potentissimæ : » et transfigentes, et efficientes : « Acutæ potentissimæ. Populi sub te cadent. » Qui ceciderunt? Qui percussi sunt, et ceciderunt. Populo videmus subditos Christo, cadentes non videmus. Exponit ubi cadunt : « in corde. » Ibi se erigebant adversus Christum, ibi cadunt ante Christum. Blasphemabat Saulus Christum, erectus erat : supplicat Christo, cecidit, prostratus est : occisus est inimicus Christi, ut vivat discipulus Christi. De cœlo emissa sagitta, corde percussus est Saulus, nondum Paulus, adhuc Saulus, adhuc erectus, nondum prostratus : accepit sagittam, cecidit in corde. Non enim quod prostratus est in facie, ibi cecidit (*c*) in corde : sed ubi ait, « Domine, quid me jubes facere

---

(*a*) Duo MSS. *protulit mansuetudinem.* (*b*) Editi, *potentissime* : et favet Græc. LXX. δυνατέ. Attamen melioris notæ MSS. habent, *potentissimæ* : sicque legisse Augustinum facile ex ipse interpretandi ratione intelligas. (*c*) MSS. hic non habent, *in corde.*

qu'elle était acérée et puissante cette flèche, sous le coup de laquelle Saul est tombé, pour devenir Paul! Il en est des peuples comme de lui; regardez les nations : vous les voyez soumises au Christ. « Les peuples tomberont donc sous votre puissance, dans le cœur où ils étaient ennemis du roi. » Ils étaient vos ennemis, ils ont été atteints par vos flèches et ils sont tombés devant vous. D'ennemis qu'ils étaient, ils sont devenus vos amis; en eux les ennemis sont morts et les amis vivent. Voilà l'application de ces paroles : « Pour ceux qui seront changés. » Nous cherchons à comprendre chaque expression, chaque verset du psaume, mais nous le faisons de telle sorte que nul ne doute qu'il ne soit ici parlé du Christ. « Les peuples tomberont sous votre puissance dans le cœur où ils étaient ennemis du roi. »

17. « Votre trône, ô mon Dieu, durera dans les siècles des siècles (*Ps.* XLIV, 6). » Parce que Dieu vous a béni pour l'éternité, à cause de la grâce répandue sur vos lèvres. Or, il y avait le trône du royaume temporel des Juifs, qui appartenait à ceux qui étaient sous la loi, et non à ceux qui étaient sous la grâce. Le Christ est venu pour délier ceux qui étaient sous la loi, et pour les établir sous le règne de la grâce. Son trône durera dans les siècles des siècles. Pourquoi? Parce que le premier trône était celui d'un royaume temporel. Et pourquoi maintenant ce trône durera-t-il dans les siècles des siècles? Parce qu'il est celui de Dieu. « Votre trône, ô mon Dieu, durera dans les siècles des siècles. » O divinité de l'Éternité! En effet, Dieu ne saurait avoir un trône temporel. « Votre trône, ô mon Dieu, durera dans les siècles des siècles. La verge de la droiture est la verge de votre règne. » La verge de la droiture est celle qui dirige les hommes. Ils étaient courbés, ils étaient tortus. Ils ne voulaient d'autres rois qu'eux-mêmes, ils s'aimaient ils aimaient leurs mauvaises actions; ils ne soumettaient pas leur volonté à celle de Dieu, mais ils voulaient faire plier à leurs convoitises la volonté de Dieu. En effet, on voit l'homme injuste et pécheur s'irriter contre Dieu, si Dieu ne fait couler sur ses terres l'eau de la pluie, et il ne veut pas que Dieu s'irrite contre lui, si lui-même s'écoule comme une eau fugitive. Et c'est pour ainsi dire de la sorte que les hommes sont occupés tous les jours à disputer contre Dieu. Il devait faire ceci, il n'a pas bien fait cela. Eh quoi! Vous voyez donc ce que vous avez à faire, et lui ne le voit pas? Vous êtes tortu et il est droit. Comment voulez-vous unir ce qui est tortu avec ce qui est droit? Il est impossible d'alligner ensemble ces deux choses. Placez, par exemple, sur un pavé bien uni un madrier tortu; il ne

---

(*Act.* IX, 6)? » Modo ibas ad Christianos alligandos et perducendos ad pœnam ; et modo dicis Christo, Quid me jubes facere? O sagittam acutam potentissimam, qua accepta cecidit Saulus ut esset Paulus ! Ut ille, ita et populi : gentes attendite, videte subditas Christo. Ergo, « Populi sub te cadent, in corde inimicorum regis : » hoc est, in corde inimicorum tuorum. Ipsum enim appellat regem, ipsum novit regem. « Populi sub te cadent, in corde inimicorum regis. » Inimici erant : acceperunt sagittas tuas, ceciderunt ante te. Ex inimicis amici facti sunt : inimici mortui sunt, amici vivunt. Hoc est, « Pro his quæ commutabuntur. » Quærimus intelligere verba singula, versus singulos : ita tamen quærimus, ut de Christo dici nemo dubitet. « Populi sub te cadent, in corde inimicorum regis. »

17. « Sedes tua Deus in sæcula sæculorum (*Ps.* XLIV, 7). » Quia benedixit te Deus in æternum, propter gratiam diffusam in labiis tuis. Erat autem sedes regni Judaici temporalis, pertinens ad eos qui sub lege erant, non ad eos qui sub gratia erant : venit ille ut liberaret eos qui sub lege erant, et sub gratia constitueret. « Sedes ejus in sæcula sæculorum. » Quare? Quia sedes illa prima regni temporalis fuit. Unde nunc sedes in sæcula sæculorum? Quia Dei. « Sedes tua Deus in sæcula sæculorum. » O æternitatis (*a*) divinitas ! Non enim posset Deus sedem habere temporalem. « Sedes tua Deus in sæcula sæculorum. Virga directionis, virga regni tui. » Directionis virga est, quæ dirigit homines. Curvi erant, distorti erant : sibi regnare cupiebant, se amabant, facta sua mala diligebant; non voluntatem suam Deo subdebant, sed voluntatem Dei ad suas concupiscentias flectere volebant. Irascitur enim peccator et iniquus plerumque Deo, quia non pluit ; et non vult sibi Deum irasci, quia fluit. Et ad hoc propemodum sedent quotidie homines, ut disputent contra Deum : Hoc facere debuit, hoc non bene fecit. Tu videlicet vides quid facias, ille nescit? Distortus tu es, ille rectus est. Distortum ad rectum quando conjungis? Collineari non potest. Tamquam si in pavimento æquali ponas lignum curvum ; non adjungitur, non cohæret, non coaptatur pavimento : pavi-

---

(*a*) Octo MSS. *O æternitatis divitias.*

joint pas, il n'adhère pas, il ne s'adapte pas au pavé; le pavé est pourtant uni partout; mais ce madrier est tortu et il ne s'applique pas sur une surface qui est partout égale. La volonté de Dieu est droite et la vôtre est tortueuse; c'est parce que vous ne pouvez vous y adapter, qu'elle vous paraît tortueuse. Redressez-vous sur elle, loin de vouloir la courber sur vous ; comme vous ne sauriez y réussir, tous vos efforts sont vains, elle reste toujours droite. Voulez-vous vous adapter à elle? corrigez-vous. Elle sera alors la verge qui vous dirige, la verge de la droiture. C'est pourquoi le mot roi est formé du mot régir ou diriger. Or, celui-là ne dirige pas qui ne corrige pas. C'est pour nous diriger que notre roi est le roi de ceux qui ont le cœur droit. De même qu'il est notre prêtre, parce qu'il nous sanctifie, de même il est notre roi parce qu'il nous dirige. Mais que dit le Prophète, en un autre psaume : « Avec le saint vous serez saint, avec l'homme innocent vous serez innocent, avec l'élu vous serez élu et avec le pervers vous serez pervers (*Ps.* XVII, 26). » Non pas que Dieu soit pervers, mais parce que les pervers le croient pervers. Si le bien vous plaît, Dieu est bon ; mais s'il vous déplaît, Dieu vous paraît méchant. Dieu à votre sens n'est point droit; c'est votre tortuosité personnelle qui vous le fait croire, car sa droiture demeure éternellement. Écoutez ce que dit le Prophète dans un autre psaume : « Que le Dieu d'Israël est bon pour ceux dont le cœur est droit (*Ps.* LXXII, 1). »

18. « La verge de la droiture est la verge de votre règne. Vous avez aimé la justice et vous avez haï l'iniquité (*Ps.* XLIV, 8). » Voyez ce qu'est la verge de la droiture : « Vous avez aimé la justice et haï l'iniquité : » approchez-vous de cette verge; que le Christ soit votre roi, que cette verge vous dirige, de peur qu'elle ne vous brise. Car elle est de fer et ne peut plier. Et qu'en a dit le Prophète? « Vous les gouvernerez avec une verge de fer; et vous les briserez comme des vases de terre (*Ps.* II, 9). » Elle dirige les uns et brise les autres ; elle dirige les hommes spirituels, elle brise les hommes charnels. Approchez-vous donc de cette verge. Que craignez-vous en elle? Elle est tout entière dans ces mots : « Vous avez aimé la justice et vous avez haï l'iniquité. » Pourquoi craignez-vous? Mais peut-être êtes-vous injuste; vous entendez dire que votre roi hait l'iniquité et la frayeur vous prend. Vous avez une chose à faire. Que hait-il? l'iniquité; vous hait-il aussi ? Mais l'iniquité est-elle en vous? Dieu la hait, haïssez-la également, afin que tous deux vous haïssiez la même chose. Car Dieu sera votre ami, si vous haïssez ce qu'il hait. De la sorte vous aimerez aussi ce qu'il aime. Détestez en vous-même votre iniquité et aimez en vous la créature de Dieu. En effet, vous êtes un homme injuste. Je vous donne là deux noms : celui

---

mentum ubique æquale est; sed illud curvum est, non coaptatur æquali. Ergo Dei voluntas æqualis est, tua curva est : propterea tibi curva videtur illa, quia tu illi coaptari non potes : dirige ad illam te, ne illam velis curvare ad te; quia non potes, frustra conaris : illa semper directa est. Vis illi hærere ? Corrigere. Erit virga ipsius quæ te regit, virga directionis. Inde et rex a regendo dicitur. Non autem regit qui non corrigit. Ad hoc est rex noster rectorum rex. Quomodo et sacerdos a sanctificando nos, ita et rex a regendo nos. Sed quid ait alio loco? « Cum sancto sanctus eris, et cum viro innocente innocens eris ; et cum electo electus eris, et cum perverso perversus eris (*Psal.* XVII, 26). » Non quia perversus Deus, sed quia perversi perversum eum putant. Placet tibi bonum, bonus est Deus : displicet tibi, quasi pravus est Deus. Curvus est ad te Deus, tua curvatura facit hoc : nam illius rectitudo semper manet. Audi in alio Psalmo : « Quam bonus Deus Israel rectis corde (*Psal.* LXXII, 1) ! »

18. « Virga directionis, virga regni tui. Dilexisti justitiam, et odisti iniquitatem (*Ps.* XLIV, 8). » Vide virgam directionis, « Dilexisti justitiam, et odisti iniquitatem. » Accede ad istam virgam, sit tibi rex Christus : regat te virga ista, ne frangat te. Virga enim ferrea est illa, inflexibilis. Et quid dictum est ? « Reges eos in virga ferrea, et tamquam vas figuli conteres eos (*Psal.* II, 9). » Alios regit, alios conterit : regit spiritales, conterit carnales. Ergo accede ad istam virgam. Quid in ea times ? Hæc est (*a*) tota virga : « Dilexisti justitiam, et odisti iniquitatem. » Quid times ? Sed forte iniquus eras : audis enim regem tuum, quia odit iniquitatem, et times. Est quod facias. Quid odit ? Iniquitatem : numquid te? Sed in te est iniquitas ? Odit illam Deus, oderis et tu : ut unam rem ambo oderi-

---

(*a*) Ita sex probæ notæ MSS. At editi, *tuta.*

d'homme et celui d'injuste; de ces deux noms vous devez l'un à votre nature, et l'autre à votre faute; l'un est l'ouvrage de Dieu pour vous, l'autre est votre ouvrage; aimez celui que Dieu a fait, haïssez celui que vous avez fait, parce que Dieu le hait aussi. Voyez comme vous commencez à lui être uni, quand vous haïssez ce qu'il hait. Il punira le péché, parce que la verge de la droiture est la verge de son règne. Mais s'il ne punissait pas le péché? Il ne peut pas ne pas le punir. Le péché doit être puni; s'il ne devait pas être puni, il ne serait pas le péché. Prévenez votre Dieu, si vous ne voulez pas qu'il punisse votre péché, punissez-le vous-même. C'est en effet dans cette vue qu'il vous épargne encore; il diffère, il prépare sa main, il tend son arc; ce ne sont là que des menaces. Crierait-il si haut qu'il va vous frapper, s'il voulait vous frapper en effet? Il éloigne donc sa main de vos péchés; mais gardez-vous d'en éloigner la vôtre. Mettez-vous à punir vos péchés, parce que les péchés ne peuvent rester impunis. Il faudra donc qu'ils soient punis, ou par vous, ou par lui; reconnaissez-les, afin qu'il ne les connaisse plus. Prenez exemple sur ce psaume de pénitence: « Détournez votre face de mes péchés (*Ps*.L,2).» Est-ce que le Prophète a dit: détournez de moi? Mais dans un autre psaume, il dit expressément: « Ne détournez pas votre face de moi (*Ps*. xxvi, 9).» Donc, « détournez votre face de mes péchés,» veut dire: Je demande que vous ne voyez pas mes péchés. Car, de la part de Dieu, cette vue est de l'animadversion. On peut dire en effet que le juge a de l'animadversion pour ce qu'il punit, c'est-à-dire qu'il tourne son esprit de ce côté; mais il ne le fait que pour punir, parce qu'il est juge. C'est de la sorte que Dieu aussi est juge. «Détournez votre face de mes péchés.» Mais vous, gardez-vous d'en détourner les yeux si vous voulez que Dieu en détourne sa face. Voyez comment le Prophète, dans le même psaume, exprime à Dieu cette pensée: « Je reconnais mon crime, dit-il, et mon péché est toujours devant mes yeux (*Ibid*. 5). » Il ne veut pas laisser sous les yeux de Dieu, ce qu'il veut garder devant les siens.« La verge de la droiture est la verge de votre règne. » Que nul ne présume faussement de la miséricorde de Dieu; il est lui-même la verge de droiture. Disons-nous par là que Dieu n'est pas miséricordieux? Mais qui est plus miséricordieux que lui, qui épargne tant les pécheurs; que lui, qui, après leur conversion ne s'occupe plus de ce qui est passé? Toutefois, aimez sa miséricorde de manière à

---

tis. Eris enim Deo amicus, si odisti quod odit. Ita et amabis quod amat. Displiceat in teipso tibi iniquitas tua, et placeat tibi creatura ipsius. Homo enim es iniquus. Duo dixi nomina: duo nomina, homo et iniquus: in istis duobus nominibus unum est naturæ, alterum culpæ: unum tibi Deus fecit, alterum tu fecisti: ama quod Deus fecit, oderis quod tu fecisti; quia et ipse hoc odit. Vide quomodo jam illi incipias conjungi, cum odisti quod odit. Peccatum puniturus est, quia virga directionis est virga regni ipsius. Sed non puniat peccatum? Sed non potest. Puniendum est peccatum: si puniendum non esset, nec peccatum esset. Prævêni illum: non vis ut ipse puniat, tu puni. Ideo enim adhuc ipse parcit, differt, tenet manum, arcum intendit, hoc est (*a*) minas. Clamaret tantum feriturum se, si vellet ferire? Differt ergo manum a peccatis tuis: tu noli differre. Converte te ad punienda peccata tua, quia impunita esse peccata non possunt. Puniendum ergo erit, aut a te, aut ab ipso: tu agnosce, ut ille ignoscat. Attende exemplum in illo Psalmo pœnitentiæ, « Averte faciem tuam a peccatis meis (*Psal.* L, 11). » Numquid dixit, a me? Alio enim loco aperte dicit, « Ne avertas faciem tuam a me (*Psal.* xxvi, 9). » Ergo, « Averte faciem tuam a peccatis meis: » nolo videas peccata mea. Quia videre Dei, animadvertere est. Ideo et judex quod punit, animadvertere dicitur, id est, animum illuc advertere; intendere utique ad puniendum, quia judex est. Sic est et judex Deus. Averte faciem tuam a peccatis meis. Tu ab ipsis faciem noli avertere, si vis ut Deus ab ipsis avertat faciem suam. Vide quomodo hoc offert Deo in ipso Psalmo: « Facinus meum ego, inquit, agnosco, et peccatum meum ante me est semper (*Ibid*. 5). » Hoc non vult esse ante Deum, quod vult esse ante se. « Virga directionis, virga regni tui. » Nemo sibi multum de misericordia Dei blandiatur, virga directionis est. Numquid dicimus, non esse misericordem Deum? Quid misericordius eo, qui parcit tantum peccatoribus, eo qui in omnibus conversis ad se non curat præterita? Sic cum dilige misericordem, ut velis esse veracem: non enim misericordia potest illi auferre justitiam, neque justitia misericordiam. Interim quamdiu ille differt, tu noli differre: quoniam virga directionis virga regni ipsius.

(*a*) Tres MSS. *hoc est minatur. Non clamaret*, etc.

TOM. XII.

vouloir en même temps sa véracité; car la miséricorde ne peut lui ôter la justice, ni la justice lui ôter la miséricorde. En attendant, et tandis qu'il diffère, gardez-vous de différer, parce que la verge de droiture est la verge de son règne.

19. « Vous avez aimé la justice et l'iniquité. C'est pourquoi, ô Dieu, votre Dieu vous a oint (*Ps.* XLIV, 8). » Il vous a oint, pour que vous eussiez l'amour de la justice et la haine de l'iniquité. Et voyez comment s'exprime le prophète : « C'est pourquoi, ô Dieu, votre Dieu vous a oint. » O vous qui êtes Dieu, votre Dieu vous a oint. Dieu est oint par Dieu. En latin, le mot *Deus*, deux fois répété paraît être au même cas; mais, en grec, il y a une distinction très-évidente entre les deux termes, le nom de celui qui est interpellé étant différent par la forme du nom de celui qui parle. « Dieu vous a oint. O vous, qui êtes Dieu, Dieu vous a oint. » C'est comme si le prophète eût dit : C'est pourquoi, ô vous qui êtes Dieu, vous avez été oint par votre Dieu. Comprenez-le donc ainsi; acceptez un sens que le texte grec rend tout à fait évident. Quel est donc le Dieu oint par Dieu? Que les Juifs nous le disent. Les Écritures nous sont communes. Dieu a été oint par Dieu; vous entendez parler de quelqu'un qui a été oint, comprenez qu'il s'agit du Christ. En effet, le mot Christ vient du mot chrême, le nom du Christ signifie donc, onction, et les rois et les prêtres n'ont jamais été oints ailleurs que dans ce royaume où le Christ était prophétisé et oint, et duquel devait venir le nom de Christ. Cette coutume n'a jamais été suivie ailleurs, chez aucune nation, dans aucun royaume. Dieu a donc été oint par Dieu; de quelle huile, si ce n'est d'une huile spirituelle? Il y a, en effet, une huile visible dans le signe de l'onction, une huile invisible dans le sacrement, une huile spirituelle pour l'intérieur. Dieu a été oint pour nous, et nous a été envoyé; et Dieu, pour recevoir cette onction, s'est fait homme; mais il s'est fait homme de manière à être toujours Dieu et il est Dieu de manière à ne pas dédaigner d'être homme, vrai homme et vrai Dieu ; et comme homme et comme Dieu, éloigné de toute fraude, exempt de toute erreur, véridique en toutes choses, et en toutes choses la vérité même. Dieu est donc homme, et Dieu a été oint, parce qu'il était homme, et par cette onction, il est devenu le Christ.

20. Nous trouvons une figure de cette onction dans le trait du patriarche Jacob, endormi sur une pierre qu'il avait placée pour soutenir sa tête (*Gen.* XXVIII, 11). Jacob s'était préparé une pierre pour y poser la tête; or, pendant qu'il dormait sur cette pierre placée sous sa tête, il vit, dans les cieux ouverts, une échelle qui, du ciel, descendait sur la terre, et, sur cette échelle, des anges qui montaient et descendaient. Après avoir eu cette vision, il s'éveilla, oignit cette pierre et s'en alla. Il comprit que cette pierre figurait le Christ, et c'est pour cela qu'il l'oignit.

---

19. « Dilexisti justitiam, et odisti iniquitatem : propterea unxit te, Deus, Deus tuus (*Ibid.* 8). » Propterea unxit te, ut diligeres justitiam, et odires iniquitatem. Et vide quomodo ait : « Propterea unxit te, Deus, Deus tuus. » O tu Deus, unxit te Deus tuus. Deus unguitur a Deo. Etenim in Latino putatur idem casus nominis repetitus : in Græco autem evidentissima distinctio est, quia unum nomen est quod compellatur, et alterum ab eo qui compellat, « Unxit te Deus. O tu Deus, unxit te Deus tuus : » quomodo si diceret, Propterea unxit te, o tu Deus, Deus tuus. Sic accipite, sic intelligite, sic in Græco evidentissimum est. Ergo quis est Deus unctus a Deo? Dicant nobis Judæi. Scripturæ istæ communes sunt. Unctus est Deus a Deo : unctum audis, Christum intellige. Etenim Christus a chrismate : hoc nomen quod appellatur Christus, unctionis est : nec in aliquo alibi unguebantur reges et sacerdotes, nisi in illo regno ubi Christus prophetabatur et unguebatur, et unde venturum erat Christi nomen : nusquam est alibi omnino, in nulla gente, in nullo regno. Unctus est ergo Deus a Deo : quo oleo, nisi spiritali? Oleum enim visibile in (*a*) signo est, oleum invisibile in sacramento est, oleum spiritale intus est. Unctus est nobis Deus, et missus est nobis : et ipse Deus ut ungueretur homo erat : sed ita homo erat, ut Deus esset ; ita Deus erat, ut homo esse non dedignaretur : verus homo, verus Deus ; in nullo fallax, in nullo falsus ; quia ubique verax, ubique veritas. Deus ergo homo, et ideo unctus Deus, quia homo Deus, et factus est Christus.

20. Hoc figurabatur in eo quod Jacob lapidem sibi ad caput posuerat, et dormierat (*Gen.* XXVIII, 11). Jacob Patriarcha lapidem sibi ad caput posuerat; dormiens autem illo lapide ad caput posito, vidit apertis cœlis scalam a cœlo in terram, et Angelos ascen-

---

(*a*) Duo MSS. *in signum est olei invisibilis : in sacramento enim est ; oleum spiritale, intus est.* Editi vero post, *oleum spiritale intus est*, addunt isthæc verba, *oleum visibile exterius est*; quæ a nostris omnibus MSS. absunt.

Vous voyez comment le Christ est ici prédit. Que signifie cette onction d'une pierre, surtout chez les patriarches qui adoraient Dieu seul? Cette onction a été faite comme un symbole, et Jacob s'en est allé. En effet, il n'a pas oint cette pierre pour y revenir toujours ensuite adorer et sacrifier. L'onction de cette pierre a été l'expression d'un mystère, et non le commencement d'un sacrilége. Et remarquez bien quelle est cette pierre : « la pierre qu'avaient rejetée ceux qui bâtissaient est devenue le sommet de l'angle (*Ps.* CXVII, 22). » Et parce que le Christ est la tête de l'homme (I *Cor.* XI 3), cette pierre est placée à la tête. Remarquez attentivement tout ce mystère : la pierre est le Christ, « pierre vivante, dit saint Pierre, rejetée par les hommes, mais choisie par Dieu (1 *Pierre* II, 4). » Et la pierre est placée à la tête, parce que le Christ est la tête de l'homme (I *Cor.* XI, 3). Et la pierre a été ointe, parce que le Christ doit son nom à l'onction qu'il a reçue. Le Christ nous fait apercevoir des échelles mystérieuses qui vont de la terre au ciel, ou du ciel à la terre, et des anges qui les montent et les descendent (*Gen.* XXVIII, 12). Nous comprendrons encore mieux la signification de tout ceci, quand nous aurons rappelé le témoignage rendu par le Seigneur lui-même dans l'Évangile (*Jean.* I, 51). Vous savez que Jacob est le même qu'Israël. Jacob ayant lutté contre un ange, et, l'ayant vaincu, fut béni par celui dont il avait été le vainqueur ; l'ange changea son nom et ordonna qu'il s'appellerait désormais Israël. (*Gen.* XXXII, 28). C'est ainsi que le peuple d'Israël l'emporta sur le Christ, au point de le crucifier ; et cependant il fut béni, dans ceux qui crurent au Christ, par celui qu'il avait vaincu. Mais il y en eut beaucoup qui refusèrent de croire au Christ, et c'est de là que vint la claudication de Jacob. Bénédiction et claudication : bénédiction pour ceux qui ont cru ; car nous savons que, dans la suite, il y en eut beaucoup parmi ce peuple, qui eurent la foi ; claudication pour ceux qui n'ont pas cru. Et parce que le nombre de ceux qui n'ont pas cru est plus considérable que le nombre de ceux qui ont cru ; l'ange, en rendant Jacob boiteux, lui toucha le plat de la cuisse. Que signifie ici le plat de la cuisse? Le grand nombre des descendants. Et voyez maintenant les échelles dont nous parlons. Dans l'Évangile, quand le Seigneur vit Nathanaël, il dit : « Voici un vrai Israélite, dans lequel il n'y a point d'artifice (*Jean.* I, 47). » C'est aussi ce qui est dit de Jacob : « Et Jacob, homme sans artifice, habitait dans sa demeure (*Gen.* XXV, 27). » Le Seigneur, faisant allusion à ces paroles, dit de Nathanaël, homme sans artifice, du peuple et de la race de Jacob : « Voici un vrai Israélite, dans lequel il

dentes et descendentes : hoc viso evigilavit, unxit lapidem, et discessit. In illo lapide intellexit Christum, ideo unxit. Videte ex quo prædicatur Christus. Quid sibi vult illa unctio lapidis, præsertim apud Patriarchas, qui unum Deum colebant? Factum est autem in figura, et discessum est. Non enim unxit lapidem, et venit illuc semper adorare, et sacrificia ibi facere. Expressum est mysterium, non inchoatum sacrilegium. Et videte lapidem : « Lapidem quem reprobaverunt ædificantes, hic factus est in caput anguli (*Psal.* CXVII, 22). » Et quia caput viri Christus, propterea lapis ad caput (I *Cor.* XI, 3). Adtendite magnum sacramentum : Lapis Christus. « Lapidem vivum, ait Petrus, ab hominibus reprobatum, a Deo autem electum (I *Pet.* II, 4). » Et lapis ad caput, « quia caput viri Christus (*Rom.* II, 3). » Et unctus lapis, quia a chrismate dictus est Christus. Et videntur scalæ revelante Christo a terra in cœlum, vel a cœlo in terram, et adscendentes et descendentes Angeli (*Gen.* XXVIII, 12). Quid hoc sit, melius videbimus, cum testimonium Evangelicum ab ipso Domino commemoraverimus (*Johan.* I, 51). Nostis quia Jacob ipse est Israël. Illi enim cum Angelo luctanti et prævalenti, et benedicto ab eo cui prævaluit, nomen mutatum est, ut appellaretur Israël (*Gen.* XXXII, 28) : sicut populus Israël prævaluit Christo, ut crucifigeret eum : et tamen in his qui Christo crediderunt, ab ipso cui prævaluit, benedictus est. Sed multi non crediderunt, inde claudicatio Jacob. Benedictio et claudicatio. Benedictio in his qui crediderunt : nam postea novimus ex illo populo multos credidisse. Claudicatio autem in his qui non crediderunt. Et quia plures non crediderunt, et pauci crediderunt : ideo ut fieret claudicatio, tetigit latitudinem femoris ejus. Quid est latitudo femoris ejus? Multitudo generis. Videte ergo scalas illas : Dominus quando vidit Nathanaëlem in Evangelio ait, « Ecce vere Israëlita, in quo dolus non est (*Johan:* I, 47). » Sic enim dicitur de ipso Jacob, Et erat Jacob sine dolo habitans in domo (*Gen.* XXV, 27) : » hoc recolens Dominus videns Nathanaëlem sine dolo de gente illa et de populo illo, Ecce vere, inquit, Israëlita, in quo dolus non est. Appellavit Israëlitam, in quo dolus non esset, propter Jacob.

n'y a point d'artifice. » Il l'appela un Israélite dans lequel il n'y avait aucun artifice, à cause de Jacob. Et Nathanaël lui dit : «D'où me connaissez-vous ? » Et le Seigneur lui répondit : « Je vous ai vu lorsque vous étiez sous le figuier (*Jean*. 1, 48 et suiv.), » c'est-à-dire lorsque vous faisiez partie de ce peuple soumis à la loi, laquelle protégeait ce peuple comme par une ombre charnelle, je vous ai vu là. Que veut dire : Je vous ai vu là ? J'ai eu pitié de vous qui étiez là. Nathanaël, se souvenant qu'il avait réellement été sous un figuier, s'étonna, parce qu'il pensait n'avoir été vu de personne, lorsqu'il y était ; il avoua le fait, et dit : « Vous êtes le fils de Dieu, vous êtes le roi d'Israël. » Quel est celui qui a dit ces paroles ? C'est celui qui a entendu dire au Seigneur qu'il était un vrai Israélite, en qui il n'y avait aucun artifice. Et le Seigneur reprend : « Parce que je vous ai dit : Je vous ai vu sous le figuier, vous avez cru. Vous verrez des choses plus extraordinaires. » Il parle avec Israël, avec Jacob, avec celui qui avait placé une pierre sous sa tête. « Vous verrez des choses plus extraordinaires : » quelles choses plus extraordinaires ? Comme déjà la tête de Nathanaël repose sur la pierre. « En vérité, je vous le dis, ajoute le Seigneur, vous verrez le ciel ouvert et les anges de Dieu montant et descendant sur le Fils de l'Homme.» Que les anges de Dieu montent donc et descendent par les échelles ; et que cela s'accomplisse dans l'Église. Les anges de Dieu sont les messagers chargés d'annoncer la vérité ; qu'ils montent et qu'ils voient : « Au commencement était le Verbe, et le Verbe était en Dieu, et le Verbe était Dieu (*Jean*, 1, 1). » Qu'ils descendent et voient que « le Verbe a été fait chair, et qu'il a habité parmi nous (*Ibid*. 14). » Qu'ils montent pour élever les grands, qu'ils descendent pour nourrir les petits. Voyez Paul quand il monte : « Si nous sommes emportés hors de nous, c'est pour Dieu. » Voyez-le descendre : « Si nous nous modérons, c'est pour vous (II *Cor.* v, 13). » Voyez-le monter : « Nous parlons, au milieu des parfaits, le langage de la sagesse. » Voyez-le descendre : « Je vous ai donné du lait à boire ; je ne vous ai pas donné une nourriture solide (I *Cor.* II, 6, et III, 2). » Voilà ce qui se fait dans l'Église : les anges montent et descendent sur le Fils de l'Homme ; car le Fils de l'Homme est en haut, c'est-à-dire sa tête, et ils montent de cœur vers lui, et le Fils de l'Homme est également en bas, c'est-à-dire, son corps. Ici-bas sont les membres, au ciel est la tête : les anges montent vers la tête, et descendent vers les membres. Le Christ est ici, le Christ est là. Car, s'il est là seulement, et s'il n'est pas ici, d'où venait cette voix qui criait : « Saul, Saul, pourquoi me persécutez-vous (*Act.* IX, 4). » Qui alors lui avait causé quelque mal dans le ciel ? personne, ni les Juifs, ni Saul, ni le démon tentateur ; nul ne lui avait fait là aucun mal ; mais il en est de lui comme de notre corps, où toutes les parties sont telle-

---

Et ille Nathanael, Unde me nosti ? Et Dominus, « Cum esses sub arbore fici vidi te (*Johan*. 1, 48, etc.) : » id est, cum esses in illo populo sub lege constitutus, quæ carnali umbra illum populum protegebat, ibi te vidi. Quid est, ibi te vidi ? Ibi tui misertus sum. Ille autem recordatus quod fuerat etiam sub arbore fici in veritate, admiratus, quia putabat se a nemine visum cum ibi esset, confitetur et dicit, « Tu es Filius Dei, tu es rex Israël (*Ibid*.). » Quis hoc dixit ? Qui audierat quod verus esset Israëlita, et dolus in illo non esset. Et Dominus, Quia dixi tibi, Vidi te sub arbore fici, credidisti, majora horum videbis. Loquitur cum Israël, cum Jacob, cum illo qui sibi lapidem ad caput posuerat. Majora horum videbis. Quæ majora ? Quia jam lapis ille ad caput est. « Amen dico vobis, videbitis cœlum apertum, et Angelos Dei adscendentes et descendentes super filium hominis (*Ibid*.). » Angeli Dei adscendant et descendant per scalas illas, fiat hoc in Ecclesia. Angeli Dei annuntiatores sunt veritatis : adscendant et videant, « In principio erat Verbum, et Verbum erat apud Deum, et Deus erat Verbum (*Johan*. 1, 1). » Descendant, et videant, « quia Verbum caro factum est, et habitavit in nobis (*Ibid*. 14). » Adscendant, ut erigant magnos : descendant, ut nutriant parvos. Vide adscendentem Paulum : « Sive mente excessimus, Deo. « Vide descendentem : » Sive temperantes sumus, vobis (II *Cor.* v, 13). » Vide adscendentem : « Sapientiam loquimur inter perfectos. » Vide descendentem : « Lac vobis potum dedi, non escam (I *Cor.* III, 2). » Hoc sit in Ecclesia : adscendunt et descendunt Angeli Dei super filium hominis : quia sursum est filius hominis, ad quem adscendunt corde, id est caput ejus ; et deorsum filius hominis, id est, corpus ejus. Membra ejus hic sunt, caput sursum est : adscenditur ad caput, descenditur ad membra. Christus ibi, Christus hic. Nam si ibi tantum, et hic non ; unde vox illa, « Saule, Saule, quid me persequeris (*Act.* IX, 4) ? Quis enim illi in cœlo molestus fuit ? Nemo, nec Judæi, nec Saulus, nec diabolus tenta-

ment unies, que, si le pied est foulé, la langue crie.

21. « Vous avez aimé la justice et haï l'iniquité; à cause de cela, ô Dieu, votre Dieu vous a oint. » Nous avons parlé du Dieu oint, c'est-à-dire, du Christ. Le nom du Christ ne pouvait être plus clairement indiqué qu'en disant qu'il était le Dieu oint. De même qu'il est plus parfait en beauté que les fils des hommes, de même il est oint « de l'huile de joie, plus parfaitement que ceux qui ont participé avec lui à cette onction. » Quels sont ceux qui y ont eu part? Les enfants des hommes, parce que le Fils de l'Homme a partagé leur mortalité, afin de leur faire partager son immortalité.

22. « De vos habits s'exhalent l'odeur de la myrrhe, de l'aloës et de la canelle (*Ps.* xLIV, 9). » De bonnes odeurs sortent de vos vêtements. Ses vêtements sont les saints, les élus, son Église entière, qu'il revêt comme une robe sans tache et sans faux pli (*Éphés.* v, 27). Pour qu'elle soit sans tache, il la lave dans son sang; pour qu'elle soit sans faux pli, il l'étend sur la croix. De là cette bonne odeur que figuraient les aromates nommés par le Prophète. Écoutez Paul, le plus petit des serviteurs du Christ, frange de ce vêtement qu'il suffit à la femme atteinte d'un flux de sang de toucher, pour être guérie (*Matth.* IX, 20); écoutez-le vous dire : « Nous sommes en tout lieu, la bonne odeur du Christ, et pour ceux qui se sauvent, et pour ceux qui périssent (II *Cor.* II, 15). » Il n'a pas dit : nous sommes une bonne odeur pour ceux qui se sauvent, et une mauvaise odeur pour ceux qui périssent; mais, « nous sommes une bonne odeur, et pour ceux qui se sauvent, et pour ceux qui périssent. » Qu'un homme soit sauvé par la bonne odeur, il n'y a rien là qui ne soit probable et croyable; mais quel motif peut faire qu'un homme périsse en raison de cette bonne odeur? C'est une parole d'une grande force et d'une grande vérité; et lors même qu'on ne la comprendrait pas, elle est pourtant ainsi. Mais, pour vous faire savoir, qu'en effet, cette vérité est difficile à comprendre, il ajoute aussitôt : « Et qui est assez capable pour ces choses (*Ibid.* 16)? » Qui comprendra qu'une bonne odeur fasse mourir des hommes? Je tenterai cependant, mes frères, une explication. Paul prêchait l'Évangile; plusieurs aimaient ce prédicateur de l'Évangile, et plusieurs lui portaient envie. Ceux qui l'aimaient étaient sauvés par sa bonne odeur, et ceux qui lui portaient envie périssaient par cette même bonne odeur. Ce n'était donc pas une mauvaise odeur pour ceux même qui périssaient, mais une bonne odeur. Ils lui portaient, en effet, d'autant plus d'envie, qu'ils le voyaient plus élevé au-dessus d'eux par une

---

tor; nemo ibi molestus illi : sed sicut in compage corporis humani pede calcato lingua clamat.

21. « Dilexisti justitiam, et odisti iniquitatem : propterea unxit te, Deus, Deus tuus. » Locuti sumus de uncto Deo, hoc est de Christo. Non potuit apertius dici nomen Christi, quam ut diceretur unctus Deus. Quomodo speciosus forma præ filiis hominum : sic unctus, « oleo exsultationis præ participibus suis. » Qui enim participes ejus? Filii hominum : quoniam et ipse filius hominis particeps factus est mortalitatis illorum, ut faceret eos participes immortalitatis suæ.

22. « Myrrha et gutta et casia a vestimentis tuis (*Ps.* xLIV, 9). » Odores boni a vestimentis tuis. Vestimenta ejus sunt sancti ejus, electi ejus, tota Ecclesia ejus, quam sibi sicut vestem exhibet, sine macula et ruga (*Ephes.* v, 27) : propter maculam, abluens in sanguine; propter rugam, extendens in cruce. Inde bonus odor qui significatur nominatis quibusdam aromatis. Audi Paulum illum minimum, fimbriam de vestimento quod tetigit mulier in fluxu sanguinis, et sanata est (*Matth.* IX, 20); audi illum dicentem, « Christi bonus odor sumus in omni loco, et in iis qui salvi fiunt, et in iis qui pereunt (2 *Cor.* II, 15). » Non dixit, Bonus odor in iis qui salvi fiunt, et malus odor in iis qui pereunt : sed quod ad nos adtinet, bonus odor sumus, et in iis qui salvi fiunt, et in iis qui pereunt. Salvum fieri hominem bono odore, non est improbabile neque incredibile : perire autem hominem bono odore, quæ ratio est? Magna vis, magna veritas : et si capi non potest, ita est. Nam ut noveritis quia difficile capitur, statim subjecit, « Et ad hæc quis idoneus? (*Ibid.* 16). » Qui intelligat homines mori bono odore? Tamen aliquid dicam, Fratres. Ecce ipse Paulus prædicabat Evangelium, multi illum amabant prædicatorem Evangelii, multi illi invidebant : qui illum amabant, bono odore salvabantur; qui illi invidebant, bono odore peribant. Ideo et pereuntibus non malus odor, sed bonus odor. Ideo enim magis illi invidebant, quia tam bona in illo gratia prævalebat : nemo enim invidet misero. Erat ergo gloriosus in prædicatione

grâce aussi excellente ; car nul ne porte envie au misérable. Il était donc comblé de gloire par la prédication de la parole de Dieu, et par sa vie conforme à la règle de la verge de droiture : ceux-là l'aimaient, qui aimaient en lui le Christ; ceux qui suivaient sa bonne odeur aimaient en lui l'ami de leur Époux, selon cette parole de l'Épouse dans le Cantique des cantiques : « Nous courrons à l'odeur de vos parfums (*Cant.* I, 3). » Pour les autres, au contraire, plus ils le voyaient comblé de gloire par la prédication de l'Évangile et par sa vie irréprochable, plus ils étaient torturés par l'envie : ils mouraient ainsi de sa bonne odeur.

23. « L'odeur de la myrrhe, de l'aloès et de la cannelle s'exhale de vos habits et des palais d'ivoire que vous ont donnés, pour vous charmer, les filles des rois (*Ps.* XLIV, 10). » Choisissez tels palais d'ivoire, tels vastes palais, tels palais royaux que vous voudrez, les filles des rois ont charmé le Christ par de semblables demeures. Voulez-vous prendre les palais d'ivoire dans un sens spirituel ? Les vastes palais et les grands tabernacles de Dieu sont les cœurs des saints, et les rois sont ceux qui règnent sur la chair, qui soumettent à leur joug la multitude des affections humaines, qui châtient leur corps et le réduisent en esclavage : c'est ainsi que les filles du roi ont charmé le Christ. Car, toutes les âmes nées à la foi par leur prédication de l'Évangile sont ces filles de rois ; et les églises, filles des Apôtres, sont les filles des rois. En effet, il est le roi des rois, et les rois sont ceux dont il a été dit : « Vous serez assis sur douze trônes, jugeant les douze tribus d'Israël (*Matth.* XIX, 28). » Ils ont prêché la parole de vérité, et ils ont engendré les églises, non pour eux, mais pour lui. C'est à ce mystère que s'applique ce qui a été écrit dans la loi : « Si un frère meurt, que son frère épouse sa femme, et qu'il donne des descendants à son frère (*Deut.* XXV, 5); » « Que le frère épouse la femme du frère, et qu'il donne des descendants, non à lui-même, mais à son frère. » Le Christ a dit : « Dites à mes frères (*Matth.* XXVIII, 10). » Il a dit dans un psaume : « Je publierai votre nom parmi mes frères (*Ps.* XXI, 23). » Le Christ est mort, il est ressuscité, il est monté au ciel, il s'est éloigné corporellement ; ses frères ont repris son épouse, afin de lui engendrer des enfants par les prédications de l'Évangile, non par eux-mêmes, mais par l'Évangile, et pour donner à ces enfants le nom de leur frère. « Car, dit l'apôtre saint Paul, je vous ai engendrés, par l'Évangile, en Jésus Christ (I *Cor.* IV, 15). » C'est pourquoi, donnant une descendance à leur frère, ils ont nommé tous ceux qu'ils ont engendrés, non pas Pauliens ou Pétriens, mais Chrétiens. Voyez si ce même sens ne brille pas dans ces versets du psaume. En effet, le Prophète, en parlant « des

---

verbi Dei, et vivens secundum regulam illius virgæ directionis : et diligebant eum qui in illo diligebant Christum, qui sequebantur bonum odorem diligebant amicum sponsi sui, ipsa sponsa quæ dicit in Canticis canticorum; « Post odorem unguentorum tuorum curremus (*Cant.* I 3). » Illi autem quanto magis eum videbant in gloria prædicationis Evangelii et in vita inculpabili, tanto magis invidia torquebantur, et occidebantur bono odore.

23. « Myrrha et gutta et casia a vestimentis tuis, a domibus eburneis, ex quibus delectaverunt te filiæ regum (*Ps.*XLIV, 10). » Domos eburneas, domos magnas, domos regales, quas vis elige, delectaverunt inde Christum filiæ regum. Vis domos eburneas spiritaliter accipere ? Magnas domos, et magna tabernacula Dei, corda sanctorum, ipsosque reges regentes carnem, subjugantes sibi turbas humanarum affectionum, castigantes corpus, et servituti subjicientes, accipe : quia inde delectaverunt eum filiæ regum. Etenim omnes animæ quæ illis prædicantibus et evangelizantibus natæ sunt, filiæ regum sunt : et Ecclesiæ filiæ Apostolorum, filiæ regum sunt. Ille est enim Rex regum : illi autem reges de quibus dictum est, « Sedebitis super duodecim sedes, judicantes duodecim tribus Israël (*Matth.* XIX, 28). » Prædicaverunt verbum veritatis, et genuerunt Ecclesias, non sibi, sed illi. Ad hoc sacramentum pertinet quod scriptum est in Lege : « Si mortuus fuerit frater, accipiat uxorem ejus frater ejus, et suscitet semen fratri suo (*Deut.* XXV, 5).» Accipiat uxorem frater ejus, et suscitet semen, non sibi, sed fratri suo (*Matth.* XXVIII, 10). Dixit Christus: Dic fratribus meis. Dixit in Psalmo, « Narrabo nomen tuum fratribus meis (*Psal.* XXI, 23). » Mortuus est Christus, resurrexit, adscendit, absentavit se corpore : susceperunt fratres ejus uxorem ejus, prædicatione Evangelii generaturi filios, non per ipsos, sed per Evangelium, propter nomen fratris. « In Christo enim Jesu, inquit, per Evangelium, ego vos genui (I *Cor.* IV, 15). » Itaque suscitantes semen fratri suo, quotquot genuerunt,

palais d'ivoire, » a indiqué des demeures royales, vastes, belles et douces comme le sont les cœurs des saints ; puis il a ajouté : « Que vous ont donnés, pour vous charmer, les filles des rois, nées en votre honneur. » Les filles de rois sont les filles de vos Apôtres ; et le Prophète dit qu'elles sont nées « en votre honneur, » parce que les apôtres ont donné des descendants à leur frère. Aussi Paul, voyant ceux qu'il avait engendrés comme enfants de son frère courir à son propre nom, s'écria : « Est-ce que Paul a été crucifié pour vous (I *Cor.* I, 23) ? » Que dit, en effet, la loi ? que l'enfant qui naîtra porte le nom du mort (1). Qu'il naisse pour le défunt, qu'il soit appelé du nom du défunt. Paul observe cette prescription de la loi ; il y rappelle ceux qui veulent être appelés de son nom : « Est-ce que Paul a été crucifié pour vous, » leur demande-t-il ? Reportez vos pensées sur celui qui est mort. « Est-ce que Paul a été crucifié pour vous ? » Mais quoi ! Quand vous les avez engendrés, ne leur avez-vous pas donné votre nom ? Non, certes. En effet, il dit encore : « Est-ce que vous avez été baptisés au nom de Paul ? » Vous les avez reçus, pour vous charmer, des filles des rois nées en votre honneur. » Faites attention à ce mot, retenez-le : « En votre honneur. » C'est là ce qu'on appelle avoir la robe nuptiale, chercher l'honneur de l'époux, chercher sa gloire.

Vous pouvez aussi, par les filles des rois, comprendre les villes qui ont cru au Christ, et qui ont été fondées par des rois ; elles renferment « des palais d'ivoire, des demeures riches, superbes, qui s'élèvent dans les airs. « Les filles des rois vous les ont donnés pour vous charmer, elles qui sont nées en votre honneur. » Et, en effet, elles n'ont pas cherché l'honneur de leurs pères, mais votre honneur. Que l'on me montre à Rome un temple de Romulus, aussi honoré que je vous montrerai le tombeau de Pierre. En la personne de Pierre, qui honore-t-on, si ce n'est celui qui est mort pour nous ? Nous sommes, en effet, des Chrétiens et non des Pétriens. Quoique nés du frère de celui qui est mort, c'est le nom du mort que nous portons. Nous sommes nés de l'un, mais pour l'autre. Voyez Rome, voyez Carthage, voyez telles et telles autres villes, elles sont les filles des rois ; elles ont charmé et glorifié leur roi, et de toutes il se fait une seule reine.

24. Quel sera le chant nuptial ? Voilà qu'au milieu de joyeux cantiques s'avance l'épouse elle-même. En effet, l'époux s'est présenté, sa beauté a été décrite, et notre attention était tout entière fixée sur lui ; que l'épouse s'avance aussi. « La reine s'est placée à votre droite (*Ps.* XLIV, 10). » Celle qui est à la gauche n'est pas reine. Il y en aura une en effet qui sera mise à gauche et à qui

---

non Paulianos aut Petrianos, sed Christianos nominaverunt. Videte si non iste sensus vigilat et in his versibus. Cum enim diceret, « a domibus eburneis, » dixit de regalibus, amplis, pulcris, lenibus, qualia sunt corda sanctorum : subjecit, « Ex quibus te delectaverunt filiæ regum, in honore tuo » « Filiæ quidem regum, » filiæ Apostolorum tuorum : sed, « in honore tuo, » quia semen illi suscitaverunt fratri suo. Ideo ipsos quos suscitaverat fratri suo Paulus, cum videret currere ad nomen suum, exclamavit, «Numquid Paulus crucifixus est pro vobis (1 *Cor.* I, 13)?» Quid enim ait Lex ? Et habeat natus nomen defuncti. Defuncto nascatur, defuncti nomine appelletur. Servat hoc legitimum Paulus : volentes appellari ex nomine suo, revocat : Numquid Paulus pro vobis crucifixus est ? Ad defunctum adspicite, Numquid Paulus pro vobis crucifixus est ? Et quid ergo ? Quando illos generasti, quid si nomen tuum illis imposuisti ? Non. Ait enim, « Aut in nomine Pauli baptizati estis (*Ibid.*) ? » « Delectaverunt te filiæ regum

in honore tuo. » Tenete, servate in honore tuo. Hoc est habere vestem nuptialem, illius honorem, illius gloriam quærere. Intelligite etiam filias regum, civitates, quæ crediderunt in Christum, et a regibus conditæ sunt : et « a domibus eburneis, » divitibus, superbis, elatis. « Filiæ regum delectaverunt te in honore tuo : » quia non quæsierunt honorem patrum suorum, sed quæsierunt honorem tuum. Ostendatur mihi Romæ in honore tanto templum Romuli, in quanto ibi ostendo Memoriam Petri. In Petro quis honoratur, nisi ille defunctus pro nobis ? Sumus enim Christiani, non Petriani. Et si nati per fratrem defuncti tamen cognominati nomine defuncti. Per illum nati, sed illi nati. Ecce Roma, ecce Carthago, ecce aliæ et aliæ civitates filiæ regum sunt ; et delectaverunt regem suum in honore ipsius ; et ex omnibus fit una quædam regina.

24. Quale carmen nuptiale ? Ecce inter cantica hilaritatis plena, procedit et ipsa sponsa. Sponsus enim veniebat, ipse describebatur, in illum erat omnis

---

(1) Cette citation est inexacte, d'après le ch. XII. du 2e liv. des Rétractations. Voyez quest. sur le Deut. liv. V, q. 46.

l'on dira: « Allez dans le feu éternel (*Matth.* XXV, 41). » Mais celle-là se tiendra à la droite, et il lui sera dit : « Venez, les bénis de mon Père, recevez le royaume qui vous a été préparé depuis le commencement du monde (*Ibid.* 34). » « La reine s'est placée à votre droite, enveloppée d'un habit enrichi d'or et d'ornements variés. » Quel est le vêtement de cette reine ? Il est précieux et il est varié : il est formé des mystères de la doctrine, annoncés dans toutes les différentes langues. Autre est la langue de l'Afrique, autre est celle de la Syrie, autre la langue grecque, la langue hébraïque et mille langues différentes. Or, toutes ces langues forment la variété du vêtement de cette reine. Mais, de même que la variété des ornements forme un tout dans l'unité du vêtement, de même ces langues différentes s'accordent dans l'unité de la foi. Qu'il y ait donc de la variété dans le vêtement, mais qu'il n'y ait pas de déchirure. Nous reconnaissons donc, dans la variété des ornements, la variété des langues, et dans le vêtement lui-même, l'unité. Mais, dans cette variété, que représente l'or ? La sagesse. Quelle que soit la variété des langues, il n'est parlé que d'un même or. En effet, l'or n'est pas différent de lui-même, mais il est employé avec variété. De même toutes les langues prêchent la même sagesse, la même doctrine et la même discipline. La variété se trouve dans la multiplicité des langues, et l'or dans l'unité des pensées.

25. Le Prophète s'adresse à la fois à cette reine (car il prend plaisir à chanter pour elle) et à chacun de nous : si cependant nous savons où nous sommes, si nous faisons tous nos efforts pour appartenir au corps du Christ, et si nous lui appartenons en effet par la foi et par l'espérance, unis dans un même corps avec ses membres. Alors c'est à nous aussi qu'il s'adresse. « Écoutez, ma fille, et voyez (*Ps.* XLIV, 11). » Il lui parle comme un père. En effet, il s'agit ici des filles de rois : que ce soit le Prophète, que ce soit l'Apôtre qui parle, il s'adresse à elle comme à une fille (nous disons, en effet, nos pères les prophètes, nos pères les apôtres, et si nous les nommons nos pères, ils nous nomment leurs enfants), et c'est une seule voix paternelle qui parle à une seule fille. « Écoutez, ma fille, et voyez. » Écoutez, d'abord, et puis, voyez. En effet, ce que nous ne voyons pas encore nous est venu avec l'Évangile et nous a été prêché : en l'écoutant, nous y avons cru, et si nous y croyons, nous le verrons, comme le dit l'Époux lui-même, dans un des psaumes du Prophète : « Un peuple que je ne connaissais pas m'a servi ; dès que son oreille a eu entendu, il m'a obéi (*Ps* XVII, 45). » Que signifie : dès que son oreille a eu entendu, sinon qu'il n'a pas vu ? Les Juifs ont vu le Christ

---

intentio nostra : procedat et ista. « Adstitit regina a dextris tuis (*Ps.* XLIV, 10). » Quæ a sinistris, non regina. Stabit enim quædam et a sinistris, cui dicetur, « Vade in ignem æternum (*Matth.* xxv, 41). » A dextris autem stabit, cui dicetur, « Venite benedicti Patris mei, percipite regnum quod vobis paratum est ab initio mundi (*Ibid.* 34). » « Adstitit regina a dextris tuis, in vestitu de aurato, circumamicta varietate. » Vestitus reginæ hujus quis est ? Et pretiosus est, et varius est : sacramenta doctrinæ in linguis omnibus (a) variis. Alia lingua Afra, alia Syra, alia Græca, alia Hebræa, alia illa et illa : faciunt istæ linguæ varietatem vestis reginæ hujus. Quomodo autem omnis varietas vestis in unitate concordat, sic et omnes linguæ ad unam fidem. In veste varietas sit, scissura non sit. Ecce varietatem intelleximus de diversitate linguarum, et vestem intelleximus propter unitatem : in ipsa autem varietate aurum quod est ? Ipsa sapientia. Quælibet sit varietas linguarum, unum aurum prædicatur : non diversum aurum, sed varietas de auro. Eamdem quippe sapientiam, eamdem doctrinam et disciplinam omnes linguæ prædicant. Varietas in linguis, aurum in sententiis.

23. Alloquitur Propheta reginam istam : (libenter enim illi cantat :) et unumquemque nostrum ; si tamen noverimus ubi sumus, et ad illud corpus pertinere conemur, et fide et spe pertineamus uniti in membris Christi. Nos enim alloquitur : « Audi filia, et vide (*Ps.* XLIV, 11). » Alloquitur eam tamquam unus de patribus, quia filiæ regum sunt : et si alloquatur Propheta, et si alloquatur Apostolus, tamquam filiam : (Sic enim dicimus, Patres nostri Prophetæ, patres nostri Apostoli : si nos illos ut patres, illi nos ut filios :) et vox una paterna alloquitur unicam filiam « Audi filia, et vide. » Prius audi, postea vide. Ventum est enim ad nos cum Evangelio, et prædicatum est nobis quod nondum videmus, et audiendo credidimus, credendo videbimus : sicut

---

(a) Novem MSS. *rarians.*

et ils l'ont crucifié; les Gentils ne l'ont pas vu, et ils ont cru en lui. Que la reine vienne donc de chez les Gentils, qu'elle vienne dans son vêtement enrichi d'or et couvert d'ornements variés; qu'elle vienne du milieu des Gentils dans la variété de mille langues différentes, mais dans l'unité de la sagesse, et qu'on lui dise : « Écoutez, ma fille, et voyez. » Si vous n'écoutez pas, vous ne verrez pas. Écoutez, afin de purifier votre cœur par la foi, comme le dit l'Apôtre au livre des Actes : « Purifiant leur cœur par la foi (*Act*. XV, 9). » Nous écoutons donc ce que nous avons à croire avant de voir, afin qu'en purifiant notre cœur par la foi, nous voyions ensuite. Écoutez, afin de croire; purifiez votre cœur par la foi. Et lorsque j'aurai purifié mon cœur, que verrai-je ? « Heureux ceux dont le cœur est pur, parce qu'ils verront Dieu (*Matth*. V, 8). » « Écoutez, ma fille, et voyez : inclinez votre oreille; » c'est peu que vous écoutiez; écoutez humblement. « Inclinez votre oreille, et oubliez votre peuple et la maison de votre père. » Il y avait un peuple, il y avait une maison paternelle où vous êtes née, le peuple de Babylone, dont le démon est roi. De quelque côté que soient venus les Gentils, ils sont venus du royaume du démon, leur père. Mais ils ont renoncé au démon, leur père. « Oubliez votre peuple et la maison de votre père. » Il vous a engendrée dans la souillure, parce qu'il vous a faite pécheresse; celui qui justifie l'impie, vous régénère et vous fait belle. « Oubliez votre peuple et la maison de votre père. »

26. « Parce que le roi a désiré votre beauté. (*Ps*. XLIV, 12). » Quelle beauté, si ce n'est celle qu'il a lui-même produite ? Il a désiré votre beauté. La beauté de qui ? De la pécheresse, de l'impie, de l'injuste, telle qu'elle était auprès de son père, et au milieu de son peuple ? Non, mais de celle dont il est dit : « Quelle est celle-ci qui monte, devenue toute blanche (*Cant*. VIII, 5) ? » Elle n'était donc pas blanche d'abord, et elle l'est ensuite devenue. En effet, « quand même vos péchés seraient comme l'écarlate, je vous rendrai blanc comme la neige, dit le Prophète (*Is*. I, 18). » « Le roi a désiré votre beauté. » Quel roi ? « Parce que ce roi est votre Dieu. » Voyez donc si vous ne devez pas abandonner le père et le peuple qui étaient les vôtres, et venir à ce roi, qui est votre Dieu; il est votre Dieu; il est votre roi. Il est votre roi, et il est aussi votre époux. Vous épousez Dieu, votre roi, qui vous a dotée, qui vous a rendue belle, qui vous a rachetée, qui vous a guérie. Tout ce que vous avez pour lui plaire, c'est de lui que vous le tenez.

27. « Et les filles de Tyr l'adoreront avec des présents (*Ps*. XLIV, 13). » Les filles de Tyr adoreront

avec des présents votre roi et votre Dieu. Les filles de Tyr, les filles des Gentils; la partie est prise pour le tout. Tyr, pays voisin de celui où était faite la prophétie, signifiait les Gentils qui devaient croire au Christ! De ce pays était la Chananéenne, que le Christ appela d'abord du nom de chienne. Car, pour vous apprendre qu'elle était de ce pays, l'Évangile parle ainsi : « Jésus se retira du côté de Tyr et de Sidon, et une femme chananéenne, qui était sortie de ce pays, s'écria... (*Matth.* xv, 21); » et le reste du récit. Or, cette femme, qui était d'abord comme une chienne, auprès de son père et au milieu de son peuple, en criant et en venant trouver ce roi, devenue belle pour avoir cru en lui, qu'a-t-elle mérité d'entendre? « O femme, votre foi est grande! » « Le roi a désiré votre beauté. Et les filles de Tyr l'adoreront avec des présents. » Quels présents? Ce roi veut qu'on vienne à lui avec des présents; il veut que ses trésors soient remplis, et il a donné de quoi les remplir, et il vous a donné personnellement de quoi les remplir. Qu'ils viennent, est-il dit, qu'ils l'adorent avec des présents. Que veut dire : avec des présents? « N'enfouissez pas pour vous des trésors dans la terre, où ils seront rongés par les vers et par la rouille, et découverts et enlevés par les voleurs; mais amassez-vous des trésors dans le ciel, où ils ne seront gâtés ni par les voleurs ni par les vers. Car où est votre trésor, là sera votre cœur (*Matth.* vi, 19 et suiv.). » Venez avec des présents : « Faites l'aumône, et tout est purifié en vous (*Luc*, xi, 41). » Venez avec des présents vers celui qui dit : « Je préfère la miséricorde au sacrifice (*Osée.* vi, 6; *Matth.* ix, 13). » Au premier temple, qui était l'ombre du temple futur, on venait avec des taureaux et des béliers, avec des boucs, avec divers animaux propres aux sacrifices, afin que l'effusion de ce sang eût une signification prophétique autre que celle du fait accompli. Mais maintenant le sang que figurait celui de toutes les victimes a déjà été versé; le roi lui-même est venu, et il exige des présents. Quels présents? Des aumônes. Car il jugera et il saura reconnaître les présents que quelques-uns lui auront faits. « Venez, dira-t-il, les bénis de mon Père, recevez le royaume qui vous a été préparé depuis le commencement du monde. » Pourquoi? « J'ai eu faim, et vous m'avez donné à manger; j'ai eu soif, et vous m'avez donné à boire; j'ai été nu, et vous m'avez vêtu; j'ai été voyageur, et vous m'avez reçu chez vous; j'ai été malade, j'ai été en prison, et vous m'avez visité (*Matth.* xxv, 34 et suiv.). » Voilà les présents avec lesquels les filles de Tyr adorent leur roi; car si on lui demande : Quand

---

27. « Et adorabunt eum filiæ Tyri in muneribus (Ps, xliv,13). » Ipsum regem tuum Deum tuum, « adorabunt filiæ Tyri in muneribus. » Filiæ Tyri, filiæ gentium : a parte ad totum. Tyrus vicina huic terræ ubi prophetia erat, significabat Gentes credituras Christo. Inde erat illa Chananæa, quæ primo canis appellata. Nam ut noveritis quia inde erat, Evangelium sic loquitur : « Secessit in partes Tyri et Sidonis, et ecce mulier Chananæa de finibus illis egressa clamabat (*Matth.* xv, 21 etc.), » et cetera quæ ibi narrantur. (a) Quæ primo canis erat apud patrem suum et in populo suo, clamando et veniendo ad istum regem, decora facta credendo in illum, quid meruit audire? O mulier, magna est fides tua (*Ibid.* 28). « Concupivit rex speciem tuam. Et adorabunt eum filiæ Tyri in muneribus. » Quibus muneribus? Sic ad se vult venire rex iste, et thesauros suos impleri vult : et ipse donavit unde impleantur, et (b) a vobis impleantur. Veniant, inquit, adorent eum in muneribus. Quid est, in muneribus? « Nolite vobis condere thesauros in terra, ubi tinea et rubigo exterminat, et ubi fures effodiunt et furantur : sed thesaurizate vobis thesauros in cœlo, ubi neque fur neque tinea corrumpit. « Ubi enim fuerit thesaurus tuus, illic erit et cor tuum (*Matth.* vi, 19, etc.). » Venite cum muneribus : « date eleemosynas, et omnia munda sunt vobis (*Lucæ* xi, 41). » Venite cum muneribus ad eum qui dicit, « Misericordiam volo magis quam sacrificium (*Osee* vi, 6, *Matth.* ix, 13). » Ad illud templum quod erat ante umbra futuri, veniebatur cum tauris et arietibus, cum hircis, cum diversis quibusque animalibus aptis ad sacrificium, ut in illo sanguine aliud fieret, aliud significaretur. Modo jam ipse sanguis, quem figurabant illa omnia, venit : venit Rex ipse, et ipse munera vult. Quæ munera? Eleemosynas. Ipse est enim judicaturus, et ipse munera imputabit quibusdam. « Venite, inquit, benedicti Patris mei, percipite regnum quod vobis paratum est ab initio mundi. Quare? Esurivi, et dedistis mihi manducare; sitivi, et dedistis mihi bibere; nudus fui, et vestistis

---

(a) MSS. nullo fere excepto, *Quia primo canis erat apud patrem suum, sed clamando et veniendo ad istum regem decoram facientem et credendo in illum* etc. (b) Plerique MSS. *et vobis implentur.* Duo, *et nobis implentur.*

vous avons-nous vus dans cet état? Jésus, qui est au ciel et sur la terre, à cause de ceux qui montent et de ceux qui descendent les échelles, Jésus répond ; « Lorsque vous l'avez fait à l'un des plus petits d'entre les miens, c'est à moi que vous l'avez fait. »

28. « Les filles du Tyr l'adoreront avec des présents. » Le Prophète a voulu dire plus clairement quelles sont les filles du Tyr, et comment elles adorent le roi avec des présents. « Les riches du peuple adresseront des prières à votre visage. » Ces filles de Tyr qui adorent le roi avec des présents, sont les riches d'entre le peuple, à qui un ami de l'Époux a dit : «Ordonnez aux riches de ce monde de ne point s'élever avec orgueil, et de ne point mettre leur espérance dans des richesses incertaines ; mais dans le Dieu vivant qui nous donne abondamment toutes choses pour en jouir ; d'être riches en bonnes œuvres, de donner facilement, et de partager ce qu'ils ont (*Tim.* XVI, 17 et 18). » Qu'ils adorent avec des présents : ils ne les perdent pas ; qu'ils les mettent en assurance en un lieu où ils les retrouveront toujours. « Qu'ils s'amassent un bon fonds dans l'avenir, pour posséder la véritable vie (*Ibid.* 19). » « En vous adorant avec des présents, ils adresseront des prières à votre visage. » En effet, ils se rassemblent dans l'Église et y font des aumônes. Pour ne point se trouver au dehors, c'est-à-dire de peur de sortir du giron de l'Église, qu'ils fassent ces aumônes dans l'Église. Car le visage de cette épouse et reine sera favorable à ceux qui agiront ainsi. C'est pourquoi ceux qui, au premier jour, vendaient leurs biens, venaient, avec des présents, adresser des prières au visage de cette reine, et ils déposaient aux pieds des apôtres ce qu'ils apportaient (*Act.* IV, 34). La charité était fervente dans l'Église, et l'Église était le visage de la reine ; le visage de la reine était l'objet du respect des filles de Tyr, c'est-à-dire des riches qui l'adoraient avec des présents. « Les riches du peuple adresseront des prières à votre visage. » Et ceux qui supplieront ce visage, et celle dont on suppliera le visage, sont tous ensemble une seule épouse, une seule reine, une mère et des fils, formant un tout qui appartient au Christ, à la tête du corps.

29. Mais parce que souvent les hommes font ces bonnes œuvres et ces aumônes par ostentation, le Seigneur dit : « Prenez garde de faire vos œuvres de justice en face des hommes pour être vus d'eux (*Matth.* VI, 1). » Mais comme, d'autre part, ces œuvres doivent être publiques à cause du visage de l'épouse, il dit aussi : « Que vos œuvres brillent devant les hommes, afin qu'ils voient ces bonnes œuvres et qu'ils glorifient votre Père qui est dans les cieux (*Matth.* V, 16.) » C'est-à-dire : cherchez dans les bonnes œuvres que vous faites publiquement la gloire

---

me ; hospes, et adduxistis me ; infirmus et in carcere, et visitastis me (*Matth.* XXV, 34 etc.). » Hæc sunt munera in quibus adorant filiæ Tyri regem : quia cum dicerent, Quando te vidimus? Ille qui et sursum est et deorsum, propter adscendentes et descendentes, Cum uni, inquit, ex minimis meis fecistis, mihi fecistis.

28. « Adorabunt eum filiæ Tyri in muneribus. » Et quæ sunt filiæ Tyri, et quomodo adorabunt eum in muneribus, planius illud voluit dicere : « Vultum tuum deprecabuntur divites plebis (*Ps.* XLIV, 13). » Hæ filiæ Tyri adorantes in muneribus, divites sunt plebis, quos ille alloquitur amicus sponsi : «Præcipe divitibus hujus mundi, non superbe sapere, neque sperare in incerto divitiarum ; sed in Deo vivo, qui præstat nobis omnia abundanter ad fruendum : divites sint in operibus bonis, facile tribuant, communicent (I *Tim.* VI, 17 et 18). » Adorent in muneribus ; sed non perdunt, securi ponant ubi semper inveniant. » Thesaurizent sibi fundamentum bonum in futurum, ut apprehendant veram vitam (*Ibid.* 19). » Adorando in muneribus, « vultum tuum deprecabuntur. » Ad Ecclesiam enim concurrunt, et ibi eleemosynas faciunt. Ne extra fiant, id est, ne extra positi fiant, in Ecclesia faciant. Vultum enim sponsæ hujus et reginæ, proderit facientibus. Propterea illi qui res suas vendebant, vultum reginæ hujus deprecantes in muneribus veniebant ; et ea quæ portabant, ad pedes Apostolorum ponebant (*Act.* IV, 34). Fervebat dilectio in Ecclesia, vultus erat reginæ Ecclesia, vultus erat reginæ obsequium filiarum Tyri, id est, divitum adorantium in muneribus. « Vultum tuum deprecabuntur divites plebis. » Et qui deprecabuntur vultum, et cujus vultum deprecabuntur, omnes una sponsa, omnes una regina, mater et filii simul totum ad Christum pertinens, ad caput pertinens.

29. Sed quia fiunt ista opera et istæ eleemosynæ ad jactantiam hominum, inde dicit ipse Dominus, « Cavete facere justitiam vestram coram hominibus ut videamini ab eis (*Matth.* VI, 1). » Quomodo autem et publice debent fieri propter vultum sponsæ, ait, « Luceant opera vestra coram hominibus, ut videant

de Dieu et non la vôtre. Et qui sait, dit-il, si je cherche la gloire de Dieu ou la mienne? Que je donne au pauvre, on le voit; mais dans quel esprit donné-je, qui le voit? Qu'il vous suffise de celui qui le voit; celui qui le voit vous le rendra. Celui-là aime intérieurement qui voit intérieurement; il aime intérieurement, qu'il soit aimé de même, lui qui donne la beauté intérieure. Gardez-vous de vous complaire dans des regards extérieurs, pour être vu et loué, et faites attention à ce qui va suivre. « Toute la gloire de la fille du roi est à l'intérieur. » Non-seulement elle brille à l'extérieur par son vêtement enrichi d'or et par ses ornements variés, mais encore le roi qui est épris de sa beauté voit qu'elle est belle intérieurement. Quelle est la beauté intérieure? Celle de la conscience. Là voit le Christ, là aime le Christ, là parle le Christ, là punit le Christ, là couronne le Christ. Que votre aumône soit donc faite en secret, parce que toute la gloire de la fille du roi est à l'intérieur. « Sa robe est garnie de franges d'or, et couverte d'ornements variés. » Sa beauté est intérieure, et les franges d'or représentent la variété des langues et la splendeur de la doctrine. Mais à quoi servirait tout cet éclat, sans la beauté intérieure?

30. « Les vierges qui l'accompagnent seront amenées au Roi (*Ps.*XLIV, 15). » C'est ce qui s'est fait véritablement. L'Église a cru, l'Église s'est répandue dans toutes les nations. Et maintenant, comment les vierges désirent-elles plaire à ce Roi? Qui les y excite? l'Église qui les a précédées. « Les vierges qui l'accompagnent seront amenées au Roi; ses proches vous seront amenées. » En effet, celles qui seront amenées au Roi ne sont pas étrangères, ce sont les proches de la Reine, elles lui appartiennent. Et parce qu'il a dit : « au Roi, » il se tourne vers lui et dit : « ses proches vous seront amenées. »

31. « Elles seront amenées dans la joie et dans l'allégresse; elles seront conduites dans le temple du Roi (*Ibid.* 16). » Le temple du Roi, c'est l'Église, et l'Église elle-même entre dans le temple. De quoi le temple est-il construit? Des hommes qui entrent dans le temple. Quelles sont les pierres vivantes du temple sinon les fidèles de Dieu? Elles seront conduites dans le temple du Roi. Car il y a des vierges en dehors du temple du Roi, ce sont les vierges hérétiques; elles sont véritablement vierges; mais que leur sert leur virginité, si elles ne sont conduites dans le temple du Roi? Le temple du Roi est dans l'unité, le temple du Roi n'est ni lézardé, ni fendu, ni divisé. Le ciment de ses pierres vivantes, c'est la charité. « Elles seront conduites dans le temple du Roi. »

32. « A la place de vos pères, des fils vous sont

---

bona facta vestra, et glorificent Patrem vestrum qui in cœlis est (*Matth.* v, 16) : » non ut gloriam vestram quæratis in operibus bonis quæ publice facitis, sed ut gloriam Dei. Et quis novit, inquit, utrum gloriam Dei quæro, an gloriam meam? Quia do pauperi, videor : quo animo dem, quis videt? Sufficiat tibi qui videt, ille videt qui retribuet. Intus amat qui intus videt : intus amat, intus ametur, qui interiorem facit et ipsam pulcritudinem. Noli quasi oculis exterioribus delectari, quia videris, et quia laudaris : adtende quid hic sequatur : « Omnis gloria ejus filiæ regis intrinsecus (*Ps.*XLIV,14). » Extrinsecus non solum vestis est aurea et varia, sed intus pulcram novit, qui speciem ejus amavit. Quæ sunt interiora pulcritudinis? Conscientiæ. Ibi videt Christus, ibi amat Christus, ibi alloquitur Christus, ibi punit Christus, ibi coronat Christus. Sit ergo eleemosyna tua in occulto : quia « omnis gloria ejus filiæ regis intrinsecus. In fimbriis aureis, circumamicta varietate (*Ibid.* 15). » Pulcritudo intrinsecus : in fimbriis autem aureis varietas linguarum, doctrinæ decus. Ista quid prosunt, si non sit pulcritudo illa intrinsecus?

30. « Afferentur regi virgines post eam (*Ibid.* 15). » Vere factum est. Credidit Ecclesia, facta est Ecclesia per omnes gentes. Modo quemadmodum concupiscunt virgines placere illi regi? Unde incitantur? Quia præcessit Ecclesia? « Afferentur regi virgines post eam : proximæ ejus afferentur tibi. » Non enim quæ afferuntur alienæ sunt, sed proximæ ejus, ad eam pertinentes. Et quia dixit, regi; ad eum conversus dixit, tibi : « Proximæ ejus afferentur tibi. »

31. « Afferentur in lætitia et exsultatione, adducentur in templum regis (*Ibid.* 16). » Templum regis ipsa Ecclesia, intrat in templum ipsa Ecclesia. Unde construitur templum? De hominibus qui intrant in templum. Lapides vivi qui sunt, nisi fideles Dei? « Adducentur in templum regis. » Sunt enim virgines extra templum regis, hæreticæ sanctimoniales : sunt quidem virgines, sed quid proderit eis nisi adducantur in templum regis? Templum regis in unitate est : templum regis non est ruinosum; non dis-

nés (*Ibid*.17).» Rien n'est plus clair. Portez votre attention sur le temple même du Roi, parce que c'est de là que parle le Prophète, en raison de l'unité de l'Église répandue sur tout le globe terrestre; car celles qui ont voulu rester vierges, si elles ne sont conduites dans le temple du Roi, ne sauraient plaire à l'Époux. « A la place de vos pères des fils vous sont nés. » Les Apôtres vous ont engendrés, ils ont été envoyés, ils ont prêché, ils sont vos pères. Mais pouvaient-ils rester toujours corporellement avec nous? L'un d'eux a dit, il est vrai : « Je désire mourir, et il serait bien meilleur pour moi d'être avec le Christ, mais il est nécessaire que je reste dans ma chair à cause de vous (*Philip*. I, 23); » il l'a dit, je l'avoue, mais combien de temps a-t-il pu rester ici-bas? Y est-il resté jusques aujourd'hui? Y sera-t-il dans l'avenir? Mais leur départ a-t-il rendu l'Église déserte? Non. « A la place de vos pères des fils vous sont nés. » Que veulent dire ces mots : à la place de vos pères des fils vous sont nés? Vos pères sont les Apôtres qui vous avaient été envoyés; pour remplacer les Apôtres, des fils vous sont nés, des évêques ont été établis. D'où sont nés, en effet, les évêques aujourd'hui établis dans toute la terre? L'Église elle-même les appelle pères; c'est elle cependant qui les a engendrés et qui les a établis sur les sièges de leurs pères : ne croyez donc pas être abandonnée, parce que vous ne voyez plus Pierre, parce que vous ne voyez plus Paul, parce que vous ne voyez plus ceux par qui vous êtes nés ; vos enfants ont augmenté le nombre de vos pères, « A la place de vos pères des fils vous sont nés ; vous les établirez princes sur toute la terre. Telle est l'Église catholique. Ses fils ont été établis princes sur toute la terre ; ses fils ont été établis à la place de leurs pères. Que ceux qui se sont séparés d'elle le reconnaissent, qu'ils reviennent à l'unité, qu'ils soient amenés dans le temple du Roi. Dieu a placé son temple partout, il a partout affermi les fondements posés par les Prophètes et les Apôtres. L'Église a donné naissance à des fils, qu'elle a établis, à la place de leurs pères, princes sur toute la terre.

33. « Ils se souviendront de votre nom de génération en génération. C'est pourquoi les peuples vous glorifieront(*Ps*.XLIV,18).»Que sert-il donc de glorifier Dieu, si on le glorifie hors du temple? Que sert-il de prier, si on ne prie sur la montagne? « J'ai crié, dit le Prophète, de toute la force de ma voix, et il m'a exaucé de sa montagne sainte (*Ps*. III, 5). » De quelle montagne? De celle dont il a été dit : « On ne peut cacher une ville bâtie sur la montagne (*Matth*. V, 14). »

scissum, non divisum. Junctura lapidum viventium caritas est. « Adducentur in templum regis. »

32. « Pro patribus tuis nati sunt tibi filii (*Ibid*. 17). » Nihil evidentius. Attendite jam ipsum templum regis, quia inde loquitur propter unitatem diffusam toto orbe terrarum : quia illæ quæ virgines esse voluerunt, nisi adducantur in templum regis, sponso placere non possunt. « Pro patribus tuis nati sunt tibi filii. » Genuerunt te Apostoli : ipsi missi sunt, ipsi prædicaverunt, ipsi patres. Sed numquid nobiscum corporaliter semper esse potuerunt? Etsi unus ipsorum dixit, « Cupio dissolvi, et esse cum Christo (*Philip*. I, 23) » multo magis optimum est; manere in carne necessarium propter vos. Dixit hoc quidem, sed quamdiu hic manere potuit? Numquid usque ad hoc tempus? numquid usque in posterum? Ergo illorum abscessu deserta est Ecclesia? Absit. « Pro patribus tuis nati sunt tibi filii. » Quid est, « Pro patribus tuis nati sunt tibi filii? » Patres missi sunt Apostoli, pro Apostolis filii nati sunt tibi, constituti sunt episcopi. Hodie enim episcopi, qui sunt per totum mundum, unde nati sunt? Ipsa Ecclesia patres illos appellat, ipsa illos genuit, et ipsa illos constituit in sedibus patrum. Non ergo te putes desertam, quia non vides Petrum, quia non vides Paulum, quia non vides illos per quos nata es : de prole tua tibi crevit paternitas. « Pro patribus tuis nati sunt tibi filii : constitues eos principes super omnem terram. » Vide templum regis quam late diffusum est : ut noverint virgines quæ non adducuntur in templum regis, non se ad istas nuptias pertinere. « Pro patribus tuis nati sunt tibi filii : constitues eos principes super omnem terram. » Hæc est catholica Ecclesia : filii ejus constituti sunt principes super omnem terram, filii ejus constituti sunt pro patribus. Agnoscant qui præcisi sunt, veniant ad unitatem, adducantur in templum regis. Templum suum Deus ubique collocavit, fundamenta Prophetarum et Apostolorum ubique firmavit. Filios genuit Ecclesia, constituit eos pro patribus suis principes super omnem terram.

33. « Memores erunt nominis tui in omni generatione et generatione. Propterea populi confitebuntur tibi (*Ps*.XLIV,18).» Quid ergo prodest confiteri, et extra templum confiteri? Quid prodest precari, et in monte non precari? « Voce mea, inquit, ad Domi-

De quelle montagne? De celle que Daniel a vu croitre, de petite pierre qu'elle était; détruire tous les royaumes, et couvrir toute la surface de la terre (*Daniel*. II, 35). C'est là que doit adorer celui qui veut recevoir les dons de Dieu, c'est là que doit prier celui qui veut être exaucé, là que doit confesser ses fautes celui qui veut être pardonné. « C'est pourquoi les peuples confesseront votre gloire dans l'éternité et dans les siècles des siècles. » Sans doute, dans cette vie éternelle auront cessé les gémissements des pécheurs, cependant au milieu des louanges divines dont retentira la cité céleste et éternelle, il y aura aussi une éternelle confession d'un tel bonheur. Car cette cité, en l'honneur de laquelle un autre psaume chante ces paroles : « Cité de Dieu, on raconte de toi des merveilles (*Ps.* LXXXVI, 3); » cette Épouse du Christ, cette Reine fille de Roi et Épouse de Roi, dont les princes rappellent le nom de génération en génération, c'est-à-dire jusqu'à ce que le monde passe après beaucoup de générations, préoccupés qu'ils sont par amour pour elle de la voir délivrée de ce monde et régnant éternellement avec Dieu ; cette cité sera à jamais confessée par tous les peuples, tous les cœurs étant alors mis en lumière et exposés au grand jour de la charité parfaite, de sorte qu'elle se connaîtra parfaitement toute entière, tandis qu'ici-bas, elle est encore cachée dans beaucoup de ses parties. Aussi l'Apôtre saint Paul nous a-t-il avertis de ne rien juger avant le temps, jusqu'au moment où le Seigneur viendra, où il éclairera les choses cachées dans les ténèbres et rendra visibles les pensées des cœurs ; alors chacun recevra de Dieu la louange qu'il aura méritée (I *Cor.* IV, 5). Mais la cité sainte confessera aussi par elle-même, en quelque façon, sa propre gloire, quand tous les peuples qui la composent lui adresseront à jamais cette glorieuse confession, de telle sorte qu'elle ne s'ignore en aucune de ses parties, lorsqu'il n'y aura plus rien, en aucun de ses membres, qui puisse être caché.

num clamavi, et exaudivit me de monte sancto suo (*Psal.* III, 5). » De quo monte? De quo dictum est, « Non potest civitas abscondi supra montem constituta (*Matth.* V, 14). » De quo monte? Quem vidit Daniel ex parvo lapide crevisse, et fregisse omnia regna terrarum, et implevisse omnem faciem terræ (*Dan.* II, 35). Ibi adoret qui vult accipere, ibi petat qui vult exaudiri, ibi confiteatur qui vult sibi ignosci. « Propterea populi confitebuntur tibi in æternum, et in sæculum sæculi. » Quia et in illa vita æterna non erit jam quidem gemitus peccatorum, sed tamen in divinis laudibus supernæ illius ac perpetuæ civitatis non deerit sempiterna confessio tantæ felicitatis. Ipsi enim civitati, cui alius Psalmus cantat, « Gloriosa dicta sunt de te, civitas Dei (*Psal.* LXXXVI, 3) : » ipsi sponsæ Christi, ipsi reginæ filiæ regis, et conjugi regis; quia principes ejus sunt memores nominis ejus in omni generatione et generatione, id est, quamdiu transeat hoc seculum, quod multis generationibus agitur, gerentes pro illa caritatis curam, ut de isto sæculo liberata in æternum Deo conregnet; propter hoc eidem ipsi confitebuntur populi in æternum, conspicuis et manifestis illic cordibus omnium perfecta caritate luminosis, ut se universam plenissime noverit, quæ hic in multis suis partibus occulta sibi est. Unde admonemur ab Apostolo « nihil ante tempus judicare, donec veniat Dominus, et illuminet abscondita tenebrarum, et manifestet cogitationes cordis, et sit laus unicuique a Deo (*I Cor.* IV, 3). » Ipsa enim sancta civitas sibi quodammodo confitebitur, cum populi ejus quibus constat, ipsi civitati confitebuntur in æternum; ut ex nulla parte se lateat, nullo in se exsistente cujus aliquid lateat.

DISCOURS[1] SUR LE PSAUME XLV.

1. Il est maintenant des choses dont nous parlons à Votre Charité comme lui étant déjà très-connues et sur lesquelles nous ne devons pas nous arrêter, parce que nous n'avons qu'à vous rappeler en peu de mots ce que vous savez. Nous savons que nous sommes nous-mêmes les enfants de Coré. Je ne fais, en effet, que vous rappeler, puisque vous le savez, que Coré signifie tête dénudée, et que le Seigneur, crucifié au lieu dit le Calvaire (*Matth.* XXV, 33), a attiré a lui beaucoup d'hommes; comme le grain qui, s'il ne mourait, resterait unique et stérile (*Jean.* XII, 24) : ceux qu'il a ainsi attirés sont mystérieusement appelés enfants de Coré. Au reste, il y avait à l'époque où ce psaume fut composé, je ne sais quels enfants de Coré (II *Cor.* XXVI, 1); mais l'esprit doit nous vivifier (II *Cor.* III, 6), la lettre ne doit pas nous cacher l'esprit. Comprenons donc qu'il s'agit ici de nous, et voyez si ce qui suit, c'est-à-dire, si ce que contient le psaume dans son ensemble, se rapporte à nous. Nous nous trouvons nous-mêmes sous ce nom, si toutefois nous faisons partie des membres de celui qui, étant la tête de tout le corps, réside dans le ciel, où il est monté après sa passion, pour amener à lui dans l'abondance dont il jouit, ceux qui portant du fruit par la patience restaient dans l'abaissement. Voici donc le titre du psaume : « Pour la fin, pour les enfants du Coré, pour les secrets, psaume (*Ps.*XLV, 1). » Il y a donc un secret ; mais vous savez que celui qui a été crucifié sur le Calvaire a déchiré le voile du temple, afin que les secrets du temple fussent mis au jour (*Matth.*XXVII, 51). Et puisque la croix du Seigneur a été la clé qui a ouvert les choses fermées, croyons que le Seigneur viendra à nous afin de nous dévoiler les textes dont il est ici parlé. Dans les premiers mots : « Pour la fin, » nous devons toujours entendre qu'il s'agit du Christ. Car, « le Christ est la fin de la loi,

IN PSALMUM XLV.

ENARRATIO.

Jam Caritati Vestræ quædam sicut notissima loquimur, in quibus immorari non debemus : quia ea quæ scitis, breviter commemorari debent. Filios Core nos esse intelligamus. Commemoro enim vos scientes, Core interpretati calvitium, Dominumque nostrum (*a*), quoniam in Calvariæ loco crucifixus est (*Matth.* XXVII, 33), adduxisse sibi multos, tanquam illud granum, quod nisi mortificatum esset, solum remaneret (*Johan.* XII, 24); et eos qui adducti sunt, appellatos filios Core. Hoc in mysterio. Cæterum fuerunt nescio qui filii Core illo tempore, quando ista cantabantur (*I Par.* XXVI, 1) : sed spiritus nos vivificare debet (II *Cor.* III, 6), non littera (*b*) velare. Nos ergo hic intelligamus, et videte si ea quæ sequuntur, id est, quæ habet Psalmi ipsius contextus, congruunt nobis : et invenimus hic nos, si tamen inhæreamus membris ejus, cujus corporis caput in cœlo est, ex illa passione adscendens, ut eos qui in humilitate jacebant, secum in ubertate adducat, fructum ferentes in tolerantia. Dictum est autem, « In finem pro filiis Core, pro occultis, Psalmus (*Ps.* XLV,1).» Occultum est ergo : sed ille ipse qui in Calvariæ loco crucifixus est, nostis quia velum discidit, ut templi secreta patescerent (*Matth.* XXVII, 51). Proinde quia crux Domini nostri clavis fuit, qua clausa aperirentur; credamus adfuturum eum nobis, ut ista occulta revelentur. « In finem » quod habet,

---

(1) Discours au peuple.

(*a*) Ita MSS. At editi, *Dominumque nostrum significare, qui in Calvariæ loco crucifixus adduxit multos.* (*b*) *Forte,* necare.

pour la justification de tout homme qui croit en lui (*Rom*.x,4). » On le nomme la fin, non parce qu'il consume, mais parce qu'il achève. Nous disons, en effet, d'une nourriture que l'on mangeait, qu'elle est finie, et de même d'une robe que l'on tissait, qu'elle est finie : le premier terme exprime la destruction et le second l'achèvement. Or, comme il n'y a point de but ultérieur auquel nous puissions tendre, lorsque nous serons parvenus jusqu'au Christ, il est appelé la fin de notre course. Et nous ne devons pas nous imaginer que quand nous serons parvenus jusqu'à lui, nous aurons encore des efforts à faire pour parvenir jusqu'au Père. C'est, en effet, ce que pensait Philippe, lorsqu'il dit à Jésus : « Seigneur, montrez-nous votre Père et nous aurons tout ce qu'il nous faut (*Jean*. xiv, 8). » En disant nous aurons tout ce qu'il nous faut, il montre bien qu'il cherchait la fin du rassasiement et de la perfection. Et Jésus lui répondit : « Depuis le temps que je suis avec vous, ne me connaissez-vous pas encore ? Philippe, qui me voit, voit aussi mon Père (*Ibid*.9). » En lui donc, nous avons son Père, parce qu'il est dans son Père, et que son Père est en lui et que lui et son Père ne sont qu'un (*Jean*. x, 30).

2. Quel avertissement nous donne donc celui qui chante dans ce psaume, chant dans lequel nous devons reconnaître notre propre voix, si toutefois nous avons le sentiment de cette voix ?

« Notre Dieu est notre refuge et notre force (*Ps*. xlv, 2). » Il y a des refuges où la force ne se trouve pas, et celui qui s'y réfugie est plutôt affaibli que réconforté. Vous vous réfugiez, par exemple, auprès d'un grand du monde, pour vous faire de lui un ami puissant ; il vous paraît être un refuge. Il y a cependant une telle incertitude dans les choses humaines, et les chutes des puissants sont chaque jour si nombreuses, qu'une fois arrivé dans ce refuge vous n'y trouvez que de nouveaux sujets de crainte. En effet, jusqu'alors vous ne craigniez que vos propres dangers, mais près d'un tel protecteur, vous avez encore à craindre pour vous de sa part. Car, il est arrivé souvent à ceux qui s'étaient confiés à de semblables refuges, de voir crouler ceux auprès desquels ils s'étaient réfugiés et d'être recherchés avec eux ; et nul ne les eût recherchés, s'ils ne s'étaient retirés près de tels appuis. Le refuge qui nous est offert n'est pas semblable à ceux-là ; mais notre refuge est en même temps notre force. Lorsque nous y serons abrités, nous serons affermis.

3. « Il est notre aide dans les tribulations qui sont venues sur nous outre mesure (*Ibid*. 2). » Les tribulations sont nombreuses, et dans toute tribulation c'est en Dieu qu'il nous faut chercher un refuge. Que l'affliction frappe dans les biens temporels ou dans la santé du corps, par le danger des êtres les plus chers ou par la pri-

---

semper Christum intelligere debemus. « Finis enim Legis Christus, ad justitiam omni credenti. (*Rom*. x, 4). » Finis autem dicitur, non quia consumit, sed quia perficit. Nam et finitum cibum dicimus qui manducabatur, et finitam tunicam quæ texebatur : illud ad consumtionem, hoc ad perfectionem. Quia ergo ultra quo tendamus non habemus, cum ad Christum pervenerimus, ipse cursus nostri finis dicitur. Nec putare debemus, quia cum ad illum pervenerimus, aliquid amplius debemus niti ut ad Patrem perveniamus. Hoc enim putavit et Philippus, cum ei dixit, Domine ostende nobis Patrem, et sufficit nobis (*Joan*. xiv, 8). Cum dicit, sufficit nobis, finem quærit satietatis et perfectionis. Et ille, « Tanto, inquit, tempore vobiscum sum, et non cognovistis me ? Philippe, qui vidit me, vidit et Patrem (*Ibid*. 9). » In illo ergo habemus Patrem, quia ipse in Patre, et Pater in ipso, et ipse et Pater unum sunt (*Johan* x, 30).

2. Quid igitur hic admonet qui cantat, ubi vocem nostram agnoscere debemus, si tamen hujus vocis affectum habemus ? « Deus noster refugium et virtus (*Ps*.xlv,2). » Sunt quædam refugia ubi non est virtus, quo quisque cum fugerit, magis infirmatur quam confirmetur. Confugis, verbi gratia, ad aliquem in sæculo magnum, ut facias tibi potentem amicum, refugium tibi videtur. Tanta tamen hujus sæculi incerta sunt, et ita potentum ruinæ quotidianæ crebrescunt, ut cum ad tale refugium perveneris, plus ibi timere incipias. Antea enim caussæ tuæ tantum timebas : cum vero ad talem refugeris, et de illo tibi timebis. Multi enim cum ad talia refugia confugissent, cadentibus illis ad quos confugerant, et ipsi quæsiti sunt : quos nemo quæreret, si non ad talia confugissent. Non est refugium nostrum tale, sed refugium nostrum virtus est. Cum illuc confugerimus, firmi erimus.

3. « Adjutor in tribulationibus quæ invenerunt nos nimis (*Ibid*. 2). » Multæ sunt tribulationes, et in omni tribulatione ad Deum confugiendum est : sive

vation de quelque objet nécessaire au soutien de la vie, le chrétien ne doit absolument chercher de refuge qu'auprès de son Sauveur et de son Dieu ; et quand il aura trouvé ce refuge, il sera fort. Il ne sera point fort par lui-même, il ne sera point à lui-même sa force ; mais celui-là sera sa force qui sera devenu son refuge. Cependant, mes très-chers frères, entre toutes les tribulations de l'âme humaine, nulle n'est plus grande que celle qui provient de la conscience des péchés commis. En effet, s'il n'y a pas de blessure dans ce for intérieur de l'homme qu'on nomme la conscience, si tout y est sain, l'homme pourra s'y réfugier, de quelque part que l'affliction survienne, il y trouvera Dieu. Mais si, à cause de la multitude de ses péchés, il n'y a point là de repos pour lui, parce que Dieu n'y est pas, que fera-t-il ? Où se réfugiera-t-il, lorsque l'affliction commencera à le frapper ? Il fuira des champs à la ville, du forum à sa maison, de sa maison à sa chambre secrète, et partout la tribulation le suivra. Et de cette chambre secrète il n'a plus où s'enfuir, si ce n'est dans le lit intérieur de son âme. Mais s'il trouve là le tumulte, la fumée de l'iniquité, la flamme du crime, il ne peut s'y réfugier, il en est chassé ; et s'il en est chassé, il est chassé hors de lui-même. Voilà qu'au lieu où il s'était réfugié, il a rencontré son ennemi, où se fuira-t-il lui-même ? Quelque part qu'il fuie, il s'entraîne lui-même ; et quelque part qu'il s'entraîne ainsi, il est lui-même le bourreau qui le torture. Voilà les tribulations qui accablent l'homme outre mesure, il n'en est pas de plus cruelles ; car, les afflictions sont d'autant moins amères qu'elles sont moins intérieures. Mes très-chers frères, voyez les bois que l'on abat, et que les ouvriers mettent à l'épreuve, quelquefois ils paraissent à la superficie endommagés et pourris, mais l'ouvrier examine la moëlle intérieure du bois, pour ainsi dire, et s'il reconnaît que le bois est sain au dedans, il affirme qu'il se conservera dans la construction où on le placera, et il ne s'inquiète pas d'un défaut extérieur, lorsqu'il peut assurer que l'intérieur est sain. Or, dans l'homme on ne peut rien trouver de plus intérieur que la conscience ; de quoi sert-il donc que l'extérieur soit sain, si la moëlle de la conscience est pourrie ? Ce sont là des afflictions vraiment poignantes, vraiment violentes, et comme il est dit dans le psaume, des afflictions sans mesure ; cependant, dans ces afflictions mêmes, le Seigneur vient encore à notre aide, en nous remettant nos péchés. Il n'y a, en effet, que cette rémission qui puisse guérir les consciences des impies. Si déjà un homme qui se reconnaît débiteur du

---

sit tribulatio in re familiari, sive sit in salute corporis, sive de periculo carissimorum, sive de aliqua re ad hujus vitæ sustentaculum necessaria, omnino aliud refugium non debet esse homini Christiano quam Salvator ejus, quam Deus ejus, quo cum confugerit, fortis sit. Non enim ipse in se fortis erit, aut sibi ipse fortitudo erit: sed ille illi fortitudo erit, qui refugium ejus factus est. Veruntamen, Carissimi, inter omnes tribulationes humanæ animæ, nulla est major tribulatio quam conscientia delictorum. Namque si ibi vulnus non sit, sanumque sit intus hominis quod conscientia vocatur ; ubicumque alibi passus fuerit tribulationes, illuc confugiet, et ibi inveniet Deum. Si autem ibi requies non est propter abundantiam iniquitatis, quoniam et ibi Deus non est ; quid facturus est homo ? quo confugiet, cum cœperit pati tribulationes ? Fugiet ab agro ad civitatem, a publico ad domum, a domo in cubiculum, et sequitur tribulatio. A cubiculo jam quo fugiat non habet, nisi in interius cubile suum. Porro si ibi tumultus est, si fumus iniquitatis, si flamma sceleris, non illuc potest confugere : pellitur inde ; et cum inde pellitur, a seipso pellitur. Et ecce hostem suum invenit, quo confugerat : seipsum quo fugiturus est ? Quocumque fugerit, se (a) trahit post se ; et quocumque talem traxerit se, cruciat se de se. Ipsæ sunt tribulationes quæ inveniunt hominem nimis : acerbiores enim non sunt : tanto non sunt acerbiores, quanto non sunt interiores. Videte Carissimi, cum ligna (b) dejiciuntur et probantur a fabris, aliquando in superficie videntur quasi læsa et putria : faber autem inspicit tamquam medullam interiorem ligni, et si sana interius ligna cognoverit, promittit ea in ædificio duratura ; nec valde erit de superficie læsa sollicitus, quando id quod interius est sanum renuntiat. Porro homini interius conscientia non invenitur : quid igitur prodest, si quod est exterius sanum est, et putrefacta est medulla conscientiæ ? Artæ istæ, et vehementes omnino, et sicut Psalmus ipse ait, nimiæ tribulationes sunt : tamen et in his adjutor factus est Dominus

---

(a) Sic in MSS. At in editis, *Quocumque fugerit se, talem trahit post se : et quocumque talem traxerit se, cruciat se. Sed a seipso sunt tribulationes*, etc. (b) Sic MSS. At editi, *deasciantur*.

fisc se dit en proie à de graves afflictions; si, considérant les embarras de ses affaires et l'impossibilité où il est de payer, il avoue souffrir de grands tourments, à cause des collecteurs qui le harcellent toute l'année; si enfin, il ne respire que dans l'espoir d'obtenir rémission de cette dette temporelle; combien plus celui que le grand nombre de ses péchés rend débiteur de châtiments terribles, est-il dans l'effroi en se demandant quand il rendra ce que doit sa mauvaise conscience, puisque payer cette dette c'est périr. En effet, payer cette dette c'est subir le châtiment qu'il a mérité. Il nous reste donc à nous rassurer par l'espoir que Dieu nous remettra notre dette, si toutefois, après avoir obtenu cette grâce, nous ne contractons envers lui de nouvelles dettes.

4. Peut-être donc pouvons-nous comprendre ici sous la désignation d'enfants de Coré ceux à qui Pierre a parlé dans les Actes des apôtres, et qui s'étaient rendus attentifs aux miracles de la descente du Saint-Esprit, alors que les Apôtres, sur lesquels cet Esprit était descendu, parlaient toutes les langues. En effet, il leur annonça le Christ, auteur de ce prodige par l'envoi qu'il avait fait de l'Esprit-Saint. Ces hommes qui l'avaient crucifié de leurs propres mains, considérant combien il avait paru méprisable lorsqu'ils lui avaient infligé une telle mort, et combien il était élevé, combien il était grand auprès de Dieu, maintenant qu'il remplissait du Saint-Esprit des hommes ignorants, et rendait éloquentes des langues qui n'étaient que des langues d'enfants, furent touchés de componction et s'écrièrent : Que ferons-nous (*Act.* II, 4)? Ils ont été véritablement assaillis par des tribulations outre mesure. Car ce ne sont point eux qui ont trouvé leurs péchés; mais avertis par les Apôtres, ils se sont trouvés dans leurs péchés. C'est pourquoi les tribulations sont venues sur eux, et ils n'ont point eux-mêmes trouvé les tribulations. En effet, quand un homme, sans être averti par autrui, examine ses actions et prie Dieu, que dit-il : « J'ai trouvé l'affliction et la douleur et j'ai invoqué le nom du Seigneur (*Ps.* CXIV, 3). » Autre chose est donc la tribulation que nous trouvons, et celle qui vient nous trouver. Pourtant, dans l'une comme dans l'autre, dans celle qui vient nous trouver comme dans celle que nous trouvons, lorsqu'il s'agit de chasser soit l'une soit l'autre, il nous faut invoquer celui qui est notre aide dans nos tribulations. Car le Prophète qui avait trouvé la tribulation, s'est écrié : « Et j'ai invoqué le nom du Seigneur; » Et ceux qui étaient au milieu des tribulations qui, disaient-ils, étaient

---

dimittendo peccata. Iniquorum enim conscientias non sanat nisi indulgentia. Si enim magnas tribulationes habere se dicit debitor fisci (*a*) confessus, et intuens angustias rei familiaris suæ, cum se videt non posse esse solvendo, propter imminentes omni anno compulsores tribulationes magnas se pati dicit, nec usquam respirat nisi in spe indulgentiæ (*b*) rerum terrenarum : quanto magis debitor pœnarum de abundantia delictorum, quando reddet quod debet de mala conscientia, quando si reddiderit ipse perit ? Hoc enim debitum reddere, pœnas luere est. Restat ergo ut de ipsius indulgentia securi esse possimus : si tamen accepta indulgentia non rursus ad debita contrahenda redeamus.

4. Isti ergo filii Core fortasse intelliguntur esse illi, quibus locutus est Petrus in Actibus Apostolorum, cum intenti facti essent ad mirabilia adventus Spiritus sancti, cum omnes in quos venerat, linguis omnibus loquerentur (*Act.* II, 4). Annuntiavit enim illis Christum, eum qui tanta potuisset mittendo Spiritum sanctum. Illi quem ipsi crucifixerant manibus suis, cogitantes quam contemptibilis esset, cum ab eis occideretur, quam altus et excelsus apud Deum factus esset, qui (*c*) Spiritu sancto idiotas impleret, et linguas infantium faceret disertas, compuncti corde, dixerunt, Quid faciemus ? Istæ erant nimiæ tribulationes, quæ illos invenerant. Non enim ipsi invenerunt peccata sua, sed inventa in eis sunt commemoratione Apostolorum. Ideo invenerunt illos tribulationes, non ipsi invenerunt tribulationes. Nam quando sine alicujus admonitione ipse homo considerat factum suum, et rogat Deum, quid dicit ? « Tribulationem et dolorem inveni, et nomen Domini invocavi (*Psal.* CXIV, 3). » Alia est ergo tribulatio quam tu invenis, alia quæ te invenit. In utraque tamen sive quæ te invenit, sive quam tu invenis, ut utramque depellat, ille rogandus est, qui est adjutor in tribulationibus. Nam et ille cum invenerit, hoc dicit, « Et nomen Domini invocavi : » et hi in tribulationibus, a quibus se inventos esse dixerunt, hoc dixerunt,

---

(*a*) Quindecim MSS. *confossus*. Duo, *confusus*. Tres, *compulsus*. Paucissimi vero habent ut in editis, *confessus*: nec minus bene. (*b*) Tredecim MSS. *regum terrenorum*. (*c*) MSS. *qui Spiritu suo*.

venues fondre sur eux, s'écriaient également : « Notre Dieu est notre refuge et notre force ; il est notre aide dans les tribulations qui sont venues sur nous outre mesure. » Mais, s'il est devenu leur aide, pourquoi l'est-il devenu? « Parce que, dit l'Apôtre, saisis de componction, ils ont dit dans leur cœur : « Que ferons-nous (*Act.* II, 37)? » Ils paraissent livrés au plus affreux désespoir. Celui que nous avons mis à mort est si grand ! où nous réfugier? Et Pierre leur dit : « Faites pénitence, et que chacun de vous soit baptisé au nom de Notre-Seigneur Jésus-Christ, et vos péchés vous seront remis (*Ibid.* 38). » Ils ne pouvaient rien imaginer de plus grave que ce péché. Quel crime plus grave peut commettre un malade que de tuer son médecin? Que peut faire un malade de plus abominable que de donner la mort à son médecin? Si un tel crime est remis, quel crime ne sera remis? Ils reçurent donc la plus grande sécurité de celui à qui il a été dit : Vous êtes notre refuge et notre force. Que chacun de vous soit baptisé au nom de Notre-Seigneur Jésus-Christ, soyez baptisé au nom de celui que vous avez mis à mort et vos péchés vous seront remis. Vous le reconnaissez après coup pour votre médecin ; buvez maintenant avec sécurité le sang que vous avez versé.

5. Enfin, après avoir reçu une assurance aussi parfaite, que disent-ils? « C'est pourquoi nous ne craindrons pas, quand la terre sera ébranlée (*Ps.* XLV, 3). » Inquiets un peu auparavant, tout à coup rassurés, ils ont passé de tribulations excessives à une parfaite tranquillité. D'abord le Christ dormait pour eux, aussi étaient-ils tout troublés : le Christ s'est réveillé, comme nous l'avons entendu lire dans l'Évangile, il a commandé aux vents et ils se sont apaisés (*Matth.* VIII, 24). Comme le Christ se trouve par la foi dans le cœur de chacun, il nous est indiqué par ce trait que le cœur de l'homme qui oublie sa foi est agité comme un navire par les tempêtes de ce monde; si le Christ dort, pour ainsi dire, il est troublé; si le Christ s'éveille, il se fait un grand calme. Et que dit le Seigneur lui-même? Où est votre foi? Le Christ en s'éveillant, a éveillé leur foi, afin que ce qui s'était fait dans le navire se fît aussi dans leurs cœurs. Il est notre aide dans les tribulations qui sont venues sur nous outre mesure : il a fait qu'un calme parfait s'est rétabli.

6. Voyez ce calme : « C'est pourquoi nous ne craindrons pas, lorsque la terre sera dans le trouble, et que les montagnes seront transportées au cœur de la mer, » dans le sein de la mer. Alors même nous n'aurons pas de frayeur. Cherchons des montagnes ainsi transportées, et

« Deus noster refugium et virtus, adjutor in tribulationibus quæ invenerunt nos nimis. » Sed quia adjutor factus est, unde factus est ? « Compuncti, inquit, corde dixerunt, Quid faciemus (*Act.* II, 37)? » Tamquam magna desperatione. Ille tantus est, quem nos occidimus, nos ubi erimus ? Et Petrus, « Agite pœnitentiam, et baptizetur unusquisque vestrum in nomine Domini nostri Jesu Christi, et dimittuntur vobis peccata vestra (*Ibid.* 38). » Nihil enim hoc peccato gravius cogitare potuerunt. Quod gravius peccatum ægri, quam medici interfectio? quid gravius potest æger facere, quam si medicum suum occidat? Cum hoc dimittitur, quid non dimittitur ? Ab illo ergo cui dictum est, « Refugium et virtus, » acceperunt magnam securitatem. « Baptizetur unusquisque vestrum in nomine Domini nostri Jesu Christi : in illius nomine quem occidistis, baptizamini, et dimittuntur vobis peccata vestra. Medicum vel postea cognovistis, jam securi bibite sanguinem quem fudistis.

5. Denique accepta tanta securitate, quid dicunt ? « Propterea non timebimus, cum conturbabitur terra (*Ps.* XLV, 3). » Paulo ante solliciti, subito securi, ex tribulationibus nimiis in magna tranquillitate positi. Dormiebat enim illis Christus, ideo turbabantur : excitatus est Christus, sicut modo audivimus in Evangelio, imperavit ventis, et quieverunt (*Matth.* XIII, 24, etc.). » Quoniam Christus in cujusque corde per fidem (*a*) est, significatum est nobis, quia ejus cor tamquam navis in hujus sæculi tempestate turbatur, qui fidem suam obliviscitur : tamquam Christo dormiente turbatur ; excitato autem Christo, fit tranquillitas. Denique et ipse Dominus quid ait? Ubi est fides vestra? Excitatus Christus excitavit fidem : ut quod in navi factum erat, fieret in cordibus eorum. « Adjutor in tribulationibus, quæ invenerunt nos nimis : » id egit ut ibi esset tranquillitas magna.

6. Videte ipsam tranquillitatem : « Propterea non timebimus, cum conturbabitur terra, et transferentur montes in cor maris. » Tunc non timebimus. Quæramus montes translatos ; et si invenire potuerimus,

---

(*a*) Ita MSS. At editi, *in cujuscumque corde per fidem non est, significatum est nobis quia ejus cor tamquam navis in huju sæculi tempestate turbatur. Qui fidem suam* etc.

si nous pouvons en trouver, ce sera pour nous un motif évident de sécurité. Le Seigneur a dit à ses disciples : « Si vous aviez de la foi comme un grain de sénevé, vous diriez à cette montagne : Levez-vous et jetez vous dans la mer, et cela se ferait (*Matth.* XVII, 19). » Peut-être, dans ces mots, à cette montagne, il parlait de lui-même, car il est nommé montagne par le Prophète : « Dans les derniers temps, la montagne du Seigneur sera manifestée. » Mais cette montagne s'élève au-dessus des autres montagnes; car les Apôtres sont aussi des montagnes, qui portent cette montagne. C'est pourquoi le Prophète continue : « Dans les derniers temps la montagne du Seigneur sera manifestée et elle s'élèvera sur les cimes des montagnes (*Is.* II, 2.) » Elle dépasse donc les cimes de toutes les montagnes et elle est assise sur la cime de toutes les montagnes; car toutes les montagnes ne font qu'annoncer cette montagne. D'autre part, la mer est la figure de ce monde, et comparée à cette mer la nation juive paraissait être la terre. En effet, elle n'était pas couverte par l'amertume de l'idolâtrie, mais elle était comme une terre sèche, environnée comme d'une mer par l'amertume des Gentils. Il devait arriver que cette terre serait ébranlée, c'est-à-dire la nation juive elle-même; et les montagnes devaient être transportées au cœur de la mer, c'est-à-dire en premier lieu cette haute montagne, élevée au-dessus de la cime des montagnes. Elle a, en effet, abandonné la nation juive et elle a été transportée chez les gentils : elle a été transportée de la terre dans la mer. Et qui l'y a transportée ? Les Apôtres, auxquels le Sauveur avait dit : « Si vous aviez de la foi seulement comme un grain de sénevé, vous diriez à cette montagne : Levez-vous et jetez-vous dans la mer, et cela se ferait (*Matth.* XVII, 19); » c'est-à-dire que par votre fidèle prédication il se ferait que moi, cette montagne, je serais prêché parmi les Gentils, je serais glorifié parmi les Gentils, je serais reconnu parmi les Gentils, et il arriverait ce qui a été prédit de moi : « Un peuple que je ne connaissais pas m'a servi (*Ps.* XVII, 45). » Mais quand ces montagnes ont-elles été aussi transportées dans la mer ? La sainte Écriture nous le montrera également. Quand Paul prêchait les Juifs, ils repoussèrent sa parole et l'Apôtre leur dit : « Nous étions envoyés vers vous, mais puisque vous repoussez avec mépris la parole de Dieu, nous allons chez les Gentils (*Act.* XIII, 46). » Les montagnes ont été transportées alors au cœur de la mer. En effet, véritablement les Gentils crurent les montagnes, de telle sorte que les montagnes se trouvèrent réellement au cœur de la mer; il n'en fut point ainsi des Juifs dont il a été dit : « Ce peuple m'honore des lèvres, mais leur cœur est bien loin de moi (*Is.* XXIX, 13, *Matth.* XV, 8). » Ces merveilles de la nouvelle alliance, Dieu les avait promises par la voix du Prophète : « Je mettrai mes lois dans leurs cœurs (*Jérém.* XXXI,

---

manifestum est quia ipsa est securitas nostra. Dominus quippe dixit discipulis, « Si habueritis fidem sicut granum sinapis, dicetis monti huic, Tollere et mittere in mare, et fiet (*Matth.* XVII, 19). » Forte, monti huic, de seipso dixit; dictus est enim mons : « Erit in novissimis temporibus manifestus mons Domini (*Isai.* II, 2). Sed iste mons super alios montes collocatus est : quia et Apostoli montes, portantes montem hunc. Ideo sequitur, « Erit in novissimis temporibus manifestus mons Domini, paratus in cacumine montium (*Ibid.*). » Transcendit ergo cacumina montium omnium, et in cacumine omnium montium collocatus est; quoniam montes sunt annuntiantes montem. Mare autem significat hoc sæculum, in cujus maris comparatione tamquam terra videbatur gens Judæorum. Non enim idololatriæ amaritudine tegebatur, sed erat tamquam arida, amaritudine Gentium tamquam mari circumdata. Futurum erat ut turbaretur terra, id est, illa ipsa gens Judæa; et transferrentur montes in cor maris, id est, primo ipse mons magnus paratus in cacumine montium. Deseruit enim gentem Judæam, et factus est in Gentibus; translatus est de terra ad mare. Transferentibus quibus ? Apostolis, quibus dixerat, « Si habueritis fidem in vobis tamquam granum sinapis, dicetis monti huic, Tollere et mittere in mare, et fiet (*Matth.* XVII, 19) : » hoc est, per fidelissimam vestram prædicationem fiet ut mons iste, hoc est, ego ipse prædicer in Gentibus, glorificer in Gentibus, agnoscar in Gentibus, et fiat quod de me prædictum est, « Populus quem non cognovi, servivit mihi (*Psal.* XVII, 45). » Quando autem et illi montes translati sunt ? Et hos indicet nobis Scriptura Dei. Quando Apostolus prædicabat Judæis, respuerunt verbum, et ait Apostolus Paulus, « Ad vos missi eramus, sed quia respuistis verbum Dei, imus ad Gentes (*Act.* XIII, 46). » Translati sunt montes in cor maris. Vere enim Gentes crediderunt monti-

33, et *Hebr.* VIII, 10). » Ces lois, ces commandements, que les Apôtres firent pénétrer dans les cœurs fidèles et croyants des Gentils, sont ces montagnes que le Prophète dit avoir été transportées au cœur de la mer. « Alors nous n'aurons pas de crainte. » Qui nous? nous qui avons été touchés de componction dans nos cœurs, de peur d'être mis au nombre des Juifs réprouvés, comme des branches brisées. En effet, quelques-uns d'entre eux crurent et s'attachèrent aux prédications des Apôtres. Que ceux-là craignent donc, que les montagnes ont abandonnés ; pour nous, nous ne nous sommes pas séparés des montagnes, et lorsqu'elles ont été transportées au cœur de la mer, nous les avons suivies.

7. Que s'ensuit-il de ce que les montagnes ont été transportées au cœur de la mer? Écoutez avec attention et voyez la vérité. Car au temps où ces prophéties étaient faites, elles étaient obscures, parce qu'elles n'étaient pas encore accomplies ; maintenant, au contraire, qui ne reconnaît les faits? Que la divine Écriture soit le livre où vous les apprendrez ; que l'univers soit le livre où vous les verrez. Sur les feuilles d'un volume nul ne peut lire s'il ne connaît les caractères de l'écriture ; mais dans le monde entier le plus illettré peut lire. Qu'est-il donc arrivé, lorsque les montagnes ont été transportées au cœur de la mer ? « Ses eaux ont mugi et se sont agitées. » Quand l'Évangile était prêché, « Qu'est cela disait-on? Il semble que celui-ci nous annonce des divinités étrangères (*Act.* XVII, 18). » Ainsi parlaient les Athéniens. Et les Éphésiens, avec quel tumulte ne voulurent-ils point tuer les Apôtres, quand à leur théâtre ils poussèrent de si grandes clameurs en l'honneur de leur déesse Diane, disant à cris redoublés : « La grande Diane d'Éphèse (*Act.* XIX, 18). » Au milieu de ces flots furieux et de cette mer mugissante, ceux qui avaient eu recours à ce refuge, étaient sans crainte. L'Apôtre Paul voulait même entrer dans le théâtre, mais il fut retenu par ses disciples (*Philip.* I, 24), parce qu'il était nécessaire qu'il demeurât encore dans sa chair à cause d'eux. Mais cependant nous lisons dans le psaume : « Les eaux ont mugi, et ont été bouleversées, les montagnes ont été ébranlées par sa puissance. » Par la puissance de qui? Est-ce par la puissance de la mer, ou plutôt par celle de Dieu, de qui le Prophète vient de dire : « Il est notre refuge et notre force, et notre aide dans les afflictions qui nous ont assaillis outre mesure ? » En effet, les montagnes, c'est-à-dire, les puissances du siècle, ont été ébranlées. Car, autres sont les montagnes de Dieu, autres sont les montagnes du siècle ; le démon est la tête

---

bus, ut in corde maris essent montes illi : non sicut Judæi, de quibus dictum est, « Populus hic labiis me honorat, cor autem eorum longe est a me (*Isai.* XXIX, 13 ; *Matth.* XV, 8). Hoc enim et de novo Testamento promittit Dominus per Prophetam dicens, « Dabo leges meas in cordibus eorum (*Jerem.* XXXI, 31). » Hæ leges, hæc præcepta per Apostolos indita omnium Gentium fidei et credulitati, montes dicti sunt translati in cor maris (*Hebr.* VIII, 10). Tunc nos « non timebimus. » Qui non timebimus ? Illi qui compuncti sumus corde, ne fieremus de numero reproborum ramorum fractorum. Crediderunt (*a*) enim quidam illorum, et adhæserunt Apostolis prædicantibus. Timeant ergo illi quos deseruerunt montes : nos a montibus non recessimus ; et quando translati sunt in cor maris, secuti sumus.

7. Quid jam sequitur ex eo quod translati sunt montes in cor maris ? Attendite, et videte veritatem. Hæc enim quando dicebantur, obscura erant, quia nondum contigerant : nunc autem quis jam non cognoscat ? Liber tibi sit pagina divina, ut hæc audias : liber tibi sit orbis terrarum, ut hæc videas. In istis codicibus non ea legunt, nisi qui litteras noverunt : in toto mundo legat et idiota. Quid ergo factum est, dum translati sunt montes in cor maris ? « Sonuerunt et turbatæ sunt aquæ ejus. » Quando prædicabatur Evangelium, Quid est hoc ? « Peregrinorum dæmoniorum videtur iste annuntiator esse (*Act.* XVII, 18). » Hoc Athenienses, Ephesii autem quo tumultu occidere Apostolos voluerunt, quando in theatro pro Diana sua tantum strepitum fecerunt, ut clamarent, « Magna Diana Ephesia (*Act.* XIX, 28) ? » Inter quos fluctus et sonitus maris non timebant, qui ad refugium illud confugerant. Denique Apostolus Paulus volebat intrare in theatrum, et a discipulis revocatus est : quia necessarium erat adhuc ut in carne maneret propter ipsos. (*Philip.* I, 24). Sed tamen « sonuerunt et turbatæ sunt aquæ ejus ; conturbati sunt montes in fortitudine ejus. » Cujus ? Numquid-nam maris, an potius Dei, de quo dictum

---

(*a*) Quatuor MSS. *Crediderunt enim, et accesserunt Apostoli.* Alii fere omnes, *Crediderunt enim, et accesserunt Apostolis, nec* habent, *quidam illorum* ; nec verbum, *prædicantibus.*

des montagnes du siècle, le Christ est la tête des montagnes de Dieu. C'est par les montagnes de Dieu que les montagnes du siècle ont été ébranlées. Celles-ci ont alors élevé la voix contre les chrétiens, ébranlées qu'elles étaient par les flots mugissants : les montagnes ont été ébranlées et un violent tremblement de terre s'est produit en même temps que les eaux se sont soulevées. Mais contre qui ces désordres ? Contre la cité fondée sur la pierre. Les eaux mugissent, les montagnes sont ébranlées, quand l'Évangile est annoncé. Et vous, cité de Dieu, que devenez-vous ? Écoutez ce qui suit.

8. « Les courants du fleuve réjouissent la cité de Dieu (*Ps.* XLV, 5). » Tandis que les montagnes sont ébranlées, tandis que la mer est en fureur, Dieu reste dans sa cité par les mouvements impétueux du fleuve. Quels sont ces mouvements impétueux du fleuve ? C'est l'inondation de l'Esprit-Saint, de laquelle le Seigneur disait : « Que celui qui a soif, vienne et boive ; des fleuves d'eau vive couleront du sein de celui qui croit en moi (*Jean.* VII, 37 et 38). » Ces fleuves coulaient donc du sein de Paul, de Pierre, de Jean, des autres apôtres et des autres fidèles évangélistes. Or, tous ces fleuves coulant d'un seul fleuve, « les nombreux courants du fleuve réjouissent la cité de Dieu. » Car, afin que vous sachiez qu'il est ici parlé de l'Esprit-Saint, écoutez ce que l'Évangéliste dit ensuite dans le même Évangile : « Or, Jésus disait cela de l'Esprit que devaient recevoir ceux qui croiraient en lui. Mais l'Esprit n'avait pas encore été donné, parce que Jésus n'avait pas encore été glorifié (*Ibid.* 39). » Jésus ayant été glorifié après sa résurrection, et glorifié après son ascension, l'Esprit-Saint est venu, le jour de la Pentecôte, il a rempli les croyants, ils ont parlé toutes les langues (*Act.* II, 4), et ils ont commencé à prêcher l'Évangile aux Gentils. La cité de Dieu s'en réjouissait, tandis que la mer était troublée par les mugissements de ses eaux, tandis que les montagnes étaient ébranlées, cherchant ce qu'elles pourraient faire : comment elles repousseraient la nouvelle doctrine, et comment elles déracineraient de dessus la terre la race des chrétiens. Contre qui donc ce combat ? Contre les courants du fleuve, qui réjouissent la cité de Dieu. Le Prophète a montré de quel fleuve il parlait, il a prouvé qu'il avait en vue l'Esprit-Saint, dans ces paroles : « Les courants du fleuve réjouissent la cité de Dieu. » Mais que dit-il ensuite ? « Le Très-Haut a sanctifié son habitation, » En faisant suivre ce qu'il vient de dire du mot de sanctification, il est évident qu'il veut que nous entendions de l'Esprit-Saint les courants de ce

---

est, « Refugium et virtus, adjutor in tribulationibus, quæ invenerunt nos nimis (*Psal.* XLV, 2) ? » Turbati enim sunt montes, id est, potestates hujus sæculi. Alii sunt montes Dei, alii sunt montes sæculi : montes sæculi, quibus caput diabolus ; montes Dei, quibus caput Christus. Sed per istos montes turbati sunt illi montes. Tunc dederunt (*a*) voces contra Christianos, quando turbati sunt montes sonantibus fluctibus : et montes sunt turbati, et factus est magnus terræ motus cum motu aquæ. Sed cui hæc ? Civitati illi fundatæ super petram (*Matth.* VII, 24). Sonant aquæ, turbantur montes, annuntiato Evangelio. Quid tu civitas Dei ? Audi quod sequitur.

8. « Fluminis impetus (*b*) lætificant civitatem Dei (*Ibid.* 5). » Cum turbantur montes, cum sævit mare, non deserit Deus civitatem suam per impetus fluminis. Qui sunt isti impetus fluminis ? Inundatio illa Spiritus sancti, de qua Dominus dicebat, « Si quis sitit, veniat et bibat : qui credit in me, flumina aquæ vivæ fluent de ventre ejus (*Johan.* VII, 37 et 38). » Ergo hæc flumina fluebant de ventre Pauli, Petri, Johannis, aliorum Apostolorum, aliorum Evangelistarum fidelium. Hæc flumina cum fluerent ab uno flumine, multi « impetus fluminis lætificant civitatem Dei. » Nam ut noveritis hoc de Spiritu sancto dictum, in eodem Evangelio consequenter dicit Evangelista, « Hoc autem dicebat de Spiritu, quem accepturi erant hi, qui in eum erant credituri. Spiritus autem nondum erat datus, quia Jesus nondum erat glorificatus (*Ibid.* 39). » Glorificato Jesu post resurrectionem, glorificato post adscensionem, die Pentecostes venit Spiritus sanctus, implevit credentes, locuti sunt linguis ; prædicare Evangelium cœperunt Gentibus (*Act.* II, 4). Hinc civitas Dei lætificabatur, dum mare turbaretur sonitu aquarum suarum, dum montes conturbarentur quærentes quid agerent, quomodo novam doctrinam pellerent, quomodo Christianorum genus de terra eradicarent. Contra quem ? Contra fluminis impetus lætificantes civitatem Dei. Hinc etiam ostendit de quo flumine diceret, quia Spiritum sanctum significabat, « Fluminis impetus lætificant civitatem Dei. » Et quid se-

---

(*a*) Septem MSS. *leges*. (*b*) Sic MSS. quibus in hocce v. 5, consentit Græca interpretatio LXX. At prius editi ferunt. *lætifical civitatem Dei. Conturbantur*, etc.

fleuve; car, par lui est sanctifiée, pour appartenir à la cité de Dieu, toute âme pieuse qui croit au Christ.

9. « Dieu est au milieu d'elle, et elle ne sera pas ébranlée (*Ps*.XLV, 6). » Que la mer soit furieuse, que les montagnes soient ébranlées : Dieu est au milieu d'elle, et elle ne sera pas ébranlée. Que veut dire : au milieu d'elle ? Il semblerait d'après ces paroles que Dieu se tiendrait en un endroit, et que ceux qui croient en lui l'entoureraient. Est-ce donc que Dieu est circonscrit dans un endroit, que ce qui l'entoure est au large, tandis que lui-même est resserré par ce qui l'entoure ? Non certes. N'imaginez de Dieu rien de pareil, car il n'est contenu en aucun lieu, lui dont la demeure est dans la conscience des justes, et Dieu demeure de telle sorte dans les cœurs des hommes, que si un homme se détache de lui et tombe, Dieu reste en lui-même et n'est point comme un être qui tombe et ne trouve plus où s'arrêter. Il vous soulève, afin que vous soyez en lui, plutôt qu'il ne s'appuie sur vous de telle sorte que, si vous vous retirez, il vienne à tomber. S'il se retire de vous, vous tomberez, mais si vous vous retirez de lui, il ne tombera pas. Que veut donc dire : Dieu est au milieu d'elle ? Cela signifie que Dieu est également juste pour tous et qu'il ne fait pas acception des personnes. De même, en effet, que ce qui est au milieu se trouve à la même distance de toutes les extrémités, ainsi l'on dit que Dieu est au milieu, et qu'il veille également sur tous. « Dieu est au milieu d'elle, et elle ne sera pas ébranlée. » Pourquoi ne sera-t-elle pas ébranlée ? Parce que Dieu est au milieu d'elle. « Dieu l'aidera de son visage. » C'est lui, en effet, qui est notre aide dans les tribulations qui nous ont assailli outre mesure. Dieu l'aidera de son visage. Que veut dire : de son visage ? De sa manifestation. Quand donc Dieu se manifeste-t-il de telle sorte que nous voyions son visage ? Déjà, je vous le rappelle, vous avez appris que Dieu est présent partout ; nous l'avons appris par ses œuvres. Mais quand nous recevons de lui quelque secours, de telle sorte que nous ne doutions pas du tout que ce secours ne nous soit accordé par le Seigneur, le visage de Dieu est avec nous. « Dieu l'aidera de son visage. »

10. « Les nations ont été ébranlées (*Ibid.* 7). » Et comment ont-elles été ébranlées ? Pourquoi ébranlées ? Était-ce pour renverser la cité de Dieu, au milieu de laquelle Dieu habite ? Était-ce pour renverser la demeure sanctifiée que Dieu aide de son visage ? Non. Les nations ont été ébranlées pour leur salut. En effet, qu'est-il dit ensuite ? « Et les royaumes se sont abaissés. » Les royaumes, dit le Prophète, se sont abaissés ; ils ne se sont plus élevés, pour persécuter, mais ils se sont abaissés, pour adorer. Quand les

---

quitur ? « Sanctificavit tabernaculum suum Altissimus. » Si ergo sequitur sanctificationis nomen, manifestum est fluminis illos impetus de Spiritu sancto intelligendos, quo sanctificatur omnis pia anima credens in Christum, ut fiat civis civitatis Dei.

9. « Deus in medio ejus, (*a*) et non commovebitur (Ps.XLV,6). » Sæviat mare, conturbentur montes : « Deus in medio ejus, et non commovebitur. » Quid est, « in medio ejus ? » Tamquam Deus in uno loco stet, et circumdent eum qui credunt in eum. Ergo ambitur loco Deus, et lata sunt quæ circumdant, in angusto est qui circumdatur ? absit. Nihil tale cogitetis de Deo, qui nullo capitur loco, cui sedes est conscientia piorum : et ita sedes Dei in cordibus hominum, ut si homo ceciderit a Deo, Deus in se maneat, non quasi cadat, non inveniendo ubi sit. Magis enim te sublevat, ut in illo sis, quam in te incumbit, ut si te subduxeris, cadat. Ille si subduxerit, cades tu : tu te si subduxeris, non cadet ille. Quid ergo est, « Deus in medio ejus ? » Hoc significat quod æquus est omnibus Deus, et personas non accipit. Quomodo enim illud quod in medio est, paria habet spatia ad omnes fines : ita Deus medius esse dicitur, æqualiter omnibus consulens. « Deus in medio ejus, et non commovebitur. » Unde non commovebitur ? Quia in medio ejus Deus. « Adjuvabit eam Deus vultu suo. » « Ille est adjutor in tribulationibus, quæ invenerunt nos nimis (*Ibid.* 2). » « Adjuvabit eam Deus vultu suo. » Quid est, vultu suo ? Demonstratione sua. Quomodo se demonstrat Deus, ut vultum ejus videamus ? Jam commemoro, didicistis præsentem Deum, didicimus per opera. Quando ab illo aliquid adjutorii accipimus, ita ut omnino non dubitemus a Domino nobis esse concessum, vultus Dei nobiscum est. « Adjuvabit eam Deus vultu suo. »

10. « Conturbatæ sunt gentes (*Ibid.* 7). » Et quomodo conturbatæ ? Ut quid conturbatæ ? Ut dejicerent civitatem Dei, in cujus medio Deus ? ut everterent tabernaculum sanctificatum, quod adjuvat

---

(*a*) Ed. carent particula et. Habent MSS ac LXX in aliquot Græc. cod.

royaumes se sont-ils abaissés? Lorsque s'est accomplie la prédiction contenue dans un autre psaume : « Tous les rois de la terre l'adoreront, toutes les nations le serviront (*Ps.* LXXI, 2). » Mais quelle chose a fait que les royaumes se sont abaissés? Quelle chose? Écoutez : « Le Très-Haut a fait entendre sa voix, et la terre a tremblé. » Les frénétiques adorateurs des idoles coassaient comme les grenouilles des marais, avec d'autant plus de tumulte que leur bourbier était plus fangeux et plus sordide. Mais qu'est-ce que le coassement des grenouilles comparé au tonnerre des nuées? Car c'est du haut des nuées que le Très-Haut a fait entendre sa voix, et la terre a tremblé; il a tonné du sein de ses nuées. Quelles sont ses nuées? Ses Apôtres, ses prédicateurs, par lesquels il lançait le tonnerre de ses commandements, et les éclairs de ses miracles. Ils sont à la fois des nuées et des montagnes : des montagnes, à cause de leur hauteur et de leur inébranlable fermeté ; des nuées, à cause de la pluie et de l'abondance qu'ils répandent. En effet, la terre a été arrosée par ces nuées dont il est dit: « Le Très-Haut a fait entendre sa voix et la terre a tremblé. » Et il menace au sujet de ces nuées certaine vigne stérile, d'où les montagnes ont été transportées au cœur de la mer : « Je donnerai des ordres à mes nuées, dit-il, afin qu'elles ne fassent pas tomber de pluie sur cette vigne (*Is.* v, 6). » Cette prédiction s'est accomplie dans ce fait que nous avons rappelé, quand les montagnes ont été transportées au cœur de la mer. Quand il a été dit : « Nous étions envoyés vers vous, mais parce que vous avez repoussé avec mépris la parole de Dieu, nous allons vers les Gentils (*Act.* XIII, 46) ; » alors s'est accomplie cette parole : « Je donnerai des ordres à mes nuées pour qu'elles ne fassent pas tomber de pluie sur cette vigne. » En effet, la nation juive est restée maintenant comme la toison sèche sur le sol. Vous savez dans quelle circonstance ce fait est arrivé miraculeusement (*Jug.* VI, 37 et suiv.). D'abord l'aire était sèche, la toison seule était mouillée ; mais la pluie n'apparaissait pas sur la toison. C'est ainsi que le mystère de la nouvelle alliance n'apparaissait pas dans la nation juive ; ce qui là était une toison, ici était un voile, car le mystère était voilé sous cette toison. Mais dans l'aire, l'Évangile du Christ est manifesté à tous les gentils ; la pluie est visible, la grâce du Christ se montre à découvert, elle n'est cachée par aucun voile. Au contraire, la toison a été pressée pour que la pluie en sortît. En effet, c'est en pressurant le Christ que les Juifs l'ont fait sortir du milieu d'eux : et voilà que le Seigneur a fait tomber

---

Deus vultu suo? Non. Sed jam salubriter conturbatæ gentes. Quid enim sequitur? « Et inclinata sunt regna. » Inclinata, inquit, sunt regna : jam non erectæ, ut (*a*) sævirent; sed inclinata, ut adorarent. Quando inclinata sunt regna? Quando factum est quod prædictum est in alio Psalmo, « Adorabunt eum omnes reges terræ, omnes gentes servient ei (*Psal.* LXXI, 11). » Quæ res fecit ut inclinarentur regna? Quæ res, audi : « Dedit vocem suam Altissimus, et mota est terra. » Arreptitii dolorum tamquam ranæ de paludibus personabant, tanto tumultuosius, quanto sordidius de luto et cœno. Et quid strepitus ranarum ad tonitrua nubium ? Inde enim « dedit vocem suam Altissimus, et mota est terra : » tonuit de nubibus suis. Quæ sunt nubes ejus ? Apostoli ejus, prædicatores ejus, de quibus intonabat præceptis, coruscabat miraculis. Ipsi nubes qui et montes : montes propter altitudinem et firmitatem, nubes propter pluviam et ubertatem. Irrigaverunt enim terram nubes istæ, de quibus dictum est, « Dedit vocem suam Altissimus, et mota est terra. » De his enim nubibus minatur cuidam vineæ sterili, unde translati sunt montes in cor maris, « Mandabo, inquit, nubibus meis ne pluant super eam imbrem (*Isai.* v, 6). » Hoc impletum est in eo quod commemoravimus, quando translati sunt montes in cor maris : quando dictum est, « Ad vos missi eramus, sed quia respuistis verbum Dei, imus ad gentes (*Act.* XIII, 46) : » impletum est, « Mandabo nubibus meis, ne pluant super eam imbrem. » Denique ipsa gens Judæa modo sic remansit, tamquam vellus siccum in aera. Nam et hoc nostis contigisse in quodam miraculo. Area sicca erat, vellus solum madebat : sed pluvia in vellere non apparebat (*Judic.* VI, 37, etc.). Sic et sacramentum novi Testamenti non apparebat in gente Judæorum. (*b*) Quod illic vellus, hic velum : velatum enim erat sacramentum in vellere. In area vero, in omnibus Gentibus patet Evangelium Christi : pluvia manifesta est, nuda est gratia Christi : non enim tegitur velamento. Ut autem exiret inde pluvia, expressum est vellus. Per pressuram enim a se excluserunt Christum, et Do-

---

(*a*) Sic MSS. At editi, *ut superbirent*. (*b*) Ita in MSS. At in editis, *eo quod illic vellus erat, ibi hoc velatum erat in vellere. In area vero, id est, in omnibus gentibus, vbi patet Evangelium Christi, pluvia manifesta est, nuda est area Christi.*

de ses nuées une pluie qui couvre l'aire et que la toison est restée sèche. C'est donc de là, c'est donc de ses nuées que le Très-Haut a fait entendre sa voix, afin qu'au son de cette voix, les royaumes s'abaissassent et l'adorassent.

11. « Le Seigneur des armées est avec nous ; le Dieu de Jacob nous a adoptés (*Ps.* XLV, 8). » Ce n'est pas un homme quelconque, ce n'est pas une puissance, telle qu'il vous plaira de l'imaginer, ce n'est pas enfin un ange, ni aucune créature soit terrestre, soit céleste, c'est le Seigneur des armées qui est avec nous, c'est le Dieu de Jacob qui nous a adoptés. Lui qui a envoyé ses anges, il est venu après ses anges ; il est venu pour être servi par ses anges ; il est venu pour rendre les hommes égaux aux anges. O grâce inestimable ! si Dieu est pour nous, qui sera contre nous ? « Le Seigneur des armées est avec nous. » Quel est le Seigneur des armées qui est avec nous ? « Si Dieu est pour nous, dis-je, qui sera contre nous ? Lui qui n'a pas épargné son propre Fils, mais qui l'a livré pour nous, comment ne nous aurait-il pas donné toutes choses avec lui (*Rom.* VIII, 31) ? » Soyons donc sans alarmes, et dans la tranquillité de notre cœur, nourrissons notre conscience du pain du Seigneur. « Le Seigneur des armées est avec nous ; le Dieu de Jacob nous a adoptés. » Quelque grande que soit votre faiblesse, voyez quel est celui qui vous adopte. Un homme, je ne sais lequel, est malade ; le médecin est appelé ; le médecin déclare que ce malade est son client. De qui est-il le client ? dit-on ; de tel médecin. Alors il y a grande espérance que le malade guérira ; il est le client d'un grand médecin. Quel médecin est le nôtre ? Lui excepté, tout médecin n'est qu'un homme ; lui excepté, tout médecin qui vient soigner un malade peut, à son tour, être malade le lendemain. « Le Dieu de Jacob nous a adoptés. » Faites-vous, à son égard, absolument un tout petit enfant, comme ceux que leurs parents entreprennent d'élever. En effet, les enfants que les parents n'acceptent pas sont exposés ; ceux qu'ils acceptent sont nourris. Pensez-vous que Dieu vous adopte seulement comme une mère adopte son enfant ? Non, il fait plus : c'est pour l'éternité qu'il vous adopte. C'est vous, en effet, qui parlez dans un autre psaume, en ces termes : « Mon père et ma mère m'ont abandonné, mais le Seigneur m'a adopté (*Ps.* XXVI, 10). » « Le Dieu de Jacob nous a adoptés. »

12. « Venez et voyez les ouvrages du Seigneur. » Qu'a déjà fait le Seigneur par suite de cette adoption ? Considérez tout l'univers ; venez et voyez. Car, si vous ne venez pas, vous ne voyez pas ; si vous ne voyez pas, vous ne croyez pas ; si vous ne croyez pas, vous vous tenez au loin : mais si vous croyez, vous venez ; si vous croyez, vous voyez. Comment, en effet, vient-on à cette montagne ? Est-ce à pied ? Est-ce sur des

---

minus jam de nubibus suis compluit aream, vellus siccum remansit. Inde ergo « dedit vocem suam Altissimus, » de istis nubibus, per quam vocem regna inclinarentur, et adorarent.

11. « Dominus virtutum nobiscum, susceptor noster Deus Jacob (*Ps.* XLV, 8). » Non quicumque homo, non potestas quælibet, non denique Angelus, non aliqua creatura, sive terrena, sive cælestis, sed « Dominus virtutum nobiscum, susceptor noster Deus Jacob. » Qui misit Angelos, venit post Angelos, venit ut ei servirent Angeli, venit ut homines faceret æquales Angelis. Magna gratia. « Si Deus pro nobis, quis contra nos (*Rom.* VIII, 31) ? » « Dominus virtutum nobiscum. » Quis Dominus virtutum nobiscum. Si Deus pro nobis, inquam, quis contra nos ? « Qui filio suo proprio non pepercit, sed pro nobis omnibus tradidit illum, quomodo non et cum illo omnia nobis donavit (*Rom.* VIII, 32) ? » Ergo securi simus, in tranquillitate cordis nutriamus bonam conscientiam de pane Domini. « Dominus virtutum nobiscum, susceptor noster Deus Jacob. » Quantacumque sit infirmitas tua, vide quis te suscipiat. Ægrotat nescio quis, adhibetur medicus : susceptum suum dicit medicus ægrotum. Quis eum suscepit ? Ille. Magna spes salutis, magnus medicus eum suscepit. Quis medicus ? Omnis medicus præter illum homo est : omnis medicus qui venit ad infirmum, alia die infirmari potest, præter illum. « Susceptor noster Deus Jacob. » Fac te infantem parvulum omnino, quales a parentibus suscipiuntur. Qui enim non suscipiuntur, exponuntur : qui suscipiuntur, nutriuntur. Putasne sic te suscepit Deus, quomodo infantem te suscepit mater tua ? Non sic, sed in æternum. Tua enim vox est in illo Psalmo, « Quoniam pater meus et mater mea dereliquerunt me, Dominus autem assumsit me (*Psal.* XXVI, 10). » « Susceptor noster Deus Jacob. »

12. « Venite, et videte opera Domini (*Ps.* XLV, 9). » Jam de hac susceptione quid fecit Dominus ? Animadverte orbem terrarum, veni, et vide. Si enim non venis, non vides ; si non vides, non credis ; si

navires? est-ce avec des ailes? est-ce à cheval? Quant aux distances, ne vous en mettez point en peine, il n'y a point d'efforts à faire, la montagne elle-même vient à vous. En effet, petite pierre a son origine, elle s'est accrue et elle est devenue une grande montagne, de manière à couvrir toute la face de la terre (*Dan.* II, 35). Comment voulez-vous aller trouver, à travers la terre, cette montagne qui a rempli toute la terre? La voici qui déjà vient à vous, réveillez-vous. En s'accroissant, elle frappe ceux qui dorment; à moins que leur sommeil ne soit si profond qu'ils restent de pierre en face de cette montagne qui vient à eux; mais alors, qu'ils entendent ces paroles : « Éveillez-vous, vous qui dormez, levez-vous d'entre les morts et le Christ vous éclairera (*Éphés.* V, 14). » Il était, en effet, difficile aux Juifs de voir cette pierre, elle était encore petite : naturellement, à cause de sa petitesse, ils la méprisèrent; en la méprisant, ils la heurtèrent, et en la heurtant, ils furent brisés; il ne leur reste plus qu'à être écrasés. Car c'est de cette pierre qu'il a été dit : « Cette pierre brisera quiconque la heurtera, et elle écrasera celui sur qui elle tombera (*Luc.* XX, 18). » Autre chose est d'être brisé, autre chose d'être écrasé; être brisé est moins que d'être écrasé; mais cette pierre n'écrasera, en tombant du ciel, que celui qui se sera brisé contre elle, tandis qu'elle était sur le sol. En effet, lors du premier avènement de Notre-Seigneur, il a paru aux Juifs dans son humilité; ils l'ont heurté et ils se sont brisés contre lui : mais plus tard il viendra pour rendre son jugement, dans sa gloire, dans sa grandeur, dans sa majesté, dans sa puissance; non pas avec faiblesse pour être jugé, mais avec force pour juger lui-même; et il écrasera ceux qui se sont brisés en le heurtant. Car il est une pierre d'achoppement et de scandale pour ceux qui ne croient pas en lui (I *Pierre,* II, 8). Il n'est donc pas étonnant, mes très-chers frères, que les Juifs n'aient pas reconnu celui qu'ils ont méprisé, comme une petite pierre qu'ils avaient trouvée à leurs pieds; mais il faut s'étonner de ceux qui ne veulent point encore reconnaître une aussi vaste montagne. Les Juifs ont heurté la petite pierre qu'ils ne voyaient pas; les hérétiques se heurtent contre la montagne. En effet, maintenant la pierre s'est accrue, maintenant nous leur disons : Voici que la prophétie de Daniel est accomplie. Cette pierre qui était petite est devenue une grande montagne et a rempli toute la terre (*Dan.* II, 35). Pourquoi vous heurter contre la montagne au lieu de la gravir? Qui est assez aveugle pour se heurter contre une montagne? Il semblerait donc qu'elle fût venue jusqu'à vous, pour vous donner lieu de la heurter, et non pour que vous pussiez y

non credis, longe stas : si credis, venis; si credis vides. Quomodo enim venitur ad montem istum? Numquid pedibus? numquid navibus? numquid pennis? numquid equis? Quantum adtinet ad locorum spatia, ne satagas, ne conturberis, ipse ad te venit. Etenim ex lapide parvo crevit, « et factus est mons magnus, ita ut impleret universam faciem terræ (*Dan.* II, 35). » Quid vis ergo ad eum per terras venire, qui terras implevit? Ecce jam venit, evigila, (a) crescendo et dormientes pulsat : si tamen non tantus in eis somnus est, qui etiam contra montem venientem obdurescant, sed audiant : « Surge qui dormis, et exsurge a mortuis, et illuminabit te Christus (*Ephes.* V, 14). » Multum enim erat Judæis videre lapidem. Lapis enim ille adhuc parvus erat : merito et parvum contemserunt, contemnendo offenderunt, et offendendo quassati sunt; restat ut et conterantur. Hoc enim de lapide illo dictum est, « Qui offenderit in lapidem illum, conquassabit eum; super quem venerit, conteret eum (*Lucæ* XX, 18). » Aliud est conquassari, aliud conteri : conquassari minus est quam conteri : sed neminem conterit excelsus veniens, nisi quem conquassaverit humilis jacens. Modo enim antequam veniat Dominus noster, humiliter jacuit Judæis, et offenderunt in illum, et conquassati sunt : veniet postea in judicio suo clarus atque altus, magnus et potens; non infirmus ut judicetur, sed fortis ut judicet, et conterat eos qui conquassati sunt in eum offendendo. Lapis enim offensionis et petra scandali non credentibus ipse est. Ergo, Carissimi, non est mirum, si Judæi non agnoverunt, quem tamquam parvulum lapidem ante pedes suos jacentem contemserunt : illi mirandi sunt qui adhuc tam magnum montem nolunt agnoscere. Judæi in lapidem parvum non videndo offenderunt, hæretici in montem offendunt. Jam enim crevit ille lapis; jam dicimus illis, Ecce impleta est prophetia Danielis, lapis ille qui erat parvus, « factus est mons magnus,

---

(a) Editi, *evigila credendo, evigilantes pulsat.* MSS vero undecim, *et dormientes pulsat :* atque iidem cum ceteris vetustis codicillis pro *credendo,* habent *crescendo :* quod scilicet refertur ad superiora verba, *ex lapide parvo crevit.*

monter. « Venez, montons sur la montagne du Seigneur, dit Isaïe, venez, montons (*Is.* II, 3). » Que veut dire : Venez, montons? Venez veut dire : croyez ; montons veut dire : avançons, progressons. Mais pour ceux dont je parle, ils ne veulent ni venir, ni monter, ni croire, ni avancer. Ils aboient contre la montagne. Bien que toutes les fois qu'ils se sont heurtés contre elle, ils aient été meurtris, ils refusent encore d'y monter et préfèrent toujours s'y heurter. Disons-leur : « Venez et voyez les ouvrages du Seigneur, voyez les prodiges qu'il a faits sur la terre. » On les appelle prodiges, parce qu'ils ont prophétisé quelque chose : ce sont les signes miraculeux qui se sont accomplis, lorsque le monde a cru en Jésus-Christ. Qu'est-il advenu et que présageaient ces prodiges ?

13. « Il détruit les guerres jusqu'aux extrémités du monde (*Ps.* XLV, 10). » Nous ne voyons pas que cette prédiction soit encore accomplie ; il y a encore des guerres, il y en a entre les peuples pour la domination ; entre les sectes, entre les Juifs, les païens, les chrétiens, les hérétiques ; il y a des guerres, les guerres se multiplient ; les uns combattent pour la vérité, les autres combattent pour le mensonge. Cette parole : Il a détruit les guerres jusqu'aux extrémités du monde, n'est donc pas encore accompli, mais peut-être s'accomplira-t-elle ? Et même dès à présent n'est-elle pas accomplie ? Elle est accomplie dans quelques hommes ; elle est accomplie dans le froment ; dans l'ivraie elle ne l'est pas encore. Que veut donc dire : « Il a détruit les guerres jusqu'aux extrémités du monde ? » Le Prophète parle des guerres par lesquelles on s'attaque à Dieu. Or, qui s'attaque à Dieu ? L'impiété. Et que peut l'impiété contre Dieu ? Rien. Que peut faire à la pierre contre laquelle il se brise, un vase d'argile lancé avec quelque force que ce soit? Il arrive contre elle d'autant plus à son détriment, qu'il y arrive avec plus de violence. Ces guerres étaient grandes, elles étaient fréquentes. L'iniquité soutenait des combats contre Dieu et les vases d'argile étaient brisés, lorsque, poussés par une vaine présomption, les hommes prétendaient abuser de leur force. Ils s'en faisaient comme un bouclier semblable à celui dont parle Job à propos de l'impie : « Il a couru contre Dieu, la tête haute, par une folle confiance en son bouclier (*Job.* XV, 26). » Que veut dire : la tête haute, par une folle confiance en son bouclier ? Cela signifie en présumant trop de la protection de Dieu. Agissaient-ils de même ceux qui disaient : « Notre Dieu est notre refuge et notre force : il est notre aide dans les tribulations qui sont venues sur nous outre mesure ? » ou encore, comme il est écrit dans un autre psaume : « Je ne mettrai pas mon espérance dans mon arc, et mon bras ne

---

et implevit universam terram (*Dan.* II, 35). » Quare in illum offenditis, et non in illum adscenditis ? Quis tam cæcus est ut offendat in montem ? Quasi ideo ad te veneris ut habeas in quem offendas, et non habeas in quem adscendas. Venite adscendamus ad montem Domini. Isaias hoc dicit : « Venite adscendamus (*Isai.* II, 3), » Quid est, Venite adscendamus ? Venite, est credite ; adscendamus, proficiamus. Isti autem nec venire volunt, nec adscendere, nec credere, nec proficere. Latrant contra montem. Jam in illum toties offendendo quassati sunt, et nolunt adscendere, semper eligentes offendere. Dicamus illis, « Venite, et videte opera Domini, quæ posuit prodigia super terram. » Prodigia dicuntur, quod aliquid portendant, signa illa miraculorum, quæ facta sunt, quando mundus credidit. Et quid inde factum est, et quid portendebant ?

13. « Auferens bella usque ad fines terræ (*Ps.* XLV, 10). » Hoc nondum videmus esse completum : sunt adhuc bella, sunt inter gentes pro regno ; inter sectas, inter Judæos, paganos, Christianos, hæreticos ; sunt bella, crebrescunt bella, aliis pro veritate, aliis pro falsitate certantibus. Nondum ergo completum est, « Auferens bella usque ad fines terræ : » sed fortasse complebitur. An et modo completum est ? In quibusdam completum est : in tritico completum est, in zizaniis nondum completum est. Quid est hoc ergo, « Auferens bella usque ad fines terræ ? » Bella dicit, quibus bellatur adversus Deum. Quis enim bellat adversus Deum ? Impietas. Et quid potest facere Deo impietas ? Nihil. Quid facit fictile vas elisum ad petram, quamvis vehementer elidatur ? Tanto majore malo suo venit, quanto majore impetu venerit. Hæc bella magna erant, crebra erant. Contra Deum impietas dimicabat, et vasa fictilia conterebantur : præsumendo de se homines, de virtute sua multum prævalendo. Cujus rei scutum etiam Job dixit de quodam impio, « Cucurrit adversus Deum in crassa cervice scuti sui (*Job.* XV, 26). » Quid est, in crassa cervice scuti sui ? Nimium præsumendo de

me sauvera pas (*Ps.* XLIII, 7)? » Dès qu'un homme reconnaît qu'il n'est rien par lui-même et qu'il ne peut rien pour sa propre défense, ses armes sont brisées, la guerre est apaisée. Ces sortes de guerres ont donc été détruites par la voix du Très-Haut, partie des saintes nuées, par la puissance de laquelle la terre a tremblé et les royaumes se sont abaissés : elle a détruit ces guerres jusqu'aux extrémités de la terre. «Il brisera l'arc, mettra les armes en pièces et consumera au feu les boucliers.» Un arc, des armes, des boucliers, du feu ! L'arc représente les embûches ; les armes une attaque à force ouverte ; le bouclier une vaine et présomptueuse défense. Le feu qui doit consumer ces armes est celui dont le Seigneur a dit : « Je suis venu apporter le feu sur la terre (*Luc.* XII, 49). » C'est de ce feu qu'il est dit dans un psaume : « Et nul ne peut se soustraire à sa chaleur (*Ps.* XVIII, 7). » Sous l'action dévorante de ce feu, aucune arme de l'impiété ne nous restera ; elles seront toutes inévitablement brisées, réduites en poudre, consumées par les flammes. Restez désarmé, sans aucun secours qui vienne de vous ; et plus vous serez faible et privé de toute arme personnelle, plus le Seigneur vous couvrira de sa protection, lui de qui il a été dit : « Le Dieu de Jacob nous a adoptés(*Ps.*XLV,8).» En effet, lorsque vous aviez quelque force qui semblait venir de vous, vous avez été troublé en vous-même. Abandonnez les armes qui vous donnaient de la présomption ; écoutez le Seigneur qui vous dit : « Ma grâce vous suffit (II *Cor.* XII, 9). » Dites également de votre côté : « C'est lorsque je suis affaibli, que je suis fort (*Ibid.* 10). » Cette parole est de l'Apôtre. Il avait perdu toutes les armes qui semblaient faire sa force, lorsqu'il disait : « Pour moi, je ne me glorifierai que dans mes infirmités (*Ibid.* 9). » C'est comme s'il eût dit : Je ne cours pas contre Dieu, la tête haute, par une folle confiance dans mon bouclier (*Job.* XV, 25), moi qui ai d'abord été blasphémateur et persécuteur, et qui ai insulté le Christ ; mais j'ai reçu miséricorde, afin que le Seigneur Jésus-Christ manifestât en moi toute la longanimité qu'il réserve à ceux qui croiront en lui pour la vie éternelle (I *Tim.* I, 13 et 16). Il a détruit les guerres jusqu'aux extrémités de la terre. Mais Dieu, lorsqu'il nous adopte, nous laisse-t-il désarmés ? Il nous arme, mais d'une autre manière, avec les armes évangéliques de la vérité, de la continence, du salut, de l'espérance, de la foi et de la charité. Voilà les armes que nous aurons, mais elles ne viendront pas de nous. Au contraire, les armes que nous tenions de nous ont été brûlées ; si toutefois nous sommes

protectione sua. Numquid-nam isti tales erant qui dicebant, « Deus noster refugium et virtus, adjutor in tribulationibus quæ invenerunt nos nimis (*Psal.* XLV, 2). » Aut in alio Psalmo, « Non enim in arcu meo sperabo, et brachium meum non salvabit me (*Psal.* XLIII, 7) ? » Quando quisque cognoscit quia in se ipso nihil est, et adjutorium de se nullum habet, arma in illo confracta sunt, bella sedata sunt. Talia ergo bella delevit vox illa Altissimi de nubibus sanctis, qua terra commota est, et inclinata sunt regna : abstulit hæc bella usque ad fines terræ. « Arcum conteret, et confringet arma, et scuta comburet igni. » Arcus, arma, scuta, ignis. Arcus est, insidiæ ; arma, publica oppugnatio ; (*a*) scutum, vanæ præsumtionis protectio. Ignis quo ista comburuntur, est de quo Dominus ait, « Ignem veni mittere in terram (*Lucæ* XII, 49). » De quo igne dicit Psalmus, « Et non est qui se abscondat a calore ejus (*Psal.* XVIII, 7). » Fervente igne isto, nulla in nobis impietatis arma remanebunt, necesse est ut omnia confringantur, conterantur, comburantur. Remaneas inermis non habens ullum adjutorium tuum : et quanto magis infirmus es, nulla tua arma habens, tanto magis te suscipit, de quo dictum est, « Susceptor noster Deus Jacob (*Psal.* XLV, 8). » Valebas enim quasi per te, conturbaris in te. Perde arma quibus præsumebas : audi Dominum dicentem, « Sufficit tibi gratia mea (II *Cor.* XII, 9). » Dic et tu, « Quando infirmor, tunc fortis sum (*Ibid.* 10). » Apostoli vox est. Omnia arma sua perdiderat tamquam fortitudinis suæ, qui dicebat, «Ego autem non gloriabor, nisi in infirmitatibus meis (*Ibid.* 9) : » velut si diceret,« Non curro adversus Deum in crassa cervice scuti mei (*Job.* XV, 25),» qui prius fui blasphemus, et persecutor, et injuriosus : « sed ideo misericordiam consecutus sum, ut in me ostenderet Christus Jesus omnem longanimitatem in eos qui credituri sunt illi in vitam æternam (I *Tim.* I, 13, et 16.). » « Auferens bella usque ad fines terræ. » Quando autem nos Dominus suscipit, numquid inermes dimittit ? Armat nos, sed aliis armis evangelicis, veritatis, continentiæ, salutis, spei, fidei, caritatis. Hæc arma habebimus, sed non

---

(*a*) Sic MSS. At editi, *scuta, vana præsumplio suæ protectionis*.

intérieurement embrasés de ce feu de l'Esprit-Saint, dont il est dit : « Et il consumera au feu les boucliers. » Vous désiriez être fort par vous-même, et Dieu vous a rendu faible, pour vous affermir par sa propre force, lorsque vous aurez perdu celle qui vous venait de vous-même.

14. Que dit ensuite le Prophète : « Demeurez en repos. » Pourquoi? « Et voyez que je suis Dieu (*Ps.* XLV, 11). » C'est-à-dire, vous n'êtes pas Dieu, c'est moi qui le suis ; je vous ai créés je vous crée de nouveau ; je vous ai formé, je vous forme de nouveau ; je vous ai fait, je vous fais de nouveau. Si vous n'avez pu vous faire, comment pourriez-vous vous refaire ? C'est ce que ne voit pas l'esprit humain, séditieux et ardent à la contradiction ; et c'est à cet esprit de sédition et de contradiction qu'il est dit. « Demeurez en repos, » c'est-à-dire : détournez votre pensée de toute contradiction. Gardez-vous de vous jeter dans les discussions et de vous armer en quelque sorte contre Dieu ; autrement vos anciennes armes vivraient encore, et le feu ne le aurait pas encore consumées. Si, au contraire, elles sont brûlées, demeurez en repos, parce que vous n'avez plus le moyen de combattre : alors, si vous restez intérieurement tranquille, et me demandez tout ce qui vous est nécessaire, vous qui avez commencé par présumer de vous-même, « demeurez en repos, et vous verrez que je suis Dieu. »

15. « Je serai exalté parmi les nations, et je serai exalté sur toute la terre (*Ibid.*). » Je vous ai dit, il n'y a qu'un instant, que le nom de terre désignait la nation des Juifs, et que les autres nations étaient désignées par le nom de mer. Les montagnes se sont transportées au cœur de la mer (*Ibid.* 3) ; les nations ont été ébranlées, les royaumes se sont abaissés, le Très-Haut a fait entendre sa voix, et la terre a tremblé. Le Seigneur des armées est avec nous ; le Dieu de Jacob nous a adoptés. Des miracles ont éclaté parmi les nations, la foi des nations est entière, les armes de la présomption humaine se consument, les fidèles restent dans le calme de leurs cœurs, afin de reconnaître que Dieu est l'auteur de toutes ses munificences. Et après avoir été ainsi glorifié, est-ce que Dieu abandonne même le peuple juif, dont l'Apôtre a dit : « Je vous le dis, en effet, afin que vous ne soyez pas sages à vos propres yeux, une partie des juifs a été aveuglée, pour que la totalité des Gentils entrât dans l'Église (*Rom.* XI, 25) ; » c'est-à-dire, jusqu'à ce que les montagnes fussent transportées au cœur de la mer, jusqu'à ce que les nuées eussent versé ici leurs pluies, jusqu'à ce que le Seigneur eût abaissé les royaumes par son tonnerre, « jusqu'à ce que la totalité des Gentils fût entrée

---

a nobis. Arma autem quæ a nobis habuimus, arserunt : si tamen igne illo Spiritus sancti accensi sumus, de quo dicitur, « Et scuta comburet igni. » (*a*) Qui potens in te esse cupiebas, infirmum te fecit Deus, ut fortem te faceret de se, quia infirmabaris de te.

14. Quid ergo sequitur ? « Vacate. » Ad quam rem ? « Et videte quoniam ego sum Deus (*Ps.* XVI, 11). » Hoc est, Non vos, sed ego sum Deus : ego creavi, ego recreo ; ego formavi, ego reformo ; ego feci, ego reficio. Si non potuisti facere te, quomodo potes reficere te? Hoc non videt tumultus contentiosus animi humani : cui tumultui contentioso dicitur, « Vacate, » id est, reprimite animos vestros a contradictionibus. Nolite argumentari et tamquam armari contra Deum : alioquin vivunt arma nondum illo igne combusta. Si autem combusta sunt, « Vacate : » quia non habetis unde pugnetis. Si autem vacaveritis in vobis, et a me petieritis omnia, (*b*) qui primo de vobis præsumebatis, « Vacate, et videbitis quoniam ego sum Deus. »

15. « Exaltabor in gentibus, et exaltabor in terra (*Ibid.*). » Paulo ante dixeram terræ nomine significari gentem Judæorum, maris nomine ceteras gentes. Translati sunt montes in corde maris : « conturbatæ sunt gentes, inclinata sunt regna, dedit vocem suam. Altissimus, et mota est terra. » « Dominus virtutum nobiscum susceptor noster Deus Jacob (*Ibid.* 12). » Facta sunt miracula in gentibus, impletur fides gentium, ardent arma præsumptionis humanæ : vacatur in tranquillitate cordis, ut cognoscatur auctor Deus omnium munerum suorum. Et post istam clarificationem, numquid deserit et plebem Judæorum, de qua dicit Apostolus, « Dico enim vobis, ut non sitis vobis sapientes, quia cæcitas ex parte Israël facta est, donec plenitudo Gentium intraret (*Rom.* XI, 25). » Id est, donec montes huc transferrentur, nubes hic pluerent,

---

(*a*) Ita quinque MSS. Editi vero *Quid postea ? In te esse cupiebas.* (*b*) Gatianensis vetus codex, *quæ.*

dans l'Église. » Et ensuite? « et qu'avant tout Israël fût sauvé (*Ibid.* 26). » C'est pourquoi, conservant ici ce même ordre, il dit : Je « serai exalté parmi les nations, et je serai exalté sur la terre, » c'est-à-dire, sur mer et sur terre; afin que, désormais, tous les hommes disent : « Le Seigneur des armées est avec nous; le Dieu de Jacob nous a adoptés. »

DISCOURS[1] SUR LE PSAUME XLVI.

1. Le Seigneur notre Dieu nous a communiqué avec profusion et variété par les livres saints, par les saintes Écritures, la foi dans laquelle nous vivons et par laquelle nous vivons; mais s'il a varié les mystères des mots, il n'a cependant promulgué qu'une loi unique. En effet, une seule et même chose nous est dite de plusieurs manières différentes, pour que la variété des expressions prévienne l'ennui, tandis que la concordance des pensées maintiendra l'unité de la doctrine. C'est pourquoi, dans ce psaume, que nous avons entendu chanter et auquel nous avons répondu en chantant, nous avons à vous parler de choses que vous savez ; et cependant, peut-être qu'avec l'aide de Dieu, grâce à sa bonté, nous vous procurerons quelque douceur, en vous faisant ruminer, par suite de nos avertissements, des choses que d'ailleurs vous avez déjà maintes et maintes fois goûtées. Car, par cette action de ruminer, qui, dans la pensée de Dieu, est le propre des animaux purs, Dieu a voulu nous apprendre que l'homme doit recevoir dans son cœur ce qu'il entend, de telle sorte qu'il ne soit point ensuite paresseux d'y ramener sa réflexion ; afin que tandis, qu'il écoute, il soit semblable à l'animal qui mange, et que, tandis qu'il rappelle à sa mémoire ce qu'il a entendu et le repasse dans une douce méditation, il soit semblable à l'animal qui rumine. Les mêmes choses sont donc exprimées

hic Dominus tonitruo suo regna inclinaret, donec plenitudo Gentium intraret. Et quid postea ? « Et sic omnis Israel salvus fieret (*Ibid.* 26). » Ideo et hic ipsum ordinem servans, « Exaltabor, inquit, in gentibus, et exaltabor in terra : » id est, et in mari et in terra (*a*) : ut jam omnes dicant quod sequitur, « Dominus virtutum nobiscum, susceptor noster Deus Jacob. »

IN PSALMUM XLIV.

Enarratio.

Dominus Deus noster fidem in qua vivimus, et ex qua vivimus, per libros sanctos, Scripturas sanctas multipliciter nobis varieque diffudit, sacramenta quidem verborum varians, fidem tamen unam commendans. Una enim eademque res ideo multis modis dicitur, ut (*b*) modo ipso dicendi propter fastidium varietur, sed propter concordiam una teneatur. Itaque in hoc Psalmo quem cantatum audivimus, cui cantando respondimus, ea sumus dicturi quæ nostis : et tamen fortassis aliquam, adjuvante et donante Domino, suavitatem allaturi sumus vobis, quando ea quæ alibi et alibi noveratis, etiam commoniti ruminatis. Nam et ipsa ruminatione, in qua significat Deus munda animalia, hoc voluit insinuare, quia omnis homo quod audit, sic debet in cor mittere, ut non piger sit postea inde cogitare : ut quando audit, sit similis manducanti ; cum autem audita in memoriam revocat, et cogitatione dulcissima recolit, fiat similis ruminanti. Alio ergo modo eadem dicun-

---

(1) Discours au peuple.

(*a*) Sic aliquot MSS. At editi, *utinam omnes dicant* etc. (*b*) Sic MSS. At editi, *ut modus ipse dicendi propter fastidium varietur, sed propter concordiam una fides teneatur.*

DISCOURS SUR LE PSAUME XLVI.

d'une autre manière et nous font doucement méditer et entendre volontiers ce que nous savons déjà, parce que la manière de les dire est variée, et qu'elle rajeunit les choses les plus anciennes.

2. Voici le titre du psaume: « Pour la fin, pour les enfants de Coré, psaume de David pour lui-même (*Ps.* XLVI, 1). » Plusieurs autres psaumes ont en vue d'après leur titre ces enfants de Coré : ces titres indiquent un doux mystère et font pressentir un grand sens caché. Nous devons nous y reconnaître volontiers, et nous retrouver dans ce titre, nous qui le lisons, qui l'entendons, et qui y voyons ce que nous sommes, comme dans un miroir placé sous nos yeux. Quels sont les enfants de Coré? Il a existé un homme du nom de Coré (*Nomb.* XVI, 1). C'est ainsi, en effet, qu'on le trouve appelé. Cependant, en lisant les passages des Écritures où il est désigné, on y voit que les paroles divines sont adressées à des hommes qui ne paraissent pas avoir été les enfants de ce seul homme qui portait le nom de Coré ; l'esprit se reporte alors sur un mystère qu'il pressent, et cherche ce que signifie Coré. Ce mot est hébreu, mais il est reproduit et traduit en grec et en latin. La même chose est faite déjà pour un grand nombre de mots hébreux dont nous connaissons l'interprétation. Nous consultons ce travail, et nous voyons que Coré veut dire chauve. Cette explication ne peut que piquer davantage notre désir de savoir; car il y avait déjà de l'obscurité dans le titre de fils de Coré, mais l'obscurité n'est-elle pas plus grande encore dans celui de fils du chauve ? Quels sont ces fils du chauve ? Sont-ils, par hasard, les fils de l'Époux ? Oui, parce que l'Époux a été crucifié sur le Calvaire ou montagne du chauve. Rappelez-vous, dans l'Évangile, le récit du crucifiement de Notre-Seigneur, et vous y trouvez qu'on l'a crucifié sur un lieu nommé le Calvaire (*Matth.* XXVII, 33). Aussi tous ceux qui raillent sa croix sont-ils dévorés par les démons comme par des bêtes sauvages. C'est, en effet, ce que signifie certain passage de l'Écriture. Au moment où le prophète Élisée gravissait une montagne, des enfants couraient après lui, et le raillaient en criant : « Montez, chauve! Montez, chauve ! » Et le Prophète, par un châtiment moins sévère que mystérieux, fit dévorer les enfants par des ours sortis de la forêt (IV *Rois.* II, 23). En effet, si ces enfants n'eussent pas été dévorés, vivraient-ils encore maintenant ? ou bien une fièvre mortelle n'aurait-elle pu les enlever? Et alors ils n'eussent point servi à dévoiler un mystère qui inspire à la postérité une salutaire terreur. Que nul ne raille donc la croix du Seigneur; les Juifs sont au pouvoir des démons et dévorés par eux. Car, en crucifiant le Christ sur le lieu nommé le Calvaire, et en l'élevant sur la croix, ils lui disaient pour ainsi

---

tur, et faciunt nos dulciter cogitare quæ novimus, et eadem ipsa libenter audire; quia modus dicendi variatur, et res antiqua ipso modo dicendi renovatur.
2. Titulus Psalmi sic se habet : « In finem pro filiis Core, Psalmus ipsi David (*Ps.* XLVI, 1). » Filios istos Core habent tituli Psalmorum etiam alii nonnulli, et indicant dulce mysterium, insinuant magnum sacramentum : ubi et nos ipsos libenter intelligamus, et agnoscamus in titulo nos qui audimus et legimus, et tamquam speculo proposito qui sumus intuemur. Filii Core qui sunt? Fuit homo quidam Core nomine, sic enim vocabatur aliquis homo : (*Num.* XVI, 1) : verumtamen cum leguntur quæ scripta sunt, et invenitur sermo divinus loqui ad quosdam, qui non valde intelliguntur filii esse illius unius hominis qui vocabatur Core ; recurrit animus ad mysterium, ut quærat quid significet Core. Quia enim verbum Hebræum est, dicitur utique et interpretatur in Græcam linguam et in Latinam linguam. Et factum est jam, multa nomina Hebræa interpretata sunt nobis : et inspicimus, et invenimus Core interpretari calvum. Multo magis adtendistis. Obscurum erat cum diceruntur filii Core, nonne obscurius est cum dicuntur filii calvi? Qui sunt isti filii calvi? An forte filii sponsi ? Quia sponsus in loco Calvariæ crucifixus est (*Matth.* XXVII, 33). Recolite Evangelium, ubi Dominum crucifixerunt, et invenietis eum in loco Calvariæ crucifixum. Proinde qui crucem ejus irrident, a dæmonibus tamquam a bestiis devorantur. Nam significavit et hoc quædam Scriptura : Cum adscenderet Propheta Dei Elisæus, clamabant post eum pueri irridentes, « Adscende calve, adscende calve (IV *Reg.* II, 23) : » ille autem non tam crudeliter, quam mystice, fecit illos pueros ab ursis exeuntibus devorari. Si non devorarentur illi pueri, numquid usque adhuc viverent? aut non possent mortales nati etiam febre intercipi? Mysterium in eis tamen non ostenderetur, ubi posteri terrerentur. Nemo ergo irrideat crucem Domini : Judæi

dire, dans le même sens que les enfants d'Élisée, et sans comprendre leurs propres paroles : Montez, chauve. Comment disaient-ils ce mot, montez? « Crucifiez-le! Crucifiez-le! (*Luc.* XXIII, 21). » L'enfance nous est proposée comme un modèle d'humilité qu'il nous faut imiter; mais elle nous est également proposée comme un type de folie qu'il faut éviter. Le Seigneur nous a proposé l'enfance comme un modèle d'humilité qu'il faut imiter, lorsqu'appelant à lui des enfants qu'on repoussait, il a dit : « Laissez-les venir à moi, car le royaume de Dieu est à ceux qui leur ressemble (*Matth.* XVIII, 2, et XIX, 14). » L'enfance nous a été proposée comme un type de folie qu'il faut éviter, par l'Apôtre, lorsqu'il a dit : « Mes frères, gardez-vous d'être enfants par le manque de sagesse. » Et tout aussitôt il la présente de nouveau comme un modèle à suivre : « Mais soyez petits enfants en malice, afin d'être parfaits en sagesse (1 *Cor.* XIV, 10). » Le psaume est chanté pour les enfants de Coré. Il est donc chanté pour les chrétiens. Écoutons-le, comme fils de cet époux que des enfants insensés ont crucifié sur le lieu dit le Calvaire. Ils ont mérité d'être dévorés par les bêtes : méritons d'être couronnés par les anges. Nous reconnaissons, en effet, l'humilité de Notre-Seigneur, et nous n'en rougissons pas. Nous ne rougissons pas de celui qui a été mystiquement appelé chauve, à cause du lieu dit le Calvaire. En effet, par cette même croix sur laquelle il a été insulté, il n'a pas permis que notre front fût chauve, mais il l'a décoré du bois de son supplice. Enfin, pour être certain que c'est à nous que s'adresse le psaume, voyez ce que dit le Prophète.

3. « Nations du monde entier, applaudissez des mains (*Ps.* XLVI, 2). » Est-ce que le peuple juif formait toutes les nations du monde ? Mais une partie d'Israël est tombée dans l'aveuglement, pour que des enfants insensés criassent : Chauve! chauve! et qu'ainsi le Seigneur fût crucifié sur le lieu du Calvaire, afin qu'il rachetât les nations par l'effusion de son sang, et que s'accomplît cette parole de l'Apôtre : « Une partie d'Israël est tombée dans l'aveuglement, afin que la totalité des nations entrât dans l'Église (*Rom.* XI, 25). » Qu'il soit donc insulté par ceux qui sont vains, par les idiots, par les insensés ; que ces hommes répètent : Chauve! chauve! Mais vous, qui avez été rachetés par son sang répandu sur le Calvaire, vous, « nations du monde entier, applaudissez des mains, » parce que la grâce de Dieu est parvenue jusqu'à vous. « Applaudissez des mains. » Que veut dire, applaudissez ? Réjouissez-vous. Mais pourquoi, des mains ? C'est-à-dire par vos bonnes œuvres. Ne vous réjouissez pas de bouche, en cessant d'agir des

---

sunt possessi a dæmonibus et devorati. Nam in Calvariæ loco crucifigentes Christum, et levantes in cruce, tamquam ipsi dicebant sensu puerili, non intelligentes quid loquerentur, Adscende calve. Quid est enim, Adscende ? « Crucifige, crucifige (*Lucæ* XXIII, 21). » Proponitur enim pueritia ad imitandum humilitatem, et item proponitur pueritia ad cavendum fatuitatem. Proposita pueritia ad imitandum humilitatem a Domino est, quando vocavit ad se pueros, et cum prohiberentur ab illo, dixit, « Sinite eos venire ad me, talium est enim regnum cœlorum (*Matth.* XVIII, 2, et XIX, 14). » Propositum exemplum pueritiæ ad cavendam fatuitatem ab Apostolo est : « Fratres, nolite pueri esse sensibus (1 *Cor.* XIV, 20). » Et rursum proponit ad imitandum : « Sed malitia infantes estote, ut mentibus perfecti sitis. » « Pro filiis Core » Psalmus canitur : ergo pro Christianis cantatus est. Audiamus eum tamquam filii sponsi illius, quem pueri insensati in Calvariæ loco crucifi- xerunt. Illi enim meruerunt a bestiis devorari, nos ab Angelis coronari. Agnoscimus enim humilitatem Domini nostri, et non de illa erubescimus. Non erubescimus de illo appellato mystice calvo, propter Calvariæ locum. Ipsa enim cruce in qua illi insultatum est, non permisit calvam esse frontem nostram, quia eam suo (*a*) ligno signavit. Denique ut noveritis, quia nobis dicuntur hæc, videte quid dicitur.

3. « Omnes gentes plaudite manibus (*Psal.* XLVI, 2). » Numquid populus Judæorum omnes gentes erant ? Sed cæcitas ex parte Israël facta est, ut pueri insensati clamarent, « Calve, calve (IV *Reg.* II, 23) ; » atque ita Dominus crucifigeretur in Calvariæ loco (*Matth.* XXVII, 33) ; ut sanguine fuso gentes redimeret, et impleretur quod ait Apostolus, « Cæcitas ex parte Israël facta est, ut plenitudo gentium intraret (*Rom.* XI, 25). » Insultent ergo vani et hebetes, et insensati, et dicant, Calve, calve : vos autem sanguine illius redempti, qui fusus est in Calvariæ loco, « Omnes

---

(*a*) Tres MSS. *suo signo signavit.*

mains. Si vous vous réjouissez, applaudissez des mains. Que celui-là voie les mains des nations, qui a daigné leur donner des sujets de joie. Que veulent dire : les mains des nations ? Les actions de ceux qui font le bien. « Nations du monde entier, applaudissez des mains ; glorifiez de la voix le Seigneur par des chants d'allégresse. » Et de la voix et des mains. Si ce n'est que de la voix, ce n'est pas assez, parce qu'alors les mains n'agissent pas ; si ce n'est que des mains, ce n'est pas assez non plus, parce qu'alors la langue reste muette. Il faut que les mains et la langue s'accordent ; que l'une glorifie Dieu, et que les autres agissent. « Glorifiez de la voix le Seigneur par des chants d'allégresse. »

4. « Parce que le Seigneur est le Très-Haut et qu'il est terrible (*Ps.*XLVI,3). » Il est le Très-Haut, et s'il a paru, en descendant sur terre, exposé aux moqueries, en remontant au ciel, il est devenu terrible. « Il est le grand roi qui règne sur toute la terre. » Il ne règne pas seulement sur les Juifs, il est aussi le roi des autres peuples. Il est le roi des Juifs : voilà pourquoi les apôtres ont cru, et pourquoi plusieurs milliers d'hommes ont vendu tout ce qu'ils possédaient et en ont apporté le prix aux pieds des Apôtres (*Act.* IV, 34). L'inscription placée au haut de la croix : Roi des Juifs, a été accomplie en eux (*Matth.* XXVII, 37). En effet, il est le roi des Juifs ; mais ce n'est point assez d'être le roi des Juifs. « Nations du monde entier, applaudissez des mains, parce que Dieu est le roi de toute la terre. » En effet, il ne lui suffit pas d'avoir une seule nation sous son sceptre ; c'est pourquoi il a tiré de son côté entr'ouvert une assez riche rançon pour acheter l'univers entier. « Il est le grand roi qui règne sur toute la terre. »

5. « Il nous a soumis les peuples, et il a placé les nations sous nos pieds (*Ps.*XLVI, 4). » Quelles nations a-t-il soumises, et à qui les a-t-il soumises ? Quels sont ceux qui parlent et disent : « sous nos pieds ? » Sont-ce les Juifs, par hasard ? Oui, s'ils sont les apôtres ; oui, s'ils sont les saints. En effet, Dieu leur a soumis peuples et nations, afin qu'ils soient aujourd'hui glorifiés par toutes les nations, eux qui ont été jugés dignes de mort par leurs concitoyens ; de même que leur Seigneur, mis à mort par ses concitoyens, est glorifié par les nations, et que, crucifié par les siens, il est adoré par les étrangers qu'il a fait siens, au moyen du prix dont il les a payés. Il nous a, en effet, achetés, pour que nous ne lui fussions pas étrangers. Pensez-vous donc que ce soit la voix des apôtres qui dise : « Il nous a soumis les peuples, et il a placé les nations sous nos pieds ? » Je l'ignore. Il serait étonnant que les apôtres tinssent un langage si orgueilleux et se réjouissent de tenir sous leurs pieds les nations ; ce qui serait dire

---

gentes plaudite manibus, » pervenisse ad vos gratiam Dei. « Plaudite manibus. » Quid est, « Plaudite ? » Gaudete. Sed quale « manibus ? » Quia bonis operibus. Ne gaudeatis ore, et cessetis manibus. Si gaudetis, « plaudite manibus. » Manus gentium videat, qui gaudia donare dignatus est. Quid est, manus gentium ? Facta bene operantium. « Omnes gentes plaudite manibus : jubilate Deo in voce exsultationis. » Et voce, et manibus. Si tantum voce, non bene ; quia pigræ sunt manus : si tantum manibus, nec hoc bene ; quia muta est lingua : concordent manus et lingua ; illa confiteatur, illæ operentur. « Jubilate Deo in voce exsultationis. »

4. « Quoniam Dominus excelsus terribilis (*Ps.*XVI,3). » Excelsus ille ; quasi irrisibilis descendendo, adscendendo in cœlum factus est terribilis. « Rex magnus super omnem terram. » Non tantum super Judæos : nam et super illos rex. Inde enim et Apostoli crediderunt, inde et multa millia hominum res suas vendiderunt, et pretia ad pedes Apostolorum posuerunt (*Act.* IV, 34) : et impletum est in illis, quod erat in titulo crucis conscriptum, Rex Judæorum (*Matth.*XXVII, 37). Rex est enim et Judæorum. Sed parum est Judæorum. « Omnes gentes plaudite manibus : quoniam rex omnis terræ Deus. » Non enim illi sufficit unam gentem habere sub se : ideo tantum pretium ex latere dedit, ut emeret orbem terrarum. « Rex magnus super omnem terram. »

5. « Subjecit plebes nobis, et gentes sub pedibus nostris (*Ps.*XLVI,4). » Quas subjecit, et quibus ? Qui sunt qui loquuntur ? Forte Judæi ? Plane si Apostoli, plane si sancti. His enim Deus subjecit plebes et gentes, ut hodie honorentur in gentibus, qui a suis civibus occidi meruerunt : quomodo Dominus eorum occisus est a civibus, et honoratur a gentibus, crucifixus a suis, adoratur ab alienis, sed pretio (*a*) factis suis. Ideo enim emit nos, ut alieni ab eo non essemus. Putas ergo voces esse Apostolorum, « Subjecit plebes nobis, et gentes sub pedibus nostris ? » Nescio. Mirum si Apostoli tam superbe loquerentur, ut gaude-

---

(*a*) Sic editio Er. cui consentiunt plures MSS. At Lov. *sed pretio sanguinis sui*. Duo MSS. *sed pretio sanguinis factis suis*.

que les chrétiens seraient sous les pieds des apôtres. Ils se réjouissent, en effet, d'être, avec nous, sous les pieds de celui qui est mort pour nous. Car ceux qui voulaient être à Paul couraient se mettre sous ses pieds; mais il leur disait : « Est-ce que Paul a été crucifié pour vous? (I *Cor.* I, 13). » Qu'y a-t-il donc ici? Que devons-nous comprendre? » Il nous a soumis les peuples, et il a placé les nations sous nos pieds. » Tous ceux qui font partie de l'héritage du Christ sont dans toutes les nations, et tous ceux qui ne font pas partie de cet héritage sont aussi dans toutes les nations; et vous voyez l'Église du Christ s'élever tellement au nom du Christ, que tous ceux qui ne croient pas encore au Christ sont sous les pieds des chrétiens. Combien, en effet, ne voit-on pas maintenant d'hommes qui, bien qu'ils ne soient pas encore chrétiens, accourent vers l'Église, demandent le secours de l'Église? Ils veulent qu'elle leur subvienne temporellement, bien qu'ils ne veuillent pas encore régner avec nous éternellement. Donc, puisque tous les hommes cherchent le secours de l'Église, même ceux qui ne sont pas encore dans l'Église, est-ce que Dieu « ne nous a pas soumis tous les peuples, et n'a point placé toutes les nations sous nos pieds ? »

6. « Il a choisi en nous son héritage, trouvant en nous la beauté qu'il a aimée en Jacob (*Ps.* XLVI, 6). » Il est une beauté qu'il a aimée en Jacob, pour laquelle il a choisi en nous, comme en Jacob, son héritage. Ésaü et Jacob étaient deux frères; ils se combattaient dans le sein de leur mère, et les entrailles maternelles subissaient le contre-coup de leurs luttes. Ils étaient deux, et le plus jeune fut choisi et mis au-dessus de son aîné, et il a été dit : « Deux peuples sont dans votre sein, et l'aîné servira le plus jeune (*Gen.* XXV, 23). » Dans ce terme: « toutes les nations du monde, » se trouvent compris et l'aîné et le plus jeune des deux frères; mais le plus jeune est parmi les chrétiens qui sont bons, choisis, pieux et fidèles; l'aîné se trouve parmi les orgueilleux, les indignes, les pécheurs, les opiniâtres, qui excusent leurs péchés plutôt qu'ils ne les confessent. Tel était le peuple juif, qui ignorait la justice de Dieu et voulait établir la sienne (*Rom.* X, 3). Mais, comme il a été dit que « l'aîné servira le plus jeune, » il est clair que les impies seront soumis aux justes, et les orgueilleux aux humbles. Ésaü est né le premier, Jacob est né après lui; mais celui qui est né le second a été élevé au-dessus de son aîné, qui, par sa gourmandise, a perdu son droit d'aînesse. Voici ce qui est écrit : « Il désira un plat de lentilles, et son frère lui dit : si vous voulez que je vous le donne, donnez-moi votre droit d'aînesse (*Gen.* XXV, 20-34). » Ésaü préféra ce qu'il désirait d'une manière charnelle, aux droits spirituels que lui avait assuré l'ordre de sa nais-

---

rent gentes esse positas sub pedibus suis, id est, Christianos sub pedibus Apostolorum. Etenim gaudent nos secum esse sub pedibus illius qui mortuus est pro nobis. Nam sub pedes Pauli currebant, qui volebant esse Pauli ; et dicebat eis, « Numquid Paulus pro vobis crucifixus est (1 *Cor.* I, 13)? » Quid ergo hic? quid accepturi sumus ? « Subjecit plebes nobis, et gentes sub pedibus nostris. » Omnes pertinentes ad hereditatem Christi in omnibus gentibus sunt, et omnes non pertinentes ad hereditatem Christi in omnibus gentibus sunt : et videtis sic exaltari in nomine Christi Ecclesiam Christi, ut omnes nondum credentes in Christo, sub pedibus jaceant Christianorum. Quanti enim modo currunt ad Ecclesiam nondum Christiani, rogant auxilium Ecclesiæ ; subveniri sibi temporaliter volunt, etiam si in æternum nobiscum regnare adhuc nolunt. Cum omnes quærunt auxilium Ecclesiæ, et qui nondum sunt in Ecclesia, nonne « subjecit plebes et gentes sub pedibus nostris ? »

6. « Elegit nobis hereditatem suam, speciem Jacob quam dilexit (*Ps.* XLVI, 5). » Pulcritudinem quamdam Jacob elegit nobis hereditatem suam Jacob. Duo fratres erant Esaü et Jacob, in utero matris ambo confligebant, et de conflictu viscera materna quatiebantur : et ibi cum duo essent, electus est minor, et præpositus est majori, et dictum est, « Duo populi sunt in utero tuo, et major serviet minori (*Gen.* XXV, 23). » Per omnes gentes major, per omnes gentes minor : sed minor in bonis Christianis, electis, piis, fidelibus; major in superbis, indignis, peccatoribus, contumacibus, sua peccata defendentibus magis quam confitentibus ; qualis etiam ipse populus Judæorum fuit, « ignorans Dei justitiam, et suam volens constituere (*Rom.* X, 3). » Sed quia dictum est, « Major serviet minori : manifestum est, quia piis subdentur impii, et humilibus subdentur superbi. Prior natus est Esaü, et posterior natus est Jacob : sed qui posterius natus est, prælatus est primo nato, qui per gulam perdidit primogenita sua. Sic habes scriptum, desideravit lenticulam, et ait illi frater ejus,

sance, et il abdiqua son droit d'aînesse pour manger des lentilles. Or, nous trouvons que les lentilles étaient la nourriture des Égyptiens, car elles abondent en Égypte. Et les lentilles d'Alexandrie sont tellement estimées, qu'on les importe jusque chez nous, comme si notre pays ne produisait pas ce légume. C'est en convoitant la nourriture des Égyptiens, qu'il a perdu son droit de primogéniture. C'est ainsi qu'il en arriva au peuple juif, dont il a été dit : « Ils ont tourné leurs cœurs vers l'Égypte (*Act.* VII, 39). » Ils ont désiré en quelque sorte des lentilles, et perdu leur droit d'aînesse. « Il a choisi en nous son héritage, trouvant en nous la beauté qu'il a aimée en Jacob. »

7. « Dieu est monté au milieu de la jubilation (*Ps.* XLVI, 7). » C'est ce même Dieu Notre-Seigneur Jésus-Christ, qui est monté au ciel au milieu de la jubilation. « Le Seigneur est monté au bruit de la trompette. » Il est monté : où, si ce n'est où nous savons? où les Juifs ne l'ont pas suivi, même des yeux. Car ils l'ont raillé lorsqu'il fut élevé sur la croix (*Matth.* XXVII, 39), et ils ne l'ont point vu tandis qu'il montait au ciel. « Dieu est monté au milieu de la jubilation. » Qu'est-ce que la jubilation, sinon l'étonnement de la joie que les mots ne peuvent exprimer? Si grands furent l'étonnement et la joie des disciples, quand ils virent monter au ciel (*Act.* I, 9) celui dont ils avaient pleuré la mort, que des paroles ne pouvaient rendre leur joie, et qu'il ne leur restait que la jubilation pour exprimer ce que nul ne pouvait expliquer. Et là aussi a retenti le bruit de la trompette, la voix des anges. En effet, le prophète Isaïe a dit : « Faites retentir votre voix à l'égal de la trompette (*Is.* VIII, 1). » Les anges annoncèrent l'ascension du Seigneur ; ils virent les Apôtres témoins de cette merveille, immobiles d'admiration, stupéfaits, silencieux, mais leur cœur était gonflé par la jubilation ; et la voix de la trompette se fit entendre par la voix même des anges qui disaient : « Hommes de Galilée, pourquoi vous tenez-vous là à regarder? c'est Jésus (*Act.* I, 11), » comme s'ils ignoraient que ce fût Jésus. Est-ce qu'ils ne l'avaient pas vu un peu auparavant devant eux? Est-ce qu'ils ne l'avaient pas entendu leur parler? Car ils n'avaient pas seulement vu ses traits, pendant qu'il était au milieu d'eux, mais ils avaient touché ses membres (*Luc.* XXIV, 39). Pouvaient-ils donc ignorer que ce fût Jésus? Mais l'étonnement, la joie, la jubilation les avaient mis comme hors d'eux-mêmes ; c'est pourquoi les anges leur disent : « c'est Jésus. » C'était comme s'ils leur eussent dit : Si vous croyez en lui, c'est bien celui que vos pas chancelants n'ont point osé suivre lorsqu'il a été mis en croix ; celui après la mort et la sépulture duquel vous pensiez avoir perdu toute espérance ; c'est bien Jésus lui-même. Il vous précède au ciel, il en

---

« Si vis ut dem tibi, da mihi primogenita tua (*Gen.* XXV, 30). » Ille plus amavit quod carnaliter concupierat, quam quod spiritaliter prius nascendo meruerat : et deposuit primogenita sua, ut manducaret lenticulam. Lenticulam autem invenimus cibum esse Ægyptiorum : nam ibi abundat in Ægypto. Unde magnificatur lenticula Alexandrina, et venit usque ad terras nostras : quasi hic non nascatur lenticula. Ergo desiderando cibum Ægyptium, perdidit primatum. Sic et populus Judæorum, de quo dictum est, Conversi sunt corde in Ægyptum, lenticulam quodam modo desideraverunt, et primatum perdiderunt. « Elegit nobis hereditatem suam, speciem Jacob quam dilexit. »

7. « Adscendit Deus in jubilatione (*Ps.* XLVI, 6). » Ipse ille Deus noster Dominus Christus adscendit in jubilatione. « Dominus in voce tubæ. » Ascendit : quo, nisi quo scimus? Quo cum Judæi non sunt secuti, nec oculis. In cruce enim exaltatum irriserunt, in cœlum adscendentem non viderunt (*Matth.* XXVII, 39). « Adscendit Deus in jubilatione. » Quid est jubilatio, nisi admiratio gaudii, quæ verbis non potest explicari? Quomodo admirati sunt gaudentes discipuli, videntes ire in cœlum quem planxerunt mortuum (*Act.* I, 9) : re vera gaudio huic verba non sufficiebant, restabat jubilare quod nemo poterat explicare. Ibi erat et vox tubæ, vox illa Angelorum. Dictum est enim, « Sicut tuba exalta vocem tuam (*Isai.* LVIII, 1). » Prædicaverunt Angeli adscensionem Domini : viderunt (*a*) discipulos adscendente Domino hærentes, admirantes, stupentes, nihil dicentes, sed corde jubilantes : et vox jam tubæ in clara voce Angelorum, « Viri Galilæi quid statis? Hic est Jesus (*Act.* I, 11). » Quasi illi non scirent quia ipse esset Jesus. Ante se paulo ante eum non viderant? secum loquentem non audierant? Nempe non solum speciem viderunt

(*a*) Novem MSS. *viderunt discipuli adscendentem Dominum*.

descendra un jour comme vous l'avez vu y monter (*Act.* I, 11). Son corps disparaît de devant vos yeux; mais Dieu ne s'éloigne pas de vos cœurs. Voyez-le monter; croyez en lui, bien qu'il soit absent; espérez en son avènement; mais que sa miséricorde secrète vous fasse sentir sa présence. En effet, s'il est monté au ciel, et s'il s'est dérobé à vos yeux, il vous a fait une promesse; il vous a dit: « Je suis avec vous jusqu'à la consommation des siècles (*Matth.* XXVIII, 20). » C'est avec raison que l'Apôtre nous a dit: « Le Seigneur est proche; n'ayez aucune inquiétude (*Philipp.* IV, 5). » Le Christ est assis au-dessus des cieux, et les cieux sont loin de nous. Et cependant, lui qui y est assis est proche de nous. « Le Seigneur est monté au bruit de la trompette. » Vous donc, enfants de Coré, si vous avez bien compris qui vous êtes, si vous vous voyez ici, vous devez vous réjouir de vous y trouver.

8. « Chantez à notre Dieu sur le psaltérion, chantez sur le psaltérion (*Ps.* XLVI, 7). » Chantez à notre Dieu, que raillaient comme homme des hommes qui s'étaient séparés de Dieu. En effet, il n'est pas seulement un homme, il est Dieu. Homme sorti de la race de David (*Rom.* I, 3), Dieu, Seigneur de David, il a reçu sa chair des Juifs, « dont les patriarches, comme le dit l'Apôtre, sont les ancêtres, et desquels le Christ est sorti selon la chair (*Rom.* IX, 5). » Le Christ est donc sorti des Juifs, mais selon la chair. Et quel est-il, ce Christ, qui est sorti des Juifs selon la chair? « Il est au-dessus de toutes choses, Dieu béni dans tous les siècles (*Ibid.*). » Il est Dieu avant la chair, Dieu dans la chair, Dieu avec la chair. Et non-seulement il est Dieu avant la chair, mais avant la terre, dont la chair a été faite; et non-seulement Dieu avant la terre, dont la chair a été faite, mais encore avant le ciel, qui a été fait avant la terre; Dieu avant le jour, qui a été fait le premier; Dieu avant tous les anges, le Christ Dieu. Car au commencement était le Verbe, et le Verbe était en Dieu, et le Verbe était Dieu; toutes choses ont été faites par lui, et rien de ce qui a été fait n'a été fait sans lui (*Jean.* I, 1). Celui-là est avant toutes choses, par qui toutes choses ont été faites. « Chantez donc à notre Dieu sur le psaltérion, chantez sur le psaltérion. »

9. « Parce que Dieu est le roi de toute la terre (*Ps.* XLVI, 8). » Mais quoi! Est-ce qu'il n'était point auparavant le Dieu de toute la terre? N'était-il pas le Dieu du ciel et de toute la terre, puisque toutes choses absolument ont été faites par lui? Qui peut dire qu'il n'est pas son Dieu?

---

præsentis, sed et membra contrectaverunt (*Lucæ* XXIV, 39). Ipsi ergo nesciebant quod ille esset Jesus? sed admiratione ipsa præ gaudio jubilationis, tamquam mente alienatis, loquuntur Angeli, Ipse est Jesus. Quasi, Si creditis illi, ille est quo crucifixo nutaverunt vobis pedes, quo occiso et sepulto spem vobis perdidisse putabatis; ecce ipse est Jesus: « adscendit ante vos, sic veniet quemadmodum eum videtis euntem in cœlum (*Act.* I, 11): tollitur quidem corpus ab oculis vestris, sed non separatur Deus a cordibus vestris: videte adscendentem, credite in absentem, sperate venientem; sed tamen per misericordiam occultam etiam sentite præsentem. Ille enim qui adscendit in cœlum, ut tolleretur ab oculis vestris, promisit vobis dicens, « Ecce ego vobiscum sum usque in consummationem sæculi (*Matth.* XXVIII, 20). » Merito et Apostolus sic nos alloquebatur, « Dominus in proximo est, nihil solliciti fueritis (*Philip.* IV, 5, 6). » Sedet super cœlos Christus, et longe sunt cœli, et ipse qui ibi sedet, prope est. « Dominus in voce tubæ. » Ergo vos filii Core, jam si intellexistis vos, et inspicitis hic vos, et vos gaudetis, quia videtis hic vos.

8. « Psallite Deo nostro, psallite (*Psal.* XLVI, 7). » Quem tamquam hominem irriserunt, qui a Deo alienati sunt, « psallite Deo nostro. » Non enim homo tantum, sed et Deus. « Homo ex semine David (*Rom.* I, 3), » Deus Dominus David, ex Judæis carnem habens: quorum patres, ait, Apostolus, et ex quibus Christus secundum carnem. Ex Judæis ergo Christus, sed secundum carnem. Quis autem iste Christus, qui est ex Judæis secundum carnem (*Rom.* IX, 5)? Qui est super omnia Deus benedictus in sæcula. Deus ante carnem, Deus in carne, Deus cum carne. Nec solum ante carnem Deus, sed ante terram Deus, unde facta est caro: nec tantum ante terram Deus, unde caro facta est; sed etiam ante cœlum Deus, quod prius factum est: ante diem Deus qui primus factus est, ante omnes Angelos Deus, ipse Christus Deus: quoniam « in principio erat Verbum, et Verbum erat apud Deum, et Deus erat Verbum: omnia per ipsum facta sunt, et sine ipso factum est nihil (*Johan.* I, 1). Ille est ante omnia, per quem facta sunt omnia. « Psallite ergo Deo nostro, psallite (*a*). »

9. « Quoniam rex omnis terræ Deus (*Ps.* XLVI, 8). »

(*a*) Omittitur altera pars v. 7. *Psallite regi nostro, psallite.*

Mais tous les hommes ne l'ont pas reconnu pour leur Dieu, et il semble qu'il n'était Dieu que là où on le reconnaissait pour Dieu. « Dieu était connu dans la Judée (*Ps.* LXXV, 2) ; » mais on n'avait pas encore dit aux enfants de Coré : « Nations du monde entier, applaudissez des mains.» Car ce Dieu, connu dans la Judée, est le Dieu-Roi de toute la terre. Maintenant il est reconnu par tous les hommes, parce que s'est accomplie cette prédiction d'Isaïe : « Votre Dieu, ce Dieu même qui vous a délivré, sera appelé le Dieu de toute la terre (*Is.* LIV, 5). » « Parce que Dieu est le roi de toute la terre, chantez à sa gloire avec intelligence sur le psaltérion. » Le Prophète nous instruit ; il nous avertit de chanter avec intelligence, de ne pas chercher l'harmonie pour l'oreille, mais la lumière pour le cœur. « Chantez, dit-il, avec intelligence. » Les Gentils, du milieu desquels vous avez été appelés pour devenir chrétiens, adoraient des dieux faits de leurs mains, et chantaient en leur honneur ; mais ils ne chantaient pas avec intelligence. S'ils avaient chanté avec intelligence, ils n'auraient pas adoré des pierres. Quand un homme, doué de sens, chantait à la louange d'une pierre privée de sens, est-ce qu'il chantait avec intelligence ? Maintenant, au contraire, mes frères, bien que nous ne voyions pas des yeux celui que nous adorons, cependant, sagement instruits que nous sommes, nous l'adorons. Dieu est d'autant plus digne de respect pour nous, que nous ne le voyons pas de nos yeux. Si nous le voyions des yeux de notre corps, peut-être le mépriserions-nous. Car les Juifs ont vu le Christ et l'ont méprisé ; les Gentils ne l'ont point vu et l'ont adoré. C'est d'eux qu'il est dit : Chantez avec intelligence. « Gardez-vous d'être comme le cheval et le mulet, qui n'ont pas d'intelligence (*Ps.* XXXI, 9). »

10. « Le Seigneur règnera sur toutes les nations (*Ps.* XLVI, 7).» Celui qui régnait sur un seul peuple, dit le Prophète, règnera sur toutes les nations. Lorsque le Prophète disait ces paroles, Dieu ne régnait que sur une seule nation ; c'était donc une prophétie, et non point un fait visible. Grâces à Dieu, nous voyons maintenant accompli ce qui fut alors prophétisé. Dieu, avant le temps du paiement, avait souscrit envers nous un billet ; le temps venu, il nous l'a payé. « Dieu règnera sur toutes les nations ; » il n'y a encore là qu'une promesse : « Dieu est assis sur son trône saint. » Ce qui n'était alors qu'une promesse pour l'avenir est maintenant accompli, nous le reconnaissons et nous en jouissons. « Dieu est assis sur son trône saint. » Quel est son trône saint ? Les cieux peut-être, et c'est un sens très-louable. En effet, le Christ y est monté, comme nous le savons, avec le corps dans lequel

---

Quid enim ? Et ante non omnis terræ Deus ? Nonne et cœli et terræ Deus, cum utique per illum facta sunt omnia ? Quis posset dicere non esse Deum suum ? Sed non omnes homines agnoverunt Deum suum : et ubi agnoscebatur, quasi ibi tantum Deus erat. « Notus in Judæa Deus (*Psal.* LXXV, 2) : » nondum filiis Core dicebatur, « Omnes gentes plaudite manibus (*Psal.* LXXV, 2). » Ille enim Deus notus in Judæa, rex omnis terræ Deus est. Jam ab omnibus agnoscitur quia impletum est quod dicit Isaias, « Ipse Deus tuus qui eruit te, universæ terræ Deus vocabitur (*Isai.* LIV, 5). » « Quoniam rex omnis terræ Deus : psallite intelligenter. » Docet nos et admonet nos ut psallamus intelligenter : non quæramus sonum auris, sed lumen cordis. « Psallite, inquit, intelligenter. » Gentes, unde vocati estis ut Christiani essetis, adorabant deos manu factos, et psallebant illis ; sed non intelligenter. Si intelligenter cantarent, lapides non adorarent. Quando homo sensatus cantabat lapidi insensato, numquid intelligenter cantabat ? Modo autem, Fratres, non videmus oculis quem adoramus, et tamen (*a*) correcti adoramus. Multo magis nobis Deus commendatur (*b*), quia eum oculis non videmus. Si eum oculis videremus forte contemneremus. Nam et Christum Judæi visum contemserunt, non visum Gentes adoraverunt. Illis enim dictum est, « Psallite intelligenter. » « Nolite esse sicut equus et mulus, in quibus non est intellectus (*Psal.* XXXI, 9).»

10. « Regnabit Dominus super omnes gentes (*Psal.* XLVI, 7).» Qui regnabat super unam gentem, « regnabit, inquit, super omnes gentes. » Quando dicebantur ista, super unam gentem regnabat Deus : prophetia erat, nondum res demonstrabatur. Deo gratias, jam videmus impleri quod ante prophetabatur. Chirographum Deus ante tempus scripsit nobis, impleto tempore reddidit nobis. « Regnabit Deus super omnes gentes, » promissio est. « Deus sedet super sedem sanctam suam. » Quod tunc futurum promittebatur,

---

(*a*) Vaticanus MS. *corde recti*. (*b*) Hic in editis additur, *potentior* : in aliquot MSS. *major* : neutrum vero est in melioris notæ libris.

il a été crucifié, et il est assis à la droite de Dieu (*Act.* I, 2). C'est de là qu'il doit venir, selon notre attente, pour juger les vivants et les morts (II *Tim.* IV). « Il est assis sur son trône saint. » Les cieux sont donc le saint trône du Seigneur. Mais voulez-vous être aussi son trône ? Gardez-vous de croire que vous ne le puissiez pas ; préparez-lui une place dans votre cœur, il y viendra et y demeurera volontiers. Car il est certainement la vertu de Dieu et la sagesse de Dieu (I *Cor.* I, 24). Or, que dit l'Écriture de la sagesse ? L'âme du juste est le trône de la sagesse (*Sag.* VII). Si donc l'âme du juste est le trône de la sagesse, que votre âme soit juste, et vous serez le trône royal de la sagesse. Et, en réalité, mes frères, est-ce que Dieu ne réside pas et ne commande pas dans tous les hommes qui vivent bien, qui se conduisent selon les règles d'une pieuse charité ? L'âme obéit à Dieu qui habite en elle, et, à son tour, elle règne sur les membres du corps. En effet, votre âme commande à vos membres, c'est elle qui fait mouvoir le pied, la main, l'œil, l'oreille ; elle donne des ordres aux membres comme à ses serviteurs, mais elle-même obéit intérieurement à son Seigneur qui réside en elle. Elle ne saurait bien gouverner celui qui lui est inférieur, si elle dédaignait d'obéir à celui qui lui est supérieur. « Dieu est assis sur son saint trône. »

11. « Les princes des peuples se sont unis avec le Dieu d'Abraham (*Ps.* XLVI, 10) : » « le Dieu d'Abraham, et le Dieu d'Isaac, et le Dieu de Jacob (*Ex.* II, 6). » Cela est vrai, Dieu l'a dit, et les Juifs en ont conçu de l'orgueil et ils ont dit : « Nous sommes les enfants d'Abraham (*Jean.* VIII, 33). » Ils se sont énorgueillis du nom de leur père ; ils étaient revêtus de sa chair, mais ils ne gardèrent pas sa foi ; ils étaient de sa race, mais ils dégénéraient de ses mœurs. Aussi, que leur dit le Seigneur, à cause de leur fol orgueil ? « Si vous êtes les enfants d'Abraham, faites les œuvres d'Abraham (*Jean.* VIII, 39). » De même, que dit Jean-Baptiste à quelques-uns d'entre eux, qui venaient à lui tout tremblants, pour faire pénitence et se corriger ? « Race de vipères (*Matth.* III, 7) ! » En effet, ils étaient injustes, ils étaient perdus de mœurs, ils étaient souillés de péchés, ils étaient impies ; ils se présentèrent au baptême de Jean ; et que leur dit-il ? « Race de vipères ! » Ils se disaient enfants d'Abraham et Jean les appelait enfants de vipères. Est-ce qu'Abraham était une vipère ? Mais, comme par leur vie de désordres ils avaient imité les démons, et qu'ils étaient devenus les

---

nunc impletum agnoscitur et tenetur. « Deus sedet super sedem sanctam suam. » Quæ sedes ejus sancta ? Forsitan cœli, et bene intelligitur. Adscendit enim Christus, sicut novimus, cum corpore in quo crucifixus est, et sedet ad dexteram Patris (*Act.* I, 2) : « inde cum venturum exspectamus ad judicandos vivos et mortuos (II *Tim.* IV). » « Sedet super sedem sanctam suam. » Cœli sunt sedes sancta ejus. Vis et tu esse sedes ejus ? Noli putare te esse non posse : para illi locum in corde tuo ; venit, et libenter sedet. « Ipse certe est Dei Virtus et Dei Sapientia (I *Cor.* I, 24). » Et quid dicit Scriptura de ipsa Sapientia ? « Anima justi, sedes sapientiæ (*Sap.* VII). » Si ergo anima justi sedes est sapientiæ : sit anima tua justa, et eris regalis sella sapientiæ. Et re vera, Fratres, omnes homines qui bene vivunt, qui bene agunt, secundum caritatem (*a*) piam conversantur, nonne Deus in illis sedet, et ipsi jubet ? Obtemperat anima sedenti in se Deo, et ipsa jubet membris. Anima enim tua jubet membro tuo, quo moveatur pes, quo manus, quo oculus, quo auris, et jubet ipsa membris tamquam famulis suis : sed et ipsa servit interius insidenti sibi domino suo. Non potest inferiori se bene imperare, nisi superiori se non fuerit dedignata servire. « Deus sedet super sedem sanctam suam. »

11. « Principes populorum convenerunt cum Deo Abraham (*Ps.* XLVI, 10). » « Deus Abraham et Deus Isaac et Deus Jacob (*Exod.* II, 6). » Verum est, dixit hoc Deus, et superbierunt inde Judæi, et dixerunt, « Nos filii Abrahæ sumus (*Johan.* VIII, 33). » Superbientes de nomine paterno, gerentes ejus carnem, non tenentes ejus fidem ; semine adhærentes, moribus degenerantes. Denique Dominus quid ait eis ita superbientibus ? « Si filii Abrahæ estis, facta Abrahæ facite (*Ibid.* 39). » Item quid dixit illis Johannes venientibus et contremiscentibus quibusdam ipsorum, qui se pœnitendo corrigere voluerunt ? « Progenies viperarum (*Matth.* III, 7). » Erant enim iniqui, erant perditi, erant peccatores, erant impii : venerunt ad baptismum Johannis : et quid eis dicit ? Progenies viperarum. Illi se dicebant filios Abrahæ, et dicebat illos dicebat filios viperarum. Numquid Abraham vipera erat ? Sed quia male vivendo dæmones imitati erant, et eorum filii facti erant, quos imitando male vive-

---

(*a*) Gatianensis MS. *secundum caritatem pie conversantur.*

fils de ceux qu'ils imitaient par leur vie criminelle : « Race de vipères, leur dit-il, qui vous apprend à fuir la colère qui vous menace? Faites donc de dignes fruits de pénitence; et gardez-vous de dire en vous-mêmes : Nous avons pour père Abraham, » en vous énorgueillissant de descendre d'Abraham; « car Dieu peut, de ces pierres même, faire naître des enfants à Abraham (*Ibid.* 9). » Abraham ne restera pas sans enfants, parce que Dieu vous aura condamnés; car il peut condamner ceux qu'il hait et lui rendre les fils qu'il lui a promis. Et d'où tirera-t-il les enfants qu'il lui rendra, s'il condamne les Hébreux sortis de sa race? « De ces pierres même. » Et Jean leur montrait les pierres du désert. Quelles étaient ces pierres, sinon les gentils qui adoraient des pierres? Pourquoi étaient-ils des pierres? Parce qu'ils adoraient des pierres, et méritaient ainsi le nom de pierres; car dans un autre psaume, le Prophète avait fait cette prédiction : « Que ceux qui font ces idoles deviennent semblables à elles, de même que tous ceux qui mettent confiance en elles (*Ps.* CXIII, 8). » Et, en effet, il a tiré de ces pierres les enfants qu'il a rendus à Abraham; nous tous qui naguère adorions des pierres, nous sommes convertis au Seigneur et nous sommes devenus enfants d'Abraham, non pas en tenant de lui notre chair, mais en imitant sa foi. « Les princes des peuples se sont donc unis avec le Dieu d'Abraham. » Les princes des peuples, les princes des gentils, non pas les princes d'un seul peuple, mais les princes de tous les peuples se sont unis avec le Dieu d'Abraham.

12. Du nombre de ces princes était le centurion, dont parle l'Évangile qui vous a été lu tout-à-l'heure. C'était, en effet, un homme puissant et honoré parmi les hommes, il était prince parmi les princes du peuple. Tandis que le Christ venait à lui, il envoya ses amis au-devant de lui, ou plutôt tandis que le Christ passait, il lui envoya ses amis pour le prier de guérir son serviteur qui était dangereusement malade, et comme le Seigneur voulait venir en personne chez ce centurion, celui-ci lui fit dire : « Je ne suis pas digne que vous entriez sous mon toit, mais dites seulement un mot, et mon serviteur sera guéri. Car je ne suis qu'un homme soumis à d'autres, et cependant j'ai des soldats sous mes ordres (*Luc.* VII, 6, etc.). » Voyez quel ordre il tient dans son discours. Il rappelle d'abord qu'il est soumis aux ordres d'un autre, et ensuite qu'il y en a d'autres qui sont sous ordres. Je suis à la fois soumis au pouvoir d'autrui, et j'ai aussi du pouvoir sur autrui; soumis aux uns, je suis supérieur à d'autres. « Et je dis à celui-ci : allez, et il va; à tel autre : venez et il vient; et à mon serviteur : faites ceci et il le fait. » C'est comme s'il disait : si moi, qui suis sous les

ordres d'un supérieur, je commande à ceux qui me sont soumis, vous qui n'êtes soumis aux ordres de personne, ne pouvez-vous commander à votre créature, alors que toutes choses ont été faites par vous, et que rien n'a été fait sans vous? Dites donc un mot seulement, et mon serviteur sera guéri; car je ne suis pas digne que vous entriez sous mon toit. Il tremblait à la pensée d'introduire le Christ dans ses murs, et déjà le Christ était dans son cœur : déjà son âme était le trône du Christ, déjà celui qui recherchait les humbles y résidait. Enfin, le Christ rempli d'admiration, se tourne vers ceux qui le suivaient, et leur dit : « En vérité, je vous le dis, je n'ai pas trouvé tant de foi dans Israël (*Ibid.* 9).» Selon le récit que fait un autre Évangéliste du même trait, le Christ ajoute : « C'est pourquoi je vous dis que beaucoup viendront de l'Orient et de l'Occident et prendront place auprès d'Abraham, d'Isaac et de Jacob, dans le royaume des cieux. » En effet, ce centurion ne faisait point partie du peuple d'Israël. Car, dans le peuple d'Israël, les orgueilleux repoussaient Dieu loin d'eux; et parmi les princes des Gentils, il s'est trouvé un homme humble, qui attirait Dieu à lui. Jésus, admirant sa foi, réprouve la perfidie des Juifs. En effet, ils croyaient être en santé, tandis qu'ils étaient le plus dangereusement malades, qu'ils méconnaissaient et qu'ils mettaient à mort leur médecin. En reprochant donc aux Juifs leur orgueil et en les rejetant, que leur dit le Seigneur? « Je vous le dis, à cause de cela, beaucoup viendront de l'Orient et de l'Occident, qui n'appartiennent pas à la race d'Israël, beaucoup auxquels le Prophète a dit : « Nations du monde entier applaudissez des mains,» et qui prendront place auprès d'Abraham, d'Isaac et de Jacob, dans le royaume des cieux. Abraham ne les a pas engendrés charnellement et pourtant ils prendront place auprès de lui dans le royaume des cieux, et ils seront ses enfants. Pourquoi ses enfants? non pas des enfants nés de sa chair, mais des imitateurs de sa foi. « Pour les enfants du royaume, c'est-à-dire pour les Juifs, ils seront précipités dans les ténèbres extérieures; là il y aura des pleurs et des grincements de dents. » Ceux qui sont nés de la chair d'Abraham seront condamnés aux ténèbres extérieures, et ceux qui auront imité la foi d'Abraham, seront admis à son festin dans le royaume des cieux. C'est donc avec raison qu'il est dit : « Les princes des peuples se sont unis avec le Dieu d'Abraham. »

13. Et que deviendront ceux qui appartenaient au Dieu d'Abraham? « Parce que les dieux puissants de la terre se sont élevés à l'excès (*Ps.* XLVI, 10). » Ceux qui étaient des dieux, ce peuple de Dieu, cette vigne de Dieu, dont il est dit : « Ju-

---

huic, Vade, et vadit : et alio, Veni, et venit : et servo meo, Fac hoc, et facit (*Ibid.*). » Tamquam diceret, Si ego sub potestate constitutus jubeo illis quis sub me sunt, tu qui sub nullius potestate positus es, non potes jubere creaturæ tuæ, quando omnia per te facta sunt, et sine te factum est nihil? Dic ergo verbo, inquit, et sanabitur puer meus. Nam ut in domum meam intres, non sum dignus. Trepidavit Christum mittere intra parietes suos, et jam intus erit in corde ejus : jam erat anima ejus sedes illius, jam ibi sedebat ille qui humiles requirebat. Conversus denique Christus, miratus est, et ait sequentibus se, « Amen dico vobis, non inveni tantam fidem in Israel (*Ibid.* 9). » Et sicut alius Evangelista eamdem rem narrat, sequitur Dominus, et dicit; « Ideo dico vobis, quia multi ab Oriente et Occidente venient, et recumbent cum Abraham et Isaac et Jacob in regno cœlorum (*Matth.* VIII, 11). » Iste enim Centurio non erat de populo Israel. Nam in populo Israel superbi repellebant a se Deum : in principibus Gentium inventus est humilis, qui ad se invitaret Deum. Admirans Jesus fidem ipsius, reprobat perfidiam Judæorum. Sani enim sibi videbantur, cum periculosius ægrotarent, quando medicum non cognoscentes, occidebant. Cum ergo reprobaret et repudiaret illorum superbiam, quid ait? Ideo vobis dico, quia multi ab Oriente et Occidente venient, non pertinentes ad cognationem Israel : venient multi quibus dixit, « Omnes gentes plaudite manibus; » et recumbent cum Abraham in regno cœlorum. Non illos genuit carne sua Abraham, et venientes recumbent cum illo in regno cœlorum, et filii ipsius erunt. Quare filii ipsius? Non nati de carne, sed sequendo fidem ipsius. « Filii autem regni, id est, Judæi, ibunt in tenebras exteriores : illic erit ploratio et stridor dentium. » Damnabuntur in tenebras exteriores qui nati sunt de carne Abrahæ, et recumbent cum eo in regno cœlorum qui imitati sunt fidem Abrahæ. Merito ergo et hic, « Principes populorum convenerunt cum Deo Abraham. »

13. Et quid illi qui pertinebant ad Deum Abraham? « Quoniam dii fortes terræ valde elevati sunt (*Ps.* XLVI, 10). » Qui erant dii, populus ille Dei, vitis illa Dei, de qua dicitur, « Judicate inter me et inter

gez entre moi et ma vigne (*Is.* v, 3), iront dans les ténèbres extérieures (*Matth.* viii, 12), ne partageront point le festin d'Abraham, d'Isaac et de Jacob, et ne seront point réunis avec le Dieu d'Abraham. Pourquoi ? Parce que les dieux puissants de la terre, ceux qui ont longtemps été les dieux puissants de la terre, ont orgueilleusement présumé de la terre. De quelle terre ? d'eux-mêmes, parce que tout homme n'est que terre. En effet il a été dit à l'homme : « Vous êtes terre et vous irez dans la terre (*Gen.* iii, 19). » Mais l'homme doit, au contraire, mettre en Dieu sa confiance et espérer des secours de Dieu et non de lui-même. En effet, la terre ne peut se donner ni pluie, ni lumière; or, de même que la terre attend du ciel la pluie et la lumière, de même l'homme doit attendre de Dieu la miséricorde et la vérité. Donc, ces dieux puissants de la terre se sont élevés à l'excès, c'est-à-dire qu'ils ont conçu un orgueil excessif; ils ont cru n'avoir pas besoin de médecin, et c'est pourquoi ils sont restés dans leur maladie et cette maladie les a conduits à la mort. Les rameaux naturels ont été coupés, afin que l'olivier sauvage fût enté sur le tronc (*Rom.* xi, 17). « Parce que les dieux puissants de la terre se sont élevés à l'excès. » Il faut donc, mes frères, garder l'humilité, la charité, la piété; parce que nous avons été appelés, après qu'ils ont été réprouvés, et que leur exemple doit nous apprendre à craindre l'orgueil.

DISCOURS [1] SUR LE PSAUME XLVII.

1. Le titre de ce psaume est : « Louange de cantique pour les fils de Coré, le second jour de la semaine (*Ps.* xlvii, 1). » Recevez, comme des enfants du firmament, ce que Dieu daigne m'inspirer sur ce titre. En effet, le second jour de la semaine, c'est-à-dire le premier après celui que nous appelons le jour du Seigneur, qui est également nommé férie deuxième, est celui dans lequel fut créé le firmament du ciel, ou plutôt le firmament appelé ciel. Car Dieu donna au fir-

vineam meam (*Is.* v, 3), » « ibunt in tenebras exteriores (*Matth.* viii, 12). » non recumbent cum Abraham et Isaac et Jacob, non conveniunt cum Deo Abraham. Quare ? « Quoniam dii fortes terræ. » Illi qui erant dii fortes terræ, præsumentes de terra. De qua terra. De se ipsis : quia omnis homo terra. Homini enim dictum est, « Terra es, et in terram ibis (*Gen.* iii, 19). » Debet autem homo de Deo præsumere, et inde sperare auxilium, non de se. Non enim terra pluit sibi aut lucet sibi. Quomodo autem terra de cœlo exspectat pluviam et lucem, sic homo de Deo debet exspectare misericordiam et veritatem. Illi ergo « dii fortes terræ valde elevati sunt, » id est, valde superbierunt : non sibi medicum necessarium putaverunt, et ideo in sua ægritudine remanserunt, et ipsa ægritudine ad mortem perducti sunt. Præcisi sunt rami naturales, ut humilis insereretur oleaster (*Rom.* xi, 17). « Quoniam dii fortes terræ valde elevati sunt. » Teneamus ergo, Fratres, humilitatem, caritatem, pietatem (*a*); quia vocati sumus illis reprobatis, vel illorum exemplo superbire timeamus.

IN PSALMUM XLVII.

ENARRATIO.

Titulus Psalmi est, « Laus Cantici filiis Core, secunda sabbati (*Ps.* xlvii, 1). » De hoc quod Dominus donare dignatur, excipite tamquam filii firmamenti.

---

(1) Discours au peuple.
(*a*) Nonnulli codices, *qua*. Quidam *qui*. Deinde loco *vocati*, plerique habent *revocati* : et sic Er. in qua editione post verbum *timeamus*, additur *admoniti*.

mament le nom de ciel (*Gen.* I, 6 et 8). Or, le premier jour, il avait créé la lumière et l'avait divisée des ténèbres; et il avait donné à la lumière le nom de jour et aux ténèbres le nom de nuit. Mais, comme l'indique le contexte de ce psaume, Dieu, dans ce travail, nous a aussi prophétisé quelque chose qu'il devait accomplir en nous; et les siècles ont poursuivi leur course selon les conditions premières de cette création. Car ce n'est pas en vain que le Seigneur a dit de Moïse : « Il a écrit de moi (*Jean.* v, 46). » Ces paroles signifient que tout ce qui a été écrit même sur la création du monde peut être interprété comme une figure des choses à venir. C'est ainsi que vous pouvez comprendre que Dieu a créé la lumière lorsque le Christ est ressuscité d'entre les morts. Alors, en effet, la lumière a été réellement divisée des ténèbres, lorsque l'immortalité a été divisée de la mortalité. Que reste-t-il donc, sinon de former pour la tête un corps qui est l'Église? Enfin il est aussi un psaume dont le titre désigne le premier jour de la semaine, dans lequel la résurrection du Seigneur est très-ouvertement annoncée : car il y est dit : « O prince, ouvrez les portes ; portes éternelles, ouvrez-vous et le roi de gloire entrera (*Ps.* XXIII, 7 et 9). » Le Christ est le roi de gloire, quoi de plus évident? Car l'Apôtre a dit de lui : « S'ils l'avaient connu ils n'auraient jamais crucifié le Seigneur de la gloire (I *Cor.* II, 8). » Par le deuxième jour de la semaine, nous ne devons donc pas comprendre autre chose que l'Église du Christ, mais l'Église du Christ dans les saints, l'Église du Christ dans ceux qui sont écrits au ciel, l'Église du Christ dans ceux qui ne cèdent pas aux tentations de ce monde. Ils sont dignes en effet du nom de firmament. L'Église du ciel en ceux qui sont fermes, et dont l'Apôtre dit : « Nous devons, nous qui sommes fermes, soutenir l'infirmité des infirmes (*Rom.* XV, 1), » l'Église du ciel est donc appelée un firmament. C'est elle que chante ce psaume; écoutons-le, reconnaissons-en le sens, associons-nous-y, soyons glorifiés et régnons. Écoutez encore, et reconnaissez que dans les épîtres de l'Apôtre, l'Église est également décorée du nom de firmament. « L'Église du Dieu vivant, dit-il, est la colonne et le firmament de la vérité (I *Tim.* III, 15). » C'est au sujet de ce firmament qu'un chant est adressé aux enfants de Coré, en qui vous reconnaissez les fils de l'Époux crucifié sur le Calvaire. En effet, on interprète le nom de Coré dans le sens de tête chauve, et cette désignation vient en second lieu dans le titre de ce psaume, qui porte d'abord : « Pour le second jour de la semaine. »

Secunda enim sabbati, id est, post diem primum, quem Dominicum dicimus, que etiam secunda feria dicitur, factum est firmamentum cœli (*Gen.* I, 6, et 8), imo firmamentum cœlum. Cœlum enim vocavit Deus firmamentum. Primo autem die lucem fecerat, et a tenebris diviserat ; et vocaverat lucem, diem ; et tenebras, noctem. Sicut autem indicat Psalmi hujus contextio, aliquid etiam prælocutus est Deus in illo opere suo, quod compleretur in nobis (*a*) : et secundum hujus creaturæ conditionem sæcula cucurrerunt. Non frustra enim Dominus ait de Moyse, « De me enim ille scripsit (*Johan.* v, 46) : » nisi quia omnia quæ scripta sunt, etiam cum Deus conderet creaturam, possunt interpretari ad significationem futurorum : ut intelligas Deum fecisse lucem, cum Christus a mortuis resurrexit. Tunc enim re vera illa lux divisa est a tenebris, quando immortalitas a mortalite discreta est. Quid ergo sequitur, nisi ut capiti etiam corpus fieret, quod est Ecclesia ? Denique est etiam Psalmus de prima sabbati, in quo apertissime resurrectio Domini declaratur. Ibi enim dicitur, « Tollite portas (*b*) principes vestri, et elevamini portæ æternales, et introibit Rex gloriæ (*Psal.* XXIII, 7, et 9). » Quid evidentius quam Christum esse Regem gloriæ? de quo dictum est, « Si cognovissent, numquam Dominum gloriæ crucifixissent (I *Cor.* II, 8).» Secundum ergo sabbati non debemus intelligere nisi Ecclesiam Christi: sed Ecclesiam Christi in sanctis, Ecclesiam Christi in his qui scripti sunt in cœlo, Ecclesiam Christi in his qui mundi hujus tentationibus non cedunt. Ipsi enim digni sunt nomine firmamenti. Ergo Ecclesia Christi in his qui firmi sunt, de quibus dicit Apostolus, « Debemus autem nos firmi infirmitates infirmorum sustinere (*Rom.* 1), » appellata est firmamentum. De hoc cantatur in Psalmo : audiamus, agnoscamus, sociemur, gloriemur, regnemus. Namque eam etiam firmamentum Apostolicis litteris appellatam audi, et agnosce : « Quæ est, inquit, Ecclesia Dei vivi, columna et firmamentum veritatis (I *Tim.* III, 15). » De hoc firmamento cantatur filiis Core, quos nostis esse filios sponsi crucifixi in Calvariæ loco (*Matth.* XXVII, 33). Core nam-

---

(*a*) Editi, *compleretur in nobis cum gaudio*. Abest, *cum gaudio*, a MSS. (*b*) Editi, *principes vestras*. Nonnulli MSS. *principis vestri*. Consule Enarrat. in ipsum Psal. XXIII.

2. « Le Seigneur est grand et digne de toutes louanges (*Ps.* XLVII, 1). » Voici que le Seigneur est grand et digne de toutes louanges : mais est-ce que les infidèles louent le Seigneur ? Et ceux qui croient, mais qui vivent mal, louent-ils le Seigneur, eux qui attirent sur le nom du Seigneur les blasphèmes des gentils (*Is.* LII, 5) ? Louent-ils le Seigneur ? Mais si pourtant ils le louent, leur louange est-elle agréée, puisqu'il est écrit : « La louange n'a point de valeur dans la bouche du pécheur (*Eccli.* XV, 9) ? » Vous avez dit : « Le Seigneur est grand et digne de toutes louanges; » mais dites aussi en quel endroit : « Dans la cité de notre Dieu et sur sa montagne sainte. » Dans un autre endroit, le Prophète dit à ce sujet : « Qui montera sur la montagne du Seigneur ? celui dont les mains sont innocentes et dont le cœur est pur (*Ps.* XIII, 3). » C'est au milieu de tels hommes que le Seigneur est grand et digne de toutes louanges, c'est-à-dire : dans la cité de notre Dieu et sur sa montagne sainte. Elle est la cité placée sur la montagne, qu'on ne peut cacher : elle est la lampe dont le boisseau ne dérobe pas la vue, mais qui est connue de tous, et manifestée aux yeux de tous (*Matth.* V, 14 et 15). Or, tous les hommes ne sont pas citoyens de cette cité, mais ceux-là seulement, en qui le Seigneur est grand et digne de toutes louanges. Voyons donc quelle est cette cité, et comme il est dit : Dans la cité de notre Dieu et sur la montagne sainte, voyons si nous ne devons point, par hasard, chercher ici la montagne, où nous pouvons aussi être exaucés. Car ce n'est pas inutilement que le Prophète a dit, dans un autre psaume : « J'ai crié à haute voix vers le Seigneur, et il m'a exaucé du haut de sa montagne sainte (*Ps.* III, 3). » Cette montagne a donc été pour vous un moyen d'être exaucé. Car si vous n'y étiez monté, vous auriez pu, du bas de la montagne où vous fussiez resté étendu à terre, pousser des cris vers Dieu, mais vous n'auriez point été exaucé. Quelle est donc cette montagne, mes frères ? Il faut la chercher avec grand soin, il faut apporter à la trouver une extrême sollicitude ; il faut même aussi l'occuper avec fatigue et la gravir jusqu'au sommet. Mais si elle est quelque part sur la terre, que ferons-nous ? Voyagerons-nous loin de notre patrie, afin de pouvoir parvenir jusqu'à elle ? Ce ne sera d'abord pas quitter notre patrie, car nous sommes voyageurs et exilés, tant que nous n'y sommes point montés. Cette cité est la nôtre, si nous sommes les membres du roi qui est la tête de cette ville. Mais où est donc cette montagne ? Si elle est dans une région quelconque, il faut, je l'ai déjà dit, faire effort pour y arriver. Mais de quels efforts s'agit-il ? Plût à Dieu que vous fussiez aussi actif à monter sur cette montagne, qu'elle a été prompte à venir vous trouver pendant votre sommeil ! En effet, nous avons vu

---

que calvitium interpretatur. Sequitur in hoc Psalmo, qui inscribitur, « secunda sabbati. »

2. « Magnus Dominus, et laudabilis valde (*Psal.* XLVII, 2). » Ecce « magnus Dominus, et laudabilis valde : » sed numquid infideles laudant Dominum ? Numquid etiam qui credunt et male vivunt, laudant Dominum, per quos fit ut nomen Dei blasphemetur in gentibus, numquid laudant Dominum (*Isai.* LII, 5)? An vero si etiam laudent, acceptatur laus eorum, cum scriptum sit, « Non est speciosa laus in ore peccatoris (*Eccli.* XV, 9)? » Dixisti ergo, « Magnus Dominus, et laudabilis valde : » sed dic ubi. « In civitate Dei nostri, in monte sancto ejus. » De hoc alibi dicitur, « Quis adscendet in montem Domini ? Innocens manibus, et mundo corde (*Psal.* XXIII, 3). » In his « magnus Dominus, et laudabilis valde : hoc est, in civitate Dei nostri, in monte sancto ejus. » Hæc est civitas in monte posita, quæ abscondi non potest : hæc est lucerna quæ sub modio non occultatur, omnibus nota, omnibus diffamata (*Matth.* V, 14, et 15). Non autem universi cives ejus sunt, sed illi in quibus « magnus Dominus, et laudabilis valde. » Quæ est ergo ista civitas, videamus, ne forte quia dictum est, « In civitate Dei nostri, in monte sancto ejus, » debeamus quærere istum montem, ubi etiam exaudiri possimus. Non enim frustra dicitur in alio Psalmo, « Voce mea ad Dominum clamavi, et exaudivit me de monte sancto suo (*Psal.* III, 5). » Adjuvit ergo te mons iste ut exaudireris. Nam si in eum non adscenderes, infra jacens clamare posses, sed exaudiri non posses. Quis est ergo iste mons Fratres ? Magna cura inquirendus, magna sollicitudine investigandus ; labore etiam occupandus et adscendendus. Sed si in aliqua parte terrarum est, quid faciemus ? Peregrinabimur de terra nostra, ut ad illum montem pervenire possimus ? Immo tunc peregrinamur, si in illo non sumus. Ipsa est enim civitas nostra, si membra regis sumus, qui caput est civitatis ipsius. Ubi ergo est iste mons? Si regionem aliquam tenuit, laborandum est, ut dixi, ut ad eum

qu'il y avait une pierre angulaire contre laquelle les Juifs se sont heurtés en la croyant méprisable (*Rom.* ix, 32); or, cette pierre a été détachée d'une certaine montagne, sans travail de main d'homme (*Dan.* ii, 34), c'est-à-dire qu'elle est venue du royaume des Juifs sans travail de main d'homme, parce que rien d'humain ne s'est passé en Marie, de laquelle est né le Christ (*Matth.* i, 16, et *Luc.* i, 34 et ii, 7). Mais si cette pierre, contre laquelle se sont heurtés les Juifs, était restée dans leur pays, vous n'auriez point où monter. Qu'est-il donc arrivé? Que dit le Prophète Daniel? Que dit-il, si ce n'est que cette pierre s'est accrue et qu'elle est devenue une grande montagne? Et grande jusqu'à quel point? Assez grande pour couvrir toute la face de la terre (*Rom.* ix, 35). Cette montagne, en s'accroissant et en couvrant toute la face de la terre, est donc venue à nous. Pourquoi donc chercher cette montagne comme absente, et pourquoi n'y point monter maintenant, puisqu'elle est présente, afin qu'en nous aussi le Seigneur soit grand et digne de toutes louanges?

3. Enfin, de peur que vous ne puissiez reconnaître de quelle montagne il est question dans ce psaume, et que vous ne pensiez qu'il faut la chercher dans quelque lieu écarté de la terre, le Prophète vous instruit; écoutez ce qui suit.

Après avoir dit : « dans la cité de notre Dieu, et sur sa montagne sainte, » qu'a-t-il ajouté? « Il élargit les montagnes de Sion, qui sont les délices de toute la terre (*Ps.*xlvii,3). » Sion n'est qu'une seule montagne; pourquoi le prophète dit-il : les montagnes de Sion? Ne serait-ce point parce que ceux-là ont appartenu à Sion, qui sont venus de différents côtés, pour se rencontrer sur la pierre angulaire, et y former ces deux murailles, comparables à deux montagnes, l'une composée des circoncis et l'autre des incirconcis, l'une des Juifs et l'autre des gentils; murailles qui ne sont plus opposées l'une à l'autre, et qui, différentes en elles-mêmes parce qu'elles sont venues de différents côtés, ne le sont plus parce qu'elles appartiennent à la même pierre angulaire; « car, comme dit l'Apôtre, il est notre paix et des deux peuples il n'en a fait qu'un (*Éphés.* ii, 14). » Il est la pierre angulaire qu'avaient rejetée ceux qui bâtissaient et qui est devenue la tête de l'angle (*Ps.* cxvii, 22). » Il a réuni en lui-même les deux montagnes. Il y a donc une seule maison et deux maisons : deux, en ce sens qu'elles viennent de côtés différents; une, si l'on considère la pierre angulaire dans laquelle elles se réunissent toutes les deux. Écoutez encore ce qui vient après ces mots la montagne de Sion : « Les contrées du côté de l'aquilon sont

---

perveniatur. Sed quid satagis? Utinam non sis piger adscendere in montem, quomodo mons non fuit tardus venire ad dormientem. Fuit enim quidam lapis angularis contemtibilis, in quem Judæi offenderunt (*Rom.* ix, 32), præcisus de quodam monte sine manibus (*Dan.* ii, 34), hoc est, de regno Judæorum veniens sine manibus (*Dan.* ii, 34), quia humanum opus non accessit ad Mariam, « de qua natus est Christus (*Lucæ.* i, 34, et 2, 7). » Sed si lapis iste ubi in eum offenderunt Judæi, ibi remaneret, tu quo adscenderes non haberes (*Rom.* ix, 32). Quid autem factum est? Quid dicit prophetia Danielis? Quid, nisi quia crevit lapis iste, et factus est mons magnus (*Dan.* ii, 35)? Quam magnus? Ita ut impleret universam faciem terræ. Ergo crescendo mons iste et implendo universam faciem terræ, venit ad nos. Quid ergo montem quasi absentem quærimus, et non in præsentem jam adscendimus, ut si in nobis « magnus Dominus, et laudabilis valde ?

3. Denique ne istum montem non agnosceres et in hoc Psalmo, et in aliqua parte terrarum quærendum existimares, vide quid sequitur : cum dixisset, « In civitate Dei nostri, in monte sancto ejus, » quid addidit? « Dilatans exsultationes universæ terræ, montes Sion (*Ps.*xlvii,3). » Sion unus mons est: quid ergo « montes ? » An quia ad Sion pertinuerunt etiam qui de diverso venerunt, ut sibi occurrerent in lapidem angularem, et fierent illi duo parietes tamquam duo montes, unus ex circumcisione, alter ex præputio, unus ex Judæis, alter ex Gentibus : non jam (*a*) adversi ; et si diversi quia ex diverso, jam in angulo nec diversi ? « Ipse est enim, inquit, pax nostra, qui fecit utraque unum (*Ephes.* ii, 14). » « Ipse ille angularis lapis, quem reprobaverunt ædificantes, « factus est in caput anguli (*Psal.* cxvii, 22). » Duos junxit in se mons montes. Una domus, et duæ domus : duæ propter ex diverso venientes, una propter lapidem angularem, in quo sibi ambæ copulantur. Audi et hoc, « Montes Sion; latera Aquilonis civitas regis magni. » Intenderas enim tu Sion tamquam unum locum, ubi condita est Jerusalem, et in ea tibi non occurrebat, nisi populus ex circumci-

---

(*a*) Sic aliquot MSS. Quidam vero alii, *non jam diversi : et si diversi*. At editi, *non jam adversi et diversi*.

devenues la cité du grand Roi. »Vous considériez la montagne de Sion comme un endroit unique où a été bâtie la ville de Jérusalem, et vous ne cherchiez à y rencontrer que le peuple circoncis : or, Jésus-Christ n'a recueilli que les restes de ce peuple, dont la plus grande partie a volé au caprice des vents, comme la paille. En effet, il est écrit : « Les restes seront sauvés (*Rom.* IX, 27). » Mais faites attention aussi aux gentils, voyez l'olivier sauvage implanté sur l'olivier fertile (*Rom.* XI, 17). Voilà les gentils, nations venues du côté de l'aquilon. Or, les contrées du côté de l'aquilon sont devenues la cité du grand Roi. L'aquilon est ordinairement opposé à Sion. En effet, Sion est au midi et l'aquilon est opposé au midi. Quel est cet aquilon, sinon celui qui a dit : « Je placerai mon trône vers l'aquilon et je serai semblable au Très-Haut (*Is.* XIV, 13 et 14) ? » Le démon était le dominateur des impies ; il était maître des gentils qui servaient les idoles et adoraient les esprits malins, et le genre humain répandu dans toutes les parties du monde était devenu aquilon avec lui. Mais, parce que celui qui enchaîne le fort armé emporte ce qu'il possède et se l'approprie (*Matth.* XII, 29), les hommes délivrés de l'infidélité et de la superstition des démons, et croyant au Christ, se sont attachés fortement à cette cité ; ils se sont rencontrés au sommet de l'angle avec le mur formé par les circoncis, et ces nations, autrefois côtés de l'aquilon, ont fait partie de la cité du grand Roi.

C'est pourquoi il est dit aussi dans un autre endroit de l'Écriture : « Du côté de l'aquilon sont venues des nuées de la couleur de l'or ; le Tout-Puissant trouve en elles une grande gloire et un grand honneur (*Job.* XXXVII, 22). » En effet, grande est la gloire du médecin, lorsqu'il rend la santé à un malade désespéré. Du côté de l'aquilon sont venues des nuées, non pas noires et épaisses, non pas menaçantes, mais de la couleur de l'or. Comment sont-elles devenues brillantes, sinon au moyen de la grâce qui les éclaire par Jésus-Christ ? Voici donc que les contrées du côté de l'aquilon sont devenues la cité du grand Roi. On dit le côté de l'aquilon, pour signifier qu'ils étaient attachés au démon. Car ceux qui s'attachent à quelqu'un deviennent comme ses côtés. N'avons-nous pas coutume de dire de quelques hommes : Cet homme est bon, mais à côté de lui son entourage est mauvais ? C'est-à-dire : Cet homme brille par sa probité, mais ceux qui lui sont unis sont méchants. Les côtés de l'aquilon sont donc ceux qui s'étaient attachés au démon. De ces régions était venu ce fils prodigue, dont nous lisions récemment, dans l'Évangile, qu'il était mort et qu'il est revenu à la vie, qu'il était perdu et qu'il est retrouvé (*Luc.* XV, 32). En effet, en partant pour les pays éloignés, il était arrivé jusqu'à l'Aquilon même ; et là, comme vous l'avez entendu, il s'était attaché à l'un des principaux de la contrée. Il était donc devenu comme le

---

sione ; qui quidem ex reliquiis a Christo collectus est, ex magna autem parte tamquam palea ventilatus. Etenim scriptum est, « Reliquiæ salvæ fient (*Rom.* IX, 27). » Sed adtende et Gentes, vide et oleastrum inseri in pinguedinem olivæ (*Rom.* XI, 17). Ecce Gentes, « Latera Aquilonis : » adjuncta sunt latera Aquilonis civitati regis magni. Contrarius solet esse Aquilo Sion : Sion quippe in meridie, Aquilo contra meridiem. Quis est iste Aquilo, nisi qui dixit, « Ponam sedem meam ad Aquilonem, et ero similis Altissimo (*Isai.* XIV, 13, et 14) ? » Tenuerat regnum diabolus impiorum, et possederat Gentes servientes simulacris, adorantes dæmonia : et totum quidquid generis humani erat ubique per mundum, inhærendo illi Aquilo factum erat. Sed quoniam ille qui alligat fortem, aufert ejus vasa, et facit vasa sua (*Matth.* XII, 29), liberati homines ab infidelitate et superstitione dæmoniorum, credentes in Christum colliniati sunt illi civitati, occurrerunt in angulo illi parieti de circumcisione venienti, et facta est civitas regis magni quæ fuerant latera Aquilonis. Ideo et in alia Scriptura dicitur, « Ab Aquilone nubes coloris aurei, in his est magna gloria et honor Omnipotentis (*Job.* XXXVII, 22). » Magna enim gloria medici est, quando ex desperatione convalescit ægrotus. Ab Aquilone nubes, et non nigræ nubes, non caliginosæ, non tetræ, sed coloris aurei. Unde nisi gratia illuminante per Christum ? Ecce « Latera Aquilonis, civitas regis magni. » Latera utique, quia inhæserant diabolo. Quicumque enim alicui cohærent, latera ipsius dicuntur. Nam et de aliquibus hominibus solemus ita loqui, Bonus homo est, sed mala latera habet : id est, ipse quidem probitate præstat, sed maligni sunt qui ei conjuncti sunt. Latera ergo Aquilonis qui diabolo cohærebant : unde venit et iste filius, de quo modo audiebamus, « quia mortuus erat, et revixit ; perierat, et inventus est (*Lucæ.* XV, 32). » Proficiscendo enim in regionem longinquam,

côté de l'aquilon, en s'attachant au prince du pays ; mais, parce que la cité du grand Roi est aussi recrutée du côté de l'aquilon, il revint en lui-même et se dit : « Je me lèverai et j'irai vers mon Père. » Et son Père vint au-devant de lui et dit de lui : Il était mort et il est revenu à la vie ; il était perdu, et il est retrouvé (*Ibid.* 18). Le veau gras de ce récit n'était autre que celui qui est également la pierre angulaire (*Éphés.* II, 20). Enfin, le fils aîné, qui ne voulait pas assister au repas du retour, y entra sur l'exhortation de son père, et dès lors, les deux murailles, comme ces deux fils parvenus au même festin du veau gras, ont formé la cité du grand Roi.

4. Que notre psaume continue donc et qu'il dise : « Dieu sera connu dans ses maisons (*Ps.* XLVII, 4). » Le Prophète dit : dans ses maisons, à cause des montagnes, à cause des deux murailles, à cause des deux fils. « Dieu sera connu dans ses maisons. » Mais il veut faire ressortir la puissance de la grâce, c'est pourquoi il ajoute : « lorsqu'il prendra cette cité sous sa protection. » Que serait, en effet, sa cité, s'il ne l'avait prise sous sa protection ? Ne tomberait-elle pas à l'instant, si elle n'avait un fondement aussi solide ? Car nul ne peut placer un autre fondement que celui qui a été placé, et qui est Jésus-Christ (1 *Cor.* III, 2). Que nul ne se glorifie donc de ses propres mérites ; mais que celui qui se glorifie, se glorifie dans le Seigneur (1 *Cor.* I, 31). Car la cité est grande, et le Seigneur y est connu, quand il la prend sous sa protection ; mais il la prend comme le médecin qui reçoit un malade pour le guérir et non pour l'aimer tel qu'il est. En effet, le médecin hait la fièvre. Le médecin n'aime pas un malade, et pourtant le médecin aime le malade ; s'il aimait qu'il fût malade, il souhaiterait qu'il restât malade ; d'un autre côté, s'il n'aimait pas le malade, il ne viendrait pas à lui pour le guérir, mais il aime le malade pour le rendre à la santé. Le Seigneur a donc adopté cette cité, et il y a été reconnu, c'est-à-dire que sa grâce a été connue dans cette cité ; parce que tout ce que possède cette cité qui se glorifie dans le Seigneur, elle ne le possède point par elle-même. Voilà pourquoi il a été dit : « Que possédez-vous donc que vous n'ayez reçu ? Mais, si vous l'avez reçu, pourquoi vous en glorifiez-vous, comme si vous ne l'aviez pas reçu (1 *Cor.* IV, 7) ? « Dieu sera connu dans ses maisons, lorsqu'il prendra cette cité sous sa protection. »

5. « Car voici que les rois de la terre se sont rassemblés (*Ps.* XLVII, 5). » Voyez donc comme viennent ces côtés de l'aquilon, écoutez comme ils disent : « Venez, montons sur la montagne du Seigneur ; car il vous a montré sa voie, pour que nous y entrions (*Is.* II, 3). » « Voici que les

---

etiam ad Aquilonem pervenerat, et ibi, sicut audistis, uni ex principibus regionis illius adhæserat. Factus est ergo latus Aquilonis, adhærendo principi illius regionis : sed quia civitas regis magni et ex latere Aquilonis colligitur, reversus ad se, dixit, « Surgam, et ibo ad patrem meum (*Ibid.* 18). » Et occurrit ei pater, qui dicit de illo, Mortuus erat, et revixit ; perierat, et inventus est. Vitulus ille saginatus, lapis angularis fuit (*Ephes.* II, 20). » Denique et major filius qui epulari nolebat, exhortatus a patre ingressus est : et duo jam parietes, tamquam illi duo filii ad vitulum pervenientes, civitatem regis magni fecerunt.

4. Sequatur ergo iste Psalmus, et dicat, « Deus in domibus ejus (*a*) cognoscetur (*Psal.* XLVII, 4). » Jam in domibus propter montes, propter duos parietes, propter duos filios. « Deus in domibus ejus cognoscetur. » Sed gratiam commendat, ideo addidit, « Cum suscipiet eam. » Nam quid esset ipsa civitas, nisi ille suscepisset eam ? Nonne statim caderet, nisi tale fundamentum haberet ? « Fundamentum enim aliud nemo potest ponere, præter id quod positum est, quod est Christus Jesus (1 *Cor.* III, 11). » Nemo ergo de suis meritis glorietur, « sed qui gloriatur, in Domino glorietur (1 *Cor.* I, 31). » Quia tunc est illa magna civitas, tunc in ea cognoscitur Dominus, cum suscipiet eam : quomodo suscipit medicus ægrotum curandum, non sicut est amandum. Etenim febrem odit medicus. Non amat medicus ægrotum, et amat medicus ægrotum : si ægrotum amaret, semper ægrotum optaret ; rursus si ægrotum non amaret, ad ægrotum non veniret : sed amat ægrotum, ut faciat sanum. Suscepit ergo hanc civitatem Dominus, et agnitus est in ea, id est, gratia ipsius cognita est in illa civitate ; quia quidquid habet illa civitas quæ gloriatur in Domino, non habet de se. Propter hoc enim dicitur, « Quid enim habes quod non accepisti ? Si autem accepisti, quid gloriaris quasi non acceperis (1 *Cor.* IV, 7). » « Deus in domibus ejus cognoscetur, dum suscipiet eam. »

(*a*) Vetus cod. Corbeiensis, *cognoscitur* : apud LXX γινώσκεται.

rois de la terre se sont rassemblés et réunis en un même lieu. » Quel est ce lieu unique, sinon la pierre angulaire (*Éphés.* v, 20) ? « Ils ont vu et ils ont été frappés d'étonnement (*Ps.* XLVII, 6). » Après l'étonnement causé par les miracles et par la gloire du Christ, qu'est-il arrivé ? « Ils ont été troublés, ils ont été agités et saisis de tremblement (*Ibid.*). » Pourquoi le tremblement les a-t-il saisis, si ce n'est à cause de la conscience de leurs crimes ? Que les rois courent donc après le Roi, que les rois reconnaissent le Roi. C'est pourquoi, dans un autre psaume, le Prophète a dit : « Pour moi, il m'a établi Roi de Sion, sa sainte montagne, et je prêche les commandements du Seigneur. Le Seigneur m'a dit : Vous êtes mon Fils ; je vous ai engendré aujourd'hui. Demandez-moi, et je vous donnerai les nations pour votre héritage, et vos possessions s'étendront jusqu'aux extrémités de la terre ; vous les gouvernerez avec une verge de fer et vous les briserez comme un vase d'argile (*Ps.* II, 6 et suiv.). » Voilà les paroles du Roi qui est établi sur Sion : Dieu lui a livré la terre pour la posséder jusqu'à ses extrémités. Les rois doivent-ils donc craindre de perdre leur royaume, de se voir ravir leurs royaumes, comme le craignit le misérable Hérode, qui, pour atteindre un seul petit enfant, fit tuer tant de petits enfants (*Matth.* II, 3) ? Mais, en craignant de perdre son royaume, il n'a pas mérité de connaître le Roi. Plût au ciel qu'il eût adoré le Roi avec les mages ! Il n'eut pas été entraîné, par son criminel désir de régner, à faire périr des innocents et à périr lui-même chargé de crimes. Quant à lui, il a perdu des innocents ; quant au Christ, au contraire, tout petit enfant qu'il fût, il a couronné les petits enfants qui mouraient pour lui. Les rois durent donc craindre, quand il leur fut dit : « Pour moi, il m'a établi roi, » et celui qui m'a établi roi me donnera la terre pour héritage, jusqu'à ses dernières limites. » Mais, ô rois, pourquoi des sentiments d'envie ? Voyez et n'enviez pas. Car bien différemment agit ce Roi qui a dit : « Mon royaume n'est pas de ce monde (*Jean,* IV, 36). » Ne craignez donc pas que le royaume de ce monde vous soit enlevé : au contraire, un royaume vous sera donné, celui des cieux, où il est Roi. Aussi, qu'ajoute ici le Prophète ? « Et maintenant, ô rois, comprenez (*Ps.* II, 18). » Vous vous prépariez à lui porter envie, comprenez : il est question d'un Roi dont le royaume n'est pas de ce monde. C'est donc avec raison que « les rois se sont rassemblés en un seul lieu, qu'ils ont été troublés et saisis de tremblement. » C'est pour cela qu'il leur est dit : « Et maintenant, ô rois, comprenez, instruisez-vous, vous tous qui jugez la terre. Servez le Seigneur dans la crainte et réjouissez-vous en lui avec tremblement (*Ps.* II, 10 et 11). » Et qu'ont-ils fait ? « Là, ils ont souffert les douleurs d'une

---

5. « Quoniam ecce reges terræ collecti sunt (*Ps.* XLVII, 5). » Jam ecce illa latera Aquilonis videte quomodo veniant, videte quomodo dicant, « Venite adscendamus in montem Domini (*Isai.* II, 3) : » annuntiavit enim nobis viam suam, ut ingrediamur in eam. « Ecce reges terræ collecti sunt, et convenerunt in unum. » In quem unum, inquit, constitutus sum nisi in lapidem illum angularem (*Ephes.* II, 20) « Ipsi videntes ita admirati sunt (*Psal.* XLVII, 6). » Post admirationem miraculorum et gloriæ Christi, quid secutum est ? « Conturbati sunt, commoti sunt, » « tremor apprehendit eos (*Ibid.* 7.). » Unde tremor apprehendit eos, nisi de conscientia delictorum ? Currant ergo reges post regem, agnoscant reges regem. Inde alibi, « Ego autem, inquit, constitutus sum rex ab eo super Sion montem sanctum ejus, prædicans præceptum Domini : Dominus dixit ad me, Filius meus es tu, ego hodie genui te, postula a me, et dabo tibi gentes hereditatem tuam, et possessionem tuam terminos terræ ; reges eos in virga ferrea, et tanquam vas figuli conteres eos (*Psal.* II, 6, etc.). » Auditus est ergo rex constitutus in Sion, tradita est illi possessio usque ad terminos orbis terræ. Metuere debent reges, ne regnum perdant, ne illis auferatur regnum, sicut miser timuit Herodes, et pro parvulo occidit parvulos (*Matth.* II, 3). Timens autem regnum amittere, non meruit regem agnoscere. Utinam et ipse regem cum Magis adoraret, non male regnum quærendo, innocentes perderet, et nocens periret. Nam quod ad illum attinebat, perdidit innocentes : quantum autem ad Christum, etiam parvus pro se morientes parvulos coronavit. Ergo debuerunt timere reges quando dictum est. « Ego autem constitutus sum rex ab eo, » et hereditatem usque ad fines terræ dabit mihi qui me constituit regem. Sed quid invidetis reges ? Videte, non invidete. Longe enim iste aliter rex qui dixit, « Regnum meum non est de hoc mundo (*Johan.* XVIII, 36). » Nolite ergo timere, ne vobis auferatur regnum mundi hujus : dabitur vobis regnum, sed cœlorum, ubi ille rex est. Ideo quid ibi sequitur ? « Et nunc

femme dans l'enfantement. » Que sont « ces douleurs de l'enfantement, » sinon les douleurs de la pénitence? Voyez comme se conçoivent cette douleur et cet enfantement : « Nous avons conçu, dit Isaïe, par la crainte que vous nous avez inspirée, et nous avons enfanté l'Esprit du salut (*Is.* XXVI, 18). » C'est donc ainsi que, par la crainte qu'ils ont ressentie du Christ, les rois ont conçu de telle sorte que dans leur enfantement ils ont produit le salut, en croyant à Celui qu'ils redoutaient. « Là, ils ont souffert les douleurs de l'enfantement. » Là où vous entendez les cris d'un enfantement, attendez-en le fruit. Le vieil homme enfante, et le nouvel homme vient au monde. « Là, ils ont souffert les douleurs de l'enfantement. »

6. « Par un violent coup de vent, vous briserez les navires de Tharsis (*Ps.* XLVII, 7). » Il faut comprendre dans ce peu de mots : vous briserez l'orgueil des nations. Mais pourquoi, dans cette histoire, voit-on la figure du renversement de l'orgueil des nations ? A cause des « navires de Tharsis. » Les savants ont cherché la ville de Tharsis, c'est-à-dire : ils ont recherché quelle ville était appelée de ce nom. Quelques-uns ont cru que la Cilicie était appelée Tharsis, parce que sa ville métropole se nomme Tharsus. De cette ville était l'apôtre saint Paul, natif de Tharsus en Cilicie (*Act.* XXI, 39). D'autres, au contraire, ont pensé que Tharsis était Carthage, ville nommée quelquefois peut-être de ce nom, ou désignée sous ce nom en raison de quelque signification particulière. Car, dans les prophéties d'Isaïe, on trouve ces paroles : « Poussez des cris de douleur, navires de Carthage (*Is.* XXIII, 1, selon les *Septante*).» Or, dans la prophétie d'Ézéchiel, les interprétations du nom de la ville sont différentes ; les uns y voient Carthage, et les autres Tharsis (*Ezech.* XXXVIII, 13, selon les *Septante*), et cette variété dans les interprétations peut faire supposer que le prophète appelle Tharsis la ville qui portait le nom de Carthage. Or, il est constant que, dès les commencements de son empire, Carthage a été florissante en vaisseaux, et si florissante, que les Carthaginois excellaient dans le commerce et dans la navigation au-dessus de tous les autres peuples. En effet, lorsque Didon, fuyant son frère, vint aborder la terre d'Afrique, où elle fonda Carthage, elle prit pour s'enfuir, du consentement des principaux de son pays, des vaisseaux qui étaient destinés au commerce ; et dans la suite Carthage, après sa fondation, conserva toujours des navires pour le négoce. De là, vint pour cette ville un tel orgueil, que l'on peut à bon droit regarder comme personnifié dans ses navires l'orgueil d'une nation, qui présume de choses aussi incertaines que le souffle des vents. Pour

---

reges intelligite (*Psal.* II, 10). » Jam invidere vos parabatis : intelligite, de alio rege dicitur, cujus regnum non est de hoc mundo. Merito ergo « collecti sunt reges in unum, conturbati sunt, tremor apprehendit eos. » Inde et illis hoc dicitur, « Et nunc reges intelligite, erudimini omnes qui judicatis terram. Servite Domino in timore, et exsultate ei cum tremore.» Et quid fecerunt ? « Ibi dolores ut parturientis. Quid sunt dolores ut parturientis, » nisi dolores pœnitentis ? Vide ipsam conceptionem doloris et parturitionis : « A timore tuo, inquit Isaias, concepimus, et parturivimus spiritum salutis (*Isai.* XXVI, 18). » Sic ergo conceperunt reges a timore Christi, ut parturiendo salutem parerent, credendo in eum quem timuerunt. « Ibi dolores sicut parturientis. » Ubi parturientem audis, fetum exspecta. Parturit vetus homo, sed nascitur novus homo. « Ibi dolores ut parturientis. »

6. « In spiritu violento (*a*) conteres naves Tharsis (*Ps.* XLVII, 8).» Breviter intelligitur, evertes superbiam gentium. Sed unde ex hac historia dicitur eversio superbiæ gentium ? Propter « naves Tharsis. » Tharsis civitatem quæsierunt docti, hoc est, quænam civitas hoc nomine significaretur : et aliquibus visum est Ciliciam dictam esse Tharsis, ex eo quod metropolis ejus Tharsus dicitur. De qua civitate erat etiam Paulus apostolus, natus in Tharso Ciliciæ (*Act.* XXI, 39). Aliqui autem eam Carthaginem intellexerunt : fortassis aliquando ita nominatam, aut aliqua locutione ita significatam. Namque apud prophetam Isaiam sic invenitur : « Ululate naves Carthaginis (*Isai.* XXIII, 1, sec. LXX). » Apud Ezechielem autem a diversis interpretibus, ab aliis Carthago, ab aliis Tharsis interpretata est (*Ezech.* XXXVIII, 13, sec. LXX) : et hac diversitate interpretum potest intelligi hanc appellari Tharsum, quæ Carthago dicebatur. Manifestum est autem, quod primordia regni Carthaginis navibus floruerunt, et ita floruerunt, ut inter ceteras gentes excellerent negotiationibus et navigationibus. Nam quando Dido fugiens fratrem delapsa est ad terras Africæ, ubi Carthaginem condidit, naves quæ

(*a*) Plerique MSS. *conterens :* et infra, *evertens.*

nous, ne mettons point notre confiance dans la prospérité de ce siècle, c'est-à-dire dans la manière dont le vent enfle nos voiles sur l'océan du monde; que Sion soit notre fondement: nous devons y chercher une position stable, sans nous laisser entraîner à tout vent de doctrine (*Éphés.* IV, 14). Que tous ceux qui s'enorgueillissent des biens incertains de cette vie soient donc renversés, et que tout l'orgueil des nations soit soumis au Christ, « qui brise par un violent coup de vent les navires de Tharsis ; » non pas de quelque ville que ce soit, mais « de Tharsis. » Comment les brise-t-il ? « Par un violent coup de vent ; » par la violente terreur qu'il inspire. C'est ainsi, en effet, que tout orgueil a redouté son jugement, et a cru en lui dans sa bassesse, pour ne point le craindre dans son élévation.

7. « Ce que nous avons entendu, nous l'avons vu (*Ps.* XLVII, 9). » O bienheureuse Église ! dans un temps, vous avez entendu, et dans un autre temps, vous avez vu. Elle a entendu les promesses, elle en voit l'accomplissement. Elle a entendu dans les prophéties, elle voit dans l'Évangile. En effet, toutes les choses qui s'accomplissent maintenant, ont été précédemment prophétisées. Élevez donc vos yeux, et dirigez-les sur le monde entier ; voyez l'héritage du Christ, qui déjà s'étend jusqu'aux extrémités de la terre ;

voyez s'achever ce qui a été dit : « Tous les rois de la terre l'adoreront ; toutes les nations le serviront (*Ps.* LXXI, 11). » Voyez déjà accomplie cette autre parole : « O Dieu ! élevez-vous au-dessus des cieux, et que votre gloire se répande sur toute la terre (*Ps.* CVII, 6). » Voyez celui dont les pieds et les mains ont été attachés par des clous, dont les os, suspendus sur le bois de la croix, ont été comptés, dont la robe a été tirée au sort (*Matth.* XXVII, 35). Voyez régnant dans la gloire celui qu'ils ont vu suspendu au gibet. Voyez assis dans les cieux celui qu'ils ont méprisé lorsqu'il marchait sur la terre. Voyez par là se vérifier cette prédiction : « Tous les peuples, jusqu'aux dernières limites de la terre, se ressouviendront du Seigneur et se convertiront, et toutes les nations l'adoreront, prosternées devant lui (*Ps.* XXI, 28). » A la vue de ces merveilles, écriez-vous avec joie : « Ce que nous avons entendu, nous l'avons vu. » C'est donc à juste titre que l'Église a été appelée en ces termes, du sein des nations : « Écoutez, ô ma fille, et voyez ; oubliez votre peuple et la maison de votre père (*Ps.* XLIV, 11). » Votre père était l'aquilon ; venez à la montagne de Sion (*Is.* LV, 2). Écoutez et voyez ; et non pas, voyez et écoutez ; mais, écoutez et voyez. Écoutez d'abord, puis voyez. Écoutez premièrement ce que vous ne voyez pas; vous verrez ensuite ce que vous au-

---

paratæ erant ad mercationem in ejus regione, assumserat ad fugam, consentientibus sibi regionis ejus principibus : et ipsæ naves etiam condita Carthagine ad negotiandum non defecerunt. Atque hinc nimium superba facta est civitas illa, ut digne per ejus naves intelligatur superbia gentium, præsumens in incertis tamquam in flatibus ventorum. Jam non præsumatur de velificatione, et quasi prosperitate sæculi hujus, tamquam maris : fundamentum nostrum in Sion sit, ibi stabiliri debemus, non perflari « omni vento doctrinæ (*Ephes.* IV, 14). » Quicumque ergo ex incertis hujus vitæ tumuerant, evertantur ; et subjiciatur Christo omnis superbia gentium, « conterenti in spiritu violento naves Tharsis : » non cujuscumque civitatis, sed « Tharsis. » Quomodo « in spiritu violento ? » Timore fortissimo. Sic enim eum tremuit omnis superbia judicaturum, ut in humilem crederet, ne excelsum expavesceret.

7. « Sicut audivimus, ita et vidimus (*Ps.* XLVII, 9). » O beata Ecclesia, quodam tempore audisti, quodam tempore vidisti. Audivit in promissionibus, videt in exhibitionibus : audivit in prophetia, videt in Evan-

gelio. Omnia enim quæ modo complentur, antea prophetata sunt. Erige oculos ergo, et diffunde per mundum, vide jam hereditatem usque ad terminos orbis terræ : vide jam impleri quod dictum est, « Adorabunt eum omnes reges terræ, omnes gentes servient illi (*Psal.* LXXI, 11). » Vide impletum esse quod dictum est, « Exaltare super cœlos Deus, et super omnem terram gloria tua (*Psal.* CVII, 5). » Vide illum cujus pedes et manus fixi sunt clavis, cujus ossa in ligno pendentia numerata sunt, super cujus vestimentum sors missa est (*Matth.* XXVII, 45) : vide regnantem, quem illi viderunt pendentem : vide in cœlo sedentem, quem contemserunt in terra ambulantem. Vide inde impleri, « Commemorabuntur, et convertentur ad Dominum universi fines terræ, et adorabunt in conspectu ejus universæ patriæ gentium (*Psal.* XXI, 28). » Hæc videns, exclama cum gaudio, « Sicut audivimus, ita et vidimus. » Merito sic vocatur ipsa Ecclesia de gentibus : « Audi filia, et vide, et obliviscere populum tuum et domum patris tui (*Psal.* XLIV, 11). » Pater tuus Aquilo fuit, veni ad montem Sion (*Isai.* LV, 2). Audi, et vide : non

rez écouté. « Un peuple que je ne connaissais pas m'a servi, dit le Seigneur ; il m'a obéi dès que son oreille m'a entendu (*Ps.* xvii, 45). » S'il m'a obéi dès qu'il m'a entendu, il ne m'avait donc pas vu. Et où s'accomplit cette parole : « Ceux auxquels il n'avait rien été annoncé sur lui le verront, et ceux qui ne l'ont pas entendu le comprendront (*Is.* lii, 15, et *Rom.* xv, 21)? » Ceux à qui les prophètes n'avaient pas été envoyés ont été les premiers à écouter et à comprendre les prophètes ; ceux qui d'abord ne les avaient pas entendus, les ont entendus ensuite avec admiration. Ceux auxquels ils avaient été envoyés sont restés, portant les livres sacrés, mais ne comprenant pas la vérité ; possédant les tables du Testament, mais ne possédant pas l'héritage. Pour nous, « ce que nous avons entendu, nous l'avons vu, dans la cité du Dieu des armées, dans la cité de notre Dieu. » C'est là que nous avons entendu, c'est là que nous avons vu. Celui qui se trouve hors de cette cité, n'entend ni ne voit ; celui qui est dans cette cité ne peut être ni sourd ni aveugle. « Ce que nous avons entendu, nous l'avons vu. » Où donc entendez-vous ? Où donc voyez-vous ? « Dans la cité du Dieu des armées, dans la cité de notre Dieu. » Dieu l'a fondée pour l'éternité. Que les hérétiques, lambeaux détachés de l'unité, ne l'insultent pas. Que ceux qui disent : « Le Christ est ici, il est là (*Matth.* xxiv, 23), » ne s'énorgueillissent pas. Celui qui dit : il est ici, il est là, établit des divisions. Dieu a promis l'unité ; les rois se sont rassemblés en un même lieu ; les schismes ne les ont pas dispersés. Mais peut-être cette cité, qui a possédé le monde entier, sera-t-elle renversée quelque jour ? Non. « Dieu l'a fondée pour l'éternité. » Si donc Dieu l'a fondée pour l'éternité, pourquoi craignez-vous que le firmament ne vienne à tomber ?

8. « Nous avons reçu, mon Dieu, votre miséricorde au milieu de votre peuple (*Ps.* xlvii,10). » Quels sont ceux qui l'ont reçue, et où l'ont-ils reçue ? Est-ce que ce n'est pas votre peuple qui a reçu votre miséricorde ? Si votre peuple a reçu votre miséricorde, comment « avons-nous reçu votre miséricorde, » et cela « au milieu de votre peuple ? » C'est dire que ceux qui l'ont reçue ne sont pas les mêmes que ceux au milieu desquels ils l'ont reçue. Il y a là un grand mystère ; cependant quand il vous sera connu, après l'avoir comme retiré, comme arraché de ces versets du psaume que vous connaissez, ce mystère loin de vous paraître dur, vous paraîtra doux. Maintenant, en effet, tous ceux qui portent le caractère des sacrements du Christ sont regardés comme faisant partie du peuple de Dieu, mais tous ne sont point dignes de sa miséricorde. Tous ceux qui reçoivent le sacrement du baptême du

---

vide, et audi ; sed audi, et vide : prius audi, postea vide. Audis primo quod non vides, videbis postea quod audisti. « Populus, inquit, quem non cognovi, servivit mihi, in obauditu auris obaudivit mihi (*Psal.* xvii, 45). » Si in obauditu auris obaudivit, ergo non vidit. Et ubi est, « Quibus non est nuntiatum de eo videbunt, et qui non audierunt intelligent (*Isai.* lii, 15, *Rom.* xv, 21)? » Ad quos non missi sunt Prophetæ, ipsi primo audierunt et intellexerunt Prophetas : illi qui primo non audierunt, postea audientes admirati sunt. Remanserunt illi ad quos missi sunt, codices ferentes, veritatem non intelligentes ; Testamenti tabulas habentes, et hereditatem non tenentes. Sed nos « sicut audivimus, ita et vidimus. In civitate Domini virtutum, in civitate Dei nostri. » Ibi audivimus, ibi et vidimus. Extra illam qui est, nec audit, nec videt : in illa qui est, nec surdus nec cæcus est. « Sicut audivimus, ita et vidimus. » Et ubi audis ? ubi vides ? « In civitate Domini virtutum, in civitate Dei nostri. Deus fundavit eam in æternum. » Non insultent hæretici per partes conscissi : non se extollant qui dicunt, « Ecce hic est Christus, ecce illic (*Matth.* xxiv, 23). » Qui dicit, Ecce hic est, ecce illic, ad partes inducit. Unitatem promisit Deus : reges in unum collecti sunt, non per schismata dissipati sunt. Sed forte ista civitas quæ mundum tenuit, aliquando evertetur. Absit : « Deus fundavit eam in æternum. » Si ergo eam Deus fundavit in æternum, quid times ne cadat firmamentum ?

8. « Suscepimus Deus misericordiam tuam in medio (*a*) populi tui (*Ps.* xlvii, 10). » Qui susceperunt, et ubi susceperunt ? Nonne ipse populus tuus suscepit misericordiam tuam ? Si populus tuus suscepit misericordiam tuam, quomodo « suscepimus misericordiam tuam, et in medio populi tui ? » quasi alii sint qui susceperunt, alii in quorum medio susceperunt. Magnum sacramentum, sed tamen notum, cum et hinc, hoc est, ex his versibus exsculptum fuerit et

---

(*a*) Er. et recentiores MSS. *templi tui*. Sed liquet Augustinum legisse, *populi tui*. Sic apud LXX λαοῦ σου legebant veteres quidam, loco ναοῦ σου.

Christ sont appelés chrétiens, mais ils ne mènent pas tous une vie digne de ce sacrement. Car il en est auxquels s'appliquent ces paroles de l'Apôtre : « Ils ont les apparences de la piété, mais ils en repoussent la réalité (II *Tim.* III, 5). » Cependant, à cause de cette même apparence de piété, ils ont leur nom dans les rangs du peuple de Dieu, de même que dans l'aire, tandis que l'on bat encore le grain, se trouvent non-seulement les grains, mais encore la paille. Or, la paille sera-t-elle portée dans le grenier ? Mais au milieu de ce peuple méchant est le peuple juste, qui a reçu la miséricorde de Dieu. Celui-là vit de manière à mériter la miséricorde de Dieu qui fait fidèlement ce que dit l'Apôtre : « Nous vous faisons cette exhortation de ne pas recevoir en vain la grâce de Dieu (II *Cor.* VI, 1). » Celui donc qui ne reçoit pas en vain la grâce de Dieu reçoit, non-seulement le sacrement, mais encore la miséricorde de Dieu. Et qu'y a-t-il de nuisible pour lui, à se trouver au milieu d'un peuple désobéissant, jusqu'à ce que l'aire soit sanctifiée par le van, jusqu'à ce que les bons soient séparés des méchants ? Qu'y a-t-il de nuisible pour lui à demeurer au milieu du peuple ? Que celui qui reçoit la miséricorde de Dieu soit de ceux qu'on nomme « firmament ; » qu'il soit comme un lis au milieu des épines. Et voulez-vous la preuve que les épines elles-mêmes font partie du peuple de Dieu ?

Voici comment cette dernière comparaison est exprimée : « Comme le lis au milieu des épines, telle est celle qui m'est proche au milieu des filles (*Cant.* II, 2). » Est-il dit : au milieu des étrangères ? Non ; mais au milieu des filles. » Il y a donc des filles mauvaises, et c'est au milieu d'elles que « le lis est au milieu des épines. » C'est pourquoi on dit de ceux qui ont part aux sacrements, mais dont les mœurs sont déréglées, qu'ils sont à Dieu, et qu'ils ne sont pas à Dieu ; qu'ils sont à lui, et qu'ils lui sont étrangers ; qu'ils sont à lui, parce qu'ils ont part à ses sacrements, et qu'ils ne sont pas à lui à cause de leurs propres vices. Il en est de même des filles étrangères ; elles ont le nom de filles, parce qu'elles ont l'apparence de la piété ; elles sont étrangères, parce qu'elles ont perdu leur vertu. Que le lis soit donc au milieu des épines ; qu'il reçoive la miséricorde de Dieu ; qu'il conserve la racine qui produit une fleur excellente ; qu'il ne soit pas ingrat pour la douce pluie que le ciel lui envoie. Quant aux épines, qu'elles soient ingrates et que les pluies les fassent croître ; elles croissent pour le feu et non pour le grenier. « Nous avons reçu, mon Dieu, votre miséricorde au milieu de votre peuple. » Au milieu de ce peuple qui ne reçoit pas votre miséricorde, nous, nous recevons votre miséricorde. Car le Seigneur est venu chez lui et les siens ne l'ont pas reçu. Cependant au milieu de ceux qui

erutum quod nostis, non erit rudius, sed dulcius. Nunc quippe populus Dei censentur omnes qui portant sacramenta ejus, sed non omnes pertinent ad misericordiam ejus. Omnes quippe sacramentum baptismi Christi accipientes, Christiani vocantur ; sed non omnes digne illo sacramento vivunt. Sunt enim quidam de quibus dicit Apostolus. « Habentes formam pietatis, virtutem autem ejus abnegantes (*Tim.* III, 5). » Tamen propter ipsam speciem pietatis in populo Dei nominantur : quomodo ad aream, quamdiu trituratur, non solum grana, sed etiam palea pertinet. Numquid et ad horreum pertinebit ? In hoc medio autem populi mali est populus bonus, qui suscepit misericordiam Dei. Vivit digne misericordia Dei, qui audit et tenet et facit quod ait Apostolus. « Præcipientes ergo rogamus, ne in vacuum gratiam Dei suscipiatis (II *Cor.* VI, 1). » Qui ergo non in vacuum gratiam Dei suscipit, ipse tam sacramentum quam etiam misericordiam Dei suscipit. Et quid illi obest, quia in medio populi inobedientis est, donec area ista ventiletur, donec boni a malis separentur ?

quid ei obest in medio populi habitare ? Sit de illis qui appellantur firmamentum, suscipiens misericordiam Dei ; sit lilium in medio spinarum. Nam et ipsæ spinæ quoniam ad populum Dei pertinent, vis audire ? Ita posita est ipsa similitudo : « Sicut lilium, inquit, in medio spinarum, ita proxima mea in medio filiarum (*Cant.* II, 2). » Numquid dixit : in medio alienarum ? Non, sed in medio filiarum. Sunt ergo filiæ malæ, et inter illas est lilium in medio spinarum. Itaque illi qui sacramenta habent, et mores bonos non habent, et Dei dicuntur, et non Dei ; et ejus dicuntur et alieni : ejus propter ipsius sacramentum ; alieni, propter proprium vitium. Ita et filiæ alienæ : filiæ, propter formam pietatis ; alienæ, propter amissionem virtutis. Sit ibi lilium, suscipiat misericordiam Dei, teneat radicem boni floris, non sit ingratum pluviæ dulci de cœlo venienti. Ingratæ sint spinæ, crescant de imbribus ; ad ignem crescunt, non ad horreum. « Suscepimus Deus misericordiam in medio populi tui. » In medio populi tui non suscipientis misericordiam tuam. In sua enim propria

le repoussaient, il a donné à tous ceux qui l'ont reçu le pouvoir de devenir enfants de Dieu (*Jean.* I, 11 et 12).

9. Mais ici une pensée peut se présenter à quiconque réfléchit. Et quoi donc? Quel est le nombre de ce peuple qui, au milieu du peuple de Dieu, reçoit la miséricorde de Dieu? Que ce nombre est petit! C'est à peine s'il s'en trouve quelques-uns; est-ce que Dieu, content d'eux seuls, perdra toute cette multitude? Voilà ce que disent ceux qui se promettent ce qu'ils n'ont point entendu Dieu leur promettre. Eh quoi! est-ce que véritablement, si nous vivons dans le désordre, si nous nous abandonnons à la jouissance des délices de ce monde, si nous sommes les esclaves de nos passions, est-ce que Dieu nous perdra? Combien, en effet, en voit-on qui suivent les commandements de Dieu? A peine en trouve-t-on un ou deux, ou du moins un très-petit nombre; sont-ils donc les seuls que Dieu sauvera et doit-il condamner les autres? Non, disent-ils, lorsqu'il viendra, et qu'il verra une si grande foule à sa gauche, il aura pitié d'elle et lui accordera son pardon. C'est évidemment ce que le démon a promis au premier homme; Dieu menaçait celui-ci de la mort, s'il mangeait du fruit défendu (*Gen.* II, 17), mais le démon lui dit : « Non, vous ne mourrez pas de mort (*Gen.* III, 4). » Adam et Ève ont cru à la parole du serpent; ils ont vu ensuite que la menace de Dieu était la vérité, et la promesse du démon un mensonge. Et maintenant, mes frères, il en est de même; mettez-vous devant les yeux l'Église, comme l'image et la ressemblance du paradis; le serpent ne cesse pas de vous suggérer ce qu'il a d'abord suggéré à nos premiers parents. Mais la chute du premier homme est une expérience qui doit nous servir pour prendre garde à nous, et non pour imiter son péché. Il est tombé pour que nous nous relevions. Faisons à de telles suggestions la même réponse que Job. Car le démon le tenta par sa femme comme Adam par Ève, et l'homme, vaincu dans le paradis (*Gen.* III, 6), fut vainqueur sur un fumier (*Job.* II, 10). N'écoutons donc pas ces discours du démon, et ne pensons pas d'ailleurs que les bons soient peu nombreux: ils sont en grand nombre, au contraire, mais ils sont cachés au milieu de méchants plus nombreux encore. Nous ne pouvons nier, en effet, que les méchants ne soient les plus nombreux, et cela dans une telle proportion que les bons disparaissent au milieu d'eux, de même que dans l'aire le grain reste invisible au milieu de la paille. Car, quiconque voit une aire, peut croire qu'elle ne contient que de la paille. Supposez un homme sans expérience, et il croira que c'est en vain qu'on emploie des bœufs et que des hommes se mettent en nage pour broyer de la paille; mais sous la paille, est cachée la masse de grain que le van purifiera. Alors on verra paraître en abondance le blé qui

---

venit, et sui eum non receperunt. In medio tamen eorum quotquot receperunt eum, dedit eis potestatem filios Dei fieri (*Johan.* 1, 11 et 12).»

9. Jam hic occurrit unicuique cogitanti, Et quid? Iste populus qui in medio populi Dei suscipit misericordiam Dei, quantum numerum habet? Quam pauci sunt! vix invenitur aliquis : illisne contentus Deus erit, et perdet tantam multitudinem? Dicunt hoc qui sibi promittunt quod a Deo promittente non audierunt. Et vere si male vivamus, si mundi hujus deliciis perfruamur, si nostris libidinibus serviamus, perditurus est nos Deus? Quot enim sunt illi qui videntur servare præcepta Dei? vix invenitur unus vel duo vel paucissimi : ipsos solos Deus liberaturus est, et ceteros damnaturus? Absit, inquiunt : cum venerit et videbit tantam multitudinem ad sinistram, miserebitur, et dabit indulgentiam. Hoc plane etiam serpens ille promisit primo homini (*Gen.* II, 17) : nam minatus erat Deus mortem, si gustaret : ille autem, « Absit, inquit, non morte moriemini (*Gen.* III, 4). » Crediderunt serpenti, invenerunt verum esse quod minatus est Deus, falsum quod promiserat diabolus. Ita et nunc Fratres ponite vobis Ecclesiam ante oculos ad instar similitudinemque paradisi, non cessat serpens suggerere quod tunc suggessit. Sed casus primi hominis ad experimentum cavendi debet nobis valere, non ad imitationem peccandi. Ideo ille cecidit, ut nos surgamus. Respondeamus talibus suggestionibus quod respondit Job (*Job.* II, 10). Nam et ipsum per feminam tamquam per Evam tentavit, et vicit in stercore, victus in paradiso (*Gen.* III, 6). Ergo non audiamus tales voces, nec putemus paucos esse istos : multi sunt, sed inter plures latent. Non possumus enim negare, plures esse malos, et tam plures, ut inter eos prorsus boni non appareant, quomodo non apparent grana in area. Nam quisquis aream videt, potest putare quod palea sola sit. Da hominem inexpertum, et putat inaniter fieri quod

était caché sous l'abondance de la paille. Mais dès maintenant voulez-vous trouver les bons? Soyez bon, et vous les trouverez.

10. Mais voyez ce que va dire le Prophète pour combattre ce découragement. En disant : « Mon Dieu, nous avons reçu votre miséricorde au milieu de votre peuple, » il a indiqué qu'il était un peuple qui ne recevait pas la miséricorde de Dieu, mais au milieu duquel certains hommes recevaient la miséricorde de Dieu; or, pour éviter qu'il ne vînt à la pensée de quelqu'un, que ces derniers étaient en si petit nombre qu'il n'y en avait presque pas, comment nous console-t-il? « Comme votre nom, ô mon Dieu, votre louange s'étend jusqu'aux extrémités de la terre (*Ps.* XLVII, 11). » Qu'est-ce que cela? « Le Seigneur est grand et digne de toutes louanges, dans la cité de notre Dieu et sur sa sainte montagne, » et sa louange ne peut être chantée que par ses saints. Car, ceux dont la vie est déréglée ne le louent pas, ou, lors même qu'ils le glorifient de la langue, ils le blasphèment par le désordre de leur vie. Si donc sa louange ne peut être que dans la bouche des saints, que les hérétiques ne disent pas : La louange de Dieu s'est maintenue chez nous, parce que nous sommes en petit nombre et que nous sommes séparés de la foule; nous vivons selon la justice, nous louons Dieu, non-seulement par nos paroles, mais aussi par notre manière de vivre. On leur répondra selon les paroles du psaume : Pourquoi célébrez-vous à part les louanges de Dieu, à qui le Prophète dit : « Comme votre nom, ô mon Dieu, votre louange s'étend jusqu'aux extrémités de la terre? » C'est-à-dire, de même que vous êtes connu par toute la terre, de même aussi, vous êtes loué par toute la terre; et il ne manque point d'hommes pour vous louer par toute la terre. Car, ceux-là louent Dieu qui vivent bien. Comme votre nom, ô mon Dieu, votre louange s'étend, non pas sur une partie de la terre, mais jusqu'aux extrémités de la terre. « Votre droite est pleine de justice; » c'est-à-dire, ceux-là sont aussi en grand nombre, qui se tiendront à votre droite. Non-seulement il y aura un grand nombre d'hommes rejetés à votre gauche, mais il y aura aussi une foule considérable placée à votre droite (*Matth.* XXV, 33). « Votre droite est pleine de justice. »

11. « Que la montagne de Sion se réjouisse et que les filles de Juda se livrent à l'allégresse, Seigneur, à cause de vos jugements (*Ps.* XLVII, 12). » Ô montagne de Sion ! ô fille de Juda ! Vous souffrez maintenant au milieu de l'ivraie, au milieu de la paille, vous souffrez au milieu des épines; mais livrez-vous à l'allégresse dans l'attente des jugements de Dieu. Dieu ne se trompe pas dans ses jugements. Vivez à part,

---

boves mittuntur, quod ibi homines sub æstu desudant ut conterant paleam; sed ibi est et massa ventilatione purganda. Tunc procedet copia frumenti, quæ latebat in copia palearum. Et modo vis invenire (*a*) bonos? Esto, et invenies.

10. Contra istam ergo desperationem vide quid sequatur in Psalmo isto. Quoniam cum dixisset, « Suscepimus Deus misericordiam tuam in medio populi tui : » significavit esse populum non suscipientem misericordiam Dei, in cujus medio quidam suscipiant misericordiam Dei : et ne occurreret hominibus, tam paucos esse, ut prope nulli sint; quomodo consolatus est consequentibus verbis ? « Secundum nomen tuum Deus, ita et laus tua in fines terræ (*Ps.* XLVII, 11). » Quid est hoc? Magnus Dominus, et laudabilis valde, in civitate Dei nostri, in monte sancto ejus ; nec potest esse laus ejus, nisi in sanctis ejus. Nam qui male vivunt, non eum laudant ; sed et si prædicant lingua, blasphemant vita. Quia ergo laus ejus non est nisi in sanctis ejus, non sibi dicant hæretici, In nobis remansit laus ejus, quia pauci sumus, et a turba separati, nos juste vivimus, nos laudamus Deum, non solum loquendo, verum etiam conversando. Respondetur eis ex hoc Psalmo, Quid vos dicitis in parte laudare Deum ; cui dictum est, « Secundum nomen tuum Deus, ita et laus tua in fines terræ ? » Id est, quomodo notus es per omnes terras, sic et laudaris per omnes terras ; nec desunt qui te nunc laudant per omnes terras. Illi autem laudant, qui bene vivunt. « Secundum enim nomen tuum Deus, ita et laus tua, » non in parte, sed « in fines terræ. Justitia plena est dextera tua : » id est, multi sunt et illi, qui stabunt ad dexteram. Non solum illi multi erunt qui stabunt ad sinistram, sed et ibi erit plenitudo massæ ad dexteram constitutæ (*Matth.* XXV, 33) : « Justitia plena est dextera tua. »

11. « Lætetur mons Sion, et exsultent filiæ Judæ, propter judicia tua Domine (*Psal.* XLVII, 12). » O mons Sion, o filiæ Judæ, laboratis modo inter zizania, inter paleas, inter spinas laboratis ; sed exsul-

---

(*a*) Ita quinque MSS. At c iti, *Et modo vis invenire? Bonus esto.*

quoique née dans la masse commune, et ce ne sera pas inutilement que vous direz de bouche et de cœur : « Ne perdez pas mon âme avec celles des impies, ni ma vie avec celle des hommes de sang (*Ps.* xxv, 9). » Ce puissant ouvrier, quand il apparaîtra tenant en main son van, purifiera son aire de telle sorte que pas un grain de froment ne tombera dans le tas de paille pour être brûlé, et que pas un brin de paille ne se glissera dans le monceau de blé pour être renfermé dans le grenier (*Matth.*III,12). Livrez-vous à l'allégresse, ô fille de Juda, à cause des jugements infaillibles de Dieu, et maintenant, gardez-vous de porter des jugements téméraires. A vous de ramasser, à Dieu de séparer. « Que la montagne de Sion se réjouisse, et que les filles de Juda se livrent à l'allégresse, Seigneur, à cause de vos jugements. » Mais ne pensez pas que ces filles de Juda soient les Juifs. Juda veut dire confession. Tout les enfants de la confession sont les enfants de Juda ; et ces mots : « Le salut vient des Juifs (*Jean.* IV, 22), » signifient seulement que le Christ est issu du milieu des Juifs. L'Apôtre nous enseigne la même doctrine, quand il dit : Le Juif n'est pas celui qui l'est au dehors, et sa circoncision n'est pas celle qui se fait extérieurement dans la chair ; mais le Juif est celui qui l'est dans le secret de son cœur, et la circoncision est celle du cœur qui se fait selon l'esprit et non selon la lettre ; et ce Juif ne reçoit pas sa louange des hommes, mais la tire de Dieu (*Rom.* II, 28, 29). Soyez juif sur ce modèle, glorifiez-vous de la circoncision du cœur, lors même que vous ne seriez pas circoncis dans votre chair. « Que les filles de Juda se livrent à l'allégresse, Seigneur, à cause de vos jugements.

12. « Entourez Sion et embrassez-la (*Ps.*XLVII, 13). » Que l'on dise à ceux dont la vie est déréglée, et au milieu desquels est le peuple qui a reçu la miséricorde de Dieu ; au milieu de vous est un peuple qui vit selon la justice. « Entourez Sion. » Mais comment ? « Embrassez-la. » Ne l'entourez plus de scandales ; mais entourez-la de charité, afin d'imiter ceux qui vivent bien au milieu de vous, et de prendre place, en les imitant, dans le corps du Christ, dont ils sont les membres. « Entourez Sion et embrassez-la Racontez sur ses tours. » Célébrez ses louanges sur le haut de ses forteresses.

13. « Affermissez vos cœurs par sa force (*Ibid.* 14). » Gardez-vous donc d'avoir l'apparence de la piété et d'en rejeter la vertu (II *Tim.*III,5), « mais affermissez vos cœurs par sa force. Et quelle est la force de cette ville ? Que celui qui veut comprendre la force de cette ville, comprenne la force de la charité. Elle est la force dont personne ne triomphe. Ni les flots de ce siècle,

---

tate propter judicia Dei. Non errat Deus in judicando. Discretæ vivite, etsi concretæ natæ estis, non frustra vox exiit de ore et de corde vestro, « Ne comperdas cum impiis animam meam, et cum viris sanguinum vitam meam (*Psal.* xxv, 9) » Ille ventilabit tantus artifex, in manu ventilabrum portabit (*Matth.* III, 12), ut unum granum tritici non cadat in acervum paleæ comburendum, nec una arista paleæ transeat ad massam in horreo recondendam. Exsultate filiæ Judæ, propter judicia Dei non errantis ; et nolite modo temere judicare. Ad vos pertineat colligere, ad illum pertineat separare. « Lætetur mons Sion, et exsultent filiæ Judæ, propter judicia tua Domine. » Ne autem putetis filias Judæ Judæos esse. Juda confessio est. Omnes filii confessionis, filii Judæ sunt : « quia, Salus ex Judæis (*Johan.* IV, 22), » nihil est aliud quam Christus ex Judæis. Hoc ait et Apostolus, « Non enim qui in manifesto Judæus'est, neque quæ in manifesto in carne est circumcisio ; sed qui in abscondito Judæus est, et circumcisio cordis, in spiritu, non littera, cujus laus non ex hominibus, sed ex Deo (*Rom.* II, 28 et 29) » Talis Judæus esto : gloriare de circumcisione cordis, etsi non habes circumcisionem carnis. « Exsultent filiæ Judæ, propter judicia tua Domine. »

12. « Circumdate Sion, et complectimini eam (*Ps.*XLVII,13). » Dicatur eis qui male vivunt, in quorum medio est populus ille qui suscepit misericordiam Dei : In medio vestrum est populus bene vivens, « Circumdate Sion. » Sed quomodo ? « Complectimini eam. » Nolite scandalis circumdare, sed caritate circumdate ; ut qui bene vivunt in medio vestrum, eos imitemini, et eorum imitatione (*a*) Christo, cujus membra sunt, incorporemini. « Circumdate Sion, et complectimini eam. Narrate in turribus ejus. » In altitudine munitionum ejus prædicate laudes ejus.

13. « Ponite corda vestra in virtute ejus (*Ibid.* 14). » Non « ut habeatis formam pictatis, virtutem ejus abnegetis (II *Tim.* III, 5) ; » sed « in virtute ejus ponite corda vestra. » Quæ est virtus civitatis hujus ?

(*a*) Ita plerique MSS. Editi vero, *Christum cujus membra sunt, in corpore complectimini.*

ni les torrents de la tentation n'éteignent sa flamme, c'est d'elle qu'il est dit : « L'amour est fort comme la mort (*Cant.* VIII, 6). » De même, en effet, qu'on ne peut résister à la mort, quand elle vient, quelques artifices, quelques remèdes qu'on lui oppose, et que quiconque est né mortel ne peut échapper à la puissance de la mort; de même, le monde ne peut rien contre la puissance de la charité. Cette comparaison de la charité avec la mort, est une comparaison par contraste; car, de même que la mort a, pour détruire, une extrême violence, de même, pour sauver, la charité a une violence extrême. En effet, par charité, beaucoup de saints sont morts au monde pour vivre en Dieu. Qu'ont pu les efforts des persécuteurs contre des martyrs enflammés de ce feu de la charité, contre des martyrs étrangers à toute feinte, insensibles à tout vent de vaine gloire, et bien différents des hommes que dépeint l'Apôtre dans ces paroles : « Lors même que je livrerais mon corps pour être brûlé, si je n'ai pas la charité, cela ne me sert de rien (I *Cor.* XIII, 3) ; contre des martyrs véritablement entraînés au supplice par l'amour du Christ et de la vérité? Les yeux baignés de larmes de leurs parents et de leurs amis avaient plus de puissance sur eux que les persécutions de leurs ennemis. Combien n'y en avait-il pas que les supplications de leurs enfants détournaient d'affronter les tortures? Combien de maris qui ont vu leurs épouses à leurs pieds, embrassant leurs genoux, et les suppliant de ne pas les laisser veuves? Combien de parents s'opposaient à la mort de leurs enfants, comme nous le savons et l'avons lu dans les actes de la bienheureuse Perpétue? Tous ces faits sont constants. Mais les larmes, quelles qu'elles aient été et avec quelque violence qu'elles aient coulé, ont-elles jamais pu éteindre l'ardeur de la charité? Telle est la force de Sion, à laquelle le Prophète dit dans un autre psaume : « Que la paix soit dans votre force et l'abondance dans vos tours (*Ps.* CXXI, 7).» «Annoncez du haut de ses tours. Affermissez vos cœurs par sa force et distribuez ses maisons. »

14. Qu'entendons-nous par ces mots : « Affermissez vos cœurs par sa force et distribuez ses maisons? » Nous entendons : Distinguez une maison d'une maison, et gardez-vous de confondre l'une avec l'autre. Telle maison a l'apparence de la piété, et n'a point de piété (II *Tim.* III, 5); telle autre, au contraire, a tout à la fois l'apparence et la réalité de la piété. Distribuez-les, gardez-vous de les confondre. Or, vous apprenez à les distinguer et à ne point les confondre, en affermissant vos cœurs dans la force de Dieu, c'est-à-dire en devenant par la charité des hommes spirituels. Alors vous ne jugerez pas témérairement; alors vous verrez que les méchants ne font point obstacle aux

---

Qui vult intelligere virtutem hujus civitatis, intelligat vim caritatis. Ipsa est virtus quam nemo vincit. Hujus ignem nulli fluctus sæculi, nulla flumina tentationis exstinguunt. De hac dictum est, « Valida est sicut mors dilectio (*Cant.* VIII, 6). » Quomodo enim mors quando venit, resisti ei non potest, quibuslibet artibus, quibuslibet medicamentis occurras, violentiam mortis vitare non potest, qui mortalis natus est; sic contra violentiam caritatis mundus nil potest. A contrario enim similitudo data est de morte ; quomodo enim mors ad auferendum violentissima est, sic, caritas violentissima est ad salvandum. Per caritatem enim multi mortui sunt sæculo, ut viverent Deo. Hac caritate accensi Martyres, non simulati, non vana gloria ventilati, non tales de quibus dictum est, « Si tradidero corpus meum ut ardeam, caritatem autem non habeam, nihil mihi prodest (I *Cor.* XIII, 3) : » sed tales quos vere Christi et veritatis caritas perduceret ad passionem : quid eis fecerunt tentationes sævientium? Majorem violentiam habuerunt oculi flentium suorum, quam persecutiones insectantium. Quam multos enim tenebant filii ne paterentur? quam multorum genibus provolvebantur uxores, ne viduæ relinquerentur? quam multos parentes filii prohibebant mori, sicut novimus et legimus in passione beatæ Perpetuæ? Facta sunt ista. Sed lacrymæ quantælibet et quantolibet impetu fluerent, quando ardorem caritatis exstinguerent ? Hæc est virtus Sion, cui et alibi dicitur, « Fiat pax in virtute tua, et abundantia in turribus tuis (*Ps.* CXXI, 7). » « Annuntiate in turribus ejus. Ponite corda vestra in virtute ejus, et distribuite domos ejus. »

14. Quid hic intelligimus, « Ponite corda vestra in virtute ejus, et distribuite domos ejus (*Ps.* XLVII, 14)? » Id est, distinguite domum a domo, nolite confundere. Domus est enim formam pietatis habens, et pietatem non habens (II *Tim.* III, 5) : est autem domus et formam et pietatem habens. « Distribuite, » nolite confundere. Tunc autem distribuitis, et non confunditis, quando corda vestra in virtute ejus ponitis, id est, cum facti fueritis per caritatem spiri-

bons, tant que nous sommes dans l'aire : « Distinguez ses maisons. » On peut encore donner un autre sens à ces paroles. Il a été dit aux Apôtres de distinguer deux maisons, l'une venant de la circoncision, l'autre venant de l'incirconcision. En effet, lorsque Saul eut été appelé et fut devenu l'Apôtre Paul, il se présenta à ses compagnons d'apostolat pour participer à leur unité, et il convint avec eux qu'ils iraient prêcher les circoncis et qu'il prêcherait les incirconcis (*Gal.* II, 9). Par cette convention, les Apôtres se distribuèrent les maisons de la cité du grand Roi, et s'unissant sur la pierre angulaire, ils divisèrent l'Évangile quant à sa prédication, et en resserrèrent l'unité par la charité. Et réellement ce sens est préférable à l'autre. Car le Prophète continue et montre que c'est bien aux prédicateurs qu'il a été dit : « Et distribuez ses maisons, afin que vous fassiez savoir aux races futures; » c'est-à-dire : afin de faire parvenir jusqu'à nous, leurs successeurs, la prédication de l'Évangile. En effet, ils n'ont pas seulement travaillé pour ceux qui vivaient en même temps qu'eux sur la terre, et le Seigneur n'a point apparu aux seuls Apôtres auxquels il a daigné se montrer après sa résurrection; il a voulu se montrer aussi à nous. Car il leur parlait, mais il nous désignait en disant : « Voici que je suis avec vous pour tous les jours à venir jusqu'à la consommation des siècles (*Matth.* XXVIII, 20). » Est-ce que ceux auxquels il parlait devaient vivre jusqu'à la consommation des siècles ? Il leur dit de même : « Je ne prie pas pour eux seulement, mais je prie aussi pour ceux qui croiront en moi par l'effet de leur parole (*Jean.* XVII, 20). » Il pensait donc à nous, parce qu'il a souffert pour nous. C'est donc avec raison qu'il est dit dans le psaume : « Pour que vous fassiez savoir aux races futures. »

13. Que leur ferez-vous savoir ? « Qu'il est Dieu, qu'il est notre Dieu (*Ps.* XLVII, 15). » On voyait la terre, mais on ne voyait pas le Créateur de la terre; on était en possession de la chair, mais on ne reconnaissait pas Dieu dans la chair. La chair était en la possession de ceux de qui cette même chair avait été prise, car la Vierge Marie était de la race d'Abraham : ils en sont restés à la chair, et n'ont pas compris la divinité. O Apôtres ! ô grande cité ! publiez du haut de vos tours, et dites : « Celui-là est Dieu ; c'est notre Dieu. » De même, de même qu'il a été méprisé, de même que la pierre est restée humblement étendue aux pieds de ceux qui s'y heurtaient, et cela afin d'humilier les cœurs de ceux qui la proclamaient la pierre angulaire; de même « il est notre Dieu. » Certes, il a été vu, comme l'a dit le prophète Baruch : « Après ces choses, il a été vu sur la terre et il a vécu avec les hommes (*Baruch*, III, 38). » « Il est notre Dieu. » Et il est homme et qui le connaîtrait ? « Parce qu'il

---

tales. Tunc temere non judicabitis; tunc videbitis nihil obesse bonis malos, quamdiu sumus in hac area : « Distribuite domos ejus. » Potest et alius esse intellectus. Domos illas duas, unam ex circumcisione, alteram ex præputio venientem, Apostolis dictum est, ut distribuerent. Cum enim vocatus esset Saulus, et factus apostolus Paulus, conveniens in unitatem coapostolorum suorum, sic cum eis habuit placitum, ut illi irent in circumcisionem, iste in præputium. Ista dispensatione apostolatus sui distribuerunt domos civitatis magni regis, et concordantes in angulo, Evangelium dispensatione diviserunt, caritate junxerunt. Et re vera hoc magis intelligendum est. Nam sequitur, et ostendit quod hoc prædicatoribus dictum sit, « Et distribuite domos ejus : ut enarretis in progenie altera, » id est, ut etiam ad nos post futuros illorum Evangelii dispensatio perveniret. Non enim illis tantum laboraverunt, cum quibus in hac terra vixerunt; nec Dominus illis tantum Apostolis, quibus se vivum etiam post resurrectionem dignatus est ostendere, sed et nobis. Nam illis loquebatur, et nos significabat, cum diceret, « Ecce ego vobiscum sum omnibus diebus, usque ad consummationem sæculi (*Matth.* XXVIII, 20). » Numquid illi hic futuri erant usque in consummationem sæculi ? Item dicit, « Non pro his rogo tantum, sed pro his qui credituri sunt per verbum illorum in me (*Johan.* XVII, 20). » Ergo attendit nos, quia passus est propter nos. Merito itaque dicitur, « Ut enarretis in progenie altera. »

15. Quid enarretis ? « Quoniam hic est Deus Deus noster (*Ps.* XLVII, 15). » Terra videbatur, terræ conditor non videbatur : caro tenebatur, sed Deus in carne non agnoscebatur. Tenebatur caro ab eis, ex quibus fuerat sumta ipsa caro, ex semine Abraham enim virgo Maria : ad carnem remanserunt, divinitatem non intellexerunt. O Apostoli, o civitas magna, in turribus tu prædica, et dic, « Hic est Deus Deus noster. » Sic, sic quomodo contemtus est, quomodo lapis ante pedes jacuit offendentium, ut humiliaret corda con-

est notre Dieu. » Mais peut-être l'est-il pour un temps, comme les faux dieux ? En effet, si l'on peut les appeler des dieux, ils ne peuvent être des dieux, aussi ne sont-ils appelés de ce nom que pour un temps. Que leur dit en effet le Prophète, ou que nous enseigne-t-il à leur dire? Vous leur direz ces choses. Quelles choses ? « Que les dieux qui n'ont pas fait le ciel et la terre, disparaissent de dessus la terre et de tout ce qui est sous le ciel (*Jér.* x, 11). » Notre Dieu ne leur ressemble pas, car notre Dieu est au-dessus de tous les dieux. Au-dessus de quels dieux ? « Parce que tous les dieux des nations sont des démons ; mais le Seigneur a fait les cieux (*Ps.* xcv, 5). » Tel est notre Dieu, oui, « il est notre Dieu. » Jusques à quand ? « Pour l'éternité et pour les siècles des siècles ; il nous régira dans tous les siècles. » S'il est notre Dieu, il est aussi notre Roi : il nous protége parce qu'il est Dieu, afin que nous ne mourions pas; il nous régit parce qu'il est Roi, afin que nous ne tombions pas. Mais en nous régissant, il ne nous brise pas ; tandis qu'il brise ceux qu'il ne régit pas. « Vous les gouvernerez, dit le Prophète, avec une verge de fer et vous les briserez comme un vase d'argile (*Ps.* II, 9). » Il est donc des hommes qu'il ne régit pas ; il ne les épargne pas, et il les brise comme des vases d'argile. Souhaitons donc qu'il nous régisse et qu'il nous délivre, parce « qu'il est notre Dieu pour l'éternité et pour les siècles des siècles, et il nous régira dans tous les siècles. »

PREMIER DISCOURS SUR LE PSAUME XLVIII.

1. Toutes les paroles de Dieu sont salutaires pour ceux qui en ont la saine intelligence ; mais elles sont dangereuses pour ceux qui veulent les détourner au profit de la perversité de leur cœur, plutôt que de redresser leur cœur selon la droite doctrine qu'elles enseignent. C'est, en effet, chez les hommes, une grave perversité, qui n'est que trop ordinaire, qu'ayant pour devoir

---

fitentium ; sic « hic est Deus noster. » Certe visus est, sicut dictum est, « post hæc in terris visus est, et cum hominibus conversatus est (*Baruch.* III, 38). » « Hic est Deus noster. » Et homo est, et quis est qui cognoscet eum ? « Quoniam hic est Deus noster. » Sed forte ad tempus, quomodo dii falsi. Quia enim vocari possunt dii, esse autem non possunt, ad tempus vel vocantur. Nam quid eis dicit Propheta, vel quid monet ut eis dicatur ? Hæc eis dicetis : Quid ? « Dii qui cœlum et terram non fecerunt, pereant de terra, et de his quæ sub cœlo sunt (*Jerem.* x, 11). » Non est iste talis Deus, quoniam Deus noster super omnes deos. Super quos omnes deos ? « Quoniam omnes dii gentium dæmonia, Dominus autem cœlos fecit (*Psal.* xcv, 5). » Ipse est ergo Deus noster, « hic est Deus noster. » Quo usque ? « In æternum et in sæculum sæculi, ipse reget nos in sæcula. » Si Deus noster est, et rex noster est protegit nos, quia Deus est, ne moriamur ; regit nos, quia rex est, ne cadamus. Regendo autem nos non frangit nos ; nam quos non regit, frangit. « Reges eos, inquit, in virga ferrea, et tamquam vas figuli conteres eos (*Ps.* II, 9). » Sed sunt quos non regit : ipsis non parcit, tamquam vas figuli conterens eos. Ab illo ergo optemus regi et liberari : quia « hic est Deus noster in æternum, et in sæculum sæculi, et ipse reget nos in sæcula. »

IN PSALMUM XLVIII.

ENARRATIO

Sermo I de prima parte Psalmi.

1. Omnia divina eloquia salubria sunt bene intel-

de vivre selon la volonté de Dieu, ils veulent que Dieu vive selon leur volonté : refusant de se corriger, ils veulent le rendre pervers, et ils regardent comme droit, non ce qu'il veut, mais ce qu'ils veulent. Or, nous entendons habituellement des hommes murmurer contre Dieu, parce que les méchants sont ici-bas dans la prospérité, et les bons dans la souffrance; comme si Dieu était pervers, comme s'il ne savait ce qu'il fait, comme s'il détournait entièrement les yeux de dessus les choses humaines, ou pour ne pas troubler sa propre tranquillité, comme s'il n'y prêtait point attention, sans doute parce qu'il y aurait fatigue pour lui à les considérer et à les réformer. Ces hommes, qui ne veulent adorer Dieu que pour trouver la prospérité ici-bas, murmurent donc lorsqu'ils voient ceux qui ne l'adorent pas s'élever et prospérer au milieu des félicités terrestres; tandis qu'eux-mêmes, qui adorent Dieu, souffrent dans les angoisses, dans les nécessités, dans les misères et dans les autres difficultés qui sont le propre de notre périssable nature. Contre ces discours et contre ces blasphèmes des murmurateurs, la parole divine renouvelle à tout instant de salutaires incantations, pour nous guérir de la morsure du serpent. Car de tels discours ne sont que la pourriture d'un cœur empoisonné, qui vomit contre Dieu la puanteur du blasphème et qui, par un malheur plus grand encore, repousse la main qui guérit, mais ne repousse pas la morsure du serpent. Je veux dire que le cœur de l'homme repousse la sévérité de la parole de Dieu, et donne accès en lui aux perfides conseils du serpent qui le flatte. C'est donc contre eux que la parole divine fait entendre ses incantations, et dans ce psaume elle s'adresse à nous. Pourrais-je appeler sur ce psaume toute l'attention de Votre Sainteté, si ce psaume ne nous rendait, par lui-même, attentifs ? Et non-seulement nous, mais l'univers entier. Car écoutez en quels termes il commence.

2. « Nations, écoutez toutes ce que je vais dire (*Ps.* XLVIII, 2). » Il ne s'agit donc pas seulement de vous qui êtes ici. Car quelle est notre voix, pour que nous puissions crier de manière à être entendus de toutes les nations? Mais Notre-Seigneur Jésus-Christ a crié par ses Apôtres ; il a crié par les mille bouches qu'il a envoyées, et ce psaume qui n'était auparavant récité que chez une seule nation, dans la synagogue des Juifs, nous le voyons récité maintenant dans tout l'univers, dans toutes les Églises, et nous sommes témoins de l'accomplissement de cette prophétie : « Nations, écoutez toutes ce que je vais dire. » Si je réclame votre attention, c'est que je ne

---

ligentibus; periculosa vero his qui ea volunt ad sui cordis perversitatem detorquere, potius quam suum cor ad eorum rectitudinem corrigere. Hæc est enim in hominibus magna et usitata perversitas, quia cum debeant vivere ipsi secundum voluntatem Dei, Deum volunt vivere secundum voluntatem suam : et cum ipsi nolunt corrigi, illum volunt depravari; rectum non arbitrantes quod ille vult, sed quod ipsi volunt. Solemus autem audire homines murmurantes adversus Deum, quod malis in hac vita bene sit, et laborent boni: quasi ille perversus sit, et nesciat quid agat, aut omnino averterit oculos a rebus humanis, vel securitatem suam perturbari nolit, ut hæc non adtendat, quia cum labore ista Deus aut videat aut corrigat. Murmurant ergo homines, qui propterea volunt Deum colere, ut hic illis bene sit, quando viderint eos qui Deum non colunt pollere atque florere felicitate terrena ; se autem colentes Deum laborare in angustiis, in necessitatibus, in ærumna, ceterisque difficultatibus mortalitatis humanæ. Contra istam vocem et contra has blasphemias murmurantium, incantat semper sermo divinus, curans a morsu serpentis. Venenati enim cordis est ista sanies, eructans in Deum putorem blasphemiæ, et quod pejus est, manus curantis repellens, morsum serpentis non repellens. Hoc dixi, repellit a se cor hominis verbi Dei severitatem, et admittit ad se male suadentis serpentis blanditias. Contra hos ergo cantat sermo divinus, et jam in isto Psalmo loquitur nobis. Ad quem Psalmum (*a*) intentam ego facerem Sanctitatem Vestram, nisi ipse nos faceret omnes intentos? nos solos, sed totum orbem terrarum. Audite enim quemadmodum cœpit.

2. « Audite hæc omnes gentes (*Ps.* XLVII, 2). » Non ergo vos soli qui hic estis. Nam vox nostra quam est, ut sic clamemus, ut audiant omnes gentes? Clamavit enim per Apostolos Dominus noster Jesus Christus, clamavit tot linguis (*b*) quas misit ; et videmus hunc Psalmum qui ante non recitabatur nisi in una gente in synagoga Judæorum, recitari per totum orbem ter-

---

(*a*) Editi, *quomodo intentam ego facerem.* Abest, *quomodo,* a MSS. (*b*) Sic Er. et MSS. præter Vatic. et Reg. qui habent, *quot misit.* At Lov. *in quas misit :* minus bene.

veux pas que la fatigue corporelle abatte votre esprit, effrayé peut-être de la longueur de ce psaume. S'il est possible, j'en achèverai aujourd'hui l'explication, si non, il nous restera quelque chose pour demain ; mais, de votre côté, donnez-moi votre attention. Car, avec l'aide du Seigneur, tout ce que vous entendrez, loin de vous accabler, ne fera que relever votre esprit. « Nations, » et vous êtes compris sous ce terme, « nations, écoutez toutes ce que je vais dire. Prêtez l'oreille, vous tous qui habitez l'univers. » Il semble que le Prophète ait répété ce qu'il avait déjà dit, comme si c'était peu d'avoir dit une fois : « Écoutez. » Ce que je dis, « écoutez-le, » nous dit-il, « prêtez-y l'oreille, » c'est-à-dire : gardez-vous d'écouter légèrement. Que veut dire : « Prêtez l'oreille ? » Quand le Seigneur disait : « Que celui qui a des oreilles pour entendre, entende (*Matth.* II, 15) », comme tous ceux qui étaient présents devant lui, avaient des oreilles, de quelles oreilles voulait-il être entendu, sinon des oreilles du cœur, en prononçant ces paroles : « Que celui qui a des oreilles pour entendre, entende ? » C'est à ces mêmes oreilles du cœur que s'adresse le Prophète dans ce psaume. « Prêtez l'oreille, vous tous qui habitez l'univers. » Peut-être y a-t-il ici quelque distinction à établir entre ce second membre de phrase et le premier. Nous ne devons sans doute pas nous mettre l'esprit à la torture ; mais il n'y a pas non plus d'inconvénient à expliquer aussi cette pensée. Peut-être y a-t-il quelque différence entre les premiers mots : « toutes les nations, » et ceux qui suivent : « vous tous qui habitez l'univers. » Peut-être le Prophète a-t-il voulu que nous prissions dans une acception plus significative l'expression : « qui habitez ; » si bien que nous dussions comprendre par le terme de nations les impies, et par celui d'habitants de l'univers, les justes. Celui-là, en effet, est habitant qui n'est pas esclave ; celui-là, au contraire, qui est esclave n'est point habitant, mais il fait partie de l'habitation. C'est ainsi que celui-là possède tout ce qu'il a, qui est vraiment le maître de ses biens ; or, celui-là en est le maître qui n'est pas captif dans les filets de la cupidité ; mais celui que la cupidité enlace est possédé, il ne possède pas. Or, nous trouvons dans l'Écriture Sainte un passage qui indique la signification du mot habitation. Le psalmiste dit : « J'ai préféré d'être abaissé dans la maison du Seigneur, plutôt que d'habiter dans les tentes des pécheurs (*Ps.* LXXXIII, 2). » Mais quoi, si vous êtes abaissé dans la maison du Seigneur, n'y habitez-vous pas ? Le Prophète n'a voulu indiquer comme habitants d'une demeure que ceux qui la régissent, la possèdent, y dominent et y gouvernent ; ceux, au contraire, dont la condition n'excite que le mépris, n'y habitent pas, en quelque sorte ; ils y sont dans la dépendance de celui qui l'habite. Il a donc dit :

---

rarum, per omnes Ecclesias, impletumque esse quod hic dictum est, « Audite hæc omnes gentes. » Ad hoc solum volo intentos facere animos vestros, ne propter laborem corporalem non erigatis animum, terrente vos longitudine Psalmi hujus. Si potuerit, finietur hodie : si non, restabit nobis aliquid in crastinum diem ; tamen vos semper intenti estote. Tantum enim audietis, si Dominus voluerit, quantum vos non gravet, sed relevet. « Audite hæc omnes gentes : » unde estis et vos. « Auribus percipite omnes qui habitatis orbem. » Hoc iterum videtur repetisse, quasi parum fuerit quod dixit, « Audite. » Quod dico, inquit, « audite, auribus percipite, » hoc est, nolite transeunter audire. Quid est, « auribus percipite ? » Quod Dominus dicebat, « Qui habet aures audiendi, audiat (*Matth.* XI, 15) : » cum omnes qui in conspectu ejus erant, utique haberent aures : quas ille aures quærebat nisi cordis, cum diceret, Qui habet aures audiendi, audiat ? Has et iste Psalmus aures pulsat. « Auribus percipite omnes qui habitatis orbem. » Forte et hic est aliqua distinctio, non quidem nos coartare debemus, sed nihil mali est etiam istam explicare sententiam. Forte aliquid distat inter id quod dixit, « omnes gentes, » et quod dixit, « omnes qui habitatis orbem. » Significantius enim fortasse voluit nos intelligere quod dixit, « inhabitatis, » ut gentes intelligamus omnes iniquos, habitatores autem orbis omnes justos. Ille enim habitat qui non tenetur : nam qui tenetur, habitatur, non habitat. Quomodo ille possidet quæcumque habet, qui dominus est rerum suarum : dominus autem est, qui non est irretitus cupiditate : qui autem cupiditate tenetur, possessus est, non possessor. Habemus enim quoddam verbum habitatione signatum in Scriptura Dei, ubi ait, « Elegi abjici in domo Domini magis quam habitare in tabernaculis peccatorum (*Psal.* LXXXIII, 11). » Quid enim, si abjiceris in domo Domini, non ibi habitas ? Noluit significare habitationem, nisi in eis qui regunt, et tenent, et dominantur, et gubernant : qui autem contemnuntur non quasi habitant, sed subjecti sunt. Ita autem dixit, Subditus volo esse in domo Dei magis quam

Je préfère être en état de sujétion dans la maison du Seigneur, plutôt que de régner dans les tentes des pécheurs. C'est pourquoi, s'il y a quelque différence entre : « toutes les nations » et : « les habitants de l'univers, » comme il y a une différence entre : « Écoutez, » et : « prêtez l'oreille ; » bien que le Prophète semble s'être répété, cependant il a voulu signifier deux choses différentes, parce que ses paroles devaient être entendues non-seulement par les pécheurs et les impies, mais encore par les justes. Maintenant tous entendent sans distinction de personnes ; mais lorsque nous serons appelés à rendre compte, ceux qui auront entendu sans aucun fruit seront séparés de ceux qui auront prêté l'oreille. Que les pécheurs écoutent donc : « Nations, écoutez toutes ce que je vais dire. » Que les justes écoutent aussi, eux qui n'auront pas écouté sans fruit et qui gouvernent la terre plutôt qu'ils ne sont gouvernés par la terre : « Prêtez l'oreille, vous tous qui habitez l'univers. »

3. Et il dit de nouveau : « O vous, enfants de la terre et fils des hommes. » Ces mots : « enfants de la terre, » le psalmiste les rapporte aux pécheurs ; et ces mots : « fils des hommes, » il les rapporte aux fidèles et aux justes. Vous voyez donc que la même distinction continue. Quels sont ceux qui sont littéralement appelés « nés de la terre ? » Ce sont les enfants de la terre. Quels sont les enfants de la terre ? Ceux qui cherchent des héritages terrestres. Quels sont « les fils des hommes ? » Ceux qui appartiennent au Fils de l'homme. Déjà pour établir ces différences devant Votre Sainteté, nous avons dit qu'Adam était homme et n'était pas fils de l'homme ; qu'au contraire, le Christ était fils de l'homme et était Dieu (*Discours sur le Ps.* VIII, n° 10). Tous ceux donc qui appartiennent à Adam sont « enfants de la terre, » et tous ceux qui appartiennent au Christ sont « fils des hommes. » Que tous écoutent cependant ; je ne soustrais ma parole à personne. Quelqu'un est-il enfant de la terre, qu'il écoute à cause du jugement qui l'attend : quelqu'un est-il fils de l'homme, qu'il écoute à cause du royaume qui lui est promis. « Riches et pauvres, sans distinction. » C'est encore une nouvelle répétition. En nommant « les riches, » le Prophète s'adresse aux enfants de la terre ; en nommant « les pauvres, » il s'adresse aux fils des hommes. Par « les riches, » comprenez les orgueilleux, et par « les pauvres, » les humbles. Un homme peut posséder de grandes sommes d'argent ; s'il n'en tire pas vanité, il est pauvre ; un homme n'a-t-il rien, mais est-il cupide et orgueilleux, Dieu le répute au nombre des riches et des réprouvés. C'est d'après le cœur et non d'après le coffre-fort

---

regnare in tabernaculis peccatorum. Itaque si est aliqua distinctio inter « omnes gentes, et habitatores orbis, » sicut est distinctio inter « audite, et auribus percipite, » hoc quidem videtur repetisse, sed tamen aliud est, quod sane voluit significare ; quia ista eloquia audituri erant, non solum peccatores et impii, sed et justi. Permixte modo audiunt omnes : sed cum ventum fuerit ad reddendam rationem, separabuntur qui sine caussa audierunt, ab illis qui auribus perceperunt. Audiant ergo et peccatores : « Audite hæc omnes gentes. » Audiant et justi, qui non sine caussa audierunt, et regunt potius terram, quam reguntur a terra : « Auribus percipite omnes qui habitatis orbem. »

3. Et iterum dicit, « Quique terrigenæ et filii hominum (Ps. XLVIII, 3). » Quod ait, « terrigenæ, » ad peccatores retulit ; quod ait, « filii hominum, » ad fideles et justos. Videtis ergo, quia servatur ista distinctio. Qui sunt ergo, « terrigenæ ? » Filii terræ. Qui sunt filii terræ ? Qui hereditates terrenas requirunt. Qui sunt filii hominum ? » Qui pertinent ad filium hominis. Aliquando jam ista (*a*) distinximus Sanctitati Vestræ, et invenimus quia Adam homo erat, filius hominis non erat ; Christus autem filius hominis erat, et Deus erat. Quicumque enim pertinent ad Adam, « terrigenæ : » quicumque pertinent ad Christum, « filii hominum. » Omnes tamen audiant, ego nulli subtraho sermonem meum. Terrigena est, audiat propter judicium : filius hominis est, audiat propter regnum. « Simul in unum dives et pauper. » Iterum ipsa sunt repetita. Quod ait, « dives, » ad terrigenas pertinet ; quod ait, « pauper, » ad filios hominum. Divites intellige superbos, pauperes humiles. Habeat multas facultates pecuniarum, si in eis non extollitur, pauper est : non habeat aliquid, et cupiat et infletur, inter divites et reprobos eum deputat Deus. Et divites et pauperes in corde interrogat Deus, non in (*b*) area et domo. Nonne pauperes sunt qui accipiunt mandatum Apostoli, dicentis Timotheo, « Præcipe divitibus hujus sæ-

---

(*a*) In enarr. Ps. VIII. (*b*) Er. et plerique MSS. *in area*. Vaticanus codex, *in horreo*.

PREMIER DISCOURS SUR LE PSAUME XLVIII.

ou la maison, que Dieu examine quels sont les riches et quels sont les pauvres. Ceux-là ne sont-ils pas pauvres qui acceptent le commandement de l'Apôtre à Timothée : « Ordonnez aux riches de ce monde de n'avoir pas d'orgueil sur eux-mêmes (I *Tim.* vi, 17) ? » Comment l'Apôtre rendait-il pauvres ceux qui étaient riches ? en leur enlevant ce qui fait rechercher les richesses. En effet, nul ne désire d'être riche, si ce n'est pour s'enfler d'orgueil à l'égard de ceux parmi lesquels il vit, et pour leur paraître supérieur. En disant aux riches de n'avoir pas d'orgueil sur eux-mêmes, il les rend les égaux des pauvres, de telle sorte que peut-être un mendiant s'énorgueillit plus de quelques pièces de monnaie que le riche qui a écouté les paroles de l'Apôtre : « Ordonnez aux riches de ce monde de n'avoir pas d'orgueil sur eux-mêmes. » Et comment n'avoir pas d'orgueil sur eux-mêmes ? En faisant ce qui suit : « Et de ne pas mettre leur espérance dans l'incertitude des richesses, mais de la mettre dans le Dieu vivant, qui nous donne abondamment ce dont nous devons jouir (*Ibid.*). » Il n'a pas dit : qui leur donne, mais : qui nous donne. Est-ce que Paul, en effet, ne possédait pas de richesses ? Il en avait certainement. Quelles richesses ? Celles dont l'Écriture dit en un autre endroit : « Le monde entier fait partie des richesses de l'homme fidèle (*Prov.* xvii, 8, selon les Septante). » Écoutez sa propre déclaration : « Nous sommes comme n'ayant rien, et nous possédons tout (II *Cor.* vi, 10). » Celui donc qui veut être riche ne doit pas s'attacher à telle ou telle partie, mais tout posséder ; qu'il s'attache à celui qui a tout créé. « Riches et pauvres sans distinction. » Le Prophète dit dans un autre psaume : « Les pauvres mangeront et seront rassasiés (*Ps.* xxi, 27). » Comment glorifie-t-il les pauvres ? « Les pauvres mangeront et seront rassasiés. » Que mangeront-ils ? Ce que savent bien les fidèles. Comment seront-ils rassasiés ? En imitant la passion de leur Seigneur, et en ne recevant pas inutilement leur rançon. « Les pauvres mangeront et ils seront rassasiés, et ceux qui cherchent le Seigneur le glorifieront. » Et les riches, qu'en est-il ? Ils mangent aussi, mais comment mangent-ils ? « Tous les riches de la terre ont mangé et ils ont adoré Dieu (*Ibid.* 30). » Le Prophète n'a pas dit : Ils ont mangé et ils ont été rassasiés, mais : Ils ont mangé et ils ont adoré. Ils adorent Dieu, à la vérité, mais ils ne veulent pas pratiquer la fraternité envers les hommes. Les uns mangent et adorent Dieu ; les autres mangent et sont rassasiés : tous mangent cependant. Mais on demande à celui qui mange de rendre ce qu'il reçoit : celui qui a dispensé la nourriture n'empêche personne de manger, mais il avertit chacun de redouter un créancier sévère. Que les pécheurs et les justes, que les nations et ceux qui habitent l'univers, écoutent donc ces paroles, « et les enfants de la terre, et les fils des hommes, et les riches

---

culi non superbe sapere (I *Tim.*vi,17).» Quomodo eos qui divites erant fecit pauperes? Tulit illis quare quæruntur divitiæ. Nemo enim vult esse dives, nisi ut inflctur inter eos inter quos vivit, et superior illis videatur. Cum autem dixit, non superbe sapere, æquales eos fecit non habentibus ; ut fortassis pauculis nummis mendicus plus extollatur, quam ille dives qui audit Apostolum dicentem, « Præcipe divitibus hujus sæculi non superbe sapere. » Unde non superbe sapere ? Si faciant quod sequitur, « Neque sperare in incerto divitiarum, sed in Deo vivo, qui præstat nobis omnia abundanter ad fruendum (*Ibid.*). » Non dixit, qui præstat illis ; sed, qui præstat nobis. Numquid ipse Paulus non habebat divitas? Habebat plane. Quas divitias ? De quibus dicit alio loco Scriptura, « Fideli homini mundus totus divitiarum est (*Prov.* xvii, 6, *Sec.* Lxx.). » Audi et ipsum confitentem : « Quasi nihil habentes, et omnia possidentes (II *Cor.* vi, 10). » Qui vult ergo esse dives, non hæreat parti et totum possidebit : illi inhæreat qui totum creavit. « Simul in unum dives et pauper. » Dicit in alio Psalmo, « Edent pauperes, et saturabuntur (*Psal.* xxi, 27). » Quomodo commendavit pauperes ? Edent pauperes, et saturabuntur. Quid edunt? Quod sciunt fideles. Quomodo saturabuntur? Imitando passionem Domini sui, et non sine caussa accipiendo pretium suum. « Edent pauperes, et saturabuntur, et laudabunt Dominum, qui requirunt eum. » Divites quid ? Etiam ipsi edunt. Sed quomodo edunt ? « Manducaverunt et adoraverunt omnes divites terræ (*Ibid.* 30). » Non dixit, Manducaverunt, et saturati sunt ; sed, manducaverunt, et adoraverunt. Adorant quidem Deum, sed humanitatem nolunt exhibere fraternam. Manducant illi, et adorant ; manducant isti, et saturantur : tamen omnes manducant. Exigitur de manducante quod manducat ; non prohibeatur manducare a dispensatore, sed moneatur timere exactorem. Audiant ergo

et les pauvres, sans distinction; » point de division entre eux, point de séparation. Le temps de la moisson amènera cette séparation; la main du vanneur saura la faire (*Matth.* III, 12). Maintenant, que le riche et le pauvre écoutent ensemble, qu'ensemble paissent les boucs et les agneaux, jusqu'à ce que vienne celui qui les séparera, en plaçant les uns à droite et les autres à gauche (*Ibid.* XXV, 32 et 33). Qu'ils écoutent ensemble celui qui les enseigne, de peur d'entendre un jour, séparés les uns des autres, celui qui les jugera.

4. Et maintenant que vont-ils entendre? « Ma bouche prononcera des paroles de sagesse, et de la méditation de mon cœur sortira l'intelligence (*Ps.* XLVIII, 4). » Le Prophète a voulu répéter ici sa pensée de peur que s'il eût dit seulement « ma bouche, » vous n'eussiez pensé que celui qui parlait n'avait de sagesse que sur les lèvres. Beaucoup en effet ont la sagesse sur les lèvres et ne l'ont pas dans le cœur, selon la parole de l'Écriture : « Ce peuple m'honore des lèvres, mais son cœur est loin de moi (*Matth.* III, 2). » Comment s'exprime donc celui qui vous parle? Après vous avoir dit : « Ma bouche prononcera des paroles de sagesse, » pour vous faire comprendre que ce qui sort de ses lèvres prend sa source dans son cœur, il ajoute : « Et de la méditation de mon cœur sortira l'intelligence. »

5. « Je prêterai l'oreille à la parabole que j'entends, et j'en révèlerai l'énigme sur le psaltérion (*Ps.* XLVIII, 5). » Quel est celui qui, après que son cœur a médité, profère le langage de l'intelligence, de telle sorte que ce langage n'effleure pas seulement la superficie de ses lèvres, mais qu'il sorte du plus profond de son cœur? Quel est celui qui, tout à la fois, écoute et parle ainsi? Car beaucoup disent ce qu'ils n'écoutent pas. Quels sont ceux qui disent ce qu'ils n'écoutent pas? Ceux qui ne font pas ce qu'ils disent. Tels étaient les Pharisiens que le Seigneur disait être assis dans la chaire de Moïse (*Matth.* XXIII, 2). Le Seigneur a voulu vous parler du haut de la chaire de Moïse, par la bouche d'hommes qui ne sont pas ce qu'ils disent, et cependant vous donner toute sécurité sur leur enseignement. N'ayez aucune crainte : « Faites, dit-il, ce qu'ils disent, mais gardez-vous de faire ce qu'ils font; car ils disent et ne font pas (*Ibid.* 3). » Ils n'écoutent donc pas ce qu'ils disent. Mais ceux qui parlent et agissent selon leurs paroles, ceux-là écoutent ce qu'ils disent, et ils le disent avec fruit pour eux-mêmes, parce qu'ils l'écoutent. Donc celui qui parle et n'écoute pas est utile aux autres, mais il ne l'est pas à lui-même. C'est pourquoi le Prophète qui vous parle, désireux de parler tout à la fois et d'écouter, ne dit point d'abord : « Je révèlerai mon énigme sur le psaltérion; » ce qui déjà signifie la parole corporelle, car l'âme

---

ista peccatores et justi, gentes et qui habitant orbem, « terrigenæ et filii hominum, simul in unum dives et pauper : » non divisi, non separati. Tempus messis hoc faciet, manus ventilatoris hoc poterit (*Matth.* III, 12). Nunc simul in unum audiant dives et pauper, simul in unum pascantur hœdi et agni, donec veniat, qui segreget alios ad dexteram, alios ad sinistram (*Matth.* XXV, 32). Simul in unum audiant docentem, ne segregati ab invicem audiant judicantem.

4. Et quid est quod nunc audituri sunt ? « Os meum loquetur sapientiam, et meditatio cordis mei intelligentiam (*Psal.* XLVIII, 4). » Et hæc repetita potius, ne forte cum dixisset, « os meum, » intelligeres eum tibi loqui, qui in labiis haberet sapientiam. Multi enim habent in labiis, et non habent in corde, de quibus dicit Scriptura, « Populus iste labiis me honorat, cor autem eorum longe est a me (*Isai.* XXIX, 13). » Quid ergo ait ille qui tibi loquitur ? qui cum dixerit, « Os meum loquetur sapientiam, » ut intelligas quia illud quod ex ore funditur, de vena cordis emanat, intulit, « Et meditatio cordis mei intelligentiam. »

5. « Inclinabo in parabolam aurem meam, aperiam in psalterio propositionem meam. » Quis est hic, cujus meditatio cordis loquitur intelligentiam, ut non sit in sola superficie labiorum, sed hominis interiora possideat? Quis est iste qui audit, et sic loquitur ? Multi enim loquuntur quod non audiunt. Qui sunt qui loquuntur quod non audiunt? Qui non faciunt quæ dicunt : quales dicit Dominus Pharisæos sedere cathedram Moysi (*Matth.* XXIII, 2). Voluit tibi loqui in cathedra Moysi, per eos qui ea loquuntur, et non faciunt ; et tibi securitatem Dominus voluit dare. Nolite timere, « Quæ dicunt, inquit, facite, quæ autem faciunt nolite facere ; dicunt enim, et non faciunt (*Ibid.* 3). » Non audiunt quod dicunt. Qui vero faciunt, et sic dicunt, audiunt quod dicunt : et ideo fructuose dicunt, quia audiunt. Qui ergo dictor et non auditor est, alteri pro-

se sert du corps comme le psalmiste du psaltérion, mais il est dit premièrement : « Je prêterai l'oreille à la parabole que j'entends. » Avant, dit-il, que je vous parle par les organes de mon corps, avant que le psaltérion ne résonne, « je prêterai d'abord l'oreille à la parabole que j'entends; » c'est-à-dire : j'écouterai ce que je vous dirai ensuite. Et pourquoi « à la parabole ? » « Parce que nous voyons maintenant comme dans un miroir et par énigme (1 *Cor.* xiii, 12), » comme dit l'Apôtre saint Paul, car « tant que nous sommes dans notre corps, nous sommes exilés loin de Dieu (II *Cor.* v, 6). » En effet, nous ne jouissons pas encore de cette vue de Dieu face à face, où il n'y aura plus de paraboles, où il n'y aura plus d'énigmes ni de comparaisons. Quelque chose que nous comprenions maintenant sur Dieu, nous ne le concevons que par énigmes. Car l'énigme est une parabole obscure, difficile à comprendre. Or, quelque soin que prenne un homme de son cœur, de quelque manière qu'il s'applique à comprendre les choses intérieures, tant que nous voyons au moyen de cette chair corruptible, nous ne voyons les choses qu'en partie. Mais quand notre chair sera revêtue d'incorruptibilité, lors de la résurrection des morts, au moment où le Fils de l'homme apparaîtra pour juger les vivants et les morts, alors nous verrons le fils de l'homme qui a été jugé, nous le verrons jugeant et séparant les méchants d'avec les bons, plaçant les méchants à sa gauche et les bons à sa droite. Il sera vu et des méchants et des bons; mais il dira aux méchants : « Allez dans le feu éternel. » Aux bons au contraire, il dira : « Venez les bénis de mon Père, recevez le royaume des cieux. Et les méchants iront brûler éternellement, tandis que les justes entreront dans la vie éternelle (*Matth.* xxv, 33). » Et, dans cette vie éternelle, aura lieu la vision face à face, dont les méchants ne sont pas dignes. Faites attention à ce que je vais dire. De même que les méchants et les bons ont également vu le Fils de l'homme lorsqu'il est venu pour être jugé, (car les apôtres qui le suivaient l'ont vu, et les Juifs qui le crucifiaient l'ont vu;) de même les méchants et les bons le verront, lorsqu'il viendra pour juger : les bons le verront pour recevoir leur récompense, parce qu'ils l'auront suivi; les méchants, pour recevoir leur châtiment, parce qu'ils l'auront crucifié. Ceux-là seuls seront-ils donc condamnés, qui l'auront crucifié ! Oui, j'ose le dire, ceux-là seuls. Et nous, diront les pécheurs de ce temps-ci, nous sommes donc en sûreté. Oui, si Dieu n'interroge pas votre intention, vous êtes en sûreté. Qu'ai-je dit là ? Que Votre Charité me comprenne bien, de peur qu'au jour du jugement vous ne veniez à dire que vous n'avez pas compris. Les Juifs, parce qu'ils ont vu le Christ, l'ont crucifié; et vous, parce que vous ne voyez

dest, sibi non prodest. Iste ergo qui et auditor volebat esse et dictor, qui tibi loquitur, antequam diceret, « Aperiam in psalterio propositionem meam, » quod est jam loqui per corpus, sic enim utitur anima corpore, quomodo utitur citharista psalterio, dixit, « Inclinabo in parabolam aurem meam. » Antequam loquar tibi, inquit, per corpus, antequam psalterium sonet, primo ego « inclinabo in parabolam aurem meam, » id est, audiam quid tibi dicam. Et quare, « in parabolam ? » « Quia videmus nunc per speculum in ænigmate (I *Cor.* xiii, 12), » sicut dicit Apostolus : « Quamdiu sumus in hoc corpore, peregrinamur a Domino (II *Cor.* v, 6). » Quia nondum est illa visio nostra facie ad faciem, ubi jam non sint parabolæ, ubi jam non sint ænigmata et similitudines. Quidquid modo intelligimus, per ænigmata conspicimus. Ænigma, est obscura parabola quæ difficile intelligitur. Quantumvis excolat homo cor suum, et ad interiora intelligenda refugiat, quamdiu per corruptibilitatem carnis hujus videmus, ex parte videmus. Assumta autem incorruptione, in resurrectione mortuorum, cum apparuerit filius hominis judicaturus vivos et mortuos, tunc videbitur filius hominis, qui primo judicatus est, judicans, discernens malos a bonis, ponens malos a sinistris, bonos a dextris (*Matth.* xxv, 33). Videbunt illum et boni et mali, sed malis dicet, « Ite in ignem æternum : bonis autem dicet, Venite benedicti Patris mei, percipite regnum (*Ibid.*). » Abibunt mali in ambustionem æternam, justi autem in vitam æternam; et ibi erit illa visio facie ad faciem, qua illi non sunt digni. Adtendite quid dicam. Filium enim hominis sicut hic, cum esset adhuc judicandus, et mali viderunt, et boni : (viderunt enim Apostoli, qui secuti sunt, viderunt Judæi, qui crucifixerunt :) sic cum venerit judicaturus, et boni illum videbunt et mali : boni ut percipiant mercedem, quia secuti sunt; mali ut percipiant pœnam, quia crucifixerunt. Soli ergo illi damnabuntur, qui crucifixerunt? Audeo dicere, soli. Ergo nos, inquiunt peccatores hujus temporis, securi

pas le Christ, vous résistez à sa parole. Vous qui résistez à sa parole, est-ce que vous ne le crucifieriez pas, si vous le voyiez? Le Juif l'a méprisé suspendu sur la croix, vous le méprisez assis dans le ciel. Donc, deux genres d'hommes l'ont vu, lorsqu'il était sur la terre; deux genres d'hommes le verront aussi, lorsqu'il reviendra. En effet, le fils de l'homme viendra pour juger, parce que le Fils de l'homme est venu pour être jugé. C'est parce que le Père ne s'est point incarné, et parce que le Père n'a pas souffert, qu'il juge par le Fils de l'homme, comme celui-ci le dit dans l'Évangile : « Le Père ne juge personne, mais il a donné tout jugement au Fils; » et, un peu plus bas : « Il lui a donné le pouvoir de juger, parce qu'il est le Fils de l'homme (Jean, v, 22 et 27). » En effet, en tant que Fils de Dieu, le Verbe est toujours avec le Père, et parce qu'il est toujours avec le Père, il juge toujours avec le Père, mais, en tant que Fils de l'homme, et il a été jugé et il doit juger. Or, comme il a été vu et de ceux qui ont cru en lui, et de ceux qui l'ont crucifié, quand il a été jugé; de même, quand à son tour il exercera ses jugements, il sera vu et de ceux qu'il condamnera et de ceux qu'il couronnera. Mais les impies ne jouiront pas de la vision de sa divinité, qu'il a promise à ceux qui l'aiment, quand il a dit :

« Qui m'aime sera aimé par mon Père, or, celui qui m'aime garde mes commandements, et je l'aimerai, et je me montrerai à lui (Jean, xiv, 21). » Cette manifestation de lui-même est en quelque sorte familière ; il la réserve aux siens, il ne l'accordera pas aux impies. Quelle est cette manifestation? Quel est le Christ? Il est l'égal du Père. Quel est le Christ? « Au commencement était le Verbe et le Verbe était en Dieu et le Verbe était Dieu (Jean. i, 1). » Maintenant, nous soupirons après cette vision, et nous gémissons tant que nous en sommes éloignés : nous y arriverons un jour, et jusque là nous n'y participons qu'en énigme (I Cor xiii, 12). Si donc nous voyons en énigme, inclinons notre oreille pour entendre la parabole, et alors nous révélerons notre énigme sur le psaltérion ; écoutons donc ce que nous disons, et accomplissons ce que nous prescrivons.

6. Et qu'a dit le Prophète? « Pourquoi craindrai-je au jour mauvais? L'iniquité de mon talon m'environne (Ps. xlviii, 6). » Ce début est obscur. « Pourquoi craindrai-je, dit-il, au jour mauvais? L'iniquité de mon talon m'environne. » Il n'en a que plus à craindre, ce semble, si l'iniquité de son talon l'environne. Mais voici ce qu'il veut dire. L'homme ne doit pas craindre ce qu'il n'est pas en son pouvoir d'éviter. Par

---

sumus. Si non animum interrogat Deus, securi estis. Quid est quod dixi? Intelligat Caritas Vestra, ne hoc dicant in judicio Dei, quia non intellexerunt. Judæi quia viderunt Christum, crucifixerunt, tu quia non vides Christum, verbo ipsius resistis. Qui verbo resistis, carnem non crucifigeres si videres? Contemsit Judæus in ligno pendentem, contemnis tu in cœlo sedentem. Ergo viderunt eum ambo genera, dum hic esset: ambo genera videbunt, et cum venerit. Filius enim hominis veniet, ut judicet; quia filius hominis venit, ut judicaretur. Ideo quia Pater non est incarnatus, Pater non est passus, et per filium hominis judicat, sicut ipse dixit in Evangelio, « Pater non judicat quemquam, sed omne judicium dedit Filio (Johan. v, 22) : » secutus paulo post ait, « Et dedit ei potestatem judicii faciendi, quoniam filius hominis est. » Secundum enim quod Filius Dei est, Verbum semper cum Patre, et quia semper cum Patre, cum Patre semper judicat : secundum autem quod filius hominis est, et judicatus est, et judicaturus est. Quomodo autem visus est ab eis qui crediderunt, et ab eis qui crucifixerunt, quando judicatus est ; sic videbitur, cum cœperit esse judex, et ab eis quos damnabit, et ab eis quos coronabit. Visionem autem illam divinitatis, quam promisit dilectoribus suis, quando ait, « Qui diligit me, diligitur a Patre meo : et qui diligit me, mandata mea custodit, et ego diligam eum, et ostendam meipsum illi (Johan. xiv, 21) : » jam impii non videbunt. Ista demonstratio quodammodo familiaris est, suis illam servat, non illam ostendet impiis. Qualis est ipsa visio? Qualis Christus ? Æqualis Patri. Qualis est Christus ? « In principio erat Verbum, et Verbum erat apud Deum, et Deus erat Verbum (Johan. i, 1). » Huic visioni suspiramus modo, et gemimus quamdiu peregrini sumus; huic visioni in fine reddemur, hanc visionem modo in ænigmate videmus (I Cor. xiii, 12). Si ergo in ænigmate videmus, inclinemus in parabolam aurem nostram, et sic aperiamus in parabolam aurem nostram, et sic aperiamus in psalterio propositionem nostram : audiamus quod dicimus, faciamus quod præcipimus.

6. Et quid dixit ? « Ut quid timebo in die mala ? Iniquitas calcanei mei circumdabit me (Psal. xlviii, 6). » Cœpit obscurus, « Ut quid timebo, inquit, in die mala ? Iniquitas calcanei mei circumdabit me. »

exemple, que fera, pour ne pas mourir, celui qui craint la mort? Dites-moi comment celui qui est né d'Adam évitera de payer la dette d'Adam. Qu'il pense plutôt qu'il est né d'Adam, et qu'il a suivi le Christ; qu'il lui faut par conséquent payer la dette d'Adam et obtenir ce que le Christ a promis. Il n'y a donc, pour celui qui craint la mort, aucun moyen d'y échapper. Mais pour celui qui craint la sentence que les impies entendront : Allez au feu éternel, il y a moyen d'y échapper. Il n'a donc pas sujet de craindre? Pourquoi craindrait-il en effet? « Est-ce parce que l'iniquité de son talon doit l'environner? » Si donc il évite l'iniquité de son talon, et s'il marche dans les voies de Dieu, il n'arrivera pas au jour mauvais; le jour mauvais, le dernier jour, ne sera pas pour lui un mauvais jour. En effet le dernier jour sera mauvais pour les uns, bon pour les autres. Est-ce qu'il sera mauvais pour ceux à qui le Seigneur dira : « Venez les bénis de mon Père, recevez le royaume des cieux (Matth. xxv, 34 41)? » Mais au contraire il sera mauvais pour ceux auxquels il dira : « Allez dans le feu éternel. » Que s'il sent que l'iniquité de son talon l'environne, pourquoi ne pas éviter la crainte du jour mauvais? Que les méchants pourvoient à leur salut, maintenant qu'ils vivent; qu'ils éloignent l'iniquité de leur talon, qu'ils marchent dans la voie, dans cette voie dont le Seigneur lui-même a dit : « Je suis la voie et la vérité et la vie (Jean. xiv, 6); » et qu'ils ne craignent point le jour mauvais, parce que celui qui s'est fait leur voie leur donne la sécurité. « Pourquoi craindrai-je au jour mauvais? L'iniquité de mon talon m'environne. » Qu'ils évitent donc l'iniquité de leur talon. Si quelqu'un tombe, c'est par le talon. Que Votre Charité me prête attention. Qu'est-ce que Dieu a dit au serpent? « Elle guettera votre tête et vous guetterez son talon (Gen. iii, 15). » Le démon guette votre talon, pour vous renverser, si vous venez à glisser. Il guette votre talon; pour vous, guettez sa tête. Qu'est-ce que sa tête? Le commencement de ses mauvaises suggestions. Lorsqu'il commence ses suggestions, repoussez-le avant que la délectation ne commence et que votre consentement ne suive : c'est ainsi que vous éviterez sa tête, et qu'il ne saisira pas votre talon. Mais pourquoi Dieu a-t-il ainsi parlé à Ève? Parce que c'est la chair qui fait tomber l'homme. Notre chair est notre Ève intérieure. « Qui aime son épouse, dit l'Apôtre, s'aime lui-même (Éphés. v, 28). » Que veut dire : lui-même? Saint Paul continue : « Nul, en effet, n'a jamais haï sa propre chair, (Ibid. 29). » Conséquem-

---

Magis ergo debet timere, si iniquitas calcanei ejus circumdabit eum. Non enim timeat, inquit, homo, quod non habet in potestate devitare. Verbi gratia, Qui timet mortem, quid facturus est, ut non moriatur? Dicat mihi (a) qua evadat quod debet Adam, qui natus est ex Adam. Sed cogitet quia natus est ex Adam, et secutus est Christum, et oportet cum solvere quod debet Adam, et consequi quod promisit Christus. Qui ergo timet mortem, non est qua evadat : qui autem timet damnationem quam audient impii, Ite in ignem æternum, est qua evadat. Non ergo timeat. Ut quid enim timeat? Iniquitas calcanei ipsius illum circumdatura est? Si ergo vitet iniquitatem calcanei sui, et ambulet per vias Dei ; non perveniet ad diem malam : dies mala, dies novissima, non erit illi mala. Etenim dies novissima mala erit quibusdam, bona erit quibusdam. Numquid mala erit illis quibus dicetur, « Venite benedicti Patris mei, percipite regnum (Matth. xxv, 34)? » Sed mala erit illis quibus dicetur, Ite in ignem æternum. Quod si iniquitas calcanei sui circumdabit eum, ut quid ergo timet in die mala? Modo cum vivunt, provideant sibi, tollant iniquitatem a calcaneo suo : ambulent illam viam, ambulent per viam de qua ipse dixit, « Ego sum via, et veritas, et vita (Johan. xiv, 6) : » et non timeant in die mala, quia dat illis securitatem, qui factus est via. « Ut quid timebo in die mala? Iniquitas calcanei mei circumdabit me. » Ergo vitent iniquitatem calcanei sui. In calcaneo quisque labitur. Intendat Caritas Vestra. A Deo quid dictum est serpenti? Ipsa tuum observabit caput, et tu ejus observabis calcaneum (Gen. iii, 15). Diabolus calcaneum tuum observat, quando labaris, ut dejiciat te. Ille observat calcaneum tuum, tu observa caput illius. Quod est caput illius ? Initium malæ suggestionis. Quando incipit mala suggerere, tunc repelle antequam surgat delectatio, et sequatur consensio ; et tunc vitabis caput ejus, et non apprehendet ille calcaneum tuum. Quare autem Evæ hoc dixit? Quia per carnem labitur homo. Eva nobis interior caro nostra est. « Qui diligit, inquit, uxorem suam, seipsum diligit (Ephes. v, 28). » Quid est, seipsum? Se-

---

(a) Sic MSS. Editi vero, *Dicat mihi quo evadat. Debet quod Adam, qui natus est tex Adam. Sed cogitet qui natus est ex Adam et secutus est Christum, quia oportet*, etc.

Tom. XII.

28

ment, parce que le démon veut nous tromper au moyen de la chair, comme il s'est servi d'Ève pour tromper Adam (*Gen.* III, 6), Ève a reçu de Dieu le précepte de guetter la tête du démon, parce que le démon guette son talon. Donc, s'il n'y a que l'iniquité de notre talon pour nous environner, pourquoi, craindrions-nous pour le jour mauvais, puisque, étant convertis au Christ, nous pouvons ne pas commettre l'iniquité? Alors elle ne nous entourera pas et nous nous réjouirons au dernier jour, loin d'y pleurer.

7. Mais quels sont ceux qu'environnera l'iniquité de leur talon? « Ceux qui ont confiance dans leur propre force et qui se glorifient dans l'abondance de leurs richesses (*Ps.* XLVIII, 7). » J'éviterai ces fautes, et l'iniquité de mon talon ne m'environnera pas. Et qu'est-ce qu'éviter ces fautes? Ne mettons pas notre confiance dans notre propre force, ne nous glorifions pas dans l'abondance de nos richesses, mais glorifions-nous en celui qui a promis l'élévation aux humbles et menacé les orgueilleux de la damnation. Alors l'iniquité de notre talon ne nous environnera pas, comme elle environne ceux « qui ont confiance dans leur propre force et qui se glorifient dans l'abondance de leurs richesses. »

8. Il en est qui présument de leurs amis; comme il en est qui présument de leurs forces et d'autres de leurs richesses. C'est la présomption de tout homme qui ne met pas en Dieu seul sa confiance. Ce qui est dit de la force personnelle, ce qui est dit des richesses, est dit également des amis. « Si le frère ne rachète pas son frère, un homme le rachètera-t-il (*Ibid.* 8) ? » Attendez-vous qu'un homme vous rachète de la colère à venir? Si votre frère ne vous rachète pas, un homme vous rachètera-t-il? Quel est ce frère, à défaut duquel, s'il ne vous a pas racheté, nul homme ne vous rachètera? Celui qui après sa résurrection a dit : « Allez, dites à mes frères (*Matth.* XXVIII, 10). » Il a voulu être notre frère; et lorsque nous disons à Dieu : notre Père, cette vérité se manifeste en nous. En effet, celui qui dit à Dieu : notre Père, dit au Christ : mon frère. Que celui donc qui a Dieu pour père et le Christ pour frère ne craigne pas au jour mauvais. En effet, l'iniquité de son talon ne l'environnera pas, parce qu'il ne se confie ni dans sa force ni dans l'abondance de ses richesses, et qu'il ne se vante pas de la puissance de ses amis. Qu'il mette donc sa confiance dans celui qui est mort pour lui, afin qu'il ne mourût pas éternellement; qui s'est humilié pour lui, afin qu'il fût élevé; qui l'a cherché encore impie, afin d'être cherché par lui devenu fidèle. Si donc il est quelqu'un que ce frère ne rachète pas, un homme le rachètera-t-il? Un homme, quel qu'il soit, le rachètera-t-il, si le Fils de l'homme ne l'a pas

---

quitur, et dicit « Nemo enim umquam carnem suam odio habuit (*Ibid.* 29). » Quia ergo quomodo illum hominem Adam per Evam supplantavit (*Gen.* III. 6), sic diabolus per carnem vult nos supplantare; præceptum est Evæ ut observet caput diaboli, quia diabolus calcaneum ipsius observat. Si ergo iniquitas calcanei circumdabit nos, ut quid timemus in die mala, cum conversi ad Christum habeamus in potestate ut non faciamus iniquitatem ; et non erit quod nos circumdet, et gaudebimus in die novissima, non plangemus.

7. Qui sunt autem quos circumdabit iniquitas calcanei ? « Qui confidunt in virtute sua, et in abundantia divitiarum suarum gloriantur (*Psal.* XLVIII, 7). » Ergo vitabo ista, et non iniquitas calcanei mei circumdabit me. Quid est vitare ista ? Non confidamus in virtute nostra, non gloriemur in abundantia divitiarum nostrarum ; sed gloriemur in eo, qui nobis promisit humilibus altitudinem, et minatus est elatis damnationem ; et non nos iniquitas calcanei circumdabit. « Qui confidunt in virtute sua, et in abundantia divitiarum suarum gloriantur. »

8. Sunt qui præsumunt in amicis suis ; alii præsumunt in virtute sua, alii in divitiis. Ista est præsumtio generis humani, non præsumentis in Deo. Dixit de virtute, dixit de divitiis, dicit de amicis : « Frater non redimit, redimet homo (*Ibid.* 8). » Exspectas ut homo te redimat ab ira ventura ? Si te frater non redimit, homo te redemturus est ? Quis est frater, qui si non redemerit, nullus homo redemturus est ? Qui post resurrectionem dixit, « Vade, dic fratribus meis (*Matth.* XXVIII, 10). » Frater noster voluit esse : et cum Deo dicimus, Pater noster, hoc manifestatur in nobis. Qui enim dicit Deo, Pater noster ; Christo dicit, Frater. Ergo qui patrem Deum, et fratrem habet Christum, non timeat in die mala. Non enim eum circumdabit iniquitas calcanei ejus ; quia non præsumit de virtute sua, nec in abundantia divitiarum suarum gloriatur, nec de amicis suis potentibus se jactat. In illo ergo præsumat, qui

racheté ? Si le Christ ne l'a pas racheté, est-ce Adam qui le rachètera? « Si le frère ne rachète pas son frère, un homme le rachètera-t-il ? »

9. « Il ne donnera pas à Dieu de quoi se le rendre propice, et il ne lui paiera pas le prix de la rédemption de son âme (*Ps.* XLVIII, 9).» Celui qui se confie en sa propre force et qui se glorifie dans l'abondance de ses richesses « ne donnera pas à Dieu de quoi se le rendre propice ; » c'est-à-dire une offrande qui l'apaise et le fléchisse pour les péchés qu'il a commis. De même, celui qui présume de sa force, de ses amis et de ses richesses, ne lui offrira pas non plus le prix « de la rédemption de son âme. » Quels sont donc ceux qui payent le prix de la rédemption de leur âme. Ceux qui pratiquent cette parole du Seigneur : « Faites-vous des amis au moyen des richesses d'iniquité, afin qu'ils vous reçoivent dans les tabernacles éternels (*Luc.* XVI, 9).» Ceux-là donnent le prix de la rédemption de leur âme, qui ne cessent de faire des aumônes. C'est pourquoi l'Apôtre défendait à ceux qu'il enseignait par l'entremise de Timothée, d'être orgueilleux ; de peur qu'ils ne vinssent à se glorifier de l'abondance de leurs richesses. Il ne voulait pas non plus que ce qu'ils possédaient vieillît entre leurs mains ; mais il voulait qu'ils en fissent tel emploi que ces biens devinssent le prix de la rédemption de leurs âmes. Il dit, en effet, à Timothée : « Prescrivez aux riches de ce monde de n'avoir pas d'eux-mêmes une orgueilleuse idée, et de ne pas mettre leur espérance dans des richesses incertaines, mais dans le Dieu vivant, qui nous donne abondamment la jouissance de tout ce qui nous est nécessaire (I *Tim.* VI, 17). » Et comme si les riches lui eussent dit : Que ferons-nous donc de nos richesses? « Que les riches, continue-t-il, soient riches en bonnes œuvres, qu'ils donnent et partagent facilement (*Ibid.* 18). » Et ce qu'ils auront donné, ils ne le perdront pas. Comment le savons-nous? Écoutez ce qui suit : « Qu'ils s'amassent un trésor qui soit un bon fondement pour l'avenir, afin d'acquérir la véritable vie (*Ibid.* 19). » C'est ainsi qu'ils donneront le prix de la rédemption de leur âme. Et Notre-Seigneur nous donne aussi cet enseignement : « Faites-vous des bourses que le temps n'use pas, amassez dans le ciel un trésor qui ne vous fasse pas défaut, dont le voleur n'approche pas et que la rouille ne ronge pas (*Luc.* XII, 33).» Dieu n'a pas voulu que vous perdissiez vos richesses, mais il vous a donné le conseil de les mettre en un autre lieu. Que Votre Charité comprenne bien. Je suppose qu'aujourd'hui un ami entre dans votre maison et qu'il voie que vous avez placé votre blé dans un endroit humide. Si par hasard il sait quelle est la nature corruptible du blé, connaissance que vous n'au-

---

propter illum mortuus est, ut ille non in sempiternum moreretur ; qui propter illum humiliatus est, ut ille exaltaretur ; qui quæsivit impium, ut a fideli quæreretur. Ergo si ipse non redimit, homo redemturus est? Aliquis homo redimet, si filius hominis non redimit ? Si Christus non redimit, Adam redimet? « Frater non redimit, redimet homo ? ».

9. « Non dabit Deo (*a*) depropitiationem suam, » « et pretium redemtionis animæ suæ (*Ibid.* 9). » Ille confidit in virtute sua, et in abundantia divitiarum suarum gloriatur, qui « non dabit Deo depropitiationem suam ; » id est, placationem, qua flectat Deum pro peccatis : « nec pretium redemtionis animæ suæ, » qui præsumit de virtute sua, et de amicis, et de divitiis suis. Qui sunt autem qui dant pretium redemptionis animæ suæ ? Quibus ait Dominus, « Facite vobis amicos de mammona iniquitatis, ut et ipsi recipiant vos in tabernacula æterna. » Illi dant pretium redemtionis animæ suæ, qui non cessant eleemosynas facere. Adeo illos quos monet per Timotheum Apostolus, noluit esse superbos, nec in abundantia divitiarum suarum gloriarentur : denique quod possidebant, noluit apud illos veterascere; sed aliquid ex eo fieri, ut esset pretium redemtionis animæ eorum. Ait enim, « Divitibus hujus sæculi præcipe, non superbe sapere, neque sperare in incerto divitiarum, sed in Deo vivo, qui præstat nobis omnia abundanter ad fruendum (I *Tim.* VI, 17). » Et quasi dicerent, Quid ergo facturi sumus de divitiis nostris? « Divites sint, inquit, in operibus bonis, facile tribuant, communicent (*Ibid.* 18). » Et non illud perdituri sunt : unde scimus? Audi quid sequatur : « Thesaurizent sibi fundamentum bonum in futurum, ut apprehendant veram vitam (*Ibid.* 19). » Sic dabunt pretium redemtionis animæ suæ. Et Dominus noster hoc monet : « Facite vobis sacculos non veterascentes, thesaurum non deficientem in cœlis, quo fur non accedit, neque tinea corrumpit (*Luca*, XII, 33). » Noluit Deus ut perdas divitias tuas, sed ut

---

(*a*) Editi, *de propitiatione sua*. At MSS. *depropitiationem suam* : juxta LXX. ἐξίλασμα ἑαυτοῦ.

riez pas, je suppose encore qu'il vous donne conseil de cette manière : Frère, vous perdez ce que vous avez récolté à grand'peine, vous avez mis ce grain dans un endroit humide, et sous peu de jours il sera pourri. — Mais frère, que dois-je faire? — Mettez-le dans un lieu plus élevé. — Assurément vous écouteriez cet ami, qui vous suggèrerait de changer votre blé d'un endroit humide en un lieu plus élevé; et vous n'écoutez pas le Christ, qui vous avertit d'élever votre trésor de la terre dans le ciel, où il vous sera rendu beaucoup plus que vous n'aurez mis en réserve; car c'est la terre que vous conservez, et le ciel que vous recevrez; ce sont des biens périssables que vous conservez et des biens éternels que vous recevrez. Vous prêterez au Christ; il recevra le peu que vous lui donnerez sur la terre, et au ciel, il vous rendra beaucoup. Mais, au contraire, ceux qu'environnera l'iniquité de leur talon, parce qu'ils se confient dans leur propre force, parce qu'ils se glorifient dans l'abondance de leurs richesses et parce qu'ils présument de leurs amis, hommes impuissants pour les aider, « ceux-là ne donneront point à Dieu de quoi se le rendre propice, et ils ne lui paieront point le prix de la rédemption de leur âme. »

10. Et qu'a dit le Prophète d'un tel homme : « Et il s'est acquis une souffrance qui ne finira pas et sa vie aura une fin. » Sa souffrance n'aura pas de fin, mais sa vie aura une fin. Pourquoi dit-il : « Et sa vie aura une fin? » Parce que ces hommes font uniquement consister leur vie dans leurs délices de tous les jours. Et nos nombreux indigents, et nos pauvres, si peu fermes, et trop oublieux des biens que Dieu leur promet en compensation de leurs souffrances, que disent-ils, lorsqu'ils voient les riches dans leurs festins de chaque jour, dans la splendeur, dans l'éclat de l'or et de l'argent? Eux seuls, disent-ils, eux seuls vivent véritablement. Ainsi parle-t-on, et puisse-t-on ne plus parler ainsi, c'est ce que nous vous demandons, ou du moins, si nous ne pouvons empêcher qu'on le dise encore, que ceux qui le diront soient moins nombreux qu'ils ne l'eussent été sans nos avertissements. En effet, nous n'osons présumer assez de l'efficacité de nos discours, pour espérer qu'on ne parlera plus de la sorte, car on tiendra ce langage jusqu'à la fin des siècles, mais nous désirons du moins que le nombre de ces paroles diminue. Aussi le Prophète ne se contente pas d'avoir parlé de la vie de cet homme, il ajoute et il dit avec le bruit du tonnerre : Vous croyez qu'il n'y

locum illis mutes, consilium tibi dedit. Intelligat Caritas Vestra : Modo si amicus tuus intraret in domum tuam, et inveniret te in loco humido frumenta posuisse, qui forte sciret naturam corruptionis frumentorum, quam tu nescires, daret tibi hujusmodi consilium, dicens, Frater, perdis quod cum magno labore collegisti, in loco humido posuisti, paucis diebus ista putrescunt. Et quid facio, frater? Leva in superiora. Audires amicum suggerentem, ut frumenta levares de inferioribus ad superiora, et non audis Christum monentem, ut thesaurum tuum leves de terra ad cœlum, ubi non hoc tibi reddatur quod servas, sed serves terram, accipias cœlum, serves mortalia, accipias sempiterna, (a) fœneres Christum, accipiat in terra parva, ut reddat tibi in cœlo multa? Verum autem illi quos circumdabit iniquitas calcanei sui, quia confidunt in virtute sua, et in abundantia divitiarum suarum gloriantur, et de amicis hominibus nihil valentibus præstare præsumunt, « non dabunt Deo depropitiationem suam, et pretium redemtionis animæ suæ. »

10. Et quid dixit de tali homine? « Et laboravit in æternum (b) et vivet in finem (Ibid. 10). » Labor ejus sine fine erit, vita ipsius habebit finem. Quare hoc dixit, « vivet in finem? » Vitam quippe non ponunt isti, nisi delicias quotidianas. Adeo multi inopes et pauperes nostri, parum firmi, et non intuentes quid illis promittat Deus pro istis laboribus, cum viderint divites in epulis quotidianis, in splendore et nitore auri et argenti, quid dicunt? (c) Soli sunt isti, isti vere vivunt. Dicitur, jam non dicatur : et monemus, et dici habet; vel a paucioribus dicatur, quam diceretur, si non moneremus. Nam nec nos præsumimus, ita nos ista dicere ut non dicatur, sed vel a paucioribus dicatur; nam dicetur usque in finem sæculi. Parum est, quia dicit eum vivere; (d) adjungit, et dicit, tonat, Putas eum solum vivere : vivat, finietur vita ipsius; quoniam non dat pretium redemtionis animæ suæ, finietur vita, labor non finietur. « Laboravit in æternum, et vivet in finem. Quomodo vivet in finem? » Quomodo vivebat ille qui induebatur purpura et bysso, et epulabatur quo-

(a) Editi, fœnera Christo. MSS. vero, fœneres Christum : sic verbum istud cum accusativo jungit Martialis l. I. Epigr. 77, Hæc omnes fœnerat una Deos. (b) Editi, laborabit. At melioris notæ MSS. laboravit, juxta Græc. LXX ἐκοπίασεν. (c) Er. Felices sunt isti. (d) MSS. Dicit eum vivere; tonat, dicit, Putas, etc.

a que le riche pour vivre, eh bien ! qu'il vive, mais sa vie finira ; et comme il ne paie pas le prix de la rédemption de son âme, sa vie finira, mais sa souffrance ne finira pas. « Il s'est acquis une souffrance qui ne finira pas, et sa vie aura une fin. » Comment sa vie aura-t-elle une fin ? Comme celle de ce riche qui était revêtu de pourpre et de fin lin, qui chaque jour faisait de splendides festins, et qui tout gonflé d'orgueil méprisait le pauvre rongé d'ulcères, étendu devant sa porte, dont les chiens léchaient les ulcères et qui désirait les miettes tombées de sa table (*Luc.* XVI, 19). De quoi lui ont servi toutes ses richesses ? Ils ont tous les deux changé de rôle ; l'un a été transporté du seuil du riche dans le sein d'Abraham, l'autre, précipité de ses splendides festins dans les flammes de l'enfer ; l'un goûtait le repos, l'autre était brûlé par les flammes ; l'un était rassasié, l'autre était dévoré par la soif ; la souffrance de l'un avait passé, et sa vie devait être éternelle, l'autre avait vécu d'une vie qui devait finir et mérité une souffrance éternelle. Et de quoi a servi sa prospérité à ce riche qui demandait, au milieu des tortures de l'enfer, qu'une seule goutte d'eau tombât du doigt de Lazare sur sa langue, « car, disait-il, je brûle dans ces flammes, » et qui ne pouvait l'obtenir. Il a désiré une goutte d'eau tombée du doigt du pauvre, comme le pauvre a désiré les miettes tombées de la table du riche ; mais la souffrance du pauvre est finie et la vie du riche est finie ; la souffrance du riche durera éternellement, et la vie du pauvre durera aussi éternellement. Nous qui peut-être souffrons sur la terre, nous n'avons point notre vie ici-bas ; mais plus tard, notre sort sera changé, parce que le Christ sera notre vie pendant l'éternité. Mais ceux qui veulent avoir leur vie ici-bas souffriront pendant l'éternité, et leur vie aura une fin.

11. « Parce qu'il ne verra pas la mort, lorsqu'il verra les sages mourir. » Celui qui s'est acquis une souffrance qui ne finira pas, et dont la vie aura une une fin, « ne verra pas la mort, lorsqu'il verra les sages mourir. » Que signifie cette parole ? Il ne comprendra pas ce que c'est que la mort, quand il verra mourir les sages. Il se dit, en effet, à lui-même : celui-là, qui était sage, en qui la sagesse habitait et qui pratiquait la piété envers Dieu, est-ce qu'il n'est pas mort ? Je me traiterai donc bien pendant que je vivrai, car, si ceux qui ont d'autres goûts avaient quelque pouvoir, ils ne mourraient pas. Il voit mourir le sage, et il ne voit pas ce qu'est sa mort. « Il ne verra pas la mort, lorsqu'il verra les sages mourir. » Ainsi les Juifs ont vu le Christ suspendu sur la croix et ils l'ont méprisé, en disant : S'il était le Fils

---

tidie splendide, et jacentem ulcerosum ante januam, cujus ulcera canes lingueblant, et desiderantem micas quæ de mensa ejus cadebant, superbus et tumidus contemnebat (*Lucæ* XVI, 19). Quid illi profuerunt illæ divitiæ ? Mutaverunt vices ambo : ille a janua divitis sublatus est in sinum Abrahæ, ille ab epulis splendidis missus est in ignem : ille requiescebat, ille ardebat ; satiabatur ille, ille sitiebat : ille laboraverat in finem, vivebat in æternum ; ille vixerat in finem, laborabat in æternum. Et quid profuit diviti, qui quæsivit apud inferos in tormentis positus, stillari sibi guttam aquæ in linguam suam de digito Lazari, dicens, « Quoniam ardeo hic in hac flamma (*Ibid.*), » et non illi concessum est ? Sic desideravit ille guttam de digito, quomodo ille micas de mensa divitis : sed illius labor finitus est, et illius vita finita est : labor hujus in æternum, vita illius in æternum. Non hic habemus vitam, qui forte hic laboramus in terra : et non sic erimus postea, erit enim vita nostra Christus in æternum : illi autem qui hic volunt habere vitam, laborabunt in æternum, et vivent in finem.

11. « Quoniam non videbit interitum, cum viderit sapientes morientes (*Psal.* XLVIII, 11). » Iste qui laboravit in æternum, et vivet in finem, « non videbit interitum, cum viderit sapientes morientes, » quid est hoc ? Non intelliget quid sit interitus, quando viderit sapientes morientes. Dicit enim sibi, Iste, quia sapiens erat, et cum sapientia inhabitabat, et cum pietate Deum coluit, numquid non est mortuus ? faciam mihi ergo bene, cum vivo : nam si aliquid possent, qui aliud sapiunt, non morerentur. Videt illum mori, et non videt quæ sit mors. « Non videbit interitum, cum viderit sapientes morientes. » Quomodo illum Judæi viderunt Christum pendentem in cruce, et contemserunt, dicentes, « Iste si Filius Dei esset, descenderet de cruce (*Matth.* XXVII, 42) : » non videntes quid sit interitus. Si viderunt quid sit interitus, (*a*) si viderunt : ille moriebatur temporaliter, ut revivisceret in æternum ; illi vivebant tempo-

---

(*a*) Ita nonnulli MSS. Editi vero, *se viderent*.

de Dieu, il descendrait de la croix (*Matth.*XXVII, 42), ils ne voyaient pas ce qu'était sa mort. Oh! s'ils avaient vu ce qu'était sa mort! s'ils l'avaient vu! Il mourait pour un temps, et il devait revivre éternellement; eux, ils vivaient pour un temps, et ils devaient mourir éternellement. Mais, parce qu'ils le voyaient mourir, ils ne voyaient pas la mort; c'est-à-dire qu'ils ne comprenaient pas ce que c'est que la mort véritable. Que dirent-ils, en effet, selon le livre de la Sagesse? « Condamnons-le à la mort la plus ignominieuse, car si ses paroles sont véritables, Dieu le regardera favorablement; s'il est véritablement le Fils de Dieu, Dieu le délivrera des mains de ses ennemis (*Sag.* II, 20); » Dieu ne permettra pas que son fils meure, s'il est réellement son Fils. Mais quand ceux qui l'insultaient virent qu'il était attaché à la croix, et qu'il n'en descendait pas, ils déclarèrent qu'il n'était vraiment qu'un homme. Je vous l'ai dit déjà : le Christ aurait pu certainement descendre de la croix, puisqu'il a pu sortir ressuscité de son tombeau ; mais il nous a appris de la sorte à supporter les insultes ; il nous a appris à être patients sous le coup du langage injurieux des hommes, et à boire présentement le calice d'amertume, pour recevoir ensuite le salut éternel. Buvez, malade, l'amer calice, afin de vous guérir, vous dont les entrailles ne sont pas saines; ne tremblez pas, car, de peur que le tremblement ne vous prît, le médecin a bu le premier ce calice, c'est-à-dire que le Seigneur a bu le premier l'amertume de sa passion. Il l'a bue lui qui n'avait pas de péché, lui qui n'avait aucune maladie qui réclamât ce remède. Buvez donc jusqu'à ce que passe l'amertume de ce siècle, et que vienne un autre siècle, où il n'y aura aucun scandale, aucune colère, aucune corruption, aucune amertume, aucune fièvre, aucune fourberie, aucune inimitié, aucune vieillesse, aucune mort, aucune dissension. Souffrez ici-bas, pour arriver à la fin de vos souffrances; souffrez, de peur qu'en refusant de souffrir, vous n'arriviez à la fin de votre vie sans jamais arriver à la fin de vos souffrances. « Parce qu'il ne verra pas la mort, lorsqu'il verra le sage mourir. »

12. « L'imprudent et l'insensé périront ensemble (*Ps.*XLVIII, 11). » Quel est l'imprudent? Celui qui ne sait se pourvoir lui-même pour l'avenir. Quel est l'insensé? Celui qui ne comprend pas le mauvais état dans lequel il se trouve. Quant à vous, comprenez dans quelle mauvaise position vous vous trouvez, et sachez pour l'avenir vous pourvoir d'une position heureuse. En comprenant votre fâcheux état, vous ne serez point insensé, en pourvoyant à votre avenir vous ne serez pas imprudent. Quel est celui qui pourvoit à son avenir? Le serviteur à qui son maître avait confié du bien à administrer, et qui lui dit ensuite : « Vous ne pouvez plus gérer pour moi, rendez-moi compte de votre gestion (*Luc.* XVI,

raliter, ut morerentur in æternum. Sed quia illum videbant morientem, non videbant interitum, id est, non intelligebant quis esset verus interitus. Quid dicunt etiam in sapientia? « Morte turpissima condemnemus illum, erit enim respectus ex sermonibus illius (*Sap.* II. 20); » si enim est vere Filius Dei, liberabit illum de manibus contrariorum : non permittet mori filium suum, si vere filius ipsius est. At ubi viderunt illum in cruce insultantes se, et illum non descendentem de cruce, dixerunt, Vere homo fuit. Dictum est : et utique poterat descendere de cruce, qui potuit de sepulcro resurgere : sed docuit nos ferre insultantes, docuit adversus linguas hominum esse patientes, bibere modo calicem amaritudinis, et postea accipere sempiternam salutem. Bibe æger calicem amarum, ut sanus sis, cui non sunt sana viscera : noli trepidare, quia ne trepidares, prior bibit medicus, id est, passionis amaritudinem bibit prior Dominus. Bibit qui peccatum non habebat, qui quod in eo sanaretur non habebat. Bibe donec transeat amaritudo hujus sæculi, et veniat sæculum, ubi nullum scandalum, nulla ira, nulla tabes, nulla amaritudo, nulla febris, nullus dolus, nullæ inimicitiæ, nulla senectus, nulla mors, nulla contentio. Labora hic, venturus ad finem; labora, ne cum non vis hic laborare, venias ad finem vitæ, et numquam venias ad finem laborum. « Quoniam non videbit interitum, cum viderit sapientes morientes. »

12. « Simul imprudens et insipiens peribunt (*Ibid.* 11). » Quis est imprudens? Qui non sibi prospicit in futurum. Quis est insipiens? Qui non intelligit in quo malo sit. Tu vero intellige in quo malo sis modo, et prospice ut in bonis sis in posterum. Intelligendo in quo malo sis, non eris insipiens : prospiciendo tibi in futurum, non eris imprudens. Quis est qui sibi prospicit? Servus ille cui dedit Dominus suus quod erogaret, et postea dixit ei, « Non potes mihi agere, redde rationem actus tui. » Et ille,

et suiv.). » et le serviteur se dit : Que vais-je faire ? « Je ne puis travailler à la terre et je rougirais de mendier. Et alors il se fit, aux dépens du bien de son maître, des amis disposés à le recevoir, lorsqu'il aurait été renvoyé de chez son maître. Il a donc frauduleusement employé les biens de son maître, pour se faire des amis qui le recevraient au besoin. Pour vous, ne craignez pas d'user d'un semblable artifice, le Seigneur lui-même vous y exhorte, il vous dit : « Faites-vous des amis au moyen de richesses injustes. » Peut-être ce que vous avez acquis est-il le fruit de l'injustice, ou peut-être même l'injustice est-elle seulement que vous possédiez et qu'un autre ne possède pas, que vous soyez dans l'abondance et qu'un autre manque de tout. De ce trésor d'iniquité, de ces biens que les injustes appellent des richesses, faites-vous des amis et vous serez prudent ; vous amassez pour vous, vous ne serez pas frustré. Maintenant peut-être vous paraîtrez perdre ce que vous donnez : mais perdez-vous ce que vous mettez dans une tirelire ? Car, mes frères, lorsque les enfants veulent se faire une petite bourse, pour acheter je ne sais quoi, s'ils trouvent une pièce de monnaie, ils vont bien vite la cacher dans leur tirelire, qu'ils n'ouvrent que plus tard. Mais, de ce qu'ils ne peuvent avoir sous les yeux ce qu'ils amassent, l'ont-ils perdu pour cela ? Ne craignez donc pas.

Les enfants placent leur argent dans une tirelire, et sont tranquilles ; vous mettez le vôtre dans la main du Christ, et vous craignez ? Soyez prudent et songez à vous pourvoir pour l'avenir dans le ciel. Soyez prudent, imitez la fourmi, comme le dit l'Écriture (*Prov.* VI, 6 et XXX, 25). Faites provision pendant l'été, de peur d'avoir faim en hiver. L'hiver, c'est le dernier jour, le jour de la tribulation ; l'hiver, c'est le jour des scandales et des amertumes ; faites provision de biens que vous puissiez posséder alors pour l'avenir. Si, au contraire, vous n'en faites rien, votre imprudence et votre folie vous perdront.

13. Mais notre riche est mort, et on lui a fait des funérailles en rapport avec sa richesse. Voilà où se sont arrêtées les pensées des hommes ; ils ne se demandent pas quelle vie de désordre cet homme a menée, mais quelle est, après sa mort, la pompe de ses funérailles. Heureux homme, que pleurent tant de personnes distinguées ! Et pourtant, il a vécu de telle sorte que peu d'hommes le pleurent, tandis que tous devraient pleurer sur un homme qui vivait si mal. Mais ses funérailles sont pompeuses ; on le place dans un sépulcre précieux, on l'enveloppe dans de riches étoffes, on l'embaume avec des parfums et des aromates. Ensuite quel tombeau ne lui élève-t-on pas ? Qu'il est riche en marbres ma-

« Quid facio ? fodere non possum, mendicare confundor (*Lucæ* XVI, 1, 2 et 6). » Sed et de re domini sui fecit sibi amicos, qui illum reciperent, cum de-actu projiceretur. Et ille fraudem fecit domino suo, ut compararet sibi amicos, qui illum susciperent : tu noli timere ne fraudem facias ; ipse Dominus hortatur ut facias, ipse tibi dicit, « Fac tibi amicos de mammona iniquitatis. » Fortassis ea quæ adquisisti, de iniquitate adquisti ; aut fortasse ea ipsa est iniquitas, quia tu habes et alter non habet, tu abundas et alter eget. De ista mammona iniquitatis, de divitiis istis quas iniqui vocant divitias, fac tibi amicos, et prudens eris : comparas tibi, non fraudaris. Modo enim videris perdere. Numquid perdes in (*a*) thesaurario ponens ? Nam pueri, Fratres, unde sibi emant nescio quid, simul inveniunt nummos, et ponunt in thesaurario, et non aperiunt nisi postea : numquid quia non vident quod colligunt, ideo perdiderunt ? Noli timere : ponunt pueri in thesaurario, et securi sunt ; ponis tu in manu Christi, et times ? Esto prudens, et prospice tibi in posterum in cœlo. « Esto ergo prudens, imitare formicam (*Prov.* VI, 6, et XXX, 25), » sicut dicit Scriptura ; reconde æstate, ne esurias in hyeme : hyems est dies novissimus, dies tribulationis, hyems est dies scandalorum et amaritudinis : collige quod ibi tibi (*b*) sit in posterum ; si autem non facis, simul imprudens et insipiens peribis.

13. Sed mortuus est ille dives, et tale illi funus factum est (*Lucæ* XVI, 22). Ecce quo se converterunt homines : non adtendunt quam malam vitam habuerit cum viveret, sed quam pompam cum moreretur. O felix quam tanti plangunt ! (*c*) Iste vero sic vixit ut pauci plangant. Omnes enim deberent plangere tam male viventem. Sed pompa est funeris, excipitur sepulcro pretioso, involvitur pretiosis vestibus, sepelitur unguentis et aromatis. Deinde Memoriam qualem habet ! quam marmoratam ! (*d*) Vivitur in ipsa Memoria ? Ille ibi mortuus est. Ista

---

(*a*) Lov. *in thesaurario Christi.* Vox *Christi* abest ab Er. et a MSS. qui plerique habent hic *thesauro*, pro *thesaurario* : hoc vero se a pueris barbarum vocabulum usurpare satis indicat Augustinus. (*b*) Aliquot MSS. *præsit.* (*c*) MSS. *Ita vero, sic vixit* etc. (*d*) Sic MSS. At editi, *Vivit in ipsa memoria ille ubi mortuus est.*

gnifiques! Mais vit-il du moins dans ce tombeau? Non, il y est bien mort. Les hommes, croyant que c'étaient là les biens désirables, se sont égarés en s'éloignant de Dieu; ils n'ont point cherché les vrais biens, et les faux biens les ont trompés. Aussi voyez ce qui suit. Celui qui n'a pas payé le prix de la rédemption de son âme, qui n'a pas compris ce que c'est que la mort, en voyant mourir les sages, celui-là est devenu imprudent et insensé, et il a péri avec les imprudents et les insensés. Et comment périront ceux qui « laisseront leurs richesses à des étrangers? L'imprudent et l'insensé périront ensemble. »

14. Soyez attentifs, mes frères. « Et ils laisseront leurs richesses à des étrangers (*Ps.* XLVIII, 11). » Il semble que le Prophète regarde comme maudits ceux dont les biens, après leur mort, passent en des mains étrangères. Ceux-là sont donc heureux qui laissent, pour recueillir leur héritage, des enfants à qui les leurs succèdent à leur tour. Il avait des enfants, il n'est pas mort. Et que font ses enfants? Ils conservent ce que leurs parents leur ont laissé; c'est trop peu de le conserver, ils l'augmentent encore. Pour qui le conservent-ils eux-mêmes? Pour leurs enfants, et ceux-ci pour leurs enfants et les enfants de ceux-ci pour les leurs. Qu'y a-t-il pour le Christ? Qu'y a-t-il pour leur âme? Tout est-il pour les enfants? Au rang des enfants qu'ils ont sur la terre, qu'ils comptent un frère qu'ils ont au ciel; un frère auquel ils devraient tout donner, avec lequel, du moins, ils devraient partager. Mais cependant, me dira quelqu'un, voilà que l'Écriture déclare maudits ceux qui, en mourant, laissent leurs richesses à des étrangers; celui-là est donc heureux qui les laisse aux siens. Je discute cette interprétation, parce j'incline l'oreille vers la parabole, et que je vois que l'Écriture n'a point parlé de la sorte sans quelque mystère. Je vois, en effet, mourir beaucoup de méchants, qui ont leurs enfants pour successeurs, et l'Écriture n'a pu vouloir écarter dans ses paroles toute idée de souffrance de ceux dont elle réprouve la vie; aussi, mes frères, que croyez-vous que je pense, sinon que tous les méchants laissent leurs richesses à des étrangers? Comment les enfants d'un homme peuvent-ils être des étrangers pour lui? Les enfants des méchants sont pour eux des étrangers; car, nous trouvons qu'un étranger est devenu le proche d'un homme, pour lui avoir été utile. Si l'un des vôtres ne vous sert de rien, il est un étranger pour vous. Où trouvons-nous ce je ne sais quel étranger, devenu le proche d'un homme, pour lui avoir été utile? Dans l'Évangile. Un homme était étendu à terre, blessé par des voleurs; or, le Seigneur avait dit à quelqu'un (*Luc.* x, 27 et suiv.): « Vous aimerez votre prochain comme vous-même, et son inter-

---

putantes homines bona, aberraverunt a Deo, nec quæsierunt vera, et decepti sunt falsis : adeo vide quid sequitur. Ille qui non dedit pretium redemtionis animæ suæ, qui non intellexit interitum, quia vidit sapientes morientes, qui factus est imprudens et insipiens, ut simul periret. Et quomodo peribunt qui « relinquent alienis divitias suas? Simul imprudens et insipiens peribunt. »

14. Attendite Fratres : « Et relinquent alienis divitias suas (*Ps.* XLVIII, 11).» Quasi eos posuit in maledicto, qui cum mortui fuerint, alieni possidebunt res ipsorum. Ergo felices illi qui relinquunt filios in possessione sua, quibus sui succedunt. Habuit filios, non est mortuus. Quid filii ipsius? Et ipsi servant quod eis reliquerunt parentes sui : parum est quia servant; et augent. Quibus et ipsi servant? Filiis suis, et illi filiis, et tertii filiis. Quid Christo? quid animæ suæ? omnia filiis? Inter filios suos quos habent in terra, computent unum fratrem quem habent in cœlo : cui totum dare debebant, vel dividant cum illo. Sed tamen ait mihi aliquis, Ecce quos maledictos dixit Scriptura, quos dixit perire et relinquere alienis divitias suas, ille autem beatus qui suis relinquit. Ego discutio sensum istum, quia in clino in parabolam aurem meam; et video non frustra sic loqui Scripturam. Video enim multos iniquos mori, quibus successores sunt filii; nec potuit sic loqui Scriptura, ut separaret eos a miseria, quorum vitam improbat : et quid, putatis, intelligo, Fratres, nisi quia omnes tales alienis relinquunt divitias suas? Quomodo alieni sunt filii? Iniquorum filii alieni sunt; nam invenimus quemdam extraneum propinquum factum, quia profuit. Si quis tuorum tibi nihil prodest, alienus est. Ubi invenimus nescio quem exterum propinquum factum, quia profuit? In Evangelio. Jacebat quidam vulneratus a latronibus, Dominus autem dixerat cuidam, « Diliges proximum tuum tamquam teipsum. Et ille responderat, Et quis est mihi proximus? Et narravit Dominus, Homo quidam descendebat ab Jerusalem in

locuteur avait répondu : Et qui est mon prochain? et le Seigneur lui raconta le trait suivant : Un homme descendait de Jérusalem à Jéricho, il tomba au milieu de voleurs qui le blessèrent et le laissèrent à demi mort sur la route Quelques-uns de ses proches (car il était juif et descendait de Jérusalem à Jéricho), quelques-uns de ses proches vinrent à passer en cet endroit : un prêtre y vint et passa outre, un lévite y vint aussi et passa de même. Enfin arriva un samaritain, un samaritain inconnu, un étranger. Il s'approcha du blessé, considéra son triste sort, et par pitié, soigna ses blessures, ensuite il le plaça sur son cheval, le conduisit dans une hôtellerie et le recommanda à l'hôtelier. » Toutes ces choses renferment des mystères, et elles sont trop étendues pour être discutées maintenant. Cependant, mes frères, considérons le point que je me suis proposé. Le Seigneur dit donc : « Quel est celui des trois qui a été le proche du voyageur blessé? Et celui qui était interrogé répondit : Je crois que c'est celui qui a fait à son égard œuvre de miséricorde. Allez, dit Jésus et faites de même. » Celui à qui vous faites miséricorde est donc votre proche. Si par conséquent, ce samaritain étranger est devenu le proche du blessé en lui faisant miséricorde et en lui portant secours, tous ceux qui, dans votre affliction, ne peuvent vous secourir, sont devenus pour vous des étrangers. Portons maintenant notre attention sur ces riches qui ont vécu dans le désordre, qui ont agi avec orgueil, qui sont morts, et qui ont laissé leurs richesses, je ne dis pas à des étrangers, mais à des fils qui eux-mêmes suivent la voie de leurs pères ; qui sont orgueilleux comme leurs pères étaient orgueilleux, rapaces comme ils étaient rapaces, avares comme ils étaient avares, et qui cependant leur sont étrangers. Et si vous voulez la preuve qu'ils sont étrangers à leurs pères, avez-vous vu ceux qui recueillirent l'héritage de ce riche qui brûlait dans les flammes venir à son secours? Mais peut-être n'avait-il pas de proches pour lui succéder, et ses richesses furent-elles possédées par des étrangers ? Nous trouvons dans l'Évangile même qu'il avait des proches, car il dit : « J'ai cinq frères (Luc. XVI, 28). » Ses frères ne purent le secourir lorsqu'il brûlait dans les flammes. Que semble vous dire ce riche? J'ai cinq frères, mais j'en avais un autre, qui était couché devant ma porte, et dont je n'ai pas su me faire un ami. Quant à ces frères qui possèdent mes richesses, ils ne peuvent me secourir, ils me sont devenus étrangers. Vous voyez que tous ceux qui vivent d'une vie déréglée, laissent leurs richesses à des étrangers.

15. Mais ces étrangers, qui sont appelés du

Jericho, et incidit in latrones, qui cum vulneraverunt, et semivivum in via reliquerunt : transierunt propinqui ; Judæus enim erat, de Jerusalem descendebat Jericho : transiit sacerdos, et præteriit ; transiit Levites, et præteriit etiam ipse ; transivit quidam Samaritanus, Samaritanus nescio quis extraneus erat, ad illum accessit, inspexit miseriam ejus, et misericordia curavit vulnera, levavit in jumentum, et duxit in stabulum, commendavit stabulario (*Lucæ* x, 27 etc.) » Quæ in mysterio dicta sunt, et ad discutiendum nunc prolixiora videntur : tamen propter quod proposui, Fratres, ait Dominus, « Quis est illorum illi sauciato proximus? Respondit ille, Credo, qui cum illo fecit misericordiam. Vade, inquit, et tu fac similiter (*Ibid.*). » Cui misericordiam facis, proximus tibi est. Si ergo extraneus Samaritanus faciendo misericordiam et subveniendo proximus factus est ; quicumque tibi in tribulatione subvenire non possunt, alieni a te facti sunt. Jam adtendamus illos divites, qui male vixerunt, qui superbe egerunt, mortui sunt, et reliquerunt, non dico extraneis, filiis suis reliquerunt divitias, et filii ipsorum viam parentum suorum sequuntur : sicut illi superbi, ita et isti ; sicut illi rapaces, ita et isti ; ut illi avari, et isti alieni ab illis sunt. Nam ut noveritis quia alieni sunt, subvenirent illi diviti, qui ardebat in flamma, successores divitiarum ipsius. Sed forte non habuit, qui illi succederent, et alieni possederunt divitias ipsius? Invenimus in ipso Evangelio quia habuit : ait enim, « Habeo quinque fratres (*Lucæ* XVI, 28). » Fratres ipsius (*a*) subvenire illi ardenti in flamma non potuerunt. Quid tibi diceret dives ? Habeo quinque fratres : unum fratrem mihi amicum non feci, qui jacebat ante januam : illi mihi fratres subvenire non possunt, qui possident divitias meas, alieni a me facti sunt. Videtis quia omnes qui male vivunt, alienis relinquunt divitias suas.

15. Sed plane præstant illis ipsi alieni, qui vocan-

(*a*) Probæ notæ MSS. *subvenirent illi ardenti in flamma. Qui tibi diceret dives, qui fratres? Unum fratrem* etc. Nonnulli, *Quid tibi diceret dives, quid fratres? Unum fratrem* etc.

nom de proches, lui donnent-ils quelque chose ? Écoutez ce qu'ils lui donnent, et voyez quel présent dérisoire. « L'imprudent et l'insensé périront ensemble, et ils laisseront leurs richesses à des étrangers. » Pourquoi le Prophète dit-il « à des étrangers ? » Parce que ces héritiers ne peuvent lui être utiles en rien, même dans les choses où ils paraissent lui être utiles. « Et leurs tombeaux sont leurs maisons pour l'éternité(*Ps.* XLVIII, 12). » D'abord, le Prophète donne à ces tombeaux le nom de maisons, parce qu'ils sont de véritables édifices. Car, souvent, vous entendez le riche dire : J'ai une maison de marbre qu'il me faudra quitter; et je ne pense pas à me construire la maison éternelle que je ne quitterai jamais. Lorsqu'il songe à se bâtir un tombeau de marbre, richement sculpté, il y pense comme à une maison éternelle, comme s'il devait y demeurer. S'il y restait, il ne serait pas brûlé dans les enfers. Il faut penser à l'endroit où demeure l'esprit de celui qui a fait le mal, et non à l'endroit où son corps mortel est déposé. « Mais leurs tombeaux sont leurs maisons pour l'éternité. Leurs tentes passeront de génération en génération. » Leurs tentes sont les lieux où ils ont demeuré temporairement ; leurs maisons, ceux où ils demeureront éternellement, c'est-à-dire, leurs tombeaux. Ils laissent donc aux leurs les tentes où ils habitaient pendant leur vie, et ils passent de là dans leurs tombeaux comme dans leurs maisons éternelles. A quoi leur servent « ces tentes, transmises de génération en génération ? » La génération et la génération peuvent signifier les fils, les petits-fils et les arrière-petits-fils ; mais que font et de quoi leur servent leurs tentes ? Écoutez : « On invoquera leurs noms dans leurs terres. » Qu'est-ce à dire? On portera du pain et du vin à leurs tombeaux, et on invoquera le nom des morts. Pensez-vous qu'on ait beaucoup invoqué le nom de ce riche après sa mort, tandis que les hommes s'enivraient sur sa tombe, sans qu'une seule goutte d'eau descendît aux enfers sur sa langue brûlante(*Luc.* XVI, 24)? Les hommes s'occupent de leur ventre, et non de l'âme des leurs. Rien n'arrive aux âmes des morts, que ce qu'ils ont fait avec elles pendant leur vie ; que s'ils n'ont rien fait avec elles pendant leur vie, rien absolument ne parvient jusqu'aux morts. Que font donc ces héritiers ? « Rien, sinon qu'ils invoquent le nom de leurs pères dans les terres qui leur ont appartenu.»

16. « Et l'homme, élevé en honneur n'a pas compris ; il s'est rendu comparable aux bêtes de somme qui n'ont point de raison, et il leur est devenu semblable(*Ps.* XLVIII,13).» Quelles paroles sanglantes contre ces hommes qui n'ont pas compris l'usage qu'ils avaient à faire de leurs richesses pendant leur vie, et qui se croyaient heureux pour toujours s'ils possédaient en quel-

---

tur sui? Audite quid illis præstant, adtendite quomodo irridentur : « Simul imprudens et insipiens peribunt ; et relinquent alienis divitias suas. » Quare dixit alienis ? Quia nihil eis prodesse possunt. Et tamen in quo sibi videntur prodesse : « Et sepulcra eorum domus eorum in æternum (*Ps.*XLVIII, 12).» Jam quia ista structa sunt sepulcra, domus sunt sepulcra. Nam plerumque audis divitem dicentem, Habeo marmoratam domum, quam relicturus sum, et non cogito mihi æternam domum, ubi semper ero. Quando cogitat sibi Memoriam marmoratam aut exsculptam facere, quasi de domo æterna cogitat : quasi ibi maneat ille dives. Si ibi maneret, non arderet apud inferos. Ubi maneat spiritus male agentis, non ubi ponatur corpus mortale, cogitandum est : sed « domus eorum sepulcra eorum in æternum. Tabernacula eorum in generationem et generationem. Tabernacula, » in quibus temporaliter manserunt : « domus, » in quibus quasi in æternum manebunt, id est, sepulcra. Tabernacula ergo suis dimittunt, ubi manebant cum viverent, transeunt quasi ad domos æternas ad sepulcra. Quid illis prosunt « tabernacula eorum in generationem et generationem ? » Jam generatio et generatio, puta, filii sunt, nepotes erunt et pronepotes : quid faciunt, quid prosunt tabernacula eorum? Quid ? Audi : « Invocabunt nomina eorum in terris ipsorum. » Quid est hoc ? Tollent panem et merum ad sepulcra, et invocabunt ibi nomina mortuorum. Putas quantum invocatum est nomen illius divitis postea, quando inebriabant se homines in Memoria ipsius, nec descendebat una gutta super linguam ipsius ardentem (*Lucæ* XVI, 24). Ventri suo serviunt homines, non spiritibus suorum. Ad spiritus mortuorum non pervenit, nisi quod secum vivi fecerunt : si autem vivi secum non fecerunt, ad mortuos nihil pervenit. Sed quid faciunt illi? Solum « invocabunt nomina eorum in terris ipsorum. »

16. « Et homo cum in honore esset, non intellexit, comparatus est jumentis insensatis, et similis factus est illis (*Ps.*XLVIII,13).»Quomodo insultatum est hominibus, qui non intellexerunt quid facerent de

que sorte, comme demeure éternelle, un riche tombeau de marbre; et si leurs enfants, héritiers de leurs biens, invoquaient leurs noms dans leurs terres. Ils devaient au contraire se préparer, par leurs bonnes œuvres, une maison éternelle, acquérir une vie immortelle, se faire précéder de leurs richesses, n'entrer dans leur éternité qu'à la suite de leurs bonnes œuvres, faire attention à leurs frères indigents, donner à celui avec qui ils suivaient le chemin de la vie, et ne pas mépriser le Christ rongé d'ulcères, étendu devant leur porte, qui leur disait : « Ce que vous aurez fait au plus petit d'entre les miens, c'est à moi que vous l'aurez fait (*Matth.* xxv, 40). » C'est donc là ce que n'a pas compris l'homme élevé en honneur. Que veut dire : l'homme élevé en honneur? L'homme fait à l'image et à la ressemblance de Dieu ; l'homme élevé à un rang supérieur à celui des animaux (*Gen.* I, 26). En effet, Dieu n'a pas fait l'homme comme il a fait les animaux ; mais Dieu a fait l'homme pour dominer les animaux. Est-ce qu'il devait les dominer par ses forces et non par son intelligence ? Mais « il n'a pas compris ; » et lui, qui avait été fait à l'image et à la ressemblance de Dieu, « il s'est rendu comparable aux bêtes de somme qui n'ont point de raison, et il leur est devenu semblable. » C'est pourquoi, dans un autre psaume, il est dit : « Gardez-vous d'être comme le cheval et le mulet, qui n'ont pas d'intelligence (*Ps.* xxxi, 9). »

17. « La voie qu'ils suivent est pour eux une occasion de chute (*Ps.* XLVIII, 14). » Qu'elle soit une occasion de chute pour eux et non pour vous. Et comment pourrait-elle être une occasion de chute pour vous ? Si vous pensiez que de tels hommes sont heureux ; si vous comprenez qu'ils ne sont pas heureux, c'est pour eux-mêmes que leur voie sera un scandale, mais non pour le Christ, ni pour son corps, ni pour ses membres. « Et ensuite ils béniront Dieu de la bouche. » Que veut dire : « Et ensuite ils béniront Dieu de la bouche ? » Lorsqu'ils en sont à ce point de ne chercher que les biens temporels, ils deviennent hypocrites ; et, s'ils bénissent Dieu, ils le bénissent des lèvres et non du cœur. Ainsi, certains chrétiens devenus semblables à ces hommes, quand on loue devant eux la vie éternelle, quand on leur dit qu'ils doivent mépriser les richesses au nom du Christ, étouffent leur cœur et grimacent une réponse de la bouche ; ils méprisent ces maximes, et s'ils n'osent le faire en face, de peur d'avoir à rougir ou d'être en butte aux reproches des hommes, ils le font de cœur; la bénédiction qu'ils prononcent leur reste sur les lèvres , et la malédiction est dans leur cœur. « Et ensuite ils béniront Dieu de la bouche. » Il serait trop long d'achever le psaume ;

---

divitiis cum viverent, et putarunt se beatos futuros, si haberent Memoriam marmoratam, quasi æternam domum, et si sui quibus reliquissent substantiam suam invocarent nomina eorum in terris ipsorum. Debuerunt autem contra præparare sibi domum æternam in bonis operibus, præparare sibi vitam immortalem, mittere ante se sumtus, sequi opera sua, adtendere comitem egentem, dare ei cum quo ambulabant, non contemnere Christum ante januam ulcerosum, qui dixit, « Cum uni ex minimis meis fecistis, mihi fecistis (*Matth.* xxv, 40). » Quia ergo non intellexit homo in honore positus. Quid est, in honore positus? Factus ad imaginem et similitudinem Dei, homo prælatus jumentis (*Gen.* I, 26). Non enim fecit Deus sic hominem, quomodo fecit jumentum : sed fecit Deus hominem cui servirent jumenta : numquid ejus viribus, et non intellectui ? Ille autem « non intellexit : » et qui factus erat ad imaginem Dei, « comparatus est jumentis insensatis, et similis factus est illis. » Unde alibi dicitur, « Nolite esse sicut equus et mulus, quibus non est intellectus (*Psal.* xxxi, 9). »

17. « Hæc via ipsorum scandalum ipsis (*Psal.* XLVIII, 14). » Ipsis sit scandalum, non tibi. Quando autem erit et tibi ? Si putes quod beati sint tales. Si intelligas quia non sunt beati, ipsis erit scandalum via ipsorum; non Christo, non corpori ejus, non membris ejus. « Et postea in ore suo benedicent. » Quid est, « postea in ore suo benedicent ? » Cum facti fuerint tales, ut non quærant nisi bona temporalia, fiunt hypocritæ ; et quando benedicunt Deum, labiis benedicunt, non corde. Tales facti Christiani, quando illis laudatur vita æterna, et dicitur illis, (*a*) contemptores divitiarum esse debere in nomine Christi; torquent os in corde suo : et si non audent in facie, ne erubescant, aut ne corripiantur ab hominibus, in corde id faciunt, contemnunt ; et remanet eis in ore benedictio, et in corde maledictio. « Et postea in ore

---

(*a*) Omnes prope MSS. *con'emtum divitiarum* : et paulo post, *torquent os in corde suo* : ubi editi ferunt, *torquentur in corde suo.*

que Votre Charité se contente d'abord de ce qu'elle a entendu aujourd'hui. Demain vous entendrez ce qu'il plaira au Seigneur de m'inspirer.

DEUXIÈME DISCOURS SUR LA SECONDE PARTIE DU PSAUME XLVIII.

1. L'explication du psaume commencé hier n'a point été terminée ; Votre Charité s'en souvient, nous en étions arrivés au verset où l'Esprit de Dieu dépeint les hommes qui ne se préoccupent que des choses présentes de ce siècle et de cette terre; qui supposent qu'il n'y a plus rien après cette vie ; qui croient qu'il n'y a de bonheur que dans les richesses et les honneurs de ce monde, et que la vertu est chose passagère ; qui ne portent leurs regards au-delà de leur mort que pour s'attirer de pompeuses funérailles, une sépulture dans des tombeaux magnifiquement bâtis, et la continuation de leur nom dans leurs terres par leur propre famille ; et qui ne s'inquiètent pas de préparer une demeure pour leur âme après la mort. Insensés, qui ne tremblent pas à cette parole du Christ : « Homme stupide, cette nuit même ton âme te sera redemandée, et à qui sera tout ce que tu as amassé (*Luc.* XII, 20). » Ils ne font pas attention qu'après ces splendides festins de chaque jour et le luxe de ses vêtements de pourpre et de lin, le riche est condamné aux tourments de l'enfer, tandis que le pauvre, en compensation de ses travaux, de ses ulcères et de sa faim, repose dans le sein d'Abraham (*Luc.* XVI, 19). Ils n'ont aucun souci de ces vérités et, ne s'attachant qu'au présent, ils ne pourvoient à rien de ce qui suivra leur mort, si ce n'est à ce que leur nom, qui sera réprouvé dans le ciel, soit conservé sur terre. L'Esprit-Saint, dépeignant donc ces méchants, dit : « La voie qu'ils suivent est pour eux une occasion de chute ; et ensuite, ils béniront Dieu de la bouche (*Ps.* XLVIII, 14). » Notre-Seigneur Jésus-Christ en dit autant de certains hommes qui, d'abord, arrivent à la foi purifiés

suo benedicent. » Longum est ut Psalmum finiamus : sufficiat Caritati Vestræ quod audistis interim hodie, cras quod Domino placuerit audietis.

SERMO SECUNDUS

DE SECUNDA PARTE PSALMI XLVIII.

1. Hesterno die cœpto Psalmo terminus debebatur, sicut meminit Caritas Vestra. Perveneramus autem usque ad istum versum, ubi designat Spiritus Dei homines non adtendentes nisi ad præsentia sæcularia et terrena, et in posterum post hanc vitam nihil cogitantes, neque ullam felicitatem esse arbitrantes, nisi divitias et honores hujus sæculi, et transitoriam virtutem ; post obitum autem suum non adtendentes, nisi quemadmodum eis procurentur funera pomposa, et sepeliantur in monumentis opere mirabili exstructis, et invocentur nomina eorum in terris ipsorum a domibus eorum ; non autem sibi comparant, ubi spiritus sit post hanc vitam, stulti non contremiscentes vocem Christi, dicentis, « Sulte, hac nocte auferetur anima tua a te, et quæ præparasti cujus erunt (*Lucæ* XII, 20) ? » nec adtendentes post epulas quotidianas splendidas, et purpuram et byssum, divitem damnatum ad tormenta in infernum (*Lucæ* XVI, 19) ; et post labores et ulcera et famem, pauperem requiescentem in sinu Abrahæ : ista non curantes, sed adtendentes ad id quod præ-

par la parole de Dieu et par les exorcismes faits au nom du Christ, et reçoivent la grâce de Dieu et le baptême, mais qui, ensuite, retombent dans des péchés plus grands encore que ceux qu'ils avaient commis auparavant. « Leur dernier état devient pire que le premier (II *Pier.* II, 20), » dit l'Apôtre saint Pierre ; « et le dernier état de cet homme, dit le Seigneur, sera pire que le premier (I *Luc.* XI, 26). » Pourquoi ? Parce que, d'abord, il était ouvertement païen, et qu'ensuite, se couvrant du nom de chrétien, il n'est qu'un méchant caché sous le voile de la religion. Il est pire, parce qu'il est caché, comme dit le Prophète : « Et ensuite ils béniront Dieu de la bouche ; » c'est-à-dire, vous entendez le nom de Dieu et le nom du Christ que prononcent leurs lèvres, mais vous ne les trouvez pas dans leur cœur. Ils sont de ceux dont il a été dit : « Ce peuple m'honore des lèvres, mais leur cœur est loin de moi (*Is.* XXIX, 13). » Nous en étions là dans l'explication du psaume.

2. Voici maintenant par quelles paroles commencent les versets que nous devons discuter et expliquer aujourd'hui : « Ils sont comme des brebis parquées dans l'enfer ; la mort est leur pasteur. » De qui la mort est-elle le pasteur ? De ceux dont la vie est pour eux-mêmes une occasion de chute. De qui encore ? De ceux qui ne se préoccupent que du présent et ne pensent nullement à l'avenir ; de ceux qui ne songent qu'à cette vie, laquelle, à bon droit, est appelée du nom de mort. Ce n'est donc pas sans raison que, semblables à des brebis parquées dans l'enfer, ils ont la mort pour pasteur. Que veut dire : « avoir la mort pour pasteur ? » La mort est-elle une chose ou une puissance réelle ? La mort, c'est en effet la séparation de l'âme d'avec le corps, du moins la mort qui effraie les hommes, c'est la séparation de l'âme d'avec le corps ; mais la véritable mort, que les hommes ne craignent pas, c'est la séparation de l'âme d'avec Dieu. Et, le plus souvent, ceux qui craignent la séparation de l'âme d'avec le corps, tombent dans cette mort par laquelle l'âme est séparée d'avec Dieu. Voilà donc ce que c'est que la mort. Mais comment « la mort est-elle leur pasteur ? » Si le Christ est la vie, le démon est la mort. Or, nous lisons dans beaucoup de passages de l'Écriture, que le Christ est la vie. Le démon, au contraire, est la mort, non qu'il soit lui-même la mort, mais parce que la mort est son ouvrage. Qu'il s'agisse en effet de la mort dans laquelle Adam est tombé, Adam ne l'a encourue qu'à la persuasion du démon ; ou bien qu'il s'agisse de la séparation de l'âme d'avec le corps, toutes deux ont pour auteur celui qui, tombé à

---

sens est, et post hanc mortem non providentes, nisi quemadmodum nomen eorum quod reprobatur in cœlo, invocetur in terra. Describens ergo tales Spiritus-sanctus ait, « Hæc via ipsorum scandalum ipsis, et postea in ore suo benedicent (*Psal.* XLVIII, 14). » Sicut dicit Dominus Jesus Christus de quibusdam, qui primo accedunt ad fidem mundati verbo Dei et exorcismis in nomine Christi, ut accipiant gratiam Dei, ut baptizentur, et postea redeuntes ad pejora mala quam antea commiserant, « Fient illis, inquit, posteriora deteriora prioribus (II *Pet.* II, 20) : » hoc Petrus apostolus : Dominus autem, « Et erunt posteriora, inquit, illius hominis pejora quam erant priora (*Lucæ* XI, 26). » Quare ? Quia primo vel apertus paganus erat, postea palliatur nomine Christiano, sub velamine religionis occultus malus. Et erit deterior, quia occultus est, sicut ait, « Et postea in ore suo benedicent : » id est, nomen Dei et nomen Christi audis in labiis, in corde non invenis. De quibus dictum est, « Populus iste labiis me honorat, cor autem eorum longe est a me (*Is.* XXIX, 13). » Huc usque ergo Psalmus tractatus erat.

2. Deinde sic incipiunt versus hodie discutiendi atque tractandi : « Sicut oves in inferno positæ, mors pastor est eis (*Psal.* XLVIII, 15). » Quibus ? Illis quorum via scandalum ipsis. Quibus ? Illis qui præsentia sola adtendunt, dum futura non cogitant ; illis qui vitam non putant nisi istam, quæ mors dicenda est. Non igitur immerito tamquam oves in inferno, mortem habent pastorem. Quid est, mortem habent pastorem ? Mors enim aliqua res est, aut aliqua potestas est ? Mors nempe aut separatio est animæ a corpore. Et ea quidem quam timent homines, separatio est animæ a corpore : mors autem vera quam non timent homines, separatio est animæ a Deo. Et plerumque cum timent homines istam quæ separat animam a corpore, incidunt in illam ubi anima separatur a Deo. Hæc est ergo mors. Quomodo autem « mors pastor est illis ? » Si vita Christus est, mors diabolus. Habemus autem multis locis in Scriptura, quia vita est Christus. Mors autem diabolus est, non quia ipse mors est, sed quia per illum mors. Sive enim illa in qua lapsus est Adam, ipsius persuasione homini propinata est ; sive ista in qua separatur anima a corpore, ipsum habent auctorem qui primo per superbiam cadens invidit stanti, et morte invi-

cause de son orgueil, a porté envie à l'homme encore debout (*Gen.* III, 2), l'a renversé et précipité dans la mort invisible, pour qu'il payât cette faute par une mort visible. Ceux qui appartiennent au démon ont donc la mort pour pasteur; nous, au contraire, qui espérons notre future immortalité, et qui ne portons pas inutilement le signe de la croix du Christ sur notre front, nous n'avons d'autre pasteur que la vie. La mort est le pasteur des infidèles; la vie est le pasteur des fidèles. Si donc les brebis dont la mort est le pasteur sont dans l'enfer, les brebis dont la vie est le pasteur sont dans le ciel. Quoi donc? sommes-nous déjà dans le ciel? Nous sommes dans le ciel selon la foi. Car, si nous ne sommes dans le ciel, où devons-nous tenir notre cœur élevé? Si nous ne sommes pas dans le ciel, pourquoi l'Apôtre saint Paul dit-il: « Notre conversation est dans le ciel (*Philip.* III, 20)? » Par le corps, nous marchons sur la terre; par le cœur, nous habitons dans le ciel. Nous habitons dans le ciel, si toutefois nous y envoyons quelque chose qui nous y retienne. Nul, en effet, n'habite par le cœur en un lieu d'où sa pensée soit absente. Or, où est sa pensée? Là où il amasse son trésor. A-t-il amassé son trésor sur la terre? Son cœur n'a pas quitté la terre. L'a-t-il amassé dans le ciel? Son cœur ne descend pas du ciel. Le Seigneur l'a dit expressément: « Où est votre trésor, là aussi sera votre cœur (*Matth.* VI, 22). »

3. Ceux dont la mort est le pasteur paraissent donc pour un temps dans la prospérité, et les justes dans la souffrance; mais pourquoi? Parce qu'il est encore nuit. Que veut dire: il est nuit? Les mérites des justes n'apparaissent pas, et on ne parle, pour ainsi dire, que de la félicité des impies. L'herbe paraît plus verte et plus belle que l'arbre tant que dure l'hiver. En effet, l'herbe pousse pendant l'hiver, tandis que l'arbre est alors comme desséché: mais quand, au moment de l'été, le soleil verse sa chaleur, l'arbre, qui en hiver paraissait aride, se couvre de feuilles et produit ses fruits, tandis que l'herbe se sèche; alors vous voyez l'arbre dans toute sa beauté, et l'herbe est aride. Ainsi souffrent les justes, jusqu'à ce que vienne l'été. La vie est renfermée dans la racine, elle ne paraît pas encore dans les branches. Or, notre racine, c'est la charité. Et que dit l'Apôtre? Que nous devons avoir notre racine en haut, afin que la vie soit notre pasteur, parce que notre habitation permanente doit être le ciel, et que nous devons marcher sur cette terre comme si nous étions morts; de la sorte, vivant dans le ciel, nous serons morts ici-bas, au lieu de vivre ici-bas étant morts dans le ciel. Voilà pourquoi notre vie et notre cœur ne devant pas quitter le ciel, l'Apô-

sibili dejecit stantem, ut etiam (*a*) (*Gen.* III, 1) mortem visibilem penderet. Ad eum pertinentes, pastorem mortem habent: nos autem qui de futura immortalitate cogitamus, et non sine caussa in fronte signum crucis Christi portamus, non habemus pastorem nisi vitam. Infidelium pastor mors, fidelium pastor vita. Si ergo in inferno sunt oves quibus pastor mors est, in cœlo sunt oves quibus pastor vita est. Quid igitur? Jam in cœlo sumus? In cœlo secundum fidem. Si enim non in cœlo, ubi Sursum cor? Si non in cœlo, unde apostolus Paulus dicit, « Nostra enim conversatio in cœlis est (*Philip.* III, 20)? » Corpore ambulamus in terra, corde habitamus in cœlo. Habitamus ibi, si illuc aliquid mittimus, quod ibi nos teneat. Nemo enim inhabitat corde, nisi unde cogitat: inde autem cogitat, ubi thesaurizat. Thesaurizavit in terra, cor ipsius a terra non recedit; thesaurizavit in cœlo, cor ipsius de cœlo non descendit; Domino aperte dicente, « Ubi est thesaurus tuus, illic et cor tuum erit (*Matth.* VI, 21). »

3. Isti ergo quibus mors pastor est, videntur florere ad tempus, et justi laborare: sed quare? Quia nox est adhuc. Quid est, nox est? Non apparent merita justorum, et quasi nominatur felicitas impiorum. Tam diu videtur herba lætior quam arbor, quam diu hyems est. Herba enim per hyemem viget, arbor per hyemem quasi arida est: cum sol exierit ferventior tempore æstatis, arbor quæ per hyemem arida videbatur, expletur foliis, profert fructus; herba autem arescit: videbis honorem arboris, herba arida est. Sic et modo justi laborant, antequam veniat æstas. Est vita in radice, nondum apparet in ramis. Radix autem nostra caritas est. Et quid ait Apostolus? ut sursum debeamus habere radicem, ut vita sit pastor noster, quia habitatio nostra non debet recedere de cœlo, quia in hac terra debemus sicut mortui ambulare: ut supra viventes, infra mortui simus; non ut supra mortui, infra vivamus. Quia ergo non debet recedere vita nostra et cor nostrum de (*b*) super, quid ait Apostolus? Mortui enim

(*a*) Sic melioris notæ MSS. Nonnulli vero cum. Er. *morte visibili perderet*. At Lov. *morte visibili perderet*. (*b*) Sic MSS. At editi *de supernis*.

tre dit : « Vous êtes morts. » Mais, de peur que nous ne soyons effrayés, « votre vie, ajoute-t-il, est cachée en Dieu avec le Christ (*Colos*. iii, 3). » Voilà où est notre racine. Mais quand notre gloire apparaîtra, nous donnant, pour ainsi dire, et des feuilles et des fruits, c'est-à-dire, continue l'Apôtre, « quand apparaîtra le Christ, votre vie, alors, vous aussi, vous apparaîtrez avec lui dans la gloire (*Ibid*. 4). » Et alors ce sera le matin. Car maintenant ce n'est point encore le matin. Que maintenant donc les superbes et les riches de ce monde se gonflent d'orgueil ; que les impies insultent les bons, et les infidèles les fidèles, et qu'ils disent : De quoi vous sert votre foi ? Qu'avez-vous de plus pour avoir le Christ ? Que les fidèles répondent, s'ils sont réellement fidèles : Il est nuit, on ne voit pas encore ce que nous possédons. Que nos mains ne soient donc pas oisives pour les bonnes œuvres ; car dans un autre psaume, le Prophète dit : « Au moment de ma tribulation, j'ai cherché des mains le Seigneur au milieu de la nuit, et je n'ai pas été déçu (*Ps*. lxxvi, 3). » Notre travail apparaîtra le matin, et avec lui, le matin, apparaîtront les fruits de ce travail ; de sorte que ceux qui souffrent maintenant auront alors la domination, et que ceux qui maintenant se vantent et s'énorgueillissent seront alors dans la dépendance. « Comme des brebis parquées dans l'enfer, ils auront la mort pour pasteur. Et, le matin venu, les justes seront leurs dominateurs (*Ps*. xlviii, 15). »

4. Je crois que, dès à présent, ce dernier verset est expliqué d'après ce que nous en avons dit d'avance : « Les justes seront leurs dominateurs, quand le matin sera venu. » Laissez passer la nuit avec patience, désirez le matin. Ne croyez pas que la nuit possède la vie, et que le matin ne possède pas la vie. Est-ce donc que celui qui dort vit, tandis que celui qui se réveille ne vit pas ? Le sommeil n'est-il pas l'image la plus ressemblante de la mort ? Et quels sont ceux qui dorment ? Ceux qu'excite l'Apôtre saint Paul, si toutefois ils veulent bien se réveiller. Il dit, en effet, à quelques-uns : « Levez-vous, vous qui dormez, levez-vous d'entre les morts, et le Christ vous éclairera (*Éphés*. v, 14). » Or, ceux qui sont éclairés par le Christ veillent déjà, mais le fruit de leurs veilles n'apparaît pas encore ; au matin, il apparaîtra, c'est-à-dire quand les choses incertaines de ce siècle auront disparu. Car ces choses sont la nuit même : ne vous semble-t-il pas, en effet, qu'elles soient comme des ténèbres ? Un homme fait le mal, il vit, il est florissant, il sème l'effroi, il est honoré ; un autre fait le bien, il est en butte aux reproches, aux blasphèmes, aux accusations, aux souffrances, à la terreur que les autres lui inspirent : voilà, pour

---

estis. Et ne timeres, « Vita vestra abscondita est, ait, cum Christo in Deo (*Coloss*. iii, 3). » Ecce ibi est radix nostra. Quando autem apparebit honor noster, tamquam in foliis et fructibus, sequitur et dicit, « Cum Christus apparuerit vita vestra, tunc et vos cum illo apparebitis in gloria (*Ibid*. 4). » Et erit mane. Nam modo non est mane. Tumeant modo superbi et divites hujus sæculi, impii bonis insultent, infideles fidelibus, et dicant, Quid vobis prodest quia credidistis ? quid plus habetis, quia Christum habetis ? Respondeant fideles, si vere fideles sunt, Nox est, nondum videtur quod tenemus. Non quiescant manus in bonis operibus. Unde alibi dicitur, « In die tribulationis meæ Deum exquisivi manibus meis nocte coram eo, et non sum deceptus (*Psal*. lxxvi, 3). » Apparebit labor noster mane, et erit fructus mane : ut illi qui modo laborant, postea dominentur, et illi qui modo se jactant et superbiunt, postea subjiciantur. Quid enim sequitur ? « Sicut oves in inferno positæ, mors pastor est eis. Et dominabuntur eis recti mane (*Psal*. xlviii, 15). »

4. Puto jam planum esse istum versum, quia prælocuti sumus : « Dominabuntur eis recti mane. » Tolera noctem, desidera mane. Ne putes quia nox habet vitam, et mane non habet vitam. Ergo qui dormit vivit, et qui surgit non vivit ? Nonne qui dormit morti similior est ? Et qui sunt qui dormiunt ? Quos excitat apostolus Paulus, si tamen velint evigilare. Quibusdam enim dicit, « Surge qui dormis, et exsurge a mortuis, et illuminabit te Christus (*Ephes*. v, 14). » Qui ergo illuminantur a Christo, jam vigilant, sed nondum apparet fructus vigiliarum : mane apparebit, id est, cum sæculi hujus incerta transierint. Ipsa est enim nox : non tibi enim videntur quasi tenebræ ? Facit male, vivit, floret, terret, honoratur : facit bene, reprehenditur, blasphematur, accusatur, laborat, terretur : quasi tenebræ sunt. In radice autem vigor, fructus, opulentia : vita nondum est in ramis, sed radix non aruit : similis arescenti est, sed tempus venit, vestietur honore suo, fecundatur fructibus suis. Tunc illi de quibus dictum est ut non eos zelemus (*Psal*. xxxvi, 1) : quid enim de illis ait Psalmus ? « Quoniam sicut fœnum cito arescent, et sicut olera prati cito cadent. (*Ibid*. 2). »

ainsi dire, les ténèbres. Mais dans la racine, il y a de la force, des fruits, de la richesse ; la vie n'est pas encore dans les branches, mais la racine n'est pas desséchée ; l'arbre ressemble à du bois sec, mais le temps vient où il est revêtu de sa gloire et fécond en fruits. Et quel sera alors le sort de ces hommes, auxquels il nous est recommandé de ne pas porter envie (*Ps.* xvi, 1) ? Que dit d'eux le psalmiste ? « Ils seront desséchés en un instant comme le foin, et ils tomberont comme les herbes des champs (*Ibid.* 2). » Ils tomberont, lorsqu'ils verront à la droite de Dieu les saints, aux souffrances desquels ils ont insulté, et ils parleront en eux-mêmes de faire pénitence : pénitence tardive et infructueuse. Ceux qui n'auront pas voulu présentement faire une pénitence fructueuse, feront alors une pénitence infructueuse. Dans cette pénitence inutile, que diront-ils donc ? « Ce sont là les hommes que nous avons autrefois tournés en risée et montrés comme des exemples d'opprobre. » Je tire ces paroles du livre de la Sagesse (*Sag.* v, 3). Ceux qui les ont déjà entendues les connaissent. Ce langage est en effet celui que tiendront les méchants, quand ils verront le Souverain Juge, et tous les fidèles à sa droite (*Matth.* xxv, 33), et tous les saints jugeant avec lui : voilà ce qu'ils auront alors à dire, et l'Écriture rapporte leurs paroles : « Ce sont là les hommes que nous avons autrefois tournés en risée et montrés comme des exemples d'opprobre. Insensés que nous étions, nous regardions leur vie comme une folie. » En effet, lorsqu'un homme commence à vivre pour Dieu, à mépriser le monde, à pardonner les injures, à rejeter les richesses d'ici-bas, à ne pas chercher une félicité terrestre, à mépriser toutes choses, à ne penser qu'au Seigneur, à suivre d'une manière infatigable la voie du Christ, non-seulement les païens disent de cet homme : il est fou ! mais, ce qui est plus déplorable encore, il s'entend dire de même par beaucoup de chrétiens, parce qu'il en est beaucoup qui dorment intérieurement et ne veulent pas être réveillés : pourquoi vous faire souffrir ainsi ? Mes frères, que signifie cette question adressée à un chrétien qui vit selon la vie du Christ : Pourquoi vous faire souffrir ainsi ? Je vous le demande encore, que signifie cette question ? Nous avons horreur des Juifs, parce qu'ils ont dit à Notre-Seigneur Jésus-Christ : « Vous êtes possédé du démon (*Jean.* viii, 48) ; » et quand nous entendons réciter l'Évangile, nous nous frappons la poitrine. Les Juifs ont dit au Christ une parole abominable : « Vous êtes possédé du démon ; » et vous, chrétiens, quand vous voyez que le démon a été chassé du cœur d'un homme, et que le Christ y habite, et que vous dites à cet homme : Pourquoi vous faire souffrir ainsi ? ne lui déclarez-vous pas qu'il vous semble possédé du démon ? On a dit du Seigneur

Cadent, cum videbunt ad dexteram sanctos, quibus laborantibus insultatur, et dicent intra se pœnitentiam agentes, sed pœnitentiam seram et infructuosam. Qui noluerunt modo agere fructuosam, agent tunc infructuosam. Quid ergo dicent jam in pœnitentia infructuosa ? « Hi sunt quos aliquando in risum habuimus, et in similitudinem improperii (*Sap.* v, 3). » Verba dico libri de Sapientia : cognoscunt qui ea solent audire. Verba enim sunt malorum futura, quando videbunt judicem, et jam omnes fideles ad dexteram ejus, et omnes sanctos ejus cum illo judicantes (*Matth.* xxv, 33) : hoc habent dicere, verba ipsorum dicit Scriptura, « Hi sunt quos aliquando habuimus in risum, et in similitudinem improperii, nos insensati, vitam illorum æstimabamus insaniam (*Sap.* v, 3). » Cum enim cœperit Deo quisque vivere, mundum contemnere, injurias suas nolle ulcisci, nolle hic divitias, non hic quærere felicitatem terrenam, contemnere omnia, Dominum solum cogitare, viam Christi non deserere, non solum a paganis dicitur, Insanit ; sed quod magis dolendum est, quia et intus multi dormiunt, et evigilare nolunt, a suis, a Christianis audiunt, Quid pateris ? Fratres mei, homini viventi secundum viam Christi, qui dicit, Quid pateris ? putamus quid dicit ? Horremus Judæos, quia dixerunt Domino Jesu Christo, Dæmonium habes : et quando audimus Evangelium recitari, tundimus pectora nostra. Sceleratam rem dixerunt Judæi Christo, « Dæmonium habes (*Johan.* iii, 48) : » age tu Christiane, quando videris de corde hominis expulsum diabolum, et inhabitare Christum, et dicis, Quid pateris ? dæmonium tibi videtur habere ? Dictum est et de ipso Domino, quod insaniret, quando loquebatur verba, quæ illi non caperent ; dictum est, « Insanit, dæmonium habet (*Johan.* x, 20) : » et tamen aliqui evigilabant a somno, et dicebant, « Non sunt ista verba dæmonium habentis (*Ibid.* 24). » Sic et modo, Fratres, quamdiu ista verba audiunt et gentes, et qui inhabitant orbem, et terrigenæ, et filii hominum, et dives et pauper, id est, et qui pertinent ad Adam, et qui pertinent ad Christum, alii dicunt, Dæmonium habet ; alii di-

lui-même qu'il était fou, lorsqu'il tenait des discours que les Juifs ne comprenaient pas ; on a dit : « Il est fou, il est possédé du démon (*Jean*. x, 20) ; » et cependant quelques-uns se réveillaient de leur sommeil et disaient : « Ce ne sont pas là les discours d'un homme possédé du démon (*Ibid*. 21). » Il en est encore ainsi maintenant, mes frères, lorsque les nations et ceux qui habitent l'univers, les fils de la terre et les fils des hommes, le riche et le pauvre, c'est-à-dire ceux qui appartiennent à Adam et ceux qui appartiennent au Christ, entendent parler de la conduite du juste. Les uns disent : « Il est possédé du démon ; » les autres répondent : « Ce ne sont pas là les discours d'un homme possédé du démon. » En effet, les uns suivent la voie du siècle, et ils écoutent la parole divine pour un temps ; les autres ne l'écoutent pas inutilement, mais font ce qui est dit : « Prêtez l'oreille, vous qui habitez l'univers. » Et tandis qu'ils agissent ainsi, le fruit de leur conduite est encore invisible. Mais ceux qui font le mal et qui choisissent la voie du siècle ont la mort pour pasteur, tandis qu'au contraire ceux qui choisissent la voie de Dieu ont la vie pour pasteur. La vie elle-même viendra pour juger, et elle condamnera, avec leur pasteur, ceux auxquels il sera dit : « Allez dans le feu éternel, qui a été préparé pour le démon et pour ses anges (*Matth*. xxv, 41). » Quant à ceux, au contraire, qui auront été insultés et raillés parce qu'ils croyaient, ils entendront de la vie elle-même qui est leur pasteur, ces paroles : « Venez, les bénis de mon Père, recevez le royaume qui a été préparé pour vous depuis le commencement du monde (*Ibid*. 34). » « Les justes domineront donc les méchants, » non pas maintenant, mais « quand le matin sera venu. » Que nul ne dise donc : Alors, pourquoi suis-je chrétien ? Je ne commande à personne, je veux commander aux méchants. Ne vous hâtez pas ; vous les dominerez, mais quand le matin sera venu : « Et la force qui était leur secours périra de caducité dans l'enfer, après la gloire dont ils auront joui. » Maintenant ils possèdent la gloire ; mais ils vieilliront dans l'enfer. Et quelle était cette force, qui faisait leur secours ? Secours de leur argent, secours de leurs amis, secours de leur puissance. « Mais lorsque l'homme mourra, le jour même, périront toutes ses pensées (*Ps*. cxlv, 4). » Autant sa gloire aura paru grande parmi les hommes, autant, après sa mort, trouvera-t-il dans les supplices de l'enfer de caducité et de ruine.

5. « Mais Dieu rachètera mon âme (*Ps*. xlviii, 16). » Écoutez la voix de celui qui espère pour l'avenir : « Mais Dieu rachètera mon âme. » Peut-être est-ce la voix d'un homme qui désire encore être délivré de l'oppression. Un homme, captif

---

cunt, Non sunt ista verba dæmonium habentis. Alii enim tenent viam sæculi, et ista ad tempus audiunt : alii non frustra audiunt, sed faciunt quod dictum est, « Auribus percipite qui habitatis orbem (*Psal*. xlviii, 2). » Et cum agunt ista (*a*), incertus est fructus. Sed qui male agunt, et viam sæculi eligunt, « mors pastor est eis : » qui autem eligunt (*b*) viam Dei, vita pastor est eis. Veniet ipsa vita judicatura, et damnatura cum pastore suo eos quibus dicetur, « Ite in ignem æternum, qui præparatus est diabolo et angelis ejus (*Matth*. xxv, 41). » Illi autem quibus insultatum est, et qui irrisi sunt quia credebant, audient ab ipsa vita, quam habent pastorem, « Venite benedicti Patris mei, percipite regnum quod vobis paratum est ab origine mundi (*Ibid*. 34). » « Dominabuntur ergo eis recti', non modo, sed mane. Nemo dicat, Quare sum Christianus (*c*) ? impero nemini, imperem iniquis. Noli festinare : dominaberis, sed mane. « Et auxilium eorum veterascet in inferno a gloria eorum. » Modo habent gloriam, in inferno veterascent. Quod est « auxilium eorum ? » Auxilium de pecunia, auxilium de amicis ; auxilium de virtute sua. « Sed cum mortuus fuerit homo, in illa die perient omnes cogitationes ejus (*Psal*. cxlv, 4). » Quantum visus est gloriam habere inter homines, cum viveret, tantam vetustatem et corruptionem suppliciorum habebit, cum mortuus fuerit apud inferos.

5. « Verumtamen Deus redimet animam meam. » Videte vocem sperantis de futuro. « Verumtamen Deus redimet animam meam. » Forte vox est adhuc volentis liberari de pressura. Nescio quis in carcere est, dicit, Deus redimet animam meam : nescio quis in catena, Deus redimet animam meam : nescio quis periculum patitur in mari, jactatur fluctibus et sævientibus tempestatibus, quid dicit ? Deus redimet animam meam. Liberari volunt ab istam vitam. Non est ista vox hujus. Audi quid sequitur : « Deus

---

(*a*) Quinque MSS. *certus*. (*b*) Sic Er. et plerique MSS. At Lov. *nomen Dei*. (*c*) Omnes prope MSS. omittunt, *impero nemini*, et quinque ex iis loco *imperem iniquis*, habent *improperium iniquis*. Confer Sermonem lxxii. ad Frat. in eremo, qui totus hinc descriptus est.

dans une prison, s'écrie : Dieu rachètera mon âme. Un homme, au milieu des chaînes, s'écrie : Dieu rachètera mon âme. Et que dit encore un homme exposé aux périls de la mer, ballotté par les flots et par une tempête furieuse ? Dieu rachètera mon âme. La délivrance qu'ils demandent tous ne concerne que cette vie. Telle n'est pas la voix du Prophète. Écoutez ce qu'il ajoute : « Dieu rachètera mon âme de la puissance de l'enfer, lorsqu'il m'aura reçu. » Il parle de cette rédemption que le Christ nous a déjà fait voir en sa personne. Car il est descendu aux enfers et il est monté aux cieux. Ce que nous avons vu dans la tête, nous le trouvons dans le corps. Ce que nous croyons de notre tête, ceux qui nous l'ont annoncé l'ont vu, et nous l'avons vu par leurs yeux, parce que nous sommes un même corps (1 *Cor.* XII, 12, et *Rom.* XII, 5). Mais ceux qui l'ont vu sont-ils dans de meilleures conditions, et nous à qui ils l'ont annoncé sommes-nous dans des conditions moins heureuses ? Ce n'est point là ce qu'a dit notre vie, notre pasteur. En effet, il adressa des reproches à l'un de ses disciples qui doutait et désirait toucher les cicatrices de ses plaies. Et quand ce disciple les eût touchées et se fût écrié : « Vous êtes mon Seigneur et mon Dieu, » Jésus, considérant l'incrédulité de son disciple et la foi à venir du monde entier, lui dit : « Parce que vous avez vu, vous avez cru ; heureux ceux qui ne voient point et qui croient (*Jean*, XX, 28). » « Dieu rachètera mon âme de la puissance de l'enfer, lorsqu'il m'aura reçu. » Mais ici-bas, quel est donc notre partage ? Le travail, l'oppression, l'affliction, la tentation : n'espérez rien autre chose. Où donc est la joie ? Dans l'espérance de la vie future. Car l'Apôtre le dit : « Soyons toujours dans la joie, nous qui sommes tristes, au milieu de si grandes afflictions, soyons toujours dans la joie. » Pourquoi cette joie continuelle ? Parce que l'Apôtre a dit : « Comme tristes, mais toujours joyeux (II *Cor.* VI, 10). » Notre tristesse est comme de la tristesse ; notre joie n'est pas comme de la joie, parce qu'elle repose sur une espérance certaine. Pourquoi notre tristesse est-elle comme de la tristesse ? Parce qu'elle passera comme un songe, et que les justes domineront les méchants quand le matin sera venu. En effet, Votre Charité sait que toute personne qui raconte un songe ajoute toujours : comme, pour ainsi dire. J'étais comme assis ; je parlais, pour ainsi dire ; j'étais comme si je mangeais, comme si j'étais à cheval, comme si je discutais. Tout n'est que pour ainsi dire ; car, au réveil, l'homme ne trouve plus ce qu'il voyait. J'avais comme trouvé un trésor, dit un mendiant ; si ce « comme » n'était là, il ne serait plus un mendiant, mais avec ce « comme » il n'est qu'un mendiant. C'est pourquoi ceux qui maintenant ouvrent les yeux aux joies du

---

redimet animam meam de manu inferni, cum acceperit me. » Hanc redemtionem dicit, quam Christus jam in se ostendit. Descendit enim ad inferos, et adscendit in cœlum. Quod vidimus in capite, invenimus in corpore. Quod enim credimus in capite, qui viderunt, ipsi nobis annuntiaverunt ; et per ipsos vidimus, quia unum corpus omnes sumus (I *Cor.* XII, 12, etc., *Rom.* XII, 5). Sed meliores illi qui viderunt, nos deteriores quibus annuntiatum est ? Non hoc dicit ipsa vita, ipse pastor noster. Insultat enim cuidam discipulo suo dubitanti, et cicatrices palpare cupienti : et cum palpasset cicatrices, et exclamasset, dicens, « Dominus meus et Deus meus (*Johan.* XX, 28) ; » videns dubitantem discipulum, et intuens totum orbem terrarum crediturum, Quia vidisti, inquit, credidisti : beati qui non vident, et credunt. « Verumtamen Deus redimet animam meam de manu inferni, cum acceperit me. » Hic ergo quid ? Labor, pressura, tribulatio, tentatio : nihil aliud speres. Ubi gaudium ? In spe futura. Nam dicit Apostolus, Semper gaudentes. In tantis tribulationibus, semper gaudentes, semper tristes : semper gaudentes, quia ipse dixit, « Quasi tristes, semper autem gaudentes (II *Cor.* VI, 10). » Tristitia nostra habet « quasi ; » gaudium nostrum non habet « quasi ; » quia in spe certa est. Quare tristitia nostra « quasi » habet ? Quia sicut somnus transiet, et dominabuntur recti mane. Novit enim Caritas Vestra, quia qui somnium indicat, addit « quasi : » Quasi sedebam, quasi loquebar, quasi prandebam, quasi equitabam, quasi disputabam. Totum quasi ; quia cum evigilaverit, non invenit quod videbat. Quasi thesaurum inveneram, dicit mendicus. Si « quasi » non esset, mendicus non esset : sed quia « quasi » erat, mendicus est. Itaque modo qui ad lætitias sæculares oculos aperiunt, et cor claudunt, transit « quasi » eorum, et venit verum ipsorum. « Quasi » ipsorum felicitas est sæculi, verum ipsorum pœna est. Nostrum autem « quasi, » tristitia est ; gaudium non est « quasi. » Non enim ait Apostolus,

monde et ferment leur cœur à celles du ciel, verront passer ce « comme » de toute leur vie, et arriver la réalité qui les attend. Leur « comme » est la félicité de ce monde ; leur réalité c'est le châtiment. Au contraire, notre « comme » est notre tristesse, et notre joie ne connaît pas ce mot. En effet l'Apôtre ne dit pas : comme joyeux, mais toujours tristes, ou : comme tristes et comme joyeux ; mais il dit : comme tristes et toujours joyeux ; comme pauvres (et l'Apôtre emploie ici un mot différent du premier, mais qui également signifie : comme), mais enrichissant beaucoup d'autres hommes (*Ibid.*). Et quand l'Apôtre parlait ainsi, il n'avait rien ; il avait abandonné tout son bien ; il ne possédait aucune richesse. Et que dit-il ensuite ? « Comme n'ayant rien (et ne rien avoir était le « comme » de l'Apôtre) : et possédant toutes choses (*Ibid.*) » Ici l'Apôtre ne dit plus « comme. » Il était comme pauvre ; mais, au contraire, il n'était pas comme enrichissant beaucoup d'autres ; il les enrichissait réellement. Il était comme s'il n'avait rien, mais il n'était pas comme possédant toutes choses ; il les possédait réellement. Et comment possédait-il réellement toutes choses ? Parce qu'il était attaché au Créateur de toutes choses. Mais, dit le Prophète, « Dieu rachètera mon âme de la puissance de l'enfer, lorsqu'il m'aura reçu. »

6. Quel sera donc le sort de ceux qui veulent prospérer ici-bas ? A la vue d'un méchant dans la prospérité, peut-être vos pieds chancelleront-ils, et vous direz dans votre âme : mon Dieu, je connais les actions de cet homme ; je sais de quels crimes il s'est rendu coupable, et cependant voilà qu'il est florissant, qu'il effraye et domine les autres ; il s'élève au-dessus de tous, il n'a pas même un mal de tête, et n'éprouve aucune perte dans ses biens ; et vous craindrez d'avoir eu tort de croire, et peut-être votre cœur dira-t-il : Malheureux que je suis ! j'ai peut-être cru inutilement ; Dieu ne s'occupe pas des choses humaines. Dieu nous réveille donc et nous dit : « Ne craignez pas, en voyant un homme devenu riche (*Ps.* XLVIII, 17). » Pourquoi, en effet, craigniez-vous, en voyant un homme devenu riche ? Vous craigniez d'avoir cru sans fondement, et d'avoir perdu tout le travail de votre foi et l'espoir qui vous avait converti. Car peut-être avez-vous eu l'occasion de réaliser quelque gain à l'aide de quelque supercherie, et vous auriez pu, si vous aviez réalisé ce gain mal acquis, être riche et cesser de travailler ; mais vous souvenant des menaces de Dieu, vous vous êtes éloigné de toute fraude, et vous avez méprisé un gain déshonnête ; or vous voyez que la fraude a profité à un autre, et qu'il ne lui en est arrivé aucun mal, et vous craignez d'être la dupe de votre probité. « Ne craignez pas, vous dit l'esprit de Dieu, lorsque vous voyez un homme devenir riche. » Ne voulez-vous donc avoir des yeux que pour les choses présentes ? Celui qui est ressuscité vous a fait des promesses qui ne touchent qu'aux choses futures, il ne vous a

---

Quasi gaudentes, semper autem tristes ; aut, Quasi tristes, et quasi gaudentes : sed ait, « Quasi tristes, semper autem gaudentes (*Ibid.*). » « Sicut egeni : » et ibi « sicut, » pro « quasi, » posuit. « Multos autem ditantes. » Et cum hoc diceret, nihil habebat Apostolus : omnia sua dimiserat, divitias nullas possidebat. Et quid secutus ait ? « Quasi nihil habentes (*Ibid.*) : » et ipsum nihil habere « quasi » Apostoli erat. « Et omnia possidentes : » ibi non dixit « quasi. » Quasi egebat ; non autem quasi, sed vere multos ditabat. Quasi nihil habebat : non autem quasi, sed vere omnia possidebat ? Unde vere omnia possidebat ? Quia omnium Conditori adhærebat. « Verumtamen, inquit, Deus redimet animam meam de manu inferni, cum acceperit me. »

6. Quid igitur qui hic volunt florere ? Tu visurus es hominem florentem malum, et forte titubabunt pedes tui, et dicturus es in anima tua, Deus, ego novi facta hujus hominis, quæ scelera fecit iste homo, et ecce floret, terret, dominatur, extollitur, caput illi non dolet, nihil in domo ejus deminutum est : et timebis, quia credidisti, et forte dicit cor tuum, Me miserum, puto sine caussa credidi, Deus non respicit res humanas. Excitat ergo nos Deus : et quid dicit ? « Ne timueris, cum dives factus fuerit homo (*Ps.* XLVIII, 17). » Quare enim timebas, quia dives factus est homo ? Timebas ne sine caussa crederes, ne forte perdidisses laborem fidei tuæ, et spem conversionis tuæ : quia forte incurrit tibi lucrum cum fraude, et potuisti, si faceres ipsum lucrum cum fraude, dives esse, et non laborare ; et adtendens quid minatus est Deus, temperasti a fraude, et contemsisti lucrum : vides alium fecisse lucrum de fraude, et nihil mali pati ; et times esse bonus. « Ne

promis ni la paix de cette terre, ni le repos en cette vie. Tout homme cherche le repos : c'est chercher une chose bonne en elle-même, mais il ne la cherche pas dans l'endroit où elle se trouve. La paix n'est pas de cette vie : ce que nous cherchons sur terre nous a été promis dans le ciel ; ce que nous cherchons dans le siècle présent nous a été promis pour le siècle à venir.

7. « Ne craignez pas, lorsque vous voyez un homme devenir riche, et lorsque l'éclat de sa maison s'accroît (*Ibid.* 18). » Pourquoi vous dire : « Ne craignez pas ? » « Parce que, quand il mourra, il n'emportera pas toutes ces choses. » Vous le voyez pendant qu'il vit, pensez à ce qu'il sera quand il mourra. Vous remarquez ce qu'il a maintenant ; remarquez aussi ce qu'il emportera avec lui. Qu'emporte-t-il avec lui ? Il a beaucoup d'or, il a beaucoup d'argent, beaucoup de terres et de métairies ; il meurt, et il laisse tous ces biens sans savoir à qui. Car, s'il les laisse à qui il veut, il ne les conserve pas à qui il veut. Beaucoup de gens, en effet, ont acquis des biens qui ne leur avaient pas été laissés, et beaucoup d'autres ont perdu ceux qui leur avaient été laissés. Toutes ces choses restent donc, et qu'emporte-t-il avec lui ? Peut-être quelqu'un dira-t-il : il emporte avec lui l'étoffe dans laquelle il est enveloppé, et tout ce qui sert à lui élever un riche tombeau de marbre, destiné à perpétuer sa mémoire ; voilà ce qu'il emporte avec lui. Et moi je réponds : Cela même, il ne l'emporte pas. Car toutes ces choses sont données à un être insensible. Si vous parez, non un homme éveillé, mais un homme endormi, c'est une parure mise avec lui dans son lit ; le corps du dormeur est peut-être chargé d'ornements, tandis qu'il se voit en songe couvert de haillons. Ce qu'il sent est plus pour lui que ce qu'il ne sent pas. Bien que les fantômes de son rêve disparaîtront à son réveil, ce qu'il voyait en songe pendant le sommeil était plus pour lui que ce qu'il ne sentait pas. Par conséquent, mes frères, que les hommes se disent, s'ils le veulent : A ma mort, je veux qu'on fasse telle dépense ; qu'ai-je besoin de laisser mes héritiers si riches ? Ils auront assez large part de mon bien, je veux aussi en emporter quelque chose sur mon corps ; qu'aura ce corps mort ? Qu'aura cette chair qui tombera en pourriture ? Qu'aura cette chair insensible ? Si ce riche, dont la langue était desséchée de soif, a gardé quelque chose de son bien dans les enfers, celui-ci en gardera également quelque partie. Mes frères, avons-nous lu dans l'Évangile que ce riche apparaissait dans le feu, vêtu de ses habits de soie et de lin ? Est-ce qu'il était tel dans les enfers qu'autrefois à table au milieu des festins ? Au moment où il avait soif, et où il soupirait après une goutte d'eau, toutes ces richesses anciennes

---

timueris, » ait tibi Spiritus Dei, « cum dives factus fuerit homo. » Oculos non vis habere, nisi in præsentia ? Futura promisit qui resurrexit, pacem in hac terra et requiem in hac vita non promisit. Omnis homo requiem quærit ; bonam rem quærit, sed non in regione sua illam quærit. Non est pax in hac vita, in cœlo nobis promissum est quod in terra quærimus : in futuro sæculo promissum est, quod in isto sæculo quærimus.

7. « Ne timueris cum dives factus fuerit homo, et cum multiplicata fuerit gloria domus ejus. » Quare, ne timueris ? « Quoniam non cum morietur, accipiet omnia (*Ibid.* 18). » Vides viventem, cogita morientem. Quid hic habeat adtendis, quid secum tollat adtende. Quid secum tollit ? Multum auri habet, multum argenti habet, multum prædiorum, mancipiorum : moritur, remanent illa, nescit quibus. Etsi enim dimittit quibus vult, non servat quibus vult. Multi enim et non sibi dimissa adquisierunt, et multi sibi dimissa perdiderunt. Remanent ergo illa omnia, et tollit secum, quid ? Forte dicit aliquis, Illud secum tollit unde involvitur, et quod illi erogatur ad pretiosum et marmoratum sepulcrum, ad instruendam Memoriam, hoc secum tollit. Ego dico, nec hoc. Exhibentur enim ista non sentienti. Si dormientem et non vigilantem ornas, in lecto secum illa habet : forte ornamenta insunt in corpore jacentis, et forte ille in somnis in pannis se videt. Quod sentit ei plus est, quam quod non sentit. Quamquam et illud cum evigilaverit non erit : tamen dormienti magis illud erat quod in somnis videbat, quam illud quod non sentiebat. Quid ergo, Fratres, (dicant sibi homines, Erogetur ad mortem meam ; quare dimitto heredes meos divites ? Multa habebunt de meo, habeam et ego aliquid de meo in corpore meo), quid habebit corpus mortuum ? quid habebit caro putrescens ? quid habebit caro non sentiens ? Si aliquid habuit dives ille, cujus lingua sicca erat, tunc habet homo aliquid de suo. Fratres, numquid sic legimus in Evangelio, quia dives ille cum holosericis

n'étaient plus là. L'homme, à la mort, n'emporte donc pas avec lui tous ses biens, il n'emporte pas même ce qui est donné à sa sépulture. Car, où il y a sensibilité, là est l'homme ; où il n'y a nulle sensibilité, il n'y a point d'homme. A terre est étendu le vase qui contenait l'homme, la maison qui renfermait l'homme. Nous pouvons appeler le corps la maison de l'homme, et l'esprit l'habitant de la maison. L'esprit est torturé dans les enfers ; de quoi lui sert-il que le corps, enveloppé de linceuls précieux, repose dans les parfums et dans les aromates? C'est comme si le maître de la maison étant envoyé en exil, vous orniez les murailles de cette maison. Le maître manque de tout dans l'exil, il y meurt de faim, à peine trouve-t-il un trou pour dormir, et vous dites : Il est bien heureux ; sa maison est parfaitement ornée. Qui ne croira ou que vous plaisantez, ou que vous êtes fou? Vous parez le corps, et l'esprit est torturé. Donnez quelque chose à l'esprit, et vous aurez donné quelque chose à ce mort. Mais que lui donnerez-vous? Il a désiré une seule goutte d'eau et il ne l'a pas obtenue. C'est qu'il a dédaigné d'envoyer quelque chose avant lui. Pourquoi l'a-t-il dédaigné? « Parce que la voie du méchant est pour lui-même une cause de chute (Ibid. 14). » Il n'a connu d'autre vie que la vie présente ; il n'a pensé qu'à se pourvoir de riches étoffes pour s'en faire envelopper dans son cercueil. Son âme lui a été enlevée comme le Seigneur l'avait dit : « Insensé ! cette nuit même votre âme vous sera enlevée, et à qui appartiendra tout ce que vous avez amassé (Luc. XII, 20)? » Et ces paroles du psaume ont été accomplies en lui : « Ne craignez pas, lorsque vous voyez un homme devenir riche et lorsque l'éclat de sa maison s'accroît ; parce que, quand il mourra, il n'emportera pas toutes ces choses, et sa gloire ne l'accompagnera pas dans le tombeau. »

8. « Car son âme recevra sa bénédiction pendant sa vie (Ps. XLVIII, 19). » Que Votre Charité remarque cette parole : « Car son âme recevra son bien pendant sa vie. » Tant qu'il a vécu, il s'est fait du bien. Tous les hommes parlent ainsi, mais ce n'est pas vrai. Ce bien était dans la pensée de celui qui croyait se bien traiter ; mais il n'était pas vrai. Que dites-vous, en effet, de ce riche? Qu'il a mangé et bu, qu'il a fait tout ce qu'il a voulu, qu'il s'est complu dans des festins splendides ; que, par conséquent, il s'est fait du bien? Et moi je dis : Il s'est fait du mal. Et ce n'est pas moi qui le dis, mais le Christ. Il s'est fait du mal. En effet, ce riche qui tous les jours se réjouissait dans de splendides festins, croyait se faire du bien ; mais lorsqu'il a commencé à brûler dans les enfers, alors il a trouvé que ce qu'il prenait pour du bien était au contraire du mal. Car, ce qu'il avait mangé sur terre, il avait à le digérer dans les enfers. Je parle, mes frères,

---

et byssinis tegumentis apparebat in igne (*Lucæ* XVI, 24)? Numquid qualis erat in epulis ad mensam, talis erat et apud inferos ? Cum sitiret, et stillam desideraret, non ibi erant illa omnia. Non ergo secum accipit homo omnia, nec quod tollit sepultura, tollit secum mortuus. Ubi enim sensus, ibi homo : ubi nullus sensus, non est homo. Jacet vas quod continebat hominem, domus quæ habebat hominem. Corpus dicamus domum, spiritum dicamus habitatorem domus. Spiritus torquetur apud inferos : quid illi prodest, quia corpus jacet in cinnamis et aromatibus, involutum pretiosis linteis? Tamquam si dominus domus mittatur in exsilium, et tu ornes parietes ipsius. Ille in exsilio eget, et fame deficit, vix sibi unam cellam invenit ubi somnum capiat, et tu dicis, Felix est, nam ornata est domus illius. Quis te non aut jocari, aut insanire arbitretur? Ornas corpus, torquetur spiritus. Da aliquid spiritui, et dedisti aliquid mortuo. Sed quid illi dabis, quando unam guttam desideravit, et non accepit ? Hic enim contemsit mittere ante se aliquid. Quare contemsit? « Quia hæc via eorum scandalum est illis (*Psal*. XLVIII, 14). » Non putavit vitam nisi præsentem, non cogitavit nisi quemadmodum pretiosis vestibus obvolutus sepeliretur. Ablata est ab illo anima ista, sicut Dominus dicit : « Stulte, hac nocte auferetur anima tua, et quæ præparasti, cujus erunt (*Lucæ* XII, 20)? » Et impletum est in illo quod iste Psalmus dicit : « Ne timueris, cum dives factus fuerit homo, et cum multiplicata fuerit gloria domus ejus : quoniam non cum morietur accipiet omnia, neque simul descendet cum eo gloria ejus. »

8. « Quoniam anima ejus in vita ipsius benedicetur (*Ps*. XLVIII, 19). » Intendat Caritas Vestra: « Quoniam anima ejus in vita ipsius benedicetur. » Quamdiu vixit, bene sibi fecit. Hoc dicunt omnes, sed falso dicunt. Benedictio est ab animo benedicentis, non ab ipsa veritate. Quid enim dicis tu? Quia manducavit et bibit, quia fecit quod voluit, quoniam splendide epulatus est, ideo secum fecit bene ? Ego dico,

de l'iniquité qu'il mangeait. De la bouche de son corps, il mangeait des mets de grand prix ; de la bouche de son cœur, il mangeait l'iniquité. Ce qu'il avait donc mangé sur terre de la bouche de son cœur, il le digérait maintenant dans les supplices de l'enfer. Et ce qu'il avait mangé d'une façon toute passagère, il avait à le digérer avec d'atroces douleurs pour l'éternité. Est-ce donc que l'iniquité se mange ? Peut-être quelqu'un murmure-t-il tout bas : Qu'est-ce donc qu'il dit là ? Est-ce qu'on mange l'iniquité ? Ce n'est pas moi qui le dis, écoutez l'Écriture : « De même que le verjus agace les dents, et que la fumée pique les yeux, de même l'iniquité nuit à ceux qui la commettent (*Prov.* x, 26). » En effet, celui qui aura mangé l'iniquité, c'est-à-dire qui aura aimé à la commettre, ne pourra manger la justice. Car la justice est un pain. Quel est ce pain ? « Je suis, a dit le Seigneur, le pain vivant descendu du ciel (*Jean* vi, 41). » Le Seigneur est le pain de notre cœur. Or, de même que celui qui, de la bouche du corps, mange du verjus, a les dents irritées et dégoûtées de toute nourriture, qu'il mange difficilement du pain, et ne peut plus que louer la beauté des mets qu'il voit, sans être capable de les manger ; de même celui qui a usé de l'iniquité et s'est repu de ses péchés dans son cœur, commence à ne plus pouvoir manger de pain ; il loue la parole de Dieu, mais il ne la pratique pas. Pourquoi ne la pratique-t-il pas ? Parce que, dès qu'il commence à le faire, il souffre ; de même qu'après avoir mangé du verjus, nous sentons que nos dents sont agacées par cet acide, lorsque nous commençons ensuite à manger du pain. Mais que font ceux dont les dents sont ainsi ébranlées ? Ils s'abstiennent de verjus pendant quelque temps, et leurs dents redeviennent fermes et capables de manger du pain. C'est ainsi que nous louons la justice ; mais si nous voulons manger le pain de la justice, abstenons-nous de nos iniquités, et nous sentirons en notre cœur non-seulement le bonheur de louer la justice, mais encore le pouvoir d'en faire notre nourriture. Car si le chrétien se dit : Dieu sait que la justice me plaît, mais je ne puis la pratiquer : il a les dents ébranlées ; il a long-temps mangé l'iniquité. La justice se mange donc aussi ? Si on ne la mangeait pas, le Seigneur n'aurait pas dit : « Heureux ceux qui ont faim et soif de la justice (*Matth.* v, 6). » Donc, « l'âme des riches recevra sa bénédiction pendant sa vie » : il sera béni pendant sa vie, il sera torturé après sa mort.

9. « Il vous louera, lorsque vous lui ferez du bien (*Ps.* XLVIII, 19). » Faites attention ; nourrissez-vous de cette pensée, qu'elle s'attache à

Fecit secum male. Non ego dico, sed Christus, Fecit secum male. Etenim dives ille quando quotidie epulabatur splendide, bene secum facere putabatur (*Lucæ* xvi, 19) : cum autem cœpit ardere apud inferos, tunc inventum est male, quod putabatur bene. Quod enim manducaverat apud superos, hoc digerebat apud inferos. Iniquitatem dico, Fratres, quam epulabatur. Manducabat pretiosas epulas ore carnis, ore cordis manducabat iniquitatem. Quod apud superos ore cordis manducabat, hoc apud inferos in illis suppliciis digerebat. Et quidem temporaliter manducaverat, in æternum male digerebat. Manducatur ergo iniquitas ? forte aliquis dicit : Quid est quod loquitur ? Manducatur iniquitas ? Non ego dico, audi Scripturam : « Sicut uva acerba dentibus vexatio est, et fumus oculis, sic iniquitas utentibus ea (*Prov.* x, 26). » Qui manducaverit enim iniquitatem, id est, qui libenter habuerit iniquitatem, non poterit manducare justitiam. Panis enim justitia est. Quis est panis ? « Ego sum panis vivus, qui de cœlo descendi (*Johan.* vi, 41). » Ipse est panis cordis nostri. Quomodo qui manducat ore corporis uvas acerbas, obrigescunt et obstupescunt dentes ejus, et minus idoneus fit ad manducandum panem, et remanet illi laudare quod videt, et manducare non posse : sic et qui iniquitate usus est, et pastus peccatis in corde, incipit non posse manducare panem, laudat verbum Dei, et non facit. Unde non facit ? Quia cum cœperit facere, laborat ; quomodo sentimus laborare dentes post uvas acerbas, cum cœperimus panem manducare. Sed quid faciunt illi quibus obstupuerunt dentes ? Temperant se aliquantum ab uvis acerbis, et redeunt dentes ad stabilitatem suam, et incumbunt pani. Sic et nos laudamus justitiam : sed si volumus manducare justitiam, temperemus nos ab iniquitatibus ; et nascitur in corde non solum delectatio laudandi justitiam, sed etiam facilitas manducandi. Nam si dicit Christianus, Deus novit quia delectat me, sed non possum facere : quassatos dentes habet, diu manducavit iniquitatem. Ergo et justitia manducatur ? Si non manducaretur, non diceret Dominus, « Beati qui esuriunt et sitiunt justitiam (*Matth.* v, 6). » Ergo « quoniam anima illius in vita ipsius benedicetur : » in vita benedicetur, in morte torquebitur.

9. « Confitebitur tibi, cum bene feceris ei (*Ps.* XLVIII,

votre cœur, et qu'elle soit votre aliment. Voyez ces riches, et gardez-vous de leur ressembler; gardez-vous de semblables paroles. « Il vous louera, lorsque vous lui ferez du bien. » Combien de chrétiens, mes frères, rendent à Dieu des actions de grâces, lorsqu'il leur arrive quelque gain ! C'est là ce que veut dire : « Il vous louera lorsque vous lui ferez du bien. » Il vous louera et dira : Vous êtes vraiment mon Dieu. Il m'a délivré de la prison; je le louerai. Cet homme obtient quelque gain, il loue Dieu; il recueille un héritage, il donne gloire à Dieu; mais souffre-t-il quelque dommage, il blasphème. Quel fils êtes-vous donc, vous qui n'aimez plus votre père, quand il vous corrige ? Vous corrigerait-il, si vous ne lui déplaisiez ? Ou, si vous lui déplaisiez au point qu'il eût de la haine contre vous, essaierait-il de vous corriger ? Rendez donc grâces à celui qui vous corrige, afin de recevoir l'héritage du Dieu qui vous aura rendu meilleur. En effet, la correction vous instruit; et si Dieu vous corrige sévèrement, c'est que vous avez à recevoir de lui un bien immense. Comparez la correction qui vous est infligée avec ce que vous devez recevoir, vous trouverez que cette correction n'est rien. Voici ce que dit l'Apôtre saint Paul : « Les afflictions passagères que nous avons à souffrir présentement sont bien légères en comparaison du poids incroyable de gloire éternelle qu'elles produisent en nous. » Mais quand cela se fait-il ? « Quand nous considérons, non les choses visibles mais les invisibles, non les choses temporelles mais les éternelles. Car les choses visibles sont passagères, et les invisibles au contraire sont éternelles (II *Cor.* IV, 17 et 18). » Et ailleurs le même Apôtre dit : « Les souffrances de ce temps ne sont pas en proportion avec la gloire future qui sera révélée en nous (*Rom.* VIII, 18). » Qu'est-ce donc que ce que vous souffrez ? Mais vous souffrez sans cesse : j'en conviens. Depuis que vous êtes né, à tous les âges de votre vie jusques à la vieillesse, et jusques à votre mort, admettez que vous souffriez autant que Job a souffert; ce qu'il a souffert pendant quelques jours, supposons que vous le souffriez depuis votre enfance : ce que vous souffrez passe et prend fin, ce que vous devez recevoir ne finira jamais. Gardez-vous donc désormais de regarder comme égales la peine et la récompense; ou rendez égaux, si vous le pouvez, le temps et l'éternité.

10. « Il vous louera, lorsque vous lui ferez du bien. » Gardez-vous, mes frères, de faire de même; vous voyez que c'est pour vous en détourner que nous disons toutes ces choses, que nous chantons ce psaume, que nous vous l'expliquons à la sueur de notre front : gardez-

---

19). » Adtendite, et pascimini, hæreat in cordibus vestris, manducate, videte tales, et nolite esse tales : cavete talia verba. « Confitebitur tibi, cum bene feceris ei. » Quam multi sunt Christiani, Fratres, qui tunc Deo gratias agunt, quando illis accidit lucrum ? Hoc est, « Confitebitur tibi, cum bene feceris ei : » laudabit te, et dicet, Vere quia tu es Deus meus : liberavit me de carcere, confitebor illi. Venit illi lucrum, confitetur; venit hereditas, confitetur : patitur damnum, blasphemat. Qualis filius es, (*a*) qui quando te pater emendat, tunc tibi displicet ? Emendaret, nisi displiceres ? aut si sic displiceres ut odisset, vellet emendare ? Gratias age ergo emendatori, ut accipias hereditatem a Deo qui te emendat. Erudiris enim, cum emendaris. Sed multum emendat, quia magnum est quod habes accipere. Nam si appendas quod emendaris cum eo quod accepturus es, invenies quia nihil est quod emendaris. Apostolus Paulus hoc dicit : « Etenim quod ad præsens est temporale leve tribulationis nostræ, juxta incredibilem modum æternum gloriæ pondus operatur nobis (II *Cor.* IV, 17 et 18). » Sed quando ? « Non respicientibus, inquit, quæ videntur, sed quæ non videntur; non quæ temporalia, sed quæ æterna. Quæ enim videntur, temporalia sunt; quæ autem non videntur, æterna (*Ibid.*). » Et iterum : « Non sunt condignæ passiones hujus temporis, ad futuram gloriam quæ revelabitur in nobis (*Rom.* VIII, 18). » Quid est ergo quod pateris ? Sed semper pateris. Concedo. Ex quo natus es, per omnes ætates tuas usque ad senectam tuam, quo usque morieris, puta quia hoc pateris quod est passus Job; quod ille passus est aliquot diebus, aliquis patiatur ab ipsa infantia : quod pateris transit, finitur; quod accepturus es, finem non habebit. Nolo jam æques pœnam cum præmio : tempora æqua æternitati, si potes.

10. « Confitebitur tibi, cum bene feceris ei. » Nolite esse tales, Fratres : videte quia propterea dicimus hæc, propterea cantamus, propterea tractatur, propterea sudatur : nolite facere ista. Negotia vestra vos

---

(*a*) Editi, *quia*; At MSS. *qui quando*, etc.

vous de faire de même. Vos affaires temporelles servent à vous éprouver ; quelquefois, dans vos affaires, vous entendez dire une vérité qui vous désoblige et vous blasphémez ; vous blasphémez contre l'Église. Pourquoi ? Parce que vous dites, vous chrétiens : s'il en est ainsi, je me retire dans le parti de Donatus, ou, j'aime mieux être païen. Pourquoi tenez-vous ce langage ? Parce que vous avez mordu au pain et que vos dents vous font mal. Quand vous regardiez ce pain, vous le louiez ; vous avez commencé à le manger et les dents vous font mal ; c'est-à-dire que, quand vous entendiez la parole de Dieu, vous lui donniez des louanges, et maintenant qu'on vous dit : Pratiquez ce que vous avez loué, vous blasphémez. Gardez-vous de persévérer dans ce péché. Dites plutôt : Ce pain est bon, mais je ne puis le manger. Maintenant, au contraire, si vous le voyez, vous le louez, et lorsque vous commencez à le presser avec les dents, vous dites : ce pain est mauvais, et que dire de celui qui l'a fait ? De la sorte, vous louez Dieu, lorsqu'il vous fait du bien, et vous mentez, quand vous chantez ces paroles : « Je bénirai le Seigneur en tout temps ; sa louange sera sans cesse dans ma bouche (*Ps.* LXIII, 1). » Ce chant qui est sur vos lèvres, Dieu exige qu'il sorte de votre cœur ; vous avez chanté dans l'Église : « Je bénirai le Seigneur en tout temps, » comment entendez-vous : « En tout temps ? » Si en tout temps on obtient quelque gain, on le bénit en tout temps ; si parfois on éprouve quelque perte, on ne le bénit plus, on blasphème. Est-ce là le bénir en tout temps ? Est-ce là avoir constamment sa louange à la bouche ? Vous serez semblable à celui que tout à l'heure décrivait le Prophète : « Il vous louera lorsque vous lui ferez du bien. »

11. « Il prendra place dans la descendance de ses pères (*Ps.* XLVIII, 20) ; » c'est-à-dire qu'il imitera ses pères. Les méchants d'aujourd'hui ont des frères et des pères. Les méchants des siècles passés sont les pères des méchants d'aujourd'hui, et ceux qui sont méchants aujourd'hui sont les pères des méchants à venir. De même, les pères des justes sont les anciens justes : les anciens justes sont les pères des justes qui existent maintenant ; et ceux qui existent maintenant sont les pères de ceux qui seront justes dans l'avenir. L'Esprit-Saint a voulu nous montrer que l'équité divine n'est point en faute, quand on murmure contre elle ; et que les méchants de notre temps ont un père, de génération en génération, jusqu'à l'origine de leur race au commencement du monde. Car Adam eut deux fils, dans l'un desquels était l'iniquité et dans l'autre la justice. L'iniquité était dans Caïn, et la justice dans Abel.

---

probant: aliquando in negotio vestro auditis (*a*) verum, et blasphematis, Ecclesiam blasphematis. Quare? Quia Christiani estis. Si sic est, duco me in partem Donati : Paganus volo esse. Quare ? Quia momordisti panem, et dolent dentes. Quando videbas ipsum panem, laudabas ; cœpisti manducare, et dolent dentes : id est, quando audiebas sermonem Dei, collaudabas ; cum tibi dicitur, Fac hoc, blasphemas. Noli sic velle : hoc dic, Bonus est panis, sed ego non possum illum manducare. Nunc autem si oculis vides, laudas : cum cœperis dentes premere, dicis, Malus est panis iste, et qualis est ille qui illum fecit? Ita fit ut confitearis Deum, quando tibi bene facit Deus ; et mentiaris, quando cantas, « Benedicam Dominum in omni tempore, semper laus ejus in ore meo (*Psal.* XXXIII, 4). » Exigitur de corde tuo cantatio labiorum tuorum : cantasti in Ecclesia, « Benedicam Dominum in omni tempore : » quomodo in omni tempore? Si omni tempore lucrum, omni tempore benedicitur : si aliquando est damnum, non benedicitur, sed blasphematur. Certe (*b*) benedicis in omni tempore, certe laus ejus semper in ore tuo est? Eris talis qualem modo describit : « Confitebitur tibi, cum bene feceris ei. »

11. « Introibit usque in progenies patrum suorum (*Ps.* XLVIII, 20) ; » id est, imitabitur patres suos. Quia iniqui qui modo sunt, habent fratres, habent patres. Antiqui iniqui, patres sunt præsentium ; et modo qui iniqui sunt, patres sunt posterorum iniquorum : quomodo patres justorum antiqui justi, patres sunt justorum qui modo sunt ; et qui modo sunt, patres sunt eorum qui futuri erunt. Ostendere voluit Spiritus sanctus, quia non est mala æquitas, quando ad illam murmuratur : sed hi ab origine usque ad progeniem patrum patrem suum habent. Duos genuit Adam, et in uno iniquitas, in uno justitia : iniquitas in Caïn, justitia in Abel. Prævaluisse videtur iniquitas super justitiam, quia occidit Cain injustus

---

(*a*) Quinque MSS. *verbum*. (*b*) Sic MSS. At editi, *Certe quia non benedicis in omni tempore, certe quia non semper laus*, etc.

DEUXIÈME DISCOURS SUR LA SECONDE PARTIE DU PSAUME XLVIII.

L'iniquité paraît avoir prévalu contre la justice, car l'injuste Caïn tua le juste Abel (*Gen.* IV, 8), pendant qu'il était nuit. Mais le matin ? « Mais, le matin venu, les justes domineront les méchants (*Ps.*XLVIII, 16). » Le matin viendra, et l'on verra où est Caïn, où est Abel. Il en sera de même de tous ceux qui auront été comme Caïn, et de tous ceux qui auront été comme Abel, jusqu'à la fin des siècles. « Il prendra place dans la descendance de ses pères ; et, de toute l'éternité, il ne verra pas la lumière. » Même lorsqu'il vivait ici-bas, il était dans les ténèbres, mettant sa joie dans les faux biens; n'ayant aucun amour pour les vrais biens, et c'est pourquoi, au sortir de ce monde, il ira dans l'enfer ; et, des ténèbres de ses songes, il passera dans les ténèbres des supplices. « De toute l'éternité, il ne verra pas la lumière. » Mais pourquoi ce sort épouvantable ? Le Prophète redit ici à la fin du psaume ce qu'il avait dit déjà vers le milieu. « L'homme, étant en honneur, n'a pas compris ; il s'est rendu comparable aux animaux sans raison et il est devenu semblable à eux. » Vous, mes frères, considérez, au contraire, que vous avez été faits à l'image et à la ressemblance de Dieu (*Gen.* I, 26). L'image de Dieu est au dedans de vous : elle n'est pas dans votre corps ; elle n'est ni dans les oreilles visibles, ni dans les yeux, ni dans le palais, ni dans les mains, ni dans les pieds. Elle a été faite cependant ; et là où se trouve l'intelligence, où est l'esprit, où est la raison qui vous permet de rechercher la vérité, où est la foi, où est votre espérance, où est votre charité, là Dieu a son image ; c'est là que vous comprenez et voyez que tout le reste passe, comme l'a dit le Prophète dans un autre psaume : « Quoique l'homme n'aie, pour ainsi dire, que l'image de la vie, cependant il est troublé par des vanités ; il amasse et ne sait pour qui sera son trésor (*Ps.* XXXVIII, 7). » Ne vous troublez pas, mes frères, de ce que tous les biens, quels qu'ils soient, sont passagers, si vous êtes des hommes élevés en honneur et si vous le comprenez. Car, si vous ne comprenez pas l'honneur auquel vous êtes élevés, vous vous rendez comparables à des animaux sans raison et vous devenez semblables à eux.

Abel justum (*a*) in nocte (*Gen.* IV, 8). Numquid mane? « Sed dominabuntur eis recti mane (*Psal.* XLVIII, 16). » Veniet mane, et videbitur ubi sit Abel, et ubi Cain. Sic omnes qui secundum Cain, et sic omnes qui secundum Abel usque in finem sæculi. « Introibit usque in progenies patrum suorum : usque in æternum non videbit lumen. » Quia et hic cum esset, in tenebris erat, gaudens falsis bonis, et non amans bona vera ; et ideo hinc ad tartarum ibit : a tenebris somniorum excipiet eum tenebræ tormentorum. Ergo « usque in æternum non videbit lumen. » Sed quare hoc ? Quod posuit in medio Psalmo, hoc in fine : « Homo cum in honore esset, non intellexit, comparatus est jumentis insensatis, et similis factus est illis. (*Ibid.* 21). » Vos autem Fratres considerate vos homines factos ad imaginem similitudinem Dei (*Gen.* I, 26). Imago Dei intus est, non est in corpore ; non est in auribus istis quas videtis, et oculis, et naribus, et palato, et manibus, et pedibus : sed est facta (*b*) tamen, ubi est intellectus, ubi est mens, ubi ratio investigandæ veritatis, ubi est fides, ubi est spes vestra, ubi caritas vestra, ibi habet Deus imaginem suam : vel ibi intelligitis et videtis, quia ista transeunt, quia sic dixit in alio Psalmo, « Quamquam in imagine ambulet homo, tamen vane conturbatur : thesaurizat, et nescit cui congregabit ea (*Psal.* XXXVIII, 7). » Non turbemini, quia qualiacumque sunt ista, transitoria sunt, si homines estis in honore positi, et intelligitis. Nam si homines in honore positi non intelligitis, comparamini jumentis insensatis, et similes efficimini illis.

(*a*) Sic melioris notæ MSS. Editi vero, *innocentem*. (*b*) Omnes fere MSS. *sed est facta mens, ubi est* etc. paulo post, *invigilandæ veritatis*.

DISCOURS [1] SUR LE PSAUME XLIX.

1. Quelle est la puissance de la parole de Dieu sur notre âme, pour réformer notre vie et pour nous faire espérer ses récompenses ou craindre ses châtiments, que chacun l'apprécie en soi-même ; que chacun place sa conscience sans aucun déguisement sous ses propres yeux, et qu'il ne cherche pas à se flatter dans l'extrême péril où il se trouve. Car, vous le voyez, le Seigneur notre Dieu ne flatte personne ; et s'il nous console en nous promettant ses biens et en confirmant notre espérance, cependant il n'épargne en aucune sorte ceux qui vivent dans le péché et méprisent sa parole. Que chacun de nous s'interroge donc, pendant qu'il en est temps encore, et qu'il voie où il en est, afin de persévérer dans le bien ou de se retirer du mal. En effet, comme il est dit dans ce psaume, ce n'est pas un homme ou un ange, quel qu'il soit, mais c'est « le Dieu des dieux, le Seigneur qui a parlé (*Ps.*XLIX, 1). » Et qu'a-t-il fait en parlant ? « Il a appelé la terre du lever au coucher du soleil. » Celui qui a appelé la terre du lever au coucher du soleil, c'est notre Seigneur et Sauveur Jésus-Christ, le Verbe fait chair pour habiter parmi nous (*Jean*, I, 14). Notre-Seigneur Jésus-Christ est donc le Dieu des dieux, parce que toutes choses ont été faites par lui et que rien n'a été fait sans lui. Le Verbe de Dieu, s'il est Dieu, est nécessairement le Dieu des dieux : mais est-il Dieu ? L'Évangile va vous le dire. « Au commencement était le Verbe et le Verbe était en Dieu et le Verbe était Dieu (*Ibid.* 1). » Et si toutes choses ont été faites par lui, comme le dit ensuite l'Évangile, et s'il y a eu des dieux qui aient été faits, ils ont été faits par lui. En effet, Dieu seul n'a pas été fait, et lui seul est véritablement Dieu. Or, celui qui seul est Dieu, c'est le Père, et le Fils et le Saint-Esprit, Dieu unique.

IN PSALMUM XLIX.

ENARRATIO.

1. Quantum nobis valeat sermo Dei ad correctionem vitæ nostræ, et ad speranda præmia ejus pœnasque metuendas, unusquisque in se (*a*) metiatur ; et conscientiam suam ante oculos ejus sine dolo ponat, nec sibi blandiatur in tanto periculo ; quoniam et ipse Dominus Deus noster videtis quia nulli blanditur : et si consolatur nos promittendo bona sua, et confirmando spem nostram ; male viventibus tamen et contemnentibus verbum suum, omnino non parcit. Interroget se unusquisque. cum tempus est, et videat ubi sit, et aut perseveret in bono, aut mutetur a malo. Sicut enim dicit in hoc Psalmo, non quicumque homo, aut quicumque Angelus, sed, « Deus deorum Dominus locutus est (*Ps.* XLIX, 1). » Loquendo autem quid egit ? » Vocavit terram a solis ortu usque ad occasum. » Qui vocavit terram a solis ortu usque ad occasum, Dominus noster et Salvator est Jesus Christus, Verbum caro factum, ut inhabitaret in nobis (*Johan.* 1, 14). Dominus ergo noster Jesus Christus Deus deorum est ; quia per ipsum facta sunt omnia, et sine ipso factum est nihil. Verbum Dei, si Deus est, utique Deus deorum est : utrum autem sit Deus, Evangelium respondet, « In principio erat Verbum, et Verbum erat apud Deum, et Deus erat Verbum (*Ibid.* 1). » Et si « omnia per ipsum facta sunt, » sicut consequenter dicit ; et dii si qui facti sunt, per ipsum facti sunt. Unus enim Deus non factus, et vere Deus ipse solus. Ipse autem solus Deus, Pater et Filius et Spiritus-sanctus, unus Deus.

(1) Discours au peuple,.
(*a*) MSS. Vaticanus et Regius, *meditetur*.

2. Quels sont donc, ou bien en quel endroit sont donc les dieux dont le vrai Dieu est le Dieu? Un autre psaume nous le dit : « Dieu a siégé dans la synagogue des dieux ; étant au milieu d'eux, il juge ces dieux (*Ps.* LXXXI, 1). » Nous ignorons encore si, par hasard, quelques dieux ont été rassemblés dans le ciel, et si, dans leur assemblée, (c'est là ce que signifie leur synagogue), Dieu a siégé pour les juger. Mais voyez par la suite du psaume de qui le Prophète parlait : « J'ai dit : « Vous êtes des dieux, et vous êtes tous enfants du Très-Haut ; mais vous mourrez comme les hommes, et vous tomberez comme l'un des premiers d'entre les hommes (*Ibid.* 6). » Il est donc manifeste que Dieu a donné le titre de dieux à des hommes déifiés par sa grâce, et non pas nés de sa propre substance. Car celui-là seul peut justifier, qui est juste par lui-même et non par le bienfait d'un autre ; de même celui-là seul peut déifier, qui est Dieu par lui-même et non par la participation à la divinité d'un autre. Or, celui qui peut justifier est le même qui déifie, parce qu'il fait enfants de Dieu ceux qu'il justifie. « Car, dit l'Évangéliste, il leur a donné le pouvoir d'être faits enfants de Dieu (*Ibid.* 12). » Si nous sommes devenus enfants de Dieu, nous sommes par là même devenus des dieux, mais par une grâce d'adoption, et non par la nature de notre génération. Unique, en effet, est le fils de Dieu, un seul Dieu avec le Père, Notre-Seigneur et Sauveur Jésus-Christ, Verbe dès le commencement, Verbe avec Dieu, Verbe Dieu. Les autres qui deviennent dieux le deviennent par sa grâce : ils ne naissent pas de sa substance pour être ce qu'il est ; mais ils deviennent dieux pour arriver jusqu'à lui par son bienfait, et être les cohéritiers du Christ. Si grande, en effet, est la charité de cet héritier, qu'il a voulu avoir des cohéritiers. Quel homme avare voudrait avoir des cohéritiers ? Mais s'il s'en trouvait un qui le voulût, il partagerait l'héritage avec eux, et il aurait moins, en le partageant, que s'il le possédait lui seul en entier ; au contraire, l'héritage dans lequel nous sommes les cohéritiers du Christ ne diminue point par le grand nombre de ses possesseurs, et n'est point rétréci par la multitude des cohéritiers ; mais il est aussi considérable pour beaucoup que pour un petit nombre, et aussi considérable pour chacun en particulier que pour tous ensemble. « Voyez, dit l'Apôtre, quelle preuve d'amour Dieu nous a donnée, en nous accordant d'être nommés et d'être véritablement enfants de Dieu (I *Jean.* III, 1). » Et dans un autre endroit : « Mes bien-aimés, nous sommes enfants de Dieu, et ce que nous serons n'a pas encore paru (*Ibid.* 2). » Nous le sommes donc en espérance et non point encore en réalité. « Mais nous savons que, quand le Seigneur apparaîtra, nous serons semblables à lui, parce

---

2. Dii ergo quorum Deus est verus Deus, qui sunt, aut ubi sunt? Dicit alius Psalmus, » Deus stetit in synagoga deorum, in medio autem deos discernit (*Psal.* LXXXI, 1). » Adhuc nescimus ne forte dii aliqui in cœlo congregati sint, et in eorum congregatione, hoc est enim in synagoga, stetit Deus discernere illos. Videte in eodem Psalmo quibus dicat : « Ego dixi, Dii estis, et filii excelsi omnes, vos autem ut homines moriemini, et sicut unus ex principibus cadetis (*Ibid.* 6). » Manifestum est ergo, quia homines dixit deos, ex gratia sua deificatos, non de substantia sua natos. Ille enim justificat, qui per semetipsum non ex alio justus est ; et ille deificat, qui per seipsum non alterius participatione Deus est. Qui autem justificat, ipse deificat, quia justificando filios Dei facit. « Dedit enim eis potestatem filios Dei fieri (*Johan.* I, 12). » Si filii Dei facti sumus, et dii facti sumus : sed hoc gratiæ est adoptantis, non naturæ generantis. Unicus enim Dei Filius Deus et cum Patre unus Deus, Dominus et Salvator noster Jesus Christus, in principio Verbum et Verbum apud Deum, Verbum Deus. Ceteri qui fiunt dii, gratia ipsius fiunt, non de substantia ejus nascuntur ut hoc sint quod ille, sed ut per beneficium perveniant ad eum, et sint coheredes Christi. Tanta enim caritas est in illo herede, ut voluerit habere coheredes. Quis hoc avarus homo velit, habere coheredes ? Sed et qui invenitur velle, dividet cum eis hereditatem, minus habens ipse dividens quam si solus possideret : hereditas autem in qua coheredes Christi sumus, non minuitur copia possessorum, nec fit angustior numerositate coheredum ; sed tanta est multis quanta paucis, tanta singulis quanta omnibus. « Videte, inquit Apostolus, qualem dilectionem nobis dedit Deus, ut filii Dei vocemur et simus (I *Johan.* III, 1). » Et in alio loco, « Dilectissimi, filii Dei sumus, et nondum apparuit quid erimus (*Ibid.* 2). » Ergo sumus in spe, nondum in re. « Scimus autem, inquit, quoniam cum apparuerit, similes ei erimus, quoniam videbimus

que nous le verrons tel qu'il est. » Un seul est semblable à lui par sa génération éternelle; nous serons semblables à lui, parce que nous le verrons. Nous ne serons pas semblables à Dieu comme le Verbe, qui est tout ce qu'est celui qui l'a engendré; nous serons semblables à lui, mais non égaux à lui; tandis qu'il est semblable à Dieu parce qu'il est égal à lui. Nous avons appris quels sont ceux que la justification a faits dieux, parce qu'ils sont appelés enfants de Dieu, et quels sont les dieux qui ne sont pas dieux, pour lesquels le Dieu des dieux est terrible. Car il est dit dans un autre psaume : « Il répand la terreur sur les dieux. » Et comme si vous lui demandiez : de quels dieux est-il question? le Prophète continue : « Parce que tous les dieux des nations sont des démons (*Ps.* xcv, 4). » Il est terrible pour les dieux des nations, pour les démons; mais pour les dieux qu'il a faits, pour ses enfants, il est aimable. Or, je les trouve, les uns et les autres, confessant la majesté de Dieu; car les démons ont confessé le Christ, et les fidèles ont aussi confessé le Christ. « Vous êtes le Christ, fils du Dieu vivant (*Matth.* xvi, 16), » a dit Pierre; « nous savons qui vous êtes, vous êtes le fils de Dieu (*Marc.* v, 7), » ont dit les démons. J'entends de part et d'autre la même confession, mais je ne trouve pas, des deux parts, le même amour; bien plus, ici je trouve l'amour, et là je trouve la crainte. Ceux donc pour lesquels il est aimable sont ses enfants; ceux pour lesquels il est terrible ne sont pas ses enfants; ceux pour lesquels il est aimable, il les a faits dieux; ceux pour lesquels il est terrible, il les a convaincus qu'ils n'étaient pas des dieux. En effet, les premiers deviennent des dieux, on prend les autres pour des dieux; c'est la vérité qui fait dieux les premiers, c'est l'erreur qui prend les autres pour des dieux.

3. « Le Dieu des dieux, le Seigneur a donc parlé. » Il a parlé de beaucoup de manières. Il a parlé par les anges, il a parlé par les prophètes (*Hébr.* i, 1), il a parlé de sa propre bouche, il a parlé par ses apôtres et il parle par ses fidèles, il parle même par notre humble ministère, lorsque nous disons quelque chose de vrai. Aussi voyez, tout en parlant un grand nombre de fois, tout en parlant de beaucoup de manières, par mille instruments, par mille organes différents, cependant c'est lui qui se fait entendre partout, qui touche, qui transforme et qui inspire les âmes. Voyez donc ce qu'il a fait. « Il a parlé et il a appelé la terre. » Quelle terre? Est-ce l'Afrique, par hasard? Je le demande à cause de ceux qui nous disent : Le parti de Donat est l'Église du Christ. Mais il n'a pas appelé l'Afrique seule, et il n'a pas séparé l'Afrique du reste de la terre. Car celui qui a appelé « la terre du lever au coucher du soleil, » sans laisser de côté aucune partie qu'il n'appelât, a compris

---

eum sicuti est. » Unicus similis nascendo, nos similes (*a*) videndo. Non enim ita similes ut ille, qui hoc est quod ille a quo genitus est : nos enim similes, non æquales : ille quia æqualis, ideo similis. Audivimus qui sint dii facti justificati, quia filii Dei dicuntur; et dii qui non sunt dii, quibus ille Deus deorum terribilis est. Dicit enim alius Psalmus, « Terribilis est super omnes deos (*Psal.* xvc, 4). » Et quasi quæreres, Quos deos ? « Quoniam omnes dii gentium dæmonia. » Diis gentium, dæmoniis terribilis; diis a se factis, filiis amabilis. Proinde confitentes majestatem Dei utrosque invenio, et dæmonia confessa sunt Christum, et fideles confessi sunt Christum. « Tu es Christus Filius Dei vivi (*Matth.* xvi, 16), » dixit Petrus. « Scimus qui sis, tu es Filius Dei (*Marci* v, 7), » dixerunt dæmones. Parem audio confessionem, sed non parem invenio dilectionem; immo vero hic dilectionem, ibi timorem :

(*a*) Sic MSS. At editi, *vivendo*.

Quibus ergo amabilis, filii sunt ; quibus terribilis, filii non sunt : quibus amabilis, deos illos fecit ; quibus terribilis, non esse deos convincit. Hi enim dii fiunt, illi dii putantur : hos deos facit veritas, illos error existimat.

3. « Deus ergo deorum Dominus locutus est. » Locutus est multis modis. Per Angelos ipse locutus est, per Prophetas ipse locutus est, per os proprium ipse locutus est (*Hebr.* i, 1), per Apostolos suos ipse locutus est, per fideles suos ipse loquitur, per humilitatem nostram cum aliquid verum dicimus, ipse loquitur. Videte itaque, loquendo multipliciter, multis modis, per multa vasa, per multa organa, ipse tamen sonat ubique, tangendo, modificando, inspirando : videte quid egerit. « Locutus est enim, et vocavit terram. » Quam terram ? An forte Africam ? propter eos qui dicunt, Ecclesia Christi pars Donati est. Solam quidem Africam non vocavit, sed et Afri-

l'Afrique dans son appel. Qu'elle se réjouisse donc de faire partie de l'unité. Qu'elle ne s'enorgueillisse pas, sous prétexte de je ne sais quelle séparation privilégiée. Nous disons avec raison que la voix du Dieu des dieux est parvenue jusqu'à l'Afrique, mais non qu'elle y est restée. « Car il a appelé la terre du lever au coucher du soleil. » Il n'y a donc pas moyen pour les hérétiques de déguiser ici leurs pièges ; il n'y a pas d'ombre où ils puissent cacher leur fausseté ; car « nul ne peut se soustraire aux feux éclatants du soleil (*Ps.* XVIII, 7). » Celui qui a appelé la terre a appelé toute la terre ; celui qui a appelé la terre l'a appelée dans toute l'étendue qu'il lui a donnée en la créant. Pourquoi vois-je s'élever contre moi ces faux Christ et ces faux prophètes ? Pourquoi s'efforcent-ils de m'enlacer dans leurs captieuses paroles, « le Christ est ici, le Christ est là (*Matth.* XXIV, 23) ? » Je n'écoute pas ceux qui me montrent des fractions séparées de la terre. Le Dieu des dieux m'a montré la terre entière. « Celui qui a appelé la terre, du lever au coucher du soleil, l'a rachetée tout entière ; mais en même temps il a condamné les parties révoltées qui forment des cabales.

4. Mais si nous savons que la terre a été appelée du lever au coucher du soleil, par où celui qui l'a appelée a-t-il commencé à la faire ? Écoutez ce que dit le Prophète : « De Sion vient tout l'éclat de sa beauté(*Ps.* XLIX, 2). » Assurément le psaume s'accorde ici avec l'Évangile, où nous lisons : « Parmi toutes les nations, en commençant par Jérusalem (*Luc.* XXIV, 47). » Écoutez bien : « Parmi toutes les nations. » « Il a appelé la terre du lever au coucher du soleil. » Écoutez encore : « En commençant par Jérusalem. » « De Sion vient tout l'éclat de sa beauté. » Donc ces mots : « Il a appelé la terre du lever au coucher du soleil, » s'accordent avec cette parole du Seigneur : « Il fallait que le Christ souffrît, et que, le troisième jour, il ressuscitât d'entre les morts, afin que la pénitence et la rémission des péchés fussent prêchées en son nom parmi toutes les nations (*Ibid.* 46). » Toutes les nations sont comprises entre le lever et le coucher du soleil : mais que de Sion vienne tout l'éclat de sa beauté, que d'elle se soit répandue sur le monde la lumière de l'Évangile, que par elle celui qui surpasse en beauté les enfants des hommes (*Ps.* XLIV, 3) ait commencé à être annoncé au monde, tout cela s'accorde avec les paroles du Seigneur : « En commençant par Jérusalem. » Les paroles nouvelles sont d'accord avec les anciennes, et les anciennes sont d'accord avec les nouvelles ; ces deux séraphins se répondent à l'envi l'un de l'autre : « Saint, saint, saint est le Seigneur, le Dieu des armées (*Is.* VI, 3). » Et les deux Testaments rendent un

---

cam non separavit. Qui enim « vocavit terram a solis ortu usque ad occasum, » nullas relinquens partes quas non vocarit, in sua vocatione Africam invenit. Gaudeat ergo in unitate, non superbiat in divisione. Bene dicimus, quia vox Dei deorum et in Africam venit, non in Africa remansit. « Vocavit enim terram a solis ortu usque ad occasum. » Non est ubi lateant insidiæ hæreticorum, non habent in qua se umbra falsitatis abscondant : « Nec enim est qui se abscondat a calore ejus (*Psal.* XVIII, 7). » Qui terram vocavit, et totam terram vocavit : qui terram vocavit, tantam vocavit, quantam fabricavit. Quid mihi exsurgunt pseudochristi et pseudoprophetæ ? quid est quod me verbis captiosis illaqueare moliuntur, dicentes, « Ecce hic est Christus, ecce illic est (*Matth.* XXIV, 23) ? » Non audio ostendentes partes : Deus deorum totum mihi ostendit : qui « vocavit terram a solis ortu usque ad occasum, » totum redemit ; partes autem calumniantes condemnavit.

4. Sed audierimus, a solis ortu usque ad occasum vocatam terram : unde cœpit vocare, qui vocavit ? Et hoc audite : « Ex Sion species decoris ejus (*Ps.* XLIX, 2). » Certe concordat Psalmus Evangelio dicenti, Per omnes gentes, incipientibus ab Jerusalem (*Lucæ* XXIV, 47). Audi, « Per omnes gentes : » « Vocavit terram a solis ortu usque ad occasum. » Audi, « Incipientibus ab Jerusalem : » « Ex Sion species decoris ejus. » Ergo, Vocavit terram a solis ortu usque ad occasum, concordat verbis Domini, dicentis, « Oportebat Christum pati, et resurgere a mortuis tertia die, et prædicari in nomine ejus pœnitentiam et remissionem peccatorum per omnes gentes (*Lucæ* XXIV, 46). » Omnes enim gentes sunt a solis ortu usque ad occasum. Quod vero « Ex Sion species decoris ejus, » quod inde cœpit decus Evangelii ejus, quod inde annuntiari cœpit « speciosus forma præ filiis hominum (*Psal.* XLIV, 3), » concordat verbis Domini dicentis, « Incipientibus ab Jerusalem. » Concinunt nova veteribus, vetera novis : dicunt ad invicem Seraphim duo, « Sanctus, sanctus, sanctus Dominus Deus Sabaoth (*Isai.* VI, 3), » Et consonant duo Testamenta, et unam vocem habent duo Testamenta : audiatur vox concinentium Testamentorum,

même son ; les deux Testaments n'ont qu'une seule voix. Écoutez donc la voix des deux Testaments, dont l'accord est si parfait ; n'écoutez pas la voix de rebelles déshérités. Voilà donc ce qu'a fait le Dieu des dieux : « Il a appelé la terre du lever au coucher du soleil, » du haut de Sion, d'où procède l'éclat de sa beauté. Là, en effet, étaient ses disciples, lorsqu'ils reçurent l'Esprit-Saint, envoyé du ciel le cinquantième jour après sa résurrection (*Act.* I, 4). » De là est parti l'Évangile ; de là est partie la prédication ; de là, par la grâce de la foi, tout l'univers a été rempli du Christ.

5. En effet, lorsque le Seigneur est venu, comme il venait pour souffrir, il est resté caché, et, bien qu'il fût la force même, il a paru faible dans la chair. Car il fallait qu'on le vît de manière à ce qu'il ne fût pas compris, et qu'il fût méprisé pour être mis à mort. L'éclat de sa gloire était dans sa divinité, mais sa divinité était cachée sous la chair. Car si les Juifs avaient connu le Roi de gloire, jamais ils ne l'auraient crucifié (I *Cor.* II, 8). Il a donc passé, ainsi caché, parmi les Juifs, parmi ses ennemis, faisant des miracles, supportant mille peines, au point qu'enfin il fut attaché à la croix ; et les Juifs l'y voyant suspendu, ne l'en méprisaient que davantage ; et branlant la tête devant cette croix, ils disaient : « S'il est le Fils de Dieu, qu'il descende de la croix (*Matth.* XXVII, 39). »

Le Dieu des dieux était donc caché et les paroles qu'il prononçait étaient plutôt l'expression de la souffrance qu'il partageait avec nous que la manifestation de sa majesté. D'où viennent, en effet, ces paroles, sinon de notre propre misère : « Mon Dieu ! mon Dieu ! pourquoi m'avez-vous abandonné (*Ps.* XXI, 2) ? » Mais quand donc le Père a-t-il abandonné le Fils, ou le Fils le Père ? Est-ce que le Père et le Fils ne sont pas un seul Dieu ? Cette parole du Christ : « Moi et mon Père, nous sommes un (*Matth.* XXVII, 46), » n'est-elle pas d'une parfaite vérité ? D'où vient donc ce cri : « Mon Dieu ! mon Dieu ! pourquoi m'avez-vous abandonné, » sinon de ce que, dans sa chair de faiblesse, on reconnaissait la voix du pécheur ? Pourquoi, en effet, celui qui avait pris la ressemblance de la chair du péché (*Jean.* X, 30) n'aurait-il pas pris la ressemblance de la voix du péché ? Le Dieu des dieux était donc caché, lorsqu'il a vécu au milieu des hommes, lorsqu'il a eu faim et soif, lorsqu'il s'est assis fatigué et qu'il a dormi par suite de la lassitude de son corps, lorsqu'il a été saisi par ses ennemis, et frappé de coups de fouet ; lorsque, amené devant le juge, il a répondu à ses arrogantes menaces : « Vous n'auriez aucun pouvoir sur moi, si ce pouvoir ne vous avait été donné d'en haut (*Jean.* XIX, 11) ; lorsque, conduit au sacrifice, comme l'agneau en face de celui qui le tond, il n'a pas ouvert la bouche (*Is.* LIII, 7) ;

non calumniantium exheredatorum. Fecit ergo ista Deus deorum, Vocavit terram a solis ortu usque ad occasum, ex Sion procedente specie sua. Ibi enim erant discipuli, qui acceperunt Spiritum-sanctum quinquagesimo post resurrectionem ejus die missum de cœlo (*Act.* I, 4). Inde Evangelium, inde prædicatio, inde impletus orbis terrarum, et hoc in gratia fidei.

5. Nam cum ipse Dominus venisset, quia passurus venit, occultus venit : et cum esset fortis in se, infirmus in carne apparuit. Oportebat enim non videri, ut non intelligeretur ; contemni, ut occideretur. Erat gloriæ species in divinitate ; sed hæc latebat in carne. « Si enim cognovissent, numquam Dominum gloriæ crucifixissent (I *Cor.* II, 3). » Sic ergo inter Judæos, inter inimicos ambulavit occultus, mira faciens, mala patiens, donec suspenderetur in ligno, videntesque pendentem Judæi magis magisque contemnerent, et ante crucem caput agitantes, dicerent, « Si Filius Dei est, descendat de cruce (*Matth.* XXVII, 39). » Occultus ergo erat Deus deorum, et voces edebat magis ex compassione nostra, quam ex majestate sua. Unde enim illæ voces, nisi ex nobis assumtæ, « Deus, Deus meus, ut quid me dereliquisti (*Psal.* XXI, 2, *Matth.* XXVII, 46) ? » Quando autem Pater Filium dereliquit, aut Filius Patrem ? Nonne unus Deus, Filius et Pater ? Nonne verissimum, « Ego et Pater unum sumus (*Johan.* X, 30) ? » Unde ergo, Deus, Deus meus, ut quid me dereliquisti : nisi quia in carne infirmitatis agnoscebatur vox peccatoris ? Qui enim suscepit « similitudinem carnis peccati (*Rom.* VIII, 3), » cur non susciperet similitudinem vocis peccati ? Occultus ergo Deus deorum, et cum inter homines ambulavit, et cum esurivit et sitivit, et cum fatigatus sedit, et cum lassato corpore dormivit, et cum apprehensus, et cum flagellatus, et cum ante judicem positus, et cum superbienti respondit, « Non haberes in me potestatem, nisi data fuisset desuper (*Johan.* XIX, 11) : » et quod ductus ad victimam, « coram tondente se non

lorsqu'il a été crucifié et enseveli : toujours le Dieu des dieux est resté caché. Mais qu'en a-t-il été après sa résurrection? Ses disciples frappés d'étonnement n'ont point cru d'abord qu'il fût ressuscité, jusqu'à ce qu'ils l'eussent touché et palpé (*Luc.* XXIV, 37). Mais la chair seule était ressuscitée, parce que la chair seule était morte; quant à la divinité, elle n'avait pu mourir, et elle était encore cachée sous la chair ressuscitée. On pouvait voir sa forme, tenir ses membres, toucher ses plaies : mais le Verbe par qui tout a été fait, qui le voit? qui le tient? qui le touche? Et cependant le Verbe s'est fait chair et il a habité parmi nous (*Jean.* I, 14). Aussi l'Apôtre Thomas, qui ne touchait que l'homme, comprenait la divinité, autant qu'il le pouvait. En effet, après avoir touché les cicatrices de ses plaies, il s'écria : « Mon Seigneur et mon Dieu (*Jean.* XX, 28)! » Et pourtant le Seigneur ne montrait que cette forme ou cette chair qu'on avait vue sur la croix, et qui avait été mise au tombeau. Il passa quarante jours avec eux. Il ne se fit pas voir aux Juifs impies, mais à ceux qui avaient cru en lui avant qu'il ne fût crucifié ; afin de fortifier par sa résurrection ceux que sa mort sur la croix avait laissés chancelants. Ensuite, le quarantième jour, recommandant à ses Apôtres son Église, c'est-à-dire la terre qu'il avait appelée du lever au coucher du soleil, et retirant toute excuse à ceux qui veulent périr par le schisme, il monta au ciel, leur disant : « Vous serez mes témoins dans Jérusalem (d'où vient l'éclat de sa beauté), et dans toute la Judée et la Samarie et jusque dans toute la terre (*Act.* I, 8). » Après qu'il eût dit ces paroles, il disparut dans un nuage. Les Apôtres regardaient celui qu'ils avaient connu : mais ils l'avaient connu dans son humilité, ils ne le connaissaient pas dans sa gloire. Et au moment où il montait au ciel en se séparant d'eux, ils eurent encore une révélation de cette gloire par le ministère des anges qui leur dirent : « Pourquoi restez-vous là, hommes de Galilée? Ce Jésus que vous voyez s'élever vers le ciel, viendra de la même manière que vous l'y avez vu monter (*Ibid.* 11). » Jésus disparut donc, et ses disciples revinrent pleins de joie, et restèrent dans la ville selon son commandement, jusqu'à ce qu'ils fussent remplis de l'Esprit-Saint. Mais qu'avait-il dit à Thomas, tandis que celui-ci le touchait? « Vous avez cru parce que vous avez vu; heureux ceux qui ne voient pas et qui croient (*Jean.* XX, 29). » Cette parole est une prophétie qui s'accomplit en nous. Cette terre, appelée du lever au coucher du soleil, ne voit pas et elle croit. Le Dieu des dieux est donc caché, et pour ceux au milieu desquels il a vécu, et pour ceux par lesquels il a été crucifié, et pour ceux sous

aperuit os suum (*Isai.* LIII, 7), » et quod crucifixus, et quod sepultus, semper occultum Deus deorum (*a*). Quid postea quam resurrexit ? Mirati discipuli, et primo non crediderunt, donec tangerent atque palparent (*Lucæ,* XXIV, 37). Sed caro resurrexerat, quia caro mortua erat : divinitas quæ mori non poterat, adhuc etiam in carne resurgentis latebat. Videri forma potuit, teneri membra, palpari cicatrices : Verbum per quod facta sunt omnia, quis videt ? quis tenet ? quis palpat ? Et tamen « Verbum caro factum est, et habitavit in nobis (*Johan.* I, 14). » Et qui tenebat hominem Thomas, intelligebat ut poterat Deum. Palpatis enim cicatricibus, exclamavit, « Dominus meus et Deus meus.» Ostendebat tamen Dominus eam formam, eamque carnem, quam in cruce viderant, quæ in sepultura posita fuerat. (*b*) Fecit cum eis quadraginta dies (*Act.* I, 3). Impiis Judæis non se demonstravit : illis demonstravit se, qui in eum crediderant antequam crucifigeretur ; ut quos crucifixus dimiserat titubantes, resurgens faceret fortes. Deinde quadragesimo die commendans Ecclesiam suam, id est, vocatam terram a solis ortu usque ad occasum, ne haberent excusationem qui volunt in schismate deperire, ascendit in cœlum, dicens eis, « Eritis mihi testes in Jerusalem, (unde species decoris ejus,) et in totam Judæam et Samariam, et usque in totam terram (*Act.* I, 8).» His enim dictis, nubes suscepit eum. Intuebantur illi quem noverant : noverant tamen in humilitate, nondum in claritate. Et tamen ab eis iret in cœlum, admoniti sunt voce Angelica, dicente, « Quid statis viri Galilæi? Hic Jesus quem videtis ire, sic veniet quemadmodum vidistis eum euntem in cœlum (*Ibid.* 11).» Adscendit ergo : regressi illi lætantes, manserunt in civitate, secundum ejus præceptum, donec implerentur Spiritusancto. Quid autem dictum erat Thomæ palpanti? Quia vidisti, credidisti ; beati qui non vident, et credunt (*Johan.* XX, 29). Prædicti sumus. Terra illa vocata a solis ortu usque ad occasum non videt, et credit. Occultus ergo Deus deorum, et eis inter quos

(*a*) Colbertinus MS. *Qui postea quam resurrexit, mirati discipuli primo etc.* (*b*) Editi, *fuit.* At omnes MSS. *fecit* : nec male, pro *transegit.*

les yeux de qui il est ressuscité, et pour nous, qui croyons qu'il est assis dans le ciel, bien que nous ne l'ayons pas même vu passant sur cette terre. Mais lors même que nous le verrions, ne verrions-nous pas seulement ce que les Juifs ont vu et crucifié? Ce que nous ne voyons pas et qui fait que nous croyons à la divinité du Christ est bien supérieur à ce que les Juifs ont vu et qui l'a fait prendre seulement pour un homme. En raison de leur faux jugement, ils l'ont mis à mort; en raison de notre vraie foi, nous possédons la vie.

6. Mais quoi, mes frères? Ce Dieu des dieux, caché alors, et caché maintenant, sera-t-il toujours caché? Non, assurément, écoutez ce qui suit : « Dieu viendra et se montrera (*Ps.* XLIX, 3). » Celui qui est venu caché viendra en se montrant. Caché, il est venu pour être jugé; se montrant, il viendra pour juger. Caché, il est venu pour comparaître devant un juge; se montrant, il viendra pour juger les juges eux-mêmes. « Il se montrera et ne gardera pas le silence. » Mais quoi? est-ce qu'il se tait maintenant? Et d'où vient tout ce que nous vous disons? D'où viennent ces commandements? D'où viennent ces avertissements? D'où vient cette trompette de terreur? Il ne se tait pas et il se tait : il ne se tait pas pour avertir, il se tait pour punir; il ne se tait pas pour ordonner, il se tait pour juger. En effet, il supporte les pécheurs qui font le mal tous les jours, sans se soucier de Dieu, ni dans leur conscience, ni au ciel, ni sur la terre. Assurément rien de tout cela ne lui est caché; il avertit tous les hommes sans exception, et quand il en châtie quelques-uns sur la terre, ce n'est encore qu'un avertissement, et non une condamnation. Il se tait donc quant au jugement; caché dans le ciel, il y intercède encore pour nous; il est patient pour punir les pécheurs et n'exerce pas contre eux sa colère, attendant leur pénitence. Il dit dans un autre passage des Écritures : « J'ai gardé le silence, le garderai-je toujours (*Is.* XLII, 14)? » Quand donc il cessera de se taire, « Dieu viendra et se montrera. » Quel Dieu? « Notre Dieu. » Car, celui qui est notre Dieu est véritablement Dieu; et celui-là n'est pas Dieu qui n'est pas notre Dieu. Car les dieux des Gentils sont des démons, et le Dieu des Chrétiens est le vrai Dieu. Il viendra, mais pour être vu, et non pour être encore raillé, et non pour être encore souffleté et flagellé. Il viendra, mais pour être vu, et non pour être encore frappé sur la tête avec un roseau, et non pour être encore crucifié, mis à mort et enseveli; parce que le Dieu caché a seul voulu endurer toutes ces souffrances. « Il viendra, il se montrera et ne gardera pas le silence. »

7. Ce qui suit nous apprend qu'il viendra pour juger. « Le feu marchera devant lui (*Ps.* XCVI, 3). » Cette menace nous effraie-t-elle?

---

ambulavit, et eis a quibus crucifixus est, et eis ad quorum oculos resurrexit, et nobis qui credimus in cœlo sedentem, quem non vidimus in terra ambulantem. Sed et si videremus, nonne hoc videremus quod Judæi viderunt et crucifixerunt? Plus est quod non videntes Christum credimus Deum, quam quod illi videntes nonnisi hominem putaverunt. Illi denique male putando mortificaverunt, nos bene credendo vivificamur.

6. Quid ergo Fratres? Ille Deus deorum, et tunc occultus, et modo occultus, numquid semper occultus? Non plane : audi sequentia : « Deus manifestus veniet (*Psal.* XLIX, 3). » Qui venit occultus, veniet manifestus. Venit occultus judicandus, veniet manifestus judicaturus : venit occultus ut ante judicem staret, veniet manifestus ut etiam de judicibus judicet : « Veniet manifestus, et non silebit. » Quid enim? modo silet? Et unde sunt quæ dicimus? unde ista præcepta? unde ista monita? unde ista tuba terroris? Non silet, et silet : non silet a monendo, silet a vindicando : non silet a præcepto, silet a judicio. Patitur enim peccatores quotidie mala facientes, Deum non curantes, non in conscientia sua, non in cœlo, non in terra : non cum latent hæc omnia, et universaliter omnes admonet, et quando aliquos flagellat in terra, admonitio est, nondum damnatio. Silet ergo a judicio, occultus in cœlo est, adhuc interpellat pro nobis : patiens est super peccatores, non exercens iram, sed exspectans pœnitentiam. Dicit alio loco, Tacui, numquid semper tacebo? Quando ergo non tacebit, « Deus manifestus veniet (*Isai.* XLII, 14). » Quis Deus? « Deus noster. » Et ipse Deus, qui Deus noster : non enim Deus est, qui non est noster Deus. Dii enim gentium dæmonia : Deus Christianorum, verus Deus. Ipse veniet, sed manifestus, non adhuc illudendus, non adhuc exalapandus et flagellandus : veniet, sed manifestus, non adhuc calamo in capite percutiendus, non adhuc crucifigendus, occidendus, sepeliendus : quia hæc omnia occultus Deus pati voluit. « Veniet manifestus, et non silebit. »

Changeons de vie, et nous ne craindrons pas. Que la paille craigne le feu, à la bonne heure ; mais le feu, que fait-il sur l'or ? Vous avez maintenant le pouvoir d'agir à votre gré, mais craignez, si vous ne vous corrigez, d'éprouver plus tard ce qui vous arrivera malgré vous. Et remarquez, mes frères, que quand même il serait en notre pouvoir que le jour du jugement ne vînt pas, ce ne serait point encore pour nous une raison de vivre aussi mal que nous le faisons. Quand même le jour du jugement ne viendrait point avec ses feux vengeurs, si les pécheurs n'étaient menacés que d'être séparés de la face de Dieu, quelle que fût d'ailleurs l'abondance des délices dans lesquelles ils seraient plongés, privés de voir celui qui les a créés, et séparés de l'ineffable douceur de contempler son visage, fussent-ils certains de l'éternité et de l'impunité de leurs péchés, ils devraient pleurer sur eux-mêmes. Mais que dis-je ou à qui parlé-je ? Cette peine n'est que pour ceux qui aiment et non pour ceux qui méprisent. Ceux qui ont commencé à goûter, de quelque manière que ce soit, la douceur de la sagesse et de la vérité, savent ce que je dis ; ils savent quel châtiment il y a dans cette seule séparation d'avec la face de Dieu ; mais pour ceux qui n'ont pas goûté cette douceur, et qui ne désirent pas encore de contempler la face de Dieu, qu'ils craignent du moins la fin de l'impie. Que les supplices effraient ceux que les récompenses n'attirent pas. Si ce que Dieu vous promet est vil à vos yeux, tremblez devant ce dont il vous menace. La douceur de sa présence viendra, vous dit-on, et cet espoir ne vous change pas, vous ne soupirez pas, vous n'êtes pas dévoré de désirs ; au contraire, vous embrassez et vos péchés et les délices de votre chair. Que faites-vous ? Vous amassez la paille autour de vous et le feu viendra. « Le feu brûlera en sa présence (*Ps.* XLIX, 3). » Ce ne sera pas un feu comme celui de votre foyer, et cependant, si vous étiez forcé d'y mettre la main, vous feriez tout ce que voudrait celui qui vous en menacerait. Si l'on vous disait : Écrivez pour livrer la tête de votre père, écrivez pour livrer la tête de vos enfants, car, si vous ne le faites, j'exposerai votre main à la flamme de votre foyer ; vous feriez ce qu'on exigerait de vous, pour éviter que votre main ne fût brûlée, pour éviter à un membre de votre corps de souffrir dans le feu une douleur qui pourtant ne serait point éternelle. Votre ennemi vous menace donc d'un mal aussi léger, et vous faites le mal : Dieu vous menace d'un mal éternel et vous ne faites pas le bien ! Des menaces, quelles qu'elles soient, ne devraient point vous pousser à faire le mal ; des menaces ne devraient pas non plus vous détourner de faire le bien. Or, les menaces de Dieu, les menaces du feu éternel vous défendent le mal et vous sollicitent au bien. Pourquoi donc refusez-vous d'agir, si ce n'est parce que vous ne croyez pas ? Que chacun de vous examine

---

7. Quia vero ad judicium veniet, sequentia docent. « Ignis ante eum præibit (*Psal.* XCVI, 3). » Timemus ? Mutemur, et non timebimus. Ignem palea timeat : auro quid facit ? Est autem nunc in potestate quid facias, ne illud quod et te nolente venturum est, non correctus experiaris. Si enim possemus facere, Fratres, ut dies judicii non veniret ; puto quia nec sic erat male vivendum. Si non veniret ignis die judicii, et sola peccatoribus immineret separatio a facie Dei, in qualibet essent affluentia deliciarum, non videntes a quo creati sunt, et separati ab illa dulcedine ineffabilis vultus ejus, in qualibet æternitate et impunitate peccati, plangere se deberent. Sed quid loquar, aut quibus loquar ? Hæc amantibus pœna est, non contemnentibus. Qui dulcedinem sapientiæ et veritatis utcumque sentire cœperunt, noverunt quod dico, quanta pœna sit tantummodo a facie Dei separari : qui autem illam dulcedinem non gustaverunt, si nondum desiderant Dei faciem, timeant vel ignem ; supplicia terreant, quem præmia non invitant. Vile tibi est quod Deus pollicetur, contremisce quod minatur. Veniet dulcedo præsentiæ ; non mutaris, non excitaris, non suspiras, non desideras : amplexaris peccata tua et delicias carnis tuæ, stipulam ad te congeris, veniet ignis. « Ignis in conspectu ejus ardebit (*Psal.* XLIX, 3). » Non erit iste ignis sicut focus tuus ; quo tamen si manum mittere cogaris, facies quidquid voluerit qui hoc minatur. Si tibi dicat, Scribe contra caput patris tui, scribe contra capita filiorum tuorum, nam si non feceris, manum tuam mitto in focum tuum : facies ne ardeat manus tua, ne ardeat ad tempus membrum tuum, non semper in dolore futurum. Minatur ergo inimicus tam leve malum, et facis malum : minatur Deus æternum malum, et non facis bonum ? Ad malum faciendum nec minæ te compellere deberent : a bono faciendo nec minæ te deterrere deberent. Minis autem Dei, minis æterni ignis prohiberis a malo, invitaris ad bonum. Unde piget, nisi quia non credis ? Excutiat ergo unusquisque cor suum, et videat quid

donc jusqu'au fond de son cœur, et voie ce que la foi y possède. Si nous croyons au jugement à venir, mes frères, vivons dans le bien. Le temps actuel est celui de la miséricorde, le temps du jugement viendra plus tard. Personne alors ne pourra dire : Rendez-moi à mes premières années. Alors aussi on se repentira, mais on se repentira vainement; repentez-vous maintenant, tandis que votre repentir peut être fructueux. Apportez maintenant autour des racines de l'arbre une corbeille de fumier (*Luc*. XIII, 8), c'est-à-dire le deuil de votre cœur et vos larmes, de peur que ce jour n'arrive et que l'arbre ne soit déraciné. En effet, quand l'arbre est arraché, il n'attend plus que le feu. Maintenant, lors même que les branches seraient brisées, on peut les greffer encore (*Rom*. XI, 19); mais au dernier jour tout arbre qui ne présentera pas de bons fruits sera coupé et jeté au feu (*Matth*. III, 10). « Le feu brûlera en sa présence. »

8. « Et tout autour de lui s'élèvera une violente tempête : » une tempête violente, qui balaiera l'aire, si vaste qu'elle soit. Ce sera le souffle de cette tempête qui séparera d'avec les saints tout ce qui est immonde ; d'avec les fidèles, tout ce qui est hypocrisie ; d'avec les pieux chrétiens qui craignent la parole de Dieu, tout orgueilleux qui méprise cette parole. Maintenant, en effet, du lever au coucher du soleil se trouve sur terre un mélange d'éléments divers. Voyons donc comment fera celui qui doit venir : ce qu'il fera, au moyen de cette tempête violente qui s'élèvera tout autour de lui. Sans aucun doute cette tempête opérera une séparation. Cette séparation, ceux-là ne l'ont point attendue, qui, avant d'arriver au rivage, ont rompu les filets (*Luc*, V, 6). Cette première séparation établit déjà une certaine distinction entre les mauvais et les bons. Il y en a, en effet, qui suivent dès maintenant le Christ, les épaules libres de tout fardeau des soins du monde, et qui n'ont pas inutilement entendu ces paroles : « Si vous voulez être parfait, allez, vendez tout ce que vous avez, et donnez-le aux pauvres, et vous aurez un trésor dans le ciel ; puis, venez et suivez-moi (*Matth*. XIX, 21). » C'est à de tels chrétiens qu'il est dit : « Vous siégerez sur douze trônes, et vous jugerez les douze tribus d'Israël (*Ibid*. 28). » Il y en aura donc qui jugeront avec le Seigneur, tandis que d'autres se présenteront au jugement, quoique placés alors à la droite du juge. Qu'il doive y avoir ainsi des hommes qui jugeront avec Notre-Seigneur, nous en avons le témoignage évident dans les paroles que je viens de réciter : « vous serez assis sur douze sièges, jugeant les douze tribus d'Israël. »

9. Mais, dira quelqu'un, les douze Apôtres

---

ibi (*a*) fides teneat. Si credimus futurum judicium, Fratres, bene vivamus. Tempus misericordiæ nunc est, tempus judicii tunc erit. Nemo dicet, Revoca me ad priores annos. Pœnitebit et tunc, sed frustra pœnitebit : modo pœniteat, cum fructus est pœnitendi; modo adhibeatur ad radices arboris cophinus stercoris (*Lucæ* XIII,[8), cordis luctus et lacrymarum, ne veniat (*b*) et eradicet. Cum enim eradicaverit, jam ignis exspectatur. Modo et si fracti sunt rami (*Rom*. XI, 19), possunt rursus inseri : tunc « omnis arbor quæ non facit fructum bonum, excidetur, et in ignem mittetur (*Matth*. III, 10). « Ignis in conspectu ejus ardebit. »
8. « Et in circuitu ejus tempestas valida (*Psal*. XLIX, 3). » Valida tempestas, ventilatura tam magnam aream. Hac tempestate erit illa ventilatio, qua separabitur a sanctis omne immundum, a fidelibus omnis simulatio, a piis et trementibus verbum Dei omnis contemptor et superbus. Modo enim mixtura quædam jacet a solis ortu usque ad occasum. Videamus ergo quomodo faciet, qui venturus est, tempestate illa quid facturus, quæ erit « in circuitu ejus tempestas valida. » Procul dubio ista tempestas quamdam separationem factura est. Ista est illa separatio, quam non exspectaverunt qui antequam ad littus venirent, retia disruperunt. In illa vero separatione fit quædam malorum et bonorum distinctio (*Lucæ* V, 6). Alii sunt enim sequentes nunc Christum expeditis humeris sine sarcina curarum sæcularium, qui non frustra audierunt, « Si vis esse perfectus, vade, vende omnia quæ habes, et da pauperibus, et habebis thesaurum in cælo, et veni sequere me (*Matth*. XIX, 21), » qualibus dicitur, « Sedebitis super duodecim sedes, judicantes duodecim tribus Israël (*Ibid*. 28). » Alii ergo erunt judicantes cum Domino : alii vero judicandi, sed ad dexteram ponendi. Nam quia erunt quidam judicantes cum Domino, habemus apertissimum testimonium, quod modo commemoravi : « Sedebitis super duodecim sedes, judicantes duodecim tribus Israël. »

(*a*) Plures MSS. *quid ibi fidei teneat*. (*b*) Editi, *ne veniat ventus et eradicet*. Abest, *ventus*, a MSS.

seront donc nos juges, et nul autre qu'eux. Où sera donc l'Apôtre saint Paul? Est-ce qu'il sera séparé de ses frères? Loin de nous de le dire. Loin de nous-même de le penser tacitement. Mais peut-être jugera-t-il au lieu de Judas? L'Écriture sainte a clairement indiqué quel est celui qui a été ordonné en place de Judas. En effet, Matthias est expressément désigné dans les actes des Apôtres, et nous ne pouvons conserver aucun doute à cet égard (*Act.* I, 26). Le nombre de douze a donc été complété après la chute de Judas. Quand les douze apôtres auront occupé les douze siéges, saint Paul ne sera donc pas au nombre des juges? Est-ce que, par hasard, il jugerait debout? Non, il n'en est pas ainsi; celui qui rend justice à tous ne fera pas cela. Celui qui a travaillé plus que les autres (II *Cor.* IV, 10) ne restera point debout en jugeant. Il arrive donc que la cause du seul apôtre Paul nous oblige à rechercher avec plus de soin et de travail dans quel sens l'Écriture parle de douze siéges. Nous trouvons, en effet, dans l'Écriture divers autres nombres qui signifient une multitude. Ainsi, cinq vierges sont admises aux noces, et cinq en sont exclues (*Matth.* XXV, 1). Comprenez l'état de ces vierges dans tel sens qu'il vous plaira, qu'il s'agisse de la chasteté et de l'intégrité du cœur, comme doit être vierge l'Église toute entière, à laquelle il est dit : « Je vous ai fiancés à un Époux unique, au Christ, pour vous présenter à lui comme une vierge pure; » ou qu'il s'agisse de ces femmes qui ont voué à Dieu l'intégrité même de leurs corps ; est-ce que, dans tant de milliers de personnes, il n'y a que cinq vierges? Mais par ce nombre de cinq, il faut comprendre ici la continence des cinq sens du corps. En effet, pour beaucoup d'hommes la corruption vient par les yeux, pour d'autres par les oreilles, pour plusieurs par l'attrait illicite de l'odorat, pour ceux-ci par la sensualité du goût, pour beaucoup enfin par des embrassements adultères : or, tous ceux qui savent se maintenir contre ces cinq occasions de corruption, et qui par cette continence n'attendent d'autre gloire que celle de leur conscience et non celle de la louange des hommes, ceux-là sont les cinq vierges sages, qui ont de l'huile dans leur lampe (*Matth.* XLV, 4). Que signifie : avoir de l'huile dans sa lampe? Dire avec l'Apôtre : Notre gloire est dans le témoignage de notre conscience (II *Cor.* I, 12). D'un autre côté, voyons ce riche, qui était torturé dans les enfers : j'ai, dit-il, cinq frères (*Luc,* XVI, 28). Il faut ici comprendre le peuple juif placé sous le joug de la loi, parce que son législateur Moïse a écrit cinq livres. De même, le Seigneur, après sa résurrection, ayant fait jeter les filets à droite, on en retira cent cinquante-trois poissons (*Jean,* XXI, 6). Et, dit l'Évangéliste, quoique ces poissons fussent

---

9. Sed dicit aliquis, Duodecim illic Apostoli consedebunt, non amplius. Ubi ergo erit Apostolus Paulus? Numquid inde separatus erit? Absit ut hoc dicamus, absit ut hoc vel tacite cogitemus. Quid si ergo in loco Judæ ipse residebit? Sed manifestavit Scriptura divina, quis in Judæ loco sit ordinatus : Matthias enim est expresse nominatus in Actibus Apostolorum, ut de illo dubitare non possumus (*Act.* I, 26). Cadente ergo Juda, impletus est numerus duodenarius. Cum ergo ille numerus duodenarius occupaverit duodecim sedes, non judicabit Paulus apostolus? An forte stans judicabit? Non ita est : non faciet hoc ille justitiæ retributor : non omnino stans judicabit qui plus omnibus illis laboravit (I *Cor.* XV, 10). Certe vel iste unus apostolus Paulus cogit nos diligentius cogitare et perscrutari, quare dictæ sint duodecim sedes. Invenimus enim et alios numeros in Scripturis multitudinem significantes. Quinque virgines admittuntur, quinque excluduntur (*Matth.* XXV, 1). Ubilibet intellige virgines, sive in castitate atque integritate cordis, ubi debet virgo esse tota Ecclesia, cui dicitur, « Desponsavi vos uni viro, virginem castam exhibere Christo (II *Cor.* II, 2) : sive in his feminis quæ etiam integritatem carnis dicatam habent Deo, numquid in tot millibus solæ quinque sunt? Sed in quinario numero intelligitur continentia quinque sensuum carnis. Etenim multis venit corruptio per oculos, multis per aurem, multis per illicitum olfactum, multis per nefarium gustum, multis per adulterinum amplexum : ab his omnibus quinque januis corruptionis quicumque se continent, et sic continent ut in sua conscientia gloriam habeant, non laudem ab hominibus exspectent; quinque sunt virgines sapientes, habentes oleum secum (*Matth.* XXV, 4). Quid est, oleum habentes secum ? « Gloria nostra hæc est, testimonium conscientiæ nostræ (II *Cor.* I, 12). » Rursus ille qui apud inferos torquebatur, « Habeo, inquit, quinque fratres (*Lucæ* XVI, 28). » Ibi intelligitur populus Judæorum sub lege positus : quia Moyses legislator quin-

très-grands, les filets ne furent pas rompus. En effet, avant sa passion, Jésus avait fait jeter les filets, sans indiquer ni la droite ni la gauche (*Luc.* v, 6); parce que, s'il avait désigné la droite, il n'aurait parlé que des bons, et s'il avait désigné la gauche, il n'aurait parlé que des mauvais; mais, où l'on ne distingue ni la droite ni la gauche, bons et mauvais sont pris ensemble. Or, en cette occasion, comme la vérité de l'Évangile l'atteste, les poissons furent pris en si grand nombre que les filets se rompirent (*Ibid.* 6). Cette pêche signifiait le temps présent : les filets rompus indiquaient les déchirures et les ruptures que causent les hérétiques et les schismatiques. Mais la pêche que fit Notre-Seigneur après sa résurrection est la prédiction de ce qui doit nous arriver après notre résurrection, dans le nombre des élus du royaume céleste, où nul méchant n'entrera. C'est pourquoi les filets jetés à droite de la barque expriment ceux qui seront à la droite du Christ, à l'exclusion de ceux qui seront à la gauche. Mais, le nombre des justes de la droite ne sera-t-il que de cent cinquante-trois (*Jean.* XXI, 11)? L'Écriture nous parle de mille millions d'élus (*Dan.* VII, 10). Lisez l'Apocalypse : vous y verrez que, du seul peuple juif, comme il est facile de le comprendre, il y en aura douze fois douze mille (*Apoc.* VII, 4). Réfléchissez à la multitude immense des martyrs ; dans la seule troupe de martyrs, proche d'ici, qu'on appelle la masse blanche, il y en a plus de cent cinquante-trois. Enfin, rappelez-vous les sept mille hommes dont Dieu parle en répondant à Élie : « Il me reste sept mille hommes, qui n'ont pas fléchi le genou devant Baal (III *Rois*, XIX, 18). » Ils surpassent de beaucoup le nombre des poissons dont nous parlons. Cent cinquante-trois poissons ne représentent donc pas un nombre égal de saints, mais l'Écriture a certainement voulu figurer toute la quantité des justes et des saints dans ce nombre déterminé, afin que tous ceux qui appartiennent à la résurrection pour la vie éternelle fussent compris dans ce nombre de cent cinquante-trois. En effet, la loi contient dix commandements (*Exod.* XX, 1). Or, l'esprit qui donne la grâce au moyen de laquelle seule la loi peut être accomplie, est appelé l'Esprit aux sept formes (*Is.* XI, 2 et 3). Examinons donc ce que veulent dire ces nombres de dix et de sept ; savoir dix pour les commandements, et sept pour la grâce du Saint-Esprit, qui donne seule d'accomplir les commandements. Ces nombre de dix et de sept contiennent donc tous ceux qui appartiennent à la résurrection, à la droite de Dieu, au royaume des cieux, à la vie éternelle ; c'est-à-dire les justes qui accomplissent la loi, par la grâce de l'Esprit et non par leur propre travail ou leurs propres mérites. En effet, Comptez dix et sept, en partant de un jusqu'à dix-

---

que libros conscripsit. Item Dominus post resurrectionem jubet mitti retia in dexteram partem, levantur pisces centum quinquaginta tres (*Johan.* XXI, 6). » Et cum tam magni essent, ait Evangelista, retia non sunt disrupta (*Ibid.* 11). » Etenim ante passionem jussit mitti retia, non dicens in dexteram partem neque in sinistram (*Lucæ* v, 4) : quia si in dexteram diceret, solos bonos significaret ; si in sinistram, solos malos : ubi autem tacetur dextera et sinistra, mixti capiuntur boni et mali. Capti sunt autem tunc, sicut Evangelii veritas adtestatur, tam multi, ut retia rumperentur (*Ibid.* 6). Significabat enim illa captura hoc tempus : retia rupta significabant scissiones et conscissuras hæreticorum et schismaticorum. Quod autem post resurrectionem suam Dominus fecit, post resurrectionem nostram nobis futurum significavit, in illo numero regni cœlorum, ubi nullus erit malus. Propterea retia quæ in dexteram partem missa sunt, dexteros expresserunt, remotis sinistris. Numquid tamen in illis dextris centum quinquaginta tres soli justi erunt ? Millia millium Scriptura significat (*Johan.* XXI, 11). Legite Apocalypsim : duodecies duodena millia fortasse, sicut ibi intelligitur, ex solo populo Judæorum futura sunt (*Dan.* VII, 10). Adtendite Martyrum numerositatem : sola in proximo quæ dicitur Massa candida, (*a*) plus habet quam centum quinquaginta tres Martyres. Postremo septem illa millia de quibus respondetur Eliæ, Reliqui mihi septem millia virorum, qui non curvaverunt genua ante Baal, longe istum piscium numerum superant (III *Reg.* XIX, 18). Centum ergo quinquaginta tres pisces (*Johan.* XXI, 11), non tantum numerum sanctorum significat, sed universum sanctorum et justorum numerum certa causa tanto numero significat Scriptura, ut omnes intelligantur in illis centum quinquaginta tribus pertinentes ad resurrectionem vitæ æternæ. Etenim Lex habet decem præcepta (*Exod.* XX, 1, etc.) : Spiritus autem

---

(*a*) Vid. *Serm.* CXII, *de diversis.*

sept, et en ajoutant les chiffres graduellement. Au chiffre un ajoutez deux, puis trois, puis quatre, vous avez le chiffre dix. Ajoutez ensuite cinq, pour faire quinze; six, pour faire vingt-un; sept, pour faire vingt-huit; huit, pour faire trente-six; neuf, pour faire quarante-cinq; dix, pour faire cinquante-cinq; onze, pour faire soixante-six; douze, pour faire soixante-dix-huit; treize, pour faire quatre-vingt-onze; quatorze, pour faire cent-cinq; quinze, pour faire cent-vingt; seize, pour faire cent trente-six; enfin ajoutez dix-sept, et vous compléterez le nombre de cent cinquante-trois. Vous trouverez ainsi que le grand nombre de tous les saints se rapporte à ce petit nombre des cent cinquante-trois poissons. De même donc que les cinq vierges représentent d'innombrables vierges, les cinq frères du riche torturé dans les enfers des milliers de juifs, et les cent cinquante-trois poissons des milliers de millions de saints, de même les douze trônes ne représentent pas seulement douze hommes, mais le nombre immense des parfaits.

10. Mais je vois ce que vous allez nous demander, comme conséquence de ce que nous venons de dire. Vous nous avez expliqué, me direz-vous, pourquoi les cinq vierges signifient la multitude des vierges; les cinq frères la multitude des Juifs, et les cent cinquante-trois poissons la multitude des parfaits, montrez-nous maintenant comment et pourquoi les douze sièges se rapportent, non à douze hommes, mais à un grand nombre d'hommes. Pourquoi ces douze sièges sont-ils la figure de tous ceux qui, de quelque part que ce soit, ont pu arriver au degré de perfection nécessaire pour entendre ce qui n'est dit qu'aux parfaits: « Vous siégerez sur douze trônes et vous jugerez les douze tribus d'Israël? » Et pourquoi tous les parfaits, de quelque endroit qu'ils viennent, appartiennent-ils à ce nombre douze? Quand nous disons: de toutes parts ou de quelque endroit que ce soit, nous parlons du monde entier. Or, le monde entier est composé de quatre parties, connues sous le nom d'Orient, d'Occident, de Nord et de Midi. D'autre part, les saints sont appelés de ces quatre parties au nom de la Trinité, et ils deviennent parfaits par la foi et les commandements de la Trinité. Or, trois répétés quatre fois donnent le nombre douze; voilà pourquoi les saints qui siégeront sur douze trônes pour juger les douze tribus d'Israël sont tous les saints de tout l'univers, parce que les douze tribus d'Israël sont les douze tribus de tout Israël. Ceux qui jugeront sont de tout l'univers, comme ceux qui seront jugés sont aussi du monde entier. L'Apôtre saint Paul, reprochant aux fidèles laïcs de citer devant les juges païens ceux de leurs

gratiæ (*Isai.* XI, 2 et 3), per quam solam Lex impletur, septiformis legitur. Discutiendus est ergo numerus, quid sibi velint decem et septem : decem in præceptis, septem in gratia Spiritus sancti; per quam gratiam implentur præcepta. Decem ergo et septem tenent omnes pertinentes ad resurrectionem, ad dextram, ad regnum cœlorum, ad vitam æternam, id est Legem implentes per gratiam Spiritus, non quasi per opus suum aut per meritum suum. Decem autem et septem, si numeres ab uno usque ad decem et septem, addendo numeros omnes gradatim, ut ad unum addas duo, addas tria, addas quatuor, ut fiant decem, addendo quinque ut fiant quindecim, addendo sex ut fiant viginti unum, addendo septem ut fiant viginti octo, addendo octo ut fiant triginta sex, addendo novem ut fiant quadraginta quinque, addendo decem ut fiant quinquaginta quinque, addendo undecim ut fiant sexaginta sex, addendo duodecim ut fiant septuaginta octo, addendo tredecim ut fiant nonaginta unum, addendo quatuordecim, ut fiant centum quinque, addendo quindecim ut fiant centum viginti, addendo sexdecim ut fiant centum triginta sex, addendo decem et septem, efficiuntur centum quinquaginta tria : invenies ingentem numerum omnium sanctorum pertinere ad hunc numerum piscium paucorum. Quomodo ergo in quinque virginibus innumerabiles virgines, quomodo in quinque fratribus illius qui torquebatur apud inferos millia populi Judæorum, quomodo in numero centum quinquaginta trium piscium millia millium sanctorum : sic in duodecim sedibus non duodecim homines, sed magnus est numerus perfectorum.

10. Sed video quid consequenter requiratur a nobis, quomodo de quinque virginibus reddita est ratio, quare ad quinque multæ pertineant, et quare ad quinque illos multi Judæi, et quare ad centum quinquaginta tres multi perfecti, ostende quare et quomodo ad duodecim sedes, non duodecim homines, sed multi pertineant. Quid sibi volunt duodecim sedes, quæ significant omnes undique qui tam perfecti esse potuerint, quam perfectis dictum est, « Sedebitis super duodecim sedes, judicantes duodecim tribus Israel (*Matth.* XIX, 28)? » Et quare omnes undique ad duodenarium numerum pertinent? Quia ipsum undique quod dicimus, de toto mundo dici-

frères, avec lesquels ils avaient quelque débat, au lieu d'en déférer le jugement à l'Église, leur dit : « Ignorez-vous que nous jugerons les anges mêmes (I *Cor.* vi, 3)? » Voyez jusqu'où il étend ses attributions de juge, et non-seulement les siennes, mais encore celles de tous les membres de l'Église qui jugent selon la justice.

11. S'il est donc évident que beaucoup de parfaits jugeront avec le Seigneur, et que les autres seront jugés, non pas tous également, mais selon leur mérite, le Seigneur viendra avec tous les anges lorsque toutes les nations se rassembleront devant lui (*Motth.* xxv, 31); et parmi les anges, il faut comprendre les hommes qui auront été assez parfaits pour s'asseoir sur les douze trônes et juger les douze tribus d'Israël : car les anges sont pris ici pour les hommes, comme il arrive quelquefois dans l'Écriture. L'apôtre saint Paul dit de lui-même : « Vous m'avez reçu comme l'ange de Dieu (*Gal.* iv, 14). » Il est dit de saint Jean-Baptiste : « Voilà que j'envoie mon ange devant votre face, et il préparera votre voie devant vous (*Malach.* iii, 1, *Matth.* xi, 10). » En venant donc avec tous les anges, il viendra aussi avec les saints. En effet, Isaïe a dit expressément : « Il viendra pour le jugement avec les anciens du peuple (*Is.* iii, 4).» Or ces anciens du peuple, ces hommes déjà nommés des anges, ces milliers d'hommes parfaits venus du monde entier, sont appelés le ciel. Et ils s'appellent aussi la terre, mais la erre ertile en fruits. Quelle est la terre fertile en fruits? Celle qui sera placée à la droite du Christ, et à laquelle il sera dit : « J'ai eu faim et vous m'avez donné à manger(*Matth.* xxv, 35); » terre vraiment fertile en fruits, qui faisait la joie de l'Apôtre, lorsqu'il recevait d'elle de quoi fournir à ses besoins. « Ce n'est pas que je désire le don en lui-même, s'écriait-il; mais je cherche en vous le bon fruit (*Philip.* iv, 17). » Il leur rend grâces en disant : « Je me réjouis de ce que vos sentiments pour moi ont enfin refleuri (*Ibid.* 10). » Par cette expression « ont refleuri, » il les compare à des arbres que la sécheresse avaient rendus stériles. Mais, mes frères, écoutons notre psaume. Lorsque le Seigneur viendra pour juger, que fera-t-il ? « Il appellera le ciel en haut (*Ps.* xlix, 4). » Le ciel, c'est-à-dire tous les saints, tous les parfaits qui doivent juger avec lui; il les appellera en haut, pour prendre place près de lui, et juger avec lui douze tribus d'Israël (*Matth.* xix, 28). Mais comment appellera-t-il le ciel en haut, puisque le ciel est toujours en haut ? Ceux que le Prophète appelle ici le ciel, il les appelle ailleurs les cieux. Quels cieux? ceux qui racontent la gloire de Dieu « Les cieux, en effet, racontent la gloire de Dieu et c'est d'eux qu'il est

---

mus : orbis autem terrarum quatuor designatis partibus continetur, Oriente, Occidente, Meridiano, et Aquilone : ab his omnibus partibus vocati in Trinitate, et perfecti fide et præcepto Trinitatis, quoniam ter quaterni duodecim fiunt, agnoscitis quare ad totum orbem pertineant sancti, qui sedebunt super duodecim sedes judicaturi duodecim tribus Israel; quia et duodecim tribus Israël, totius Israël duodecim tribus sunt. Sicut enim judicaturi ex toto mundo, sic et judicandi ex toto mundo. Apostolus de se Paulus cum argueret fideles laicos, quia judicia sua non ad Ecclesiam deferebant, sed ad publicum pertrahebant eos cum quibus habebant negotia, ait, « Nescitis quia angelos judicabimus (I *Cor.* vi, 3) ? » Videte quemadmodum judicem se fecit ; non solum se, sed et omnes qui recte judicant in Ecclesia.

11. Cum ergo manifestum sit, multos cum Domino judicaturos, alios vero, non tamen ex æquo, sed pro meritis judicandos ; cum omnibus Angelis suis veniet, quando ante eum congregabuntur omnes gentes (*Matth.* xxv, 31), et inter omnes Angelos deputandi erunt illi, qui tam perfecti fuerint, ut sedentes super duodecim sedes judicent duodecim tribus Israël : Apostolus de se dicit, « Sicut angelum Dei suscepistis me (*Gal.* iv, 14). » De Johanne Baptista dicitur, « Ecce mitto Angelum meum ante faciem tuam, qui præparabit viam tuam ante te (*Malach.* iii, 1; *Matth.* xi. 10). » Ergo cum omnibus Angelis veniens, simul secum habebit et sanctos. Aperte enim dicit et Isaias, « Veniet ad judicium cum senioribus populi (*Isai.* iii, 44). » Isti ergo seniores populi, isti jam Angeli nominati, ista millia multorum perfectorum de toto orbe venientium, cœlum vocantur. Illa vero terra, sed fructuosa. Quæ terra fructuosa ? In dextra ponenda, cui dicetur, « Esurivi, et dedistis mihi manducare (*Matth.* xxv, 35) : » vere terra fructuosa, cui gaudet Apostolus, quando ei miserunt ad necessitates ejus : « Non quia quæro datum, inquit, sed requiro fructum (*Philip.* iv, 17). » Et gratias agit, dicens, « Quia tandem aliquando repullulastis pro me sapere (*Ibid.* 10). » Repullulastis ut arboribus

dit : Le son de leur voix s'est répandu dans toute la terre, et leurs paroles ont pénétré jusqu'aux dernières limites de l'univers (*Ps.* xviii, 2). » Voyez le discernement que fera le Seigneur dans son jugement : « Il appellera le ciel en haut, et il appellera la terre, pour faire le discernement de son peuple. » D'avec qui, si ce n'est d'avec les méchants? Il n'est déjà plus fait ici mention spéciale des méchants, parce qu'ils sont déjà comme condamnés au châtiment. Voyez seulement les bons et faites entre eux une distinction. « Il appellera le ciel en haut, et il appellera la terre, pour faire le discernement de son peuple. » Il appelle donc la terre, non pour l'accueillir toute entière sans examen, mais pour en faire le discernement. En effet, il l'appela d'abord toute entière, lorsque le Dieu des dieux parla et appela la terre du lever au coucher du soleil : alors nulle séparation entre les hommes; les serviteurs envoyés pour convier au festin des noces rassemblèrent les bons et les méchants (*Matth.* xxii, 3). Mais lorsque le Dieu des dieux viendra ostensiblement, et ne gardera plus le silence, il appellera le ciel en haut, afin que celui-ci juge avec lui. Car le ciel est la même chose que les cieux, la terre est la même choses que les terres, l'Église est la même chose que les Églises. « Il appellera donc le ciel en haut, et il appellera la terre pour faire le discernement de son peuple. » Déjà, il discerne la terre de concert avec le ciel, c'est-à-dire que le ciel s'unit à lui pour faire le discernement de la terre. Comment fait-il le discernement de la terre? Il place les uns à sa droite et les autres à sa gauche. Et que dit-il à la terre, dont il a fait ainsi le discernement? « Venez les bénis de mon Père, recevez le royaume qui vous a été préparé depuis le commencement du monde. Car j'ai eu faim et vous m'avez donné à manger, » et le reste. Mais les justes diront : « Quand vous avons-nous vu avoir faim? Et il répondra : Ce que vous avez fait à l'un des plus petits d'entre les miens, c'est à moi que vous l'avez fait (*Matth.* xxv, 34). » Le ciel montre à la terre les plus petits d'entre ses enfants déjà appelés en haut et tirés de leur humble condition : « Ce que vous avez fait à l'un des plus petits d'entre les miens, c'est à moi que vous l'avez fait. » « Il appellera donc le ciel en haut, et il appellera la terre pour faire le discernement de son peuple. »

12. « Rassemblez-lui ses justes(*Ps.*xlix,5).» La voix divine et prophétique, parlant des choses à venir comme si elles étaient présentes, exhorte les anges chargés de rassembler les justes. Car, le Seigneur enverra ses anges et ils rassemble-

---

dicit, quæ sterilitate quadam exaruerant. Veniens itaque Dominus ad judicium, ut jam Psalmum, Fratres, audiamus, quid facturus est? « Advocabit cœlum sursum (*Psal.* xlix, 4).» Cœlum omnes sanctos perfectos judicaturos, advocabit eos sursum, sessores secum judicaturos duodecim tribus Israël (*Matth.* xix, 28). Quomodo enim « advocavit cœlum sursum,» cum semper sursum sit cœlum? Sed quos hic cœlum dicit, eosdem cœlos alibi appellat. Quos cœlos? Qui enarrant gloriam Dei : « Cœli enim enarrant gloriam Dei *Psal.* xvii, 2) : » de quibus dicitur, In omnem terram exiit sonus eorum, et in fines orbis terræ eorum. Videte enim discernentem Dominum in judicio: « Advocabit cœlum sursum, et terram discernere populum suum. » A quibus, nisi a malis? De quibus hic postea non fit mentio, jam tamquam dijudicatis ad pœnam. Istos bonos vide, et distingue. « Advocabit cœlum sursum, et terram discernere populum suum. » Vocat et terram, non tamen (*a*) concernendam, sed discernendam. Primo enim concretos vocavit, quando locutus est Deus deorum, et vocavit terram a solis ortu usque ad occasum, nondum (*b*) discreverat : servi illi missi erant invitare ad nuptias, qui congregaverunt bonos et malos (*Matth.* xxii, 3). Cum vero Deus deorum manifestus veniet, et non silebit, sic « advocabit cœlum sursum » ut judicet cum illo. Quod enim cœlum, ipsi cœli; sicut quæ terra, ipsæ terræ ; sicut quæ Ecclesia, ipsæ Ecclesiæ. « Advocabit cœlum sursum, et terram discernere populum suum. » Jam cum cœlo terram discernit, id est, cœlum cum illo terram dicernit. Quomodo terram? Ut alios ponat ad dextram, alios ad sinistram. Terræ autem discretæ quid dicit? Venite benedicti Patris mei, percipite regnum quod vobis paratum est ab origine mundi. Esurivi enim, et dedistis mihi manducare, et cetera. Illi autem, Quando te vidimus, inquiunt, esurientem? Et ille, Cum uni ex minimis meis fecistis, mihi fecistis (*Matth.* xxv, 34, etc.). Cœlum terræ ostendit minimos suos jam sursum vocatos, et ab humili-

---

(*a*) Sic plerique MSS. At Lov. *non tamen conterendam, sed discernendam. Primo enim cum commixtos vocavit.* (*b*) Sic plures MSS. At editi, *nondum discreverant servi illi, qui missi erant,* etc.

ront devant lui toutes les nations (*Matth.* XXV, 32). « Rassemblez-lui ses justes. » Quels justes, sinon ceux qui vivent de la foi et qui font des œuvres de miséricorde? En effet, ces œuvres sont des œuvres de justice. Voyez l'Évangile. « Gardez-vous de faire vos œuvres de justice devant les hommes, pour en être regardés (*Matth.* VI, 1). » Et comme si on demandait : Quelles sont ces œuvres de justice? Notre-Seigneur poursuit : « Par conséquent, lorsque vous faites vos aumônes (*Ibid.* 2)…. » Il a donc montré par ces paroles que les aumônes sont des œuvres de justice. Rassemblez ses justes; rassemblez ceux qui ont eu pitié du malheureux et qui ont compris le pauvre et l'indigent (*Ps.* XL, 2) : Rassemblez-les, pour que le Seigneur les conserve et les vivifie. « Rassemblez-lui ses justes, qui placent son testament au-dessus de leurs sacrifices : » c'est-à-dire qui s'occupent de ses promesses plutôt que de leurs propres œuvres. En effet, ces œuvres sont des sacrifices, puisque Dieu a dit : « Je préfère la miséricorde aux sacrifices (*Osée.* VI, 6, *Matth.* IX, 13). » « Rassemblez-lui ses justes qui placent son testament au-dessus de leurs sacrifices. »

13. « Et les cieux annonceront sa justice (*Ps.* XLIX, 6). » Les cieux nous ont véritablement annoncé cette justice de Dieu. Les Évangélistes nous l'ont prédite. Par eux nous savons qu'il y aura des hommes placés à la droite du père de famille à qui il dira : Venez les bénis de mon Père, recevez… Quoi? Le royaume. Pour quelle œuvre? Parce que j'ai eu faim et que vous m'avez donné à manger. Qu'y a-t-il de plus vulgaire, de plus terrestre, que de donner un morceau de pain à celui qui a faim? C'est cependant le prix du royaume des cieux. « Donnez de votre pain à celui qui a faim, recevez sous votre toit celui qui n'a point de demeure, et si vous apercevez un pauvre dans la nudité, donnez-lui un vêtement (*Is.* LVIII, 7). » Mais vous n'avez point de pain à donner, vous n'avez pas de maison où recevoir le pauvre, vous n'avez pas d'habits pour le couvrir; alors donnez un verre d'eau fraîche (*Matth.* X, 42), mettez deux oboles dans le tronc (*Marc.* XII, 11). Car la veuve a autant acheté avec ses deux oboles, que Pierre avec les filets qu'il a laissés (*Matth.* IV, 20), que Zacchée avec son patrimoine dont il a donné la moitié (*Luc.* IX, 8). Le royaume des cieux vaut ce que vous avez pour le payer. « Les cieux annonceront sa justice, parce que Dieu même est juge. » Il est vraiment juge, ne regardant pas du même œil tous ceux qu'il juge, mais les discernant les uns d'avec les autres. Le Seigneur connaît en effet tous ceux qui sont à lui (II *Tim.* II, 19). Bien que les grains soient cachés dans la paille, le laboureur les connaît. Que nul ne craigne

---

tate exaltatos : « Cum uni ex minimis meis fecistis, mihi fecistis. » « Advocabit ergo cœlum sursum, et terram discernere populum suum. »

12. « Congregate illi justos ejus (*Ps.* XLIX, 5). » Vox divina et prophetica, videns futura tamquam præsentia, exhortatur Angelos congregantes. « Mittet enim Angelos suos, et congregabuntur ante eum omnes gentes (*Matth.* XXV, 32). » « Congregate illi justos ejus. » Quos justos, nisi viventes ex fide, facientes opera misericordiæ? Etenim opera illa justitiæ opera sunt. Habes Evangelium : « Cavete justitiam vestram facere coram hominibus, ut videamini ab eis (*Matth.* VI, 1). » Et quasi quæreretur, Quam justitiam? « Cum ergo facis eleemosynam (*Ibid.* 2), » inquit, Ergo eleemosynas opera justitiæ esse significavit. Ipsos congregate justos ejus : eos congregate qui compassi sunt inopi, « qui intellexerunt super egenum et pauperem (*Psal.* XL. 2) : » congregate illos, conservet eos Dominus, et vivificet eos. « Congregate illi justos ejus : qui disponunt testamentum ejus super sacrificia : » id est, qui cogitant de promissis ejus, super illa quæ operantur. Ipsa enim sunt sacrificia, Deo dicente, « Misericordiam volo plus quam sacrificium (*Oseæ.* VI, 6, *Matth.* IX, 13). » « Qui disponunt testamentum ejus super sacrificia. »

13. « Et annuntiabunt cœli justitiam ejus (*Psal.* XLIX, 6). » Vere hanc justitiam Dei cœli nobis annuntiaverunt, Evangelistæ prædixerunt. Per illos audivinus futuros quosdam ad dextram, quibus dicit pater-familias, « Venite benedicti Patris mei, percipite. » Quid percipite ? « Regnum (*Matth.* XXV, 34). » Pro qua re ? « Esurivi, et dedistis mihi manducare. » Quid tam vile, quid tam terrenum, quam frangere panem esurienti ? Tanti valet regnum cœlorum. « Frange esurienti panem tuum, et egenum sine tecto induc in domum tuam ; si videris nudum, vesti (*Isai.* LVIII, 7). » Sed non habes facultatem frangendi panem, non habes domum quo inducas, non habes vestem qua cooperias : da calicem aquæ frigidæ, mitte duo minuta in gazophylacium (*Matth.* X, 42). Tantum emit vidua duobus minutis, quantum emit (*Marc.* XII, 42) Petrus relinquens retia, quantum emit Zacchæus dando dimidium patrimonium (*Matth.* IV, 20, *Lucæ.* XIX, 8). Tanti valet, quantum habueris.

d'être le grain caché même au milieu de la paille; les yeux de notre vanneur ne le trompent pas. Ne craignez pas que la tempête qui l'entourera vous confonde avec la paille. Assurément cette tempête sera redoutable, néanmoins elle n'enlèvera pas un seul grain de la masse du froment, pour le confondre avec la paille ; parce que ce n'est pas un villageois quelconque avec son trident, c'est la divine Trinité qui est le juge. « Et les cieux annonceront sa justice, parce que Dieu même est le juge. » Que les cieux marchent donc, que les cieux l'annoncent, que le son de leur voix se répande dans toute la terre, que leurs paroles pénètrent jusqu'aux extrémités du monde, et que le corps du Christ dise avec le Prophète : « Des confins de la terre j'ai crié vers vous, lorsque mon cœur était dans l'angoisse (*Ps.* LX, 3). » Maintenant, en effet, il gémit, parce qu'il est encore mêlé avec d'autres; séparé, il se réjouira. Qu'il crie donc et qu'il dise : « Ne perdez pas mon âme avec celle des impies, ni ma vie avec celle des hommes de sang (*Ps.* XXV, 9). » Dieu ne le perd pas, parce qu'il est le juge, que le corps du Christ crie vers Dieu et dise : « Jugez-moi, Seigneur, et distinguez ma cause d'avec celle de la nation qui n'est pas sainte (*Ps.* XLII, 1). » Qu'il le dise et Dieu fera ce qu'il demande, les justes qui lui appartiennent seront rassemblés par lui. « Il a appelé la terre, pour faire le discernement de son peuple. »

14. « Écoute, ô mon peuple, et je te parlerai (*Ps.* XLIX, 7). » Celui qui viendra et qui ne gardera pas le silence ne se tait pas dès maintenant, si vous l'écoutez. « Écoute, ô mon peuple, et je te parlerai. » Car si tu ne m'écoutes pas, je ne pourrai te parler. Écoute et je te parlerai. Car si tu ne m'écoutes, quand même je parlerais, ce ne serait pas pour toi. Quand donc te parlerai-je ? Quand tu m'écouteras. Quand m'écouteras-tu ? Si tu es mon peuple, « écoute, ô mon peuple ! » Tu n'écoutes pas, si tu es un peuple étranger pour moi. « Écoute, ô mon peuple, et je te parlerai. O Israël, je rendrai témoignage devant toi. » Israël, écoute, ô mon peuple, écoute. Israël est un nom d'élection. « Vous ne serez plus appelé Jacob, dit l'ange, mais vous serez appelé Israël. (*Gen.* XXXII, 28). » Écoute donc, comme étant véritablement Israël, comme voyant Dieu, sinon encore en réalité, déjà pourtant, par la foi. Car telle est la signification du nom d'Israël : voyant Dieu. Que celui-là entende, qui a des oreilles pour entendre (*Matth.* XI, 15); et que celui-là voie, qui a des yeux pour voir « Écoute, ô Israël, et je rendrai témoignage devant toi. » Ce que le Prophète dit d'abord : « Mon peuple, » il le redit ensuite : « Israël; » et

« Annuntiabunt cœli justitiam ejus : quoniam Deus judex est. » Vere judex, non (*a*) concernens, sed discernens. « Novit enim Dominus qui sunt ejus (II *Tim.* II, 19). » Et si grana latent in palea, agricolæ nota sunt. Nemo timeat esse granum etiam inter paleam, non falluntur oculi ventilatoris nostri. Noli timere, ne illa tempestas quæ erit in circuitu ejus, concernat te cum palea. Certe valida erit tempestas ; nullum tamen granum tollet a parte tritici ad paleam : quia non quilibet rusticus cum tridente, sed Deus Trinitas judex est. « Et annuntiabunt cœli justitiam ejus : quoniam Deus judex est. » Eant cœli, annuntient cœli, in omnem terram exeat sonus eorum, et in fines orbis terræ verba eorum (*Psal.* XVIII, 5) : et dicat illud corpus, « De finibus terræ ad te clamavi, cum angeretur cor meum (*Psal.* IX, 3). » Modo enim concretum gemit, discretum gaudebit. Clamet ergo, et dicat, « Ne comperdas cum impiis animam meam, et cum viris sanguinum vitam meam (*Psal.* XXV, 9). » Non comperdit, quia Deus judex est. Clamet illi, et dicat, « Judica me Domine, et discerne caussam meam de gente non sancta (*Psal.* XLII, 1) » : dicat, faciet ille : congregabuntur ei justi ejus. Vocavit terram, ut discernat populum suum.

14. « Audi populus meus, et loquar tibi (*Psal.* XLIX, 7). » Ille qui veniet, et non silebit, videte quia et modo, si auditis, non silet : « Audi populus meus, et loquar tibi. » Nam si non audis, non loquar tibi. « Audi et loquar tibi. » Nam si non audis, etsi loquar, non tibi. Quando ergo tibi loquar ? Si audis. Quando audis ? Si populus meus es. « Audi enim populus meus : » non audis, si populus alienus. « Audi populus meus, et loquar tibi. » Israël audi, populus meus audi. Israël nomen electionis est : « Non vocaberis, ait, Jacob, sed vocaberis Israël (*Gen.* XXXII, 28). » Ergo audi sicut Israël, sicut videns Deum; etsi nondum specie, sed jam fide. Hoc enim interpretatur Israël, videns Deum. « Qui habet aures audiendi, audiat (*Matth.* XI, 15); » et qui habet oculos videndi, videat. « Audi Israël, et testificabor tibi. » Quod sursum dixit, « populus meus; » hoc in consequenti, « Israël : » et quod

---

(*a*) Tres MSS. *conterens*; et paulo infra, *conterat te cum palea.*

ce qu'il a dit d'abord : « Je te parlerai, » il le redit ensuite : « Je rendrai témoignage devant toi. » Que dira le Seigneur notre Dieu à son peuple? Quel témoignage rendra-t-il devant son peuple d'Israël? Écoutons. « Je suis Dieu, je suis ton Dieu. » Je suis Dieu et je suis ton Dieu. Comment « suis-je Dieu? » Comme je l'ai dit à Moïse. « Je suis celui qui suis (*Ex.* III, 14). » Comment « suis-je ton Dieu? » Je suis le Dieu d'Abraham, et le Dieu d'Isaac et le Dieu de Jacob. Je suis Dieu et je suis ton Dieu, et lors même que je ne serais pas ton Dieu, je suis Dieu. C'est pour mon bonheur que je suis Dieu, c'est pour ton malheur si je ne suis pas ton Dieu. En effet, « ton Dieu » s'applique proprement à celui que Dieu possède comme d'une manière toute familière, comme faisant partie de sa propriété, comme faisant partie de sa richesse. « Je suis Dieu, je suis ton Dieu. » Que voulez-vous de plus? Vous demandez à Dieu une récompense, vous lui demandez quelque chose qui, une fois donné, soit bien à vous? Voilà que Dieu lui-même, qui doit vous le donner, est à vous. Qu'y a-t-il de plus riche que lui? Vous demandiez un don, vous possédez celui même qui est l'auteur de tout don. « Je suis Dieu, je suis ton Dieu. »

15. Voyons ce qu'il demande à l'homme. Quel impôt exige-t-il de nous, lui notre Dieu, notre empereur et notre roi ; puisqu'il a voulu être notre roi, et qu'il a voulu que nous fussions son royaume? Sachons quelle taxe il nous impose. Que le pauvre ne redoute pas la taxe que Dieu lui impose. La taxe dont Dieu réclame le paiement, il commence, lui qui l'impose, par en donner le montant à ses tributaires : soyez-lui seulement fidèles. Dieu n'exige pas ce qu'il n'a pas donné, et il a donné à tous ce qu'il exige d'eux. Qu'exige-t-il, en effet? Écoutons le Prophète : « Je ne vous ferai point de reproches sur vos sacrifices (*Ps.* XLIX, 8). » Je ne vous dirai pas : Pourquoi ne m'avez-vous pas immolé un taureau gras? Pourquoi n'avez-vous pas choisi dans votre troupeau le meilleur chevreau? Pourquoi ce bélier marche-t-il à la tête de votre troupeau, au lieu d'être offert sur mon autel? Je ne vous dirai pas : Examinez votre champ, votre étable, votre demeure, pour chercher ce que vous me donnerez. « Je ne vous ferai point de reproches sur vos sacrifices. » Quoi donc? N'accepterez-vous pas mes sacrifices? « Au contraire, vos holocaustes sont toujours devant mes yeux. » Il s'agit ici des holocaustes dont il est dit dans un autre psaume : « Si vous eussiez voulu un sacrifice, je vous l'eusse offert, mais les holocaustes ne vous plaisent pas. Un esprit dans l'angoisse du repentir, continue encore le Prophète, en se parlant pour ainsi dire à lui-même, est un sacrifice aux yeux de Dieu. Dieu ne re-

dixit sursum, « loquar tibi ; » hoc in consequenti, « testificabor tibi. » Quid loquetur Dominus Deus noster populo suo? Israëli suo quid testificabitur ? Audiamus : « Deus, Deus tuus ego sum. » Deus ego sum, et Deus tuus sum. Quomodo « Deus ego sum ? » Sicut Moysi dictum est, « Ego sum qui sum (*Exod.* III, 14). » Quomodo « Deus tuus sum? » Ego sum Deus Abraham, et Deus Isaac, et Deus Jacob. Sum Deus, et tuus sum Deus : et si tuus non sim Deus, sum Deus. Bono meo sum Deus, malo tuo non sum Deus tuus. Etenim « Deus tuus, » ei proprie dicitur quem familiarius habet Deus, tamquam in mancipio suo, tamquam in peculio suo. « Deus, Deus tuus sum ego. » Quid vis amplius ? Præmium quæris a Deo, ut aliquid tibi det Deus, ut quod tibi dederit tuum sit? Ecce ipse Deus qui dabit, tuus est. Quid eo (*a*) ditius ? Dona quærebas, ipsum donatorem habes. « Deus, Deus tuus ego sum. »

15. Quid quærit ab homine, videamus; Deus noster, imperator et rex noster, quod vectigal nobis indicit ; quoniam voluit esse rex noster, et voluit nos esse provinciam suam? Audiamus indictiones ejus. Non trepidet pauper sub indictione Dei : quod sibi Deus dari indicit, ipse prius donat qui indicit, vos tantum devoti estote. Non exigit Deus quod non dedit, et omnibus dedit quod exigit. Quid enim exigit? Audiamus jam : « Non super sacrificia tua arguam te (*Ps.*XLIX, 8). » Non tibi dicam, Quare non mihi pinguem taurum mactasti ? quare non de grege tuo optimum hircum elegisti ? quare aries ille ambulat in ovibus tuis, et in ara mea non ponitur ? Non dicam, Inspice agros tuos et curtem tuam, et parietes tuos, quærendo quid mihi des. « Non super sacrificia tua arguam te, » Quid ergo ? Non acceptas sacrificia mea? « Holocausta autem tua in conspectu meo sunt semper. » Holocausta quædam, de quibus in alio Psalmo dicitur , « Si voluisses sacrificium, dedissem utique, holocaustis non delectaberis (*Psal.* L, 18): » et rursus convertit se, « Sacrificium Deo spiritus contribulatus, cor contritum et humiliatum Deus non sper-

---

(*a*) Er. *Quid eo dulcius?* Melioris notæ MSS. *Quid te ditius ?*

jette point un cœur contrit et humilié (*Ps.* L, 18). » Quels sont donc les holocaustes que Dieu ne rejette pas? Quels holocaustes sont toujours devant ses yeux? « Seigneur, traitez Sion avec bonté, soyez-lui favorable, afin que les murs de Jérusalem soient bâtis. Alors vous accepterez un sacrifice de justice, des oblations et des holocaustes (*Ibid.* 20 et 21.) » Il dit donc qu'il y a des holocaustes que le Seigneur agrée. Mais qu'est-ce qu'un holocauste? Une offrande que le feu consume en entier : καῦσις signifie l'action de brûler, ὅλον signifie tout entier; l'holocauste est donc en entier consumé par le feu. Il y a un feu très-ardent, celui de la charité; que l'âme soit embrasée par la charité, que cette même charité s'empare des membres du corps pour se les asservir, qu'elle ne souffre point qu'ils combattent pour la cause de la cupidité, afin que celui qui peut offrir un holocauste à Dieu ne soit enflammé que du feu de l'amour divin. Voilà les holocaustes qui sont toujours devant mes yeux.

16. Peut-être ce peuple d'Israël ne comprend-il pas encore quels sont les holocaustes que Dieu a toujours devant les yeux; peut-être pense-t-il encore aux bœufs, aux brebis et aux chevreaux; qu'il n'y pense plus : « Je n'accepterai pas, dit le Seigneur, les veaux de votre maison (*Ps.* XLIX, 10).» J'avais parlé d'holocauste, déjà dans votre esprit, dans votre pensée, vous couriez vers des troupeaux terrestres, et vous y choisissiez quelque grasse victime pour me l'offrir : « Je n'accepterai pas les veaux de votre maison. » Le Prophète annonce ici par avance le Testament Nouveau, qui a abrogé tous ces anciens sacrifices. Car ceux-ci n'étaient que la figure d'un certain sacrifice à venir, dont le sang devait nous purifier. « Je n'accepterai pas les veaux de votre maison ni les chevreaux de votre troupeau. »

17. « Parce que toutes les bêtes de la forêt m'appartiennent (*Ibid.* 10). » Pourquoi vous demanderais-je ce que j'ai créé? Ce que j'ai créé est-il plus à vous qui en avez reçu de moi la possession, qu'à moi qui l'ai fait? « Parce que toutes les bêtes de la forêt m'appartiennent. » Mais, dira peut-être ce peuple d'Israël, les bêtes sont à Dieu, c'est-à-dire les bêtes sauvages que je ne renferme pas dans mes étables, que je n'attache pas à mes râteliers; mais ce bœuf, cette brebis, ce chevreau sont à moi. « Les bêtes de la forêt m'appartiennent, les troupeaux des montagnes, et les bœufs. » Les choses que vous ne possédez pas sont à moi, à moi également appartiennent toutes celles que vous possédez. Si, en effet, vous êtes mon esclave, toutes vos propriétés m'appartiennent. Car quoi! la propriété que l'esclave s'acquiert lui-même appartient à son maître, et la propriété que le Seigneur a créée pour son serviteur ne serait pas la propriété du Seigneur? Les bêtes sauvages

---

nit. » Quæ sunt ergo holocausta quæ non spernit? Quæ holocausta quæ in conspectu ejus sunt semper? « Benigne, inquit, fac Domine in bona voluntate tua. Sion, et ædificentur muri Jerusalem : tunc acceptabis sacrificium justitiæ, oblationes et holocausta (*Ibid.* 20 et 21.). » Dicit quædam holocausta Deum acceptaturum. Quid est autem holocaustum? Totum igne absumtum : καῦσις incensio est, ὅλον totum est : holocaustum autem est totum igne absumtum. Est quidam ignis flagrantissimæ caritatis : animus inflammetur caritate, arripiat eadem caritas membra in usum suum, non ea permittat militare cupiditati, ut totus exardescat igne amoris divini qui vult offerre Deo holocaustum. Talia « holocausta tua in conspectu meo sunt semper. »

16. Adhuc iste Israël forte non intelligit quæ holocausta ejus in conspectu suo habeat semper, et adhuc de bobus, de ovibus, de hircis cogitat; non cogitet : « Non accipiam de domo tua vitulos (*Ps.* XLIX, 9.). » Holocausta nominavi; jam animo et cogitatione ad terrenos greges currebas, inde pingue mihi aliquid eligebas : « Non accipiam de domo tua vitulos. » Prænuntiat Testamentum novum, ubi omnia illa sacrificia vetera cessaverunt. Erant enim tunc prænuntiantia futurum quoddam sacrificium, cujus sanguine mundaremur. « Non accipiam de domo tua vitulos, neque de gregibus tuis hircos. »

17. Quoniam meæ sunt omnes bestiæ silvæ (*Ibid.* 10.). » Quid a te quæram quod ego condidi? Magisne est hoc tuum cui possidere dedi, quam meum qui feci? « Quoniam meæ sunt omnes bestiæ silvæ. » Sed forte ait ille Israël, Bestiæ Dei sunt, illæ bestiæ feræ quas non includo in curte mea, quas non alligo ad præsepe meum : ceterum bos ille et ovis et hircus, mea sunt hæc. « Pecora in montibus et boves. » Mea sunt illa quæ non possides, mea sunt ista quæ possides. Si enim servus meus es tu, totum peculium tuum meum est. Neque enim est peculium Domini quod sibi servus comparavit, et non erit peculium Domini quod ipse Dominus servo creavit. Ergo meæ

de la forêt que vous n'avez pas réduites en captivité, sont donc à moi, et à moi sont également vos troupeaux qui paissent sur les montagnes, et les bœufs attachés à vos rateliers : Toutes ces choses sont à moi parce que je les ai créées.

18. « Je connais tous les oiseaux du ciel (*Ibid.* 11). » Comment les connaît-il? Il les a pesés, il les a comptés. Qui de nous connaît tous les oiseaux du ciel? Mais lors même que Dieu donnerait à quelqu'un la connaissance de tous les oiseaux du ciel, il les connaîtrait encore d'une tout autre manière qu'il ne donnerait à l'homme de les connaître. Autre est la connaissance de Dieu, autre la connaissance de l'homme; de même qu'autre est la possession de Dieu, autre est la possession de l'homme, c'est-à-dire que Dieu possède autrement que l'homme ne possède. En effet, ce que vous possédez n'est pas entièrement en votre pouvoir, par exemple il n'est pas en votre pouvoir de prolonger à votre gré la vie de votre bœuf, ou de faire qu'il ne périsse pas ou qu'il n'ait pas besoin de pâture. Celui qui a le pouvoir suprême a seul aussi la suprême et intime connaissance des choses. Reconnaissons en Dieu cette science, et rendons-lui en gloire. N'ayons pas l'audace de dire : Comment Dieu connaît-il? Et de peur, mes frères, que, par hasard, vous n'attendiez que je vous explique comment Dieu connaît, je me borne à vous dire : Il ne connaît pas comme l'homme, il ne connaît pas comme l'ange; mais comment connaît-il, je n'ose le dire, parce que je ne puis le savoir. Je sais seulement une chose, c'est que, avant que les oiseaux du ciel existassent, Dieu connaissait ce qu'il devait créer. Quelle est cette connaissance ? O homme! tu as commencé à voir les oiseaux, quand toi-même tu as été créé, quand tu as reçu le sens de la vue. Or, ces oiseaux sont nés des eaux à cette parole de Dieu : « Que les eaux produisent les oiseaux (*Gen.* 1, 20). » Où Dieu avait-il connu ce qu'il ordonnait aux eaux de produire? Mais déjà Dieu connaissait ce qu'il avait créé, et il le connaissait avant de le créer. La connaissance de Dieu est donc si grande que toutes choses étaient en lui d'une manière que nous ne pouvons exprimer, avant qu'elles ne fussent créées; et il attendrait de recevoir de vous ce qu'il possédait avant de le créer? « Je connais tous les oiseaux du ciel, » que vous ne pouvez me donner. Tous les animaux que vous pourriez immoler en mon honneur, je les connais; je les ai connus, non pour les avoir créés, mais pour les créer. « Et toute la beauté des champs est avec moi. » La beauté des champs, ou la fertilité de tout ce qui croit et se multiplie à la surface de la terre, est avec moi, dit le Seigneur. Comment est-elle avec lui? était-elle avec lui avant de recevoir l'existence? Oui : car toutes les choses futures sont avec lui aussi bien que toutes les choses passées; les choses futures sont avec lui

---

sunt bestiæ silvæ quas tu non cepisti ; mea sunt et pecora in montibus quæ sunt tua, et boves qui sunt ad præsepe tuum : omnia mea sunt, quia ego creavi ea.

18. « Cognovi omnia volatilia cœli (*Ibid.* 11.). » Quomodo cognovit ? Appendit, numeravit. Quis nostrum novit omnia volatilia cœli ? Sed etsi alicui Deus det notitiam omnium volatilium cœli, non sic ipse novit, ut dat nosse homini. Alia est notitia Dei, alia hominis : sicut alia possessio Dei, alia hominis; id est, aliud est possidere Dei, aliud possidere hominis. Non enim tu quod possides, totum habes in potestate, aut quamdiu vivat bos tuus in tua potestate est, aut ut non pereat, aut non pascatur. Apud quem summa potestas est, summa et secreta cognitio est. Tribuamus hoc Deo, laudantes Deum. Non audeamus dicere, Quomodo novit Deus? Ne forte hoc a me Fratres exspectetis ut explicem vobis, quomodo cognoscat Deus : hoc solum dico, non sic cognoscit ut homo, non sic cognoscit ut Angelus : et quomodo cognoscit, dicere non audeo, quoniam et scire non possum. Unum tamen scio, quia et antequam essent omnia volatilia cœli, noverat Deus quod fuerat creaturus. Quæ est illa notitia? O homo, videre cœpisti volatilia, postea quam plasmatus es, postea quam sensum videndi accepisti. Hæc volatilia de aqua nata sunt ad verbum Dei, dicentis, « Producant aquæ volatilia (*Gen.* 1, 20.). » Ubi noverat Deus quæ imperabat ut aqua profferret? Jam certe noverat quod creabat, et antequam crearet noverat. Tanta est ergo notitia Dei, ut apud ipsum essent quodam ineffabili modo antequam creata essent : et a te exspectat ut accipiat quod antequam crearet habebat? « Cognovi omnia volatilia cœli, » quæ tu mihi non potes dare. Quæ tu mihi mactaturus es, ego cognovi omnia : non quia feci cognovi, sed ut facerem. « Et species agri mecum est. » Pulcritudo agri, ubertas omnium in terra gignentium, « mecum est, » inquit. Quomodo

de telle sorte qu'il n'en perd quoi que ce soit, quand elles sont passées. Toutes choses sont avec lui par une connaissance que possède en son Verbe l'ineffable sagesse de Dieu, et le Verbe renferme toutes choses. Mais est-ce que la beauté des champs est avec lui d'une certaine manière particulière, avec lui qui est partout, et qui a dit lui-même : « Je remplis le ciel et la terre (*Jérém.* XXIII, 24) ? » Y a-t-il donc quelque chose qui ne soit point avec lui, avec lui de qui il est dit : « Si je monte dans le ciel, vous y êtes, et si je descends dans les enfers vous y êtes encore (*Ps.* CXXXVIII, 8) ? » Tout est en lui ; mais rien n'est avec lui de manière à ce qu'il ait à souffrir l'influence ou le besoin des choses qu'il a créées. Par exemple, vous pouvez regarder comme étant avec vous la colonne près de laquelle vous vous tenez, et contre laquelle vous vous appuyez, lorsque vous êtes fatigué. Vous avez besoin de ce qui est avec vous, Dieu n'a pas besoin du champ qui est avec lui. Le champ est avec lui, la beauté de la terre est avec lui, la beauté du ciel est avec lui, tous les oiseaux du ciel sont avec lui, parce qu'il est partout. Et pourquoi tout est-il avec lui ? Parce que, avant que toutes choses existassent, ou fussent créées, toutes choses lui étaient connues.

19. Qui expliquera, qui exposera une chose qui lui est dite dans un autre psaume : « Vous n'avez pas besoin de mes biens (*Ps.* XV, 2). » Il déclare n'avoir besoin de recevoir de nous aucune chose qui lui soit nécessaire. « Si j'ai faim, je ne vous le dirai pas (*Ps.* XLIX, 12). » Celui qui garde Israël n'aura pas faim, il n'aura pas soif, il ne connaîtra point la peine, il ne dormira pas (*Ps.* CXX, 4). Mais je parle selon votre condition charnelle, car, souffrant de la faim lorsque vous ne mangez pas, peut-être pensez-vous que Dieu ait faim et qu'il mange. Mais s'il a faim, il ne vous le dit pas ; toutes choses sont devant lui, il prend où il veut ce qui lui est nécessaire. Ces paroles ont été accommodées à la faiblesse de votre esprit, pour le convaincre ; sans que Dieu ait reconnu pour cela qu'il pouvait avoir faim. Et toutefois ce Dieu des dieux a daigné avoir faim à cause de nous. Il est venu pour avoir faim et pour rassasier ; il est venu pour avoir soif et pour donner à boire ; il est venu pour être revêtu de mortalité et pour revêtir d'immortalité ; il est venu pauvre pour faire des riches. En effet, il n'a pas perdu ses richesses en prenant sur lui notre pauvreté, parce qu'en lui sont cachés tous les trésors de sagesse et de science (*Coloss.* II, 3). « Si j'ai faim je ne vous le dirai pas. Car le monde entier m'appartient avec tout ce qu'il renferme. » Ne travaillez donc pas si fort à chercher ce que vous me donnerez : J'ai ce que je veux sans aucun travail.

---

cum illo? Utrum et antequam fierent? Cum illo enim erant omnia futura, et cum illo sunt omnia præterita : futura ita, ut non et detrahantur omnia præterita. Cum illo sunt omnia cognitione quadam ineffabilis sapientiæ Dei in Verbo constituta (a), et ipsum Verbum omnia. An aliquo modo cum illo est agri species, quia ipse ubique est, et ipse dixit, « Cœlum et terram ego impleo (*Jerem.* XXIII, 24.) ? » Quid cum illo non est, de quo dicitur, « Si adscendero in cœlum, tu illic es, et si descendero in infernum, ades (*Psal.* CXXXVIII, 8.)? » Cum illo est totum : sed non sic cum illo est, ut aliquam ex his quæ creavit contagionem, aut eorum indigentiam patiatur. Nam tecum est forte columna juxta quam stas, et cum fatigatus fueris, incumbis in eam. Indiges eo quod tecum est, non indiget Deus agro qui cum illo est. Cum illo ager, cum illo species terræ, cum illo species cœli, cum illo omnia volatilia, quia ipse ubique. Et quare apud ipsum omnia? Quia et antequam essent omnia, aut crearentur, ei nota erant omnia.

19. Quis explicat, quis exponit illud quod ei dicitur in alio Psalmo, « Quoniam bonorum meorum non eges (*Psal.* XV, 2).» Non se egere a nobis aliquo necessario dixit. « Si esuriero, non dicam tibi (*Psal.* XLIX, 12).» Non esuriet, neque sitiet, neque laborabit, neque obdormiet qui custodit Israël (*Ps.* CXX, 4). Sed ecce secundum carnalitatem tuam loquor : quia tu cum non manducaveris, famem patieris, forte putas et Deum esurire ut manducet. Etsi esurierit, non tibi dicit : omnia ante illum sunt, unde vult tollit quod illi necessarium est. Dicta sunt hæc ad convincendum parvulum sensum, non quia professus est Deus esurire suam. Quamquam propter nos Deus ille deorum et esurire dignatus est. Venit esurire et saginare, venit sitire et potum dare, venit vestiri mortalitate et vestire immortalitate, venit pauper divites facturus. Etenim non perdidit divitias suas assumendo paupertatem nostram, quia « in illo sunt omnes thesauri sapientiæ et scientiæ absconditi (*Coloss.* II, 3). » « Si esuriero, non dicam tibi. Meus

(a) Sic aliquot MSS. Alii, *et in ipso.* Editi, *et in ipsum Verbum.*

20. Pourquoi donc pensez-vous encore à vos troupeaux. « Mangerai-je la chair des taureaux ou boirai-je le sang des boucs (*Ps.* XLIX, 13)? » Vous savez ce que ne demande pas celui qui veut nous imposer je ne sais quelle taxe. Si donc vous pensez à des sacrifices de cette nature, détournez-en dès maintenant votre esprit, ne songez plus à offrir à Dieu rien de semblable. Si vous avez un taureau gras, tuez-le pour les pauvres ; qu'ils mangent du moins la chair de vos taureaux, s'ils ne boivent pas le sang de vos boucs. Lorsque vous aurez fait cela, Dieu vous en tiendra compte, lui qui a dit : « Si j'ai faim, je ne vous le dirai pas, » et il vous dira : « J'ai eu faim et vous m'avez donné à manger (*Matth.* XXV, 35). » « Mangerai-je la chair des taureaux, ou boirai-je le sang des boucs ? »

21. Dites donc, Seigneur notre Dieu, quel tribut vous exigez de votre peuple, de votre Israël. « Immolez à Dieu un sacrifice de louanges (*Ps.* XLIX, 14). » Disons-lui donc aussi : « Mon Dieu les vœux que je vous ai faits sont en moi ; je vous rendrai des sacrifices de louanges (*Ps.* LV, 2). » Je craignais que vous ne me demandassiez quelque chose qui fût hors de moi, qui fît partie de mon étable et que peut-être le voleur m'eût déjà ravi. Mais, quel tribut m'imposez-vous ? « Immolez à Dieu un sacrifice de louange. » Que je rentre donc en moi-même, où je trouverai ce que je dois vous immoler! Que je rentre en moi-même, et j'y trouverai à immoler une victime de louange ; et ma conscience sera votre autel. « Immolez à Dieu un sacrifice de louange. » Nous sommes rassurés ; nous n'allons pas en Arabie chercher de l'encens, nous n'avons pas besoin de recourir à la cargaison d'un négociant avide. Dieu nous demande un sacrifice de louange. Zacchée avait dans son patrimoine ce qui suffit à ce sacrifice (*Luc.* XIX, 8) ; la veuve l'avait dans sa chétive bourse (*Marc.* XII, 42) ; je ne sais quel pauvre hospitalier l'avait dans son verre d'eau ; un autre ne l'avait ni dans son patrimoine, ni dans sa bourse, ni dans son tonneau, il l'avait tout entier dans son cœur ; c'est pourquoi le salut a été accordé à la maison de Zachée ; la pauvre veuve a donné plus que les riches ; celui qui a donné un verre d'eau fraîche (*Matth.* X, 41) ne perdra pas sa récompense ; et paix sur la terre aux hommes de bonne volonté (*Luc.*, II, 14) « Immolez à Dieu un sacrifice de louange. » O sacrifice gratuit, dont la grâce a donné la victime ! Je n'ai pas même acheté ce que je dois vous offrir, mais vous me l'avez donné, car sans vous je ne le posséderais pas. « Immolez à Dieu un sacrifice de louange. » Et cette immolation d'un sacrifice de louange consiste à rendre des actions de grâces à celui de qui vous tenez tout ce que vous avez de bon, et dont

---

est enim orbis terræ et plenitudo ejus. » Noli ergo laborare quid mihi des, sine labore habeo quod volo.

20. Quid ergo de gregibus tuis adhuc cogitas ? « Numquid manducabo carnes taurorum, aut sanguinem hircorum potabo(*Ps.*XLIX,13)? » Audistis quid a nobis non quærat, qui nescio quid nobis vult indicere. Si de talibus cogitabatis, jam auferte cogitationes vestras a talibus rebus : nihil tale Deo offerre cogitetis. Si habes taurum pinguem, occide pauperibus : manducent ipsi carnes taurorum, etsi non bibent sanguinem hircorum. Quod cum feceris, imputabit tibi ille qui dixit, « Si esuriero, non dicam tibi (*Matth.*XXV,35) : » et dicet tibi, Esurivi, et dedisti mihi manducare. « Numquid manducabo carnes taurorum, aut sanguinem hircorum potabo ? »

21. Dic ergo, Domine Deus noster, quid indicis populo tuo, Israëli tuo ? « Immola Deo sacrificium laudis(*Ps.*XLIX,14).» Dicamus illi et nos, « In me sunt Deus vota tua, quæ reddam laudis tibi (*Psal.* LV, 2),» Expaveram ne aliquid indiceres quod esset extra me, quod computabam in curte mea, et a fure jam forte ablatum erat. Quid mihi indicis ? « Immola Deo sacrificium laudis. » Ad me redeam, ubi inveniam quod immolem : ad me redeam, in me inveniam laudis immolationem : (*a*) sit ara tua, conscientia mea. « Immola Deo sacrificium laudis. » Securi sumus, non imus in Arabiam thus quærere, non sarcinas avari negotiatoris excutimus : sacrificium laudis quærit a nobis Deus. Habebat hoc sacrificium laudis Zacchæus in patrimonio suo (*Lucæ* XIX, 8), habebat vidua in saccello suo, habebat nescio quis pauper hospes in dolio suo (*Marci* XII, 42) ; alius nec in patrimonio suo, nec in saccello, nec in dolio aliquid habebat, totum habebat in animo suo : salus domui Zacchæi ; et plus misit hæc vidua quam divites illi (*Matth.* X , 42) ; iste calicem aquæ frigidæ porrigens, non perdet mercedem suam ; sed et « pax in terra hominibus bonæ voluntatis (*Lucæ* II, 14). » « Immola Deo sacrificium laudis. » O sacrificium gratuitum, gratia datum ! Non quidem hoc emi

---

(*a*) Ita in MSS. At in editis omittitur, *sit* : et habetur, *Ara tua, conscientia tua.*

la miséricorde vous remettra tout ce que, par vous-même, vous avez de mauvais. « Immolez à Dieu un sacrifice de louange et rendez au Très-Haut l'hommage de vos prières. » C'est là la bonne odeur qui réjouit le Seigneur. « Rendez au Très-Haut l'hommage de vos prières. »

22. « Et invoquez-moi au jour de votre affliction, et je vous délivrerai, et vous me glorifierez (*Ps.* XLIX, 15). » En effet, vous ne devez pas présumer de vos propres forces ; tout le secours que vous trouvez en vous-même n'est que mensonge. « Invoquez-moi au jour de votre affliction, je vous délivrerai et vous me glorifierez. » C'est en effet dans ce but que j'ai permis pour vous le jour de l'affliction ; car peut-être, si vous n'aviez pas été affligé, ne m'auriez-vous pas invoqué ; mais quand vous êtes affligé, vous m'invoquez ; quand vous m'invoquerez, je vous délivrerai ; quand je vous aurai délivré, vous me glorifierez, afin de ne plus vous éloigner de moi. Un homme était dans la torpeur ; la ferveur de sa prière s'était refroidie, et il a dit : « J'ai trouvé l'affliction et la douleur, et j'ai invoqué le nom du Seigneur (*Ps.* CXIV, 3). » Il a trouvé l'affliction comme quelque chose d'utile ; il pourrissait par l'effet de la gangrène de ses péchés, déjà il était privé de sensibilité ; mais il a trouvé l'affliction, qui a porté dans ses plaies le fer et le feu. « J'ai trouvé, » dit-il, « l'affliction et la douleur, et j'ai invoqué le Seigneur. » Et d'abord, mes frères, il y a des afflictions que chacun regarde comme des afflictions. Voici celles qui abondent dans le genre humain : l'un pleure, affecté par une perte qu'il a essuyée ; un autre, frappé par la perte d'une épouse, se désole ; celui-ci, exilé de sa patrie, est dans une amère tristesse ; il aspire au retour, et l'exil lui semble intolérable ; la grêle a ravagé la vigne de celui-là, il considère tristement son travail perdu et ses longues peines devenues inutiles. Est-il un moment où l'homme soit exempt de douleur ? Dans son ami, il trouve tout à coup un ennemi ; est-il dans le genre humain une plus grande misère ? Ces afflictions, tous les hommes les souffrent, en gémissent et les tiennent pour de véritables afflictions ; dans toutes ces peines, ils invoquent le Seigneur, et ils font bien. Qu'ils invoquent Dieu, il est assez puissant, ou pour apprendre à souffrir patiemment, ou pour guérir du mal dont on souffre. Il sait bien faire que nous ne soyons pas tentés au-delà de nos forces (*Cor.* X, 13). Par conséquent, invoquons Dieu aussi dans ces sortes d'afflictions ; cependant remarquons qu'elles sont du nombre de celles qui viennent nous trouver, comme il est écrit dans un autre psaume : « Il est notre aide dans les afflictions excessives qui sont venues nous trouver (*Ps.* XLV, 2). » Mais il est encore une autre affliction qu'à notre tour nous devons trouver. Que les autres afflictions viennent nous trouver, soit ;

---

quod offerrem, sed tu donasti : nam nec hoc haberem « Immola Deo sacrificium laudis. » Et hæc immolatio sacrificii laudis, gratias agere illi a quo habes quidquid boni habes, et cujus misericordia tibi dimittitur quidquid tuum mali habes. « Immola Deo sacrificium laudis : et redde Altissimo preces tuas. » Hoc odore Dominus delectatur. « Redde Altissimo preces tuas. »

22. « Et invoca me in die tribulationis tuæ : et eximam te, et glorificabis me (*Ps.* XLIX, 15.) » Non enim præsumere debes de viribus tuis, omnia auxilia tua mendacia sunt. « Me invoca in die tribulationis : eruam te, et glorificabis me. » Ad hoc enim permisi diem tribulationis tibi fieri : quia forte si non tribulareris, non invocares me, cum tribularis autem, invocas me ; cum invocas me, eximam te ; cum eximam te, glorificabis me, ut jam non discedas a me. Obtorpuerat quidam et friguerat a fervore orationis, et dixit, « Tribulationem et dolorem inveni, et nomen Domini invocavi (*Ps.* CXIV, 3.). » Invenit tribulationem tamquam aliquid utile, putruerat tabe peccatorum suorum, jam sine sensu remanserat, invenit tribulationem tamquam ustionem et sectionem. « Inveni, inquit, tribulationem et dolorem, et nomen Domini invocavi (*Ibid.*). » Et quidem, Fratres, sunt tribulationes omnibus notæ. Ecce istæ quæ abundant in genere humano, alius damno affectus plangit, alius orbitate percussus luget ; alius patria exsulatus mæret, et redire cupit, intolerabilem peregrinationem deputans ; alteri vinea grandinata est, adtendit ad labores suos, et consumtam omnem operam incassum. Quando homo potest non contristari ? Inimicum patitur ex amico. Quæ major miseria in genere humano ? Plangunt hæc omnes, et dolent, et tribulationes sunt istæ : et in his omnibus invocant Dominum, et recte faciunt. Invocent Deum, potens est vel docere tolerandum, vel sanare toleratum. Novit ille non sinere tentari nos supra quam possumus ferre (I *Cor.* X, 13.). Invocemus Deum etiam in istis tribulationibus : sed hæ tribulationes inveniunt nos, sicut in alio

mais il en est une que nous devons chercher et trouver. Quelle est-elle? Dirai-je que c'est la félicité même de ce monde et l'abondance des biens temporels? Ce n'est point là une affliction, à proprement parler; ces biens sont plutôt les consolations laissées à l'affliction que nous devons chercher. A quelle affliction? A l'affliction de notre exil. Car le fait même que nous ne sommes point encore avec Dieu, le fait même que nous vivons au milieu des tristesses et des tentations, et que nous ne pouvons être exempts de crainte, voilà ce qui doit causer notre affliction; parce que nous ne possédons pas encore la sécurité qui nous est promise. Celui qui n'a pas trouvé cette affliction de l'exil, ne pense pas à retourner dans sa patrie. Voilà l'affliction dont je parle, ô mes frères! Maintenant nous faisons de bonnes œuvres; par exemple, nous donnons du pain à celui qui a faim, nous ouvrons notre maison à un étranger, et mille autres choses de ce genre. Or, ici encore se trouve une affliction. En effet, nous trouvons des malheureux envers lesquels nous exerçons la miséricorde, et la misère de ces malheureux nous fait souffrir avec eux. Combien ne seriez-vous pas mieux au ciel, où vous ne trouveriez pas d'hommes affamés à nourrir, pas d'étrangers à recevoir, point d'indigents à revêtir, point de malades à visiter, point d'hommes en querelle à concilier. Car au ciel tout est grand, tout est vrai, tout est saint, tout est éternel. Là, la justice est notre pain, la sagesse est notre breuvage, l'immortalité est notre vêtement; le ciel est notre demeure pour l'éternité; l'immortalité fait notre force. Est-ce que la maladie peut s'y glisser? Est-ce que la fatigue peut y contraindre à dormir? Il n'y a plus là ni mort, ni querelle; mais la paix, le repos, la joie, la justice. Nul ennemi n'y entre; nul ami ne vient à changer. Quel n'est donc pas ce repos? Si nous y réfléchissions, si nous pensions dans quel lieu nous sommes, et dans quel lieu celui qui ne saurait mentir a promis de nous faire entrer, cette promesse seule nous ferait connaître notre affliction présente. Mais cette affliction, nul ne la connaît et ne la trouve, s'il ne la cherche. Vous êtes en santé, demandez-vous si vous êtes malheureux, car il est facile à celui qui est malade de sentir sa misère. Mais tandis que vous êtes en santé, demandez-vous si vous êtes malheureux, par ce motif que vous n'êtes pas encore avec Dieu. « J'ai trouvé l'affliction et la douleur, et j'ai invoqué le nom du Seigneur (*Ps.* CXIV, 3). » Immolez donc à Dieu un sacrifice de louanges. Louez le Dieu qui vous fait des promesses; louez le Dieu qui vous appelle; louez le Dieu qui vous exhorte; louez le Dieu qui vous aide, et comprenez dans quelle affliction vous êtes. Invoquez-le, et vous serez délivré; vous le glorifierez, vous vivrez à jamais.

Psalmo scriptum est, « Adjutor in tribulationibus quæ invenerunt nos nimis (*Psal.* XLV, 2.), » est quædam quam nos debemus invenire. Inveniunt nos istæ tribulationes: est quædam tribulatio quam nos debemus quærere, et invenire. Quæ est ista? Ea ipsa in hoc mundo felicitas, affluentia rerum temporalium; non quidem ipsa tribulatio est, solatia sunt nostræ tribulationis. Cujus tribulationis? Nostræ peregrinationis. Hoc enim ipsum quod cum Deo nondum sumus, hoc ipsum quod inter tentationes molestiasque versamur, quod sine timore esse non possumus, tribulatio est : non enim est illa securitas quæ nobis promissa est. Hanc tribulationem peregrinationis suæ qui non invenerit, ad patriam redire non cogitat. Tribulatio illa est, Fratres. Certe modo facimus bona opera, quando porrigimus panem esurienti, domum peregrino, et cetera: tribulatio est et hæc. Invenimus enim miseros super quos misericordiam facimus ; et miserorum miseria facit nos compatientes. Quanto melius ibi jam esses, ubi non invenis esurientem quem pascas, ubi non invenis peregrinum quem suscipias, non nudum quem vestias, non ægrum quem visites, non litigantem quem concordes? Omnia enim ibi summa sunt, vera sunt, sancta sunt, æterna sunt. Panis noster ibi justitia est, potus noster ibi sapientia est, vestis nostra ibi immortalitas est, domus nostra æterna in cœlis, firmitas nostra immortalitas. Numquid ægritudo subrepit? Numquid lassitudo ad somnum trahit? Nulla mors, nulla lis: ibi pax, quies, gaudium, justitia. Nullus intrat inimicus, nullus labitur amicus. Quæ ibi quies? Si cogitemus, et attendamus ubi simus, et ubi nos futuros esse promisit qui mentiri nescit, ex ipsa ejus promissione invenimus in qua sumus tribulatione. Hanc tribulationem nemo invenit, nisi qui quæsierit. Sanus es, vide si miser es : nam facile est ut qui ægrotat, sentiat se miserum : quando sanus es, vide si miser es ; quia cum Deo nondum es. « Tribulationem et dolorem inveni, et nomen Domini invocavi (*Psal.* CXIV, 3). » « Immola ergo Deo sacrificium laudis. » Lauda promit-

23. Mais voyez, mes frères, ce qui suit : Un homme, je ne sais lequel, ayant entendu cette parole de Dieu : « Immolez à Dieu un sacrifice de louange, » réfléchit en lui-même et se dit : Chaque jour, à mon lever, j'irai vers l'église, j'y chanterai un hymne du matin; j'en chanterai un autre le soir; un troisième ou un quatrième dans ma maison; tous les jours, par conséquent, j'offrirai un sacrifice de louange et je l'immolerai à mon Dieu. C'est bien d'en agir ainsi, si vraiment vous le faites ; mais gardez-vous de vous rassurer sur ce que vous faites, et craignez, tandis que votre langue parle bien devant Dieu, que votre vie ne parle mal devant lui. O mon peuple, vous dit le Dieu des dieux qui a parlé, appelant la terre du lever au coucher du soleil, bien qu'il vous laisse encore mêlé à l'ivraie (*Matth.* XIII, 25), « immolez un sacrifice de louange à votre Dieu, et rendez-lui l'hommage de vos prières ; » mais prenez garde en même temps de vivre mal, tout en parlant bien. Pourquoi vous mettre ainsi sur vos gardes? Parce que Dieu dit au pécheur : « Pourquoi parlez-vous de justice ? Et pourquoi avez-vous mon alliance à la bouche (*Ps.* XLIX, 16)? » Voyez, mes frères, avec quelle frayeur nous devons vous parler. Nous avons l'alliance de Dieu à la bouche, et nous vous prêchons la connaissance et la justice de Dieu. Et que dit Dieu au pécheur : « Pourquoi parlez-vous? » Dieu défend-il donc au pécheur de prêcher sa parole ? Et que deviendrait alors cet avis : « Faites ce qu'ils disent, mais gardez-vous de faire ce qu'ils font (*Matth.* XIII, 3). » Que deviendrait encore cette parole : « Que le Christ soit annoncé, ou par un vrai zèle, ou par occasion (*Philip.* I, 18)? » Mais ces paroles ont pour but d'avertir ceux qui entendent la prédication de ne pas se préoccuper de qui ils l'entendent; elles n'ont point pour but de rassurer ceux qui disent bien et qui font mal. Maintenant donc, mes frères, vous êtes en sécurité. Si vous entendez dire de bonnes choses, c'est Dieu que vous entendez, quelle que soit la bouche qui vous parle. Mais Dieu n'a pas voulu laisser sans les reprendre ceux qui parlent, de peur que, par cela seul qu'ils disent le bien, ils ne s'endorment en sécurité dans leur vie de désordre, et ne se disent à eux-mêmes : Dieu ne voudra pas nous perdre, nous par la bouche de qui il a voulu adresser à son peuple tant de discours si salutaires. Mais bien plutôt vous qui parlez, qui que vous soyez, écoutez ce que vous dites; vous qui voulez être écouté, écoutez-vous le premier et dites avec le Prophète dans un autre psaume : « J'écouterai ce que le Seigneur Dieu dira en moi, parce qu'il fera entendre des paroles de paix sur son peuple (*Ps.* LXXXIV, 9). » Dans quel état suis-je donc, moi, qui n'entends

---

tentem, lauda vocantem, lauda exhortantem, lauda adjuvantem : et intellige in qua tribulatione positus es. Invoca, crucris (*a*), glorificabis, permanebis.

23. Videte autem quod sequitur, Fratres mei. Jam enim nescio quis, quia dixerat illi Deus, « Immola Deo sacrificium laudis, » et hoc quodam modo vectigal indixerat, meditabatur sibi, et dicebat, Surgam quotidie, pergam ad Ecclesiam, dicam unum hymnum matutinum, alium vespertinum, tertium aut quartum in domo mea, quotidie sacrificio sacrificium laudis, et immolo Deo meo. Bene facis quidem, si hoc facis : sed vide ne jam securus sis, quia jam hoc facis, et forte lingua tua Deum benedicat, et vita tua Deo maledicat. O popule meus, dicit tibi Deus deorum Dominus qui locutus est, vocans terram a solis ortu usque ad occasum, quamvis adhuc inter zizania constitutus sis (*Matth.* XIII, 25), « immola sacrificium laudis Deo tuo, et redde illi preces tuas : » sed vide ne vivas male, et cantes bene. Quare hoc ? « Peccatori enim dicit Deus, Ut quid tu enarras justitias meas, et assumis Testamentum meum per os tuum(*Ps.*XLIX,16)? » Videtis Fratres, cum quo tremore ista dicamus. Assumimus Testamentum Dei per os nostrum, et prædicamus vobis eruditionem et justitias Dei. Et quid dicit peccatori Deus ? Ut quid tu ? Prohibet ergo prædicatores peccatores ? Et ubi est illud, Quæ dicunt facite, quæ autem faciunt, facere nolite(*Matth.* XXIII, 3)? Ubi est illud, « Sive veritate sive occasione Christus annuntietur (*Philip.* I, 18) ? » Sed hæc dicta sunt, ne timeant qui audiunt a quocumque audiant : non ut securi sint qui dicunt bona, et faciunt mala. Modo ergo Fratres vos securi estis : si bona auditis, (*b*) Deum auditis, per quemlibet audiatis. Sed noluit Deus sine correptione dimittere illos qui dicunt ; ne hoc solo quod dicunt, securi sibi obdormiscant in mala vita, et dicant sibi, Neque enim perdet nos Deus, per quorum os voluit tanta bona dici populo suo. Immo vero audi quod dicis, quicumque dicis ; et qui vis te audiri, prior te audi ; et dic quod dicit

---

(*a*) Sic potiores MSS. At editi, *glorificaberis*. (*b*) Plures MSS. *Dei sunt.* Nonnulli, *Dei auditis.*

pas ce que le Seigneur dit en moi, et qui veux que les autres entendent ce qu'il dit par ma voix? Puissé-je écouter le premier, puissé-je écouter, j'écouterai plus que toute autre chose ce que dit en moi le Seigneur Dieu, parce qu'il fera entendre des paroles de paix pour son peuple! Puissé-je écouter, et châtier mon corps et le réduire en servitude, de peur que, tout en prêchant les autres, je ne sois moi-même jugé digne de réprobation (II *Cor.* IX, 27)! « Pourquoi parlez-vous de mes justices? » Pourquoi vous dites-vous des choses qui vous sont inutiles? Il avertit le prédicateur d'écouter, non pour qu'il renonce à la prédication, mais qu'il accepte l'obéissance. Mais vous, « pourquoi avez-vous mon alliance à la bouche? »

24. « Mais vous n'aimez pas d'être instruit (*Ps.* XLIX, 17). » Vous n'aimez pas la discipline. Lorsque je vous épargne, vous m'adressez des chants et des louanges; quand je vous châtie, vous murmurez; comme si j'étais votre Dieu quand je vous épargne, et ne l'étais pas quand je vous châtie. « Je reprends et je châtie ceux que j'aime (*Ap.* III, 19). » « Mais vous n'aimez pas d'être instruit, et vous rejetez mes paroles derrière vous. » Les paroles prononcées par votre bouche, vous les rejetez derrière vous. « Et vous rejetez mes paroles derrière vous; » là, vous ne les voyez plus, mais elles restent

comme une charge contre vous, « vous rejetez mes paroles derrière vous. »

25. « Si vous voyiez un larron, vous couriez vous joindre à lui, et vous entriez en société avec les adultères (*Ps.* XLIX, 18). » Et vous direz peut-être : Je n'ai point commis de vol, je n'ai pas commis d'adultère. Qu'importe, si celui qui a commis ces crimes vous plaît? En l'aimant, n'avez-vous point concouru à ses fautes? En le louant, n'êtes-vous pas entré en partage de ses désordres? Car c'est là, mes frères, se joindre au voleur et entrer en société avec l'adultère; parce que, tout en n'agissant pas vous-même, dès que vous louez un fait, vous en devenez solidaire; et c'est ainsi, dit le psaume, que le pécheur est loué dans les mauvais désirs de son âme et que l'on parle bien de celui qui connaît l'iniquité (*Ps.* IX ou X, 3). Vous ne faites pas le mal, mais vous louez ceux qui font le mal. Est-ce donc là un mal de peu d'importance? « Vous entrez en société avec les adultères. »

16. « Votre bouche a été pleine de malice et votre langue a embrassé le mensonge (*Ps.* XLIX, 19). » Le Prophète parle ici, mes frères de la malice et de la perfidie de certains hommes qui, par flatterie, bien qu'ils sachent que ce qu'ils entendent est mauvais, dans la crainte d'offenser ceux de la bouche desquels ils l'entendent, se font leurs complices, non-seule-

---

in alio Psalmo quidam, « Audiam quid loquatur in me Dominus Deus, quoniam loquetur pacem populo suo (*Psal.* LXXXIV, 9). » Qualis ergo ego, qui non audio quod in me loquitur, et volo ut alii audiant quod per me loquitur? Audiam prior, audiam, maximeque audiam quod loquitur in me Dominus Deus, quoniam loquetur pacem populo suo. Audiam, et castigem corpus meum, et servituti subjiciam, ne forte aliis prædicans, ipse reprobus inveniar (I *Cor.* IX, 27). « Ut quid tu enarras justitias meas? » Ut quid tibi quod tibi non prodest? Admonet illum ut audiat : non ut deponat prædicationem, sed ut assumat obedientiam. Tu vero ut quid « assumis Testamentum meum per os tuum? »

24. « Tu vero odisti eruditionem (*Ps.* XLIX, 17). » Odisti disciplinam. Quando parco, cantas et laudas; quando castigo, murmuras : quasi quando parco, sim Deus tuus; et quando castigo, non sim Deus tuus. « Ego quos amo, arguo et castigo (*Apoc.* III, 19). » « Tu vero odisti eruditionem: et projecisti sermones meos post te. » Quæ dicuntur per te, projicis post te. « Et projecisti sermones meos post te : » ubi

non videantur a te, sed onerent te. « Et projecisti sermones meos post te. »

25. « Si videbas furem, concurrebas ei, et cum adulteris portionem tuam ponebas (*Ps.* XLIX, 18). » Ne forte diceres, Non feci furtum, non feci adulterium. Quid si placuit tibi qui fecit? Nonne ipso placito concurristi? Nonne portionem tuam cum illo qui fecit, laudando posuisti? Hoc est enim, Fratres, concurrere cum fure, et ponere cum adultero portionem tuam : quia etsi non facis, et laudas quod fit, astipulator es facti; quoniam laudatur peccator in desideriis animæ suæ, et qui iniqua gerit, benedicetur (*Psal.* IX, *vel* X, 3). Non facis mala, laudas mala facientes. Hoc enim parvum malum est? « Cum adulteris portionem tuam ponebas. »

26. « Os tuum abundavit malitia, et lingua tua amplexa est dolositatem. » Malevolentiam et dolositatem, Fratres, quorumdam hominum dicit, qui per adulationem, quamvis sciant male esse quæ audiunt, ne offendant eos a quibus audiunt, non solum non reprehendendo, sed tacendo consentiunt. Parum est, quia non dicunt, Male fecisti : sed dicunt, et bene

ment en ne les reprenant pas, mais encore en se taisant. C'est peu même pour eux de ne pas dire : vous avez mal fait ; ils disent, au contraire, vous avez bien fait, et ils savent que l'on a mal fait : mais leur bouche est pleine de malice et leur langue embrasse le mensonge. Le mensonge est une fraude dans le langage, penser d'une manière et parler autrement. Le Prophète ne dit pas : Votre langue a admis le mensonge ou a commis le mensonge ; mais pour vous montrer qu'il y a complaisance dans le mal même, il dit : « Elle a embrassé le mensonge. » C'est peu que de faire le mal, vous vous y complaisez, vous louez le pécheur en face de lui, et vous vous moquez de lui en secret. Vous précipitez la chute d'un homme qui laisse voir sans réflexion tous ses vices, et qui peut-être ne sait pas que ce sont des vices; et vous, qui le savez, vous ne lui dites pas : Où courez-vous ? Si, voyant un homme marcher sans précaution, au milieu des ténèbres, dans un lieu où vous savez qu'il y a un puits, vous gardiez le silence, quel homme seriez-vous ? Ne vous regarderait-on pas comme l'ennemi de sa vie ? Et cependant, s'il venait à tomber dans le puits, il ne perdrait que la vie de son corps et non la vie de son âme. Mais le pécheur se précipite dans le vice, il vous raconte ses mauvaises actions, vous savez qu'elles sont mauvaises et vous l'en louez hautement, bien qu'en secret vous vous moquez de lui. Oh! si celui que vous raillez en secret et que vous n'avez pas voulu reprendre, revenait un jour à Dieu, il dirait : « Que ceux-là rougissent qui me disent : courage ! courage ! (*Ps.* XXXIX, 16). » « Et votre langue a embrassé le mensonge. »

27. « Étant assis, vous disiez du mal contre votre frère (*Ps.* XLIX, 26). » Ces mots : « étant assis, » reviennent à ceux qui précèdent : « Votre langue a embrassé. » En effet, celui qui ne dit du mal qu'en restant debout ou en passant, n'agit pas avec volupté ; mais au contraire quel loisir ne recherche pas pour cette faute celui qui s'assied exprès pour la commettre ? « Étant assis, vous disiez du mal de votre frère. » Cette détraction méchante, vous mettiez vos soins à la proférer ; vous ne parliez qu'étant assis, vous vouliez prendre votre temps, vous embrassiez le mal que vous commettiez, vous baisiez votre mensonge. « Étant assis, vous disiez du mal contre votre frère ; et vous prépariez un piège contre le fils de votre mère. » Qui est « le fils de votre mère ? » Ne sont-ce pas vos frères ? Le Prophète a répété ce qu'il avait déjà dit : « Votre frère. » Mais a-t-il voulu vous donner à entendre qu'il y avait une distinction à faire ? Assurément, mes frères, je crois devoir comprendre ces deux termes dans deux sens distincts. Le frère dit du mal contre le frère, quand, par exemple, un homme d'un esprit ferme, instruit et même recommandable par sa

---

fecisti : et norunt malum esse : sed abundat os eorum malitia, et lingua eorum amplexatur dolositatem. Dolositas est fraus quædam in verbis, aliud promendi, aliud sentiendi. Non ait, Lingua tua admisit dolositatem, aut, perpetravit dolositatem, sed ut ostenderet tibi quamdam delectationem in ipso malo facto, «amplexa est,» dixit. Parum est quia facis, et delectaris : laudas in promtu, irrides apud te. Præcipitas hominem incaute vitia sua proferentem, et an sint vitia nescientem : tu qui scis vitium esse, (*a*) non dicis, Quo irruis ? Si illum videres ambulare incautum in tenebris, ubi tu puteum esse scires, et taceres, qualis esses ? nonne inimicus deputateris animæ ejus ? Et tamen si in puteum caderet, non anima, sed corpore moreretur. Præcipitat se in vitia sua, prædicat apud te mala facta sua ; tu nosti mala esse, et laudas, et irrides apud te. O si convertatur aliquando ad Deum ille quem irrides, et quem corripere noluisti, et dicat, « Confundantur qui dicunt mihi, Euge, euge (*Psal.* XXXIX, 16). » Et lingua tua amplexa est dolositatem. »

27. « Sedens adversus fratrem tuum detrahebas (*Ps.* XLIX, 16). » Et ipsum « sedens » ad hoc pertinet quod superius dixit, « amplexa est. » Qui enim stans aut transiens facit, non cum voluptate facit : qui vero ad hoc sedet, quantum otium quærit ut faciat? «Sedens adversus fratrem tuum detrahebas :» ipsam detractionem malam diligenter faciebas, sedendo faciebas ; volebas ibi occupari, amplexabaris malum tuum, osculabaris dolum tuum. « Sedens adversus fratrem tuum detrahebas : et adversus filium matris tuæ ponebas scandalum. » Quis est filius matris ? nonne frater ? Hoc ergo repetere voluit, quod superius dixerat, « fratrem tuum. » An aliquam distinctionem nobis intelligendam insinuavit ? Plane Fratres, puto esse distinguendum. Frater

---

(*a*) Sic MSS. At editi, *non dicis corruisse illum*

science, dit du mal d'un autre homme non moins savant et non moins affermi dans le bien. Mais il y a aussi quelque part un autre homme encore faible, auquel on tend un piége par cette parole de détraction. En effet, quand ceux qui paraissent être des hommes de poids et de science disent du mal contre les bons, les faibles, qui ne savent pas encore juger, tombent dans le piége. C'est pourquoi cet homme faible est appelé, non encore le fils de son père, mais « le fils de sa mère, » parce qu'il a besoin de lait et qu'il est encore à la mamelle. Il est porté sur le sein de l'Église, sa mère ; il n'est pas assez fort pour participer à la solide nourriture de la table paternelle, mais il tire sa subsistance du sein de sa mère, incapable qu'il est de juger, parce qu'il vit encore d'une vie animale et charnelle. « Car, dit l'Apôtre, l'homme spirituel juge de toutes choses ; mais l'homme animal ne comprend pas les choses qui sont de l'Esprit de Dieu, parce qu'elles lui paraissent être une folie (I *Cor.* II, 14). » C'est à ces hommes que l'Apôtre dit : « Je n'ai pu vous parler comme à des hommes spirituels, mais comme à des hommes charnels ; je vous ai donné, comme à de petits enfants en Jésus-Christ, du lait à boire, et non une nourriture solide à manger. Vous ne pouviez, en effet, la supporter, et maintenant même encore vous ne le pouvez pas (I *Cor.* III, 1). » « J'ai été votre mère, comme il le dit en un autre passage ; je suis devenu comme un enfant au milieu de vous, et comme une nourrice qui élève ses enfants (I *Thess.* II, 7) : » non comme une nourrice qui élève des enfants étrangers, mais comme une nourrice qui élève ses propres enfants. Il y a, en effet, des mères qui confient à des nourrices l'enfant qu'elles ont mis au monde. Ces mères ne prennent pas soin de leurs propres enfants, puisqu'elles les donnent à nourrir ; et celles qui en prennent soin, n'élèvent pas leurs propres enfants, mais des enfants étrangers. Mais l'Apôtre avait enfanté lui-même et nourrissait lui-même les chrétiens dont il parle, et il ne confiait à aucune nourrice celui qu'il avait enfanté. En effet, il avait dit : « Vous que j'enfante une deuxième fois, jusqu'à ce que le Christ soit formé en vous (*Gal.* IV, 19). » Il les soignait donc et les allaitait. Or, il y avait des hommes qui, se croyant avancés en science et en vie spirituelle, disaient du mal de saint Paul. « Ses lettres, disaient-ils, sont graves et fortes ; mais lorsqu'il est présent, il parait faible de corps et ses discours sont méprisables (II *Cor.* X, 10). » C'est lui-même, qui dans une de ses lettres, rapporte ces discours de ses détracteurs. Ils s'étaient assis pour parler mal de leur frère, et ils tendaient un piége à ce fils de leur mère qui était encore à la mamelle, se nourrissant encore de lait. Ils faisaient ainsi supporter deux fois à leur mère les douleurs de l'enfantement : « Et vous tendiez un piége au fils de votre mère. »

28 « Vous avez fait ces choses, et je me suis

---

adversus fratrem detrahit, verbi gratia, ut puta quasi firmus et alicujus jam momenti doctor et doctus, detrahit fratri suo, forte bene docenti et bene ambulanti : est autem alius infirmus, adversus illum ponit scandalum huic detrahendo. Etenim cum detrahitur bonis ab his qui videntur alicujus momenti esse et docti esse, in scandalum cadunt infirmi, qui adhuc nesciunt judicare. Ideo infirmus ille « filius matris » dictus est, nondum patris, adhuc lacte indigens et uberibus adhaerens. Portatur adhuc sinu matris Ecclesiae, non valet accedere ad solidum cibum mensae patris sui, sed de ubere matris victum trahit, ignarus judicandi, quoniam adhuc animalis atque carnalis est. « Spiritalis enim omnia dijudicat, animalis autem homo non percipit ea quae sunt Spiritus Dei, quoniam stultitia est illi (I *Cor.* II, 14). » Talibus dicit Apostolus, « Non potui loqui vobis quasi spiritalibus, sed quasi carnalibus, tamquam parvulis in Christo lac vobis potum dedi, non escam : neque enim poteratis, sed nec adhuc quidem potestis (I *Cor.* III, 1). » Mater vobis fui : quomodo dicitur alio loco, « Factus sum parvulus in medio vestrum, tamquam nutrix fovens filios suos (I *Thess.* II, 7). » Non nutrix nutriens filios alienos, sed nutrix fovens filios suos. Sunt enim matres quae cum pepererint, dant nutricibus : illae quae pepererunt, non fovent filios suos, quia nutriendos dederunt ; illae autem quae fovent, non suos fovent, sed alienos : iste vero ipse pepererat, ipse fovebat, nulli nutrici quem pepererat committebat ; dixerat enim, « Quos iterum parturio, donec Christus formetur in vobis (*Gal.* IV, 19). » Fovebat ergo, et lactabat. Erant autem quidam quasi docti et spiritales qui Paulo detraherent. « Epistolae quidem, aiunt, graves et fortes sunt, praesentia autem corporis infirma, et sermo contemtibilis (II *Cor.* X, 10) : » dicit ipse in Epistola sua quosdam detractores suos ista dixisse. Sedebant, et adversus fratrem suum detrahebant, et

tû (*Ps.* XLIX, 21). » C'est pourquoi le Seigneur notre Dieu viendra un jour, et il ne gardera pas le silence. Quant à présent, « vous avez fait ces choses, et je me suis tû. » Que veut dire : « je me suis tû ? » J'ai sursis à la punition, j'ai différé l'action de ma sévérité, je suis resté patient à votre égard, j'ai longtemps attendu votre pénitence. « Vous avez fait ces choses et je me suis tû. » Or, tandis que j'attendais votre pénitence, vous, au contraire, vous avez mérité l'application de ces paroles de l'Apôtre : « Par la dureté de votre cœur impénitent, vous amassez contre vous un trésor de châtiments pour le jour de la colère et de la manifestation du juste jugement de Dieu (*Rom.* II, 5). » « Vous avez cru une chose inique, vous avez cru que je serais semblable à vous. » C'est peu pour vous que vos mauvaises actions vous plaisent, vous croyez qu'elles me plaisent aussi. Parce que vous ne sentez point encore les coups d'un Dieu vengeur, vous voulez l'avoir pour complice et l'associer, comme un juge corrompu, au partage de votre butin. « Vous avez cru une chose inique, vous avez cru que je serais semblable à vous ; » parce que vous avez refusé d'être semblable à moi. « Soyez parfaits, dit le Seigneur, comme votre Père qui est dans les cieux, lequel fait lever son soleil sur les bons et sur les méchants (*Matth.* V, 48). » Vous avez si peu voulu imiter celui qui donne ses biens, même aux méchants, que vous vous asseyez pour dire du mal même des bons. « Vous avez cru une chose inique, vous avez cru que je serais semblable à vous. Je vous accuserai. » Lorsque « Dieu, notre Dieu, viendra ouvertement, et qu'il ne gardera plus le silence ; je vous accuserai. » Et que vous ferai-je, en vous accusant ? Que vous ferai-je ? Vous ne vous voyez pas maintenant ; je ferai en sorte que vous vous voyiez. Car, si vous vous voyiez, et si vous vous déplaisiez à vous-même, vous me plairiez ; tandis que, ne vous voyant pas, vous vous plaisez à vous-même, et vous déplairez à la fois et à moi et à vous : à moi, lorsque vous serez jugé ; à vous, lorsque vous serez dans le feu éternel. Que vous ferai-je donc, dit le Seigneur ? « Je vous placerai en face de vous-même. » Pourquoi, en effet, voulez-vous rester caché à vous-même ? Vous vous tournez le dos, et vous ne vous voyez pas. Je vous forcerai bien à vous voir. Ce que vous avez mis derrière vous, je le mettrai devant vos yeux ; vous verrez votre laideur immonde, non pour la corriger, mais pour en rougir. De ce que le Seigneur prononce ces terribles paroles, mes frères, faut-il désespérer de celui auquel il les adresse ? Mais la ville, à laquelle le prophète Jonas a dit : « Encore trois jours et Ninive sera détruite (*Jon.* III, 4), » ne sut-elle pas, dans cet espace de trois jours, se convertir, prier, pleurer, et mériter la miséricorde de Dieu, au lieu du châtiment qui la menaçait ? Que ceux qui ressemblent aux habi-

---

adversus lactantum illum filium matris suæ ponebant scandalum. Merito fecerunt ipsi matri ut iterum parturiret. « Et adversus filium matris tuæ ponebas scandalum. »

28. « Hæc fecisti, et tacui (*Ps.* XLIX, 21). » Ideo veniet Dominus Deus noster, et non silebit. Modo, « Hæc fecisti, et tacui. » Quid est, « tacui ? » A vindicta supersedi, severitatem meam distuli, patientiam tibi prolongavi, pœnitentiam tuam diu expectavi. « Hæc fecisti, et tacui. » Ego autem cum ad hoc exspectarem ut te pœniteret, secundum Apostolum dicentem, « Tu autem secundum duritiam cordis tui, et cor impœnitens, thesaurizas tibi iram in die iræ et revelationis justi judicii Dei (*Rom.* II, 5). » « Suspicatus es iniquitatem, quod ero tibi similis. » Parum est quia mala facta tua placent tibi, placere putas et mihi. Deum quia non pateris ultorem, vis tenere participem, et tamquam corruptum judicem prædæ socium vis habere. « Suspicatus es iniquitatem, quod ero tibi similis : » dum non vis tu mihi esse similis. « Estote enim, inquit, perfecti, sicut et Pater vester qui in cœlis est, qui facit solem suum oriri super bonos et malos (*Matth.* V, 48). » Hunc tu imitari noluisti, qui donat bona et malis, ut sedens detrahas et bonis. « Suspicatus es iniquitatem, quod ero tibi similis. Arguam te. » Quando Deus manifestus veniet, Deus noster, et non silebit, « arguam te. » Et quid tibi faciam arguendo te ? quid tibi faciam ? Modo te non vides, facio ut videas te. Quia si videres te, et displiceres tibi, placeres mihi : quia vero non te videns placuisti tibi, displicebis et mihi et tibi ; mihi, cum judicaberis ; tibi, cum ardebis. Quid enim tibi faciam, inquit ? « Constituam te ante faciem tuam. » Quid enim vis latere teipsum ? In dorso tuo tibi es, non te vides : facio ut te videas ; quod post dorsum posuisti, ante faciem ponam ; videbis fœditatem tuam, non ut corrigas, sed ut erubescas. Jam quia dicit ista, Fratres, desperandus est ille cui dicitur ? Nonne illa civitas de qua dictum est, Triduum, et Ninive evertetur, intra triduum idonea fuit converti, orare, plangere, de pœna imminenti misericordiam promereri (*Jona.* III, 4) ? Audiant ergo qui

tants de Ninive écoutent donc ces paroles, tandis qu'il leur est permis d'écouter celui qui se tait encore. Car il viendra et il ne se taira plus, et il accusera, quand sera arrivé le temps où il n'y aura plus lieu de s'amender. « Je vous placerai, dit-il, en face de vous-même. » Faites donc maintenant, de vous-même, dans quelque état que vous soyez, ce que Dieu menace de faire contre vous. Cessez de vous tourner le dos, de manière à ne pas vous voir, et à vous dissimuler vos propres actions; placez-vous en face de vous-même. Montez sur le tribunal de votre conscience, soyez vous-même votre juge, que la crainte vous torture, et que cette confession s'échappe de votre cœur et arrive jusqu'à Dieu : « Seigneur, je connais mon iniquité, et mes péchés sont sans cesse devant moi (*Ps.* L, 5). » Que ce qui était derrière vous soit désormais devant vous; de peur que, plus tard, Dieu, votre juge, ne vous place en face de vous, et que vous n'ayez plus où vous fuir vous-même.

29. « Comprenez ces choses, vous qui oubliez Dieu (*Ps.* XLIX, 22). » Voyez qu'il crie, qu'il ne garde plus le silence, qu'il ne vous épargne plus. Vous avez oublié le Seigneur, vous ne pensez pas aux désordres de votre vie ; comprenez que vous avez oublié le Seigneur. « De peur qu'il ne vous ravisse comme un lion et qu'il n'y ait personne pour vous délivrer. » Que veut dire : « Comme un lion ? » Comme le Dieu fort, comme le Dieu puissant, comme le Dieu à qui nul ne peut résister. C'est là le sens dans lequel il est dit : « Comme un lion. » Ce mot est employé, en effet, tantôt comme une louange, tantôt comme un blâme. Le diable est appelé lion. « Votre ennemi, dit saint Pierre, tourne autour de vous comme un lion rugissant, cherchant qui dévorer (I *Pierre*, V, 8). » Mais si le démon est appelé lion à cause de sa cruelle force, le Christ n'est-il point appelé du même nom à cause de sa force incomparable? Sans cela, que deviendrait cette parole : « Le lion de la tribu de Juda a vaincu (*Apoc.* V, 5) ? » Que votre charité prête encore son attention au peu qu'il me reste à dire. Triomphez de votre fatigue, je vous prie; celui qui vous a donné, jusqu'à présent, la force d'être attentifs, ne vous fera pas défaut. Précédemment, vous vous le rappelez, le Seigneur nous avait dit, comme pour nous imposer une sorte de tribut de louange en son honneur : « Immolez à Dieu un sacrifice de louange et rendez au Très-Haut l'hommage de vos prières (*Ps.* XLIX, 14). » Plus bas, il nous a été dit encore : « Mais Dieu a dit au pécheur : Pourquoi parlez-vous de mes justices et pourquoi avez-vous mon alliance à la bouche (*Ibid.* 16) ? » C'était comme si Dieu eût dit au pécheur : Toutes vos louanges ne servent de rien ; j'ai imposé à ceux qui vivent bien un sacrifice de louange ; parce que leurs louanges leur sont utiles ; mais pour vous, si vous me

---

tales sunt, dum licet audire et tacentem. Veniet enim, et non silebit, et arguet, quando correctioni locus nullus erit. « Statuam te, inquit, ante faciem tuam. » Modo ergo tu fac, quisquis talis es, quod tibi minatur facere Deus. Tolle te a tergo tuo, ubi te videre non vis, dissimulans a factis tuis, et constitue te ante te. Ascende tribunal mentis tuæ, esto tibi judex, torqueat te timor, erumpat a te confessio, et dic Deo tuo, « Quoniam iniquitatem meam ego cognosco, et delictum meum ante me est semper (*Psal.* L, 5). » Quod erat post te, fiat ante te : ne tu ipse postea a Deo judice fias ante te, et non sit quo fugias a te.

29. « Intelligite autem hæc qui obliviscimini Deum. » Videte quia clamat, et non tacet, (*a*) non parcit. Oblitus eras Dominum, non cogitabas de vita tua mala. Intellige quia oblitus es Dominum. « Nequando rapiat sicut leo, et non sit qui eruat. » Quid est, « sicut leo ? » Sicut fortis, sicut potens, sicut ille cui nemo resistere potest. Ad hoc retulit, ut diceret « leo. » Ponitur enim in laude, ponitur et in vituperatione. Dictus est leo diabolus : « Adversarius vester, ait, tamquam leo rugiens circumit quærens quem devoret (I *Pet.* V, 8). » Numquid quia ille leo dictus est propter immanem sævitiam, Christus non dicitur leo propter ingentem fortitudinem ? Et ubi est illud, « Vicit leo de tribu Juda (*Apoc.* V, 5) ? » Intendat paululum Caritas Vestra adhuc modicum quod restat : obsecro vos, ut excutiatis fatigationem; aderit ille qui vobis usque ad hanc horam vires dedit. Paulo ante dixerat, tamquam indicens nobis, ut audistis, vectigal quoddam laudis suæ : « Immola Deo sacrificium laudis, et redde Altissimo preces tuas (*Psal.* XLIX, 14). » Postea autem, Peccatori autem dixit Deus, « Ut quid tu enarras justitias meas, et assumis Testamentum meum per os tuum (*Ibid.* 16). » Tamquam diceret ei, Nihil tibi prodest quod laudas : ego indixi laudis sacrificium illis qui bene

---

(*a*) Aliquot MSS. *cum parcit.*

louez, vos louanges ne vous servent de rien; pourquoi donc me louez-vous? « La louange n'a point de beauté dans la bouche du pécheur (*Eccli.* xv, 9). » Il conclut enfin tout à la fois pour le juste et pour le pécheur, et admonestant les méchants qui oublient Dieu, il dit : « Comprenez ces choses, vous qui oubliez Dieu, de peur qu'il ne vous ravisse comme un lion, et qu'il n'y ait personne pour vous délivrer. »

30. « Le sacrifice de louange me glorifiera (*Ps.* XLIX, 23). » Comment « le sacrifice de louange me glorifiera-t-il? » Assurément le sacrifice de louange ne sert de rien aux méchants, qui ont votre alliance à la bouche et font des œuvres damnables qui déplaisent à vos yeux. Eh bien, répond-il, c'est à eux aussi que je dis : « Le sacrifice de louange me glorifiera. » Vous pensez jusqu'a présent que la louange ne vous servirait de rien, louez Dieu, et cette louange vous sera utile. Si, en effet, vous vivez mal et parlez bien, vous ne louez pas encore; ou, d'autre part, si vous commencez à vivre bien, mais en vous attribuant le mérite de cette vie meilleure, vous ne louez pas encore. Je ne veux pas que vous ressembliez au larron qui insultait la croix du Seigneur (*Luc.* XXIII, 39), mais je ne veux pas non plus que vous ressembliez à celui qui, dans le temple, vantait ses mérites et cachait ses plaies (*Luc.* XVIII, 11). Si vous avez été méchant, et que vous persévériez dans votre malice, je ne vous dis pas : votre louange vous sera inutile; je vous dis : vous ne me louez pas, je ne regarde pas vos paroles comme une louange. D'un autre côté, si vous êtes juste en apparence (car personne n'est réellement juste, s'il n'est humble et pieux), si vous vous gonflez d'orgueil à cause de votre justice, méprisant les autres en comparaison de vous, et vous élevant au-dessus d'eux par la gloire que vous prétendez retirer de vos mérites, vous ne me louez pas. Je ne suis loué ni par celui qui vit mal, ni par celui qui vit bien comme par lui-même. Mais ce pharisien, qui disait : « Je vous rends grâces de ce que je ne suis pas comme les autres hommes (*Ibid.*), était-il de ceux qui prétendent vivre bien par eux-mêmes? Il rendait grâces à Dieu de tout ce bien qui était en lui. Il est vrai; mais, lors même que vous auriez en vous quelque bien, et que vous reconnaîtriez que ce bien ne vient pas de vous, mais que vous le tenez de Dieu; cependant si, à cause de cela, vous vous élevez au-dessus de celui qui n'a pas en lui ce qu'il y a de bon en vous, vous n'êtes qu'un envieux et vous ne me louez pas encore. Cessez donc premièrement de suivre votre voie d'iniquité, commencez à bien vivre, et reconnaissez que vous ne pouvez vous corriger que par la grâce divine; car, « c'est par le Seigneur que sont redressées les voies de l'homme (*Ps.* XXXVI, 23). » Lorsque vous l'aurez compris,

---

vivunt : eis enim prodest quod laudant; tu autem si laudas, nihil tibi prodest : ut quid me laudas? «Non est speciosa laus in ore peccatoris (*Eccli.* xv, 9). » Postea concludit quasi ad utrumque, et arguens malos qui obliviscuntur Deum, ait, « Intelligite hæc qui obliviscimini Deum, nequando rapiat sicut leo, et non sit qui eruat. »

30. « Sacrificium laudis glorificabit me. Quomodo sacrificium laudis glorificabit me (*Ps.* XLIX, 23)? »Certe nihil prodest malis sacrificium laudis, quia assumunt Testamentum tuum per os suum, et faciunt damnanda quæ displicent oculis tuis. Prorsus, inquit, et illis hoc dico, « Sacrificium laudis glorificabit me. » Jam putabas tibi laudem non prodesse : lauda, proderit tibi. Si enim male vivis et bona dicis, nondum laudas : sed rursus si cum cœperis bene vivere, meritis tuis tribuas quod bene vivis, nondum laudas. Nolo te esse latronem insultantem cruci Domini (*Lucæ* XXIII, 39) : sed nec te illum volo esse in templo jactantem merita sua, et occultantem vulnera sua (*Lucæ* xviii, 11). » Si fueris iniquus et perseverans in illa iniquitate, non dico tibi, non proderit laus; sed, non me laudas, laudem istam esse non deputo : rursus si fueris quasi justus, (nam nemo justus nisi humilis et pius), et de justitia tua inflatus incesseris, et alios in tua comparatione contemseris, et superextuleris te tamquam glorians de meritis tuis, non me laudas. Nec ille me laudat, qui male vivit; nec ille me laudat, qui quasi de suo bene vivit. Sed numquid ille Pharisæus, quasi de suo talis erat, cum diceret, « Gratias tibi ago, quia non sum sicut ceteri homines (*Ibid.*) ? » Gratias Deo agebat ex eo quod bonum in se habebat. Quamvis ergo aliquid bonum in te sit, quamvis jam intelligas non ex te esse quod bonum est, sed a Deo te accepisse : tamen in eo ipso, si te extuleris super alium non habentem, invidus teneris, nondum laudator meus eris. Primo ergo corrigere a via pessima, incipe vivere bene : intellige quia non corrigeris nisi dono Dei : « A Domino enim gressus hominis diri-

aidez les autres à devenir ce que vous êtes, parce que vous étiez autrefois ce qu'ils sont. Faites vos efforts, autant que vous le pouvez, et ne désespérez de rien, car Dieu n'est pas riche seulement pour vous. Celui-là ne loue donc pas le Seigneur, qui l'offense en vivant mal; celui-là ne le loue pas qui, ayant commencé à bien vivre, croit que c'est par son propre mérite et non par le don de Dieu qu'il vit bien; celui-là ne le loue pas non plus qui tout en sachant qu'il ne tient que de Dieu la force de bien vivre, voudrait borner à lui seul la richesse de Dieu. C'est pourquoi ce pharisien, qui disait : « Je vous rends grâces, ô mon Dieu, de ce que je ne suis pas comme les autres hommes, qui sont injustes, voleurs et adultères, ni comme ce publicain (*Luc.* XVIII, 11), » n'avait-il pas lieu de dire, au contraire : donnez aussi à ce publicain ce que vous m'avez donné, et donnez-moi ce que vous ne m'avez pas encore accordé? Mais, comme un homme déjà rassasié, il rejetait, en quelque sorte, le trop plein de son cœur. Il ne disait pas : Je suis pauvre et indigent (*Ps.* LXIX, 6); tandis que le publicain avouait sa misère, en disant : « Seigneur, ayez pitié de moi, qui suis un pécheur (*Luc.* XVIII, 13). » Aussi ce publicain descendit-il du temple, plus justifié que le pharisien. Écoutez donc, vous qui vivez bien; écoutez, vous qui vivez mal : « Le sacrifice de louange me glorifiera. » Nul ne me l'offre étant méchant. Je ne dis pas : Que le méchant ne me l'offre pas; mais je dis que nul ne me l'offre étant méchant. Car, celui qui me loue est bon, parce que, s'il me loue, c'est qu'il vit bien; parce que s'il me loue, ce n'est pas seulement de la langue qu'il le fait, mais sa vie s'accorde aussi avec sa langue.

31. « Le sacrifice de louange me glorifiera, et c'est là la voie par laquelle je montrerai à celui qui me loue, le Sauveur qui vient de Dieu. » Dans ce sacrifice de louange « est la voie par laquelle je montrerai à celui qui me loue, le Sauveur qui vient de Dieu. » Quel est le Sauveur qui vient de Dieu? Jésus-Christ. Et comment le Christ nous est-il montré dans le sacrifice de louange? Parce que le Christ vient à nous pour nous donner la grâce. C'est ce que dit l'Apôtre : « Je vis, ce n'est plus moi qui vis, mais le Christ vit en moi, et si je vis encore dans ma chair, je vis dans la foi du Fils de Dieu, qui m'a aimé au point de se livrer pour moi (*Gal.* II, 20). » Que les pécheurs reconnaissent donc qu'ils n'auraient pas besoin de médecin, s'ils étaient en bonne santé (*Matth.* IX, 12). En effet, le Christ est mort pour les impies (*Rom.* V, 6). Donc lorsqu'ils reconnaissent leurs iniquités et qu'ils imitent d'abord le publicain qui disait : « Seigneur, ayez pitié de moi qui suis un pécheur (*Luc.* XVIII, 13), »

guntur (*Psal.* XXXVI, 23). » Hoc cum intellexeris, fave et aliis, ut sint quod et tu es : quia hoc eras et tu, quod illi sunt. Fave quantum potes, et noli desperare; non enim usque ad te dives est Deus. Non ergo laudat, qui male vivendo offendit Dominum; non laudat, qui cum jam cœperit bene vivere, de suo putat esse quod bene vivit, non acceptum a Deo : nec ille laudat, qui cum sciat se quod bene vivit accepisse a Deo, tamen usque ad se vult esse divitem Deum. Ille itaque qui dicebat, « Gratias tibi ago Deus, quod non sum sicut ceteri homines, injusti, raptores, adulteri, sicut et Publicanus iste (*Lucæ* XVIII, 11); » nonne ibi habebat unde diceret, Dona et Publicano huic quod mihi donasti, supple et mihi quæ nondum dedisti? Sed jam quasi saturatus ructabat : non dicebat, « Ego autem egenus et pauper (*Psal.* LXIX, 6) : quod dicebat Publicanus ille, « Domine propitius esto mihi peccatori (*Lucæ* XVIII, 13). » Ideo descendit justificatus Publicanus, magis quam ille Pharisæus. Ergo audite qui bene vivitis, audite qui male vivitis. « Sacrificium laudis glorificabit me. » Nemo mihi offert hoc sacrificium laudis, et malus est. Non dico, Non hoc mihi offerat malus; sed, nemo mihi offert malus. Qui enim laudat, bonus est : quia si laudat, etiam bene vivit; quia si laudat, non solum lingua laudat, sed et vita cum lingua consentit.

31. « Sacrificium laudis glorificabit me : et ibi via est, qua ostendam illi salutare Dei. » In sacrificio laudis « via est, qua illi ostendam salutare Dei. » Quod est « salutare Dei? » Christus Jesus. Et quomodo in sacrificio laudis nobis ostenditur Christus? Quia Christus cum gratia venit ad nos. Hæc dicit Apostolus : « Vivo autem jam non ego, vivit vero in me Christus : quod autem in carne vivo, in fide vivo Filii Dei, qui me dilexit et tradidit semetipsum pro me (*Gal.* II, 20). » Agnoscant ergo peccatores, quia non opus esset medicus, si sani essent (*Matth.* IX, 12). Etenim Christus pro impiis mortuus est (*Rom.* V, 6). Cum ergo agnoscunt impietates suas, et primo imitantur Publicanum illum dicentem, « Domine propitius esto mihi peccatori (*Lucæ* XVIII, 13) : » ostendunt vulnera, implorant medicum; et quia non se laudant, sed reprehendunt se, ut qui gloriatur non

ils découvrent leurs blessures, ils implorent le secours du médecin et, parce qu'ils ne se louent pas eux-mêmes, mais au contraire, qu'ils s'accusent, de telle sorte que celui qui se glorifie ne se glorifie pas en lui-même mais en Dieu (I *Cor.* I, 31), ils reconnaissent la cause de la venue du Christ, lequel est venu pour sauver les pécheurs. En effet, dit l'Apôtre : « Le Christ est venu en ce monde pour sauver les pécheurs, entre lesquels je suis le premier (I *Tim.* I, 15). » De là vient que le même Apôtre déclare aux Juifs, qui se glorifiaient de leurs propres œuvres, qu'ils n'appartiennent pas à la grâce, parce qu'ils pensent qu'une récompense est due à leurs mérites et à leurs œuvres (*Gal.* V, 4). Celui donc qui sait qu'il appartient à la grâce, qui sait ce qu'est le Christ et ce qui vient du Christ, celui-là sait qu'il a besoin de la grâce. Si on la nomme la grâce, c'est parce qu'elle est donnée gratuitement; si elle est donnée gratuitement, c'est qu'elle n'a point été précédée de mérites de votre part en vue desquels elle vous aurait été donnée. Car, si vos mérites l'avaient précédée, votre récompense ne serait pas regardée comme une grâce, mais comme une dette (*Rom.* IV, 4). Si donc vous dites que vos mérites l'ont précédée, c'est vous et non pas Dieu que vous voulez louer; vous ne reconnaissez donc pas le Christ, qui vient à nous pour nous donner la grâce. Tournez donc vos regards sur vos mérites : voyez qu'ils n'étaient que des œuvres mauvaises et que, par conséquent, vous n'avez mérité que des supplices et non des récompenses. Et quand vous aurez vu ce qui est dû à vos mérites, reconnaissez ce qui vous vient de la grâce, et alors vous glorifierez Dieu par un sacrifice de louange. C'est là qu'est la voie par laquelle vous connaîtrez le Christ, le Sauveur envoyé par Dieu.

in se, sed in Domino glorietur (I *Cor.* I, 31), agnoscunt caussam adventus Christi, quia ideo venit ut peccatores salvos faceret : « Quia Jesus Christus venit, inquit, in hunc mundum peccatores salvos facere, quorum primus ego sum (I *Tim.* I, 15). » Proinde illos Judæos, de opere suo gloriantes, sic arguit idem Apostolus, ut eos diceret ad gratiam non pertinere, qui meritis et operibus suis mercedem deberi arbitrabantur (*Gal.* V, 4). Qui ergo ad gratiam se scit pertinere, quod est Christus, et quod est Christi, novit, quia indiget gratia. Si gratia vocatur, gratis datur; si gratis datur, nulla merita tua præcesserunt ut detur. « Nam si præcesserunt merita tua, merces non imputatur secundum gratiam, sed secundum debitum (*Rom.* IV, 4). » Si ergo dicis præcessisse merita tua, te vis laudari, non Deum : ideo non agnoscis Christum, qui venit cum gratia Dei. Converte ergo te ad merita tua, vide illa mala fuisse, ut non tibi deberetur nisi supplicium, non præmium. Et cum videris quid tibi per meritum debeatur, agnoscis quid per gratiam donetur; et sacrificio laudis glorificas Deum. Ibi est enim via, in qua noveris Christum salutare Dei.

DISCOURS [1] SUR LE PSAUME L.

1. Je ne dois ni tromper l'attente de l'immense multitude qui m'entoure, ni fatiguer sa faiblesse. Nous demandons de vous le silence et le calme ; afin que notre voix, après la fatigue que nous avons supportée hier, puisse conserver quelque force. Il est à croire que si Votre Charité est aujourd'hui réunie en une foule plus considérable que d'ordinaire, c'est parce que vous avez voulu prier pour ceux dont l'absence est causée par des affections étrangères aux vôtres et toutes perverses. Nous ne parlons ici ni des païens, ni des Juifs, mais des chrétiens, et non pas même de ceux qui sont encore catéchumènes, mais d'un grand nombre de chrétiens baptisés qui ne diffèrent en rien de vous par ce sacrement, mais dont le cœur est bien différent du vôtre. En effet, combien de nos frères ne voyons-nous pas, avec une sincère douleur, se précipiter au milieu de vaines et de mensongères folies (*Ps.* XXXIX, 5), et négliger la vocation qu'ils ont reçue ? Si, dans le cirque même une cause quelconque excite leur effroi, ils se signent aussitôt et ils assistent, en portant la croix sur le front, à des spectacles dont ils s'éloigneraient, s'ils la portaient dans le cœur. Il faut supplier la divine miséricorde de leur donner l'intelligence pour condamner ces spectacles, la bonne pensée de les fuir, et le pardon pour les avoir fréquentés. C'est donc bien à propos que nous avons chanté aujourd'hui un psaume de pénitence. Parlons même à des absents, et que votre mémoire leur porte notre voix. Ne négligez pas ceux qui sont blessés et languissants ; mais pour les guérir plus facilement, restez vous-mêmes en bonne santé. Que vos réprimandes les corrigent, que vos discours les consolent, que votre exemple leur enseigne à bien vivre ; et le Dieu qui vous a aidés les aidera. Car, parce que vous auriez déjà franchi heureusement tous ces dangers, la source de la miséricorde de Dieu n'est pas tarie pour cela. Ils viendront où vous êtes venus, et ils passeront par où vous avez passé. Sans doute, il est déplorable et dangereux à l'excès, bien plus, c'est un mal déjà pernicieux et mortel, de pécher

---

IN PSALMUM L.

ENARRATIO.

1. Multitudinis hujus, nec frequentia fraudanda est, nec infirmitas oneranda. Silentium petimus et quietem, ut vox nostra post hesternum laborem possit aliquantis viribus perdurare. Credendum est, Caritatem Vestram non ob aliud hodierno die copiosius convenisse, nisi ut oretis pro eis quos absentes facit alienus et perversus affectus. Neque enim loquimur de Paganis, neque de Judæis, sed de Christianis : neque de his adhuc Catechumenis, sed de multis etiam baptizatis, a quorum lavacro nihil distatis, et eorum tamen cordi dissimiles estis. Quam multos enim hodie fratres nostros cogitamus et plangimus ire in vanitates et insanias mendaces, negligere quo vocati sunt (*Psal.* XXXIX, 5). Qui si forte in ipso circo aliqua ex caussa expavescant, continuo se signant, et stant illic portantes in fronte, unde abscederent, si hoc in corde portarent. Deprecanda est misericordia Dei, ut donet intellectum ad ista damnanda, et affectum ad fugienda, et misericordiam ad ignoscenda. Opportune ergo de pœnitentia Psalmus hodie cantatus est. Loquamur et cum absentibus : erit ad eos vox nostra memoria vestra. Ne saucios et languidos negligatis, sed ut facilius sanetis, sani permanere debetis. Corrigite arguendo, consolamini alloquendo, exemplum præbete bene vivendo, aderit eis qui adfuit et vobis. Non enim vobis jam ista pericula prætergressis, fons misericordiæ Dei præcisus est. Qua venistis, venient ; qua transistis, transibunt. Molestum est quidem, et nimium periculosum, immo

---

[1] Discours au peuple de Carthage. Voyez plus bas, n° 11.

sciemment. C'est autre chose en effet, de courir à ces vanités par inattention à la parole du Christ, autre chose d'y courir en réfléchissant à l'autorité de cette parole. Mais ce psaume nous prouve qu'il ne faut pas désespérer du salut de ceux-mêmes qui sont aussi gravement coupables.

2. En effet il est ainsi intitulé : «Psaume de David pour lui-même, lorsque le prophète Nathan vint le trouver, après qu'il eût péché avec Bethsabée (*Ps.* L, 1 et 2). » Bethsabée était l'épouse d'un autre homme. Nous parlons de ces faits avec douleur et tremblement; Dieu ne veut pas qu'ils soient passés sous silence, puisqu'il a voulu qu'ils fussent écrits. Je vous dirai donc, non ce que je veux, mais ce que je dois vous dire. Je vous le dirai, non pour vous engager à suivre un tel exemple, mais pour vous enseigner à redouter une semblable chute. David, roi et prophète, de la race de qui Notre-Seigneur devait naître selon la chair (1 *Rom.* I, 3), s'étant épris de la beauté de cette femme mariée à un autre homme, commit l'adultère avec elle. Le fait n'est point rapporté dans ce psaume, mais le titre l'indique suffisamment, et on le trouve tout entier au livre des Rois (II *Rois*. 11). Ce livre et celui des psaumes sont canoniques, et les chrétiens y doivent ajouter foi sans aucune hésitation. Le crime a été commis et il est consigné dans l'Écriture. David fit même en sorte que le mari fut tué dans un combat; à l'adultère il joignit l'homicide : et alors le prophète Nathan fut envoyé par le Seigneur pour lui reprocher un si exécrable forfait.

3. Nous avons dit ce que les hommes doivent éviter, écoutons ce qu'ils doivent imiter, s'ils sont tombés. Beaucoup, en effet, veulent bien tomber comme David, mais ils ne veulent pas se relever comme David. Or, ce n'est pas l'exemple d'une chute qui nous est proposé, mais l'exemple d'un retour au bien, si vous êtes tombés. Faites attention de peur de tomber, et que la chute des grands ne soit pas l'amusement des petits, mais que la chute des grands soit la terreur des petits. C'est dans ce but que cette histoire est rapportée, dans ce but qu'elle a été écrite, dans ce but que l'Église la lit et la chante fréquemment. Que ceux qui ne sont pas tombés l'écoutent pour ne point tomber; que ceux qui sont tombés l'écoutent pour se relever. Voilà pourquoi le péché d'un si grand homme n'est point passé sous silence; voilà pourquoi il est publié dans l'Église. Ceux qui écoutent dans une mauvaise intention écoutent ce récit, afin d'y chercher une défense pour leurs péchés; ils se préoccupent d'y trouver une excuse aux fautes qu'ils préméditent et non un préservatif contre les fautes qu'ils n'ont pas encore commises, et

---

perniciosum, et pro certo exitiabile, quod scientes peccant. Aliter enim ad has vanitates currit qui vocem Christi contemnit, aliter ille qui novit quid fugiat. Sed nec de talibus desperari debere, iste Psalmus ostendit.

2. Inscribitur enim titulus ejus : «Psalmus ipsi David (*Psal.* L, 1), » « cum venit ad eum Nathan propheta, quando intravit ad Bersabee (*Ibid.* 2). » Bersabee erat mulier uxor aliena. Cum dolore quidem dicimus et tremore, sed tamen Deus noluit taceri, quod voluit scribi. Dicam ergo non quod volo, sed quod cogor; dicam non exhortans ad imitationem, sed instruens ad timorem. Hujus mulieris uxoris alienae pulchritudine captus rex et propheta David, ex cujus semine secundum carnem Dominus venturus erat, adulteravit eam (*Rom.* I, 3). Hoc in isto Psalmo non legitur, sed in titulo ejus apparet; in libro autem Regnorum plenius legitur (II *Reg.* XI). Utraque Scriptura canonica est, utrique sine ulla dubitatione a Christianis fides adhibenda est. Commissum atque conscriptum est. Hujus etiam maritum in bello occidendum curavit : homicidio auxit adulterium : et post hoc factum missus est ad eum Nathan propheta, missus a Domino, qui cum argueret de tanto commisso (II. *Reg.* XII, 1).

3. Quid caveant homines, diximus; quid vero si lapsi fuerint imitentur, audiamus. Multi enim cadere volunt cum David, et nolunt surgere cum David. Non ergo cadendi exemplum propositum est, sed si cecideris, resurgendi. Attende, ne cadas. Non sit delectatio minorum lapsus majorum, sed sit casus majorum tremor minorum. Ad hoc propositum est, ad hoc scriptum est ad hoc in Ecclesia saepe lectum atque cantatum : audiant qui non ceciderunt, ne cadant; audiant qui ceciderunt, ut surgant. Tanti viri peccatum non tacetur, praedicatur in Ecclesia. Audiunt male (*a*) au-

---

(*a*) Editi, *male viventes*. At MSS. magno consensu ferunt *male audientes*; intellige, vel qui verbis castigantur, vel qui id exempli non salubriter audire solent.

ils se disent : Si David l'a fait, pourquoi ne le ferais-je pas? et cette pensée rend l'âme plus criminelle encore. Car, lorsqu'elle s'appuie sur l'exemple de David pour commettre l'iniquité, elle fait pis que David lui-même. Je veux vous le démontrer plus clairement, si je le puis. David ne s'est encouragé au mal par l'exemple de qui que ce fût, comme vous le faites; il est tombé par l'entraînement de la concupiscence, et non en s'autorisant du patronage d'un saint. Vous ne vous rappelez la sainteté de David que pour pécher plus librement; vous n'imitez pas sa sainteté, vous imitez sa chute. Vous aimez en David ce que David a détesté en lui-même. Vous vous préparez à pécher; vous péchez de propos délibéré; vous lisez le livre de Dieu pour y trouver le prétexte de votre péché; vous écoutez les paroles de l'Écriture pour faire ce qui déplaît à Dieu. Ce n'est pas là ce que David a fait. Réprimandé par le Prophète, il n'a pas cherché dans le prophète un motif de chute. Mais d'autre part, il est aussi des chrétiens qui écoutent ce récit d'une manière profitable pour leur salut; la défaillance du fort leur sert à mesurer leur faiblesse; et dans leur désir d'éviter ce que Dieu condamne, ils refusent à leurs regards une dangereuse sécurité. Ils ne fixent pas leurs yeux sur la beauté d'une chair étrangère, et n'invoquent pas comme motif de leur sécurité une simplicité perverse; ils ne disent pas : Je l'ai regardée à bonne intention, je l'ai regardée par bienveillance, je ne l'ai regardée longtemps que par un sentiment de charité. Car ils se rappellent la chute de David, et ils comprennent qu'un si grand homme n'est tombé que pour apprendre aux petits à ne pas regarder ce qui peut les faire tomber. Ils ont soin, par conséquent, d'interdire à leurs yeux tout regard inconsidéré; ils n'entrent pas facilement en relation avec d'autres; ils ne se mêlent pas avec des femmes étrangères; ils ne lèvent pas des yeux légers sur les toits ou sur les terrasses des maisons voisines. En effet, David aperçut de loin celle dont il devint épris (II *Rois*. XI, 2). La femme était loin, mais la passion était proche. Hors de lui était ce qu'il pouvait voir, en lui était ce qui pouvait le faire tomber. Il faut donc faire grande attention à cette faiblesse de la chair; il faut se rappeler ces paroles de l'Apôtre : « Que le péché ne règne donc pas dans votre corps mortel (*Rom*. VI, 2). » L'Apôtre n'a pas dit : Que le péché ne soit pas, mais qu'il ne règne pas. Le péché est en vous, dès que vous sentez qu'il vous plaît; il règne en vous, quand vous y avez consenti. Cette délectation corporelle, surtout lorsqu'elle est produite par des choses qui nous sont défendues ou dont la possession nous est interdite, il faut la réfréner, loin de lui lâcher la bride ; il faut la dompter avec empire, loin de se soumettre à son empire. Vos regards vous laissent

---

dientes, et quærunt sibi patrocinia peccandi; adtendunt unde defendant quod committere paraverunt, non unde caveant quod non commiserunt, et dicunt sibi, Si David, cur non et ego ? Inde anima iniquior, quæ cum propterea fecerit, quia David fecit, ideo pejus quam David fecit. Dicam hoc ipsum, si potero, planius. David nullum sibi ita ad exemplum proposuerat, ut tu : ceciderat lapsu cupiditatis, non patrocinio sanctitatis : tu tibi tamquam sanctum proponis ut pecces, non imitaris ejus sanctitatem, sed imitaris ruinam. Hoc (a) amas in David, quod in se odit David : præparas te ad peccandum, disponis peccare : librum Dei ut pecces inspicis ; Scripturas Dei ad hoc audis, ut facias quod displicet Deo : hoc non fecit David ; correptus est per Prophetam, non lapsus est in Propheta. Alii vero audientes salubriter, in casu (b) fortis metiuntur infirmitatem suam; et quod damnat Deus devitare cupientes, ab adspectu securo abstinent oculos : non eos defigunt in pulcritudine carnis alienæ, nec seipsos faciunt de perversa simplicitate securos, non dicunt, Bono animo adtendi, benigne adtendi, de caritate diu adspexi. Proponunt enim sibi casum David, et ad hoc illum magnum vident cecidisse, ut parvi nolint videre unde possint cadere. Reprimunt enim oculos a petulantia, non se facile adjungunt, non miscent se mulieribus alienis, non levant oculos faciles ad aliena mœniana, ad aliena solaria. De longe enim vidit David illam, in qua captus est. (II *Reg*. XI, 2). Mulier longe, libido prope. Alibi erat quod videret, in illo unde caderet. Adtendenda est ergo hæc infirmitas carnis, recordanda sunt verba Apostoli, « Non ergo regnet peccatum in vestro mortali corpore (*Rom*. VI, 12). » Non dixit, non sit; sed, non regnet. Inest peccatum, cum delectaris; regnat, si consenseris. Carnalis delectatio, præsertim usque ad illicita et aliena progrediens,

---

(a) Plerique MSS. *Hoc omne in David, quod non in se odit David.* (b) Sic Præstantiores MSS. At editi, *in casu fortes.*

en sécurité tant que rien n'excite votre convoitise. Mais cette convoitise, me direz-vous, je la comprime avec force. Êtes-vous plus fort que David?

4. Cet exemple nous enseigne aussi que nul ne doit s'enorgueillir dans la prospérité. Il y a beaucoup d'hommes, en effet, qui craignent l'adversité et qui ne craignent pas la prospérité. La prospérité renferme plus de dangers pour l'âme, que l'adversité pour le corps. La prospérité gâte d'abord ce qu'ensuite l'adversité brisera facilement. Mes frères, c'est surtout contre la prospérité qu'il faut veiller avec énergie. Aussi, voyez comment la parole de Dieu nous interdit toute sécurité dans le bonheur : « Servez le Seigneur avec crainte dit le Prophète, et ne vous réjouissez en lui qu'avec tremblement (Ps. II, 11). » Soyons dans l'allégresse afin de rendre au Seigneur des actions de grâces; soyons dans la crainte, de peur de tomber. David n'a pas commis son péché lorsqu'il était en butte aux persécutions de Saül. Quand le juste David avait à souffrir la haine de Saül, quand il était sous le coup des persécutions de cet ennemi, quand il fuyait de retraite en retraite pour échapper à ses mains (I Rois, xxiv, 5, et xxvi, 9), il ne convoita point la femme d'autrui, il ne tua pas le mari après avoir entraîné la femme dans l'adultère. Dans la faiblesse où le tenaient ses tribulations, il était d'autant plus fortement uni à Dieu qu'il paraissait plus misérable. C'est chose utile que la tribulation; c'est chose utile que le fer du médecin; plus utile que les vains objets par lesquels le démon nous tente. David, après avoir vaincu ses ennemis, se trouva en sûreté, il n'eut plus à supporter l'oppression, et l'orgueil se développa en lui. Cet exemple nous apprend donc à redouter la félicité. « J'ai trouvé, a dit le Prophète dans un autre psaume, les tribulations et la douleur, et j'ai invoqué le nom du Seigneur (Ps. cxiv, 3). »

5. Mais passons sur ce fait : j'ai voulu dire à ceux qui n'ont point commis de tels crimes de veiller pour garder leur innocence, et à ceux qui sont petits de craindre pour eux-mêmes, à la vue de la chute d'un homme aussi grand. Mais si ces paroles sont entendues par un homme qui déjà est tombé et qui porte quelque faute dans sa conscience, que cet homme prête attention aux paroles du psaume, qu'il considère la grandeur de sa plaie, mais qu'il ne désespère pas de la puissance du médecin. Pécher et se désespérer, c'est mourir certainement. Que nul ne dise donc : Si j'ai commis tel crime, ma condamnation est assurée, Dieu ne pardonne pas

frenanda est, non relaxanda; imperio domanda, non in imperia collocanda. Adtende securus, si non habes unde movearis. Sed respondes, Fortiter teneo. Numquid tu fortior quam David?

4. Admonet etiam tali exemplo, non se quemquam debere extollere in prosperis rebus. Multi enim res adversas timent, res prosperas non timent. Periculosior est res prospera animo, quam adversa corpori. Prius corrumpit prospera, ut inveniat quod frangat adversa. Fratres mei, adversus felicitatem acrius vigilandum est. Propterea videte quemadmodum eloquium Dei in nostra felicitate tollat nobis securitatem : « Servite, inquit, Domino in timore, et exsultate ei cum tremore (Psal. II, 11). » In exsultatione, ut gratias agamus; in tremore, ne cadamus. Hoc peccatum non fecit David, cum persecutorem Saulem pateretur. Quando David sanctus Saulem inimicum patiebatur, quando illius persecutionibus agitabatur, quando per diversa fugiebat, ne in manus ejus incideret, non concupivit alienam, non adulterata uxore occidit virum (II Reg. xxiv, 5 et xxvi, 9). Erat in infirmitate tribulationis suæ tanto in Deum intentior, quanto miserior videbatur. Utile quiddam est tribulatio; utile medici ferramentum (a), quam diaboli tentamentum. Factus est securus devictis hostibus, pressura caruit, tumor excrevit. Valet ergo hoc exemplum ad id, ut timeamus felicitatem. « Tribulationem, inquit, et dolorem inveni, et nomen Domini invocavi (Psal. cxiv, 3). »

5. Sed factum est : dixerim hæc eis qui non commiserunt, ut vigilent custodire integritatem suam, et cum adtendunt magnum cecidisse, parvi timeant. Si vero aliquis jam lapsus hæc audit, et aliquid in conscientia mali tenens; verba Psalmi hujus advertat : adtendat quidem vulneris magnitudinem, sed non desperet medici majestatem. Peccatum cum desperatione, certa mors. Nemo ergo dicat, Si jam aliquid mali feci, jam damnandus sum : Deus malis talibus non ignoscit, cur non addo peccata peccatis? Fruar hoc sæculo in voluptate, in lascivia, in cupiditate nefaria : jam perdita spe reparationis, vel hoc habeam quod video, si non possum habere quod credo.

(a) Sic MSS At Er. tamquam contra diaboli tentamentum. Lov. tamquam diaboli tentamentum.

de si grands forfaits; alors pourquoi n'ajouterais-je pas péchés sur péchés? Du moins que je jouisse entièrement de cette vie, par la volupté, par la débauche, par toutes les cupidités coupables. Puisque j'ai perdu tout espoir de me relever, que je possède du moins ce que je vois, si je ne puis posséder ce que je crois. Ce psaume, s'il rend prudents ceux qui ne sont pas tombés, prévient aussi le désespoir dans ceux qui sont tombés. Qui que vous soyez, qui avez péché, et qui hésitez à faire pénitence de votre faute en désespérant de votre salut, écoutez les gémissements de David. Le Prophète Nathan ne vous est pas envoyé, mais David lui-même vous est envoyé. Écoutez-le crier, et criez avec lui; écoutez-le gémir et gémissez avec lui; écoutez-le pleurer et pleurez avec lui; écoutez sa conversion et réjouissez-vous avec lui. Que si vous n'avez su fermer la route au péché, que l'espérance du pardon ne vous soit pas fermée non plus. Le Prophète Nathan fut envoyé à cet homme puissant (II *Rois.* XII, 1); voyez l'humilité du Roi. Il n'a repoussé ni les reproches ni les ordres du Prophète; il n'a pas dit : Vous osez me parler ainsi, à moi qui suis le roi? Le roi malgré sa grandeur écouta le Prophète; que son humble peuple écoute le Christ.

6. Écoutez donc et dites avec David : « Ayez pitié de moi, ô mon Dieu, selon la grandeur de votre miséricorde (*Ps.* L, 3). » Celui qui invoque une grande miséricorde confesse une grande misère. Que ceux-là vous demandent seulement un peu de votre miséricorde, qui ont péché sans le savoir: mais lui : « Ayez pitié de moi, dit-il, ô mon Dieu, selon la grandeur de votre miséricorde. » Traitez avec toute la puissance de vos remèdes la gravité de mes blessures. Mes blessures sont graves, mais je me réfugie auprès du Tout-Puissant. Je désespèrerais de la guérison d'une maladie semblable, si je ne rencontrais un semblable médecin. « Ayez pitié de moi selon la grandeur de votre miséricorde, et effacez mon iniquité selon la multitude de vos bontés. » Cette parole « Effacez mon iniquité, » revient à celle-ci : « Ayez pitié de moi, ô mon Dieu. » Et de même lorsqu'il dit : « Selon la multitude de vos bontés, » il répète sa première parole : « Selon la grandeur de votre miséricorde. » Parce que sa miséricorde est grande, ses bontés sont nombreuses; et par conséquent de votre grande miséricorde découle le grand nombre de vos bontés. Vous veillez sur ceux qui vous méprisent pour les corriger; vous veillez sur ceux qui ignorent pour les instruire, vous veillez sur ceux qui confessent leurs fautes pour leur pardonner. David avait-il commis son crime par ignorance? Un apôtre avait ainsi fait quelque mal, et même beaucoup de mal.

Iste ergo Psalmus, sicut cautos facit eos qui non ceciderunt (*a*), sic desperatos esse non vult qui ceciderunt. Quisquis peccasti, et dubitas agere pœnitentiam pro peccato tuo desperando salutem tuam, audi David gementem. Ad te Nathan propheta non est missus, ipse David ad te missus est. Audi eum clamantem, et simul clama; audi gementem, et congemisce; audi flentem, et lacrymas junge; audi correctum, et condelectare. Si tibi non potuit intercludi peccatum, spes veniæ non intercludatur. Missus est ad istum virum Nathan propheta (II *Reg.* XII, 1), adtende (*b*) regis humilitatem, Non respuit verba præcipientis, non dixit, Audes mihi loqui regi? Rex sublimis Prophetam audivit, plebs ejus humilis Christum audiat.

6. Audi ergo hæc, et dic cum illo : « Miserere mei Deus, secundum magnam misericordiam tuam (*Psal.* L, 3). » Qui magnam misericordiam deprecatur, magnam miseriam confitetur. Quærant parvam misericordiam tuam, qui nesciendo peccaverunt : « Miserere, inquit, mei secundum magnam misericordiam tuam. » Subveni gravi vulneri secundum magnam medicinam tuam. Grave est quod habeo, sed ad Omnipotentem confugio. De meo tam lethali vulnere desperarem, nisi tantum medicum reperirem. « Miserere mei Deus secundum magnam misericordiam tuam : et secundum multitudinem miserationum tuarum, dele iniquitatem meam. » Quod ait, « dele iniquitatem meam, hoc est, miserere mei Deus. » Et quod ait, « secundum multitudinem miserationum tuarum, » hoc est, « secundum magnam misericordiam tuam. » Quia magna est misericordia, multæ sunt misericordiæ; et de magna misericordia tua, multæ sunt miserationes tuæ. Adtendis contemptores ut corrigas, adtendis nescientes ut doceas, adtendis confitentes ut ignoscas. Fecit hoc nesciens? Quidam fecerat aliqua et multa fecerat, « Misericordiam, inquit, consecutus sum, quia ignorans feci

---

(*a*) Decem MSS. *ita erigit eos qui ceciderunt*. (*b*) Plerique MSS. *Adtende regni superbiam*. Uno, *Adtende ne superbias*.

« J'ai trouvé miséricorde, dit-il, parce que, dans le temps de mon incrédulité, j'ai péché par ignorance (I *Tim.* I, 13). » Mais David n'eût pu dire: « J'ai péché par ignorance. » En effet il n'ignorait pas quel crime c'était d'abuser de la femme d'autrui; il savait quel crime c'était de tuer le mari, qui recevait la mort sans en connaître la cause et sans même s'irriter contre son assassin. Ceux-là donc, qui ont péché par ignorance sont l'objet de la miséricorde de Dieu et ceux qui ont péché sciemment sont l'objet non d'une miséricorde ordinaire mais d'une grande miséricorde.

7. «Lavez-moi de plus en plus de mon injustice (*Ps.* L. 4). » Que veut dire : « Lavez-moi de plus en plus? » que je suis très-souillé. Lavez de plus en plus les péchés que j'ai commis sciemment, vous qui avez effacé les péchés que j'ai commis par ignorance. Il n'y a donc point à désespérer de votre miséricorde, même dans l'état où je suis. « Et purifiez-moi de mon crime. » A quel titre le mériter? Il est médecin, offrez-lui sa récompense; il est Dieu, offrez-lui un sacrifice. Que lui donnerez-vous pour être purifié? Voyez d'abord quel est celui que vous invoquez; vous invoquez celui qui est souverainement juste. S'il est juste, il hait le péché; s'il est juste, il punit le péché : vous ne pourrez enlever au Seigneur Dieu sa justice. Implorez sa miséricorde, mais prenez garde à sa justice. Sa miséricorde est de pardonner au pécheur; sa justice, de punir le péché. Quoi donc? Vous demandez miséricorde; votre péché restera-t-il impuni? Que David réponde, que ceux qui sont tombés répondent, que tous répondent avec David, afin de mériter la miséricorde avec David, et qu'ils disent : Non, Seigneur, mon péché ne sera pas impuni : je connais la justice de celui dont j'implore la miséricorde ; mon péché ne sera pas impuni, mais je désire que vous ne me punissiez point, parce que je punis moi-même mon péché. Je demande que vous me remettiez ma faute, parce que je la reconnais.

8. «Parce que je reconnais mon iniquité et que mon crime est sans cesse devant mes yeux (*Ibid.* 5).» Je n'ai pas rejeté derrière moi le crime que j'ai commis ; je ne regarde pas les autres en m'oubliant moi-même ; je n'affecte pas d'ôter la paille de l'œil de mon frère, lorsqu'il y a une poutre dans mon œil (*Matth.* VII, 3) : mon péché est devant moi et non derrière moi. Il était, en effet, derrière moi lorsque le Prophète m'a été envoyé, et m'a présenté la parabole de la brebis du pauvre. Car le Prophète Nathan dit à David: «Il y avait un riche qui avait de nombreuses brebis; tandis qu'un pauvre, son voisin, n'avait qu'une pauvre petite brebis, qu'il nourrissait sur son sein de sa propre nourriture. Un hôte étant venu chez le riche, celui-ci ne prit rien dans son troupeau, mais il convoita la petite brebis du pauvre, et il la tua pour la servir à son hôte. Quelle peine a-t-il méritée (II *Rois*, XII, 2)? » Le

---

in incredulitate (I *Tim.* I, 13). » Iste David non posset dicere, Ignorans feci. Non enim ignorabat quantum mali esset contrectatio conjugis alienæ, et quantum malum esset interfectio mariti nescientis, et nec saltem irascentis. Consequuntur ergo misericordiam Domini qui ignorantes fecerunt ; et qui scientes, consequuntur non qualemlibet misericordiam, sed magnam misericordiam.

7. « Magis magisque lava me ab injustitia mea (*Psal.* L, 4). » Quid est, « Magis magisque lava ? » Multum inquinatum. Magis magisque lava peccata scientis, qui abluisti peccata ignorantis. Nec sic desperandum de misericordia tua. « Et a delicto meo munda me. » Quo merito? Medicus est, offer mercedem : Deus est, offer sacrificium. Quid dabis ut munderis? Vide enim quem invoces; justum invocas : odit peccata, si justus est; vindicat in peccata, si justus est; non poteris auferre a Domino Deo justitiam ejus : implora misericordiam, sed adtende justitiam : misericordia est ut ignoscat peccanti, justitia est ut puniat peccatum. Quid ergo ? Quæris misericordiam, peccatum impunitum remanebit? Responderit David, responderint lapsi, responderint cum David, ut misericordiam mereantur sicut David, et dicant, Non Domine, non erit impunitum peccatum meum : novi justitiam ejus, cujus quæro misericordiam : non impunitum erit, sed ideo nolo, ut tu me punias, quia ego peccatum meum punio : ideo peto ut ignoscas, quia ego agnosco.

8. « Quoniam iniquitatem meam ego agnosco, et delictum meum coram me est semper (*Ibid.* 5). » Non posui post dorsum meum quod feci, non intueor alios oblitus mei, non affecto stipulam ejicere de oculo fratris mei, cum sit trabes in oculo meo (*Matth.* VII, 3) : peccatum meum ante me est, non post me. Fuit enim post me quando ad me missus est Propheta, et de ove pauperis similitudinem mihi proposuit. Ait enim Nathan Propheta ad David, « Erat dives qui-

Roi, tout irrité, rend sa sentence. Ignorant dans quel piége il était pris lui-même, il dit que le riche avait mérité la mort, et qu'il rendrait au quadruple la brebis qu'il avait prise. Cette sentence était très-sévère et très-juste. Mais le péché de David n'était pas encore devant ses yeux ; le crime qu'il avait commis était relégué derrière lui ; il ne reconnaissait pas encore son péché ; aussi ne pardonnait-il pas au péché d'autrui. Mais le Prophète, qui lui était envoyé pour cela, ôta son péché de derrière lui, et le lui mit devant les yeux, pour qu'il vît que cette sentence si rigoureuse, il l'avait prononcée contre lui-même. Pour couper et guérir la blessure de son cœur, il se servit de sa propre langue comme d'un fer. C'est ce que fit aussi le Seigneur à l'égard des Juifs, quand ils lui amenèrent la femme adultère, lui tendant un piége par leurs questions, et tombant eux-mêmes dans ce piége. « Cette femme, dirent-ils, a été surprise en adultère. Moïse a ordonné que les femmes adultères fussent lapidées. Et vous, que dites-vous sur celle-ci (*Jean*, VIII, 4, etc.) ? » Ils espéraient prendre la sagesse de Dieu comme dans un double piége : si Jésus ordonnait que cette femme fût mise à mort, il perdait sa réputation de douceur ; s'il ordonnait qu'on la laissât aller, il donnait prise à la calomnie, comme faisant mépris de la loi. Que répondit donc Jésus ? Il ne dit pas : Mettez-la à mort ; il ne dit pas : Relâchez-la ; mais il dit : « Que celui d'entre vous qui croit être sans péché lui jette la première pierre. » Juste est la loi qui ordonne la mort de la femme adultère, mais que cette juste loi soit exécutée par des ministres qui soient justes aussi. Vous examinez celle que vous amenez ; mais examinez aussi qui vous êtes. « Après avoir entendu ces paroles, ils se retirèrent tous, l'un après l'autre. Il ne resta que la femme adultère et le Seigneur. » Il resta celle qui était blessée et le médecin ; il resta une grande misère et une grande miséricorde ; ceux qui l'avaient amenée rougirent et ne demandèrent point grâce ; celle qu'ils avaient amenée fut couverte de confusion et guérie : « Le Seigneur lui dit : Femme, quelqu'un vous a-t-il condamnée ? Et elle répondit : Personne, Seigneur. — Je ne vous condamnerai pas non plus, répondit Jésus ; allez, et désormais ne péchez plus. » Est-ce que le Christ agit alors contre sa loi ? En effet, le Père n'avait pas donné la loi sans le Fils. Si le ciel et la terre et tout ce qu'ils contiennent ont été faits par le Verbe, comment la loi aurait-elle été portée sans le Verbe de Dieu ? Dieu ne va donc pas contre sa propre loi, pas plus qu'un empereur ne va contre les siennes, lorsqu'il use d'indulgence envers

---

dam habens plurimas oves, pauper autem vicinus ejus, habebat unam oviculam, quam in sinu suo et de suo cibo nutriebat : venit hospes diviti, nihil de grege suo abstulit, oviculam vicini pauperis concupivit, ipsam suo hospiti occidit : quid dignus est (II *Reg.* XII, 2) ? » At ille profert iratus sententiam : plane tunc rex nesciens ubi (*a*) captus esset, morte dignum divitem dixit, et ovem reddendam in quadruplum. Severissime atque justissime. Sed peccatum ejus nondum erat coram eo, post dorsum erat quod fecerat : suam iniquitatem nondum agnoscebat, et ideo alienæ non ignoscebat. Sed Propheta ad hoc missus, abstulit a dorso peccatum, et ante oculos posuit, ut videret illam sententiam tam severam in se esse prolatam. Ad secandum et sanandum vulnus cordis ejus, ferramentum fecit de lingua ejus. Hoc fecit Dominus Judæis, quando ad eum adulteram mulierem adduxerunt, proponentes laqueum tentationis, et in id quod proposuerant incidentes. « In adulterio, inquiunt, hæc mulier deprehensa est, Moyses hujusmodi lapidari jussit, tu de illa quid censes (*Johan* VIII, 4 1, etc.) ? » tamquam bicipiti muscipula tentantes capere Sapientiam Dei, ut si juberet occidi, perderet mansuetudinis famam ; si autem juberet dimitti (*b*), incurreret, tamquam reprehensor legis, calumniam. Quid ergo respondit ? Non ait, Occidite ; non ait, Dimitte : sed ait, « Qui se scit sine peccato esse, primus in illam lapidem jaciat (*Ibid.*). » Justa lex, quæ jubet adulteram occidi : sed hæc lex justa ministros habeat innocentes. Adtenditis quam adducitis, adtendite et qui estis. Illi hoc audito, unus post alterum discesserunt. Remansit adultera et Dominus, remansit vulnerata et medicus, remansit magna miseria et magna misericordia. Adducentes erubuerunt, nec veniam petiverunt : adducta confusa est, et sanata. Ait illi Dominus, « Mulier, nemo te condemnavit ? Et illa, Nemo Domine. Et ille, Nec ego te condemnabo, vade, deinceps jam noli peccare

---

(*a*) Plures MSS. *captivus esset.* Quidam, *captivus teneretur.* (*b*) Sic MSS. Editi vero, *incurreret blasphemiam tamquam reprehensor legis calumniandus.*

ceux qui avouent leur culpabilité. Moïse a été le ministre de la loi ; mais c'est le Christ qui en était le promulgateur. Moïse, comme juge, ordonne la lapidation ; le Christ, comme roi, a usé d'indulgence. Dieu a donc pitié de cette femme selon la grandeur de sa miséricorde, miséricorde qu'implore ici le Prophète, miséricorde qu'il demande avec des cris et des gémissements : ce que n'ont pas voulu faire ceux qui ont amené la femme adultère ; ils ont connu leurs plaies quand le médecin les leur montra, mais ils n'ont pas demandé le remède au médecin. Il en est beaucoup de cette sorte, beaucoup qui n'ont pas honte de pécher, et qui ont honte de faire pénitence. O incroyable folie ! vous ne rougissez pas de votre plaie et vous rougissez de l'appareil qui banderait votre plaie ! Est-ce que, toute nue, cette plaie n'est pas plus hideuse et plus infecte ? Réfugiez-vous donc auprès du médecin ; faites pénitence et dites : « Je reconnais mon iniquité, et mon péché est sans cesse devant mes yeux. »

9. « Devant vous seul j'ai péché, en votre seule présence j'ai fait le mal (*Ps.* L, 6).» Qu'est cela ? Est-ce qu'une femme n'était point souillée d'adultère et son mari mis à mort en face des hommes (II *Rois*, XI, 4 et 15) ? Est-ce que tous ne savaient pas ce qu'avait fait David ? Que signifient donc ces paroles : « Devant vous seul j'ai péché, en votre seule présence j'ai fait le mal ? » C'est que vous seul êtes sans péché. Celui-là punit justement qui n'a rien en lui qui mérite punition ; celui-là reprend justement, qui n'a rien en lui de répréhensible. « Devant vous seul j'ai péché, dit-il, devant vous seul j'ai fait le mal ; afin que vous fussiez justifié dans vos paroles et vainqueur lorsque vous serez jugé. » A qui s'adressent ces paroles, mes frères ? Il est difficile de déterminer à qui elles s'adressent. Il s'adresse évidemment à Dieu et il est certain que Dieu le Père n'a pas été jugé. Que veut donc dire : « Devant vous seul j'ai péché, devant vous seul j'ai fait le mal, afin que vous fussiez justifié dans vos paroles et que vous fussiez vainqueur lorsque vous serez jugé ? » Il voit que le juge à venir doit subir lui-même un jugement ; il voit que le juste doit être jugé par les pécheurs, et il le voit vainqueur dans ce jugement, parce qu'il n'y a en lui rien qui puisse être l'objet d'un jugement. Car l'Homme-Dieu est le seul parmi les hommes qui ait pu dire avec vérité : Si vous trouvez quelque péché en moi, dites-le. Mais peut-être y avait-il en lui quelque péché qui était caché aux hommes, et peut-être ceux-ci ne trouvaient-ils pas le mal qui existait, mais qui n'apparaissait pas ? Dans un autre endroit, le Christ dit : Voici venir le prince de ce monde (*Jean*, XIV, 30), l'habile investigateur de tous les péchés ; voici venir le prince de ce monde, le préposé de

(*Ibid.*).»Numquid Christus fecit contra legem suam ? Neque enim Pater ejus sine Filio dederat legem. Si cœlum et terra et omnia quæ in eis sunt per ipsum facta sunt, lex sine Verbo Dei quomodo conscripta est ? Non ergo Deus contra legem suam, quia nec imperator contra leges suas facit, quando confessis dat indulgentiam. Moyses minister legis, Christus promulgator legis : Moyses lapidat ut judex, Christus indulget ut rex. Misertus est ergo ejus Deus secundum magnam misericordiam suam, sicut hic rogat, sicut hic petit, sicut exclamat et dolet : quod illi adulteram offerentes facere noluerunt ; vulnera sua ostendente medico cognoverunt, medicinam a medico non quæsierunt. Ita sunt multi quos peccare non pudet, agere pœnitentiam pudet. O incredibilis insania ? De vulnere ipso non erubescis, de ligatura vulneris erubescis ? Nonne nudum fœdius et putidius est ? Confuge ergo ad medicum, age pœnitentiam, dic, « Iniquitatem meam ego agnosco, et peccatum meum ante me est semper. »

9. « Tibi soli peccavi, et malignum coram te feci (*Psal.* L, 6). » Quid est hoc ? Coram hominibus enim non erat adulterata uxor aliena, et maritus occisus ? Nonne omnes noverant quod David fecerat (II *Reg.* XI, 4 et 15) ? Quid est, « Tibi soli peccavi, et malignum coram te feci ? » Quia tu solus sine peccato. Ille justus punitor, qui non habet quod in illo puniatur : ille justus reprehensor, qui non habet quod in illo reprehendatur. « Tibi soli, inquit, peccavi, et malignum coram te feci : ut justificeris in sermonibus tuis, et vincas cum judicaris. »Cui dicat, Fratres, cui dicat, difficile est advertere. Deo utique loquitur, et manifestum est quomodo Deus Pater non est judicatus. Quid est, « Tibi soli peccavi, et malignum coram te feci, ut justificeris in sermonibus tuis, et vincas cum judicaris ? »Videt futurum judicem judicandum, judicandum a peccatoribus justum, et in eo quia quod in illo judicaretur non erat. Solus enim vincentem, in hominibus verum dicere potuit homo Deus : Si invenistis in me peccatum, dicite. Sed forte erat quod homines latebat, et non inveniebant illi quod erat quidem, sed manifestum non erat ? Alio loco

la mort, qui frappe de mort les pécheurs, car « c'est par l'envie du démon que la mort est entrée sur la terre (*Sag.* II, 24) ; » voici venir le prince de ce monde, et il ne trouvera rien en moi (Jésus parlait ainsi la veille de sa passion), rien qui tienne du péché, rien qui mérite la mort, rien qui soit digne de condamnation. Et comme si on lui demandait : Mais alors pourquoi mourrez-vous ? il continue et dit : « Mais pour que tous les hommes sachent que je fais la volonté de mon Père, levez-vous et sortons-nous d'ici. » Je souffre, dit-il, moi qui ne le mérite pas, pour ceux qui le méritent, afin que ceux pour lesquels je souffre, sans l'avoir mérité, la mort qui est à eux, méritent d'obtenir la vie qui est à moi. C'est pourquoi le Prophète David dit dès lors à celui qui est sans péché : « Devant vous seul j'ai péché, devant vous seul j'ai fait le mal ; afin que vous fussiez justifié dans vos paroles et vainqueur lorsque vous serez jugé. » En effet, vous surpassez tous les hommes, vous surpassez tous les juges, et celui qui se croit juste est injuste à vos yeux. Vous seul jugez avec justice, vous qui avez été injustement jugé, vous qui avez le pouvoir de déposer votre vie et de la reprendre (*Jean.* X, 18). Vous êtes donc vainqueur lorsque vous êtes jugé. Vous surpassez tous les hommes, parce que vous êtes plus que les hommes et que les hommes ont été faits par vous.

10. « Devant vous seul j'ai péché, devant vous j'ai fait le mal ; afin que vous fussiez justifié dans vos paroles et vainqueur lorsque vous serez jugé. Car voici que j'ai été conçu dans l'iniquité (*Ps.* L, 7). » Et comme si on disait à David : Ceux-là sont vaincus, David, qui ont fait ce que vous avez fait ; car ce n'est pas un petit mal et un petit péché, que l'adultère et l'homicide : mais ce juge est-il vainqueur de ceux qui, depuis le sein de leur mère, n'ont rien fait de semblable ? Leur imputerez-vous aussi quelques péchés, afin que Jésus soit vainqueur de tous les hommes, lorsque viendra l'heure où on le jugera ? David répond au nom de tout le genre humain et, examinant les liens qui captivent tous les hommes, il considère comment la mort s'est perpétuée, il observe l'origine du péché, et il s'écrie : « Voici que j'ai été conçu dans l'iniquité. » David était-il né de l'adultère, lui qui était fils de Jessé, homme juste, et de son épouse (I *Rois*, XVI, 18) ? Pourquoi donc se dit-il conçu dans l'iniquité, si ce n'est parce que l'iniquité de l'homme descend d'Adam ? Ce lien même de la mort qui nous enlace est étroitement uni au péché. Personne ici-bas ne vient au monde qu'en traînant avec lui le châtiment, c'est-à-dire en traînant la faute qui mérite le châtiment. L'Écri-

---

ait, Ecce venit princeps mundi, acutus inspector omnium peccatorum (*Johan.* XIV, 30) : ecce, inquit, venit princeps mundi hujus, morte affligens peccatores præpositus mortis : « invidia enim diaboli mors intravit in orbem terrarum (*Sap.* II, 24). » « Ecce, inquit, venit princeps mundi hujus : » (dixit hæc proximus passioni :) et in in me nihil inveniet, nihil peccati, nihil morte dignum, nihil damnatione dignum. Et tamquam ei diceretur, Cur ergo moreris ? Sequitur, et dicit, « Sed ut sciant omnes quia voluntatem Patris mei facio, surgite, eamus hinc. » Patior, inquit, indignus pro dignis, ut eos dignos faciam vita mea, pro quibus indigne patior mortem illorum. Huic itaque nullum habenti peccatum dicit in præsentia propheta David, « Tibi soli peccavi, et malignum coram te feci, ut justificeris in sermonibus tuis, et vincas cum judicaris. » Superas enim omnes homines, omnes judices, et qui se putat justum, coram te injustus est : tu solus juste judicas, injuste judicatus, « qui potestatem habes ponendi animam tuam, et potestatem habes iterum sumendi eam (*Johan.* X, 18). » Vincis ergo cum judicaris. Omnes homines superas, quia plus es quam homines, et per te facti sunt homines.

10. « Tibi soli peccavi, et malignum coram te feci, ut justificeris in sermonibus tuis, et vincas cum judicaris. Ecce enim in iniquitatibus conceptus sum (*Psal.* L, 7). » Tamquam diceretur, Vincuntur illi, qui fecerunt quod et tu David : non enim hoc parvum malum parvumque peccatum, adulterium et homicidium : quid illi qui ex quo nati sunt de ventre matris suæ, nihil tale fecerunt ? etiam ipsis imputas aliqua peccata, ut ille omnes vincat cum cœperit judicari ? Suscepit personam generis humani David, et attendit omnium vincula, propaginem mortis consideravit, originem iniquitatis advertit, et ait, « Ecce enim in iniquitatibus conceptus sum. » Numquid David de adulterio natus erat, de Jesse viro justo et conjuge ipsius (I *Reg.* XVI, 18) ? Quid est quod se dicit in iniquitate conceptum, nisi quia trahitur iniquitas ex Adam (a) ? Etiam ipsum vinculum mortis cum ipsa iniquitate concretum est. Nemo

(a) Aliquot MSS. *ex Adam, a quo ipsum vinculum*, etc.

ture dit encore dans le livre de Job : « Nul n'est pur à vos yeux, pas même l'enfant dont la vie sur la terre n'est que d'un jour (*Job.* XIV, 5, selon les Septante). » Nous savons, en effet, que les péchés sont remis par le baptême du Christ, et que le baptême du Christ a la force de remettre les péchés. Si les enfants sont innocents en toute manière, pourquoi, lorsqu'ils sont malades, leurs mères s'empressent-elles de les porter à l'église (1)? Qu'est-ce donc que remet ce baptême, ce pardon des péchés? Cet enfant encore innocent, je le vois pleurer plutôt que je ne le vois se mettre en colère. Qu'efface donc le baptême? Quelle chaîne brise cette grâce? Elle brise la transmission du péché. Si cet enfant pouvait parler, s'il avait déjà l'intelligence qu'avait David, il vous répondrait : Pourquoi considérez-vous mon enfance? Vous ne voyez pas, à la vérité, que j'aie commis aucune faute; mais j'ai été conçu dans l'iniquité, « et ma mère, dans son sein, m'a nourri de péchés. » Pour le Christ, il est né hors de ce lien de la concupiscence charnelle, sans le concours d'un homme, de la Vierge qui l'a conçu du Saint-Esprit. On ne peut dire qu'il ait été conçu dans l'iniquité; on ne peut dire que sa Mère l'ait nourri de péchés dans son sein, elle à qui il a été dit : « L'Esprit-Saint surviendra en vous et la vertu du Très-Haut vous couvrira de son ombre (*Luc*, I, 35). » Si donc les hommes sont conçus dans l'iniquité et si, dans le sein de leur mère, ils sont nourris de péchés, ce n'est pas que l'œuvre de chair dans le mariage soit un péché, mais c'est que cette œuvre ne se fait que dans une chair qui porte le châtiment du péché. En effet, la mort est le châtiment de la chair, et cette mort est toujours en elle. C'est pourquoi l'Apôtre saint Paul ne dit pas que le corps est mortel, il dit qu'il est mort : « Le corps est mort, dit-il, à cause du péché; mais l'esprit vit par l'effet de la justification (*Rom.* VIII, 10). » Comment donc ce qui doit sa conception et son germe à un corps mort par le péché pourrait-il naître exempt des liens du péché? Il n'y a donc aucune faute dans cette œuvre chastement pratiquée dans le mariage ; mais l'origine du péché entraîne avec elle un châtiment mérité. En effet, un mari n'est pas affranchi de la mort parce qu'il est un mari ; et d'autre part, il n'est mortel qu'en raison du péché. Pour le Seigneur, il était lui-même mortel ; mais sa mortalité ne venait pas du péché : il a pris sur lui notre châtiment et c'est pour cela qu'il nous a déliés de notre péché. C'est donc à juste titre que tous les hommes meurent en Adam et que tous, au contraire, seront vivifiés en Jésus-Christ (I *Cor.* XV, 22). « En effet, dit

---

nascitur nisi trahens pœnam, trahens meritum pœnæ (*Job.* XIV, 5, sec. LXX). Dicit et in alio loco Propheta, Nemo mundus in conspectu tuo, nec infans cujus est unius diei vita super terram. Novimus enim et baptismo Christi solvi peccata, et baptismum Christi valere ad remissionem peccatorum. Si infantes omnimodo innocentes sunt, cur matres ad Ecclesiam cum languentibus currunt ? Quid illo baptismo, quid illa remissione dimittitur ? Innocentem magis video flentem quam irascentem. Quid eluit baptismus? quid solvit illa gratia? Solvitur propago peccati. Quia si loqui tibi posset ille infans, diceret, et si jam intellectum haberet, quem habebat David, responderet tibi, Quid me adtendis infantem ? Non quidem vides facinora mea : sed ego in iniquitate conceptus sum, « Et in peccatis mater mea me in utero aluit. » Præter hoc vinculum concupiscentiæ (*a*) carnalis natus est Christus sine masculo, ex virgine concipiente de Spiritu sancto. Non potest iste dici in iniquitate conceptus, non potest dici, In peccatis mater ejus in utero eum aluit, cui dictum est, « Spiritus sanctus superveniet in te, et Virtus Altissimi obumbrabit tibi (*Lucæ* I, 35). » Non ergo ideo in iniquitate concipiuntur homines, et in peccatis in utero a matribus aluntur, quia peccatum est misceri conjugibus; sed quia illud quod fit, utique fit de carne pœnali. Pœna enim carnis mors est, et utique inest ipsa mortalitas. Unde Apostolus non moriturum corpus dixit, sed mortuum : « Corpus quidem mortuum est, inquit, propter peccatum, spiritus autem vita est propter justitiam (*Rom.* VIII, 10). » Quomodo ergo sine vinculo peccati nascitur, (*b*) quod concipitur et seminatur de corpore mortuo propter peccatum? Opus hoc castum in conjuge non habet culpam, sed origo peccati trahit secum debitam pœnam. Non enim maritus, quia maritus est, mortalis non est, aut aliunde nisi peccato mortalis est. Erat enim et Dominus mortalis, sed non de peccato : suscepit pœnam nostram, et ideo solvit culpam nostram. Merito ergo in Adam omnes moriuntur, in

---

(1) Contre les Pélagiens.

(*a*) Omnes prope MSS. *concupiscentia mortalis.* (*b*) Plures MSS. *qui concernitur.* Alii. *qui concrescit.*

l'Apôtre, le péché est entré dans le monde par un seul homme, et la mort y est entrée par le péché, et elle a passé dans tous les hommes par celui en qui tous ont péché (*Rom.* v, 12). » C'est un jugement sans appel : Tous les hommes, dit-il, ont péché en Adam. L'innocence n'a pu appartenir en propre qu'à un seul enfant, parce qu'il n'est pas né de l'œuvre d'Adam.

11. « Car vous avez aimé la vérité ; vous m'avez révélé les choses incertaines et cachées de votre sagesse (*Ps.* L, 8). » Vous avez aimé la vérité : c'est-à-dire que vous n'avez pas laissé impunis les péchés de ceux même à qui vous avez pardonné. « Vous avez aimé la vérité : » vous avez accordé à la miséricorde toutes ses prérogatives, en réservant à la vérité tous ses droits. Vous pardonnez à celui qui confesse ses péchés ; vous pardonnez, mais à celui qui se punit lui-même. C'est ainsi que vous conservez à la fois la miséricorde et la vérité : la miséricorde, parce que l'homme est délivré ; la vérité, parce que le péché est puni. « Car vous avez aimé la vérité ; vous m'avez révélé les choses incertaines et cachées de votre sagesse. » Quelles sont les choses « cachées ? » Quelles sont les choses « incertaines ? » C'est que Dieu pardonne à tel ou tel. Rien de plus caché ; rien de plus incertain. C'est pour obtenir ce pardon incertain que les Ninivites ont fait pénitence. Ils ont dit, en effet, même après les menaces du prophète, même après ces paroles : « Encore trois jours et Ninive sera détruite, (*Jon.* III, 4), » ils ont dit entre eux qu'il fallait implorer la miséricorde divine ; ils ont dit, discutant entre eux la parole de Jonas : « Qui sait si Dieu ne changera pas son arrêt en une sentence plus douce ? Qui sait s'il n'aura pas pitié de nous ? » C'était une chose incertaine, puisqu'ils disaient, « qui sait ? » Faisant pénitence sur cet espoir incertain, ils ont mérité une miséricorde certaine. Ils se sont prosternés devant Dieu en pleurant ; ils se sont prosternés en jeûnant, en se revêtant de cilices, en se couvrant de cendres ; ils ont gémi, ils ont pleuré, et Dieu les a épargnés. Or, Ninive est-elle restée debout, ou Ninive a-t-elle été renversée ? Les hommes ont vu sans doute d'une manière, mais Dieu a vu d'une autre. Quant à moi, je crois que la prédiction du prophète s'est accomplie. Rappelez-vous ce qu'était Ninive et constatez qu'elle a été véritablement renversée. Elle a été détruite pour le mal, et rebâtie pour le bien ; de même que Saul le persécuteur a été renversé, et que Paul le prédicateur a été élevé (*Act.* IX, 4). Qui ne regarderait comme heureusement

---

Christo autem omnes vivificabuntur (I Cor. XV, 22). « Per unum hominem enim, ait Apostolus, peccatum in hunc mundum intravit, et per peccatum mors, et ita in omnes homines pertransiit, in quo omnes peccaverunt (*Rom.* V, 12). » Definita est sententia : « In Adam, inquit, omnes peccaverunt. » Solus esse innocens infans potuit, qui de opere (*a*) Adam non natus est.

11. « Ecce enim veritatem dilexisti : incerta et occulta sapientiæ tuæ manifestasti mihi (*Psal.* L, 8). » Veritatem dilexisti : id est, impunita peccata etiam eorum quibus ignoscis, non reliquisti. « Veritatem dilexisti » : sic misericordiam prærogasti, ut servares et veritatem. Ignoscis confitenti, ignoscis, sed seipsum punienti : ita servatur misericordia et veritas ; misericordia, quia homo liberatur ; veritas, quia peccatum punitur. « Ecce enim veritatem dilexisti : incerta et occulta sapientiæ tuæ manifestasti mihi. » Quæ occulta ? quæ incerta ? Quia Deus ignoscit et talibus. Nihil tam occultum, nihil tam incertum. Ad hoc incertum Ninivitæ pœnitentiam egerunt. Dixerunt enim, quamvis post minas Prophetæ, quamvis post illam vocem, Triduo et Ninive subvertetur (*Jonæ* III, 4) : dixerunt apud se, petendam esse misericordiam : diversi ita apud se disceptantes, Quis novit, si Deus flectat in melius sententiam suam, et miseretur ? Incertum erat, cum dicitur, Quis novit. De incerto pœnitentiam egerunt, certam misericordiam meruerunt : prostraverunt se in lacrymis, in jejuniis, in cilicio et in cinere prostraverunt se, gemuerunt, flexerunt, pepercit Deus. Stetit Ninive, an eversa est Ninive ? Aliter quidem videtur hominibus, et aliter visum est Deo. Ego autem puto impletum fuisse quod Propheta prædixerat. Respice quæ fuit Ninive, et vide quia eversa est ; eversa in malo, ædificata in bono : sicut eversus Saulus persecutor, ædificatus Paulus prædicator (*Act.* IX, 4). Quis non diceret civitatem istam, in qua nunc sumus, feliciter eversam, si omnes illi insani nugis suis desertis ad Ecclesiam compuncto corde concurrerent, Dei misericordiam de suis factis præteritis invocarent ? Nonne diceremus, Ubi est illa Carthago ? Quia non est quod erat, eversa est : sed si est quod non erat, ædificata est. Ita dicitur Jeremiæ, « Ecce dabo tibi eradicare, suffodere, evertere, disperdere, et rursus ædificare, et plantare (*Jerem.*

(*a*) Editi, *qui de opere in Adam non natus est.* Abest in a MSS.

renversée la ville où nous sommes, si tous les insensés qui l'habitent, laissant là leurs vanités, accouraient à l'Église, le cœur touché de componction, et s'ils invoquaient la miséricorde de Dieu pour leurs fautes passées ? Ne dirions-nous pas : Où est l'ancienne Carthage ? Puisqu'elle n'est plus ce qu'elle était, elle a été détruite ; mais si elle est devenue ce qu'elle n'était pas, elle est réédifiée. C'est dans ce sens qu'il a été dit à Jérémie : « Je vous donnerai de déraciner, d'arracher de fond en comble, de renverser, de disperser, de réédifier et de replanter (*Jérém.* I, 10). » C'est dans le même sens que le Seigneur a dit : « Je frapperai et je guérirai (*Deut.* XXXII, 39). » Il frappe la gangrène du crime, il guérit la douleur de la blessure. C'est ce que font les médecins lorsqu'ils taillent. Ils frappent et ils guérissent ; ils s'arment pour frapper, ils portent le fer et viennent guérir le malade. Mais comme les péchés des Ninivites étaient grands, ils dirent : « Qui sait ? » C'est cette chose incertaine que Dieu avait découverte à son serviteur David. Car aussitôt que David eut dit au prophète Nathan, qui se tenait devant lui et l'accusait : « J'ai péché, » il reçut du Prophète, c'est-à-dire de l'Esprit-Saint qui était dans le Prophète, cette réponse : « Votre péché vous est remis (II *Rois* XXII, 13). » Dieu lui révéla donc les choses incertaines et cachées de sa sagesse.

12. « Vous m'arroserez, » dit-il, « avec l'hysope et je serai purifié (*Ps.* L, 9). » Nous savons que l'hysope est une humble petite herbe, qui a des vertus médicinales et dont les racines, dit-on, s'attachent aux pierres. C'est pourquoi, dans le langage mystique, on a pris cette plante pour l'emblème de la purification du cœur. Pressez aussi, pour y enfoncer la racine de votre amour, la pierre qui est le Christ ; soyez humblement caché dans votre Dieu humilié, afin d'être élevé avec votre Dieu glorifié. Vous serez arrosé avec l'hysope ; l'humilité du Christ vous purifiera. Gardez-vous de mépriser cette herbe ; réfléchissez à la vertu médicinale qui est en elle. Je vais dire une chose que les médecins ont coutume de répéter, ou que nous apprenons par expérience auprès des malades. On dit que l'hysope est propre à purger les poumons. C'est le poumon que l'on a coutume de regarder comme le symbole de l'orgueil, c'est là, en effet, que se produit le gonflement de la respiration. On disait de Saul le persécuteur, comme pour exprimer l'orgueil de Saul qu'il allait se saisir des chrétiens, ne respirant que le carnage (*Act.* IX, 1) ; il était haletant de carnage, il était haletant de sang, parce que son poumon n'était pas encore purifié. Écoutez maintenant le Prophète ; il est humilié, parce qu'il est purifié avec l'hysope : « Vous m'arroserez avec l'hysope et je serai purifié ; vous me laverez, » c'est-à-dire vous me purifierez et je deviendrai plus blanc que la neige. « Lors même, » dit Isaïe, « que vos péchés se-

---

I, 10), » Inde est vox illa Domini, « Ego percutiam, et ego sanabo (*Deut.* XXXII, 39). » Percutit putredinem facinoris, sanat dolorem vulneris. Faciunt medici cum secant, percutiunt et sanant ; armant se ut feriant, ferrum gestant et curare veniunt. Sed quia peccata magna erant Ninivitarum, dixerunt, Quis novit ? Hoc incertum patefecerat Deus servo suo David. Cum enim dixisset, stante et arguente se Propheta ; « Peccavi (II *Reg.* XII, 13) : » statim audivit à Propheta, id est, a Spiritu Dei qui erat in Propheta, « Dimissum est tibi peccatum tuum. » Incerta et occulta sapientiæ suæ manifestavit ei.

12. « Adsperges me, inquit, hyssopo, et mundabor (*Psal.* L, 9). » Hyssopum herbam novimus humilem, sed medicinalem : saxo hærere radicibus dicitur. Inde in mysterio mundandi cordis similitudo assumpta est. Apprehende et tu radicem dilectionis petram tuam ; esto humilis in humili Deo tuo, ut sis excelsus in glorificato Deo tuo. Adspergeris hyssopo, humilitas Christi te mundabit. Noli herbam contemnere, vim medicamenti adtende. Aliquid etiam dicam, quod a medicis solemus audire, vel experiri in ægrotis. Hyssopum dicunt purgandis pulmonibus aptum esse. In pulmone solet notari superbia : illic enim inflatio, illic anhelitus. Dicebatur de Saulo persecutore, tamquam de Saulo superbo, quod ibat ad vinciendos Christianos spirans cædem (*Act.* IX, 1) : anhelabat cædes, anhelabat sanguinem, nondum purgato pulmone. Audi et hic humiliatum, quia hyssopo purgatum : « Adsperges me hyssopo, et mundabor : lavabis me, » id est, mundabis me : « et super nivem dealbabor. » « Etsi fuerint, inquit peccata vestra sicut phœnicium, tamquam nivem dealbabo (*Is.* I, 18). » De talibus sibi exhibet Christus vestem sine macula et ruga (*Ephes.* V, 27). Proinde vestis ejus in monte, quæ tamquam nix dealbata effulsit, significavit Ecclesiam omni macula peccati mundatam (*Matth.* XVII, 2).

raient comme la pourpre, je vous rendrai blanc comme la neige (*Is.* I, 18). » C'est de ces hommes ainsi purifiés que le Christ se fait une robe sans tache et sans ride (*Éphés.* V, 27). C'est pourquoi sur la montagne, sa robe, qui brillait de la blancheur de la neige (*Matth.* XVII, 2), signifiait l'Église, purifiée de toute tache du péché.

13. Mais comment l'hysope représente-t-elle l'humilité ? Écoutez ce qui suit : « Vous donnerez à mon oreille la joie et l'allégresse, et mes os, qui sont humiliés, tressailliront de bonheur (*Ps.* L. 10). » Vous donnerez, dit-il, à mon oreille la joie et l'allégresse ; je me réjouirai en vous écoutant et non en discutant contre vous. Vous avez péché, pourquoi vous défendriez-vous ? Vous voulez parler ? ayez patience, écoutez, cédez à la parole divine, de peur que le trouble ne vous saisisse et que vos blessures ne s'aggravent. La faute est commise, ne l'excusez pas ; confessez-la, ne la défendez pas. Si vous essayez d'être l'avocat de votre péché, vous serez vaincu ; le défenseur que vous employez n'est pas innocent, son appui ne vous servira de rien. Qui êtes-vous, en effet, pour vous défendre ? Vous ne pouvez que vous accuser vous-même. Gardez-vous de dire, ou : je n'ai rien fait, ou : quel grand mal ai-je commis ? ou : d'autres que moi l'ont bien fait. Si, après votre péché, vous prétendez n'avoir rien fait, vous ne serez rien aux yeux de Dieu, vous ne recevrez rien. Dieu est prêt à vous accorder votre pardon, et vous fermez la porte contre vous-même. C'est un don qu'il veut vous faire, gardez-vous de lui opposer l'obstacle de votre défense, et ouvrez-lui au contraire par votre confession toutes les profondeurs de votre âme. « Vous donnerez à mon oreille la joie et l'allégresse. » Puisse-t-il me donner de vous exprimer ce que je ressens ! Ceux qui écoutent sont plus heureux que ceux qui parlent. En effet, celui qui apprend est humble ; au contraire, celui qui enseigne est contraint à mille efforts pour éviter l'orgueil, de peur que le mauvais désir de plaire ne se glisse en lui, et qu'en voulant plaire aux hommes il ne déplaise à Dieu. Celui qui enseigne, mes frères, éprouve une grande crainte : je sens ma voix qui tremble en vous parlant ainsi. Croyez à notre cœur que vous ne pouvez voir ; Dieu que nous supplions de nous être doux et propice, Dieu sait, avec quel cœur nous vous adressons la parole sous cette crainte qui nous trouble. Mais, au contraire, lorsque nous sentons au dedans de nous Dieu même qui nous enseigne et nous inspire, nous sommes rassurés et cette assurance nous comble de joie. Car alors nous sommes sous notre maître, nous cherchons sa gloire, nous le louons des enseignements qu'il nous donne ; sa vérité nous charme intérieurement là où nul ne fait et n'entend aucun bruit. C'est là que le Prophète dit avoir ressenti sa joie et son allégresse. « Vous donnerez à mon oreille, dit-il, la joie et l'allégresse. » Et parce

---

13. Sed ubi humilitas ex hyssopo ? Audi sequentia : « Auditui meo dabis exsultationem et lætitiam, et exsultabunt ossa humiliata (*Psal. L.,* 10). » Auditui meo, inquit, dabis exsultationem et lætitiam : gaudebo audiendo te, non loquendo contra te. Peccasti, quid defendis te ? Loqui vis : patere, audi, cede divinis vocibus, ne perturberis et amplius vulneraris : commissum est, non defendatur ; in confessionem veniat, non in defensionem. Adhibes te defensorem peccati tui, vinceris : non innocentem patronum adhibuisti, non est tibi utilis defensio tua. Quis es enim qui te defendas ? Idoneus es tu ad accusandum te. Noli dicere, aut, Nihil feci ; aut, Quid magnum feci ? aut, Fecerunt et alii. Si faciendo peccatum nihil te dicis fecisse, nihil eris, nihil accipies : paratus est Deus dare indulgentiam, claudis contre te : ille paratus est dare, noli opponere obicem defensionis, sed aperi sinum confessionis. « Auditui meo dabis exsultationem et lætitiam. » Ipse donet ut dicam quod sentio. Feliciores sunt qui audiunt, quam qui loquuntur. Qui enim discit, humilis est : qui autem docet, laborat ut non sit superbus, ne male placendi affectus irrepat, ne Deo displiceat qui vult placere hominibus. Magnus tremor est in docente, Fratres mei, magnus tremor est noster in his vocibus nostris. Credite cordi nostro quod videre non potestis : scit ipse qui mitescat nobis, qui propitius sit nobis, cum quanto sub illo tremore ad vos loquimur. Cum autem ipsum aliquid suggerentem et docentem intus audimus, securi sumus, securi gaudemus : sub magistro enim sumus, illius gloriam quærimus, illum docentem laudamus : delectat nos veritas ejus intus, ubi nemo facit vel audit strepitum : ibi dixit iste esse lætitiam suam et exsultationem suam. « Auditui meo, inquit, dabis exsultationem et lætitiam. » Et ideo quia humilis, audit. Qui audit, qui vere audit et bene audit, humilis audit : gloria enim in illo est a quo audit quod audit. Postea quam dixit, « Auditui

qu'il est humble, il entend. Celui qui entend, qui entend véritablement et entend bien, entend humblement ; car sa gloire est tout entière en celui de qui il entend la parole qui vient jusqu'à lui. « Vous donnez à mon oreille la joie et l'allégresse. » Et de suite il fait connaître ce qu'a produit ce qu'il entend : « Mes os qui étaient humiliés tressailliront de bonheur. » Ses os sont humiliés, les os de celui qui entend humblement n'ont point de faste ; ils n'ont pas ce gonflement d'orgueil que celui qui parle a tant de peine à surmonter en lui-même. C'est pourquoi cet homme si grand et si humble, qui n'a point eu plus grand que lui parmi les enfants nés de la femme (*Matth.* XI, 11), et qui s'est tellement humilié qu'il s'est déclaré indigne de dénouer la courroie des souliers de son Seigneur (*Marc.* I, 7), Jean-Baptiste, rendant gloire à son maître, et par conséquent à son ami, un jour qu'on le prenait pour le Christ, et qu'il aurait pu s'énorgueillir et tirer avantage de cette croyance, parce qu'en effet, bien qu'il n'eût pas dit qu'il fût le Christ, il pouvait cependant accepter l'erreur des hommes qui le croyaient et voulaient lui déférer d'eux-mêmes cet honneur (*Luc.* III, 15), Jean-Baptiste repoussa cet honneur mensonger pour acquérir une gloire véritable ; et voyez quelle fut son humilité, parce qu'il se contenta d'entendre, il dit seulement : « Celui qui possède l'Épouse est l'Époux, mais l'ami de l'Époux se tient près de lui et l'écoute (*Jean.* III, 29). » Il écouta et resta debout, au lieu de parler et de tomber. L'ami se tient près de l'Époux, dit-il, et l'écoute. Avez-vous compris ce qu'est cette manière d'entendre, où se trouvent la joie et l'allégresse ? Jean-Baptiste le déclare dans les paroles qui suivent : « Il se tient près de lui et l'écoute ; et il est transporté de joie, parce qu'il entend la voix de l'Époux. » « Vous donnerez à mon oreille la joie et l'allégresse et mes os, qui sont humiliés, tressailliront de bonheur. »

14. « Détournez votre face de mes péchés, et effacez toutes mes iniquités (*Ps.* L, 11). » Déjà, en effet, mes os, qui étaient humiliés, ont tressailli de bonheur, déjà je suis purifié par l'hysope et je suis devenu humble. Détournez votre face, non pas de moi, mais de mes péchés. Il a dit, en effet, dans un autre psaume : « Ne détournez point votre face de moi (*Ps.* XXVI, 9). » Il ne veut pas que Dieu détourne sa face de lui, mais bien que Dieu la détourne de ses péchés. Car, Dieu remarque les péchés dont il ne détourne point sa face, et ce qu'il remarque il le punit. « Détournez votre face de mes péchés et effacez toutes mes iniquités. » Il a d'abord fait ses efforts pour expier son principal forfait ; mais maintenant il veut tenter davantage, il

meo dabis exsultationem et lætitiam ; » continuo demonstravit quid faciat auditio, « Exsultabunt ossa humiliata. » Humiliata sunt ossa, ossa audientis non habent fastum, non habent tumorem, quem in se vix vincit qui loquitur. Inde et ille humilis magnus, quo in natis mulierum nemo major surrexit (*Matth.* XI, 11), ille qui ita se humiliavit, ut se indignum diceret solvere corrigiam calceamenti Domini sui, Johannes ille Baptista, dans gloriam magistro suo (*Marci,* I, 7), et ideo amico suo, ait ; cum Christus putaretur, et ex eo superbire posset, et se extendere : non enim ipse se dixerat Christum (*Lucæ,* III, 15) : sed poterat accipere hominum errorem hoc putantium, ultro istum honorem deferre volentium : sed respuit falsum honorem, ut inveniret veram *(a)* gloriam : et vide humilitatem de auditu : ait, « Qui habet sponsam, sponsus est, amicus autem sponsi stat et audit eum (*Johan.* III, 29). » Stantem se fecit et audientem, non cadentem et loquentem. Stat, inquit, et audit eum. Audistis auditum, ubi est exsultatio et lætitia ? Continuo sequitur, Stat et audit eum, et gaudio gaudet propter vocem sponsi. « Auditui meo dabis exsultationem et lætitiam, et exsultabunt ossa humiliata. »

14. « Averte faciem tuam a peccatis meis, et omnes iniquitates meas dele. (*Psal.* L, 11). » Jam enim exsultant ossa humiliata, jam hyssopo mundatus, humilis factus sum. « Averte faciem tuam, non a me, sed a peccatis meis. » Alibi quippe orans dicit, « Ne avertas faciem tuam a me (*Psal.* XXVI, 9). » Qui non vult a se averti faciem Dei, vult averti faciem Dei a peccatis suis. Peccatum enim unde se Deus non avertit, advertit : si advertit, animadvertit. « Averte faciem tuam a peccatis meis, et omnes iniquitates meas dele. » Satagit de illo grandi peccato : plus præsumit, omnes deleri vult iniquitates suas : præsumit de medici manu, de magna illa misericordia, quam in principio Psalmi invocavit : « Omnes iniquitates meas dele. » Avertit faciem Deus, et sic delet ; avertendo faciem peccata delet, advertendo scribit. Au-

---

(a) MSS. excepto uno forte et altero ferunt, *veram gratiam.*

désire que toutes ses iniquités soient effacées; il présume de la main du médecin, de cette grande miséricorde qu'il a invoquée au début du psaume, « effacez toutes mes iniquités. » Dieu en détourne sa face, et il efface ainsi les péchés; il efface les péchés en en détournant sa face; au contraire, en les regardant, il les écrit. Vous avez entendu qu'il les efface en se détournant, écoutez maintenant ce qu'il fait en les regardant : « Mais les yeux du Seigneur sont fixés sur ceux qui font le mal, pour détruire leur mémoire de dessus la terre (*Ps.* XXXIII, 17), » et cela en n'effaçant pas leurs péchés. Mais le Prophète, que demande-t-il, au contraire? « Détournez votre face de mes péchés. » Il fait là une juste prière. Car, il n'a pas, lui non plus, détourné sa face de ses propres péchés, puisqu'il a fait cet aveu : « Parce que je connais mon péché. » Vous demandez à juste titre, (et votre prière est bonne,) que Dieu détourne sa face de vos péchés, lorsque vous-même n'en détournez pas la vôtre; mais si vous laissez vos péchés derrière vous, Dieu les remet devant sa face. Placez donc vos péchés en face de vous-même, si vous désirez que Dieu en détourne sa face ; et alors priez-le en toute sécurité, il vous exaucera.

15. « O mon Dieu, créez en moi un cœur pur (*Ps.* L, 12). » Par ce mot, créez, il n'a pas voulu demander que Dieu mît en lui, pour ainsi dire, quelque chose de nouveau ; mais, comme il le prie avec un cœur pénitent, parce qu'il a commis un crime, avant lequel il était innocent, il montre dans quel sens il a dit : Créez. « Et rétablissez un esprit droit dans mes entrailles. » Par mon fait, dit-il, mon esprit, de droit qu'il était, est devenu tortueux et courbé. C'est ainsi qu'il est dit dans un autre psaume : « Ils ont courbé mon âme (*Ps.* LVI, 7). » En effet, lorsqu'un homme s'abaisse aux convoitises de la terre, il est en quelque sorte courbé ; si, au contraire, il s'élève vers les choses du ciel, son cœur devient droit, afin qu'il puisse éprouver la bonté de Dieu. Combien, en effet, le Dieu d'Israël est bon pour ceux dont le cœur est droit (*Ps.* LXXII,1).Écoutez, mes frères, quelle en est la conséquence. Quelquefois Dieu punit en ce siècle, à cause de ses péchés, celui auquel il pardonne dans le siècle futur. Et David lui-même, bien que le Prophète Nathan lui eût dit : « Votre péché vous est remis (II *Rois.* XII, 13), » a subi les châtiments dont il avait été menacé par Dieu à cause de ce même péché. En effet, son fils Abessalon lui fit une guerre sanglante et l'humilia en beaucoup de circonstances (II *Rois.* XV, 10). Pour David, il marchait dans la douleur, dans la tribulation de son abaissement, tellement soumis à Dieu que, reconnaissant en toutes

---

disti avertendo deleutem, audi advertendo, quid facientem ?»Vultus autem Domini super facientes mala, ut perdat de terra memoriam eorum (*Psal.* XXXIII, 17) : » non delendo peccata eorum. Hic autem quid rogat? « Averte faciem tuam a peccatis meis. » Bene rogat. Ipse enim non avertit faciem a peccatis suis, dicens, Quoniam peccatum meum ego cognosco. Merito rogas, et bene rogas, ut Deus avertat faciem a peccato tuo, si tu inde non avertis faciem : si vero tu peccatum tuum in dorso ponis, Deus ibi faciem ponit. Tu peccatum tuum ante faciem tuam converte, si vis ut inde Deus faciem suam avertat; et sic securus rogas, et exaudit.

15. « Cor mundum crea in me Deus (*Psal.* L, 12).» Crea, (a) non quasi novum aliquid institue, dicere voluit : sed quia pœnitens orabat, qui commiserat aliquid, quod prius quam committeret innocentior erat, ostendit quemadmodum dixerit, « Crea. Et spiritum rectum innova in visceribus meis. (b) Per factum, inquit, meum inveterata erat atque curvata rectitudo spiritus mei. Dicit enim ex alio Psalmo, « Curvaverunt animam meam (*Psal.*LVI,7).» Et quando se homo pronum facit ad terrenas concupiscentias, incurvatur quodammodo ; cum autem erigitur in superna, rectum fit cor ejus, ut bonus illi sit Deus. « Quam bonus enim Deus Israël rectis corde (*Psal.* LXXII, 1). » Proinde Fratres audite. Aliquando Deus cui ignoscit in futuro sæculo, corripit eum de peccato in isto sæculo. Nam et ipsi David, cui dictum jam fuerat per Prophetam , « Dimissum est peccatum tuum (II *Reg.* XII, 13),» evenerunt quædam quæ minatus erat Deus propter ipsum peccatum. Nam filius ejus Abessalon adversus eum cruentum bellum gessit, et in multis humiliavit patrem suum (II *Reg.*XV,10).Ambulabat ille in dolore, in tribulatione humiliationis suæ, ita subditus Deo, ut omnia justa ei tribuens confiteretur quod nihil pateretur indigne, habens jam rectum cor cui non displicebat Deus. Injuriosum quemdam ei in os sibi dura maledicta jacientem patienter audiebat, ex adversa parte, unum

---

(a) Hic a MSS. abest particula *non.* (b) Sic MSS. At editi, *Perfectum, inquit, in me spiritum fac esse. Inveterata erat,* etc.

choses sa justice, il avouait qu'il ne souffrait rien qu'il n'eût mérité; c'est que déjà son cœur était droit, et que Dieu ne lui déplaisait pas. De même, il écoutait avec patience un homme du parti qui lui était opposé, un des soldats de son coupable fils, lequel l'injuriait et lui jetait à la face de dures malédictions. Et tandis qu'il vomissait contre le roi ces malédictions, un des compagnons de David voulait aller le frapper, mais David l'en empêcha. Et comment l'en empêcha-t-il? « Dieu a envoyé cet homme, dit-il, pour me maudire (II *Rois*. XVI, 5). » Reconnaissant sa faute il accepte son châtiment; car, loin de chercher sa propre gloire, il loue le Seigneur dans ce qu'il lui accorde de bon; il le loue dans ce qu'il lui envoie de souffrances, il bénit le Seigneur en tout temps et la louange de Dieu est sans cesse dans sa bouche (*Ps.* XXXIII, 2). Tels sont tous ceux dont le cœur est droit; mais les pervers, qui se réputent droits et qui réputent Dieu pervers, ne leur ressemblent pas. Car, quand ils font quelque chose de mal, ils s'en réjouissent; quand ils souffrent quelque chose de mal, ils blasphèment; et, de plus, s'il leur arrive d'être affligés et châtiés, ils disent du fond de leur cœur tortueux : O Dieu que vous ai-je fait? Il est vrai qu'ils n'ont rien fait à Dieu, c'est contre eux-mêmes qu'ils ont tout fait. « Et rétablissez un esprit droit dans mes entrailles. »

16. « Ne projiciez pas de votre face (*Ps.* L, 13). » Détournez votre face de mes péchés, et ne me rejetez pas de votre face. Il invoque la face de celui dont il craint la face. « Ne me rejetez pas de votre face, et ne retirez pas de moi votre esprit saint. » En effet, l'Esprit-Saint est dans celui qui confesse ses péchés. C'est déjà un don de l'Esprit-Saint, que d'avoir du déplaisir du mal que l'on a commis. Les péchés plaisent à l'esprit immonde, ils déplaisent à l'Esprit-Saint. Bien que vous demandiez encore pardon, cependant, d'un autre côté, comme vous éprouvez du déplaisir du mal que vous avez commis, déjà vous êtes uni à Dieu, puisque ce qui lui déplaît vous déplaît aussi. Vous êtes déjà deux pour combattre votre fièvre, vous et le médecin. Or, l'homme ne pouvant de lui-même confesser son péché et s'en punir, lorsqu'un homme se met en colère contre lui-même et se déplaît à lui-même, ce ne peut être que par un don de l'Esprit-Saint. Aussi le Prophète ne dit pas : Donnez-moi votre esprit saint, mais bien : ne me retirez pas. « Et ne retirez pas de moi votre esprit saint. »

17. « Rendez-moi l'allégresse de votre Sauveur (*Ibid.* 14). » Rendez-moi l'allégresse que j'avais, que le péché m'a fait perdre. « Rendez-moi l'allégresse de votre Sauveur. » C'est-à-dire de votre Christ. Qui a jamais pu, en effet, être guéri sans lui? Car, avant qu'il naquît de la

vierge Marie, au commencement était le Verbe, et le Verbe était en Dieu et le Verbe était Dieu (*Jean*. I, 1), et les Pères de l'ancienne loi croyaient au mystère encore à venir de l'incarnation du Christ, comme nous croyons à l'accomplissement de ce mystère. Les temps ont changé, la foi est la même. « Rendez-moi l'allégresse de votre Sauveur, et affermissez-moi par votre esprit principal. » Quelques-uns ont regardé ces paroles comme une expression de la Trinité qui est en Dieu, quand on le considère en lui-même sans égard à la chair qu'il a revêtue, selon cette parole : « Dieu est esprit (*Jean*, IV, 24). » En effet, tout ce qui n'est pas corps et qui cependant existe, ne peut être qu'esprit. Quelques-uns donc comprennent que la trinité est ici exprimée : Dans « l'esprit droit » le Fils, dans « l'esprit saint » le Saint-Esprit et dans « l'esprit principal » le Père. Que cette explication soit exacte, ou que le Prophète ait voulu parler de l'homme dans ces mots, l'esprit droit, en disant : Rétablissez un esprit droit dans mes entrailles, cet esprit que j'ai moi-même courbé et rendu tortueux par mes péchés, de sorte que l'Esprit-Saint serait lui-même l'esprit principal que David ne veut pas se voir enlever et par lequel il demande à être affermi, ces deux opinions ne sont hérétiques ni l'une ni l'autre.

18. Mais voyez ce qu'il ajoute : « Affermissez-moi, dit-il, par votre esprit principal. » Pourquoi dit-il : Affermissez-moi? » Parce que, certain que vous m'avez pardonné, certain que vos dons ne peuvent m'être imputés, je me trouverai ainsi en sécurité ; et fortifié par cette grâce, je ne serai pas ingrat envers vous. Que ferai-je donc ? « J'enseignerai vos voies aux méchants (*Ps*. L, 15). » J'instruirai les méchants par l'exemple du méchant, c'est-à-dire que moi, qui étais méchant et qui ne le suis plus, ayant encore en moi l'Esprit-Saint, et affermi par cet esprit principal, « j'enseignerai vos voies aux méchants. » Quelles voies enseignerez-vous aux méchants? « Et les impies se convertiront à vous. » Si le péché de David est regardé comme une impiété, que les impies ne désespèrent pas, puisque Dieu a épargné l'impie, pourvu toutefois qu'ils se convertissent à lui, et qu'ils apprennent à connaître ses voies. Si au contraire le péché de David n'est pas regardé comme une impiété, et si l'impiété est, à proprement parler, le crime d'apostasier, et de ne pas adorer un Dieu unique, ou pour ne l'avoir jamais adoré, ou pour l'avoir abandonné après l'avoir adoré, il faut regarder comme dites par surcroît ces paroles : « Et les impies se convertiront à vous. » Vous êtes plein d'une miséricorde si abondante et si riche, que non-seulement les pécheurs, quels qu'ils soient, mais les impies eux-mêmes ne

---

et Deus erat Verbum (*Johan*. I, 1) : » et ita a sanctis patribus dispensatio susceptæ carnis futura credebatur, sicut a nobis facta creditur. Tempora variata sunt, non fides. « Redde mihi exsultationem salutaris tui : et spiritu principali confirma me. » Nonnulli intellexerunt hic Trinitatem in Deo ipsum Deum, excepta dispensatione carnis : quoniam scriptum est. « Deus spiritus est (*Johan*. IV, 24). » Quod enim non est corpus, et tamen est, videtur restare ut spiritus sit. Intelligunt ergo hic nonnulli Trinitatem dictam, in « spiritu recto » Filium, in « spiritu sancto « Spiritum-sanctum, in « spiritu principali » Patrem. Sive ergo hoc ita sit, sive spiritum rectum ipsius hominis accipi voluit, dicens, « Spiritum rectum innova in visceribus meis, » quem curvavi et distorsi peccando, ut jam Spiritus-sanctus ipse sit spiritus principalis, quem et auferri a se noluit, et eo se voluit confirmari : non est hæretica quælibet sententia.

18. Sed videte quid adjungat : « Spiritu, inquit, principali confirma me. In quo confirma? » Quia ignovisti mihi, quia securus sum non mihi imputari quod donasti, ex hoc factus securus, atque ista gratia confirmatus, non ero ingratus. Quid enim faciam ? « Docebo iniquos vias tuas (*Psal*. L, 15). » Docebo iniquos (*a*) ex iniquo, id est, qui fuerit et ego iniquus, jam non iniquus, non a me ablato Spiritu-sancto, et spiritu principali confirmatus, « docebo iniquos vias tuas. » Quas vias iniquos docebis? « Et impii ad te convertentur. » Si peccatum David impietati deputatur, non de se desperent impii, quia pepercit Deus impio ; sed si ad eum convertantur, et vias ipsius discant : si autem impietati non deputatur factum David, sed illa proprie impietas dicitur apostatare a Deo, unum Deum non colere, aut numquam coluisse, aut quem colebat dimisisse, ad cumulum valet quod ait, « Et impii ad te convertentur. » Ita plenus es adipe misericordiæ, ut ad te conversis, non solum quibuslibet peccatoribus, sed etiam

---

(*a*) Aliquot MSS. *ex iniquis*. Alii tres. *exiniquus* ; adscripta in margine nota hujusmodi. *Sic dicitur expœnitens qui pœnitens fuit et jam non est, et exconsul qui consul fuit et modo non est.*

doivent jamais désespérer, pourvu qu'ils se convertissent à vous. « Et les impies se convertiront à vous. » Dans quel but? Afin que leur foi en celui qui justifie l'impie leur soit imputée à justice (*Rom.* IV, 5).

19. « Délivrez-moi des sangs, mon Dieu, Dieu auteur de mon salut (*Ps.* L, 16). » L'interprète latin a employé un mot peu latin pour rendre le mot grec dans sa force particulière. Car nous savons tous qu'en latin on ne dit ni *sanguines*, ni *sanguina*; cependant comme le grec avait mis le mot au pluriel, sans doute pour cette raison qu'il l'avait trouvé ainsi en hébreu, le pieux traducteur a préféré parler un latin moins correct plutôt que de ne pas rendre le mot dans sa propre acception. Pourquoi le Prophète a-t-il donc écrit au pluriel : « Des sangs?» Par plusieurs sangs il a voulu faire comprendre le grand nombre des péchés, qui sont dans la chair de péché comme dans leur source. L'Apôtre, considérant les péchés qui viennent de la corruption de la chair et du sang, dit : « La chair et le sang ne posséderont pas le royaume de Dieu (I *Cor.* XV, 50).» Et cependant, selon la foi du même apôtre, qui est la foi véritable, notre chair ressuscitera et méritera de devenir incorruptible, comme il l'a dit lui-même : « Il faut que ce qui est corruptible en nous revête l'incorruptibilité, et que ce qui est mortel en nous revête l'immortalité (*Ibid.* 53). » C'est donc parce que cette corruptibilité vient du péché que le péché est appelé de son nom; de même que l'on appelle également langue ce morceau de chair, ce membre qui se meut dans la bouche, avec lequel nous prononçons des paroles distinctes, et le langage que profère cette même langue. Ainsi nous disons qu'il y a une langue grecque et une langue latine; quoiqu'il n'y ait pas de différence dans notre chair, mais dans les sons. De même donc qu'on appelle langue, le langage qui se produit par la langue, de même on appelle sang l'iniquité qui se produit par le sang. Considérant donc ses nombreuses iniquités, dont il vient de dire : « Effacez toutes mes iniquités, » et les attribuant à la corruption de la chair et du sang, le Prophète s'écrie : « Délivrez-moi des sangs, » c'est-à-dire délivrez-moi des iniquités, et purifiez-moi de toute corruption. C'est en effet l'incorruptibilité qu'il désire, lorsqu'il dit : « Délivrez-moi des sangs, parce que la chair et le sang ne posséderont pas le royaume de Dieu, ni la corruption l'incorruptibilité (I *Cor.* XV, 50). » « Délivrez-moi des sangs, mon Dieu, Dieu auteur de mon salut. » Il montre que quand l'état du corps sera parfait, la corruption qui est désignée sous le nom de

---

impiis non sit desperandum. « Et impii ad te convertentur. » Ut quid ? « Ut credentes in eum qui justificat impium, deputetur fides eorum ad justitiam (*Rom.* IV, 5). »

19. « Erue me de sanguinibus Deus, Deus salutis meæ (*Psal.* L, 16). » Expressit Latinus interpres verbo minus Latino proprietatem tamen ex Græco. Nam omnes novimus Latine non dici sanguines, nec sanguina, tamen quia ita Græcus posuit plurali numero, non sine caussa, nisi quia hoc invenit in prima lingua Hebræa, maluit (*a*) pius interpres minus Latine aliquid dicere, quam minus proprie. Quare ergo pluraliter dixit, de sanguinibus? In multis sanguinibus, tamquam in origine carnis peccati, multa peccata intelligi voluit. Ad ipsa peccata respiciens Apostolus, quæ veniunt de corruptione carnis et sanguinis, ait, « Caro et sanguis regnum Dei non possidebunt (I *Cor.* XV, 50). » Nam utique secundum fidem veram ejusdem Apostoli, caro ista resurget, et ipsa merebitur incorruptionem, dicente ipso : « Oportet corruptibile hoc induere incorruptionem, et mortale hoc induere immortalitatem (*Ibid.* 53). » Quia ergo corruptio ista de peccato est, ipsius nomine appellatur peccata : quemadmodum dicitur lingua et illud frustum carnis et membrum quod in ore movetur, cum verba distinguimus, et lingua quod per linguam fit, sicut dicimus aliam linguam Græcam, aliam Latinam : non enim caro diversa est, sed sonus. Quomodo ergo dicitur lingua locutio quæ fit per linguam : sic dicitur et sanguis iniquitas quæ fit per sanguinem. Adtendens ergo multas iniquitates suas, et illud superius, « Et omnes iniquitates meas dele (*Psal.* L, 11). » et eas tribuens corruptioni carnis et sanguinis, « Libera me, inquit, de sanguinibus : » hoc est, Libera me ab iniquitatibus, munda me ab omni corruptione. Incorruptionem enim desiderat, qui dicit, « Libera me de sanguinibus : » « quia caro et sanguis regnum Dei non possidebunt, neque corruptionem (I *Cor.* XV, 50). » « Erue me de sanguinibus Deus, Deus salutis meæ. » Ostendit quia cum fuerit salus perfecta in isto corpore, corruptio in eo non erit, quæ intelligitur nomine carnis et sanguinis :

(*a*) Plerique MSS. *potius*.

chair et de sang, n'y sera plus; et cet état est la parfaite santé du corps. Comment, en effet, ce qui tombe, ce qui est accablé de besoins, ce qui est sans cesse exposé à la maladie de la faim et de la soif, serait-il véritablement sain? Alors rien de tout cela ne subsistera plus, parce que les aliments sont pour le ventre et le ventre pour les aliments, et que Dieu rendra inutiles et le ventre et les aliments (I *Cor.* VI, 13). » La mort ayant alors été absorbée dans sa victoire (I *Cor.* XV, 54), la forme de notre corps, par le don de Dieu, sera parfaite, sans qu'il y reste aucune corruption, sans qu'aucune défaillance puisse s'y glisser, sans que l'âge y puisse rien changer; sans qu'aucun travail fatigue ce corps et qu'il soit nécessaire de le soutenir par la nourriture ou de l'entretenir par quelque aliment. Et pourtant nous ne serons ni sans nourriture ni sans boisson : Dieu lui-même sera notre nourriture et notre boisson. Dieu est le seul aliment qui nourrisse toujours et qui ne manque jamais. « Délivrez-moi des sangs, mon Dieu, Dieu auteur de mon salut. » En effet, dès maintenant déjà, nous possédons le salut. Écoutez l'Apôtre : « Nous sommes sauvés, dit-il, en espérance (*Rom.* VIII, 24). » Et remarquez qu'il parle du salut même de notre corps : « Nous gémissons, dit-il, en nous-mêmes, dans l'attente de l'adoption divine et de la rédemption de notre corps. En effet, nous ne sommes encore sauvés qu'en espérance. Or, quand on voit ce qu'on espère, ce n'est plus de l'espérance; car qui espère ce qu'il voit? Mais si nous espérons ce que nous ne voyons pas, nous l'attendons par la patience (*Ibid.* 23 et suiv.). » Qui aura persévéré jusqu'à la fin, (et c'est là le fait de cette patience), sera sauvé (*Matth.* X, 22 et XXIV, 13); et c'est là le salut que nous n'avons pas encore, mais que nous aurons. La réalité ne nous est pas encore donnée, mais notre espérance est certaine. «Et ma langue célébrera votre justice avec des transports de joie. »

20. « Seigneur vous ouvrirez mes lèvres, et ma bouche publiera votre louange (*Ps.* L, 17). » « Votre louange, » parce que j'ai été créé ; « votre louange, » parce que, bien que pécheur, je n'ai pas été abandonné par vous ; « votre louange, » parce que j'ai été averti de vous confesser mes fautes; « votre louange, » parce que j'ai été purifié pour retrouver ma sécurité. « Vous ouvrirez mes lèvres, et ma bouche publiera votre louange. »

21. « Parce que, si vous aviez voulu un sacrifice, je vous l'aurais certainement offert (*Ibid.* 18). » David vivait dans un temps où l'on offrait à Dieu des animaux pour victimes des sacrifices, mais il voyait d'avance les temps où nous vivons. Ne nous reconnaissons-nous pas dans ces paroles? Les sacrifices anciens étaient figu-

---

ipsa est enim perfecta sanitas corporis. Nam modo quomodo sanum est quod labitur, quod indiget, quod habet perpetuam quamdam ægritudinem famis et sitis? Hæc tunc non erunt : quia esca ventri, et venter escis, Deus autem et hunc et has evacuabit (I *Cor.* VI, 13). » Erit forma corporis perfecta ex Deo, absorpta morte in victoriam (I *Cor.* XV, 54), nulla remanente corruptione, nulla subrepente defectione, nullis mutata ætatibus, nullo labore lassata, ut cibo fulciatur, et aliqua esca reficiatur. Sed non erimus sine esca et potu : ipse erit cibus noster Deus et potus noster. Solus ille cibus reficit nec deficit. «Libera me de sanguinibus Deus, Deus salutis meæ. » Modo enim jam in ipsa salute sumus. Audi Apostolum : « Spe enim salvi facti sumus (*Rom.* VIII, 24). » Et vide quia de ipsa salute corporis dicebat : « In nobismetipsis, inquit, ingemiscimus, adoptionem expectantes, redemtionem corporis nostri : spe enim salvi facti sumus : spes autem quæ videtur, non est spes : quod enim videt quis, quid sperat (*Ibid.* 23, etc.)? »

Si autem quod non videmus speramus, per patientiam exspectamus. Qui perseveraverit usque in finem, ipsa est illa patientia : hic salvus erit (*Matth.* X, 22, et XXIV, 13), ipsa est salus quam nondum habemus, sed habituri sumus. Nondum est res, sed certa spes. « Et exsultabit lingua mea justitiam tuam. »

20. « Domine labia mea aperies, et os meum annuntiabit laudem tuam (*Psal.* L, 17). » « Laudem tuam, » (*a*) quia creatus sum; « laudem tuam, » quia peccans non derelictus sum ; « laudem tuam, » quia ut confiterer admonitus sum ; « laudem tuam, » quia ut securus essem mundatus sum. « Labia mea aperies, et os meum annuntiabit laudem tuam. »

21. « Quoniam si voluisses sacrificium, dedissem utique (*Ibid.* 18). » In illo tempore erat David, quando sacrificia victimarum animalium offerebantur Deo, et videbat hæc futura tempora. Nonne in his vocibus nos agnoscimus? Erant illa sacrificia figurata, prænuntiantia unum salutare sacrificium.

(*a*) In plerisque MSS. constanter, *laudem tuam qua.*

ratifs; ils annonçaient l'unique sacrifice de salut. Car nous n'avons pas été laissés sans avoir de sacrifice à offrir à Dieu. Écoutez, en effet, ce que dit David dans la préoccupation où le tient son péché, et dans son désir d'obtenir le pardon du mal qu'il a commis : « Si vous aviez voulu un sacrifice, dit-il, je vous l'aurais certainement offert : mais des holocaustes ne vous seraient pas agréables. » N'offrirons-nous donc rien? Viendrons-nous à Dieu les mains vides? Et comment l'apaiserons-nous? Faites donc votre offrande; vous avez en vous quelque chose à offrir. N'achetez pas au loin des provisions d'encens, mais dites : « En moi, mon Dieu, sont les vœux que je vous rendrai pour votre louange (*Ps.* LV, 12). » N'allez pas chercher hors de vous une victime à immoler; cette victime, vous la trouverez en vous-même. « Un esprit touché de repentir est un sacrifice agréable à Dieu; Dieu ne méprise pas un cœur contrit et humilié (*Ps.* L, 19). » Il méprise au contraire les taureaux, les boucs et les béliers; ce n'est plus le temps de les lui offrir. Ils lui étaient offerts, lorsqu'ils étaient une figure et une promesse; les choses promises étant venues, les promesses ont été retranchées. « Dieu ne méprise pas un cœur contrit et humilié. » Vous savez combien Dieu est élevé; si vous vous élevez aussi, Dieu s'éloignera de vous; mais il se rapprochera de vous, si vous vous abaissez.

22. Mais voyez quel est celui qui parle : il semblait que David priait pour lui seul; vous trouvez cependant ici notre image et le type de l'Église. « Seigneur, faites du bien selon votre bon plaisir à Sion (*Ibid.* 20). » Répandez vos bénédictions sur cette Sion. Qu'est-ce que Sion? La cité sainte. Quelle est cette cité sainte? Celle qui, étant bâtie sur la montagne, ne saurait être cachée (*Matth.* v, 14). Sion regarde pour apercevoir, parce qu'elle fixe quelque chose qu'elle espère. En effet, Sion veut dire qui regarde au loin, et Jérusalem signifie vision de paix. Reconnaissez-vous donc dans Sion et dans Jérusalem, si vous attendez avec une foi certaine l'objet futur de votre espérance, et si vous êtes en paix avec Dieu. « Et que les murs de Jérusalem soient bâtis. Seigneur, faites du bien, selon votre bon plaisir à Sion, et que les murs de Jérusalem soient bâtis. » En effet, que Sion ne s'attribue aucun mérite, mais traitez-la favorablement. « Que les murs de Jérusalem soient bâtis. » Que la forteresse de votre immortalité soit construite à l'aide de la foi, de l'espérance et de la charité.

23. « Alors vous accepterez le sacrifice de justice (*Ps.* L, 21). » Maintenant, il faut un sacrifice pour nos iniquités, le sacrifice d'un esprit touché de repentir et d'un cœur humilié; mais alors on offrira au Seigneur de simples louanges en sacrifice de justice. Heureux, en effet, ceux

---

Nec nos dimissi sine sacrificio sumus, quod Deo offeramus. Audi enim quid dicat curam gerens pro peccato suo, et ignosci sibi volens malum quod fecit : « Si voluisses, inquit, sacrificium, dedissem utique. Holocaustis non delectaberis. » Nihil ergo offeremus? sic veniemus ad Deum? Et unde illum placabimus? Offer, sane in te habes quod offeras. Noli extrinsecus thura comparare, sed dic, « In me sunt Deus vota tua, quæ reddam laudis tibi (*Psal.* LV, 12). » Noli extrinsecus pecus quod mactes inquirere, habes in te quod occidas. « Sacrificium Deo spiritus contribulatus, cor contritum et humiliatum Deus non spernit (*Psal.* L, 19). » Prorsus spernit taurum, hircum, arietem : jam non est tempus ut hæc offerantur. Oblata sunt cum aliquid indicarent, cum aliquid promitterent; venientibus rebus promissis, promissiones ablatæ sunt. « Cor contritum et humiliatum Deus non spernit. » Nostis quia excelsus est Deus : si te excelsum feceris, longinquabit a te; si te humiliaveris, propinquabit ad te.

22. Videte quis iste sit : Unus videbatur deprecari David, videte hic imaginem nostram et typum Ecclesiæ. « Benigne fac Domine in bona voluntate tua Sion (*Ibid.* 20). » Huic Sion benigne fac. Quæ est Sion? Civitas sancta. Quæ est civitas sancta? Quæ abscondi non potest super montem constituta (*Matth.* v, 14). Sion in speculatione, quia aliquid spectat quod sperat. Interpretatur enim Sion speculatio, et Jerusalem visio pacis. Agnoscitis ergo vos in Sion et in Jerusalem, si certi exspectatis spem futuram, et si pacem habetis cum Deo. « Et ædificentur muri Jerusalem. Benigne fac Domine in bona voluntate tua Sion, et ædificentur muri Jerusalem. » Non sibi enim tribuat Sion aliqua merita sua : tu cum illa fac benigne. « Ædificentur muri Jerusalem : » munimenta construantur immortalitatis nostræ, in fide, et spe et caritate.

23. « Tunc acceptabis sacrificium justitiæ (*Psal.* L, 21). » Modo autem sacrificium pro iniquitate, spiritum contribulatum et cor humiliatum; tunc

qui habitent dans votre maison ; ils vous loueront dans les siècles des siècles (*Ps.* LXXXIII, 5) ; car c'est là le sacrifice de justice. « Les offrandes et les holocaustes. » Qu'appelle-t-on holocaustes ? Des victimes consumées tout entières par le feu. Quand un animal était placé tout entier sur l'autel pour y être consumé par le feu, c'était un holocauste. Que le feu divin nous consume, et que cette chaleur nous dévore tout entier. Quelle chaleur ? « Et nul ne peut se soustraire à sa chaleur (*Ps.* XVIII, 7). » Quelle chaleur ? celle dont parle l'Apôtre : « Que l'esprit vous pénètre de sa chaleur (*Rom.* XII, 11). » Que notre âme ne soit pas seule consumée par ce feu divin de la sagesse, mais notre corps aussi, afin qu'il mérite dans le ciel l'immortalité : que l'holocauste soit offert de telle sorte que la mort soit absorbée dans sa victoire. « Les offrandes et les holocaustes. Alors on placera des veaux sur votre autel. » Pourquoi des veaux ? Qu'agréera le Seigneur dans cette offrande ? L'innocence de l'âge nouveau, ou l'affranchissement du joug de la loi ?

24. Nous avons terminé l'explication de ce psaume au nom du Christ, non pas sans doute comme nous le voudrions, mais du moins comme nous l'avons pu. Il me reste, mes frères, à vous dire quelques mots encore, en raison de tout le mal au milieu duquel nous vivons. Car, vivant au milieu des choses humaines, nous ne pouvons sortir des choses humaines. Nous devons vivre avec tolérance parmi les méchants, parce que, lorsque nous étions méchants, les bons ont vécu avec tolérance parmi nous. N'oublions pas ce que nous avons été, et nous ne désespérerons jamais de ceux qui sont maintenant ce que nous étions autrefois. Cependant, mes bien-aimés, au milieu d'une si grande diversité de mœurs et d'une si détestable corruption, dirigez dans la bonne voie vos maisons, dirigez vos enfants, dirigez vos familles. De même que c'est notre devoir de vous parler dans l'Église, de même c'est votre devoir d'agir dans vos maisons de manière à pouvoir rendre bon compte de ceux qui vous sont soumis. Dieu aime la discipline : c'est une fausse et pernicieuse innocence de lâcher la bride aux péchés. Il est bien inutile, il est bien dangereux à un enfant de sentir dans son père une trop grande douceur, pour sentir plus tard la sévérité de Dieu : et cette sévérité ne le perdra pas seul, elle tombera aussi sur le père dont la faiblesse aura toléré ses mauvaises mœurs. Car quoi ? Si le père ne pèche pas et ne commet pas les mêmes fautes que son fils, ne doit-il point, par la même raison, interdire à son fils ces mêmes désordres ? Ou bien, n'y a-t-il pas lieu de craindre que le fils ne soupçonne que son père se livrerait aux mêmes excès, si l'âge ne l'en détournait ? Le pé-

---

sacrificium justitiæ laudes solas. « Beati enim qui habitant in domo tua, in sæcula sæculorum laudabunt te (*Psal.* LXXXIII, 5); » hoc est enim sacrificium justitiæ. « Oblationes et holocaustomata. » Quæ sunt holocaustomata ? Totum igne consumtum. Quando totum pecus imponebatur aræ igne consumendum, holocaustum dicebatur. Totos nos divinus ignis absumat, et fervor ille totos arripiat. Quis fervor ? « Nec est qui se abscondat a calore ejus (*Psal.* XVIII, 7). » Quis fervor ? De quo dicit Apostolus, Spiritu ferventes (*Rom.* XII, 11). » Non tantum anima nostra absumatur ab illo divino igne sapientiæ, sed et corpus nostrum, (*a*) ut mereatur ibi immortalitatem ; sic levetur holocaustum, ut absorbeatur mors in victoriam. « Oblationes et holocaustomata. Tunc imponent super altare tuum vitulos. » Unde « vitulos ? » Quid ibi eliget ? Innocentiam novæ ætatis, an libera colla a jugo legis ?

24. Psalmus in nomine Christi, etsi forte non ut volumus, verumtamen ut potuimus, terminatus est. Restat paucis alloqui vos, Fratres, propter multa mala inter quæ vivimus. Neque enim viventes in rebus humanis, migrare possumus a rebus humanis. Cum tolerantia vivendum est nobis inter malos : quia cum mali essemus, cum tolerantia vixerunt boni inter nos. Non obliviscentes quid fuerimus, non desperabimus de his qui nunc sunt quod fuimus. Verumtamen Carissimi in tanta morum diversitate et tam detestabili corruptela, regite domos vestras, regite filios vestros, regite (*a*) familias vestras. Quomodo ad nos pertinet in Ecclesia loqui vobis, sic ad vos pertinet in domibus vestris agere, ut bonam rationem reddatis de his qui vobis sunt subditi. Amat Deus disciplinam. Perversa autem et falsa innocentia est, habenas laxare peccatis. Valde inutiliter, valde perniciose sentit filius patris lenitatem, ut postea Dei sentiat severitatem : et hoc non solus, sed cum dissoluto patre suo. Quid enim ? Si ipse non peccat, et non

---

(*a*) MSS. omittunt particulam *ut* : et ex iis nonnulli ferunt, *mereatur absumi ab immortalitate.* (*b*) Quatuor MSS. *filias vestras.*

ché qui ne vous déplaît pas dans votre fils vous charme vous-même, et vous n'en avez pas perdu le désir, c'est l'âge qui vous en a ôté la force. Veillez surtout, mes frères, sur vos enfants devenus chrétiens par le baptême que vous avez demandé pour eux en engageant votre foi. Mais peut-être un mauvais fils méprise-t-il les avis, les réprimandes et les châtiments paternels ? pour vous, remplissez vos devoirs de père, Dieu lui demandera compte de ses devoirs de fils.

DISCOURS SUR LE PSAUME LI.

1. Le psaume que nous entreprenons d'expliquer à Votre Charité est court; mais le titre présente quelque obscurité. Écoutez-nous donc patiemment jusqu'à ce que nous ayons dénoué cette difficulté selon notre pouvoir, avec l'aide du Seigneur. En effet, nous ne devons point passer légèrement sur ces paroles, puisqu'il plaît à nos frères de recueillir nos discours, non-seulement avec l'oreille et le cœur, mais encore avec la plume, de sorte que nous devons nous préoccuper non-seulement de qui nous entend, mais même de qui nous lira. Ce psaume a été composé à l'occasion d'un fait que nous avons fait lire devant vous dans le livre des Rois. Les roi Saül (I *Rois* VIII, 7), choisi par le Seigneur non pour posséder le trône d'une manière stable, mais donné seulement au peuple juif, à cause de la malice et de la dureté de son cœur, pour le punir et non pour lui être utile, selon cette parole de l'Écriture, que « Dieu fait régner l'hypocrite à cause de la perversité du peuple (*Job.* XXXIV, 30);» le roi Saül, que dépeignent ces paroles, persécutait David (I *Rois*, XXI, 1), dans lequel Dieu figurait prophétiquement le royaume

---

facit quod filius ejus, ideo non debet ab ipsa nequitia filium prohibere ? An forte ut videatur filio ejus quia et pater talia faceret, nisi senuisset ? Peccatum quod tibi non displicet in filio tuo, delectat te ; sed ætas deseruit, non cupiditas. Maxime Fratres mei filios vestros fideles adtendite, quos (*a*) fidedixistis ut baptizarentur. Sed forte negligit malus filius vel monita patris, vel objurgationem, vel severitatem : tu imple personam tuam, Deus de illo exigit suam.

IN PSALMUM LI.

ENARRATIO

1. Psalmus brevis est, de quo loquendum suscepimus Caritati Vestræ : sed titulum habet aliquantulum negotiosum. Patienter ergo sustinete nos, donec illum enodemus, ut possumus, quantum adjuverit Dominus. Neque enim passim prætereunda sunt hæc ; quando quidem placuit fratribus, non tantum aure et corde, sed et stilo excipienda quæ dicimus : ut non auditorem tantum, sed et lectorem etiam cogitare debeamus. Nata est quidem occasio Psalmo huic ex re quadam gesta, quam vobis etiam fecimus recitari de libro Regnorum. Saül enim rex non ad permanendum electus a Domino (1 *Reg.* VIII, 7), sed secundum populi cor durum et malum datus ad eorum correptionem, non ad utilitatem, secundum illam sententiam sanctarum Scripturarum, quæ ait de Deo, « Qui regnare facit hominem hypocritam, propter perversitatem populi (*Job.* XXXIV, 30): » cum ergo talis esset Saül, persequebatur David, in quo Deus præfigurabat regnum salutis æternæ, et quem Deus elegerat permansurum in semine

---

(1) Discours au peuple.

(*a*) Er. et tres MSS. *fide genuistis*. Alii MSS. quatuor, *fidejussistis*. At Lov. *fidedixistis* : et sic melioris notæ MSS. Idem verbum adhibitum est supra in Enarrat Psal. XXXVI. ser. 3, n. 6.

du salut éternel, et que Dieu avait choisi pour durer toujours dans sa descendance, puisque notre roi, ce Roi des justes, avec lequel nous régnerons éternellement, devait naître selon la chair, de la race de David (*Rom.* I, 3). Dieu ayant donc choisi David, et l'ayant choisi d'avance et prédestiné à être roi, n'a pas voulu cependant qu'il parvînt à la royauté, avant qu'il n'eût été délivré d'abord de ses persécuteurs, afin qu'il fût ainsi notre propre figure, c'est-à-dire qu'il figurât le corps dont le Christ est la tête (*Col.* I, 18). Or si Dieu n'a pas voulu que notre tête régnât dans les cieux, si ce n'est après avoir terminé son œuvre sur la terre, ni qu'elle élevât à la gloire le corps qu'elle avait pris ici-bas, si ce n'est en traversant la voie des tribulations, pourquoi les membres osent-ils espérer plus de bonheur que la tête n'en a éprouvé? « S'ils ont appelé le père de famille Beelzebub, à plus forte raison donneront-ils ce nom à ses serviteurs (*Matth.* X, 25)? » N'espérons donc pas une voie plus douce; allons où il a passé avant nous, suivons-le par où il nous a conduits. Si, en effet, nous nous écartons de ses traces, nous sommes perdus. Vous voyez donc ce qui était figuré en David, et aussi ce qui était figuré en Saül; le royaume du mal en Saül, le royaume du bien en David; la mort en Saül,

la vie en David. En effet, nous ne sommes poursuivis que par la mort, de laquelle, à la fin, nous serons vainqueurs, disant avec l'Apôtre : « O mort, où est ta lutte? ô mort, où est ton aiguillon (I *Cor.* XV, 55)? » Que dis-je par ces mots? que la mort seule nous poursuit. Que si nous n'étions pas mortels, l'ennemi ne pourrait rien contre nous. Est-il quelque chose, en effet, qu'il fasse contre les anges? Par conséquent, la mort de laquelle nous souffrons surtout persécution, dont la lutte se terminera enfin lorsque nous ressusciterons d'entre les morts; la mort finira à notre égard, si nous sommes trouvés justes, comme elle a fini à l'égard de notre tête. Car il est mort, lui qui a tué la mort; et la mort a été plutôt immolée en lui que lui par la mort.

2. Enfin, si nous examinons le nom même de Saül, il y a là un mystère à découvrir. En effet, le mot Saül signifie qui demande, c'est-à-dire qui va au-devant. Pouvons-nous douter, en effet, que ce ne soit nous qui nous ayons fait notre condition mortelle? Car la mort est née du péché de l'homme. Il est donc vrai que l'homme a été au-devant de la mort et, en ce sens, la mort est bien nommée une demande. Car, ainsi qu'il est écrit : « Dieu n'a pas fait la mort et il ne se réjouit pas de la perte des vivants. Dieu a créé toutes choses pour qu'elles fussent, et il a

---

suo (I *Reg.* XXI, 1); quando quidem futurus erat rex noster, rex sæculorum cum quo regnaturi sumus in æternum, ex semine ipsius David secundum carnem (*Rom.* I, 3). Cum ergo David Deus elegisset, et præelegisset, et prædestinasset ad regnum, noluit et ipsum David ante regnum tenere, quam primo a persequentibus liberaret; ut etiam in hoc ipso figuraret nos, id est, « corpus ejus, cujus corporis caput Christus (*Coloss.* 1, 18). » Porro enim si ipsum caput nostrum sine primo peracto labore in terra, in cœlo regnare noluit, neque levare sursum corpus quod deorsum accepit nisi per tribulationis viam; quid audent membra sperare, capite suo magis se posse esse felicia? « Si patrem familias Beelzebub vocaverunt, quanto magis domesticos ejus (*Matth.* x, 25)? » Non ergo speremus (*a*) molliorem viam : qua præcessit eamus, qua duxit sequamur. Si enim a vestigio ejus aberraverimus, perimus. In hoc ergo David quid præfigurabatur, videtis : ergo et in Saül quid præfigurabatur, videtis : regnum malum in Saül, regnum bonum in David : mors in Saül, et

vita in David. Etenim nos non persequitur nisi mors, de qua in fine triumphabimus, dicentes, « Ubi est mors contentio tua? ubi est mors aculeus tuus (I *Cor.* XV, 55)? » Quid est quod dico, non nos persequitur nisi mors? Quia nisi mortales essemus, non esset quod nobis faceret inimicus. Numquid enim Angelis quidquam facit? Ergo etiam ipsa mors, a qua maxime habemus persecutionem, cujus finitur in fine contentio, cum resurrexerimus a mortuis, sicut finita est in capite nostro, sic finietur et in nobis, si justi fuerimus inventi. Nam mortuus ille mortis interfector fuit, et magis in illo mors mortua est, quam ipse in morte.

2. Denique etiam nomen ipsum si adtendamus, non est sine mysterio. Nam Saül interpretatur petitio, hoc est, appetitio. Quid enim dubitare debemus nos nobis fecisse mortem istam? A peccato enim hominis nata est mors. Merito ergo sibi ipsi homo appetivit mortem, et ideo petitio nomen est mortis. Nam sicut scriptum est, « Deus mortem non fecit, nec lætatur in perditione vivorum. Creavit enim

---

(*a*) Sic Er. et MSS. At Lov. *meliorem*.

fait saines toutes les générations de la terre (*Sag.* I, 13 et 14). » Et comme si vous demandiez : d'où vient donc la mort ? les livres saints vous répondent : « Mais les impies ont appelé la mort à eux par leurs actions et leurs paroles, et la prenant pour une amie, ils ont disparu (*Ibid.* 16). » Ils ont donc disparu pour avoir été au-devant de la mort, et ils se sont précipités dans la mort, croyant qu'elle était leur amie ; de même le peuple crut Saül son ami, et demanda pour roi son ennemi. Car le peuple fit violence à Dieu pour obtenir un roi, et Saül lui fut donné (I *Rois* VIII, 5) ; comme si ceux qui ont appelé à eux la mort par leurs actions et leurs paroles se fussent jetés dans ses mains, et c'est ainsi que la mort a été figurée par Saül. C'est pourquoi le XVIIe psaume a été intitulé : « Pour le jour dans lequel le Seigneur a délivré David des mains de tous ses ennemis et des mains de Saül (*Ps.* XVII, 1). » Il est dit d'abord « des mains de tous ses ennemis, » et ensuite « des mains de Saül, » parce que la mort est le dernier ennemi qui sera détruit (I *Cor.* XV, 26). Que veut dire : « Et des mains de Saül ? » Parce que le Sauveur nous a rachetés des enfers, et nous a délivrés de la puissance de la mort.

3. Saül persécutant donc le saint homme David, celui-ci se réfugia où il crut être en sûreté ; et passant où se trouvait le grand-prêtre, il reçut de lui des pains de proposition (I *Rois*, XXI, 6). En cette circonstance, il réunit en lui le caractère figuratif de prêtre en même temps que de roi ; car il mangea des pains de proposition, que les seuls prêtres, comme le dit le Seigneur dans l'Évangile, avaient droit de manger (*Matth.* XII, 4). Saül se mit ensuite à sa recherche, et s'irrita contre les siens, parce que nul ne voulait le lui livrer (I *Rois*, XXII, 7). Nous venons de le lire dans le livre des Rois. Or, un Iduméen nommé Doëch, chef des bergers de Saül, était présent, lorsque David vint trouver le grand-prêtre Achimélech. Il était aussi près de Saül, lorsque ce roi se mit en colère contre les siens, parce que nul ne voulait lui livrer David, et il dénonça au roi en quel lieu il l'avait vu (*Ibid.* XXI, 7). Saül envoya aussitôt ses serviteurs, qui lui amenèrent Achimélech et ses prêtres, et il ordonna qu'on les mît à mort. Or, aucun des serviteurs de Saül n'osa, même sur l'ordre du roi, porter la main sur les prêtres du Seigneur : mais, celui qui les avait trahis, semblable à Judas, qui ne renonça point à son criminel dessein et persévéra jusqu'à la fin à porter des fruits dignes d'une telle racine, (et quels fruits, si non ceux que peut produire un mauvais arbre ?) Doëch tua de sa propre main, pour obéir au roi, le

---

Deus ut essent omnia, et sanabiles fecit nationes orbis terrarum (*Sap.* I, 13 et 14). » Et unde mors ? tamquam quæreres. « Impii autem manibus, inquit, et verbis accersierunt illam, et æstimantes illam amicam defluxerunt (*Ibid.* 16). » Ergo appetendo illam defluxerunt, et in mortem irruerunt, æstimantes illam sibi esse amicam : quomodo æstimavit populus amicum, et petivit regem inimicum. Extorsit enim populus a Domino habere regem, et datus est Saül, tamquam dati essent illi in manus suas, qui manibus et verbis accersierunt mortem ; et figurata est in ipso Saüle ipsa mors (I *Reg.* VIII, 5). Ideo Psalmus ille septimus decimus sic habet titulum : « In die qua liberavit eum Dominus de manu omnium inimicorum ejus, et de manu Saül (*Psal.* XVII, 1). » Dixit primo, omnes inimicos ejus ; et postea, de manu Saül : « quia novissima inimica destruetur mors (I *Cor.* XV, 26). » Quid est, Et de manu Saül ? Quoniam exemit nos ab inferis, et de manu mortis liberavit nos.

3. Cum ergo Saül persequeretur virum sanctum David, confugit David ubi tutum putavit : transiens per sacerdotem quemdam Achimelech, accepit ab eo panes. Ubi figuravit etiam personam, non tantum regis, sed et sacerdotis (I *Reg.* XXI, 6) : quia manducavit panes propositionis, quos, sicut dicit Dominus in Evangelio, « non licebat manducare nisi solis sacerdotibus (*Matth.* XII, 4). » Postea cœpit eum quærere Saül, et iratus est suis, quod nemo eum sibi vellet prodere (I *Reg.* XXII, 7). Hoc modo lectum est in libro Regnorum. Erat autem ibi Doech quidam, quando venerat ille ad Achimelech sacerdotem, princeps pastorum Saül, Idumæus (*Ibid.* XXI, 7). Qui cum adesset quando Saül irascebatur suis, quod nullus illi vellet prodere David, prodidit ubi eum vidisset. Misit continuo Saül, exhibuit sacerdotem et omnes ejus, et jussit occidi. Nemo ausus est hominum regis Saül, nec jubente rege, mittere manum in sacerdotes Domini : sed ille qui prodiderat, sicut Judas, qui a proposito suo non recessit, et usque in finem perseveravit de illa radice fructus ferre, (quales, nisi quales fert arbor mala ?) occidit Doech iste manu sua, jubente rege, sacerdotem et omnes ejus : deinde debellata est civitas etiam sacerdotum. Invenimus ergo Doech istum inimicum regi David et sacerdoti Achimelech. Unus homo est Doech, sed ge-

grand-prêtre et tous les siens; puis la ville des prêtres fut elle-même saccagée. Nous trouvons donc en ce Doëch un ennemi du roi David et du prêtre Achimélech. Ce Doëch n'est qu'un homme, mais Doëch représente toute une espèce d'hommes; de même David, réunissant en son corps le roi et le prêtre, nous offre deux personnages dans un seul homme, et il représente, lui aussi, toute une espèce d'hommes. Recherchons ces deux sortes d'hommes, et dans notre temps et dans notre société, afin de tirer profit des paroles que nous chantons ou que nous entendons chanter. Considérons d'abord Doëch, puis le corps du roi-prêtre, enfin le corps des hommes ennemis du roi et du prêtre.

4. Examinez d'abord le sens mystique de ces différents noms. Doëch signifie : mouvement; Iduméen veut dire : terrestre. Vous voyez déjà quel genre d'hommes représente Doëch. Doëch est le mouvement; par conséquent cette race n'est point celle qui dure éternellement, mais celle qui doit sortir de la patrie. Il est terrestre. Quels fruits pouvez-vous attendre d'un homme terrestre? L'homme céleste a une demeure éternelle. Mais il y a aussi un royaume terrestre, qui me servira de point de départ pour vous dire en peu de mots et vous indiquer rapidement où se trouve, aujourd'hui et en ce monde, le royaume céleste. Chacun de ces deux royaumes a ses citoyens voyageurs en ce monde, le royaume de la terre et le royaume du ciel, le royaume qui doit être arraché et le royaume qui doit être planté pour l'éternité. Maintenant, dans ce siècle, les citoyens de ces deux royaumes sont mêlés ensemble; le corps du royaume terrestre et le corps du royaume céleste sont mélangés. Le royaume céleste gémit au milieu des citoyens du royaume terrestre; et quelquefois (car je ne dois pas le taire,) le royaume terrestre travaille d'une certaine manière au profit des citoyens du royaume céleste, et le royaume du ciel au profit des citoyens du royaume terrestre. Les Écritures nous fourniront la preuve de ces deux propositions. Daniel et les trois jeunes hommes furent chargés à Babylone des affaires du roi (*Dan.* II, 49). Joseph (*Gen.* XLI, 40), en Égypte, fut établi par le roi le premier après lui, pour administrer l'État : État de la domination duquel le peuple de Dieu devait être délivré, et au profit duquel cependant Joseph travaillait, comme Daniel et les trois jeunes hommes le firent à Babylone. Il est donc évident que le royaume terrestre avait accaparé pour ses œuvres, c'est-à-dire pour les affaires de son État, mais non pour ses mauvaises actions, les citoyens du royaume céleste. Mais que fait le royaume céleste, comment emploie-t-il, dans ce monde, pour un temps, les citoyens du royaume de la terre? L'Apôtre ne

nus hominum est Doech : sicut David et corpus ipsum regis et sacerdotis, tamquam unus homo et duæ personæ, sed tamen unum genus hominum. Proinde in isto tempore, et in isto sæculo videamus hæc duo genera, ut pertineat ad utilitatem nostram, vel quod cantamus, vel quod cantari audimus. Modo videamus Doech, modo videamus corpus regis et sacerdotis, modo videamus corpus hominum adversus regem et sacerdotem.

4. Primo nomina ipsa adtendite quam mystica sint. Doech interpretatur motus : Idumæus interpretatur terrenus. Jam videte quale genus hominum significet Doech iste motus : non ergo perseverans in æternum, sed emigrandus. Terrenus : quid exspectatis de homine terreno aliquos fructus? (*a*) Cœlestis homo erit in æternum. Est ergo regnum terrenum, ut breviter dicam et cito insinuem, hodie in isto sæculo, ubi est et regnum cœleste. Peregrinos habet cives suos utrumque regnum, regnum terrenum et regnum cœleste, regnum eradicandum et regnum in æternum plantandum. Modo in hoc sæculo cives utriusque regni permixti sunt : corpus regni terreni, et corpus regni cœlestis commixtum est. Regnum cœleste gemit inter cives regni terreni, et aliquando (nam et hoc tacendum non est), quodam modo regnum terrenum angariat cives regni cœlorum, et regnum cœleste angariat cives regni terreni. Utrumque vobis de Scriptura Dei demonstrabimus. Daniel et tres pueri in Babylonia præpositi sunt negotiis regis (*Dan.* II, 49): Joseph in Ægypto secundus a rege positus est administrare rempublicam (*Gen.* XLI, 40), de qua republica erat populus ille Dei liberandus : in ipsa republica angariam quodam modo faciebat Joseph, sicut illi tres pueri, sicut Daniel. Manifestum est ergo quod usurparat sibi ad opera sua, id est, ad opera regni sui, non ad facta sua mala, regnum terrenum cives regni cœlorum. Quid et regnum cœlorum, quomodo usurpat in hoc sæculo ad tempus cives regni terreni? Nonne de his Apostolus dicit, quod non caste Evangelium annun-

---

(*a*) Sic aliquot MSS. At editi, *aliquos fructus cœlestes?* Homo etc.

dit-il pas de certains hommes qu'ils annonçaient l'Évangile avec une intention qui n'était pas pure, qu'ils prêchaient le royaume du ciel avec le désir des biens de la terre, et qu'ils cherchaient leur avantage en annonçant le Christ? Et pour vous apprendre que ces hommes étaient acceptés, comme des mercenaires, pour travailler aux intérêts du royaume céleste, l'Apôtre se réjouit de leur concours, et dit : « Il y en a qui, par esprit d'envie et de contradiction, prêchent le Christ dans une intention qui n'est pas pure, croyant par là me causer de l'affliction dans mes liens. Qu'importe, pourvu que le Christ soit annoncé, de quelque manière que ce soit, ou par occasion, ou par un zèle véritable? Je m'en réjouis et m'en réjouirai (*Philip.* I, 17 et 18). » C'est de tels hommes que le Christ a parlé, en disant : « Les Pharisiens et les scribes se sont assis sur la chaire de Moïse. Faites ce qu'ils disent, mais ne faites pas ce qu'ils font ; car ils disent, et ne font pas (*Matth.* XXIII, 2). » Leurs paroles appartiennent à David ; et leurs actions appartiennent à Doëch. Écoutez-moi par leur intermédiaire, mais gardez-vous de les imiter. Ces deux genres d'hommes sont aujourd'hui sur la terre. C'est à ces deux genres d'hommes que notre psaume se rapporte.

5. Voici le titre du psaume : « Pour la fin, intelligence à David, lorsque Doëch, Iduméen, vint annoncer à Saül : David est entré dans la maison d'Abimélech (*Ps.* LI, 1 et 2). » Or, nous lisons que David est entré dans la maison d'Achimélech (I *Rois*, XXI, 1). Peut-être n'est-il pas hors de propos de conjecturer ici, à cause de la ressemblance des deux noms, qui ne diffèrent que par une syllabe ou plutôt par une lettre, que les noms ont été mis l'un pour l'autre. Cependant, si nous examinons les manuscrits des Psaumes, nous trouvons plus souvent Abimélech que Achimélech. Ailleurs nous trouvons un psaume, dans lequel, très-évidemment, il n'y a point lieu de parler d'une différence dans le nom, mais où nous voyons un nom mis à la place d'un autre. Il est en effet certain que David se rendit auprès du roi Achis et non devant Abimélech ; que ce fut devant Achis qu'il changea son visage, et que ce roi l'ayant laissé aller, David se retira (*Ibid.* 13) ; et cependant le psaume porte en titre : « Quand il changea son visage devant Abimélech (*Ps.* XXXIII, 1). » Ce changement de nom doit attirer particulièrement notre attention, de peur qu'en nous préoccupant uniquement des faits historiques, nous ne fassions trop peu de cas des voiles sacrés qui enveloppent des mystères. Si l'on cherche l'interprétation du nom d'Abimélech, employé dans ce psaume, on trouve

---

tiabant, sed terrena desiderantes regnum cœlorum prædicabant, sua quærebant et Christum annuntiabant ? Et ut noveritis quod et ipsi ad opus regni cœlorum, tamquam mercenarii assumti sunt, Apostolus gaudens de illis dicit, « Sunt qui per invidiam et contentionem Christum annuntiant, non caste, existimantes tribulationem se suscitare vinculis meis. Quid enim dum omni modo sive per occasionem sive per veritatem Christus annuntietur ? Et in hoc gaudeo, sed et gaudebo (*Philip.* 1, 17 et 18. » De talibus etiam Christus annuntiat, dicens, « Pharisæi et Scribæ cathedram Moysi sederunt : quæ dicunt, facite ; quæ autem faciunt, facere nolite, dicunt enim, et non faciunt (*Matth.* XXIII, 2).» Quæ dicunt, pertinent ad David ; quæ autem faciunt, pertinent ad Doech. Per illos me audite, illos imitari nolite. Ista duo genera hominum sunt hodie in terra. De his duobus generibus hominum cantat Psalmus iste.

5. Habet autem Psalmi titulus : (*a*) « In finem intellectus David (*Psal.* LI, 1), cum venit Doech Idumæus, et nuntiavit Saül, Venit David in domum Abimelech (*Ibid.* 2) : » cum legamus eum venisse in domum Achimelech (I *Reg.* XXI, 1). Et fortasse quod non absurde sentimus propter similitudinem nominis, et unius syllabæ differentiam, vel potius unius litteræ, variati sunt tituli. In codicibus tamen Psalmorum cum inspiceremus, magis Abimelech quam Achimelech invenimus. Et quoniam in alio loco habes evidentissimum Psalmum, non dissimilitudinem nominis, sed prorsus diversum nomen insinuantem ; quando quidem David ante regem Achis, non ante regem Abimelech immutavit faciem suam, et dimisit eum, et abiit (*Ibid.* 13) : titulus autem Psalmi sic scriptus est, Quando immutavit vultum suum coram Abimelech (*Ps.* XXXIII, 1) : ipsa magis mutatio nominis in mysterium facit intentos, ne tamquam res historiæ persequaris et (*b*) sacrata vela contemnas. Discussum nomen in Psalmo illo, quod est Abimelech, invenitur interpretatum, Patris mei regnum. Quomodo autem

---

(*a*) Plerique MSS. *Psalmi titulus nuntiatum esse Sauli de David quod venerit David in domum Abimelec*   (*b*) Sic Er. et MSS. At Lov. *secreta*.

qu'il signifie : royaume de mon Père. Or, comment David s'éloigna-t-il du royaume de son Père et s'en alla-t-il, si ce n'est quand le Christ quitta le royaume des Juifs et passa chez les Gentils ? Par conséquent, l'Esprit prophétique qui dirigeait David, lorsqu'il écrivait le titre de ce psaume, a sans doute voulu qu'il substituât le nom d'Abimélech à celui d'Achimélech, parce que David, quand il vint au royaume de son père, fut trahi ; c'est-à-dire que le Christ, lorsqu'il vint dans le royaume des Juifs qui a été établi par son Père, et duquel il dit : « Le royaume de Dieu vous sera enlevé et sera donné à un peuple qui en produira les fruits et qui fera des œuvres de justice (*Matth*. XXI, 42), » le Christ fut livré à la mort, que représente le nom de Saül. Mais David ne fut pas mis à mort, non plus qu'Isaac, lorsqu'il figurait la passion du Seigneur : et cependant, ni dans l'un ni dans l'autre cas, la figure ne s'est accomplie sans qu'il y eût du sang versé ; d'une part le sang du bélier (*Gen*. XXI, 12), et de l'autre le sang du prêtre Achimélech. Et en effet, il ne fallait pas qu'ils fussent mis à mort, puisqu'il ne fallait pas qu'ils ressuscitassent alors ; mais Jésus délivrant leur vie d'une mort imminente, non toutefois sans effusion de sang, indiquait ainsi de la manière la plus convenable sa propre résurrection, figurée en eux, et réservée au Seigneur. Nous pourrions en dire davantage si, dans ce discours, nous avions entrepris d'étudier les mystères que renferment ces faits.

6. Revenons maintenant aux deux classes d'hommes que nous avons précédemment indiquées, puisque nous voici sortis de la digression peut-être trop laborieuse et trop longue, que nous avons faite cependant comme le Seigneur nous l'a donnée, au sujet du titre de ce psaume. Remarquez ces deux genres d'hommes, composés l'un d'hommes qui souffrent, l'autre d'hommes au milieu desquels souffrent les premiers ; l'un d'hommes qui pensent à la terre, l'autre d'hommes qui pensent au ciel ; l'un d'hommes qui laissent tomber leur cœur dans l'abîme, l'autre d'hommes qui élèvent leur cœur jusqu'à le placer parmi les anges ; l'un d'hommes qui espèrent les biens terrestres qui font la richesse de ce monde, l'autre d'hommes qui aspirent aux biens célestes que leur a promis un Dieu qui n'est pas trompeur. Mais ces deux classes d'hommes sont mêlées aujourd'hui. C'est ainsi que nous voyons parfois un citoyen de Jérusalem, un citoyen du royaume des cieux administrer certaines affaires sur la terre ; par exemple, il

---

patris sui regnum dimisit David, et abiit, nisi quomodo Christus regnum Judæorum dimisit, et ad Gentes transivit ? Hinc fortassis etiam propheticus Spiritus adscribens titulum Psalmo huic, voluit ut non diceret Achimelech, sed Abimelech, quia quando venit David ad patris sui regnum, tunc est proditus, hoc est quando venit Dominus noster Jesus Christus ad regnum Judæorum institutum a Patre suo, de quo dicit, « Auferetur a vobis regnum Dei, et dabitur genti facienti fructus ejus et justitiam (*Matth*. XXI, 42), » tunc est proditus morti, quam significat Saül. Non est autem occisus, sicut nec Isaac, cum et ipse passionem Domini figuraret (*Gen*. XXI, 12) ; nec tamen sine sanguine figura transacta est, vel ibi illius arietis, vel hic Achimelech sacerdotis. Neque enim occidi oportuit eos, quos tunc resurgere non oportebat : sed eorum vitam a mortis periculo, (*a*) verumtamen effuso sanguine, liberans Jesus resurrectionem potius significabat, quæ hoc modo in illis figurabatur, quia vero Domino servabatur. Plura hinc dici possent, si illarum rerum gestarum in hoc sermone suscepissemus tractanda mysteria.

6. Nunc jam audiamus ista duo genera hominum, quando quidem de titulo isto, etsi operosius et fortasse loquacius, tamen ut Dominus concessit, exitum est. Duo genera hominum adtendite, unum laborantium, alterum eorum inter quos laborant : unum de terra, alterum de cœlo cogitantium : unum in profundum cor mittentium, alterum cor Angelis conjungentium : unum sperantium de terrenis, quibus pollet hic mundus ; alterum præsumentium de cœlestibus, quæ promisit non mendax Deus. (*b*) Sed mixta sunt ista genera hominum. Invenimus modo civem Jerusalem, civem regni cœlorum administrare aliquid in terra ; ut puta, (*c*) purpuram gerit, magistratus est, ædilis est, proconsul est, imperator

---

(*a*) Sic melioris notæ MSS. At editi, *a mortis periculo liberari. Verumtamen effusi sanguinis liberatio resurrectionem potius significabat, quæ hoc modo in illis figurabatur. Quia vero Domino servabatur resurrectio, plura hic dici*, etc. (*b*) Hic in editis post *non mendax Deus*, inserta erant istæc verba : *Non esse desperandum de hominibus bonis, si per eos terrenum aliquid administretur ; nec rursum continuo gratulandum hominibus qui cœlestia agere dignoscantur negotia : cum plerumque illi qui negotiis sæcularibus implicati sunt, cor semper sursum habeant, et isti qui cœlestia semper prædicant ; cor trahant in terra.* Absunt ea prorsus a nostris MSS. (*c*) Omnes MSS. *purpuras gerit*.

porte la pourpre, il est magistrat, il est édile, il est proconsul, il est empereur, il gouverne un État temporel ; mais il tient son cœur élevé vers le ciel, s'il est chrétien, s'il est fidèle, s'il est pieux, s'il méprise le monde où il est et met son espérance dans un monde où il n'est pas encore. A ce genre d'hommes appartenait Esther, cette sainte femme, qui, étant l'épouse du roi, a bravé le danger de la mort, afin d'intercéder pour son peuple : mais, en priant devant Dieu, là où il est impossible de mentir, elle disait que les ornements royaux étaient à ses yeux comme un linge souillé d'un sang immonde. Ne désespérons donc pas des citoyens du royaume des cieux, quand nous les voyons s'occuper en quelque chose des affaires de Babylone, et veiller à des intérêts terrestres dans l'empire terrestre ; d'un autre côté, ne félicitons pas sans distinction tous les hommes que nous voyons gérer les affaires du ciel, parce qu'il y a des fils de pestilence qui siégent parfois dans la chaire de Moïse et desquels il est dit : « Faites ce qu'ils disent, mais ne faites pas ce qu'ils font, car ils disent et ne font pas (*Matth*. XXIII, 3). » Les uns, du milieu des choses de la terre, tiennent leur cœur élevé vers le ciel ; les autres, tout en parlant des choses divines, abaissent leur cœur vers la terre. Mais viendra le temps où Dieu se servira du van, et fera le discernement des uns et des autres avec le plus grand soin, de peur que quelque grain ne reste dans le monceau de paille destiné au feu, ou qu'une paille ne se glisse dans la masse de blé qui doit être portée dans le grenier (*Matth*. III, 12). Donc, tandis que ces deux espèces d'hommes sont encore mêlées, écoutons notre voix, qui s'élève ici, c'est-à-dire la voix des citoyens du royaume des cieux ; (car nous devons chercher par-dessus tout à être, ici-bas, de ceux qui supportent les méchants, et non de ceux qui sont supportés par les bons). Unissons-nous à cette voix, de l'oreille, de la langue, du cœur et des œuvres. Que si nous le faisons, ce sera nous-mêmes qui dirons les choses que nous allons entendre. Disons donc d'abord ce qui suit, du corps des méchants qui appartiennent au royaume de la terre.

7. « Pourquoi celui qui est puissant se glorifie-t-il de sa méchanceté (*Ps*. LI, 3) ? » Considérez, mes frères, la gloire du méchant, la gloire des hommes pervers. Quelle est cette gloire ? « Pourquoi celui qui est puissant se glorifie-t-il de sa méchanceté ? » C'est-à-dire pourquoi celui qui est puissant dans le mal se glorifie-t-il ? L'homme a besoin d'être puissant, mais dans le bien, et non dans le mal. Est-ce donc quelque chose de grand que de se glorifier de sa méchanceté ? Bâtir une maison, peu savent le faire ; la détruire, tout ignorant peut en venir à

---

est, rempublicam gerit terrenam : sed cor sursum habet, si Christianus est, si fidelis est, si pius est, si contemnens in quibus est, et sperat in quo nondum est. De quo genere fuit illa sancta mulier Esther, quæ cum esset uxor regis, ventum est ad periculum deprecandi pro civibus suis (*Esth*. XIV, 16); et cum oraret coram Deo, ubi mentiri non posset, in oratione sua dixit, ita sibi fuisse illa ornamenta regalia, sicut pannum menstruatæ. Non ergo desperemus de civibus regni cœlorum, quando eos videmus aliqua gerere Babyloniæ negotia, aliquid terrenum in republica terrena : nec rursus continuo gratulemur omnibus hominibus quos videmus agere negotia cœlestia ; quia et filii pestilentiæ sedent aliquando in cathedra Moysi, de quibus dicitur, « Quæ dicunt, facite; quæ autem faciunt, facere nolite : dicunt enim, et non faciunt (*Matth*. XXIII, 3). » Illi in terrenis rebus levant cor in cœlum, isti in cœlestibus verbis trahunt cor in terra. Veniet autem tempus ventilabri, quando utrumque diligentissime discernatur, ne granum aliquod transeat in acervum paleæ comburendum, ne una stipula transeat ad massam in horreo recondendam (*Matth*. III, 12). » Quamdiu ergo nunc permixtum est, audiamus hinc vocem nostram, id est, civium regni cœlorum : (Hoc enim affectare debemus, tolerare hic malos, quam tolerari a bonis :) et conjungamus nos huic voci, et aure, et lingua, et corde, et opere. Quod si fecerimus, nos hic loquimur in his quæ audimus. Dicatur ergo primo de corpore malo regni terreni.

7. « Quid gloriatur in malitia qui potens est (*Psal*. LI, 3) ? Attendite Fratres mei gloriam malignitatis, gloriam hominum malorum. Quæ est gloria ? Quid gloriatur in malitia qui potens est ? id est, qui in malitia potens est, quid gloriatur ? Opus est potentem esse, sed in bonitate, non in malitia. Aliquid magnum est gloriari in malitia ? Ædificare domum paucorum est, destruere quivis ignarus potest. Seminare frumenta, excolere segetem, exspectare donec maturescat, et in ejus fructu in quo laboravit gaudere, paucorum est : una scintilla omnem segetem incendere quivis potest. Suscipere infantem, natum nutrire, educare,

bout. Il n'est donné qu'au petit nombre de savoir semer le froment, cultiver la moisson, attendre la maturité du blé, et récolter avec joie le fruit de ce travail; mais le premier venu peut, avec une seule étincelle, incendier toute moisson. Donner naissance à un enfant, le nourrir, l'élever, le conduire jusqu'à l'âge de la jeunesse, c'est une grande tâche; et il n'est personne qui ne puisse le tuer en un rien de temps. Tout ce qui ne tend qu'à détruire est donc très-facile. Que celui qui se glorifie, se glorifie dans le Seigneur (I *Cor.* I, 31); que celui qui se glorifie, se glorifie dans le bien. Vous vous glorifiez, parce que vous êtes puissant dans le mal : que ferez-vous donc, ô puissant, que ferez-vous avec toute votre jactance? Vous tuerez un homme? Un scorpion en fait autant; une fièvre en fait autant; un champignon vénéneux en fait autant. Toute votre puissance en est-elle réduite à égaler celle d'un mauvais champignon? Voici au contraire ce que font les bons citoyens de Jérusalem, qui se glorifient, non dans le mal, mais dans le bien. D'abord ils doivent se glorifier, non pas en eux-mêmes, mais dans le Seigneur. Ensuite, ce qu'ils font pour bâtir et élever, ils le doivent faire avec un zèle parfait, en vue d'édifier des choses solides et durables; ce qu'ils font, au contraire, pour détruire, qu'ils le fassent pour le bien de ceux qui progressent en Dieu, et non pour l'oppression des innocents. Pourquoi donc le corps terrestre comparé à cette puissance du bien, refuserait-il d'écouter ces paroles : « Pourquoi celui qui est puissant se glorifie-t-il de sa méchanceté? »

8. « Vous passez tout le jour dans l'iniquité, et votre langue n'a préparé que l'injustice (*Ps.* LI, 4). » « Tout le jour dans l'iniquité; » c'est-à-dire tout le temps, sans lassitude, sans intervalle, sans interruption. Et quand vous ne faites pas le mal, vous le pensez; de sorte que, quand vos mains cessent d'accomplir le mal, votre cœur ne cesse pas de le faire. Ou vous faites le mal; ou, si vous ne le pouvez faire, vous le dites, c'est-à-dire que vous parlez d'une manière coupable; ou, si vous ne le pouvez dire non plus, vous le méditez. « Tout le jour » signifie donc sans interruption. Nous attendons le châtiment qui frappera cet homme. Tout châtiment ne sera-t-il pas léger en proportion de ses fautes? Vous le menacez, mais lorsque vous le menacez, où voulez-vous le précipiter? Dans le mal? Livrez-le donc à lui-même. Pour le punir sévèrement, vous le condamneriez aux bêtes; il est plus cruel contre lui-même que ne le seraient les bêtes féroces. En effet les bêtes pourraient déchirer son corps, pour lui il s'en prend à son cœur. Il est intérieurement son propre bourreau, et vous réclamez contre lui quelques coups extérieurs?

ad juvenilem ætatem perducere, magnum officium est : occidere illum uno puncto temporis quivis potest. Ergo ea quæ ad destructionem fiunt, facillime fiunt. « Qui gloriatur, in Domino glorietur (I *Cor.* I, 31): » qui gloriatur, in bonitate glorietur. Gloriaris, quia potens es in malo. Quid facturus es, o potens, quid facturus es, multum te jactans ? Occisurus es hominem : hoc et scorpius, hoc et una febris, hoc et fungus malus. Huc ne redacta est omnis potentia tua, ut malo fungo coæquetur? Hoc ergo faciunt boni cives Jerusalem, qui non in malitia, sed in bonitate gloriantur : Primo ut non in se, sed in Domino glorientur. Deinde ut ea quæ ad ædificationem faciunt, studiose faciant, et talia faciant quæ valeant ad permanendum : quæ autem faciunt ad destructionem, faciant propter disciplinam proficientium, non propter oppressionem innocentium. Huic ergo potentiæ comparatum corpus illud terrenum, quare non audiat ex his verbis, « Quid gloriatur in malitia qui potens est ? »

8. « In iniquitate tota die injustitiam cogitavit lingua tua (*Psal.* LI, 4). » In iniquitate tota die, id est, toto tempore, sine lassitudine, sine intervallo, sine pausatione. Et quando non facis, cogitas ; ut quando aliquid mali abest a manibus, a corde non abest : aut facis malum, aut dum non potes facere, dicis malum, hoc est, maledicis : aut quando nec hoc potes, vis et cogitas malum. Tota die ergo, id est, sine intermissione. Exspectamus huic homini pœnam. Parva sibi pœna est? Minaris ei : tu cum ei minaris, quo eum vis mittere, in malum? Dimitte illum in se. Ut multum sævias (*a*), subjecturus es bestiis : in seipsum pejor est bestiis. Bestia enim lacerare corpus ejus potest : ipse cor suum sanum relinquere non potest. Interius in se ipse sævit, et tu exterius plagas inquiris? Immo ora Deum pro illo,

---

(*a*) Optimæ notæ MSS. *subrecturus es bestiis* : sic in XXXVI. Psal. serm. III. n. 13, observabamus in plerisque codicibus haberi, *alios bestiis subrexerunt*.

Priez plutôt Dieu pour lui, afin que Dieu le délivre de lui-même. Cependant, mes frères, ce psaume ne contient ni une prière pour les méchants, ni une prière contre eux, mais une prophétie de ce qui doit leur arriver. Ne croyez donc pas que le Prophète dise ici quoi que ce soit dans un esprit de malveillance, il ne parle que d'une manière prophétique.

9. Que dit-il donc? Toute votre puissance, toutes vos pensées d'iniquité du jour entier, et cette préparation non interrompue de votre langue pour toute parole coupable, qu'ont-elles fait? qu'ont-elles produit? « Comme un rasoir effilé vous avez exercé le mensonge (*Ibid.* 4). » Voilà ce que les méchants font aux saints; ils leur rasent les cheveux. Que signifient mes paroles? Si les citoyens de Jérusalem sont capables d'entendre la voix de leur Seigneur, de leur roi, lorsqu'il dit : « Ne craignez pas ceux qui tuent le corps, mais qui peuvent tuer l'âme (*Matth.* x, 28); » s'ils sont capables d'entendre la voix qui, dans l'Évangile lu tout à l'heure devant vous, disait : « Que servirait à un homme de gagner le monde entier, s'il se perdait lui-même (*Matth.* xvi, 26); » ils méprisent tous les biens présents et, de plus, la vie elle-même. Et que peut faire le rasoir de Doëch contre l'homme qui, en ce monde, porte ses méditations sur le royaume des cieux, qui doit habiter plus tard le royaume des cieux, qui a Dieu en lui, et qui doit demeurer à jamais avec Dieu? Quel mal lui fera ce rasoir? Il lui rasera les cheveux et le rendra chauve. Et ce caractère même appartient au Christ, qui a été crucifié sur le lieu du Calvaire (*Matth.* xxvii, 33). Il devient ainsi enfant de Coré, dont le nom signifie tête chauve (1 *Paral.* vi, 22). Car les cheveux figurent le superflu des choses temporelles. A la vérité, les cheveux n'ont pas été faits inutilement par Dieu dans le corps humain, ils lui servent d'ornement; cependant comme on les coupe sans qu'on le sente, ceux qui sont unis de cœur avec Dieu regardent les biens terrestres comme des choses d'aussi peu de valeur que des cheveux. Mais quelquefois, vous pouvez faire un bon usage de ces cheveux, ou biens terrestres, par exemple, en rompant le pain pour celui qui a faim, en recevant sous votre toit l'indigent qui n'a point de demeure, en donnant un vêtement à celui que vous voyez nu (*Is.* lviii, 7). C'est ainsi que les martyrs, en imitant le Seigneur, en répandant leur sang pour l'Église, et en écoutant cette parole : « De même que le Christ a donné sa vie pour nous, de même nous devons donner notre vie pour nos frères (1 *Jean* iii, 16), » nous ont fait du bien par le sacrifice de leurs cheveux, c'est-à-dire par le sacrifice de ces choses que peut raser ou couper ce rasoir. La femme pécheresse

---

ut liberetur a se. Verumtamen in hoc Psalmo, Fratres mei, non oratio est pro malis, aut contra malos, sed prophetia quid sit eventurum malis. Non itaque putetis ex malevolentia Psalmum aliquid dicere : dicitur enim in Spiritu prophetiæ.

9. Quid ergo sequitur ? Tota potentia tua, et tota cogitatio iniquitatis tota die, et meditatio malignitatis in lingua tua sine intermissione, quid egit ? quid fecit ? « Sicut novacula acuta fecisti dolum (*Ibid.* 4). » Ecce quid faciunt sanctis mali, capillos radunt. Quid est quod dixi ? Si sint tales cives Jerusalem, qui audiant vocem Domini sui, regis sui dicentis, « Nolite timere eos qui corpus occidunt, animam autem non possunt occidere (*Matth.* x, 28) : » qui audiant vocem, quæ modo ex Evangelio recitata est, « Quid prodest homini si totum mundum lucretur, se autem ipsum detrimentum faciat (*Matth.* xvi, 26) : » contemnunt omnia præsentia bona, insuper et ipsam vitam. Et quid factura est novacula Doech homini meditanti in hac terra regnum cœlorum, et futuro in regno cœlorum, habenti secum Deum, et permansuro cum Deo ? quid est factura illa novacula ? Capillos rasura, calvum factura est. Et hoc ad Christum pertinet, qui in loco Calvariæ crucifixus est (*Matth.* xxvii, 33). Facit et filium Core, quod interpretatur calvitium (1 *Paral.* vi, 22). Nam isti capilli superflua rerum temporalium significant. Qui quidem capilli non superflue facti sunt a Deo in corpore hominum, sed ad aliquod ornamentum : tamen quia sine sensu præciduntur, illi qui hærent corde in Domino, sic habent ista terrena tamquam capillos. Sed aliquando et aliquid boni de capillis operandum est, « quando frangis panem esurienti, egenum sine tecto inducis in domum tuam, si videris nudum, vestis (*Isai.* lviii, 7) : » postremo etiam ipsi Martyres imitantes Dominum, sanguinem pro Ecclesia fundentes, audientes vocem illam, Sicut Christus animam suam pro nobis posuit sic et nos debemus pro fratribus animas ponere (1 *Johan.* iii, 16), quodam modo de capillis suis bene nobis fecerunt, id est, de his rebus quas potest amputare vel radere illa novacula. Quia ergo et de ipsis capillis boni aliquid fieri potest, significavit et illa mulier peccatrix, quæ cum flevisset super pedes Domini, capillis suis tersit, quos lacrymis rigavit

a aussi prouvé que les cheveux pouvaient être bons à quelque chose, lorsque, après avoir pleuré sur les pieds du Seigneur, elle a essuyé avec ses cheveux ces pieds qu'elle avait arrosés de ses larmes (*Luc*, VII, 38). Que nous enseignait-elle par cette action? Qu'après avoir eu pitié du malheureux, vous devez encore le secourir, si vous le pouvez. En effet, lorsque vous avez compassion de lui, c'est comme si vous pleuriez sur lui; lorsque vous le secourez, c'est comme si vous essuyiez vos larmes avec vos cheveux. Et si vous devez le faire pour le premier venu, combien plus pour les pieds du Seigneur? Quels sont les pieds du Seigneur? Les saints évangélistes, desquels il a été dit : « Qu'ils sont beaux, les pieds de ceux qui annoncent la paix, qui annoncent la bonne nouvelle (*Is*, LII, 7, et *Rom.* X, 55)! » Que Doëch aiguise donc sa langue comme un rasoir; qu'il aiguise sa fourberie autant qu'il le pourra ; il pourra nous enlever des choses temporelles qui sont superflues, mais pourra-t-il nous enlever les choses éternelles qui seules nous sont nécessaires?

10. « Vous avez préféré la méchanceté à la bonté (*Ps.* LI, 5). » La bonté était devant vos yeux, vous deviez l'aimer. Vous n'aviez rien à dépenser ; vous n'aviez point à aller chercher, par une longue navigation, l'objet de votre prédilection. La bonté est devant vos yeux, l'iniquité est devant vos yeux : comparez et choisissez. Mais peut-être avez-vous des yeux pour voir la méchanceté et n'en avez-vous pas pour voir la bonté? Malheur au cœur inique! Qu'y a-t-il de pire ? il se détourne pour ne pas voir ce qu'il peut voir. Qu'est-il dit ailleurs de cette sorte d'hommes? « Il n'a pas voulu comprendre pour bien faire (*Ps.* XXXV, 4). » Il n'est pas dit : il n'a pas pu, mais : Il n'a pas voulu comprendre pour bien faire; il a fermé les yeux à la lumière qui était devant lui. Et après? « Il a médité l'injustice dans son lit, » c'est-à-dire, dans les replis les plus cachés de son cœur. C'est un semblable reproche qui est fait à Doëch l'Iduméen, corps méchant, mouvement terrestre, qui ne durera pas, qui n'appartient point au ciel. « Vous avez préféré la méchanceté à la bonté. » Voulez-vous en effet être certain que le méchant voit l'une et l'autre, qu'il choisit l'une par préférence et qu'il se détourne volontairement de l'autre? Pourquoi crie-t-il quand il a quelque injustice à souffrir? Pourquoi accable-t-il de reproches, autant qu'il le peut, l'iniquité, et loue-t-il la bonté, invectivant contre l'homme qui, dans ses rapports avec lui, a préféré la méchanceté à la bonté? Qu'il soit donc à lui-même sa règle de vie, on le jugera d'après lui-même. Si donc il voulait faire comme il est écrit : « Vous aimerez votre prochain comme vous-même (*Matth.* XXII,

---

(*Lucæ*, VII, 31). Quid significans ? Quia cum misertus fueris alicujus, debes et subvenire, si potes. Cum enim misereris, tamquam lacrymas fundis : cum subvenis, capillis tergis. Et si hoc cuicumque, quanto magis pedibus Domini ? Qui sunt pedes Domini? Evangelistæ sancti, de quibus dictum est, « Quam speciosi sunt pedes eorum qui annuntiant pacem, qui annuntiant bona (*Isai.* LII, 7, *Rom.* X, 15) ? » Ergo acuat sicut novaculam linguam suam Doech, acuat dolum quantum potest ; ablaturus est superflua temporalia, numquid necessaria sempiterna ?

10. « Dilexisti malitiam super benignitatem (*Psal.* LI, 5). » Ante te erat benignitas, ipsam diligeres. Non enim aliquid eras erogaturus, aut quod diligeres de longiqua navigatione allaturus eras. Benignitas ante te, iniquitas ante te : compara, et elige. Sed forte habes oculum quo videas malignitatem, et non habes oculum quo videas benignitatem. Væ iniquo cordi. Quod pejus est, avertit se, ne videat quod videre potest. Quid enim de talibus alio loco dictum est? » Noluit intelligere ut bene ageret (*Psal.* XXXV, 4). » Non enim dictum est, non potuit; sed noluit, inquit, intelligere ut bene ageret, clausit oculos a luce præsenti. Et quid sequitur ? Iniquitatem meditatus est in cubili suo, hoc est, in interiore secreto cordis sui. Tale quid objicitur huic Doech Idumæo, maligno corpori, motui terreno, non permanenti, non cœlesti. « Dilexisti malitiam super benignitatem. » Nam vis nosse quam videat malus utrumque, et illud potius eligat, hinc se avertat? Quare clamat quando inique aliquid patitur ? Quare tunc exaggerat quantum potest iniquitatem, et laudat benignitatem, reprehendens eum qui in illo operatus est malignitatem super benignitatem ? Sit ergo regula sibi ad videndum : de seipso judicabitur. Porro si faciat quod scriptum est, « Diliges proximum tuum tamquam teipsum (*Matth.* XXII, 37) : » Et, Quæ vultis ut faciant vobis homines bona, hæc et vos facite illis; apud se habet unde noverit, quia quod in se non vult fieri, non debet facere alteri. « Dilexisti malitiam super benignitatem. » Inique, inordinate, perverse vis levare aquam super oleum ; demergetur aqua, oleum supereminebit. Ponere vis sub tenebris lucem : fugabuntur tenebræ, lux manebit. Super

37),» et «le bien que vous voulez que les hommes vous fassent, vous le leur ferez également (*Ibid.* VII, 12);» il saurait par lui-même qu'il ne doit pas faire à autrui ce qu'il ne veut pas qu'on lui fasse (*Tobie.* V, 16). « Vous avez préféré la méchanceté à la bonté. » Homme injuste, homme sans règle, vous voulez, dans votre perversité, élever l'eau au-dessus de l'huile ; l'eau sera submergée, et l'huile surnagera. Vous voulez engloutir la lumière sous les ténèbres; les ténèbres seront dissipées, et la lumière subsistera. Vous voulez mettre la terre au-dessus du ciel; mais la terre, par son poids, tombera en son lieu naturel. Vous serez donc submergé, pour avoir préféré la méchanceté à la bonté. Car jamais la méchanceté ne l'emportera sur la bonté. « Vous avez préféré la méchanceté à la bonté, et le langage de l'iniquité à celui de la justice.» Devant vous est la justice et devant vous est aussi l'injustice : vous avez une langue, vous la tournez du côté qu'il vous plaît; pourquoi donc la tournez-vous plutôt du côté de l'injustice, et non du côté de la justice? Vous savez ne point donner à votre estomac une nourriture amère, et vous donnez à votre langue méchante une nourriture d'iniquité? De même que vous choisissez votre nourriture, choisissez aussi vos paroles. Vous préférez donc la méchanceté à la bonté, vous préférez l'injustice à la justice : vous les préférez, il est vrai, mais qui l'emportera si ce n'est la bonté et la justice? Et vous qui vous placez, en quelque façon, sur des choses qui doivent nécessairement rester en bas, vous ne ferez pas qu'elles s'élèvent au-dessus du bien, mais vous serez submergé avec elles dans l'abîme du mal.

11. C'est pourquoi le Psalmiste continue ainsi: « Vous avez aimé toutes les paroles de submersion (*Ps.* LI, 6). » Échappez donc, si vous le pouvez, à la submersion. Vous fuyez le naufrage et vous embrassez du plomb ! Si vous voulez n'être pas submergé, saisissez une planche, soyez porté par le bois, que la croix vous conduise au port. Mais maintenant, parce que vous êtes Doëch l'Iduméen, le mouvement et la terre, que faites-vous ? « Vous avez aimé toutes les paroles de submersion et la langue trompeuse.» La langue a commencé, les paroles de submersion ont suivi la langue trompeuse. Qu'est-ce que la langue trompeuse? La langue trompeuse est l'instrument du mensonge, l'instrument de ceux qui ont une chose dans le cœur, et une autre sur les lèvres. Mais en tout cela se trouve le renversement, en tout cela la submersion.

12. « C'est pourquoi Dieu vous détruira à la fin (*Ibid.* 7) ; » quand même vous paraîtriez verdir comme le foin avant la chaleur du soleil. En effet, « toute chair est comme le foin, et la gloire de l'homme est comme la fleur du foin ; le foin a été desséché et sa fleur est tombée ; mais

---

cœlum terram vis collocare, pondere suo cadet terra in locum suum. Tu ergo mergeris diligendo malitiam super benignitatem. Nam numquam benignitatem malitia superabit. « Dilexisti malitiam super benignitatem : iniquitatem magis quam loqui æquitatem. » Ante te est æquitas, ante te est iniquitas : unam linguam habes, quo vis eam vertis ; quare ergo potius ad iniquitatem, et non ad æquitatem ? Cibos amaritudinis non das ventri tuo, et cibos iniquitatis das linguæ tuæ malignæ? Sicut eligis quo vescaris, sic elige quod loquaris. Præponis ergo iniquitatem æquitati, et præponis malitiam benignitati : tu quidem præponis, sed supra esse quid potest nisi benignitas et æquitas ? Sed tu imponendo te quodammodo super ea quæ necesse est ut deorsum eant, non illa facies esse supra bona, sed tu cum eis mergeris in mala.

11. Propter hoc sequitur in Psalmo, « Dilexisti omnia verba submersionis (*Psal.* LI, 6). » Eripe ergo te, si potes, a submersione. Naufragium fugis, et plumbum amplecteris. Si non vis mergi, tabulam apprehende, ligno portare, crux te perducat. Nunc vero quia Doech es Idumæus, motus et terrenus, quid facis (I *Reg.* XXI, 7)? « Dilexisti omnia verba submersionis, linguam dolosam. » (*a*) Hæc præcessit, verba submersionis secuta sunt linguam dolosam. Quid est lingua dolosa? Ministra fallaciæ est lingua dolosa, aliud in corde gestantium, aliud ore promentium. Sed in his subversio, in his submersio.

12. « Propterea Deus destruet te in finem (*Psal.* LI, 7) : » etsi nunc videris virere tamquam fœnum in agro ante æstum solis. « Omnis enim caro fœnum, et claritas hominis ut flos fœni : fœnum aruit, et flos decidit ; verbum autem Domini manet in æternum (*Isai.* XL, 6 etc.). » Ecce quo te teneas, ad quod manet in æternum. Nam ad fœnum et

---

(*a*) Er. et plerique MSS. *Expressit verba submersionis, linguam dolosam.*

la parole de Dieu demeure éternellement (*Is.* XL, 6). » Voilà donc à quoi vous devez vous attacher, à ce qui demeure éternellement. Car si vous vous attachez au foin et à la fleur du foin, comme le foin se desséchera et que sa fleur tombera, « Dieu à la fin vous détruira. » S'il ne vous détruit pas maintenant, il vous détruira certainement à la fin, lorsque viendra le jour où il se servira du van, et lorsque le monceau de paille sera séparé de la masse du blé. Le blé ne sera-t-il pas porté au grenier, et la paille ne sera-t-elle pas jetée au feu (*Matth.* III, 12, et XIII, 40) ? Est-ce que ce Doëch ne sera pas rejeté tout entier à la gauche, lorsque le Seigneur dira : « Allez dans le feu éternel qui a été préparé pour le démon et pour ses anges (*Matth.* XXV, 41) ? » « Dieu vous détruira donc à la fin ; il vous arrachera et vous chassera de votre tente. Ce Doëch l'Iduméen est donc maintenant sous la tente ; mais l'esclave ne reste pas toujours dans la maison (*Jean.* VIII, 35). Il opère peut-être aussi quelque bien, sinon par ses actions, du moins par la parole de Dieu qu'il fait entendre, lorsque dans l'Église, tout en ne cherchant que ses intérêts, il prononce des paroles qui sont celles du Christ (*Philip.* II, 21) ; « Mais il vous chassera de votre tente. » Je vous le dis en vérité, ils ont reçu leur récompense (*Matth.* VI, 2). « Et il arrachera votre racine de la terre des vivants. » Nous devons donc avoir notre racine dans la terre des vivants. Que notre racine soit là. La racine est dans un lieu caché : on peut voir les fruits, on ne peut voir la racine. Notre racine est la charité ; nos fruits, ce sont nos œuvres : il faut que vos œuvres procèdent de la charité, alors votre racine est dans la terre des vivants. C'est de là que sera arraché ce Doëch, et il ne pourra y rester en aucune sorte, parce qu'il n'y a pas enfoncé profondément sa racine ; mais il en sera de lui comme des grains semés sur la pierre qui, bien qu'ils jettent leur racine, se dessèchent cependant, parce qu'ils manquent d'humidité, dès que le soleil se lève (*Matth.* XIII, 5). Mais que dit l'Apôtre à ceux qui savent se faire de profondes racines ? « Je fléchis les genoux pour vous, leur dit-il, devant le Père de Notre-Seigneur Jésus-Christ, afin que vous soyez enracinés et fondés dans la charité. » Et comme déjà ils ont pris racine dans la charité, il ajoute : « Afin que vous puissiez comprendre quelle en est la hauteur, la largeur, la longueur et la profondeur, et connaître combien est supérieure à toute science cette charité du Christ ; afin que vous soyez remplis de toute la plénitude de Dieu (*Éphés.* III, 14 et 17, etc.). » Voilà les fruits dont est digne cette admirable racine, si simple, si fertile, si profondément fixée dans le sol qui la porte. Mais, quant à la racine de Doëch, elle sera arrachée de la terre des vivants.

13. « Et les justes le verront, et ils craindront, et ils riront de lui (*Ps.* LI, 8). » Quand craindront-ils ? quand riront-ils ? Comprenons et dis-

cernons ces deux temps, dans lesquels il est utile de craindre et de rire. Tant que nous sommes en ce monde, il n'est point encore temps de rire, de peur d'avoir ensuite à pleurer. Nous lisons le sort réservé à la fin à ce Doëch : nous le lisons, et parce que nous savons comprendre et croire, nous voyons et nous craignons. C'est là ce que le Prophète a dit : « Les justes verront et ils craindront. » Pourquoi craignons-nous, tant que nous voyons ce qui doit arriver à la fin aux méchants ? Parce que l'Apôtre a dit : « Opérez votre salut dans la crainte et le tremblement (*Philip.* II, 12) ; » parce que, dans un autre psaume, le Prophète a dit aussi : « Servez le Seigneur avec crainte, et réjouissez-vous en lui avec tremblement (*Ps.* II, 11). » Pourquoi avec crainte ? « Parce que, dit l'Apôtre, celui qui croit être debout doit prendre garde de tomber (I *Cor.* X, 12). » Pourquoi avec tremblement ? Parce qu'ailleurs l'Apôtre dit aussi : « Mes frères, si un homme est tombé par surprise dans quelque péché, vous, qui êtes spirituels, ayez soin de le relever dans un esprit de douceur, et que chacun de vous fasse un retour sur soi, de peur d'être tenté à son tour (*Gal.* VI, 1). » Ceux donc qui sont justes maintenant et qui vivent de la foi, voient ce Doëch et ce qui doit lui arriver, et ils craignent pour eux le même sort ; ils savent, en effet, ce qu'ils sont aujourd'hui, mais ils ne savent pas ce qu'ils seront demain. Maintenant donc « les justes verront et craindront. » Mais quand riront-ils de lui ? Quand l'iniquité aura passé ; quand elle se sera envolée, comme est déjà envolé, en grande partie, ce temps incertain ; quand seront dissipées les ténèbres de ce monde, au milieu desquelles nous ne marchons maintenant qu'à la lumière des saintes Écritures, ce qui fait que nous craignons comme si nous étions dans la nuit. Nous marchons, en effet, sur la foi des prophéties, dont l'Apôtre saint Pierre a dit : « Nous avons les oracles des prophètes, dont la certitude est entière, et vous faites bien de vous y tenir attentifs, comme à une lampe qui brille en un lieu obscur, jusqu'à ce que le jour luise et que l'étoile du matin se lève sur vos cœurs (II *Pier.* I, 19). » Donc, tout le temps où nous marchons à l'aide de cette lampe est un temps dans lequel nous ne devons vivre qu'avec crainte. Mais lorsque notre jour sera venu, c'est-à-dire le jour de l'apparition du Christ dans sa gloire, ce jour dont l'Apôtre saint Paul a dit : « Lorsque le Christ, votre vie, apparaîtra, vous apparaîtrez aussi avec lui dans la gloire (*Coloss.* III, 4) ; » alors les justes riront de ce Doëch. Car il n'y aura plus lieu de le secourir, ce ne sera plus comme maintenant, où, lorsque vous voyez un homme vivre dans l'injustice, vous voulez travailler avec lui à son amendement, parce que celui qui est injuste peut se convertir et devenir

---

tam (a) germinans, in germina tam alte fundata. At vero hujus radix eradicatur de terra viventium.

13. « Et videbunt justi, et timebunt, et super eum ridebunt (*Psal.* LI, 8). » Quando timebunt ? Quando ridebunt ? Intelligamus ergo et discernamus duo ista tempora satis utiliter timendi et ridendi. Quamdiu enim sumus in hoc sæculo, nondum est ridendum, ne postea ploremus. Legimus quid servetur in finem huic Doech, legimus, et quia intelligimus et credimus, videmus, sed timemus. Hoc ergo dictum est, « Videbunt justi, et timebunt. » Quamdiu videmus quid eventurum sit in finem malis, quare timemus ? Quia dixit Apostolus, In timore et tremore vestram ipsorum operamini salutem (*Philip.* II, 12) : quia dictum est in Psalmo, « Servite Domino in timore, et exsultate ei cum tremore (*Ps.* II, 12). » Quare, cum timore ? Quapropter « qui se putat stare, videat ne cadat (I *Cor.* X, 12). » Quare, cum tremore ? Quia dicit alibi : « Fratres, si præoccupatus fuerit homo in aliquo delicto, vos qui spiritales estis, instruite hujusmodi in spiritu lenitatis, intendens teipsum ne et tu tenteris (*Gal.* VI, 1). » Ergo justi qui sunt modo, qui vivunt ex fide, sic vident istum Doech quid illi eventurum sit, ut tamen timeant et sibi : quid enim sunt hodie, sciunt ; quid cras futuri sint, nesciunt. Modo ergo « videbunt justi, et timebunt. » Quando autem ridebunt ? Quando transierit iniquitas, quando transvolaverit, sicut jam ex magna parte transvolavit tempus incertum, quando fugatæ fuerint tenebræ hujus sæculi, in quibus modo non ambulamus nisi ad lucernam Scripturarum, et ideo timemus tamquam in nocte. Ambulamus enim et prophetiam, de qua dicit Apostolus Petrus, « Habemus certiorem propheticum sermonem, cui bene facitis intendentes, sicut lucernæ lucenti in obscuro loco, donec dies lucescat, et lucifer

(a) Sic aliquot MSS. Alii quidam, *tam germana, tam alte fundata*. At Lov. *tam simpler, tam germinans in germine, tam alta et fundata et profunda.*

juste, comme le juste peut se détourner de la bonne voie et devenir injuste. C'est pourquoi ne présumez pas de vous, et ne désespérez pas de lui; et, si vous êtes bon, si vous ne préférez pas la méchanceté à la bonté, employez tous vos soins, autant que vous le pouvez, pour ramener dans la bonne voie l'homme égaré qui marche dans la mauvaise voie. Mais alors, le jour du jugement venu, ce ne sera plus l'heure de la correction mais de la condamnation; il y aura repentir, mais repentir infructueux, parce qu'il viendra trop tard. Voulez-vous que le repentir porte ses fruits? Qu'il vienne à temps. Corrigez-vous dès aujourd'hui. Vous êtes l'accusé, Dieu est le juge; détruisez l'objet de l'accusation, et vous paraîtrez avec joie devant votre juge. Car il vous exhorte encore aujourd'hui, pour n'avoir point à vous juger; et celui qui doit être un jour votre juge est maintenant votre avocat. C'est donc alors, mes frères, que sera venu le temps de rire. En effet, le livre de la Sagesse a prophétisé le rire des justes sur les injustes. Car, la Sagesse fera par les siens, dans les âmes de qui elle habite, ce qu'elle a dit : « Je vous faisais des reproches et vous n'écoutiez pas; je parlais et vous ne faisiez nulle attention à mes discours; et moi je rirai de votre perte (*Prov.* I, 24). » C'est ce que feront alors les justes à l'égard de ce Doëch. Maintenant, au contraire, voyons et craignons, de peur d'être un jour ce que nous lui reprochons d'être; et si nous lui étions semblables, cessons de l'être, afin que, grâce à notre crainte actuelle, nous puissions rire plus tard.

14. Mais que diront alors ceux qui riront? « Et ils se riront de lui et ils diront: Voilà l'homme qui n'a pas mis en Dieu son appui (*Ps.* LI, 9). » Voyez ce corps terrestre : autant vous aurez, dit-il, autant vous serez. Proverbe des avares, des hommes de proie, des oppresseurs de l'innocence, des ravisseurs du bien d'autrui, des fourbes qui nient le dépôt confié. Qu'est-ce que ce proverbe? Autant vous aurez, autant vous serez; c'est-à-dire : autant vous aurez d'argent, autant vous aurez acquis de possessions, autant vous serez puissant. « Voilà l'homme qui n'a pas mis en Dieu son appui, mais qui a espéré dans l'abondance de ses richesses. » Que le pauvre qui est méchant ne s'avise pas de dire : Je ne suis pas de ce corps terrestre. En entendant le Prophète dire : « Qui a espéré dans l'abondance de ses richesses, » aussitôt, s'il est pauvre, il considère ses haillons, et voyant près de lui peut-être un riche somptueusement vêtu au milieu du peuple de Dieu, il dit dans son cœur : le Prophète parle de cet homme, mais peut-il en dire autant de moi? Ne vous mettez point à part, à cause de cela, ne

---

oriatur in cordibus vestris (II *Pet.* I, 19). » Quamdiu ergo ad lucernam ambulamus, necesse est ut cum timore vivamus. Cum autem venerit dies noster, id est, manifestatio Christi, de qua idem dicit Apostolus, « Cum Christus apparuerit vita vestra, tunc et vos apparebitis cum ipso in gloria (*Coloss.* III, 4) : » tunc justi ridebunt istum Doech. Non est enim jam subveniendi locus : non quomodo nunc, quando vides hominem injuste viventem, vis cum illo laborare ut corrigas; quia qui injustus est, conversus poterit justus esse, quomodo et justus aversus potest injustus esse. Itaque nec de te præsumas, nec de illo desperes; et da operam quantum potes, si benignus es, si non diligis malitiam super benignitatem, ut ambulantem hominem in via mala et errantem corrigas ad viam bonam. Tunc vero cum venerit judicii tempus, correctionis locus non erit, sed tantum damnationis : et erit ibi pœnitentia, sed infructuosa, quia sera. Vis ut sit fructuosa? non sit sera. Hodie te corrige. Reus es, ille judex est : corrige reatum, et gaudebis ad judicem. Hodie enim hortatur te, ne judicet te; et qui judex tuus futurus est, ipse est hodie advocatus tuus. Tunc ergo, Fratres, restat ridendi tempus. Nam ipsam irrisionem iniquorum quæ futura est justis, significavit liber ille Sapientiæ. In suis enim, in quorum animas transfert se sapientia, factura est quod dixit : « Increpabam, et non exaudiebatis; loquebar, et meis sermonibus non intendebatis; et ego vestræ perditioni superridebo (*Prov.* I, 24). » Hoc fiet tunc a justis in istum Doech. Modo autem videamus et timeamus, ne hoc simus quod in eum dicimus : et si hoc eramus, hoc esse desinamus, ut modo timentes, postea rideamus.

14. Quid autem tunc dicent qui ridebunt? « Et super eum ridebunt; et dicent, Ecce homo qui non posuit Deum adjutorem suum (*Ps.* LI, 9). » Videte corpus terrenum. Quantum habebis, tantus eris. Proverbium avarorum, rapacium, innocentes opprimentium, res alienas invadentium, commendata negantium. Quale hoc proverbium? Quantum habebis, tantus eris, id est, quantum habueris pecuniæ, quantum adquisieris, tanto plus poteris. « Ecce homo qui non posuit Deum adjutorem suum, sed speravit in multitudine divitiarum suarum. » Non dicat pau-

vous séparez pas des autres, si vous voulez voir et craindre, afin de rire plus tard. Que vous sert-il, en effet, d'être dénué de biens, si vous êtes dévoré de désirs? Quand Notre-Seigneur Jésus-Christ eût dit à ce riche qui le quitta tout triste : « Allez, vendez tout ce que vous possédez et donnez-le aux pauvres, et vous aurez un trésor dans le ciel; puis venez et suivez-moi (*Matth.* XIX, 21); » quand il eût prononcé cette parole, si désespérante pour les riches, qu'il est plus facile à un chameau de passer par le trou de l'aiguille, qu'à un riche d'entrer dans le royaume des cieux; les disciples ne s'attristèrent-ils pas, se disant entre eux : « Qui donc pourra être sauvé (*Ibid.* 24)? » Mais quand ils disaient : qui pourra être sauvé? considéraient-ils seulement le nombre des riches qui est petit, et oubliaient-ils la multitude des pauvres? Ne pouvaient-ils se dire : s'il est difficile, bien plus, s'il est impossible aux riches d'entrer dans le royaume des cieux, comme il est impossible à un chameau de passer par le trou de l'aiguille, les pauvres entreront dans le royaume des cieux et les seuls riches en seront exclus? Quel est, en effet, le nombre des riches? Au contraire, la multitude des pauvres est innombrable. Or, nous n'aurons pas à regarder, dans le royaume des cieux, l'état des tuniques, mais chacun y sera revêtu de l'éclat de sa justice; les pauvres seront donc égaux aux anges de Dieu et, recouverts d'une robe d'immortalité, ils brilleront comme le soleil dans le royaume de leur Père. Qu'avons-nous par conséquent à nous préoccuper et à nous mettre en peine du petit nombre des riches? Tel ne fut pas le sentiment des Apôtres, mais après que le Seigneur eût dit : « Il est plus facile à un chameau de passer par le trou de l'aiguille qu'à un riche d'entrer dans le royaume des cieux, » ils se dirent : « Qui pourra être sauvé? » A quoi s'attachaient-ils donc? A examiner, non les biens, mais les désirs de chacun. Ils virent que les pauvres, s'ils n'avaient pas d'argent, n'en avaient pas moins d'avarice. Et pour que vous sachiez bien que ce qui est condamné dans le riche, ce n'est pas l'argent, mais l'avarice, écoutez ce que je vais dire. Vous voyez ce riche qui se tient près de vous; peut-être a-t-il de la richesse sans avarice, et vous de l'avarice sans richesse. Le pauvre accablé de souffrance, rongé d'ulcères, dont les chiens léchaient les plaies, qui n'avait ni sou ni maille, qui n'avait pas de pain, qui n'avait peut-être pas même de vêtement, a été porté par les anges dans le sein d'Abraham (*Luc.* XVI, 22). O pauvre qui maintenant vous réjouissez, est-ce que vous désirez aujourd'hui d'être couvert d'ulcères? Est-ce que la santé n'est pas votre patrimoine? Le mérite de Lazare n'était donc pas la pauvreté, mais la piété. Car, vous voyez bien quel est celui qui a été porté, mais vous ne voyez

---

per forte malus, Ego non sum de hoc corpore. Audivit enim Prophetam dicentem, « Speravit in multitudine divitiarum suarum : » continuo si pauper est, adtendit pannos suos, respexit juxta se forte divitem in populo Dei ornatius vestitum, et ait in corde suo, De isto dicit, numquid de me? Noli inde te excipere, noli separare, nisi videris et timueris, ut postea rideas. Nam quid tibi prodest, si eges facultate et ardes cupiditate? Quando Dominus noster Jesus Christus abeunti a se illi diviti contristato dixerat, « Vade, vende omnia quæ habes, et da pauperibus, et habebis thesaurum in cœlo, et veni sequere me (*Matth.* XIX, 21) : » et magnam desperationem divitibus prænuntiarat, ut diceret, « facilius posse camelum transire per foramen acus, quam divitem intrare in regnum cœlorum (*Ibid.* 24), » nonne continuo discipuli contristati sunt, dicentes apud seipsos, Quisnam poterit salvari? Ergo quando dicebant, Quisnam poterit salvari, divites paucos adtendebant, latebat eos tanta pauperum multitudo? Non sibi poterant dicere, Si difficile est, immo impossibile ut intrent divites in regnum cœlorum, sicut impossibile est ut intret camelus per foramen acus, omnes pauperes intrent in regnum cœlorum, divites soli excludantur? Quot sunt enim divites? At vero pauperum millia innumerabilia. Non enim tunicas inspecturi sumus in regno cœlorum; sed vestis cujusque fulgor justitiæ deputabitur: erunt ergo pauperes æquales Angelis Dei, induti stolis immortalitatis fulgebunt sicut sol in regno Patris sui: quid nobis est de divitibus paucis sollicitos esse aut laborare? Non hoc senserunt Apostoli : sed cum Dominus hoc dixisset, « Facilius est camelum transire per foramen acus, quam divitem intrare in regnum cœlorum (*Ibid.*) : » illi apud se dicentes, Quisnam poterit salvari, quid adtenderunt? Non facultates, sed cupiditates. Viderunt enim etiam ipsos pauperes, etsi non habentes pecuniam, tamen habere avaritiam. Et ut noveritis non pecuniam in divite, sed avaritiam condemnari, advertite quod dico: Respicis illum divitem stantem

pas où il a été porté. Qui a été porté par les anges? Le pauvre, l'affligé que rongeaient les ulcères. Où a-t-il été porté? Dans le sein d'Abraham. Lisez les Écritures, et vous y verrez qu'Abraham était riche (*Gen.* XIII, 2). Afin que vous sachiez que les richesses ne sont point une faute pour les riches, remarquez qu'Abraham possédait beaucoup d'or, d'argent, de troupeaux, de serviteurs; il était riche et le pauvre Lazare fut porté dans son sein. Le pauvre fut porté dans le sein du riche; ou plutôt n'étaient-ils pas, tous deux, riches de Dieu, et tous deux, pauvres de mauvais désirs?

15. Qu'est-ce donc que l'Écriture incrimine dans ce Doëch? Le Prophète n'a pas dit : Voilà cet homme qui était riche, mais : « Voilà cet homme qui n'a pas cherché son appui en Dieu, et qui a mis son espérance dans la multitude de ses richesses. » Ce n'est point parce qu'il a possédé des richesses, mais parce qu'il y a mis ses espérances et qu'il ne les a point mises en Dieu, qu'il est condamné; c'est pour cela qu'il est puni; c'est pour cela qu'il est chassé de sa tente, n'étant que terre et mouvement, comme la poussière que le vent balaie de dessus la face de la terre (*Ps.* I, 4); c'est pour cela que sa racine est arrachée de la terre des vivants. Est-ce qu'ils lui sont semblables, les riches dont l'Apôtre saint Paul a dit (1 *Tim.* VI, 17) : « Ordonnez aux riches de ce monde de ne pas avoir d'eux-mêmes une idée orgueilleuse, » comme Doëch ; « de ne pas mettre leur espérance dans des richesses incertaines, » comme celui-ci mettait la sienne dans la multitude de ses richesses; « mais d'espérer dans le Dieu vivant, » ce que ne faisait pas celui qui n'a pas cherché son appui en Dieu? Car, que leur ordonne-t-il? d'être riches en bonnes œuvres, de donner facilement et de partager volontiers ce qu'ils ont (*Ibid.* 18). Et qu'en sera-t-il, s'ils donnent facilement, s'ils partagent volontiers avec qui n'a point? Entreront-ils par le trou de l'aiguille (*Matth.* XIX, 24)? Ils y entreront évidemment, car déjà le chameau y est entré pour eux. En effet, celui-là y est entré le premier qu'on n'eût jamais pu charger, comme un chameau, du fardeau de sa passion, s'il ne se fût volontairement couché à terre. Car, lui-même a dit : « Ce qui est impossible aux hommes est facile à Dieu (*Ibid.* 26). » Que Doëch soit donc condamné, que les justes tremblent actuellement à son occasion, et que les justes se rient plus tard de lui. En effet, c'est avec justice qu'est condamné celui qui « n'a pas cherché son appui dans le Seigneur; » comme vous l'y cherchez, vous qui peut-être avez de l'argent, mais qui mettez votre confiance en Dieu et non dans votre argent. « Et il a mis son espérance dans la multitude de ses richesses;

---

juxta te, et forte in illo est pecunia et non est avaritia, in te non est pecunia et est avaritia. Pauper ulcerosus, ærumnosus, linctus a canibus, non habens opem, non habens escam, non habens forte ipsam vestem, « ablatus est ab Angelis in sinum Abrahæ (*Lucæ*, IV, 22). » Eia tu pauper gaudes modo, numquidnam tibi et ulcera optanda sunt? Nonne patrimonium tuum sanitas est? Non est in hoc Lazaro meritum paupertatis, sed pietatis. Nam vides qui sublatus est, non vides quo sublatus est. Quis est sublatus ab Angelis? Pauper, ærumnosus, ulcerosus. Quo sublatus est? In sinum Abrahæ. Lege Scripturas, et invenies divitem Abraham. Et noveris, quia non divitiæ culpantur (*Gen.* XIII, 2) : habebat Abraham multum auri, argenti, pecorum, familiæ, dives erat, et in ejus sinum Lazarus pauper sublatus est. In sinum divitis pauper : an potius ambo Deo divites, ambo a cupiditate pauperes?

15. Quid ergo in hoc Doech culpat Scriptura? Non dixit, Ecce homo qui fuit dives; sed, « Ecce homo qui non posuit Deum adjutorem suum, sed speravit in multitudine divitiarum suarum. » Non quia habuit divitias, sed quia in ipsis speravit, et in Deo non speravit, ideo damnatur, ideo punitur, ideo movetur de tabernaculo, tamquam motus ille terrenus, « sicut pulvis quem projicit ventus a facie terræ (*Psal.* I, 4), » ideo exstirpatur radix ejus de terra viventium. Numquid huic similes sunt divites, de quibus Paulus apostolus loquitur : « Præcipe divitibus hujus mundi, non superbe sapere (I *Tim.* VI, 17). » sicut Doech; neque sperare in incerto divitiarum, sicut ipse « speravit in multitudine divitiarum suarum; » sed in Deo vivo, non quomodo iste « qui non posuit Deum adjutorem suum ? » Denique illis quid præcepit ? « Divites sint in operibus bonis, facile tribuant, communicent (*Ibid.* 18). » Et quid, si facile tribuerint, si communicaverint non habenti? Intrabunt per foramen acus? Intrabunt plane : nam et pro illis jam ipse camelus intravit (*Matth.* XIX, 24). Ipse enim prior intravit, quem sicut camelum nemo sarcina passionis onuerarent, nisi se ipse in terram deponeret. Quia et ipse hoc dixit, « Quod hominibus impossibile est, Deo facile est (*Ibid.* 26). » Damnetur ergo iste Doech, timeant de illo modo justi, rideant

il s'est rendu semblable à ceux qui disaient : Heureux le peuple à qui appartiennent toutes ces choses, » c'est-à-dire tous ces biens terrestres, et à qui le Prophète qui gourmande Doëch a de suite répliqué : « Heureux le peuple dont le Seigneur est le Dieu (*Ps.* CXLIII, 15). » Le Prophète énumère ensuite toutes les richesses dans lesquelles on faisait consister le bonheur de ce peuple. Ils ont parlé, en effet, comme des enfants étrangers, comme ce Doëch l'Iduméen, c'est-à-dire le terrestre : « Leur bouche a parlé le langage de la vanité ; leur droite a été une main d'iniquité. Leurs fils étaient comme des vignes nouvelles, affermies dans leur jeunesse ; leurs filles étaient richement vêtues et décorées comme des temples, leurs celliers étaient pleins et regorgeaient des uns dans les autres ; leurs brebis étaient fécondes, on en admirait le nombre à la sortie de l'étable ; leurs bœufs étaient gras ; il n'y avait aucune brèche dans l'enceinte de leurs propriétés, ni aucun bruit dans leurs places publiques (*Ps.* CXLIII, 11). » Il semblerait que cette paix terrestre leur donnât une grande félicité ; mais celui qui est terre est aussi mouvement, c'est-à-dire, qu'il est comme la poussière que le vent balaie de dessus la face de la terre. Cependant que leur reproche-t-on ? Non pas d'avoir possédé toutes ces choses, car les hommes de bien les possèdent aussi. Écoutez attentivement, de peur que vous ne condamniez les riches sans discernement et que, d'un autre côté, vous ne présumiez de votre pauvreté et de votre indigence. Si, en effet, il ne faut pas présumer de ses richesses, a plus forte raison ne faut il pas présumer de sa pauvreté ; il ne faut mettre sa confiance que dans le Dieu vivant. En quoi donc sont-ils blâmables ? En ce qu'ils ont dit que le peuple qui possédait ces biens était heureux. C'est pour cela cela qu'ils sont regardés comme des enfants étrangers, c'est pour cela que leur bouche a parlé le langage de la vanité, et que leur droite a été une main d'iniquité. Mais vous, que direz-vous donc ? Heureux le peuple dont le Seigneur est le Dieu.

16. Celui-là donc est condamné, « qui a mis son espérance dans la multitude de ses richesses et s'est cru fort dans sa vanité. » Qu'y a-t-il, en effet, de plus vain que celui qui croit que l'argent vaut mieux que Dieu ? Mais si l'on condamne celui qui a dit : Heureux le peuple qui possède ces biens, vous qui dites : Heureux le peuple dont le Seigneur est le Dieu, que pensez-vous de vous-même ? Qu'espérez-vous pour vous-même ? « Pour moi ; » écoutez maintenant ce que dit le corps des hommes vertueux, « pour moi, je suis, comme un olivier fertile, dans la maison de Dieu (*Ps.* LI, 10). » Ce n'est pas un seul homme qui parle ; mais cet olivier fertile, dont toutes les branches orgueilleuses ont été coupées, et remplacées par l'humble olivier sau-

---

super eum postea justi. Merito enim damnatur, « qui non posuit Deum adjutorem suum : » sicut tu, qui forte habes pecuniam, sed de Deo præsumis, non de pecunia. « Et speravit in multitudine divitiarum suarum : » similis factus est illis, qui cum dicerent, « Beatus populus cui hæc sunt (*Psal.* CXLIII, 15), » id est, ista terrena, retulit continuo iste qui insultat huic Doech, « Beatus populus cujus est Dominus Deus ipsius (*Ibid.*). » Nam illa in quibus dixerunt beatum populum, enumerat Psalmus. Locuti sunt enim tamquam filii alieni, tamquam iste Doech Idumæus, id est, terrenus : « Os eorum locutum est vanitatem, dextera eorum dextera iniquitatis. Quorum filii ipsorum sicut novellæ constabilitæ in juventute sua : filiæ eorum compositæ, et ornatæ sicut similitudo templi : cellaria eorum plena, eructuantia ex hoc in hoc ; oves eorum fecundæ, multiplicantes in exitibus suis ; boves eorum crassi : non est ruina sepis, nec exitus, neque clamor in plateis eorum (*Ibid.* 11, etc.). » Quasi magnam felicitatem videntur habere pacis terrenæ. Sed ille qui terrenus est, etiam motus est, id est, « tamquam pulvis quem projicit ventus a facie terræ (*Psal.* I, 4). » Denique quid in illis reprehenditur ? Non quia ista habuerint ; nam et boni habent ista : sed quid ? Hoc intendite : ne passim divites reprehendatis, et rursus de paupertate et de egestate præsumatis. Si enim non est præsumendum de divitiis, quanto magis non est præsumendum de paupertate, sed de Deo vivo ? In quo ergo isti notantur ? Quia beatum dixerunt populum cui hæc sunt. Ideo filii alieni, ideo os eorum locutum est vanitatem, et dextera eorum dextera iniquitatis. Tu autem quid ? Beatus populus cujus est Dominus Deus ipsius.

16. Ergo isto damnato qui « speravit in multitudine divitiarum suarum, et prævaluit in vanitate sua » : quid enim vanius eo qui putat plus valere nummum quam Deum ? Ergo isto damnato qui dixit beatum populum cui hæc sunt : tu qui dicis, « Beatus populus cujus est Dominus Deus ipsius, »

vage, enté à leur place (*Rom.* XI, 19). « Comme un olivier fertile dans la maison de Dieu, j'ai mis mon espérance dans la miséricorde de Dieu. » Et Doëch, où l'avait-il mise? « Dans la multitude de ses richesses; » aussi sa racine sera-t-elle arrachée de la terre des vivants. « Moi, au contraire, parce que je suis comme un olivier fertile dans la maison du Seigneur, » olivier dont la racine reçoit les sucs de la terre, et ne sera pas arrachée, « j'ai mis mon espérance dans la miséricorde de Dieu. » Mais ne serait-ce pas seulement pour le présent? car, quelquefois les hommes se trompent sur ce point. A la vérité ils adorent Dieu et ne ressemblent plus à Doëch; mais bien qu'ils aient confiance en Dieu, ce n'est toutefois qu'en vue de leur prospérité temporelle; si bien qu'ils se disent : J'adore mon Dieu, qui me rendra riche sur terre, qui me donnera des enfants, qui me donnera une épouse. Ces biens, en effet, nul ne les donne, si ce n'est Dieu; mais il ne veut pas qu'on l'aime à cause de ces mêmes biens. C'est pourquoi il les donne souvent aux méchants, pour apprendre aux bons à lui demander d'autres biens. Dans quel sens dites-vous donc : « J'ai mis mon espérance dans la miséricorde de Dieu? » Est-ce, par hasard, pour acquérir les biens temporels? Non, « pour l'éternité, et pour les siècles des siècles. » Le Prophète, en disant : « Pour les siècles des siècles » a voulu répéter ce qu'il avait déjà dit : « Pour l'éternité; » afin d'attester, par cette répétition, combien solidement il est affermi dans son amour pour le royaume des cieux, et dans son espérance pour l'éternelle félicité.

17. « Je vous glorifierai à jamais parce que vous l'avez fait (*Ps.* LI, 11). » Que veulent dire ces mots : « Vous l'avez fait? » Vous avez condamné Doëch, vous avez couronné David. « Je vous confesserai à jamais parce que vous l'avez fait. » C'est une confession complète du nom de Dieu, que cette parole : « Parce vous l'avez fait. » Qu'avez-vous fait, sinon ce qui vient d'être dit, que, grâce à vous, je suis comme un olivier fertile dans la maison du Seigneur, et que j'ai mis mon espérance dans la miséricorde divine, pour l'éternité et pour les siècles des siècles? C'est vous qui l'avez fait : l'impie ne peut, en effet, se justifier lui-même. Mais quel est celui qui justifie? Saint Paul le dit : « Par la foi en celui qui justifie l'impie (*Rom.* IV, 5). » « Car, que possédez-vous que vous n'ayez reçu? Et si vous avez reçu ce que vous possédez, pourquoi vous en glorifiez-vous, comme si vous ne l'aviez pas reçu (I *Cor.* IV, 7), » comme si vous le possédiez par vous-même? A Dieu ne plaise que je me glorifie de cette manière, dit celui qui est l'antagoniste de Doëch, qui tolère Doëch en cette vie, jusqu'à ce qu'il soit chassé de sa tente et arraché de la

---

quid de te sentis? quid tibi speras? « Ego autem, » jam modo corpus illud audi : « Ego autem sicut oliva fructifera in domo Dei (*Psal.* LI, 10). » Non unus homo loquitur, sed oliva illa fructifera, unde amputati sunt superbi rami, et insertus humilis oleaster (*Rom.* XI, 17). « Sicut oliva fructifera in domo Dei, speravi in misericordia Dei. » Ille quid? « In multitudine divitiarum suarum » : ideo radix ejus evelletur de terra viventium. « Ego autem quia sicut oliva fructifera in domo Dei, » cujus radix nutritur, non eradicatur, « speravi in misericordia Dei. » Sed forte modo? Nam et hinc errant homines aliquando. Deum quidem colunt, et non sunt jam similes isti Doech : sed quamvis de Deo præsumant, ad temporalia tamen; ut dicant sibi, Colo Deum meum, qui me facturus est divitem in terra, qui mihi filios daturus est, qui mihi uxorem daturus est. Talia quidem non dat nisi Deus, sed non vult se propter talia diligi Deus. Ideo enim sæpe ista dat et malis, ut aliud ab illo discant quærere boni. Quomodo ergo tu dicis, « Speravi in misericordia Dei? » Forte ad temporalia adipiscenda? Immo, « in æternum et in sæculum sæculi. » Quod dixit « in æternum, » repetere voluit adjiciendo, « in sæculum sæculi, » ut confirmaret ibi repetendo, quam fundatus esset in dilectione regni cœlorum, et in spe æternæ felicitatis.

17. « Confitebor tibi in sæculum, quoniam fecisti (*Psal.* LI, 11). » Quid « fecisti? » Doech damnasti, David coronasti. « Confitebor tibi in sæculum, quoniam fecisti. » Magna confessio, « quoniam fecisti. » Quid « fecisti, » nisi hæc ipsa quæ supra dicta sunt, ut tamquam oliva fructifera in domo Dei, sperarem in misericordia Dei in æternum, et in sæculum sæculi? Tu fecisti : impius justificare se non potest. Sed quis est qui justificat? « Credenti, inquit, in eum qui justificat impium (*Rom.* IV, 5). » «Quid enim habes quod non accepisti? Si autem accepisti, quid gloriaris quasi non acceperis (I *Cor.* IV, 7), » quasi ex te habeas? Absit ut ego sic glorier, ait iste qui oppositus est

terre des vivants. Je ne me glorifie pas de ce que j'ai, comme si je n'avais rien reçu; mais je m'en glorifie en Dieu. « Et je vous confesserai à jamais, parce que vous l'avez fait. » Parce que vous l'avez fait, c'est-à-dire, en raison de votre miséricorde et non en raison de mes mérites. Car, pour moi, qu'ai-je fait? Si vous cherchez le passé, j'ai d'abord été un blasphémateur, un persécuteur, un calomniateur. Et vous, qu'avez-vous fait? Par vous, j'ai obtenu miséricorde, parce que j'avais fait le mal par ignorance (1 *Tim*, I, 13). « Je vous confesserai à jamais, parce que vous l'avez fait. »

18. « Et j'attendrai votre nom, parce qu'il est plein de douceur (*Ps*. LI, 11). » Le monde est plein d'amertume, mais votre nom est plein de douceur. Et s'il y a dans le monde des choses douces au goût, la digestion en est amère. Votre nom est l'objet de mes préférences, non-seulement à cause de sa grandeur, mais encore à cause de sa douceur. En effet, « les injustes m'ont raconté les délices dont ils jouissaient, mais elles n'étaient pas, Seigneur, douces comme votre loi (*Ps*. CXVIII, 85). » Si, en effet, il n'y avait eu quelque douceur dans les souffrances des martyrs, ils n'auraient pas supporté avec tant de constance les amertumes de semblables tribulations. Tout homme pouvait se rendre compte de l'amertume de ces souffrances, mais il n'était pas aisé à tout homme de goûter la douceur qu'elles renfermaient. Le nom de Dieu est donc, pour ceux qui aiment Dieu, d'une douceur qui surpasse toutes les autres douceurs. « J'attendrai votre nom, parce qu'il est plein de douceur. » Et à qui démontrer la douceur de ce nom? Donnez-moi un palais à qui déjà ce nom ait été doux. Louez le miel autant que vous le pouvez, exagérez sa douceur par toutes les expressions que vous pourrez trouver, un homme qui ne sait ce que c'est que le miel ne comprendra pas ce que vous en direz, tant qu'il ne l'aura pas goûté. C'est pourquoi, dans un autre psaume, où le Prophète vous invite particulièrement à expérimenter cette douceur, il vous dit: « Goûtez et voyez combien le Seigneur est doux (*Ps*. XXXIII, 8). » Vous refusez de le goûter, et vous dites: il est doux! Comment est-il doux? Si vous l'avez goûté, c'est par les fruits que vous produirez qu'on le reconnaîtra, et non pas seulement par vos paroles qui ne sont en quelque sorte que les feuilles de l'arbre; autrement craignez de mériter que la malédiction de Dieu ne vous dessèche comme le figuier stérile (*Matth*. XXI, 19). Goûtez, dit le Prophète, et vous verrez combien le Seigneur est doux. Goûtez et vous verrez: vous le verrez, quand vous l'aurez goûté. Mais comment le prouver à l'homme qui refuse de le goûter? Si vous louez la douceur du nom du Seigneur, si magnifiques que soient vos

---

contra Doech, qui tolerat Doech in terra, donec emigret ille de tabernaculo, et eradicetur de terra viventium. Non glorior quasi non acceperim, sed in Deo glorior. Et « confitebor tibi, quoniam fecisti, » id est, quia tu fecisti, non ex meritis meis, sed ex misericordia tua. Ego enim quid feci? Si recolas, « prius fui blasphemus et persecutor et injuriosus (1 *Tim*. I. 13). » Tu autem quid fecisti? Sed misericordiam consecutus sum, quia ignorans feci. « Confitebor tibi in sæculum, quoniam fecisti. »

18. « Et exspectabo nomen tuum, quia jocundum est (*Psal*. LI, 11). » Amarum est sæculum, sed nomen tuum jocundum. Et si dulcia quædam sunt in sæculo, sed cum amaritudine digeruntur. Præponitur nomen tuum, non solum (*a*) magnitudine, sed etiam jocunditate. « Narraverunt etenim mihi injusti delectationes suas, sed non sicut lex tua, Domine (*Psal*. CXVIII, 85). » Neque enim si nihil dulce esset Martyribus, tantas tribulationum amaritudines æquo animo sustinerent. Amaritudo eorum a quovis sentiebatur, dulcedinem eorum non facile quisquam gustare poterat. Nomen ergo Dei jocundum est amantibus Deum super omnes jocunditates. « Exspectabo nomen tuum, quia jocundum est. » Et cui probas quia jocundum est? Da mihi palatum cui jocundum est. Lauda mel quantum potes, exaggera dulcedinem ejus quibus valueris verbis: homo nesciens quid sit mel, nisi gustaverit, quid dicas nescit. Ideo magis ad experimentum te invitans Psalmus, quid ait? « Gustate, et videte, quoniam suavis est Dominus (*Psal*. XXXIII, 8). » Gustare non vis, et dicis, Jocundum est? Quid jocundum est? Si gustasti, in fructu tuo inveniatur, non in solis vocibus, tamquam tantummodo in foliis, ne maledicto Domini arescere tamquam illa ficulnea merearis (*Matth*. XXI, 19). « Gustate, inquit, et videte, quoniam suavis est Dominus. » Gustate, et vi-

---

(*a*) Sic MSS. At editi, *non solum amaritudini, sed etiam jocunditati*.

TOM. XII.

louanges, elles ne seront que des paroles ; c'est tout autre chose si vous la goûtez. Les impies eux-mêmes entendent les paroles prononcées à la louange du nom de Dieu, mais il n'y a que les saints pour en goûter la douceur. Aussi, que fait le Prophète qui sent la douceur du nom de Dieu, et qui veut la faire comprendre, qui veut la montrer, et qui ne trouve personne à qui donner cet enseignement, puisqu'il n'est pas besoin de le donner aux saints qui connaissent et goûtent cette douceur, et que les impies ne peuvent sentir ce qu'ils ne veulent pas goûter? Que fait-il après avoir rappelé la douceur du nom de Dieu? Il se détourne de la foule des impies : « Et j'attendrai, dit-il, votre nom parce qu'il est doux aux yeux de vos saints. » Votre nom est doux, mais non aux yeux des impies ; moi, je sais combien il est doux, mais pour ceux qui l'ont goûté.

DISCOURS [1] SUR LE PSAUME LII.

1. Nous entreprenons de vous expliquer ce psaume, autant que Dieu voudra bien nous donner de le faire. Notre frère nous ordonne de le vouloir et prie pour que nous le puissions. Mais si, dans mon empressement à lui obéir, j'omets quelque chose, Dieu y suppléera dans vos esprits, lui qui daignera nous donner ce que nous pourrons vous dire. Voici le titre : « Pour la fin, pour Maeleth, intelligence à David (*Ps.* LII, 1). »

« Pour Maeleth, » d'après les interprétations que nous trouvons des noms hébreux, paraît signifier : pour celui qui enfante ou pour celui qui souffre. Mais les fidèles savent quel est, en ce monde, celui qui enfante et qui souffre ; parce qu'ils sont nés de lui. Ici-bas le Christ enfante, ici-bas le Christ souffre ; la tête est au ciel et les membres sur terre. En effet, s'il n'était dans l'enfantement et dans la douleur, est-ce qu'il

dete : tunc videbitis, si gustaveritis. Homini autem non gustanti, unde probas? Laudando jocunditatem nominis Dei, quantacumque dixeris, verba sunt : aliud est gustus. Verba laudis ejus audiunt et impii : non autem gustant quam jocundum est, nisi sancti. Proinde iste sentiens dulcedinem nominis Dei, et volens explicare, et volens ostendere, nec inveniens quibus : etenim sanctis non opus est ut ostendat, quia et ipsi gustant et norunt ; impii autem sentire non possunt quod gustare nolunt : quid ergo facit de jocunditate nominis Dei? Tulit se continuo a turbis impiorum : « Et exspectabo, inquit, nomen tuum, quia jocundum est, in conspectu sanctorum tuorum. » Jocundum est nomen tuum, sed non in conspectu impiorum ; ego quam dulce sit scio, sed his qui gustarunt.

IN PSALMUM LII.

ENARRATIO.

1. Psalmum istum vobiscum tractandum, quantum Dominus suggerit, suscipimus (*a*). Jubet frater, ut velimus ; et orat, ut possimus. Si quid festinatione forte praetermisero, implebit in vobis qui et nobis dare dignatur quod dicere potuerimus. Titulus ejus est : « In finem pro Maeleth, intellectus ipsi David (*Psal.* LII, 1). » Pro Maeleth, sicut in Hebræorum interpretationibus nominum invenimus, videtur dicere, Pro parturiente sive dolente. Quis autem in hoc sæculo parturiat et doleat, agnoscunt fideles, quia inde sunt. Christus hic parturit, Christus hic dolet ; caput est sursum, membra deorsum. Neque enim non

(1) Discours prononcé, peut-être, sur la demande d'un évêque.

(*a*) Sic potiores MSS. At editi, *Jubete fratres ut velimus, et orate*, etc.

dirait : « Saul, Saul, pourquoi me persécutez-vous (*Act.* IX, 4)? » Pendant que Saul le persécutait, il était dans l'enfantement ; et quand Saul fut converti, il enfanta à son tour par la grâce du Christ. Car, après cette conversion, Saul fut éclairé, et faisant désormais partie des membres qu'il avait persécutés, il disait, rempli qu'il était de la charité : « Mes petits enfants, je sens de nouveau pour vous les douleurs de l'enfantement, jusqu'à ce que le Christ soit formé en vous (*Gal.* IV, 19). » Ce psaume est donc chanté pour les membres du Christ, pour son corps, qui est l'Église (*Coloss.* I, 24), pour un seul homme, c'est-à-dire pour l'unité dont la tête est dans le ciel. Or, cet homme gémit, il est dans le travail de l'enfantement, et il souffre. Pourquoi souffre-t-il, ou au milieu de qui souffre-t-il, sinon parce qu'il a reçu et retenu les leçons de son chef, qui a dit : « L'iniquité abondera, et la charité d'un grand nombre se refroidira (*Matth.* XXIV, 12). » Mais si l'iniquité doit abonder et la charité d'un grand nombre se refroidir, qui donc restera dans le travail de l'enfantement ? Le Christ continue et dit : « Celui qui aura persévéré jusqu'à la fin sera sauvé (*Ibid.* 13). » Quel si grand mérite y aurait-il à persévérer, s'il ne fallait le faire au milieu des persécutions, des tentations, des troubles et des scandales ? Nul, en effet, n'a besoin qu'on l'engage à supporter ce qui est bon. Mais puisque le psaume est écrit pour Maelech, puisque c'est pour lui qu'il est chanté, voyons ce qu'il contient. A cause de lui, des reproches sont adressés à ceux parmi lesquels il gémit ici-bas, parmi lesquels il souffre, et des motifs de consolation pour celui qui souffre et enfante se trouvent exprimés à la fin du psaume. Quels sont donc ceux au milieu desquels nous enfantons et gémissons, si nous faisons partie du corps du Christ, si nous lui sommes unis comme à notre tête, si enfin nous sommes comptés au nombre de ses membres ? quels sont ces hommes ? écoutez-le.

2. « L'imprudent a dit dans son cœur : Il n'y a pas de Dieu (*Ps.* LII, 1). » Tel est le genre d'hommes au milieu desquels souffre et gémit le corps du Christ. Mais si tel est ce genre d'hommes, peu nombreux sont ceux que nous avons à enfanter à la vérité. Oui, autant que nous pouvons en juger à la première apparence, ils sont en petit nombre ; car nous rencontrons rarement un homme qui dise dans son cœur : Il n'y a pas de Dieu (*Ps.* XIII, 1). Cependant, s'ils sont peu nombreux, c'est peut-être que, craignant de proférer en public un tel blasphème, ils n'osent le dire des lèvres, et le disent dans leur cœur. Le support qui nous est prescrit n'aurait donc lieu que dans de rares occasions ; à peine s'en présenterait-il quelqu'une, puisqu'il est rare de trouver des hommes qui disent dans leur cœur : Il n'y a pas de Dieu. Mais, si nous

---

parturiens et dolens diceret, « Saule, Saule, quid me persequeris (*Act.* IX, 4)? » Quo persequente parturiebat, eum conversum parturire fecit. Namque et ipse postea illuminatus est, et illis quæ persequebatur membris insertus, eadem caritate prægnans dicebat, « Filioli mei, quos iterum parturio, donec Christus formetur in vobis (*Gal.* IV, 19). » Pro membris igitur Christi, « pro corpore ejus quod est Ecclesia (*Coloss.* I, 24), » pro uno ipso homine, id est, pro ipsa unitate cujus caput sursum est, Psalmus iste cantatur. Gemit autem, et parturit, et dolet iste homo. Quare vel inter quos, nisi quia accepit et cognovit a capite suo, dicente, « Abundavit iniquitas, et refrigescet caritas multorum (*Matth.* XXIV, 12)? » Si autem abundabit iniquitas, et refrigescet caritas multorum, quis remanebit qui parturiat ? Sequitur, « Qui perseveraverit usque in finem, hic salvus erit (*Ibid.* 13). » Unde esset magnum perseverare, nisi inter molestias et tentationes et turbationes et scandala esset perseverandum ? Nemo enim jubetur bona tolerare. Sed pro isto quia dicitur, et quia pro isto cantatur, videamus quid sit. Pro isto increpantur hic homines, inter quos gemitur, inter quos doletur, et consolatio dolentis et parturientis in Psalmi fine depromitur et exprimitur. Qui sunt ergo inter quos parturimus et gemimus, si in corpore Christi sumus, si sub illo capite vivimus, si in membris ejus deputamur : qui sunt, audi.

2. « Dixit imprudens in corde suo, Non est Deus (*Psal.* LII, 1). » Tale genus est hominum, inter quos dolet et gemit corpus Christi. Si tale hoc hominum genus est, non multos parturimus ; quantum videtur occurrere cogitationibus nostris, perpauci sunt : et difficile est ut incurramus in hominem qui dicat in corde suo, « Non est Deus (*Psal.* XIII, 1) : » tamen sic pauci sunt, ut inter multos timendo hoc dicere, in corde suo dicant, quia ore dicere non audent. Non ergo multum est quod jubemur tolerare, vix invenitur : rarum hominum genus est qui dicant in corde suo, Non est Deus. An vero alio intellectu dis-

examinons cette parole à un autre point de vue, ne trouverons-nous pas, dans un grand nombre d'hommes, ce mal que nous pensons n'exister que dans quelques hommes rares, peu nombreux, et presque dans aucun homme? Qu'ils paraissent devant nous, ceux qui vivent dans le désordre; examinons les actions de ceux qui vivent dans la débauche, de ceux qui commettent crimes et forfaits, et la foule en est grande; de ceux qui, tous les jours, nourrissent leurs péchés, et en qui l'habitude invétérée des mêmes infamies a détruit toute pudeur; la multitude en est telle, que le corps du Christ, placé parmi ces hommes, ose à peine reprendre les crimes qu'on ne peut le contraindre à commettre, et croit conserver, autant que possible, l'intégrité de son innocence, dès qu'il s'abstient de fautes qu'il n'ose reprocher aux autres, tant elles leur sont habituelles, ou qu'il ne peut leur reprocher, sans que les réclamations et les invectives de ceux qui vivent mal ne viennent à éclater plus facilement et plus librement que la juste réprobation de ceux qui vivent dans la vertu. Or, ces hommes sont précisément de ceux qui disent dans leur cœur : Il n'y a pas de Dieu; je veux les en convaincre. Et comment les en convaincrai-je? En leur faisant remarquer qu'ils s'imaginent que leurs actes sont agréables à Dieu. Or, le Prophète ne dit pas : Certains hommes disent, mais : l'imprudent a dit dans son cœur : Il n'y a pas de Dieu. Ils croient de la même manière, et qu'il y a un Dieu, et que leurs actions plaisent à Dieu. Or, si vous qui êtes prudent, vous voulez comprendre ce que signifie cette parole : « l'insensé a dit dans son cœur : il n'y a pas de Dieu, » si vous y réfléchissez, si vous vous appliquez à en comprendre le sens, si vous l'approfondissez, vous conviendrez que celui qui pense que les mauvaises actions peuvent plaire à Dieu ne pense pas qu'il y ait un Dieu. Car, s'il y a un Dieu, il est juste; s'il est juste, l'injustice lui déplaît, l'iniquité lui déplaît : conséquemment, quand vous supposez que l'iniquité peut plaire à Dieu, vous niez Dieu. Si en effet Dieu ne peut souffrir l'iniquité, tandis que vous vous créez un Dieu à qui l'iniquité ne déplaît pas; si cependant Dieu ne peut exister qu'à condition que l'iniquité lui déplaise, lorsque vous dites, dans votre cœur : Dieu favorise mes iniquités, cela revient à dire : Il n'y a pas de Dieu.

3. Ayons l'intelligence de ce psaume, de telle sorte que nous le rapportions à Notre-Seigneur Jésus-Christ, à notre tête. En effet, lorsqu'il a paru sur la terre sous la forme d'un esclave (*Philip.* II, 7), ceux qui l'ont crucifié ont dit : « Il n'est pas Dieu. » Or, comme il était le Fils de Dieu, il était Dieu. Mais qu'ont dit ceux que leur corruption a rendus abominables? Il n'est point Dieu, tuons-le, il n'est point Dieu. Vous avez leurs propres paroles au livre de la

cussum, invenitur esse in pluribus, quod in paucis et raris et pene in nullis esse putabamus? Prodeant in medium qui male vivunt, inspiciamus facta flagitiosorum, facinorosorum sceleratorumque hominum, quorum magna turba est; qui fovent quotidie peccata sua, qui factis in consuetudinem versis etiam verecundiam perdiderunt : hæc tanta hominum multitudo est, ut inter eos positum corpus Christi, vix audeat reprehendere, quod non cogitur admittere, et pro magno sibi putet servari integritatem innocentiæ, ne faciat quod culpare jam per consuetudinem, aut non audeat, aut si ausus fuerit, facilius erumpat reprehensio et reclamatio eorum qui male vivunt, quam vox libera eorum qui bene vivunt. Et isti tales sunt, ut dicant in corde suo, Non est Deus. Tales convinco. Unde convinco? Facta sua Deo placere arbitrantur. Non ergo ait, Aliqui dicunt; sed, « Dixit imprudens in corde suo, Non est Deus. » Qui usque adeo credunt esse Deum, ut eidem Deo arbitrentur placere quod faciunt. Atqui si intelligas prudens, quia « imprudens dixit in corde suo, Non est Deus, » si advertas, si intelligas, si discutias, qui putat Deo placere facta mala, non eum putat Deum. Si enim Deus est, justus est; si justus est, displicet ei injustitia, displicet iniquitas. Tu autem cum putas ei placere iniquitatem, negas Deum. Si enim Deus est cui displicet iniquitas, tibi autem non videtur Deus cui displicet iniquitas, non est autem Deus nisi cui displicet iniquitas, cum dicis in corde tuo, Favet Deus iniquitatibus meis, nihil aliud dicis quam, Non est Deus.

3. Referamus nos et ad illum intellectum, qui et de ipso Christo Domino nostro, de ipso capite nostro occurrit. Ipse enim cum in forma servi appareret in terra (*Philip.* II, 7), dixerunt qui eum crucifixerunt, Non est Deus. Quia Filius Dei erat, utique Deus erat. Sed illi qui corrupti sunt et abominabiles facti sunt, quid dixerunt? Non est Deus : occidamus eum, non est Deus (*Sap.* II, 20). Habes vocem ipsorum in libro Sapientiæ : sed primo illos vide corruptos, ut possint

Sagesse (*Sag.* II, 20). Mais voyez d'abord leur corruption, qui leur a fait dire dans leur cœur, il n'y a point de Dieu. En effet, après avoir mis en avant cette parole : « L'imprudent a dit dans son cœur : il n'y a pas de Dieu, » comme si on recherchait par quelles causes l'imprudent pouvait être amené à proférer ce blasphème, le Prophète répond : « Ils sont corrompus, et leurs iniquités les ont rendus abominables(*Ps.*LII,2).» Écoutez ce qu'est leur corruption : « Ils se sont abandonnés à des pensées mauvaises, et ils ont dit en eux-mêmes... (*Sag.* II, 1). » En effet, la corruption commence par l'abandon de la foi; de là on tombe dans des mœurs honteuses, et ensuite dans les iniquités les plus horribles ; tels sont les degrés du mal. Mais qu'ont dit en eux-mêmes ceux qui s'étaient abandonnés à des pensées mauvaises ? « Le temps de notre vie est court et plein d'ennuis(*Ibid.*2).»De cet abandon de la foi est venu ce que dit l'Apôtre :« Mangeons et buvons, car demain nous mourrons (1 *Cor.* xv,32). » Dans le livre de la Sagesse, leur débauche est décrite en termes plus expressifs : « Couronnons-nous de roses, avant qu'elles ne se flétrissent : laissons partout des marques de notre joie (*Sag.* II, 3). » Et que lisons-nous après cette description plus étendue de leur luxure? « Tuons le pauvre qui est juste (*Ibid.* 10). » C'est là dire : il n'y a pas de Dieu. Ils semblaient jusqu'alors ne prononcer que de douces paroles : Couronnons-nous de roses, avant qu'elles ne se flétrissent. Quoi de plus délicat ? Quoi de plus doux? cette douceur vous faisait-elle prévoir des croix et des glaives? Ne vous étonnez pas, les racines des épines sont douces aussi, si on les manie, on n'en est point piqué; mais de ces racines naissent les épines qui vous piqueront. Ils sont donc corrompus et leurs iniquités les ont rendus abominables. L'imprudent a dit dans son cœur : il n'y a pas de Dieu. S'il est le Fils de Dieu, qu'il descende de la croix (*Matth.*, XXVII, 40). Voilà bien dire ouvertement : Il n'est pas Dieu.

4. Mais comment le corps du Christ gémit-il au milieu de ces impies? Les apôtres et les disciples du Christ qui vivaient alors ont gémi au milieu d'eux : mais en quoi ces impies nous concernent-ils ? Comment se fait-il que nous ayons à souffrir les douleurs de l'enfantement au milieu d'eux? Il y en a encore pour dire : le Christ n'est pas Dieu. C'est le langage de ce qu'il reste de païens : c'est le langage des juifs qui, disséminés de toutes parts, portent partout avec eux le témoignage de leur confusion ; c'est aussi le langage de beaucoup d'hérétiques. En effet, les Ariens ont dit : Il n'est pas Dieu. Les Eunomiens ont dit : Il n'est pas Dieu. Et, en outre, mes frères, tous ceux dont je vous parlais tout à l'heure, tous ceux qui vivent dans le dérèglement, ne disent autre chose que cette parole :

---

dicere in corde suo, Non est Deus. Præmisso enim versu,« Dixit imprudens in corde suo, Non est Deus,» tamquam caussæ quæreretur unde hoc possit dicere imprudens, subjecit, « Corrupti sunt, et abominabiles facti sunt in iniquitatibus suis (*Psal.* LII, 2). » Audi illos corruptos. « Dixerunt enim apud se non recte cogitantes (*Sap.* II, 1) : cœpit corruptio a mala fide, inde itur in turpes mores, inde in acerrimas iniquitates, gradus isti sunt. Quid enim apud se dixerunt cogitantes non recte ? « Exiguum et cum tædio est vita nostra (*Ibid.* 2). » Ab hac mala fide sequitur illud quod et Apostolus dixit, « Manducemus et bibamus, cras enim moriemur (1 *Cor.* xv,32). » Ibi autem latius luxuria ipsa describitur : « Coronemus nos rosis, antequam marcescant, ubique relinquamus signa lætitiæ nostræ (*Sap.* II, 8). » Post illam descriptam latius luxuriam, quid sequitur ? « Occidamus pauperem justum (*Ibid.* 10) : » hoc est ergo dicere, Non est Deus. Lenia videbantur jam dudum loqui : Coronemus nos rosis, antequam marcescant. Quid delicatius, quid lenius ? Sperares de hac lenitate cruces, gladios ? Noli mirari, lenes sunt et radices spinarum ; si quis eas contrectet, non pungitur : sed quo pungeris, inde nascitur.« Corrupti ergo isti,et abominabiles facti sunt in iniquitatibus suis. Dixit imprudens in corde suo, Non est Deus. »« Si Filius Dei est, descendat de cruce (*Matth.* XXVII, 40). » Ecce aperte dicere, Non est Deus.

4. Sed quomodo inter illos gemit corpus Christi ? Gemuerunt inter illos Apostoli qui tunc fuerunt, et discipuli Christi : ad nos isti quid pertinent ? quomodo inter hos nos parturimus ? Adhuc sunt qui dicunt, Christus non est Deus. Hoc dicunt pagani qui remanserunt, hoc ipsum dicunt ipsi Judæi, qui ad testimonium confusionis suæ ubique diffusi sunt ; hoc dicunt et hæretici multi. Namque et Ariani dixerunt, Non est Deus : Eunomiani dixerunt, Non est Deus. Huc accedit, Fratres, quia et illi de quibus paulo ante dixi, qui male vivant, nihil aliud dicunt quam, Non est Deus. Cum enim dicimus eis, Chris-

Il n'est pas Dieu. En effet, lorsque nous leur disons que le Christ viendra pour juger, comme l'annoncent les Écritures qui ne trompent jamais, et que de préférence ils prêtent l'oreille aux suggestions du serpent qui leur dit : « Vous ne mourrez pas de mort (*Gen.* III, 4), mensonge qu'il a déjà opposé dans le paradis à la vérité de Dieu qui disait en donnant sa loi à Adam, vous mourrez de mort (*Gen.* II, 17); ils persévèrent dans le mal, et ils se disent : le Christ viendra et il fera grâce à tous. Ainsi donc celui-là a menti, qui a dit qu'un jour il séparerait les méchants des bons en mettant les méchants à sa gauche et les bons à sa droite, et qu'il dirait aux justes : « Venez, les bénis de mon Père, recevez le royaume qui vous a été préparé depuis l'origine du monde (*Matth.* XXV, 34), » tandis qu'il dirait aux impies : « Allez dans le feu éternel, qui a été préparé pour le démon et pour ses anges (*Ibid.* 41). » Comment donc fera-t-il grâce à tous les hommes? Comment ne condamnera-t-il personne? Il ment donc. C'est dire : « Il n'est pas Dieu. » Voyez donc, si plutôt ce n'est pas vous qui mentez. Car vous êtes homme et il est Dieu; et Dieu est la vérité même, tandis que tout homme est menteur (*Ps.* CXV, 14). Mais que ferez-vous à l'égard de ces imprudents, ô corps du Christ ? En attendant le jugement dernier, séparez-vous de cœur et de vie d'avec eux; ne les imitez pas, ne formez pas de liaisons avec eux, n'acquiescez pas à leurs maximes, ne les approuvez pas; mais au contraire, reprenez-les plutôt. Quelle attention pouvez-vous, en effet, prêter à ceux qui tiennent de pareils discours? « Ils sont corrompus et leurs et leurs iniquités les ont rendus abominables; il n'y en a pas un qui fasse le bien. »

5. « Le Seigneur a jeté les yeux du haut du ciel sur les enfants des hommes, pour voir s'il y en avait quelqu'un qui eût l'intelligence, ou qui recherchât Dieu (*Ps.* LII, 3). » Qu'est-ce que ceci? Tous ceux qui disent : « Il n'y a pas de Dieu, sont corrompus et sont devenus abominables? » Eh quoi? Est-ce que Dieu ignorait qu'ils fussent devenus tels? ou bien leurs pensées intérieures ne pouvaient-elles nous être ouvertes que si Dieu nous les montrait? Si donc il les connaissait, s'il savait ce qu'étaient ces hommes, d'où vient ce qui est dit ici, « Dieu a jeté les yeux du haut du ciel sur les enfants des hommes, pour voir s'il y en avait quelqu'un qui eût l'intelligence ou qui recherchât Dieu? » Ces paroles marquent l'action de quelqu'un qui cherche et non de quelqu'un qui sait. « Il regarde du haut du ciel les enfants des hommes pour voir s'il y en avait qui eussent l'intelligence et qui cherchassent Dieu. » Et comme si Dieu avait trouvé ce qu'il cherchait en examinant et en regardant du haut du ciel, le Prophète formule

tum venturum judicem ad judicium, quod dicunt Scripturæ quæ non fallunt : illi autem magis aurem præbentes serpenti suggerenti, « Non morte moriemini (*Gen.* III, 4), » quod dixerat in paradiso, contra veritatem Dei constituentis et dicentis, « Morte moriemini (*Gen.* II, 17); » ita faciunt mala, ut dicant sibi, Veniet Christus, et dabit indulgentiam omnibus. Ita ergo mendax est ille qui dixit quia separabit iniquos ad sinistram, separabit justos ad dexteram : justis dicet, « Venite benedicti Patris mei, percipite regnum quod paratum est vobis ab origine mundi (*Matth.* XXV, 34) : » iniquis dicet, « Ite in ignem æternum qui paratus est diabolo et angelis ejus (*Ibid.* 41). » Quomodo ergo omnibus dabit indulgentiam? Quomodo neminem damnabit? Ergo mentitur. Hoc est dicere, Non est Deus. Vide ergo ne forte tu mentiaris. Tu enim homo es, ille Deus : Deus enim verax, omnis autem homo mendax (*Psal.* CXV, 11). Sed quid de istis, o corpus Christi? Separa te interim corde et vita, nec imiteris, nec assuescas, nec annuas, nec approbes : magis autem et redargue. Quid enim adtendis ad istos qui hæc dicunt? « Corrupti sunt, et abominabiles facti sunt in iniquitatibus suis : non est qui faciat bonum. »

5. « Dominus de cœlo prospexit super filios hominum, ut videret si est intelligens aut requirens Deum (*Psal.* LII, 3). » Quid est hoc? « Corrupti sunt, et abominabiles facti sunt » isti omnes qui dicunt, Non est Deus? Et quid? hoc latebat Deum, tales esse factos? aut vero nobis eorum interior cogitatio aperiretur, nisi ab illo discreretur? Si ergo noverat, si sciebat, quid est hoc quod dictum est, quod « de cœlo prospexit super filios hominum, ut videret si est intelligens aut requirens Deum? » Quærentis enim verba sunt, non scientis : « Deus de cœlo prospexit super filios hominum, ut videret si est intelligens aut requirens Deum. » Et tamquam inveniret quod quæsivit inspiciendo, et de cœlo prospiciendo, dicit sententiam : « Omnes declinaverunt, simul inutiles facti sunt : non est qui faciat bonum, non est usque ad

cette sorte de sentence : « Ils se sont tous détournés, tous sont également devenus inutiles, il n'en est pas un qui fasse le bien ; non, il n'en est pas un seul (*Ibid.* 4). » Ici s'élèvent deux questions qui offrent quelque difficulté. Si, en effet, Dieu regarde du haut du ciel, pour voir s'il y a un homme qui ait l'intelligence ou qui cherche Dieu, la pensée que Dieu ne connaît pas tout, se glisse dans l'esprit de l'insensé. Voilà la première des deux questions ; quelle est l'autre ? S'il n'y a pas d'homme, pas même un seul, qui fasse le bien, quel est celui qui est en travail d'enfant au milieu des méchants ? La première question est résolue par le langage habituel de l'Écriture qui attribue à Dieu ce que fait la créature à l'aide des dons de Dieu ; par exemple, on dit que Dieu a pitié du pauvre, parce que vous-même en avez pitié à l'aide des dons de Dieu. De même lorsque vous connaissez ce que vous êtes, comme vous ne le savez que parce que Dieu vous éclaire, si vous lui dites : « Seigneur, mon Dieu, vous éclairez ma lampe ; vous répandez la lumière dans mes ténèbres (*Ps.* XVII, 29) ; » l'Écriture dit que Dieu connaît ce que vous-même connaissez grâce à ses dons et à son secours. Car, quel est le sens de cette parole : « Le Seigneur votre Dieu vous tente, pour savoir si vous l'aimez (*Deut.* XIII, 3) ? » Que veut dire, pour savoir ? Pour vous faire savoir par sa grâce. Il en est donc de même ici : « Le Seigneur a jeté les yeux du haut du ciel sur les enfants des hommes, pour voir s'il y en avait quelqu'un qui eût l'intelligence ou qui cherchât Dieu. » Puisse-t-il nous assister lui-même, et nous donner de produire ce qu'il a donné à notre cœur de concevoir. L'Apôtre dit : « Nous n'avons pas reçu l'esprit de ce monde, mais l'esprit qui vient de Dieu, afin de connaître ce que Dieu nous a donné (I *Cor.* II, 12). » C'est donc cet esprit, par lequel nous connaissons ce que Dieu nous a donné, qui nous fait établir un discernement entre nous et ceux auxquels ces dons n'ont point été accordés ; et c'est d'après nous-mêmes que nous les connaissons. Si, en effet, nous comprenons que nous ne pouvons avoir en nous rien de bon que par le don libéral de celui de qui viennent tous les biens, nous voyons par là même que ceux-là ne peuvent rien posséder de pareil, qui n'ont point reçu de Dieu de tels dons. Ce discernement nous vient de l'esprit de Dieu, et parce que nous le voyons, on dit que Dieu le voit, c'est-à-dire que Dieu daigne nous le faire voir. De là, vient encore ce qui a été dit, que « l'esprit de Dieu sonde toutes choses, même la profondeur des mystères de Dieu (*Ibid.* 10) ; » ce qui ne veut pas dire que celui qui sait tout ait besoin de sonder pour connaître, mais que l'esprit vous a été donné, pour vous faire sonder ce qu'il veut que vous connaissiez ; et ce que vous faites, grâce à ses dons, on dit qu'il le fait, parce que sans lui vous ne pourriez le faire. Quand donc vous faites une chose, on dit que Dieu la fait. De la hauteur où les élève le don de l'esprit qui fait les enfants de Dieu, ceux à

---

unum (*Ibid.* 4). » Duæ questiones oriuntur aliquantum difficiles. Si autem respicit de cœlo Deus, ut videat si est intelligens aut requirens Deum ; subintrat cogitatio imprudenti, quia non omnia novit Deus. Hæc una quæstio est : quæ est altera ? Si non est qui faciat bonum, non est usque ad unum, quis est ille qui parturit inter malos ? Illa ergo sic solvitur quæstio, quia plerumque ita loquitur Scriptura, ut quod dono Dei creatura facit, Deus facere dicatur : ut, verbi gratia, cum miseréris pauperis, quia dono Dei facis, Deus misereatur : cum cognoscis qui sis, quia illo allucente facis, si is es qui dicas, « Tu illuminabis lucernam meam Domine Deus meus, illuminabis tenebras meas (*Psal.* XVII, 29) ; » quod eo donante et faciente cognoveris, ille cognoscit. Nam unde est, « Tentat vos Dominus Deus vester, ut sciat si diligatis illum (*Deut.* XIII, 3) ? » Quid est, ut sciat ? Ut dono suo scire vos faciat. Sic ergo et hic, « Deus de cœlo prospexit super filios hominum, ut videret si est intelligens aut requirens Deum. » Adsit ipse, et donet nobis ut quod cor nostrum fecit concipere, faciat et parere. Apostolus dicit, « Nos autem non spiritum hujus mundi accepimus, sed Spiritum qui ex Deo est, ut sciamus quæ a Deo donata sunt nobis (I *Cor.* II, 12). » Hoc Spiritu ergo quo cognoscimus quæ a Deo donata sunt nobis, discernimus inter nos et eos quibus hæc donata non sunt, et ex nobis illos cognoscimus. Quia si nos aliquod bonum habere non potuisse intelligimus, nisi illo donante et largiente a quo sunt omnia bona, simul videmus nihil tale posse habere eos quibus hæc Deus non donavit. Ista dignoscentia nobis ex Spiritu Dei est ; et eo quo videmus hoc, Deus videt ; quia id Deus facit ut videamus. Illinc enim dictum est et illud, « Spiritus enim omnia scrutatur, etiam altitudinem Dei (*Ibid.* 10) : » non quia ille scrutatur qui novit omnia, sed quia

qui cet esprit de Dieu a été donné, « regardent les fils des hommes, » pour voir « s'il y en a quelqu'un qui ait l'intelligence ou qui cherche Dieu. » Mais parce que c'est en vertu des dons de Dieu et par l'esprit de Dieu qu'ils le font, on dit que c'est Dieu qui le fait, comme s'il regardait et voyait lui-même. Mais pourquoi dire : « Du haut du ciel, » si ce sont les hommes qui regardent? Parce que l'Apôtre a dit : « Notre conversation est dans le ciel (*Philip*.III, 20). » En effet, d'où faites-vous ce qu'il faut pour voir? D'où regardez-vous pour comprendre? N'est-ce pas de votre cœur? Chrétiens, si vous le faites de votre cœur, voyez un peu si votre cœur est en haut. Si votre cœur est en haut, vous regardez du ciel sur la terre. Et parce que vous le faites en vertu des dons de Dieu, c'est « Dieu qui, du ciel, regarde les enfants des hommes. » C'est ainsi que selon nos faibles lumières, se résoud cette question.

6. Que reconnaissons-nous en regardant ainsi? Qu'est-ce que Dieu reconnaît en regardant? que reconnaît le Prophète, parce que Dieu lui donne de le connaître? Le Prophète va vous le dire : que « tous se sont détournés et sont en même temps devenus inutiles : qu'il n'y en a pas un qui fasse le bien, non, pas même un seul. » Quelle autre question nous faire à ce sujet, si ce n'est celle que je vous ai proposée tout à l'heure? « Si pas un ne fait le bien, pas même un seul, » il ne reste donc personne qui gémisse au milieu des méchants. Attendez, dit le Seigneur, gardez-vous de juger précipitamment : j'ai donné aux hommes la faculté de faire le bien, non par eux-mêmes, mais par moi ; car, par eux-mêmes, ils sont méchants : quand ils font le mal, ils sont enfants des hommes; quand ils font le bien, ils sont mes enfants. En effet, c'est Dieu qui change les enfants des hommes en enfants de Dieu, parce que du Fils de Dieu il a fait le Fils de l'homme. Voyez quelle est cette participation ; Dieu nous a promis une participation à sa divinité ; mais il n'est véridique, en faisant cette promesse, qu'autant que le premier il participe à notre mortalité. Et de fait, le Fils de Dieu s'est rendu participant à notre mortalité, afin que l'homme mortel participât à sa divinité. Celui qui vous a promis de vous donner part à son bien, a commencé par prendre part à votre mal; celui qui vous a promis la divinité a montré en vous sa charité. Otez-leur donc cette qualité d'enfants de Dieu, il leur reste d'être enfants des hommes : « or il n'en est pas un qui fasse le bien, non, pas même un seul. »

7. « Ne sauront-ils pas un jour ce qu'ils font, ceux qui commettent l'iniquité, et qui dévorent mon peuple comme un morceau de

---

tibi donatus est Spiritus, qui te scrutari facit : et quod dono ipsius tu facis, ille facere dicitur ; quia sine illo tu non faceres : ergo Deus facere dicitur, cum tu facis. De dono Spiritus filiorum, quibus datus est Spiritus Dei, respiciunt super filios hominum, ut videant si est intelligens aut requirens Deum : sed quia id dono Dei et Spiritu Dei faciunt, Deus hoc facere dicitur; velut prospicere et videre. Quare autem « de cœlo, » si hoc homines faciunt? Quia dicit Apostolus, « Nostra autem conversatio in cœlis est (*Philip*. III, 20). » Unde enim hoc facis ut videas, unde prospicis ut intelligas? nonne corde? Si corde hoc facis, Christiane, vide si sursum cor habeas. Si sursum cor habes, de cœlo in terram prospicis. Et quia hoc dono Dei facis. Deus de cœlo prospicit super filios hominum. Illa igitur quæstio pro modulo nostro sic soluta est.

6. Quid est quod prospicientes agnoscimus ? Quid est quod prospiciens Deus agnoscit ? quid, quia hic donat, agnoscit ? Audi quid : Quia « omnes declinaverunt, simul inutiles facti sunt : non est qui faciat bonum, non est usque ad unum. » Quæ igitur illa alia quæstio est, nisi quam paulo ante commemoravi ? « Si non est qui faciat bonum, non est usque ad unum, » nemo restat qui gemat inter malos. Exspecta, inquit Dominus, noli cito ferre sententiam : donavi hominibus bene facere ; sed ex me, inquit, non ex se : ex se enim mali sunt : filii hominum sunt, quando male faciunt ; quando bene, filii mei. Hoc enim facit Deus, ex filiis hominum filios Dei : quia ex Filio Dei fecit filium hominis. Videte quæ sit illa participatio : promissa est nobis participatio divinitatis : mentitur qui promisit, si non est prior factus particeps mortalitatis. Filius enim Dei particeps mortalitatis effectus est, ut mortalis homo fiat particeps divinitatis. Qui tibi promisit communicandum tecum bonum suum, prius tecum communicavit malum tuum : qui tibi promisit divinitatem, ostendit in te caritatem. Ergo tolle quod homines filii Dei sunt, remanet quod filii hominum sunt : « Non est qui faciat bonum, non est usque ad unum. »

pain (*Ps.* LII, 5)? » Ne sauront-ils pas un jour ce qu'ils font? Est-ce qu'on ne le leur montrera pas? Parlez, menacez, parlez au nom de celui qui enfante et qui souffre. Car votre peuple est dévoré comme un morceau de pain. Il y a donc ici-bas un peuple de Dieu qui est dévoré. Certes, vous savez « qu'il n'y a pas un homme qui fasse le bien ; non, pas même un seul. » Répondons d'après ce fait. Mais ce peuple qui est dévoré, ce peuple qui souffre au contact des méchants, ce peuple qui gémit et qui enfante au milieu des méchants, est déjà passé du nombre des enfants des hommes au nombre des enfants de Dieu : c'est pourquoi ce peuple est dévoré. Car « vous avez confondu le dessein de l'indigent, parce que son espérance est dans le Seigneur (*Ps.* XIII, 6). » Souvent, en effet, ce qui fait que le peuple de Dieu est dévoré, c'est qu'il est méprisé parce qu'il est le peuple de Dieu. Que je le vole, dit le méchant, que je le dépouille, s'il est chrétien, que me fera-t-il? C'est pour ce chrétien que parle le Prophète, en parlant pour celui qui enfante ; il menace ceux qui le dévorent, en disant : « Ne sauront-ils pas un jour ce qu'ils font, tous ceux qui commettent l'iniquité ? » Car celui qui, voyant un voleur, se joignait à lui, et qui faisait société avec l'adultère ; celui qui s'asseyait pour dire du mal contre son frère, et qui tendait des piéges au fils de sa mère, celui-là a dit dans son cœur : il n'y a pas de Dieu. C'est pourquoi Dieu lui a dit : « vous avez commis les iniquités et je me suis tu ; vous avez soupçonné ma justice et cru que je serais semblable à vous. » C'était dire que je n'étais pas Dieu, si j'étais semblable à vous. Mais quelle parole vient ensuite : « Je vous accuserai et je vous mettrai face à face avec vous-même (*Ps.* XLIX, 18-21). » Vous ne voulez pas vous connaître maintenant pour vous déplaire à vous-même ; vous vous connaîtrez pour pleurer. En effet, Dieu ne manquera pas de faire connaître aux méchants leur iniquité. S'il ne la leur faisait pas connaître, quels seraient ceux qui diront un jour : « De quoi nous a servi notre orgueil, et ces richesses dont nous nous vantions tant, que nous ont-elles rapporté (*Sag.* v, 8)? » Alors ceux-là seront bien forcés de savoir, qui maintenant ne veulent pas savoir. « Ne sauront-ils pas un jour ce qu'ils font, tous ceux qui commettent l'iniquité, et qui dévorent mon peuple comme un morceau de pain? » Pourquoi a-t-il ajouté : « Comme un morceau de pain? » Ils mangent mon peuple comme du pain. En effet, quant à nos autres aliments, nous pouvons manger tantôt l'un, tantôt l'autre : nous ne saurions manger ni toujours de ce légume, ni toujours de cette viande, ni toujours de ces fruits ; mais nous mangeons toujours du pain. Que veut donc dire : « Ils dévorent mon peuple comme

---

7. « Nonne scient omnes qui operantur iniquitatem, qui devorant populum meum in cibo panis (*Psal.* LII, 5)? » Nonne scient? nonne illis ostendetur? Dic, minare, loquere ex parturiente et dolente. Populus enim tuus devoratur in cibo panis. Est ergo hic populus Dei qui devoratur. Certe « non est qui faciat bonum, non est usque ad unum. » Respondetur ex illa regula. Sed iste populus qui devoratur, iste populus qui patitur malos, iste qui gemit et parturit inter malos, jam ex filiis hominum filii Dei facti sunt : ideo devoratur. « Consilium enim inopis confudistis, quoniam Dominus spes ejus est (*Psal.* XIII, 5). » Plerumque enim ut devoretur populus Dei, hoc ipsum in illo contemnitur, quia populus Dei est. Rapiam, inquit, et exspoliem; si Christianus est, quid mihi facturus est? Loquitur pro illo, qui loquitur pro parturiente, et minatur devorantibus, dicens, « Nonne scient omnes, qui operantur iniquitatem ? » Nam et ille qui videbat furem, et concurrebat cum eo, et cum adulteris portionem suam ponebat, sedens adversus fratrem suum detrahebat, et adversus filium matris suæ ponebat scandalum, dixit in corde suo, Non est Deus. Ideo hoc illi dicitur, Hæc fecisti, et tacui : suspicatus es iniquitatem, quod ero tui similis (*Ps.* XLIX, 18) : hoc est, non ero Deus, si ero tibi similis. Sed quid sequitur? « Arguam te, et statuam te ante faciem tuam (*Ibid.*). » Sic et hic, Arguam te, et statuam te ante faciem tuam. Non vis modo nosse ut tibi displiceas, nosces ut plangas. Non enim non demonstraturus est Deus iniquis iniquitatem suam. Si non est demonstraturus, qui erunt qui dicturi sunt, « Quid nobis profuit superbia, et divitiarum jactantia quid contulit nobis (*Sap.* v, 8)? » Tunc ergo scient qui modo scire nolunt. « Nonne scient omnes, qui operantur iniquitatem, qui devorant populum meum in cibo panis (*Ps.* LII, 5)? » Quid addidit, « in cibo panis? » Tamquam panem manducant populum meum. Cetera enim quæ manducamus, possumus modo illa, modo illa ; non semper hoc olus, non semper hanc carnem, non semper

un morceau de pain? Ceux-là le dévorent sans relâche et sans interruption, qui dévorent mon peuple comme un morceau de pain. »

8. « Ils n'ont pas invoqué Dieu (*Ps.* LII, 6). » Le Prophète console celui qui gémit, surtout par les souvenirs qu'il lui rappelle ; de peur qu'en imitant les méchants qui prospèrent le plus souvent, celui-ci ne se complaise lui-même à devenir méchant. Ce qui vous a été promis vous est conservé : leur espérance est pour le présent, la vôtre pour l'avenir ; mais leur espérance est caduque, la vôtre est certaine ; leur espérance est fausse, la vôtre est véritable. En effet, « ils n'ont pas invoqué Dieu. » Est-ce donc que ces hommes n'adressent pas tous les jours des prières à Dieu ? Ils ne prient pas Dieu. Écoutez attentivement, je veux vous le prouver, si je le puis, avec l'aide de Dieu. Dieu veut un culte désintéressé ; il veut un amour désintéressé, c'est-à-dire un amour pur et chaste ; il ne veut pas qu'on l'aime pour les choses qu'il donne en dehors de lui, mais parce qu'il se donne lui-même. Celui qui invoque Dieu pour devenir riche n'invoque donc pas Dieu ; mais il invoque en réalité ce qu'il veut voir venir à lui. Car qu'est-ce qu'invoquer, si ce n'est appeler à soi ? Donc, appeler à soi c'est invoquer. Car lorsque vous dites : mon Dieu, donnez-moi des richesses, vous ne désirez pas que Dieu vienne à vous, mais vous désirez que les richesses viennent à vous ; ce que vous voulez voir venir à vous, vous l'invoquez. Si, au contraire, vous invoquiez Dieu, il viendrait à vous lui-même, et lui-même serait votre richesse. Mais maintenant vous voulez avoir la bourse pleine et la conscience vide. Dieu ne remplit pas la bourse, il remplit le cœur. Que vous sert-il d'avoir des richesses extérieures, si au dedans la pauvreté vous afflige ? Donc, ceux qui invoquent Dieu pour obtenir des avantages mondains, pour acquérir des biens terrestres, pour jouir d'une félicité terrestre pendant la vie présente, ceux-là n'invoquent point Dieu.

9. A cause de cela, qu'ajoute le Prophète à leur égard ? « Ils ont été frappés de crainte là où il n'y avait pas lieu de craindre (*Ps.* LII, 6). » Est-ce qu'il y a lieu de craindre, en effet, si l'on perd des richesses ? Il n'y a point là sujet de craindre, et pourtant on craint. Mais que quelqu'un perde la sagesse, ici il y a vraiment lieu de craindre, et pourtant on ne craint pas. Écoutez, discernez, apprenez à connaître les hommes. On a confié à l'un d'eux une bourse, il ne veut pas la rendre, il la regarde comme sienne, il ne pense pas qu'on puisse la lui redemander : dès lors il agit comme si elle faisait partie de son bien, il prend des moyens pour se soustraire à l'obligation de la rendre. Qu'il con-

---

hæc poma : semper autem panem. Quid est ergo, « devorant populum meum in cibo panis ? » Sine intermissione, sine cessatione devorant, « qui devorant populum meum in cibo panis. »

8. « Deum non invocaverunt (*Psal.* LII, 6) » Consolatur gementem, et maxime ex (a) commemoratione, ne imitando malos, qui plerumque prosperantur, delectet fieri malum. Servatur tibi quod tibi promissum est : spes illorum præsens est, tua futura est ; sed illorum fluxa, tua certa ; illorum falsa, tua vera. Illi enim « Deum non invocaverunt. » Nonne quotidie tales rogant Deum ? Non rogant Deum. Attendite, si possum hoc dicere adjuvante ipso Deo. Deus gratis se vult coli, gratis se vult diligi, hoc est, caste amari ; non propterea se amari, quia dat aliquid præter se, sed quia dat se. Qui ergo invocat Deum ut dives fiat, Deum non invocat ; hoc enim invocat quod ad se vult venire. Quid enim est invocare, nisi vocare in se ? In se ergo vocare, hoc dicitur invocare. Nam cum dicis, Deus da mihi divitias : non vis ut ipse Deus ad te veniat, sed vis ut divitiæ veniant ad te. Quod vis ut ad te veniat, hoc invocas. Si autem Deum invocares, ipse ad te veniret, ipse esset divitiæ tuæ. Nunc autem vis habere arcam plenam, et inanem conscientiam : Deus non implet arcam, sed pectus. Quid tibi prosunt exteriores divitiæ, si te interior premit egestas ? Ergo isti qui propter sæcularia commoda, qui propter terrena bona, qui propter vitam præsentem et terrenam felicitatem invocant Deum, non invocant Deum.

9. Propterea quid de illis sequitur ? Ibi timuerunt timore, ubi non erat timor (*Ibid.* 6). » Numquid enim timor est, si quis perdat divitias ? Non est ibi timor, et ibi timetur. Si quis autem perdat sapientiam, vere timor est ; et ibi non timetur. Audi, dignosce, tales intellige : Commendatur nescio cui saccellus, non vult reddere, pro suo computat, non putat posse repeti, jam pro suo habebit, reddere detrectat. Videat quid timeat amittere, et quid nolit habere : in du-

(a) Aliquot MSS. *ex comparatione.* Nonnulli, *ex commoratione.*

sidère ce qu'il craint de perdre, et ce qu'il s'expose à ne plus avoir : son esprit flotte entre l'argent et la foi; et plus cette dernière est précieuse, plus il a à redouter un grave dommage, s'il vient à la perdre. Mais vous, pour conserver cet or, vous perdez votre foi. Entre les deux dommages, vous subissez le plus considérable, et vous vous réjouissez de votre gain : dans cette occasion, vous avez craint là où il n'y avait pas sujet de craindre. Rendez cet argent; rendez, ce n'est pas assez dire, perdez quelque argent que ce soit plutôt que de perdre votre foi. Vous avez craint de rendre de l'argent, et vous avez consenti à perdre votre foi. Les martyrs n'ont pas enlevé l'argent d'autrui, et ils ont même méprisé celui qui était à eux, pour ne point perdre leur foi. Et non contents de perdre leur argent par les proscriptions, ils ont perdu jusqu'à leur vie au milieu des souffrances; ils ont perdu la vie, pour la retrouver dans l'éternité (*Matth.* x, 39). Les martyrs ont donc craint là où il y avait sujet de craindre. Mais ceux qui ont dit du Christ : il n'est pas Dieu, ont craint là où il n'y avait pas lieu de craindre. En effet, ils ont dit : « Si nous le laissons aller, les Romains viendront et nous prendront notre ville et notre royaume (*Jean.* xi, 48). » O imprudents, ô insensés ! qui avez dit dans votre cœur : il n'y a pas de Dieu, vous avez craint de perdre la terre, et vous avez perdu le ciel ; vous avez craint que les Romains ne vinssent et ne prissent votre ville et votre royaume ; est-ce qu'il pouvaient vous prendre votre Dieu ? Que vous reste-t-il ? Que vous reste-t-il, si ce n'est d'avouer que vous avez voulu garder ces biens, et qu'en les gardant mal vous les avez perdus ? Car vous avez perdu votre ville et votre nation, en perdant le Christ. Vous avez préféré tuer le Christ, plutôt que de perdre votre ville, et vous avez perdu à la fois et votre ville et votre nation et le Christ ! Ils ont tué le Christ par crainte ; mais pourquoi ? « Parce que Dieu a dispersé les os de ceux qui voulaient plaire aux hommes. » Voulant plaire aux hommes, ils ont craint de perdre leur ville. Mais le Christ lui-même dont ils ont dit : il n'est pas Dieu, le Christ a choisi par préférence de déplaire aux hommes de leur sorte, aux enfants des hommes, mais non aux enfants de Dieu. C'est pourquoi, tandis que leurs os ont été dispersés, nul n'a brisé les os du Christ. « Ils ont été couverts de confusion, parce que Dieu les a méprisés. « En vérité, mes frères, pour ce qui concerne les juifs, quelle n'est pas leur confusion. En ce lieu où ils ont crucifié le Christ, de peur de perdre et ce lieu et leur royaume, il n'y a plus de juifs. Dieu les a donc méprisés ; et cependant, en les méprisant, il les a avertis de se convertir. Qu'ils connaissent maintenant

bium veniunt pecunia et fides; quæ pretiosior est, ibi gravius damnum timendum est. Tu autem ut aurum teneas, fidem perdis : graviore damno percuteris, et tu de lucro lætatus es : ibi timuisti timore. ubi non erat timor. Redde pecuniam : parum dico, Redde ; perde pecuniam, ne fidem perdas. Tu reddere pecuniam timuisti, et fidem perdere voluisti. Martyres non alienam tulerunt; sed etiam suam, fidem ne amitterent, contempserunt : et parum fuit perdere pecuniam, quando proscripti sunt : perdiderunt et animam suam, quando passi sunt : perdiderunt animam, ut in vitam æternam invenirent eam (*Matth.* x, 39). Ergo ibi timuerunt ubi timendum est. Illi vero qui Christum dixerunt, Non est Deus, ibi timuerunt ubi non erat timor. Dixerunt enim, « Si dimiserimus eum, venient Romani, et tollent nobis et locum et regnum (*Johan.* xi, 48). » O stultitia et imprudentia, dicens in corde suo, Non est Deus! Timuisti perdere terram, perdidisti cœlum : timuisti ne venirent Romani, et tollerent tibi locum et regnum ; numquid tibi tollerent Deum? Quid ergo restat ? quid, nisi ut fatearis, quia tenere voluisti, et tenendo male amisisti ? Perdidisti enim et locum et gentem occidendo Christum. Maluistis enim Christum occidere, quam locum perdere ; et perdidistis locum et gentem et Christum. Timendo occiderunt Christum : sed quare hoc ? « Quoniam Deus dissipavit ossa hominibus placentium. » Volentes placere hominibus, timuerunt perdere locum. Christus autem ipse de quo dixerunt, Non est Deus, maluit displicere hominibus talibus, quales illi erant ; filiis hominum, non filiis Dei maluit displicere. Inde dissipata sunt ossa eorum, illius ossa nemo confregit. « Confusi sunt, quoniam Deus sprevit eos. » Revera, Fratres, quantum ad illos adtinet, magna illis accessit confusio. In quo loco crucifixerunt Dominum, quem ideo crucifixerunt, ne perderent et locum et regnum, non ibi sunt Judæi. « Deus ergo sprevit eos : » et tamen (a) spernendo admonuit illos ut convertantur. Modo cognoscant Christum, et dicant,

---

(a) Nostri omnes MSS. *et tamen frangendo admonuit.* Et plerique prosequuntur sic : *quo convertantur, quo modo cognoscant,* etc.

le Christ, et que, de celui dont ils disaient : il n'est pas Dieu, ils disent maintenant : il est Dieu! Qu'ils reviennent à l'héritage paternel, à l'héritage d'Abraham, d'Isaac et de Jacob ; qu'ils possèdent avec eux la vie éternelle, bien qu'ils aient perdu leur vie temporelle. Et comment cela sera-t-il fait? Parce que, d'enfants des hommes qu'ils étaient, ils seront devenus enfants de Dieu. Car tant qu'ils persistent à s'y refuser, il n'y en a pas un qui fasse le bien, non, pas même un seul. « Ils ont été couverts de confusion, parce que Dieu les a méprisés. » Et alors se tournant vers eux, pour ainsi dire, le Prophète s'écrie : « Qui fera sortir de Sion le Sauveur d'Israël (Ps. LII, 7)? » Insensés! vous accablez d'imprécations, vous insultez, vous soufflelez, vous couvrez de crachats, vous couronnez d'épines, vous élevez en croix.... et qui donc? « Qui fera sortir de Sion le Sauveur d'Israël? » Est-ce que ce n'est pas celui dont vous disiez : il n'est pas Dieu ? « Un jour viendra ou Dieu fera cesser la captivité de son peuple (Ibid.). » Or, Dieu n'a fait cesser la captivité de son peuple, que par celui qui a voulu être captif entre vos mains. Mais quels sont ceux qui le comprendront? « Jacob sera dans l'allégresse, Israël sera comblé de joie (Ibid.). » Le vrai Jacob, le vrai Israël, ce plus jeune frère qu'a servi son frère aîné ; c'est lui qui sera transporté d'allégresse, parce qu'il comprendra.

DISCOURS [1] SUR LE PSAUME LIII.

1. La longueur du titre de ce psaume porte ses fruits pour qui le comprend ; et comme le psaume est court, nous compenserons, en nous arrêtant sur le titre, le temps que nous ne donnerons pas au psaume. Du titre, en effet, dépendent tous les versets que nous chantons ensuite. C'est pourquoi, celui qui connaît pleinement l'inscription placée au frontispice de la maison y entre en assurance, et ne s'égare pas, quand il y est entré. Car l'inscription du frontispice indi-

---

Deus est ; quem dixerunt, Non est Deus. Redeant ad hereditatem paternam, ad hereditatem Abrahæ, Isaac et Jacob, possideant cum ipsis vitam æternam, et si vitam temporalem amiserunt. Quare hoc? Quia ex filiis hominum facti sunt filii Dei. Nam quamdiu manent et nolunt, non est qui faciat bonum, non est usque ad unum : « confusi sunt, quoniam Deus sprevit eos. » Et tamquam ad ipsos conversus ait, « Quis dabit ex Sion salutare Israël (Psal. LII, 7). » O stulti, increpatis, insultatis, colaphizatis, sputis illinitis, spinis coronatis, in crucem erigitis : quem ? « Quis dabit ex Sion salutare Israël? » Nonne ipse quem dixistis, Non est Deus ? «In avertendo Deus captivitatem populi sui (Ibid.). » Non enim avertit captivitatem populi sui, nisi qui voluit inter vestras manus esse captivus. Sed qui hoc intelligent? « Exsultabit Jacob, et lætabitur Israël (Ibid.). » Vere Jacob et vere Israël, minor ille cui servivit major (Gen. XXV, 23), ipse exsultabit, quia ipse cognoscet.

IN PSALMUM LIII.

ENARRATIO.

1. Psalmi hujus titulus habet fructum prolixitatis suæ, si intelligatur : et quia Psalmus brevis est, com-

---

(1) Discours au peuple.

que les moyens de ne pas s'égarer dans la maison. Voici donc ce titre : « Pour la fin, sur les cantiques; intelligence à David; lorsque les Zyphéens vinrent dire à Saül : David n'est-il pas caché au milieu de nous (*Ps.* LII, 1 et 2) ? » Que Saül ait persécuté le saint homme David, nous le savons parfaitement : que Saül ait été la figure du royaume temporel qui appartient non à la vie mais à la mort, nous nous rappelons l'avoir exposé (1) à Votre Charité. De même, que David soit la figure du Christ, ou du corps du Christ, vous devez le savoir, et vous le rappeler si vous le savez déjà. Qu'était-ce donc que les Zyphéens? Zyph était un bourg dont les habitants s'appelaient Zyphéens: David s'était caché dans leur pays, lorsque Saül le cherchait pour le tuer. Les Zyphéens l'ayant appris trahirent David auprès du roi qui le persécutait, en disant : « Est-ce que David n'est pas caché au milieu de nous (I *Rois*, XXIII, 15)? » Il est vrai que la trahison ne leur servit de rien et qu'elle ne nuisit en rien à David. En effet, il fut averti de leur mauvais dessein ; et Saül, malgré leur dénonciation, ne put saisir David; il tomba même, dans une caverne de ce pays, entre les mains de David, qui pouvait le faire périr et qui l'épargna, au lieu de faire ce qui était en son pouvoir (1 *Rois*. XXIV, 4). Saül, au contraire, cherchait à exécuter ce qui ne fut pas en son pouvoir. Mais laissons ces Zyphéens pour ce qu'ils étaient, et voyons quelle sorte d'hommes le psaume nous donne à reconnaître ici sous leur nom.

2. Si nous cherchons comment on interprète ce nom de Zyphéens, nous trouverons qu'il signifie : « Les florissants. » Il y avait donc des florissants, je ne sais lesquels, qui étaient ennemis du saint homme David; des florissants, ennemis de celui qui se cachait. Trouvons-les dans le genre humain, si nous voulons comprendre ce psaume; trouvons-y d'abord David qui se cachait, et nous y trouverons ensuite ses ennemis florissants. Examinez David caché. « Vous êtes morts, dit l'Apôtre aux membres du Christ, et votre vie est cachée en Dieu avec le Christ (*Col.* III, 3). » Or, ces hommes qui se cachent, quand seront-ils florissants? « Lorsque le Christ, ajoute-t-il, qui est votre vie, apparaîtra, vous apparaîtrez avec lui dans la gloire (*Ibid.* 4). » Quand les membres du Christ seront florissants, les Zyphéens seront desséchés. Remarquez, en effet, à quelle fleur est comparée leur gloire : « Toute chair est comme du foin et toute la gloire de la chair est comme la fleur du foin. » Et quelle est leur fin? « Le foin s'est desséché et la fleur est tombée (*Is.* XL, 6), » Où donc alors sera David? Voyez ce qui suit : « Mais la parole du Seigneur demeure éternellement (*Ibid.*). » Il y a donc là deux genres d'hommes, que vous devez distinguer et entre lesquels il faut choisir. Que vous

---

pensemus in mora tituli, quod in Psalmo non immorabimur. Inde enim pendet omnis versus qui cantatur. Si quis itaque agnoscat quod in domus fronte præfixum est, securus intrabit ; nec cum intraverit, errabit. Hoc enim in ipso poste prænotatum est, quomodo interius non erretur. Titulus ejus sic se habet : « In finem, in hymnis, intellectus ipsi David (*Psal.* LIII, 1), » « cum venerunt Ziphæi, et dixerunt ad Saül, Nonne ecce David absconditus est apud nos (*Ibid.* 2) ? » Quod Saül persecutor erat sancti viri David, optime novimus : quod figuram gerebat Saül temporalis regni, non ad vitam, sed ad mortem pertinentis, et hoc Vestræ Charitati nos commendatum meminimus. Itemque quod ipse David figuram gerebat Christi, vel corporis Christi, et nosse debetis, et recolere qui jam nostis (*Psal.* LI, n. 1 et 2). Quid ergo Ziphæi? Vicus quidam erat Ziph, cujus habitatores Ziphæi, in quorum regione se absconderat David, cum eum vellet Saül invenire et occidere (I *Reg.* XXIII, 15). Isti ergo Ziphæi cum hoc cognovissent, prodiderunt eum regi persecutori, dicentes, « Nonne ecce David absconditus est apud nos? » Nihil quidem profuit illis proditio eorum, et ipsi David nihil obfuit. Namque animus eorum malignus demonstratus est : Saül vero nec post eorum proditionem potuit comprehendere David; sed potius in ipsius regionis quadam spelunca, cum ejus manibus datus esset occidendus Saül, pepercit illi David, et quod habebat in potestate non fecit (I *Reg.* XXIV, 4). Ille autem quærebat facere quod in potestate non habuit. Ziphæi ergo viderint illi qui fuerint : quos nobis Psalmus ex illorum occasione intelligendos offerat, videamus.

2. Si quæramus ergo quid interpretentur Ziphæi, inveniemus Florentes. Florentes ergo nescio qui inimici erant sancto David, florentes latenti. Inveniamus eos in genere humano, si Psalmum intelligere voluimus. Inveniamus hic primo David latentem et inveniemus ei adversarios florentes. Adtende David

---

(1) Voir le discours sur le Ps. LI, n° 1 et 2.

sert, en effet, de les connaître si vous négligez de choisir entre eux? Et maintenant vous pouvez faire ce choix, mais un temps viendra où le pouvoir de choisir vous sera enlevé, alors que Dieu ne différera plus de rendre son jugement. Que sont donc ces Zyphéens florissants, sinon le corps de Doëch l'Iduméen dont nous avons déjà parlé à Votre Charité il y a peu de jours (1), et duquel il a été dit : « Voilà l'homme qui n'a pas mis son appui dans le Seigneur, mais qui a espéré dans la multitude de ses richesses et s'est cru fort dans sa vanité (*Ps.* LI, 9). » Ces hommes florissants sont les enfants du siècle, que l'Évangile, vous l'avez entendu dernièrement, nous dit être plus astucieux entre eux que les enfants de la lumière (*Luc.* XVI, 8). En effet, ils paraissent pourvoir à l'avenir, bien qu'ils ne sachent pas s'ils y parviendront. Vous avez appris ce que fit cet intendant qui, s'enrichissant du bien de son maître, fit largesse aux débiteurs de celui-ci, afin qu'après avoir perdu son emploi, il trouvât un asile chez eux. Et, bien qu'il eût volé son maître, celui-ci loua son habileté, ne tenant point compte du tort qui lui était fait et ne voyant que la finesse d'esprit du serviteur. Combien plus, instruits que nous sommes par Notre-Seigneur Jésus-Christ, ne devons-nous pas nous faire des amis au moyen de l'inique Mammon (*Luc.* XVI, 9)? En effet, par Mammon, on entend les richesses. Mais nos richesses, à nous, sont dans les cieux, où est notre demeure éternelle. Et c'est pourquoi ceux-là donnent le nom de richesses à un argent temporel, qui ne peuvent être florissants que temporellement ; et qui, ne connaissant pas les véritables richesses, ne veulent pas même se faire d'amis pour l'éternité au moyen de leurs trésors terrestres. Telles sont donc les richesses estimées seulement de l'iniquité qui fleurit pour un temps, comme le foin. Tels sont les Zyphéens ennemis de David, les florissants du siècle.

3. Ces hommes attirent même quelquefois l'attention de ceux qui sont faibles parmi les enfants de la lumière, et les pieds de ceux-ci chancellent lorsqu'ils voient les méchants dans la prospérité et le bonheur, et ils se disent en eux-mêmes : De quoi me sert mon innocence ? Que gagné-je à servir Dieu, à garder ses commandements, à n'opprimer personne, à ne rien prendre à personne, à ne nuire à personne, à donner tout ce que je peux ? Voilà ce que je fais, et je souffre, tandis qu'ils sont florissants. Quoi

---

latentem : « Mortui enim estis, dicit Apostolus, membris Christi, et vita vestra abscondita est cum Christo in Deo (*Col.* III, 3). » Isti ergo latentes quando erunt florentes ? Cum Christus, inquit, apparuerit vita vestra, tunc et vos cum illo apparebitis in gloria (*Ibid.* 4). » Quando erunt isti florentes, tunc erunt illi Ziphæi arescentes. Cui namque flori illorum comparetur gloria, adtendite : « Omnis caro fœnum, et omnis honor carnis ut flos fœni. » Quis finis ? « Fœnum aruit, et flos decidit. » Ubi tunc erit David? Vide quid sequitur : « Verbum autem Domini manet in æternum (*Isai.* XL, 6). » Illa ergo duo genera hominum sunt, quæ et distinguere debetis, et eorum alterum eligere. Quid enim tibi prodest nosse, si eligere piger es? Et quidem nunc eligendi potestas adjacet : veniet tempus quando tibi potestas deerit eligendi, cum jam Deus sententiam non differet judicandi. Qui sunt enim isti florentes Ziphæi, nisi corpus illud Doech Idumæi, de quo jam locuti sumus Caritati Vestræ ante (*a*) paucos dies : de quo dictum est, « Ecce homo qui non posuit Deum adjutorem suum, sed speravit in multitudine divitiarum suarum, et prævaluit in vanitate sua (*Psal.* LI, 9) ? » Isti sunt florentes filii sæculi, quos modo ex Evangelio audistis, quia in (*b*) sua generatione astutiores sunt filiis lucis (*Lucæ* XVI, 8). Etenim ipsi videntur prospicere in posterum, quo nesciunt utrum veniant. Audistis quid fecerit domino suo villicus ille faciens (*c*) sibi bonum de re domini sui, et largiens debitoribus illius, ut cum amotus esset a villicatione, susciperetur ab eis. Et quamvis fraudem fecerit domino suo, tamen cor ejus laudavit dominus ejus, non adtendens ad damnum suum, sed ad ejus ingenium. Quanto magis nos debemus, ipso Domino nostro Jesu Christo admonente, facere nobis amicos de mammona iniquitatis (*Ibid.* 9) ? Mammona enim divitiæ interpretantur. Nostræ autem divitiæ ibi sunt, ubi est domus nostra æterna in cœlis. Proinde pecuniam temporalem illi appellant divitias, qui nisi temporaliter florere non possunt, nec in æternum sibi ex his amicos facere volunt : quia veras divitias non noverunt. Has ergo divitias (*d*) sola iniquitas putat, florens ad tempus ut fœnum. Hi sunt Ziphæi inimici David, florentes in sæculo.

3. Hos aliquando adtendunt etiam filii lucis infirmi, et nutant eis pedes, cum viderint malos felici-

---

(1) Discours sur le Ps. LI.

(*a*) Nostri omnes MSS. omittunt, *paucos.* (*b*) Probæ notæ MSS. *in suo astutiores.* Quidam, *in suo genere.* (*c*) Omnes prope MSS. *faciens se bonum.* (*d*) Sic MSS. At editi, *solas.*

donc? Voudriez-vous être un Zyphéen? Ils sont florissants dans le monde; ils sècheront au jour du jugement, et, devenus arides, ils seront jetés au feu. Est-ce là le sort que vous voudriez? Ignorez-vous ce que vous a promis celui qui est venu à vous, et ce qu'il vous a montré dans sa propre personne? Si la fleur du Zyphéen était désirable, est-ce que le Seigneur n'aurait pas été florissant en ce monde? Ou bien, est-ce qu'il manquait des moyens d'y être florissant? Mais il a mieux aimé être, ici-bas, caché au milieu des Zyphéens et répondre, sur ses prétentions supposées à la royauté, aux interrogations de Ponce-Pilate qui lui-même possédait l'état florissant des Zyphéens : « Mon royaume n'est pas de ce monde (*Jean.* XVIII. 36). » Il était donc caché ici-bas; et ici-bas tous les bons sont cachés, parce que ce qui est bon en eux est intérieur, est caché, est dans leur cœur où est la foi, où est la charité, où est l'espérance, où est leur trésor. Est-ce que ces biens-là sont visibles dans le monde? Ces biens sont cachés; cachée aussi est la récompense qui les suit. Mais alors qu'est-ce que l'éclat de la grandeur mondaine? Elle brille pour un temps, brillera-t-elle toujours? C'est une herbe d'hiver, elle verdit jusqu'à l'été. Ne laissez donc pas s'accomplir en vous ce que nous lisons dans un autre psaume. En effet, quelqu'un y confesse qu'il a chancelé, qu'il est presque tombé et que ses pieds qui marchaient dans la voie de Dieu ont faibli, lorsqu'il a vu la prospérité florissante des impies; mais, ayant su ce que Dieu qui ne peut tromper réservait finalement aux injustes, et ce qu'il promettait aux justes qui souffrent en ce monde, il a rendu grâces à Dieu de cette révélation, et il a dit : « Que le Dieu d'Israël est bon pour ceux dont le cœur est droit (*Ps.* LXXII, 2 et 3). » Pourquoi dites-vous cela, ô Prophète? « Parce que mes pieds ont été presque ébranlés. » Comment cela? « Parce que j'ai envié les pécheurs, en voyant la paix dont ils jouissent. » Mais ses pieds ont été affermis quand il a eu compris quelle était leur fin. C'est, en effet, ce qu'il dit peu après dans le même psaume : « Cette difficulté est devant mes yeux; » c'est-à-dire : une grande question s'est élevée dans mon cœur, à savoir pourquoi les hommes qui font le mal sont florissants dans le monde, tandis qu'au contraire beaucoup font le bien et souffrent sur la terre. Cette question étant donc considérable à ses yeux et difficile à résoudre : « Cette difficulté, dit-il, est devant mes yeux, jusqu'à ce que j'entre dans le sanctuaire de Dieu, et que je comprenne les secrets des derniers jours. » Quels sont les secrets des derniers jours? Quels sont-ils, sinon ce que nous savons déjà par les prédictions de l'Évangile? « En effet, lorsque

---

tate florere; et dicunt apud seipsos, Quid mihi prodest innocentia? Quid mihi confert quod Deo servio, quod mandata ejus custodio, quod neminem premo, nemini aliquid rapio, nulli noceo, quod possum præsto? ecce hæc omnia facio, et florent illi, ego laboro. Quid enim? Et tu Ziphæus velles esse? Florent in sæculo, arescent in judicio, et post ariditatem in ignem æternum mittentur; eos velles et tu? Ignoras quid tibi promiserit, qui (*a*) ad te venit, quid in seipso hic ostenderit? Si flos Ziphæorum appetendus esset, ipse Dominus tuus nonne et in hoc sæculo floruisset? Aut vero deerat illi ut posse florere? Sed hic maluit inter Ziphæos latere, et dicere Pontio Pilato interroganti, tamquam et ipsi flori Ziphæorum, et suspecto de regno ejus, « Regnum meum non est de hoc mundo (*Johan.* XVIII, 36). » Ergo hic latebat : et omnes boni latent hic, quia bonum eorum intus est, absconditum est, in corde est, ubi fides, ubi caritas, ubi spes, ubi thesaurus illorum. Numquid hæc bona apparent in sæculo? Et hæc bona latent, et horum bonorum merces latet. At vero dignitas sæculi quomodo alba est? Nitet ad tempus : numquid semper nitebit? Herba est hyemalis, usque ad æstatem viret. Non ergo fiat in animo, quod in alio Psalmo invenimus. Confitetur enim quidam prope se cecidisse nutantem, et labasse gressus suos ambulantes in via Dei, dum adspiceret florem quemdam felicitatemque iniquorum : et postea quam cognovit quid iniquis in finem servaret Deus, et quid justis laborantibus promitteret, qui fallere non potest, agens gratias de hac cognitione, ait, « Quam bonus Deus Israël rectis corde (*Psal.* LXXII, 1, etc.)? » Quare hoc dicis? « Mei autem, inquit, pene commoti sunt pedes. » Unde? Quia zelavi in peccatoribus, pacem peccatorum intuens. » Confirmati sunt autem gressus ejus, postea quam intellexit in novissima. Quod enim in eodem Psalmo paulo post dicit, « Hoc labor est ante me : » id est, magna mihi quæstio surrexit in corde, quare homines male faciunt, et in sæculo florent; multi autem bene agunt, et in hac terra la-

---

(*a*) Sic Er. et plerique MSS. Nonnulli vero, *a Deo venit.* Lov. *ad te veniet.*

sera venu le Fils de l'Homme, toutes les nations seront rassemblées en sa présence ; et il séparera les hommes, comme le berger sépare les brebis d'avec les boucs ; à droite il mettra les brebis et les boucs à gauche (*Matth.* xxv, 31). » Alors les Zyphéens seront mis à part, et le feu suivra cette séparation. Que deviendra cette fleur dont ils brillaient, du moment qu'ils seront mis à la gauche? Est-ce qu'alors ils ne gémiront pas? Est-ce qu'alors ils ne seront point torturés par un repentir tardif, et ne diront-ils pas : « De quoi nous a servi notre orgueil? et ces richesses dont nous nous vantions tant, que nous ont-elles rapporté? Toutes ces choses ont passé comme une ombre (*Sag.* v, 8). » O Zyphéens placés à la gauche, vous vous repentez, mais trop tard, d'avoir été florissants sous cette ombre passagère. Pourquoi ne reconnaissiez-vous pas David, que vous trahissiez en faisant savoir qu'il était caché parmi vous? Si alors, en effet, vous vous fussiez corrigés, votre douleur n'eût pas été sans fruit, car, il y a une douleur fructueuse et une douleur infructueuse. C'est maintenant une douleur fructueuse que de vous accuser, que de blâmer en vous-mêmes vos mauvaises habitudes, que de les poursuivre après les avoir blâmées, que de les chasser après les avoir poursuivies, et que de vous changer vous-mêmes après les avoir chassées, vous dépouillant du vieil homme et revêtant le nou-veau, préférant l'opprobre du Christ à l'état florissant des Zyphéens. Or, pendant que vous êtes caché au milieu des Zyphéens, et que vous tenez secret le bien qui est en vous ; pendant que vous gardez aussi dans le secret la promesse de votre récompense ; s'il vous arrive quelque grandeur mondaine, gardez-vous de vous en prévaloir avec orgueil : car, si vous vous élevez à cause de cette grandeur, vous tomberez dans l'état florissant des Zyphéens. C'est ainsi qu'autrefois une sainte femme appartenant au peuple juif, Esther, l'épouse d'un roi étranger, voyant ses concitoyens menacés d'un tel péril qu'elle se trouvait dans l'obligation de demander leur vie au roi, commença par adresser à Dieu une prière, et dans cette prière, elle déclara que tous les ornements royaux n'avaient pas pour elle plus de prix qu'un linge souillé de sang impur (*Esth.* xiv, 16). Si des femmes sont capables de ce dédain des grandeurs, les hommes n'en sont-ils pas capables? Et ce que cette femme juive a pu, l'Église chrétienne ne le pourra-t-elle pas? Je dirai donc à Votre Charité : « Si vous avez de grandes richesses gardez-vous d'y attacher votre cœur (*Ps.* lxi, 11). » Quelque abondantes qu'elles soient, quelque constante à vous suivre que paraisse la prospérité du monde, n'ayez point confiance en la mer, même quand elle vous sourit. Si les richesses affluent chez vous, si elles abondent dans vos coffres, mar-

borant. Quæstio ergo ista cum magna esset ante oculos meos, et laboriosa ad investigandum : « Labor est, inquit, ante me, donec introeam in sanctuarium Dei, et intelligam in novissima (*Ibid.*). » Quæ sunt ista novissima? Quæ, nisi quæ scimus jam in Evangelio prænuntiata? Cum enim venerit filius hominis, congregabuntur ante eum omnes gentes ; et separabit eos, sicut pastor segregat oves ab hœdis, oves ponet ad dexteram, hœdos ad sinistram (*Matth.* xxv, 31). Ecce jam illi Ziphæi separabuntur : flamma sequitur separationem. Ubi est flos eorum qui jam ad sinistram stabunt? Nonne tunc ingemiscent? Nonne tunc sera pœnitentia torquebuntur, et dicent, « Quid nobis profuit superbia, et divitiarum jactantia quid contulit nobis? Transierunt omnia illa tamquam umbra (*Sap.* v, 8). » O Ziphæi ad sinistram stantes, sero pœnitet vos in umbra floruisse. Quare David, quem prodebatis inter vos latere, non agnoscebatis? Tunc enim si corrigeremini, dolor iste infructuosus non esset. Est enim dolor fructuosus, est infructuosus : fructuosus dolor nunc est cum te accusas, cum in te reprehendis malos mores tuos, cum reprehensos persequeris, persecutos excludis, illisque exclusis mutaris, exuens te veterem hominem et induens novum, eligens potius Christi opprobrium quam florem Ziphæorum. Porro si tibi contigerit habenti in occulto bonum tuum et latenti inter Ziphæos, habenti etiam in occulto promissionem mercedis tuæ, aliqua sublimitas sæculi, noli extolli : nam si elatus ex illa fueris, cades in florem Ziphæorum. Sic enim mulier quædam sancta Esther in illo tunc populo Judæorum, cum esset uxor regis alienigenæ, ventum est ad periculum civium, ut deprecaretur regem pro civibus suis (*Esther* xiv, 16) ; cœpit orare, et in ipsa oratione confessa est, illa omnia insignia regalia sibi esse velut pannum menstruatæ. Si hæc mulieres possunt, viri non possunt? Et si hæc potuit mulier Judæa, non poterit Ecclesia Christiana? Hoc ergo dixerim Caritati Vestræ : « Divitiæ si affluant, ne apponatis cor (*Psal.* lxi, 11). » Abundent licet, et sequatur te prosperitas sæculi, tu mari noli credere, nec ridenti. Divitiæ si

chez sur elles pour vous élever jusqu'à Dieu et vous suspendre à lui. Car, tant qu'elles seront sous vos pieds et qu'en même temps vous serez suspendu à Dieu, si elles vous sont ôtées, vous ne tomberez pas. Prenez donc garde qu'au souvenir des prospérités de ces Ziphéens, une pensée mauvaise et peu chrétienne ne vous fasse mériter l'application de ces paroles d'un autre psaume : « Vos pensées sont d'une profondeur que l'on ne peut sonder. » Remarquez ces paroles : « Vos pensées sont d'une profondeur que l'on ne peut sonder; l'homme sans prudence ne les connaîtra pas, et l'insensé ne les comprendra pas (*Ps.* XCI, 6 et 7). » Qu'est-ce que l'insensé ne comprendra pas? « Les pécheurs ne s'élèvent que comme l'herbe des champs, et ceux qui commettent l'iniquité n'auront apparu avec éclat que pour périr dans les siècles des siècles (*Ps.* XCI, 8). » L'état florissant des méchants les a séduits; ils ont dit en eux-mêmes : les méchants sont florissants, sans doute Dieu aime les méchants; et, charmés de leur éclat passager, ils se sont tournés vers l'iniquité, pour périr bientôt. Et leur perte ne sera pas bornée au temps, comme la prospérité des méchants, mais elle durera jusque dans les siècles des siècles. Pourquoi ont-ils été séduits de la sorte? Parce que l'homme sans prudence ne connaît pas les pensées divines, et que l'insensé ne les comprend pas; car il n'entre pas dans le sanctuaire de Dieu pour comprendre la fin de toutes choses (*Ps.* LXXII, 17). Et comme il est difficile de comprendre ces secrets, le psaume de David commence par dire que David était caché au pays des Zyphéens, mais sans se laisser charmer par leur état florissant; qu'au contraire, il aimait mieux être au milieu d'eux dans l'abaissement, afin de trouver en Dieu une lumière cachée aux yeux du monde. Quelle lumière lui est donc donnée dans ce titre? « Pour la fin, dans les hymnes, » c'est-à-dire, dans les louanges. Quelles louanges? « Le Seigneur me l'avait donné, le Seigneur me l'a ôté ; il a été fait comme il a plu au Seigneur, que le nom du Seigneur soit béni (*Job.* I, 21). » Est-ce à dire que, parce qu'il paraissait desséché, il avait perdu toute sa substance? Non : les feuilles étaient tombées, mais la racine était vivante. Donc, « pour la fin, dans les hymnes. » Mais quoi? « Intelligence à David? » Intelligence par opposition à ce qui a été dit : « l'homme sans prudence ne connaîtra pas, et l'insensé ne comprendra pas. » « Intelligence à David, lorsque les Zyphéens furent venus et qu'ils eurent dit à Saül : David n'est-il pas caché parmi nous (*Ps.* LIII, 1 et 2)? » Eh bien ! qu'il soit caché parmi vous, pourvu qu'il ne soit pas florissant à votre manière. Écoutez maintenant ses paroles.

4. « Mon Dieu, sauvez-moi par votre nom, et jugez-moi dans votre force (*Ibid.* 3). » C'est ce que doit dire l'Église, cachée au milieu des

---

affluant, si abundent, calca eas, et suspendere ex Deo tuo. Cum enim eas subter te habueris, et ex illo pependeris, cum fuerint subtractæ non cades. Ne forte per malam cogitationem minimeque Christianam fiat in te quod dicitur in alio Psalmo, commemorato flore Ziphæorum istorum : « Nimis, inquit, profundæ factæ sunt cogitationes tuæ (*Psal.* XCI, 6, et 7, etc.). » Dico dicitur, Nimis profundæ factæ sunt cogitationes tuæ : vir imprudens non cognoscet, et stultus non intelliget hæc. Quid non intelliget? Cum exorientur peccatores sicut fœnum, et (a) prospexerint omnes qui operantur iniquitatem, ut intereant in sæculum sæculi. Delectavit eos flos malorum : dixerunt apud se. Ecce mali florent, puto malos amat Deus : et delectati temporali flore iniquorum, conversi sunt ad iniquitatem, ut interirent. Non ad tempus sicut illi florent, sed in sæculum sæculi. Unde hoc? « Quia vir imprudens non cognoscet, et stultus non intelliget hæc (*Psal.* XCI, 7), » non intrans in sanctuarium Dei, ut intelligat in novissima (*Psal.* LXXII, 17). Et quia difficilis est aliquantulum intellectus hic, inde cœpit Psalmus iste, ut David lateret inter Ziphæos, nec delectaretur flore Ziphæorum; sed eligeret potius inter illos humilitatem, ut haberet apud Deum absconditam claritatem. Quid ergo ei tribuitur in hoc titulo? « In finem, in hymnis (*Psal.* LIII, 1) : » hoc est, in laudibus. Quibus laudibus? « Dominus dedit, Dominus abstulit; sicut Domino placuit, ita factum est : sit nomen Domini benedictum (*Job.* I, 21). Quasi aruisse videbatur, perdita omni substantia? absit. Folia ceciderant, radix vivebat. Ergo, « In finem, in hymnis. » Quid ? « Intellectus ipsi David. » Intellectus, contra illud, Vir imprudens non cognoscet, et stultus non intelliget hæc (*Psal.* XCI, 7). « Intellectus ipsi David, cum venerunt Ziphæi, et dixerunt ad Saül, Nonne

---

(a) Sic omnes MSS. Editi vero, *prolongati fuerint.*

Tom. XII.

Zyphéens. C'est ce que doit dire le corps chrétien, qui tient cachées ses bonnes mœurs, espérant en secret la récompense de ses mérites. Qu'il dise : « Mon Dieu, par votre nom, sauvez-moi; et jugez-moi dans votre force. » Vous êtes venu, ô Christ, vous avez apparu dans votre humilité, vous avez été méprisé, vous avez été flagellé, vous avez été crucifié, vous avez été mis à mort : mais le troisième jour, vous êtes ressuscité; quarante jours après, vous êtes monté au ciel; vous êtes assis à la droite du Père, où nul ne vous voit. Vous avez envoyé votre Esprit et ceux qui en étaient dignes l'ont reçu. Remplis de votre amour, ils ont publié dans le monde et parmi les nations les louanges de votre humilité; je vois votre nom couvert de gloire au milieu du genre humain, mais cependant, c'est avec votre faiblesse que vous nous avez été prêché. Et en effet le Docteur des nations a dit qu'il ne savait qu'une chose, Jésus-Christ et Jésus-Christ crucifié (I *Cor.* II, 1), afin que nous aimassions son opprobre plus que toute la gloire des florissants Zyphéens. Mais cependant que dit Paul du Sauveur ? « Toutefois s'il est mort par la faiblesse de la chair, il vit par la force de Dieu (II *Cor.* XIII, 4). » Il est donc venu pour mourir par la faiblesse de la chair, et il viendra nous juger par la force de Dieu; mais c'est dans la faiblesse de la croix que son nom est glorifié. Quiconque n'aura pas cru en son nom glorifié dans la faiblesse tombera devant le juge, qui viendra dans la plénitude de la force. Mais de peur que ce juge, autrefois si faible, lorsqu'il viendra plein de force, ne nous rejette de dessus son van à sa gauche, demandons-lui qu'il nous sauve par son nom et qu'il nous juge dans sa force. Mais qui donc est si téméraire que de souhaiter le jugement de Dieu et de lui dire : « Jugez-moi ? » N'est-ce point par forme de malédiction que l'on a coutume de dire à autrui : que Dieu vous juge? Ce serait, en effet, une malédiction, si Dieu vous jugeait dans sa force, sans vous avoir sauvé par son nom; mais s'il a commencé par vous sauver par son nom, ce sera pour votre bonheur qu'il vous jugera ensuite dans sa force. Soyez rassuré; ce jugement ne sera pas un châtiment, mais un discernement. Car, il est dit dans un autre psaume : « Jugez-moi, Seigneur, et discernez ma cause d'avec celle de la nation qui n'est pas sainte (*Ps.* XLII, 1). » Que veut donc dire : « Jugez-moi » ? Discernez-moi d'avec les Zyphéens au milieu desquels je suis caché; j'ai supporté leur état florissant, qu'à mon tour je devienne moi-même florissant. Sans doute la fleur de leur prospérité a été passagère et elle tombée comme du foin desséché;

---

ecce David absconditus est apud nos(*Psal.* LIII, 2, 1 *Reg.* XXIII, 19) ? » Et sit absconditus apud vos, dummodo non floreat sicut vos. Audi ergo vocem ejus.

4. Deus in nomine tuo salvum me fac, et in virtute tua judica me (*Ps.* LIII, 3). » Hoc dicat Ecclesia latens inter Ziphæos. Hoc dicat corpus Christianum habens in occulto bonum morum suorum, sperans de occulto mercedem meritorum suorum, hoc dicat: « Deus in nomine tuo salvum me fac, et in virtute tua judica me. » Venisti, o Christe, humilis apparuisti, contemtus es, flagellatus es, crucifixus es, occisus es : sed tertio die resurrexisti, quadragesimo die in cœlum adscendisti, sedes ad dexteram Patris, et nemo videt : Spiritum tuum inde misisti, quem acceperunt digni; impleti amore tuo laudem ipsius humilitatis tuæ per mundum gentesque prædicaverunt : nomen tuum video excellere in genere humano, sed tamen infirmus nobis prædicatus es. Neque enim et ille doctor Gentium dixit aliquid inter nos se scire, nisi Christum Jesum, et hunc crucifixum (1 *Cor.* II, 2), ut ejus eligeremus opprobrium, magis quam gloriam florentium Ziphæorum. Verumtamen de illo quid ait? « Et si mortuus est ex infirmitate, sed vivit ex virtute Dei (II *Cor.* XIII, 4). » Venit ergo et moreretur ex infirmitate, venturus est et judicet in virtute Dei : sed per infirmitatem crucis clarificatum est nomen ejus. Quisquis non crediderit in nomen clarificatum per infirmitatem, expavescet ad judicem cum venerit in virtute. Ne autem quondam ille infirmus, cum venerit fortis, ventilabro illo ad sinistram nos mittat, salvet nos in nomine suo, et judicet nos in virtute sua. Quis enim hoc tam temerarius optaverit, ut dicat Deo, « Judica me ? » Nonne pro maledicto dici solet hominibus, Judicet te Deus ? Ita plane est maledictum, si judicat te in virtute sua ; sed si non te salvaverit in nomine suo : cum vero in nomine præcedente salvaverit te, salubriter in virtute consequente judicabit. Securus esto : judicium illud non tibi erit punitio, sed discretio. Nam et in quodam Psalmo ita dicitur : « Judica me Deus, et discerne caussam meam de gente non sancta (*Ps.* XLII, 1). » Quid est, « Judica me ? » Discerne me a Ziphæis inter quos lateo : pertuli eorum florem, jam veniat et flos meus. Et illorum quidem flos fuit temporalis, et arescente fœno decidit : flos autem meus quis erit ? « Plantati in domo Domini, in atriis do-

mais quel sera le sort de la mienne? « Ceux qui sont plantés dans la maison du Seigneur, fleuriront dans le parvis de la maison de notre Dieu (*Ps.* XCI, 14). » Il nous reste donc une fleur, mais qui ne tombera pas, semblable à la feuille de cet arbre planté près des eaux, dont il est dit : « Et sa feuille ne tombera pas (*Ps.* I, 3). » « Mon Dieu, sauvez-moi donc par votre nom et jugez-moi dans votre force. »

5. « O Dieu, exaucez ma prière et que vos oreilles recueillent ces paroles de ma bouche (*Ps.* LIII, 4).» Que les paroles de ma bouche parviennent jusqu'à vos oreilles, parce que ce n'est pas la prospérité des Zyphéens que je vous demande. « Que vos oreilles recueillent les paroles de ma bouche. » Recueillez-les; car bien que ma prière résonne aux oreilles des Zyphéens, ils ne l'entendent pas, parce qu'ils ne la comprennent pas. En effet, ils n'aiment que les biens temporels, et ne savent pas désirer les biens éternels. Que ma prière, lancée de mon cœur comme un trait, dans le désir que je ressens de posséder vos biens éternels, parvienne jusqu'à vous! Je l'envoie vers vous, aidez-la pour qu'elle y arrive; de peur que, venant à défaillir à moitié route, elle ne retombe comme impuissante. Mais, quand même les biens que je sollicite ne me seraient pas accordés maintenant, je me tiens cependant pour assuré qu'ils me viendront un jour. Car il est dit qu'un homme, encore sous le poids de ses péchés, a prié et n'a pas été exaucé pour son bien. En effet, il avait été excité à prier par des désirs mondains, et placé au milieu de tribulations temporelles, il avait désiré de les voir finir et de voir reparaître la fleur du foin, et il disait : « Mon Dieu, mon Dieu, pourquoi m'avez-vous abandonné (*Ps.* XXI, 2 et 3)? » Cette voix est celle du Christ, mais il parle au nom de ses membres. « Je vous ai fait entendre la voix de mes péchés; j'ai crié vers vous pendant le jour et vous ne m'avez pas exaucé ; et pendant la nuit, et pourtant ce n'était pas pour me tenir dans l'ignorance. » C'est-à-dire : j'ai crié pendant la nuit et vous ne m'avez pas exaucé; et cependant, si vous ne m'avez pas exaucé, ce n'était pas pour me tenir dans l'ignorance, mais plutôt pour m'instruire, afin que je comprisse ce que je devais vous demander. Je vous demandais, en effet, des choses que je n'aurais peut-être obtenues que pour mon détriment. O hommes! vous demandez les richesses. Et combien d'hommes ont trouvé leur ruine dans les richesses! Que savez-vous si les richesses vous seraient profitables? Combien de pauvres vivaient en sûreté dans leur obscurité; devenus riches, à peine ont-ils commencé à briller, qu'ils sont devenus la proie de plus forts qu'eux. Combien il était meilleur pour eux d'être cachés, combien meilleur d'être ignorés; dès qu'ils ont paru, on

---

mus Dei nostri florebunt (*Psal.* XCI, 14). » Remanet ergo nobis flos, sed qui non cadat, sicut folium plantati illius ligni juxta aquas, de quo dictum est, Et folium ejus non decidet (*Ps.* I, 3). « Deus ergo in nomine tuo salvum me fac, et in virtute tua judica me. »

5. « Deus exaudi orationem meam, auribus percipe verba oris mei (*Psal.* LIII, 4). » Perveniant ad aures tuas verba oris mei, quia non florem Zyphæorum a te desidero. « Auribus percipe verba oris mei. » Tu percipe. Nam Ziphæis etsi sonet oratio mea, non audiunt, quia non intelligunt. Temporalibus quippe gaudent, bona æterna desiderare non norunt. Ad te perveniat oratio mea, ex desiderio æternorum tuorum beneficiorum excussa et jaculata : ad aures tuas emitto eam, adjuva eam ut perveniat, ne deficiat in itinere medio, et quasi collapsa corruat. Sed et si non mihi eveniunt modo bona quæ postulo, securus sum tamen quia postea venient. Nam et in delictis dicitur quidam rogasse Deum, et non exauditus bono suo. Desideria enim sæcularia incitaverant illum ad orandum, et in tribulationibus temporalibus positus optaverat ut transirent tribulationes temporales, et rediret flos fœni; et ait, « Deus meus, Deus meus, ut quid me dereliquisti (*Ps.* XXI, 2).» Vox ipsa Christi est, sed pro membris suis. « Verba, inquit, delictorum meorum, clamavi ad te per diem, nec exaudisti; et nocte, et non ad insipientiam mihi : » id est, et nocte clamavi, et non exaudisti; et tamen hoc ipsum quod non exaudisti, non ad insipientiam mihi non exaudisti, sed magis ad sapientiam non exaudisti, ut intelligerem quid a te petere deberem. Ea enim petebam quæ malo meo fortassis acciperem. Petis divitias o homo, quanti sunt eversi per divitias suas? Unde scis utrum tibi sint profuturæ divitiæ? Nonne multi pauperes tutius latebant, divites facti, mox ut lucere cœperunt, præda fortioribus fuerunt? Quanto melius laterent, quanto melius nescirentur, qui cœperunt quæri, non propter quod erant, sed propter quod habebant? In his

les a recherchés, non pour ce qu'ils étaient, mais pour ce qu'ils possédaient. Nous vous avertissons donc, mes frères, nous vous exhortons au nom du Seigneur, lorsqu'il s'agira de biens temporels, de ne demander à Dieu rien de déterminé, mais seulement ce qu'il sait vous convenir. Car vous ignorez entièrement ce qui vous convient. Quelquefois ce que vous croyez utile vous nuit, et ce que vous croyez nuisible vous sert. En effet, vous êtes malade, gardez-vous de dicter au médecin le choix des remèdes qu'il voudra vous imposer. Si le Docteur des Gentils, l'Apôtre saint Paul, a dit : « Nous ne savons que demander comme il convient (*Rom.* VIII, 26); » combien plus l'ignorons-nous? Et lui-même, assurément, croyait prier avec prudence, quand il demandait à être délivré de l'aiguillon de sa chair, de l'ange de Satan qui le souffletait, de peur que la grandeur de ses révélations ne lui inspirât de l'orgueil. Quelle fut pourtant la réponse du Seigneur? Ce que Paul désirait lui fut-il accordé? Non : mais ce qui lui était utile. Quelle fut donc la réponse du Seigneur? « Trois fois, dit-il, j'ai demandé au Seigneur qu'il éloignât de moi cet ange de Satan, et il m'a dit : Ma grâce te suffit; car ma force apparaît tout entière dans la faiblesse (II *Cor.* XII, 8 et 9). » J'ai mis le remède sur la blessure; je sais quand je l'ai mis, je sais quand je devrai l'ôter. Que le malade ne s'échappe pas des mains du médecin; qu'il ne donne point de conseils au médecin. Telles sont toutes les choses temporelles. Sont-ce des tribulations? Si vous honorez Dieu comme vous le devez, vous savez qu'il connaît ce qui convient à chacun. Sont-ce des prospérités? Soyez encore plus sur vos gardes, de peur qu'elles ne corrompent votre cœur et que celui-ci ne s'éloigne de Dieu qui vous a donné ces prospérités. Que dit donc le Prophète, dans son intelligence de toutes ces choses? « O Dieu, exaucez ma prière, que vos oreilles recueillent les paroles de ma bouche. »

6. « Parce que des étrangers se sont élevés contre moi (*Ps.* LIII, 5). » Quels étrangers? Est-ce que David n'était pas un Juif de la tribu de Juda? Mais le bourg de Zyph faisait partie du pays des Juifs et de la tribu de Juda. Comment donc ses ennemis étaient-ils des étrangers? Ils ne l'étaient point par leur cité, par leur tribu, par leur parenté, mais par leur état florissant. Voulez-vous, en effet, connaître ces étrangers? Dans un autre psaume, le Prophète nomme enfants étrangers, « ceux dont la bouche profère des paroles de vanité et dont la main n'opère que l'iniquité (*Ps.* CXLIII, 11). » Et il énumère les biens qui rendent les Zyphéens florissants : « Leurs fils étaient comme des vignes nouvelles, fortes de leur jeunesse; leurs filles étaient richement parées et ornées comme des temples; leurs celliers

---

ergo temporalibus, Fratres, admonemus vos et exhortamur in Domino, ut non petatis aliquid quasi fixum, sed quod vobis Deus expedire scit. Quid enim vobis expediat, omnino nescitis. Aliquando quod putatis prodesse, obest; et quod putatis obesse, hoc prodest. Ægri enim estis, nolite medico dictare quæ vobis medicamenta velit apponere. Si doctor Gentium Paulus apostolus dicit, « Quid enim oremus sicut oportet, nescimus (*Rom.* VIII. 26) : » quanto magis nos? Qui tamen cum sibi videretur ipse prudenter orare, ut ab eo auferretur stimulus carnis, angelus satanæ, qui eum colaphizabat, ne in magnitudine revelationum extolleretur, quid audivit a Domino? Numquid factum est quod volebat? (*a*) Non, ut fieret quod expediebat. Quid ergo audivit a Domino? « Ter, inquit, rogavi Dominum, ut auferret eum a me, et dixit mihi, Sufficit tibi gratia mea : nam virtus in infirmitate perficitur (II *Cor.* XII, 8 et 9). » Ego medicamentum ad vulnus posui : quando posuerim novi, quando auferendum sit novi. Non recedat ægrotus a manibus medici, non det consilium medico. Ita sunt ista omnia temporalia. Tribulationes sunt; si bene colis Deum, noveris quia novit quid cuique expediat : prosperitates sunt; magis cave, ne ipsæ corrumpant animum tuum, ut ab eo qui hæc dedit recedat. Ergo iste intelligens quid ait? « Deus exaudi orationem meam, auribus percipe verba oris mei. »

6. « Quoniam alieni insurrexerunt adversum me (*Psal.* LIII, 5). » Qui alieni? Nonne ipse David Judæus erat de tribu Juda? Ipse autem locus Ziph ad tribum Juda pertinebat, Judæorum erat. Quomodo ergo alieni? Non civitate, non tribu, non cognatione, sed flore. Nam vis nosse alienos istos? In alio Psalmo filii alieni dicti sunt, « quorum os locutum est vanitatem, et dextera eorum dextera iniquitatis

---

(*a*) Abest, *non*, a MSS.

étaient pleins et regorgeaient des uns dans les autres; leurs brebis étaient fécondes et l'on ne pouvait les compter au sortir des étables; leurs bœufs étaient gras et il n'y avait aucun dégat ni aucune brèche dans leurs haies, aucun bruit dans leurs places publiques (*Ibid.* 12.)» Vous voyez les Zyphéens, vous voyez ces hommes dont la prospérité est passagère. « On a dit heureux le peuple à qui ces biens appartiennent. » A bon droit, ce sont là des enfants étrangers. Et que dites-vous, vous qui êtes caché parmi les Zyphéens? « Heureux le peuple dont le Seigneur est le Dieu. » C'est dans ces sentiments que le Prophète envoie sa prière aux oreilles de Dieu, lorsqu'il dit : « Que vos oreilles recueillent les paroles de ma bouche, parce que des étrangers se sont élevés contre moi. »

7. « Et des hommes puissants ont cherché ma vie (*Ps.* LIII, 5). » En effet, mes frères, ceux qui mettent leur espérance dans ce monde, cherchent à perdre par un moyen nouveau la race des saints et des hommes qui refusent de mettre leur espérance dans les choses de ce monde. Assurément ils sont mêlés ensemble ; assurément ils mènent une vie commune. Ces deux espèces d'hommes sont absolument contraires l'une à l'autre; l'une se compose de ceux qui ne mettent leur espérance que dans les choses du monde et dans la félicité temporelle;

l'autre, de ceux qui mettent fermement leur espérance dans le Seigneur leur Dieu. Mais quand les Zyphéens vous paraissent d'accord entre eux, ne donnez pas pour cela grande confiance à leur concorde; les tentations leur manquent. S'il leur vient une tentation, si l'un d'eux est accusé de telle sorte que sa prospérité soit en péril, je ne vous dis pas seulement qu'il manquera à son évêque, mais qu'il ne voudra pas même obéir à l'Église, de peur de perdre quelque chose de sa fleur de foin. Pourquoi vous ai-je dit cela, mes frères? Parce que, maintenant vous entendez volontiers parler au nom du Christ; et que vous acclamez sa parole, parce que vous la comprenez: car certainement, si vous ne la compreniez pas, vous ne l'acclameriez pas ainsi. Or, cette intelligence que vous avez doit porter ses fruits. C'est la tentation qui fait connaître si l'intelligence porte ses fruits, et si vous, qui vous appelez nos frères, vous ne deviendrez pas subitement, au moment de l'épreuve, des étrangers dont on pourra dire : « Des étrangers se sont élevés contre moi et des hommes puissants ont cherché ma vie. » Qu'on ne dise pas non plus de vous ce qui suit : « Ils ne veulent pas avoir Dieu devant les yeux. » A quel moment, en effet, celui qui n'a jamais que le monde devant les yeux aura-t-il Dieu sous son regard? On cherche comment mettre argent sur argent, comment augmenter

---

(*Psal.* CXLIII, 11).» Et enumerat florem Ziphæorum : « Quorum filii eorum velut novellæ constabilitæ in juventute sua : filiæ eorum compositæ et ornatæ, sicut similitudo templi : cellaria eorum plena, eructantia ex hoc in hoc : oves eorum fecundæ multiplicantes in exitibus suis; boves eorum crassi : non est ruina sepis, nec exitus, neque clamor in plateis eorum (*Ibid.* 12, etc.). » Sed vide Ziphæos, vide ad tempus florentes. « Beatum dixerunt populum cui hæc sunt. » Merito filii alieni. Tu quid latens inter Ziphæos ? « Beatus populus cujus Dominus Deus ipsius. » Ex hoc affectu hæc oratio mittitur ad aures Domini, cum dicitur, « Auribus percipe verba oris mei : quoniam alieni insurrexerunt adversum me. »

7. « Et potentes quæsierunt animam meam (*Psal.* LIII, 5). » Novo enim modo, Fratres mei, volunt perdere genus sanctorum et ab hujus sæculi spe abstinentium omnes qui spem habent in isto sæculo. Certe concreti sunt, certe simul vivunt. Vehementer

sibi adversa sunt ista duo genera : unum eorum qui non ponunt spem nisi in rebus sæcularibus et temporali felicitate, et alterum eorum qui spem suam in Domino Deo suo firmiter ponunt. Et cum concordes sunt isti Ziphæi, noli multum credere concordiæ eorum : tentationes desunt; ubi venerit aliqua tentatio, ut arguatur aliquis pro flore sæculi, non tibi dico offendet (*a*) episcopo, sed nec ad ipsam Ecclesiam accedere vult, ne cadat aliquid fœni. Quare ista dixi, Fratres ? Quia modo libenter auditis omnes in nomine Christi, et quemadmodum intelligitis, ita exclamatis ad verbum ; non utique acclamaretis, nisi intelligeretis. Intellectus iste vester fructuosus esse debet. Utrum autem fructuosus sit, tentatio interrogat, ne subito cum dicimini nostri, per tentationem inveniamini alieni, et dicatur, « Alieni insurrexerunt adversum me, et potentes quæsierunt animam meam. » Ne dicatur quod sequitur, « Non proposuerunt Deum ante conspectum suum.» Quando enim ponet ante conspectum suum Deum, ante cu-

---

(*a*) Er. et aliquot MSS. *episcopum*.

ses troupeaux, comment remplir ses magasins, comment dire à son âme : Vous possédez beaucoup de biens ; réjouissez-vous, mangez et rassasiez-vous. Est-ce qu'un tel homme place devant ses yeux le Seigneur qui dit à celui qui se glorifie de ses biens et brille de la fleur des Zyphéens : « Insensé ! »c'est-à-dire homme sans intelligence, homme sans prudence, « cette nuit même votre âme vous sera enlevée ; à qui appartiendront toutes ces choses que vous avez amassées (*Luc*, XII, 20)? » « Ils ne veulent pas avoir Dieu devant les yeux. »

8. « Mais voilà que Dieu vient à mon aide (*Ps.* LIII, 6). » Et ceux même au milieu de qui je suis caché ne le savent pas. Mais s'ils avaient Dieu devant les yeux, ils trouveraient comment Dieu vient à mon aide. Car tous les saints sont aidés par Dieu, mais intérieurement, là où nul ne peut voir. De même que la conscience des impies est pour eux un grand châtiment, ainsi la conscience est une grande joie pour les hommes pieux. « Car le témoignage de notre conscience, dit l'Apôtre, fait à l'intérieur notre gloire (II *Cor.* I, 12). » C'est aussi dans la conscience, et non au dehors dans la fleur des Zyphéens, que se glorifie le Prophète qui nous a dit : « Voilà que Dieu vient à mon aide. » En effet, les biens que Dieu promet sont encore dans un avenir lointain, mais dès aujourd'hui même son secours est pour moi présent, et dès aujourd'hui même, je trouve dans la joie de mon cœur la preuve que certaines personnes disent bien à tort : « Qui nous montrera les biens ? La lumière de votre visage est empreinte sur nous, Seigneur, vous avez répandu la joie dans mon âme (*Ps.* IV, 7). » Non dans ma vigne, non dans mes troupeaux, non dans mon celliers, non dans mes cuisines, mais dans mon cœur. « Voilà que Dieu me vient en aide. » Et comment vous aide-t-il ? « Et le Seigneur est le protecteur de mon âme. »

9. « Faites retomber sur mes ennemis le mal qu'ils veulent me faire (*Ps.* LIII, 7). » De même qu'ils verdissent, de même qu'ils fleurissent, ainsi ils sont destinés au feu. « Dispersez-les par votre force. » Parce qu'ils fleurissent maintenant, parce qu'ils s'élèvent comme l'herbe, gardez-vous d'être assez imprudent, assez insensé pour vous perdre dans les siècles des siècles (*Ps.* XCI, 7, 8), en considérant leur éclat passager. « Faites retomber sur mes ennemis le mal qu'il veulent me faire. » Si vous êtes dans le corps de David, Dieu dispersera vos ennemis par sa force. Ils fleurissent par la félicité du monde, ils périssent par la force de Dieu. Ils ne périssent pas de la même manière qu'ils fleurissent ; car ils fleurissent pour un temps, ils périssent pour l'éternité ; ils fleurissent par

---

jus conspectum non est nisi sæculum ? quomodo sit nummus super nummum, quomodo augeantur greges, quomodo impleantur apothecæ, quomodo dicatur animæ, Habes multa bona, jocundare, epulare, satiare. Numquid ponit ante conspectum suum illum qui sic glorianti et ita flore Ziphæorum nitenti dicit, « Stulte, » hoc est, non intelligens, vir imprudens, « hac nocte auferetur anima tua ; hæc omnia quæ præparasti cujus erunt (*Lucæ*, XII, 20) ? » « Non proposuerunt Deum ante conspectum suum. »

8. « Ecce enim Deus adjuvat me (*Psal.* LIII, 6). » Et ipsi nesciunt inter quos lateo. Si autem et ipsi ponerent Deum ante conspectum suum, invenirent, quemadmodum me adjuvat Deus. Omnes enim sancti adjuvantur a Deo, sed intus ubi nemo videt. Quomodo enim magna est pœna impiorum conscientia, sic magnum gaudium piorum ipsa conscientia. « Nam gloria nostra hæc est, ait Apostolus, testimonium conscientiæ nostræ (II *Cor.* I, 12). » In hac gloriatur iste intus, non in flore Ziphæorum foris, qui modo ait, « Ecce enim Deus adjuvat me. » Prorsus quamvis longe futura sint quæ promittit, hodie mihi dulce et præsens est adjutorium ; hodie in cordis mei gaudio invenio quia sine caussa dicunt quidam, « Quis ostendit nobis bona ? Signatum est enim super nos lumen vultus tui Domine, dedisti jocunditatem in cor meum (*Psal.* IV, 7). » Non in vineam meam, non in gregem meum, non in cuppam meam, non in mensam meam, sed in cor meum. « Ecce enim Deus adjuvat me. » Quomodo te adjuvat ? « Et Dominus susceptor est animæ meæ. »

9. « Averte mala inimicis meis (*Psal.* LIII, 7). » Sic quomodo virent, sic quomodo florent, igni servantur. « In virtute tua disperde illos. » Puta quia florent modo, puta quia exoriuntur sicut fœnum : tu noli esse vir imprudens et stultus (*Psal.* XCI, 7), ut hæc adtendendo intereas in sæculum sæculi. « Averte enim mala inimicis meis. » Nam si tu fueris in corpore ipsius David, in virtute sua disperdet illos. Isti florent felicitate sæculi, pereunt in virtute Dei. Non quomodo florent, sic pereunt : florent enim ad tempus, pereunt in æternum : florent falsis bonis, pe-

de faux biens, ils périssent par des maux véritables. « Dispersez-les par votre force, » après les avoir supporté dans votre faiblesse.

10. « Je vous offrirai volontairement un sacrifice (*Ps.* LIII, 8). » Qui peut comprendre par les paroles d'un autre ce bien que ressent le cœur, s'il ne l'a goûté en lui-même ? Que veut donc dire : « Je vous offrirai volontairement un sacrifice ? » Je tâcherai de vous l'expliquer : comprenne qui le peut, autant qu'il le peut. Que celui qui ne pourra comprendre croie et prie, pour arriver à comprendre. Devons-nous, en effet, passer ce verset sous silence, sans l'interpréter devant vous ? Je l'avoue à Votre Charité; le goût que j'y trouve m'invite et me presse de vous en dire quelque chose, et je rends à Dieu des actions de grâces de ce que vous m'écoutez attentivement. Car si je voyais que vous fussiez ennuyés en m'écoutant, je me tairais, à contre cœur, sur ce verset; et pourtant, autant que le Seigneur daignerait m'accorder de parler, je ne me tairais pas dans mon cœur. Que ce que mon cœur a conçu monte donc sur mes lèvres; que ma voix exprime ce que garde mon esprit. Disons, aussi bien que nous le pourrons, ce que signifient ces paroles : « Je vous offrirai volontairement un sacrifice. » En effet, quel sacrifice, mes frères, dois-je comprendre ici ? ou qu'offrirai-je à Dieu qui soit un digne remerciement de sa miséricorde ? Chercherai-je des victimes dans un troupeau de brebis ? choisirai-je un bélier ? jetterai-je les yeux sur quelque taureau de mes pâturages ? apporterai-je de l'encens venu certainement de la terre des Sabéens ? Que ferai-je ? Qu'offrirai-je, si ce n'est ce que Dieu a désigné par ces paroles : « Un sacrifice de louange me glorifiera (*Ps.* XLIX, 25) ? » Pourquoi donc le mot : « Volontairement ? » Parce que j'aime d'un amour désintéressé ce que je loue. Je loue Dieu et je me réjouis de cette louange même ; je me réjouis de la louange donnée à celui que je ne rougis pas d'avoir loué. En effet, il n'est pas loué comme le sont par les amateurs des frivolités du théâtre un cocher, un chasseur du cirque, un histrion quelconque ; ceux qui les louent excitent les autres à en faire autant, et les pressent de crier comme eux, et lorsque tous ont ainsi crié, souvent ils rougissent tous de la défaite de leur favori. Il n'en est pas ainsi de notre Dieu : qu'il soit loué par une volonté libre, qu'il soit aimé d'un amour pur ! Qu'il soit loué et aimé gratuitement ! Que veut dire, gratuitement ? Lui-même et pour lui-même, non pour quelque intérêt. Si, en effet, vous louez Dieu pour qu'il vous donne quelque chose d'autre que lui, vous n'aimez déjà plus Dieu gratuitement. Vous rougiriez si votre épouse vous aimait pour votre fortune, et si, votre fortune venant à se perdre, elle pensait à l'adultère. Mais quoi ! vous voulez

---

reunt veris tormentis. « In virtute tua disperde illos: » quos in infirmitate tua tolerasti.

10. « Voluntarie sacrificabo tibi (*Psal.* LIII, 8). » Quis hoc bonum cordis vel intelligere potest alio dicente, si non in se ipso gustarit ? Quid est, « Voluntarie sacrificabo tibi ? » Dicam tamen, capiat qui potest, quomodo potest : credat qui non potest, et oret ut possit. Numquid tamen istum versum ita præterire debemus, ut eum vobis non commendemus ? Dico Caritati Vestræ, invitat me satis amor ipsius aliquid de illo loqui ; et gratias ago Deo quod intente auditis. Si autem vos fastidientes audire conspicerem, invitus ab hoc versu silerem ; et tamen in corde meo, quantum Dominus dignaretur concedere, non silerem. Veniat ergo in linguam quod corde conceptum est ; promatur voce quod mente servatur : dicamus ut possumus, quid sit, « Voluntarie sacrificabo tibi. » Quod enim sacrificium hic accipiam, Fratres ? aut dignum offeram Domino pro misericordia ejus ? Victimas quæram de grege ovium, arietem eligam, taurum aliquem in armentis prospiciam, thura certe de terra Sabæorum afferam ? Quid faciam ? Quid offeram, nisi quod ait, « Sacrificium laudis honorificabit me (*Psal.* XLIX, 23) ? » Quare ergo, « voluntarie ? » Quia gratis amo quod laudo. Laudo Deum, et in ipsa laude gaudeo : ipsius laude gaudeo, quo laudato non erubesco. Non enim quemadmodum laudatur ab studiosis theatricarum nugarum vel Auriga, vel Venator, vel quilibet histrio, et a laudatoribus suis invitantur alii laudatores, exhortantur ut pariter clament ; et cum omnes clamaverint, plerumque illo victo omnes erubescunt. Non ita est Deus noster : laudetur voluntate, ametur caritate ; gratuitum sit quod amatur, et quod laudatur. Quid est gratuitum ? Ipse propter se, non propter aliud. Si enim laudas Deum ut det tibi aliquid aliud, jam non gratis amas Deum. Erubesceres, si uxor tua propter divitias amaret ; et forte si tibi paupertas accideret, de adulterio cogitaret. Cum ergo te a conjuge gratis amari velis, tu Deum propter aliud amabis ? Quod præmium

que votre femme vous aime gratuitement, et vous aimeriez Dieu pour autre chose que pour lui-même? Quelle richesse attendez-vous donc de Dieu, avare que vous êtes. Eh bien! ce n'est pas la terre, c'est lui-même qu'il vous réserve, lui qui a fait le ciel et la terre. « Je vous offrirai volontairement un sacrifice. » Gardez-vous de l'offrir par nécessité. Si, en effet, vous louez Dieu pour autre chose que pour lui-même, vous le louez par nécessité. Si vous aviez en votre possession ce que vous aimez, vous ne loueriez pas Dieu. Écoutez bien ce que je vais vous dire : Vous louez Dieu, par exemple, pour qu'il vous donne une grosse somme d'argent, si vous receviez cet argent, non pas de Dieu, mais d'ailleurs, est-ce que vous loueriez Dieu? Si donc vous louez Dieu à cause de cet argent, vous ne sacrifiez pas volontairement à Dieu, mais vous sacrifiez par nécessité, parce que vous aimez je ne sais quelle chose en dehors de lui. Voilà pourquoi le Prophète dit : « Je vous offrirai volontairement un sacrifice. » Méprisez tout, ne cherchez que lui. Et tout ce qu'il vous a donné n'est un bien qu'à cause de lui qui le donne; car il donne en effet, il donne ces biens temporels, aux uns pour leur bonheur, aux autres pour leur malheur, selon l'élévation et la profondeur de ses jugements. L'Apôtre tremblait devant l'abîme de ces jugements, lorsqu'il disait : « O profondeur des richesses de la sagesse et de la science de Dieu! Que ses jugements sont incompréhensibles et ses voies impénétrables! Qui pourra pénétrer ses voies ou qui comprendra ses conseils(*Rom.*XI, 33 et 34)?» Il sait quand donner et à qui donner, quand ôter et à qui ôter. Demandez-lui maintenant ce qui doit vous être utile pour l'avenir, demandez-lui ce qui doit vous aider pour l'éternité. Mais aimez-le gratuitement, car vous ne trouverez rien qu'il puisse vous donner de meilleur que lui ; ou si vous trouvez quelque chose de meilleur, demandez-lui. « Je vous offrirai volontairement un sacrifice. » Pourquoi « volontairement? » Parce que je l'offrirai gratuitement. Que veut dire : gratuitement? « Et je glorifierai, Seigneur, votre nom, parce qu'il est bon ; » pour aucune autre raison que parce qu'il est bon. Est-ce que le Prophète dit : Je glorifierai votre nom Seigneur, parce que vous me donnez des propriétés fertiles, parce que vous me donnez de l'or et de l'argent, parce que vous me donnez d'amples richesses, une grosse somme d'argent, une dignité très-élevée? Non. Mais pourquoi? « Parce qu'il est bon. » Je ne trouve rien de meilleur que votre nom ; c'est pourquoi : « Je glorifierai, Seigneur, votre nom, parce qu'il est bon. »

11. « Parce que vous m'avez délivré de toutes mes tribulations (*Ps.*LIII,9).» C'est à cause de ces tribulations que j'ai compris l'excellence de votre nom ; car si j'avais pu reconnaître cette

---

accepturus es a Deo, o avare ? Non tibi terram, sed seipsum servat, qui fecit cœlum et terram. « Voluntarie sacrificabo tibi : » noli ex necessitate. Si enim propter aliud laudas Deum, ex necessitate laudas. Si adesset tibi quod amas, non laudares Deum. Vide quid dicam : Laudas Deum, verbi gratia, ut tibi det amplam pecuniam : si haberes aliunde amplam pecuniam, non a Deo, numquid laudares Deum ? Si ergo propter pecuniam laudas Deum, non voluntarie sacrificas Deo, sed ex necessitate sacrificas : quia præter illum nescio quid aliud amas. Inde dictum est, « Voluntarie sacrificabo tibi. » Contemne omnia, ipsum adtende. Et hæc quæ dedit, propter dantem bona sunt. Nam dat prorsus, dat ista temporalia ; et quibusdam bono eorum, quibusdam malo eorum, secundum altitudinem et profunditatem judiciorum suorum. In quorum judiciorum abysso expavit Apostolus, dicens, « O altitudo divitiarum sapientiæ et scientiæ Dei, quam inscrutabilia sunt judicia ejus, et investigabiles viæ ipsius ! Quis enim investigabit vias ejus, aut quis comprehendet consilia ejus (*Rom.* II, 33) ? » Novit quando det, cui det ; quando auferat, et cui auferat. Pete tu in hoc tempore quod tibi prosit in posterum, pete quod te adjuvet in æternum. Ipsum autem gratis dilige : quia melius ab eo non invenis quod det quam seipsum ; aut si invenis melius, hoc pete.«Voluntarie sacrificabo tibi.» Quare voluntarie? Quia gratis. Quid est, gratis ? « Et confitebor nomini tuo, Domine, quoniam bonum est : » ob nihil aliud, nisi quia bonum est. Numquid ait, Confitebor nomini tuo, Domine, quia das mihi fructuosa prædia, quia das mihi aurum et argentum, quia das mihi latas divitias, amplam pecuniam, excellentissimam dignitatem ? Non. Sed quid? « Quoniam bonum est. » Melius nihil invenio quam nomen tuum : ideo « confitebor nomini tuo, Domine, quia bonum est. »

11. « Quoniam ex omni tribulatione eripuisti me (*Ps.* LIII, 9). » Ideo intellexi quia bonum est nomen tuum : nam si hoc possem ante tribulationes agno-

excellence avant de souffrir ces afflictions, peut-être ne m'auraient-elles pas été nécessaires. Mais l'affliction m'a servi d'avertissement, et cet avertissement a tourné à votre louange. Car je ne comprendrais pas où je suis, si je n'avais été averti de ma misère. Vous m'avez donc délivré de toutes mes tribulations, et « j'ai jeté les yeux sur tous mes ennemis avec sécurité; » j'ai jeté les yeux avec sécurité sur tous les Zyphéens. J'ai passé, en effet, au-dessus de la fleur de leur félicité terrestre par l'élévation de mon cœur, je suis parvenu jusqu'à vous, et de là j'ai jeté les yeux sur eux et j'ai vu que « toute chair est comme du foin et que toute la gloire humaine est comme la fleur du foin (*Is.* XL, 6) ; » de même que dans un autre psaume il est dit : « J'ai vu l'impie exalté outre mesure, je l'ai vu élevé au-dessus des cèdres du Liban, j'ai passé et voilà qu'il n'était déjà plus (*Ps.* XXXVI, 35). » Pourquoi n'était-il déjà plus ? Parce que vous aviez passé ? Que veut dire : parce que vous aviez passé ? Parce que ce n'était pas inutilement que vous avez entendu ce cri : Élevez en haut votre cœur; parce que vous n'êtes pas resté sur cette terre où vous eussiez pourri ; parce que vous avez élevé votre âme à Dieu ; parce que vous avez dépassé les cèdres du Liban, et que de cette hauteur, vous avez regardé : et voilà qu'il n'était déjà plus, vous l'avez cherché, et vous n'avez pas trouvé la place où il était. Déjà ce travail n'est plus devant vous, parce que vous êtes entré dans le sanctuaire de Dieu, et que vous avez compris le secret du dernier jour (*Ps.* LXXII, 26). C'est par cette pensée que le Prophète termine ici ce psaume : « Et j'ai jeté les yeux sur tous mes ennemis avec sécurité. » Faites de même, mes frères, dans vos cœurs; élevez vos cœurs vers Dieu, purifiez la pointe de votre esprit, apprenez à aimer Dieu sans intérêt, apprenez à mépriser le siècle présent, apprenez à offrir volontairement la victime de louange, afin de passer par-dessus la fleur du foin et de jeter, sans crainte, les yeux sur vos ennemis.

scere, forte mihi necessariæ non fuissent. Sed adhibita est tribulatio ad admonitionem, admonitio facta est ad tuam laudationem. Non enim intelligerem ubi essem, nisi de infirmitate mea admonitus essem. Ex omnibus ergo tribulationibus eripuisti me. « Et super inimicos meos respexit oculus meus (*Ibid.*) : » super illos Zyphæos respexit oculus meus. Florem quippe illorum transii altitudine cordis, ad te perveni, et inde respexi super illos, et vidi quia omnis caro fœnum, et omnis claritas hominis sicut flos fœni (*Isai.* XL, 6) : sicut quodam loco item dicitur, « Vidi impium superexaltari et elevari sicut cedros Libani : transii, et ecce non erat (*Psal.* XXXVI, 35). » Quare, non erat? Quia transisti. Quid est, quia transisti ? Quia non sine caussa, Sursum cor, *(a)* audisti, quia non in terra ubi putresceres remansisti, quia levasti animam tuam ad Deum, et transcendisti cedros Libani, de illa celsitudine adtendisti : et ecce non erat, et quæsisti eum, et non est inventus locus ejus. Jam labor non est ante te; quia intrasti in sanctuarium Dei, et intellexisti in novissima (*Psal.* LXXII, 16). Sic et hic ita concludit : « Et super inimicos meos respexit oculus meus. » Hoc agite ergo Fratres cum animis vestris, erigite corda vestra, expolite aciem mentis vestræ, discite gratis diligere Deum, discite præsens contemnere sæculum, discite voluntarie sacrificare hostiam laudis; ut transcendentes florem fœni, respiciatis super inimicos vestros.

(a) Sic MSS. At editi, *sursum cor habuisti*.

DISCOURS[1] SUR LE PSAUME LIV.

1. Voici le titre de ce psaume : « Pour la fin, dans les hymnes, intelligence à David (*Ps.* LIV, 1). » Ce que c'est que la fin, nous le rappellerons en peu de mots, parce que vous le savez. « En effet, le Christ est la fin de la Loi, pour la justification de tous ceux qui croient en lui (*Rom.* x, 4). » Que votre intention soit donc dirigée vers la fin ; qu'elle soit dirigée vers le Christ. Pourquoi dit-on qu'il est la fin ? Parce que nous rapportons à lui tout ce que nous faisons ; et que, quand nous serons parvenus jusqu'à lui, nous n'aurons plus rien à chercher au-delà. On appelle, en effet, du nom de fin tout ce qui détruit, et on appelle aussi de ce nom tout ce qui achève. En effet, nous avons dans l'esprit un sens différent lorsqu'on nous dit : Le pain que l'on mangeait est fini, et lorsqu'on nous dit : l'habit que l'on tissait est fini ; dans l'un et l'autre cas, on emploie le même terme, « est fini ; » mais le pain est fini, parce qu'il n'existe plus ; l'habit est fini, parce qu'il est mené à son achèvement. Notre fin doit donc être notre achèvement : notre achèvement, c'est le Christ. En effet, nous sommes achevés en lui, parce que nous sommes ses membres et qu'il est notre tête. Quant à lui, on dit qu'il est la fin de la Loi, parce que sans lui nul n'accomplit entièrement la loi. Donc, lorsque dans les psaumes vous entendez ces mots : « pour la fin, » (car beaucoup portent cette inscription), que votre pensée ne s'arrête pas sur la fin qui est une destruction, mais sur la fin qui est un achèvement.

2. « Dans les hymnes : » dans les louanges. Qu'en effet nous soyons dans l'affliction et dans l'angoisse, ou dans la joie et dans l'allégresse, il nous faut louer celui qui nous instruit par

IN PSALMUM LIV.

ENARRATIO.

1. Psalmi hujus titulus est : « In finem, in hymnis, intellectus ipsi David (*Psal.* LIV, 1). » Qui sit finis commemoramus breviter, quia nostis. Finis enim Legis Christus est, « ad justitiam omni credenti (*Rom.* x, 4). » Intentio ergo dirigatur in finem, dirigatur in Christum. Quare finis dicitur ? Quoniam quidquid agimus, ad illum referimus ; et cum ad eum pervenerimus, ultra quod quæramus non habebimus. Dicitur enim finis qui consumit, dicitur finis qui perficit. Aliter quippe intelligimus cum audimus, Finitus est cibus qui manducabatur ; et aliter intelligimus cum audimus, Finita est vestis quæ texebatur : in utroque audimus, Finitum est ; sed cibus ut jam non esset, vestis ut perfecta esset. Finis ergo noster perfectio nostra esse debet, perfectio nostra Christus. In illo enim perficimur, quia ipsius capitis membra sumus. Et dictus est finis Legis, quia sine illo nemo perficit Legem. Cum ergo auditis in Psalmis, In finem : (multi enim Psalmi ita superscripti sunt) : non sit vestra cogitatio in consumtionem, sed in consummationem.

2. « In hymnis : » in laudibus. Sive enim tribulemur et angustemur, sive lætemur et exsultemus, ille laudandus est, qui et in tribulationibus erudit, et in lætitia consolatur. Laus enim Dei a corde et ore

---

(1) Discours au peuple, dans lequel l'orateur parle du support des méchants, et s'élève contre les Donatistes.

l'affliction et qui nous console par la joie. Car, la louange de Dieu ne doit jamais quitter ni le cœur ni la bouche du chrétien ; loin de le louer seulement dans la prospérité pour le maudire dans l'adversité ; et telle est la prescription d'un des psaumes : « Je bénirai le Seigneur en tout temps ; sa louange sera sans cesse dans ma bouche (*Ps.* XXXIII, 1). » Vous êtes dans la joie, reconnaissez un père qui vous caresse ; vous êtes dans l'affliction, reconnaissez un père qui vous corrige. Soit qu'il caresse, soit qu'il corrige, il instruit celui auquel il prépare son héritage.

3. Que veut donc dire : « Intelligence à David ? » David était, comme nous le savons, un saint Prophète, roi d'Israël et fils de Jessé (I *Rois*, XVI, 18) : mais, parce que Notre-Seigneur Jésus-Christ, venu sur terre pour notre salut, descend, selon la chair, de la race de David (*Rom.* I, 3), souvent il est figuré sous le nom de David ; et David est pris figurativement pour le Christ, à cause de l'origine de celui-ci selon la chair. Car, en un sens, il est le fils de David, en un autre sens, il est le Seigneur de David : fils de David, selon la chair, il est Seigneur de David, selon sa divinité. Si, en effet, toutes choses ont été faites par lui (*Jean.* I, 3), David lui-même, de la race duquel il est né parmi les hommes, a été fait par lui. C'est pourquoi le Seigneur ayant demandé aux Juifs de qui ils disaient que le Christ était fils, et ceux-ci ayant répondu : de David, il vit qu'ils avaient perdu le souvenir de sa divinité, et il les corrigea en leur proposant cette question (*Matth.* XXII, 42) : « Comment donc David l'appelle-t-il en esprit son Seigneur, en disant : « Le Seigneur a dit à mon Seigneur, asseyez-vous à ma droite, jusqu'à ce que je réduise vos ennemis à vous servir de marchepied ? Si donc, en esprit, il l'appelle son Seigneur, comment est-il son fils (*Ps.* CIX, 4) ? » Il leur posait une question et ne niait pas qu'il fût fils de David. Vous avez entendu qu'il est son Seigneur ; dites comment il peut être son fils ; vous avez entendu qu'il est son fils, dites comment il peut être son Seigneur. La foi catholique a résolu cette question. Comment est-il son Seigneur ? Parce que « au commencement était le Verbe et le Verbe était en Dieu et le Verbe était Dieu (*Jean.* I, 1). » Comment est-il son fils ? Parce que « le Verbe a été fait chair et a habité parmi nous (*Jean.* I, 14). » Donc, puisque David est le Christ, en figure, et que, d'un autre côté, le Christ, comme nous l'avons souvent rappelé à Votre Charité, est à la fois la tête et le corps, nous ne devons pas nous dire étrangers au Christ, dont nous sommes les membres ; ni le regarder comme un autre que nous-mêmes, car il est dit : « Ils seront deux dans une seule chair (*Gen.* I, 24), » et l'Apôtre ajoute : « Ce sacrement est grand dans le Christ et dans l'Église (*Éphés.* V, 31, 32). »

Christiani recedere non debet, non ut laudet in prosperis, et maledicat in adversis; sed quemadmodum Psalmus ille præscribit, « Benedicam Dominum in omni tempore, semper laus ejus in ore meo (*Psal.* XXXIII, 1). » Gaudes, agnosce patrem blandientem : tribularis, agnosce patrem emendantem. Sive blandiatur, sive emendet, eum erudit cui parat hereditatem.

3. Quid est ergo, « Intellectus ipsi David ? » Erat quidem David, ut novimus, propheta sanctus, rex Israël, filius Jesse (I *Reg.* XVI, 18) : sed quia ex ejus semine venit ad salutem nostram secundum carnem Dominus Jesus Christus, sæpe isto nomine ille figuratur, et David pro Christo in figura ponitur, propter originem carnis ipsius (*Rom.* I, 3). Nam secundum aliquid filius est David, secundum aliquid Dominus est David ; filius David secundum carnem, Dominus est David secundum divinitatem. Si enim per ipsum facta sunt omnia (*Johan.* I, 3), per ipsum et ipse David factus est, ex cujus semine venit ad homines. Proinde cum interrogasset Dominus Judæos, cujus filium Christum esse dicerent; responderunt, David (*Matth.* XXII, 42, etc.). » Vidit eos remansisse in carne, et amisisse divinitatem ; et corrigit eos quæstione proposita : « Quomodo ergo ipse David in Spiritu dicit eum Dominum, Dixit Dominus Domino meo, sede ad dexteram meam, quoad usque ponam inimicos tuos sub pedibus tuis (*Psal.* CIX, 1) ? Si ergo ille in Spiritu Dominum eum dicit, quomodo filius ejus est ? » Quæstionem proposuit, non filium negavit. Audistis Dominum, dicite quomodo filius sit : audistis filium, dicite quomodo Dominus sit. Hanc quæstionem solvit fides catholica. Quomodo Dominus ? « Quia in principio erat Verbum, et Verbum erat apud Deum, et Deus erat Verbum (*Johan.* I, 1). » Quomodo filius ? « Quia Verbum caro factum est, et habitavit in nobis (*Ibid.* 14). » Quia ergo David in figura Christus est, Christus autem, ut sæpe commemoravimus Caritatem Vestram, et caput et corpus est : nec nos a Christo alienos dicere debe-

Par conséquent, puisque le Christ entier comprend la tête et les membres, lorsque nous entendons cette parole : « Intelligence à David, » comprenons que nous sommes aussi dans David. Que les membres du Christ comprennent, et que le Christ comprenne dans ses membres, et que les membres du Christ comprennent dans le Christ ; parce que la tête et les membres ne font qu'un seul Christ. La tête était dans le ciel et disait : « Pourquoi me persécutez-vous (*Act*. IX, 4) ? » Nous sommes avec lui dans le ciel par l'espérance, il est avec nous sur la terre par la charité. Donc, en entendant ces mots : « intelligence à David, » recevons nous-mêmes un avertissement, et que l'Église comprenne. En effet, il nous importe beaucoup de prendre grand soin de comprendre dans quel mal nous sommes maintenant, et de quel mal nous demandons d'être délivrés, chaque fois que nous nous rappelons l'oraison dominicale, à la fin de laquelle nous disons : « Délivrez-nous du mal (*Matth*. VI, 13). » Au milieu des afflictions de ce monde, le Prophète, dans ce psaume, déplore quelque chose, parce qu'il a l'intelligence. Au contraire, celui qui n'a pas l'intelligence ne pleure pas avec le Psalmiste. Or, mes bien-aimés, nous devons nous souvenir que nous avons été faits à l'image de Dieu, et que cette image n'est point ailleurs que dans notre intelligence. Car, en beaucoup de choses, nous sommes surpassés par les animaux ; mais où l'homme sait qu'il a été fait à l'image de Dieu, là il reconnaît en lui-même qu'il y a en lui quelque chose de plus que ce qui a été donné aux animaux. Or, en considérant tout ce qu'il possède, l'homme trouve que ce qui le distingue proprement des animaux, c'est qu'il a reçu l'intelligence (*Gen*. I, 26). C'est pourquoi, certains hommes méprisant en eux ce qu'ils ont reçu de tout à fait spécial et en même temps de plus considérable de la part du Créateur, le Créateur le leur reproche et leur dit : « Ne soyez pas comme le cheval et le mulet, qui n'ont pas d'intelligence (*Ps*. XXXI, 9). » Et dans un autre psaume, il est dit : « L'homme élevé en honneur (quel honneur a-t-il reçu, sinon d'avoir été fait à l'image de Dieu ?) l'homme élevé en honneur n'a pas compris ; il s'est comparé aux animaux sans raison et il est devenu semblable à eux (*Ps*. XLVIII, 22). » Reconnaissons donc ce qui fait notre honneur et comprenons. Si nous comprenons, nous voyons que cette terre n'est point le lieu où nous devons nous réjouir, mais gémir ; non le lieu où nous devons nous livrer à l'allégresse, mais pleurer encore. Et lors même qu'une certaine allégresse habiterait dans nos cœurs, elle ne repose pas encore sur la réalité, mais sur l'espérance. Nous nous réjouissons de la promesse que nous avons reçue, parce que

---

mus, cujus membra sumus, nec nos quasi alterum computare ; quia erunt duo in carne una (*Gen*. II, 24). « Sacramentum hoc magnum est, ait Apostolus, ego autem dico in Christo et in Ecclesia (*Ephes*. V, 32). » Quia ergo totus Christus caput et corpus est : cum audimus, « Intellectus ipsi David, » intelligamus et nos in David. Intelligant membra Christi, et in membris suis intelligat Christus, et membra Christi intelligant in Christo : quia caput et membra unus Christus. Caput in cœlo erat, et dicebat, « Quid me persequeris (*Act*. IX, 4) ? » Nos cum illo in cœlo per spem, ipse nobiscum in terra per caritatem. Ergo, « intellectus ipsi David. » Admoneamur cum audimus, et intelligat Ecclesia : pertinet enim ad nos magna cura intelligendi, in quo malo nunc sumus, et de quo malo ut liberemur, optamus, reminiscentes orationis Dominicæ, ubi in fine dicimus, « Libera nos a malo (*Matth*. VI, 13). » Inter multas ergo tribulationes hujus sæculi, plangit aliquid Psalmus iste de intellectu. Ille cum isto non plorat, qui non habet intellectum. Porro autem Carissimi meminisse debemus ad imaginem Dei nos esse factos, nec alibi quam in ipso intellectu. Nam in multis rebus a bestiis (*a*) superamur : ubi autem homo ad imaginem Dei factum se novit (*Gen*. I, 26), ibi aliquid in se agnoscit amplius esse quam datum est pecoribus. Consideratis vero omnibus rebus quas habet homo, invenit se eo proprie discretum a pecore, quod ipse habeat intellectum. Unde quosdam contemnentes in se quod proprium et præcipuum a Conditore acceperunt ; increpat ipse Conditor dicens « Nolite fieri sicut equus et mulus, quibus non est intellectus (*Psal*. XXXI, 9). » Et alio loco dicit, « Homo in honore positus (*Psal*. XLII, 21). » In quo honore, nisi quia factus ad imaginem Dei ? Ergo, in « honore positus non intellexit, ait, comparatus est jumentis insensatis, et similis factus est illis. » Agnoscamus ergo honorem nostrum, et intelligamus. Si intelligimus, videmus non esse istam regionem gaudendi, sed gemendi ; non jam exsultandi, sed adhuc plan-

(*a*) Sic MSS. Editi vero, *a bestiis non separamur*.

nous savons que celui qui l'a faite ne trompe jamais. Mais, en ce qui touche le temps présent, apprenez dans quel mal, dans quelles angoisses nous vivons ; et si vous êtes engagé dans cette voie, reconnaissez en vous ce que vous entendez. Quiconque, en effet, n'est pas encore entré dans la voie de la piété s'étonne de voir que les membres de David gémissent de tels maux, parce qu'il ne les voit pas en lui. Tant qu'il ne les voit pas en lui, il n'est point encore avec David ; il ne ressent pas ce que ressent le corps, parce qu'il est en dehors du corps ; mais qu'il en fasse partie et il le sentira. Que David parle et que nous entendions ; entendons et parlons nous-mêmes.

4. « Mon Dieu, écoutez mes supplications, et ne méprisez pas ma prière ; prêtez l'oreille à ma voix, et exaucez-moi (Ps. LIV, 2 et 3). » Ces paroles sont celles d'un homme troublé, inquiet, plongé dans les tribulations. Il prie parce qu'il souffre beaucoup, et qu'il désire d'être délivré du mal. Il nous reste à apprendre quel est ce mal ; et, lorsqu'il aura commencé à le dire, nous reconnaîtrons que nous sommes dans le même état, afin que nous partagions sa prière, comme nous partageons ses tribulations. « La tristesse m'accable, exercé que je suis par la persécution de mes ennemis, et je suis troublé (Ibid.). » Pourquoi sa tristesse ? Pourquoi son trouble ? « Exercé que je suis, dit-il, par la persécution de mes ennemis. » Il va parler des méchants qu'il doit supporter, et il déclare que leurs persécutions sont pour lui une épreuve qui l'exerce. Ne croyez pas que les méchants soient inutiles en ce monde, et que Dieu ne tire d'eux rien de bon. Tout méchant vit pour se corriger, ou il vit pour éprouver le bon et l'exercer. Plaise à Dieu que ceux qui maintenant nous exercent se convertissent, et soient exercés à leur tour avec nous ! Cependant, tant qu'ils nous exerceront, nous ne les haïrons point, parce que nous ignorons si chacun d'eux persévérera jusqu'à la fin dans le vice qui fait de lui un méchant. Souvent, en effet, vous paraissez haïr un ennemi, et vous haïssez un frère, à votre insu. Les Écritures nous apprennent que le démon et ses anges sont destinés au feu éternel : ils sont les seuls pour lesquels il n'y a point à espérer d'amendement. C'est contre eux que nous avons à soutenir une lutte secrète, à laquelle l'Apôtre nous prépare en disant : « Nous n'avons pas à lutter contre la chair et contre le sang, c'est-à-dire contre des hommes visibles ; mais contre les princes et les puissances, et les dominateurs de ce monde de ténèbres (Éphés. VI, 12). » Et de peur que, s'il eût dit : « de ce monde, » on n'eût compris que les démons étaient les dominateurs du ciel et de la terre, « de ce monde, » a-t-il dit, des ténèbres ;

gendi. Sed et si exsultatio quædam habitat in cordibus nostris, nondum est in re, sed in spe. Ex promisso lætamur, quia scimus non nos fallere promittentem. Verum quod adtinet ad præsens tempus, in quo malo, in quibus angustiis simus audite ; et si viam istam tenetis, quod auditis in vobis agnoscite. Quisquis enim nondum tenet iter pietatis, miratur quia talia gemunt membra David, non enim videt in se ista. Quamdiu et in se ista non videt, nondum est ibi : non sentit quod corpus sentit ; quia præter corpus est : incorporetur, et sentiet. Dicat ergo et audiamus, audiamus et dicamus.

4. « Exaudi Deus deprecationem meam, et ne despexeris precem meam (Psal. LIV, 2) : » « intende mihi, et exaudi me (Ibid. 3). » Satagentis, solliciti, in tribulatione positi, verba sunt ista. Orat multa patiens, de malo liberari desiderans : superest ut audiamus in quo malo sit ; et cum dicere cœperit, agnoscamus ibi nos esse ; ut communicata tribulatione, conjungamus orationem. «Contristatus sum in exercitatione mea, et conturbatus sum. » Ubi contristatus, ubi conturbatus ?« In exercitatione mea, » inquit. Homines malos quos patitur, (a) commemoraturus est, eamdemque passionem malorum hominum exercitationem suam dixit. Ne putetis gratis esse malos in hoc mundo, et nihil boni de illis agere Deum. Omnis malus aut ideo vivit ut corrigatur, aut ideo vivit ut per illum bonus exerceatur. Utinam ergo qui nos modo exercent, convertantur, et nobiscum exerceantur : tamen quamdiu ita sunt ut exerceant, nos eos oderimus : quia in eo quod malus est quis eorum, utrum usque in finem perseveraturus sit, ignoramus ; et plerumque cum tibi videris odisse inimicum, fratrem odisti, et nescis. Diabolus et angeli ejus in Scripturis sanctis manifestati sunt nobis, quod ad ignem æternum sint destinati. Ipsorum tantum desperanda est correctio : contra quos habemus occultam luctam, ad quam luctam nos armat Apostolus, dicens, « Non est nobis collucatio adversus carnem et sanguinem, id est, adversus ho-

(a) Sic Er. et præstantiores MSS. At Lov. commemoratus est.

« de ce monde, » a-t-il dit, des amis de ce siècle ; « de ce monde, » a-t-il dit, des impies et des injustes ; « de ce monde, » a-t-il dit, dont on lit dans l'Évangile : « Et le monde ne l'a pas connu (Jean, 1, 10). » Si, en effet, le monde n'a pas connu la lumière, parce que la lumière brille dans les ténèbres et que les ténèbres ne l'ont pas comprise, les ténèbres qui n'ont pas compris la lumière présente au milieu d'elles sont appelées le monde, et les démons sont les dominateurs de ces ténèbres. Nous trouvons donc dans les Écritures un arrêt rendu contre ces dominateurs des ténèbres, qui ne laisse pour eux aucun espoir d'un retour quelconque. Mais, quant aux ténèbres dont ils sont les dominateurs, nous sommes incertains si, par hasard, ceux qui étaient ténèbres ne deviendront pas lumière. L'Apôtre dit en effet à de nouveaux fidèles : « Vous avez été autrefois ténèbres, mais maintenant, vous êtes lumière dans le Seigneur (Éph. v, 8). » Donc, mes frères, tous les méchants, tant qu'ils sont méchants, exercent les bons. Écoutez, en effet, ce que je vais vous en dire en peu de mots, et comprenez. Si vous êtes bon, vous n'aurez pour ennemi qu'un méchant. Or, c'est pour vous une règle invariable de bonté d'imiter la bonté de votre Père, « qui fait lever son soleil sur les bons et sur les méchants, et tomber sa pluie sur les justes et sur les injustes (Matth. v, 45). » Car il n'est pas possible que vous ayez des ennemis et que Dieu n'en ait point. Mais vous, vous n'avez pour ennemi qu'un homme créé avec vous, et Dieu a pour ennemi celui qu'il a créé. Nous lisons donc souvent dans les Écritures que les méchants et les injustes sont les ennemis de Dieu ; et Dieu, contre qui nul ennemi n'a de grief à alléguer, envers qui tout ennemi est un ingrat, parce que c'est de lui qu'il tient tout ce qu'il a de bon, Dieu les épargne cependant. Car quelque affliction qu'il leur envoie, il ne le fait que par miséricorde. L'homme n'est livré aux tribulations, que pour être prémuni contre l'orgueil ; il n'est livré aux tribulations, que pour reconnaître dans son abaissement celui qui est le Très-Haut. Mais vous, qu'avez-vous donné à cet ennemi que vous avez tant de peine à supporter ? S'il est l'ennemi du Dieu qui lui a donné tant de choses, et qui cependant fait lever son soleil sur les bons et sur les méchants, et tomber sa pluie sur les justes et sur les injustes, vous qui ne pouvez ni faire lever le soleil, ni faire tomber la pluie, ne pouvez-vous du moins accorder cette seule chose à votre ennemi, que vous, homme de bonne volonté, vous gardiez la paix qui vous est promise sur terre (Luc. II, 14). Donc, puisque vous avez reçu comme une règle de charité d'aimer votre ennemi en imitant votre Père, puisqu'en effet Jésus a dit : Aimez vos ennemis (Luc. vi, 27 et 35), comment serez-vous exercé dans ce com-

---

mines quos videtis, sed adversus principes et potestates et rectores mundi, tenebrarum harum (Ephes. vi, 12). » Ne forte cum dixisset, mundi, intelligeres dæmones esse rectores cœli et terræ : mundi dixit, tenebrarum harum ; mundi dixit, amatorum mundi ; mundi dixit, impiorum et iniquorum ; mundi dixit, de quo dicit Evangelium, « Et mundus eum non cognovit (Johan. 1, 10). » Si enim mundus non cognovit lucem, quia lux in tenebris lucet, et tenebræ eam non comprehenderunt, et ipsæ tenebræ quæ non comprehenderunt lucem præsentem, mundi nomine appellantur ; harum tenebrarum sunt illi rectores. De ipsis ergo rectoribus habemus determinatam Scripturarum sententiam, quod omnino inde reditus alicujus eorum sperandus non est. At vero de ipsis tenebris quarum illi rectores sunt, non sumus certi, ne forte qui erant tenebræ, fiant lux. Fidelibus quippe jam factis dicit Apostolus, Fuistis aliquando tenebræ, nunc autem lux in Domino (Ephes. v, 8) : » tenebræ in vobis, lux in Domino. Ergo, Fratres, omnes mali, cum mali sunt, exercent bonos. Ecce enim breviter audite, et intelligite. Si bonus es, inimicum non habebis nisi malum. Porro tibi ea regula bonitatis præfixa est, ut imiteris bonitatem Patris tui, « qui facit solem suum oriri super bonos et malos, et pluit super justos et injustos (Matth. v, 45). » Neque enim tu habes inimicum, et Deus non habet. Tu quidem eum habes inimicum qui tecum creatus est ; ille vero eum quem creavit. Inimicos ergo Dei malos et iniquos sæpe in Scripturis legimus : et parcit eis ille qui non habet quod illi imputet inimicus, cui omnis inimicus ingratus est ; ab illo enim habet quidquid boni habet. Ab ipso enim habet misericordiam, quidquid est etiam unde tribulatur. Ad hoc enim tribulatur, ne superbiat ; ad hoc tribulatur, ut humilis agnoscat excelsum. Tu ergo inimico tuo, quem intolerabiliter pateris, quid præstitisti ? Si ille eum habet inimicum qui ei tanta præstitit, et facit solem suum oriri super bonos et malos, et pluit super justos et injustos : tu qui nec solem potes oriri facere, nec super terras pluere, aliquid unum servare inimico non potes, ut sit tibi

mandement, si vous n'avez à supporter aucun ennemi ? Vous voyez donc qu'un ennemi vous sert à quelque chose, et que la clémence de Dieu qui épargne les méchants vous sert à obtenir miséricorde ; car, si aujourd'hui vous êtes bon, vous l'êtes devenu après avoir été mauvais, et si Dieu n'épargnait les méchants, vous ne seriez pas là pour lui rendre aujourd'hui des actions de grâces. Que celui qui vous a épargné, épargne donc aussi les autres : car il ne faut pas, parce que déjà vous l'avez franchie, fermer la porte de la clémence.

5. Quelle est donc la prière du Prophète, entouré de méchants, dont les inimitiés l'exercent ? Que dit-il ? « La tristesse m'accable, exercé que je suis par la persécution de mes ennemis, et je suis troublé. » Après avoir étendu sa charité jusqu'à aimer ses ennemis, il a été pris d'ennui, entouré qu'il était des inimitiés et des aboiements de rage d'un grand nombre de méchants; et, par l'effet d'une certaine faiblesse humaine, il a succombé. Il a vu qu'il commençait déjà à se sentir pénétré par les suggestions mauvaises du démon, qui le portait à concevoir de la haine contre ses ennemis. Résistant à la haine pour rendre sa charité parfaite, il s'est senti troublé par le combat même, et par la lutte. En effet, nous entendons à ce sujet sa voix dans un autre psaume : « Mon œil a été troublé par la colère (*Ps.* VI, 8). » Mais qu'ajoute-t-il aussitôt ? « J'ai vieilli au milieu de tous mes ennemis. » Il commençait, comme Pierre, à être englouti par la tempête et par les flots (*Matth.* XIV, 30). Car celui-là marche sur les flots de ce monde, qui aime ses ennemis. Le Christ marchait sans frayeur sur la mer, parce que rien ne pouvait arracher de son cœur l'amour de ses ennemis, lui qui, suspendu sur la croix, disait : « Mon Père, pardonnez-leur, car ils ne savent ce qu'ils font (*Luc.* XXIII, 34). » Et Pierre voulut y marcher aussi. Jésus s'avançait sur les flots comme la tête, et Pierre, comme le corps ; parce que le Seigneur a dit : « Sur cette pierre, je bâtirai mon Église. » Pierre reçut l'ordre de marcher sur la mer, et il y marchait par la grâce de celui qui le lui avait ordonné, et non par ses propres forces. Mais ayant vu qu'il s'élevait un vent violent, il eut peur, et il commençait déjà à s'enfoncer, troublé qu'il était par la manière dont il était exercé. Par quel vent impétueux était-il ainsi exercé ? « Par la voix de l'ennemi et par la tribulation que me suscite le pécheur (*Ps.* LIV, 4). » Donc, de même que Pierre, du milieu des flots, s'écria : « Seigneur, je péris, sauvez-moi (*Matth.* XIV, 30), » de même le Prophète a dit d'abord : « Mon Dieu, écoutez mes supplications, et ne méprisez pas ma prière ; prêtez l'oreille à ma voix et exaucez-moi (*Ps.* LIV, 2 et 3). » Pourquoi ? que souffrez-vous

---

pax in terra homini bonæ voluntatis (*Lucæ* II, 14) ? Ergo quoniam hæc tibi dilectionis regula figitur, ut imitans Patrem diligas inimicum : « Diligite, enim inquit, inimicos vestros (*Lucæ* VI, 27 et 35) : » in hoc præcepto quomodo exercereris, si nullum inimicum patereris ? Vides ergo prodesse tibi aliquid : et quod Deus parcit malis, prosit tibi ad habendam misericordiam ; quia et tu forte si bonus es, ex malo factus es bonus ; et si Deus non parceret malis, nec tu qui gratias ageres, appareres. Parcat ergo aliis qui pepercit et tibi. Non enim cum transieris, intercludenda est via pietatis.

5. Unde ergo iste orat positus inter malos, quorum inimicitiis exercebatur ? quid ait ? « Contristatus sum in exercitatione mea, et conturbatus sum. » Cum extendit dilectionem, ut diligat inimicos, affectus est tædio, multorum inimicitiis, multorum rabie circumlatratus, et quadam humana infirmitate succubuit. Vidit se jam incipere penetrari mala persuasione diabolica, ut odium (a) inducat adversum inimicos : reluctans odio ut perficeret ipsam dilectionem, in ipsa pugna et lucta turbatus est. Ejus enim vox est et in alio Psalmo, « Turbatus est præ ira oculus meus (*Psal.* VI, 8). » Et quid ibi sequitur ? « Inveteravi in omnibus inimicis meis. » Veluti in tempestate et fluctibus mergi cœperat, sicut Petrus (*Matth.* XIV, 30). Ille enim calcat fluctus hujus sæculi, qui diligit inimicos. Christus in mari ambulabat intrepidus, cujus omnino de corde auferri non poterat inimici dilectio : qui pendens in cruce dicebat, « Pater, ignosce illis, quia nesciunt quid faciunt (*Lucæ* XXIII, 34). » Et Petrus voluit ambulare. Ille tamquam caput, Petrus tamquam corpus : quia super hanc petram, inquit, ædificabo Ecclesiam meam. Jussus est ambulare, et ambulabat gratia jubentis, non viribus suis. Sed cum videret ventum validum, timuit ; et mergi jam cœperat, conturbatus in exercitatione sua. A quo vento valido ? « A voce inimici, et a tribulatione peccatoris (*Psal.* LIV, 4). » Ergo quomodo ille clamavit in fluctibus, « Domine,

(a) Aliquot MSS. *induat.*.

donc? Pourquoi gémissez-vous? « La tristesse m'accable, exercé que je suis par la persécution de mes ennemis, et je suis troublé. » Vous m'avez placé au milieu des méchants pour y être exercé; mais ils se sont élevés contre moi trop violemment pour mes forces : rendez le calme à mon cœur troublé, tendez la main à celui qui s'enfonce dans les eaux. « La tristesse m'accable, exercé que je suis par la persécution de mes ennemis, et je suis troublé par la voix de l'ennemi et par la tribulation que me suscite le pécheur; parce qu'ils ont déversé sur moi leur iniquité, et qu'ils m'ont englouti dans leur fureur (*Ibid.* 4). » Vous avez compris quels sont ces vents et ces flots : les méchants l'insultaient à cause de son humiliation et il priait; de tous côtés ils redoublaient contre lui le bruit de leurs insultes; mais lui, il invoquait dans son cœur le Dieu qu'ils ne voyaient pas.

6. Lorsqu'un chrétien est en butte à de pareilles afflictions, il ne doit pas se laisser facilement aller à la haine contre celui qui les lui fait éprouver, ni vouloir vaincre la violence du vent; mais il doit recourir à la prière, de peur de perdre la charité. Il ne doit même rien craindre de la part de l'homme ennemi. Que peut-il, en effet, lui faire? Dire beaucoup de mal, vomir des opprobres, accabler d'injures; mais que vous importe : « Réjouissez-vous, dit le Seigneur, et tressaillez d'allégresse, parce que votre récompense est grande dans les cieux (*Matth.* v, 12). » Votre ennemi redouble sur terre ses méchantes paroles, et vous vos bénéfices pour le ciel. Mais qu'il sévisse encore plus, que son pouvoir soit plus grand encore; quelle sécurité pourrait surpasser la vôtre, puisqu'il vous a été dit : « Ne craignez pas ceux qui tuent le corps, et qui ne peuvent tuer l'âme (*Matth.* x, 28). » Qu'avez-vous donc à redouter lorsque vous souffrez les attaques de votre ennemi? Que ces attaques ne troublent point en vous l'amour que vous portez à votre ennemi. En effet, cet homme, cet ennemi, qui est chair et sang, convoite ce qu'il aperçoit en vous; mais un autre ennemi caché, le dominateur de ces ténèbres (*Éphés.* vi, 12), dont vous souffrez dans la chair et dans le sang, convoite vos autres biens secrets et médite de dérober et de dévaster vos trésors intérieurs. Mettez-vous donc ces deux ennemis devant les yeux; l'un qui vous attaque à découvert, l'autre qui se cache; celui qui est visible, l'homme, celui qui se cache, le démon. L'homme est ce que vous êtes selon la nature humaine, il n'est pas encore ce que vous êtes par la foi et par l'amour; mais il pourra le devenir. Donc, puisqu'ils sont deux, voyez l'un des yeux du corps, l'autre des yeux de l'intelligence; aimez l'un et gardez-vous de l'autre. L'ennemi visible veut abaisser en vous

---

pereo, salva me (*Matth.* xiv, 30) : » talis et hujus vox præcessit, « Exaudi Deus deprecationem meam, et ne despexeris precem meam (*Psal.* liv, 2) : » « intende mihi, et exaudi me (*Ibid.* 3). » Quare? quid enim pateris? quid gemis? « Contristatus sum in exercitatione mea. » Exerceri me quidem inter malos posuisti, sed nimis exsurrexerunt supra vires meas : tranquilla perturbatum, manum extende mergenti. « Contristatus sum in exercitatione mea, et conturbatus sum, a voce inimici, et a tribulatione peccatoris, quoniam declinaverunt in me (*a*) iniquitatem, et in ira adumbrabant me (*Ibid.* 4). » Audisti fluctus et ventos : tamquam humiliato insultabant, et ille orabat : undique illi strepitu insultationis sæviebant, at ille intus invocabat quem non videbant.

6. Cum aliquid tale patitur Christianus, non debet facile velut odio ire in eum a quo patitur, et velle ventum vincere; sed convertere se ad orationem, ne amittat dilectionem. Neque enim timendum est, ne aliquid faciat homo inimicus. Quid enim facturus est? Multa mala dicturus, opprobria jaculaturus, in conviciis sæviturus : sed quid tibi? « Gaudete, inquit, et exsultate, quoniam merces vestra magna est in cœlis (*Matth.* v, 12). » Ille in terra geminat convicia, tu in cœlo lucra. Sed sæviat amplius, possit et aliquid amplius : quid te securius, cui dictum est, « Nolite timere eos qui corpus occidunt, animam autem non possunt occidere (*Matth.* x, 28)? » Quid ergo timendum quando pateris inimicum? Ne conturbetur tibi dilectio, qua diligis inimicum. Etenim inimicus ille homo, caro et sanguis, quod videt in te, appetit. Alius autem inimicus occultus, rector harum tenebrarum (*Ephes.* vi, 12), quas tu pateris in carne et sanguine, alterum occultum tuum petit, thesauros tuos interiores deprædari et vastare molitur. Duos ergo inimicos constitue tibi ante oculos, unum apertum, et alterum occultum : apertum, hominem; occultum, diabolum. Homo ille hoc est quod tu secundum naturam humanam, se-

(*a*) Sic potiores MSS. juxta Græc. lxx. At editi, *iniquitates.*

ce par quoi vous l'emportez sur lui. Par exemple, s'il est vaincu par vous en richesses, il veut vous rendre pauvre; s'il est vaincu par vous en gloire, il veut vous abaisser; s'il est vaincu par vous en force, il veut vous affaiblir: il s'applique donc à rabaisser en vous ou à vous enlever ce qui vous rend supérieur à lui. Quant à l'ennemi caché, il s'efforce aussi de vous ravir ce qui cause sa défaite. En effet, vous l'emportez sur l'homme par votre degré de félicité humaine, mais vous l'emportez sur le démon par votre amour pour votre ennemi. De même donc que l'homme prend tous les moyens de vous enlever, de briser ou de renverser la félicité par laquelle vous l'emportez sur lui, de même aussi le démon s'acharne à vaincre l'homme en lui ravissant ce qui le rend victorieux. Mais ayez soin de garder dans votre cœur l'amour de votre ennemi, qui vous assure la victoire sur le démon. Que l'homme vous fasse tout le mal qu'il peut, qu'il vous ôte tout ce qu'il peut, si vous aimez celui qui vous opprime à découvert, vous serez vainqueur de celui qui vous attaque en secret.

7. Mais le Prophète, dans son trouble et dans sa tristesse, priait, comme si son œil était troublé par la colère (*Ps.* VI, 8). Mais la colère qui s'invétère contre un frère est déjà de la haine. La colère trouble l'œil, la haine l'éteint; la colère est la paille, la haine est la poutre. Quelquefois vous haïssez et vous reprenez celui qui est en colère; en vous est la haine, en lui est la colère que vous reprenez, et c'est avec raison que le Seigneur vous dit : « Otez d'abord la poutre de votre œil, et alors vous verrez à ôter la paille de l'œil de votre frère (*Matth.* VII, 5). Car pour connaître la différence considérable qui existe entre la colère et la haine, remarquez que tous les jours les hommes s'irritent contre leurs enfants, mais montrez-m'en qui haïssent leurs enfants. Le Prophète priait, troublé et attristé, luttant contre toutes les injures de tous ceux qui l'outrageaient, non pour l'emporter sur quelqu'un d'entre eux en lui renvoyant ses injures, mais afin de ne haïr aucun d'eux. C'est pourquoi il prie; c'est pourquoi il fait à Dieu cette demande: Délivrez-moi « de la voix de l'ennemi et des tribulations que me suscite le pécheur; parce qu'ils ont déversé sur moi leur iniquité et qu'ils m'ont noirci dans leur fureur. Mon cœur a été troublé en moi (*Ps.* LIV, 4 et 5). » C'est la même chose que ce qu'il a dit ailleurs: « Mon œil a été troublé par la colère (*Ps.* VI, 8). » Et si son œil a été troublé, qu'est-il arrivé ensuite ?-« Et la crainte de la mort est tombée sur moi (*Ps.* LIV, 5). » Notre vie, c'est la charité. Si la charité est notre vie, notre mort c'est la haine. Quand un homme craint de haïr celui qu'il aimait, il craint la mort, et la mort la plus redoutable, la mort intérieure, qui tue

---

cundum fidem autem et dilectionem nondum quod tu, sed poterit esse quod tu. Cum ergo sint duo, unum vide, alterum intellige; unum dilige, alterum cave. Namque et inimicus ille quem vides, hoc in te vult humiliare unde vincitur. Verbi gratia, Si divitiis tuis vincitur, pauperem te vult facere ; si honore tuo vincitur, humilem te vult facere; si viribus tuis vincitur, debilem te vult facere : ea ergo adtendit in te vel dejicere vel auferre quibus vincitur. Et ille occultus inimicus illud tibi vult tollere unde vincitur. Homo enim hominem vincis humana felicitate, diabolum autem vincis inimici dilectione. Quomodo ergo homo ambit auferre tibi, et detruncare, aut evertere felicitatem qua vincitur : sic et diabolus hominem vult vincere auferendo unde vincitur. Sed cura in corde servare inimici dilectionem, qua diabolum vincis. Sæviat homo quantum potest, auferat quidquid potest; si diligitur aperte sæviens, victus est occulte sæviens.

7. At iste conturbatus et contristatus orabat, tamquam turbato præ ira oculo suo (*Psal.* VI, 8). Ira vero fratris si fuerit inveterata, jam odium est. Ira turbat oculum, odium exstinguit : ira festuca est, odium trabes est. Aliquando odisti et corripis irascentem : in te est odium, in illo ira quem corripis : merito tibi dicitur, « Ejice primum trabem de oculo tuo, et sic videbis ejicere festucam de oculo fratris tui (*Matth.* VII, 5). » Nam ut noveritis quantum intersit inter iram et odium : quotidie homines irascuntur filiis suis, date qui oderint filios suos. Conturbatus iste orabat et contristatus, luctans adversus omnia convicia omnium conviciatorum; non ut aliquem eorum convicium referendo vinceret, sed ne aliquem eorum odisset. Hinc orat, hinc petit. « A voce inimici, et a tribulatione peccatoris : quoniam declinaverunt in me iniquitatem, et in ira adumbrabant me (*Psal.* LIV, 4). » « Cor meum conturbatum est in me (*Ibid.* 5). » Hoc est illud alibi dictum, « Turbatus est præ ira oculus meus (*Psal.* VI, 8). » Et si oculus turbatus est, quid sequitur ? « Et metus mortis cecidit super me. » Vita nostra dilectio est: si vita dilectio, mors odium est. Cum cœperit homo

l'âme et non le corps. Vous étiez préoccupé de la fureur d'un homme qui vous attaquait; que pouvait-il faire contre vous, à qui votre Dieu avait donné une pleine sécurité par ces paroles : « Ne craignez pas ceux qui tuent le corps (*Matth.* x, 28)? » En sévissant contre vous, il peut tuer votre corps, en le haïssant, vous tuez votre âme; il tue le corps d'autrui, et vous votre âme. « La crainte de la mort est donc tombée sur moi. »

8. « La terreur et l'effroi sont au dedans de moi, et les ténèbres m'enveloppent de toutes parts. Et j'ai dit (*Ps.* LIV, 7)... » « Celui qui hait son frère, demeure dans les ténèbres (I *Jean* II, 9 et 11). » Si l'amour est lumière, la haine n'est que ténèbres. Et que se dit à lui-même le Prophète, ainsi accablé par sa faiblesse et troublé par les persécutions qui l'exercent ? « Qui me donnera des ailes comme à la colombe? et je m'envolerai et je me reposerai. » Ou il souhaitait la mort, ou il désirait la solitude. Au milieu des traitements que j'endure, et avec le précepte qui m'est fait d'aimer mes ennemis, je sens que les outrages sans cesse réitérés, sous le flot desquels ils m'accablent, agitent mon œil, troublent ma lumière, assiégent mon cœur, et tuent mon âme. Je voudrais, mais je suis sans forces, je voudrais m'enfuir, de peur d'accumuler, en restant, péchés sur péchés; ou du moins je voudrais être un peu séparé du genre humain, pour éviter que des coups nouveaux et fréquents n'élargissent ma blessure, et pour me présenter entièrement guéri à de nouvelles persécutions. Ces vœux ne sont point rares, mes frères, et très-souvent ce désir de la solitude s'empare de l'esprit d'un serviteur de Dieu, en raison du grand nombre de tribulations et de scandales dont il souffre, et il dit : « Qui me donnera des ailes? » Se voit-il sans ailes, ou plutôt, sent-il que ses ailes soient liées ? Si elles lui manquent, qu'elles lui soient données; si elles sont liées, qu'elles soient déliées. Mais celui qui délie les ailes d'un oiseau lui donne véritablement ou lui rend ses ailes. En effet, elles n'étaient plus comme à lui, puisqu'il ne pouvait voler. Des ailes enchaînées ne sont qu'un fardeau. « Qui me donnera, dit-il, des ailes comme à la colombe? je m'envolerai et me reposerai. » Il se reposera, en quel endroit? J'ai déjà dit que ces paroles avaient deux sens. Le premier, le désir de la mort, se trouve également dans ces paroles de l'Apôtre : « Etre mort, être avec le Christ, ce serait de beaucoup le meilleur (*Philip.* I, 23). » En effet, bien que Paul fût lui-même plein de force, bien qu'il fût grand, bien qu'il fût très-robuste de cœur, bien qu'il fût un invincible soldat du Christ, il n'a pas laissé d'être troublé, (nous le voyons dans ses écrits,) par les persécutions qui l'ont exercé et il a dit : « Du reste, que nul ne me cause plus de nouvelles peines (*Gal.* VI, 17). » C'est

---

timere ne oderit quem diligebat, mortem timet; et acriorem mortem, et interiorem mortem, qua occiditur anima, non corpus. Adtendebas hominem sævientem in te : quid erat facturus contra quem tibi securitatem tuus Dominus dederat, dicens, « Nolite timere eos qui corpus occidunt (*Matth.* x, 28)? » Ille sæviendo corpus occidit, tu odio habendo animam occidisti; et ille corpus alienum, tu animam tuam. « Metus ergo mortis cecidit super me. »

8. « Timor et tremor venerunt super me, et contexerunt me tenebræ (*Psal.* LIV, 6). » « Et dixi (*Ibid.* 7). » Qui odit fratrem suum, in tenebris est usque adhuc (1 *Johan.* II, 9 et 11). Si dilectio lumen est, odium tenebræ. Et quid sibi ait in illa infirmitate positus, et in illa exercitatione turbatus? Quis dabit mihi pennas sicut columbæ, et volabo, et requiescam? Aut mortem optabat, aut solitudinem desiderabat. Quamdiu, inquit, id mecum agitur, id mihi præcipitur ut inimicos diligam, convicia istorum crebrescentia et adumbrantia me, commovent oculum meum, perturbant lumen meum, appetunt cor meum, interficiunt animam meam. Vellem ut abirem, sed infirmus sum, ne manendo augeam peccata peccatis : aut certe separari paululum a genere humano, ne patiatur vulnus meum crebras plagas, ut sanatum exercitationi reddatur. Fit hoc, Fratres, et surgit plerumque in animo servi Dei desiderium solitudinis, non ob aliud nisi propter turbam tribulationum et scandalorum, et dicit, « Quis mihi dabit pennas ? » Videt se sine pennis, an potius ligatis pennis ? Si desunt, dentur ; si ligatæ sunt, solvantur : quia etiam qui solvit pennas avi, aut dat aut reddit illi pennas suas. Non enim habebat eas tamquam suas, quibus volare non poterat. Ligatæ pennæ onus faciunt. « Quis, inquit, dabit mihi pennas sicut columbæ, et volabo, et requiescam (*Ps.* LIX, 7)? » Requiescet, ubi ? Duos dixi sensus hic esse : aut sicut ait Apostolus, « Dissolvi et esse cum Christo, multo enim magis optimum

comme s'il s'appliquait ces paroles d'un autre psaume : « Le dégoût m'a saisi en voyant les pécheurs abandonner votre loi (*Ps.* CXVIII, 53). » Un homme s'efforce souvent de corriger d'autres hommes débauchés, dépravés, confiés à ses soins, mais sur lesquels s'épuisent en vain toute l'industrie et toute la vigilance humaine ; il ne peut les corriger, il faut bien qu'il les souffre tels qu'ils sont. Car, cet homme que vous ne pouvez corriger est votre frère, ou comme membre du genre humain, ou, le plus souvent, comme membre de l'Église : le mal est intérieur, que ferez-vous ? Où irez-vous ? Où vous séparerez-vous de lui pour ne point avoir à souffrir de ses vices ? Restez plutôt près de lui, parlez-lui, exhortez-le, caressez-le, menacez-le, reprenez-le. J'ai fait tout cela, j'ai déployé et dépensé tout ce que j'avais de force, et je vois que je n'ai rien gagné ; tous mes soins ont été inutiles, il ne me reste que la douleur. Comment donc mon cœur trouvera-t-il du repos contre de telles afflictions, si je ne dis : Qui me donnera des ailes ? comme à la colombe cependant et non comme au corbeau. La colombe cherche, en s'envolant, à fuir ce qui la trouble, mais elle ne cesse pas d'aimer. En effet, la colombe est regardée comme le symbole de l'amour, et l'on aime jusqu'à ses gémissements. Nul être, autant que la colombe, n'aime à gémir ; nuit et jour elle gémit comme si elle n'habitait qu'une terre de gémissements. Et que dit le Prophète fidèle à l'amour ? Je ne puis supporter les injures des hommes ; ils grincent des dents, ils sont transportés de rage, la colère les enflamme, et dans leur fureur ils veulent me précipiter dans les ténèbres. Je ne puis leur être utile en rien ; plaise à Dieu que je trouve du repos ailleurs, séparé d'eux par le corps, mais non par l'amour ; de peur que l'amour même ne soit troublé en moi. Je ne puis leur être utile par mes paroles ni par mes entretiens ; peut-être, en priant, leur servirai-je à quelque chose. Les hommes parlent ainsi, mais le plus souvent ils sont si bien liés qu'ils ne peuvent s'envoler. Peut-être, en effet, ne sont-ils pas retenus par la glu, mais par le devoir. Or, s'ils sont liés par leur charge et par leur devoir, s'ils ne peuvent s'éloigner, qu'ils disent : « Je souhaitais de mourir et d'être avec le Christ, c'était pour moi de beaucoup le meilleur ; mais il est nécessaire que je reste dans ma chair à cause de vous (*Philip.* I, 23). » La colombe, liée par l'amour, et non par l'avarice, ne pouvait s'envoler à cause du devoir qu'elle avait à remplir, et non à cause de son peu de mérite. Cependant il faut que ce désir soit dans le cœur, et nul ne le ressent, s'il n'a commencé à marcher dans la voie étroite (*Matth.* VII, 14) ; car, à cette con-

(*Philip.* I, 23). » Etenim et ipse quamvis fortis, quamvis magnus, quamvis corde robustissimus ; quamvis in Christo miles invictus, in exercitatione sua, quantum legimus, conturbatus est, et ait, « De cetero nemo mihi molestus sit (*Gal.* VI, 17). » Tamquam diceret de illo Psalmo, « Tædium detinuit me a peccatoribus derelinquentibus legem tuam (*Psal.* CXVIII, 53). » Conatur ergo homo plerumque corrigere homines distortos, pravos, pertinentes quidem ad curam suam, sed in quibus deficiat omnis humana industria et vigilantia : corrigere non potest, pati necesse est. Et qui corrigi non potest, tuus est, aut consortio generis humani, aut plerumque Ecclesiastica communione, intus est, quid facies ? quo ibis ? quo te separabis, ut ista non patiaris ? Sed adesto, loquere, exhortare, blandire, minare, corripe. Feci omnia, quidquid virium habui impendi et expressi, nihil me video profecisse ; omnis opera insumta est, dolor remansit. Quomodo ergo requiescet cor meum a talibus, nisi ut dicam, « Quis dabit mihi pennas ? sicut columbæ » tamen, non sicut corvo. Columba a molestiis quærit avolationem, sed non amittit dilectionem. Columba enim pro signo dilectionis ponitur, et in ea gemitus amatur. Nihil tam amicum gemitibus quam columba : die noctuque gemit, tamquam hic posita ubi gemendum est. Quid ergo dicit iste dilector ? Convicia hominum ferre non possum, stridunt, rabie feruntur, accenduntur iracundia, in ira adumbrant me ; prodesse illis non possum : utinam requiescam alicubi ab eis separatus corpore, non amore ; ne in me conturbetur ipsa dilectio : verbis meis et collocutione mea prodesse non possum, orando pro eis forsitan prodero. Dicunt ista homines, sed plerumque ita ligantur ut volare non possint. Forte enim non ligantur visco, sed ligantur officio. Si autem ligantur cura et officio, et deserere non possunt, dicant, « Optabam dissolvi, et esse cum Christo, multo enim magis optimum ; manere in carne necessarium propter vos (*Philip.* I, 23). » Columba (*a*) religata affectu, non cupiditate, volare

---

(*a*) Editi, *Columba delicata, religata*, etc. abest, *delicata*, a MSS.

dition seulement, il sait que les persécutions ne manquent pas à l'Église, même en ce temps où l'Église semble tranquille et exempte des persécutions que nos martyrs ont souffertes. Or, les persécutions ne manquent pas, parce que cette parole est vraie : « Tous ceux qui veulent vivre pieusement dans le Christ souffriront la persécution (II *Tim.* III, 12). » Êtes-vous exempt de persécutions ? C'est que vous ne voulez pas vivre pieusement dans le Christ. Voulez-vous éprouver la vérité des paroles de l'Apôtre ? Commencez à vivre pieusement dans le Christ. Qu'est-ce que vivre pieusement dans le Christ ? Vivre de telle sorte que votre cœur ressente ce que dit l'Apôtre : « Qui est faible, sans que je sois faible ? qui est scandalisé, sans que je brûle (II *Cor.* XI, 29) ? Les faiblesses des uns, les scandales des autres étaient pour lui autant de persécutions. Est-ce qu'elles manquent en notre temps ? Elles ne sont que trop nombreuses pour ceux qui en ont souci. Souvent on voit de loin un homme et l'on dit : Il est heureux. Quant à celui qui le dit, ou bien il sait le goût de sa propre douleur, et ne peut sentir le goût des douleurs d'autrui, ou bien il n'y a pas de douleur dont il ait à sentir par lui-même le goût amer, et il ne porte aucune compassion à celui qui non-seulement sait le goût de ses peines, mais même qui les dévore. Qu'il commence donc à vivre pieusement dans le Christ, et il éprouvera ce qu'a dit l'Apôtre ; il commencera dès lors à désirer des ailes, pour s'éloigner, pour fuir, pour demeurer dans le désert : second sens de notre texte.

9. Pourquoi, en effet, pensez-vous, mes frères, que les déserts soient remplis des serviteurs de Dieu ? S'ils étaient heureux au milieu des hommes, se retireraient-ils loin des hommes ? Et cependant que font-ils ? Voilà qu'ils s'éloignent qu'ils fuient, et qu'ils demeurent au désert ; mais y restent-ils solitaires ? L'amour les force à y rester avec un grand nombre de leurs frères ; mais, dans ce grand nombre, n'y en a-t-il point encore pour les exercer ? Oui, parce que dans toute réunion nombreuse, il est inévitable qu'il ne se trouve des méchants. En effet, Dieu, qui sait que nous avons besoin d'être exercés, mêle avec nous des hommes qui n'auront pas le courage de persévérer, ou des hypocrites qui n'ont même point commencé à pratiquer les vertus dans lesquelles ils auraient dû persévérer. Car, il sait qu'il est nécessaire que nous supportions les méchants et que ceux-ci aient lieu de profiter du contact des bons : il faut que nous aimions nos ennemis, que nous les reprenions, que nous les punissions, que nous les retranchions de notre communion, que même par amour pour eux nous les séparions d'avec nous. Considérez, en effet, ce que va dire l'Apôtre : « Si quelqu'un

---

non poterat propter implendum officium, non propter parvum meritum. Tamen desiderium in corde necesse est ut sit : nec patitur hoc desiderium, nisi qui cœperit ambulare angustam illam viam (*Matth.* VII, 14) ; ut noverit quia non desunt Ecclesiæ persecutiones, etiam in hoc tempore quando tranquillitas videtur Ecclesiæ ab his quidem persecutionibus, quas Martyres nostri passi sunt. Non autem desunt persecutiones, quia verum est illud, « Omnes qui volunt pie vivere in Christo, persecutionem patientur (II *Tim.* III, 12). » Non pateris persecutionem : non vis pie vivere in Christo. Vis probare verum esse quod dictum est ? Incipe pie vivere in Christo. Quid est, pie vivere in Christo ? Ut pertineat ad viscera tua, quod ait Apostolus, « Quis infirmatur, et ego non infirmor ? quis scandalizatur, et ego non uror (II *Cor.* II, 29) ? Aliorum infirmitates, aliorum scandala, persecutiones illi fuerunt. Numquid ergo desunt hoc tempore ? Plures abundant illis qui ea curant. Et plerumque de longinquo videtur homo, et dicitur, Bene est illi. Et ille qui dicit, aut sua gustat, et aliena non potest ; aut apud se quod gustet non habet, et alteri gustanti, immo devoranti non compatitur. Incipiat ergo pie vivere in Christo, et probet quod dicitur : incipit desiderare pennas, elongare, fugere, et manere in deserto.

9. Unde enim putatis, Fratres, servis Dei impleta esse deserta ? Si bene illis esset inter homines, recederent ab hominibus ? Et tamen quid faciunt et ipsi ? Ecce elongant fugientes, manent in deserto : sed numquid singillatim ? Tenet eos caritas, ut cum multis maneant : et de ipsis multis exsistunt qui exerceant ? Quia in omni congregatione multitudinis necesse est ut inveniantur mali. Deus enim qui novit exercendos nos, miscet nobis et non perseveraturus ; aut certe ita simulatos, ut nec inchoaverint in quo perseverare deberent. Novit enim necessarium esse nobis ut feramus malos, et proficiat quod boni sumus ; diligamus inimicos, corripiamus, castigemus, excommunicemus, cum dilectione a nobis etiam se-

n'obéit pas aux prescriptions de notre lettre, notez-le et gardez-vous d'avoir commerce avec lui (II *Thess.* III, 14). » Mais de peur que la colère ne se glisse en vous à cause de cela, et ne trouble votre œil, il ajoute : « Ne le considérez pas comme un ennemi, mais corrigez-le comme un frère, pour qu'il rougisse de sa faute. » Il prescrit la séparation, mais il ne retranche pas l'affection. Par là, votre œil continue de vivre, et votre vie subsiste. Car, la perte de la charité serait votre mort ; c'est elle que craignait le Prophète, lorsqu'il s'écriait : « La crainte de la mort est tombée sur moi (*Ps.* LIV, 5). » C'est pourquoi, de peur que je ne perde cette vie de la charité, « qui me donnera des ailes comme à la colombe? je m'envolerai et je me reposerai. » Où irez-vous? Où vous envolerez-vous? Où vous reposerez-vous? «Voilà que je me suis éloigné, j'ai fui et j'ai demeuré dans le désert.» Dans quel désert? Partout où vous serez, d'autres se rassembleront, ils se rendront dans votre solitude, ils voudront partager la même vie que vous, vous ne pouvez repousser la société de vos frères : par là même des méchants viendront se mêler à vous, vous devez encore être exercé. «Voilà que je me suis éloigné ; j'ai fui et j'ai demeuré dans le désert (*Ps.* LIV, 8).» Dans quel désert? Peut-être dans votre conscience, où nul homme ne peut entrer, où nul n'est avec vous, où il n'y a que vous et Dieu.

Car si vous entendez par le désert un lieu quelconque, que ferez-vous de ceux qui s'y rassembleront? En effet, vous ne pouvez être séparé du genre humain, tant que vous vivrez parmi les hommes. Portez plutôt votre pensée sur notre Seigneur, notre Empereur et notre Roi, notre Créateur, qui a daigné venir comme une créature au milieu de nous ; et remarquez qu'au milieu de ses douze Apôtres, il a laissé s'introduire un méchant qu'il devait supporter.

10. Le Prophète dit : « Je me suis éloigné, j'ai fui et j'ai demeuré dans le désert (*Ibid.*). » Peut-être, comme je l'ai dit, s'est-il réfugié dans sa conscience, où il aura trouvé un désert pour se reposer. Mais l'amour du prochain le trouble. Il était seul dans sa conscience, mais non pas seul dans sa charité ; sa conscience le consolait intérieurement, mais au dehors les afflictions ne l'abandonnaient pas. C'est pourquoi, tranquille en lui-même, mais, dépendant encore des autres, il se sent troublé. Que dit-il alors? « J'attendais celui qui devait me sauver de ma pusillanimité et de la tempête (*Ibid.* 9). » Vous êtes sur la mer, vous êtes au milieu de la tempête, il ne vous reste qu'à crier : « Seigneur, je péris (*Matth.* XIV, 30).» Que celui-là vous tende la main, qui marche sans crainte sur la mer ; qu'il vous soulève tout tremblant,

---

paremus. Videte enim quid dicat Apostolus : « Si quis autem non obaudit verbo nostro per epistolam, hunc notate, et nolite commisceri cum eo (II *Thess.* III, 14). » Sed ne subreperet tibi ex hoc iracundia, et turbaret oculum tuum, « Non, inquit, ut inimicum eum existimetis, sed corripite ut fratrem, ut erubescat. » A quo indixit separationem, non præcipit dilectionem. Vivit ille oculus, vivit vita tua. Etenim amissa dilectio, mors tua. Hanc ille amittere timuit qui dixit, « Metus mortis cecidit super me (*Psal.* LIV, 5). » Itaque ne amittam dilectionis vitam, « quis dabit mihi pennas sicut columbæ, et volabo, et requiescam ? » Quo iturus es? quo volaturus? ubi requieturus ? « Ecce elongavi fugiens, et mansi in deserto (*Ibid.* 8). » In quo deserto? Ubicumque fueris, congregabunt se ceteri, desertum tecum petent, affectabunt vitam tuam, tu repellere non potes societatem fratrum : miscentur tibi etiam mali ; adhuc tibi exercitatio debetur. « Ecce elongavi fugiens, et mansi in deserto. » In quo deserto? Si forte in cons-

cientia, quo nullus hominum intrat, ubi nemo tecum est, ubi tu et Deus es. Nam si in deserto, in aliquo loco, quid facies de congregantibus se? Non enim a genere humano separatus esse poteris, quamdiu in hominibus vivis. Adtende potius consolatorem illum Dominum et regem, imperatorem et creatorem nostrum, creatum etiam inter nos : adtende quia duodecim suis miscuit unum quem pateretur.

10. Dicit, « Ecce elongavi fugiens, et mansi in deserto. » Forte iste, ut dixi, fugerit ad conscientiam suam, ibi aliquantum desertum invenerit ubi requiesceret. Sed illa dilectio conturbat eum : solus erat in conscientia, sed non solus in caritate : intus consolabatur conscientia, sed forinsecus tribulationes non relinquebant. Itaque in se quietus, ex aliis pendens, cum conturbaretur adhuc, quid ait ?« Expectabam qui me salvum faceret a (a) pusillanimitate et tempestate (*Ibid.* 9). »Mare est, tempestas est : nihil tibi restat nisi exclamare,«Domine pereo (*Matth.* XIV, 30). » Porrigat manum ille qui fluctus calcat intre-

---

(a) Sic MSS. At editi hoc loco tantum, *a pusillo animo.*

qu'il appuie sur sa propre force votre sécurité, qu'il parle en vous et vous dise : Pensez à ce que j'ai souffert, peut-être avez-vous à supporter un frère méchant ou un ennemi du dehors; quels sont ceux que je n'ai pas supportés? Au dehors, les Juifs frémissaient de rage; au dedans, un disciple me trahissait. La tempête est donc furieuse, mais il sauve les siens « de leur pusillanimité et de la tempête. » Peut-être votre navire est-il si fort ballotté, parce que Jésus dort en vous. La mer était furieuse, la barque où naviguaient les disciples était battue par les flots, et le Christ dormait; enfin ils firent réflexion que le créateur et le dominateur des vents dormait au milieu d'eux, ils s'approchèrent du Christ et l'éveillèrent. « Il commanda aux vents, et il se fit un grand calme (*Matth.* VIII, 24). » C'est donc peut-être avec raison que votre cœur est troublé, parce que celui en qui vous devez avoir confiance est sorti de votre pensée; vous souffrez sans patience parce que les souffrances du Christ pour vous ne vous viennent pas à l'esprit. Si le Christ ne se présente pas à votre esprit, c'est qu'il dort; éveillez le Christ, rappelez votre foi. En effet, le Christ dort en vous, quand vous oubliez ses souffrances; et il est éveillé en vous quand vous vous souvenez de ses souffrances. Lorsque vous avez considéré de tout votre cœur les supplices qu'il a endurés, ne supportez-vous pas vos peines, à votre tour, avec fermeté? Peut-être même les supportez-vous avec joie, à la pensée qu'il y a en vous quelque ressemblance avec les souffrances de votre roi. Quand cette pensée aura commencé à vous consoler et à vous donner de la joie, sachez que c'est le Christ qui s'est levé et qui a commandé aux vents: de là le calme qui s'est fait en vous. « J'attendais celui qui devait me sauver de ma pusillanimité et de la tempête. »

11. « Submergez-les, Seigneur, et divisez leurs langues (*Ps.* LIV, 10). » Il a considéré ceux qui l'affligeaient et cherchaient à le noircir, et il leur a souhaité ce qu'il vient de dire, mais non par colère. Il convient que ceux qui se sont élevés injustement soient submergés; il convient que ceux qui ont conspiré sa perte soient divisés dans leurs paroles. Qu'ils s'entendent pour faire le bien, et alors que leurs langues s'accordent. Mais si, comme le dit le Prophète dans un autre psaume, « tous mes ennemis murmuraient unanimement contre moi (*Ps.* XL, 8), » qu'ils perdent « cet accord unanime » pour le mal, que leurs langues soient divisées et qu'ils cessent de s'accorder. « Submergez-les, Seigneur, et divisez leurs langues. » Pourquoi dit-il : « Submergez-les? » Parce qu'ils se sont orgueilleusement élevés. Pourquoi dit-il : « Divisez leurs

pidus, sublevet trepidationem tuam, firmet in se securitatem tuam, alloquatur te intus, et dicat tibi, Me attende, quid pertulerim : fratrem malum forte pateris, aut inimicum forinsecus pateris; quos non passus sum? Fremebant forinsecus Judæi, intrinsecus discipulus tradebat. Sævit ergo tempestas, sed ille salvos facit a pusillanimitate et tempestate. Forte navis tua ideo turbatur, quia ille in te dormit. Sæviebat mare, turbabatur navicula in qua discipuli navigabant; Christus autem dormiebat (*Matth.* VIII, 24) : tandem aliquando visum est illis, quia inter illos dormiebat ventorum imperator et creator; accesserunt et excitaverunt Christum : imperavit ventis et facta est tranquillitas magna. Merito ergo forte turbatur cor tuum, quia excidit tibi in quem credideris : intolerabiliter pateris, quia non venit tibi in mentem quid pro te pertulerit Christus. Si in mentem non tibi venit Christus, dormit : excita Christum, recole fidem. Tunc enim in te dormit Christus (*a*), si oblitus es passiones Christi : tunc in te vigilat Christus, si meministi passionum Christi. Cum autem pleno corde intuitus fueris quid ille fuerit passus, nonne æquo animo et tu tolerabis? et fortasse gaudens, quia inventus es in aliqua similitudine passionum regis tui. Cum ergo ista cogitans consolari et gaudere cœperis, ille surrexit, ille ventis imperavit: ideo facta est tranquillitas. « Exspectabam eum qui me salvum faceret a pusillanimitate et tempestate. »

11. « Submerge Domine, et divide linguas eorum (*Psal.* LIV, 10). » Adtendit tribulantes se et adumbrantes se, et optavit hoc, non de ira, Fratres. Qui se male extulerunt, expedit eis ut submergantur : qui male conspiraverunt, expedit eis ut linguæ eorum dividantur : ad bonum consentiant, et concordent linguæ illorum. « Si autem in idipsum adversum me susurrabant, ait, omnes inimici mei (*Ps.* XL, 8): » perdant (*b*) idipsum in malo, dividantur linguæ eorum, non sibi consentiant. « Submerge Domine, et

(*a*) Hic in editis additur, *si verum illum Filium Dei abnegas esse* : quod abest a MSS. (*b*) Sic aliquot MSS. At Lov. *perdantur in idipsum*. Er. et quidam MSS. *perdant in idipsum*.

langues ? » Parce qu'ils ont conspiré pour faire le mal. Souvenez-vous de cette tour qu'un peuple orgueilleux avait élevée après le déluge : que s'étaient dit ces hommes dans leur orgueil ? Pour ne point périr par un nouveau déluge, bâtissons une haute tour (*Gen.*XI, 4). Dans leur orgueil ils croyaient s'être fortifiés contre le danger par la tour qu'ils élevaient et le Seigneur divisa leur langues. Ils commencèrent alors à ne plus se comprendre, et telle fut l'origine de la multiplicité des langues. Auparavant en effet les hommes parlaient une même langue, mais une même langue était bonne pour des hommes de mêmes sentiments; une même langue était bonne pour des hommes sans orgueil. Au contraire, dès que leur union ne servit plus qu'à les précipiter dans une orgueilleuse conspiration, Dieu, par une pensée de miséricorde, divisa leurs langues; de peur qu'en se comprenant mutuellement, ils n'établissent entre tous une pernicieuse unité. Des hommes orgueilleux causèrent la division des langues; d'humbles apôtres réunirent toutes les langues. L'esprit d'orgueil dispersa les langues; l'Esprit-Saint les ramena à l'unité. En effet, lorsque l'Esprit-Saint descendit sur les Apôtres, ceux-ci parlèrent toutes les langues et furent compris de tous (*Act.* II, 4); les langues dispersées furent réunies en une seule. Si donc les hommes sont encore du nombre des Gentils et se livrent à leur haine contre nous, il leur est bon d'être encore divisés de langage. S'ils veulent n'avoir plus qu'une même langue, qu'ils viennent à l'Église, parce qu'au milieu de la diversité des langues selon la chair, il n'y a qu'une seule langue dans l'unique foi du cœur. « Submergez-les, Seigneur; et divisez leurs langues. »

12. « Parce que j'ai vu l'iniquité et la contradiction dans la ville (*Ps.* LIV, 10). » Il avait bien raison de chercher le désert, parce qu'il avait vu dans la ville l'iniquité et les dissensions. Il y a une ville remplie de trouble, cette même ville qui a bâti la tour; elle est livrée à la confusion, on l'appelle Babylone et elle est dispersée dans toutes les nations du monde (*Gen.* XI, 9). C'est du milieu d'elle que l'Église se forme et se rassemble dans le désert de la bonne conscience. Car elle a vu les contradictions dans la ville. Le Christ est venu. Quel Christ? Parole de contradiction? Le Fils de Dieu. Dieu a-t-il donc un fils? Parole de contradiction. Il est né d'une vierge, il a souffert, il est ressuscité. Et comment cela peut-il se faire? Parole de contradiction. Considérez au moins la gloire de sa croix. Voyez : cette croix, que ses ennemis ont tous insultée, est attachée maintenant sur le front des rois. L'effet a prouvé la force du Christ; il a dompté l'univers, non avec le fer, mais avec le bois. Le bois de la croix a paru à ses ennemis ne mériter que leurs outrages, et devant sa croix, assistant à sa mort, ils secouaient la tête et disaient : « S'il est le Fils de Dieu, qu'il descende de la croix (*Matth.*XXVII, 40). »

divide linguas eorum. » Submerge, quare? Quia se extulerunt. Divide, quare? Quia in malum conspiraverunt. Turrem illam recordare superborum factam post diluvium : quid dixerunt superbi? « Ne pereamus diluvio, faciamus altam turrem (*Gen.* XI, 4). » Superbia se munitos esse arbitrabantur, exstruxerunt altam turrem ; et Dominus divisit linguas ipsorum. Tunc se cœperunt non intelligere : hinc facta est origo linguarum multarum. Antea enim una lingua erat : sed una lingua concordibus proderat, una lingua humilibus proderat : at ubi illa collectio in conspirationem superbiæ præcipitata est, pepercit illis Deus ut divideret linguas, ne se intelligendo perniciosam facerent unitatem. Per superbos homines divisæ sunt linguæ, per humiles Apostolos congregatæ sunt linguæ. Spiritus superbiæ dispersit linguas, Spiritus-sanctus congregavit linguas. Quando enim Spiritus-sanctus venit super discipulos, omnium linguis locuti sunt, ab omnibus intellecti sunt (*Act.* II, 4) : linguæ dispersæ, in unum congregatæ sunt. Ergo si adhuc sæviunt et gentiles sunt, expedit eis divisas habere linguas. Volunt unam linguam, veniant ad Ecclesiam : quia et in diversitate linguarum carnis, una est lingua in fide cordis. « Submerge Domine, et divide linguas eorum. »

12. « Quoniam vidi iniquitatem et contradictionem in civitate (*Ps.*LIV,10). » Merito iste desertum quærebat, quoniam vidit iniquitatem et contradictionem in civitate. Est quædam civitas turbulenta : ipsa erat quæ turrem ædificaverat, ipsa confusa est, et appellata Babylonia, ipsa per innumerabiles gentes dispersa (*Gen.* XI, 9) : inde congregatur Ecclesia in desertum bonæ conscientiæ. Vidit enim contradictionem in civitate. Christus venit. Quis Christus? contradicis. Filius Dei. Et habet filium Deus? contradicis. Natus est de virgine, passus, resurrexit. Et unde hoc fieri potest? contradicis. Attende saltem gloriam crucis ipsius. Jam in fronte regum crux illa fixa est, cui

Pour lui, il étendait les mains sur ce peuple incrédule qui le contredisait. Si, en effet, le juste est celui qui vit de la foi (*Rom.* I, 17), l'injuste est celui qui n'a pas la foi. C'est pourquoi je comprends l'iniquité dont parle le Prophète, dans le sens d'incrédulité. Le Seigneur voyait donc dans la ville l'iniquité et la contradiction, et il étendait les mains sur ce peuple incrédule et contradicteur ; il les attendait encore et il disait : « Mon Père, pardonnez-leur, parce qu'ils ne savent ce qu'ils font (*Luc*, XXIII, 34). » Ce sont les restes de cette ville qui maintenant encore sévissent contre lui ; ce sont ces restes qui le contredisent encore : mais du front de tous les chrétiens où la croix est imprimée, il étend les mains vers ce qui reste ainsi d'incrédules et de contradicteurs. « Parce que j'ai vu l'iniquité et la contradiction dans la ville. »

13. « Jour et nuit, l'iniquité et la douleur l'entoureront, en planant sur ses murs (*Ps.* LIV, 11). » « Sur ses murs, » sur ses fortifications, c'est-à-dire sur ses chefs et sur ses grands. Si ce grand était chrétien, il n'y resterait plus de païens. La plupart du temps, on dit : Personne ne resterait païen, si tel homme se faisait chrétien. On dit : Si tel homme se faisait chrétien, qui resterait païen? Tant donc qu'ils ne sont pas encore chrétiens, ils sont comme les murs de cette ville d'incrédulité et de contradiction. Combien de temps encore ces murs resteront-ils debout? Ils ne resteront pas toujours ainsi. L'arche fait le tour des murs de Jéricho ; le temps viendra où elle achèvera son septième tour, pendant lequel tomberont les murs de cette ville d'incrédulité et de contradiction (*Jos.* VI, 5). Jusqu'à ce moment le Prophète reste dans le trouble, les afflictions l'exercent ; supportant avec peine ce qu'il lui reste de contradicteurs, il souhaite d'avoir des ailes pour prendre au loin son vol, et il soupire après le repos du désert. Que de préférence il reste au milieu de ses contradicteurs, qu'il supporte avec patience les menaces, qu'il boive les opprobres, qu'il attende celui qui doit le sauver de sa pusillanimité et de la tempête, qu'il considère celui qui est la tête du corps et l'exemple de sa vie, et qu'il soit calme par l'espérance, quand même il serait troublé par la réalité présente. « Le jour et la nuit, son iniquité l'entourera en planant sur ses murs, et la douleur sera au milieu d'elle et l'injustice (*Ps.* LIV, 12). » C'est parce que l'iniquité est dans cette ville que la douleur y est aussi, c'est parce que l'injustice y réside que la douleur y réside aussi. Mais écoutez celui qui étend ses mains vers tous : « Venez à moi, dit-il, vous tous qui souffrez (*Matth.* XI, 28). » Vous poussez des cris, vous

---

inimici insultaverunt (*a*). Effectus probavit virtutem : domuit orbem, non ferro, sed ligno. Lignum crucis contumeliis dignum visum est inimicis, et ante ipsum lignum stantes caput agitabant, et dicebant, « Si Filius Dei est, descendat de cruce (*Matth.* XXVII, 40). » Extendebat ille manus suas ad populum non credentem et contradicentem. Si enim justus est, qui ex fide vivit (*Rom.* I, 17), iniquus est qui non habet fidem. Quod ergo hic ait, « iniquitatem : » perfidiam intelligo. Videbat ergo Dominus in civitate iniquitatem et contradictionem, et extendebat manus suas ad populum non credentem et contradicentem ; et tamen et ipsos exspectans dicebat, « Pater, ignosce illis, quia nesciunt quid faciunt (*Lucæ*, XXIII, 34). » Adhuc sane reliquiæ sæviunt illius civitatis, adhuc contradicunt. De frontibus omnium modo extendit manus ad reliquias non credentes et contradicentes. « Quoniam vidi iniquitatem et contradictionem in civitate. »

13. « Die ac nocte circumdabit eam super muros ejus iniquitas et labor (*Psal.* LIV, 11). » Super muros ejus, super munimenta ejus, tenens quasi capita ejus, nobiles ejus. Ille nobilis, si Christianus esset, nemo remaneret paganus. Plerumque dicunt homines, Nemo remaneret paganus, si ille esset Christianus. Plerumque dicunt homines, Et ille si fieret Christianus, quis remaneret paganus? Quod ergo nondum fiunt Christiani, quasi muri sunt civitatis illius non credentis et contradicentis. Quamdiu isti muri stabunt? Non semper stabunt. Circuit Arca muros Jericho : veniet tempus septimo Arcæ circuitu, ut omnes muri civitatis non credentis et contradicentis cadant (*Josue*, VI, 5). Donec fiat, turbatur iste in exercitatione sua ; et perferens reliquias contradicentium, optat pennas avolationis, optat requiem deserti. Immo duret inter contradicentes, perferat minas, bibat opprobria, exspectet qui eum salvum faciat a pusillanimitate et tempestate : intueatur caput exemplum (*b*) vitæ suæ, tranquilletur in spe, etsi turbatur in re. « Die ac nocte circumdabit eam super muros ejus iniquitas, et labor in medio ejus et injustitia (*Psal.* LIV, 12). » Et ideo labor ibi, quia

(*a*) Omnes fere MSS. *Effectis proba virtutem.* (*b*) Plerique MSS. *vir suo.*

contredisez, vous proférez des outrages, et lui, au contraire, vous dit : Venez à moi vous tous qui souffrez dans votre orgueil, et vous trouverez le repos dans mon humilité. « Apprenez de moi que je suis doux et humble de cœur, et vous trouverez le repos de vos âmes (*Ibid.* 29). » D'où vient, en effet, que ceux-là souffrent, si ce n'est de ce qu'ils ne sont ni doux ni humbles de cœur? Dieu s'est fait humble, que l'homme rougisse d'être orgueilleux.

14. « L'usure et la fourberie ne s'éloignent jamais de ses places publiques (*Ps.* LIV, 12). » L'usure et la fourberie ne sont même pas cachées en raison de la honte qu'elles méritent; elles exercent publiquement leurs ravages. Celui qui fait quelque mal dans sa maison rougit du moins de ce mal qu'il fait : « mais l'usure et la fourberie s'exercent sur les places publiques. » L'usure est une profession avouée, l'usure est un art, on la nomme un art; les usuriers forment un corps, un corps nécessaire à la ville; et ce corps paie l'impôt, tant s'étale effrontément sur la place publique le mal qui du moins devrait être caché. Mais il y a une usure plus condamnable encore, qui consiste à ne pas remettre sa dette à votre débiteur, et l'œil se trouble à ces mots de la prière du Seigneur : « Remettez-nous nos dettes (*Matth.* VI, 12). » Que ferez-vous, en effet, quand vous prierez et que vous en viendrez à ces paroles? On vous a injurié, vous voulez exiger la condamnation, le supplice du coupable : n'exigez du moins qu'autant que vous avez reçu, usurier d'injures! vous avez été frappé du poing et vous demandez la mort de celui qui vous a frappé. C'est une usure abominable. Comment aborderez-vous maintenant la prière? Si vous abandonnez la prière, par quel chemin arriverez-vous au Seigneur? Vous direz donc : « Notre Père, qui êtes dans les cieux, que votre nom soit sanctifié. Que votre règne arrive. Que votre volonté se fasse sur la terre comme au ciel. » Vous direz encore : « Donnez-nous aujourd'hui notre pain quotidien. » Mais vous arriverez à ces mots : « Remettez-nous nos dettes, comme nous les remettons à nos débiteurs (*Matth.* VI, 9 et suiv.). » Si l'usure abonde dans la ville perverse dont nous parlons, du moins qu'elle n'apparaisse pas dans ces murs de l'Église où l'on se frappe la poitrine. Que ferez-vous maintenant que vous voici en présence, vous et ce verset de la prière? C'est le divin législe qui a composé pour vous ces prières, sachant bien ce qui allait arriver dans le cas présent, et il vous dit : Vous n'obtiendrez rien qu'à cette condition. « En vérité, je vous le dis, si vous remettez aux hommes leurs péchés, vos péchés vous seront remis; mais si vous ne remettez pas leurs péchés aux hommes, votre Père ne vous remettra pas non plus les vôtres (*Matth.* VI, 14 et 15). » Qui a dit cela? Celui qui

---

iniquitas ibi : quia injustitia ibi, ideo et labor ibi. Sed audiant extendentem manus : « Venite ad me omnes qui laboratis (*Matth.* XI, 28). » Vos clamatis, vos contradicitis, vos conviciamini : ille e contra, Venite ad me omnes qui laboratis in superbia vestra, et requiescetis in humilitate mea. « Discite a me, inquit, quia mitis sum et humilis corde, et invenietis requiem animabus vestris (*Ibid.* 29). » Unde enim illi laborant, nisi quia non sunt mites et humiles corde? Deus humilis factus est, erubescat homo esse superbus.

14. « Non defecit de plateis ejus usura et dolus (*Psal.* LIV, 12). » Usura et dolus non absconduntur saltem quia mala sunt, sed publice sæviunt. Etenim qui in domo aliquid mali facit, vel de malo suo erubescit : « In plateis ejus usura et dolus. » Fœnus et professionem habet, fœnus et ars vocatur; corpus dicitur, corpus quasi necessarium civitati, et de professione sua vectigal impendit : usque adeo in platea est quod saltem abscondendum erat. Est et alia usura pejor, quando non dimittis quod tibi debetur; et turbatur oculus in illo versu orationis. « Dimitte nobis debita nostra (*Matth.* VI, 12). » Quid enim ibi facturus es, quando oraturus es et ad ipsum versum venturus? Verbum contumeliosum audisti : vis exigere damnationis supplicium. Vel tantum exige, quantum dedisti, fœnerator injuriarum. Pugno percussus es, interfectionem quæris. Usura mala. Qua iturus es in orationem? Si reliqueris orationem, qua circumiturus es ad Dominum? Ecce dices : « Pater noster, qui es in cœlis, Sanctificetur nomen tuum, Veniat regnum tuum, Fiat voluntas tua, sicut in cœlo et in terra. » Dices, « Panem nostrum quotidianum da nobis hodie. » Venies ad, « Dimitte nobis debita nostra, sicut et nos dimittimus debitoribus nostris (*Matth.* VI, 9, etc.). » Vel in civitate illa mala abundent usuræ istæ, non intrent parietes istos ubi pectus tunditur. Quid facies? quia ibi tu et ille versus in medio estis? Preces tibi composuit cœlestis jurisperitus : qui noverat quid ibi ageretur, ait tibi, Aliter non

sait ce qui se passe ici, et ce que vous lui demandez en vous présentant devant lui. Voyez : il a voulu être lui-même votre avocat, et il est en même temps votre législateur, l'assesseur du Père, et votre juge; lui-même vous dit : Vous n'obtiendrez rien qu'à cette condition. Que ferez-vous? Vous n'obtiendrez rien, si vous ne dites ces paroles ; vous n'obtiendrez rien, si vous ne les dites pas sincèrement. Il faut donc, ou les prononcer et y conformer vos actions, ou renoncer à mériter ce que vous demandez ; car ceux qui ne le font pas sont au nombre de ces iniques usuriers. Laissons-y ceux qui adorent ou cherchent encore des idoles, mais non pas vous, peuple de Dieu ; mais non pas vous, peuple du Christ; mais non pas vous, membres de cette tête sacrée. Pensez au lien de paix qui joint le corps à la tête; pensez à la vie dont vous avez reçu la promesse. Que vous sert, en effet, d'exiger le prix des injures que vous avez supportées? Est-ce que la vengeance répare vos pertes? Vous réjouirez-vous donc du mal des autres? Vous avez souffert de la part d'un méchant, pardonnez-lui, de peur que vous ne soyez méchants tous deux. « Et l'usure et la fourberie ne s'éloignent jamais de leurs places publiques. »

15. Voilà donc pourquoi vous cherchiez la solitude et demandiez des ailes, et pourquoi vous murmuriez : vous ne pouvez supporter ces maux, à savoir, la contradiction et l'iniquité de cette ville. Reposez-vous en ceux qui sont dans l'Église avec vous, et gardez-vous de chercher la solitude. Écoutez ce que le Prophète a dit de ceux-là mêmes qui vivaient avec lui : « Si mon ennemi m'avait donné des outrages. » Et d'abord il avait déclaré son trouble, exercé qu'il était par la voix de son ennemi et par les tribulations dont l'avait accablé le pécheur, et peut-être aussi placé qu'il était dans cette ville superbe qui élève la tour d'orgueil, et qui a été submergée pour amener la division des langues (Gen. XI, 4); Mais maintenant prêtez l'oreille aux gémissements que lui arrachent les périls qu'il court au milieu de faux frères. « Si mon ennemi m'avait donné des outrages, je les aurais supportés avec patience; et si celui qui me hait avait proféré contre moi d'arrogantes paroles,... » c'est-à-dire : S'il m'avait insulté par orgueil, s'il s'était orgueilleusement élevé au dessus de moi, s'il m'avait menacé de tout son pouvoir ; « je me serais caché de lui. » Où vous cacher de l'ennemi du dehors? parmi ceux du dedans. Or, voyez maintenant, s'il lui reste autre chose à faire que de chercher la solitude. « Mais vous, continue-t-il, qui aviez les mêmes sentiments que moi, vous qui étiez mon chef et mon ami ; » c'est-à-dire : Vous qui peut-être m'avez donné de bons conseils, vous qui m'avez précédé dans

---

impetrabis. Amen enim dico vobis, quia si dimiseritis peccata hominibus, dimittentur vobis (a); si autem non dimiseritis peccata hominibus, neque Pater vester dimittet vobis (Matth. VI, 14). Quis hoc dicit ? Qui scit quid ibi agatur, quo tu adstans petis. Vide quod voluit esse ipse advocatus tuus : ipse jurisperitus tuus, ipse assessor Patris, ipse judex tuus dixit, Aliter non accipies. Quid facturus es ? Non accepturus, si non dicturus ; non accepturus, si falsum dicturus. Ergo facturus et dicturus, aut quod petis non promeriturus : quia qui hoc non faciunt, in usuris illis sunt malis. Sint ibi illi qui adhuc idola aut adorant, aut quærunt : noli tu plebs Dei, noli plebs Christi, noli corpus illius capitis. Adtende vinculum pacis tuæ, adtende promissum vitæ tuæ. Quid enim tibi prodest, quia exigis injurias quas pertulisti ? Ultio te reficit ? Ergo de malo alieno gaudebis ? Passus es malum, ignosce ; ne duo (b) sitis. « Et non defecit de plateis ejus usura et dolus. »

15. Ideo ergo tu quærebas solitudinem et pennas, ideo murmuras, hæc ferre non potes, contradictionem et iniquitatem civitatis hujus. Requiesce in his qui tecum intus sunt, et noli quærere solitudinem. Audi de ipsis quid dicat : « Quoniam si inimicus exprobrasset mihi (Psal. LIV, 13). » Et quidem superius conturbatus erat in exercitatione sua a voce inimici et a tribulatione peccatoris, forte in illa civitate positus, superba illa erigente turrem (Gen. II, 4), quæ (c) submersa est, ut dividerentur eorum linguæ : adtende intus quid gemat propter pericula a falsis fratribus. « Quoniam si inimicus exprobrasset mihi, sustinuissem utique : et si is qui oderat me, super me magna locutus fuisset, » id est, per superbiam mihi insultasset, magnificaret se super me, minaretur mihi quidquid posset : « absconderem me utique ab eo. » Ab illo qui foris est, ubi te absconderes ? Inter illos qui intus sunt. Nunc autem vide, si non nihil aliud restat, nisi ut solitudinem quæras. « Tu vero, inquit, homo unanimis, dux meus et notus meus (Psal. LIV, 14). » Forte aliquando bonum consi-

---

(a) Vid. Tract. VII, in Evang. Johan., n° 11. (b) Subaudi, Mali. (c) Editi, subversa. At MSS. submersa. Alludit ad v. 10. Submerge, etc.

la bonne voie, vous qui m'avez donné de salutaires avis, vous avec qui j'habitais dans l'Église de Dieu; « vous qui aviez les mêmes sentiments que moi, vous qui étiez mon chef et mon ami, qui preniez avec moi une douce nourriture (*Ps.*LIV,15).» Quelle est cette douce nourriture? Ceux qui sont ici ne la connaissent pas tous, mais que ceux qui la connaissent ne la rendent point amère, afin de pouvoir dire à ceux qui ne la connaissent pas encore : « Goûtez et voyez combien le Seigneur est doux (*Ps.* XXXIII, 9). » « Vous qui preniez avec moi une douce nourriture, et avec qui je marchais dans la maison de Dieu avec un accord si parfait ! » D'où la dissension est-elle donc venue? Celui qui était dedans, est allé dehors. Il marchait avec moi d'un commun accord dans la maison de Dieu, il a élevé une autre maison contre la maison de Dieu. Pourquoi l'a-t-il quittée, cette maison où nous marchions dans un accord si parfait? Pourquoi l'a-t-il désertée, cette maison où nous partagions une si douce nourriture?

16. « Que la mort vienne sur eux et qu'ils descendent tout vivants dans l'enfer (*Ps.*LIV, 16). » C'est ainsi qu'il nous force à retourner en arrière, et à nous souvenir des premiers pas qui furent jamais faits dans la voie du schisme; lorsque, chez les anciens Juifs, des orgueilleux se séparèrent et voulurent sacrifier à part. Une mort, jusque là inconnue, les frappa, la terre s'ouvrit et les engloutit (*Nomb.*XVI, 47). « Que la mort vienne sur eux, dit le Prophète, et qu'ils descendent tout vivants, dans l'enfer. » Que veut dire : « Tout vivants?» Sachant qu'ils se perdent et cependant courant à leur perte. Comprenez que périr vivant et être englouti dans la terre entr'ouverte, c'est être absorbé et dévoré par les passions terrestres. Vous dites à un homme : Frère, à quoi pensez-vous ? nous sommes frères, nous invoquons le même Dieu, nous croyons au même Christ, nous écoutons la lecture du même évangile, nous chantons les mêmes psaumes, nous répondons le même amen, nous faisons retentir le même alleluia, nous célébrons la même Pâque; pourquoi êtes-vous hors de l'Église, et moi dans l'Église? Le plus souvent pressé par la force de la vérité qu'il reconnaît dans ces paroles : Que Dieu le rende à nos Pères, dira-t-il. Cet homme périt donc tout vivant. Vous continuez à l'interroger et à l'avertir : Du moins que ce mal de la séparation soit le seul, pourquoi y ajoutez-vous celui de rebaptiser vos partisans? Reconnaissez en moi ce que vous avez, et si vous avez de la haine contre moi, épargnez du moins le Christ en ma personne. Le plus souvent cette pratique coupable leur déplaît grandement : ce que nous faisons, répondent-ils, est véritablement un grand mal; plût à Dieu qu'il

---

lium dedisti, forte aliquando præcessisti me, et salubre aliquid monuisti : in Ecclesia Dei simul fuimus. « Tu vero homo unanimis, dux meus et notus meus : qui simul mecum dulces capiebas cibos *Ibid.* 15). » Qui sunt dulces cibi? Non omnes qui adsunt noverunt : sed non (*a*) amaricent qui noverunt, ut possint illis qui adhuc non noverunt dicere : « Gustate, et videte, quoniam dulcis est Dominus (*Psal.*XXXIII, 8).» « Qui simul mecum dulces capiebas cibos. In domo Dei ambulavimus cum consensu.» Unde ergo dissensio? Qui intus erat, foris factus es. Ambulavit mecum in domo Dei cum consensu : aliam domum erexit contra domum Dei. Quare illa relicta est, ubi ambulavimus cum consensu ? quare illa deserta est, ubi dulces simul capiebamus cibos?

16. « Veniat mors super eos, et descendant ad infernum viventes (*Psal.* LIV, 16). » Quomodo replicavit et recolere nos fecit primum illud schismatis initium, quando in illo primo populo Judæorum quidam superbi se separaverunt, et extra sacrificare voluerunt? Nova mors super eos venit : aperuit se terra, et vivos absorbuit (*Num.* XVI, 31). « Veniat, inquit, mors super eos, et descendant ad infernum viventes. » Quid est, « viventes ? » Scientes quia pereunt, et tamen pereuntes. Audi viventes perire et absorberi hiatu terræ, id est, devoratione terrenarum cupiditatum absorberi. Dicis homini, Quid pateris frater ? Fratres sumus, unum Deum invocamus, in unum Christum credimus, unum Evangelium audimus, unum Psalmum cantamus, unum Amen respondemus, unum Hallelnia resonamus, unum Pascha celebramus : quid tu foris es, et ego intus sum ? » Plerumque angustatus et considerans quam vera dicantur, Reddat, ait, Deus majoribus nostris. Ergo vivus perit. Deinde addis et mones, Saltem solum sit malum segregationis, cur adjungis et rebaptizationis ? Agnosce in me quod habes ; et si tu me odisti, Christo in me parce. Et hoc eis malum plerumque et maxime displicet : Vere, inquiunt, male fit, utinam posset non fieri ; sed quid facimus de statutis majo-

---

(*a*) Sic Er. et MSS. At Lov. *Sed non amaricentur.*

n'existât point! mais que ferons-nous des lois de nos pères? « Qu'ils descendent vivants dans l'enfer. » Si vous y descendiez mort, vous ignoreriez ce que vous faites, mais puisque vous connaissez le mal que vous faites et ne laissez pas de le faire, n'est-il pas vrai que vous descendez vivant dans l'enfer? Mais pourquoi, tandis que la terre s'ouvrait pour engloutir vivants les chefs de la sédition, le feu tombé du ciel consuma-t-il le peuple qui obéissait à leurs suggestions(.Nomb. XVI, 32 et 47)? C'est à cause de cela que le Psalmiste, en rappelant ces châtiments, commence par le peuple et termine par les chefs. « Que la mort vienne sur eux, » dit-il, en parlant de ceux sur lesquels est tombé le feu du ciel, et il ajoute aussitôt : « Qu'ils descendent vivants dans l'enfer, » en parlant des chefs qu'engloutit le gouffre ouvert dans la terre. Comment, en effet, ceux dont il avait dit : « Que la mort vienne sur eux, » descendraient-ils vivants dans l'enfer? si la mort les avait déjà saisis, comment fussent-ils descendus vivants dans l'enfer? Il a donc commencé par les moindres d'entre les coupables et fini par les plus grands. Que la mort vienne sur ceux qui ont accepté, qui se sont mis à la suite. Et que deviendront les chefs et les princes? Qu'ils descendent vivants dans l'enfer; parce qu'ils étudient les Écritures et qu'ils savent bien, en les lisant tous les jours, comment l'Église catholique est tellement répandue dans le monde entier que toute contradiction est impossible, et qu'ils ne peuvent trouver aucun témoignage en faveur de leur schisme. Ils le savent, et c'est pourquoi ils descendent tout vivants dans l'enfer, parce qu'ils savent que le mal qu'ils font est un mal. Quant aux autres, le feu de la colère divine les a consumés. En effet, embrasés de la fureur de la contradiction, ils n'ont pas voulu quitter leurs mauvais chefs. Le feu est tombé sur le feu, l'ardeur qui consume sur l'ardeur qui produit les dissensions. « Que la mort vienne sur eux et qu'ils descendent vivants dans l'enfer. Parce que la méchanceté habite sous leurs toits et au milieu d'eux. » « Sous leurs toits, » où ils sont étrangers et ne font que passer. En effet, ils ne sont point ici pour toujours, et cependant ils combattent pour une haine temporelle,. « L'iniquité habite donc sous leurs toits et au milieu d'eux règne l'iniquité : » rien n'est au milieu d'eux plus que leur cœur.

17. « Pour moi, j'ai crié vers le Seigneur (*Ps.* LIV, 17). » Le corps et l'unité du Christ, dans ses angoisses, dans ses dégoûts, dans ses tourments, dans les troubles qui l'exercent, ce seul homme, l'unité dans un seul corps, s'est écrié des limites de la terre, tandis que son âme était livrée à l'ennui : « Des extrémités de la terre, j'ai crié

rum nostrorum ? « Descendant ad infernum viventes. » Si mortuus descenderes, quid ageres ignorares : cum vero scis malum esse quod facis, et tamen facis ; nonne vivus descendis ad inferos? Et quare maxime ipsos duces terræ hiatus absorbuit vivos, populum autem illis consentientem e cœlo irruens ignis absumsit ? Propterea hanc pœnam commemorans Psalmus iste, a populo cœpit, et ad duces conclusit. « Veniat mors super eos, » propter illos dixit, super quos venit ignis de cœlo : et statim adjunxit, « Descendant ad infernum viventes, » propter duces quos terræ hiatus absorbuit. Nam quomodo descenderent ad infernum viventes, de quibus dixerat, « Veniat mors super eos ? » si jam super eos mors venerat, quomodo vivi ad inferos descendebant? Ergo a minoribus cœpit, ad majores conclusit. « Veniat mors super eos, » qui consenserunt et consecuti sunt. Quid illi duces et principes ? « Descendant ad infernum viventes : » quia ipsi Scripturas tractant, et noverunt bene quotidie legendo quomodo Ecclesia catholica per totum orbem terrarum ita diffusa est, ut omnino contradictio omnis vacet, nec inveniri possit aliquod testimonium pro schismate eorum, noverunt bene ; ideo ad inferos viventes descendunt, quia malum quod faciunt, malum esse noverunt. Illos autem (*a*) divinæ iracundiæ ignis absumsit. Studio enim contentionis accensi, a ducibus suis malis recedere noluerunt. Venit super ignem ignis, super ardorem dissensionis ardor consumtionis. « Veniat mors super illos, et descendant ad infernum viventes. Quoniam nequitia in hospitiis eorum, in medio eorum. » In hospitiis, ubi peregrinantur et transeunt. Non enim hic semper futuri sunt : et tamen pro animositate temporali sic pugnant. In hospitiis ergo eorum iniquitas, in medio eorum iniquitas : nullum tam medium eorum quam cor eorum.

17. « Ego ad Dominum exclamavi (*Psal.* LIV, 17). » Corpus Christi et unitas Christi in angore, in tædio, in molestia, in conturbatione exercitationis suæ; ille unus homo, in uno corpore posita unitas, cum tæde-

(*a*) Omnes MSS. *de divina iracundia ignis absumsit.*

vers vous, au milieu des angoisses de mon cœur (*Ps.* LX, 3). » Il est seul, mais seul il est l'unité; il est un, mais il n'est pas un en un seul lieu, et il crie seul des extrémités de la terre. Comment donc crierait-il seul des extrémités de la terre, s'il n'était un en beaucoup d'hommes? « Pour moi, j'ai crié vers le Seigneur. » Très-bien. Vous criez vers le Seigneur, gardez-vous de crier vers Donatus, de peur de trouver pour seigneur, au lieu du Seigneur, celui qui n'a pas voulu rester votre frère d'obéissance sous la loi du Seigneur. « Pour moi, j'ai crié vers le Seigneur et le Seigneur m'a exaucé. »

17. « Au soir, au matin et à midi, je raconterai ses merveilles, je publierai sa gloire et il écoutera ma voix (*Ps.*LIV, 18).» Et vous aussi, évangélisez, gardez-vous de taire ce que vous avez reçu : « au soir,» c'est le passé; « au matin,» c'est l'avenir; « à midi, » c'est l'éternité. Le soir se rapporte donc à ce que raconte le Prophète, le matin aux choses qu'il annonce, et le midi à l'accueil favorable qui est fait à sa prière. Car un midi qui n'est pas suivi de déclin exprime la fin. En effet, à midi la lumière est à son point le plus élevé, c'est la splendeur de la sagesse, et l'ardeur de l'amour. « Au soir, au matin et à midi.» Au soir le Seigneur est en croix, au matin il est ressuscité, à midi, il est monté au ciel. Au soir je raconte sa patience au moment de la mort; au matin, j'annonce la vie qu'il a reprise dans sa résurrection ; à midi, je prierai pour qu'il m'exauce, assis qu'il est à la droite de son Père, et il écoutera ma voix lui qui intercède pour nous, (*Rom.* VIII, 34). Combien grande est la sécurité du Prophète; combien grande sa consolation; combien il s'est raffermi contre sa propre pusillanimité et contre la tempête, contre les méchants, contre les injustes du dehors et du dedans, et contre ceux qui sont dehors après avoir été dedans.

19. C'est pourquoi; mes frères, ceux que vous voyez, dans l'enceinte même de ces murailles, turbulents, orgueilleux, avides de leurs propres intérêts, dépourvus d'un zèle pur, sain et tranquille pour le service de Dieu, rapportant tout à eux-mêmes, et toujours tout prêts à fomenter des dissensions dont ils ne s'abstiennent que faute d'occasion, ceux-là sont la paille de l'aire du Seigneur (*Matth.* III, 12). Si le vent de l'orgueil n'en a jusqu'alors renversé qu'un petit nombre, c'est que toute la paille ne sera enlevée que quand le Seigneur viendra au dernier jour la livrer au vent. Mais nous, qu'avons-nous à faire, si ce n'est de chanter avec le Prophète, de prier avec lui, de pleurer avec lui, et de dire avec sécurité : « Il préservera mon âme qui est en paix (*Ps.* LIV, 19) ? » Il la préservera des attaques de ceux qui n'aiment pas la paix. « Il préservera mon âme qui est en paix,» parce que je suis pacifique avec ceux qui haïssent la paix (*Ps.*CXIX,7). «Il pré-

---

ret animam ejus exclamans a finibus terræ: « A finibus terræ ad te clamavi, inquit, cum angeretur cor meum (*Psal.* LX, 3). » Ipse unus, sed unitas unus : et ipse unus, non in uno loco unus, sed a finibus terræ clamat unus. Quomodo a finibus terræ clamaret unus, nisi in multis esset unus ? « Ego ad Dominum exclamavi. » Recte. Tu exclama ad Dominum, noli ad Donatum : ne tibi sit pro Domino dominus, qui sub Domino noluit esse conservus. « Ego ad Dominum exclamavi : et Dominus exaudivit me. »

18. « Vespere, et mane, et meridie, enarrabo, et annuntiabo, et exaudiet vocem meam (*Ps.*LIV,18).» Evangeliza tu, noli tacere tu quod accepisti, « vespere,» de præteritis ; « mane, » de futuris ; « meridie, » de sempiternis. Ideo ad id quod ait, « vespere,» pertinet quod enarrat : ad id quod ait, « mane, » pertinet quod annuntiat : ad id quod ait, « meridie, » pertinet quod exauditur vox ejus. Finis enim in meridie est, sed unde non declinatur in occasum. In meridie enim lux excelsa est, splendor sapientiæ, fervor dilectionis. « Vespere, et mane, et meridie. » Vespere Dominus in cruce, mane in resurrectione, meridie in adscensione : enarro vespere patientiam morientis, annuntio mane vitam resurgentis, orabo ut exaudiat meridie sedens ad dexteram Patris : exaudiet vocem meam qui interpellat pro nobis (*Rom.* VIII, 35). Quanta hujus securitas ? quanta consolatio, quanta refectio a pusillanimitate et tempestate, contra malos, contra iniquos et foris et intus, et in his qui foris sunt, cum fuissent intus.

19. Itaque, Fratres mei, quos in ipsa congregatione parietum horum videtis turbulentos, superbos, sua quærentes, elatos, non habentes zelum Dei castum, sanum, quietum, sed multum sibi tribuentes, ad dissensionem paratos, sed occasionem non invenientes, ipsa est palea Dominicæ areæ (*Matth.* III, 12). Hinc illos paucos superbiæ ventus excussit : tota palea non volabit, nisi cum ille in ultimo ventilabit. Sed nos quid, nisi cum isto cantemus, cum isto oremus, cum isto plangamus et dicamus securi, « Redimet in pace animam meam (*Psal.* LIV, 19) ? » Contra illos qui non amant pacem : « In pace redimet animam

servera mon âme qui est en paix des attaques de ceux qui m'approchent(*Ps.*LIV,19).» Car la chose est aisée à l'égard de ceux qui sont loin de moi; je ne suis pas si vite trompé par un homme qui dit : Venez, adorez les idoles; cet homme est loin de moi. Si, au contraire, je lui dis : Êtes-vous chrétien? et qu'il me réponde : Je suis chrétien; c'est un ennemi qui m'attaque de près, il est tout proche. « Il préservera mon âme qui est en paix, des attaques de ceux qui m'approchent; parce qu'en beaucoup de choses ils étaient avec moi (*Ibid.*). » Pourquoi ai-je dit, « qu'ils m'approchent? » Parce que, « en beaucoup de choses ils étaient avec moi. » Ce verset présente deux sens. « En beaucoup de choses ils étaient avec moi : » nous avions le même baptême, en cela, ils étaient avec moi; nous lisions le même Évangile, en cela, ils étaient avec moi; nous célébrions les fêtes des martyrs, là, ils étaient avec moi; nous fréquentions ensemble la solennité de Pâques, là, ils étaient avec moi. Mais ils n'étaient pas en toutes choses avec moi : dans le schisme, ils n'étaient pas avec moi; dans l'hérésie, ils n'étaient pas avec moi. En beaucoup de choses ils étaient avec moi; en choses peu nombreuses, ils cessaient d'être avec moi. Mais, dans les choses peu nombreuses où ils n'étaient pas avec moi, il ne leur servait de rien d'avoir été avec moi en beaucoup de choses. En effet, mes frères, voyez quelle longue énumération fait l'Apôtre saint Paul, de choses salutaires qui deviennent cependant inutiles, si une seule, qu'il nomme, ne s'y trouve réunie. «Que je parle, dit-il, la langue des hommes et des anges, que j'aie toute prophétie, toute foi et toute science, que je transporte les montagnes, que je distribue tout mon bien aux pauvres, que je livre mon corps pour être brûlé... (I *Cor.* XIII, 1-3); quelle énumération! qu'à toutes ces choses, une seule vienne à manquer, la charité, les autres l'emportent par le nombre, mais la charité l'emporte sur elles toutes par son poids. Donc, dans tous les sacrements, ils étaient avec moi; dans la seule charité, ils n'étaient pas avec moi: par conséquent, « en beaucoup de choses ils étaient avec moi. » D'un autre côté, on peut comprendre encore ces paroles : « Parce qu'en beaucoup de choses ils étaient avec moi, » dans le sens que voici. Ceux qui se sont séparés de moi étaient avec moi, non en un petit nombre, mais en un grand nombre de choses. En effet, sur toute la face de la terre, il y a peu de grains et beaucoup de paille. Que dit donc le Prophète? Ils étaient avec moi dans la paille; ils n'étaient pas avec moi dans le froment; et, remarquez-le, la paille est proche du froment; elle sort avec lui de la même semence, tous deux ont pris racine dans le même champ, la même pluie les a nourris, le même moissonneur les a fauchés, ils ont été battus ensemble, le même van les attend;

meam. » « Quia cum his qui oderunt pacem, eram pacificus (*Psal.* CXIX, 7). » « Redimet in pace animam meam, ab his qui appropinquant mihi. » Nam ab illis qui longe sunt a me, facilis caussa est : non me tam cito fallit qui dicit, Veni, idolum adora : multum a me longe est. Christianus es? Christianus, inquit. Ex propinquo adversatur, prope est. « Redimet in pace animam meam, ab his qui appropinquant mihi: Quoniam in multis erant mecum (*Ps.*LIV,19),» Quare dixi, appropinquant mihi? Quia in multis erant mecum. In hoc versu duæ sententiæ occurrent.« In multis erant mecum : » Baptismum habebamus utrique, in eo erant mecum : Evangelium utrique legebamus, erant in eo mecum : festa Martyrum celebrabamus, erant ibi mecum : Paschæ solemnitatem frequentabamus, erant ibi mecum. Sed non omnino mecum : in schismate non mecum, in hæresi non mecum. In multis mecum, in paucis non mecum. Sed in his paucis (a) in quibus non mecum, non eis prosunt multa in quibus mecum. Etenim Fratres videte quam multa enarravit apostolus Paulus : unum dixit, si defuerit, frustra sunt illa. « Si linguis hominum loquar et Angelorum, ait, si habeam omnem prophetiam et omnem fidem, et omnem scientiam, si montes transferam, si distribuam omnia mea pauperibus, si tradam corpus meum ita ut ardeat (I *Cor.* XIII, 1, etc.)..... » Quam multa enumeravit? His omnibus multis desit una caritas : illa numero plura sunt, hæc pondere major est. Ergo in omnibus sacramentis mecum, in una caritate non mecum : « In multis erant mecum. » Rursus alio modo : « Quoniam in multis erant mecum : » Qui se separaverunt a me, mecum erant, non in paucis, sed in multis. Etenim per totum orbem terrarum pauca sunt grana, multæ sunt paleæ. Quid ergo ait? In palea mecum erant, in tritico non mecum erant, Et propinquat palea tritico, de uno semine exit, in uno agro radicatur, una pluvia nutritur, eumdem messorem pati-

---

(a) MSS. *Sed in paucis non mecum, in quibus non eis prosint,* etc.

le grenier seul les sépare. « Parce qu'en beaucoup de choses ils étaient avec moi. »

20. « Dieu m'exaucera, et celui qui est avant tous les temps les abaissera (*Ps.* LIV, 20). » Ces hommes en effet présument de je ne sais quel chef né d'hier; « celui qui est avant tous les temps les abaissera. » En effet, bien que le Christ soit né selon le temps de la Vierge Marie, cependant au commencement était le Verbe et le Verbe était en Dieu et le Verbe était Dieu (*Jean.* I, 1). « Celui qui est avant tous les temps, les abaissera, car il n'y a pas de changement pour eux. » Je parle de ceux pour qui il n'y a pas de changement. Le Prophète savait que certains d'entre eux devaient persévérer dans le mal, et mourir obstinés dans leur méchanceté. Nous les voyons, en effet, ces hommes pour qui il n'y a pas de changement; ils meurent dans leur perversité, dans leur schisme, et ils ne changent pas. Dieu les humiliera; Dieu les humiliera par leur condamnation, parce qu'ils se sont orgueilleusement élevés par leur séparation. Il n'y a point pour eux de changement, parce que s'ils changent, ce n'est pas en mieux, mais en pis : ils ne changent pas ici-bas, et ils ne changeront pas lors de la résurrection. Car « nous ressusciterons tous, mais nous ne serons pas tous changés (I *Cor.* XV, 51). » Pourquoi ? « Il n'y a point de changement pour eux, parce qu'ils n'ont pas eu la crainte de Dieu. » Mes frères, il n'y a qu'un remède à leurs maux; qu'ils craignent Dieu et qu'ils abandonnent Donatus. Vous leur dites : Vous vous perdez dans cette hérésie, dans ce schisme; inévitablement Dieu vous punira de ces fautes, vous en arriverez à votre condamnation, ne vous flattez point dans vos propres discours, ne suivez pas un chef aveugle; « car si un aveugle conduit un aveugle, ils tomberont ensemble dans le fossé (*Matth.* XV, 14). » Ils répondent : en quoi tout cela me concerne-t-il ? Je vis aujourd'hui comme je vivais hier, je suis ce qu'ont été mes pères. Vous ne craignez pas Dieu. Faites au contraire qu'il ait la crainte de Dieu; faites qu'il pense que toutes les paroles des livres saints sont vraies, et que la foi du Christ ne peut tomber dans l'erreur : comment restera-t-il dans l'hérésie en face de la manifestation si éclatante de la sainte Église catholique, répandue par Dieu dans l'univers entier, de cette Église qu'il avait promise avant de l'y répandre, qu'il avait prédite et qu'il a établie telle qu'il l'avait promise ? Que ceux-là donc qui n'ont pas la crainte de Dieu prennent garde et considèrent. « Il a étendu la main pour leur rendre ce qu'ils méritent (*Ps.* LIV, 21). »

21. « Ils ont souillé son testament (*Ibid.*). » Lisez ce testament qu'ils ont souillé. « Toutes les nations seront bénies en celui qui sor-

---

tur, eamdem triturationem sustinet, eamdem ventilationem exspectat, non in unum horreum intrat. « Quoniam in multis erant mecum. »

20. « Exaudiet me Deus, et humiliabit illos qui est ante sæcula (*Psal.* LIV, 20). » Illi enim præsumunt de nescio quo duce suo qui cœpit heri; « humiliabit illos qui est ante sæcula. » Quia etsi ex tempore Christus est de Maria virgine, ante sæcula tamen « in principio Verbum, et Verbum apud Deum, et Deus Verbum (*Johan.* I, 3). » « Humiliabit illos qui est ante sæcula. Non enim est illis commutatio : » de illis dico, quibus non est commutatio. Noverat aliquos perseveraturos, et in perseveratione suæ nequitiæ morituros. Videmus enim eos, et non est illis commutatio : qui sic moriuntur in ipsa perversitate, in ipso schismate, non est illis commutatio. Humiliabit illos Deus, humiliabit illos in damnatione, quia erecti sunt in dissensione. Non est illis commutatio, quia non mutantur in melius, sed in pejus; nec cum hic sunt, nec in resurrectione. « Omnes enim resurgemus, sed non omnes immutabimur (I *Cor.* XV, 51). » Quare ? « Quia non est illis commutatio : et non timuerunt Deum (*Psal.* LIV, 20). » Fratres mei, unum remedium est : timeant Deum, deserant Donatum. Dicis illi, Peris in hæresi, in schismate; necesse est ut Deus retribuat istis malis : venies in damnationem, noli tibi blandiri verbis tuis, non sequaris cæcum ducem : « Cæcus autem cæcum ducens, simul in foveam cadunt (*Matth.* XV, 14). » Quid ad me ? ait : quomodo vixi heri, sic et hodie : parentes mei quod fuerunt, hoc et ego. Non times Deum : (a) Da timorem Dei; cogitet quia ista omnia vera sunt quæ leguntur, quia est fides Christi quæ falli non potest; quomodo in hæresi remanebit ad tantam evidentiam sanctæ Catholicæ, quam diffudit Deus per totum orbem terrarum; quam antequam diffunderet promisit, prænuntiavit, sic exhibuit ut promisit ? Ergo caveant et observent qui non timent Deum. « Extendit manum suam in retribuendo (*Psal.* LIV, 21). »

(a) Sic MSS. At editi, *habe timorem Dei; cogita,* etc. *quomodo in hæresi remanebis.*

sortira de vous (*Gen.* xII, 3, et xxvI, 4). » « Ils ont souillé son testament.» Que dites-vous contre les paroles du testateur? L'Afrique seule a mérité cette grâce de posséder le saint évêque Donatus ; l'Église du Christ est restée en lui. Dites, du moins, l'église de Donatus. Pourquoi ajoutez-vous : du Christ ? Car il est dit de lui : « Toutes les nations seront bénies en celui qui sortira de vous. » Voulez-vous suivre Donatus ? Laissez-là le Christ et mettez-vous ainsi à part. Voyez donc ce qui suit : « Ils ont souillé son testament. » Quel testament? « Abraham et celui qui devait sortir de lui ont reçus les promesses divines. » Écoutez l'Apôtre saint Paul : « Mes frères, lorsqu'un homme a fait un testament régulier, nul ne peut le rendre nul ou le modifier. Or, les promesses de Dieu ont été faites à Abraham et à celui qui devait sortir de lui. Il ne dit point : à ceux qui sortiront de vous, comme parlant de plusieurs, mais comme d'un seul : et à celui qui sortira de vous, c'est-à-dire au Christ (*Gal.* III, 15 et 16). » Est-ce donc à ce nouveau Christ que sont faites les promesses du testament : « Toutes les nations seront bénies en celui qui sortira de vous (*Gen.* xII, 3, et xxvI, 4)? » Mais vous qui avez brisé l'unité de toutes les nations, et qui êtes resté à part, vous avez souillé son testament, et ce qui vous est arrivé, d'être rejeté au dehors et d'être chassé de l'héritage, c'est le fait de la colère de Dieu. En effet, remarquez ce qui suit : « Ils ont souillé son testament ; ils ont été retranchés par la colère de son visage (*Ps.* LIV, 22). » Qu'attendez-vous, et de quelle note plus évidente peuvent être marqués les hérétiques? « Ils ont été retranchés par la colère de son visage. »

22 « Et son cœur s'est approché (*Ibid.*). » De qui l'entendrons-nous, si ce n'est de celui dont la colère les a retranchés ? Que veut dire : « Son cœur s'est approché ? » Il nous a fait comprendre sa volonté. En effet, les sectes hérétiques ont mis en lumière l'Église catholique, et ceux qui pensent mal ont manifesté ceux qui pensent bien. Car il y avait dans les Écritures beaucoup de choses cachées, et les hérétiques qui ont été retranchés du corps des fidèles, ont agité l'Église de Dieu par une foule de questions : de la sorte, ce qui était caché a été découvert, et la volonté de Dieu a été comprise. C'est en ce sens que le Prophète dit dans un autre psaume : « Il s'est fait un rassemblement de taureaux au milieu des vaches des peuples, afin de repousser ceux qui ont été éprouvés par l'argent (*Ps.* LXVII, 31). » Le Prophète, par ces mots : « afin de repousser, » veut dire, pour faire apparaître, pour mettre en relief. C'est ainsi que, dans l'art de travailler l'argent, on emploie les expressions de repoussé et de repoussoir, pour indiquer que d'une masse confuse de métal l'ou-

---

21. « Polluerunt testamentum ejus (*Ibid.* 21), » Lege testamentum quod polluerunt : « In semine tuo benedicentur omnes gentes (*Gen.* xII, 3, et xxvI, 4). » « Polluerunt testamentum ejus. » Tu contra ista verba testatoris quid dicis ? Africa sola istam gratiam meruit sancti Donati, in ipso remansit Ecclesia Christi. Dic saltem, Ecclesia Donati. Quare adjungis, Christi ? de quo dictum est, In semine tuo benedicentur omnes gentes. Post Donatum vis ire ? Pone Christum, et sic recede. Videte ergo quid sequitur : « Polluerunt testamentum ejus. » Quod testamentum Abrahæ? dictæ sunt promissiones et semini ejus. Apostolus dicit, « Fratres, tamen hominis testamentum confirmatum nemo irritum facit, aut superordinat : Abrahæ dictæ sunt promissiones et semini ejus : non dicit, Et seminibus, tamquam in multis ; sed tamquam in uno, Et semini tuo, quod est Christus (*Gal.* III, 15, etc.). » In hoc ergo Christo quod promissum est testamentum ? « In semine tuo benedicentur omnes gentes (*Gen.* xII, 3, et xxvI, 4).» Tu qui dimisisti unitatem omnium gentium, et in parte remansisti, polluisti testamentum ejus. Quod tibi ergo contigit, ut exterminareris, ut ab hereditate separareris, de ira Dei est. Adtende enim quid sequatur : « Polluerunt testamentum ejus : divisi sunt præ ira vultus ejus (*Psal.* LIV, 22). » Quid exspectatis, qua majore nota ostendantur hæretici ? « Divisi sunt præ ira vultus ejus. »

22. « Et appropinquavit cor illius (*Ibid.* 22). » Cujus intelligimus, nisi cujus ira divisi sunt ? Quomodo « appropinquavit cor illius ? » Ut intelligamus voluntatem illius. Etenim ex hæreticis (*a*) asserta est Catholica, et ex his qui male sentiunt probati sunt qui bene sentiunt. Multa enim latebant in Scripturis ; et cum præcisi essent hæretici, quæstionibus agitaverunt Ecclesiam Dei : aperta sunt quæ latebant, et intellecta est voluntas Dei. Inde dicitur in alio Psalmo ,« Congregatio taurorum inter vaccas populorum, ut excludantur hi qui probati sunt argento (*Psal.* LXVII, 31). » Excludantur enim dixit,

---

(*a*) Sic MSS. At. editi, *Etenim hæreticis excerta est.*

vrier fait sortir la forme de l'objet qu'il confectionne. Il y avait ainsi, dans le peuple de Dieu, un grand nombre d'esprits capables de connaître et d'expliquer les Écritures, mais ils étaient cachés et ils ne faisaient pas ressortir la solution des questions difficiles, tant que la vérité n'était point calomnieusement attaquée. Avait-on, en effet, pleinement traité du dogme de la Trinité, avant les aboiements des Ariens? Avait-on pleinement traité de la pénitence, avant l'opposition des Novatiens? De même la question du baptême n'avait pas été pleinement traitée, avant que certains hérétiques ne se fussent mis à rebaptiser. On n'avait pas dit non plus sur l'unité du Christ tout ce qui a été dit au moment où une nouvelle hérésie, touchant cet article de foi, menaça d'entraîner à leur perte des frères trop faibles. Mais alors ceux qui savaient traiter ces questions et les résoudre ont publiquement exposé, dans des discours et dans des controverses, les points obscurs de la Loi, de crainte que des frères plus faibles ne vinssent à périr par suite des questions que les impies avaient soulevées. Ces hérétiques ont donc été séparés par la colère du visage de Dieu, et son cœur s'est approché de nous par l'intelligence que nous avons eue de sa parole. Comprenez donc ainsi les paroles de l'autre psaume : Les taureaux rassemblés au milieu des vaches du peuple sont les orgueilleux toujours prêts à frapper de la corne. Et qu'entendre par les vaches du peuple? Les âmes faciles à séduire. Et pourquoi ce rassemblement? Afin de repousser, c'est-à-dire de tirer de leur obscurité, ceux qui ont été éprouvés par l'argent. Que veut dire : « par l'argent? » Par la parole de Dieu. « Les paroles de Dieu sont chastes et pures comme l'argent éprouvé au feu, purgé de la terre qui l'entourait, et sept fois passé au creuset (*Ps.* II, 7). » Voyez comme l'Apôtre repousse et met en lumière le sens obscur de ce passage : « Il faut, dit-il, qu'il y ait des hérésies, afin que ceux d'entre vous qui sont éprouvés soient manifestés (I *Cor.* II, 19). » Que veut dire : « Ceux qui sont éprouvés? Ceux qui sont éprouvés par l'argent, par la parole de Dieu. Que veut dire : Soient manifestés? Soient repoussés et mis en lumière. Pourquoi? A cause des hérétiques. Que veut dire : à cause des hérétiques? A cause du rassemblement des taureaux au milieu des vaches des peuples. C'est donc ainsi « qu'ils ont été séparés par la colère du visage de Dieu et que le cœur de Dieu s'est approché. »

23. « Ses paroles sont plus douces que l'huile, et elles pénètrent comme des traits (*Ps.* LIV, 22). » Il y a, en effet, dans les Écritures, des paroles qui ont semblé dures, tant qu'elles sont restées obscures ; expliquées, elles ont paru pleines de douceur. Car la première séparation qui s'est produite parmi les disciples du Christ a été cau-

---

emineant, appareant. Unde dicuntur et in arte argentaria Exclusores, id est, ex quadam confusione massæ formæ expressores. Ergo multi qui optime possent Scripturas dignoscere et pertractare, latebant in populo Dei ; nec asserebant solutionem quæstionum difficilium cum calumniator nullus instaret. Numquid enim perfecte de Trinitate tractatum est antequam oblatrarent Ariani : numquid perfecte de pœnitentia tractatum est antequam obsisterent Novatiani? Sic non perfecte de baptismate tractatum est antequam contradicerent foris positi rebaptizatores ; nec de ipsa unitate Christi enucleate dicta erant quæ dicta sunt, nisi postea quam separatio illa urgere cœpit fratres infirmos, ut jam illi qui noverant hæc tractare atque dissolvere, ne perirent infirmi sollicitati quæstionibus impiorum, sermonibus et disputationibus suis obscura Legis in publicum deducerent. Ergo illi divisi sunt præ ira vultus ejus, et nobis ad intelligendum appropinquavit cor ejus. Itaque intelligite illud quod in Psalmo alio commemoravit, Congregatio taurorum, id est superborum cornupetarum, inter vaccas populorum. Quas dixit vaccas? Animas seductibiles. Ut quid hoc? Ut excludantur hi, id est appareant qui latebant, qui probati sunt argento. Quid est, argento? Eloquio Dei. « Eloquia Domini eloquia casta, argentum igne examinatum, probabile terræ, purgatum septies tantum (*Psal.* XI, 7). » Hunc sensum obscurum videte quemadmodum in lucem excludat Apostolus : « Oportet, inquit, et hæreses esse, ut probati manifesti fiant inter vos (I *Cor.* XI, 19). » Quid est, probati? Probati argento, probati eloquio. Quid est, manifesti fiant? Excludantur. Quare hoc? Propter hæreticos. Quid est, propter hæreticos? Propter congregationem taurorum inter vaccas populorum. Sic ergo et hi « divisi sunt præ ira vultus ejus, et appropinquavit cor illius. »

23. « Mollita sunt sermones ejus super oleum et ipsi sunt jacula (*Psal.* LIV, 22). » Quædam enim in Scripturis dura videbantur, cum obscura essent ; ex-

sée, en quelque sorte, par la dureté de ses paroles. En effet, lorsqu'il eut dit : « Celui qui ne mangera pas ma chair et ne boira pas mon sang, n'aura pas la vie en lui (*Jean*. VI, 54 et suiv.), » ses disciples, qui ne comprenaient pas sa pensée, se dirent entre eux : « Ces paroles sont dures, qui peut les entendre ? » Et, en disant que ces paroles étaient dures, ils se séparèrent du Christ, qui resta avec les douze apôtres. Et comme ils lui avaient donné à entendre qu'ils avaient été scandalisés par son discours : « Et vous aussi, leur dit-il, voulez-vous me quitter ? » Et Pierre lui répondit : « Vous avez les paroles de la vie éternelle, à qui donc irions-nous ? » Faites bien attention, je vous en conjure, et, comme de petits enfants, prenez ici une leçon de piété. Pierre comprenait-il dès lors le secret des paroles du Seigneur ? Il ne le comprenait pas encore ; mais il croyait pieusement que ces paroles dont il n'avait pas l'intelligence étaient excellentes cependant. Si donc ce discours est dur, parce que vous ne le comprenez pas encore, qu'il ne soit dur que pour l'impie, et que la piété vous le rende doux ; parce que, quand vous en aurez l'explication, il deviendra pour vous plus onctueux que l'huile et pénétrera jusque dans la moelle de vos os.

24. C'est pourquoi, comme si l'apôtre Pierre eût dit ici les mêmes paroles qu'après le scandale causé par la dureté apparente des discours du Sauveur : « Vous avez les paroles de la vie éternelle, à qui donc irions-nous ? » le Prophète ajoute : « Rejetez tout soin sur le Seigneur, et lui-même vous nourrira (*Ps*. LIV, 23). » Vous êtes un petit enfant, vous ne comprenez pas encore le sens caché des mots ; peut-être le pain vous est-il encore inconnu et vous avez encore besoin d'être nourri de lait (I *Cor*. III, 1) : gardez-vous de vous irriter contre le sein qui vous sustente ; il vous rendra peu à peu capable de participer à une table, qui ne vous convient pas encore. Voilà donc que la séparation même des hérétiques a servi à changer en douceur la dureté de bien des paroles : les paroles du Seigneur sont devenues plus douces que l'huile, et elles pénètrent comme des traits. Elles ont armé les prédicateurs de l'Évangile, et elles sont dirigées dans le cœur des auditeurs par ceux qui les répètent à temps et à contre-temps. Ces discours, ces paroles, semblables à des flèches, frappent les cœurs des hommes et les inclinent à l'amour de la paix. Les paroles étaient dures, elles s'adoucissent. Cette douceur ne leur fait pas perdre leur force, au contraire, elles se changent en traits rapides. Ses paroles sont plus douces que l'huile, mais ces mêmes paroles, si pleines de douceur, pénètrent comme des traits. Mais peut-être n'êtes-vous pas encore en état de vous armer de ces traits, et peut-être ce qu'il y a d'obscur et de dur dans ces paroles n'est-il point

---

posita mollita sunt. Nam et prima hæresis in discipulis Christi velut a duritia sermonis ipsius facta est. Cum enim diceret, « Nisi quis manducaverit carnem meam, et biberit sanguinem meum, non habebit vitam in se (*Johan*. VI, 54, etc.) : » illi non intelligentes dixerunt ad invicem, Durus est hic sermo, quis potest eum audire ? Dicentes quia durus est sermo hic, separaverunt se ab illo : remansit cum aliis duodecim. Cum ei suggessissent, illos in sermone ejus fuisse scandalizatos, « Numquid et vos, inquit, vultis ire (*Ibid*.). » Et Petrus, « Verbum vitæ æternæ habes, ad quem ibimus ? » Intendite, obsecramus vos, et parvuli discite pietatem : Numquid jam Petrus intelligebat secretum illius sermonis Domini ? Nondum intelligebat : sed bona esse verba quæ non intelligebat, pie credebat. Ergo si durus est sermo, et nondum intellectus est, durus sit impio, tibi autem pietate molliatur : quia quandoque solvetur, et fiet tibi oleum, et usque ad ossa penetrabit.

24. Proinde tamquam ipse Petrus post illos duritia, sicut putabant, sermonis Domini scandalizatos etiam hic diceret, Verbum vitæ æternæ habes, ad quem ibimus ? ita subjecit, « Jacta in Dominum curam tuam, et ipse te enutriet (*Psal*. LIV, 23). » Parvulus es, nondum intelligis secreta verborum : forte tibi panis latet, et adhuc lacte nutriendus es (I *Cor*. III, 1) : noli irasci uberibus ; ipsa te enutrient reddent ad mensam, cui modo minus idoneus es. Ecce per divisionem hæreticorum multa dura mollita sunt : sermones illius duri molliti sunt super oleum, et ipsi sunt jacula. Armaverunt evangelizantes : et ipsi sermones diriguntur in pectora quorumque audientium ab instantibus opportune et importune : illis sermonibus, illis verbis tamquam sagittis, corda hominum ad amorem pacis feriuntur. Duri erant, et molles facti sunt. Molliti non virtutem amiserunt, sed in jacula conversi sunt. « Molliti sunt sermones ejus super oleum : et ipsi, » molliti sermones, « ipsi sunt jacula. » Sed tu nondum forte idoneus es qui armeris his jaculis, et nondum tibi eluxit quod in

encore éclairci à vos yeux. Alors, « rejetez tout soin sur le Seigneur, et lui-même vous nourrira. » Jetez-vous dans le sein du Seigneur. Mais si vous voulez vous jeter dans le sein du Seigneur, que nul ne s'avance pour vous recevoir au lieu du Seigneur ; « rejetez tout soin sur le Seigneur et lui-même vous nourrira. » Voyez comment ce grand soldat du Christ a refusé de se charger du soin des petits : « Est-ce que Paul, leur disait-il, a été crucifié pour vous ? ou bien êtes-vous baptisés au nom de Paul (I *Cor.* 1, 13) ? » Que signifiait cette parole, sinon « rejetez tout soin sur le Seigneur et lui-même vous nourrira ? » Mais voici qu'un petit enfant veut rejeter tout soin sur le Seigneur, et je ne sais qui se présente et lui dit : Je me charge de vous. Il vient comme au-devant d'un navire qui flotte à la dérive, et il dit : Je me charge de vous. Répondez-lui : Je cherche le port et non un écueil. « Jetez tout soin sur le Seigneur, et lui-même vous nourrira. » Et reconnaissez que c'est bien le port qui vous reçoit ; « Il n'abandonnera pas le juste à l'agitation des flots pour l'éternité. » Vous paraissez flotter au hasard sur cette mer, et déjà le port vous reçoit. Mais avant d'entrer dans le port, gardez-vous de laisser l'ancre se briser. Le navire qui est à l'ancre flotte certainement, mais il n'est pas lancé loin de la terre : ainsi le juste est livré aux flots pour un temps, mais non pour l'éternité. C'est à cette agitation sur la mer que s'appliquent certaines paroles qui précèdent : « La tristesse m'accable, exercé que je suis par la persécution de mes ennemis, et je suis troublé (*Ps.* LIV, 1). » « J'attendais celui qui devait me sauver de ma pusillanimité et de la tempête (*Ibid.* 9). » Le Prophète est livré aux flots pour le moment où il parle, mais il ne le sera pas éternellement, car son ancre est solidement attachée, et cette ancre est son espérance. « Dieu n'abandonnera pas le juste à l'agitation des flots pour l'éternité. »

25. Et pour les méchants que leur arrivera-t-il ? « O mon Dieu, vous les conduirez dans le puits de la corruption (*Ibid.* 24). » Le puits de la corruption n'est autre chose que les ténèbres de la submersion. Vous les conduirez, dit le Prophète, dans le puits de la corruption : parce que si un aveugle est conduit par un aveugle, tous deux tomberont dans la fosse (*Matth.* XV, 14). Dieu les conduit dans le puits de la corruption, non pas qu'il soit l'auteur de leur faute, mais parce qu'il est le juge de leurs iniquités. Dieu les a livrés aux convoitises de leur cœur (*Rom.* I, 24). En effet, ils ont aimé les ténèbres et haï la lumière ; ils ont préféré leur aveuglement à la faculté de voir. Car voilà que le Seigneur Jésus a brillé sur le monde entier ; qu'ils chantent donc d'une même voix avec le monde entier : « Il n'est personne qui puisse se soustraire à sa chaleur (*Ps.* XVIII, 7). » Mais ceux qui ont quitté le tout pour la partie, le corps vigoureux pour un

---

sermone forte obscurum est et durum. « Jacta in Dominum curam tuam, et ipse te enutriet. » In Dominum jacta te. Ecce vis te jactare in Dominum, nemo se supponat pro Domino. « Jacta in Dominum curam tuam. » Vide quemadmodum magnus ille miles Christi in se curam parvulorum jactari noluit : « Numquid Paulus pro vobis crucifixus est, aut in nomine Pauli baptizati estis (I *Cor.* 1, 13) ? » Quid eis aliud dicebat, nisi, Jactate in Dominum curam vestram, et ipse vos enutriet ? Modo autem vult parvulus jactare curam suam in Dominum, et occurrit nescio quis, et dicit, Ego excipio. Tamquam navi fluctuanti occurrit, et dicit, Ego excipio. Responde et tu. Portum quæro, non saxum. « Jacta in Dominum curam tuam, et ipse te enutriet. » Et vide quia portus te excipit : « Non dabit in æternum fluctuationem justo. » Videris fluctuare in mari isto, sed excipit te portus. Tu tantum antequam intres in portum, ab anchora noli abrumpi. Fluctuat navis in anchoris, sed non longe a terra projicitur ; nec in æternum fluctuabit, etsi ad tempus fluctuat. Etenim ad fluctuationem pertinent verba superiora : « Contristatus sum in exercitatione mea, et conturbatus sum (*Psal.* LIV, 3). » « Exspectabam eum qui me salvum faceret a pusillanimitate et tempestate (*Ibid.* 9). » Fluctuans loquitur, sed non in æternum fluctuabit : nam anchora ligatur, anchora spes ejus est. « Non dabit in æternum fluctuationem justo. »

25. Illis autem quid ? « Tu vero Deus deduces eos in puteum corruptionis (*Ibid.* 24). » Puteus corruptionis, tenebræ sunt submersionis. « Deduces eos, inquit, in puteum corruptionis : » quia cæcus cæcum ducens, ambo in foveam cadunt (*Matth.* XV, 14). Deducit illos Deus in puteum corruptionis, non quod ipse sit auctor culpæ ipsorum, sed quod ipse sit judex iniquitatum eorum. « Tradidit enim eos Deus in concupiscentias cordis eorum (*Rom.* I, 24). » Amaverunt enim tenebras, et non lucem ; dilexerunt cæcitatem, et non visionem. Nam ecce Dominus Jesus eluxit universo mundo, cantent in unitate cum

organe blessé, et la vie pour un membre retranché, qu'auront-ils à souffrir sinon d'être conduits au puits de la corruption?

26. « Hommes de sang et de tromperie. » Il les nomme des hommes de sang à cause des meurtres dont ils sont coupables : et plût à Dieu qu'il s'agit de meurtres corporels et non de meurtres spirituels ! En effet, le sang qui sort de la chair se voit et fait horreur ; mais qui voit couler le sang du cœur de celui que l'on rebaptise? Ces morts exigent, pour être vues, d'autres yeux que ceux du corps. Et cependant les Circoncellions, que l'on voit en armes de tous côtés, ne laissent pas non plus de commettre des meurtres visibles. A ne considérer donc que ces morts visibles, ils sont des hommes de sang. Regardez un homme armé, est-il un homme de paix ou un homme de sang? Si, du moins, il ne portait qu'un bâton, mais il porte une fronde, il porte une hache, il porte une pierre, il porte des traits ; et ceux qui sont ainsi armés se répandent partout où ils le peuvent et ont soif du sang des innocents. Il est donc évident qu'en raison de ces morts visibles, ils sont des hommes de sang. Mais nous sommes obligés de dire à leur égard : Plût au ciel qu'ils ne causassent point d'autres morts, et qu'ils ne fissent pas périr les âmes ! Que les hommes de sang et de tromperie ne disent pas que nous interprétons mal ces mots : « les hommes de sang, » en les appliquant à ceux qui tuent les âmes ; car eux-mêmes ont donné cette appellation à leurs frères en hérésie les Maximianistes. Car après les avoir condamnés, ils ont écrit dans la sentence rendue par leur concile, les paroles suivantes : Leurs pieds ont été rapides pour répandre le sang des prédicateurs de l'Évangile ; le trouble et les calamités sont dans leurs voies et ils n'ont pas connu la voie de la paix. » Voilà ce qu'ils ont dit des Maximianistes. Mais je leur demande en quel temps les Maximianistes ont répandu le sang des corps, non qu'ils fussent incapables de le répandre s'ils eussent été assez nombreux pour cela, mais parce que retenus par la crainte, en raison de leur petit nombre, ils ont plutôt souffert ce genre de persécution de la part des Donatistes qu'ils n'ont pu le leur faire souffrir. J'interroge donc un Donatiste et je lui dis : Vous avez prononcé dans votre concile, que les Maximianistes avaient les pieds rapides pour répandre le sang, montrez-moi un seul homme que les Maximianistes aient blessé du bout du doigt. Que pourra me répondre ce Donatiste ; sinon ce que je dis moi-même? Ceux qui se sont séparés de l'unité et qui tuent les âmes par leurs séductions ne répandent pas le sang de la chair, mais le sang de l'âme. Vous avez parfaitement expliqué le sens du texte sacré, mais re-

toto mundo : « Non enim est qui se abscondat a calore illius (*Psal.* XVIII, 7). » Illi autem traducentes se a toto ad partem, a corpore ad vulnus, a vita ad præcisionem, quid passuri sunt, nisi in puteum corruptionis ituri ?
26. « Viri sanguinum et dolositatis (*Psal.* LIV, 24). » Viros sanguinum propter interfectiones dicit ; atque utinam corporales, et non spiritales. Sanguis enim de carne exiens, videtur et horretur : quis videt sanguinem cordis in rebaptizato ? Illæ mortes alios oculos quærunt. Quamquam et de istis mortibus visibilibus non quiescunt armati ubique Circumcelliones. Et si istas visibiles mortes adtendamus, viri sanguinum sunt. Adtende armatum, si vir pacis (*a*) est, et non sanguinis. Si fustem saltem solum ferret : sed fert fundibulum, fert securim, fert lapides, fert lanceas ; et ista portantes ubique qua possunt evagantur, sanguinem innocentium sitiunt. Ergo et de istis visibilibus mortibus sunt viri sanguinum. Sed et de illis dicamus, Utinam solas facerent, et animas non perimerent. Isti qui sunt viri sanguinum et dolositatis, ne putent quia nos male sic intelligimus viros sanguinum, qui animas occidunt : ipsi Maximianistas suos sic intellexerunt. Nam cum eos damnarent, in ipsa sententia concilii sui ista verba posuerunt : Veloces pedes eorum ad effundendum sanguinem (*b*) annuntiatorum, contribulatio et calamitas in viis eorum, et viam pacis non cognoverunt. Hoc de Maximianistis dixerunt. Quæro autem ego ab eis quando Maximianistæ fuderint corporis sanguinem, non quia et ipsi non (*c*) fuderent, si esset talis multitudo quæ funderet, sed propter timiditatem paucitatis suæ magis ab eis aliquid passi sunt, quam ipsi tale aliquid aliquando fecerunt. Ergo interrogo Donatistam, et dico : In concilio tuo posuisti de Maximianistis, Veloces pedes eorum ad effundendum sanguinem. Unum mihi date quem digito læserint Maximianistæ ? Quid mihi aliud responsurus est, nisi quod

---

(*a*) Sic MSS. At editi. *Si vir pacis esset, et non sanguinis, fustem saltem,* etc. Paulo post loco *fundibulum,* in omnibus nostris MSS. est *fundibalum*. (*b*) Vox *annuntiatorum* hic in aliquot MSS. omittitur, nec habetur in Bagaitani concilii sententia relata in lib. contra Crescon. IV, c. IV. (*c*) Editi. *non fuderint.* Melius MSS. *non funderent*.

connaissez vos propres actions dans cette explication. « Hommes de sang et de tromperie. » La tromperie consiste dans le mensonge, dans la dissimulation, dans la séduction. Que sont donc ceux que Dieu a retranchés par la colère de son visage ? « Des hommes de sang et de ruse. »

27. Mais que dit le Prophète de ces hommes ? « Ils n'arriveront pas à la moitié de leurs jours (*Ps.* LIV, 24). » Que veut dire : « Ils n'arriveront pas à la moitié de leurs jours ? » Ils n'iront pas aussi loin qu'ils le pensent. Au milieu du temps sur lequel ils comptent, ils périront. Ils sont comme le méchant que Jérémie a comparé à la perdrix qui couve des œufs étrangers et dont il a dit : « Ses richesses le quitteront au milieu de ses jours, et sa fin démontrera sa folie (*Jérém.* XVII, 11). » Ils progressent, mais pour peu de temps. Que dit, en effet, l'Apôtre ? « Les hommes méchants et séducteurs progressent en mal, se trompent eux-mêmes et entraînent les autres dans l'erreur (II *Tim.* III, 13). » Or, si un aveugle conduit un aveugle, ils tomberont tous deux dans la fosse (*Matth.* XV, 4). Ils tombent avec justice dans le puits de corruption. N'est-ce pas ce que dit l'Apôtre ? Ils progressent en mal ; mais non pour longtemps. Car, un peu auparavant, il a dit : « mais ils n'avanceront pas au-delà ; » ce qui revient à cette parole du Prophète : « Ils n'arriveront pas à la moitié de leurs jours. » L'Apôtre va continuer et nous dire pourquoi : « car leur folie sera évidente pour tous, comme le fut celle de Jannès et de Mambrès (II *Tim.* III, 9). » « Hommes de sang et de tromperie, ils n'arriveront pas à la moitié de leurs jours ; mais moi, Seigneur, je mettrai en vous mon espérance. » Quant à eux, ce sera justice qu'ils n'arrivent pas à la moitié de leurs jours, parce qu'ils ont mis leur espérance dans les hommes. Mais moi, je passerai de mes jours temporels au jour de l'éternité. Pourquoi ? Parce que j'ai mis en vous mon espérance, ô mon Dieu !

---

ego dico ? Qui se separaverunt ab unitate, et animas seducendo interimunt, spiritaliter, non carnaliter sanguinem fundunt. Optime exposuisti, sed in expositione tua agnosce facta tua. « Viri sanguinum et dolositatis. » In fraude dolositas, in simulatione, in seductione. Quid ergo illi ipsi qui divisi sunt præ ira vultus ejus ? Ipsi sunt viri sanguinum et dolositatis.

27. Sed quid de illis ait ? « Non dimidiabunt dies suos (*Psal.* LIV, 24). » Quid est, « Non dimidiabunt dies suos ? » Non proficient quantum putant : intra tempus quod sperant, peribunt. Ipse est enim perdix ille, de quo dictum est, « In dimidio dierum ejus derelinquent eum, et in novissimis suis erit insipiens (*Jerem.* XVII, 11). » Proficiunt, sed ad tempus. Quid enim ait Apostolus ? « Maligni autem homines et seductores proficient in pejus, ipsi errantes, et alios in errorem mittentes (II *Tim.* III, 13). » Cæcus autem cæcum ducens, simul in foveam cadunt (*Matth.* XV, 14). Merito cadunt in puteum corruptionis. Quid ergo ait ? Proficient in pejus : non tamen diu. Nam paulo ante dixit, « Sed ultra non proficient (II *Tim.* III, 9). » hoc est, « non dimidiabunt dies suos. » Sequatur Apostolus, et dicat quare : Dementia enim eorum manifesta erit omnibus, sicut et illorum fuit. « Viri sanguinum et dolositatis non dimidiabunt dies suos. Ego autem in te sperabo, Domine. » Merito autem illi non dimidiabunt dies suos, quia in homine speraverunt. Ego autem a diebus temporalibus perveni ad diem æternam. Quare ? Quia in te speravi Domine.

DISCOURS [1] SUR LE PSAUME LV.

1. Lorsque nous avons à entrer dans une maison, nous regardons l'inscription du frontispice, pour savoir à qui elle est et qui l'habite, afin de ne pas pénétrer à contre-temps là où nous ne devons pas aller; ou, d'un autre côté, afin de n'être pas empêchés par une timidité hors de propos d'aller où nous devons. De même aujourd'hui, comme si nous lisions sur un édifice, propriété de telle ou de telle personne, nous trouvons au frontispice de ce psaume l'inscription suivante : « Pour la fin, pour le peuple qui a été éloigné des saints, en raison de l'inscription du titre concernant David, lorsqu'il fut arrêté dans Geth par des étrangers (*Ps*.LV,1 ; I *Rois*,XXI,10). » Cherchons d'abord à connaître quel est ce peuple qui a été éloigné des saints en raison de l'inscription du titre ? Ces derniers mots se rapportent à David que vous savez déjà comprendre dans sa signification spirituelle ; car il ne s'agit ici d'aucun autre que de celui dont il a été dit : « Le Christ est la fin de la Loi pour la justification de tous eux qui croient en lui (*Rom.* x, 4). » Donc, lorsqu'on dit : « Pour la fin, » que votre pensée se porte sur le Christ, de peur que, si vous restiez à moitié du chemin, vous ne parveniez pas jusques à la fin. En effet, en quelque endroit que vous vous arrêtiez, avant de parvenir jusques au Christ, sa parole divine vous dit seulement ceci : Marchez en avant, vous n'êtes pas encore en lieu sûr. Il est un lieu où vous pouvez vous arrêter avec une entière confiance ; il est une pierre sur laquelle une maison s'élève avec sécurité, sans

IN PSALMUM LV.

ENARRATIO.

1. Sicut (*a*) aliquam domum intraturi, cujus sit et ad quem pertineat, in titulo inspicimus, ne forte importune irruamus quo non oportet, neque rursus timiditate revocemur ab eo quo oportet intrare : tamquam ergo si legeremus, Hæc prædia illius aut illius ; ita in superliminari Psalmi hujus habemus inscriptum, « In finem, pro populo qui a sanctis longe factus est, ipsi David in tituli inscriptionem, cum tenuerunt eum Allophyli in Geth (*Psal.* LV, 1). » (I *Reg.* XXI, 10). Agnoscamus ergo populum qui longe factus est a sanctis in tituli inscriptionem. Pertinet hoc enim ad ipsum David, quem jam nostis intelligere spiritaliter. Neque enim commendatur nobis nisi ille de quo dictum est, « Finis Legis Christus ad justitiam omni credenti (*Rom.* x, 4). » Ergo, « In finem, cum audis, in Christum intende ; ne in via remanendo non pervenias ad finem. Quidquid enim est, ubi infra steteris, antequam ad Christum pervenias, nihil tibi aliud divinus sermo dicit, nisi, Accede, nondum est locus ubi securitas sit. Est quidam locus ubi statio fidissima collocatur ; est quædam petra ubi domus secura consurgit, ut non metuat imbrem tempestatis. Flumina enim impegerunt in domum illam, et non cecidit, fundata enim erat supra terram : « Petra autem erat Christus (*Matth.* VII, 24). » Sub nomine David Christus (I *Cor.* x, 4) (*b*) figuratur : quia de illo dictum est, « qui

---

(1) Discours au peuple de Carthage.

(*a*) Huic Enarrationi titulus in Regio MSS. præfixus iste est : *Incipit Carthagine sermo habitus in basilica Restituta, Feria* V, *de Psalmo* LV. (*b*) MSS. *sub nomine David figuraliter* : omisso *Christus*.

avoir à redouter la pluie des tempêtes. En effet, les fleuves se sont précipités sur cette maison, et elle n'est pas tombée; parce qu'elle est bâtie sur la pierre (*Matth.* VII, 24), et que cette pierre est le Christ (I *Cor.* X, 4). Le Christ est figuré ici sous le nom de David, parce qu'il a été dit de lui : « Il est sorti, selon la chair, de la race de David (*Rom.* I, 3). »

2. Quel est donc « le peuple éloigné des saints en raison de l'inscription du titre? » Que le titre nous fasse connaître lui-même quel est ce peuple. En effet, un titre a été écrit, dans la passion du Seigneur, lors de son crucifiement (*Jean*, XIX, 20). Ce titre était écrit en hébreu, en grec et en latin : Roi des Juifs. Il était affirmé par trois langues, comme par trois témoins, parce qu'on doit tenir pour certaine une parole forte du témoignage de deux ou trois personnes (*Deut.* XVII, 6). Les Juifs, ayant lu ce titre sur la croix, s'en indignèrent et dirent à Pilate : « N'écrivez pas qu'il est le roi des Juifs, mais qu'il s'est dit le roi des Juifs. » Ils disaient : Écrivez qu'il s'est dit roi des Juifs, mais qu'il n'a pas été ce qu'il s'est dit. Mais, selon cette vérité prophétisée dans un autre psaume : « N'altérez pas l'inscription du titre, » Pilate répondit : « Ce que j'ai écrit je l'ai écrit; » comme s'il disait : Je n'altérerai pas la vérité, quoique vous aimiez le mensonge. Or, en s'indignant de ce titre comme d'un outrage, et en disant : Nous n'avons d'autre roi que César, les Juifs se sont éloignés des saints, sous prétexte que ce titre les offensait. Que ceux qui reconnaissent le Christ et aspirent à l'avoir pour leur roi s'approchent des saints et s'unissent au saint par excellence; que ceux-là, au contraire, s'éloignent des saints, qui, par contradiction pour ce titre, ont repoussé Dieu comme leur roi et lui ont préféré un homme. Donc, tout peuple qui met ses délices dans une royauté humaine et qui rejette le règne de Dieu, règne qui assure cependant à chaque sujet la royauté sur ses propres passions, tout peuple, dis-je, qui agit ainsi, s'éloigne des saints. C'est pourquoi, mes frères, il ne faut pas observer cette faute seulement chez les Juifs, bien que nous en trouvions chez eux les premiers exemples, afin que leur histoire enseigne manifestement à tous les hommes ce qu'ils doivent éviter. Ils ont ouvertement refusé de reconnaître le Christ pour leur roi et ils lui ont préféré César. César est bien, à la vérité, l'homme roi qui gouverne les hommes dans les choses humaines, mais il y a un autre roi pour les choses divines; autre est le roi pour la vie temporelle, autre le roi, pour la vie éternelle; autre est le roi terrestre, autre le Roi céleste : le roi terrestre est soumis au Roi céleste; le Roi céleste domine sur toutes choses. Les Juifs n'ont donc pas péché pour avoir dit que César était leur roi, mais pour avoir refusé d'avoir aussi le Christ pour roi. Et maintenant encore

---

factus est ex semine David secundum carnem (*Rom.* I, 3). »

2. Quis ergo populus « qui longe a sanctis factus est in tituli inscriptionem? » Ipse titulus ostendat nobis populum istum. Scriptus est enim quidam titulus in Dominica passione, quando Dominus crucifixus est : « erat ibi titulus inscriptus, Hebraice, Græce, et Latine, Rex Judæorum (*Johan.* XIX. 16); » tribus linguis tamquam tribus testibus titulus approbatus; « quia in ore duorum vel trium testium stabit omne verbum (*Deut.* XVII, 6). » Istum titulum cum legissent Judæi, indignati sunt, et dixerunt ad Pilatum, Noli scribere, Rex Judæorum; sed quia ipse dixit, se regem esse Judæorum; Ipsum dixisse scribe, dixerunt; non hoc esse quod dixit. Sed quia verum est in alio Psalmo, « In tituli inscriptionem ne corrumpas (*Psal.* LVI, 1) : » respondit Pilatus, Quod scripsi scripsi (*Johan.* XIX, 22) : » tamquam dicens, Non corrumpo veritatem, etsi vos diligitis falsitatem. Quia ergo in maledicto isto indignati sunt Judæi, dicentes, Nos non habemus regem nisi solum Cæsarem, de tituli offensione longe facti sunt a sanctis. Propinquent sanctis, et adglutinentur sancto qui regem Christum agnoscunt et habere concupiscunt : longe fiant a sanctis qui contradicentes titulo respuerunt regem Deum, et elegerunt hominem. Omnis ergo populus humano regno delectatus, respuens in se regnare Dominum, quo regnante ita quisque subjectus est, ut regnet et ipse cupiditatibus suis : omnis ergo populus talis longe est a sanctis. Nolite itaque, Fratres, in solis Judæis hoc advertere. Data sunt quidem in illis quasi primitiva exempla, ut in illo populo eluceret quod omnis homo caveret. Aperte illi regem Christum recusaverunt, et regem Cæsarem elegerunt. Est quidem et Cæsar rex homo hominibus ad humana, sed alius rex est ad divina; alius rex ad vitam temporalem, alius ad æternam; alius rex terrenus, alius rex cœlestis : rex terrenus sub rege cœlesti, rex cœlestis super omnia. Non ergo illi

il y en a beaucoup qui refusent d'avoir pour roi le Christ, assis dans le ciel et régnant partout ; et c'est d'eux que nous viennent nos tribulations. Ce psaume nous fortifie contre de tels hommes. Il faut, en effet, que nous les supportions jusqu'à la fin, car nous n'aurions pas à les supporter, si cette épreuve ne nous était utile. En effet, toute tentation est une épreuve, et tout ce qui est épreuve porte des fruits. Comme, le plus souvent, l'homme est inconnu à lui-même, comme il ne sait ni ce qu'il peut, ni ce qu'il ne peut pas porter; si bien que quelquefois il présume pouvoir porter ce qu'il ne peut réellement pas, et que d'autres fois il désespère de pouvoir porter ce qu'il peut réellement ; la tentation vient, en quelque sorte, l'interroger, et l'homme se trouve lui-même, tandis qu'auparavant il était caché à ses propres yeux, mais non aux yeux de son Créateur. C'est ainsi que Pierre présumait posséder je ne sais quelle force qui n'était point encore en lui, lorsqu'il affirmait qu'il persévérerait jusqu'à la mort avec Notre-Seigneur Jésus-Christ (*Luc.* XXII, 33). Pierre ignorait la portée de ses forces, mais le Seigneur ne l'ignorait pas. La faiblesse de Pierre lui fut révélée par une réponse de celui qui l'avait créé, et qui après l'avoir créé devait lui donner des forces suffisantes, mais qui savait ce qu'il ne lui avait pas encore donné. Pierre, qui n'avait pas encore reçu ces forces, ne le savait pas : vint la tentation, il renia Jésus, pleura et reçut ce qui lui manquait (*Matth.* XXVI, 69, 70 et suiv.). Par conséquent, comme nous ignorons ce que nous devons demander parce que nous ne l'aurions pas, et ce dont nous devons remercier Dieu parce que nous l'aurions reçu, il est nécessaire que les tentations et les tribulations nous instruisent en ce monde de ce que nous sommes véritablement. Mais nous ne pouvons souffrir que par ceux qui sont éloignés des saints. Cet éloignement, mes frères, il faut l'entendre du cœur et non du corps. Souvent, en effet, un homme qui vit loin de vous vous est intimement uni, parce qu'il aime ce que vous aimez ; comme aussi celui qui est près de vous vous est uni de la même façon, parce qu'il aime aussi ce que vous aimez; mais il arrive souvent encore que celui qui est près de vous se trouve très-éloigné de vous, parce qu'il aime le monde et que vous aimez Dieu.

3. Que signifient donc ces mots, qui appartiennent encore au titre du psaume : « Lorsqu'il fut arrêté dans Geth par des étrangers ? » Geth était une ville d'étrangers, c'est-à-dire, d'hommes d'autre nation, d'hommes appartenant à ce peuple qui est éloigné des saints. En effet, dès lors qu'ils sont étrangers en ce sens, ils n'approchent pas des saints, et ils restent éloignés.

quia dixerunt se habere Caesarem regem, peccaverunt; sed quia regem Christum habere noluerunt. Et modo multi Christum regem in cœlo sedentem et ubique regnantem habere nolunt : et ipsi sunt qui tribulant nos. Contra tales iste Psalmus confirmat nos. Necesse est enim ut tales patiamur usque in finem: quos non pateremur, nisi nobis expediret. Omnis enim tentatio probatio est, et omnis probationis effectus habet fructum suum. Quia homo plerumque etiam sibi ipsi ignotus est : quid ferat, quidve non ferat, ignorat ; et aliquando praesumit se ferre quod non potest, et aliquando desperat se posse ferre quod potest : accedit tentatio quasi interrogatio, et invenitur homo a seipso; quia latebat et seipsum, sed artificem non latebat. Proinde Petrus praesumsit nescio quid quod in illo nondum erat, usque ad mortem se cum Domino Jesu Christo esse perseveraturum : vires suas Petrus ignorabat, sed Dominus noverat (*Lucae*, XXII, 33). Respondit minus idoneum qui fabricaverat, qui etiam fabricato a se vires idoneas daturus erat, quid nondum dederat, sciebat ; *(a)* ille qui nondum acceperat, nesciebat : accessit tentatio ; negavit, flevit, accepit (*Matth.*XXVI, 69, 70, etc.). Cum ergo nesciamus quid petamus tamquam non habentes, et unde gratias agamus tamquam accipientes, opus est semper tentationibus et tribulationibus erudiri in isto saeculo : sed tribulari non possumus, nisi ab eis qui longe fiunt a sanctis. Longinquitatem istam, Fratres, intelligite cordis esse, non corporis. Fit enim plerumque ut qui corpore longe peregrinatur a te, conjunctus sit tibi, quia hoc amat quod tu : et fit plerumque ut stans juxta te, conjunctus sit tibi, quia hoc amat quod tu : et fit plerumque ut stans juxta te, ex eo quia diligit mundum, cum tu diligas Deum, longe sit a te.

3. Quid ergo sibi vult, quod ad ipsum titulum adhuc pertinet, quia « tenuerunt eum Allophyli in Geth ? » Geth civitas quaedam erat Allophylorum, id est, alienigenarum, utique populi longe a sanctis. Ex eo enim quod alienigenae, non utique appropin-

---

(a) Sic nostri omnes MSS. At editi. *Praevidebat minus idoneum,* etc. et paulo post. *Qui nondum dederat sciebat.*

Tous ceux qui repoussent le Christ comme Roi deviennent des étrangers. Pourquoi deviennent-ils des étrangers? Parce que la vigne, dont parle Jérémie, quoique plantée par Dieu, a reçu de lui ce reproche, quand elle ne produisait plus que des fruits amers : « Pourquoi as-tu changé en amertume la douceur de tes fruits, vigne étrangère (Jér. II, 21)? » Dieu ne dit pas : ma vigne, parce que si elle était à lui, elle serait douce; si elle est amère, elle n'est pas à lui; et si elle n'est pas à lui, elle est étrangère. « Il fut donc arrêté dans Geth par des étrangers. » Nous trouvons, en effet, au Livre des Rois, que David le fils de Jessé, le roi d'Israël, se réfugia chez des étrangers dans le temps que Saül le persécutait (I Rois, XXI, 10); il arriva dans la ville de Geth et auprès du roi de Geth, mais nous ne voyons pas qu'il y ait été arrêté. C'est donc Notre-Seigneur Jésus-Christ, le David sorti de la race de ce David, roi d'Israël, qui a été arrêté dans Geth par des étrangers, et qui l'est encore présentement. Nous avons dit que Geth est une ville. Si nous cherchons le sens de son nom, les interprètes nous apprennent qu'il veut dire pressoir. Le Christ, en tant qu'il est la tête et le Sauveur de son corps, le Christ né d'une Vierge et crucifié, qui, par la résurrection de sa chair, nous a déjà donné un exemple de notre résurrection, qui est assis à la droite du Père, et qui intercède pour nous, est également ici-bas, mais en son corps qui est l'Église. Le corps est uni à la tête, c'est la tête qui crie pour le corps : « Saul, Saul, pourquoi me persécutez-vous (Act. IX, 4)? » Et le corps ne fait qu'un avec la tête, selon ce que dit l'Apôtre : « Et Dieu nous a ressuscités avec le Christ, et nous a fait asseoir en sa personne dans les célestes demeures (Éphés. V, 6). » Nous sommes donc assis dans le ciel et il souffre ici-bas; nous sommes assis dans le ciel par l'espérance et il est avec nous ici-bas par la charité. Cette union d'où résulte comme un seul homme, fait que deux sont unis en une seule chair, l'époux et l'épouse. C'est pourquoi le Seigneur dit lui-même : « Ils ne seront donc plus deux, mais ils seront une seule chair (Matth. XIX, 6). » Comment donc le Christ est-il détenu ici-bas dans Geth? Son corps, c'est-à-dire son Église (Éphés. I, 22), est détenu dans le pressoir. Que veut dire : dans le pressoir? Dans les oppressions. Mais dans le pressoir, la pression est fructueuse. Le raisin sur la vigne n'a point de pression à subir, il reste intact, mais rien n'en découle; on le porte au pressoir, on le foule aux pieds, on le presse; il semble qu'on fasse tort au raisin, mais ce tort n'est pas stérile; bien plus, si on ne lui causait ce tort, le raisin resterait stérile.

quam sanctis, sed longe sunt a sanctis. Omnes qui recusant Christum regem alienigenæ fiunt. Quare alienigenæ fiunt? Quia et illa vitis quamvis ab illo plantata, amara facta quid audivit? Quare conversa es in amaritudinem vitis aliena (Jerem. II, 21)? Non dictum est, vitis mea : quia si mea, dulcis; si amara, non mea; si non mea, utique aliena. « Tenuerunt ergo eum Allophyli in Geth. » Invenimus quidem, Fratres, David ipsum filium Jesse, regem Israël, peregrinatum esse apud Allophylos, cum quæreretur a Saüle (I Reg. XXI, 10); et fuit in ista civitate et apud regem civitatis hujus : sed ibi retentum esse non legimus. Ergo David nostrum Dominum Jesum Christum natum ex semine illius David, non solum tenuerunt, sed et tenent adhuc Allophyli in Geth. Geth diximus quod civitas sit. Interrogata autem interpretatio hujus nominis, indicat torcular. Christus secundum quod caput Salvator corporis, ille natus ex virgine crucifixus, qui jam nobis exemplum resurrectionis nostræ in resurrectione suæ carnis ostendit, qui sedet ad dexteram Patris, et pro nobis interpellat, est et hic, sed in corpore suo quod est Ecclesia. Corpus conjunctum est capiti suo, caput pro corpore clamat, « Saule, Saule, quid me persequeris (Act. IX, 4)? » Et corpus in capite est secundum Apostolum dicentem, « Et simul resuscitavit, et simul sedere fecit in cœlestibus (Ephes. II, 6).» Et nos ibi sedemus, et ipse hic laborat : nos ibi sedemus secundum spem, et ille hic nobiscum est secundum caritatem. Hæc compago tamquam unius hominis facit duos in carne una, sponsum et sponsam. Unde et ipse Dominus dicit, Igitur jam non duo, sed una caro (Matth. XIX, 6). Quomodo ergo hic tenetur in Geth? Tenetur in torculari corpus ejus, id est Ecclesia ejus (Ephes. I, 22). Quid est, in torculari? In pressuris. Sed in torculari fructuosa pressura est. Uva in vite pressuram non sentit, integra videtur, sed nihil inde manat : mittitur in torcular, calcatur, premitur; injuria videtur fieri uvæ, sed ista injuria sterilis non est; immo si nulla injuria accederet, sterilis remaneret.

4. Que tous les saints, quels qu'ils soient, qui ont à supporter l'oppression de la part de ceux qui se sont éloignés des saints, s'appliquent donc à comprendre ce psaume ; qu'ils s'y reconnaissent, et qu'ayant à souffrir ce qui y est dit, ils disent également ce que le Prophète y a dit. S'il en est qui ne souffrent pas, qu'ils ne le disent point : je ne veux pas soumettre à parler comme le psaume ceux en qui je ne vois pas les souffrances que dépeint le psaume ; que plutôt ils prennent garde qu'en voulant s'éloigner de la souffrance, ils ne s'éloignent également des saints. Que chacun pense donc à son ennemi ; pour tout chrétien, c'est le monde qui est l'ennemi. Que nul ne s'occupe d'inimitiés privées, s'il veut entendre les paroles du psaume ; sachons que nous n'avons pas à lutter contre la chair et le sang, mais contre les princes, les puissances et les esprits de malice (*Éph.* VI, 12), c'est-à-dire contre le démon et ses anges ; car, lors même que les hommes nous tourmentent, c'est le démon qui les pousse, qui les enflamme, qui les fait agir comme ses intruments. Soyons donc en garde contre deux ennemis, celui que nous voyons et celui que nous ne voyons pas : l'ennemi visible, c'est l'homme ; l'invisible, c'est le démon. Aimons l'homme, défions-nous du démon ; prions pour l'homme, prions contre le démon et disons à Dieu : « Ayez pitié de moi, Seigneur, parce que l'homme m'a foulé aux pieds (*Ps.* LV, 2). » Ne craignez pas si l'homme vous a foulé aux pieds. Donnez votre vin ; vous n'avez été fait raisin que pour être foulé. « Ayez pitié de moi, Seigneur, parce que l'homme m'a foulé aux pieds ; tout le jour il m'a combattu et accablé de tribulations (*Ibid.*). » Cet homme est celui qui est éloigné des saints. Mais pourquoi ne pas entendre ici le démon ? N'a-t-il jamais été appelé du nom d'homme ? L'Évangile se trompe donc, quand il dit : « C'est l'homme ennemi qui a fait cela (*Matth.* XXIII, 28) ? » Mais le démon peut être dit un homme, d'une manière figurée, sans être cependant un homme. Soit donc que celui qui parle ait en vue le démon, ou le peuple et tout homme éloigné des saints, dont le démon se sert pour affliger le peuple de Dieu qui est attaché aux saints, attaché au Saint des saints, attaché au Roi, à ce roi dont le titre a indigné et comme repoussé ceux qui se sont éloignés de lui ; que celui qui parle dise : « Ayez pitié de moi, Seigneur, parce que l'homme m'a foulé aux pieds ; » et qu'il n'éprouve aucune défaillance pendant qu'il est ainsi foulé, sachant quel est celui qu'il doit invoquer et dont l'exemple doit le rendre fort. Le Christ a été la première grappe écrasée dans le pressoir (*Is.* LXIII, 3). De cette grappe, foulée au jour de la passion, a coulé le vin incomparable qui enivre les âmes (*Ps.* XXII, 5).

---

4. Quicumque (*a*) ergo sancti pressuram patiuntur ab eis qui longe facti sunt a sanctis, adtendant Psalmum istum, agnoscant hic se, dicant quod hic dicitur, qui patiuntur quod hic dicitur. Certe qui non patitur, non dicat : non adstringo ad vocem, quem video extra passionem. Sed videat ne cum vult esse longe a passione, longe fiat a sanctis. Cogitet ergo unusquisque de inimico suo ; si Christianus est, mundus ipsi inimicus est. Privatas ergo inimicitias nemo cogitet, auditurus verba Psalmi hujus : « sciamus quia non est nobis collucatio adversus carnem et sanguinem, sed adversus principes et potestates, et spiritalia nequitiæ, id est, adversus diabolum et angelos ejus (*Ephes.* VI, 12) : quia et quando patimur homines importunos, ille instigat, ille inflammat, ille tamquam vasa sua movet. Adtendamus ergo duos hostes, quem videmus, et quem non videmus : hominem videmus, diabolum non videmus ; hominem diligamus, diabolum caveamus ; pro homine oremus, contra diabolum oremus, et dicamus Deo, « Miserere mei Domine, quoniam conculcavit me homo (*Psal.* LV, 2). » Noli timere, quia conculcavit te homo : vinum habeto, uva factus es ut calceris. « Miserere mei Domine, quoniam conculcavit me homo : tota die bellans tribulavit me, » omnis qui longe factus est a sanctis. Sed et ipse diabolus quare hic non intelligatur ? An forte quia (*b*) non dictus est homo ? Ergo errat Evangelium, quia dixit, « Inimicus homo hoc fecit (*Matth.* XIII, 28) ? » Sed sub quadam figura potest et ille dici homo, non tamen esse homo. Sive ergo ipsum intueretur qui dicebat hæc, sive populum et unumquemque longe factum a sanctis, per quales diabolus tribulat populum Dei inhærentem sanctis, inhærentem sancto, inhærentem regi, ad cujus regis titulum indignati illi tamquam repercussi, longe sunt facti ; dicat, « Miserere mei Domine, quoniam conculcavit me homo : » nec deficiat in ista conculcatione, sciens quem invocet, et quo exemplo fortis effectus sit. Primus botrus in torculari pressus est Christus

---

(*a*) MSS. omnes *Quidquid ergo pressurarum sancti patiuntur.* (*b*) Particula, *non*, abest a MSS.

Que le corps, regardant la tête, dise donc : « Ayez pitié de moi, Seigneur, parce que l'homme m'a foulé aux pieds tout le jour; il m'a combattu et rempli de tribulations. » Tout le jour, en tout temps. Que nul ne se dise : Nos pères ont eu des tribulations; il n'en existe pas pour nous. Si vous croyez être exempt de tribulations, vous n'avez pas encore commencé à être chrétien. Et que deviendraient les paroles de l'Apôtre : « Tous ceux qui veulent vivre pieusement en Jésus-Christ souffriront persécution (II *Tim.* III, 12)? » Si donc vous ne souffrez aucune persécution pour Jésus-Christ, craignez de n'avoir pas encore commencé à vivre pieusement en Jésus-Christ. Au contraire, en commençant à vivre pieusement en Jésus-Christ, vous êtes entré dans le pressoir, préparez-vous à subir la pression ; mais gardez-vous d'être un raisin desséché, dont la pression ne fasse rien sortir.

5. « Mes ennemis m'ont foulé aux pieds tout le jour (*Ps.* LV, 3). » Ceux qui sont éloignés des saints, voilà quels sont mes ennemis. « Tout le jour; » nous avons déjà dit ce que cela signifie. « De la hauteur du jour (*Ibid.* 4); » que veut dire : « De la hauteur du jour? » Peut-être cette parole est-elle bien haute pour notre intelligence. N'en soyons pas étonnés, puisque c'est la hauteur du jour. Peut-être, en effet, ceux qui se sont éloignés des saints ne l'ont-ils fait que pour n'avoir pu pénétrer la hauteur du jour, dont les Apôtres étaient les douze heures lumineuses. Ceux qui ont crucifié le Christ, comme n'étant qu'un homme ordinaire, se sont trompés en plein jour. Mais pourquoi sont-ils tombés dans les ténèbres, de manière à s'éloigner des saints? Parce que le jour brillait à une grande hauteur, et qu'ils n'ont pas reconnu celui qui était caché à cette hauteur; car, s'ils avaient connu le Seigneur de gloire, jamais ils ne l'auraient crucifié (I *Cor.* II, 8). Repoussés par l'éclat du jour dans sa hauteur, et éloignés des saints, ils sont devenus pour ceux-ci des ennemis qui les persécutent et les foulent aux pieds comme le raisin dans le pressoir. On peut comprendre encore autrement ces mots : « De la hauteur du jour mes ennemis m'ont foulé aux pieds tout le jour, » c'est-à-dire, en tout temps. « De la hauteur du jour, » c'est-à-dire, du haut de l'orgueil temporel. En effet, lorsqu'ils foulent aux pieds les saints, ils sont élevés; ceux que l'on foule aux pieds sont en bas, ceux qui les foulent de leurs pieds sont en haut. Mais ne craignez pas la hauteur de ceux qui vous pressent ainsi, c'est la hauteur du jour, elle est temporelle et non éternelle.

6. « Les nombreux ennemis qui me font la guerre, seront saisis de crainte (*Ps.* LV, 4). »

(*Isai.* LXIII, 3). Cum ille botrus passione expressus est, manavit illud unde calix inebrians quam præclarus est (*Psal.* XXII, 5). Dicat ergo et corpus ejus, intuens caput suum, « Miserere mei Domine, quoniam conculcavit me homo : tota die bellans tribulavit me. » Tota die, toto tempore. Nemo sibi dicat, Fuerunt tribulationes apud patres nostros, apud nos non sunt. Si putas te non habere tribulationes, nondum cœpisti esse Christianus. Et ubi est vox Apostoli, « Sed et omnes qui volunt in Christo pie vivere, persecutiones patientur (II *Tim.* III, 12). » Si ergo non pateris ullam pro Christo persecutionem, vide ne nondum cœperis in Christo pie vivere. Cum autem cœperis in Christo pie vivere, ingressus es torcular; præpara te ad pressuras : sed noli esse aridus, ne de pressura nihil exeat.

5. « Conculcaverunt me inimici mei tota die (*Psal.* LV, 3). » Illi longe facti a sanctis, ipsi inimici mei. Tota die : jam dictum est. « Ab altitudine diei (*Ibid.* 4). » Quid sibi hoc vult, Ab altitudine diei? Forte altum est ad intellectum. Nec mirum, quia altitudo diei est. Forte enim illi propterea longe facti sunt a sanctis, quia non potuerunt penetrare altitudinem diei, cujus Apostoli duodecim horæ fulgentes. Ergo qui tamquam hominem crucifixerunt, in die erraverunt. Quare autem tenebras passi sunt, ut longe fierent a sanctis? Quia in alto (*a*) lucebat dies, in alto latentem non cognoverunt. « Si enim cognovissent, numquam Dominum gloriæ crucifixissent (I *Cor.* II, 8). » Hac ergo altitudine diei percussi, et longe facti a sanctis, facti sunt inimici, qui tribulent et conculcent tamquam uvam in torculari. Est et alius intellectus. « Ab altitudine diei conculcaverunt me inimici mei tota die, » hoc est, toto tempore : « Ab altitudine diei, » hoc est, a superbia temporali. Quando enim conculcant, alti sunt : humiles sunt qui conculcantur, alti sunt qui conculcant. Sed noli timere altitudinem conculcantium : diei altitudo est, temporalis est, non æterna.

6. « Quoniam multi qui debellant me, timebunt

(*a*) Sic aliquot MSS. *latebat*. Alius e contra, loco *latentem*, habet *lucentem*.

Quand seront-ils saisis de crainte? Quand le jour pendant lequel ils sont élevés sera passé. En effet, ils sont élevés pour un temps; lorsque le temps de leur élévation sera fini, ils seront dans la crainte. « Pour moi, Seigneur, j'espérerai en vous. » Il ne dit pas: pour moi je ne craindrai pas, mais : « Les nombreux ennemis qui me font la guerre seront saisis de crainte. » Lorsque le jour du jugement sera venu, alors toutes les tribus de la terre se lamenteront (*Matth.* xxv, 31). » Lorsque le signe du Fils de l'homme paraîtra dans le ciel, alors tous les saints seront dans l'assurance. En effet, ils verront se réaliser ce qu'ils espéraient, ce qu'ils désiraient, ce qu'ils avaient appelé de leurs prières; mais pour leurs persécuteurs, il ne sera plus temps de se repentir, parce que, dans le temps où leur pénitence aurait pu être fructueuse, ils auront endurci leur cœur contre les avertissements du Seigneur. Élèveront-ils alors un mur de protection contre le jugement de Dieu? Reconnaissez donc à bon droit la piété de celui qui parle, et, si vous faites partie de ce corps, imitez-le. Après avoir dit : « Les nombreux ennemis qui me font la guerre seront saisis de crainte, » il n'a pas ajouté, comme par contraste : pour moi, je ne craindrai pas; de peur qu'en attribuant à ses propres forces sa sécurité, il ne devînt lui-même du nombre de ceux dont la grandeur est temporelle, et qu'en raison de cet orgueil temporel, il ne méritât d'être privé du repos éternel; mais il vous a plutôt fait comprendre pourquoi il ne craignait pas, en disant : « Pour moi, j'espérerai en vous, Seigneur (*Ps.* LV, 4). » Il n'a pas exprimé sa propre confiance, mais la cause de sa confiance. Si, en effet, j'étais sans crainte, ce pourrait être par dureté de cœur; car, il y en a beaucoup qui ne craignent rien, par suite de leur orgueil excessif. Que Votre Charité réfléchisse : autre chose est un corps sain, autre chose un corps insensible, autre chose un corps immortel. La santé parfaite, il est vrai, c'est l'immortalité; mais on donne aussi le même nom, dans une certaine mesure, à la santé dont nous jouissons en cette vie. Tant qu'un homme n'est pas malade, on dit qu'il est en santé, et le médecin, après l'avoir examiné prononce de la sorte; au contraire, dès qu'un homme tombe malade, sa santé est troublée, mais, par sa guérison, il revient en santé. Remarquez donc et considérez ces trois états du corps; la santé, l'insensibilité, l'immortalité. La santé est exempte de maladie; mais, quand elle reçoit quelque coup elle souffre. L'insensibilité ne ressent pas de souffrance; elle a perdu le sentiment de la douleur et plus elle est profonde, moins elle souffre. D'un autre côté, l'immortalité ne souffre

(*Psal.* LV, 4). » Quando timebunt ? Cum (*a*) transierit dies qua alti sunt. Etenim ad tempus ati sunt, finito tempore altitudinis suæ timebunt. « Ego vero in te sperabo, Domine. » Non ait, Ergo vero non timebo : sed, « Multi qui debellant me, timebunt : » Cum venerit ille dies judicii, tunc lamentabuntur se omnes tribus terræ. Cum apparuerit signum filii hominis in cœlo, tunc securi erunt omnes sancti (*Matth.* xv, 31). Illud enim veniet quod sperabant, quod desiderabant, quod ut veniret orabant : illis autem pœnitendi locus nullus remanebit, quia eo tempore quo fructuosa posset esse pœnitentia, cor obduraverunt adversus monentem Dominum. Numquid et murum erigent adversus judicantem Deum ? Pietatem sane hujus agnosce, et si in (*b*) eo corpore es, imitare. Cum dixisset, « Multi qui debellant me, timebunt : » non reddidit, Ego vero non timebo : ne suis viribus adsignando quod non timet, esset et ipse in altis temporalibus, et per superbiam temporalem non mereretur venire ad requiem sempiternam : potius te fecit intelligere unde non timebit; « Ego vero, inquit, in te sperabo, Domine : » non dixit præsumtionem suam, sed caussam præsumtionis suæ. Si enim non timebo, possum et duritia cordis non timere, multi enim nimia superbia nihil timent. Adtendat Caritas Vestra : Aliud est sanitas corporis, aliud stupor corporis, aliud immortalitas corporis. Sanitas quidem perfecta, immortalitas est : sed dicitur etiam secundum quemdam modum sanitas, quam habemus in hac vita. Quando non infirmatur, unusquisque sanus vocatur; et cum inspexerit medicus, sanum renuntiat : et cum ægrotare quisque cœperit, ipsa sanitas perturbatur; et quando curatur, ad ipsam sanitatem reditur. Tres ergo affectiones quasdam corporis advertite et inspicite, sanitatem, stuporem, immortalitatem. Sanitas ægritudinem non habet, sed tamen quando tangitur et molestatur, dolet. Stupor autem non dolet, amisit sensum doloris, tanto insensibilior, quanto pejor. Rursus immortalitas non dolet, absumta est enim omnis corruptio, et corrupti-

(*a*) Sic aliquot MSS. At editi, *transierint dies qui alti sunt*. (*b*) Sic MSS. At editi, *in ejus corpores*.

pas; en effet, toute corruptibilité a disparu, ce qu'il y avait de corruptible dans le corps a revêtu l'incorruptibilité, et tout ce qu'il y avait en lui de mortel a revêtu l'immortalité (I Cor. xv, 53 et 54). Il n'y a donc aucune douleur dans un corps immortel, ni aucune douleur dans un corps insensible. Que cependant l'insensible ne se croie pas immortel; la santé de celui qui souffre est plus près de l'immortalité, que l'inertie de l'insensible. Vous rencontrez donc un orgueilleux tout gonflé d'arrogance qui s'est persuadé à lui-même qu'il ne craint rien; le croyez-vous plus fort que celui qui dit : « Combats au-dehors et frayeurs au-dedans (II Cor. vii, 5)? Le croyez-vous plus fort que notre tête, le Seigneur notre Dieu, qui a dit : « Mon âme est triste jusqu'à la mort (*Matth.* xxvi, 38)? » Non, il n'est pas plus fort qu'eux. Que son insensibilité ne vous charme pas, il n'est pas revêtu d'immortalité; mais il est dépourvu de sentiment. Pour vous, n'ayez pas une âme dépourvue de sentiment, car ceux qui n'en ont pas sont blâmés; et dites, comme preuve de votre sensibilité et de votre santé : « Qui est faible sans que je sois faible, qui est scandalisé sans que je brûle (II Cor. xi, 29)? » Si, dans ce scandale de l'Apôtre, n'était pas comprise la perte de toute âme faible, préféreriez-vous en lui, comme un état plus excellent, la dureté et l'absence de toute douleur? Non, car ce serait de l'insensibilité et non de la tranquillité. Assurément, mes frères, lorsque nous serons parvenus à cette cité, à ce trône, à cette béatitude, à la céleste patrie, où notre âme jouira d'une pleine et entière sécurité, d'un repos parfait et d'une éternelle félicité, nous ne ressentirons aucune douleur, parce que rien ne pourra nous en causer. « Les nombreux ennemis qui me font la guerre, dit le Psalmiste, seront saisis de frayeur. » Et ces insensibles, qui ne craignent rien maintenant, craindront alors : car une effroyable terreur se répandra de toutes parts, qui brisera et réduira à néant leur insensibilité. « Les nombreux ennemis qui me font la guerre seront saisis de frayeur; mais moi, Seigneur, je mettrai en vous mon espérance. »

7. « Je louerai en Dieu mes discours ; j'ai mis en Dieu mon espérance; je ne craindrai rien de ce que la chair pourra faire contre moi (*Ps.* lv, 5). » Pourquoi? Parce que je mettrai en Dieu mon espérance. Pourquoi? Parce que je louerai en Dieu mes discours. Si vous louez en vous vos discours, je ne vous dis pas de ne pas craindre, je dis qu'il est impossible que vous ne craigniez pas. En effet, ou vous tiendrez vos discours pour mensongers et ils seront bien les vôtres, parce qu'ils sont mensongers ; ou bien, s'ils sont vrais,

---

bile hoc induit incorruptionem , et mortale hoc induit immortalitatem (I *Cor.* xv, 53). Nullus ergo dolor in corpore immortali, nullus dolor in corpore stupido. Non se putet stupidus jam immortalem : vicinior est immortalitati sanitas dolentis, quam stupor non sentientis. Invenis ergo hominem superbum typho arrogantissimo, qui sibi persuaserit nihil timere : fortiorem putas illo, qui ait, « Foris pugnæ, intus timores (II Cor. vii, 5) ? » fortiorem ipso capite nostro Domino Deo nostro, qui dixit, « Tristis est anima mea usque ad mortem (*Matth.* xvi, 38) ? » Non est iste fortior : non te delectet stupor ejus : non immortalitate indutus, sed sensu exutus est. Tu vero habeto animam non sine affectu ; reprehensi enim sunt qui sunt sine affectu : et dic de sensu sanitatis, « Quis infirmatur, et ego non infirmor? quis scandalizatur, et ego non uror (II *Cor.* xi, 29)?» Si ad istum non pertineret scandalum, enjusque (*a*) infirmi perditio, quasi rigidus et sine dolore videretur melior esse ? Absit : stupor esset, non tranquillitas. Plane, Fratres, cum venerimus ad eum locum, ad eam sedem, ad eam beatitudinem, ad cœlestem patriam, ubi anima nostra impleatur securitate, impleatur quiete et sempiterna felicitate, nullus ibi dolor erit ; quia unde doleatur non erit. « Multi, inquit, qui debellant me, timebunt. » Et ipsi stupidi qui modo nihil timent, timebunt aliquando. Veniet enim tantus terror qui totam duritiam frangat et conterat. « Multi qui debellant me, timebunt. Ego vero in te sperabo, Domine. »

7. « In Deo laudabo sermones meos, in Deo (*b*) speravi : non timebo quid faciat mihi caro (*Psal.* lv, 5). » Quare? Quia in Deo sperabo. Quare ? Quia in Deo laudabo sermones meos. Si in te laudas sermones tuos: non dico ut non timeas; impossibile est ut non timeas. Sermones enim tuos aut mendaces habebis, ideoque tuos, quia mendaces : aut si erunt veraces sermones, et non eos putabis te habere a Deo, sed a te loqui; veraces erunt, sed tu mendax eris : si autem cognoveris nihil te verum in sapien-

---

(*a*) Editi, *infirmitatis*. Melius MSS. aliquot, *infirmi*. quidam *infirmantis perditio*. Alii tres, *infirmati periclitatio*. (*b*) Plures MSS. *sperabo*.

mais que vous pensiez qu'ils viennent, non pas de Dieu, mais de votre propre fonds, ils seront vrais, mais vous serez menteur. Si, au contraire, vous reconnaissez que vous ne pouvez rien dire de vrai, sur la sagesse divine et sur la vraie foi, qu'autant que vous l'aurez reçu de celui dont il est dit : « Que possédez-vous que vous n'ayez reçu (I *Cor.* IV, 7)? » alors vous louez en Dieu vos propres discours et vous-même serez loué en Dieu des discours de Dieu. En effet, si vous honorez ce qui en vous vient de Dieu, vous qui êtes fait par Dieu, vous serez honoré en Dieu ; si, au contraire, vous honorez ce qui en vous vient de Dieu comme étant de vous et non de Dieu, vous vous éloignez du Saint des saints comme ce peuple s'est éloigné des saints. « Je louerai donc en Dieu mes discours. » Si je les loue en Dieu, pourquoi sont-ils miens? Je les louerai en Dieu et ils sont miens : en Dieu, parce qu'ils viennent de lui ; miens, parce que je les ai reçus. Celui qui me les a donnés a voulu qu'ils fussent miens, par l'amour que j'ai pour celui de qui ils sont : et venant de lui à moi, ils sont devenus miens. Comment sans cela expliquer ces paroles : « Donnez-nous aujourd'hui notre pain quotidien (*Matth.* VI, 11)? » Comment dire notre pain, et dire : donnez-nous ? En lui demandant ce pain, vous n'en êtes pas dépourvu ; en déclarant qu'il est à vous, vous n'êtes pas un ingrat. Si vous ne disiez pas qu'il est à vous, vous ne l'auriez pas reçu ; et si vous disiez qu'il est à vous en ce sens qu'il viendrait de vous, vous perdriez ce que vous auriez reçu, par votre ingratitude envers celui de qui vous l'aviez reçu. Je louerai donc en Dieu les discours que je tiens, parce qu'en lui est la source des discours vrais ; et je les regarde comme miens, parce qu'ayant eu soif, je me suis approché de la source et que j'y ai bu. « Je louerai en Dieu mes discours, j'ai mis en Dieu mon espérance, je ne craindrai rien de ce que la chair pourra faire contre moi. » N'est-ce pas vous qui disiez tout à l'heure : « Ayez pitié de moi, Seigneur, parce que l'homme m'a foulé aux pieds : tout le jour, il m'a fait la guerre et m'a accablé de tribulations (*Ps.* LV, 2)? » Comment donc dites-vous maintenant : « Je ne craindrai rien de ce que la chair pourra faire contre moi (*Ibid.* 5)? » Que vous fera-t-elle ? Vous venez de dire : « Elle m'a foulé aux pieds, elle m'a accablé de tribulations : » n'est-ce donc rien vous faire, que de vous faire tout ce mal ? Il a considéré le vin qui coule pendant la pression, et il a répondu : Il est vrai, la chair m'a foulé aux pieds ; il est vrai, elle m'a accablé de tribulations ; mais que m'a-t-elle fait ? J'étais du raisin, je serai du vin. « J'ai mis en Dieu mon espérance, je ne craindrai rien de ce que la chair pourra faire contre moi. »

8. « Tout le jour, ils prenaient mes paroles en abomination (*Ibid.* 6). » Ils sont ainsi, vous le savez bien. Dites la vérité, prêchez la vérité, annoncez le Christ aux païens, annoncez l'Église

---

tia Dei, in fide veritatis, posse dicere, nisi quod ab illo accepisti, de quo dicitur, « Quid enim habes quod non accepisti (I *Cor.* IV, 7)? » in Deo laudas sermones tuos, ut in Deo lauderis sermonibus Dei. Etenim si quod in te Dei est, honoratur a te ; et tu factus a Deo, honoraberis in Deo : si autem quod in te Dei est honoraveris tamquam tuum, non Dei ; quomodo populus ille longe factus est a sanctis, sic tu longe a sancto. Ergo, « In Deo laudabo sermones meos : si in Deo, quare meos? Et in Deo, et meos. In Deo, quia ab ipso : meos, quia accepi. » Ipse voluit meos esse qui dedit, amando eum cujus sunt : quia ex illo mihi sunt, mei facti sunt. Unde enim, « Panem nostrum quotidianum da nobis hodie (*Matth.* VI, 11)?» Quomodo, nostrum ? quomodo, da ? Ab illo petendo non eris vacuus, tuum confitendo non eris ingratus. Si enim non dicas tuum, non accepisti : rursus si dicas tuum ita, quasi a te sit quod dicis tuum, amittis quod acceperas, quia ingratus es illi a quo acceperas, « In Deo ergo laudabo sermones, » quia ibi ipse est fons sermonum verorum : « meos, » quia sitiens accessi et bibi. « In Deo laudabo sermones meos, in Deo speravi, non timebo quid faciat mihi caro. » Nonne tu eras qui paulo ante dicebas, « Miserere mei, Domine, quoniam conculcavit me homo, tota die bellans tribulavit me (*Psal.* LV, 2)? » Quomodo ergo hic, « Non timebo quid faciat mihi caro ? » Quid tibi faciet? Tu ipse paulo ante dixisti, Conculcavit me, tribulavit me : Nihil faciet cum ista faciet? Respexit ad vinum quod manat de calcatura, et respondit, Plane conculcavit, plane tribulavit, sed quid mihi faciet? Uva eram, vinum ero : « In Deo speravi, non timebo quid faciat mihi caro. »

8. « Tota die verba mea abominabantur (*Psal.* LV, 6). » Sic sunt, nostis. Dicite veritatem, prædicate veritatem, annuntiate Christum Paganis, annuntiate Ecclesiam hæreticis, annuntiate omnibus salutem : contradicunt, abominantur verba mea. Sed cum

aux hérétiques, annoncez à tous le salut ; ils contredisent mes paroles, ils les ont en abomination. Mais, lorsqu'ils ont en abomination mes paroles, qui pensez-vous qu'ils aient en abomination, sinon celui en qui je louerai mes discours? « Tout le jour ils prenaient mes paroles en abomination.» Mais du moins, il leur suffira d'avoir mes paroles en abomination, ils n'iront pas au-delà ; qu'ils les blâment donc, qu'ils les repoussent avec mépris. Non, ce n'en est point assez. Est-il nécessaire de le dire? Quand ils rejettent avec mépris, quand ils ont en abomination ces paroles qui découlent de la source de vérité, que font-ils à celui qui les prononce? Que lui font-ils, si ce n'est ce qui suit? « Tous leurs desseins ne tendaient qu'à me nuire (*Ibid.*).» S'ils ont en abomination le pain lui-même de la parole, comment épargneraient-ils l'humble instrument de cette parole? « Tous leurs desseins ne tendaient qu'à me nuire. » S'ils ont traité de la sorte le Seigneur lui-même, que ce corps ne refuse pas des douleurs que la tête a souffertes avant lui, afin que le corps soit étroitement uni à la tête. Votre Seigneur a été méprisé, et vous voudriez être honoré par ceux qui se sont éloignés des saints? Ne cherchez pas à obtenir ce qu'il n'a point obtenu avant vous. « Le disciple n'est pas au-dessus de son maître, ni l'esclave au-dessus de son possesseur. » S'ils ont appelé le père de famille Beelzebub, combien plutôt ne donneront-ils pas ce nom à ses serviteurs (*Matth.* x, 24 et 25) ? » « Tous leurs desseins ne tendaient qu'à me nuire. »

9. « Ils auront une résidence passagère et ils cacheront (*Ps.* LV, 7).» Avoir une résidence passagère suppose que l'on voyage. On appelle résidents, ceux qui habitent dans un lieu qui n'est pas leur patrie. Tout homme est voyageur dans cette vie, pendant laquelle vous voyez que nous sommes enveloppés d'une chair qui ne laisse point apercevoir le cœur. C'est pourquoi l'Apôtre dit: « Ne jugez quoi que ce soit avant le temps, jusqu'à ce que vienne le Seigneur, qui portera la lumière dans les secrets cachés par les ténèbres, et mettra les pensées des cœurs à nu : alors chacun recevra de Dieu la louange qui lui sera due (I *Cor.* IV, 5). » Jusqu'à ce que ces choses arrivent, chacun, dans ce voyage de la vie charnelle, porte son propre cœur, et le cœur de chacun est fermé au cœur du prochain. C'est pourquoi ceux dont les desseins ne tendaient qu'à nuire au Prophète, « auront une résidence passagère et ils cacheront ; » car ils sont dans le voyage de la vie, ils portent leur chair et ils cachent dans leur cœur leur fourberie et toutes leurs mauvaises pensées. Pourquoi ? Parce que cette vie est encore un voyage. Qu'ils cachent leurs pensées; ce qu'ils cachent sera découvert, et eux-mêmes ne pourront se cacher. Il y a encore une autre manière d'entendre ce que l'on appelle ici caché, et ce second sens vous plaira peut-être plus que le premier. En effet, parmi

verba mea abominantur, quem putamus abominantur, nisi eum in quo laudabo sermones meos ? « Tota die verba mea abominabantur. » Sufficiat saltem, abominentur verba, nihil ultra progrediantur, reprehendant, respuant. Absit. Ut quid dicam hoc? Quando verba respuunt, quando verba abominantur, quæ verba de fonte veritatis emanant, quid faciant illi per quem verba ipsa dicuntur? quid, nisi quod sequitur, « Adversum me omnia consilia eorum in malum (*Ibid.*) ? » Si panem ipsum abominantur, vasculo in quo ministratur quomodo parcunt ? « Adversum me omnia consilia eorum in malum. » Si sic et in ipsum Dominum, non dedignetur ergo corpus quod præcessit in capite, ut corpus hæreat capiti. Contemtus est Dominus tuus, et tu te honorari vis ab eis qui longe facti sunt a sanctis? Noli tibi arrogare velle quod in illo non præcessit. Non est discipulus major magistro suo, non est servus major domino suo. Si patrem familias Beelzebub vocaverunt, quanto magis domesticos ejus ? « Adversum me omnia consilia eorum in malum. »

9. « Incolent, et abscondent (*Psal.* LV, 7). » Incolere peregrinari est. Incolæ dicuntur qui habitant in patria non sua. Omnis homo in hac vita peregrinus est : in qua vita videtis quia carne circumtegimur, per quam carnem cor videri non potest. Ideo Apostolus dicit, « Nolite ante tempus quidquam judicare, quoad usque veniat Dominus, et illuminabit abscondita tenebrarum, et manifestabit cogitationes cordis, et tunc laus erit unicuique a Deo (I *Cor.* IV, 5). » Antequam hoc fiat, in hac peregrinatione carnalis vitæ quisque cor suum portat, et omne cor omni cordi clausum est. Proinde isti quorum consilia adversus hunc in malum, « incolent, et abscondent : » quia in ista peregrinatione sunt, et carnem portant, dolum tegunt in corde, quidquid mali cogitant abscondunt. Quare ? Quia adhuc peregrina est vita ista. Abscondant, apparebit quod abscondunt, et ipsi

ceux qui se sont éloignés des saints, il y en a qui entrent dans l'Église avec dissimulation, et ils font souffrir au corps du Christ les plus douloureuses tribulations, parce qu'on ne les évite pas comme entièrement étrangers. L'Apôtre, rappelant les graves périls qui viennent d'eux, disait, en achevant l'énumération de ses nombreuses souffrances : « Périls sur les fleuves, périls de la part des voleurs, périls du côté des hommes de ma race, périls du côté des Gentils, périls dans les villes, périls dans les déserts, périls sur la mer et périls par les faux frères (II *Cor.* XI, 26). » Ceux-là sont particulièrement dangereux, dont le Prophète a dit dans un autre psaume : « Et ils entraient pour voir (*Ps.* XL, 7). » Ils entrent pour voir, et nul ne leur dit : N'entrez pas ici pour voir. En effet, ils entrent chez vous comme un des vôtres, et l'on ne se défie pas d'eux comme d'étrangers. « Ils auront donc une résidence passagère et ils cacheront. » Ainsi entrent dans une grande maison ceux qui ne doivent pas y rester, et qui par là même y ont une résidence passagère. Le Seigneur a voulu nous faire comprendre ainsi que de tels pécheurs sont des esclaves, dans le sens de cette parole de l'Évangile que « tout pécheur est l'esclave du péché. » Voilà pourquoi il a dit : « L'esclave ne demeure pas dans la maison pour toujours, tandis que l'enfant de la maison y demeure pour toujours (*Jean*, VIII, 34). » Celui qui entre dans la maison à titre d'enfant, n'y réside pas passagèrement, parce qu'il persévèrera jusqu'à la fin (*Matth.* X, 22, et XXIV, 13). Au contraire, celui qui entre dans la maison comme un esclave, comme un artisan de mensonge, comme un pécheur, comme un homme qui ne marche que sous l'œil du maître, qui cherche ce qu'il peut ravir, qui il peut accuser et ce qu'il peut blâmer, celui-là n'entre dans la maison que pour y résider passagèrement, et non pour y habiter et y demeurer avec persévérance. Et cependant, mes frères, ne craignons pas ces hommes. « J'ai mis en Dieu mon espérance et je ne craindrai rien de ce que la chair pourra faire contre moi (*Ps.* LV, 5). » Qu'ils résident passagèrement dans la maison, qu'ils y entrent, qu'ils feignent d'y être en amis, qu'ils cachent leurs menées, après tout, ils ne sont que chair ; pour vous, mettez en Dieu votre espérance et la chair ne pourra rien contre vous. Mais elle cause les tribulations ? Mais elle opprime et foule aux pieds ? Le vin ne se fait que parce que le raisin est écrasé. Vos tribulations porteront leurs fruits, un autre vous voit et vous imite ; car vous aussi, pour apprendre à supporter ces méchants, vous avez contemplé votre tête, la première grappe de raisin, le Seigneur, auprès de qui un homme est entré pour voir, a résidé en étranger et s'est caché, le traî-

---

non abscondentur. Est et in hoc abscondito alius intellectus, qui fortasse magis placebit. Etenim ex iis qui longe facti sunt a sanctis, subintrant quidam ficti, et pejores tribulationes faciunt corpori Christi ; quia non tamquam penitus alieni devitantur. Ab ipsis pericula graviora commemorans Apostolus, cum enumeraret multas passiones suas, et diceret, « Periculis fluminum, periculis latronum, periculis ex genere, periculis ex gentibus, periculis in civitate, periculis in deserto, periculis in mari : Periculis, inquit, in falsis fratribus (II *Cor.* XI, 26). » Hi nimis periculosi sunt, de quibus dicitur in alio Psalmo, Et ingrediebantur ut viderent (*Psal.* XL, 7), et nemo dicit, Non (*a*) intres ut videas. Intrat etenim tamquam tuus, non cavetur ut alienus. Isti ergo, « incolent, et abscondent. » Quia sic intrant in domum magnum, non ibi perseveraturi ; ideo incolent. Tales enim peccatores servos volens intelligi Dominus, secundum illum intellectum Evangelicum, « quo omnis qui facit peccatum servus est peccati, ait, Servus non manet in domo in æternum, filius autem manet in æternum (*Johan.* VII, 34). » Qui intrat ut filius, non incolet, quia perseverabit usque in finem : qui intrat ut servus, subdolus, peccator, ad oculum adtendens, quærens quid rapiat, quærens quid accuset aut quid vituperet, incolere intrat, non inhabitare et perseverare (*Matth.* X, 22, et XXIV, 13). Nec istos tamen timeamus, Fratres : « In Deo speravi, non timebo quid faciat mihi caro (*Psal.* LV, 5). » Etsi incolunt, etsi intrant, etsi fingunt, etsi abscondunt, caro sunt : tu in Domino spera, nihil tibi faciet caro. Sed infert tribulationem, infert conculcationem ? Accedit vinum, quia uva premitur : tribulatio tua infructuosa non erit : alter videt te, imitatur te : quia et tu ut disceres talem ferre, caput tuum contemplatus es, botrum illum primum, ad quem intravit homo ut videret, incoluit, et abscondit traditor Judas. Omnes ergo ficto animo intrantes, incolentes et abscondentes noli timere : pater ipsorum Judas cum Domino tuo fuit : et ille quidem noverat

(*a*) Aliquot MSS. *Non intras.*

tre Judas. Ne craignez donc pas ceux qui entrent perfidement, qui résident passagèrement et se cachent. Judas, leur père à tous, s'est trouvé auprès du Seigneur, et celui-ci le connaissait. Bien que le traître Judas résidât près de lui en étranger et se cachât, cependant son cœur était ouvert pour le Seigneur. Le Seigneur l'a choisi sciemment, pour vous consoler, vous qui ne pouvez savoir qui éviter. En effet, connaissant Judas, il pouvait ne pas choisir Judas. Il le connaissait, car il a dit à ses disciples : « Ne vous ai-je pas choisis tous les douze ? et cependant, un de vous est un démon (*Jean*, vi, 71). » Un démon a-t-il donc été choisi ? Ou, s'il n'a pas été choisi, comment le Seigneur en a-t-il choisi douze, et non pas onze seulement ? Judas lui-même a été choisi ; mais dans un but différent. Onze apôtres ont été choisis pour une œuvre de salut ; un apôtre a été choisi pour une œuvre de tentation. Car de quelle manière Jésus serait-il un exemple pour vous, qui ne pouvez savoir de quels méchants vous garder, ni contre quels hommes fourbes et menteurs, étrangers et hypocrites vous précautionner, s'il ne pouvait vous dire : Voilà que j'ai eu avec moi un de ces perfides ? Je vous ai donné l'exemple, j'ai supporté, j'ai voulu souffrir ce que je savais, afin de vous consoler, vous qui ne pouvez savoir. Ce que m'a fait Judas, un autre vous le fera. Pour avoir toute puissance contre vous, pour exercer toute sa fureur, il vous accusera, il vous imputera de faux crimes. Que ses mensonges prévalent contre vous, prévaudront-ils contre vous sans avoir d'abord prévalu contre moi ? Ils ont certainement prévalu contre moi, mais ils ne m'ont point enlevé le ciel. Et la chair du Christ, à peine mise au tombeau, a supporté elle-même de faux témoins (*Matth.* xxvi, 60). Ce ne fut pas assez pour lui de les supporter dans son jugement, il les a supportés dans son tombeau. Des soldats reçurent de l'argent pour mentir, et ils dirent : « Tandis que nous dormions, ses disciples sont venus et l'ont enlevé. » Et tel était l'aveuglement des Juifs, qu'ils acceptèrent un rapport tout à fait incroyable : ils crurent des témoins endormis. Ou il n'était pas vrai qu'ils fussent endormis, et alors il n'y avait pas lieu de croire des menteurs ; ou ils dormaient véritablement, et alors ils n'ont pu savoir ce qui se passait. « Ils auront une résidence passagère et ils cacheront. » Qu'ils viennent et se cachent : que feront-ils ? « J'ai mis en Dieu mon espérance, je ne craindrai rien de ce que la chair fera contre moi (*Matth.* xxviii, 13). »

10. « Ils guetteront mon talon (*Ps.* lv, 7). » En effet, ils résideront passagèrement et se cacheront, de manière à observer quand un homme peut tomber. Ils guettent attentivement son talon, au moment de sa chute, pour la rendre plus dangereuse en lui saisissant le pied, ou

---

eum ; quamquam Judas traditor incolebat et abscondebat, tamen cor ipsius Domino rerum patebat : sciens ille elegit unum, unde tibi solatium faceret nescituro quos devites. Poterat enim ille non eligere Judam, quia noverat Judam : ait quippe discipulis, « Nonne ego vos duodecim elegi, et unus ex vobis diabolus est (*Johan.* vi, 71) ? » Ergo et diabolus electus est ? Aut si electus non est, quomodo duodecim elegit, et non potius undecim ? Electus et ille est, sed ad aliud. Electi undecim ad opus probationis, electus unus ad opus tentationis. Unde possit tibi exemplum dare nescituro quos devites malos, quos caveas falsos et fictos, incolentes et abscondentes, nisi ut dicat tibi, Ecce ego mecum habui unum ipsorum ? præcessit exemplum, toleravi, perferre volui quod sciebam, ut tibi nescienti præberem solatium. Quod mihi fecit, hoc faciet et tibi : ut multum possit, ut multum sæviat, accusaturus est, falsa crimina dicturus est. Ut prævaleant (a) falsitates, numquid in te prævalebunt, et in me non prævaluerunt ? In me certe prævaluerunt, sed cœlum mihi non abstulerunt. Caro ipsius jam sepulta, falsos testes pertulit : parum fuit eos perpeti in judicio, perpessus est in sepulcro (*Matth.* xxvi, 60). Acceperunt pecuniam ut mentirentur, dixerunt, « Cum dormiremus, venerunt discipuli ejus, et abstulerunt eum (*Matth.* xxviii, 13). » Tales autem cæci erant Judæi, ut crederent dicto omnino incredibili : crediderunt testibus dormientibus. Aut falsum erat quod dormierunt, et mendacibus credere non debuerunt : aut verum erat quod dormierunt, et quod factum est nescierunt. « Incolent, et abscondent. » Incolent, et abscondant : quid facturi ? « In Deo speravi, non timebo quid faciat mihi caro (*Psal.* lv, 5). »

10. « Ipsi calcaneum meum observabunt (*Ibid.* 7). » Etenim sic incolent et abscondent, ut observent ubi homo labitur. Intenti sunt ad calcaneum, quando fiat lapsus, ut pedem teneant ad ruinam, aut pedem

---

(a) Plerique MSS. *falsi testes*.

pour placer devant lui un obstacle contre lequel son pied aille se heurter, ou tout au moins pour trouver occasion de l'accuser. Et qui marche si bien qu'il ne tombe jamais? On tombe bien vite, ne serait-ce que par la langue. En effet, il est écrit : « Celui qui ne pèche point par la langue, est un homme parfait (*Jean.* III, 2). » Qui oserait enfin se dire ou se croire parfait? Il est donc inévitable à tout homme de tomber par quelque faute de parole. Mais ceux qui résident chez vous en étrangers et se cachent saisissent au vol toutes vos paroles, cherchant partout à tendre des filets et à nouer des calomnies dans lesquelles ils sont enlacés eux-mêmes avant ceux qu'ils s'efforcent d'y enlacer ; de telle sorte qu'ils sont pris et se perdent avant ceux qu'ils voulaient prendre et perdre. En effet, l'homme ainsi poursuivi se réfugie d'abord dans son propre cœur et de là en Dieu. Il sait bien dire : « Je louerai en Dieu mes discours. » Ce que j'ai dit de bon, ce que j'ai dit de vrai, je l'ai dit de Dieu et par Dieu. Si j'ai dit peut-être quelque autre chose que je n'aurais pas dû dire, c'est l'homme qui a parlé, mais toutefois sous la dépendance de Dieu. Dieu affermit celui qui marche, menace celui qui s'égare, pardonne à qui reconnaît ses fautes, retient la langue, et relève celui qui est tombé. « Car le juste tombera sept fois mais il se relèvera sept fois : les impies, au contraire,

resteront sans résistance dans leur méchanceté (*Prov.* XXIV, 16). » Que personne de nous ne craigne donc ces ennemis qui nous poursuivent, qui épient nos paroles, comptant presque les syllabes et transgressant les commandements. Un homme s'applique à trouver contre vous un sujet d'accusation ; mais il ne s'applique pas à profiter de vos paroles pour croire au Christ. Pour vous, faites attention à ce que dit celui que vous reprenez ; car peut-être vous donne-t-il quelque salutaire avertissement. Et comment, direz-vous, pourrait-il me donner un salutaire enseignement, lui qui est ainsi tombé en paroles? Sa chute même vous avertit utilement de ne point vous occuper à épier des paroles, mais de garder les commandements. « Ils guetteront mon talon. »

11. « Ainsi l'a supporté mon âme (*Ps.*LXV,7). » Je dis ce que j'ai éprouvé. Je parle par expérience : « Ainsi l'a supporté mon âme. Ils résideront passagèrement et d'une manière cachée. » Que mon âme les supporte tous, qu'elle supporte ceux qui aboient au dehors et ceux qui se cachent au dedans. La tentation qui vient du dehors, se précipite comme un fleuve ; qu'elle vous trouve sur la pierre, qu'elle vous assaille et ne vous renverse pas : la maison a été fondée sur la pierre (*Matth.* VII, 25). Si l'épreuve vient du dedans, qu'elle réside et se cache à vos côtés ; que la tentation vous tourmente, qu'elle

---

supponant ad offensionem, certe ut inveniant quod accusent. Et quis ita ambulet ut nusquam labatur ? certe quod cito fit vel in lingua ? Etenim scriptum est, « Si quis in lingua non offendit, hic perfectus est vir (*Jacob.* III, 2). » Quis tandem se audeat dicere aut putare perfectum? Ergo necesse est ut aliquis labatur in lingua. Illi autem qui incolunt et abscondent, aucupantur verba omnia, quærentes alicubi laqueos et nodosas facere calumnias, quibus prius ipsi implicantur, quam quos implicare contendunt : ut prius ipsi capiantur et pereant, quam alios capiant ut perdant. Etenim recurrit homo in cor suum, et inde recurrit ad Deum, et novit dicere, « In Deo laudabo sermones meos (*Psal.* LV, 5). » Quidquid bonum dixi, quidquid verum dixi (*a*), Dei dixi, et de Deo dixi : quidquid forte aliud dixi quod dicere non debui, homo dixi, sed sub Deo dixi. Qui confirmat ambulantem, minatur erranti, ignoscit agnoscenti,

revocat linguam, revocat lapsum. « Justus enim septies cadet et resurget, impii vero infirmabuntur in malis (*Prov.* XXIV, 16). » Non ergo timeat unusquisque nostrum callidos insectatores, aucupes verborum, dinumeratores pene syllabarum, et prævaricatores præceptorum. Quid in te arguat adtendit : ut credat per te Christo, non adtendit. Adtende in sermones ejus quem reprehendis, ne forte te aliquid salubriter doceat. Et quid me, inquit, salubriter poterit docere, qui sic lapsus est in verbo ? Hoc ipsum te forte salubriter docet, ne sis auceps verborum, sed collector præceptorum. « Ipsi calcaneum meum observabunt. »

11. « Sicut sustinuit anima mea (*Psal.* LV, 7). » Hoc dico quod sustinui. Loquebatur expertus : « Sicut sustinuit anima mea. Incolent et abscondent. » Omnes sustineat anima mea, foris latrantes, intus occultantes (*b*) sustineat. Forinsecus veniens, quasi

---

(*a*) Editi, *Deo dixi*. At MSS. *Dei dixi* : qua loquendi ratione supra in Enarrat. Psal. XLIX, n. 23, habent nonnulli MSS. *Si bona audîtis, Dei audîtis.* (*b*) Sic MSS. At editi, *sustineat forinsecus venientes. Quasi fluvius*, etc.

vous avoisine comme la paille avoisin le blé, qu'elle vous broie comme les bœufs qui broient le froment; vous serez purifié et la paille sera anéantie.

12. « Ainsi l'a supporté mon âme, vous les sauverez pour rien (*Ps.* LV, 8). » Il nous enseigne à prier pour eux. Bien qu' « ils résident chez vous en étrangers et qu'ils se cachent, » bien qu'ils soient plein de ruses et d'hypocrisie, bien qu'ils vous tendent des pièges, priez pour eux et gardez-vous de dire : Est-ce que Dieu corrigera jamais un tel homme, si méchant, si pervers? Ne désespérez pas; regardez qui vous priez, et non pour qui vous priez. Vous voyez la grandeur de la maladie ; mais ne voyez-vous pas la puissance du médecin? « Ils résideront en étrangers et se cacheront : Ainsi mon âme l'a supporté. » Souffrez, priez; et qu'arrivera-t-il ? « Vous les sauverez pour rien. » Vous les sauverez de telle sorte, ô mon Dieu, que ce ne sera rien pour vous, c'est-à-dire, qu'il ne vous en coûtera aucune peine. Ils sont désespérés aux yeux des hommes, mais vous les guérirez d'un mot; vous n'aurez besoin d'aucun travail pour les sauver, quoique, en voyant leur guérison, nous restions stupéfait. Il y a encore une autre manière de comprendre ce verset : « Vous les sauverez pour rien ; » vous les sauverez sans qu'aucun mérite de leur part ait précédé leur guérison.

« J'ai été d'abord, dit l'apôtre, un blasphémateur, un persécuteur et un calomniateur (1 *Tim.* I, 13). » Il recevait de la part des prêtres des lettres de commission, pour charger de liens et amener devant eux tous les chrétiens qu'il pourrait trouver (*Luc.* IX, 2). Certes, afin de les enchaîner et de les emmener, il résidait d'abord en étranger chez eux et se cachait. Aucun mérite de sa part n'avait donc précédé sa conversion. Ou plutôt elle avait été précédée de faits qui réclamaient sa condamnation. Il n'avait apporté aucun bien au Christ et il a été sauvé. « Vous les sauverez pour rien. » Ils ne vous apportent ni boucs, ni béliers, ni taureaux ; ils ne présentent à votre temple ni dons ni aromates, ils ne répandent point devant vous la libation d'une bonne conscience ; tout en eux est âpre, tout est affreux, tout est détestable; et puisqu'ils ne vous apportent rien, comment sont-ils sauvés? « Vous les sauverez pour rien, » c'est-à-dire que votre grâce leur est gratuitement donnée. Qu'avait apporté sur la croix le bon larron? De la gorge de sa montagne il passa au jugement, du jugement à la croix, de la croix au paradis (*Luc.* XXIII, 43). Il a cru, et c'est pourquoi il a parlé (*Ps.* CXV, 10). Mais cette foi, qui la lui a donnée, si ce n'est celui qui était suspendu près de lui ? « Vous les sauverez pour rien. »

13. « Dans votre colère vous ramènerez les

---

fluvius venit tentatio : in petra te inveniat, impingat, non dejiciat ; fundata est domus supra petram (*Matth.* VII, 25). Intus est, incolet et abscondet : et palea tibi vicinetur, intret tritura boum, intret tribula tentationum ; tu purgaris, illa comminuitur.

12. « Sicut sustinuit anima mea : » « Pro nihilo salvos facies eos (*Psal.* LV, 8). » Docuit et pro ipsis orare. Nempe « incolent et abscondent, » nempe dolosi, nempe simulatores atque insidiatores sunt : tu ora pro eis, et noli dicere, Numquid et talem hominem Deus correcturus est, tam malum, tam perversum ? Noli desperare : quem roges adtende, non pro quo roges. Magnitudinem morbi vides, potentiam medici non vides? « Incolent et abscondent : sicut sustinuit anima mea. » Sustine, ora : et quid fit ? « Pro nihilo salvos facies eos. » Sic illos salvos facies, ut nihil tibi sit, id est, ut nullus labor tibi sit. Hominibus desperati sunt, sed tu verbo curas : non laborabis in curando, quamvis nos stupeamus inspiciendo. Est alius sensus in hoc versu, « Pro nihilo salvos facies eos : » nullis eorum meritis praecedentibus salvos facies eos. « Qui prius fui blasphemus, inquit, et persecutor et injuriosus (I *Tim.* I, 13. » Accipiebat litteras a sacerdotibus, ut ubicumque inveniret Christianos, alligaret et adduceret (*Act.* IX, 2). Utique ut alligaret et adduceret, primo incolebat, et abscondebat. Nulla ergo hujus bona merita praecesserant, immo talia praecesserant, de quibus damnaretur: nihil boni adtulit, et salvus factus est. « Pro nihilo salvos facies eos. » Non ad te afferent hircos, arietes, tauros, non dona et (*a*) aromata afferent in templo tuo, non aliquid de conscientia bona libaminis superfundunt; totum in illis asperum, totum tetrum, totum detestandum : et cum illi ad te nihil afferant, unde salventur, « Pro nihilo salvos facies eos, » id est, gratis data gratia tua. Quid ille latro adtulerat ad crucem (*Lucae*, XXIII, 43) ? De (*b*) fauce in judicium, de judicio in lignum, de ligno in paradisum. « Credidit, propter quod locutus est (*Psal.* CXV, 10). » Sed et ipsam fidem quis donavit,

---

(*a*) Plerique MSS. *et ornamenta*. (*b*) Nonnulli codices. *De falce*. Sed verius alii, *De fauce* : loco scilicet ubi latrocinia exercebat. Sic in Evang. Johan. Tract. VII, n. 12. *Latro qui procedit ad faucem occidere hominem*.

peuples (*Ps.* LV, 8). » Vous vous irritez et vous ramenez, vous sévisssz et vous sauvez, vous effrayez et vous appelez. Que veut dire en effet : « Dans votre colère vous ramènerez les peuples. » Vous jetterez partout des afflictions, afin que les hommes, accablés de tribulations, aient recours à vous, de peur qu'il ne se laissent séduire par les voluptés et par une sécurité perverse. De votre part, il semble que ce soit de la colère ; mais c'est une colère paternelle, le père s'irrite contre le fils qui méprise ses ordres ; dans sa colère, il lui donne des soufflets, il le frappe, il le saisit par l'oreille, il l'entraîne par le bras, il le conduit à l'école. « Dans votre colère vous ramènerez les peuples. » Combien y en a-t-il qui sont entrés dans la maison du Seigneur et qui l'ont remplie, ramenés par lui dans sa colère, c'est-à-dire effrayés et ramenés à la foi par les afflictions. En effet la tribulation nous secoue, pour vider entièrement le vase qui était rempli d'iniquité, afin qu'il soit ensuite rempli de grâce. « Dans votre colère vous ramènerez les peuples. »

14. « Mon Dieu, j'ai raconté ma vie devant vous (*Ibid.* 9). » Vous m'avez donné la vie, et à cause de cela je raconte ma vie devant vous. Est-ce donc que Dieu ignorait ce qu'il avait donné ? Pourquoi lui racontez-vous votre vie ? Voulez-vous apprendre quelque chose à Dieu ? Non. Pourquoi donc lui dire : « J'ai raconté devant vous ? » Ne serait-ce point, parce qu'il vous est utile que j'aie raconté ma vie devant vous ? Et de quoi cela sert-il à Dieu ? La cause de Dieu y trouve son gain. J'ai raconté ma vie à Dieu, parce que Dieu m'a fait vivre. C'est ainsi que l'Apôtre saint Paul a raconté sa vie, en disant : « J'ai d'abord été un blasphémateur, un persécuteur et un calomniateur (I *Tim* 1, 13). » Qu'il le dise, et qu'il ajoute : « Mais j'ai obtenu miséricorde. » Il a raconté sa vie, non pour lui-même, mais pour Dieu ; parce qu'il l'a racontée aussi pour que l'on crût à Dieu, non pour son propre gain mais pour le gain de Dieu. Que dit, en effet, le même Apôtre ? « Le Christ est mort et est ressuscité, afin que tout homme qui vit ne vive plus pour soi-même, mais pour lui, qui est mort pour tous (I *Cor.* V, 15). » Si donc vous vivez et ne vivez pas par vous-même, mais par Dieu qui vous a donné de vivre, racontez votre vie, non pour vous, mais pour lui ; sans chercher vos propres intérêts, sans vivre pour vous, mais en vivant pour celui qui est mort pour tous. En effet, que dit le même Apôtre de certains hommes, qui seront réprouvés ? « Ils cherchent leurs intérêts et non ceux de Jésus-Christ (*Philip.* II, 21). » Si, vous racontez votre vie pour vous être utile à vous-même, et sans chercher à être utile aux autres, vous la racontez pour vous et non pour Dieu ; si, au contraire, vous racontez votre vie de manière à inviter les autres à rece-

---

nisi qui juxta pependit ? « Pro nihilo salvos facies eos. »

13. « In ira populos deduces (*Psal.* LV, 8). » Irasceris et deducis, sævis et salvas, terres et vocas. Quid est enim, « In ira populos deduces ? » Imples tribulationibus omnia, ut in tribulationibus positi homines recurrant ad te, ne deliciis et securitate perversa seducantur. A te ira videtur, sed paterna. Irascitur pater filio contemptori præceptorum suorum : iratus ei eum colaphizat, cædit, aurem vellit, manu trahit, ad scholam ducit. « In ira populos deduces. » Quam multi ingressi sunt, quam multi impleverunt domum Domini, in ira ejus deducti, id est, tribulationibus territi, et fide impleti ? Ad hoc enim exagitat tribulatio, ut exinaniat vas quod plenum est nequitia, ut impleatur gratia. « In ira populos deduces. »

14. « Deus vitam meam enuntiavi tibi (*Ibid.* 9). » Ut vivam enim, tu fecisti, et ad hoc enuntio vitam meam tibi. Itane vero Deus ignorabat quod dederat ? Quid est quod illi enuntias ? Docere vis Deum ? absit. Ergo quid ait, « Enuntiavi tibi ? » An forte, Quia tibi prodest quod enuntiavi vitam meam ? Et quid prodest Deo ? Lucris Dei prodest. Enuntiavi Deo vitam meam, quia vivere me fecit Deus. Quomodo enuntiavit vitam suam Paulus apostolus, dicens, « Qui prius fui blasphemus et persecutor et injuriosus (I *Tim.* 1, 13). » Enuntiet vitam suam : « Sed misericordiam consecutus sum. » Enuntiavit vitam suam, non sibi, sed illi : quia sic enuntiavit ut illi crederetur, non ad lucra sua, sed ad lucra illius. Quid enim ait ipse Paulus ? « Ideo Christus mortuus est et resurrexit, ut qui vivit jam non sibi vivat, sed ei qui pro omnibus mortuus est (I *Cor.* V, 15). » Si ergo vivis, et non a te vivis, quia ut viveres ille præstitit ; enuntia vitam tuam, non tibi, sed illi ; non tua quærens, non tibi vivens, sed ei qui pro omnibus mortuus est. Etenim de quibusdam reprobis quid ait idem Apostolus ? « Omnes enim sua quærunt, non quæ Jesu Christi (*Philip.* II, 21). » Si

voir la vie que vous avez reçue, alors vous racontez votre vie à celui de qui vous l'avez reçue, et vous obtiendrez une récompense d'autant plus grande que vous n'aurez pas été ingrat pour le don qui vous a d'abord été fait. « Mon Dieu, j'ai raconté ma vie devant vous. Vous avez placé mes larmes devant vos yeux. » Vous avez entendu mes supplications. « Comme vous l'aviez promis. » Vous avez agi comme vous l'aviez promis. Vous avez dit que vous exauceriez celui qui pleurerait ; j'ai cru, j'ai pleuré, j'ai été exaucé ; je vous ai trouvé miséricordieux dans vos promesses et fidèle dans leur accomplissement. « Comme vous l'aviez promis. »

15. « Que mes ennemis soient rejetés derrière moi (*Ps.* LV, 10). » Cela leur est utile, et le Prophète ne leur souhaite pas de mal. En effet, ils veulent marcher devant, et refusent, par cela même, de se corriger. Vous avertissez votre ennemi de bien vivre, de se corriger, il méprise votre avertissement, il repousse votre parole : En voilà un, dit-il, qui se mêle de m'avertir ! en voilà un qui veut m'imposer une manière de vivre ! Cet homme veut vous précéder ; et en marchant devant vous, il ne se corrige pas. Il ne réfléchit pas que vos paroles ne viennent pas de vous ; il ne réfléchit pas que vous racontez votre vie pour Dieu et non pour vous. Donc, en marchant devant vous, il ne se corrige pas ; il est salutaire pour lui par conséquent, d'être rejeté en arrière et de suivre celui qu'il voulait précéder. Le Seigneur parlait un jour à ses disciples de la passion qu'il allait souffrir ; Pierre en eut horreur et s'écria : « A Dieu ne plaise, Seigneur, cela ne sera pas (*Matth.* XVI, 22). » Lui qui, un peu auparavant, avait dit : « Vous êtes le Christ, Fils du Dieu vivant ; » lui qui avait confessé que Jésus était Dieu, il craignait de le voir mourir comme un homme. Mais le Seigneur qui était venu pour souffrir, (car nous ne pouvions être sauvés autrement que rachetés par son sang), avait loué un peu auparavant la confession de Pierre et lui avait dit : « Parce que ce n'est ni la chair ni le sang qui vous l'ont révélé, mais mon Père, qui est dans les cieux ; à cause de cela, vous êtes Pierre et sur cette pierre je bâtirai mon Église et les portes de l'enfer ne triompheront point d'elle, et je vous donnerai les clés du royaume des cieux (*Ibid.* 17). » Voyez quelle confession vraie, pieuse, pleine de confiance, renfermée dans ces paroles : « Vous êtes le Christ, Fils du Dieu vivant ! » Mais, aussitôt que le Seigneur eut commencé à parler de sa passion, Pierre eut peur que la mort ne le fît périr, tandis que nous eussions péri s'il ne fût mort, et il s'écria : « A Dieu ne plaise, Seigneur ! Cela ne sera pas. » Et le Seigneur qui venait de lui dire : « Vous êtes heureux, et sur cette pierre je bâtirai mon

---

propterea enuntias vitam tuam ut tibi prosit, et aliis non prosit ; tibi illam enuntias, non Deo : si autem sic enuntias vitam tuam, ut alios etiam invites ad accipiendam vitam, quam et tu accepisti ; enuntias vitam tuam illi a quo accepisti, et habebis mercedem ampliorem, quia et ex eo quod accepisti non ingratus exstitisti. « Deus vitam meam enuntiavi tibi. Posuisti lacrymas meas in conspectu tuo. » Exaudisti me deprecantem te. « Sicut et in repromissione tua. » Quia sic promiseras, hoc egisti. Dixisti te exauditurum flentem : credidi, flevi, exauditus sum ; inveni et misericordem in repromittendo, veracem in reddendo. « Sicut et in repromissione tua. »

15. « Convertantur inimici mei retrorsum (*Psal.* LV, 10). » Hoc ipsis prodest, non male illis optat. Etenim præcedere volunt, ideo corrigi nolunt. Mones inimicum tuum ut bene vivat, ut se corrigat : ille contemnit, ille respuit verbum tuum : Ecce qui me monet, ecce a quo auditurus sum præcepta quibus vivam. Præcedere te vult, et præcedendo non corrigitur. Non adtendit quia verba tua non sunt tua, non adtendit quia vitam tuam Deo enuntias, non tibi. Præcedendo ergo non corrigitur : bonum est illi ut convertatur retrorsum, et quem præcedere volebat sequatur. Dominus de passione sua futura discipulis loquebatur, exhorruit Petrus, et ait, « Absit Domine, non fiet istud (*Matth.* XVI, 22) : » qui paulo ante dixerat, « Tu es Christus Filius Dei vivi (*Ibid.* 10), » confessus Deum, timuit eum mori quasi hominem. Dominus autem qui sic venerat ut pateretur, (neque enim aliter salvi esse possemus, nisi ejus sanguine redimeremur :) paulo ante confessionem Petri laudaverat, et dixerat, « Quia non tibi caro et sanguis revelavit hoc, sed Pater meus qui in cœlis est : propterea tu es Petrus, et super istam petram ædificabo Ecclesiam meam, et portæ inferorum non vincent eam ; et tibi dabo claves regni cœlorum (*Ibid.* 17, etc.). » Videte quemadmodum prosecutus est confessionem veram, piam, plenam fiduciæ, quia dixit, « Tu es Christus Filius Dei vivi. » Continuo autem ubi

---

(a) Sic MSS. At editi. *Petrum.*

Église, » lui dit alors : « Retourne en arrière Satan, tu es pour moi un scandale (*Ibid.* 23). » Pourquoi donc est-il devenu Satan, lui qui était tout à l'heure heureux, lui qui était la pierre de l'Église? « C'est, dit le Seigneur, que vous n'appréciez pas les choses qui me concernent, vous n'appréciez que les choses humaines. » Un moment auparavant il appréciait cependant les choses de Dieu : « Parce que ces choses ne vous ont pas été révélées par la chair et le sang, mais par mon Père, qui est dans les cieux. » Quand il louait en Dieu ses paroles, il n'était pas Satan, mais Pierre, comme la pierre soutien de l'Église; quand, au contraire, il tira ses paroles de son propre fonds, de sa faiblesse humaine, de son amour charnel de l'homme, devenu un obstacle à son salut et à celui des autres, il fut appelé Satan. Pourquoi? parce qu'il voulait marcher devant le Seigneur, et donner un conseil terrestre au chef céleste. « A Dieu ne plaise, Seigneur! cela ne sera pas. » Vous dites : A Dieu ne plaise! et vous dites : Seigneur. S'il est le Seigneur, il agit dans sa puissance; s'il est le maître il sait ce qu'il fait, il sait ce qu'il enseigne. Vous voulez, vous, conduire votre chef, enseigner votre maître, commander votre Seigneur, prendre par vos souhaits un parti à la place de Dieu; vous marchez trop loin devant lui; retournez en arrière! Le Prophète ne pouvait-il faire utilement ce vœu pour ses ennemis? « Que mes ennemis soient rejetés en arrière. » Qu'ils soient rejetés en arrière, mais non qu'ils restent en arrière. Qu'ils soient rejetés en arrière, c'est-à-dire qu'ils ne marchent pas devant moi, mais qu'ils me suivent, c'est-à-dire qu'ils ne restent pas en route. « Que mes ennemis soient rejetés en arrière. »

16. « Quel que soit le jour où je vous invoquerai, je sais que vous êtes mon Dieu (*Ps.* LV, 10). » C'est la grande science. Il ne dit pas : je sais que vous êtes Dieu; mais : « Je sais que vous êtes mon Dieu. » Il est, en effet, votre Dieu, lorsqu'il vient à votre secours; il est votre Dieu lorsque vous ne vous rendez pas étranger à lui. C'est pourquoi il est dit : « Heureux le peuple dont le Seigneur est le Dieu (*Ps.* CXLIII, 15)! » Pourquoi : dont il est le Dieu? De qui n'est-il pas le Dieu? Il est, en effet, Dieu de tous; mais il est proprement nommé le Dieu de ceux qui l'aiment, de ceux qui le tiennent, de ceux qui le possèdent, de ceux qui l'honorent, de ceux qui sont comme de sa maison, qui forment sa grande famille, et qui ont été rachetés par le sang divin de son Fils unique. Combien Dieu nous a donné, pour que nous fussions à lui et qu'il fût à nous! Mais les Géthéens, qui se sont éloignés des saints, sont pour lui des enfants étrangers. Voyez ce

cœpit loqui Dominus de passione sua, timuit ille ne periret moriendo, cum ipsi nos periremus nisi ille moreretur; et ait, «Absit Domine, non fiet istud.» Et Dominus illi cui paulo ante dixerat, Beatus es, et super hanc petram ædificabo Ecclesiam meam,« Redi, inquit, retro satanas, scandalum mihi es (*Ibid.* 23) : » Quare ergo satanas, qui paulo ante beatus et petra? « Non enim sapis quæ Dei sunt, ait, sed quæ sunt hominis. » Paulo ante quæ Dei : quia non revelavit tibi caro et sanguis, sed Pater meus qui in cœlis est. Quando in Deo laudabat sermonem, non satanas, sed Petrus a petra : quando autem a se, et ex humana infirmitate, amore hominis carnali, quod impedimento esset saluti ipsius et ceterorum, satanas dictus est. Quare? Quia præcedere Dominum volebat, et Duci cœlesti terrenum dare consilium. Absit Domine, non fiet istud. Dicis, Absit; et dicis, Domine : utique si Dominus est, potestate facit; si magister est, novit quid faciat, novit quid doceat : tu autem vis ducere ducem, docere magistrum, ju- here Domino, (*a*) optare Deo : multum præcedis, redi retro. Numquid non et istis inimicis hoc proderat? « Convertantur inimici mei retrorsum : » sed non remaneant retrorsum. Ideo convertantur retrorsum, ne præcedant; sed ut sequantur, non ut remaneant. « Convertantur inimici mei retrorsum. »

16. « In quacumque die invocavero te, ecce scivi quoniam Deus meus es tu (*Psal.* LV, 10). » Magna scientia. Non ait, Scivi quia Deus es : sed, « quia Deus meus es tu. » Tuus est enim, cum tibi subvenit : tuus est, cum tu ab illo alienus non es. Unde dicitur, « Beatus populus, cujus est Dominus Deus ipsius (*Psal.* CXLII, 15). » Quare, cujus est? cujus enim non est? Omnium quidem Deus est : sed eorum Deus proprie dicitur, qui eum diligunt, qui eum tenent, qui illum possident, qui illum colunt, tamquam de domo ipsius, magna sunt familia ejus, redemti magno sanguine unici Filii. Quantum dedit nobis Deus, ut ipsius essemus et ipse sit noster ? At vero alienigenæ longe facti a sanctis, filii alieni sunt.

a Sic MSS. At editi, *imperare.*

qu'en dit le Prophète dans le même psaume : « Seigneur délivrez-moi des mains des enfants étrangers, dont la bouche profère des paroles de vanité et dont la main est une main d'iniquité (*Ibid.* etc.). » Et voyez quelle est la grandeur de ces hommes ; elle n'est que la hauteur du jour, c'est-à-dire, un orgueil sans durée. « Leurs fils, dit le psaume, sont de jeunes vignes bien plantées, leur filles sont parées comme des temples. » Le bonheur qu'il dépeint est celui du siècle. Ce bonheur séduit et égare les hommes, qui le prennent pour quelque chose de grand, et ne cherchent point la véritable et éternelle félicité. Ces hommes sont donc des enfants étrangers et non des enfants de Dieu. « Leurs fils sont de jeunes vignes bien plantées, leurs filles sont parées comme des temples ; leurs celliers sont pleins et regorgent des uns dans les autres. Leurs bœufs sont gras, leurs brebis fécondes et nombreuses au sortir de l'étable ; il n'y a ni ruines ni brèches dans leurs murailles, ni clameurs sur leurs places publiques. » Et que dit ensuite le psaume ? « Ils ont nommé heureux le peuple auquel ces biens appartiennent. » Mais quels sont ceux qui ont parlé ainsi ? Les enfants étrangers, « dont la bouche profère des paroles de vanité. » Mais vous, ô Prophète, que dites-vous ? « Heureux le peuple dont le Seigneur est le Dieu ! » Il a laissé de côté toutes les autres choses que Dieu donne et il a donné Dieu lui-même. Car, mes frères, tous ces biens qu'énumèrent les enfants étrangers, Dieu les donne ; mais il les donne aussi aux étrangers, il les donne aux méchants, il les donne aussi aux blasphémateurs, « lui qui fait lever son soleil sur les bons et sur les méchants et tomber la pluie sur les justes et sur les injustes (*Matth.* v, 45). » Tantôt il donne ces biens aux bons, tantôt il ne les donne pas ; quelquefois aussi il les donne aux méchants, et quelquefois il ne les leur donne pas ; cependant, il se réserve lui-même aux bons, tandis qu'il réserve aux méchants le feu éternel. Il est donc un mal qu'il ne donne pas aux bons, et il est un bien qu'il ne donne pas aux méchants ; tandis qu'entre ces deux extrêmes il est des choses bonnes et des choses mauvaises, qu'il donne également aux bons et aux méchants.

17. Pour nous, mes frères, aimons donc Dieu purement et chastement. Un cœur n'est point chaste, qui honore Dieu en vue d'une récompense. Mais quoi ? N'aurons-nous donc aucune récompense du culte que nous rendons à Dieu ? Nous en aurons une assurément, mais ce sera le Dieu que nous adorons. Il sera lui-même notre récompense parce que nous le verrons tel qu'il est (I *Jean.* III, 2). Remarquez la preuve que nous recevrons une récompense. Que dit

---

Videte quid de illis dicatur in alio Psalmo : « Domine libera me, ait, de manu filiorum alienorum, quorum os locutum est vanitatem, et dextera eorum dextera iniquitatis (*Ibid.* 7 et 8). » Et vide altitudinem ipsorum, sed altitudinem diei, id est, superbiam temporalem. « Quorum filii eorum, inquit, sicut novellæ constabilitæ, filiæ eorum ornatæ ut similitudo templi. » Felicitatem describit præsentis sæculi, in qua errantes homines, et eam pro magno habentes, felicitatem veram sempiternamque non quærunt. Inde ergo isti filii alieni, non filii Dei : « Quorum filii eorum, inquit, sicut novellæ constabilitæ, filiæ eorum ornatæ sicut similitudo templi : cellaria eorum plena, eructantia ex hoc in hoc : boves eorum crassi, oves eorum fecundæ, multiplicantes in exitibus suis : non est ruina maceriæ neque transitus, neque clamor in plateis eorum. Et quid sequitur ? Beatum dixerunt populum cui hæc sunt. Sed qui dixerunt ? Filii alieni, quorum os locutum est vanitatem. Tu quid dicis ? Beatus populus, cujus est Dominus Deus ipsius. » Tulit omnia de medio cetera quæ dat Deus, et dedit ipsum Deum. Omnia quippe illa, Fratres, quæ commemoraruunt filii alieni, Deus dat ; sed et alienis dat, sed et malis dat, sed et blasphemis dat, « qui solem suum oriri facit super bonos et malos, et pluit super justos et injustos (*Matth.* v, 45). » Aliquando ista bonis dat, aliquando non dat ; et malis aliquando dat, aliquando non dat : bonis tamen servat seipsum, malis autem ignem sempiternum. Est ergo malum quod non dat bonis, et est bonum quod non dat malis : sunt quædam media et bona et mala, quæ dat et bonis et malis.

17. Nos ergo Deum amemus, Fratres, pure et caste. Non est castum cor, si Deum ad mercedem colit. Quid ergo ? mercedem de Dei cultu non habebimus ? Habebimus plane, sed ipsum Deum quem colimus. Ipse nobis merces erit, quia videbimus eum sicut est (I *Johan.* III, 2). Adtende (*a*) quia mercedem consequeris. Amatoribus suis Dominus noster Jesus

---

(*a*) Nonnulli MSS. *quam mercedem.*

Notre-Seigneur Jésus-Christ à ceux qu'il aime? « Celui qui m'aime garde mes commandements, et celui qui m'aime est aimé de mon Père, et moi, je l'aimerai. » Que lui donnerez-vous donc? « Et je me montrerai à lui (*Jean.* XIV, 23). » Si vous ne l'aimez pas, c'est peu de chose; si vous l'aimez, si vous soupirez après lui, si vous honorez d'un amour désintéressé celui qui vous a racheté gratuitement (car vous n'aviez pas mérité qu'il vous rachetât), si, après avoir considéré ses bienfaits, vous soupirez et avez le cœur agité du désir de le posséder, ne lui demandez rien en dehors de lui, il vous suffit. Quelque avide que vous puissiez être, Dieu vous suffit. En effet, l'avarice la plus effrénée ne pourrait désirer que toute la terre et, si vous le voulez, le ciel par surcroît; celui qui a fait le ciel et la terre est plus que le ciel et la terre. Je vous dirai, mes frères : Considérez par l'exemple des mariages humains ce qu'est un cœur chaste par rapport à Dieu. Assurément, les mariages sont choses purement humaines, et cependant, celui qui n'aime son épouse qu'à cause de sa dot ne l'aime réellement pas; de même, l'épouse n'aime pas chastement son époux, si elle l'aime parce qu'il lui a fait quelque présent, parce qu'il lui a beaucoup donné. Riche, il était son mari; pauvre, il est encore son mari. Combien même de maris, que la proscription n'a fait que rendre plus chers à de chastes épouses! Les infortunes des maris ont manifesté la pureté de nombreuses unions conjugales; les femmes, de peur qu'on ne pût penser qu'elles aimaient autre chose que leurs époux, non-seulement ne les ayant pas abandonnés, mais encore s'étant plus étroitement attachées à eux. Si donc un époux charnel est aimé d'un amour désintéressé, s'il est aimé d'un amour chaste; si, également une épouse charnelle est aimée d'un amour désintéressé, si elle est aimée d'un amour chaste; comment Dieu doit-il être aimé, lui qui est le vrai, le véritable époux de l'âme, qu'il féconde pour faire naître en elle la vie éternelle, et qu'il ne laisse jamais stérile? Aimons-le donc au point de ne rien aimer en dehors de lui; et il se fera en nous ce que nous avons dit, ce que nous avons chanté, ce qui doit être ici-bas notre perpétuel cantique : « Quel que soit le jour où je vous invoquerai, je sais que vous êtes mon Dieu. » Invoquer Dieu, c'est l'invoquer sans intérêt. C'est pourquoi il a été dit de certains hommes : « Ils n'ont pas invoqué Dieu (*Ps.* XIII, 5). » Ils croyaient invoquer Dieu, et ils lui demandaient des héritages, l'accroissement de leur fortune, la prolongation de leur vie et d'autres choses temporelles; et que dit d'eux l'Écriture : « Ils n'ont pas invoqué Dieu. » Qu'ajoute en consé-

---

Christus quid dicit? « Qui diligit me, mandata mea custodit; et qui diligit me, diligetur a Patre meo, et ego diligam eum. Quid illi ergo dabis? Et ostendam meipsum illi (*Johan.* XIV, 23). » Si non amas, parum est : si amas, si suspiras, si gratis colis eum, a quo gratis emtus es, non enim eum promerueras ut te redimeret, si consideratis in te beneficiis ejus suspiras, et inquietum habes cor desiderio ejus; noli extra eum aliquid ab eo quærere, ipse tibi sufficit. Quantumlibet sis avarus, sufficit tibi Deus. Etenim avaritia terram quærebat possidere totam, adde et cœlum : plus est qui fecit cœlum et terram. Dicam, Fratres : In istis humanis conjugiis considerate cor castum quale sit ad Deum : certe humana conjugia sunt, nec diligit uxorem suam, qui propter dotem illam diligit : non maritum caste diligit, quæ propterea diligit, quia aliquid donavit, aut quia multum donavit. (*a*) Et dives maritus, et pauper factus maritus est. Quam multi proscripti a castis uxoribus amplius dilecti sunt? Probata sunt multa casta conjugia calamitatibus maritorum : ne aliud amare quam maritum putarentur, non solum non deseruerunt, sed amplius obsecutæ sunt. Si ergo maritus carnalis gratis diligitur, si caste diligitur; et uxor carnalis gratis diligitur, si caste diligitur : Deus quomodo diligendus est, verus et verax animæ maritus ad prolem sempiternæ vitæ fecundans, et steriles nos non esse permittens? Illum ergo sic diligamus, ut aliud præter ipsum non diligatur : et fit in nobis quod diximus, quod cantavimus, quia et hic vox nostra erat : « In quacumque die invocavero te, ecce scivi quoniam Deus meus es tu. » Hoc est invocare Deum, gratis invocare. Proinde de quibusdam quid dictum est? « Dominum non invocaverunt (*Psal.* XIII, 5). » Quasi Dominum sibi invocare videbantur; et petebant eum de hereditatibus, de amplianda pecunia, de prolonganda vita ista, de ceteris temporalibus rebus : et quid de illis Scriptura? « Dominum non invocaverunt. » Ideo quid sequitur? « Ibi timuerunt timore, ubi non erat timor. » Quid est, ubi non erat

---

(*a*) Sic meliores MSS. At editi. *multum donavit. Donavit et dives maritus, et pauper factus est maritus*, etc.

quence l'Écriture? « Ils ont craint et tremblé, là où il n'y avait pas lieu de craindre. » Que veut dire : là il où n'y avait pas lieu de craindre ? Ils ont craint qu'on ne leur enlevât de l'argent, qu'une perte quelconque ne diminuât leur maison, enfin que le nombre de leurs années en cette vie ne fût moindre qu'ils ne l'espéraient ; mais ils ont craint là où il n'y avait pas lieu de craindre. Tels furent les Juifs : « Si nous le laissons vivre, disaient-ils du Christ, les Romains viendront et ils nous enlèveront notre ville et notre nation (*Jean.* xi, 48). » Ils ont craint là où il n'y avait pas lieu de craindre. « Pour moi, je sais que vous êtes mon Dieu. » Nobles richesses du cœur! éclatante lumière de l'œil intérieur! magnifique confiance de la sécurité ! « Je sais que vous êtes mon Dieu. »

18. « Je louerai en Dieu mes paroles , je louerai mes discours dans le Seigneur, j'ai mis en Dieu mon espérance, je ne craindrai rien de ce que l'homme peut me faire (*Ps.*LV, 11).» C'est le même sens que dans un verset précédent, dont celui-ci n'est que la répétition.

19. « Mon Dieu, les vœux que je vous fais sont en moi, ce sont les vœux de louange que j'accomplirai en votre honneur (*Ibid.* 12). » Faites des vœux au Seigneur votre Dieu et accomplissez-les (*Ps.* LXXV, 12). Quels vœux ferez-vous ? Quelles promesses accomplirez-vous ? Lui offrirez-vous, par hasard, quelques-uns des animaux qui étaient autrefois présentés devant ses autels ? Ne lui offrez rien de pareil ; en vous est ce que vous devez lui vouer et lui rendre. Du coffre-fort de votre cœur, tirez un encens de louange, du cellier de votre bonne conscience, tirez un sacrifice de foi. Quoique vous offriez, consumez-le par la charité. Qu'en vous soient les vœux que vous devez faire, en vous les sacrifices de louange que vous devez offrir à Dieu. De quelle louange ? Que vous a-t-il, en effet, donné ? « Parce que vous avez délivré mon âme de la mort. » C'est là cette vie que le Prophète raconte à Dieu. « Mon Dieu je vous ai raconté ma vie (*Ps.* LV, 9). » Qu'étais-je, en effet ? J'étais mort. Par moi-même j'étais mort, que suis-je par vous ? Je suis vivant. C'est pourquoi, « mon Dieu, les vœux que je vous fais, sont en moi, ce sont les vœux de louange que j'accomplirai en votre honneur. » Voici que j'aime mon Dieu, nul ne peut me l'ôter, nul ne peut non plus m'ôter ce que j'ai à lui donner, parce que je le tiens enfermé dans mon cœur. C'est avec raison que celui qui a cette confiance d'un ordre supérieur dira : « Quel mal peut me faire un homme (*Ibid.* 11) ? » Qu'un homme soit furieux contre moi, qu'il puisse donner libre cours à sa fureur, qu'il ait le pouvoir d'accomplir tout le mal qu'il s'efforce de me faire ; que

---

timor ? Ne illis subtraheretur pecunia, ne aliquid in domo eorum minus fieret ; postremo ne minus annorum haberent in hac vita, quam sibi sperabant : verum ibi trepidaverunt timore, ubi non erat timor. Quales fuerunt illi Judæi : « Si dimiserimus eum vivere, venient Romani, et auferent a nobis et locum et gentem (*Johan.* XI, 48). » Ibi timuerunt timore ubi non erat timor. « Ecce scivi, quoniam Deus meus es tu. » Magnæ divitiæ cordis, magnum oculi interioris, magna fiducia securitatis : « Ecce scivi quoniam Deus meus es tu. »

18. « In Deo laudabo verbum, in Domino laudabo sermonem : in Deo (a) speravi, non timebo quid faciat mihi homo (*Psal.* LV, 11). » Jam ipse est sensus qui superius est repetitus.

19. « In me sunt Deus vota tua, quæ reddam laudis tibi (*Ibid.* 12). » « Vovete, et reddite Domino Deo vestro (*Psal.* LXXV, 12).» Quid voveatis, quid reddatis ? An forte animalia illa quæ offerebantur ad aras aliquando ? Nihil tale offeras : in te est quod voveas et reddas. De cordis arca profer laudis incensum , de cellario bonæ conscientiæ profer sacrificium fidei. Quidquid profers, accende caritate. In te sint vota, quæ reddas laudis Deo. Cujus laudis ? Quid enim tibi præstitit ? « Quoniam eruisti animam meam de morte (*Psal.* LV, 13).» Ipsa est illa vita quam enuntiat illi : « Deus vitam meam enuntiavi tibi (*Ibid.* 9). » Quid enim eram ? Mortuus. Per meipsum eram mortuus : per te quid sum ? Vivus. « Ideo in me sunt Deus vota tua, quæ reddam laudis tibi. » En amo Deum meum : nemo hunc mihi eripit : quod illi dem, nemo mihi eripit, quia in corde inclusum est. Merito dicitur in illa superiore fiducia,« Quid faciat mihi homo(*Ibid.*11)?» Sæviat homo, permittatur sævire, permittatur efficere quod conatur : quid est ablaturus ? Aurum, argentum, pecora, servos, ancillas, fundos, domos ; auferat omnia ; numquid aufert vota, quæ in me sunt, quæ reddam laudis Deo ? Permissus est tentare tentator sanctum virum Job (*Job.* I, 12), uno puncto

---

(a) Aliquot. MSS. *sperabo*.

pourra-t-il me ravir? De l'or, de l'argent, des troupeaux, des serviteurs, des servantes, des terres, des maisons? Qu'il me ravisse toutes ces choses, est-ce qu'il m'ôtera les vœux qui sont en moi et les sacrifices de louange que j'offre à Dieu? Le tentateur reçut la permission de tenter le saint homme Job (*Job.* I, 12); en un instant, il lui enleva tout ce qu'il avait, il le dépouilla de tous ses biens, il le priva de son héritage et tua ses héritiers : et ce n'est point peu à peu qu'il le dépouilla, mais en masse, d'un seul coup, d'un seul choc, si bien que tous ces malheurs lui furent annoncés à la fois et tout à coup. Job resta seul, ayant tout perdu ; mais les vœux de louange qu'il avait à rendre à Dieu étaient en lui, complétement en lui : le démon qui le dévalisait n'avait pu faire invasion dans le coffre-fort de son admirable cœur, et Job avait en abondance les sacrifices qu'il voulait offrir. Écoutez quels étaient ses sacrifices ; écoutez ce qu'il offrait : « Le Seigneur me l'avait donné, le Seigneur me l'a ôté ; il a été fait comme il a plu au Seigneur : que le nom du Seigneur soit béni (*Job.* I, 21). » O richesses intérieures, où le voleur n'a pas d'accès! Le Seigner avait donné à Job ce que lui-même recevait de Job. Le Seigneur avait enrichi Job, afin que Job pût lui faire les offrandes qu'il aimait. Dieu vous demande des louanges ; Dieu vous demande que vous confessiez son nom. Mais lui donnerez-vous quelque chose qui provienne de votre champ? C'est lui qui a fait pleuvoir pour que votre champ produisît des fruits. Lui donnerez-vous quelque part de vos richesses? C'est lui qui vous a accordé ce que vous lui donnerez. Que lui donnerez-vous que vous n'ayez reçu de lui? Qu'avez-vous, en effet, que vous n'ayez reçu(I *Cor.*IV,7))? Donnerez-vous quelque chose qui vienne de votre cœur? C'est encore lui qui vous a donné la foi, l'espérance et la charité ; c'est là ce que vous lui devez présenter,c'est là ce que vous devez lui offrir en sacrifice. Tous les autres biens, l'ennemi peut vous les ravir malgré vous ; ceux-ci, l'ennemi ne peut vous les prendre que si vous y consentez. Ces biens terrestres, l'homme les perdra malgré lui ; il voudra garder son or, il perdra son or ; il voudra garder sa maison, il perdra sa maison ; mais nul ne perdra sa foi, s'il ne l'a méprisée volontairement.

20. « En moi, mon Dieu, sont les vœux que je vous fais, en moi sont les sacrifices de louange que je vous offrirai, parce que vous avez délivré mon âme de la mort, mes yeux des larmes et mes pieds de toute chute ; afin que je pusse plaire à Dieu, en marchant devant lui dans la lumière des vivants(*Ps.*LV,13).» C'est avec raison qu'un tel langage déplaît aux enfants étrangers qui se sont éloignés des saints, parce qu'ils ne possèdent pas la lumière des vivants, pour voir ce qui plaît à Dieu. La lumière des vivants est la lumière de ceux qui ne peuvent mourir, la lumière des saints. Celui qui n'est pas dans les ténèbres, plaît à Dieu dans la lumière des vi-

---

temporis abstulit omnia ; quidquid facultatum habuerat ademit ; abstulit hereditatem, interfecit heredes ; neque hoc paulatim, sed catervatim, uno ictu, uno impetu, ut omnia subito nuntiarentur : ablatis omnibus solus remansit Job ; sed in illo erant vota laudis quæ redderet Deo, in illo plane erant : arcam sancti pectoris sui fur diabolus non invaserat, plenus erat unde sacrificaret. Audi quæ habebat, audi quæ protulit : « Dominus dedit, Dominus abstulit ; sicut Domino placuit, ita factum est : sit nomen Domini benedictum (*Ibid.* 21). » O divitiæ interiores, quo fur non accedit : Ipse dederat Deus unde accipiebat ; ipse ditaverat, unde illi offerebat quod amabat. Laudem a te quærit Deus, confessionem tuam quærit Deus. Sed de agro tuo aliquid daturus es? Ipse pluit ut haberes. De arca daturus es aliquid? Ipse instituit quod daturus es. Quid daturus es quod ab illo non accepisti? « Quid enim habes quod non accepisti (I *Cor.* IV, 7)? » De corde dabis? Ipse dedit fidem, spem et caritatem : hoc prolaturus, hoc sacrificaturus es. Sed plane omnia illa cetera potest tibi auferre inimicus invito, hoc auferre non potest nisi volenti. Illa perdet et invitus ; et volens habere aurum, perdet aurum ; et volens habere domum, perdet domum : fidem nemo perdet nisi qui spreverit.

20. « In me sunt Deus vota tua, quæ reddam laudis tibi : quia eruisti animam meam de morte, oculos meos a lacrymis, et pedes meos de lapsu : ut placeam coram Deo in lumine viventium (*Psal.* LV, 13).» Merito non placet illiis alienis longe factis a sanctis, quia non habent lumen viventium, unde videant quod Deo placet. Lumen viventium, est lumen immortalium, lumen sanctorum. Qui non est in tenebris, placet in lumine viventium. Adtenditur homo et ea quæ ipsius sunt, nemo scit qualis est :

vants. On voit un homme et tout ce qui est à lui ; mais nul ne sait ce qu'il est, Dieu seul le voit tel qu'il est. Quelquefois le démon même l'ignore ; il ne le sait que par ses tentations, comme il en arriva pour le saint homme Job, dont je viens de parler. Dieu le connaissait et il lui avait rendu témoignage ; le démon ne le connaissait pas et c'est pourquoi il avait dit : « Job adore-t-il Dieu sans intérêt (*Job.* I, 8) ? » Voyez par quel côté l'ennemi attaque Job : c'est là que se trouve la perfection de Job. Voyez ce que l'ennemi objecte. Il avait vu un homme qui servait Dieu, qui lui obéissait en toutes choses, qui faisait le bien en toutes manières, et, parce que cet homme était riche et comblé de félicité, il objecte que Job sert Dieu parce que Dieu lui a donné tous ces biens : « Est-ce que Job adore Dieu sans intérêt ? » Car servir Dieu sans intérêt, c'est posséder la vraie lumière, c'est posséder la lumière des vivants. Dieu voyait dans le cœur de son serviteur que le culte que celui-ci lui rendait était désintéressé. Ce cœur était agréable à Dieu dans la lumière des vivants ; le démon l'ignorait, parce qu'il était dans les ténèbres. Dieu permit donc au tentateur de s'approcher de lui, non pour apprendre ce que Dieu savait, mais pour nous le faire savoir et nous fournir un exemple à imiter. En effet, si le tentateur n'avait reçu cette permission, verrions-nous dans Job quelque chose que nous dussions et voulussions imiter ? Le tentateur reçut donc la permission de l'éprouver ; il lui enleva tout, et Job resta privé de ses richesses ; privé de sa famille, privé de ses enfants, mais plein de Dieu. Sa femme seule lui fut laissée (*Job.* II, 9). Regardez-vous le démon comme miséricordieux, pour avoir laissé à Job sa femme ? Il savait par qui il avait trompé Adam. Il avait gardé cette femme comme son auxiliaire et non comme la consolatrice de son mari. Celui-ci, étant donc rempli de Dieu, et les vœux de louange qu'il devait offrir à Dieu étant en lui ; afin de montrer qu'il adorait Dieu sans intérêt et non à cause des grands biens qu'il en avait reçus, et qu'il ne changeait pas pour avoir perdu tous ces biens, parce qu'il n'avait pas perdu Dieu qui les lui avait donnés ; celui-ci, dis-je, s'écria : « Le Seigneur me l'avait donné, le Seigneur me l'a ôté ; il a été fait comme il a plu au Seigneur ; que le nom du Seigneur soit béni (*Job.* I, 21). » Il était couvert de plaies de la tête aux pieds ; mais le dedans était intact, et de la lumière des vivants, de la lumière de son cœur, il répondit à sa femme qui le tentait : « Vous avez parlé comme une femme insensée (*Job.* II, 10), » c'est-à-dire : comme une femme qui ne possède pas la lumière des vivants. Car la lumière des vivants, c'est la sagesse, et les ténèbres des insensés sont la folie. « Vous avez parlé comme une femme insensée ; » vous voyez ma chair, vous ne voyez pas la lumière

Deus videt qualis est. Aliquando et ipsum diabolum latet ; nisi tentet, non invenit : sicut de isto viro, quem modo commemoravi. Noverat eum Deus, et ei testimonium perhibebat : diabolus eum non noverat, et ideo dixerat, Numquid Job gratis colit Deum (*Job.* I, 8) ? Videte quo provocat inimicus : ibi perfectio est. Videte quid objicit inimicus : Videbat hominem Deo servientem, in omnibus obsequentem, omnia bene operantem ; et quia dives erat et felicissima domus, hoc objicit, quia ideo colit Deum, quoniam dedit illi hæc omnia : Numquid Job gratis colit Deum ? Hoc enim erat verum lumen, hoc lumen viventium, ut gratis coleret Deum. Deus videbat in corde servi sui cultum suum gratuitum. Placebat enim illud cor in conspectu Domini in lumine viventium : diabolum latebat, quia in tenebris erat. Admisit Deus tentatorem, non ut ipse nosset quod noverat, sed ut nobis noscendum et imitandum præberet. Numquid enim si tentator non admitteretur, videremus nos ipsi in Job quod deberemus et vellemus imitari ? Admissus est tentator, abstulit omnia, remansit ille solus a facultatibus, solus a familia, solus a filiis, plenus Deo. Uxor sane relicta erat (*Job.* II, 9). Misericordem putatis diabolum, qui ei reliquit uxorem ? Noverat per quam deceperat Adam. Suam reliquerat adjutricem, non mariti consolatricem. Ille ergo plenus Deo, in quo vota erant, quæ redderet laudis, ut ostenderet quia gratis Deum colebat, non ideo quia tanta acceperat ; et amissis omnibus talis est, quia illum qui dederat omnia, non amisit : « Dominus dedit, inquit, Dominus abstulit ; sicut Domino placuit, ita factum est : sit nomen Domini benedictum (*Job,* I, 21). » Vulnere etiam percussus a capite usque ad pedes, integer tamen intus, respondit tentatrici, de lumine viventium de lumine cordis sui : « Locuta es tamquam una ex insipientibus mulieribus (*Job.* II, 10), » id est, tamquam ea quæ non habet lumen viventium. Lumen enim viventium sapientia, et tenebræ insipientium stultitia est. « Locuta es tamquam una ex insipientibus mu-

qui est dans mon cœur. Elle aurait pu, en effet, aimer davantage son époux, si elle avait connu sa beauté intérieure, et si elle avait vu de quelle manière il était beau aux yeux de Dieu; parce qu'il avait en lui les vœux de louange qu'il devait offrir à Dieu. Voyez comment l'ennemi n'avait pu envahir ce patrimoine ! Combien était intact ce que Job possédait, et combien, pour le posséder davantage encore, il espérait avancer de vertus en vertus ! Mes frères, que toutes ces choses nous servent donc à aimer Dieu d'un amour désintéressé, à mettre sans cesse en lui notre espérance, et à ne craindre ni homme, ni démon. Ni l'un ni l'autre ne peut rien contre nous, s'il n'en a reçu la permission ; et cette permission ne peut lui être donnée qu'en vue de notre utilité. Tolérons les méchants, soyons bons, parce que nous avons aussi été méchants. Dieu sauvera gratuitement tous ceux de qui nous osons désespérer. Ne désespérons donc de personne, prions pour tous ceux de qui nous avons à souffrir, ne nous retirons jamais de Dieu. Que Dieu soit notre patrimoine, que Dieu soit notre espérance, que Dieu soit notre salut. Ici-bas il nous console, au ciel il nous récompensera ; partout il nous vivifie, et nous donne la vie, non point une autre vie, mais la vie de Celui dont il est dit : « Je suis la voie, la vérité et la vie (*Jean*. XIV, 6) ; » afin qu'ici bas dans la lumière de la foi, et au ciel dans la lumière de la vision, comme dans la lumière des vivants, nous soyons agréables aux yeux du Seigneur.

lieribus : » carnem meam vides, lumen cordis mei non vides. Poterat enim illa tunc virum amplius amare, si pulcritudinem interiorem nosset, et inspiceret ubi ille pulcher erat coram oculis Dei : quia in illo erant vota, quæ redderet laudis Deo. Quomodo illud patrimonium non invaserat inimicus? Quam integrum erat quod possidebat, et propter quod amplius possidendum sperabat iturus a virtutibus in virtutem. Ergo, Fratres, ad hoc nobis valeant hæc omnia, ut Deum gratis diligamus, in illo speremus semper, nec hominem, nec diabolum timeamus. Nec ille, nec iste facit aliquid, nisi quando permittitur : permitti ad nihilum potest, nisi quod nobis prodest. Toleremus malos, simus boni ; quia et nos fuimus mali. Pro nihilo salvos faciet Deus omnes, de quibus desperare audemus. Ergo de nemine desperemus, pro omnibus quos patimur oremus, a Deo numquam recedamus. Patrimonium nostrum ipse sit, spes nostra ipse sit, salus nostra ipse sit. Ipse hic consolator, ibi munerator, ubique vivificator et vitæ dator ; non alterius vitæ, sed illius de qua dictum est, « Ego sum via et veritas et vita (*Johan*. XIV, 6) : » ut et hic in lumine fidei, et ibi in lumine speciei, tamquam in lumine viventium, in conspectu Domini placeamus.

DISCOURS [1] SUR LE PSAUME LVI.

Mes frères, dans l'Évangile qui vient de nous être lu, nous avons entendu combien Notre-Seigneur Jésus-Christ, Dieu avec son Père, homme avec nous, a d'amour pour nous ; vous avez pu juger par vous-mêmes, combien il nous aime maintenant qu'il est assis à la droite de son Père. Car il nous a dit lui-même et nous a fixé la mesure de son amour, lorsqu'il nous a fait le commandement de nous aimer les uns les autres (*Jean*, XIII, 34). Et de peur que, dans le doute, nous ne nous fatiguions à chercher jusqu'à quel point nous devons nous aimer les uns les autres, et quelle est la mesure parfaite dans laquelle cet amour plaît à Dieu (et mesure parfaite veut dire qu'il ne peut y en avoir de plus grande), lui-même nous l'exprime, nous l'enseigne et nous dit : « Nul ne peut avoir une charité plus grande que de donner sa vie pour ses amis (*Jean*, XV, 12). » Il a fait lui-même ce qu'il avait enseigné ; les Apôtres ont fait ce qu'ils avaient appris de lui, et ce qu'ils nous ont prêché de faire. Faisons-le donc nous-mêmes ; car, bien que nous ne soyons pas ce qu'il est, en le considérant comme notre Créateur, nous sommes ce qu'il est, en considérant ce qu'il s'est fait pour nous. S'il eût été seul à le faire, peut-être personne de nous ne devrait-il oser l'imiter ; car, s'il est homme, il est également Dieu : mais, en tant qu'il était homme, ses serviteurs ont imité leur Seigneur, et ses disciples ont imité leur Maître. Ainsi ont agi ceux qui nous ont précédés dans sa famille : ils sont nos pères, et en même temps nos frères dans le service du même Dieu, et ce Dieu ne nous ordonnerait pas de suivre son exemple, s'il jugeait que cela fût impossible à l'homme. Mais, à la vue de votre faiblesse, peut-être venez-vous à défaillir sous le poids du précepte ? Fortifiez-vous par l'exemple. Mais l'exemple suffit-il ? Celui qui

IN PSALMUM LVI.

ÉNARRATIO.

1. Audivimus in Evangelio modo, Fratres, quantum nos diligat Dominus et Salvator noster Jesus Christus, Deus apud Patrem, homo apud nos, ex nobis ipsis, jam circa dexteram Patris, audistis quantum nos diligat. Nam suæ caritatis mensuram et ipse dixit, et nobis indixit, mandatum suum dicens esse, ut nos invicem diligamus (*Johan*. XIII, 34). Et ne quæreremus dubitantes et æstuantes, quantum nos debeamus invicem diligere, quantaque illa sit quæ Deo placet caritatis perfecta mensura, (Ea enim perfecta est, qua major esse non potest :) expressit ipse, docuit, et ait, « Majorem hac caritatem nemo habet, quam ut animam suam quis ponat pro amicis suis (*Johan*. XV, 12). » Fecit ipse quod docuit, feceruntApostoli quod ab illo didicerunt, et nobis faciendum prædicaverunt. Faciamus et nos ; quia etsi non sumus quod ille secundum id quod creavit nos, quod ille tamen sumus secundum id quod factus est propter nos. Et si solus fecisset, forte nemo nostrum deberet audere imitari ; ita enim ille homo erat, ut et Deus esset ; sed in eo quod homo erat, imitati sunt servi Dominum, et discipuli Magistrum ; et fecerunt qui nos præcesserunt in familia ipsius, patres quidem nostri, sed tamen conservi nostri : neque imperaret hoc Deus ut faceremus, si impossibile judicaret, ut hoc ab homine fieret. Sed considerans infirmitatem tuam, deficis sub præcepto ? confortare

(1) Discours au peuple.

vous a donné l'exemple est là pour vous donner le secours. Voilà les enseignements que nous allons entendre dans ce psaume, car il arrive à propos, par la grâce de Dieu, que le psaume s'accorde avec l'Évangile du jour, pour nous dire l'amour du Christ, qui a donné sa vie pour nous, afin qu'à notre tour nous donnassions la nôtre pour nos frères (I *Jean.* III, 16). L'Évangile est en accord et en harmonie avec le psaume, pour nous faire voir comment Notre-Seigneur lui-même a donné sa vie pour nous; car ce psaume chante sa passion. Et comme le Christ entier se compose de la tête et du corps, que vous connaissez bien, je n'en doute pas, la tête est notre Sauveur lui-même, qui a souffert sous Ponce Pilate, qui maintenant, après être ressuscité d'entre les morts, est assis à la droite du Père (*Matth.* XXVII, et 28; *Marc.* XVI, 19) : mais son corps est l'Église (*Éphés.* I, 23), non pas telle ou telle église, mais l'Église répandue sur toute la surface de la terre; non pas uniquement celle qui est composée des hommes actuellement vivants, mais aussi celle à qui appartiennent et tous ceux qui ont existé avant nous et tous ceux qui seront après nous jusqu'à la fin des siècles. En effet, l'Église universelle, qui consiste dans la réunion de tous les fidèles, parce que tous les fidèles sont membres du Christ, a dans les cieux sa tête qui gouverne le corps, et bien qu'elle en soit séparée selon le rapport de nos yeux, elle lui est étroitement unie par la charité. Le Christ entier étant donc formé de sa tête et de son corps, il nous faut, dans tous les psaumes, entendre les paroles de la tête de manière à entendre aussi les paroles du corps. En effet, il n'a pas voulu parler séparément, parce qu'il n'a pas voulu être séparé de nous, selon sa parole : « Voici que je suis avec vous jusqu'à la consommation des siècles (*Matth.* XXVIII, 20). » S'il est avec nous, il parle en nous, il parle de nous, il parle par nous, car nous aussi nous parlons en lui; et c'est parce que nous parlons en lui que nous disons la vérité. Car lorsque nous voulons parler en nous et d'après nous-mêmes, nous restons dans le mensonge.

2. Puisque ce psaume chante la passion du Seigneur, voyez quel en est le titre. « Pour la fin (*Ps.* LVI, 1). » Or, la fin c'est le Christ (*Rom.* x, 4). Pourquoi est-il appelé la fin? Il n'est pas la fin qui consume, mais la fin qui consomme. Consumer, c'est perdre : consommer, c'est achever. Toutes les fois que nous employons le mot fini, nous le faisons venir du mot fin. Mais nous disons en un autre sens : le pain est fini, et la tunique est finie. Le pain que l'on mangeait est fini; la tunique que l'on tissait est finie. Le pain est fini quand il est consumé, et la tunique est finie quand elle est achevée. Le Christ est notre fin et notre but, parce que, quels que

---

in exemplo. Sed etiam exemplum ad te multum est? adest ille qui præbuit exemplum, ut præbeat et auxilium. Audiamus ergo in isto Psalmo : opportune namque accidit, et illo procurante, ut ei consonaret Evangelium, commendans nobis dilectionem Christi, qui animam suam posuit pro nobis (I *Johan.* III, 16), » ut et nos animam nostram pro fratribus ponamus. Concordavit et consonuit huic Psalmo, ut videamus quomodo ipse Dominus noster animam suam posuit pro nobis. Psalmus enim iste passionem ipsius cantat. Et quoniam totus Christus caput est et corpus, quod bene vos nosse non dubito : caput est ipse Salvator noster, passus sub Pontio Pilato (*Matth.* XXVII, et 28), qui nunc postea quam resurrexit a mortuis, sedet ad dexteram Patris (*Marc.* XVI, 19) : corpus autem ejus est Ecclesia (*Ephes.* I, 23); non ista, aut illa, sed toto orbe diffusa ; nec ea quæ nunc est in hominibus qui præsentem vitam agunt, sed ad eam pertinentibus etiam his qui fuerunt ante nos, et his qui futuri sunt post nos usque in finem sæculi. Tota enim Ecclesia constans ex omnibus fidelibus, quia fideles omnes membra sunt Christi, habet illud caput positum in cœlis quod gubernat corpus suum : et si separatum est visione, sed annectitur caritate. Quia ergo totus Christus caput est et corpus ejus, propterea in omnibus Psalmis sic audiamus voces capitis, ut audiamus et voces corporis. Noluit enim loqui separatim, quia noluit esse separatus, dicens, « Ecce ego vobiscum sum usque ad consummationem sæculi (*Matth.* XXVIII, 20). » Si nobiscum est, loquitur in nobis, loquitur de nobis, loquitur per nos; quia et nos loquimur in illo : et ideo verum loquimur quia in illo loquimur. Nam quando in nobis et ex nobis loqui voluerimus, in mendacio remanebimus.

2. Quia ergo passionem Domini cantat iste Psalmus, vide quem titulum habeat : « In finem (*Psal.* LVI, 1). » Finis Christus est. Quare dictus est finis (*Rom.* x, 4)? Non qui consumat, sed qui consummet. Consumere enim, perdere est : consummare, perficere. Finitum enim quidquid dicimus, a fine dicimus. Sed aliter dicimus, Finitus est panis; aliter dicimus, Finita est tunica : finitus est panis qui manducabatur, finita est tunica quæ texebatur : panis ergo finitus est ut con-

soient nos efforts, nous ne sommes perfectionnés qu'en lui. Nous sommes perfectionnés en lui, et notre perfection est d'arriver à lui. Si, arrivé à lui, vous ne cherchez rien au-delà, il est votre fin. De même que la fin de votre route est l'endroit vers lequel vous tendez, et où vous resterez, une fois arrivé; ainsi la fin de vos désirs, de vos résolutions, de vos efforts, de votre ardeur, est le but auquel vous tendez, au-delà duquel, une fois arrivé jusque là, vous ne désirerez plus rien, parce que vous ne pourriez avoir rien de meilleur. C'est donc lui qui nous a laissé pour la vie présente un modèle de vie et qui, dans la vie à venir, nous donnera la récompense de cette première vie.

3. « Pour la fin. Ne changez rien à l'inscription du titre de David, lorsqu'il s'enfuit dans une caverne, de devant la face de Saül (*Ps.* LVI, 1). » En nous reportant à l'Écriture Sainte, nous y trouvons que David, ce saint roi d'Israël dont le Psautier porte le nom, a été persécuté par Saül, roi du même peuple (I *Rois*, XXIV, 4); comme le savent beaucoup d'entre vous, qui ont lu ou entendu lire les Écritures. Le roi David eut donc pour persécuteur Saül : le premier était rempli de mansuétude, l'autre d'arrogance ; l'un était doux, l'autre envieux ; l'un patient, l'autre cruel ; l'un bienfaisant, l'autre ingrat ; et David souffrit les persécutions de son ennemi avec tant de douceur que, l'ayant eu entre les mains, il ne lui fit aucun mal et ne le toucha même pas. En effet, le Seigneur Dieu livra Saül à David au point qu'il pouvait le mettre à mort ; mais il préféra l'épargner plutôt que de le tuer. Saül ne fut point vaincu par ce bienfait et il ne cessa de persécuter David. Nous trouvons donc, dans l'histoire de ce temps, qu'au moment où Saül, ce roi déjà réprouvé, persécutait David, roi prédestiné à une royauté prochaine, celui-ci s'enfuit dans une caverne, de devant la face de son ennemi. Quel rapport y a-t-il donc entre ces faits et le Christ ? Si tout ce qui arrivait alors était la figure de ce qui devait arriver, nous trouvons là la figure du Christ, et cela de la manière la plus exacte et la plus complète. Car je ne vois pas comment ces mots : « Ne changez rien à l'inscription du titre, » pourraient s'appliquer à David. En effet, il n'y avait sur David aucun titre inscrit, que Saül voulût changer. Au contraire, nous voyons que, lors de la passion du Seigneur, on mit sur la croix cette inscription : « Roi des Juifs (*Matth.* XXVII, 37), » afin que ce titre fût un reproche pour ceux qui ne s'étaient pas abstenu de porter la main sur leur roi (*Jean*, XIX, 19). Saül était en effet le représentant des Juifs, et David celui du Christ. Car le Christ, comme le dit l'Évangile écrit par les Apôtres, est sorti selon la chair, ainsi que nous le savons et le confessons, de la race de David (*Rom.* 1, 3, et *Matth.* I, 1) : mais, quant à

---

sumeretur, tunica finita est ut perficeretur. Finis ergo propositi nostri Christus est : quia quantumlibet conemur, in illo perficimur, et ab illo perficimur ; et hæc est perfectio nostra, ad illum pervenire : si cum ad illum perveneris, ultra non quæris, finis tuus est. Quomodo enim finis vitæ tuæ locus est quo tendis, quo cum perveneris, jam manebis : sic finis studii tui, propositi tui, conatus tui, intentionis tuæ, ille est ad quem tendis, ad quem cum perveneris, ultra non desiderabis, quia melius nihil habebis. Ipse ergo et exemplum nobis vivendi proposuit in hac vita, et præmium vivendi dabit in futura vita.

3. « In finem, ne corrumpas ipsi David in tituli inscriptionem, cum fugeret a facie Saül in speluncam (*Ps.* LVI, 1). » Referentes nos ad sanctam Scripturam, invenimus quidem sanctum David illum regem Israel, ex quo etiam nomen accepit Psalterium Davidicum, persecutorem passum fuisse Saülem regem ipsius populi (I *Reg.* XXIV, 4) : sicut multi vestrum noverunt, qui Scripturas vel adtigerunt vel audierunt. Habuit ergo persecutorem Saülem rex David : et cum esset ille mitissimus, ille ferocissimus ; ille lenis, ille invidus ; ille patiens, ille crudelis ; ille beneficus, ille ingratus ; pertulit eum tanta lenitate, ut cum eum accepisset in manus, non illum adtigisset, non læsisset. Accepit enim a Domino Deo potestatem, ut si vellet, occideret Saülem ipse David : et elegit parcere quam occidere. Ille autem nec tali beneficio victus est, ut desineret persequi. Invenimus ergo illo tempore, quando Saül David persequebatur, regem futurum et prædestinatum rex jam reprobatus, quod fugerit a facie Saül in speluncam ipse David. Quid ergo hoc ad Christum ? Si omnia quæ tunc agebantur, figuræ erant futurorum, invenimus ibi Christum, et multo maxime. Nam illud, « Ne corrumpas in tituli inscriptionem, » non video quomodo pertineat ad illum David. Non enim aliquis titulus inscriptus erat ipsi David, quem voluit corrumpere Saül. Videmus autem in passione Domini scriptum

sa divinité, il est au-dessus de David, au-dessus de tous les hommes, au-dessus du ciel et de la terre, au-dessus des anges, au-dessus de toutes les choses visibles et invisibles; parce que toutes choses ont été faites par lui et que rien n'a été fait sans lui (*Jean.* I, 3). Cependant, pour venir parmi nous, il a daigné se faire homme, de la race de David, parce qu'il est né de la tribu de David, d'où venait la Vierge Marie, qui a enfanté le Christ (*Luc.* I, 27, et II, 4). C'est pourquoi l'on inscrivit sur la croix ce titre : Roi des Juifs. Saül, comme nous l'avons dit, figurait le peuple d'Israël, David figurait le Christ, et sur la croix on lisait : Roi des Juifs. Les Juifs s'indignèrent de ce qu'on avait mis sur la croix ce titre : Roi des Juifs ; ils rougissaient d'avoir pour roi un homme qu'ils avaient pu crucifier. En effet, ils ne voyaient pas que cette même croix, sur laquelle ils avaient cloué le Christ, serait un jour placée sur la tête des rois. S'indignant donc de ce titre, ils allèrent trouver Ponce Pilate, au tribunal duquel ils avaient traîné le Christ, en demandant sa mort, et ils lui dirent : « N'écrivez pas : roi des Juifs, mais écrivez qu'il s'est dit roi des Juifs (*Jean.* XIX, 21). » Et comme déjà l'Esprit-Saint avait chanté dans ce psaume ces mots : « Pour la fin. Ne changez rien dans l'inscription du titre, » Pilate leur répondit : « J'ai écrit ce que j'ai écrit : » pourquoi me suggérez-vous un mensonge ? Je ne corromprai pas la vérité.

4. Nous avons donc vu ce que veut dire : « Ne changez rien à l'inscription du titre. » Que veut donc dire : « Lorsqu'il s'enfuit dans une caverne, de devant la face de Saül ? » Ce que fit en effet David ; car si nous n'avons pas trouvé en lui l'inscription du titre, nous trouvons de lui la fuite dans une caverne (I *Rois*, XXIV, 4). En effet, cette caverne, dont se couvrit David, figurait quelque chose. Mais pourquoi se couvrit-il ? Pour se cacher et éviter qu'on ne le trouvât. Qu'est-ce que d'être caché dans une caverne ? C'est être caché sous terre. Celui donc qui s'enfuit dans une caverne est caché sous terre, pour éviter d'être vu. Or, en portant sa chair, qu'il avait reçue du limon de la terre, Jésus portait de la terre ; et il se cachait dans cette terre de peur qu'en lui les Juifs ne trouvassent Dieu. Si, en effet, ils avaient connu le Seigneur de gloire, jamais ils ne l'auraient crucifié (I *Cor.* II, 8). Pourquoi donc n'ont-ils pas trouvé le Roi de gloire ? Parce qu'il s'était couvert de cette caverne, c'est-à-dire qu'il opposait aux yeux l'infirmité de la chair, et qu'il cachait sous le couvert de son corps, comme au sein de la terre, la majesté de sa Divinité. Ne connaissant donc pas le Dieu, ils crucifièrent l'homme. Or, il ne pouvait mourir qu'en sa qualité d'homme, ni être

---

fuisse titulum, « Rex Judæorum (*Matth.* XXVII, 37) : » ut ille titulus exprobraret frontem ipsorum, quod a rege suo manus non abstinuerunt (*Johan.* XIX, 19). In illis enim Saül erat, in Christo David erat. Christus enim, sicut dicit apostolicum Evangelium, est, quod novimus, quod confitemur, ex semine David secundum carnem (*Rom.* I, 3 ; *Matth.* I, 1) : nam secundum divinitatem supra David, supra omnes homines, supra cœlum et terram, supra Angelos, supra omnia visibilia et invisibilia ; quia omnia per ipsum facta sunt, et sine ipso factum est nihil (*Johan.* I, 3) : » dignatus tamen homo fieri ex semine David ad nos venit ; quia de tribu David natus est, unde virgo Maria quæ peperit Christum (*Lucæ* I, 27, et II, 4). Inscriptus itaque titulus ille est, Rex Judæorum. Saül, ut diximus, populus Judæorum erat, David Christus erat : titulus ibi Rex Judæorum (*Johan.* XIX, 21). Indignati sunt Judæi, quia inscriptus erat titulus, Rex Judæorum : puduit illum habere regem quem crucifigere potuerunt. Non enim viderunt quia ipsa crux, in qua eum fixerunt, futura erat in frontibus regum. Cum ergo indignarentur ex illo titulo, adierunt Pilatum judicem, cui obtulerant occidendum Christum ; et dixerunt ad eum, Noli scribere sic, Rex Judæorum ; sed scribe quia ipse dixit se regem esse Judæorum. Et quia cantatum erat per Spiritum sanctum, « In finem, ne corrumpas in tituli inscriptionem ; » respondit eis Pilatus, « Quod scripsi scripsi : » quid mihi suggeritis falsitatem ? ego non corrumpo veritatem.

4. Audivimus ergo quid sibi velit, « Ne corrumpas in tituli inscriptionem. » Quid ergo est, « Cum fugeret a facie Saül in speluncam ? » Quod quidem et David ille fecit : sed quia in illo non invenimus tituli inscriptionem, in hoc inveniamus fugam in speluncam (I *Reg.* XXIV, 4). Figurabat enim aliquid illa spelunca, qua se texit David. Quare autem se texit ? Ut occultaretur, et non inveniretur. Quid est contegi spelunca ? Contegi terra. Qui enim fugit in speluncam, terra contegitur, ne videatur. Portabat autem terram Jesus, carnem quam acceperat de terra ; et in ea se occultabat, ne a Judæis inveniretur Deus. « Si enim cognovissent, numquam Dominum gloriæ crucifixissent (I *Cor.* II, 8). » Quare ergo Dominum

crucifié que comme homme ; car on ne pouvait même le saisir que parce qu'il était homme. A ceux qui le cherchaient dans une criminelle intention, il opposa la terre ; à ceux qui le cherchent dans une bonne intention, il a réservé la vie éternelle. A le considérer donc selon la chair, il s'enfuit dans une caverne, de devant la face de Saül. Que si vous voulez admettre que le Seigneur se soit ainsi enfui dans la caverne, de devant la face de Saül, parce qu'il a souffert, disons qu'il s'est caché aux Juifs jusqu'au point de mourir. En effet, quelques tourments que les Juifs lui firent subir, ils pensèrent, jusqu'à ce qu'il fût mort, qu'il pouvait encore se délivrer et prouver par quelque miracle qu'il était le Fils de Dieu. Ces faits avaient été prédits dans le livre de la Sagesse : « Condamnons-le à la mort la plus ignominieuse, car Dieu aura égard à ses discours, s'ils sont vrais. S'il est vraiment le Fils de Dieu, Dieu le prendra sous sa protection et le délivrera des mains de ses ennemis (Sag. II, 20 et 18). » C'est pourquoi, quand il fut crucifié, sans être délivré par Dieu, ils crurent qu'il n'était pas le Fils de Dieu. Aussi l'insultèrent-ils, pendant qu'il était attaché sur la croix, secouant la tête et disant : « Si tu es le Fils de Dieu, descends de dessus la croix. Il a sauvé les autres et ne peut se sauver lui-même (Matth. XXVII, 40 et 42). » En parlant ainsi, ils se trompaient, comme il est dit au même livre de la Sagesse : « Voilà ce qu'ils pensaient et ils se trompaient ; leur méchanceté les avait aveuglés (Sag. II, 21). » Qu'y avait-il, en effet, de difficile à descendre de la croix, pour celui à qui il a été facile de sortir du tombeau ? Mais pourquoi a-t-il voulu souffrir patiemment jusqu'à la mort ? Pour fuir de devant la face de Saül, jusque dans la caverne. Car on peut entendre par caverne la partie souterraine de la terre. Et d'ailleurs, ce qui est évident et certain pour tout le monde, c'est que le corps du Christ a été mis dans un sépulcre creusé dans la pierre. Ce tombeau était véritablement une caverne ; et c'est là qu'il s'enfuit de devant Saül. Car les Juifs l'ont persécuté jusqu'à ce qu'il fût mis dans la caverne ? Et comment prouvons-nous que les Juifs l'ont persécuté jusqu'à ce qu'il fût mis dans la caverne ? C'est que même, quand il fut mort, et tandis qu'il était encore sur la croix, ils le percèrent d'un coup de lance (Jean. XIX, 34). Mais après qu'il eut été enveloppé d'un linceul, qu'on eût pris soin de sa sépulture, et qu'il eût été mis dans la caverne, dès lors les Juifs ne purent plus rien contre sa chair. Le Seigneur sortit donc, exempt de blessures et de corruption, de cette caverne où il avait fui de devant Saül. Ressuscité, il se cacha aux impies dont Saül avait été la figure, et se montra au contraire à ses membres. Car les membres du Sauveur ressuscité furent touchés par ses membres ; en effet, les

gloriæ non invenerunt ? Quia spelunca se texerat, id est, carnis infirmitatem oculis objiciebat, majestatem autem divinitatis in corporis tegmine, tamquam terræ abdito contegebat. Illi ergo non cognoscentes Deum, crucifixerunt hominem. Nec mori potuit nisi in homine, nec crucifigi potuit nisi in homine ; quia nec teneri posset nisi in homine. Opposuit male quærentibus terram, servavit bene quærentibus vitam. Fugit ergo secundum carnem in speluncam a facie Saül. Quod si et hoc velis accipere, ita Dominum fugisse in speluncam a facie Saül quia passus est ; usque adeo se occultavit Judæis, ut et moreretur. Quantumlibet enim sævirent in eum Judæi, donec moreretur, adhuc putabant eum posse liberari, et ostendere aliquo miraculo quod Filius Dei esset. Hoc prædictum erat in libro Sapientiæ : « Morte turpissima condemnemus illum ; erit enim respectus illi ex sermonibus illius : si enim vere Filius Dei est, suscipiet illum, et liberabit illum de manibus contrariorum (Sap. II, 20 et 18). »Quia ergo crucifigebatur, et non liberabatur, crediderunt illum non esse Filium Dei. Propterea insultantes pendenti in ligno, et caput agitantes, dicebant illi, « Si Filius Dei est, descendat de cruce. Alios salvos fecit, seipsum salvare non potest (Matth. XXVII, 40 et 42). »Ista dicentes, sicut est in ipso libro Sapientiæ, « hæc cogitaverunt et erraverunt ; excæcavit enim illos malitia eorum (Sap. II, 21). » Quid enim magnum erat de cruce descendere, cui facile fuit de sepulcro resurgere ? Sed quare usque ad mortem voluit esse patiens ? Ut fugeret a facie Saül in speluncam. Etenim spelunca, inferior pars terræ potest accipi. Et certe quod manifestum est, et certum omnibus, corpus ejus in monumento positum est, quod erat excisum in petra. Hoc ergo monumentum spelunca erat : illuc fugit a facie Saül. Tamdiu enim persecuti sunt illum Judæi, quoad usque poneretur in spelunca. Unde probamus quod tamdiu illum persecuti sunt, quo usque ibi poneretur ? Etiam mortuum in cruce pendentem lancea vulneraverunt (Johan. XIX, 34). At

Apôtres ses membres le touchèrent, et crurent à sa résurrection (*Luc*. XXIV, 39), de sorte que la persécution de Saül ne profita aucunement au persécuteur. Écoutons maintenant le psaume, car nous avons assez parlé du titre, selon que le Seigneur a daigné nous donner de le faire.

5. « Ayez pitié de moi, mon Dieu, ayez pitié de moi, parce que mon âme se confie à vous (*Ps.* LVI, 2). » Le Christ, dans sa passion, dit : « Ayez pitié de moi, mon Dieu. » Dieu dit à Dieu : « Ayez pitié de moi. » Celui qui, avec son Père, a pitié de vous, crie en vous : « Ayez pitié de moi. » Car ce cri parti de sa bouche : « Ayez pitié de moi, » est votre propre cri ; il l'a reçu de vous, alors que pour vous délivrer, il s'est revêtu de votre chair. C'est cette chair elle-même qui crie : « Ayez pitié de moi, mon Dieu, ayez pitié de moi : » c'est l'homme lui-même, âme et chair. En effet, le Verbe a revêtu l'homme tout entier, et l'homme tout entier a été uni à la personne du Verbe. Ne croyez pas qu'il n'ait point d'âme, parce que l'Évangéliste a dit : « Et le Verbe a été fait chair et il a habité parmi nous (*Jean*. I, 14). » En effet, l'homme est appelé chair, et c'est ainsi que, dans un autre passage, l'Écriture a dit : « Et toute chair verra le Sauveur donné par Dieu (*Isaïe*, XL, 5, et *Luc*, III, 6). » Est-ce que la chair seule le verra, sans que l'âme soit unie à elle ? Le Seigneur lui-même dit aussi des hommes : « Comme vous lui avez donné pouvoir sur toute chair (*Jean*, XVII, 2) : » n'avait-il reçu ce pouvoir que sur la chair seulement, et non principalement sur les âmes qu'il délivrerait avant tout ? En lui donc, il y avait une âme, il y avait un corps, il y avait un homme tout entier : et l'homme tout entier était avec le Verbe et le Verbe avec l'homme ; et l'homme et le Verbe étaient un seul homme, et le Verbe et l'homme étaient un seul Dieu. Qu'il dise donc : « Ayez pitié de moi, mon Dieu, ayez pitié de moi. » Ne soyons pas épouvantés de ces paroles, émanées de celui qui tout à la fois implore et donne la miséricorde. En effet, il la demande parce qu'il la donne : car il ne s'est fait homme que parce qu'il est miséricordieux, non pour naître par la nécessité de sa condition, mais pour nous délivrer de la condition de notre nécessité. « Ayez pitié de moi, mon Dieu, ayez pitié de moi, parce que mon âme se confie à vous. » En écoutant la prière de votre Maître, apprenez à prier. En effet, il a prié pour nous apprendre à prier, parce qu'il a souffert pour nous apprendre à souffrir, et qu'il est ressuscité pour nous apprendre à espérer notre résurrection.

6. « Et j'espérerai à l'ombre de vos ailes, jusqu'à ce que l'iniquité ait passé (*Ps*. LVI, 2). »

---

ubi involutus curato funere positus est in spelunca, jam nihil habuerunt quod carni facerent. Resurrexit ergo Dominus ex illa spelunca illæsus, incorruptus, quo fugerat a facie Saül : occultans se impiis, quos præfigurabat Saül ; ostendens se autem membris suis. Nam resurgentis membra a membris ejus palpata sunt ((*Lucæ*, XXIV, 39) : membra enim ejus Apostoli tetigerunt resurgentem, et crediderunt ; et ecce nihil profuit persecutio Saülis. Audiamus ergo jam Psalmum, quia de titulo ejus satis locuti sumus, quantum Dominus donare dignatus est.

5. « Miserere mei Deus, miserere mei, quoniam in te confidit anima mea (*Psal*. LVI, 2). » Christus in passione dicit, « Miserere mei Deus. » Deo Deus dicit, « Miserere mei. » Qui cum Patre miseretur tui, in te clamat, « Miserere mei. » Etenim quod de illo clamat, « Miserere mei, » tuum est : a te hoc accepit, propter te liberandum carne indutus est. Caro ipsa clamat : « Miserere mei Deus, miserere mei : » homo ipse, anima (a) et caro. Totum enim hominem suscepit Verbum, et totus homo factus est Verbum. Ne ideo putetur non ibi fuisse animam, quia Evangelista ita dicit : « Verbum caro factum est, et habitavit in nobis (*Johan*. I, 14). » Etenim dicitur caro homo, sicut alio loco dicit Scriptura, « Et videbit omnis caro salutare Dei (*Isai*. XL, 5 ; *Lucæ* III, 6). » Nunquid caro sola videbit, et anima ibi non erit ? Iterum dicit ipse Dominus de hominibus, « Sicut dedisti ei potestatem omnis carnis (*Johan*. XVII, 2). » Nunquid in solam carnem acceperat potestatem, et non maxime in animas, quas primitus liberabat ? Ergo ibi erat anima, ibi erat caro, ibi totus homo ; et totus homo cum Verbo, et Verbum cum homine, et homo et Verbum unus homo, et Verbum et homo unus Deus. Dicat ergo, « Miserere mei Deus, miserere mei. » Non expavescamus voces petentis misericordiam et exhibentis. Ideo enim petit, quia exhibet : ad hoc enim homo, quia misericors ; non ut conditionis necessitate nasceretur, sed ut nos de conditione necessitatis liberaret. « Miserere mei Deus, miserere mei ; quoniam in te confidit anima mea. » Audis magistrum orantem, disce orare. Ad hoc enim oravit, ut

(a) Editi, *anima est et caro*. Expunge, *est*, juxta MSS. ejusque loco subaudi, *clamat*.

C'est évidemment le Christ tout entier qui dit ces paroles; c'est nous aussi qui les disons. En effet, l'iniquité n'est point encore passée, l'iniquité est encore dans toute son ardeur. Et le Seigneur lui-même a prédit que l'iniquité abonderait à la fin : « Et parce que l'iniquité abondera, dit-il, la charité se refroidira; mais celui qui aura persévéré jusqu'à la fin, sera sauvé (*Matth.* XXIV, 12). » Mais qui persévérera jusqu'à la fin, jusqu'à ce que l'iniquité ait passé? Celui qui aura fait partie du corps du Christ, qui aura fait partie des membres du Christ, et qui aura appris de la tête à persévérer patiemment. Vous passez, et vos épreuves ont passé aussi, et vous entrez dans une autre vie où sont allés les saints, si vous êtes saint vous-même. Les martyrs sont allés dans l'autre vie et, si vous avez été martyr, vous irez de même dans l'autre vie. Mais de ce que vous aurez passé dans une autre vie, s'ensuit-il que l'iniquité aura passé? D'autres méchants prennent naissance, de même que d'autres méchants subissent la mort. De même donc que des méchants meurent et que d'autres naissent; de même des justes vont dans l'autre vie et d'autres naissent. Jusqu'à la fin des siècles, l'iniquité subsistera opprimant la vertu, et la vertu subsistera patiente et résignée. « Et j'espèrerai à l'ombre de vos ailes, jusqu'à ce que l'iniquité ait passé; » c'est-à-dire, vous me protégerez et que vous me tiendrez à l'ombre, pour que la chaleur de l'iniquité ne me dessèche pas.

7. « Je crierai vers le Dieu Très-Haut (*Ps.* LVI, 3). » S'il est très-haut, comment entend-il vos cris? La confiance est née de l'expérience; je crierai, dit le Prophète, « vers le Dieu qui a été mon bienfaiteur (*Ibid.*). » Si, avant que je le cherchasse, ses bienfaits ont précédé mes prières, comment ne m'exaucerait-il pas lorsque je crie vers lui? En effet, le Seigneur nous a accordé le plus grand des bienfaits, en nous envoyant notre Sauveur, Notre-Seigneur Jésus-Christ, afin qu'il mourût à cause de nos péchés, et qu'il ressuscitât pour notre justification (*Rom.* IV, 25). Et pour quels hommes a-t-il voulu que son Fils mourût? Pour des impies. Ces impies ne cherchaient pas Dieu et Dieu les a cherchés. Donc, si haut qu'il soit, il ne laisse pas de permettre à notre misère et à nos gémissements de l'approcher, parce que le Seigneur est proche de ceux qui ont brisé leur cœur par le repentir (*Ps.* XXXIII, 19). « Je crierai vers le Dieu Très-Haut, vers le Dieu qui a été mon bienfaiteur. »

8. « Il a envoyé du ciel et il m'a sauvé (*Ps.* LVI, 4). » Il est maintenant évident que cet homme, que cette chair, que le Fils de Dieu, en ce qui concerne sa participation à notre nature, a été sauvé; le Père a envoyé du ciel et l'a sauvé; il a envoyé du ciel et l'a ressuscité. Mais

---

doceret orare : quia ad hoc passus est, ut doceret pati; ad hoc resurrexit, ut doceret sperare resurrectionem.

6. « Et in umbra alarum tuarum sperabo, donec transeat iniquitas (*Psal.* LVI, 2). » Hoc plane jam totus Christus dicit : hic est et vox nostra. Non enim jam transiit iniquitas, adhuc fervet iniquitas. Et in fine dixit ipse Dominus abundantiam futuram iniquitatis : « Et quoniam abundabit iniquitas, refrigescet caritas multorum; qui autem perseveraverit usque in finem, hic salvus erit (*Matth.* XXIV, 12). » Quis autem perseverabit usque in finem, quoad usque transeat iniquitas? Qui fuerit in Christi corpore, qui fuerit in membris Christi, et a capite didicerit patientiam perseverandi. Transis tu, et ecce transierunt tentationes tuæ; et is in aliam vitam in quam ierunt sancti, si sanctus fueris. In aliam ierunt Martyres : si martyr fueris, is et tu in aliam vitam. Numquid quia tu transisti hinc, propterea jam transiit iniquitas? Nascuntur alii iniqui, sicut moriuntur alii iniqui. Quomodo ergo alii iniqui moriuntur, et alii nascuntur : sic alii justi eunt, et alii nascuntur. Usque in finem sæculi nec iniquitas deerit premens, nec justitia patiens. « Et in umbra alarum tuarum sperabo, donec transeat iniquitas : » id est, tu proteges me, et ut ab æstu iniquitatis non arescam, tu umbraculum præbebis mihi.

7. « Clamabo ad Deum altissimum (*Psal.* LVI, 3). » Si altissimus est, quomodo audit te clamantem? Nata est experimento fiducia : « Deum, inquit, qui benefecit mihi (*Ibid.*). » Si antequam eum quærerem, benefecit mihi, clamantem me non exaudiet? Bene enim nobis fecit Dominus Deus mittendo nobis Salvatorem nostrum Jesum Christum, ut moreretur propter delicta nostra, et resurgeret propter justificationem nostram (*Rom.* IV, 25). Pro qualibus mori voluit Filium suum? Pro impiis. Impii autem non quærebant Deum, et quæsiti sunt a Deo. Sic est ergo ille altissimus, ut non sit ab illo longe miseria nostra et gemitus noster : « quia prope est Dominus his qui obtriverunt cor (*Psal.* XXXIII, 19). » « Clamabo ad Deum altissimum, Deum qui benefecit mihi. »

8. « Misit de cœlo, et salvum fecit me (*Psal.* LVI, 4). » Jam homo ipse, jam caro ipsa, jam Filius Dei secundum nostram participationem manifestum est,

il faut aussi que vous sachiez qu'il s'est ressuscité lui-même : on trouve dans l'Écriture et que son Père l'a ressuscité et qu'il s'est lui-même ressuscité. D'abord le Père l'a ressuscité ; écoutez ce témoignage de l'Apôtre : « Le Christ s'est fait obéissant jusqu'à la mort et jusqu'à la mort de la croix ; c'est pourquoi Dieu l'a élevé et lui a donné un nom plus excellent que tout autre nom (*Philip.* II, 8 et 9). » Vous venez d'entendre que le Père a ressuscité et élevé le Fils ; entendez maintenant que le Christ a ressuscité sa propre chair. Jésus, parlant de lui-même sous la figure du temple : « Détruisez ce temple, a-t-il dit aux Juifs, et je le rebâtirai en trois jours (*Jean.* II, 19). » L'Évangéliste nous a lui-même expliqué le sens de ces paroles : « Il voulait, dit-il, parler du temple de son corps. » Maintenant donc le Christ dit, en qualité de suppliant, en qualité d'homme, en qualité de chair : « Il a envoyé du ciel et il m'a sauvé. »

9. « Il a livré à l'opprobre ceux qui me foulaient aux pieds. » Il a livré à l'opprobre ceux qui l'ont foulé aux pieds, ceux qui l'ont insulté après sa mort, ceux qui l'ont crucifié, parce qu'ils ne voyaient en lui qu'un homme et qu'ils ne le reconnaissaient pas pour Dieu. Voyez si cette prophétie n'est pas réalisée. Nous n'avons pas à croire une chose à venir, nous reconnaissons un fait accompli. Les Juifs ont sévi contre le Christ ; ils ont assouvi leur orgueil sur le Christ. En quel endroit ? Dans la ville de Jérusalem. Car, où ils régnaient, là ils étaient gonflés d'orgueil, là ils portaient haut la tête. Après la passion du Seigneur, ils ont été arrachés de Jérusalem et ils ont perdu le royaume dans lequel ils avaient refusé de reconnaître le Christ pour roi. Voyez de quelle manière ils ont été livrés à l'opprobre : ils ont été dispersés dans toutes les nations et nulle part ils n'ont obtenu de stabilité, nulle part ils n'ont eu de demeure assurée. Mais les Juifs subsistent encore, afin de porter avec eux nos livres sacrés pour leur confusion. En effet, lorsque nous voulons prouver que le Christ a été annoncé par les prophéties, nous produisons ces livres aux païens. Et pour qu'ils ne puissent dire, par dureté de cœur pour notre foi, que nous, chrétiens, nous avons composé ces livres, et qu'en prêchant l'Évangile, nous avons inventé les livres des Prophètes, pour faire croire que ce que nous prêchons a été prédit, nous portons la conviction dans leur esprit, en leur démontrant que tous les livres dans lesquels le Christ a été prédit sont entre les mains des Juifs et que les Juifs possèdent les mêmes Écritures. Nous prenons ces textes des mains de nos ennemis, pour confondre d'autres ennemis. A quel opprobre sont donc livrés les Juifs ? Le Juif porte les livres où le chrétien puise sa foi. Ils sont devenus nos libraires ; semblables à ces

---

quia salvatus est, et misit de cœlo Pater, et salvavit eum ; misit de cœlo, et resuscitavit eum : sed ut noveritis quia et ipse Dominus se resuscitavit ; utrumque positum est in Scriptura, quia et Pater illum resuscitavit, et quia ipse se resuscitavit. Audite quia Pater illum resuscitavit : Apostolus dicit, « Factus est, inquit, obediens usque ad mortem, mortem autem crucis : propter quod et Deus illum exaltavit, et donavit ei nomen quod est super omne nomen (*Philip.* II, 8 et 9). » Audistis Patrem resuscitantem et exaltantem Filium ; audite quia et ipse carnem suam resuscitavit : In figura templi dicit ad Judæos, « Solvite templum hoc, et in triduo suscitabo illud (*Johan.* II, 19). » Evangelista autem exposuit nobis quid diceret : Hoc autem, inquit, dicebat de templo corporis sui. Modo ergo ex persona precantis, ex persona hominis, ex persona carnis dicit, « Misit de cœlo, et salvum fecit me. »

9. « Dedit in opprobrium conculcantes me. (*Psal.* LVI, 4). » Qui illum conculcaverunt, qui mortuo insultaverunt qui tamquam hominem crucifixerunt, quia Deum non intellexerunt, dedit eos in opprobrium. Videte si non est factum. Non futurum credimus, sed completum agnoscimus. Sævierunt Judæi in Christum, superbierunt in Christum : ubi ? In civitate Jerusalem. Ubi enim regnabant, ibi tumebant, ibi cervices erexerunt. Post passionem Domini eradicati inde sunt ; et perdiderunt regnum, in quo regem Christum agnoscere noluerunt. Quomodmodum dati sunt in opprobrium, videte : dispersi sunt per omnes gentes, nusquam habentes stabilitatem, nusquam certam sedem. Propterea autem adhuc Judæi sunt, ut libros nostros portent ad confusionem suam. Quando enim volumus ostendere prophetatum Christum, proferimus Paganis istas litteras. Et ne forte dicant duri ad fidem quia nos illas Christiani composuimus, ut cum Evangelio quod prædicamus finxerimus Prophetas, per quos prædictum videretur quod prædicamus ; hinc eos convincimus, quia omnes ipsæ litteræ quibus Christus prophetatus est, apud Judæos sunt, omnes ipsas litteras habent Judæi. Proferimus codices ab inimicis, ut confundamus

esclaves qui portent les livres de leurs maîtres derrière eux, et qui se fatiguent en les portant, pour que ceux-ci profitent en les lisant. Voilà l'opprobre auquel ont été condamnés les Juifs, et c'est ainsi qu'est accomplie l'antique prophétie : « Dieu a livré à l'opprobre ceux qui me foulaient aux pieds. » Quel opprobre pour eux, mes frères, quand ils lisent ce verset et qu'ils regardent en aveugles leur propre miroir! Car, les Juifs apparaissent dans ces livres qu'ils portent, comme la figure d'un aveugle dans son miroir : les autres l'y voient et lui ne s'y voit pas. « Il a livré à l'opprobre ceux qui me foulaient aux pieds. »

10. Peut-être demandez-vous, en entendant ces paroles: « Il a envoyé du ciel et m'a sauvé, » qu'a-t-il envoyé du ciel ? qui a-t-il envoyé du ciel ? A-t-il envoyé un ange pour sauver le Christ, et le Seigneur a-t-il été sauvé de la sorte par son serviteur? Tous les anges sont en effet des créatures qui servent le Christ. Les anges ont pu être envoyés pour obéir au Christ et pour le servir, mais non pour l'aider. Il est écrit, en effet, que les anges le servaient, non par compassion de son indigence, mais par dépendance de sa toute puissance (Matth. iv, 11). Qu'a-t-il donc « envoyé du ciel et comment m'a-t-il sauvé? » Les paroles qui suivent nous apprennent ce que Dieu a envoyé du ciel : « Il a envoyé du ciel sa miséricorde et sa vérité. » Dans quel but? « Et il a délivré mon âme du milieu des lionceaux (Ps. LVI, 5).» « Il a envoyé du ciel, dit le Psalmiste, sa miséricorde et sa vérité, » et le Christ dit de lui-même : « Je suis la vérité (Jean. XIV, 6).» La vérité a donc été envoyée pour délivrer mon âme du milieu des lionceaux : mais la miséricorde aussi a été envoyée. Nous trouvons que Jésus-Christ est à la fois la miséricorde et la vérité : la miséricorde qui compatit à nos maux, la vérité qui nous en délivre. C'est là ce que je vous disais tout à l'heure : il s'est ressuscité lui-même. Si, en effet, la vérité a ressuscité le Christ, et si la vérité a délivré l'âme du Christ du milieu des lionceaux; de même qu'il a montré sa miséricorde en mourant pour nous, de même il a montré sa vérité en ressuscitant pour nous justifier. Car, il avait dit qu'il ressusciterait, et la vérité ne pouvait mentir; et parce qu'il est la vérité et qu'il est véridique, il nous a montré de vraies cicatrices, parce qu'il avait reçu de vraies blessures. Ses disciples ont touché ces cicatrices, ils les ont palpées, ils se les sont montrées, et le disciple qui avait mis le doigt dans l'ouverture du côté s'est écrié : « Mon Seigneur et mon Dieu (Jean. XX, 28)!» Dans sa miséricorde, le Christ était mort pour lui, et dans sa vérité, il était ressuscité pour lui. « Il a envoyé du ciel sa miséricorde et sa vérité, et il a délivré

alios inimicos. In quali ergo opprobrio sunt Judæi? Codicem portat Judæus, unde credat Christianus. Librarii nostri facti sunt, quomodo solent servi post dominos codices ferre, ut illi portando deficiant, illi legendo proficiant. In tale opprobrium dati sunt Judæi : et impletum est quod tanto ante prædictum est. « Dedit in opprobrium conculcantes me. » Quale autem opprobrium est, Fratres, ut hunc versum legant, et ipsi cæci adtendant ad speculum suum? Sic enim apparent Judæi de Scriptura sancta quam portant, quomodo apparet facies cæci de speculo : ab aliis videtur, ab ipso non videtur. « Dedit in opprobrium conculcantes me. »

10. Quærebas forte cum diceret, « Misit de cœlo, et salvum me fecit. » Quid misit de cœlo? quem misit de cœlo? Angelum misit, ut salvum faceret Christum, et per servum salvus fit Dominus? Omnes enim Angeli creatura serviens Christo est. Ad obsequium mitti potuerunt Angeli, ad servitium mitti potuerunt, non ad adjutorium : sicut scriptum est, quod Angeli ministrabant ei (Matth. IV, 11), non tanquam misericordes indigenti, sed tanquam subjecti omnipotenti. Quid ergo « misit de cœlo, et salvum fecit me? » Modo audimus in alio versu quid de cœlo miserit. « Misit de cœlo misericordiam suam et veritatem suam (Psal. LVI, 4). » Ad quam rem? « Et eruit animam meam de medio catulorum leonum (Ibid. 5). » « Misit, inquit, de cœlo misericordiam suam et veritatem suam : » et ipse Christus ait, « Ego sum veritas (Joan. XIV, 6) ». Missa est ergo veritas, ut erueret animam meam de medio catulorum leonum; missa est misericordia. Ipsum Christum invenimus et misericordiam et veritatem; misericordiam nobis compatientem, et veritatem nobis (a) retribuentem. Hoc est ergo quod paulo ante dixi, quia et ipse se resuscitavit. Si enim veritas resuscivit Christum, et si veritas animam Christi eruit de medio catulorum leonum; ut misericors fuit mori pro nobis, ita verax fuit resurgere ad justificandos nos. Dixerat enim se resurrecturum, et veritas mentiri non potuit, et

(a) Editi, tribuentem : cujus loco reponimus retribuentem.

mon âme du milieu des lionceaux. » Quels sont ces lionceaux ? Ce peuple frivole, trompé criminellement, séduit pour son malheur par les princes des Juifs : ceux-ci étaient les lions, les autres étaient les lionceaux. Tous, ils ont rugi contre le Christ ; tous, ils sont tombés. Nous allons, en effet, en écoutant les versets suivants, voir la prédiction de leur chute.

11. « Et, dit le Prophète, il a délivré mon âme du milieu des lionceaux. » Pourquoi dites-vous : « il a délivré mon âme? » Qu'aviez-vous donc souffert pour que votre âme fût délivrée ? « Je me suis endormi dans le trouble (*Ps.* LVI, 5). » Par ces mots le Christ a exprimé sa mort. Nous lisons, à la vérité, dans le livre des Rois, que David s'est enfui dans une caverne (1 *Rois*. XXIV, 4), mais nous n'y lisons pas qu'il ait dormi dans une caverne. Il y a donc un autre David réfugié dans une caverne, un autre David qui dit : « Je me suis endormi dans le trouble. » Nous voyons quel est son trouble : ce n'est pas lui qui est troublé, mais ses ennemis excitent du trouble. Il se dit troublé, selon l'opinion qu'avaient ceux qui rugissaient contre lui, mais non selon les sentiments de sa conscience. Ses ennemis ont cru l'avoir troublé, ils ont cru l'avoir vaincu ; mais lui, il a dormi dans ce trouble. Il était si paisible au milieu de ce trouble, qu'il dormait lorsqu'il voulait dormir. Nul ne dort, s'il est troublé : tous ceux qui sont violemment troublés, ou sont réveillés de leur sommeil, ou ne peuvent retrouver leur sommeil. Lui, au contraire, quoique troublé, s'endormit. Son trouble marque sa grande humilité ; son sommeil, sa grande puissance. De quelle puissance lui venait cette faculté de dormir ? De celle dont il a dit lui-même : « J'ai le pouvoir de déposer ma vie et le pouvoir de la reprendre ; nul ne me l'ôte, c'est moi qui la dépose et la reprends (*Jean.* X, 18). » Ils l'ont troublé et il a dormi. La figure du Christ se trouvait en Adam, lorsque Dieu lui envoya le sommeil pendant lequel il produisit la femme de son côté (*Gen.* II, 21). Dieu ne pouvait-il donc produire la femme d'une côte de l'homme, tandis que celui-ci veillait ? Ou voulut-il que l'homme fût endormi pour ne pas sentir qu'une côte lui était enlevée ? Mais, qui peut dormir si fort que de ne pas s'éveiller, si on lui arrache violemment un os du corps ? Celui qui a pu enlever sans douleur une côte au patriarche endormi, pouvait l'enlever de même au patriarche éveillé. Mais pourquoi Dieu voulut-il le sommeil d'Adam ? Parce que le Christ dormait sur la croix, lorsque son épouse fut tirée de son côté. En effet, son côté fut percé d'un coup de lance, alors qu'il était attaché sur la croix (*Jean*. XIX, 34), et de sa plaie coulèrent les sacrements de l'Église. « Je me suis endormi dans le trouble. » Dans un autre psaume, il éclaircit ces paroles, en disant :

---

quia veritas et verax, propterea cicatrices veras ostendit, quia vera vulnera pertulit. Has cicatrices tenuerunt discipuli, palpaverunt, manifestaverunt sibi : exclamavit qui misit digitos in compunctum latus, et ait, « Dominus meus et Deus meus (*Johan.* XX, 28). » Misericordia pro illo mortuus erat, et veritate ad illum resurrexerat. « Misit de cœlo misericordiam suam et veritatem suam : et eruit animam meam de medio catulorum leonum. » Qui sunt catuli leonum ? Populus ille minutus, male deceptus, male seductus a principibus Judæorum : ut illi leones, illi catuli leonum. Omnes fremuerunt, omnes occiderunt. Audituri enim sumus hic et cædem ipsorum modo in consequentibus versibus Psalmi hujus.

11. « Et eruit, inquit, animam meam de medio catulorum leonum. » Quare dicis, « Et eruit animam meam ? » Quid enim passus eras, ut erueretur anima tua ? « Dormivi conturbatus (*Psal.* LVI, 5). » Expressit Christus mortem suam. Certe de illo David legimus quod fugerit in speluncam, non tamen quia dormivit in spelunca (1 *Reg.* XXIV, 4). Alius David est in spelunca, alius David est qui dicit, « Dormivi conturbatus. » Videmus perturbationem ipsius ; non illo turbato, sed illis turbantibus. Turbatum se enim dixit, secundum opinionem frementium, non secundum cedentis conscientiam. Putaverunt se illi turbasse, putaverunt vicisse : ille autem dormivit conturbatus. Tam placatus erat iste turbatus, ut quando vellet, dormiret. Nemo dormit turbatus : omnes qui perturbantur, aut a somno excitantur, aut in somnum vergi non permittuntur. Ille autem turbatus est, et dormivit. Magna humilitas perturbati, magna potestas dormientis. De qua potestate veniebat quod dormivit ? De qua ipse dicit, « Potestatem habeo ponendi animam meam, et potestatem habeo sumendi eam : nemo tollit eam a me, sed ego eam pono, et iterum sumo eam (*Joan.* X, 18). » Turbaverunt illi, et dormivit ipse. Cujus typum gerebat Adam, quando immisit ei Deus soporem, ut de latere illi conjugem faceret (*Gen.* II, 21). Non enim non po-

« Moi, je me suis endormi et j'ai pris du sommeil (*Ps.* III, 6). » Ici, il a exprimé son pouvoir, sa volonté de dormir. Il pouvait, dans cet autre psaume, dire simplement : Je me suis endormi, comme il le dit dans celui-ci. Mais que veut dire : « Moi, je me suis endormi ? » Cela veut dire : j'ai dormi, parce que je l'ai voulu. Ils ne m'ont pas contraint au sommeil malgré moi, j'ai dormi par l'effet de ma volonté, selon ces paroles : « J'ai le pouvoir de déposer ma vie et le pouvoir de la reprendre (*Jean.* x, 8). » C'est pourquoi dans ce même psaume il est dit : « Moi, je me suis endormi, et j'ai pris pris du sommeil, et je me suis réveillé, parce que le Seigneur me prendra sous sa protection (*Ps.* III, 6). »

12. « Je me suis endormi dans le trouble. » Pourquoi dans le trouble ? Par qui troublé ? Voyons comment la mauvaise conscience des Juifs, qui se veulent excuser d'avoir mis à mort le Seigneur, la brûle. Les Juifs, comme le raconte l'Évangile, livrèrent Jésus au juge, pour ne point paraître le faire mourir eux-mêmes. En effet, Pilate qui était alors le juge romain, leur ayant dit : « Prenez-le vous-mêmes et jugez-le selon votre loi, » ils répondirent : « Il ne nous est permis de faire mourir personne (*Jean,* XVIII, 31). » S'il ne vous est pas permis de donner la mort, vous est-il permis de livrer quelqu'un pour qu'il soit mis à mort ? Qui est celui qui tue, dans cette circonstance ? Celui qui cède à des cris acharnés, ou celui qui, par ses vociférations a arraché au juge la mort de sa victime ? Que le Seigneur lui-même, dans l'Évangile, rende témoignage de son meurtrier ; qu'il dise s'il a été tué par Pilate qui l'a livré à la mort malgré lui, qui ne l'a fait fouetter de verges, ne l'a revêtu d'une robe ignominieuse (*Jean.* XIX, 1 et suiv.), et ne l'a exposé aux yeux des Juifs après la flagellation, que pour les rassasier du moins par la peine du fouet, et empêcher qu'ils ne lui arrachassent sa mort. Car encore, voyant ensuite qu'ils s'opiniâtraient dans leur fureur, il se lava les mains, comme nous le lisons dans l'Évangile, et il leur dit : « Je suis innocent du sang de ce juste (*Matth.* XXVII, 24). » Voyez s'il est innocent, celui qui ne fit que céder aux clameurs d'un peuple injuste ; mais ceux-là furent bien plus coupables qui, par leurs cris, l'ont tué de propos délibérés. Mais interrogeons le Seigneur et demandons-lui à qui il attribue sa mort, quand il dit : « J'ai dormi dans le trouble. » Interrogeons-le et disons-lui : Puisque vous avez dormi dans le trouble, quels sont ceux qui vous ont persécuté ? quels sont ceux qui vous ont tué ? Est-ce par hasard Pilate, qui vous a remis aux mains des

---

terat uxorem facere primo homini etiam de latere vigilantis, aut propterea voluit eum dormire, ne sentiret cum sibi costa detraheretur. Postremo, quis ita dormit, ut osse sibi convulso non expergiscatur? Qui potuit sine dolore auferre costam dormienti, potuit et vigilanti. Sed quare voluit dormienti facere? Quia dormienti Christo in cruce facta est conjux de latere. Percussum est enim latus pendentis de lancea, et profluxerunt Ecclesiæ sacramenta (*Johan.* XIX, 34). « Dormivi, inquit, conturbatus. » Et in alio Psalmo manifestat hoc, ubi ait, Ego dormivi, et somnum cepi (*Psal.* III, 6). Ibi expressit potestatem suam. Poterat et illic dicere, Dormivi : sicut dixit hic. Quid est autem, Ego dormivi? Id est, quia volui, dormivi. Non illi me in somnum nolentem compulerunt ; sed mea voluntate ego dormivi, secundum illud : « Potestatem habeo ponendi animam meam, et potestatem habeo iterum sumendi eam (*Johan.* x, 18). » Propterea ibi sequitur, et dicit, « Ego dormivi, et somnum cepi, et exsurrexi, quoniam Dominus suscipiet me. »

12. « Dormivi conturbatus : « Unde turbatus? quibus turbantibus? Videamus quomodo (*a*) inurat malam conscientiam Judæis, volentibus excusare se ab interfectione Domini. Nam propterea eum, sicut loquitur Evangelium, judici tradiderunt, ne ipsi eum occidisse viderentur. Cum enim dixisset eis judex tunc Pilatus, « Accipite eum vos, et secundum Legem vestram judicate eum : responderunt, Nobis non licet interficere quemquam (*Johan.* XVIII, 31). » Interficere non licet, tradere interficiendum licet? Quis autem occidit? qui audito clamore cessit, an qui clamando ut occideretur extorsit? Ipse Dominus dicat testimonium a quibus occisus est, utrum ab illo Pilato, qui nolens eum occidit : unde etiam eum flagellavit, et veste ignominiosa induit, et flagellatum ad eorum oculos produxit, ut saltem pœna flagellorum ejus satiati, eum occidi non extorquerent (*Johan.* XIX, 1, etc.). Propterea etiam cum videret eos perseverare, sicut legimus, lavit manus suas, et dixit, « Innocens ego sum a sanguine justi hujus (*Matth.* XXVII, 27). » Videris utrum ille innocens, qui vel

---

(*a*) Sic septem MSS. At editi, *indurat* : mendose.

soldats pour être suspendu sur le bois de la croix et transpercé de clous? Écoutez la réponse : « Les enfants des hommes (*Ps.* LVI, 5). » Il dit donc clairement quels sont ceux dont il a souffert les persécutions. Mais comment ceux qui ne portaient point d'armes, l'ont-ils tué? Comment l'ont tué ceux qui n'ont point tiré le glaive, qui ne se sont pas précipités sur lui pour l'immoler? Comment l'ont-ils tué? « Les enfants des hommes ont eu leurs dents pour armes et pour flèches, et leur langue a été un glaive affilé. » Ne dites pas que leurs mains sont désarmées, faites attention que leur bouche est armée, et que de leur bouche est sorti le glaive qui devait tuer le Christ ; de même que, de la bouche du Christ est sorti celui qui doit tuer les Juifs. En effet, le Christ a dans la bouche l'épée à deux tranchants (*Apoc.* I, 16), et en ressuscitant il en a frappé les Juifs, et il a séparé d'entre eux ceux dont il voulait faire ses fidèles. Leur glaive était mauvais, le sien est bon ; leurs flèches étaient meurtrières, les siennes sont salutaires. Car, il a des flèches bienfaisantes, ses douces paroles, dont il perce le cœur fidèle, pour être aimé de lui. Bien différentes sont les flèches de ces hommes, bien différent est leur glaive. « Les enfants des hommes ont leurs dents pour armes et pour flèches, et leur langue est comme un glaive affilé. » La langue des enfants des hommes a été comme un glaive affilé et leurs dents leur ont servi d'armes et de flèches. Quand donc l'ont-ils frappé, si ce n'est lorsqu'ils ont crié : « Crucifiez-le, crucifiez-le (*Matth.* XXVII, 4, et *Jean.* XIX, 6) ? »

13. Et que vous ont-ils fait, ô Seigneur? Ici, que le Prophète se livre à son transport! Dans tous les versets précédents, en effet, c'était le Seigneur qui parlait ; ou plutôt le Prophète parlait en représentant la personne du Seigneur, parce que le Seigneur était dans le Prophète. Et quand le Prophète parle en son propre nom, c'est encore le Seigneur qui parle par sa bouche, et lui dicte la vérité qu'il doit dire. Écoutez donc, mes frères, ce que le Prophète va vous dire en son propre nom. Il a vu, par l'inspiration de l'Esprit-Saint, le Seigneur humilié, frappé, fouetté, souffleté, accablé de coups, souillé de crachats, couronné d'épines, suspendu au bois de la croix ; il a vu leur fureur, il a vu sa patience ; il a vu leur joie triomphante, il a vu sa défaite apparente : l'Esprit divin lui a montré ce spectacle. Mais après toute son humiliation et toute leur fureur, il l'a vu ressusciter ; il a vu réduit à néant tout ce que les juifs avaient fait dans leur rage, et transporté d'espoir, comme s'il était le

---

cessit clamantibus : multo magis tamen illi nocentes, qui clamando eum occidere voluerunt. Sed nos interrogemus et audiamus Dominum, quibus tribuat mortem suam, quia dixit, « Dormivi turbatus. » Interrogemus eum, et dicamus, Quoniam dormisti turbatus, qui te persecuti sunt? qui te occiderunt? numquid forte Pilatus, qui militibus dedit in ligno suspendendum, clavis transfigendum? Audite qui : « Filii hominum (*Psal.* LVI, 5). » Illos utique dicit, quos persecutores passus est. Sed quomodo ipsi occiderunt, qui ferrum non ferebant? Qui gladium non strinxerunt, qui impetum in eum non fecerunt ad occidendum, unde occiderunt? « Dentes eorum arma et sagittæ, et lingua eorum gladius acutus. » Noli adtendere inermes manus, sed os armatum : inde gladius processit, quo Christus occideretur ; quomodo et de ore Christi, unde et Judæi occiderentur. « Habet enim ille gladium bis acutum : (*a*) et resurgens percussit eos, et divisit ab eis quos faceret fideles suos (*Apoc.* I, 16). » Illi malum gladium, ille bonum : illi sagittas malas, ille bonas. Nam habet et ipse sagittas bonas, verba bona, unde sagittat cor fidele, ut ametur. Ergo aliæ istorum sagittæ, et alius istorum gladius. « Filii hominum dentes eorum arma et sagittæ, et lingua eorum machæra acuta. » Lingua filiorum hominum machæra acuta, et dentes eorum arma et sagittæ. Quando ergo percusserunt, nisi quando clamaverunt, « Crucifige, crucifige (*Matth.* XXVII, 4 ; *Johan.* XIX, 6)? »

13. Et quid tibi fecerunt, o Domine? Exsultet hic Propheta. Superius enim omnes illos versus Dominus loquebatur : Propheta quidem, sed ex persona Domini, quia in Propheta Dominus. Et quando loquitur ex persona sua Propheta, ipse Dominus loquitur per eum, qui ei dictat veritatem quam loquatur. Modo ergo ex persona Prophetæ, audite Fratres mei. Vidit Dominum in Spiritu iste Propheta humiliatum, cæsum, flagellatum, colaphis percussum, expalmatum manibus, sputis illitum, spinis coronatum, ligno suspensum : illos sævientes, illum tolerantem ; illos exultantes, illum quasi victum vidit in Spiritu : et post illam jam omnem humilia-

---

(*a*) Hic editi addunt, *occidentis et resurgentis* : quod abest a MSS.

témoin de ce fait, il s'est écrié : « Élevez-vous au-dessus des cieux, ô mon Dieu ! » Homme sur la croix, Dieu au-dessus des cieux. Que ceux qui ont déchaîné leur fureur contre vous, restent sur terre, et vous, montez au ciel pour les juger. Où sont-ils ces furieux ? Où sont les dents qui étaient leurs armes et leurs flèches ? « Les plaies qu'ils font ne sont-elles pas comme les plaies que font des flèches d'enfants (Ps. LXIII, 8) ? » En effet, c'est ainsi que le Prophète exprime, dans un autre psaume, l'inutilité de leur cruauté, et les vaines fureurs dans lesquelles ils se sont précipités, puisqu'ils n'ont rien pu faire contre le Christ crucifié pour une heure, et ensuite ressuscité et assis dans le ciel. « Les plaies qu'ils font sont comme les plaies que font des flèches d'enfants (Ps. LXIII, 8). » Avec quoi les enfants se font-ils des flèches ? Avec des roseaux. Mais quelles flèches ? Quelles forces ? Quels arcs ? Quelles blessures ? « Élevez-vous, ô mon Dieu, au-dessus des cieux, et que votre gloire se répande sur toute la terre. » Comment, ô mon Dieu, êtes-vous élevé au-dessus des cieux ? Mes frères, nous ne voyons pas l'élévation de Dieu au-dessus des cieux, mais nous y croyons ; quant à la diffusion de sa gloire sur toute la terre, non-seulement nous y croyons, mais nous en sommes témoins. Or remarquez, je vous prie, l'excès de folie des hérétiques. Séparés de l'unité de l'Église du Christ, s'attachant à une partie et perdant le tout, ils refusent de participer à la communion du monde entier, où se trouve répandue la gloire du Christ. Nous, catholiques, nous sommes au contraire dans toute la terre, parce que nous sommes en communion avec toute la terre, partout où est répandue la gloire du Christ. Nous voyons, en effet, que ce qui a été chanté par le Prophète est maintenant accompli. Notre Dieu s'est élevé au-dessus des cieux, et sa gloire brille sur toute la face de la terre. O folle hérésie ! Ce que tu ne vois pas, tu le crois avec moi ; ce que tu vois, tu le nies. Tu crois avec moi que le Christ est élevé au-dessus des cieux, ce que nous ne voyons pas ; et tu nies la diffusion de sa gloire sur toute la terre, ce que nous voyons ! « Élevez-vous, ô mon Dieu, au-dessus des cieux, et que votre gloire se répande sur toute la terre. »

14. Le prophète revient à des paroles prononcées par le Seigneur : et le Seigneur lui-même commence un récit, comme s'il nous parlait, en même temps que le Prophète s'écriait dans les transports de sa joie : « O mon Dieu, élevez-vous au-dessus des cieux, et que votre gloire se répande sur toute la terre ! » Dieu semble nous rassurer, comme s'il nous disait : Qu'ont-ils pu contre moi, ceux qui m'ont persécuté ? Mais pourquoi nous parle-t-il ainsi ? Parce

tionem, et illorum furorem, resurrexisse eum, et illa omnia quæ fecerant Judæi sævientes facta esse inania ; et (a) elatus gaudio, tamquam videret fieri, « Exaltare, inquit, super cœlos Deus (Psal. LVI, 6). » Homo in cruce, et super cœlos Deus. Remaneant in terra sævientes, tu in cœlo esto judicans. Ubi sunt qui furebant ? ubi sunt dentes eorum arma et sagittæ ? Nonne sagittæ infantium factæ sunt plagæ eorum ? Alio enim loco Psalmus hoc dicit, volens vos ostendere inaniter sævisse, et inaniter in furias præcipitatos esse : quoniam nihil potuerunt facere Christo ad horam crucifixo, et postea resurgenti, atque in cœlo sedenti : « Sagittæ infantium factæ sunt plagæ eorum (Psal. LXIII, 8). » Quomodo infantes faciunt sibi sagittas ? De (b) cannis ? Sagittæ autem quæ ? aut quæ vires ? aut qui arcus ? aut qui ictus ? aut quod vulnus ? « Exaltare super cœlos Deus, et super omnem terram gloria tua. » Ut quid exaltaris super cœlos Deus ? Fratres, exaltatum Deum super cœlos non videmus, sed credimus : super omnem autem terram gloriam ejus non tantum credimus, sed etiam videmus. Qualem vero væsaniam patiantur hæretici, quæso ut adtendatis. Illi præcisi a compagine Ecclesiæ Christi, et partem tenentes, totum amittentes, nolunt communicare orbi terrarum, qua diffusa est gloria Christi. Nos autem Catholici in omni terra sumus, quia omni terræ communicamus quacumque gloria Christi diffusa est. Videmus enim quod tunc cantatum est, modo completum. Exaltatus est super cœlos Deus noster, et super omnem terram gloria ipsius. O hæretica insania ! Quod non vides credis mecum, quod vides negas : credis mecum exaltatum Christum super cœlos, quod non videmus ; et negas gloriam ejus super omnem terram, quod videmus. « Exaltare super cœlos Deus, et super omnem terram gloria tua. »

14. Redit ad verba Domini : et ipse Dominus narrare nobis incipit, tamquam alloquens nos, exsultante etiam Propheta et dicente, « Exaltare super cœlos Deus, et super omnem terram gloria tua. »

(a) Sic MSS. At editi, elevatus. (b) MSS. de cannictis.

que ses persécuteurs sont les nôtres. Mais ceux qui nous persécutent de la même manière ne peuvent rien non plus contre nous. Que Votre Charité soit donc attentive aux paroles du Seigneur qui nous exhorte par son exemple : « Ils ont préparé un piége sous mes pieds et ils ont courbé mon âme (*Ps.* LVI, 12). » Ils ont voulu en quelque sorte m'arracher du ciel et me faire passer sous terre. « Ils ont courbé mon âme. Ils ont creusé une fosse devant moi et ils y sont eux-mêmes tombés (*Ibid.*). » Est-ce à moi, est-ce à eux qu'ils ont nui? Voilà que le Christ s'est élevé au-dessus des cieux et que sa gloire a éclaté sur toute la face de la terre : nous voyons le royaume du Christ, où est le royaume des Juifs? Parce qu'ils ont fait ce qu'ils ne devaient pas faire, le châtiment qu'ils ont mérité est donc venu sur eux. « Ils ont creusé une fosse et ils y sont tombés. » En effet leurs persécutions contre le Christ n'ont pas nui au Christ, mais elles leur ont nui à eux-mêmes. Et ne croyez pas, mes frères, qu'ils soient les seuls auxquels il en soit arrivé autant. Quiconque prépare une fosse, pour y faire choir son frère, y tombe inévitablement. Réfléchissez, mes frères, regardez toutes ces choses avec des yeux de chrétiens et ne vous laissez pas tromper par les choses visibles. Peut-être, en effet, quelqu'un de vous, en entendant mes paroles, se souvient-il d'avoir vu un homme chercher à tromper son frère, chercher à lui tendre des embûches, les lui tendre en effet et réussir; son frère est tombé dans ses piéges et il a été dépouillé, ou opprimé, ou jeté en prison, ou accablé par un faux témoignage, ou circonvenu par une accusation calomnieuse; ce malheureux paraît opprimé et l'autre oppresseur, le premier semble vaincu et l'autre vainqueur; et l'on croit que nous avons eu tort de dire que quiconque creuse une fosse, pour y faire choir son frère, y tombe lui-même. Je vous interroge comme des chrétiens, pour que vous preniez exemple sur ce que nous savons déjà. Les païens ont persécuté les martyrs et les martyrs ont été pris, ils ont été chargés de chaînes, ils ont été jetés en prison, ils ont été livrés aux bêtes, les uns ont été frappés avec le fer, les autres ont été exposés aux flammes et brûlés; est-ce que les persécuteurs ont remporté la victoire; est-ce que les martyrs ont été vaincus? Non. Cherchez la gloire des martyrs auprès de Dieu; cherchez la fosse creusée par les païens dans le gouffre de leur conscience; car là, dans la mauvaise conscience, est la fosse où tombe l'impie. Croyez-vous que celui-là ne soit pas tombé dans la fosse, qui a perdu la foi du Christ et a été frappé d'aveuglement? S'il n'était tombé dans la fosse, il verrait

---

Confirmat nos et ipse, tamquam dicens nobis, Quid mihi facere potuerunt illi qui me persecuti sunt? Quare autem nos alloquitur? Quia faciunt et nobis. Sed nihil faciunt qui nos similiter fuerint persecuti. Videat enim Caritas Vestra alloquentem nos Dominum, et exhortantem nos exemplo suo. « Muscipulam paraverunt pedibus meis, et incurvaverunt animam meam (*Psal.* LVI, 12) : » Voluerunt illam quasi de cœlo deponere, et ad inferiora deprimere : « Curvaverunt animam meam : foderunt ante faciem meam foveam, et ipsi inciderunt in eam (*Ibid.*). » Mihi nocuerunt, an sibi? Ecce ille exaltatus est super cœlos Deus, et ecce super omnem terram gloria ipsius : regnum Christi videmus, ubi est regnum Judæorum? Quoniam ergo fecerunt quod facere non debuerunt, factum est in illos quod pati debuerunt : ipsi foderunt foveam, et ipsi inciderunt in eam. Quod enim persecuti sunt Christum, Christo non obfuit, sed ipsis obfuit. Et nolite putare, Fratres, ipsis solis hoc accidisse. Omnis qui parat foveam fratri suo, necesse est ut ipse incidat in eam. Intendite Fratres mei, Christianos oculos habete, nolite decipi visibilibus. Forte enim alicui vestrum, quia hoc dixi, subvenit modo aliquis qui voluit fratri suo fraudem facere, et voluit ei aliquas insidias machinari, et machinatus est, et implevit, et cecidit frater in insidias ejus, et spoliatus est, aut pressus est, sive carcere, sive falso testimonio, sive aliqua nefaria criminatione circumventus : videtur autem iste oppressus, ille oppressisse; iste victus, ille vicisse; et falsum putatur quod diximus, quoniam quicumque foveam paraverit fratri suo, ipse cadit in eam. Interrogo vos tamquam Christianos, ut sumatis exemplum de his quæ jam novimus. Pagani persecuti sunt Martyres, et Martyres capti sunt, ligati sunt, in carcerem missi sunt, bestiis (*a*) subrecti sunt, alii ferro percussi, alii ignibus concremati : vicerunt persequentes, et victi sunt Martyres? absit. Quære gloriam Martyrum apud Deum, quære foveam Paganorum in confossa conscientia : ibi est enim fovea quo cadit im-

---

(*a*) Editi, *bestiis subjecti*. At MSS *bestiis subrecti*. V. Not. sup. pag. 518.

devant lui; mais il ne sait où aller, il a perdu son chemin, comme celui qui au milieu de sa route est tombé dans une fosse. Vous voyez donc que tous les malfaiteurs ont perdu leur chemin, embarrassés qu'ils sont dans leur propre crime. Mais peut-être votre ennemi vous a-t-il déjà livré aux mains d'un voleur, ou aux mains d'un juge inique qu'il a circonvenu; et vous êtes dans la peine, tandis qu'il se réjouit et qu'il triomphe. Gardez-vous, je l'ai déjà dit, d'avoir des yeux de païen, ayez des yeux de chrétien; vous voyez votre ennemi transporté de joie, sa joie même est la fosse dans laquelle il tombe. Car mieux vaut la tristesse de celui qui souffre l'injutice que la joie de celui qui commet l'injustice. La joie de celui qui commet l'injustice, voilà la fosse; et quiconque y tombe, perd la vue. Vous vous plaignez parce que vous avez perdu un vêtement, et vous ne plaignez pas cet homme d'avoir perdu la foi? Qui de vous deux a souffert le plus rude dommage? Ou encore, voici qu'il vous tue et que vous êtes tué; vit-il, et vous, êtes-vous mort? Non. Que dit la foi des chrétiens? Quel est celui qui ne meurt que pour un temps? Écoutez le Seigneur : « Celui qui croit en moi vit, lors même qu'il serait mort (*Jean.* XI, 25). » Donc celui qui ne croit pas est mort, quand même il serait vivant. « Ils ont creusé une fosse devant moi et ils y sont eux-mêmes tombés. » Tel est inévitablement le sort réservé à tous les méchants.

15. Mais la patience des bons prépare leur cœur à se soumettre à la volonté de Dieu; ils se glorifient dans les afflictions et, comme le Prophète, ils disent : « Mon cœur est prêt, mon Dieu, mon cœur est prêt; je chanterai et psalmodierai (*Ps.* LVI, 8). » Que m'a fait mon ennemi? Il a préparé une fosse; mon cœur est prêt. Il a préparé une fosse pour me tromper, et je ne préparerais pas mon cœur pour souffrir ses outrages? Il a préparé une fosse pour m'opprimer, et je ne préparerais pas mon cœur pour supporter l'oppression? C'est pourquoi il tombera dans cette fosse, et moi je chanterai et je psalmodierai. Écoutez l'Apôtre; son cœur est prêt, parce qu'il a imité son Seigneur : « Nous nous glorifions, dit-il, dans les afflictions, car l'affliction produit la patience, la patience l'épreuve, l'épreuve l'espérance, et l'espérance ne sera pas confondue, parce que l'amour de Dieu a été répandu dans nos cœurs par l'Esprit-Saint, qui nous a été donné (*Rom.* V. 3 et suiv.). » L'Apôtre était dans les tourments, dans les chaînes, dans les prisons; il était couvert de plaies, il souffrait la faim, la soif, le froid et la nudité, il était dévoré par tous les genres de douleurs et de souffrances (II *Cor.* XI, 27), et il disait : Nous nous glorifions dans les tribulations. Pour-

---

pius, in conscientia mala. Putas eum in foveam non cecidisse, qui lucem Christi perdidit, et cæcitate percussus est? Si non caderet in foveam, videret ante se : nescit qua eat, quomodo qui ambulat in via cum ceciderit in foveam, perdidit viam. Videtis ergo omnes malefactores perdidisse viam, implicatos facinore. Sed jam te tradidit in manus forte latronis, aut in manus alicujus injusti vel circumventi a se judicis, et tu in pressura es, ille lætatur, ille exsultat. Noli, jam dixi, noli habere oculos Paganorum : Christianos oculos habe. Vides illum qui exsultat : ipsa exsultatio est fovea ipsius. Melior est enim tristitia iniqua patientis, quam lætitia iniqua facientis. Ipsa lætitia iniqua facientis, ipsa est fovea : illuc quisque cum ceciderit, oculos perdit. Te doles, quia perdidisti vestem; et illum non doles, quia perdidit fidem? Quis vestrum graviore damno percussus est? Ecce ille occidit, tu occideris : vivit ille, tu mortuus es? absit. Ubi est fides Christianorum? ubi est ille qui moritur ad tempus? Audiat Dominum suum : « Qui credit in me, licet moriatur, vivit. Ergo qui non credit, licet vivat, mortuus est (*Johan.* II, 25). »

« Foderunt ante faciem meam foveam, et ipsi inciderunt in eam. » Omnibus malis necesse est ut hoc contingat.

15. Bonorum autem patientia præparatione cordis excipit voluntatem Dei, et gloriatur in tribulationibus, dicens quod sequitur : « Paratum cor meum Deus, paratum cor meum; cantabo et psallam (*Psal.* LVI, 8). » Quid fecit mihi? Paravit foveam, cor meum paratum est. Ille paravit foveam ad decipiendum, ego cor non parabo ad perpetiendum? Ille paravit foveam ad opprimendum, ego cor non parabo ad tolerandum? Propterea ille incidet in eam, ego autem cantabo et psallam. Audi cor paratum in Apostolo, quia imitatus est Dominum suum : « Gloriamur, inquit, in tribulationibus; quia tribulatio patientiam operatur, patientia probationem, probatio spem, spes vero non confundit : quia caritas Dei diffusa est in cordibus nostris per Spiritum-sanctum qui datus est nobis (*Rom.* V, 3, etc.). » Erat in pressuris, in catenis, in carceribus, in plagis, in fame et siti, in frigore et nuditate, in omni vastatione laborum et dolorum, et dicebat, Gloriamur in tribulatio-

quoi parlait-il ainsi, si ce n'est parce que son cœur était préparé? Il chantait donc, et il psalmodiait : « Mon cœur est prêt, mon Dieu, mon cœur est prêt ; je chanterai et je psalmodierai. »

16. « Levez-vous, ô ma gloire (*Ps.* LVI, 9)! » Celui qui s'est enfui dans une caverne, de devant Saül, s'écrie : « Levez-vous, ô ma gloire! » Que Jésus soit glorifié après sa passion. « Psaltérion et cithare, levez-vous (*Ibid.*). » Qu'appelle-t-il? Que veut-il voir se lever? Je vois là deux instruments à chanter, mais je ne vois qu'un seul corps du Christ ; une seule chair est ressuscitée et deux instruments se sont levés. L'un est le psaltérion et l'autre est la cithare. On donne en latin le nom d'*organum* à tout instrument de musique. On n'appelle pas seulement de ce nom le grand instrument où l'on fait entrer l'air au moyen de soufflets, mais tout instrument matériel, propre à accompagner le chant, dont se sert celui qui chante. Or, ces instruments, à chacun desquels on peut donner en latin le nom générique d'*organum*, sont distincts les uns des autres, et je veux (autant que le Seigneur me donnera de le faire,) vous montrer, et comment ils sont distincts, et pourquoi ils sont distincts, et pourquoi le Prophète dit à l'un et à l'autre : « Levez-vous! » Nous l'avons déjà dit, la seule chair du Seigneur est ressuscitée et cependant le Prophète s'écrie : « Psaltérion et cithare, levez-vous. » Le psaltérion est un instrument que porte à la main celui qui en joue, et sur lequel des cordes sont tendues. Mais l'endroit d'où les cordes reçoivent leur son, ou le bois creux, qui est suspendu et qui résonne lorsqu'il est touché, parce qu'il contient de l'air, est placé dans le psaltérion au haut de l'instrument. Dans la cithare, au contraire, cette cavité sonore est placée en bas. Par conséquent, dans le psaltérion, les cordes reçoivent le son d'en haut, et dans la cithare, les cordes reçoivent le son d'en bas; c'est ce qui fait la différence entre le psaltérion et la cithare. Que nous figurent donc ces deux instruments? Car nous voyons que Notre-Seigneur Jésus-Christ réveille à la fois son psaltérion et sa cithare, et dit : « Je me lèverai dès le matin. » Je pense que vous avez déjà reconnu qu'il s'agit ici du Seigneur au moment de sa résurrection. Nous le lisons dans l'Évangile (*Marc*, XVI, 1); voyez l'heure de sa résurrection. Combien de temps avait-on cherché le Christ dans les ténèbres? Le jour a brillé, vous pouvez le reconnaître; il est ressuscité au point du jour. Mais que signifie le psaltérion? que signifie la cithare? Au moyen de sa chair, le Seigneur a opéré deux sortes d'œuvres, il a fait des miracles et il a supporté des souffrances : les miracles venaient d'en haut, les souffrances venaient d'en bas. En effet les miracles qu'il a faits étaient

---

nibus (II *Cor.* II, 27). Unde, nisi quia paratum est cor ejus? Ideo cantabat et psallebat : « Paratum cor meum Deus, paratum cor meum ; cantabo et psallam. »

16. « Exsurge gloria mea (*Psal.* LVI, 9). » Ille qui fugerat a facie Saül in speluncam : « Exsurge gloria mea : » glorificetur Jesus post passionem. « Exsurge psalterium et cithara. » Quid vocat, ut surgat? Duo organa video, corpus autem Christi unum video : una caro resurrexit, et duo organa surrexerunt. Alterum ergo organum psalterium, alterum cithara. Organa dicuntur omnia instrumenta Musicorum. Non solum illud organum dicitur, quod grande est, et inflatur follibus ; sed quidquid aptatur ad cantilenam, et corporeum est, quo instrumento utitur qui cantat, organum dicitur. Distincta sunt autem inter se ista organa ; et volo, quantum Dominus dat, indicare vobis, et quomodo distincta sunt, et quare distincta, et quare utrique dicatur, « Exsurge. » Jam diximus, una caro Domini resurrexit ; et dicitur, « Exsurge psalterium et cithara. » Psalterium est organum, quod quidem manibus fertur percutientis, et chordas distentas habet ; sed illum locum unde sonum accipiunt chordæ, illud concavum lignum quod pendet et tactum resonat, quia concipit aerem, psalterium in superiore parte habet. Cithara autem hoc genus ligni concavum et resonans in inferiore parte habet. Itaque in psalterio chordæ sonum de super accipiunt : in cithara autem chordæ sonum ex inferiore parte accipiunt, hoc interest inter psalterium et citharam. Quid ergo duo hæc organa nobis figurant? Excitat enim Christus Dominus Deus noster psalterium suum et citharam suam ; et dicit, « Exsurgam diluculo. » Puto quia hic jam agnoscitis Dominum resurgentem. Legimus in Evangelio : videto horam resurrectionis (*Marci*, XVI, 1). Quamdiu per umbras (*a*) quærebatur Christus ? Luxit, agnoscatur ; diluculo resurrexit. Sed quid est psalterium? quid est cithara? Per carnem suam Dominus duo genera factorum operatus est. mira-

---

(*a*) Nonnulli codices, *quæretur Christus?* Postea editi ferebant, *Lux itaque.* At MSS. *Luxit.*

des œuvres de sa puissance divine ; mais il les a faits au moyen de son corps, il les a faits au moyen de sa chair. Donc la chair faisant des œuvres divines, c'est le psaltérion ; la chair supportant des souffrances humaines, c'est la cithare. Que le psaltérion résonne : que les aveugles recouvrent la vue, que les sourds entendent, que les paralytiques recouvrent le mouvement, que les boiteux marchent, que les malades se lèvent, que les morts ressuscitent ; voilà les sons du psaltérion. Que la cithare résonne à son tour : que le Christ ait faim, qu'il ait soif, qu'il dorme, qu'il soit fait captif, qu'il soit flagellé, qu'il soit bafoué, qu'il soit crucifié, qu'il soit enseveli. Quand donc nous voyons certaines œuvres de la chair du Sauveur retentir d'en haut, et d'autres œuvres retentir d'en bas, tandis qu'une seule chair ressuscite, nous reconnaissons dans cette seule chair tour à tour et le psaltérion et la cithare. Or ces deux faits d'ordres si distincts ont rempli l'Évangile, et voilà ce que la prédication annonce parmi les nations ; car les miracles et les souffrances du Seigneur sont également publiés.

17. Celui qui est psaltérion et cithare s'est donc levé au point du jour, et il glorifie le Seigneur. Que dit-il ? « Je vous glorifierai, Seigneur, parmi les peuples et je vous chanterai des psaumes parmi les nations, parce que votre miséricorde a été glorifiée jusque dans les cieux et votre vérité jusque dans les nuées (*Ps.* LVI, 10 et 11). » Les cieux sont au-dessus des nuées, et les nuées sont au-dessous des cieux, et cependant les nuées font partie de ce ciel qui est proche de nous. Mais quelquefois les nuées semblent s'appuyer sur les montagnes, tant est rapproché de nous l'air dans lequel elles se forment. Au contraire, le ciel est tout en haut ; il est l'habitation des Anges, des Trônes, des Dominations, des Principautés et des Puissances. Il semblerait donc plus juste peut-être que le Prophète eût dit : Votre vérité a été glorifiée jusque dans les cieux, et votre miséricorde jusque dans les nuées. En effet, dans le ciel, les anges louent Dieu qu'ils voient dans la vérité de son être, sans que rien obscurcisse leur vue, sans qu'aucune ombre mensongère ne se place devant leurs yeux : ils le voient, l'aiment, le glorifient et ne se lassent jamais. C'est dans le ciel que réside la vérité ; ici-bas, au contraire, notre misère a sans cesse besoin de la miséricorde, car c'est au misérable qu'il faut faire miséricorde. La miséricorde est inutile dans le ciel, où nul n'est misérable. C'est pourquoi je vous ai dit qu'il aurait paru plus convenable de dire : votre vérité a été glorifiée jusque dans les cieux et votre miséricorde jusque dans les nuées. En effet, par les nuées nous comprenons les prédi-

---

cula et passiones : miracula de super fuerunt, passiones de inferiore fuerunt. Illa enim quæ fecit miracula, divina erant ; sed per corpus fecit, per carnem fecit. Caro ergo divina operans, psalterium est : caro humana patiens, cithara est. Sonet psalterium, illuminentur cæci, audiant surdi, stringantur paralytici, ambulent claudi, surgant ægroti, resurgant mortui : iste est sonus psalterii. Sonet et cithara, esuriat, sitiat, dormiat, teneatur, flagelletur, irrideatur, crucifigatur, sepeliatur. Cum ergo vides in illa carne quædam sonuisse de super, quædam de inferiore parte, una caro resurrexit, et in una carne agnoscimus et psalterium et citharam. Et ista duo genera factorum impleverunt Evangelium, et prædicatur in gentibus : nam et miracula et passiones Domini prædicantur.

17. Ergo surrexit psalterium et cithara diluculo, et confitetur Domino : et quid ait ? « Confitebor tibi in populis Domine, et psallam tibi in gentibus (*Psal.* LVI, 10) : » « quia magnificata est usque ad cœlos misericordia tua, et usque ad nubes veritas tua (*Ibid.* 11). » Cœli supra nubes, et nubes infra cœlos : et tamen ad hoc cœlum proximum pertinent nubes. Sed aliquando nubes recumbunt in montibus, usque adeo in proximo aere conglomerantur. Cœlum autem sursum est, habitationes Angelorum, Sedium, Dominationum, Principatuum, Potestatum. Illud ergo forte videatur fuisse dicendum, Magnificata est usque ad cœlos veritas tua, et usque ad nubes misericordia tua. Etenim in cœlo Angeli laudant Deum, videntes ipsam speciem veritatis, sine ulla caligine visionis, sine (*a*) interpolatione aliqua falsitatis : vident, diligunt, laudant, non fatigantur. Ibi veritas : hic autem in nostra miseria utique misericordia. Misero enim præbenda est misericordia. Non enim opus est misericordia sursum, ubi nullus est miser. Hoc propterea dixi, quia videtur congruentius dici potuisse, Magnificata est usque ad cœlos veritas tua, et usque ad nubes misericordia tua. Nubes enim intelligimus prædicatores veritatis, homi-

(*a*) Plerique MSS. *sine interpellatione.*

cateurs de la vérité, c'est-à-dire des hommes, portant cette chair encore obscure en une certaine façon, du sein de laquelle Dieu fait briller ses miracles et retentir le tonnerre de ses commandements. C'est de ces mêmes nuées que parle le Prophète Isaïe, représentant la personne du Seigneur, lorsque, réprimandant une vigne mauvaise, stérile et couverte d'épines, il dit : « Je donnerai des ordres à mes nuées, et je leur défendrai de répandre la pluie sur elle (*Is*. v, 6); » c'est-à-dire : j'ordonnerai à mes Apôtres d'abandonner les Juifs, et leur défendrai de prêcher l'Évangile à ce peuple, tandis qu'ils évangéliseront la terre fertile des Gentils, qui ne produira ni épines ni broussailles, mais qui donnera des raisins. Nous savons donc que ces nuées sont les prédicateurs de la vérité, les Prophètes, les Apôtres, tous ceux qui annoncent avec droiture la parole de vérité et qui ont en eux la lumière cachée, comme les nuées recèlent les éclairs. Les nuées sont donc des hommes. Que signifient donc ces paroles, Seigneur : « Parce que votre miséricorde a été glorifiée jusque dans les cieux et votre vérité jusque dans les nuées? » La vérité règne dans toute sa puissance parmi les anges, mais vous l'avez aussi donnée aux hommes et vous l'avez fait descendre jusque dans les nuées. Dans le ciel, les anges paraissent n'avoir pas besoin de la miséricorde, mais parce que vous avez pitié de la misère des hommes, et qu'en leur accordant votre miséricorde vous faites d'eux des anges par la participation à la résurrection, votre miséricorde s'étend jusque dans les cieux. Gloire à Notre-Seigneur, à sa miséricorde et à sa vérité : à sa miséricorde, parce qu'elle n'a pas cessé de nous rendre heureux par la grâce et ne nous a jamais privés de la vérité; à sa vérité, parce qu'elle a daigné, sous l'enveloppe de la chair, descendre d'abord jusqu'à nous et, par le moyen de cette même chair, guérir l'œil intérieur de notre cœur, afin que nous puissions ensuite la voir face à face (I *Cor*. XIII, 12). Rendons-lui donc des actions de grâces et chantons, avec le psalmiste, ces derniers versets qu'il a lui-même chantés, il y a si longtemps : « Élevez-vous, mon Dieu, au-dessus des cieux, et que votre gloire se répande sur toute la terre! » Voilà, en effet, ce que le Prophète a prédit du Christ, il y a déjà tant d'années, nous le voyons maintenant accompli. Répétons donc aussi les mêmes paroles après lui.

nes portantes istam carnem caliginosam quodam modo, unde Deus et coruscat miraculis, et tonat præceptis : et ipsi sunt illæ nubes de quibus dicit Isaias ex persona Domini, increpans quamdam vineam malam, sterilem, spinosam, « Mandabo nubibus meis, ne pluant super eam imbrem (*Isai*. v, 6) : » id est, mandabo Apostolis meis, ut deserant Judæos, et non illis evangelizent, sed evangelizent in terra bona Gentium, unde non spinæ, sed uvæ procedant. Novimus ergo nubes Dei esse prædicatores veritatis, Prophetas, Apostolos, omnes recte proferentes verbum veritatis et habentes in se lumen occultum, sicut habent nubes unde coruscant, homines ergo nubes. Quid sibi itaque vult Domine, « Quia magnificata est usque ad cœlos misericordia tua, et usque ad nubes veritas tua ? » Veritas præpollet in Angelis: sed dedisti illam et hominibus, et deduxisti illam usque ad nubes. Sursum misericordia videntur Angeli non indigere : sed quia homines miseros tu miseraris, et præbendo illis misericordiam communicatione resurrectionis Angelos facis, usque ad cœlos est misericordia tua. Gloria Domino nostro, et misericordiæ ipsius, et veritati ipsius, quia nec deseruit nos misericordia facere beatos per gratiam suam, nec fraudavit nos veritate : quia primo veritas carne operta venit ad nos, et sanavit per carnem suam oculum interiorem cordis nostri, ut eam postea facie ad faciem videre possemus (I *Cor*. XIII, 12). Agentes ergo illi gratias, dicamus cum ipso Psalmo ultimos versus, quos jam dudum etiam dixit : « Exaltare super cœlos Deus, et super omnem terram gloria tua (*Psal*. LI, 12). » Hoc enim ei dixit Propheta ante tot annos : hoc modo videmus nos; hoc ergo dicamus et nos.

DISCOURS [1] SUR LE PSAUME LVII.

1. Les paroles que nous venons de chanter, nous avons plutôt à les écouter qu'à les faire entendre. C'est, en effet, la vérité elle-même qui dans une assemblée du genre humain, pour ainsi dire, fait entendre à tous les hommes ces paroles : « Enfants des hommes, si vous tenez avec vérité le langage de la justice, jugez selon la justice (Ps. LVII, 2). » Quel est l'homme, si injuste qu'il soit, qui ne puisse facilement parler le langage de la justice ? ou quel est celui qui, interrogé sur ce qui est juste, n'indique facilement, pourvu que son intérêt ne soit point en cause, ce qui est réellement juste ? Cela lui est facile, parce que la main de notre Créateur, a gravé dans nos cœurs cette vérité : « Ne faites pas à autrui ce que vous ne voulez pas qui vous soit fait (Tob. IV, 6 et Matth. VII, 12). » C'est ce que personne n'a jamais été libre d'ignorer, même avant que la loi ne fût donnée, afin qu'il n'y eût jamais lieu de ne point juger ceux même à qui la loi n'avait pas été donnée. Mais pour que les hommes ne pussent prétendre que la loi était incomplète, Dieu a écrit sur les tables de la loi ce que les hommes ne lisaient pas dans leurs cœurs. Assurément ces préceptes y étaient écrits, mais ils ne voulaient pas les y lire. Dieu les mit sous leurs yeux, pour qu'ils fussent contraints de les voir dans leur conscience; et la voix de Dieu s'approchant en quelque sorte d'eux extérieurement, les hommes furent comme refoulés dans leur intérieur selon cette parole de l'Écriture : « Un interrogatoire se fera dans les pensées de l'impie (Sag. 1, 9). » Là où il se fait un interrogatoire, il y a une loi. Mais parce que, dans leur convoitise des choses du dehors, les hommes s'étaient exilés de leurs propres cœurs, une loi écrite leur a été donnée aussi. Ce n'est pas que cette loi ne fût écrite dans les cœurs; mais, comme vous

IN PSALMUM LVII.

ENARRATIO.

1. Vox quam cantavimus, audienda nobis magis est, quam clamanda. Omnibus enim tamquam in concione generis humani veritas clamat, « Si vere utique justitiam loquimini, recta judicate hominum (Psal. LVII, 2). » Cui enim iniquo non facile est loqui justitiam ? aut quis de justitia interrogatus, quando non habet caussam, non facile respondeat quid sit justum ? Quando quidem manu formatoris nostri in ipsis cordibus nostris veritas scripsit, Quod tibi non vis fieri, ne facias alteri. Hoc et antequam Lex daretur, nemo ignorare permissus est, ut esset unde judicarentur et quibus Lex non esset data. Sed ne sibi homines aliquid defuisse quererentur, scriptum est et in talibus quod in cordibus non legebant. Non enim scriptum non habebant, sed legere nolebant. Oppositum est oculis eorum quod in conscientia videre cogerentur : et quasi forinsecus admota voce Dei, ad interiora sua homo compulsus est, dicente Scriptura, « In cogitationibus enim impii, interrogatio erit (Sap. I, 9). » Ubi interrogatio, ibi lex. Sed quia homines appetentes ea quæ foris sunt, etiam a seipsis exsules facti sunt, data est etiam conscripta lex : non quia in cordibus scripta non erat ; sed quia tu fugitivus eras cordis tui, ab illo qui ubique est comprehenderis, et ad teipsum intro revocaris. Propterea scripta lex quid clamat eis qui deseruerunt legem scriptam in cordibus suis (Rom.

---
(1) Discours au peuple, dans le cours duquel l'orateur s'élève en plusieurs rencontres contre les Donatistes.

aviez fui hors de votre cœur, vous avez été saisi par celui qui est partout et rappelé au dedans de vous-même. Aussi, que crie la loi écrite à ceux qui ont déserté la loi gravée dans leurs cœurs (*Rom.* XI, 15)? « Rentrez, vous qui violez ma loi, rentrez dans votre cœur (*Is.* XLVI, 8). » Qui vous a enseigné, en effet, à ne pas vouloir qu'un autre homme approchât de votre épouse? Qui vous a enseigné à ne pas vouloir qu'on vous dérobât votre bien? Qui vous a appris à ne vouloir supporter ni une injustice, ni tout ce que l'on peut dire de semblable, soit en général, soit en particulier? Car il y a un grand nombre de choses que les hommes, si on les interrogeait sur chacune en particulier, déclareraient à haute voix ne pas vouloir supporter. Mais quoi? si vous n'aimez pas de supporter toutes ces choses, n'y a-t-il d'homme sur terre que vous seul? Ne vivez-vous pas dans la société du genre humain? Celui qui a été créé semblable à vous est votre compagnon, et vous avez tous été faits à l'image de Dieu (*Gen.* I, 26); à moins que les convoitises terrestres ne détruisent cette image que Dieu a placée en vous. Gardez-vous donc de faire à autrui, ce que vous ne voulez pas qui vous soit fait. Vous jugez, en effet, qu'il y a du mal dans les choses que vous ne voulez pas souffrir, et c'est ce que la loi intérieure, gravée dans votre propre cœur, vous force de reconnaître. Ce mal, lorsque vous le faisiez à autrui, excitait ses réclamations contre l'œuvre de vos mains. N'êtes-vous pas forcé de rentrer dans votre cœur, quand vous souffrez le même mal entre les mains d'autrui? Le vol est-il une bonne chose? Non. Je vous le demande : l'adultère est-il une bonne chose? D'une seule voix tous s'écrient : Non. L'homicide est-il une bonne chose? Tous les hommes proclament qu'ils le détestent. Convoiter ce qui appartient à autrui est-ce une bonne chose? Non; tel est le cri unanime. Si vous ne voulez pas encore en convenir, voici venir quelqu'un qui convoite ce qui est à vous; trouvez-le bon et répondez ce que vous voudrez. Donc, tous les hommes, si on les interroge sur ces actions, proclament qu'elles ne sont point bonnes. Poursuivons nos questions sur le bien qu'il faut faire; ne parlons plus de ne pas nuire, parlons de dons et de bienfaits. Interrogeons tout homme qui a faim : Vous souffrez de la faim, tel autre a du pain, il en a bien au-delà de ses besoins, il sait que vous avez faim et il ne vous en donne pas; cette dureté vous déplait, à vous qui avez faim, qu'elle vous déplaise également lorsque vous êtes rassasié et que vous savez qu'un autre a faim. Un étranger, qui n'a point de toit, vient dans votre patrie et nul ne lui donne l'hospitalité; alors il se plaint à grands cris de l'inhumanité de votre cité, et il dit qu'auprès des barbares, il aurait aisément trouvé un asile. Il sent l'injustice, parce qu'il en souffre; et, peut-être, ne la sentez-vous pas : mais il faut vous imaginer que vous êtes étranger, voyageur à votre tour, et comprendre combien vous seriez mécontent de celui qui vous refuserait

---

II, 15) ?«Redite prævaricatores ad cor(*Isai.* XLVI, 8). » Quis enim te docuit, nolle accedi ab altero ad uxorem tuam? quis te docuit, nolle tibi furtum fieri ? quis te docuit, nolle ullam injuriam pati, et quidquid aliud vel universaliter vel particulariter dici potest? Multa enim sunt, de quibus singulis interrogati homines, clara voce respondeant, nolle se pati. Age, si non vis pati ista, numquid solus es homo ? nonne in societate vivis generis humani ? Qui tecum factus est, socius tuus est ; et omnes facti ad imaginem Dei, (*Gen.* I, 26), nisi terrenis cupiditatibus conterant quod ille formavit. Quod ergo tibi non vis fieri, noli alteri facere. Judicas enim malum esse in eo quod pati non vis : et hoc te cogit nosse lex intima, in ipso tuo corde conscripta. Faciebas, et clamabatur inter manus tuas : quomodo cogeris redire ad cor tuum, cum hoc pateris inter manus alienas ? Furtum bonum est? Non. Interrogo, Adulterium bonum est ? Omnes clamant, Non. Homicidium bonum est ? Omnes clamant detestari se. Concupiscere rem proximi bonum est ? Non, vox omnium est. Aut si adhuc non confiteris, accedit qui concupiscat rem tuam : placeat tibi, et responde quod vis. Omnes ergo de his rebus interrogati, clamant hæc bona non esse. Rursus de beneficiis, non solum de non nocendo, verum etiam de præstando atque tribuendo : interrogatur omnis anima esuriens, famem pateris, alius habet panem, et redundat ei ultra sufficientiam, novit te egere, non dat ; displicet tibi esurienti, displiceat et satiato, cum alterum esurire cognoveris. Peregrinus tecto indigens venit in patriam tuam, non suscipitur : ille tunc clamat inhumanam esse illam civitatem, facile apud Barbaros sibi esse potuisse refugium. Sentit iniquitatem, quia patitur : tu forte non sentis ; sed oportet ut et te cogites peregrinum, et videas quomodo tibi possit displicere qui tibi non

ce que vous ne voulez pas donner chez vous à ce voyageur étranger. Je le demande à tous : ce que je dis est-il vrai ? Oui, cela est vrai. Est-ce juste ? Oui, cela est juste.

2. Mais écoutez le psaume : « Enfants des hommes, si vous tenez avec vérité le langage de la justice, jugez selon la justice (*Ps.* LVII, 2). » N'ayez point seulement une justice de paroles, mais une justice d'actions. Si, en effet, vous agissez autrement que vous ne parlez, vous parlez bien et vous jugez mal. Agissez-vous comme vous jugez ? Si l'on vous demande quel est le meilleur de l'or ou de la bonne foi, vous n'êtes pas à ce point pervers et éloigné de toute vérité que de répondre que l'or est le meilleur ; vous préférez donc, quand on vous interroge, la bonne foi à l'or, vous parlez le langage de la justice. Mais avez-vous entendu ce que dit le psalmiste ? « Enfants des hommes, si vous tenez avec vérité le langage de la justice, jugez selon la justice. » Et comment vous prouverai-je que vous ne jugez pas comme vous parlez ? J'ai déjà une réponse de vous, qui déclare la bonne foi préférable à l'or. Voilà qu'un ami vient, je ne sais d'où, et vous confie de l'or en l'absence de tout témoin ; lui seul et vous le savez, du moins en ce qui concerne les hommes. Mais il y a là un autre témoin que l'on ne voit pas, et qui voit. Or cet homme vous a confié son or dans un lieu secret, dans votre chambre, et peut-être en l'absence de tout témoin ; mais ce témoin dont je parle n'est pas dans une chambre formée par des murailles, mais dans la chambre de votre conscience. Celui qui vous a confié son or est parti en voyage, sans découvrir ce dépôt à aucun des siens ; il espère qu'il reviendra, et qu'à son retour l'ami qui a reçu son or le lui rendra. Par un accident tout humain, il meurt, il a un héritier, il laisse un fils : ce fils ignore ce que possédait son père, et ce qu'il vous a confié. Allons, rentrez, prévaricateur, rentrez dans votre cœur (*Is.* XLVI, 8) où est gravée cette loi : « Ne faites pas à autrui ce que vous ne voulez pas que l'on vous fasse (*Tob.* IV, 16, et *Matth.* VII, 12). » Imaginez-vous que vous-même avez confié de l'or à quelqu'un, que vous ne l'avez dit à aucun des vôtres, que vous êtes mort, que vous avez laissé un fils ; que voudriez-vous que fît cet ami à l'égard de votre fils ? Répondez : jugez vous-même cette cause, le tribunal du juge est dans votre cœur ; Dieu est là, l'accusateur ne manque pas, c'est votre conscience, ni le bourreau, c'est votre terreur. Vous êtes au milieu des choses humaines, vous faites partie de la société humaine, voyez ce que vous voudriez que fît votre ami pour votre fils. Je sais ce que vous répond votre pensée ; jugez donc conformément à ce que vous entendez. Jugez ; une voix se fera entendre. La voix de la vérité ne se tait pas ; elle ne parle pas des lèvres, mais elle crie hautement du fond de votre cœur ; prêtez lui l'oreille et mettez-vous là en face du fils de votre ami. Peut-être

---

præstiterit, quod tu in patria tua non vis peregrino præstare. Interrogo omnes, Vera sunt hæc ? Vera. Justa sunt hæc ? Justa.

2. Sed Psalmum audite : « Si vere ergo justitiam loquimini, recta judicate filii hominum (*Psal.* LVII, 2). » Non sit justitia labiorum, sed et factorum. Si enim aliter agis quam loqueris, bona loqueris, et male judicas. Si enim agis quomodo judicas, interrogatus quid sit melius, aurum an fides, non usque adeo perversus et devius es ab omni veritate, ut aurum melius esse respondeas : præponis ergo interrogatus auro fidem, locutus es justitiam : audisti Psalmum ? «Si vere ergo justitiam loquimini, recta judicate filii hominum. » Et ubi probabo non te ita ut locutus es judicare ? Jam teneo responsionem tuam, præponentem auro fidem. Ecce nescio unde amicus venit, et nullo teste aurum commendavit ; solus hoc novit, et tu, quantum ad homines adtinet : est ibi alius testis qui non videtur et videt : et ille tibi aurum in secreto et in cubiculo tuo, forte remotis omnibus arbitris, commendavit ; testis qui adest, non in cubiculo adest parietum, sed in cubiculis conscientiarum vestrarum. Commendavit ille atque discessit, nulli suorum notum fecit, rediturum se sperans, et ab amico quod dederat recepturum : ut humana sunt, mortuus est, habet heredem, reliquit filium ; ignorat filius quid pater habuerit, quid tibi commendaverit. Eia tu redi, redi prævaricator ad cor (*Isai.* LVI, 8), ibi scripta lex est : « Quod tibi non vis fieri, alii ne feceris (*Tob.* IV, 16, *Matth.* VII, 12). » Teipsum cogita commendasse, nulli tuorum dixisse, mortuum esse, filium reliquisse : quid ei velles a tuo amico præstari ? Responde, judica (a) caussam, judicis tribunal est in mente tua, sedet ibi Deus, adest accusa-

---

(a) Plerique MSS. *Judica, caussam dicis, tribunal* etc.

le voyez-vous errant dans l'indigence, ne sachant ce que possédait son père, ni en quel endroit il l'a déposé, ni à qui il l'a confié. Pensez aussi à votre fils; supposez vivant celui que vous méprisez parce qu'il est mort, et supposez que vous êtes mort, de peur que vous n'alliez perdre la vie. Mais l'avarice vous suggère d'autres pensées et vous les suggère en opposition avec Dieu même. Autre est le langage de Dieu, autre celui de l'avarice; autre la parole de notre Créateur dans le paradis, autre la parole du serpent séducteur, qui se jette à la traverse entre Dieu et nous. Rappelez-vous la chute du premier homme : c'est à cette chute que vous devez d'être mortel, que vous devez d'être assujetti au travail, que vous devez de manger votre pain à la sueur de votre front, que vous devez de voir la terre produire pour vous des ronces et des épines (Gen. III, 27). Apprenez par l'expérience ce que vous avez refusé d'apprendre par le précepte divin. Mais la cupidité l'emporte, que n'est-ce plutôt la vérité? Et que deviennent vos paroles de justice? Voici que vous pensez à nier le dépôt que vous avez reçu; voici que vous pensez à en cacher entièrement l'existence à l'héritier de votre ami. Je vous avais demandé un peu auparavant ce que vous aviez de plus cher, ce qu'il y avait de meilleur, de l'or ou de la bonne foi. Pourquoi dites-vous une chose et en faites-vous une autre? Ne craignez-vous point cette parole : « Enfants des hommes, si vous tenez avec vérité le langage de la justice, jugez selon la justice? » Voilà que vous m'avez dit que la bonne foi était plus précieuse que l'or, et en jugeant vous avez prononcé que l'or était plus précieux que la bonne foi. Vous n'avez pas jugé comme vous aviez parlé; vous aviez parlé en faveur de la vérité, et vous avez jugé en faveur du mensonge. Donc, même lorsque vous parliez le langage de la justice, votre langage n'était pas sincère. « Si, en effet, vous tenez avec vérité le langage de la justice, jugez selon la justice, enfants des hommes. » Quand vous me donniez une réponse de justice, la pudeur de la vérité dictait vos paroles, et votre cœur les désavouait.

3. Mais arrivons, si vous le voulez bien, au sujet de notre psaume. La voix que nous entendons ici, c'est la douce voix si familière aux oreilles de l'Église, la voix de Notre-Seigneur Jésus-Christ, et en même temps la voix de son corps, la voix de l'Église souffrante, laquelle voyage sur cette terre, et vit au milieu des périls que lui font courir et ceux qui la maudissent et ceux qui la flattent. Vous n'avez rien à craindre des menaces, si vous n'aimez pas les flatteries. Celui de qui nous entendons la voix a donc regardé, et il a vu que tous les hommes

---

trix conscientia, tortor timor. In rebus humanis es, in societate humana detineris : cogita quid velles præstari filio tuo ab amico tuo. Novi quid tibi respondeat cogitatio tua. Sic judica, sicut audis (a). Judica, vox erit : vox veritatis non tacet; non labiis clamat, sed vociferatur ex corde : adhibe aurem, ibi esto cum filio amici tui. Vides fortasse etiam indigentem (b) vagari, nescientem quid pater ejus habuerit, ubi posuerit, cui commendaverit : cogita et filium tuum, fac illum vivere quem contemnis mortuum, te mortuum cogita ut vivas. Sed aliud jubet avaritia, jubet contra Deum; Deus aliud, aliud avaritia : aliud in paradiso conditor noster, aliud ex transverso seductor serpens. Veniat in mentem prior casus tuus : propterea mortalis, propterea laborans, propterea in sudore vultus tui panem comedens, propterea spinas et tribulos tibi terra generat (Gen. III, 17) : experimento disce, quod noluisti præcepto. Sed vincit cupiditas : cur non potius veritas? Et ubi est quod loquebaris? Ecce cogitas aurum negare, ecce cogitas heredi amici tui prorsus abscondere. Interrogaveram paulo ante quid sit carius, et quid sit melius, aurum an fides. Quare aliud dicis, aliud agis? Non times hanc vocem, « Si vere justitiam loquimini, recta judicate filii hominum? » Ecce locutus es mihi meliorem esse fidem, et in judicio tuo melius duxisti aurum. Non sic judicasti ut locutus es : vera justitia es, et falsa judicasti : ergo et cum loquebaris justitiam, non vere loquebaris. « Si enim vere justitiam loquimini, recta judicate filii hominum. » Quando mihi de justitia respondebas, erubescendo, non fatendo loquebaris.

3. Sed ad caussam præsentem jam veniamus, si placet. Vox est enim illa dulcis et nota auribus Ecclesiæ, vox Domini nostri Jesu Christi, et vox corporis ejus, vox Ecclesiæ laborantis, peregrinantis in terra, inter maledicentium et adulantium pericula viventis. Non timebis comminatorem, si non amas

---

(a) Sic Er. et omnes fere MSS. Nonnulli vero omittunt, *vox erit*. At editio Lov. sic habet, *Juridica vox erit*. (b) Sic Er. et nostri MSS. At Lov. *vacare*.

parlaient le langage de la justice. Qui oserait, en effet, ne pas le parler, de peur d'être appelé injuste? C'est pourquoi, entendant ce langage unanime et remarquant les mêmes paroles sur toutes les lèvres, il s'est écrié : « si vous tenez avec vérité le langage de la justice, » si vous ne parlez pas faussement le langage de la justice, si la parole que murmurent vos lèvres est bien celle que renferme votre cœur, « jugez selon la justice, enfants des hommes. » Écoutez, dans l'Évangile, la même voix qui vous parle dans ce psaume : « Hypocrites, dit le Seigneur aux Pharisiens, comment pouvez-vous dire de bonnes choses, étant méchants comme vous l'êtes? ou estimez l'arbre bon et son fruit bon, ou estimez l'arbre mauvais et son fruit mauvais (*Matth.* XII, 34 et 33). » Pourquoi essayer de vous blanchir, muraille faite de boue? Je connais ce qui est en vous, je ne me laisse pas tromper par les dehors dont vous vous couvrez : je sais ce que vous mettez en avant; je connais ce que vous cachez. « Car Jésus n'avait pas besoin, dit l'Évangéliste, que personne lui rendît témoignage d'aucun homme; car il savait ce qui était dans l'homme (*Jean,* II, 25). » Il savait ce qui était dans l'homme, lui qui avait fait l'homme, et qui s'était fait homme pour chercher l'homme. Voyez donc si ces paroles ne se suivent point parfaitement : « Hypocrites, comment pouvez-vous dire de bonnes choses, étant méchants comme vous l'êtes? » « Enfants des hommes, si vous tenez avec vérité le langage de la justice, jugez selon la justice. » Ne teniez-vous pas le langage de la justice lorsque vous disiez : « Maître, nous savons que vous êtes juste et que vous ne faites acception de personne (*Matth.* XXII, 16)? » Pourquoi cachiez-vous la fourberie dans votre cœur? pourquoi montriez-vous à votre Créateur l'image de César, en effaçant sa propre image de vos cœurs? N'a-t-on pas entendu comment vous parliez et n'a-t-on pas expérimenté comment vous jugiez? N'avez-vous pas crucifié celui dont vous aviez proclamé la justice? « Si donc vous tenez avec vérité le langage de la justice, jugez selon la justice, enfants des hommes. » Pourquoi me faites-vous entendre cette parole : « Nous savons que vous êtes juste, » tandis que je prévois votre jugement et vos cris : « Crucifiez-le, crucifiez-le? » « Si donc vous tenez avec vérité le langage de la justice, jugez selon la justice, enfants des hommes. » Qu'avez-vous fait en exerçant vos fureurs contre l'Homme-Dieu, et en immolant votre roi? Car il n'en devait pas moins être votre roi, puisque, tué par vous, il devait ressusciter. Au sujet du titre, Roi des Juifs, placé sur la croix du Sauveur, et écrit en trois langues, en hébreu, en grec et en latin, le juge, qui n'était qu'un homme, a su dire : « Ce que j'ai écrit, je l'ai écrit (*Matth.* XXVII, 37, et *Jean,* XIX, 19); »

---

adulatorem. Adtendit ergo ille cujus hæc vox est, et vidit omnes loqui justitiam. Quis enim audet non loqui eam, ne dicatur injustus? Cum ergo tamquam audiret omnium voces, et intenderet omnium labia, clamabat ad eos, « Si vere utique justitiam loquimini, » si non falso justitiam loquimini, si non aliud in labiis perstrepit, aliud celatur in cordibus : « recta judicate filii hominum. » Audi ex Evangelio propriam vocem, eamdem ipsam quæ in hoc Psalmo est. « Hypocritæ, ait Dominus Pharisæis, quomodo potestis bona loqui, cum sitis mali? Aut facite arborem bonam, et fructum ejus bonum ; aut facite arborem malam, et fructum ejus malum (*Matth.* XII, 33 et 34). » Quid te vis dealbare paries lutee? Novi interiora tua, non fallor tectorio tuo : novi quid prætendas, novi quid tegas. « Neque enim opus ei erat, ait Evangelista, ut quisquam ei perhiberet testimonium de homine : ipse enim sciebat quid esset in homine *(Johan.* II, 25). » Sciebat quid esset in homine, qui fecerat hominem, et homo factus erat ut quæreret hominem. Videte ergo si non sequuntur se voces istæ. « Hypocritæ, quomodo potestis bona loqui, cum sitis mali? » « Si vere ergo justitiam loquimini, recta judicate filii hominum. » Nonne justitiam locuti estis, quando dixistis, « Magister, scimus quia justus es, et nullius personam accipis *(Matth.* XXII, 16)? » Quare dolum in corde tegebatis? Quare imaginem Cæsaris Creatori vestro ostendebatis, et ejus imaginem in vestris cordibus delebatis? Nonne auditum est quid locuti fueritis, et expertum est quemadmodum judicaveritis? Nonne vos crucifixistis eum, quem justum esse dixeratis? « Si vere ergo justitiam loquimini, recta judicate filii hominum. » Ut quid audio locutionem vestram, Scimus quia justus es : cum prævideam judicium vestrum, Crucifige, crucifige? « Si vere ergo justitiam loquimini, recta judicate filii hominum. » Quid enim fecistis sæviendo adversus Deum qui homo erat, et occidendo regem vestrum? Non enim ideo rex non erat futurus, quia occisus est a vobis resur-

et Dieu ne saurait pas dire : Ce que j'ai écrit, je l'ai écrit? Il est absolument votre roi : vivant, il est votre roi ; mort, il est votre roi. Voici qu'il est ressuscité, il est votre roi dans le ciel ; voici qu'il va venir, malheur à vous! car il est votre roi ! Allez maintenant, enfants des hommes, parlez le langage de la justice et ne jugez pas selon la justice. Vous ne voulez pas juger selon la justice ; sa justice sera la règle du jugement que vous subirez. Car votre roi est vivant, et désormais il ne meurt plus, la mort n'aura plus d'empire sur lui (*Rom.* vi, 9). Voici qu'il va venir. « Rentrez, vous qui violez la loi, rentrez dans votre cœur (*Is.* XLVI, 8). » Voici qu'il va venir ; corrigez-vous avant qu'il ne soit venu ; prévenez, par la confession de vos fautes, la colère de son visage (*Ps.* XCIV, 2). Voici qu'il va venir, et il est votre roi. Souvenez-vous du titre placé sur la croix ; si vous ne l'y voyez plus écrit, il subsiste cependant ; on ne le lit plus sur la terre, mais il est conservé dans le ciel. Pensez-vous, en effet, que cette inscription ait été corrompue par quelque changement! Et que dit le titre de ce psaume? « Pour la fin ; n'altérez par aucun changement l'inscription du titre, pour David (*Ps.* LVII, 1). » L'inscription du titre n'est donc point changée. Le Christ est votre Roi, car le Christ est le Roi de tous les hommes; « parce que la royauté lui appartient, et qu'il dominera toutes les nations (*Ps.* XXI, 29). » Si donc il est votre roi, voici ce qu'il vous dit avant de venir. Je vous parle encore, je ne juge pas encore ; et si je vous menace ainsi en vous parlant, c'est que je ne veux pas vous frapper en vous jugeant. « Si donc vous tenez avec vérité le langage de la justice, enfants des hommes, jugez selon la justice. »

4. Mais que faites-vous maintenant? Et pourquoi vous dis-je ces paroles? « C'est que dans votre cœur, vous commettez des iniquités sur la terre (*Ps.*LVII, 3). » Ces iniquités seraient-elles seulement dans le cœur? Écoutez ce qui suit : les mains suivent le cœur, les mains obéissent au cœur ; c'est une pensée et une action, ou s'il n'y a point d'action ce n'est pas que nous ne le voulions, mais c'est que nous ne le pouvons pas. Tout ce que voulez, mais ne pouvez faire, Dieu le regarde comme effectué. « Dans votre cœur, vous commettez des iniquités sur la terre. » Que dit donc ensuite le Prophète : « Vos mains forment une chaîne d'iniquités. » Que veut dire : « Forment une chaîne? » Du péché vient le péché et le péché se joint au péché à cause du péché. Expliquons-nous. Un homme commet un larcin, c'est un péché. On l'a vu, il cherche à tuer celui qui l'a vu ; au péché s'est enchaîné un autre péché. Dieu, par un jugement caché, a permis qu'il exécutât cet homicide, mais il sent que ce second crime est connu ; il veut tuer un nouveau témoin ; à ses deux premiers crimes un

---

recturus. In titulo ubi scriptum erat, Rex Judæorum (*Matth.* XXVII, 37), posito super crucem Domini, linguis tribus, Hebraica, Græca, Latina (*Johan.* XIX, 19), noverat dicere judex homo, Quod scripsi, scripsi : et Deus non noverat dicere, Quod scripsi, scripsi ? Prorsus rex vester est : vivus rex vester est, occisus rex vester est : ecce resurrexit, et in cœlo rex vester est : ecce venturus est ; væ vobis, quia rex vester est. Ite nunc, et loquimini justitiam, et nolite recta judicare filii hominum. Non vultis recte judicare, recte judicabimini. Vivit enim ille rex vester, et jam non moritur, et mors ei ultra non dominabitur (*Rom.* VI, 9). » « Ecce venit, redite prævaricatores ad cor (*Isai.* XLVI,8). » Ecce veniet, corrigimini antequam veniat, prævenite faciem ejus in confessione (*Psal.* XCIV, 2). Ecce veniet, rex vester est. Recordamini titulum super crucem : sed non eum videtis scriptum : manet tamen ; in terra non legitur, sed in cœlo servatur. Putatis enim illam inscriptionem fuisse corruptam ? Et quid ait titulus Psalmi hujus ? « In finem, ne corrumpas ipsi David in tituli inscriptionem (*Psal:* LVII, 1). » Non ergo corrumpitur illa inscriptio tituli. Rex vester est Christus, quia omnium rex Christus : quoniam ipsius est regnum, et ipse dominabitur gentium (*Psal.* XXI, 29). Si ergo rex est, ecce antequam veniat, dicit vobis, Adhuc loquor, inquit, nondum judico : qui sic clamo comminando, nolo ferire judicando. « Si vere ergo justitiam loquimini, recta judicate filii hominum (*Psal.* LVII, 2). »

4. Nunc autem quid facitis ? Quare ista vobis dico? « Etenim in corde iniquitates operamini in terra (*Ibid.* 3). » Iniquitates forte in corde solo? Audi quid sequitur : et corde suum famulantur manus, cogitatur et fit ; aut ideo non fit, non quia nolumus, sed quia non possumus. Quidquid vis, et non potes, factum Deus computat. « Etenim in corde iniquitates operamini in terra. » Quid deinde ? « Iniquitates manus vestræ connectunt (*Ibid.*). » Quid est, « connectunt ? » De peccato peccatum, et ad peccatum peccatum, propter peccatum. Quid est hoc ? Furtum fecit, peccatum est :

troisième s'est enchaîné. Pendant qu'il médite ce forfait, dans l'espoir de n'être pas découvert ou de ne pouvoir être convaincu s'il est découvert, il va consulter un astrologue; quatrième faute. Peut-être la réponse de l'astrologue est-elle dure et menaçante; le criminel recourt à l'aruspice pour faire son expiation, l'aruspice répond qu'il ne peut le recevoir à l'expiation; il va trouver un empoisonneur. Et qui peut énumérer tous les péchés qui s'enchaînent les uns aux autres? « Vos mains forment une chaîne d'iniquités. » Tant que vous formez cette chaîne vous liez de ces péchés aux péchés. Déliez-vous plutôt de ces péchés. Mais je ne le puis, dites-vous. Criez vers votre Sauveur, dites-lui : «Malheureux homme que je suis, qui me délivrera de ce corps de mort (Rom. VII, 24)? » Alors la grâce de Dieu viendra en vous, afin que la justice vous charme autant que l'iniquité vous charmait; alors délivré de vos liens, vous rendrez grâces à Dieu en disant: « Vous avez rompu mes liens (Ps. CXV, 16). » Que veut dire : « Vous avez rompu mes liens, » sinon : vous m'avez remis mes péchés? Si vous voulez savoir quels sont ces liens, l'Écriture vous répond : « Chacun est lié par les tresses de ses péchés (Prov. V, 22). » Ce ne sont pas seulement des liens, mais des tresses. Les tresses se font en tordant ensemble de longs filaments : et c'est ainsi que vous enchaînez les péchés aux péchés. « Malheur! s'écrie Isaïe, malheur à ceux qui traînent le péché derrière eux comme une longue corde (Is. V, 18). » Qu'est-ce que cela signifie, sinon malheur à ceux dont les mains ont formé une chaîne d'iniquités. Et parce que chacun est lié par ses péchés, de même qu'il est flagellé par ses péchés, le Seigneur a pris un fouet fait de petites cordes pour chasser du temple ceux qui le souillaient par leur trafic (Jean. II, 15). Mais vous ne voulez pas maintenant que vos liens soient rompus, parce que vous ne sentez pas les liens, ou même parce qu'il vous charment et sont pour vous une cause de volupté; vous le sentirez à la fin, lorsque le maître dira : « Liez-lui les mains et les pieds, et précipitez-le dans les ténèbres extérieures; c'est là qu'il y aura des pleurs et des grincements de dents (Matth. XXII, 13). » Vous frémissez d'horreur, la crainte vous subjugue et vous vous frappez la poitrine; vous dites alors que les péchés sont mauvais et que la justice est bonne. « Si donc vous tenez en vérité le langage de la justice, enfants des hommes, jugez selon la justice. (Ps. LVII, 2). Que vos discours se retrouvent dans votre vie, et que dans vos actions on reconnaisse les paroles de vos lèvres. Gardez-vous donc de former une chaîne d'iniquités, parce que chaque fil que vous tresserez ainsi servira à vous en-

visus est, occidere quaerit eum a quo visus est ; connexum est peccatum peccato : permiserit Deus occulto judicio occidere eum, quem voluit occidere, sentit sciri, quaerit et alterum occidere; connexuit tertium : dum ea molitur, forte ne inveniatur, aut quia fecit ne convincatur, consulit mathematicum ; additum est quartum : responderit forte aliqua dura et mala mathematicus, curritur ad haruspicem ut expietur; respondet haruspex, non se posse expiare: maleficus quaeritur. Et quis omnia possit numerare, quae connectuntur peccata peccatis?« Iniquitates manus vestrae connectunt. » Quamdiu connectis, ligas peccatum peccato ? Te solve a peccatis. Sed non possum inquis. Clama ad illum, « Infelix ego homo, quis me liberabit de corpore mortis hujus (Rom. VII, 24)? » Veniet enim gratia Dei, ut delectet te justitia, sicut delectabat iniquitas ; et homo qui ex vinculis resolutus es, exclamabis ad Deum, « Disrupisti vincula mea (Psal. CXV, 16). » Quid est, « disrupisti vincula mea, » nisi, remisisti peccata mea ? Audi quia vincula sunt : Respondet Scriptura, « Criniculis peccatorum suorum unusquisque constringitur. (Prov. V, 22). » Non solum vincula, sed et criniculi sunt. Criniculi sunt, qui fiunt intorquendo : hoc est quod peccatis peccata connectebas. Vae his qui trahunt peccata sicut restem longam. Isaias clamat, « Vae his qui trahunt peccata sicut restem longam (Isai. V, 18) : » quid est aliud, quam vae his quorum manus connectunt iniquitatem ? Et quia unusquisque peccatis suis constringitur, sicut et peccatis suis caeditur : Dominus male versantes in templo flagello de resticulis facto exclusit (Johan. II, 15). Sed non vis modo disrumpi vincula tua, quia non sentis vincula tua, etiam delectant te, et voluptati sunt : senties in fine, cum dicetur, « Ligate illi manus et pedes, et projicite illum in tenebras exteriores, ibi erit fletus et stridor dentium (Matth. XXII, 13). » Exhorrescis, times, pectus tundis, dicis mala esse peccata, bonam esse justitiam. « Si vere ergo justitiam loquimini, recta judicate filii hominum (Psal. LVII, 2). » In vita vestra inveniantur verba vestra, in factis vestris cognoscantur labia vestra. Nolite ergo connectere iniquitatem : quia vobis ad alligaturam adhibebitur quidquid connectitis. Non audiunt,

enchaîner. Les hommes refusent d'entendre ces conseils, non pas tous cependant; mais ceux qui le refusent sont ici dépeints à l'avance.

5. « Les pécheurs sont devenus étrangers au sein, ils se sont éloignés des entrailles, ils ont dit des choses fausses (*Ibid.* 4). » Lorsqu'ils parlent le langage de l'iniquité, ils disent des choses fausses, parce que l'iniquité est menteuse; et lorsqu'ils parlent le langage de la justice, ils disent encore des choses fausses, parce qu'ils expriment une chose des lèvres, et en cachent une autre dans leur cœur. « Les pécheurs sont devenus étrangers au sein. » Que veut dire cela? Cherchons-le avec le plus grand soin. Peut-être le Prophète parle-t-il ainsi parce que Dieu connaît d'avance dans le sein de leurs mères les hommes qui commettront le péché. Car d'où vient que Dieu dit, lorsque Rebecca était encore enceinte de deux enfants jumaux : « J'ai aimé Jacob et j'ai haï Esaü (*Gen.* XXV, 23. et *Malach.* 1, 2)? » Car il a été dit en conséquence : « L'aîné servira le plus jeune (*Rom.* IX, 13). » Il y a donc là un secret jugement de Dieu. Mais le psaume dit aussi que les pécheurs sont devenus étrangers au sein, c'est-à-dire à leur origine même. A quoi sont-ils devenus étrangers? à la vérité. A quoi sont-ils devenus étrangers? à la patrie bienheureuse, à la vie bienheureuse. Mais sont-ils devenus étrangers au sein? Et quels sont les pécheurs devenus étrangers au sein? Lequel d'entre eux aurait pu naître, s'il n'eût été porté dans le sein? Et lequel d'entre eux, s'il n'était né, vivrait aujourd'hui et entendrait, peut-être sans profit, les paroles du Prophète? Mais les pécheurs ne seraient-ils pas devenus étrangers à un sein, où souffrait de grandes douleurs cette charité qui disait par la bouche de l'Apôtre : « Je souffre pour vous les douleurs d'une nouvelle gestation jusqu'à ce que le Christ soit formé en vous (*Gal.* IV, 9). » Attendez donc et recevez cette forme divine. Gardez-vous de vous attribuer le jugement de choses que peut-être vous ne connaissez pas. Vous êtes encore charnel; vous n'êtes que conçu, attendez de naître. Car par là même que vous avez reçu le nom du Christ, vous avez trouvé la vie, au moyen d'un sacrement, dans les entrailles d'une mère. En effet, l'homme ne naît pas seulement des entrailles, il naît encore dans les entrailles de sa mère. Il naît même d'abord dans ses entrailles, afin de pouvoir naître de ses entrailles. C'est pourquoi il a été dit de la vierge Marie : « Que ce qui était né en elle avait été formé par l'Esprit Saint (*Matth.* 1, 20). » Le Chrit n'était pas encore né d'elle, mais il était déjà né en elle. Il y a donc de petits enfants qui naissent dans les entrailles de l'Église, et il leur est bon de n'en sortir que bien formés, de peur d'en tomber par suite d'avortement. Que votre mère vous enfante et n'avorte pas. Soyez patient, attendez que vous soyez formé; car les entrailles maternelles doivent vous contenir jusqu'à ce que la doctrine de la vérité soit affermie en vous. Si, au contraire, dans votre impatience, vous agitez

---

non omnes tamen : et qui non audiunt præconiti sunt.

5. Alienati sunt peccatores a vulva, erraverunt a ventre, locuti sunt falsa (*Ibid.* 4). » Et cum iniquitatem loquuntur, falsa loquuntur; quia fallax est iniquitas : et cum justitiam loquuntur, falsa loquuntur ; quia aliud ore proferunt, aliud in corde obtegunt. « Alienati sunt peccatores a vulva : » Quid est hoc? Quæramus diligentius : fortassis enim illud dicit quia Deus præcognovit homines peccatores etiam in uteris matrum. Nam unde cum adhuc prægnans esset Rebecca, et geminos in utero portaret (*Gen.* xxv, 23), dictum est, « Jacob dilexi, Esaü autem odio habui (*Malach.* 1,2).» Dictum est enim,« Major serviet minori (*Rom.* IX, 13). » Occultum ibi judicium Dei : sed tamen a vulva, id est, ab ipsa origine, alienati sunt peccatores. Unde alienati? A veritate. Unde alienati? A patria beata, a vita beata. An forte alienati ab ipsa vulva? Et qui peccatores alienati sunt a vulva? Qui enim nascerentur, si non ibi tenerentur? Aut qui hodie viverent, ut hæc sine caussa audirent, nisi nascerentur ? Forte ergo a quadam vulva alienati sunt peccatores, in qua dolores patiebatur caritas, per Apostolum dicens , « Quos iterum parturio, donec Christus formetur in vobis (*Gal.* IV, 19). » Exspecta ergo, formare. Noli tibi tribuere judicium quod forte non nosti. Carnalis es adhuc, conceptus es : eo ipso quo accepisti nomen Christi, sacramento quodam natus es in visceribus matris. Non enim ex visceribus tantum homo nascitur, sed et in visceribus. Prius nascitur in visceribus ut possit nasci de visceribus. Propterea dictum est et Mariæ , « Quod enim natum est in te, de Spiritu-sancto est (*Matth.*1, 20). » Nondum de illa natum erat, sed jam in illa natum erat. Ergo nascuntur intra viscera Ecclesiæ quidam parvuli : et bonum est ut formati exeant,

le sein de votre mère, elle vous rejettera avec souffrance mais plus encore pour votre malheur que pour le sien.

6. « Les pécheurs sont devenus étrangers au sein, ils se sont éloignés des entrailles, ils ont dit des choses fausses (*Ps.* LVII, 4). » Se sont-ils donc éloignés des entrailles maternelles, parce qu'ils ont dit des choses fausses? Ou plutôt n'ont-ils point dit des choses fausses, parce qu'ils se sont éloignés de ces entrailles? C'est, en effet, dans le sein de l'Église que réside la vérité. Quiconque se sépare de l'Église doit nécessairement dire des choses fausses. Oui, nécessairement celui-là dira des choses fausses, qui aura refusé d'être conçu dans le sein de l'Église, ou que sa mère, après l'avoir conçu, aura rejeté de ses entrailles. De là viennent les cris des hérétiques contre l'Évangile ; et je parle principalement ici de ceux que nous gémissons de voir tombés du sein maternel. Nous leur disons, voici les paroles du Christ : « Il fallait que le Christ souffrît et qu'il ressuscitât d'entre les morts le troisième jour (*Luc.* XXIV, 46). » Je reconnais là notre tête, je reconnais là notre époux ; eh bien, vous aussi reconnaissez avec moi son épouse. Écoutez ce que l'Évangile dit ensuite : « Afin que la pénitence et la rémission des péchés fussent prêchées en son nom parmi toutes les nations, en commençant par Jérusalem (*Ibid.* 47). » Venez ici, venez ici, voici l'Église : « Parmi toutes les nations en commençant par Jérusalem. » Je ne dis plus : Venez ici ; c'est l'Église qui vient à vous. Mais pour eux, fermant obstinément l'oreille à l'Évangile, et ne nous permettant pas de lire les paroles de Dieu, qu'ils se vantent d'avoir préservées du feu et qu'ils veulent effacer avec la langue, ils font entendre leurs propres paroles, paroles vaines et inutiles. Celui-ci a livré les saintes Écritures, et celui-là également. Eh bien ! moi aussi je dis : celui-ci a livré les saintes Écritures et celui-là également. Mais que m'importe ? Ce n'est pas dans l'Évangile que vous lisez les noms de ceux que vous accusez ; et ce n'est pas dans l'Évangile non plus que je lis les noms de ceux que j'accuse. Laissons donc de côté tout ce qui est écrit de notre main ; faisons paraître le livre de Dieu. Écoutez parler le Christ, écoutez parler la vérité : « Afin, dit-il, que la pénitence et la rémission des péchés fussent prêchées en son nom, parmi toutes les nations, en commençant par Jérusalem. » Non, répondent ceux-ci, mais écoutez ce que nous disons ; quant à ce que dit l'Évangile, nous ne voulons pas l'écouter. « Les pécheurs sont devenus étrangers au sein, ils se sont éloignés des entrailles, ils ont dit des choses fausses. » A nous de dire des choses vraies, parce que nous avons entendu des choses vraies, les paroles du Seigneur et non les paroles d'un homme. Il peut se faire qu'un homme mente,

---

ne abortu labantur. Generet te mater, non abortiat. Si patiens fueris, usque quo formeris, usque quo in te certa sit doctrina veritatis, continere te debent materna viscera. Si autem impatientia tua concusseris latera matris, cum dolore quidem te excutit foras sed magis tuo malo quam suo.

6. « Alienati sunt peccatores a vulva, erraverunt a ventre, locuti sunt falsa (*Psal.* LVII, 4). » Ideo ergo erraverunt a ventre, quia locuti sunt falsa ? An potius ideo locuti sunt falsa, quia erraverunt a ventre ? In ventre quippe Ecclesiæ, veritas manet. Quisquis ab hoc ventre Ecclesiæ separatus fuerit, necesse est falsa loquatur : necesse est, inquam, falsa loquatur, qui aut concipi noluit, aut quem conceptum mater excussit. Inde hæretici clamant contra Evangelium : (ut de his potius loquamur, quos dolemus excussos.) Recitamus eis : Ecce Christus dixit, « Oportebat Christum pati, et a mortuis resurgere tertia die (*Lucæ* XXIV, 46). » Agnosco ibi caput nostrum, agnosco ibi sponsum nostrum : agnosce et tu mecum sponsam, vide quid sequitur : « Prædicari in nomine ejus pœnitentiam et remissionem peccatorum per omnes gentes, incipientibus ab Jerusalem (*Ibid.* 47). » Huc veni, huc veni. Ecce Ecclesia per omnes gentes, incipientibus ab Jerusalem : Non dico, Huc veni ; ipsa ad te venit. Illi autem obsurdescentes adversus Evangelium, et non nos permittentes legere verba Dei, quæ se jactant custodisse a flamma et volunt delere lingua, loquuntur sua, loquuntur inania : Ille tradidit, et ille tradidit. Immo et ego dico, Et ille tradidit, et ille tradidit : et verum dico. Sed quid ad me ? Nec tu mihi quos nominas ex Evangelio legis, nec ego quos nomino ex Evangelio lego. Auferantur de medio chartæ nostræ, procedat in medium codex Dei : audi Christum dicentem, audi veritatem loquentem : « Prædicari in nomine ejus, inquit, pœnitentiam et remissionem peccatorum per omnes gentes, incipientibus ab Jerusalem. » Non, inquiunt : sed quod nos dicimus audite : quod dicit Evangelium nolumus audire. « Alienati sunt peccatores a vulva,

il est impossible que la vérité mente. Aux paroles de vérité, je reconnais le Christ, la vérité même : aux paroles de vérité je reconnais l'Église, qui a pour partage la vérité. Que nul de ceux qui se sont éloignés du sein et des entrailles de l'Église ne vienne me débiter ses mensonges : je verrais de suite ce qu'il voudrait m'enseigner ; je vois qu'il est devenu étranger au sein et qu'il s'est éloigné des entrailles de sa mère, que puis-je entendre de sa bouche, sinon des choses fausses? « Ils se sont éloignés des entrailles de leur mère ; ils ont dit des choses fausses. »

7. « Leur fureur est semblable à celle du serpent (*Ps.* LVII, 6). » Vous allez entendre de grandes choses. « Leur fureur est semblable à celle d'un serpent. » Et comme si nous avions demandé au Prophète ce que signifient ces paroles, il continue : « et d'un aspic sourd » Pourquoi sourd ? « Qui se bouche les oreilles (*Ibid.*6). » Qui est sourd, parce qu'il se bouche les oreilles. « Qui se bouche les oreilles et qui n'entendra la voix ni des charmeurs ni du médicament médicamenté par le Sage(*Ibid*). » Voilà ce que nous avons entendu, et ce qu'ont dit des hommes qui l'ont appris à l'aide des connaissances qu'ils peuvent acquérir, mais ce que l'Esprit de Dieu sait mieux que tous les hommes. En effet, cette parole eût été inutile et l'Esprit de Dieu ne nous l'eût point dite, si ce qu'on raconte de l'aspic n'eût pu être vrai. Écoutez ce que fait l'aspic, lorsqu'il a commencé à subir la puissance d'un charmeur Marse, qui l'appelle à lui par certains chants particuliers, comme sont de nombreux chants magiques. Mais d'abord, mes frères, prêtez attention à une remarque préliminaire, qui préviendra toute hésitation de votre part : c'est que l'Écriture, quand elle tire de quelque endroit une comparaison, ne loue en aucune manière l'objet de cette comparaison; elle se borne à établir un simple rapprochement. Le Seigneur n'a pas loué, en effet, l'inique juge qui refusait d'écouter la veuve, sans crainte qu'il était pour Dieu et sans égard pour les hommes ; et cependant le Seigneur a déduit des actions de ce juge une comparaison (*Luc.* XVIII, 2). Le Seigneur n'a pas loué non plus le paresseux, qui donna trois pains à celui qui les lui demandait, non par amitié, mais par ennui de son importunité (*Ibid.* XI, 8) ; et cependant cet acte a fourni au Seigneur le sujet d'une parabole. On établit donc, à certains points de vue, des comparaisons avec des choses qui ne sont pas louables. Ou, si vous pensez qu'il vous soit permis de recourir aux enchantements des Marses, parce que l'Écriture en a parlé, il vous faudra également assister aux spectacles du théâtre, parce que l'Apôtre a dit : « Je combats au pugilat, mais non comme un homme qui ne frappe que l'air de ses coups. »

erraverunt a ventre, locuti sunt falsa. » Nos loquamur vera, quia audivimus vera ; quod Dominus dicit, non quod homo dicit. Potest fieri ut homo mentiatur : non potest fieri ut veritas mentiatur. Ex veritatis ore agnosco Christum, ipsam veritatem : ex veritatis ore agnosco Ecclesiam, participem veritatis. Nemo mihi falsa loquatur, qui erravit ab utero in visceribus Ecclesiæ, primo viderem quid me vellet docere. Video alienatum a vulva, video errasse a ventre, et auditurus sum ab eo, quid, nisi falsa ? « Erraverunt a ventre, locuti sunt falsa. »

7. « Indignatio eis secundum similitudinem serpentis (*Psal.* LVII, 5). » Magnam rem audituri estis. « Indignatio eis secundum similitudinem serpentis. » Quasi dixerimus, Quid est quod dixisti ? sequitur, « Sicut aspidis surdæ. » Unde surdæ ? « Et obturantis aures suas. » Ideo surdæ, quia obturat aures suas. « Et obturantis aures suas. Quæ non exaudiet vocem incantantium, et medicamenti medicati a sapiente (*Ibid.* 6). » Sicut audivimus, quod et homines dicunt, qui ea qua potuerunt hæc cognitione didicerunt, sed tamen quod Spiritus Dei multo melius omnibus hominibus novit. Non enim frustra hoc dixit, nisi quia fieri potest ut verum sit etiam illud quod audivimus de aspide. Aspis cum cœperit pati incantatorem Marsum, qui eam quibusdam carminibus propriis evocat, sicut sunt multa etiam magica, audite quid facit. Sed interim in hoc adtendite Fratres : (hoc enim præloquendum est, ne quisquam veluti hæsitans audiat) : non, undecumque datur similitudo, ab Scripturis laudatur ipsa res ; sed tantum inde similitudo trahitur. Non enim laudavit iniquum judicem, qui nolebat audire illam viduam, et nec Deum timebat, nec homines reverebatur (*Lucæ*, XVIII, 2) ; et tamen inde similitudinem Dominus traxit : nec illum laudavit pigrum, qui tres panes, non propter amicitiam dedit petenti, sed tædio victus (*Lucæ*, II, 8) ; et tamen inde similitudinem dedit. Et de rebus ergo non laudandis trahuntur secundum quemdam modum nonnullæ similitudines. Aut si

En effet, le pugilat est l'un des exercices du pancrace. Mais, de ce que ces spectacles ont fourni une comparaison au discours de l'Apôtre, s'ensuit-il que nous devions y prendre plaisir? Ou encore, de ce que l'Apôtre a dit : « L'athlète qui combat dans l'arène garde en tout une sévère abstinence (I *Cor.* IX, 20), faut-il conclure qu'un chrétien doive aimer et rechercher ces vanités de l'arène et ces jeux frivoles? Laissez donc leur valeur distincte à des paroles de simple comparaison et à des préceptes qui renferment une défense. C'est ainsi que vous est présentée en cet endroit la comparaison du Marse qui fait des incantations pour tirer l'aspic de sa ténébreuse caverne. Assurément il veut l'attirer à la lumière; mais l'aspic qui aime ces ténèbres dans lesquelles il s'enveloppe et se cache, ne voulant pas en sortir, refuse, dit-on, d'écouter ces incantations auxquelles il se sent forcé d'obéir, et pour cela appliquant une oreille contre terre, il se bouche l'autre avec la queue; de la sorte il évite autant qu'il le peut, d'entendre la voix du charmeur, et par là même d'être forcé d'aller à lui. L'Esprit de Dieu déclare semblables à l'aspic, ceux qui n'écoutent pas la parole divine, et qui refusent non-seulement de la pratiquer, mais encore de l'écouter, afin de ne la pratiquer en aucune sorte.

8. C'est ce qui est arrivé aux premiers temps de la foi. Le martyr Étienne prêchait la vérité, et il s'efforçait, en quelque sorte, de charmer par ses incantations des esprits aveuglés, pour les amener à la lumière. Dès qu'il en vint à rappeler le Christ dont ceux-ci ne voulaient pas du tout entendre parler, que dit l'Écriture à leur égard? Que rapporte-t-elle d'eux? « Ils se bouchèrent les oreilles, est-il écrit (*Act.* VII, 56). Ce qu'ils firent ensuite, le récit de la passion de saint Étienne nous l'apprend. Ils n'étaient pas sourds, mais ils se rendaient sourds. En effet, bien que les oreilles de leur cœur ne fussent pas ouvertes, la parole qui entrait avec véhémence dans les oreilles de leur corps faisait violence même aux oreilles de leur âme; ils se bouchèrent les oreilles du corps et ramassèrent des pierres. Voilà donc des aspics sourds, plus durs que les pierres avec lesquelles ils lapidèrent celui qui voulait les charmer. Ils refusèrent d'écouter la voix du charmeur, « et du médicament médicamenté par le Sage. » Qu'est-ce que le médicament médicamenté par le Sage? Le Prophète donnerait-il ce nom de médicament médicamenté à un médicament entièrement préparé. Ou bien, chercherons-nous ici un sens caché, nous demandant comment ce qui est déjà un médicament a besoin d'être encore médicamenté? Les médicaments

---

propterea putatis eundum esse ad Marsos, quia hoc audistis in Scriptura Dei ; eundum est ad spectacula theatri, quia dicit Apostolus, « Non sic pugilor quasi aerem cædens (I *Cor.* IX, 26). » Pugilari enim est pancratium facere. Jam quia hinc data est similitudo, spectacula ista delectare nos debent? aut quia dixit, Qui in agone contendit, ab omnibus abstinens est : propterea agonistica ista vana et ludicra debet affectare Christianus? Adtende quid tibi dicatur ad similitudinem, quid moneatur ad prohibitionem. Ita ergo et hic data est quædam similitudo de Marso, qui incantat ut educat aspidem de tenebrosa caverna ; utique in lucem vult educere : illa autem amando tenebras suas, quibus se involutans occultat, dicitur quod cum exire noluerit, recusans tamen audire illas voces, quibus se cogi sentit, allidit unam aurem terræ, et de cauda obturat alteram, atque ita voces illas quantum potest evitans, non exit ad incantantem. Huic similes dixit Spiritus Dei quosdam non audientes verbum Dei, et non solum non (*a*) facientes, sed omnino ne faciant audire nolentes.

8. Factum est hoc et in primis temporibus fidei ? Stephanus martyr prædicabat veritatem, et tamquam tenebrosis mentibus, ut eas in lucem educeret, incantabat : ubi venit ad commemorationem Christi, quem illi omnino audire noluerunt, quid de eis Scriptura dicit? quid de illis narrat? « Clauserunt, inquit, aures suas (*Act.* VII, 56). » Quid autem postea fecerint, passio Stephani narrata declarat. Non erant surdi, sed fecerunt se surdos. Quia enim aures patentes in corde non habebant, violentia tamen verbi per aures carnis irruens, etiam ipsis auribus cordis vim faciebat : clauserunt et aures corporis, et ierunt ad lapides. Ecce aspides surdæ duriores lapidibus, quibus incantatorem suum lapidaverunt : non audierunt vocem incantantis, « et medicamenti medicati a sapiente. » Quid est medicamentum a sapiente? Forte medicamentum confectum, dicat medicamentum medicatum. An quærimus ibi aliquid, quomodo jam

---

(*a*) Sic MSS. At editi, *et non solum non audientes, sed omnino ut non valeant audire, facientes.*

étaient dans les Prophètes, les médicaments étaient dans la loi, tous les commandements qui s'y trouvent étaient des médicaments, mais ces médicaments n'avaient pas été médicamentés, c'est-à-dire mis en œuvre comme médicaments; ils le furent par l'avènement du Seigneur, ce que ces hommes ne purent supporter. En effet, comme ils n'avaient pas été guéris par le médicament de l'ancienne loi, ce médicament lui-même fut médicamenté par l'avènement du Seigneur. Ce sont les paroles de ce médicament médicamenté que saint Étienne employait pour les charmer, ils refusèrent de les entendre. Ils se bouchèrent les oreilles précisément en entendant parler du moyen par lequel le médicament avait été médicamenté. Car ils agirent ainsi lorsque le nom du Christ fut prononcé devant eux. Leur fureur fut semblable à la fureur du serpent. Pourquoi vous bouchez-vous les oreilles? Attendez, écoutez ; et ensuite, si vous le pouvez, déchaînez votre fureur. Comme ils ne voulaient que se livrer à leur fureur, ils refusèrent d'écouter. S'ils avaient écouté, peut-être eussent-ils réfréné cette fureur. Leur fureur ressemble donc à celle du serpent.

9. Tels sont également ceux dont nous avons à souffrir. D'abord ils se disent seuls possesseurs de la vérité : mais Dieu n'a pas pour cela cessé d'enseigner, il ne s'est point arrêté pour cela, la vérité a été prêchée dans son Église, leurs mensonges ont été mis à découvert dans les entrailles mêmes de leur mère; la lumière a été manifestée, chacun a reconnu la ville qui est placée sur la montagne et qui ne peut être cachée, et la lampe qui luit pour tous ceux qui sont dans la maison a été placée sur le chandelier (*Matth.* v, 14 et 15). En quel lieu, en effet, l'Église du Christ est-elle cachée? En quel lieu la vérité du Christ est-elle cachée? N'est-il pas lui-même la montagne qui, après avoir été une petite pierre, s'est accrue et a rempli toute la face de la terre (*Dan.* ii, 35)? Ils sont confondus par cette expansion de l'Église, et ils n'ont rien à dire contre elle. Que leur est-il resté? Ils disent : Pourquoi nous cherchez-vous? Que nous voulez-vous? Retirez-vous de nous. Ils disent encore à leurs partisans : Que nul ne leur parle, que nul ne se joigne à eux, que nul ne les écoute. Leur fureur, c'est la fureur des serpents. Elle est semblable à celle « d'un aspic sourd qui se bouche les oreilles, et qui n'entend la voix ni des charmeurs ni du médicament, » la voix du médicament, « médicamenté par le Sage. » Ne comprend-on pas déjà par là de quel médicament veut parler le Prophète, lorsqu'il l'appelle une voix. Un médicament a-t-il une voix? Oui, il y a un médicament qui a une voix. Nous le portons en nous, ne faites pas

---

si medicamentum est, etiam medicatum sit? Medicamenta erant in Prophetis, medicamenta erant in Lege, præcepta ipsa omnia medicamenta erant ; et hoc medicamentum nondum erat medicatum : adventu Domini medicatum est medicamentum : hoc illi ferre non potuerunt. Quia enim non curabuntur medicamento, medicatum est ipsum medicamentum adventu Domini. Jam Stephanus medicamentum medicatum incantabat, hoc illi audire noluerunt : unde medicatum est medicamentum, contra hoc aures clauserunt. Nam ibi hoc fecerunt, ubi nominatus est Christus. Indignatio eorum, sicut indignatio serpentis. Quid aures clauditis ? Exspectate, audite ; et si potueritis, sævite. Quia nolebant nisi sævire, noluerunt audire. Quod si audirent, forte desævirent. Indignatio eorum sicut indignatio serpentis.

9. Tales etiam istos patimur. Primo sibi veritatem tenere videbantur : non cessavit Deus, non quievit : (*a*) in Ecclesia sua prædicata est veritas, in visceribus matris aperta sunt eorum mendacia : patefactum est quod lucet, demonstrata est civitas super montem constituta, quæ abscondi non potest, et lucerna posita est super candelabrum, quæ lucet omnibus qui in domo sunt (*Matth.* v, 14 et 15). Ubi enim latet Ecclesia Christi ? ubi latet veritas Christi ? Nonne ipse est mons qui crevit ex minimo lapide, et implevit universam faciem terræ (*Dan.* ii, 35)? Convincuntur hinc, non habent quod dicant contra Ecclesiam. Et quid eis remansit ? Quid nos quæritis? Quid nos vultis? Dicunt, Recedite a nobis. Dicunt autem et suis, Nemo cum illis loquatur, nemo illis conjungatur, nemo illos audiat. Indignatio eorum, indignatio serpentium : « sicut aspidis surdæ et obturantis aures suas : quæ non exaudiet vocem incantantium, et medicamenti, » hoc est, vocem medicamenti, « medicati a sapiente. » Nonne hinc jam intelligitur quale medicamentum, quando vocem dicit? Numquid medicamentum habet vocem ? Est quoddam medicamentum quod habet vocem. Medicamentum portamus, vocem ejus audite, non quo-

---

(*a*) Particula *in*, quæ in editis deerat, huc revocatur ex MSS.

comme les aspics sourds, écoutez-en la voix. « Enfants des hommes, si vous tenez avec vérité le langage de la justice, jugez selon la justice (Ps. LVII, 2). » Telle est la parole du médicament, alors qu'il est médicamenté par le Sage. Déjà, en effet, le Christ est venu, pour accomplir la loi et les Prophètes (Matth. V, 17), et confirmer toute vérité qu'ils ont annoncée par les deux commandements qui contiennent toute la loi et les Prophètes (Matth. XXII, 40).

10. Ne pouvons-nous point encore rechercher quelque signification secrète dans l'habitude attribuée à l'aspic, de se fermer les oreilles en appliquant l'une d'elles contre terre, et en bouchant l'autre de sa queue? Qu'est-ce que cela signifie? Par la queue, on comprend évidemment la partie postérieure du corps; elle est donc le symbole des choses passées, qu'il faut rejeter derrière nous, pour nous apppliquer aux promesses que nous avons reçues; par conséquent, nous ne devons nous complaire, ni dans notre vie passée, ni dans notre vie présente. C'est en effet ce que nous enseigne l'Apôtre, quand il dit : « Quel fruit avez-vous donc tiré autrefois de ces choses qui vous font maintenant rougir (Rom. VI, 21)? » Il nous détourne de garder du passé un souvenir de complaisance, où se mêlerait quelque désir de ces jouissances : ce qui nous exposerait à retourner de cœur en Égypte. Et que dit-il du présent? En quel termes nous ordonne-t-il de le mépriser aussi? « Ne portez pas, dit-il, votre attention sur les choses visibles, mais préoccupez-vous des choses invisibles. En effet, les choses visibles sont temporelles, mais les choses invisibles sont éternelles (II Cor. IV, 18). » Il dit encore de la vie présente : « Si nous ne mettons notre espérance dans le Christ qu'en vue de cette vie, nous sommes plus malheureux que tous les autres hommes (I Cor. XV, 19). » Oubliez les choses passées, au milieu desquelles vous avez vécu criminellement; méprisez les choses présentes au milieu desquelles vous vivez temporairement; de peur que les choses présentes ne vous enlacent et ne vous empêchent de parvenir aux choses futures. Or, si la vie présente vous charme, vous avez appliqué votre oreille contre la terre; si vous vous complaisez dans le passé, bien que déjà le temps l'ait rejeté derrière vous, vous avez bouché votre oreille avec votre queue. Vous devez donc aller vers la lumière et sortir des ténèbres, en écoutant la voix du médicament médicamenté par le Sage ; afin que, marchant en pleine lumière, vous disiez avec transport : « J'ai oublié ce qui est derrière moi, et je m'élance vers ce qui est devant moi (Philip. III, 13). » L'Apôtre n'a dit pas : J'ai oublié ce qui est derrière moi et je me complais dans les

---

modo aspides surdæ. « Si vere utique justitiam loquimini, recta judicate filii hominum (Psal. LVII, 2.) » Vox est medicamenti, et hoc medicati a sapiente. Jam enim venit Christus qui impleret Legem et Prophetas (Matth. V. 17), qui veritatem ipsam firmaret : « in quibus duobus præceptis tota Lex pendet et Prophetæ (Matth. XXII, 40). »

10. An forte quærimus aliquid et in eo quod dicitur aspis ita aures claudere, ut unam earum in terram premat, alteram cauda oppilet? Quid sibi vult hoc? In cauda posteriora utique intelliguntur : ergo (a) præterita, quo jam tergum oportet ponere, ut in ea quæ nobis promittuntur intendamus : ergo nec ex præterita vita nostra, nec ex præsenti delectari debemus. Hoc enim Apostolus monet dicens, « Quem ergo aliquando fructum habuistis in his in quibus nunc erubescitis (Rom. VI, 21)? » Revocat a recordandis cum delectatione præteritis, et cum quadam concupiscentia (b) fruendi ; ne redeamus corde in Ægyptum. Quid de præsentibus? quomodo jubet etiam ipsa contemni? « Non respicientibus, inquit, quæ videntur, sed quæ non videntur. Quæ enim videntur, temporalia sunt : quæ autem non videntur, æterna (II Cor. IV, 18). » Item de præsenti vita dicit, « Si in hac vita tantum in Christo sperantes sumus, miserabiliores sumus omnibus hominibus (I Cor. XV, 19). » Obliviscere ergo præterita, quibus male vixisti ; contemne præsentia, quibus temporaliter vivis ; ne te alligando, præsentia non permittant pervenire ad futura. Si enim præsens vita te delectat, aurem in terra posuisti : si tuis præteritis etiam retro labentibus delectaris, aurem de cauda obturasti. Debes ergo ire in lucem, exire de tenebris audita voce medicamenti medicati a sapiente : ut jam in luce ambulans, et exsultans dicas, « Quæ retro oblitus, in ea quæ ante sunt extentus (Philip. III, 13). » Non dixit, Quæ retro oblitus, et ex præsentibus delectatus. Cum dicit, Quæ retro oblitus, non obturavit aurem de cauda : cum dicit, In ea quæ ante sunt extentus, his et præsentibus non

---

(a) Sic MSS. Editi vero, *ergo non in præterita.* (b) Sic MSS. At editi, *fruendis.*

choses présentes. En disant : J'ai oublié ce qui est derrière moi, il ne s'est pas bouché l'oreille avec la queue; en disant : Je m'élance vers ce qui est devant moi, il ne s'est pas laissé assourdir par les choses présentes. Entendant comme il faut, il parle comme il faut, et sa langue se livre à de légitimes transports. Il a déposé le vêtement du vieil homme, et il prêche la vérité dans une lumière nouvelle. C'est encore là un des traits de l'habileté du serpent que le Seigneur nous engage à imiter. Car il dit : « Soyez habiles comme les serpents (*Matth.* x, 16). » Que veut dire : Soyez habiles comme les serpents? Offrez tous vos membres aux coups, pourvu que vous conserviez votre tête intacte. « La tête de l'homme, c'est le Christ (I *Cor.* xi, 3). » Mais nous sommes surchargés, en quelque sorte, par le poids de notre ancienne peau et par l'attirail de vétusté du vieil homme. Écoutez ce que dit l'Apôtre saint Paul : « Dépouillez-vous du vieil homme et revêtez l'homme nouveau (*Coloss.* iii, 9). » Et comment, direz-vous, puis-je dépouiller le vieil homme? Imitez l'habileté du serpent. Que fait, en effet, le serpent, pour se dépouiller de sa vieille peau? Il se force lui-même à passer par une étroite ouverture. Et, direz-vous encore, où trouverai-je cette étroite ouverture? Écoutez : « La voie qui conduit à la vie est étroite et resserée, et il y en a peu qui entrent par cette voie (*Matth.* vii, 14). » La redoutez-vous et ne voulez-vous point y passer, parce qu'il y en a peu qui le font? C'est là pourtant qu'il faut dépouiller le vêtement du vieil homme, vous ne pouvez le dépouiller ailleurs. Mais, si vous préférez garder le poids de votre vétusté et vous laisser entraver, accabler par ce fardeau, alors ne prenez pas la voie étroite; car, si vous restez chargé des vieilles habitudes de vos péchés et de votre ancienne vie, vous n'y pourrez passer. Parce que le corps qui est corrompu appesantit l'âme (*Sag.* ix, 15), que les désirs mauvais ne se fassent plus sentir en vous, ou bien sachez dépouiller les convoitises de la chair. Et comment vous en dépouillerez-vous, si vous ne passez par la voie étroite et si vous n'avez l'habileté du serpent.

11. « Dieu leur a brisé les dents dans la bouches (*Ps.* lvii, 7). » De qui a-t-il brisé les dents? De ceux dont la fureur est semblable à celle du serpent et de l'aspic qui se bouche les oreilles, afin de ne pas entendre la voix des charmeurs, et celle du médicament médicamenté par le sage. Que leur a donc fait le Seigneur? Il leur a brisé les dents dans la bouche. Cela s'est fait; cela s'est fait dès le commencement et se fait encore. Mais ne suffisait-il pas, mes frères, de dire : « Dieu leur a brisé les dents. » Pourquoi, le prophète ajoute-t-il :

---

obsurduit : merito audiens, merito prædicans, merito exsultat lingua ejus, prædicans veritatem in luce nova, deposita vetere tunica. Et ad hoc enim valet astutia serpentis, ad quam nos imitandam Dominus exhortatur. Ait enim, « Estote astuti, sicut serpentes (*Matth.* x, 16). » Quid est, astuti sicut serpentes ? Offer omnia membra tua percutienti, dummodo caput integrum serves. « Caput viri, Christus (I *Cor.* xi, 3).» Sed gravat quasi pondus corii cujusdam et quasi senecta veteris hominis. Audi Apostolum dicentem, « Exuentes vos veterem hominem, et induentes novum (*Coloss.* iii, 9). » Et quomodo exuo, inquis, veterem hominem? Imitare astutiam serpentis. Quid enim facit serpens, ut exuat se veterem tunicam? Coartat se per foramen angustum. Et ubi, inquis, invenio hoc foramen angustum? Audi : « Arta et angusta est via quæ ducit ad vitam, et pauci sunt qui ingrediuntur per eam ((*Matth.* vii, 14). » Reformidas eam, et non vis ambulare, quia pauci sunt? Ibi ponenda est vetus tunica, et alibi poni non potest, Aut si vis vetustate impediri, gravari, premi, noli ire per angustam. Si autem gravaris vetustate quadam peccati tui, et præteritæ vitæ; transire non potes. « Quia ergo corpus quod corrumpitur, aggravat animam (*Sap.* ix, 15) : » vel cupiditates corporales non premant, vel concupiscentiæ carnis exuantur. Unde exuuntur, nisi ieris per (*a*) angustam, nisi fueris astutus ut serpens ?

11. « Deus contrivit dentes eorum in ore ipsorum (*Psal.* lvii, 7). » Quorum ? Quibus indignatio est sicut similitudo serpentis, et aspidis obturantis aures suas, ne audiat vocem incantantium, et medicamenti medicati a sapiente. Quid illis fecit Dominus ? Contrivit dentes eorum in ore ipsorum. Factum est, hoc primo factum est, et modo fit. Sed sufficeret Fratres mei, ut diceretur, Deus contrivit dentes eorum. Quare in ore ipsorum ? Nolebant audire legem, nolebant audire præcepta veritatis a Christo Pharisæi, similes serpenti illi et aspidi. Præteritis enim suis peccatis delectabantur, et præsentem vi-

(*a*) Sic MSS. At editi hoc loco, *per angustum.*

« dans la bouche? » Les Pharisiens, semblables au serpent et à l'aspic refusaient d'entendre la loi ; ils refusaient d'entendre les préceptes de vérité des lèvres du Christ. Ils se complaisaient, en effet, dans leurs péchés passés, et ils ne voulaient pas perdre les délices de leur vie présente, c'est-à-dire échanger les joies de la terre contre les joies éternelles. Avec les délices du passé, ils se bouchaient une oreille, ils fermaient l'autre avec les délices du présent ; c'est pourquoi ils ne voulaient pas entendre. Car, d'où leur venait cette pensée : « Si nous le laissons aller, les Romains viendront et ils nous prendront notre ville et notre nation (*Jean*. XI, 48)? » Ne voulant point perdre leur ville, ils avaient collé leur oreille contre la terre, c'est pourquoi ils refusèrent d'entendre les paroles du remède préparé par le sage. L'Écriture dit qu'ils étaient avares et avides d'argent, et toute leur vie, même leur vie passée, a été décrite par le Seigneur dans l'Évangile. Celui qui lit avec soin l'Évangile, y trouve de quelle manière ils se bouchaient les deux oreilles. Que Votre Charité prête attention à ce que je vais dire. Qu'a fait le Seigneur ? « Il leur a brisé les dents dans la bouche. » Que signifie : « dans la bouche? » qu'ils ont dû prononcer contre eux-mêmes de leur propre bouche, et qu'il les a contraints de rendre leur sentence de leur propre bouche. Ils voulaient l'accuser calomnieusement au sujet du tribut (*Matth*. XXII, 17). Il ne leur dit pas : Il est permis ou il n'est pas permis de payer le tribut ; mais il voulut briser leurs dents, avec lesquelles ils essayaient de le mordre, et les briser dans leur bouche. S'il avait dit : Il faut payer le tribut à César, ils l'auraient calomnié, et auraient prétendu qu'il parlait mal de la nation juive, en la regardant comme tributaire des Romains. En effet, à cause de leurs péchés, ils étaient humiliés et forcés de payer le tribut, comme cela leur avait été prédit dans leur loi. Nous le tiendrons pour ennemi de notre nation, se disaient-ils, s'il nous ordonne de payer le tribut ; au contraire, s'il nous défend de le payer, nous le tiendrons pour ennemi de notre dévouement à César. Tel est le double piège qu'ils tendirent au Seigneur, pour le surprendre. Mais à qui s'adressaient-ils ? à qui pouvait leur briser les dents dans la bouche. « Montrez-moi, leur dit le Seigneur, la pièce de monnaie du tribut. Hypocrites, pourquoi me tentez-vous (*Ibid*. 19) ? » Pensez-vous réellement au paiement du tribut ? Voulez-vous faire œuvre de justice ? Cherchez-vous un conseil de justice ? « Enfants des hommes, si vous tenez avec vérité le langage de la justice, jugez selon la justice (*Ibid*. 2). » Mais maintenant, puisque vous parlez autrement que vous ne pensez, vous êtes des hypo-

---

tam nolebant amittere, id est, gaudia terrena (*a*) pro gaudiis æternis. Unam aurem claudebant ex delectatione præteritorum, alteram ex delectatione præsentium : ideo nolebant audire. Nam unde est illud, « Si dimiserimus eum, venient Romani, et tollent nobis et locum et gentem (*Johan*. XI, 48)? » Utique nolebant perdere locum, ad terram colliserant aurem suam; et ideo noluerunt audire verba illa medicata a sapiente. Dictum est de illis et quod avari erant et amatores pecuniæ : et omnis vita eorum, etiam præterita, descripta est a Domino in Evangelio. Qui legit diligenter Evangelium, invenit unde illi ambas aures obturabant. Intendat Caritas Vestra : Dominus quid fecit ? « Contrivit dentes eorum in ore ipsorum. Quid est, in ore ipsorum? Ut ore suo contra se pronuntiarent : coegit illos ore suo in se sententiam dicere. Calumniari volebant ei propter tributum : non dixit ille, Licet reddere tributum aut, non licet reddere (*Matth*. XXII, 17). Et volebat dentes eorum, quibus inhiabant ut morderent, conterere, sed in ore ipsorum volebat. Si diceret, Solvatur Cæsari tributum : calumniarentur illi quod maledixisset genti Judæorum, eam tributariam faciendo. Ex peccato enim tributum reddebant humiliati, sicut illis in Lege prædictum erat. Tenemus illum, aiunt, maledictorem gentis nostræ, si nos jusserit tributum persolvere : si autem dixerit, Nolite solvere, tenemus eum quod contradixerit nobis devotos esse Cæsari. Talem bicipitem laqueum quasi capiendo Domino posuerunt. Sed ad quem venerant? Qui noverat conterere dentes eorum in ore ipsorum. « Ostendite mihi nummum (*Ibid*. 19), » inquit. Quid me tentatis hypocritæ? De tributo solvendo cogitatis? justitiam facere (*b*) vultis? consilium justitiæ quæritis ? « Si vere justitiam loquimini, recta judicate filii hominum (*Psal*. LVII, 2). » Nunc autem quia alia loquimini, alia judicatis, hypocritæ estis : quid me tentatis? Nunc conteram dentes vestros in

---

(*a*) MSS. *id est gaudia terrena. Ex gaudiis terrenis unam aurem claudebant, ex delectatione præteritorum alterum : ideo nolebant.* etc. (*b*) Sic MSS. At edit. *justitiam facere non vultis.*

crites. Pourquoi me tentez-vous? Je vais vous briser les dents dans la bouche : montrez-moi la pièce de monnaie du tribut. Et ils lui en montrèrent une. Et le Seigneur ne leur dit pas : elle porte l'effigie de César, mais il leur demanda : De qui est-elle? afin de leur briser les dents dans la bouche. En effet, à cette question : De qui est cette image? de qui est cette inscription? ils répondirent : De César. Voici que le Seigneur va leur briser les dents dans la bouche. Ou plutôt, vous avez déjà répondu : déjà vos dents sont brisées dans votre bouche. « Rendez à César ce qui est à César, et à Dieu ce qui est à Dieu (*Ibid.* 21). » César revendique son image, rendez-la lui; Dieu revendique son image, rendez-la lui. Que César ne perde point par vous son effigie : que Dieu ne perde point en vous son effigie. Et ils ne trouvèrent rien à lui répondre. Ils avaient été envoyés pour lui tendre un piége et pour le calomnier, et ils s'en retournèrent en disant que nul ne pouvait lui répondre. Pourquoi? parce que leurs dents étaient brisées dans leur bouche.

12. Il en est de même de cette autre parole : « Par quelle puissance agissez-vous ainsi? Et moi, je vous ferai aussi une question, répondez-moi (*Matth.* XXI, 23. et *Marc.* XI, 28). » Et il les interrogea sur Jean, d'où venait le baptême de Jean : du ciel, ou des hommes; afin que leur réponse, quelle qu'elle fût, tournât contre eux. Ils ne lui dirent pas : des hommes, de peur que les hommes ne les lapidassent, parce que tous tenaient Jean-Baptiste pour un Prophète; ils redoutaient encore plus de dire : du ciel, de peur d'avouer que Jésus était le Christ, parce que Jean-Baptiste avait rendu témoignage au Christ. Pressés également des deux côtés, ces hommes qui s'apprêtaient à l'accuser finirent par une déclaration d'ignorance, et ils dirent à Jésus. « Nous ne savons pas (*Ibid.* 33). » Ils se préparaient à le calomnier, quand ils lui demandaient : « Par quelle puissance agissez-vous ainsi? » Car s'il eut répondu : Je suis le Christ, ils l'auraient accusé d'orgueil, d'arrogance et de sacrilége. C'est pourquoi, il ne leur dit pas : Je suis le Christ, mais il les interroge au sujet de Jean qui avait déclaré que Jésus était le Christ. Ils n'osèrent point blâmer Jean-Baptiste, craignant d'être mis à mort par le peuple; ils n'osèrent pas non plus avouer que l'enseignement de Jean était véridique, de peur qu'on ne leur dît : croyez donc au Christ. C'est pourquoi ils gardèrent le silence et dirent qu'ils n'en savaient rien; déjà ils ne pouvaient plus mordre. Pourquoi ne le pouvaient-ils plus? La réponse vous saute aux yeux : Leurs dents étaient brisées dans leur bouche.

13. Le Seigneur déplut au Pharisien qui

---

ore vestro : ostendite mihi nummum. Et demonstraverunt ei. Et ille non dicit, Cæsaris est : sed interrogat, Cujus est? ut eorum dentes in ore ipsorum conterantur. Quærente quippe illo cujus haberet imaginem et inscriptionem, illi Cæsaris dixerunt. Jam nunc Dominus conteret dentes eorum in ore ipsorum. Jam respondistis, jam contriti sunt dentes vestri in ore vestro. « Reddite Cæsari, quæ Cæsaris sunt, et Deo quæ Dei sunt (*Ibid.* 21). » Quærit Cæsar imaginem suam, reddite : quærit Deus imaginem suam, reddite. Non perdat ex vobis Cæsar nummum suum : non perdat Deus in vobis nummum suum. Et illi non invenerunt quid responderent. Missi enim erant ut calumniarentur ei : et redierunt dicentes, quod nemo possit ei respondere. Unde? « Quia contriti erant dentes eorum in ore ipsorum. »

12. Inde est et illud, « In qua potestate ista facis (*Matth.* XXI, 23)? » Et ego interrogabo vos unum sermonem, respondete mihi. Et interrogavit de Johanne, unde esset baptismus Johannis, de cœlo, an ex hominibus : ut si quid responderent, contra illos esset (*Marci,* II, 28). » Noluerunt dicere ex hominibus, timentes homines, ne lapidarentur ab eis; eo quod Johannem prophetam haberent : dicere de cœlo plus formidabant, ne faterentur ipsum Christum; quia Johannes prædicaverat Christum. Coartati utrinque, ex hac parte et ex hac parte, qui parabant objicere crimen responderunt ignorantiam; dixerunt, « Nescimus. » Calumniam enim præparabant, quando dixerunt, « In qua potestate ista facis (*Ibid.* 33)? » ut si diceret, Christus sum, quasi arrogantem, superbum, sacrilegum invaderent. Noluit dicere, Christus sum : sed quæsivit de Johanne, qui dixerat quod ipse esset Christus. Illi non sunt ausi reprehendere Johannem, timentes ne a populo occiderentur : non sunt ausi dicere, Verum dixit Johannes, ne diceretur eis, Credite illi. Obmutuerunt, nescire se dixerunt : jam mordere non valebant. Unde non valebant? Jam occurrit vobis, contriti erant dentes eorum in ore ipsorum.

(a) Sic MSS. At editi, *non colebatur ex corde.*

l'avait un jour invité à manger chez lui, parce qu'une femme pécheresse était entrée et s'était jetée à ses pieds. Et le Pharisien murmurait contre Jésus. « Si cet homme était un Prophète, disait-il, il saurait quelle est cette femme qui s'est jetée à ses pieds (*Luc*, VII, 39). » O pharisien qui n'êtes pas Prophète, comment savez-vous que Jésus ignore quelle est la femme qui s'est jetée à ses pieds? Parce que Jésus n'observait pas cette pureté judaïque, que l'on gardait extérieurement dans la chair, et qui ne se trouvait pas intérieurement dans le cœur, le pharisien soupçonna que le Seigneur ignorait quelle était cette femme. Mais le Seigneur, qui connaissait les péchés de cette femme, entendait aussi les pensées secrètes de son hôte, et il répondit ce que vous savez. Et, sans m'arrêter longtemps à ce sujet, je dirai cependant qu'il voulut lui briser les dents dans la bouche. En effet, il lui proposa cette parabole : « Un homme avait deux débiteurs, auxquels il avait prêté de l'argent, l'un lui devait cinq cents deniers, l'autre lui en devait cinquante. Comme ils n'avaient ni l'un ni l'autre de quoi payer, il leur remit leur dette à tous deux. Quel est celui qui l'a aimé davantage (*Luc*, VII, 41, etc). » Jésus l'interroge pour qu'il réponde, et le pharisien répond pour que ses dents soient brisées dans sa bouche. Il répondit couvert de confusion et fut rejeté; tandis que cette femme qui avait pénétré dans une maison étrangère, mais qui ne s'était pas approchée d'un Dieu étranger, fut admise à recevoir miséricorde. « Le Seigneur leur a brisé les dents dans la bouche. »

14. « Le Seigneur a brisé les mâchoires des lions (*Ps*. LVII, 7). » Il n'a pas seulement brisé les dents des aspics. Que font les aspics? Les aspics cherchent à mordre par ruse, pour lancer leur venin et le répandre dans la plaie, au milieu de leurs sifflements. » Mais les nations ont ouvertement déchaîné leur fureur, et elles ont rugi comme des lions. « Pourquoi les nations ont-elles frémi et pourquoi les peuples ont-ils formé de vains complots (*Ps*. II, 1)? » Ceux qui tendaient un piège au Seigneur en lui demandant : « Est-il permis, ou non de payer le tribut à César (*Matth*. XXII, 17)? » étaient des aspics et des serpents; leurs dents ont été brisées dans leur bouche. Plus tard, ils crièrent : « Crucifiez-le! crucifiez-le (*Matth*. XXVII, 23, et *Jean*. XIX, 6)! » Ce n'est plus là la langue de l'aspic, c'est le rugissement du lion. « Mais le Seigneur a brisé les mâchoires des lions. » Peut-être n'est-ce point sans motif que le Prophète n'a pas ajouté : dans leur gueule. En effet, ceux qui tendaient à Jésus des pièges par leurs demandes captieuses devaient être vaincus par leurs propres réponses; mais ceux qui se livraient ouvertement à leurs fureurs pouvaient-ils être convaincus par de simples interrogations? Cepen-

---

13. Pharisæo displicuit Dominus illi qui ad prandium vocaverat, quod peccatrix mulier accesserit ei ad pedes ; et murmuravit adversus eum dicens, « Si esset hic propheta, sciret quæ mulier illi accessit ad pedes (*Lucæ*, VII, 39). » O tu non propheta, unde scis quod nescierit quæ mulier illi accessit ad pedes? Quia non servabat videlicet munditiam Judæorum, quæ a foris quasi custodiebatur in carne, et (*a*) exsulabat ex corde, hoc de Domino suspicatus est. Dominus autem qui peccata mulieris noverat, etiam cogitationes hospitis audiebat; et respondit, quæ nostis. Et ne diu hinc loquar, tamen in ore ejus voluit conterere dentes ejus. Proposuit enim : « Duo debitores erant cuidam fœneratori, unus quingentos debebat denarios, alius quinquaginta : non habebant ambo unde redderent, dimisit ambobus, quis eum plus dilexit (*Lucæ*, VII, 41, etc.) ? » Ad hoc interrogat ille, ut ille respondeat : ad hoc ille respondet, ut dentes ejus in ore ejus conterantur. Respondit confusus, exclusus est : admissa est illa ad percipiendam misericordiam, quæ irruperat in habitaculum alienum, sed non accesserat ad Deum alienum : Contrivit Dominus dentes eorum in ore ipsorum. »

14. « Molas leonum confregit Dominus (*Psal*. LVII, 7). » Non tantum aspidum. Quid de aspidibus ? Aspides insidiosæ volunt venena immittere, et spargere, et insibilare. Apertissime sævierunt gentes, et fremuerunt sicut leones. « Quare fremuerunt gentes, et populi meditati sunt inania (*Psal*. II, 2) ? » Quando insidiabantur Domino, « Licet dare tributum Cæsari an non licet (*Matth*. XXII, 17) ? » aspides erant, serpentes erant. Contriti sunt dentes eorum in ore ipsorum. Postea clamaverunt, « Crucifige, crucifige (*Matth*. XXVII, 23). » Jam non est lingua aspidis, sed fremitus leonis. Sed et « molas leonum confregit Dominus (*Johan*. XIX, 6). » Forte hic non vacat quod non addidit, in ore eorum. Insidiantes enim captiosis interrogationibus, cogebantur responsione sua vinci : isti autem qui aperte sæviebant, numquid interrogationibus convincendi erant ? Tamen et eorum molæ

dant leurs mâchoires ont été brisées. Le Christ est ressuscité, il est monté au ciel, il est glorifié, il est adoré par toutes les nations, il est adoré par tous les rois. Que les Juifs déchaînent maintenant leur rage contre lui, s'ils le peuvent. Ils ne le font plus. « Le Seigneur a brisé les mâchoires des lions. »

15. Les hérétiques nous servent ici tout à la fois d'enseignement et de preuve ; parce que nous trouvons en eux des serpents que la fureur a rendus sourds, et qui ne veulent pas entendre le médicament médicamenté par le sage ; aussi le Seigneur leur a-t-il brisé les dents dans la bouche. Quelle n'était pas leur fureur contre nous lorsqu'ils nous reprochaient de les persécuter, en les dépossédant des basiliques ? Interrogez-les maintenant : Doit-on, ou ne doit-on pas priver les hérétiques de la possession des basiliques ? Qu'ils répondent maintenant et qu'ils nous disent, je suppose, qu'on ne le doit pas ; alors les Maximianistes rentreront dans leurs basiliques. Mais, pour en exclure les Maximianistes, ils diront de préférence qu'on le doit. Alors qu'aviez-vous à nous objecter ? Vos dents ne seraient-elles point, par hasard, brisées dans votre bouche ? Mais, disent-ils, qu'y a-t-il de commun entre nous et les rois ? Qu'y a-t-il de commun entre nous et les empereurs ? Vous mettez votre confiance dans les empereurs. Et moi à mon tour, je leur demande : Qu'y a-t-il de commun entre vous et les proconsuls que les empereurs ont envoyés ? Qu'y a-t-il de commun entre vous et les lois que les empereurs ont édictées contre vous ? Les empereurs, qui sont de notre communion, ont porté des lois contre tous les hérétiques ; et ils appellent évidemment hérétiques ceux qui ne sont pas de leur communion : Or, vous êtes manifestement du nombre de ceux-là. Si ces lois sont légitimes, elles doivent être valables contre vous, qui êtes des hérétiques ; si ces lois ne sont pas légitimes, pourquoi auraient-elles quelque valeur contre ceux qui sont hérétiques à votre égard ? Mes frères, réfléchissez un peu et comprenez bien mes paroles. Quand les Donatistes firent des procédures contre les Maximianistes, pour les chasser, comme condamnés pas eux et comme schismatiques, des sièges épiscopaux qu'ils possédaient depuis longtemps et dans lesquels ils avaient succédé aux évêques leurs prédécesseurs ; quand ils voulurent les en exclure, ils se servirent des lois publiques, ils vinrent devant les juges, et se dirent catholiques, afin de pouvoir exclure les hérétiques. Pourquoi vous dites-vous catholique, afin d'exclure l'hérétique, et pourquoi n'êtes-vous pas plutôt catholique, pour n'être pas exclu comme hérétique ? Vous voilà donc catholique, maintenant, pour exclure l'hérétique ! En effet, le juge ne peut juger que d'après les lois qu'il a reçues. Les Dona-

contritæ sunt : crucifixus resurrexit, adscendit in cœlum, glorificatus est Christus, adoratur ab omnibus gentibus, adoratur ab omnibus regibus. Sæviant modo Judæi, si possunt. Non sæviunt : « Molas leonum confregit Dominus. »

15. Habemus et in hæreticis hoc documentum et experimentum, quia et ipsos invenimus esse serpentes indignatione obsurdatos, nolentes audire medicamentum medicatum a sapiente : et in ore ipsorum contrivit Dominus dentes eorum. Quomodo sæviebant in nos, reprehendendo quod quasi persecutores essemus, excludendo illos de basilicis ? Modo illos interroga : Debent excludi hæretici de basilicis, an non debent ? Respondeant modo, dicant non debere : repetunt Maximianistæ basilicas. Ne autem repetant Maximianistæ basilicas, dicunt debere. Quid est ergo quod dicebatis adversum nos ? An contriti sunt dentes vestri in ore vestro ? Quid nobis et Regibus, inquiunt ? quid nobis et Imperatoribus ? vos de Imperatoribus præsumitis. Quæro et ego, Quid vobis ad proconsules, quos miserunt Imperatores ? quid vobis ad leges, quas contra vos dederunt Imperatores ? Imperatores communionis nostræ leges adversus omnes hæreticos dederunt : eos utique appellant hæreticos, qui non sunt communionis eorum, inter quos utique et vos estis : si veræ sunt leges, valeant et in vos hæreticos ; si falsæ sunt leges, quare valent contra vestros hæreticos ? Fratres paululum advertite, et intelligite quod diximus : Quando egerunt caussas suas adversus Maximianistas, ut eos a se damnatos et schismaticos suos ejicerent de locis, quæ illi loca tenebant antiquitus, et successerant episcopis decessoribus suis, volentes illos inde excludere, egerunt legibus publicis, ad judices venerunt, dixerunt se catholicos, ut possent excludere hæreticos. Quare te dicis catholicum, ut excludatur hæreticus, et non potius es catholicus, ne sis exclusus hæreticus ? Modo catholicus es, ut valeas ad excludendum hæreticum. Judex enim non posset nisi legibus suis judicare : dixerunt se catholicos, ad-

tistés se sont dits catholiques, on les a admis à faire valoir leur cause; ils ont dit que les Maximianistes étaient des hérétiques, on leur a demandé comment ils le prouvaient; ils ont donné lecture du concile de Bagaï, dans lequel les Maximianistes furent condamnés; les décisions du concile ont été inscrites dans les actes proconsulaires, il a été démontré que les hérétiques ne pouvaient posséder de basiliques, et le proconsul a jugé suivant la loi. Mais suivant quelle loi? suivant la loi portée contre les hérétiques. Or, si elle statue contre les hérétiques, elle statue aussi contre vous. Pourquoi contre moi? dit le Donatiste; je ne suis pas hérétique. Si vous n'êtes pas hérétique, ces lois mentent donc; car elles ont été portées par les Empereurs qui ne sont pas de votre communion, et ils appellent hérétiques tous ceux qui ne sont pas de leur communion. Je ne cherche pas si elles sont vraies ou fausses; laissons de côté cette question, si toute fois ce peut être une question; pour le moment, je vous interroge d'après vos propres actions. Ces lois sont vraies ou elles sont fausses : Si elles sont vraies, suivez-les; si elles sont fausses, pourquoi vous en servez-vous? Vous avez dit au proconsul : Je suis catholique, chassez des églises ces hommes qui sont hérétiques. Le proconsul vous a demandé de prouver que ces hommes étaient hérétiques; vous avez produit votre concile, vous avez montré que vous les aviez condamnés. Le proconsul, soit par connivence, soit par erreur, a cependant usé de la loi pour prononcer son jugement, et vous avez fait, par l'autorité du juge, ce que vous ne voulez pas faire maintenant par votre propre volonté. Si, en effet, le juge s'est servi de la loi de l'Empereur par votre suggestion, pourquoi ne vous servez-vous pas de cette même loi pour votre correction? Par l'autorité de la loi portée par son Empereur, il a chassé votre hérétique, pourquoi ne voulez-vous pas qu'il vous chasse à votre tour par l'autorité de la même loi? Nous retournons contre vous ce que vous avez fait. Les Maximianistes étaient en possession de certaines basiliques, aujourd'hui vous les possédez, les Maximianistes, en ont été chassés; les ordres des proconsuls sont là, les recueils des actes sont là : des appariteurs ont été requis, des villes soulevées, des hommes jetés hors de leurs églises. Pourquoi? parce qu'ils sont hérétiques. Mais en vertu de quelle loi sont-ils expulsés? Répondez; voyons si vos dents n'ont pas encore été brisées dans votre bouche. La loi est-elle fausse? alors qu'elle n'ait pas de valeur contre votre hérétique. La loi est-elle vraie? alors qu'elle ait valeur contre vous. Ils n'ont rien à répondre. « Dieu leur a brisé les dents dans la bouche. » C'est pourquoi, lorsqu'ils ne peuvent plus ramper en se glissant avec astuce comme des aspics, ils déploient la violence et rugissent

missi sunt agere : dixerunt illos hæreticos, quæsivit unde probaretur : lectum est concilium Bagaitanum, ubi damnati sunt Maximianistæ; insertum est Actis proconsularibus, probatum est quod illi damnati non deberent tenere basilicas, et pronuntiavit proconsul ex lege. Ex qua lege? Quæ lata est contra hæreticos. Si contra hæreticos, et contra te. Quare, inquit, contra me? non enim ego hæreticus sum. Si tu hæreticus non es, falsæ sunt illæ leges : ab his enim Imperatoribus latæ sunt, qui non sunt communionis tuæ : omnes qui non sunt communionis eorum, legibus suis hæreticos vocant. Non quæro utrum veræ an falsæ; sequestrata illa sit quæstio, si adhuc quæstio est : interim secundum te modo interrogo, Veræ leges sunt, an falsæ leges sunt? Si veræ sunt, credatur eis : si falsæ sunt, quare uteris eis? Dixisti proconsuli, Catholicus sum, exclude hæreticum. Quæsivit ille unde probaretur hæreticus : protulisti concilium tuum, ostendisti quod eum damnaveris. Ille vel (*a*) connivens, vel non intelligens, usus tamen est lege sicut judex : et fecisti de judice quod de te non vis facere. Si enim judex usus est lege Imperatoris ad tuam suggestionem, cur ea tu non uteris ad tuam correctionem? Ecce ejecit hæreticum tuum ex lege Imperatoris sui : quare, te ex eadem lege non vis ut ejiciat? Replicamus quod fecistis : Ecce basilicæ tenebantur a Maximianistis, modo a vobis tenentur; exclusi sunt ex eis Maximianistæ : exstant jussionnes proconsulum, exstant memoriæ Gestorum, appariteres accipiuntur, civitates excitantur, pelluntur homines de locis suis. Quare? Quia hæretici sunt. Qua lege pelluntur? Responde : videamus si nondum contriti sunt dentes vestri in ore vestro. Falsa lex est? non valeat in hæreticum tuum. Vera lex est? valeat et in te. Non est quod respondeant, « Deus contrivit dentes eorum in ore ipsorum. » Ideoque ubi non possunt lubrica fallacia serpere ut aspides, aperta violentia fremunt ut leo-

(*a*) In multis MSS. *conhibens*. In aliis et apud Er. *cohibens*.

comme des lions. Les bandes armées des Circoncellions s'élancent avec fureur, et sèment le carnage autant qu'elles le peuvent et partout où elles le peuvent. Mais « le Seigneur a aussi brisé les mâchoires des lions. »

16. « Ils seront méprisés comme une eau qui s'écoule (*Ps.* LVII, 8). » Il n'y a point à s'effrayer, mes frères, de ces sortes de rivières qu'on appelle des torrents. Les eaux de l'hiver les remplissent, mais ne les craignez pas ; en peu de temps l'eau passe et s'écoule, elle fait du bruit pour un moment, bientôt elle n'est plus, les torrents ne peuvent longtemps subsister. De même beaucoup d'hérésies sont déjà mortes. Elles ont coulé entre leurs rives; autant qu'elles l'ont pu, elles ont prolongé leur cours; mais ces ruisseaux se sont desséchés, à peine dans la mémoire des hommes reste-t-il souvenir même de leur existence. « Ils seront méprisés comme de l'eau qui s'écoule. » Mais il n'est pas seulement question d'eux : le monde tout entier ne fait quelque bruit que pour un temps, pendant lequel il cherche qui entraîner dans sa course rapide. Que tous les impies, que tous les orgueilleux, quelque bruit que fassent sur les rochers de leur orgueil leurs vagues amoncelées et orageuses, ne viennent point à bout de vous effrayer : ce sont des eaux d'hiver, qui ne sauraient couler toujours ; elles se précipitent, sans pouvoir résister, vers l'abîme qui les engloutira et mettra fin à leur course. Et cependant le Seigneur a bu de l'eau de ce torrent du siècle. En effet, il a souffert ici-bas, il a bu de l'eau de ce torrent ; mais il en a bu dans sa route, dans son passage, parce qu'il ne s'est pas arrêté dans la voie des pécheurs (*Ps.* I, 1). Mais que dit de lui l'Écriture ? « Il boira, dans sa route, de l'eau du torrent, et à cause de cela il lèvera la tête (*Ps.* CIX, 7) ; » c'est-à-dire : il a été glorifié, parce qu'il est mort ; il est ressuscité, parce qu'il a souffert. S'il n'avait voulu boire, dans sa route, de l'eau du torrent, il ne serait pas mort ; et s'il n'était mort, il ne serait pas ressuscité ; et s'il n'était pas ressuscité, il ne serait pas glorifié : « il boira donc, dans sa route, de l'eau du torrent, et à cause de cela il lèvera la tête. » Déjà notre tête est élevée dans les cieux, que maintenant ses membres la suivent. « Ils seront méprisés comme une eau qui s'écoule. Il a tendu son arc jusqu'à ce que la faiblesse les fît tomber. » Les menaces de Dieu ne cessent pas ; les menaces de Dieu sont l'arc de Dieu. L'arc est tendu, Dieu ne frappe pas encore. « Il a tendu son arc jusqu'à ce que la faiblesse les fît tomber. » Combien n'y en a-t-il pas qui sont tombés de frayeur, devant cet arc menaçant, tendu contre eux ? Ainsi est tombé de faiblesse celui qui disait : Seigneur que voulez-vous que je fasse ? Et une voix répondait : Je suis Jésus de Nazareth que tu persécutes (*Act.*

---

nes. Prosiliunt et sæviunt armatæ turbæ Circumcellionum ; dant stragem quantam possunt, quantamcumque possunt. Sed et « molas leonum confregit Dominus (*Psal.* LVII, 7). »

16. « Spernentur tamquam aqua decurrens (*Ibid.* 8). » Non vos terreant, Fratres, quidam fluvii qui dicuntur torrentes ; hyemalibus aquis implentur : nolite timere, post paululum transit, decurrit aqua, ad tempus perstrepit, mox cessabit : diu stare non possunt. Multæ hæreses jam emortuæ sunt : cucurrerunt in rivis suis, quantum potuerunt, decurrerunt, siccati sunt rivi, vix eorum memoria reperitur, vel quia fuerint. « Spernentur tamquam aqua decurrens. » Sed non solum ipsi : totum hoc sæculum ad tempus perstrepit, et quærit quem trahat. Omnes impii, omnes superbi sonantes ad saxa superbiæ suæ quasi aquis irruentibus et confluentibus, non vos terreant, hyemales aquæ sunt, semper manare non possunt : necesse est decurrant in locum suum, in finem suum. Et tamen de isto torrente sæculi bibit Dominus. Passus est enim hic, ipsum torrentem bibit ; sed in via bibit, sed in transcursu : « quia in via peccatorum non stetit (*Psal.* I, 1). » Sed quid ait de illo Scriptura ? « De torrente in via bibet, propterea exaltabit caput (*Psal.* CIX, 7) : » id est, propterea glorificatus est, quia mortuus est ; propterea resurrexit, quia passus est. Si nollet bibere in via de torrente, non moreretur ; si non moreretur, non resurgeret ; si non resurgeret, non glorificaretur. Ergo, « De torrente in via bibet, propterea exaltabit caput. Exaltatum est jam caput nostrum : » sequantur eum membra sua. « Spernentur tamquam aqua decurrens. Intendit arcum suum, donec infirmentur. » Minæ Dei non cessant : arcus Dei, minæ Dei. Inteditur arcus, nondum ferit. « Intendit arcum suum, donec infirmentur. » Et multi infirmati sunt (*a*) ipsius inten-

(*a*) In aliquot MSS. additur, *et conversi sunt.*

ix, 5 et 6). Celui qui criait du haut du ciel est celui qui tenait l'arc tendu. Il y en a donc beaucoup qui étaient ses ennemis, qui sont tombés de frayeur, et qui se convertissant à lui n'ont plus jamais voulu dresser la tête contre cet arc incessamment tendu. C'est ainsi qu'a été affaibli l'Apôtre, qui, pour nous apprendre à ne pas craindre d'être affaiblis de la même manière, a dit : « C'est quand je suis affaibli que je suis puissant (II *Cor.* xii, 10). » Et quand il demandait à être délivré de l'aiguillon de la chair, quelle réponse a-t-il reçue? « La puissance de la grâce se fait mieux sentir dans la faiblesse de l'homme (*Ibid.* 9). » « Il a tendu son arc jusqu'à ce que leur faiblesse les fît tomber. »

17. « Ils se détruiront comme de la cire fondue (*Ps.* lvii, 9). » En effet, vous alliez dire : tous ne sont pas affaiblis comme je le suis, au point d'être amenés à la foi ; il y en a beaucoup qui persévèrent dans leurs désordres et dans leur méchanceté. Ne craignez rien de ceux-là mêmes ; « ils se détruiront comme de la cire fondue. » Ils ne tiendront pas, ils ne dureront pas contre vous ; ils périront consumés par le feu même de leurs convoitises. En effet, il y a là un châtiment occulte dont le psaume va traiter jusqu'à la fin. Il ne reste plus que peu de versets, maintenez-moi votre attention. Il y a un châtiment à venir, le feu de l'enfer, le feu éternel. En effet, cette peine future se présente à nous de deux manières. C'est d'abord la peine de l'enfer, où brûlait ce riche, qui demandait que le pauvre qu'il avait méprisé à sa porte laissât tomber du bout du doigt une goutte d'eau sur sa langue ; parce que, disait-il, je suis torturé dans cette flamme (*Luc.* xvi, 24). L'autre peine est réservée pour la fin du monde, et c'est d'elle qu'il sera dit aux réprouvés, placés à la gauche du Christ : « Allez dans le feu éternel qui a été préparé pour le démon et pour ses anges (*Matth.* xxv, 41). » Ces peines seront appliquées, l'une au sortir de cette vie, l'autre à la fin des siècles, lors de la résurrection des morts. Est-ce donc à dire que maintenant, il n'y ait aucune peine, et que, jusqu'au jour de la mort, Dieu laisse les péchés tout à fait impunis ? Il y a dès maintenant une peine cachée, et c'est d'elle que le psaume traite en ce moment. L'Esprit de Dieu veut la mettre sous nos yeux ; tâchons de la comprendre, pour nous en garder, pour l'éviter et pour ne pas tomber plus tard dans les autres peines si redoutables. Peut-être quelqu'un me dira-t-il : Il y a aussi sur terre des châtiments, des prisons, des tortures, l'exil, diverses sortes de morts, diverses sortes de douleurs et d'afflictions. En effet, tous ces châtiments existent et Dieu les applique selon ses jugements ; et ils servent aux uns de moyens d'épreuve, aux autres de motifs de condamnation. Nous voyons cependant quelquefois des justes affligés de peines

---

tione arcus territi. Nam hinc infirmatus est ille qui dixit, Quid me jubes facere ? « Ego sum, inquit, Jesus Nazarenus, quem tu persequeris (*Act.* ix, 5). » Qui clamabat de cœlo, arcum tendebat. Multi ergo qui fuerunt inimici, infirmati sunt, et conversi noluerunt erigere diu cervices suas adversus perseverantiam extenti arcus. Nam sic infirmatus est et ille qui ait, ne timeamus infirmari, « Qando infirmor, tunc potens sum (II *Cor.* xii, 10).» Et cum oraret a se tolli stimulum carnis, quid ei responsum est ? « Virtus in infirmitate perficitur (*Ibid.* 9). » « Intendit arcum suum donec infirmentur. »

17. « Sicut cera liquefacta auferentur (*Psal.* lvii,9).» Dicturus enim eras, Non omnes sic infirmantur, quomodo ego, ut credant ; perseverant multi in malo suo et in malitia sua. Et de ipsis nihil timeas : « Sicut cera liquefacta auferentur. » Non contra te stabunt, non perdurabunt : igne quodam concupiscentiarum suarum peribunt. Est enim hic quædam pœna occulta, de illa dicturus est modo Psalmus usque in finem. Pauci sunt versus : intenti estote. Est quædam pœna futura, gehennæ ignis, ignis æternus. Futura enim pœna duas species habet : aut inferorum est, ubi ardebat dives ille, qui volebat sibi stillam aquæ stillari in linguam de digito pauperis, quem ante januam suam contempserat, quando ait,« Quoniam crucior in hac flamma (*Lucæ* xvi,24).» Et altera est illa in fine, de qua audituri sunt, qui ad sinistram ponendi sunt:« Ite in ignem æternum, qui præparatus est diabolo et angelis ejus(*Matth.*xxv, 41).»Ille pœnæ manifestæ erunt eo tempore, quando exitum fuerit ex hac vita, aut finito sæculo perventum ad resurrectionem mortuorum. Modo ergo nulla pœna est, et prorsus impunita sinit Deus peccata usque ad illum diem ? Est et hic quædam pœna occulta, de ipsa modo tractatur. Hanc vult commendare Spiritus Dei : hanc intelligamus, hanc caveamus, hanc evitemus, et in illas multum terribiles non incidamus. Forte dicturus est mihi aliquis, Sunt et hic pœnæ, carceres, exsilia, tormenta, mortes,

semblables, tandis que des méchants n'y sont point soumis. C'est ce qui fit chanceler les pieds du Prophète qui devait ensuite se féliciter et dire : « Que le Dieu d'Israël est bon pour ceux dont le cœur est droit! Mais j'avais senti mes pieds ébranlés, parce que j'avais envié le sort des pécheurs à la vue de la paix dont ils jouissent (*Ps.* LXXII, 1). » Il avait vu, en effet, la félicité des méchants, et il s'était complu dans la pensée d'être méchant, en voyant que les méchants régnaient dans le monde, que tout leur réussissait, et qu'ils regorgeaient de toutes sortes de biens temporels, de ces biens qu'il demandait au Seigneur, petit enfant qu'il était dans la vie de la foi. Alors ses pieds chancelèrent, jusqu'à ce qu'il eût vu ce que nous avons à espérer ou à craindre à la fin. Il dit, en effet, dans ce même psaume : « Il y a là un sujet de travail pour moi, jusqu'à ce que je pénètre dans le sanctuaire de Dieu, et que je comprenne le secret des derniers jours (*Ibid.* 16 et 17). » Il ne s'agit donc ici ni des peines de l'enfer actuel, ni de la peine du feu éternel après la résurrection, ni de ces peines qui sont encore communes en ce monde aux justes et aux injustes, et qui souvent pèsent plus sur les justes que sur les injustes: mais l'Esprit de Dieu veut ici recommander à nos méditations je ne sais quelle peine qui frappe dans la vie présente.

Écoutez attentivement ce que je vais vous dire, vous ne l'ignorez pas, mais il est plus doux de vous le montrer dans le psaume, qui peut-être paraîtrait obscur avant qu'on n'en ait exposé le sens. Je vous mets donc devant les yeux des choses que vous connaissez déjà ; mais, comme je les tire d'une source où vous ne les avez pas encore vues renfermées, il va se faire que des choses connues seront aussi agréables pour vous que si elles étaient nouvelles. Écoutez donc quelle est la peine des méchants. « Ils se détruiront comme de la cire fondue. » J'ai dit que ce serait là le résultat funeste de leurs convoitises. Une convoitise mauvaise est comme une ardeur et comme un feu. Le feu consume le vêtement, la passion de l'adultère ne consume-t-elle pas l'âme? L'Écriture dit en parlant de celui qui médite l'adultère : « Quelqu'un pourra-t-il renfermer du feu dans son sein et ne point brûler ses vêtements (*Prov.* VI, 27)? » Vous portez dans votre sein des charbons ardents, votre tunique est perforée; vous portez l'adultère dans votre pensée et votre âme serait dans son intégrité?

18. Mais il y en a peu qui voient ces peines ; c'est pourquoi l'Esprit de Dieu les recommande principalement à nos méditations. Écoutez ce que dit l'Apôtre : « Dieu les a livrés aux convoitises de leur cœur (*Rom.* I, 24). » Voilà quel est le feu devant lequel ils se détruiront

---

diversa genera dolorum et tribulationum. Sunt quidem et ista, et Dei judicio dispensantur ; sed multis ad probationem, multis ad damnationem. Videmus tamen aliquando in his pœnis justos affligi, et ab his pœnis injustos esse alienos : unde nutaverunt pedes illi, qui postea gratulatus ait, « Quam bonus Israël Deus rectis corde: Mei autem pene commoti sunt pedes, quia zelavi in peccatoribus pacem peccatorum intuens (*Psal.* LXXII, 1). » Viderat enim felicitatem malorum, et delectatus erat esse malus, videns regnare malos, bene illis esse, abundare eos in omni copia rerum temporalium, qualia adhuc ipse parvulus desiderabat a Domino : et mutaverunt illi pedes, usque quo videret quid in finem vel sperandum vel timendum sit. Ait enim in eodem Psalmo , « Hoc labor est ante me, donec introeam in sanctuarium Dei, et intelligam in novissima (*Ibid.* 16 et 17). » Non ergo pœnas inferorum, non pœnas illius post resurrectionem ignis æterni, non pœnas istas quæ adhuc in hoc sæculo promiscuæ sunt justis ex injustis, et plerumque graviores justorum quam injustorum ; sed nescio quam pœnam præsentis vitæ vult commendare Spiritus Dei. Advertite, audite hoc me dicturum quod noveratis : sed dulcius est cum in Psalmo ostenditur, qui obscurus antequam ostenderetur, putabatur. Ecce enim profero quæ jam noveratis : sed quia inde proferuntur, ubi nondum ea videbatis, fit ut etiam nota tamquam nova delectent. Audite pœnam impiorum : « Sicut cera, inquit, liquefacta auferentur. » Dixi per concupiscentias suas hoc eis fieri. Concupiscentia mala, quasi ardor est (*a*) et ignis. Ignis consumit vestem, libido adulterii non consumit animam? De cogitato adulterio cum loqueretur Scriptura ait, « Alligabit quis ignem in sinu suo, et vestimenta sua non comburet (*Prov.* VI, 27)? » Gestas in sinu prunas, perforatur tunica : gestas in (*b*) cogitatione adulterium, et integra est anima ?

18. Sed istas pœnas pauci vident : propterea eas maxime commendat Spiritus Dei. Audi Apostolum

---

(*a*) Sic MSS. At ab editis abest particula, *et*. (*b*) Sic omnes MSS. At editi, *in corde*.

comme de la cire. En effet, ils se relâchent d'abord de la sévérité de leur chasteté, et bientôt se laissant aller à leurs passions ils sont appelés relâchés et dissolus. Relâchés, par quoi? Dissolus, sous l'action de quoi? Par le feu, sous l'action du feu de leurs convoitises. « Dieu les a livrés aux convoitises de leur cœur, au point que, remplis de toutes sortes d'iniquités, ils en sont venus à commettre les actions les plus inconvenantes.» Or, l'Apôtre énumère beaucoup de choses qui sont des péchés, et il déclare qu'elles sont la peine d'autres péchés. Il dit, en effet, que la première peine du péché, c'est l'orgueil; ou plutôt que l'orgueil est moins une peine que le premier de tous les péchés. L'orgueil est donc le premier péché, et la dernière peine du péché est le feu éternel, ou le feu de l'enfer qui déjà torture les damnés. Entre ce premier péché et cette dernière peine, il y a des degrés qui consistent en péchés et en peines. En effet, l'Apôtre énumère un très-grand nombre d'actions qui sont de détestables péchés, et cependant, il dit qu'elles sont les châtiments du péché. « C'est pourquoi, dit-il, Dieu les a livrés aux convoitises de leur cœur, et à leurs passions impures, au point qu'ils en sont venus aux derniers désordres (*Rom.* I, 24 et 28). » Et pour que nul ne crût qu'il n'aurait à subir d'autre châtiment que celui dans lequel il se complaisait présentement, sans redouter celui qui l'attendait à la fin, l'Apôtre a rappelé la peine dernière. « Bien qu'ils connussent la justice de Dieu, ils n'ont pas compris, dit-il, que ceux qui commettent ces péchés, méritent la mort, et non-seulement ceux qui les commettent, mais encore ceux qui les approuvent (*Ibid.* 32). » Ceux qui les commettent méritent la mort; qui commettent quoi? Les crimes qu'il a énumérés plus haut et qu'il a qu'il a présentés comme des châtiments du péché. « Dieu les a livrés, dit-il, aux convoitises de leur cœur, de sorte qu'ils se sont abandonnés aux derniers désordres. » Qu'un homme soit adultère, c'est déjà un châtiment; qu'il soit menteur ou avare, qu'il soit fourbe ou homicide, ce sont déjà des châtiments: mais de quel péché ces péchés sont-ils les châtiments? De la première apostasie et de l'orgueil qu'elle renferme. « Le commencement du péché de l'homme, dit l'Ecclésiastique, est sa séparation d'apostasie d'avec Dieu, et le commencement de tout péché est l'orgueil (*Eccli.* X, 14 et 15). » Aussi l'Apôtre a d'abord parlé de ce péché : « Après avoir connu Dieu, ils ne l'ont pas glorifié comme Dieu, ou ne lui ont pas rendu d'actions de grâces; mais ils se sont égarés dans la vanité de leurs pensées, et leur cœur insensé a été plongé dans les ténèbres (*Rom.* I, 21). » Cet obscurcissement du cœur est déjà un châtiment. Mais d'où est-il venu? « En disant qu'ils étaient sages, ils sont devenus insensés (*Ibid.* 22). » Ils prétendaient avoir par eux-mêmes ce qu'ils tenaient de Dieu; ou s'ils reconnaissaient l'avoir

---

dicentem, « Tradidit illos Deus in concupiscentias cordis eorum (*Rom.* I, 24). Ecce ignis, a cujus facie tamquam cera liquescunt. Solvuntur enim a quadam constantia castitatis : propterea et ipsi euntes in libidines suas, soluti et fluxi dicuntur. Unde fluxi? unde soluti? Ab igne concupiscentiarum. « Tradidit illos Deus in concupiscentias cordis eorum, ut faciant quæ non conveniunt, repletos omni iniquitate. » Et enumerat multa quæ peccata sunt, et pœnas dicit esse peccatorum. Nam dicit primam pœnam superbiam: immo non pœnam, sed primum peccatum superbiam. Primum peccatum superbia est : ultima pœna est ignis æternus, aut ignis infernus; jam enim damnatorum. Inter illud primum peccatum et hanc ultimam pœnam, media quæ sunt, et peccata sunt et pœnæ. Tam multa enim dicit Apostolus fieri ab eis quæ peccata sunt detestabilia, et tamen pœnas eas dicit. « Propter hoc, inquit, Deus tradidit eos in concupiscentias cordis eorum, in immunditiam, ut faciant quæ non conveniunt (*Rom.* I, 24 et 28). » Et ne putaret quisquam ipsis pœnis tantum se affligi quibus modo delectatur, et non timeret quod venturum est fine; commemoravit ultimam pœnam. Qui cum justitiam Dei cognovissent, non intellexerunt, inquit, quoniam qui ea agunt, digni sunt morte, non solum qui faciunt, sed etiam qui consentiunt facientibus (*Ibid.* 32). » Qui ea agunt digni sunt morte : quæ? Quæ superius enumeravit in pœnis esse. « Nam tradidit illos Deus, dixit, in concupiscentias cordis eorum, ut faciant quæ non conveniunt. » Ut adulter sit, jam pœna est : ut mendax, ut avarus, ut fraudulentus, ut homicida, jam pœnæ sunt. Cujus peccati pœnæ? Prioris apostasiæ, illius superbiæ. « Initium peccati hominis apostatare a Deo : Et initium omnis peccati superbia (*Eccli.* X, 14 et 15). » Propterea ipsum peccatum prius dixit : « Qui cum cognovissent Deum, non ut Deum glorificaverunt, aut gratias egerunt, sed evanuerunt in cogitationibus suis, et obscuratum est insipiens cor eorum (*Rom.* I, 21). » Jam ista pœna est obscuratio cordis. Sed unde con-

reçu de lui, ils ne glorifiaient pas celui de qui ils reconnaissaient l'avoir reçu, c'est là ce que veut dire : « Ils se prétendaient sages. » Et aussitôt le châtiment a suivi la faute. « Ils sont devenus insensés, et leur cœur, frappé d'aveuglement, a été atteint de folie. Et se disant sages, ils sont devenus insensés. » Est-ce là un léger châtiment? Pour ne parler que de ce seul point, l'obscurcissement du cœur, l'aveuglement de l'esprit, est-ce là un léger châtiment? Si le voleur, au moment où il commet un vol, perdait un œil, tous reconnaîtraient dans ce fait la présence et la punition de Dieu. Il a perdu l'œil de son cœur et l'on penserait que Dieu l'a épargné! « Ils se détruiront comme de la cire fondue. »

19. « Le feu est tombé sur eux et ils n'ont pas vu le soleil (*Ps.* LVII, 9). » Vous voyez comment le Prophète met l'aveuglement au nombre des châtiments. « Le feu est tombé sur eux ; » le feu de l'orgueil, feu plein de fumée, le feu de la concupiscence, le feu de la colère. Quelle est la force de ce feu? Celui sur lequel il tombera ne verra pas le soleil. C'est pourquoi il est dit : « Que le soleil ne se couche pas sur votre colère (*Éphés.* IV, 26). » Craignez donc, mes frères, le feu des mauvais désirs, si vous ne voulez couler comme de la cire fondue, et disparaître de devant la face de Dieu. Car ce feu tombera sur vous et vous ne verrez plus le soleil. Quel soleil? Il ne s'agit pas de ce soleil que voient avec vous les troupeaux et les mouches, les bons et les méchants, Dieu faisant lever son soleil sur les bons et sur les méchants (*Matth.* V, 45). Mais il y a un autre soleil, dont les méchants seront forcés de dire : « Et le soleil ne s'est pas levé pour nous ; toutes choses ont passé comme une ombre. Nous nous sommes donc égarés de la voie de la vérité; la lumière de la justice n'a pas lui pour nous, et le soleil ne s'est pas levé sur nous (*Sag.* V, 6). » Pourquoi? si ce n'est parce que « le feu est tombé sur eux et qu'ils n'ont pas vu le soleil. » La convoitise de la chair les a vaincus. Et d'où vient cette convoitise? Écoutez attentivement. Par votre origine vous êtes né avec l'ennemi que vous avez à vaincre; gardez-vous d'en ajouter de nouveaux, et efforcez-vous de vaincre celui avec lequel vous êtes né. Vous êtes entré avec lui dans la carrière de la vie; luttez constamment avec cet ennemi qui marche avec vous. Tant que vous ne l'avez pas encore vaincu, pourquoi provoquez-vous la troupe des convoitises ? En effet, mes frères, l'amour des plaisirs sensuels naît avec l'homme; mais celui qui est bien enseigné reconnaît vite son ennemi, il l'attaque et lutte avec lui, et il ne tarde pas à le vaincre, parce qu'il est fort contre des passions auxquelles il ne permet pas de grandir. Au contraire, celui qui néglige de vaincre la concupiscence avec laquelle il est né de la race du péché, et qui, en outre, éveille

---

tigit ? « Dicentes enim se esse sapientes, stulti facti sunt (*Ibid.* 22). » Quia a se habere dicebant, quod a Deo accepturant : aut si cognoverunt a quo acceperunt, non eum glorificaverunt, a quo se accepisse cognoverunt: hoc est, « Dicentes se esse sapientes. » Et ibi statim pœna secuta est : « Stulti facti sunt, et obscuratum est insipiens cor eorum. Dicentes se esse sapientes, stulti facti sunt. » Parva ista pœna est ? Ut de ista sola loquamur, obscuratio cordis, excæcatio mentis parva est pœna? Si quis furtum faciens, statim oculum perdidisset : omnes dicerent Deum præsentem vindicasse. Oculum cordis amisit, et ei pepercisse putatur Deus ? « Sicut cera liquefacta auferentur. »

19. « Supercecidit ignis, et non viderunt solem (*Psal.* LVII, 9). » Videtis quomodo dicit quamdam pœnam obscurationis. « Ignis supercecidit, » ignis superbiæ, ignis fumosus, ignis concupiscentiæ, ignis iracundiæ. Quantus ignis est? Super quem ceciderit, non videbit solem. Ideo dictum est, « Non occidat sol super iracundiam vestram (*Ephes.* IV, 26). » Ergo, Fratres, ignem malæ concupiscentiæ timete, si non vultis liquefieri sicut cera, et perire a facie Dei. Supercadit enim ignis iste, et solem non videbitis. Quem solem? Non istum quem tecum vident et pecora, et muscæ, et boni et mali : « quia facit solem suum oriri super bonos et malos (*Matth.* V, 45). » Sed est alius sol, de quo dicturi sunt illi, « Et sol non ortus est nobis, transierunt omnia illa tamquam umbra. Ergo erravimus a via veritatis, et justitiæ lumen non luxit nobis, et sol non ortus est nobis (*Sap.* V, 6). » Quare, nisi quia « supercecidit ignis, et non viderunt solem ? » Vicit illos concupiscentia carnis. Et ista concupiscentia unde venit? Adtendite. De traduce natus es cum eo quod vincas : noli tibi hostes addere, vince cum quo natus es. Ad stadium vitæ hujus cum illo venisti, congredere cum eo qui tecum processit. Ipso non victo, quare provocas catervas concupiscentiarum ? Delectatio enim carnalis, Fratres, cum homine nascitur. Sed qui bene erudi-

et laisse grandir de nombreuses passions, celui-là a peine à les surmonter ; il est divisé contre lui-même, et brûlé par son propre feu. C'est pourquoi, il ne faut pas redouter uniquement les peines de la vie future ; il faut envisager aussi les peines présentes. « Le feu est tombé sur eux et ils n'ont point vu le soleil. »

20. « Avant que le nerprun ne produise les épines qui vous déchireront, le Seigneur vous engloutira tout vivant, pour ainsi dire, comme s'il était en colère (*Ps.* VII, 10). » Qu'est-ce que le nerprun ? Le nerprun est une sorte de buisson épineux, dont on dit les épines très-nombreuses. Ce n'est d'abord qu'une sorte d'herbe, et tant qu'il n'est qu'une herbe, le nerprun est tendre et agréable ; mais cependant c'est bien la plante qui doit se couvrir d'épines. De même, vos péchés vous plaisent maintenant, et semblent ne pas piquer. Le nerprun n'est encore qu'une herbe, et toutefois l'épine va percer l'écorce. Ces paroles : « Avant que le nerprun ne produise des épines » signifient donc : Avant que les tourments que produisent les misérables plaisirs et les dangereuses voluptés ne se fassent sentir. Que ceux-là s'interrogent qui aiment passionnément une chose et qui ne peuvent parvenir à la posséder ; qu'ils voient s'ils ne sont point tourmentés par ce désir : et quand ils seront parvenus à posséder l'objet de leur convoitise illicite, qu'ils examinent s'ils ne sont pas tourmentés par la crainte. Qu'ils envisagent donc les châtiments qu'ils subissent dès maintenant, avant que ne vienne cette résurrection où, ressuscitant dans leur chair, ils ne seront pas changés pour la vie éternelle : « Car nous ressusciterons tous, mais nous ne serons pas tous changés (I *Cor.* XV, 51). » Ils reprendront alors la corruption de leur chair, pour y souffrir et non pour y mourir ; autrement leurs douleurs périraient. Alors apparaîtront toutes les épines du nerprun, c'est-à-dire toutes les douleurs, toutes les tortures de leur supplice. De quelles épines ne seront-ils point percés, ceux qui diront : « Voilà donc ces hommes dont nous avons fait autrefois l'objet de nos risées (*Sag.* V, 3). » Ils seront percés des épines du repentir, mais d'un repentir tardif et infructueux, stérile comme le sont des épines. La pénitence du temps présent est une douleur médicinale ; la pénitence du temps à venir est une douleur pénale. Ne voulez-vous pas être transpercé par ces sortes d'épines ? soyez-le présentement par les épines de la pénitence, afin de faire ce qui est dit dans un autre psaume : « Je me suis converti dans l'amertume de ma douleur, tandis que l'épine de la componction s'enfonçait en mon âme. J'ai reconnu mon péché, et n'ai point caché mon iniquité. J'ai dit : Je dénoncerai contre moi mes fautes au Seigneur, et vous m'avez pardonné l'impiété de mon cœur (*Ps.* XXXI, 4 et suiv.). »

---

tur, cito videt hostem suum, et aggreditur, et luctatur, et cito vincit : idoneus est enim nondum crescentibus hostibus. Qui autem illam concupiscentiam, cum qua de peccati propagine natus est, contemnit vincere, et multas adhuc excitat exseritque libidines ; difficulter eas superat, et adversus se ipse divisus, igne proprio concrematur. Ne itaque speres quasi illas solas pœnas futuras, præsentes vide. « Supercecidit ignis, et non viderunt solem. »

20. « Prius quam producat spinas vestras rhamnus, tamquam viventes tamquam in ira combibet eos (*Psal.* LVII, 10). » Quid est rhamnus ? Spinarum genus est, densissimæ quædam spinæ esse dicuntur. Primo herba est ; et cum herba est, mollis et pulcra est : ibi sunt tamen spinæ postea processuræ. Modo ergo delectant peccata, et quasi non compungunt. Herba est rhamnus, et modo tamen est spina. » Prius quam producat spinas rhamnus : » prius quam miserarum delectationum et voluptatum manifesta tormenta procedant. Interrogent se qui aliquid amant, et ad id pervenire non possunt ; videant si non cruciantur desiderio : et cum pervenerint ad id quod illicite desiderant, attendant si non cruciantur timore. Videant ergo hic pœnas suas, antequam veniat illa resurrectio, cum in carne resurgentes non immutabuntur. « Omnes enim resurgemus, sed non omnes immutabimur (I *Cor.* XV, 51). » Habebunt quippe corruptionem carnis in qua doleant, non in qua moriantur : alioqui et illi dolores finirentur. Tunc spinæ illius rhamni, id est, dolores omnes et compunctiones tormentorum producentur. Quales spinas patientur illi qui dicturi sunt, « Hi sunt quos aliquando habuimus in risum (*Sap.* V, 3) : » spinas compunctionis pœnitentiæ ; sed seræ et infructuosæ, sicut spinarum sterilitas. Pœnitentia hujus temporis, dolor medicinalis est : pœnitentia illius temporis, dolor pœnalis est. Non vis illas pati spinas ? hic compungere spinis pœnitentiæ ; ut facias quod dictum est, « Conversus sum in ærumna, cum configeretur spina : peccatum meum cognovi, et iniquitatem meam non operui : dixi, Pronuntiabo adversus me delictum meum Domino, et tu remisisti impietatem

Agissez maintenant ainsi ; soyez maintenant rempli de componction ; veillez à ce qu'on ne voie pas se réaliser en vous ce qui a été dit de quelques hommes détestables : « Ils se sont séparés, mais ils n'ont point eu de componction (*Ps.* XXXIV, 16). » Considérez ceux qui se sont séparés et qui n'ont point eu de componction. Vous voyez des hommes séparés de l'Église, mais vous ne les voyez pas touchés de componction. Ils sont hors de l'Église, et le repentir ne les y ramène pas. Ce nerprun produira plus tard pour eux des épines. Ils ne veulent pas maintenant d'un repentir qui les guérirait ; plus tard, ils sentiront un repentir qui les châtiera. Mais dès maintenant même, avant que le nerprun ne produise ses épines, il est tombé sur eux un feu qui ne leur permet pas de voir le soleil. Ce feu, instrument de la colère de Dieu, les engloutit tout vivants ; c'est le feu de leurs mauvaises convoitises, de leurs vains honneurs, de leur orgueil et de leur avarice, c'est en un mot tout ce qui les retient et les empêche de connaître la vérité, de s'avouer vaincus et de paraître soumis à la vérité. Et qu'y a-t-il pourtant de plus glorieux, mes frères, que d'être soumis et vaincu par la vérité ? Laissez volontairement la victoire à la vérité, sinon elle vous vaincra malgré vous. Donc, le feu de leurs mauvaises convoitises, qui est tombé sur eux pour les empêcher de voir le soleil, engloutit le buisson de nerprun, avant qu'il ne produise ses épines, c'est-à-dire : dérobe à leurs yeux leur vie déréglée, avant que cette même vie n'enfante les tourments qui ne seront plus tard que trop manifestes ; mais c'est pour obéir à la colère de Dieu que ce feu cache le nerprun. Ce n'est pas, en effet, dès à présent, un petit châtiment pour ceux que de ne pas voir le soleil, et de ne pas croire que leur vie de désordre doive plus tard produire pour eux des épines vengeresses. Car vous êtes, dit le Psalmiste, le buisson de nerprun, et ce buisson, c'est-à-dire, vous-même, tandis que vous vivez, ou que vous êtes encore en cette vie, le feu l'engloutit, ou le rend invisible en paraissant l'absorber, par l'effet de la colère divine, jusqu'au jour du jugement à venir, où il produira les épines qui doivent vous châtier. C'est pourquoi, dans ce passage, l'ordre des mots doit, selon moi, s'enchaîner comme il suit : Le feu est tombé sur eux et ils n'ont pas vu le soleil ; ce feu, comme par un effet de la colère de Dieu, vous engloutit comme tout vivants, vous, buisson de nerprun, avant que ce buisson ne produise les épines qui vous châtieront. En d'autres termes, ce feu vous engloutit, vous, buisson de nerprun, avant que vous ne veniez à mourir, et avant que ce même buisson ne produise les épines qui vous châtieront après votre mort, lorsque vous ressusciterez pour la peine éternelle. Et pourquoi le Prophète n'a-t-il pas dit : tout vivants, mais « comme tout vivants, » sinon parce que la vie des impies est une fausse

cordis mei (*Psal.* XXXI, 4, etc.). » Modo fac, modo compungere ; non in te fiat quod dictum est de quibusdam detestabilibus, «Disscissi sunt, nec compuncti sunt (*Psal.* XXXIV, 16).» Adtendite qui disscissi sunt, nec compuncti sunt. Videtis disscissos, et non videtis compunctos. Ecce præter Ecclesiam sunt, et non videtis compunctos. Ecce præter Ecclesiam sunt, et non eos pœnitet, ut redeant unde disscissi sunt. Producet postea spinas eorum rhamnus. Nolunt modo habere compunctionem medicinalem, habebunt postea pœnalem. Sed etiam modo prius quam producat spinas rhamnus, supercecidit ignis, qui eos non permittit videre solem, qui eos adhuc viventes in ira Dei combibit : ignis concupiscentiarum malarum, honorum vanorum, superbiæ, avaritiæ suæ : et quidquid eos premit ne cognoscant veritatem, ne victi videantur, ne subjiciat illos vel ipsa veritas. Quid enim gloriosius, Fratres, quam subjici et vinci a veritate ? Superet te veritas volentem : nam et invitum ipsa superabit. Ergo ille ignis concupiscentiarum malarum, qui supercecidit ut non videant solem, combibit rhamnum, prius quam producat spinas eorum : id est, occultat eorum malam vitam, prius quam pariat eadem vita manifestos in fine cruciatus ; sed in ira Dei occultat rhamnum ignis iste. Non enim parva pœna est quod modo non vident solem, nec spinas pœnarum credunt ex hac vita mala sibi postea processuras. Vos enim, inquit, rhamnus estis, quam rhamnum, id est, vos ipsos, viventes, id est, adhuc in hac vita constitutos, prius quam in futuro judicio spinas pœnarum vestrarum manifestas producat, nunc in ira combibit, id est, quasi absorbendo apparere non sinit. Hic itaque ordo verborum, quantum puto, planius ita contexitur : Supercecidit ignis, et non viderunt solem : qui ignis tamquam in ira, tamquam viventes vos rhamnum combibit, prius quam producat spinas vestras : id est, vos ipsos quos rhamnum invenit.

vie? En effet, ils ne vivent pas, mais ils croient vivre. Et pourquoi n'a-t-il pas dit non plus : dans la colère, mais « comme dans la colère, » sinon parce que Dieu fait toutes ces choses avec tranquillité? Car il est écrit : « Mais vous, Seigneur des armées, vous jugez avec calme (*Sag.* XII, 18).» Lors donc qu'il menace, il n'est pas en colère. Car il n'éprouve pas de trouble, mais il est comme en colère, parce qu'il punit, et qu'il venge la justice; de même ceux qui refusent de se corriger sont comme vivants, mais en réalité ils ne vivent pas. En effet, la punition du premier péché et des péchés qui le suivent pèse sur les pécheurs, et on l'appelle la colère de Dieu, parce qu'elle procède du jugement de Dieu. C'est pourquoi le Seigneur a dit de l'incrédule que la colère de Dieu demeure sur lui (*Jean.* III, 36); c'est pourquoi encore les hommes naissent sujets à la mort sous le coup de la colère de Dieu. De là vient cette parole de l'Apôtre : « Nous aussi, nous avons été autrefois, par nature, des enfants de colère, comme les autres hommes (*Éphés.* II, 3). » Que veut dire : enfants de colère par nature, sinon que nous portons avec nous la peine du premier péché? Mais, si nous nous convertissons, la colère disparait et la grâce nous est donnée. Au contraire, refusez-vous de vous convertir et ajoutez-vous encore au vice de votre nature, vous serez englouti, comme par la colère de Dieu, dans le temps présent.

21. Reconnaissez donc ce châtiment et réjouissez-vous de ne pas le subir, vous qui avancez dans la piété, vous qui comprenez et aimez la vérité, vous qui préférez que la vérité soit victorieuse de vous plutôt que vous victorieux d'elle, vous qui ne fermez pas les oreilles à la vérité, en cherchant vos délices dans les choses présentes ou dans le souvenir des choses passées, et qui n'êtes pas comme le chien qui retourne à son vomissement (II *Pierre*, II, 22). O vous qui êtes tels que je viens de le dire, voyez les châtiments de ceux qui sont autres que vous, et réjouissez-vous de votre sort. Les peines de l'enfer ne sont point encore là, le feu éternel n'est point encore là; mais que celui qui progresse en Dieu se compare maintenant avec l'impie, et compare le cœur aveugle avec le cœur éclairé; pour cela, comparez ensemble celui qui voit selon la chair et celui qui ne voit pas. Et quel bien est-ce après tout que la vue du corps? Tobie avait-il conservé l'usage de ses yeux charnels? Son fils jouissait de cette vue que le père avait perdue, et l'aveugle montrait au clairvoyant la route de la vie (*Tob.* IV, 1). Lorsque vous voyez le châtiment des pécheurs, réjouissez-vous donc d'en être exempts. C'est pourquoi l'Écriture a dit « Le juste se réjouira, lorsqu'il verra la punition du

---

combibit ante mortem, prius quam eadem rhamnus spinas vestras post mortem in illa pœnali resurrectione producat. Quare autem non dixit viventes, sed « tamquam viventes, » nisi quia falsa est hæc vita impiorum? Neque enim vivunt, sed vivere sibi videntur. Et quare non, in ira, sed « tamquam in ira,» nisi quia tranquillus hoc facit Deus? Nam et hoc scriptum est : « Tu autem Domine virtutum cum tranquillitate judicas (*Sap.* XII, 18). » Ille ergo et cum minatur, non irascitur. Neque enim perturbatur, sed tamquam irascitur, quia punit et vindicat. Et qui corrigi nolunt, tamquam vivunt, sed non vivunt. Vindicta enim primi peccati, et eorum quæ addiderunt, manet super eos : et ipsa vocatur ira Dei, quia de judicio Dei venit. Unde Dominus de non credente ait, « Sed ira Dei manet super eum (*Johan.* III, 36). » Cum ira enim Dei mortales nascimur. Unde dicit Apostolus, « Fuimus et nos aliquando natura filii iræ, sicut et ceteri (*Ephes.* II, 3).» Quid est, natura filii iræ, nisi quia portamus nobiscum pœnam primi peccati? Sed si convertamus nos, aufertur ira, præbetur gratia. Non vis converti; addis etiam super id quod natus es : tamquam in ira combiberis in præsenti tempore.

21. Agnoscite ergo istam pœnam, et gaudete vos non esse in hac pœna omnes qui proficitis, omnes qui intelligitis et amatis veritatem, omnes qui plus in vobis vultis victoriam veritatis quam vestram, qui non clauditis adversus veritatem aures vestras, de præsentium delectatione et de præteritorum recordatione : « ne sitis canis reversus ad suum vomitum (II *Pet.* II, 22). » Omnes tales qui estis, videte pœnas eorum qui tales non sunt, et gaudete. Adhuc inferorum pœnæ non venerunt, adhuc ignis æternus non venit : comparet qui proficit in Deo se modo cum impio, cæcum cor cum illuminato corde : comparate duos, videntem et non videntem in carne. Et quid magnum est visio carnis? Numquid Tobias habebat carneos oculos (*Tob.* IV, 1)? Filius ipsius habebat, et ille non habebat; et viam vitæ cæcus videnti ostendebat. Ergo istam pœnam quando videtis, gaudete quia in illa non estis. Propterea dicit Scriptura, « Lætabitur justus, cum viderit vindictam. » Non illam futuram : nam vide quid sequitur : « Manus suas

péché; » non toutefois la punition à venir, voyez en effet ce qui suit : « Il lavera ses mains dans le sang du pécheur. » Qu'est cela? Que Votre Charité m'écoute attentivement. Est-ce que, quand les homicides subissent leur supplice, les innocents doivent aller se laver les mains dans leur sang? Que veulent donc dire ces mots : « Il lavera ses mains dans le sang du pécheur? » Le juste voit le supplice du pécheur, et en prend occasion d'un nouveau progrès dans la vertu ; la mort de l'un profite à la vie de l'autre. Si, en effet, le sang de ceux qui meurent quant à l'âme coule spirituellement, vous qui voyez leur punition, lavez vos mains dans ce sang et désormais vivez d'une vie plus pure. Et comment se laver les mains, si on est juste? Quel besoin le juste a-t-il de se laver les mains? Mais, est-il écrit, le juste vit de la foi (*Rom.* I, 17). Donc, par les justes, le Prophète a voulu signifier les fidèles et, dès que vous avez la foi, vous commencez à être appelé juste. En effet vos péchés vous sont alors remis, et, bien que, dans le reste de votre vie, vous commettiez quelques péchés, qui semblent refluer en vous, comme l'eau de la mer dans la sentine du navire; cependant par le seul fait de votre foi, lorsque vous verrez périr celui qui s'est complètement détourné de Dieu, en raison de l'aveuglement produit en lui par le feu qui est tombé sur lui et qui l'empêche de voir le soleil, vous qui, des yeux de la foi, parce que le juste vit de la foi, voyez le Christ, en attendant de le voir en réalité, considérez la mort de l'impie et purifiez-vous de vos péchés. C'est ainsi que vous laverez, en quelque sorte, vos mains dans le sang du pécheur. « Il lavera donc ses mains dans le sang du pécheur. »

22. « Et l'on dira : Oui, il est une récompense pour le juste (*Ps.* LVII, 12). » Avant que les promesses de Dieu ne s'accomplissent, avant qu'il ne donne au juste la vie éternelle, avant que les impies ne soient précipités dans le feu éternel, il est, même ici-bas, même en cette vie, une récompense pour le juste. Quelle récompense? « Nous nous réjouissons dans notre espérance et nous sommes patients dans l'affliction (*Rom.* XII, 12). Quelle récompense? « Nous nous glorifions dans les tribulations, sachant que la tribulation produit la patience ; la patience, l'épreuve ; l'épreuve, l'espérance ; et que l'espérance ne mène pas à la confusion, parce que la charité de Dieu a été répandue dans nos cœurs par l'Esprit-Saint qui nous a été donné (*Rom.* V, 3 et suiv.). » Celui qui est ivre se réjouit, et le juste ne se réjouirait pas? C'est dans la charité qu'est la récompense du juste. L'intempérant est malheureux, même dans son ivresse; le juste est heureux, même quand il a faim et soif. L'un est gorgé par l'ivrognerie, l'autre est rassasié par l'espérance. Que le juste considère donc le châtiment du pécheur et sa propre joie,

lavabit in sanguine peccatoris (*Psal.* LVII, 11). » Quid est hoc? Intendat Caritas vestra. Numquid quando feriuntur homicidæ, debent illuc innocentes ire, et lavare manus suas? Sed quid est, in sanguine peccatoris lavabit manus suas? » Justus quando videt pœnam peccatoris, proficit ipse : et mors alterius valet ad vitam alterius. Si enim spiritaliter sanguis currit de his qui intrinsecus moriuntur, tu vides talem vindictam, lava illic manus tuas; de cetero mundius vive. Et quomodo lavabit manus suas, si justus est? Quid enim habet in manibus quod lavetur, si justus est? « Sed justus ex fide vivit (*Rom.* I, 17). »Justos ergo dixit fideles : et ex quo jam credidisti, jam incipis vocari justus. Facta est enim dimissio peccatorum. Etsi de ista residua vita quædam peccata tua sunt, quæ non possunt nisi tanquam aqua de mari in sentinam influere : tamen quia credidisti, cum videris eum qui omnino aversus est a Deo occidi in illa cæcitate, supercadente illo igne non videre solem ; tu qui jam per fidem vides Christum, ut videas per speciem, quia justus ex fide vivit, attende impium morientem, et purga te a peccatis. Ita lavabis quodam modo manus tuas in sanguine peccatoris. « Manus ergo suas lavabit in sanguine peccatoris. »

22.« Et dicet homo, Si ergo est fructus justo (*Psal.* LVII, 12). » Ecce antequam veniat quod promittitur, antequam detur vita æterna, antequam impii projiciantur in ignem æternum, hic in hac vita est fructus justo. Qui fructus ? « Spe gaudentes, in tribulatione patientes (*Rom.* I, 12). » Qui fructus justo ? « Gloriamur in tribulationibus, scientes quia tribulatio patientiam operatur, patientia autem probationem, probatio vero spem : spes autem non confundit : quia caritas Dei diffusa est in cordibus nostris per Spiritum sanctum, qui datus est nobis (*Rom.* V, 3, etc.). » Gaudet ebriosus, et non gaudet justus? In caritate est fructus justo. Miser ille, etiam cum se inebriat : beatus iste, etiam cum esurit et sitit. Illum ingurgitat vinolentia, istum spes pascit. Videat ergo illius pœnam, suum gaudium, et cogitet Deum. Qui tale gaudium modo dedit de fide, de spe, de caritate,

et qu'il se demande ce que sera la possession de Dieu. Si Dieu, dès à présent, donne au juste une telle joie par les douceurs de la foi, de l'espérance, de la charité, de la vérité de ses Écritures, quelle joie lui prépare-t-il à la fin ? S'il le nourrit ainsi dans sa route, quel festin lui servira-t-il dans la patrie ? « Et l'on dira : Oui, il est une récompense pour le juste. » Que ceux qui voient croient donc ; qu'ils voient et qu'ils comprennent. « Le juste se réjouira lorsqu'il verra la punition. » Si, au contraire, il n'a pas les yeux qui font voir la punition de l'impie, il sera constristé et ne sera pas corrigé par cette punition. Mais s'il la voit, il voit quelle différence il y a entre l'œil du cœur plongé dans les ténèbres et l'œil du cœur éclairé par la lumière ; entre le rafraîchissement de la charité et la flamme du vice impur, entre la sécurité que donne l'espérance et la crainte qu'inspire le crime. Lorsqu'il l'aura vu, qu'il se sépare du pécheur et se lave les mains dans le sang de celui-ci. Que la comparaison lui profite et qu'il dise : « Il y a donc une récompense pour le juste ; il y a donc un Dieu qui juge les hommes sur la terre ; » non pas encore dans la vie éternelle, non pas encore dans le feu éternel, non pas encore dans les enfers, mais ici-bas, sur la terre. Supposons que le riche de l'Évangile soit encore vêtu de pourpre et de fin lin, et qu'il célèbre encore chaque jour ses festins splendides ; le nerprun n'a pas encore produit ses épines, ce riche n'a pas encore dit : « Je suis torturé dans cette flamme (*Luc.* XVI, 19) ; » mais déjà son esprit est aveuglé, déjà l'œil de son intelligence est éteint. Qu'un homme privé des yeux du corps prenne place à une table quelque magnifiquement servie qu'elle soit, vous le jugerez malheureux : or, un homme est aveugle intérieurement, s'il ne voit pas que le Christ est le pain de l'âme, et vous le dites heureux ? Cette parole ne peut venir que d'un homme pareillement aveugle. « Il y a donc une récompense pour le juste ; il y a donc un Dieu qui juge les hommes sur la terre. »

23. Si nous avons été un peu trop long dans ce discours, soyez indulgents pour nous. Nous vous exhortons au nom du Christ, à réfléchir sur ce que vous avez entendu, pour en tirer du fruit. Car, ce n'est rien de prêcher la vérité, si le cœur n'est pas d'accord avec la langue ; et il ne sert de rien d'entendre la vérité, à qui ne bâtit pas sur la pierre. Celui qui bâtit sur la pierre est celui qui, après avoir entendu la vérité, la pratique ; celui, au contraire, qui écoute la vérité, mais ne la pratique point, bâtit sur le sable (*Matth.* VII, 24). Quant à celui qui n'écoute ni ne pratique, il ne bâtit rien. Mais, comme celui qui bâtit sur le sable ne se bâtit que des ruines, de même, celui qui ne bâtit pas sur la pierre, s'il survient une inondation, est

---

de veritate Scripturarum suarum, quale præparat in finem ? In via sic pascit, in patria quomodo saginabit ? « Et dicet homo, Si ergo est fructus justo. » Credant qui vident, et videant, et intelligant. « Lætabitur justus cum viderit vindictam. » Si autem non habet oculos unde videat vindictam, contristabitur, nec corrigetur ex illa. Si autem videt illam, videt quid intersit inter contenebratum oculum (*a*) cordis, et oculum illuminatum cordis ; inter refrigerium castitatis, et flammam libidinis ; inter securitatem spei, et timorem facinoris. Cum viderit hoc, discernat se, et lavet manus suas in sanguine ipsius. Proficiat ex comparatione, et dicat, « Ergo est fructus justo : ergo est Deus judicans eos in terra. » Nondum in illa vita, nondum in igne æterno, nondum apud inferos, sed hic in terra. Ecce dives ille adhuc induitur purpura et bysso, et adhuc epulatur quotidie splendide. (*Lucæ*, XVI, 19). Nondum produxit spinas rhamnus, nondum dicit, Crucior in hac flamma : sed jam est mentis cæcitas, jam oculus mentis exstinctus est. Si cæcus oculis carnis ad mensam suam quamlibet opimam discumberet, miserum eum diceres : cæcus interius, panem Christum non videt, et beatus est ? Hoc non dicit nisi pariter cæcus. « Ergo est fructus justo, ergo est Deus judicans eos in terra. »

23. Si aliquanto prolixiores fuimus, date veniam. Exhortamur vos in nomine Christi, ut hæc quæ audistis, ad fructum cogitetis. Quia et prædicare veritatem nihil est, si cor a lingua dissentiat ; et audire veritatem, nihil prodest, si homo non super petram ædificet. Qui ædificat super petram, ipse est qui audit et facit : qui autem audit et non facit, ædificat super arenam : qui nec audit nec facit, nihil ædificat (*Matth.* VII, 24). Sed quomodo qui ædificat super arenam, ruinam sibi ædificat : sic ille qui non

---

(*a*) Sic MSS. At editi hoc loco, *corporis*.

enlevé sans avoir bâti de maison. Il n'y a rien à faire, sinon de bâtir et de bâtir sur la pierre, c'est-à-dire, d'écouter et de pratiquer. Et que personne ne dise : à quoi bon aller à l'Église? tels hommes y vont tous les jours qui ne pratiquent pas ce qu'ils y entendent. Mais du moins ceux-là se mettent en mesure d'entendre, et de la sorte ils en viendront peut-être à entendre et à pratiquer; mais vous, combien n'êtes-vous pas éloigné de pratiquer, puisque vous êtes encore si éloigné d'entendre? — Mais, du moins je ne bâtis pas sur le sable. — Le fleuve débordé vous trouvera nu, est-ce une raison pour qu'il ne vous entraîne pas? Est-ce une raison pour que la pluie ne vous fasse point périr? Est-ce une raison pour que les vents ne vous enlèvent pas? — Je viendrai donc à l'Église et j'écouterai la parole de Dieu. — Oui, mais après avoir écouté, agissez. Car, si vous écoutez et ne faites pas, vous bâtissez, mais sur le sable. Par conséquent, puisque nous sommes nus si nous n'élevons une maison, et puisque nous ne bâtissons que des ruines, si nous bâtissons sur le sable, il ne nous reste qu'à bâtir sur la pierre, c'est-à-dire, qu'à pratiquer ce que nous aurons entendu.

DISCOURS SUR LE PSAUME LVIII.

PREMIER DISCOURS, SUR LA PREMIÈRE PARTIE DU PSAUME [1].

1. L'Écriture ayant coutume d'inscrire en tête des psaumes des titres mystérieux, et de décorer le frontispice de chacun d'eux par la sublimité de ces sentences, pour nous apprendre, au moment d'entrer, par l'inscription de la porte, ce qui se passe dans l'édifice, quel en est le maître, ou quel est le possesseur de ce domaine, ainsi ce psaume porte non-seulement

ædificat super petram, veniente fluvio, sine domo rapitur. Non est quod facere, nisi et ædificare, et super petram ædificare : id est, et audire et facere. Nec alius dicat, Ut quid procedo ad Ecclesiam? ecce qui quotidie ad Ecclesiam procedunt, non faciunt quod audiunt. Faciunt tamen ut audiant; sic possunt facere ut audiant et faciant : tu autem quantum longe es a faciendo, qui tantum fugis ab audiendo? Sed ego, inquit, non ædifico super arenam. Nudum te inventurus est fluvius : numquid ideo te non ablaturus est? numquid ideo pluvia non necabit? numquid venti propterea non abripient? Ergo veniam et audiam. Sed cum audieris, fac. Nam si audieris, et non feceris, ædificasti quidem, sed super arenam. Quia ergo sine ædificio constituti nudi sumus, in ædificio autem super arenam posito sub ruina sumus : restat ut super petram ædificemus, et quod audivimus faciamus.

IN PSALMUM LVIII.
Enarratio.

Sermo I. de prima parte ejusdem Psalmi.

1. Sicut solet Scriptura Psalmorum mysteria in titulis ponere, et frontem Psalmi sublimitate sacramenti decorare, ut sciamus qui intraturi sumus,

(1) Discours prononcé, à en juger par le n° XIX, après la découverte de l'erreur de Pélage.

un titre, mais le titre de son titre. Nous y lisons, en effet : « Pour la fin, ne changez rien à l'inscription mise en titre par David (*Ps.* LVIII, 1). » C'est là ce que j'appelle le titre du titre. En effet, l'Évangile nous apprend quel est ce titre écrit, auquel il est défendu de rien changer. Lorsque Notre-Seigneur fut crucifié, Pilate fit placer au haut de la croix ce titre écrit en trois langues, en hébreu, en grec et en latin : Roi des Juifs (*Matth*, XXVII, 37 et *Jean* XIX, 19). Ces trois langues, sont celles qui dominent, entre toutes les autres, dans le monde entier. Si donc le roi des Juifs a été crucifié, et si les Juifs eux-mêmes ont crucifié leur roi ; en l'attachant à la croix, ils l'ont fait roi de toutes les nations, plutôt qu'ils ne l'ont mis à mort. A la vérité, ils ont perdu le Christ autant qu'ils l'ont pu, mais ils l'ont perdu pour eux et non pour nous : il est mort pour nous et il nous a rachetés de son sang. Et maintenant, rien n'est changé au titre ; car le Christ est le roi, non-seulement des nations, mais encore des Juifs. Car quoi ? Parce qu'ils ont contredit leur roi, ont-ils pu, par cela seul, renverser sa domination ? Il est aussi bien leur roi, et il règne sur eux. Car ce roi porte une verge de fer, avec laquelle il gouverne et brise. « J'ai été, dit-il, établi roi par le Seigneur sur sa sainte montagne de Sion, pour prêcher ses commandements. Le Seigneur m'a dit : Vous êtes mon fils, je vous ai engendré aujourd'hui. Demandez-moi et je vous donnerai les nations pour votre héritage, et vos possessions s'étendront jusqu'aux dernières limites de la terre. Vous gouvernerez les peuples avec une verge de fer, et vous les briserez comme un vase d'argile (*Ps.* II, 6 et suiv.). » Quels sont ceux qu'il gouvernera ? Quels sont ceux qu'il brisera ? Il gouvernera ceux qui lui obéiront, il brisera ceux qui lui résisteront. Ces mots : « ne changez rien » sont donc excellents et prophétiques, puisque les Juifs vinrent réclamer auprès de Pilate et lui dire : N'écrivez pas, Roi des Juifs, mais écrivez qu'il s'est dit Roi des Juifs, car le titre inscrit sur sa croix confirme, disaient-ils, sa royauté sur nous. Et Pilate répondit : Ce que j'ai écrit, je l'ai écrit (*Jean* XIX, 21). Et c'est ainsi qu'a été accomplie la prophétie, « Ne changez rien. »

2. Et ce psaume n'est pas le seul qui porte en inscription cette recommandation de ne pas changer le titre. Quelques autres psaumes la présentent également (*Ps.* 56, 57 et 58), et ils sont tous une prophétie de la passion du Seigneur. Il faut donc comprendre qu'il s'agit ici de la passion du Seigneur, et que le Christ tout entier, la tête et le corps, parle dans le psaume. C'est ainsi que toujours ou presque toujours, dans un psaume, il nous faut entendre la voix

cum tamquam super postem quid intus agatur legerimus, vel cujus domus sit, vel quisnam sit illius prædii possessor : ita et in hoc Psalmo scriptus est titulus de titulo. Habet enim, « In finem, ne corrumpas ipsi David in tituli inscriptionem (*Psal.* LVIII, 1). » Hoc est quod dixi, titulus de titulo. Quænam enim sit tituli hujus inscriptio, quam corrumpi vetat, Evangelium nobis indicat. Nam cum Dominus crucifigeretur, titulus inscriptus est a Pilato et positus, « Rex Judæorum, » tribus linguis, Hebræa, Græca et Latina (*Matth.* XXVII, 37 ; *Johan.* XIX, 19) : quæ linguæ toto orbe maxime excellunt. Igitur si rex Judæorum crucifixus est, et Judæi regem suum crucifixerunt ; crucifigendo eum etiam regem Gentium fecerunt, magis quam occiderunt. Et quidem quantum in illis fuit, perdiderunt Christum, sed sibi, non nobis ; et mortuus est ille pro nobis, et sanguine suo redemit nos. Et modo non est corruptus titulus : quia ille rex est, non solum Gentium, sed etiam ipsorum Judæorum. Quid enim ? Quia contradixerunt, ideo regis sui dominationem evertere potuerunt ? Rex est et supra illos. Nam ille rex virgam ferream gerit, qua et regit et frangit. « Ego, inquit, constitutus sum rex ab eo super Sion montem sanctum ejus, prædicans præceptum Domini. Dominus dixit ad me, Filius meus es tu, ego hodie genui te : postula a me, et dabo tibi gentes hereditatem tuam, et possessionem tuam terminos terræ ; reges eos in virga ferrea, et tamquam vas figuli conteres eos (*Psal.* II, 6, etc.). » Quos reget ? quos conteret ? Reget obedientes, conteret resistentes. Ergo, « Ne corrumpas, » optime et prophetice : quando quidem et illi Judæi suggesserunt tunc Pilato, et dixerunt, « Noli scribere rex Judæorum, sed scribe, quia ipse se dixit regem Judæorum (*Johan.* XIX, 21) : » nam iste titulus, inquiunt, confirmavit illum regem nobis. Et Pilatus, « Quod scripsi, scripsi. » Et impletum est, « Ne corrumpas. »

2. Nec iste solus Psalmus habet hujusmodi inscriptionem, ut titulus non corrumpatur. Aliquot Psalmi sic prænotati sunt, sed tamen in omnibus passio Domini prænuntiatur (*Psal.* LVI, et LVII et LVIII). Ergo et hic intelligamus Domini passionem, et loquatur nobis Christus caput et corpus. Sic semper, aut

du Christ : nous ne devons pas voir seulement en lui la tête, c'est-à-dire le seul médiateur entre Dieu et les hommes, Jésus-Christ (I *Tim.* II, 5), qui est homme, et qui, de toute éternité, selon sa divinité, est le Verbe, Dieu en Dieu, lequel Verbe s'est fait chair et a habité parmi nous (*Jean*, I, 1), chair de la descendance d'Abraham, chair de la descendance de David par la Vierge Marie(*Matth*.I,1); ce n'est pas seulement au Christ notre tête que nous devons penser, quand nous entendons la voix du Christ, mais au Christ, homme parfait, qui réunit en lui et la tête et le corps. En effet, l'Apôtre saint Paul nous dit : « Vous êtes le corps et les membres du Christ (I *Cor*, XII, 27). » Et le même Apôtre dit du Christ qu'il est la tête de l'Église (*Éphés*. I, 22, et *Coloss*. I, 18) ; si donc il est la tête et que nous soyons le corps, le Christ tout entier est à la fois la tête et le corps. Quelquefois, en effet, vous trouvez des paroles qui ne conviennent pas à la tête et, si vous ne les appliquez au corps, votre intelligence chancellera ; d'un autre côté, vous trouvez des paroles qui ne conviennent pas au corps, et c'est cependant le Christ qui parle. Là, il n'est pas à craindre que personne se trompe ; en effet, chacun se hâte d'attribuer à la tête ce qu'il voit ne pas convenir au corps. Enfin, lui-même, lorsqu'il était attaché à la croix, a parlé, au nom de son corps, lorsqu'il a dit : « Mon Dieu, mon Dieu, jetez les yeux sur moi, pourquoi m'avez-vous abandonné (*Ps*. XXI, 2, et *Matth*. XXVII, 47)? » Dieu, en effet, n'avait pas abandonné le Christ, qui ne l'avait pas non plus abandonné : car le Fils n'était pas venu à nous en abandonnant son Père, et le Père n'avait pas envoyé son Fils en se séparant de lui. Mais parce que l'homme, devenu pécheur, a quitté Dieu, lui, Adam, qui se réjouissait auparavant de la présence de Dieu, effrayé par la conscience de son péché, a fui cette présence autrefois sa joie (*Gen*. III, 8) ; et parce que l'homme a été réellement abandonné par Dieu, qu'il avait lui-même abandonné, le Christ, après avoir pris notre chair en Adam, parle ici, comme s'il était la personne d'Adam, notre vieil homme étant alors attaché avec lui sur la croix (*Rom*. VI, 6).

3. Écoutons donc ce qui suit : « Lorsque Saül envoya des gens et fit garder sa maison, pour le tuer (*Ps*. LVIII, 1). » Ces paroles ne s'appliquent pas à la croix du Seigneur, mais cependant elles s'appliquent à sa passion. En effet, le Christ a été crucifié, il est mort et il a été enseveli. Le lieu de sa sépulture était donc comme sa maison ; et le royaume des Juifs envoya garder cette maison, lorsqu'il fit mettre des gardes au tombeau du Christ (*Matth*. XXVII, 66). Quant au fait qui est ici mentionné, on lit en effet dans le livre des Rois que Saül envoya des gens pour garder la maison de David et le tuer (I *Rois*, XIX, 11) : mais, en expliquant le titre du psaume,

---

prope semper audiamus voces Christi de Psalmo, ut non solum intueamur caput illud unum mediatorem Dei et hominum hominem Christum Jesum (I *Tim*. II, 5) ; qui etiam secundum divinitatem in principio erat Verbum, Deus apud Deum, quod Verbum caro factum est, et habitavit in nobis (*Johan*. I, 1), caro ex semine Abraham, ex semine David de Maria virgine (*Matth*. I, 1) : non ergo illum solum qui est caput nostrum cogitemus, quando audimus Christum loqui ; sed cogitemus Christum caput et corpus totum integrum quemdam virum. Nobis enim dicitur, « Vos autem estis corpus Christi et membra (I *Cor*. XII, 27), » ab apostolo Paulo. Et de illo dicitur ab eodem Apostolo, « quia est caput Ecclesiæ (*Éphes*. I, 22). » Si ergo ille caput, nos corpus ; totus Christus caput et corpus (*Coloss*. I, 18). Aliquando enim invenis verba quæ non congruunt capiti, et nisi ea coaptaveris corpori, nutabit intellectus tuus : rursus invenis verba quæ non apta sunt corpori, et Christus tamen loquitur. Ibi non timendum est ne erret quisque : cito enim pergit ut capiti aptet, quod videt corpori non convenire. Ipse denique in cruce pendens, ex persona corporis locutus est, « Deus meus, Deus meus, respice in me, quare me dereliquisti (*Psal*. XXI, 2 ; *Matth*. XXVII, 47)? » Non enim dereliquerat Christum, a quo derelictus non est : aut vero sic ad nos venit, ut illum desereret ; aut sic illum misit, ut ab illo discederet. Sed quia homo desertus est a Deo, Adam ille peccans, qui cum soleret gaudere ad faciem Dei, conscientia peccati deterritus fugit a gaudio suo (*Gen*. III, 8) ; et vere dereliquit illum Deus, quia ipse deseruit Deum : ex quo Adam Christus cum carnem accepisset, hoc ex persona ipsius carnis ait : quia tunc vetus homo noster simul confixus est cruci cum illo (*Rom*. VI, 6).

3. Audiamus ergo quod sequitur : « Quando misit Saül, et custodivit domum ejus, ut eum interficeret (*Psal*. LVIII, 1). » Hoc non ad crucem Domini, sed tamen ad passionem Domini pertinet. Crucifixus enim Christus, et mortuus, et sepultus est. Erat ergo

nous devons rechercher tout ce que David, qui a écrit le psaume, a pris dans cette histoire. A-t-il seulement voulu nous faire connaître que des gens furent envoyés pour garder sa maison et le tuer ? Alors, si David est la figure du Christ, comment a-t-on pu garder la maison pour que le Christ fût tué, puisque le Christ n'a été mis au tombeau qu'après sa mort sur la croix ? Appliquez donc ces paroles au corps du Christ, et dites que tuer le Christ, c'était faire périr son nom, de telle sorte que nul ne crût en lui, si l'on parvenait à accréditer le mensonge des gardes, qui furent corrompus à prix d'argent pour dire que, pendant leur sommeil, les disciples du Christ étaient venus et avaient enlevé son corps (*Matth.* XXVIII, 13). C'est vouloir réellement tuer le Christ, que de vouloir détruire le nom de sa résurrection, afin de faire préférer un mensonge au témoignage de l'Évangile. Mais, de même que Saül n'a pas réussi à tuer David, de même le royaume des Juifs n'a pu faire prévaloir le témoignage de gardes endormis sur celui des Apôtres qui étaient éveillés. En effet, quelle leçon avait été faite aux gardes ? Nous vous donnerons, leur dirent les Juifs, autant d'argent que vous le voudrez, mais dites que vous vous êtes endormis, et que pendant ce temps ses disciples sont venus et ont enlevé son corps. Voilà donc quels témoins de mensonge les ennemis du Christ, figurés par Saül, ont produits contre la vérité et contre la résurrection du Christ. O détestable infidélité ! interrogez ces témoins qui dormaient : qu'ils vous disent par leur réponse ce qui s'est passé dans le sépulcre. Mais, s'ils dormaient, comment l'ont-ils su ? Et s'ils veillaient, comment ne se sont-ils pas emparés des voleurs ? Viennent donc maintenant les paroles suivantes.

4. « Mon Dieu, arrachez-moi à mes ennemis et délivrez-moi de ceux qui se lèvent contre moi (*Ps.* LVIII, 2). » C'est ce qui s'est accompli dans la chair du Christ, et ce qui s'accomplit aussi en nous. En effet, nos ennemis, c'est-à-dire le démon et ses anges, ne cessent de se lever tous les jours contre nous ; ils essaient sans relâche de triompher de notre faiblesse et de notre fragilité, en nous trompant, en nous suggérant le mal, en nous accablant de tentations ; ils veulent nous faire tomber dans toutes sortes de pièges, tant que nous vivons sur la terre. Mais que notre voix veille devant Dieu et crie, dans les membres du Christ, sous la sauvegarde de notre tête établie dans le ciel : « Mon Dieu, délivrez-moi de mes ennemis, et rachetez-moi de ceux qui se lèvent contre moi. »

5. « Arrachez-moi de ceux qui commettent

---

illa sepultura tamquam domus : ad quam custodiendam misit regnum Judæorum, quando custodes adhibiti sunt sepulcro Christi (*Matth.* XXVII, 66). Est quidem historia in Scriptura Regnorum, quando misit Saül ad custodiendam domum, ut interficeret David (1 *Reg.* XIX, 11) : sed quantum inde sumsit qui Psalmum scripsit, tantum debemus discutere cum titulum Psalmi tractamus. Hoc nobis significare tantum voluit, quia missum est ad domum ut custodiretur, et ille interficeretur ? Quomodo ergo ad hoc custodita est domus, si David figurabat Christum, ut Christus interficeretur; quando in sepultura Christus positus non est nisi in cruce interfectus ? Refer hoc ergo ad corpus Christi : quia interficere Christum, erat tollere nomen Christi, ne crederetur in Christum, dum mendacium prævaleret custodum, qui corrupti sunt ut dicerent. Quia cum dormirent, venerunt discipuli ejus, et abstulerunt eum (*Matth.* XXVIII, 13). Hoc est vere Christum velle interficere, nomen resurrectionis ejus exstinguere, ut mendacium Evangelio præferretur. Sed quomodo illud non effecit Saül, ut interficeret David : sic hoc nec potuit regnum Judæorum efficere, ut plus valeret testimonium custodum dormientium, quam Apostolorum vigilantium. Quid enim edocti sunt custodes ut dicerent ? Damus vobis, inquiunt, quantum vultis pecuniæ ; et dicite, quia cum dormiretis, venerunt discipuli ejus, et abstulerunt eum. Ecce quales testes mendacii contra veritatem et resurrectionem Christi inimici ejus per Saül figurati produxerunt. Interroga, (*a*) infidelitas, testes dormientes, respondeant tibi quid actum sit in sepulcro. Qui si dormiebant, unde scierunt ? Si vigilabant, fures quare non tenuerunt ? Dicat ergo quod sequitur.

4. « Erue me de inimicis meis Deus meus, et ab insurgentibus super me redime me (*Psal.* LVIII, 2). » Factum est hoc in carne Christi, fit et in nobis. Neque enim cessant inimici nostri, diabolus et angeli ejus, insurgere super nos quotidie, et illudere velle infirmitati et fragilitati nostræ, deceptionibus, suggestionibus, tentationibus, et quibuscumque laqueis irretire, cum in terra adhuc vivimus. Sed vox nostra

---

(*a*) Sic MSS. At editi, *infidelitatis testes*.

l'iniquité, et sauvez-moi des mains des hommes de sang (*Ibid.* 3). » Ceux-là étaient, en vérité, des hommes de sang, qui ont tué le juste, dans lequel ils ne trouvaient aucune faute; ceux-là étaient des hommes de sang, qui, au moment où un étranger, se lavant les mains de cette mort, voulait laisser aller le Christ, ont crié : « Crucifiez-le ! crucifiez-le (*Matth.* XXVII, 23) ! » Ceux-là étaient des hommes de sang, qui, au moment où l'on faisait retomber sur eux l'injuste effusion du sang du Christ, répondirent, versant pour ainsi dire ce sang comme un breuvage pour leur postérité : « Que son sang retombe sur nous et sur nos enfants (*Ibid.* 25) ! » Mais des hommes de sang n'ont cessé de s'élever contre le corps du Christ; car, après la résurrection du Christ et son ascension dans le ciel, l'Église a souffert la persécution, et la première persécution s'est élevée au milieu de la nation Juive, dont nos Apôtres étaient membres. C'est dans cette persécution qu'Étienne, le premier des martyrs, fut lapidé et reçut la couronne dont il portait le nom (*Act.* VII, 8). Car Stéphane ou Étienne veut dire couronne. Lapidé dans l'humiliation, il est couronné dans la gloire. Ensuite, parmi les nations, les royaumes terrestres se sont levés contre le Christ, jusqu'à ce que fût accomplie cette prédiction : « Tous les rois de la terre l'adoreront; toutes les nations le serviront (*Ps.* LXXI, 11). » Ces royaumes se sont rués en rugissant contre les témoins du Christ; le sang des martyrs a été répandu par flots immenses; et la moisson de l'Église semée, pour ainsi dire, au milieu de ce sang, s'y est multipliée avec une fertilité nouvelle et s'est étendue, comme nous le voyons, dans le monde entier. C'est donc de ces hommes de sang que le Christ est délivré, et non-seulement sa tête, mais son corps également. Le Christ est délivré des hommes de sang, et de ceux qui ont été et de ceux qui sont et de ceux qui seront; le Christ est délivré, tant celui qui est venu le premier, que celui qui est, et celui qui viendra. Car tout le corps du Christ est le Christ lui-même ; et tout ce qu'il y a maintenant de bons chrétiens, et ceux qui étaient avant nous, et ceux qui seront après nous, en d'autres termes le Christ entier est délivré des hommes de sang, et cette prière n'a point été vaine : « Sauvez-moi des hommes de sang. »

6. « Parce qu'ils ont poursuivi mon âme comme le chasseur poursuit le gibier (*Ps.* LVIII, 4). » Ils ont pu se saisir de lui, ils ont pu le tuer; « ils ont poursuivi mon âme comme le chasseur poursuit le gibier. » Mais que deviennent ces paroles : « Vous avez rompu mes liens (*Ps.* CXV, 16) ? » Et celles-ci : « Le piége a été détruit et nous avons été délivrés (*Ps.* CXXIII, 6) ? » Que devien-

---

vigilet ad Deum, et clamet in membris Christi, sub capite in cœlo constituto, « Erue me de inimicis meis Deus meus, et ab insurgentibus super me redime me. »

5. « Erue me de operantibus iniquitatem, et de viris sanguinum salvum me fac (*Ibid.* 3). » Erant illi quidem viri sanguinum, qui justum occiderunt, in quo nullam culpam invenerunt : erant illi viri sanguinum, quia cum vellet alienigena lotis manibus dimittere Christum, clamaverunt, « Crucifige, crucifige (*Matth.* XXVII, 23) : » erant viri sanguinum, quibus cum jam objiceretur crimen sanguinis Christi, responderunt, propinantes posteris suis, « Sanguis ejus super nos, et super filios nostros (*Ibid.* 25). » Sed nec in ejus corpus exsurgere viri sanguinum cessaverunt : nam et post resurrectionem adscensionemque Christi, persecutiones passa est Ecclesia : et illa quidem primo quæ effloruit de gente Judæorum, de qua et Apostoli nostri fuerunt. Ibi primo Stephanus lapidatus est, et quod vocabatur accepit. Stephanus enim corona dicitur (*Act.* VII, 58). Humiliter lapidatus, sed sublimiter coronatus. Deinde in Gentibus exsurrexerunt regna Gentium, antequam in eis impleretur quod prædictum erat, « Adorabunt eum omnes reges terræ, omnes gentes servient ei (*Psal.* LXXI, 11) : » et fremuit impetus regni illius adversus testes Christi; effusus est magnus et multus Martyrum sanguis : quo effuso, tamquam seminata seges Ecclesiæ fertilitas pullulavit, et totum mundum, sicut nunc conspicimus, occupavit. Ab his ergo viris sanguinum eruitur Christus, non solum caput, sed etiam corpus. A viris sanguinum eruitur Christus, et eis qui fuerunt, et eis qui sunt, et eis qui futuri sunt, eruitur Christus, et qui præcessit, et qui est, et qui venturus est. Christus enim est totum corpus Christi : et quicumque nunc Christiani boni, et qui ante nos, et qui post nos futuri sunt, totus Christus eruitur a viris sanguinum; nec vacat hæc vox, « Et a viris sanguinum salvum me fac. »

6. « Quia ecce venati sunt animam meam (*Psal.* LVIII, 4). » Potuerunt tenere, potuerunt occidere, « venati sunt animam meam. » Sed ubi est, « Dirupisti vincula mea (*Psal.* CXV, 16) ? » Ubi est, « Muscipula comminuta est, et nos eruti sumus (*Psal.*

nent les bénédictions que nous adressons à celui « qui ne nous a pas livrés comme une proie à leurs dents dévorantes (*Ibid.* 7)? » Ils ont, en effet, poursuivi mon âme, mais celui qui garde Israël ne l'a point laissé tomber aux mains des chasseurs. « Ils ont poursuivi mon âme, comme le chasseur poursuit le gibier : les forts se sont rués sur moi. » Nous ne devons point passer indifféremment sur les forts ; il nous faut, au contraire, indiquer avec soin quels sont ces forts qui se sont ainsi levés. Quels sont ceux que dominent les forts, sinon les faibles, les invalides, ceux qui manquent de force ? Et cependant les faibles sont glorifiés et les forts sont condamnés. Si donc nous comprenons bien quels sont ces forts, nous trouvons d'abord que le Seigneur a mis le démon lui-même en première ligne : « Nul, a-t-il dit, ne peut entrer dans la maison du fort et enlever ce qu'il possède, s'il n'a d'abord enchaîné le fort (*Matth.* XII, 29). » Aussi, le Seigneur a-t-il enchaîné le fort dans les fers de sa puissance, et lui a-t-il enlevé ce qu'il possédait, pour en être lui-même possesseur. En effet, tous les méchants étaient du domaine du démon, et, par la foi, ils sont entrés dans le domaine du Christ, et l'Apôtre leur dit : « Vous avez été autrefois ténèbres ; vous êtes maintenant lumière dans le Seigneur (*Éphés.* V, 8), qui manifeste les richesses de sa gloire sur ceux qui ont été l'objet de sa miséricorde (*Rom.* IX, 23). » Les méchants peuvent donc être mis au rang des forts. Mais en outre, il y a des hommes à qui il faut donner ce titre et dont la force est funeste et condamnable, parce qu'ils ne mettent leur confiance que dans leur prospérité temporelle. N'était-il pas du nombre des forts, ce riche dont l'Évangile vient de vous parler, et à qui ses terres avaient donné la plus opulente récolte ? Troublé par cette abondance même, il prit le parti, pour abriter ses récoltes, d'abattre ses anciens magasins et d'en construire de plus vastes, afin de se dire, après les avoir remplis : « Mon âme, vous avez de grands biens ; désormais faites festin, livrez-vous au plaisir, et rassasiez-vous (*Luc.* XII, 16). » Quel fort est-ce là ? « C'est un homme qui n'a pas cherché son aide dans le Seigneur, mais qui a mis son espérance dans l'abondance de ses richesses. » Voyez jusqu'où sa force a été : « Il s'est prévalu dans sa vanité (*Ps.* LI, 9). »

7. Il y a d'autres forts, qui ne présument ni de leurs richesses, ni de la vigueur de leur corps, ni de quelque pouvoir temporel que leur donnerait une haute dignité, mais qui présument de leur propre justice. Il faut éviter, craindre, fuir au loin et ne jamais imiter ce genre de forts : tous ces hommes, je le répète, qui ne se confient ni dans leur corps, ni dans leurs richesses, ni dans leur noblesse, ni dans leurs honneurs ; (qui ne voit, en effet, à quel point tous ces biens temporels sont fugitifs, fragiles et passagers ?) mais

qui se confient dans leur propre justice. Cette sorte de force a empêché les Juifs de passer par l'ouverture de l'aiguille (*Matth.* xix, 24). Car dans la confiance où ils étaient d'être justes et de se bien porter, ils ont refusé le médicament, et ils ont tué le médecin lui-même. Ce ne sont pas ces prétendus forts, ce sont les faibles que le Seigneur est venu appeler, lorsqu'il a dit : « Ceux qui sont en bonne santé n'ont pas besoin du médecin, mais bien les malades. Je suis venu appeler non pas les justes mais les pécheurs à la pénitence (*Matth.* ix, 12 et 13). » Ceux-là encore étaient des forts, qui reprochaient amèrement aux disciples que leur maître fréquentait les faibles et mangeait avec les faibles. « Pourquoi, disaient-ils, votre maître mange-t-il avec les publicains et les pécheurs (*Ibid.* 11)? » O forts ! qui n'avez pas besoin de médecin ! votre force n'est pas de la santé, mais de la folie. Car rien n'est plus fort que les frénétiques, ils sont plus forts que les gens en bonne santé; mais plus leurs forces sont grandes, plus leur mort est proche. Que Dieu nous préserve donc d'imiter ces forts! Car il est à craindre que chacun ne soit porté à les imiter. Mais le maître de l'humilité, qui s'est fait participant de notre infirmité afin de nous faire participants de sa divinité, et qui est descendu du ciel pour nous enseigner notre voie et être lui-même notre voie (*Jean*, xiv, 6), le Christ a daigné nous donner surtout l'exemple de sa parfaite humilité : c'est pourquoi il n'a pas dédaigné d'être baptisé par son serviteur (*Matth.* iii, 13), pour nous apprendre à confesser nos péchés et à reconnaître notre faiblesse afin d'avoir la véritable force, selon ces paroles de l'Apôtre : « Lorsque je suis faible, alors je suis puissant (II *Cor.* xii, 10). » Jusqu'à quel point n'a-t-il pas voulu de cette force mauvaise? Mais ceux qui ont voulu être forts de cette manière, c'est-à-dire qui ont présumé de leur force en présumant de leur justice, se sont heurtés à la pierre d'achoppement (*Rom.* ix, 32) : ils ont pris pour un bouc immonde l'Agneau divin, et parce qu'ils l'ont tué, comme ils eussent fait d'un bouc, ils n'ont pas mérité d'être rachetés par l'Agneau. Voilà ces forts, qui se sont rués sur le Christ, en vantant leur propre justice. Écoutez leur langage : Des hommes, envoyés par des habitants de Jérusalem pour prendre le Christ, n'osèrent se saisir de lui, (car il ne fut pris, lui qui était le véritable fort, que quand il voulut l'être). On leur demanda donc : Pourquoi n'avez-vous pu le saisir? Et ils répondirent : Jamais aucun homme n'a parlé comme parle celui-là. Eh quoi! dirent ces forts, est-ce que personne d'entre les Pharisiens ou d'entre les Scribes a jamais cru en lui? Il n'y a que le peuple ignorant de la Loi qui puisse y croire (*Jean*, vii, 45). Ils se mettaient au-dessus de la foule des faibles qui courait au médecin ; pourquoi ?

de honore ; omnia enim ista quis non videat temporalia, fluxa, caduca, volatica ? sed præsumentium de justitia sua. Talis fortitudo impedivit Judæos, ne per foramen acus intrarent (*Matth.* xix, 24). Cum enim de se præsumunt quod justi sint, et tamquam sani sibi videntur ; medicinam recusaverunt, et ipsum medicum necaverunt. Tales ergo fortes, non infirmos, non venit vocare qui dixit, « Non est opus sanis medicus, sed male habentibus : non veni vocare justos, sed peccatores in pœnitentiam (*Matth.* ix, 12 et 13). » Isti erant fortes qui insultabant discipulis Christi, quia magister eorum ad infirmos intrabat, et convivabatur cum infirmis. « Quare, inquiunt, magister vester cum publicanis et peccatoribus manducat (*Ibid.*11)? » O fortes quibus medicus opus non est? Fortitudo ista non sanitatis est, sed insaniæ. Nam et phreneticis nihil fortius, valentiores sunt sanis : sed quanto majores vires, tanto mors vicinior. Avertat ergo Deus ab imitatione nostra fortes istos. Timendum est enim, ne eos quisque velit imitari. Doctor autem humilitatis, particeps nostræ infirmitatis, donans participationem suæ divinitatis, ad hoc descendens ut viam doceret et via fieret, maxime suam humilitatem nobis commendare dignatus est (*Johan.* 14, 6), et ideo a servo baptizari non dedignatus est (*Matth.* iii, 13), ut nos doceret confiteri peccata nostra, et infirmari ut fortes simus, habere potius Apostoli vocem dicentis, « Quando infirmor, tunc potens sum (II *Cor.* xii, 10). » Quomodo ergo noluit esse fortis ? Isti autem qui fortes esse voluerunt, id est, qui de sua virtute præsumere voluerunt tamquam justi, offenderunt in lapidem offensionis (*Rom.* ix, 32) : et hœdus visus est eis Agnus, et quia veluti hœdum occiderunt, ab Agno redimi non meruerunt. Ipsi sunt ergo fortes, qui irruerunt super Christum, commendantes justitiam suam. Audite fortes istos : Cum quidam Jerosolymitæ dicerent, missi ab eis ad apprehendendum Christum, et non audentes apprehendere; (quia quando voluit, tunc apprehensus est, qui vere fortis erat :) Quare ergo, inquiunt, non

sinon parce qu'ils étaient forts. Et, ce qui est plus déplorable encore, par cette ostentation de leur force, ils attirèrent à eux toute cette foule, et mirent à mort le médecin de tous les hommes. Pour lui, en raison même de sa mort, il prépara avec son sang un remède pour les malades. « Les forts se sont rués sur moi. » Remarquez attentivement tous ces forts, et voyez si l'homme doit mettre sa confiance en quelque chose que ce soit, puisqu'il ne saurait la mettre même dans sa justice. Examinez ce que peuvent devenir ceux qui présument de leurs richesses, des forces de leur corps, de la noblesse de leur origine, et de leur haut rang dans le monde, si déjà vous voyez tomber celui qui ne présume que de la justice, en se l'attribuant toutefois à lui-même. « Les forts se sont rués sur moi. » Parmi eux, était le Pharisien qui se vantait de ses forces dans le temple. « Je vous rends grâces, disait-il, ô mon Dieu, de ce que je ne suis pas comme le reste des hommes, qui sont injustes, voleurs, adultères, ni comme ce publicain ; je jeûne deux fois la semaine et je paie la dîme de tout ce que je possède (*Luc*, XVIII, 11 et 12). » Voyez comme il vante ses forces ; mais remarquez, d'un autre côté, le faible qui se tient au loin et que son humilité rapproche de Dieu :

« Or le publicain, dit le Seigneur, se tenait au loin et n'osait même lever les yeux au ciel, mais il se frappait la poitrine, en disant : Mon Dieu, faites-moi miséricorde, car je ne suis qu'un pécheur. Je vous le dis, en vérité : le publicain descendit du temple plus juste que le Pharisien. » Et voyez maintenant la justice : « Quiconque s'élève sera abaissé, et quiconque s'abaisse sera élevé (*Ibid.* 13 et suiv.). » Tels sont les forts qui se sont rués sur le Christ, des orgueilleux, qui ne connaissaient pas la justice de Dieu et qui, voulant faire prévaloir leur propre justice, ne se sont point soumis à la justice de Dieu (*Rom.* x, 13)

8. Que lisons-nous ensuite ? « Sans que j'aie fait le mal, sans que j'aie péché, ô mon Dieu (*Ps.* LVIII, 5). » Les forts, qui présument de leur propre justice, se sont rués sur moi ; ils se sont jetés sur moi, mais ils n'ont trouvé en moi aucun péché. Quel prétexte, en effet, les forts, c'est-à-dire les prétendus justes, mettaient-ils en avant, afin de poursuivre le Christ, sinon qu'il était pécheur ? Qu'ils voient maintenant que leur force est seulement violence de fièvre, et non vigueur de santé : qu'ils voient si dans leur force et dans leur prétendue justice ils se sont rués sur un pécheur. « Sans que j'aie fait le mal, sans que j'aie péché, ô mon Dieu. J'ai couru sans iniquité

---

eum potuistis apprehendere? Et responderunt, « Nemo umquam hominum sic locutus est, sicut ille. Et illi fortes, Numquid aliquis Pharisæorum in illum credidit, aut aliquis Scribarum, nisi populus iste nesciens Legem (*Johan.* VII, 45, etc.) ? » Præposuerunt se turbæ infirmæ ad medicum currenti : unde, nisi quia ipsi fortes erant ? et fortitudine sua, quod est gravius, omnem etiam turbam in se traduxerunt, et medicum omnium occiderunt. Sed et ille eo quod occisus est, de sanguine suo medicamentum fecit ægrotis. « Irruerunt super me fortes. » Hos maxime fortes advertite : et videte utrum de ulla re præsumendum sit homini, quando nec de justitia præsumendum est. Jam videte ubi jaceant præsumentes de divitiis, de viribus corporis, de nobilitate generis, de dignitate sæculi, si qui de ipsa justitia tamquam de sua præsumserit, cadit. « Irruerunt super me fortes. » Ex illis fortibus fuit ille vires suas jactans : « Gratias tibi, inquit, ago, quia non sum sicut ceteri hominum, injusti, raptores, adulteri, sicut et Publicanus iste : jejuno bis in sabbato, decimas do omnium quæ possideo (*Lucæ*, XVIII, 11 et 12). » Vide fortem jactantem vires suas : contra vero

longe stantem infirmum adtende, et humilitate propinquantem. « Publicanus autem, inquit, de longinquo stabat, et nec oculos suos audebat in cœlum levare, sed percutiebat pectus suum, dicens, Deus propitius esto mihi peccatori. Amen dico vobis, descendit justificatus Publicanus ille magis quam ille Pharisæus. » Et vide justitiam. « Quia omnis qui se exaltat, humiliabitur ; et qui se humiliat, exaltabitur (*Ibid.* 13, etc.). » Irruerunt isti fortes, id est, superbi, qui ignorantes Dei justitiam, et suam justitiam volentes constituere, justitiæ Dei non sunt subjecti (*Rom.* x, 3).

8. Quid deinde ? « Neque iniquitas mea, neque peccatum meum, Domine (*Psal.* LVIII, 5). » Irruerunt quidem fortes de justitia sua præsumentes, irruerunt, sed peccatum in me non invenerunt. Nam utique illi fortes, id est velut justi, quare possent persequi Christum, nisi quasi peccatorem ? Sed tamen illi viderint quam fortes sint immanitate febris, non firmitate sanitatis : viderint illi quam fortes sint, et tamquam justi contra iniquum sævierunt. Sed tamen « neque iniquitas mea, neque peccatum meum Domine. Sine iniquitate cucurri, et (a) dirigebar (*Ibid.* 5). » Illi ergo fortes currentem me sequi non potue-

(a) Plerique MSS. *dirigebam* : et infra loco *dirigebatur*, habent *dirigebat* ; pauloque post *dirigo*, pro *dirigor*.

et j'ai suivi la droite ligne. » Ces forts n'ont donc pu me suivre dans ma course; ils ont cru que j'étais un pécheur, parce qu'ils n'ont pas vu mes traces.

9. « J'ai couru sans iniquité et j'ai suivi la droite ligne ; levez-vous pour venir à ma rencontre et voyez (*Ibid.* 6). » C'est à Dieu que sont adressées ces paroles : « J'ai couru sans iniquité et j'ai suivi la droite ligne, levez-vous pour venir à ma rencontre et voyez. » Est-ce que Dieu, s'il ne vient à sa rencontre, ne peut le voir? C'est comme si, marchant sur une route et ne pouvant, à cause de l'éloignement, être reconnu par quelqu'un, vous lui criiez : Venez à ma rencontre et voyez avec quelle ardeur je marche ; car, tant que vous me regardez de loin, vous ne pouvez voir mes pas. Est-ce ainsi que Dieu, à moins de venir à sa rencontre, ne pouvait voir qu'il marchait sans iniquité dans la droite ligne, et qu'il courait sans commettre aucun péché ? Nous pouvons, il est vrai, comprendre ces paroles : « Levez-vous pour venir à ma rencontre, » dans ce sens : venez à mon aide ; quant à ce que le Prophète ajoute : « et voyez, » il faut alors le comprendre ainsi : faites voir que je cours, faites voir que je suis la droite ligne. C'est par une figure semblable que Dieu dit à Abraham : « Je sais maintenant que vous craignez Dieu (*Gen.* XXII, 12). » Dieu dit : « Je sais maintenant ; » comment cela? sinon en ce sens qu'il vous l'a fait connaître. Chacun ignore, en effet, ce qu'il est, avant que la tentation ne l'ait sondé ; et c'est ainsi que Pierre, dans sa présomption, ne se connaissait pas lui-même et qu'il a appris, par son reniement, à apprécier ses forces. Sa défaillance lui fit comprendre qu'il avait eu tort de présumer de lui-même, et il pleura (*Matth.* XVI, 35 et 69); mais en pleurant, il mérita de connaître utilement ce qu'il était et de devenir ce qu'il n'était pas. Abraham fut ainsi éprouvé, il se connut, et Dieu lui dit : « Je sais maintenant, » c'est-à-dire : je vous ai fait savoir. De même encore on appelle gai, le jour qui nous rend gais; on dit triste l'amertume, parce qu'elle attriste celui qui la goûte; et l'on dit que Dieu voit, dans ce sens qu'il fait voir. « Levez-vous donc, dit-il, pour venir à ma rencontre, et voyez. » Que veut dire : « et voyez? » Et venez à mon aide, à leur égard, afin qu'ils voient ma course, qu'ils me suivent, que ce qui est droit ne leur paraisse pas tortueux et qu'ils ne croient pas tortueux ce qui est conforme à la règle de la vérité. Parce que « j'ai couru sans iniquité et suivi la droite ligne ; levez-vous pour venir à ma rencontre et voyez. »

10. La sublimité de notre tête est un avertissement pour moi qu'il y a lieu de dire ici que le Sauveur s'est rendu faible jusqu'à subir la mort,

---

runt : ideo peccatorem putaverunt, quia vestigia mea non viderunt.

9. « Sine iniquitate cucurri, et dirigebar: exsurge in occursum mihi, et vide (*Ibid.* 6). » Deo dicitur, « Sine iniquitate cucurri, et dirigebar : exsurge in occursum mihi, et vide. » Quid enim ? Si non occurrat, videre non potest ? Tamquam si ambulares viam, et de longinquo ab aliquo cognosci non posses, clamares ad eum, et diceres, Occurre mihi, et vide quemadmodum ambulem; nam quando de longinquo me adtendis, gressum meum videre non potes. Itane et Deus nisi occurreret, non videret quam sine iniquitate iste dirigebatur, et quam sine peccato currebat? Accipere quidem et hoc possumus : « Exsurge in occursum mihi, » adjuva me. Quod autem addidit, « et vide, » intelligendum est, fac videri quod curro, fac videri quod dirigor: ex illa figura qua et illud dictum est Abrahæ, « Nunc cognovi quod times Deum (*Gen.* XXII, 12). » Deus dicit, Nunc cognovi : unde, nisi quia nunc te feci cognoscere ? Ignotus enim sibi quisque est ante interrogationem tentationis, sicut se Petrus præsumendo ignorabat, et negando didicit quales vires haberet (*Matth.* XXVI, 35 et 69) ; in sua ipsa titubatione intellexit falso sese præsumsisse : flevit, et flendo meruit fructuose nosse quod fuit, et esse quod non fuit. Ergo probatus Abraham, factus est cognitus sibi ; et dictum est a Deo, Nunc cognovi, hoc est, nunc te feci cognoscere. Quomodo lætus dies, quod facit lætos; et tristis amaritudo, quod contristat gustantem : sic videns Deus, videre faciens. « Exsurge ergo, inquit, in occursum mihi, et vide. » Quid est, « et vide? » (*a*) Et adjuva me, id est, in illis, ut videant cursum meum, sequantur me, non eis videatur pravum esse quod rectum est, non eis videatur distortum esse quod tenet (*b*) regulam veritatis : Quoniam « sine iniquitate cucurri, et dirigebar : exsurge in occursum mihi, et vide. »

10. Aliquid etiam me dicere admonet in hoc loco capitis ipsius nostri sublimitas; quoniam infirmatus

---

(*a*) Sic MSS. At Lov. *et vide? Adjuva me, id est, fac in illis, etc.* (*b*) Plures MSS. *regula.*

et qu'il a revêtu l'infirmité de la chair, pour rassembler sous ses ailes ses poussins, dans Jérusalem, comme une poule qui prend toute la faiblesse de ses petits. En effet, nous n'avons jamais vu pareille chose en aucun autre oiseau, même en aucun de ceux qui font leurs nids sous nos yeux, comme les passereaux des murailles, comme les hirondelles, qui, chaque année, viennent réclamer notre hospitalité, comme les cigognes et tels ou tels autres oiseaux qui, sous nos yeux, font leurs nids, couvent leurs œufs et nourrissent leurs petits, ainsi que nous le voyons faire tous les jours par les colombes : nous n'avons jamais remarqué, nous n'avons jamais vu qu'aucun oiseau s'affaiblit comme la poule avec ses petits. Comment donc la poule a-t-elle cet instinct? Certes je vous parle d'un fait bien connu et qui tous les jours se passe sous nos yeux : comment sa voix devient-elle rauque, comment son corps se hérisse-t-il tout entier? Ses ailes semblent pendantes, ses plumes se relâchent et vous voyez en elle, par rapport à ses poussins, je ne sais quoi de malade : c'est l'amour maternel qui chez elle produit cette défaillance. Pourquoi donc, si ce n'est à cause de cela, le Seigneur a-t-il voulu, dans la sainte Écriture, prendre comparaison de la poule, en disant : « Jérusalem, Jérusalem, combien de fois n'ai-je pas voulu rassembler tous tes enfants, comme la poule rassemble ses petits sous ses ailes, et tu ne l'as pas voulu (*Ibid.*)? » Mais le Seigneur a rassemblé toutes les nations, comme la poule ses poussins, en se rendant faible à cause de nous, en acceptant de nous sa chair, c'est-à-dire la chair du genre humain; en consentant à être crucifié, bafoué, souffleté, suspendu à la croix, percé d'un coup de lance. C'est donc en lui l'effet d'une faiblesse maternelle et non la perte de sa majesté. Or, tandis que le Christ était dans cet état, et qu'en raison même de cette faiblesse il était méprisé, qu'il était devenu une pierre d'achoppement et de scandale, et que beaucoup d'hommes se heurtaient contre lui (*Rom.* IX, 32, et I *Pierre*, II, 8); tandis qu'il était dans cet état, revêtu qu'il était de notre chair sans partager la souillure d'aucun péché, il se fit participant de notre faiblesse et non de notre iniquité, afin que, par le fait même de sa participation à notre faiblesse, il payât la rançon de notre iniquité. C'est pourquoi il est dit : « J'ai couru sans iniquité et j'ai suivi la droite ligne. » Quoi donc? ne devons-nous pas le connaître aussi dans sa divinité et ne devons-nous considérer en lui que ce qu'il s'est fait pour nous et non ce par quoi il nous a faits? Il faut aussi considérer sa nature divine; car c'est connaître une grande preuve de son amour, que de savoir qui a souffert pour vous, et quelles souffrances. Ce n'est pas le premier venu, de nulle valeur, qui souffre pour vous, être de haute valeur : mais le Très-Haut

est usque ad mortem, et assumsit infirmitatis carnem, ut pullos Jerusalem colligeret sub alas suas, tamquam gallina infirmata cum parvulis (*Matth.* XXIII, 37). Non enim in aliqua ave hoc aliquando conspeximus, earum etiam quæ nidificant ante oculos nostros, sicut parietum passeres, sicut hirundines tamquam annuæ nostræ hospites, sicut ciconiæ, sicut aliæ atque aliæ aves, quæ ante oculos nostros nidificant, et ovis insidunt, pullos alunt, sicut ipsæ columbæ quas quotidie videmus, aliquam avem infirmari cum parvulis non cognovimus, non adspeximus, non vidimus. Gallina quomodo hoc habet? Certe notam rem dico, quæ in conspectu nostro quotidie versatur : quomodo raucescit vox, quomodo fit hispidum totum corpus? deponuntur alæ, laxantur plumæ, et vides circa pullos nescio quid ægrotum, et ea est materna caritas quæ invenitur infirmitas. Quare ergo Dominus, nisi propter hoc, gallina esse voluit in sancta Scriptura dicens, « Jerusalem, Jerusalem, quotiens volui congregare filios tuos, tamquam gallina pullos suos sub alas, et noluisti (*Ibid.*)? Congregavit autem omnes gentes, tamquam gallina pullos suos, qui infirmatus est propter nos, accipiens carnem a nobis, id est a genere humano, crucifixus, contemtus, alapis cæsus, flagellatus, ligno suspensus, lancea vulneratus. Ergo hoc maternæ infirmitatis est, non amissæ majestatis. Cum ergo talis esset Christus, et ideo contemtus, et ideo lapis offensionis et petra scandali, et ideo multi offenderunt in eum (*Rom.* IX, 32; 1 *Pet.* II, 8) : cum talis ergo esset, et tamen carnem sine peccato suscepisset, factus est particeps nostræ infirmitatis, non iniquitatis; ut ex eo quod nobiscum communicavit infirmitatem, solveret nostram iniquitatem. Ideo, « Sine iniquitate cucurri, et dirigebar. » Quid ergo, secundum id quod Deus est, non est agnoscendus, et illud solum in eo considerandum est, quod propter nos factus est, non illud quo nos fecit? Plane etiam illud considerandum est; quia magnum pietatis indicium est nosse quis pro te quid sustinuit. Non quicumque parvus, non pro te magno, sed pro te infirmo ille summus. Quid? Factus parvulus : « Hu-

souffre pour vous, le dernier des êtres. Qu'a-t-il fait? Il s'est fait petit enfant, il s'est humilié, il s'est rendu obéissant jusqu'à la mort (*Philip.* II, 8). Et lui, qu'est-il donc? Écoutez les paroles qui précèdent celles-ci dans l'épître de l'Apôtre : « Étant dans la forme de Dieu, il n'a pas cru que ce fût une usurpation de se faire égal à Dieu. » Celui qui est égal à Dieu « s'est anéanti lui-même, prenant la forme d'esclave, ayant été fait semblable aux hommes, et il a été reconnu pour homme par les dehors (*Ibid.* 6). » Il s'est anéanti de manière à se faire ce qu'il n'était pas, et non à n'être plus ce qu'il était. Comment donc s'est-il anéanti? Parce qu'il vous est apparu dans sa forme humaine ; parce qu'il ne vous a pas montré la gloire qu'il a auprès de son Père ; parce qu'il vous a manifesté actuellement sa faiblesse, vous réservant, quand vous serez purifié, en l'autre vie, de vous manifester sa splendeur. C'est donc l'égal du Père qui s'est ainsi abaissé, et cependant, nous devons le reconnaître à travers cette faiblesse, non par la vision, mais par la foi ; de sorte que nous croyions du moins ce que nous ne pouvons voir encore, et qu'en croyant ce que nous ne voyons pas, nous méritions de le voir un jour. C'est avec raison, qu'après sa résurrection, il dit à Marie Madeleine, à laquelle il daigna se montrer d'abord : « Ne me touchez pas, car je ne suis point encore monté vers mon Père (*Jean*, XX, 17). » Que signifie cette défense? Car peu après les saintes femmes le touchèrent. Lorsqu'elles revenaient en effet du tombeau, l'ayant rencontré, elles l'adorèrent et lui baisèrent les pieds (*Matth.* XXVIII, 9). Ses disciples également touchèrent les cicatrices de ses plaies (*Luc.* XXIV, 39). Que signifient donc ces paroles : « Ne me touchez pas, car je ne suis point encore monté vers mon Père, » si ce n'est : ne croyez pas que je sois seulement ce que vous voyez, de peur que vos regards ne s'élèvent point au-dessus de ce que cet attouchement vous révèlerait? En effet, je vous apparais dans mon humiliation, « je ne suis point encore monté vers mon Père. » C'est de son sein que je suis descendu parmi vous, sans toutefois le quitter ; je ne suis pas encore remonté vers lui, parce que je ne vous ai pas abandonnés. Le Christ est venu sur terre sans s'éloigner du ciel, et il est remonté au ciel sans s'éloigner de nous. Mais que veut dire qu'il est monté vers son Père? Que nous l'avons connu comme l'égal de son Père. C'est nous qui montons par nos progrès spirituels, de manière à connaître cette vérité, de manière à la comprendre, de manière à la saisir autant que cela nous est possible. C'est pourquoi le Christ a différé le moment où on le toucherait, mais il n'a point voulu s'y soustraire pour toujours ; il ne nous

---

miliavit se, factus obediens usque ad mortem (*Philip.* II, 8). » Quis? Supra audi : « Qui cum in forma Dei esset, non rapinam arbitratus est esse æqualis Deo (*Ibid.* 6). » Ergo æqualis Deo semetipsum exinanivit, formam servi accipiens, in similitudine hominum factus, et habitu inventus ut homo : et ita exinanivit, ut assumeret quod non erat, non ut amitteret quod erat. Quomodo ergo exinanivit? Quia tibi talis apparuit ; quia tibi dignitatem quam apud Patrem habet, non demonstravit ; quia tibi nunc obtulit infirmitatem, servavit purgato postea claritatem. Ille ergo Patri æqualis, talis est factus : et tamen in ipsa infirmitate agnoscendus est, non visione, sed fide ; ut quod videre nondum possumus, saltem credamus, et credendo quod non videmus, etiam videre mereamur. Merito postea quam resurrexit, ait Mariæ Magdalenæ, cui dignatus est primitus apparere : « Noli me tangere, nondum enim ascendi ad Patrem (*Johan.* XX, 17). » Quid est hoc? Paulo post eum mulieres tetigerunt. Nam redeuntes a monumento, obviam sibi factum adoraverunt, et pedes ejus tenuerunt : discipuli etiam cicatrices palpaverunt (*Matth.* XXVIII, 9). Quid est ergo, Noli me tangere, nondum enim adscendi ad Patrem : nisi, noli quod vides hoc solum me credere, ne et hic remaneat adspectus tuus quasi tactus tuus? Humilis enim tibi videor, nondum adscendi ad Patrem. Unde et ad vos descendi, et inde non recessi ; nondum illuc adscendi, quando vos deserui. (*a*) Venit non recedens, adscendit non deserens. Sed quid est quod adscendit ad Patrem? Quando nobis innotescit æqualis Patri. Nos enim adscendimus proficiendo, ut hoc videre, ut hoc intelligere, ut hoc utcumque capere valeamus. Ideo ergo distulit tactum, non abstulit, non repulit, non negavit. « Nondum enim, inquit, adscendi ad Patrem. » « A summo cœlo egressio ejus, dicit alius Psalmus, et occursus ejus usque ad summum cœli (*Psal.* XVIII, 7). » Summum cœli, id est, summum in omnibus spiritalibus Pater est : inde excursus ejus, et occursus usque ad summum cœli.

(*a*) Sic MSS. At editio *Veni non recedens, adscendi non deserens.*

a point repoussés, il ne nous a point exprimé un refus. « Car, dit-il, je ne suis pas encore monté vers mon Père. — Il est parti du plus haut du ciel, dit le Prophète dans un autre psaume, et sa rencontre se fait au plus haut du ciel (*Ps.* XVIII, 7). » Le plus haut du ciel veut dire, qu'au-dessus de tous les esprits bienheureux est le Père ; c'est du Père qu'il est parti et c'est avec lui qu'il se rencontre au plus haut des cieux. Cette sorte de rencontre avec ce qu'il y a de plus élevé suppose l'égalité. Quand nous comparons des choses inégales, et que nous en appliquons une petite sur une grande, pour en reconnaître la différence, nous avons coutume de dire : elles ne concordent pas. Si au contraire deux choses sont égales, nous disons : elles concordent. Il se rencontre donc en parfaite concordance au plus haut des cieux, parce qu'il est égal à son Père. C'était pour faire connaître cette égalité à ses fidèles qu'il a dit : Ne me touchez pas. C'est aussi dans le désir que le Père donnât cette connaissance à ses fidèles, que le Christ a dit dans le psaume : « Levez-vous, venez à ma rencontre et voyez ; » manifestez que je suis votre égal. « Et voyez. » Que veut dire : et voyez ? Faites que l'on voie que je suis votre égal. Combien de temps encore Philippe me dira-t-il : « Montrez-nous votre Père et cela nous suffit ? » Combien de temps encore lui répondrai-je : « Il y a si longtemps que je suis avec vous, et vous ne connaissez pas mon Père ?

Philippe, qui me voit, voit aussi mon Père ; ne croyez-vous donc pas que je suis en mon Père, et que mon Père est en moi (*Jean*, XIV, 8 et suiv.) ? » Et peut-être ne croit-il pas encore que je sois l'égal de mon Père. « Levez-vous, venez à ma rencontre et voyez. » Faites que je sois vu, faites que vous soyez vu, faites connaître aux hommes notre égalité. Que les Juifs ne croient pas avoir crucifié un homme. Ce n'est pas qu'il ait été crucifié autrement que dans sa nature humaine ; mais cependant les Juifs n'ont pas su quel était celui qu'ils crucifiaient. « Si, en effet, ils l'avaient connu, jamais ils n'auraient crucifié le Seigneur de la gloire (I *Cor.* II, 8). » Afin que mes fidèles connaissent ce Seigneur de la gloire, « levez-vous, venez à ma rencontre, et voyez. »

11. « Et vous, Seigneur Dieu des armées, Dieu d'Israël (*Ps.* LVIII, 6). » Vous qui êtes le Dieu d'Israël, qui passez pour être le Dieu du seul peuple d'Israël, qui êtes regardé comme le Dieu d'un seul peuple qui vous adore, tandis que toutes les autres nations adorent des idoles, ô vous qui êtes le Dieu d'Israël, « appliquez-vous à visiter toutes les nations. » Accomplissez cette prophétie, dans laquelle Isaïe, qui vous représente, s'adresse à votre Église, à votre Cité sainte, à cette épouse stérile qui, dans son abandon, possède plus d'enfants que celle qui a son époux. En effet, Isaïe lui dit : « Réjouissez-vous, vous qui êtes stérile et qui n'enfantez pas, que votre voix s'exhale en cantiques d'allégresse,

---

Occurrit usque ad summum, non dicitur nisi de æquali. Denique cum aliqua inæqualia comparamus, et aliquid breve ad aliquid magnum applicamus, videre quantum ad quantum sit, si inæquale invenerimus, ita solemus loqui, Non occurrit : si autem æquale sit, Occurrit. Ergo occursus ejus usque ad summum cœli, quia æqualis est Patri. Talem se volebat innotescere fidelibus suis, qui dixerat, Noli me tangere. Hoc volebat præstari a Patre fidelibus suis, qui dicebat, « Exsurge in occursum mihi, et vide : » innotesce quod tibi æqualis sim. « Et vide ? » quid est, Et vide ? Fac videri quod tibi æqualis sim. Quamdiu mihi Philippus dicit, « Ostende nobis Patrem, et sufficit nobis ? » Quamdiu ego dicam, « Tanto tempore vobiscum sum, et Patrem non nostis : Philippe, qui me vidit, vidit et Patrem (*Johan.* XIV, 8, etc.), non credis quia ego in patre, et Pater in me est ? » et adhuc forte non credit æqualem. Exsurge in occursum mihi, et vide. Fac me videri, fac

te videri, fac notam hominibus æqualitatem nostram. Non putent Judæi se hominem crucifixisse. Quamvis in eo non crucifixum sit, nisi in quantum homo erat : tamen non cognoverunt quem crucifixerunt. « Si enim cognovissent, Dominum gloriæ numquam crucifixissent (I *Cor.* II, 8). » Hunc Dominum gloriæ ut noverint fideles mei, « Exsurge in occursum mihi, et vide. »

11. « Et tu Domine Deus virtutum, Deus Israël (*Psal.* LVIII, 6). » Tu Deus Israël, qui non putaris nisi Deus Israël solius, qui non putaris nisi Deus unius gentis, quæ te colit, cum omnes gentes idola colant, tu Deus Israël, « intende ad visitandum omnes gentes (*Ibid.*). » Impleatur ista prophetia, in qua Isaias ex persona tua alloquitur Ecclesiam tuam, sanctam civitatem tuam, sterilem illam cujus multi filii desertæ magis quam ejus quæ habet virum. Ei quippe dictum est, « Lætare sterilis quæ non paris, erumpe et exclama quæ non parturis ; quia multi

ô vous qui ne portez pas d'enfant dans votre sein. Car celle qui était dans l'abandon a plus d'enfants que celle qui avait son époux (*Is.* LIV, 1); » plus d'enfants que n'en a la nation juive, qui a son époux, et qui a reçu la loi; plus d'enfants que cette nation qui a eu un roi visible pour tous. Car, votre roi est caché et cet époux invisible vous a donné une fécondité incomparable. Isaïe s'adresse donc à l'Église quand il dit : Les enfants de la femme abandonnée sont plus nombreux que ceux de la femme qui a son époux. Et le Prophète ajoute : « Élargissez le lieu où sont dressées vos tentes et fixez solidement l'enceinte de votre demeure. N'épargnez rien. Étendez au loin les cordes qui retiennent vos tentes; assujettissez-les à de solides poteaux; étendez-vous encore et toujours, à droite et à gauche (*Ibid.* 2 et 3). » A droite, placez les bons ; à gauche, placez les méchants (*Matth.* XXV, 33), jusqu'à ce que vienne le moment de vanner le grain (*Matth.* III, 12); jusque-là, possédez toutes les nations. Que les bons et les méchants soient invités aux noces, que vos salles regorgent de convives (*Matth.* XXII, 9); c'est aux serviteurs de faire les invitations, à Dieu de choisir. « Encore et toujours étendez-vous à droite et à gauche. Car, votre postérité aura les nations pour héritage et vous habiterez les villes désertes jusques alors. » Désertes quant à Dieu, désertes quant aux Prophètes, désertes quant aux Apôtres, désertes quant à l'Évangile, mais remplies de démons. « Vous habiterez les villes désertes jusques alors ; vous n'avez rien à craindre, car vous l'emporterez ; ne rougissez pas de votre premier opprobre (*Is.* LIV, 3). » Ne rougissez donc pas de ce que les forts se sont levés contre moi, alors qu'ils portaient des lois contre le nom chrétien, alors qu'être chrétien était une ignominie et une infamie. « Ne rougissez pas de votre premier opprobre, car vous oublierez pour toujours votre confusion, et vous perdrez mémoire de votre viduité. Car, je suis le Seigneur qui vous ai créé. Son nom est le Seigneur; celui qui vous délivre est le Dieu d'Israël, il sera nommé le Seigneur de toutes la terre. » « Et vous, Seigneur, qui êtes le Dieu des armées, le Dieu d'Israël, appliquez-vous à visiter toutes les nations; » appliquez-vous, dis-je, à visiter toutes les nations.

12. « N'ayez point pitié de tous ceux qui commettent l'iniquité (*Ps.* LVIII, 6). » Ces paroles sont des paroles de terreur. Qui n'en serait effrayé ? Et qui donc, en faisant un retour sur sa conscience, ne tremblerait pas ? Quand même elle pourrait se rendre témoignage de quelque piété, il serait bien étonnant qu'elle n'eût point aussi à se rendre témoignage de quelque iniquité. En effet, quiconque commet le péché commet

---

filii desertæ magis quam ejus quæ habet virum (*Isai.* LIV, 1);» magis quam gentis Judææ quæ habet virum, quæ accepit Legem, magis quam ejus gentis quæ habuit evidentem regem. Nam tuus rex latet, et plures tibi filii sunt ex occulto sponso. Ergo ei dicitur, Multi filii desertæ magis quam ejus quæ habet virum. Deinde adjungit Propheta, « Dilata locum tabernaculi tui, et (*a*) aulas tuas confige : non est quod parcas, extende longius funiculos tuos, et palos validos constitue, etiam atque etiam in dexteram atque sinistram (*Ibid.* 2 et 3). » In dextera tene bonos, in sinistra tene malos (*Matth.* XXV, 33), donec veniat ventilabrum (*Matth.* III, 12) : posside tamen omnes gentes. Invitentur ad nuptias boni et mali, impleantur nuptiæ recumbentium (*Matth.* XXII, 9) : servorum est invitare, Domini separare. « Etiam atque etiam in dexteram atque sinistram extende. Semen enim tuum hereditabit gentes, et civitates quæ desertæ erant, inhabitabis (*Isai.* LIV, 3, etc.) : Desertæ a Deo, desertæ a Prophetis, desertæ ab Apostolis, desertæ ab Evangelio, plenæ dæmoniis. « Civitates quæ desertæ erant inhabitabis, non est quod metuas. Prævalebis enim ; nec erubescas quod detestabilis fueris. » Ergo quia insurrexerunt super (*b*) me fortes, ne erubescas : quando contra nomen Christianum leges ferebantur, quando ignominia et infamia erat esse Christianum. Ne erubescas quod detestabilis fueris : confusionem enim in perpetuum oblivisceris, ignominiæ viduitatis tuæ non eris memor. «Quoniam ego sum Dominus qui facio te, Dominus nomen est ei ; et qui eruit te, ipse Dominus Deus Israel universæ terræ vocabitur (*Ibid.*). » « Et tu Domine Deus virtutum, Deus Israel, intende ad visitandum omnes gentes (*Ps.* LVIII, 6) : » intende inquam ad visitandum omnes gentes.

12. Non miserearis omnium qui operantur iniquitatem (*Psal.* LVIII, 6).» Hic plane terruit. Quem non terreat ? Quis ad suam conscientiam rediens non contremiscat ? Quæ etiamsi sibi conscia est pietatis, mirum nisi aliquid conscia sit etiam iniquitatis.

(*a*) Aliquot MSS. *auleas*. (*b*) Sic plerique MSS. At editi, *super te* : paulôque post, *quando ignominia et blasphemia erat*. etc.

l'iniquité (*Jean*. III, 4). « Or, si vous examinez les iniquités des hommes, Seigneur, Seigneur qui supportera cet examen (*Ps.* CXXIX, 3) ? » Et cependant, ces paroles sont vraies, elles n'ont n'ont pas été dites en vain, elles ne peuvent et ne pourront jamais que s'accomplir : « N'ayez point pitié de tous ceux qui commettent l'iniquité. » Mais voilà que Dieu a eu pitié de Paul, qui, sous le nom de Saul, n'était qu'un ouvrier d'iniquité. En effet, par quelle bonne œuvre avait-il mérité l'indulgence de Dieu ? Ne traînait-il pas ses saints à la mort ? Ne portait-il pas un mandat des princes des prêtres pour faire conduire au supplice tous les chrétiens qu'il trouverait ? N'est-ce pas au milieu de ces actes, au milieu de ces poursuites, alors qu'il ne respirait que le meurtre et qu'il était tout haletant de carnage, ainsi que l'atteste l'Écriture (*Act*. IX, 1 et suiv.), qu'il fut appelé par une voix partie du ciel ; qu'il fut renversé, relevé ; aveuglé, illuminé ; tué, vivifié ; perdu, retrouvé ? Quel était son mérite ? N'en disons rien nous-même, écoutons-le de préférence. « J'ai été d'abord, dit-il, un blasphémateur, un persécuteur et un injuste; mais j'ai obtenu miséricorde (1 *Tim*. I, 13). » Nous pouvons donc comprendre de deux manières ces paroles : « N'ayez pas pitié de tous ceux qui commettent l'iniquité ; » d'abord, en ce sens que Dieu ne laisse absolument impuni aucun péché ; puis en ce sens qu'il y a une certaine iniquité dont jamais Dieu ne prend le coupable en pitié. Sur ces deux sens, disons quelques mots à Votre Charité, selon le peu de temps que nous pouvons y donner.

13. Toute iniquité, petite ou grande, doit nécessairement être punie, ou par la pénitence de l'homme coupable, ou par le châtiment de Dieu vengeur. Car celui qui se repent se punit lui-même. Punissons donc nos péchés, mes frères, si nous cherchons à obtenir la miséricorde de Dieu. Dieu ne peut avoir pitié de ceux qui commettent l'iniquité, comme s'il flattait leurs péchés, au lieu de les déraciner de fond en comble. De vous, ou de lui, il faut absolument une punition. Voulez-vous qu'il ne punisse pas ? punissez vous-même. Car vous avez commis une action qui ne peut rester impunie ; mais il vaut mieux que la punition vienne de vous, et que vous fassiez ce que le Prophète a écrit dans un autre psaume : « Prévenons la sévérité de son visage, en confessant nos péchés (*Ps.* LXXXXIV, 2). » Que veut dire : Prévenons la sévérité de son visage ? Avant qu'il ne s'occupe de vous punir, prévenez-le en confessant votre péché, et en vous punissant. Qu'il ne trouve rien à punir en vous, parce que, de votre part, punir l'iniquité, c'est faire acte d'équité. Et Dieu aura pitié de vous, parce qu'il vous trouvera produisant des actes d'équité. Que veut dire : produisant des actes d'équité ? Que vous haïssez en

---

« Quicumque enim peccatum facit, et iniquitatem facit (I *Johan*. III, 4). » « Si enim iniquitates observaveris Domine, Domine quis sustinebit (*Psal*. CXXIX, 3) ? » Et tamen verum est, nec frustra dictum, nec vacare omnino potest aut poterit, « Non miserearis omnium qui operantur iniquitatem. »Sed etiam misertus est Pauli, qui primo Saulus operabatur iniquitatem. Quid enim fecit boni, unde promereretur Deum ? Nonne sanctos ejus ad mortem adtrahebat ? nonne epistolas a principibus sacerdotum ferebat, ut ubicumque Christianos invenisset, ad pœnam raperet (*Act*. IX, 12, etc.) ? nonne id agens, eo tendens, cædem spirans et anhelans, sicut de illo Scriptura adtestatur, de cœlo vocatus est voce sublimi, dejectus, erectus ; excæcatus, illuminatus ; occisus, vivificatus ; perditus, redditus ? Quo merito ? Nihil nos dicamus, ipsum potius audiamus : « Qui prius fui, inquit, blasphemus, et persecutor, et injuriosus, sed misericordiam consecutus sum (I *Tim*. I, 13). »Certe, « Non miserearis omnium qui operantur iniquitatem : » hoc duobus modis intelligi potest : sive quia omnino nulla peccata impunita relinquit Deus ; sive quod est quædam iniquitas, quam qui operantur, omnino eorum Deus non misereatur. Secundum istos duos modos breviter quantum temporis sufficit, aliquid loquamur Caritati Vestræ.

13. Iniquitas omnis, parva magnave sit, puniatur necesse est, aut ab ipso homine pœnitente, aut a Deo vindicante. Nam et quem pœnitet, punit seipsum. Ergo, Fratres, puniamus nostra peccata, si quærimus misericordiam Dei. Non potest Deus misereri omnium operantium iniquitatem quasi blandiens peccatis, aut non eradicans peccata. Prorsus aut punis, aut punit. Vis non puniat ? Puni tu. Nam et illud fecisti quod impunitum esse non possit : sed a te puniatur potius, ut facias quod in illo Psalmo scriptum est, « Præveniamus faciem ejus in confessione. » Quid est, « Præveniamus faciem ejus (*Psal*.XCIV, 2) ? » Antequam ipse adtendat ut puniat, tu præveni confitendo et puni. Non ille inveniat quod puniat. Quia

vous ce qu'il hait aussi, et que vous commencez à lui plaire, en punissant en vous ce qui lui déplaît. Car Dieu ne peut laisser le péché impuni, tant est vraie cette parole : « N'ayez pas pitié de tous ceux qui commettent l'iniquité. »

14. Mais voyons maintenant l'autre sens que l'on peut encore donner à cette maxime. Il y a telle iniquité, dont jamais Dieu ne prendra le coupable en pitié. Peut-être demandez-vous quelle est cette iniquité? C'est la défense du péché par le pécheur. Quiconque cherche à défendre ses péchés commet une grande iniquité; il prend la défense de ce que Dieu hait. Et voyez avec quelle perversité, avec quelle injustice : s'il fait quelque bien, il prétend se l'attribuer; s'il fait quelque mal, il veut l'attribuer à Dieu. Car, les hommes, et c'est ce qu'il y a de pire, défendent leurs péchés aux dépens de Dieu même. Comment cela? Nul n'ose dire : l'adultère est une bonne chose, l'homicide est bon, la fraude est bonne et le parjure est bon; il n'y a pas un homme qui l'ose; car ceux-mêmes qui commettent ces crimes jettent les hauts cris, si quelqu'un les commet à leur préjudice. Vous ne trouverez donc jamais une âme d'une perversité si absolue, une âme si étrangère à toute société avec le genre humain, et si ennemie de toute participation au sang d'Adam qui nous est commun à tous, qu'elle approuve comme je l'ai dit, l'adultère, la fraude, le vol et le parjure. Comment donc défend-on les péchés? Si Dieu ne l'avait pas voulu, je ne l'aurais pas fait. Comment voulez-vous que je résiste à ma destinée? On vous demande ce qu'est cette destinée; vous répondez en recourant aux astres. Mais qui a fait les astres et qui en a réglé le cours? C'est Dieu (*Gen.* I, 16), répondez-vous. Donc vous défendez votre péché en accusant Dieu. Le coupable s'excuse en incriminant son juge. Assurément Dieu n'aura point pitié de ceux qui commettent une telle faute. « N'ayez pas pitié de tous ceux qui commettent l'iniquité. » Poursuivez leurs péchés, dit le Psalmiste, punissez-les, inspirez-leur en le remords, placez-les constamment devant eux, tandis qu'ils les rejettent derrière eux, afin qu'ils rougissent d'eux-mêmes et se réjouissent en vous. « N'ayez pas pitié de tous ceux qui commettent l'iniquité. »

15. « Qu'ils se convertissent vers le soir (*Ps.* LVIII, 7). » Le prophète a parlé ici de je ne sais quels hommes, qui, autrefois, ont commis l'iniquité, qui, autrefois, étaient ténèbres et qui se convertissent vers le soir. Que veut dire, vers le soir?» Dans la suite. Que veut dire, « vers le soir? » Trop tard. Ils auraient dû, en effet, avant de crucifier le Christ, reconnaître en lui le médecin. Mais, après son crucifiement, après sa résurrection, après son ascension dans le ciel,

---

cum tu punis iniquitatem, facis æquitatem. Et ideo tui miserebitur Deus, quia jam te operantem æquitatem invenit Deus. Quid est operantem æquitatem? Quia hoc in te odisti, quod et ille odit : ut incipias placere Deo, dum hoc in te punis quod displicet Deo. Nam non potest impunitum relinqui peccatum : quoniam verum est, « Non miserearis omnium qui operantur iniquitatem. »

14. Sed videamus jam alium modum, quo hæc sententia possit intelligi. Est quædam iniquitas, quam qui operatur, non potest fieri ut misereatur ejus Deus. Quæritis forte quænam illa sit? Ipsa defensio peccatorum. Quando quisque defendit peccata sua, magnam iniquitatem operatur : hoc defendit quod Deus odit. Et vide quam perverse, quam inique. Si quid boni fecerit, sibi vult imputari; si quid mali, Deo. Nam hoc modo defendunt homines peccata ex Dei persona, quod pejus est. Quid est hoc? Nemo est qui audeat dicere, Bonum est adulterium, bonum est homicidium, bona fraus, bonum perjurium : nullus prorsus hominum. Nam qui etiam illa faciunt, clamant quando patiuntur. Omnino ergo non invenis animam tam perversam, tam extorrem a societate generis humani et a participatione communis sanguinis ex Adam, cui videatur bonum esse adulterium, sicut dixi, fraus, rapina, perjurium. Sed quomodo ea defendunt? Si Deus noluisset, non id fecissem. Quid vis faciam fato meo? Jam quæris quid sit fatum : curris ad stellas. Quæris quis fecerit et ordinaverit stellas : Deus est (*Gen.* I, 16). » Ergo ad hoc peccatum tuum defendis, ut Deum accuses. Ideo excusatur reus, ut culpetur judex. Prorsus talem iniquitatem operantium non miseretur Deus. « Non miserearis omnium qui operantur iniquitatem. »Persequere, inquit, peccata eorum, puni, compunge, converte illos ante se, qui se ponunt post se; et erubescant de se, ut gaudeant de te. « Non miserearis omnium qui operantur iniquitatem. »

15. « Convertantur ad vesperam (*Psal.* LVIII, 7). » Nescio quos dicit quondam operatores iniquitatis, et quondam tenebras, converti ad vesperam. Quid est, ad vesperam ? » Postea. Quid est, « ad vesperam ? » Serius. Ante enim debuerant, antequam Christum crucifigerent, medicum agnoscere. Quare jam eo

après l'envoi de l'Esprit saint qui vint remplir de sa présence les disciples rassemblés dans une même maison et leur communiquer le don des langues, ceux qui avaient crucifié le Christ commencèrent à trembler; touchés de componction par les remords de leur conscience, ils demandèrent un conseil de salut aux Apôtres, qui leur répondirent : « Faites pénitence, et que chacun de vous soit baptisé au nom de Notre-Seigneur Jésus-Christ, et vos péchés vous seront remis (*Act.* II, 38). » Après avoir mis à mort le Christ, après avoir répandu le sang du Christ, vos péchés vous seront remis. Il a voulu mourir pour racheter de son sang ceux mêmes qui l'ont répandu. Vous l'avez répandu par fureur, buvez-le avec confiance. Le psalmiste dit donc à bon droit : « Qu'ils se convertissent vers le soir, et qu'ils souffrent de la faim comme des chiens. » Les Juifs donnaient aux Gentils le nom de chiens, parce qu'ils les regardaient comme immondes. Et c'est ainsi, en effet, que parla le Seigneur lui-même à une femme Chananéenne, et non Juive, qui lui demandait à grands cris de guérir sa fille et de lui faire miséricorde. Le Seigneur qui prévoyait toutes choses et qui savait toutes choses, voulant faire éclater la foi de cette femme, différa de lui accorder sa demande, et la tint en suspens. Et comment différa-t-il ? « Je n'ai été envoyé, dit-il, que pour les brebis de la maison d'Israël qui sont perdues (*Matth.* XV, 24). » Les enfants d'Israël sont des brebis, mais les Gentils, que sont-ils ? « Il n'est pas convenable de donner aux chiens le pain des enfants (*Ibid.* 26). » Il a donc donné aux Gentils le nom de chiens, à cause de leur impureté. Mais que fit cette Chananéenne affamée ? Elle ne repoussa point ce nom; elle reçut humblement l'injure, et mérita le bienfait. Et, en effet, il n'y avait pas là une injure, mais une parole dite par le Seigneur. Qu'un esclave dise à son maître quelque chose de pareil, ce sera une injure; mais que le maître parle de la sorte à son esclave, on peut dire plutôt que c'est une marque de familiarité. Oui, Seigneur, dit-elle. Que veut dire : oui? Vous dites vrai, vous dites certainement vrai ; je suis une chienne. Puis elle ajoute : « Mais les chiens eux-mêmes mangent les miettes qui tombent de la table de leurs maîtres. » Et aussitôt, le Seigneur : « O femme, votre foi est grande (*Ibid.* 27 et suiv.) ! » Tout-à-l'heure c'était une chienne, maintenant c'est une femme. Comment est-elle devenue femme, de chienne qu'elle était? Par une humble confession, par une acceptation volontaire de ce que le Seigneur avait dit. Les Gentils sont donc des chiens, et c'est pourquoi ils ont faim. Il est également utile aux Juifs de reconnaître qu'ils sont pécheurs, de se convertir, ne serait-ce que vers le soir, et de souffrir la faim comme les

---

crucifixo, resurgente, in cœlum adscendente, postea quam misit Spiritum suum sanctum, quo repleti sunt illi qui in una domo erant, et cœperunt loqui linguis omnium gentium, expaverunt crucifixores Christi : compuncti sunt de conscientia sua, consilium salutis ab Apostolis petiverunt, audierunt, « Agite pœnitentiam, et baptizetur unusquisque vestrum in nomine Domini nostri Jesu Christi, et dimittentur vobis peccata vestra (*Act.* II, 38). » Post occisum Christum, post effusum Christi sanguinem dimittuntur peccata vestra. Ille sic voluit mori, ut sanguine suo etiam effusores ejusdem sanguinis redimeret. Fudistis sævientes, bibite confitentes. Merito « convertantur ad vesperam : et famem patiantur ut canes (*Ps.* LVIII, 7). » Canes Gentes Judæi dixerunt, tamquam immundos. Nam inde et ipse Dominus, cum post eum clamaret Chananæa quædam mulier, non Judæa, ad suam filiam curandam convertere volens ejus misericordiam, ille omnia prævidens, omnia sciens, sed fidem ejus ostendere volens, distulit beneficium et eam suspendit. Et quomodo distulit ? « Non sum, inquit, missus, nisi ad oves quæ perierunt domus Israël (*Matth.* XV, 24). » Israël, oves : Gentes quid ? « Non est bonum, panem filiorum mittere canibus (*Ibid.* 26). » Gentes ergo canes appellavit, propter immunditiam. Quid autem illa mulier esuriens ? Hoc magis non repulit : suscepit humiliter convicium et meruit beneficium. Neque enim et convicium illud dicendum erat, quod a Domino dictum erat. Servus si aliquid tale domino dicat, convicium est : Dominus etiam cum tale aliquid servo dicit, dignatio potius dici potest. « Ita, inquit, Domine. » Quid est, ita ? Verum dicis, prorsus verum dicis, canis ego sum. « Sed et canes, inquit, edunt de micis quæ cadunt de mensa dominorum suorum (*Ibid.* 27, etc.). » Et continuo Dominus, « O mulier, magna est fides tua. » Jam dudum canis, modo mulier. Unde jam mulier quæ paulo ante canis? Confitendo humiliter, non repellendo quod a Domino dictum erat. Ergo Gentes canes, et

chiens. Car ce Pharisien qui disait : Je jeûne deux fois la semaine, était mal rassasié. Au contraire, le Publicain était comme un chien affamé ; il avait faim de la bonté de Dieu, et il disait : Soyez-moi propice, à moi qui suis un pécheur (*Luc* XVIII, 22). « Qu'ils se convertissent donc vers le soir, et qu'ils souffrent de la faim comme des chiens. » Qu'ils soupirent après la grâce de Dieu et comprennent qu'ils sont des pécheurs ; que ces forts deviennent faibles, que ces riches deviennent pauvres, que ces justes se reconnaissent pécheurs, que ces lions se changent en chiens. « Qu'ils se convertissent vers le soir, et qu'ils souffrent de la faim comme des chiens et ils parcourront la ville. » De quelle ville s'agit-il ? De ce monde que, dans plusieurs passages, l'Écriture nomme la ville qui entoure (*Ps.* XXX, 22 ; LIX, 11, et CVII, 11, selon les *Septante*) : c'est-à-dire que le monde entourait de tous côtés, par toutes les nations, la seule nation des Juifs, où ces choses étaient dites, et le monde était nommé la ville qui entoure. Les pécheurs convertis qui seront devenus des chiens affamés parcourront cette ville. Comment la parcourront-ils ? En évangélisant de de tous côtés, Saul, de loup qu'il était, est devenu chien vers le soir, c'est-à-dire qu'il s'est converti sur le tard (*Act.* IX, 1 et 20), qu'il a mangé les miettes de la table de son maître,

qu'il a couru sous l'action de sa grâce et qu'il a parcouru la ville.

16. « Voilà que leurs bouches parleront et que le glaive sera sur leurs lèvres (*Ps.* LVIII, 8). » Il s'agit du glaive à deux tranchants que l'Apôtre désigne en ces termes : « Le glaive de l'Esprit qui est la parole de Dieu (*Éph.* VI, 17). » Pourquoi est-il à deux tranchants ? Pourquoi, si ce n'est parce qu'il frappe au moyen des deux Testaments ? Ceux-là étaient tués par ce glaive, dont il fut dit à Pierre, dans sa vision : « Tuez et mangez (*Act.* X, 13). » « Et le glaive sera sur leurs lèvres, car, qui a écouté (*Ps.* LVIII, 8) ? » Leurs bouches diront : « Qui a écouté ? » C'est-à-dire qu'ils s'indigneront contre ceux qui seront lents à croire. Eux qui, peu auparavant, ne voulaient pas croire, souffriront de l'incrédulité des autres. Et véritablement, mes frères, c'est là ce qui arrive. Vous voyez un homme négligent avant d'être chrétien, tous les jours vous criez après lui, et vous avez grand peine à le convertir ; mais qu'il se convertisse en effet, et dès lors il a hâte que tous les hommes soient chrétiens, et il s'étonne qu'ils ne le soient pas encore. Il oublie que, pour lui, il ne s'est converti que le soir ; mais parce qu'il est devenu affamé comme un chien, il a aussi le glaive sur les lèvres et il dit : « Qui a écouté ? » Que signifient ces paroles : qui a écouté ? « Qui a cru

---

ideo esurientes. Bonum est et Judæis, ut agnoscant se peccatores ; et licet ad vesperam, convertantur ; et famem patiantur ut canes. Nam male saturatus erat ille qui dicebat, « Jejuno bis in sabbato (*Lucæ*, XVIII, 12). » Ille autem publicanus canis erat, famem patiens ; et inde beneficium Domini esuriebat, qui dicebat, Propitius esto mihi peccatori. « Convertantur ergo et illi ad vesperam, et famem patiantur ut canes. » Desiderent gratiam Dei, intelligant se peccatores : fortes illi fiant infirmi, divites illi fiant pauperes, justi illi agnoscant se peccatores, leones illi canes fiant. « Convertantur ad vesperam, et famem patiantur ut canes. Et circumibunt civitatem. » Quam civitatem ? Mundum istum, quem quibusdam locis vocat Scriptura civitatem circumstantiæ (*Psal.* XXX, 22, et LIX, 11, et CVII, 11, *sec.* LXX) : » id est, quia in omnibus gentibus undique circumfuderat mundus unam gentem Judæorum, ubi talia dicebantur, et appellabatur civitas circumstantiæ. Istam civitatem circumibunt illi jam canes facti esurientes. Quomodo circumibunt ? Evangelizando (*Act.*

IX, 1, et 20). Saulus ex lupo canis factus est ad vesperam, id est, sero conversus, de micis domini sui, in gratia ejus cucurrit, et circumivit civitatem.

16. « Ecce ipsi loquentur in ore suo, et gladius in labiis eorum (*Psal.* LVIII, 8). » Jam ille gladius bis acutus, de quo Apostolus dicit, « Et gladium spiritus, quod est verbum Dei (*Ephes.* VI, 17). » Quare bis acutus ? quare, nisi quia ex utroque Testamento feriens ? Hoc gladio mactabantur, de quibus dicebatur Petro, « Macta, et manduca (*Act.* X, 13). » « Et gladius in labiis eorum : Quoniam quis audivit ? » Loquentur in ore suo, « Quis audivit ? » id est, stomachabuntur adversus pigros ad fidem. Qui paulo ante et ipsi credere nolebant, tædium de non credentibus patiuntur. Et vere, Fratres, contingit. Vides hominem pigrum antequam sit Christianus ; clamas ad illum quotidie, vix convertitur : convertatur, et jam vult omnes esse Christianos, et miratur quia nondum sunt. Excidit illi quod ad vesperam conversus est : sed quia factus est esuriens sicut canis, habet etiam in labiis gladium ; dicit, « Quis audivit ? »

pour nous avoir entendu, et à qui le bras du Seigneur a-t-il été révélé (*Is.* LIII, 1)?» « Car qui a écouté? » Les Juifs ne croyaient pas ; les Apôtres se sont tournés vers les Gentils et leur ont annoncé la bonne nouvelle (*Rom.* X, 16). Les Juifs ne croyaient pas ; et cependant l'Évangile parcourait la ville, prêché par des Juifs croyants, qui disaient : « Qui donc a écouté? »

17. « Et vous, Seigneur, vous vous rirez d'eux (*Ps.* LVIII, 9). » Qui a écouté? Toutes les nations deviendront chrétiennes et vous dites : « Qui a écouté? » Que veut dire : « Vous vous rirez d'eux? Vous regarderez toutes les nations comme rien ; » il n'y aura rien devant vous ; parce qu'il vous sera très facile d'amener toutes les nations à croire en vous.

18. « C'est en vous que je garderai ma force (*Ibid.* 10).» En effet, tous ces forts sont tombés, parce qu'ils n'ont pas mis leur force sous votre garde, c'est-à-dire, ceux qui se sont levés et rués contre moi ont mis leur confiance en eux-mêmes. Pour moi, « c'est en vous que je garderai ma force : » Car, que je m'éloigne de vous, je tombe ; que je m'approche de vous, je deviens plus fort. Voyez, en effet, mes frères, quelle est la condition de l'âme humaine. Elle n'a pas de lumière par elle-même, elle n'a pas de force par elle-même ; or tout ce qui est beau dans l'âme c'est la force et la sagesse ; mais par elle-même elle n'a pas la sagesse, par elle-même elle n'a pas la force ; elle n'est ni sa propre lumière ni sa propre force. Mais il y a pour elle un principe et une source de force ; il y a pour elle une racine de sagesse ; il y a pour elle, s'il est permis de parler ainsi, une région d'immuable vérité : si l'âme s'en éloigne, elle tombe dans les ténèbres ; si elle s'en approche, elle trouve la lumière. « Approchez-vous de Dieu et soyez éclairés (*Ps.* XXXIII, 5). » Car, si vous vous éloignez de lui, vous serez dans les ténèbres. « Je garderai donc ma force en vous ; » je ne m'éloignerai pas de vous et je ne mettrai pas ma confiance en moi-même. « Je garderai ma force en vous, parce que vous êtes mon protecteur et mon Dieu. » Où étais-je, en effet, et où suis-je? D'où m'avez-vous retiré? Quelles iniquités m'avez-vous remises? Où étais-je étendu? Où ai-je été élevé? Je dois donc me rappeler ces bienfaits, exprimés en ces termes dans un autre psaume : « Mon père et ma mère m'ont abandonné, mais le Seigneur m'a adopté (*Ps.* XXVI, 10). » « Je garderai ma force en vous, parce que vous êtes mon protecteur et mon Dieu. »

19. « Il est mon Dieu ; sa miséricorde me préviendra (*Ps.* LVIII, 11). » Voici qui explique : « Je garderai ma force en vous ; » je ne présu-

---

Quid est, « Quis audivit ? » « Quis credidit auditui nostro, et brachium Domini cui revelatum est (*Isai.* LIII, 1 ; *Rom.* x, 16) ? » « Quoniam quis audivit ? » Non credunt Judæi : conversi sunt ad Gentes, et annuntiaverunt. Judæi non credebant : et tamen per credentes Judæos Evangelium circumibat civitatem, et dicebant, « Quoniam quis audivit ? »

17. « Et tu Domine deridebis eos (*Psal.* LVIII, 9). » Quis audivit ? Omnes gentes Christianæ futuræ sunt, et vos dicitis, « Quis audivit ? » Quid est, « deridebis eos ? Pro nihilo habebis omnes gentes. » Nihil ante te erit : quia facillimum erit ut credant in te omnes gentes.

18. « Fortitudinem meam ad te custodiam (*Ibid.* 10). » Illi enim fortes ideo ceciderunt, quia fortitudinem suam ad te non custodierunt : id est, illi qui super me insurrexerunt et irruerunt, de se præsumserunt. Ego autem « fortitudinem meam ad te custodiam : » quia si recedo, cado ; si accedo, fortior fio. Videte enim quid est, Fratres, in anima humana. Non habet ex se lumen, non habet ex se vires : totum autem quod pulcrum est in anima, virtus et sapientia est : sed nec sapit sibi, nec valet sibi, nec ipsa sibi lux est, nec ipsa sibi virtus est. Est quædam origo fonsque virtutis, est quædam radix sapientiæ, est quædam, ut ita dicam, si et hoc dicendum est, regio incommutabilis veritatis : ab hac anima recedens tenebratur, accedens illuminatur. « Accedite ad eum, et illuminamini (*Psal.* XXXIII, 5) : » quia recedendo tenebramini. Ergo « fortitudinem meam ad te custodiam : » non a te recedam, non de me præsumam. « Fortitudinem meam ad te custodiam : quia Deus susceptor meus es. » Ubi enim eram, et ubi sum ? Unde me suscepisti ? Quas iniquitates meas dimisisti ? Ubi jacebam ? quo erectus sum ? Ergo (*a*) hæc meminisse debeo : quod in alio Psalmo dicitur, « Quoniam pater meus et mater mea dereliquerunt me, Dominus autem assumsit me (*Psal.* XXVI, 10) ? » « Fortitudinem meam ad te custodiam : quia Deus susceptor meus es. »

19. « Deus meus, misericordia ejus præveniet me (*Psal.* LVIII, 11). » Ecce, quid est, « Fortitudinem

---

(*a*) Sic potiores MSS. At editi. *Ergo hoc meminisse non debeo quod* etc.

merai en aucune façon de moi-même. Qu'ai-je, en effet, apporté de bon pour que vous ayez eu pitié de moi et que vous m'ayez justifié? Qu'avez-vous trouvé en moi, sinon mes seuls péchés? Vous n'avez trouvé en moi qui fût à vous que la nature que vous avez créée; tout le reste était mes péchés, que vous avez effacés. Je ne me suis pas levé le premier pour aller à vous; mais vous êtes venu à moi pour m'exciter; car « sa miséricorde me préviendra. » Avant que j'aie fait quelque chose de bon, « sa miséricorde me préviendra. » Que pourra répondre ici le malheureux Pélage?

20. « Mon Dieu me l'a fait voir dans mes ennemis (*Ibid.* 12). » Que dit le Prophète? que Dieu m'a fait voir dans mes ennemis combien est grande la miséricorde dont il m'a prévenu. Que celui que Dieu a recueilli se compare avec ceux qui ont été laissés, et celui qui a été élu avec ceux qui ont été repoussés. Que le vase de miséricorde se compare au vase de colère; et qu'il comprenne que Dieu a fait de la même masse d'argile et le vase d'honneur et le vase d'ignominie. Que veut dire : « Dieu me l'a fait voir dans mes ennemis? » Si, en effet, dit l'Apôtre, Dieu voulant manifester sa colère, et signaler sa puissance, a souffert avec une patience extrême les vases de colère propres à être détruits, pourquoi l'a-t-il fait? « afin de manifester les richesses de sa gloire dans les vases de miséricorde (*Rom.* IX, 21 et suiv.). » Si donc il a supporté les vases de colère pour manifester les richesses de sa gloire dans les vases de miséricorde, c'est avec grande raison que le Prophète a dit : « Sa miséricorde me préviendra, mon Dieu me l'a fait voir dans mes ennemis ; c'est-à-dire qu'il a montré l'immensité de sa miséricorde envers moi, par ceux à l'égard desquels il n'a pas montré une semblable miséricorde. Si, en effet, aucun débiteur n'était livré à la justice, celui à qui le créancier remet sa dette aurait moins de reconnaissance envers son bienfaiteur. « Mon Dieu me l'a fait voir dans mes ennemis. »

21. Mais que dit-il du sort de ses ennemis? « Ne les faites pas mourir, de peur qu'ils n'oublient votre loi (*Ps.* LVIII, 12). » Il prie pour ses ennemis; il accomplit le précepte divin. Que veulent dire ces paroles : « N'ayez pas pitié de tous ceux qui commettent l'iniquité (*Ibid.* 6), » mises en regard de celles-ci : « Ne les faites pas mourir de peur qu'ils n'oublient votre loi? » Comment, n'aura-t-il pitié d'aucun de ceux qui commettent l'iniquité, et ne les mettra-t-il point à mort de peur qu'ils n'oublient sa loi? Mais dans ce dernier cas, il parle de ses ennemis. Quoi donc? Ses ennemis pratiquent-ils l'équité? Si ceux qui lui veulent du mal pratiquent l'équité, il commet donc lui-même l'iniquité. Mais comme il pratique lui-même l'équité, et que quiconque

---

meam ad te custodiam : « De me omnino nihil præsumam. Quid enim adtuli boni, ut mei misereraris, et me justificares? Quid me invenisti, nisi sola peccata? Tuum nihil aliud nisi natura quam creasti : cetera, mala mea quæ delevisti. Non ego prior ad te exsurrexi, sed tu ad me excitandum venisti : nam « misericordia ejus præveniet me. » Antequam aliquid boni ego faciam, misericordia ejus præveniet me. » Quid hic respondebit infelix Pelagius?

20. « Deus meus demonstravit mihi in inimicis meis (*Ibid.* 12). » Quid ait? Quantam circa me exhibuerit misericordiam, in inimicis meis mihi demonstravit. Relictis comparet se collectus, et repulsis electus : comparet se vasis iræ vas misericordiæ; et videat quia ex una massa fecit Deus aliud vas in honorem, aliud in contumeliam. Quid est, « demonstravit mihi in inimicis meis? » « Si enim Deus volens ostendere iram, et demonstrare potentiam suam, adtulit in multa patientia vasa iræ, quæ perfecta sunt in perditionem. Et propter quid hoc? Ut notas faceret divitias suas in vasa misericordiæ (*Rom.* IX, 22). » Si ergo vasa iræ adtulit, in quibus notas faceret divitias suas in vasa misericordiæ; rectissime dictum est, « Misericordia ejus præveniet me : Deus meus demonstravit mihi in inimicis meis : » id est, quantam circa me habuit misericordiam, in illis mihi demonstravit circa quos non habuit. Nisi enim debitor suspendatur, minus agit gratias cui debitum relaxatur. « Deus meus demonstravit mihi in inimicis meis. »

21. De ipsis autem inimicis quid? « Ne occideris eos, nequando obliviscantur legis tuæ (*Psal.* LVIII, 12). » Rogat pro inimicis suis, implet præceptum. Quid est, « Ne misercaris omnium qui operantur iniquitatem (*Ibid.* 6), » et « Ne occideris eos, nequando obliviscantur legis tuæ? » Quomodo non miseretur omnium qui operantur iniquitatem, et quomodo non occidet eos ne obliviscantur legis tuæ? Sed hic de inimicis suis dixit. Quid ergo? Inimici ejus æquitatem operantur? Si qui ei inimicantur æquitatem

DISCOURS SUR LA PREMIÈRE PARTIE DU PSAUME LVIII.

pratique l'équité supporte certainement l'iniquité de la part de ses ennemis, il reste que ceux qui sont les ennemis du juste commettent l'iniquité. Pourquoi donc, ayant dit d'abord : « N'ayez pas pitié de ceux qui commettent l'iniquité, » dit-il ensuite de ses ennemis : « Ne les faites pas mourir, de peur qu'ils n'oublient votre loi ? » N'ayez pas pitié d'eux, en ce sens que vous fassiez mourir leurs péchés ; mais ne faites pas mourir ceux dont vous faites mourir les péchés. Or, qu'est-ce que mourir ? C'est oublier la loi du Seigneur. La véritable mort, c'est d'être plongé dans toute la profondeur du péché et c'est ce que l'on peut comprendre des Juifs. Pourquoi dirait-il donc des Juifs: « Ne les faites pas mourir, de peur qu'ils n'oublient votre loi ? » Ce sont mes ennemis, ils m'ont mis à mort, mais ne les faites pas mourir. Que la nation des Juifs subsiste ; et en effet elle a été vaincue par les Romains, leur ville a été détruite, les Juifs n'ont plus leur ancien droit de cité, et pourtant les Juifs subsistent. Mille provinces ont été subjuguées par les Romains, et qui reconnaît aujourd'hui, au milieu de l'empire Romain, ce qu'était autrefois tel ou tel peuple. Tous ne sont-ils pas devenus Romains, et ne sont-ils pas tous appelés Romains ? Cependant les Juifs subsistent avec le signe qui est sur eux, et ils n'ont pas été vaincus au point d'être absorbés par leurs vainqueurs. Ce n'est pas sans motif que, Caïn ayant tué son frère, Dieu mit sur lui un signe, afin que nul ne le tuât (*Gen.* IV, 15). C'est ce même signe qui marque les Juifs, ils conservent les vestiges de leur loi, ils sont circoncis, ils observent le sabbat, ils immolent l'agneau pascal, ils mangent le pain sans levain. Les Juifs subsistent donc, ils n'ont pas été mis à mort, parce qu'ils sont nécessaires aux Gentils qui croient au Christ. Pourquoi ? afin que la miséricorde du Seigneur nous soit démontrée dans nos ennemis. « Mon Dieu me l'a fait voir dans mes ennemis. » Il nous montre sa miséricorde, en insérant l'olivier sauvage sur des rameaux coupés par l'orgueil. Voilà qu'au lieu même d'où sont tombés des superbes, vous qui étiez à terre, vous avez été inséré. Mais gardez-vous d'en concevoir de l'orgueil, de peur de mériter d'être coupé à votre tour. « Mon Dieu, ne les faites pas mourir de peur qu'ils n'oublient votre loi. »

22. « Dispersez-les par votre force (*Ps.* LVIII, 12). » Cela est déjà fait ; les Juifs ont été dispersés parmi toutes les nations, pour être les témoins de leur iniquité, et de la vérité de notre foi. Ils possèdent les livres dans lesquels le Christ a été prédit, et nous, nous possédons le Christ. Et s'il arrive que quelque païen vienne à douter, quand

---

operantur ; ergo ipse iniquitatem operatur. Sed quia ipse æquitatem operatur, porro qui æquitatem operatur, profecto iniquitatem ab inimicis patitur ; restat ut qui justo inimicantur, iniquitatem operentur. Unde ergo paulo superius, Non miserearis omnium qui operantur iniquitatem ; et nunc de inimicis suis, « Ne occideris eos, nequando obliviscantur legis tuæ ? » Non ergo miserearis eorum, ut occidas peccata eorum : Non occidas eos, quorum peccata occidis. Quid est autem occidi ? Oblivisci legis Domini. Ipsa est vera mors, in profundum ire peccati : potest quidem hoc et de Judæis intelligi. Quid de Judæis, « Ne occideris eos, ne quando obliviscantur legis tuæ ? » Istos inimicos meos ipsos qui me occiderunt, noli tu occidere. Manent gens Judæorum : certe victa est a Romanis, certe deleta civitas eorum, non admittuntur ad civitatem suam Judæi, et tamen Judæi sunt. Nam omnes istæ provinciæ a Romanis subjugatæ sunt. (a) Quis jam cognoscit gentes in imperio Romano quæ quid erant, quando omnes Romani facti sunt, et omnes Romani dicuntur ? Judæi tamen manent cum signo ; nec sic victi sunt, ut a victoribus absorberentur. Non sine caussa Caïn ille est, qui cum fratrem occidisset, posuit in eo Deus signum, ne quis eum occideret (*Gen.* IV, 15). Hoc est signum quod habent Judæi : tenent omnino reliquias legis suæ, circumciduntur, sabbata observant, pascha immolant, azyma comedunt. Sunt ergo Judæi, non sunt occisi, necessarii sunt credentibus Gentibus. Quare hoc ? Ut demonstret nobis in inimicis nostris misericordiam suam. « Deus meus demonstravit mihi in inimicis meis. » In ramis superbia præcisis inserto misericordiam suam demonstrat oleastro. Ecce ubi jacent qui superbi erant, ecce ubi insertus es qui jacebas : et tu noli superbire, ne præcidi merearis. « Deus meus ne occideris eos, ne quando obliviscantur legis tuæ. »

22. « Disperge eos in virtute tua (*Psal.* LVIII, 12). » Jam factum est : per omnes gentes dispersi sunt Judæi, testes iniquitatis suæ et veritatis nostræ. Ipsi

---

(a) Editi, *Quisnam non cognoscit gentes subjectas imperio Romano. Quæ quidem erant quando omnes Romani facti sunt.* Restituimus veterem lectionem MSS. Confer hunc locum ad Enarrat. Psal. XXXIX. n. 13.

nous lui rapportons les prophéties faites sur le Christ, dont l'évidence le frappe de stupeur ; et si, dans son étonnement, il prétend que nous les avons écrites nous-mêmes ; nous lui prouvons, par les livres des Juifs, de combien ces prophéties sont antérieures à l'événement. Voyez comment certains ennemis nous servent à confondre d'autres ennemis. « Dispersez-les par votre force : » ôtez-leur toute puissance, ôtez-leur toute force. « Éloignez-les, mon Dieu, vous qui êtes mon protecteur. Les péchés de leurs bouches, et les discours de leurs lèvres ; et qu'ils soient pris dans leur propre orgueil. Et la malédiction et le mensonge annonceront leur consommation dans la colère qui consomme, et ils ne seront plus (*Ps.* LVIII, 13 et 14). » Ce texte est obscur, et je crains qu'il ne présente pas un sens bien net à votre intelligence. Vous êtes déjà fatigués de ce que vous avez entendu : c'est pourquoi, si Votre Charité y consent, nous remettrons à demain ce qu'il nous reste à dire. Le Seigneur nous aidera, pour que nous puissions vous payer notre dette ; parce que nous promettons plus de sa part que de la nôtre.

DEUXIÈME DISCOURS

SUR LA SECONDE PARTIE DU MÊME PSAUME LVIII.

1. Le discours que j'ai prononcé hier m'a laissé votre débiteur pour aujourd'hui ; puisque le Seigneur daigne le permettre, le moment est venu de payer ma dette. Autant nous mettons de zèle à nous en acquitter, autant nous vous demandons d'être ardents à me réclamer ce paiement. Nous voulons dire que, ce que Dieu nous donne et que nous vous rendons, (car il est le

habent codices, de quibus prophetatus est Christus, et nos tenemus Christum. Et si quando forte aliquis Paganus dubitaverit, cum ei dixerimus prophetias de Christo, quarum evidentiam obstupescit, et admirans putaverit a nobis esse conscriptas ; de codicibus Judæorum probamus, quia hoc tanto ante prædictum est. Videte quemadmodum de inimicis nostris alios confundimus inimicos. « Disperge eos in virtute tua : » tolle illis virtutem, tolle illis fortitudinem eorum. « Et deduc eos protector meus Domine. Delicta oris eorum, sermonem labiorum eorum : et comprehendantur in superbia sua : et ex maledicto et mendacio annuntiabuntur consummationes, in ira consummationis, et non erunt (*Ibid.* 13 et 14). » Obscura sunt, et timeo ne non insinuentur bene. Jam audiendo fatigati estis : itaque si placet Caritati Vestræ, quæ restant in crastinum differamus. Adjuvabit Dominus, ut vobis debitum persolvamus : quia de illo magis quam de nobis promittimus.

SERMO SECUNDUS

DE SECUNDA PARTE EJUSDEM PSALMI LVIII.

1. Hesternus sermo protractus, debitorem me in hodiernum reliquit : quia ergo Dominus voluit, reddendi tempus advenit. Quam vero sumus nos devoti redhibitores, tam debetis vos esse avidi

maître et nous sommes les serviteurs,) vous devez le recevoir de manière à en tirer du fruit, en l'entendant, pour l'amélioration de votre vie. En effet, le champ cultivé qui ne rendrait aucun fruit, et qui répondrait aux soins du cultivateur en produisant des épines en guise de récoltes, au lieu de remplir le grenier, ne donnerait qu'un aliment pour le feu. Mais le Seigneur notre Dieu, de même que vous le voyez visiter cette terre par ses pluies accoutumées, daigne également visiter par sa parole le champ de notre cœur ; et il exige que notre cœur lui rende des fruits, parce qu'il sait ce qu'il y sème, et quelle pluie il y fait tomber. En réalité, nous ne sommes rien sans lui, car, avant que nous fussions, nous n'étions rien ; et celui qui, devenu un homme, voudrait vivre en dehors de lui, ne saurait être autre chose qu'un pécheur. Cette parole du psaume est donc vraie : « J'ai mis ma force sous votre protection (*Ps.* LVIII, 10). » En effet, tout ce que nous pouvons, si nous ne le conservons près de lui et par lui, nous le perdrons en nous éloignant de lui. En conséquence, notre esprit doit veiller sans relâche à ce que nous ne nous éloignions pas de lui ; et, s'il était loin de nous, à ce que nous nous rapprochions de plus en plus de lui, pour le rejoindre, non avec le secours de nos pieds, ni avec le secours d'aucun véhicule, ni avec la rapidité de quelque animal, ni avec les ailes de l'oiseau, mais par la pureté de nos sentiments et par la sainteté de nos mœurs.

2. Voyons donc ce qu'il nous reste à expliquer de ce psaume. Nous nous sommes arrêtés, en effet, à l'endroit où le Prophète commence à parler à Dieu de ses ennemis en disant : « Ne les faites pas mourir, de peur qu'ils n'oublient votre loi (*Ibid.* 12). » Bien qu'il ait dit qu'ils étaient ses ennemis, cependant il prie Dieu de ne pas les faire mourir, de peur qu'ils n'oublient sa loi. Pourtant, retenir la loi, c'est-à-dire ne pas oublier la loi, n'est point la perfection ; ce n'est pas encore la certitude de la récompense ni l'exemption de toute crainte du châtiment. Car il y en a qui retiennent la loi dans leur mémoire, et qui ne l'observent pas dans leur vie ; mais ceux qui la gardent dans leurs mœurs ne peuvent en perdre la mémoire. Celui donc qui garde par ses mœurs les commandements de Dieu ; qui par sa manière de vivre fait en sorte que cette loi qu'il possède ne soit jamais effacée de son cœur ; qui, par son genre de vie, se remet sans cesse en mémoire la loi gravée dans son cœur ; celui-là retient avec fruit la loi de Dieu et ne sera pas regardé comme un ennemi. Au contraire, les Juifs sont des ennemis, et le psalmiste paraît les désigner ici, bien qu'ils retiennent la loi de Dieu ; c'est pourquoi le Pro-

---

exactores : hoc est, ut quod ille donat, et nos reddimus, (ille enim Dominus, nos servi sumus,) sic accipiatis, ut sit fructus in auditione vestra de vita vestra. Cultus enim ager fructum non reddens, et ingratus agricolæ pro frugibus spinas afferens, non horreum, sed ignem quærit. Dominus autem Deus noster, sicut eum videtis hanc terram visitare imbribus sollemnibus, ita cor nostrum verbo suo tamquam agrum suum visitare dignatur ; et de corde nostro fructus quærit, quia novit et quid ibi seminet, et quantum pluat. Et quia nos nihil sine illo sumus, quia et antequam essemus, nihil eramus, et quisquis jam homo est et sine illo esse voluerit, nihil aliud quam homo peccator erit ; verumque est quod hic dictum est, « Fortitudinem meam ad te custodiam (*Ps.* LVIII, 10) ; quoniam quidquid possumus, nisi apud illum et ad illum servemus, recedendo amittimus : vigilare debet semper mens nostra non ab illo recedere, sed et si longe erat, magis magisque propinquare et accedere ; non gressu pedum, non subvectione vehiculorum, non celeritate animalium, non elevatione pennarum, sed puritate affectuum, et (*a*) probitate sanctorum morum.

2. Videamus ergo quid restat de hoc Psalmo. In hoc enim dimiseramus, cum cœpisset de inimicis suis loqui dicens Deo, « Ne occideris eos, ne quando obliviscantur legis tuæ (*Psal.* LVIII, 12). » Quamvis eos inimicos suos esse dixerit, rogavit tamen Deum ne occiderentur et obliviscerentur legem ipsius. Non tamen tenere legem, id est, non oblivisci legem, jam perfectio est, et quasi securitas de præmio, et nulla sollicitudo de supplicio. Sunt enim qui tenent legem memoria, et non implent vita : qui vero implent vita, non possunt non tenere memoria. Ergo qui moribus præcepta Dei facit, et quodam modo vivendo semper in corde suo ne deleatur agit quod tenet, vivendoque (*b*) se commemorat quid ei in corde scriptum sit de lege Dei, ipse fructuose tenet legem Dei, ipse non inimicus deputabitur. Nam ecce inimici Judæi, quos videtur significare Psalmus iste,

---

(*a*) Ita sex alii MSS. cum editis, *probabilitate.* (*b*) Sic MSS. At editi, *vivendoque semper commemorat.*

phète dit, en parlant d'eux : « Ne les faites pas mourir, de peur qu'ils n'oublient votre loi, » afin que leur nation soit conservée et que la multitude des chrétiens s'accroisse en raison même de leur persistance. On les voit, en effet, au milieu de toutes les nations, et ils sont Juifs, et ils n'ont pas cessé d'être ce qu'ils étaient, c'est-à-dire que ce peuple n'a jamais subi la loi des Romains au point de perdre la forme juive et qu'il ne s'est soumis aux Romains qu'en retenant ses lois, qui sont les lois de Dieu. Cependant, de quelle manière ont-ils conservé leur loi? « Vous payez exactement, leur a dit le Seigneur, la dîme de la menthe et du cumin, mais vous laissez là ce qu'il y a de plus important, la miséricorde et le jugement; vous vous gardez d'avaler un moucheron et vous avalez un chameau (*Matth.* XXIII, 23 et 24). » C'est bien ainsi qu'ils sont encore : ils possèdent la loi, ils possèdent les prophéties, ils lisent, ils chantent tout ce que contiennent les livres saints, mais ils n'y voient pas la lumière qui éclaire les Prophètes, Jésus-Christ Notre-Seigneur. Non-seulement ils ne le voient pas actuellement qu'il est assis dans le ciel, mais ils ne l'ont pas vu lorsqu'il marchait au milieu d'eux dans son humilité, et ils sont devenus coupables de l'effusion de son sang, non pas tous cependant. Voilà ce que nous recommandons aujourd'hui à l'attention de Votre Charité. Non pas tous; beaucoup d'entre eux, en effet, se sont convertis à celui qu'ils avaient mis à mort, et, par leur foi en lui, ils ont mérité leur pardon par la vertu de ce même sang qu'ils avaient répandu. Et leur exemple a montré aux hommes qu'ils ne doivent jamais douter qu'un péché, quel qu'il soit, ne puisse leur être pardonné, puisque la mort même du Christ a été remise à ceux qui ont confessé leur crime. C'est à cause de cela qu'il a été dit : « Parce que vous êtes mon Dieu et mon protecteur, votre miséricorde me préviendra (*Ps.* LVIII, 10), » c'est-à-dire la miséricorde divine m'a prévenu, avant que je l'eusse mérité par aucune bonne œuvre. Et bien qu'il n'ait trouvé en moi rien de bon, Dieu m'a fait bon, il m'a justifié quand je me suis converti à lui, et il avertit ainsi celui qui se détourne de lui de se convertir à lui. « Mon Dieu, dit-il une seconde fois, me l'a montré dans mes ennemis (*Ibid.* 12). » C'est-à-dire : Dieu me montre combien il m'aime, et combien sa bonté s'exerce largement à mon égard, par comparaison avec mes ennemis; parce que les vases de colère et les vases de miséricorde étant sortis de la même masse d'argile, les vases de miséricorde apprennent, par le sort des vases de colère, que de grâces le Seigneur leur accorde. Et ensuite : « Ne les faites pas mourir, dit-il, de peur qu'ils n'oublient votre loi. » Voilà ce qui a été dit des Juifs. Mais que leur ferez-vous? « Dispersez-les par votre force. » Montrez-leur que

---

legem Dei, tenent, et ideo de illis dictum est, « Ne occideris eos, ne quando obliviscantur legis tuæ : » ut gens Judæorum maneret, et ea manente cresceret multitudo Christianorum. Per omnes gentes manent certe, et Judæi sunt, nec destiterunt esse quod erant : id est, gens ista non ita cessit in jura Romanorum, ut amiserit formam Judæorum ; sed ita subdita Romanis est, ut etiam leges suas teneat, quæ leges sunt Dei. Sed quid in illis factum est ? « Decimatis mentham et cyminum, et reliquistis quæ graviora sunt legis, misericordiam et judicium, liquantes culicem, camelum autem glutientes (*Matth.* XXIII, 23 et 24). » Hoc eis Dominus dicit. Et re vera ita sunt ; tenent legem, tenent Prophetas ; legunt omnia, cantant omnia : lucem Prophetarum non ibi vident, qui est Christus Jesus. Non solum cum nunc non vident, cum sedet in cœlo : sed nec tunc viderunt, quando inter illos humilis ambulabat, et facti sunt rei fundendo sanguinem ipsius ; sed non omnes. Hoc et hodie commendamus Caritati Vestræ. Non omnes : quia multi eorum conversi ad eum quem occiderunt, et in eum credendo, veniam et de effuso ipsius sanguine meruerunt ; exemplumque præbuerunt hominibus quam non debeant diffidere, dimitti sibi qualecumque peccatum, quando et interfectio Christi dimissa est confitentibus. Inde ergo dictum est, « Quia Deus susceptor meus es (*Psal.* LVIII, 10), » « Deus meus, misericordia ejus præveniet me (*Ibid.* 11) : » hoc est, ante omnia merita mea bona prævenit me misericordia ipsius ; et si nihil in me boni invenerit, ipse me facit bonum, et ipse justificat conversum, et ipse admonet ut convertatur aversus. « Deus meus, inquit iterum, demonstravit mihi in inimicis meis (*Ibid.* 12) : » id est, quantum me diligat, quantumque mihi largiatur de bonitate sua, ex comparatione inimicorum meorum mihi ostendit : quia cum sint ex una massa vasa iræ et vasa misericordiæ, per vasa iræ discunt vasa misericordiæ quantum illis Deus largiatur boni (*Rom.* IX, 21). Et deinde, « Ne occideris eos, ne quando

vous êtes fort, vous et non ceux qui présumant d'eux-mêmes n'ont pas connu votre vérité. Montrez-leur que vous n'êtes pas fort à la manière de ceux dont il a été dit : « Les forts se sont rués sur moi, » mais fort de manière à les disperser. « Éloignez-les, Seigneur, vous qui êtes mon protecteur; » c'est-à-dire : dispersez-les sans les abandonner, « de peur qu'ils n'oublient votre loi, » et protégez-moi, par cela même que leur dispersion sera pour moi un témoignage de votre miséricorde envers moi.

3. Il continue : « Les péchés de leur bouche et les discours de leurs lèvres (*Ibid*. 14. » A quoi se joint, à quoi se lie cette phrase? « Les péchés de leur bouche, dit le Prophète, les discours de leurs lèvres. » La suite n'est pas liée avec cette phrase de manière à nous faire comprendre comment elle y est jointe. « Les péchés de leur bouche, les discours de leurs lèvres; et qu'ils soient pris dans leur orgueil. Et leurs malédictions et leurs mensonges serviront à publier leur consommation dans la colère de consommation et ils ne seront plus. » Nous vous disions hier que ce passage était obscur et c'est pourquoi nous en avons différé l'explication, pour l'offrir à vos esprits, lorsqu'ils seraient plus frais et plus dispos. Maintenant donc que vous n'êtes pas encore fatigués de m'avoir longtemps écouté, élevez vos cœurs afin de m'aider de toute votre attention, de peur que notre discours, en raison de quelque obscurité ou embarras, ne suffise point, par lui-même, à la fixer. Il faut que vous apportiez ici quelque chose de votre propre fond, afin que vous suppléiez par votre intelligence à ce que nous pourrions ne pas compléter par notre parole. Ces mots, « Les péchés de leur bouche, les discours de leurs lèvres, » sont placés au milieu d'autres phrases, de telle façon qu'il est difficile d'en déterminer la liaison avec elles. Remontons donc à ce qui précède. Le Prophète après avoir dit, bien que parlant de ceux qu'il appelle ses ennemis : « Ne les faites pas mourir, de peur qu'ils n'oublient votre loi; » ajoute deux petits versets : « Dispersez-les dans votre force, éloignez-les, Seigneur, vous qui êtes mon protecteur: » et aussitôt vient cette phrase : « Les péchés de leur bouche, les discours de leurs lèvres; » c'est donc à dire, ces péchés, ces discours, voilà ce qu'il faut tuer, mais pour eux, ne les faites pas mourir. « Ne les faites donc pas mourir, de peur qu'ils n'oublient votre loi; » mais il y a de quoi faire mourir en eux, pour accomplir ce qui a été dit plus haut : « N'ayez pas pitié de ceux qui commettent l'iniquité. Dispersez-les donc, et éloignez-les, » c'est-à-dire ne les abandonnez pas, tout en les dispersant; parce que, en ne les abandonnant pas, vous pouvez agir sur eux, du moment que vous ne les faites pas mourir. Que ferez-vous donc mourir? « Les péchés de leur

obliviscantur legis tuæ : » hoc dictum est de Judæis. Sed quid illis facies ? « Disperge eos in virtute tua. » Ostende illis, quia tu fortis es, non ipsi qui de virtute sua præsumendo, veritatem tuam non cognoverunt : non quales ipsi fortes sunt, de quibus dictum est, Irruerunt super me fortes : sed qualis tu fortis ad dispergendos eos. « Et deduc eos protector meus Domine : » id est, sic eos disperge, ut non eos deseras, « ne quando obliviscantur legis tuæ ? » et in eo ipso me protegas, ut de ipsorum dispersione habeam testimonium misericordiæ tuæ.

3. Et sequitur, « Delicta oris eorum, sermonem labiorum eorum (*Psal*. LVIII, 13). » Quo conjungitur, quo connectitur ista sententia? « Delicta, inquit, oris eorum, sermonem labiorum eorum. » Sequentia non ita connectuntur, ut doceant nos quo conjungatur ista sententia. « Delicta, inquit, oris eorum, sermonem labiorum eorum : et comprehendantur in superbia sua, et ex maledicto et mendacio annuntiabuntur consummationes, in ira consummationis, et non erunt (*Ibid*. 13 et 14). » Hoc obscurum etiam heri dixeramus, et ideo ad recentiores mentes vestras expositionem distuleramus. Nunc itaque, quoniam nondum fatigati estis in audiendo, erigite corda, ut adjuvetis me intentione, ne forte in obscuritate et perplexitate aliquantum sermo noster non sufficiat intentioni vestræ : et debetis aliquid et a vobis afferre, ut quod nos dicendo non impleverimus, intelligendo suppleatis. Sic ergo posita est ista sententia in medio, ut quo jungatur, non facile videamus : « Delicta oris eorum, sermonem labiorum eorum. » Recurramus ergo ad superiora. Quoniam dixerat, « Ne occideris eos, ne quando obliviscantur legis tuæ, » quos tamen dixerat inimicos; adjunxit duos versiculos, « Disperge eos in virtute tua, et deduc eos protector meus Domine : » et continuo intulit, « Delicta oris eorum, sermonem labiorum eorum, » hoc est, illum occide, non ipsos. « Non ergo occideris eos, ne quando obliviscantur legis tuæ : » sed est quod in illis occidas, ut impleas quod supra dictum est, « Non misereris omnium qui operantur iniquitatem (*Ibid*. 6). » « Disperge ergo illos, et de-

bouche, les discours de leurs lèvres. » Que ferez-vous mourir en eux? Ce cri qu'ils ont poussé : « Crucifiez-le! crucifiez-le! » mais le cri et non ceux qui ont crié. Car ils voulaient détruire, tuer, perdre le Christ; vous, au contraire, en ressuscitant le Christ qu'ils voulaient perdre, vous faites mourir « les péchés de leur bouche, et les discours de leurs lèvres. » Car, celui dont leurs vociférations ont réclamé la mort, ils sont effrayés de le voir vivant; et celui qu'ils ont méprisé sur la terre, ils sont stupéfaits de le voir adoré dans le ciel par toutes les nations; c'est ainsi que sont immolés les péchés de leur bouche, et les discours de leurs lèvres.

4. « Et qu'ils soient pris dans leur orgueil (Ibid.) » Que veut dire : « Qu'ils soient pris dans leur orgueil? » Que les forts se sont rués en vain sur le Christ, bien que leur but ait été presque atteint, de telle sorte qu'ils ont cru avoir accompli ce qu'ils voulaient, et avoir prévalu contre le Seigneur. Ils ont pu le crucifier comme homme, la faiblesse a pu prévaloir, et la force être mise à mort; et ils se sont crus quelque chose, ils se sont pris pour des forts, pour des puissants, pour des victorieux, pour des lions prêts à dévorer leur proie, pour des taureaux vigoureux, semblables à ceux que dans un autre psaume, le Prophète rappelle en ces termes : « Des taureaux puissants m'ont assiégé (Ps. XXI, 13). » Mais enfin qu'ont-ils fait contre le Christ? Ils ont tué en lui, non pas la vie, mais la mort. Car la mort ayant été éteinte dans le Christ mourant, et la vie étant ressuscitée de la mort dans le Christ vivant, puisqu'en effet il s'est ressuscité lui-même, parce qu'il y avait en lui quelque chose qui ne pouvait mourir, qu'ont fait ces hommes contre le Christ? Écoutez ce qu'ils ont fait : Ils ont détruit le Temple. Mais lui, qu'a-t-il fait? Il l'a relevé en trois jours (Jean. II, 19). Ainsi ont été tués les péchés de leur bouche et les discours de leurs lèvres. Et qu'est-il advenu de ceux qui se sont convertis? « Et qu'ils soient pris dans leur orgueil. » En effet, on leur a dit que celui qu'ils avaient tué était ressuscité, ils ont cru à sa résurrection parce qu'ils l'ont vu monter au ciel, envoyer du ciel l'Esprit-Saint et remplir de l'Esprit-Saint ceux qui croyaient en lui (Act. I, 9 et II, 4), et ils ont reconnu qu'ils n'avaient rien condamné et qu'ils n'avaient rien fait. Comme tout ce qu'ils avaient fait était réduit à néant, et que le péché seul restait sur ceux qui avaient agi, ils ont été pris dans leur orgueil et ils se sont vus sous le coup de leur iniquité. Il leur restait donc à confesser leur péché, pour que celui qui avait cédé aux coups des pécheurs, leur pardon-

duc eos : » id est, noli deserere, cum dispergis; quia non deserendo habes quid in illis agas, cum ipsos non occidis. Quid ergo occides ? « Delicta oris eorum, sermonem labiorum eorum. » Quid in illis occides? « Crucifige, crucifige (Matth. XXVII, 23 ; Johan. XIX, 6), » quod clamaverunt, non qui clamaverunt. Illi enim Christum delere, interimere, perdere voluerunt : tu autem resuscitando Christum, quem perdere voluerunt, occidis « delicta oris eorum, sermonem labiorum eorum. » Quippe quem perdendum clamaverunt, vivere expavescunt ; et quem in terra contempserunt, in coelo adorari ab omnibus gentibus admirantur : sic occiduntur delicta oris eorum, et sermo labiorum eorum.

4. « Et comprehendantur in superbia sua (Psal. LVIII, 13). » Quid est, « comprehendantur in superbia sua? » Quia frustra irruerunt fortes, et quasi cessit illis ut aliquid sibi fecisse viderentur, et prævaluerunt Domino. Potuerunt hominem crucifigere, potuit infirmitas prævalere, et virtus occidi ; et visi sibi sunt aliquid, velut fortes, velut potentes, velut prævalentes, velut leo paratus ad prædam, velut tauri pingues, sicut eos alio loco commemorat : « Tauri pingues obsederunt me (Psal. XXI, 13). » Quid autem fecerunt in Christo ? Non vitam, sed mortem occiderunt. Extincta quippe morte in moriente, et resurgente vita de morte (a) in vivente, etenim et ipse se resuscitavit, quia erat in illo et quod mori non potuit, quid fecerunt ? Audi quid fecerunt : solverunt templum (Johan. II, 19). Quid vero ipse fecit? Triduo resuscitavit illud. Per hoc ergo occisa sunt delicta oris eorum, et sermo labiorum eorum. Et quid jam factum est in his qui conversi sunt? « Et comprehendantur in superbia sua. » Dictum est enim illis, quia ille quem occiderant, resurrexit (Act. I, 9 et II, 4). Crediderunt eum resurrexisse, quia viderunt cum in coelo positum, Spiritum-sanctum inde misisse, et eos qui in illum crediderunt implevisse ; et invenerunt se et nihil damnasse, et nihil fecisse. Factum eorum in irritum venit, peccatum remansit. Quia ergo factum evacuatum est, peccatum autem remansit super facientes ; comprehensi sunt

---

(a) Tres melioris notæ MSS. a vivente.

nât, et qu'après avoir été tué par des morts, lui qui vivifie les morts leur fit grâce de sa mort. Ils ont donc été pris dans leur orgueil.

5. « Leur consommation sera annoncée par la malédiction et le mensonge : Votre colère les consommera et ils ne seront plus. » Il est encore difficile de comprendre ici comment ces mots, « et ils ne seront plus » sont liés à ce qui précède. Que veut dire : « Ils ne seront plus ? » Examinons donc le texte précédent; après qu'ils auront été pris dans leur orgueil, « leur consommation sera annoncée par la malédiction et le mensonge. » Qu'est-ce que cette consommation ? Un perfectionnement, car être consommé, c'est être perfectionné, achevé. Autre chose est d'être consommé, autre chose d'être consumé. En effet, ce qui est mené à fin de manière à être perfectionné est consommé : ce qui est mené à fin pour ne plus exister est consumé. L'orgueil ne permettait pas à l'homme d'être parfait; rien n'est tel que l'orgueil pour empêcher la perfection. Que Votre Charité apporte grande attention à mes paroles, et qu'elle voie combien ce mal est excessif, et combien il faut s'en garder. Quel mal pensez-vous que soit l'orgueil ? Pourrai-je jamais vous dire assez quel mal est l'orgueil ? Le démon n'est point puni pour autre chose. Or, le démon est certainement le Roi de tous les péchés, il est certainement le séducteur qui nous entraîne dans le péché. On ne lui reproche ni l'adultère, ni l'ivrognerie ni la fornication, ni le vol du bien d'autrui : l'orgueil seul l'a fait tomber. Et comme l'envie est la compagne de l'orgueil, il est impossible que le superbe ne soit pas envieux. Par l'effet de ce vice, suite inévitable de l'orgueil, le démon, après sa chute, a porté envie à l'homme encore debout, et il s'est efforcé de le séduire, afin que l'homme ne pût monter jusqu'à la hauteur d'où il avait été précipité. Il s'est donc mis en demeure de lui faire commettre de véritables péchés, parce que nous avons un juge devant lequel on voudrait en vain alléguer des mensonges. Car si notre cause avait dû être portée devant un homme, que le démon eût pu tromper par de fausses accusations, il ne se serait pas grandement préoccupé de nous amener au péché; parce qu'il lui eût suffi de tromper le juge pour opprimer des innocents, pour entraîner dans son propre jugement ceux qu'il aurait circonvenus, et les faire condamner avec lui. Mais maintenant, comme il sait avoir affaire à un juge que l'on ne pourrait tromper et comme il sait que ce juste juge ne fait point acception des personnes, il ne veut traduire à son tribunal que des accusés dont la condamnation soit inévitable, en raison même de la justice du juge. C'est donc uniquement par envie qu'il s'applique à nous faire pécher, parce que l'envie est l'inséparable compagne de l'orgueil; et le mal qui empêche la perfection, c'est l'orgueil. Qu'un homme se vante de ses richesses; qu'il se vante de sa

---

in superbia sua, viderunt se sub iniquitate sua. Restabat ergo ut confiterentur peccatum, et ille ignosceret qui peccantibus cesserat, et mortem suam donaret occisis a mortuis, et vivificans mortuos. Comprehensi sunt ergo in superbia sua.

5. « Et ex maledicto et mendacio annuntiabuntur consummationes, in ira consummationis, et non erunt ((*Psal.* LVIII, 13 et 14). » Et hoc difficile intelligitur, quo jungatur « et non erunt. » Quid non erunt ? Videamus ergo superiorem textum : cum comprehensi fuerint in superbia sua, « annuntiabuntur ex maledicto et mendacio consummationes. » Quæ sunt consummationes ? Perfectiones : consummari enim, perfici est. Aliud est consummari, aliud consumi. Consummatur enim quod sic finitur ut perficiatur : consumitur quod sic finitur ut non sit. Superbia non permittebat hominem perfici, nihil sic impedit perfectionem. Intendat quippe Caritas Vestra paululum ad id quod dico ; et videte malum nimis molestum, nimis cavendum. Quale malum putatis ? Quamdiu exaggerem quid mali sit in superbia ? Diabolus inde solum puniendus est. Certe princeps est omnium peccatorum, certe seductor est ad peccandum : non ei imputatur adulterium, non vinolentia, non fornicatio, non rapina rerum alienarum : sola superbia lapsus est. Et quoniam superbiæ comes est invidentia, fieri non potest ut superbus non invideat : ex hoc vitio, quod superbiam necessario sequitur, lapsus etiam invidit stanti, et dedit operam seducere hominem, ne illo levaretur unde ille dejectus est. Et ideo satagit vera persuadere peccata quia talem judicem habemus ubi objicere falsa non possit. Nam si apud judicem hominem agreretur caussa nostra, quem posset fallere criminationibus falsis, non multum ageret ut peccaremus : quia judicem fallendo et innocentes posset opprimere, et circumventos ad se traducere, et secum condemnari facere : nunc vero quia scit talem judicem qui falli non possit, et quia scit

beauté, de ses forces corporelles ; tous ces avantages sont périssables, et il n'y a qu'à se rire de ceux qui se vantent de biens périssables, dont la perte a lieu le plus souvent de leur vivant même, ou dont l'abandon est tout au moins la conséquence forcée de leur mort. Mais le vice capital, c'est l'orgueil ; parce que l'homme qui a déjà fait des progrès dans le bien, s'il vient à en écouter les suggestions, perd tout le progrès qu'il a pu faire. Enfin, tous les vices sont à craindre en raison du mal que l'on fait ; l'orgueil est à craindre particulièrement en raison du bien que l'on fait. C'est pourquoi, il n'est pas étonnant que l'Apôtre soit assez humble pour dire : C'est lorsque je suis faible que je suis fort (II *Cor.* xii, 10). Car, pour n'être point entraîné dans ce vice, quel est le remède contre l'orgueil qu'il dit lui avoir été appliqué par un médecin qui savait bien quel mal il avait à guérir ? « De peur, dit-il, que la grandeur de mes révélations ne m'élevât, il m'a été donné un aiguillon dans ma chair, un ange de Satan pour me souffleter. C'est pourquoi j'ai trois fois demandé à Dieu qu'il me fût retiré, et Dieu m'a dit : Ma grâce te suffit ; car la puissance se fait mieux sentir dans la faiblesse (*Ibid.* 7). » Voyez ce qu'est la consommation. L'Apôtre saint Paul, le docteur des nations, le père des fidèles par l'Évangile, a reçu dans sa chair un aiguillon, un démon par lequel il est souffleté. Qui de nous oserait le dire de l'Apôtre, si l'Apôtre lui-même n'avait point rougi de l'avouer ? Si, en effet, nous disions que Paul n'a pas souffert cet affront, tout en paraissant lui faire honneur, nous l'accuserions de mensonge. Mais comme il était véridique et que sa parole est vraie, nous devons croire qu'un ange de Satan a été attaché à lui, pour l'empêcher de s'élever d'orgueil, à cause de la grandeur de ses révélations. Voilà combien est redoutable le serpent de l'orgueil. Mais qu'est-il donc arrivé aux Juifs orgueilleux ? Ils ont été pris dans leur péché, parce qu'ils ont tué le Christ ; et plus leur crime a été grand, plus leur humiliation a été profonde, et plus ils ont mérité par cette humiliation même d'être ensuite élevés. Tel est le sens de ces paroles : « Qu'ils soient pris dans leur orgueil. Et leur consommation sera annoncée par la malédiction et le mensonge. » C'est-à-dire : ils arriveront à une perfection d'autant plus haute qu'ils seront pris dans la malédiction et le mensonge. C'était en effet l'orgueil qui les empêchait d'être parfaits ; leur crime a détruit leur orgueil par la confession qu'ils en ont faite, le pardon a effacé leur crime par la miséricorde de Dieu, et leur consommation a été annoncée par la malédiction et le mensonge. Expliquons ceci : Il a été dit à l'homme : Vous avez vu ce que vous êtes, vous avez senti ce que vous êtes, vous vous êtes égaré, vous avez été aveuglé, vous avez péché et vous êtes tombé, vous avez reconnu votre

---

eum justum personas accipere non posse ; tales ei vult reos perducere, quos necesse sit ut damnet, quia justus est. Dat itaque operam ut peccemus sola invidentia, quæ invidentia necesse est ut comitetur superbiam. Hoc ergo malum superbia est, impediens perfectionem. Jactet ergo se quisque de divitiis, jactet de pulcritudine et de viribus corporis ; ista certe omnia mortalia sunt : ridendi sunt qui se de mortalibus jactant, a quibus rebus plerumque aut vivi deseruntur, aut mortui eas necesse est ut deserant ; illud est vitium capitale, quod cum quisque bene profecerit, superbia tentatur, ut perdat totum quod profecit. Denique omnia vitia in malefactis timenda sunt, superbia in benefactis plus metuenda est. Non itaque mirum, quia sic est humilis Apostolus, ut dicat, « Quando infirmor, tunc fortis sum (II *Cor.* xii, 10). » Nam hoc vitio ne ipse tentaretur, quale sibi medicamentum dicit appositum contra tumorem a medico, qui sciret quid curaret ? » Ne magnitudine inquit, revelationum extollar, datus est mihi stimulus carnis meæ, angelus satanæ, qui me colaphizet : propter quod ter Dominum rogavi, ut discederet a me ; et dixit mihi, Sufficit tibi gratia mea, nam virtus in infirmitate perficitur. « Videte quæ sint consummationes. Apostolus, doctor gentium, pater fidelium per Evangelium, accepit stimulum carnis a quo colaphizaretur. Quis nostrum hoc dicere auderet, nisi ille confiteri non erubesceret ? Si enim dixerimus hoc non passum fuisse Paulum ; cum ei quasi honorem deferimus, mendacem facimus. Sed quia verax est, et verum dixit : oportet ut credamus datum illi esse angelum satanæ, ne magnitudine revelationum extolleretur. Ecce quam timendus est serpens superbiæ. Quid itaque factum est istis ? In peccato suo comprehensi sunt, quia Christum occiderunt, et de ipsa magnitudine peccati plus humiliati sunt, et majore humilitate erigi meruerunt : hoc est, « Comprehendantur in superbia sua. Et ex maledicto et mendacio an-

infirmité suppliez maintenant le médecin, et gardez-vous de vous croire en bonne santé. Quelle n'a pas été votre folie furieuse? Vous avez tué votre médecin; sans doute vous n'avez pu le faire périr en le tuant, mais, autant qu'il était en vous, vous l'avez tué. « Leur consommation sera annoncée par la malédiction et le mensonge. » Vous avez fait, ô Juifs, une œuvre de malédiction; « car maudit est celui qui est pendu sur le bois (*Deut.* xxi, 23, et *Gal.* iii, 13).» Vous avez crucifié le Christ, que vous avez cru maudit (*Matth.* xxvii, 35). Ajoutez le mensonge à la malédiction, vous avez mis des gardes à son tombeau; vous leur avez donné de l'argent pour les faire mentir (*Matth.* xxviii, 12). Mais, voilà que le Christ est ressuscité; qu'est devenue cette malédiction de la croix dont vous êtes les auteurs? Qu'est devenu le mensonge des gardes que vous avez corrompus?

6. « Et la malédiction et le mensonge annonceront leur consommation dans la colère qui consomme, et ils ne seront plus (*Ps.* lviii, 13 et 14).» Que veut dire : « Leur consommation sera annoncée dans la colère qui consomme? » Il y a une colère qui consomme et une colère qui consume. Toute punition de Dieu est appelée colère de Dieu, mais quelquefois Dieu punit pour perfectionner, et quelquefois il punit pour condamner. Comment punit-il pour perfectionner? « Il châtie tout fils qu'il reçoit (*Hébr.* xii, 6). » Comment punit-il pour condamner? Il le fera lorsqu'il mettra les impies à gauche et leur dira : « Allez dans le feu éternel qui a été préparé pour le démon et pour ses anges (*Matth.* xxv, 41). » Cette colère est celle qui consume et non celle qui consomme. Mais « la consommations sera annoncée dans la colère qui consomme, » c'est-à-dire que les Apôtres prêcheront que, « là où le péché a été abondant, la grâce sera surabondante (*Rom.* v, 20), » et que le remède de l'humiliation a été accommodé à la faiblesse humaine. Pénétrés de ces pensées, les orgueilleux, reconnaissant et confessant leurs iniquités, « ne seront plus. » Que veut dire : « Ne seront plus?» Ne seront plus dans leur orgueil. En effet, le Prophète avait dit précédemment : « Qu'ils soient pris dans leur orgueil. Et la malédiction et le mensonge annonceront leur consommation dans la colère qui consomme et ils ne seront plus. » Entendez: dans cet orgueil où ils auront été pris.

7. « Et ils sauront que Dieu régnera sur Jacob et sur toute la terre (*Ps.* lviii, 14). » Auparavant, en effet, ils se croyaient justes, parce que la nation juive avait reçu la loi, parce qu'elle croyait avoir conservé les commande-

---

nuntiabuntur consummationes : » id est, ideo magis perficientur, quia in maledicto et mendacio deprehensi sunt. Superbia quippe eos non permittebat perfici : facinus abstulit superbiam per eorum confessionem, indulgentia delevit facinus per Dei miserationem, et ex maledicto et mendacio annuntiatæ sunt consummationes : id est, dictum est homini, Vidisti quid sis, sensisti quid sis, errasti, excæcatus es, peccasti et lapsus es, agnovisti infirmitatem tuam, supplica medico, noli tibi videri sanus : ubi est phrenesis tua? Ecce medicum occidisti, quem occidendo perdere non potuisti: tamen quantum ad te pertinuit, occidisti. « Ex maledicto et mendacio annuntiabuntur consummationes. » Fecisti quod ad maledictum pertinebat, ô Judæi : Maledictus enim omnis qui pendet in ligno (*Deut.* xxi, 23; *Gal.* iii,13). Crucifixistis Christum, tamquam maledictum putastis (*Matth.* xxvii, 35). Adde maledicto mendacium : Custodes ad sepulcrum posuistis : ut mentirentur, pecuniam dedistis (*Matth.* xxviii, 12). Ecce Christus resurexit : ubi est maledictum crucis quod fecistis ? ubi est mendacium custodum quos corrupistis?

6. « Ex maledicto et mendacio annuntiabuntur consummationes in ira consummationis, et non erunt (*Psal.* lviii, 13 et 14). » Quid est, « in ira consummationis annuntiabuntur consummationes ? » Est ira consummationis, et est ira consumtionis. Nam omnis vindicta Dei ira dicitur : sed aliquando ad hoc vindicat Deus, ut perficiat; aliquando ad hoc vindicat, ut damnet. Quomodo ad hoc vindicat, ut perficiat? « Flagellat omnem filium quem recipit (*Hebr.* xii, 6). » Quomodo ad hoc vindicat, ut damnet? Quando posuerit impios ad sinistram, et dixerit eis, « Ite in ignem æternum, qui paratus est diabolo et angelis ejus (*Matth.* xxv, 41). » Illa ira consumtionis est, non consummationis. « Annuntiabuntur autem consummationes in ira consummationis, »' id est, prædicabitur ab Apostolis, quia ubi abundavit peccatum, superabundavit gratia (*Rom.* v, 20), » et pertinuit ad humiliationis medicinam infirmitas hominis. Hoc cogitantes illi, et invenientes atque confitentes iniquitates suas, « non erunt. Quid non erunt? » In superbia sua. Supra enim dixerat, « Comprehendantur in superbia sua, et ex maledicto et mendacio annuntiabuntur consummationes in ira consummationis, et non erunt, » utique in superbia, in qua comprehensi sunt.

ments de Dieu ; or il leur est prouvé qu'elle ne les avait pas gardés, puisque, dans ces mêmes commandements, elle n'a pas su comprendre le Christ, à cause de l'aveuglement dans lequel était tombée une partie d'Israël (*Rom.* XI, 25). Les Juifs eux-mêmes voient qu'ils ne doivent pas mépriser les Gentils qu'ils regardaient comme des chiens et comme des pécheurs; de même, en effet, que Juifs et Gentils ont été trouvés également dans l'iniquité, de même, ils parviendront également au salut. Nous y sommes appelés, dit l'Apôtre, non-seulement d'entre les Juifs, mais encore d'entre les Gentils (*Rom.* II, 16). C'est pourquoi, en effet, la pierre qu'avaient rejetée ceux qui bâtissaient est devenue la tête de l'angle (*Ps.* CXVII, 22), pour joindre les deux peuples, car l'angle unit deux murailles. Les Juifs s'étaient élevés dans leur orgueil et se croyaient grands ; ils regardaient les Gentils comme des hommes faibles, comme des pécheurs, comme des serviteurs du démon, comme des adorateurs d'idoles ; cependant l'iniquité régnait chez les uns et chez les autres. Les Juifs ont été convaincus de péché, car, « il n'y a pas un homme, qui fasse le bien, il n'y en a pas un seul (*Ps* XIII, 3, et *Rom.* III, 2). » Reconnaissant que la faiblesse des uns et des autres était la même, ils ont déposé leur orgueil, ils n'ont point porté envie au salut des Gentils, et s'étant mis avec eux sur la pierre angulaire ils ont adoré Dieu de concert. « Et ils sauront que Dieu régnera sur Jacob et sur toute la terre. » Il ne régnera pas seulement sur les Juifs, mais sur toute la terre ; c'est ce qu'ils ne sauraient pas s'ils étaient encore dans leur orgueil ; et ils seraient encore dans leur orgueil, s'ils se croyaient encore justes. Mais pour qu'ils cessassent de se croire justes, la malédiction et le mensonge ont annoncé leur consommation dans la colère qui consomme, parce qu'ils ont été pris dans leur orgueil par l'œuvre de malédiction qu'ils ont accomplie en tuant le Christ. Voilà donc ce qu'a fait Notre-Seigneur Jésus-Christ. Il est mort dans les mains des Juifs, et il a racheté la multitude des Gentils ; son sang a été versé par les uns, et il a profité aux autres ; ou plutôt il a profité à tous ceux qui se sont convertis, parce que ceux qui l'avaient tué l'ont reconnu, et que par leur confession ils ont mérité que l'exécrable forfait de ce meurtre leur fût pardonné.

8. Que leur arrivera-t-il donc? Ce que nous avons vu ci-dessus : « Ils se convertiront vers le soir (*Ps.* LVIII, 15), » c'est-à-dire, tardivement, après avoir mis à mort Notre-Seigneur Jésus-Christ. « Ils se convertiront vers le soir et souffriront de la faim, comme des chiens. » Remarquez « comme des chiens, » non pas comme des brebis, ou des génisses, mais « comme des chiens : » comme les Gentils, comme les pécheurs, parce que ceux qui se croyaient justes ont reconnu

---

7. « Et scient quia Deus dominabitur Jacob et finium terræ (*Psal.* LVIII, 14). » Ante enim justi sibi videbantur, quod gens Judæa legem acceperat, quod Dei præcepta servaverat : demonstratur illis quia non servavit, cum in ipsis Dei præceptis Christum non intellexit, « quia cæcitas ex parte Israël facta est (*Rom.* XI, 25). » Vident et ipsi Judæi, quia non debent Gentes contemnere, quos quasi canes et peccatores putabant. Quomodo enim pariter inventi sunt in iniquitate, ita pariter pervenient ad salutem. Non solum Judæis, inquit Apostolus, verum etiam et Gentibus (*Rom.* I, 16). Ideo enim « lapidem quem reprobaverunt ædificantes, hic factus est in caput anguli (*Psal.* CXVII, 22), » ut duos jungeret in se : angulus enim duos parietes copulat. Judæi excelsi et magni sibi videbantur : Gentes tamquam infirmi, tamquam peccatores, tamquam dæmonum servi, tamquam idolorum adoratores, et tamen in utrisque iniquitas erat. Demonstrati sunt et Judæi peccatores; « quia non est qui faciat bonum, non est usque ad unum (*Psal.* XIII, 3) : deposuerunt superbiam, et non inviderunt saluti Gentium, quia parem suam et illorum infirmitatem cognoverunt ; et in angulari lapide copulati simul Dominum adoraverunt. « Et scient quia Deus dominabitur Jacob et finium terræ. » Non tantum Judæorum dominabitur, sed et finium terræ : quod non scirent, si adhuc in superbia sua essent : in superbia autem sua essent, si adhuc sibi justi viderentur : ut autem sibi justi non viderentur, annuntiatæ sunt illis ex maledicto et mendacio consummationes in ira consummationis; quia comprehensi fuerunt in superbia sua, ex maledicto quod fecerunt, quando Christum occiderunt. Ecce quid fecit Dominus noster Jesus Christus. Mortuus est inter manus Judæorum, et redemit multitudinem Gentium : hac fusus est sanguis, hac profuit ; sed conversis omnibus profuit ; quia et illi quem occiderunt agnoverunt, et ab illo ipsius interfectionis et delicti sui magni veniam meruerunt.

8. Quid ergo et de ipsis ? Quod supra : « Convertentur ad vesperam (*Psal.* LVIII, 15) : » id est, etsi sero, id est, post interfectionem Domini nostri Jesu

aussi leur péché. Le Prophète a dit sur eux à ce sujet dans un autre psaume : « Ils se sont ensuite hâtés (*Ps.* xv, 4) ; » ce qui revient à ces paroles : « Vers le soir. » Car, voici le passage de l'autre psaume : « Leurs infirmités se sont multipliées, ensuite ils se sont hâtés. » Pourquoi se sont-ils hâtés ensuite ? Parce que leurs infirmités se sont multipliées; car s'ils s'étaient encore crus en bonne santé, ils ne se seraient jamais hâtés. Donc ces paroles : « Leurs infirmités se sont multipliées » ont le même sens que ce qui est dit ici : « Qu'ils soient pris dans leur orgueil, et la malédiction et le mensonge annonceront leur consommation dans la colère qui consomme ; » et ces autres paroles: « Ensuite ils se sont hâtés, » ont le même sens que : « Et ils ne seront plus » dans leur orgueil. » Et ils sauront que Dieu régnera sur Jacob et sur toute la terre et ils se convertiront le soir. Il est donc salutaire au pécheur d'être humilié, et nul n'est aussi incurable que celui qui se croit en bonne santé. « Et ils parcourront la ville. » Nous avons dit hier ce qu'était cette ville, la ville qui entoure, le monde entier par conséquent.

9. « Ils seront dispersés pour manger (*Ps.* LVIII, 16) ; » c'est-à-dire pour gagner d'autres pécheurs, et transformer en leur propre corps ceux qui croiront. « Mais s'ils ne sont pas rassasiés, ils murmureront (*Ibid.*) » Déjà le Prophète avait parlé de leurs murmures, en rapportant ces paroles : Qui a écouté ? et il avait dit : Et vous, Seigneur, vous vous rirez de ceux qui disent : Qui a écouté ? Pourquoi ? Parce que vous regarderez toutes les nations comme rien (*Ibid.* 8). C'est dans le même sens que le Prophète dit encore ici : « Mais s'ils ne sont pas rassasiés, ils murmureront. »

10. Cherchons la conclusion du psaume. Voyez le triomphe de celui qui est la pierre angulaire : il se réjouit d'avoir réuni les deux murailles (*Éphés.* II, 20). Les Juifs étaient orgueilleux, ils ont été abaissés ; les Gentils étaient dans le désespoir, ils ont été élevés. Qu'ils viennent tous à la pierre angulaire; qu'ils s'y rassemblent, qu'ils s'y réunissent, qu'ils s'y donnent le baiser de paix ; qu'ils y viennent de différents côtés, mais qu'ils n'y viennent pas en ennemis, les uns de la circoncision, et les autres d'une chair incirconcise. Les murailles étaient éloignées l'une de l'autre, mais seulement avant de se joindre sur la pierre angulaire. Maintenant qu'elles se tiennent toutes deux sur cette pierre : et alors, quel sera le cantique de l'Église tout entière formée de ces deux murailles ? « Pour moi je chanterai votre puissance, et je célébrerai le matin votre miséricorde. » Le matin, lorsque les épreuves seront passées; le matin, lorsque la nuit de ce

Christi : « Convertentur ad vesperam : et famem patientur ut canes. » Sed « ut canes, » non ut oves, aut vituli : « ut canes, » ut Gentes, ut peccatores; quia et ipsi cognoverunt peccatum suum qui sibi justi videbantur. De quibus dictum est in alio Psalmo, « Postea acceleraverunt (*Psal.* xv, 4) : » hoc dictum est hic, « Ad vesperam. » Nam ibi sic est : Multiplicatæ sunt infirmitates eorum, postea acceleraverunt. Quia multiplicatæ sunt infirmitates eorum : nam si sibi adhuc sani viderentur, numquam accelerarent. Quod ergo ibi dictum est, Multiplicatæ sunt infirmitates eorum : hoc dictum est hic, « Comprehendantur in superbia sua, et ex maledicto et mendacio annuntiabuntur consummationes in ira consummationis. » Et quod ibi dictum est, Postea acceleraverunt : hoc dictum est hic, « Et non erunt, » in superbia sua. « Et scient quia Deus dominabitur Jacob, et finium terræ : et Convertentur ad vesperam. » Bonum est ergo humiliari peccatorem, et nemo est insanabilior eo qui sibi sanus videtur. « Et circumibunt civitatem. » Jam et hesterno die exposuimus civitatem, id est, circumstantiæ civitatem, omnes gentes.

9. « Dispergentur ut edant » (*Psal.* LVIII, 16) : id est, ut lucrentur alios, ut in corpus suum transforment credentes, « Si autem non satiabuntur, et murmurabunt. » Quia et superius murmur eorum dixerat, dicentium, « Quoniam quis audivit. » (*Ibid.* 8.) Et tu Domine, inquit, deridebis eos, dicentes, Quis audivit, Quare? Quia, Pro nihilo habebis omnes gentes. Sic et hic « Si autem non satiabuntur, et murmurabunt. »

10. Concludatur Psalmus. Videte angulum exsultantem, jam de utroque pariete gaudentem (*Ephes.* II, 20). Superbiebant Judæi, humiliati sunt, desperabant Gentes, erectæ sunt : veniant ad angulum, ibi conveniant, ibi concurrant, ibi pacis osculum inveniant, de diverso veniant, sed in adversum non veniant ; illi de circumcisione, isti de præputio. Longe erant parietes, sed antequam ad angulum venirent : in angulo autem teneant se, et tota jam Ecclesia ex utroque pariete, quid dicat ? « Ego autem cantabo

monde sera écoulée; le matin, lorsque nous ne craindrons plus les embûches des voleurs, ni celles du démon et de ses anges; le matin, lorsque nous ne marcherons plus à la lueur des prophéties, mais que nous contemplerons le soleil de ce jour nouveau, le Verbe de Dieu lui-même. « Et je célébrerai le matin votre miséricorde. » C'est avec raison que le Prophète dit dans un autre psaume : « Je me tiendrai devant vous le matin et je contemplerai (*Ps.* v, 5). » C'est aussi avec raison que la résurrection du Seigneur eut lieu au point du jour, afin d'accomplir cette prophétie d'un autre psaume : « Le soir, il restera des pleurs ; le matin, viendra l'allégresse (*Ps.* xxix, 6). En effet, le soir, les disciples pleurèrent Notre-Seigneur Jésus-Christ mort ; au matin, lorsqu'il ressuscita, ils se livrèrent à l'allégresse. « Je célébrerai, le matin, votre miséricorde. »

11. « Parce que vous êtes devenu mon protecteur et mon refuge au jour de mon affliction (*Ps.* LVIII, 17). Vous êtes mon aide et je vous chanterai des cantiques sur la cithare, parce que vous êtes, ô mon Dieu, mon protecteur (*Ibid.* 18). » Qu'étais-je, si vous n'étiez venu à mon secours? Dans quel état désespéré n'étais-je pas, si vous n'aviez pris soin de moi? Où étais-je étendu, si vous n'étiez venu à moi? Certes, j'étais en danger de mort par suite d'une affreuse blessure, et cette blessure exigeait un médecin tout-puissant. Rien n'est incurable pour un médecin tout-puissant ; il n'abandonne aucun malade, mais il faut que vous désiriez être guéri, il faut que vous ne fuyiez pas ses mains secourables. Cependant, lors même que vous ne voudriez pas être guéri, la gravité de votre blessure l'invite à vous guérir; vous avez beau vous détourner de lui, il vous rappelle, vous force en quelque sorte à revenir, malgré votre fuite, et il vous attire à lui. Il accomplit en toutes choses ce qui a été dit : « Sa miséricorde me préviendra (*Ibid.* 11). » Pesez cette parole : Me préviendra. Si vous avez d'abord apporté quelque chose, et si, par quelque bien venant de vous, vous avez d'abord mérité la miséricorde de Dieu, elle ne vous a pas prévenu. Mais comment comprendre cette prévenance de la grâce, si vous ne comprenez cette parole de l'Apôtre : « Que possédez-vous, que vous n'ayez reçu ? Mais si vous l'avez reçu, pourquoi vous glorifiez-vous, comme si vous ne l'aviez pas reçu (1 *Cor.* IV, 7) ? » C'est la même chose que ce que dit le Prophète : « Sa miséricorde me préviendra. » Enfin, considérant tous les biens, quels qu'ils soient, que nous pouvons posséder, soit en raison de notre nature, soit en raison des lois qui nous régissent, ou de la direction donnée à notre vie dans la foi, dans l'espérance, dans la charité, dans les bonnes mœurs, dans la

---

potentiam tuam, et exsultabo mane misericordia tua (*Psal.* LVIII, 17). » Mane transactis tentationibus, mane cum nox hujus sæculi transierit, mane quando jam latronum insidias et diaboli et angelorum ejus non expavescimus, mane quando jam non ad lucernam prophetiæ ambulamus, sed ipsum Dei Verbum tamquam solem contemplamur. « Et exsultabo mane misericordia tua. » Merito in alio Psalmo dicitur, « Mane adstabo tibi, et contemplabor (*Psal.* v, 5). » Merito et ipsius Domini resurrectio diluculo fuit, ut impleretur quod dictum est in alio Psalmo, « Vespere demorabitur fletus, et in matutino exsultatio. (*Psal.* xxix, 6). Ad vesperam quippe discipuli mortuum planxerunt Dominum nostrum Jesum Christum, diluculo ad resurgentem exsultaverunt. « Exsultabo mane misericordia tua. »

11. « Quia factus es susceptor meus, et refugium meum in die tribulationis meæ (*Psal.* LVIII, 17). » « Adjutor meus tibi psallam, quia tu Deus susceptor meus es (*Ibid.*). » Quid eram, nisi subvenires ? Quam desperatus eram, nisi curares ? Ubi jacebam, nisi advenires ? Certe ingenti vulnere periclitabar, sed illud vulnus meum medicum omnipotentem requirebat. Omnipotenti medico nihil est insanabile, non renuntiat (a) ad aliquem : opus est ut tu curari velis, opus est ut manus ejus non refugias. Sed et si nolis curari, vulnus tuum admonet ut cureris ; et aversum revocat, et refugientem quodam modo ad se redire compellit, et adtrahit. In omnibus implet quod dictum est, « Misericordia ejus præveniet me » (*Ibid.* 11). Cogitate quod dictum est, præveniet me. Si aliquid tuum primum adtulisti, et ex tuo aliquo bono primo Dei misericordiam meruisti, non te prævenit. Quando autem vel intelligis quia præventus es, nisi intelligas, quod ait Apostolus, « Quid enim habes, quod non accepisti. Si autem accepisti, quid gloriaris quasi non acceperis ? » (1 *Cor.* IV, 7.) Hoc est, « Misericordia ejus præveniet me. » Denique adtendens omnia bona quæcumque habere possumus, sive in natura, sive in instituto, sive in ipsa (b)

(a) Editi, *renuntiat alicui.* At MSS. *ad aliquem.* (b) MSS. *conversione.*

justice, et dans la crainte de Dieu ; voyant aussi que nous ne possédons ces avantages que grâce aux dons du Seigneur, le Prophète termine ainsi : « Mon Dieu, vous êtes ma miséricorde. » Comblé des bienfaits de Dieu, il n'a pas trouvé d'autre nom à lui donner que celui de sa miséricorde. O nom plein de douceur, sous lequel nul ne doit désespérer. « Mon Dieu, dit-il, vous êtes ma miséricorde. » Que veut dire : « Ma miséricorde ? » Si vous dites : mon salut, je comprends que Dieu donne le salut ; si vous dites : mon refuge, je comprends que vous vous refugiez en lui ; si vous dites : ma force, je comprends qu'il vous donne de la force ; mais que veut dire : « Ma miséricorde ? » Tout ce que je suis vient de votre miséricorde. Mais vous ai-je mérité en vous invoquant ? Qu'ai-je fait pour exister ? Qu'ai-je fait pour exister de façon à pouvoir vous invoquer ? Si, en effet, j'ai fait quelque chose pour exister, j'existais donc déjà avant que d'être. Mais si je n'étais absolument rien avant que d'exister, je n'ai pu par avance mériter envers vous, me rendre digne de l'existence. Vous m'avez donné d'exister, et vous ne m'auriez pas donné d'être bon ? Si vous m'avez donné d'exister et qu'un autre m'ait donné d'être bon, celui qui m'a donné d'être bon est meilleur que celui qui m'a donné d'exister. Mais, puisque nul n'est meilleur que vous, que nul n'est plus puissant, que nul n'est plus prodigue de sa miséricorde, celui de qui j'ai reçu d'exister est nécessairement celui de qui j'ai reçu d'être bon. « Mon Dieu, vous êtes ma miséricorde. »

conversatione, in fide, in spe, in caritate, in bonis moribus, in justitia, in timore Dei, totum non esse nisi ex illius donis, ita conclusit : « Deus meus, misericordia mea. » Non invenit impletus bonis Dei, quid appellaret Deum suum, nisi misericordiam suam. O nomen, sub quo nemini desperandum est ! « Deus meus, inquit, misericordia mea. » Quid est, « misericordia mea ? » Si dicas, Salus mea, intelligo quia dat salutem, si dicas, Refugium meum, intelligo, quia confugis ad eum ; si dicas, Fortitudo mea, intelligo, quia dat tibi fortitudinem : « Misericordia mea, » quid est ? Totum quidquid sum, de misericordia tua est. Sed promerui te, invocando te ? Ut essem, quid feci ? ut essem qui te invocarem, quid egi ? Si enim egi aliquid ut essem, jam eram antequam essem, Porro si omnino nihil eram antequam essem, nihil te promerui ut essem. Fecisti ut essem, et non tu fecisti ut bonus essem ? Dedisti mihi ut sim, et potuit mihi alius dare ut bonus sim ? Si tu mihi dedisti ut sim, et alius mihi dedit ut bonus sim ; melior est ille qui mihi dedit ut bonus sim, quam ille qui mihi dedit ut sim. Porro quia te nemo melior, nemo te potentior, nemo te in misericordia largior ; a quo accepi ut essem, ab illo accepi ut bonus essem. « Deus meus misericordia mea. »

FIN DU TOME DOUZIÈME.

TABLE DES MATIÈRES DU TOME DOUZIÈME

DISCOURS SUR LES PSAUMES

		Pages.
Discours sur le Psaume XXXI.	— Premier discours	1
—	Deuxième discours	3
—	XXXII. — Premier discours	30
—	Deuxième discours	33
—	Troisième discours	47
—	XXXIII. — Premier discours	68
—	Deuxième discours	78
—	XXXIV. — Premier discours	101
—	Deuxième discours	116
—	XXXV.	130
—	XXXVI. — Premier discours	149
—	Deuxième discours	162
—	Troisième discours	191
—	XXXVII	209
—	XXXVIII	233
—	XXXIX	261
—	XL	293
—	XLI	309
—	XLII	327
—	XLIII	336
—	XLIV	352
—	XLV	383
—	XLVI	398
—	XLVII	409
—	XLVIII. — Premier discours	425
—	Deuxième discours	444
—	XLIX	458
—	L	490

TABLE DES MATIÈRES.

	Pages.
Discours sur le Psaume LI.	511
— LII.	530
— LIII.	540
— LIV.	554
— LV.	582
— LVI.	605
— LVII.	623
— LVIII. — Premier discours	652
Deuxième discours	672

FIN DU LA TABLE DE TOME DOUZIÈME.

Saint-Quentin. — Imp. Jules Moureau.

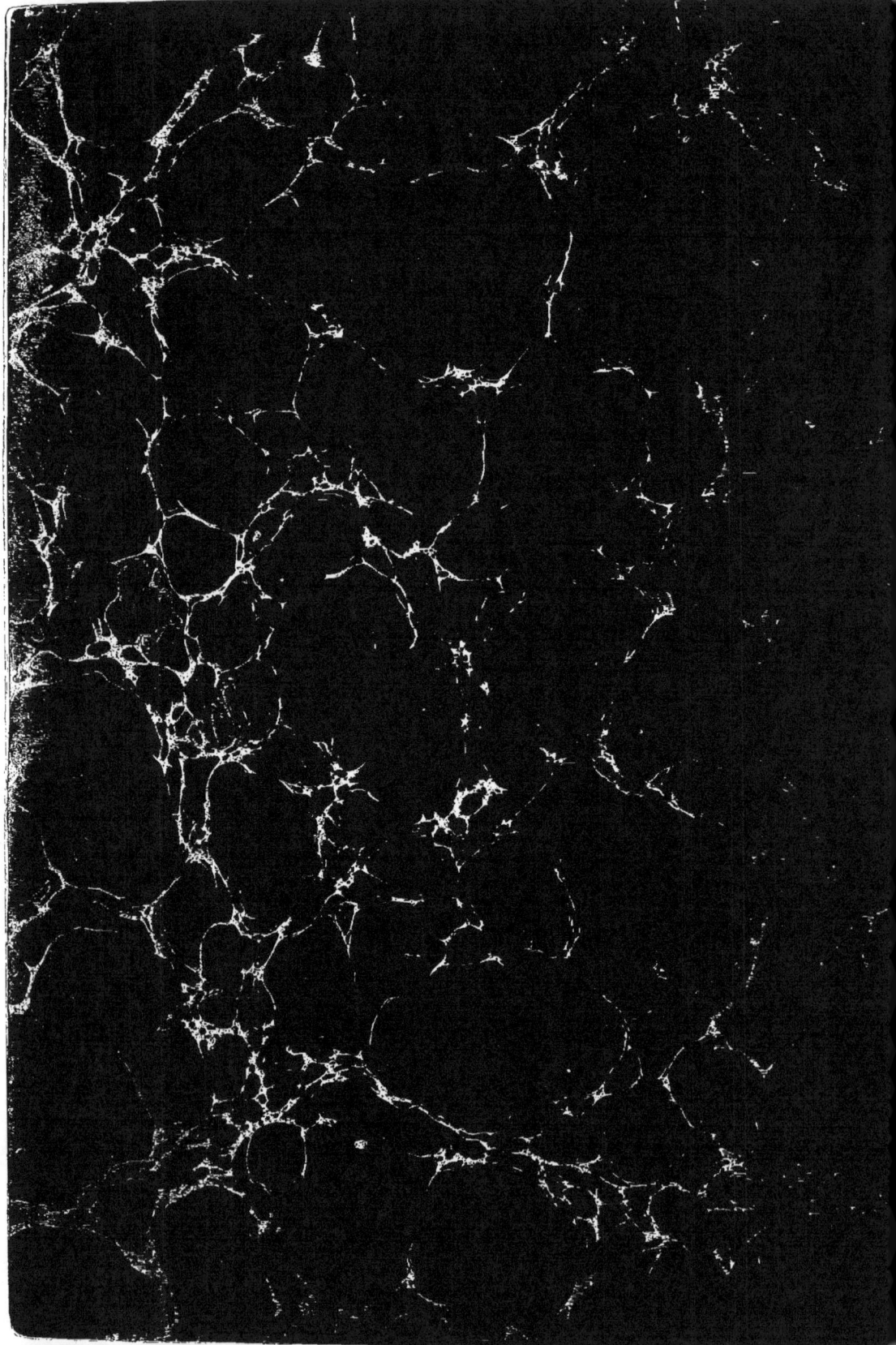

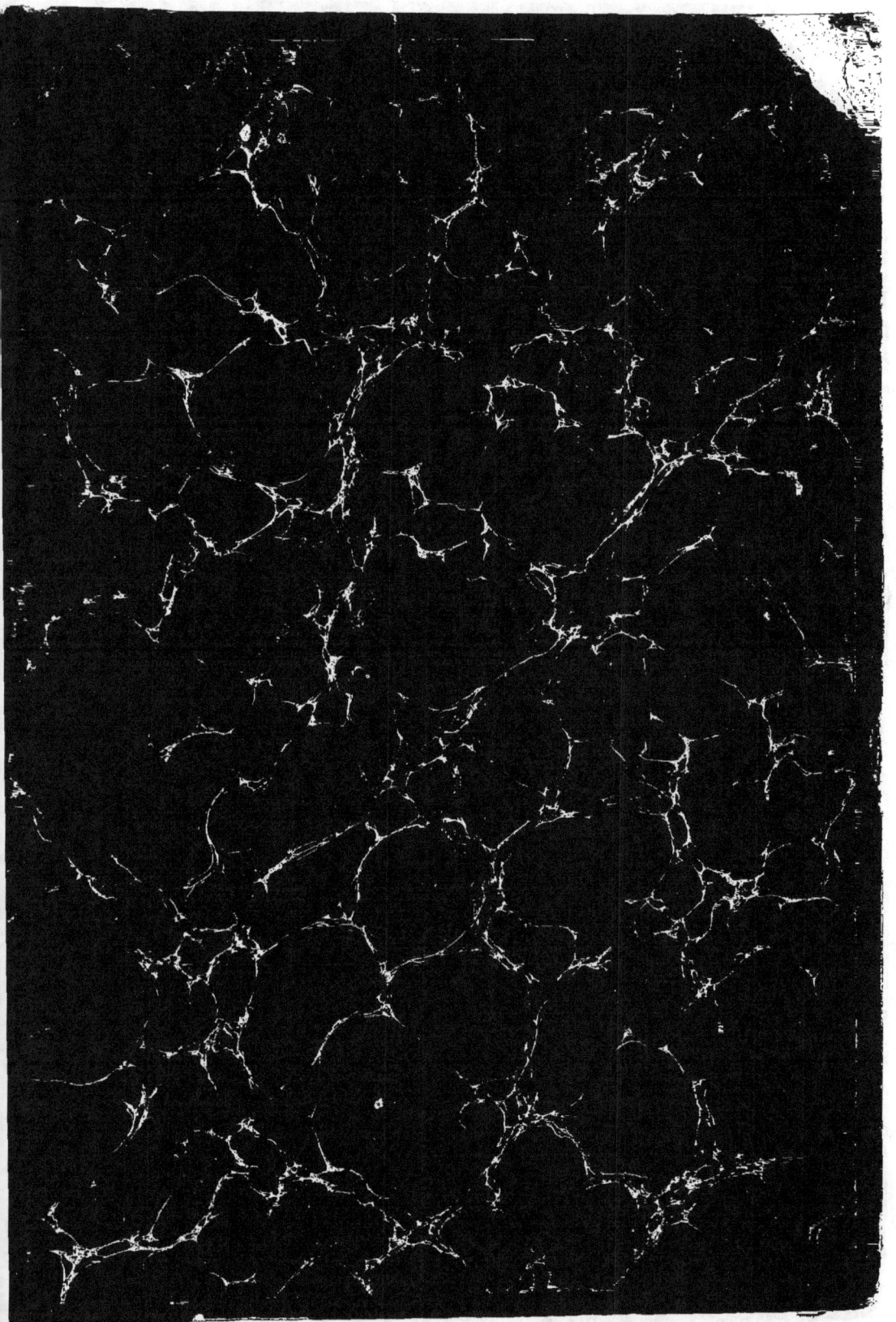

www.ingramcontent.com/pod-product-compliance
Lightning Source LLC
Chambersburg PA
CBHW062000300426
44117CB00010B/1410